Senza la passione nel dna
non saremmo quelli che siamo.

FACCI & POLLINI

New date.

Together with

46th edition
NEW DATES
SUNDAY 25
WEDNESDAY 28
MARCH 2012
VERONA

Same passion.

vinitaly
Another love story in Verona

vinitaly.com

Organized by

VERONAFIERE

IL FORNO ABBINA CALORE E VAPORE, TU FARAI FUOCHI D'ARTIFICIO.

Il forno combinato a vapore.

Calore e vapore insieme ti consentono di gustare sapori che non avresti neanche immaginato esistessero. Per saperne di più sul nostro nuovo forno combinato a vapore visita il sito www.electrolux.it.

IL TUO MOMENTO DI BRILLARE.

Thinking of you

Electrolux

vini d'Italia 2012

*a Francesco Arrigoni, Paolo Poli, Marco Trimani
indimenticabili compagni di viaggio*

VINI D'ITALIA 2012
GAMBERO ROSSO®

Gambero Rosso Holding S.p.A.
via Enrico Fermi, 161 - 00146 ROMA
tel. 06/551121 - fax 06/55112260
www.gamberorosso.it - email: gambero@gamberorosso.it

Curatori
Gianni Fabrizio
Eleonora Guerini
Marco Sabellico

Collaboratori Speciali
Antonio Boco
Giuseppe Carrus
Paolo De Cristofaro
Lorenzo Ruggeri
Paolo Zaccaria

Responsabili Regionali
Nino Ajello
Alessandro Bocchetti
Dario Cappelloni
Nicola Frasson
Massimo Lanza
Giorgio Melandri
Gianni Ottogalli
Nereo Pederzolli
Pierpaolo Rastelli
Carlo Ravanello

Hanno inoltre redatto le schede
Filippo Apollinari
Francesco Beghi
Enrico Battistella
Sergio Bonanno
Michele Bressan
Pasquale Buffa
Dionisio Castello
Francesca Ciancio
Vittorio Manganelli
Giacomo Mojoli
Franco Pallini
Leonardo Romanelli
Marco Tonelli
Riccardo Viscardi

Hanno collaborato
Rudina Arapi
Teodosio Buongiorno
Sergio Ceccarelli
Paolo Ceglie
Michele Cesarini
Matteo Cipolla
Catia Coiutti
Valentina Congiu
Mario Demattè
Giovanni De Vecchis
Matteo Farini
Gianfranco Fassina
Maurizio Fava
Honduni Katsueni
Giovanna La Molinara
Alexander Lapratt
Matteo Magnapane
Marco Manzoli
Maurizio Manzoni
Leonardo Marco
Nicola Massa
Enrico Melis
Vanni Muraro
Renato Orlando
Gionata Ottogalli
Michelangelo Palermo
Alessio Pietrobattista
Augusto Piras
Walter Pugliese
Helmut Riebschlaeger
Andrea Rignali
Maurizio Rossi
Cristina Sacchetti
Herbert Taschler
Cinzia Tosetti
Paolo Trimani
Vincenzo Verrastro
Piergiorgio Votano
Stefano Zaghini

Coordinamento Editoriale
Giuseppe Carrus

Segreteria
Giulia Sciortino

Coordinamento tecnico e Impaginazione
Marina Proietti

Direttore Editoriale Libri
Laura Mantovano

Responsabile Grafica
Susanna Gulinucci

Direttore Commerciale
Francesco Dammicco

Produzione
Alessandra Meddi

Concessionaria pubblicità
Poster Pubblicità & Pubbliche Relazioni
via A. Bargoni, 8 - 00153 ROMA
tel. 06/68896911 – fax 06/58179764

Distribuzione in libreria
Messaggerie Libri S.p.A.
via Verdi, 8 - 20090 Assago (MI)
tel. 02/457741 - fax 02/45701032

Distribuzione in edicola
SO.DI.P. - Angelo Patuzzi S.p.A.
via Bettoia, 18 - 20092 Cinisello Balsamo (MI)
tel. 02/660301 - fax 02/66030320

Vini d'Italia
Iscrizione al Tribunale di Roma,
sez. stampa e informazione, n. 520 del 24.10.1995
Direttore Responsabile Emanuele Bevilacqua

copyright © 2011
Gambero Rosso Holding S.p.A.
i diritti di traduzione, di riproduzione, di memorizzazione
elettronica e di adattamento totale o parziale,
con qualsiasi mezzo (compresi microfilm
e le copie fotostatiche) sono riservati per tutti i paesi

La guida è stata chiusa in redazione il 16 settembre 2011

ISBN 978-88-8971-196-5

stampato per conto di Gambero Rosso Holding S.p.A.
nel mese di ottobre 2011 da
Omnimedia s.r.l. (Roma)

L'UNICO MODO PER SCOPRIRE
I SEGRETI DEI GRANDI CHEF
È SEDERSI A TAVOLA CON LORO.
VI ACCORGERESTE CHE
C'È UNA COSA
CHE NON MANCA MAI,
ANZI DUE.

SULLE MIGLIORI TAVOLE DEL MONDO

SOMMARIO

LA GUIDA	11
I TRE BICCHIERI 2012	15
I PREMI SPECIALI	28
SOTTO I 15 EURO	31
I TRE BICCHIERI VERDI	37
LA CLASSIFICAZIONE DELLE ANNATE	40
LE STELLE	45
COME LEGGERE LA GUIDA	48

LE REGIONI

VALLE D'AOSTA	65
PIEMONTE	73
LIGURIA	233
LOMBARDIA	253
TRENTINO	309
ALTO ADIGE	329
VENETO	365
FRIULI VENEZIA GIULIA	445
EMILIA ROMAGNA	525
TOSCANA	563
MARCHE	723
UMBRIA	761
LAZIO	787
ABRUZZO	803
MOLISE	825
CAMPANIA	829
BASILICATA	863
PUGLIA	873
CALABRIA	897
SICILIA	907
SARDEGNA	939

GLI INDICI

ALFABETICO DEI PRODUTTORI	962
REGIONALE DEI PRODUTTORI	990

11
LA GUIDA

Venticinque edizioni, un quarto di secolo di storia delle vigne e dei vini italiani. A vederle una accanto all'altra, una sorta di grande opera a volumi, si capisce l'immensa mole di lavoro che il nostro gruppo di appassionati degustatori ha fatto in tutti questi anni. Centinaia di persone coinvolte, milioni di chilometri tra vigne e cantine del Bel Paese, e centinaia di migliaia di vini assaggiati. Una vera enciclopedia, che ha registrato tutto quello che di buono è accaduto dal 1987 in poi. Erano anni difficili, quelli degli inizi, ma l'Italia del vino aveva bisogno di scrollarsi di dosso un'immagine non troppo brillante, aveva voglia di confrontarsi con i più grandi vini del mondo, e c'era bisogno di qualcuno che raccontasse tutto questo. La prima edizione, quella del 1988, fu realizzata con una passione infinita e grande spirito pionieristico, e arrivò a colmare un vuoto che c'era dagli anni Settanta, dai tempi del Catalogo Bolaffi dei vini d'Italia del grande Gino Veronelli. Si trattava di quasi 500 cantine e di 1500 vini, circa. Con 30 vini premiati con i Tre Bicchieri. La sua importanza e la sua autorevolezza nel mondo degli appassionati e dei professionisti nel giro di pochi anni divenne fondamentale, grazie anche alle traduzioni in lingua tedesca e inglese comparse nelle edizioni immediatamente successive. Da quest'anno poi Vini d'Italia - prima tra le guide italiane - è pubblicata anche in lingua cinese, in joint-venture con il primo gruppo editoriale di quel paese, la Guandong Big Coast Publishing & Trade Co. Ltd. Non si tratta solo di uno sforzo editoriale. Vini d'Italia vuole essere sopratutto un veicolo di informazione e di promozione delle straordinarie capacità dei viticoltori, degli enologi e dei produttori italiani. Oggi, 25 anni dopo, Vini d'Italia recensisce 2350 produttori e circa 20mila vini. Siamo cresciuti noi, è cresciuto in maniera esponenziale il segmento del vino di qualità, e tutto questo è potuto avvenire perché contemporaneamente sono cresciuti per numero e soprattutto per cultura e competenza i consumatori. E' cambiato il gusto, sicuramente, in questi cinque lustri. Dai vini innovativi, maturati nei legni nuovi, dalla rincorsa ai vitigni miglorativi o internazionali abbiamo compiuto tutti un percorso gustativo che alla fine del viaggio ci ha portato a essere consapevoli della grande ricchezza del nostro patrimonio ampelografico. Abbiamo riscoperto vitigni e territori, sistemi di lavorazione tradizionali, tecniche ancestrali. Ma tutto questo è avvenuto senza sacrificare le conquiste della nuova enologia, senza demonizzare il legno nuovo e le tecniche più innovative. La ricerca dell'armonia, dell'equilibrio, della finezza e dell'eleganza era il nostro obbiettivo di allora ed è il nostro obbiettivo di oggi. Un lavoro, insomma, che affrontiamo anno dopo anno con uno spirito assolutamente laico, cercando di non cadere preda di ideologie, schieramenti, mode. E oggi come ieri cerchiamo di raccontare il grande lavoro, i sacrifici, la passione, ma anche la visione di uno sviluppo sostenibile che molti vignaioli e molti produttori hanno maturato in questi anni. L'Italia del vino è cambiata e sta cambiando ancora, e noi siamo qui a raccontare tutto questo con Vini d'Italia. Il premio di cantina dell'anno, in questo senso, fotografa tutto ciò: quest'anno va alla Tasca d'Almerita. Un'azienda che ha saputo attraversare gli ultimi decenni rinnovandosi e innovando senza rinnegare le sue più profonde radici. E non solo: sta lavorando, come dicevamo prima, per uno sviluppo sostenibile della viticoltura. Ma il premio per la viticoltura sostenibile quest'anno va ad Alois Lageder, tra i primi a intuire anni fa che la qualità non finisce nel bicchiere ma è un discorso infinitamente più ampio e profondo. Su questa linea troviamo anche Sergio Mottura e Giuseppe Russo, due personaggi che sanno vivere il lavoro della vigna con una straordinaria consapevolezza. La cantina emergente quest'anno va a Mattia Barzaghi, a San Gimignano, perché in breve tempo è riuscito ad ambientarsi in una regione nuova e a fare dei vini eccellenti e territoriali. Il rapporto qualità prezzo dell'anno va al delizioso Lambrusco di Sorbara Leclisse '10 di Gianfranco Paltrinieri. Ed eccoci ai Vini dell'Anno: il rosso è uno straordinario Carignano del Sulcis Superiore Arruga '07 della Sardus Pater, da vecchissime vigne. Il bianco dell'anno è il raffinato Verdicchio dei Castelli di Jesi Classico Superiore Vecchie Vigne'09 della Umani Ronchi, le bollicine dell'anno, poi, vanno a un eccellente Franciacorta Extra Brut '05 di Ferghettina, e dulcis in fundo, il vino dolce dell'anno è l'incantevole Cristina Vendemmia Tardiva '08 della veneta Roeno. Crediamo non sia difficile, scorrendo questa lista, trovare una conferma a quanto affermavamo all'inizio del nostro discorso. E poi i novantacinque Tre Bicchieri Verdi (lo scorso anno erano 83) conferma che la tendenza verso una viticoltura più naturale e sensibile alle istanze ambientaliste è un fenomeno ormai innescato. Quest'anno il numero complessivo dei Tre Bicchieri è sceso, i vini premiati sono 375, ma i Tre Bicchieri sotto i 15 euro sono lo stesso numero dello scorso anno, ben 52, a conferma della competitività delle nostre migliori aziende vinicole. Questa in sintesi è la venticinquesima edizione di Vini d'Italia. Un'opera collettiva, che sarebbe impossibile senza l'apporta di un gruppo di collaboratori straordinariamente motivati e competenti, che sacrificano tempo libero e ferie per dare un contributo a questo grandissimo lavoro. Nel giro di pochi mesi abbiamo assaggiato con loro oltre trentamila vini, sempre alla cieca, in commissioni territoriali. Le degustazioni in genere vengono organizzate con enti e in sedi istituzionali, come consorzi, camere di commercio, istituti regionali, che hanno collaborato con noi garantendo anche la correttezza del nostro lavoro. Cogliamo così l'occasione, con la speranza di non di non dimenticare nessuno, per ringraziare la Camera di Commercio di Genova, quella di Cagliari, quella di Bolzano, poi Avellino, Trento, quella di Perugia e il coordinamento delle Strade del Vino e dell'Olio dell'Umbria. E ancora l'Unioncamere Basilicata di Matera, l'Istituto Marchigiano di Tutela Vini (IMT) di Jesi, Picenos - Consorzio Vini Piceni e Vinea di Offida, l'ERSA del Friuli Venezia Giulia di Pozzuolo, l'Istituto Agronomico Mediterraneo di Valenzano, l'Ente vini Bresciani, il Centro di Ricerca di Riccagioia. E poi i Consorzi di Tutela: quello del Chianti Classico, del Brunello e del Rosso di Montalcino, del Vino Nobile di Montepulciano, della Vernaccia di San Gimignano, del Chianti Rufina, dei Colli Fiorentini, di Cortona, del Morellino di Scansano, del Montecucco, Monteregio di Massa Marittima, del Gavi, dell'Asti, dei Nebbioli dell'Alto Piemonte, del Barolo, Barbaresco, Alba, Langhe, Roero. E ancora della Franciacorta, dell'Oltrepò Pavese, del Lugana, della Valtellina, del Soave del Valpolicella. Ringraziamo inoltre le Enoteche Regionali del Roero, Monferrato, Nizza Monferrato, Canale, Emilia Romagna, Lazio, e la Bottega del Vino di Dogliani. A seguire un grazie alla Strada del Vino di Carmignano, a quelle di Arezzo e della Costa degli Etruschi. Tra le strutture private il Ristorante La Canonica di Casteldimezzo di Pesaro e le Due Sorelle di Messina, la Réserve di Caramanico, in Abruzzo, il Calidarium di Venturina, il Relais l'Andana di Castiglione della Pescaia, l'Hotel Carpe Diem di Montaione, Faenza Fiere e l'Enoteca Millesimes di Collegno, l'Acqua San Martino di Codrongianos. Nella prima fase delle degustazioni sul territorio selezioniamo circa mille e trecento vini che approdano alla degustazioni finali per i Tre Bicchieri, e ottengono come minimo il punteggio di due bicchieri colorati. Alla fine di questo percorso si riunisce la commissione che decide i premi, composta dai curatori e dai responsabili delle commissioni locali. Ancora una volta i vini vengono degustati anonimamente, e questo avviene a Roma alla Città del Gusto, presso la sede del Gambero Rosso. Quest'anno accanto ai curatori Nino Aiello, Alessandro Bocchetti, Antonio Boco, Francesco Beghi, Dario Cappelloni, Giuseppe Carrus, Paolo De Cristofaro, Nicola Frasson, Massimo Lanza, Giorgio Melandri, Gianni Ottogalli, Nereo Pederzolli, Pierpaolo Rastelli, Carlo Ravanello, Leonardo Romanelli, Lorenzo Ruggeri, Riccardo Viscardi, Paolo Zaccaria. Grazie a tutti e un saluto, infine, a Daniele Cernilli, inventore di questa guida, che già da qualche anno ce ne aveva trasferito la responsabilità.

Gianni Fabrizio, Eleonora Guerini, Marco Sabellico

Old Williams Selection
Il Primato dell'Eccellenza

L'UNICO DISTILLATO ITALIANO PREMIATO CON LA GRAN MEDAGLIA AL CONCORSO MONDIALE DI BRUXELLES.

Trionfo senza pari per la storica distilleria di Termeno. Il gusto inconfondibile, raffinato e intenso della Old Williams Selection ha conquistato l'autorevole giuria internazionale. La perfetta dolcezza e morbidezza, accentuate dalla distillazione in alambicchi a bagnomaria e dall'invecchiamento di almeno 2 anni, valgono tutto l'oro del mondo.

www.psenner.com

I TRE BICCHIERI 2012

VALLE D'AOSTA

Valle d'Aosta Chardonnay Cuvée Bois '09	Les Crêtes	67
Valle d'Aosta Chardonnay Élevé en Fût de Chêne '10	Anselmet	66
Valle d'Aosta Fumin Esprit Follet '09	La Crotta di Vegneron	67
Valle d'Aosta Petite Arvine '10	Le Château Feuillet	66
Valle d'Aosta Petite Arvine '10	Elio Ottin	70

PIEMONTE

Alta Langa Brut Zero Cantina Maestra Ris. '05	Enrico Serafino	203
Barbaresco '08	Gaja	140
Barbaresco Borgese '08	Piero Busso	101
Barbaresco Maria Adelaide '07	Bruno Rocca	190
Barbaresco Montefico '08	Carlo Giacosa	145
Barbaresco Ovello '07	Cantina del Pino	105
Barbaresco Pajoré '08	Sottimano	205
Barbaresco Rombone '07	Fiorenzo Nada	171
Barbaresco Valgrande '08	Ca' del Baio	102
Barbaresco Vanotu '08	Pelissero	177
Barbaresco Vign. Brich Ronchi Ris. '06	Albino Rocca	190
Barbera d'Alba Sup. '09	Hilberg - Pasquero	152
Barbera d'Asti Bricco dell'Uccellone '09	Braida	95
Barbera d'Asti Pomorosso '08	Coppo	127
Barbera d'Asti Sup. Bionzo '09	La Spinetta	206
Barbera d'Asti Sup. La Mandorla '09	Luigi Spertino	206
Barbera d'Asti Sup. Nizza '08	Tenuta Olim Bauda	174
Barbera d'Asti Sup. Nizza Acsé '08	Scrimaglio	201
Barbera del M.to Sup. Le Cave '09	Castello di Uviglie	116
Barolo '07	Bartolo Mascarello	163
Barolo Acclivi '07	G. B. Burlotto	100
Barolo Bricco Boschis V. S. Giuseppe Ris. '05	F.lli Cavallotto – Tenuta Bricco Boschis	117
Barolo Bricco Sarmassa '07	Giacomo Brezza & Figli	96
Barolo Brunate '07	Mario Marengo	161
Barolo Brunate-Le Coste '07	Giuseppe Rinaldi	189
Barolo Cannubi Boschis '07	Luciano Sandrone	197
Barolo Cerequio '07	Michele Chiarlo	118
Barolo Cerequio '07	Roberto Voerzio	219
Barolo Cerretta V. Bricco '05	Elio Altare	79
Barolo Falletto '07	Bruno Giacosa	144
Barolo Fontanafredda V. La Rosa '07	Fontanafredda	139
Barolo Ginestra Casa Maté '07	Elio Grasso	149
Barolo Ginestra Ris. '05	Paolo Conterno	125
Barolo Gramolere Ris. '05	Giovanni Manzone	157
Barolo Monfortino Ris. '04	Giacomo Conterno	125
Barolo Monvigliero '06	Bel Colle	88
Barolo Ravera '07	Elvio Cogno	121
Barolo Ravera '07	Ferdinando Principiano	185
Barolo Rocche dell'Annunziata Ris. '05	Paolo Scavino	200
Barolo Sarmassa '07	Marchesi di Barolo	159
Barolo Sorì Ginestra '07	Conterno Fantino	126
Barolo Sottocastello '06	Ca' Viola	104
Barolo V. Arione '07	Enzo Boglietti	91
Barolo V. d'Ia Roul '07	Podere Rocche dei Manzoni	191
Barolo V. Lazzairasco '07	Guido Porro	184
Barolo V. Liste '06	Giacomo Borgogno & Figli	93
Barolo Vigna Rionda Ris. '05	Vigna Rionda - Massolino	214
Barolo Villero '06	Brovia	99
Barolo Villero Ris. '04	Vietti	214
Bramaterra I Porfidi '07	Sella	203
Carema Et. Bianca '07	Cantina dei Produttori Nebbiolo di Carema	171
Carema Et. Nera '06	Ferrando	136
Colli Tortonesi Timorasso Fausto '09	Vigne Marina Coppi	126
Colli Tortonesi Timorasso Il Montino '09	La Colombera	123

I TRE BICCHIERI 2012

Derthona '09	Vigneti Massa	216
Dogliani Papà Celso '09	Abbona	74
Dogliani Sirì d'Jermu '09	Pecchenino	177
Dolcetto di Ovada Sup. Du Riva '08	Luigi Tacchino	207
Erbaluce di Caluso La Rustìa '10	Orsolani	174
Erbaluce di Caluso Le Chiusure '10	Favaro	135
Gattinara Ris. '06	Giancarlo Travaglini	211
Gattinara Vign. S. Francesco '07	Antoniolo	81
Gavi del Comune di Gavi Minaia '10	Nicola Bergaglio	89
Gavi del Comune di Gavi Monterotondo '09	Villa Sparina	217
Ghemme '07	Torraccia del Piantavigna	211
Langhe Bianco Hérzu '09	Ettore Germano	143
Langhe Nebbiolo Costa Russi '08	Gaja	140
M.to Rosso Sul Bric '09	Franco M. Martinetti	162
Roero Braja Ris. '08	Deltetto	133
Roero Ròche d'Ampsèj Ris. '07	Matteo Correggia	129
Roero Sudisfà Ris. '08	Angelo Negro & Figli	172
Roero Trinità Ris. '07	Malvirà	156

LIGURIA

Colli di Luni Vermentino Et. Nera '10	Cantine Lunae Bosoni	241
Riviera Ligure di Ponente Pigato Cycnus '10	Poggio dei Gorleri	244
Riviera Ligure di Ponente Vermentino '10	Laura Aschero	234
Riviera Ligure di Ponente Vermentino Le Serre '09	Lupi	242
Rossese di Dolceacqua Bricco Arcagna '09	Terre Bianche	245

LOMBARDIA

Franciacorta Brut Cellarius '07	Guido Berlucchi & C.	258
Franciacorta Cuvée Annamaria Clementi '04	Ca' del Bosco	261
Franciacorta Extra Brut '05	Ferghettina	271
Franciacorta Extra Brut '07	Ricci Curbastro	287
Franciacorta Extra Brut Vintage Ris. '05	La Montina	280
Franciacorta Gran Cuvée Pas Operé '05	Bellavista	257
Franciacorta Nature '07	Enrico Gatti	274
Franciacorta Pas Dosé R. D. '06	Cavalleri	267
Franciacorta Satèn Soul '05	Contadi Castaldi	268
Lugana Sup. Sel. Fabio Contato '09	Provenza	285
OP Brut Cl. Classese '04	Monsupello	278
OP Pinot Nero Brut Cl. 1870 '07	F.lli Giorgi	274
OP Pinot Nero Giorgio Odero '08	Frecciarossa	273
OP Pinot Nero Noir '08	Tenuta Mazzolino	277
OP Rosso Cavariola Ris. '07	Bruno Verdi	291
Valtellina Sforzato Albareda '09	Mamete Prevostini	285
Valtellina Sup. Sassella Stella Retica Ris. '06	Ar.Pe.Pe.	256
Valtellina Sup. Vign. Fracia '08	Nino Negri	282

TRENTINO

Bianco Faye '08	Pojer & Sandri	320
Fratagranda '07	Pravis	320
San Leonardo '06	Tenuta San Leonardo	322
Trento Balter Ris. '05	Nicola Balter	311
Trento Brut Altemasi Graal Ris. '04	Cavit	313
Trento Brut Domini '07	Abate Nero	310
Trento Brut Methius Ris. '05	F.lli Dorigati	314
Trento Brut Ris. '06	Letrari	318
Trento Extra Brut Perlé Nero '05	Ferrari	315

ALTO ADIGE

A. A. Cabernet Löwengang '07	Alois Lageder	343
A. A. Gewürztraminer Kastelaz '10	Elena Walch	360
A. A. Gewürztraminer Nussbaumer '10	Cantina Tramin	357
A. A. Lago di Caldaro Cl. Sup. Puntay '10	Erste+Neue	335

"Ci vogliono giorni, passano anni"
J. W. Goethe

Bertagnolli, maestro di vere poesie.

Distilleria G. Bertagnolli via del Teroldego, 11-13 38016 MEZZOCORONA (TN)
Tel. 0039 0461 603800 Fax 0039 0461 605580 WWW.BERTAGNOLLI.IT INFO@BERTAGNOLLI.IT

Albeisa, bottiglia di territorio

Poche bottiglie al mondo identificano immediatamente una zona e i suoi vini e l'Albeisa, con la sua forma unica, è una di queste.

La bottiglia *Albeisa* risale agli inizi del 1700, quando i produttori dell'albese, orgogliosi dei propri vini, adottarono una bottiglia dalla forma diversa che chiamarono appunto *Albeisa*, di Alba. Durante l'invasione di Napoleone, l'*Albeisa* viene lentamente sostituita dalle due forme tipiche francesi: la Bordolese e la Borgognotta, più economiche e a sagoma più regolare.
Nel **1973**, 16 produttori decidono di riutilizzare l'antica bottiglia *Albeisa*, riadattandola alle esigenze moderne e scrivendone in rilievo il nome. Viene costituita l'**Unione Produttori Vini Albesi** e siglata la stretta collaborazione con la Vetrerie Italiane di Dego, oggi **Verallia**, unica vetreria incaricata di produrre la bottiglia *Albeisa*. L'intento è quello di caratterizzare e qualificare maggiormente la pregiata produzione enologica delle colline di **Langa e Roero**. Infatti possono essere imbottigliati con la bottiglia *Albeisa* soltanto i vini delle denominazioni di questo territorio.

L'Unione Produttori Vini Albesi è un'associazione non a scopo di lucro, la cui finalità principale è la promozione e la valorizzazione dei vini dell'Albese attraverso manifestazioni come **Nebbiolo Prima** (degustazione in anteprima riservata alla stampa specializzata e buyers), e realizzazione di materiale promozionale tra cui il bicchiere da degustazione Riedel-Albeisa e la cartografia in rilievo dei Vini delle Langhe.

Grazie agli oltre **220 produttori** che imbottigliano circa **13 milioni di bottiglie l'anno**, l'*Albeisa* è senza dubbio un esempio di successo ed espressione di un territorio straordinario come quello di Langa e Roero.

Albeisa. Corso Enotria, 2/c - 12051 Alba Cn
Tel. 0173440063 - www.albeisa.com

I TRE BICCHIERI 2012

A. A. Lagrein Grafenleiten Ris. '09	Obermoser - H. & T. Rottensteiner	349
A. A. Lagrein Gries '09	Gummerhof - Malojer	338
A. A. Lagrein Mirell '09	Tenuta Waldgries	360
A. A. Lagrein Taber Ris. '09	Cantina Produttori Santa Maddalena/Cantina Produttori Bolzano	353
A. A. Moscato Giallo Castel Giovanelli Passito Serenade '08	Cantina di Caldaro	332
A. A. Pinot Bianco Passion '09	Cantina Produttori San Paolo	353
A. A. Pinot Bianco Sirmian '10	Cantina Nals Margreid	347
A. A. Sauvignon Flora '10	Cantina Girlan	337
A. A. Sauvignon St. Valentin '10	Cantina Produttori San Michele Appiano	352
A. A. Terlano Nova Domus Ris. '08	Cantina Terlano	356
A. A. Terlano Pinot Bianco DeSilva '10	Peter Sölva & Söhne	354
A. A. Terlano Pinot Bianco Eichhorn '10	Manincor	345
A. A. Terlano Sauvignon '10	Ignaz Niedrist	348
A. A. Valle Isarco Kerner '10	Hoandlhof - Manfred Nössing	340
A. A. Valle Isarco Riesling '10	Köfererhof - Günther Kershbaumer	341
A. A. Valle Isarco Riesling Kaiton '10	Kuenhof - Peter Pliger	342
A. A. Valle Isarco Riesling Praepositus '09	Abbazia di Novacella	330
A. A. Valle Isarco Veltliner '10	Strasserhof - Hannes Baumgartner	355
A. A. Valle Venosta Pinot Bianco '10	Stachlburg - Baron von Kripp	354
A. A. Valle Venosta Riesling '10	Falkenstein - Franz Pratzner	336
A. A. Valle Venosta Riesling '10	Tenuta Unterortl - Castel Juval	358

VENETO

Amarone della Valpolicella '06	Marion	402
Amarone della Valpolicella '06	Trabucchi d'Illasi	428
Amarone della Valpolicella Campo dei Gigli '07	Tenuta Sant'Antonio	420
Amarone della Valpolicella Case Vecie '07	Brigaldara	376
Amarone della Valpolicella Cl. '07	Allegrini	367
Amarone della Valpolicella Cl. '04	Cav. G. B. Bertani	371
Amarone della Valpolicella Cl. Vaio Armaron Serègo Alighieri '06	Masi	403
Amarone della Valpolicella Cl. Vign. di Ravazzol '07	Ca' La Bionda	378
Amarone della Valpolicella Cl. Vign. Monte Ca' Bianca '06	Lorenzo Begali	370
Amarone della Valpolicella Cl. Vign. Monte Sant'Urbano '07	F.lli Speri	423
Amarone della Valpolicella Ris. '07	Musella	411
Amarone della Valpolicella Roccolo Grassi '07	Roccolo Grassi	417
Capitel Croce '09	Roberto Anselmi	368
Cartizze V. La Rivetta '10	Villa Sandi	434
Colli Euganei Cabernet Sauvignon Ireneo Capodilista '08	La Montecchia - Emo Capodilista	407
Colli Euganei Fior d'Arancio Passito Alpianae '08	Vignalta	431
Cristina V. T. '08	Roeno	418
Custoza Sup. Amedeo '09	Cavalchina	385
Custoza Sup. Ca' del Magro '09	Monte del Frà	406
Lugana Sergio Zenato '08	Zenato	436
Lugana Sup. Molceo '09	Ottella	414
Montello e Colli Asolani Il Rosso dell'Abazia '08	Serafini & Vidotto	422
Recioto di Soave Cl. Le Sponde '09	Coffele	387
Relógio '09	Ca' Orologio	379
Soave Cl. Calvarino '09	Leonildo Pieropan	414
Soave Cl. Campo Vulcano '10	I Campi	380
Soave Cl. Contrada Salvarenza Vecchie Vigne '09	Gini	397
Soave Cl. Monte Alto '09	Ca' Rugate	379
Soave Cl. Monte Carbonare '09	Suavia	424
Studio '09	Ca' Rugate	379
Valdobbiadene Brut Rive di Col San Martino Graziano Merotto '10	Merotto	404
Valdobbiadene Extra Dry Giustino B. '10	Ruggeri & C.	419

I TRE BICCHIERI 2012

Valpolicella Cl. Sup. Ripasso Saustò '07	Monte dall'Ora	405
Valpolicella Cl. Sup. Ripasso Solane '09	Santi	421

FRIULI VENEZIA GIULIA

Arbis Blanc '09	Borgo San Daniele	451
Braide Alte '09	Livon	479
Carso Malvasia '09	Zidarich	514
COF Friulano '10	Ronchi di Manzano	494
COF Friulano V. Cinquant'Anni '09	Le Vigne di Zamò	511
COF Il Friulano '09	Ronc di Vico	491
COF Pinot Bianco Zuc di Volpe '10	Volpe Pasini	514
COF Rosazzo Bianco Terre Alte '09	Livio Felluga	469
COF Rosso Sacrisassi '09	Le Due Terre	468
COF Sauvignon Zuc di Volpe '10	Volpe Pasini	514
Collio Bianco '10	Edi Keber	475
Collio Bianco Broy '10	Eugenio Collavini	461
Collio Bianco Fosarin '10	Ronco dei Tassi	496
Collio Bianco V. Runc '10	Il Carpino	458
Collio Bianco Zuani Vigne '10	Zuani	515
Collio Friulano '10	Franco Toros	505
Collio Malvasia '10	Doro Princic	488
Collio Sauvignon Ronco delle Mele '10	Venica & Venica	508
Desiderium Sel. I Ferretti '09	Tenuta Luisa	479
Friuli Isonzo Bianco Flors di Uis '09	Vie di Romans	509
Friuli Isonzo Malvasia '10	Ronco del Gelso	496
Friuli Isonzo Pinot Grigio Gris '09	Lis Neris	478
Kaplja '08	Damijan Podversic	487
Mario Schiopetto Bianco '08	Schiopetto	499
Ograde Non Filtrato '09	Skerk	502
W.... Dreams... .... '09	Jermann	474

EMILIA ROMAGNA

Albana di Romagna Passito Nontiscordardime '07	Leone Conti	536
C. B. Pignoletto Cl. V. del Grotto '09	Orsi - San Vito	546
Colli della Romagna Centrale Sangiovese Pertinello '08	Tenuta Pertinello	547
Lambrusco di Sorbara Leclisse '10	Gianfranco Paltrinieri	546
Lambrusco di Sorbara Vecchia Modena Premium '10	Chiarli 1860	535
Reggiano Concerto '10	Ermete Medici & Figli	544
Sangiovese di Romagna Redinoce Ris. '08	Balìa di Zola	528
Sangiovese di Romagna Sup. Avi Ris. '08	San Patrignano	550
Sangiovese di Romagna Sup. Il Moro Ris. '08	Tenuta Villa Trentola	558
Sangiovese di Romagna Sup. Petrignone Ris. '08	Tre Monti	553
Sangiovese di Romagna Sup. Pietramora Ris. '08	Fattoria Zerbina	559
Sangiovese di Romagna Sup. Primo Segno '09	Villa Venti	558
Sangiovese di Romagna Sup. Pruno Ris. '08	Drei Donà Tenuta La Palazza	539
Sangiovese di Romagna Sup. V. del Generale Ris. '08	Casetto dei Mandorli	532
Vigna del Volta '08	La Stoppa	552

TOSCANA

Ad Astra '08	Fattoria Nittardi	641
Baffo Nero '09	Rocca di Frassinello	660
Biserno '08	Tenuta di Biserno	577
Bolgheri Sassicaia '08	Tenuta San Guido	665
Bolgheri Sup. Campo al Fico '08	I Luoghi	633
Bolgheri Sup. Sapaio '08	Podere Sapaio	670
Brancaia Il Blu '08	Brancaia	579
Brunello di Montalcino '06	Biondi Santi - Tenuta Il Greppo	576
Brunello di Montalcino '06	Canalicchio di Sopra	585
Brunello di Montalcino '06	Caprili	588
Brunello di Montalcino '06	La Cerbaiola	602
Brunello di Montalcino '06	Cerbaiona	603
Brunello di Montalcino '06	Citille di Sopra	606

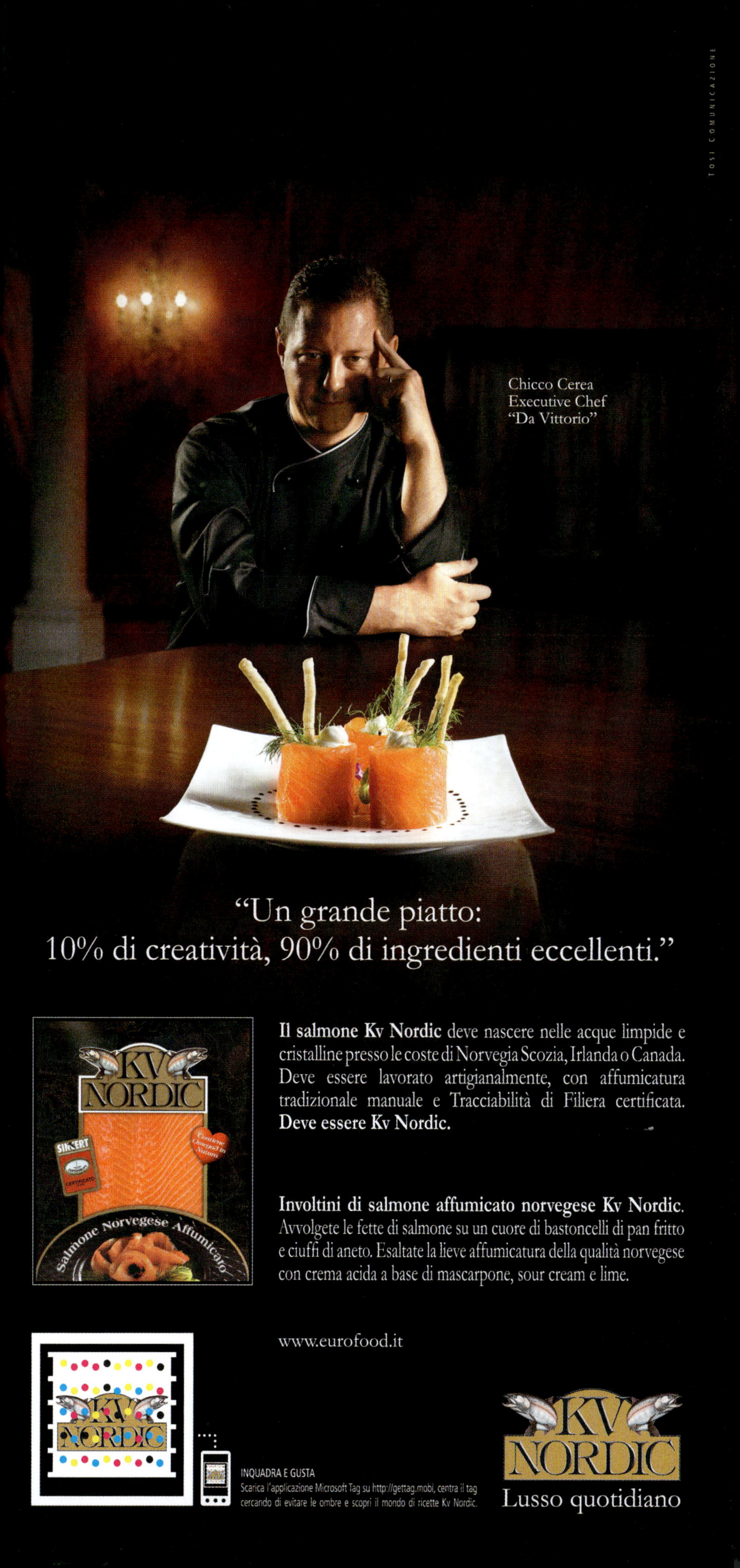

Chicco Cerea
Executive Chef
"Da Vittorio"

"Un grande piatto:
10% di creatività, 90% di ingredienti eccellenti."

Il salmone Kv Nordic deve nascere nelle acque limpide e cristalline presso le coste di Norvegia Scozia, Irlanda o Canada. Deve essere lavorato artigianalmente, con affumicatura tradizionale manuale e Tracciabilità di Filiera certificata. **Deve essere Kv Nordic.**

Involtini di salmone affumicato norvegese Kv Nordic. Avvolgete le fette di salmone su un cuore di bastoncelli di pan fritto e ciuffi di aneto. Esaltate la lieve affumicatura della qualità norvegese con crema acida a base di mascarpone, sour cream e lime.

www.eurofood.it

INQUADRA E GUSTA
Scarica l'applicazione Microsoft Tag su http://gettag.mobi, centra il tag cercando di evitare le ombre e scopri il mondo di ricette Kv Nordic.

KV NORDIC
Lusso quotidiano

I TRE BICCHIERI 2012

Vino	Produttore	Prezzo
Brunello di Montalcino '06	Collelceto	609
Brunello di Montalcino '06	Andrea Costanti	612
Brunello di Montalcino '06	Podere La Fortuna	619
Brunello di Montalcino '06	Piancornello	647
Brunello di Montalcino '06	Querce Bettina	656
Brunello di Montalcino '06	Sesti - Castello di Argiano	674
Brunello di Montalcino '06	La Togata	679
Brunello di Montalcino Altero '06	Poggio Antico	652
Brunello di Montalcino '06	Donna Olga	615
Brunello di Montalcino Tenuta Nuova '06	Casanova di Neri	592
Caberlot '08	Podere Il Carnasciale	588
Carmignano Ris. '08	Piaggia	647
Casalferro '08	Barone Ricasoli	572
Castello del Terriccio '07	Castello del Terriccio	595
Chianti Cl. '09	Tenuta di Lilliano	631
Chianti Cl. Baron'Ugo Ris. '07	Monteraponi	638
Chianti Cl. Foho Ris. '08	Casa al Vento	589
Chianti Cl. Le Ellere '08	Castello d'Albola	594
Chianti Cl. Poggio ai Frati Ris. '08	Rocca di Castagnoli	659
Chianti Cl. Ris. '07	Badia a Coltibuono	568
Chianti Cl. Ris. '08	Castello di Volpaia	600
Chianti Cl. Ris. '07	Fattoria Le Fonti	618
Chianti Cl. Villa Cerna Ris. '08	Famiglia Cecchi	601
Colline Lucchesi Tenuta di Valgiano '08	Tenuta di Valgiano	686
Cortona Syrah Migliara '08	Tenimenti Luigi d'Alessandro	676
Cupinero '09	Col di Bacche	607
Do ut des '09	Fattoria Carpineta Fontalpino	589
Flaccianello della Pieve '08	Az. Agr. Fontodi	619
FSM '07	Castello di Vicchiomaggio	599
Galatrona '09	Fattoria Petrolo	646
I Sodi di San Niccolò '07	Castellare di Castellina	593
Il Carbonaione '08	Podere Poggio Scalette	654
Maestro Raro '08	Fattoria di Felsina	617
Montecucco Grotte Rosse '08	Salustri	662
Montecucco Rosso Colle Massari Ris. '08	Colle Massari	608
Nambrot '08	Tenuta di Ghizzano	622
Nobile di Montepulciano Nocio dei Boscarelli '07	Poderi Boscarelli	578
Nobile di Montepulciano Salco Evoluzione '06	Salcheto	662
Orma '08	Podere Orma	642
Percarlo '07	San Giusto a Rentennano	665
Rocca di Montemassi '09	Rocca di Montemassi	661
Scrio '08	Le Macchiole	633
Siepi '08	Castello di Fonterutoli	597
Tignanello '08	Marchesi Antinori	566
Valdisanti '08	Tolaini	680
Vernaccia di S. Gimignano Fiore '09	Montenidoli	638
Vernaccia di S. Gimignano Ris. '09	La Lastra	629
Vernaccia di S. Gimignano Zeta '10	Mattia Barzaghi	572
Vin Santo di Carmignano Ris. '05	Tenuta di Capezzana	587

MARCHE

Vino	Produttore	Prezzo
Barricadiero '09	Aurora	724
Kurni '09	Oasi degli Angeli	744
Offida Pecorino Ciprea '10	San Savino - Poderi Capecci	748
Rosso Piceno Sup. Roggio del Filare '08	Velenosi	754
Valturio '09	Valturio	754
Verdicchio dei Castelli di Jesi Cl. Salmariano Ris. '08	Marotti Campi	742
Verdicchio dei Castelli di Jesi Cl. Sel. Gioacchino Garofoli Ris. '06	Gioacchino Garofoli	737
Verdicchio dei Castelli di Jesi Cl. Stefano Antonucci Ris. '09	Santa Barbara	749

CRUASÉ, DIETRO UN MARCHIO UN MONDO DI PINOT NERO.

Classificazione:
DOCG Oltrepò Pavese
Vitigno: Pinot nero
Vinificazione:
in rosato con estrazione
del colore in pressatura
Tipologia: metodo classico con permanenza minima sui lieviti di 24 mesi
Caratteristiche sensoriali:
fruttato intenso con sapore deciso e persistente
Abbinamenti:
tutto pasto

Un mondo di Pinot nero

Consorzio Tutela Vini Oltrepò Pavese
Piazza Vittorio Veneto 24 - Broni (PV) - Tel. 0385 250261 - info@vinoltrepo.it - www.vinoltrepo.it

Fondo Europeo Agricolo per lo Sviluppo Rurale: l'Europa investe nelle zone rurali
PSR 2007-2013 Direzione Generale Agricoltura

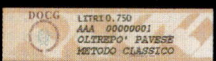

È un vero piacere…

La distillazione è un arte antica, le cui origini si perdono nel mistero e nella magia dell'alchimia. Roner ha conservato e coltivato questo sapere e così i suoi mastri distillatori riescono ad estrarre e intrappolare per la quintessenza di frutta e vinaccia. La ritroviamo nel piacere delle grappe morbide ed eleganti, dei distillati di frutta fragranti e preziosi e nei liquori raffinati.

Roner, il meglio dell'arte distillatoria.
www.roner.com

I TRE BICCHIERI 2012

Verdicchio dei Castelli di Jesi Cl. Sup. Balciana '09	Sartarelli	749
Verdicchio dei Castelli di Jesi Cl. Sup. Vecchie Vigne '09	Umani Ronchi	753
Verdicchio dei Castelli di Jesi Cl. Sup. Gli Eremi Ris. '09	La Distesa	734
Verdicchio dei Castelli di Jesi Cl. Sup. Misco '10	Tenuta di Tavignano	751
Verdicchio dei Castelli di Jesi Cl. Sup. Pallio di S. Floriano '10	Monte Schiavo	743
Verdicchio dei Castelli di Jesi Cl. V. Novali Ris. '08	Terre Cortesi Moncaro	752
Verdicchio di Matelica Cambrugiano Ris. '08	Belisario	724
Verdicchio di Matelica Mirum Ris. '09	La Monacesca	742
Verdicchio di Matelica Vertis '09	Borgo Paglianetto	726
Verdicchio di Matelica Vign. Fogliano '08	Bisci	725

UMBRIA

Cervaro della Sala '09	Castello della Sala	768
Montefalco Rosso Ris. '08	Fattoria Colle Allodole	769
Montefalco Sagrantino '07	Còlpetrone	769
Montefalco Sagrantino Campo alla Cerqua '07	Giampaolo Tabarrini	779
Montefalco Sagrantino Col Cimino '08	Villa Mongalli	782
Montefalco Sagrantino Collepiano '08	Arnaldo Caprai	765
Orvieto Cl. Sup. Campo del Guardiano '09	Palazzone	775
Orvieto Cl. Sup. Il Bianco '10	Decugnano dei Barbi	771
Torgiano Rosso Vigna Monticchio Ris. '06	Lungarotti	773

LAZIO

Clemens '09	Casale Marchese	789
Frascati Sup. Epos '10	Poggio Le Volpi	795
Grechetto Poggio della Costa '10	Sergio Mottura	794
Montiano '09	Falesco	792

ABRUZZO

Montepulciano d'Abruzzo Amorino '07	Podere Castorani	806
Montepulciano d'Abruzzo Cocciapazza '08	Torre dei Beati	819
Montepulciano d'Abruzzo Colline Teramane Adrano '08	Villa Medoro	821
Montepulciano d'Abruzzo Colline Teramane Pieluni Ris. '07	Dino Illuminati	811
Montepulciano d'Abruzzo I Vasari '08	F.lli Barba	804
Montepulciano d'Abruzzo San Calisto '08	Valle Reale	820
Montepulciano d'Abruzzo Spelt '07	La Valentina	819
Pecorino '09	Luigi Cataldi Madonna	807
Pecorino '10	Tiberio	818
Trebbiano d'Abruzzo '09	Valentini	820
Trebbiano d'Abruzzo Marina Cvetic '09	Masciarelli	812

MOLISE

Molise Aglianico Contado Ris. '09	Di Majo Norante	826

CAMPANIA

Aglianico del Taburno Terra di Rivolta Ris. '08	Fattoria La Rivolta	847
Costa d'Amalfi Furore Bianco '10	Marisa Cuomo	834
Fiano di Avellino '10	Colli di Lapio	833
Fiano di Avellino '09	Guido Marsella	841
Fiano di Avellino '10	Rocca del Principe	847
Fiano di Avellino Alimata '10	Villa Raiano	853
Fiano di Avellino Exultet '09	Quintodecimo	846
Greco di Tufo '10	Pietracupa	845
Greco di Tufo Cutizzi '10	Feudi di San Gregorio	838
Greco di Tufo V. Cicogna '10	Benito Ferrara	837
Montevetrano '09	Montevetrano	843
Sabbie di Sopra il Bosco '09	Nanni Copè	844
Taurasi '05	Antico Borgo	831
Taurasi '07	Urciuolo	851

Molteni. Regalati un sogno!

Ci sono oggetti, nati per utilizzi professionali, che per la loro storia e le sensazioni che trasmettono seducono anche un pubblico al quale apparentemente non sarebbero destinati.

E' quello che sta succedendo alle cucine Molteni, studiate e realizzate per grandi chef, sono dotate di un tale charme da essere acquistate sempre più spesso per entrare in raffinate ville di campagna, in eleganti dimore storiche o in prestigiose aziende vinicole.
www.moltenicucine.it

Molteni. We are part of the Electrolux family. Share more of our thinking at www.electrolux.com

I TRE BICCHIERI 2012

Taurasi Poliphemo '07	Luigi Tecce	849
Taurasi Radici '07	Mastroberardino	842
Terra di Lavoro '09	Galardi	839

BASILICATA
Aglianico del Vulture Basilisco '08	Basilisco	864
Aglianico del Vulture Serra del Prete '09	Musto Carmelitano	869
Aglianico del Vulture Titolo '09	Elena Fucci	867

PUGLIA
Castel del Monte Rosso V. Pedale Ris. '08	Torrevento	888
Frauma '08	Carvinea	876
Gioia del Colle Muro Sant'Angelo Contrada Barbatto '08	Chiaromonte	878
Gioia del Colle Primitivo 17 '08	Polvanera	884
Nero '08	Conti Zecca	889
Primitivo di Manduria Es '09	Gianfranco Fino	880
Primitivo Old Vines '08	Morella	882
Salice Salentino Casili Ris. '08	Tenute Mater Domini	881
Salice Salentino Rosso Selvarossa Ris. '08	Cantine Due Palme	878
Torcicoda '09	Tormaresca	888

CALABRIA
Gravello '09	Librandi	899
Moscato Passito '10	Luigi Viola	902

SICILIA
Cartagho Mandrarossa '09	Settesoli	926
Contea di Sclafani Rosso del Conte '07	Tasca d'Almerita	927
Contrada Porcaria '09	Passopisciaro	922
Etna Bianco '10	Graci	918
Etna Bianco A' Puddara '09	Tenuta di Fessina	915
Etna Rosso Cavanera Rovo delle Coturnie '09	Firriato	917
Etna Rosso Cirneco '08	Terrazze dell'Etna	927
Etna Rosso San Lorenzo '09	Girolamo Russo	925
Faro Palari '09	Palari	921
Lu Patri '09	Baglio del Cristo di Campobello	909
Nerobufaleffj '07	Gulfi	919
Passito di Pantelleria Ben Ryé '09	Donnafugata	914
Passito di Pantelleria Nes '09	Carlo Pellegrino	922
Passito Gianfranco Ferrè '09	Feudi del Pisciotto	916
Plumbago '09	Planeta	923
Sàgana '09	Cusumano	913

SARDEGNA
Alghero Marchese di Villamarina '06	Tenute Sella & Mosca	952
Cannonau di Sardegna Dule Ris. '08	Giuseppe Gabbas	945
Cannonau di Sardegna Keramos Ris. '07	Tenute Soletta	952
Carignano del Sulcis Sup. Arruga '07	Sardus Pater	951
Carignano del Sulcis Sup. Terre Brune '07	Cantina di Santadi	950
Malvasia di Bosa V. Badde Nuraghe '06	Emidio Oggianu	948
Norace '08	Feudi della Medusa	945
Perda Pintà '09	Giuseppe Sedilesu	951
Turriga '07	Argiolas	940
Vermentino di Gallura Sup. Genesi '10	Cantina Gallura	946
Vermentino di Gallura Sup. Monteoro '10	Tenute Sella & Mosca	952
Vermentino di Gallura Sup. Thilibas '10	Cantina Pedres	949
Vermentino di Gallura Vigna'ngena '10	Capichera	941

28

I MIGLIORI VINI DELL'ANNO

IL ROSSO DELL'ANNO
CARIGNANO DEL SULCIS SUP. ARRUGA '07 - SARDUS PATER

IL BIANCO DELL'ANNO
VERDICCHIO DEI CASTELLI DI JESI CL. SUP. VECCHIE VIGNE '09 - UMANI RONCHI

LE BOLLICINE DELL'ANNO
FRANCIACORTA EXTRA BRUT '05 - FERGHETTINA

IL DOLCE DELL'ANNO
CRISTINA V. T. '08 - ROENO

LA CANTINA DELL'ANNO

TASCA D'ALMERITA

MIGLIOR RAPPORTO QUALITÀ/PREZZO

LAMBRUSCO DI SORBARA LECLISSE '10 - GIANFRANCO PALTRINIERI

IL VITICOLTORE DELL'ANNO

SERGIO MOTTURA
GIUSEPPE RUSSO

LA CANTINA EMERGENTE

MATTIA BARZAGHI

PREMIO PER LA VITICOLTURA SOSTENIBILE

ALOIS LAGEDER

Con la partecipazione di

Fondo europeo agricolo per lo sviluppo rurale: l'Europa investe nelle zone rurali

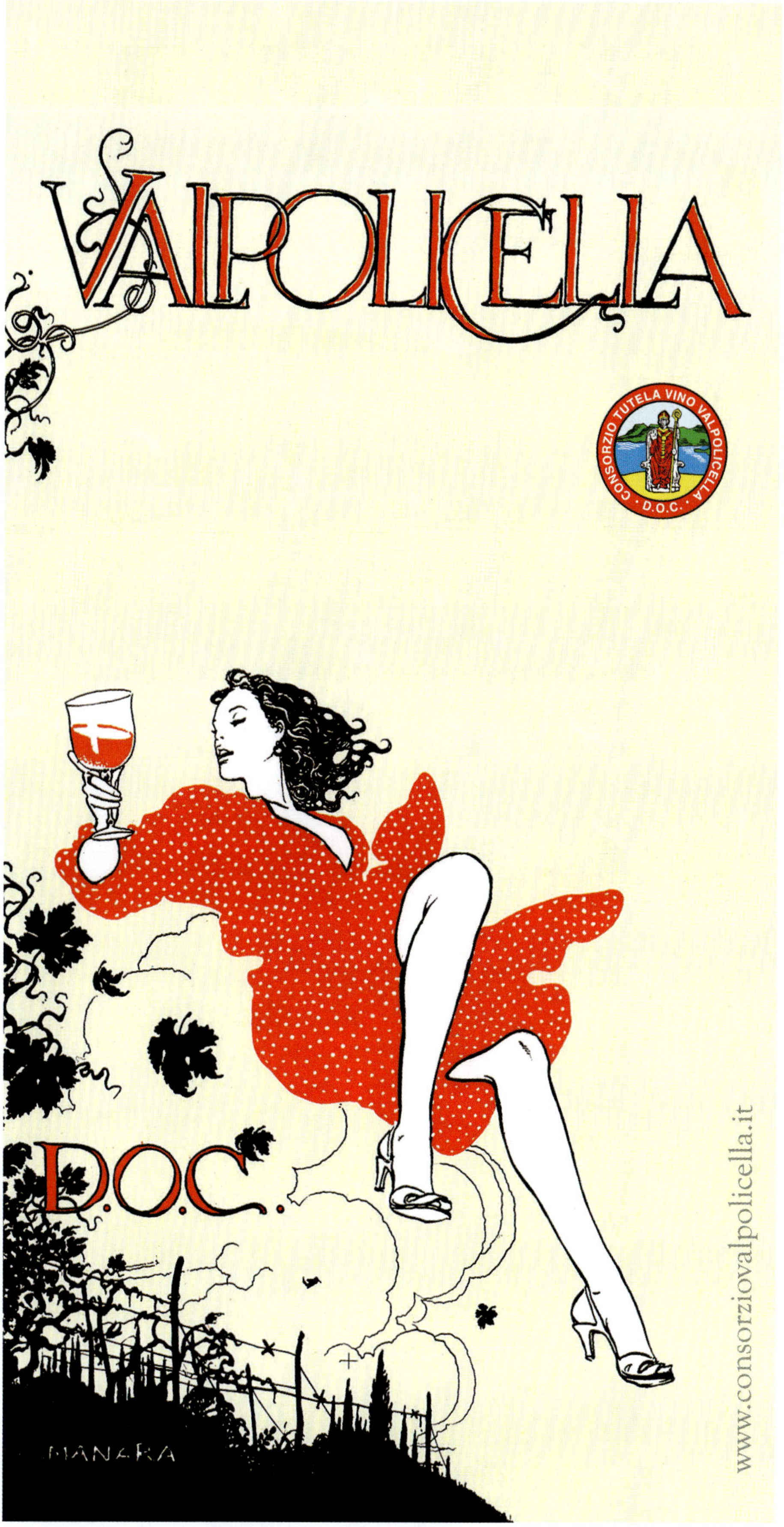

Iniziativa finanziata dal Programma di Sviluppo Rurale per il Veneto 2007 - 2013
Organismo responsabile dell'informazione: Consorzio per la Tutela dei Vini Valpolicella
Autorità di gestione: Regione del Veneto - Direzione Piani e Programmi del Settore Primario

Qualità
la progettiamo, la costruiamo, la imbottigliamo

E la coltiviamo fino dal 1946, attraverso una costante innovazione progettuale e costruendo con cura e passione ogni singolo pezzo delle nostre macchine.
È la stessa qualità che inizia in vigna e finisce in bottiglia, perché Gai nasce e cresce a fianco delle più grandi realtà vitivinicole mondiali, ed è legata a loro grazie agli oltre 100 rivenditori e centri assistenza sparsi nel mondo.
Una ricerca lunga oltre 60 anni, una ricerca senza fine.

MACCHINE IMBOTTIGLIATRICI DA 1.000 A 15.000 B/H
fraz. Cappelli, 33/b - 12040 Ceresole d'Alba (Cn)
tel. 0172 574416 - gai@gai-it.com - www.gai-it.com

I TRE BICCHIERI SOTTO 15 EURO

Sono 52 anche quest'anno le etichette premiate che potremo trovare sugli scaffali dell'enoteca a meno di 15 euro. La percentuale sul totale dei vini premiati, anche se di poco, sale rispetto alla scorsa edizione, passando dal 13 al 14 per cento circa. Un dato interessante, perché illustra con chiarezza come abbia saputo reagire a questi anni difficili per il commercio mondiale il comparto vinicolo italiano: proponendo vini sempre più buoni ad un prezzo sempre più corretto. E sedici di questi, centesimo più centesimo meno, li possiamo acquistare per dieci euro o ancora meno. La regione che colleziona più vini nella categoria è le Marche, con 8, seguita dall'Emilia Romagna con 7, dal Piemonte e dal Friuli Venezia Giulia con 4.

Vino	Produttore	Regione
A. A. Lago di Caldaro Cl. Sup. Puntay '10	Erste+Neue	Alto Adige
A. A. Lagrein Gries '09	Gummerhof - Malojer	Alto Adige
A. A. Valle Venosta Pinot Bianco '10	Stachlburg - Baron von Kripp	Alto Adige
Aglianico del Vulture Serra del Prete '09	Musto Carmelitano	Basilicata
Barbera del M.to Sup. Le Cave '09	Castello di Uviglie	Piemonte
C. B. Pignoletto Cl. V. del Grotto '09	Orsi - San Vito	Emilia Romagna
Cannonau di Sardegna Dule Ris. '08	Giuseppe Gabbas	Sardegna
Carema Et. Bianca '07	Cantina dei Produttori Nebbiolo di Carema	Piemonte
Cartagho Mandrarossa '09	Settesoli	Sicilia
Castel del Monte Rosso V. Pedale Ris. '08	Torrevento	Puglia
Chianti Cl. '09	Tenuta di Lilliano	Toscana
Clemens '09	Casale Marchese	Lazio
COF Friulano '10	Ronchi di Manzano	Friuli Venezia Giulia
Colli della Romagna Centrale Sangiovese Pertinello '08	Tenuta Pertinello	Emilia Romagna
Collio Bianco Fosarin '10	Ronco dei Tassi	Friuli Venezia Giulia
Collio Bianco V. Runc '10	Il Carpino	Friuli Venezia Giulia
Custoza Sup. Amedeo '09	Cavalchina	Veneto
Custoza Sup. Ca' del Magro '09	Monte del Frà	Veneto
Erbaluce di Caluso La Rustìa '10	Orsolani	Piemonte
Erbaluce di Caluso Le Chiusure '10	Favaro	Piemonte
Fiano di Avellino '10	Rocca del Principe	Campania
Frascati Sup. Epos '10	Poggio Le Volpi	Lazio
Friuli Isonzo Malvasia '10	Ronco del Gelso	Friuli Venezia Giulia
Grechetto Poggio della Costa '10	Sergio Mottura	Lazio
Greco di Tufo '10	Pietracupa	Campania
Lambrusco di Sorbara Leclisse '10	Gianfranco Paltrinieri	Emilia Romagna
Lambrusco di Sorbara Vecchia Modena Premium '10	Chiarli 1860	Emilia Romagna
Molise Aglianico Contado Ris. '09	Di Majo Norante	Molise
Montepulciano d'Abruzzo Amorino '07	Podere Castorani	Abruzzo
Offida Pecorino Ciprea '10	San Savino - Poderi Capecci	Marche
Pecorino '10	Tiberio	Abruzzo
Plumbago '09	Planeta	Sicilia
Reggiano Concerto '10	Ermete Medici & Figli	Emilia Romagna
Riviera Ligure di Ponente Pigato Cycnus '10	Poggio dei Gorleri	Liguria
Riviera Ligure di Ponente Vermentino '10	Laura Aschero	Liguria
Sangiovese di Romagna Sup. Petrignone Ris. '08	Tre Monti	Emilia Romagna
Sangiovese di Romagna Sup. Primo Segno '09	Villa Venti	Emilia Romagna
Soave Cl. Monte Alto '09	Ca' Rugate	Veneto
Soave Cl. Monte Carbonare '09	Suavia	Veneto
Valle d'Aosta Petite Arvine '10	Le Château Feuillet	Valle d'Aosta
Valle d'Aosta Petite Arvine '10	Elio Ottin	Valle d'Aosta
Valpolicella Cl. Sup. Ripasso Solane '09	Santi	Veneto
Verdicchio dei Castelli di Jesi Cl. Salmariano Ris. '08	Marotti Campi	Marche
Verdicchio dei Castelli di Jesi Cl. Sup. Gli Eremi Ris. '09	La Distesa	Marche
Verdicchio dei Castelli di Jesi Cl. Sup. Misco '10	Tenuta di Tavignano	Marche
Verdicchio dei Castelli di Jesi Cl. Sup. Pallio di S. Floriano '10	Monte Schiavo	Marche
Verdicchio di Matelica Cambrugiano Ris. '08	Belisario	Marche
Verdicchio di Matelica Vertis '09	Borgo Paglianetto	Marche
Verdicchio di Matelica Vign. Fogliano '08	Bisci	Marche
Vermentino di Gallura Sup. Monteoro '10	Tenute Sella & Mosca	Sardegna
Vernaccia di S. Gimignano Ris. '09	La Lastra	Toscana
Vernaccia di S. Gimignano Zeta '10	Mattia Barzaghi	Toscana

Cosa si nasconde dietro
un risultato perfetto

il sistema completo Winterhalter
con una marcia in più :-)

Winterhalter Italia Srl
Via Taormina 10 - 21010 Cardano al Campo (VA)
Tel 0331 734147 - Fax 0331 734028

winterhalter

customercare@winterhalter.it

www.winterhalter.it
info@winterhalter.it
customercare@winterhalter.it

Premiata la qualità della famiglia Birra Moretti.
IL 2011 È UN'OTTIMA ANNATA.

LA FAMIGLIA BIRRA MORETTI PREMIATA DAI GRANDI SOMMELIER.

La Tradizione e qualità della famiglia di Birra Moretti vengono riconosciute e premiate a livello internazionale dall'International Taste & Quality Institute, con la collaborazione dell'Association de la Sommellerie Intenationale: 3 stelle Birra Moretti Baffo D'Oro, Birra Moretti La Rossa, Birra Moretti Doppio Malto, Birra Moretti Grand Cru, 2 stelle Birra Moretti e Birra Moretti Zero. La qualità è una questione di famiglia.

WWW.BIRRAMORETTI.IT - WWW.BEVIRESPONSABILE.IT - NUMERO VERDE 800-1859.00

BIRRA MORETTI: LA FAMIGLIA DI BIRRE PIÙ PREMIATA D'ITALIA

39 PREMI IN SEI ANNI. L'ELEVATA QUALITÀ DEI PRODOTTI DELLA FAMIGLIA BIRRA MORETTI, LA BIRRA PIÙ VENDUTA IN ITALIA ED ESPORTATA IN OLTRE 40 PAESI NEL MONDO, È APPREZZATA E RICONOSCIUTA ANCHE ALL'ESTERO DA ESPERTI DEL SETTORE PROVENIENTI DA TUTTO IL MONDO.

BIRRA MORETTI: LA STORIA UNA FAMIGLIA IN 6 BIRRE

Birra Moretti, lager con classe, da 4,6% vol. Un capolavoro dal giusto equilibrio tra aroma e persistenza. Ideale per le più svariate occasioni di consumo.

Birra Moretti Grand Cru, una birra speciale ad alta fermentazione, rifermentata in bottiglia, dal colore ambrato, prodotta secondo altissimi standard qualitativi. Dal bouquet ampio e raffinato, si presta per gli abbinamenti a piatti elaborati di carne e di pesce. Un piacere da gustare a casa o da regalare e condividere in compagnia.

Birra Moretti Doppio Malto, è una birra doppio malto chiara: aroma intenso e un inconfondibile colore oro. Con una gradazione di 7% vol., si abbina a piatti strutturati o, per contrasto, arricchisce di aromi e profumi piatti leggeri a base di pesce, cui conferisce corpo e rotondità.

Birra Moretti La Rossa, la doppio malto prodotta con una speciale qualità di malto d'orzo, essiccato e torrefatto, un gusto di malto caramellato e un aroma intenso con toni speziati. 7,2% vol. di gradazione alcolica, la sua complessità di aromi, la rende perfetta per gli abbinamenti con antipasti di pesce, primi con crostacei, grigliate di carne, formaggi stagionati e dolci alla frutta.

Birra Moretti Baffo D'Oro, è una birra Premium 100% di puro malto, a bassa fermentazione, prodotta unicamente con malto d'orzo proveniente da varietà selezionate. Una gradazione alcolica pari a 4,8% vol. un colore oro vivo e un gusto maltato. Birra Moretti Baffo d'Oro si accompagna con antipasti di buona struttura e numerosi piatti della tradizione italiana: la pasta, la pizza, i risotti e gli arrosti, meglio se di carne bianca.

Birra Moretti Zero, è la prima birra italiana a 0 alcol*. È una lager chiara a bassa fermentazione: il mix ideale tra gusto e qualità. In degustazione la schiuma si presenta compatta e aderente, con un aroma intenso di luppolo fine. Si abbina a cibi dal gusto morbido, che ben si adattano alla frizzantezza e al suo gusto bilanciato e aromatico.

*alcol < 0,05%vol.

WWW.BIRRAMORETTI.IT - WWW.BEVIRESPONSABILE.IT

RISERVA 15 ANNI.
IMPECCABILMENTE
NARDINI.

I TRE BICCHIERI VERDI

Segnaliamo con una menzione speciale, quella dei Tre Bicchieri Verdi, i premi ottenuti da aziende che operano con una particolare sensibilità ambientale. Questa segnalazione ha avuto un grandissimo successo nelle scorse edizioni, e siamo felici di riproporla. Quest'anno i vini che evidenziamo sono ben 95, dodici in più dello scorso anno. La percentuale rispetto al totale dei Tre Bicchieri, che quest'anno sono 375, sale perciò da poco più del 20 a oltre il 25%. Un segnale incoraggiante, che vuol dire che nelle migliori aziende vinicole italiane si sta facendo strada una nuova sensibilità. Poco a poco il volto delle vigne italiane cambierà. Oggi un produttore premiato su quattro è "verde", in un futuro prossimo saranno molti di più quelli che decideranno di aggiungere valori importanti alla loro produzione di qualità. Piuttosto, sulle definizioni c'è ancora poca chiarezza, e noi ci basiamo sulle dichiarazioni spontanee dei produttori. Accanto ai biodinamici certificati (appena 4), troviamo i biologici certificati, che sono 38, e che insieme a quelli portano il totale dei certificati al 44 per cento. Gli altri ricadono sotto la categoria "naturale", che vuol dire che si applicano tecniche agrarie biologiche o biodinamiche ma non si è richiesta una certificazione. Vuol dire che più della metà delle aziende premiate è ancora incerta se sottoporsi a questi protocolli di verifica, mentre moltissime altre aziende stanno iniziando a lavorare su certificazioni più complesse, come le norme UNI EN ISO 14000, che tengono conto dell'impronta carbonica e della sostenibilità etica ed economica, oltre che meramente ecologica, dell'azienda. Noi stiamo acquisendo questi dati e siamo pronti a sostenere le aziende in questo complesso percorso, che riteniamo sia fondamentale per il futuro di tutto il comparto agricolo italiano.

Vino	Produttore	Regione
A. A. Cabernet Löwengang '07	Alois Lageder	Alto Adige
A. A. Lagrein Mirell '09	Tenuta Waldgries	Alto Adige
A. A. Terlano Pinot Bianco Eichhorn '10	Manincor	Alto Adige
A. A. Valle Isarco Riesling Kaiton '10	Kuenhof - Peter Pliger	Alto Adige
A. A. Valle Venosta Pinot Bianco '10	Stachlburg - Baron von Kripp	Alto Adige
A. A. Valle Venosta Riesling '10	Falkenstein - Franz Pratzner	Alto Adige
Aglianico del Taburno Terra di Rivolta Ris. '08	Fattoria La Rivolta	Campania
Aglianico del Vulture Serra del Prete '09	Musto Carmelitano	Basilicata
Aglianico del Vulture Titolo '09	Elena Fucci	Basilicata
Amarone della Valpolicella '06	Trabucchi d'Illasi	Veneto
Amarone della Valpolicella Cl. Vign. di Ravazzol '07	Ca' La Bionda	Veneto
Amarone della Valpolicella Ris. '07	Musella	Veneto
Barbera d'Asti Bricco dell'Uccellone '09	Braida	Piemonte
Barbera d'Asti Sup. Bionzo '09	La Spinetta	Piemonte
Barbera d'Asti Sup. La Mandorla '09	Luigi Spertino	Piemonte
Barbera d'Asti Sup. Nizza Acsé '08	Scrimaglio	Piemonte
Barbera del M.to Sup. Le Cave '09	Castello di Uviglie	Piemonte
Barolo Bricco Boschis V. S. Giuseppe Ris. '05	F.lli Cavallotto – Tenuta Bricco Boschis	Piemonte
Barolo Bricco Sarmassa '07	Giacomo Brezza & Figli	Piemonte
Barolo Brunate-Le Coste '07	Giuseppe Rinaldi	Piemonte
Barolo Cerretta V. Bricco '05	Elio Altare	Piemonte
Barolo Sorì Ginestra '07	Conterno Fantino	Piemonte
Barricadiero '09	Aurora	Marche
Bolgheri Sup. Campo al Fico '08	I Luoghi	Toscana
Brunello di Montalcino '06	Biondi Santi - Tenuta Il Greppo	Toscana
Brunello di Montalcino Altero '06	Poggio Antico	Toscana
C. B. Pignoletto Cl. V. del Grotto '09	Orsi - San Vito	Emilia Romagna
Carso Malvasia '09	Zidarich	Friuli Venezia Giulia
Cartizze V. La Rivetta '10	Villa Sandi	Veneto
Castel del Monte Rosso V. Pedale Ris. '08	Torrevento	Puglia
Chianti Cl. Baron'Ugo Ris. '07	Monteraponi	Toscana
Chianti Cl. Foho Ris. '08	Casa al Vento	Toscana
Chianti Cl. Ris. '07	Badia a Coltibuono	Toscana
Chianti Cl. Ris. '08	Castello di Volpaia	Toscana
Chianti Cl. Ris. '07	Fattoria Le Fonti	Toscana
COF Friulano V. Cinquant'Anni '09	Le Vigne di Zamò	Friuli Venezia Giulia
COF Pinot Bianco Zuc di Volpe '10	Volpe Pasini	Friuli Venezia Giulia
COF Rosso Sacrisassi '09	Le Due Terre	Friuli Venezia Giulia

NUOVO!

NOMACORC®
Select Series

Nomacorc presenta Select Series, la nuova gamma di tappi coestrusi per vino dalle elevate prestazioni, ideata per soddisfare le richieste dei viticoltori più esigenti e dei vini unici che essi creano. Dai vini bianchi delicati a quelli rossi robusti, dai vini leggeri e dal sapore fruttato a quelli complessi e corposi, esiste il tappo Select Series che soddisfa qualsiasi esigenza relativa alla gestione dell'ossigeno nella fase del post-imbottigliamento.

- Garanzia della gestione costante dell'ossigeno in bottiglia rispetto a qualsiasi altro tappo per vino

- Colore e materiale di realizzazione indistinguibili dal sughero naturale

- Prima e unica chiusura alternativa ed ermetica che può essere stampata all'estremità

Per saperne di più sulla Promessa dell'Enologo visita
http://it.nomacorc.com/

Soggetto a termini e condizioni Nomacorc

seguici anche su:

Nomacorc SA | Via L.Dalla Via | Centro direz. Summano, Torre A, Piano 3
36015 Schio (VI) | Italia | tel. +39/0445/500808 | Fax +39/0445/500897 | nomacorc.com

I TRE BICCHIERI VERDI

Vino	Produttore	Regione
COF Sauvignon Zuc di Volpe '10	Volpe Pasini	Friuli Venezia Giulia
Colline Lucchesi Tenuta di Valgiano '08	Tenuta di Valgiano	Toscana
Collio Bianco '10	Edi Keber	Friuli Venezia Giulia
Collio Bianco Broy '10	Eugenio Collavini	Friuli Venezia Giulia
Collio Bianco V. Runc '10	Il Carpino	Friuli Venezia Giulia
Collio Friulano '10	Franco Toros	Friuli Venezia Giulia
Costa d'Amalfi Furore Bianco '10	Marisa Cuomo	Campania
Derthona '09	Vigneti Massa	Piemonte
Etna Bianco '10	Graci	Sicilia
Etna Bianco A' Puddara '09	Tenuta di Fessina	Sicilia
Etna Rosso Cavanera Rovo delle Coturnie '09	Firriato	Sicilia
Etna Rosso San Lorenzo '09	Girolamo Russo	Sicilia
Fiano di Avellino '09	Guido Marsella	Campania
Fiano di Avellino Alimata '10	Villa Raiano	Campania
Fiano di Avellino Exultet '09	Quintodecimo	Campania
Flaccianello della Pieve '08	Az. Agr. Fontodi	Toscana
Gioia del Colle Muro Sant'Angelo Contrada Barbatto '08	Chiaromonte	Puglia
Gioia del Colle Primitivo 17 '08	Polvanera	Puglia
Grechetto Poggio della Costa '10	Sergio Mottura	Lazio
Greco di Tufo Cutizzi '10	Feudi di San Gregorio	Campania
Il Carbonaione '08	Podere Poggio Scalette	Toscana
Kaplja '08	Damijan Podversic	Friuli Venezia Giulia
Kurni '09	Oasi degli Angeli	Marche
Maestro Raro '08	Fattoria di Felsina	Toscana
Molise Aglianico Contado Ris. '09	Di Majo Norante	Molise
Montecucco Grotte Rosse '08	Salustri	Toscana
Montecucco Rosso Colle Massari Ris. '08	Colle Massari	Toscana
Montello e Colli Asolani Il Rosso dell'Abazia '08	Serafini & Vidotto	Veneto
Montepulciano d'Abruzzo Amorino '07	Podere Castorani	Abruzzo
Montepulciano d'Abruzzo Cocciapazza '08	Torre dei Beati	Abruzzo
Moscato Passito '10	Luigi Viola	Calabria
Nambrot '08	Tenuta di Ghizzano	Toscana
Nerobufaleffj '07	Gulfi	Sicilia
Nobile di Montepulciano Salco Evoluzione '06	Salcheto	Toscana
Offida Pecorino Ciprea '10	San Savino - Poderi Capecci	Marche
Ograde Non Filtrato '09	Skerk	Friuli Venezia Giulia
Percarlo '07	San Giusto a Rentennano	Toscana
Perda Pintà '09	Giuseppe Sedilesu	Sardegna
Relógio '09	Ca' Orologio	Veneto
Roero Ròche d'Ampsèj Ris. '07	Matteo Correggia	Piemonte
Roero Trinità Ris. '07	Malvirà	Piemonte
Sangiovese di Romagna Sup. Avi Ris. '08	San Patrignano	Emilia Romagna
Sangiovese di Romagna Sup. Primo Segno '09	Villa Venti	Emilia Romagna
Soave Cl. Calvarino '09	Leonildo Pieropan	Veneto
Terra di Lavoro '09	Galardi	Campania
Torcicoda '09	Tormaresca	Puglia
Trebbiano d'Abruzzo '09	Valentini	Abruzzo
Valle d'Aosta Petite Arvine '10	Le Château Feuillet	Valle d'Aosta
Valpolicella Cl. Sup. Ripasso Saustò '07	Monte dall'Ora	Veneto
Valtellina Sup. Sassella Stella Retica Ris. '06	Ar.Pe.Pe.	Lombardia
Valturio '09	Valturio	Marche
Verdicchio dei Castelli di Jesi Cl. Sup. Vecchie Vigne '09	Umani Ronchi	Marche
Verdicchio dei Castelli di Jesi Cl. Sup. Gli Eremi Ris. '09	La Distesa	Marche
Verdicchio di Matelica Vertis '09	Borgo Paglianetto	Marche
Vernaccia di S. Gimignano Fiore '09	Montenidoli	Toscana
Vernaccia di S. Gimignano Zeta '10	Mattia Barzaghi	Toscana
Vigna del Volta '08	La Stoppa	Emilia Romagna

LA CLASSIFICAZIONE DELLE ANNATE DAL 1990 AL 2010

	BARBARESCO BAROLO	AMARONE	CHIANTI CLASSICO	BRUNELLO DI MONTALCINO	BOLGHERI	TAURASI
1990	4	5	4	5	5	5
1991	1	2	1	2	1	1
1992	1	1	1	–	3	3
1993	2	4	4	2	2	2
1994	1	3	2	2	2	2
1995	3	4	3	2	2	2
1996	5	3	2	2	2	2
1997	4	4	5	5	4	4
1998	2	3	3	2	2	2
1999	4	4	4	5	5	5
2000	3	3	3	3	3	3
2001	5	5	5	4	4	4
2002	2	2	2	2	1	4
2003	2	3	2	2	–	4
2004	4	3	3	3	4	4
2005	3	3	2	2	3	5
2006	4	4	2	4	4	4
2007	2	5	5	4	4	3

	ALTO ADIGE BIANCO	SOAVE	FRIULI BIANCO	VERDICCHIO DEI CASTELLI DI JESI	FIANO DI AVELLINO	GRECO DI TUFO
2000	2	4	3	3	2	2
2001	2	4	2	2	2	2
2002	4	3	1	2	3	2
2003	1	1	–	3	3	2
2004	3	3	3	3	3	3
2005	3	4	3	3	3	3
2006	2	2	2	3	4	4
2007	3	3	2	3	3	3
2008	2	3	3	3	3	3
2009	4	4	3	4	4	4
2010	5	3	3	4	3	3

CUORICINI
DI PECORINO ROMANO
D.O.P.

Hanno vinto il prestigioso premio Superior Taste Award per l'edizione 2011, assegnato da grandi Chefs dell'International Taste & Quality Institute.

dal 1938
www.brunelli.it

AUT. CONSORZIO PER LA TUTELA DEL FORMAGGIO PECORINO ROMANO N. 63/92 - D.P.R. 30/10/1995 MODIF. COND. D.M. 06/06/1995 D.O.P. - REG. CE 1107/96

GARANTITO DAL MINISTERO DELLE POLITICHE AGRICOLE, ALIMENTARI E FORESTALI AI SENSI DELL'ART. 10 DEL REG. (CE) 510/2006

ROLL ON TE®
Una protezione visibile

DIVINUM®
La chiusura a vite

Per i produttori di vino, il fatto di poter creare un'identità di marca inconfondibile è fondamentale per la realizzazione di una politica di marketing di successo: il packaging fa parte di questa strategia.

Guala Closures Group fornisce le più famose case vinicole, dalle marche internazionali fino ai prodotti locali più prestigiosi ed offre la possibilità di personalizzare le chiusure con una gamma infinita di colori, forme, dimensioni e materiali, per soddisfare le richieste più esigenti, con la tecnologia più avanzata di serigrafia, stampa a caldo, litografia, offset e stampa in rilievo.

WAK®
Un tocco di classe

DIVINUM MOSS®
Vini leggermente frizzanti

Guala Closures Group oggi è leader mondiale nella produzione di chiusure irriempibili per bevande alcoliche, con una produzione di oltre 8 miliardi di chiusure all'anno. Il Gruppo offre la più ampia gamma di chiusure in alluminio nel settore del vino, con una presenza capillare nelle grandi aree commerciali tradizionali e in continua espansione sui nuovi mercati emergenti, grazie alla sua presenza in 4 continenti, con 23 stabilimenti, e una rete commerciale presente in oltre 100 paesi.

Stabilimenti e uffici commerciali:
Italia, UK, Germania, Francia, Ucraina, Bulgaria, U.S.A., Messico, Brasile, Argentina, Colombia, Cina, India, Russia, Australia, Nuova Zelanda, Sud Africa.

Guala Closures Group

www.gualaclosures.com   www.savethewines.com

I CASTELLI
HOTEL ★ RISTORANTE

Completamente rinnovato nel 2011 - Completely renovated in 2011

★★★★ ♥ Alba

www.hotel-icastelli.com - info@hotel-icastelli.com

Corso Torino, 14 - 12051 Alba - Cuneo Tel. +39 0173-361978

L' HOTEL-RISTORANTE I CASTELLI, SITUATO NEL CENTRO DI ALBA, OFFRE: COLAZIONE A BUFFET COMPRES... PARCHEGGIO PRIVATO ALL'INTERNO DELL'HOTEL COMPRESO, CONNESSIONE WI-FI AD ALTA VELOCITA' GRATUI... CANALI TV SKY GRATUITI, RECEPTION 24 ORE SU 24, CAMERE NON FUMATORI, CAMERE PER OSPITI DISAB... CASSETTA DI SICUREZZA, CAMERE INSONORIZZATE, ARIA CONDIZIONATA, SERVIZIO LAVANDERIA, SERVI... STIRERIA, PALESTRA, NOLEGGIO BICICLETTE GRATUITO, SALE RIUNIONI, CENTRO BUSINESS, PRANZI DI LAVO... TERRAZZA PANORAMICA, RISTORANTE "I CASTELLI" CON CUCINA DEL TERRITORIO, ROOM SERVICE FINO A... ORE 22,00, WINE-BAR, APERITIVI CON LE MIGLIORI ETICHETTE DI VINI DELLE LANGHE E DEL ROE...

LE STELLE

Sono ben 155 le aziende che hanno meritato almeno dieci volte i Tre Bicchieri nelle 25 edizioni di Vini d'Italia. Sono l'élite, il Gotha, il vertice, insomma, della nostra enologia. Guida da sempre la classifica Angelo Gaja, che sfiora la quinta stella con 49 premi. A 36 seguono Ca' del Bosco e La Spinetta, Elio Altare a 30. Poi gli altri a seguire. Quest'anno abbiamo 18 nuove entrate, che sono Coppo, Hilberg Pasquero, Bartolo Mascarello e Braida in Piemonte. Poi Cavit in Trentino, Lorenzo Begali, Bertani, Tenuta Sant'Antonio, Speri, Suavia e Zenato in Veneto, Borgo San Daniele e Doro Princic in Friuli Venezia Giulia, La Cerbaiola e Tenuta di Ghizzano in Toscana, La Monacesca, Oasi degli Angeli e Velenosi nelle Marche.

49
Gaja (Piemonte)

36
Ca' del Bosco (Lombardia)
La Spinetta (Piemonte)

30
Elio Altare (Piemonte)

27
Allegrini (Veneto)
Castello di Fonterutoli (Toscana)
Fattoria di Felsina (Toscana)
Valentini (Abruzzo)

23
Marchesi Antinori (Toscana)
Castello di Ama (Toscana)
Giacomo Conterno (Piemonte)
Masciarelli (Abruzzo)
Tenuta San Guido (Toscana)
Cantina Produttori San Michele Appiano (Alto Adige)

22
Bellavista (Lombardia)
Castello della Sala (Umbria)
Ferrari (Trentino)
Feudi di San Gregorio (Campania)
Jermann (Friuli Venezia Giulia)
Planeta (Sicilia)
Poliziano (Toscana)
Villa Russiz (Friuli Venezia Giulia)

21
Domenico Clerico (Piemonte)
Gravner (Friuli Venezia Giulia)
Tasca d'Almerita (Sicilia)
Cantina Tramin (Alto Adige)
Vie di Romans (Friuli Venezia Giulia)

20
Girolamo Dorigo (Friuli Venezia Giulia)
Livio Felluga (Friuli Venezia Giulia)

19
Az. Agr. Fontodi (Toscana)
Bruno Giacosa (Piemonte)
Tenuta dell' Ornellaia (Toscana)
Leonildo Pieropan (Veneto)
Schiopetto (Friuli Venezia Giulia)

18
Argiolas (Sardegna)
Cascina La Barbatella (Piemonte)
Castello Banfi (Toscana)
Isole e Olena (Toscana)
Tenimenti Ruffino (Toscana)
Paolo Scavino (Piemonte)

17
Barone Ricasoli (Toscana)
Arnaldo Caprai (Umbria)
Castello del Terriccio (Toscana)
Matteo Correggia (Piemonte)
Elio Grasso (Piemonte)
Nino Negri (Lombardia)
Querciabella (Toscana)
Cantina Produttori Santa Maddalena/Cantina Produttori Bolzano (Alto Adige)

16
Michele Chiarlo (Piemonte)
Romano Dal Forno (Veneto)
Mastroberardino (Campania)
Miani (Friuli Venezia Giulia)
Montevetrano (Campania)
Tenute Sella & Mosca (Sardegna)
Venica & Venica (Friuli Venezia Giulia)
Le Vigne di Zamò (Friuli Venezia Giulia)
Elena Walch (Alto Adige)

LE STELLE

 15
Roberto Anselmi (Veneto)
Ca' Viola (Piemonte)
Cantina di Caldaro (Alto Adige)
Cantina Produttori Colterenzio (Alto Adige)
Conterno Fantino (Piemonte)
Les Crêtes (Valle d'Aosta)
Falesco (Umbria)
Tenuta San Leonardo (Trentino)
Luciano Sandrone (Piemonte)
Serafini & Vidotto (Veneto)
Roberto Voerzio (Piemonte)
Fattoria Zerbina (Emilia Romagna)

14
Bricco Rocche - Bricco Asili (Piemonte)
Casanova di Neri (Toscana)
Aldo Conterno (Piemonte)
Gioacchino Garofoli (Marche)
Giuseppe Quintarelli (Veneto)
Ronco del Gelso (Friuli Venezia Giulia)
Cantina Terlano (Alto Adige)
Franco Toros (Friuli Venezia Giulia)
Uberti (Lombardia)
Vietti (Piemonte)

13
Abbazia di Novacella (Trentino Alto Adige)
Avignonesi (Toscana)
Castellare di Castellina (Toscana)
Cusumano (Sicilia)
Edi Keber (Friuli Venezia Giulia)
Lis Neris (Friuli Venezia Giulia)
Le Macchiole (Toscana)
Maculan (Veneto)
Montevertine (Toscana)
Palari (Sicilia)
Tua Rita (Toscana)
Vigna Rionda - Massolino (Piemonte)
Volpe Pasini (Friuli Venezia Giulia)

12
Brancaia (Toscana)
Ca' Rugate (Veneto)
Castello dei Rampolla (Toscana)
Luigi Cataldi Madonna (Abruzzo)
Còlpetrone (Umbria)
Donnafugata (Sicilia)
Foradori (Trentino)
Cantina Convento Muri-Gries (Alto Adige)
Fiorenzo Nada (Piemonte)
Pecchenino (Piemonte)
Albino Rocca (Piemonte)
Bruno Rocca (Piemonte)
Podere Rocche dei Manzoni (Piemonte)
San Patrignano (Emilia Romagna)
Cantina di Santadi (Sardegna)
Sottimano (Piemonte)

 11
Antoniolo (Piemonte)
Firriato (Sicilia)
Tenute Ambrogio e Giovanni Folonari (Toscana)
Gini (Veneto)
Kuenhof - Peter Pliger (Alto Adige)
Livon (Friuli Venezia Giulia)
Malvirà (Piemonte)
Franco M. Martinetti (Piemonte)
Masi (Veneto)
La Massa (Toscana)
Monsupello (Lombardia)
Fattoria Petrolo (Toscana)
Produttori del Barbaresco (Piemonte)
Prunotto (Piemonte)
Fattoria Le Pupille (Toscana)
Ronco dei Tassi (Friuli Venezia Giulia)
Umani Ronchi (Marche)

10
Gianfranco Alessandria (Piemonte)
Lorenzo Begali (Veneto)
Benanti (Sicilia)
Cav. G. B. Bertani (Veneto)
Borgo San Daniele (Friuli Venezia Giulia)
Braida (Piemonte)
Bucci (Marche)
Cavit (Trentino)
La Cerbaiola (Toscana)
Tenute Cisa Asinari
dei Marchesi di Grésy (Piemonte)
Tenuta Col d'Orcia (Toscana)
Coppo (Piemonte)
Poderi Luigi Einaudi (Piemonte)
Marchesi de' Frescobaldi (Toscana)
Tenuta di Ghizzano (Toscana)
Hilberg - Pasquero (Piemonte)
Tenuta J. Hofstätter (Alto Adige)
Bartolo Mascarello (Piemonte)
La Monacesca (Marche)
Monte Rossa (Lombardia)
Oasi degli Angeli (Marche)
Doro Princic (Friuli Venezia Giulia)
Dario Raccaro (Friuli Venezia Giulia)
Tenuta Sant'Antonio (Veneto)
F.lli Speri (Veneto)
Suavia (Veneto)
Velenosi (Marche)
Villa Matilde (Campania)
Viviani (Veneto)
Zenato (Veneto)

MAGNOBERTA
La Grappa dal 1918

Distillare è un'arte… invecchiare… un dovere!

GRAPPA MORBIDA
da vinacce di Moscato, Malvasia e Brachetto

4 ANNI GRAPPA STRAVECCHIA
trivitigno di Barbera, Grignolino e Freisa

info@magnoberta.com - www.magnoberta.com

COME LEGGERE LA GUIDA

DATI AZIENDALI
PRODUZIONE ANNUA
ETTARI VITATI
TIPO DI VITICOLTURA

I SIMBOLI
○ VINO BIANCO
⊙ VINO ROSATO
● VINO ROSSO

CLASSIFICAZIONE DEI VINI

♟
VINI DA DISCRETI A BUONI NELLE LORO RISPETTIVE CATEGORIE
♟♟
VINI DA MOLTO BUONI A OTTIMI NELLE LORO RISPETTIVE CATEGORIE
♟♟
VINI DA MOLTO BUONI AD OTTIMI CHE HANNO RAGGIUNTO LE DEGUSTAZIONI DI FINALE
♟♟♟
VINI ECCELLENTI NELLE LORO RISPETTIVE CATEGORIE

I VINI VALUTATI NELLE PRECEDENTI EDIZIONI DELLA GUIDA SONO SEGNALATI
CON I BICCHIERI BIANCHI (♟, ♟♟, ♟♟♟), A PATTO CHE ABBIANO MANTENUTO
LE CARATTERISTICHE ORGANOLETTICHE PER CUI ERANO STATI GIUDICATI IN PRECEDENZA.

LA STELLA ★
SEGNALA LE AZIENDE CHE HANNO CONQUISTATO
PER OGNI STELLA 10 VOLTE I TRE BICCHIERI

Fasce di prezzo
1 fino a € 3,50
2 da € 3,51 a € 5,00
3 da € 5,01 a € 7,50
4 da € 7,51 a € 13,00
5 da € 13,01 a € 20,00
6 da € 20,01 a € 30,00
7 da € 30,01 a € 40,00
8 oltre € 40,00

L'ASTERISCO *
SEGNALA UN VINO CON UN RAPPORTO QUALITÀ/PREZZO
PARTICOLARMENTE FAVOREVOLE

N.B. I PREZZI INDICATI FANNO RIFERIMENTO
ALLE QUOTAZIONI MEDIE IN ENOTECA.
LE FASCE DI PREZZO ACCANTO AI VINI CON I BICCHIERI BIANCHI
(QUELLI GIUDICATI NELLE PASSATE EDIZIONI) TENGONO CONTO
DELLA RIVALUTAZIONE DEL PREZZO CHE AVVIENE NEL TEMPO.

ABBREVIAZIONI

A. A.	Alto Adige
C.	Colli
Cl.	Classico
C.S.	Cantina Sociale
Cant.	Cantina
CEV	Colli Etruschi Viterbesi
Cast.	Castello
COF	Colli Orientali del Friuli
Cons.	Consorzio
Coop.Agr.	Cooperativa Agricola
C. B.	Colli Bolognesi
C. P.	Colli Piacentini
Et.	Etichetta
M.	Metodo
M.to	Monferrato
OP	Oltrepò Pavese
P.R.	Peduncolo Rosso
P.	Prosecco
Rif. Agr.	Riforma Agraria
Ris.	Riserva
Sel.	Selezione
Sup.	Superiore
TdF	Terre di Franciacorta
V.	Vigna
Vign.	Vigneto
V. T.	Vendemmia Tardiva

MINISTERO DELLE POLITICHE AGRICOLE ALIMENTARI E FORESTALI

Vino
un successo targato Italia

1. Il comparto vitivinicolo italiano
2. L'export
3. Il sistema di qualità dei vini italiani
4. Il ruolo del Ministero delle politiche agricole alimentari e forestali
5. Le prospettive del settore vitivinicolo di qualità per il 2011
6. Il Comitato nazionale di tutela dei vini DO e IG
7. Il ruolo dell'Ispettorato centrale della tutela della qualità e repressione frodi dei prodotti agroalimentari (ICQRF) nel settore vitivinicolo
8. I vini Dop e IGP italiani

"Vini d'Italia" del Gambero Rosso è un sicuro punto di riferimento per i consumatori e per gli operatori che vogliano avere una panoramica sul mondo vinicolo italiano, sulle migliori aziende e sulle produzioni più rappresentative di un settore strategico del Made in Italy agroalimentare.

Il vino, infatti, costituisce un modello di qualità che può essere preso ad esempio da tutti i prodotti d'eccellenza del nostro Paese. Un patrimonio assolutamente italiano, perché non c'è territorio che non abbia un vino che lo identifichi, che ne sia ambasciatore nel mondo. È questo un comparto vivo, vitale, dinamico, come dimostrato ogni anno anche da questa guida. Un volume che ha il compito di comunicare la passione, l'amore, la competenza dei nostri imprenditori, capaci di imbottigliare con sapienza delle vere e proprie espressioni di italianità.

Il 2011 è stato un anno di grande affermazione e di successo per il settore, forte di un fatturato complessivo che supera i 13 miliardi di euro e con un export in decisa crescita (12%) che supera i 3,5 miliardi di euro. Si tratta di risultati straordinari, anche in considerazione del contesto di crisi economica globale che si sta affrontando in questi anni. Sul fronte interno bisognerà lavorare sempre di più per formare nuovi consumatori, attenti ed informati, che possano far tornare a crescere i consumi, che subiscono da decenni un calo legato anche all'evoluzione delle nostre abitudini alimentari. In questo contesto, strumenti come la Guida del Gambero Rosso svolgono un ruolo fondamentale, raccontando migliaia di storie del legame tra la qualità ed i territori di provenienza che ogni bottiglia racchiude.

Vino: un successo targato Italia

A tutti i lettori della Guida, come Ministero, non possiamo che mandare un messaggio: il nostro impegno al fianco dei produttori per favorire lo sviluppo del settore enologico è, e continuerà ad essere, massimo. La qualità, infatti, è una premessa essenziale per poter essere competitivi a livello mondiale, ma altrettanto strategico è garantire un adeguato sistema di tutela. Grazie al lavoro svolto dalle forze dell'ordine e dagli organismi di nostra diretta dipendenza, in particolare dall'Ispettorato centrale della tutela della qualità e repressione frodi dei prodotti agroalimentari (ICQRF), abbiamo gli strumenti adeguati per questa esigenza. Il vino italiano è sicuro, controllato e garantito, oltre ad avere uno stretto legame con la terra di provenienza pienamente rilevabile attraverso un'etichettatura chiara.

Sostenere il vino non significa però solo controllarlo, ma anche promuoverlo. E per questo il Ministero delle politiche agricole alimentari e forestali metterà in campo delle azioni mirate che abbiano come obiettivo la promozione del vino a livello nazionale ed internazionale, con un impiego di risorse che contribuisca a far crescere e consolidare gli spazi di mercato. Il vino, come altri prodotti d'eccellenza italiani, risponde perfettamente alle esigenze di quei consumatori che cerchino la qualità assoluta, ottenuta nel rispetto dell'ambiente e con un gusto assolutamente inimitabile.

Francesco Saverio Romano
Ministro delle politiche agricole alimentari e forestali

Vino: un successo targato Italia

Il vino è uno dei prodotti che è in grado di rappresentare al meglio il carattere, l'unità ed il genio dell'Italia. Da millenni la vite è parte integrante dei meravigliosi paesaggi rurali del nostro Paese e la cultura del vino è intrinsecamente legata alle nostre radici culturali.

Un prodotto, dunque, che si può definire con orgoglio una bandiera d'eccellenza del Made in Italy agroalimentare, costituendo un modello da seguire, dal punto di vista produttivo, commerciale, d'immagine. Un patrimonio che il Ministero delle politiche agricole alimentari e forestali tutela e promuove, supervisionando e contribuendo fattivamente alla crescita della qualità del prodotto, alla competitività del sistema anche sul piano internazionale. Non è retorico dire che il vino è uno dei pilastri della nostra Dieta Mediterranea e che per queste sue caratteristiche deve trovare sempre più spazio sulle tavole degli Italiani e dei consumatori stranieri. I numeri che seguono confermano l'importanza e la strategicità di questo comparto, dal punto di vista economico, sociale e di comunicazione dell'Italia nel mondo.

Il 2011, inoltre, rappresenta un anno di svolta per il settore, perché entreranno in vigore nuove disposizioni normative che hanno il principale obiettivo di semplificare l'impegno burocratico per le aziende e rilanciare i consumi interni ed internazionali. Il vino italiano pone dunque oggi le basi per proseguire con successo un percorso storico e di grande valore.

 **Vino:** un successo targato Italia

Il comparto vitivinicolo italiano

I numeri del vino italiano sono la dimostrazione che un settore ben governato, con un sistema legislativo che favorisce ed indirizza lo sviluppo della qualità del prodotto, è capace di dare risultati stabili di crescita, consolidando le basi per un futuro di sempre maggiori successi.

Queste sono le cifre essenziali:
- Superficie vigneto Italia: 700.000 ettari;
- Aziende viticole: n. 700.000;
- Imprese imbottigliatrici: n. 30.000;
- Produzione vinicola (media ultimi 5 anni): 47 milioni di ettolitri;
- Produzione stimata vendemmia 2010: 45,5 milioni di ettolitri.

Il PIL dell'intero settore vitivinicolo ammonta a circa 13 miliardi di euro, di cui 3,9 miliardi dovuti all'esportazione.

A questi dati va aggiunto l'ulteriore valore dovuto all'indotto che ruota intorno al settore: dalle industrie delle tecnologie di cantina (2 miliardi di euro), al packaging, all'editoria, al turismo ed alla cultura.
Basterebbero quindi i soli numeri a disegnare i tratti di un successo davvero targato Italia. Nel 2011 il nostro Paese ha raggiunto anche la prima posizione nel mondo per volume di vino prodotto, incrementando le vendite all'estero, spesso con percentuali a doppia cifra. Risultati che sono stati raggiunti grazie all'impegno quotidiano di migliaia di imprenditori che stanno trasformando le vigne in veri e propri gioielli ambientali, valorizzando in ogni Regione i territori di produzione. Il vino, infatti, ha questa straordinaria caratteristica, ancor più da sottolineare nell'anno del 150° anniversario dell'Unità d'Italia: non c'è zona del nostro Paese dove non si produca vino di qualità riconosciuta.

È questo uno dei nostri di punti forza, che ci consente di attrarre milioni di consumatori nel mondo, incuriositi dalla scoperta della ricchezza di tipologie e di sapori tipicamente italiani. Un fascino che si traduce da un lato in un aumento del numero di enoturisti stranieri nelle nostre cantine, dall'altro in una crescita esponenziale dei risultati del nostro export, ormai fattore determinante per i fatturati di tutte le aziende del comparto.

Vino: un successo targato Italia

2 L'export

La tendenza delle nostre esportazioni vinicole, in costante crescita, rivela la forza del vino italiano sullo scenario internazionale. Anche in un periodo di crisi economica, con un mercato interno che segnala una flessione costante dei consumi, il vino è stato capace di aprire nuovi mercati (in evidenza quelli asiatici) e consolidare mercati tradizionali come quello degli Stati Uniti d'America.

In particolare a sostegno della promozione delle eccellenze viticole nazionali, l'Unione Europea ha destinato in questi anni risorse importanti che hanno consentito alle aziende di poter investire nella comunicazione, nella valorizzazione delle caratteristiche peculiari dei territori, nell'educazione al consumo di nuovi appassionati. Nei prossimi tre anni l'Italia del vino potrà contare su un budget di quasi 500 milioni di euro, per metà finanziati dall'UE attraverso le disposizioni della OCM (Organizzazione comune di mercato) VINO. Si tratta di un patrimonio che consentirà agli imprenditori di sostenere l'export attraverso programmi mirati di intervento sui Paesi Terzi, che costituiscono senza dubbio un perno importante per le basi del mercato futuro del vino.

Interessante anche analizzare i movimenti di mercato dei diversi settori di produzione, considerando che complessivamente nel 2010 le esportazioni sono ammontate a circa 22 milioni di ettolitri (+10,7% rispetto al 2009), per un valore pari a 3,9 miliardi di euro (+ 11,7% rispetto al 2009).

	Litri	Var.%	€	Var.%	€/litro	Var.%
spumanti	185.446.830	19,7	444.898.195	14,6	2,40	-4,2
bottiglia	1.264.026.583	7,8	3.122.299.218	12,2	2,47	4,1
sfusi	743.070.391	13,8	330.329.103	4,2	0,44	-8,5
TOT.	2.192.543.804	10,7	3.897.526.516	11,7	1,78	0,9

Vino: un successo targato Italia

Il sistema di qualità dei vini italiani

Il sistema di qualità del vino italiano tende a valorizzare il legame tra le uve e le terre dove sono coltivate, ponendo al centro un corretto ed equilibrato intervento in cantina da parte degli enologi e dei tecnici che trasformano i frutti in grandi vini italiani. Un sistema legislativo che ha ormai da anni le sue fondamenta nel diritto comunitario, ma che viene declinato costantemente anche attraverso il lavoro del Ministero delle politiche agricole e degli uffici di competenza. Alla base di questo sistema ci sono le denominazioni d'origine, con la piramide qualitativa che vede alla sua base i vini da Tavola, prosegue con i vini a Indicazione Geografica (IGT), i vini a Denominazione d'origine controllata (DOC) e quelli a Denominazione d'origine controllata e garantita (DOCG), che esprimono il massimo delle potenzialità organolettiche e territoriali, ponendosi al vertice della gamma. Con la nuova OCM VINO ed il decreto legislativo 61/2010 anche i prodotti vitivinicoli vengono assorbiti dalla disciplina in vigore per le Denominazioni d'origine protetta (DOP) e per le Indicazioni geografiche tipiche (IGP), pur mantenendo le diciture tradizionali sopraelencate. Un passo significativo che conferma la sicurezza dei prodotti italiani, la garanzia sul valore organolettico e sulla provenienza delle nostre bottiglie.

Il quadro, aggiornato al 5 luglio 2011, dei vini a denominazione di origine (DOP) e ad indicazione geografica (IGP) italiani è il seguente:

Riguardo alla ripartizione delle produzioni, sul totale vinicolo (43 milioni di ettolitri), nel 2009, sono state le seguenti:

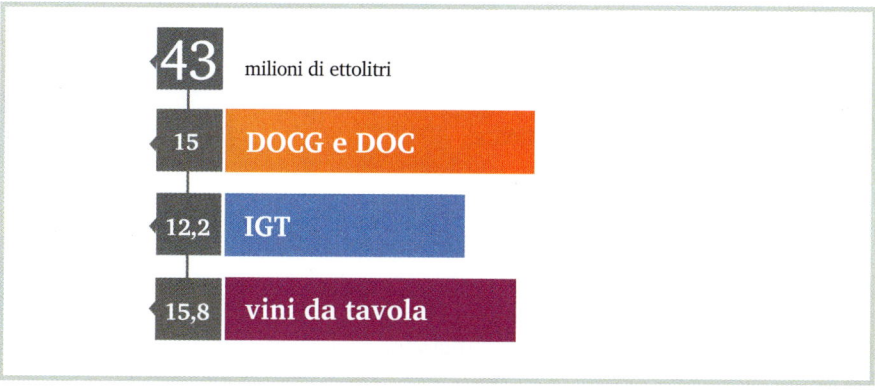

Vino: un successo targato Italia

4 Il ruolo del ministero

Il **Ministero** delle politiche agricole alimentari e forestali, insieme alla filiera produttiva, ad altri Enti ed alle Regioni, ha contribuito in maniera determinante alla costruzione ed al consolidamento dell'importante patrimonio vitivinicolo di qualità italiano, legato alle DO e IG.

In particolare ha svolto e svolge tuttora funzioni tecnico – normative di tutto rilievo a livello nazionale, comunitario ed internazionale:

- **nell'ambito** della nuova OCM si è impegnato in sede UE per mantenere alta la specificità e l'identità delle nostre produzioni, tant'è che nei nuovi regolamenti (Reg. CE n. 479/2008, poi confluito nel Reg. CE n. 123472007 dell'OCM unica, e il Reg. CE n. 606/2009 e n. 607/2009) sono state riprese molte disposizioni legate al potenziale viticolo ed alle tecniche di elaborazione tradizionali previste dalla precedente normativa e le innovazioni hanno tenuto conto delle nostre esigenze strutturali e promozionali;

- **ha partecipato,** in qualità di primario proponente, all'adozione del decreto legislativo 8 aprile 2010, n. 61, recante la tutela delle denominazioni di origine e delle indicazioni geografiche dei vini, in attuazione della legge Comunitaria n. 88 del 2009, con il quale, dopo circa 20 anni di vita della legge 164/1992, è stato adeguato il comparto delle DO e IG dei vini al nuovo quadro normativo comunitario, analogo, per quanto concerne la procedura di riconoscimento ed il sistema di protezione delle DOP e IGP, a quello degli altri prodotti agroalimentari;

- **grazie** ad una intensa concertazione con la filiera vitivinicola e con le Regioni sono stati adottati la maggior parte dei decreti applicativi del citato decreto legislativo n. 61/2010, gli ultimi 4 sono stati firmati il 16 dicembre u.s., con i quali si apporteranno sostanziali innovazioni per quanto riguarda la gestione del comparto vitivinicolo, introducendo importanti elementi di semplificazione amministrativa a favore dei produttori, nonché prevedendo un efficace coordinamento tra i vari Enti ed Organismi preposti alla gestione ed ai controlli ed un puntuale e stringente sistema sanzionatorio;

- **con il determinante** apporto del Comitato nazionale vini DO e IGT, il Ministero ha sancito negli specifici disciplinari la disciplina produttiva delle numerose DOP e IGP sopra indicate;

- **coordina,** d'intesa con le Regioni, le misure di sostegno finanziarie previste dalla nuova OCM vino, in particolare le azioni promozionali sui mercati dei Paesi terzi. In tale contesto, come detto, le nostre esportazioni potranno trovare ulteriore strumento di espansione.

Vino: un successo targato Italia

Le prospettive del settore vitivinicolo di qualità per il 2011

Il 2011 sarà l'anno dei risultati concreti per tutti gli operatori, durante il quale troveranno applicazione tutte le nuove misure di gestione previste dal decreto legislativo n. 61/2010 e dai decreti applicativi, in particolare a decorrere dalla vendemmia 2011. Tali misure puntano ad una forte innovazione e semplificazione del sistema produttivo, al fine di rendere più efficiente e competitivo il settore dei nostri vini di qualità sui mercati nazionali, comunitari ed internazionali.

Gli aspetti salienti delle innovazioni, coerentemente agli obiettivi prefissati nella legge delega n. 88/2009, sono:

- **l'introduzione** di strumenti di semplificazione amministrativa per gli adempimenti procedurali posti a carico dei produttori vitivinicoli, degli Enti ed Organismi preposti alla gestione del sistema dei controlli delle DO e IG;

- **la promozione** di un elevato livello qualitativo e di riconoscibilità dei vini a denominazione di origine e ad indicazione geografica;

- **la trasparenza** e la tutela dei consumatori e delle imprese rispetto a fenomeni di contraffazione, usurpazione e imitazione;

- **la ridefinizione** del ruolo del Comitato nazionale per la tutela e la valorizzazione delle denominazioni di origine e delle indicazioni geografiche tipiche dei vini;

- **la revisione** del sistema dei controlli e del sistema sanzionatorio, sulla base di criteri di efficacia ed effettiva applicabilità.

Sicuramente, l'aspetto più rilevante è quello della semplificazione amministrativa, che risulta pregnante nel decreto applicativo di base che è quello (firmato il 16 dicembre u.s.) recante disposizioni sullo schedario viticolo e sulle dichiarazioni.

Vino: un successo targato Italia

E' qui che viene previsto lo "sportello unico" in ambito SIAN, laddove i produttori possono accedere telematicamente per tutti gli adempimenti rivendicativi delle produzioni. In tale sistema informatico SIAN - Agea - confluiscono tutti i dati produttivi del settore che sono resi disponibili a tutti gli Enti (competenti Uffici Ministero, Regioni, Camere di Commercio) ed Organismi (Consorzi di tutela) preposti alla gestione ed ai controlli.

Un altro degli obiettivi prioritari del decreto legislativo è quello di rafforzare il sistema dei controlli per evitare i fenomeni di frode, contraffazione, usurpazione e imitazione dei nostri vini di qualità, a tutela dei produttori onesti e soprattutto dei consumatori.

Sarà rafforzato il ruolo proprio dei Consorzi che è quello di svolgere attività di tutela, vigilanza, valorizzazione e promozione delle DO e IG, che, a determinate condizioni, si esplicheranno nei confronti di tutti i rispettivi utilizzatori delle denominazioni stesse.

Il Ministero ed in particolare l'Ispettorato centrale della tutela della qualità e repressione frodi dei prodotti agroalimentari (ICQRF), nell'ambito delle specifiche attività istituzionali, porranno in campo tutte le energie e mezzi disponibili per evitare il ripetersi di scandali che vadano ad intaccare l'immagine del vino italiano.

Inoltre si sottolinea che i controlli di filiera saranno differenziati in relazione al livello qualitativo delle produzioni e, grazie alla messa a punto di un efficiente sistema informativo, nell'ambito del SIAN, per gli stessi controlli deve essere perseguita la massima efficacia con i minimi costi a carico delle imprese.

In questo anno sono attesi, dunque, i primi risultati concreti del nuovo sistema normativo-gestionale a vantaggio di tutto il settore.

Vino: un successo targato Italia

Il comitato nazionale di tutela dei vini DO e IG

Il "Comitato Vini", istituito ai sensi della preesistente legge n. 164/1992, finora ha svolto un'intensa attività tecnica e propositiva dal punto di vista normativo nel settore dei vini a denominazione di origine e ad indicazione geografica tipica, sarà chiamato nel 2011 a completare il suo lavoro, per licenziare tutte le richieste di riconoscimento e di modifica dei disciplinari ancora in corso di istruttoria (circa 140 delle n. 320 presentate entro il 31 luglio 2009), che sono da valutare con la preesistente procedura nazionale, ai sensi delle disposizioni transitorie previste dalla nuova normativa comunitaria.

In particolare tale lavoro dovrà essere concluso con un certo anticipo rispetto al termine previsto del 31 dicembre 2011, entro il quale il Ministero deve trasmettere all'Unione Europea, per ogni denominazione di origine o indicazione geografica riconosciuta, un dettagliato fascicolo.
Inoltre dovranno essere messi a punto ed inviati a Bruxelles entro il 31 dicembre 2011 i fascicoli di tutte le DOCG, DOC e IGT italiane finora riconosciute (rispettivamente n. 60, n. 332 e n. 119), nonché di quelle che saranno riconosciute ai sensi della procedura transitoria entro lo stesso termine del 31.12.2011.

Si tratta di un'imponente mole di lavoro che comporta la massima disponibilità, dedizione e collaborazione di tutto il Comitato vini, ovvero della Sezione Amministrativa – Ufficio SAQ IX – e della Sezione interprofessionale, presieduta con la massima autorevolezza e competenza professionale dal Dr. Giuseppe Martelli, attuale Direttore Generale dell'Associazione Enologi-Enotecnici italiani.

Il 2011 per i vini DO e IGT è dunque un anno di conclusione di un importantissimo ciclo storico che ci preparerà alla svolta che avverrà a partire dal 1° gennaio 2012 allorquando il settore seguirà le procedure comunitarie analogamente agli altri prodotti agroalimentari DOP e IGP.

Vino: un successo targato Italia

Il ruolo dell'Ispettorato centrale della tutela della qualità e repressione frodi dei prodotti agroalimentari (Icqrf) nel settore vitivinicolo

L'Ispettorato, istituito dall' art. 10 della Legge 462/86 con il nome di Ispettorato centrale repressione frodi, è l'organo di controllo ufficiale del Ministero delle politiche agricole alimentari e forestali operante sull'intero territorio nazionale per prevenire e reprimere le frodi relative ai prodotti agroalimentari ed ai mezzi tecnici per l'agricoltura (mangimi, sementi, fertilizzanti e prodotti fitosanitari).

L'attività operativa viene effettuata dagli Uffici periferici, dislocati sul territorio, lungo tutte le fasi delle filiere (produzione, trasformazione, stoccaggio, trasporto e commercio), per salvaguardare la genuinità, la qualità merceologica e la conformità alle norme delle produzioni, e dai 5 laboratori di analisi che verificano l'effettiva composizione qualitativa e quantitativa dei prodotti prelevati nel corso delle ispezioni. Presso l'Amministrazione centrale opera inoltre un Laboratorio centrale che effettua le analisi di seconda istanza. Le verifiche comportano accertamenti, fisici e documentali, sulla conformità dei prodotti, sulla regolare tenuta della documentazione amministrativo-contabile prevista dalla legge, sulla correttezza e veridicità delle informazioni riportate in etichetta dei prodotti, nonché di verifiche di laboratorio sui campioni di prodotti prelevati nel corso delle ispezioni.

Tipologia dei controlli nel settore vitivinicolo

In particolare, nel settore vitivinicolo si eseguono:

- **controlli** sulla circolazione, introduzione e trasformazione delle materie prime (uve e mosti) utilizzate nella vinificazione,
- **verifiche** sulla regolarità delle pratiche e dei trattamenti enologici;
- **verifiche** sulla rispondenza dei processi produttivi e delle caratteristiche qualitative dei prodotti finiti alla normativa vigente;
- **verifiche** circa l'assolvimento degli obblighi imposti dall'OCM anche ai fini dell'accesso agli aiuti comunitari previsti(smaltimento/distillazione sottoprodotti della vinificazione, produzione di Mosti concentrati e Mosti concentrati e rettificati, arricchimenti trasformazione di succhi d'uva;
- **verifiche fisiche** e documentali delle giacenze dei prodotti vitivinicoli;
- **controlli** sui sistemi di etichettatura dei prodotti vitivinicoli offerti in vendita.

Vino: un successo targato Italia

In relazione a distinti obiettivi di tutela scaturenti dall'analisi del rischio si eseguono particolari tipologie di controllo riassunte nella tabella che segue.

Tutela della qualità delle produzioni vitivinicole

> Controlli della conformità ai disciplinari di produzione delle operazioni di produzione delle uve e della loro trasformazione in vino
> Controlli sulla corretta circolazione dei prodotti vitivinicoli e sulla regolare tenuta della documentazione contabile obbligatoria
> Controlli della conformità ai disciplinari di produzione e/o alla normativa vigente delle operazioni di vinificazione e delle pratiche e trattamenti enologici previsti (escluso arricchimento)
> Controlli della regolarità delle operazione di certificazione delle produzioni vitivinicole di qualità
> Controllo della corretta esecuzione delle pratiche di arricchimento
> Controllo della corretta eliminazione dei sottoprodotti
> Controllo di vini provenienti e/o destinati ad altri Paesi

Tutela delle produzioni vitivinicole diverse dai vini

> Controllo sulla corretta circolazione dei prodotti vitivinicoli e della regolarità della documentazione amministrativo contabile di magazzino
> Controllo della corretta applicazione delle pratiche e dei trattamenti enologici autorizzati
> Controllo della corretta eliminazione dei sottoprodotti

Tutela del bilancio comunitario

> Controlli sul rispetto degli obblighi previsti dalla OCM vino ai fini dell'accesso agli aiuti previsti

Tutela del diritto dei consumatori ad una corretta etichettatura e presentazione del prodotto

> Controllo della corretta etichettatura, presentazione e pubblicità dei vini

Tutela della qualità dei vini elaborati

> Controllo della qualità e della provenienza delle materie prime
> Controllo del corretto ottenimento dei vini spumanti/frizzanti/liquorosi
> Controllo della corretta designazione e presentazione e caratteristiche qualitative dei vini elaborati

L'incidenza del settore sulla totalità dei controlli

Nell'ambito della generale attività di controllo il settore vitivinicolo incide per oltre il 27% in termini di controlli svolti.

In particolare l'incidenza si attesta sul 25,5% dei controlli nell'anno 2009 e per il 28,5% per il 2010. Anche l'incidenza degli operatori e dei campioni da analizzare del settore vitivinicolo sul totale dei controlli è aumentata passando rispettivamente dal 23% nel 2009 all'oltre il 26% nel 2010 e da circa il 20% a oltre il 22%.

I controlli sui vini IGT ammontano al 31,4% dei controlli relativi all'intero settore nel 2009 e oltre il 47% nel 2010.

Vino: un successo targato Italia

Le principali tipologie di irregolarità riscontrate nel settore vitivinicolo

Le irregolarità rilevate dall'ICQRF, sia attraverso l'attività ispettiva che quella analitica, si configurano come violazioni di natura amministrativa o penale. In generale le irregolarità più frequentemente accertate sono di natura amministrativa; in ragione della pressoché generale depenalizzazione degli illeciti in materia agroalimentare. Le irregolarità di carattere amministrativo di natura essenzialmente formale, sono riconducibili, prevalentemente, alla particolare complessità della legislazione regolante il settore e agli onerosi adempimenti amministrativi richiesti agli operatori.

L'attività svolta dall'Ispettorato nel 2010

Si riportano di seguito i principali risultati dell'attività di controllo espletata dall'Ispettorato centrale per il controllo della qualità dei prodotti agroalimentari nel corso del 2010 nell'ambito del settore vinicolo.

Ispezioni (n.)	8.539
Operatori controllati (n.)	6.323
Operatori irregolari (%)	20,1
Prodotti controllati (n.)	18.054
Prodotti irregolari (%)	10,8
Campioni analizzati (n.)	1.815
Campioni irregolari (%)	7,0
Sequestri (n.)	178
Valore dei sequestri (€)	6.355.174
Contestazioni amministrative (n.)	1.752
Notizie di reato (n.)	42

Le principali tipologie di illeciti accertati

- Violazioni agli obblighi inerenti alla tenuta dei registri di cantina, ai documenti di accompagnamento o alle dichiarazioni di raccolta, produzione e giacenza
- Irregolarità nel sistema di designazione e presentazione delle varie tipologie di vini
- Adozione di sistemi di chiusura dei recipienti difformi da quanto previsto dalla normativa vigente
- Detenzione di quantitativi di prodotti vitivinicoli in nero, non giustificati dalla documentazione ufficiale di cantina
- Frode in commercio per qualificazione di vini comuni come vini di qualità

 **Vino:** un successo targato Italia

- Produzione e commercializzazione di vini di varie tipologie con grado alcolico diverso dal dichiarato o difforme dai limiti di legge
- Detenzione a scopo di vendita di mosti e vini contenenti sostanze non consentite o presenti in quantità superiore ovvero con parametri difformi da quelli legali
- Irregolarità nella denaturazione dei vini destinati alla distillazione
- Omissioni delle previste comunicazioni relative alla planimetria di cantina, alle variazioni dei vasi vinari, delle operazioni di ottenimento, denaturazione e trasferimento di fecce di vino

Il Vini Dop e IGP italiani

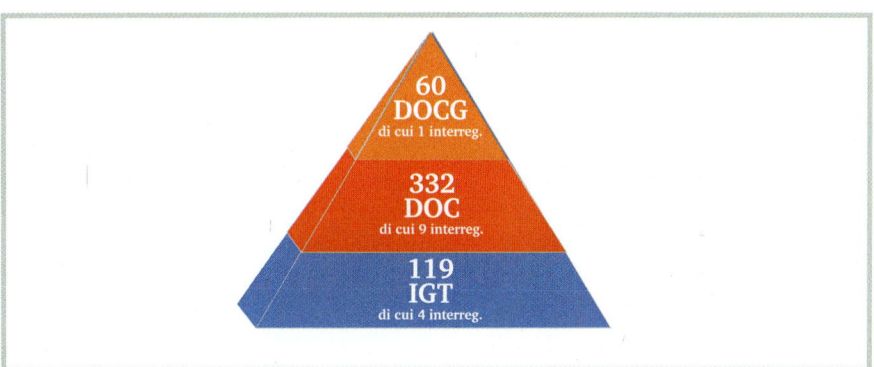

REGIONI	DOCG	DOC	IGT
Piemonte	16	41	
Valle d'Aosta		1	
Lombardia	5	21	15
Trentino Alto Adige		8	4
Veneto	11	27	10
Friuli Venezia Giulia	3	10	3
Liguria		8	4
Emilia Romagna	2	22	9
Toscana	8	37	7
Umbria	2	13	6
Marche	5	15	1
Lazio	1	26	5
Abruzzo	1	8	8
Molise		4	2
Campania	3	17	9
Puglia	1	26	6
Basilicata	1	4	1
Calabria		12	13
Sicilia	1	22	6
Sardegna	1	19	15

Vino: un successo targato Italia

VALLE D'AOSTA

Con coraggio e costanza i viticoltori valdostani curano i loro piccoli appezzamenti. È un mondo rurale che negli anni ha saputo rinnovarsi imboccando la strada della qualità. La tutela dei vitigni autoctoni fa della vitivinicoltura valdostana la punta di diamante di un sistema che si distingue per la genuinità e la tipicità dei suoi prodotti, figli della montagna, dotati di sapori e fragranze uniche, frutto di un ambiente incontaminato e di tanto lavoro umano. Puntando su queste specificità è scaturita una produzione qualitativamente rinomata seppur modesta in termini quantitativi. Il termine "vino di montagna" ricorda l'asprezza del territorio e l'eroismo dei piccoli produttori valdostani, che ritroviamo anche nell'ostinata difesa delle proprie tradizioni e delle risorse della propria terra. Questi vigneron non si sono lasciati allettare dalla possibilità di impiantare nuovi e più famosi vitigni, che forse li avrebbero fatti uscire dall'anonimato in tempi più brevi, ma hanno conservato quelli autoctoni, meno famosi ma introvabili anche nei paesi confinanti. Le uve indigene valdostane offrono vini irripetibili, capaci di dare emozioni diverse e di trasportarci in un meraviglioso paesaggio alpino. Ritroviamo in questi vini i profumi del fieno di montagna, dei fiori e delle erbe aromatiche dei pascoli. Al gusto sono accomunati da una grande freschezza e il finale delicatamente amarognolo ci ricorda in qualche modo la fatica e il duro lavoro dei viticoltori. In questo panorama consolidano la loro posizione le aziende Les Crêtes e Anselmet che vengono ancora una volta premiate per i loro ormai tradizionali Chardonnay: il Cuvée Bois '09 l'una e l'Élevé en fût de Chene '10. Maurizio Fiorano di Chateau Feuillet ed Elio Ottin dell'omonima azienda hanno scelto la difficile strada della qualità e dell'autoctono e le loro aristocratiche e minerali Petite Arvine, entrambe dell'annata 2010, sono davvero da non perdere. Andrea Costa, infine, enologo alla Crotta di Vegneron a Chambave, ha ottenuto l'unico tre bicchieri rosso della regione con il Fumin Esprit Follet '09, altro autoctono da non mancare.

VALLE D'AOSTA

Anselmet
Fraz. La Crête, 194
11018 Villeneuve [AO]
Tel. 3484127121
www.maisonanselmet.vievini.it

VENDITA DIRETTA
VISITA SU PRENOTAZIONE

PRODUZIONE ANNUA 35.000 bottiglie
ETTARI VITATI 5.00

Uscendo da Aosta in direzione nord, tra Saint-Pierre e Villeneuve, si trova l'azienda Anselmet. Situata nella zona storica del Torrette questa realtà vitivinicola, tra le più consolidate della regione, opera ormai da molti anni in loco. Come molte altre aziende valdostane la produzione, che offre un congruo numero di etichette, è l'espressione del territorio. Ciononostante la famiglia Anselmet si è cimentata con successo con il più internazionale dei vitigni: lo chardonnay che tanti allori ha portato e continua a portare.

Ed è proprio l'internazionale Chardonnay '10 maturato in legno che riporta il più ambito dei riconoscimenti, quello dei Tre Bicchieri. Il naso alterna note floreali e fruttate, richiamando sentori di acacia e tiglio armonizzati da sentori di cioccolato bianco. Al gusto il carattere e la freschezza sono esplosivi, il legno appena dominante. A raggiungere la finale, così come il Fumin '09 e la Petite Arvine '10, anche uno dei più tipici vini valdostani, il Torrette Supérieur '09, che colpisce per la grande finezza. Le Prisonnier, vino da tavola, ha grande equilibrio e armonia.

Le Château Feuillet
Loc. Château Feuillet, 12
11010 Saint-Pierre
Tel. 3287673880
www.chateaufeuillet.vievini.it

VENDITA DIRETTA
OSPITALITÀ
RISTORAZIONE

PRODUZIONE ANNUA 30.000 bottiglie
ETTARI VITATI 5.00
VITICOLTURA Naturale

A Saint-Pierre, piccolo paese nei pressi di Aosta conosciuto per il suo castello, da qualche anno opera Maurizio Fiorano, titolare dello Château Feuillet. Siamo in una delle zone più vocate della regione e Maurizio è uno splendido interprete delle sue tradizioni enologiche. A ogni degustazione il carattere e la qualità dei suoi vini è sorprendente, quest'anno più che mai. Appartengono all'eccellenza della produzione regionale, espressione di un grande equilibrio, in sintonia con le montagne circostanti.

Massimo riconoscimento alla Petite Arvine '10, davvero un vino superbo che concilia freschezza al naso e in bocca. Note agrumate su fondo minerale e bocca fine ed equilibrata, intensa e persistente nel finale. Di grande piacevolezza lo Chardonnay '10, molto fine nei profumi floreali, di acacia e tiglio, e fruttati. Splendido il Fumin '09, dai profumi intensi, con un bel frutto rosso maturo e leggero sentore di viola. Bocca fresca e sfaccettata con tannini fini e lungo finale di carattere, di bella acidità. Stessa qualità nel Torrette Supérieur '09, il più tipico dei vini locali. Inebrianti e avvolgenti i profumi che lasciano spazio a un grande equilibrio gustativo.

○ Valle d'Aosta Chardonnay Élevé en Fût de Chêne '10	🍷🍷🍷 6
● Valle d'Aosta Fumin Élevé en Fût de Chêne '09	🍷🍷🍷 6
● Valle d'Aosta Petite Arvine '10	🍷🍷 5
● Valle d'Aosta Torrette Sup. '09	🍷🍷🍷 6
○ Arline	🍷🍷 5
● Le Prisonnier	🍷🍷🍷 6
○ Valle d'Aosta Chardonnay '10	🍷🍷 4
○ Valle d'Aosta Müller Thurgau '10	🍷🍷 4
○ Valle d'Aosta Pinot Gris '10	🍷🍷 5
● Valle d'Aosta Syrah Henri '09	🍷 6
○ Valle d'Aosta Chardonnay Élevé en Fût de Chêne '09	🍷🍷🍷 6
○ Valle d'Aosta Chardonnay Élevé en Fût de Chêne '08	🍷🍷🍷 6
○ Valle d'Aosta Chardonnay Élevé en Fût de Chêne '07	🍷🍷🍷 6
○ Valle d'Aosta Chardonnay Élevé en Fût de Chêne '06	🍷🍷🍷 6

○ Valle d'Aosta Petite Arvine '10	🍷🍷🍷 4*
○ Valle d'Aosta Chardonnay '10	🍷🍷 4*
● Valle d'Aosta Fumin '09	🍷🍷 5
● Valle d'Aosta Torrette Sup. '09	🍷🍷 5
● Valle d'Aosta Torrette '10	🍷 4
○ Valle d'Aosta Chardonnay '08	🍷🍷 4*
● Valle d'Aosta Fumin '08	🍷🍷 5
○ Valle d'Aosta Petite Arvine '09	🍷🍷 4
○ Valle d'Aosta Petite Arvine '08	🍷🍷 4*
● Valle d'Aosta Torrette '09	🍷🍷 4
● Valle d'Aosta Torrette Sup. '08	🍷🍷 4
● Valle d'Aosta Torrette Sup. '06	🍷🍷 4

VALLE D'AOSTA

★Les Crêtes
loc. Villetos, 50
11010 Aymavilles [AO]
Tel. 0165902274
www.lescretes.it

La Crotta di Vegneron
p.zza Roncas, 2
11023 Chambave [AO]
Tel. 016646670
www.lacrotta.it

VENDITA DIRETTA
VISITA SU PRENOTAZIONE

VENDITA DIRETTA
VISITA SU PRENOTAZIONE
RISTORAZIONE

PRODUZIONE ANNUA 230.000 bottiglie
ETTARI VITATI 23.00

PRODUZIONE ANNUA 300.000 bottiglie
ETTARI VITATI 39.00

Quest'anno Costantino Charrère ha lasciato il timone aziendale alle figlie Eleonora ed Elena. Dopo gli ultimi lavori, les Crêtes è in procinto di diventare una delle aziende più moderne della regione. In previsione ci sono l'ampliamento della cantina, la costruzione della nuova barricaia e la realizzazione di un salone emozionale. Un'interpretazione unica di quella che sarà l'ospitalità aziendale, che dovrebbe condurre l'enoturista attraverso un complesso e particolare percorso. Un nuovo approccio al mondo del vino, in sintonia con l'ampia gamma aziendale.

Scontato ormai il riconoscimento dello Chardonnay Cuvée Bois, quest'anno ha convinto particolarmente la Petite Arvine '10: decisamente piacevoli i profumi che ricordano agrumi e albicocche, buon equilibrio gustativo dal finale lungo e di gran carattere. Sempre valido lo Chardonnay '10, dai sentori avvolgenti di fiori bianchi e frutta. In bocca è fresco ed equilibrato, di grande intensità e persistenza gustativa. Una novità nell'offerta è il Neblù, un Metodo Classico dal perlage intenso, fine e persistente. I profumi sono classici, di lievito smorzati da delicati profumi di frutta. In bocca il vino è di corpo ben equilibrato, dal finale fresco, decisamente lungo e piacevole.

La cooperativa Crotta di Vegneron si trova alle porte di Aosta, a Chambave. La frammentazione dei vigneti ha fatto sì che i conferitori, provenienti dai comuni di Nus e Chambave, siano molti, all'incirca 120, e questo fa dell'azienda una delle più grandi e importanti della regione. La cooperativa, nata nel 1980 con la prima vinificazione nel 1985, è molto legata alla vinificazione dei vitigni autoctoni, dove lo storico muscat, apprezzato già dai Savoia, è il più conosciuto; non trascurabile il Nus Malvoisie, denominazione locale del più conosciuto pinot grigio.

E proprio grazie a uno dei vitigni più autoctoni di questa regione, il fumin, la Cooperativa di Chambave ha ottenuto l'ambito riconoscimento dei Tre Bicchieri con il Fumin Esprit Follet '09: dal caratteristico colore rubino molto intenso, con profumi selvatici che ricordano bacche nere e delicati sentori speziati. In bocca grande struttura ed equilibrio, il finale lungo e persistente. Non da meno il Moscato Passito Prieuré '09. Un classico della tradizione di Chambave, dai profumi intensi di frutta matura e appassita, con bella nota fresca in chiusura. Ottimi come al solito i classici di questa azienda: il Nus Supérieur Crème '09 e il Moscato secco '10.

○ Valle d'Aosta Chardonnay Cuvée Bois '09	7
○ Valle d'Aosta Chardonnay '10	5
○ Valle d'Aosta Petite Arvine '10	4*
○ Neblù M. Cl. Brut	6
● Valle d'Aosta Syrah Coteau La Tour '09	5
● Coteau La Tour '01	6
○ Valle d'Aosta Chardonnay Cuvée Bois '08	7
○ Valle d'Aosta Chardonnay Cuvée Bois '07	7
○ Valle d'Aosta Chardonnay Cuvée Bois '06	7
○ Valle d'Aosta Chardonnay Cuvée Frissonnière Les Crêtes Cuvée Bois '05	7
○ Valle d'Aosta Chardonnay Cuvée Frissonnière Les Crêtes Cuvée Bois '04	6
○ Valle d'Aosta Chardonnay Cuvée Frissonnière Les Crêtes Cuvée Bois '03	6
○ Valle d'Aosta Chardonnay Cuvée Frissonnière Les Crêtes Cuvée Bois '02	6
● Valle d'Aosta Fumin Vigne La Tour '02	6

● Valle d'Aosta Fumin Esprit Follet '09	5
○ Valle d'Aosta Chambave Moscato Passito Prieuré '09	6
● Valle d'Aosta Chambave Moscato '10	4
● Valle d'Aosta Nus Sup. Crème '09	4
● Valle d'Aosta Chambave Sup. Quatre Vignobles '09	5
○ Valle d'Aosta Chambave Moscato Passito Prieuré '08	6
● Valle d'Aosta Fumin Esprit Follet '07	5*
○ Valle d'Aosta Chambave Moscato Passito '04	6
○ Valle d'Aosta Chambave Moscato Passito Prieuré '07	6
○ Valle d'Aosta Chambave Moscato Passito Prieuré '06	6
● Valle d'Aosta Chambave Sup. Quatre Vignobles '08	4*
● Valle d'Aosta Chambave Sup. Quatre Vignobles '07	4*
● Valle d'Aosta Fumin Esprit Follet '08	5
● Valle d'Aosta Fumin Esprit Follet '05	5

VALLE D'AOSTA

Di Barrò
Loc. Château Feuillet, 8
11010 Saint-Pierre
Tel. 0165903671
www.vievini.it

VENDITA DIRETTA
VISITA SU PRENOTAZIONE

PRODUZIONE ANNUA 20.000 bottiglie
ETTARI VITATI 2.50
VITICOLTURA Naturale

Nel cuore della zona del Torrette, il più tradizionale dei vini valdostani, Elvira Rini e Andrea Barmaz coltivano le vigne di loro proprietà. Rispettosi della tradizione, la qualità è stata la loro scelta professionale e in tutti i loro vini questi elementi sono palpabili. I vitigni autoctoni sono affiancati dall'internazionale chardonnay, con ottimi risultati. La produzione è limitata e di conseguenza una commercializzazione forse troppo locale impedisce la maggiore visibilità che questi vini meriterebbero. L'azienda Di Barrò è stata una della prima a fregiarsi della denominazione Torrette.

La qualità dei vini di Di Barrò non sorprende più. Dalla tradizione della terra su cui lavorano, Elvira e Andrea hanno presentato uno splendido e caratteristico Fumin '09. Profumi intensi, con marcate note di frutta rossa, che ricordano il ribes, e speziate, notevole la struttura, con una nota alcolica a volte eccessiva. Grande ma ancora poco armonico il Syrah '09, coinvolgenti le note che ricordano il pepe bianco e il tabacco avvolte da sensazioni fruttate. Come sempre non meno interessanti i vini più tipici di questa azienda, i Torrette Superiore, fruttati, con note di ciliegia, e delicate idee speziate.

Caves Cooperatives de Donnas
Via Roma, 97
11020 Donnas [AO]
Tel. 0125807096
www.donnasvini.it

VENDITA DIRETTA
VISITA SU PRENOTAZIONE

PRODUZIONE ANNUA 150.000 bottiglie
ETTARI VITATI 26.00

Il biglietto da visita della Valle d'Aosta vitivinicola per chi arriva da sud sono sicuramente le vigne di Donnas. In bassa valle le tradizioni sono ancora legate al vicino Piemonte, il vitigno principe qui è il nebbiolo, localmente chiamato picotendro o picutener. La cooperativa è magistralmente condotta da Mario Dalbar che negli anni ha saputo mantenere quella qualità e quel carattere che i vini di questa zona hanno sempre espresso. Curioso il clima, particolarmente mite tanto da permettere la coltivazione di piante mediterranee come gli ulivi e i limoni.

La Cooperativa di Donnas tenta di diversificare la sua produzione ma il cavallo di battaglia è sempre il Nebbiolo. Quest'anno abbiamo trovato molto interessanti le selezioni Donnas Vieilles Vignes '07, dal colore brillante, i marcati sentori fruttati che ricordano i lamponi, in armonia con i profumi di spezie dolci e in particolare sentori di tabacco, e il Donnas Napoléon '07, dal colore rubino brillante, un ventaglio di profumi che ricorda le bacche rosse e la liquirizia, la bocca armonica e gradevole. Meno impegnativo ma sempre molto piacevole il Donnas '07, dove è evidente tutta la tipicità del nebbiolo e i sentori delicatamente fruttati e speziati lasciano spazio ai tannini ancora troppo in evidenza.

● Valle d'Aosta Fumin '09	5	● Valle d'Aosta Donnas Napoléon '07	5
○ Lo Flapì	7	● Valle d'Aosta Donnas Sup. Vieilles Vignes '07	5
● Valle d'Aosta Syrah V. de Conze '09	5	● Valle d'Aosta Donnas '07	4
● Valle d'Aosta Torrette Sup. Clos de Château Feuillet '08	5	● Valle d'Aosta Donnas Napoléon '06	5
● Valle d'Aosta Torrette Sup. V. de Torrette '07	7	● Valle d'Aosta Donnas Napoléon '04	5
● Valle d'Aosta Torrette Sup. V. de Torrette '06	7	● Valle d'Aosta Donnas Sup. Vieilles Vignes '05	5
○ Valle d'Aosta Chardonnay '08	4*	● Valle d'Aosta Donnas Sup. Vielles Vignes Cavour '06	5
● Valle d'Aosta Fumin '07	5		
● Valle d'Aosta Syrah V. de Conze '08	5		
● Valle d'Aosta Syrah V. de Conze '07	5		
● Valle d'Aosta Torrette '07	4		
● Valle d'Aosta Torrette Sup. Clos de Château Feuillet '07	5		

VALLE D'AOSTA

Feudo di San Maurizio
FRAZ. MAILLOD, 44
11010 SARRE [AO]
TEL. 3383186831
www.feudo.vievini.it

VENDITA DIRETTA
VISITA SU PRENOTAZIONE

PRODUZIONE ANNUA 40.000 bottiglie
ETTARI VITATI 7.00

Percorrendo la strada che da Aosta porta verso il Monte Bianco, il primo villaggio che incontriamo è Sarre. In questo borgo proprio alle porte della città Michel Vallet dal 1989 ha dato vita all'ormai consolidato Feudo di San Maurizio. Michel, innamorato delle tradizioni locali, ha saputo trasmettere la sua passione ai vini che produce. Vitigni autoctoni, legati alla cultura locale e alla terra che li produce. Personaggio schivo ma innamorato del suo lavoro accoglie con entusiasmo chi suona alla porta della sua azienda situata proprio all'ingresso del paese.

La qualità dei vini di Michel Vallet è incontestabile, su tutta la gamma che è davvero ampia. Vino intrigante il Torrette Supérieur '09, dalle note fruttate e speziate. Curiosamente piacevole il Gewürztraminer '10, floreale, ricorda la rosa e fruttato, vino di carattere. Molto interessante la Petite Arvine '10, con sentori di basilico e foglia di pomodoro, piacevole il Torrette '10, ancora chiuso ma molto fine e intrigante. Meritano una segnalazione il locale Fumin '08 e l'internazionale Chardonnay '09.

F.lli Grosjean
VILLAGGIO OLLIGNAN, 1
11020 QUART [AO]
TEL. 0165775791
www.grosjean.vievini.it

VENDITA DIRETTA
VISITA SU PRENOTAZIONE

PRODUZIONE ANNUA 90.000 bottiglie
ETTARI VITATI 10.00
VITICOLTURA Biologico Certificato

A parlare di questa azienda si corre il rischio di essere ripetitivi. La prima cosa che si avverte parlando con Vincent, il più solare e gioviale dei fratelli, è la grande coesione familiare. Le vigne sono situate nella collina che sovrasta Aosta, una delle mete preferite dagli enoturisti. La cantina nuova, immersa nel verde, i vigneti e i frutteti sono davvero uno spettacolo. La costanza qualitativa ha fatto di questa azienda un punto di riferimento tra i più importanti e conosciuti della Valle d'Aosta.

La batteria di vini che quest'anno ci ha presentato l'azienda è sicuramente di grande qualità. Il più convincente è sembrato l'autoctono Fumin '09, proveniente dalla vigna Rovettaz che in casa Grosjean è sinonimo di qualità. Un vino armonico ed equilibrato, dai profumi avvolgenti che ricordano la frutta rossa matura, le note speziate soprattutto di tabacco rinforzano il ventaglio olfattivo. Sempre di grande qualità il Torrette Superiore '09, proveniente dallo stesso podere. Piacevoli ed eleganti sentori fruttati e speziati, notevole profondità. Se i rossi della vigna Rovettaz sono grandi, non da meno sono i bianchi.

○ Valle d'Aosta Gewürztraminer '10	🍷🍷 5
○ Valle d'Aosta Petite Arvine '10	🍷🍷 5
● Valle d'Aosta Torrette '10	🍷🍷 4
● Valle d'Aosta Torrette Sup. '09	🍷🍷 5
○ Valle d'Aosta Chardonnay '09	🍷 5
● Valle d'Aosta Fumin '08	🍷 5
● Pierrots '07	🍷🍷 6
○ Valle d'Aosta Chardonnay '08	🍷🍷 4
● Valle d'Aosta Fumin '06	🍷🍷 5
○ Valle d'Aosta Gewürztraminer Grapillon '09	🍷🍷 5
● Valle d'Aosta Mayolet '07	🍷🍷 5
● Valle d'Aosta Torrette '08	🍷🍷 4
● Valle d'Aosta Torrette Sup. '07	🍷🍷 5

● Valle d'Aosta Fumin V. Rovettaz '09	🍷🍷 6
● Valle d'Aosta Torrette Sup. V. Rovettaz '09	🍷🍷 4
● Valle d'Aosta Mayolet '10	🍷🍷 4
○ Valle d'Aosta Petite Arvine V. Rovettaz '10	🍷🍷 5
● Valle d'Aosta Pinot Noir '10	🍷🍷 4
● Valle d'Aosta Fumin '06	🍷🍷🍷 5
● Valle d'Aosta Fumin V. Rovettaz '07	🍷🍷🍷 6
○ Valle d'Aosta Petite Arvine V. Rovettaz '09	🍷🍷🍷 5
● Valle d'Aosta Cornalin V. Rovettaz '09	🍷🍷 4
● Valle d'Aosta Fumin V. Rovettaz '08	🍷🍷 6
○ Valle d'Aosta Pinot Gris V. Creton '08	🍷🍷 5
● Valle d'Aosta Pinot Noir '09	🍷🍷 4
● Valle d'Aosta Torrette Sup. V. Rovettaz '07	🍷🍷 4*

VALLE D'AOSTA

Lo Triolet
LOC. JUNOD, 7
11010 INTROD [AO]
TEL. 016595437
www.lotriolet.vievini.it

VENDITA DIRETTA
VISITA SU PRENOTAZIONE

PRODUZIONE ANNUA 30.000 bottiglie
ETTARI VITATI 3.00

Le vigne dell'azienda Lo Triolet sono a Introd. Qui Marco Martin ha saputo ritagliarsi uno spazio che ha portato la sua azienda a produrre uno dei migliori Pinot Grigio d'Italia. L'azienda vitivinicola è affiancata da un agriturismo condotto dalla famiglia, dove le tradizioni culinarie sono interpretate magistralmente. Da qualche anno, a Nus, Marco ha dimostrato di saperci fare anche con i vitigni rossi tipici della zona, per una nuova sfida che la sua abilità gli permetterà di vincere.

Come in più occasioni abbiamo avuto modo di sottolineare il Pinot Gris è il cavallo di battaglia di questa azienda. Un vitigno troppo spesso snobbato ma che Marco ha saputo riportare agli allori che merita. Quest'anno non era in degustazione quello passato in legno, giustamente ancora troppo giovane, ma non ha deluso quello maturato in acciaio, dai profumi intensi che ricordano la frutta, possente ed equilibrato in bocca, di notevole persistenza. Da qualche anno in valle si ottengono ottimi risultati con il syrah e Marco ne è un ottimo interprete: intense le note di cacao e pepe, avvolte da sentori di frutta rossa. Sempre piacevole il Fumin '09, speziato e fruttato, dalla bocca un po' meno importante del solito.

○ Valle d'Aosta Pinot Gris '10	🍷🍷 5
● Valle d'Aosta Coteau Barrage '09	🍷🍷 5
● Valle d'Aosta Fumin '09	🍷🍷 4
● Valle d'Aosta Nus '10	🍷 4
○ Valle d'Aosta Pinot Gris '09	🍷🍷🍷 5
○ Valle d'Aosta Pinot Gris '08	🍷🍷🍷 4*
○ Valle d'Aosta Pinot Gris '05	🍷🍷🍷 4*
○ Valle d'Aosta Pinot Gris '07	🍷🍷 4
○ Valle d'Aosta Pinot Gris '06	🍷🍷 4*
○ Valle d'Aosta Pinot Gris Élevé en Barriques '09	🍷🍷 5
○ Valle d'Aosta Pinot Gris Élevé en Barriques '07	🍷🍷 5
● Valle d'Aosta Rouge Coteau Barrage '08	🍷🍷 5

Elio Ottin
FRAZ. POROSSAN NEYVES 209
11100 AOSTA
TEL. 3474071331
elio.ottin@gmail.com

VISITA SU PRENOTAZIONE

PRODUZIONE ANNUA 20.000 bottiglie
ETTARI VITATI 4.00

Uscendo da Aosta, verso Roisan, sulla strada per il Gran San Bernardo, troviamo l'azienda di Elio Ottin. Il nome nuovo dell'enologia valdostana, affiancato dal valido enologo piemontese Luca Caramellino, cresce anno dopo anno e i suoi vini rappresentano una delle certezze più salde del territorio. In questa azienda nulla è lasciato al caso: in ogni singolo vigneto si è scelto di coltivare il vitigno più adatto alle caratteristiche del suolo e al suo particolare microclima. Sono stati privilegiati i vitigni autoctoni (petite arvine, petit rouge, fumin).

Ottenuto, con la Petite Arvine '10, il primo Tre Bicchieri aziendale. Ma i vini in finale erano ben tre, tipici e autoctoni. Al naso i profumi sono fruttati, e ricordano la frutta bianca. Ottime la consistenza e la persistenza gustativa che esaltano l'equilibrio di un vino minerale e profondo. Sorprendente anche il Torrette Supérieur '09, intenso e complesso al naso, con note di frutta fresca e pepe. Strepitoso il Fumin '09, avvolgente nei profumi con note intense che richiamano la corteccia, armonizzate da sentori di bacche rosse e cacao. Grande equilibrio gustativo.

○ Valle d'Aosta Petite Arvine '10	🍷🍷🍷 4*
● Valle d'Aosta Fumin '09	🍷🍷 5
● Valle d'Aosta Torrette Sup. '09	🍷🍷 4
○ Valle d'Aosta Petite Arvine '09	🍷🍷 4
● Valle d'Aosta Torrette Sup. '08	🍷🍷 4

VALLE D'AOSTA

Cave du Vin Blanc de Morgex et de La Salle
Fraz. La Ruine
Chemin des Îles, 19
11017 Morgex [AO]
Tel. 0165800331
www.caveduvinblanc.com

VENDITA DIRETTA
VISITA SU PRENOTAZIONE

PRODUZIONE ANNUA 170.000 bottiglie
ETTARI VITATI 20.00

Il grande interprete del Blanc de Morgex et de La Salle di questi ultimi anni, l'enologo Gianluca Telloli, ha voglia di cambiamento, e ha deciso di intraprendere una nuova strada. I nostri auguri vanno a lui e a chi lo sostituirà. Il Blanc de Morgex è un patrimonio della cultura di questa regione: la denominazione più alta d'Europa e la particolarità del vitigno ancora su piede franco incuriosiscono gli appassionati del mondo enogastronomico. Il lavoro iniziato da Don Bougeat nel 1989 continua a dar lustro e orgoglio a tutta la Valdigne.

Aspettarsi che i ghiacciai del Monte Bianco ci diano un grande vino è arduo, ma quello che a Morgex riescono a fare con il prié blanc è davvero sorprendente. Come sempre questa azienda non lesina etichette. Tra queste quest'anno ci è piaciuto il più classico e tradizionale dei loro spumanti, il Brut '08, dal perlage molto fine e persistente. Intensi i profumi che ricordano la fragranza del pane appena sfornato, con note fruttate che richiamano la mela golden, equilibrato e fresco. Classico e tradizionale il Blanc des Glaciers '10, dai sentori che ricordano i campi in fiore, piacevolmente fresco. Un cenno al dolce Chaudelune Vindeglace '09, le cui uve vengono raccolte di notte a temperature molto basse.

La Vrille
Loc. Grangeon, 1
11020 Verrayes [AO]
Tel. 0166543018
www.lavrille-agritourisme.com

VENDITA DIRETTA
VISITA SU PRENOTAZIONE
OSPITALITÀ
RISTORAZIONE

PRODUZIONE ANNUA 10.000 bottiglie
ETTARI VITATI 1.50
VITICOLTURA Naturale

Verrayes è un piccolo paese alle porte di Aosta. Immerso nelle vigne e attorniato da uno splendido anfiteatro si trova il delizioso agriturismo che Hervé Deguillame, pronipote di valdostani che ha trovato la sua vocazione lavorando la vigna, gestisce con sua moglie Luciana. Negli anni '90 ha piantato i suoi primi filari dopo essere riuscito ad acquistare i terreni che erano stati della sua famiglia e da subito si è dimostrato uno splendido interprete del moscato bianco.

Spettacolare e raffinato lo Chambave Muscat Flétri '09, di grande intensità e finezza al naso, con note armoniche di muschio e uva passa; bocca armonica, dalla dolcezza mai eccessiva, ben bilanciata da una rinfrescante acidità, con finale interminabile. In valle è stata una grande annata per i Fumin. Non è stato da meno quello di Hervé e Luciana, dal naso intenso, con note di bacche rosse non molto mature e delicati sentori di corteccia, e spiccata freschezza. Da non perdere lo Chambave Muscat '10, intenso e raffinato al naso, con note di muschio, floreale e armonico, e bocca equilibrata, dal finale di carattere, con le tipiche note amarognole del vitigno.

O 4478 Nobleffervescence	5
O Caronte Brut	5
O Valle d'Aosta Blanc de Morgex et de La Salle Blanc des Glaciers '10	4
O Valle d'Aosta Blanc de Morgex et de La Salle M. Cl. Brut '08	5
O Refrain Dry	4
O Valle d'Aosta Blanc de Morgex et de La Salle Chaudelune Vindeglace '09	3
O Valle d'Aosta Blanc de Morgex et de La Salle Rayon '10	4
O Valle d'Aosta Blanc de Morgex et de La Salle La Piagne '09	4
O Valle d'Aosta Blanc de Morgex et de La Salle Rayon '09	4
O Valle d'Aosta Blanc de Morgex et de La Salle Vini Estremi '09	4

O Valle d'Aosta Chambave Muscat Flétri '09	6
O Valle d'Aosta Chambave Muscat '10	5
● Valle d'Aosta Cornalin '09	5
● Valle d'Aosta Fumin '08	5
O Valle d'Aosta Chambave Muscat Flétri Passito '07	5*
O Valle d'Aosta Chambave Muscat Flétri Passito '08	6
O Valle d'Aosta Chambave Muscat Flétri Passito '06	5
● Valle d'Aosta Cornalin '08	4
● Valle d'Aosta Fumin '07	5
● Valle d'Aosta Fumin '06	5

VALLE D'AOSTA
LE ALTRE CANTINE

Coopérative de l'Enfer
via Corrado Gex, 65
11011 Arvier [AO]
Tel. 016599238
www.coenfer.it

Storica cooperativa del villaggio di Arvier dove, in una conca naturale circondata dalla montagna, sono stati messi a dimora i vigneti di petit rouge. Qui le eccellenti maturazioni delle uve danno il complesso e raffinato Enfer d'Arvier. Armonico il Supérieur Clos de l'Enfer '10, da segnalare quello Bio Etichetta Verde '10.

● Valle d'Aosta Enfer d'Arvier Bio Et. Verde '10	♛♛ 4
● Valle d'Aosta Enfer d'Arvier Sup. Clos de L'Enfer '10	♛♛ 5
○ Valle d'Aosta Pinot Gris Soleil Couchant '10	♛ 3

D&D
via Regione Bioula, 13
11100 Aosta
Tel. 0165552687
www.maisonded.vievini.it

D&D è una piccola azienda agricola collocata in un punto strategico della Valle d'Aosta, dove le precipitazioni sono minime e l'irraggiamento solare è massimo, sulla collina di Aosta. Di buon pregio il Fumin '09, dai caratteristici sentori erbacei e muschiati, piacevoli il Torrette e la Petite Arvine, entrambi '10.

● Valle d'Aosta Fumin '09	♛♛ 4
○ Valle d'Aosta Petite Arvine '10	♛ 4
● Valle d'Aosta Torrette '10	♛ 4

Les Granges
fraz. Les Granges, 8
11020 Nus [AO]
Tel. 0165767229
www.lesgrangesvini.it

Gualtiero e Liana Crea, nell'antico villaggio di Les Granges, conducono la loro azienda coltivando vitigni della tradizione locale. L'inizio dell'attività è avvenuta nel 1991, con la coltivazione di vecchi vigneti di famiglia. Stuzzicante il Fumin '09, dagli intensi profumi di bacche nere, e molto piacevole il Nus Malvoisie '10, dagli equilibrati sentori fruttati.

● Valle d'Aosta Fumin '09	♛♛ 6
○ Valle d'Aosta Nus Malvoisie '10	♛♛ 4
○ Valle d'Aosta Nus Malvoisie Flétri '09	♛ 5

Institut Agricole Régional
loc. Région La Rochère, 1a
11100 Aosta
Tel. 0165215811
www.iaraosta.it

L'Institut ha il compito di promuovere l'istruzione e la formazione professionale in agricoltura, e la stretta connessione fra istruzione e ricerca permette di affiancare allo studio la pratica. Quest'anno molto interessante il Fumin '08, dai marcati sentori di bacche rosse, e la Petite Arvine '10, dai sentori molto agrumati.

● Valle d'Aosta Fumin '08	♛♛ 5
○ Valle d'Aosta Petite Arvine '10	♛♛ 4
○ Valle d'Aosta Pinot Gris '10	♛♛ 4
○ Valle d'Aosta Chardonnay '10	♛ 4

Cooperativa La Kiuva
fraz. Pied de Ville, 42
11020 Arnad [AO]
Tel. 0125966351
lakiuva@libero.it

La Kiuva è la cooperativa di Arnad, piccolo comune della bassa Valle d'Aosta, caratterizzato da un clima piacevolmente mite, che favorisce lo sviluppo del nebbiolo. La cooperativa, nata nel 1975, coinvolge i viticoltori di 7 paesi limitrofi. Molto valido l'Arnad-Montjovet Supérieur '07.

● Valle d'Aosta Arnad-Montjovet Sup. '07	♛♛ 4*
○ Valle d'Aosta Chardonnay '09	♛ 4
● Valle d'Aosta Merlot '09	♛ 3

Ermes Pavese
s.da Pineta, 26
11017 Morgex [AO]
Tel. 0165800053
www.vievini.it

Ermes Pavese, conservatore della tradizione locale, coltiva e produce il prié blanc in tre ettari ai piedi del Monte Bianco, strappato al freddo e all'altitudine. Piacevole e tipico il Blanc de Morgex '10 e ancora più sorprendente la piccola produzione della selezione Nathan.

○ Valle d'Aosta Vin Blanc de Morgex et La Salle Nathan '10	♛♛ 4*
○ Valle d'Aosta Vin Blanc de Morgex et La Salle '10	♛ 4

PIEMONTE

Molta luce qualitativa e parecchio buio produttivo in Piemonte. Nel senso che crescono le aziende impegnate a fare vini seri ma la crisi nelle vigne è notevole, soprattutto in quelle aree in cui barbera e dolcetto sono le uve principali, ormai svendute a prezzi da fame. E non è che la situazione dei vini più blasonati sia esattamente brillante, considerato che parecchie cantine hanno affrontato il difficile momento calando decisamente i listini, con conseguenze che vedremo nei prossimi anni. Data la premessa, la superficie vitata in produzione in Piemonte continua a calare, scendendo da 52mila a 48mila ettari negli ultimi cinque anni. E ovviamente si tratta per lo più di abbandoni di vigneti collinari di pregio che richiedono lunghe lavorazioni manuali e che non consentono di svendere le uve a 30 centesimi al chilo. Col che la produzione complessiva piemontese non è diminuita, assestandosi attorno ai 3 milioni di ettolitri (ufficiali, in quanto c'è chi ritiene che si produca molto di più) nel 2010. I vini Doc si avvicinano ormai alla soglia dell'85%, con i bianchi al 38 e i rossi al 62% del totale. Passando ai vini, bei risultati dai prodotti a base nebbiolo 2007, anche in tante versioni base (che consigliamo assolutamente di provare), magari provenienti da vigneti con esposizioni non troppo soleggiate. Bel 2008 per il nebbiolo, in primis per il Barbaresco, almeno nelle aziende che hanno scelto di attendere una vendemmia decisamente posticipata a causa delle abbondanti piogge di inizio settembre. Di bella ricchezza il raccolto del 2009, come dimostrano le prime Barbera assaggiate. Nel 2010 interessanti risultati per i vini bianchi. Oltre alle riconferme di numerose celebri cantine, ci fa piacere poter segnalare alcune realtà che si aggiudicano per la prima volta i Tre Bicchieri, novità che consigliamo vivamente di cercare in enoteca, al ristorante o direttamente dal produttore. E alcuni dei nuovi premi dimostrano perfettamente che anche zone non così reputate e celebri possono impegnarsi per realizzare prodotti di qualità assoluta. Il vitigno autoctono a bacca bianca più tipico dell'Eporediese si esprime al meglio nel Le Chiusure '10 della cantina Favaro; altrettanto significativo il risultato del Carema Etichetta Bianca '07 della Cantina Produttori di Carema, un grande vino a base di nebbiolo ricco di personalità. Sempre sul fronte del nebbiolo, di assoluto rilievo la prova del Barolo Lazzairasco '07 dell'azienda Porro di Serralunga d'Alba, e riuscitissimi il Barbaresco Montefico '08 di Carlo Giacosa, il Barolo Acclivi '07 di Burlotto e il Monvigliero '06 di Bel Colle. "Un uomo solo al comando" nelle novità del Tortonese, grazie al suadente Colli Tortonesi Timorasso Fausto '09 della cantina Vigne Marina Coppi. Ci fa piacere chiudere invitando i lettori all'assaggio del magnifico Dolcetto d'Ovada Superiore Du Riva '08 di Tacchino.

PIEMONTE

Abbona
B.TA SAN LUIGI, 40
12063 DOGLIANI [CN]
TEL. 0173721317
www.abbona.com

VENDITA DIRETTA
VISITA SU PRENOTAZIONE

PRODUZIONE ANNUA 250.000 bottiglie
ETTARI VITATI 45.00

L'azienda della famiglia Abbona, capeggiata dall'inossidabile Marziano, costituisce, per la completezza della batteria proposta, la qualità costantemente espressa e le dimensioni della produzione totale, una delle realtà più importanti del comprensorio. Negli anni sono aumentati gli estimatori di queste etichette, sia a livello nazionale che internazionale; a ciò corrisponde una serie di vini che, ad iniziare dall'affascinante Cinerino (a base viognier), sino ai cru di Barolo, non trascurando ovviamente le impeccabili versioni di Dolcetto, rappresentano un approdo sicuro per chi ricerca la qualità con prezzi corretti.

Splendida vendemmia per Papà Celso '09, un Dogliani meno ricco rispetto ad altre edizioni ma dotato di una perfetta definizione olfattiva, con note di prugne e sottobosco; in bocca i tannini sono ottimamente risolti in una struttura calibrata e sobria, priva di eccessi: un Tre Bicchieri di godibilissima bevibilità. Ancora lievemente segnato da note legnose il Barolo Pressenda '07, che si rivela altresì dotato di un olfatto che vira verso note speziate e balsamiche, mentre la bocca è opulenta e di notevole persistenza. Il Barolo Terlo Ravera '07 è invece giocato su note calde ed evolute, con la frutta rossa matura a dominare la scena. Sempre profumato e armonico il Cinerino, a base di uva viognier.

● Dogliani Papà Celso '09	♛♛♛ 5
● Barolo Pressenda '07	♛♛ 8
● Barbera d'Alba Rinaldi '09	♛♛ 5
● Barolo Terlo Ravera '07	♛♛ 7
● Dolcetto di Dogliani San Luigi '10	♛♛ 4*
○ Duemilaotto Extra Brut M. Cl. '08	♛♛ 6
○ Langhe Bianco Cinerino '10	♛♛ 5
● Nebbiolo d'Alba Bricco Barone '09	♛♛ 4
● Barolo Terlo Ravera '06	♛♛♛ 7
● Dogliani Papà Celso '07	♛♛♛ 5
● Dogliani Papà Celso '06	♛♛♛ 5

Anna Maria Abbona
FRAZ. MONCUCCO, 21
12060 FARIGLIANO [CN]
TEL. 0173797228
www.annamariaabbona.it

VENDITA DIRETTA
VISITA SU PRENOTAZIONE

PRODUZIONE ANNUA 58.000 bottiglie
ETTARI VITATI 10.00

Da Farigliano si può godere della biodiversità che ancora contraddistingue il territorio di Dogliani. E qui, ad altitudini considerevoli, si trova l'azienda di Anna Maria e di suo marito Franco Schellino. I quasi 600 metri di altezza si sentono tutti nei loro vini, o meglio nella variegata gamma di Dolcetto che, dopo qualche anno di invecchiamento, esprime complessità non comuni. Sui 10 ettari di vigneto lavorano ancora tre generazioni: i genitori di Annamaria, la coppia di proprietari e il loro figlio Federico. Tutti accomunati da un profondo amore per il mestiere di vignaiolo.

Un'annata articolata per la bella azienda di Anna Maria Abbona. I vini base soffrono un po', mentre il risultato migliore lo raggiunge il Dolcetto di Dogliani Sorì dij But '10, con il suo tipico naso di mora e cacao su un fondo vinoso. La bocca è piena e dai tannini armonici, sostenuti dall'alcol. Segue la prestazione del Langhe Nebbiolo '08, affascinante nelle sue note affumicate che precedono sentori di bacche rosse, con un palato che appare già in beva. Ancora ruvidi i tannini del Dogliani Maioli '09, bilanciati però dalla buona struttura. Interessante il semplice Langhe Bianco Netta '10, da uva nascetta, piuttosto intenso, con un fondo minerale e bei frutti bianchi.

● Dogliani Maioli '09	♛♛ 4*
● Dolcetto di Dogliani Sorì dij But '10	♛♛ 4*
● Langhe Nebbiolo '08	♛♛ 4*
● Langhe Rosso Cadò '08	♛♛ 5
● Barbera d'Alba '10	♛ 4
○ Langhe Bianco L'Alman '10	♛ 5
○ Langhe Bianco Netta '10	♛ 5
● Langhe Dolcetto '10	♛ 3
● Dogliani Maioli '08	♛♛ 4
● Dogliani Maioli '07	♛♛ 4*
● Dolcetto di Dogliani Sorì dij But '09	♛♛ 4*
● Dolcetto di Dogliani Sorì dij But '08	♛♛ 4
● Langhe Nebbiolo '07	♛♛ 4*
● Langhe Rosso Cadò '07	♛♛ 5

PIEMONTE

F.lli Abrigo
LOC. BERFI
VIA MOGLIA GERLOTTO, 2
12055 DIANO D'ALBA [CN]
TEL. 017369104
www.abrigofratelli.com

VENDITA DIRETTA
VISITA SU PRENOTAZIONE

PRODUZIONE ANNUA 60.000 bottiglie
ETTARI VITATI 22.00

Questa significativa realtà del comprensorio dianese si distingue per un valido standard qualitativo riscontrabile su tutte le etichette in produzione e si caratterizza, peculiarità sempre più importante, per un allettante rapporto tra qualità e prezzo. Il vitigno dolcetto, espresso in più versioni, costituisce l'asse portante del patrimonio agricolo, comunque ben affiancato da altre tipologie tipiche del territorio. La posizione della sede aziendale, dominante e suggestiva, fa consigliare una visita.

Nessun exploit rispetto all'anno scorso ma ci sono conferme positive. Intenso e di grande armonia olfattiva il Diano d'Alba Superiore Vigna Pietrìn '09, dai tannini docili e dalla polpa croccante. Bella anche la Barbera d'Alba La Galúpa '09, con sentori minerali; la bocca è potente, sapida e dal finale lungo. Un gradino sotto il Diano d'Alba Rocche dei Berfi '10, con una bocca un po' piccola e un finale leggermente verde; in compenso guadagna sull'intensità e sul fruttato fresco. Carattere un po' semplice per il Nebbiolo d'Alba Tardiss '09, che si distingue per le interessanti note di fiori secchi e liquirizia.

Orlando Abrigo
VIA CAPPELLETTO, 5
12050 TREISO [CN]
TEL. 0173630232
www.orlandoabrigo.it

VENDITA DIRETTA
VISITA SU PRENOTAZIONE
OSPITALITÀ
RISTORAZIONE

PRODUZIONE ANNUA 80.000 bottiglie
ETTARI VITATI 18.00

Sono ormai passati circa vent'anni dall'ingresso in cantina di Giovanni Abrigo, che ha sostituito nella gestione quotidiana il padre Orlando. L'avvento della nuova generazione ha portato a una crescita fondiaria, che conta ora su bei vigneti sparsi fra Treiso, Trezzo Tinella e Vezza d'Alba. Anche lo stile dei vini è cambiato: bianchi e rossi sono fruttati e vellutati, in parte grazie al largo utilizzo di piccoli legni nuovi. I vigneti sono per buona parte dedicati ai vitigni tradizionali di Langa (nebbiolo, barbera e dolcetto), sebbene non manchino merlot, chardonnay e sauvignon.

Il riuscito Barbaresco Rocche Meruzzano '08 è intenso nella sue veste rubino scarico, ricco di spezie e frutti neri che lasciano spazio a una bocca giovanile e avvolgente. Il notevole Barbaresco Montersino '08 gioca molto sulla materia imponente ed è impreziosito da accenni aromatici balsamici; bocca grossa e persistente. Il più semplice Barbaresco Rocche Meruzzano Vigna Rongallo '08 è lievemente segnato dal rovere, ma si rivela piuttosto denso e sfaccettato. Piacevole il Langhe Bianco D'Amblè '10, a base di uve sauvignon, fresco e vibrante. Tra le due valide Barbera la nostra preferenza va alla Vigna Roreto '09, con ciliegia dolce al naso e bell'equilibrio al palato.

- Barbera d'Alba La Galùpa '09 — 4*
- Diano d'Alba Sup. V. Pietrìn '09 — 4*
- Barbera d'Alba Piasusa '10 — 4
- Diano d'Alba Rocche dei Berfi '10 — 3
- O Langhe Chardonnay Temp dër Fiù '10 — 4
- Langhe Rosso Tambuss '07 — 5
- Nebbiolo d'Alba Tardiss '09 — 5
- O Sivà Brut M. Cl. '08 — 6
- Barbera d'Alba La Galùpa '07 — 4*
- Barbera d'Alba Piasusa '07 — 3*
- Diano d'Alba Rocche dei Berfi '09 — 3*
- Diano d'Alba Sup. V. Pietrìn '08 — 4
- Nebbiolo d'Alba Tardiss '08 — 5

- Barbaresco Montersino '08 — 7
- Barbaresco Rocche Meruzzano '08 — 6
- Barbaresco Rocche Meruzzano V. Rongallo '08 — 7
- Barbera d'Alba Mervisano '08 — 5
- Barbera d'Alba V. Roreto '09 — 4
- O Langhe Bianco D'Amblè '10 — 4*
- Langhe Nebbiolo Settevie '09 — 4
- Nebbiolo d'Alba Valmaggiore '09 — 6
- Barbaresco Montersino '07 — 7
- Barbaresco Rocche Meruzzano '07 — 6
- Barbaresco Rocche Meruzzano V. Rongallo '07 — 7
- Barbera d'Alba Mervisano '07 — 5
- O Langhe Bianco D'Amblè '09 — 4
- Langhe Nebbiolo Settevie '08 — 4
- Langhe Rosso Livraie '06 — 5
- Nebbiolo d'Alba Valmaggiore '08 — 6

PIEMONTE

Giulio Accornero e Figli
Cascina Ca' Cima, 1
15049 Vignale Monferrato [AL]
Tel. 0142933317
www.accornerovini.it

VENDITA DIRETTA
VISITA SU PRENOTAZIONE
OSPITALITÀ

PRODUZIONE ANNUA 100.000 bottiglie
ETTARI VITATI 22.00
VITICOLTURA Naturale

Giulio Accornero e Figli è senza ombra di dubbio uno dei marchi storici della Provincia di Alessandria. Ogni anno si riscoprono nei loro vini il profondo legame che unisce questa famiglia al territorio. Il nuovo progetto, vero e proprio inno al Casalese, prende vita dall'idea di fare un grande vino a partire dalle uve grignolino, un vitigno che trova difficoltà a uscire dalla ristretta cerchia degli estimatori, ma di cui Ermanno conosce storia e potenzialità. Così, oltre a sfornare rossi a base barbera densi e vellutati, questa cantina riporta il Grignolino tra l'aristocrazia del vino piemontese.

Il Grignolino Vigne Vecchie '06, ottenuto con lunghe macerazioni sulle bucce e prolungato affinamento in legno, è una bellissima sorpresa. Al naso regala aromi di pepe e tabacco su note tostate, al palato grande finezza e armonia. Il Giulìn '09 esprime un grande carattere in tutte le fasi della degustazione: una Barbera sincera e intrigante. Cima '06 ci accoglie con un naso articolato e una fase gustativa in cui spicca la freschezza data dall'acidità. Bricco Battista soffre l'annata 2008 ma mantiene una bella complessità gusto-olfattiva. Bricco del Bosco '10 è un Grignolino fine ed equilibrato. Il Brigantino è una Malvasia con un notevole equilibrio tra dolcezza e acidità.

● Barbera del M.to Giulìn '09	YY 4
● Barbera del M.to Sup. Cima '06	YY 7
● Grignolino del M.to Casalese Bricco del Bosco '10	YY 4
● Grignolino del M.to Casalese Bricco del Bosco Vigne Vecchie '06	YY 7
● Barbera del M.to Sup. Bricco Battista '08	YY 6
● Casorzo Brigantino '10	Y 4
● M.to Freisa La Bernardina '10	Y 4
O Monferrato Bianco Fonsìna '10	Y 4
● Monferrato Rosso Centenario '07	Y 6
● Barbera d'Asti Bricco Battista '97	YYY 5
● Barbera del M.to Sup. Bricco Battista '07	YYY 6
● Barbera del M.to Sup. Bricco Battista '04	YYY 6
● Barbera del M.to Sup. Bricco Battista '99	YYY 6
● Barbera del M.to Sup. Bricco Battista '98	YYY 6

Marco e Vittorio Adriano
Fraz. San Rocco Seno d'Elvio, 13a
12051 Alba [CN]
Tel. 0173362294
www.adrianovini.it

VENDITA DIRETTA
VISITA SU PRENOTAZIONE

PRODUZIONE ANNUA 100.000 bottiglie
ETTARI VITATI 22.00

La sede aziendale è in territorio albese, ma il vino più interessante deriva da un vigneto di ben 6 ettari nel pregiato cru Basarin di Neive, da cui si ricava l'omonimo Barbaresco realizzato anche in versione Riserva, quindi con due anni in più di affinamento. L'impostazione produttiva non è variata molto in questi primi vent'anni di attività ed è basata su vini freschi e fruttati, realizzati con maturazioni in botti di rovere di Slavonia di medie dimensioni.

Ottimo risultato per i Barbaresco di casa Adriano. Il ricco Barbaresco Basarin Riserva '06 è di un bel rubino vivo e all'olfatto porge le classiche note di liquirizia, bacche rosse ed eucalipto; la bocca è piuttosto austera, dai tannini fitti e dal finale persistente. Il gradevolissimo Barbaresco Basarin '08 ha colore ancora più brillante, tabacco e spezie, bell'equilibrio tra acidità, massa tannica e alcol. Il Barbaresco Sanadaive '08 è nitido e ben definito, di media struttura e chiude con lievi note animali e vegetali. Non ci è stato possibile degustare i vini della vendemmia 2010.

● Barbaresco Basarin '08	YY 5
● Barbaresco Basarin Ris. '06	YY 6
● Barbaresco Sanadaive '08	YY 5
● Barbaresco Basarin '07	YY 5
● Barbaresco Basarin '06	YY 5*
● Barbaresco Basarin Ris. '05	YY 6
● Barbaresco Basarin Ris. '04	YY 6
● Barbaresco Sanadaive '07	YY 5
● Barbaresco Sanadaive '06	YY 5*
● Barbera d'Alba Sup. '07	YY 4*
● Langhe Freisa '09	YY 4
● Langhe Nebbiolo '08	YY 4
● Langhe Nebbiolo '07	YY 4*

PIEMONTE

Claudio Alario
VIA SANTA CROCE, 23
12055 DIANO D'ALBA [CN]
TEL. 0173231808
aziendaalario@tiscali.it

VENDITA DIRETTA
VISITA SU PRENOTAZIONE

PRODUZIONE ANNUA 45.000 bottiglie
ETTARI VITATI 10.00

In poco più di vent'anni di attività Claudio Alario si è imposto con sicurezza come uno dei più autorevoli produttori di Dolcetto di Diano, grazie soprattutto ai risultati costantemente pregevoli della selezione Costa Fiore. Negli anni è però cresciuta la voglia di misurarsi con la tipologia più importante delle Langhe, il Barolo, per cui sono stati acquisiti nuovi vigneti all'interno di questa denominazione, tra cui primeggia per struttura e complessità il Sorano di Serralunga d'Alba. Prezzi decisamente competitivi nelle selezioni di Dolcetto.

Apriamo con due vini di pregevole fattura, i Barolo Riva Rocca e Sorano, entrambi 2007. Il primo, di un bel rubino scarico, rivela note di spezie dolci e canfora; sul magnifico palato mostra tutta la sua freschezza e tannini decisi ma non graffianti. Il Sorano ha un'unghia granata più marcata; è meno intenso del precedente, ma altrettanto interessante nelle note di tabacco e fiori secchi. Ottima prova del Dolcetto di Diano d'Alba Costa Fiore '10, tipico nei suoi sentori di frutta nera e mandorla; la bocca è potente e di grande finezza. Il Montagrillo '10 è caratterizzato invece da un finale un po' verde. Da elogiare anche la Barbera d'Alba Valletta '09: bacche rosse, tabacco e legno ben dosato.

● Barolo Riva Rocca '07	🍷🍷 7
● Diano d'Alba Costa Fiore '10	🍷🍷 4*
● Barbera d'Alba Valletta '09	🍷🍷 5
● Barolo Sorano '07	🍷🍷 8
● Diano d'Alba Montagrillo '10	🍷🍷 4*
● Diano d'Alba Pradurent Sup. '09	🍷🍷 4*
● Nebbiolo d'Alba Cascinotto '09	🍷 5
● Barolo Sorano '05	🍷🍷🍷 8
● Barbera d'Alba Valletta '08	🍷🍷 5
● Barolo Riva '06	🍷🍷 7
● Barolo Sorano '06	🍷🍷 8
● Diano d'Alba Costa Fiore '09	🍷🍷 4*
● Diano d'Alba Montagrillo '09	🍷🍷 4*
● Nebbiolo d'Alba Cascinotto '08	🍷🍷 5

F.lli Alessandria
VIA B. VALFRÉ, 59
12060 VERDUNO [CN]
TEL. 0172470113
www.fratellialessandria.it

VENDITA DIRETTA
VISITA SU PRENOTAZIONE

PRODUZIONE ANNUA 70.000 bottiglie
ETTARI VITATI 14.00

Nella grande casa settecentesca di Verduno opera Gian Battista Alessandria, con l'aiuto determinante di tutta la famiglia e in particolare del capace figlio Vittore. Il Barolo viene eseguito secondo regole tradizionali e distinto in diversi cru: Monvigliero, Gramolere, San Lorenzo. La sola cantina vale una visita: ne elogiava la bellezza e il metodo già Camillo Benso conte di Cavour. Nei 14 ettari di vigna predomina il nebbiolo, accompagnato dall'autoctono pelaverga. Grande rispetto per l'ambiente, senza uso di chimica in vigna.

Decisamente classico il Barolo Gramolere '07, rubino con evidenti accenni granata, speziato e già quasi liquirizioso, suadente e armonico pur in un corpo importante. Il Barolo Monvigliero '07 è meno potente in bocca e corretto, piacevole nei suoi frutti rossi appena un po' semplici. Eccezionale la riuscita del Barolo '07 base che riesce, in questa calda annata, a presentarsi fresco, disinvolto e piacevolissimo, tanto da approdare alle nostre finali. Il Langhe Nebbiolo Prinsiot '09 offre bella polpa e magnifica bevibilità, senza asperità tanniche e notevole piacevolezza. Pare invece ancora serrato in una presa tannica piuttosto rigida il Langhe Rossoluna '08.

● Barolo '07	🍷🍷 6
● Barolo Gramolere '07	🍷🍷 7
● Barolo S. Lorenzo '07	🍷🍷 7
● Barbera d'Alba Sup. La Priora '08	🍷🍷 5
● Barolo Monvigliero '07	🍷🍷 7
● Langhe Nebbiolo Prinsiot '09	🍷🍷 4
● Langhe Rossoluna '08	🍷🍷 5
● Verduno Pelaverga Speziale '10	🍷🍷 4
● Barolo Gramolere '05	🍷🍷🍷 7
● Barolo Monvigliero '06	🍷🍷🍷 7
● Barolo Monvigliero '00	🍷🍷🍷 7
● Barolo Monvigliero '95	🍷🍷🍷 7
● Barolo S. Lorenzo '04	🍷🍷🍷 7
● Barolo S. Lorenzo '01	🍷🍷🍷 7
● Barolo S. Lorenzo '97	🍷🍷🍷 7

PIEMONTE

★Gianfranco Alessandria
Loc. Manzoni, 13
12065 Monforte d'Alba [CN]
Tel. 017378576
www.gianfrancoalessandria.com

VENDITA DIRETTA
VISITA SU PRENOTAZIONE

PRODUZIONE ANNUA 45.000 bottiglie
ETTARI VITATI 7.00

Anche Gianfranco Alessandria fa parte di quella nouvelle vague langarola che, a partire dagli anni Ottanta, ha messo in subbuglio il mondo del Barolo adottando stili di vinificazione decisamente innovativi, a partire da brevi macerazioni e dall'abbondante uso di legno nuovo. Questa piccola cantina a conduzione familiare, in cui sono parte attiva anche la moglie Bruna e la figlia Vittoria, è stata apprezzata anche all'estero grazie soprattutto ai due prodotti di punta, il Barolo San Giovanni e la Barbera d'Alba Vittoria, ovviamente dedicata alla figlia.

Il pregevole Barolo San Giovanni '07 ha colore ancora rubino fitto, con accenni granata solo sui bordi; gli aromi si aprono su frutta sotto spirito, in particolare ciliegia, e intriganti spezie dolci. Il meglio arriva in bocca, dove il bel vigneto San Giovanni mostra le proprie capacità donando una massa tannica importante, persino un po' in evidenza rispetto alla polpa fruttata, sino al finale appena rugoso ma nitido e piacevole. Più regolare la versione di Barolo base della stessa vendemmia, forse un po' semplice ma di gustosa bevibilità. Per motivi legati alle scadenze editoriali non ci è stato possibile degustare le altre etichette della cantina.

● Barolo S. Giovanni '07	🍷🍷 8
● Barolo '07	🍷 7
● Barolo S. Giovanni '04	🍷🍷🍷 8
● Barolo S. Giovanni '01	🍷🍷🍷 8
● Barolo S. Giovanni '00	🍷🍷🍷 8
● Barolo S. Giovanni '99	🍷🍷🍷 8
● Barolo S. Giovanni '98	🍷🍷🍷 8
● Barolo S. Giovanni '97	🍷🍷🍷 8
● Barbera d'Alba '09	🍷 4*
● Barbera d'Alba Vittoria '07	🍷 6
● Barolo '06	🍷 7
● Barolo S. Giovanni '06	🍷 8
● Langhe Nebbiolo '08	🍷 5
● Langhe Rosso L'Insieme '07	🍷 6

Marchesi Alfieri
P.zza Alfieri, 28
14010 San Martino Alfieri [AT]
Tel. 0141976015
www.marchesialfieri.it

VENDITA DIRETTA
VISITA SU PRENOTAZIONE
OSPITALITÀ

PRODUZIONE ANNUA 90.000 bottiglie
ETTARI VITATI 21.00

È dal 1990 che le tre sorelle San Martino di San Germano hanno creato la Alfieri, decidendo di imbottigliare il Barbera che nasceva sulla collina Quaglia, appena fuori il comune di San Martino Alfieri. La zona è sicuramente vocata, visto che il primo documento che cita vigneti sui terreni di famiglia risale addirittura al 1377. Ancora oggi la barbera resta l'uva di riferimento, sia per i vini di punta dell'azienda, grazie anche a vigne di più di 70 anni, che per la quantità coltivata (15 ettari sui 25 di proprietà), cui si affiancano grignolino, nebbiolo e pinot nero, per realizzare vini dall'impostazione moderna, di grande sicurezza tecnica.

Alle annate non si sfugge, e allora a fronte di una Alfiera '08 davvero poco brillante abbiamo assaggiato una splendida Barbera d'Asti La Tota '09, dal bouquet ampio, con note di catrame e spezie, bacche nere e tabacco, e dal palato potente e succoso, con un finale lungo, fine e complesso. Buoni anche il Monferrato Costa Quaglia '08, un Nebbiolo non molto intenso ma fine, con note di lampone e liquirizia, classico nei suoi tannini un po' duri ma di bella lunghezza, il Monferrato Sostegno '09, gradevole blend di barbera (70%) e pinot nero, dalle belle note fruttate e fresche, e il Piemonte Grignolino Sansoero '10, dai toni floreali e pepati, di bella tenuta acida e dalla trama tannica fitta e lunga.

● Barbera d'Asti La Tota '09	🍷🍷 4*
● M.to Rosso Costa Quaglia '08	🍷🍷 5
● M.to Rosso Sostegno '09	🍷🍷 4*
● Piemonte Grignolino Sansoero '10	🍷🍷 4*
● Barbera d'Asti Sup. Alfiera '08	🍷 6
● M.to Rosso S. Germano '09	🍷 6
● Barbera d'Asti Sup. Alfiera '07	🍷🍷🍷 6
● Barbera d'Asti La Tota '08	🍷 4
● Barbera d'Asti La Tota '07	🍷 4
● Barbera d'Asti La Tota '06	🍷 4*
● Barbera d'Asti Sup. Alfiera '06	🍷 6
● M.to Rosso Sostegno '08	🍷 4*

PIEMONTE

Giovanni Almondo
via San Rocco, 26
12046 Montà [CN]
Tel. 0173975256
www.giovannialmondo.com

VENDITA DIRETTA
VISITA SU PRENOTAZIONE

PRODUZIONE ANNUA 85.000 bottiglie
ETTARI VITATI 16.00

Domenico Almondo da ormai trent'anni propone alcuni dei più interessanti vini del Roero. La produzione è incentrata sull'Arneis, cui sono dedicati 9 dei 16 ettari vitati aziendali e di cui è uno dei migliori interpreti, senza per questo trascurare i classici rossi della denominazione, Roero e Barbera d'Alba. I vigneti si trovano su terreni sabbiosi per quanto riguarda l'arneis, e calcareo sabbiosi per quanto riguarda nebbiolo e barbera. I vini sono improntati all'eleganza e alla bevibilità, anche se il Bricco delle Ciliegie, il suo cru più importante, propone una versione di Arneis tra le più ricche e complesse della denominazione.

Il Roero Arneis Bricco delle Ciliegie '10 è intenso e armonico, dal palato equilibrato ma anche di buona struttura e lungo finale. Ottimi poi i tre Roero presentati. Il Giovanni Almondo Riserva '08, ricco e potente, dai toni di frutti neri e dai tannini ancora un po' aggressivi, il Bric Valdiana '09, con note di eucalipto, tabacco e spezie su bel fondo di lampone, segnato dal legno, di notevole struttura e polpa, ma giovane, chiuso e poco espresso, e il '09, dai profumi fruttati, con sfumature di china, ricco, di carattere, dai tannini fitti e dal lungo finale. Da segnalare anche il nuovo Langhe Bianco Sassi e Sabbia '09, un Riesling dai sentori di pesca e susina, minerale e iodato.

★★★Elio Altare
fraz. Annunziata, 51
12064 La Morra [CN]
Tel. 017350835
www.elioaltare.com

VISITA SU PRENOTAZIONE

PRODUZIONE ANNUA 60.000 bottiglie
ETTARI VITATI 10.00
VITICOLTURA Naturale

A soli 61 anni d'età Elio Altare ha ormai sulle spalle 45 vendemmie, gestite quasi in piena autonomia da quando, trentenne, decise di recidere nettamente i legami con un passato enologico fatto troppo spesso di trattamenti chimici in vigna e di botti vecchie in cantina. Elio è così diventato un maestro e un simbolo del Barolo moderno, sempre pulito ed elegante, frutto di brevi macerazioni e di barrique nuove in cantina come di assoluta naturalità in campagna. Sempre sostenuto dalla moglie Lucia, oggi è validamente affiancato dalla figlia Silvia. La piccola produzione è incentrata sul Barolo, ma sono divenuti meritatamente famosi anche il Langhe Arborina e il Langhe Larigi.

Da un vocato vigneto di Serralunga recentemente acquisito, Elio Altare ha realizzato un vero capolavoro che ha conquistato di slancio i Tre Bicchieri, un Barolo '05 di grande stoffa perfettamente equilibrato e armonico anche grazie al prolungato affinamento che ha preceduto la commercializzazione. Il Barolo Vigneto Arborina '07 si rivela grazie ad eleganti note di tabacco e spezie accompagnate da un fine sfondo di rovere. Il Larigi '09 è una sensuale interpretazione dell'uva barbera, affascinante, ricca di sfumature e godibile come non mai. La cura che Elio Altare mette in vigna e in cantina è nota a tutti gli appassionati e garantisce la migliore riuscita di tutta la gamma.

○ Roero Arneis Bricco delle Ciliegie '10		4
● Roero Bric Valdiana '09		6
● Roero Giovanni Almondo Ris. '08		6
○ Langhe Bianco Sassi e Sabbia '09		4
● Roero '09		4
○ Roero Arneis V. Sparse '10		4
● Roero Bric Valdiana '07		6
● Barbera d'Alba Valbianchera '08		5
● Barbera d'Alba Valbianchera '06		5
○ Roero Arneis Bricco delle Ciliegie '07		4*
● Roero Bric Valdiana '08		6
● Roero Bric Valdiana '06		6
● Roero Giovanni Almondo Ris. '06		6

● Barolo Cerretta V. Bricco '05		8
● Barolo Vign. Arborina '07		8
● Langhe Arborina '09		8
● Langhe Larigi '09		8
● Barbera d'Alba '10		5
● Barolo '07		8
● Dolcetto d'Alba '10		4
● L'Insieme '09		7
● Langhe La Villa '09		8
● Langhe Nebbiolo '10		5
● Langhe Arborina '08		8
● Langhe La Villa '06		8
● Langhe Larigi '07		8

PIEMONTE

Antichi Vigneti di Cantalupo
VIA MICHELANGELO BUONARROTI, 5
28074 GHEMME [NO]
TEL. 0163840041
www.cantalupo.net

VENDITA DIRETTA
VISITA SU PRENOTAZIONE

PRODUZIONE ANNUA 200.000 bottiglie
ETTARI VITATI 35.00

Appartengono alla famiglia Arlunno alcuni dei siti più rappresentativi delle Colline Novaresi, formazioni moreniche originatesi dai depositi accumulati nel tempo dal ghiacciaio del Monte Rosa. Gli ettari vitati sono 35, la maggior parte dei quali consacrati al nebbiolo spanna e al Ghemme, declinato in ben quattro versioni: un base e tre selezioni da cru, il cui profilo giovanile cupo e tostato sa spesso trovare nel tempo sorprendente ariosità e leggerezza. Il resto della gamma si snoda su monovarietali e blend a base vespolina, uva rara, erbaluce, arneis e chardonnay.

In questa edizione è toccato al Collis Carellae rappresentare in solitaria l'originale batteria dei Ghemme prodotti dalla famiglia Arlunno. E molto bene, aggiungiamo, perché la versione '07 manca d'un niente il massimo riconoscimento col suo profilo dolce e sfumato di bergamotto, liquirizia, fieno, tradotto in un sorso potente, ficcante, austero, di estrema gioventù. L'unico limite, ma si tratta davvero di sfumature, lo cogliamo nella definizione tannica. Gli fa da efficace scudiero il Colline Novaresi Agamium '07: terra bagnata, goudron, spezie scure, già il naso racconta un'apprezzabile articolazione che la bocca sostiene soprattutto per peso e calore.

● Ghemme Collis Carellae '07	7
● Colline Novaresi Agamium '07	4*
⊙ Colline Novaresi Nebbiolo Il Mimo '10	4
● Ghemme '05	5
● Ghemme Collis Breclemae '00	7
○ Carolus '09	4*
● Ghemme '06	5
● Ghemme Signore di Bayard '01	6

Antico Borgo dei Cavalli
VIA DANTE, 54
28010 CAVALLIRIO [NO]
TEL. 016380115
www.vinibarbaglia.it

VENDITA DIRETTA
VISITA SU PRENOTAZIONE

PRODUZIONE ANNUA 20.000 bottiglie
ETTARI VITATI 3.00

C'è un fiocco azzurro ad accogliere i visitatori da Antico Borgo dei Cavalli: col piccolo Luca entra in campo la quarta generazione per l'azienda fondata nel 1946 da Mario Barbaglia e guidata oggi dal figlio Sergio e dalla nipote neomamma Silvia. I nostri auguri si aggiungono all'apprezzamento per una gamma in continua crescita, articolata su vini di stampo tradizionale a base nebbiolo, uva rara, croatina, vespolina ed erbaluce, con una sezione sempre più personale e centrata dedicata al Metodo Classico.

Può darsi che la nostra sia solo suggestione, ma ci pare davvero di cogliere anche nei vini della famiglia Barbaglia la corrente fresca dell'aria di festa. Intanto il Colline Novaresi Bianco Lucino, da erbaluce, non è mai stato così buono come nella versione 2010: mela e cedro dipanano subito l'impatto lievitoso e si fortificano in un sorso dritto e sincero, brioso e saporito. Si gioca le sue carte in finale insieme al Boca '07, ritrovato sui livelli del 2004 e forse ancora più caratterizzato, con i ricordi di ribes in confettura, oliva nera, risacca, capace di tenere testa ai tratti tannici più severi con la polposa progressione salmastra, appena repentina nella chiusura.

● Boca '07	6
○ Colline Novaresi Bianco Lucino '10	4*
● Colline Novaresi Croatina Clea '09	4
● Colline Novaresi Nebbiolo Il Silente '07	4
○ Curticella Caballi Regis Brut M. Cl.	6
● Colline Novaresi Vespolina Ledi '09	4
○ Curticella Dosaggio Zero M. Cl.	6
● Boca '04	6
● Boca '01	6
● Colline Novaresi Nebbiolo Il Silente '06	5
● Colline Novaresi Uva Rara Lea '07	3*
● Colline Novaresi Vespolina Ledi '04	4*

PIEMONTE

★Antoniolo
C.so Valsesia, 277
13045 Gattinara [VC]
Tel. 0163833612
antoniolovini@bmm.it

VENDITA DIRETTA
VISITA SU PRENOTAZIONE

PRODUZIONE ANNUA 60.000 bottiglie
ETTARI VITATI 12.00

Quanti sono i vini capaci di attraversare in scioltezza i decenni rivelando fin dall'inizio la loro grandezza? Non molti, crediamo, ma tra questi ci sono sicuramente i Gattinara della famiglia Antoniolo, veri e propri highlander che sanno restituire in tempo reale gli umori di vigne spettacolari come San Francesco, Osso San Grato, Castelle, Borelle. Una squadra con pochi rivali in Italia per la capacità di condensare in ogni goccia tutta la purezza, l'energia e la profondità di queste terre, rendendo insignificante ogni ragionamento su tecniche e protocolli di cantina.

Stiamo esaurendo gli aggettivi per definire il livello raggiunto e consolidato dai Gattinara della famiglia Antoniolo. Anche in un'annata con molto insidie come la 2007, ci ritroviamo davanti a un mostruoso poker da finale, da leggere con le diverse sfumature territoriali più che nell'ottica di una precisa gerarchia. Il base è già un vino completo per il suo frutto rosso maturo, corredato da ricordi di scoglio, Il vigneto Castelle evidenzia maggiormente il coté floreale e delicatamente erbaceo. Più caldo del solito, com'è nella natura del cru, un comunque maestoso Osso San Grato. È così il San Francesco a incarnare questa volta per noi il meglio ci ciò può offrire un Nebbiolo gattinarese. Da Tre Bicchieri.

Vino		
● Gattinara Vign. S. Francesco '07	🍷🍷🍷	6
● Gattinara '07	🍷🍷	6
● Gattinara Vign. Osso S. Grato '07	🍷🍷	7
● Gattinara Vign. Castelle '07	🍷🍷	6
● Coste della Sesia Nebbiolo Juvenia '09	🍷🍷	4*
⊙ Coste della Sesia Rosato Bricco Lorella '10	🍷	4
● Gattinara Vign. Castelle '00	🏆🏆🏆	7
● Gattinara Vign. Castelle '99	🏆🏆🏆	7
● Gattinara Vign. Osso S. Grato '06	🏆🏆🏆	7
● Gattinara Vign. Osso S. Grato '05	🏆🏆🏆	7
● Gattinara Vign. Osso S. Grato '04	🏆🏆🏆	7
● Gattinara Vign. Osso S. Grato '01	🏆🏆🏆	7
● Gattinara Vign. S. Francesco '06	🏆🏆🏆	6
● Gattinara Vign. S. Francesco '05	🏆🏆🏆	7
● Gattinara Vign. S. Francesco '03	🏆🏆🏆	7
● Gattinara Vign. S. Francesco '01	🏆🏆🏆	6

Anzivino
C.so Valsesia, 162
13045 Gattinara [VC]
Tel. 0163827172
www.anzivino.it

VENDITA DIRETTA
VISITA SU PRENOTAZIONE
OSPITALITÀ
RISTORAZIONE

PRODUZIONE ANNUA 60.000 bottiglie
ETTARI VITATI 11.00

È anche nel ricordo dell'avo Ciuppasell, come era conosciuto in Alto Piemonte questo bottaio viticoltore, che la famiglia Anzivino decise alla fine degli anni '90 di lasciare Milano e di trasferirsi a Gattinara per dedicarsi all'agricoltura e al vino. Negli 11 ettari di proprietà ci sono bonarda, vespolina, croatina, erbaluce e naturalmente nebbiolo, alla base di esecuzioni moderatamente moderne come nei Bramaterra e nei Gattinara, ma anche di esperimenti più arditi come nel Faticato, vinificato dopo tre mesi di appassimento su graticci.

Gli assaggi di quest'anno si inseriscono nella scia delle ultime stagioni, con qualche etichetta di indiscutibile correttezza tecnica, ma un po' in debito di carattere, e un paio di punte decisamente più stimolanti. Tra queste ci mettiamo sicuramente il Coste della Sesia Rosso Faticato '07: i tratti riconducibili all'appassimento sono ben mimetizzati nei ricordi di pesca noce, lampone, cannella, ma soprattutto in una bocca appena abboccata, densa, solo un po' troppo severa nel testimone tannico. È il medesimo limite che troviamo nel Bramaterra '07, il cui corredo maturo di pesca e mostarda trova sponda in un sorso consistente e compatto, assolutamente personale.

Vino		
● Bramaterra '07	🍷🍷	4
● Coste della Sesia Faticato '07	🍷🍷	6
● Bramaterra Ris. '05	🍷	5
● Coste della Sesia Nebbiolo '06	🍷	4
● Gattinara '07	🍷	5
● Bramaterra '05	🏆🏆	4
● Bramaterra Ris. '04	🏆🏆	5
● Coste della Sesia Nebbiolo Faticato '06	🏆🏆	6
● Gattinara '04	🏆🏆	5
● Gattinara Ris. '03	🏆🏆	6

PIEMONTE

Araldica Vini Piemontesi
v.le Laudano, 2
14040 Castel Boglione [AT]
Tel. 014176311
www.araldicavini.com

VENDITA DIRETTA
VISITA SU PRENOTAZIONE

PRODUZIONE ANNUA 6.000.000 bottiglie
ETTARI VITATI 900.00

Sono circa 320 i soci di questa grande azienda cooperativa che conferiscono le proprie uve all'Antica Contea di Castelvero per la vinificazione e l'affinamento. La produzione di ogni conferitore è tracciabile e attentamente controllata dall'azienda, a dimostrazione del fatto che si cerca di puntare su una produzione di qualità, in particolare con i vini destinati alla ristorazione e alle enoteche. Sono i vitigni del territorio a farla da padrone, barbera e cortese in primis, provenienti dalle zone di Castel Boglione, Cascinone e Gavi.

Araldica ha presentato una batteria di vini di bella compattezza. La Barbera d'Asti Superiore Rive '08 ha aromi intensi, con sentori di frutti neri freschi e ricche sensazioni speziate, palato polposo e avvolgente, con un finale lungo e accattivante, mentre la Barbera d'Asti Ceppi Storici '08, dai toni speziati, di tabacco, china e confettura di prugne, è ricca di frutto ma un po' appesantita dall'alcol nel finale, comunque di buona lunghezza. Ottimi anche il Gavi La Battistina '10, classico nei suoi sentori floreali e di frutta a polpa bianca, e il Gavi La Lancellotta '10, fine, fresca e dal finale piacevolmente acidulo.

Tenuta dell' Arbiola
loc. Arbiola
reg. Saline, 67
14050 San Marzano Oliveto [AT]
Tel. 0141856194
www.saiagricola.it

VENDITA DIRETTA
VISITA SU PRENOTAZIONE
RISTORAZIONE

PRODUZIONE ANNUA 100.000 bottiglie
ETTARI VITATI 20.00

Dal 2008 appartenente al gruppo Saiagricola, la Tenuta dell'Arbiola è situata in bella posizione panoramica a dominare la valle del Nizza. L'azienda dispone di due vigneti nel comune di San Marzano Oliveto, entrambi impiantati su terreni di origine calcareo arenacea. Oltre ai classici vitigni autoctoni della zona, il barbera, piantato su ben 12 dei 20 ettari vitati aziendali e con piante di oltre 60 anni di età, e il moscato, sono presenti cabernet sauvignon, merlot, pinot nero, chardonnay e sauvignon. I vini proposti sono di stampo moderno, di grande pulizia tecnica e precisione aromatica.

Sempre di ottimo livello la Barbera d'Asti Superiore Nizza Romilda XIII '08, da vecchie vigne, che presenta profumi intensi e accattivanti, con note di terra bagnata, sottobosco e frutti neri maturi, e un palato ricco e morbido, un po' in controtendenza rispetto all'annata. Molto piacevoli poi il Moscato d'Asti Ferlingot '10, con note di frutta tropicale, salvia e spezie dolci, di grande ricchezza e concentrazione, lungo e armonico, e la Barbera d'Asti Carlotta '09, dai toni balsamici e dal palato potente, fitto, quasi tannico ma anche di bella lunghezza e ben sostenuto dall'acidità.

- Barbera d'Asti Sup. Ceppi Storici '08 — 4*
- Barbera d'Asti Sup. Rive '08 — 4
- ○ Gavi La Battistina '10 — 4
- ○ Gavi La Lancellotta '10 — 4
- ○ Gavi del Comune di Gavi Nuovo Quadro '10 — 4
- ○ Piemonte Brut Alasia '06 — 4
- Barbera d'Asti Sup. D'Annona '07 — 4*
- Barbera d'Asti Sup. Rive '07 — 4
- Barbera d'Asti Sup. Rive '06 — 4*
- Barbera d'Asti Sup. Rive '04 — 4*
- Langhe Nebbiolo Castellero '06 — 4
- Langhe Nebbiolo Castellero '05 — 4*

- Barbera d'Asti Sup. Nizza Romilda XIII '08 — 5
- Barbera d'Asti Carlotta '09 — 4*
- ○ Moscato d'Asti Ferlingot '10 — 4*
- ○ M.to Bianco Arbiola '10 — 4
- Barbera d'Asti Carlotta '08 — 4*
- Barbera d'Asti Sup. Nizza Romilda IX '04 — 5
- Barbera d'Asti Sup. Nizza Romilda VIII '03 — 6
- Barbera d'Asti Sup. Nizza Romilda X '05 — 6
- Barbera d'Asti Sup. Nizza Romilda XII '07 — 6

PIEMONTE

L'Armangia
FRAZ. SAN GIOVANNI, 122
14053 CANELLI [AT]
TEL. 0141824947
www.armangia.it

VISITA SU PRENOTAZIONE

PRODUZIONE ANNUA 85.000 bottiglie
ETTARI VITATI 7.10

Fondata nel 1988 e in funzione nella nuova cantina dal 1993 L'Armangia, gestita da Ignazio Giovine insieme al padre Giuseppe, pur essendo nata con una spiccata attenzione verso la produzione di vini bianchi – in particolare Moscato, Chardonnay e Sauvignon – è diventata in questi anni una delle più interessanti interpreti della Barbera astigiana. I vigneti, condotti secondo rigidi criteri di eco-compatibilità, si trovano intorno all'azienda, con un'esposizione sud su terreni calcareo argillosi, e nei comuni di Moasca e San Marzano Oliveto, con esposizioni est e ovest, dove sono situati su terreni più pesanti.

L'azienda di Ignazio Giovine quest'anno ha presentato una gamma di vini in forma strepitosa. Hanno raggiunto le nostre finali la Barbera d'Asti Superiore Nizza Titon '08, dai classici sentori di tabacco e frutta rossa, fitta e succosa al palato, lungo e di carattere, e la Barbera d'Asti Superiore Nizza Vignali '06, fine e nitida nei suoi aromi di bacche nere, di grande tenuta acida, un po' severa ma tesa ed elegante. La Barbera d'Asti Sopra Berruti '10 ha note fruttate esuberanti, con sfumature terrose, acidità ancora tagliente, grande corpo e lungo finale, mentre il Piemonte Albarossa Macchiaferro '09 presenta sentori di mora e china e un palato ricco e morbido. Bene anche i vini dolci.

● Barbera d'Asti Sopra Berruti '10		3*
● Barbera d'Asti Sup. Nizza Titon '08		4*
● Barbera d'Asti Sup. Nizza Vignali '06		6
○ Mesicaseu		4
○ Moscato d'Asti Il Giai '10		3*
● Piemonte Albarosso Macchiaferro '09		4
● Barbera d'Asti Sopra Berruti '08		3*
● Barbera d'Asti Sup. Nizza Titon '07		4*
● M.to Rosso Pacifico '06		4
○ Moscato d'Asti Il Giai '09		3*
○ Robi & Robi '06		4

Ascheri
VIA PIUMATI, 23
12042 BRA [CN]
TEL. 0172412394
www.ascherivini.it

VENDITA DIRETTA
VISITA SU PRENOTAZIONE
OSPITALITÀ
RISTORAZIONE

PRODUZIONE ANNUA 240.000 bottiglie
ETTARI VITATI 40.00

Ben 40 ettari e circa 250mila bottiglie annue non sono numeri consueti in zona Langhe e Roero. Matteo Ascheri ce li ha, ma non per questo penalizza la qualità dei suoi vini. Al contrario, le etichette provenienti dal podere Sorano di Serralunga e quelle di Rivalta hanno dato più di una soddisfazione a questa famiglia. Sulla collina di Bra, in zona Montalupa, hanno poi piantato syrah e viognier per offrire originali versioni della denominazione Langhe. Gli Ascheri si sono dedicati anche alla ristorazione, con la trattoria Murivecchi, e all'accoglienza, con un bell'albergo.

Bel risultato per il Barolo Sorano Coste & Bricco, in grande spolvero nella vendemmia '07 grazie a profumi complessi di erbe secche, tabacco biondo e liquirizia; in bocca è complesso, potente, con tannini fitti ma non ruvidi, persistente e sapido, già piuttosto equilibrato. Ancora lievemente più chiuso il Barolo Sorano '07, con accenni di note balsamiche in una fase aromatica piacevolmente nitida; palato di carattere, con una buona presa di tannini, lungo e gradevole. Più evoluto il Barolo Pisapola '07, lievemente stanco al palato dove chiude con sentori terrosi.

● Barolo Sorano '07		6
● Barolo Sorano Coste & Bricco '07		7
● Barbera d'Alba Fontanale '09		4
● Nebbiolo d'Alba Bricco S. Giacomo '09		4
● Barolo Pisapola '07		6
● Dolcetto d'Alba Nirane '10		4
● Dolcetto d'Alba S. Rocco '10		4
○ Langhe Arneis Cristina Ascheri '10		4
● Barolo Sorano '00		6*
● Barolo Sorano Coste & Bricco '06		7
● Langhe Rosso Montalupa '06		6
● Nebbiolo d'Alba Fontanelle '08		4

PIEMONTE 84

Paolo Avezza
REG. MONFORTE, 62
14053 CANELLI [AT]
TEL. 0141822296
www.paoloavezza.com

VENDITA DIRETTA
VISITA SU PRENOTAZIONE

PRODUZIONE ANNUA 20.000 bottiglie
ETTARI VITATI 7.00

Natale Avezza ha acquistato la tenuta nel 1956, ma è solo dal 2001 che Paolo, la terza generazione della famiglia Avezza a gestire l'azienda, ha deciso di puntare senza esitazioni sulla qualità. I vigneti, su suolo calcareo, con una presenza di sabbia e limo, sono divisi tra Canelli e Nizza Monferrato. Accanto ai vitigni tipici di queste zone, come barbera, dolcetto, moscato o nebbiolo, troviamo anche chardonnay e pinot nero, che vengono spumantizzati per ottenere un Alta Langa. I vini proposti sono contraddistinti dalla capacità di esprimere sia le note varietali che quelle territoriali, il tutto con una notevole eleganza e pulizia tecnica.

Sempre ad alto livello la produzione di Paolo Avezza. La Barbera d'Asti Superiore Nizza Sotto la Muda '08 al naso offre note di spezie e china, una bocca ricca e sapida, piena, leggermente tannica ma con un finale di grande beva. Ben realizzati la Barbera d'Asti '10, un po' cupa al naso, dai sentori di terra bagnata e china e dal palato possente, di grande struttura e lunghezza, il Moscato d'Asti La Commenda '10, intenso, fresco, con aromi di mela tagliata e dal finale piacevole e di bella armonia, e infine l'Alta Langa Brut '08, dai profumi di crosta di pane e susina bianca, fine e immediato, ancora molto giovane e da attendere per gustarlo al meglio.

Azelia
FRAZ. GARBELLETTO
VIA ALBA-BAROLO, 53
12060 CASTIGLIONE FALLETTO [CN]
TEL. 017362859
www.azelia.it

VENDITA DIRETTA
VISITA SU PRENOTAZIONE

PRODUZIONE ANNUA 75.000 bottiglie
ETTARI VITATI 15.00

Azienda dalle radici profonde, per cui fa particolarmente piacere rilevare la presenza attiva dell'ultima giovane generazione che, attraverso Lorenzo, potrà dare preziosi contributi all'infaticabile Luigi Scavino nella conduzione di questa importante firma di Langa. Le vigne di proprietà annoverano cru significativi sia a Castiglione Falletto che a Serralunga d'Alba, e ciò consente di proporre versioni di Barolo molto differenti per peculiarità gustative. Lo stile del Barolo è moderatamente moderno, con delicati contributi apportati dal rovere.

Il Barolo Bricco Fiasco '07 ha naso armonioso basato su tabacco dolce ed erbe secche; la bocca è polposa e possente, con finale lievemente asciutto. Il Barolo Margheria '07 è altrettanto valido, appena più legnoso, etereo, con bocca importante e lineare, senza troppe sfaccettature. Decisamente ricco, più alcolico e dominato dalla frutta matura il giovanile Barolo San Rocco '07. Batteria tutta importante, con la Barbera Vigneto Punta '09 caratterizzata da notevole materia e bella franchezza. Il Dolcetto d'Alba Bricco dell'Oriolo '10, da uve provenienti da Montelupo, è un piacevole classico aziendale fruttato e gradevole come sempre.

● Barbera d'Asti Sup. Nizza Sotto la Muda '08	5
○ Alta Langa Brut '08	5
● Barbera d'Asti '10	3
○ Moscato d'Asti La Commenda '10	3*
● M.to Pulo '08	4
○ Piemonte Chardonnay Bricco della Croce '10	3
● Barbera d'Asti Sup. Nizza Sotto la Muda '07	5*
● Barbera d'Asti '09	3*
● Barbera d'Asti '07	3*
● Barbera d'Asti Nizza Sotto la Muda '06	5*

● Barolo Bricco Fiasco '07	8
● Barolo Margheria '07	8
● Barbera d'Alba Vign. Punta '09	5
● Barolo '07	7
● Barolo S. Rocco '07	7
● Dolcetto d'Alba Bricco dell'Oriolo '10	4
● Langhe Nebbiolo '10	4
● Barolo Margheria '06	8
● Barolo Voghera Brea Ris. '01	8

PIEMONTE

Antonio Baldizzone
Cascina Lana

C.SO ACQUI, 187
14049 NIZZA MONFERRATO [AT]
TEL. 0141726734
www.cascinalanavini.it

VENDITA DIRETTA

PRODUZIONE ANNUA 60.000 bottiglie
ETTARI VITATI 18.00

La cantina di Antonio Baldizzone e Graziana Rizzoli, situata sulle colline di Nizza Monferrato, al confine con Acqui Terme, è circondata da vigneti di proprietà che danno origine a vini di grande tipicità, soprattutto per quel che riguarda il vitigno rosso più tipico di questa zona, la barbera. L'azienda produce altri vini tipici dell'astigiano, come il Moscato, il Dolcetto, la Freisa. Tutti i vigneti godono di un'esposizione sud est particolarmente favorevole. I vini, in particolare le varie versioni di Barbera, sono di grande classicità.

Più che convincente la Barbera d'Asti Superiore Nizza '08, intensa al naso e abbastanza fine per l'annata, con sentori di frutta rossa e tabacco, palato non enorme ma armonico, con note speziate e di frutti neri, finale di discreta lunghezza. Sempre piacevole poi la Barbera d'Asti La Cirimela '10, fresca, ricca di frutto, scorrevole, di bella e tipica acidità, tutta da bere. Ben realizzato infine anche il Moscato d'Asti '10, dai profumi di agrumi ed erbe aromatiche, in particolare di salvia, e una leggera nota di lievito di birra, mentre il palato è dolce ma sempre di buona freschezza e tenuta acida.

● Barbera d'Asti La Cirimela '10	3
● Barbera d'Asti Sup. Nizza '08	5
○ Moscato d'Asti '10	3
● Barbera d'Asti L'Anniversario '07	5
● Barbera d'Asti La Cirimela '08	3*
● Barbera d'Asti La Cirimela '07	3*
● Barbera d'Asti Sup. Nizza '07	5
● Barbera d'Asti Sup. Nizza '06	5
● Barbera d'Asti Sup. Nizza '05	5
● Barbera d'Asti La Cirimela '06	3*
● Barbera d'Asti Sup. Vën ëd Michen '05	5
● M.to Rosso Vën ëd Michen '08	5
● M.to Rosso Vën ëd Michen '06	5

★ Cascina La Barbatella

S.DA ANNUNZIATA, 55
14049 NIZZA MONFERRATO [AT]
TEL. 0141701434
www.labarbatella.com

VENDITA DIRETTA
VISITA SU PRENOTAZIONE

PRODUZIONE ANNUA 22.000 bottiglie
ETTARI VITATI 4.00

Dopo quasi trent'anni Angelo Sonvico ha deciso di cedere la Cascina La Barbatella. Il nuovo proprietario è Lorenzo Perego, che ha deciso di proseguire sulla stessa strada e con lo stesso team scelti da Angelo. Situata sulle colline di Nizza Monferrato, in una delle zone più belle e vocate di tutto l'Astigiano, La Barbatella è circondata dai vigneti di proprietà, con esposizione sud, sud est e vigne che vanno dai 25 agli oltre 50 anni di età. La protagonista principale è la barbera, con l'ottimo Nizza che proviene solo dalle vigne più vecchie, ma vi sono anche cabernet sauvignon, pinot nero, cortese e sauvignon, per vini che hanno nell'eleganza e nella precisione aromatica la loro inconfondibile cifra stilistica.

Inizia con un paio di annate di non facile interpretazione l'avventura in terra astigiana di Lorenzo Perego. Ancora in affinamento il Sonvico, raggiunge le nostre finali la Barbera d'Asti Superiore Nizza La Vigna dell'Angelo '08, dai toni intensi e raffinati di tabacco, spezie, china e frutti rossi, mentre il palato è lungo e grintoso, un po' meno ricco del solito ma tipico dell'annata. Ben realizzato anche il Monferrato Bianco Noè '10, da uve cortese e sauvignon, dai profumi floreali e di pesca, fresco e di buona lunghezza. Piacevoli e ben eseguiti il Monferrato Rosso Mystère '08, da uve pinot nero, cabernet sauvignon e barbera, e il Monferrato Rosso Ruanera '08, da barbera e cabernet sauvignon.

● Barbera d'Asti Sup. Nizza V. dell'Angelo '08	6
○ M.to Bianco Noè '10	4
● M.to Rosso Mystère '08	6
● M.to Rosso Ruanera '08	5
● Barbera d'Asti Sup. Nizza V. dell'Angelo '07	6
● Barbera d'Asti Sup. Nizza V. dell'Angelo '01	7
● M.to Rosso Mystère '01	7
● M.to Rosso Sonvico '06	6
● M.to Rosso Sonvico '04	6
● M.to Rosso Sonvico '03	7
● M.to Rosso Sonvico '00	7
● M.to Rosso Sonvico '98	7
● M.to Rosso Sonvico '97	7

PIEMONTE

Osvaldo Barberis
B.TA VALDIBÀ, 42
12063 DOGLIANI [CN]
TEL. 017370054
www.osvaldobarberis.com

VENDITA DIRETTA
VISITA SU PRENOTAZIONE

PRODUZIONE ANNUA 18.000 bottiglie
ETTARI VITATI 9.00
VITICOLTURA Biologico Certificato

La specialità di questa azienda di 9 ettari è il Dolcetto. E non potrebbe essere altrimenti, con la cantina in contrada Valdibà a Dogliani. Dai due ettari a Monforte vengono invece fuori la Barbera d'Alba e il Nebbiolo d'Alba. Allo scoccare dell'anno 2000 l'azienda sceglie la conduzione biologica, sfruttando la produzione interna di letame con un allevamento di vitelloni di razza piemontese di cui Osvaldo Barberis va giustamente fiero. Anche a causa di questo impegno, si continua a vinificare solo una piccola parte delle uve a disposizione.

Ottima prova di questa piccola azienda, che presenta etichette di valore. A cominciare dal Dogliani Puncin '09, intenso già nel colore. Naso ricco di note di china e cacao, rinfrescate da sentori di mora e di ginepro; al palato la grassezza è ben bilanciata dalla splendida spina dorsale tannica. Meno strutturato anche se già armonico il Valdibà '10. Splendida prova anche del Nebbiolo d'Alba Muntajà '09, dai sentori classici di liquirizia e frutta rossa su fondo di tabacco e dalla bocca piacevolmente austera. Infine, l'Avrì '10, vinificato senza aggiunta di solforosa, offre un'espressione naturale del Dolcetto, con belle sensazioni di pienezza e grassezza.

● Dogliani Puncin '09	4*
● Nebbiolo d'Alba Muntajà '09	5
● Barbera d'Alba Castella '10	5
● Dolcetto di Dogliani Avrì Senza Solfiti Aggiunti '10	4*
● Dolcetto di Dogliani Valdibà '10	4*
● Piemonte Barbera Brichat '10	4
● Barbera d'Alba Castella '08	5
● Dogliani Puncin '08	4*
● Dolcetto di Dogliani Valdibà '09	4*
● Nebbiolo d'Alba Muntajà '08	5

Batasiolo
FRAZ. ANNUNZIATA, 87
12064 LA MORRA [CN]
TEL. 017350130
www.batasiolo.com

VISITA SU PRENOTAZIONE

PRODUZIONE ANNUA 2.500.000 bottiglie
ETTARI VITATI 107.00

La notevole produzione della famiglia Dogliani comprende quasi tutte le tipologie di Langhe - lì l'azienda può contare su una magnifica carellata di vigneti d'proprietà - e Monferrato, spaziando dal Gavi al Moscato d'Asti, ma il meglio arriva sicuramente dai diversi cru di Barolo, che nascono da ottime posizioni a Serralunga (Corda della Briccolina, Boscareto), Monforte (Bofani) e La Morra (Cerequio), con una notevole costanza qualitativa. Lo stile di questi Barolo è piuttosto classico, appena ammorbidito da un attento uso di botti di legno francese che non prevaricano mai il frutto dell'uva nebbiolo.

Unghia appena arricchita delle prime sfumature granata nel Barolo Vigneto Corda della Briccolina '07, dal naso in via di definizione in cui si colgono già china e frutti rossi; la bocca è di grande carattere, con importante trama tannica. Dal vocato Vigneto Boscareto di Serralunga giunge un Barolo '07 di valida forza espressiva, con frutti rossi e tabacco al naso; palato di potente struttura, con beva vibrante e profonda. Succoso e polposo il Barolo Vigneto Bofani '07, a sua volta di ricca materia fruttata. Meno risolto il Cerequio, dagli aromi non nitidi. Costantemente di buon livello la Barbera d'Alba Sovrana, avvolgente e insieme fresca nella bella vendemmia '09.

● Barolo Vign. Corda della Briccolina '07	8
● Barolo Vign. Boscareto '07	8
● Barbaresco '08	6
● Barbera d'Alba Sovrana '09	5
● Barolo '07	7
● Barolo Vign. Bofani '07	8
● Langhe Rosso '09	4
● Barolo Vign. Cerequio '07	8
● Dolcetto d'Alba Bricco di Vergne '10	4
○ Gavi del Comune di Gavi Granée '10	4
○ Langhe Chardonnay Vign. Morino '09	6
○ Moscato d'Asti Bosc da Rei '10	4
● Barolo Boscareto '05	8
● Barolo Vign. Corda della Briccolina '90	8
● Barolo Vign. Corda della Briccolina '89	8
● Barolo Vign. Corda della Briccolina '88	8
● Barolo Cerequio '06	8

PIEMONTE

Fabrizio Battaglino
LOC. BORGONUOVO
VIA MONTALDO ROERO, 44
12040 VEZZA D'ALBA [CN]
TEL. 0173658156
www.battaglino.com

VENDITA DIRETTA
VISITA SU PRENOTAZIONE

PRODUZIONE ANNUA 20.000 bottiglie
ETTARI VITATI 4.00

Fabrizio Battaglino sta rinverdendo i fasti familiari, che hanno visto i vini prodotti dal nonno citati da Luigi Veronelli nel suo Catalogo Bolaffi dei Vini del Mondo del 1973, confermandosi come uno dei più interessanti giovani produttori roerini e come il portabandiera della zona di Vezza d'Alba. I vigneti si trovano sulle colline Colla e Mombello, su terreni sabbiosi a 350 metri di altitudine, e i vitigni coltivati sono quelli classici del Roero: arneis, barbera e nebbiolo. L'interpretazione è di stampo moderno, con un occhio di riguardo per la freschezza e la bevibilità.

Arrivano buone conferme da parte di Fabrizio Battaglino, che porta due vini in finale. Il Roero Sergentin '08 al naso presenta raffinate note di lampone e liquirizia, seguite da tabacco e cacao, mentre il palato pur non essendo di grande struttura ha classe e armonia, con un lungo finale elegante e vellutato. Il Bric Bastìa è un passito intenso e fine, con note classiche di botrite e uva passa, palato potente e ricco ma di ottimo equilibrio e con la giusta freschezza. Ben realizzati anche la Barbera d'Alba Munbèl '08, con toni di china e ciliega e una piacevole facilità di beva, e il Nebbiolo d'Alba Colla '08, un po' cupo nei suoi sentori di china e rabarbaro, ma dal palato fitto e ricco.

○ Passito Bric Bastia	5
● Roero Sergentin '08	4*
● Barbera d'Alba Munbèl '08	4
● Nebbiolo d'Alba Colla '08	4
● Nebbiolo d'Alba '09	4
○ Roero Arneis '10	4
● Nebbiolo d'Alba Colla '07	4*
● Nebbiolo d'Alba '07	4*
○ Roero Arneis '09	4*
● Roero Sergentin '07	4*

Bava
S.DA MONFERRATO, 2
14023 COCCONATO [AT]
TEL. 0141907083
www.bava.com

VENDITA DIRETTA
VISITA SU PRENOTAZIONE
OSPITALITÀ

PRODUZIONE ANNUA 500.000 bottiglie
ETTARI VITATI 50.00

Compie cento anni l'azienda della famiglia Bava, nata nel 1911 e attualmente gestita da Roberto, Giulio e Paolo Bava. Dalla sede di Cocconato d'Asti questa realtà ha saputo ampliarsi fino ad avere diversi vigneti, disseminati fra il Monferrato (oltre a Cocconato a Cioccaro e ad Agliano Terme) e le Langhe (a Castiglione Falletto). La produzione dei vini fermi si articola in più di venti etichette, tra le quali spiccano varie Barbera e due Barolo, cui vanno aggiunti una decina di spumanti, con un'attenzione particolare per gli Alta Langa, della storica Giulio Cocchi, oggi proprietà della famiglia Bava. Insomma, un'azienda dinamica che propone vini moderni e ben realizzati.

Come sempre di buon livello la produzione della famiglia Bava. Il Barolo Scarrone '06 è molto complesso, con note di china, sottobosco e fiori secchi, palato un po' troppo marcato dall'alcol ma di bella aromaticità, di buona distensione e austerità. Spicca anche l'Alta Langa Brut Rösa Giulio Cocchi '07, dallo splendido perlage fine e persistente, con profumi intensi di frutta rossa e spezie, palato piacevole e di carattere, anche se forse un po' troppo dosato. Sullo stesso livello la Barbera d'Asti Libera '09, ricca di frutto, in particolare amarene, con un palato di grande materia, fitto nei tannini, un po' troppo presenti nel finale leggermente amarognolo. Corretto e affidabile il resto della produzione.

○ Alta Langa Brut Bianc 'd Bianc Giulio Cocchi '06	6
⊙ Alta Langa Brut Rösa Giulio Cocchi '07	6
● Barbera d'Asti Libera '09	4
● Barolo Scarrone '06	7
○ Moscato d'Asti Bass Tuba '10	4
○ Piemonte Chardonnay Thou Bianc '10	4
● Barbera d'Asti Libera '07	4*
● Barbera d'Asti Libera '06	4*
● Barbera d'Asti Sup. Nizza Piano Alto '07	5
● Barbera d'Asti Sup. Stradivario '01	7
● Barolo Scarrone '05	7
● Barolo Scarrone '04	7

PIEMONTE

Bel Colle
FRAZ. CASTAGNI, 56
12060 VERDUNO [CN]
TEL. 0172470196
www.belcolle.it

VENDITA DIRETTA
VISITA SU PRENOTAZIONE

PRODUZIONE ANNUA 180.000 bottiglie
ETTARI VITATI 10.00

L'impostazione di questa cantina è sempre stata legata alla classicità e alla tradizione, evitando quindi l'utilizzo di legni troppo nuovi. I risultati sono stati regolarmente validi, costanti e apprezzati dal mercato, ma quest'anno si è andati oltre e sono quindi arrivati i Tre Bicchieri. Un occhio di riguardo è dedicato ai vini tipici di Verduno come Barolo e Pelaverga. Un successo meritato per quest'avventura iniziata nel 1976 per desiderio dei fratelli Pontiglione e di Giuseppe Priola, curata al meglio dell'enologo Paolo Torchio.

Giungono quindi i Tre Bicchieri in casa Bel Colle, grazie a una versione di Barolo Monvigliero '06 dal giovanile colore rubino brillante cui segue un naso di grande finezza caratterizzato da frutta rossa fresca. La bocca è decisamente in equilibrio, con struttura non prorompente ma gradevolissima e di ottima bevibilità. Notevole anche il Barolo base della stessa annata, dal colore lievemente più maturo e dai nitidi profumi in cui iniziano a cogliersi le note terziarie dell'uva nebbiolo, con fiori secchi e tabacco a fare da sfondo. Puro e immediato piacere nel Pelaverga, da sempre fiore all'occhiello di questa valida cantina.

● Barolo Monvigliero '06	🍷🍷🍷 6
● Barolo '07	🍷🍷🍷 6
● Barbera d'Alba Sup. Ape Reale '09	🍷🍷 4
○ Roero Arneis '10	🍷 4
● Pelaverga '10	🍷 4
● Barbaresco Roncaglie '06	🍷🍷 6
● Barolo '06	🍷🍷 6
● Barolo Boscato '04	🍷🍷 6
● Barolo Monvigliero '05	🍷🍷 6
● Barolo Monvigliero Ris. '04	🍷🍷 7

Bera
VIA CASTELLERO, 12
12050 NEVIGLIE [CN]
TEL. 0173630194
www.bera.it

VENDITA DIRETTA
VISITA SU PRENOTAZIONE

PRODUZIONE ANNUA 130.000 bottiglie
ETTARI VITATI 22.00

L'azienda di Valter Bera è uno dei punti di riferimento del Moscato d'Asti, confermandosi come uno dei migliori vignaioli imbottigliatori di questo vino e, come viticoltore, dello storico Asti Spumante. La Bera propone anche una serie di interessanti vini rossi, dal Barbaresco al Dolcetto e alla Barbera d'Alba, tutti dal buon rapporto qualità prezzo. I vigneti aziendali sono situati principalmente a Neviglie, su un terreno argillo tufaceo, ricco di calcare, in una zona ventilata, con un'altitudine che varia dai 320 ai 380 metri e un'esposizione sud, sud ovest.

Ottimo il Barbaresco '07, dai toni di frutti rossi e spezie, ricco, sapido e profondo. La crescita del livello qualitativo delle "bollicine" in casa Bera, già costatata lo scorso anno, è confermata da questo Alta Langa Bera Brut '05, da uve chardonnay (60%) e pinot nero, dal perlage fine e dai profumi complessi con note minerali e di lieviti, mentre il palato è austero e potente, per un finale lungo e disteso. Ben realizzati anche il Moscato d'Asti Su Reimond '10, dai sentori di pesca, lime, salvia e dal fresco palato, e il Langhe Sassisto '08, blend di barbera (70%), nebbiolo (20%) e merlot dai toni di tabacco, spezie e liquirizia, sapido, equilibrato e dal lungo finale di carattere.

● Barbaresco '07	🍷🍷 6
○ Alta Langa Bera Brut '05	🍷🍷 5
● Langhe Sassisto '08	🍷🍷 5
○ Moscato d'Asti Su Reimond '10	🍷🍷 4
○ Asti '10	🍷 4
● Barbera d'Alba Sup. La Lena '08	🍷 4
○ Asti '09	🍷🍷 4*
● Barbera d'Alba Sup. La Lena '07	🍷🍷 4*
● Barbera d'Asti '08	🍷🍷 4*
○ Moscato d'Asti Su Reimond '09	🍷🍷 4*

PIEMONTE

Cinzia Bergaglio
VIA GAVI, 29
15060 TASSAROLO [AL]
TEL. 0143342203
la.fornace@virgilio.it

VENDITA DIRETTA
VISITA SU PRENOTAZIONE

PRODUZIONE ANNUA 25.000 bottiglie
ETTARI VITATI 5.00

Pochi proclami e tanti fatti nel lavoro di Cinzia Bergaglio, minuscola realtà da cinque ettari, tutti coltivati a cortese, e 25mila bottiglie annue. Le vigne si collocano nei comuni di Tassarolo e Gavi, a circa 300 metri di altitudine, su terreni fortemente argillosi e calcarei, più tufacei e ferrosi nei siti utilizzati per La Fornace. Le etichette prodotte sono soltanto due e rivelano una marca territoriale molto accentuata, fresca e delicata, spesso in grado di amplificare con l'affinamento vigore e complessità.

In una vendemmia molto diversa dalla precedente i due Gavi di Cinzia Bergaglio si scambiano il posto nella nostra classifica di gradimento. Il Grifone delle Roveri '10 è estremamente compresso in questa fase, con toni fermentativi e terpenici a cercare fusione nelle componenti più austere, delicatamente terrose e balsamiche. Timido anche il palato, acidulo senza cambio di passo in termini di spinta e complessità, pulito ma un po' repentino. Più facile sbilanciarsi sul La Fornace '10: origano, anice, mela annurca, il sorso si avvale di una consistente spalla sapida, mantenendo pienezza fino alla chiusura, dolce di frutto ma non certo smaccata.

○ Gavi del Comune di Tassarolo La Fornace '10	🍷🍷 3*
○ Gavi del Comune di Gavi Grifone delle Roveri '10	🍷 3
○ Gavi del Comune di Gavi Grifone delle Roveri '09	🍷🍷 3*
○ Gavi del Comune di Gavi Grifone delle Roveri '08	🍷🍷 3*
○ Gavi del Comune di Gavi Grifone delle Roveri '07	🍷🍷 3*
○ Gavi del Comune di Tassarolo La Fornace '08	🍷🍷 3*
○ Gavi La Fornace '09	🍷🍷 3*

Nicola Bergaglio
FRAZ. ROVERETO
LOC. PEDAGGERI, 59
15066 GAVI [AL]
TEL. 0143682195
nicolabergaglio@alice.it

VENDITA DIRETTA
VISITA SU PRENOTAZIONE

PRODUZIONE ANNUA 120.000 bottiglie
ETTARI VITATI 16.00

Se c'è qualcuno che nutre ancora dubbi sul potenziale di longevità del cortese di Gavi, si rivolga pure alla famiglia Bergaglio, i cui vecchi millesimi sanno convincere anche i più scettici. Nell'essenziale gamma aziendale il ruolo di bianco da invecchiamento tocca soprattutto al Minaia, selezione in acciaio proveniente dalla collina di Rovereto, senza dubbio una delle migliori sottozone della denominazione. Sono vini di lenta evoluzione, a volte decisamente chiusi e verticali in gioventù, ma senz'altro meritevoli di fiducia, se pensati in prospettiva.

Lo ritroveremo sicuro protagonista nelle verticali che la famiglia Bergaglio predisporrà nei prossimi anni, ma non c'è bisogno di scommesse azzardate e tempi d'attesa biblici per rendere merito alla completezza e alla profondità del Gavi di Gavi Minaia '10. È un bianco splendido per le sue note primaverili di erbe e fiori, con un irresistibile tocco di fragola ad anticipare la polpa dolce e salina che il palato rivela nitidamente, suggerendo ampi margini di crescita. Tre Bicchieri meritatissimi. E a testimoniare la riuscita del millesimo in casa Bergaglio c'è anche un Gavi di Gavi '10, dalle gradevoli nuance di mimosa e mela renetta, presenti anche nel sorso saporito e linfatico.

○ Gavi del Comune di Gavi Minaia '10	🍷🍷🍷 5
○ Gavi del Comune di Gavi '10	🍷🍷 4
○ Gavi del Comune di Gavi Minaia '09	🍷🍷🍷 5
○ Gavi del Comune di Gavi '09	🍷🍷 4
○ Gavi del Comune di Gavi Ciapon '05	🍷🍷 4*

PIEMONTE

Bersano
P.ZZA DANTE, 21
14049 NIZZA MONFERRATO [AT]
TEL. 0141720211
www.bersano.it

VENDITA DIRETTA
VISITA SU PRENOTAZIONE

PRODUZIONE ANNUA 2.600.000 bottiglie
ETTARI VITATI 240.00

La Bersano è una storica cantina piemontese che può contare su diverse tenute disseminate tra Langhe, Monferrato e Alessandrino. La produzione è molto importante dal punto di vista numerico, ma l'azienda riesce comunque a proporre vini di grande qualità, moderni e tecnicamente impeccabili, ma anche con chiari legami al territorio. Particolarmente interessanti le Barbera realizzate con le uve di Cascina Cremosina, Cascina La Generala e Vigneto Monteolivo, tra i più bei vigneti di barbera di tutto l'Astigiano, senza dimenticare gli ottimi Metodo Classico da pinot nero e chardonnay.

Buona prestazione d'insieme della Bersano. Davvero ben realizzate la Barbera d'Asti Superiore Generala '08, dai profumi di grande intensità, con note vegetali e di frutta rossa e dal palato ricco e di buona struttura, e la Barbera d'Asti Superiore Cremosina '09, dai toni fruttati con sfumature affumicate, palato non enorme ma sapido e lungo. Di ottima fattura, nonostante l'annata certo non favorevole, anche il Moscato d'Asti Monteolivo '10, con sentori di pesca e limone candito, palato morbido e avvolgente ma dalla dolcezza quasi eccessiva. Corretto il resto della produzione.

Guido Berta
LOC. SALINE, 53
14050 SAN MARZANO OLIVETO [AT]
TEL. 0141856193
www.guidoberta.com

VENDITA DIRETTA
VISITA SU PRENOTAZIONE

PRODUZIONE ANNUA 30.000 bottiglie
ETTARI VITATI 11.00
VITICOLTURA Naturale

Tra i comuni di San Marzano Oliveto, dove ha sede la cantina, Agliano Terme e Nizza Monferrato sorgono le vigne di Guido Berta, fondatore dell'omonima azienda nel 1997, condotta oggi insieme alla famiglia. I vigneti, alcuni dei quali hanno più di trent'anni, sono impiantati in genere su terreni calcareo argillosi, con un'esposizione che va da sud est a sud ovest. Oltre alla barbera, vitigno principe dell'azienda, da cui si ricavano due etichette, sono coltivati anche chardonnay, moscato e nebbiolo. I vini sono d'impostazione moderna, ma anche con una grande attenzione a esprimere il territorio.

La Barbera d'Asti Superiore Nizza Canto di Luna '08 resta di ottimo livello nonostante l'annata poco propizia per questo vitigno. Ai profumi fruttati e di sottobosco fa seguito un palato di buona ricchezza e pienezza di frutto, anche se forse non molto caratterizzato. Ben realizzata anche la Barbera d'Asti Superiore '08, dai toni di frutta rossa matura, armonica, di gradevole sapidità e di bella lunghezza. Sullo stesso livello troviamo poi il Moscato d'Asti '10, dalle note di pesca e salvia, con un palato equilibrato, di bella freschezza e finezza, sicuramente tra le migliori espressioni di questo millesimo.

Bersano		
● Barbera d'Asti Sup. Cremosina '09	▼	4
● Barbera d'Asti Sup. Generala '08	▼	6
○ Moscato d'Asti Monteolivo '10	▼	4*
○ Arturo Bersano Brut '08	▼	5
○ Gavi del Comune di Gavi '10	▼	4
● Ruchè di Castagnole Monferrato S. Pietro '10	▼	4
○ Arturo Bersano Brut Ris. '07	▼▼	5
⊙ Arturosé Brut '06	▼▼	5
● Barbera d'Asti Cremosina '08	▼▼	4
● Barbera d'Asti Sup. Cremosina '07	▼▼	4
● Barbera d'Asti Sup. Cremosina '06	▼▼	4
● Barbera d'Asti Sup. Generala '07	▼▼	6
● Barbera d'Asti Sup. Generala '06	▼▼	6
● Barbera d'Asti Sup. Nizza '06	▼▼	5
● Ruchè di Castagnole Monferrato S. Pietro '08	▼▼	4

Guido Berta		
● Barbera d'Asti Sup. '08	▼	4
● Barbera d'Asti Sup. Nizza Canto di Luna '08	▼	5
○ Moscato d'Asti '10	▼	4
● Monferrato Rosso '09	▼	5
○ Piemonte Chardonnay '10	▼	4
● Barbera d'Asti Sup. '07	▼▼	4
● Barbera d'Asti Sup. '05	▼▼	4
● Barbera d'Asti Sup. Canto di Luna '05	▼▼	4
● Barbera d'Asti Sup. Canto di Luna '04	▼▼	4
● Barbera d'Asti Sup. Nizza Canto di Luna '07	▼▼	5
● Barbera d'Asti Sup. Nizza Canto di Luna '06	▼▼	5
● Barbera d?Asti Sup. Nizza Canto di Luna '03	▼▼	5
○ Moscato d'Asti '09	▼▼	4
○ Piemonte Chardonnay '08	▼▼	4
○ Piemonte Chardonnay '07	▼▼	4*

PIEMONTE

Eugenio Bocchino
FRAZ. SANTA MARIA
LOC. SERRA, 96A
12064 LA MORRA [CN]
TEL. 0173500358
www.eugeniobocchino.it

VENDITA DIRETTA
VISITA SU PRENOTAZIONE

PRODUZIONE ANNUA 30.000 bottiglie
ETTARI VITATI 5.50
VITICOLTURA Naturale

I coniugi Eugenio Bocchino e Cinzia Pelazza hanno iniziato 15 anni fa un'attività che li ha sempre più coinvolti ed entusiasmati, portandoli gradualmente a innamorarsi delle loro piccole vigne (ubicate nella parte nord del comprensorio del Barolo tra La Morra, Verduno Roddi e Alba) e ad adottare sistemi di conduzione viticola improntati alla naturalità: biologico, biodinamico e omeodinamico qui non sono facili slogan ma precisi e vissuti percorsi di ricerca. Le operazioni di cantina sono ridotte al minimo, attente soprattutto a garantire pulizia dei profumi e rotondità gustativa, con parsimonioso utilizzo di barrique nuove.

Dall'omonimo celebre cru di La Morra giunge l'ottimo Barolo La Serra '07, dal colore già lievemente granato, che mette in bella evidenza sentori balsamici e bacche rosse, avvolgente al palato, con nota centrale di ciliegia sotto spirito, tannini netti e non aggressivi, finale più che piacevole. Il Barolo Lu '06 ha fresche note di sottobosco in un naso ben sfaccettato e bocca sapida, piacevolmente progressiva e dotata di pregevole lunghezza. Viene come sempre proposto a buona maturità il Nebbiolo d'Alba La Perucca, caldo, alcolico e ricco di frutti rossi nella vendemmia '07. Più fresco, non troppo strutturato e di bella bevibilità il Nebbiolo Roccabella '09.

● Barolo La Serra '07	🍷🍷 7
● Barolo Lu '06	🍷🍷 7
● Langhe Nebbiolo Roccabella '09	🍷🍷 6
● Nebbiolo d'Alba La Perucca '07	🍷🍷 6
● Barbera d'Alba '07	🍷🍷 4*
● Barolo La Serra '06	🍷🍷 7
● Barolo La Serra '05	🍷🍷 8
● Barolo Lu '05	🍷🍷 7
● Langhe Nebbiolo Roccabella '06	🍷🍷 6
● Langhe Rosso Suo di Giacomo '06	🍷🍷 6
● Nebbiolo d'Alba La Perucca '06	🍷🍷 6
● Nebbiolo d'Alba La Perucca '05	🍷🍷 6

Enzo Boglietti
VIA FONTANE, 18A
12064 LA MORRA [CN]
TEL. 017350330
www.enzoboglietti.com

VENDITA DIRETTA
VISITA SU PRENOTAZIONE
OSPITALITÀ

PRODUZIONE ANNUA 100.000 bottiglie
ETTARI VITATI 22.00

Enzo e Gianni Boglietti, ovvero della modernità. Questa cantina, nata nel 1991 e da poco dotata di una nuovissima e funzionale sede, è famosa per aver adottato pratiche di vigna e di cantina decisamente innovative, a partire dalle alte densità di ceppi per ettaro (fino a 7000 piante) e dall'uso di barrique francesi nuove per l'affinamento del Barolo, per arrivare alle nuove selezioni monovarietali del Langhe Merlot e del Langhe Cabernet. Vini dal colore decisamente intenso, dai profumi elegantemente tostati, dalla struttura piuttosto importante e sempre avvolgente, etichette che ottengono costantemente lusinghieri riconoscimenti in ogni parte del mondo.

Giunge da Serralunga il Barolo più riuscito della vendemmia '07 di casa Boglietti, un Vigna Arione decisamente strutturato ma nel contempo ingentilito dall'affinamento in legni francesi tanto raffinati quanto avvolgenti. L'annata generosa ed esuberante ha garantito una valida riuscita anche delle altre etichette '07, in particolare della celebre Barbera Vigna dei Romani, profonda e convincente come nelle migliori occasioni, dotata di grande struttura e sorretta da una vivida freschezza. Sempre raffinato il Barolo Brunate '07, figlio di un cru meritatamente celeberrimo. Il Langhe Buio e la Barbera Roscaleto '08, frutto di un'annata dall'andamento stagionale contrastato, sono di ottima bevibilità.

● Barolo V. Arione '07	🍷🍷🍷 8
● Barbera d'Alba V. dei Romani '07	🍷🍷 7
● Barolo Brunate '07	🍷🍷 8
● Barbera d'Alba Roscaleto '08	🍷🍷 6
● Barolo Case Nere '07	🍷🍷 8
● Barolo Fossati '07	🍷🍷 8
● Langhe Rosso Buio '08	🍷🍷 6
● Barolo Arione '06	🍷🍷🍷 8
● Barolo Arione '05	🍷🍷🍷 8
● Barolo Brunate '01	🍷🍷🍷 8
● Barolo Case Nere '04	🍷🍷🍷 8
● Barolo Case Nere '99	🍷🍷🍷 8

PIEMONTE 92

Bondi

S.DA CAPPELLETTE, 73
15076 OVADA [AL]
TEL. 0143299186
www.bondivini.it

VENDITA DIRETTA

PRODUZIONE ANNUA 20.000 bottiglie
ETTARI VITATI 5.00

Piccola azienda a conduzione familiare che, sin dall'inizio dell'avventura in campo vitivinicolo avvenuto nel 2000, ha puntato esclusivamente sul territorio e sulla qualità del prodotto. I pochi ettari di proprietà comprendono vigne che hanno raggiunto il mezzo secolo di età e alcuni nuovi impianti gestiti con le più innovative tecniche agronomiche. La produzione è improntata alla valorizzazione dei vitigni locali tradizionali, sono quindi prodotti esclusivamente vini rossi provenienti da uve barbera e dolcetto d'Ovada, proposti anche in assemblaggio come nell'ottimo Le Guie.

Il Dolcetto D'Uien, si avvale da quest'anno della nuova denominazione, entrata in vigore a Settembre del 2008 con l'arrivo della Docg. Da Dolcetto di Ovada Superiore, a Ovada. Di colore rubino brillante, al naso, l'affinamento in acciaio enfatizza il frutto, mentre la fase gustativa rivela potenza e consistenza. Il Dolcetto Nani presenta aromi più maturi legati alla china e al cacao, mentre in bocca risulta armonico ed equilibrato. La Barbera Banaiotta si presenta di colore rubino tendente al porpora, con classici aromi di frutti maturi di grande finezza. In bocca piacevole l'acidità che sostiene un finale lungo e sapido.

● Dolcetto di Ovada Nani '09	3
● Ovada D'Uien '09	4
● M.to Barbera Banaiotta '09	3
● Dolcetto di Ovada Nani '08	3
● Dolcetto di Ovada Nani '07	3*
● Dolcetto di Ovada Nani '06	3*
● Dolcetto di Ovada Sup. D'Uien '08	4
● Dolcetto di Ovada Sup. d'Uien '07	4
● Dolcetto di Ovada Sup. Du'ien '06	4

Borgo Maragliano

REG. SAN SEBASTIANO, 2
14051 LOAZZOLO [AT]
TEL. 014487132
www.borgomaragliano.com

VENDITA DIRETTA
VISITA SU PRENOTAZIONE

PRODUZIONE ANNUA 295.000 bottiglie
ETTARI VITATI 21.00

Giuseppe Galliano e il figlio Carlo hanno saputo creare a Loazzolo una delle migliori aziende spumantistiche italiane. I vigneti per i Metodo Classico, esposti a nord, sono situati fra i 350 e i 450 metri di altitudine su un terrazzo naturale con un terreno sabbioso, costituito da marne e arenarie e privo di argilla. I vini prodotti si segnalano per grande finezza e ricchezza aromatica, sia gli spumanti che i vini dolci, tra i quali va sottolineato il Loazzolo, che proviene da una vigna di più di 60 anni. I principali vitigni coltivati sono moscato, chardonnay e pinot nero.

Come al solito sugli scudi ci sono i Metodo Classico. Il Giovanni Galliano Brut Rosé '07 è intenso e fine, con belle note di miele e crosta di pane, seguite da sfumature di bacche rosse, mentre il palato è lungo, pieno, elegante ed equilibrato. Il Giuseppe Galliano Brut '07 presenta invece sentori di spezie, frutta rossa, lieviti, più giocato sulla complessità e la pienezza che sulla finezza, potente e di grande struttura. Ben realizzato anche il Francesco Galliano Blanc de Blancs '08, dai toni di susina e nocciola tostata e dal palato coerente, con sentori di lieviti, dal lungo finale di carattere. Molto ben realizzati anche i vini dolci, mai pesanti e sempre freschi e piacevoli.

⊙ Giovanni Galliano Brut Rosé M. Cl. '07	5
○ Giuseppe Galliano Brut M. Cl. '07	5
○ Francesco Galliano Blanc de Blancs M. Cl. '08	5
○ Loazzolo Borgo Maragliano V. T. '08	6
○ Moscato Borgo Maragliano '10	4
○ Moscato d'Asti La Caliera '10	4*
○ El Calié '10	3
○ Giuseppe Galliano Chardonnay Brut	5
○ Piemonte Chardonnay Crevoglio '10	4
○ El Calié '09	3*
○ Francesco Galliano Blanc de Blancs '07	5*
○ Giuseppe Galliano Brut '06	5*

PIEMONTE

Giacomo Borgogno & Figli
Via Gioberti, 1
12060 Barolo [CN]
Tel. 017356108
www.borgogno.com

VENDITA DIRETTA
VISITA SU PRENOTAZIONE

PRODUZIONE ANNUA 110.000 bottiglie
ETTARI VITATI 15.00

Questa storica realtà è stata acquistata nel 2008 dalla famiglia Farinetti, la quale, a partire dal 2009, ha apportato alcune sostanziali modifiche strutturali, ridando slancio e dinamismo a questa importante griffe dell'enologia piemontese. I diversi vini espressi dall'azienda rispondono in maniera molto coerente a un rigoroso rispetto della tradizione, in cui la tipicità dei vitigni e le caratteristiche territoriali non vengono sopraffatte da ridondanze stilistiche. La straordinaria longevità di tutta la produzione rappresenta un ulteriore valore aggiunto.

Il Liste è un piccolo vigneto di Barolo che negli anni ha ripetutamente dimostrato la propria capacità di fornire ottime uve nebbiolo. Così è successo anche nella vendemmia 2006: grande franchezza, buona definizione olfattiva basata su note di liquirizia e viola, valido equilibrio generale in cui l'apporto del legno si unisce a una componente tannica di ottima stoffa realizzando una bevibilità profonda e convincente: Tre Bicchieri classici. Il Barolo base '06 si presenta appena meno complesso e un po' più ruvido, con tannini ancora in fase di risoluzione. La Barbera Superiore '09 è molto aperta al naso, con fragole e fichi maturi; la bocca è succosa e sorretta da una piacevole acidità.

● Barolo V. Liste '06	🍷🍷🍷 8
● Barbera d'Alba '09	🍷🍷 4
● Barbera d'Alba Sup. '09	🍷🍷 5
● Barolo '06	🍷🍷 7
● Dolcetto d'Alba '10	🍷 4
● Barolo Cl. '98	🍷🍷🍷 8
● Barolo Liste '05	🍷🍷🍷 8
● Barbera d'Alba Sup. '08	🍷🍷 5
● Barbera d'Alba Sup. '07	🍷🍷 5
● Barolo '05	🍷🍷 7
● Barolo '04	🍷🍷 8
● Barolo Liste '04	🍷🍷 8
● Barolo Ris. '04	🍷🍷 8

Francesco Boschis
Fraz. San Martino di Pianezzo, 57
12063 Dogliani [CN]
Tel. 017370574
www.marcdegrazia.com

VENDITA DIRETTA
VISITA SU PRENOTAZIONE

PRODUZIONE ANNUA 40.000 bottiglie
ETTARI VITATI 11.00

Un'azienda votata al Dolcetto in tutte le sue molteplici sfumature. Questa piccola realtà conta 11 ettari di vigneto ed è altrettanto orgogliosa della piccola stalla e degli alveari di api. In principio fu Francesco, che nel 1919 vendeva le uve alle cantine della zona. Il presente ha il nome di Mario e Simona Boschis, insieme ai figli Marco, Paolo e Chiara. L'attaccamento al territorio è dimostrato anche dalla produzione di uve tradizionali come la freisa. Strappo alla regola con il sauvignon blanc, che ha trovato dimora in azienda dal 1997.

Quest'anno il Vigne dei Prey '09 è addirittura superiore al Dolcetto Sorì San Martino. Entrambi squisiti, ma il primo stupisce per l'impenetrabilità e al contempo per la vividezza; belle le note di bacche nere e cacao, lunghissimo il finale che regala sensazioni vellutate. Il suadente Sorì '09 si veste di freschezza grazie anche a piacevolissime note di frutta rossa ed è equilibrato sul finale. Il Dolcetto di Dogliani Pianezzo colpisce per la bocca ricca e polposa, un po' penalizzata dall'alcol. La Barbera Le Masserie '08 non è al passo con i Dolcetto: meno intensa, rivela una bocca alquanto stretta che fa fatica ad aprirsi. Prestigioso il Sauvignon '10: poco legno, fresco, vivo.

● Dogliani Sorì S. Martino '09	🍷🍷 4*
● Dogliani V. dei Prey '09	🍷🍷 4*
● Dolcetto di Dogliani Pianezzo '10	🍷🍷 4*
○ Langhe Sauvignon V. dei Garisin '10	🍷🍷 4*
● Barbera d'Alba Sup. Le Masserie '08	🍷 5
● Barbera d'Alba Sup. Le Masserie '07	🍷🍷 5
● Dogliani Sorì S. Martino '08	🍷🍷 4*
● Dogliani V. dei Prey '08	🍷🍷 4*
● Dolcetto di Dogliani Pianezzo '09	🍷🍷 4*
○ Langhe Bianco V. dei Garisin '09	🍷🍷 4

PIEMONTE

Luigi Boveri
LOC. MONTALE CELLI
VIA XX SETTEMBRE, 6
15050 COSTA VESCOVATO [AL]
TEL. 0131838165
www.boveriluigi.com

VENDITA DIRETTA
VISITA SU PRENOTAZIONE

PRODUZIONE ANNUA 60.000 bottiglie
ETTARI VITATI 15.00

Luigi Boveri da circa vent'anni si occupa di tutta la filiera di produzione dei suoi vini, dalla vigna alla vendita passando per la cantina. Questo lavoro, duro e impegnativo, ha dato nel tempo ottimi risultati: sono anni infatti, che i suoi vini regalano grandi emozioni. La produzione si concentra esclusivamente su uve timorasso, barbera, cortese e croatina. Più titolati i vini Timorasso, ma Luigi è anche un ottimo interprete della Barbera, come si capisce bene dimenticando in cantina per qualche anno un po' di bottiglie di Boccanera, la Barbera d'annata. Da elogiare l'interessante rapporto tra qualità e prezzo.

Il lavoro di Luigi Boveri è ben ripagato da due vini in finale: il Filari di Timorasso '08, intenso e persistente, nonostante non riesca a ripetere i fasti dell'annata '07 e la Barbera Poggio delle Amarene '09, strepitosa in ogni fase della degustazione. Vignalunga '08 ha un naso articolato e intenso su note fruttate e una bocca abbastanza equilibrata che termina con un finale rustico. Appena più semplice che in altre annate il Derthona '09, che comunque gode di un'ottima armonia gusto-olfattiva. Chiudono la sequenza la Barbera Boccanera, fresca e di facile beva, e il Cortese Vigna del Prete, semplice ma equilibrato.

● Colli Tortonesi Barbera Poggio delle Amarene '09	♛♛ 4*
○ Colli Tortonesi Timorasso Filari di Timorasso '08	♛♛ 5
● Colli Tortonesi Barbera Vignalunga '08	♛♛ 6
○ Colli Tortonesi Timorasso Derthona '09	♛♛ 4
● Colli Tortonesi Barbera Boccanera '10	♛ 3
○ Colli Tortonesi Cortese V. del Prete '10	♛ 3
○ Colli Tortonesi Timorasso Filari di Timorasso '07	♛♛♛ 5
● Colli Tortonesi Barbera Poggio delle Amarene '07	♛♛ 4*
● Colli Tortonesi Barbera Vignalunga '07	♛ 6
● Colli Tortonesi Barbera Vignalunga '06	♛ 6

Gianfranco Bovio
FRAZ. ANNUNZIATA
B.TA CIOTTO, 63
12064 LA MORRA [CN]
TEL. 017350667
www.boviogianfranco.com

VENDITA DIRETTA
VISITA SU PRENOTAZIONE

PRODUZIONE ANNUA 60.000 bottiglie
ETTARI VITATI 10.00

Gian Bovio è stato e rimane uno dei re della ristorazione nelle Langhe, forte del suo vasto e celeberrimo Belvedere di La Morra prima e poi del più raccolto ma altrettanto panoramico locale che porta il suo nome. L'attività enologica, iniziata nel 1976, ha dato luogo a risultati qualitativi sempre più convincenti, grazie anche all'opera appassionata del responsabile di cantina Walter Porasso che, oltre alle belle vigne di La Morra (Rocchettevino, Gattera, Arborina), si avvale del pregevole cru Bricco Parussi in Castiglione Falletto. Lo stile di questi Barolo è classico, decisamente basato sulla componente fruttata, con il rovere appena percepibile nei primi anni di bottiglia.

Il Barolo Arborina '07 è particolarmente affascinante grazie a profumi fruttati su cui si inseriscono tabacco e liquirizia dolce; i tannini sono ancora un po' aggressivi ma sono attorniati da polpa e struttura di ottima stoffa. Il Rocchettevino '07, dalla trama lievemente più esile, è complesso e ricco di sfumature tra cui si colgono erbe secche ed eucalipto. Componente tannica pronunciata nel Gattera '07, un Barolo importante anche se non giovanile. Il Bricco Parussi Riserva '04 si mette in evidenza per richiami di catrame e fiori secchi, che tornano in un finale di bocca di media intensità. Una linea di Barolo ispirata alla classicità, al di fuori delle mode.

● Barolo Arborina '07	♛♛ 7
● Barolo Bricco Parussi Ris. '04	♛♛ 8
● Barolo Rocchettevino '07	♛♛ 6*
● Barbera d'Alba Il Ciotto '10	♛♛ 4*
● Barolo Gattera '07	♛♛ 7
● Dolcetto d'Alba Dabbene '10	♛ 4
● Barolo Bricco Parussi Ris. '01	♛♛♛ 7
● Barolo Rocchettevino '06	♛♛♛ 6*
● Barolo V. Arborina '90	♛♛♛ 8

PIEMONTE

★Braida
S.DA PROVINCIALE, 9
14030 ROCCHETTA TANARO [AT]
TEL. 0141644113
www.braida.it

VENDITA DIRETTA
VISITA SU PRENOTAZIONE

PRODUZIONE ANNUA 600.000 bottiglie
ETTARI VITATI 53.00
VITICOLTURA Naturale

Alla soglia del mezzo secolo della Braida, Raffaella e Beppe Bologna proseguono la storia di questa ormai mitica azienda e della famiglia Bologna, una storia fatta di passione, ricerca della qualità e innovazione. I vigneti si trovano su cinque comuni: Rocchetta Tanaro, dove si trovano i cru da cui provengono le Barbera più famose, dal Bricco dell'Uccellone al Bricco della Bigotta al Montebruna, Costigliole d'Asti, Castelnuovo Calcea, Mango e Trezzo Tinella, da dove invece provengono le uve per i vini bianche della Serra dei Fiori, con terreni collinari argillosi, calcarei e sabbiosi che vanno dal medio impasto allo sciolto.

Anche quest'anno la Braida sforna una batteria di fuoriclasse, tra i quali spicca la Barbera d'Asti Bricco dell'Uccellone '09, dai toni di prugna, spezie e cacao, ancora chiusa e molto giovane, ma dal palato ricco, fresco, con un finale lunghissimo e una splendida dolcezza di frutto. Subito a ruota troviamo la Barbera d'Asti Ai Suma '09, più segnata da note di tabacco e sottobosco, con un palato fruttato, dinamico, di grande freschezza e persistenza, e la Barbera d'Asti Bricco della Bigotta '09, in cui in primo piano sono gli aromi di frutta rossa, spezie e macchia mediterranea, mentre il palato è fitto, pieno, ma anche sostenuto da una fresca acidità. Di alto livello le altre etichette presentate.

● Barbera d'Asti Bricco dell'Uccellone '09	YYY 7
● Barbera d'Asti Ai Suma '09	YY 8
● Barbera d'Asti Bricco della Bigotta '09	YY 7
● Barbera d'Asti Montebruna '09	YY 4
○ Langhe Bianco Il Fiore '10	YY 4
● M.to Rosso Il Bacialé '09	YY 4
○ Moscato d'Asti V. Senza Nome '10	YY 4*
● Barbera del M.to La Monella '10	Y 4
● Grignolino d'Asti '10	Y 4
○ Langhe Bianco Re di Fiori '10	Y 5
● Barbera d'Asti Bricco della Bigotta '07	YYY 7
● Barbera d'Asti Ai Suma '08	YY 8
● Barbera d'Asti Ai Suma '07	YY 8
● Barbera d'Asti Bricco dell'Uccellone '07	YY 7
● Barbera d'Asti Bricco della Bigotta '08	YY 7

Brema
VIA POZZOMAGNA, 9
14045 INCISA SCAPACCINO [AT]
TEL. 014174019
vinibrema@inwind.it

VENDITA DIRETTA
VISITA SU PRENOTAZIONE

PRODUZIONE ANNUA 150.000 bottiglie
ETTARI VITATI 25.00

La Brema è un'azienda agricola nata nel XIX secolo che a partire dagli anni Settanta è gestita da Ermanno e Alessandra Brema. Una bella realtà che ha saputo legare il suo nome alla Barbera d'Asti fin dalla nascita della denominazione nel 1970 e che ne propone diverse versioni, dalle più classiche a quelle più importanti, maturate in barrique e provenienti dai cru aziendali e dalle vigne più vecchie. La tenuta dispone di vigneti situati in differenti comuni - Incisa Scarpaccino, Nizza Monferrato, Mombaruzzo e Fontanile d'Asti - e oltre alla barbera coltiva dolcetto, grignolino, brachetto e moscato.

In assenza della Nizza A Luigi Veronelli a brillare è la Barbera d'Asti Superiore Volpettona '09, dagli aromi di spezie dolci, bacche nere, tabacco e china, e dal palato ricco, succoso, con un lungo finale leggermente alcolico ma anche fresco e vibrante, che termina su note di amarena. Di alto livello anche il Gavi Gavise '10, marcato da una bella nota di erbe fresche e fiori di campo su fondo di clorofilla al naso e da un palato dai toni iodati, pieno e ben sostenuto dall'acidità. Ben realizzati poi la Barbera d'Asti Ai Cruss '09, ricca di frutto e di buon peso ma senza grande complessità, e il Monferrato Rosso Il Fulvo '09, blend di barbera e cabernet sauvignon immediato e piacevole.

● Barbera d'Asti Sup. Bricco della Volpettona '09	YY 6
● Barbera d'Asti Ai Cruss '09	YY 4
○ Gavi Gavise '10	YY 4
● M.to Rosso Il Fulvo '09	YY 5
● M.to Rosso Umberto '09	Y 5
● Barbera d'Asti Sup. Nizza A Luigi Veronelli '06	YYY 7
● Barbera d'Asti Ai Cruss '08	YY 4*
● Barbera d'Asti Ai Cruss '07	YY 4*
● Barbera d'Asti Sup. Bricco della Volpettona '06	YY 6
● Barbera d'Asti Sup. Nizza A Luigi Veronelli '07	YY 7
● Barbera d'Asti Sup. Tre Gelsi '07	YY 6
● Dolcetto d'Asti Montera '09	YY 4*
● Dolcetto d'Asti V. Impagnato '08	YY 4
● M.to Rosso Il Fulvo '06	YY 5

PIEMONTE

Giacomo Brezza & Figli
VIA LOMONDO, 4
12060 BAROLO [CN]
TEL. 0173560921
www.brezza.it

VENDITA DIRETTA
VISITA SU PRENOTAZIONE
OSPITALITÀ
RISTORAZIONE

PRODUZIONE ANNUA 80.000 bottiglie
ETTARI VITATI 16.50
VITICOLTURA Naturale

Nel mese di gennaio abbiamo degustato il Barolo Sarmassa 1996: una bottiglia in forma smagliante, molto espressiva della tipicità del vitigno, con una lunga vita davanti a sé. Questo aneddoto può aiutarci a descrivere, in massima sintesi, la stoffa dei vini prodotti da questa storica realtà di Langa. Il profilo stilistico non concede nulla agli ammiccamenti di alcune moderne vinificazioni e il valore della materia prima padroneggia in tutta la sua sostanza. Da ricordare, inoltre, l'albergo e il ristorante di proprietà della famiglia, mete sicure per i visitatori della zona.

Il Barolo Bricco Sarmassa '07 ha suadenti note di frutta rossa su uno sfondo di erbe secche; struttura e sapidità caratterizzano un palato straordinario, robusto e lungo, che vale i Tre Bicchieri. Il Sarmassa '07 ricorda le erbe officinali e porge fresche sfumature balsamiche, mentre in bocca mostra tannini ancora leggermente rigidi in un corpo complesso e decisamente appagante. Elegante e non particolarmente strutturato il Cannubi '07, frutto di un magnifico cru di proprietà. Tutti gli altri vini dell'azienda si comportano in maniera soddisfacente e affidabile, con un plauso speciale per la sempre valida Barbera d'Alba Cannubi Muscatel della bella vendemmia '09.

● Barolo Bricco Sarmassa '07	♛♛♛	8
● Barolo Sarmassa '07	♛♛	7
● Barbera d'Alba Cannubi Muscatel '09	♛♛	5
● Barolo Cannubi '07	♛♛	7
● Nebbiolo d'Alba Santa Rosalia '09	♛♛	4
● Dolcetto d'Alba S. Lorenzo '10	♛	4
● Langhe Freisa Santa Rosalia '10	♛	4
● Barolo Cannubi '01	♛♛♛	7
● Barolo Cannubi '96	♛♛♛	7
● Barolo Sarmassa '05	♛♛♛	7
● Barolo Sarmassa '04	♛♛♛	7
● Barolo Sarmassa '03	♛♛♛	7

Bric Cenciurio
VIA ROMA, 24
12060 BAROLO [CN]
TEL. 017356317
www.briccenciurio.com

VENDITA DIRETTA
VISITA SU PRENOTAZIONE

PRODUZIONE ANNUA 45.000 bottiglie
ETTARI VITATI 15.00

Quest'azienda, di proprietà della famiglia Sacchetto Pittatore, rappresenta un singolare e riuscito connubio tra le due sponde del Tanaro, cioè tra l'area roerina a sinistra e quella di Langa a destra del fiume. Dai diversi appezzamenti nasce una valida gamma di vini, ben articolata tra le diverse tipologie. Il rapporto tra qualità e prezzo di tutte le etichette è particolarmente interessante, così come la costanza qualitativa che continua a contraddistinguere sia i bianchi che i rossi, da quelli più semplici sino all'affascinante Barolo Costa di Rose.

Una batteria importante e ben riuscita, senza picchi eclatanti ma dotata di una pregevole affidabilità complessiva. Il Barolo Costa di Rose '07 ha già richiami granata, che non influiscono affatto su un naso di notevole vitalità, con note di china, spezie ed eucalipto; bocca gradevolmente equilibrata e struttura media. Il Barolo '07 è a sua volta ben eseguito, solo un po' meno ricco di aromi ma di bella bevibilità. Aperto e articolato il Langhe Rosso Rosso di Caialupo '07, con note vegetali e di grafite ricavate dalle uve cabernet sauvignon che lo compongono. Impenetrabile al colore e abbastanza fresca la Barbera d'Alba Naunda '08, ancora segnata dal rovere.

● Barbera d'Alba '09	♛♛	4*
● Barbera d'Alba Sup. Naunda '08	♛♛	5
● Barolo '07	♛♛	6
● Barolo Costa di Rose '07	♛♛	7
○ Langhe Bianco '09	♛♛	4
● Langhe Nebbiolo '07	♛♛	5
● Langhe Rosso Rosso di Caialupo '07	♛♛	5
○ Roero Arneis Sito dei Fossili '09	♛♛	4*
○ Sito dei Fossili V. T. '08	♛♛	6
○ Roero Arneis '10	♛	4
● Barbera d'Alba '08	♛♛	4*
● Barbera d'Alba Naunda '07	♛♛	5
● Barolo '06	♛♛	6
● Barolo Coste di Rose '06	♛♛	7
○ Roero Arneis '09	♛♛	4*
○ Roero Arneis Sito dei Fossili '08	♛♛	4*

PIEMONTE

Bricco del Cucù
LOC. BRICCO, 10
12060 BASTIA MONDOVÌ [CN]
TEL. 017460153
www.briccocucu.com

VENDITA DIRETTA
VISITA SU PRENOTAZIONE

PRODUZIONE ANNUA 50.000 bottiglie
ETTARI VITATI 10.00

È un angolo di Langa di rara bellezza quello in cui sorge l'azienda di Dario Sciolla, al limite sud ovest della denominazione Dogliani e a ridosso delle Alpi Liguri. Fuori dalle strade del vino e dai percorsi enoturistici, i filari lasciano ancora spazio a pascoli e noccioleti, guardati a vista dal Santuario dei Partigiani. Qui la famiglia Sciolla si occupa di vino da generazioni. Il dolcetto occupa la maggior parte dei 10 ettari vitati, ma c'è spazio anche per il merlot, che accompagna il vitigno della zona in riusciti assemblaggi nei diversi Langhe Rosso.

Tre soli vini nella batteria di degustazione di Bricco del Cucù non rendono giustizia alla vasta gamma di rossi che Dario Sciolla imbottiglia. Tuttavia sono sufficienti per confermare il lavoro tenace e rigoroso di questo produttore del Monregalese, i cui vini mostrano sempre una certa resistenza iniziale. Come il Dolcetto di Dogliani '10, viola brillante, intenso e ancora chiuso ma dall'eccellente espressione armonica, con tratti sinceri di tipicità. Se la gioca bene anche il Langhe Bianco Livor '10, un blend di sauvignon blanc e arneis, dal paglierino intenso e brillante; ricorda note di pesca su un fondo di frutta tropicale, con finale piuttosto lungo e incisivo.

● Dolcetto di Dogliani '10	4*
○ Langhe Bianco Livor '10	3*
● Langhe Dolcetto '10	3
● Dogliani Bricco S. Bernardo '08	4*
● Dolcetto di Dogliani '09	4*
○ Langhe Bianco Livor '09	3*
● Langhe Dolcetto '09	3*
● Langhe Rosso Diavolisanti '08	4*
● Langhe Rosso Superboum '07	5

Bricco Maiolica
FRAZ. RICCA
VIA BOLANGINO, 7
12055 DIANO D'ALBA [CN]
TEL. 0173612049
www.briccomaiolica.it

VENDITA DIRETTA
VISITA SU PRENOTAZIONE

PRODUZIONE ANNUA 90.000 bottiglie
ETTARI VITATI 20.00

Una splendida posizione collinare con ben 20 ettari vitati in un corpo unico sono il biglietto da visita di Beppe Accomo, forte anche di una passione contagiosa e di un'esperienza pluridecennale in vigna e in cantina. Il vino dominante è ovviamente il Dolcetto di Diano, ma risultati decisamente brillanti sono stati qui ottenuti anche con la Barbera d'Alba, di impostazione piuttosto moderna grazie a una prolungata sosta in legno, e con il Nebbiolo Cumot, di costante e gradevolissima bevibilità.

All'interno di una proposta complessiva prestigiosa, segnaliamo subito l'altissimo livello del Diano d'Alba Superiore Sorì Bricco Maiolica '09, riccamente fruttato e dotato di sfumature dolci e affumicate che ricordano il cacao; bocca potente dai tannini morbidi, con encomiabile eleganza nel finale. Il piacevolissimo Nebbiolo d'Alba Cumot '08 è ampio e variegato, con richiami che spaziano dal lampone al tartufo bianco, e in bocca è armonico, finissimo, lungo. Continua ma cambia nome la produzione del Langhe a base di pinot nero, oggi Perlei. Bella riuscita dei 1000 magnum di Langhe Bianco Pensiero Infinito '07, da vecchie viti di chardonnay, e tannico il Langhe Filius, da uve merlot.

● Diano d'Alba Sup. Sorì Bricco Maiolica '09	4*
● Nebbiolo d'Alba Cumot '08	5
● Barbera d'Alba '09	4*
● Barbera d'Alba Sup. V. Vigia '08	5
● Diano d'Alba Dolcetto '10	4*
○ Langhe Bianco Pensiero Infinito '07	8
● Langhe Rosso Filius '07	6
● Langhe Rosso Tris '09	4*
● Langhe Rosso Perlei '07	6
● Diano d'Alba Sup. Sorì Bricco Maiolica '07	4*
● Barbera d'Alba Sup. V. Vigia '07	5
● Nebbiolo d'Alba Cumot '07	5

PIEMONTE

Bricco Mondalino
REG. MONDALINO, 5
15049 VIGNALE MONFERRATO [AL]
TEL. 0142933204
www.briccomondalino.it

VENDITA DIRETTA
VISITA SU PRENOTAZIONE

PRODUZIONE ANNUA 80.000 bottiglie
ETTARI VITATI 13.00

I Gaudio producono vini da diverse generazioni. Negli anni Settanta, con la costruzione della nuova cantina, arriva la svolta che portò la famiglia a imbottigliare e commercializzare direttamente il proprio prodotto invece di venderlo a commercianti. La sede venne edificata su una ripida collina, a circa 300 metri di quota, chiamata Bricco, in località Mondalino. La produzione è oggi un vero baluardo dei vitigni autoctoni locali: barbera, grignolino, freisa e malvasia di Casorzo sono le sole uve utilizzate.

La batteria presentata è molto nutrita, oltre che esplicativa del legame di quest'azienda con il territorio. Zerolegno '09 è una Barbera fruttata con note di spezie che convergono in una bocca ricca di polpa e persistente. Il Grignolino Bricco Mondalino '10 esprime al meglio le caratteristiche della tipologia: al naso spezie e fiori, mentre al palato la sua verve si allunga su tannini raffinati e sul finale leggermente alcolico. Il Bergantino sconta una vendemmia 2008 non eccellente, ma riesce comunque a far emergere le sue potenzialità. La Barbera Superiore '09 rivela la permanenza in legno in un contesto equilibrato e armonico.

● Barbera del M.to Sup. '09	▼ 4
● Barbera del M.to Zerolegno '09	▼ 4*
● Grignolino del M.to Casalese Bricco Mondalino '10	▼ 4
● Barbera d'Asti Il Bergantino '08	▼ 4
● Grignolino del M.to Casalese '10	▼ 4
○ M.to Casalese Cortese L'Amor Cortese '10	▼ 3
● Malvasia di Casorzo Dolce Stil Novo '10	▼ 4
● Barbera del M.to Zerolegno '08	▼▼ 4
● Grignolino del M.to Casalese Bricco Mondalino '09	▼▼ 4

Francesco Brigatti
VIA OLMI, 31
28019 SUNO [NO]
TEL. 032285037
www.vinibrigatti.it

VENDITA DIRETTA
VISITA SU PRENOTAZIONE

PRODUZIONE ANNUA 20.000 bottiglie
ETTARI VITATI 6.00

Titolare, enologo e agronomo dell'azienda che porta il suo nome, Francesco Brigatti ci stupisce ogni anno di più per una gamma compatta e personale che ruota attorno ai cinque ettari di proprietà (più uno in fitto) nella zona di Suno, nell'area delle Colline Novaresi, destinati a nebbiolo, uva rara, vespolina, bonarda, barbera ed erbaluce. Per le maturazioni vengono utilizzati legni di diverse dimensioni, ma i vini hanno uno stile comune essenziale e affabile, oltre che un rapporto qualità prezzo a dir poco favorevole.

A proposito di vini deliziosi a prezzi centrati non lasciatevi sfuggire il Colline Novaresi Vespolina '10: la classica speziatura di pepe si integra con un frutto rosso e nero carnoso, segnalando il suo influsso piccante in un palato avvolgente e scorrevole. Il consueto duello fra i rossi di punta a base nebbiolo, entrambi in versione 2008, se lo aggiudica questa volta il MötZiflon: ha un impianto tannico ancora un po' rigido ma si esprime su registri aromatici leggeri e rilassati. Il Mötfrei evidenzia un frutto più maturo e in ultima analisi più statico, ma si difende bene con la consistente struttura e l'impalcatura materica larga e incisiva. Molto bene anche il Costabella Bianco.

● Colline Novaresi V. MötZiflon '08	▼▼ 4*
● Colline Novaresi Nebbiolo V. Mötfrei '08	▼▼ 4
● Colline Novaresi Vespolina '10	▼▼ 4*
○ Costabella	▼▼ 6
● Colline Novaresi Barbera Campazzi '10	▼ 4
○ Colline Novaresi Bianco V. Mottobello '10	▼ 3
● Colline Novaresi Uva Rara '10	▼ 3
○ Colline Novaresi Bianco V. Mottobello '05	▼▼ 3*
● Colline Novaresi Nebbiolo V. Mötfrei '07	▼▼ 4*
● Colline Novaresi Nebbiolo V. MötZiflon '07	▼▼ 4*
● Colline Novaresi Nebbiolo V. Mötfrei '04	▼▼ 4*
● Colline Novaresi Uva Rara '09	▼▼ 4*

PIEMONTE

Vitivinicola Broglia
LOC. LOMELLINA, 22
15066 GAVI [AL]
TEL. 0143642998
www.broglia.eu

VENDITA DIRETTA
VISITA SU PRENOTAZIONE

PRODUZIONE ANNUA bottiglie
ETTARI VITATI 57.00

La Meirana è il nome della tenuta di proprietà della famiglia Broglia, avviata da Bruno e portata avanti oggi dai figli Gian Piero e Paolo. Ha un'estensione di circa cento ettari, oltre la metà dei quali dedicati al cortese, vinificato rigorosamente in acciaio e protagonista di ben quattro etichette: Il Doge è il Gavi d'entrata, La Meirana e il Bruno Broglia sono le selezioni più importanti, affiancate dal Roverello, spumante prodotto con metodo charmat. Completano il quadro il Roverello Spumante Rosé, da barbera, merlot e cabernet, e Le Pernici, taglio di dolcetto, merlot e barbera.

Fatta la tara alle difficoltà di lettura per vini come al solito piuttosto lenti nell'evoluzione dei primi mesi, i Gavi di Gian Piero Broglia si confermano tra le opzioni più caratterizzate e territoriali. Non è la prima volta che il più indietro ci sembra il Gavi di Gavi Bruno Broglia: la versione '10 parte con sensazioni apparentemente evolute di mela ma si rinfresca rapidamente nel bicchiere, segnalando una struttura piena e persistente. Più semplice e verticale, ma anche meno da interpretare, il Gavi di Gavi La Meirana '10: mela verde, misticanza, addirittura carciofo, si sviluppa in progressione, risultando sapido e divertente.

Brovia
VIA ALBA-BAROLO, 54
12060 CASTIGLIONE FALLETTO [CN]
TEL. 017362852
www.brovia.net

VENDITA DIRETTA
VISITA SU PRENOTAZIONE

PRODUZIONE ANNUA 60.000 bottiglie
ETTARI VITATI 18.00

Questa storica cantina di Castiglione Falletto rappresenta l'essenza della classicità del Barolo. Il senso della tradizione, puntualmente applicato al profilo stilistico di tutti i vini prodotti, costituisce per questa famiglia un concetto imprescindibile e non un fattore legato a mode o tendenze del momento. In gioventù la batteria dei vini proposti evidenzia un carattere di non semplice lettura, un po' introverso, ma con il giusto riposo in bottiglia è in grado di regalare emozioni uniche e indimenticabili. Cercate dunque i vini di Brovia e conservatene gelosamente qualche esemplare.

Il Barolo Villero '06 si aggiudica di slancio i Tre Bicchieri ed esprime al massimo livello le potenzialità di questo grande cru: struttura importante ma non esagerata, grande equilibrio tra tannini, acidità e alcol, profumi già assai ben impostati e variegati. Più vivo il colore del Barolo Rocche dei Brovia '07, con catrame e liquirizia che si uniscono alla china su uno sfondo di piccoli frutti neri; la bocca è particolarmente importante e tannica. Nel Ca' Mia '07 si trova un'evoluzione più avanzata, con note di confettura al naso e tannini decisamente evidenti. Un po' meno elegante del solito il Garblèt Sue' '07.

○ Gavi del Comune di Gavi Bruno Broglia '10	6
○ Gavi del Comune di Gavi La Meirana '10	4
⊙ Roverello Brut Rosé	4
○ Gavi del Comune di Gavi Spumante Brut Roverello '10	4
● M.to Rosso Le Pernici '10	4
○ Gavi del Comune di Gavi Bruno Broglia '08	6
○ Gavi del Comune di Gavi Bruno Broglia '07	6
○ Gavi del Comune di Gavi Bruno Broglia '06	5
○ Gavi del Comune di Gavi Bruno Broglia '04	5
○ Gavi del Comune di Gavi La Meirana '03	4*

● Barolo Villero '06	8
● Barolo Rocche dei Brovia '07	8
● Barolo Ca' Mia '07	8
● Barolo Garblèt Sue' '07	8
● Barolo Ca' Mia '00	8
● Barolo Ca' Mia '96	8
● Barolo Monprivato '90	8
● Barolo Rocche dei Brovia '06	8

PIEMONTE

Renato Buganza
LOC. CASCINA GARBINOTTO, 4
12040 PIOBESI D'ALBA [CN]
TEL. 017361 9370
www.renatobuganza.it

VENDITA DIRETTA
VISITA SU PRENOTAZIONE

PRODUZIONE ANNUA bottiglie
ETTARI VITATI 10.00

La cantina della famiglia Buganza conferma la sua presenza nella sezione principale della nostra Guida. L'azienda è articolata su due cascine: la Gerbore e la Garbianotto, la sede aziendale situata al confine della regione viticola roerina. Sono coltivati, secondo metodi biologici, i vitigni autoctoni tipici della zona (nebbiolo, barbera, arneis e dolcetto), con piante che hanno dai 40 ai 50 anni di età, cui viene affiancato lo chardonnay. I vini prodotti sono d'impostazione tradizionale.

Ci è davvero piaciuto il Nebbiolo d'Alba Gerbole '07, intenso e complesso al naso, con note di tabacco ed erbe officinali, seguite da sfumature di torba, e dal palato di buona struttura e carattere, con un lungo finale sapido e vibrante. Ben realizzati poi il Claudette Brut, dal perlage fine e dai profumi di buona complessità, con note fruttate e di lievito, e palato fresco ed equilibrato, il Roero Arneis dla Trifula '10, dalle note speziate, un po' semplice ma scorrevole e di piacevole beva, e per chiudere il Barolo '06, di buona struttura e tipicità. Di buon livello il resto della produzione.

● Nebbiolo d'Alba Gerbole '07	🍷 5
● Barolo '06	🍷 7
○ Claudette Brut	🍷 4
○ Roero Arneis dla Trifula '10	🍷 4
● Barbera d'Alba Gerbole '08	🍷 4
● Langhe Rosso '08	🍷 4
● Nebbiolo d'Alba Bric Paradis '08	🍷 4
● Roero Gerbole '08	🍷 5
● Barbera d'Alba Gerbole '07	🍷🍷 4
● Barbera d'Alba V. Veja '07	🍷🍷 4
● Langhe Rosso '07	🍷🍷 4
○ Roero Arneis dla Trifula '09	🍷🍷 4
● Roero Bric Paradis '07	🍷🍷 5
● Roero Gerbole '07	🍷🍷 5

G. B. Burlotto
VIA VITTORIO EMANUELE, 28
12060 VERDUNO [CN]
TEL. 0172470122
www.burlotto.com

VENDITA DIRETTA
VISITA SU PRENOTAZIONE

PRODUZIONE ANNUA 60.000 bottiglie
ETTARI VITATI 12.00

Cinque generazioni e 150 anni di vita non hanno stravolto lo stile di questa azienda che, al contrario, continua a essere sicuramente classica: botti da 35 a 50 ettolitri, lunghe macerazioni, maturazioni lente. La materia prima per il Barolo proviene da cru pregiati come Monvigliero e Cannubi, ma non mancano le uve quotidiane come freisa e dolcetto. Marina Burlotto, pronipote del celebre commendatore, è affiancata dal marito Giuseppe Alessandria e dall'appassionato figlio Fabio, laureato in viticoltura ed enologia.

Nascono da un assemblaggio delle migliori uve dei cru Monvigliero, Neirane e Rocche dell'Olmo le 5000 bottiglie di questa riuscitissima versione '07 di Barolo Acclivi, che porta per la prima volta i Tre Bicchieri in casa Burlotto. I profumi sono nitidi e ancora in piena fase evolutiva, mentre il palato è un perfetto omaggio alla ricchezza e alla complessità dell'uva nebbiolo. Di altissimo livello il Dives '09, a base di uva sauvignon in purezza, particolarmente complesso nei profumi grazie a un affinamento di parecchi mesi in legno sulle fecce. Di rara gradevolezza le note speziate del Pelaverga, di cui Burlotto è uno storico interprete. Tutte valide le altre etichette proposte.

● Barolo Acclivi '07	🍷🍷🍷 7
○ Langhe Bianco Dives '09	🍷🍷 4*
● Barbera d'Alba Aves '09	🍷🍷 5
● Barolo '07	🍷🍷 7
● Barolo Vign. Cannubi '07	🍷🍷 7
● Verduno Pelaverga '10	🍷🍷 4*
● Langhe Nebbiolo '09	🍷 4
● Barolo Acclivi '06	🍷🍷 7
● Barolo Acclivi '05	🍷🍷 7
● Barolo Acclivi '04	🍷🍷 7
● Barolo Vign. Monvigliero '04	🍷🍷 7
● Verduno Pelaverga '10	🍷🍷 4*

PIEMONTE

Piero Busso
VIA ALBESANI, 8
12052 NEIVE [CN]
TEL. 017367156
www.bussopiero.com

VENDITA DIRETTA
VISITA SU PRENOTAZIONE

PRODUZIONE ANNUA 30.000 bottiglie
ETTARI VITATI 8.00

La cantina della famiglia Busso, nata nel 1953 e oggi guidata con piglio sicuro da Piero e Lucia con l'aiuto ormai imprescindibile dei figli Pierguido ed Emanuela, fa parte da tempo delle cantine di punta del comprensorio del Barbaresco. Dopo i primi anni di prove e ricerche, Piero ha trovato la strada ottimale per ottenere il meglio dai suoi magnifici terroir: Gallina e Santo Stefanetto sono più che noti, ma Borgese, parte integrante degli Albesani, non è da meno. Le basse rese offrono rossi di indubbia struttura, e le vinificazioni poco interventiste conferiscono ai vini di Piero una personalità e una ricchezza che si svelano pienamente con il tempo.

Belle note di frutta rossa cui si uniscono fiori e spezie nel Barbaresco Borgese '08, che si aggiudica i Tre Bicchieri anche grazie a un palato armonico ed elegante in cui i tannini sono già ben integrati. Toni appena più scuri nel Santo Stefanetto, con liquirizia in netta evidenza: una versione di grande carattere. Il Gallina è ancora lievemente segnato dall'affinamento in legno, con spezie e fiori secchi decisamente avvolgenti: promette una bellissima evoluzione. Il piacevole Barbaresco Mondino è appena complessivamente più rustico, con l'alcol ben presente. Tutta la batteria è di ottimo livello, con un plauso speciale al Langhe Bianco '10, taglio paritario di chardonnay e sauvignon.

Ca' Bianca
REG. SPAGNA, 58
15010 ALICE BEL COLLE [AL]
TEL. 0144745420
www.cantinacabianca.it

VENDITA DIRETTA
VISITA SU PRENOTAZIONE

PRODUZIONE ANNUA 650.000 bottiglie
ETTARI VITATI 39.00

Ca' Bianca rappresenta una delle realtà del GIV, Gruppo Italiano Vini, società che nel suo complesso gestisce più di mille ettari di vigneto in diverse regioni d'Italia. Nell'ambito di questo gruppo di livello internazionale Ca' Bianca rappresenta una realtà importante, con i suoi 39 ettari di vigneti situati in un contesto così affascinante da giustificare il nome stesso del paese, Alice Bel Colle. Oggi, con quasi 60 vendemmie alle spalle, Ca' Bianca è una delle realtà vitivinicole più consolidate dell'Alto Monferrato.

La Barbera d'Asti Superiore Chersì '08 si presenta con profumi di frutto nero fresco, con leggeri sentori di rovere, mentre il palato è di medio corpo, secondo le caratteristiche dell'annata, scorrevole e di buon frutto. Di ottimo livello anche il Gavi '10, intenso e classico al naso, con frutta bianca matura e sfumature di erbe aromatiche secche e tabacco, ricco e ampio ma anche di buon equilibrio al palato, e il Roero Arneis '10, dalle note di mandorla e acacia al naso, e dal palato di una certa intensità e complessità per la tipologia, dal finale lungo e di buona tenuta. Come sempre ben realizzate e piacevoli la Barbera d'Asti Teis '10 e la Barbera d'Asti Superiore Antè '09.

● Barbaresco Borgese '08	7
● Barbaresco Gallina '07	8
● Barbaresco S. Stefanetto '08	8
○ Langhe Bianco '10	4*
● Barbaresco Mondino '08	6
● Barbera d'Alba S. Stefanetto '08	6
● Barbera d'Alba V. Majano '09	4*
○ Langhe Arneis '10	4
● Barbaresco Gallina '05	8
● Barbaresco S. Stefanetto '07	8
● Barbaresco S. Stefanetto '04	8

● Barbera d'Asti Sup. Chersì '08	5
○ Gavi '10	4
○ Roero Arneis '10	4
● Barbera d'Asti Sup. Antè '09	4
● Barbera d'Asti Teis '10	4
● Barbera d'Asti Sup. Chersì '07	5
● Barbera d'Asti Sup. Chersì '06	5
● Barolo '05	6

PIEMONTE

Ca' d' Gal
FRAZ. VALDIVILLA
S.DA VECCHIA DI VALDIVILLA, 1
12058 SANTO STEFANO BELBO [CN]
TEL. 0141847103
www.cadgal.it

VENDITA DIRETTA
VISITA SU PRENOTAZIONE
OSPITALITÀ
RISTORAZIONE

PRODUZIONE ANNUA 60.000 bottiglie
ETTARI VITATI 8.00

Sulle colline di Santo Stefano Belbo sorgono le vigne di Alessandro Boido, capace e appassionato vignaiolo che da sempre si impegna al massimo nella valorizzazione del moscato. Qui troviamo piante che superano i cinquant'anni di età, coltivate su terreni sabbiosi, con grande attenzione per le basse rese e che danno vita a vini di profondità inusuale per la tipologia, molto interessanti e di grande longevità. Vicino alla cantina, a Valdivilla, si trova inoltre l'agriturismo della famiglia Boido, che offre una bella vista sui vigneti.

In attesa della nuova annata del Vigna Vecchia, non ancora imbottigliato al momento delle nostre degustazioni, riescono a esprimersi a un buon livello nonostante il difficile millesimo sia l'Asti '10, dai profumi ricchi e intensi per l'annata, con note classiche di moscato (pesca e salvia) su fondo vegetale, palato fine e armonico, piacevole anche se non molto lungo, che il Moscato d'Asti Lumine '10, dai sentori di foglia di limone, salvia e frutta a polpa bianca, in particolare susina, e dal palato certo un po' sottile, ma elegante e di buona tenuta acida.

○ Asti '10	♛♛ 4*
○ Moscato d'Asti Lumine '10	♛ 4
○ Moscato d'Asti Lumine '09	♛♛ 4*
○ Moscato d'Asti V. Vecchia '09	♛♛ 5

Ca' del Baio
VIA FERRERE, 33
12050 TREISO [CN]
TEL. 0173638219
www.cadelbaio.com

VENDITA DIRETTA
VISITA SU PRENOTAZIONE

PRODUZIONE ANNUA 100.000 bottiglie
ETTARI VITATI 25.00

La famiglia Grasso, con Giulio e Luciana ben coadiuvati dalle figlie Paola e Valentina, continua meritatamente a raccogliere i frutti di un lungo e meticoloso lavoro. Le vigne sono condotte con capacità e rigore e le operazioni di cantina si svolgono con attenzione e metodo. Lo stile di tutti i vini prodotti è molto personale e poco confondibile, rispettoso delle caratteristiche dei diversi terroir e ben calibrato tra forza ed eleganza. La gamma completa rappresenta attualmente un sinonimo di garanzia qualitativa assoluta. Da segnalare che, nel millesimo 2008, non è stato prodotto il Barbaresco Marcarini a causa di un'avversità meteorologica.

Prestazione di altissimo livello per il Barbaresco Valgrande '08, che merita i Tre Bicchieri per suadenti profumi improntati a bacche nere e liquirizia, mentre la bocca è ricchissima di polpa e dona un lunghissimo finale di ottima franchezza. Nel Pora '07 si ritrovano al meglio la ricchezza e il calore dell'annata, con palato potente in cui i tannini non sono ancora del tutto risolti: un vino dal grande futuro. L'Asili, frutto di uno dei migliori cru di tutta l'area, è ancora piuttosto giovanile e lievemente segnato da note boisé. Tra gli altri vini ci piace consigliare l'assaggio dell'ennesima ottima prova del Moscato 101, che, pur in un'annata complicata, riesce a collocarsi ai vertici della tipologia.

● Barbaresco Valgrande '08	♛♛♛ 6
● Barbaresco Asili '08	♛♛ 6
● Barbaresco Pora '07	♛♛ 7
● Langhe Nebbiolo Bric del Baio '10	♛♛ 4
● Langhe Nebbiolo Bric del Baio '09	♛♛ 4*
○ Moscato d'Asti 101 '10	♛♛ 4
● Barbera d'Alba Paolina '09	♛ 4
● Dolcetto d'Alba Lodoli '10	♛ 4
○ Langhe Chardonnay Sermine '10	♛ 4
● Barbaresco Asili '06	♛♛♛ 6
● Barbaresco Pora '06	♛♛♛ 7
● Barbaresco Pora '04	♛♛♛ 7
● Barbaresco Valgrande '04	♛♛♛ 6

PIEMONTE

Ca' Rome' - Romano Marengo

S.DA RABAJÀ, 86/88
12050 BARBARESCO [CN]
TEL. 0173635126
www.carome.com

VENDITA DIRETTA
VISITA SU PRENOTAZIONE

PRODUZIONE ANNUA 30.000 bottiglie
ETTARI VITATI 7.00

Questa piccola realtà familiare, dotata di proprietà agricole di prim'ordine divise tra il comune di Serralunga e quello di Barbaresco, rappresenta un valido approdo per chi cerca vini ricchi di autentica espressività territoriale. La batteria di etichette permette quindi di spaziare, attraverso versioni sempre convincenti, tra i due grandi nobili piemontesi, il Barolo e il Barbaresco. Il profilo stilistico è mediamente piuttosto classico e quasi austero, senza evidenti contributi del legno e in grado, dopo un giusto periodo di invecchiamento, di regalare notevoli sensazioni.

Il Barolo Rapet '07 si annuncia con sfumature granata e profumi vivi di bacche rosse; in bocca tannini incisivi ma non amari consentono una bella armonia complessiva. Il Barbaresco Sorì Rio Sordo '08 è ricco di spezie ed erbe assolate, la bocca è di bellissima struttura, di beva avvolgente e appagante, con tannini decisamente gradevoli. Il Barolo Vigna Cerretta '07 è di buona stoffa ma ancora un po' ruvido e chiuso, come vuole il bel cru di Serralunga da cui proviene. Vini di bella classicità, alla ricerca delle singole diverse espressioni dell'uva nebbiolo, senza interventi tecnologici o affinamenti snaturanti.

- Barbaresco Sorì Rio Sordo '08 — 7
- Barolo Rapet '07 — 8
- Barbaresco Chiaramanti '08 — 7
- Barolo V. Cerretta '07 — 8
- Barbaresco Chiaramanti '06 — 7
- Barbaresco Sorì Rio Sordo '06 — 7
- Barolo V. Cerretta '06 — 8
- Barolo V. Cerretta '05 — 8

Cascina Ca' Rossa

LOC. CASCINA CA' ROSSA, 56
12043 CANALE [CN]
TEL. 017398348
www.cascinacarossa.com

VENDITA DIRETTA
VISITA SU PRENOTAZIONE

PRODUZIONE ANNUA 60.000 bottiglie
ETTARI VITATI 15.00
VITICOLTURA Naturale

Angelo Ferrio è ormai da 15 anni uno dei principali protagonisti della vitivinicoltura roerina di qualità. Tutti i vigneti sono di giacitura collinare, a partire dai suoi cru: per quanto riguarda il nebbiolo l'Audinaggio, una vigna sita a Vezza d'Alba su terreno principalmente sabbioso, dalla pendenza davvero impressionante e coltivata senza terrazzamenti, e il Mompissano, su terreno calcareo argilloso, per la barbera invece la Mulassa, su terreno sabbioso ricco di marne e argille, queste ultime vigne entrambe a Canale. I vini che ne risultano sono di grande carattere e d'impronta decisamente territoriale.

Il Roero Audinaggio '09 si conferma come uno dei vini più eleganti della denominazione. I profumi sono intensi, con note di agrumi, erbe officinali, tabacco e lampone, mentre il palato è quasi severo per fittezza tannica e sapidità; finale lungo e di carattere. Ben riusciti l'altro cru della maison, il Roero Mompissano Riserva '08, dai toni di tabacco e liquirizia, con un palato leggermente alcolico ma sostenuto da una grande pienezza di frutto, la Barbera d'Alba '09, dai sentori fruttati e dal palato armonico, succoso e fresco, e la Barbera d'Alba Mulassa '09, di buon frutto e ricchezza ma con note di rovere e alcol un po' troppo in evidenza e meno fine di altre versioni.

- Roero Audinaggio '09 — 6
- Barbera d'Alba '09 — 4
- Barbera d'Alba Mulassa '09 — 6
- Roero Mompissano Ris. '08 — 6
- Langhe Nebbiolo '09 — 4
- ○ Roero Arneis Merica '10 — 4
- Roero Audinaggio '07 — 6
- Roero Mompissano Ris. '07 — 6
- Roero Audinaggio '08 — 6
- Roero Mompissano Ris. '06 — 6

PIEMONTE

★Ca' Viola

B.TA SAN LUIGI, 11
12063 DOGLIANI [CN]
TEL. 017370547
www.caviola.com

VENDITA DIRETTA
VISITA SU PRENOTAZIONE
OSPITALITÀ
RISTORAZIONE
PRODUZIONE ANNUA 50.000 bottiglie
ETTARI VITATI 10.00

Prosegue con ottimi risultati lo straordinario percorso professionale di Beppe Caviola, celebre consulente enotecnico impegnato su molti importanti fronti, tra cui trova spazio anche la conduzione della propria realtà produttiva, sita nella suggestiva sede di Dogliani. La batteria si arricchisce, da quest'anno, di un prestigioso Barolo, originato da un singolo vigneto, ubicato nel comune di Novello. L'importanza del nuovo arrivato non deve comunque far dimenticare l'assoluta qualità di Dolcetto, Barbera e Nebbiolo. I vini hanno corpo e spessore senza mai tradire il territorio.

Il primo Barolo prodotto da Beppe Caviola, millesimo '06, centra immediatamente l'obiettivo e raggiunge i Tre Bicchieri grazie a un'armonia raggiunta anche per merito di un prolungato affinamento: cuoio e liquirizia si rincorrono su uno sfondo di piccoli frutti rossi, poi la bocca offre una raffinatezza e una complessità di valore assoluto. Il Langhe Nebbiolo, nel terzo millesimo di produzione, è ancora una volta riuscitissimo, presentando un ventaglio di profumi profondi e variegati, con un palato di gioiosa bevibilità. Versione assolutamente riuscita del Bric du Luv '09, realizzata esclusivamente con uve barbera. Il Dolcetto Vilot è gustoso e gradevole, oltre che decisamente conveniente.

Vino		
● Barolo Sottocastello '06	▼▼▼	8
● Barbera d'Alba Bric du Luv '09	▼▼	6
● Dolcetto d'Alba Barturot '10	▼▼	5
● Langhe Nebbiolo '09	▼▼	6
● Barbera d'Alba Brichet '10	▼▼	5
● Dolcetto d'Alba Vilot '10	▼▼	4*
● Barbera d'Alba Bric du Luv '07	▼▼▼	6
● Dolcetto d'Alba Barturot '07	▼▼▼	5
● Dolcetto d'Alba Barturot '05	▼▼▼	5
● Dolcetto d'Alba Barturot '01	▼▼▼	5
● Langhe Nebbiolo '08	▼▼▼	6
● Langhe Rosso Bric du Luv '05	▼▼▼	6
● Langhe Rosso Bric du Luv '03	▼▼▼	6
● Langhe Rosso Bric du Luv '01	▼▼▼	6

Marco Canato

FRAZ. FONS SALERA
LOC. CA' BALDEA, 18/2
15049 VIGNALE MONFERRATO [AL]
TEL. 0142933653
www.canatovini.it

VENDITA DIRETTA
VISITA SU PRENOTAZIONE
OSPITALITÀ
PRODUZIONE ANNUA 30.000 bottiglie
ETTARI VITATI 11.00

Della masseria Baldea si hanno notizie sin dal 1740, quando diventò proprietà del vescovo di Casale Monferrato. Proprio il vigneto è il filo conduttore che lega la masseria Baldea di allora alla Cà Baldea che Marco e Roberto Canato, abili vignaioli, seguono oggi in tutta la filiera produttiva. In vigna sono i tradizionali vitigni barbera, grignolino e freisa a comporre il puzzle per la produzione dei vini rossi, mentre i bianchi sono realizzati con uve chardonnay. Da segnalare la presenza in azienda di un confortevole Bed & Breakfast.

Marco Canato quest'anno ci ha purtroppo presentato solo alcuni vini, sicuramente i migliori, rispetto alle etichette prodotte. Dobbiamo, prima di procedere alla descrizione della Barbera La Baldea, premettere che lo scorso anno l'annata 2007 era stata erroneamente censita come 2008. Questa bella versione rapisce con aromi di bacche rosse, tabacco e liquirizia, che convergono in un palato armonico e intenso. Celio '10 è un Grignolino che esprime in modo preciso le caratteristiche tipiche del vitigno; nel finale di bocca la bella freschezza si allunga su un tannino equilibrato. Chiude la batteria la Barbera d'annata, ottimo esempio della tipologia.

Vino		
● Barbera del M.to Sup. La Baldea '08	▼▼	4
● Grignolino del M.to Casalese Celio '10	▼▼	3*
● Barbera del M.to Gambaloita '10	▼▼	3*
● 50 Anni '07	▼▼	4
● Barbera del M.to Sup. La Baldea '07	▼▼	4
● Barbera del M.to Sup. Rapet '07	▼▼	4*
● Barbera del M.to Sup. Rapet '06	▼▼	4
● Grignolino del M.to Casalese Celio '09	▼▼	4*

PIEMONTE

Cantina del Pino
S.DA OVELLO, 31
12050 BARBARESCO [CN]
TEL. 0173635147
www.cantinadelpino.com

PRODUZIONE ANNUA 35.000 bottiglie
ETTARI VITATI 7.00

Sono bastati pochi anni a Renato Vacca, dopo l'uscita dalla Produttori di Barbaresco, per affermarsi tra i più dotati vigneron della sua generazione. Non ci sono trucchi o segreti alla base di questo successo, solo vigneti belli e vecchi in cru famosi (Ovello e Albesani) e una cantina ampia e perfettamente attrezzata dove mettere a frutto la particolare sensibilità di Renato nella vinificazione del nebbiolo. Macerazioni lunghe e utilizzo di legni piccoli offrono vini dallo stile moderno che conservano però in pieno l'impronta tannica del territorio: a volte ruvidi in gioventù, sono tra i più longevi della zona.

Uno strepitoso Barbaresco Ovello '07 riporta i Tre Bicchieri in casa di Renato Vacca: una splendida interpretazione del cru Ovello, giustamente ritenuto tra i più importanti dell'area. Al naso lievi note vegetali fanno da sfondo a piccoli frutti rossi, rinfrescati da richiami di eucalipto; bocca esuberante, con tannini importanti già ben incorporati nella struttura. L'Albesani '07 propone note olfattive decisamente fruttate e fresche, aperte, bocca non troppo potente ma ben equilibrata. Il pulito Barbaresco base '08 è poco impegnativo. Valida la Barbera d'Alba '09, con note di crostata di prugne e bocca di gradevolissima avvolgenza. Una notevole prova d'insieme.

- Barbaresco Ovello '07 — 7
- Barbaresco Albesani '07 — 7
- Barbaresco '08 — 6
- Barbera d'Alba '09 — 5
- Langhe Nebbiolo '09 — 4
- Dolcetto d'Alba '10 — 4
- Langhe Freisa '10 — 4
- Barbaresco '04 — 6*
- Barbaresco '03 — 5*
- Barbaresco Albesani '05 — 7
- Barbaresco Ovello '99 — 6

La Caplana
VIA CIRCONVALLAZIONE, 4
15060 BOSIO [AL]
TEL. 0143684182
lacaplana@email.it

VENDITA DIRETTA
VISITA SU PRENOTAZIONE

PRODUZIONE ANNUA 100.000 bottiglie
ETTARI VITATI 5.00

Piccola azienda a gestione familiare, La Caplana è conosciuta anche come Natalino Guido e si colloca nel territorio di Bosio, borgo della provincia di Alessandria a ridosso dell'Appennino Ligure Settentrionale, sulla sinistra del torrente Ardana. Zona di confine perfettamente rappresentata in una gamma che si muove su almeno due direttrici, pienamente convincenti per coerenza e ambizioni: da una parte i bianchi di Gavi, dall'altra i Dolcetto d'Ovada, affiancati dalle Barbera provenienti dall'Astigiano e dallo Chardonnay Porfirio.

Tante conferme dalla batteria de La Caplana, solida e affidabile su tutte le tipologie, a cominciare dalle Barbera d'Asti, la base '09 e la Rubis '08. Un po' troppo cupo e rigido il Dolcetto d'Ovada '10, decisamente in forma i bianchi: il Gavi '10 è placido ed espansivo nei suoi tratti floreali e balsamici, il Gavi di Gavi '10 ha maggiore ampiezza fruttata, non disgiunta da una mineralità chiara e iodata. Ma è ancora una volta il Dolcetto d'Ovada Narciso a guidare autorevolmente il gruppo: la versione '09 approda nuovamente in finale col suo profilo fitto e terroso, elegante di cacao e mora, con alcol integrato e finale appena rugoso nella trama.

- Dolcetto di Ovada Narciso '09 — 4*
- Gavi '10 — 3*
- Gavi del Comune di Gavi '10 — 4*
- Barbera d'Asti '09 — 3
- Barbera d'Asti Rubis '08 — 4
- Dolcetto di Ovada '10 — 3
- Piomonte Chardonnay Porfirio '10 — 3
- Dolcetto di Ovada Narciso '08 — 3*
- Dolcetto di Ovada Narciso '07 — 3*
- Gavi del Comune di Gavi V. Vecchia '07 — 3*
- Gavi V. Vecchia '08 — 3*

PIEMONTE

La Casaccia
via D. Barbano, 10
15034 Cella Monte [AL]
Tel. 0142489986
www.lacasaccia.biz

VENDITA DIRETTA
VISITA SU PRENOTAZIONE

PRODUZIONE ANNUA 25.000 bottiglie
ETTARI VITATI 6.70
VITICOLTURA Biologico Certificato

Cella Monte è un paese di origine medioevale interamente costruito con la Pietra da Cantoni, una delle pietre mioceniche da costruzioni più pregiate d'Italia. In questa roccia sedimentaria venivano anche scavati locali chiamati infernot (uno è qui alla Casaccia), vere opere d'arte create sotto le costruzioni per la conservazione e l'invecchiamento dei vini. L'antica cantina assolve ancora oggi ai suoi compiti e in vendemmia vengono qui conferite in cassetta le uve che i coniugi Rava coltivano seguendo il metodo della coltivazione biologica.

La griglia dei vini presentati evidenzia alcune assenze eccellenti, come la Barbera Calichè e la Vigna Sant'Anna, che ritroveremo nella prossima edizione della Guida. Portabandiera della batteria è il Grignolino Poggeto, che in questa versione 2010 è un grande classico della tipologia: intenso e raffinato al naso, nella fase gustativa mostra potenza in un bel finale tannico. Sempre all'altezza della situazione la Barbera Bricco del Bosco '09, che mantiene buone caratteristiche varietali in un contesto abbastanza strutturato. Da segnalare lo Chardonnay Charnò '10, che si fa apprezzare per i sentori fruttati e il palato grasso e avvolgente.

● Grignolino del M.to Casalese Poggeto '10	ㅁㅁ	3
● Barbera del M.to Sup. Bricco del Bosco '09	ㅁㅁ	4
○ Piemonte Chardonnay Charnò '10	ㅁ	4
● Barbera d'Asti Sup. Calichè '07	ㅁㅁ	4
● Barbera del M.to Sup. Bricco del Bosco '07	ㅁㅁ	4*
● Grignolino del M.to Casalese Poggeto '09	ㅁㅁ	3*
● Grignolino del M.to Casalese Poggeto '08	ㅁㅁ	3*
● Grignolino del M.to Casalese Poggeto '07	ㅁㅁ	4*

Casalone
via Marconi, 100
15040 Lu [AL]
Tel. 0131741280
www.casalone.it

VENDITA DIRETTA
VISITA SU PRENOTAZIONE

PRODUZIONE ANNUA 50.000 bottiglie
ETTARI VITATI 10.00

Lu Monferrato è un paese incastonato tra magnifiche colline. Le sue radici architettoniche risalgono all'anno Mille, ma scavi archeologici hanno documentato la presenza di insediamenti d'epoca romana. Anche dal punto di vista enologico la storia di Lu ha radici antiche, infatti sin dalla prima metà del XVIII secolo gli antenati degli attuali proprietari hanno lavorato le vigne su queste colline. Oggi, la famiglia Casalone gestisce con moderne pratiche enologiche la valorizzazione di vitigni autoctoni e internazionali.

La batteria di vini assaggiata rivela la grande qualità generale dei prodotti della famiglia Casalone. Abbiamo visto spesso il Rus in finale, ma questa versione è veramente speciale, intensa, ricca di polpa e con un finale persistente. Rubermillo ci offre una versione 2008 giovanile, molto articolata al naso e potente nella fase gustativa. China e liquirizia su note di tabacco sono il biglietto da visita della Barbera Bricco Morlantino '08; al palato piacevolezza e armonia sono il preludio a un finale molto persistente. Monemvasia Vendemmia Tardiva '08 ha un naso piacevolmente complesso e un buon equilibrio tra zuccheri residui e acidità.

● M.to Rosso Rus '08	ㅁㅁ	4
● Barbera d'Asti Rubermillo '08	ㅁㅁ	4
● Barbera del M.to Sup. Bricco Morlantino '08	ㅁㅁ	4*
○ Monemvasia V. T. '08	ㅁㅁ	4
● M.to Rosso Fandamat '08	ㅁ	4
● Barbera del M.to Bricco Morlantino Sup. '07	ㅁㅁ	4*
● Barbera del M.to Bricco Morlantino Sup. '06	ㅁㅁ	4*
● M.to Rosso Rus '07	ㅁㅁ	4*
○ Monemvasia '09	ㅁㅁ	4
● M.to Rosso Fandamat '07	ㅁㅁ	4

Cascina Adelaide

VIA AIE SOTTANE, 14
12060 BAROLO [CN]
TEL. 0173560503
www.cascinaadelaide.com

VENDITA DIRETTA
VISITA SU PRENOTAZIONE

PRODUZIONE ANNUA 50.000 bottiglie
ETTARI VITATI 9.20

La sfida di Amabile Drocco, imprenditore piemontese che, al di fuori del contesto enologico, ha saputo raccogliere importanti successi, prosegue con decisione e determinazione. All'interno di una sede aziendale avveniristica ma ben integrata nel paesaggio circostante, anno dopo anno si riscontrano buoni risultati qualitativi. Il ventaglio di cru di Barolo in proposta è significativo e ben rappresenta la nobiltà dei terroir a disposizione. Accanto al celeberrimo Cannubi va ricordato il cru Preda, figlio di una terra bianca e tufacea in grado di donare caratteristiche gustative decisamente originali.

Il Barolo Pernanno '07, derivante da un bel cru di Castiglione Falletto, evidenzia note decisamente fresche che richiamano la mentuccia e l'eucalipto per lasciare poi spazio a frutta rossa; la bocca è solida, di buon equilibrio, piacevolmente lunga. La Riserva Per Elen del 2005 è ancora un po' segnata da un raffinato legno che non disturba le spezie e i petali appassiti; bocca di media struttura, ben articolata e non particolarmente lunga. Il Barolo Fossati '06 ha morbide note di cannella, noce moscata e vaniglia, poi recupera in bocca con una notevole struttura e un finale serio e pulito. Il Barolo Cannubi '07 è un po' avvolto nel rovere e risulta poco ricco di mordente.

● Barolo Pernanno '07	🍷🍷 8
● Barbera d'Alba Sup. V. Preda '08	🍷🍷 5
● Barolo Fossati '06	🍷🍷 8
● Barolo Per Elen Ris. '05	🍷🍷 8
● Barolo Cannubi '07	🍷 8
● Barolo Preda '07	🍷 8
○ Langhe Bianco Le Pernici '09	🍷 5
● Barolo Cannubi '06	🍷🍷 8
● Barolo Per Elen Ris. '01	🍷🍷 8
● Barolo Preda '04	🍷🍷 8

Cascina Barisél

REG. SAN GIOVANNI, 30
14053 CANELLI [AT]
TEL. 0141824848
www.barisel.it

VENDITA DIRETTA
VISITA SU PRENOTAZIONE

PRODUZIONE ANNUA 35.000 bottiglie
ETTARI VITATI 4.00
VITICOLTURA Naturale

Questa azienda del comune di Canelli, gestita da più di quarant'anni dalla famiglia Penna, spicca per la produzione di vini che interpretano bene il territorio. Il moscato è il vitigno di punta, affiancato da barbera, dolcetto e favorita, coltivati secondo metodi biologici sui terreni calcarei che circondano la cascina. L'azienda dispone di vigne piuttosto vecchie, impiantate fra gli anni Cinquanta e i Settanta, la più nota delle quali è la Cappelletta, da cui si ricava una Barbera d'Asti Superiore.

Il Moscato d'Asti '10 della Cascina Barisel è tra i migliori del millesimo: al naso evidenzia note di pesca e albicocca, clorofilla e limone candito, mentre al palato spiccano sentori di salvia, ha carattere e freschezza, con un lungo finale armonico e brioso, anche se lascia una sensazione un po' troppo dolce. Di ottimo livello anche la Barbera d'Asti Superiore La Cappelletta '07, dai caldi toni di tabacco e frutta rossa, palato potente e succoso, di buona pulizia e tensione. Corretta e ben eseguita anche la Barbera d'Asti '09, speziata, tannica e di buono spessore.

● Barbera d'Asti Sup. La Cappelletta '07	🍷🍷 5
○ Moscato d'Asti '10	🍷🍷 4*
● Barbera d'Asti '09	🍷 4
● Barbera d'Asti '08	🍷🍷 4*
● Barbera d'Asti Sup. La Cappelletta '06	🍷🍷 5
● Barbera d'Asti Sup. La Cappelletta '05	🍷🍷 5
○ L'Avija '04	🍷🍷 6
○ Moscato d'Asti '08	🍷🍷 4*

PIEMONTE

Cascina Bongiovanni
LOC. UCCELLACCIO
VIA ALBA BAROLO, 4
12060 CASTIGLIONE FALLETTO [CN]
TEL. 0173262184
www.cascinabongiovanni.it

VENDITA DIRETTA
VISITA SU PRENOTAZIONE

PRODUZIONE ANNUA 35.000 bottiglie
ETTARI VITATI 7.00

La piccola produzione di questa realtà a conduzione familiare costituisce un valido esempio di qualità costante proposta a prezzi estremamente ragionevoli. Negli anni, l'assiduo e meticoloso lavoro di Davide Mozzone si è progressivamente affinato, come ben testimonia la definizione olfattiva e gustativa di tutti i vini degli ultimi tempi. La ricerca della tipicità e dell'autenticità può rivelare nella fase iniziale di evoluzione qualche leggera nota di una rusticità che, peraltro, contribuisce nel tempo a donare personalità e longevità fuori dal comune.

Entrambe valide le due etichette di Barolo '07, dalla buona definizione olfattiva e bocca vitale di gradevole bevibilità. Spicca tra le due la riuscita della versione base, tonica ed espressiva, arricchita da viole e frutti neri al naso e dotata di equilibrata tannicità, tanto da farla preferire al cru Pernanno. Interessante come sempre il Langhe Rosso Faletto '09, la cui ricetta segreta viene modificata ogni anno in base alla sensibilità del cantiniere per ottenere un vino costantemente all'altezza delle aspettative. Bella la mano di Davide Mozzone anche sul Dolcetto, sia nella versione d'Alba sia in quella di Diano. Molto fresca, piacevole e tipica la Barbera d'Alba '09.

● Barolo '07	🍷🍷 6
● Barbera d'Alba '09	🍷🍷 5
● Barolo Pernanno '07	🍷🍷 7
● Dolcetto d'Alba '10	🍷🍷 4*
● Dolcetto di Diano d'Alba '10	🍷🍷 4*
● Langhe Rosso Faletto '09	🍷🍷 5
○ Langhe Arneis '10	🍷 4
● Barolo Pernanno '01	🏆 7
● Barolo '06	🏆 6*
● Barolo Pernanno '05	🏆 7
● Barolo Pernanno '04	🏆 7

Cascina Bruciata
S.DA RIO SORDO, 46
12050 BARBARESCO [CN]
TEL. 0173638826
www.cascinabruciata.it

VENDITA DIRETTA
VISITA SU PRENOTAZIONE

PRODUZIONE ANNUA 25.000 bottiglie
ETTARI VITATI 7.00

Carlo Balbo ha assunto dieci anni fa la conduzione della secolare azienda di famiglia, procedendo a continui e profondi miglioramenti sia nelle attrezzature di cantina sia nella conduzione agronomica, dove sta sperimentando l'adozione del biologico. Una maggiore attenzione per qualunque dettaglio di ordine tecnico e un patrimonio viticolo con proprietà in cru del calibro di Rio Sordo a Barbaresco e di Cannubi Muscatel a Barolo hanno portato risultati immediati. I vini sono una giusta mediazione tra tradizione e modernità.

Il gradevole Barbaresco Rio Sordo Riserva '06 si presenta con un colore in cui appaiono già i primi richiami granata. Poi si apre con ciliegia sotto spirito, spezie e lievi cenni di eucalipto, cui segue una bocca di una certa acidità e media struttura. Il non impegnativo Barolo Cannubi Muscatel '07 ha bacche rosse e tabacco su uno sfondo di liquirizia, una certa alcolicità corredata da tannini non aggressivi e finale gradevole. Corretti gli altri vini proposti, tra cui primeggia un Dolcetto d'Alba Vigneto Rio Sordo '10 particolarmente fruttato e ricco, dotato di freschezza e, non da ultimo, di un prezzo contenuto.

● Barbaresco Rio Sordo '08	🍷🍷 6
● Barbaresco Rio Sordo Ris. '06	🍷🍷 7
● Barolo Cannubi Muscatel '07	🍷🍷 7
● Dolcetto d'Alba Vign. Rio Sordo '10	🍷🍷 4*
● Barbaresco '08	🍷 6
● Dolcetto d'Alba Rian '10	🍷 4
● Langhe Nebbiolo Vign. dell'Usignolo '09	🍷 4
● Barbaresco '04	🏆 6
● Barbaresco Rio Sordo Ris. '04	🏆 7

PIEMONTE

Cascina Castlet
S.DA CASTELLETTO, 6
14055 COSTIGLIOLE D'ASTI [AT]
TEL. 0141966651
www.cascinacastlet.com

VENDITA DIRETTA
VISITA SU PRENOTAZIONE

PRODUZIONE ANNUA 240.000 bottiglie
ETTARI VITATI 22.00
VITICOLTURA Naturale

Cascina Castlet è una bella realtà vinicola guidata da Mariuccia e Ada Borio, da sempre molto attive nel loro progetto di valorizzazione e rispetto delle vigne e del territorio in cui sorgono. Si inseriscono in questo concetto la scelta di metodi di coltivazione biologici, il ripopolamento degli uccelli per combattere gli insetti dannosi e la valorizzazione di vitigni in via di estinzione (come l'uvalino, impiantato nei terreni vicini alla cantina). I vini prodotti sono di stampo tradizionale e di notevole nitidezza e precisione aromatica.

Come sempre molto piacevole la Barbera d'Asti d'annata, dal naso intenso e fresco nei suoi profumi fruttati e terrosi, e dal palato non molto ricco ma di grande armonia e facilità di beva, grazie al giusto equilibrio tra polpa di frutta e acidità. Ottimi anche il Moscato d'Asti '10, dai toni di frutta candita, con sfumature più fresche di salvia al naso, mentre il palato è armonico ed elegante, con un finale gradevole e fine, e il Piemonte Moscato Passito Avié '08, dai sentori di zafferano e cannella, di buon equilibrio, con aromi di frutta candita e uva passa. Ben realizzate le altre etichette.

● Barbera d'Asti '10	4
○ Moscato d'Asti '10	4*
○ Piemonte Moscato Passito Avié '08	5
● Barbera del M.to Goj '10	4
● M.to Rosso Policalpo '07	5
● M.to Rosso Uceline '07	6
● Barbera d'Asti '09	4*
● Barbera d'Asti Sup. Litina '07	4
● Barbera d'Asti Sup. Passum '07	6
● Barbera d'Asti Sup. Passum '06	6
● M.to Rosso Policalpo '06	5
○ Piemonte Moscato Passito Avié '07	5

Cascina Chicco
VIA VALENTINO, 144
12043 CANALE [CN]
TEL. 0173979411
www.cascinachicco.com

VENDITA DIRETTA
VISITA SU PRENOTAZIONE

PRODUZIONE ANNUA 300.000 bottiglie
ETTARI VITATI 40

Cascina Chicco prosegue sulla strada intrapresa qualche anno fa del rinnovamento e degli investimenti, vedendone quest'anno uno dei frutti più significativi con la prima uscita del Barolo Rocche del Castelletto, frutto di un'acquisizione di 5 ettari vitati a Monforte d'Alba. Questo però non intacca l'impegno di Enrico e Mario Faccenda nel Roero, a partire dall'attenzione dedicata ai cru di Canale, Anterisio e Mompissano. Il cambiamento sembra tocchi anche lo stile dei vini prodotti, che rispetto agli scorsi anni mostrano un carattere più tradizionale e legato al territorio.

Molto convincente il Barolo Rocche di Castelletto '07, intenso, elegante, di stampo tradizionale e di buona complessità, con note floreali e di spezie dolci. Ottimo anche il Roero Valmaggiore Riserva '08, dai toni di china e tabacco su fondo fruttato e dal palato di bella trama tannica, fine e dinamico. Ben realizzati il Roero Montespinato '09, dai profumi di china e fiori secchi, con un palato essenziale, tannico, austero, cui manca però il sostegno di un po' più di frutto e di tenuta acida, e l'Arcass Vendemmia Tardiva '07, molto ricco nei suoi aromi di uva passa e frutta candita, potente al palato, dolce ma anche di discreto equilibrio.

● Barolo Rocche di Castelletto '07	6
● Roero Valmaggiore Ris. '08	5
○ Arcass V. T. '07	5
● Roero Montespinato '09	4
● Barbera d'Alba Bric Loira '09	5
● Barbera d'Alba Granera Alta '10	4
● Nebbiolo d'Alba Mompissano '09	5
○ Roero Arneis Anterisio '10	4
○ Arcàss Passito '06	5
○ Arcass V. T. '08	5
● Roero Montespinato '08	4*
● Roero Valmaggiore '05	5
● Roero Valmaggiore Ris. '07	5
● Roero Valmaggiore Ris. '06	5

PIEMONTE

Cascina Corte
FRAZ. SAN LUIGI
B.TA VALDIBERTI, 33
12063 DOGLIANI [CN]
TEL. 0173743539
www.cascinacorte.it

VENDITA DIRETTA
VISITA SU PRENOTAZIONE
OSPITALITÀ

PRODUZIONE ANNUA 30.000 bottiglie
ETTARI VITATI 5.00
VITICOLTURA Naturale

Pian piano i riconoscimenti cominciano a crescere di numero per questa piccola azienda in conversione biodinamica, ma i giovani coniugi - Sandro Barosi e Amalia Battaglia - procedono "lenti" nel loro appassionato impegno. La storia ha inizio nel 2001 con l'acquisto della Cascina Corte, diventata poi una vera azienda agricola a vocazione vitivinicola. Particolarmente belle le vigne, piantate tra gli anni Quaranta e Cinquanta. L'azienda si trova su un crinale che affaccia su Dogliani da un lato e su Monforte d'Alba dall'altro. Per una pausa ristoratrice ci sono anche 4 camere accoglienti a uso B&B.

Il Dogliani Pirochetta Vecchie Vigne '09 è ancora una volta un vino eccellente, anche se non bissa il successo dell'anno scorso. Colpisce per il suo rubino scuro, per la netta sensazione di frutta nera, ribes e more in primis, per un fondo di cacao che ammorbidisce la beva. La bocca è potente e ricca, dal finale vellutato. Dolcetto di Dogliani '10 è pieno, vinoso. Eccellente anche il Piemonte Barbera '09, fruttato e intenso con un finale gradevolmente terroso. Il Barnedól, blend di barbera, nebbiolo e dolcetto della Vigna Pirochetta, si caratterizza per una bocca carnosa e fresca. Da segnare il Matilde, il rosato dedicato a una delle figlie, ottenuto da uve dolcetto. Tutti i vini hanno certificazione biologica.

● Dogliani Pirochetta V. V. '09	🍷🍷 4*
● Piemonte Barbera '09	🍷🍷 4
● Barnedól	🍷🍷 4
● Dolcetto di Dogliani '10	🍷🍷 3*
● Langhe Nebbiolo '09	🍷🍷 5
○ Matilde Rosato	🍷🍷 4
● Dogliani Vecchie V. Pirochetta '08	🍷🍷🍷 4*
● Dolcetto di Dogliani '09	🍷🍷 3*
● Langhe Nebbiolo '08	🍷🍷 5
● Langhe Nebbiolo '07	🍷🍷 5

Cascina Cucco
LOC. CUCCO
VIA MAZZINI, 10
12050 SERRALUNGA D'ALBA [CN]
TEL. 0173613003
www.cascinacucco.com

VENDITA DIRETTA
VISITA SU PRENOTAZIONE

PRODUZIONE ANNUA 60.000 bottiglie
ETTARI VITATI 12.00

La prestigiosa sede aziendale si staglia alle porte del centro del comune di Serralunga. La proprietà è di una delle più famose dinastie imprenditoriali del Piemonte, la famiglia Stroppiana che, anno dopo anno, prosegue un lavoro di qualificazione e affermazione nazionale e internazionale. La personalità dei vini prodotti sta così raggiungendo una buona costanza qualitativa, affiancando alla definizione varietale una maggior profondità gustativa, in grado di portare questa realtà a ben rappresentare un terroir unico come quello di Serralunga d'Alba.

Il Serralunga '07 presenta un bel rubino vivace e un franco naso a base di viola, china ed eucalipto; bocca decisamente elegante, con tannini levigati, sapida freschezza e nitido finale persistente. Il giovanissimo e promettente Cerrati Vigna Cucco '07 è ancora poco espresso e caratterizzato da tannini ruvidi nella fase gustativa. Il Barolo Cerrati '07 gioca su note più scure in cui emergono la liquirizia e la china, poi al palato scorre piacevole, senza una personalità troppo evidente. L'ottima Barbera Superiore '09 è ricchissima di sentori speziati e in bocca ha pregevole equilibrio tra acidità e morbidezza, con una rara piacevolezza di beva.

● Barbera d'Alba Sup. '09	🍷🍷 5
● Barolo Cerrati V. Cucco '07	🍷🍷 7
● Barolo di Serralunga '07	🍷🍷 6
● Barolo Cerrati '07	🍷🍷 6
● Langhe Rosso Mondo '09	🍷🍷 5
● Barbera d'Alba '10	🍷 4
● Dolcetto d'Alba Vughera '10	🍷 4
○ Langhe Chardonnay '10	🍷 4
● Barolo V. Cerrati '01	🍷🍷 7
● Barolo V. Cucco '04	🍷🍷 7
● Barolo V. Cucco '01	🍷🍷 7

PIEMONTE

Cascina Fonda
LOC. CASCINA FONDA, 45
12056 MANGO [CN]
TEL. 0173677877
www.cascinafonda.com

VENDITA DIRETTA
VISITA SU PRENOTAZIONE
OSPITALITÀ

PRODUZIONE ANNUA 120.000 bottiglie
ETTARI VITATI 12.00

Questa azienda totalmente votata al moscato è diretta con passione e competenza da Marco e Massimo Barbero, che hanno sviluppato l'attività iniziata dal padre Secondino, produttore di uve moscato fin dagli anni '60. Marco è responsabile della cantina, mentre Massimo si occupa dei vigneti, situati fra i comuni di Mango e di Neive. Le vigne, che hanno un'età media di quarant'anni, sono esposte a sud est, a circa 450 metri di altitudine, e danno vita a vini freschi, nitidi e sottili, di notevole bevibilità.

Il Moscato d'Asti Bel Piano '10 è senza dubbio tra i migliori del millesimo. Ai profumi intensi e brillanti, con splendidi sentori di miele e frutta matura, fa seguito un palato bellissimo per ricchezza e carattere, dal finale molto lungo e di stampo tradizionale. Tornano i profumi di miele nel Vendemmia Tardiva '09, insieme a note di frutta bianca e agrumi di notevole finezza, mentre il palato non è di grandissimo corpo ma ha freschezza e lunghezza. Molto ben realizzato anche il Moscato Spumante Dolce Tardivo '09, dai toni di pasticceria, piacevole e di facile beva.

Vino		
○ Moscato d'Asti Bel Piano '10	🍷	4
○ Moscato Spumante Tardivo '09	🍷🍷	4
○ Vendemmia Tardiva '09	🍷🍷	4
○ Asti Bel Piasì '10	🍷	4
○ Asti Bel Piasì '09	🍷🍷	4*
○ Asti Bel Piasì '08	🍷🍷	4*
○ Asti Driveri M. Cl. '05	🍷🍷	6
○ Moscato d'Asti Bel Piano '09	🍷🍷	4*
○ Moscato d'Asti Bel Piano '08	🍷🍷	4*
○ Moscato d'Asti Bel Piano '07	🍷🍷	4*

Cascina Gilli
VIA NEVISSANO, 36
14022 CASTELNUOVO DON BOSCO [AT]
TEL. 0119876984
www.cascinagilli.it

VENDITA DIRETTA
VISITA SU PRENOTAZIONE

PRODUZIONE ANNUA 140.000 bottiglie
ETTARI VITATI 23.00

Questa azienda fondata negli anni Ottanta sorge nel basso Monferrato, fra i comuni di Castelnuovo Don Bosco e Albugnano. I vigneti, impiantati su marne argillose, si estendono introno alla Cascina, sulla collina di Schierano e sul bricco di Cornareto. Pur producendo barbera, bonarda, malvasia e chardonnay, il nome di quest'azienda è indissolubilmente legato alla freisa, un vitigno nel quale il fondatore di Cascina Gilli, Gianni Vergnano, ha sempre creduto molto. I vini proposti sono l'espressione più autentica delle uve utilizzate e dei territori in cui nascono.

Come sempre unica la produzione di Gianni Vergnano, che propone vini come la Freisa e la Bonarda dopo quattro anni, a dimostrare come possano essere vini importanti e in grado di evolvere positivamente con gli anni. La Freisa d'Asti Arvelé '07 ha profumi balsamici, con note di fiori secchi e spezie, mentre il palato è intenso, morbido e fruttato, lungo e di bell'equilibrio. Ottima anche la Piemonte Bonarda Sernú '07, in cui alle note di piccoli frutti rossi fa seguito un palato austero, sapido, di notevole acidità e lunghezza. Ben realizzata anche la Barbera d'Asti Sebrí '09, dai toni di china e di buona struttura.

Vino		
● Barbera d'Asti Sebrì '09	🍷🍷	5
● Freisa d'Asti Arvelé '07	🍷🍷	5
● Piemonte Bonarda Sernú '07	🍷🍷	4*
● Freisa d'Asti Vivace Luna di Maggio '10	🍷	3
● Malvasia di Castelnuovo Don Bosco '10	🍷	4
● Barbera d'Asti V. delle More '08	🍷🍷	4*
● Barbera d'Asti V. delle More '04	🍷🍷	4*
● Freisa d'Asti V. del Forno '08	🍷🍷	4*
● Freisa d'Asti Vivace Luna di Maggio '09	🍷🍷	3*

PIEMONTE

Cascina La Maddalena

Fraz. San Giacomo
Loc. Piani del Padrone, 257
15078 Rocca Grimalda [AL]
Tel. 0143876074
www.cascina-maddalena.com

VENDITA DIRETTA
VISITA SU PRENOTAZIONE
OSPITALITÀ

PRODUZIONE ANNUA 30.000 bottiglie
ETTARI VITATI 5.00

Bed & Wine è un riassunto ben esplicativo di Cascina la Maddalena: dalla coniugazione di vino e ospitalità si percepisce l'essenza dell'azienda. Poche camere in stile country, frequentate da persone che apprezzano la tranquillità rigenerante della campagna e soprattutto la possibilità di degustare i vini prodotti, magari abbinati a salumi e formaggi locali. Per quanto concerne il vino, nei pochi ettari vitati sono presenti sole bacche rosse e i vitigni utilizzati sono barbera e dolcetto d'Ovada, con una piccola presenza di merlot.

Nella batteria notiamo l'assenza dell'Ovada Migulle e del Bricco della Maddalena, che per ragioni di affinamento verranno presentati nella prossima edizione della Guida. Una splendida edizione del Bricco del Bagatto ci consola delle perdite e ci regala grandi emozioni fruttate, con note di china e una bocca corposa e armonica oltre che persistente. Pian del Merlo è un Merlot in purezza, che matura esclusivamente in acciaio, questo vino proveniente da un vigneto giovane ci ha stupiti con effetti speciali, naso articolato e molto elegante con una bocca splendida per carattere e potenza. Molto classico in tutte le fasi della degustazione il Dolcetto base, abbastanza equilibrata e alcolica la Barbera Rossa d'Ocra.

● Dolcetto di Ovada Bricco del Bagatto '09	♟	4*
● M.to Rosso Pian del Merlo '10	♟	4
● Dolcetto di Ovada '10	♟	3*
● Barbera del M.to Rossa d'Ocra '08	♟	4
● Dolcetto di Ovada '09	♟	3*
● Dolcetto di Ovada Bricco del Bagatto '06	♟	4
● M.to Rosso La Decima Vendemmia '06	♟	6

Francesca Castaldi

via Novembre, 6
28072 Briona [NO]
Tel. 0321826520
francesca_castaldi@libero.it

VENDITA DIRETTA
VISITA SU PRENOTAZIONE

PRODUZIONE ANNUA 10.000 bottiglie
ETTARI VITATI 6.50

È una radicale scelta di vita quella che ha portato i fratelli Francesca e Giuseppe Castaldi a Briona, ultimo lembo meridionale della collina morenica novarese, là dove l'altopiano declina verso le prime risaie. Si trovano qui, tra Pianazze, Val Ceresole e Belvedere, gli oltre sei ettari con cui è cominciato il rinnovamento degli impianti nel 1997, coltivati a nebbiolo, vespolina ed erbaluce, con conduzione a basso impatto chimico. Per il momento viene trasformata solo una parte delle uve, ma la piccola gamma è già riconoscibile per definizione aromatica e fibra strutturale.

Conferma ad alti livelli per il Fara di Francesca Castaldi dopo il brillante esordio. Questa volta assaggiamo la versione '07, che del millesimo trasferisce soprattutto il tocco aperto e solare, approfondito da sensazioni rugginose e speziate, senza dimenticare le radici, il cacao, la polvere di caffè. Tanti descrittori per dire che il naso è già ampio e complesso, mentre la bocca gioca sulla sottigliezza, avvalendosi di una spontanea sapidità e di tannini giovani ma mai esasperati. Anche la componente alcolica è ben fusa ed è solo un quid di lunghezza a mancare nel finale. Completano il quadro un buccioso Colline Novaresi Bianco '10 e la mordente Vespolina '09.

● Fara '07	♟	5
○ Colline Novaresi Bianco '10	♟	3*
● Colline Novaresi Vespolina '09	♟	3
○ Colline Novaresi Bianco '09	♟	3*
● Fara '06	♟	5

PIEMONTE

Renzo Castella
via Alba, 15
12055 Diano d'Alba [CN]
Tel. 017369203
renzocastella@virgilio.it

VENDITA DIRETTA
VISITA SU PRENOTAZIONE

PRODUZIONE ANNUA 25.000 bottiglie
ETTARI VITATI 10.00

Sicure capacità tecniche, buone vigne tra cui si segnala il cru Rivolia, interessante successo distributivo nella ristorazione, prezzi contenuti: ecco i principali elementi distintivi di questa piccola realtà che si pone con sicurezza tra i validi interpreti del Dolcetto di Diano d'Alba. L'impostazione enologica è decisamente classica e consente all'uva dolcetto di esprimere al meglio i propri intensi profumi fruttati, anche grazie all'attento lavoro in vigna dei genitori di Renzo.

Il dolcetto è il vitigno incontrastato in quest'azienda, anche perché Renzo Castella è pienamente convinto delle potenzialità di quest'uva. Lo dimostra con il Dolcetto di Diano d'Alba Rivolia '10, vino dal grande fascino. Intenso e brillante con bel frutto nero e vinoso, regge sulla lunghezza e sul carattere. Meno potente il base: il Dolcetto di Diano d'Alba '10 ha una fragola stuzzicante e una beva armonica ma cede un po' sul corpo. Sotto le aspettative la Barbera d'Alba Piadvenza '10, con una bocca non ancora armonica e una polpa magra. Il Nebbiolo Madonnina invece ha da lavorare sui tannini, piuttosto mordaci.

● Dolcetto di Diano d'Alba '10	🍷🍷 3*
● Dolcetto di Diano d'Alba Rivolia '10	🍷🍷 3*
● Barbera d'Alba Piadvenza '10	🍷 3
● Nebbiolo d'Alba V. Madonnina '10	🍷 4
● Dolcetto di Diano d'Alba Rivolia '09	🍷🍷 3*

Castellari Bergaglio
fraz. Rovereto, 136
15066 Gavi [AL]
Tel. 0143644000
www.castellaribergaglio.it

VENDITA DIRETTA
VISITA SU PRENOTAZIONE

PRODUZIONE ANNUA 80.000 bottiglie
ETTARI VITATI 12.00

È un vero e proprio inno all'eclettismo stilistico e territoriale del cortese di Gavi, quello che risuona dalla batteria di Castellari Bergaglio, storica realtà guidata oggi da Marco Bergaglio. Sono addirittura cinque le etichette a tema, con il Salluvii a incarnare il ruolo di base, il Fornaci e il Rolona a rappresentare le differenze di terreni ed esposizioni dei siti di Tassarolo e Gavi, il Rovereto a esaltare con la criomacerazione i tratti aromatici della vigna più vecchia e il Pilin a chiudere il cerchio con la sua vendemmia ritardata e la maturazione in legno.

Ci si diverte sempre con i Gavi di Castellari Bergaglio. I più in forma appaiono i 2010: il Fornaci di Tassarolo ha solo qualche residua sensazione fermentativa ma mette insieme croccanti note tropicali di ananas e kiwi con altre più complesse di muschio e roccia; il Salluvii è ancora più affilato nei suoi ricordi di baccelli ed erbe di montagna, tonico nel sorso ma forse un po' immaturo e diluito nel finale. Non manca certo carattere al Rolona, con le sue nette impressioni di cereali, radici, erbe spontanee, sviluppate in una bocca decisamente orizzontale, fenolica ed estrattiva, mancante per ora di dinamismo.

○ Gavi del Comune di Tassarolo Fornaci '10	🍷 4
○ Gavi Salluvii '10	🍷 4
○ Gavi del Comune di Gavi Rolona '10	🍷 4
○ Gavi del Comune di Gavi Rovereto Vignavecchia '09	🍷 4
○ Gavi Pilin '07	🍷 5
○ Gavi del Comune di Gavi Rolona '03	🍷🍷 4*
○ Gavi del Comune di Gavi Rovereto Vignavecchia '08	🍷🍷 4
○ Gavi del Comune di Gavi Rovereto Vignavecchia '07	🍷🍷 4
○ Gavi Pilin '06	🍷🍷 5

PIEMONTE

Castello del Poggio
LOC. POGGIO, 9
14100 PORTACOMARO [AT]
TEL. 0141202543
www.poggio.it

VENDITA DIRETTA
VISITA SU PRENOTAZIONE

PRODUZIONE ANNUA 800.000 bottiglie
ETTARI VITATI 160.00

Castello del Poggio è un'immensa tenuta di proprietà della famiglia Zonin, che si estende per 186 ettari, di cui 160 a vigneto, dove sono coltivati tutti i vitigni tipici di quest'area del Piemonte: moscato in primis, poi barbera, dolcetto, brachetto e grignolino. I vigneti sorgono fra Portacomaro e Santa Margherita di Costigliole d'Asti, su terreni di tipo limoso argilloso, con piante di un'età media di venticinque anni. I vini sono di stampo moderno, con una predominanza di frutto e piacevolezza.

Come sempre di buona fattura la produzione del Castello del Poggio. Ben realizzati in particolare la Barbera d'Asti '08, intensa e fresca al naso, con belle note di tabacco e frutta rossa, palato non potente ma molto sfaccettato e armonico, lungo e gradevole, e l'Asti, dai toni di erba e frutta matura, con note di cedro e mandarino, pulito al palato, fresco e di buona precisione aromatica, di buon equilibrio e discreto finale. Piacevoli e corretti gli altri vini proposti, il Monferrato Dolcetto '09, semplice e fruttato, e il Piemonte Brachetto, dolce e vivace il giusto.

○ Asti	4
● Barbera d'Asti '08	4
● M.to Dolcetto '09	4
● Piemonte Brachetto	4
● Barbera d'Asti '07	4
● Grignolino d'Asti '09	4*
○ Moscato d'Asti Vign. Castello del Poggio '09	4

Castello di Neive
VIA CASTELBORGO, 1
12052 NEIVE [CN]
TEL. 017367171
www.castellodineive.it

VISITA SU PRENOTAZIONE

PRODUZIONE ANNUA 150.000 bottiglie
ETTARI VITATI 26.00

Proprietà degli Stupino dal 1964, il Castello di Neive si può comparare senza timori reverenziali agli illustri châteaux di Bordeaux. In effetti ci troviamo in presenza di una vasta tenuta - 60 ettari totali di cui circa la metà a vigneto - gestita da quasi cinquant'anni dalla stessa famiglia. Oltre alla maestosità del castello e delle sue cantine l'azienda possiede un vero monopole: il famoso vigneto Santo Stefano, incastonato all'interno del cru Albesani. La qualità dei prodotti è cresciuta dalla metà degli anni '90 con il maggiore impegno di Italo Stupino e Claudio Roggeri, che mettono l'accento sulla finezza e l'eleganza.

Validissima la batteria di Barbaresco, capeggiata da una Riserva Santo Stefano '06 di grande finezza, con una suadente rosa appassita su uno sfondo di lampone e tabacco dolce; bocca di sicura piacevolezza, seria, con tannini quasi setosi e un rinfrescante richiamo balsamico nel finale. L'elegante Barbaresco Gallina '08 è speziato, con note che arrivano a richiamare il pepe, di buona struttura, denso e avvolgente. Colore granato nel Barbaresco '08, che si rivela poi decisamente vibrante, con fiori secchi e liquirizia seguiti da un palato dai tannini fitti e non aggressivi, con finale di sicuro fascino. Più che affidabile anche il Barbaresco Santo Stefano '08, come tutto il resto della proposta.

● Barbaresco Gallina '08	6
● Barbaresco S. Stefano '08	7
● Barbaresco S. Stefano Ris. '06	8
● Barbaresco '08	6
● Barbera d'Alba S. Stefano '09	5
● Dolcetto d'Alba Basarin '10	4
○ Piemonte Pinot Nero Brut '07	6
● Langhe Rosso Albarossa '08	6
● Langhe Rosso I Cortini '09	5
● Barbaresco S. Stefano Ris. '01	8
● Barbaresco S. Stefano Ris. '99	8

PIEMONTE

Tenuta Castello di Razzano

Fraz. Casarello
Loc. Razzano, 2
15021 Alfiano Natta [AL]
Tel. 0141922124
www.castellodirazzano.it

VENDITA DIRETTA
VISITA SU PRENOTAZIONE

PRODUZIONE ANNUA 200.000 bottiglie
ETTARI VITATI 38.00

Un'azienda importante, con sede in una splendida struttura, restaurata di recente, edificata negli ultimi anni del secolo XVII su fondamenta medievali. Negli anni Sessanta del Novecento subentrano gli attuali proprietari, la famiglia Olearo, che hanno riportato la struttura agli antichi fasti e sviluppato un importante progetto sulla produzione dei vini. Dal mese di ottobre del 2009 è anche attivo il Museo ArteVino, che abbina momenti di vita contadina legati alla vite e al vino a installazioni artistiche (visite su prenotazione).

Decisamente corposa la batteria di vini presentata, con Eugenea '09 che giunge in finale con una prestazione esaltante: di colore rubino impenetrabile, al naso si mostra fine e articolata, mentre nella fase gustativa sviluppa potenza e armonia. Del Beneficio '09 è un'altra fantastica Barbera, con un naso più sottile ma molto elegante, cui segue una fase gustativa ricca di polpa e molto intensa. Campasso nella versione 2008 non ha ancora espresso il suo potenziale, ma può crescere ancora. Cuntrà '09 è un Merlot in purezza che al naso sviluppa articolati aromi terziari dati dal legno. Piacevoli e corretti lo Chardonnay Costa al Sole e il Grignolino Pianaccio, entrambi '10.

● Barbera d'Asti Sup. Del Beneficio '09	5
● Barbera d'Asti Sup. Eugenea '09	5
● Barbera d'Asti Sup. Campasso '08	4
● M.to Rosso Cuntrà '09	4
● Grignolino del M.to Casalese Pianaccio '10	3
○ Piemonte Chardonnay Costa al Sole '10	3
● Barbera d'Asti Sup. Campasso '07	4
● Barbera d'Asti Sup. Eugenea '06	5
● Barbera d'Asti Sup. V. Valentino Caligaris '04	5

Castello di Tassarolo

Cascina Alborina, 1
15060 Tassarolo [AL]
Tel. 0143342248
www.castelloditassarolo.it

VENDITA DIRETTA
VISITA SU PRENOTAZIONE

PRODUZIONE ANNUA 130.000 bottiglie
ETTARI VITATI 20.00
VITICOLTURA Naturale

Proprietari del Castello di Tassarolo fin dal 1300, i marchesi Massimiliana e Bonifacio Spinola sono tra i più originali interpreti del cortese di Gavi. Coadiuvati da Vincenzo Munì e Giulio Moiraghi, da qualche stagione hanno imboccato con decisione la strada della biodinamica per i circa 20 ettari di proprietà, affiancando alla gamma classica alcune etichette sperimentali realizzate senza aggiunta di solfiti. Interpretazioni a volte fin troppo estreme, che meritano attenzione e pazienza, specialmente nelle fasi a ridosso dell'imbottigliamento.

Proprio in virtù di queste considerazioni, non è un caso che il vino più compiuto in questa fase sia per noi il Gavi di Tassarolo Alborina '08. Maturato per dieci mesi in barrique e in acciaio, segnala l'apporto del rovere con le note di malto e nocciola infornata prima di liberare dolci sensazioni di albicocca e tabacco, riproposte in un sorso opulento ma ordinato. Il suo alter ego è per molti versi il Gavi di Tassarolo Spinola '10: impronta riduttiva, tra fiori d'acacia e susina, non esibisce al momento grandi picchi di sapore o personalità ma lascia intuire un pregevole scheletro verticale, probabilmente in divenire.

○ Gavi del Comune di Tassarolo Alborina '08	4*
○ Gavi del Comune di Tassarolo Spinola '10	3*
○ Gavi del Comune di Tassarolo Il Castello '10	3
● M.to Rosso Cuvée No Sulphites '10	4
○ Gavi Castello di Tassarolo '08	4*
○ Gavi del Comune di Tassarolo Il Castello '09	4
○ Gavi del Comune di Tassarolo Spinola '09	3*
○ Gavi Alborina '07	5*

PIEMONTE

Castello di Uviglie
VIA CASTELLO DI UVIGLIE, 73
15030 ROSIGNANO MONFERRATO [AL]
TEL. 0142488132
www.castellodiuviglie.com

VENDITA DIRETTA
VISITA SU PRENOTAZIONE
RISTORAZIONE

PRODUZIONE ANNUA 80.000 bottiglie
ETTARI VITATI 25.00
VITICOLTURA Naturale

Antichi manieri ed enologia s'incrociano spesso nel Monferrato Casalese, poiché numerosi castelli e dimore nobiliari possedevano e possiedono tuttora vigneti storici che circondano gli edifici. A Rosignano Monferrato Simone Lupano ha aggiunto un ulteriore tassello alla storia enologica di questo territorio, con un crescendo qualitativo sfociato negli ultimi anni in una serie di splendidi risultati. Il tutto gestito in un castello, edificato tra il 1239 e il 1271, culla e memoria di cultura e tradizioni ereditate dal passato che Simone sta interpretando in maniera esemplare con i suoi rossi succosi e sapidi.

La batteria presentata da Simone Lupano è di notevole grande qualità. Una splendida versione della Barbera Le Cave '09 raggiunge il gradino più alto del podio. Al naso offre aromi di confettura di ciliegie su note di cacao e caffè che ci guidano verso un palato rimarchevole per intensità e persistenza. Pico Gonzaga '08 si conferma un'etichetta affidabile. L'Albarossa 1491 ha un aspetto molto giovanile e sensazioni gustative che rivelano un grande potenziale: può crescere ancora. Lo Chardonnay Ninfea '10 ha connotazioni gusto-olfattive interessanti e finale leggermente alcolico. Chiudono la batteria il Bricco del Conte e il Grignolino San Bastiano '10.

● Barbera del M.to Sup. Le Cave '09	🍷🍷🍷 4*
● Barbera del M.to Sup. Pico Gonzaga '08	🍷🍷 5
● M.to Rosso 1491 '08	🍷🍷 5
○ Piemonte Chardonnay Ninfea '10	🍷🍷 4
● Barbera del M.to Bricco del Conte '10	🍷 4
● Grignolino del M.to Casalese San Bastiano '10	🍷 4
● Barbera del M.to Sup. Le Cave '07	🍷🍷🍷 5
● Barbera del M.to Sup. Pico Gonzaga '07	🍷🍷🍷 5*
● Barbera del M.to Sup. Le Cave '08	🍷🍷 4*

Castello di Verduno
VIA UMBERTO I, 9
12060 VERDUNO [CN]
TEL. 0172470284
www.castellodiverduno.com

VENDITA DIRETTA
VISITA SU PRENOTAZIONE
OSPITALITÀ
RISTORAZIONE

PRODUZIONE ANNUA 50.000 bottiglie
ETTARI VITATI 7.40

Luogo di grande bellezza, questo castello sabaudo parla il linguaggio del Barolo fin dalla nascita, da quando Carlo Alberto di Savoia chiese un gran vino da uve nebbiolo. L'eredità è passata a inizio '900 in mano alla famiglia Burlotto, che tuttora segue l'azienda con passione. Anzi, il prestigio è aumentato grazie al matrimonio tra Gabriella Burlotto e Franco Bianco, serio produttore di Barbaresco. Così al Castello si lavora sulle espressioni più nobili dell'uva più importante di Langa, ottenendo successi nell'una e nell'altra denominazione.

Il raffinato Barbaresco Rabajà '06 ha un intenso e classico bouquet di fiori secchi, seguito da una bocca di spiccato carattere e lunga persistenza. Le due diverse annate di Barbaresco Faset sono entrambe impeccabili, per cui le differenze derivano esclusivamente dai diversi andamenti stagionali: più fruttati, immediati e comunicativi i 2007, più incisivi e quasi ruvidi, freschi e di notevole spalla acida i 2006. Il Barolo Monvigliero Riserva '05 è di pregevole respiro gustativo, spaziando dal goudron alle erbe secche e mostrando note tanniche dolci ma incisive. Barolo e Barbaresco si avvalgono di affinamenti effettuati esclusivamente in grandi botti di rovere.

● Barbaresco Faset '07	🍷🍷 6
● Barbaresco Faset '06	🍷🍷 6
● Barbaresco Rabajà '06	🍷🍷 7
● Barbera d'Alba Bricco del Cuculo '09	🍷🍷 7
● Barolo Monvigliero Ris. '05	🍷🍷 8
● Barbaresco Rabajà '07	🍷🍷 7
● Barolo Massara '07	🍷🍷 7
● Verduno Pelaverga Basadone '10	🍷🍷 4
● Barbaresco Rabajà '04	🍷🍷🍷 7
● Barolo Monvigliero Ris. '04	🍷🍷🍷 8
● Barbaresco Rabajà '05	🍷🍷 7
● Barolo Massara '04	🍷🍷 7

PIEMONTE

La Caudrina
S.da Brosia, 21
12053 Castiglione Tinella [CN]
Tel. 0141855126
www.caudrina.it

VENDITA DIRETTA
VISITA SU PRENOTAZIONE

PRODUZIONE ANNUA 200.000 bottiglie
ETTARI VITATI 24.00

Romano Dogliotti conduce con mano sicura questa importante azienda in cui protagonista assoluta è l'uva moscato. Sono ben 22 gli ettari di vigneto dedicati a questo vitigno, tutti a Castiglione Tinella, con piante che hanno un'età che arriva fino al secolo, mentre il resto degli impianti si trovano a Nizza Monferrato e sono dedicati alla barbera. Le diverse interpretazioni di Moscato realizzate sono da anni un punto di riferimento per consumatori e colleghi, con vini ricchi, grintosi e mai banali, in grado di mettere bene in evidenza le caratteristiche varietali di questo affascinante vitigno.

Capita a volte che siano gli outsider a rubare la scena. È accaduto quest'anno alle Barbera de La Caudrina, che si sono comportate meglio dei Moscato. Finale per la Barbera d'Asti La Solista '09, intenso e ampio al naso, con splendidi e raffinati sentori di tabacco e bacche rosse mature, palato equilibrato, coerente, di grande profondità e lunghezza. Davvero ben realizzata anche la Barbera d'Asti Superiore Monte Venere '08, dai toni di frutti rossi maturi, incenso, scorza d'arancia e palato dinamico, succoso, leggermente tannico e di buona grinta. Ottimo poi il Moscato d'Asti La Caudrina '10, semplice e aromatico al naso, più ricco al palato, con note di pesca e una bella acidità rinfrescante.

● Barbera d'Asti La Solista '09		4*
● Barbera d'Asti Sup. Monte Venere '08		5
○ Moscato d'Asti La Caudrina '10		4
○ Asti La Selvatica '10		4
○ Moscato d'Asti La Galeisa '10		4
● Piemonte Barbera La Guerriera '10		4
○ Moscato d'Asti La Caudrina '09		4*
○ Moscato d'Asti La Caudrina '07		4*
○ Moscato d'Asti La Galeisa '06		3*

F.lli Cavallotto
Tenuta Bricco Boschis
loc. Bricco Boschis
S.da Alba-Monforte
12060 Castiglione Falletto [CN]
Tel. 017362814
www.cavallotto.com

VENDITA DIRETTA
VISITA SU PRENOTAZIONE

PRODUZIONE ANNUA 100.000 bottiglie
ETTARI VITATI 24.00
VITICOLTURA Naturale

La famiglia Cavallotto costituisce da tempo uno dei più significativi emblemi della storia del Barolo. Degustare un vecchio millesimo di questa storica realtà rappresenta infatti sempre un'esperienza affascinante e una conferma di come questo nobile vino sia giustamente annoverato tra le eccellenza enologiche planetarie. Negli ultimi anni si notano un'ulteriore ricerca della definizione varietale e una struttura ancora più densa: lievi variazioni che nulla tolgono alla personalità di questi vini, aggiungendo note di complessità e profondità.

Il Barolo Bricco Boschis Vigna San Giuseppe Riserva '05 rappresenta al meglio la classicità di un vitigno e di un territorio: emblematici i sentori di viola e liquirizia, cui segue un'imponente ma ben integrata massa tannica. Tre Bicchieri alla più nobile tradizione di Langa. La Riserva Vignolo dello stesso anno mostra analoga vitalità e classe raffinata, mentre il Barolo Bricco Boschis '07 evidenzia al meglio le caratteristiche di frutta rossa ben matura proprie dell'annata. Nitida, importante e avvolgente la squisita Barbera Vigna del Cuculo '07. Consigliamo anche l'assaggio di una Freisa decisamente seria e di un Langhe Nebbiolo '09 da incorniciare per tipicità.

● Barolo Bricco Boschis V. S. Giuseppe Ris. '05		8
● Barbera d'Alba V. del Cuculo '07		5*
● Barolo Bricco Boschis '07		8
● Barolo Vignolo Ris. '05		8
● Dolcetto d'Alba V. Scot '10		4
● Langhe Freisa '09		5
● Langhe Nebbiolo '09		5
● Barolo Bricco Boschis '05		7
● Barolo Bricco Boschis '04		8
● Barolo Bricco Boschis V. S. Giuseppe Ris. '01		8
● Barolo Bricco Boschis V. S. Giuseppe Ris. '00		8
● Barolo Vignolo Ris. '04		8

PIEMONTE 118

Ceretto
Loc. San Cassiano, 34
12051 Alba [CN]
Tel. 0173282582
www.ceretto.com

VENDITA DIRETTA
VISITA SU PRENOTAZIONE

PRODUZIONE ANNUA 940.000 bottiglie
ETTARI VITATI 105.00

La famiglia Ceretto ha diverse linee produttive: sotto l'etichetta Bricco Rocche (per i Barolo Bricco Rocche, Prapò, Brunate e il prossimo Cannubi) e Bricco Asili (per i Barbaresco Bricco Asili e Bernardot) si presentano i prodotti più classici, quelli che hanno reso celebre questa cantina nel mondo dei grandi rossi. Con il nome di famiglia vengono invece etichettati i vini realizzati nella splendida sede della Bernardina, tra cui svetta per volumi il celeberrimo Langhe Arneis Blangé. Alla guida vi sono l'esuberante Bruno per la parte commerciale e il capace Marcello per quella tecnica, ormai più che affiancati dalla terza generazione, costituita da Alessandro, Lisa, Roberta e Federico.

Il Barolo Bricco Rocche '07 è etereo al naso, già piuttosto aperto su richiami di liquirizia; notevole palato, sapido, dai tannini fitti e serrati, lungo e compatto. Il Barolo Brunate '07 è lievemente speziato e pone in evidenza la frutta sotto spirito; bocca di valida armonia, discreta struttura, media personalità. Felice annata per il Langhe Rosso Monsordo '09, a base di uve cabernet sauvignon, merlot e syrah, è intenso e quasi esotico al naso, con bacche nere su uno sfondo balsamico e mentolato; bella struttura in bocca, ottima concentrazione, benvenuta acidità che lascia uno spazio molto morbido nel finale. Gradevole mineralità, erbe fresche e fiori bianchi nel vitale Langhe Bianco Arbarei '09.

Vino		
● Barolo Bricco Rocche Bricco Rocche '07		8
● Barolo Brunate Bricco Rocche '07		8
● Langhe Rosso Monsordo '09		6
● Barolo Prapò Bricco Rocche '07		8
○ Langhe Bianco Arbarei '09		6
● Nebbiolo d'Alba Bernardina '09		6
● Barbaresco Asij '08		8
● Barbaresco Bernardot Bricco Asili '08		8
● Barbera d'Alba Piana '10		6
● Barolo Zonchera '07		8
● Dolcetto d'Alba Rossana '10		5

★Michele Chiarlo
S.da Nizza-Canelli, 99
14042 Calamandrana [AT]
Tel. 0141769030
www.chiarlo.it

VENDITA DIRETTA
VISITA SU PRENOTAZIONE

PRODUZIONE ANNUA 950.000 bottiglie
ETTARI VITATI 100.00

Sentir parlare Michele Chiarlo vuol dire ripercorrere quarant'anni di storia del vino italiano e dei suoi protagonisti. Oggi, grazie anche al lavoro dei figli Alberto e Stefano, la Chiarlo continua a essere all'avanguardia per capacità imprenditoriale e qualità dei vini proposti. Grazie a una serie di acquisizioni la gamma comprende molte delle più importanti denominazioni piemontesi. I cru più significativi sono quelli di Cannubi e Cerequio per il Barolo e di La Court a Castelnuovo Calcea per la Barbera Nizza. I vini prodotti sono tutti di ottimo livello, ben realizzati, di grande pulizia e precisione aromatica.

Quest'anno ci ha conquistato il Barolo Cerequio '07. Elegante e profondo, è ancora un po' chiuso ma tipico nelle sue note mentolate, con sentori di frutti neri, liquirizia, tabacco. Molto buono anche il Barolo Cannubi '07, più giocato sul frutto, ampio e sfaccettato. Ben realizzati il Barolo Tortoniano '07, dai toni floreali e terrosi, la Barbera d'Asti Superiore Cipressi della Court '09, ricca di polpa e acidità, che in assenza della Nizza La Court, non prodotta nel 2008, è la portabandiera aziendale della tipologia, il Piemonte Albarossa Montald '09, succoso, dagli aromi di corteccia e bacche nere, e il Gavi del comune di Gavi Rovereto '10, di buon corpo e struttura con un finale lungo e grintoso.

Vino		
● Barolo Cerequio '07		8
● Barolo Cannubi '07		8
● Barbera d'Asti Sup. Cipressi della Court '09		4
● Barolo Tortoniano '07		6
○ Gavi del Comune di Gavi Rovereto '10		4*
● Piemonte Albarossa Montald '09		5
○ Moscato d'Asti Nivole '10		3
● Barbera d'Asti Sup. Nizza La Court '06		6
● Barolo Cannubi '06		8
● Barolo Cannubi '04		8
● Barbera d'Asti Sup. Nizza La Court '07		6
● Barolo Cannubi '05		8
● Barolo Cerequio '06		8
● Barolo Cerequio '05		8

Quinto Chionetti

B.TA VALDIBERTI, 44
12063 DOGLIANI [CN]
TEL. 017371179
www.chionettiquinto.com

VISITA SU PRENOTAZIONE

PRODUZIONE ANNUA 84.000 bottiglie
ETTARI VITATI 16.00

Conoscere Quinto Chionetti è un po' come fare un viaggio nella storia del Dolcetto. Con sessanta vendemmie alle spalle, questo grande "vecchio di Langa" si è ormai affidato alle generazioni successive, ma lui è sempre in vigna a ogni inizio autunno per assaggiare e valutare gli acini. Dopo un secolo di storia, iniziata nel 1912, l'azienda conta 16 ettari e poco più di 80mila bottiglie annue, a testimonianza di un lavoro basato sulla qualità più che sulla quantità. Dopo tutto questo tempo dedicato al Dolcetto c'è spazio per una novità: la gamma proposta va ad arricchirsi di un Langhe Nebbiolo.

Quest'anno il Langhe Nebbiolo '09 supera per maestria i Dolcetto di questa storica azienda del Doglianese. È un bicchiere di un bel rubino intenso, fresco al naso con sentori di lampone e una bocca piena e sapida. Gradevole l'armonia generale. Il Dolcetto Briccolero '10 è la classicità del tradizionale Dolcetto di Dogliani, intenso e un po' chiuso, con un fruttato semplice ma equilibrato e piuttosto lungo. Il San Luigi soffre invece a causa di tannini poco maturi e non tanto levigati, ma le note di china e liquirizia lo rendono intrigante. Entrambi non deludono nel classico finale ammandorlato.

- Dolcetto di Dogliani Briccolero '10   4
- Langhe Nebbiolo '09   4
- Dolcetto di Dogliani S. Luigi '10   4
- Dolcetto di Dogliani Briccolero '07   4*
- Dolcetto di Dogliani Briccolero '04   4*
- Dolcetto di Dogliani Briccolero '09   4
- Dolcetto di Dogliani Briccolero '08   4

Cieck

FRAZ. SAN GRATO
CASCINA CIECK
10011 AGLIÈ [TO]
TEL. 0124330522
www.cieck.it

VENDITA DIRETTA
VISITA SU PRENOTAZIONE

PRODUZIONE ANNUA 75.000 bottiglie
ETTARI VITATI 16.00

L'azienda di Remo Falconieri e Domenico Caretto, fondata nel 1985, prende il nome da una cascina situata alla frazione San Grato di Agliè. Si sviluppa su 13 ettari di proprietà, cui se ne aggiungono 3 in fitto, per una produzione che ruota attorno all'Erbaluce con ben due Metodo Classico (il San Giorgio maturato in acciaio e il Calliope in barrique), tre Caluso fermi (il base e il Misobolo, che escono d'annata, e il T, proposto un anno più tardi, con maturazione in legno), il Passito Alladium, senza dimenticare il Canavese Rosso e il Neretto, anche in versione Rosé.

Anche quest'anno l'intera batteria presentata da Cieck si conferma una garanzia di piacevolezza e carattere territoriale. Partendo dall'Erbaluce di Caluso Misobolo '10: estremamente chiuso in questa fase, trova con l'aerazione freschissimi profumi di frutta bianca, agrumi, origano, riversandoli in un palato piccante, energico, addirittura salato. Davvero a un passo dal podio. Di livello anche l'Erbaluce di Caluso '10, certamente più semplice ma non per questo meno interessante. Tenui note di agrume ed erbe aromatiche, per una bocca succosa e tesa.

- O Erbaluce di Caluso Misobolo '10   4*
- O Erbaluce di Caluso '10   3*
- O Erbaluce di Caluso T '09   4
- Canavese Rosso Cieck '08   3
- Canavese Rosso Cieck Neretto '09   4
- ⊙ Rosé Brut M.Cl.   4
- O Erbaluce di Caluso '09   3*
- O Erbaluce di Caluso Brut S. Giorgio '05   5
- O Erbaluce di Caluso Calliope Brut '06   5
- O Erbaluce di Caluso Misobolo '09   4*
- O Erbaluce di Caluso Misobolo '08   4*
- O Erbaluce di Caluso S. Giorgio Brut '06   5

PIEMONTE

F.lli Cigliuti
VIA SERRABOELLA, 17
12052 NEIVE [CN]
TEL. 0173677185
www.cigliuti.it

VENDITA DIRETTA
VISITA SU PRENOTAZIONE

PRODUZIONE ANNUA 30.000 bottiglie
ETTARI VITATI 6.50

Renato Cigliuti ha due figlie, Claudia e Silvia, caparbie e appassionate di Barbaresco come lui. Si scambiano compiti e mansioni: tutti vanno in vigna, così come in cantina e sul trattore. La loro vita, come il loro lavoro, è tutta a Serraboella a Neive, dove hanno 5 ettari di vigne. Un altro interessante appezzamento è nella sottozona di Bricco di Neive. Quest'azienda rappresenta un pezzo di storia importante per il Barbaresco: il grande Renato infatti è stato tra i primi vignaioli a imbottigliare e a vendere i suoi vini all'estero.

Il risultato più rimarchevole arriva dal Langhe Briccoserra '08, di rara complessità, che unisce al meglio le caratteristiche dei due vitigni di cui è composto in parti uguali: frutta in evidenza derivante dalla barbera e complessità donata dal nebbiolo. Un bell'esempio del classico blend delle Langhe. Notevole il Barbaresco Serraboella '07, ricavato dall'omonimo vigneto in cui la buona altitudine, vicina ai 320 metri, ha consentito di conservare un'equilibrata freschezza anche nella caldissima estate 2007. Cuoio, tabacco e sottobosco si uniscono a gradevolissimi sentori balsamici; i tannini sono netti ma non amari, per cui non appesantiscono per nulla una notevole struttura.

● Barbaresco Serraboella '07	7
● Langhe Rosso Briccoserra '08	6
● Barbera d'Alba Campass '08	5
● Barbera d'Alba Serraboella '08	5
● Barbaresco Serraboella '01	7
● Barbaresco Serraboella '00	7
● Barbaresco V. Erte '04	7
● Barbaresco Serraboella '04	7
● Barbaresco V. Erte '06	6
● Barbaresco V. Erte '05	7

★Tenute Cisa Asinari dei Marchesi di Grésy
S.DA DELLA STAZIONE, 21
12050 BARBARESCO [CN]
TEL. 0173635222
www.marchesidigresy.com

VENDITA DIRETTA
VISITA SU PRENOTAZIONE

PRODUZIONE ANNUA 200.000 bottiglie
ETTARI VITATI 35.00

Un giovanissimo Alberto di Grésy ha assunto nel 1973 le redini di questa celebre cantina, che può contare su pregiati vigneti situati in tre comuni: a Barbaresco vi è il magnifico cru Martinenga, completamente dedicato all'uva nebbiolo, dove si trova anche la sede aziendale, da visitare; a Treiso vi è il vigneto Monte Aribaldo, con uve dolcetto, chardonnay e sauvignon; a Cassine regnano invece il moscato, la barbera e il merlot. I vini giustamente più celebri a livello mondiale sono i Barbaresco Camp Gros e Gajun, ma tutta la vasta proposta si attesta ai massimi livelli.

Figlio di un'annata decisamente calda, il Barbaresco Camp Gros '07 si apre all'olfatto con liquirizia e tabacco su leggere note di confettura; bocca assai elegante e raffinata, appena alcolica, con i tannini in via di fusione a creare un insieme già piuttosto armonico. Di pregevole spessore la Barbera d'Asti Monte Colombo '07, giocata su toni scuri che riportano a bacche nere e catrame; bocca possente rinfrescata da una vena acida ben inglobata nella struttura: ottima interpretazione del vitigno. Il Langhe Rosso Virtus '06, a base di barbera al 60% e cabernet sauvignon, ha guadagnato dal lungo affinamento ed è equilibrato e liquirizioso. Batteria di encomiabile valore complessivo.

● Barbaresco Camp Gros '07	8
● Barbera d'Asti Monte Colombo '07	6
● Barbaresco Martinenga '08	8
● Barbera d'Asti '09	4
○ Langhe Bianco Villa Giulia '10	4
○ Langhe Chardonnay '10	4
● Langhe Nebbiolo Martinenga '10	5
● Langhe Rosso Virtus '06	7
○ Langhe Sauvignon '10	5*
● M.to Rosso Merlot da Solo '06	6
● Dolcetto d'Alba Monte Aribaldo '10	4
○ Moscato d'Asti La Serra '10	4
● Barbaresco Camp Gros '06	8

PIEMONTE

★★Domenico Clerico
LOC. MANZONI, 67
12065 MONFORTE D'ALBA [CN]
TEL. 017378171
domenicoclerico@libero.it

VISITA SU PRENOTAZIONE

PRODUZIONE ANNUA 110.000 bottiglie
ETTARI VITATI 21.00

Le prime bottiglie vedono la luce nel 1977 e da allora è un susseguirsi di successi che hanno posto Domenico Clerico nel gotha dei più prestigiosi produttori a livello internazionale. Vini decisamente moderni, ricchi di colore e di frutto, assai avvolgenti in bocca e dotati di tannini sempre presenti ma mai eccessivi, in grado di migliorare per decenni in bottiglia. Una qualità altissima che non si ferma al Barolo: anche il longevo Langhe Arte, la Barbera e il Dolcetto hanno pregevoli doti di bevibilità e di eleganza. È in via di completamento la costruzione di una nuova cantina avveniristica che non mancherà di far parlare di sé.

La novità da segnalare subito sta nel nuovo Barolo, il ricco e raffinato Aeroplanservaj di Serralunga vendemmia '06, proposto in ben sei artistiche etichette diverse contenenti lo stesso vino. Presentato dopo un affinamento in bottiglia che farebbe pensare ad una Riserva, il Barolo Percristina '04 ha colore piuttosto granato che dissimula un'inattesa freschezza gustativa; i profumi sono balsamici su uno sfondo di liquirizia e piccoli frutti a bacca nera. Giovanile e squisito anche il Barolo Pajana, caratterizzato da profumi molto fruttati e da tannini fitti e fini. Arte, realizzato con uve nebbiolo e un po' di barbera, è da sempre indiscusso protagonista della denominazione Langhe Rosso.

● Barolo Pajana '07	🍷🍷 8
● Barolo Percristina '04	🍷🍷 8
● Barolo Serralunga Aeroplanservaj '06	🍷🍷 8
● Barbera d'Alba Trevigne '09	🍷🍷 5
● Barolo Ciabot Mentin Ginestra '07	🍷🍷 8
● Langhe Nebbiolo Capismee '10	🍷🍷 5
● Langhe Rosso Arte '09	🍷🍷 6
● Langhe Dolcetto Visadì '10	🍷 4
● Barolo Ciabot Mentin Ginestra '05	🍷🍷🍷 8
● Barolo Ciabot Mentin Ginestra '04	🍷🍷🍷 8
● Barolo Ciabot Mentin Ginestra '01	🍷🍷🍷 8
● Barolo Ciabot Mentin Ginestra '92	🍷🍷🍷 8
● Barolo Percristina '01	🍷🍷🍷 8
● Barolo Percristina '99	🍷🍷🍷 8

Elvio Cogno
VIA RAVERA, 2
12060 NOVELLO [CN]
TEL. 0173744006
www.elviocogno.com

VENDITA DIRETTA
VISITA SU PRENOTAZIONE

PRODUZIONE ANNUA 70.000 bottiglie
ETTARI VITATI 13.00

Walter Fissore, con la preziosa collaborazione della moglie Nadia, conduce con sicurezza questa bellissima realtà produttiva delle Langhe. Un tratto distintivo significativo è rappresentato dall'attenzione al dettaglio che caratterizza ogni parte della struttura ricettiva. Egual rigore e cura si manifestano nel profilo stilistico dei vini in proposta che, negli ultimi anni, hanno trovato una vera identità personale. Tutta la batteria, iniziando dall'originale Langhe Bianco sino ai cru di Barolo, si dimostra affidabile e convincente, traducendo al meglio le potenzialità del territorio.

Eleganza unita a notevole materia nel Barolo Ravera '07, che si aggiudica i Tre Bicchieri in virtù di profumi di eucalipto, tabacco e fiori secchi, mentre il palato mostra la morbida densità tannica che tradizionalmente contraddistingue questa selezione. Altrettanto fresco, con spezie e liquirizia in evidenza, il persistente Bricco Pernice '06. Austero e complesso il pregevole Barolo Riserva Vigna Elena '05. Cresce ulteriormente in piacevolezza l'autoctona Anas-cëtta, ricca di salvia, agrumi e mineralità. Semplice e corretta la nuova etichetta di casa Cogno, il Barbaresco Bordini '08. Tutti i vini evidenziano una buona bevibilità e un'impeccabile definizione organolettica.

● Barolo Ravera '07	🍷🍷🍷 8
● Barolo Bricco Pernice '06	🍷🍷 8
● Barolo V. Elena Ris. '05	🍷🍷 8
O Langhe Bianco Anas-cëtta '10	🍷🍷 5*
● Barbera d'Alba Bricco dei Merli '09	🍷🍷 5
● Barolo Cascina Nuova '07	🍷🍷 7
● Langhe Rosso Montegrilli '09	🍷🍷 6
● Barbaresco Bordini '08	🍷 6
● Dolcetto d'Alba V. del Mandorlo '10	🍷 4
● Barolo Bricco Pernice '05	🍷🍷🍷 8
● Barolo Ravera '04	🍷🍷🍷 7
● Barolo Ravera '01	🍷🍷🍷 7
● Barolo V. Elena '04	🍷🍷🍷 8
● Barolo V. Elena '01	🍷🍷🍷 8

PIEMONTE

Colle Manora
S.DA BOZZOLE, 5
15044 QUARGNENTO [AL]
TEL. 0131219252
www.collemanora.it

VENDITA DIRETTA
VISITA SU PRENOTAZIONE

PRODUZIONE ANNUA 70.000 bottiglie
ETTARI VITATI 20.00

La proprietà si estende tra i comuni di Quargnento e Fubine, a circa 15 chilometri da Alessandria. La cantina è situata sulla sommità di una collina dalla quale si può godere del tipico panorama ondulato del Monferrato, che si apre su vigneti, seminativi e zone boschive. La produzione di vini di qualità comincia nel vigneto, e qui viene posta molta attenzione a pratiche come le potature verdi e il diradamento, indispensabili per portare in cantina uve sane in grado di produrre vini longevi, oltre che piacevoli ed eleganti.

Ottenuto con uve cabernet e merlot, il Rosso Barchetta '08 apre la carrellata della produzione di Colle Manora con una versione equilibrata e armonica in ogni fase della degustazione. La Barbera Superiore Manora si presenta con aromi fruttati e note speziate, che al palato corrispondono a una notevole freschezza e a una buona persistenza aromatica. Da uve albarossa, Ray '09 ha un caratteristico colore rubino porpora molto profondo e aromi di piccoli frutti su note di tabacco. Piacevoli e corretti gli altri vini, dal Palo Alto '07, assemblaggio di pinot nero, merlot e cabernet sauvignon al Mimosa '10, bianco fresco e profumato prodotto da uve sauvignon.

● Barbera d'Asti Sup. Manora '08	▼▼ 5
● M.to Rosso Barchetta '08	▼▼ 6
● M.to Rosso Ray '09	▼▼ 5
● Barbera del M.to Pais '09	▼ 4
○ M.to Bianco Mila '09	▼ 5
○ M.to Bianco Mimosa '10	▼ 4
● M.to Rosso Pais '09	▼ 4
● M.to Rosso Palo Alto '07	▼ 5
● Barbera d'Asti Sup. Manora '07	▽▽ 5
○ M.to Bianco Mimosa '09	▽▽ 4
● M.to Rosso Barchetta '07	▽▽ 6
● M.to Rosso Palo Alto '06	▽▽ 6

Collina Serragrilli
VIA SERRAGRILLI, 30
12057 NEIVE [CN]
TEL. 0173677010
www.serragrilli.it

VENDITA DIRETTA
VISITA SU PRENOTAZIONE

PRODUZIONE ANNUA 100.000 bottiglie
ETTARI VITATI 15.00

Le sorelle Lequio raccolgono in questi anni i frutti di una storia più che secolare iniziata alla fine dell'Ottocento con la vendita delle uve, proseguita con le prime vinificazioni di botti cedute agli imbottigliatori e assestatasi oggi sulla proposta di numerose etichette realizzate con i vitigni classici della zona. Il fiore all'occhiello è costantemente il Barbaresco, proposto in diverse versioni e dallo stile moderatamente moderno grazie all'uso di legni francesi di diverse dimensioni, scelti dal capace enologo consulente Gianfranco Cordero.

Il Barbaresco Serragrilli '08 ha profumi dolci di petali rossi su uno sfondo di rovere speziato, seguiti da una bocca calda e asciugante per la presenza di tannini piuttosto rigidi. Il Langhe Grillorosso '07, a base di nebbiolo, barbera e cabernet sauvignon, ha naso sfaccettato e balsamico, con bocca fresca ma anche alcolica e di buona sostanza. La Barbera d'Alba Grillaia '09 è ancora avvolta dal legno in cui è stata affinata, per cui stenta a mostrare i sentori fruttati tipici del vitigno; in bocca è acida, non del tutto equilibrata, con finale corto e pulito. La moderna cantina è dotata di acciaio termoregolato e di numerose barrique.

● Barbaresco Serragrilli '08	▼▼ 6
● Langhe Grillorosso '07	▼▼ 4
● Barbera d'Alba Grillaia '09	▼ 4
● Dolcetto d'Alba '10	▼ 4
● Barbaresco Serragrilli '07	▽▽ 6
● Barbaresco Serragrilli '05	▽▽ 6
● Langhe Grillorosso '05	▽▽ 4*

PIEMONTE

La Colombera
S.DA COMUNALE VHO, 7
15057 TORTONA [AL]
TEL. 0131867795
www.lacolomberavini.it

VENDITA DIRETTA
VISITA SU PRENOTAZIONE

PRODUZIONE ANNUA 60.000 bottiglie
ETTARI VITATI 20.00

La Colombera si conferma una delle aziende di riferimento del Tortonese, territorio che vede impegnati con profitto in prima persona molti giovani nella conduzione delle cantine. A testimonianza della vitalità del movimento basta osservare i risultati e i riconoscimenti ricevuti da quest'area negli ultimi anni. La giovane Elisa Semino si avvale in azienda dell'aiuto del padre Piercarlo, che ha ereditato dalla famiglia la cultura del vino e la passione per la campagna. Insieme hanno creato un piccolo gioiello a soli cinque chilometri da Tortona. I vitigni coltivati sono esclusivamente autoctoni.

S'inizia con il Timorasso Il Montino '09, tanto elegante, intenso e armonico da aggiudicarsi un meritatissimo Tre Bicchieri. Segue Elisa, una Barbera di colore rubino impenetrabile, con suadenti aromi di frutti neri e note speziate. Il Timorasso Derthona è un vino giovane e raffinato, con aromi di agrumi e note minerali. Vegia Rampana veste un colore rubino tendente al porpora, al naso ha aromi complessi e palato di buona persistenza. Piacevole la Croatina Arché, molto intensa al naso, con aromi fruttati e bocca fresca di acidità. Molto vicini ai due bicchieri il Nibiö Suciaja '09 e il Colli Tortonesi Cortese '10 Bricco Bartolomeo.

○ Colli Tortonesi Timorasso Il Montino '09	🍷🍷🍷	6
● Colli Tortonesi Barbera Elisa '09	🍷🍷	5
○ Colli Tortonesi Timorasso Derthona '09	🍷🍷	5
● Colli Tortonesi Barbera Vegia Rampana '09	🍷🍷	4*
● Colli Tortonesi Croatina Arché '09	🍷🍷	4
○ Colli Tortonesi Cortese Bricco Bartolomeo '10	🍷	3
● Colli Tortonesi Nibiö Suciaja '09	🍷	5
○ Colli Tortonesi Timorasso Il Montino '06	🍷🍷🍷	5
○ Colli Tortonesi Timorasso Derthona '08	🍷🍷	5
○ Colli Tortonesi Timorasso Derthona '06	🍷🍷	5
● Colli Tortonesi Rosso Elisa '07	🍷🍷	5
○ Colli Tortonesi Timorasso Il Montino '08	🍷🍷	6
○ Colli Tortonesi Timorasso Il Montino '07	🍷🍷	6

Il Colombo - Barone Riccati
VIA DEI SENT, 2
12084 MONDOVÌ [CN]
TEL. 017441607
www.ilcolombo.com

VENDITA DIRETTA
VISITA SU PRENOTAZIONE

PRODUZIONE ANNUA 14.000 bottiglie
ETTARI VITATI 3.30
VITICOLTURA Biologico Certificato

Siamo a Mondovì, nella zona delle Langhe Monregalesi. Un paesaggio variegato, ricco di pascoli, campi e boschi, circonda i filari dei vigneti. Di questo incanto, sei anni fa, si sono innamorati due norvegesi, Britt e Theo Holm, che hanno acquistato l'antico cascinale settecentesco dalla famiglia Riccati. Il Dolcetto qui viene leggermente più sottile e profumato rispetto a quello di Dogliani. La consulenza della coppia Sabina Bosio e Bruno Chionetti va avanti da anni e tutta la squadra ha scelto di lavorare in modo naturale e non invasivo, puntando alla certificazione biologica.

L'importante Barolo Sarmassa '07, prodotto in poco più di un migliaio di bottiglie, esprime bene i pregiati profumi di questo cru attraverso una fusione di frutti neri e spezie; la bocca è decisamente ricca e tannica, appena ruvida ma mai amara. Il Dolcetto delle Langhe Monregalesi La Chiesetta '10 ha potenza ma è dotato di estrema bevibilità, lungo, di carattere. Il Dolcetto delle Langhe Monregalesi Superiore Il Colombo '09 è un po' più ruvido e aggiunge qualche delicato sentore del rovere in cui viene affinato, rimanendo una bella e classica, probabilmente la migliore, espressione del Dolcetto di quest'area.

● Barolo Sarmassa '07	🍷🍷	7
● Dolcetto delle Langhe Monregalesi La Chiesetta '10	🍷🍷	3*
● Dolcetto delle Langhe Monregalesi Sup. Il Colombo '09	🍷🍷	4
● Dolcetto delle Langhe Monregalesi Il Colombo '98	🍷🍷🍷	4
● Dolcetto delle Langhe Monregalesi Il Colombo '97	🍷🍷🍷	4
● Dolcetto delle Langhe Monregalesi La Chiesetta '09	🍷🍷	3*
● Dolcetto delle Langhe Monregalesi Sup. Il Colombo '08	🍷🍷	4*
● Dolcetto delle Langhe Monregalesi Sup. Il Colombo '07	🍷🍷	4*
● Dolcetto delle Langhe Monregalesi Sup. Il Colombo '06	🍷🍷	4*

PIEMONTE

★Aldo Conterno
Loc. Bussia, 48
12065 Monforte d'Alba [CN]
Tel. 017378150
www.poderialdoconterno.com

PRODUZIONE ANNUA 120.000 bottiglie
ETTARI VITATI 25.00

Franco, Stefano e Giacomo si trovano oggi a condurre operativamente una delle più prestigiose cantine italiane, forti della struttura che il padre Aldo aveva realizzato a partire dal 1969, dopo un'avventurosa esperienza anche enologica in California. La grande fama a livello mondiale di questa cantina è stata raggiunta per merito del Barolo prodotto negli anni Settanta e Ottanta, grazie anzitutto alle splendide posizioni dei vigneti in località Bussia di Monforte. Le maturazioni sono da sempre realizzate in botti di Rovere di Slavonia di dimensioni piuttosto grandi, dopo alcuni mesi di permanenza in piccoli contenitori d'acciaio particolarmente utili alla pulizia dei vini.

Di pregevole livello il Barolo Bussia Cicala '07, dal frutto nitido, limpido ed elegante, cui si aggiungono lievi e fini note di tabacco; palato robusto, piuttosto alcolico e dotato di tannini non ancora amalgamati, bisognosi di un po' di affinamento in bottiglia. Purtroppo non abbiamo ancora potuto degustare il Barolo Colonnello '07. La Barbera d'Alba Conca Tre Pile '08 non è particolarmente strutturata e pone in evidenza frutti neri e acidità, come vuole l'annata non così importante per questo vitigno. Il Langhe '08, a base prevalente di freisa con piccole aggiunte di cabernet sauvignon e merlot, ha una dolce speziatura e bocca dimessa. Ben riuscito il Langhe Bussiador '09, a base di chardonnay.

● Barolo Bussia Cicala '07	♟♟ 8
● Barbera d'Alba Conca Tre Pile '08	♟♟ 6
● Barolo '07	♟♟ 8
● Langhe '08	♟♟ 6
○ Langhe Bussiador '09	♟♟ 6
● Langhe Dolcetto Il Masante '10	♟ 4
● Barolo Gran Bussia Ris. '01	♟♟♟ 8
● Barolo Gran Bussia Ris. '95	♟♟♟ 8
● Barolo Gran Bussia Ris. '90	♟♟♟ 8
● Barolo Vigna del Colonnello '82	♟♟♟ 6

Diego Conterno
Via Montà, 27
12065 Monforte d'Alba [CN]
Tel. 0173789265
www.diegoconterno.it

VENDITA DIRETTA
VISITA SU PRENOTAZIONE

PRODUZIONE ANNUA 45.000 bottiglie
ETTARI VITATI 7.50

Un nome decisamente nuovo nel panorama enologico di Monforte, ma Diego aveva sulle spalle già vent'anni di lavoro in vigna e in cantina quando decise di volersi dedicare alla costruzione di una propria azienda. I vini di punta hanno uno stile moderno, ricco di frutto, con uno sfondo appena accennato di elegante rovere francese e una precisa riconoscibilità territoriale. Un nome da seguire con attenzione nei prossimi anni, anche grazie alle potenzialità del pregiato vigneto Le Coste da cui si ricava l'omonima selezione di Barolo.

La calda estate del 2007 ha apportato buona materia fruttata al Barolo Le Coste di Diego Conterno, non consentendo però appieno lo sviluppo delle pregevoli caratteristiche aromatiche di questo cru. Prestazione quindi appena meno smagliante della vendemmia '06, anche a causa di un'acidità meno incisiva in bocca. Valido bicchiere il Nebbiolo d'Alba Baluma '09, riuscito esemplare della tipologia dal rapporto tra qualità e prezzo decisamente vantaggioso. Esce a ben quattro anni dalla vendemmia il convincente Langhe Monguglielmo, a base di nebbiolo e barbera con piccole aggiunte di varietà internazionali. Scorrevole e beverino il Dolcetto d'Alba '10.

● Barolo Le Coste '07	♟♟ 7
● Barolo '07	♟♟ 7
● Langhe Rosso Monguglielmo '07	♟♟ 5
● Nebbiolo d'Alba Baluma '09	♟♟ 4*
● Barbera d'Alba Ferrione '08	♟ 4
● Dolcetto d'Alba Bricco Rosso '10	♟ 4
● Barbera d'Alba Ferrione '07	♟♟ 4
● Barolo '06	♟♟ 7
● Barolo Le Coste '06	♟♟ 7
● Nebbiolo d'Alba Baluma '08	♟♟ 4*

PIEMONTE

★★Giacomo Conterno
LOC. ORNATI, 2
12065 MONFORTE D'ALBA [CN]
TEL. 017378221
conterno@conterno.it

VISITA SU PRENOTAZIONE

PRODUZIONE ANNUA 60.000 bottiglie
ETTARI VITATI 17.00

Roberto Conterno sta dimostrando di aver ben interiorizzato gli insegnamenti del padre Giovanni e del nonno Giacomo, che hanno portato il Barolo Monfortino a essere uno dei vini più pregiati e ricercati del pianeta. Forte ormai di novant'anni di età - ma è stato commercializzato solo nelle vendemmie giudicate migliori - e della magnifica vigna Francia in Serralunga d'Alba, il Monfortino passa sette anni in grandi botti prima di essere imbottigliato, con straordinarie capacità di invecchiamento. Un'impostazione assolutamente tradizionale, volta alla conservazione della classicità del Barolo, che viene utilizzata anche per le poche altre squisite selezioni della casa.

Si passa dal 2002 al 2004 per il mitico Monfortino, in quanto non è stata prodotta la vendemmia '03. Due stili profondamente diversi: tanto era potente e focoso il 2002, tanto è levigato, complesso e raffinato il 2004, dotato sicuramente di più classe e di minor irruenza. I tannini sono fitti e non invadenti, l'acidità è ben presente, l'avvolgenza al palato è mirabile, gli aromi si stanno aprendo su viola appassita e goudron. Il Barolo Cascina Francia '07 è un vero classico, con naso vibrante che si apre lentamente con una pregevole carica di frutti rossi e sottobosco. Esemplari anche le Barbera, con la saporita Cascina Francia densa e potente, ricca di ginepro e ribes nero, avvincente.

● Barolo Monfortino Ris. '04	♟♟♟ 8
● Barbera d'Alba Cascina Francia '09	♟♟ 6
● Barbera d'Alba Cerretta '09	♟♟ 6
● Barolo Cascina Francia '07	♟♟ 8
● Barolo Cascina Francia '06	♟♟♟ 8
● Barolo Cascina Francia '05	♟♟♟ 8
● Barolo Cascina Francia '01	♟♟♟ 8
● Barolo Cascina Francia '97	♟♟♟ 8
● Barolo Monfortino Ris. '02	♟♟♟ 8
● Barolo Monfortino Ris. '01	♟♟♟ 8
● Barolo Monfortino Ris. '00	♟♟♟ 8
● Barolo Monfortino Ris. '99	♟♟♟ 8
● Barolo Monfortino Ris. '96	♟♟♟ 8

Paolo Conterno
VIA GINESTRA, 34
12065 MONFORTE D'ALBA [CN]
TEL. 017378415
www.paoloconterno.com

VISITA SU PRENOTAZIONE
OSPITALITÀ
RISTORAZIONE

PRODUZIONE ANNUA 60.000 bottiglie
ETTARI VITATI 12.00

Una piccola azienda a conduzione assolutamente familiare, le cui origini risalgono ufficialmente al 1886, quando Paolo, bisnonno di Giorgio, iniziò a lavorare i ripidi pendii di questa incantevole parte del cru Ginestra, a un'altitudine media vicina ai 350 metri. La produzione è ovviamente incentrata sul Barolo, realizzato con tecniche tradizionali e affinato in botti di rovere francese piuttosto grandi, in modo da evitare che il contributo del legno possa divenire troppo evidente. I vini prodotti negli ultimi anni sono particolarmente longevi.

Decisamente giovanile sia alla vista sia all'olfatto la splendida Riserva del Barolo Ginestra '05, caratterizzata da profumi liquiriziosi di invitante freschezza; bocca molto equilibrata, elegante e armoniosa tanto da meritare i Tre Bicchieri. Il Barolo Ginestra '07 porge delicate note di spezie dolci e bacche rosse su una base nettamente e gradevolmente balsamica; palato di bella progressione, con massa tannica importante ma ben sopportata dalla struttura complessiva. Un po' più semplice e immediato il Riva del Bric '07. Tutta la produzione stupisce per una regolarità qualitativa che non subisce pause d'arresto da parecchi anni.

● Barolo Ginestra Ris. '05	♟♟♟ 8
● Barolo Ginestra '07	♟♟ 8
● Barbera d'Alba Bricco '10	♟♟ 4
● Barolo Riva del Bric '07	♟♟ 7
● Langhe Nebbiolo '09	♟♟ 5
● Langhe Nebbiolo Bric Ginestra '08	♟♟ 6
● Barbera d'Alba Ginestra '10	♟ 5
● Dolcetto d'Alba Ginestra '10	♟ 4
● Barolo Ginestra '06	♟♟♟ 8
● Barolo Ginestra '05	♟♟♟ 8
● Barolo Ginestra Ris. '01	♟♟♟ 8

PIEMONTE

★Conterno Fantino
via Ginestra, 1
12065 Monforte d'Alba [CN]
Tel. 017378204
www.conternofantino.it

VISITA SU PRENOTAZIONE

PRODUZIONE ANNUA 140.000 bottiglie
ETTARI VITATI 25.00
VITICOLTURA Naturale

Guido Fantino e Claudio Conterno sono alla guida, insieme a dieci collaboratori tra familiari e dipendenti, di questa celeberrima firma del mondo del Barolo, nata nel 1982 e subito balzata all'onore delle cronache enologiche in Italia e negli Stati Uniti. La bella cantina è moderna e funzionale, con temperatura controllata naturalmente, e le vigne sono coltivate senza l'uso di pesticidi da oltre 10 anni. Il successo maggiore arriva dalle due etichette di punta di Barolo, il Sorì Ginestra e il Vigna del Gris, ma occorre sottolineare che tutta la gamma dei vini è di ottima pulizia e bevibilità. Circa metà della produzione è esportata in 30 diversi paesi.

Hanno origine in uno dei cru più importanti di tutta la zona i Tre Bicchieri del Sorì Ginestra '07, un Barolo intenso e raffinato con una bella nota di catrame e liquirizia unita al balsamico tipico di questo terroir; la bocca è potente e dai tannini fitti, con lunghissima persistenza gustativa. Suadente e alcolico il Vigna del Gris '07, che si dimostra rotondo e già godibile in bocca. Il giovanile Barolo Mosconi presenta piccoli frutti neri, sottobosco e richiami vegetali che arrivano sino al tartufo. Il Monprà, da sempre validissimo rappresentante della tipologia Langhe Rosso, è un assemblaggio paritario di barbera e nebbiolo a cui si aggiunge un 10% di cabernet sauvignon.

● Barolo Sorì Ginestra '07	▼▼▼ 8
● Barolo V. del Gris '07	▼▼ 8
● Barbera d'Alba Vignota '08	▼▼ 5
● Barolo Mosconi '07	▼▼ 8
○ Langhe Chardonnay Bastia '09	▼▼ 6
○ Langhe Chardonnay Prinsìpi '10	▼▼ 4
● Langhe Nebbiolo Ginestrino '09	▼▼ 5
● Langhe Rosso Monprà '08	▼▼ 6
● Dolcetto d'Alba Bricco Bastia '10	▼ 4
● Barolo Sorì Ginestra '00	♀♀♀ 8
● Barolo Sorì Ginestra '99	♀♀♀ 8
● Barolo Sorì Ginestra '98	♀♀♀ 8
● Barolo V. del Gris '04	♀♀♀ 8
● Barolo V. del Gris '01	♀♀♀ 8
● Barolo V. del Gris '97	♀♀♀ 8

Vigne Marina Coppi
via Sant'Andrea, 5
15051 Castellania [AL]
Tel. 3385360111
www.vignemarinacoppi.com

VENDITA DIRETTA
VISITA SU PRENOTAZIONE

PRODUZIONE ANNUA 25.000 bottiglie
ETTARI VITATI 4.00

L'azienda guidata da Francesco Bellocchio, nipote del campionissimo Fausto Coppi, è nata nel 2003 e ha dimostrato nel giro di poche vendemmie di avere grandi carte da giocare. Le marne argillose e calcaree che compongono le colline di Castellania sono evidentemente una buona dimora per i vitigni timorasso, favorita, barbera e nebbiolo, che vengono coltivati con le migliori tecniche agronomiche. Le vigne a controspalliera con potatura guyot hanno sesti d'impianto fitti, con densità media per ettaro di circa 5000 ceppi. Le uve vengono raccolte manualmente e poste in piccole cassette, ma solo a seguito di un'attenta selezione vendemmiale.

Anche quest'anno si tratta di vini di grande qualità, tanto che arrivano per la prima volta i Tre Bicchieri. Si aggiudica l'ambito premio il Timorasso Fausto '09, forte di un'armonia gusto-olfattiva invidiabile, con note minerali e di idrocarburi che guidano verso una bocca ricca, intensa e persistente. I Grop è una Barbera nera impenetrabile, intensa al naso con aromi di bacche nere e cacao su note terziarie; al palato è ricca di polpa, con un finale in cui emerge un tannino un po' rustico. Sant'Andrea è una bella Barbera d'annata, di colore rubino porpora e intensi profumi fruttati. Chiude la batteria il Colli Tortonesi Rosso Lindin, fruttato al naso e scorrevole al palato.

● Colli Tortonesi Timorasso Fausto '09	▼▼▼ 7
● Colli Tortonesi Barbera I Grop '08	▼▼ 6
● Colli Tortonesi Barbera Sant'Andrea '10	▼▼ 4
● Colli Tortonesi Rosso Lindin '08	▼ 6
● Colli Tortonesi Barbera Castellania '07	♀♀ 5
○ Colli Tortonesi Timorasso Fausto '08	♀♀ 7
○ Colli Tortonesi Timorasso Fausto '07	♀♀ 7

PIEMONTE

★Coppo
via Alba, 68
14053 Canelli [AT]
Tel. 0141823146
www.coppo.it

VENDITA DIRETTA
VISITA SU PRENOTAZIONE

PRODUZIONE ANNUA 400.000 bottiglie
ETTARI VITATI 52.00

L'azienda Coppo è storicamente una delle principali protagoniste della produzione spumantistica di Canelli, ma da ormai diversi anni propone anche una serie di etichette di vini fermi di grande livello, con particolare riferimento alle Barbera e con uno Chardonnay da invecchiamento tra i più interessanti in Italia. I vini sono molto curati dal punto di vista enologico, con uno stile moderno e pulito. La maggior parte dei vigneti sono situati sulle colline intorno a Canelli, cui vanno aggiunte le vigne di nebbiolo e cortese da cui provengono Barolo e Gavi.

La famiglia Coppo quest'anno ha presentato una serie di vini davvero spettacolare. Tre Bicchieri per la Barbera d'Asti Pomorosso '08, dai toni di terra, frutti rossi e cacao, di grande complessità, potente e succosa, fitta, equilibrata e molto lunga. Splendidi il Piemonte Chardonnay Riserva della Famiglia '06, ricco di carattere, con aromi di tabacco, spezie dolci, acacia, ancora teso al palato, fine e complesso e dal lunghissimo finale, e il Piemonte Chardonnay Monteriolo '07, intenso e raffinato con note di cera d'api, acacia, agrumi e tabacco, palato ancora giovane, potente e raffinato, con l'acidità a sostegno della struttura e della grassezza; di ottimo livello il resto della produzione.

● Barbera d'Asti Pomorosso '08	▼▼▼	7
○ Coppo Brut Ris. '06	▼▼	6
○ Piemonte Chardonnay Monteriolo '07	▼▼	6
○ Piemonte Chardonnay Riserva della Famiglia '06	▼▼	8
○ Asti Moscato Moncalvina '10	▼▼	4
● Barbera d'Asti Camp du Rouss '09	▼▼	4
● Barbera d'Asti L'Avvocata '10	▼▼	4
● Barolo '07	▼▼	8
○ Gavi La Rocca '10	▼▼	4*
○ Luigi Coppo Brut	▼▼	5
○ Piemonte Chardonnay Costebianche '10	▼▼	4
● Barbera d'Asti Pomorosso '07	▽▽▽	7
○ Piemonte Chardonnay Monteriolo '06	▽▽▽	6
● Barbera d'Asti Sup. Nizza Riserva della Famiglia '04	▽▽	8
● Langhe Rosso Mondaccione '05	▽▽	7

Giovanni Corino
fraz. Annunziata, 24b
12064 La Morra [CN]
Tel. 0173509452
www.corino.it

VENDITA DIRETTA
VISITA SU PRENOTAZIONE

PRODUZIONE ANNUA 40.000 bottiglie
ETTARI VITATI 8.00

Una storia iniziata 30 anni fa e immediatamente contrassegnata da successi a livello internazionale, grazie a vini di perfetta nitidezza olfattiva e di avvolgente bevibilità, anche nelle etichette più semplici quali Dolcetto e Barbera d'Alba. Niente uve bianche e niente vitigni internazionali, solo uve autoctone nei bei vigneti di proprietà, in cui eccellono i cru Giachini (dove nasce anche lo squisito e potente Barolo Vigne Vecchie) e Arborina. Giuliano Corino riesce costantemente a realizzare vini fruttati e suadenti, per il cui affinamento utilizza per lo più legni francesi di piccole dimensioni.

Colore decisamente intenso nel Barolo Vecchie Vigne '06, che porge al naso note di tostatura che si intersecano con bacche nere e liquirizia; palato potente e denso, moderno, elegante. Il Vigna Giachini è un po' più severo e austero, con frutti di bosco seguiti da un gusto caratterizzato da viva sapidità sino al lungo finale. Molto riuscito il Barolo base '07, decisamente equilibrato e ingentilito da note di cacao che aprono e chiudono la degustazione. Più semplice il Barolo Vigneto Arborina '07, classico nel suo sviluppo caratterizzato da sentori di fiori appassiti e spezie dolci, con un legno ancora lievemente in evidenza.

● Barolo V. Giachini '07	▼▼	8
● Barolo Vecchie Vigne '06	▼▼	8
● Barolo '07	▼▼	7
● Barolo Vign. Arborina '07	▼▼	8
● Barbera d'Alba V. Pozzo '96	▽▽▽	8
● Barolo Rocche '01	▽▽▽	8
● Barolo Vecchie Vigne '99	▽▽▽	8
● Barolo Vecchie Vigne '98	▽▽▽	8
● Barolo V. Giachini '06	▽▽	8
● Barolo Vecchie Vigne '04	▽▽	8
● Barolo Vign. Arborina '06	▽▽	8

PIEMONTE

Renato Corino
FRAZ. ANNUNZIATA
B.TA POZZO, 49A
12064 LA MORRA [CN]
TEL. 0173500349
renatocorino@alice.it

VENDITA DIRETTA
VISITA SU PRENOTAZIONE

PRODUZIONE ANNUA 40.000 bottiglie
ETTARI VITATI 7.00

Il nome in etichetta compare solo dal 2005, ma Renato Corino ha sulle spalle una lunga esperienza maturata in vigna e in cantina nell'azienda del padre Giovanni, da cui ha ricevuto anche alcuni celebri cru di famiglia. Di qui nascono le varie etichette di Barolo, in cui primeggiano costantemente il Vigneto Rocche e la selezione Vecchie Vigne, ottenuta da un assemblaggio delle uve prodotte dai ceppi più vecchi dei diversi appezzamenti di proprietà. Vini caratterizzati da una struttura notevole e da un'eleganza realizzata in cantina anche grazie a legni francesi di dimensioni piccole e medie. La celebre Barbera d'Alba Vigna Pozzo è da sempre una delle più riuscite della denominazione.

Il Barolo Vecchie Vigne Riserva '05 è ancora in una fase piuttosto chiusa, per cui bisognerà attenderlo per qualche anno; il finale è contrassegnato da una calda nota alcolica. Il Barolo Arborina '07 è invece piuttosto aperto nei suoi profumi di frutti rossi, tabacco e china; la bocca è austera, con tannini fitti e avvolgenti. La serietà di questo piccolo e valido produttore è ben testimoniata dal Barolo base '07, un vino eccellente ben tratteggiato da profumi viola ed eucalipto, cui seguono tannini presenti ma decisamente ben calibrati e non aggressivi. Il Barolo Rocche dell'Annunziata '07 ha una bella commistione tra rovere e frutto, lungo finale e tannini piuttosto incisivi.

- Barolo Arborina '07 — 8
- Barolo Vecchie Vigne Ris. '05 — 8
- Barbera d'Alba V. Pozzo '08 — 6
- Barolo '07 — 6
- Barolo Rocche dell'Annunziata '07 — 8
- Nebbiolo d'Alba '09 — 4*
- Barolo Vign. Rocche '06 — 8
- Barolo Vign. Rocche '04 — 8
- Barolo Vign. Rocche '03 — 8
- Barbera d'Alba V. Pozzo '07 — 6
- Barolo '06 — 6

Cornarea
VIA VALENTINO, 150
12043 CANALE [CN]
TEL. 017365636
www.cornarea.com

VENDITA DIRETTA
VISITA SU PRENOTAZIONE
OSPITALITÀ

PRODUZIONE ANNUA 90.000 bottiglie
ETTARI VITATI 15.00

La famiglia Bovone ha fatto della collina Cornarea un vero e proprio cru. Il vigneto aziendale, in un corpo unico, è piantato principalmente ad arneis, con piante di circa 35 anni di età. Il terreno è calcareo argilloso, con una ricca componente di magnesio. I vini, di stampo tradizionale, sono un'efficace espressione del territorio di origine, sia per quanto riguarda l'Arneis che per il Roero, in questi ultimi anni particolarmente interessante. La sede aziendale, in posizione panoramica, è anche adibita ad agriturismo.

Particolarmente riusciti quest'anno i classici vini di Cornarea. Finale infatti sia per il Roero '08, di buona complessità e finezza aromatica, con sentori di legno tostato, frutta rossa, china ed erbe officinali, mentre il palato evidenzia una trama tannica fitta e profonda, con un finale molto lungo e reso meno austero dalla ricca polpa fruttata, che per il Roero Arneis '10, fresco, sapido, con note di frutta bianca e una sfumatura vegetale, equilibrato e di grande piacevolezza. Ben riuscito anche l'Arneis Passito Tarasco '07, dai toni profondi di frutta secca e fondo di caffè, di bella armonia nonostante l'alcol.

- Roero '08 — 5
- ○ Roero Arneis '10 — 5*
- ○ Tarasco Passito '07 — 6
- Nebbiolo d'Alba '08 — 5
- Nebbiolo d'Alba '07 — 5
- Roero '07 — 5
- ○ Tarasco Passito '06 — 6

PIEMONTE

★Matteo Correggia

LOC. GARBINETTO
VIA SANTO STEFANO ROERO, 124
12043 CANALE [CN]
TEL. 0173978009
www.matteocorreggia.com

VENDITA DIRETTA
VISITA SU PRENOTAZIONE

PRODUZIONE ANNUA 120.000 bottiglie
ETTARI VITATI 20.00
VITICOLTURA Naturale

A dieci anni dalla scomparsa di Matteo, Ornella Costa porta avanti con passione e risolutezza l'azienda familiare. Nei vigneti situati fra Canale e Santo Stefano Roero sono impiantati principalmente nebbiolo e barbera, ma anche arneis, sauvignon, cabernet, merlot e altri vitigni, sia autoctoni che internazionali. I terreni sono quelli tipici del Roero, sabbiosi, sciolti, poveri di argilla e limo. Il Roero Riserva Roche d'Ampsèj resta il vino più prestigioso e importante, ma tutta la produzione in questi anni è stata improntata all'equilibrio e alla qualità.

Il Roero Ròche d'Ampsèj Riserva '07 conferma la sua posizione di vino di riferimento della denominazione. Intenso e ampio al naso, fruttato e speziato con ancora note di legno, ha un palato severo, di grande tensione, con tannini imponenti ma levigati e lungo finale floreale. Un po' meno brillante invece la Barbera d'Alba Marun '09, con sentori di spezie in evidenza e frutto in sottofondo, di buon corpo e acidità ma senza grande carattere. Il Langhe Rosso Le Marne Grigie '08, blend delle uve rosse internazionali presenti in azienda (cabernet sauvignon e franc, merlot, syrah e petit verdot) ha toni di tabacco, bacche nere e grafite, mentre il Brachetto Anthos '10 è scorrevole e piacevole.

● Roero Ròche d'Ampsèj Ris. '07	▼▼▼ 7
● Anthos '10	▼▼ 4*
● Barbera d'Alba Marun '09	▼▼ 6
● Langhe Rosso Le Marne Grigie '08	▼▼ 7
● Barbera d'Alba '09	▼ 4
● Nebbiolo d'Alba La Val dei Preti '09	▼ 6
● Roero '09	▼ 4
○ Roero Arneis '10	▼ 4
● Roero Ròche d'Ampsèj Ris. '06	▽▽▽ 7
● Barbera d'Alba Marun '08	▽▽ 6
● Langhe Rosso Le Marne Grigie '06	▽▽ 7
● Nebbiolo d'Alba La Val dei Preti '08	▽▽ 6

La Corte - Cusmano

REG. QUARTINO, 7
14042 CALAMANDRANA [AT]
TEL. 3357815762
www.cusmano.it

OSPITALITÀ
RISTORAZIONE

PRODUZIONE ANNUA 175.000 bottiglie
ETTARI VITATI 50.00

Questa bella azienda agrituristica con sede a Calamandrana propone un'ampia gamma di vini, con un'attenzione particolare alla produzione di Barbera. Le vigne sono situate nei comuni di Calamandrana, Castel Foglione, Canelli, Cassinasco, Momperone e Nizza Monferrato, fra i 350 e i 400 metri di altitudine, su terreni di origine marnoso calcarea. I vini sono d'impostazione moderna, con la ricerca di un'espressione del territorio, come dimostra la selezione di tre vigneti, La Grissa, Historical e Archincà, per realizzare dei veri e propri cru.

Buona prestazione per La Corte – Cusmano, in particolare per quanto riguarda le Barbera da singola vigna. La Barbera d'Asti Superiore Nizza Archincà '08 presenta un naso intenso e sfaccettato, con note di tabacco, frutta rossa matura e spezie, mentre il palato, non enorme ma di buona lunghezza, ha armonia e una certa finezza. La Barbera d'Asti Superiore Historical '07 ha sentori di erbe aromatiche secche e frutta nera in confettura, palato di medio corpo, tannini fitti e discreta complessità e lunghezza. Per chiudere, abbiamo trovato sullo stesso livello anche la Barbera d'Asti La Grissa '09, fresca, piacevole e di facile beva.

● Barbera d'Asti Sup. Nizza Archincà '08	▼▼ 4
● Barbera d'Asti Sup. Historical '07	▼▼ 5
● Barbera d'Asti La Grissa '09	▼▼ 4
● M.to Rosso Le Due Lune di Ottobre '08	▼ 4

PIEMONTE

Giuseppe Cortese
s.da Rabajà, 80
12050 Barbaresco [CN]
Tel. 0173635131
www.cortesegiuseppe.it

VENDITA DIRETTA
VISITA SU PRENOTAZIONE
OSPITALITÀ

PRODUZIONE ANNUA 50.000 bottiglie
ETTARI VITATI 9.00

Dal 1971 i Cortese coltivano le proprie vigne nell'anfiteatro del Rabajà, incomparabile cru nel cuore del Barbaresco. Oggi, i quasi 9 ettari vitati vengono gestiti dalla famiglia al gran completo, ma la cantina è il vero regno di Piercarlo. La mano di quest'ultimo predilige l'utilizzo di botti di medie dimensioni (17-25 ettolitri) di rovere di Slavonia e francese. Oltre al nebbiolo, i vigneti ospitano principalmente le altre cultivar autoctone di Langa (barbera e dolcetto), arricchite da qualche filare di chardonnay.

Il Barbaresco Rabajà '08 presenta puliti aromi caratterizzati da bacche rosse e liquirizia; in bocca i tannini sono ancora un po' evidenti, in una struttura di medio corpo dalla percepibile sapidità e di buona persistenza. Più problematico il Barbaresco Rabajà Riserva '04, un po' stanco e dotato di tannini secchi che non facilitano la bevibilità. Gradevole freschezza nel Langhe Nebbiolo '09, frutto di una bella e ricca vendemmia. Decisamente fruttata, oltre che economica, la Barbera d'Alba '10, di sicura piacevolezza. Per gli appassionati della Barbera, è da provare anche la nitida e vegetale Morassina '08, proveniente da un piccolo vigneto giustamente famoso.

● Barbaresco Rabajà '08	🍷🍷 6
● Barbaresco Rabajà Ris. '04	🍷🍷 8
● Barbera d'Alba '10	🍷🍷 4*
● Barbera d'Alba Morassina '08	🍷🍷 5
● Langhe Nebbiolo '09	🍷🍷 5
● Dolcetto d'Alba Trifolera '10	🍷 4
○ Langhe Chardonnay '10	🍷 4
● Barbaresco Rabajà '05	🍷🍷 6
● Barbaresco Rabajà Ris. '01	🍷🍷 8
● Barbaresco Rabajà Ris. '99	🍷🍷 8

Clemente Cossetti
via Guardie, 1
14043 Castelnuovo Belbo [AT]
Tel. 0141799803
www.cossetti.it

VENDITA DIRETTA
VISITA SU PRENOTAZIONE
OSPITALITÀ
RISTORAZIONE

PRODUZIONE ANNUA 700.000 bottiglie
ETTARI VITATI 22.00

Nel 2011 questa grande azienda del Monferrato ha festeggiato i 120 anni di attività. Ancora oggi gestita dalla famiglia Cossetti, produce principalmente barbera, ma ci sono anche vigneti impiantati a chardonnay, cortese e dolcetto. Le vigne di proprietà, che vantano un'età media superiore ai trent'anni, sorgono nel comune di Castelnuovo Belbo e godono di un'esposizione che varia da sud a sud est. I vini prodotti sono di stampo moderno, con una grande attenzione rivolta alla freschezza e all'eleganza, in particolare nelle varie versioni di Barbera.

La Barbera d'Asti Superiore Nizza '08 è tra le più belle versioni dell'annata. Al naso risulta intensa e ampia, con note d'agrumi, tabacco e amarena, mentre il palato è equilibrato, lungo, di giusta freschezza e gustosissima beva. Molto ben riuscite poi la Barbera d'Asti Venti di Marzo '10, sapida, fruttata, di grande carattere e immediatezza, e la Barbera d'Asti La Vigna Vecchia '09, dai profumi speziati con leggere note di frutta rossa, più potente e di corpo delle precedenti ma anche un po' asciugata dai tannini. Da segnalare infine il Ruché di Castagnole Monferrato '10, dai sentori di rosa e tabacco, con sfumature fruttate, e un palato sapido, con tannini morbidi e lungo finale setoso.

● Barbera d'Asti Sup. Nizza '08	🍷🍷 5
● Barbera d'Asti La Vigna Vecchia '09	🍷🍷 3*
● Barbera d'Asti Venti di Marzo '10	🍷🍷 4
● Ruché di Castagnole Monferrato '10	🍷🍷 4
● Grignolino d'Asti '10	🍷 3
● Barbera d'Asti La Vigna Vecchia '07	🍷🍷 3*
● Barbera d'Asti La Vigna Vecchia '06	🍷🍷 3*
● Barbera d'Asti La Vigna Vecchia '05	🍷🍷 3*
● Barbera d'Asti Sup. Nizza '07	🍷🍷 5
● Barbera d'Asti Sup. Nizza '04	🍷🍷 5
● Barbera d'Asti Venti di Marzo '08	🍷🍷 3*
● Grignolino d'Asti '09	🍷🍷 3*

PIEMONTE

Stefanino Costa
B.ta Benna, 5
12046 Montà [CN]
Tel. 0173976336
www.ninocosta.eu

PRODUZIONE ANNUA bottiglie
ETTARI VITATI 7.00

L'azienda di Stefanino Costa si conferma tra le più interessanti del panorama roerino. Dai vigneti di proprietà, situati in posizione collinare su terreni principalmente sabbiosi a Canale, Montà e Santo Stefano Roero, nascono una serie di vini realizzati con i classici vitigni della zona, arneis, barbera, brachetto e nebbiolo, cui si aggiunge un Langhe Dolcetto di Treiso. L'impostazione tradizionale mette in evidenza i caratteri tipici del territorio, all'interno di un quadro di notevole pulizia aromatica.

Vini ben realizzati e solidi, questo propone l'azienda di Stefanino Costa, anche in assenza dei cru. Il Roero '08 ha note di erbe secche e liquirizia, ben amalgamate con le note fruttate di lampone, e un palato fine ed equilibrato, gradevole e di facile beva. Ben realizzati anche gli altri due Nebbiolo, il Nebbiolo d'Alba '09, dai profumi di scorza d'agrumi e tabacco dolce e dal palato succoso e pieno, di grande polpa e lungo finale appena asciugato sul rovere, e il Langhe Nebbiolo '10, con toni di lampone, sfumature vegetali e finale lungo e piacevole.

● Roero '08	5
● Langhe Nebbiolo '10	4
● Nebbiolo d'Alba '09	4
○ Roero Arneis Bric Sarun '10	4
● Barbera d'Alba Sup. Bric Cichin '07	4
● Barbera d'Alba Sup. Bric Cichin '06	4
● Roero Bric del Medic '07	4
● Roero Bric del Medic '06	4

Daniele Coutandin
B.ta Ciabot, 12
10063 Perosa Argentina [TO]
Tel. 0121803473
ramie.countadin@alpimedia.it

VISITA SU PRENOTAZIONE

PRODUZIONE ANNUA 4.000 bottiglie
ETTARI VITATI 0.80

Con l'arrivo a tempo pieno di Daniele Coutandin, quest'azienda nata nel 1997 continua a crescere. La famiglia procede nel recupero dei terrazzamenti attraverso il rifacimento dei muretti a secco e quindi nell'impianto di nuovi fazzoletti di vigna, spesso piantati con vecchie varietà locali. Con l'aiuto dei genitori Laura e Giuliano, Daniele predilige le lavorazioni naturali, intervenendo il meno possibile in vigna e in cantina. Questa ricerca di naturalità, insieme all'altitudine e al microclima della zona, ci regala rossi con un forte accento di montagna e con sapori autentici.

Bel risultato per il Pinerolese Ramìe '08, prodotto in sole 1800 bottiglie e affinato per oltre due anni in acciaio. I rari vitigni locali utilizzati, quali avanà, avarengo, chatus e bequet, danno origine a un bel tenore alcolico e ad aromi fruttati e vegetali di corteccia, sottobosco ed erbe di campo su uno sfondo di lampone; bocca compatta e asciutta, giovanile e fresca, da invecchiamento. Il Barbichè (2007, non indicato in etichetta), si è trasformato in un rosso importante affinato in acciaio e rovere: sentori fruttati più caldi e maturi, 14,5° alcolici, gradevole pienezza polposa in bocca. Semplice e corretto il Gagin (2010, non indicato in etichetta), affinato in solo acciaio.

● Barbichè '07	5
● Pinerolese Ramìe '08	5
● Gagin '10	4
● Pinerolese Ramìe '07	5
● Pinerolese Ramìe '06	5
● Pinerolese Ramìe '05	5
● Pinerolese Ramìe '04	5

PIEMONTE

Dacapo
S.DA ASTI MARE, 4
14040 AGLIANO TERME [AT]
TEL. 0141964921
www.dacapo.it

VENDITA DIRETTA
VISITA SU PRENOTAZIONE

PRODUZIONE ANNUA 49.000 bottiglie
ETTARI VITATI 6.00
VITICOLTURA Naturale

Paolo Dania e Dino Riccomagno, nel settore da anni, nel 1997 hanno deciso di ricominciare da capo, acquistando una vecchia cascina ad Agliano Terme con due ettari dal terreno calcareo marnoso vitati a barbera e ceppi fino a sessant'anni di età, da cui proviene la loro Nizza, creando così questa piccola azienda vocata esclusivamente alla qualità. Gli altri quattro ettari si trovano a Castagnole Monferrato, dove oltre alla barbera sono impiantati, in percentuale minore, nebbiolo, ruché, pinot nero e merlot. I vini prodotti sono fortemente marcati dal territorio e con una spiccata bevibilità.

Bella prova d'insieme per la Dacapo. La Barbera d'Asti Sanbastiàn '09 ha profumi fruttati freschi, con una marcata nota vegetale, e un palato di grande armonia e freschezza acida, dal finale lungo e di carattere. Ben realizzata, anche se meno brillante di altre versioni, la Barbera d'Asti Superiore Nizza Vigna Dacapo '08, dai sentori di tabacco e terra bagnata, mentre il palato è di buona materia ma con tannini un po' ruvidi. Interessanti il Monferrato Rosso Cantacucco '09, da pinot nero e nebbiolo, con aromi di spezie, erba secca e frutta rossa, palato sottile ma piacevole, e il Ruché di Castagnole Monferrato Majoli '10, classico nei suoi toni floreali, fine ed equilibrato.

Damilano
VIA ROMA, 31
12060 BAROLO [CN]
TEL. 017356105
www.cantinedamilano.it

VENDITA DIRETTA
VISITA SU PRENOTAZIONE

PRODUZIONE ANNUA 430.000 bottiglie
ETTARI VITATI 48.00

Iniziamo con una notizia che ci addolora molto, la prematura e improvvisa scomparsa di Margherita Damilano che, insieme a Guido, Paolo e Mario, ha contribuito attivamente alla costruzione della nuova fase storica di questa realtà di Langa. Da un decennio Damilano vive infatti di continui progressi e di notevoli successi di mercato, ottenuti sia in Italia che in molti paesi esteri. Lo stile aziendale predilige vini polposi ed esotici, conditi da abbondanti aromi derivati dal legno.

Il vertice di questa valida batteria è saldamente conquistato dal Barolo Cannubi '07, dai bei profumi di spezie e china; il palato è contrassegnato da una massa tannica consistente ma non aggressiva sino al lungo finale di frutti rossi. Molto convincente anche il Barolo Brunate '07, che porge raffinati sentori di eucalipto e liquirizia dolce; la bocca è armoniosa e persistente, decisamente lunga. Complessivamente più semplice il Barolo Cerequio '07, caratterizzato da frutti di sottobosco e spezie dolci. Il Barolo Liste della stessa annata evidenzia, come in altri millesimi, caratteristiche di ruvidità tannica che si stempereranno lentamente con l'affinamento in bottiglia.

- Barbera d'Asti Sanbastiàn '09 — 4*
- Barbera d'Asti Sup. Nizza V. Dacapo '08 — 5
- M.to Rosso Cantacucco '09 — 6
- Ruché di Castagnole M.to Majoli '10 — 4
- M.to Rosso Tre '07 — 6
- Barbera d'Asti Sanbastiàn '07 — 4*
- Barbera d'Asti Sup. Nizza V. Dacapo '07 — 5
- M.to Rosso Cantacucco '08 — 6
- Ruché di Castagnole M.to Majoli '06 — 4*

- Barolo Brunate '07 — 8
- Barolo Cannubi '07 — 8
- Barbera d'Alba La Blu '09 — 5
- Barolo Cerequio '07 — 8
- Barolo Liste '07 — 8
- Nebbiolo d'Alba Marghe '09 — 5
- Barbera d'Asti '10 — 4
- Dolcetto d'Alba '10 — 4
- O Moscato d'Asti '10 — 4
- Barolo Cannubi '04 — 8
- Barolo Cannubi '01 — 8
- Barolo Cannubi '00 — 8
- Barolo Brunate '06 — 8
- Barolo Cannubi '06 — 8

PIEMONTE

Deltetto
C.SO ALBA, 43
12043 CANALE [CN]
TEL. 0173979383
www.deltetto.com

VENDITA DIRETTA
VISITA SU PRENOTAZIONE

PRODUZIONE ANNUA 170.000 bottiglie
ETTARI VITATI 21.00

Da più di trent'anni Antonio Deltetto conduce l'azienda familiare, ampliando la gamma dei vini prodotti, che oggi conta ben 18 etichette, e realizzando il sogno di produrre degli spumanti Metodo Classico, sia con i classici pinot nero e chardonnay che, nel Rosé, con la più originale unione di pinot nero e nebbiolo. Inoltre, accanto ai classici vini roerini a base di nebbiolo, barbera, arneis e favorita, troviamo anche vini di Langa, dal Dolcetto d'Alba al Barolo. Lo stile dei vini è piuttosto moderno, attento alla ricchezza del frutto senza per questo rinunciare a una buona finezza e complessità, specie nei cru.

Bella conferma per il Roero Braja Riserva '08, dalle fresche note fruttate, seguite da liquirizia ed erbe officinali al naso, mentre il palato è potente, con tannini ancora evidenti ma di buona finezza e un lungo finale. Ottimi anche la Barbera d'Alba Superiore Bramé '09, con toni di ciliegia e terra, armonica e di carattere, e il Barolo Sistaglia '07, di buon frutto e medio corpo. Sempre ben realizzato il Deltetto Brut, da pinot nero e chardonnay, dai sentori di lieviti e nocciola tostata, ricco e di grande struttura. Da segnalare anche il Roero Arneis Daivej '10, con note minerali e di mela, di buona lunghezza ed eleganza, e la Barbera d'Alba Superiore Rocca delle Marasche '08, fruttata e scorrevole.

● Roero Braja Ris. '08	🍷🍷🍷 5
● Barbera d'Alba Sup. Bramé '09	🍷🍷 4
● Barbera d'Alba Sup. Rocca delle Marasche '08	🍷🍷 6
● Barolo Sistaglia '07	🍷🍷 6
○ Deltetto Brut M. Cl.	🍷🍷 5*
○ Roero Arneis Daivej '10	🍷🍷 4
⊙ Deltetto Extra Brut Rosé M. Cl.	🍷 6
○ Langhe Favorita Sarvai '10	🍷 4
● Langhe Nebbiolo '09	🍷 4
○ Roero Arneis S. Michele '10	🍷 4
● Roero Braja Ris. '07	🍷🍷🍷 5
● Barbera d'Alba Sup. Rocca delle Marasche '07	🍷🍷 6

Destefanis
VIA MORTIZZO, 8
12050 MONTELUPO ALBESE [CN]
TEL. 0173617189
www.marcodestefanis.it

VENDITA DIRETTA
VISITA SU PRENOTAZIONE

PRODUZIONE ANNUA 60.000 bottiglie
ETTARI VITATI 12.00

Montelupo Albese non è battuto dai flussi enoturistici, eppure questo paese a pochi chilometri da Alba offre vini di tutto rispetto. Come quelli di Marco Destefanis, che fa tutto su queste belle colline: Dolcetto, Barbera e Nebbiolo, da vigneti in parte di proprietà e parte in affitto. In totale non si va oltre i 12 ettari. L'uso del legno è ridotto al minimo ed è riservato al nebbiolo. Il Dolcetto Vigna Monia Bassa – ottenuto da vecchie vigne – se la gioca bene con i migliori esemplari della tipologia.

Uno splendido Dolcetto d'Alba Vigna Monia Bassa '10 si presenta al naso intenso e vinoso, ricco di more; in bocca è appena ruvido, quasi austero, di appagante bevibilità. Magnifico il Nebbiolo d'Alba '08, con fiori secchi e liquirizia seguiti da tannini eleganti, freschezza gustativa e finale di ottima pulizia e calore. La Barbera d'Alba Bricco Galluccio '07 ricorda le bacche rosse mature, poi è lunga e pulita ma un po' semplice. Il fresco Langhe Chardonnay '10 è vivo e intenso di frutta bianca, immediato e nitido, sapido e armonico, affinato in solo acciaio. Tutti i vini hanno prezzi assolutamente più che convenienti.

● Dolcetto d'Alba V. Monia Bassa '10	🍷🍷 4*
● Nebbiolo d'Alba '08	🍷🍷 4*
● Barbera d'Alba Bricco Galluccio '07	🍷🍷 4
● Dolcetto d'Alba Bricco Galluccio '10	🍷🍷 3*
○ Langhe Chardonnay '10	🍷🍷 2*
○ Langhe Arneis '10	🍷 2
● Langhe Rosso '09	🍷 4
● Dolcetto d'Alba V. Monia Bassa '09	🍷🍷 4*
● Dolcetto d'Alba V. Monia Bassa '07	🍷🍷 4*
● Nebbiolo d'Alba '07	🍷🍷 4*

PIEMONTE

Gianni Doglia
via Annunziata, 56
14054 Castagnole delle Lanze [AT]
Tel. 0141878359
www.giannidoglia.it

VENDITA DIRETTA
VISITA SU PRENOTAZIONE

PRODUZIONE ANNUA 70.000 bottiglie
ETTARI VITATI 8.00

Gianni Doglia, anno dopo anno, sta perfezionando i passaggi del suo cammino di produttore, adottando sempre maggior rigore nella conduzione dei vigneti di proprietà e un'attenzione particolare nel lavoro di cantina. Le vigne, situate fra i 300 e i 350 metri sopra il livello del mare, su terreni calcarei con esposizione a sud-est, hanno un'età compresa fra i 20 e i 40 anni e contengono soprattutto uve moscato e barbera. La posizione dell'azienda, la disponibilità e la simpatia di Gianni Doglia meritano una visita.

Più che convincente la batteria di vini di Gianni Doglia. La Barbera d'Asti Superiore '09 è molto ben definita olfattivamente, con note di bacche rosse, spezie dolci e sfumature di goudron seguite da un'acidità di buon sostegno che ne completa una beva eccellente. Il Moscato d'Asti '10, vibrante e succoso, si svela attraverso note di frutta a polpa bianca ed evidenzia una bocca fresca e appagante. La Barbera d'Asti Boscodonne risalta per il suo alto punto di bevibilità e la freschezza del frutto. Interessante il passito Mà, da sole uve moscato, dotato di note agrumate, giusta dolcezza e buona persistenza.

● Barbera d'Asti Sup. '09	🍷🍷 5
● Barbera d'Asti Boscodonne '10	🍷🍷 4*
○ Mà '10	🍷🍷 5
○ Moscato d'Asti '10	🍷🍷 4
● M.to Rosso "!" '08	🍷 6
● Barbera d'Asti Sup. '07	🍷🍷 5

★Poderi Luigi Einaudi
b.ta Gombe, 31/32
12063 Dogliani [CN]
Tel. 017370191
www.poderieinaudi.com

VENDITA DIRETTA
VISITA SU PRENOTAZIONE
OSPITALITÀ

PRODUZIONE ANNUA 250.000 bottiglie
ETTARI VITATI 52.00

Luigi Einaudi, futuro presidente della Repubblica, aveva solo 23 anni quando acquistò la cascina San Giacomo a Dogliani. Era il 1897 e quello sarebbe diventata il cuore dei Poderi Einaudi. Il prestigio del nome si lega a doppio filo con quello dei vini. Questi parlano soprattutto il linguaggio del Dolcetto, ma l'azienda può vantare ettari tra i più bei cru di Barolo, come Cannubi, Costa Grimaldi e Terlo. Splendido il relais annesso alla cantina: una volta residenza privata degli Einaudi non ha perso il suo fascino domestico seppur di classe.

Il Langhe Rosso Luigi Einaudi '07, ottenuto da un blend paritario di nebbiolo, barbera, cabernet e merlot, è particolarmente armonico ed equilibrato: leggere note vegetali si uniscono a bacche rosse e goudron, la bocca è potente, morbida, avvolgente e assai persistente. Il Barolo Terlo '07, proveniente da un bel vigneto in comune di Novello, è il più riuscito dei tre cru proposti grazie a una precisa definizione olfattiva in cui sentori balsamici si accompagnano alla viola; la bocca è viva, nervosa e appagante. I Dolcetto di casa Einaudi sono più che affidabili e rappresentano sempre un preciso riferimento per la tipologia.

● Barolo Terlo '07	🍷🍷 7
● Dogliani V. Tecc '09	🍷🍷 5
● Langhe Rosso Luigi Einaudi '07	🍷🍷 7
● Barolo Costa Grimaldi '07	🍷🍷 8
● Barolo nei Cannubi '07	🍷🍷 8
● Dolcetto di Dogliani '10	🍷🍷 4*
● Langhe Nebbiolo '09	🍷🍷 4*
● Barolo Costa Grimaldi '05	🍷🍷🍷 8
● Barolo Costa Grimaldi '01	🍷🍷🍷 8
● Barolo nei Cannubi '00	🍷🍷🍷 8
● Dogliani V. Tecc '06	🍷🍷🍷 5
● Langhe Rosso Luigi Einaudi '04	🍷🍷🍷 6

PIEMONTE

Tenuta Il Falchetto
FRAZ. CIOMBI
VIA VALLE TINELLA, 16
12058 SANTO STEFANO BELBO [CN]
TEL. 0141840344
www.ilfalchetto.com

VENDITA DIRETTA
VISITA SU PRENOTAZIONE

PRODUZIONE ANNUA 180.000 bottiglie
ETTARI VITATI 28.00

I quattro fratelli Forno hanno saputo creare in questi ultimi anni una delle più solide e affidabili cantine della zona di Santo Stefano Belbo, e non solo per quanto riguarda i Moscato, tra i migliori della tipologia. A partire dal 2000 infatti l'acquisto di due splendide tenute ad Agliano Terme ha permesso la realizzazione di due Barbera d'Asti di grande interesse. Oggi l'azienda è composta da due tenute in Langa e tre nel Monferrato, in cui si coltivano undici varietà di vitigni differenti, sia tipiche del territorio che internazionali, per una produzione di alto livello e dagli ottimi prezzi.

Il Moscato d'Asti Ciombi '10 è uno dei migliori dell'anno, con intensi profumi di erbe officinali, salvia, clorofilla e palato potente, lungo, dagli aromi di frutta a polpa bianca. Finale anche per la Barbera d'Asti Superiore Bricco Paradiso '09, dai sentori di spezie dolci e rovere tostato, con un palato pieno e ricco di polpa. Molto ben realizzati il Moscato d'Asti Tenuta del Fant '10, equilibrato e dalle note di pesca, salvia e limone candito, il Monferrato Rosso La Mora '09, da uve barbera e cabernet sauvignon, vegetale, sapido e dalla fitta trama tannica, la Barbera d'Asti Pian Scorrone '10, di buona struttura, fresca e lunga, e la Barbera d'Asti Superiore Lurëi '09, avvolgente e fruttata.

● Barbera d'Asti Sup. Bricco Paradiso '09	♟♟ 6
○ Moscato d'Asti Ciombi '10	♟♟ 5
● Barbera d'Asti Pian Scorrone '10	♟♟ 4
● Barbera d'Asti Sup. Lurëi '09	♟♟ 5
● M.to Rosso La Mora '09	♟♟ 6
○ Moscato d'Asti Tenuta del Fant '10	♟♟ 5
○ Moscato d'Asti Tenuta del Fant '09	♟♟♟ 4*
● Barbera d'Asti Sup. Bricco Paradiso '06	♟♟ 6
○ Moscato d'Asti Ciombi '09	♟♟ 4*
○ Moscato d'Asti Tenuta del Fant '08	♟♟ 4*

Favaro
S.DA CHIUSURE, 1BIS
10010 PIVERONE [TO]
TEL. 012572606
www.cantinafavaro.it

VENDITA DIRETTA
VISITA SU PRENOTAZIONE

PRODUZIONE ANNUA 18.000 bottiglie
ETTARI VITATI 3.00

Poco più che quarantenne Camillo Favaro è il volto più conosciuto de Le Chiusure, l'azienda fondata dal padre Benito a Piverone nel 1992. Sono tutti sulla spettacolare collina morenica della Serra i tre ettari di proprietà, di cui due a erbaluce che vengono utilizzati per il Le Chiusure, uno dei più connotati da un punto di vista sapido minerale, e per la selezione 13 Mesi, maturata in legno e commercializzata a un anno dalla vendemmia. Completano il quadro una serie di originali rossi con classificazione vino da tavola, a base syrah, freisa, barbera.

Semplicemente una meraviglia. No, questa volta non ci riferiamo all'omonimo rosso a base syrah di casa Favaro, intenso e cioccolatoso nella versione '09: la nostra esclamazione è tutta per l'Erbaluce di Caluso Le Chiusure '10, grazie al quale arriva finalmente il primo meritato Tre Bicchieri per la bella azienda di Piverone. È un'interpretazione dal profilo decisamente nordico, con le erbe aromatiche, il lime, la menta ad anticipare una bocca al contempo dolce e salata, solo apparentemente sottile, potenzialmente in grado di approfondirsi a lungo. Qualche tono burroso e fenolico non toglie nulla alla riuscita, specialmente in rapporto all'annata, del 13 Mesi '09.

○ Erbaluce di Caluso Le Chiusure '10	♟♟♟ 4*
○ Erbaluce di Caluso 13 Mesi '09	♟♟ 4
● Rossomeraviglia '09	♟♟ 6
● Basy '09	♟ 4
● F2 '09	♟ 4
⊙ Rosacherosanonsei '10	♟ 4
● Basy '08	♟♟ 4*
○ Caluso Passito Sole d'Inverno '00	♟♟ 7
○ Erbaluce di Caluso 13 Mesi '07	♟♟ 4
○ Erbaluce di Caluso Le Chiusure '09	♟♟ 4*
○ Erbaluce di Caluso Le Chiusure '08	♟♟ 4*
● F2 '08	♟♟ 4*
○ Sole d'Inverno '00	♟♟ 6

PIEMONTE

Giacomo Fenocchio
loc. Bussia, 72
78675 Monforte d'Alba [CN]
Tel. 017378675
www.giacomofenocchio.com

VENDITA DIRETTA
VISITA SU PRENOTAZIONE

PRODUZIONE ANNUA 80.000 bottiglie
ETTARI VITATI 14.00

L'impostazione aziendale è decisamente tradizionale, alla ricerca di una classicità per cui, come sostengono con convinzione gli attuali titolari capeggiati da Claudio Fenocchio, «è così che va fatto il Barolo, non sta a noi cambiare un metodo, una cultura». Quindi lunghe macerazioni, solo lieviti indigeni e rimontaggi manuali giornalieri durante la fermentazione, niente rotomaceratori e grandi botti in rovere di Slavonia per l'affinamento. Il lavoro in vigna è attento al rispetto dell'ambiente e non prevede eccessivi diradamenti.

Intenso e complesso il Barolo Bussia Riserva '05, con fiori secchi e catrame seguiti da un palato severo, lineare, appena asciutto. Il Barolo Villero '07 ha tabacco e frutti rossi sorretti da un certo alcol, bocca di buon peso appena calda e con poca acidità. Il Barolo Cannubi '07 è sulla stessa falsariga, appena appena più tannico. Il Barolo Bussia '07 è etereo, maturo, non aggressivo e quasi già morbido al palato, un po' semplice. Una positiva batteria di Barolo ispirata alla classicità e alla tradizione, con lunghi affinamenti esclusivamente in legno grande. Riuscito il Langhe Nebbiolo '09, pulito e leggermente ruvido. Matura e poco viva la Barbera d'Alba Superiore '09.

● Barolo Bussia '07	7
● Barolo Bussia Ris. '05	8
● Barolo Cannubi '07	7
● Barolo Villero '07	7
● Langhe Nebbiolo '09	4
● Barbera d'Alba Sup. '09	4
● Langhe Freisa '09	4
○ Roero Arneis '10	3
● Barbera d'Alba Sup. '08	4*
● Barolo Bussia '06	7
● Barolo Bussia Ris. '04	8
● Barolo Cannubi '06	7
● Barolo Villero '06	7

Ferrando
via Torino, 599a
10015 Ivrea [TO]
Tel. 0125633550
www.ferrandovini.it

VENDITA DIRETTA
VISITA SU PRENOTAZIONE

PRODUZIONE ANNUA 50.000 bottiglie
ETTARI VITATI 6.50

Da oltre un secolo il nome Ferrando è associato all'enclave di Carema, piccolo borgo al confine tra Valle d'Aosta e Piemonte, e ai suoi inimitabili Nebbiolo di montagna, coltivati su terrazzamenti letteralmente strappati alla roccia. L'Etichetta Bianca precede in genere di un anno l'uscita dell'Etichetta Nera, prodotta solo nelle vendemmie migliori, cui si aggiunge una gamma completa di vini canavesani: un uvaggio di nebbiolo e barbera, due Erbaluce di Caluso fermi (La Torrazza e il Cariola), una versione spumante e due dolci (Vigneto Cariola e Solativo).

I vini di Ferrando sanno toccare nel profondo le nostre corde emozionali: vini nudi nel senso più bello del termine, quasi trasparenti rispetto al vitigno, al terroir, al millesimo. Una magia che si rinnova con la solita formidabile coppia di Carema: l'Etichetta Bianca '07 ha un fascino oseremmo dire crepuscolare, sottolineato dalla cipria, i fiori secchi, il legno antico, ma soprattutto da una bocca leggera e scorrevole, meno saporita di altre volte. È in piena sintonia espressiva anche l'Etichetta Nera '06, con una punta evolutiva che non distrae dalla sequenza di radici, zenzero, sali da bagno, sempre presente in un sorso colmo di nobile fibra, sassoso, autorevole, lungo.

● Carema Et. Nera '06	7
● Carema Et. Bianca '07	6
○ Solativo V.T.	5
● Carema Et. Nera '05	7
● Carema Et. Nera '01	6
○ Caluso Passito Vign. Cariola '04	6
● Carema Et. Nera '04	7
● Carema Etichetta Bianca '06	5
○ Erbaluce di Caluso Cariola '09	4*

PIEMONTE

Roberto Ferraris
FRAZ. DOGLIANO, 33
14041 AGLIANO TERME [AT]
TEL. 0141954234

VENDITA DIRETTA
VISITA SU PRENOTAZIONE

PRODUZIONE ANNUA 50.000 bottiglie
ETTARI VITATI 9.00

La piccola azienda di Roberto Ferraris ad Agliano Terme ha saputo imporsi in questi ultimi anni come una protagonista della Barbera d'Asti. Le vigne, che arrivano fino a 80 anni di età e alcune sono ancora su vitis rupestris, sono situate tutto attorno alla cantina, con un'esposizione che va da sud-est a sud-ovest, su terreni bianchi particolarmente vocati per la barbera. La ricerca della qualità passa attraverso le basse rese e un'idea di vino tradizionale e contadino. La gamma dei prodotti di Roberto Ferraris si articola su una serie di etichette di Barbera, cui si affianca un Monferrato Rosso da uve nebbiolo.

Anche quest'anno Roberto Ferraris ha presentato una gamma di vini piccola ma di grande affidabilità. Belle le due Barbera d'Asti Superiore, la Riserva del Bisavolo '09, dal naso ancora segnato da una nota legnosa, con sentori di cacao e confettura di ciliegie, e dal palato ricco e alcolico, con carattere e polpa, e La Cricca '09, che ha toni di frutti neri, tabacco e spezie, dal palato potente ma ancora un po' troppo ruvido. La Barbera d'Asti Nobbio '09 invece è ancora un po' chiusa al naso, con sentori di china, ma più ricca al palato, lungo e tannico. Chiude la serie il Monferrato Rosso Grixa '09, da uve nebbiolo, intenso e classico con note di liquirizia e erbe aromatiche secche.

Carlo Ferro
REG. SALERE, 41
14041 AGLIANO TERME [AT]
TEL. 0141954000
ferro.vini@tiscali.it

VENDITA DIRETTA
VISITA SU PRENOTAZIONE

PRODUZIONE ANNUA 20.000 bottiglie
ETTARI VITATI 12.00

La famiglia Ferro possiede quest'azienda agricola di Agliano Terme dal 1900, ma solo dalla metà degli anni Novanta Carlo ha incominciato a imbottigliare una parte della produzione. I vigneti sono allevati a guyot, con 4-5mila ceppi per ettaro ed esposizione sud. La barbera è senza dubbio il vitigno dominante nella tenuta, cui si affiancano altre uve autoctone come il dolcetto e il nebbiolo, più una piccola percentuale dell'internazionale cabernet sauvignon. I vini sono prodotti in modo tradizionale.

Rispettando il valore dell'annata, tra le due Barbera d'Asti Superiore Notturno ci è piaciuta di più la '07, dai profumi intensi di frutta rossa, tabacco, spezie dolci, e dal palato succoso, ricco di polpa, dal lungo finale fresco. Di buon livello anche la '08, dai toni di china e frutti neri, nitida ed equilibrata, insieme al Monferrato Rosso Paolo '06, blend di barbera, nebbiolo e cabernet sauvignon, ricco e di notevole fittezza, ma ancora segnato da note di rovere, e la Barbera d'Asti Giulia '09, più snella e scorrevole, ma di piacevole beva e giustamente fruttata. Corretti gli altri vini presentati.

● Barbera d'Asti Nobbio '09	4*
● Barbera d'Asti Sup. La Cricca '09	5*
● Barbera d'Asti Sup. Riserva del Bisavolo '09	4
● M.to Grixa '09	5
● Barbera d'Asti '09	3*
● Barbera d'Asti Nobbio '08	4*
● Barbera d'Asti Sup. La Cricca '08	5
● Barbera d'Asti Sup. La Cricca '07	4*
● Barbera d'Asti Sup. Riserva del Bisavolo '08	4*
● M.to Grixa '08	5

● Barbera d'Asti Sup. Notturno '07	4*
● Barbera d'Asti Giulia '09	3*
● Barbera d'Asti Sup. Notturno '08	4
● M.to Rosso Paolo '06	5
● Barbera d'Asti '10	2
● Barbera d'Asti Sup. Roche '06	4

PIEMONTE

Fabio Fidanza

via Rodotiglia, 55
14052 Calosso [AT]
Tel. 0141826921
castellodicalosso@tin.it

VENDITA DIRETTA
VISITA SU PRENOTAZIONE

PRODUZIONE ANNUA 21.000 bottiglie
ETTARI VITATI 7.00

Conferma la propria presenza nella sezione principale della nostra Guida questa bella azienda a gestione familiare, fondata nel 1976 da Epifanio ed Ernesto Fidanza e oggi curata a tuttotondo dal giovane Fabio, che coltiva principalmente barbera (in una zona particolarmente vocata come quella di Calosso), ma anche dolcetto, cabernet e nebbiolo. I vini prodotti con queste uve, tutti vinificati in vasche di cemento, hanno carattere moderno ma anche una spiccata personalità e una dichiarata volontà di rappresentare al meglio il territorio.

Prestazione di grande solidità per l'azienda della famiglia Fidanza. La Barbera d'Asti Superiore Sterlino '08 è molto ben costruita, con al naso note di spezie dolci e frutti neri, un palato armonico e fresco di bella polpa, finale lungo, appena acido. La Barbera d'Asti '09 ha profumi di bacche nere ben amalgamate con il rovere, palato lungo, potente e vibrante, con un grande potenziale ancora imbrigliato dal legno, mentre il Monferrato Rosso Que Duàn '09, blend di nebbiolo (90%) e cabernet sauvignon, ha sentori di olive nere, confettura di lampone e tabacco, palato più semplice ma di grande freschezza e gradevolezza.

● Barbera d'Asti '09	🍷🍷 3*
● Barbera d'Asti Sup. Sterlino '08	🍷🍷 6
● M.to Rosso Que Duàn '09	🍷🍷 4*
● Barbera d'Asti '06	🍷 3*
● Barbera d'Asti Sterlino Castello di Calosso '05	🍷 5
● Barbera d'Asti Sup. Sterlino '07	🍷 6
● Barbera d'Asti Sup. Sterlino '06	🍷 5
● Barbera d'Asti '05	🍷 3*
● Barbera d'Asti Sterlino Castello di Calosso '04	🍷 5
● M.to Rosso Que Duàn '07	🍷 4*
● M.to Rosso Que Duàn '04	🍷 4*

Fontanabianca

via Bordini, 15
12057 Neive [CN]
Tel. 017367195
www.fontanabianca.it

VENDITA DIRETTA
VISITA SU PRENOTAZIONE

PRODUZIONE ANNUA 50.000 bottiglie
ETTARI VITATI 15.00
VITICOLTURA Naturale

Il valido patrimonio agricolo di 15 ettari permette a questa azienda di realizzare una batteria di vini molto convincenti, territorialmente espressivi, ben dotati di eleganza e personalità gustativa. La rivisitazione stilistica di tutte le etichette aziendali è sintomatica di un rinnovato dinamismo, che ha contribuito a rilanciare, meritatamente, le sorti di questa significativa realtà. I prezzi praticati su tutti i vini in proposta sono favorevoli, soprattutto in relazione a una qualità senza cedimenti.

La vendemmia del 2008 in Langa è stata caratterizzata da risultati contrastanti, dovuti a un settembre piovoso che non sempre ha consentito di raccogliere uva matura al livello ottimale. Fontanabianca in quest'occasione ha realizzato due Barbaresco decisamente corretti e piacevoli, non impressionanti quanto a struttura ma di convincente bevibilità e di sentita tannicità. Il Langhe Nebbiolo '09 è fresco, balsamico e speziato, con bocca di media e corretta struttura. La profumata Barbera Superiore '08 ha una gradevole vena acida e una godibile sapidità. Pulito e lievemente tannico il Dolcetto d'Alba '10, caratterizzato da note olfattive di frutta molto matura.

● Barbaresco Bordini '08	🍷🍷 7
● Barbaresco Serraboella '08	🍷🍷 6
● Barbera d'Alba Sup. '08	🍷🍷 4
● Langhe Nebbiolo '09	🍷🍷 4
● Dolcetto d'Alba '10	🍷 4
● Barbaresco Serraboella '06	🍷🍷🍷 7
● Barbaresco Sorì Burdin '05	🍷🍷🍷 7
● Barbaresco Sorì Burdin '04	🍷🍷🍷 7
● Barbaresco Sorì Burdin '01	🍷🍷🍷 7
● Barbaresco Sorì Burdin '98	🍷🍷🍷 7
● Barbaresco Sorì Burdin '07	🍷 7
● Barbera d'Alba Brunet '07	🍷 5

PIEMONTE

Fontanafredda
VIA ALBA, 15
12050 SERRALUNGA D'ALBA [CN]
TEL. 0173626100
www.fontanafredda.it

VENDITA DIRETTA
VISITA SU PRENOTAZIONE
OSPITALITÀ
RISTORAZIONE

PRODUZIONE ANNUA 7.500.000 bottiglie
ETTARI VITATI 85.00

Questa storica realtà produttiva rappresenta un riferimento importante del made in Italy enologico nel mondo. L'abilità imprenditoriale di Oscar Farinetti e del suo staff ha contribuito, negli ultimi anni, a portare un rinnovato fulgore in questa celebre azienda. Tutta la produzione è contraddistinta da una precisa cifra stilistica, in grado di esaltare la territorialità e le peculiarità dei diversi vitigni. I numeri espressi sono notevoli e spaziano tra le principali denominazioni del comprensorio. La bellissima sede vale la visita.

Splendidi Tre Bicchieri al Barolo Fontanafredda Vigna La Rosa '07, dagli ampi aromi sfaccettati che spaziano dalla viola alla corteccia di china ai petali di rosa; bocca possente, con trama tannica non aggressiva in evidenza e finale straordinariamente lungo e appagante. Stoffa avvolgente e struttura equilibrata sono i tratti distintivi del riuscito Barolo Lazzarito Casa E. di Mirafiore '07. Lungo affinamento sui lieviti per l'Alta Langa Contessa Rosa Pas Dosé '06, dal fine perlage e dalla piacevole complessità olfattiva. Fresco, vitale, ricco di frutta rossa, dotato di beva nervosa e invitante il Diano d'Alba La Lepre '10, un classico dell'azienda. Tutta lodevole l'articolata gamma proposta.

● Barolo Fontanafredda V. La Rosa '07	🍷🍷🍷 8
● Barolo Lazzarito Casa E. di Mirafiore '07	🍷🍷 8
○ Alta Langa Pas Dosé Contessa Rosa '06	🍷🍷 5
● Barolo Serralunga '07	🍷🍷 6
● Diano d'Alba La Lepre '10	🍷🍷 4
● Langhe Nebbiolo Mirafiore '08	🍷🍷 5
○ Moscato d'Asti Moncucco '10	🍷🍷 5
● Nebbiolo d'Alba Marne Brune '09	🍷🍷 4*
○ Asti Galarej '10	🍷 5
● Barbera d'Alba Sup. Mirafiori '08	🍷 5
○ Roero Arneis Pradalupo '10	🍷 4
● Barolo Casa E. di Mirafiore Ris. '04	🍷🍷🍷 8
● Barolo Lazzarito V. La Delizia '04	🍷🍷🍷 8

Forteto della Luja
REG. CANDELETTE, 4
14051 LOAZZOLO [AT]
TEL. 014487197
www.fortetodellaluja.it

VENDITA DIRETTA
VISITA SU PRENOTAZIONE

PRODUZIONE ANNUA 55.000 bottiglie
ETTARI VITATI 9.00
VITICOLTURA Biologico Certificato

L'azienda di Silvia e Gianni Scaglione è una vera e propria oasi di tutela dell'ambiente nella Langa Astigiana. L'azienda, in effetti, nel 2007 è diventata oasi affiliata al WWF, si è dotata di fonti energetiche pulite e prosegue nella coltivazione delle vigne secondo metodi biologici. Su terreni calcareo marnosi, a circa 550 metri di altitudine, sono impiantati soprattutto vitigni tipici di questa zona, in particolare il moscato, che danno vita a vini di stampo tradizionale, in grado di rappresentare al meglio le caratteristiche del territorio.

Prova di buona compattezza per i vini di Silvia e Gianni Scaglione. Blend di barbera (80%) e pinot nero, il Monferrato Rosso Le Grive '09 ha bella struttura e lunghezza, con un palato ricco in cui spiccano aromi di spezie e frutta rossa. Come al solito sono ben realizzati i vini dolci; il Moscato d'Asti Piasa San Maurizio '10, intenso e mieloso, con note di canditi e panettone, morbido e di grande gradevolezza, dal finale molto lungo, e il Piemonte Brachetto Pian dei Sogni '09, aromatico al naso, con sentori di china, more di gelso e rosmarino, dal palato fresco, elegante, giustamente dolce ed equilibrato.

● M.to Rosso Le Grive '09	🍷🍷 5
○ Moscato d'Asti Piasa San Maurizio '10	🍷🍷 4
● Piemonte Brachetto Pian dei Sogni '09	🍷🍷 6
○ Loazzolo Forteto della Luja Piasa Rischei '07	🍷 7
○ Loazzolo Piasa Rischei '05	🍷 7
○ Loazzolo Piasa Rischei V.T. '06	🍷 7
● M.to Rosso Le Grive '08	🍷 5
● M.to Rosso Le Grive '07	🍷 5
● M.to Rosso Le Grive '04	🍷 5

PIEMONTE

Gaggino
S.DA SANT'EVASIO, 29
15076 OVADA [AL]
TEL. 0143822345
www.gaggino.it

VENDITA DIRETTA
VISITA SU PRENOTAZIONE

PRODUZIONE ANNUA 150.000 bottiglie
ETTARI VITATI 20.00

Gabriele Gaggino prosegue nel percorso cominciato ormai due anni fa con l'arrivo dei nuovi soci: Franco Sorgato e Massimo Tresoldi. Le competenze acquisite sono state determinanti per approdare in un così breve lasso di tempo a nuovi mercati e rivisitare il look dell'azienda, a partire dalla nuova grafica delle etichette. Naturalmente tutto ciò viene sorretto dalla sua capacità di gestire la filiera di produzione dal vigneto alla cantina. La gamma dei vini prodotti comprende rossi e bianchi di ottima fattura, con un rapporto tra prezzo e qualità molto invitante.

Sant'Evasio si presenta di colore rubino fitto con eleganti note di tabacco e china su note di cioccolato, bocca portentosa e ricca, molto persistente e sapida nel finale. Convivio è un Dolcetto molto giovane, ma di grande carattere; al naso intenso il frutto, mentre nella fase gustativa emerge potente la struttura e l'equilibrio, in un finale molto persistente. La Barbera Lazzarina ha un equilibrio gusto olfattivo impeccabile, fruttata e minerale al naso, quanto ricca e armonica in bocca. Interessante prestazione per il Cortese Madonna della Villa, con aromi fruttati, fresco in bocca e dal finale sapido. Da segnalare il Monferrato Bianco La Bionda.

Vino		
● Dolcetto di Ovada Il Convivio '10	🍷🍷	3*
● Dolcetto di Ovada Sup. Sant'Evasio '09	🍷🍷	4*
● Barbera del M.to La Lazzarina '10	🍷🍷	3
○ Cortese dell'Alto M.to Madonna della Villa '10	🍷🍷	3
○ M.to Bianco La Bionda '10	🍷	3
● Dolcetto di Ovada Il Convivio '09	🍷🍷	3*
● Dolcetto di Ovada Il Convivio '08	🍷🍷	3
● M.to Rosso Il Ticco '07	🍷🍷	5

★★★★Gaja
VIA TORINO, 18
12050 BARBARESCO [CN]
TEL. 0173635158
info@gajawines.com

PRODUZIONE ANNUA 350.000 bottiglie
ETTARI VITATI 100.00

Quelli che un tempo erano i mitici Barbaresco Sorì Tildìn, Costa Russi e Sorì San Lorenzo oggi utilizzano la più semplice denominazione Langhe Nebbiolo, ma è immutata la loro qualità indiscutibile. E di pregiato livello è tutto il resto della produzione: basta notare quante poche bottiglie Angelo Gaja ricava dai suoi 100 ettari di vigneti piemontesi per rendersi conto delle selezioni e delle scelte qualitative operate prima in vigna e poi in cantina. I vini proposti, dallo stile pacatamente moderno, ottengono costantemente i massimi riconoscimenti della critica internazionale.

Una splendida armonia tra rovere e frutti rossi sono alla base del magnifico olfatto del Costa Russi '08, cui segue un palato vibrante, denso e avvolgente, con un finale straordinariamente lungo. Il Barbaresco '08 è uno splendido esempio di equilibrio, con catrame, fiori secchi e sfumature balsamiche a dettare uno sviluppo aromatico nitido e articolato; bocca dai tannini morbidi e suadenti. Due splendidi Tre Bicchieri. Il Sorì Tildìn e il San Lorenzo '08 riescono anche in questa annata a mostrarsi suadenti, polposi e affascinanti grazie a una bella armonia gustativa. Lo Sperss '07 offre china e petali secchi al naso, con bella sapidità e tannicità al palato.

Vino		
● Barbaresco '08	🍷🍷🍷	8
● Langhe Nebbiolo Costa Russi '08	🍷🍷🍷	8
● Langhe Nebbiolo Sorì S. Lorenzo '08	🍷🍷	8
● Langhe Nebbiolo Sorì Tildìn '08	🍷🍷	8
● Langhe Nebbiolo Sperss '07	🍷🍷	8
● Langhe Nebbiolo Conteisa '07	🍷🍷	8
● Barbaresco '04	🍷🍷🍷	8
● Langhe Nebbiolo Conteisa '01	🍷🍷🍷	8
● Langhe Nebbiolo Costa Russi '07	🍷🍷🍷	8
● Langhe Nebbiolo Costa Russi '05	🍷🍷🍷	8
● Langhe Nebbiolo Costa Russi '04	🍷🍷🍷	8
● Langhe Nebbiolo Costa Russi '03	🍷🍷🍷	8
● Langhe Nebbiolo Sorì S. Lorenzo '06	🍷🍷🍷	8
● Langhe Nebbiolo Sorì S. Lorenzo '03	🍷🍷🍷	8
● Langhe Nebbiolo Sorì S. Lorenzo '01	🍷🍷🍷	8
● Langhe Nebbiolo Sorì Tildìn '07	🍷🍷🍷	8
● Langhe Nebbiolo Sorì Tildìn '06	🍷🍷🍷	8
● Langhe Nebbiolo Sperss '04	🍷🍷🍷	8

PIEMONTE

Filippo Gallino
Fraz. Madonna Loreto
Valle del Pozzo, 63
12043 Canale [CN]
Tel. 017398112
www.filippogallino.com

VENDITA DIRETTA
VISITA SU PRENOTAZIONE

PRODUZIONE ANNUA 90.000 bottiglie
ETTARI VITATI 14.00

Da anni Filippo Gallino con il figlio Gianni rappresentano una delle voci storiche più significative del Roero vitivinicolo. La maggior parte dei vigneti aziendali sono situati su terreni argillo sabbiosi e si trovano nel comune di Canale. La produzione, rigorosamente legata al territorio, propone nel rispetto della tradizione i vini tipici della zona, partendo dai vitigni arneis, barbera e nebbiolo, e unisce alla sapienza contadina nel lavoro in vigna uno stile moderno in cantina, per vini che alla fine risultano essere di grande autenticità.

Sempre di alto livello il Roero di Filippo Gallino. La versione '09 ha note di liquirizia e lampone, palato potente e ricco di polpa, succoso e di grande lunghezza. Ben realizzati anche la Barbera d'Alba Superiore '09, terrosa e floreale, spigolosa per un eccesso di tannini, atipici per il vitigno, ma di buon frutto, il Langhe Nebbiolo Licin '09, minerale, dai tannini un po' rustici, ma dinamico e di carattere, e la Barbera d'Alba Elaine '09, fruttata, piena, ricca di frutto, con un filo di tannini di troppo ma appagante e complessivamente di buona piacevolezza.

Gancia
c.so Libertà, 66
14053 Canelli [AT]
Tel. 01418301
www.gancia.it

VENDITA DIRETTA
VISITA SU PRENOTAZIONE

PRODUZIONE ANNUA 30.000.000 bottiglie

Carlo Gancia, il fondatore di questa dinastia, ha importato nel 1850 a Canelli l'arte della spumantizzazione come l'aveva appresa nella zona dello Champagne. Oggi la famiglia Gancia continua a proporsi come un nome di riferimento assoluto per questa tipologia, senza rinunciare a produrre da circa un decennio una serie di vini fermi con il nome Tenute dei Vallarino. Il centro della produzione e del parco vigneti è nella provincia di Asti, ma l'azienda propone un'ampia gamma di etichette in grado di competere sui mercati esteri, ineccepibili dal punto di vista tecnico e dallo standard qualitativo elevato.

Di alto livello entrambe le linee produttive della Gancia. Spiccano il Piemonte Metodo Classico Brut Cuvée 18, dai sentori di frutta bianca e crosta di pane su fondo di lieviti, di grande forza e lunghezza, con un finale vibrante, e la Barbera d'Asti Superiore Nizza Bricco Asinari '08, dai toni di frutta nera, tabacco e spezie e dal palato polposo, ricco, coerente, dal lungo finale appena alcolico. Da segnalare poi l'Alta Langa Cuvée 60 Brut Riserva '05, dai profumi di pesca e spezie dolci, più austero e tagliente al palato, la Barbera d'Asti Superiore La Ladra '08, fruttata, succosa e di carattere, e l'Asti Metodo Classico Cuvée 24 '08, dalle note di pasticceria, ricco ma dal finale lungo e fresco.

- Roero '09   5
- Barbera d'Alba Elaine '09   4*
- Barbera d'Alba Sup. '09   5
- Langhe Nebbiolo Licin '09   4
- Barbera d'Alba Sup. '05   5
- Barbera d'Alba Sup. '04   5
- Roero '06   6
- Roero Sup. '03   6
- Roero Sup. '01   6
- Roero Sup. '99   6
- Barbera d'Alba '09   4
- Barbera d'Alba '07   4*
- Langhe Nebbiolo Licin '08   5

- Barbera d'sti Sup. Nizza Bricco Asinari '08   6
- Alta Langa Cuvée 36 Brut '08   6
- Alta Langa Cuvée 60 Brut Ris. '05   6
- Asti M. Cl. Cuvée 24 '08   6
- Barbera d'Asti Sup. La Ladra '08   4
- Monferrato Rosso Rispetto '08   6
- Piemonte M. Cl. Brut Cuvée 18   4
- Monferrato Bianco Pèporo '10   4
- Monferrato Bianco Unisono '10   4
- Moscato d'Asti Castello di Canelli '10   4
- Asti M. Cl. Cuvée 24 '08   6
- Barbera d'Asti La Ladra '07   4
- Barbera d'Asti Sup. Bricco Asinari '07   6
- Cuvée 18 M. Cl. Brut   5
- Cuvée 18 M. Cl. Brut Rosé   5

PIEMONTE

Tenuta Garetto
S.DA ASTI MARE, 30
14041 AGLIANO TERME [AT]
TEL. 0141954068
www.garetto.it

VENDITA DIRETTA
VISITA SU PRENOTAZIONE

PRODUZIONE ANNUA 100.000 bottiglie
ETTARI VITATI 20.00

L'azienda di Alessandro Garetto si trova al centro del cosiddetto triangolo d'oro della barbera, tra il Tanaro e il Belbo. I vigneti, di età compresa fra i 60 e i 70 anni, a parte due impianti più recenti, si trovano principalmente sulla collina alle spalle della cantina, su terreni franco argillosi di origine calcareo marnosa, con una esposizione favorevole che varia da sud a sud ovest. I vini prodotti, principalmente Barbera d'Asti, pur mantenendo una notevole tipicità sono di stampo moderno, con una notevole ricchezza di frutto e intensità aromatica. L'80% della superficie vitata è impiantata a barbera.

Alessandro Garetto ha presentato tre Barbera di buon livello, anche se l'annata 2008 è pesata sulla più titolata. La Barbera d'Asti Superiore Nizza Favà '08 infatti è di buona struttura e ricchezza di frutto, fresca e speziata, ma risulta contratta e dal finale un po' stretto. Ben realizzate la Barbera d'Asti Superiore In Pectore '09, dai profumi di cacao e tabacco al naso, seguite da sfumature di goudron e china, e dal palato fitto, ricco di frutto ma anche tannico e spigoloso, e la Barbera d'Asti Tra Neuit e Dì '10, dai sentori speziati e di piccoli frutti rossi al naso, fresca, piacevole, di buona polpa e lunghezza al palato.

Antonia Gazzi
S.DA GAVARRA, 12
14049 NIZZA MONFERRATO [AT]
TEL. 0141793512
azienda.gazzi@virgilio.it

VENDITA DIRETTA
VISITA SU PRENOTAZIONE

PRODUZIONE ANNUA 10.000 bottiglie
ETTARI VITATI 1.50

Conferma la sua presenza nella sezione principale la piccola azienda di Antonia Gazzi e Sergio Mariani, entrata in Guida per la prima volta lo scorso anno. La barbera è protagonista unica della produzione, con alcune vigne risalenti persino alla fine degli anni '30. I terreni su cui sono coltivate sono di tipo tufaceo e sabbioso, con una favorevole esposizione, sono lavorati a mano e inerbiti. I vini prodotti hanno uno stile tradizionale, attento all'espressione del territorio ma anche di grande personalità.

Per una piccola azienda come questa, che presenta solo due vini della stessa annata, far fronte ad un millesimo difficile come il 2008 non è certo facile. A maggior ragione ci ha convinto la prestazione delle due Barbera di Antonia Gazzi. La Barbera d'Asti Superiore Nizza Praiot presenta dei profumi di piccoli fruti neri, con sfumature di drostata e spezie dolci, mentre il palato è di notevole pienezza e fittezza, morbido e coerente, cui manca, stranamente per l'annata, solo un po' di acidità. Ben realizzata anche la Barbera d'Asti Praiot, più semplice e scorrevole ma di buon frutto, con leggere note speziate e di piacevole beva.

- Barbera d'Asti Sup. In Pectore '09 ♟♟ 4
- Barbera d'Asti Sup. Nizza Favà '08 ♟♟ 5
- Barbera d'Asti Tra Neuit e Dì '10 ♟♟ 3*
- Barbera d'Asti Sup. In Pectore '08 ♟ 4
- Barbera d'Asti Sup. In Pectore '07 ♟ 4*
- Barbera d'Asti Sup. In Pectore '06 ♟ 4*
- Barbera d'Asti Sup. Nizza Favà '07 ♟ 5
- Barbera d'Asti Sup. Nizza Favà '06 ♟ 5
- Barbera d'Asti Sup. Nizza Favà '05 ♟ 5
- Barbera d'Asti Tra Neuit e Dì '09 ♟ 3*
- Barbera d'Asti Tra Neuit e Dì '08 ♟ 3*
- Barbera d'Asti Tra Neuit e Dì '07 ♟ 3*
- ○ Piemonte Chardonnay Diversamente '07 ♟ 4

- Barbera d'Asti Sup. Nizza Praiot '08 ♟♟ 6
- Barbera d'Asti Praiot '08 ♟♟ 4
- Barbera d'Asti Praiot '07 ♟ 4*
- Barbera d'Asti Sup. Nizza Praiot '07 ♟ 6
- Barbera d'Asti Sup. Nizza Praiot '06 ♟ 6

PIEMONTE

Ettore Germano
LOC. CERRETTA, 1
12050 SERRALUNGA D'ALBA [CN]
TEL. 0173613528
www.germanoettore.com

VENDITA DIRETTA
VISITA SU PRENOTAZIONE
OSPITALITÀ

PRODUZIONE ANNUA 70.000 bottiglie
ETTARI VITATI 13.50

Sergio Germano ha realizzato, in circa 25 anni di attività, un disegno produttivo di grande valore, contribuendo a diffondere, in Italia e all'estero, la conoscenza della terra di Langa. La gamma dei vini si distingue per un carattere molto rispettoso di ogni singolo vitigno. Accanto ai longevi cru di Barolo, ci piace sottolineare l'impegno sul fronte del Riesling, un vino tanto affascinante quanto complicato da realizzare che, dopo pochi anni di produzione, si è posizionato con pieno merito tra i migliori bianchi italiani.

Si conferma come bianco di rara finezza l'Hérzu '09, a base di riesling in purezza, con note di fiori bianchi e idrocarburi al naso, cui segue una bocca piuttosto morbida ma ben contrastata da una vivida acidità: Tre Bicchieri di grande personalità e bevibilità. Il Barolo Lazzarito Riserva '05 gioca su toni scuri di piccoli frutti rossi, china, liquirizia e tabacco; la bocca è austera e di pregevole consistenza, lunghissima. Il Barolo Cerretta '07, ancora non del tutto espresso a livello olfattivo, presenta bacche rosse e note mentolate in evidenza; al palato i tannini sono evidenti e di bella stoffa. L'articolata gamma proposta stupisce per l'eccellenza qualitativa di ogni etichetta.

○ Langhe Bianco Hérzu '09	🍷🍷🍷 6
● Barolo Cerretta '07	🍷🍷🍷 8
● Barolo Lazzarito Ris. '05	🍷🍷🍷 8
● Barbera d'Alba V. della Madre '08	🍷🍷 6
● Barolo Prapò '07	🍷🍷 8
● Barolo Serralunga '07	🍷🍷 7
○ Langhe Bianco Binel '09	🍷🍷 5
○ Langhe Chardonnay '10	🍷🍷 4*
● Langhe Nebbiolo '09	🍷🍷 5
● Langhe Rosso Balàu '08	🍷🍷 5
● Barolo Cerretta '05	🍷🍷🍷 8
● Barolo Prapò '04	🍷🍷🍷 7
○ Langhe Bianco Hérzu '08	🍷🍷🍷 6
● Barolo Cerretta '06	🍷🍷 8
● Barolo Lazzarito Ris. '04	🍷🍷 8
● Barolo Prapò '06	🍷🍷 8

La Ghibellina
FRAZ. MONTEROTONDO, 61
15066 GAVI [AL]
TEL. 0143686257
www.laghibellina.it

VENDITA DIRETTA
VISITA SU PRENOTAZIONE
RISTORAZIONE

PRODUZIONE ANNUA 60.000 bottiglie
ETTARI VITATI 7.50

Alberto e Marina Ghibellini hanno iniziato l'attività di produttori nel 2000 a Monterotondo, frazione di Gavi rinomata per la qualità dei prodotti vitivinicoli che sa esprimere. Nei loro vigneti i sistemi di allevamento sono a guyot, con una alta densità di ceppi per ettaro e i vitigni utilizzati sono in prevalenza cortese e barbera, con una piccola presenza di merlot. Per quanto riguarda i vini, una crescita costante ha accompagnato questo decennio di vendemmie, sino a raggiungere con il Monferrato Rosso Pituj alla sua prima uscita la finale e uno spazio maggiore in Guida con la scheda grande.

Per cominciare a descrivere il Pituj potremmo utilizzare una classica esclamazione da regista cinematografico "buona la prima", questo assemblaggio di Merlot e Barbera (20%), alla sua prima uscita ci ha impressionati per armonia ed equilibrio. Di colore rubino quasi impenetrabile, al naso sviluppa aromi dolci da affinamento in legno, su un frutto ancora presente, la fase gustativa vede un tannino elegante distendersi su un finale lungo e sapido. Nero del Montone è un vino complesso al naso, che al palato esprime carattere e armonia con una persistenza aromatica finale lunga e leggermente alcolica. Il Gavi di Gavi Brut è uno dei pochi esempi di quanto possa rendere il Cortese in purezza nella produzione delle bollicine. Chiude la Batteria il Gavi di Gavi Altius.

● M.to Rosso Pituj '09	🍷🍷 4
○ Gavi del Comune di Gavi Brut '08	🍷🍷 5
● M.to Rosso Nero del Montone '08	🍷🍷 5
○ Gavi del Comune di Gavi Altius '09	🍷 5
● M.to Rosso Nero del Montone '07	🍷🍷 5

PIEMONTE

Attilio Ghisolfi

Loc. Bussia, 27
12065 Monforte d'Alba [CN]
Tel. 017378345
www.ghisolfi.com

VENDITA DIRETTA
VISITA SU PRENOTAZIONE

PRODUZIONE ANNUA 45.000 bottiglie
ETTARI VITATI 6.50

Siamo all'interno di una delle zone più vocate per l'uva nebbiolo, la Bussia, e qui Gianmarco, figlio del capace Attilio, dal 1988 realizza, oltre a una valida etichetta di Barolo base, la celebre selezione Bricco Visette, cui nelle grandi annate si è da poco affiancata la Riserva Fantini. Crescono i risultati e cresce l'attenzione per una lavorazione delle vigne sempre più rispettosa dell'ambiente, per cui già oggi le concimazioni sono organiche e il diserbo viene effettuato con macchine e non più attraverso prodotti chimici.

Il Barolo Fantini Riserva '05 è di stampo moderno, con legno e alcol in evidenza, ma non manca la polpa, che conduce a un finale ampio e pulito. Non molto diverso il Barolo Bussia Bricco Visette '07, appena più fruttato e caldo, con ricordi di ciliegie sotto spirito. Entrambi si gioveranno di un buon affinamento in bottiglia, tenuto conto della struttura e della franchezza attuali. Il Barolo Bussia '07 è un po' meno ricco e lascia quindi prevalere una decisa tannicità al palato, che termina con dolci richiami di rovere. Frutti neri e richiami balsamici nel Langhe Rosso Alta Bussia '07, classico taglio di Langa a base di nebbiolo e barbera, dotato di un palato avvolgente e fresco.

★Bruno Giacosa

via XX Settembre, 52
12057 Neive [CN]
Tel. 017367027
www.brunogiacosa.it

PRODUZIONE ANNUA 500.000 bottiglie
ETTARI VITATI 22.00

Storica firma di etichette celebri in tutto il mondo, Bruno Giacosa è sicuramente il miglior conoscitore delle vigne di Langa, che ha vinificato e sperimentato in una carriera ormai vicina ai sessant'anni di lavoro. Pur proseguendo nell'oculata politica di acquisto di uve, negli ultimi anni Bruno ha deciso di dotarsi di un parco vigneti di proprietà, in cui eccellono il cru Asili a Barbaresco e il Falletto a Serralunga d'Alba. Ma tutta la produzione è curata con rara perizia, dal nitido Roero Arneis al pregevole spumante che porta il suo nome.

Tre Bicchieri al Barolo '07 proveniente dal grande cru Falletto di Serralunga, splendido esemplare della miglior tradizione langarola: frutti rossi e viola in evidenza, tannini consistenti ma morbidi e dolci, persistenza straordinaria. Gran carattere anche per il brillante Barbaresco Asili '08, decisamente ricco di polpa e godibilissimo. La degustazione del Barbaresco Asili "etichetta rossa" '07 è stata invece posticipata alla prossima edizione della Guida per rispettare i tempi di uscita delle Riserve. Tutta la batteria è all'altezza della fama mondiale di questo straordinario produttore, con una particolare nota di merito per la ricca e fresca Barbera d'Alba Falletto '09.

● Barolo Bussia Bricco Visette '07	🍷🍷 7
● Barolo Fantini Ris. '05	🍷🍷 8
● Barolo Bussia '07	🍷🍷 6
● Langhe Nebbiolo '08	🍷🍷 4*
● Langhe Rosso Alta Bussia '07	🍷🍷 6
● Barolo Bricco Visette '05	🍷🍷🍷 7
● Barolo Bricco Visette '01	🍷🍷🍷 7
● Barolo Fantini Ris. '01	🍷🍷🍷 8
● Langhe Rosso Alta Bussia '01	🍷🍷🍷 6
● Langhe Rosso Alta Bussia '00	🍷🍷🍷 6
● Langhe Rosso Alta Bussia '99	🍷🍷🍷 6

● Barolo Falletto '07	🍷🍷🍷 8
● Barbaresco Asili '08	🍷🍷 8
● Barbera d'Alba Falletto '09	🍷🍷 7
● Barbaresco Santo Stefano '08	🍷🍷 8
● Nebbiolo d'Alba Valmaggiore '09	🍷🍷 6
○ Roero Arneis '10	🍷🍷 5
● Dolcetto d'Alba Falletto '10	🍷 5
● Barbaresco Asili '05	🍷🍷🍷 8
● Barbaresco Rabajà Ris. '01	🍷🍷🍷 8
● Barbaresco Santo Stefano '01	🍷🍷🍷 8
● Barolo Falletto '04	🍷🍷🍷 8
● Barolo Le Rocche del Falletto '05	🍷🍷🍷 8
● Barolo Le Rocche del Falletto '04	🍷🍷🍷 8
● Barolo Le Rocche del Falletto Ris. '01	🍷🍷🍷 8

PIEMONTE

Carlo Giacosa
S.DA OVELLO, 9
12050 BARBARESCO [CN]
TEL. 0173635116
www.carlogiacosa.it

VENDITA DIRETTA
VISITA SU PRENOTAZIONE

PRODUZIONE ANNUA 35.000 bottiglie
ETTARI VITATI 5.00

Carlo Giacosa ha ormai superato le 40 vendemmie, per cui sta lasciando uno spazio sempre maggiore ai familiari, a partire dall'entusiasta e tenace Maria Grazia. Lo stile aziendale è volutamente classico, a partire dall'uso esclusivo di vitigni locali, in cui primeggia ovviamente il nebbiolo. Tra le diverse vigne a disposizione per la produzione del Barbaresco emerge lo splendido Montefico, indubbiamente uno dei migliori cru di tutta la denominazione. Non sono da meno gli appezzamenti di Asili e Ovello alla base del Narin. I prezzi delle bottiglie sono decisamente amichevoli.

Il vigneto Montefico era già stato classificato come eccellente alla nascita del Barbaresco, sul finire dell'Ottocento, da quel Domizio Cavazza che è stato giustamente considerato il padre di questa denominazione. Qui la famiglia Giacosa possiede un piccolo appezzamento che dà costantemente ottime uve, tanto da consentire loro il raggiungimento dei Tre Bicchieri con la vendemmia '08. Naso molto classico, con tabacco e fiori secchi, e bocca sapida, ricca e dai tannini eleganti. La versione '07 è lievemente più evoluta e di buona rotondità al palato. Il raffinato Barbaresco Narin '08 è più fresco, con fragoline e lampone all'olfatto e tannini già setosi in bocca. Prezzi più che amichevoli.

- Barbaresco Montefico '08 ❦❦❦ 6*
- Barbaresco Narin '08 ❦❦ 5*
- Barbaresco Montefico '07 ❦❦ 6
- Barbera d'Alba Lina '09 ❦❦ 4*
- Langhe Nebbiolo Maria Grazia '09 ❦❦ 4*
- Barbera d'Alba Mucin '10 ❦ 4
- Dolcetto d'Alba Cuchet '10 ❦ 3
- Barbaresco Montefico '06 ❦❦ 6
- Barbaresco Narin '07 ❦❦ 5
- Barbaresco Narin '06 ❦❦ 6*
- Barbaresco Narin '05 ❦❦ 6*
- Barbera d'Alba Lina '07 ❦❦ 4*

F.lli Giacosa
VIA XX SETTEMBRE, 64
12057 NEIVE [CN]
TEL. 017367013
www.giacosa.it

VENDITA DIRETTA
VISITA SU PRENOTAZIONE

PRODUZIONE ANNUA 500.000 bottiglie
ETTARI VITATI 50.00

Pur proseguendo in un'oculata politica di acquisto di uve da conferitori ormai storici, i Giacosa hanno ormai raggiunto la considerevole cifra di 50 ettari di proprietà, il che permette loro di attuare una conduzione agronomica sempre più attenta al rispetto dell'ambiente, a partire dall'uso esclusivo di concimi naturali. I vigneti sono sparsi in diversi comuni e consentono la produzione di tutte le tipologie locali tradizionali, dal Barolo al Barbaresco, dalla Barbera al Dolcetto d'Alba, con una piccola concessione esterofila allo Chardonnay.

Il terroir della Bussia non si smentisce e consente una notevole prestazione alla versione '07 del Barolo dei Giacosa: fiori secchi e tabacco al naso, prestigiosa progressione sul palato, dove i tannini sono ben presenti ma dolci e non aggressivi. Il Barolo Vigna Mandorlo '06, frutto di un'annata meno calda, è invece più rigido e bisognoso di affinamento, pur corretto nell'impostazione gustativa. Il godibile Barbaresco Basarin '08 è complesso e armonico, con richiami balsamici al naso e bocca fresca, vibrante e persistente. Meno nitida nei profumi e più evoluta la selezione Gianmaté dello stesso anno.

- Barolo Bussia '07 ❦❦ 7
- Barbaresco Basarin '08 ❦❦ 6
- Barolo V. Mandorlo '06 ❦❦ 7
- Barbaresco Basarin V. Gianmaté '08 ❦ 6
- Barbera d'Alba '08 ❦ 5
- Dolcetto d'Alba '10 ❦ 4
- ○ Roero Arneis '10 ❦ 4
- Barbaresco Basarin '06 ❦❦ 6
- Barbaresco Basarin V. Gianmatè '07 ❦❦ 6
- Barbaresco Basarin V. Gianmatè '05 ❦❦ 6
- Barbaresco Gian Matè '04 ❦❦ 6
- Barbera d'Alba Madonna di Como '06 ❦❦ 4*
- Barolo Bussia '06 ❦❦ 6
- Barolo V. Mandorlo '04 ❦❦ 7

PIEMONTE

Giovanni Battista Gillardi
CASCINA CORSALETTO, 69
12060 FARIGLIANO [CN]
TEL. 017376306
www.gillardi.it

VENDITA DIRETTA
VISITA SU PRENOTAZIONE

PRODUZIONE ANNUA 35.000 bottiglie
ETTARI VITATI 8.00

Giacolino Gillardi non ha fatto voto alla sola uva dolcetto, che rimane comunque il vitigno di riferimento: e con l'azienda a Farigliano non potrebbe essere diversamente. Eppure questa realtà di appena 8 ettari e 35mila bottiglie ha puntato anche sugli internazionali, in primis syrah e merlot. Il Dolcetto è in scia con lo stile tradizionale, potente quando l'annata lo consente, di pronta beva quando la vendemmia è meno fortunata; decisamente più moderni e di gusto internazionale i vini a base di uve francesi.

L'Harys di Giacolino Gillardi, uno dei rari esempi di Syrah piemontesi, torna ad altissimi livelli. Parliamo del Langhe Rosso '09, di un rubino scuro impenetrabile, intenso e pulito con note di rovere aggraziate, sentori tipici di pepe e frutta nera, bocca potente e fresca. Il Langhe Rosso Il Fiore di Harys '09 (dolcetto e merlot) è tecnicamente perfetto, gli manca però il carattere del fratello maggiore. Venendo ai Dolcetto, il notevolissimo Cursalet '10 prende il largo rispetto al Maestra '10. Il primo è un campione: rubino intenso, nota classica di mora e liquirizia, bocca di rara densità e mandorla amara sul finale. Il Maestra è più vegetale in chiusura, con beva fresca e poco corposa.

- Dolcetto di Dogliani Cursalet '10 — 4
- Langhe Rosso Harys '09 — 7
- Dolcetto di Dogliani Maestra '10 — 4*
- Langhe Rosso Il Fiore di Harys '09 — 7
- Dolcetto di Dogliani Cursalet '09 — 4*
- Dolcetto di Dogliani Cursalet '08 — 4
- Dolcetto di Dogliani Maestra '09 — 4*
- Dolcetto di Dogliani Maestra '08 — 4*
- Granaccio '06 — 8
- Langhe Rosso Harys '08 — 7
- Langhe Rosso Harys '07 — 7
- Langhe Rosso Merlò '07 — 7
- Langhe Rosso Yeta '07 — 5

Cascina Giovinale
S.DA SAN NICOLAO, 102
14049 NIZZA MONFERRATO [AT]
TEL. 0141793005
www.cascinagiovinale.com

VENDITA DIRETTA
VISITA SU PRENOTAZIONE

PRODUZIONE ANNUA 25.000 bottiglie
ETTARI VITATI 7.00

Poco fuori Nizza Monferrato, sulla collina di San Nicolao, sorgono i vigneti dell'azienda fondata da Bruno Ciocca e dalla moglie Anna Maria Solaini nel 1980, a circa 260 metri di altitudine, con un'esposizione sud sud ovest e su terreni di tipo calcareo sabbioso. Tutta la superficie vitata è all'interno della zona del Nizza e la maggior parte delle piante ha di più di 50 anni. I vitigni coltivati sono quelli tipici di queste zone - barbera soprattutto, ma anche cortese, dolcetto e moscato - con una piccola quantità di cabernet sauvignon.

Buona interpretazione dell'annata quella della Barbera d'Asti Superiore Nizza Anssèma '08, dagli aromi intensi e speziati, anche se ancora segnati da note legnose, palato potente, ricco di frutto, dal finale di buona lunghezza anche se un po' stretto. Ben realizzata anche la Barbera d'Asti Superiore '09, dai toni di frutta nera matura e fichi, con una buona entrata sul palato, ricca, piena e fruttata, di buona acidità anche se manca di un po' di dinamismo nel finale. Corretto e piacevole infine il Piemonte Cortese Naiss '10, semplice e fresco ma non privo di equilibrio e carattere.

- Barbera d'Asti Sup. '09 — 4*
- Barbera d'Asti Sup. Nizza Anssèma '08 — 5
- ○ Piemonte Cortese Naiss '10 — 4
- Barbera d'Asti Sup. '07 — 4*
- Barbera d'Asti Sup. '06 — 4*
- Barbera d'Asti Sup. Nizza Anssèma '07 — 5
- Barbera d'Asti Sup. Nizza Anssèma '06 — 5*

PIEMONTE

La Giribaldina
Reg. San Vito, 39
14042 Calamandrana [AT]
Tel. 0141718043
www.giribaldina.com

VENDITA DIRETTA
VISITA SU PRENOTAZIONE
OSPITALITÀ

PRODUZIONE ANNUA 60.000 bottiglie
ETTARI VITATI 10.00

Trasferitasi dalla provincia di Varese, la famiglia Colombo dal 1995 gestisce con passione questa azienda con sede nella cascina Giribaldi, nel comune di Calamandrana. La barbera è di gran lunga il vitigno più importante, circa il 70% degli impianti, affiancato da minori percentuali di moscato e sauvignon. I vigneti principali sono quelli di Bricco Castellaro nel comune di Vaglio Serra e di Monte del Mare nel parco naturale della Val Sarmassa. I vini prodotti sono d'impianto moderno e di bella precisione aromatica.

Quest'anno l'azienda riconquista la sezione principale della nostra Guida, grazie a diversi vini di ottimo livello, in particolare la Barbera d'Asti Superiore Vigneti della Val Sarmassa '09, che raggiunge le nostre finali grazie a profumi di tabacco e liquirizia, seguiti da sfumature di cacao e ginepro, con un palato ricco di acidità e polpa, lungo e profondo. Ben realizzate anche le altre due Barbera d'Asti presentate, la Monte del Mare '10, dalle note floreali e di liquirizia, palato non molto ricco ma scorrevole e nitida, e la Superiore Nizza Cala delle Mandrie '08, morbida e di buona pienezza.

- Barbera d'Asti Sup. Vign. della Val Sarmassa '09 ỲỲ 4
- Barbera d'Asti Monte del Mare '10 Ỳ 3
- Barbera d'Asti Sup. Nizza Cala delle Mandrie '08 ỲỲ 5
- M.to Bianco Ferro di Cavallo '10 Ỳ 4
- Moscato d'Asti '10 Ỳ 4
- Barbera d'Asti Monte del Mare '08 Ỳ 3*
- Barbera d'Asti Sup. Nizza Cala delle Mandrie '07 ỲỲ 5

La Gironda
S.da Bricco, 12
14049 Nizza Monferrato [AT]
Tel. 0141701013
www.lagironda.com

VENDITA DIRETTA
VISITA SU PRENOTAZIONE

PRODUZIONE ANNUA 40.000 bottiglie
ETTARI VITATI 8.00

Azienda giovane (un decennio di vita) che può contare però su alcuni vigneti con più di mezzo secolo, La Gironda è situata sulle colline di Nizza Monferrato, in uno dei grandi cru del nicese, il Bricco Cremosina. Questa piccola azienda condotta da Agostino Galandrino (con un'esperienza trentennale nella costruzione di macchine enologiche) e dalla figlia Susanna con suo marito Alberto Adamo, propone una serie di etichette, in particolare di Barbera d'Asti, di stile moderno e di buona personalità. Le altre uve coltivate sono moscato, cortese, chardonnay, sauvignon, dolcetto, brachetto, nebbiolo, cabernet franc e merlot.

Conquista le nostre finali la Barbera d'Asti La Gena '09, dai profumi ancora poco espressi, in cui alle note di rovere seguono sentori di tabacco e frutti neri, e dal palato esplosivo, tannico e ricco di frutto, dal finale complesso e di grande lunghezza. Ben realizzati poi il Monferrato Bianco L'Aquilone '10, blend di uve sauvignon (60%), chardonnay (30%) e cortese, dai toni di frutta bianca, banana, pepe bianco, fresco, abbastanza lungo e di buona materia, e la Barbera d'Asti La Lippa '10, con sentori di piccoli frutti neri e spezie, palato gradevole ed equilibrato, ma un po' semplice e di media lunghezza.

- Barbera d'Asti La Gena '09 ỲỲ 4*
- Barbera d'Asti Sup. Nizza Le Nicchie '08 ỲỲ 5
- Barbera d'Asti La Lippa '10 ỲỲ 3*
- M.to Bianco L'Aquilone '10 ỲỲ 4*
- M.to Rosso Chiesavecchia '08 Ỳ 5
- Barbera d'Asti La Gena '06 ỲỲ 4*
- Barbera d'Asti Sup. Nizza Le Nicchie '07 ỲỲ 5
- Barbera d'Asti Sup. Nizza Le Nicchie '06 ỲỲ 5
- Barbera d'Asti Sup. Nizza Le Nicchie '05 ỲỲ 5
- M.to Rosso Chiesavecchia '07 ỲỲ 4*
- M.to Rosso Chiesavecchia '06 ỲỲ 4*

PIEMONTE 148

La Giustiniana
Fraz. Rovereto, 5
15066 Gavi [AL]
Tel. 0143682132
www.lagiustiniana.it

VENDITA DIRETTA
VISITA SU PRENOTAZIONE

PRODUZIONE ANNUA 200.000 bottiglie
ETTARI VITATI 39.00

Si perdono nella notte dei tempi le origini di questa magnifica villa-tenuta, conosciuta come La Giustiniana fin dal '600. Oggi appartiene alla famiglia Lombardini che gestisce con la collaborazione di Enrico Tomalino un patrimonio di circa 40 ettari dedicati al cortese, posizionati tra i 300 e i 500 metri e curati senza ausilio di diserbi chimici o antibotritici. È stata una delle prime aziende della zona a imbottigliare separatamente i propri cru, distinguendo le marne grigie del vigneto Lugarara dalle terre rosse del vigneto Montessora, entrambi vinificati esclusivamente in acciaio.

Non ripete le prove delle ultime edizioni, ma la gamma de La Giustiniana è sempre una garanzia per chi ama interpretazioni del cortese di Gavi potenti ma al tempo stesso dotati di forza minerale. È di nuovo Il Nostro Gavi a fornire le migliori indicazioni: l'annata '09 si focalizza subito su toni di mandorla e fiori appassiti, rivelando un'anima matura con i ricordi di susina e melone ma soprattutto con un sorso largo e caldo, leggermente asciutto nel finale. Non molto diversa la trama del Gavi di Gavi Montessora '10, tra fiori gialli e nocciola, morbido e glicerico nell'impatto, senza la spinta delle migliori versioni. Un gradino sotto il Gavi di Gavi Lugarara '10.

○ Gavi del Comune di Gavi Il Nostro Gavi '09	6
○ Gavi del Comune di Gavi Montessora '10	5
○ Gavi del Comune di Gavi Lugarara '10	4
○ Gavi del Comune di Gavi Il Nostro Gavi '07	5
○ Gavi del Comune di Gavi Il Nostro Gavi '06	5
○ Gavi del Comune di Gavi Lugarara '07	4
○ Gavi del Comune di Gavi Montessora '09	5

Cantina del Glicine
Via Giulio Cesare, 1
12052 Neive [CN]
Tel. 017367215
www.cantinadelglicine.it

VENDITA DIRETTA
VISITA SU PRENOTAZIONE

PRODUZIONE ANNUA 40.000 bottiglie
ETTARI VITATI 4.00

La sobria struttura seicentesca in cima alla parte storica del paese è poco appariscente, ornata da un po' di verde tra cui spicca la pianta di glicine che dà il nome alla cantina. Ma l'interno è decisamente suggestivo, con una cantina sotterranea che da sola vale la visita. Adriana Mazzi e Roberto Bruno conducono da trent'anni questa piccola azienda all'insegna del rispetto della natura e della personalità delle singole uve, evitando ogni modernismo tecnico ingiustificato e limitandosi alla coltivazione di uve autoctone.

Il Barbaresco Currà '08 è ancora poco espresso, comunque intenso e vivo, con china e tabacco nero in evidenza seguiti da una bocca tannica e concentrata. Il liquirizioso Barbaresco Marcorino '08 ha la stessa impostazione ma risulta ancora più austero, quindi il consiglio è quello di aspettare per qualche tempo prima di stapparlo. In una cantina decisamente tradizionale, ecco due etichette di quella che un tempo si chiamava la "Barbera nebbiolata", ovviamente per via dell'aggiunta di una piccola percentuale di uve nebbiolo: la Barbera d'Alba Superiore La Dormiosa '08 – fruttata di more e mirtilli, giocata più sull'armonia che sulla potenza – e la più semplice La Sconsolata, maturata in barrique.

● Barbaresco Currà '08	5
● Barbaresco Marcorino '08	6
● Barbera d'Alba Sup. La Dormiosa '08	4
● Barbera d'Alba La Sconsolata '09	4
● Dolcetto d'Alba Olmiolo '10	4
○ Roero Arneis Il Mandolo '10	4
● Barbaresco Currà '07	6
● Barbaresco Marcorino '07	6
● Barbera d'Alba Sup. La Dormiosa '07	5

PIEMONTE

★ Elio Grasso
LOC. GINESTRA, 40
12065 MONFORTE D'ALBA [CN]
TEL. 017378491
www.eliograsso.it

VENDITA DIRETTA
VISITA SU PRENOTAZIONE

PRODUZIONE ANNUA 75.000 bottiglie
ETTARI VITATI 18.00

La visita alla cantina è assolutamente consigliata, ma chi non riuscisse a passare da Monforte può avere un assaggio di questa realtà sfogliando il sito internet aziendale. Elio, da sempre aiutato dalla volitiva moglie Marina Fontana e dal 1996 dal figlio Gianluca, ha deciso di tornare alla campagna sul finire degli anni Settanta, appassionandosi sempre più a un'attività che gli ha consentito di divenire una delle più prestigiose firme delle Langhe e di far apprezzare la classicità del proprio Barolo a livello mondiale. Le uve rosse sono esclusivamente autoctone, mentre per il bianco aziendale si è deciso di realizzare uno Chardonnay fermentato e maturato in barrique.

Il Casa Maté è inserita in quello che è uno dei cru più prestigiosi del comprensorio del Barolo, la Ginestra, costantemente contraddistinta da freschi sentori balsamici appoggiati su una base di piccoli frutti rossi. Un terreno che garantisce inoltre una struttura di tutto rispetto, trattandosi di una posizione di Monforte che guarda verso Serralunga d'Alba. Tutte queste caratteristiche si ritrovano al meglio nel pregevole Barolo '07 di Elio Grasso, che merita quindi ampiamente i Tre Bicchieri. A un'incollatura il Chiniera, generoso come vuole la vendemmia 2007 e già molto ben espresso. Di franca bevibilità il resto della batteria.

- Barolo Ginestra Casa Maté '07   🍷🍷🍷 8
- Barolo Gavarini Chiniera '07   🍷🍷 8
- Barbera d'Alba V. Martina '08   🍷🍷 5
- Dolcetto d'Alba dei Grassi '10   🍷🍷 4
- Langhe Nebbiolo Gavarini '10   🍷 5
- Barolo Gavarini V. Chiniera '06   🍷🍷🍷 8
- Barolo Gavarini V. Chiniera '01   🍷🍷🍷 8
- Barolo Ginestra V. Casa Maté '05   🍷🍷🍷 8
- Barolo Ginestra V. Casa Maté '04   🍷🍷🍷 8
- Barolo Ginestra V. Casa Maté '03   🍷🍷🍷 8
- Barolo Rüncot '01   🍷🍷🍷 8
- Barolo Rüncot '00   🍷🍷🍷 8
- Barolo Rüncot '99   🍷🍷🍷 8
- Barbera d'Alba V. Martina '07   🍷🍷 5
- Barolo Ginestra V. Casa Maté '06   🍷🍷 8

Silvio Grasso
FRAZ. ANNUNZIATA
CASCINA LUCIANI, 112
12064 LA MORRA [CN]
TEL. 017350322

VENDITA DIRETTA

PRODUZIONE ANNUA 70.000 bottiglie
ETTARI VITATI 11.00

L'inizio della bella avventura avviene a metà degli anni Ottanta e l'impostazione enologica è un sapiente equilibrio tra modernità e tradizione. Federico Grasso - da sempre aiutato dalla moglie Marilena, cui si sono aggiunti da poco i figli Paolo e Silvio - è particolarmente rispettoso delle peculiarità dei singoli vigneti, per cui propone ben sei etichette diverse di Barolo, che corrispondono anche a diversi metodi di affinamento in cantina. La Barbera d'Alba Fontanile è ormai un classico riconosciuto di questa tipologia ed è in grado di migliorare in bottiglia per parecchi anni.

Il suadente Barolo Bricco Luciani '07 è particolarmente fresco, quasi balsamico, e ricco di frutti rossi su uno sfondo di legno di quercia; la bocca è robusta, fitta di tannini densi e non asciutti sino al lungo ed elegante finale. Il moderno Barolo Ciabot Manzoni '07 offre spezie, cacao e bacche nere con lieve inserimento del rovere; bocca importante, robusta, densa, appena poco articolata ma già molto apprezzabile. Pregevole finezza nel Barolo Vigna Plicotti '07, un po' carente quanto a complessità, di medio corpo. Il moderno Barolo Pì Vigne '07 è ancora un po' dominato dal legno, cui si uniscono confettura di prugne e spezie dolci. Necessita ancora di qualche tempo l'austero e compatto Barolo Turné '07.

- Barolo Bricco Luciani '07   🍷🍷 8
- Barolo Ciabot Manzoni '07   🍷🍷 8
- Barolo Pì Vigne '07   🍷🍷 6
- Barolo V. Plicotti '07   🍷🍷 7
- Barolo Turné '07   🍷 7
- Dolcetto d'Alba '10   🍷 4
- Barbera d'Alba Fontanile '06   🍷🍷 5
- Barolo Bricco Luciani '06   🍷🍷 8
- Barolo Bricco Luciani '05   🍷🍷 8
- Barolo Ciabot Manzoni '06   🍷🍷 8
- Barolo Ciabot Manzoni '05   🍷🍷 8
- Barolo Giachini '06   🍷🍷 7
- Barolo Giachini '05   🍷🍷 7
- Barolo Pì Vigne '06   🍷🍷 6
- Barolo Pì Vigne '05   🍷🍷 6
- Barolo Turné '06   🍷🍷 7
- Barolo Turné '05   🍷🍷 7

PIEMONTE 150

Bruna Grimaldi
VIA RODDINO
12050 SERRALUNGA D'ALBA [CN]
TEL. 0173262094
www.grimaldibruna.it

VENDITA DIRETTA

PRODUZIONE ANNUA 60.000 bottiglie
ETTARI VITATI 11.00

Quest'azienda di 11 ettari è condotta dai coniugi Bruna Grimaldi e Franco Fiorino. Fu il nonno di Bruna, alla fine della guerra, a dar vita all'attività, iniziando un timido imbottigliamento. Oggi Bruna e Franco puntano a ultimare la barricaia a Grinzane Cavour. I loro vini classici sono quelli di Serralunga d'Alba, bottiglie che hanno bisogno di tempo per venir fuori al meglio. Ma che longevità! Per chi non volesse attendere troppo, c'è il Barolo Camilla, da nebbiolo di Grinzane. Altra nota di merito va riconosciuta ai prezzi contenuti.

Il delicato Barolo Camilla '07 è molto suadente nella componente aromatica, dove piccoli frutti rossi sono accompagnati da un lieve sentore di tabacco dolce; palato non molto potente ma decisamente armonico e avvolgente, con tannini succosi e non aggressivi, sin d'ora di gradevolissima bevibilità. Il nitido Barolo Badarina '07, proveniente da Serralunga, ha buona struttura e tannini ancora piuttosto sentiti, in un corpo importante: da lasciar maturare senza fretta. Il Barolo Bricco Ambrogio '07, nato in comune di Roddi, non gioca tanto sulla potenza quanto sull'armonia e sull'eleganza, con una speziatura evidente e stuzzicante che ritorna nel lungo finale di bocca.

● Barolo Badarina '07	🍷🍷 7
● Barolo Camilla '07	🍷🍷 6*
● Barbera d'Alba Sup. Scassa '09	🍷🍷 4*
● Barolo Bricco Ambrogio '07	🍷🍷 6
● Nebbiolo d'Alba Briccola '09	🍷🍷 4
● Barbera d'Alba Sup. Scassa '06	🍷 4*
● Barolo Badarina '06	🍷 7
● Barolo Badarina V. Regnola '05	🍷 7
○ Langhe Chardonnay Valscura '09	🍷 4*
● Nebbiolo d'Alba Briccola '08	🍷 4*

Giacomo Grimaldi
VIA LUIGI EINAUDI, 8
12060 BAROLO [CN]
TEL. 0173560536
ferruccio.grimaldi@libero.it

VENDITA DIRETTA
VISITA SU PRENOTAZIONE

PRODUZIONE ANNUA 50.000 bottiglie
ETTARI VITATI 12.00

La realtà familiare condotta da Ferruccio Grimaldi, forte di oltre 10 ettari vocati alla migliore qualità, ribadisce anno dopo anno la volontà di ritagliarsi uno spazio determinante all'interno dell'eccellenza di Langa. Le Coste a Barolo e Sotto Castello a Novello rappresentano i cru aziendali, dai quali si ottengono vini di carattere e profondità, diversi tra loro ma accomunati da uno stesso tratto stilistico fatto di eleganza e sostanza allo stesso tempo. Completano la batteria due ottime selezioni di Barbera e un importante Nebbiolo, proveniente da uno dei più vocati terroir del Roero, il cru Valmaggiore a Vezza d'Alba.

Affinato in modo decisamente equilibrato, con un lieve apporto di rovere che non sopravanza mai la componente fruttata, il Barolo Le Coste '07 è assai sfaccettato, con richiami evidenti di goudron e bacche rosse; in bocca è vivo, piuttosto fresco, intenso senza esasperazioni di concentrazione, di ottima soddisfazione. Il Barolo Sotto Castello di Novello '07 è di stile più moderno, con il rovere ancora molto presente nonostante l'indubbia materia. Il Barolo base '07 è lievemente alcolico e presenta note di frutta in confettura, in bocca ha poca acidità ma non perde piacevolezza grazie al contributo della bella polpa fruttata.

● Barolo Le Coste '07	🍷🍷 7
● Barolo '07	🍷🍷 6
● Barolo Sotto Castello di Novello '07	🍷🍷 7
● Barolo Sotto Castello di Novello '05	🍷🍷🍷 7
● Barbera d'Alba Fornaci '07	🍷 5
● Barolo Le Coste '05	🍷 7

PIEMONTE

Sergio Grimaldi Ca' du Sindic
LOC. SAN GRATO, 15
12058 SANTO STEFANO BELBO [CN]
TEL. 0141840341
grimaldi.sergio@virgilio.it

VENDITA DIRETTA
VISITA SU PRENOTAZIONE

PRODUZIONE ANNUA 45.000 bottiglie
ETTARI VITATI 10.00

L'azienda di Sergio Grimaldi è ormai da diversi anni una delle più interessanti realtà del Moscato d'Asti. Situata in una delle zone più vocate per il moscato, la valle Belbo, e con vigne che superano i cinquant'anni di età, riesce a ottenere da questo vitigno una serie di etichette di riferimento per le varie tipologie proposte, con vini che non ricercano solo la facilità di beva e la definizione varietale ma propongono anche una notevole profondità e complessità. A completare l'identità aziendale, oltre a Barbera e Brachetto, da quest'anno ci sono anche due spumanti secchi, elaborati dal figlio Paolo.

Bello il Moscato d'Asti Capsula Oro '10, sottile al naso su note di salvia, frutta bianca e lime, e dal palato fine, equilibrato e fresco, con un piacevole finale. Di ottima fattura anche il Piemonte Moscato Passito Montaldi '07, dai toni di pan pepato e frutta candita, ricco, dolce ma ben equilibrato, e il Ventuno Brut Rosé '09, prima annata di questo metodo Charmat seguito completamente dal figlio Paolo, un Pinot Nero che ha perlage fine e sottile, sentori di fragola e lampone, palato di corpo, con un dosaggio forse un po' troppo importante ma ben armonizzato, e lungo finale. Per chiudere segnaliamo anche la Barbera d'Asti '10, dai toni floreali e di frutta rossa.

La Guardia
POD. LA GUARDIA, 74
15010 MORSASCO [AL]
TEL. 014473076
www.laguardiavilladelfini.it

VENDITA DIRETTA
VISITA SU PRENOTAZIONE

PRODUZIONE ANNUA 120.000 bottiglie
ETTARI VITATI 35.00

La Guardia è un'azienda di riferimento per il territorio dell'Ovadese e per il comprensorio del Dolcetto di Ovada. Tutta la filiera di produzione è gestita dalla famiglia Priarone, che cura con competenza e passione i trentacinque ettari vitati. La cantina, regno di Graziella, è ubicata in parte – almeno per la zona dedicata all'affinamento - in un magnifico edificio seicentesco. Nutrita la gamma dei vini che spazia tra vitigni autoctoni e internazionali bianchi e rossi, in evidenza il Dolcetto di Ovada e la Barbera Monferrato.

Leone è un assemblaggio di pinot noir, dolcetto e cabernet sauvignon. Di colore rubino, al naso aromi eterei si aprono verso note di caffè e cioccolato, equilibrato e intenso nella fase gustativa. Sacroeprofano, Monferrato Rosso da barbera e cabernet sauvignon, è un vino articolato al naso quanto consistente e corposo in bocca. Il Doppio Rosso è un piacevole assemblaggio di barbera e dolcetto. Il Gamondino e il Vigneto Bricco Riccardo si fregiano a partire dall'annata 2008 della Docg Ovada, in alternativa alla denominazione Dolcetto di Ovada Superiore. Da segnalare il Dolcetto Il Bacio.

- ● Barbera d'Asti '10 — 4
- ○ Moscato d'Asti Ca' du Sindic Capsula Oro '10 — 4
- ○ Piemonte Moscato Passito Montaldi '07 — 6
- ⊙ Ventuno Brut Rosé '09 — 4*
- ○ Moscato d'Asti Ca' du Sindic Capsula Argento '10 — 3
- ○ Ventuno Brut '09 — 4
- ● Barbera d'Asti '07 — 4*
- ● Barbera d'Asti San Grato '07 — 4*
- ● Barbera d'Asti San Grato '06 — 4*
- ○ Moscato d'Asti Ca' du Sindic Capsula Argento '08 — 3*
- ○ Moscato d'Asti Ca' du Sindic Capsula Oro '09 — 4*

- ● Doppio Rosso '08 — 5
- ● M.to Rosso Leone '06 — 4
- ● M.to Rosso Sacroeprofano '06 — 5
- ● Ovada Il Gamondino Ris. '08 — 4
- ● Dolcetto di Ovada Il Bacio '07 — 4
- ● Ovada Vign. Bricco Riccardo '08 — 4
- ● Barbera del M.to Ornovo '07 — 4
- ● Dolcetto di Ovada Sup. Bricco Riccardo '06 — 4
- ● Doppio Rosso '07 — 5
- ● M.to Rosso 805 '07 — 5

PIEMONTE

Clemente Guasti
C.SO IV NOVEMBRE, 80
14049 NIZZA MONFERRATO [AT]
TEL. 0141721350
www.guasti.it

VENDITA DIRETTA
VISITA SU PRENOTAZIONE

PRODUZIONE ANNUA 120.000 bottiglie
ETTARI VITATI 30.00

La Guasti è un'azienda storica che si trova nel centro cittadino di Nizza Monferrato. Fondata nel 1946 da Clemente Guasti oggi è condotta dai figli Alessandro e Andrea e si sviluppa su quattro cascine, tre situate nel territorio nicese e una a Mombaruzzo. I vigneti sono tutti collinari, impiantati principalmente a barbera, e dalle cascine Boschetto Vecchio e Fonda San Nicolao, entrambe situate a Nizza, nascono le omonime selezioni di Barbera, dallo stile tradizionale e austero. La gamma delle etichette proposte è comunque ampia, e spazia sulle più importanti denominazioni piemontesi.

La Guasti esce come al solito un anno dopo, e propone quindi per le Barbera l'ottimo millesimo 2007. Raggiunge le nostre finali la Barbera d'Asti Superiore Fonda San Nicolao, dai profumi di china, mora e rabarbaro, con sfumature di ciliegia, spezie e tabacco, palato di bella freschezza e armonia, che si esprime nella finezza e la misura dell'estrazione, e lungo finale. Sempre ben realizzate la Barbera d'Asti Superiore Boschetto Vecchio, complessa nei suoi toni di tabacco, iodio e china, di grande struttura e pienezza, e che solo un piccolo eccesso di alcol rende leggermente asciugante, e la Barbera d'Asti Superiore Nizza Barcarato, tradizionale nei suoi aromi di sottobosco e confettura.

- Barbera d'Asti Sup. Cascina Fonda San Nicolao '07 🍷🍷 5
- Barbera d'Asti Sup. Cascina Boschetto Vecchio '07 🍷🍷 5
- Barbera d'Asti Sup. Nizza Barcarato '07 🍷🍷 6
- Barbera del M.to Frizzante Clementina '10 🍷 4
- ○ Moscato d'Asti Santa Teresa '10 🍷 4
- Barbera d'Asti Desideria '08 🍷🍷 4*
- Barbera d'Asti Desideria '07 🍷🍷 4*
- Barbera d'Asti Sup. Cascina Fonda San Nicolao '06 🍷🍷 5
- Barbera d'Asti Sup. Nizza Barcarato '06 🍷🍷 6
- Barbera del M.to Frizzante Clementina '08 🍷🍷 4*

★Hilberg - Pasquero
VIA BRICCO GATTI, 16
12040 PRIOCCA [CN]
TEL. 0173616197
www.hilberg-pasquero.com

VENDITA DIRETTA
VISITA SU PRENOTAZIONE

PRODUZIONE ANNUA 25.400 bottiglie
ETTARI VITATI 6.00
VITICOLTURA Naturale

Da quasi vent'anni Michelangelo "Miclo" Pasquero e Annette Hilberg sono una delle voci più singolari e fuori dal coro del Roero vitivinicolo di qualità. Le vigne si estendono tutt'intorno alla loro cantina, situata in cima a Bricco Gatti, poco fuori Priocca, e crescono su terreni limosi e marnosi. La strada della biodinamica intrapresa dall'azienda ha come obiettivo principale di valorizzare le uve rosse tipiche del Roero (nebbiolo, barbera, brachetto) e la loro capacità di rappresentare il territorio, attraverso vini di grande intensità aromatica, buona struttura ed equilibrio.

Annette e Miclo riconquistano i Tre Bicchieri con questa Barbera d'Alba Superiore '09, che al naso è intensa e raffinata con aromi di bacche nere, sentori di cannella e spezie dolci, e al palato risulta di buona struttura ma punta soprattutto sulla finezza e l'armonia, con un finale lunghissimo e vibrante sostenuto dall'acidità. Ben realizzati anche il Nebbiolo d'Alba '09, dai tipici profumi floreali e dal palato ricco, di grande pienezza e lunghezza, la Barbera d'Alba '10, classica nei suoi toni fruttati, più morbida e avvolgente che acida e tesa, e il Vareij, Brachetto floreale, armonico e fresco.

- Barbera d'Alba Sup. '09 🍷🍷🍷 6
- Barbera d'Alba '10 🍷🍷 4
- Nebbiolo d'Alba '09 🍷🍷 6
- Vareij 🍷🍷 4
- Nebbiolo d'Alba '06 🍷🍷🍷 6
- Nebbiolo d'Alba '05 🍷🍷🍷 6
- Nebbiolo d'Alba '04 🍷🍷🍷 6
- Nebbiolo d'Alba '03 🍷🍷🍷 6
- Nebbiolo d'Alba '01 🍷🍷🍷 6
- Nebbiolo d'Alba '00 🍷🍷🍷 6
- Nebbiolo d'Alba '99 🍷🍷🍷 6
- Barbera d'Alba '09 🍷🍷 4

PIEMONTE

Icardi

LOC. SAN LAZZARO
S.DA COMUNALE BALBI, 30
12053 CASTIGLIONE TINELLA [CN]
TEL. 0141855159
www.icardivini.it

VENDITA DIRETTA
VISITA SU PRENOTAZIONE

PRODUZIONE ANNUA 386.000 bottiglie
ETTARI VITATI 75.00
VITICOLTURA Naturale

Una filosofia produttiva improntata alla purezza e alla naturalezza delle uve, che non subiscono ormai da anni trattamenti chimici, e un notevole parco vigneti che consente di realizzare numerose denominazioni di Langhe e Roero. Su queste basi Claudio Icardi è oggi alla testa di una cantina, nata quasi un secolo fa e ampliata dal padre Pierino a partire dagli anni Sessanta, che si mette in luce per vini di grande espressività territoriale, in cui il biologico e il biodinamico sono vissuti come strumenti qualitativi e non come un credo fideistico, in particolare nel progetto Cascina San Lazzaro.

Il suadente Barolo Parej '07 offre china, bacche rosse e tabacco su uno sfondo vegetale; palato vigoroso per la struttura tannica, accompagnata da gradevole e sentita acidità. Il Barbaresco Montubert '08 ricorda la liquirizia e ha buona profondità aromatica, con bocca di una certa potenza e tannini incisivi ma non invadenti, appena carente la finezza nel finale. Dalla Cascina San Lazzaro giunge uno straordinario bianco del 2010: naso elegante con pesca, anice e miele in evidenza; palato ricco, sapido, minerale e fresco. Il Langhe Rosso Dadelio '07 è ancora segnato dal legno ma offre richiami puliti di frutta rossa, in bocca è lungo, piacevole, con alcol contenuto, di bella bevibilità.

● Barolo Parej '07	🍷🍷 7
○ Dadelio Bianco Cascina San Lazzaro '10	🍷🍷 6
● Barbaresco Montubert '08	🍷🍷 7
● Barbera d'Asti Nuj Suj '09	🍷🍷 6
● Langhe Rosso Dadelio Cascina San Lazzaro '07	🍷🍷 6
● Langhe Rosso Nej '08	🍷🍷 6
○ M.to Bianco Pafoj '10	🍷🍷 6
● Dolcetto d'Alba Rousori '10	🍷 4
○ Moscato d'Asti La Rosa Selvatica '10	🍷 4
● Barolo Parej '06	🍷🍷 7
○ Dadelio Bianco Cascina San Lazzaro	🍷🍷 6
● Langhe Rosso Dadelio Cascina San Lazzaro '06	🍷🍷 6
● Langhe Rosso Pafoj '07	🍷🍷 6

Isolabella della Croce

FRAZ. SARACCHI
REG. CAFFI, 3
14051 LOAZZOLO [AT]
TEL. 014487166
www.isolabelladellacroce.it

VENDITA DIRETTA
VISITA SU PRENOTAZIONE

PRODUZIONE ANNUA 60.000 bottiglie
ETTARI VITATI 15.00
VITICOLTURA Naturale

Fondata nel 2001, l'azienda della famiglia Isolabella della Croce vanta una collocazione geografica particolarmente favorevole, con vigneti situati fra i 450 e i 550 metri su terreni calcareo marnosi, esposti a sud est e sud ovest. Oltre a barbera, moscato, brachetto, cortese, chardonnay, cabernet, merlot e sauvignon, qui si coltiva il pinot nero, che trova in questa zona uno dei pochi territori del Piemonte, se non l'unico, davvero vocato per la produzione di vini di qualità da questo vitigno.

L'azienda di Loazzolo ha le sue vigne in una delle zone più impervie per la produzione del vino in Piemonte, con risultati di grande interesse e originalità. Ne è una riprova la prima uscita del Monferrato Rosso Bricco del Falco '06, Pinot Nero in purezza su cui Isolabella della Croce lavora da diversi anni. È un vino complesso ed elegante, varietale nei toni di frutti di bosco, con sfumature di terra e spezie, maturo ma senza alcun segno di cedimento, anzi con una bella freschezza a sostenere il finale. Ben realizzato anche il Monferrato Rosso Superlodo '07, blend di barbera (50%), cabernet franc (20%), merlot (15%) e pinot nero, con note di goudron e china, fitto, fruttato e di buon equilibrio.

● M.to Rosso Bricco del Falco '06	🍷🍷 6
● M.to Rosso Superlodo '07	🍷🍷 5
● Piemonte Barbera Frizzante Ginevra '10	🍷 4
○ Piemonte Sauvignon Blanc '10	🍷 4
● Barbera d'Asti Sup. Nizza Augusta '07	🍷🍷 5
○ Loazzolo Solio '05	🍷🍷 6
○ M.to Bianco Solum '07	🍷🍷 4*

PIEMONTE

Iuli

FRAZ. MONTALDO
VIA CENTRALE, 27
15020 CERRINA MONFERRATO [AL]
TEL. 0142946657
www.iuli.it

VENDITA DIRETTA
VISITA SU PRENOTAZIONE
OSPITALITÀ

PRODUZIONE ANNUA 35.000 bottiglie
ETTARI VITATI 8.50
VITICOLTURA Naturale

La magnifica cantina aziendale è situata all'interno di una cascina tradizionale piemontese del XVII secolo. Se avete occasione di passare, non perdetevi la zona d'affinamento dei vini e la sala di vinificazione, punti di pregevole livello architettonico. Il progetto qualità di Fabrizio Iuli nasce in vigna, con la valorizzazione di vecchi vigneti e rese molto basse, ma anche attraverso una conduzione viticola ed enologica che prevede di intervenire il meno possibile. Il riassunto di questo progetto sono le magie che sempre più sovente ci regala con i suoi vini. Ottime in particolare le interpretazioni del Barbera, anche in assemblaggio con il Nebbiolo.

La Barbera del Monferrato Rossore '09 si presenta di colore rubino intenso brillante, al naso china e spezie lasciano spazio ad aromi di ciliegia, il palato è ricco e intenso con un finale lungo e alcolico. Un'ottima Barbera che ci permette di aspettare con serenità la più famosa Barabba della vendemmia 2009. Malidea '08, assemblaggio di barbera e nebbiolo, ha un colore rubino quasi impenetrabile, al naso finezza e complessità si allungano in una fase gustativa potente e molto persistente. Da pinot nero in purezza, Nino '09 veste un colore rubino tendente al granato; leggere note aromatiche precedono un palato equilibrato e gradevole.

Tenuta Langasco

FRAZ. MADONNA DI COMO, 10
12051 ALBA [CN]
TEL. 0173286972
www.tenutalangasco.it

VISITA SU PRENOTAZIONE

PRODUZIONE ANNUA 60.000 bottiglie
ETTARI VITATI 22.00

Claudio Sacco rappresenta la terza generazione di una famiglia dalle solide radici contadine, prima dedita alla vendita delle uve e oggi proprietaria di una bella e ampia struttura su una collina sovrastante il capoluogo delle Langhe. Le uve utilizzate sono principalmente quelle classiche dell'Albese, nebbiolo, dolcetto e barbera, accompagnate da qualche filare di varietà francesi, e vengono vinificate sulla base della tradizione locale, pur non rinunciando alle opportune tecnologie di cantina.

Due interessanti novità da segnalare: la prima è la Barbera d'Alba Sorì '09, connotata da piccoli frutti neri al naso e da notevole materia al palato, dove un'acidità ben calibrata rende assai piacevole l'assaggio. Segue il vinoso e importante Gredo Brut Rosé Metodo Classico '07, tratto esclusivamente da uve nebbiolo: decisamente ricco e quindi un po' carente in finezza e freschezza. Molto estrattiva la Barbera d'Alba Madonna di Como '09, caratterizzata da robusta materia fruttata. Pregevole finezza nel Nebbiolo d'Alba Sorì Coppa '09, ricco di aromi di lampone e di buon equilibrio al palato. Il potente Dolcetto d'Alba Madonna di Como Vigna Miclet '10 nasce in un'area assolutamente vocata per questo vitigno.

- Barbera del M.to Sup. Rossore '09 — 4*
- M.to Rosso Malidea '08 — 6
- M.to Rosso Nino '09 — 6
- Barbera del M.to Sup. Barabba '04 — 6
- Barbera del M.to Sup. Barabba '07 — 6
- Barbera del M.to Sup. Barabba '06 — 6
- Barbera del M.to Sup. Rossore '06 — 4*
- M.to Rosso Malidea '07 — 6

- Barbera d'Alba Madonna di Como '09 — 4
- Barbera d'Alba Sorì '09 — 4*
- Dolcetto d'Alba Madonna di Como V. Miclet '10 — 3*
- Nebbiolo d'Alba Sorì Coppa '09 — 5
- ⊙ Gredo Brut Rosé M. Cl. '07 — 5
- Barbera d'Alba Madonna di Como '07 — 4
- Nebbiolo d'Alba Sorì Coppa '08 — 5

PIEMONTE

Ugo Lequio
VIA DEL MOLINO, 10
12057 NEIVE [CN]
TEL. 0173677224
www.ugolequio.it

VENDITA DIRETTA
VISITA SU PRENOTAZIONE

PRODUZIONE ANNUA 25.000 bottiglie

Si avvicina il ventesimo compleanno per questa piccola e singolare realtà di Langa. Ugo Lequio non possiede terre di proprietà ma, in qualità di grande esperto di vigne e vini, segue splendide vigne atte a permettergli di produrre una batteria espressivamente molto significativa. I suoi vini, già convincenti in gioventù, riescono a valorizzarsi al meglio dopo un buon periodo di affinamento in bottiglia. Cercate qualche bottiglia di Barbaresco Gallina con qualche anno sulle spalle e ne troverete conferma.

Il Barbaresco Gallina '08 nasce in un cru importante, che regolarmente fornisce uve di assoluta qualità: dal colore piuttosto intenso e compatto, presenta sentori vegetali su un bouquet di tabacco e spezie dolci; la bocca è austera, caratterizzata da tannini leggermente ruvidi. La splendida Barbera Superiore Gallina '09, dal colore fitto e impenetrabile, regala fascinose note fruttate e lievemente affumicate; la bocca è ricca, succosa, dotata di una vena acida che ne incrementa la bevibilità: veramente un'ottima interpretazione del vitigno. Tutte corrette le altre etichette assaggiate, proposte come i vini più blasonati a prezzi convenienti.

● Barbaresco Gallina '08	♛♛ 6
● Barbera d'Alba Sup. Gallina '09	♛♛ 5
● Langhe Nebbiolo '09	♛♛ 5
○ Langhe Arneis '10	♛ 4
● Barbaresco Gallina '07	♛♛ 6
● Barbaresco Gallina '06	♛♛ 6
● Barbera d'Alba Sup. Gallina '07	♛♛ 5

Cascina Luisin
S.DA RABAJÀ, 34
12050 BARBARESCO [CN]
TEL. 0173635154
cascinaluisin@tiscali.it

VISITA SU PRENOTAZIONE

PRODUZIONE ANNUA 30.000 bottiglie
ETTARI VITATI 7.00

Roberto Minuto ha una grande responsabilità, quella di portare avanti con successo la quasi centenaria cantina di famiglia: il bisnonno infatti la fondò nel 1913. Oggi, si occupa di tutti i processi di lavorazione insieme al padre ottantenne. Una passione intergenerazionale, insomma, che regala ottimi risultati e che produce solo rossi. I Barbaresco provengono dalle vigne Rabajà e Basarin, il Barolo Léon da Serralunga, cru Cerretta. Tutti vini che hanno bisogno di tempo per esprimersi al meglio, ma la pazienza, in questo caso, è sempre ben ripagata.

Il fruttato Barolo Léon '07 è potente, un po' asciugato da alcol e tannini sino al finale lievemente amarognolo. Il Barbaresco Rabajà '08 offre spezie dolci da legno, è lievemente evoluto e in bocca ha inaspettata freschezza ed eleganza. Molta frutta matura nel Sorì Paolin '08, dal palato equilibrato e non troppo potente. Ciliegie sotto spirito nel Langhe Nebbiolo Maggiur '09, di bella struttura e sicuramente piacevole. La Barbera d'Alba Asili '09 è estrema in diversi aspetti: molto concentrata, decisamente alcolica, assai legnosa. I vini base sono ruspanti e semplici, non esosi nel prezzo.

● Barbaresco Rabajà '08	♛♛ 7
● Barbaresco Sorì Paolin '08	♛♛ 7
● Barbera d'Alba Asili '09	♛♛ 5
● Barolo Léon '07	♛♛ 7
● Langhe Nebbiolo Maggiur '09	♛♛ 5
● Barbera d'Alba Maggiur '09	♛ 4
● Dolcetto d'Alba Bric Trifüla '10	♛ 4
○ Roero Arneis Ave '10	♛ 4
● Barbera d'Alba Asili '00	♛♛♛ 6
● Barbera d'Alba Asili '99	♛♛♛ 6
● Barbera d'Alba Asili Barrique '97	♛♛♛ 6
● Barbaresco Rabajà '07	♛♛ 7
● Barbaresco Sorì Paolin '05	♛♛ 7
● Langhe Nebbiolo Maggiur '04	♛♛ 4*

PIEMONTE

Malabaila di Canale
Fraz. Madonna dei Cavalli, 19
12043 Canale [CN]
Tel. 017398381
www.malabaila.com

VENDITA DIRETTA
VISITA SU PRENOTAZIONE

PRODUZIONE ANNUA 100.000 bottiglie
ETTARI VITATI 22.00

La bellissima tenuta dei Malabaila di Canale, che si estende su 90 ettari, comprende 22 ettari a vigneto, situati su terreni sciolti, di facile erosione e poveri di acqua, a un'altitudine media di 300 metri. Qui sono impiantati i vitigni tipici di questi territori - nebbiolo, arneis, barbera, favorita, dolcetto e brachetto - coltivati sempre più nel rispetto della natura, con interventi poco invasivi, e con basse rese, per privilegiare la qualità del prodotto finale. I vini proposti sono di stampo classico e attenti all'espressione del territorio.

La Malabaila di Canale ha presentato una serie di vini di ottimo livello, a partire dal Roero Arneis '10, in cui spiccano profumi di frutta bianca, albicocca e fiori, palato fine e complesso, con lungo finale sapido ben sostenuto dall'acidità. Molto ben realizzati anche il Langhe Favorita '10, una delle migliori della tipologia, dai toni di gelsomino e arancio, di buona pienezza e piacevolezza, e il Roero Castelletto Riserva '07, strutturato e tannico, dai sentori di fiori secchi ed erbe officinali.

○ Roero Arneis '10	4*
○ Langhe Favorita '10	4*
● Roero Castelletto Ris. '07	5
○ Roero Arneis Pradvaj '10	4
● Barbera d'Alba Mezzavilla '08	4*
● Barbera d'Alba Mezzavilla '07	4
○ Roero Arneis Pradvaj '08	4*

★ Malvirà
Loc. Canova
Via Case Sparse, 144
12043 Canale [CN]
Tel. 0173978145
www.malvira.com

VENDITA DIRETTA
VISITA SU PRENOTAZIONE
OSPITALITÀ
RISTORAZIONE

PRODUZIONE ANNUA 350.000 bottiglie
ETTARI VITATI 40.00
VITICOLTURA Naturale

I fratelli Massimo e Roberto Damonte hanno saputo fare della Malvirà un esempio di azienda totale votata alla qualità e allo sviluppo del territorio, grazie all'alto livello della produzione vinicola e alla creazione di uno dei più affascinanti relais del Piemonte realizzato a Villa Tiboldi. L'azienda, che si è ampliata ancora recentemente, ha una serie di cru che vengono vinificati separatamente e sono situati principalmente a Canale, su terreni calcareo argillosi e sabbiosi. Il risultato è una serie di vini dalla grande impronta territoriale, tra i rappresentanti più autentici del Roero.

Torna ai Tre Bicchieri la Malvirà con il Roero Trinità Riserva '07, intenso e complesso con note fruttate, di china e tabacco, dal palato potente e succoso, con un lungo finale sostenuto dall'acidità e dai tannini. Ben realizzati il Roero Arneis Saglietto '09, dai toni agrumati, armonico, forse un po' stretto al palato ma fine, sfaccettato e di buona lunghezza, la Barbera d'Alba Superiore San Michele '07, con note di tabacco e ciliegia sotto spirito, fine anche se un po' troppo ricco di alcol, e il Roero Arneis Renesio '10, dai toni floreali e di frutta a polpa bianca, con acidità discreta e finale morbido.

● Roero Trinità Ris. '07	6
● Barbera d'Alba Sup. S. Michele '07	5
○ Roero Arneis Renesio '10	4
○ Roero Arneis Saglietto '09	4
○ Langhe Bianco Treuve '09	4
○ Langhe Favorita '10	4
○ Roero Arneis '10	4
○ Roero Arneis Trinità '10	4
● Roero Mombeltramo Ris. '05	6
● Roero Renesio Ris. '05	6
○ Roero Arneis Trinità '09	4
● Roero Renesio Ris. '07	6

PIEMONTE

Giovanni Manzone
VIA CASTELLETTO, 9
12065 MONFORTE D'ALBA [CN]
TEL. 017378114
www.manzonegiovanni.com

VENDITA DIRETTA
VISITA SU PRENOTAZIONE

PRODUZIONE ANNUA 40.000 bottiglie
ETTARI VITATI 7.50

Giovanni, nipote dell'omonimo fondatore che aveva acquisito la cantina nel 1925 e padre dell'entusiasta Marco da poco entrato in attività, ha iniziato nel 1965 la propria carriera di produttore. Lo stile di questi Barolo è decisamente classico, frutto di macerazioni piuttosto lunghe, di maturazioni in legni di medie dimensioni e di imbottigliamenti senza filtrazione né chiarifica, il tutto badando a garantire la più nitida espressione dei profumi dell'uva nebbiolo. I risultati sono costantemente di alto livello su tutte le etichette proposte, tra cui si inserisce anche un piacevole e raro Langhe Rosserto a base di uva rossese bianco.

Un eccezionale Barolo Gramolere Riserva '05 conquista i Tre Bicchieri grazie alla perfetta espressione dei più nitidi profumi dell'uva nebbiolo, dai fiori secchi alla china, dai frutti rossi alle spezie. La bocca è sicura, importante, non troppo tannica, dall'acidità vibrante, lunghissima. Il riuscito Barolo Gramolere '07 è a sua volta complesso, appena più caldo nel finale e con un'acidità più contenuta. L'armonico Barolo Castelletto '07 è meno ricco, con struttura tannica contenuta ma dotato di solido e piacevole sviluppo al palato. Il Barolo Bricat '07 è attualmente un po' vegetale e dotato di tannini asciutti: migliorerà in bottiglia.

● Barolo Gramolere Ris. '05	🍷🍷🍷 8
● Barolo Castelletto '07	🍷🍷 6
● Barolo Gramolere '07	🍷🍷 7
● Barolo Bricat '07	🍷🍷 7
● Dolcetto d'Alba Le Ciliegie '10	🍷 3
● Langhe Nebbiolo Il Crutin '09	🍷 4
● Barolo Bricat '05	🍷🍷🍷 7
● Barolo Le Gramolere '04	🍷🍷🍷 7
● Barolo Le Gramolere Ris. '01	🍷🍷🍷 8
● Barolo Le Gramolere Ris. '00	🍷🍷🍷 8
● Barolo Le Gramolere Ris. '99	🍷🍷🍷 8

Paolo Manzone
LOC. MERIAME, 1
12050 SERRALUNGA D'ALBA [CN]
TEL. 0173613113
www.barolomeriame.com

VENDITA DIRETTA
VISITA SU PRENOTAZIONE
OSPITALITÀ

PRODUZIONE ANNUA 80.000 bottiglie
ETTARI VITATI 10.00

Circa 10 ettari, suddivisi tra le migliori esposizioni di Sinio e di Serralunga d'Alba, per questa realtà a conduzione familiare dotata anche di un accogliente agriturismo. Il profilo stilistico dell'articolata batteria è calibrato tra profondità di beva e tipicità del vitigno. La migliore espressione dei vini prodotti soffre, a volte, a causa di qualche rusticità in gioventù, per poi raggiungere, dopo un corretto riposo in bottiglia, la giusta valorizzazione. Ulteriore nota di merito per i prezzi di vendita di tutti i vini, molto ragionevoli.

Il valido Barolo Meriame '07 ha un frutto intenso anche se non particolarmente elegante e bocca decisamente tannica. Il Serralunga '07 mette in evidenza la nota alcolica e si presenta al palato con una struttura di riguardo. La Barbera d'Alba Fiorenza e il Nebbiolo d'Alba Miriné della vendemmia '09 sono entrambi ben riusciti ed esprimono in modo esemplare le singole caratteristiche varietali: polposa e matura ma anche fresca e godibile la Barbera, frutto e tannini ben armonizzati nel Nebbiolo. Il corretto Langhe Rosso Luvì '09 è un assemblaggio poco impegnativo di uve nebbiolo e dolcetto, mentre l'Ardì '10 nasce dall'inusuale unione di dolcetto e barbera.

● Barbera d'Alba Fiorenza '09	🍷🍷 4*
● Barolo Meriame '07	🍷🍷 7
● Barolo Serralunga '07	🍷🍷 7
● Nebbiolo d'Alba Miriné '09	🍷🍷 5*
● Dolcetto d'Alba Magna '10	🍷 4
● Langhe Rosso Ardì '10	🍷 4
● Langhe Rosso Luvì '09	🍷 5
● Barbera d'Alba Fiorenza '08	🍷🍷 4*
● Barolo Meriame '06	🍷🍷 7
● Barolo Serralunga '06	🍷🍷 6
● Barolo Serralunga '05	🍷🍷 6
● Dolcetto d'Alba Magna '08	🍷🍷 4*
● Langhe Rosso Ardì '09	🍷🍷 4*
● Langhe Rosso Luvi '08	🍷🍷 4
● Nebbiolo d'Alba Mirinè '08	🍷🍷 4

PIEMONTE

Marcalberto
via Porta Sottana, 9
12058 Santo Stefano Belbo [CN]
Tel. 0141844022
marcalbertopc@libero.it

VENDITA DIRETTA
VISITA SU PRENOTAZIONE

PRODUZIONE ANNUA 15.000 bottiglie
ETTARI VITATI 2.50

Ubicata nel cuore del comune di Santo Stefano Belbo, questa piccola maison, interamente dedicata alla produzione del metodo classico, ottiene meritatamente la scheda grande. Piero Cane, competente ed esperto conoscitore del mondo delle bollicine, con il prezioso aiuto dei figli Marco e Alberto, sta mietendo consensi a fronte di uno stile molto ricco di carattere. I locali che ospitano la cantina di affinamento sono particolarmente suggestivi e, insieme alla disponibilità della famiglia Cane, meritano una visita.

Il Marcalberto Brut dell'annata 2006, ottenuto da un blend di pinot nero al 60% e chardonnay al 40%, svela aromi di fetta biscottata con sfumature floreali di grande complessità; la beva è profonda, stratificata e sostenuta da un'acidità rinfrescante. Il Marcalberto non millesimato, che si affina sui lieviti per 36 mesi ed è composto in percentuali analoghe di pinot nero e chardonnay, si esprime con sentori di piccoli frutti rossi e croissant, donando una bevibilità molto piacevole ed equilibrata. Il Marcalberto Rosé è molto strutturato, con tratti vinosi e caratteristiche olfattive e gustative che lo rendono ideale come accompagnamento a cibi saporiti e vigorosi.

○ Marcalberto Brut '06	🍷🍷 6
○ Marcalberto Brut	🍷🍷 5
⊙ Marcalberto Brut Rosé	🍷🍷 5
○ Marcalberto Brut '05	🍷🍷 6

Poderi Marcarini
p.zza Martiri, 2
12064 La Morra [CN]
Tel. 017350222
www.marcarini.it

VENDITA DIRETTA
VISITA SU PRENOTAZIONE
OSPITALITÀ

PRODUZIONE ANNUA 118.000 bottiglie
ETTARI VITATI 20.00

Marcarini, ovvero la classicità della classicità, realizzata in oltre cent'anni di attività all'insegna della qualità. Un nome che si è affermato nel mondo grazie a una gamma di tutto rispetto, in cui emergono il celeberrimo Barolo Brunate e il particolarissimo Dolcetto d'Alba Boschi di Berri, ricavato da una vigna impiantata alla fine dell'Ottocento e non attaccata dalla fillossera grazie a un terreno con notevole presenza di sabbia. A una conduzione delle vigne improntata alle basse rese corrisponde una lavorazione di cantina assolutamente tradizionale, in cui le nuove tecnologie si limitano all'uso dell'acciaio e al controllo delle temperature di fermentazione.

Bella armonia olfattiva nel Barolo Brunate '07, d'impostazione decisamente classica con goudron, viola ed erbe secche al naso; palato un po' più asciutto e austero del solito, lievemente tannico, importante, lungo. Meno nitidi gli aromi del Barolo La Serra '07, caratterizzato da tannini ancora ruvidi. Valida prestazione del Langhe Nebbiolo Lasarin '10, intenso e di godibile bevibilità. Vendemmia sottotono per il celeberrimo Dolcetto d'Alba Boschi di Berri '10, derivante da una vecchissima vigna a 400 metri d'altitudine dal terreno particolarmente ricco di sabbia. Gli altri vini, seguendo una precisa scelta aziendale, sono facili e corretti, mai molto complessi e strutturati.

● Barolo Brunate '07	🍷🍷 7
● Barolo La Serra '07	🍷🍷 7
● Langhe Nebbiolo Lasarin '10	🍷🍷 4*
● Barbera d'Alba Ciabot Camerano '10	🍷 4
● Dolcetto d'Alba Boschi di Berri '10	🍷 4
● Dolcetto d'Alba Fontanazza '10	🍷 4
○ Moscato d'Asti '10	🍷 4
○ Roero Arneis '10	🍷 4
● Barolo Brunate '05	🍷🍷🍷 7
● Barolo Brunate '03	🍷🍷🍷 8
● Barolo Brunate '01	🍷🍷🍷 7
● Barolo Brunate '99	🍷🍷🍷 7
● Barolo Brunate '96	🍷🍷🍷 7
● Barolo Brunate Ris. '85	🍷🍷🍷 7
● Dolcetto d'Alba Boschi di Berri '96	🍷🍷🍷 5

PIEMONTE

Marchese Luca Spinola

FRAZ. ROVERETO DI GAVI
LOC. CASCINA MASSIMILIANA
15066 GAVI [AL]
TEL. 0143682514
www.marcheselucaspinola.it

VENDITA DIRETTA
VISITA SU PRENOTAZIONE

PRODUZIONE ANNUA 20.000 bottiglie
ETTARI VITATI 11.00

Dopo aver degustato diverse annate di Gavi di Andrea Spinola non si può non riconoscere la sua capacità di interpretare molto bene il vitigno cortese e il territorio in cui lo alleva. Con la poderosa batteria di vini presentata quest'anno ottiene quindi lo spazio in Guida con scheda grande. Azienda viticola dal 1955, solo dal 2004 imbottiglia e commercializza i propri vini. La sede è situata in una delle zone più vocate, a Rovereto di Gavi, e i vigneti si estendono per 5 ettari nel comune di Gavi e 6 nel comune di Tassarolo.

Grande prestazione del Gavi di Gavi Tenuta Massimiliana '10, un grande esempio della tipologia, complesso e vivo al naso, con aromi di pesca bianca e note floreali; in bocca ha pregevole carattere e persistenza. Molto gradevole il Gavi di Tassarolo '10, dotato anche di un eccellente rapporto qualità prezzo. Si presenta di colore paglierino vivo con riflessi verdolini, aromi floreali su note di iodio e minerali precedono un palato fitto e denso. Il Gavi di Gavi '10 è più sottile, essenziale ma comunque equilibrato e armonico, con un bel naso minerale e una bocca fresca di acidità e abbastanza persistente.

○ Gavi di Gavi Tenuta Massimiliana '10	ΨΨ 4
○ Gavi del Comune di Gavi '10	ΨΨ 4
○ Gavi del Comune di Tassarolo '10	ΨΨ 3*
○ Gavi del Comune di Tassarolo Gorrina '09	ΨΨ 3*
○ Gavi di Gavi '08	ΨΨ 4
○ Gavi Tenuta Massimiliana '08	ΨΨ 4

Marchesi di Barolo

VIA ROMA, 1
12060 BAROLO [CN]
TEL. 0173564400
www.marchesibarolo.com

VENDITA DIRETTA
VISITA SU PRENOTAZIONE
RISTORAZIONE

PRODUZIONE ANNUA 1.500.000 bottiglie
ETTARI VITATI 156.00

Il significativo ventaglio di vigne di proprietà e la visibilità planetaria della griffe costituiscono i punti di forza fondamentali di questa importante realtà enologica piemontese. In tutto il mondo conoscono e apprezzano i vini di Marchesi di Barolo e ciò ha contribuito all'affermazione, nel tempo, delle più importanti denominazioni di Langa. La famiglia Abbona, anche attraverso le nuove generazioni, continua a rappresentare un approdo sicuro per gli appassionati della qualità, senza mai tradire quelli che sono i canoni tradizionali unanimemente riconosciuti, a prezzi ragionevoli.

Il piccolo e pregiato cru Sarmassa nel 2007 ha originato un bel Tre Bicchieri, caratterizzato da note scure di china e catrame, con una bocca decisamente morbida e ben risolta nella componente tannica, in un contesto di pregevole eleganza. Il Cannubi '07 è lievemente più speziato, con frutti di bosco a fare da sfondo; la bocca non è particolarmente ricca ma piacevole e rotonda. Il Barolo Costa di Rose '07 ha un legno ben tostato in evidenza in un naso nitido in cui compaiono anche note balsamiche; la bocca è potente e nervosa, appagante. Tutta positiva la ricca e articolata batteria, che comprende le principali denominazioni di Langa, con menzione particolare al Barbaresco Serragrilli.

● Barolo Sarmassa '07	ΨΨΨ 8
● Barolo Cannubi '07	ΨΨΨ 8
● Barbaresco Serragrilli '08	ΨΨ 6
● Barbera d'Alba Paiagal '09	ΨΨ 5
● Barbera d'Alba Ruvei '08	ΨΨ 4*
● Barolo Coste di Rose '07	ΨΨ 7
● Barolo Vign. di Proprietà in Barolo '07	ΨΨ 8
● Dolcetto d'Alba Boschetti '09	ΨΨ 5
○ Gavi del Comune di Gavi '10	ΨΨ 5
● Nebbiolo d'Alba Michet '09	ΨΨ 5
○ Roero Arneis '10	ΨΨ 4
● Dolcetto d'Alba Madonna di Como '10	Ψ 4
● Barolo Ris. Grande Annata '99	ΨΨΨ 7
● Barolo Sarmassa '06	ΨΨΨ 8
● Barolo Sarmassa '05	ΨΨΨ 8

PIEMONTE

Marchesi Incisa della Rocchetta
VIA ROMA, 66
14030 ROCCHETTA TANARO [AT]
TEL. 0141644647
www.lacortechiusa.it

VENDITA DIRETTA
VISITA SU PRENOTAZIONE
OSPITALITÀ
RISTORAZIONE

PRODUZIONE ANNUA 40.000 bottiglie
ETTARI VITATI 27.00

I marchesi Incisa hanno una tradizione secolare nel mondo della vitivinicoltura. Dal 1986 è Barbara Incisa della Rocchetta, con il figlio Filiberto Massone, a gestire l'azienda di Rocchetta Tanaro nell'area dell'omonimo parco naturale, con la consulenza enologica di Donato Lanati. I vigneti aziendali, allevati a guyot su terreni collinari di tipo sabbioso argilloso, sono impiantati principalmente a barbera, cui si aggiungono grignolino, pinot nero e merlot. I vini prodotti, di notevole pulizia e precisione aromatica, sono di grande carattere e tendono a presentare una spiccata ricchezza di frutto.

Bella conferma, anche in un'annata difficile per la barbera come il 2008, da parte della Barbera d'Asti Superiore Sant'Emiliano '08, che raggiunge le nostre finali grazie a sentori di ciliegie e macchia mediterranea al naso e a un palato di buona struttura, fruttato, lungo e piacevole. Ben realizzati anche il Monferrato Rosso Rollone '09, da uve barbera e pinot nero, dai profumi di piccoli frutti neri con una leggera sfumatura animale, e palato pieno, morbido, ricco di frutto, e la Barbera d'Asti Valmorena '10, dalle classiche note di tabacco e bacche nere e dal palato semplice, di fresca acidità e piacevolezza.

- Barbera d'Asti Sup. Sant'Emiliano '08 — 5
- Barbera d'Asti Valmorena '10 — 4*
- M.to Rosso Rollone '09 — 4*
- Grignolino d'Asti '10 — 4
- M.to Rosso Colpo d'Ala '08 — 7
- Piemonte Pinot Nero Marchese Leopoldo '09 — 5
- Barbera d'Asti Sup. Sant'Emiliano '07 — 5
- Barbera d'Asti Sup. Sant'Emiliano '06 — 5
- Barbera d'Asti Sup. Sant'Emiliano '05 — 5
- Barbera d'Asti Valmorena '09 — 4
- Grignolino d'Asti '09 — 4
- ⊙ M.to Chiaretto Futurosa '09 — 3*
- M.to Rosso Marchese Leopoldo '08 — 5
- M.to Rosso Rollone '07 — 4*

Marenco
P.ZZA VITTORIO EMANUELE II, 10
15019 STREVI [AL]
TEL. 0144363133
www.marencovini.com

VENDITA DIRETTA
VISITA SU PRENOTAZIONE

PRODUZIONE ANNUA 300.000 bottiglie
ETTARI VITATI 80.00

Da diverse generazioni la famiglia Marenco si occupa di viticoltura, con intere generazioni di persone dedite al lavoro in campagna che hanno creato nel tempo un patrimonio di esperienze di invidiabile spessore. Attualmente sono otto le cascine che compongono il puzzle dei cru prodotti e circa 80 gli ettari vitati. La gamma dei vini è molto vasta e comprende bianchi, rossi, dolci e passiti. La produzione è concentrata prevalentemente nella valorizzazione dei vitigni autoctoni, con interessanti innovazioni sul tema, come il MáMu, un Moscato secco sorprendente.

Una bella prestazione del Brachetto Pineto lo pone in testa alla batteria, di colore rubino molto tenue si propone con aromi di rose e frutti rossi, in bocca la dolcezza viene supportata dall'acidità e dal finale lievemente tannico. Di colore rubino intenso, Bassina ha una discreta intensità olfattiva e una bocca equilibrata. Marchesa è un Dolcetto semplice ma dalla beva accattivante, nel finale di bocca gradevole e abbastanza persistente. La batteria si conclude con Il Bollicine Rosé, uno spumante dagli aromi intensi con note aromatiche.

- Barbera d'Asti Bassina '09 — 4
- Brachetto d'Acqui Pineto '10 — 5
- ⊙ Bollicine Brut Rosé — 5
- Dolcetto d'Acqui Marchesa '10 — 4
- M.to Albarossa Red Sunrise '07 — 5
- ○ Strevi Passrì di Scrapona '06 — 6

PIEMONTE

Mario Marengo
VIA XX SETTEMBRE, 34
12064 LA MORRA [CN]
TEL. 017350115
marengo1964@libero.it

VENDITA DIRETTA
VISITA SU PRENOTAZIONE

PRODUZIONE ANNUA 25.000 bottiglie
ETTARI VITATI 4.00

Le Brunate, a cavallo tra i comuni di La Morra e Barolo, sono indubbiamente uno dei migliori cru per la produzione di Barolo: il terreno qui premia l'aspetto olfattivo, con sentori che vanno dalla viola appassita al tabacco dolce, piuttosto che la potenza gustativa, caratterizzata da tannini mai troppo scontrosi o vegetali. Qui Marco Marengo, forte della validissima esperienza tramandatagli dal padre Mario e dell'aiuto della moglie Eugenia Battaglino, realizza oggi piccole quantità di Barolo (raramente raggiunge le 6000 bottiglie) dall'invidiabile continuità qualitativa, che ha raggiunto vette di vera eccellenza.

Stupefacente la batteria di Barolo realizzata da questo piccolissimo produttore nella vendemmia '07. Il più riuscito è il Brunate, figlio di uno dei più importanti cru di tutta la zona, caratterizzato da eucalipto, liquirizia e viola al naso; struttura raffinata e sinuosa, non troppo ricca, con tannini già setosi e persistenza invidiabile. Il Bricco Viole, giocato su note di tabacco dolce, china e piccoli frutti rossi, è già ben aperto ed espressivo, con una facilità di beva rara in un Barolo così giovane. Strepitosa anche la versione base, che è approdata con merito alle nostre finali grazie a una sicura armonia che la pone ai vertici della tipologia.

Claudio Mariotto
S.DA PER SAREZZANO, 29
15057 TORTONA [AL]
TEL. 0131868500
www.claudiomariotto.it

VENDITA DIRETTA
VISITA SU PRENOTAZIONE

PRODUZIONE ANNUA 100.000 bottiglie
ETTARI VITATI 32.00

Questo dinamico vignaiolo di Vho è persona allegra e ospitale: il duro lavoro in vigna non ha scalfito negli anni il suo carattere semplice, sempre pronto a organizzare qualche evento o a passare una serata in allegria. In azienda Claudio e il fratello Mauro hanno in pochi anni calamitato l'attenzione di esperti e appassionati del settore vitivinicolo. I vini piacciono, e con il Timorasso hanno raggiunto vette enologiche impensabili anche solo pochi anni fa. La gamma di etichette è piuttosto nutrita e vi consigliamo di non trascurare i rossi, che sanno essere emozionanti grazie a un carattere indomito.

Grande interprete del Timorasso, Claudio Mariotto porta in finale entrambe le sue etichette '09: Pitasso è complesso e molto intenso, di grande personalità. Derthona mostra sin dalla fase olfattiva notevole carattere; sul palato un'ottima acidità supporta un finale alcolico. Si difendono bene i rossi: a un Poggio del Rosso corposo e di buona struttura segue una versione del Vho complessa al naso quanto polposa e ricca in bocca. Molto fruttata la Freisa Braghè '10, che in bocca si rivela succosa e armonica. Chiude la batteria la Croatina Montemirano '09, con aromi di bacche rosse e note di grafite; caratteristico il tannino nel finale di bocca.

● Barolo Brunate '07		7
● Barolo '07		6
● Barolo Bricco Viole '07		7
● Barbera d'Alba Pugnane '09		4
● Nebbiolo d'Alba Valmaggiore '09		4
● Barolo Brunate '06		7
● Barolo Brunate '05		7
● Barolo Brunate '04		7
● Barbera d'Alba Pugnane '08		4*
● Barbera d'Alba Pugnane '07		4*
● Barolo Bricco Viole '06		7
● Barolo Bricco Viole '05		7
● Barolo Bricco Viole '04		7
● Nebbiolo d'Alba Valmaggiore '07		4*

○ Colli Tortonesi Timorasso Derthona '09		5
○ Colli Tortonesi Timorasso Pitasso '09		6
● Colli Tortonesi Freisa Braghè '10		4
● Colli Tortonesi Poggio del Rosso '09		6
● Colli Tortonesi Vho '09		5
● Colli Tortonesi Croatina Montemirano '09		5
○ Colli Tortonesi Bianco Pitasso '06		6
○ Colli Tortonesi Bianco Pitasso '05		5
○ Colli Tortonesi Timorasso Pitasso '08		6
○ Colli Tortonesi Bianco Derthona '06		5
○ Colli Tortonesi Bianco Derthona '05		5
● Colli Tortonesi Rosso Vho '08		5
● Colli Tortonesi Rosso Vho '07		5
○ Colli Tortonesi Timorasso Derthona '08		5
○ Colli Tortonesi Timorasso Derthona '07		5
○ Colli Tortonesi Timorasso Pitasso '07		6

PIEMONTE

Marsaglia
via Madama Mussone, 2
12050 Castellinaldo [CN]
Tel. 0173213048
www.cantinamarsaglia.it

VENDITA DIRETTA
VISITA SU PRENOTAZIONE

PRODUZIONE ANNUA 70.000 bottiglie
ETTARI VITATI 15.00

L'azienda della famiglia Marsaglia si estende su 15 ettari di vigneto, perlopiù esposti a sud, situati tutti nel Roero, nel comune di Castellinaldo. Le vigne sono state impiantate fra gli anni Cinquanta e il 2000 e vedono protagonisti i vitigni tipici di questa zona del Piemonte - nebbiolo, barbera e arneis - cui si affianca una piccola percentuale di syrah. Da segnalare anche la bellissima cantina, una grotta naturale scavata nel tufo. I vini prodotti sono di stampo tradizionale, legati al territorio di Castellinaldo per franchezza, sapidità e una certa ruvidezza tannica.

Buona prestazione d'insieme dei vini della famiglia Marsaglia. Il Barbera d'Alba Castellinaldo '07 è di grande tipicità nella sua espressione di frutta rossa in confettura, terra e spezie, mentre il palato non è particolarmente ricco ma di carattere e bella freschezza acida, il Roero Brich d'America '07 presenta note di china ed erbe officinali, con un palato potente ma ancora tannico e aggressivo, dai toni di frutta rossa, mentre il Nebbiolo d'Alba San Pietro '08 è fine, complesso e di buona lunghezza. Per chiudere il Roero Arneis Serramiana '10, dai profumi di spezie, albicocca e pera, dal palato piacevole e avvolgente, anche se con un eccessivo residuo zuccherino.

● Barbera d'Alba Castellinaldo '07	₮₮ 5
● Nebbiolo d'Alba S. Pietro '08	₮₮ 4
○ Roero Arneis Serramiana '10	₮₮ 4
● Roero Brich d'America '07	₮₮ 5
● Barbera d'Alba S. Cristoforo '09	₮ 4
● Langhe Rosso Complotto '08	₮ 5
● Barbera d'Alba S. Cristoforo '07	₮₮ 4*
● Nebbiolo d'Alba S. Pietro '06	₮₮ 4*
○ Roero Arneis Serramiana '08	₮₮ 4*
○ Roero Arneis Serramiana '07	₮₮ 4*
● Roero Brich d'America '05	₮₮ 5

★ Franco M. Martinetti
via San Francesco da Paola, 18
10123 Torino
Tel. 0118395937
www.francomartinetti.it

VISITA SU PRENOTAZIONE

PRODUZIONE ANNUA 150.000 bottiglie
ETTARI VITATI 4.00

La figura di négociant piemontese di Franco Martinetti non ha nulla da invidiare ai francesi. Grande appassionato di vino, sa ben selezionare la materia prima. Il risultato è pregevole tanto nei bianchi, ad esempio con il Gavi, quanto nei rossi, a partire dalle etichette astigiane a base di Barbera. La sua ricerca della qualità è incessante, così come il suo amore per il vino, tanto che è l'unico italiano a far parte dell'Académie du Vin. Per non parlare poi del suo impegno volto alla conoscenza della gastronomia, in cui è raffinato maestro.

Degno dell'alloro dei Tre Bicchieri il Monferrato Rosso Sul Bric '09, frutto di un taglio di barbera e cabernet sauvignon, ricco di frutta rossa e più scure note di china e ribes, complesso; bocca importante e dotata di equilibrata freschezza, a creare un vino vivo e nitido. Il Gavi Minaia '10 è un grande bianco con la sola pecca di essere troppo giovane: un lieve tocco di rovere amplia la frutta bianca al naso e la bocca è avvolgente e fresca, lunghissima. L'altra etichetta storica di Martinetti è la Barbera d'Asti Superiore Montruc, che nel 2009 appare appena più semplice rispetto al portentoso Sul Bric: bocca di carattere, persistente, in grado di migliorare a lungo.

● M.to Rosso Sul Bric '09	₮₮₮ 7
● Barbera d'Asti Sup. Montruc '09	₮₮ 6
○ Gavi Minaia '10	₮₮ 6
● Barolo Marasco '07	₮₮ 8
● Colli Tortonesi Rosso Georgette '09	₮₮ 6
● Colli Tortonesi Rosso Lauren '09	₮₮ 6
○ Gavi del Comune di Gavi '10	₮₮ 5
● Barbera d'Asti Bric dei Banditi '10	₮ 4
○ Colli Tortonesi Bianco Martin '09	₮ 7
● Barbera d'Asti Sup. Montruc '06	₮₮₮ 6
● Barbera d'Asti Sup. Montruc '01	₮₮₮ 6
● Barbera d'Asti Sup. Montruc '97	₮₮₮ 6
● Barolo Marasco '01	₮₮₮ 8
● Barolo Marasco '00	₮₮₮ 8
● M.to Rosso Sul Bric '00	₮₮₮ 6
○ Minaia '98	₮₮₮ 6

★Bartolo Mascarello
VIA ROMA, 15
12060 BAROLO [CN]
TEL. 017356125

VENDITA DIRETTA
VISITA SU PRENOTAZIONE

PRODUZIONE ANNUA 30.000 bottiglie
ETTARI VITATI 5.00

L'eredità che Maria Teresa Mascarello si è trovata ad amministrare non è sicuramente tra le più facili, in quanto la responsabilità nei confronti di un passato così importante costituisce sempre un difficile banco di prova. Ciò detto, i risultati e i riscontri odierni sono all'altezza di tutte le più esigenti aspettative. La storia continua come meglio era difficile immaginare. La trama dei vini ha fedelmente mantenuto il carattere e la precisone stilistica che Bartolo aveva sapientemente individuato e perseguito. A dire il vero, i vini paiono addirittura aver guadagnato in densità, acquisendo una profondità di straordinario valore.

La storia di questo vino inizia nel 1918 e prosegue con piccolissimi cambiamenti anno dopo anno, vuoi con la riduzione del periodo di macerazione, vuoi con la sostituzione più frequente delle botti di rovere, ma la sostanza resta la stessa. Maria Teresa Mascarello continua così una tradizione votata alla più integra espressione dell'uva nebbiolo da Barolo, magnificamente espressa anche in questa vendemmia '07. Le uve, come da tradizione, provengono da quattro diversi e pregiati apprezzamenti: Cannubi, San Lorenzo, Rué e Rocche, nella convinzione che le diverse caratteristiche dei vigneti possano comporre un insieme meno legato alle inevitabili oscillazioni metereologiche di ogni vendemmia.

- Barolo '07 ▼▼▼ 8
- Barolo '06 ▼▼▼ 8
- Barolo '05 ▼▼▼ 8
- Barolo '01 ▼▼▼ 8
- Barolo '99 ▼▼▼ 8
- Barolo '98 ▼▼▼ 8
- Barolo '89 ▼▼▼ 8
- Barolo '85 ▼▼▼ 8
- Barolo '84 ▼▼▼ 8
- Barolo '83 ▼▼▼ 8

Giuseppe Mascarello e Figlio
VIA BORGONUOVO, 108
12060 MONCHIERO [CN]
TEL. 0173792126
www.mascarello1881.com

VENDITA DIRETTA
VISITA SU PRENOTAZIONE

PRODUZIONE ANNUA 50.000 bottiglie
ETTARI VITATI 17.00

Questa importante firma di Langa costituisce, per gli appassionati di buona memoria, una pietra miliare della storia del Barolo. Alcuni vini espressi da questa azienda hanno infatti contribuito a rivelare al mondo il livello di eccellenza assoluta del vitigno nebbiolo. Per alcuni vini è suggeribile un buon periodo di invecchiamento, in quanto la cifra stilistica è spesso non semplice da interpretare in gioventù. A inizio anno abbiamo avuto modo di degustare un Barolo Monprivato '89: un'esperienza straordinaria, in grado di suscitare le emozioni che solo un grande vino può.

Manca il vino memorabile ma ci troviamo di fronte ad una batteria di vini decisamente importanti, come nella migliore tradizione di questa affermata cantina. Tutte le etichette di Barolo del 2006 sono veri classici, profondi, severi, strutturati, dotati di tannini sentiti che si armonizzeranno solo nel corso di parecchi anni. Il Barolo S. Stefano di Perno '06 è quello al momento più convincente, grazie a un'importante carica fruttata al naso e a una bocca ricchissima di materia. La Barbera d'Alba Superiore Scudetto '06 è intensa e di gradevole bevibilità, ancora giovanile. Il Nebbiolo '08 è fresco e lievemente vegetale come vuole l'annata, di buon corpo. Da provare entrambi i Dolcetti.

- Barolo S. Stefano di Perno '06 ▼▼ 8
- Barbera d'Alba Scudetto '06 ▼▼ 6
- Barolo Monprivato '06 ▼▼ 8
- Barolo Villero '06 ▼▼ 8
- Dolcetto d'Alba Bricco '09 ▼▼ 4
- Dolcetto d'Alba S. Stefano di Perno '09 ▼▼ 4
- Langhe Nebbiolo '08 ▼▼ 6
- Barolo Monprivato '01 ▼▼▼ 8
- Barolo Monprivato '85 ▼▼▼ 8
- Barolo S. Stefano di Perno '98 ▼▼▼ 8
- Barolo Villero '96 ▼▼▼ 8
- Barolo Monprivato '98 ▼▼ 8

PIEMONTE

Mazzoni
via Roma, 73
28010 Cavaglio d'Agogna [NO]
Tel. 0322806612
www.vinimazzoni.it

VENDITA DIRETTA
VISITA SU PRENOTAZIONE

PRODUZIONE ANNUA 15.000 bottiglie
ETTARI VITATI 4.50

Non è certo un'esordiente in senso stretto l'azienda guidata da Tiziano Mazzoni: fino agli anni '80 la sua famiglia destinava una quota delle proprie uve all'autoconsumo e alle esigenze di alcuni clienti. Poi la scelta di dismettere completamente l'attività, finché nel 1999 Tiziano con la moglie Rita decisero di acquistare vigneti a Ghemme, reimpiantando un vigneto di vespolina estirpato solo tre anni prima. Affiancati nelle ultime stagioni dal figlio Gilles, oggi lavorano su una gamma completa di vini della provincia di Novara, interpretati con uno stile essenziale e autentico.

Niente male come debutto per Tiziano Mazzoni: una batteria solida e intrigante, impreziosita da due vini in finale. Le Masche Passito, da uve erbaluce, sfoggia un oro antico vivo, preludio a un naso intenso e armonico di albicocca secca e scorze d'agrumi, corredato da tocchi botritici e affumicati di creme brulée. Dolcezza e acidità sono in equilibrio in una bocca possente ma sempre in tensione. Prestazione che fa il pari con quella del Ghemme ai Livelli '07: l'impatto tostato non frena la progressione di lampone, erbe e fiori, il sottofondo ferroso richiama il terroir e amplifica un sorso carnoso e slanciato, puntuale nell'estrazione tannica. Molto bene anche il Ghemme dei Mazzoni '07.

● Ghemme ai Livelli '07	🍷🍷 7
○ Passito Le Masche	🍷🍷 5
● Ghemme dei Mazzoni '07	🍷🍷 6
● Colline Novaresi Vespolina Il Ricetto '10	🍷 4
● Ghemme dei Mazzoni '06	🍷🍷 5
○ Passito Le Masche	🍷🍷 5

Tenuta La Meridiana
via Tana Bassa, 5
14048 Montegrosso d'Asti [AT]
Tel. 0141956172
www.tenutalameridiana.com

VENDITA DIRETTA
VISITA SU PRENOTAZIONE

PRODUZIONE ANNUA 90.000 bottiglie
ETTARI VITATI 11.00
VITICOLTURA Naturale

La famiglia Bianco da oltre un secolo gestisce questa piccola azienda del Monferrato che iniziò a imbottigliare nei primi anni Sessanta. Oggi sono Giampiero Bianco e la moglie Grazia a seguire la tenuta con passione e competenza. Su terreni di tipo marnoso, con strati di argilla e tufo, sono impiantati sia vitigni autoctoni, barbera in primis, che internazionali, come l'uva malaga, arrivata dalla Spagna due secoli or sono. L'esposizione dei vigneti varia da sud est a sud ovest e i vini prodotti puntano su una certa pienezza e ricchezza di frutto.

Buoni risultati per la tenuta La Meridiana. La Barbera d'Asti Le Gagie '09 evidenzia sentori di frutta rossa, mora, tabacco, con un palato non enorme ma brillante, piacevole e di buona tenuta. Ottima anche la Barbera d'Asti Superiore Tra la Terra e il Cielo '08, dai toni di erbe aromatiche secche e confettura di prugna, ricco e pieno, con un leggero eccesso di alcol per un finale dolce di frutto. Allo stesso livello troviamo anche il Monferrato Rosso Rivaia '07, blend di nebbiolo (60%), barbera (30%) e cabernet sauvignon, intenso e ampio al naso, con note di cacao, tabacco e tartufo nero, palato chinoso e sapido, con tannini un po' ruvidi ma di grande lunghezza e carattere.

● Barbera d'Asti Le Gagie '09	🍷🍷 4*
● Barbera d'Asti Sup. Tra La Terra e Il Cielo '08	🍷🍷 5
● Monferrato Rosso Rivaia '07	🍷🍷 5
● Barbera d'Asti Sup. Bricco Sereno '08	🍷 4
● Barbera d'Asti Vitis '09	🍷 3
● Barbera d'Asti Le Gagie '07	🍷🍷 4*
● Barbera d'Asti Le Gagie '06	🍷🍷 4*
● Barbera d'Asti Sup. Nizza Tra La Terra e Il Cielo '07	🍷🍷 5
● Barbera d'Asti Sup. Nizza Tra La Terra e Il Cielo '05	🍷🍷 5
● Barbera d'Asti Sup. Nizza Tra La Terra e Il Cielo '04	🍷🍷 5

PIEMONTE

Moccagatta
S.DA RABAJÀ, 46
12050 BARBARESCO [CN]
TEL. 0173635228

VENDITA DIRETTA
VISITA SU PRENOTAZIONE

PRODUZIONE ANNUA 60.000 bottiglie
ETTARI VITATI 12.00

Dopo più di vent'anni sempre in prima fila i fratelli Sergio e Franco Minuto trovano finalmente l'appoggio della nuova generazione. Ciò che non è mai cambiato è, invece, l'impostazione tecnica della cantina: i Minuto hanno saputo mostrare una continuità stilistica salda e immutata nel tempo. I cru di Barbaresco, in particolare Cole e Bric Balin, esprimono i caratteri di potenza e ricchezza conferiti da rese contenute. A rendere ancora più "esotici" rossi di tale calibro contribuisce il generoso uso di rovere nuovo. Sulla stessa falsariga si attestano gli altri vini, a iniziare da uno Chardonnay in legno che ricorda il Nuovo Mondo.

Eccellente il Barbaresco Bric Balin '08, moderno, speziato di cannella, con frutti rossi in abbondanza e bocca ricca, che sarebbe in perfetto equilibrio se non fosse per un po' di rovere che asciuga il finale. Il Barbaresco Cole '08 è all'altezza del Balin, solo più alcolico, dotato di tannini succosi e dolci. Una certa evoluzione fa perdere freschezza alle altre due etichette di Barbaresco, ben fatte ma un po' evolute. I due validi Chardonnay hanno stili decisamente diversi: ricco di un buon rovere tostato il Buschet '09, cremoso seppur non privo di freschezza; immediato e di gustosa bevibilità quello d'annata, affinato in solo acciaio.

● Barbaresco Bric Balin '08	7
● Barbaresco Cole '08	7
○ Langhe Chardonnay '10	4*
○ Langhe Chardonnay Buschet '09	6
● Barbaresco '08	6
● Barbaresco Basarin '08	7
● Dolcetto d'Alba '10	4
● Barbaresco Bric Balin '05	7
● Barbaresco Bric Balin '04	7
● Barbaresco Bric Balin '01	8
● Barbaresco Basarin '07	7
● Barbaresco Basarin '06	7
● Barbaresco Bric Balin '07	7
● Barbaresco Bric Balin '06	7
● Barbaresco Cole '07	7
● Barbaresco Cole '06	7
○ Langhe Chardonnay '09	4
○ Langhe Chardonnay '08	4

Mauro Molino
FRAZ. ANNUNZIATA
B.TA GANCIA, 111
12064 LA MORRA [CN]
TEL. 017350814
www.mauromolino.com

VENDITA DIRETTA
VISITA SU PRENOTAZIONE

PRODUZIONE ANNUA 72.000 bottiglie
ETTARI VITATI 12.00

È dal 1978 che l'enotecnico Mauro Molino ha preso in mano le redini della cantina creata dal padre Giuseppe nel 1953, mentre stanno entrando in piena attività i figli Martina e Matteo, entrambi diplomati alla scuola enologica di Alba. L'uva nebbiolo copre circa il 60% dei vigneti di proprietà, con il cru Vigna Conca che si mette costantemente in luce per gli ottimi risultati qualitativi. Lo stile di tutte le etichette è piuttosto moderno, nel senso che a un'ottima pulizia olfattiva si accompagnano sentori delicatamente tostati. La struttura gustativa è piuttosto morbida e avvolgente, in grado di essere apprezzata già dopo pochi anni dalla vendemmia.

Buona riuscita di tutte e quattro le etichette di Barolo '07, con il Vigna Conca che guida brillantemente il gruppo grazie a nitidi aromi di frutti rossi, seguiti da una bocca equilibrata, con tannini non spigolosi e discreta personalità. Molto fruttato il Gallinotto '07, alcolico, lungo, polposo, dai tannini ancora mordaci. Il Vigna Gancia '07 è moderno, speziato, appena legnoso, succoso in bocca, dove manca appena un pizzico di carattere. Decisamente valido il Barolo base, longilineo, franco e puro essendo privo di sentori di rovere, da provare. Tutti i vini sono decisamente ben fatti, con la Barbera d'Alba '10 che si colloca tra le migliori dell'annata.

● Barolo V. Conca '07	8
● Barolo Gallinotto '07	7
● Barbera d'Alba '10	4*
● Barbera d'Alba V. Gattere '09	6
● Barolo '07	6
● Barolo V. Gancia '07	8
● Barbera d'Alba V. Gattere '00	6
● Barbera d'Alba V. Gattere '96	6
● Barolo V. Conca '00	8
● Barolo V. Conca '97	8
● Barolo V. Conca '96	8
● Barolo V. Gallinotto '03	8
● Barolo V. Gallinotto '01	8

PIEMONTE 166

Monchiero Carbone
Via Santo Stefano Roero, 2
12043 Canale [CN]
Tel. 017395568
www.monchierocarbone.com

VENDITA DIRETTA
VISITA SU PRENOTAZIONE

PRODUZIONE ANNUA 150.000 bottiglie
ETTARI VITATI 18.00
VITICOLTURA Naturale

L'azienda di Francesco Monchiero è ormai da diversi anni una delle realtà più significative del Roero, non solo per l'eccellenza produttiva ma anche per l'impegno verso la valorizzazione del territorio e la ridefinizione qualitativa delle sue denominazioni. I vigneti aziendali, tutti d'impianto collinare, sono situati nei comuni di Canale, Vezza d'Alba e Priocca, su terreni calcareo argillosi e sabbiosi tipici della zona. L'impostazione moderna oltre a dare una grande nitidezza aromatica cerca di conciliare struttura e mineralità, frutto e freschezza.

Francesco Monchiero ha presentato una serie di vini di altissimo livello. La Barbera d'Alba MonBirone '09 ha note di frutti rossi e terra al naso, mentre il palato è straordinario per densità e dinamismo, con l'acidità a dare lunghezza e carattere. Il Roero Printi Riserva '08, elegante e complesso, ha toni speziati e di frutti rossi freschi, anche se ancora segnati dal legno, grande trama tannica, sapidità, polpa e un lunghissimo finale di carattere. Il Roero Srü '09 è come sempre più immediato, ma anche di bella intensità, succoso, con note di tabacco e liquirizia. A chiudere il Roero Arneis Cecu d'la Biunda '10, ampio, fruttato e dalle piacevoli note di anice.

● Barbera d'Alba MonBirone '09	🍷🍷 5
○ Roero Arneis Cecu d'la Biunda '10	🍷🍷 4
● Roero Printi Ris. '08	🍷🍷 6
● Roero Srü '09	🍷🍷 5
● Barbera d'Alba Pelisa '09	🍷 4
○ Langhe Bianco Tamardì '10	🍷 4
○ Roero Arneis Re cit '10	🍷 4
● Roero Printi Ris. '07	🍷🍷🍷 6
● Roero Printi Ris. '06	🍷🍷🍷 6
● Barbera d'Alba MonBirone '08	🍷🍷 5
● Barbera d'Alba MonBirone '07	🍷🍷 5
● Barbera d'Alba Pelisa '07	🍷🍷 4*
○ Roero Arneis Cecu d'la Biunda '09	🍷🍷 4
○ Roero Arneis Re cit '09	🍷 4
● Roero Srü '08	🍷 5

Monfalletto Cordero di Montezemolo
Fraz. Annunziata, 67
12064 La Morra [CN]
Tel. 017350344
www.corderodimontezemolo.com

VENDITA DIRETTA
VISITA SU PRENOTAZIONE

PRODUZIONE ANNUA 220.000 bottiglie
ETTARI VITATI 35.00
VITICOLTURA Naturale

Il rispetto per la natura è il primo punto di riferimento per l'attività agricola, che qui viene svolta senza alcun intervento della chimica e quindi attraverso concimazioni naturali, rame e zolfo, lavorazioni meccaniche e uso di energia pulita. Giovanni Cordero di Montezemolo, con il contributo determinante dei figli Elena e Alberto, ha voluto dare alla propria produzione enologica quell'impronta di classica modernità che ci si può attendere da un'azienda le cui radici affondano nei secoli, ovviamente senza privarsi dei più moderni contributi di una tecnica di cantina che ha reso questo importante marchio piemontese famoso in tutto il mondo.

Il piacevolissimo Barolo Bricco Gattera '07 è molto complesso all'olfatto, con fiori secchi, tabacco e spezie, poi in bocca è pieno e armonico, lungo, giocato più sull'equilibrio che sulla materia. Il ricco Barolo Enrico VI '07, dal celeberrimo vigneto Villero in Castiglione Falletto, è ancora più aperto e sfaccettato al naso, dove aggiunge richiami di china e agrumi, mentre la bocca è importante e piuttosto severa, ancora bisognosa di affinamento in bottiglia. Il Barolo Monfalletto '07 è decisamente più scorrevole, immediato e facile. In una batteria tutta corretta si mettono in evidenza la corposa Barbera d'Alba Superiore Funtanì '08 e lo speziato Langhe Chardonnay Elioro '09.

● Barolo Enrico VI '07	🍷🍷 8
● Barolo Bricco Gattera '07	🍷🍷 8
● Barbera d'Alba Sup. Funtanì '08	🍷🍷 6
● Barolo Monfalletto '07	🍷🍷 7
○ Langhe Chardonnay Elioro '09	🍷🍷 5
● Barbera d'Alba '10	🍷 4
● Dolcetto d'Alba '10	🍷 4
○ Langhe Arneis '10	🍷 4
● Langhe Nebbiolo '10	🍷 5
● Barolo Enrico VI '04	🍷🍷🍷 8
● Barolo Enrico VI '03	🍷🍷🍷 8
● Barolo V. Bricco Gattera '99	🍷🍷🍷 8
● Barolo V. Enrico VI '00	🍷🍷🍷 8
● Barolo V. Enrico VI '97	🍷🍷🍷 8
● Barolo V. Enrico VI '96	🍷🍷🍷 8

Montalbera
via Montalbera, 1
14030 Castagnole Monferrato [AT]
Tel. 0119433311
www.montalbera.it

VISITA SU PRENOTAZIONE

PRODUZIONE ANNUA 300.000 bottiglie
ETTARI VITATI 115.00

Una realtà di dimensioni importanti che ha deciso di dedicarsi in modo quasi totale al vitigno principe della zona, quel misterioso ruché che tanto affascina grazie ai suoi aromi decisamente speziati. L'azienda di Enrico Riccardo Morando si pone pertanto come leader della recente Docg, anche grazie a continue ricerche scientifiche nei vigneti e a incessanti sperimentazioni di vinificazione volte alla scoperta della più profonda personalità del Ruché di Castagnole Monferrato. Al Ruché si aggiunge una più ridotta produzione degli altri vini locali.

Le versioni meglio riuscite del Ruché di Castagnole Monferrato sono quelle più semplici. Laccento '10, frutto di una vendemmia lievemente ritardata e affinato solamente in acciaio (25mila bottiglie) convince per la nitida espressione di rosa e fiori rossi, con bocca densa e morbida, appena tannicamente ruvida in chiusura. La Tradizione '10 è appena più immediata, pulita, polposa, morbida ed equilibrata. La Barbera d'Asti La Ribelle '10 offre bella frutta, ciliegia in primis, con bella materia, discreto alcol e finale gradevolmente amarognolo. Meno convincenti le selezioni affinate in legno. Da provare la corretta e piacevole La Briosa '10.

● Barbera d'Asti La Ribelle '10	4
● Ruché di Castagnole M.to La Tradizione '10	4
● Ruché di Castagnole M.to Laccento '10	5
● Barbera del M.to Frizzante La Briosa '10	3
● Ruché di Castagnole M.to Limpronta '08	6

Montaribaldi
fraz. Tre Stelle
s.da Nicolini Alto, 12
12050 Barbaresco [CN]
Tel. 0173638220
www.montaribaldi.com

VENDITA DIRETTA
VISITA SU PRENOTAZIONE

PRODUZIONE ANNUA 70.000 bottiglie
ETTARI VITATI 21.00

La cantina si trova in una splendida posizione da cui si gode di uno dei più affascinanti panorami delle Langhe del Barbaresco. Qui la famiglia Taliano, con i giovani ed entusiasti fratelli Luciano e Roberto alla guida, ha iniziato nel 1993 l'attività di imbottigliamento delle uve provenienti da importanti vigneti acquisiti dal nonno negli anni '60. La dotazione di cantina è all'avanguardia, con rotomaceratori e legni francesi di diverse dimensioni, ma i vini rimangono legati a un'espressione decisamente classica, scevra da iperconcentrazioni e da eccessi di rovere.

Il vertice della cantina è il Barbaresco Ricü '06, maturo e aperto con note di cacao e bacche nere; bocca portentosa, dove però i tannini risultano lievemente austeri. Il Barbaresco Palazzina '08 è intenso e assai più fresco, meno corposo, dotato di buon alcol ma poco sfaccettato. Il Barbaresco Sorì Montaribaldi '08 ricalca le orme del Ricü e ha nitidi e lievi richiami di rovere, con bell'equilibrio. Torna il Barolo Borzoni nella versione '07, da un piccolo vigneto in comune di Grinzane Cavour: naso ancora in via di armonizzazione, bocca decisamente giovanile e tannica, crescerà sicuramente in bottiglia. Valido e più che gradevole lo Chardonnay, senza eccessi legnosi e scattante al palato.

● Barbaresco Palazzina '08	5
● Barbaresco Ricü '06	7
● Barbaresco Sorì Montaribaldi '08	6
● Barbera d'Alba Frere '10	3*
● Barolo Borzoni '07	7
○ Langhe Chardonnay Stissa d'le Favole '10	3*
● Barbera d'Asti La Consolina '10	3
● Dolcetto d'Alba Vagnona '10	3
● Langhe Nebbiolo Gambarin '09	4
○ Roero Arneis Capural '10	4
● Barbaresco Palazzina '07	5*
● Barbaresco Sörì Montaribaldi '07	6
● Barbera d'Alba dü Gir '08	4
● Barbera d'Alba Frere '09	3*
● Dolcetto d'Alba Vagnona '09	3*
● Langhe Nebbiolo Gambarin '08	4
● Langhe Rosso Nicolini '09	4

PIEMONTE 168

Monti
LOC. SAN SEBASTIANO
FRAZ. CAMIE, 39
12065 MONFORTE D'ALBA [CN]
TEL. 017378391
www.paolomonti.com

VENDITA DIRETTA
VISITA SU PRENOTAZIONE

PRODUZIONE ANNUA 50.000 bottiglie
ETTARI VITATI 16.00
VITICOLTURA Naturale

In 15 anni di attività Pier Paolo Monti è diventato uno specialista dei grandi rossi di Langa, a cui ha voluto aggiungere piccole quantità di vitigni internazionali suggeritigli dalla propria passione enologica: merlot e cabernet sauvignon per i rossi, riesling e chardonnay tra i bianchi. Vini mai esagerati, costantemente nitidi, ricchi di personalità. I vigneti, in posizioni di pregio assoluto, sono curati con la massima attenzione all'ambiente e non prevedono l'uso di sostanza chimiche.

Nel maggio 2007 una violenta grandinata ha duramente colpito i vigneti di nebbiolo di Monti, per cui in quella vendemmia è stato realizzato un solo Barolo assemblando gli appezzamenti non danneggiati. Questo è il motivo per cui viene presentato un solo Barolo '07 senza indicazione di cru. Il naso è ampio e piuttosto aperto, quasi evoluto, con bocca complessa e non particolarmente strutturata. Il pregiato Langhe '07, a base di merlot in purezza, nasce da una vigna a un'altitudine elevata, per cui offre al naso nitide note un po' vegetali che si uniscono alla classica crostata di prugne; la bocca fa emergere la potenza della Langa, che dona sempre una notevole tannicità.

● Barbera d'Alba '08	🍷🍷 6
● Barolo '07	🍷🍷 8
● Langhe '07	🍷🍷 8
● Nebbiolo d'Alba '08	🍷🍷 5
● Barbera d'Alba '07	🍷 6
● Barolo Bussia '04	🍷 8
● Barolo Bussia '01	🍷 8
● Langhe Dossi Rossi '07	🍷 6
● Langhe Rosso Dossi Rossi '04	🍷 6

Cascina Morassino
S.DA BERNINO, 10
12050 BARBARESCO [CN]
TEL. 0173635149
morassino@gmail.com

VENDITA DIRETTA
VISITA SU PRENOTAZIONE

PRODUZIONE ANNUA 20.000 bottiglie
ETTARI VITATI 4.50

L'azienda della famiglia Bianco meriterebbe maggiore notorietà tra gli aficionados di Langa, ma al momento rimane un segreto per pochi appassionati. Le dimensioni ridotte - non si raggiungono i cinque ettari vitati per una produzione di appena 20mila bottiglie all'anno - non aiutano una maggiore diffusione del nome, ma Mauro e Roberto, padre e figlio, hanno avuto il coraggio di conservare questa dimensione familiare. Secondo Roberto seguire in prima persona tutti lavori in vigna e in cantina è infatti la conditio sine qua non per ottenere vini di qualità. Proprio qualità e tipicità, unite a struttura e longevità, sono i leitmotiv dei vini targati Morassino.

Bei frutti neri negli aromi del Barbaresco Ovello '08, cui segue una bocca armonica, vivida e avvolgente, non particolarmente strutturata. Il Barbaresco Morassino '08 ha profumi più semplici e immediati, con palato alcolico e piuttosto tannico. La Barbera d'Alba Vignot '09 è ben riuscita ed esprime correttamente l'annata senza scadere nel marmellatoso o nella frutta molto matura grazie a una sentita sapidità. Il Langhe Nebbiolo '09 è intenso e articolato con lampone in evidenza, bocca di buona ricchezza con tannini già ben domati. Il Langhe Rosso '09 nasce da uve merlot in purezza ed è pieno di polpa ma mai eccessivo, com'è proprio del raffinato stile aziendale.

● Barbaresco Ovello '08	🍷🍷 7
● Barbaresco Morassino '08	🍷🍷 7
● Barbera d'Alba Vignot '09	🍷🍷 5
● Langhe Nebbiolo '09	🍷🍷 5
● Langhe Rosso '09	🍷🍷 5
● Dolcetto d'Alba '10	🍷 4
● Barbaresco Morassino '05	🍷 7
● Barbaresco Ovello '07	🍷 7
● Barbaresco Ovello '06	🍷 7
● Barbera d'Alba Vignot '07	🍷 5*

Stefanino Morra

VIA CASTAGNITO, 50
12050 CASTELLINALDO [CN]
TEL. 0173213489
www.morravini.it

VENDITA DIRETTA
VISITA SU PRENOTAZIONE

PRODUZIONE ANNUA 65.000 bottiglie
ETTARI VITATI 10.00

Stefanino Morra prosegue con convinzione sulla strada tracciata a Castellinaldo dalla sua famiglia da ormai tre generazioni. I vigneti aziendali sono situati su tre comuni, Canale, Castellinaldo e Vezza d'Alba, tutti su terreni sabbiosi e calcarei, tipici di questa regione. La produzione è limitata a poche etichette che declinano in vini base e in cru i classici del Roero - Roero, Barbera d'Alba e Roero Arneis -, dando vita a prodotti che mettono in evidenza il territorio, pur mantenendo un carattere piuttosto personale.

La Barbera d'Alba '08 di Stefanino Morra è tra le migliori del millesimo. Pulita e fresca, di grande finezza e con note di ciliegia, ha un palato non molto potente ma armonico, con alcol e acidità in equilibrio e di notevole lunghezza. Ben fatti anche il Roero Sräi Riserva '07, dai sentori di erbe aromatiche, ricco di polpa, dai tannini ancora evidenti e dal finale con lunghezza e freschezza, e il Roero Arneis Vigneto San Pietro '09, dal naso in cui spiccano aromi di tabacco dolce, susina matura e spezie orientali, e palato di buona materia e morbidezza, cui manca solo un pizzico di grinta e profondità.

● Barbera d'Alba '08	♟♟	4*
○ Roero Arneis Vign. S. Pietro '09	♟♟	5
● Roero Srai Ris. '07	♟♟	6
○ Langhe Favorita '10	♟	4
● Roero '08	♟	5
○ Roero Arneis '10	♟	4
● Barbera d'Alba Castellinaldo '07	♟♟	5
● Barbera d'Alba Castlè '07	♟♟	6
● Barbera d'Alba Castlè '06	♟♟	5
● Roero '07	♟♟	5
● Roero '06	♟♟	5
● Roero Srai Ris. '06	♟♟	6

F.lli Mossio

FRAZ. CASCINA CARAMELLI
VIA MONTÀ, 12
12050 RODELLO [CN]
TEL. 0173617149
www.mossio.com

VENDITA DIRETTA
VISITA SU PRENOTAZIONE

PRODUZIONE ANNUA 50.000 bottiglie
ETTARI VITATI 10.00
VITICOLTURA Naturale

La famiglia Mossio è riuscita a riportare alla ribalta una zona viticola, il comune di Rodello, storicamente nota per l'eccellenza di uve dolcetto per lo più acquistate da importanti aziende dell'Albese e raramente vinificate direttamente in loco. Il successo è giunto grazie a un rigoroso intervento in vigna, a un lavoro in cantina – cui sovrintende un assoluto esperto delle uve di Langa, Beppe Caviola – basato sul più preciso rispetto dell'integrità dell'uva e, elemento non trascurabile e meritorio, su un listino prezzi decisamente amichevole.

Particolarmente ricco di frutta rossa molto matura il naso del Dolcetto d'Alba Bricco Caramelli '10, il cavallo di battaglia dell'azienda, di un bel colore rubino brillante impenetrabile; il palato è avvolgente, denso, morbido ma non privo di grinta grazie a una bella tannicità: un Dolcetto di grande classicità e bevibilità. Il Langhe Nebbiolo '07 è altrettanto riuscito, giovanile, ancora compatto al palato, dove chiude con un piacevolissimo finale speziato, quasi cioccolatoso nei profumi in cui non manca un richiamo alle ciliegie sotto spirito. Facile e assai gradevole l'economico Piano delli Perdoni. Non così brillanti le etichette della contrastata vendemmia 2008.

● Dolcetto d'Alba Bricco Caramelli '10	♟♟	4*
● Langhe Nebbiolo '07	♟♟	5
● Dolcetto d'Alba Piano delli Perdoni '10	♟♟	4*
● Barbera d'Alba '08	♟	5
● Langhe Rosso '08	♟	5
● Barbera d'Alba '07	♟♟	5
● Dolcetto d'Alba Bricco Caramelli '09	♟♟	4*
● Dolcetto d'Alba Bricco Caramelli '07	♟♟	4

PIEMONTE

Mutti

loc. San Ruffino, 49
15050 Sarezzano [AL]
Tel. 0131884119
aziendagricola.mutti@libero.it

PRODUZIONE ANNUA 55.000 bottiglie
ETTARI VITATI 15.00

Andrea Mutti è senz'altro uno dei vignaioli più esperti di tutto il comprensorio. Laureato in Enologia e Agronomia, segue direttamente tutta la filiera di produzione della sua azienda ed è stato uno dei primi, insieme a Walter Massa, ad aver creduto nelle potenzialità del Timorasso. I suoi vini sono schietti ed esprimono pienamente le caratteristiche più tipiche dei vitigni, sino a essere un po' rudi come capita a volte nella Barbera, che non nasconde una buona carica di acidità, oppure molto fini ed eleganti come il Timorasso.

La batteria di Andrea Mutti contiene una versione del Timorasso Castagnoli armonica ed equilibrata, con note di fiori e agrumi che anticipano una bocca abbastanza intensa e dal finale alcolico. Sull'Aia mantiene al naso la connotazione aromatica del sauvignon blanc, con un palato equilibrato e persistente. San Ruffino, probabilmente penalizzato da un'annata poco favorevole, non ha raggiunto il livello che gli compete di norma. Di colore rubino impenetrabile, si presenta con aromi di frutti e cacao, mentre in bocca risulta ampio e vivacizzato dall'acidità tipica della Barbera. BoscoBarona è una Barbera d'annata di piacevole bevibilità.

○ Colli Tortonesi Timorasso Castagnoli '09	5
● San Ruffino '08	5
○ Sull'Aia '10	4*
● BoscoBarona '10	3
● Colli Tortonesi Rosso S. Ruffino '07	5
○ Colli Tortonesi Timorasso Derthona Castagnoli '08	5
○ Colli Tortonesi Timorasso Derthona Castagnoli '07	5

Ada Nada

loc. Rombone
via Ausario, 12b
12050 Treiso [CN]
Tel. 0173638127
www.adanada.it

VENDITA DIRETTA
VISITA SU PRENOTAZIONE
OSPITALITÀ
RISTORAZIONE

PRODUZIONE ANNUA bottiglie
ETTARI VITATI 10.00

Annalisa Nada ed Elvio Cazzaro conducono con piglio sicuro questa piccola, deliziosa realtà ubicata nel comune di Treiso, tra i cru Valeirano e Rombone. La sede aziendale è completata da un accogliente agriturismo. Tutti i vini prodotti sono caratterizzati da prezzi ragionevoli e da uno stile ricco di carattere ed espressività gustativa. Il buon potenziale di invecchiamento costituisce un ulteriore valore aggiunto a vini che, già in gioventù, sanno donare piacevoli sensazioni gustative e buona aderenza territoriale.

Il Barbaresco Elisa '07 è ampio, con fiori secchi, tabacco dolce e frutta rossa matura, bocca vellutata grazie a tannini fitti ma morbidi, finale lungo, parecchia polpa e lieve carenza di freschezza. All'opposto, il Valeirano '07 è ancora piuttosto poco espressivo, potente e con tannini spigolosi nonostante l'alcol in evidenza. Il Cichin '07 è un po' meno nitido negli aromi e ancora più incisivo in bocca, quasi aggressivo, sicuramente da attendere per qualche tempo. Bel risultato per la Barbera d'Alba Vigna 'd Pierin '09, elegante e speziata al naso, con bel guizzo di acidità rinfrescante a sorreggere l'assaggio.

● Barbaresco Elisa '07	7
● Barbaresco Valeirano '07	6
● Barbera d'Alba Vigna 'd Pierin '09	4
● Barbaresco Cichin '07	7
● Dolcetto d'Alba Autinot '10	4
○ Moscato d'Asti Vigna 'd La Bria '10	4
● Barbaresco Elisa '04	7
● Barbaresco Valeirano '06	7

★Fiorenzo Nada

LOC. ROMBONE
VIA AUSARIO, 12C
12050 TREISO [CN]
TEL. 0173638254
www.nada.it

VENDITA DIRETTA
VISITA SU PRENOTAZIONE

PRODUZIONE ANNUA 40.000 bottiglie
ETTARI VITATI 7.00

A circa 30 anni dalla sua creazione questa significativa realtà familiare del comprensorio di Langa ha compiuto passi molto importanti, contribuendo in maniera sostanziale alla diffusione del prestigio del vitigno nebbiolo nel mondo. Il lavoro di Bruno, egregiamente aiutato dai figli Danilo e Monica, è contraddistinto dalla rigorosa cura dei vigneti di proprietà; ciò si traduce nella produzione di vini dal carattere forte, un po' severi in gioventù ma in grado di regalare splendide emozioni dopo un giusto riposo in bottiglia.

Il Barbaresco Rombone '07 è molto complesso e già ben definito olfattivamente, con marmellata di lampone in evidenza su fini note balsamiche. Al palato è decisamente avvolgente, ricco, nitido e persistente, tanto da conquistare i Tre Bicchieri. Il cru Rombone si conferma così anche in questa calda annata come uno dei migliori vigneti della zona. Potente e promettente, ma ancora piuttosto chiuso il Barbaresco Manzola '07. Il Seifile '07, a base di barbera con piccola aggiunta di nebbiolo, si presenta impenetrabile alla vista, con bacche nere e tabacco al naso; la bocca è molto densa e monolitica. Sempre all'altezza della meritata fama di questa cantina le altre etichette, con un plauso particolare a un profumatissimo Dolcetto '10.

● Barbaresco Rombone '07	🍷🍷🍷	8
● Barbaresco Manzola '07	🍷🍷	7
● Barbera d'Alba '09	🍷🍷	5
● Dolcetto d'Alba '10	🍷🍷	4
● Langhe Nebbiolo '09	🍷🍷	4*
● Langhe Rosso Seifile '07	🍷🍷	8
● Barbaresco Manzola '06	🍷🍷🍷	7
● Barbaresco Rombone '06	🍷🍷🍷	8
● Barbaresco Rombone '05	🍷🍷🍷	8
● Barbaresco Rombone '04	🍷🍷🍷	8
● Langhe Rosso Seifile '01	🍷🍷🍷	8
● Langhe Nebbiolo '08	🍷🍷	4*

Cantina dei Produttori Nebbiolo di Carema

VIA NAZIONALE, 32
10010 CAREMA [TO]
TEL. 0125811160
www.saporipiemontesi.it

VENDITA DIRETTA
VISITA SU PRENOTAZIONE

PRODUZIONE ANNUA 65.000 bottiglie
ETTARI VITATI 17.00

È anche per merito della Cantina Produttori Nebbiolo di Carema se oggi possiamo riferirci alla più piccola ed estrema fra le denominazioni dell'Alto Piemonte come a una realtà viva e concreta, incarnazione autentica di quanto si tende a volte a banalizzare con l'espressione viticoltura eroica. Resistendo in anni decisamente meno fortunati per Nebbiolo così ossuti e affilati, la cooperativa tiene insieme oggi un'ottantina di soci e circa 17 ettari: maturate entrambe per tre anni in botte grande, l'Etichetta Nera segnala la versione annata mentre l'Etichetta Bianca veste la Riserva.

C'era un solo vino quest'anno a rappresentare la personale batteria della Cantina Produttori Nebbiolo di Carema. Che vino, però, perché il Carema Etichetta Bianca '07 conquista per la prima volta i Tre Bicchieri, entusiasmando per la sua estrema riconoscibilità ma anche e soprattutto per la sua completezza. Arancia rossa, fiori freschi, erbe aromatiche, il naso è carnoso e gioviale, di una facilità che il sorso dilata e contrasta col suo incedere roccioso e serrato, perfettamente integro nel frutto e continuamente movimentato da una scia salmastra irresistibile. Da godere adesso o riscoprire intatto tra qualche lustro: un dilemma che vogliamo dipanare a suon di bottiglie.

● Carema Et. Bianca '07	🍷🍷🍷	4*
● Carema '05	🍷🍷	4
● Carema Et. Bianca '06	🍷🍷	4*
● Carema Et. Bianca '05	🍷🍷	4
● Carema Et. Nera '06	🍷🍷	4*
● Carema Ris. '04	🍷🍷	4*

PIEMONTE

PIEMONTE

Lorenzo Negro
Fraz. Sant'Anna, 55
12040 Monteu Roero [CN]
Tel. 017390645
www.negrolorenzo.com

VENDITA DIRETTA
VISITA SU PRENOTAZIONE

PRODUZIONE ANNUA 30.000 bottiglie
ETTARI VITATI 8.00

La giovane azienda di Lorenzo Negro è situata sulla collina Serra Lupini, a Sant'Anna di Monteu Roero, e la gran parte dei vigneti sorgono proprio intorno alla cantina. I terreni sono costituiti da sabbia, limo e argilla, con esposizione variabile da sud est a sud ovest, e si trovano a circa 300 metri di altitudine. Le uve coltivate sono principalmente quelle classiche del territorio, come arneis, nebbiolo, barbera e bonarda, con vigne di età compresa fra i 16 e i 30 anni. I vini proposti sono di stampo tradizionale, ma anche di notevole personalità e carattere.

Al secondo anno in Guida, questa piccola azienda del Roero conquista la scheda grande. Davvero bello il Roero San Francesco '07, intenso al naso, nelle sue note di tabacco e china su sfondo fruttato, possente e strutturata al palato, con tannini fitti e lungo finale vibrante. Ci è piaciuta anche la Barbera d'Alba Superiore La Nanda '06, dai toni di frutta rossa fresca arricchita da note di tabacco e china, palato severo, ma anche di carattere e buona lunghezza, e il Langhe Rosso Arbesca '08, blend di bonarda (70%) e barbera, dai sentori vegetali e fruttati, di buon equilibrio e sapidità. Corretto il resto della produzione.

● Barbera d'Alba Sup. La Nanda '06	4
● Langhe Rosso Arbesca '08	4
● Roero San Francesco Ris. '07	4
● Barbera d'Alba '09	3
○ Roero Arneis '10	4
● Barbera d'Alba '07	4*
● Roero San Francesco Ris. '06	5

Angelo Negro & Figli
Fraz. Sant'Anna, 1
12040 Monteu Roero [CN]
Tel. 017390252
www.negroangelo.it

VENDITA DIRETTA
VISITA SU PRENOTAZIONE

PRODUZIONE ANNUA 300.000 bottiglie
ETTARI VITATI 60.00

La famiglia Negro anno dopo anno continua a proporre alcuni tra i più interessanti e riusciti vini di tutto il Roero. Vigneti e cantina si trovano tra Monteu Roero e Canale, cui vanno aggiunte le vigne di Neive da cui provengono i due Barbaresco prodotti dall'azienda. La gamma aziendale è particolarmente ampia, venti etichette, provenienti principalmente dai classici vitigni autoctoni del Roero: arneis, favorita, nebbiolo, barbera, brachetto. Lo stile dei vini è di chiara impronta territoriale e di grande precisione tecnica.

Conquista i Tre Bicchieri il Roero Sudisfà Riserva '08. Ai profumi di tabacco, spezie e frutti rossi fa seguito un palato di bella freschezza ed eleganza, fine, lungo e dai tannini ben integrati. Molto bello anche il Roero San Bernardo '09, dai sentori di fiori secchi e spezie, dal palato polposo e di buon corpo, mentre sono da segnalare le Barbera d'Alba Nicolon '09, marcata dal legno ma di carattere e lunghezza, e Bertu '09, dalle note di bacche nere e china. Ben realizzati il Roero Prachiosso '08, intenso e tannico, e il Barbaresco Cascinotta '08, floreale e profondo. Il più interessante tra i bianchi è, a sorpresa, il Roero Arneis Serra Lupini '10, un base raffinato, sapido e di grande armonia.

● Roero Sudisfà Ris. '08	6
○ Roero Arneis Serra Lupini '10	4
● Roero San Bernardo '09	6
● Barbaresco Cascinotta '08	6
● Barbera d'Alba Bertu '09	5
● Barbera d'Alba Nicolon '09	4
● Roero Prachiosso '08	5
○ Roero Arneis Gianat '09	5
○ Roero Arneis Perdaudin '10	4
○ Roero Arneis Perdaudin '09	4
● Roero Sudisfà Ris. '07	6

PIEMONTE

Andrea Oberto
B.TA SIMANE, 11
12064 LA MORRA [CN]
TEL. 017350104
www.andreaoberto.com

VENDITA DIRETTA
VISITA SU PRENOTAZIONE

PRODUZIONE ANNUA 100.000 bottiglie
ETTARI VITATI 16.00

Il percorso degli Oberto è quello classico della nouvelle vague langarola, che a partire dagli anni Ottanta ha proposto ai mercati mondiali un nuovo volto del Barolo fatto di vini decisamente moderni ed eleganti, con frutto e spezie in evidenza. Oggi, con una nuova e funzionale cantina a disposizione, papà Andrea e il figlio Fabio sono in grado di gestire al meglio una produzione che è andata ampliandosi anno dopo anno grazie a costanti acquisti di vigneti in ottime posizioni. La cantina è giustamente celebre, oltre che per le diverse selezioni di Barolo, per la morbida, longeva e suadente Barbera d'Alba Giada.

Grande correttezza, morbida bevibilità e uve molto ricche contraddistinguono quest'anno tutta la batteria di casa Oberto, senza presentare però le punte d'eccellenza a cui ci eravamo abituati. Il Barolo Vigneto Albarella '07 è lievemente asciugato dai tannini e offre intensi profumi di ciliegie sotto spirito. Il Vigneto Brunate '07 è più rotondo, non molto intenso al naso, di media lunghezza. Il Vigneto Rocche '07 è maturo, con frutta dolce e cacao su note fumé che ritornano anche nel gradevole finale. Meno legnosa la versione base, corretta e piacevole. In assenza della celebre Barbera Giada, è valida quella proveniente dal vigneto S. Giuseppe, non diversamente dall'elegante Langhe Nebbiolo '09.

● Barbera d'Alba Vign. S. Giuseppe '09	♛♛ 4
● Barolo '07	♛♛ 7
● Barolo Vign. Albarella '07	♛♛ 8
● Barolo Vign. Brunate '07	♛♛ 8
● Barolo Vign. Rocche '07	♛♛ 8
● Dolcetto d'Alba Vign. Vantrino Albarella '09	♛♛ 4
● Langhe Nebbiolo '09	♛♛ 4
● Dolcetto d'Alba '10	♛ 4
● Barolo Vign. Brunate '05	♛♛♛ 8
● Barolo Vign. Albarella '06	♛♛ 8
● Barolo Vign. Albarella '05	♛♛ 8
● Barolo Vign. Brunate '06	♛♛ 8

Oddero Poderi e Cantine
FRAZ. SANTA MARIA
VIA TETTI, 28
12064 LA MORRA [CN]
TEL. 017350618
www.oddero.it

VENDITA DIRETTA
VISITA SU PRENOTAZIONE

PRODUZIONE ANNUA 110.000 bottiglie
ETTARI VITATI 35.00
VITICOLTURA Biologico Certificato

Nel 1878 erano ben poche le cantine che imbottigliavano il Barolo, ma gli Oddero erano già tra questi, forti di un'attività produttiva iniziata oltre 150 prima. Da allora è stato un susseguirsi di sicuri successi, grazie sia alle magnifiche vigne di proprietà sia a un'impostazione enologica che non ha mai dato retta alle mode, ispirandosi sempre a un ideale di moderna classicità. I nomi dei vigneti che producono uve nebbiolo da Barolo sono indicativi della lungimiranza aziendale nel dotarsi dei migliori cru: Vigna Rionda a Serralunga d'Alba, Brunate a La Morra, Mondoca di Bussia Soprana a Monforte d'Alba, Rocche di Castiglione, Fiasco e Villero a Castiglione Falletto, cui si unisce il Gallina a Neive per la produzione di un notevole Barbaresco.

Il fine e tradizionale Barolo Vigna Rionda '05 è complesso, con china, fiori rossi e spezie dolci a costruire un piacevolissimo naso; in bocca è austero, di notevole tannicità, lungo e nitido, importante. Il Barolo Brunate '07 è un po' più moderno, elegante e fruttato, appena un po' asciugante in chiusura. Il Barolo Villero '07 è articolato ed etereo, con frutti rossi e bacche nere ben fusi; il palato è deciso, ancora molto giovane, astringente ma di una classicità meritevole di complimenti. Il Barbaresco Gallina '08 offre qualche nota fresca che volge verso l'anice ad arricchire profumi nitidi e ampi; poi è potente, di nuovo fresco e di tannicità da manuale, morbido e mai aggressivo.

● Barbaresco Gallina '08	♛♛ 7
● Barolo Brunate '07	♛♛ 8
● Barolo Vigna Rionda '05	♛♛ 8
● Barolo Villero '07	♛♛ 7
● Barbera d'Asti Vinchio '08	♛♛ 4
● Barolo '07	♛♛ 6
○ Moscato d'Asti Cascina Fiori '10	♛♛ 4
● Dolcetto d'Alba '10	♛ 4
● Barbaresco Gallina '04	♛♛♛ 7
● Barolo Mondoca di Bussia Soprana '04	♛♛♛ 8
● Barolo Vigna Rionda '01	♛♛♛ 8
● Barolo Mondoca di Bussia Soprana '05	♛♛ 8
● Barolo Rocche di Castiglione '06	♛♛ 8
● Barolo Rocche di Castiglione '04	♛♛ 8
● Barolo Vigna Rionda '04	♛♛ 8

PIEMONTE

Tenuta Olim Bauda
via Prata, 50
14045 Incisa Scapaccino [AT]
Tel. 0141702171
www.tenutaolimbauda.it

VENDITA DIRETTA
VISITA SU PRENOTAZIONE

PRODUZIONE ANNUA 145.000 bottiglie
ETTARI VITATI 30.00

L'azienda della famiglia Bertolino a partire dalla metà degli anni '90 si è trasformata, acquistando diversi vigneti e passando da impresa principalmente commerciale ad azienda agricola. Suddivisa in cinque cascine, sparse tra Nizza Monferrato, Isola d'Asti, Fontanile e Castelnuovo Calcea, e caratterizzate da terreni diversi, che vanno dall'argilloso al sabbioso, ha vigneti che vanno dai trenta ai sessant'anni. I vini più significativi sono le varie Barbera, caratterizzate da ricerca di complessità e ricchezza di frutto, senza per questo rinunciare alla freschezza acida che le contraddistingue.

Splendida conferma per la Barbera d'Asti Superiore Nizza, che anche in un'annata difficile per la barbera come la 2008 ottiene i Tre Bicchieri. Fine, con note di china, tabacco e bacche nere, è fresca e compatta, di grande carattere e pienezza, con un finale lungo e ricco di personalità. Di ottimo livello anche la Barbera d'Asti Superiore Le Rocchette '09, dai toni fruttati nitidi e brillanti, potente e piena, succosa, di grande polpa e con un lungo finale sostenuto da una spiccata acidità. Ben realizzati infine il Moscato d'Asti Centive '10, dai profumi di lime e clorofilla, e dal palato sapido ed equilibrato, e la Barbera d'Asti La Villa '10, fresca e piacevole.

● Barbera d'Asti Sup. Nizza '08	♛♛♛	6
● Barbera d'Asti Sup. Le Rocchette '09	♛♛	5
● Barbera d'Asti La Villa '10	♛♛	4*
○ Moscato d'Asti Centive '10	♛♛	4
○ Gavi del Comune di Gavi '10	♛	4
● Barbera d'Asti Sup. Nizza '07	♛♛♛	6
● Barbera d'Asti Sup. Nizza '06	♛♛♛	6
● Barbera d'Asti La Villa '09	♛♛	4
● Barbera d'Asti La Villa '08	♛♛	4*
● Barbera d'Asti Sup. Le Rocchette '08	♛♛	5
● Barbera d'Asti Sup. Le Rocchette '07	♛♛	5
○ Moscato d'Asti Centive '08	♛♛	4*
○ Piemonte Chardonnay I Boschi '08	♛♛	4
○ Piemonte Chardonnay I Boschi '07	♛♛	4*

Orsolani
via Michele Chiesa, 12
10090 San Giorgio Canavese [TO]
Tel. 012432386
www.orsolani.it

VENDITA DIRETTA
VISITA SU PRENOTAZIONE

PRODUZIONE ANNUA 130.000 bottiglie
ETTARI VITATI 16.00

Iniziò con una locanda l'avventura nel vino della famiglia Orsolani, datata 1894. Oggi al timone c'è Gian Luigi, sempre affiancato dal padre Gian Francesco: fu quest'ultimo a volere il primo Erbaluce spumante negli anni '60, fu lui a proporre i primi cru-selezioni (Vignot Sant'Antonio e La Rustìa), smarcando il vitigno calusiese dallo stereotipo di vino leggerino di pronta beva. L'azienda lavora attualmente su una gamma completa di Erbaluce (cui si aggiungono un Canavese Rosso e un Carema), da 16 ettari dislocati tra Caluso, Mazzè e San Giorgio.

La famiglia Orsolani rafforza il suo ruolo di guida nel comprensorio calusiese grazie a una serie di vini di grande costanza e affidabilità. La tradizione spumantistica è onorata dal tonico Caluso Brut Cuvée Tradizione '06, mentre il Caluso Vignot Sant'Antonio '09 spiega bene le opportunità di un Erbaluce maturato in legno piccolo. Ma sono sempre le declinazioni in acciaio a lanciare la batteria al top: il base '10 è in finale col suo irresistibile naso di muschio ed erbe di campo, fine e salino al palato; la selezione La Rustìa '10 bissa il Tre Bicchieri della scorsa edizione aggiungendo pressione e densità in uno sviluppo molto simile, all'insegna di naturalezza e brio.

○ Erbaluce di Caluso La Rustìa '10	♛♛♛	4*
○ Erbaluce di Caluso '10	♛♛	3*
○ Caluso Brut Cuvée Tradizione '06	♛♛	5
○ Erbaluce di Caluso Vignot S. Antonio '09	♛♛	5
○ Caluso Passito Sulé '04	♛♛♛	6
○ Caluso Passito Sulé '98	♛♛♛	6
○ Erbaluce di Caluso La Rustìa '09	♛♛♛	4*
○ Caluso Bianco Vignot S. Antonio '06	♛♛	5

PIEMONTE

Paitin
LOC. BRICCO
VIA SERRA BOELLA, 20
12052 NEIVE [CN]
TEL. 017367343
www.paitin.it

VENDITA DIRETTA
VISITA SU PRENOTAZIONE
OSPITALITÀ

PRODUZIONE ANNUA 80.000 bottiglie
ETTARI VITATI 17.00

Ha lontanissime origini roerine una delle cantine storicamente più vecchie di tutto il comprensorio langarolo, con le prime etichette di bottiglie di Barbaresco proposte a partire sin dalla fine dell'Ottocento, proprio negli anni che hanno visto nascere il nome di questo vino. Oggi i giovani Giovanni e Silvano affiancano nella conduzione il padre Secondo Pasquero Elia, che ha realizzato negli ultimi trent'anni il vero cambio di marcia aziendale e che ha costruito un successo sicuro a livello internazionale.

Il Barbaresco Serra '08 è nitido negli aromi di china, liquirizia e piccoli frutti rossi, cui segue un palato deciso dai tannini non aggressivi in piacevole evidenza, sino a un piacevole finale in cui compaiono eleganti e morbide note date dall'affinamento in rovere. Il Barbaresco Sorì Paitin '08 è un po' più contratto, bisognoso d'affinamento in bottiglia, con naso poco aperto e tannini duri, ben lontani dall'essersi ammorbiditi. Sempre valida la Barbera d'Alba Superiore Campolive '09, trasformatasi negli anni in un vino importante e strutturato, degno rappresentante di questo vitigno in Langa. Fresca e non aggressiva bevibilità nel profumato Nebbiolo d'Alba Ca' Veja '09.

● Barbaresco Serra '08	♛♛ 6
● Barbaresco Sorì Paitin '08	♛♛ 6
● Barbera d'Alba Sup. Campolive '09	♛♛ 5
● Dolcetto d'Alba Sorì Paitin '10	♛♛ 4
● Nebbiolo d'Alba Ca Veja '09	♛♛ 5
○ Roero Arneis Elisa '10	♛ 4
● Barbaresco Sorì Paitin '07	♛♛♛ 6
● Barbaresco Sorì Paitin '04	♛♛♛ 6
● Barbaresco Sorì Paitin Vecchie Vigne '04	♛♛♛ 8
● Barbaresco Sorì Paitin Vecchie Vigne '01	♛♛♛ 8

Armando Parusso
LOC. BUSSIA, 55
12065 MONFORTE D'ALBA [CN]
TEL. 017378257
www.parusso.com

VENDITA DIRETTA
VISITA SU PRENOTAZIONE

PRODUZIONE ANNUA 120.000 bottiglie
ETTARI VITATI 23.00

Marco Parusso, con l'importante aiuto della sorella Tiziana, ha iniziato a proporre le proprie bottiglie nel 1985 e da allora non ha mai rinunciato a ricercare e sperimentare per migliorare la qualità di uve provenienti da ottimi vigneti in Monforte e Castiglione Falletto. Una particolare attenzione è posta nell'ottenimento di una perfetta maturazione dei grappoli di nebbiolo, che prima di essere pigiati vengono conservati per qualche giorno in locali a temperatura controllata. Decisamente attrezzata e funzionale la cantina, dotata di piccoli legni che arricchiscono i profumi nei primi anni di bottiglia.

Decisamente riuscito il Barolo '07 Vigneti in Castiglione Falletto e Monforte d'Alba, di bella intensità, lievemente vegetale, minerale e anche fruttato; grande struttura e pregevole densità in bocca, con tannini ancora marcati. Il Barolo Bussia '07 è un po' segnato dall'affinamento in legno, ha tannini asciutti ma crescerà negli anni. Il pregevole Barolo Bussia Special '07 è prodotto in una tiratura di circa 1000 bottiglie e rappresenta un nuovo punto fermo nella ricerca che Marco Parusso sta conducendo sul raggiungimento della miglior naturalità possibile delle sue uve. Raffinata bevibilità nei bianchi del 2009, a base di uve sauvignon come pure il semplice Langhe Bianco '10.

● Barolo Bussia Special '07	♛♛ 8
● Barolo Vign. in Castiglione Falletto e Monforte D'Alba '07	♛♛ 7
● Barolo Bussia '07	♛♛ 8
● Barolo Mariondino '07	♛♛ 8
○ Langhe Bricco Rovella '09	♛♛ 6
○ Testone '09	♛♛ 7
● Barbera d'Alba Ornati '10	♛ 5
● Barolo Le Coste Mosconi '07	♛ 8
● Dolcetto d'Alba Piani Noci '10	♛ 4
○ Langhe Bianco '10	♛ 4

PIEMONTE

Massimo Pastura Cascina La Ghersa

Via San Giuseppe, 19
14050 Moasca [AT]
Tel. 0141856012
www.laghersa.it

VENDITA DIRETTA
VISITA SU PRENOTAZIONE

PRODUZIONE ANNUA 185.000 bottiglie
ETTARI VITATI 22.00

Massimo Pastura continua per la sua strada fatta di impegno e ricerca della qualità. Questi ultimi anni sono stati dedicati principalmente all'ampliamento della gamma di vini prodotta. La cascina la Ghersa rappresenta il nucleo centrale dell'azienda, con 22 ettari di vigneti situati sulle colline fra Nizza Monferrato e Moasca, vocati soprattutto alla produzione di barbera, cui sono stati aggiunti nuovi vigneti, anche al di fuori dell'Astigiano, acquistati o in conduzione, con vitigni come il timorasso nei Colli Tortonesi o il cortese a Gavi.

Nell'ampia gamma di prodotti proposti da Massimo Pastura non è difficile trovare vini di qualità. Quest'anno ci è molto piaciuta la Barbera d'Asti Superiore Muascae '09, dai toni di frutta nera matura e dal palato succoso, potente e grintoso. Ben realizzati poi il Grignolino d'Asti Spineira '10, dalle classiche note di pepe e tabacco e dal palato piacevole, lungo e dalla fine trama tannica, il Colli Tortonesi Timorasso Timian '09, ricco nei suoi aromi di frutta bianca su fondo minerale, dal palato pieno e fitto, e la Barbera d'Asti Superiore Vignassa '08, fresca, acida e speziata. Da segnalare la messa in vendita di vecchie annate affinate in azienda, come la Barbera d'Asti Superiore Vignassa Affinato 10 Anni '98.

● Barbera d'Asti Sup. Muascae '09	7
● Barbera d'Asti Piagé '10	4
● Barbera d'Asti Sup. Vignassa '08	4
● Barbera d'Asti Sup. Camparò '09	4
○ Colli Tortonesi Timorasso Timian '09	5
● Grignolino d'Asti Spineira '10	4*
● Barbera d'Asti Sup. Le Cave '08	4
○ M.to Bianco Sivoy '10	4
● M.to Rosso La Ghersa '08	5
○ Moscato d'Asti Giorgia '10	4
● Barbera d'Asti Sup. Camparò '08	4
● Barbera d'Asti Sup. Camparò '07	4*
● Barbera d'Asti Sup. Nizza Vignassa '07	5

Agostino Pavia e Figli

Fraz. Bologna, 33
14041 Agliano Terme [AT]
Tel. 0141954125
www.agostinopavia.it

VENDITA DIRETTA
VISITA SU PRENOTAZIONE
OSPITALITÀ

PRODUZIONE ANNUA 75.000 bottiglie
ETTARI VITATI 9.00

Giuseppe e Mauro Pavia gestiscono nel solco della tradizione questa azienda fondata dal padre Agostino nel 1965. I vigneti, situati su terreni sabbioso argillosi con alcuni tratti marnoso argillosi, si trovano tutti intorno alla cantina e i ceppi più vecchi superano i 50 anni di età. Spiccano i tre cru da cui provengono le etichette più importanti, Bricco Blina, Moliss e Marescialla, vinificate e maturate in modi differenti e tuttavia legate da uno stile aziendale fatto di equilibrio tra espressione del territorio e modernità, in cui è determinante l'accurata conduzione della vigna e le basse rese.

Ottimo risultato per la Barbera d'Asti Bricco Blina '09, dagli aromi di china, bacche rosse, tabacco e con un palato polposo e fruttato, nitido e con un'acidità fine e tagliente che sostiene il finale lungo e di carattere. Ben realizzati anche il Monferrato Rosso Talin '07, da uve barbera e syrah, dai profumi intensi e sfaccettati, in cui spiccano sentori di tabacco, leggere note vegetali e bacche nere e dal piacevole palato ricco, tannico e speziato, e la Barbera d'Asti Superiore La Marescialla '08, che paga la difficile annata in termini di minore fittezza e compattezza rispetto ad altre versioni, ma che presenta comunque le classiche note di terra e frutti rossi e una buona acidità.

● Barbera d'Asti Bricco Blina '09	4*
● Barbera d'Asti Sup. La Marescialla '08	5
● M.to Rosso Talin '07	4
● Barbera d'Asti Sup. Moliss '08	4
● Barbera d'Asti La Marescialla '07	5
● Barbera d'Asti Sup. La Marescialla '06	5
● Barbera d'Asti Sup. Moliss '07	4
● Barbera d'Asti Sup. Moliss '06	4
● Grignolino d'Asti '09	3*
● Grignolino d'Asti '08	3*
● M.to Rosso Talin '06	4

PIEMONTE

★Pecchenino
B.TA VALDIBERTI, 59
12063 DOGLIANI [CN]
TEL. 017370686
www.pecchenino.com

VENDITA DIRETTA
VISITA SU PRENOTAZIONE
OSPITALITÀ

PRODUZIONE ANNUA 90.000 bottiglie
ETTARI VITATI 25.00

I fratelli Attilio e Orlando Pecchenino rappresentano al meglio il buon connubio tra sentimento e ragione. La fatica vera è tutta in vigna, la testa segue il mercato, trattato con estremo rispetto. Il successo è arrivato con il superlativo Dolcetto, secondo la loro interpretazione un rosso ricco e polposo, che ha fatto da apripista alla sfida con il nebbiolo. La battaglia è stata vinta brillantemente: sono infatti molto interessanti anche le loro interpretazioni di Barolo. La conduzione è rigorosamente rispettosa dell'ambiente, ma i Pecchenino stanno alla larga dalle etichette e preferiscono parlare di buon senso.

Anche quest'anno un Dolcetto porta i Tre Bicchieri in casa Pecchenino. Si tratta del Dogliani Sirì d'Jermu '09, un vino dal colore cupo, vivo, con note di frutta nera e cacao rese più complesse da accenni di china e tabacco; la bocca è potente e di grande struttura tannica. Poco sotto il San Luigi '10, di notevole carattere ma un po' rigido. Splendido risultato anche per l'anima barolista dell'azienda doglianese, che porta alle nostre finali entrambe le sue selezioni (Le Coste e San Giuseppe), frutto di lunghe macerazioni, affinamento in botti da 25 ettolitri, basse rese di uva per ettaro. Pregevole il profumatissimo Langhe Vigna Maestro '09, a base di chardonnay e sauvignon affinati in barrique.

● Dogliani Sirì d'Jermu '09	🍷🍷🍷 5*
● Barolo Le Coste '07	🍷🍷 8
● Barolo S. Giuseppe '07	🍷🍷 7
● Dogliani San Luigi '10	🍷🍷 5
○ Langhe V. Maestro '09	🍷🍷 5
● Barbera d'Alba Quass '09	🍷🍷 5
● Dogliani Bricco Botti '08	🍷🍷 5
● Langhe Nebbiolo V. Botti '09	🍷 5
● Barolo Le Coste '05	🍷🍷🍷 7
● Dogliani Bricco Botti '07	🍷🍷🍷 5
● Dogliani Sirì d'Jermu '06	🍷🍷🍷 5
● Dolcetto di Dogliani Sirì d'Jermu '03	🍷🍷🍷 5
● Dolcetto di Dogliani Sirì d'Jermu '01	🍷🍷🍷 5
● Dolcetto di Dogliani Sup. Bricco Botti '04	🍷🍷🍷 5
● Barbera d'Alba Quass '08	🍷🍷 5
● Barolo Le Coste '06	🍷🍷 7
● Barolo S. Giuseppe '06	🍷🍷 7

Pelissero
VIA FERRERE, 10
12050 TREISO [CN]
TEL. 0173638430
www.pelissero.com

VENDITA DIRETTA
VISITA SU PRENOTAZIONE

PRODUZIONE ANNUA 250.000 bottiglie
ETTARI VITATI 35.00

Questa importante azienda di Langa, conosciuta sia in Italia che all'estero, dispone di un notevole patrimonio agricolo, con appezzamenti divisi tra i comuni di Treiso, Barbaresco e Neive. Il dinamismo di Giorgio rappresenta un vero tratto distintivo della storia di questa realtà che, anche in periodi piuttosto difficili per il presidio dei mercati, dimostra capacità fuori dal comune. Il profilo stilistico è basato sul carattere e sulla personalità, con vini che si rivelano seducenti in gioventù e, altresì, possiedono un buon potenziale di invecchiamento.

Intenso, molto fruttato e appena baciato dal legno il pregevole Barbaresco Vanotu '08, in bocca decisamente ricco, potente, ancora spigoloso nei tannini ma ideale per l'invecchiamento: Tre Bicchieri ricchi di polpa. Il profumato Barbaresco Nubiola '08 è di pregevole lunghezza, appena poco acido al palato. Il moderno Barbaresco Tulin '08 è il più legnoso, con incisivi tannini un po' vegetali. Il Langhe Long Now '09, a base di barbera e nebbiolo, è caramelloso, molto concentrato, adatto a chi ama i vini fortemente estrattivi. La Barbera d'Alba Piani '10 è intensamente fruttata, ancora un po' troppo giovane in bocca, massiccia e importante. Di gustosa bevibilità il Dolcetto Augenta '10.

● Barbaresco Vanotu '08	🍷🍷🍷 8
● Barbaresco Nubiola '08	🍷🍷 6
● Barbaresco Tulin '08	🍷🍷 7
● Barbera d'Alba Piani '10	🍷🍷 4
● Dolcetto d'Alba Augenta '10	🍷🍷 4
● Langhe Nebbiolo '10	🍷🍷 5
● Langhe Rosso Long Now '09	🍷🍷 6
● Dolcetto d'Alba Munfrina '10	🍷 4
○ Langhe Favorita Le Nature '10	🍷 3
● Barbaresco Vanotu '07	🍷🍷🍷 8
● Barbaresco Vanotu '06	🍷🍷🍷 8

PIEMONTE

Cascina Pellerino
LOC. SANT'ANNA, 93
12043 MONTEU ROERO [CN]
TEL. 0173978171
www.cascinapellerino.com

VENDITA DIRETTA
VISITA SU PRENOTAZIONE

PRODUZIONE ANNUA 50.000 bottiglie
ETTARI VITATI 8.00

Cascina Pellerino, gestita da Cristiano Bono, in questi ultimi anni ha ampliato la propria offerta e può vantare vigneti di proprietà in vari comuni del Roero, come Canale, Monteu Roero, Santo Stefano Roero e Vezza d'Alba. Pur lavorando anche uve internazionali, i prodotti migliori sono quelli realizzati con le uve autoctone della zona, dal nebbiolo alla barbera, dalla favorita all'arneis. I vini sono di stampo moderno, tecnicamente ben realizzati e con un occhio di riguardo per la piacevolezza e la facilità di beva.

Davvero buono quest'anno il Roero Vicot '08, dai toni di frutta rossa, tabacco, fiori ed erbe aromatiche secche al naso e dal palato un po' legnoso ma ricco di polpa, coerente, di grande sapidità e lunghezza. Molto ben realizzati anche il Langhe Favorita Lorena '10, forse la migliore Favorita prodotta quest'anno, dai profumi di cedro e bergamotto, con sfumature vegetali, e dal palato fresco e balsamico, con leggere note di menta nel finale di buona lunghezza, e il Langhe Rosso René '07, uvaggio di nebbiolo (65%), barbera (25%) e cabernet franc, dai sentori speziati con un accenno di rovere, tannico ma di buon corpo, fruttato e succoso.

● Roero Vicot '08	🍷🍷 6
○ Langhe Favorita Lorena '10	🍷 4*
● Langhe Rosso René '07	🍷🍷 6
● Barbera d'Alba Diletta '09	🍷 4
● Roero André '09	🍷 5
○ Roero Arneis Boneur '10	🍷 4
● Barbera d'Alba Diletta '07	🍷🍷 4*
● Barbera d'Alba Sup. Gran Madre '07	🍷🍷 6
● Nebbiolo d'Alba Denise '06	🍷🍷 5
● Roero André '08	🍷🍷 5
○ Roero Arneis Boneur '09	🍷🍷 4
● Roero Vicot '07	🍷🍷 6
● Roero Vicot '06	🍷🍷 6
● Roero Vicot '05	🍷🍷 5

Elio Perrone
S.DA SAN MARTINO, 3BIS
12053 CASTIGLIONE TINELLA [CN]
TEL. 0141855803
www.elioperrone.it

VISITA SU PRENOTAZIONE

PRODUZIONE ANNUA 150.000 bottiglie
ETTARI VITATI 13.00

Stefano Perrone conduce dal 1989 l'azienda di famiglia, che produce moscato sulle colline di Castigline Tinella dalla fine del 1800. I vigneti, la maggior parte dei quali circonda la cantina, sono tutti d'impianto collinare, situati intorno ai 360 metri di altitudine. Oltre al moscato vengono coltivate anche barbera (4 ettari in un corpo unico a Isola d'Asti) e brachetto, e le uve di ogni vigneto vengono vinificate separatamente. Il risultato è una piccola gamma di etichette estremamente curate, in cui vengono privilegiate freschezza, equilibrio e l'espressione varietale dei diversi vitigni.

Come per tutti gli altri moscatisti l'annata 2010 non è stata facile per la famiglia Perrone. Di buon livello il Moscato d'Asti Sourgal '10, dai toni agrumati con sfumature di salvia al naso, mentre il palato risulta di buona freschezza, non molto ricco ma nitido, dal finale scorrevole e piacevole. Ben realizzata anche la Barbera d'Asti Tasmorcan '10, con un naso di un bel frutto fresco su fondo di legno, e un palato fine, con acidità e alcol in equilibrio, coerente nei suoi sentori di frutti neri e poi sapido e morbido, con un finale grintoso e di carattere. Corretto il resto della produzione.

● Barbera d'Asti Tasmorcan '10	🍷🍷 4*
○ Moscato d'Asti Sourgal '10	🍷🍷 4*
● Barbera d'Asti Sup. Mongovone '09	🍷 6
○ Char - de S.	🍷 3
○ Clarté '10	🍷 4
● Barbera d'Asti Sup. Mongovone '06	🍷🍷 6
● Barbera d'Asti Tasmorcan '09	🍷🍷 4*
○ Clarté '09	🍷🍷 4*

PIEMONTE

Le Piane
via Cerri, 10
28010 Boca [NO]
Tel. 3483354185
www.bocapiane.com

VENDITA DIRETTA
VISITA SU PRENOTAZIONE

PRODUZIONE ANNUA 35.000 bottiglie
ETTARI VITATI 7.00

Non ci stancheremo mai di raccontare la storia umana e produttiva di Christoph Künzli, importatore svizzero stregato dalle bellezze di Boca e da Antonio Cerri, l'anziano viticoltore dal quale rilevò l'azienda nel 1998. Parcella dopo parcella Christoph ha messo insieme sei ettari e mezzo, tra cui una piccola parte di vigne vecchie allevate col tradizionale sistema della maggiorina, destinate a nebbiolo, croatina, uva rara e vespolina. La sua etichetta più conosciuta è il Boca, maturato per tre anni in botti di rovere di Slavonia da 25-28 ettolitri.

Ha ben poco da rimproverarsi, il buon Cristoph, se in questa edizione si interrompe la fantastica sequenza di Tre Bicchieri conquistata col suo inconfondibile Boca. La versione '07 deve fare i conti con un'annata decisamente calda, che scurisce le consuete nuance di arancia e sposta la bilancia verso tonalità più asciutte di spezie e radici. Impressioni confermate da una bocca che non rinuncia alla proverbiale sapidità ma incontra qualche scalino di troppo nel finale. Ha tanto da dire anche il Colline Novaresi Le Piane '08: ha bisogno di qualche istante per definirsi ma si sviluppa con forza e larghezza, nonostante il tannino pungente. Un po' troppo primario questa volta La Maggiorina '10.

Pio Cesare
via Cesare Balbo, 6
12051 Alba [CN]
Tel. 0173440386
www.piocesare.it

VISITA SU PRENOTAZIONE

PRODUZIONE ANNUA 400.000 bottiglie
ETTARI VITATI 52.00

Storia, coerenza e dinamismo, tre termini che possono ben sintetizzare il lavoro di questa importante azienda albese famosa nel mondo. Presente in più di 40 paesi, rappresenta un vero riferimento per il made in Italy enologico. La batteria dei vini spazia dai cru di Barolo e Barbaresco sino alle principali denominazioni bianche e rosse del basso Piemonte. Lo stile aziendale predilige l'equilibrio e la classicità, limitando l'uso del legno nuovo alle etichette più blasonate; l'ottimo potenziale di invecchiamento completa il significativo quadro produttivo.

Tabacco, spezie e liquirizia nell'elegante naso del Barolo Ornato '07, che ha un palato di pregevole classicità. Altrettanto valido il Barolo base dello stesso anno, dai tannini lievemente più fitti e appena asciutti. Moderno, scuro e ricco di bacche rosse il Barbaresco Il Bricco '07. Speziato e fruttato Il Barbaresco '07, dal palato ammaliante grazie alla struttura morbida e polposa, di buona alcolicità. All'interno della vasta proposta di etichette ci piace segnalare il mieloso ma al tempo stesso fresco Langhe Chardonnay PiodiLei '09 e il gustoso Dolcetto d'Alba '10, ricco di sentori di frutti rossi e mandorla.

● Boca '07	8
● Colline Novaresi Le Piane '08	6
● La Maggiorina '10	4
● Boca '06	7
● Boca '05	7
● Boca '04	7
● Boca '03	7
● Colline Novaresi Le Piane '07	6
● Colline Novaresi Le Piane '05	6

● Barbaresco '07	8
● Barolo '07	8
● Barolo Ornato '07	8
● Langhe Chardonnay PiodiLei '09	6
● Barbaresco Il Bricco '07	8
● Barbera d'Alba Fides '08	6
● Dolcetto d'Alba '10	4
○ Langhe Nebbiolo '08	4
● Langhe Oltre '08	5
● Langhe Rosso Il Nebbio '10	5
● Barbera d'Alba '09	6
○ Gavi '10	4
○ Piemonte Chardonnay L'Altro '10	4

PIEMONTE

Pioiero
Cascina Pioiero, 1
12040 Vezza d'Alba [CN]
Tel. 017365492
www.pioiero.com

VENDITA DIRETTA
VISITA SU PRENOTAZIONE

PRODUZIONE ANNUA 35.000 bottiglie
ETTARI VITATI 9.00

Dal 1968 di proprietà di Antonio Rabino e della moglie Bruna Gaia, questa azienda con sede a Vezza d'Alba è una piccola ma fiorente realtà vitivinicola roerina. I vitigni coltivati sono quelli tipici locali, quindi arneis, favorita, barbera e nebbiolo, che danno vita a vini di stampo tradizionale, che esprimono bene le caratteristiche del terroir. Le vigne sono impiantate su terreni di tipo calcareo argilloso, fra i 300 e i 350 metri di altitudine, in un corpo unico che si estende intorno alla cascina.

Buona prestazione complessiva dei vini della Pioiero. Ci sono piaciuti in particolare il Nebbiolo d'Alba '09, intenso e particolarmente speziato al naso, con note quasi pungenti di menta e di fiori secchi, di bella finezza al palato, cui manca però un po' di complessità e struttura, e il Roero Arneis Cascina Pioiero '10, dalle fresche note vegetali, accompagnate da sentori di frutta a polpa bianca, e dal palato certo non enorme ma equilibrato e gradevole. Ben realizzati poi la Barbera d'Alba '09, semplice, fruttata e succosa, e il Roero '08, dalle note di macchia mediterranea, scorrevole e snello.

● Nebbiolo d'Alba '09	♛♛ 4
○ Roero Arneis Cascina Pioiero '10	♛♛ 4
● Barbera d'Alba '09	♛ 3
● Roero '08	♛ 4
● Nebbiolo d'Alba '08	♛♛ 4
● Roero '07	♛♛ 4
● Roero '06	♛♛ 4*
○ Roero Arneis Cascina Pioiero '09	♛♛ 4*

Luigi Pira
via XX Settembre, 9
12050 Serralunga d'Alba [CN]
Tel. 0173613106
pira.luigi@alice.it

VENDITA DIRETTA
VISITA SU PRENOTAZIONE

PRODUZIONE ANNUA 50.000 bottiglie
ETTARI VITATI 10.00

L'attento e rispettoso ampliamento della cantina contribuisce a connotare sempre più quest'azienda familiare come una realtà modello dell'eccellenza di Langa. Il patrimonio agricolo, distribuito tra terroir particolarmente prestigiosi, costituisce l'asse portante di una batteria di vini che stupisce per il valore uniforme dimostrato. Lo stile, nel corso degli anni, si è progressivamente definito in funzione della massima eleganza espressiva, provvedendo comunque a mitigare alcune note di rovere che, in passato, erano più evidenti.

Sfiorano tutte e tre il massimo riconoscimento le selezioni di Barolo '07, provenienti da alcuni dei migliori e più celebri cru di Serralunga. Il Marenca è complesso, con aromi che spaziano dalla china alla menta alla liquirizia; bocca densa, potente e incisiva. Altrettanto impressionante la struttura del Vigna Rionda, contraddistinto da note tostate e affumicate, bacche rosse e goudron; bocca portentosa e pulito finale avvolgente. Come sempre un po' più contenuto il Margheria, un grande classico della tipologia con piacevoli note di viola e liquirizia sullo sfondo. Di ottima bevibilità il convincente Barolo base.

● Barolo Marenca '07	♛♛ 8
● Barolo Margheria '07	♛♛ 7
● Barolo Vigna Rionda '07	♛♛ 8
● Barbera d'Alba '09	♛♛ 5
● Barolo '07	♛♛ 6
● Dolcetto d'Alba '10	♛♛ 4*
● Langhe Nebbiolo '09	♛♛ 5
● Barolo V. Marenca '01	♛♛♛ 8
● Barolo V. Marenca '97	♛♛♛ 8
● Barolo Vigna Rionda '06	♛♛♛ 8
● Barolo Vigna Rionda '04	♛♛♛ 8
● Barolo Vigna Rionda '00	♛♛♛ 8
● Barolo V. Marenca '06	♛♛ 8
● Barolo V. Margheria '06	♛♛ 7
● Barolo V. Margheria '05	♛♛ 7

PIEMONTE

E. Pira & Figli
via Vittorio Veneto, 1
12060 Barolo [CN]
Tel. 017356247
www.pira-chiaraboschis.com

VENDITA DIRETTA
VISITA SU PRENOTAZIONE

PRODUZIONE ANNUA 20.000 bottiglie
ETTARI VITATI 4.50
VITICOLTURA Biologico Certificato

Chiara Boschis prosegue con impegno e determinazione la sua attività di produttrice di qualità e testimonial al femminile del grande prestigio dei nobili vini di Langa. Nel corso degli anni il profilo stilistico si è affinato e armonizzato verso una definizione più calibrata e misurata. Il patrimonio agricolo è di prim'ordine e questo permette di avvalersi di una materia prima di assoluta eccellenza. La cantina, nel cuore del comune di Barolo, è proporzionata e originale e, insieme alla gentilezza e alla competenza della proprietaria, merita assolutamente una visita.

L'eleganza del terroir dei Cannubi si esprime compiutamente in questa selezione '07, appena segnata da una lieve carenza di freschezza; leggere note di confettura di lampone si evidenziano assieme a sentori di tabacco dolce e rovere francese. Tannini più severi nel Via Nuova '07, di convincente impostazione aromatica. Ottima interpretazione della tipologia Langhe Nebbiolo, fresca e vibrante, con frutta rossa a delimitare richiami balsamici di invitante piacevolezza; la bocca è succosa e viva. Moderna e concentrata la Barbera d'Alba Superiore '09. Maturo e ricco di prugna il Dolcetto '10, decisamente ben eseguito.

● Barolo Cannubi '07	🍷🍷	8
● Barbera d'Alba Sup. '09	🍷🍷	5
● Barolo Via Nuova '07	🍷🍷	8
● Dolcetto d'Alba '10	🍷🍷	4*
● Langhe Nebbiolo '09	🍷🍷	5
● Barolo '94	🍷🍷🍷	8
● Barolo Cannubi '05	🍷🍷🍷	8
● Barolo Cannubi '00	🍷🍷🍷	8
● Barolo Cannubi '97	🍷🍷🍷	8
● Barolo Cannubi '96	🍷🍷🍷	8
● Barolo Ris. '90	🍷🍷🍷	8
● Barbera d'Alba '07	🍷🍷	6
● Barolo Cannubi '06	🍷🍷	8
● Barolo Via Nuova '06	🍷🍷	8

Podere Macellio
via Roma, 18
10014 Caluso [TO]
Tel. 0119833511
www.erbaluce-bianco.it

VENDITA DIRETTA
VISITA SU PRENOTAZIONE

PRODUZIONE ANNUA 30.000 bottiglie
ETTARI VITATI 4.00

Radici storiche che affondano sino alla fine del Settecento sono alla base di questa piccola, classicissima realtà famigliare oggi guidata con impegno e passione da Renato Bianco e dal figlio Daniele. La fama della cantina è giustamente legata alle due tipologie principali della zona, il fresco Erbaluce di Caluso e il longevo Caluso Passito, ma in listino è stato inserito anche un interessante Spumante Metodo Classico che promette di crescere bene.

Splendida versione dell'Erbaluce di Caluso '10, vivo, ricco di note di erbe di montagna su uno sfondo minerale; segue una bocca fresca e sottile, di piacevolissima acidità, lunga e nitida. Un bel rientro in Guida. Lo Spumante Metodo Classico nasce dall'assemblaggio di annate diverse e ricorda fiori di campo e lieviti, con valida apertura olfattiva sfaccettata; bocca brillante, giocata sulla finezza più che sulla struttura, pulita e gradevole. Il Caluso Passito '06 è ancora molto giovane, pulito ma poco espressivo negli aromi; poi risulta riccamente dolce ma altrettanto dotato di una gradita acidità che dona pregevole equilibrio: migliorerà per molti anni.

○ Erbaluce di Caluso '10	🍷	3*
○ Caluso Passito '06	🍷🍷	6
○ Erbaluce di Caluso Brut M. Cl.	🍷🍷	5
○ Caluso Passito '02	🍷🍷	5
○ Erbaluce di Caluso '07	🍷🍷	3*
○ Erbaluce di Caluso Brut	🍷🍷	5

Poderi Colla

Loc. San Rocco Seno d'Elvio, 82
12051 Alba [CN]
Tel. 0173290148
www.podericolla.it

VISITA SU PRENOTAZIONE

PRODUZIONE ANNUA 150.000 bottiglie
ETTARI VITATI 26.00

La Poderi Colla nacque nel 1993 dalla decennale esperienza maturata dai Colla (Beppe in cantina e Tino al timone, cui si sono aggiunte le nuove leve costituite da Federica e Pietro) in diverse importanti realtà piemontesi, in primis la storica cantina Prunotto, che nel 1989 cedettero ad Antinori. La proprietà è costituita da tre diverse aree vitate: Roncaglie per il Barbaresco, Bussia Dardi per il Barolo e la Tenuta Drago, dove si trovano le belle cantine e i vigneti relativi alle altre tipologie, in primis il sempre valido Langhe Bricco del Drago. Vini fatti per durare, che si aprono lentamente negli anni, vinificati e affinati secondo le più classiche regole della miglior tradizione di Langa.

Il Roncaglie proviene da un pregiatissimo cru del comune di Barbaresco e risente un po' della non lineare vendemmia '08, presentandosi ancora piuttosto chiuso e di media struttura. Notevole corpo e classici profumi di fiori appassiti nel Barolo Dardi le Rose '07. Ciliegia e tabacco dolce negli aromi della riuscita Barbera d'Alba Costa Bruna '09, in cui una vena acida contrasta bene l'abbondante polpa fruttata. Tannini mordaci nel Nebbiolo d'Alba '09, a indurire lievemente una valida struttura. Di invitante bevibilità il Pinot Nero '09, anche grazie alla bella speziatura che apre e chiude l'assaggio. Fresco, minerale e persistente il Riesling '09.

● Barbera d'Alba Costa Bruna '09	▼▼ 4*
● Barbaresco Roncaglie '08	▼▼ 7
● Barolo Bussia Dardi Le Rose '07	▼▼ 7
● Langhe Pinot Nero Campo Romano '09	▼▼ 5
○ Langhe Riesling '10	▼▼ 4
● Nebbiolo d'Alba '09	▼▼ 5
○ Pietro Colla M. Cl. Extra Brut '08	▼▼ 5
● Dolcetto d'Alba Pian Balbo '10	▼ 4
● Barolo Bussia Dardi Le Rose '99	♛♛♛ 7
● Barbaresco Roncaglie '07	♛♛ 7
● Barbaresco Roncaglie '06	♛♛ 7
● Barolo Bussia Dardi Le Rose '06	♛♛ 7
● Barolo Bussia Dardi Le Rose '05	♛♛ 7
● Langhe Bricco del Drago '07	♛♛ 5
● Langhe Bricco del Drago '06	♛♛ 5

Paolo Giuseppe Poggio

via Roma, 67
15050 Brignano Frascata [AL]
Tel. 0131784929
cantinapoggio@tiscali.it

VENDITA DIRETTA
VISITA SU PRENOTAZIONE

PRODUZIONE ANNUA 18.000 bottiglie
ETTARI VITATI 3.10

Azienda a conduzione familiare, oggi è gestita con entusiasmo da Paolo. La proprietà, costituitasi nei primi anni del Novecento, si trova nella comunità montana Valli Curone Grue Ossona, all'inizio della Val Curone. L'estensione totale è di circa tredici ettari, di cui tre a vigneto e altrettanti a frutteto. I vitigni utilizzati sono timorasso e cortese per i bianchi, barbera, freisa, croatina e bonarda per i rossi. Da segnalare anche un appezzamento a moscato bianco, con il quale viene prodotto un vino da dessert.

Nella gamma presentata da Paolo Poggio mancano alcuni pezzi pregiati, che avremo sicuramente modo di degustare nei prossimi mesi. In testa abbiamo il Timorasso Ronchetto, di colore paglierino intenso, floreale al naso; nella fase gustativa mostra un discreto equilibrio e un finale alcolico. La Barbera Campo La Bà ha connotazioni giovanili, a partire dal colore rubino intenso. Al naso domina un po' il legno, che avvolge la presenza del frutto e note leggermente vegetali; la fase gustativa è potente, armonica e di buona intensità. La batteria termina con il semplice Cortese Campogallo.

● Colli Tortonesi Barbera Campo La Bà '09	▼▼ 3*
○ Colli Tortonesi Timorasso Ronchetto '09	▼▼ 4*
○ Campogallo '10	▼ 2
● Colli Tortonesi Barbera Campo La Bà '07	♛♛ 2*
● Colli Tortonesi Barbera Derio '07	♛♛ 4
● Colli Tortonesi Barbera Derio '06	♛♛ 4
○ Colli Tortonesi Ronchetto '08	♛♛ 4
● Colli Tortonesi Rosso Prosone '07	♛♛ 2*

Pomodolce

via IV Novembre, 7
15050 Montemarzino [AL]
Tel. 0131878135
www.pomodolce.it

VENDITA DIRETTA
VISITA SU PRENOTAZIONE

PRODUZIONE ANNUA 12.000 bottiglie
ETTARI VITATI 4.00
VITICOLTURA Biologico Certificato

Situata sulle colline del Tortonese, nel comune di Montemarzino, Pomodolce è una realtà relativamente recente. Il marchio aziendale è infatti nato solo pochi anni addietro, ma l'attività vitivinicola e la produzione di frutta, verdura e salumi è da circa trent'anni legata all'attività di ristorazione che la famiglia Davico esercita in zona. Il successo di Silvio con il Timorasso è stato pressoché immediato e ha contribuito a incrementare l'interesse di esperti e appassionati nei confronti del Tortonese. Gli ettari vitati sono solo quattro, con timorasso e cortese per la produzione dei bianchi e croatina, dolcetto e barbera per quella dei rossi.

Arriva meritatamente all'ennesima finale il Timorasso Grue '09, di colore paglierino con riflessi dorati. Al naso sviluppa sentori floreali che anticipano una bocca molto fresca e persistente. Senza riuscire a ripetere la perfezione stilistica del '07, la versione attuale possiede la stessa longevità. Il Diletto sconta un po' la sua giovinezza e avrà bisogno di tempo per sviluppare pienamente le sue potenzialità: di colore paglierino con riflessi dorati, al naso mostra sia sentori minerali, mentre in bocca è ancora intensa l'acidità. Un po' rustica la Croatina Fontanino '08, mentre il Nebbiolo Niali evidenzia un affinamento in legno che accompagna ogni fase della degustazione.

○ Colli Tortonesi Timorasso Grue '09	5
○ Colli Tortonesi Timorasso Diletto '09	4
● Colli Tortonesi Croatina Fontanino '08	4
● Colli Tortonesi Rosso Niali '08	5
○ Colli Tortonesi Timorasso Derthona Grue '07	5
○ Colli Tortonesi Timorasso Derthona Diletto '08	4
○ Colli Tortonesi Timorasso Derthona Diletto '07	5
○ Colli Tortonesi Timorasso Grue '08	6

Marco Porello

c.so Alba, 71
12043 Canale [CN]
Tel. 0173979324
www.porellovini.it

VENDITA DIRETTA
VISITA SU PRENOTAZIONE

PRODUZIONE ANNUA 100.000 bottiglie
ETTARI VITATI 15.00

Marco Porello è la terza generazione della famiglia alla guida dell'azienda, di cui ha iniziato a occuparsi nel 1994. Come per la maggior parte delle cantine roerine, i vitigni coltivati sono quelli tipici della zona: arneis, barbera, brachetto, favorita e nebbiolo. I vigneti di proprietà sono situati a Canale e a Vezza d'Alba, su terreni di tipo sabbioso e ricchi di sali minerali per quanto riguarda le uve bianche e i cru di nebbiolo, di tipo calcareo e argilloso per la barbera. Vinificazione e imbottigliamento avvengono a Canale, mentre l'affinamento si svolge nella cantina adiacente al Castello di Guarene.

Buona prestazione d'insieme per i vini di Marco Porello, anche se è mancato l'acuto. Il Roero Torretta '08 al naso presenta note di china e rabarbaro, seguite da sensazioni vegetali, mentre il palato è di discreta struttura e grande freschezza, anche se rispetto ad annate recenti manca un po' di allungo e dinamismo nel finale. Ben realizzato il Roero Arneis Camestrì '10, dai raffinati toni speziati e floreali al naso e dal palato sapido, armonico, con un buon finale scorrevole ricco di personalità. A chiudere il classico trittico roerino arriva la Barbera d'Alba Mommiano '10, dal frutto nitido e croccante, piacevole e di facile beva.

○ Roero Arneis Camestrì '10	4*
● Barbera d'Alba Mommiano '10	4*
● Roero Torretta '08	5
● Barbera d'Alba Filatura '09	4
● Nebbiolo d'Alba '09	4
● Roero Torretta '06	5*
● Roero Torretta '04	5
● Barbera d'Alba Mommiano '09	4*
○ Langhe Favorita '09	3
● Nebbiolo d'Alba '08	4
● Roero Torretta '07	5

PIEMONTE

Guido Porro
via Alba, 1
12050 Serralunga d'Alba [CN]
Tel. 01733613306
www.guidoporro.com

VENDITA DIRETTA
VISITA SU PRENOTAZIONE

PRODUZIONE ANNUA 30.000 bottiglie
ETTARI VITATI 7.00

Dimensioni decisamente ridotte, vigne di qualità assoluta, buon senso contadino applicato in tutte le scelte aziendali, dalla scelta dei legni di affinamento fino a un listino prezzi di encomiabile economicità. Il giustamente famoso vigneto Lazzarito di Serralunga è la culla della cantina e dei vigneti, tra cui emerge con forza il cru denominato Lazzairasco, che fornisce con regolarità uve di valenza assoluta. Brindiamo all'ingresso in Guida di Guido Porro con un calice di questa magnifica selezione di Barolo '07.

Un entusiasmante Barolo Vigna Lazzairasco '07 porta dunque i Tre Bicchieri in casa Porro, grazie a una struttura degna delle migliori versioni di Barolo di Serralunga: assoluta classicità nei profumi dolci di petali rossi appassiti, bocca particolarmente ampia e ricca di frutto, finale di rara pulizia e lunghezza. Appena più sottile il Vigna Santa Caterina dello stesso anno, proveniente dalla parte alta della proprietà. La tenacia e la passione di Guido Porro realizzano una batteria tutta meritevole di assaggio, con un plauso particolare allo strepitoso Langhe Nebbiolo '09, dotato nel contempo di notevole struttura e di godibile bevibilità, un fuoriclasse della tipologia.

● Barolo V. Lazzairasco '07	🍷🍷🍷	6*
● Lange Nebbiolo '09	🍷🍷	5
● Barolo V. Santa Caterina '07	🍷🍷	6
● Barbera d'Alba V. Santa Caterina '10	🍷	4
● Dolcetto d'Alba '10	🍷	4

Post dal Vin
Terre del Barbera
fraz. Possavina
via Salie, 19
14030 Rocchetta Tanaro [AT]
Tel. 0141644143
www.postdalvin.com

VENDITA DIRETTA
VISITA SU PRENOTAZIONE

PRODUZIONE ANNUA 80.000 bottiglie
ETTARI VITATI 115.00

Post dal Vin - Terre del Barbera è una cooperativa nata nel 1959 e che oggi conta 110 soci conferitori, i cui vigneti sono situati principalmente nei comuni di Rocchetta Tanaro, Cortiglione e Masio. La produzione si concentra soprattutto sulla barbera (d'altro canto il nome della cantina lascia pochi dubbi in proposito). Fra gli altri vitigni vinificati troviamo i tipici grignolino, dolcetto e moscato. I vini prodotti sono di stampo tradizionale, con un'attenzione particolare al rapporto qualità prezzo.

Se lo scorso anno conquistava un posto in questa Guida, quest'anno Post dal Vin - Terre del Barbera riesce a entrare nella sezione principale, grazie alla brillante prestazione delle sue Barbera, a cominciare da una splendida Barbera d'Asti Superiore Castagnassa '09, ricca al naso di sensazioni fruttate, con note di spezie e tabacco, palato potente ma veramente equilibrato e succoso, con un lungo finale di carattere. Ben realizzate anche la Barbera d'Asti Superiore BriccoFiore '09, dai toni di frutta rossa matura, sapida e di buona tenuta acida, e la Barbera d'Asti Maricca '10, fresca e aromatica. A chiudere un piacevolissimo Grignolino d'Asti '10, grintoso e dinamico.

● Barbera d'Asti Sup. Castagnassa '09	🍷🍷	4
● Barbera d'Asti Maricca '10	🍷🍷	3*
● Barbera d'Asti Sup. BriccoFiore '09	🍷🍷	3*
● Grignolino d'Asti '10	🍷🍷	2*
● Barbera d'Asti Sup. BriccoFiore '08	🍷🍷	3*

PIEMONTE

Ferdinando Principiano
VIA ALBA, 19
12065 MONFORTE D'ALBA [CN]
TEL. 0173787158
www.ferdinandoprincipiano.it

VENDITA DIRETTA
VISITA SU PRENOTAZIONE

PRODUZIONE ANNUA 50.000 bottiglie
ETTARI VITATI 8.50

Ferdinando è il convinto interprete di una tradizione di famiglia iniziata oltre cent'anni fa. Per lungo tempo le uve sono state vendute alle poche grandi cantine esistenti in Langa, ma nel 1993 arriva la svolta, con la costruzione della nuova cantina e l'inizio dell'imbottigliamento, subito coronato da buone valutazioni da parte della critica specializzata. Negli ultimi anni lo sforzo è rivolto anche a ottenere una maggiore naturalità dei vini, realizzati con un'agricoltura priva di chimica e senza aggiunta di lieviti e di anidride solforosa in fase di fermentazione. I vigneti si trovano principalmente a Monforte, ma il potente Barolo Boscareto nasce da due pregiati ettari di proprietà a Serralunga d'Alba.

Il piccolo cru Ravera si trova sul limitare della zona del Barolo, a oltre 400 metri di altitudine: di qui nasce un Tre Bicchieri '07 tratteggiato da viola e liquirizia; corpo ben proporzionato e mai eccessivo, bella nota fresca, in sintesi un gran bel Barolo. Il Serralunga '07 è appena più semplice nella sua espressione organolettica, con bacche rosse e leggeri spunti balsamici a precedere una bocca scattante connotata dalla fresca acidità. La Barbera d'annata Laura è decisamente fruttata, con ciliegie scure e lamponi al naso e vivida bevibilità. Il Sant'Anna conferma le potenzialità di questa zona per le uve dolcetto, qui particolarmente ricche di zuccheri.

Vino	Punteggio
● Barolo Ravera '07	🍷🍷🍷 8
● Barbera d'Alba Laura '10	🍷🍷 4*
● Barolo Serralunga '07	🍷🍷 6
● Dolcetto d'Alba S. Anna '10	🍷🍷 4*
● Langhe Nebbiolo Coste '10	🍷 4
● Barolo Boscareto '93	🍷🍷🍷 8
● Barbera d'Alba La Romualda '06	🍷🍷 6
● Barbera d'Alba La Romualda '05	🍷🍷 6
● Barbera d'Alba La Romualda '04	🍷🍷 6
● Barolo Boscareto '05	🍷🍷 7
● Barolo Boscareto '04	🍷🍷 8
● Barolo Boscareto '01	🍷🍷 8
● Barolo Ravera '06	🍷🍷 7
● Barolo Serralunga '05	🍷🍷 6

★Produttori del Barbaresco
VIA TORINO, 54
12050 BARBARESCO [CN]
TEL. 0173635139
www.produttoridelbarbaresco.com

VENDITA DIRETTA
VISITA SU PRENOTAZIONE
OSPITALITÀ

PRODUZIONE ANNUA 500.000 bottiglie
ETTARI VITATI 100.00

Poco più di 50 conferitori per questa realtà cooperativistica di assoluta eccellenza, in cui il rigore e l'ambizione per la qualità rappresentano i valori fondamentali. Il prezioso ventaglio di cru di Barbaresco proposto, peraltro dotato di prezzi decisamente contenuti, permette di avvicinarsi in maniera didattica alla vera essenza di Langa. Le vinificazioni tradizionali, con lunghe macerazioni e utilizzo di botti di grandi dimensioni, contraddistinguono il profilo di una batteria che, inoltre, possiede una straordinaria capacità di invecchiamento.

Nella vendemmia '06 i Produttori hanno deciso di non imbottigliare separatamente i celebri nove cru di Barbaresco che li hanno resi giustamente famosi nel mondo, per cui quest'anno sono state commercializzate solamente due etichette: il Barbaresco '07 e il Langhe Nebbiolo. Il primo ha già qualche richiamo granata sui bordi del bicchiere, rivelando poi un'insospettabile freschezza in un naso ricco di espressività, ben aperto su suadenti note catramose e lievemente balsamiche; in bocca i tannini sono ancora lievemente spigolosi, ma è solo questione di gioventù. Il Langhe Nebbiolo '09 rimane l'insostituibile campione di sempre, proposto a un prezzo veramente amichevole.

Vino	Punteggio
● Barbaresco '07	🍷🍷 6
● Langhe Nebbiolo '09	🍷🍷 4*
● Barbaresco '99	🍷🍷🍷 5
● Barbaresco Vign. in Montefico Ris. '00	🍷🍷🍷 6*
● Barbaresco Vign. in Montefico Ris. '99	🍷🍷🍷 6
● Barbaresco Vign. in Montestefano Ris. '05	🍷🍷🍷 6
● Barbaresco Vign. in Montestefano Ris. '04	🍷🍷🍷 6*
● Barbaresco Vign. in Montestefano Ris. '01	🍷🍷🍷 6
● Barbaresco Vign. in Montestefano Ris. '96	🍷🍷🍷 6
● Barbaresco Vign. in Pajé Ris. '01	🍷🍷🍷 6*
● Barbaresco Vign. in Rio Sordo Ris. '01	🍷🍷🍷 6*
● Barbaresco Vign. in Rio Sordo Ris. '97	🍷🍷🍷 6
● Barbaresco Vigneti in Montestefano Ris. '99	🍷🍷🍷 6

PIEMONTE

★Prunotto
REG. SAN CASSIANO, 4G
12051 ALBA [CN]
TEL. 0173280017
www.prunotto.it

VISITA SU PRENOTAZIONE

PRODUZIONE ANNUA 600.000 bottiglie
ETTARI VITATI 55.00

Questa importante e storica azienda, di proprietà della Marchesi Antinori, costituisce da molti decenni una delle firme piemontesi più prestigiose e affidabili, sia a livello nazionale che internazionale. Il significativo patrimonio agricolo a disposizione è particolarmente vocato e la batteria dei vini proposti, molto articolata e rappresentativa del panorama ampelografico della regione, si distingue per la costanza qualitativa. Tutti i vini, dalla semplice Barbera d'annata Fiulot al più prestigioso Barolo Bussia, sono perfettamente aderenti alla rispettive tipologie. Il profilo stilistico è improntato sull'equilibrio tra struttura e facilità di beva.

La batteria della storica azienda di Alba si apre con una bella versione del Barolo Bussia. La vendemmia '07 ci regala un rosso vellutato, avvolgente, di media struttura ma di gustosa bevibilità, di godibile lunghezza e dal bel finale pulito. Il Barbaresco Bric Turot '07 si apre lentamente su note fresche e sfaccettate di spezie, china e frutti rossi; la bocca è potente e contrassegnata da tannini un po' mordaci sino al finale piuttosto alcolico e caldo. Da provare la scintillante Barbera '09. Il resto della gamma, facilmente reperibile in Italia e all'estero, offre sempre prodotti di sicura tipicità e ottima qualità.

● Barolo Bussia '07	▼▼ 8
● Barbaresco Bric Turot '07	▼▼ 7
● Barbera d'Alba '09	▼▼ 4
● Barbaresco '08	▼ 6
● Barbera d'Asti Fiulòt '10	▼ 4
● Barolo '07	▼ 7
● Dolcetto d'Alba '10	▼ 4
● Nebbiolo d'Alba Occhetti '08	▼ 5
● Barbera d'Asti Costamiòle '99	▽▽▽ 6
● Barolo Bussia '01	▽▽▽ 8
● Barolo Bussia '99	▽▽▽ 8
● Barolo Bussia '98	▽▽▽ 8
● Barbera d'Asti Sup. Nizza Costamiòle '07	▽▽ 6
● Barolo Bussia '06	▽▽ 8
● Nebbiolo d'Alba Occhetti '07	▽▽ 5

La Querciola
LOC. PIANCERRETO, 85 TER
12060 FARIGLIANO [CN]
TEL. 0713737026
www.laquerciola.com

VENDITA DIRETTA
VISITA SU PRENOTAZIONE

PRODUZIONE ANNUA 80.000 bottiglie
ETTARI VITATI 25.00

Una realtà in crescita, come si può facilmente arguire da un numero di etichette che di anno in anno si arricchisce di qualche novità. Il cuore attuale è incentrato sul Dolcetto di Dogliani, ma l'intenzione dei proprietari è quella di legarsi sempre più all'uva nebbiolo, andando addirittura a costruire una nuova cantina nel comune di Barolo. L'anima aziendale è Bruno Chionetti, che dispone di una notevole esperienza enologica a tutto campo. Lo stile dei vini, al momento solo rossi, è piuttosto classico, senza legni invadenti e senza strutture troppo potenti.

Il gradevole Barolo Donna Bianca '07 è discretamente aperto su bacche rosse, pulito e scorrevole, di buona bevibilità grazie alla freschezza, equilibrato. Il riuscito Dolcetto di Dogliani Carpeneta '10 è speziato e fruttato, di buona sapidità, dai tannini smussati, di piacevole bevibilità e chiude con fini richiami di mandorla. Da non dimenticare il suo prezzo sicuramente contenuto. Il Dogliani Cornole '09 è più pieno e più ricco, oltre che maggiormente speziato, alcolico, lievemente spigoloso e di bocca al momento più impegnativa. Il semplice Langhe Rosso Barilin '09 nasce dall'unione di uve barbera di Farigliano e nebbiolo della sottozona Coste di Rose di Barolo.

● Barolo Donna Bianca '07	▼ 7
● Dogliani Cornole '09	▼▼ 5
● Dolcetto di Dogliani Carpeneta '10	▼▼ 4*
● Langhe Rosso Barilin '09	▼ 4
● Langhe Rosso Chicchivello '10	▼ 4
● Barolo Donna Bianca '06	▽▽ 6
● Barolo Donna Bianca '04	▽▽ 6
● Dogliani Cornole '08	▽▽ 4*
● Dolcetto di Dogliani Carpeneta '09	▽▽ 4*

PIEMONTE

Renato Ratti
FRAZ. ANNUNZIATA, 7
12064 LA MORRA [CN]
TEL. 017350185
www.renatoratti.com

VENDITA DIRETTA
VISITA SU PRENOTAZIONE

PRODUZIONE ANNUA 300.000 bottiglie
ETTARI VITATI 40.00

Il profondo legame di questa cantina, nata nel 1965 con il nome del suo prestigioso fondatore, è ben testimoniato dalla presenza, all'interno dell'Abbazia dell'Annunziata di La Morra, del Museo Renato Ratti dei vini d'Alba, contenente bottiglie, torchi, strumenti di cantina e documenti di raro interesse. L'attività è oggi gestita dal figlio Pietro, presidente del Consorzio di tutela, che ha messo al centro della propria opera il lavoro in vigna, dichiarandosi assai più interessato alla qualità dell'uva nebbiolo che a sterili controversie fra tradizionalisti e innovatori. Il Barolo fa ovviamente la parte del leone, ma etichette di sicuro valore arrivano anche dai vigneti a Monteu Roero (Nebbiolo d'Alba Ochetti) e Mango (Dolcetto d'Alba Colombè).

Il Barolo Conca '07 è intenso, con aromi di mora addolciti e arricchiti dai sentori di rovere: la bocca è moderna, equilibrata e di sicura piacevolezza. Notevole il Barolo Marcenasco '07, complesso e ricco di note sia di frutta rossa sia di eucalipto; polpa densa, tannini succosi, finale ricco di carattere. Evoluto il Barolo Rocche '07, il vino portabandiera dell'azienda, con note di legno che si sovrappongono alla componente fruttata: probabilmente la causa sta in un'annata calda che non ha favorito la bella esposizione di questo cru. Poderoso il Monferrato Villa Pattono '09, a base di uve barbera, cabernet sauvignon e merlot: fruttatissimo, avvolgente, particolarmente morbido.

● Barolo Conca '07	🍷 8
● Barolo Marcenasco '07	🍷 7
● Barbera d'Alba Torriglione '10	🍷 4
● Barolo Rocche '07	🍷 8
● M.to Rosso Villa Pattono '09	🍷 5
● Dolcetto d'Alba Colombè '10	🍷 4
○ M.to Bianco I Cedri di Villa Pattono '09	🍷 5
● Nebbiolo d'Alba Ochetti '09	🍷 4
● Barolo Rocche '06	🍷 8
● Barolo Rocche '05	🍷 8
○ M.to Bianco I Cedri di Villa Pattono '08	🍷 4*

Ressia
VIA CANOVA, 28
12052 NEIVE [CN]
TEL. 0173677305
www.ressia.com

VENDITA DIRETTA
VISITA SU PRENOTAZIONE

PRODUZIONE ANNUA 30.000 bottiglie
ETTARI VITATI 5.50
VITICOLTURA Biologico Certificato

Nello splendido scenario del cru Canova, sito nel comune di Neive, troviamo questa piccola ma significativa realtà produttiva che, negli ultimi anni, ha intrapreso un percorso professionale e qualitativo di assoluto rilievo. Con quasi 6 ettari di proprietà a disposizione Fabrizio Ressia riesce a realizzare una gamma articolata e rappresentativa del territorio di appartenenza. Il profilo stilistico rende i vini già interessanti in gioventù, dotandoli di buona definizione ed equilibrio. Un'ulteriore nota positiva riguarda il più che ragionevole listino prezzi.

Il Barbaresco Canova rappresenta magistralmente le caratteristiche della vendemmia 2008 in quest'area, con piccole bacche rosse al naso e una certa vegetalità; bocca vitale, con bella carica tannica in armonia con l'abbondante polpa fruttata. L'Evien è uno dei rari esempi di uve moscato utilizzate per costruire un vino decisamente secco, conservando ovviamente la prepotente aromaticità di questa cultivar: al naso salvia e muschio, al palato vitalità, lunghezza, pulizia e parecchio alcol. Un po' carente in freschezza la Barbera Canova Superiore '09, ricca di sentori di frutta matura e densa di polpa al palato, con finale di crostata di prugne.

● Barbaresco Canova '08	🍷 6*
○ Evien '10	🍷 4
● Barbera d'Alba Sup. Canova '09	🍷 4
● Dolcetto d'Alba Canova '10	🍷 4
● Barbaresco Canova '06	🍷 6*
● Barbaresco Canova '05	🍷 6
● Barbaresco Canova '04	🍷 6
● Barbera d'Alba Sup. Canova '07	🍷 4*

PIEMONTE

F.lli Revello
Fraz. Annunziata, 103
12064 La Morra [CN]
Tel. 017350276
www.revellofratelli.it

VENDITA DIRETTA
VISITA SU PRENOTAZIONE

PRODUZIONE ANNUA 65.000 bottiglie
ETTARI VITATI 12.00
VITICOLTURA Naturale

Una produzione decisamente contenuta e soli vent'anni di vita, ma il nome dei fratelli Revello - Carlo ed Enzo - è ormai celebre nel mondo enologico che conta. Forti dei consigli di veri maestri del Barolo (quali Elio Altare e Beppe Caviola), i due giovani abbracciano nel 1990 una strada decisamente moderna fatta di brevi macerazioni, piccoli legni francesi, frutto maturo in evidenza e tannini mai aggressivi sin dai primi anni di bottiglia. Per chi ha la fortuna di fare un viaggio nel mondo del Barolo, questa cantina è consigliata anche per il grazioso agriturismo. La gamma dei vini, tutti di ottimo livello, è ispirata alla più sobria tradizione locale: Barolo, Langhe Nebbiolo, Dolcetto e Barbera d'Alba.

Il ricco Barolo Vigna Gattera '07 ha naso intenso e molto articolato, con predominanza di frutta rossa su uno sfondo di china; in bocca ha valida struttura e armonia, con tannini già piuttosto levigati e finale pulito. Anche nel raffinato Rocche dell'Annunziata '07 non si percepiscono sensazioni di rovere, a favore di richiami di bacche nere mature e lieve catrame. Il franco Barolo base '07 è decisamente riuscito, con i tannini che stanno già ammorbidendosi e un finale appena semplice ma corretto. Il fresco Vigna Giachini '07 è di buona armonia fruttata, di tranquilla personalità, piacevole. Il moderno Vigna Conca '07, infine, è leggermente legnoso, ben dotato di acidità e di media struttura.

- Barolo Rocche dell'Annunziata '07 ♟♟ 8
- Barolo V. Gattera '07 ♟♟ 7
- Barolo '07 ♟♟ 6
- Barolo V. Conca '07 ♟♟ 8
- Barolo V. Giachini '07 ♟♟ 8
- Barbera d'Alba Ciabot du Re '05 ♟♟♟ 6
- Barbera d'Alba Ciabot du Re '00 ♟♟♟ 7
- Barolo '93 ♟♟♟ 8
- Barolo Rocche dell'Annunziata '01 ♟♟♟ 8
- Barolo Rocche dell'Annunziata '00 ♟♟♟ 8
- Barolo Rocche dell'Annunziata '97 ♟♟♟ 8
- Barolo V. Conca '99 ♟♟♟ 8
- Barolo Rocche dell'Annunziata '06 ♟ 8
- Barolo V. Gattera '06 ♟ 7
- Barolo V. Giachini '06 ♟ 8

Michele Reverdito
Fraz. Rivalta
b.ta Garassini, 74b
12064 La Morra [CN]
Tel. 017350336
www.reverdito.it

VENDITA DIRETTA
VISITA SU PRENOTAZIONE

PRODUZIONE ANNUA 70.000 bottiglie
ETTARI VITATI 18.00

In soli 11 anni di attività la piccola cantina di Michele Reverdito, validamente aiutato dalla sorella Sabina e dai genitori, si è imposta all'attenzione dei consumatori grazie a una proposta di vini caratterizzati da notevole presenza di frutto e da una morbidezza gustativa realizzata attraverso affinamenti più o meno lunghi a seconda della tannicità dell'annata. La maggior parte delle vigne si trova in belle posizioni del comune di La Morra, tra cui eccelle il Bricco Cogni, ma un punto di forza è costituito anche dal Barolo Badarina, realizzato nell'omonimo cru di Serralunga.

Ottima riuscita del Barolo Riva Rocca Riserva '05, proveniente dal comune di Verduno, grazie a raffinate note di china e tabacco su uno sfondo di piccoli frutti rossi; non impressionante la struttura, dotata però di valido equilibrio e ottima bevibilità. Il Barolo Bricco Cogni '05, dopo il successone della versione '04 che si era aggiudicata i Tre Bicchieri, non riesce a ripetersi e si presenta piuttosto dimesso, con poca vitalità, comunque corretto. Interessante il Barolo Castagni '07, particolarmente incisivo e pieno al palato. Matura la Barbera d'Alba Delia '07, con note di frutta sotto spirito che precedono un palato caldo e morbido.

- Barolo Riva Rocca Ris. '05 ♟♟ 7
- Barbera d'Alba Delia '07 ♟♟ 5
- Barolo Badarina '06 ♟♟ 6
- Barolo Castagni '07 ♟♟ 6
- Barolo Moncucco '06 ♟♟ 6
- Barolo Bricco Cogni '05 ♟ 7
- Langhe Nebbiolo Simane '09 ♟ 4
- Barolo Bricco Cogni '04 ♟♟♟ 7
- Barolo Moncucco '04 ♟♟ 6
- Barolo Serralunga '04 ♟♟ 6

PIEMONTE

Giuseppe Rinaldi
VIA MONFORTE, 3
12060 BAROLO [CN]
TEL. 017356156
rinaldimarta@libero.it

VENDITA DIRETTA
VISITA SU PRENOTAZIONE

PRODUZIONE ANNUA 35.000 bottiglie
ETTARI VITATI 6.50
VITICOLTURA Naturale

Coerenza, personalità, cultura del territorio: questi possono rappresentare, in sintesi, alcuni dei tratti distintivi di questa importante realtà, ubicata alle porte del comune di Barolo all'interno di una sede dotata di un fascino particolare. Il medesimo fascino si può percepire nei vini prodotti, a volte di non immediata lettura, ma che, con il giusto tempo a disposizione, si svelano in tutta la loro espressività gustativa. Lo stile è essenziale, senza ridondanze o accenti appariscenti, predilige la definizione varietale ed è accompagnato da straordinarie doti di longevità.

La filosofia di cantina è decisamente non interventista, senza aggiunte di lieviti, senza rotomaceratori, senza barrique, nel continuo inseguimento della purezza del frutto del nebbiolo. Quindi vini ispirati alla classicità, a volte addirittura con qualche spigolosità ma nell'assoluto rispetto della naturalità dell'uva. Il Barolo Brunate-Le Coste '07 al naso è ricco di viole e bacche rosse, nitido e profondo, affascinante; sul palato corrisponde perfettamente con ricchezza, freschezza fruttata e lunghissimo finale: Tre Bicchieri all'intelligenza della tradizione. Sulla stessa scia il Barolo Cannubi S. Lorenzo-Ravera, appena più fresco in bocca. Imperdibile il fascino del Nebbiolo '09.

Rizzi
VIA RIZZI, 15
12050 TREISO [CN]
TEL. 0173638161
www.cantinarizzi.it

VENDITA DIRETTA
VISITA SU PRENOTAZIONE
OSPITALITÀ

PRODUZIONE ANNUA 50.000 bottiglie
ETTARI VITATI 35.00

Quasi 40 anni fa Ernesto Dellapiana lasciò Torino e un'azienda ben avviata per tornare ai poderi di famiglia a Treiso. Voleva fare il vino. Oggi lo fa tutta la famiglia, con moglie e i due figli. E ci riescono benissimo, con 35 ettari di vigneto – quasi un'enormità in Langa - e poco più di 50mila bottiglie, dove domina il Barbaresco nelle sue diverse interpretazioni con i cru di Rizzi (un vero monopolio), Nervo e Pajoré. Da qualche anno i Dellapiana si sono dedicati anche al Moscato, con l'acquisto di vigneti a Neviglie.

Molto corretta e di bella bevibilità tutta la batteria dei Barbaresco proposti. Piccoli frutti neri al naso del Rizzi Boito '07, austero e classico in bocca; la versione '07 del Rizzi è un po' più alcolica e lievemente vegetale. Il Nervo Fondetta '08 è ancora piuttosto chiuso ma equilibrato e non molto persistente. Dal magnifico vigneto Pajoré arriva una versione ricca di piccoli frutti rossi, non complessa ma piacevole. Particolarmente matura la Barbera d'Alba '09, che piacerà agli amanti dei vini intensamente fruttati e ricchi di confettura; buona la pulizia degli aromi, che arrivano a richiamare il fico e la crostata di prugna. Interessante la prima prova dell'Extra Brut.

● Barolo Brunate-Le Coste '07	8
● Barolo Cannubi S. Lorenzo-Ravera '07	8
● Langhe Nebbiolo '09	5
● Barolo Brunate-Le Coste '06	8
● Barolo Brunate-Le Coste '01	7
● Barolo Brunate-Le Coste '00	7
● Barolo Brunate-Le Coste '97	7
● Barolo Cannubi S. Lorenzo-Ravera '04	7

● Barbaresco Rizzi Boito '07	6
● Barbaresco Nervo Fondetta '08	6
● Barbaresco Pajorè '08	6
● Barbaresco Rizzi '07	6
● Barbera d'Alba '09	4
○ Extra Brut '07 M. Cl.	5
● Dolcetto d'Alba '10	4
○ Langhe Chardonnay '10	4
○ Moscato d'Asti '10	4
● Barbaresco Nervo Fondetta '06	6
● Barbaresco Pajorè '06	6
● Barbaresco Rizzi '06	6

PIEMONTE

★Albino Rocca
S.DA RONCHI, 18
12050 BARBARESCO [CN]
TEL. 0173635145
www.roccaalbino.com

VENDITA DIRETTA
VISITA SU PRENOTAZIONE

PRODUZIONE ANNUA 130.000 bottiglie
ETTARI VITATI 23.00

L'azienda di Angelo Rocca, con il prezioso aiuto delle figlie Paola, Monica e Daniela, ha ormai raggiunto una regolarità qualitativa d'eccellenza. Tutta la batteria dei vini, dai bianchi ai cru di Barbaresco, rappresenta pertanto un riferimento sicuro e affidabile. Il profilo stilistico è ben calibrato tra nitida eleganza e carattere territoriale. La sede aziendale è particolarmente curata e si trova in un suggestivo angolo di Langa che, da solo, merita una visita. La celebrità non ha influito sui prezzi applicati, che restano sempre equilibrati.

Il Vigneto Brich Ronchi Riserva '06 è ancora leggermente compatto ma esprime al meglio le caratteristiche del grande Barbaresco, con bacche rosse e tabacco a costruire un aroma complesso e finissimo; la bocca si caratterizza per la ricchezza di polpa unita a tannini che la rendono importante e avvolgente, con un lungo finale da fuoriclasse. Appena più moderno il Barbaresco Ronchi '08, con un sottofondo di rovere a sorreggere i frutti rossi, mentre il sontuoso Barbaresco Ovello Vigneto Loreto '08 è più classico, con tannini ancora decisi come vuole la tradizione. Particolarmente felice la prestazione del Piemonte Cortese La Rocca '10, ricco di erbe aromatiche e frutta bianca, potente ma fresco.

★Bruno Rocca
VIA RABAJÀ, 60
12050 BARBARESCO [CN]
TEL. 0173635112
www.brunorocca.it

VENDITA DIRETTA
VISITA SU PRENOTAZIONE

PRODUZIONE ANNUA 60.000 bottiglie
ETTARI VITATI 15.00

Sono trascorsi quasi 30 anni dal primo vino imbottigliato da Bruno Rocca e la strada percorsa è lastricata di successi e riconoscimenti. La griffe della piuma si è imposta in Italia e all'estero, contribuendo a divulgare la grandezza qualitativa dei vini di Langa. L'impostazione stilistica è molto personale, generosa e ricca in gioventù ma capace, dopo un giusto affinamento, di donare profondità ed eleganza. Poco tempo fa abbiamo avuto modo di degustare un Barbaresco Rabajà '99: una bottiglia strepitosa e molto utile alla comprensione del potenziale dei vini di Bruno.

Impressionanti la raffinatezza, l'intensità e l'armonia del Tre Bicchieri Barbaresco Maria Adelaide '07: bacche nere e spezie dolci su uno sfondo di tabacco biondo al naso, bocca di importante materia e tannini sostenuti dalla polpa e dall'alcol. Il Barbaresco Rabajà '08 è meno potente ma affascinante per i fiori rossi e il lampone che emergono al naso; palato dotato di rara finezza tannica e ammaliante precisione stilistica. Tutti i vini sono contrassegnati dallo stile che lo ha reso celebre nel mondo questo eccezionale produttore, che è riuscito a donare ad ogni etichetta una precisa personalità basata sull'aderenza al vigneto e sull'eleganza unite a grandi strutture gustative.

- Barbaresco Vign. Brich Ronchi Ris. '06 — 8
- Barbaresco Brich Ronchi '08 — 7
- Barbaresco Ovello Vign. Loreto '08 — 7
- Piemonte Cortese La Rocca '10 — 5
- Barbaresco Duemilaotto '08 — 6
- Barbera d'Alba Gepin '09 — 5
- Dolcetto d'Alba Vignalunga '10 — 4
- Langhe Chardonnay da Bertü '10 — 4
- Nebbiolo d'Alba Duemilanove '09 — 4*
- Barbera d'Alba '10 — 4
- Moscato d'Asti '10 — 4
- Barbaresco Ovello V. Loreto '07 — 7
- Barbaresco Vign. Brich Ronchi '05 — 7
- Barbaresco Vign. Brich Ronchi '03 — 7
- Barbaresco Vign. Brich Ronchi Ris. '04 — 8
- Barbaresco Vign. Loreto '04 — 7

- Barbaresco Maria Adelaide '07 — 8
- Barbaresco Coparossa '08 — 8
- Barbaresco Rabajà '08 — 8
- Barbaresco '08 — 7
- Barbera d'Alba '09 — 6
- Barbera d'Asti '09 — 5
- Langhe Chardonnay Cadet '10 — 5
- Langhe Nebbiolo Fralù '09 — 5
- Langhe Rosso Rabajolo '09 — 6
- Dolcetto d'Alba Vigna Trifolè '10 — 4
- Barbaresco Coparossa '04 — 8
- Barbaresco Maria Adelaide '04 — 8
- Barbaresco Maria Adelaide '01 — 8
- Barbaresco Rabajà '01 — 8
- Barbaresco Rabajà '00 — 8
- Barbaresco Rabajà '98 — 8

PIEMONTE

Rocche Costamagna
VIA VITTORIO EMANUELE, 8
12064 LA MORRA [CN]
TEL. 0173509225
www.rocchecostamagna.it

VENDITA DIRETTA
VISITA SU PRENOTAZIONE
OSPITALITÀ

PRODUZIONE ANNUA 85.000 bottiglie
ETTARI VITATI 14.00

La storia dell'azienda inizia ufficialmente nel 1841, ed è decisamente suggestiva una passeggiata nelle cantine originarie di recente restaurate, ma è solo attorno al 1970 che l'attività di vinificazione e di imbottigliamento prende forza, anche grazie ad acquisizioni di nuovi vigneti a opera di Claudia Ferraresi e del marito Giorgio Locatelli. Forte di questa storia, dal 1985, Alessandro Locatelli propone vini dall'impianto classico, maturati in botti di rovere di Slavonia di medie e grandi dimensioni. Il tutto senza ovviamente rinunciare alle moderne tecniche di vinificazione, dal 2008 applicate nelle nuove cantine realizzate nella frazione dell'Annunziata di La Morra.

Il Barolo Rocche dell'Annunziata '07 è ricco di frutto, appena segnato dai tannini sul palato: un grande equilibrio complessivo consente già ora un'ottima bevibilità. Più chiuso e tannico il Barolo Rocche dell'Annunziata Bricco Francesco della stessa annata, per cui occorrerà attendere una sua armonizzazione in bottiglia. Valida la Barbera d'Alba Annunziata '09, di bella intensità, persino austera ma sicuramente già adatta ad accompagnare cibi importanti. All'insegna dell'immediatezza e della facile bevibilità il resto della batteria, in cui si distingue un simpatico rosato non privo di nerbo.

● Barolo Rocche dell'Annunziata '07	🍷🍷 6
● Barbera d'Alba Annunziata '09	🍷 4
● Barolo Rocche dell'Annunziata Bricco Francesco '07	🍷 7
● Langhe Nebbiolo Roccardo '10	🍷 4
● Dolcetto d'Alba Murrae '10	🍷 4
○ Langhe Arneis '10	🍷 4
⊙ Langhe Rosato Osé '10	🍷 4
● Barolo Rocche dell'Annunziata '04	🍷🍷🍷 6
● Barbera d'Alba Sup. Rocche delle Rocche '07	🍷🍷 5
● Barolo Bricco Francesco Rocche dell'Annunziata '06	🍷🍷 7
● Barolo Bricco Francesco Rocche dell'Annunziata '04	🍷🍷 7
● Barolo Rocche dell'Annunziata '05	🍷🍷 6

★Podere Rocche dei Manzoni
LOC. MANZONI SOPRANI, 3
12065 MONFORTE D'ALBA [CN]
TEL. 017378421
www.roccedeimanzoni.it

VENDITA DIRETTA
VISITA SU PRENOTAZIONE

PRODUZIONE ANNUA 250.000 bottiglie
ETTARI VITATI 40.00

Rodolfo Migliorini si è assunto l'impegno non solo di proseguire ma di migliorare ulteriormente una produzione che, a partire dalle prime etichette nel 1974, si è subito affermata come tra le più significative e innovative di tutte le Langhe. Il progetto è quello di ottenere una ancor più stretta corrispondenza tra vigneto e bottiglia, attraverso un'agricoltura che bandisce i prodotti chimici e che fa esprimere ad ogni cru la propria singola e compiuta personalità. A ciò si aggiunge una cantina che merita assolutamente di essere visitata, con locali di affinamento a temperatura controllata in cui maturano centinaia di migliaia di bottiglie. La fama aziendale è meritatamente diffusa in ogni parte del mondo.

Non mancano raffinati sentori di rovere, assolutamente ben bilanciati da un frutto denso, nitido e ricco, nel Barolo Vigna d'la Roul '07; la bocca è potente, quasi densa, con tannini più che equilibrati: Tre Bicchieri eleganti e strutturati. Ancora giovane il serio Barolo Vigna Cappella di Santo Stefano '07, con tannini più decisi che richiederanno tempo per armonizzarsi e con legno ancora in evidenza. Esce un anno dopo la versione 2002 il Valentino Brut Zéro Riserva '01, ricchissimo di sentori di pasticceria al naso e di fresca persistenza in una bocca caratterizzata da note citrine: ben otto anni sui lieviti per questo spumante apprezzato in tutto il mondo. Appena meno complessa la Riserva Elena '06.

● Barolo V. d'la Roul '07	🍷🍷🍷 8
● Barolo V. Cappella di S. Stefano '07	🍷🍷 8
○ Valentino Brut Zéro Ris. '01	🍷🍷 6
● Barolo V. Big 'd Big '07	🍷🍷 8
○ Langhe Chardonnay L'Angelica '07	🍷🍷 8
○ Valentino Brut Elena Ris. '06	🍷🍷 6
● Barolo V. Big 'd Big '99	🍷🍷🍷 8
● Barolo V. Big Ris. '89	🍷🍷🍷 8
● Barolo V. Cappella di S. Stefano '01	🍷🍷🍷 8
● Barolo V. Cappella di S. Stefano '96	🍷🍷🍷 8
● Barolo Vigna Big Ris. '90	🍷🍷🍷 6
● Langhe Rosso Quatr Nas '99	🍷🍷🍷 7
● Langhe Rosso Quatr Nas '96	🍷🍷🍷 8
○ Valentino Brut Zero Ris. '98	🍷🍷🍷 6

PIEMONTE

Roccolo di Mezzomerico
Cascina Roccolo Bellini, 4
28040 Mezzomerico [NO]
Tel. 0321920407
www.ilroccolovini.it

VENDITA DIRETTA
VISITA SU PRENOTAZIONE

PRODUZIONE ANNUA 30.000 bottiglie
ETTARI VITATI 7.00

Dai vigneti - in cui si coltivano nebbiolo, uva rara, bonarda, vespolina, erbaluce e chardonnay - si gode di una vista sul Monte Rosa che da sola vale il viaggio, tanto è fantastico il panorama. Qui Margherita e Pietro Gelmini realizzano una curata serie di etichette, per il momento proposte in quantità decisamente ridotte, di preciso e nitido riferimento territoriale, con le due selezioni di Valentina che si impongono per il pregevole livello qualitativo raggiunto. Piccola e funzionale la cantina, dotata di acciaio termoregolato e barrique.

Intenso, elegante e variegato il bel Colline Novaresi Nebbiolo Valentina Vendemmia Tardiva '07, dalla bocca armonica di piacevole e sottile tannicità, lungo, equilibrato, decisamente secco. Il Colline Novaresi Nebbiolo Valentina '06 ha lievi sfumature granata sui bordi del bicchiere, naso simile al precedente quanto a ricchezza, palato sapido, non spigoloso, fresco. Gradevolissimo il Colline Novaresi Nebbiolo La Cascinetta '09, dotato di una carica fruttata fresca e croccante, di piacevole bevibilità, netto e polposo. Gradevoli il Colline Novaresi Bianco Francesca, da uve erbaluce, e il simpatico rosato Colline Novaresi Nebbiolo La Chimera, da uve nebbiolo, entrambi della vendemmia '10.

● Colline Novaresi Nebbiolo Valentina V.T. '07		5
● Colline Novaresi Nebbiolo La Cascinetta '09		4*
● Colline Novaresi Nebbiolo Valentina '06		4*
○ Colline Novaresi Francesca '10		4
⊙ Colline Novaresi Nebbiolo La Chimera '10		4
○ Colline Novaresi Francesca '04		3*
● Colline Novaresi Nebbiolo Valentina '00		5
○ Il Mataccio		4

Flavio Roddolo
fraz. Bricco Appiani
loc. Sant'Anna, 5
12065 Monforte d'Alba [CN]
Tel. 017378535

PRODUZIONE ANNUA 22.500 bottiglie
ETTARI VITATI 6.00

Questa magnifica figura di contadino è entrata nel mondo del vino nel 1990 più per necessità che per inseguire sogni di gloria, perché le cantine sociali non remuneravano in modo sufficiente le sue bellissime uve. Da allora è andato tutto più che bene per il solitario signore del Bricco Appiani, cui sono ormai tributati convinti riconoscimenti di qua e di là dall'oceano. Oltre che grande vignaiolo, infatti, Flavio si è rivelato scrupolosissimo cantiniere e immette sul mercato solo ed esclusivamente bottiglie di ottima qualità, dal pregiato Barolo al sorprendente Dolcetto, dall'avvincente Langhe a base di cabernet sauvignon (unica concessione alla modernità) a una sontuosa Barbera d'Alba.

Vini austeri, decisamente classici, tutti adatti a lunghi e positivi invecchiamenti in bottiglia. Il potente Barolo Ravera '06 è severo, tradizionale, con china e liquirizia su piccoli frutti neri; in bocca è franco e grosso, con tannini presenti ben inseriti nella notevole struttura. Tra i migliori campioni della tipologia il Dolcetto d'Alba '09, morbido, gradevole, pronto e avvincente, un vero incanto a tavola. Ma chi apprezza le strutture importanti non si faccia scappare il Dolcetto Superiore '08, massiccio in bocca e nitido nei profumi ancora giovanili. Flavio Roddolo predilige i lunghi affinamenti, per cui ha ulteriormente rinviato l'uscita del Nebbiolo '07 e della Barbera '06.

● Barolo Ravera '06		6
● Dolcetto d'Alba '09		3*
● Dolcetto d'Alba Sup. '08		4*
● Langhe Rosso Bricco Appiani '06		6
● Barolo Ravera '04		6
● Barolo Ravera '01		6
● Barolo Ravera '97		6
● Bricco Appiani '99		6
● Barolo Ravera '05		6
● Dolcetto d'Alba Sup. '04		4*
● Langhe Rosso Bricco Appiani '05		6
● Langhe Rosso Bricco Appiani '04		6
● Nebbiolo d'Alba '06		5
● Nebbiolo d'Alba '03		5

Ronchi

S.DA RONCHI, 23
12050 BARBARESCO [CN]
TEL. 0173635156
info@aziendaagricolaronchi.it

VENDITA DIRETTA
VISITA SU PRENOTAZIONE

PRODUZIONE ANNUA 25.000 bottiglie
ETTARI VITATI 5.50
VITICOLTURA Naturale

Ronchi è una frazione del comune di Barbaresco, poi un cru e infine il nome dell'azienda capitanata da Giancarlo Rocca, figlio del fondatore Alfonso. Manco a dirlo, il loro vino di punta è il Barbaresco, proprio a sottolineare la stretta correlazione tra luogo, territorio e vigneto. È una piccola realtà, che cresce con rassicurante costanza qualitativa e che è decisamente attenta all'ambiente, rifiutando l'utilizzo della chimica nel vigneto. L'impostazione stilistica dei vini punta a ottenere sia eleganza che struttura.

La scelta di ritardare di un anno l'uscita del Barbaresco sta dando risultati positivi: il Ronchi '07 è infatti ben aperto, ricco di carattere ed equilibrato, con l'apporto del rovere appena accennato sullo sfondo. La Barbera d'Alba Terlé '09 è particolarmente polposa, con un bel frutto in evidenza e acidità contenuta ma sottesa alla valida struttura. Molto gradevole il Langhe Rosso '09, alla sua prima uscita nella limitata tiratura di 600 bottiglie, frutto di un assemblaggio di merlot (90%) e nebbiolo. Legno non esagerato nel riuscito Langhe Chardonnay '09, valido rappresentante della tipologia. Prezzi particolarmente amichevoli su tutta la gamma.

Giovanni Rosso

LOC. BAUDANA, 6
12050 SERRALUNGA D'ALBA [CN]
TEL. 0173613340
www.giovannirosso.com

VENDITA DIRETTA
VISITA SU PRENOTAZIONE

PRODUZIONE ANNUA 55.000 bottiglie
ETTARI VITATI 10.00
VITICOLTURA Naturale

Il giovane e appassionato Davide Rosso sta raccogliendo, anno dopo anno, grandi e meritate soddisfazioni sia in Italia che all'estero. Le vigne di proprietà sono particolarmente vocate e curate con attenzione e rigore, per cui i vini che ne conseguono sono ricchissimi di carattere e personalità, in grado di migliorare in bottiglia per molti anni. Sono vini di terroir, difficilmente confondibili, e ben rappresentano l'essenza e il valore di uno dei comprensori enologici più nobili dell'Italia intera.

La qualità delle diverse etichette è già sicuramente molto alta ed è destinata a salire ulteriormente grazie alla recente acquisizione di una splendida parcella nel cru Vigna Rionda, di cui Davide ha già proposto una fantastica selezione di sole 1.000 bottiglie della vendemmia 2007 definita in etichetta come Barolo Tommaso Canale Poderi dell'Antica Vigna Rionda. Le due selezioni di Barolo '07 hanno le classiche caratteristiche derivanti dai vigneti di Serralunga, per cui si trova in entrambi notevole materia e poderosa tannicità, con il Cerretta leggermente più morbido e levigato. Già equilibrato e ricco di carattere il Barolo Serralunga, di pregevole armonia l'avvolgente Barbera d'Alba '09.

● Barbaresco Ronchi '07	🍷🍷 6*
● Barbera d'Alba Terlé '09	🍷🍷 4*
○ Langhe Chardonnay '09	🍷🍷 4
● Langhe Rosso '09	🍷🍷 4
● Dolcetto d'Alba '10	🍷 4
● Barbaresco Ronchi '04	🍷🍷🍷 7
● Barbaresco '07	🍷🍷 6
● Barbaresco Ronchi '06	🍷🍷 6*
● Barbaresco Ronchi '05	🍷🍷 6

● Barbera d'Alba Donna Margherita '09	🍷🍷 4*
● Barolo Cerretta '07	🍷🍷 8
● Barolo La Serra '07	🍷🍷 8
● Barolo Serralunga '07	🍷🍷 6
● Barolo Cerretta '06	🍷🍷🍷 8
● Barbera d'Alba Donna Margherita '08	🍷🍷 4
● Barolo Cerretta '05	🍷🍷 8
● Barolo Cerretta '04	🍷🍷 8
● Barolo Cerretta '03	🍷🍷 8
● Barolo Cerretta '01	🍷🍷 7
● Barolo La Serra '06	🍷🍷 8
● Barolo La Serra '05	🍷🍷 8
● Barolo La Serra '04	🍷🍷 8
● Dolcetto d'Alba Le Quattro Vigne '08	🍷🍷 4*

PIEMONTE

Rovellotti

Interno Castello, 22
28074 Ghemme [NO]
Tel. 0163841781
www.rovellotti.it

VENDITA DIRETTA

PRODUZIONE ANNUA 55.000 bottiglie
ETTARI VITATI 17.00
VITICOLTURA Naturale

Quella di Antonello e Paolo Rovellotti è una delle aziende più sorprendenti e suggestive nel sempre più competitivo distretto alto piemontese. La loro splendida cantina si trova nel cuore dell'antico Ricetto di Ghemme, spazio ideale per una gamma di vini difficilmente riconducibili a un rigido schema tradizione modernità, nella quale convivono varietà tradizionali come nebbiolo e vespolina con vitigni allocctoni come cabernet, merlot e pinot nero, interpretazioni classiche con etichette di recente concezione.

Ancora una solida prestazione d'insieme per la gamma dei fratelli Rovellotti, capaci di piazzare ben tre vini oltre la soglia dei due bicchieri, a partire dal Colline Novaresi Bianco Vitigno Innominabile Il Criccone '10, provocatoria etichetta dovuta all'impossibilità di indicare il nome del vitigno erbaluce. Tutto giocato su dolcezza di frutto e glicerina la Vespolina Ronco al Maso '10, si sale di complessità con il Ghemme Costa del Salmino Riserva '05, finalista di razza con il suo bouquet di radici, tabacco e cuoio, coerentemente raccontato in una bocca saporita, forse un po' troppo leggera rispetto al mordente apporto tannico.

● Ghemme Costa del Salmino Ris. '05	▼▼ 6
○ Colline Novaresi Bianco Vitigno Innominabile Il Criccone '10	▼▼ 4*
● Colline Novaresi Vespolina Ronco al Maso '10	▼▼ 4
○ Passito Valdenrico '07	▼ 6
○ Colline Novaresi Bianco Il Criccone '09	▽▽ 4*
● Colline Novaresi Nebbiolo Valplazza '08	▽▽ 4
● Colline Novaresi Vespolina Ronco al Maso '09	▽▽ 3*
● Colline Novaresi Vespolina Ronco al Maso '07	▽▽ 3*

Podere Ruggeri Corsini

Loc. Bussia Corsini, 106
12065 Monforte d'Alba [CN]
Tel. 017378625
www.ruggericorsini.com

VENDITA DIRETTA
VISITA SU PRENOTAZIONE

PRODUZIONE ANNUA 60.000 bottiglie
ETTARI VITATI 9.80

La cantina è nata nel 1995 per iniziativa di Loredana Addari e Nicola Argamante, entrambi con specializzazione universitaria in viticoltura ed enologia. Da allora sono cresciute sia la passione che le competenze, tanto che vengono proposte etichette pregevoli per correttezza e sicura personalità, potenti e ben realizzate con rimarchevole continuità. Vini destinati in gran parte ai mercati esteri, e proprio per questo consigliamo una visita in azienda, dove è disponibile una graziosa sala degustazione.

Nella valida batteria si impone la Barbera d'Alba Superiore Armujan '09, importante, strutturata, ricca di piccoli frutti neri e spezie da legno, con una soffusa presa acida sul palato, polposa. Il Barolo San Pietro '07 è fresco e vibrante sia al naso sia in bocca, dove chiude appena amarognolo e vegetale. Il Barolo Bussia Corsini '07 è più complesso, morbido, non aggressivo e già di piacevole bevibilità. Il Langhe Rosso Argamakow '09 è una riuscita versione di uve pinot nero coltivate in Langa: grande pulizia, bel fruttato scuro, corpo importante. Esce a ben tre anni dalla vendemmia il Langhe Rosso Autenzio '08, da uve albarola in purezza, morbido e quasi opulento, con finale di bacche rosse.

● Barbera d'Alba Sup. Armujan '09	▼▼ 5
● Barolo Bussia Corsini '07	▼▼ 6
● Barolo San Pietro '07	▼▼ 6
● Langhe Nebbiolo '09	▼▼ 4
● Langhe Rosso Argamakow '09	▼▼ 5
● Langhe Rosso Autenzio '08	▼▼ 5
● Barbera d'Alba '10	▼ 4
● Dolcetto d'Alba '10	▼ 4
○ Langhe Bianco '10	▼ 4
● Barbera d'Alba '09	▽▽ 4*
● Barolo Corsini '06	▽▽ 6
● Barolo S. Pietro '06	▽▽ 6
● Barolo S. Pietro '05	▽▽ 6
● Langhe Rosso Autenzio '07	▽▽ 5

PIEMONTE

Josetta Saffirio
LOC. CASTELLETTO, 39
12065 MONFORTE D'ALBA [CN]
TEL. 0173787278
www.josettasaffirio.com

VENDITA DIRETTA
VISITA SU PRENOTAZIONE

PRODUZIONE ANNUA 25.000 bottiglie
ETTARI VITATI 5.50

Sara Vezza ha preso le redini della cantina (che aveva già prodotto validi vini tra il 1985 e il 1992 ad opera della mamma Josetta e del papà Roberto) e ha rilanciato l'attività a partire dal 1999, ampliando i vigneti e realizzando una nuova e funzionale cantina. Al centro della proposta enologica, ovviamente, vi sono il Barolo e la Barbera d'Alba, ma lusinghieri risultati sono già stati raggiunti con un Langhe Bianco a base della rara uva rossese bianco, originaria della Liguria. Vini dal taglio piuttosto moderno, riccamente profumati, mai aggressivi sul palato.

Magnifica prestazione d'insieme di quest'azienda in costante crescita qualitativa. Il Barolo Persiera '07 è fresco e lievemente vegetale, dalla trama molto fitta e abbastanza morbida, fruttata. Altrettanto valido il Barolo Francesco Millenovecentoquarantotto '07, dedicato al nonno che impiantò il vigneto nel 1948, al suo primo anno di uscita in sole 2000 bottiglie: più austero del Persiera, è anche lievemente più complesso, di notevole tannicità. Il prestigioso Langhe Bianco '09, a base di rossese bianco, ha uno stile avvolgente e ricco, è pieno di frutta bianca e assai avvolgente, lievemente amarognolo nel finale. Tutte riuscite le altre etichette, tra cui si distingue positivamente il Nebbiolo.

- Barolo Francesco Millenovecentoquarantotto '07 — 8
- Barolo Persiera '07 — 8
- O Langhe Bianco '09 — 4*
- Barbera d'Alba '09 — 4
- Barolo '07 — 6
- Langhe Alna Rosso '09 — 5
- Langhe Nebbiolo '09 — 5
- Barolo '89 — 8
- Barolo '88 — 8
- Barolo '01 — 6
- Barolo Persiera '06 — 8
- Barolo Persiera '04 — 8
- Barolo Persiera Ris. '04 — 8
- O Langhe Bianco '08 — 4*

Cascina Salicetti
VIA CASCINA SALICETTI, 2
15050 MONTEGIOCO [AL]
TEL. 0131875192
www.cascinasalicetti.it

VENDITA DIRETTA
VISITA SU PRENOTAZIONE

PRODUZIONE ANNUA 25.000 bottiglie
ETTARI VITATI 16.00

Quarantadue ettari, di cui 16 a vigneto e tutti accorpati, sono il biglietto da visita di quest'azienda a conduzione familiare. In Cascina Salicetti troviamo a coordinare i lavori Anselmo, enologo concentratissimo nel perseguire la mission aziendale: produrre qualità valorizzando il territorio e i vitigni autoctoni con un attento lavoro di gestione del vigneto. I diradamenti e la selezione delle uve in vendemmia sono alcune delle pratiche utilizzate in campo per mantenere basse rese per ettaro e, soprattutto, per conferire uve sane in cantina. I vitigni utilizzati sono timorasso, barbera, dolcetto, cortese e bonarda piemontese, quest'ultima vinificata ferma.

In ottima forma i Timorasso '09: Ombra di Luna fruttato e minerale, Derthona fine al naso e armonico al palato. Rugras '08 è un Dolcetto giovane al colore, con aromi di bacche nere e bocca potente. Di Marzi '09 è impenetrabile al colore, mentre al naso note di mora e mandorla anticipano un palato ricco e persistente. Molto interessanti anche i vini da uve barbera: Punta del Sole '08, di colore rubino porpora, esprime note di prugna e cacao, abbinate ad una grande concentrazione gustativa, mentre Morganti, pur essendo giovane, mostra equilibrio e armonia. La batteria termina con il facile Cortese Montarlino '10.

- Colli Tortonesi Barbera Morganti '10 — 4
- Colli Tortonesi Barbera Punta del Sole '08 — 5
- Colli Tortonesi Dolcetto Di Marzi '09 — 3
- Colli Tortonesi Dolcetto Rugras '08 — 3*
- O Colli Tortonesi Timorasso Derthona '09 — 4*
- O Colli Tortonesi Timorasso Ombra di Luna '09 — 5
- O Colli Tortonesi Cortese Montarlino '10 — 4
- Colli Tortonesi Barbera Punta del Sole '07 — 5
- Colli Tortonesi Dolcetto Rugras '07 — 3
- O Colli Tortonesi Timorasso Derthona '07 — 4*
- O Colli Tortonesi Timorasso Ombra di Luna '08 — 5

PIEMONTE

San Fereolo
LOC. SAN FEREOLO
B.TA VALDIBÀ, 59
12063 DOGLIANI [CN]
TEL. 0173742075
www.sanfereolo.com

VISITA SU PRENOTAZIONE

PRODUZIONE ANNUA 46.000 bottiglie
ETTARI VITATI 12.00
VITICOLTURA Naturale

Una donna sola al comando. Nicoletta Bocca è San Fereolo e forse è vero anche il contrario. L'identificazione tra vita e azienda è totale. Questa signora, milanese di nascita e doglianese per scelta, crede nei Dolcetto da invecchiamento e non si spaventa dinanzi a vini scalpitanti e recalcitranti in gioventù. Lei stessa racconta di aver lavorato sulla corrispondenza tra ciò che è e ciò che fa. Da qui il passaggio dal biologico al biodinamico, lavorando su vigne che arrivano ad avere anche settant'anni.

Il solo vino assaggiato, il Dolcetto di Dogliani Valdibà '10, smussa un po' il dispiacere per la mancanza delle altre etichette, non ancora messe in commercio al momento dei nostri assaggi. Il vino base dell'azienda di Nicoletta Bocca è magistrale: splendido rubino porpora, intenso e armonico al naso, con un'apertura di frutta nera che accompagna verso note di cacao e tabacco. Anche la bocca non è da meno, appena un po' stretta, ma con un finale di grande persistenza. Un vino con una lunghissima vita davanti a sé e dotato di pregevole personalità e aderenza territoriale, come vuole la filosofia aziendale.

Tenuta San Sebastiano
CASCINA SAN SEBASTIANO, 41
15040 LU [AL]
TEL. 0131741353
www.dealessi.it

VENDITA DIRETTA
VISITA SU PRENOTAZIONE

PRODUZIONE ANNUA 70.000 bottiglie
ETTARI VITATI 10.00

L'azienda ha la sede in una piacevole zona collinare con un'altitudine di circa 300 metri, in una località ricca di reperti che testimoniano la presenza d'insediamenti di epoca romana. In questo suggestivo contesto opera il generoso e capace Roberto De Alessi, entusiasta del proprio lavoro. Nelle sue vigne, ma più ancora nei suoi vini, ritroviamo la passione con cui segue l'intera filiera di produzione. Moderne tecniche di gestione del vigneto e della cantina sono la naturale evoluzione di tradizioni familiari improntate alla ricerca della qualità.

La Barbera del Monferrato Mepari è ormai una presenza fissa nelle degustazioni finali. Questa versione '08 ha un colore rubino quasi impenetrabile e al naso ci accoglie con un'esplosione di aromi: cacao, grafite e spezie dolci anticipano un impatto gustativo che rivela corpo, sapidità e una persistenza rimarchevole. La Barbera '09 si presenta con aromi intensi di frutti maturi e un palato potente dal finale alcolico. Il Grignolino '10 ha buone caratteristiche varietali, con tannini leggermente spigolosi che non compromettono comunque il buon equilibrio generale. Da segnalare il facile Cortese Memì '10.

- Dolcetto di Dogliani Valdibà '10 — 4*
- Dolcetto di Dogliani S. Fereolo '99 — 4
- Dolcetto di Dogliani S. Fereolo '97 — 4
- Langhe Rosso Austri '03 — 5
- Langhe Rosso Brumaio '97 — 5
- Dogliani '07 — 4*
- Dolcetto di Dogliani Valdibà '09 — 4*
- Dolcetto di Dogliani Valdibà '08 — 4*
- Langhe Rosso Austri '07 — 5

- Barbera del M.to Sup. Mepari '08 — 5
- Barbera del M.to '09 — 3*
- Piemonte Cortese Memì '10 — 3
- Piemonte Grignolino '10 — 3
- Barbera del M.to Sup. Mepari '07 — 5
- Barbera del M.to Sup. Mepari '06 — 5
- Grignolino del M.to Casalese '07 — 3*
- M.to Rosso Sol-Do '05 — 4*

PIEMONTE

★Luciano Sandrone
VIA PUGNANE, 4
12060 BAROLO [CN]
TEL. 0173560023
www.sandroneluciano.com

VENDITA DIRETTA
VISITA SU PRENOTAZIONE

PRODUZIONE ANNUA 95.000 bottiglie
ETTARI VITATI 25.00

L'azienda di Luciano Sandrone, affiancato dal fratello Luca e dalla figlia Barbara, rappresenta, senza possibilità di smentita, una delle firme del panorama enologico di eccellenza più conosciute e stimate in tutto il mondo. A partire dai celeberrimi Barolo Cannubi Boschis '89 e '90, l'ascesa di questo produttore non ha conosciuto soste. Il profilo stilistico è molto personale e distinguibile, forza ed eleganza si completano in maniera calibrata, e la nettezza gustativa è già ben definita fin dai primi anni di vita. Ciononostante, i rossi targati Sandrone conservano doti di profondità e longevità poco comuni.

Il riuscitissimo Barolo Cannubi Boschis '07 porge bacche rosse, spezie e liquirizia, poi si muove potente, con ricca polpa e solidi tannini sino a un finale elegante che gli fa raggiungere i Tre Bicchieri. Ricco di sfumature il Barolo Le Vigne '07, dotato dello stesso stile ricco di fascino, fruttato e appena meno strutturato. Il Nebbiolo d'Alba Valmaggiore '09, proveniente da un celebre cru del Roero, presenta inizialmente piccole bacche rosse e una rara sfumatura d'incenso di bella piacevolezza, poi si muove sul palato con media struttura e gradevole freschezza. La Barbera '09 è piuttosto matura, lievemente alcolica e di convincente bevibilità, senza pretese di complessità.

Cantine Sant'Agata
REG. MEZZENA, 19
14030 SCURZOLENGO [AT]
TEL. 0141203186
www.santagata.com

VENDITA DIRETTA
VISITA SU PRENOTAZIONE

PRODUZIONE ANNUA 150.000 bottiglie
ETTARI VITATI 12.00

Questa azienda, fondata più di un secolo fa dalla famiglia Cavallero, oggi è diretta con passione dai fratelli Claudio e Franco, il primo responsabile enologico, il secondo del settore commerciale. Pur producendo anche barbera, nebbiolo, cabernet e grignolino, il nome dei Cavallero è indissolubilmente legato al ruché, vitigno aromatico tipico di questa zona, impiegato per la produzione di diverse etichette. I vigneti sorgono fra Scurzolengo, dove ha sede la cantina, Canelli e Monforte d'Alba.

All'interno di una produzione tutta di buon livello e tecnicamente ineccepibile, quest'anno ci è molto piaciuta la prima edizione del Ruché di Castagnole Monferrato Genesi '08, in cui oltre alle uve ruché è presente un 10% di barbera, dai profumi certo un po' legnosi ma anche floreali, in particolare di rosa, e dal palato ricco e pieno senza asprezze eccessive, succoso, con note di mora e finale di buona lunghezza. Ottimo anche il Gavi del comune di Gavi Ciarea '10, classico nei suoi aromi di fiori bianchi ed erba fresca, fine e tradizionale, con un'acidità tagliente e una bella mineralità nel lungo finale.

● Barolo Cannubi Boschis '07	▼▼▼ 8		○ Gavi di Gavi Ciarea '10	▼▼ 4
● Barolo Le Vigne '07	▼▼ 8		● Ruché di Castagnole M.to Genesi '08	▼▼ 6
● Barbera d'Alba '09	▼▼ 6		● Barbera d'Asti Baby '10	▼ 3
● Nebbiolo d'Alba Valmaggiore '09	▼▼ 6		● Barbera d'Asti Sup. Altea '09	▼ 4
● Barolo '84	▼▼▼ 8		● Grignolino d'Asti Miravalle '10	▼ 4
● Barolo '83	▼▼▼ 8		● Ruché di Castagnole M.to 'Na Vota '10	▼ 4
● Barolo Cannubi Boschis '06	▼▼▼ 8		○ Suavissimus Brut M. Cl. '07	▼ 5
● Barolo Cannubi Boschis '05	▼▼▼ 8		● Barbera d'Asti Sup. Cavalé '07	▼▼ 5
● Barolo Cannubi Boschis '04	▼▼▼ 8		● M.to Rosso Genesi '07	▼▼ 6
● Barolo Cannubi Boschis '03	▼▼▼ 8		● Ruché di Castagnole M.to 'Na Vota '08	▼▼ 4
● Barolo Cannubi Boschis '01	▼▼▼ 8			
● Barolo Cannubi Boschis '00	▼▼▼ 8			
● Barolo Cannubi Boschis '87	▼▼▼ 8			
● Barolo Le Vigne '99	▼▼▼ 8			

PIEMONTE

Paolo Saracco
via Circonvallazione, 6
12053 Castiglione Tinella [CN]
Tel. 0141855113
info@paolosaracco.it

VENDITA DIRETTA
VISITA SU PRENOTAZIONE

PRODUZIONE ANNUA 400.000 bottiglie
ETTARI VITATI 40.00

Paolo Saracco è un protagonista assoluto all'interno del mondo dell'Asti, alfiere dei piccoli produttori, anche se con le varie acquisizioni di questi ultimi anni è arrivato a circa mezzo milione di bottiglie prodotte. I vigneti si sviluppano in un raggio di tre chilometri tutt'intorno alla cantina, su terreni costituiti da banchi di sabbia, calcare e limo e situati tra i 300 e i 460 metri di altitudine. I suoi Moscato sono diventati in questi ultimi anni un punto di riferimento per la tipologia. L'azienda produce anche vini fermi da uve internazionali, come riesling, chardonnay e pinot nero.

La difficile annata 2010 ha segnato molto i vini di Paolo Saracco. Sempre tra i migliori della tipologia il Piemonte Moscato d'Autunno '10, dai profumi di salvia, erbe officinali e una sfumatura di foglia di pomodoro al naso, mentre il palato è di medio corpo ma equilibrato, fresco, con un finale lungo e gradevole. Piacevole, fresco, semplice e scorrevole il Moscato d'Asti '10, dai toni di frutta bianca, morbido e di buona grinta il Langhe Chardonnay Prasué '10, potente ma un po' ruvido e poco tipico il Monferrato Bianco Riesling '10. Interessante nelle sue note di piccoli frutti neri infine il Monferrato Rosso Pinot Nero '08.

○ Moscato d'Asti '10	4
○ Piemonte Moscato d'Autunno '10	4
○ Langhe Chardonnay Prasuè '10	4
○ M.to Bianco Riesling '10	4
● M.to Rosso Pinot Nero '08	4
○ Piemonte Moscato d'Autunno '09	4*
○ Moscato d'Asti '09	4
○ Piemonte Moscato d'Autunno '08	4*
○ Piemonte Moscato d'Autunno '07	4*

Roberto Sarotto
via Ronconuovo, 13
12050 Neviglie [CN]
Tel. 0173630228
www.robertosarotto.com

VENDITA DIRETTA
VISITA SU PRENOTAZIONE

PRODUZIONE ANNUA 150.000 bottiglie
ETTARI VITATI 50.00

In principio fu il Moscato nella zona di Neviglie. Poi sono arrivate le tenute di Novello, di Neive e di Gavi. Pertanto Roberto Sarotto, con la sua produzione, copre un ampio spettro dei vini piemontesi e ha ben chiaro lo stile che ricerca nei suoi vini: i bianchi devono essere piacevoli e di pronta beva; i rossi non disdegnano corpo e rotondità. Questo produttore non ha paura dell'innovazione e crede che la tradizione abbia bisogno di un continuo perfezionamento. Le etichette si contraddistinguono per un buon rapporto qualità prezzo.

Riuscita performance del Barbaresco Currà Riserva '06, con naso già schiuso su tabacco e liquirizia, dalla bocca severa, lunga e persistente. Solo meno denso il pur gradevole Barbaresco Gaia Principe Riserva dello stesso anno. Tra i due Barbaresco Gaia Principe, quello della vendemmia '07 è più esuberante e polposo, mentre la versione '08 è appena più verde e vegetale, comunque ben fatta. Altrettanto interessanti le due proposte del Barolo Audace, convincenti in bocca per la piacevole bevibilità. Le capacità tecniche di Roberto Sarotto non si fermano ai rossi. I bianchi più convincenti sono i Gavi Bric Sassi e Campo dell'Olio: minerale il primo, grasso e ricco il secondo.

● Barbaresco Currà Ris. '06	7
○ Gavi del Comune di Gavi Bric Sassi '10	4*
○ Gavi del Comune di Gavi Campo dell'Olio '10	5
● Barbaresco Gaia Principe '08	6
● Barbaresco Gaia Principe '07	6
● Barbaresco Gaia Principe Ris. '06	7
● Barbera d'Alba Elena '09	4*
● Barolo Audace '07	6
● Barolo Audace Ris. '05	7
● Barolo Bricco Bergera '07	6
○ Gavi del Comune di Gavi Aurora '10	4
● Langhe Rosso Enrico I '09	6
○ Moscato d'Asti Solatio '10	4
● Barbaresco Gaia Principe Ris. '04	7
● Barolo Audace '06	6
○ Gavi del Comune di Gavi Bric Sassi '09	4*

PIEMONTE

Scagliola
via San Siro, 42
14052 Calosso [AT]
Tel. 0141853183
www.scagliola-sansi.com

VENDITA DIRETTA
VISITA SU PRENOTAZIONE

PRODUZIONE ANNUA 140.000 bottiglie
ETTARI VITATI 25.00

I vigneti della famiglia Scagliola sono situati in due zone storicamente vocate per i vitigni principe dell'Astigiano, Calosso per la barbera e Canelli per il moscato, e quindi la produzione è incentrata su queste due uve, anche se non mancano altri vitigni come dolcetto, nebbiolo, brachetto, grignolino, cortese, cabernet e chardonnay. I vigneti di Calosso sono su terreni di medio impasto di tipo calcareo e argilloso, mentre quelli di Canelli sono situati su terreni di tipo marnoso sabbioso. Tutti i vini prodotti sono di notevole nitidezza e precisione aromatica, con uno spiccato legame col territorio d'origine.

L'azienda della famiglia Scagliola quest'anno ha presentato solo i suoi vini bianchi, con un paio di Moscato di buon livello nonostante il difficile millesimo. Il Moscato d'Asti Primo Bacio '10 al naso ha note floreali, di salvia e clorofilla, con suadenti sfumature speziate, mentre il palato è ricco di frutto e piacevole, tutto giocato sulla freschezza. Il Moscato d'Asti Volo di Farfalle '10 presenta invece più aromi fruttati, in particolare di pesca, e un palato elegante, nitido nei suoi sentori di crema di limone ed erbe aromatiche, con un finale scorrevole ed equilibrato. Corretto e varietale il Piemonte Chardonnay Casot dan Vian '10.

○ Moscato d'Asti Primo Bacio '10	▼ 4
○ Moscato d'Asti Volo di Farfalle '10	▼ 5
○ Piemonte Chardonnay Casot dan Vian '10	▼ 4
● Barbera d'Asti Sup. SanSì Sel. '01	▼▼▼ 7
● Barbera d'Asti Sup. SanSì Sel. '00	▼▼▼ 7
● Barbera d'Asti Sup. SanSì Sel. '99	▼▼▼ 7
● Barbera d'Asti Sup. SanSì '07	▼▼ 7
● Barbera d'Asti Sup. SanSì Sel. '07	▼▼ 8
○ Piemonte Chardonnay Casot dan Vian '07	▼▼ 4*

La Scamuzza
cascina Pomina, 17
15049 Vignale Monferrato [AL]
Tel. 0142926214
www.lascamuzza.it

VENDITA DIRETTA
VISITA SU PRENOTAZIONE

PRODUZIONE ANNUA 15.000 bottiglie
ETTARI VITATI 6.00

Sulla strada che da Alessandria porta a Vignale Monferrato, dopo circa un chilometro da Fubine trovate sulla sinistra il cartello che vi guida alla sede della Scamuzza, azienda a conduzione familiare gestita dall'energica Laura Zavattaro. La filiera di produzione è gestita con molta cura e la qualità dei vini si mantiene costantemente su ottimi livelli. Barbera e grignolino le uve predominanti, con una piccola presenza di cabernet sauvignon utilizzato per comporre il Bricco San Tomaso.

Nella batteria si nota la mancanza del finalista dello scorso anno, il Bricco San Tomaso, che ritroveremo nella prossima edizione della Guida. La Barbera Superiore Vigneto della Amorosa '08 veste di rubino impenetrabile, al naso aromi di frutti maturi guidano verso un bel palato di grande struttura. La Barbera Baciamisubito è un grande esempio di Barbera d'annata: colore molto profondo e riflessi porpora con aromi di ciliegia intensi e persistenti, bocca splendida con piacevole ritorno del frutto. Chiude la serie il Grignolino Tumas '09, perfettamente aderente alle caratteristiche della denominazione: colore scarico, aromi speziati (pepe) e bocca piacevolmente astringente.

● Barbera del M.to Baciamisubito '10	▼ 4
● Barbera del M.to Sup. Vign. della Amorosa '08	▼ 5
● Grignolino del M.to Casalese Tumas '09	▼ 4
● Barbera del M.to Sup. Vign. della Amorosa '07	▼▼ 5
● Grignolino del M.to Casalese Tumas '07	▼▼ 4*
● M.to Rosso Bricco S. Tomaso '08	▼▼ 5
● M.to Rosso Bricco S. Tomaso '07	▼▼ 5

PIEMONTE

Giorgio Scarzello e Figli
via Alba, 29
12060 Barolo [CN]
Tel. 017356170
www.barolodibarolo.com

VENDITA DIRETTA
VISITA SU PRENOTAZIONE

PRODUZIONE ANNUA 25.000 bottiglie
ETTARI VITATI 5.50

Una piccola realtà familiare, sita in prossimità del centro del comune di Barolo, con una spiccata vocazione per la tradizione, intesa come interpretazione fedele e autentica delle caratteristiche dei terroir a disposizione. Il Barolo Vigna Merenda, parcella ubicata all'interno del cru Sarmassa, costituisce il vertice della produzione, peraltro caratterizzata da prezzi corretti e competitivi. La longevità di tutti vini permette di apprezzarli e valorizzarli anche dopo un lungo tempo di riposo in bottiglia.

Il cru Sarmassa merita una visita a piedi, tanto è raccolto, caldo grazie alla moderata altitudine di 270 metri, protetto a nord dal Cerequio e a est dalle Brunate: una posizione, com'è facile intuire, di grandissimo pregio, per cui è ritenuto uno dei migliori vigneti del Barolo. All'interno di questo appezzamento gli Scarzello possiedono la parcella Merenda, che nella vendemmia '06 ha donato un vino tipicissimo, con viole, liquirizia, menta e catrame in un naso di rimarchevole vitalità; in bocca una lieve rusticità tannica gli dona una decisa personalità, con una persistenza che sta a indicare uno splendido futuro in bottiglia. Notevole anche la Barbera Superiore '08, affinata in botti più piccole.

★Paolo Scavino
fraz. Garbelletto
via Alba-Barolo, 59
12060 Castiglione Falletto [CN]
Tel. 017362850
www.paoloscavino.com

VENDITA DIRETTA
VISITA SU PRENOTAZIONE

PRODUZIONE ANNUA 100.000 bottiglie
ETTARI VITATI 20.00

L'importanza di questa realtà di Langa è da tempo riconosciuta a livello mondiale, con i positivi riscontri della critica che si sommano a una presenza significativa in numerosi paesi. Elisa ed Enrica rappresentano la nuova generazione, quella che, affiancando l'inossidabile Enrico, prosegue la storia e il percorso di questa prestigiosa griffe di Castiglione Falletto. La sede aziendale merita assolutamente una visita, in quanto si tratta di una struttura tecnologicamente all'avanguardia, ricca di fascino e personalità.

Il Barolo Rocche dell'Annunziata Riserva '05 è molto raffinato, con lampone in evidenza su china e tabacco biondo; in bocca è potente senza perdere nulla in armonia, con un lungo finale appena arricchito dal rovere: Tre Bicchieri nitidi ed elegantissimi. Ottimi risultati anche dal vigneto Monvigliero di Verduno, con un Barolo complesso e ricco di spezie, sicuramente affascinante e franco. Il gradevolissimo Carobric è fresco al naso e dotato di buona acidità al palato, pur provenendo dalla calda vendemmia '07. Meno affascinante al momento il celebre Bric del Fiasc, piuttosto restio a concedere i propri aromi. Di piacevole bevibilità il moderno Sorriso '09, a base di chardonnay (70%), sauvignon e viognier.

Vino		
● Barolo Sarmassa V. Merenda '06	🍷🍷	7
● Barbera d'Alba Sup. '08	🍷🍷	5
● Barolo V. Merenda '99	🍷🍷🍷	6
● Barbera d'Alba Sup. '07	🍷🍷	5
● Barbera d'Alba Sup. '06	🍷🍷	5
● Barolo '06	🍷🍷	6
● Barolo '05	🍷🍷	6
● Barolo V. Merenda '06	🍷🍷	7
● Barolo V. Merenda '05	🍷🍷	7
● Barolo V. Merenda '04	🍷🍷	7
● Barolo V. Merenda '01	🍷🍷	7
● Langhe Nebbiolo '07	🍷🍷	4*

Vino		
● Barolo Rocche dell'Annunziata Ris. '05	🍷🍷🍷	8
● Barolo Carobric '07	🍷🍷	8
● Barolo Monvigliero '07	🍷🍷	8
● Barbera d'Alba Affinato in Carati '08	🍷🍷	6
● Barolo '07	🍷🍷	8
● Barolo Bric del Fiasc '07	🍷🍷	8
● Barolo Bricco Ambrogio '07	🍷🍷	8
● Barolo Cannubi '07	🍷🍷	8
● Langhe Nebbiolo '08	🍷🍷	6
○ Langhe Sorriso '09	🍷🍷	6
● Barolo Bric del Fiasc '06	🍷🍷🍷	8
● Barolo Bric del Fiasc '89	🍷🍷🍷	6
● Barolo Cannubi '92	🍷🍷🍷	6
● Barolo Rocche dell'Annunziata Ris. '01	🍷🍷🍷	8
● Barolo Rocche dell'Annunziata Ris. '97	🍷🍷🍷	8

Schiavenza

via Mazzini, 4
12050 Serralunga d'Alba [CN]
Tel. 0173613115
www.schiavenza.com

VENDITA DIRETTA
VISITA SU PRENOTAZIONE
RISTORAZIONE

PRODUZIONE ANNUA 35.000 bottiglie
ETTARI VITATI 8.00

La cantina e l'osteria di questa significativa azienda di Serralunga d'Alba meritano assolutamente una visita da parte degli appassionati di enogastronomia in cerca di sensazioni tipiche e autentiche. Il pregiato patrimonio agricolo permette di confezionare una batteria di vini dal grande carattere, senza orpelli stilistici, tutti mirati all'essenza gustativa che questi straordinari terroir sanno trasmettere. I prezzi, molto corretti in relazione alla qualità proposta, e la capacità di invecchiamento completano un quadro di assoluto merito.

Anche se non arriva l'ennesimo Tre Bicchieri, i risultati sono comunque più che validi, a partire dalle tre selezioni di Barolo '07 derivanti da pregiati cru di Serralunga, realizzate secondo tradizione ed evitando l'uso di legni molto piccoli che potrebbero risultare invadenti. Il Barolo Broglio è classico e tipico nelle sue note di rose appassite e liquirizia, dotato in bocca di tannini intensi e appena ruvidi, lungo. Il Prapò ha impostazione analoga, con bella speziatura e molta frutta, lievemente meno aperto e complesso, decisamente giovane. Il Bricco Cerretta è di poco più alcolico, potente. Una linea produttiva di alta qualità, con vini di carattere a prezzi contenuti.

● Barolo Bricco Cerretta '07	ΨΨ 6
● Barolo Broglio '07	ΨΨ 6
● Barolo Prapò '07	ΨΨ 7
● Barbera d'Alba '10	ΨΨ 4*
● Barolo Serralunga '07	ΨΨ 6
● Dolcetto d'Alba Vughera '10	ΨΨ 4*
● Langhe Nebbiolo '09	ΨΨ 4
● Dolcetto d'Alba '10	Ψ 3
● Barolo Broglio '05	ΨΨΨ 6
● Barolo Broglio '04	ΨΨΨ 6
● Barolo Broglio Ris. '04	ΨΨΨ 6
● Barolo Bricco Cerretta '06	ΨΨ 6
● Barolo Prapò '06	ΨΨ 6
● Barolo Prapò '05	ΨΨ 6

Scrimaglio

s.da Alessandria, 67
14049 Nizza Monferrato [AT]
Tel. 0141721385
www.scrimaglio.it

VENDITA DIRETTA
VISITA SU PRENOTAZIONE

PRODUZIONE ANNUA 700.000 bottiglie
ETTARI VITATI 20.00
VITICOLTURA Biologico Certificato

È dal 1921 che a Nizza Monferrato la famiglia Scrimaglio produce vino. Oggi la gamma prodotta è molto ampia e articolata in due linee, i classic wine e i fashion wine, ma il centro dell'attenzione e della produzione continua ad essere la Barbera, realizzata in varie versioni, dalle più beverine alle più complesse. La Scrimaglio propone anche una serie di etichette frutto di sperimentazioni che vanno dai vigneti, alcuni dei quali lavorati col metodo biodinamico, alla cantina, con l'utilizzo dei tappi a corona per i No Cork. Il risultato è un'azienda legata al territorio ma allo stesso tempo dinamica e innovativa.

La Scrimaglio ha presentato la solita bella batteria di Barbera, ottenendo i Tre Bicchieri con la Barbera d'Asti Superiore Nizza Acsé '08. Alle classiche note di frutta rossa, terra e tabacco fa seguito un palato altrettanto tipico nella sua acidità, carattere e lunghezza, ricco, sapido e che chiude su sentori di china. Ottime anche la Barbera d'Asti Superiore Fiat '09, dai profumi di grande finezza, con note di tabacco e ciliegia fresca, e il palato succoso, di buona materia e armonia, la Barbera d'Asti Superiore RoccaNivo '09, brillante, con belle note di frutta, spezie e tabacco, polposa e piacevole nel finale, e la Piemonte Barbera No Cork '10, dai toni di ciliegia, ricca e avvolgente.

● Barbera d'Asti Sup. Nizza Acsé '08	ΨΨΨ 6
● Barbera d'Asti Sup. Fiat '09	ΨΨ 5
● Barbera d'Asti Sup. RoccaNivo '09	ΨΨ 4*
● Piemonte Barbera No Cork '10	ΨΨ 4
● Barbera d'Asti NoWood '10	Ψ 4
● Barbera d'Asti Sup. Nizza Acsé '07	ΨΨΨ 6
● Barbera d'Asti NoWood '09	ΨΨ 4*
● Barbera d'Asti Sup. Acsé '04	ΨΨ 6
● Barbera d'Asti Sup. Croûtin '07	ΨΨ 6
● Barbera d'Asti Sup. Croûtin '06	ΨΨ 6
● Barbera d'Asti Sup. Fiat '07	ΨΨ 5
● Barbera d'Asti Sup. Nizza Acsé '06	ΨΨ 6
● Barbera d'Asti Sup. Nizza Acsé '05	ΨΨ 6
● Barbera d'Asti Sup. RoccaNivo '08	ΨΨ 4*

PIEMONTE

Mauro Sebaste

Fraz. Gallo
via Garibaldi, 222bis
12051 Alba [CN]
Tel. 0173262148
www.maurosebaste.it

VENDITA DIRETTA
VISITA SU PRENOTAZIONE

PRODUZIONE ANNUA 150.000 bottiglie
ETTARI VITATI 25.00

Una realtà dinamica, che in vent'anni ha continuamente proceduto ad acquisizioni di vigneti, ad ammodernamenti di cantina, a ritocchi dell'immagine aziendale, sotto la spinta propulsiva dell'appassionato proprietario Mauro Sebaste. La scelta di fondo è quella di cimentarsi con le numerose tipologie delle Langhe e dintorni, spaziando dal Gavi al Langhe Freisa, dal Moscato d'Asti al Barolo. Il tutto rispettando al massimo la tipicità di ogni singolo vitigno e di ogni vigneto, in uno strettissimo legame con il territorio.

Ottima prestazione del Barolo Monvigliero '07, dal celebre cru di Verduno: colore brillante e invitante, aromi complessi di liquirizia e catrame su una base di erbe secche, bocca ricca e caratterizzata da tannini austeri sino al finale lungo e avvolgente. Penalizzato da profumi poco nitidi e da una certa spigolosità il Barolo Prapò '07. Da assaggiare il Nebbiolo d'Alba Parigi '09, sicuramente giocato più sulla finezza e sull'eleganza che sulla potenza. Bella riuscita anche del Gavi '10, dotato di ampi richiami di petali di fiori bianchi uniti a pera a giusta maturazione; sul palato vince l'armonia, con una materia di tutto rispetto che si giova di sentita acidità.

● Barolo Monvigliero '07	5
○ Gavi '10	4
● Nebbiolo d'Alba Parigi '09	5
● Barolo Prapò '07	8
● Langhe Freisa Sylla '10	4
○ Roero Arneis '10	4
● Barolo Monvigliero '04	7
● Barolo Prapò '05	8
● Barolo Prapò '04	8

F.lli Seghesio

loc. Castelletto, 19
12065 Monforte d'Alba [CN]
Tel. 017378108
az.agricolaseghesio@libero.it

VENDITA DIRETTA
VISITA SU PRENOTAZIONE

PRODUZIONE ANNUA 60.000 bottiglie
ETTARI VITATI 10.00

La cantina nasce a metà degli anni Ottanta, sull'onda della sana frenesia che si impadronì di frotte di giovani langaroli spingendoli a smettere di conferire le proprie uve alle cantine sociali e a mettersi in proprio. E questa è anche la storia, ricca di successi, dei fratelli Seghesio. Tenendo ben presente che, qui come in tanti altri casi, nessuno si è montato la testa e la vigna è rimasta al centro del lavoro aziendale: vanno bene le botticelle francesi, ottimi i vini ricchi di frutto, ma al centro dell'impegno è sempre rimasta la cura attentissima del vigneto. Oggi è rimasto Riccardo a guidare l'attività, con la valida collaborazione dei giovani Sandro e Marco.

Il Barolo Vigneto La Villa '07 proviene dal versante di Monforte che guarda verso Serralunga: ha aromi ancora piuttosto contenuti ma nitidi di china e spezie dolci su uno sfondo di frutta rossa; al palato ha già una discreta morbidezza nonostante la notevole materia, in cui emerge una lieve alcolicità che penalizza appena l'equilibrio generale. Un Barolo già pronto e godibilissimo, maturo come ha preteso la calda vendemmia '07. Nella contenuta batteria proposta emerge il Langhe Nebbiolo '09, caratterizzato da nitidi profumi di bacche rosse e da un palato ravvivato da gradevole freschezza, privo di asperità. Da assaggiare la godibile e riuscita Barbera d'Alba d'annata.

● Barolo Vign. La Villa '07	7
● Barbera d'Alba '10	4*
● Langhe Nebbiolo '09	4
● Dolcetto d'Alba '10	3
● Barbera d'Alba Vign. della Chiesa '00	6
● Barbera d'Alba Vign. della Chiesa '97	6
● Barolo Vign. La Villa '04	7
● Barolo Vign. La Villa '99	7
● Barolo Vign. La Villa '91	7
● Barbera d'Alba Vign. della Chiesa '06	5
● Barbera d'Alba Vign. della Chiesa '05	6
● Barolo Vign. La Villa '06	7
● Barolo Vign. La Villa '05	7
● Barolo Vign. La Villa '03	7

PIEMONTE

Sella
via IV Novembre, 130
13060 Lessona [BI]
Tel. 01599455
www.tenutesella.it

VENDITA DIRETTA
VISITA SU PRENOTAZIONE

PRODUZIONE ANNUA 80.000 bottiglie
ETTARI VITATI 23.00

Dieci ettari estremamente frazionati nel catino morenico di Lessona, tredici ettari a corpo unico a Bramaterra, i vini della famiglia Sella ripropongono ogni anno l'appassionante sfida tra le sabbie e i porfidi del biellese, dove il nebbiolo rivela il suo animo più femminile e delicato con il contributo non sempre facile da leggere di vespolina e croatina. La bottaia ospita fusti da 25 ettolitri di Slavonia e barrique solo parzialmente nuove, variabili tecniche dal peso assolutamente relativo nella definizione di uno stile autenticamente classico, grazie anche al lavoro di Cristiano Garella.

Non ci abitueremo mai abbastanza all'autorevolezza con cui i vini di Sella ridefiniscono ogni volta i nostri riferimenti sugli aromi agrumati, il respiro marino e la nettezza sapida. Punti cardinali che ritroviamo sull'intera gamma, a partire dai Coste della Sesia Orbello '10 e Casteltorto '09, ma che si esprimono al massimo sui Lessona e Bramaterra base '08, nonché sul Bramaterra I Porfidi '07, cui si deve l'ennesimo Tre Bicchieri. Il suo classico bouquet è questa volta ampliato da singolari ricordi di mela golden, con un tocco di buccia di pomodoro a segnalare il millesimo solare. La bocca è quasi salmastra, assertiva e scattante, capace di tenere sotto controllo le durezze tanniche.

- Bramaterra I Porfidi '07 — 🍷🍷🍷 6
- Lessona '08 — 🍷🍷 6
- Bramaterra '08 — 🍷🍷 6
- Coste della Sesia Casteltorto '09 — 🍷 5
- Coste della Sesia Rosso Orbello '10 — 🍷 4
- Bramaterra I Porfidi '05 — 🍷🍷🍷 6
- Bramaterra I Porfidi '03 — 🍷🍷🍷 6
- Lessona Omaggio a Quintino Sella '05 — 🍷🍷🍷 7
- Lessona S. Sebastiano allo Zoppo '04 — 🍷🍷🍷 6
- Lessona S. Sebastiano allo Zoppo '01 — 🍷🍷🍷 6
- Coste della Sesia Rosso Orbello '09 — 🍷🍷 4*
- Lessona '06 — 🍷🍷 5

Enrico Serafino
c.so Asti, 5
12043 Canale [CN]
Tel. 0173979485
www.enricoserafino.it

VENDITA DIRETTA
VISITA SU PRENOTAZIONE

PRODUZIONE ANNUA 450.000 bottiglie
ETTARI VITATI 13.00

L'ingresso nel gruppo Campari ormai metabolizzato, l'Enrico Serafino conferma di essere ai vertici sia della produzione roerina, con i suoi vini fermi da vitigni autoctoni, che di quella della denominazione Alta Langa, con i suoi Metodo Classico da uve chardonnay e pinot nero, in particolare con i prodotti della linea Cantina Maestra. Il risultato sono vini ben definiti, che mettono in primo piano territorialità e bevibilità. La gamma produttiva poi è molto più ampia, contando ben 23 etichette che vanno dal Barolo al Dolcetto d'Alba, dal Barbaresco al Grignolino d'Asti fino al Gavi.

La Serafino si conferma come una delle migliori aziende spumantistiche del Piemonte e non solo, con un secondo Tre Bicchieri per l'Alta Langa Brut Zero Cantina Maestra '05. Ai profumi di crosta di pane ed erbe fresche, di grande finezza e armonia, fa seguito un palato teso, minerale, fruttato, lungo e profondo. Quasi sullo stesso livello l'Alta Langa Brut Cantina Maestra '06, grintoso e di carattere nei suoi toni di susina bianca. Ben realizzati poi la Barbera d'Alba Superiore Parduné '08, dalle note di frutta rossa e china, piacevole e di facile beva, il Nebbiolo d'Alba Diauleri '09, pieno e armonico, succoso e fruttato, e il Roero Arneis Canteiò '10, dai sentori di frutta bianca, fresco ed equilibrato.

- ○ Alta Langa Brut Zero Cantina Maestra Ris. '05 — 🍷🍷🍷 7
- ○ Alta Langa Brut Cantina Maestra '06 — 🍷🍷 5
- Barbera d'Alba Sup. Parduné Cantina Maestra '08 — 🍷🍷 4*
- Nebbiolo d'Alba Diauleri Cantina Maestra '09 — 🍷🍷 4
- ○ Roero Arneis Canteiò Cantina Maestra '10 — 🍷🍷 4
- Barbera d'Alba Bacajé Cantina Maestra '10 — 🍷 4
- Roero '08 — 🍷 4
- ○ Roero Arneis '10 — 🍷 4
- Roero Pasiunà Cantina Maestra '08 — 🍷 5
- ○ Alta Langa Brut Zero Cantina Maestra Ris. '04 — 🍷🍷🍷 5
- Barbera d'Alba Sup. Parduné Cantina Maestra '05 — 🍷🍷 5
- Nebbiolo d'Alba Diauleri Cantina Maestra '08 — 🍷🍷 4*
- Roero Pasiunà Cantina Maestra '06 — 🍷🍷 5
- Roero Pasiunà Cantina Maestra '05 — 🍷🍷 5

PIEMONTE

Aurelio Settimo
Fraz. Annunziata, 30
12064 La Morra [CN]
Tel. 017350803
www.aureliosettimo.com

VENDITA DIRETTA
VISITA SU PRENOTAZIONE

PRODUZIONE ANNUA 40.000 bottiglie
ETTARI VITATI 6.64

La cantina, situata nella magnifica zona delle Rocche di La Morra, festeggia quest'anno il cinquantennale della prima etichetta, realizzata da Aurelio nel 1962. Oggi è la figlia Tiziana, con l'aiuto di tutta la famiglia, a condurre con entusiasmo un'attività in costante crescita qualitativa, pur nell'assoluto rispetto della più nobile tradizione enologica locale. Altro punto fermo aziendale è il rispetto della natura, per cui in vigna non si utilizzano più prodotti chimici.

Seria e strutturata la riuscita Riserva '04 del Barolo Rocche, intensa e già aperta su note variegate in cui compaiono anche sentori di pelliccia; ingresso roboante e sapido sul palato, che si rivela ancora un po' scontroso, a dimostrazione della necessità di un ulteriore affinamento in bottiglia. Struttura analoga (e lieve cambiamento di nome) nei Barolo Rocche '06 e Rocche dell'Annunziata '07, entrambi nitidi e già di godibile bevibilità: decisamente suadente nei suoi profumi fruttati e appena più acido il primo, un po' più rustico, fruttato e asciutto nel finale il secondo. Di gradevole bevibilità il non impegnativo Langhe Nebbiolo '06, dal finale franco e fresco.

● Barolo Rocche Ris. '04	8
● Barolo '07	6
● Barolo Rocche '06	6
● Barolo Rocche dell'Annunziata '07	6
● Langhe Nebbiolo '06	5
● Barolo Rocche '97	6
● Barolo Rocche '96	6
● Barolo Rocche Ris. '96	7

Poderi Sinaglio
Fraz. Ricca
via Sinaglio, 5
12055 Diano d'Alba [CN]
Tel. 0173612209
www.poderisinaglio.it

VENDITA DIRETTA
VISITA SU PRENOTAZIONE
OSPITALITÀ
RISTORAZIONE

PRODUZIONE ANNUA 44.000 bottiglie
ETTARI VITATI 13.00

La storia del Dolcetto di Diano si è di recente arricchita del riconoscimento della Denominazione di origine controllata e garantita, grazie anche all'opera di piccole e meritevoli aziende agricole che in questo vino hanno creduto e di cui hanno proposto versioni rigorosamente classiche, esemplari nella ricca espressione di quest'uva ricca di aromi. In questo drappello di cantine si sono inseriti con capacità da 15 anni i fratelli Bruno e Silvano Accomo, che realizzano anche tradizionali versioni di Nebbiolo e Barbera d'Alba.

Decisamente vasto il listino proposto ogni anno da questa piccola realtà dianese, giustamente celebre per le sue selezioni di Dolcetto. Il risultato più interessante giunge dal Sorì Bric Maiolica '09, correttamente proposto con un anno in più di affinamento, ricco, alcolico, con i tannini non più aggressivi e un ritorno finale di cacao e prugna. Dalla stessa bella annata giunge anche una Barbera d'Alba Vigna Erta ben matura, con china e spezie; palato ruspante con spina dorsale piuttosto fresca. Da assaggiare anche il Dolcetto di Diano d'Alba '10, sicuramente classico e appena penalizzato da un finale verde e vegetale.

● Barbera d'Alba V. Erta '09	4*
● Dolcetto di Diano d'Alba Sorì Bricco Maiolica '09	4*
● Barbera d'Alba '10	4
● Dolcetto di Diano d'Alba '10	4
○ Langhe Bianco Boccabarile '10	4
● Langhe Nebbiolo '10	4
● Langhe Rosso Sinaij '09	5
● Nebbiolo d'Alba Giachét '09	5
● Diano d'Alba Sörì Bric Maiolica '03	4*
● Dolcetto di Diano d'Alba '09	3*
● Langhe Rosso Sinaij '07	5

PIEMONTE

La Smilla
Via Garibaldi, 7
15060 Bosio [AL]
Tel. 0143684245
www.lasmilla.it

VENDITA DIRETTA

PRODUZIONE ANNUA 100.000 bottiglie
ETTARI VITATI 6.00

Collocata a cavallo fra l'areale del Gavi e del Dolcetto d'Ovada, La Smilla è il nome scelto per la sua piccola azienda da Matteo Guido. Sono poco più di sei gli ettari di proprietà, interamente consacrati alle varietà della zona (barbera, dolcetto e cortese) e rappresentati da una gamma senza punti deboli, capace di coniugare immediatezza e tensione, piacevolezza e tenuta nel tempo. Tutte le etichette sono maturate in acciaio, con l'eccezione della selezione di Gavi I Bergi e della Barbera Calicanto, maturate in barrique.

È una bella dimostrazione di identità varietale e stilistica quella che traspare in quest'ultima tornata di assaggi per i vini de la Smilla. Si parte bene già con il Gavi base '10 e la Barbera del Monferrato '09, ma gli spunti più interessanti arrivano dal Gavi di Gavi '10, delicato e carnoso nella sua vena acidula, e dal Gavi di Gavi Bergi '08, che mette la sua terziarizzazione aromatica di zafferano e tabacco al servizio di un sorso estremamente fresco e ravvivato, davvero originale e convincente. Non è da meno il Dolcetto d'Ovada '09, un po' semplice nell'espressione fruttata ma piacevole e dinamico senza forzature tanniche.

Vino	Punteggio
● Dolcetto di Ovada '09	3*
○ Gavi del Comune di Gavi '10	3*
○ Gavi del Comune di Gavi I Bergi '08	4
● Barbera del M.to '09	3
○ Gavi '10	3
● M.to Rosso Calicanto '09	4
● Dolcetto di Ovada '08	3*
● Dolcetto di Ovada Nsè Pesa '07	4*
○ Gavi '09	3*

★Sottimano
Loc. Cottà, 21
12052 Neive [CN]
Tel. 0173635186
www.sottimano.it

VENDITA DIRETTA
VISITA SU PRENOTAZIONE

PRODUZIONE ANNUA 65.000 bottiglie
ETTARI VITATI 16.00

I Sottimano sono vignaioli in Neive e si prendono cura di 16 ettari vitati con l'azienda in località Cottà, dove ci si perde in uno dei panorami più belli di Langa. Ben quattro sono i cru di Barbaresco, più una Riserva; poi ci sono una Barbera, un Dolcetto e persino un Brachetto secco. Alla base del successo un assiduo lavoro nei campi, al fine di non dover utilizzare prodotti chimici, e un'attenzione encomiabile in ogni fase di lavorazione in cantina, dove si prediligono legni piccoli, solo in parte nuovi.

Il Barbaresco Pajoré '08 è decisamente complesso, con bacche nere e spezie dolci su uno sfondo lievemente affumicato; palato persistente e appena segnato da tannini incisivi ma dolci: un Tre Bicchieri suadente e persistente. Il Barbaresco Cottà è già un po' più aperto nei profumi e richiama tabacco e liquirizia, proseguendo con una struttura avvolgente e di ottima bevibilità. Il Fausoni è appena meno elegante e complesso al naso e un po' più severo al palato. L'uscita del Barbaresco Currà è stata rinviata di un anno. La sontuosa Barbera d'Alba Pairolero '09 è impenetrabile, monolitica, decisamente concentrata ma dotata di un palato non privo di una risolutiva vena acida che dona equilibrio.

Vino	Punteggio
● Barbaresco Pajoré '08	8
● Barbaresco Cottà '08	8
● Barbera d'Alba Pairolero '09	5
● Barbaresco Fausoni '08	8
● Langhe Nebbiolo '09	5
● Dolcetto d'Alba Bric del Salto '10	4
● Maté '10	4
● Barbaresco Cottà '05	8
● Barbaresco Currà '04	7
● Barbaresco Pajoré '01	7
● Barbaresco Pajoré '00	7
● Barbaresco Ris. '05	8
● Barbaresco Ris. '04	8

PIEMONTE

Luigi Spertino
via Lea, 505
14047 Mombercelli [AT]
Tel. 0141959098
www.luigispertino.it

VENDITA DIRETTA
VISITA SU PRENOTAZIONE

PRODUZIONE ANNUA 40.000 bottiglie
ETTARI VITATI 9.00
VITICOLTURA Naturale

L'azienda della famiglia Spertino ha saputo in questi ultimi anni affiancare alla sua meritata reputazione come paladino del Grignolino i successi per i vini realizzati con altre uve. Di grande interesse sono i vini della linea La Mandorla, provenienti dall'omonima collina, sia la Barbera, frutto di una selezione accurata dei grappoli più sani e maturi e del loro successivo appassimento, che il Pinot Nero. Da sottolineare anche la proposta di un bianco sulle bucce da uve cortese. Insomma, prodotti legati al territorio ma anche frutto di una visione originale, ricchi di carattere e unici nella loro realizzazione.

Vini di grande complessità e personalità quelli presentati dalla famiglia Spertino, a cominciare dalla Barbera d'Asti Superiore La Mandorla '09, dai toni di tabacco dolce, confettura di mora e prugna, macchia mediterranea, tutto in grande armonia e ben sostenuti dall'acidità e da tannini eleganti. Molto interessante anche il Piemonte Cortese Vilét '09, che dopo 55 giorni sulle bucce si presenta con note balsamiche, di spezie e tabacco, un po' segnato dal legno ma di grande complessità e lunghezza. Come al solito tra i migliori della sua tipologia il Grignolino d'Asti '10, dai profumi leggermente vegetali, di fragola e pepe, e dal palato speziato, di buona finezza e grintoso.

★★★La Spinetta
via Annunziata, 17
14054 Castagnole delle Lanze [AT]
Tel. 0141877396
www.la-spinetta.com

VENDITA DIRETTA
VISITA SU PRENOTAZIONE

PRODUZIONE ANNUA 500.000 bottiglie
ETTARI VITATI 100.00
VITICOLTURA Naturale

Questa articolata, importante e dinamica realtà enologica italiana ha recentemente allargato i propri già vasti orizzonti attraverso l'acquisizione della blasonata maison Contratto. I metodi classici di qualità rappresentano l'ideale complemento di una gamma quanto mai ricca, che spazia dal Piemonte alla Toscana, con risultati qualitativi di assoluta eccellenza. Giorgio Rivetti, ben coadiuvato dalla famiglia, costituisce l'anima pulsante di questa azienda che, fin dalle lontane prime produzioni di Moscato, ha sempre dimostrato ambizione, lungimiranza e chiarezza d'intenti.

Ottimi i Tre Bicchieri della Barbera d'Asti Superiore Bionzo '09, intensa e ricca di bacche nere su sfondo di tabacco e spezie dolci; bocca potente ma armoniosa, con finale lungo e fresco. Il piacevolissimo Barolo Vigneto Campè '07 ha un elegante legno che lascia ampio spazio agli intensi aromi fruttati e bocca avvolgente dai tannini già armonici. Il Barbaresco Vigneto Gallina '08 è sia fruttato che vegetale, con palato fresco e non privo di materia importante. Il Barbaresco Vigneto Valeirano '08 ha a sua volta in evidenza una precisa nota di frutta, con bocca ancora irrigidita dai tannini e notevole carattere. Sempre più che valido il Pin, a base di nebbiolo in prevalenza e barbera.

● Barbera d'Asti Sup. La Mandorla '09	🍷🍷🍷 8
○ Piemonte Cortese Vilet '09	🍷🍷 7
● Barbera d'Asti '09	🍷 5
● Grignolino d'Asti '10	🍷 5
● Barbera d'Asti Sup. La Mandorla '07	🍷🍷🍷 8
● M.to Rosso La Mandorla '07	🍷🍷🍷 6
● Barbera d'Asti '06	🍷 4*
● Barbera d'Asti '05	🍷 4*
● Barbera d'Asti '04	🍷 4*
● Barbera d'Asti '02	🍷 4
● Barbera d'Asti Sup. La Mandorla '06	🍷 6

● Barbera d'Asti Sup. Bionzo '09	🍷🍷🍷 7
● Barbaresco Vign. Gallina '08	🍷🍷 8
● Barbaresco Vign. Valeirano '08	🍷🍷 8
● Barolo Vign. Campè '07	🍷🍷 8
● M.to Rosso Pin '09	🍷🍷 7
● Barbaresco Vign. Bordini '08	🍷🍷 8
● Barbaresco Vign. Starderi '08	🍷🍷 8
● Barbera d'Asti Ca' di Pian '09	🍷🍷 5
● Barolo Garretti '06	🍷🍷 8
○ Langhe Bianco Sauvignon '08	🍷🍷 7
● Barbaresco Vign. Starderi '07	🍷🍷🍷 8
● Barbaresco Vign. Starderi '05	🍷🍷🍷 8
● Barbaresco Vign. Starderi '04	🍷🍷🍷 8
● Barbaresco Vign. Valeirano '04	🍷🍷🍷 8
● Barbera d'Asti Sup. Bionzo '07	🍷🍷🍷 7
● M.to Rosso Pin '06	🍷🍷🍷 7

Stroppiana

FRAZ. RIVALTA
VIA SAN GIACOMO, 6
12064 LA MORRA [CN]
TEL. 0173509419
www.cantinastroppiana.com

VENDITA DIRETTA
VISITA SU PRENOTAZIONE

PRODUZIONE ANNUA 30.000 bottiglie
ETTARI VITATI 4.50

Dario Stroppiana, alla testa di questa piccola e bella realtà assieme alla moglie Stefania, ha adottato una linea produttiva piuttosto personale, frutto di meditate esperienze in particolare sui metodi di affinamento del Barolo. In cantina quindi le minute barrique si affiancano a botti di rovere di più ampie dimensioni, per creare quel connubio di classico e moderno che è il vero obiettivo aziendale. Il vino di punta è il Barolo San Giacomo, da un bel vigneto in località Rivalta di La Morra, ma risultati di assoluto rilievo arrivano anche dalla Bussia di Monforte.

Ottima prova d'insieme dei Baroli derivanti dalla vendemmia '07: il delicato Vigna San Giacomo ha uno stile moderno, con lieve tostatura a fare da sfondo a note balsamiche e fruttate; la bocca è potente, dotata di una fitta trama tannica in evidenza, soprattutto tenendo conto che le uve provengono dal vigneto in località Rivalta di La Morra. Complesso e ben articolato, con china e bacche rosse al naso, il Barolo Gabutti Bussia, che ha una spinta rimarchevole in bocca, con lunga persistenza e sentita spalla acida. Corrette e un po' semplici le altre etichette degustate, con un plauso per il gustoso Barolo base '07.

Luigi Tacchino

VIA MARTIRI DELLA BENEDICTA, 26
15060 CASTELLETTO D'ORBA [AL]
TEL. 0143830115
www.luigitacchino.it

VENDITA DIRETTA
VISITA SU PRENOTAZIONE

PRODUZIONE ANNUA 120.000 bottiglie
ETTARI VITATI 10.00

Azienda a conduzione familiare di grande qualità, che dà evidenti segnali di un'ulteriore potenziale crescita. Diverse generazioni di Tacchino si sono succedute nel tempo alla guida dell'azienda; oggi tocca a Romina e Alessio mettere in pratica gli insegnamenti del padre e del nonno, che ha trasmesso loro, oltre alle competenze necessarie per proseguire nel cammino, anche una buona dose di passione. Passando al vigneto, i circa 10 ettari vitati sono a barbera, dolcetto d'Ovada e cortese, con una piccola presenza di cabernet sauvignon, utilizzato nel Monferrato Rosso.

Passione e competenza portano nel tempo a prestazioni di livello assoluto e ai primi fatidici Tre Bicchieri. Il Du Riva di colore rubino impenetrabile ci accoglie con spezie da legno e aromi complessi, in bocca equilibrio e armonia sono il contorno di una fase molto corposa e persistente. Da cabernet sauvignon, barbera e dolcetto, il Di Fatto ha aromi complessi ed eterei, in bocca sapido e ricco di polpa. Spettacolare versione della Barbera Albarola, il suo colore rubino impenetrabile prelude a una fase olfattiva intensa e articolata che si conclude potente e ricca in una bocca molto consistente. Di ottima fattura la Barbera base e il Gavi, da segnalare il Cortese Marsenca.

● Barolo Gabutti Bussia '07	6
● Barolo Vigna S. Giacomo '07	6
● Barbera d'Alba Sup. Altea '09	4
● Barolo Leonardo '07	5
● Langhe Rosso '09	4
● Dolcetto d'Alba '10	3

● Dolcetto di Ovada Sup. Du Riva '08	5*
● Barbera del M.to Albarola '09	4*
● M.to Rosso Di Fatto '08	5
● Barbera del M.to '10	4
○ Gavi del Comune di Gavi '10	4
○ Cortese dell'Alto M.to Marsenca '10	3
● Barbera del M.to Albarola '07	4*
● Dolcetto di Ovada Du Riva '06	4*
● Dolcetto di Ovada Sup. Du Riva '07	4*
● M.to Rosso Di Fatto '07	5

PIEMONTE

Michele Taliano
c.so A. Manzoni, 24
12046 Montà [CN]
Tel. 0173976512
www.talianomichele.com

VENDITA DIRETTA
VISITA SU PRENOTAZIONE

PRODUZIONE ANNUA 60.000 bottiglie
ETTARI VITATI 12.00

L'azienda della famiglia Taliano, nata nel 1930, ha sede a Montà d'Alba e si divide tra Roero e Langa. Le vigne roerine, tra cui spicca il cru La Bossora, una zona impervia ma assolata a ridosso delle cosiddette Rocche, si concentrano nel versante centro settentrionale di Montà, dove oltre a nebbiolo, arneis e brachetto vengono coltivati anche sauvignon e cabernet sauvignon. I vini prodotti hanno freschezza e mineralità. In Langa invece i vigneti sono a San Rocco Seno d'Elvio, nella zona del Barbaresco, dove oltre al nebbiolo, da cui nasce il Barbaresco Ad Altiora, vengono coltivate barbera, dolcetto e moscato.

Finali per il Nebbiolo d'Alba Blagheur '09, intenso nelle sue note di tabacco ed erbe secche, dal palato complesso, non di grande struttura ma di splendida eleganza e armonia, lungo, fresco e di buona personalità, il Roero Ròche dra Bòssora Riserva '08, dai forti sentori tostati, seguiti da bacche rosse e tabacco, palato succoso e pieno, di gran corpo e lungo finale, dove solo le note legnose sono per ora leggermente sopra le righe, e il Barbaresco Tera Mia Riserva '05, ampio al naso, con profumi di fiori secchi e sottobosco, pieno, avvolgente e fruttato al palato. Ben realizzato anche l'altro Barbaresco, l'Ad Altiora '08, di buon frutto e freschezza.

● Barbaresco Tera Mia Ris. '05	🍷🍷 6
● Nebbiolo d'Alba Blagheur '09	🍷🍷 4*
● Roero Ròche dra Bòssora Ris. '08	🍷🍷 5
● Barbaresco Ad Altiora '08	🍷🍷 6
● Barbera d'Alba A Bon Rendre '10	🍷 4
● Barbera d'Alba Laboriosa '08	🍷 4
● Langhe Rosso '08	🍷 4
○ Roero Arneis Sernì '10	🍷 4
● Barbaresco Ad Altiora '07	🍷 6
● Roero Ròche dra Bòssora '05	🍷 5
● Roero Ròche dra Bòssora '04	🍷 5
● Roero Ròche dra Bòssora Ris. '07	🍷 5
● Roero Ròche dra Bòssora Ris. '06	🍷 5

Tenuta La Tenaglia
s.da Santuario di Crea, 5c
15020 Serralunga di Crea [AL]
Tel. 0142940252
www.latenaglia.com

VENDITA DIRETTA
VISITA SU PRENOTAZIONE

PRODUZIONE ANNUA 100.000 bottiglie
ETTARI VITATI 30.00

Fu il fondatore della tenuta, il governatore di Moncalvo Giorgio Tenaglia, che nel XVII secolo decise di dedicare parte di queste colline all'allevamento della vite. Oggi, i vigneti sono gestiti con tecniche finalizzate alla produzione di vini di qualità, i sistemi di allevamento sono a guyot e le rese per ettaro sono mantenute basse con i diradamenti. I vitigni utilizzati sono i classici monferrini: barbera, grignolino e freisa, più gli internazionali chardonnay e syrah, quest'ultimo utilizzato in purezza nel Monferrato Rosso Olivieri.

La batteria di vini presentata vede ben due prodotti in finale: il Monferrato Rosso Olivieri '08, da uve syrah, si presenta con una veste rubino impenetrabile e un naso di grande finezza e persistenza; magistrale l'ingresso in bocca, con tannini raffinati e grande armonia. Il Grignolino '10 ha colore rubino tenue con riflessi granato, naso articolato su note di spezie e una fase gustativa armonica con bella acidità in evidenza sino al finale. Molto piacevole la Barbera del Monferrato d'annata, equilibrata e intensa. Oltre '08 è uno Chardonnay con riconoscibili aspetti varietali e discreta armonia.

● Grignolino del M.to Casalese '10	🍷🍷 4*
● M.to Rosso Olivieri '08	🍷🍷 6
● Barbera del M.to Cappella 3 del Sacro Monte di Crea '10	🍷 4
● Barbera d'Asti Bricco Crea '10	🍷 4
● Barbera del M.to '10	🍷 4
○ Piemonte Chardonnay '10	🍷 4
○ Piemonte Chardonnay Oltre '08	🍷 4
● Barbera del M.to Sup. 1930 Una Buona Annata '07	🍷 6
● Grignolino del M.to Casalese '09	🍷 4*
● Grignolino del M.to Casalese '08	🍷 4*
○ Piemonte Chardonnay '09	🍷 4

PIEMONTE

Terralba
FRAZ. INSELMINA, 25
15050 BERZANO DI TORTONA [AL]
TEL. 013180403
www.terralbavini.com

VISITA SU PRENOTAZIONE

PRODUZIONE ANNUA 70.000 bottiglie
ETTARI VITATI 15.00

Terralba si trova a Inselmina di Berzano, nei presso di Tortona, in una zona collinare ricca di panorami incantevoli. Incastonati in questo contesto vi sono i 15 ettari vitati di proprietà, che tante soddisfazioni stanno dando a Stefano Daffonchio. La produzione si concentra prevalentemente su uve da vitigni autoctoni, che Stefano sta dimostrando di saper valorizzare appieno. I suoi vini sono spesso complessi e molto strutturati, di conseguenza sono difficilmente di pronta beva. Se si ha, però, la pazienza di aspettare qualche tempo, sanno esprimere senza timidezza il proprio potenziale, con caratteristiche organolettiche spesso esaltanti.

La batteria presentata mette in risalto il grande lavoro di Stefano Daffonchio, con due vini in finale. In testa troviamo il Timorasso Stato '09 che si presenta molto intenso al naso e in bocca, con una sensazione alcolica in evidenza nel finale. Il Veyo, una Barbera in purezza prodotta con uve vendemmiate in surmaturazione, sorprende per la raffinatezza e l'intensità degli aromi, che anticipano una fase gustativa ampia per ricchezza, eleganza e persistenza. Il Derthona è già molto interessante, minerale, ricco anche al palato, ma crescerà ancora. Chiudono la batteria la Barbera La Vetta e Identità, da uve moradella, entrambi di buona fattura.

○ Colli Tortonesi Timorasso Stato '09	🍷🍷 6
● Veyo '07	🍷🍷 8
○ Colli Tortonesi Timorasso Derthona '09	🍷🍷 5
● Identità '09	🍷 5
● La Vetta '09	🍷 4
● Colli Tortonesi Rosso Montegrande '06	🍷🍷 5
● Colli Tortonesi Rosso Terralba '06	🍷🍷 6
● Colli Tortonesi Rosso V. di Mezzo '06	🍷🍷 5
○ Colli Tortonesi Timorasso Derthona '08	🍷🍷 5
○ Colli Tortonesi Timorasso Stato '08	🍷🍷 6
● Piemonte Barbera Identità '08	🍷🍷 4
● Piemonte Barbera Identità '07	🍷🍷 5

Terre da Vino
VIA BERGESIA, 6
12060 BAROLO [CN]
TEL. 0173564611
www.terredavino.it

VENDITA DIRETTA
VISITA SU PRENOTAZIONE

PRODUZIONE ANNUA 5.000.000 bottiglie
ETTARI VITATI 4500.00

Questo grande e significativo polo enologico cooperativistico costituisce un solido riferimento, in Italia e all'estero, per chi ricerca le principali denominazioni del Piemonte al giusto prezzo in relazione alla qualità espressa. La sede aziendale è molto originale e il punto vendita diretto è strutturato particolarmente bene per accogliere i numerosissimi visitatori. Il profilo stilistico, riscontrabile mediamente su tutti i vini, predilige la fluidità di beva e la conservazione delle diverse caratteristiche varietali, senza eccessi, evidenziando le potenziali doti di equilibrio e armonia. Alcune etichette hanno meritoriamente conquistato una fama che travalica i confini della regione.

Il riuscito Barolo Essenze '07 ha profumi appena accennati di lamponi e spezie, con bocca armonica e morbida. La sempre valida Barbera d'Asti Superiore La Luna e i Falò '09 ricorda la prugna e la frutta rossa sotto spirito, con bocca decisamente avvolgente, scorrevole e matura. Interessante anche la Barbera d'Alba Superiore Croere '09, ancora più ricca e fruttata della precedente, solo meno elegante. Il Barolo Paesi Tuoi '07 ha bella florealità e bocca sufficientemente ricca, appena segnata da tannini incisivi. Segnaliamo inoltre un fresco Tra Donne Sole e un equilibrato Nebbiolo La Malora '09. Esce a ben 11 anni dalla vendemmia una selezione di Barolo Essenze 2000, solo in magnum.

● Barbera d'Asti Sup. La Luna e I Falò '09	🍷🍷 4*
● Barolo Essenze '07	🍷🍷 7
● Barolo Paesi Tuoi '07	🍷🍷 6
● Barbera d'Alba Sup. Croere '09	🍷🍷 5
● Brachetto d'Acqui Asinari '10	🍷🍷 4
● Langhe Nebbiolo La Malora '09	🍷🍷 5
○ Piemonte Sauvignon Chardonnay Tra Donne Sole '10	🍷🍷 4*
○ Asti Monti Furchi '10	🍷 4
○ Piemonte Moscato Passito La Bella Estate '09	🍷 5
○ Piemonte Pinot Nero Extra Brut Molinera	🍷 4
● Barolo Essenze '06	🍷🍷 7
● Barolo Paesi Tuoi '06	🍷🍷 6

PIEMONTE

Terre del Barolo
VIA ALBA-BAROLO, 5
12060 CASTIGLIONE FALLETTO [CN]
TEL. 0173262053
www.terredelbarolo.com

VENDITA DIRETTA
VISITA SU PRENOTAZIONE

PRODUZIONE ANNUA 2.500.000 bottiglie
ETTARI VITATI 610.00

Questa significativa cooperativa, presieduta da Matteo Bosco, prosegue con dinamismo un percorso mirato alla qualità proposta al giusto prezzo. Tutte le principali denominazioni del territorio sono presenti nella batteria in proposta, rappresentando un valido riferimento per chi, in Italia e all'estero, desidera conoscere o approfondire le straordinarie varietà di questo comprensorio. Quindi Barolo in diverse versioni, ma anche Nebbiolo, Dolcetto e Barbera, sempre contraddistinti da una precisa tipicità e da un ottimo grado di bevibilità.

I 400 conferitori di questa importante cantina sociale hanno vigneti sparsi nelle più prestigiose zone delle Langhe, da cui nascono numerose selezioni che abbracciano vini bianchi e rossi di tutte le tipologie. In evidenza quest'anno il Barolo Rocche Riserva '04, appena 3000 bottiglie provenienti dal celebre cru del comune di Castiglione Falletto: intensi aromi in cui prevalgono catrame e anice precedono un caldo palato con tannini già ben domati. Il Barolo Castello Riserva '04 giunge da Grinzane Cavour e si presenta piuttosto aperto e maturo, con rosa appassita e persino tartufo bianco; alcolico e strutturato il palato, rinfrescato da una viva acidità. Prezzi favorevoli.

- Barolo Rocche Ris. '04 — 6*
- Barbera d'Alba Valdisera '09 — 3*
- Barolo '07 — 6
- Barolo Cannubi '06 — 7
- Barolo Castello Ris. '04 — 7
- Dogliani '09 — 4
- Barbera d'Alba Sup. '09 — 3
- Barolo Monvigliero '06 — 6
- Barolo Ravera '06 — 6
- Dolcetto d'Alba Castello '09 — 4
- Dolcetto di Diano d'Alba Cascinotto '09 — 4
- Barolo '06 — 6
- Barolo Cannubi '04 — 7
- Barolo Castello Ris. '99 — 7
- Barolo Rocche Ris. '99 — 6

La Toledana
LOC. SERMOIRA, 5
15066 GAVI [AL]
TEL. 014188551
www.latoledana.it

VISITA SU PRENOTAZIONE

PRODUZIONE ANNUA 150.000 bottiglie
ETTARI VITATI 28.00

Una splendida villa del '500 a presiedere una delle più belle tenute del Gaviese, dominata da due torri, in dialetto tuledon. Parte da qui l'avventura e il nome scelto da Gianni Martini per quello che è probabilmente il progetto più rappresentativo nella costellazione di aziende che fanno capo al suo gruppo. Nient'altro che cortese nei circa 30 ettari di vigna, interpretato attraverso diverse opzioni stilistiche: solo acciaio per La Toledana, maturazione in barrique e lungo affinamento in bottiglia per il Castello Toledana, vendemmia posticipata a novembre per il Raccolto Tardivo.

Un tris espressivo che si racconta in una batteria estremamente coerente e compatta, di alto livello tecnico. Innanzitutto apprezziamo l'integrità del Castello Toledana '06, vivo e intenso con i suoi timbri di frutta tropicale e agrumi canditi, sostenuti da un sorso appena abboccato ma di ottima tenuta e armonia. È ancora nel solco dell'equilibrio che si snoda il Raccolto Tardivo '10, tra frutta esotica e pesca, con un singolare tocco di liquirizia a contrastare l'impatto grasso e morbido. Più articolato e scattante il La Toledana '10: iodio, clorofilla, fiori bianchi, ha spalla e tensione; solo il rallentamento finale lo penalizza in chiusura.

- ○ Gavi del Comune di Gavi Castello Toledana '06 — 5
- ○ Gavi del Comune di Gavi La Toledana '10 — 5
- ○ Gavi del Comune di Gavi La Toledana Raccolto Tardivo '10 — 6
- ○ Gavi del Comune di Gavi La Toledana '09 — 5
- ○ Gavi del Comune di Gavi La Toledana V.T. '09 — 6

Torraccia del Piantavigna

via Romagnano, 69a
28067 Ghemme [NO]
Tel. 0163840040
www.torracciadelpiantavigna.it

VENDITA DIRETTA
VISITA SU PRENOTAZIONE

PRODUZIONE ANNUA 90.000 bottiglie
ETTARI VITATI 40.00

È un doppio riferimento territoriale e familiare a battezzare l'azienda dei fratelli Francoli, tra i più conosciuti distillatori del nord ovest. Torraccia è il toponimo di Ghemme dove fu realizzato il primo vigneto di nebbiolo nel 1977, Piantavigna era invece il cognome del nonno materno. La cantina vera e propria nasce nel 1990 e si sviluppa oggi su circa 40 ettari distribuiti in 6 zone distinte tra le province di Novara e Vercelli. I rossi più importanti maturano in rovere francese di media grandezza (23-28 ettolitri) per quasi tre anni, coniugando austerità e sostanza.

Al momento non c'è nessun'altra azienda alto piemontese che possa contare su un'accoppiata Ghemme Gattinara all'altezza di quella annualmente proposta da Torraccia del Piantavigna. Il confronto ravvicinato sulla vendemmia 2007 vede prevalere la denominazione novarese, con il suo profilo ferroso e balsamico, impreziosito da netti ricordi di genziana e da un frutto di spettacolare integrità: la bocca è solo una diretta conseguenza che urla tensione e sapore da ogni goccia. La risposta del Gattinara è in perfetta sintonia, se non fosse per un tannino più duro e un'accentuazione dei caratteri speziati di curry, incenso, sandalo. Un gradino sotto il Nebbiolo Tre Confini '09.

- Ghemme '07 — 6
- Gattinara '07 — 6
- Colline Novaresi Nebbiolo Tre Confini '09 — 4
- ○ Colline Novaresi Bianco Erbavoglio '10 — 4
- ⊙ Colline Novaresi Nebbiolo Barlàn Rosato '10 — 5
- Colline Novaresi Nebbiolo Ramale '08 — 5
- Colline Novaresi Vespolina Maretta '09 — 5
- Gattinara '06 — 6
- Gattinara '05 — 6
- Ghemme '04 — 6
- Colline Novaresi Nebbiolo Ramale '03 — 5*
- Colline Novaresi Nebbiolo Tre Confini '04 — 4
- Colline Novaresi Vespolina La Mostella '03 — 4*

Giancarlo Travaglini

via delle Vigne, 36
13045 Gattinara [VC]
Tel. 0163833588
www.travaglinigattinara.it

VENDITA DIRETTA
VISITA SU PRENOTAZIONE

PRODUZIONE ANNUA 250.000 bottiglie
ETTARI VITATI 60.00

Proprietaria di oltre metà delle vigne iscritte alla denominazione (quasi sessanta ettari su un totale di circa centodieci), la famiglia Travaglini è universalmente riconosciuta come uno dei principali custodi stilistici del Nebbiolo gattinarese. I terreni acidi, ricchi di minerali ferrosi, il clima asciutto e ventilato, l'influenza del vicino arco alpino: caratteri fedelmente espressi da un base, una selezione (il Tre Vigne) e una Riserva, diversi tra loro per vigne di provenienza, tipologia e durata della maturazione in legno, cui si aggiunge un nebbiolo da uve stramature (Il Sogno).

Ennesima collezione da antologia per i Gattinara di Cinzia Travaglini. Quello che ci ha convinto di meno è il Tre Vigne '06, appena evoluto e asciutto, ma di esemplare consistenza e coerenza territoriale. Le stesse doti che attribuiamo al Gattinara '07, più dinamico, e al Sogno '07, leggermente accorciato dalla scodata alcolica ma anche saporito e intenso nei toni di cacao e frutta rossa in confettura. Saliamo ancora nella scala delle emozioni con il Gattinara Riserva '06, Tre Bicchieri all'unanimità grazie al suo fascino maturo ma intriso di energia che parla attraverso il cuoio, i chiodi di garofano, la legna arsa e trova alleanza in una bocca dolcemente austera, di sicura prospettiva.

- Gattinara Ris. '06 — 6
- Gattinara '07 — 5
- Coste della Sesia Nebbiolo '09 — 4*
- Gattinara Tre Vigne '06 — 6
- Il Sogno '07 — 8
- Gattinara Ris. '04 — 6
- Gattinara Ris. '01 — 6
- Gattinara Tre Vigne '04 — 6
- Coste della Sesia Nebbiolo '08 — 4*
- Gattinara '04 — 5*
- Il Suo Sogno '04 — 7

PIEMONTE

G. D. Vajra
LOC. VERGNE
VIA DELLE VIOLE, 25
12060 BAROLO [CN]
TEL. 017356257
www.gdvajra.it

VENDITA DIRETTA
VISITA SU PRENOTAZIONE

PRODUZIONE ANNUA 220.000 bottiglie
ETTARI VITATI 50.00
VITICOLTURA Naturale

Iniziando da questa edizione della Guida, l'azienda Luigi Baudana di Serralunga d'Alba, acquisita dalla famiglia Vajra, sarà integrata in quest'unica scheda aziendale. Si tratta di un significativo arricchimento del già importante patrimonio agricolo in essere e ciò permetterà di ampliare la batteria dei vini proposti. La gamma è peraltro già molto interessante ed espressiva, dalla singolarità del Riesling al carattere della Barbera e del Barolo. Il tutto realizzato, con simpatia e professionalità, in una cantina decisamente suggestiva.

Convincente il Barolo Bricco delle Viole '07, giovanile nell'aspetto rubino, intensamente profumato di frutta rossa matura con note che ricordano la crostata di lampone; alcolico ma anche fresco il palato, con bella personalità e finale appena tannico. Il Barolo Cerretta Luigi Baudana '07 è a sua volta maturo e alcolico, non così ricco di materia ma nitido e destinato a svilupparsi bene in bottiglia. Il Barolo Baudana Luigi Baudana '07 è appena più semplice, con sentori di piccole bacche nere e di china che precedono un palato ancora un po' tannico. Promette grandi cose il Langhe Bianco Petracine '10, al momento ancora poco espresso, ed è seria, densa e pepata la bella Freisa Kyè '08.

Cascina Val del Prete
S.DA SANTUARIO, 2
12040 PRIOCCA [CN]
TEL. 0173616534
www.valdelprete.com

VENDITA DIRETTA
VISITA SU PRENOTAZIONE

PRODUZIONE ANNUA 50.000 bottiglie
ETTARI VITATI 13.00
VITICOLTURA Naturale

La Cascina Val del Prete, di proprietà della famiglia Roagna dal 1977, quando Bartolomeo e Carolina l'acquistarono dopo avervi lavorato a lungo come mezzadri, offre uno dei più bei colpo d'occhio della zona, situata com'è in uno splendido anfiteatro naturale impiantato a vigneto di ben 8 ettari. Il figlio Mario dal 1995 conduce con passione l'azienda, impostata ormai da anni secondo i principi della biodinamica, dove dalle uve tradizionali del Roero (arneis, barbera e nebbiolo) nascono vini che vogliono essere espressione autentica del territorio.

Il Roero '07 ha un bouquet fine, con note di cola e spezie dolci abbinate a un bellissimo frutto croccante, mentre al palato risulta ancora un po' legnoso in ingresso, anche se poi emergono la fresca polpa fruttata e la lunga persistenza appena alcolica. Di ottimo livello il Roero Arneis Luèt '10, abbastanza intenso al naso, con note di frutta bianca, e una bocca quasi tannica, sapida e dal lungo finale, e la Barbera d'Alba Serra de' Gatti '10, dai classici aromi da Barbera giovane, con le sue note di frutti a bacca rossa e terra bagnata, e dal palato fine e dinamico nonostante un leggero eccesso di dolcezza nel finale.

● Barolo Bricco delle Viole '07	8
● Barolo Cerretta Luigi Baudana '07	7
○ Langhe Bianco Pétracine '10	6
● Langhe Freisa Kyè '08	6
● Barbera d'Alba '09	5
● Barbera d'Alba Sup. '07	6
● Barolo Baudana Luigi Baudana '07	7
● Dolcetto d'Alba Coste & Fossati '10	5
● Langhe Nebbiolo '09	5
● Barolo Albe '07	7
● Dolcetto d'Alba '10	4
○ Moscato d'Asti '10	5
● Barolo Bricco delle Viole '05	8
● Barolo Bricco delle Viole '01	8

● Roero '07	7
● Barbera d'Alba Serra de' Gatti '10	4*
○ Roero Arneis Luet '10	4*
● Barbera d'Alba Sup. Carolina '09	6
● Nebbiolo d'Alba V. di Lino '09	5
● Barbera d'Alba Sup. Carolina '07	7
● Nebbiolo d'Alba V. di Lino '08	6
● Nebbiolo d'Alba V. di Lino '07	5
● Roero '06	7
● Roero Bricco Medica '07	6
● Roero Bricco Medica '06	6

Mauro Veglio

Fraz. Annunziata
Cascina Nuova, 50
12064 La Morra [CN]
Tel. 0173509212
www.mauroveglio.com

VENDITA DIRETTA
VISITA SU PRENOTAZIONE

PRODUZIONE ANNUA 60.000 bottiglie
ETTARI VITATI 13.00
VITICOLTURA Naturale

Questa piccola cantina, che si appresta a festeggiare il ventesimo compleanno, è stata costruita dal simpatico e capace Mauro con il contributo attivo della moglie Daniela. La scelta di campo è stata immediata: puntare sull'eleganza e sulla finezza dei vini, utilizzando basse rese in vigna, con macerazioni brevi in rotomaceratore e maturazioni in barrique piuttosto nuove in cantina. La ricerca della purezza nei vini è altresì testimoniata da una coltivazione priva di pesticidi, cui in cantina si affianca il rifiuto di aggiungere lieviti e di effettuare filtrazioni. Mauro Veglio aderisce al progetto di solidarietà L'Insieme, realizzando a tale scopo un ricco e interessante assemblaggio di nebbiolo, barbera e cabernet sauvignon.

Il Barolo Vigneto Arborina '07 è in forma smagliante, con bella frutta rossa accompagnata da spezie dolci e tabacco biondo; bocca equilibrata, non prepotente e gradevolmente fresca, appena segnata dal rovere. Sulla stessa falsariga il bel Barolo Vigneto Gattera '07, con l'aggiunta di note affumicate e un alcol percepibile. Il Barolo Rocche dell'Annunziata '07 è intenso ed etereo, con tannini leggermente severi all'interno di una buona materia. Il Barolo Castelletto '07, proveniente da un vigneto di Monforte rivolto verso Serralunga, ha profumi ancora marcati dal rovere e tannini più incisivi. Decisamente gradevole, anche se meno strutturato, il puro e nitido Barolo base.

- Barolo Vign. Arborina '07 — 7
- Barolo Vign. Gattera '07 — 7
- Barolo '07 — 6
- Barolo Castelletto '07 — 7
- Barolo Rocche dell'Annunziata '07 — 8
- Langhe Nebbiolo Angelo '09 — 5
- Barolo Vign. Arborina '01 — 7
- Barolo Vign. Arborina '00 — 7
- Barolo Vign. Gattera '05 — 7
- Barolo Castelletto '06 — 7
- Barolo Vign. Arborina '04 — 7
- Barolo Vign. Rocche dell'Annunziata '06 — 8
- Barolo Vign. Rocche dell'Annunziata '05 — 8
- Barolo Vign. Rocche dell'Annunziata '04 — 7

Vicara

Cascina Madonna delle Grazie, 5
15030 Rosignano Monferrato [AL]
Tel. 0142488054
www.vicara.it

VENDITA DIRETTA
VISITA SU PRENOTAZIONE

PRODUZIONE ANNUA 200.000 bottiglie
ETTARI VITATI 40.00
VITICOLTURA Biodinamico Certificato

Il progetto qualità di Vicara comincia nel vigneto, con un'agricoltura sostenibile e tecniche naturali nelle difese antiparassitarie. L'inerbimento e la presenza di alberi sono ulteriori testimonianze della volontà di creare un ecosistema simile alla vecchia viticoltura contadina. Le rese dei vigneti sono mantenute basse con i diradamenti e i 55/60 quintali di uva ottenuta per ettaro sono la quantità ottimale per la produzione di vini longevi e di qualità elevata. La gestione della cantina è affidata allo stimato enologo Mario Ronco.

Grande interprete del Grignolino, Vicara raggiunge nuovamente la finale con questo vitigno non facile da gestire. La versione 2010 ha una splendida veste rubino tenue; al naso note di pepe, liquirizia e fiori rossi, che ci guidano verso una fase gustativa di grande finezza. La Barbera Vadmò '07 ha un colore rubino molto profondo e aromi ancora fruttati su note di spezie, al palato è ricca di polpa e sapida. Rubello '07 è un assemblaggio di uve barbera, nebbiolo e cabernet sauvignon che si presenta con aromi intensi e articolati e una fase gustativa ricca e armonica. Se amate la Barbera giovane, Volpuva '10 è l'archetipo della tipologia, veramente piacevole.

- Grignolino del M.to Casalese '10 — 4
- Barbera del M.to Sup. Vadmò '07 — 5
- Barbera del M.to Volpuva '10 — 4
- M.to Rosso Rubello '07 — 5
- ⊙ M.to Chiaretto '10 — 3
- Barbera del M.to Sup. Cantico della Crosia '07 — 5
- Barbera del M.to Sup. Cantico della Crosia '06 — 5
- Barbera del M.to Sup. Vadmò '06 — 4*
- Grignolino del M.to Casalese '09 — 4*

PIEMONTE

★Vietti

p.zza Vittorio Veneto, 8
12060 Castiglione Falletto [CN]
Tel. 017362825
www.vietti.com

VENDITA DIRETTA
VISITA SU PRENOTAZIONE

PRODUZIONE ANNUA 250.000 bottiglie
ETTARI VITATI 35.00

Un patrimonio agricolo di eccellenza assoluta, suddiviso tra alcuni dei più importanti cru di Langa, sta alla base di una batteria di vini articolata e sempre ai vertici qualitativi. Il concetto di selezione e di rigore caratterizza in maniera emblematica il lavoro di tutta la famiglia, sia in vigna che in cantina, e si ritrova nella millimetrica definizione stilistica di tutti i vini prodotti. A ciò aggiungiamo, sia sul fronte del Barolo che su quello della Barbera, una longevità fuori dal comune, a completamento di una storia esemplare.

Impressionante la batteria dei Barolo, capitanata da una Riserva Villero '04 all'altezza della tradizione di questa celebre etichetta. Naso con spezie dolci, tabacco, liquirizia e viole; palato austero e profondo, tanto elegante da meritar di slancio i Tre Bicchieri. Goudron e frutti rossi di bosco nel Castiglione '07, cui segue una bocca possente e avvolgente dai tannini ancora lievemente severi sino al lungo e nitido finale. Il Brunate '07 ha naso più fresco e ben definito, con sottofondo balsamico; al gusto è decisamente raffinato e già assai godibile. Il Rocche '07, ancora segnato dall'apporto del legno, si rivela complesso, di buona struttura e chiude con il ritorno di bacche rosse e tabacco.

● Barolo Villero Ris. '04	🍷🍷🍷 8
● Barolo Brunate '07	🍷🍷 8
● Barolo Castiglione '07	🍷🍷 7
● Barolo Lazzarito '07	🍷🍷 8
● Barolo Rocche '07	🍷🍷 8
● Barbera d'Alba Scarrone V. Vecchia '09	🍷🍷 7
● Barbera d'Alba Tre Vigne '09	🍷🍷 5
● Barbera d'Asti Tre Vigne '09	🍷🍷 5
● Langhe Nebbiolo Perbacco '08	🍷🍷 4
○ Roero Arneis '10	🍷 4
● Barolo Lazzarito '05	🍷🍷🍷 8
● Barolo Lazzarito '04	🍷🍷🍷 8
● Barolo Rocche '06	🍷🍷🍷 8
● Barolo Villero Ris. '01	🍷🍷🍷 8

★Vigna Rionda - Massolino

p.zza Cappellano, 8
12050 Serralunga d'Alba [CN]
Tel. 0173613138
www.massolino.it

VENDITA DIRETTA
VISITA SU PRENOTAZIONE

PRODUZIONE ANNUA 120.000 bottiglie
ETTARI VITATI 21.00

Grande famiglia, grande tradizione e grande passione per la terra d'origine. Questi, in sintesi, i tratti distintivi di questa importante cantina. Il cospicuo e vocato ventaglio di vigne di proprietà consente di produrre numerose etichette, tra cui spiccano le diverse versioni di Barolo, veri e propri punti di riferimento per chi desidera avvicinare l'eccellenza di Langa. Lo stile è assolutamente tradizionale, cioè volto a preservare tutto il patrimonio di tipicità ed espressività che questo terroir unico è in grado di trasmettere.

Un grande classico il Barolo Vigna Rionda Riserva '05, di impressionante struttura e notevole personalità, lunghissimo, con china e catrame a dettare lo sviluppo olfattivo. Un Tre Bicchieri nitido e potente. Positiva riuscita delle prime 5000 bottiglie di Barolo Parussi '07, da un suo vigneto in comune di Castiglione Falletto: tannini fitti e bocca sapida, complessivamente piuttosto austera. Il Barolo Parafada '07 porge in modo ancora soffuso i più tipici aromi dell'uva nebbiolo, con notevole potenza gustativa. La Barbera d'Alba Gisep '09 riporta al cacao e alla confettura di prugne; ingresso in bocca particolarmente denso e pieno, poi subentra una riequilibrante e godibilissima acidità.

● Barolo Vigna Rionda Ris. '05	🍷🍷🍷 8
● Barbera d'Alba Gisep '09	🍷🍷 6
● Barolo Parafada '07	🍷🍷 8
● Barolo Parussi '07	🍷🍷 8
● Barolo '07	🍷🍷 7
● Barolo Margheria '07	🍷🍷 7
○ Langhe Chardonnay '10	🍷🍷 5
● Langhe Nebbiolo '08	🍷🍷 5
● Barbera d'Alba '10	🍷 5
● Dolcetto d'Alba '10	🍷 5
○ Moscato d'Asti di Serralunga '10	🍷 4
● Barolo Margheria '05	🍷🍷🍷 8
● Barolo Parafada '04	🍷🍷🍷 8
● Barolo Vigna Rionda Ris. '04	🍷🍷🍷 8
● Barolo Vigna Rionda Ris. '01	🍷🍷🍷 8
● Barolo Vigna Rionda Ris. '99	🍷🍷🍷 8

PIEMONTE

I Vignaioli di Santo Stefano
Loc. Marini, 26
12058 Santo Stefano Belbo [CN]
Tel. 0141840419
www.ceretto.com

VENDITA DIRETTA
VISITA SU PRENOTAZIONE

PRODUZIONE ANNUA 335.000 bottiglie
ETTARI VITATI 40.00

Un fiume di Moscato è alla base dell'intera produzione di questa interessante azienda che vede la luce nel 1976 su iniziativa della famiglia Ceretto insieme ai partner Scavino e Sarti. La maggior parte delle vigne sono sul versante sud della località Valdivilla, sulle terre bianche che si dipartono dal bel Relais San Maurizio con una ripida pendenza che guarda verso il fondovalle. La classica versione a "tappo raso" occupa quasi tutta la produzione e la scelta di una bottiglia particolare – che ricorda una renana – fa del Moscato d'Asti di quest'azienda davvero un unicum.

Lo stile dei vini è sempre volto all'eleganza e alla finezza più che alla potenza. Il Moscato d'Asti '10, cui sono dedicati ben 41 ettari, ha tipicissimi e ampi profumi aromatici cui segue una godibile bevibilità raggiunta grazie a una dolcezza non eccessiva e alla solita contenuta gradazione alcolica di 5 gradi. Il riuscito Asti '10 ricorda lime, limone e pesca, ha bocca equilibrata, affilata e piuttosto tesa, 7 gradi di alcol. Entrambi sono particolarmente adatti a essere bevuti con i dolci, ma in zona il Moscato è tradizionalmente consumato anche con la frutta, in particolare fragole e pesche.

○ Asti '10   5
○ Moscato d'Asti '10   4

Vignaioli Elvio Pertinace
Loc. Pertinace, 2
12050 Treiso [CN]
Tel. 0173442238
www.pertinace.it

VENDITA DIRETTA
VISITA SU PRENOTAZIONE

PRODUZIONE ANNUA 200.000 bottiglie
ETTARI VITATI 60.00

È la storia di un'unione di terre e di braccia quella della cantina Pertinace, una piccola cooperativa di Treiso nata nei primi anni '70 che, grazie al costante impegno economico dei soci, ha ampliato le strutture e sostituito i macchinari obsoleti con impianti moderni. L'obiettivo era quello di imbottigliare vini ben fatti ed economicamente abbordabili. I cru di Barbaresco sono di tutto rispetto: Marcarini, Nervo, Castellizzano. Non mancano gli altri vini di Langa – Barbera e Dolcetto d'Alba, Langhe Nebbiolo – e il bianco del Roero.

Il Barbaresco Vigneto Castellizzano '08 è decisamente ricco di frutta matura e spezie all'olfatto, cui segue una bocca corretta e gradevole, di piena bevibilità e di buon equilibrio grazie a tannini ben integrati. Stessa impostazione per il Marcarini e per il base '08, entrambi nitidi e freschi; al palato sono un po' in evidenza alcol e tannini, ma il frutto ha una sua consistenza. Il Marcarini, in particolare, è evoluto, con sentori di frutta sotto spirito. Un plauso alla versione base, che sopravanza il cru grazie all'armonia e alla freschezza. Serve ricordare che il resto della gamma offre vini tipici e gradevoli a prezzi concorrenziali.

● Barbaresco '08   6
● Barbaresco Vign. Castellizzano '08   6
● Langhe Nebbiolo '09   4*
● Barbaresco Marcarini '08   6
● Barbaresco Nervo '08   6
● Barbera d'Alba '09   4
● Dolcetto d'Alba Vign. Castellizzano '10   4
● Dolcetto d'Alba Vign. Nervo '10   4
○ Roero Arneis '10   4
● Barbaresco Castellizzano '07   6
● Barbaresco Marcarini '07   6
● Barbaresco Nervo '07   6

PIEMONTE

Vigne Regali
via Vittorio Veneto, 76
15019 Strevi [AL]
Tel. 0144362600
www.castellobanfi.it

VISITA SU PRENOTAZIONE

PRODUZIONE ANNUA 2.000.000 bottiglie
ETTARI VITATI 76.00

Vigne Regali da molto tempo ormai si è ritagliata uno spazio importante all'interno del gruppo Banfi. La rilevante superficie vitata si estende tra la zona del Gavi, a Novi Ligure, dove si producono i vini a base cortese quali il Gavi Principessa Gavia, e la zona di Strevi nell'Acquese, dove sono presenti gli altri vitigni autoctoni piemontesi a denominazione di origine controllata e garantita, che completano la gamma dei vini prodotti. Da non dimenticare che una parte rilevante dell'attività di Vigne Regali è rappresentata dagli spumanti, declinati in diverse tipologie ed elaborati presso la cantina di Strevi.

In testa alla batteria Vigne Regali, il Banti Brut Metodo Classico, di colore paglierino intenso, si presenta con un perlage fine e persistente e aromi di crosta di pane. L'Albarossa LaLus è rubino impenetrabile al colore, mentre al naso è intenso con lievi note aromatiche. L'Ardì è un Dolcetto molto elegante e armonico, al naso un bel frutto anticipa una bocca strutturata e intensa. Da uve pinot nero, Cuvée Aurora è uno spumante semplice, ma piacevole in ogni fase della degustazione, esattamente come il Tener ottenuto però da uve chardonnay e sauvignon blanc. Terminiamo segnalando i vini dolci aromatici: Rosa Regale da uve brachetto e Strevi da uve moscato.

○ Banfi Brut Talento		4
● Dolcetto d'Acqui L'Ardì '10		4
● M.to LaLus '08		6
⊙ Alta Langa Cuvée Aurora Rosé '08		6
● Brachetto d'Acqui Rosa Regale '09		5
○ Moscato d'Asti Strevi '10		4
○ Tener Brut		4
○ Alta Langa Cuvée Aurora '04		6
● Barbera d'Asti Sup. Vign. Banin '07		6

Vigneti Massa
p.zza G. Capsoni, 10
15059 Monleale [AL]
Tel. 013180302
vignetimassa@libero.it

VENDITA DIRETTA
VISITA SU PRENOTAZIONE

PRODUZIONE ANNUA 80.000 bottiglie
ETTARI VITATI 19.50
VITICOLTURA Naturale

L'azienda ha sede e vigneti nel comune di Monleale, a circa dieci chilometri da Tortona, e l'altitudine delle colline vitate varia da circa 250 a 310 metri. Walter ha puntato per le ultime vigne messe a dimora su sesti d'impianto elevati (fino a 6500 ceppi per ettaro). I vitigni utilizzati sono quelli della tradizione locale e vengono accuratamente vinificati per ottenere vini di valore assoluto, la cui grandezza risiede anche nella fedele aderenza al territorio. Sebbene la fama di Walter Massa sia principalmente legata alla riscoperta del timorasso, possiamo assicurare che i suoi rossi, con la giusta maturazione, possono regalare piacevolissime esperienze.

Walter Massa non fa mai mancare qualche sorpresa e quest'anno, in aperta contestazione con le nuove normative che prevedono il cosiddetto piano dei controlli, trasforma la quasi totalità delle sue Doc in Vino da Tavola. Per quanto riguarda le sue etichette non cambia nulla, solo il Muscatè (base moscato) sceglie un nome diverso diventando Anarchia Costituzionale. In degustazione i risultati sono come sempre strepitosi, con due Timorasso in finale e un purissimo Derthona che conquista con sicurezza i Tre Bicchieri, in virtù del suo carattere indomito e selvaggio. Gli altri vini che compongono la batteria sono ben fatti e riflettono al meglio i vitigni di provenienza.

○ Derthona '09		6
○ Sterpi '09		7
○ Anarchia Costituzionale '10		4
● Colli Tortonesi Barbera Monleale '08		6
○ Costa del Vento '09		7
● Sentieri '10		5
● Colli Tortonesi Croatina Pertichetta '08		5
○ Pietra del Gallo '10		4
○ Colli Tortonesi Bianco Costa del Vento '05		8
○ Colli Tortonesi Timorasso Derthona '06		6
○ Colli Tortonesi Timorasso Sterpi '08		7
○ Colli Tortonesi Timorasso Sterpi '07		7
● Colli Tortonesi Barbera Monleale '07		6
○ Colli Tortonesi Timorasso Derthona '08		6
○ Colli Tortonesi Timorasso Derthona '07		6
○ Colli Tortonesi Timorasso Sterpi '06		7

PIEMONTE

Villa Giada

Reg. Ceirole, 10
14053 Canelli [AT]
Tel. 0141831100
www.andreafaccio.it

VENDITA DIRETTA
VISITA SU PRENOTAZIONE
OSPITALITÀ

PRODUZIONE ANNUA 190.000 bottiglie
ETTARI VITATI 25.00

Fondata nel 1992 da Andrea Faccio, questa azienda dispone di vigneti organizzati su tre cascine: Ceirole a Canelli, che costituisce anche il centro aziendale, cascina Dani ad Agliano Terme (dove sorge l'agriturismo) e cascina del Parroco a Calosso. La produzione è articolata in due diverse linee, i vini da singolo vigneto, e i Surì e Ajan. I vini sono d'impostazione moderna e di grande pulizia tecnica, prodotti principalmente con uve autoctone (barbera in particolare), cui si affiancano alcuni vitigni internazionali.

Di buon livello nonostante le difficili annate per le rispettive tipologie sia la Barbera d'Asti Superiore Nizza Bricco Dani '08 che il Moscato d'Asti '10. La prima è particolarmente ricca e intensa per il millesimo, ma poco tipica, con sentori vegetali e di frutti neri, cedro e spezie orientali, palato possente e pieno, fitto e tannico, mentre il secondo ha profumi di frutta a polpa bianca, in particolare pesca, e salvia, e palato fresco e acido, di buon equilibrio e pienezza, con un finale piacevole e di media lunghezza. Corretto il resto della produzione.

● Barbera d'Asti Sup. Nizza Bricco Dani '08	♟♟	5
○ Moscato d'Asti Ceirole '10	♟♟	4*
● Barbera d'Asti Ajan '09	♟	4
● Barbera d'Asti I Surì '10	♟	3
● Barbera d'Asti Sup. La Quercia '09	♟	4
● Barbera d'Asti Sup. Nizza Dedicato a... '07	♟	6
● M.to Rosso Treponti '08	♟	4
● Barbera d'Asti Sup. Bricco Dani '05	♟♟	5
● Barbera d'Asti Sup. La Quercia '08	♟♟	4*
● Barbera d'Asti Sup. Nizza Bricco Dani '05	♟♟	5

Villa Sparina

Fraz. Monterotondo, 56
15066 Gavi [AL]
Tel. 0143633835
www.villasparina.it

VISITA SU PRENOTAZIONE
OSPITALITÀ
RISTORAZIONE

PRODUZIONE ANNUA 500.000 bottiglie
ETTARI VITATI 73.00

È un vero spettacolo sensoriale quello che si gode a Villa Sparina, storica tenuta appartenente dagli anni '70 alla famiglia Moccagatta, che qui ha voluto la cantina e l'omonimo resort. Siamo a Monterotondo di Gavi, dove si concentra la maggior parte dei 60 ettari vitati, perlopiù a cortese, cui si aggiungono circa 4 ettari a Cassinelle, nell'area a denominazione del Dolcetto d'Ovada, e altri 9 a Rivalta Bormida, in Alto Monferrato, coltivati a barbera. Il trait d'union stilistico è rappresentato da vini di spessore ma anche di elevata bevibilità.

La notizia non è il terzo Tre Bicchieri consecutivo conquistato dal Gavi di Gavi Monterotondo di Villa Sparina, ma il fatto che questo filotto sia arrivato con vendemmie completamente diverse. Ennesima testimonianza di quanto sia chiara e definita la fisionomia di quello che è probabilmente il Cortese più riconoscibile della zona per potenza tostata e scheletro. Poco da aggiungere, quindi, rispetto a una versione '09 generosa di sfumature balsamiche e tropicali, col cioccolato bianco protagonista nel finale. Decisamente più indietro il Gavi di Gavi Etichetta Gialla '10, impostato su toni delicati di gigli e pera; davvero piacevole la Barbera del Monferrato Superiore '09, terrosa e rilassata.

○ Gavi del Comune di Gavi Monterotondo '09	♟♟♟	7
● Barbera del M. Sup. '09	♟♟	4
○ Gavi del Comune di Gavi Et. Gialla '10	♟♟	4
● Barbera del M.to Montej Rosso '09	♟	4
● Barbera del M.to Sup. Rivalta '08	♟	7
○ M.to Montej Bianco '10	♟	4
○ Villa Sparina Brut M. Cl.	♟	5
● Barbera del M.to Rivalta '97	♟♟♟	6
○ Gavi del Comune di Gavi Monterotondo '08	♟♟♟	7
○ Gavi del Comune di Gavi Monterotondo '07	♟♟♟	6
○ Gavi del Comune di Gavi Monterotondo '99	♟♟♟	5
● M.to Rosso Rivalta '04	♟♟♟	6
● M.to Rosso Rivalta '00	♟♟♟	6
● M.to Rosso Rivalta '99	♟♟♟	6

PIEMONTE

Cantina Sociale di Vinchio Vaglio Serra
Reg. San Pancrazio, 1
14040 Vinchio [AT]
Tel. 0141950903
www.vinchio.com

VENDITA DIRETTA
VISITA SU PRENOTAZIONE

PRODUZIONE ANNUA 1.550.000 bottiglie

Da oltre mezzo secolo questa grande azienda cooperativa, che oggi raggruppa più di 200 soci, è uno dei più importanti punti di riferimento per tutta la realtà vitivinicola astigiana. L'ampia produzione (più di trenta etichette) è centrata principalmente sulle diverse versioni di Barbera, sempre di ottimo livello qualitativo e dai prezzi corretti. I vigneti sono situati soprattutto nei comuni di Vinchio e Vaglio Serra e in quelli limitrofi di Incisa Scapaccino, Cortiglione e Nizza Monferrato, e contano alcune vigne vecchie di oltre sessant'anni.

Buona gamma di Barbera quella presentata da questa importante azienda cooperativa. Spicca la Barbera d'Asti Superiore Vigne Vecchie '08, intensa e fruttata al naso, con note di spezie, rabarbaro e terra bagnata, mentre il palato è di bella polpa, sapido e di discreta lunghezza. Ben realizzate poi la Barbera d'Asti Sorì dei Mori '10, piacevole nei suoi toni di bacche rosse e tabacco, dal palato non enorme per struttura ma di bella armonia e finezza, e la Barbera d'Asti Superiore I Tre Vescovi '09, molto particolare, con aromi di china e tabacco, bellissima nota sapida e discreto finale.

- Barbera d'Asti Sup. Vigne Vecchie '08 — 5
- Barbera d'Asti Sorì dei Mori '10 — 3*
- Barbera d'Asti Sup. I Tre Vescovi '09 — 4*
- Piemonte Barbera Arengo '10 — 4
- Barbera d'Asti '07 — 4
- Barbera d'Asti Sup. I Tre Vescovi '06 — 4
- Barbera d'Asti Sup. Nizza Bricco Laudana '06 — 5
- Barbera d'Asti Sup. Sei Vigne Insynthesis '04 — 7
- Barbera d'Asti Sup. Sei Vigne Insynthesis '03 — 7
- Barbera d'Asti Sup. Vigne Vecchie '06 — 5
- Barbera d'Asti Sup. Vigne Vecchie '05 — 5
- Barbera d'Asti Sup. Vigne Vecchie '03 — 5
- Barbera d'Asti Vigne Vecchie 50 '08 — 4

Virna
via Alba, 73/24
12060 Barolo [CN]
Tel. 017356120
www.virnabarolo.it

VENDITA DIRETTA
VISITA SU PRENOTAZIONE

PRODUZIONE ANNUA 60.000 bottiglie
ETTARI VITATI 12.00

Questa piccola e storica realtà, con l'avvento della terza generazione rappresentata dalle sorelle Virna e Ivana, sta conoscendo un periodo di rinnovato fulgore. Un patrimonio agricolo di prim'ordine e una cantina ottimamente attrezzata permettono di selezionare una materia prima di qualità e di trasformarla con cura. Le vigne di proprietà sono distribuite tra i comuni di Barolo, Monforte e Novello e garantiscono, sul fronte dei Barolo, un'eccellente prova d'insieme, caratterizzata da uno stile tradizionale ben delineato.

Grande frutto nel Barolo Cannubi Boschis '07, piuttosto complesso e ricco di carattere anche grazie a una freschezza che accompagna tutto l'assaggio. Il moderno Barolo Preda Sarmassa '07 è più potente e leggermente legnoso, con un'importante componente alcolica. Il Barolo base '07 è decisamente classico, con aromi di china e spezie che precedono un palato armonico e non molto strutturato. Decisamente piacevole la Barbera d'Alba San Giovanni '09, con la freschezza del ribes in evidenza seguita da bella acidità e valida materia. Senza pretese il beverino Nebbiolo d'Alba '09, non complesso ma dai gradevoli aromi fruttati.

- Barolo Cannubi Boschis '07 — 6
- Barbera d'Alba San Giovanni '09 — 5
- Barolo '07 — 6
- Barolo Preda Sarmassa '07 — 6
- Nebbiolo d'Alba '09 — 4
- Barolo Cannubi Boschi '04 — 6
- Barolo Preda Sarmassa '06 — 6
- Barolo Preda Sarmassa Ris. '04 — 7

PIEMONTE

Gianni Voerzio
S.DA LORETO, 1
12064 LA MORRA [CN]
TEL. 0173509194
voerzio.gianni@tiscali.it

VENDITA DIRETTA
VISITA SU PRENOTAZIONE

PRODUZIONE ANNUA 60.400 bottiglie
ETTARI VITATI 12.00
VITICOLTURA Naturale

A inizio anno, nel corso di un'importante degustazione, abbiamo avuto modo di riassaggiare il Barolo La Serra '96 di Gianni Voerzio, una bottiglia in forma e molto esplicativa di uno stile che ha poi caratterizzato i vini degli anni a venire. Questa coerenza produttiva si riscontra su tutta l'articolata batteria, in grado di spaziare su molte delle principali denominazioni langarole. I prezzi praticati sono ragionevoli e contribuiscono a rendere consigliabile questo produttore, peraltro conosciuto in Italia e all'estero.

Giovanile e intenso nel colore il Barolo La Serra '07, che al naso è piacevolmente vegetale per poi mostrare una bella bocca morbida dai tannini fitti e non aggressivi: fruttato e godibile. Il Langhe Nebbiolo Ciabot della Luna '09 porge sentori piuttosto maturi e lievi richiami di rovere, cui segue una bocca densa dal finale appena asciugante. La Barbera d'Alba Ciabot della Luna '09 ha colore profondo e intenso, naso ricco di frutti neri e palato imponente, piuttosto tannico in relazione alla tipologia. Nel resto della corretta batteria emerge il Langhe Arneis Bricco Cappellina '10, pulito, di bella freschezza e non privo di materia.

● Barolo La Serra '07	🍷🍷 8
● Barbera d'Alba Ciabot della Luna '09	🍷🍷 5
○ Langhe Arneis Bricco Cappellina '10	🍷🍷 5
● Langhe Nebbiolo Ciabot della Luna '09	🍷🍷 6
● Dolcetto d'Alba Rocchettevino '10	🍷 4
● Langhe Freisa Sotto I Bastioni '10	🍷 4
○ Moscato d'Asti Vignasergente '10	🍷 5
● Barbera d'Alba Ciabot della Luna '07	🍷🍷 5
● Barolo La Serra '06	🍷🍷 8
● Barolo La Serra '05	🍷🍷 8
● Barolo La Serra '04	🍷🍷 8
● Barolo La Serra '01	🍷🍷 8

★Roberto Voerzio
LOC. CERRETO, 1
12064 LA MORRA [CN]
TEL. 0173509196
voerzioroberto@libero.it

PRODUZIONE ANNUA 35.000 bottiglie
ETTARI VITATI 17.00

Il nome di Roberto Voerzio ha da tempo varcato gli oceani, divenendo un'etichetta di culto per gli appassionati di questi vini che nascono da bassissime rese in vigna e da affinamenti in piccole botti in cantina. In 25 anni di attività lo stile enologico non è cambiato ma è andato via via caratterizzandosi sia per la raffinata eleganza sia per la concentrazione del frutto. Oltre che per gli straordinari Barolo, Roberto Voerzio è giustamente famoso per la Barbera d'Alba Vigneto Pozzo dell'Annunziata, proposta solo in preziosi magnum.

Le vigne, situate nelle migliori posizioni di La Morra e coltivate come giardini, producono principalmente nebbiolo. Non ci è stato possibile degustare tutta la vasta selezione di Barolo proposta da Roberto Voerzio, ma possiamo comunque segnalare la perfetta riuscita del Cerequio '07, ammaliante e sfavillante nei suoi aromi di piccoli frutti rossi su cui si inseriscono elementi già piuttosto significativi di catrame, tabacco dolce e viola appassita. Bocca di assoluta avvolgenza, particolarmente nitida ed elegante, suadente come non mai. Un Tre Bicchieri che nasce in uno dei più importanti cru di tutta l'area del Barolo. Meno avvincente il Brunate, comunque morbido e di gradevole bevibilità.

● Barolo Cerequio '07	🍷🍷🍷 8
● Barolo Brunate '07	🍷🍷 8
● Barolo Rocche dell'Annunziata Torriglione '00	🍷🍷🍷 8

PIEMONTE
220 LE ALTRE CANTINE

Odilio Antoniotti
V.LO ANTONIOTTI, 9
13868 SOSTEGNO [BI]
TEL. 0163860309

In questa cantina la parola "tradizione" non è citata invano. Solo un ettaro (sui 3 di proprietà) per ottenere poche bottiglie di un rosso stagionato in botti di rovere, in parte ricavate dal bosco di proprietà. Il Bramaterra '07 offre complessità olfattiva e pienezza gustativa. Più immediato e semplice il Nebbiolo '08.

● Bramaterra '07	ΨΨ 6
● Coste della Sesia Nebbiolo '08	Ψ 4

Baravalle
REG. VALLE CHIOZZE, 24
14042 CALAMANDRANA [AT]
TEL. 014175159
www.baravallevini.com

Belle le Barbera presentate dalla Baravalle, a cominciare dalla Barbera d'Asti Superiore Nizza '07, classica negli aromi di terra e frutti rossi, seguiti da note di legno e spezie, dal palato lungo, ricco di polpa e succoso. Ben realizzata anche la Barbera d'Asti '09, dai toni di frutta rossa matura, scorrevole e di grande beva.

● Barbera d'Asti '09	ΨΨ 3*
● Barbera d'Asti Sup. Nizza '07	ΨΨ 4*
○ Cortese dell'Alto Monferrato '10	Ψ 3
○ Piemonte Chardonnay '10	Ψ 4

Battaglio
LOC. BORBORE
VIA SALERIO, 15
12040 VEZZA D'ALBA [CN]
TEL. 017365423
www.battaglio.com

Il giovane Gianluca Battaglio ci ha proposto una serie di vini davvero convincenti. Piacevole e armonico, con note iodate e di frutta a polpa bianca il Roero Arneis Piasì '10, dai toni di frutta rossa e fiori secchi e di buona struttura il Nebbiolo d'Alba Valmaggiore '08, grande equilibrio e carattere per la Vendemmia Tardiva White Amus.

● Nebbiolo d'Alba Valmaggiore '08	ΨΨ 4
○ Roero Arneis Piasì '10	ΨΨ 4
○ Vendemmia Tardiva White Amus	ΨΨ 4
● Nebbiolo d'Alba Valmaggiore Surì '08	Ψ 6

Davide Beccaria
VIA GIOVANNI BIANCO, 3
15039 OZZANO MONFERRATO [AL]
TEL. 0142487321
www.beccaria-vini.it

Quest'azienda di Ozzano Monferrato, anno dopo anno, consolida il livello qualitativo dei suoi prodotti. Convivium '07 è intenso al naso quanto ricco e consistente in bocca. Evoè '10 mostra la sua giovinezza, ma ha struttura e ottima beva. Grignò '10 è un Grignolino che esprime bene le caratteristiche varietali. Fine ed equilibrata la Freisa Lilàn '10.

● Barbera del M.to Evoè '10	ΨΨ 3*
● Barbera del M.to Sup. Convivium '07	ΨΨ 4
● Grignolino del M.to Casalese Grignò '10	Ψ 3
● M.to Freisa Lilàn '10	Ψ 3

Antonio Bellicoso
FRAZ. MOLISSO, 5A
14048 MONTEGROSSO D'ASTI [AT]
TEL. 0141953233
antonio.bellicoso@alice.it

Quella di Antonio Bellicoso è una piccola realtà in crescita, che ricava le sue 15.000 bottiglie annue da 4 ettari vitati entrati in produzione solo nel 2006. Decisamente moderna la Barbera d'Asti Merum '09, affinata in tonneaux, ricca di prugne e cacao, possente. Importante e riuscita la Barbera d'Asti Amormio '10.

● Barbera d'Asti Amormio '10	ΨΨ 3*
● Barbera d'Asti Merum '08	ΨΨ 4
● Freisa d'Asti '09	Ψ 3

Bianchi
VIA ROMA, 37
28070 SIZZANO [NO]
TEL. 0321810004
www.bianchibiowine.it

È uno dei migliori Ghemme di sempre quello prodotto nel 2007 dall'azienda biologica Bianchi. Tutto giocato su note scure di radici, frutti di bosco, ferro, manifesta il suo tocco affumicato e tostato anche in un palato ricco e avvolgente, dolce nel tannino, alla ricerca di un plus di allungo e complessità.

● Ghemme '07	ΨΨ 5
● Sizzano '06	ΨΨ 4*
● Ghemme '07	ΨΨ 5

PIEMONTE
LE ALTRE CANTINE

Gigi Bianco
via Torino 63
12050 Barbaresco [CN]
Tel. 0173635137
www.gigibianco.it

Nella storica cantina all'ombra della torre pochi segreti: 3 ettari vitati tra i migliori cru del comprensorio (Pora e Ovello) e pochi interventi in vigna e in cantina. Il risultato si traduce in un Pora '08 complesso e austero, con tannini giustamente spigolosi, e in un Ovello '08 più fruttato e morbido. Importante la Barbera '09.

- Barbaresco Ovello '08 — 6
- Barbaresco Pora '08 — 6
- Barbera d'Alba '09 — 4

Massimo Bo
fraz. Sant'Anna, 19
14055 Costigliole d'Asti [AT]
Tel. 0141961891
bo.massimo@hotmail.com

Bei risultati per Massimo Bo con vini giovani, freschi e piacevoli. La Barbera d'Asti Arbuc '10 ha profumi speziati intensi, palato di bel frutto e succosa, di gradevole beva, mentre il Grignolino d'Asti '10 presenta i classici aromi di pepe e tabacco, con un palato dai tannini eleganti, note speziate e floreali, lungo e brillante.

- Barbera d'Asti Arbuc '10 — 3
- Grignolino D'Asti '10 — 4
- Barbera d'Asti Sup. Costiliolae '09 — 4

Alfiero Boffa
via Leiso, 50
14050 San Marzano Oliveto [AT]
Tel. 0141856115
www.alfieroboffa.com

Meno riuscita del solito la selezione di Barbera presentate da Alfiero Boffa. La più riuscita è sembrata la Barbera d'Asti Superiore Collina della Vedova '08, di buona pulizia aromatica, con note di spezie e frutti neri, mentre il palato è fresco e sottile, con una marcata acidità e un lungo finale.

- Barbera d'Asti Sup. Collina della Vedova '08 — 5
- Barbera d'Asti Sup. More '09 — 5
- Barbera d'Asti Sup. Nizza V. La Riva '08 — 5
- Barbera d'Asti Sup. V. Cua Longa '09 — 5

Boroli
fraz. Madonna di Como, 34
12051 Alba [CN]
Tel. 0173365477
www.boroli.it

Nell'ampia gamma presentata da Boroli, si sono fatti notare soprattutto i vini di consumo quotidiano: in particolare il gradevole e immediato Langhe Rosso Anna 2008 e il fruttato e armonico Dolcetto Madonna di Como 2009. I Barolo aziendali appaiono ancora spigolosi al palato, con l'eccezione del caldo e avvolgente Villero.

- Barolo Villero '07 — 8
- Dolcetto d'Alba Madonna di Como '09 — 4
- Barolo Cerequio '07 — 8
- Langhe Rosso Anna '08 — 4

Brangero
via Provinciale, 26
12055 Diano d'Alba [CN]
Tel. 017369423
m.brangero@libero.it

Deciso miglioramento qualitativo dei vini della famiglia Brangero, anche grazie all'opera di validi consulenti esterni chiamati dal bravo Marco. Si mettono in evidenza un armonico e fruttato Sörì Rabino Soprano '10 e il potente, polposo ed equilibrato Tremarzo '07, da uve nebbiolo 90% con barbera e cabernet sauvignon.

- Dolcetto di Diano d'Alba Sörì Rabino Soprano '10 — 3*
- Langhe TreMarzo '07 — 4
- ○ Langhe Chardonnay Vignacento '10 — 3
- Nebbiolo d'Alba Bricco Bertone '08 — 5

Ca' dei Mandorli
via IV Novembre, 15
14010 Castel Rocchero [AT]
Tel. 0141760131
www.cadeimandorli.com

L'azienda di Paolo e Stefano Ricagno, situata nell'Alto Monferrato, da più di un secolo produce vini da vitigni autoctoni. Nel Moscato d'Asti dei Giari '10 una buona intensità aromatica, con note di lime e frutta bianca, è accompagnata da un palato morbido e di medio corpo, forse un po' troppo dolce nel finale.

- ○ Moscato d'Asti dei Giari '10 — 4
- Barbera d'Asti Sup. La Bellalda '07 — 5
- ○ Ca' dei Mandorli Brut Rosé — 4

PIEMONTE

LE ALTRE CANTINE

Ca' Nova
VIA SAN ISIDORO, 1
28010 BOGOGNO [NO]
TEL. 0322863406
www.cascinacanova.it

Giada Codecasa si dedica anima e corpo all'azienda da lei fondata nel 1996 a Bogogno, dieci ettari coltivati con le varietà tradizionali del Novarese. Quest'anno abbiamo decisamente apprezzato il Nebbiolo Melchiòr '06, un po' chiuso al naso ma di bella tempra. Non è da meno il Vigna San Quirico pari annata.

● Colline Novaresi Nebbiolo V. San Quirico '06	5
○ Colline Novaresi Bianco Rugiada '10	4
● Colline Novaresi Nebbiolo Melchiòr '06	5

La Ca' Növa
S.DA OVELLO, 4
12050 BARBARESCO [CN]
TEL. 0173635123
lacanova@libero.it

I fratelli Rocca hanno la fortuna di poter usufruire dei famosi cru Montestefano e Montefico. Con la precoce vendemmia 2007, esposizioni così perfette si sono rivelate controproducenti: i Barbaresco, tutti di ottima fattura, appaiono già stranamente pronti. La versione base offre un frutto più integro e fresco, senza la complessità delle selezioni.

● Barbaresco '08	5*
● Barbaresco Montefico V. Bric Mentina '08	6
● Barbaresco Montestefano '08	6

Pierangelo Careglio
LOC. APRATO, 15
12040 BALDISSERO D'ALBA [CN]
TEL. 017240294
Andreacare41@yahoo.it

Entra in Guida l'azienda della famiglia Careglio, grazie a una serie di vini convincenti, a partire dal Roero '08, dalle note di tabacco, china, lampone e dal palato con tannini fitti e lungo finale austero. La Barbera d'Alba '09 è fresca, piacevole, con toni di ciliegia e terra bagnata, il Roero Arneis '10 è fine ed equilibrato.

● Barbera d'Alba '09	3
● Roero '08	4*
○ Roero Arneis '10	3*

Carussin
REG. MARIANO, 27
14050 SAN MARZANO OLIVETO [AT]
TEL. 0141831358
www.carussin.it

Torna tra i vini della famiglia Ferro la Barbera d'Asti Superiore Nizza Ferro Carlo '07, dai toni terrosi con aromi di spezie e frutti neri, dal palato ricco e fresco, succoso e dal lungo finale. Ben realizzata anche la Barbera d'Asti LiaVí '10, dai sentori di china e tabacco, di bella polpa e acidità, lunga e di carattere.

● Barbera d'Asti Lia Vi '10	4*
● Barbera d'Asti Sup. Nizza Ferro Carlo '07	5
● Barbera d'Asti Asinoi '10	3
● Barbera d'Asti La Tranquilla '08	5

Cascina Ballarin
FRAZ. ANNUNZIATA, 115
12064 LA MORRA [CN]
TEL. 017350365
www.cascinaballarin.it

Nella non facile annata 2007 la famiglia Viberti ci ha presentato un Barolo Bricco Rocca in grande spolvero. Ventiquattro mesi passati in botte grande non hanno intaccato la freschezza del vino, lasciandogli una morbida polpa fruttata, sostenuta da tannini austeri, mentre la barrique marca di intensi sentori speziati il naso del Bussia.

● Barolo Bricco Rocca '07	8
● Barbera d'Alba Pilade '09	4
● Barolo Bussia '07	8

Cascina Christiana
S.DA SAN MICHELE, 24
14049 NIZZA MONFERRATO [AT]
TEL. 0141725100
www.cascinachristiana.com

Buona conferma per questa piccola azienda. Piacevole il Monferrato Rosso Perida '10, Cabernet dai ricchi sentori fruttati con una nota vegetale varietale, palato di carattere, tannico e di corpo. Ben realizzata anche la Barbera d'Asti Superiore La Mòta '09, cui manca forse un po' di polpa ma di bella freschezza e lunghezza.

● Barbera d'Asti Sup. La Mòta '09	5
● M.to Rosso Perida '10	5
● Barbera d'Asti Reiss '09	3
● Barbera d'Asti Reiss '08	3*

PIEMONTE

LE ALTRE CANTINE

Cascina Flino
VIA ABELLONI, 7
12055 DIANO D'ALBA [CN]
TEL. 017369231
silvana.bona@uvetitn.it

Ottimi risultati per la piccola e curata cantina di Silvana Bona e Paolo Monte. Frutta matura e notevole struttura nel Barolo San Lorenzo '07, potente ma armonica la Barbera d'Alba Flin '09, affascinante e selvaggio il Diano d'Alba Vigna Vecchia '10, raffinato il Nebbiolo d'Alba '09, con tannini docili e finale agrumato.

- Barbera d'Alba Flin '09 — 4*
- Barolo San Lorenzo '07 — 5
- Diano d'Alba V. Vecchia '10 — 4*
- Nebbiolo d'Alba '09 — 4

Cascina Garitina
VIA GIANOLA, 20
14040 CASTEL BOGLIONE [AT]
TEL. 0141762162
www.cascinagaritina.it

Blend di merlot (50%), cabernet sauvignon (35%) e barbera, il Monferrato Amis '08 è a nostro parere il miglior vino presentato quest'anno da Cascina Garitina. Al naso emergono profumi di bacche nere e tabacco, con leggeri sentori vegetali, mentre al palato è potente, con tannini rugosi. Ben realizzato anche il passito Barbera Rugiada '08.

- M.to Rosso Amis '08 — 5
- Barbera d'Asti Vera '10 — 4
- Rugiada '08 — 6

Cascina lo Zoccolaio
LOC. BOSCHETTI, 4
12060 BAROLO [CN]
TEL. 014188551
www.cascinalozoccolaio.it

Questa cantina rappresenta il fiore all'occhiello di Gianni Martini in terra di Langa. Qui le ridotte dimensioni consentono di condurre sperimentazioni sulle tecniche più adatte a produrre rossi da ricordare. Quest'anno, nonostante la vendemmia calda, il Ravera '07 si fa apprezzare per le doti di finezza e armonia.

- Barolo '07 — 6
- Barolo Ravera '07 — 7

Cascina Montagnola
S.DA MONTAGNOLA, 1
15058 VIGUZZOLO [AL]
TEL. 0131898558
www.cascinamontagnola.com

Il Morasso '09 va dritto in finale con una versione intensa e raffinata al naso e di carattere al palato. Rodeo '08 ha colore rubino-porpora e intensi aromi di frutta rossa e tabacco. Armonico il Cortese, fine e di buona persistenza. Il Colli Tortonesi Bianco Risveglio risente ancora del legno usato in fase di affinamento.

- ○ Colli Tortonesi Timorasso Morasso '09 — 5
- ● Colli Tortonesi Barbera Rodeo '08 — 6
- ○ Colli Tortonesi Cortese Dunin '10 — 4*
- ○ Colli Tortonesi Bianco Risveglio '10 — 5

Cascina Roccalini
LOC. ROCCALINI, 12
12050 BARBARESCO [CN]
TEL. 3470526898
paolo.veglio@yahoo.it

Un nuovo interessante ingresso in Guida dovuto alla passione del giovane Paolo Veglio. Il Barbaresco Roccalini '08 (5.000 bottiglie) è più riuscito del suo gemello della vendemmia precedente, grazie ad aromi articolati e sentita ma non amara tannicità. Lodevole, anche per il prezzo, il fruttato e ampio Dolcetto '10.

- Barbaresco Roccalini '08 — 6
- Barbaresco Roccalini '07 — 6
- Dolcetto d'Alba '10 — 3*
- Barbera d'Alba '10 — 4

Cascina Roera
FRAZ. BIONZO
VIA BIONZO, 32
14055 COSTIGLIOLE D'ASTI [AT]
TEL. 0141968437
www.cascinaroera.com

La selezione presentata da Claudio Rosso e Piero Nebiolo è stata meno brillante del solito, e porta la Cascina Roera in scheda piccola. Interessante la Barbera d'Asti Superiore Cardin Selezione '06, dai toni di spezie dolci ed erbe aromatiche secche, palato ricco di polpa, succoso, dai tannini morbidi e di buona lunghezza.

- Barbera d'Asti Sup. Cardin Sel. '06 — 5
- Barbera d'Asti Sup. S. Martino '06 — 4
- La Rovere '09 — 4

PIEMONTE
LE ALTRE CANTINE

Cascina Salerio
S.DA SALERIO, 16
14055 COSTIGLIOLE D'ASTI [AT]
TEL. 0141966294
casalerio@alice.it

Di buon livello la Barbera d'Asti Superiore Terra '09, dai profumi speziati, con note di frutta rossa e sfumature di legno, mentre il palato è potente e fitto, di grande polpa e con un finale lungo e pieno. Corretti e piacevoli poi sia il Monferrato Rosso Aqua '10, blend di cabernet sauvignon e barbera, che la Barbera d'Asti Terra '10.

● Barbera d'Asti Sup. Terra '09	▼▼ 4
● Barbera d'Asti Terra '10	▼ 4
● M.to Rosso Aqua '10	▼ 4

Cascina Tavijn
FRAZ. MONTEROVERE, 7
14030 SCURZOLENGO [AT]
TEL. 01412031
www.cascinatavijn.it

La famiglia Verrua lavora i suoi 5 ettari in modo naturale e in conversione biologica. La Barbera d'Asti Superiore '07 presenta profumi balsamici e di frutta rossa e un palato pieno, di grande fittezza, con un finale teso e piacevole, mentre il Grignolino d'Asti '10 ha note di scorza d'agrumi e spezie, palato ricco e lungo.

● Barbera d'Asti Sup. '07	▼▼ 4
● Grignolino d'Asti '10	▼▼ 4*
● Ruché di Castagnole Monferrato '10	▼ 4

Cascina Zoina
FRAZ. LORETO
VIA RONCHETTO, 5
28047 OLEGGIO [NO]
TEL. 3356350692
www.cascinazoina.it

Si rimpolpa il gruppo di interpreti affidabili e determinati nelle denominazioni classiche dell'Alto Piemonte. Quest'anno facciamo la conoscenza di Cascina Zoina, piccola azienda da 20mila bottiglie in quel di Oleggio: il biglietto da visita è un Ghemme Olegium '05 ben espresso nel frutto, piacevole e rilassato.

● Colline Novaresi Centoundici '10	▼▼ 4*
● Ghemme Olegium '05	▼▼ 5
● Colline Novaresi Ricardo Della Zoina '07	▼▼ 4
● Colline Novaresi Vespolina Nubie della Zoina '10	▼ 4

Castello di Gabiano
VIA DEFENDENTE, 2
15020 GABIANO [AL]
TEL. 0142945004
www.castellodigabiano.com

La proprietà vitata conta circa 20 ettari su 260. Troviamo ancora l'Adornes sugli scudi, con una versione '08 equilibrata e molto persistente. Gavius '08, da barbera e pinot nero, ha una notevole intensità olfattiva ed un tannino piuttosto compatto. Molto apprezzati il Rubino di Cantavenna '08 e il Monferrato Bianco '10, da uve chardonnay e sauvignon.

● Barbera d'Asti Sup. Adornes '08	▼▼ 6
○ M.to Bianco Corte '10	▼▼ 4
● M.to Rosso Gavius '08	▼▼ 4
● Rubino di Cantavenna '08	▼▼ 4

Le Cecche
VIA MOGLIA GERLOTTO, 10
12055 DIANO D'ALBA [CN]
TEL. 017369323
www.lececche.com

Applausi per il bel Diano d'Alba '10, ricco di frutta matura, con alcol ben contrastato da tannini e acidità, bevibilissimo e piacevole nella sua immediatezza. La Barbera d'Alba '09 è moderna, segnata da un legno speziato ben contrastato dalla viva freschezza. Armonico ed elegante il Nebbiolo, meno il Merlot Fiammingo.

● Barbera d'Alba '09	▼▼ 4
● Diano d'Alba '10	▼▼ 3*
● Nebbiolo d'Alba '08	▼▼ 4
● Langhe Rosso Fiammingo '09	▼ 5

Cerutti
VIA CANELLI, 205
14050 CASSINASCO [AT]
TEL. 0141851286
info@cascinacerutti.it

Dai loro sei ettari vitati la famiglia Cerutti ottiene una serie di vini di ottimo livello. Ci sono piaciuti in particolare il Moscato d'Asti Surì Sandrinet '10, intenso e di grande complessità, con note di zenzero candito ed erbe officinali, e il Monferrato Bianco Riva Granda '10, uno Chardonnay di grande carattere ed equilibrio.

○ M.to Bianco Riva Granda '10	▼▼ 4*
○ Moscato d'Asti Surì Sandrinet '10	▼▼ 3*
● Barbera d'Asti '10	▼ 3
● Barbera d'Asti Sup. Foje Russe '07	▼ 4

PIEMONTE

LE ALTRE CANTINE

Erede di Armando Chiappone
S.DA SAN MICHELE, 51
14049 NIZZA MONFERRATO [AT]
TEL. 0141721424
www.eredechiappone.com

In assenza della punta di diamante aziendale, la Barbera d'Asti Nizza Ru, è di buon livello la Barbera d'Asti Brentura '09, dai toni di frutti neri freschi e di speziatura da legno, con una leggera nota vegetale, e un palato fresco e grintoso, cui manca solo un po' di maturità di frutto e di polpa.

● Barbera d'Asti Brentura '09	4

La Chiara
LOC. VALLEGGE, 24
15066 GAVI [AL]
TEL. 0143642293
www.lachiara.it

La Chiara spedisce in finale il Gavi di Gavi ricco di aromi di frutta e clorofilla. In bocca è sapido e persistente. Il Nabarì da uve cabernet sauvignon, barbera e dolcetto gioca a carta dell'equilibrio. Nel Gavi Groppella le sensazioni legnose non riescono ad amalgamarsi con la struttura del vino.

○ Gavi del Comune di Gavi La Chiara '10	3*
● M.to Rosso Nabarì '09	4
○ Gavi del Comune di Gavi Groppella '09	4

Il Chiosso
V.LE GUGLIELMO MARCONI 45-47A
13045 GATTINARA [VC]
TEL. 0163826739
www.ilchiosso.it

Non poteva esserci esordio migliore per la nuova avventura di Nicola Lucca, giovane e illuminato vigneron tra Gattinara, Ghemme e Fara. Tutte le etichette assaggiate provengono dalla polposa vendemmia 2007 e si attestano agevolmente oltre la soglia dei due bicchieri, manifestando grande carattere e prospettiva.

● Colline Novaresi Nebbiolo '07	5
● Fara '07	5
● Gattinara '07	5
● Ghemme '07	5

Antica Cascina Conti di Roero
VAL RUBIAGNO, 2
12040 VEZZA D'ALBA [CN]
TEL. 017365459
www.oliveropietro.it

Dai vigneti Val Menera, Sru e Penna, nei comuni di Vezza d'Alba e Canale, questa azienda ricava otto etichette. Ottimi il Brut Metodo Classico (da uve arneis) dal perlage fine, con note di frutta bianca e palato vibrante, e il Roero '07, nitido negli aromi di erbe aromatiche secche e tabacco e dal gradevole finale fruttato.

○ Brut M. Cl.	5
● Roero '07	5
○ Langhe Favorita '10	4
● Nebbiolo D'Alba '09	4

Costa Olmo
VIA SAN MICHELE, 18
14040 VINCHIO [AT]
TEL. 0141950423
www.costaolmo.com

Appena 5 ettari vitati per la cantina di Paola e Vittorio Limone. La Barbera d'Asti Superiore Costa Olmo '07 ha caldi aromi di confettura di ciliegia e prugna, poi scorre possente e ricca, quasi tannica. Scalpitante e sapida la riuscita Barbera d'Asti La Madrina '08. Morbido il profumato Piemonte Chardonnay A Paola '08.

● Barbera d'Asti La Madrina '08	4
● Barbera d'Asti Sup. Costa Olmo '07	5
○ Piemonte Chardonnay A Paola '08	5

Giovanni Daglio
VIA MONTALE CELLI, 10
15050 COSTA VESCOVATO [AL]
TEL. 0131838262
giovanni.daglio@tiscali.it

Tra i vini presentati quest'anno, ritroviamo la Barbera Basinas '07 che, per scelta aziendale, esce un anno dopo la '08: un vino armonico e strutturato dalle caratteristiche ancora giovanili. Cantico '09 è un buon Timorasso intenso al naso e molto ricco in bocca. La Barbera Pias risulta scalpitante in bocca.

● Colli Tortonesi Barbera Basinas '07	4
● Colli Tortonesi Barbera Pias '09	4
○ Colli Tortonesi Timorasso Cantico '09	5

PIEMONTE

LE ALTRE CANTINE

Gianni Gagliardo
Via Serra dei Turchi, 88
12064 La Morra [CN]
Tel. 017350829
www.gagliardo.it

Da celebri vigneti dei comuni di La Morra, Barolo, Monforte e Serralunga Gianni Gagliardo ricava numerose etichette di Barolo, tra cui eccellono il fine Barolo Cannubi '06 e il delicato Serre '07. Da Monticello d'Alba, nel Roero, giunge un intenso e fresco Nebbiolo d'Alba San Ponzio '08, già morbido al palato.

- Barbera d'Alba La Matta '07   5
- Barolo Cannubi '06   8
- Barolo Serre '07   8
- Nebbiolo d'Alba San Ponzio '08   5

Pierfrancesco Gatto
Via Vittorio Emanuele II, 13
14030 Castagnole Monferrato [AT]
Tel. 0141292149
vinigatto@libero.it

La Gatto conferma la qualità della sua produzione con una serie di vini davvero ottimi. La Barbera d'Asti '09 ha carattere, tanta frutta nera e mineralità, la Barbera d'Asti Vigna Serra '09 è corposa, di bella fittezza tannica e persistenza, mentre il Ruché di Castagnole Monferrato Caresana '10, dagli aromi di rosa, è lungo e tipico.

- Barbera d'Asti '09   4*
- Barbera d'Asti Vigna Serra '09   4
- Grignolino d'Asti Montalto '10   4
- Ruché di Castagnole M.to Caresana '10   4

Raffaele Gili
Loc. Pautasso, 7
12050 Castellinaldo [CN]
Tel. 0173639011

Annata in tono minore per questa valida azienda che realizza vini che ben rappresentano il territorio. Ci è piaciuto in particolare il Langhe Nebbiolo '10, ricco di frutto al naso, con un palato austero ma armonico e di buona tensione acida. È fruttata la Barbera d'Alba Pautasso '09, fresco e piacevole il Roero Arneis '10.

- Langhe Nebbiolo '10   4
- Barbera d'Alba Pautasso '09   4
- O Roero Arneis '10   4

Incisiana
Via Sant'Agata, 10/12
14045 Incisa Scapaccino [AT]
Tel. 0141747113
www.incisiana.com

L'azienda biologica di Florian Oelssner ed Eckhard Fischer ha proposto una Barbera d'Asti '09 di grande piacevolezza e pienezza, dai profumi di china, macchia mediterranea e terra, con un ricco sottofondo fruttato, mentre il palato è potente, dal finale equilibrato e fresco. Corretto il resto della produzione.

- Barbera d'Asti '09   4
- Barbera d'Asti Sup. Zerosso '06   6
- O M.to Bianco Serafino Bianco '10   4

Ioppa
Fraz. Mauletta
Via delle Pallotte, 10
28078 Romagnano Sesia [NO]
Tel. 0163833079
www.viniioppa.it

Piccola azienda dalla lunga tradizione, la cantina dei fratelli Giampiero e Giorgio Ioppa è un'interprete moderna delle principali denominazioni novaresi. Se il Ghemme '06 è una garanzia di polpa e piacevolezza, meno scontata è la fibra rivelata dalla Vespolina Coda Rossa '10. Chiude il cerchio il compatto Nebbiolo '08.

- Colline Novaresi Nebbiolo '08   3*
- Colline Novaresi Vespolina Coda Rossa '10   3*
- Ghemme '06   5
- O Passito Stransì '06   6

Isabella
Fraz. Corteranzo
Via Gianoli, 64
15020 Murisengo [AL]
Tel. 0141693000
info@isabellavini.com

Azienda storica della Val Cerrina, Isabella ha sede su una collina a circa 370 metri di quota, sulla cui sommità si trova il bellissimo progetto agrituristico della Canonica di Corteranzo. Tra i vini presentati primeggia Truccone '09, una Barbera di ottima struttura; a seguire una piacevole versione del Grignolino Monte Castello '10.

- Barbera d'Asti Truccone '09   4
- Barbera del M.to Vivace Bricco Montemà '10   3
- Grignolino del M.to Casalese Monte Castello '10   4
- M.to Freisa Vivace Sobric '10   3

PIEMONTE
LE ALTRE CANTINE

Lodali
via Rimembranza, 5
12050 Treiso [CN]
Tel. 0173638109
www.lodali.it

Il Barolo Bric Sant'Ambrogio '07, proveniente da un bel vigneto poco noto in comune di Roddi, è etereo, appena fruttato, con bei tannini in bocca, fresco, mediamente strutturato, di bella bevibilità. Il Barbaresco Lorens '08, dalle Rocche dei Sette Fratelli di Treiso, ha materia ed è ancora un po' rigido a causa della giovinezza.

- Barbaresco Lorens '08 — 6
- Barolo Bric Sant'Ambrogio '07 — 7
- Barbera d'Alba Lorens '09 — 4

Le Marie
via Sandefendente, 6
12032 Barge [CN]
Tel. 0175345159
www.lemarievini.eu

In curatissimi vigneti ai piedi delle Alpi la famiglia Raviolo coltiva rare varietà assieme ai classici vitigni piemontesi, con lievi escursioni francesi. Il Pinerolese Debàrges '09, da barbera e nebbiolo, è stuzzicante e speziato, fresco e più che gradevole. Bel naso di erbe e frutta nel corposo e acido Pinerolese Barbera '09.

- Pinerolese Barbera '09 — 4*
- Pinerolese Debàrges '09 — 4
- O Blanc de Lissart — 4
- Pinerolese Dolcetto '10 — 3

F.lli Molino
loc. Ausario
via Ausario, 5
12050 Treiso [CN]
Tel. 0173638384
www.molinovini.com

Il Barbaresco Ausario '08, da un elevato vigneto di Treiso, è giovanile al colore, con frutta nera lievemente appassita al naso; bocca polposa e assai morbida. Il Barbaresco Teorema '08 ricorda la confettura di fragola, è lungo e avvolgente, senza un'evidente spina dorsale acida. Facili e gradevoli i vini base del 2010.

- Barbaresco Ausario '08 — 6
- Barbaresco Teorema '08 — 6
- Barbera d'Asti Loreto '10 — 4
- Dolcetto d'Alba Le Querce '10 — 3

Franco Mondo
reg. Mariano, 33
14050 San Marzano Oliveto [AT]
Tel. 0141834096
www.francomondo.net

Franco Mondo dai suoi 13 ettari ottiene una bella serie di vini, in particolare la Barbera d'Asti Superiore Vigna del Salice '09, dai toni di frutta rossa matura e spezie dolci del rovere, palato equilibrato e dal lungo finale, e il Monferrato Rosso Di.Vino '09, da barbera (70%) e cabernet sauvignon, con note di cacao, morbido e complesso.

- Barbera d'Asti Sup. V. del Salice '09 — 4
- O M.to Bianco Di. Vino '10 — 4*
- Barbera d'Asti Sup. Nizza V. delle Rose '06 — 5
- O Cortese dell'Alto Monferrato '10 — 3

Il Mongetto
via Piave, 2
15049 Vignale Monferrato [AL]
Tel. 0142933442
www.mongetto.it

Ingresso in Guida col botto per Il Mongetto, che ha presentato una batteria davvero interessante. La Barbera Vigneto Mongetto è una delle migliori dell'annata 2008, articolata e intensa al naso, potente, piena e di grande struttura al palato. Bene anche la Barbera d'Asti '08 e il Grignolino '10.

- Barbera del M.to Sup. V. Mongetto '08 — 4
- Barbera d'Asti V. Guera '08 — 5
- Grignolino del M.to Casalese V. Solin '10 — 4
- M.to Rosso V. Telegro '08 — 4

Cecilia Monte
via Serracapelli, 17
12052 Neive [CN]
Tel. 017367454
cecilia.monte@libero.it

Crescita costante per i vini di questa giovane produttrice, con il moderno Barbaresco Riserva '06 che si impone per nitidezza e complessità, con tannini severi. Il Barbaresco Vigneto Serracapelli '07 ha aromi di terra bagnata, struttura media, piacevole finale acido. La produzione è di sole 12.000 bottiglie l'anno.

- Barbaresco Ris. '06 — 8
- Barbaresco Vign. Serracapelli '07 — 7
- Dolcetto d'Alba '10 — 4

PIEMONTE

LE ALTRE CANTINE

Cantina del Nebbiolo
Via Torino, 17
12040 Vezza d'Alba [CN]
Tel. 017365040
www.cantinadelnebbiolo.com

L'unica cantina sociale del Roero quest'anno ha presentato una serie di vini davvero riusciti. Il Nebbiolo d'Alba Valmaggiore '08 è fine e di buona pienezza, con toni di tabacco ed erbe aromatiche secche, il Roero '08 ha note di frutta rossa, è snello, elegante e persistente, mentre il Roero Arneis '10 è piacevole e agrumato.

● Nebbiolo d'Alba Valmaggiore '08	4*
● Roero '08	4
○ Roero Arneis '10	4
● Barbaresco '08	5

Cantina Sociale di Nizza
Via Alessandria, 57
14049 Nizza Monferrato [AT]
Tel. 0141721348
www.nizza.it

Ottima prestazione con una serie di Barbera di livello. Segnaliamo in particolare la Barbera d'Asti Superiore Nizza Ceppi Vecchi '09, intensa e gradevole con un bel frutto nitido e ricco, seguita da toni speziati e vegetali, e la Barbera d'Asti Le Pole '10, dalle note di terra bagnata, fresca, lunga e di vibrante acidità.

● Barbera d'Asti Le Pole '10	3*
● Barbera d'Asti Sup. 50 Vendemmie '09	4*
● Barbera d'Asti Sup. Ceppi Vecchi '09	4*
● Barbera d'Asti Sup. Magister '09	4*

Vigneti Luigi Oddero
Fraz. Santa Maria
B.ta Bettolotti, 95
12604 La Morra [CN]
Tel. 0173500386
www.vignetiluigioddero.it

Una cantina nata da pochi anni ma con radici secolari, che realizza vini di stile classico, pur senza rinunciare all'adeguata tecnologia di cantina. Squisito il Barolo Vigna Rionda '06, con bacche rosse, spezie e cacao al naso; palato polposo, avvolgente, lunghissimo. Validi il Barolo Rocche Rivera '06 e L'Armand '09.

● Barolo Vigna Rionda '06	7
● Barolo Rocche Rivera '06	7
● Langhe Nebbiolo '08	4
● Langhe L'Armand '09	4

Pace
Fraz. Madonna di Loreto
Cascina Pace, 52
12043 Canale [CN]
Tel. 0173979544
aziendapace@infinito.it

Tra i vini presentati da Dino Negro quest'anno ci è piaciuto soprattutto il Roero Arneis '10, dai toni floreali e vegetali al naso, con sfumature di frutta bianca, e dal palato non molto ampio ma equilibrato, fresco e persistente. Corretto il resto della produzione.

○ Roero Arneis '10	4*
● Barbera d'Alba '09	3
● Roero '08	4
● Roero Ris. '08	5

I Pola
Via Crosio
15010 Cremolino [AL]
Tel. 0143879058
www.ipola.it

L'azienda ha sede in una splendida tenuta a ridosso di Cremolino, tra Ovada e Acqui Terme, che grazie ai funzionali impianti dei vigneti e alle caratteristiche del terreno, produce uve dal grande potenziale. Piacevoli i vini a base dolcetto del 2009: strutturati, corposi e soprattutto giovanili, hanno sicuramente la stoffa per arrivare lontano.

● Dolcetto di Ovada Il Bricco '09	3*
● Dolcetto di Ovada Sup. Orchestra '09	4

Giovanni Prandi
Fraz. Cascina Colombè
Via Farinetti, 5
12055 Diano d'Alba [CN]
Tel. 017369248
www.prandigiovanni.it

Azienda con soli 5 ettari vitati, votata alla produzione di vini ben fatti e di buona bevibilità dal prezzo abbordabile. A iniziare dal Dolcetto di Diano d'Alba Sörì Cristina '10, armonico, fruttato, non molto strutturato. Il gustoso Dolcetto di Diano d'Alba Sörì Colombè '10 termina con suadenti note di mandorla amara.

● Dolcetto di Diano Sorì Colombè '10	3*
● Dolcetto di Diano Sorì Cristina '10	3*
● Barbera d'Alba Santa Eurosia '09	3

PIEMONTE
LE ALTRE CANTINE

Cantina Produttori del Gavi
Via Cavalieri di Vittorio Veneto, 45
15066 Gavi [AL]
Tel. 0143642786
www.cantinaproduttoridelgavi.it

Il lavoro della Cantina produttori si mantiene su ottimi livelli qualitativi: con un Gavi del Comune di Gavi GG intenso e minerale; un Gavi G ricco di aromi di clorofilla e complesso e un Gavi Primi Grappoli dotato di classe, sfaccettato al naso e armonico. Solo il Gavi Il Forte rimane più semplice.

○ Gavi del Comune di Gavi GG '10	4
○ Gavi G '10	3*
○ Gavi Primi Grappoli '10	4
○ Gavi Il Forte '10	4

La Raia
S.da Monterotondo, 79
15067 Novi Ligure [AL]
Tel. 0143743685
www.la-raia.it

La Raia ci presenta una batteria di buona qualità media con alcune ottima etichette. La Barbera base si presenta con un bel naso fruttato su note speziate, in bocca l'acidità rende la beva più piacevole. Il Gavi Pisè è un vino affascinante, ha un naso intenso, con note leggermente evolute e una bocca corposa e sapida. Il Gavi base è più semplice ma armonico e persistente.

○ Gavi Pisè '09	4*
● Piemonte Barbera '10	4*
○ Gavi '10	4
● Piemonte Barbera Largé '09	6

F.lli Raineri
Via Torino, 2
12060 Farigliano [CN]
Tel. 017369423
www.cantineraineri.it

L'azienda, guidata da Gianmatteo Raineri, è tra le più dinamiche della zona: ha iniziato imbottigliando i vini di Dogliani e dal 2006 si dedica anche al Barolo. Il Monserra '07, proveniente da Monforte, è potente ma già armonico. Il Dolcetto Cornole e il Nebbiolo Farigliano ben rappresentano il territorio di Dogliani.

● Barolo '07	6
● Barolo Monserra '07	7
● Dolcetto di Dogliani Cornole '10	3*
● Langhe Nebbiolo Farigliano '09	5

Rattalino
S.da Giro del Mondo, 4
12050 Barbaresco [CN]
Tel. 3492155012
www.massimorattalino.it

Entrambe più che valide le selezioni di Barbaresco '07 di Massimo Rattalino, con il Quarantadue42 più tradizionale e il Quarantatre43 più morbido e polposo. Alla stessa stregua, nel 2006 il classico Barolo Trentaquattro34 ha profumi di sottobosco ed è più sottile, mentre il moderno Trentacinque35 è più maturo e avvolgente.

● Barbaresco Quarantadue '07	7
● Barbaresco Quarantatre '07	6
● Barolo Trentacinque '06	8
● Barolo Trentaquattro '06	7

Carlo Daniele Ricci
Via Montale Celli, 9
15050 Costa Vescovato [AL]
Tel. 0131838115
www.aziendaagricolaricci.com

In testa alla batteria il Nebbiolo San Martino, di colore rubino con riflessi porpora, fine al naso con note di tabacco e liquirizia. Elso, da uve croatina, proposto nella versione Riserva 2004, ha retto bene l'affinamento. Barbarossa è una Barbera corretta e piacevole. Gradevole il Rispetto.

● Colli Tortonesi Rosso S. Martino '08	4
● Colli Tortonesi Barbera Barbarossa '09	4
● Colli Tortonesi Rosso Elso Ris. '04	4
○ Rispetto	3

Pietro Rinaldi
Fraz. Madonna di Como
12051 Alba [CN]
Tel. 0173360090
www.pietrorinaldi.com

Dopo una lunga esperienza in città, Monica Rinaldi e il marito Pietro Tenino tornano alla vita di campagna. I vitigni coltivati dall'azienda sono quelli tradizionali di Langa. Il Barolo e il Barbaresco abbinano nel gusto tradizione e modernità, ma la vera star della cantina è il polposo e fruttato Dolcetto d'Alba.

● Barbaresco San Cristoforo '07	6
● Barbera d'Alba Bricco Cichetta '09	5
● Barolo Monvigliero '06	7
● Dolcetto d'Alba Madonna di Como '10	4*

PIEMONTE — LE ALTRE CANTINE

Franco Roero
via Zucchetto, 8
14048 Montegrosso d'Asti [AT]
Tel. 0141956160
franco.roero@gmail.com

Quest'anno i vini di Franco Roero ci sono davvero piaciuti. La Barbera d'Asti Carbuné '10 ha note di pepe e china, un palato ricco e vellutato e un finale molto lungo. Il Grignolino d'Asti '10 presenta sentori floreali e di tabacco, palato fresco e un po' spigoloso, mentre la Barbera d'Asti Cellarino '09 è speziata, fruttata, scorrevole.

● Barbera d'Asti Carbunè '10	♟♟ 3*
● Barbera d'Asti Cellarino '09	♟♟ 4*
● Grignolino d'Asti '10	♟♟ 3*
● Barbera d'Asti Sup. Sichei '09	♟ 5

Tenuta Roletto
via Porta Pia 69
10090 Cuceglio [TO]
Tel. 0124492293
www.tenutaroletto.it

È un progetto decisamente ambizioso quello avviato a Cuceglio dalla famiglia Iuculano: diciotto ettari di erbaluce che dovrebbero arrivare a trentacinque, per un potenziale di circa 600mila bottiglie. Intanto la gamma è già molto solida, con l'Erbaluce di Caluso '10, la selezione Muliné '09 e il Caluso Passito '03.

○ Erbaluce di Caluso '10	♟♟ 4*
○ Erbaluce di Caluso Muliné '09	♟♟ 4
○ Erbaluce di Caluso Passito '03	♟♟ 6
⊙ Canavese Rosato '10	♟ 3

Rossi Contini
s.da San Lorenzo, 20
15071 Ovada [AL]
Tel. 0143822530
www.rossicontini.com

L'azienda Rossi Contini approda in Guida grazie al suo prodotto di punta, il Dolcetto di Ovada. Il Vigneto Ninan '08 esprime aromi intensi e complessi, in bocca è ampio e persistente. Il piacevole San Lorenzo '09 è ancora molto giovanile. Cras Tibi è una Barbera piuttosto intensa. Da assaggiare il Cortese Cortesia '09.

● Dolcetto di Ovada San Lorenzo '09	♟♟ 4
● Dolcetto di Ovada Vign. Ninan '08	♟♟ 5
● Barbera del M.to Sup. Cras Tibi '08	♟ 4
○ Monferrato Cortesia '10	♟ 4

F.lli Rovero
loc. Valdonata
fraz. San Marzanotto, 218
14100 Asti
Tel. 0141592460
www.rovero.it

Bella selezione di Barbera proposta dalla Fratelli Rovero, in particolare con la Barbera d'Asti Superiore Giustin '08, fine nei suoi sentori di china, tabacco e spezie e nel palato sapido, lungo e armonico, e la Barbera d'Asti Superiore Rouvè '08, dalle note di cacao e frutta rossa matura, palato potente e tannico.

● Barbera d'Asti Sup. Rouvè '08	♟♟ 5
● Barbera d'Asti Sup. Vign. Gustin '08	♟♟ 4*
● Barbera d'Asti Sanpansè '10	♟ 3
● Grignolino d'Asti Vign. La Casalina '10	♟ 3

San Bartolomeo
loc. Vallegge
Cascina San Bartolomeo, 26
15066 Gavi [AL]
Tel. 01436431280
fulviobergaglio@alice.it

San Bartolomeo approda con brio alle finali per i Tre Bicchieri con un Gavi Quinto di grande personalità. Al naso risulta fine e intenso, ricco di sentori fruttati e minerali, in bocca è ricco e potente, con grande persistenza. Il Gavi Pelöia è abbastanza intenso e fruttato, mentre in bocca prevale la sensazione alcolica.

○ Gavi Quinto '10	♟♟ 4*
○ Gavi del Comune di Gavi Pelöia '10	♟ 4

Tenuta San Pietro
loc. San Pietro, 2
15060 Tassarolo [AL]
Tel. 0143342422
www.tenutasanpietro.it

Tenuta San Pietro presenta una buona versione del Mandorlo, con aromi minerali e fruttati. Meno grintoso ma non meno equilibrato il San Pietro, con un bel finale armonico. Le Riè è uno spumante decisamente ben fatto. Nero San Pietro (albarossa, barbera e cabernet) è penalizzato dalla giovane età e dal tannino ancora ruvido.

○ Brut Le Rie'	♟♟ 4
○ Gavi del Comune di Tassarolo Il Mandorlo '10	♟♟ 5
○ Gavi San Pietro '10	♟♟ 4
● M.to Rosso Nero San Pietro '09	♟ 4

PIEMONTE

LE ALTRE CANTINE

Giacomo Scagliola
REG. SANTA LIBERA, 20
14053 CANELLI [AT]
TEL. 0141831146
www.scagliolagiacomo.it

L'azienda di Giacomo Scagliola presenta una Barbera d'Asti La Faia '08 di buon livello, dai profumi fruttati, di buon corpo e lunghezza ma anche con tannini un po' rustici. Discreto ma meno brillante di altre versioni il Moscato d'Asti Santa Libera '10, semplice e scorrevole, piacevole e fresca la Barbera d'Asti '09.

● Barbera d'Asti '08	3*
● Barbera d'Asti La Faia '08	4
○ Moscato d'Asti Santa Libera '10	4

Simone Scaletta
LOC. MANZONI, 61
12065 MONFORTE D'ALBA [CN]
TEL. 3484912733
www.viniscaletta.com

La passione di Simone Scaletta continua a dare buoni frutti. Il Barolo Chirlet '07 è armonico e suadente al naso, con bocca incisiva e di notevole carattere. Il riuscito Langhe Nebbiolo Autin 'd Madama '09 è nitido e sfaccettato, pieno e dal lungo finale. La Barbera d'Alba Sarsera '09 stenta ad aprirsi, ma è ben fruttata.

● Barbera d'Alba Sarsera '09	4
● Barolo Chirlet '07	7
● Langhe Nebbiolo Autin 'd Madama '09	5
● Dolcetto d'Alba Viglioni '10	4

Antica Casa Vinicola Scarpa
VIA MONTEGRAPPA, 6
14049 NIZZA MONFERRATO [AT]
TEL. 0141721331
www.scarpavini.it

In netta crescita questa storica azienda nicese, a cominciare dalla Barbera d'Asti I Bricchi '07, con note di frutto fresco, grande concentrazione e struttura, e dalla Barbera d'Asti Superiore La Bogliona '08, sapida, di carattere ed equilibrata. Ottimi anche il Barbaresco Tettineive '08 e la Barbera d'Asti Casa Scarpa '09.

● Barbaresco Tettineive '08	8
● Barbera d'Asti CasaScarpa '09	4
● Barbera d'Asti I Bricchi '07	5
● Barbera d'Asti La Bogliona '08	6

La Spinosa Alta
C.NE SPINOSA ALTA, 6
15038 OTTIGLIO [AL]
TEL. 0142921372
lanzani.vini@tin.it

Nella batteria della Spinosa Alta si nota la mancanza dei due Monferrato Rosso, Les Celliers du Roi e il Tenebroso. A tenere alto il nome dell'azienda la Barbera La Punta '08, molto intensa al naso con aromi fruttati su note vegetali, e una fase gustativa armonica e persistente. Corretto il Grignolino '10, nelle sue connotazioni varietali.

● Barbera del M.to Sup. La Punta '08	4
● Grignolino del M.to Casalese '10	4

Giuseppe Stella
S.DA BOSSOLA, 8
14055 COSTIGLIOLE D'ASTI [AT]
TEL. 0141966142
stellavini@libero.it

Ci è molto piaciuto quest'anno il Grignolino d'Asti Sufragio '10, tra i migliori della tipologia, ricco al naso con aromi floreali seguiti da note di pepe e tabacco, mentre il palato è potente per un Grignolino, dai tannini molto fitti anche se un po' ruvidi, con un lungo finale. Ben realizzate le Barbera presentate.

● Grignolino d'Asti Vign. Sufragio '10	4*
● Barbera d'Asti Vign. Stravisan '10	3

Sylla Sebaste
VIA SAN PIETRO, 4
12060 BAROLO [CN]
TEL. 017356266
www.syllasebaste.com

Dopo alterne vicende, l'azienda sta tornando alla ribalta grazie agli sforzi di Fabrizio Merlo. Gli ettari vitati sono 10, di cui 5 a nebbiolo, sia in Bussia che nel Bricco Viole. Il valido Barolo Bussia '06 ha classiche note di tabacco e china su uno sfondo di fiori secchi, con sostenuta bocca austera e tannica.

● Barolo Bussia '06	7
● Barolo '06	6

PIEMONTE

LE ALTRE CANTINE

F.lli Trinchero
via Gorra, 49
14048 Montegrosso d'Asti [AT]
Tel. 0141956167
www.fllitrincherovino.com

La difficile annata 2008 per la Barbera segna anche la produzione della Fratelli Trinchero. Di buon livello comunque la Barbera d'Asti Superiore Merico '08, dai profumi di piccola frutta rossa e dal palato piacevole e fresco anche se un po' snello. Di belle acidità, sottile e di facile beva la Barbera d'Asti Superiore Rico '08.

● Barbera d'Asti Sup. Merico '08	6
● Barbera d'Asti Sup. Rico '08	4

Laura Valditerra
s.da Monterotondo, 75
15067 Novi Ligure [AL]
Tel. 0143321451
laura@valditerra.it

La mancanza di alcune etichette importanti, viene in parte compensata da una bella prestazione del Tenuta Merlassino, un Gavi raffinato con note di clorofilla e frutta bianca. Piacevole anche il Gavi base che contrappone a note leggermente evolute una bocca ricca ed equilibrata. Abbastanza intenso e armonico il Piemonte Barbera.

○ Gavi '10	4*
○ Gavi Tenuta Merlassino '10	4
● Piemonte Barbera '06	4

La Vecchia Posta
via Montebello, 2
15050 Avolasca [AL]
Tel. 0131876254
lavecchiaposta@virgilio.it

La Vecchia Posta è un'azienda agricola a conduzione biologica che produce vino, frutta e ortaggi, prodotti usati prevalentemente nel ristorante dell'agriturismo. Notevole la versione del Timorasso Il Selvaggio '09, con aromi minerali e di spezie dolci. Un po' rustico il Dolcetto Teraforta '10.

○ Colli Tortonesi Timorasso Il Selvaggio '09	4
● Colli Tortonesi Dolcetto Teraforta No Sulphites '10	3

Giacomo Vico
via Torino, 80/82
12043 Canale [CN]
Tel. 0173979126
www.giacomovico.it

Davvero interessanti i vini proposti quest'anno dalla famiglia Vico. Il Roero '08 presenta profumi di china e tabacco, mentre il palato è di buona ricchezza, equilibrato e profondo, il Roero Arneis '10 è sapido, fresco e fruttato, mentre il Nebbiolo d'Alba è tipico nelle sue note floreali e di frutti rossi, ha polpa e struttura.

● Nebbiolo D'Alba '08	4
● Roero '08	5
○ Roero Arneis '10	4*
● Langhe Rosso	4

Villa Fiorita
via Case Sparse, 2
14034 Castello di Annone [AT]
Tel. 0141401738
www.villafiorita-wines.com

Torna la Barbera d'Asti Superiore Il Giorgione, punta di diamante della produzione della famiglia Rondolino, dimostrando di essere un'etichetta di grande costanza qualitativa. La versione '09 è fruttata e speziata, con una struttura importante, bella freschezza acida e lunghezza, per un vino che finisce sapido e lungo.

● Barbera d'Asti Sup. Il Giorgione '09	6
● Barbera d'Asti Sup. '09	4

La Zerba
s.da per Francavilla, 1
15060 Tassarolo [AL]
Tel. 0143342259
www.la-zerba.it

Il Gavi Terrarossa è in ottima forma, intenso e raffinato negli aromi, ricco di polpa e persistente al palato. Il Gavi La Zerba si difende benissimo, con una fase gustativa di grande personalità. Il Piemonte Barbera è un vino semplice e piacevole. Merita un plauso particolare l'attenta politica dei prezzi attuata dall'azienda.

○ Gavi La Zerba '10	3*
○ Gavi Terrarossa '10	3*
● Piemonte Barbera '09	3

LIGURIA

La Liguria non è una terra facile per il vino. Stretta tra le Alpi e il mare, con pochissime zone pianeggianti, in questa regione ogni vigna, o quasi, è una sfida, senza arrivare a citare i filari davvero eroici delle Cinque Terre. Trovarsi ad operare in una regione dove è quasi impossibile raggiungere un dimensionamento importante vuol dire che fare impresa è più difficile, che i costi di gestione delle vigne - e dell'azienda nel suo complesso - sono più alti. Logica conseguenza, i vini liguri costano un po' di più della media. Ma se il consumatore è disposto a spendere quel "quid" in più, lo fa perché in questi fragranti vini bianchi e nei suoi rossi eleganti, nei suoi inimitabili passiti trova qualcosa di più, qualcosa di diverso. Anche quest'anno la nostra Guida si propone di raccontarvi il lavoro dei vignaioli di questa regione e le mediterranee fragranze dei suoi vini. E' un bilancio decisamente positivo quello delle nostre degustazioni in Liguria. Intanto perché anche quest'anno è aumentato il numero dei produttori – ben 71 – e dei vini degustati nelle nostre selezioni. Logica conseguenza, ben 22 vini hanno staccato il tagliando per le nostre degustazioni finali. Esaminando la provenienza dei vini che hanno partecipato all'ultima degustazione vediamo che 11 provengono dalla provincia di Imperia, 7 dalla provincia di La Spezia, 2 da Savona e 2 da Genova. Numeri che esprimono semplicemente e chiaramente il peso specifico dei territori. La maggioranza delle etichette in questione, che comunque sono uno spaccato affidabile della migliore produzione regionale, sono di vino bianco, e sono 11. A queste si assommano quelle di rosso, sette, e quattro vini dolci da appassimento. Tutto questo per introdurre i vini premiati, che quest'anno sono cinque. Salgono sul podio tre vini della Riviera di Ponente, a cominciare dal debuttante (nel club dei Tre Bicchieri) Vermentino '10 della Laura Aschero di Marco Rizzo, fragrante e nitido, per passare al classico Vermentino Serre '09 della Lupi, aromatico e complesso, per finire con il Pigato Cycnus '10 di Poggio dei Gorleri della famiglia Merano, solare e mediterraneo. Dai Colli di Luni fa eco il Vermentino Etichetta Nera della Lunae della famiglia Bosoni, intenso, ricco d'aromi, profondo. Sin qui i bianchi. Tiene alto il prestigio dei rossi, e del Rossese di Dolceacqua in particolare, Filippo Rondelli di Terre Bianche, con il suo Bricco Arcagna, che è ben riuscito ad interpretare una vendemmia difficile come la '09.

LIGURIA

Massimo Alessandri
via Costa Parrocchia, 42
18028 Ranzo [IM]
Tel. 018253458
www.massimoalessandri.it

VENDITA DIRETTA
VISITA SU PRENOTAZIONE
RISTORAZIONE

PRODUZIONE ANNUA 30.000 bottiglie
ETTARI VITATI 6.00

Massimo continua la sua strada di viticoltore con sempre maggior determinazione e convincimento. I suoi vigneti dislocati sulle soleggiate alture di Ranzo sono curati e seguiti con attenzione quasi maniacale, e la sua lontana scelta di piantare e coltivare oltre ai vitigni tradizionali anche vitigni alloctoni, come il viognier e roussanne, rimane sempre vincente anche se quest'anno a convincere di più è stato il principe dei vitigni autoctoni del Ponente Ligure: il Pigato.

Infatti, quel Pigato Vigne Vegie che conquista regolarmente grandi note di merito, anche quest'anno è arrivato a un passo dall'eccellenza. Gli è mancato, in fin di beva, un tocco di freschezza in più che avremmo voluto sentire affiancato alle eleganti note di mandorla. Sempre amabilmente aggressivo il Pigato Costa de Vigne, mentre ci aspettavamo di più dal Viorus '09, da viognier e roussanne. Ma Alessandro sta già lavorando per presentare nuove e più brillanti versioni delle sue etichette.

○ Riviera Ligure di Ponente Pigato Vigne Vegie '09	🍷🍷 5
○ Riviera Ligure di Ponente Pigato Costa de Vigne '10	🍷 4
● Ligustico '08	🍷 6
○ Nicol '09	🍷 6
○ Riviera Ligure di Ponente Vermentino Costa de Vigne '10	🍷 4
○ Viorus Costa de Vigne '09	🍷 6
● Ligustico '05	🍷🍷 6
● Ligustico '04	🍷🍷 6
○ Riviera Ligure di Ponente Pigato Vigne Vegie '07	🍷🍷 5
○ Viorus '07	🍷🍷 6
○ Viorus Costa de Vigne '08	🍷🍷 6

Laura Aschero
p.zza Vittorio Emanuele, 7
18027 Pontedassio [IM]
Tel. 0183710307
lauraaschero@uno.it

VENDITA DIRETTA
VISITA SU PRENOTAZIONE

PRODUZIONE ANNUA 60.000 bottiglie
ETTARI VITATI 5.00

Grandi novità in casa Aschero, anzi in casa Rizzo, dal cognome di Marco che prosegue nell'attività della madre Laura Aschero, fondatrice dell'azienda. La nipote Bianca Rizzo ha deciso di proseguire la vocazione vitivinicola della grande nonna e, ottenuta una laurea in marketing, si cimenta oggi fra i filari di Pontedassio. Spronato da questa insperata partecipazione, Marco ha deciso di impiantare un nuovo ettaro di pigato portando così la disponibilità complessiva dei vigneti aziendali a 5 ettari.

Comunque, oltre a questa piacevole novità familiare il 2010 ha portato in casa Aschero-Rizzo la sorpresa, ampiamente meritata, dei Tre Bicchieri. Quel Vermentino che da anni mostra un'encomiabile costanza qualitativa ha raggiunto con questa vendemmia un livello davvero eccellente. Le persistentissime note di cedro e di albicocca che esibisce al naso gli donano un delizioso carattere mediterraneo, e a queste si uniscono una marcata freschezza gustativa, un grande carattere.

○ Riviera Ligure di Ponente Vermentino '10	🍷🍷🍷 4*
● Riviera Ligure di Ponente Rossese '09	🍷🍷 4
○ Riviera Ligure di Ponente Pigato '10	🍷 4
○ Riviera Ligure di Ponente Pigato '08	🍷🍷 4*
○ Riviera Ligure di Ponente Pigato '06	🍷🍷 4
● Riviera Ligure di Ponente Rossese '07	🍷🍷 4
○ Riviera Ligure di Ponente Vermentino '09	🍷🍷 4
○ Riviera Ligure di Ponente Vermentino '08	🍷🍷 4*
○ Riviera Ligure di Ponente Vermentino '07	🍷🍷 4
○ Riviera Ligure di Ponente Vermentino '06	🍷🍷 4

LIGURIA

La Baia del Sole

Fraz. Luni Antica
via Forlino, 3
19034 Ortonovo [SP]
Tel. 0187661821
www.cantinefederici.com

VENDITA DIRETTA
VISITA SU PRENOTAZIONE

PRODUZIONE ANNUA 140.000 bottiglie
ETTARI VITATI 22.00

Abbiamo già ricordato quanto Giulio Federici creda nella sua attività e nei risultati della sua produzione. Questo credo lo ha portato a copiosi investimenti in vigneto e in cantina. Fiore all'occhiello è la vigna sita in località Sarticola, posta a 300 metri di quota mentre la nuova cantina, d'una certa bellezza architettonica, copre una superficie vasta (1600 metri quadri) distribuiti su tre livelli, due dei quali interrati, per poter sfruttare la forza di gravità e sfruttare l'isolamento termico.

Punto di forza della cantina sono sempre stati i Vermentino e, anche quest'anno, il Solaris, l'Oro d'Isèe, il Gladius e il Sarticola hanno meritato i loro apprezzamenti per l'ormai consueta aromatica eleganza e per la pienezza strutturale. Ma, a sorpresa, per il '10 si è fatto avanti un Rosso Colli di Luni, l'Eutichiano, che ci ha colpito per l'intensa personalità territoriale e per l'equilibrata presenza del frutto, che si esprime, quasi con timidezza, attraverso una gradevole e composta eleganza.

Maria Donata Bianchi

loc. Valcrosa
via Merea
18013 Diano Arentino [IM]
Tel. 0183498233
www.aziendagricolabianchi.com

VENDITA DIRETTA
VISITA SU PRENOTAZIONE
OSPITALITÀ

PRODUZIONE ANNUA 25.000 bottiglie
ETTARI VITATI 4.00
VITICOLTURA Naturale

Era il 1977, quando Emanuele e il padre Pietro Trevia piantarono la prima vigna. L'azienda è cresciuta molto, mantenendo un'alta costanza qualitativa e creando la nuova struttura, ubicata sulle dolci colline di Diano Arentino. Questa si pregia di uno spettacolare vigneto posto ad anfiteatro proprio sotto la struttura produttiva e ricettiva. Emanuele ama ancora lavorare come tradizione e, nelle vinificazioni dei bianchi, usa unicamente i lieviti autoctoni con temperature mai inferiori ai 18 gradi.

L'annata '10 del Vermentino dei Trevia non bissa il successo della precedente e della '07, che tanto ci avevano entusiasmato. La '10 in generale mostra un tratto stilistico orientato verso toni più morbidi, e la cosa secondo noi penalizza la nitidezza espressiva di questi bianchi rivieraschi. Ma a parte questa piccola critica, le consuete note minerali e la straordinaria ricchezza di aromi mediterranei del bouquet, soprattutto nel Vermentino, li rendono eccellenti espressioni del territorio; il Pigato si fa apprezzare per intensità e freschezza di note agrumate.

● Colli di Luni Eutichiano '10	4*
○ Colli di Luni Gladius '10	4
○ Colli di Luni Vermentino Oro d'Isée '10	5
○ Colli di Luni Vermentino Solaris '10	4
● Colli di Luni Terre D'Oriente Ris. '07	6
○ Colli di Luni Vermentino Sarticola '10	6
● Colli di Luni Terre D'Oriente '06	5
○ Colli di Luni Vermentino Sarticola '09	5
○ Colli di Luni Vermentino Sarticola '08	5
○ Muri Grandi Golfo dei Poeti '08	3*

○ Riviera Ligure di Ponente Vermentino '10	5
○ Riviera Ligure di Ponente Pigato '10	5
○ Riviera Ligure di Ponente Vermentino '09	5
○ Riviera Ligure di Ponente Vermentino '07	4*
○ Antico Sfizio '04	4*
● La Mattana '06	6
● La Mattana '04	6
● La Mattana '01	6
○ Riviera Ligure di Ponente Vermentino '08	5
○ Riviera Ligure di Ponente Vermentino '04	4*

LIGURIA

BioVio

Fraz. Bastia
Via Crociata, 24
17031 Albenga [SV]
Tel. 018220776
www.biovio.it

VENDITA DIRETTA
VISITA SU PRENOTAZIONE

PRODUZIONE ANNUA 40.000 bottiglie
ETTARI VITATI 4.50
VITICOLTURA Biologico Certificato

Molti si chiedono se è possibile che i vini bianchi di Aimone e Chiara siano ormai intrisi dei sentori delle erbe aromatiche coltivate dai due coniugi. Noi sappiamo che i campi di erbe e i vigneti non sono proprio vicini, trovandosi i primi nell'assolata e fertile Piana di Albenga, mentre i secondi, siccome bacchus amat colles, si distribuiscono sulle ridenti colline della vallata dell'Arroscia. Ma uve ed erbe aromatiche sono travolte da identica passione e qui sta probabilmente la risposta al quesito.

Del Vermentino Aimone '10 non possiamo che ripetere quanto abbiamo già detto del suo fratello maggiore '09. Anzi, il vino c'è piaciuto forse ancor di più. Questo grazie all'elegante bouquet, caratterizzato dalle erbe mediterranee, che ha una ricchezza esemplare, mentre al palato questo bianco si fa apprezzare per il grande equilibrio e la finezza che esprime, pur essendo dotato di notevole struttura e ricchezza. Un po' deludente il Pigato '10, mentre degna di attenzione è la Granaccia, che rispetto alla passata edizione mostra segni di netto miglioramento.

○ Riviera Ligure di Ponente Vermentino Aimone '10	🍷	4*
● Granaccia Gigò '10	🍷	4*
● Bacilò '10	🍷	4
○ Riviera Ligure di Ponente Pigato Marixe '10	🍷	4
○ Riviera Ligure di Ponente Pigato Bon in da Bon '09	🍷🍷	4*
○ Riviera Ligure di Ponente Pigato Bon in da Bon '06	🍷🍷	4*
○ Riviera Ligure di Ponente Vermentino Aimone '09	🍷🍷	4*
○ Riviera Ligure di Ponente Vermentino Aimone '08	🍷🍷	4*

Enoteca Bisson

c.so Gianelli, 28
16043 Chiavari [GE]
Tel. 0185314462
www.bissonvini.it

VENDITA DIRETTA
VISITA SU PRENOTAZIONE

PRODUZIONE ANNUA 80.000 bottiglie
ETTARI VITATI 10.00
VITICOLTURA Naturale

A Chiavari, proprio nel centro storico, si trova la cantina di Piero Lugano, noto a tutti come Bisson, dal nome storico della cantina. Anche Lugano ha preferito, dopo una breve esperienza commerciale, orientarsi verso la produzione di uve solo su terreni propri o a conduzione diretta. A tale proposito si è attivato per avviare diversi vigneti di varietà non consuete in questo territorio, come la granaccia e il pigato, ma anche come il leggendario cimixà, un autoctono che si pensava ormai scomparso da tempo.

Quest'ottimo produttore del Levante ligure, noto per la sua dedizione alla vigna e alla cantina, non riesce ancora a raggiungere, seppur per poco, i nostri massimi punteggi. Ben quattro dei vini presentati hanno infatti raggiunto senza problemi valutazioni importanti, ma è mancato loro quello "scatto di reni" che li poteva portare a una più definitiva affermazione. Primo fra tutti il Vermentino '10 Vignaerta, che unisce a una piacevole complessità olfattiva, ricca di fragranze floreali, un palato un po' più tenue e sfumato, mentre lo storico Musaico, ripresentato con l'edizione '09, è un vino ben godibile nella sua viva e semplice tipicità.

● Braccorosso '09	🍷🍷	5
○ Golfo del Tigullio Vermentino Vignaerta '08	🍷🍷	4
● Il Musaico '09	🍷🍷	4
○ Golfo del Tigullio Bianchetta Genovese Ü Pastine '10	🍷	4
○ Golfo del Tigullio Vermentino V. Intrigoso '10	🍷	4
● Il Granaccia '09	🍷	6
○ Pigato '10	🍷	4
○ Golfo del Tigullio Bianchetta Genovese Ü Pastine '09	🍷🍷	4
○ Golfo del Tigullio Vermentino Vignaerta '08	🍷🍷	4
○ Golfo del Tigullio Vermentino V. Intrigoso '09	🍷🍷	4

LIGURIA

Cantina Bregante
via Unità d'Italia, 47
16039 Sestri Levante [GE]
Tel. 018541388
www.cantinebregante.it

VENDITA DIRETTA

PRODUZIONE ANNUA 100.000 bottiglie

Sergio Sanguineti conduce oggi la cantina fondata dal suocero Ferdinando Bregante e discendente da un omonimo che già alla fine del XIX secolo commerciava vini dall'Isola d'Elba a Lavagna. Sergio a partire dal 2000 ha dato una decisa sterzata alla cantina mantenendone la filosofia che vede nei circa 50 conferitori la forza produttiva aziendale. La qualità è fortemente migliorata in quest'ultimo lasso di tempo grazie a un severo controllo della sanità e del grado zuccherino delle uve al momento della consegna.

Fino a ieri era impensabile che una Bianchetta Genovese potesse meritare un posto nelle nostre finali. Oggi questo accade perché il vitigno - di cui s'è approfondita la conoscenza - ha dimostrato, se debitamente lavorato, grandi potenzialità espressive; così buona parte dei produttori, a cominciare da Sergio, ha cambiato atteggiamento nei suoi confronti. Nel caso nostro la Bianchetta Segesta '10 ha offerto un intenso bouquet floreale, una ricca ed equilibrata acidità e una simpatica prontezza di beva. Unico limite, una struttura non certo importante. Validi tutti gli altri vini soprattutto se si valuta la difficoltà di coltivazione di questo affascinante terroir.

○ Golfo del Tigullio Bianchetta Genovese Segesta '10	🍷🍷 4
○ Golfo del Tigullio Moscato '10	🍷🍷 4*
○ Golfo del Tigullio Passito '09	🍷🍷 6
○ Golfo del Tigullio Vermentino '10	🍷🍷 4
● Golfo del Tigullio Ciliegiolo '10	🍷 3
○ Golfo del Tigullio Moscato '09	🍷🍷 4
○ Golfo del Tigullio Vermentino '08	🍷🍷 4*

Bruna
fraz. Borgo
via Umberto I, 81
18020 Ranzo [IM]
Tel. 0183318082
www.brunapigato.it

VENDITA DIRETTA
VISITA SU PRENOTAZIONE

PRODUZIONE ANNUA 45.000 bottiglie
ETTARI VITATI 7.00

In questi ultimi anni Francesca con il marito Roberto e Annamaria hanno scelto di continuare il lavoro di papà Riccardo, il famoso "baccàn", che conduce la sua azienda da quasi mezzo secolo. La loro predilezione per la vinificazione con metodi naturali produce vini di spiccata tipicità ed eleganza. Però, mentre la fermentazione con lieviti indigeni rimane un interessante modus operandi, la macerazione sulle bucce e i tempi lunghi di permanenza del vino sulle fecce nobili, sono trattamenti da calibrare con molta molta attenzione.

Ne consegue che il Pigato Maje '10 ci è sembrato decisamente più fresco e piacevolmente beverino del più blasonato U Baccan, il quale può vantare un palmarès decisamente superiore. Quest'ultimo si presenta per il '09 con un naso un po' più fragile, e anche al palato rimane leggermente più asciutto e non si esprime con la consueta esuberanza e ricchezza. C'è piaciuto molto, infine, il Rosso Bansigu '10 che, forse perché concepito come vino moderno e di pronta e facile beva, esibisce un bel colore rubino carico, un profumo pieno di frutti di sottobosco, una struttura articolata e un frutto integro.

○ Riviera Ligure di Ponente Pigato Maje '10	🍷🍷 4
○ Riviera Ligure di Ponente Pigato U Baccan '09	🍷🍷 6
● Riviera Ligure di Ponente Rossese '10	🍷 4
● Rosso Bansigu '10	🍷 4
● Rosso Pulin '09	🍷 5
○ Riviera Ligure di Ponente Pigato U Baccan '07	🍷🍷🍷 6
○ Riviera Ligure di Ponente Pigato U Baccan '06	🍷🍷🍷 5
○ Riviera Ligure di Ponente Pigato U Baccan '05	🍷🍷🍷 5
○ Riviera Ligure di Ponente Pigato U Baccan '08	🍷 6
● Rosso Pulin '08	🍷🍷 5
● Rosso Pulin '06	🍷🍷 5

LIGURIA

Enoteca Andrea Bruzzone
via Bolzaneto, 94/96/98
16162 Genova
Tel. 0107455157
www.andreabruzzonevini.it

VENDITA DIRETTA
VISITA SU PRENOTAZIONE

PRODUZIONE ANNUA bottiglie
ETTARI VITATI 1.60

Andrea Bruzzone è figlio di quel territorio dove, nel 1506, è stata rinvenuta nel greto di un torrente la tavola bronzea di Polcevera (detta anche Sententia Minuciorum). Sull'importante reperto è incisa un'iscrizione latina che riporta una sentenza del Senato romano del 117 a.C. che definisce i limiti di alcune proprietà (fra cui vigneti) comprese nei territori di Isosecco e di Isoverde: territori che forniscono ancor'oggi le uve per la produzione del Rosso Treipaexi. I tre paesi sono Comago, Ceranesi e Serrà Riccò.

Di questo storico vino Andrea ne ha fatto ormai una bandiera, nel tentativo di riscattare, insieme a pochi altri, un territorio che negli anni passati è stato aggredito da un'industrializzazione selvaggia. Oggi, fortunatamente, non è più così e i pochi filari di ciliegiolo, barbera e dolcetto ancora coltivati sugli impervi declivi dei Treipaexi, hanno dato vita a questo rosso che è piaciuto all'assaggio per la nitida scorrevolezza dell'insieme e la grande piacevolezza al naso e al palato. Non dissimile l'altro vino storico della Valpolcèvera: quel Coronata di "sulfigna memoria" che oggi Bruzzone presenta come un vino pulito, sapido, intenso e ricco di profumi.

● Val Polcèvera Rosso Treipaexi '10	▼▼ 3
○ Val Polcèvera Coronata '10	▼▼ 4
● Val Polcèvera Rosso Treipaexi '09	▼▼ 3

Buranco
via Buranco, 72
19016 Monterosso al Mare [SP]
Tel. 0187817677
www.burancocinqueterre.it

VENDITA DIRETTA
VISITA SU PRENOTAZIONE
OSPITALITÀ

PRODUZIONE ANNUA 25.400 bottiglie
ETTARI VITATI 2.00

I senatore Luigi Grillo riesce a destreggiarsi, non si sa come, fra il "mare procellosum" di Palazzo Madama, i numerosi impegni internazionali e la sua amatissima vigna di Monterosso al Mare, patria di adozione del genovese Eugenio Montale. Anche lui, nel "meriggiare pallido e assorto" contempla, come il poeta, la fuga di piccole fasce (terrazzamenti su muretti a secco) dove si coltivano le pregiate uve di bosco, vermentino e albarola da cui, con grandissimi sacrifici, si ottiene l'esclusivo Sciacchetrà: un nettare più che un vino.

Proprio con uno Sciacchetrà '09 l'azienda s'è molto avvicinata al traguardo dei Tre Bicchieri. Il prodotto si è aperto in tutta la sua grandezza già nel bouquet, ricco di quelle note floreali e fruttate che vanno dalla ginestra, al sambuco e al cisto per giungere alle rosse bacche del mirto: tutto un festival di macchia mediterranea con, in più, le cadenze dei frutti maturi, i fichi, le albicocche e le prugne nere. La componente dolce, garbata e coerente, ha dato l'indispensabile completezza al prodotto.

○ Cinque Terre Sciacchetrà '09	▼▼ 8
○ Cinque Terre '10	▼ 5
● Il Buranco Rosso '09	▼ 5
○ Cinque Terre Sciacchetrà '07	▼▼ 8
○ Cinque Terre Sciacchetrà '04	▼▼ 8
○ Cinque Terre Sciacchetrà '03	▼▼ 8

Cantine Calleri

loc. Salea
reg. Fratti, 2
17031 Albenga [SV]
Tel. 018220085
postmaster@cantinecalleri.com

PRODUZIONE ANNUA 55.000 bottiglie
ETTARI VITATI 6.00

Marcello Calleri segue le sue vigne e la sua cantina con grande passione specie da quando il papà, il cavalier Aldo, pioniere della viticoltura ingauna, ormai ottuagenario, ha deciso di mettersi a riposo. In attesa che in futuro arrivi ad affiancarlo il giovane figlio Alessio Marcello va avanti spedito, concentrato soprattutto sulla produzione dei classici del territorio, Pigato e Vermentino, cui si è aggiunto da poco l'Ormeasco di Pornassio.

La produzione della Cantina è su buoni livelli, anche se in passato ci aveva abituato a performance più brillanti. Sugli scudi il Saleasco '10 che, come in tutte le annate precedenti, ci ha colpito in modo particolare. Ne abbiamo apprezzato la tipicità dei profumi, schiettamente mediterranei, misti ad un tono esotico di cui l'incenso è la nota dominante. Buone la sapidità e la lunghezza della beva. Per il resto, tutti vini di discreto livello, forse un po' "di maniera". Ci aspettiamo di più.

- ○ Riviera Ligure di Ponente Pigato Saleasco '10 — 4
- ● Ormeasco di Pornassio '09 — 4
- ○ Riviera Ligure di Ponente Pigato '10 — 4
- ○ Riviera Ligure di Ponente Vermentino '10 — 4
- ○ Riviera Ligure di Ponente Vermentino I Muzzazi '10 — 4
- ● Ormeasco di Pornassio '08 — 4
- ○ Riviera Ligure di Ponente Pigato Saleasco '08 — 4*
- ○ Riviera Ligure di Ponente Vermentino '09 — 4
- ○ Riviera Ligure di Ponente Vermentino '08 — 4*
- ○ Riviera Ligure di Ponente Vermentino I Murazzi '09 — 4
- ○ Riviera Ligure di Ponente Vermentino I Muzzazi '08 — 4

Cascina Nirasca

fraz. Nirasca
via Alpi, 3
18026 Pieve di Teco [IM]
Tel. 0183368067
www.cascinanirasca.com

VENDITA DIRETTA
VISITA SU PRENOTAZIONE

PRODUZIONE ANNUA 30.000 bottiglie
ETTARI VITATI 4.00

Se si vuole conoscere un autentico esempio di coraggiosa iniziativa pionieristica, si deve salire, lasciando Pieve di Teco, ai 500 metri della Cascina Nirasca, dove Marco Temesio e Gabriele Maglio hanno avuto l'ardire di impiantare circa 3 ettari di ormeasco, il tipico vitigno di montagna proprio di questa parte della provincia imperiese. Gabriele è l'addetto di campagna, Marco segue la piccola e moderna cantina e la commercializzazione: un duo formidabile che sa sopravvivere in condizioni veramente limite.

In questo mirabile contesto, Marco e Gabriele hanno riprodotto anche nel '10 e sempre con estrema dignità, due dei vini più tipici dell'alta collina imperiese: il Pigato e il Pornassio. Il primo, alle nette cadenze di erbe aromatiche affianca una bocca fresca ed equilibrata; il secondo, pregevole nell'intensa colorazione rosso violacea, offre una morbida struttura ricca di tannini, chiaramente in evoluzione, ma che già danno un'idea della completezza del prodotto finale. Vermentino '10, Pornassio Superiore '09 e il raro Sciac-Trà non vanno al di là di un'onorevole menzione.

- ● Ormeasco di Pornassio '10 — 4
- ○ Riviera Ligure di Ponente Pigato '10 — 4
- ⊙ Ormeasco di Pornassio Sciac-Trà '10 — 4
- ● Ormeasco di Pornassio Sup. '09 — 4
- ○ Riviera Ligure di Ponente Vermentino '10 — 4
- ● Ormeasco di Pornassio Sup. '07 — 4*
- ○ Riviera Ligure di Ponente Pigato '09 — 4
- ○ Riviera Ligure di Ponente Pigato '08 — 4*
- ○ Riviera Ligure di Ponente Vermentino '09 — 4

LIGURIA 240

Cantina Cinqueterre
FRAZ. MANAROLA
LOC. GROPPO
19010 RIOMAGGIORE [SP]
TEL. 0187920435
www.cantinacinqueterre.com

VISITA SU PRENOTAZIONE

PRODUZIONE ANNUA 200.000 bottiglie
ETTARI VITATI 50.00

La fatica che i 300 soci conferitori della cantina cooperativa devono impiegare per strappare i loro pochi grappoli alla montagna fa ormai parte di una saga epica di cui si parla tutto il mondo: non a caso i vigneti compresi fra Riomaggiore e Monterosso fanno parte del patrimonio dell'umanità dell'Unesco. La cantina, abbarbicata sulla montagna in località Groppo, s'è dotata delle più moderne strutture di trasformazione ma la vista delle terrazze dove viene messa ad appassire l'uva per lo Sciacchetrà rimane, ancor'oggi, impagabile.

Tutto, nella sequenza dei vini presentati, ci ha fatto pensare che qualcosa era cambiato nello staff tecnico. Un insolito nitore, certi profumi intensi e freschi e una certa pienezza di struttura ci hanno ricordato quegli atteggiamenti modernisti che sono oggi una precisa esigenza di mercato. Di qui il buon equilibrio che contraddistingue tutti i prodotti, caratterizzati da una notevole carica floreale e dal gusto intensamente fruttato che il giovane staff enologico ha saputo mantenere. Un gradino di più anche per lo Sciacchetrà, che non ha centrato per un'inezia i Tre Bicchieri ma che ci ha riservato intense emozioni e grande piacevolezza di beva.

○ Cinque Terre Sciacchetrà '09	▼▼ 7
○ Cinque Terre '10	▼▼ 4*
○ Cinque Terre Costa da Posa di Volastra '10	▼▼ 4
○ Cinque Terre Costa du Campu '10	▼▼ 4
○ Cinque Terre Costa de Sèra di Riomaggiore '10	▼ 4
○ Cinque Terre Costa de Sèra di Riomaggiore '09	▼▼ 4
○ Cinque Terre Sciacchetrà '07	▼▼ 7

Azienda Agricola Durin
LOC. ORTOVERO
VIA ROMA, 202
17037 ORTOVERO [SV]
TEL. 0182547007
www.durin.it

VENDITA DIRETTA
VISITA SU PRENOTAZIONE

PRODUZIONE ANNUA 130.000 bottiglie
ETTARI VITATI 15.50

L'azienda di Antonio e Laura Basso è in continuo fermento. Dopo l'acquisizione e la ristrutturazione con muretti a secco di un intero vigneto collinare, circa 5,5 ettari in un unico corpo, nel vicino comune di Onzo, coltivato a vermentino, pigato e rossese, gli ultimi sforzi si sono concentrati sulla ristrutturazione di un vicino caseggiato per l'accoglienza e la ristorazione. Ma tutto questo non distrae certo i Basso dalla cura della cantina.

Anche per Antonio vale lo stesso discorso già fatto per altri produttori di questo comprensorio ingauno. La qualità è mediamente cresciuta, e non di poco, ma mancano gli acuti. Il Pigato I S-cianchi, ad esempio, conserva come sempre quelle piacevolissime note di salvia e di agrumi di Riviera ma il vino è quasi timido nel proporsi. Al contrario, sono sorprendentemente cresciuti i rossi, che con l'Alicante toccano traguardi interessanti. Quest'ultimo si presenta fresco e pieno, persistente nelle note fruttate di piccoli frutti rossi di montagna. Notevolissimo, anche per la sua originalità, l'Ormeasco Passito.

● Alicante '09	▼▼ 5
● Ormeasco di Pornassio '10	▼▼ 4
● Ormeasco di Pornassio Passito '09	▼▼ 6
○ Riviera Ligure di Ponente Pigato I S-cianchi '10	▼▼ 4
○ A' Matetta '10	▼ 4
● Granaccia '10	▼ 4
● I Matti '09	▼ 5
○ Riviera Ligure di Ponente Pigato '10	▼ 4
○ Riviera Ligure di Ponente Vermentino '10	▼ 4
○ Riviera Ligure di Ponente Pigato I S-cianchi '09	▼▼ 4*
○ Riviera Ligure di Ponente Pigato I S-cianchi '08	▼▼ 4*
○ Riviera Ligure di Ponente Vermentino '08	▼▼ 4*
○ Riviera Ligure di Ponente Vermentino '07	▼▼ 4

LIGURIA

Ottaviano Lambruschi
via Olmarello, 28
19030 Castelnuovo Magra [SP]
Tel. 0187674261
www.ottavianolambruschi.com

VENDITA DIRETTA

PRODUZIONE ANNUA 30.000 bottiglie
ETTARI VITATI 6.00

Ottaviano Lambruschi, asciutto e dritto come un vecchio olmo, continua a ombreggiare gli ordinati filari e dominare quel terreno che ha dissodato con tanta fatica. Sono passati più di trent'anni dalle sue prime vendemmie ma ancor oggi, grazie anche all'aiuto del figlio Fabio, la qualità rimane il suo principale obiettivo, a prezzo anche di grandi sacrifici. I Lambruschi lavorano personalmente i loro 6 ettari di vigne.

I grandi vini di Lambruschi sono, come per gli anni precedenti, i due cru di Vermentino: il Sarticola e il Costa Marina. Noi li abbiamo affrontati, anche quest'anno, con il dovuto rispetto e la dovuta considerazione. Ma nel millesimo '10 qualcosa non ha funzionato a dovere: sono vini di eccellente livello, aromatici e freschi, ma senza l'esuberanza e la polpa fruttata delle annate precedenti. E se nel Sarticola l'assaggio è apparso comunque vibrante, grazie alla grande salinità, una leggera nota amarognola in fine bocca ha caratterizzato il più floreale Costa Marina.

○ Colli di Luni Vermentino Sarticola '10	4
○ Colli di Luni Vermentino Costa Marina '10	5
○ Colli di Luni Vermentino Costa Marina '09	5
○ Colli di Luni Vermentino Sarticola '08	4*
○ Colli di Luni Vermentino Sarticola '09	4

Cantine Lunae Bosoni
fraz. Isola di Ortonovo
via Bozzi, 63
19034 Ortonovo [SP]
Tel. 0187669222
www.cantinelunae.com

VENDITA DIRETTA
VISITA SU PRENOTAZIONE

PRODUZIONE ANNUA 450.000 bottiglie
ETTARI VITATI 65.00

Cantine Lunae Bosoni è costituita da 65 ettari di vigneto di proprietà, e da 150 vignaioli locali che, affiancati dallo staff tecnico dell'azienda, conferiscono le loro piccole produzioni di uva con la riscoperta di antichi vitigni e la rivalutazione di aree particolarmente vocate. I progetti di Paolo Bosoni, oggi supportato dai figli, si spingono quindi verso lo studio e la ricerca dei vitigni autoctoni locali, il rispetto per le biodiversità e lo studio dei suoli, alla ricerca di una precisa identità territoriale.

Il Vermentino Etichetta Nera si rivela, anche per il '10, il vino più importante: il vero asse portante della produzione e il punto focale dove si riscontra e si verifica tutta la filosofia produttiva di Paolo Bosoni. Una filosofia imperniata sulla piacevolezza della beva, ma dove troverete intensità aromatica, una solida e ricca struttura, freschezza ed equilibrio incredibili, il tutto con deliziose coordinate mediterranee. Anche quest'anno una sola lunghezza distanzia il Cavagino dall'Etichetta Nera, ma siamo convinti che ormai i tempi sino maturi, se non per un sorpasso, almeno per un pareggio.

○ Colli di Luni Vermentino Et. Nera '10	5
○ Colli di Luni Vermentino Cavagino '10	6
○ Colli di Luni Vermentino Onda di Luna '10	5
○ Colli di Luni Vermentino Et. Grigia '10	4*
● Colli di Luni Niccolò V '07	5
○ Colli di Luni Vermentino Lunae Et. Nera '09	5
○ Colli di Luni Vermentino Lunae Et. Nera '08	4
● Colli di Luni Niccolò V '05	5
○ Colli di Luni Vermentino Cavagino '09	6

LIGURIA

Lupi
via Mazzini, 9
18026 Pieve di Teco [IM]
Tel. 018336161
www.casalupi.it

VENDITA DIRETTA
VISITA SU PRENOTAZIONE

PRODUZIONE ANNUA 140.000 bottiglie
ETTARI VITATI 7.00

Abbiamo appreso con disappunto che il nostro vecchio amico Tommaso, dopo oltre cinquanta vendemmie, si è ritirato dall'agone vitivinicolo e si gode il meritato riposo. "Tempus fugit" ci verrebbe da dire, ma il disappunto per questo naturale accadimento è mitigato dal fatto che la cantina di Pieve, come l'azienda tutta, è saldamente nelle mani del figlio Massimo che, come Tommaso – che continua a consigliarlo – è appassionato e capace.

Nella ricca gamma produttiva aziendale emergono, come ogni anno, i Vermentino e i Pigato, i gioielli della Lupi. Eccelle su tutti - more solito - il Vermentino Le Serre '09, straordinario per la sua tipicità, figlio della valle Arroscia, fresco di aromi, sapido e fruttato, intenso e profondo. La sua pienezza e la sua rotondità gustativa gli valgono i Tre Bicchieri e ne fanno ormai un classico dell'enologia ligure. I Pigato, che lo seguono a ruota – e senza farsi troppo distanziare - mostrano freschezza e mineralità ma senza sacrificare i toni di frutti a polpa bianca e degli agrumi.

Maccario Dringenberg
via Torre, 3
18036 San Biagio della Cima [IM]
Tel. 0184289947
maccariodringenberg@yahoo.it

VENDITA DIRETTA
VISITA SU PRENOTAZIONE

PRODUZIONE ANNUA 23.000 bottiglie
ETTARI VITATI 3.50

Giovanna Maccario è ormai l'indiscussa animatrice di un processo, che ci auguriamo irreversibile, che sta portando il Rossese di Dolceacqua nel ristretto novero dei vini-cult italiani. L'associazione Vigne Storiche del Rossese, già fondata dagli Anfosso e dai Rondelli, vede oggi in questo dinamico architetto non più una "portatrice d'acqua" ma l'anima stessa del movimento che mira - e siamo d'accordo - a rinominare il Rossese di Dolceacqua semplicemente come Dolceacqua, per non incorrere più in problematiche legate alla diffusione di quest'uva in altre zone.

Di questo Dolceacqua, però, Giovanna e suo marito Goetz Dringenberg quest'anno non hanno presentato le etichette più blasonate dei loro famosi cru. Il '09 non le ha dato uve all'altezza della loro reputazione. E nonostante ciò il più semplice e beverino Dolceacqua '10 vola nelle nostre degustazioni finali, dove esprime eleganti e freschi caratteri territoriali, sentori di erbe mediterranee e una più delicata ma solida struttura. Oltre a ciò, in onore della suocera tedesca (ci pare), Giovanna ha presentato una novità: un bianco denominato appunto Lady Dringenberg che, per il momento, non ci ha gran che impressionato, ma siamo solo alla prima uscita...

○ Riviera Ligure di Ponente Vermentino Le Serre '09	5
○ Passito La Vinsa '07	7
○ Riviera Ligure di Ponente Pigato '10	4
○ Riviera Ligure di Ponente Pigato Le Petraie '09	5
● Ormeasco di Pornassio '09	4
◉ Ormeasco di Pornassio Sciac-trà '10	4
○ Riviera Ligure di Ponente Vermentino '10	4
● Rossese di Dolceacqua '10	5
○ Riviera Ligure di Ponente Vermentino Le Serre '08	5
○ Riviera Ligure di Ponente Vermentino Le Serre '07	5
○ Riviera Ligure di Ponente Pigato '09	4
○ Riviera Ligure di Ponente Vermentino '09	4
○ Vignamare '06	5

● Rossese di Dolceacqua '10	4
○ Lady Dringenberg '10	4
● Rossese di Dolceacqua Sup. Vign. Luvaira '07	5
● Rossese di Dolceacqua Sup. Vign. Posau '08	5
● Rossese di Dolceacqua Sup. Vign. Luvaira '08	5
● Rossese di Dolceacqua Sup. Vign. Posau '07	3

LIGURIA

Il Monticello
via Groppolo, 7
19038 Sarzana [SP]
Tel. 0187621432
www.ilmonticello.vai.li

VENDITA DIRETTA
VISITA SU PRENOTAZIONE
OSPITALITÀ

PRODUZIONE ANNUA 55.000 bottiglie
ETTARI VITATI 10.00
VITICOLTURA Naturale

Per chi lavora, come i fratelli Neri, in biologico e in biodinamico, basta una minima bizza del tempo per vedersi costretti (come nel 2010) a fare in vendemmia una cernita molto rigorosa: addirittura acino per acino. Ma se per salvare la qualità i costi salgono, Davide ed Alessandro, in nome di un loro rigoroso credo naturalista, hanno il sostegno dei clienti più affezionati, che sanno capire e vogliono sostenere tutto questo. La scelta ambientalista, quindi, si sta dimostrando sempre più diffusa e condivisa.

Questo Poggio dei Magni Riserva '07 ci ha sorpreso. Al naso è tutto fragola e ciliegia, mentre in bocca i tannini risultano vellutati e rotondi. Piacevole ed inaspettato il tono delicatamente sulla vena che il vino poi offre al retrogusto. Nel Vermentino Poggio Paterno '09 abbiamo apprezzato i sentori agrumati anche se non sono ancora ben integrati alle note boisé del legno nuovo. Per il Passito siamo ancora in una fase di ricerca e sperimentazione. Ma siamo sicuri che i risultati arriveranno.

Conte Picedi Benettini
via Mazzini, 57
19038 Sarzana [SP]
Tel. 0187625147
www.picedibenettini.it

VENDITA DIRETTA
VISITA SU PRENOTAZIONE
OSPITALITÀ

PRODUZIONE ANNUA 30.000 bottiglie
ETTARI VITATI 20.00

Il Chioso di Arcola del conte Nino rimane una delle testimonianze più sicure della viticoltura post-rinascimentale italiana. All'interno delle sue alte mura che si estendono per chilometri, il patrizio seicentesco coltivava - allora come oggi - i suoi vigneti al riparo da sguardi indiscreti. Solo i rampolli delle grandi famiglie italiane avevano potuto apprendere queste nozioni raffinate ed esclusive visitando i clos e le vigne francesi, per capire le tecniche degli chateau bordolesi e dei domaine borgognoni.

Ogni volta che si degustano i vini del conte, che a buon diritto può essere considerato il padre della vitivinicoltura lunigiana, se ne apprezzano la particolarità e la tipicità. Il suo Ciliegiolo '10 ha saputo esprimere in questa annata una ragguardevole freschezza sia olfattiva che gustativa. Fra i profumi sono nette le note di ciliegia, fragola e ribes, mentre in bocca gli stessi sentori, accompagnati da una serena sapidità si sono trasformati in decisa piacevolezza. Il Vermentino Stemma ci aveva abituato a freschezza e note d'agrume che quest'anno, nel '10, abbiamo ritrovato solo in tono più sommesso.

● Colli di Luni Rosso Poggio dei Magni Ris. '07	4
○ Colli di Luni Vermentino Poggio Paterno '09	4
● Colli di Luni Rosso Rupestro '10	4
○ Colli di Luni Vermentino '10	4
○ Passito dei Neri '09	6
○ Colli di Luni Vermentino '08	4*
○ Colli di Luni Vermentino Poggio Paterno '08	4
○ Colli di Luni Vermentino Poggio Paterno '07	4*

⊙ Ciliegiolo '10	4*
○ Colli di Luni Vermentino Stemma '10	4
○ Colli di Luni Bianco Villa Il Chioso '10	4
○ Colli di Luni Vermentino Il Chioso '10	4
○ Passito del Chioso	5
○ Colli di Luni Bianco Villa Il Chioso '09	4*
○ Colli di Luni Vermentino Il Chioso '09	3*
○ Colli di Luni Vermentino Stemma '09	4*

LIGURIA

La Pietra del Focolare
VIA ISOLA, 74
19034 ORTONOVO [SP]
TEL. 0187662129
www.lapietradelfocolare.it

VENDITA DIRETTA
VISITA SU PRENOTAZIONE

PRODUZIONE ANNUA 30.000 bottiglie
ETTARI VITATI 7.00
VITICOLTURA Naturale

La fascia climatica giusta, sincerità, umiltà nel chiedere e nell'apprendere, costanza e amore per la natura sono gli ingredienti necessari per portare avanti l'idea di un vino vivo. Questo è il credo di Laura Angelini e Stefano Salvetti che in pochi anni, partendo dal nulla, hanno messo insieme ben sette ettari gestiti direttamente, di cui sei coltivati a vermentino, il vitigno principe locale. E l'impegno continua con la potatura corta, il grande lavoro per recuperare le vecchie piante e il reimpianto con il materiale selezionato in loco.

Dei due vini presentati, senza dubbio il più interessante rimane il Vermentino Solarancio '10, che peraltro non differisce di molto, per qualità, dall'annata precedente. Anche qui la fresca mineralità, dovuta senza dubbio alle caratteristiche del suolo, si annuncia prepotentemente alla beva preceduta all'olfatto dai sentori di pera, susina e albicocca. La Merla dal Becco, al di là del curioso nome attribuito a questo Rosso Colli di Luni, non ci ha entusiasmato a causa di un frutto un po' stanco, ai limiti della sovramaturazione.

○ Colli di Luni Vermentino Solarancio '10	ΨΨ 5
● Colli di Luni Rosso La Merla dal Becco '09	Ψ 6
○ Colli di Luni Vermentino Augusto '08	ΨΨ 4*
○ Colli di Luni Vermentino Solarancio '09	ΨΨ 6
○ Colli di Luni Vermentino Solarancio '08	ΨΨ 5

Poggio dei Gorleri
FRAZ. GORLERI
VIA SAN LEONARDO
18013 DIANO MARINA [IM]
TEL. 0183495207
www.poggiodeigorleri.com

VENDITA DIRETTA
VISITA SU PRENOTAZIONE
OSPITALITÀ

PRODUZIONE ANNUA 60.000 bottiglie
ETTARI VITATI 9.00

Diano Marina è divisa in varie frazioni, e Gorleri è una delle più panoramiche, disposta a ovest, a ridosso del vicino comune di Imperia. Dopo l'acquisizione delle strutture e del primo vigneto di Diano Marina, dove si produce Vermentino, che furono dell'azienda Montali e Temesio, la famiglia Merano acquista anche un vigneto ad Albenga per la produzione di Pigato ed uno a Pieve di Teco per il Pornassio. La differenziazione dei vigneti è stata cercata ed è una scelta vincente per la caratterizzazione delle produzioni.

Anche quest'anno il Pigato Cycnus s'è imposto prepotentemente all'attenzione dei degustatori, sia per la fresca vivacità, satura di note agrumate, che per la grande struttura ottimamente articolata ed equilibrata. Una leggera sfumatura di erbe appena falciate aggiunge quel che di aromatico che rende questo Pigato un vino di straordinario carattere. Meritati i Tre Bicchieri, a conferma di un livello ormai consolidato. Anche il Vermentino '10 si attesta su eccellenti livelli, mentre il Vigna Sorì '10 ci è parso un filo troppo evoluto.

○ Riviera Ligure di Ponente Pigato Cycnus '10	ΨΨΨ 4
○ Riviera Ligure di Ponente Vermentino '10	ΨΨ 4*
○ Riviera Ligure di Ponente Vermentino V. Sorì '10	Ψ 4
○ Riviera Ligure di Ponente Pigato Cycnus '09	ΨΨΨ 4*
○ Riviera Ligure di Ponente Pigato Cycnus '08	ΨΨΨ 4*
○ Riviera Ligure di Ponente Pigato Albium '09	ΨΨ 5
○ Riviera Ligure di Ponente Pigato Albium '08	ΨΨ 5
○ Riviera Ligure di Ponente Pigato Albium '07	ΨΨ 5
○ Riviera Ligure di Ponente Vermentino '08	ΨΨ 4*
○ Riviera Ligure di Ponente Vermentino Apricus '08	ΨΨ 5
○ Riviera Ligure di Ponente Vermentino Apricus '07	ΨΨ 5
○ Riviera Ligure di Ponente Vermentino V. Sorì '09	ΨΨ 4
○ Riviera Ligure di Ponente Vermentino V. Sorì '08	ΨΨ 4*

Sancio

via Laiolo, 73
17028 Spotorno [SV]
Tel. 019743255
cantinasancio@libero.it

VENDITA DIRETTA
VISITA SU PRENOTAZIONE

PRODUZIONE ANNUA 38.000 bottiglie
ETTARI VITATI 5.00

L'azienda di Riccardo Sancio dista pochi chilometri dal centro di Spotorno, e di lassù lo sguardo spazia verso il mare all'infinito, in un lembo di costa racchiuso tra Savona, a Levante, e l'Antica Repubblica Indipendente di Noli a Ponente. La fresca cantina interrata è sovrastata dall'abitazione, mentre l'agriturismo continua a raccogliere consensi. Riccardo è un vignaiolo convinto, segue personalmente tutte le filiera produttiva, dalla vigna alla vinificazione, e non trascura nemmeno la gestione commerciale.

Tra i vini presentati quest'anno le nostre preferenze vanno al Vermentino '10, che ci ha affascinato più del Pigato. Intensi e freschi i profumi - melone e susina - con un bel tono vegetale di macchia mediterranea. In bocca si è rivelato asciutto ed essenziale grazie a una intensa minerale sapidità. Il Pigato '10 unisce a un bel colore dorato garbati profumi e buona acidità ma risulta nel complesso un po' più tenue e fragile. Una gradevole sorpresa è invece data dal Rossese '10, saldo e fruttato, che torna ai valori dell'annata '06.

Terre Bianche

loc. Arcagna
18035 Dolceacqua [IM]
Tel. 018431426
www.terrebianche.com

VENDITA DIRETTA
VISITA SU PRENOTAZIONE
OSPITALITÀ

PRODUZIONE ANNUA 61.000 bottiglie
ETTARI VITATI 8.50

Filippo Rondelli non avrebbe bisogno di tutta la sua statura - crediamo che superi il metro e novanta - per dominare dall'alto i suoi vigneti e i suoi uliveti. Qui, in località Arcagna, il terreno è talmente scosceso che non si capisce come si possa coltivarlo. Dalla bella casa adibita ad agriturismo lo sguardo spazia dal Mar Ligure alle Alpi Marittime con un sol colpo d'occhio. Fare colazione al mattino in questo luogo, quando da ovest soffiano gli zeffiri soavi, vuol dire entrare in comunicazione con gli angeli.

I Tre Bicchieri della passata edizione non possono che essere confermati all'annata '09 del Rossese di Dolceacqua Bricco Arcagna. I toni eleganti di erbe aromatiche e di montagna si son fatti ancora più evidenti, mentre la piacevolezza del frutto si muove fra i profumi dei frutti di bosco e le note primarie dell'uva stessa. La pienezza gustativa è ravvivata da una nitida acidità che contribuisce a bilanciare la morbidezza dei tannini e ad alleggerire la beva. Ottimo anche il Vermentino '10, assurto quest'anno a primo bianco aziendale grazie alla pienezza dei profumi e alla freschezza gustativa. Interessante la novità dell'Aurin '07, un passito da uve di vermentino.

○ Riviera Ligure di Ponente Vermentino '10	4
○ Riviera Ligure di Ponente Pigato '10	4*
● Riviera Ligure di Ponente Rossese '10	4*
○ Lumassina Lilaria '10	4
○ Lumassina Matarosso '09	3
○ Il Bacioccio Passito	6
○ Riviera Ligure di Ponente Pigato '09	4*
○ Riviera Ligure di Ponente Pigato '07	4
○ Riviera Ligure di Ponente Pigato Cappellania '07	4
● Riviera Ligure di Ponente Rossese '10	4*

● Rossese di Dolceacqua Bricco Arcagna '09	5
○ Aurin '07	6
○ Riviera Ligure di Ponente Vermentino '10	4
● Rossese di Dolceacqua '10	4
○ Riviera Ligure di Ponente Pigato '10	4
● Rossese di Dolceacqua Bricco Arcagna '08	6
● Arcana Rosso '03	5
● Rossese di Dolceacqua '08	4*
● Rossese di Dolceacqua Bricco Arcagna '06	5
● Rossese di Dolceacqua Bricco Arcagna '01	5

LIGURIA

Cascina delle Terre Rosse
via Manie, 3
17024 Finale Ligure [SV]
Tel. 019698782

VENDITA DIRETTA
VISITA SU PRENOTAZIONE

PRODUZIONE ANNUA 30.000 bottiglie
ETTARI VITATI 4.50
VITICOLTURA Naturale

L'azienda Terre Rosse (che prende il nome dal colore delle terre data dalla ricchezza di minerali ferrosi) è una delle aziende storiche della provincia di Savona. Nata nel 1970, ha conquistato negli anni una forte identità, sorretta dall'alta costanza qualitativa. Per le prossime stagioni è previsto un ampliamento della struttura aziendale con la costruzione di una nuova barricaia e di un più grande magazzino climatizzato, mentre gli enoturisti potranno godere oltre che del verde paesaggio circostante anche del piacere di una nuova sala degustazione.

Vladimiro Galluzzo ci ha proposto una serie di vini di livello. I più interessanti assaggiati quest'anno sono il bianco Le Banche '10, blend di Pigato e Vermentino, che gioca sempre una buona partita interna fra la piacevolezza del frutto di base e il legno del contorno. E lo stesso dicasi dell'Apogeo '10, un Pigato di rara delicatezza, maturato in barrique, fornito di squisita acidità e ricco di morbidi toni fruttati di albicocche, prugne e melone. Più semplici e fresche le versioni di Pigato e Vermentino della Riviera Ligure di Ponente '10. Discreta L'Acerbina, fragrante bianco dalla locale uva lumassina, e il Solitario, blend di granaccia (grenache), rossese e altre uve rosse locali.

Vis Amoris
loc. Caramagna
s.da Molino Javè, 23
18100 Imperia
Tel. 3483959569
visamoris@libero.it

VENDITA DIRETTA
VISITA SU PRENOTAZIONE

PRODUZIONE ANNUA 14.000 bottiglie
ETTARI VITATI 3.50

Il nome racconta tutta la storia di questa azienda, e della ferrea volontà di Rossana e Roberto Zappa, di voler vivere in campagna e di credere in un sogno: creare una loro azienda vinicola. E il sogno si è realizzato: nel comune di Imperia in una piccola e stretta valle hanno creato la loro dimora e di fronte, su per la collina, dopo averla ripulita da rovi e sterpaglie, dove c'è bellissima esposizione a sud ovest, ecco le le vigne. Quasi quattro ettari coltivati a pigato, la metà circa già vigorosi mentre gli altri lo diverranno presto.

Di questo ormai famoso Pigato, presentato in diverse accezioni, abbiamo già parlato e ripetiamo le nostre impressioni: siamo di fronte a prodotti di notevole ricchezza olfattiva, sapidi e piacevoli, caratterizzati da nitide note fruttate, più intense e vitali nel Sogno '10. Ottima prova, e degustazioni finali, per il Dulcis in Fundo '09, un elegante passito da uve pigato che s'è fatto apprezzare per i complessi profumi d'erbe aromatiche e per la ricchezza dei toni fruttati, di albicocca soprattutto, appena frenata da una dolcezza un po' eccessiva.

○ Apogeo '10		5
○ Le Banche '10		8
○ L'Acerbina '10		5
○ Riviera Ligure di Ponente Pigato '10		5
○ Riviera Ligure di Ponente Vermentino '10		5
● Solitario '09		8
○ Apogeo '09		5
○ Riviera Ligure di Ponente Pigato '08		5
○ Riviera Ligure di Ponente Vermentino '09		5
● Solitario '07		8

○ Dulcis in Fundo '09		4
○ Riviera Ligure di Ponente Pigato Sogno '10		6
○ Riviera Ligure di Ponente Pigato V. Domè '10		5
○ Riviera Ligure di Ponente Pigato Sogno '09		6
○ Riviera Ligure di Ponente Pigato V. Domè '08		5
○ Riviera Ligure di Ponente Pigato V. Domè '07		5*
○ Riviera Ligure di Ponente Pigato V. Domè '06		5*
○ Riviera Ligure di Ponente Pigato V. Domè '05		4*

LIGURIA

LE ALTRE CANTINE

Carlo Alessandri
via Umberto I, 15
18020 Ranzo [IM]
Tel. 0183318114
az.alessandricarlo@libero.it

Continua il suo lavoro con alacre serietà questa piccola cantina di Ranzo proponendo un buon Pornassio '10, un vino giovane dai profumi piacevoli e dalla discreta intensità. Degni di nota anche il Pigato e il Pornassio Sciac-Trà, dal piacevole profumo di ciliegia, fresco, fruttato e di corpo snello.

● Ormeasco di Pornassio '10	🍷 4
● Ormeasco di Pornassio Sciac-Trà '10	🍷 4
○ Riviera Ligure di Ponente Pigato '10	🍷 4

Alta Via
loc. Arcagna
18035 Dolceacqua [IM]
Tel. 0184488230

Il Dolceacqua Superiore '09 di Chiara Formentini, ottenuto da vecchie vigne ad alberello ligure, propone piacevoli sentori di marasca, una bocca fresca e vellutata, un corpo delicato. Skip Intro '08 è un vino rosso più corposo, a base di uve syrah, strutturato ma un po' rustico. Fresco e piacevole il bianco Noname '10, da vermentino e viognier.

○ Noname '10	🍷 5
● Rossese di Dolceacqua Sup. '10	🍷🍷 5
● Skip Intro '08	🍷 5
● Toraggio '05	🍷 5

Anfossi
fraz. Bastia
via Paccini, 39
17031 Albenga [SV]
Tel. 018220024
www.aziendaagrariaanfossi.it

Mario Anfossi quest'anno ha capovolto i risultati degli anni precedenti, convincendo di più con i rossi che non con i bianchi, che sono risultati freschi ma un po' fragili nella struttura. Rotondo e pulito il Rossese, mentre il rosato Paraxo ci persuade decisamente per i piacevoli profumi di uva spina e marasca.

⊙ Paraxo '10	🍷 3*
● Riviera Ligure di Ponente Rossese '10	🍷🍷 4*
○ Riviera Ligure di Ponente Pigato '10	🍷 4
○ Riviera Ligure di Ponente Vermentino '10	🍷 4

Tenuta Anfosso
c.so Verbone, 175
18036 Soldano [IM]
Tel. 0184289906
www.tenutaanfosso.it

Alessandro e Marisa stanno insistendo su una linea produttiva che non può che portarli a livelli di eccellenza. Già oggi il loro Dolceacqua Superiore Poggio Pini '09 è eccellente e accede alle finali. Manca poco, in definizione e pulizia, per fare il salto di qualità definitivo. Ma sono ottime anche le altre versioni di Rossese.

● Rossese di Dolceacqua Sup. Poggio Pini '09	🍷🍷 5
● Rossese di Dolceacqua Sup. '09	🍷🍷 4
○ Rossese Bianco '10	🍷 6
● Rossese di Dolceacqua Luvaira Sup. '09	🍷 5

Riccardo Arrigoni
loc. Migliarini
via Sarzana, 224
19126 La Spezia
Tel. 0187504060
www.awf2000.com

In mancanza dello Schiacchetrà, che aveva riscontrato notevoli consensi in passato, ci affidiamo alle note di fiori bianchi e frutta fresca del Vermentino Vigna del Prefetto '10, mentre rimane un po' debole La Cascina dei Peri '10. Di piacevole freschezza l'Albarola '10, un vino dagli intensi riflessi verdognoli.

○ Colli di Luni Vermentino V. del Prefetto '10	🍷🍷 5
○ Colli di Luni Vermentino La Cascina dei Peri '10	🍷 4
○ Golfo dei Poeti Albarola '10	🍷 4

Luigi Bianchi Carenzo
via I. Lantero, 19
18013 Diano San Pietro [IM]
Tel. 0183429072

Il Vermentino '10 si dischiude con un bouquet delicatamente floreale. La struttura è elegante, ben profilata e di carattere. Un po' meno accattivante c'è parso il Pigato '10, mentre il Rossese '10, seppur di buona fattura, non riesce ad esprimere tutta la sua vitalità.

○ Riviera Ligure di Ponente Vermentino '10	🍷🍷 4
○ Riviera Ligure di Ponente Pigato '10	🍷 4
● Riviera Ligure di Ponente Rossese '10	🍷 4

LIGURIA

LE ALTRE CANTINE

Samuele Heydi Bonanini
via San Antonio, 72
19017 Riomaggiore [SP]
Tel. 0187920959
www.possa.it

Sempre elevato lo standard qualitativo dell'azienda di Bonanini. Buoni risultati sono emersi dal bianco Ecrù '10, come pure dal Passito La Rinascita '10. Convincente lo Sciacchetrà '09 che rimane il miglior vino aziendale, mentre il rosso U Neigru '10 pur essendo un vino pulito ha con un corpo troppo esile.

○ Cinque Terre Ecrù '10	7
○ Cinque Terre Sciacchetrà '09	8
● Passito La Rinascita '10	8
● Rosso U Neigru '10	5

Luigi Calvini
via Solaro, 76-78a
18038 San Remo [IM]
Tel. 0184660242
www.luigicalini.com

Assente per alcuni anni dalla Guida, Luigi Calvini ritorna con un convincente Rossese '10, pieno e piacevole in bocca e dagli ampi profumi di erbe mediterranee, come il rosmarino e la salvia. Più fragile il Vermentino '10 anche se, insieme alla scontata freschezza, manifesta le stesse interessanti note aromatiche.

● Riviera Ligure di Ponente Rossese '10	4
● Riviera Ligure di Ponente Vermentino '10	4

Cascina Feipu dei Massaretti
fraz. Bastia
reg. Massaretti, 7
17031 Albenga [SV]
Tel. 018220131
www.paginegialle.it/massaretti

L'azienda, fondata da Pippo e Iole Parodi, è oggi condotta dal genero Mirco Mastroianni, che ha presentato un convincente Pigato '10 dai piacevoli profumi di salvia e di sambuco: pieno e armonico in bocca, è di buon corpo. Leggermente più evoluto La Palmetta '10, che si riconferma però come un vino di beva piacevole.

○ Riviera Ligure di Ponente Pigato '10	4
○ Riviera Ligure di Ponente Pigato La Palmetta '10	4

Cheo
via Brigate Partigiane, 1
19018 Vernazza [SP]
Tel. 0187821189
cheochea@hotmail.com

Il professor Bartolomeo Lercari, con l'indispensabile collaborazione di Lise Bertram, ha portato nelle impervie terrazze di Vernazza l'esperienza maturata in tanti anni di insegnamento all'Università di Pisa. Ne è nato uno stupefacente Sciacchetrà '08 dalla schietta mandorla tostata e un Cinque Terre '10, il Perciò, che non teme confronti.

○ Cinque Terre Sciacchetrà '08	8
○ Cinque Terre Perciò '10	5
○ Cinque Terre Cheo '10	4

Walter De Battè
via Trarcantu, 25
19017 Riomaggiore [SP]
Tel. 0187920127

I vini di Walter De Battè sono più da meditazione che da pronta beva. In essi si riscopre il sapore dell'entroterra ligure insieme agli afrori della macchia mediterranea. Di recente imbottigliamento, non hanno raggiunto ancora quell'equilibrio che l'estimatore potrà riscontrare dopo un discreto periodo di affinamento.

○ Carlaz '09	5
● Çerico '08	5
○ Harmoge '09	5

Fontanacota
loc. Ponti
fraz. Pornassio
via Provinciale
18100 Imperia
Tel. 0183293456
www.fontanacota.it

Si esprimono bene, e dimostrano continuità, i vini di Marina Berta, che anche quest'anno propone un Pigato '10 ricco di buona sapidità, mineralità e delicati profumi di sambuco. I rossi Pornassio '10 e Sciac-Trà '10, seppur di buona struttura, non raggiungono ancora vette più ambiziose.

○ Riviera Ligure di Ponente Pigato '10	4*
● Ormeasco di Pornassio '10	4
● Ormeasco di Pornassio Sciac-Trà '10	4

LIGURIA

LE ALTRE CANTINE

Foresti
via Braie, 223
18033 Camporosso [IM]
Tel. 0184292377
www.forestiwine.it

Notevoli passi avanti per i vini di Marco Foresti. Il Vermentino '10 si presenta con note di sapida aromaticità, sia al naso sia in bocca, che perdurano con piacevole persistenza. Anche il Pigato '10 piace per la sua freschezza, la franchezza e il corpo vellutato che sprigiona in bocca nette fragranze mediterranee.

○ Riviera Ligure di Ponente Pigato I Soli '10	🍷🍷 4*
○ Riviera Ligure di Ponente Vermentino I Soli '10	🍷🍷 4*

Forlini Cappellini
loc. Manarola
via Riccobaldi, 45
19010 Riomaggiore [SP]
Tel. 0187920496
forlinicappellini@libero.it

Quest'anno, a sorpresa, non ci siamo confrontati con lo Sciacchetrà, ma con il nuovo Bucce '10, creato con la tecnica del ripasso che gli ha conferito potente struttura senza intaccare la freschezza di beva. Meno incisivo è il Cinque Terre '10. Sapidità e acidità non bastano per dargli il peso di un vino da tutto pasto.

○ Bucce '10	🍷🍷 8
○ Cinque Terre '10	🍷 5

Gajaudo Cantina del Rossese
loc. Bunda
S.da Provinciale, 7
18035 Imperia
Tel. 0184208095
www.cantinagajaudo.com

Bel passo avanti per i vini Gajaudo! Il Pigato '10 ha migliorato la sua struttura, raggiungendo una buona sapidità e un piacevole finale. Il Dolceacqua '10 riconferma la sua piacevolezza pur nell'ambito di una struttura molto snella. Lo stesso dicasi del Vermentino Pejuna '10, che si gioverebbe di più carattere e intensità.

● Dolceacqua Rossese '10	🍷🍷 4
● Dolceacqua Rossese Arcagna '08	🍷🍷 5
○ Riviera Ligure di Ponente Pigato '10	🍷🍷 4
○ Riviera Ligure di Ponente Vermentino Pejuna '10	🍷 5

Giacomelli
via Palvotrisia, 134
19030 Castelnuovo Magra [SP]
Tel. 0187674155

I vini dell'annata 2010 di Roberto Petacchi sono vini corretti e piacevoli ma leggermente sotto tono. Il Vermentino '10 presenta profumi di ananas, banana e mela matura, che però sfumano rapidi e lo stesso dicasi per il Boboli '10 che però è dotato di una dignitosa struttura, e si dischiude sulle note di frutta matura e la camomilla.

○ Colli di Luni Vermentino '10	🍷 5
○ Colli di Luni Vermentino Boboli '10	🍷 5

Podere Grecale
loc. Bussana
Ciousse
 San Remo [IM]
Tel. 01841956107
www.poderegrecale.it

Ingresso in Guida per questa azienda di Bussana, tra Arma di Taggia e Sanremo, che ha presentato un Vermentino '10 piacevole e pulito ma ancora poco persistente e non troppo caratterizzato. Il Pigato '10 ci ha convinto di più, e presenta una struttura più armoniosa e complessa. Ma noi siamo fiduciosi per il futuro.

○ Riviera Ligure di Ponente Pigato '10	🍷 4
○ Riviera Ligure di Ponente Vermentino '10	🍷 4

Ka' Manciné
fraz. San Martino
p.zza Otto Luoghi, 36
18036 Soldano [IM]
Tel. 0184289089
www.kamancine.it

Il Dolceacqua Beragna '10 ci ha conquistato per i suoi profumi intensi di rosa, ma al palato, i pur piacevoli sapori di frutti rossi, non sono accompagnati da un corpo adeguato, che possa far sognare traguardi più ambiziosi. Più legato alla tradizione il Galeae '10 che si riconferma sul livello delle annate precedenti.

● Rossese di Dolceacqua Beragna '10	🍷🍷 4
● Rossese di Dolceacqua Galeae '10	🍷 5
⊙ Sciakk '10	🍷 5

LIGURIA

LE ALTRE CANTINE

Tenuta La Ghiaia
via Falcinello, 127
19038 Sarzana [SP]
Tel. 0187627307
www.tenutalaghiaia.it

Opera da pochi anni nello spezzino e i suoi vini sono già un'eccellenza. Su tutti il Vermentino Ithaa '08, macerato sulle bucce, dai profumi intensi di macchia mediterranea, strutturato e assai armonico nel corpo. Da non sottovalutare anche il Vermentino Atys '10, che seppur meno intenso, dimostra una chiara identità territoriale.

○ Colli di Luni Vermentino Ithaa '08	4
○ Colli di Luni Vermentino Atys '10	4
● Colli di Luni Rosso 11 Nodi '09	4
○ Colli di Luni Vermentino Almagesto '08	4

Podere Lavandaro
via Castiglione
54035 Fosdinovo [MS]
Tel. 018768202
www.poderelavandaro.it

Marco Taddei e Matteo Cimoli entrano per la prima volta in Guida e fanno centro. Il Vermentino '10 è piacevole, ha profumi poco complessi ma decisi e puliti con nette fragranze agrumate e schietta salinità. Un po' meno importante il Rosso '10 che però è sapido e ci offre un'interessante tipicità.

● Colli di Luni Rosso '10	4
○ Colli di Luni Vermentino '10	4

Tenuta Maffone
loc. Acquetico
via San Rocco 18
18026 Pieve di Teco [IM]
www.tenutamaffone.it

Primo anno di Guida per questa azienda di Acquetico, in Valle Arroscia, famosa per il suo Pornassio. Festeggiamo il suo arrivo con un Pigato dell'annata '09 di ottimo livello. Al naso si sprigionano profumi di mela e di ananas, poi note iodate, che ci introducono ad un vino di bella freschezza, saldo e persistente, dal carattere minerale.

○ Riviera Ligure di Ponente Pigato '09	4

Maixei
loc. Regione Porto
18035 Dolceacqua [IM]
Tel. 0184205015
www.maixei.it

Piacevoli i profumi e articolata la struttura del Dolceacqua Superiore '09. Al naso è convincente, e in bocca è elegante e vellutato. Il corpo assai snello non porta però questo vino ai vertici dell'eccellenza. Simile il Dolceacqua '09, ha profumi piacevoli ma è un po' magro. Interessante il Barbadirame '09.

○ Dolceacqua Rossese Sup. '09	5
○ Dolceacqua Rossese '10	5
○ Dolceacqua Rossese Sup. Barbadirame '09	5

Paganini
loc. Chiazzari, 15
17024 Finale Ligure [SV]
Tel. 335211931
www.cantinapaganini.it

Il Vermentino '10 è di beva piacevole, anche se al naso non sprigiona profumi di grande intensità. Più interessante sicuramente il Pigato di Gian Riccardo Paganini: si dimostra molto più aderente alla tipicità locale con suadenti colorazioni dorate, grandi profumi mediterranei e forte mineralità al palato.

○ Riviera Ligure di Ponente Pigato '10	4
○ Riviera Ligure di Ponente Vermentino '10	4

F.lli Parma
via G. Garibaldi, 8
16040 Ne [GE]
Tel. 0185337073
www.fratelliparma.it

È decisamente buona la Bianchetta I Cansalè '10 che, pur presentandosi con un corpo snello, esibisce decisi profumi di fiori bianchi e mela verde, mentre il Vermentino '10, nella sua piacevolezza, è un po' troppo tenue, al naso come al palato. Fresco il ciliegiolo, ma ancora un po' scomposto.

○ Golfo del Tigullio Bianchetta Genovese I Cansalè '10	4
○ Golfo del Tigullio Ciliegiolo Le Vigne del Tigullio '10	3
○ Golfo del Tigullio Vermentino '10	3

LIGURIA

LE ALTRE CANTINE

Gino Pino
Fraz. Missano
via Podestà, 31
16030 Castiglione Chiavarese [GE]
Tel. 0185408036
pinogino.az.agricola@tin.it

Antonella Pino ha presentato un Moscato '10 intenso negli aromi e nella piacevolezza della beva, appena velato nei profumi. Anche la Bianchetta Genovese '10 e il Ciliegiolo '10, che pur apprezziamo per il loro fresco equilibrio, si aprono con rigogliosa giovinezza ma con un corpo e una struttura che ameremmo più ricchi.

○ Golfo del Tigullio Moscato '10	🍷🍷 5
○ Golfo del Tigullio Bianchetta Genovese '10	🍷 4
● Golfo del Tigullio Ciliegiolo '10	🍷 4

Danila Pisano
via San Martino, 20
18036 Soldano [IM]
Tel. 0184208551
www.danilapisano.com

È sempre piacevole il Rossese del mitico Vigneto Savoia di Danila Pisano, ma questo '09 si propone snello e scorrevole. I profumi sono piuttosto tenui mentre il corpo non esprime tutta la consueta intensità. Non diverso il Superiore '09, un vino piacevole ma che fa rimpiangere il millesimo '08.

● Rossese di Dolceacqua Sup. '09	🍷 4
● Rossese di Dolceacqua Vign. Savoia '09	🍷 5

Poggi dell'Elmo
c.so Verbone, 135
18036 Soldano [IM]
Tel. 0184289148
guglielmi.g@libero.it

Continua la serie di prove positive per i vini di Giovanni Guglielmi. Quest'anno Elmo I '09 è di livello eccellente. I suoi profumi di frutta matura, con nette note di ciliegia in primo piano, caratterizzano un vino piacevole e rotondo. Convincenti anche il Vigneto dei Pini '09 e il Dolceacqua '10.

● Rossese di Dolceacqua Elmo I '09	🍷🍷 4
● Rossese di Dolceacqua Vigneto dei Pini '09	🍷🍷 4
● Rossese di Dolceacqua '10	🍷 4

Cascina Praié
loc. Colla Micheri
s.da Castello, 20
17051 Andora [SV]
Tel. 019602377
www.cascinapraievino.it

Fra i diversi vini presentati da Massimo Viglietti emerge un bel Pigato, Il Canneto '10 (coltivato a Testico, a circa 450 metri di quota), un vino sapido e con sentori di erbe mediterranee. Tenui e giovanili i profumi del Vermentino Colla Micheri '10 e del Ros'è '10 che non raggiungono però il carattere del '09

○ Riviera Ligure di Ponente Pigato Il Canneto '10	🍷🍷 4
○ Riviera Ligure di Ponente Vermentino Colla Micheri '10	🍷 4
⊙ Ros Ros'è '10	🍷 4

La Ricolla
via Garibaldi, 12/2
16040 Ne [GE]
Tel. 0185337087
laricolla@alice.it

Daniele Parma ha presentato due nuovi prodotti piacevoli e morbidi. L'Autoctona '10, un vino bianco fresco e intenso e il rosso La Ricolla '10 con profumi più decisi di ciliegia e frutti rossi. Il Vermentino Fliscano '10 seppur piacevole non riesce a raggiungere vette di eccellenza.

○ Golfo Del Tigullio Bianchetta Genovese Autoctona '10	🍷 4
○ Golfo Del Tigullio Vermentino Fliscano '10	🍷 4
● La Ricolla '10	🍷 4

Luigi Sartori
fraz. Leca
reg. Torre Pernice, 3
17031 Albenga [SV]
Tel. 018220042
sartoripigato@libero.it

Buona ma non di altissimo livello la prova di questa cantina con l'annata '10. Snello e scorrevole c'è parso l'Oro di Aleramo '10 mentre gli altri vini aziendali, sia i Pigato sia il Vermentino, si esprimono con tipicità. Pur se freschi e piacevoli devono acquisire maggiore determinazione e carattere, com'è nel loro potenziale.

○ Oro di Aleramo '10	🍷 7
○ Riviera Ligure di Ponente Pigato '10	🍷 5
○ Riviera Ligure di Ponente Pigato Torre Pernice '10	🍷 5
○ Riviera Ligure di Ponente Vermentino '10	🍷 4

LIGURIA
LE ALTRE CANTINE

Tenuta Selvadolce
via Selva Dolce, 14
18012 Bordighera [IM]
Tel. 3492225844
www.selvadolce.it

Continua il buon lavoro di questa azienda che, seppur non presentando il già noto Selvadolce Rosso, ci ha regalato emozioni con il Vermentino '09, che conquista le nostre finali con il suo profumo intenso di frutti maturi. Minerale e articolata la struttura. Piacevole anche il Rucantù '09, da uve pigato, che denota però una minore incisività.

○ Riviera Ligure di Ponente Vermentino
   Selvadolce '09   🍷🍷 6
○ Riviera Ligure di Ponente Rucantù '09   🍷🍷 6

Agostino Sommariva
via Mameli, 1
17031 Albenga [SV]
Tel. 0182559222
www.oliosommariva.it

L'azienda, da pochi anni in Guida, è un'azienda storica di Albenga famosa anche per il pregiato olio extravergine di olive taggiasche. Il suo Pigato Nin '10 non è intenso come negli anni passati, mentre il Rossese Dee '10 ha un profumo fresco, pulito, piacevole, sorretto da un corpo armonico e di carattere.

○ Riviera Ligure di Ponente Pigato Nin '10   🍷 4
● Riviera Ligure di Ponente Rossese Dee '10   🍷 4

Podere Terenzuola
via Vercalda, 14
54035 Fosdinovo [MS]
Tel. 0187680030
www.terenzuola.com

Ivan Giuliani presenta il suo Sciacchetrà Riserva '08 ottenendo un valido giudizio. Buoni i profumi di sambuco che, associati alla frutta matura e al miele, conferiscono eleganza ad un vino fresco e piacevole. Meno incisivo all'olfatto il Cinqueterre '10 che perde il confronto con la Riserva ma offre un corpo dignitosamente strutturato.

○ Cinque Terre Sciacchetrà Ris. '08   🍷🍷 8
○ Cinque Terre Bianco '10   🍷 4

Valdiscalve
loc. Reggimonti
SP 42
19011 Bonassola [SP]
Tel. 0187818178
www.vermenting.com

L'ingegner Gianni Cogo quest'anno ha diminuito la produzione del vino a causa del vigneto Reggimonti, franato per le intense piogge. Il Bianco Vigna del Salice '10 comunque ci appaga, con i suo profumi di fiori bianchi e mela, armonico nel corpo ed elegante. L'azienda è piccola ma la determinazione dei Cogo è grande.

○ Colline di Levanto Bianco Verment Ing
   V. Salice '10   🍷🍷 4

La Vecchia Cantina
fraz. Salea
via Corta, 3
17031 Albenga [SV]
Tel. 0182559881

Un passo avanti quest'anno per la nuova annata di Passito, la '03. Il vino ha nitidi profumi di frutta esotica stramatura e non perde la sua freschezza pur vantando alcuni anni di invecchiamento. Il Pigato '10 si presenta gradevole, non eccessivamente intenso, con un leggero tono di mandorla amara in fin di bocca.

○ Colline Savonesi Passito '03   🍷🍷 6
○ Riviera Ligure di Ponente Pigato '10   🍷 4

Claudio Vio
fraz. Crosa, 16
17032 Vendone [SV]
Tel. 018276338
claudio.vio@libero.it

Da anni presente in Guida, Claudio offre vini freschi con buoni profumi e discreta struttura, sapidi e territoriali. Anche l'annata '10 si attesta sui consueti buoni livelli, mentre il Pigato U Grottu '09, macerato sulle bucce, pur dimostrando più identità, e un corpo solido e profondo, è meno fine dell'annata precedente.

○ Riviera Ligure di Ponente Pigato '10   🍷 4
○ Riviera Ligure di Ponente Vermentino '10   🍷 4
○ U Grottu '08   🍷 5

LOMBARDIA

Quest'edizione della Guida vede 18 aziende lombarde sul podio dei Tre Bicchieri. Un numero importante che testimonia come il grande lavoro di programmazione e di ristrutturazione di molte zone e di moltissime aziende, stia procedendo in modo spedito. Dalla progettualità alla pratica con determinazione ed entusiasmo, insomma. Lo si percepisce fino dalla Valtellina, dove sono tre le aziende premiate, ma solo una di queste, Mamete Prevostini, ottiene il nostro premio con un eccellente Sforzato, l'Albareda '09. Gli altri due, Nino Negri con il Valtellina del Vigneto Fracia '08 e Arturo Pelizzati Perego – Ar.Pe.Pe – con uno splendido Sassella Stella Retica Riserva '06. A conferma che il vino da appassimento non è l'unica possibilità di Grand Vin sulle Alpi Retiche, ma anzi il nebbiolo – o chiavennasca - qui si può esprimere "normalmente" ad altissimo livello. L'unico bianco fermo premiato della regione è una conferma, è il Lugana Selezione Fabio Contato della Provenza, che si unisce alla foto di gruppo lombardo veneta che insieme ad altri due vini della denominazione festeggia lo stato di questo fragrante bianco gardesano. Ottima annata anche in Oltrepò, sempre più la terra del Pinot Nero, che sia vino rosso o metodo classico poco importa. Si confermano Frecciarossa con il mediterraneo Giorgio Odero '08 e ribatte il più francofono Noir '08 della Tenuta Mazzolino. Bollicine comme il faut da Monsupello con il suo eccellente Classese Brut '04 e dai Fratelli Giorgi con il Brut 1870 '07, sempre più affidabile e buono. Debutta un veterano tra i finalisti dell'Oltrepò, Paolo Verdi con il suo classicissimo Oltrepò Pavese Rosso Cavariola Riserva '07, vino di raffinata eleganza. La festa continua con l'immancabile Franciacorta, che vede confermato il suo ruolo di denominazione leader a livello regionale con ben nove vini. Si tratta di un'agguerrita pattuglia di veterani, capeggiata dalla Cuvée Annamaria Clementi '04 di Ca' del Bosco, seguita dalla Cavalleri con un finissimo Pas Dosé R. D. '06, dal Franciacorta Gran Cuvée Pas Operé '05 di Bellavista, e dal Nature dei Gatti. Il Franciacorta Extra Brut Riserva '05 de La Montina è anch'essa bottiglia di valore assoluto, come anche quella della Guido Berlucchi, il Franciacorta Cellarius Brut '07. Debuttano tra i vini premiati la Ricci Curbastro con l'Extra Brut '07 e la Contadi Castaldi con il Satèn Soul '05. Dulcis in fundo, una raffinatissima versione di Extra Brut, la '05 di Ferghettina s'è imposta su tutte e merita il premio di cuvée dell'anno, che rimane così in regione. Ottime notizie dalla Valtenesi e dalla Valcalepio, che completano un quadro davvero complesso e dinamico.

LOMBARDIA

Marchese Adorno
VIA CORIASSA, 4
27050 RETORBIDO [PV]
TEL. 0383374404
www.marcheseadorno-wines.it

VENDITA DIRETTA
VISITA SU PRENOTAZIONE

PRODUZIONE ANNUA 200.000 bottiglie
ETTARI VITATI 85.00

L'azienda agricola è molto estesa: si va dalle coltivazioni di foraggio in pianura fino a vigneti in alta collina. Ciò che a noi interessa è però il vino, e il marchese Marcello Cattaneo Adorno, da quando, nel 1997, ha deciso di dirigere personalmente la tenuta di famiglia, ha investito molto ristrutturando in toto la cantina e affidandosi, recentemente, a Francesco Cervetti, enologo di comprovata esperienza. I primi risultati sono incoraggianti e l'assaggio di ciò che riposa in barrique fa molto ben sperare per il prossimo futuro.

Il Pinot Nero Rile Nero '08 sta cominciando ad acquisire una fisionomia ben precisa: meno legno rispetto al passato, più profumi varietali, più eleganza. Un bel bicchiere, con un finale ammandorlato molto piacevole. Stesso discorso, nell'ambito di una tipologia diversa, per l'altro vino rosso di punta dell'azienda, ovvero la Barbera Vigna del Re. Nella versione '08 è ricca, opulenta, profumata di amarena sotto spirito e carnosa in bocca. Da quest'anno il Pinot Nero giovane vinificato in acciaio si chiama Brughero: il '09 ha profumi franchi e una beva estremamente piacevole. Ben fatti gli altri vini, incluso il morbido e piacione Merlot Cliviano '09.

● OP Barbera V. del Re '08	▼▼ 6
● OP Bonarda Vivace Costa del Sole '10	▼▼ 4
○ OP Pinot Grigio Dama D'Oro '09	▼▼ 4*
● OP Pinot Nero Brughero '09	▼▼ 5
● OP Pinot Nero Rile Nero '08	▼▼ 6
● Cliviano '09	▼ 4
● Cliviano '06	▽▽ 4
○ OP Pinot Grigio Dama D'Oro '09	▽▽ 4
○ OP Pinot Grigio Dama D'Oro '08	▽▽ 4*
● OP Pinot Nero Rile Nero '07	▽▽ 6

F.lli Agnes
VIA CAMPO DEL MONTE, 1
27040 ROVESCALA [PV]
TEL. 038575206
www.fratelliagnes.it

VENDITA DIRETTA
VISITA SU PRENOTAZIONE

PRODUZIONE ANNUA 120.000 bottiglie
ETTARI VITATI 18.00

In Oltrepò Pavese la Bonarda si produce ovunque, ma la sua patria riconosciuta è Rovescala. Qui, da anni, il riferimento più sicuro e costante per la Bonarda è rappresentato dall'azienda dei fratelli Sergio e Cristiano Agnes, capaci di declinare in tutti i modi possibili (vivace, ferma giovane, ferma da invecchiamento) questa tipologia a base di uva croatina - che nei loro vigneti prende la forma della bonarda pignola, una varietà con grappolo e chicchi più piccoli capace di dare risultati di eccellenza.

Quest'anno nelle nostre degustazioni è spiccatla la Bonarda Campo del Monte '10, intensa e fruttata, piuttosto morbida, paradigmatica per quanto riguarda l'inconfondibile stile Agnes. Ancora più morbida la "sorella" Cresta del Ghiffi, adatta a chi non teme i residui zuccherini piuttosto alti. Più o meno di pari livello le due riserve invecchiate in legno, con un Millennium '08 dagli intensi profumi fruttati e balsamici, mentre nel Poculum '09, che esce un anno prima, l'apporto vanigliato del legno è piuttosto marcato. Eccellente anche come rapporto qualità/prezzo il profondo Vignazzo. Piacevole il Martinotti Rosé Pindesa.

● OP Bonarda Vivace Campo del Monte '10	▼▼ 4
● Vignazzo '08	▼▼ 4
● OP Bonarda Millenium '08	▼▼ 5
● OP Bonarda Vivace Cresta del Ghiffi '10	▼▼ 4
● Poculum '09	▼▼ 5
⊙ Martinotti Rosé Pindesa	▼ 3*
● OP Bonarda Possessione del Console '10	▼ 4
● OP Bonarda Frizzante Campo del Monte '09	▽▽ 3*
● OP Bonarda Frizzante Cresta del Ghiffi '09	▽▽ 3*
● OP Bonarda Millenium '07	▽▽ 5
● Poculum '08	▽▽ 5
● Poculum '07	▽▽ 5

LOMBARDIA

Anteo
LOC. CHIESA
27040 ROCCA DE' GIORGI [PV]
TEL. 038599073
www.anteovini.it

VENDITA DIRETTA
VISITA SU PRENOTAZIONE

PRODUZIONE ANNUA 20.000 bottiglie
ETTARI VITATI 27.00

Se si amano gli spumanti metodo classico, è d'obbligo una visita a questa azienda fondata trent'anni fa da Trento Cribellati a 380 metri di altitudine nella parte alta di Rocca de' Giorgi e condotta ora dai figli Pietro e Antonella. In particolare, da non perdere lo spettacolo della cantina a volte interamente interrata con le cataste di bottiglie ai lati e le lunghe file di pupitre (i cavalletti per la lavorazione metodo classico) al centro, perché qui il rémuage si effettua esclusivamente a mano. Siamo nel regno del pinot nero ed è proprio quest'uva che la fa da padrona in vigna e in cantina.

Abbastanza agevole l'accesso in finale per la Riserva del Poeta '04, dal colore giallo paglierino carico, profumata di miele e di zenzero, succosa e gratificante in bocca, con lungo finale. Discorso a parte merita il Nature Ecru '06, il simbolo dell'azienda, Tre Bicchieri nell'annata '03: la prima sboccatura ne lascia solo intravedere le grandi potenzialità, aspettiamo quindi con fiducia le sboccature successive perché da Anteo il pinot nero non teme certo le lunghe permanenze sui lieviti. Molto ben fatto il Brut "base", armonico e cremoso; piace all'esordio il varietale Riesling Quadro di Mezzo '10. Bene il Cruasé e il resto della produzione.

○ OP Pinot Nero Brut Cl. Riserva del Poeta '04	7
● OP Bonarda Frizzante Staffolo '10	4
○ OP Pinot Nero Brut Cl.	5*
⊙ OP Pinot Nero Brut Martinotti Rosé	4
○ OP Pinot Nero Nature Écru '06	6
○ OP Riesling Sup. Quadro di Mezzo '10	4
⊙ OP Cruasé	5
○ OP Pinot Nero Brut Martinotti	4
○ OP Pinot Nero Brut Cl. Nature Écru '03	5
○ OP Pinot Nero Brut Cl. Nature Écru '05	5
○ OP Pinot Nero Brut Cl. Riserva del Poeta '03	6
⊙ OP Pinot Nero Brut Cl. Rosé '05	5
○ OP Pinot Nero Brut Riserva del Poeta '02	6

Antica Fratta
VIA FONTANA, 11
25040 MONTICELLI BRUSATI [BS]
TEL. 030652068
www.anticafratta.it

VENDITA DIRETTA
VISITA SU PRENOTAZIONE

PRODUZIONE ANNUA 360.000 bottiglie

Per molti anni a tenere viva la fiamma del Franciacorta in casa Ziliani ha provveduto questa azienda, situata in un bel palazzo ottocentesco di Monticelli Brusati. La maison, che vanta una suggestiva cantina a volta sotterranea, divisa in quattro tronchi che formano una croce, "il cantinone", è diretta con passione da Cristina Ziliani, che collabora con i fratelli Arturo e Paolo anche nella Guido Berlucchi. Dotata di vigneti e staff tecnico autonomo, offre una produzione di eccellente livello dove i Rosé giocano un ruolo importante.

Ottima prova per le cuvée della cantina Fratta, con un Essence Brut '06 che ha ben figurato nelle nostre finali grazie alla bella complessità del bouquet, all'effervescenza cremosa ed alla solida struttura, alla pulizia del fruttato e al persistente finale. Molto valido anche il Rosé Essence '07, dal profilo maturo e dai nitidi toni di frutti di bosco. Abbiamo apprezzato molto anche il Rosé non millesimato, dagli invitanti sentori di pasticceria e ribes, e il morbido e appagante Brut. Appena meno armonico delle precedenti versioni il Satèn.

○ Franciacorta Brut Essence '06	6
○ Franciacorta Brut	5
⊙ Franciacorta Rosé	6
⊙ Franciacorta Rosé Essence '07	6
○ Franciacorta Satèn	6

LOMBARDIA

Ar.Pe.Pe.
Via del Buon Consiglio, 4
23100 Sondrio
Tel. 0342214120
www.arpepe.com

VENDITA DIRETTA
VISITA SU PRENOTAZIONE

PRODUZIONE ANNUA 32.500 bottiglie
ETTARI VITATI 11.00
VITICOLTURA Naturale

Viene da molto lontano la storia di questa cantina. Quattro generazioni di vignaioli che, dal 1860, si sono cimentati nella produzione di vino. È nel 1984 che Arturo Pelizzati Perego, una sorta di figura poetica del vino valtellinese, decide di fondare Ar.Pe.Pe., l'acronimo di un'azienda che oggi viene sapientemente gestita dai figli Isabella ed Emanuele. Uno stile inconfondibile, con una visione vitivinicola decisamente proiettata sulla valorizzazione assoluta della vigna e del sistema territorio.

Il nebbiolo di Valtellina esiste, eccome! E Stella Retica '06 è il testimone assoluto e indiscusso di questa verità. Tre Bicchieri, dunque, per la sua sobria eleganza, ma soprattutto per la spontanea complessità che esprime, fatta di territorio e d'integrità della materia prima. Al naso è nitido, intenso, fruttato, arricchito da note di tabacco, di rabarbaro, il palato è vibrante, con acidità e tannino fitto in primo piano, un finale interminabile e succoso. Il carattere è la dote del Rocca de Piro '06, un naso fantastico, con note di more e di ciliegia, ma anche di tabacco e di fiori secchi. La bocca è ricca e vellutata, il finale molto persistente. Validissimo il resto della gamma.

● Valtellina Sup. Sassella Stella Retica Ris. '06	🍷🍷🍷	6
● Valtellina Sup. Grumello Rocca de Piro Ris. '06	🍷🍷	6
● Rosso di Valtellina '09	🍷🍷	4*
● Valtellina Sup. Inferno Fiamme Antiche '06	🍷🍷	6
● Rosso di Valtellina '07	🍷🍷	4
● Valtellina Sup. Sassella Rocce Rosse Ris. '99	🍷🍷	6
● Valtellina Sup. Sassella Ultimi Raggi '04	🍷🍷	7

Barone Pizzini
via San Carlo, 14
25050 Provaglio d'Iseo [BS]
Tel. 0309848311
www.baronepizzini.it

VENDITA DIRETTA
VISITA SU PRENOTAZIONE
OSPITALITÀ

PRODUZIONE ANNUA 375.000 bottiglie
ETTARI VITATI 47.00
VITICOLTURA Biologico Certificato

Nel 1991 un gruppo d'imprenditori bresciani ha rilevato questa storica azienda, affidandone la direzione a Silvano Brescianini, che l'ha orientata verso sistemi di viticoltura ed enologia biologici e biodinamici. A questa si sono in seguito aggiunte altre due proprietà, il Podere Ghiaccioforte nella Maremma Toscana e Pievalta nelle Marche, che lavorano tutte con metodi naturali valorizzando le uve del territorio. Nella sua modernissima cantina di Timoline, costruita secondo i principi della bioedilizia, viene elaborata una gamma completa di Franciacorta certificati biologici.

Il Satèn '07 quest'anno ci ha colpito: ha spuma cremosa, perlage finissimo e naso fragrante e i toni morbidi della vaniglia e le sfumature agrumate che avvertiamo all'olfatto e al palato ne fanno uno dei più riusciti, e lo conducono alle nostre finali. I toni minerali e la complessa profondità caratterizzano il Pas Dosé Bagnadore Riserva '05, storica cuvée prestige dell'azienda. Inoltre vi raccomandiamo, tra le numerose etichette, il Franciacorta Nature, dai profumi di mandorla e polposo al palato, e tra i vini fermi il San Carlo '08, un bordolese dai profumi cupi di frutti neri e di bella struttura e il Curtefranca Bianco Polzina '10, sapido e ricco.

○ Franciacorta Satèn '07	🍷🍷🍷	6
○ Curtefranca Polzina Binco '10	🍷🍷	4
○ Franciacorta Bagnadore Pas Dosé Ris. '05	🍷🍷	6
○ Franciacorta Nature	🍷🍷	6
● San Carlo Sebino '08	🍷🍷	6
○ Franciacorta Brut	🍷	5
● Curtefranca Rosso '08	🍷🍷	4
○ Franciacorta Brut Nature Bagnadore '04	🍷🍷	6
○ Franciacorta Extra Brut Bagnadore '03	🍷🍷	6
○ Franciacorta Extra Brut Bagnadore '02	🍷🍷	6
● San Carlo '07	🍷🍷	6

LOMBARDIA

★★ Bellavista
via Bellavista, 5
25030 Erbusco [BS]
Tel. 0307762000
www.bellavistawine.it

VISITA SU PRENOTAZIONE

PRODUZIONE ANNUA 1.300.000 bottiglie
ETTARI VITATI 184.00

Questa celebre azienda è la capofila delle tenute agricole del gruppo Terra Moretti, che si sviluppa tra Lombardia e Toscana, voluto dal patron Vittorio, brillante imprenditore, e gestito oggi con la collaborazione della figlia Francesca. L'azienda oggi può vantare oltre 180 ettari di splendide vigne ed è uno dei nomi più noti dell'enologia italiana nel mondo. Mattia Vezzola, enologo e general manager, ha saputo interpretare questo territorio creando con Moretti uno stile personale, tipico di Bellavista, basato sulla finezza e sulla complessità.

È il Gran Cuvée Pas Operé '05 il vino che quest'anno meglio esprime lo stile complesso, elegante e nitido di Bellavista. Ha una ricchezza di sfumature e una armonia d'insieme che lo rendono semplicemente incantevole. Più introverso e di difficile lettura l'Extra Brut Riserva Vittorio Moretti '04, dai toni minerali e tostati, mentre il Gran Cuvée Satèn fa onore alla tipologia. Arriva alle nostre finali anche l'annata '08 del Bianco del Convento dell'Annunciata, uno Chardonnay di grande equilibrio e ricchezza maturato in legni nuovi. Il Curtefranca del vigneto Uccellanda '08 offre anch'esso bei toni di frutto perfettamente integrati alle note boisé del legno nuovo.

○ Franciacorta Gran Cuvée Pas Operé '05	🍷🍷🍷	8
○ Curtefranca Convento Ss. Annunciata '08	🍷🍷	7
○ Franciacorta Extra Brut Vittorio Moretti '04	🍷🍷	8
○ Franciacorta Satèn Gran Cuvée	🍷🍷	8
○ Curtefranca Bianco '10	🍷🍷	4
○ Curtefranca Uccellanda '08	🍷🍷	7
○ Franciacorta Brut Cuvée	🍷🍷	6
⊙ Franciacorta Rosé Brut Gran Cuvée '06	🍷🍷	8
○ Franciacorta Brut Gran Cuvée '04	🍷🍷🍷	7
○ Franciacorta Brut Gran Cuvée '02	🍷🍷🍷	7
○ Franciacorta Brut Gran Cuvée '99	🍷🍷🍷	6
○ Franciacorta Extra Brut Vittorio Moretti '02	🍷🍷🍷	8
○ Franciacorta Extra Brut Vittorio Moretti '01	🍷🍷🍷	8
○ Franciacorta Gran Cuvée Pas Operé '04	🍷🍷🍷	8
○ Franciacorta Gran Cuvée Pas Operé '00	🍷🍷🍷	7
○ Franciacorta Gran Cuvée Pas Operé '99	🍷🍷🍷	7

F.lli Berlucchi
loc. Borgonato
via Broletto, 2
25040 Corte Franca [BS]
Tel. 030984451
www.fratelliberlucchi.it

VENDITA DIRETTA
VISITA SU PRENOTAZIONE
OSPITALITÀ
RISTORAZIONE

PRODUZIONE ANNUA 400.000 bottiglie
ETTARI VITATI 70.00

I Berlucchi hanno un legame secolare con questa terra, che è evidente varcando il cancello della bella villa cinquecentesca, residenza della famiglia e sede della cantina. Ma sarà il degustare un calice di Franciacorta Brut millesimato a rivelarci quanto questo legame sia intimo e profondo. Al timone della maison la vulcanica Pia Donata Berlucchi, affiancata dalla figlia Tilli Rizzo. Due manager appassionate che propongono una gamma eccellente di etichette ottenute unicamente dalle uve dei 70 ettari di vigne di proprietà dislocate nelle zone più vocate del comprensorio.

Di alto livello anche quest'anno le performance delle Cuvée di Casa Berlucchi, con i millesimati '07 in primo piano. Da uve chardonnay e pinot bianco con un 10% di pinot nero, il Pas Dosé '07 ha un bel colore brillante e un naso nitido sui toni della frutta bianca e dei lieviti, con belle sfumature floreali e d'agrume. La bocca è tornita e nervosa, sorretta da un'adeguata vena acida. Fine e fitto c'è parso anche il Brut della stessa annata, sapido e fruttato. Ottimo anche quest'anno il Brut 25, un blanc de blancs dal bel bouquet floreale e di miele d'acacia. Di livello anche il Satèn e valido il resto della produzione.

○ Franciacorta Pas Dosé '07	🍷🍷	6
○ Franciacorta Brut '07	🍷🍷	6
○ Franciacorta Brut 25	🍷🍷	5*
○ Franciacorta Satèn '07	🍷🍷	6
○ Curtefranca Bianco '10	🍷	4
● Curtefranca Rosso '09	🍷	4
⊙ Franciacorta Brut Rosé '07	🍷	6
○ Franciacorta Brut '06	🍷🍷	5*
○ Franciacorta Brut '05	🍷🍷	5
○ Franciacorta Pas Dosé '06	🍷🍷	6
○ Franciacorta Satèn '06	🍷🍷	6
● TdF Rosso Dossi delle Querce '05	🍷🍷	4*

LOMBARDIA

Guido Berlucchi & C.
LOC. BORGONATO
P.ZZA DURANTI, 4
25040 CORTE FRANCA [BS]
TEL. 030984381
www.berlucchi.it

VENDITA DIRETTA
VISITA SU PRENOTAZIONE
OSPITALITÀ
RISTORAZIONE

PRODUZIONE ANNUA 5.000.000 bottiglie
ETTARI VITATI 650.00

La Guido Berlucchi della famiglia Ziliani (e la Franciacorta con essa) hanno da poco festeggiato i 50 anni di vita. Mezzo secolo di crescita, di successi, di impegno per la qualità. Vorremmo sottolineare come questa grande azienda, che produce 5 milioni di bottiglie l'anno e controlla oltre 650 ettari di vigneti dei conferitori sia stata protagonista di una straordinaria excalation qualitativa negli ultimi dieci anni. Oltre che al fondatore, Franco (che ha da poco festeggiato gli 80 anni: auguri!), il merito va ai figli Arturo, Paolo e Cristina e a tutto lo staff.

Per misurare la crescita qualitativa della Guido Berlucchi basta assaggiare i tre Cellarius, da quest'anno etichettati Franciacorta Docg. Se il Pas Dosé '06 è accattivante nel suo nerbo e nella mineralità profonda che esprime, se il Rosé '07 è sapido, ricco, armonico ed esuberante di frutto, il Brut '07 esprime una pulizia di frutto, una tensione vitale e una finezza di perlage da lasciare incantati. Tre Bicchieri meritatissimi. Ottimi anche quest'anno il Rosé, il Satèn ed il Brut della linea '61. Davvero notevole la performance della Cuvée Imperiale Brut: tiratura milionaria e prezzo davvero centrato.

○ Franciacorta Brut Cellarius '07	🍷🍷🍷	6
⊙ Franciacorta Brut Rosé Cellarius '07	🍷🍷🍷	6
○ Franciacorta Cellarius Pas Dosé '06	🍷🍷🍷	6
○ Brut Cuvée Imperiale Vintage '04	🍷🍷	6
○ Cuvée Imperiale Brut	🍷🍷	5*
○ Franciacorta Brut '61	🍷🍷	6
⊙ Franciacorta Brut Rosé '61	🍷🍷	6
○ Franciacorta Satèn '61	🍷🍷	6
○ Cuvée Imperiale Demi Sec	🍷	6
⊙ Cuvée Imperiale Rosé Max	🍷	6
○ Franciacorta Brut Extrême Palazzo Lana '05	🍷🍷🍷	7
○ Franciacorta Brut Extrême Palazzo Lana '04	🍷🍷🍷	7
○ Cellarius Brut '07	🍷	6

Bersi Serlini
LOC. CERETO
VIA CERETO, 7
25050 PROVAGLIO D'ISEO [BS]
TEL. 0309823338
www.bersiserlini.it

VENDITA DIRETTA
VISITA SU PRENOTAZIONE

PRODUZIONE ANNUA 220.000 bottiglie
ETTARI VITATI 32.00

Accanto alla modernissima cantina ed al centro di accoglienza sorge un antico edificio, che era una grangia dei monaci del vicino convento di San Pietro in Lamosa. È stato il nucleo originario dell'azienda, acquistata dai Bersi Serlini nel 1886. Al timone dell'azienda di famiglia troviamo Maddalena, appassionata donna del vino, coadiuvata dalla sorella Chiara. L'azienda, che lavora solo uve di proprietà, è specializzata nel Franciacorta, che propone con ottimi risultati in tutte le declinazioni.

Il Franciacorta Cuvée n. 4 '06 è l'etichetta che ci è piaciuta di più nella gamma presentata quest'anno dall'azienda. È sicuramente un prodotto centrato, una sorta di "quadratura del cerchio": è uno Chardonnay in purezza (il 10% matura in legno) e viene dalle vigne più vecchie. Dopo 4 anni sui lieviti si presenta in forma smagliante: ricco al naso di toni di burro, frutta fresca e lieviti, saldo nella struttura e persistente. Assai valido il Satèn, dai bei toni d'albicocca, mentre un po' troppo avanti c'è parso il Vintage '03 in versione Brut. Interessante la selezione di Brut Edizione 50 Anni che celebra l'importante traguardo della Franciacorta.

○ Franciacorta Brut Cuvée n. 4 '06	🍷🍷	5*
○ Franciacorta Brut Ed. 50 anni	🍷🍷	6
○ Franciacorta Satèn	🍷🍷	6
⊙ Franciacorta Brut Rosé Rosa Rosae	🍷	6
○ Franciacorta Brut Vintage Ris. '03	🍷	7
○ Franciacorta Demi Sec Nuvola	🍷	5
○ Franciacorta Brut Cuvée n. 4 '05	🍷🍷	5
○ Franciacorta Extra Brut Ris. '03	🍷🍷	6
○ Franciacorta Satèn	🍷🍷	6

Bisi

LOC. CASCINA SAN MICHELE
FRAZ. VILLA MARONE, 70
27040 SAN DAMIANO AL COLLE [PV]
TEL. 038575037
www.aziendagricolabisi.it

VENDITA DIRETTA
VISITA SU PRENOTAZIONE

PRODUZIONE ANNUA 100.000 bottiglie
ETTARI VITATI 30.00

L'azienda Bisi è una di quelle storiche di San Damiano al Colle, ma è con l'avvento di Claudio e la collaborazione con Leonardo Valenti, professore universitario di enologia, che nascono la ricerca della qualità assoluta e l'inconfondibile "stile Bisi": basse rese, selezione accurata delle uve e vini concentrati, soprattutto i rossi, ovvero potenza pura cui si è andata affiancando nel corso degli anni sempre maggior eleganza. Il livello è tale che anche le seconde linee, che l'azienda non promuove molto, ottengono ottimi punteggi in degustazione.

Come sempre, è il Roncolongo il vino a mettersi maggiormente in luce in una batteria nella quale non si scende mai sotto gli 80/100. Intenso, profumato di amarena e ciliegia sotto spirito, con una nota marcata di vaniglia, dal saldo nerbo acido, è una Barbera ancora agli albori della vita. Non da meno il Villa Marone '07, Passito di Malvasia, il miglior vino dolce dell'Oltrepò per profumi, struttura ed equilibrio. Molto interessante l'Ultrapadum '09, barbera/croatina in parti uguali rifermentato in bottiglia, dal frutto intenso e maturo. Ineccepibile il resto della gamma, con un Pinot Nero Calonga '08 in crescita sul piano della finezza.

○ Bianco Passito Villa Marone '07	♛♛ 5
● OP Barbera Roncolongo '08	♛♛ 5
● OP Bonarda Frizzante '10	♛♛ 3*
● OP Cabernet Sauvignon Primm '08	♛♛ 5
● OP Pinot Nero Calonga '08	♛♛ 5
○ OP Riesling '10	♛♛ 3*
● Ultrapadum '09	♛♛ 4
○ Bianco Passito Villa Marone '06	♛ 5
● OP Barbera Roncolongo '07	♛ 5
● OP Barbera Roncolongo '06	♛ 5
● OP Bonarda Frizzante '09	♛ 3*
○ OP Riesling '09	♛ 3*
● Ultrapadum '08	♛ 4

Tenuta Il Bosco

LOC. IL BOSCO
27049 ZENEVREDO [PV]
TEL. 0385245326
www.ilbosco.com

VENDITA DIRETTA
VISITA SU PRENOTAZIONE

PRODUZIONE ANNUA 800.000 bottiglie
ETTARI VITATI 150.00

Sono 150 ettari di vigneto, ovvero la più grande azienda vitivinicola privata oltrepadana. Sono più di vent'anni che la famiglia Zonin ha costruito questa cantina modello (anche per il bassissimo impatto paesaggistico) sulla terra che fu del Monastero Teodote a Zenevredo, quasi al confine con l'Emilia. Terreni variegati e ampia base selettiva permettono al direttore Piernicola Olmo di realizzare una serie di bottiglie davvero valide, con particolare attenzione per lo spumante metodo classico.

Il Cruasé Oltrenero, dal bel colore cerasuolo, ha nitidi profumi di frutti di bosco, in particolare lampone, e ciliegia. In bocca è perfettamente coerente, non ha grande complessità ma è equilibrato, nitido, con un bel finale che lascia la bocca fresca e pulita. L'altro Metodo Classico Oltrenero, in versione bianca, ha sentori di crosta di pane e agrumi, una bella bollicina, un impatto in bocca non particolarmente intenso ma armonico, sapido e piacevole. Molto buona la Bonarda Vivace, una delle migliori del territorio, fragrante, fruttata, intensa, abbastanza morbida. Il Pinot Nero Poggio Pelato '09 non va a ricercare la complessità ma una piacevole varietalità. Gradevoli i due Martinotti Phileo.

⊙ OP Pinot Nero Brut M. Cl. Oltrenero Cruasé	♛♛ 6
● OP Bonarda Vivace '10	♛♛ 4*
○ OP Pinot Nero Brut M. Cl. Oltrenero	♛♛ 6
● OP Pinot Nero Poggio Pelato '09	♛♛ 5
○ OP Pinot Nero Brut Philéo	♛ 5
⊙ OP Pinot Nero Extra Dry Rosé Philèo	♛ 5
● OP Bonarda Vivace Teodote '09	♛ 3*
⊙ OP Pinot Nero Brut Cruasè Oltrenero '07	♛ 5
○ OP Pinot Nero Brut M. Cl. Oltrenero '07	♛ 6
⊙ Phileo Rosè Brut Martinotti	♛ 3*

LOMBARDIA

Bosio

LOC. TIMOLINE
VIA MARIO GATTI
25040 CORTE FRANCA [BS]
TEL. 030984398
www.bosiofranciacorta.it

VENDITA DIRETTA
VISITA SU PRENOTAZIONE

PRODUZIONE ANNUA 100.000 bottiglie
ETTARI VITATI 23.00

È una bella storia quella dei giovani fratelli Bosio. Nel giro di pochi anni Cesare, stimato agronomo, e la sorella Laura, laureata in Economia, con il supporto della famiglia hanno dato vita ad una realtà di eccellente livello qualitativo che si è insediata stabilmente tra le migliori firme del comprensorio. Oggi vantano ventitre ettari di curatissime vigne coltivate a basso impatto ambientale, che gli permettono di elaborare una gamma di Franciacorta di grande eleganza e tipicità. La bella e moderna cantina è aperta alle visite.

Sempre più vicino ai nostri massimi punteggi il Boschedòr, l'Extra Brut millesimato che anche con l'annata '07 ha ben figurato nelle nostre degustazioni finali. Ha un avvincente bouquet di agrumi e spezie, e al palato denota una generosa (50%) percentuale di pinot nero che gli conferisce un particolare nerbo e una bella sapidità. Il Pas Dosé Riserva Girolamo Bosio '04 è elegante e delicato, armonico ed assertivo senza essere pesante: davvero buono. Accanto a questi un Satèn e un Rosé Brut "comme il faut" ed un valido Curtefranca Bianco '09. Discreto, ma un po' lezioso nei suoi accenti vanigliati, il Franciacorta Brut.

○ Franciacorta Extra Brut Boschedòr '07	𝄞𝄞 6
○ Curtefranca Bianco '09	𝄞𝄞 4*
○ Franciacorta Pas Dosé Girolamo Bosio Ris. '04	𝄞𝄞 6
⊙ Franciacorta Rosé Brut Gran Cuvée	𝄞𝄞 6
○ Franciacorta Satèn	𝄞𝄞 6
○ Franciacorta Brut	𝄞 6
○ Franciacorta Extra Brut Boschedòr '05	𝄞𝄞 6
○ Franciacorta Extra Brut Boschedòr '04	𝄞𝄞 6
● TdF Rosso Zenighe '06	𝄞𝄞 4

La Brugherata

FRAZ. ROSCIATE
VIA G. MEDOLAGO, 47
24020 SCANZOROSCIATE [BG]
TEL. 035655202
www.labrugherata.it

VENDITA DIRETTA
VISITA SU PRENOTAZIONE

PRODUZIONE ANNUA 40.000 bottiglie
ETTARI VITATI 11.00

Merita una visita questa azienda-gioiello di proprietà dei fratelli Bendinelli e condotta con determinazione da Frida Tironi con l'ausilio dell'enologo Beppe Bassi e dell'agronomo Pierluigi Di Donna. Adagiata sulle colline di Rosciate, uno dei due nuclei che costituiscono il Comune di Scanzorosciate, noto per il Moscato rosso che non ha eguali al mondo, rappresenta un mix tra tradizione e contributi artistici. Ma a noi interessano soprattutto i vini, che quest'anno ci hanno convinto al punto da dedicare a La Brugherata la scheda grande.

Cominciamo con il Moscato di Scanzo Doge '08, in assoluto uno dei meglio riusciti di una denominazione che include decine di piccolissimi produttori da pochissime bottiglie l'anno. Profumi intensi di confettura, uva passa, un accenno di liquirizia, in bocca è caldo e armonico. Notevole il Valcalepio Rosso Doglio Riserva '08: le tipiche note vegetali di fieno e peperone non sovrastano un bel frutto di bosco saldo e profondo. Il Vescovado, Valcalepio Rosso '09, è più semplice ma fragrante e godibile così come lo Chardonnay Vescovado del Feudo dalle intense note tropicali. Esordisce il Vermiglio di Roxia '10, vino secco beverino da uve moscato di Scanzo.

● Moscato di Scanzo Doge '08	𝄞𝄞 8
● Valcalepio Rosso Doglio Ris. '07	𝄞𝄞 5
● Valcalepio Rosso Vescovado '09	𝄞𝄞 4
● Vermiglio di Roxia '10	𝄞 4
○ Vescovado del Feudo '10	𝄞 4
● Moscato di Scanzo Doge '07	𝄞𝄞 8
○ Valcalepio Bianco Vescovado del Feudo '09	𝄞𝄞 4*
● Valcalepio Rosso Doglio Ris. '06	𝄞𝄞 5

LOMBARDIA

Ca' dei Frati

FRAZ. LUGANA
VIA FRATI, 22
25019 SIRMIONE [BS]
TEL. 030919468
www.cadeifrati.it

VENDITA DIRETTA
VISITA SU PRENOTAZIONE
OSPITALITÀ
RISTORAZIONE

PRODUZIONE ANNUA 1.400.000 bottiglie
ETTARI VITATI 120.00

120 ettari di vigneto con alcune delle esposizioni migliori per l'azienda-simbolo del Lugana, fondata nel 1939 da Felice dal Cero ma già preesistente, come attestano documenti antichi, fin dal 1782. Nel 1969 Pietro, il figlio di Felice, dà il suo contributo decisivo alla nascita della denominazione. L'attuale terza generazione è costituita da Gian Franco, Anna Maria e dall'enologo Igino, dando valore aggiunto ad un compatto gruppo familiare che ha saputo valorizzare anche all'estero questo splendido lembo di Lombardia

Il Brolettino '09 è un gran bel Lugana, fitto, intenso, sapido, con ottimo uso del legno, complessità e profondità. Più fresco e fragrante il Lugana I Frati '10, caratterizzato da sentori di agrumi e da una buona vena acida. Il Ronchedone '08 è un rosso complesso con sentori floreali di rosa e fruttati di mirtillo, con un bel sottofondo speziato; in bocca è ampio, armonico, compatto. Bene anche il Pratto, vendemmia tardiva di turbiana, chardonnay e sauvignon, dagli intensi profumi agrumati. Stesse uve e profumi coerenti per il vino dolce Tre Filer. Freschi e piacevoli il Brut e il Chiaretto.

★★★ Ca' del Bosco

LOC. ERBUSCO
VIA ALBANO ZANELLA, 13
25030 BRESCIA
TEL. 0307766111
www.cadelbosco.it

VENDITA DIRETTA
VISITA SU PRENOTAZIONE

PRODUZIONE ANNUA 1.400.000 bottiglie
ETTARI VITATI 149.00

Maurizio Zanella, fondatore e presidente di Ca' del Bosco, è uno dei pionieri della moderna Franciacorta e una figura di spicco dell'enologia italiana. Presidente del Consorzio della Franciacorta, ha creato un'azienda tra le più affermate del made in Italy enologico. La sua modernissima e bella cantina circondata dai vigneti, è ormai una galleria d'arte, ma quel che più conta è il fatto che dai 150 ettari delle vigne aziendali nasce una gamma di vini e Franciacorta dallo stile personalissimo, che ne fa un'azienda di riferimento a livello internazionale.

Anche con l'annata '04 la Cuvée Annamaria Clementi si conferma vino di vertice. Ha una complessità, una ricchezza di dettaglio e un'armonia d'insieme che ne fanno un riferimento assoluto. Debutta quest'anno il suo péndat Rosé, in versione Extra Brut '03, che incanta per ricchezza di frutto e profondità e sconta solo un'annata un po' troppo calda. Il Dosage Zéro '06 fa mostra della consueta armonica complessità, come il floreale e morbido Satèn della stessa vendemmia. Opulento nei toni di frutta esotica, sapido e ben disteso il Brut '06. Entrambe le Cuvée Prestige, il morbido bianco dai toni d'erbe aromatiche e il polposo Rosé, hanno ottenuto notevoli consensi.

○ Lugana Brolettino '09	4*
○ Lugana I Frati '10	4*
○ Pratto '09	5
● Ronchedone '08	5
○ Tre Filer '08	4
○ Cuvée dei Frati Brut '08	5
⊙ Riviera del Garda Bresciano Rosa dei Frati '10	4
○ Lugana Brolettino '07	4*
○ Pratto '96	4
○ Lugana I Frati '09	4*
○ Lugana I Frati Sel. Vecchie Annate '04	5
● Ronchedone Grande Annata '04	6

○ Franciacorta Cuvée Annamaria Clementi '04	8
○ Chardonnay Ca' del Bosco '08	8
⊙ Franciacorta Cuvée Annamaria Clementi Rosé '03	8
○ Franciacorta Dosage Zéro '06	7
○ Franciacorta Satèn '06	7
● Carmenèro '04	7
○ Curtefranca Bianco '10	5
○ Franciacorta Brut '06	7
○ Franciacorta Brut Cuvée Prestige	6
⊙ Franciacorta Rosé Cuvée Prestige	7
● Pinèro '07	8
○ Franciacorta Cuvée Annamaria Clementi '03	8
○ Franciacorta Cuvée Annamaria Clementi '02	8
○ Franciacorta Cuvée Annamaria Clementi '01	8
○ Franciacorta Dosage Zéro '04	7
○ TdF Chardonnay '07	8

LOMBARDIA

Ca' del Gè
Fraz. Ca' del Gè, 3
27040 Montalto Pavese [PV]
Tel. 0383870179
www.cadelge.it

VENDITA DIRETTA
VISITA SU PRENOTAZIONE

PRODUZIONE ANNUA 180.000 bottiglie
ETTARI VITATI 45.00

L'azienda si definisce con orgoglio "interamente a conduzione familiare" ed è confortante vedere come la recente e prematura scomparsa del patron Enzo Padroggi, galantuomo d'altri tempi e grande uomo del vino, abbia instillato nella moglie Lucia e nei figli Stefania, Sara e Carlo una grande determinazione a continuarne l'opera. Si tratta di 36 ettari di proprietà ad una quota media di 300 metri, in una zona vocatissima per le uve a bacca bianca, riesling in primo piano. Ma tutta la gamma dei vini dei Padroggi è di grande affidabilità.

Detto che una successiva sboccatura del Metodo Classico '06 già approdato in finale l'anno scorso ha confermato la validità del prodotto, abbiamo assegnato un punteggio altissimo, al limite dell'ingresso in finale, per il Riesling Italico Filagn Long '10, il migliore di sempre per fragranza, tipicità, intensità e franchezza di profumi. Più semplice e beverino ma sempre varietale e molto ben fatto il Riesling base, sempre della vendemmia '10. La Bonarda ferma La Fidela '07 è uno di quei vini che dividono: oggettivamente è molto buona, però è amabile; personalmente preferiamo la secca e fragrante Barbera Vigna Varmasì '09.

● OP Barbera V. Varmasì '09	4
● OP Bonarda La Fidela '07	4
○ OP Riesling '10	2
○ OP Riesling Italico Filagn Long '10	3*
○ Chardonnay '10	3
● OP Bonarda Vivace '10	3
○ OP Moscato Frizzante '10	3
○ OP Pinot Nero Brut Cl. '06	4
○ OP Riesling '09	2*
○ OP Riesling Italico Filagn Long '09	3*
○ OP Riesling Renano V. Marinoni '05	5

Ca' di Frara
via Casa Ferrari, 1
27040 Mornico Losana [PV]
Tel. 0383892299
www.cadifrara.it

VENDITA DIRETTA
VISITA SU PRENOTAZIONE

PRODUZIONE ANNUA 400.000 bottiglie
ETTARI VITATI 46.00

Luca Bellani è un ragazzo di sicuro talento, e una figura di rilievo nel panorama enologico oltrepadano. Da giovanissimo, con il supporto del fratello Matteo e della vulcanica mamma Daniela, ha preso in mano l'azienda del padre Tullio cercando di seguire strade che lo hanno portato di volta in volta a realizzare eccellenti vini bianchi, vini rossi giovani e da invecchiamento e, ultimamente, un grosso progetto sulla spumantistica. Non sempre tutte le scelte sono state azzeccate ma il coraggio e l'impegno della famiglia Bellani vanno sicuramente sostenuti.

Ormai da qualche anno i Bellani portano avanti il progetto Oltre il Classico, tre spumanti prodotti in un numero considerevole di bottiglie. Tra i due rosé, la riserva '05 è ovviamente quella che spicca di più, con le sue intriganti note di macchia mediterranea che si affiancano a quelle del frutto di bosco e una grassezza notevole. Il Cruasé '08 ha note di lievito e piccoli frutti, ben equilibrato e piacevole. Il Blanc de Blancs ha nerbo e profumi, con un po' di complessità in più avrebbe raggiunto i Due Bicchieri. Novità l'Oliva '07, Riesling renano estremo, molto minerale. Sempre notevole la batteria dei rossi.

⊙ OP Pinot Nero Brut Oltre il Classico Rosé Ris. '05	6
● Io Rosso '08	5
⊙ OP Cruasé Oltre il Classico '08	5
● OP Pinot Nero Il Raro Nero '08	5
○ OP Riesling Oliva '07	4
● OP Rosso Il Frater Ris. '08	6
○ OP Blanc de Blancs	5
⊙ OP Pinot Nero Brut Oltre il Classico Rosé	5
⊙ OP Pinot Nero Brut Oltre il Classico Rosé Ris. '05	6
● OP Pinot Nero Il Raro Nero '06	5
○ OP Riesling Renano Apogeo Raccolta Tardiva '09	4*
● OP Rosso Il Frater Ris. '07	6

LOMBARDIA

Ca' Lojera
LOC. ROVIZZA
VIA 1886, 19
25019 SIRMIONE [BS]
TEL. 0457551901
www.calojera.com

VENDITA DIRETTA
VISITA SU PRENOTAZIONE
OSPITALITÀ
RISTORAZIONE

PRODUZIONE ANNUA 160.000 bottiglie
ETTARI VITATI 18.00

Ca' Lojera, ovvero l'antica Casa dei Lupi, quella che un tempo - si diceva - serviva come base per i contrabbandieri del Garda: questo il piccolo gioiello di Ambra e Franco Tiraboschi, con 18 ettari di terreno distribuiti tra la parte più pianeggiante, argillosa e compatta dove è allevata l'uva turbiana per dar vita alle varie tipologie di Lugana, e la parte collinare del Monte della Guardia dove allignano i vitigni rossi cabernet e merlot. La cantina, recentemente ristrutturata, è molto moderna e l'azienda è in chiara crescita.

Approda agevolmente in finale il Lugana Sup. 09, che al naso offre nitide note floreali e di frutto, con un palato succoso e disteso. Lo Chardonnay Monte della Guardia '09 sa di frutti tropicali con un legno che non ne intacca il nerbo e la mineralità ma lo arricchisce anche di un'intrigante mix di spezie orientali. Il Lugana '10 è nitido, fresco, fragrante, con bella materia fruttata e finale convincente. Tra i due rossi Monte della Guardia '08 diamo la preferenza al Merlot, caratterizzato da buon frutto, sentori di prugna e note balsamiche. Lievemente sottotono il Lugana Riserva del Lupo '09, fragrante nel frutto nitido e piacevole il Rosato Monte della Guardia '10.

Il Calepino
VIA SURRIPE, 1
24060 CASTELLI CALEPIO [BG]
TEL. 035847178
www.ilcalepino.it

VENDITA DIRETTA
VISITA SU PRENOTAZIONE

PRODUZIONE ANNUA 200.000 bottiglie
ETTARI VITATI 15.00

L'azienda della famiglia Plebani, dedicata a Fra' Ambrogio da Calepio - estensore del primo vocabolario latino - detto appunto Il Calepino, è una delle più consolidate del panorama enologico bergamasco. La media qualitativa di tutte le etichette si conferma, anno dopo anno, di assoluto valore. Lo spumante classico, declinato in quattro differenti versioni, rappresenta il fiore all'occhiello della produzione aziendale, ma non vanno dimenticati i vini fermi, bianchi e rossi, tratti da uve internazionali che in Valcalepio allignano da molti anni.

È un'ottima annata per i vini de Il Calepino. Partiamo dalle bollicine: il Non Dosato è saldo e minerale, il Rosé fruttato e pulito, il Brut base più semplice e citrino ma comunque fresco e piacevole. Di tutto rispetto i due rossi importanti, tanto il Valcalepio Rosso Surìe Riserva '07, dai sentori molto maturi di prugna e amarena con una vaniglia gradevole, e il Cabernet Kalòs, piacevole nelle note di fieno, molto "piacione". Bene il resto della gamma.

○ Lugana Sup. '09	5
○ Chardonnayt Monte della Guardia '09	5
○ Lugana '10	4*
● Merlot Monte della Guardia '08	5
⊙ Rosato Monte della Guardia '10	3*
● Cabernet Monte della Guardia '08	5
○ Lugana Riserva del Lupo '09	5
○ Lugana '09	4*
○ Lugana '08	4*
○ Lugana Riserva del Lupo '07	5
○ Lugana Riserva del Lupo '06	5
○ Lugana Sup. '08	5

○ Brut Cl. Non Dosato '06	5
⊙ Brut Cl. Rosé '07	5
○ Chardonnay Epias	6
● Kalòs '06	6
⊙ Valcalepio Rosso Surìe Ris. '07	4
○ Brut Cl. Il Calepino '07	5
○ Brut Cl. Non Dosato '05	5
○ Brut Cl. Ris. Fra' Ambrogio '05	5
⊙ Brut Cl. Rosé '04	5
● Valcalepio Rosso '08	4

LOMBARDIA

Camossi
via Metelli, 5
25030 Erbusco [BS]
Tel. 0307268022
www.camossi.it

VENDITA DIRETTA

PRODUZIONE ANNUA 60.000 bottiglie
ETTARI VITATI 24.00

Gradualmente ma inesorabilmente i fratelli Camossi stanno scalando le posizioni della hit parade franciacortina. Claudio e Dario hanno iniziato appena una decina d'anni fa, con il supporto dei genitori, a vinificare e "tirare" Franciacorta, ma la passione è tanta e le vigne sono buone... Parliamo ormai di quasi trenta ettari, dislocati tra Erbusco, sede dell'azienda, Paratico e Provaglio, che forniscono materia prima di qualità che viene elaborata con la consulenza enologica di Nico Danesi.

Non è ancora uscita la nuova annata di Franciacorta Extra Brut millesimato, l'etichetta di punta (per ora) dei Camossi. Ci possiamo consolare degustando l'ottimo Satèn, che ben interpreta questa tipologia: ha spuma cremosa e perlage fine, un bouquet invitante segnato da sfumature d'agrume, mandarino in particolare, frutta tropicale ed erbe aromatiche: In bocca l'effervescenza è carezzevole, e si dimostra un vino dal bel nerbo, fragrante e sapido. Vitale, nitido e polposo, e piacevolmente minerale nel finale l'Extra Brut, mentre è un po' più magro, ma fresco, equilibrato e piacevole il Rosé. Valido il Brut di base.

○ Franciacorta Extra Brut '07	▽▽	6
⊙ Franciacorta Rosé	▽▽	6
○ Franciacorta Satèn	▽▽	6
○ Franciacorta Brut	▽	6
○ Franciacorta Brut	▽▽	5
○ Franciacorta Extra Brut '06	▽▽	5

Cantrina
fraz. Cantrina
via Colombera, 7
25081 Bedizzole [BS]
Tel. 0306871052
www.cantrina.it

VENDITA DIRETTA
VISITA SU PRENOTAZIONE

PRODUZIONE ANNUA 25.000 bottiglie
ETTARI VITATI 5.80

Nata circa vent'anni fa l'azienda, sita nel cuore della Valtènesi, è piccola, a conduzione prettamente famigliare; anima di tutto ciò è l'energica Cristina Inganni, supportata da Diego Lavo con la consulenza dell'enologo Celestino Gaspari. Dal fatto che l'azienda appartenga alla Federazione Italiana Vignaioli Indipendenti e da certi nomi dei vini come Libero Esercizio di Stile si può facilmente capire la filosofia di Cristina e Diego. In principio si è dato spazio ai vitigni internazionali, mentre ora si punta alla riscoperta delle varietà autoctone.

Proprio il tipicissimo Groppello '10 è il vino che maggiormente ci è piaciuto quest'anno: fragrante, profumato di ciliegia e lampone, sapido, armonico, è un rosso piacevolissimo che non manca di struttura pur facendo della piacevolezza di beva la sua arma migliore. Il Riné '09 non è da meno: tratto da uve chardonnay, incrocio Manzoni e riesling, è secco e sapido, con sentori di cedro e pompelmo e un accenno di vaniglia, ed è fragrante e polposo in bocca, con lungo finale. Bene anche il Zerdì '08, ottima interpretazione fragrante e profumata del vitigno Rebo. Vellutato il Sole di Dario (vino dolce da sauvignon, semillon e riesling).

● Garda Cl. Groppello '10	▽▽	4*
○ Rinè '09	▽▽	4
○ Sole di Dario '07	▽▽	6
● Zerdì '08	▽▽	4
⊙ Libero Esercizio di Stile Rosato '10	▽	4
● Garda Cl. Groppello '09	▽▽	4*
● Nepomuceno '06	▽▽	6
● Nepomuceno '04	▽▽	6
● Nepomuceno Esercizio 5 '05	▽▽	6
○ Rinè '08	▽▽	4*
○ Sole di Dario '06	▽▽	6

LOMBARDIA

Cantina di Casteggio Terre d'Oltrepò
VIA TORINO, 96
27045 CASTEGGIO [PV]
TEL. 0383806311
www.cantinacasteggio.it

VENDITA DIRETTA
VISITA SU PRENOTAZIONE

PRODUZIONE ANNUA 2.500.000 bottiglie
ETTARI VITATI 950.00

Sono ormai tre anni che la Cantina di Casteggio si è fusa con la Cantina Sociale di Broni dando vita a Terre d'Oltrepò, una realtà importante con circa 900 soci conferitori. La scelta del direttore Livio Cagnoni, con il supporto tecnico dell'enologo piemontese Carlo Casavecchia, è stata comunque quella di mantenere i due marchi separati per quanto riguarda la produzione di alta gamma, con particolare attenzione proprio per la Cantina di Casteggio che già da anni aveva dato vita ad un "Progetto Qualità".

In particolare, spumanti Metodo Classico in primo piano, tre etichette dal rapporto qualità/prezzo encomiabile. Il Cruasé, dal colore di cipolla ramata, è caratterizzato da franchi profumi di piccoli frutti e agrumi con un tocco di frutta esotica, mentre in bocca è coerente, sapido, nervoso e chiude con nitidezza. Il Postumio bianco, 36 mesi di permanenza sui lieviti, sa di frutta tropicale, piccoli frutti rossi di bosco, mentuccia, ha un'ottima mineralità e una chiusa prolungata. Più semplice ma altrettanto piacevole ed elegante il Brut base, dai sentori di camomilla e lavanda. Varietali e ben fatti Malvasia e Moscato Frizzante '10.

⊙ OP Cruasé Postumio	4*
○ OP Pinot Nero Brut Cl.	4
○ OP Pinot Nero Brut Cl. Postumio	4
○ OP Malvasia '10	3
○ OP Moscato Frizzante '10	3
● OP Barbera Autari '07	4*
● OP Barbera Console Marcello '07	4*
● OP Barbera Console Marcello '06	4*
⊙ OP Cruasé Postumio	4*
○ OP Malvasia '08	4*
○ OP Sauvignon '08	4*

CastelFaglia
FRAZ. CALINO
LOC. BOSCHI, 3
25046 CAZZAGO SAN MARTINO [BS]
TEL. 059812411
www.cavicchioli.it

VENDITA DIRETTA
VISITA SU PRENOTAZIONE

PRODUZIONE ANNUA 250.000 bottiglie
ETTARI VITATI 20.00

I Cavicchioli sono una celebre famiglia di imprenditori del vino emiliana. Appassionati di bollicine, negli anni hanno acquisito la Bellei di Bomporto, nel modenese, e la CastelFaglia in Franciacorta, che oggi vanta una ventina di ettari di belle vigne intorno al castello che fu della famiglia Faglia a Calino, in bella posizione collinare, a trecento metri di quota. Sandro Cavicchioli, enologo, cura personalmente la produzione, che ha nelle etichette della linea Monogram i prodotti più significativi.

Quest'anno abbiamo assaggiato cinque etichette nella vasta produzione dell'azienda. Della linea Monogram vi segnaliamo il Cuvée Giunone '06, dal bouquet complesso e ricco che rimanda a sentori floreali con sfumature balsamiche e sfumature di vaniglia. In bocca è pieno, sapido e lungo. Il Giunone Satèn '07 si fa apprezzare per la morbidezza dell'insieme e per i freschi rimandi vegetali e d'erbe mediterranee. Un po' sottotono rispetto alle precedenti edizioni il Blanc de Blancs. Assai buono il Satèn non millesimato: è fitto, continuo e generoso sentori di frutta tropicale. Sapido, nervoso e ben profilato l'Extra Brut.

○ Franciacorta Extra Brut	5
○ Franciacorta Satèn	6
○ Franciacorta Brut Monogram Cuvée Giunone '06	6
○ Franciacorta Satèn Monogram Cuvée Giunone '07	6
○ Franciacorta Brut Monogram Blanc de Blancs	6
○ Franciacorta Blanc de Blancs Monogram	5
⊙ Franciacorta Rosé Brut	6
○ Franciacorta Satèn	6
○ Franciacorta Satèn Blanc de Blancs	6

LOMBARDIA

Castello Bonomi
via San Pietro, 46
25030 Coccaglio [BS]
Tel. 0307721015
www.castellobonomi.it

VENDITA DIRETTA
VISITA SU PRENOTAZIONE

PRODUZIONE ANNUA 150.000 bottiglie
ETTARI VITATI 17.00

La famiglia Paladin è uno dei nomi importanti dell'enologia veneta, e dalla loro terra d'origine hanno creato propaggini importanti in Chianti Classico e in Franciacorta. Qui alcuni anni fa hanno acquisito la proprietà della famiglia Bonomi, che si stende intorno alla bella costruzione Liberty alle pendici dell'anfiteatro del Monte Orfano. Carlo, Lucia e Roberto hanno ristrutturato le vigne sui gradoni terrazzati (che arrivano fino a 300 metri di quota) e la cantina di questo vero e proprio château franciacortino, e propongono una gamma di vini di livello impeccabile.

È il Franciacorta Cru Perdü l'etichetta più significativa della Bonomi. Cuvée di chardonnay con un 30% di pinot nero, deriva da un vecchio vigneto recentemente recuperato. Ha un colore paglierino brillante, perlage finissimo e un bouquet complesso ed elegante dove il frutto si stempera in belle note boisé e delicatamente vanigliate; bocca sapida e ben tornita, e un convincente finale. Meno assertivo ma di notevole piacevolezza il Brut '05, dai nitidi toni di frutta bianca, elegante e carezzevole. Ha carattere l'Extra Brut Lucrezia '04, più nervoso e asciutto ma altrettanto ricco di frutto. Valido il Rosé, mentre dal carattere un po' troppo evoluto abbiamo trovato il Satèn.

○ Franciacorta Brut Cru Perdü	🍷🍷 7
○ Franciacorta Brut '05	🍷🍷 8
⊙ Franciacorta Brut Rosé	🍷🍷 7
○ Franciacorta Extra Brut Lucrezia '04	🍷🍷 8
○ Franciacorta Satèn	🍷 7
● Curtefranca Rosso Cordelio '07	🍷🍷 5
○ Franciacorta Brut Cru Perdu	🍷🍷 7
○ Franciacorta Satèn	🍷🍷 7

Castello di Cigognola
p.zza Castello, 1
27040 Cigognola [PV]
Tel. 0385284828
www.castellodicigognola.com

VENDITA DIRETTA
VISITA SU PRENOTAZIONE

PRODUZIONE ANNUA 70.000 bottiglie
ETTARI VITATI 17.00

Gianmarco e Letizia Moratti sono i proprietari del Castello di Cigognola, una magnifica struttura fondata nel 1212. Siamo nella valle dello Scuropasso, con l'imponente rocca a dominare l'intero paesaggio. Anno dopo anno quest'azienda, che può contare sulla supervisione dell'enologo Riccardo Cotarella, si sta confermando come un polo qualitativo di riferimento. Da quest'anno alle due Barbera si è affiancato un promettente produzione di bollicine da uve pinot nero, in attesa di altre novità per le prossime vendemmie. A partire dal Nebbiolo, un omaggio all'Oltrepò Pavese, che anticamente veniva chiamato Vecchio Piemonte.

Esordio con finale per il More Rosé Pas Dosé, da uve pinot nero. Proviene da un bellissimo vigneto di 9 ettari, frutto di rese molto basse in vigna e di un affinamento sui lieviti di 24 mesi. Si apre su fragranti toni di fragoline di bosco e fresche sensazioni d'agrume; al palato è vibrante, grintoso, ricco di frutto e sapidità. Un gran bell'inizio. In assenza della Barbera Castello di Cigognola, i riflettori si accendono sulla Barbera Dodicidodici '09, che propone spiccate note di cacao e vaniglia, e un palato morbido e succoso, appena frenato da un legno ancora in fase d'integrazione.

⊙ More Rosé	🍷🍷 6
● OP Barbera Dodicidodici '09	🍷🍷 4
● OP Barbera Castello di Cigognola '07	🍷🍷🍷 7
● OP Barbera Castello di Cigognola '06	🍷🍷🍷 7
● OP Barbera Poggio Della Maga '05	🍷🍷🍷 8
● OP Barbera Dodicidodici '06	🍷🍷 5

LOMBARDIA

Cavalleri
via Provinciale, 96
25030 Erbusco [BS]
Tel. 0307760217
www.cavalleri.it

VENDITA DIRETTA
VISITA SU PRENOTAZIONE

PRODUZIONE ANNUA 250.000 bottiglie
ETTARI VITATI 45.00

Tra i personaggi che hanno segnato l'inizio dell'avventura del moderno Franciacorta un posto speciale spetta a Giovanni Cavalleri, che fin dagli anni Sessanta abbracciò l'avventura della spumantistica dedicando alle vigne le esposizioni migliori della storica azienda di famiglia in Erbusco. Oggi la figlia Giulia e il suo staff appassionato e competente ne proseguono l'opera. La gamma di etichette messe in campo da quest'azienda ha pochi eguali in zona - e non solo - per livello qualitativo e ricercatezza stilistica.

Dalle migliori vigne di Erbusco della maison deriva questa selezione di Pas Dosé Récemment Dégorgé '06, poco meno di 12 mila bottiglie (e mille magnum) di un vino di livello davvero eccellente, che ha meritato un anno supplementare di sosta sui lieviti. Chi ha avuto la pazienza d'attenderlo verrà ripagato da un perlage minutissimo e continuo, da un bouquet floreale, elegantissimo, che sfuma su toni di legno antico e miele. Al palato mostra una struttura piena e gran nerbo, ma riesce ad esprimerli con sottilissima finezza ed eleganza. Tre Bicchieri. Ottimo il Brut Blanc de Blancs, il Franciacorta "base", e assai valido il Rosé '06.

⊙ Franciacorta Pas Dosé R. D. '06	🍷🍷🍷 7
⊙ Franciacorta Brut Blanc de Blancs	🍷🍷 6
⊙ Franciacorta Rosé Collezione '06	🍷🍷 7
⊙ Franciacorta Satèn	🍷🍷 6
⊙ Franciacorta Au Contraire Pas Dosé '01	🍷🍷🍷 8
⊙ Franciacorta Brut Collezione '05	🍷🍷🍷 7
⊙ Franciacorta Brut Collezione '99	🍷🍷🍷 6
⊙ Franciacorta Brut Collezione Esclusiva '99	🍷🍷🍷 8
⊙ Franciacorta Brut Collezione Esclusiva Giovanni Cavalleri '01	🍷🍷🍷 8
⊙ Franciacorta Rosé Collezione '05	🍷🍷 7

Civielle
via Pergola, 21
25080 Moniga del Garda [BS]
Tel. 0365502002
www.civielle.com

VENDITA DIRETTA

PRODUZIONE ANNUA 500.000 bottiglie
ETTARI VITATI 55.00
VITICOLTURA Biologico Certificato

Siamo nel cuore dello splendido Parco della Valtènesi, tra ulivi e limoni che affacciano sul lago. Questa cooperativa, composta da circa 30 piccoli vignaioli è attiva ormai oltre trent'anni di vita. Ed è sempre più un punto di riferimento per il territorio grazie a un continuo lavoro di formazione, un punto vendita con le migliori etichette locali e un'opera di assistenza ai piccoli produttori che vogliono vinificare in proprio. In tutto gli ettari vitati sono 55, prevalentemente coltivati ad agricoltura biologica. Oltre al vino, la cooperativa produce anche un eccezionale Olio del Garda Bresciano Dop.

La buona serie di vini presentati quest'anno ci ha convinti ad assegnare a Civielle la scheda grande. Il Lugana Biocòra '10 è polposo, nitido, fresco, sapido e pulito, ben strutturato ed estremamente piacevole. Stesse caratteristiche in rosa per il Chiaretto Pergola '10: qui i sentori sono di piccoli frutti rossi con un accenno di erbe officinali e il vino mostra slancio e nerbo. Il Zublì '10 è un blend di riesling, chardonnay e incrocio Manzoni: sa di frutti tropicali con accenni agrumati e ha una spiccata mineralità. Corretto il resto della produzione, con un Chiaretto Selene '10 molto beverino.

⊙ Garda Cl. Chiaretto Pergola '10	🍷🍷 3*
● Garda Cl. Groppello Elianto '09	🍷🍷 4
⊙ Lugana Biocòra '10	🍷🍷 4*
⊙ Zublì '10	🍷🍷 4
⊙ Garda Cl. Chiaretto Selene '10	🍷 3
● Garda Cl. Rosso Brol '05	🍷 5
⊙ Lugana Brut Cl. '07	🍷 4
⊙ Lugana Pergola '10	🍷 4
⊙ Lugana Biocòra '08	🍷🍷 4

LOMBARDIA

Battista Cola
VIA INDIPENDENZA, 3
25030 ADRO [BS]
TEL. 0307356195
www.colabattista.it

VENDITA DIRETTA
VISITA SU PRENOTAZIONE

PRODUZIONE ANNUA 60.000 bottiglie
ETTARI VITATI 10.00

L'azienda è stata fondata da Battista Cola, e già a metà degli anni Ottanta si era dotata di attrezzature moderne e aveva iniziato ad acquisire nuove vigne per la produzione del Franciacorta. Il punto di forza dei Cola sono dieci ettari di bellissime vigne perfettamente esposte sui pendii del Monte Alto, tra Adro e Cortefranca. Oggi al timone della maison c'è Stefano, che si avvale della consulenza enologica di Alberto Musatti e di quella agronomica di Giacomo Groppetti, con i quali elabora una gamma di etichette di elevato livello che raccontano il terroir.

Se quest'anno è mancato l'acuto, la nuova annata dell'Etichetta Storica, è pur vero che i vini di Stefano Cola rappresentano una sicurezza. Lo Dimostra il Brut '07, elegante nell'aspetto con le sue minutissime bolle, floreale e invitante al naso, fresco e sapido, assertivo e pieno al palato. Ha un carattere un po' più evoluto e tradizionale il Brut, dalle sfumature di nocciola, pane grigliato e lieviti. Bella la carica di freschezza e vitalità espresse dall'Extra Brut, piacevole infine il Satèn '07 dai toni di brioche e caramella mou.

Contadi Castaldi
LOC. FORNACE BIASCA
VIA COLZANO, 32
25030 ADRO [BS]
TEL. 0307450126
www.contadicastaldi.it

VENDITA DIRETTA
VISITA SU PRENOTAZIONE

PRODUZIONE ANNUA 900.000 bottiglie
ETTARI VITATI 130.00

Se fossimo in Francia, anziché in Franciacorta, Contadi Castaldi, seconda azienda in ordine cronologico del gruppo Terra Moretti, verrebbe definita una maison négociant-manipulant, perché la materia prima che lavora viene solo in parte dai vigneti di proprietà, mentre sono un gruppo di conferitori, per circa 130 ettari, monitorati dai tecnici dell'azienda, a fornirla. Diretta brillantemente da Gian Luca Uccelli l'azienda, che occupa le antiche fornaci di Adro, oggi brilla di luce propria ed offre una produzione numericamente significativa e di livello davvero eccellente.

Quest'anno due vini della Contadi hanno ben figurato nelle degustazioni finali, dove finalmente si impone il Satèn Soul '05, che segna un passo avanti nell'evoluzione stilistica dell'azienda. Ha carattere e freschezza, è profondo e avvolgente, forse solo un filo meno morbido delle passate edizioni. Da Tre Bicchieri. Ottima prova anche per il Dosaggio Zero '07, floreale all'olfatto, con belle note di biancospino e timo, che al palato è asciutto e nervoso profondo e minerale. Polposo, pieno ed esuberante di frutto c'è parso il Rosé Brut '07, e di buon livello il Curtefranca Bianco '10, fruttato e fresco. Valido il dolce Pinodisé, il Brut di base e buoni tutti gli altri vini.

○ Franciacorta Brut '07	6
○ Franciacorta Brut	6
○ Franciacorta Extra Brut '07	6
○ Franciacorta Satèn '07	6
● Curtefranca Rosso '08	3
○ Franciacorta Brut Rosé Athena	5
○ TdF Curtefranca Bianco '10	4
○ Franciacorta Brut '04	6
○ Franciacorta Dosage Zéro Etichetta Storica '06	6

○ Franciacorta Satèn Soul '05	7
○ Franciacorta Zero '07	6
○ Curtefranca Bianco '10	4
○ Franciacorta Brut	5
⊙ Franciacorta Brut Rosé '07	6
○ Pinodisé	5
● Curtefranca Rosso '08	4
○ Franciacorta Satèn	6
○ Franciacorta Brut	5
⊙ Franciacorta Brut Rosé '05	6
⊙ Franciacorta Rosé '06	6
○ Franciacorta Satèn '06	6
○ Franciacorta Zero '06	6

LOMBARDIA

Conte Vistarino
FRAZ. SCORZOLETTA, 82/84
27040 PIETRA DE' GIORGI [PV]
TEL. 038585117
www.contevistarino.it

VENDITA DIRETTA
VISITA SU PRENOTAZIONE

PRODUZIONE ANNUA 550.000 bottiglie
ETTARI VITATI 200.00

La storia di questa tenuta è molto antica, se si pensa che fu nel 1865 che il conte Giorgi di Vistarino, in collaborazione con la piemontese Gancia, importò dalla Francia cloni di pinot nero adatti alla produzione di spumanti. Per moltissimi anni le storiche aziende piemontesi hanno attinto materia prima dai vigneti della Valle Scuropasso per produrre milioni e milioni di bottiglie esportate in tutto il mondo. Da qualche anno la Conte Vistarino, sotto la guida della giovane e capace Ottavia, si è impegnata a produrre in proprio. I risultati sono evidenti.

L'azienda, secondo noi giustamente, ha deciso di allungare di un anno il tempo di permanenza in bottiglia del Pinot Nero Pernice; l'annata '08, quindi, l'assaggeremo l'anno prossimo. A proposito di pinot nero, inteso come uva, il Cruasé Saignée della Rocca si rivela in assoluto uno dei migliori della neonata denominazione e si guadagna l'ingresso in finale in virtù di un naso teso, minerale, con note di té alla pesca e frutti rossi, sentori di erbe aromatiche, bocca piena, equilibrata, in cui ritorna gradevole la nota minerale. Buoni nelle rispettive tipologie Costa del Nero e Buttafuoco '09, un po' stanco il Brut 1865 '04.

La Costa
FRAZ. COSTA
VIA CURONE, 15
23888 PEREGO [LC]
TEL. 0395312218
www.la-costa.it

VENDITA DIRETTA
VISITA SU PRENOTAZIONE
OSPITALITÀ
RISTORAZIONE

PRODUZIONE ANNUA 30.000 bottiglie
ETTARI VITATI 12.00
VITICOLTURA Naturale

A pochi chilometri da Milano e da Lecco, in quella che tutti conoscono come la Brianza delle "fabbricchette", c'è un'oasi che rasenta il sogno. La Costa non è solo una cantina con 12 ettari di vigna coltivata, nei fatti, con criteri biodinamici. La Costa è un progetto agronomico e agroecologico che nasce nel 1996 per volontà della famiglia Crippa. Qui trovate un'accoglienza globale: vino, cibo, camere, natura e buon gusto. A guidare la cantina è Claudia Crippa, una giovane produttrice che ha investito sul futuro rimanendo con i piedi nella terra.

Dopo anni di prove e di ricerca in vigna, ma anche in cantina, i risultati cominciano ad arrivare, e persino un vitigno difficile come il pinot nero si esprime bene, come prova il San Giobbe '09. Sorprende il profumo varietale, con note fruttate, soprattutto di fragola. Ricco e glicemico, morbido, possiede lunghezza e personalità. Merlot 70%, cabernet 20% e syrah 10% per questo Serìz '08, fine e varietale nei profumi, con note di frutti di bosco e pepe nero, la bocca è corposa, armonica e ben amalgama, buona la lunghezza finale. Ben coniugate le note floreali con quelle iodate e minerali del Solesta '09, uvaggio bianco a base riesling.

⊙ OP Cruasé Saignée della Rocca	5
● OP Buttafuoco Monte Selva '09	3
● OP Pinot Nero Costa del Nero '09	3*
○ OP Pinot Nero Brut Cl. 1865 '04	6
○ OP Pinot Nero Brut Martinotti Cuvée della Rocca	3
● OP Sangue di Giuda Costiolo '10	3
● OP Pinot Nero Pernice '06	4*
⊙ OP Cruasé Saignée della Rocca '07	5
○ OP Pinot Nero Brut Cl. 1865 '05	5
● OP Pinot Nero Pernice '07	4
● Sorbe '06	4

● San Giobbe '09	5
● Serìz '08	5
○ Solesta '09	4
○ Càlido '07	5
○ Serìz '07	5
○ Solesta '08	4

LOMBARDIA

Costaripa
via Costa, 1a
25080 Moniga del Garda [BS]
Tel. 0365502010
www.costaripa.it

VENDITA DIRETTA
VISITA SU PRENOTAZIONE

PRODUZIONE ANNUA 300.000 bottiglie
ETTARI VITATI 36.00

Un angolo mediterraneo a pochi metri dalle Alpi. Siamo nel parco naturale della Valtenesi, sulle rive del Lago di Garda. Il microclima? Insolitamente mite, ideale per la coltivazione dell'ulive e della vite. È qui che Mattia Vezzola - il mago delle bollicine - porta avanti la storica tenuta fondata dal nonno, valorizzando e rinnovando i vini della tradizione. Dal cosiddetto "vino di una notte" il Chiaretto, eleganti rossi a base groppelo e spumanti di grande finezza ed eleganza. Con un occhio di riguardo per la vinificazione in rosa.

Mancano quest'anno alcune etichette importanti, come per esempio gli spumanti Metodo Classico, ma Vezzola riesce comunque a presentare una batteria di tutto rispetto. A partire dal Maim '09, un Groppello dai fragranti toni di frutti di bosco; al palato è succoso, disteso e di grandissima piacevolezza. Da finale. Il Campostarne '09 è un rosso dal frutto composto e maturo, con intriganti note balsamiche. Molto buono anche il Marzemino Mazane '10, elegante al naso con sentori di piccoli frutti rossi e prugna, saldo ed equilibrato. Eccessivamente marcato dal legno in questa fase il Chiaretto Molmenti '10, gli preferiamo Il Chiaretto Rosamara '10 che sa di frutti rossi e fiori secchi, è fresco, sapido e gradevole.

Dirupi
loc. Madonna di Campagna
via Grumello, 1
23020 Montagna in Valtellina [SO]
Tel. 3472909779
www.dirupi.com

PRODUZIONE ANNUA 15.000 bottiglie
ETTARI VITATI 4.50

Sono proprio partiti con il piede giusto Davide Fasolini e Pierpaolo Di Franco. Nemmeno sessant'anni in due, hanno fatto tesoro dei loro studi d'enologia, e, in particolare, sono entrati subito in empatia con il territorio, malgrado le poche vendemmie sulle spalle. Una scelta coraggiosa e competente che la critica enologica, i consumatori e i colleghi vignaioli hanno quasi subito riconosciuto. I vigneti di Dirupi sono in gran parte storici, allevati a guyot, con piante che raggiungono gli ottant'anni, impiantati su terreni terrazzati con esposizione a sud, a quote tra i 400 e i 650 metri.

In attesa di degustare il Dirupi Riserva, ci siamo "accontentati" di un magnifico e promettente Dirupi '09, di cui sono state prodotte 12.500 bottiglie. L'affinamento avviene per 18 mesi in botti di rovere da 20 ettolitri, mentre una piccola parte viene messo in barrique di terzo passaggio. Il Dirupi '09 è nitido e fine nei profumi, con piacevolissime note di lampone e tabacco, di originale complessità. In bocca è importante e fresco, con palato vellutato, finale lungo e sapido.

● Garda Cl. Groppello Maim '09	5
⊙ Garda Cl. Chiaretto Rosamara '09	4*
● Garda Cl. Marzemino Mazane '10	4*
● Garda Cl. Rosso Campostarne '09	4*
⊙ Garda Cl. Chiaretto Molmenti '10	5
○ Costaripa Brut Ris. '04	5
⊙ Costaripa Brut Rosé	5
● Garda Cabernet Sauvignon Pradamonte '07	5
⊙ Garda Cl. Chiaretto Molmenti '09	5
● Garda Cl. Groppello Maim '08	5
● Garda Cl. Groppello Maim '07	5

● Valtellina Sup. Dirupi '09	5
● Nebbiolo Olè '09	5
● Nebbiolo Olè '07	5
● Valtellina Sup. '08	5
● Valtellina Sup. Ris. '07	7

LOMBARDIA

Sandro Fay
LOC. SAN GIACOMO DI TEGLIO
VIA PILA CASELLI, 1
23030 TEGLIO [SO]
TEL. 0342786071
elefay@tin.it

VENDITA DIRETTA
VISITA SU PRENOTAZIONE

PRODUZIONE ANNUA 38.000 bottiglie
ETTARI VITATI 13.00

I cospicui investimenti effettuati in vigna negli anni passati stanno ripagando in termini di qualità vitivinicola e di soddisfazioni professionali la famiglia Fay, capitanata da Sandro, che è validamente affiancato dai figli Marco ed Elena. Merito anche della fascia altimetrica su cui sono collocati i vigneti, allevati a Guyot, compresa tra i 315 metri del fondovalle e i 700 metri, tutti nella sottozona del Valtellina Superiore denominata Valgella. I loro rossi sono uno dei riferimenti della denominazione.

Ottima prestazione per i vini di Marco Fay che, con la preziosa collaborazione della sorella Elena e lo sguardo attento del padre Sandro, si posizionano in una fascia d'eccellenza. Apriamo con un'elegante Ca' Morèi '09, intenso e armonico nei profumi, con singolare venatura di terra, la bocca è piena ed equilibrata con finale lungo e aristocratico. Molto buono il Carteria '09, vivo e penetrante nei profumi, con nota di ciliegia sotto spirito ed erbe officinali, al palato è fresco e sostenuto da equilibrata acidità e lungo finale. Di spiccato carattere il Nebbiolo '09, con profumi di frutti rossi, la bocca è completa, croccante, con buona persistenza finale.

● Valtellina Sforzato Ronco del Picchio '07	ㄚㄚ 7
● Valtellina Sup. Valgella Ca' Morèi '09	ㄚㄚ 5
● Valtellina Sup. Valgella Carterìa '09	ㄚㄚ 5
● Nebbiolo '09	ㄚㄚ 4*
● Valtellina Sforzato Ronco del Picchio '02	ㄚㄚㄚ 7
● Nebbiolo '07	ㄚㄚ 4
● Valtellina Sforzato Ronco del Picchio '06	ㄚㄚ 7
● Valtellina Sup. Valgella Ca' Morèi '06	ㄚㄚ 5
● Valtellina Sup. Valgella Carterìa '07	ㄚㄚ 5

Ferghettina
VIA SALINE, 11
25030 ADRO [BS]
TEL. 0307451212
www.ferghettina.it

VENDITA DIRETTA
VISITA SU PRENOTAZIONE

PRODUZIONE ANNUA 350.000 bottiglie
ETTARI VITATI 120.00

In vent'anni appena Roberto Gatti ha costituito una delle più brillanti ed affidabili realtà franciacortine. Dai primi 4 ettari di vigne in affitto siamo passati oggi ad oltre 120, situate in bellissime posizioni i sei diversi comuni della Franciacorta, e ad un bellissimo e funzionale centro aziendale ad Adro che permette una produzione anche numericamente importante. Ma il vero punto di forza di Roberto sono la moglie Andreina e i figli Laura e Matteo, entrambi laureati in enologia, che lo affiancano con eguale passione nel lavoro in azienda.

Se fino a qualche anno fa era un avvenimento l'assegnazione dei Tre Bicchieri a Ferghettina, oggi è un evento che si ripete regolarmente. E così sale ancora sul podio l'Extra Brut, stavolta il '05, ormai una delle etichette di punta della spumantistica italiana: per noi è la Bollicina dell'anno. Ricco di polpa fruttata e freschezza, è elegante e armonico, ha un'effervescenza carezzevole e perlage da manuale, e soprattutto al palato mostra struttura e nerbo e un lungo finale minerale. Eccellente la Riserva 33 Pas Dosé '04, la cui base è l'unione paritaria di tre cuvée: Satèn, millesimato ed Extra Brut. Eccellente come il resto della gamma.

○ Franciacorta Extra Brut '05	ㄚㄚㄚ 6
○ Franciacorta Pas Dosé Riserva 33 '04	ㄚㄚ 6
○ Franciacorta Satèn '07	ㄚㄚ 6
○ Curtefranca Bianco '10	ㄚㄚ 4*
◉ Franciacorta Rosé '07	ㄚㄚ 6
● Curtefranca Rosso '09	ㄚ 4
○ Franciacorta Extra Brut '04	ㄚㄚㄚ 6
○ Franciacorta Extra Brut '02	ㄚㄚㄚ 6
○ Franciacorta Extra Brut '98	ㄚㄚㄚ 6
○ Franciacorta Satèn '04	ㄚㄚㄚ 6
○ Franciacorta Satèn '99	ㄚㄚㄚ 6
○ Franciacorta Satèn '97	ㄚㄚㄚ 5*

LOMBARDIA

Fiamberti
via Chiesa, 17
27044 Canneto Pavese [PV]
Tel. 038588019
www.fiambertivini.it

VENDITA DIRETTA
VISITA SU PRENOTAZIONE

PRODUZIONE ANNUA 140.000 bottiglie
ETTARI VITATI 18.00

Canneto Pavese è uno dei Comuni più importanti per quanto riguarda l'Oltrepò vitivinicolo. I Fiamberti fanno vino da tempo immemore su queste colline, arrivando fino ai giorni nostri con Ambrogio e il figlio Giulio. In questa zona famosa per i rossi corposi e longevi, la varietà del territorio e delle esposizioni ha fatto sì che, col tempo, anche uve a bacca bianca e pinot nero da base spumante trovassero adeguato acclimatamento. L'azienda Fiamberti è cresciuta passo dopo passo e quest'anno approda alla scheda grande in Guida.

Il Brut Metodo Classico approda agevolmente in finale. Bello sin dal colore paglierino intenso, è cremoso, quasi burroso, compatto ma dotato di un grande nerbo; i sentori di piccola pasticceria ben si sposano con note di erbe aromatiche e la bocca è piena senza eccessi, sapida, minerale, con un lungo e nitido finale. Il Vigna Solenga è da sempre uno dei migliori Buttafuoco Storico e l'annata '06 ne conferma la materia polposa con tannini di buona finezza e finale ammandorlato. Forse il migliore di sempre il Riesling Vigna Croce di Monteveneroso '10, varietale, ampio, profondo. Bene il resto della produzione, col Sangue di Giuda sugli scudi.

Le Fracce
fraz. Mairano
via Castel del Lupo, 5
27045 Casteggio [PV]
Tel. 038382526
www.lefracce.com

VENDITA DIRETTA
VISITA SU PRENOTAZIONE

PRODUZIONE ANNUA 180.000 bottiglie
ETTARI VITATI 40.00

È da tempo che ripetiamo come i vini di questa magnifica tenuta posizionata sui Colli di Mairano, sopra Casteggio, siano di buona qualità media, anche se ci si aspetterebbe sempre quel qualcosa in più, quel vino di punta capace di proiettare Le Fracce nell'Olimpo dell'eccellenza. Come sempre, infatti, le bottiglie sono impeccabili, ben concepite, tecnicamente perfette ma senza quell'acuto che ci aspettiamo da un'azienda così ricca di storia. Vedremo gli spumanti metodo classico, quando finalmente vedranno la luce.

Buono il Riesling Landò '10, molto franco e tipico nei profumi minerali, anche se in passato ci ricordavamo bocche più grasse e ricche. Un vino giocato più sull'eleganza e sulla semplicità che sulla complessità. La Rubiosa '10 è sempre una bella Bonarda: l'impressione è che con il passare degli anni il residuo zuccherino sia in aumento. Quanto al Bohemi '05, il rosso "importante", è un vino che conquista agevolmente i due bicchieri in virtù di una materia fruttata polposa e nitida, con buon uso del legno. Piacevole e fresco il Garboso '09, Igt da uve barbera, corretto e varietale il Pinot Grigio Levriere '10.

○ OP Pinot Nero Brut Cl. Fiamberti	5
● OP Bonarda Frizzante Bricco della Sacca '10	4
● OP Buttafuoco Storico V. Solenga '06	5
○ OP Riesling Italico V. Croce Monteveneroso '10	3*
● OP Sangue di Giuda Costa Paradiso '10	3*
⊙ OP Cruasé '08	5
○ OP Pinot Nero Brut Martinotti	3
● OP Pinot Nero Nero '09	4
● OP Buttafuoco Poderi Fiamberti '05	4*
⊙ OP Pinot Nero Brut Cl. Cruasé	5
⊙ OP Pinot Nero Brut Cl. Fiamberti Rosé	5

● OP Bonarda La Rubiosa '10	4
○ OP Riesling Landò '10	4*
● OP Rosso Bohemi '05	7
● Garboso '09	4
○ OP Pinot Grigio Levriere '10	4
● Garboso '08	4*
● OP Bonarda Frizzante La Rubiosa '09	4*
○ OP Pinot Nero Extra Brut Cuvée Bussolera '07	4*
○ OP Riesling Landò '09	4*
● OP Rosso Bohemi '03	6
● OP Rosso Cirgà '04	5

LOMBARDIA

Frecciarossa
via Vigorelli, 141
27045 Casteggio [PV]
Tel. 0383804465
www.frecciarossa.com

VENDITA DIRETTA
VISITA SU PRENOTAZIONE

PRODUZIONE ANNUA 150.000 bottiglie
ETTARI VITATI 23.00

Ristrutturazione in azienda per questa storica azienda dell'Oltrepò Pavese. Partiti Claudio Giorgi e Luca Bergamin, la proprietaria Margherita Odero ha affidato le chiavi del gioiello di famiglia a Pietro Calvi di Bergolo. In attesa di una ristrutturazione interna che porterà anche al cambio di alcune etichette, questa casa vinicola, posta esattamente sopra il 45° parallelo, dimostra sempre vitalità e qualità, e propone una gamma qualitativamente impeccabile in cui spicca il Pinot Nero vinificato in rosso.

Per la terza volta in quattro finali consecutive il Pinot Nero Giorgio Odero conquista i Tre Bicchieri. Così come sono tre le sue caratteristiche principali: coerenza stilistica, eleganza e territorialità. I profumi sono tanto tipici quanto tutt'altro che banali, e alle nitide sensazioni di frutti di bosco a bacca nera si uniscono delle intriganti note balsamiche integrate con liquirizia e un accenno di cioccolato. La bocca è precisa, avvolgente, sempre giocata sull'equilibrio, con un finale lungo e saldo. Chapeau. La Croatina '07 ha materia da vendere, e ancora lungo potenziale di invecchiamento. Molto buono ma meno caratteristico il taglio bordolese Francigeno.

Gatta
via San Rocco, 33/37
25064 Gussago [BS]
Tel. 0302772950
www.agricolagatta.com

VENDITA DIRETTA
VISITA SU PRENOTAZIONE

PRODUZIONE ANNUA 100.000 bottiglie
ETTARI VITATI 25.00

I Gatta sono un affiatato gruppo familiare che prosegue l'attività iniziata negli anni Sessanta da Angelo. Questi piantò un vigneto ancora oggi in attività che dà vita ad un vino chiamato con il suo soprannome, "Negus". Al timone oggi c'è il figlio Mario affiancato dal fratello Sergio, e poi la moglie Donatella ed i figli Nicola e Giuseppe a costituire un affiatato team che gestisce tutta la filiera, dai 25 ettari di vigne tra Cellatica e Gussago, nel versante più orientale della Franciacorta, fino alla commercializzazione.

Tre ottime cuvée si sono aggiudicate punteggi importanti: la nostra preferita, quest'anno, è il Satèn '06, appena ridotto all'inizio, che poi si apre su note di frutto e vaniglia, con sfumature boisé e minerali. Palato cremoso, come si conviene, e ritorno d'agrume nel finale. Buono il blanc de noirs Zero '04, ricco di tensione e freschezza, delicatamente floreale e vegetale nel retrogusto. L'Extra Brut Molenèr '04 si offre polposo ed integro nel corredo fruttato, sorretto da buon nerbo acido e sapidità. Valide le altre etichette.

● OP Pinot Nero Giorgio Odero '08	🍷🍷🍷 6
● Croatina '07	🍷🍷 6
● Francigeno '06	🍷🍷 6
● OP Bonarda Vivace Dardo '10	🍷🍷 4*
○ OP Pinot Nero Sillery '10	🍷 4
● OP Pinot Nero Giorgio Odero '07	🍷🍷🍷 6
● OP Pinot Nero Giorgio Odero '05	🍷🍷🍷 6
● Francigeno '04	🍷🍷 5
○ OP Riesling Renano Gli Orti '09	🍷🍷 4*

○ Franciacorta Extra Brut Molenér '04	🍷🍷 6
○ Franciacorta Satèn '06	🍷🍷 6
○ Franciacorta Zero '04	🍷🍷 6
● Cellatica Rosso Negus '05	🍷 4
○ Franciacorta Brut	🍷 5
○ Franciacorta Extra Brut Rosé	🍷 6
○ Franciacorta Brut Arcano Ris. '97	🍷🍷 7
⊙ Franciacorta Extra Brut Rosé	🍷🍷 5

LOMBARDIA

Enrico Gatti
VIA METELLI, 9
25030 ERBUSCO [BS]
TEL. 0307267999
www.enricogatti.it

VENDITA DIRETTA
VISITA SU PRENOTAZIONE

PRODUZIONE ANNUA 120.000 bottiglie
ETTARI VITATI 17.00

Fu Enrico gatti nel 1975 a fondare l'azienda. Oggi sono i figli Lorenzo e Paola, con il marito Enzo Balzarini, a portare avanti questa boutique winery, che elabora vini solo dalle uve dei loro 17 ettari di vigneto. I loro Franciacorta si distinguono per lo stile ricco, opulento ed assertivo, per la ricca mineralità che ormai ne è il marchio di fabbrica. La Gatti è a Erbusco, e ad onta di una produzione invero non troppo importante numericamente, poco più di 120mila bottiglie l'anno, si conferma come una delle aziende di vertice della denominazione.

Tre Bicchieri, meritatissimi, vanno quest'anno al Franciacorta Nature di Lorenzo, Paola ed Enzo. Il loro Nature anche quest'anno è una perfetta interpretazione del genere, dove al perlage fine e ai profumi complessi di frutta matura e agrumi subentra una profonda sfumatura minerale che ritroviamo poi in fine bocca. Al palato è ampio, nitido, sapido e davvero persistente. Accanto a questo una serie di ottime etichette, come il validissimo Brut '06, dalle fresche note agrumate al naso e in bocca, il polposo Rosé Brut e il Satèn '07, che ha solo bisogno di tempo.

○ Franciacorta Nature '07	🍷🍷🍷	6
○ Franciacorta Brut '06	🍷🍷	7
⊙ Franciacorta Rosé	🍷🍷	6
○ Franciacorta Satèn '07	🍷🍷	6
○ Franciacorta Brut	🍷	5
○ Franciacorta Brut '05	🍷🍷🍷	7
○ Franciacorta Satèn '05	🍷🍷🍷	6
○ Franciacorta Satèn '03	🍷🍷🍷	6
○ Franciacorta Satèn '02	🍷🍷🍷	6
○ Franciacorta Satèn '01	🍷🍷🍷	5
○ Franciacorta Satèn '00	🍷🍷🍷	6

F.lli Giorgi
FRAZ. CAMPONOCE, 39A
27044 CANNETO PAVESE [PV]
TEL. 0385262151
www.giorgi-wines.it

VENDITA DIRETTA
VISITA SU PRENOTAZIONE

PRODUZIONE ANNUA 1.600.000 bottiglie
ETTARI VITATI 30.00

Questa grande cantina si conferma tra le più solide e affidabili realtà dell'intero comprensorio oltrepadano. Ciò non è dovuto solo al prezioso contributo di un professionista serio e competente come Alberto Musatti ma anche, e soprattutto, alla convinzione di poter raggiungere punte di eccellenza che Fabiano Giorgi ha ereditato dal padre Antonio e dallo scomparso zio Gianfranco. E, col supporto della sorella Eleonora e della moglie Ileana, la Fratelli Giorgi presenta ora una gamma di vini impeccabile.

Quando uno spumante Metodo Classico conquista per tre anni consecutivi i Tre Bicchieri non si può certo più parlare di outsider. Il 1870 si conferma cavallo di razza, con i suoi sentori fruttati cui si affiancano gradevoli note di fiori e di tostatura. In bocca è intenso, giustamente evoluto, fine nella bolla e nell'impatto, con finale convincente. Buonissimo anche il Cruasé, che sfiora i Tre Bicchieri in virtù di una materia fruttata che si sposa magnificamente con sentori di rosa, mineralità e profondità. Non c'è spazio per descrivere la pulizia, l'equilibrio e la tipicità degli altri vini: menzione d'onore per Buttafuoco Storico Vigna Casa del Corno '07 e Riesling Il Bandito '10.

○ OP Pinot Nero Brut Cl. 1870 '07	🍷🍷🍷	6
⊙ OP Cruasé '08	🍷🍷	5
● OP Bonarda Frizzante La Brughera '10	🍷🍷	4*
○ OP Buttafuoco Clilele '08	🍷🍷	4
● OP Buttafuoco Storico V. Casa del Corno '07	🍷🍷	4
○ OP Pinot Nero Brut Cl. Gianfranco Giorgi '08	🍷🍷	4
○ OP Riesling Il Bandito '10	🍷🍷	4*
● OP Sangue di Giuda '10	🍷🍷	4
● Vigalòn '10	🍷🍷	3*
○ Crudoo	🍷	4
○ OP Pinot Nero Extra Dry Cuvée Eleonor Martinotti	🍷	4
⊙ OP Pinot Nero Extra Dry Cuvée Eleonor Martinotti Rosé	🍷	4
● OP Pinot Nero Giorginero '10	🍷	4
● OP Pinot Nero Monteroso '09	🍷	5
○ OP Pinot Nero Brut Cl. 1870 '06	🍷🍷🍷	6
○ OP Pinot Nero Brut Cl. 1870 '05	🍷🍷🍷	6

LOMBARDIA

Isimbarda

Fraz. Castello
Cascina Isimbarda
27046 Santa Giuletta [PV]
Tel. 0383899256
www.tenutaisimbarda.it

VENDITA DIRETTA
VISITA SU PRENOTAZIONE

PRODUZIONE ANNUA 130.000 bottiglie
ETTARI VITATI 40.00

È sempre bello visitare questa cantina posta nella parte alta di Santa Giuletta, con 36 ettari di vigneto che si estendono anche nel comune limitrofo di Mornico Losana. Qui il vino si fa dal XVII secolo, quando la zona era feudo dei Marchesi Isimbardi. E i terreni sono parecchio diversificati, con le marne esposte ad est ideali per le uve a bacca bianca e in particolare per il riesling (una verticale di Vigna Martina è sempre un'esperienza molto interessante), mentre sui terreni argillosi si coltivano le uve rosse tradizionali dell'Oltrepò.

Poniamo sempre l'accento proprio sul Vigna Martina, riesling double-face: fragrante e floreale da giovane, consigliamo però gli amanti del Riesling di dimenticarlo in cantina qualche anno per farne emergere la seconda anima, quella fatta di idrocarburi e di note minerali. Convince alla prima uscita il Brut Metodo Classico, intenso e caratterizzato da un'ottima fusione tra nuance agrumate e sentori di erbe aromatiche. Tipici, ben fatti e varietali il Pinot Nero Vigna del Cardinale '08, La Bonarda '10 e il Rosso Riserva Montezavo '08. Buono anche il Varmei '10, igt da uve incrocio Manzoni, chardonnay e pinot grigio.

● OP Bonarda Vivace V. delle More '10	🍷🍷 4
○ OP Pinot Nero Brut	🍷🍷 5
○ OP Pinot Nero Brut Martinotti	🍷🍷 4
● OP Pinot Nero V. del Cardinale '08	🍷🍷 5
○ OP Riesling Renano V. Martina '10	🍷🍷 4*
● OP Rosso Montezavo Ris. '08	🍷🍷 5
○ Varméi '10	🍷🍷 4
● OP Rosso Monplò '08	🍷 4
● OP Bonarda Vivace V. delle More '09	🍷🍷 4*
● OP Pinot Nero V. del Cardinale '07	🍷🍷 5
○ OP Riesling Renano V. Martina '09	🍷🍷 4*
● OP Rosso Monplò '07	🍷🍷 4*

Cantina Sociale La Versa

via F. Crispi, 15
27047 Santa Maria della Versa [PV]
Tel. 0385798411
www.laversa.it

VENDITA DIRETTA
VISITA SU PRENOTAZIONE

PRODUZIONE ANNUA 5.000.000 bottiglie
ETTARI VITATI 1300.00

Che la storica cantina di Santa Maria della Versa attraversi momenti di transizione non è un mistero. Il precedente direttore, Francesco Cervetti, aveva dato una sterzata decisiva verso la qualità, soprattutto per la parte spumantistica, tant'è che nei piani interrati riposano centinaia di migliaia di bottiglie, inclusi magnum e jeroboam, di metodo classico a base pinot nero. Siamo in una fase di passaggio, in attesa che il nuovo direttore Corrado Cavallo metta ordine nelle etichette e nella gamma aziendale.

Il vino che si è meglio comportato in degustazione è una nuova sboccatura del Testarossa Rosé del millesimo '05: di colore ramato mediamente carico, ha sentori di agrumi e pasticceria, con una vena di cedro candito sul frutto maturo, e ha mineralità e buono slancio. Meno convincente del solito il Testarossa '06 in versione bianca, peraltro di sboccatura molto recente: la materia c'è, diamogli tempo di evolversi. Più pronta, anche se più semplice, la Cuvée Storica, mentre il nuovo arrivato Eis, Metodo Classico di soli 9 mesi, è floreale e piacevole come un Martinotti lungo ben fatto. Corretto, senza acuti, il resto della gamma.

○ Eis Brut	🍷 4
● OP Bonarda Vivace '10	🍷 4
◉ OP Pinot Nero Brut Cuvée Testarossa Rosé '05	🍷🍷 6
● OP Barbera '09	🍷 4
○ OP Brut Testarossa '06	🍷 5
○ OP Cuvée Storica Brut	🍷 4
○ OP Moscato di Volpara '10	🍷 4
● OP Pinot Nero '09	🍷 4
○ Cuvée Testarossa Brut Principio '03	🍷🍷 8
○ Cuvée Testarossa Principio '01	🍷🍷 8
◉ OP Pinot Nero Brut Cuvée Testarossa Rosé '04	🍷🍷 6
○ OP Pinot Nero Testarossa Principio '00	🍷🍷 8

LOMBARDIA

Lantieri de Paratico

Loc. Colzano
via Simeone Paratico, 50
25031 Capriolo [BS]
Tel. 030736151
www.lantierideparatico.it

VENDITA DIRETTA
VISITA SU PRENOTAZIONE

PRODUZIONE ANNUA 150.000 bottiglie
ETTARI VITATI 17.00

La presenza dei Lantieri de Paratico è attestata in Franciacorta da oltre un millennio. A Capriolo nella storica dimora avita Fabio Lantieri, abbandonate le precedenti attività, prosegue con passione - e con successo crescente - una tradizione enologica di prestigio che risale al sedicesimo secolo e che vedeva i Lantieri fornitori di nobili famiglie e case regnanti. Fabio oggi elabora una curata gamma di Franciacorta e di vini del territorio dalle uve dei 20 ettari di vigneti di proprietà, gran parte dei quali siti proprio nei pressi della cantina, e per il restante ad Adro.

Le degustazioni di quest'anno ci danno il ritratto di un'azienda in crescita qualitativa. Lo conferma l'Arcadia Brut '07 che si fa apprezzare nelle degustazioni finali per l'eleganza dell'insieme, dal colore brillante al fine perlage, dal bouquet elegante delicatamente fruttato e floreale con una piacevole coloritura di spezie, e per la bocca sapida e ricca, ben modulata e nitida nel cremoso finale. Valido, ma non altrettanto pieno, il suo péndant Rosé. Ottimo il nervoso e sapido Extra Brut, ricco di polpa fruttata e morbido il Satèn, assai piacevole il Brut.

Majolini

Loc. Valle
via Manzoni, 3
25050 Ome [BS]
Tel. 0306527378
www.majolini.it

VENDITA DIRETTA
VISITA SU PRENOTAZIONE

PRODUZIONE ANNUA 250.000 bottiglie
ETTARI VITATI 24.00

I fratelli Maiolini, nome importante dell'imprenditoria bresciana, accanto ad un'attività industriale negli anni Ottanta hanno deciso di ristrutturare una proprietà nella nativa Ome e di creare un'azienda vinicola. Il compito è toccato al più giovane dei fratelli, Ezio. Affiancato dal nipote Simone, Ezio (che è stato anche presidente del Consorzio del Franciacorta) ha portato la cantina ad eccellenti livelli qualitativi e di notorietà. La Majolini lavora solo le uve dei venti ettari di proprietà situati prevalentemente ad Ome.

In attesa della nuova annata dell'Electo, il ruolo di portabandiera lo rivendica - meritatamente - il Pas Dosé dedicato ad Aligi Sassu. Il '06 ha un bouquet fresco e complesso che parla di miele, frutto, erbe aromatiche e lieviti, e al palato è armonico, pieno e persistente. Anche il Satèn '06 si fa apprezzare per pulizia stilistica e nitidi profumi di albicocca e vaniglia tipici della tipologia. Ha un bel carattere e una buona pienezza il Brut di base, mentre il Blanc de Noirs ha la morbida pienezza e la struttura nervosa dei migliori Pinot Nero.

○ Franciacorta Brut Arcadia '07	6	○ Franciacorta Pas Dosé Aligi Sassu '06	8
○ Franciacorta Brut	5	○ Franciacorta Brut	7
○ Franciacorta Extra Brut	5	○ Franciacorta Brut Blanc de Noirs	6
⊙ Franciacorta Rosé Arcadia	5	⊙ Franciacorta Rosé Altera	6
○ Franciacorta Satèn	5	○ Franciacorta Satèn '06	8
○ Curtefranca Bianco '10	4	○ Franciacorta Brut Electo '00	7
● Curtefranca Rosso '09	4	○ Franciacorta Brut Electo '99	6
○ Franciacorta Brut Arcadia '05	6	○ Franciacorta Brut Electo '97	6
○ Franciacorta Brut Arcadia '04	6	○ Franciacorta Brut Electo '05	8
○ Franciacorta Satèn	5	○ Franciacorta Pas Dosé Aligi Sassu '05	8
○ TdF Bianco Colzano '06	5	○ Franciacorta Satèn Ante Omnia '03	8

LOMBARDIA

Le Marchesine
via Vallosa, 31
25050 Passirano [BS]
Tel. 030657005
www.lemarchesine.it

VENDITA DIRETTA
VISITA SU PRENOTAZIONE

PRODUZIONE ANNUA 450.000 bottiglie
ETTARI VITATI 44.00

I Biatta sono una storica famiglia attestata nel bresciano fin dal XII secolo. È stato però Giovanni Biatta, nel 1985, ad acquistare i primi tre ettari e a riprendere una antica tradizione. Oggi al timone della maison, che vanta quasi 50 ettari di vigne in bellissime posizioni c'è il figlio Loris assieme ai figli. La produzione è ormai importante per quantità e soprattutto per qualità; è incentrata sui Franciacorta ma offre anche ottimi vini fermi. Consulente enologico de Le Marchesine è il francese Jean Pierre Valade.

Il Secolo Novo '05, il Grand Vin de Le Marchesine, quest'anno era leggermente meno espressivo e profondo dell'annata precedente. Si offre con un bouquet complesso e fresco, dove ai toni di frutto si sommano le erbe mediterranee e le note boisé, e al palato è ampio e complesso, cremoso e fresco, e chiude persistente su belle note minerali. Il resto della gamma su livelli davvero notevoli: fitto, sapido e polposo il Satèn; validissimo, elegante e terso nei suoi toni d'agrume e frutto bianco il Brut '07. Validissimi anche il Brut, l'Extra Brut ed il Rosé '07.

○ Franciacorta Brut Secolo Novo '06	8
○ Franciacorta Brut '07	6
○ Franciacorta Brut	5
⊙ Franciacorta Brut Rosé '07	6
○ Franciacorta Extra Brut	6
○ Franciacorta Satèn	6
○ Franciacorta Brut '04	6
○ Franciacorta Brut Secolo Novo '05	8
○ Franciacorta Brut '01	6
○ Franciacorta Satèn '02	6

Tenuta Mazzolino
via Mazzolino, 26
27050 Corvino San Quirico [PV]
Tel. 0383876122
www.tenuta-mazzolino.com

VENDITA DIRETTA
VISITA SU PRENOTAZIONE

PRODUZIONE ANNUA 100.000 bottiglie
ETTARI VITATI 25.00

Siamo in una delle più belle tenute d'Oltrepò, con la villa padronale affacciata su un balcone naturale da cui la vista abbraccia l'intera Pianura Padana. Però si respira anche aria di Borgogna, con l'enologo Jean-François Coquard e il consulente Kyriakos Kynigopoulos. Ora alla "corte" di Sandra Bragiotti è arrivato anche Claudio Giorgi, proveniente da Frecciarossa, e l'attenzione dell'azienda si sta sempre più spostando su pinot nero e chardonnay, con l'intento di presentare questi due vitigni nelle tre versioni giovane-maturo-spumante classico.

Il Pinot Nero Noir si conferma un vino di classe. Anche il '08 si aggiudica i Tre Bicchieri, bissando i successi degli ultimi due anni: lo stile è tipicamente borgognotto, ha vene di liquirizia e caffè che ben s'intrecciano con i piccoli frutti di bosco, bocca di buona apertura e finale lungo e sostenuto. Di buon nerbo i due spumanti Metodo Classico, perfettamente in linea nelle rispettive tipologie di Blanc de Blancs e di Cruasé, un rosato 100% pinot nero sapido e fragrante. Sempre impeccabile il resto della produzione, con un Blanc '09 particolarmente riuscito.

● OP Pinot Nero Noir '08	6
○ Mazzolino Brut Blanc de Blancs	5
○ OP Chardonnay Blanc '09	4
⊙ OP Pinot Nero Brut Cruasé Mazzolino	5
○ Camarà '10	3
● OP Bonarda Mazzolino '10	4
● Terrazze '10	4
● OP Pinot Nero Noir '07	6
● OP Pinot Nero Noir '06	6
● OP Cabernet Sauvignon Corvino '07	5
○ OP Chardonnay Blanc '08	4

LOMBARDIA

★Monsupello
VIA SAN LAZZARO, 5
27050 TORRICELLA VERZATE [PV]
TEL. 0383896043
www.monsupello.it

VENDITA DIRETTA
VISITA SU PRENOTAZIONE

PRODUZIONE ANNUA 280.000 bottiglie
ETTARI VITATI 50.00

La scomparsa del fondatore Carlo Boatti, avvenuta l'anno scorso, è stata una perdita gravissima ma la famiglia ha saputo farsi forza e ora i figli Pierangelo e Laura, con la mamma Carla e il prezioso supporto dell'enologo Marco Bertelegni, sono più che mai convinti nel portare avanti il lavoro iniziato dal padre, uno dei primi a credere nelle potenzialità di questo territorio. Conosciuta soprattutto per la spumantistica di altissimo livello, non va dimenticato che Monsupello produce una gamma intera di vini di pregio, rossi da invecchiamento inclusi.

Le etichette dell'azienda sono talmente tante e di livello medio così alto che non riusciamo a inserirle tutte. Certo sono gli spumanti a dare sempre il meglio di sé: quest'anno i Tre Bicchieri vanno al Classese '04, cremoso e balsamico, potente ed elegante nello stesso tempo. Punteggi altissimi anche per il Nature, secco e nitido, e per i più champagneggianti Ca' del Tava (miele ed erbe aromatiche tra i mille descrittori presenti) e Rosé, carnoso nel frutto. Tra il resto della produzione segnaliamo un Rosso Riserva di grande struttura, la tipica Croatina Calcababio, i bianchi varietali e sapidi, il più complesso Chardonnay Senso '09.

Francesco Montagna
VIA CAIROLI, 67
27043 BRONI [PV]
TEL. 038551028
www.cantinemontagna.it

VENDITA DIRETTA
VISITA SU PRENOTAZIONE
RISTORAZIONE

PRODUZIONE ANNUA 800.000 bottiglie
ETTARI VITATI 150.00

Era da un po' di tempo che tenevamo d'occhio questa azienda di proprietà delle famiglie Bertè e Cordini, soprattutto da quando Matteo, figlio di Natale Bertè, ha cominciato a prendere in mano le redini della cantina. Anno dopo anno sono arrivati in degustazione vini sempre più convincenti, sia pur spalmati su un numero di etichette piuttosto rilevante: vini vivaci, vini fermi e, da qualche tempo a questa parte, anche spumanti metodo classico. Per questi motivi, visto il potenziale di crescita, abbiamo deciso di assegnare la scheda grande.

Lo spumante Metodo Classico Rosé è uno di quelli che ci ha convinti di più della tipologia. Bello il colore cipolla ramata, bella la finezza del perlage, buoni i profumi di fiori e frutti di bosco: in bocca è sapido e saldo, con ottimo finale. Bene anche il Cuvée della Casa, fresco e fragrante, profumato di erbe aromatiche e con un'intrigante nota minerale. Il Rosso Valmaga '06 si fa apprezzare per una buona polpa fruttata, per il tannino ben levigato e per un buon equilibrio di fondo. Varietale e molto ben fatto il Sauvignon '10. Di livello il resto della gamma, a partire dalle due Bonarda Vivaci per finire con un piacevole Martinotti.

○ OP Brut Cl. Classese '04	▼▼▼	6
○ OP Cà Del Tava M. Cl.	▼▼	7
○ OP Pinot Nero Cl. Nature	▼▼	5
⊙ Brut Rosé	▼▼	5
○ Chardonnay Senso '09	▼▼	6
● OP Bonarda Vivace Vaiolet '10	▼▼	4*
● OP Rosso Mosaico Ris. '03	▼▼	5
● OP Rosso Podere La Borla '07	▼▼	4
○ Pinot Grigio '10	▼▼	4
○ Riesling Renano '10	▼▼	4
● Calcacabio	▼	4
● Monsupè '10	▼	4
⊙ Brut Rosé	▼▼▼	5*
○ OP Brut Cl. Cuvée Ca' del Tava	▼▼▼	7
○ OP Pinot Nero Cl. Nature	▼▼▼	5*
○ OP Pinot Nero Cl. Nature	▼▼▼	5
○ OP Pinot Nero Cl. Nature	▼▼▼	5

⊙ OP Pinot Nero Rosé Brut Cl.	▼▼	5
● OP Bonarda Frizzante Sabion Bertè & Cordini '10	▼▼	4
○ OP Pinot Nero Brut Cl. Cuvée della Casa Bertè & Cordini	▼▼	5
● OP Pinot Nero Nuval Bertè & Cordini '09	▼▼	4
● OP Rosso Valmaga Bertè & Cordini '06	▼▼	4
○ OP Sauvignon Masaria Bertè & Cordini '10	▼▼	3*
● OP Bonarda Frizzante Sopralerighe '10	▼	3
● OP Bonarda Frizzante Viti di Luna '10	▼	3
○ OP Pinot Nero Brut Martinotti Sopralerighe	▼	3
● OP Bonarda Frizzante Viti di Luna '09	▽▽▽	3*
⊙ OP Moscato Frizzante Viti di Luna '09	▽▽▽	3*
○ OP Pinot Nero Brut Cl. Cuvée Tradizione Bertè & Cordini	▽▽▽	5
⊙ OP Pinot Nero Rosé Brut Cl.	▽▽▽	4*
● OP Pinot Nero Viti di Luna '06	▽▽▽	3*

LOMBARDIA

Marchesi di Montalto
LOC. COSTA GALLOTTI, 5
27040 MONTALTO PAVESE [PV]
TEL. 0383870358
www.marchesidimontalto.it

VENDITA DIRETTA
VISITA SU PRENOTAZIONE

PRODUZIONE ANNUA 50.000 bottiglie
ETTARI VITATI 100.00

Non è facile condurre un'azienda vinicola con 100 ettari vitati, anche se buona parte della produzione viene conferita alla Cantina Sociale. È questo l'impegno che si è assunto Gabriele Marchesi, prendendo in mano l'azienda di famiglia e cercando di mettere ordine tra una miriade di vitigni piantati e le rispettive etichette. Siamo nel regno oltrepadano del riesling, ma le differenze di terreni ed esposizioni sono tali che anche le uve a bacca rossa, a partire dal pinot nero, hanno qui trovato adeguata dimora.

Ennesima rivoluzione a livello di etichette: da quest'anno il Riesling Vendemmia Tardiva Monsaltus che tanto c'era piaciuto in numerose annate precedenti si chiama Pezzolo, mentre il Monsaltus è ora un Riesling Renano secco: entrambi della vendemmia '09, sono stati assaggiati in una fase di assestamento così come il Passiré, la versione dolce. Un trittico di Riesling da risentire. Note decisamente più positive per gli spumanti Metodo Classico: il Cruasé Costadelvento '08 è un'interpretazione del tutto personale della tipologia, molto carico nel colore, sembra quasi un vino rosso anche nelle note marcate di frutti di bosco; più elegante il Tersilio Marchesi '05, anche lui comunque dal carattere piuttosto deciso.

⊙ OP Cruasé Costadelvento '08	♀ 5
○ OP Pinot Nero Brut Tersilio Marchesi Ris. '05	♀ 6
● OP Pinot Nero Pizzotorto '07	♀ 5
○ OP Riesling Monsaltus '09	♀ 4
○ OP Riesling Passiré '09	♀ 7
○ OP Riesling Pezzolo V.T. '09	♀ 4
● OP Rosso Montespinato Ris. '09	♀ 4
○ OP Pinot Nero Brut Tersilio Marchesi Ris. '04	♀♀ 6
○ OP Riesling Brut Martinotti	♀♀ 4*
○ OP Riesling Italico Monsaltus '07	♀♀ 5
○ OP Riesling Italico Monsaltus '05	♀♀ 4
○ OP Riesling Passiré '08	♀♀ 7

★Monte Rossa
FRAZ. BORNATO
VIA MONTE ROSSA, 1
25040 CAZZAGO SAN MARTINO [BS]
TEL. 030725066
www.monterossa.com

VENDITA DIRETTA
VISITA SU PRENOTAZIONE

PRODUZIONE ANNUA 500.000 bottiglie
ETTARI VITATI 70.00

La Monte Rossa della famiglia Rabotti è una delle più belle proprietà delle Franciacorta, ed è anche un nome importante della storia della denominazione, cui aderì sin dagli anni Settanta. Paolo Rabotti, che ha dato vita all'azienda con la moglie Paola Rovetta, è stato anche tra i fondatori e il primo presidente del Consorzio del Franciacorta. Oggi le operazioni sono dirette con passione estrema e pari competenza dal figlio Emanuele, che ha ristrutturato vigne (settanta ettari in gran parte di proprietà) e cantine portando Monte Rossa, a quarant'anni dalla fondazione, a livelli di assoluta eccellenza.

Aspettando i gioielli di famiglia, i due Cabochon bianco e rosato, abbiamo assaggiato un eccellente Brut PR, la cuvée di Chardonnay composta da un 35% di vini di riserva e maturata tre anni in cantina prima della sboccatura. Ha un colore paglierino brillante, perlage minuto, e al naso offre un elegante bouquet di frutta bianca e floreale ravvivato da una fresca nota agrumata. Bocca tesa, fresca, con polpa di frutto bianco e un bel finale sapido e minerale. Assai valida la versione PR Rosé, con un 40% di Pinot Nero. Ottime le altre etichette.

○ Franciacorta Brut P. R.	♀♀ 6
○ Franciacorta Brut Prima Cuvée	♀♀ 6
○ Franciacorta Extra Brut Salvadek '07	♀♀ 7
⊙ Franciacorta Rosé P. R.	♀♀ 7
○ Franciacorta Satèn Sansevé	♀♀ 6
○ Franciacorta Brut Cabochon '05	♀♀♀ 7
○ Franciacorta Brut Cabochon '04	♀♀♀ 7
○ Franciacorta Brut Cabochon '03	♀♀♀ 7
○ Franciacorta Brut Cabochon '01	♀♀♀ 7
○ Franciacorta Brut Cabochon '99	♀♀♀ 8
○ Franciacorta Brut Cabochon '98	♀♀♀ 6
○ Franciacorta Brut Cabochon '97	♀♀♀ 6

LOMBARDIA

Montelio
via D. Mazza, 1
27050 Codevilla [PV]
Tel. 0383373090
montelio.gio@alice.it

VENDITA DIRETTA
VISITA SU PRENOTAZIONE
OSPITALITÀ
RISTORAZIONE

PRODUZIONE ANNUA 130.000 bottiglie
ETTARI VITATI 27.00

C'è sempre una dimensione "artigianale", nel senso buono del termine, nell'azienda delle sorelle Giovanna e Caterina Brazzola. Quando si varca l'arco che introduce alla corte sembra che il tempo si sia fermato. A partire dalla bella, rustica sala degustazione, all'occorrenza trasformata in agriturismo, fino alla parte più profonda, il cosiddetto infernot, dove una collezione di vecchie bottiglie impolverate racconta la sua storia dalle celle disposte in formazione ottagonale. E poi qui troverete Mario Maffi, memoria storica dell'Oltrepò ed enologo di vaglia.

Anche quest'anno il miglior vino di Montelio ci è parso il Solarolo Riserva: nella versione '07 ha polpa, struttura, note quasi sovramature e tannini di buona grana. Il Pinot Nero Costarsa '07 è nello stile aziendale, di colore abbastanza marcato, con un buon uso del legno e tpicissimi sentori di ribes nero e mirtillo. Buona e franca la Bonarda Vivace '10, dal colore brillante, centrata nell'estrazione del frutto. In azienda si coltiva da molti anni il Müller Thurgau, proposto nelle due versioni giovane e invecchiato: mentre il primo appare piacevole e beverino, il secondo va aspettato per trovare l'equilibrio col legno. Molto fragrante il Rosato Frizzante.

La Montina
via Baiana, 17
25040 Monticelli Brusati [BS]
Tel. 030653278
www.lamontina.it

VENDITA DIRETTA
VISITA SU PRENOTAZIONE
RISTORAZIONE

PRODUZIONE ANNUA 450.000 bottiglie
ETTARI VITATI 72.00

Anno dopo anno l'azienda dei fratelli Vittorio, Gian Carlo e Alberto Bozza si conferma ad elevatissimi livelli qualitativi. Acquisita nei primi anni Ottanta, è una storica proprietà che prende il nome dalla famiglia Montini, dalla quale discendeva papa Paolo VI. Cesare Ferrari, enologo, Alceo Totò e Rocco Marino per la parte agronomica e Michele Bozza che coordina il settore commerciale costituiscono un affiatato team che elabora esclusivamente le uve dei 72 ettari di vigne di proprietà, dislocate in sette diversi comuni del comprensorio.

La bella prova in degustazione dell'Extra Brut Riserva '05 vale ai Bozza il terzo Tre Bicchieri di fila. Si tratta di un vino che riesce a coniugare in maniera davvero convincente una struttura piena con una grande freschezza gustativa, un'effervescenza carezzevole e una profondità espressiva notevole che sfuma nel lungo finale minerale ed agrumato. Il resto della gamma non mostra cedimenti, dal sapido Extra Brut al cremoso Satèn, dal polposo Brut al fruttato Rosé Extra Brut. Di ottimo livello anche il Curtefranca Bianco '10 e il Rosso dei Dossi '08.

- ● OP Pinot Nero Costarsa '07 — 5
- ● OP Rosso Solarolo Ris. '07 — 5
- ○ Müller Thurgau '10 — 3
- ○ Müller Thurgau La Giostra '08 — 3
- ● OP Bonarda Frizzante '10 — 3
- ⊙ OP Rosato Frizzante '10 — 4
- ● OP Bonarda Frizzante '09 — 3*
- ● OP Pinot Nero Costarsa '03 — 5
- ○ OP Riesling Italico '09 — 3*
- ● OP Rosso Solarolo Ris. '05 — 5

- ○ Franciacorta Extra Brut Vintage Ris. '05 — 7
- ○ Curtefranca Bianco Palanca '10 — 4
- ● Curtefranca Rosso dei Dossi '08 — 5
- ○ Franciacorta Brut — 5
- ○ Franciacorta Extra Brut — 5
- ⊙ Franciacorta Rosé Demi Sec — 5
- ⊙ Franciacorta Rosé Extra Brut — 5
- ○ Franciacorta Satèn — 6
- ○ Franciacorta Brut '05 — 6
- ○ Franciacorta Extra Brut Ris. Vintage '04 — 7

LOMBARDIA

Monzio Compagnoni
via Nigoline, 18
25030 Adro [BS]
Tel. 0307457803
www.monziocompagnoni.com

VENDITA DIRETTA
VISITA SU PRENOTAZIONE

PRODUZIONE ANNUA 250.000 bottiglie
ETTARI VITATI 30.00

Vignaiolo di successo in Valcalepio, Marcello Monzio Compagnoni alcuni anni fa è arrivato in provincia di Brescia spinto dall'amore per la produzione dello spumante e del Franciacorta in particolare. Dopo un buon inizio a Timoline, Marcello ha costruito una nuova e modernissima cantina ad Adro, che è diventata il centro operativo e la cantina dove vede la luce una curatissima gamma di vini e Franciacorta ottenuti dai trenta ettari di vigne dell'azienda. Sempre ottimi i Valcalepio elaborati nella cantina storica di Scanzorosciate.

Si attesta ad un passo dal nostro massimo riconoscimento l'Extra Brut '07, che pura ha fatto mostra di una struttura solida ed ampia e di una bella ricchezza di frutto, forse appena troppo astringente nel peraltro lungo finale. Di livello come sempre il Satèn, polposo e morbido, dalle nuance brioché, ed il Brut, anch'esso del '07. Ha un bel naso, vitale e fresco, di fiori bianche sfumature agrumate e al palato è sapido e scorrevole, carezzevole nell'effervescenza e vanigliato nel finale. Da segnalare l'ottimo Moscato di Scanzo don Quijote e il rosso della Valcalepio.

○ Franciacorta Extra Brut '07	♀♀ 6
○ Curtefranca Bianco Ronco della Seta '10	♀♀ 4*
○ Franciacorta Brut '07	♀♀ 5
○ Franciacorta Satèn '07	♀♀ 6
● Moscato di Scanzo Don Quijote	♀♀ 6
⊙ Franciacorta Brut Rosé '07	♀ 6
⊙ Valcalepio Bianco Colle della Luna '10	♀ 4
○ Franciacorta Extra Brut '04	♀♀♀ 6
○ Franciacorta Extra Brut '03	♀♀♀ 6
○ Franciacorta Brut '05	♀♀ 5
○ Franciacorta Satèn Brut '04	♀♀ 6

Il Mosnel
loc. Camignone
via Barboglio, 14
25040 Passirano [BS]
Tel. 030653117
www.ilmosnel.com

VENDITA DIRETTA
VISITA SU PRENOTAZIONE
RISTORAZIONE

PRODUZIONE ANNUA 250.000 bottiglie
ETTARI VITATI 39.54

Una delle aziende di riferimento della denominazione è il Mosnel, che ha sede in una bella residenza seicecentesca perfettamente - e recentemente - ristrutturata, a Passirano di Camignone. Caso raro nella zona, è circondata dai propri vigneti, ben quaranta ettari, che costituiscono un corpo unico. I fratelli Giulio e Lucia Barzanò hanno raccolto dalla madre Emanuela Barboglio il testimone, ed oggi sono al timone dell'azienda di famiglia, di proprietà dal 1836, e che dalla fine degli anni Sessanta si dedica esclusivamente alla produzione di vino e Franciacorta.

È mancato solo l'acuto, ma il Mosnel quest'anno ha presentato una gamma di vini e Franciacorta che poche aziende possono vantare. Ad un soffio dal massimo riconoscimento un eccellente Rosé Parosé '07, da uve pinot nero (70%) e chardonnay, dal colore pallidissimo ma dal perlage finissimo e ricco al naso di note di frutti rossi e neri, con una delicata sfumatura di vaniglia ed erbe aromatiche. Al palato si distende sapido e teso, polposo e persistente. Molto validi anche il Franciacorta Extra Brut EBB, carezzevole fresco e persistente, ed il morbido suadente Satèn.

⊙ Franciacorta Pas Dosé Parosé '07	♀♀ 6
● Curtefranca Fontecolo Rosso '08	♀♀ 4*
⊙ Franciacorta Brut Rosé	♀♀ 5
○ Franciacorta Extra Brut EBB '07	♀♀ 6
○ Franciacorta Pas Dosé	♀♀ 5
○ Franciacorta Satèn '07	♀♀ 6
○ Sebino Passito Sulif '09	♀♀ 6
○ Curtefranca Bianca Campolarga '10	♀ 4
○ Franciacorta Brut	♀ 5
○ Franciacorta Pas Dosé QdE Ris. '04	♀♀♀ 7
○ Franciacorta Satèn '05	♀♀♀ 6

LOMBARDIA

Muratori - Villa Crespia
VIA VALLI, 31
25030 ADRO [BS]
TEL. 0307451051
www.arcipelagomuratori.it

VENDITA DIRETTA
VISITA SU PRENOTAZIONE

PRODUZIONE ANNUA 350.000 bottiglie
ETTARI VITATI 60.00
VITICOLTURA Naturale

Come molti imprenditori di successo prima di loro anche i fratelli Muratori ad un certo punto della loro storia hanno sentito il bisogno di ritornare ad investire sulla terra. Le cose sono state fatte in grande: la Villa Crespia vanta cantine allo stato dell'arte, sessanta ettari di vigne in posizioni eccellenti e la direzione tecnica e strategica di Francesco Iacono, enologo con un passato di ricercatore. Accanto a Villa Crespia altre tenute, in Toscana e Campania, a costituire un "arcipelago" di aziende di qualità incentrate sulle uve e i vini del territorio.

Ha degnamente figurato nelle nostre finali il Rosé Extra Brut Brolese, che nasce da un vigneto cintato a Capriolo. È una cuvée di Pinot Nero in rosso (70%) e Chardonnay che matura 30 mesi sui lieviti prima della sboccatura. Ha un colore rosa pallido e profumi nitidi di piccoli frutti rossi e neri, che sfumano su note boisé e di pasticceria. In bocca è ampio, fruttato, solido e assertivo. Di livello anche quest'anno il Numero Zero, delicatamente aromatico e fresco, ed il Satèn Cesonato, polposo e morbido ma non certo privo di nerbo. Sempre valido il Brut Novalia, un po' evoluto il Brut Miolo.

★Nino Negri
VIA GHIBELLINI
23030 CHIURO [SO]
TEL. 0342485211
www.ninonegri.it

VENDITA DIRETTA
VISITA SU PRENOTAZIONE
RISTORAZIONE

PRODUZIONE ANNUA 800.000 bottiglie
ETTARI VITATI 36.00

Ormai a pieno titolo la Nino Negri può essere pensata come una delle cantine storiche non solo della Valtellina, ma dell'intero sistema enologico italiano. 111 anni di vita, conosciuta in tutto il mondo, dagli anni Ottanta fa parte del Gruppo Italiano Vini di cui rappresenta il fiore all'occhiello. Sono più di 250 i viticoltori associati che le conferiscono le uve, secondo selettivi protocolli condivisi. Il tutto, insieme a diversi vigneti di proprietà dislocati nel cuore delle principali sottozone della Valtellina.

Tre Bicchieri al Vigneto Fracia '08, ma anche un riconoscimento a una sottozona, la Valgella, che sta dimostrando potenzialità incredibili. È intenso e complesso, con tipici elementi di territorialità: profumi di tabacco, fiori di campo e terra bagnata. La bocca è elegantissima, progressiva, il finale armonico e lungo. Ottimo lo Sfursat '08, con profumi di tabacco, prugna e frutta sotto spirito. Al palato è ricco e molto fresco. Profumi di frutta rossa e rabarbaro per il Mazzer '08, la bocca è armonica con finale lungo. Spezie e florealità per il Sassorosso, al palato è importante e di singolare carattere. Buono il Sassella Le Tense '08 e le altre etichette.

⊙ Franciacorta Rosé Extra Brut Brolese	6
○ Franciacorta Brut Novalia	6
○ Franciacorta Dosaggio Zero Numerozero	6
○ Franciacorta Satèn Cesonato	6
○ Franciacorta Brut Miolo	6
○ Franciacorta Dosaggio Zero Cisiolo '04	6
○ Franciacorta Dosaggio Zero Cisiolo '03	6
○ Franciacorta Extra Brut Francesco Iacono Ris. '02	8

● Valtellina Sup. Vign. Fracia '08	6
● Valtellina Sfursat '08	7
○ Ca' Brione '10	6
● Valtellina Sup. Grumello V. Sassorosso '08	5
● Valtellina Sup. Inferno C. Negri '07	6
● Valtellina Sup. Mazer '08	5
● Valtellina Sup. Nino Negri Ris. '05	5
● Valtellina Sup. Sassella Le Tense '08	5
● Valtellina Sfursat '05	8
● Valtellina Sfursat '04	7
● Valtellina Sfursat '03	7
● Valtellina Sfursat 5 Stelle '07	8
● Valtellina Sfursat 5 Stelle '06	8
● Valtellina Sfursat 5 Stelle '03	8
● Valtellina Sfursat 5 Stelle '01	7

LOMBARDIA

Pasini - San Giovanni
FRAZ. RAFFA
VIA VIDELLE, 2
25080 PUEGNAGO SUL GARDA [BS]
TEL. 0365651419
www.pasiniproduttori.it

VENDITA DIRETTA
VISITA SU PRENOTAZIONE
RISTORAZIONE

PRODUZIONE ANNUA 300.000 bottiglie
ETTARI VITATI 36.00

Arrivano conferme importanti dall'azienda gestita dai fratelli Luca e Paolo Pasini, che rappresentano la terza generazione di questa cantina fondata nel 1958 dal nonno Andrea. Oggi la proprietà supera i 36 ettari vitati e vinifica nella nuova cantina a Raffa di Puegnago sul Garda. La gamma dei vini è ricca e ben strutturata con un progetto ben definito: valorizzare le tipicità del territorio. Pregevolissime le versioni di Groppello, vitigno simbolo delle Valtènesi, vinificato in rosso ma adoperato anche per la produzione di metodo classico di tutto rispetto.

Il Vigneto Arzane Riserva '08 bissa l'ingresso in finale. Si tratta di un Groppello caratterizzato da un'ampia gamma di profumi fruttati intensi e vividi - amarena e mora su tutti - estremamente fragrante e polposo, equilibrato, invitante. Molto positivi i due spumanti da uve groppello e chardonnay vinificate in bianco e in rosa: entrambi vividi e carnosi, abbiamo una leggera preferenza per la maggior freschezza del Rosé. Buono il fresco, varietale, fragrante Groppello '10 con il suo intenso profumo di ciliegia e il vino dolce San Gioan Brinat da uve riesling e incocio Manzoni. Di livello gli altri vini, incluso il Centopercento Brut da sole uve Groppello.

● Garda Cl. Groppello Vign. Arzane Ris. '08	🍷 4*
○ Ceppo 326 Brut M. Cl.	🍷🍷 5
⊙ Ceppo 326 Brut M. Cl. Rosé	🍷🍷 5
● Garda Cl. Groppello '10	🍷🍷 5
○ San Gioan Brinat Bianco Dolce	🍷🍷 5
○ 100% Brut M. Cl.	🍷 5
⊙ Garda Cl. Chiaretto '10	🍷 4
⊙ Garda Cl. Chiaretto Il Chiaretto '10	🍷 4
○ Lugana Il Lugana '10	🍷 4
○ Ceppo Brut 326 M. Cl.	🍷🍷 5
⊙ Garda Cl. Chiaretto Il Chiaretto '09	🍷🍷 4*
● Garda Cl. Groppello Il Groppello '08	🍷🍷 4*
● Garda Cl. Groppello Vign. Arzane Ris. '07	🍷🍷 4*
● Garda Cl. Groppello Vign. Arzane Ris. '06	🍷🍷 4*
○ Lugana Il Lugana '08	🍷🍷 4*

Perla del Garda
VIA FENIL VECCHIO, 9
25017 LONATO [BS]
TEL. 0309103109
www.perladelgarda.it

PRODUZIONE ANNUA 120.000 bottiglie
ETTARI VITATI 30.00

Non mancano certo le ambizioni a questa azienda nata una deina di anni fa sulle colline moreniche di Lonato. Circa 30 ettari di vigneto in cui trovano dimora tanto le più diffuse varietà internazionali quanto vitigni tipici della zona come trebbiano di Lugana e rebo. La cantina, di forma circolare, è un piccolo capolavoro di architettura e funzionalità, concepita su tre piani per valorizzare al meglio la cosiddetta vinificazione a caduta, che consente di lavorare mosto e vino limitando al massimo l'uso delle pompe.

Il Terre Lunari '08 è un classico taglio bordolese dai toni piuttosto cupi e minerali, segnato da note vegetali e di buon nerbo: interessante, tutt'altro che banale. Profumato di ananas e pompelmo il Settimo Cielo, Metodo Classico da uve chardonnay che mostra in bocca grinta e persistenza. Veniamo ai Lugana: il Madre Perla '09 ha buon timbro, struttura dovuta anche alla lunga permanenza sulle bucce, nerbo e un piacevole finale mentolato. Stile diverso per il Madonna della Scoperta '09, fine ed elegante, complesso, con belle note di pasticceria date dal legno. Fresco e piacevole il Perla '10, ben fatto ed equilibrato il Passito Drajibo '08 da riesling, trebbiano di Lugana e incrocio Manzoni.

○ Drajibo Passito '10	🍷🍷 6
○ Garda Cl. Brut Settimo Cielo	🍷🍷 7
○ Lugana Sup. Madonna della Scoperta '09	🍷🍷 6
○ Lugana Sup. Madreperla '09	🍷🍷 6
● Terre Lunari '08	🍷🍷 5
○ Lugana Perla '10	🍷 5
○ Garda Brut Chardonnay	🍷🍷 5
○ Lugana Madreperla '08	🍷🍷 4
○ Lugana Madreperla '07	🍷🍷 5*

LOMBARDIA

Andrea Picchioni
FRAZ. CAMPONOCE, 8
27044 CANNETO PAVESE [PV]
TEL. 0385262139
www.picchioniandrea.it

VENDITA DIRETTA
VISITA SU PRENOTAZIONE

PRODUZIONE ANNUA 60.000 bottiglie
ETTARI VITATI 10.00
VITICOLTURA Naturale

Piccoli passi, costanza, certezza nelle proprie convinzioni e nel proprio lavoro: così Andrea Picchioni e famiglia hanno saputo portare alla ribalta la piccola cantina situata nella zona bassa di Canneto Pavese, all'imbocco della Val Solinga, dove si trova la maggior parte dei vigneti di proprietà. Essenzialmente rossista, Picchioni produce sia vini giovani destinati ad un consumo immediato sia vini dal lungo potenziale di invecchiamento grazie alla ricchezza di struttura e al tannino della croatina che abbisogna di lungo affinamento in bottiglia.

Il Profilo '96 ha ben impressionato in finale: 14 anni di permanenza sui lieviti hanno regalato uno spumante dal colore dorato profumato di miele, frutta candita, pasticceria, frutta secca ed erbe aromatiche, con nerbo, sostanza e lungo finale. Tra i rossi importanti, il Buttafuoco Riva Bianca '07, pur ancora giovane, mostra un tannino levigato e grande struttura. Più semplici, ma di ottimo equilibrio, il Rosso d'Asia '07 (90% croatina) dal frutto nitido e il Monnalisa '07, altra croatina cui il 10% di merlot conferisce morbidezza. Il Pinot Nero Arfena '09 è buono ma ancora giovane; ottima la Bonarda Vivace '10, fruttata e non priva di eleganza.

○ OP Profilo Brut Nature M. Cl. '96	🍷🍷 6
● Monnalisa '07	🍷🍷 5
● OP Bonarda Vivace '10	🍷🍷 3*
● OP Buttafuoco Bricco Riva Bianca '07	🍷🍷 5
● Rosso d'Asia '07	🍷🍷 5
● OP Buttafuoco Luogo della Cerasa '09	🍷 4
● OP Sangue di Giuda '10	🍷 3
● Pinot Nero Arfena '09	🍷 5
● Monnalisa '06	🍷🍷 5
● OP Buttafuoco Bricco Riva Bianca '06	🍷🍷 5
○ OP Profilo Brut Nature M. Cl. '98	🍷🍷 6
○ OP Profilo Brut Nature M. Cl. '94	🍷🍷 7
● Rosso d'Asia '06	🍷🍷 5
● Rosso d'Asia '05	🍷🍷 5

Plozza
VIA SAN GIACOMO, 22
23037 TIRANO [SO]
TEL. 0342701297
www.plozza.com

VENDITA DIRETTA
VISITA SU PRENOTAZIONE

PRODUZIONE ANNUA 450.000 bottiglie
ETTARI VITATI 28.00

È Andrea Zanolari, enologo, il responsabile generale di questa singolare azienda fondata nel 1919 da Pietro Plozza. Le cantine sono situate a Tirano e a Brusio, in Svizzera, mentre i vigneti, di proprietà, sono collocati nelle principali sottozone della Valtellina. Tutti rigorosamente impiantati a nebbiolo, i vigneti sono collocati tra i 400 e i 700 metri di altitudine, sistemati in massima parte a rittochino.

Gran bel risultato per il Numero Uno, un vino ottenuto da uve nebbiolo che vengono appassite per circa tre mesi. Intenso ed elegante nei profumi, con belle note di tabacco, di erbe officinali, di prugna disidratata, in bocca è potente, sostenuto dalla freschezza dell'acidità e dalla fittezza della trama tannica. Energico e ampio nei profumi, con sfumature di tabacco lo Sfursat Vin da Ca' '07, la bocca è concentrata e austera, con finale lungo. Profumi di tè russo per il Passione Barrique '06 anch'esso da uve appassite, con sfumature di cacao, la bocca è calda e il finale persistente. Davvero buoni gli altri vini.

● Valtellina Numero Uno '07	🍷🍷 8
● Valtellina Sforzato Vin da Cà '07	🍷🍷 6
● Passione Barrique '06	🍷🍷 7
● Valtellina Sup. Inferno Ris. '07	🍷🍷 5
● Valtellina Sup. Sassella La Scala Ris. '07	🍷🍷 5
● Valtellina Numero Uno '06	🍷🍷 8
● Valtellina Numero Uno '05	🍷🍷 8
● Valtellina Sforzato Vin da Cà '06	🍷🍷 6
● Valtellina Sforzato Vin da Cà '05	🍷🍷 6

Mamete Prevostini

via Lucchinetti, 63
23020 Mese [SO]
Tel. 034341522
www.mameteprevostini.com

VENDITA DIRETTA
VISITA SU PRENOTAZIONE

PRODUZIONE ANNUA 160.000 bottiglie
ETTARI VITATI 18.00

Ne ha fatta di strada Mamete Prevostini, il brillante enotecnico diplomato a Conegliano nel 1987. Dopo l'acquisto del suo primo vigneto che risale al 1990, la sua parabola professionale è stata ininterrottamente in ascesa, sino all'incarico, tre anni fa, di Presidente del Consorzio Vini di Valtellina. Uno stile sobrio, riservato, ma determinato, il suo, coronato dal successo e dalla matrice d'inconfondibile eleganza di tutti i suoi vini.

Merita i Tre Bicchieri per armonia ed eleganza lo Sforzato Albareda '09, un saggio di finezza, con note profumate di cacao, di frutta sotto spirito, ma anche di spezie e di grafite. La bocca è importante, armonica, viva, davvero persistente. Più ridondante il Corte di Cama '09, con profumi di tostatura, la bocca è densa il finale considerevole. Un futuro candidato premier il Riserva '07, davvero unico, con profumi di tabacco, di liquirizia e spezie; la bocca è elegante, sapida, i tannini fitti, il finale lunghissimo. Buono il Sommarovina '09, agrumi e tabacco al naso, la bocca ricca e fruttata. Da manuale il Sassella e il Grumello '09: colpiscono per finezza e bevibilità.

● Valtellina Sforzato Albareda '09	🍷🍷🍷 7
● Valtellina Sup. Ris. '07	🍷🍷 6
● Valtellina Sup. Sassella Sommarovina '09	🍷🍷 5
● Valtellina Sforzato Corte di Cama '09	🍷🍷 6
● Valtellina Sup. Grumello '09	🍷 4
● Valtellina Sup. Sassella '09	🍷🍷 4*
○ Vertemate '09	🍷🍷 7
● Botonero '10	🍷 3
○ Opera Bianco '10	🍷 5
⊙ Rosato '10	🍷 4
● Valtellina Santarita '10	🍷 4
● Valtellina Sforzato Albareda '08	🍷🍷🍷 7
● Valtellina Sforzato Albareda '06	🍷🍷🍷 7
● Valtellina Sforzato Albareda '05	🍷🍷🍷 7
● Valtellina Sforzato Albareda '04	🍷🍷🍷 7
● Valtellina Sforzato Albareda '03	🍷🍷🍷 7

Provenza

via dei Colli Storici
25015 Desenzano del Garda [BS]
Tel. 0309910006
www.provenzacantine.it

VENDITA DIRETTA
VISITA SU PRENOTAZIONE

PRODUZIONE ANNUA 1.500.000 bottiglie
ETTARI VITATI 120.00

Non sono tante le realtà vinicole italiane in grado di coniugare una produzione di oltre un milione di bottiglie e una ricerca costante della qualità. Il merito è di Fabio e Patrizia Contato che sono riusciti a valorizzare a pieno l'opera avviata dal padre Walter nel 1967. Tra le Colline Moreniche fra Desenzano del Garda e Sirmione si è passati gradualmente dagli originari 12 ettari agli attuali 120, ampliando la gamma di etichette che vedono grande protagonista il Lugana: ben cinque le versioni del vino a base turbiana. Sono vini ricchi di polpa, sapore e complessità.

Si aggiudica i Tre Bicchieri il Lugana Superiore Selezione Fabio Contato '09: è morbido, fitto, complesso con i suoi sentori di cioccolato bianco e pepe; dal finale lungo e ampio. Il Garda Classico Rosso sempre Selezione Fabio Contato '08 è intenso, profumato di confettura e fieno maturo, molto minerale, con bel nerbo e profondità. Bene gli altri Lugana della vendemmia '10, caratterizzati da lievi differenze stilistiche, con un Molin molto teso, sapido e armonico, un Tenuta Maiolo più grasso, complesso e polposo e un Prestige che si fa notare per freschezza e prontezza di beva. Molto piacevole il Chiaretto Tenuta Maiolo '10, fruttato e fragrante. Di buon livello il resto della gamma.

○ Lugana Sup. Sel. Fabio Contato '09	🍷🍷🍷 6
● Garda Cl. Rosso Sel. Fabio Contato '08	🍷🍷 6
⊙ Garda Cl. Chiaretto Tenuta Maiolo '10	🍷🍷 4
○ Lugana Molin '10	🍷🍷 5
○ Lugana Prestige '10	🍷🍷 4
○ Lugana Tenuta Maiolo '10	🍷🍷 4*
⊙ Garda Cl. Chiaretto Roserì '10	🍷 3
● Garda Cl. Groppello '10	🍷 4
○ Lugana Sel. Fabio Contato '07	🍷🍷🍷 6
○ Lugana Sup. Sel. Fabio Contato '06	🍷🍷🍷 6
○ Lugana Molin '09	🍷🍷 5
○ Lugana Sel. Fabio Contato '08	🍷🍷 6
○ Lugana Sup. Sel. Fabio Contato '05	🍷🍷 5

LOMBARDIA

Francesco Quaquarini
loc. Monteveneroso
via Casa Zambianchi, 26
27044 Canneto Pavese [PV]
Tel. 038560152
www.quaquarinifrancesco.it

VENDITA DIRETTA
VISITA SU PRENOTAZIONE

PRODUZIONE ANNUA 650.000 bottiglie
ETTARI VITATI 60.00
VITICOLTURA Biologico Certificato

La perdita di una moglie (per Francesco, il capostipite) e di una madre (per Umberto, enologo, e Maria Teresa, in ufficio) è sempre un duro colpo da sopportare. Ma i Quaquarini sono gente determinata, e l'azienda va avanti, in quel di Monteveneroso, cercando di coniugare sempre più la quantità (le dimensioni sono piuttosto ampie nell'ambito della realtà oltrepadana) con la qualità media, sempre ottima. Qui non mancano punte di spicco, anche se a nostro avviso il potenziale di uomini, vigne e cantina potrebbe portare ad un ulteriore salto di qualità.

In cima ai nostri apprezzamenti - in mancanza di uno dei Buttafuoco migliori della denominazione, il Vigna Pregana - c'è sempre il Classese. Si tratta di un tipico spumante oltrepadano a base pinot nero, secco, minerale, tagliente e di struttura, un Metodo Classico più da pasto che da aperitivo. Il Pinot Nero Blau '08, che nell'annata '05 raggiunse le finali, è molto varietale, di bell'equilibrio, floreale al naso: con un po' di slancio e di complessità in più potrebbe ambire a punteggi ancor più alti. Ottimi come sempre Bonarda e i due Sangue di Giuda, con il Vigna Acqua Calda un po' più complesso del comunque validissimo base.

Aldo Rainoldi
loc. Casacce di Chiuro
via Stelvio, 128
23030 Chiuro [SO]
Tel. 0342482225
www.rainoldi.com

VENDITA DIRETTA
VISITA SU PRENOTAZIONE

PRODUZIONE ANNUA 200.000 bottiglie
ETTARI VITATI 9.60

Ottimo gioco di squadra quello adottato da Peppino Rainoldi insieme al giovane nipote Aldo. Basato su uno schema flessibile, dinamico, innescato dentro una visione lungimirante del vino, in perfetta armonia con la cultura e le tradizioni del territorio. Tanto da promuovere un progetto per la salvaguardia e la valorizzazione di alcune specifiche zone viticole, coordinato da Aldo. Si chiama "Adotta un vigneto in Valtellina".

Sfiora i Tre Bicchieri lo Sforzato Fruttaio Ca' Rizzieri '07. È un vino di quelli "diesel" e, proprio per questo, ha bisogno di tempo per scaldarsi. Soprattutto nei profumi, promettenti ma ancora un po' chiusi. La bocca è magistrale, nitida, profonda, con finale molto lungo e armonico. Interessante il Dossi Salati '07, complesso e speziato, al palato è potente, di gran stoffa, lungo e persistente. Personale il Grumello '07, con profumi selvatici di erbe secche e di genziana, la bocca è sapida e persistente. Classico, con profumi di tabacco, di castagno e di foglie secche il Sassella '08, al palato è austero, con note ammandorlate. Notevoli gli altri vini.

- OP Bonarda '10 — 3
- OP Pinot Nero Blau '08 — 4
- OP Pinot Nero Brut Classese '06 — 4*
- OP Sangue di Giuda '10 — 3*
- OP Sangue di Giuda V. Acqua Calda '10 — 4
- OP Pinot Nero Brut Martinotti Rosé — 4
- OP Pinot Nero Blau '07 — 4
- OP Pinot Nero Brut Classese — 4*
- OP Pinot Nero Brut Classese — 4*
- OP Sangue di Giuda '09 — 4*
- OP Sangue di Giuda Acqua Calda '09 — 4*

- Valtellina Sfursat Fruttaio Ca' Rizzieri '07 — 7
- Valtellina Sup. Dossi Salati '07 — 6
- Brut Rosé — 5
- Valtellina Sup. Grumello '07 — 4*
- Valtellina Sup. Sassella '08 — 5
- Ghibellino '10 — 5
- Valtellina Sfursat Fruttaio Ca' Rizzieri '06 — 7
- Valtellina Sfursat Fruttaio Ca' Rizzieri '02 — 7
- Valtellina Sfursat Fruttaio Ca' Rizzieri '00 — 7
- Valtellina Sfursat Fruttaio Ca' Rizzieri '98 — 6
- Valtellina Sup. Sassella Ris. '06 — 6

LOMBARDIA

Riccafana - Fratus
via Facchetti, 91
25033 Cologne [BS]
Tel. 0307156797
www.riccafana.com

VENDITA DIRETTA

PRODUZIONE ANNUA 10.000 bottiglie
ETTARI VITATI 15.00
VITICOLTURA Biologico Certificato

Giovanni Fratus dopo anni di lavoro all'estero negli anni Sessanta è tornato in Italia e nella sua terra ha dato vita alle sue imprese. Nel settore agrario c'è stato l'acquisto della tenuta de La Riccafana a Cologne. Con il passare degli anni è stato realizzato un bel centro aziendale ed una cantina modernamente attrezzata, gli ettari di vigneto, in parte terrazzati, sono diventati 18 e la produzione ha acquistato spessore ed affidabilità. Con l'arrivo del figlio Riccardo c'è stata una decisa svolta qualitativa e la scelta di una viticoltura naturale.

I tre vini assaggiati quest'anno, anzi i tre Franciacorta, ci hanno convinto che la strada imboccata da Riccardo sia quella giusta. Lo dimostra l'ottimo Brut '06, felice connubio tra sentori freschi floreali e di frutto e toni più maturi e complessi, boisé e minerali, che troviamo tanto al naso quanto al palato. Il Brut di base è tra i migliori della categoria in assoluto, ha una grande ricchezza di frutto, equilibrio e integrità, e chiude su eleganti note d'erbe aromatiche. Ottimo anche il Satèn, morbido, vanigliato e rotondo ma sempre armonico e mai pesante.

Ricci Curbastro
via Adro, 37
25031 Capriolo [BS]
Tel. 030736094
www.riccicurbastro.it

VENDITA DIRETTA
VISITA SU PRENOTAZIONE
OSPITALITÀ

PRODUZIONE ANNUA 240.000 bottiglie
ETTARI VITATI 25.50

Riccardo Ricci Curbastro ha profuso tutto il suo talento di imprenditore e uomo del vino nell'azienda di famiglia che ha sede nella bella villa di Capriolo. Nei suoi annessi una moderna cantina sotterranea, il museo del vino e della civiltà contadina ed un attrezzato centro congressuale. Riccardo ha dedicato anche molte energie ad incarichi associativi importanti: dal 1998 è presidente di FederDoc e dal 2009 dell'associazione Europea che riunisce i Consorzi del Vino, la Efow. Sotto la sua guida l'azienda ha raggiunto traguardi qualitativi importanti.

A suggellare 25 anni d'impegno e passione di Riccardo quest'anno i Tre Bicchieri premiano un Franciacorta Extra Brut '07 esemplare per struttura, nitidezza espressiva, aderenza al terroir. Cuvée paritaria di Chardonnay e Pinot Nero, fermentato in parte in legni non nuovi, matura 42 mesi sui lieviti prima della sboccatura. Marcato fin dal colore dall'apporto del pinot nero, è elegante e complesso, sapido, cremoso nell'effervescenza, finemente minerale, davvero persistente. Quasi altrettanto buono c'è parso il Dosaggio Zero Gualberto '05, assai valido il resto della gamma.

○ Franciacorta Brut '06	5
○ Franciacorta Brut	5
○ Franciacorta Satèn	4
○ Franciacorta Brut	5
○ Franciacorta Dosaggio Zero '04	5
○ Franciacorta Satèn	4

○ Franciacorta Extra Brut '07	6
○ Franciacorta Dosaggio Zero Gualberto '05	6
○ Franciacorta Extra Brut M.R. '04	6
○ Franciacorta Satèn	5
○ Franciacorta Satèn Brut M.R. '05	6
● Pinot Nero Sebino '07	5
○ Curtefranca Bianco '10	3
● Curtefranca Rosso '08	3
○ Franciacorta Brut	
◉ Franciacorta Brut Rosé	6
○ Franciacorta Extra Brut '05	5
○ Franciacorta Satèn Brut M.R. '04	6

LOMBARDIA

Ronco Calino
LOC. QUATTRO CAMINI
FRAZ. TORBIATO
VIA FENICE, 45
25030 ADRO [BS]
TEL. 0307451073
www.roncocalino.it

VISITA SU PRENOTAZIONE

PRODUZIONE ANNUA 70.000 bottiglie
ETTARI VITATI 10.00

Paolo Radici, imprenditore tessile con la passione del vino, nel 1996 decise di acquistare la bella villa che fu del pianista Arturo Benedetti Michelangeli, a Torbiato di Adro. Dalle vigne che la circondano, circa 10 ettari in un corpo unico, nello spettacolare anfiteatro morenico, proviene la materia prima per una piccola curatissima produzione che nasce nella nuova e moderna cantina. Ronco Calino propone una gamma completa di vini elaborati con la consulenza del professor Leonardo Valenti dell'Università di Milano.

A darci la misura della crescita qualitativa dell'azienda ecco il Nature '07 che si è aggiudicato l'ingresso alle nostre finali in virtù di un perlage finissimo e continuo, e di un bouquet dove la frutta bianca e le note floreali sfumano su fresche note d'agrume; al palato si dispiega ampio, nitido ed assertivo, ed ai toni integri di frutta bianca, pesca in particolare, fa seguire note più complesse e boisé che ci introducono ad un persistente finale all'insegna della mineralità. Assai valido il Brut '07, appena un po' troppo dosato, e tra i migliori il Curtefranca Rosso '07.

○ Franciacorta Nature '07	🍷 6
○ Curtefranca Bianco '09	🍷 4
● Curtefranca Rosso '07	🍷 5
○ Franciacorta Brut '07	🍷 6
○ Franciacorta Satèn	🍷 6
○ Franciacorta Brut	🍷 5
⊙ Franciacorta Brut Rosé Radijan	🍷 6
○ Franciacorta Brut '06	🍷 6
○ Franciacorta Brut Centoventi '99	🍷 8

San Cristoforo
VIA VILLANUOVA, 2
25030 ERBUSCO [BS]
TEL. 0307760482
www.sancristoforo.eu

VENDITA DIRETTA
VISITA SU PRENOTAZIONE

PRODUZIONE ANNUA 80.000 bottiglie
ETTARI VITATI 12.00

Bruno Dotti e sua moglie Claudia Cavalleri una ventina d'anni or sono decisero di cambiare vita e acquistarono questa bella azienda di Erbusco, e da allora la conducono con impegno e passione. Negli anni il parco dei vigneti si è ampliato, arrivando a 12 ettari, la cantina è stata ricostruita nel sottosuolo e ammodernata, e la produzione oggi supera le 80mila bottiglie annue, con l'obbiettivo di arrivare a 100mila quando le nuove vigne saranno in produzione. I loro vini sono di ottimo livello e vantano un eccellente rapporto qualità/prezzo.

Non ci sono punte spettacolari, quest'anno, nella produzione di Bruno e Claudia. C'è però un livello medio davvero notevole, senza flessioni, e questo vale tanto per i Franciacorta quanto per vini fermi. Ottimo il Pas Dosé '07, dai bei profumi floreali di biancospino, fresco fragrante e sapido anche al palato, dove offre una bella polposità e frutto integro. Assai valido il Brut '07, dalle note classiche di lievito e crosta di pane, che in bocca è ricco di nerbo, cremoso e vitale. Note di miele all'olfatto del Brut, mentre il San Cristoforo Uno, Merlot del '07, ha un bel carattere speziato e ricco.

○ Franciacorta Brut '07	🍷 5
○ Franciacorta Brut	🍷 5
○ Franciacorta Pas Dosé '07	🍷 6
● San Cristoforo Uno '07	🍷 5
○ Franciacorta Brut '06	🍷 5
○ Franciacorta Pas Dosé '06	🍷 6
○ Franciacorta Pas Dosé '05	🍷 6
○ Franciacorta Pas Dosé '04	🍷 6

LOMBARDIA

Triacca

VIA NAZIONALE, 121
23030 VILLA DI TIRANO [SO]
TEL. 0342701352
www.triacca.com

VENDITA DIRETTA
VISITA SU PRENOTAZIONE

PRODUZIONE ANNUA 700.000 bottiglie
ETTARI VITATI 47.00

Un nome storico quello di Triacca per la Valtellina. Una cantina, nata a fine Ottocento, che per prima, ha contribuito a mettere in evidenza la questione agronomica, attraverso un costante impegno nella ricerca e nella sperimentazione. Possiede un magnifico vigneto laboratorio accorpato in 13 ettari di proprietà, il primo, da molti anni, con la possibilità di essere totalmente lavorato a macchina. I Triacca hanno da tempo anche due aziende in Toscana, nel Chianti Classico e a Montepulciano.

Ritorna uno dei vini che ha tracciato la storia del Nebbiolo valtellinese. Parliamo del Prestigio '07, intenso nei profumi, complesso, con note di china e di cacao. La bocca è elegante, ricca e succosa, il finale lungo. Buona la Riserva La Gatta '06, con decise note fruttate abbinate a ricordi speziati, sfumature di ruggine; al palato è misurato e progressivo, con finale persistente. Intenso lo Sforzato San Domenico '06, la bocca è densa con lungo e persistente finale. Strutturato e intenso nei profumi il Casa La Gatta '08. Pieno, pulito nei profumi, sapido, il Sauvignon Del Frate '10. Da uve rosse pignola vinificate in bianco, infine, il secco e sapido Triacca Brut.

● Valtellina Sup. Prestigio '07	▼▼	7
● Valtellina Sforzato San Domenico '06	▼▼	7
● Valtellina Sup. Casa La Gatta '08	▼▼	5
● Valtellina Sup. La Gatta Ris. '06	▼▼	6
● Valtellina Sup. Sassella '08	▼▼	5
○ Del Frate '10	▼	6
○ Triacca Brut	▼	5
● Valtellina Sforzato '00	▼▼▼	7
● Valtellina Sforzato San Domenico '03	▼▼▼	7
● Valtellina Sforzato San Domenico '01	▼▼▼	7
● Valtellina Sup. Prestigio '05	▼▼	7

★Uberti

LOC. SALEM
VIA E. FERMI, 2
25030 ERBUSCO [BS]
TEL. 0307267476
www.ubertivini.it

VISITA SU PRENOTAZIONE

PRODUZIONE ANNUA 180.000 bottiglie
ETTARI VITATI 24.00

Agostino Uberti, discendente d'una famiglia con secolari tradizioni viticole, con la collaborazione della moglie Eleonora ha portato questa cantina a livelli d'eccellenza. Il loro fiore all'occhiello sono i vigneti, gran parte dei quali in Erbusco, come il celebre Comarì del Salem, una sorta di grand cru. Accanto a loro s'è stabilmente inserita la figlia Silvia, enologo con importanti esperienze all'estero. Anche lei, come i genitori, e la sorella Francesca (che si occupa dell'accoglienza) è animata, oltre che da competenza, da vera passione per il vino.

Siamo in una fase di transizione, per quel che riguarda le scelte stilistiche in casa Uberti. Da uno stile fresco e nitido centrato sul frutto si tende a modelli di diversa complessità e profondità. È quel che emerge dall'assaggio del Sublimis '05, da chardonnay in purezza, che fermenta e matura in legni grandi prima di una lunghissima presa di spuma (60 mesi). Ha carattere e pienezza, è solo un filo amarognolo nel finale. Ottimo il Comarì del Salem '06, dalla vigna omonima in Erbusco, leggermente velato all'olfatto. Molto valide anche le altre etichette.

○ Franciacorta Extra Brut Comarì del Salem '06	▼▼	7
○ Franciacorta Non Dosato Sublimis '05	▼▼	7
○ Curtefranca Bianco Maria Medici '08	▼▼	5
○ Franciacorta Extra Brut Francesco I	▼▼	6
○ Franciacorta Satèn Magnificentia	▼▼	7
● Rosso dei Frati Priori	▼▼	6
○ Curtefranca Bianco '10	▼	4
○ Franciacorta Brut Francesco I	▼	6
⊙ Franciacorta Rosé Francesco I	▼	6
○ Franciacorta Brut Comarì del Salem '00	▼▼▼	7
○ Franciacorta Brut Magnificentia	▼▼▼	7
○ Franciacorta Extra Brut Comarì del Salem '03	▼▼▼	7
○ Franciacorta Extra Brut Comarì del Salem '02	▼▼▼	7
○ Franciacorta Extra Brut Comarì del Salem '01	▼▼▼	7
○ Franciacorta Extra Brut Comarì del Salem '98	▼▼▼	7
○ Franciacorta Satèn Magnificentia	▼▼▼	7

LOMBARDIA 290

Vanzini
Fraz. Barbaleone, 7
27040 San Damiano al Colle [PV]
Tel. 038575019
www.vanzini-wine.com

VENDITA DIRETTA
VISITA SU PRENOTAZIONE

PRODUZIONE ANNUA 600.000 bottiglie
ETTARI VITATI 27.00

Antonio, Pier Paolo e Michela: un team affiatato che fa ormai da tempo dei Vanzini una delle aziende più affidabili e costanti del territorio. Per quanto riguarda i vini della tradizione, nelle degustazioni coperte Bonarda, Sangue di Giuda e Moscato (entrambi nella versione tappo raso e tappo a fungo), gli spumanti metodo Martinotti bianco e rosato dei Vanzini emergono sempre per nitidezza di frutto, franchezza, pulizia. Ora aspettiamo un salto di qualità sui rossi da invecchiamento e, magari, uno spumante metodo classico.

Anche gli assaggi di quest'anno confermano come i Vanzini abbiano pochi rivali sui vini vivaci e frizzanti. La Bonarda '10, dal colore rubino impenetrabile, è ricca, profumata di mirtillo, lampone e viola, con un tannino morbidissimo e notevole persistenza. Ottimo anche il Sangue di Giuda '10, dal frutto carnoso, nitido, fragrante, uno dei migliori in assoluto d'Oltrepò, ben bilanciato nella dolcezza. Sempre impeccabili i due Extra Dry ottenuti col metodo Martinotti lungo, belli entrambi nel naso pulito e accattivante. Varietale, semplice e beverina la Barbera '10 (prodotta in versione ferma e vivace). Bene anche il resto della gamma.

Vercesi del Castellazzo
Via Aureliano, 36
27040 Montù Beccaria [PV]
Tel. 038560067
vercesidelcastellazzo@libero.it

VENDITA DIRETTA
VISITA SU PRENOTAZIONE

PRODUZIONE ANNUA 80.000 bottiglie
ETTARI VITATI 15.00

Se fate un salto al Castellazzo di Montù Beccaria, potrete godere di uno dei più spettacolari panorami della prima collina oltrepadana, con la Valle Versa a sinistra e la Pianura Padana sulla destra. Rossisti per eccellenza, i fratelli Marco e Gianmaria Vercesi riescono ogni anno a presentare una gamma di tutto rispetto, dai vini tannici e ricchi, adatti al lungo invecchiamento, che hanno bisogno di tempo per evolvere in vetro, ai vini più giovani. Da quest'anno la proposta si amplia con uno spumante metodo Martinotti.

Il Clà è sempre una Barbera di grande piacevolezza: il '09 ottiene un punteggio molto alto per equilibrio, nerbo e frutto. Il Fatila '07 è sempre il solito "bonardone" fermo, ricco di estratto, tannini levigati, note di liquirizia e spezie; già eccellente, darà il meglio di sé tra un paio d'anni. Varietale e accattivante con quella sua caratteristica nota di pepe il Vespolino '10; ottima come sempre la Bonarda Vivace Luogo della Milla '10, equilibrata e fragrante. Il Pezzalunga '10 si conferma uno dei rossi fermi d'Oltrepò dal miglior rapporto qualità/prezzo. Da quest'anno la proposta si amplia con l'Edoné, un buon Spumante metodo Martinotti.

- ● OP Bonarda Vivace '10   🍷🍷 4*
- ● OP Barbera '10   🍷🍷 4
- ○ OP Pinot Nero Extra Dry   🍷🍷 4
- ◉ OP Pinot Nero Extra Dry Rosé   🍷🍷 4
- ● OP Sangue di Giuda '10   🍷🍷 4*
- ● OP Barbaleone '05   🍷🍷 6
- ● OP Barbera '08   🍷🍷 4*
- ● OP Bonarda Vivace '09   🍷🍷 3*
- ● OP Sangue di Giuda '09   🍷🍷 4*
- ● OP Sangue di Giuda '08   🍷🍷 4*

- ● OP Barbera Clà '09   🍷🍷 4*
- ● OP Bonarda Fatila '07   🍷🍷 5
- ● OP Bonarda Luogo della Milla '10   🍷🍷 3*
- ● OP Rosso Pezzalunga '10   🍷🍷 3*
- ● Vespolino '10   🍷🍷 3
- ● Bacca Rossa '10   🍷 2
- ○ Brut Martinotti Edoné   🍷 3
- ○ OP Pinot Nero in Bianco Gugiarolo '10   🍷 3
- ● OP Barbera Clà '09   🍷🍷 4
- ● OP Barbera Clà '08   🍷🍷 4*
- ● OP Bonarda Fatila '03   🍷🍷 5
- ● OP Bonarda Fatila '03   🍷🍷 5
- ● OP Bonarda Vivace Luogo della Milla '09   🍷🍷 3*
- ● OP Pinot Nero Luogo dei Monti '07   🍷🍷 4*
- ● OP Rosso Pezzalunga '09   🍷🍷 3*
- ● Rosso del Castellazzo '03   🍷🍷 5

LOMBARDIA

Bruno Verdi
VIA VERGOMBERRA, 5
27044 CANNETO PAVESE [PV]
TEL. 038588023
www.brunoverdi.it

VENDITA DIRETTA
VISITA SU PRENOTAZIONE

PRODUZIONE ANNUA 100.000 bottiglie
ETTARI VITATI 9.00

Non è facile ritrovarsi poco più che ventenni senza padre con l'azienda di famiglia da mandare avanti. Questo è riuscito a fare Paolo Verdi, col supporto della madre Carla, della sorella Michela e, in seguito, della moglie Enrica. Non solo: anno dopo anno Paolo ha trasformato l'azienda, portandola da entità prettamente commerciale ad una delle realtà più interessanti di tutto l'Oltrepò Pavese, grazie ad una crescita qualitativa costante e ad una gamma completa che prevede bianchi, rossi giovani, rossi da invecchiamento e spumanti.

Finalmente, dopo una decina di finali, il Cavariola '07 conquista i Tre Bicchieri. Ma non è certo un premio alla carriera: la decisione di Paolo di posticipare di un anno l'uscita ha giovato all'equilibrio complessivo del miglior Rosso Oltrepò in assoluto, inconfondibile per intensità, nitidezza di frutto, profumi balsamici, forza ed eleganza. Punteggio altissimo anche per il Campo del Marrone '08, Barbera encomiabile, varietale, solida, armonica. Molto bene anche il Riesling Vigna Costa '09: pure in questo caso l'uscita posticipata ha giovato facendo emergere intriganti note minerali. Di alto livello, come sempre, il resto della gamma.

- OP Rosso Cavariola Ris. '07 — 5
- OP Barbera Campo del Marrone '08 — 4*
- OP Bonarda Vivace Possessione di Vergombera '10 — 4*
- OP Buttafuoco '10 — 4
- ○ OP Moscato Volpara '10 — 4
- ○ OP Riesling Renano V. Costa '09 — 4
- OP Sangue di Giuda Dolce Paradiso '10 — 3
- ⊙ OP Cruasé '07 — 5
- ○ OP Pinot Grigio '10 — 4
- OP Bonarda Vivace Possessione di Vergombera '09 — 4*
- OP Pinot Nero '07 — 4
- OP Rosso Cavariola Ris. '06 — 5
- OP Rosso Cavariola Ris. '05 — 5
- OP Rosso Cavariola Ris. '04 — 5

Giuseppe Vezzoli
VIA COSTA SOPRA, 22
25030 ERBUSCO [BS]
TEL. 0307267579
eveniogv@libero.it

VENDITA DIRETTA
VISITA SU PRENOTAZIONE

PRODUZIONE ANNUA 130.000 bottiglie
ETTARI VITATI 40.00

Giuseppe Vezzoli alcuni anni fa decise di cambiar vita e lasciata la sua attività si dedicò alla piccola vigna del padre Attilio, cinque ettari ad Erbusco, dando vita negli anni ad un'azienda che conta ormai su sessanta ettari, tra proprietà ed affitto, e produce annualmente oltre 130mila bottiglie. Grazie anche alla consulenza di Cesare Ferrari, spumantista di straordinaria esperienza, la sua produzione è rinomata per qualità e costanza. Con lui collaborano ormai stabilmente i figli Dario e Jessica.

Il Nefertiti Dizeta, ovvero dosaggio zero dell'annata '05 si fa apprezzare per la grande freschezza e pulizia stilistica, per i nitidi riferimenti fruttati e floreali e alle erbe aromatiche. Anche al palato è sapido e polposo, nitido e pieno, e chiude su eleganti note minerali. Il Franciacorta Brut ha nerbo e complessità, ha uno stile tradizionale e una bella profondità. Il Satèn ci è piaciuto per le note tostate e grigliate che esprime al naso e la bella pienezza al palato, dove non è pesante ma fresco e scattante. Il Brut '07 ha toni agrumati e una buona armonia d'insieme mentre il Nefertiti '05 offre toni decisamente più maturi.

- ○ Franciacorta Brut '07 — 6
- ○ Franciacorta Brut — 5
- ○ Franciacorta Brut Nefertiti '05 — 7
- ○ Franciacorta Extra Brut Nefertiti Dizeta '05 — 7
- ○ Franciacorta Satèn — 6
- ○ Franciacorta Brut Collezione Oro — 7
- ⊙ Franciacorta Brut Rosé — 6
- ○ Franciacorta Brut '01 — 6
- ○ Franciacorta Extra Brut Nefertiti Dizeta '03 — 7
- ⊙ Franciacorta Rosé Brut — 6

LOMBARDIA

Villa
via Villa, 12
25040 Monticelli Brusati [BS]
Tel. 030652329
www.villafrancicorta.it

OSPITALITÀ
RISTORAZIONE

PRODUZIONE ANNUA 310.000 bottiglie
ETTARI VITATI 37.00

Negli anni sessanta Alessandro Bianchi acquistò il borgo di Villa a Monticelli Brusati, con un centinaio di ettari di terreni d'intorno. Una volta ristrutturate le antiche costruzioni ha messo mano alla campagna recuperando anche le vigne, che si stendono ai piedi del Monte della Rosa e in parte sono sui suggestivi terrazzamenti tenuti da muri a secco – i Gradoni – che sovrastano il borgo. Villa propone una curatissima gamma di Franciacorta. La direzione dell'azienda è nelle capaci mani di Paolo Pizziol. Il borgo offre anche ospitalità rurale.

Villa è una delle aziende più ricche d'etichette del comprensorio. Nella sua vastissima gamma abbiamo apprezzato in particolare la Riserva Nobile Alessandro Bianchi '04, dedicata al fondatore della maison, che si presenta con un bel carattere fresco, nitido, ricco di frutto e che denota un'eccellente presa di spuma. Fresco, sapido e delicatamente aromatico il Brut '07, e poi polposo, fitto e denso, con bel colore rosa pallido e brillante il Rosé Brut '07. Debutta quest'anno l'Extra Blu '06, un dinamico Franciacorta dal fresco carattere agrumato, nervoso e sapido. Ricco di note terziarie, complesso e ben articolato il Selezione '04, cremoso e morbido - ma evoluto - il Satèn '07.

○ Curtefranca Pian della Villa '08	🍷🍷 4
● Curtefranca Rosso Gradoni '07	🍷🍷 5
○ Franciacorta Brut '07	🍷🍷 7
⊙ Franciacorta Brut Rosé '07	🍷🍷 6
○ Franciacorta Brut Sel. '04	🍷🍷 7
○ Franciacorta Extra Blu '06	🍷🍷 6
○ Franciacorta Extra Brut Nobile Alessandro Bianchi Ris. '04	🍷🍷 8
○ Franciacorta Satèn '07	🍷🍷 6
○ Franciacorta Pas Dosé Diamant '05	🍷 6
⊙ Franciacorta Rosé Demi Sec	🍷 6
○ Franciacorta Extra Brut '98	🍷🍷🍷 5*
○ Franciacorta Brut '06	🍷🍷 5
○ Franciacorta Brut Cuvette '05	🍷🍷 6
○ Franciacorta Satèn '06	🍷🍷 6

Chiara Ziliani
via Franciacorta, 7
25050 Provaglio d'Iseo [BS]
Tel. 030981661
www.cantinazilianichiara.it

VISITA SU PRENOTAZIONE

PRODUZIONE ANNUA 210.000 bottiglie
ETTARI VITATI 17.00

Chiara Ziliani conduce con passione e competenza questa giovane azienda che si estende in una bella posizione collinare a Provaglio d'Iseo. La moderna ed attrezzata cantina è circondata dai 17 ettari di vigne, coltivate a basso impatto ambientale ma ad alta densità d'impianto (oltre 7000 ceppi per ettaro). La felice posizione, con le vigne a 250 metri di quota, esposte a sud e sudest sul versante collinare e la cura in cantina fanno sì che l'estesa gamma aziendale - articolata su tre linee - si sia guadagnata un'ottima reputazione di qualità.

Moltissime referenze - e su più linee - ma con il Satèn in primo piano, compongono la gamma di Chiara Ziliani. In testa alla nostra classifica, quest'anno, il Satèn Duca d'Iseo, che offre nitidi toni di pesca bianca, mentre il Brut Conte di Provaglio è all'insegna delle note di frutta tropicale e della sapidità. Il Satèn Ziliani C '06 è burroso e pieno, ma c'è parso un po' troppo morbido e segnato da note di caramella mou, mentre abbiamo apprezzato i toni floreali e la fresca morbidezza del Satèn Conte di Provaglio.

○ Franciacorta Brut Conte di Provaglio	🍷🍷 4
○ Franciacorta Satèn Conte di Provaglio	🍷🍷 5
○ Franciacorta Satèn Duca d'Iseo	🍷🍷 5
○ Franciacorta Satèn Ziliani C '06	🍷🍷 5
○ Franciacorta Satèn Ziliani C	🍷🍷 5
⊙ Franciacorta Brut Rosé Conte di Provaglio	🍷 5
⊙ Franciacorta Brut Rosé Ziliani C	🍷 5
○ TdF Bianco Conte di Provaglio '10	🍷 3
● TdF Rosso Conte di Provaglio '08	🍷 3
○ Franciacorta Brut Duca d'Iseo	🍷🍷 4
⊙ Franciacorta Brut Rosé Conte di Provaglio	🍷🍷 5
○ Franciacorta Satèn Duca d'Iseo	🍷🍷 5
○ Franciacorta Satèn Ziliani C	🍷🍷 5

LOMBARDIA

LE ALTRE CANTINE

Elisabetta Abrami
S.DA VICINALE DELLE FOSCHE
25050 PROVAGLIO D'ISEO [BS]
TEL. 0306857185
www.vinielisabettaabrami.it

Quella di Elisabetta Abrami è una delle aziende più recenti della denominazione. Si estende per circa 15 ettari di vigne nella zona di Provaglio, tutte condotte secondo i criteri dell'agricoltura biologica. Ottimi i suoi Franciacorta: il Brut, equilibrato e vibrante, il morbido Satèn e un valido Rosé.

○ Franciacorta Brut	5
○ Franciacorta Satèn	6
⊙ Franciacorta Rosé	6

Al Rocol
VIA PROVINCIALE, 79
25050 OME [BS]
TEL. 0306852542
www.alrocol.com

C'è piaciuto davvero l'Extra Brut Castellini '07 di Gianluigi Vimercati. È un Franciacorta di bella struttura, profondo, teso, minerale e sapido, ottima interpretazione della tipologia. L'azienda ha anche una buona mano sui rossi testimoniata dal Borbone '07 e dal Roncat della stessa annata.

○ Franciacorta Extra Brut Castellini '07	6
● TdF Rosso Borbone '07	5
● TdF Rosso Roncat '07	5

Riccardo Albani
LOC. CASONA
S.DA SAN BIAGIO, 46
27045 CASTEGGIO [PV]
TEL. 038383622
www.vinialbani.it

Dopo alterne vicissitudini, sembra che questa cantina storica stia tornando ai livelli che le competono. Il Riesling '09 è varietale, grasso, polposo, minerale, piuttosto evoluto ma ben saldo. Buona la Bonarda '10, molto ricca nel corredo fruttato, ampia e carnosa in bocca. La Barbera '08 è fresca quanto a nerbo acido, con frutto dai toni sovramaturi.

● OP Bonarda Vivace '10	4
○ OP Riesling '09	5
● OP Barbera '08	5

Alziati Annibale
Tenuta San Francesco
LOC. FRAZIONE SCAZZOLINO
VIA SCAZZOLINO, 55
27040 ROVESCALA [PV]
TEL. 038575261
www.alziati.it

A Rovescala la croatina si chiama "bonarda" come il vino, rigorosamente al maschile, che se ne trae. Annibale Alziati la vinifica in modo molto tradizionale, con lunghe macerazioni. Il Gaggiarone '05 è complesso e carnoso, il Gaggiarone Vitigni Giovani più semplice ma esuberante, il Dispensator de' Triboli '08 schietto e ruvido.

● Gaggiarone Vitigni Giovani	4*
● OP Bonarda Gaggiarone '05	6
● Dispensator de' Tripoli '08	4

Tenute Ambrosini
VIA DELLA PACE, 58
25046 CAZZAGO SAN MARTINO [BS]
TEL. 0307254850
www.tenutambrosini.it

Lorenzo Ambrosini prosegue la tradizione di famiglia con la collaborazione dell'enologo Roberto Pepe. Nella curata gamma di Franciacorta ottenuti dagli otto ettari di vigneto aziendale segnaliamo quest'anno un morbido e polposo Rosé. Quasi altrettanto interessante il Brut '06, dai profumi floreali e dai toni nocciolati. Discreto il Satèn.

⊙ Franciacorta Rosé	6
○ Franciacorta Brut '06	6
○ Franciacorta Satèn	6

Antica Tesa
LOC. MATTINA
VIA MERANO, 28
25080 BOTTICINO [BS]
TEL. 0302691500

Botticino, famosa per il suo marmo, produce un rosso eccellente. Provate quello dei Noventa, appassionati viticoltori: il Pià della Tesa è un Botticino prodotto in alta collina, dal bel colore rubino, fruttato al naso con note di di liquirizia e spezie. Ha struttura e persistenza, sicuramente uno dei migliori vini rossi bresciani.

● Botticino Pià della Tesa '07	4*
● Botticino V. degli Ulivi '07	4*

LOMBARDIA

LE ALTRE CANTINE

Avanzi
via Trevisago, 19
25080 Manerba del Garda [BS]
Tel. 0365551013
www.avanzi.net

Il Lugana Borghetta '08 di questa storica azienda è polposo, equilibrato e minerale, con un bel profumo di nocciola. Il Groppello Giovanni Avanzi '10 è fragrante, sa di ciliegia, ribes e viola, è piuttosto semplice e beverino. Il Rosso '09 ha un bel naso di frutti di bosco con tannino che deve ancora maturare.

○ Lugana Sup. Sirmione Borghetta '08	4
● Garda Cl. Groppello Giovanni Avanzi '10	4
● Garda Cl. Sup. Rosso '09	4

Barbacarlo - Lino Maga
s.da Bronese, 3
27043 Broni [PV]
Tel. 038551212
barbacarlodimaga@libero.it

Che dire che non sia stato già detto su questo vino, probabilmente il più celebre dell'Oltrepò Pavese grazie soprattutto a Luigi Veronelli? Nella bottega di Lino Maga si possono assaggiare grandi delizie da annate le più improbabili. Il '09, ancor giovane, sa di frutti neri di bosco e liquirizia, ma ogni bottiglia fa storia a sé.

● Barbacarlo '09	6

Luciano Barberini
via Emilia, 93
27050 Redavalle [PV]
Tel. 038574164
www.barberinilucianovini.it

Piacevoli e ben fatti, con residuo zuccherino piuttosto alto, tanto il Castlà (croatina e pinot nero) quanto il Montecastello (barbera e cabernet sauvignon), entrambi della vendemmia '10. La Gatta '06, a base barbera più uve internazionali, sa di spezie e liquirizia. Varietale nella sua semplicità il Riesling La Morena '10.

● Castlà '10	3*
● La Gatta '06	5
● Montecastello '10	4
○ OP Riesling La Morena '10	3

Barboglio De Gaioncelli
fraz. Colombaro
via Nazario Sauro
25040 Corte Franca [BS]
Tel. 0309826831
www.barbogliodegaioncelli.it

La famiglia Costa possiede 15 ettari di belle vigne a Corte Franca che gli forniscono ottima materia prima per le sue cuvée. Quest'anno segnaliamo il Rosé Brut Donna Alberta, rosa pallido, profumi di frutti di bosco e pasticceria, buona beva. Buoni anche quest'anno l'Extra Dry, calibrato nella dolcezza, e un sapido Brut.

⊙ Franciacorta Rosé Donna Alberta	5
○ Franciacorta Brut	5
○ Franciacorta Extra Dry	5

La Basia
loc. La Basia
via Predefitte, 31
25080 Puegnago sul Garda [BS]
Tel. 0365555958
www.labasia.it

Il Predefitte è un rosso (Igt Benaco Bresciano) da uve marzemino, rebo, barbera, groppello e sangiovese in proporzioni variabili a seconda delle annate: il '07 si presenta con profumi di prugna e confettura di mora, mentre in bocca manca un po' di slancio. Tannini ancora giovani per il Martì '07.

● Garda Cl. Sup. Martì '07	4
● Predefitte '07	5

Cascina Belmonte
fraz. Moniga del Bosco
loc. Toppe
25080 Muscoline [BS]
Tel. 3335051606
www.cascinabelmonte.it

Azienda nuova, improntata sui concetti dell'agricoltura sostenibile, con vini convincenti. Lo Stramonia '08 è un taglio bordolese polposo ed armonico, con bello slancio ed equilibrio. Il Serése '10, riesling e incrocio Manzoni, sa di agrumi ed erbe aromatiche. Buono anche il Fuochi, taglio di merlot, marzemino e rebo.

● Stramonia '08	4
● Fuochi Nella Notte di San Giovanni '08	4
○ Serése '10	4

LOMBARDIA

LE ALTRE CANTINE

Cantina Sociale Bergamasca
via Bergamo, 10
24060 San Paolo d'Argon [BG]
Tel. 035951098
www.cantinabergamasca.it

Buono il Perseo '07, Valcalepio Moscato Passito profumato di uva passa, confettura e liquirizia, armonico e strutturato. Sa di tè alla pesca e di erbe aromatiche il Sogno '10, da uve incrocio manzoni. Fresca e fragrante la Schiava rosata '10, un vino dalla beva contagiosa.

● Valcalepio Moscato Passito Perseo '07	🍷🍷 5
◉ Schiava '10	🍷 3
○ Sogno '10	🍷 3

Bertagna
via Madonna della Porta, 14
46040 Cavriana [MN]
Tel. 037682211
www.cantinabertagna.it

Vitigni internazionali, ma con una certa aderenza al territorio. Il Rosso del Chino '08 è un Merlot affinato 12 mesi in barrique: le sensazioni primarie del vitigno sono preponderanti, con una confettura di frutti di bosco e un fieno ben integrati. Piacevoli i due bianchi a base chardonnay, con una preferenza per il '10 non passato in legno.

● Rosso del Chino '08	🍷🍷 4
○ Chardonnay Mombrione '10	🍷 4
○ Montevolpe Bianco '10	🍷 4

F.lli Bettini
loc. San Giacomo
via Nazionale, 4a
23036 Teglio [SO]
Tel. 0342786068
bettvini@tin.it

Assai valido il Valgella Vigna La Cornella '07: è intenso nei profumi, con note di ciliegia sotto spirito e rosa appassita. Buono il Prodigio '07, sapido e lungo. Erbe secche e tabacco per il Sant'Andrea '07, di media struttura, persistente nel finale.

● Valtellina Sup. Inferno Prodigio '07	🍷🍷 5
● Valtellina Sup. Sant'Andrea '07	🍷🍷 5
● Valtellina Sup. Valgella V. La Cornella '07	🍷🍷 5

Conti Bettoni Cazzago
via Marconi, 6
25046 Cazzago San Martino [BS]
Tel. 0307750875
www.contibettonicazzago.it

Vincenzo Bettoni Cazzago quest'anno propone una valida serie di Franciacorta, capitanati da un Non Dosato che esprime un elegante equilibrio tra le note del frutto, le fresche sfumature agrumate e la mineralità. Buono anche il Satèn, dai toni delicatamente vanigliati, mentre ci ha convinto meno il Brut '06.

○ Franciacorta Non Dosato	🍷🍷 6
○ Franciacorta Satèn	🍷🍷 5
○ Franciacorta Brut '06	🍷 6

Biava
via Monte Bastia, 7
24020 Scanzorosciate [BG]
Tel. 035655581
www.aziendabiava.it

Pur legatissimo al suo territorio, Manuel Biava ragiona alla francese. Fa uscire i vini quando ritiene siano pronti, a prescindere dal fatto che l'annata precedente sia finita o no. Il suo Moscato di Scanzo è facilmente riconoscibile per via delle note di pepe e incenso che vanno a integrare il frutto. Una sola parola: eccellente.

● Moscato di Scanzo '08	🍷🍷 7
● Moscato di Scanzo '07	🍷🍷 7

Bonaldi - Cascina del Bosco
loc. Petosino
via Gasparotto, 96
24010 Sorisole [BG]
Tel. 035571701
www.cascinadelbosco.it

È sapido e minerale il Metodo Classico Brut '08 di Bonaldi, piuttosto pieno e armonico in bocca, con un buon finale. Il Valcalepio Rosso Cantoalto Riserva '07 è sempre un buon rosso profondo e corposo, ma gli manca qualcosa in finezza rispetto all'annata precedente. Sa di agrumi e frutta tropicale il Valcalepio Bianco '10.

○ Bonaldi Brut M. Cl. '08	🍷🍷 5
○ Valcalepio Bianco '10	🍷 3
● Valcalepio Rosso Cantoalto Ris. '07	🍷 5

LOMBARDIA
LE ALTRE CANTINE

Borgo La Gallinaccia
VIA IV NOVEMBRE, 15
25050 RODENGO SAIANO [BS]
TEL. 030611314
www.borgolagallinaccia.it

Paolo Gazziero e il figlio Matteo a Rodengo Saiano coltivano tre ettari di vigna per vera passione. Quest'anno c'è piaciuto in modo particolare il Satèn, dal naso intenso e ricco di toni fruttati, morbido ma vitale al palato dove esprime un'effervescenza cremosa e misurata. Buono il Pas Dosé, discreto il Brut.

○ Franciacorta Satèn	5
○ Franciacorta Brut	5
○ Franciacorta Pas Dosé	5

La Boscaiola
VIA RICCAFANA, 19
25033 COLOGNE [BS]
TEL. 0307156386
www.laboscaiola.com

Buono anche quest'anno il Satèn di Giuliana Cenci, che regge le sorti dell'azienda creata dal padre Nelson, circa sei ettari di belle vigne a Cologne. È un Satèn di struttura e pienezza, sapido e polposo, morbido ma equilibrato e profondo. Di buon livello come sempre il Brut, fresco e scorrevole, validi i vini fermi.

○ Franciacorta Brut	5
○ Franciacorta Satèn	6
○ Curtefragnca Bianco Anirau '10	3
● Il Ritorno '06	4

Alessio Brandolini
FRAZ. BOFFALORA, 68
27040 SAN DAMIANO AL COLLE [PV]
TEL. 038575232
www.@alessiobrandolini.com

Questo ragazzo va tenuto d'occhio perché potrebbe rappresentare una delle novità oltre padane interessanti. Per ora i vini migliorano in finezza, la Bonarda Vivace Il Cassino '10 è fragrante e morbida, Il Soffio '09 ha estratto e pulizia, mentre Il Beneficio '09, croatina e barbera, mostra un uso del legno misurato e consapevole.

● OP Bonarda Il Soffio '09	3
● OP Bonarda Vivace Il Cassino '10	3*
● Il Beneficio '09	3

Bredasole
LOC. BREDASOLE
VIA SAN PIETRO, 44
25030 PARATICO [BS]
TEL. 035910407
www.bredasole.it

I fratelli Ferrari elaborano vini e Franciacorta con la consulenza dell'enologo Corrado Cugnasco. Quest'anno abbiamo particolarmente apprezzato il Brut di base agrumato e ricco di note di frutto tropicale, ed il Brut XXX Raccolto '07, che celebra un anniversario importante. Il Curtefranca Rosso Brume '08 è rotondo e caldo.

○ Franciacorta Brut	6
○ Franciacorta Brut XXX Raccolto '07	7
● Curtefranca Rosso Brume '08	4

Luciano Brega
FRAZ. BERGAMASCO, 7
27040 MONTÙ BECCARIA [PV]
TEL. 038560237
www.lucianobrega.it

Ancora valutazioni molto alte per uno dei primi Metodo Classico rosati d'Oltrepò, il Gran Montù Rosé, dal colore buccia di cipolla carico, profumato di frutti di bosco e agrumi, sapido e minerale, polposo e ben dosato. Di buon livello la fragrante Bonarda Vivace '10 e la Bonarda ferma Casapaia '09 affinata in legno.

⊙ Gran Montù Brut Rosé	4*
● OP Bonarda Vivace '10	3*
● OP Bonarda Casapaia '09	4

Cantina Sociale di Broni
VIA SANSALUTO, 81
27043 BRONI [PV]
TEL. 038551505
www.bronis.it

I vini di punta della Cantina di Broni da qualche anno fanno parte della linea Bronis Selezione. Ben fatta, morbida, dal tannino levigato e con frutto netto, la Bonarda Vivace '10. Varietali e realizzati con buon uso del legno tanto il Pinot Nero '08 quanto la gustosa Barbera '07, profumata di amarena.

● OP Barbera Bronis Sel. '07	3
● OP Bonarda Vivace Bronis Sel. '10	3*
● OP Pinot Nero Bronis Sel. '08	4

LOMBARDIA

LE ALTRE CANTINE

Bulgarini
Loc. Vaibò, 1
25010 Pozzolengo [BS]
Tel. 030918224
www.vini-bulgarini.com

Tipici vini del territorio per ques'azienda fondata nel 1930, anche se l'unico vino nuovo presentato quest'anno è il Lugana '10, un bianco sapido ed elegante fin dal naso, dai bei sentori fruttati, che si ritrova coerente in bocca con una bella vena minerale, buona polpa e la spiccata sapidità che lo contraddistingue.

○ Lugana '10	4*
● Guerumì '06	5

Ca' del Santo
Loc. Campolungo, 4
27040 Montalto Pavese [PV]
Tel. 0383870545
www.cadelsanto.it

L'azienda di Laura Bozzi e del marito Carlo Saviotti propone sempre prodotti di buon livello. Buono il neonato Cruasé '08, profumato di frutti di bosco e agrumi. Sempre precisa e coerente la Bonarda Vivace Grand Cuvée '10, dai nitidi sentori di frutti di bosco. Di buona fattura anche il Carolo '09, Rosso Riserva saldo e armonico.

● OP Bonarda Vivace Grand Cuvée '10	4*
⊙ OP Cruasé Costadelvento '08	3*
● OP Rosso Carolo Ris. '09	4

Ca' Tessitori
Via Matteotti, 15
27043 Broni [PV]
Tel. 038551495
www.catessitori.it

Azienda che se continua così meriterà la scheda grande. Lo spumante, con una maggiore permanenza sui lieviti, è intenso, corposo, elegante. L'Agolo '10 è un bianco a base Sauvignon di grande impatto gusto-olfattivo. Notevoli quanto a nitidezza di frutto tanto la Bonarda quanto il Rosso Borghesa '10.

○ Agolo '10	3*
● OP Bonarda Frizzante '10	3*
○ OP Pinot Nero Cl. Brut	5
● OP Rosso Borghesa '10	3*

Calvi
Fraz. Vigalone, 13
27044 Canneto Pavese [PV]
Tel. 038560034
www.andreacalvi.it

Sempre morbida e fragrante la Bonarda Vivace '10 di Andrea Calvi. Molto ben riuscito, profumato di miele e frutti tropicali, corposo e nervoso il Brut Metodo Classico. Il Rui '07 è un blend di barbera, merlot e cabernet sauvignon di struttura, con note marcate di piccoli frutti rossi e liquirizia.

● OP Bonarda Vivace '10	3*
○ OP Pinot Nero Brut	5
● Rui '07	4

Caminella
Via Dante Alighieri, 13
24069 Cenate Sotto [BG]
Tel. 035941828
www.caminella.it

Ha colore dorato e sentori di agrumi e spezie il Brut Metodo Classico Ripa di Luna '08: peccato per un uso eccessivo del legno che toglie un po' di finezza. Il Valcalepio Rosso Ripa di Luna '08 sa di confettura di frutti di bosco e ha buona trama tannica. Tropicale e agrumato il Verde Luna '10 (chardonnay, sauvignon blanc e pinot bianco).

○ Ripa di Luna Brut '08	5
● Valcalepio Rosso Ripa di Luna '08	4
○ Verde Luna Bianco '10	4

Cascina la Pertica
Loc. Picedo
Via Rosario, 44
25080 Polpenazze del Garda [BS]
Tel. 0365651471
www.cascinalapertica.it

Scheda piccola interlocutoria per questa azienda biodinamica capace di notevoli exploit con le etichette di punta. Il Marzemino Il Papüc '10 sa di piccoli frutti di bosco con un palato morbido e succoso. Lo Chardonnay Le Sincette '10 si caratterizza con note di fiori bianchi mentre il Chiaretto Le Sincette '10 ha colore ramato e note fruttate.

● Marzemino Il Papüc '10	4
○ Garda Chardonnay Le Sincette '10	4
⊙ Garda Cl. Chiaretto Le Sincette '10	4

LOMBARDIA
LE ALTRE CANTINE

Castello di Gussago
via Manica, 24
25064 Gussago [BS]
Tel. 0302525267
www.castellodigussago.it

La famiglia Gozio ha consuetudini antiche con il vino, e dai 14 ettari sul colle della Santissima a Gussago elabora una buona gamma di Franciacorta. Quest'anno si fa apprezzare soprattutto il brut per la sapida scorrevolezza. Discreti ilo Satèn, un po' troppo seduto, ed il Rosé, dai buoni profumi di piccoli frutti rossi.

○ Franciacorta Brut	5
⊙ Franciacorta Rosé	5
○ Franciacorta Satèn	5

Castello di Luzzano
loc. Luzzano, 5
27040 Rovescala [PV]
Tel. 0523863277
www.castelloluzzano.it

L'azienda di Giovannella Fugazza non ha proposto quest'anno il Rosso Riserva 270 e ha chiamato la Bonarda Vivace '10 col curioso nome di Sommossa. Briosa e fruttata, è una Bonarda di buon equilibrio che si lascia bere molto volentieri. Varietale e molto beverino il Pinot Nero Umore Nero '10.

● OP Bonarda Vivace Sommossa '10	3*
● OP Pinot Nero Umore Nero '10	4

Castelveder
via Belvedere, 4
25040 Monticelli Brusati [BS]
Tel. 030652308
www.castelveder.it

Camilla Alberti sta affiancando i nonni Renato ed Elena nella conduzione di questa bella realtà franciacortina che vanta 12 ettari di vigne e una bella cantina a Monticelli Brusati. Quest'anno abbiamo apprezzato un Brut '06 di notevole finezza. Note tostate, polpa fruttata, equilibrio e bella mineralità. Validi gli altri vini.

○ Franciacorta Brut '06	6
○ Franciacorta Extra Brut	5
○ Franciacorta Satèn	5

Le Chiusure
fraz. Portese
via Boschette, 2
25010 San Felice del Benaco [BS]
Tel. 0365626243
www.lechiusure.net

A due passi dal Lago di Garda, questa piccola azienda vinicola con agriturismo ha presentato alcuni vini interessanti, a partire dal Groppello '07, muscoloso e profondo, non particolarmente fine ma incisivo delle note di frutti di bosco e rabarbaro. Ben fatto e consistente il Campei, da uve sangiovese, barbera e marzemino.

● Garda Cl. Groppello '07	5
● Campei '08	4

Il Cipresso
fraz. Tribulina
via Cerri, 2
24020 Scanzorosciate [BG]
Tel. 0354597005
www.ilcipresso.info

Tra i migliori della tipologia, il Moscato di Scanzo Serafino '08, pur giovane, si offre generoso nei sentori di amarena, prugna e ciliegia sotto spirito, ha tipicità e polpa, finale coerente. La Riserva Bartolomeo '07 ha struttura e note di spezie. Più fragrante il Dionisio '09, con sentori di fieno e frutti rossi.

● Moscato di Scanzo Serafino '08	7
● Valcalepio Rosso Bartolomeo Ris. '07	5
● Valcalepio Rosso Dionisio '09	4

Citari
fraz. San Martino della Battaglia
loc. Citari, 2
25015 Desenzano del Garda [BS]
Tel. 3457137064
www.citari.it

Lugana da singoli vigneti, questa la filosofia di Citari. Come l'anno scorso, il nostro preferito è La Conchiglia, ricco e fruttato, molto sapido, caratterizzato da una gradevole morbidezza e da un finale coerente. La Sorgente è nitido, profumato, un po' meno strutturato. Il Terre Bianche è semplice e fresco.

○ Lugana Vign. La Conchiglia '10	4*
○ Lugana Terre Bianche '10	4
○ Lugana Vign. La Sorgente '09	4

LOMBARDIA
LE ALTRE CANTINE

Clastidio Ballabio
via San Biagio, 32
27045 Casteggio [PV]
Tel. 0383805728
www.ballabio.net

Sempre buona la Bonarda Vigna Delle Cento Pertiche '10, morbida ed equilibrata, fragrante nel frutto carnoso. Piacevole il nuovo arrivato Farfalla, Metodo Classico da uve chardonnay e pinot nero, profumato di frutti tropicali e fiori bianchi.

● OP Bonarda Vigna Delle Cento Pertiche '10	♟♟ 4*
○ Brut Cl. Farfalla	♟ 5

Comincioli
loc. Castello
via Roma, 10
25080 Puegnago sul Garda [BS]
Tel. 0365651141
www.comincioli.it

Buona performance per quest'azienda che punta sui vitigni tradizionali. Il Gropèl '07 è un rosso strutturato, robusto, con sentori di frutti di bosco e una bella nota mentolata e balsamica. Bene il Chiaretto Diamante '10, profumato di piccoli frutti rossi. Piacevole e minerale il Perlì, da trebbiano della Valtenesi ed erbamat.

○ Perlì '10	♟♟ 4*
⊙ Riviera del Garda Bresciano Chiaretto Diamante '10	♟♟ 4
● Riviera del Garda Bresciano Groppello Gropèl '07	♟♟ 5

Delai
via Moro, 1
25080 Puegnago sul Garda [BS]
Tel. 0365555527

Il Chiaretto '10 di Sergio Delai è davvero molto piacevole, con i frutti di bosco a bacca rossa ben integrati con i sentori floreali in un insieme saldo ed equilibrato. Ben fatto il Passito Arianna, 85% chardonnay e 15% trebbiano, pulito e profumato di cedro. Buone note di confettura per il Groppello Mogrì '10.

⊙ Garda Bresciano Chiaretto '10	♟♟ 4*
○ Passito Arianna	♟♟ 5
● Garda Bresciano Groppello Mogrì '10	♟ 4

Derbusco Cives
via Provinciale
25030 Erbusco [BS]
Tel. 3929283698
www.derbuscocives.com

Parte con il piede giusto, anzi con le cuvée giuste la nuova avventura di Giuseppe Vezzoli e soci, incentrata su 12 ettari di vigne ad Erbusco. Complesso, armonico e profondo l'Extra Brut '06, più evoluto, boisé e fitto il Brut '05. Il Brut Doppio Erre Bi ha piacevoli e freschi toni agrumati, è ampio e appagante.

○ Franciacorta Brut '05	♟♟ 6
○ Franciacorta Brut Doppio Erre Bi '05	♟♟ 5
○ Franciacorta Extra Brut '06	♟♟ 6

Doria
loc. Casa Tacconi, 3
27040 Montalto Pavese [PV]
Tel. 0383870143
www.vinidoria.com

Scheda piccola interlocutoria per questa gloriosa azienda. Il Riesling Roncobianco '08 è varietale, comincia ora la strada verso la mineralità spiccata che si avverte assaggiando le annate precedenti. Ancora molto giovani tanto la Barbera AD (affinata in botti di castagno) quanto il Nebbiolo AD Memorial, entrambi '08.

○ OP Riesling Roncobianco Ris. '08	♟♟ 4
● OP Barbera A.D. '08	♟ 5
● Rosso A.D. Memorial '08	♟ 6

Luca Faccinelli
via Cesure, 19
23030 Chiuro [SO]
Tel. 3470807011
www.lucafaccinelli.it

Si conferma positivo il giudizio su questo Valtellina Superiore prodotto da una piccola cantina in circa 9000 bottiglie. Il profumo è intenso e particolare, con note di funghi secchi e tabacco. La bocca è di buon corpo, persistente, con tannini fitti e armonici.

● Valtellina Sup. Ortensio Lando '08	♟♟ 5
● Valtellina Sup. Ortensio Lando '07	♟♟ 5

LOMBARDIA

LE ALTRE CANTINE

Lorenzo Faccoli & Figli
VIA CAVA, 7
25030 COCCAGLIO [BS]
TEL. 0307722761
az.faccoli@libero.it

Claudio Faccoli e il fratello Gian Mario conducono con passione e con impegno questa storica realtà franciacortina. Vini minerali ed essenziali nel loro credo, asciutti e austeri, com'è ben testimoniato dal Dosage Zero '06, che ha stoffa, sapidità, ma soprattutto carattere, finezza e nerbo. Buone le altre etichette.

○ Franciacorta Dosage Zero '06	▽ 6
○ Franciacorta Brut	▽ 5
⊙ Franciacorta Rosé Brut	▽ 5

Franca Contea
VIA VALLI, 130
25030 ADRO [BS]
TEL. 0307451217
www.francacontea.it

Luigi, Michele ed Alessandra Cavalleri proseguono la tradizione di famiglia e coltivano con criteri naturali i loro vigneti sparsi tra Provaglio, Adro e Corte Franca. Ottimo il polposo Satèn '07, e davvero interessante il Brut della stessa annata, dai bei toni speziati e complessi al palato, ricco sapido profondo e ben articolato.

○ Franciacorta Brut '07	▽ 5
○ Franciacorta Satèn '07	▽ 5

I Gessi - Fabbio De Filippi
FRAZ. FOSSA, 8
27050 OLIVA GESSI [PV]
TEL. 0383896606
www.cantinagessi.it

Buono e varietale il Riesling '10 di Defilippi Fabbio. Tra i due spumanti Metodo Classico presentati, il bianco ha belle note di miele, erbe aromatiche e zafferano, con sentori più evoluti di mela matura, mentre il Cruasé è semplice con note piuttosto evolute. Corretta la Bonarda Vivace '10.

○ OP Pinot Nero Brut Maria Cristina	▽ 4
○ OP Riesling '10	▽ 2*
● OP Bonarda '10	▽ 2
⊙ OP Cruasé Maria Cristina	▽ 4

F.lli Guerci
FRAZ. CROTESI, 20
27045 CASTEGGIO [PV]
TEL. 038382725
guerci_flli@libero.it

Rientro in guida convincente per l'azienda della famiglia Guerci, in virtù di due spumanti Metodo Classico davvero ben fatti. Entrambi portano il nome 222 a.C., data della Battaglia di Casteggio. Il Cruasé è fruttato, fragrante di frutti rossi e violetta, carnoso. Il bianco sa di erbe aromatiche ed è minerale, sapido, elegante.

⊙ OP Pinot Cruasé 222 a.C. '07	▽ 4*
○ OP Pinot Nero Brut Cl. 222 a.C. '08	▽ 4

La Fiorita
VIA MAGLIO, 14
25020 OME [BS]
TEL. 030652279
www.lafiorita.bs.it

I Bono sono agricoltori ed allevatori, ma non trascurano certo i loro 5 ettari di vigne, da cui ricavano una curata gamma di vini. Eccellenti quelli assaggiati quest'anno, a cominciare da una Riserva '04 profonda, minerale e ben articolata. Davvero buono il Satèn, polposo e rotondo ma sorretto da una viva vena acida, e per finire un ottimo Rosé.

⊙ Franciacorta Brut Rosé	▽ 5
○ Franciacorta Extra Brut Ris. '04	▽ 6
○ Franciacorta Satèn	▽ 5
○ Franciacorta Dosaggio Zero	▽ 5

La Valle
VIA SANT'ANTONIO, 4
25050 RODENGO SAIANO [BS]
TEL. 0307722045
www.vinilavalle.it

Situata in una bella cascina ottocentesca a Rodengo Saiano, La Valle anno dopo anno si conferma azienda di qualità. Il millesimo '05 ha permesso ai Pezzola di realizzare due eccellenti cuvée, il Regium, complesso e ricco di morbide note vanigliate, ed il Naturalis, dal nerbo vivo, sapido e scattante, di bel carattere minerale. Valide le altre.

○ Franciacorta Brut Regium '05	▽ 6
○ Franciacorta Extra Brut Naturalis '05	▽ 6
⊙ Franciacorta Rosé	▽ 5
○ Franciacorta Satèn	▽ 6

LOMBARDIA

LE ALTRE CANTINE

Lazzari
via Mella, 49
25020 Capriano del Colle [BS]
Tel. 0309747387
www.lazzarivini.it

L'azienda è una delle principali di questa piccola Doc bresciana. il Capriano del Colle Rosso Riserva Degli Angeli '08 è un vino di struttura, con note vegetali e buona materia fruttata. Molto sapido, quasi salmastro il Capriano del Colle Bianco '10, semplice e beverino.

⊙ Capriano del Colle Bianco '10	🍷 3
● Capriano del Colle Riserva degli Angeli '08	🍷 5

Leali di Monteacuto
fraz. Monteacuto
via Dosso, 5
25080 Puegnago sul Garda [BS]
Tel. 0365651291
antonio.leali@genie.it

La famiglia Leali produce vini abbastanza semplici e piacevoli. Il Riesling '10 è giocato su gradevoli toni floreali con una nota minerale. Il Chiaretto '10, colore buccia di cipolla, ha soprattutto sentori agrumati. Frutti di bosco e amarena per il Groppello '09, ancora giovane.

⊙ Garda Bresciano Chiaretto '10	🍷 4
● Garda Bresciano Groppello '09	🍷 4
○ Garda Riesling '10	🍷 4

Locatelli Caffi
via A. Moro, 6
24060 Chiuduno [BG]
Tel. 035838308
www.locatellicaffi.it

Molto buono il Valcalepio Moscato Passito '07, dal bel naso tipico, fragrante, con sentori di prugna e frutta secca, intenso e lungo al palato. I Pilendrì '08 è un Valcalepio Rosso Riserva dalle marcate note vegetali di peperone e foglia di pomodoro, ma non manca il frutto.

● Valcalepio Moscato Passito '07	🍷🍷 7
● Valcalepio Rosso I Pilendrì '08	🍷🍷 4

Cantina Lovera
via Lovera, 14a
25030 Erbusco [BS]
Tel. 0307760491
www.cantinalovera.it

Questa bella realtà di Erbusco propone alcune etichette di indubbio interesse. Quest'anno abbiamo assai apprezzato il Brut Rosé Ardì, da uve pinot nero, che dopo 30 mesi sui lieviti si presenta rosa corallo, ricco di nerbo e di toni fruttati. Ottimo anche il Brut Merum, da chardonnay in purezza.

⊙ Franciacorta Betella Ardì Rosé	🍷🍷 7
○ Franciacorta Brut Merum	🍷🍷 6
○ Franciacorta '07	🍷 6
○ Franciacorta Betella Satèn Adamantis	🍷 6

Malavasi
viale Gramsci, 24
25019 Sirmione [BS]
Tel. 0309196189
www.malavasivini.it

Daniele Malavasi ci ha presentato un Chiaretto davvero interessante: il Rosa Del Lago '10 è fragrante, profumato, bello anche nel colore cerasuolo chiaro, elegante e nitido nei profumi floreali e fruttati. Piacevoli i due Brut Metodo Classico, con una lieve preferenza per la fragranza del bianco mentre il Rosé ha note marcate di frutti di bosco.

⊙ Garda Bresciano Chiaretto Rosa del Lago '10	🍷 4*
⊙ Brut Rosé	🍷 4
○ Garda Cl. Brut	🍷 4

Marangona
loc. Marangona 1
25010 Pozzolengo [BS]
Tel. 030919379
www.marangona.com

Due versioni di Lugana quest'anno per l'azienda di Pozzolengo, 25 ettari coltivati a basso impatto ambientale. Il Lugana Marangona '10 è elegante, sapido, fresco, con una bella vena minerale, e fa presagire ulteriori miglioramenti con la permanenza in bottiglia. Il prezzo? Da Oscar. Caratteristiche simili per il Trecampane '10, salino e più pronto.

○ Lugana Marangona '10	🍷 3*
○ Lugana Trecampane '10	🍷 4

LOMBARDIA

LE ALTRE CANTINE

Martilde
Fraz. Croce, 4a/1
27040 Rovescala [PV]
Tel. 0385756280
www.martilde.it

Fragrante, profumata di frutti di bosco e violetta, la Bonarda '10. La Malvasia Dedica '10 ha toni varietali di agrumi verdi e buona profondità. Molto varietale anche il Pinot Nero Nina '10, vinificato senza uso del legno. Infine la Barbera '10, nervosa e beverina, non complessa ma godibile.

● OP Bonarda '10	4*
○ OP Malvasia Dedica '10	4
● OP Pinot Nero Nina '10	4
● OP Barbera '10	4

Medolago Albani
Via Redona, 12
24069 Trescore Balneario [BG]
Tel. 035942022
www.medolagoalbani.it

È buono e fragrante, con note di frutta tropicale e pesca bianca e buon nerbo in bocca, il Valcalepio Bianco '10, caratterizzato anche da sentori minerali. Ben fatto, profumato di amarena e mirtillo, equilibrato e piacevole il Valcalepio Rosso '09. Molto vegetale il Valcalepio Rosso I Due Lauri Riserva '06.

○ Valcalepio Bianco '10	3*
● Valcalepio Rosso '09	4
● Valcalepio I Due Lauri Ris. '06	5

Monte Cicogna
Via delle Vigne, 6
25080 Moniga del Garda [BS]
Tel. 0365503200
www.montecicogna.it

I fratelli Materossi hanno proposto quest'anno un Chiaretto Siclì '10 davvero ben fatto, profumato di piccoli frutti rossi e di rosa, saldo nel nerbo acido e minerale, equilibrato e molto godibile. Il Groppello Beana '09 sa di sottobosco, frutta stramatura e prugna secca, mentre il Lugana Imperiale '10 è piuttosto evoluto.

⊙ Garda Cl. Chiaretto Siclì '10	4*
● Garda Cl. Rosso Groppello Beana '09	4
○ Lugana Imperiale '10	4

Tenuta Monte Delma
Via Valenzano, 23
25050 Passirano [BS]
Tel. 0306546161
www.montedelma.it

Pietro Berardi si dedica con passione all'azienda di famiglia, e propone etichette senz'altro interessanti. In attesa della nuova annata di Dosage Zero eccovi allora un Satèn coi fiocchi: ha perlage finissimo, naso marino, iodato, e poi bocca morbida e avvincente di sottolineata sapidità. Valido il Rosé dai profumi di ribes e fragolina.

○ Franciacorta Satèn	6
○ Franciacorta Brut	5
⊙ Franciacorta Rosé	5

Montenato Griffini
Via Sparano, 13/14
27040 Bosnasco [PV]
Tel. 0385272904
www.montenatogriffini.it

Anche quest'anno un solo vino per l'azienda di Barbara Faravelli Santambrogio. In attesa delle nuove annate di Bonarda ferma in versione con e senza legno e di un OP Rosso che ricordiamo ben fatto e carnoso, ci gustiamo questo Pinot Nero '09 dai toni molto varietali, intenso negli aromi e ben bilanciato.

● OP Pinot Nero '09	4*

Montenisa
Fraz. Calino
Via Paolo VI, 62
25046 Cazzago San Martino [BS]
Tel. 0307750838
www.montenisa.it

In attesa dell'uscita dei nuovi millesimati della maison delle sorelle Antinori vi suggeriamo un ottimo Brut Rosé dal bel colore rosa pallido, dai delicati profumi di piccoli frutti rossi ed erbe aromatiche, che al palato si dimostra elegante, cremoso e sapido, carezzevole nell'effervescenza e ricco di riminiscenze di frutto. Validi il Brut e il Dizero.

⊙ Franciacorta Rosé	6
○ Blanc de Blancs Dizero	6
○ Franciacorta Brut	6

LOMBARDIA

LE ALTRE CANTINE

Monterucco
Valle Cima, 38
27040 Cigognola [PV]
Tel. 038585151
www.monterucco.it

Il Classese '07 di Monterucco ha colore giallo paglierino molto carico, sentori di frutta sovramatura, buon nerbo e finale ammandorlato. Molto varietale, profumata di erbe aromatiche e agrumi, la Malvasia secca Valentina '10. Piuttosto rustica e carnosa la Bonarda Vivace Vigna Il Modello '10.

○ Malvasia Valentina '10	4
○ OP Pinot Nero Brut Classese '07	4*
● OP Bonarda Vivace V. Il Modello '10	3

Il Montù
via Marconi, 10
27040 Montù Beccaria [PV]
Tel. 0385262252
www.ilmontu.com

Tra gli spumanti Metodo Classico della Cantina Storica di Montù Beccaria, abbiamo trovato molto piacevole il Rosé da Noir: colore cipolla ramata, profumi di zagara, miele d'acacia, agrumi, pieno e cremoso in bocca, lungo nel finale. Apprezzabile il Blanc da Noir, giocato su toni molto minerali.

⊙ Pinot Rosé da Noir	5
○ Pinot Blanc da Noir	4

Nettare dei Santi
via Capra, 17
20078 San Colombano al Lambro [MI]
Tel. 0371200523
www.nettaredeisanti.it

Mancano alcuni rossi importanti di Riccardi quest'anno (il buon bordolese Franco Riccardi '07 l'abbiamo già degustato l'anno scorso). Si fa notare ber il buon nerbo e per profumi di frutta esotica il Brut Metodo Classico Domm. Varietale, profumato e gradevole lo Chardonnay Mombrione '10.

○ Brut Cl. Domm	4
○ Chardonnay Mombrione '10	3

Olivini
loc. Demesse Vecchie, 2
25015 Desenzano del Garda [BS]
Tel. 0309910268
www.olivini.net

È molto buono il Lugana Superiore Demesse Vecchie '08 dei fratelli Olivini: fresco e fruttato al naso, in bocca si rivela di buon corpo, teso, sapido e minerale, armonico ed elegante. Più semplice e immediato il Lugana '10, fresco e fragrante. Note di fieno maturo e di fiori di campo per il Garda Classico Rosso '09.

○ Lugana Sup. Demesse Vecchie '08	5
● Garda Cl. Rosso '09	3
○ Lugana '10	3

Panigada - Banino
via della Vittoria, 13
20078 San Colombano al Lambro [MI]
Tel. 037189103
vinobanino@hotmail.com

Il Banino Riserva si può dire senza ombra di dubbio essere il vino più rappresentativo di questa piccola Doc in provincia di Milano. Vinificazione molto tradizionale, estratto secco da vendere, ha sempre bisogno di bottiglia per domare l'esuberanza dei tannini. Fragrante e piacevole il Banino Bianco '10.

● San Colombano Banino Ris. '06	4
○ Banino Bianco '10	3

Angelo Pecis
via San Pietro delle Passere, 12
24060 San Paolo d'Argon [BG]
Tel. 035959104

È un bel vino il Valcalepio Rosso della Pezia Riserva '05, profumato di amarena, rabarbaro, spezie e una lieve nota vegetale, pieno e corposo in bocca, con lungo finale. Lo spumante Maximus '02 sa di agrume, pesca e della vaniglia data dal legno, è sapido e di buon nerbo. Piacevole e agrumato il Moscato Giallo Laurenzio '08.

○ Brut M. Cl. Maximus '02	5
● Valcalepio Rosso della Pezia Ris. '05	5
○ Laurenzio '08	4

LOMBARDIA
LE ALTRE CANTINE

Pedrinis
loc. Santo Stefano
via Sgaruga, 19
24060 Carobbio degli Angeli [BG]
Tel. 0354259111
www.pedrinis.it

Migliora il Valcalepio Moscato Passito Betinus e con l'annata '07 guadagna i Due Bicchieri grazie ad un buon naso di uva passa e mallo di noce e ad una bocca equilibrata con piacevoli sensazioni ammandorlate. Piacevoli e varietali il Valcalepio Rosso Felix '08 e il Valcalepio Bianco Petrinus '10.

● Valcalepio Passito Betinus '07	6
○ Valcalepio Bianco Petrinus '10	3
● Valcalepio Rosso Felix '08	4

Piccolo Bacco dei Quaroni
fraz. Costamontefedele
27040 Montù Beccaria [PV]
Tel. 038560521
www.piccolobaccodeiquaroni.it

Buono e convincente il Cruasé PBQ, profumato di mentuccia e piccoli frutti rossi, con un bel finale balsamico. Varietale ed equilibrato il Pinot Nero Vigneto La Fiocca '09, vinificato con un appena avvertibile contributo del legno. Sempre buona e armonica la Malvasia Passita Elos '09. Rustico e robusto il Buttafuoco.

○ Malvasia Passita Elos '09	5
● OP Pinot Nero Vign. La Fiocca '09	4
⊙ OP Cruasé PBQ	4*
● OP Buttafuoco Vign. Ca' Padroni '07	3

Pietrasanta
via Sforza, 55/57
20078 San Colombano al Lambro [MI]
Tel. 0371897540
carlopietrasanta@mivlombardia.com

I vini di Pietrasanta si caratterizzano per una schiettezza che definiremmo, in senso positivo, "contadina": sono robusti e rustici quanto basta, e questo San Colombano Riserva '07 non fa eccezione con le sue note di confettura di frutta, spezie, liquirizia e un buon finale ammandorlato.

● San Colombano Ris. '07	5

Pilandro
fraz. San Martino della Battaglia
loc. Pilandro, 1
25010 Desenzano del Garda [BS]
Tel. 0309910363
www.pilandro.it

Si perde nella notte dei tempi l'origine dell'azienda ora di proprietà della famiglia Lavelli. Il Merlot Settant'Anni '09 ha un bel naso cupo e intenso di confettura di more con apprezzabile corredo speziato e bocca sostenuta. Tra i due Lugana, l'Arilica '10 si fa leggermente preferire per la maggiore complessità.

● Garda Merlot Settant'anni '09	5
○ Lugana '10	4
○ Lugana Arilica '10	4

Plozza di Ome
via Lizzana, 13
25050 Ome [BS]
Tel. 0306527775
www.plozzaome.it

La famiglia Plozza, elvetica ma con vigne in Valtellina, ha allargato i suoi orizzonti fino alla Franciacorta, dove possiede vigne, cantina e un curato agriturismo. Ci propone un signor Franciacorta Brut, fitto e fresco, polposo e armonico, dalle eleganti note di nocciola. Quasi altrettanto buono il Satèn, morbido e fruttato nella sua classicità.

○ Franciacorta Brut	5
○ Franciacorta Satèn	5

Pratello
via Pratello, 26
25080 Padenghe sul Garda [BS]
Tel. 0309907005
www.pratello.com

Tra le numerose etichette di questa azienda gardesana si trova sempre qualcosa di molto buono. Convince il Millesimo '05, Metodo Classico Extra Brut da sole uve chardonnay profumato di pesca e lavanda, intenso e minerale. Ottimi ed armonici sia l'incrocio Manzoni Lieti Conversari sia il Marzemino Poderi Ogaria.

○ Garda M. Cl. Extra Brut Millesimo '05	5*
● Garda Marzemino Poderi D'Ogaria '10	4
○ Lieti Conversari '10	4

LOMBARDIA

LE ALTRE CANTINE

Quadra
VIA SANT'EUSEBIO, 1
25033 COLOGNE [BS]
TEL. 0307157314
www.quadrafranciacorta.it

Cristina e Marco Ghezzi con Mario Falcetti come enologo producono interessanti Franciacorta. Nata nel '03, questa azienda agricola propone un ottimo Rosé, dal bel colore rosa pallido, elegante nei profumi di fragolina e mirtillo, che al palato è pieno e sapido. Di buon livello il Satèn, leggermente "carico" e dosato, come pure il Q21 '06.

⊙ Franciacorta Rosé	♉♉ 6
○ Franciacorta Satèn '07	♉♉ 6
○ Franciacorta Brut Q21 '06	♉ 6

Le Quattro Terre
VIA RISORGIMENTO, 11
25040 CORTE FRANCA [BS]
TEL. 030984312
www.quattroterre.it

Vincenzo Vezzoli e i nipoti Marco, Matteo e Giorgio hanno rilevato nel 2006 un antico casale a Corte Franca, circondato da quattro vecchie vigne per un totale di sei ettari. Quattro terre e quattro soci che propongono un ottimo Dosaggio Zero '07, consistente e ben articolato, ed un Brut polposo e speziato. Valide le altre cuvée.

○ Franciacorta Brut	♉♉ 5
○ Franciacorta Dosaggio Zero '07	♉♉ 6
⊙ Franciacorta Rosé	♉ 5
○ Franciacorta Satèn Armonia	♉ 5

Redaelli de Zinis
VIA N.H. UGO DE ZINIS, 10
25080 CALVAGESE DELLA RIVIERA [BS]
TEL. 030601001
www.dezinis.it

È intenso e carnoso, profumato di confettura di amarena e fieno maturo, il Groppello Riserva del Fondatore '07, dal buon nerbo. Ben fatto il Garda Cl. Bianco '10, profumato di bosco, minerale, saldo e nitido. Piacevole, giocato su toni agrumati, il Chiaretto '10; semplice, fresco e varietale il Sauvignon '10.

○ Garda Cl. Bianco '10	♉ 4
● Garda Cl. Groppello Riserva del Fondatore '07	♉♉ 5
⊙ Garda Cl. Chiaretto '10	♉ 4
○ Garda Sauvignon '10	♉ 4

Ricchi
FRAZ. RICCHI
VIA FESTONI, 13D
46040 MONZAMBANO [MN]
TEL. 0376800238
www.cantinaricchi.it

Il Ribò '08 è un Cabernet di struttura, profumato di fieno e frutti di bosco, con una buona vena speziata a impreziosirne il naso. Più morbido, un po' lezioso, il Merlot Carpino '07, molto varietale nei profumi. Lo Chardonnay Meridiano '10 sa di frutta esotica, peccato manchi un filo di nerbo. Sempre piacevole il passito Le Cime (moscato e garganega).

● Garda Cabernet Ribò '08	♉ 4
○ Garda Chardonnay Meridiano '10	♉ 4
● Garda Merlot Carpino '07	♉ 5
○ Passito Le Cime	♉ 5

Rocche dei Vignali
LOC. SANT
25040 LOSINE [BS]
TEL. 3393698953
www.rocchedeivignali.it

Cominciano ad affacciarsi in guida i vini della Valle Camonica, a nord del Lago d'Iseo. L'Assolo '07 è ottenuto da uve merlot è ha piacevoli sentori di confettura di frutti di bosco con una lieve nota vegetale e toni ammandorlati. Il Camunnorum è un taglio di merlot, cabernet e marzemino con sentori di vaniglia molto marcati.

● Assolo '07	♉ 4
● Camunnorum '07	♉ 4

Tenuta Roveglia
LOC. ROVEGLIA, 1
25010 POZZOLENGO [BS]
TEL. 030918663
www.tenutaroveglia.it

Annata interlocutoria per la cantina della famiglia Zweifel - Azzone, forte di oltre 60 ettari di vigneto. Interessante il Lugana Limne '10: sapido, ricco di frutto e polpa. Non altrettanto buono il Vigne di Catullo '09 dal carattere chiuso e troppo evoluto. Semplice e ben fatto il Chiaretto '10.

○ Lugana Limne '10	♉ 4
⊙ Garda Cl. Chiaretto '10	♉ 4
○ Lugana Vigne di Catullo '09	♉ 4

LOMBARDIA

LE ALTRE CANTINE

Podere San Giorgio
LOC. CASTELLO, 1
27046 SANTA GIULETTA [PV]
TEL. 0383899168
www.poderesangiorgio.it

Esordio per il Brut Metodo Classico vinificato in bianco. È dell'annata '08 e si presenta di color paglierino carico, con sentori di frutta stramatura e dosaggio piuttosto avvertibile. Il Cruasé ha bella bolla, note minerali e di erbe aromatiche, peccato la bocca un po' slegata. Corretta e piacevole la Bonarda Vivace Rebecca '10.

- OP Bonarda Vivace Rebecca '10   4
- OP Cruasé   5
- OP Pinot Nero Brut Cl.   5

Poderi di San Pietro
VIA MONTI, 35
20078 SAN COLOMBANO AL LAMBRO [MI]
TEL. 0371208050
www.poderidisanpietro.it

Il Rosso di Valbissera '07 è un vino di buona intensità e profondità, con un palato succoso e scorrevole. Molto godibile anche il Trianon '06, un taglio bordolese saldo e maturo, con note di fieno e peperone e finale persistente. Fresco e vinoso il Collada '09, più semplice ma corretto.

- San Colombano Rosso di Valbissera '07   5
- Trianon '06   7
- San Colombano Collada '09   4

Cantine Selva Capuzza
FRAZ. SAN MARTINO DELLA BATTAGLIA
LOC. SELVA CAPUZZA
25010 DESENZANO DEL GARDA [BS]
TEL. 0309910381
www.selvacapuzza.it

Molto buono il Lugana Superiore Menasasso '08, fresco e profumato, sapido e intenso, con polpa fruttata e ottimo finale. Bene il Dunant '09, rosso fragrante, fruttato con note floreali, di buona eleganza e persistenza. Il Campo del Soglio '10 è nitido e fine con i suoi profumi di frutti tropicali.

- Garda Cl. Dunant '09   4*
- Lugana Sup. Menasasso '08   5
- San Martino della Battaglia Campo del Soglio '10   4

Solive
VIA BELLAVISTA
25030 ERBUSCO [BS]
TEL. 0307450138
www.solive.it

La tenuta della famiglia Bariselli si estende per 30 ettari tra Erbusco, Torbiato, Adro e Cortefranca. Tra questi vigneti che danno ottimi Franciacorta. Vi segnaliamo allora un elegante Satèn, dal bouquet classico di albicocca e vaniglia, polposo e cremoso - seppur fresco - al palato, e un altrettanto piacevole Brut, che con questo condivide la morbida impostazione.

- Franciacorta Brut   5
- Franciacorta Satèn   5
- Franciacorta Pas Dosé   5

Lo Sparviere
VIA COSTA, 2
25040 MONTICELLI BRUSATI [BS]
TEL. 030652382
www.losparviere.com

La famiglia Gussalli Beretta, nome storico dell'imprenditoria italiana, possiede questa bella tenuta, forte di 30 ettari di vigneti, a Monticelli Brusati. Ottimo quest'anno l'Extra Brut '05, armonico, fitto e davvero persistente, e l'Extra Brut di classica compostezza, dai toni boisé, di legno antico e cera al naso, nervoso, minerale e pieno al palato.

- Franciacorta Extra Brut '05   6
- Franciacorta Extra Brut   5
- Franciacorta Brut '07   6
- Franciacorta Satèn   5

Benedetto Tognazzi
FRAZ. CAIONVICO
VIA SANT'ORSOLA, 161
25135 BRESCIA
TEL. 0302692695
www.tognazzivini.it

Buon passo avanti per il Lugana Cascina Ardea '10 della famiglia Tognazzi: rispetto alla vendemmia '09 ha un frutto più polposo e nitido, con una vena minerale molto piacevole, sapidità e bella chiusura. Sempre piacevole e beverino il Botticino Vigne di Mattina '08, mentre il Cobio è ancora un po' aggressivo.

- Botticino Vigne di Mattina '08   3*
- Lugana Cascina Ardea '10   4
- Botticino Cobio '08   5

LOMBARDIA

LE ALTRE CANTINE

Togni Rebaioli
FRAZ. ERBANNO
VIA ROSSINI, 19
25047 DARFO BOARIO TERME [BS]
TEL. 0364529706

L'azienda produce vini sotto la recente Igt ottenuta dalla Valle Camonica. Il Lambrù '08 è un taglio di merlot, marzemino e barbera profumato di prugna e di mora, di buona sostanza e dal tannino levigato. Buono anche il Rebaioli Cav. Enrico '08, Merlot molto varietale così come la nervosa Barbera Vidur '07.

● Lambrù '08	3*
● Merlot Rebaioli Cav. Enrico '08	4
● Vidur '07	4

La Tordela
VIA TORRICELLA, 1
24060 TORRE DE' ROVERI [BG]
TEL. 035580172
www.latordela.it

Manca la Riserva Campo Roccoli Vecchi, che con l'annata '05 conferma le impressioni positive rilevate l'anno scorso. Il Valcalepio Rosso '08 sa di confettura di frutti di bosco e fieno maturo, è intenso e profondo, molto ben fatto. Abbastanza piacevole e fragrante l'Incrocio Manzoni '10.

● Valcalepio Rosso '08	4*
○ Incrocio Manzoni '10	3

Pietro Torti
FRAZ. CASTELROTTO, 9
27047 MONTECALVO VERSIGGIA [PV]
TEL. 038599763
www.pietrotorti.it

Speriamo che la grandinata che ha devastato i vigneti nel giugno '11 non scoraggi troppo Sandro Torti, il quale ci ha presentato un'ottima serie di vini tra cui spiccano una delle migliori Bonarde dell'Oltrepò, un Riesling profumato e intenso, un rosso di corpo e di nerbo come il Castelrosso '07 e un valido Pinot Nero giovane.

● Castelrosso '07	5
● OP Bonarda '10	3*
○ OP Riesling Italico Moglialunga '10	3*
● OP Pinot Nero Terre Gobbe '10	4

Travaglino
LOC. TRAVAGLINO, 6A
27040 CALVIGNANO [PV]
TEL. 0383872222
www.travaglino.it

Spumanti Metodo Classico in primo piano per questa storica azienda di Calvignano. La Cuvée 59 del '08 ha bella polpa, note balsamiche e frutto tropicale dato da una significativa presenza di chardonnay. Di stoffa, con note leggermente tostate, il Cruasé Monteceresino '08. Sa di erbe di campo il Classese '06.

⊙ OP Cruasé Monteceresino '08	5
○ OP Pinot Nero Brut Cl. Cuvée 59 '08	5
○ OP Pinot Nero Brut Cl. Classese '06	6

Cantina Sociale Val San Martino
VIA BERGAMO, 1195
24030 PONTIDA [BG]
TEL. 035795035
www.cantinavalsanmartino.com

Il Rosso della Bergamasca '09 ha colore rubino carico e franchi sentori di peperone verde, e spezie, pepe e chiodo di garofano in particolare. Un classico taglio bordolese abbastanza semplice in bocca, di buona polpa fruttata, equilibrato e morbido. Il Bianco Drezza '10 sa di frutta tropicale stramatura.

● Val San Martino Rosso '09	3*
○ Bianco Drezza '10	3

Valle
VIA VALLE, 21
25031 CAPRIOLO [BS]
TEL. 0307461620
www.ripadelbosco.it

Accanto ad un curato agriturismo di Capriolo ecco l'azienda Valle, che propone dei Franciacorta dal taglio nitido e curato. Segnaliamo quest'anno un ottimo Brut dal bouquet floreale, dalle note di biancospino e agrume che ritroviamo fresche sul palato, ed un Satèn rotondo ed armonico, dalle classiche sfumature vanigliate.

○ Franciacorta Brut	5
○ Franciacorta Brut Satèn	5

LOMBARDIA
LE ALTRE CANTINE

Vigna Dorata
Fraz. Calino
Via Sala, 80
25046 Cazzago San Martino [BS]
Tel. 0307254275
www.vignadorata.it

Vigilio e Luciana Mingotti nella loro cantina di Calino elaborano vini e Franciacorta di buon livello dai sei ettari di vigne di proprietà. Ottimo il loro Brut, dal colore paglierino dorato, naso di lieviti e pane grigliato, nervoso e sapido al palato. Leggermente al di sotto l'Extra Brut, dalla trama più esile e leggermente amarognolo.

○ Franciacorta Brut	5
○ Franciacorta Extra Brut	5

Vignenote
Fraz. Timoline
Via Brescia, 3a
25040 Corte Franca [BS]
Tel. 030652329
www.vignenote.it

Vignenote è l'azienda agricola annessa al relais del Borgo Santa Giulia a Timoline, una bella struttura ricettiva che produce anche 180mila bottiglie tra vini Docg e Doc. Eccellenti ci sono parsi il Pas Dosé dai profumi floreali e di brioche, che al palato è ricco, morbido e pieno, e un Satèn dai dolci toni di cioccolato bianco.

○ Franciacorta Pas Dosé	6
○ Franciacorta Satèn	6
○ Franciacorta Brut	5

I Vinautori
Palazzo Merizzi
23037 Tirano [SO]
Tel. 0041552108338
www.vinautori.com

Le vigne sono in Valtellina, ma le uve vengono vinificate in Svizzera. Fuori da ogni schema constatiamo un riuscito Syrah'07, integro e molto fine. Buono il Garibalda '04, anch'esso Syrah, di gran carattere. Bocca potente e lunga per il Nebbiolo '07. Varietale il Saga '09, un Sauvignon dalle note minerali.

● Garibalda '04	7
● Nebbiolo '07	6
● Syrah '07	6
○ Saga '09	6

Visconti
Via C. Battisti, 139
25015 Desenzano del Garda [BS]
Tel. 0309120681
www.luganavisconti.it

Ha più di un secolo di vita questa storica cantina gardesana. Il Chiaretto '10 convince per le franche e gradevoli note agrumate, per la bocca fresca e pulita e per l'equilibrio di base: un vino di bella beva. Minerale e scorrevole il Franco Visconti '10.

⊙ Garda Cl. Chiaretto '10	4
○ Lugana Franco Visconti '10	4

Zamichele
Via Roveglia Palazzina, 2
25010 Pozzolengo [BS]
Tel. 030918631
cantinazamichele@libero.it

Sempre di buon livello i Lugana di questa piccola azienda gardesana. Il Gardè '09 ha polpa e complessità, con note di legno ben amalgamate, una lieve nuance vanigliata e buona sapidità, il tutto coniugato con una vena tendente all'abboccato. Semplice, sapido e fresco il Lugana '10.

○ Lugana Gardè '09	4
○ Lugana '10	4

Emilio Zuliani
Via Tito Speri, 28
25080 Padenghe sul Garda [BS]
Tel. 0309907026
www.vinizuliani.it

Il Chiaretto Pink Dream di questa storica azienda è sempre sapido, profumato com'è di scorza d'agrume (cedro e mandarino soprattutto) e piccoli frutti, ben sostenuto dal nerbo acido e pulito nel finale. Il Groppello Riserva '08 sa di confettura di amarene e spezie, ha struttura e frutto, gli manca un filo di eleganza.

⊙ Garda Cl. Chiaretto Pink Dream '10	4*
● Garda Cl. Groppello Ris. '08	4

TRENTINO

Se c'è un vino che simboleggia il carattere del vignaiolo trentino, meticoloso nella cura della vigna, disposto a sacrificarsi per coltivare gli appezzamenti migliori anche se più difficili, e che poi in cantina opera con la cultura di uno scienziato e la sensibilità d'un artista, questo vino non può essere che un TrentoDoc. Sarà perché qui le cuvée di metodo classico hanno una consuetudine antica, sarà che il "global warming" qui si sconfigge semplicemente piantando in alto, ma è certo che siamo in una delle zone più vocate d'Italia alla spumantistica. Il mondo delle bollicine classiche poi ha un altro tratto che lo avvicina all'uomo del vino trentino. E' un metodo che richiede una straordinaria padronanza tecnica, ma anche attrezzature piuttosto semplici. Un metodo alla portata del vignaiolo artigiano come della grande maison che acquista le uve o della grande cooperativa (e quelle trentine sono grandissime) dove davvero ha senso parlare di selezioni e cuvée. Tutto ciò per dire che anche quest'anno premiamo sei TrentoDoc su nove Tre Bicchieri. Del Trento Altemasi Graal s'è detto tutto, e in Cavit continuano a farlo con cura estrema e passione, come testimonia il '04. Abate Nero con Luciano Lunelli ha realizzato un Trento Brut Domini '07 di raffinata eleganza, e lo stesso ha fatto un grande maestro spumantista (ma non solo), Leonello Letrari, con il raffinato e complesso Brut Riserva '06. L'annata '05 è stata onorata da altre tre grandi etichette: la Riserva '05 di Nicola Balter, fresca, nervosa vitale, il profondo e riflessivo Methius dei Dorigati con Enrico Paternoster, e da uno spettacolare Blanc de Noirs come il Perlé Nero della Ferrari della famiglia Lunelli, l'azienda che è la storia dello spumante trentino, e di cui abbiamo assaggiato cuvée (ancora sur lattes) da far tremare i polsi... E poi i vini fermi. Apre la serie un'ottima annata del grande rosso bordolese dei Guerrieri Gonzaga, il San Leonardo '06, seguito dall'eccellente Fratagranda '07 della Pravis e, infine, dal buonissimo Bianco Faye di Pojer e Sandri, un elegante taglio di Chardonnay e Pinot Bianco di Faedo. Nove campioni, abbastanza per fotografare la regione ma meno di quelli che avrebbero potuto essere se etichette blasonate come Giulio Ferrari o la Riserva Mach dell'Istituto Agrario di San Michele all'Adige - per citarne solo due - non si fossero "attardate" in cantina.

TRENTINO

Abate Nero
Fraz. Gardolo
sponda Trentina, 45
38014 Trento
Tel. 0461246566
www.abatenero.it

VENDITA DIRETTA
VISITA SU PRENOTAZIONE

PRODUZIONE ANNUA 68.000 bottiglie
ETTARI VITATI 65.00

È stata una delle prime aziende vinicole trentine a puntare solo ed esclusivamente sullo spumante. Quasi quarant'anni d'impegno, sempre con Luciano Lunelli a scandirne l'evoluzione enologica, coadiuvato - nella gestione complessiva - da Eugenio de Castel Terlago, in un crescendo di qualità e giuste soddisfazioni. Da diversi anni questo spumante dedicato alla mitica figura del creatore dello Champagne si distingue per stile, per timbro aromatico, per una piacevolissima versatilità. E coniuga la schiettezza delle sue bollicine con altrettanta autorevolezza.

Il millesimato Domini '07 riconquista i nostri Tre Bicchieri imponendosi sull'altra blasonata e sempre buonissima etichetta, la Riserva Cuvée dell'Abate '06, merito di uno slancio aromatico davvero travolgente. Floreale al naso, finissimo e continuo, è perfettamente equilibrato e pieno al palato. Anche tutti gli altri TrentoDoc di questa piccola azienda si confermano tra i protagonisti della denominazione, e fanno mostra di uno stile elegante e inconfondibile. Dote che accomuna il minerale Extra Brut allo scorrevole e ricco Brut, senza trascurare il morbido Extra Dry e l'accattivante Rosé.

Agririva
via San Nazzaro, 4
38066 Riva del Garda [TN]
Tel. 0464552133
www.agririva.it

VENDITA DIRETTA
VISITA SU PRENOTAZIONE

PRODUZIONE ANNUA 250.000 bottiglie
ETTARI VITATI 280.00

È la cantina rivierasca del Trentino. Dove i soci della cooperativa sono contemporaneamente viticoltori e olivocoltori. Vino e olio extravergine del Garda - il limite settentrionale massimo per la cultura dell'olivo - vengono elaborati nella stessa sede, un edificio moderno e perfettamente attrezzato, all'imbocco della strada che porta al lago. È un centro operativo multifunzionale, di supporto a tutto il comparto agricolo gardesano. Agririva è in forte crescita qualitativa ed offre una gamma completa dei vini del territorio.

Si tratta di vini dal taglio nitido e lineare che raccontano il territorio e vantano prezzi assai convenienti. Il bordolese Maso Lizzone, ad esempio, ha un colore profondo, profumi intensi, una struttura solida e salda e un lungo finale di frutto. Il Merlot Crea è fine, polposo e ben disteso. Buoni anche il Riv'aldego Ilare, da uve teroldego, ed il Traminer La Prea. Sempre una conferma anche il loro TrentoDoc, il Brut Brezzariva, che ha un bel colore dorato, è fresco, sapido, vitale. Come la brezza che soffia dal Garda, l'Ora.

○ Trento Brut Domini '07	🍷🍷🍷 6
○ Trento Brut Cuvée dell'Abate Ris. '06	🍷🍷 7
○ Trento Extra Brut Abate Nero	🍷🍷 5
○ Trento Extra Dry Abate Nero	🍷🍷 5
○ Trento Brut Abate Nero	🍷 5
⊙ Trento Brut Rosé	🍷 5
○ Trento Brut Cuvée dell'Abate Ris. '04	🍷🍷🍷 7
○ Trento Brut Cuvée dell'Abate Ris. '03	🍷🍷🍷 6
○ Trento Brut Cuvée dell'Abate Ris. '02	🍷🍷🍷 6
○ Trento Brut Cuvée dell'Abate Ris. '01	🍷🍷🍷 6
○ Trento Brut Domini '05	🍷🍷🍷 6

● Maso Lizzone '09	🍷🍷 4*
● Trentino Merlot Crea '09	🍷🍷 3*
○ Trento Brut BrezzaRiva	🍷🍷 4
● Rival'dego Ilare '09	🍷 3
○ Trentino Chardonnay Loré '10	🍷 3
○ Trentino Traminer Aromatico La Prea '10	🍷 3

TRENTINO

Nicola Balter
via Vallunga II, 24
38068 Rovereto [TN]
Tel. 0464430101
www.balter.it

VENDITA DIRETTA
VISITA SU PRENOTAZIONE

PRODUZIONE ANNUA 80.000 bottiglie
ETTARI VITATI 10.00

Nicola Balter è il presidente dei Vignaioli del Trentino. È stato designato dai 70 e più soci del sodalizio per dirimere i complessi rapporti tra piccoli produttori, istituzioni e grandi cantine sociali. È un impegno quotidiano, che però non distoglie Nicola dai suoi vigneti e dalla bella cantina, sulla parte più solatìa della collina di Rovereto, tra abeti, prati e tracce archeologiche (impronte dei dinosauri comprese...) che fanno di questa zona il cosiddetto "bosco della città".

Nicola è un talentuoso spumantista, e ce lo dimostra con il Trento Balter Riserva '05 che s'aggiudica agilmente i Tre Bicchieri per la potenza, l'eleganza e l'equilibrio, per le note complesse di frutta bianca, le nuance di agrumi ed erbe di montagna, che poi esaltano la sua ricca struttura al palato, dove si distende avvolgente e persistente. Ottimo anche il Trento Balter Brut, e il neonato Rosé, dal colore rosa brillante e di bella sapidità. Finale anche per il Barbanico '09, il bordolese della Balter, mix di grazia e potenza. Ottime le altre etichette.

Bellaveder
loc. Maso Belvedere
38010 Faedo [TN]
Tel. 0461650171
www.bellaveder.it

VENDITA DIRETTA
VISITA SU PRENOTAZIONE

PRODUZIONE ANNUA 37.000 bottiglie
ETTARI VITATI 8.00

Tranquillo Lucchetta opera nel comparto vitivinicolo da pochi anni. Imprenditore con esperienze nel settore edile, ha realizzato ex novo una bellissima cantina sotterranea tra i filari dei vigneti di famiglia. Il maso, situato sul conoide di Faedo, a fianco del prestigioso Istituto Agrario di San Michele, è una bellezza. Proprio come il panorama viticolo che lo circonda, fatto di terrazzamenti, filari ordinati, ripidi e quasi arditi. Non a caso si chiama Bellaveder...

Il loro vino di punta, il Mansum, Lagrein Riserva, si conferma vino di classe. Ha un bel colore rosso cupo, e al naso offre intriganti toni speziati, mentre in bocca è sapido, forse non mostra la pienezza di certi omologhi sudtirolesi, ma ha un sua personalità e notevole eleganza. Sempre una certezza il Müller Thurgau, vendemmiato a Cavedine, in valle dei Laghi, per sfruttare anzitutto l'altezza (siamo sui 600 metri). Fragrante e molto aromatico, ricco di toni minerali e frutto il Traminer, varietale il Sauvignon. Ultimo - ma potrebbe essere il primo - l'ottimo TrentoDoc Riserva '06: di colore dorato, ha perlage fitto e continuo, ed è armonico e vitale.

○ Trento Balter Ris. '05	♛♛♛ 6
● Barbanico '09	♛♛ 5
● Cabernet Sauvignon '09	♛♛ 4
○ Sauvignon '10	♛♛ 4
○ Trento Balter Brut	♛♛ 5
⊙ Trento Balter Rosé	♛♛ 5
● Lagrein Merlot '10	♛ 4
● Barbanico '97	♛♛♛ 5
○ Trento Balter Ris. '04	♛♛♛ 6
○ Trento Balter Ris. '01	♛♛♛ 6

● Trentino Lagrein Mansum '08	♛♛ 5
○ Trentino Müller Thurgau '10	♛♛ 5
○ Trentino Sauvignon '10	♛♛ 4
○ Trentino Traminer '09	♛♛ 4
○ Trento Brut Ris. '06	♛♛ 6
● Teroldego Mas Picol '09	♛♛ 4
● Teroldego Mas Picol '07	♛♛ 4*
○ Trentino Chardonnay '07	♛♛ 4*
○ Trento Brut '06	♛♛ 5

TRENTINO

Bolognani
via Stazione, 19
38015 Lavis [TN]
Tel. 0461246354
www.bolognani.com

VENDITA DIRETTA
VISITA SU PRENOTAZIONE

PRODUZIONE ANNUA 70.000 bottiglie
ETTARI VITATI 4.40

I Bolognani - quattro giovani fratelli, Diego il wine-maker - hanno facilmente superato una fase di ristrutturazione aziendale, che ha coinvolto il restyling dei vini, prima frutto di vinificazioni forse troppo tecniche, perfezioniste, che garantivano la qualità ma toglievano in espressività. Accanto ad una linea da uve acquistate i fratelli curano però anche i vigneti di proprietà, da quali vendemmiano i "loro" vini, quelli che consolidano la reputazione dei Bolognani, nati vinificatori ma sempre più impegnati come vignaioli.

Cinque i vini proposti quest'anno e tutti hanno meritato un ottimo punteggio. Con il rosso bordolese, il Gabàn, in grande evidenza: ha buoni profumi, è ricco di note di frutti neri che sfumano su toni caldi di cioccolato e spezie, e al palato mette in mostra una struttura solida e tannini levigati. L'Armilo '09 è un eccellente Teroldego (anche se non è Doc), ed è improntato alla beva immediata e alla piacevolezza. Il Traminer Sanroc è forse il vino cui tengono di più i Bolognani, e nasce da belle vigne alle pendici della Vigolana, sopra Trento. È ricco di toni di frutta esotica, dal mango al lychee, è delicatamente dolce e ricco di aromi. Buoni Sauvignon e Müller Thurgau.

Borgo dei Posseri
loc. Pozzo Basso, 1
38061 Ala [TN]
Tel. 0464671899
www.borgodeiposseri.com

VENDITA DIRETTA
VISITA SU PRENOTAZIONE

PRODUZIONE ANNUA 60.000 bottiglie
ETTARI VITATI 21.00
VITICOLTURA Biologico Certificato

Coltivare la vite in quota. E farlo sulla montagna di Ala, la parte più a sud della Vallagarina. Zona ancora impervia, quasi sconosciuta, non a caso scrigno di biodiversità. Foreste che portano a prati riservati al pascolo, ricco di fiori ed erbe medicinali, terrazzamenti, ripidi, dove è finalmente tornata la coltivazione delle viti. Filari di confine, tra Trentino e Veneto, tra rocce e cielo. Il fascino di tutto ciò ha stregato Margherita de Pilati e Martin Mainenti, che quassù hanno creato l'azienda vitivinicola. Il loro impegno è davvero encomiabile, i risultati incoraggianti.

In etichetta campeggia l'iniziale, la lettera del toponimo riservato ad ogni singolo vino. La R del Rocòl - merlot in purezza - apre la classifica. Vino, questo, elegante, sottile nella veste, pregno però di carattere, ben disegnato nella trama. Poi la F del Furiel, Sauvignon d'altura, più varietale che vegetale, fresca acidità, agile nella beva. Stimolante e - come al solito - più sapido che fruttato è il Quaron, Müller Thurgau con una Q a sottolineare la qualità. Completano l'offerta un giovanissimo Arliz, Traminer Aromatico, ancora in divenire, e l'ambizioso Paradis, ovvero il Pinot Nero, ben interpretato, certo, ma non ancora...paradisiaco.

● Gabàn '07	ŶŶ 6
● Teroldego Armilo '09	ŶŶ 4
○ Trentino Traminer Aromatico Sanròc '09	ŶŶ 4
○ Müller Thurgau '10	Ŷ 4
○ Sauvignon '10	Ŷ 4
● Teroldego Armilo '06	ŶŶŶ 4*
● Teroldego Armilo '08	ŶŶ 4
● Teroldego Armilo '07	ŶŶ 4*

● Merlot Rocòl '08	ŶŶ 4
○ Müller Thurgau Quaron '09	ŶŶ 4
○ Gewürztraminer Arliz '10	Ŷ 5
● Pinot Nero Paradis '09	Ŷ 4
○ Sauvignon Furiel '10	Ŷ 5
● Merlot Rocol '06	ŶŶ 4
● Merlot Rocol '05	ŶŶ 4*
● Pinot Nero Paradis '06	ŶŶ 4

TRENTINO

Conti Bossi Fedrigotti
via Unione, 43
38068 Rovereto [TN]
Tel. 0456832511
masi@masi.it

VENDITA DIRETTA
VISITA SU PRENOTAZIONE

PRODUZIONE ANNUA 160.000 bottiglie
ETTARI VITATI 40.00

I Bossi Fedrigotti hanno festeggiato un traguardo decisamente importante: i 50 anni del Fojaneghe, il primo rosso di stile bordolese messo in bottiglia in Italia. Era il 1961. Intuizione dell'enologo aziendale di allora, Leonello Letrari, e del conte Federico, uno dei protagonisti del Rinascimento del vino, e non solo di quello trentino. I Bossi Fedrigotti vinificano dal lontano 1697. Hanno una fascinosa storia alle spalle e un futuro dinamico, legato ad una joint-venture con il gruppo Masi della famiglia Boscaini, cantinieri della Valpolicella.

Il mito del Fojaneghe continua. Per i suoi 50 anni è stato rinforzato il carattere territoriale - al cabernet e merlot è stata aggiunta una piccola percentuale di teroldego - e il vino si propone con tonica vigoria. Ha un bel colore, cupo e fitto, amalgama da fuoriclasse e suadente complessità. Piacevole il Pinot Grigio, giocato tutto sulla freschezza e la fragranza. Un classico il Marzemino, il vino della Vallagarina, da sempre vanto di questo casato, che non tralascia neppure la cura del Traminer. Chiudiamo con il TrentoDoc, poche migliaia di bottiglie, per ora, ma di gran classe.

★Cavit
via del Ponte, 31
38040 Trento
Tel. 0461381711
www.cavit.it

VENDITA DIRETTA
VISITA SU PRENOTAZIONE

PRODUZIONE ANNUA 65.000.000 bottiglie
ETTARI VITATI 5512.00

Il riordino del settore vitivinicolo trentino ruota in gran parte attorno al ruolo di Cavit, consorzio di secondo grado, per stabilire dinamiche produttive - e promozionali - tra cantine sociali, vinificatori e vignaioli. Cavit è da quasi 60 anni un faro dell'enologia, non solo trentina. Ha la forza dei grandi numeri (commercializza 100 milioni di bottiglie, e vino anche proveniente da cantine extraregionali) e contemporaneamente riesce a proporre ottime selezioni di vini autenticamente di territorio. Un impegno per la qualità che emerge in ogni degustazione.

L'Altemasi Riserva Graal non ha quasi bisogno di presentazione: da anni è ai vertici della spumantistica italiana. Ha carattere, identità, piacevolezza e altrettanta versatilità. Ampio e carezzevole quanto nervoso e appagante. Un TrentoDoc che apre la consueta serie di ottimi vini, con una novità: la versione Rosé, frutto di anni di ricerca, di un bel colore rosa brillante, profumato di piccoli frutti rossi, sapido, tonico e fresco al palato. Sugli scudi, però, anche altri - e tanti - vini. Dal Maso Toresella Rosso (teroldego e lagrein) al Teroldego Rotaliano Maso Cervara, nonché le versioni bianche di Maso Toresella, lo Chardonnay e la Cuvée: vini ben fatti, polposi e coinvolgenti.

● Fojaneghe Rosso '08	6
○ Trento Brut	5
● Trentino Marzemino '10	4
○ Trentino Gewürztraminer '10	4
○ Valdadige Pinot Grigio '10	4
● Fojaneghe Rosso '07	6
● Fojaneghe Rosso '06	6
● Teroldego '06	5*
● Trecento '04	4

○ Trento Altemasi Graal Brut Ris. '04	8
● Rosso Maso Toresella '08	6
○ Trentino Chardonnay Sup. Maso Toresella '09	5
○ Maso Toresella Cuvée	5
● Teroldego Rotaliano Maso Cervara '09	6
○ Trentino Müller Thurgau Sup. Zeveri '10	4
○ Trentino Nosiola Bottega Vinai '10	4
● Trentino Rosso Quattro Vicariati '07	5
○ Trentino Sup. V. T. Rupe Re '08	5
⊙ Trento Altemasi Rosé	5
● Trentino Lagrein Dunkel Bottega Vinai '09	5
● Teroldego Rotaliano Maso Cervara '07	5
○ Trento Altemasi Graal Brut '01	7
○ Trento Altemasi Graal Brut Ris. '03	7
○ Trento Altemasi Graal Brut Ris. '02	7
○ Trento Altemasi Graal Brut Ris. '00	6
○ Trento Altemasi Graal Brut Ris. '97	6

TRENTINO

Concilio
Zona Industriale, 2
38060 Volano [TN]
Tel. 0464411000
www.concilio.it

VENDITA DIRETTA
VISITA SU PRENOTAZIONE

PRODUZIONE ANNUA 6.000.000 bottiglie
ETTARI VITATI 640.00

Ufficialmente è una consolidata azienda vinicola, anche se orgogliosamente vanta una quarantennale attività di selezionatrice. Piccole partite di vino scelte tra alcune cantine sociali (quella di Trento in primis) da uno staff di capaci enologi solo per commercializzare prodotti versatili quanto ancorati alla tipicità dolomitica. Molto curato il rapporto qualità/prezzo, grazie anche al controllo di tutta la filiera produttiva – dal vigneto alla vinificazione – che vede coinvolti una serie di vignaioli azionisti. Una gamma di vini convincenti oltre che convenienti.

Quattro su sette dei vini hanno ottimi punteggi, uno di questi accede addirittura alle nostre finali. È un Pinot Nero davvero atipico rispetto a quelli francesi, e forse per questo altrettanto attraente. Ha un colore piuttosto carico, profumi intensi ed eleganti, bella beva distesa al palato. Buono anche il Traminer aromatico, succoso e fruttato, innovativo per l'asciutta pulizia e rigore. La selezione di Müller Thurgau si presenta in gran spolvero, con sentori di fienagione, erbe officinali, delicate note aromatiche. Confermano la loro franca autorevolezza il Teroldego e il Mori Vecio, bordolese d'antan in cerca di (sicura) rinascita.

● Trentino Pinot Nero Ris. '08	🍷🍷	4*
● Teroldego Rotaliano Braide '09	🍷🍷	4
○ Trentino Gewürztraminer Sel. '10	🍷🍷	4
● Trentino Mori Vecio Ris. '07	🍷🍷	4
○ Trentino Müller Thurgau Sel. '10	🍷🍷	4
● Trentino Marzemino Mozart '09	🍷	4
○ Trentino Sauvignon Arjent Sel. '10	🍷	4
● Teroldego Rotaliano Braide '07	🍷🍷	4*
● Trentino Mori Vecio Ris. '05	🍷🍷	4*
○ Trentino Müller Thurgau '08	🍷🍷	4*
○ Trentino Pinot Grigio Maso Guà Sel. '06	🍷🍷	4

F.lli Dorigati
via Dante, 5
38016 Mezzocorona [TN]
Tel. 0461605313
www.dorigati.it

VENDITA DIRETTA
VISITA SU PRENOTAZIONE

PRODUZIONE ANNUA 100.000 bottiglie
ETTARI VITATI 13.00

I Dorigati si definiscono rossisti con la passione dello spumante. Perché producono prevalentemente Teroldego, ma elaborano anche uno dei più pregiati spumanti italiani, il Methius. Due vini totalmente diversi uno dall'altro, entrambi importanti, a dimostrazione dell'altissimo livello raggiunto da questa storica cantina che vanta 150 vendemmie di storia. Qui il vino è curato con saggia artigianalità abbinata alla ricerca scientifico-enologica. Una sinergia tra le esperienze dei fratelli Carlo e Franco Dorigati e dei rispettivi figli, Paolo e Michele, laureati uno in enologia, l'altro biologo.

È sempre lo spumante classico il faro dei Dorigati. Caratteristico per quel piacevole sentore balsamico, complesso, grasso e che offre al contempo un'effervescenza finissima, suadente, con un finale agrumato e vitale, armonico. Se il Methius è una sorta di must del TrentoDoc, forse i vini tranquilli patiscono l'annata. Specie il classico Teroldego, tannini poco espressivi, nonostante il bell'impianto e la concreta bevibilità. Nella norma il Majerla, Chardonnay in purezza, il Grener, a base cabernet, e tutti gli altri vini bianchi, il ramato Pinot Grigio in primis.

○ Trento Brut Methius Ris. '05	🍷🍷🍷	7
● Teroldego Rotaliano '09	🍷🍷	4
● Trentino Cabernet Grener '07	🍷🍷	6
○ Trentino Chardonnay Majerla Ris. '09	🍷	5
⊙ Trentino Lagrein Kretzer '10	🍷	4
○ Trentino Pinot Grigio '10	🍷	4
○ Trento Brut Methius Ris. '04	🍷🍷🍷	7
○ Trento Brut Methius Ris. '03	🍷🍷🍷	7
○ Trento Brut Methius Ris. '02	🍷🍷🍷	7
○ Trento Brut Methius Ris. '00	🍷🍷🍷	7
○ Trento Brut Methius Ris. '98	🍷🍷🍷	7
○ Trento Methius Ris. '95	🍷🍷🍷	5

TRENTINO

Endrizzi
loc. Masetto, 2
38010 San Michele all'Adige [TN]
Tel. 0461650129
www.endrizzi.it

VENDITA DIRETTA
VISITA SU PRENOTAZIONE

PRODUZIONE ANNUA 500.000 bottiglie
ETTARI VITATI 40.00

Cantina ultrasecolare quanto innovativa questa della famiglia Endrici. La struttura è stata completamente rinnovata, affiancando all'edificio originario una moderna cantina, a creare uno studiato contrasto architettonico. La cura dell'immagine è sempre stato un vezzo di Paolo Endrici, di sua moglie Christine e dei loro giovani figli. Non a caso la cantina ospita mostre d'arte, performance artistiche e tra i loro vigneti troneggiano sculture d'avanguardia, ma anche nidi d'uccelli e segnali di pratiche colturali decisamente rispettose della natura.

Impossibile citare tutti i vini degustati: ben 19, tutti ben fatti, aitanti, nello stile dell'azienda. Apre giustamente il TrentoDoc, uno dei classici, per vivacità e armonia complessiva. Il Gran Masetto, Teroldego da uve in parte appassite su graticci, è sempre un gran bel vino, opulento, quasi maestoso. Piacevolissimo il Teroldego tradizionale: è vigoroso e scattante più del solito. Ma è il Traminer che ci intriga di più, tra i migliori assaggiati in Trentino. Cristallino eppur potente, intreccio di complessi aromi, mette le spezie e l'Oriente a portata di naso. Valido il resto della gamma, Moscato Rosa su tutti.

● Gran Masetto '07	7
○ Trentino Gewurztraminer '09	4
○ Masetto Bianco '09	4
● Teroldego Rotaliano '08	5
○ Trentino Chardonnay '09	4
○ Trentino Moscato Rosa '09	5
○ Trento Brut Endrizzi '07	5
○ Trentino Riesling '10	4
● Gran Masetto '06	7
● Gran Masetto '05	7
● Teroldego Rotaliano Maso Camorz Ris. '04	4

★★Ferrari
via Ponte di Ravina, 15
38123 Trento
Tel. 0461972311
www.cantineferrari.it

VENDITA DIRETTA
VISITA SU PRENOTAZIONE
RISTORAZIONE

PRODUZIONE ANNUA 4.800.000 bottiglie
ETTARI VITATI 120.00

I Lunelli rinnovano i vertici dell'azienda, con il via libera ai giovani Matteo, Marcello, Camilla e Alessandro, la terza generazione, che prendono il timone definitivamente. Nuovi progetti nuovi progetti all'orizzonte, quindi, ma sempre incentrati sulle loro blasonate bollicine. Due le linee guida: bandire il più possibile la chimica nei vigneti e migliorare ulteriormente la qualità, per affrontare al meglio i mercati più competitivi. Sarà ampliata la cantina, non solo per esigenze operative, ma anche per accogliere quanti visiteranno Ferrari seguendo suggestivi percorsi sensoriali.

Mancando il Giulio Ferrari spetta allora al Perlé Nero '05 tenere alto il prestigio. Gran performance per questo blanc de noirs che - per nulla intimorito - si colloca tra gli imperdibili. Finissimo nella sua vena aromatica, ha iniziale slancio da vino più che da bollicina, per poi tornare complesso, mosso da una carbonica carezzevole, da una corroborante acidità, nitido al palato, di ottimo equilibrio. Ottimi i riscontri dell'etichetta dedicata alla famiglia, l'Extra Brut Lunelli Riserva, toni di biscotto, grande briosa possanza. E ancora il Perlé '06, eccellente elegantissimo blanc de blancs. Poi gli altri, tutti di livello.

○ Trento Extra Brut Perlé Nero '05	8
○ Trento Extra Brut Lunelli Ris. '04	8
○ Trento Brut Perlé '06	7
○ Trento Brut	6
⊙ Trento Brut Rosé	6
○ Giulio Ferrari '94	8
○ Giulio Ferrari '93	8
○ Giulio Ferrari '91	8
○ Trento Brut Giulio Ferrari Riserva del Fondatore '01	8
○ Trento Brut Giulio Ferrari Riserva del Fondatore '00	8
○ Trento Brut Giulio Ferrari Riserva del Fondatore '99	8
○ Trento Brut Perlé '02	6
○ Trento Giulio Ferrari '97	8
○ Trento Giulio Ferrari '96	8
○ Trento Giulio Ferrari '95	8

TRENTINO

★Foradori
via Damiano Chiesa, 1
38017 Mezzolombardo [TN]
Tel. 0461601046
www.elisabettaforadori.com

VENDITA DIRETTA
VISITA SU PRENOTAZIONE

PRODUZIONE ANNUA 160.000 bottiglie
ETTARI VITATI 23.00
VITICOLTURA Biodinamico Certificato

Ha carisma e autorevolezza e un fascino tutto femminile che ne fanno una vera signora del vino. Elisabetta Foradori non s'è mai accontentata dei risultati ottenuti rispettando semplicemente la vocazione del vitigno principe della sua azienda, il Teroldego. Ha voluto sfidare consuetudini agronomiche omologanti. E ha scelto la biodinamica come filosofia. La sua azienda è stata completamente riconvertita a ritmi rispettosi della natura; e in cantina le anfore hanno sostituito gran parte dell'acciaio. Per iniziare una nuova - si potrebbe definire dolomitica - storia enoica.

Le sfide non pagano subito. O non come t'aspetti. Così - quest'anno - gli splendidi vini di questa vignaiola non li troverete tra i premiati. Ma sono decisamente buoni, personali, insoliti. In tutto. Specialmente il Granato, sempre assoluto nell'impatto gustativo, vino per certi versi ancestrale, che esprime sentori sopiti, legati alla storia stessa della cultura del vino. Timbro caucasico, stile Foradori. L'impronta di Elisabetta anche nella nuovissima Nosiola, vinificata in piccole anfore, salata, color dell'uva surmatura, acidità contrastata seppur piacevole, indomita. Per finire il Teroldego Rotaliano Foradori, innovativa reinterpretazione di un classico.

Grigoletti
via Garibaldi, 12
38060 Nomi [TN]
Tel. 0464834215
www.grigoletti.com

VENDITA DIRETTA
VISITA SU PRENOTAZIONE

PRODUZIONE ANNUA 60.000 bottiglie
ETTARI VITATI 7.00

Veraci, tenaci e sempre più bravi. I Grigoletti sono vignaioli da generazioni. Hanno sempre operato in sordina, proponendo nella maniera più semplice i loro vini. Anni e anni di fatiche, il coinvolgimento di tutta la famiglia, per rafforzare l'azienda agricola, dotarla di una nuova quanto suggestiva cantina, ma soprattutto valorizzare ogni loro singolo vigneto, piccoli campi vitati incastonati tra l'Adige, le colline sulla sponda destra e la montagna, lo Stivo, che separa la Vallagarina dalla Valle dell'Adige. Tanta tradizione, per vini schietti. Proprio come l'indole di questa famiglia.

"Merlottisti". Si definiscono così, per la passione verso questa varietà. Anche se quest'anno è il loro uvaggio bianco, il Retiko - chardonnay con sauvignon e incrocio Manzoni - quello più coinvolgente. È ricco nel frutto, ampio, lungo e avvolgente nella sua tonica acidità. Poi il Gonzalier, un taglio bordolese pieno nella potenza quanto elegante nella trama tannica. Infine, come annunciato, il Merlot. Non tradiscono neppure con questo vino: la selezione Antica Vigna si differenzia per rustica struttura, mitigata dalla freschezza di frutto, che dà un vino scorrevole, polposo e varietale. Buono, eccome, l'Opera, chardonnay di carattere.

● Granato '08		8
○ Nosiola Fontanasanta '09		6
● Teroldego Rotaliano Foradori '08		5
● Granato '07		8
● Granato '04		7
● Granato '03		7
● Granato '02		7
● Granato '01		7
● Granato '00		7
● Granato '99		5
● Teroldego Rotaliano Sgarzon '94		4

○ Retiko '09		5
● Gonzalier '08		5
○ Trentino Chardonnay L'Opera '10		4
● Trentino Merlot Antica Vigna di Nomi '09		5
○ San Martim V.T. '09		5
● Trentino Marzemino '10		4
● Gonzalier '06		5
○ Retiko '08		5
● Trentino Merlot Antica Vigna di Nomi '08		5
● Trentino Merlot Antica Vigna di Nomi '07		5
● Trentino Merlot Carestel '06		4

TRENTINO

La Vis/Valle di Cembra
via Carmine, 7
38034 Lavis [TN]
Tel. 0461440111
www.la-vis.com

VENDITA DIRETTA
VISITA SU PRENOTAZIONE
OSPITALITÀ
RISTORAZIONE

PRODUZIONE ANNUA 5.500.000 bottiglie
ETTARI VITATI 1.500,00
VITICOLTURA Biologico Certificato

Un'annata interlocutoria per la LaVis, alle prese con una delicata fase di ristrutturazione che fa seguito ad un periodo di forte espansione che la aveva vista protagonista di numerose acquisizioni, alcune delle quali, come le toscane Villa Cafaggio e Podere Morino, fuori dalla regione. Probabilmente nel prossimo futuro della cooperativa c'è il riconsolidamento su obbiettivi storici, incentrati sulla produzione tipicamente trentina, dove si è sempre espressa a livelli d'eccellenza.

È il Ritratto Bianco '09 il vino in evidenza, seguito dal Merlot e da ben quattro Müller Thurgau, varietà vanto di questa azienda. Ottimi risultati anche con il Pinot Nero, proposto in tre versioni, tutte valide. Francesco Polastri, l'enologo del Gruppo La Vis, ha il merito di aver mirato sempre e solo alla qualità, e i risultati non mancano. Lo conferma la bella sequenza. Con i Müller Thurgau Dos Caslìr, Maso Roncador, Ritratti e Vigna delle Forche in gran spolvero, aciduli, cristallini, la montagna con i suoi toni minerali nell'identità. Eleganti i Pinot Nero '09, Dos Caslìr su tutti, armonico e rotondo, l'uva maturata in quota a fare la differenza.

○ Ritratto Bianco '09	🍷🍷 5
○ Trentino Müller Thurgau Vigna delle Forche '10	🍷🍷 4*
● Trentino Merlot Ritratti '09	🍷🍷 5
○ Trentino Müller Thurgau Dos Caslìr '10	🍷🍷 4
○ Trentino Müller Thurgau Maso Roncador '10	🍷🍷 4
○ Trentino Müller Thurgau Ritratti '10	🍷🍷 4
● Trentino Pinot Nero Dos Caslìr '09	🍷🍷 5
● Trentino Pinot Nero Vigna di Saoisent '09	🍷🍷 4
○ Trentino Traminer Aromatico Maso Clinga '10	🍷🍷 5
● Trentino Pinot Nero Ritratti '09	🍷 5
○ Ritratto Bianco '07	🍷🍷🍷 5
● Ritratto Rosso '03	🍷🍷🍷 5
○ Trentino Pinot Grigio Ritratti '95	🍷🍷🍷 4

Cantina Sociale di Trento
Le Meridiane
via dei Viticoltori, 2/4
38123 Trento
Tel. 0461920189
www.cantinasocialetrento.it

VENDITA DIRETTA
VISITA SU PRENOTAZIONE

PRODUZIONE ANNUA 250.000 bottiglie

L'aquila, il becco rivolto a sinistra, è lo stemma del Trentino. Simbolo d'autonomia e orgoglio montanaro. Aquila emblema anche della città, Trento, e volutamente scelto dalla storica cantina sociale locale. Sessant'anni d'attività, da tre vendemmie nella sede moderna realizzata alle porte della città, con un nuovo staff tecnico. Tra i suoi meriti, il vanto di recuperare la coltura della vite sulle colline della città: minuscole vigne, curate come giardini, da sempre belle da vedere, a suo tempo immortalate in affreschi medioevali, ora percorsi museali al Castello del Buonconsiglio.

La città è attorniata da vigneti. Tutti d'alta collina, per uve autoctone e internazionali. Con il bordolese Heredia, un vino apparentemente snello nel suo complesso, ma pregno di carattere, vigoroso, sapido, elegante e di sicura longevità. Ben eseguito il nostrano Lagrein, vellutato, giustamente amarognolo, immediato e fragrante. L'uvaggio chardonnay-pinot bianco selezione Heredia ha un timbro raffinato, elegante, buona amalgama di elementi fruttati e minerali. Nel solco della tradizione sia il Marzemino - violaceo in tutto, compreso il sentore di viole - sia il Pinot Grigio, semplice e beverino. La "Trento", infine, sta elaborando un classico Trento Brut. Ne riparleremo.

○ Trentino Bianco Heredia '10	🍷🍷 4
● Trentino Lagrein Heredia '09	🍷🍷 4
● Trentino Rosso Heredia '08	🍷🍷 4
● Trentino Marzemino Heredia '09	🍷 4
○ Trentino Pinot Grigio Heredia '10	🍷 4

TRENTINO

Letrari
via Monte Baldo, 13/15
38068 Rovereto [TN]
Tel. 0464480200
www.letrari.it

VENDITA DIRETTA
VISITA SU PRENOTAZIONE

PRODUZIONE ANNUA 150.000 bottiglie
ETTARI VITATI 23.00

Lo indicano come il Patriarca, ma lui - schivo come sempre - ribadisce solo il suo appassionato legame alla vite, senza nascondere la sua grande passione: lo spumante classico. Leonello "Nello" Letrari ha oltre 60 vendemmie alle spalle. È custode di pagine memorabili dell'enologia trentina. Artefice del Fojaneghe, ma anche dell'Equipe 5 e altri storici vini. Parlare con lui, degustando, fa affiorare ricordi, sfide, fatiche e sogni, molti dei quali si sono concretizzati. Adesso in cantina operano i figli, Lucia, enologo, e Paolo, per il marketing. Lui vigila, privilegiando lo spumante classico.

Cinque versioni di bollicine, tutte con ottimi riscontri e Tre Bicchieri per la Riserva '06, il migliore, almeno per noi. Gran bella prova anche per la Riserva del Fondatore 2001 - un vino opulento, importante, impegnativo - mentre nelle altre versioni versatilità e grande finezza la fanno da padroni. Si tratta del Dosaggio Zero - immediato e gioviale - del Brut, di spontanea scorrevolezza, e del Rosé, dedicato alle quattro donne di famiglia. Eccoci al premiato: è sapido, pieno profondo, con toni di frutti bianchi e struttura ben definita, di sicura longevità. Validi gli altri vini, i rossi su tutti, vale a dire Ballistarius (bordolese), Maso Lodron (cabernet franc) e il Marzemino.

Maso Poli
loc. Masi di Pressano, 33
38015 Lavis [TN]
Tel. 0461871519
www.masopoli.com

VENDITA DIRETTA
VISITA SU PRENOTAZIONE
OSPITALITÀ

PRODUZIONE ANNUA 80.000 bottiglie
ETTARI VITATI 11.00

È l'azienda agricola della famiglia Togn, storici cantinieri di Roverè della Luna, che sulle pendici di Lavis hanno recuperato un maso del '700 trasformandolo in una cantina ultramoderna, struttura proiettata verso la sottostante valle dell'Adige grazie ad una costruzione architettonicamente ardita, a sbalzo, ben inserita nel bellissimo paesaggio. Cantina utilizzata anche per manifestazioni culturali, ospitalità e didattici laboratori del gusto. Poche varietà, massima cura viticola, altrettanta passione nella vinificazione e proposta commerciale. Con riscontri molto positivi.

Il Riesling è succoso, con note di idrocarburi, molto sapido, equilibrato: esecuzione impeccabile, potenzialità di crescita ulteriore. Buona la Nosiola, delicatamente amarognola, fresca, appagante. Anche i rossi non deludono: il Pinot Nero '08 ha la finezza della varietà, austero nella sua giovane vigoria, tannini di buona grana, spezie nei sentori e sapori. Il rosso Marmoran '08 - teroldego e lagrein - ha profumi di caffè e frutti di bosco, s'apre al palato con tonicità, è snello, quasi vibrante nella sua espressività. Leggero all'impatto è il Traminer '10, esile e nel contempo agrumato, timbro alcolico sostenuto, finale tra cedro e liquirizia. Corretto il Pinot Grigio '10.

○ Trento Brut Letrari Ris. '06	❦❦❦	6
○ Trento Riserva del Fondatore 976 '01	❦❦	8
● Maso Lodron '07	❦❦	4
○ Trento Brut Letrari '08	❦❦	5
◉ Trento Brut Rosé +4 '07	❦❦	7
○ Trento Dosaggio Zero '06	❦❦	5
● Ballistarius '06	❦	6
● Trentino Marzemino '10	❦	4
○ Trento Brut Letrari Ris. '05	❦❦❦	6
○ Trento Riserva del Fondatore 976 '00	❦❦	8

○ Trentino Nosiola '10	❦❦	4
● Trentino Pinot Nero Sup. '08	❦❦	5
○ Trentino Riesling '10	❦❦	4
● Trentino Sorni Rosso Marmoram '08	❦❦	4
○ Trentino Pinot Grigio '10	❦	4
○ Trentino Traminer '10	❦	4

TRENTINO

MezzaCorona
VIA DEL TEROLDEGO, 1
38016 MEZZOCORONA [TN]
TEL. 0461616399
www.mezzacorona.it

VENDITA DIRETTA
VISITA SU PRENOTAZIONE

PRODUZIONE ANNUA 30.000.000 bottiglie
ETTARI VITATI 3500.00

Come marchio una corona tagliata a metà, in onore al nome del paese dove ha iniziato ad operare, la secolare cantina di Mezzocorona. Ma il Gruppo MezzaCorona ha un comportamento regale, da "testa coronata". Aumenta produzione, vendite e ricavi, de-localizza in Sicilia, investendo ingenti capitali per realizzare cantine ecologiche - energia dal sole - ampliare poderi, aprire nuovi mercati. Il tutto senza tralasciare l'impegno tra le Dolomiti. Migliorando le colture, il rispetto dei vitigni stanziali - anzitutto Teroldego - incentivando Pinot Grigio, elaborando anche TrentoDoc.

Il Teroldego Nos sfiora i Tre Bicchieri, la potenza sull'eleganza, un gran bel vino, pieno, profondo, caldo e avvolgente. Svetta anche il Traminer Castel Firmian - grinta aromatica in equilibrio con limpida versatilità, succoso al palato, acidità montanara, piacevolezza tutta trentina - e una versione piacevole di Pinot Nero: note di ciliegia, tannini maturi e un giusto tocco amarognolo, che ne esalta il carattere. Altre conferme: il Teroldego Castel Firmian, prototipo della tradizione rotaliana, il Pinot Grigio Riserva e il Müller Thurgau, sempre della medesima selezione. Senza dimenticare le bollicine del Rotari Cuvée 28° Parallelo e il Rosé, validissimi e convenienti.

Casata Monfort
VIA CARLO SETTE, 21
38015 LAVIS [TN]
TEL. 0461246353
www.cantinemonfort.it

VENDITA DIRETTA
VISITA SU PRENOTAZIONE

PRODUZIONE ANNUA 140.000 bottiglie
ETTARI VITATI 40.00

A Lavis, la testa, a Civezzano, il cuore. Perché l'azienda dei Simoni - creata nel dopoguerra da Giovanni, nonno dell'attuale proprietario, Lorenzo - ha la base operativa nel bel palazzo di Lavis, anche se da qualche anno l'immagine (e non solo) è legata a Maso Cantanghel, con l'attiguo forte asburgico di Civezzano, sulle colline verso la Valsugana. Qui i Simoni coltivano i loro vigneti ben esposti, e nella struttura che un tempo custodiva i cannoni si affinano oggi i loro vini. Vasta la gamma dei prodotti, col marchio Casata Monfort distinto sia dalla selezione Maso Cantanghel che da Terre del Föhn.

Molti dei vini presentati hanno avuto punteggi importanti. Il Pinot Nero Maso Cantanghel in particolare, ha un naso elegante e tipico, con toni di ribes e spezie, e al palato è lungo, vibrante. Altra performance di livello per il Traminer Aromatico, saldo nella silhouette, ben definito aromaticamente. E ancora: il Müller Thurgau, la montagna nel bicchiere: è asciutto, prettamente fruttato. Tra i rossi, il Lagrein, altra tipologia basata sulla potenza gustativa. Assai validi il Pinot Nero base, il Trento Brut e l'uvaggio bianco Sotsas di Maso Cantanghel. Citazione doverosa per il Blanc de Sers, da vecchie varietà di viti salvate dall'estinzione.

● Teroldego Rotaliano Nos Ris. '06	🍷🍷 6
● Teroldego Rotaliano Castel Firmian '10	🍷🍷 4
○ Trentino Müller Thurgau Castel Firmian '10	🍷🍷 4
○ Trentino Pinot Grigio Ris. '09	🍷🍷 3
● Trentino Pinot Nero Castel Firmian '09	🍷🍷 4
⊙ Trento Brut Rosé Rotari	🍷🍷 5
○ Trento Rotari Cuvée 28°	🍷🍷 5
○ Trentino Traminer Castel Firmian '10	🍷🍷 4
○ Trento Brut Ris.	🍷 5
● Teroldego Rotaliano Nos Ris. '04	🍷🍷🍷 6
● Teroldego Rotaliano Nos Ris. '05	🍷🍷 6
○ Trento Rotari Flavio Ris. '04	🍷🍷 7
○ Trento Rotari Flavio Ris. '03	🍷🍷 7

● Trentino Pinot Nero Maso Cantanghel '08	🍷🍷 5
○ Sotsas Maso Cantanghel '09	🍷🍷 4
● Trentino Lagrein '09	🍷🍷 4
○ Trentino Müller Thurgau '10	🍷🍷 4
● Trentino Pinot Nero '09	🍷🍷 5
○ Trentino Traminer Aromatico '09	🍷🍷 4
○ Blanc de Sers '09	🍷 4
○ Trento Brut	🍷 5
● Trentino Pinot Nero Casata Monfort '07	🍷🍷 5
● Trentino Pinot Nero Maso Cantanghel '06	🍷🍷 5
○ Trento Brut '05	🍷🍷 5

TRENTINO

Pojer & Sandri
Loc. Molini, 4
38010 Faedo [TN]
Tel. 0461650342
www.pojeresandri.it

VENDITA DIRETTA
VISITA SU PRENOTAZIONE

PRODUZIONE ANNUA 250.000 bottiglie
ETTARI VITATI 25.00

P&S, sigla per un duo che ha contribuito a fare la recente storia vitivinicola delle Dolomiti. Perché Mario Pojer & Fiorentino Sandri, da 35 vendemmie, non smettono mai di rinnovarsi. Avevano iniziato con la vinificazione in rosa della schiava, poi hanno usato botti dei legni più disparati, refrigerato uve e temperature polari, lavato i grappoli in attesa di pigiatura, elaborato vini a bassa gradazione (9°) affiancati da altri rafforzati con brandy (28°)... E ora piantano in alta quota, viti interspecifiche, cioè incroci resistenti a malattie. Per vini spontanei in sintonia con l'ambiente.

Diciotto vini, gamma splendida, con tante chicche. Il più buono? Difficile dirlo, lo sono praticamente tutti. Ma solo il Faye Bianco riesce a mettere tutti d'accordo. Tre Bicchieri. Caldo nel colore oro, setoso nella trama come nei sentori, legno d'amalgama magistrale, evoluto e ancor vitale, con lo chardonnay in evidenza, mielato, formidabile. Medesimo stile per la versione rossa del Faye (cabernet e lagrein) e per il Besler Ross (con vitigni a rischio) nonché il Pinot Nero Rodel. Tra i vini bianchi, il "tardivo" Essenzia, il Besler Biank, e il Palai Müller Thurgau. Senza tralasciare le due buonissime versioni di metodo classico, con una doverosa menzione per la Cuvée Rosé: sapida e grintosa.

○ Bianco Faye '08	🍷🍷🍷	6
○ Besler Biank '06	🍷🍷	5
● Besler Ross '08	🍷🍷	5
○ Cuvée Extra Brut	🍷🍷	6
⊙ Cuvée Rosé	🍷🍷	5
○ Essenzia Vendemmia Tardiva '08	🍷🍷	5
○ Müller Thurgau Palai '10	🍷🍷	4
● Rosso Faye '08	🍷🍷	6
● Pinot Nero Rodel Pianezzi Ris. '07	🍷	5
○ Bianco Faye '01	🍷🍷🍷	5
● Rosso Faye '05	🍷🍷🍷	6
● Rosso Faye '00	🍷🍷🍷	6
● Rosso Faye '94	🍷🍷🍷	5
● Rosso Faye '93	🍷🍷🍷	5

Pravis
Loc. Le Biolche, 1
38076 Lasino [TN]
Tel. 0461564305
www.pravis.it

VENDITA DIRETTA
VISITA SU PRENOTAZIONE

PRODUZIONE ANNUA 200.000 bottiglie
ETTARI VITATI 32.00

Il nome è legato ad un toponimo, Pravis, campo vigoroso, uno dei primi appezzamenti usati - quasi 40 anni fa - da tre amici per fondare l'omonima azienda agricola. Domenico Pedrini, Gianni Chistè e Mario Zambarda continuano, lasciando però spazio alle nuove leve. Alle figlie di Domenico, Erika e Giulia, enologhe, ad Alessio, perito agrario, primogenito di Gianni. Il ruolo dei giovani è tutt'altro che secondario. Nel giro di poche vendemmie la grazia - e la bravura - di Erika, due lauree in enologia, si riscontra nei vini. Campagna curata, poca chimica, molta natura. Per vini insoliti, sempre migliori.

2011 da incorniciare per Erika Pedrini. premio europeo come vignaiola, premio Coldiretti per l'impegno in campagna. E i nostri Tre Bicchieri. Con una Riserva 2007 del Fratagranda, un rosso stile bordolese a lei particolarmente caro. Ha toni balsamici e fruttati, una struttura sontuosa, per nulla pesante, con tannini evidenti ma gentili, con una persistenza da vero fuoriclasse. Il Madruzzo, da uve pinot nero, si fa notare per grazia e profondità gustativa. Buono e dai toni pepati (tecnicamente: da rotundone) il Syrae, uve syrah, e validi alcuni insoliti bianchi, come il Gold Soliva (uve goldtraminer), molto succoso ed il Solaris (incrocio interspecifico, nessun trattamento chimico).

● Fratagranda '07	🍷🍷🍷	5
● Pinot nero Madruzzo '08	🍷🍷	5
○ Gold Soliva '08	🍷🍷	5
○ Müller Thurgau St. Thomà '10	🍷🍷	4
○ Nosiola Le Frate '10	🍷🍷	5
○ Solaris Naran '10	🍷🍷	4
● Syrae '07	🍷🍷	5
● L'Ora '08	🍷	5
○ Stravino di Stravino '99	🍷🍷🍷	6
● Fratagranda '02	🍷🍷	5
○ L'Ora '05	🍷🍷	5
○ Soliva '06	🍷🍷	6
○ Stravino di Stravino '07	🍷🍷	5
○ Trentino Vino Santo Arèle '97	🍷🍷	7

Redondèl

Via Roma, 28
38017 Mezzolombardo [TN]
Tel. 0461605861
www.redondel.it

VENDITA DIRETTA
VISITA SU PRENOTAZIONE

PRODUZIONE ANNUA 9.500 bottiglie
ETTARI VITATI 3.30

Rotaliano scaturisce dal termine "Ro" - località pianeggiante - seguito dal vocabolo preromano "Tal", che nel periodo celtico illirico indicava proprio il luogo dove si pagava il dazio, nel commercio di vini tra la valle dell'Adige, le vie verso Nord e la Valle di Non. Recenti studi hanno trovato precisi riscontri vitivinicoli, risalenti addirittura al 1147. Ogni possidente vantava i poderi migliori. Per distinguerli, ognuno aveva il suo toponimo. Tra quelli più antichi anche Redondèl. Paolo Zanini, coltiva appunto le viti a Redondèl, e vinifica nella minuscola cantina in centro storico.

Propone solo vini da uve teroldego, ognuno in bottiglie dalla grafica accattivante e con nomi altrettanto insoliti. Il Beato me - versione in linea con la tradizione - non vuole essere longevo; piuttosto teroldego da bersi giovane, gustandolo per la sua gioviale potenza e gamma aromatica. Vino deciso, immediato e schietto, proprio come l'indole di questo vignaiolo. Che ha chiamato Dannato la sua Riserva, dichiarazione d'affetto, per la passione che riversa sul Teroldego; è un vino ancora chiuso, dal potenziale latente, cupo nel colore, "dannato" solo per certe bizze dell'annata 2008. Valido l'Assolto: nome centrato per un vino rosé corretto, che nulla ha da farsi perdonare.

● Beato me '07	🍷🍷 7
● Teroldego Rotaliano Il Dannato '08	🍷🍷 5
☉ Teroldego Rotaliano Assolto '10	🍷 4
● Beato me '06	🍷🍷 7
● Teroldego Rotaliano '06	🍷🍷 4*
● Teroldego Rotaliano Il Dannato '02	🍷🍷 6

Eugenio Rosi

Via Tavernelle, 3b
38060 Volano [TN]
Tel. 0464461375
www.vignaioli.trentino.it

VENDITA DIRETTA
VISITA SU PRENOTAZIONE

PRODUZIONE ANNUA 18.000 bottiglie
ETTARI VITATI 5.50
VITICOLTURA Biologico Certificato

L'indole è carismatica, altrettanto quella dei suoi vini. Tutti prodotti con uno stile improntato alla naturalità. Non a caso Eugenio Rosi è uno dei vignaioli più fedeli alle colture biodinamiche. Dedizione come scelta di vita ancor prima dell'opzione produttiva. La sua azienda ha la suggestione dei luoghi naif, dove l'imperfezione è il vanto, la spontaneità un merito, l'identità un segno tangibile. Specialmente nell'evoluzione dei suoi vini, ottenuti con tecniche assolutamente ecocompaibili, dichiaratamente artigianali. Che coinvolgono sia il vignaiolo che il consumatore attento. Vini senza se e senza ma. Veri.

Sperimentatore nato, Eugenio da qualche tempo propone un Cabernet Franc vinificato in legno mix d'annate diverse. L'ultimo imbottigliamento è il 7OttoNove, davvero portentoso, esecuzione mirabile (poche migliaia di bottiglie) per un vino decisamente fuori dal coro. Novità è l'Anisos, da uve bianche vinificate come fossero rosse. Inusuale quanto interessante, decisamente "da capire". Lo sono anche le sue interpretazioni di Marzemino: il Poiema e il Doron, quest'ultimo stile vendemmia tardiva, uve sovramature. Tecnica simile per il suo Esegesi (un must), da uve cabernet sauvignon in prevalenza. Vino questo che deve prendersi tempo.

● Cabernet Franc 7OttoNove	🍷🍷 6
○ Anisos '08	🍷🍷 5
● Dòron '07	🍷🍷 6
● Esegesi '07	🍷🍷 5
● Poiema '08	🍷 5
● Cabernet Franc '08	🍷🍷 6
● Esegesi '05	🍷🍷 5
● Esegesi '04	🍷🍷 5
● Trentino Marzemino Poiema Ris. '05	🍷🍷 5

TRENTINO

Cantina Rotaliana
Via Trento, 65b
38017 Mezzolombardo [TN]
Tel. 0461601010
www.cantinarotaliana.it

VENDITA DIRETTA
VISITA SU PRENOTAZIONE

PRODUZIONE ANNUA 1.000.000 bottiglie
ETTARI VITATI 330.00

Il Teroldego è il suo vanto. Lo producono rispettando l'indole della varietà, per vinificazioni immediate (novello) e tutta una serie di selezioni, mirate ad esaltarne pure potenza e fascino. Cantina sociale molto radicata nel territorio dove opera, soci viticoltori orgogliosi di far parte della 'cantina col Re', appunto l'immagine che troneggia nel logo aziendale. Decisa a scommettere proprio sulla versatilità del vini/vitigno simbolo della zona rotaliana - tra Adige, torrente Noce e le colline verso Lavis - senza tralasciare una bella gamma di altri prodotti, spumante classico Trentodoc compreso.

Subito una sorpresa. sfiora il massimo il Thamè, da uve collinari di chardonnay e pinot bianco, proprio buono, bella lucentezza, altrettanta gamma aromatica e un sapore di frutti a pasta bianca, d'eleganza dolomitica nel finale ben sostenuto dall'acidità. Il Teroldego, comunque, fa la sua parte. Il gioiello della casa, il Clesurae, ha la pienezza dei fuoriclasse, forse troppo legnoso, carico, comunque sempre un gran vino. La versione Etichetta Rossa non solo è buona, ma ancora una volta è Teroldego dal miglior prezzo/qualità. La versatilità produttiva si nota pure con Moscato giallo, il Rosé Thamè e un tradizionale Mueller Thurgau, freschissimo e acidulo, fragrante e toni minerali.

★Tenuta San Leonardo
Fraz. Borghetto all'Adige
Loc. San Leonardo
38060 Avio [TN]
Tel. 0464689004
www.sanleonardo.it

VENDITA DIRETTA
VISITA SU PRENOTAZIONE

PRODUZIONE ANNUA 180.000 bottiglie
ETTARI VITATI 25.00

È il prototipo del grande vino, esempio di perfetta interazione della mano dell'uomo con un territorio vocato. Tenuta di gran fascino questa dei Guerrieri Gonzaga, sito enoico per eccellenza, la storia stessa del vino trentino. Deputato alla vite già prima dell'anno mille. Con il marchese Carlo e suo figlio Anselmo decisi a rinnovare nella tradizione, a produrre solo vini rossi, esclusivi come suggerisce la bellezza dei loro curatissimi vigneti, situati tra le insenature dell'Adige e i pendii che dalla cantina portano ai boschi sovrastanti.

Il San Leonardo è una certezza. Sempre. È un mito della vitivinicoltura tra le Dolomiti. Riesce a fondere toni mediterranei con lo slancio delle vette più alte. E lo fa con l'autorevolezza maturata in anni di cure attente, soprattutto in campagna. La vendemmia 2006 era stata eccellente e la conferma viene dall'assaggio: potente nella sua indole complessa, con una ricchezza aromatica ritmata su ricordi speziati e balsamici, integro nella sua struttura, dai tannini vellutati e levigati, a garantire lo sviluppo futuro. Gran bel vino. Come sempre. Sulla sua scia il Villa Gresti, merlot a dominarne classe e splendida raffinatezza. Coinvolgente nella sua gioivialità il Terre.

● Teroldego Rotaliano Clesurae '07	6
● Teroldego Rotaliano Et. Rossa '10	4*
○ Thamè Bianco '10	5
○ Trentino Müller Thurgau '10	4*
⊙ Thamè Rosato '10	4
○ Trentino Moscato Giallo '10	4
● Teroldego Rotaliano Clesurae '06	6
● Teroldego Rotaliano Clesurae '02	6
● Teroldego Rotaliano Clesurae '99	6
● Teroldego Rotaliano Ris. '04	4
● Teroldego Rotaliano Ris. '07	5
● Teroldego Rotaliano Ris. '05	5
○ Trentino Chardonnay '09	4*
○ Trentino Moscato Giallo '09	4*

● San Leonardo '06	8
● Villa Gresti '06	6
● Terre di San Leonardo '08	4
● San Leonardo '05	8
● San Leonardo '04	8
● San Leonardo '03	8
● San Leonardo '01	8
● San Leonardo '00	8
● San Leonardo '99	8
● San Leonardo '97	5
● San Leonardo '96	5
● Villa Gresti '03	7

Istituto Agrario Provinciale San Michele all'Adige

via Edmondo Mach, 1
38010 San Michele all'Adige [TN]
Tel. 0461615252
www.ismaa.it

VENDITA DIRETTA
VISITA SU PRENOTAZIONE

PRODUZIONE ANNUA 250.000 bottiglie
ETTARI VITATI 60.00
VITICOLTURA Biologico Certificato

La scuola è diventata una Fondazione, vale a dire un centro multidisciplinare dedicato esclusivamente alla vite e al vino. Forte di quasi 140 anni di tradizione, questo centro di ricerca e sperimentazione affronta adesso l'esperienza universitaria - con l'ateneo di Trento, quello di Udine e il germanico Geisenheim - potenziando tutto il suo comparto vino. Con la cantina - diretta da Enrico Paternoster, noto winemaker - ancora più coinvolta nelle strategie di riordino (e indirizzo) di tutto il comparto vitivinicolo. Partendo dall'analisi del DNA della vite, per ottenere i vini del futuro.

Vini della scuola che fanno scuola. Enrico Paternoster è il direttore della cantina, e la bravura di questo enologo è indiscutibile, come la bontà di tutti i vini di questa Fondazione della Provincia Autonoma di Trento. Il Müller Thurgau è forse il migliore del Trentino - perfetto nell'impronta, visiva e gustativa, e una mineralità di gran classe. Da finale come il Sauvignon, che gioca su delicate note di rosmarino e timo. Al palato è succoso e di lunga persistenza. Ottimi i Castel San Michele, il Rosso, bordolese di vaglia, il Bianco, da incrocio Manzoni 6.0.13, e il Pinot Bianco Monastero. Riposa ancora sur lattes il TrentoDoc '07, intitolato al fondatore Mach.

○ Trentino Müller Thurgau Monastero '10		5
○ Trentino Sauvignon Monastero '10		5
○ Castel San Michele Bianco '09		5
● Castel San Michele Rosso '09		5
○ Trentino Pinot Bianco Monastero '10		4
● Trentino Lagrein Monastero '09		4
○ Trento Mach Riserva del Fondatore '04		6
○ Trentino Bianco Monastero '05		5
○ Trentino Pinot Bianco '09		4*
○ Trentino Riesling Monastero '09		4

Armando Simoncelli

via Navicello, 7
38068 Rovereto [TN]
Tel. 0464432373
www.simoncelli.it

VENDITA DIRETTA
VISITA SU PRENOTAZIONE

PRODUZIONE ANNUA 90.000 bottiglie
ETTARI VITATI 10.50

Imbottigliano da 35 anni, ma i Simoncelli sono nel vino da generazioni. Armando ha il merito di aver creduto nelle potenzialità dei suoi vigneti in riva all'Adige, vicino a Borgo Sacco, quello che un tempo era il porto fluviale di Rovereto. Anni e anni di lavoro, per caratterizzare la produzione, per valorizzare un vitigno a lui molto caro: il Marzemino, nonostante le sue viti siano fuori della zona più blasonata (solo Isera e Volano hanno i "cru"). Dalla sua casa cantina escono una decina di vini diversi, TrentoDoc compreso. Dimostrazione di versatilità e d'una bravura ormai consolidata.

La piacevolezza prevale sull'austerità, la morbidezza sulla tannicità. I vini convincono grazie ad una rustica eleganza e una beva sempre appagante. È il caso dell'ultima versione del Navesèl, il rosso bordolese da sempre molto amato da Armando. Il '08 ha color rubino vivido e profumi vinosi tutt'altro che scontati, è godibile ma profondo. Pure il Trento Brut si presenta con grazia e autorevolezza. Nato quasi come prova di cantina, ora insidia la fama che i Simoncelli hanno per il Marzemino, che offre deliziosi sentori di lampone e facile beva. Tra gli altri bianchi, citazione doverosa per un buon Pinot Bianco, che sa di miele e fiori di campo, equilibrato nell'acidità, fine e armonico.

● Trentino Rosso Navesèl '08		4
● Trentino Marzemino '10		4
○ Trentino Pinot Bianco '10		4
○ Trento Brut '08		5
○ Trentino Chardonnay '05		4
● Trentino Rosso Navesèl '06		4
● Trentino Rosso Navesèl '04		5
○ Trento Brut '04		4

TRENTINO

Vallarom
FRAZ. MASI, 21
38063 AVIO [TN]
TEL. 0464684297
www.vallarom.it

VENDITA DIRETTA
VISITA SU PRENOTAZIONE

PRODUZIONE ANNUA 45.000 bottiglie
ETTARI VITATI 7.00
VITICOLTURA Biologico Certificato

Barbara e Filippo Scienza hanno completamente rinnovato il loro maso, tipica struttura agricola, casa-cantina, posizionata di fronte a Castel d'Avio, sul versante collinare tra il fiume Adige e le campagne della bassa Vallagarina. Ristrutturazione per custodire al meglio il frutto delle loro vinificazioni, i vini da uve coltivate secondo pratiche agronomiche naturali, biodinamiche. Nulla è ostentato. Solo naturalità, anche nell'accoglienza di quanti sostano nel podere, attivo anche come agriturismo. Dove i filari s'inerpicano verso la montagna, in uno scambio spontaneo vite-foresta.

I Campi Sarni, ovvero qualche decina di ettari creati in bassa Vallagarina da remote piene dell'Adige. Dove operano i Scienza. Non a caso hanno dedicato il loro rosso più autorevole a questa pregiata enclave. È un vino caldo, suadente, di bella tannicità, più maturo rispetto altre vendemmie, sano per la sua innata spontanea vigoria. Sempre valido il loro Syrah, cupo e pepato; fresco e ancora imberbe il Pinot Nero, leggermente scarico nel colore, dai tratti nella tipologia borgognona. Poi - sempre una piacevole constatazione - l'uvaggio bianco, il Vadum Caesaris (chardonnay, ma anche riesling e altre varietà). Nella norma Chardonnay, Moscato Giallo e Merlot... Attendendo il TrentoDoc.

● Campi Sarni Rosso '08	▼▼ 5
● Pinot Nero '08	▼▼ 5
● Syrah '08	▼▼ 6
○ Vadum Caesaris '10	▼▼ 4
○ Chardonnay '09	▼ 5
● Merlot '10	▼ 4
○ Moscato Giallo '10	▼ 5
● Campi Sarni Rosso '07	▼▼ 5
● Campi Sarni Rosso '06	▼▼ 5
● Campi Sarni Rosso '05	▼▼ 5
○ Chardonnay Ris. '07	▼▼ 5
○ Vadum Caesaris '07	▼▼ 4*

Villa Corniole
FRAZ. VERLA
VIA AL GREC', 23
38030 GIOVO [TN]
TEL. 0461695067
www.villacorniole.com

VENDITA DIRETTA
VISITA SU PRENOTAZIONE

PRODUZIONE ANNUA 60.000 bottiglie
ETTARI VITATI 14.00

Nonostante sia una delle cantine più giovani della vallata, dimostra grande determinazione commerciale e - ancora più importante - costante crescita qualitativa. La famiglia Pellegrini vinifica solo uve da vigneti di proprietà. Alcuni ettari nel fondovalle e altri terreni sparsi lungo le ripide pendici della Valle di Cembra. La cantina è letteralmente scavata nel porfido, lastre rossastre, tagli di pietra si stagliano tra botti e attrezzature enologiche. All'esterno vigneti che sembrano giardini: scandiscono il paesaggio rurale, con varietà d'alta montagna, Müller Thurgau su tutti.

Il Cimbro Rosso, uvaggio tra lagrein e teroldego, ottiene il punteggio più alto nelle nostre degustazioni. Altrettanto valido il Merlot e - tra i vini bianchi - una sequenza che va dal Müller Thurgau, al Traminer fino allo Chardonnay. I rossi hanno uno stile decisamente montanaro, i vini bianchi il pregio della mineralità, la scorrevolezza e la gamma aromatica tipiche della val di Cembra. Particolare il Merlot, esile nel colore, vigoroso nell'insieme. Insolito l'Hambros '09, vendemmia tardiva di teroldego, succoso, ancor chiuso, interessante. Nella consuetudine trentina tutti gli altri vini, con l'azienda che s'appresta a presentare un suo TrentoDoc.

● Cimbro Rosso Vign. Dolomiti '09	▼▼ 4
○ Trentino Chardonnay '10	▼▼ 4
○ Trentino Gewürztraminer '10	▼▼ 4
● Trentino Merlot '09	▼▼ 4
○ Trentino Müller Thurgau '10	▼▼ 4
● Hambros Vign. Dolomiti '09	▼ 7
○ Trentino Pinot Grigio '10	▼ 4
● Trentino Teroldego Rotaliano '09	▼ 4
● Cimbro '05	▼▼ 4*
● Teroldego Rotaliano 7 Pergole '06	▼▼ 6
○ Trentino Chardonnay Lukin '06	▼▼ 5

TRENTINO

Vindimian
VIA ZANDONAI, 40
38015 LAVIS [TN]
TEL. 0461242171
www.vindimian.it

VENDITA DIRETTA
VISITA SU PRENOTAZIONE

PRODUZIONE ANNUA 150.000 bottiglie
ETTARI VITATI 3.00
VITICOLTURA Naturale

Tra le sorprese riscontrate nelle nostre degustazioni il posto d'onore è riservato all'azienda di un giovane (autodidatta) vignaiolo, Rudy Vindimian. Opera in vigna da pochi anni, portando avanti l'attività di famiglia, contadini e viticoltori da generazioni, dal 1880 almeno, e recentemente divenuti anche ristoratori. Gestione enologica autonoma, con i vigneti sulle colline di Lavis, a Pressano e verso Meano, ma filari di varietà aromatiche piantate anche a Monte Terlago, sotto la Paganella, a quote che sfiorano gli 800 metri. Uve poi vinificate nella piccola, artigianale cantina.

I vini rispecchiano il paziente lavoro di elaborazione impostato da questo vignaiolo. Che attende qualche stagione prima di mettere sul mercato i vini. Il Traminer ha una bella tonicità aromatica, è minerale quanto basta, e offre una bevibilità assolutamente coinvolgente. Bella mano anche con due rossi: il Teroldego - nonostante sia fuori della zona Doc - ha pienezza e setosità, è persistente, armonico, forse un po' troppo chiuso per l'età. Buona performance anche per il Merlot, scattante e fruttato. Discreti gli altri due vini bianchi.

○ Trentino Traminer Aromatico '09		5
● Merlot Dolomiti '07		4*
● Teroldego Dolomiti '07		5
○ Müller Thurgau St. Thomà '08		4
○ Pinot Grigio Dolomiti '08		4

Roberto Zeni
FRAZ. GRUMO
VIA STRETTA, 2
38010 SAN MICHELE ALL'ADIGE [TN]
TEL. 0461650456
www.zeni.tn.it

VENDITA DIRETTA
VISITA SU PRENOTAZIONE

PRODUZIONE ANNUA 190.000 bottiglie
ETTARI VITATI 20.00

Due fratelli, entrambi enologi, vignaioli, mastri distillatori. Quasi 40 anni d'attività, nella suggestiva cantina/distilleria praticamente sul greto dell'Adige, nell'antico porto fluviale di San Michele. Coltivano vigneti di proprietà sia vicino la cantina sia sulle ripide colline di Lavis. Ogni vigna ha una varietà d'uva, decisa dopo un attento lavoro di zonazione. In azienda stanno per entrare i loro giovani figli, per consolidare lo stile, ottenere vini ancora più interessanti e "glocal". Ovvero: impronta trentina, versatilità internazionale.

Non solo vignaioli e distillatori, ma anche spumantisti di livello. Con due versioni di Trento davvero buone, due perle indiscutibili tra i loro vini. Un classico il Trento Maso Nero '05, molto delicato, con fragranze sottili di frutta, soffice nella sua intrinseca potenza. Il Rosé è altrettanto coinvolgente: d'un bel colore rosa cipolla, è delicato al naso, con note che ricordano la frutta rossa, poi in bocca si dimostra solido, sapido e di personalità decisa. Sorprendente anche il Moscato Rosa, forse il migliore tra i trentini, carezzevole quanto ricco di sapori. Sempre validi il Pinot Bianco, la Nosiola e il Müller Thurgau. Una citazione va anche al ramato Pinot Grigio.

○ Trento Maso Nero '05		6
● Trentino Moscato Rosa '09		5
○ Trentino Müller Thurgau '10		4
○ Trentino Nosiola Maso Nero '10		4
⊙ Trento Maso Nero Rosé '06		6
○ Pinot Grigio Fontante '10		4
○ Trentino Chardonnay Vigneto Zaraosti '10		4
○ Trentino Pinot Bianco Sei Pergole '10		4
● Teroldego Rotaliano Pini '05		7
● Teroldego Rotaliano Vign. Le Albere '07		4
○ Trento Maso Nero '04		6
⊙ Trento Maso Nero Rosé '05		6

TRENTINO
LE ALTRE CANTINE

Acino d'Oro
Fraz. Borghetto all'Adige
loc. San Leonardo, 3
38060 Avio [TN]
Tel. 0464689004

Prosegue con entusiasmo l'innovativa sinergia tra un colosso vitivinicolo, la Cavit, e la blasonata tenuta dei marchesi Guerrieri Gonzaga, San Leonardo, per la commercializzazione di un vino rosso di livello. Un blend di teroldego, lagrein e bordolesi da uve selezionate e poi vinificate in Cavit. Gran qualità ad un prezzo popolare.

● Villa Imperiale '08		3*
● Villa Imperiale '07		3*

Cantina Sociale di Avio
via Dante, 14
38063 Avio [TN]
Tel. 0464684008
www.viticoltoriinavio.it

Fondata nel 1957, la Cantina sociale di Avio può contare su una rete di 500 viticoltori associati con vigneti che si estendono lungo il corso dell'Adige, dalla bassa Vallagarina fino alle Chiuse di Verona. In degustazione spicca il Traminer Avio '10, con affascinanti note di ginger e zafferano, pieno e sapido al palato. Convincente anche il Pinot Bianco Avio '10, ricco di nerbo e sensazioni agrumate.

○ Trentino Pinot Bianco Avio '10	3
○ Trentino Traminer Avio '10	3*
● Valdadige Terra dei Forti Enantio '06	4
● Trentino Lagrein Dunkel Avio '12	3

Cesarini Sforza
Fraz. Ravina
via Stella, 9
38123 Trento
Tel. 0461382200
www.cesarinisforza.com

Storica maison legata al Gruppo La Vis che ancora una volta dimostra tutta la sua forza con alcuni TrentoDoc decisamente convincenti. A partire dal Rosé, molto bello nel color ramato, succoso e fruttato. Conferme anche per la Riserva Aquila Reale, potente nella sua eleganza. Piacevolissimo il fresco charmat.

○ Trento Aquila Reale Ris. '04	8
○ Trento Tridentum '07	5
⊙ Trento Tridentum Rosé	5
○ Trento Cuvée Brut	5

Cantina d'Isera
via al Ponte, 1
38060 Isera [TN]
Tel. 0464433795
www.cantinaisera.it

È la cantina del Marzemino, il vino più amato in Vallagarina, azienda cooperativa che vinifica tante altre varietà, proponendo vini immediati, ottimi nel prezzo. Gamma variegata, con i classici trentini e alcuni uvaggi. Da qualche anno elabora pure un paio di versioni di spumante Trento, dimostrando grande capacità e giusta intuizione.

○ Trento Brut '07	5
○ Trento Extra Brut	5
● Trentino Marzemino '10	4
○ Trentino Pinot Grigio '10	4

Marco Donati
via Cesare Battisti, 41
38016 Mezzocorona [TN]
Tel. 0461604141
donatimarcovini@libero.it

Instancabile vignaiolo rotaliano, il Teroldego come bandiera e una dedizione viticola che lo vede impegnato con altre varietà. Come il Riesling, con risultati veramente convincenti. Bella gamma produttiva, vini con personalità, variegati e proposti a prezzi onesti. Buone le sue versioni di Teroldego, di Shiraz.

○ Trentino Riesling Stellato '10	4*
● Teroldego Rotaliano Bagolari '10	5
● Teroldego Rotaliano Sangue del Drago '09	6
● Costa Dei Sauri '09	5

Francesco Moser
Fraz. Meano
via Castel di Gardolo, 5
38121 Trento
Tel. 0461990786
www.cantinemoser.com

Per tutti gli appassionati di ciclismo è il Checco del record del mondo, del Giro d'Italia e del Tour, anche se da qualche stagione Francesco Moser si dedica sempre più alla gestione dei suoi poderi. Specialmente ai vigneti della sua natia Valle di Cembra. Con una bella novità: lo spumante dedicato al record dell'ora. Km 51,151.

● Lagrein Dea Mater '09	5
○ Riesling '10	4*
○ Trento 51,151	5
○ Traminer Aromatico '10	4

TRENTINO
LE ALTRE CANTINE

Madonna delle Vittorie
via Linfano, 81
38062 Arco [TN]
Tel. 0464505432
www.madonnadellevittorie.it

Siamo sulle rive del Lago di Garda, un angolo mediterraneo a pochi chilometri dalle Alpi. Ottimo il Trento Brut '06 prodotto da questa giovane realtà. Si propone con note di agrumi, timo e crema pasticceria; complesso, pieno e raffinato al palato dove mette in evidenza una bollicina fine e cremosa. Valido anche il Lagrein Dunkel '09, dai morbidi toni di fragoline e lamponi.

○ Trento Brut '06	🍷🍷	4*
● Trentino Lagrein Dunkel '09	🍷	3

Maso Bastie
loc. Bastie, 1
38060 Volano [TN]
Tel. 0464412747
www.masobastie.it

Azienda situata in un una soleggiata conca della montagna tra Rovereto, Volano e la Vallagarina, con vigneti decisamente suggestivi coltivati da Giuseppe e Patrizia Torelli. Vini singolari, poche bottiglie in tutto, gamma che però comprende un elegante Merlot Pra' dei Fanti e alcuni deliziosi vini dolci. Moscato Rosa su tutti.

● Pra' dei Fanti '10	🍷🍷	5
● Trentino Moscato Rosa '10	🍷🍷	6
○ Edys	🍷	6

Maso Martis
loc. Martignano
via dell'Albera, 52
38121 Trento
Tel. 0461821057
www.masomartis.it

Più spumantisti che vignaioli gli Stelzer, proprietari di questa bella azienda collinare, tra i vigneti che sovrastano Trento. Propongono vini eleganti, di carattere, molto personali. Specialmente gli spumanti, dai toni morbidi, con note di crema pasticcera, singolari e altrettanto appaganti. Validi anche il Moscato Rosa e lo Chardonnay.

○ Trento Maso Martis Ris. '05	🍷🍷	6
◉ Trento Maso Martis Rosè	🍷🍷	6
● Moscato Rosa '10	🍷	6
○ Trentino Chardonnay '10	🍷	4

Opera
via III Novembre, 8
38030 Giovo [TN]
Tel. 0461684302
www.operavaldicembra.it

È una sorprendente quanto piacevole novità del panorama spumantistico trentino. Azienda creata da due imprenditori, Alfio Garretti e Bruno Zanotelli, decisi a coinvolgere la Val di Cembra in un ambizioso progetto. Hanno idee chiare, innovative e tanta determinazione. Con risultati subito entusiasmanti. Di sicuro futuro.

○ Trento Opera '07	🍷🍷	6
◉ Trento Opera Rosè	🍷🍷	5

Pisoni
loc. Sarche
fraz. Pergolese di Lasino
via San Siro, 7a
38070 Lasino [TN]
Tel. 0461564106
www.pisoni.net

Grandi sperimentatori i Pisoni: sono stati tra i primi in Trentino a puntare sul regime di coltivazione biodinamico. Vignaioli e distillatori da generazioni, possono contare su 12 ettari di vigneto e una cantina moderna recentemente inaugurata. Quest'anno spiccano il Trento Brut Rosé, dal tratto affumicato e morbido al palato, e il Trento Brut, ricco di polpa e freschezza.

○ Trento Brut '07	🍷🍷	4
◉ Trento Brut Rosé '08	🍷🍷	6
○ Trento Extra Brut Ris. '05	🍷	6

Revì
via Florida, 10
38060 Aldeno [TN]
Tel. 3466651853
www.revispumanti.com

Il nome deriva da un toponimo della zona, vocata alla vite e dunque al 'Re Vin'. L'azienda produce esclusivamente Trento, con uve della zona, chardonnay e pinot nero. Valido anche il Rosé. In tutto poche migliaia di bottiglie, neppure 20 mila, ma valide interpreti della miglior spumantistica trentina.

○ Trento Revì Brut '07	🍷🍷	5
◉ Trento Revì Rosè	🍷🍷	4
○ Trento Pas Dosé	🍷	5

TRENTINO

LE ALTRE CANTINE

Arcangelo Sandri
VIA VANEGGE, 4
38010 FAEDO [TN]
TEL. 0461650935
www.arcangelosandri.it

Sempre più brave e preparate Nadia e Sonia, le giovani figlie di Arcangelo, hanno sistemato i loro minuscoli vigneti situati sulle alte colline di Faedo, vinificando con gran dedizione le loro uve. Vini schietti, molto pronti, eleganti. Specialmente il Lagrein – robusto e vellutato – nonché i classici di Faedo, Müller Thurgau su tutti.

○ Trentino Chardonnay I Canopi '10	4*
● Trentino Lagrein Capòr '08	5
○ Trentino Müller Thurgau Cosler '10	4*
○ Trentino Traminer Razer '10	4*

Toblino
FRAZ. SARCHE
VIA LONGA, 1
38070 CALAVINO [TN]
TEL. 0461564168
www.toblino.it

Una sociale solida, ben gestita, impegnata in nuove iniziative di promozione turistica della Valle dei Laghi e produzione di vini autoctoni, a partire dal Vino Santo, di alcune Vendemmia Tardiva con uve di varietà insolite, come il Goldtraminer e il Kerner. Buon rapporto qualità/prezzo: vini davvero buoni e onesti.

○ L'Ora	5
● Teroldego '09	4*
● Trentino Lagrein '09	3*
○ Trentino Müller Thurgau '10	3

Vinicola Aldeno
VIA ROMA, 76
38060 ALDENO [TN]
TEL. 0461842511
www.cantina-aldeno.it

Buona prestazione per questa piccola e virtuosa cantina sociale trentina. Le note migliori arrivano dal Traminer Aromatico Enopere '10, con eleganti sensazioni di salvia e un palato vibrante, minerale e disteso. Convincono anche il San Zeno '06, blend di cabernet sauvignon e merlot, ricco di sensazioni balsamiche, e il Trento Brut Altinum: nitido e dinamico nei suoi toni di frutta tropicale.

● Trentino Rosso San Zeno '06	4
○ Trentino Traminer Aromatico Enopere '10	4*
○ Trento Altinum Brut	4*
● Trentino Merlot Althesin Flumen '09	4

Conti Wallenburg
LOC. MARTIGNANO
VIA BASSANO, 3
38040 TRENTO
TEL. 045913399
www.masowallenburg.itì

Il versante solatio di Martignano, sopra Trento, non è solo ambita zona residenziale. Negli spazi ancora verdi la famiglia Montresor, imprenditori veronesi molto noti nel mondo del vino, ha recuperato un vecchio maso (dove si trova la cantina) e piantato viti sui terrazzamenti vicini. Le prime vendemmie hanno dato ottimi risultati.

○ Trento Riserva del Conte '06	6
○ Trentino Traminer Maria Adelaide '10	6
○ Trento Corte Imperiale Brut	5

ALTO ADIGE

Molte le novità quest'anno per l'Alto Adige: dai grandi ritorni dopo diversi anni di assenza dalla Guida, come quello di Alois Lageder (ritorno alla grande si potrebbe aggiungere visto che conquista anche il premio per la viticoltura sostenibile), a quelli che conquistano per la prima volta i Tre Bicchieri dopo diversi anni in cui sono mancati, come nel caso dello Stachlburg del barone Sigmund Kripp, o del bravissimo Ignaz Niedrist. Poi ci sono le prime volte, come per il Gummerhof della famiglia Malojer, Obermoser di Heinrich & Thomas Rottensteiner e per la Cantina di San Paolo. Quanto al risultato complessivo per la Provincia di Bolzano ci sembra che le cose siano andate piuttosto bene. L'annata 2010 è stata piuttosto favorevole per i vini bianchi, con esclusione probabilmente del solo Gewürztraminer, in particolare per il Pinot Bianco e il Sauvignon che, infatti, hanno ottenuto una vera messe di premi grazie a un'eleganza e freschezza che li hanno caratterizzati complessivamente. A questo aggiungiamo i vini delle due piccole valli, Isarco e Venosta che, come al solito, hanno fatto una strage di Tre Bicchieri, e che, soprattutto per quanto riguarda la seconda, sembrano aver raggiunto una maturità stilistica e una definizione territoriale veramente importanti. Dobbiamo poi registrare una crescita qualitativa significativa, iniziata già da un paio d'anni, di una tipologia a lungo trascurata, il Pinot Grigio, che ha regalato quest'anno una serie di prodotti veramente validi ed equilibrati. Per quanto riguarda i rossi, l'annata 2009 è stata particolarmente felice per il Lagrein, cresciuto in quanto a tecnica produttiva e personalità espressiva. Un uso del legno sempre più centrato, le maturazioni equilibrate, estrazioni mai sopra le righe hanno offerto vini mai così compattamente complessi, armonici, eleganti, in cui le note terrose e agrumate prevalgono generalmente su quelle fruttate. L'altra grande varietà locale, la schiava, non ha conosciuto, come nel 2009, un'annata eccezionale, ma i vini, soprattutto nella tipologia Lago di Caldaro, sono molto gradevoli e dalla consueta straordinaria bevibilità, come dimostra il Tre Bicchieri al Puntay di Erste + Neue. Il discorso fatto sulla Valle Venosta andrebbe fatto anche per un'altra importante zona vinicola altoatesina: Terlano. Legata all'inizio quasi esclusivamente ai prodotti dell'omonima cantina sociale, Terlano, nel suo complesso, sembra aver raggiunto una cifra stilistica così definita, complessa e articolata, da poter essere definito senza timori Grand Cru.

ALTO ADIGE

★Abbazia di Novacella
Fraz. Novacella
via dell'Abbazia, 1
39040 Varna/Vahrn [BZ]
Tel. 0472836189
www.abbazianovacella.it

VENDITA DIRETTA
VISITA SU PRENOTAZIONE
RISTORAZIONE

PRODUZIONE ANNUA 650.000 bottiglie
ETTARI VITATI 20.00

L'Abbazia di Novacella è collocata stabilmente ai vertici della produzione vinicola italiana, cui aggiunge la sua storia antichissima, che risale addirittura al 1142. Urban von Klebelsberg, direttore di questa splendida azienda di proprietà degli Agostiniani, e l'enologo Celestino Lucin, sono gli indubbi protagonisti del grande e crescente successo conosciuto dai vini dell'Abbazia. Sylvaner, Veltliner e Kerner in prima fila, ma anche Riesling, Pinot Grigio e Sauvignon e, tra i rossi, Lagrein e Pinot Nero. Da non mancare la visita all'azienda, di bellezza unica.

Conquistando l'ennesimo Tre Bicchieri, questa volta con il Riesling Praepositus '09, l'Abbazia di Novacella conferma tutto quello che di buono si è detto negli ultimi anni. Vini che riescono a coniugare pienezza con equilibrio, ricchezza con eleganza. Ne è dimostrazione lampante il Riesling, con profumi stratificati dove alla pietra focaia si susseguono le note agrumate che accompagnano il palato sapido, pieno, salmastro, ancora non perfettamente espresso ma ricco di promesse. Ma per cogliere appieno la cifra dell'azienda condotta da Urban von Kleblesberg e dall'enologo Celestino Lucin crediamo basti dare uno sguardo ai punteggi ottenuti dall'intera gamma dei vini presentati.

Cantina Produttori Andriano
via Silberleiten, 7
39018 Terlano/Terlan [BZ]
Tel. 0471257156
www.cantina-andriano.com

VENDITA DIRETTA
VISITA SU PRENOTAZIONE

PRODUZIONE ANNUA 300.000 bottiglie
ETTARI VITATI 70.00

La "caravella" Andriano ha ormai preso il largo e naviga sicura. La "cura" Terlano ha evidentemente funzionato: selezione rigorosa dei singoli vigneti e dei grappoli utilizzati nelle rispettive linee di prodotti; attenzione maniacale a salvaguardare le caratteristiche dei vitigni più tipici. La produzione si è decisamente indirizzata verso il fronte bianchista, anche se Andriano possiede una delle parcelle di merlot più interessanti dell'Alto Adige.

Con quattro vini che raggiungono le nostre finali la Cantina Andriano si colloca nell'élite della vitienologia altoatesina. I vini sono alla costante ricerca di eleganza, freschezza, complessità e rispetto delle zone di produzione, in perfetto stile Terlano. Basta assaggiare il Sauvignon Andrius '10 per ritrovare tutte queste caratteristiche con l'aggiunta di delicate note di pompelmo rosa che si accompagnano a un palato austero, quasi severo e perfetto interprete di un'annata fresca. Stesso discorso per il Gewürztraminer Movado di pari annata che conquista per la sua ricchezza che non trascura una beva irresistibile.

○ A. A. Valle Isarco Riesling Praepositus '09	🍷🍷🍷 6
○ A. A. Valle Isarco Kerner Praepositus '10	🍷🍷 5
○ A. A. Valle Isarco Sylvaner Praepositus '10	🍷🍷 5
● A. A. Moscato Rosa Praepositus '10	🍷🍷 6
○ A. A. Sauvignon '10	🍷🍷 4
○ A. A. Valle Isarco Gewürztraminer Praepositus '10	🍷🍷 5
○ A. A. Valle Isarco Kerner '10	🍷🍷 4
○ A. A. Valle Isarco Kerner Praepositus Passito '09	🍷🍷 6
○ A. A. Valle Isarco Müller Thurgau '10	🍷🍷 4
○ A. A. Valle Isarco Pinot Grigio '10	🍷🍷 4
○ A. A. Valle Isarco Sylvaner '10	🍷🍷 4
○ A. A. Valle Isarco Veltliner '10	🍷🍷 4
○ A. A. Valle Isarco Riesling Praepositus '08	🍷🍷🍷 6
○ A. A. Valle Isarco Riesling Praepositus '06	🍷🍷🍷 5
○ A. A. Valle Isarco Sylvaner Praepositus '08	🍷🍷🍷 5
○ A. A. Valle Isarco Sylvaner Praepositus '07	🍷🍷🍷 5

○ A. A. Gewürztraminer Movado '10	🍷🍷 6
● A. A. Lagrein Rubeno '10	🍷🍷 4*
○ A. A. Pinot Bianco '10	🍷🍷 4*
○ A. A. Sauvignon Blanc Andrius '10	🍷🍷 6
● A. A. Lagrein Tor di Lupo '08	🍷🍷 6
○ A. A. Pinot Grigio '10	🍷🍷 4*
● A. A. Santa Maddalena '10	🍷🍷 4*
● A. A. Traminer Aromatico Passito Juvelo '09	🍷🍷 5
● A. A. Merlot Gant '08	🍷 6
● A. A. Cabernet Tor di Lupo '00	🍷🍷🍷 5
○ A. A. Gewürztraminer Movado '09	🍷🍷🍷 6
● A. A. Lagrein Scuro Tor di Lupo '00	🍷🍷🍷 5

ALTO ADIGE

Baron Widmann
Endergasse, 3
39040 Cortaccia/Kurtatsch [BZ]
Tel. 0471880092
www.baron-widmann.it

VENDITA DIRETTA
VISITA SU PRENOTAZIONE

PRODUZIONE ANNUA 35.000 bottiglie
ETTARI VITATI 15.00

Andreas Widmann è persona di grande discrezione e cortesia che allo stesso tempo difende con grande energia le sue scelte colturali e di vinificazione, contraddistinte dalla voglia di sperimentare nuove strade, cosa non frequentissima da queste parti. I suoi vini rispecchiano appieno questo stile: sono eleganti, addirittura raffinati, discreti e quindi rischiano di passare inosservati in un mondo, anche vinicolo, dove l'eccesso e l'apparire sono ritenuti troppo spesso vincenti. A noi i vini della Baron Widmann piacciono proprio per questo.

I vini presentati quest'anno da Andreas Widmann, complice un'annata particolarmente favorevole, rispecchiano perfettamente lo stile che da sempre questo signore del vino ha voluto e saputo imprimere ai suoi prodotti. Eleganza, ricerca di chiaroscuri più che di esibizionismi, che spesso trascendono in caricatura, espressività fatta di sottrazioni più che di muscoli. In un'annata felice per la tipologia il Sauvignon '10 conquista proprio per le sue note sussurrate di agrumi ed erbe aromatiche; la bocca è sapida, piena ma di grande scorrevolezza e nonostante l'evidente gioventù, di vivida espressività. Lo stesso discorso vale per tutta la piccola ma validissima gamma.

Josef Brigl
loc. San Michele
via Madonna del Riposo, 3
39057 Appiano/Eppan [BZ]
Tel. 0471662419
www.brigl.com

VENDITA DIRETTA
VISITA SU PRENOTAZIONE
RISTORAZIONE

PRODUZIONE ANNUA 1.500.000 bottiglie
ETTARI VITATI 50.00

Ignaz e Josef Brigl sono i proprietari di una delle più antiche aziende vitivinicole altoatesine e possiedono tra i migliori vigneti dell'intera provincia di Bolzano. Qui si respira un'aria di grande tradizione - non per niente le prime notizie dell'azienda risalgono addirittura agli inizi del XIV secolo -, ma anche una capacità di adattarsi alle esigenze di un mercato sempre più difficile. Potenzialità quindi molto importanti che però continuano a sembrarci non espresse appieno.

Ci troviamo anche quest'anno a ripeterci dicendo che ci aspettavamo di più da quest'azienda che rappresenta un po' la storia del vino altoatesino. I vini sono buoni, ben fatti tecnicamente, ma manca quel quid che trasforma un buon vino in un grande vino. È il Terlano Pinot Bianco Drei König Hof '10 il vino che ha maggiormente convinto: le classiche note di frutta bianca sono impreziosite da una vena speziata e di pietra focaia veramente interessanti. La bocca poi è agile, nervosa ma di grande solidità. Meno centrato il resto della produzione.

○ A. A. Sauvignon '10	ŶŶ	4*
○ Vigneto delle Dolomiti Bianco Weiss '10	ŶŶ	5
● A. A. Schiava '10	ŶŶ	4*
● Vigneto delle Dolomiti Rosso Rot '09	ŶŶ	5
● A. A. Cabernet Feld '91	ŶŶŶ	5
● A. A. Cabernet-Merlot Auhof '97	ŶŶŶ	5
● A. A. Merlot '93	ŶŶŶ	5
● A. A. Cabernet-Merlot Rot '04	ŶŶ	5
○ A. A. Gewürztraminer '09	ŶŶ	5
● A. A. Schiava '07	ŶŶ	4*
○ A. A. Weiss '08	ŶŶ	4*
● Rot '08	ŶŶ	5

○ A. A. Terlano Drei König Hof '10	ŶŶ	4*
○ A. A. Gewürztraminer Windegg '10	ŶŶ	4
○ A. A. Sauvignon '10	ŶŶ	4
● A. A. Lago di Caldaro Cl. Sup. Kaltenburg '10	Ŷ	4
● A. A. Lagrein Briglhof '08	Ŷ	6
○ A. A. Pinot Grigio Windegg '10	Ŷ	4
● A. A. Pinot Nero Briglhof '08	Ŷ	6
● A. A. Pinot Nero Kreuzbichler '08	Ŷ	5
● A. A. Santa Maddalena Rielerhof '10	Ŷ	4
● A. A. Schiava Haselhof '10	Ŷ	4
● A. A. Lago di Caldaro Scelto Cl. Sup. Windegg '09	ŶŶ	4*
● A. A. Santa Maddalena Rielerhof '06	ŶŶ	4*
○ A. A. Sauvignon '07	ŶŶ	4*

ALTO ADIGE

★Cantina di Caldaro
via Cantine, 12
39052 Caldaro/Kaltern [BZ]
Tel. 0471963149
www.kellereikaltern.com

VENDITA DIRETTA
VISITA SU PRENOTAZIONE

PRODUZIONE ANNUA 1.900.000 bottiglie
ETTARI VITATI 300.00

La Cantina di Caldaro è una delle più importanti e solide aziende altoatesine, condotta con sicurezza dal presidente Armin Dissertori. Negli ultimi anni la generale crescita della definizione stilistica dei suoi prodotti va ricondotta senza dubbio al troppo modesto kellermeister Andreas Praest. La gamma annovera le tipologie più tipiche della zona, dal Lago di Caldaro al Cabernet Sauvignon, dal Pinot Bianco al Gewürztraminer, compresa la linea Solos biodinamica certificata, senza dimenticare il Moscato Giallo Passito Serenade, uno dei vini dolci più buoni del Paese.

La facilità con cui il Moscato Giallo Passito Serenade, con la versione 2008, conquista per l'ennesima volta i Tre Bicchieri è disarmante al punto che non è esagerata l'affermazione per cui ci si trova di fronte a uno dei passito di riferimento dell'intera produzione nazionale. Il naso è già di una straordinaria complessità, con note di buccia d'arancia candita, albicocca e cannella, ma quello che lascia stupefatti è il palato, a una concentrazione come al solito impressionante si accompagna un'acidità così spiccata da rendere la beva scorrevole fino al finale, con note di pepe bianco e cedro.

○ A. A. Moscato Giallo Castel Giovanelli Passito Serenade '08	🍷🍷🍷 8
● A. A. Lago di Caldaro Scelto Cl. Sup. Pfarrhof '10	🍷🍷 4*
○ A. A. Pinot Bianco Vial '10	🍷🍷 4*
○ A. A. Sauvignon Premstaler '10	🍷🍷 5
● A. A. Cabernet Sauvignon Pfarrhof Ris. '08	🍷🍷 7
○ A. A. Gewürztraminer Campaner '10	🍷🍷 5
● A. A. Lagrein Spigel '09	🍷🍷 5
○ A. A. Moscato Giallo Campaner '10	🍷🍷 5
○ Solos Bianco '10	🍷🍷 5
○ A. A. Kerner Carned '10	🍷 5
○ A. A. Moscato Giallo Passito Serenade '07	🍷🍷🍷 7
○ A. A. Moscato Giallo Passito Serenade '06	🍷🍷🍷 6
○ A. A. Moscato Giallo Passito Serenade '05	🍷🍷🍷 6
○ A. A. Moscato Giallo Passito Serenade '04	🍷🍷🍷 6

Castelfeder
via Franz Harpf, 15
39040 Cortina/Kurtinig [BZ]
Tel. 0471820420
www.castelfeder.it

VENDITA DIRETTA
VISITA SU PRENOTAZIONE

PRODUZIONE ANNUA 400.000 bottiglie
ETTARI VITATI 20.00

Castelfeder è un'azienda a conduzione familiare di dimensioni piuttosto importanti diretta dal 1989 da Günther Giovanett che ha trasferito la cantina a Cortina Sulla Strada del Vino, piccolo paese con antiche tradizioni viticole, dove crescono principalmente uve bianche come chardonnay, pinot grigio, sauvignon e gewürztraminer. Sono vini molto ben fatti, di impianto solido e che evidenziano una buona personalità. Da qualche anno a Günther si sono affiancati i due figli, Ivan ventisettenne talentuoso appassionato di Pinot Nero, e la più giovane Ines enologa anch'essa. Il futuro qui a Castelfeder sembra al sicuro.

Anche quest'anno Ivan Giovanett, coadiuvato dalla giovane sorella Ines, ci ha presentato una gamma di vini piuttosto convincente anche se non come negli ultimi anni. A un Pinot Nero Glener '09 particolarmente centrato, con profumi molto nitidi e un palato succoso e con tannini molto fini e un finale perfettamente disteso, si accompagna una serie di prodotti sicuramente ben fatti, di tecnica come al solito ineccepibile, cui manca però un pizzico di personalità.

● A. A. Pinot Nero Glener '09	🍷🍷 4*
○ A. A. Pinot Bianco Vom Stein '10	🍷🍷 4*
○ A. A. Gewürztraminer Vom Lehm '10	🍷 4
○ A. A. Lagrein Burgum Novum Ris. '08	🍷 5
● A. A. Pinot Nero Burgum Novum Ris. '08	🍷 6
● A. A. Santa Maddalena Schallerhof '10	🍷 4
○ Sauvignon Raif '10	🍷 4
○ A. A. Chardonnay Villa Karneid '08	🍷🍷 4*
○ A. A. Gewürztraminer Endidae Passito '07	🍷🍷 6
○ A. A. Gewürztraminer Endidae Passito '05	🍷🍷 6
○ A. A. Gewürztraminer Vom Lehm '09	🍷🍷 4*
○ A. A. Gewürztraminer Vom Lehm '08	🍷🍷 4*
○ A. A. Lagrein Rosato '09	🍷🍷 4
○ A. A. Pinot Bianco '06	🍷🍷 4*
○ A. A. Pinot Grigio 15er '09	🍷🍷 4*
● A. A. Pinot Nero Burgum Novum Ris. '04	🍷🍷 4

ALTO ADIGE

★Cantina Produttori Colterenzio
Loc. Cornaiano/Girlan
s.da del Vino, 8
39057 Appiano/Eppan [BZ]
Tel. 0471664246
www.colterenzio.it

VENDITA DIRETTA
VISITA SU PRENOTAZIONE

PRODUZIONE ANNUA 1.600.000 bottiglie
ETTARI VITATI 315.00

Il nome Schreckbichl o Colterenzio è legato indissolubilmente alla storia e al successo della viticoltura altoatesina. Venti anni fa i vini di questa azienda di Cornaiano/Girlan erano già all'avanguardia nella produzione vitivinicola nazionale. Luis Reifer, storico presidente di questa grande cooperativa, e il giovane figlio Wolfgang, hanno fatto e fanno la fortuna di questa solidissima azienda conosciuta e apprezzata in tutto il mondo grazie ad alcuni grandi vini come il Cabernet Sauvignon Lafòa e l'omonimo Sauvignon, ma anche a una sempre intelligente politica dei prezzi.

Mancando i grossi calibri aziendali, il Cabernet Sauvignon Lafòa e l'omonimo Sauvignon, quest'anno ci siamo dovuti accontentare del resto della vasta gamma prodotta dalla storica azienda di Cornaiano. Sugli scudi il Moscato Rosa Rosatum '09 che è risultato tra i migliori di questa tradizionale e rara tipologia altoatesina. I profumi sono tipici e avvolgenti con le classiche note floreali e frutta rossa, ma quello che convince è il palato, ricco ma equilibrato, potente ma fresco e di beva accattivante. Molto valido come al solito il resto della gamma, con un accento sul Merlot-Cabernet Sauvignon Cornelius '08 particolarmente fragrante.

● A. A. Merlot-Cabernet Sauvignon Cornelius Cornell '08	🍷🍷	6
● A. A. Moscato Rosa Rosatum Cornell '09	🍷🍷	6
○ A. A. Chardonnay Cornell Formigar '09	🍷🍷	6
○ A. A. Moscato Giallo Sand Praedium '10	🍷🍷	4
○ A. A. Pinot Bianco Thurner '10	🍷🍷	4*
○ A. A. Pinot Grigio '10	🍷🍷	4*
○ A. A. Pinot Grigio Puiten Praedium '10	🍷🍷	4
○ A. A. Chardonnay Altkirch '10	🍷	4
● A. A. Lagrein Cornell Sigis Mundus '07	🍷	6
○ A. A. Sauvignon Prail Praedium '10	🍷	4
● A. A. Cabernet Sauvignon Lafòa '04	🍷🍷🍷	7
● A. A. Cabernet Sauvignon Lafòa '03	🍷🍷🍷	8
● A. A. Cabernet Sauvignon Lafòa '01	🍷🍷🍷	8
● A. A. Cabernet Sauvignon Lafoa '00	🍷🍷🍷	8
○ A. A. Chardonnay Cornell '00	🍷🍷🍷	6
○ A. A. Gewürztraminer Cornell '05	🍷🍷🍷	5

Cantina Produttori Cortaccia
s.da del Vino, 23
39040 Cortaccia/Kurtatsch [BZ]
Tel. 0471880115
www.cantina-cortaccia.it

VENDITA DIRETTA
VISITA SU PRENOTAZIONE

PRODUZIONE ANNUA 1.100.000 bottiglie
ETTARI VITATI 180.00

La Cantina Produttori di Cortaccia è una delle strutture cooperative dell'Alto Adige vinicolo di più consolidata tradizione. Forte di un patrimonio di circa 180 ettari l'azienda vanta alcuni vigneti in posizioni da grand cru. È il caso del Freienfeld, nei pressi di Cortaccia, dal quale provengono le uve cabernet sauvignon e franc alla base dell'eccellente Cabernet, uno tra i migliori rossi della regione. Tra le etichette della cantina spiccano poi una serie di selezioni dei migliori vigneti dei soci e una linea base di buona qualità.

Questa cantina cooperativa ha rappresentato per molti anni l'avanguardia della produzione altoatesina di qualità ma in questi ultimi tempi la cifra stilistica ci appare un po' appannata. Troppi alti/bassi nella gamma presentata, vini cui manca quel guizzo necessario per emergere in una produzione regionale che ha ormai raggiunto una media qualitativa altissima. Detto questo non mancano le eccellenze come il Pinot Bianco Hofstatt '10, pieno e saporito, e la Schiava Grigia Sonntaler '10, tra le migliori della tipologia.

○ A. A. Pinot Bianco Hofstatt '10	🍷🍷	4*
● A. A. Schiava Grigia Sonntaler '10	🍷🍷	4*
● A. A. Cabernet Kirchhügel Ris. '09	🍷🍷	5
○ A. A. Gewürztraminer '10	🍷🍷	5
○ A. A. Gewürztraminer Brenntal '09	🍷🍷	6
● A. A. Lagrein Frauriegel '08	🍷🍷	6
● A. A. Merlot Cabernet Soma '08	🍷🍷	5
○ A. A. Müller Thurgau Graun '10	🍷🍷	4
○ A. A. Sauvignon Kofl '10	🍷🍷	5
● A. A. Cabernet Freienfeld '97	🍷🍷🍷	6
○ A. A. Gewürztraminer Brenntal '02	🍷🍷🍷	6
○ A. A. Gewürztraminer Brenntal '00	🍷🍷🍷	5
● A. A. Lagrein Scuro Fohrhof '00	🍷🍷🍷	5

ALTO ADIGE

Peter Dipoli
VIA VILLA, 5
39055 EGNA/NEUMARKT [BZ]
TEL. 0471813400
www.peterdipoli.com

PRODUZIONE ANNUA 35.000 bottiglie
ETTARI VITATI 4.60

Peter Dipoli è sicuramente uno dei personaggi più noti del panorama vitivinicolo altoatesino e non solo. Il carattere è vulcanico e la diplomazia non si annovera di certo tra le sue qualità. Gran conoscitore del vino italiano, francese e internazionale, con una passione formidabile per il Pinot Noir. Questa sua preziosa apertura mentale caratterizza la fattura del suo vino più famoso, il Sauvignon Voglar, dallo stile raffinato ed elegante, che lo rende un unicum nella categoria. La produzione è completata da due rossi, lo Yugum (da uve cabernet sauvignon) e il Merlot Fihl.

Peter Dipoli ha sempre criticato pesantemente la via altoatesina al Sauvignon, sempre troppo vegetali e rustici. La sua, di strada, è molto diversa - e abbiamo l'impressione che stia facendo proseliti - e ricerca invece discrezione, finezza, maturità coniugata a eleganza. Il Voglar '09, da un'annata calda e un po' pesante, esprime quest'idea di vino piuttosto precisamente. A noi è piaciuto molto. Sullo stesso stile il rosso da uve cabernet sauvignon e merlot Yugum '07, delicato, elegante, e con tannini addirittura setosi.

Egger-Ramer
VIA GUNCINA, 5
39100 BOLZANO/BOZEN
TEL. 0471280541
www.egger-ramer.com

VENDITA DIRETTA
VISITA SU PRENOTAZIONE

PRODUZIONE ANNUA 100.000 bottiglie
ETTARI VITATI 14.00

Peter Egger, attento viticoltore del comprensorio di Bolzano, dirige questa storica azienda di Bolzano con piglio sicuro e con grande voglia di migliorare i suoi prodotti. In effetti in questi ultimi anni i vini della Egger Ramer stanno conoscendo una crescita qualitativa costante, mentre i prezzi, per fortuna, sono rimasti su livelli veramente encomiabili. La produzione si aggira su circa 100mila bottiglie annue e comprende tutti i vini più tipici della zona, e quindi Lagrein e Santa Maddalena in testa, sempre eleganti e di spiccata personalità.

I vini prodotti da questa solida azienda di Bolzano non tradiscono mai: ben fatti tecnicamente ed espressivi nella loro tipicità. Ne è prova lampante il Lagrein Kristan '09, che ha convinto per le decise note speziate, cui si accompagna una bocca carnosa, fruttata ma in cui sono evidenti le note terrose e di grafite, l'acidità è ben governata e i tannini misurati. Succoso e saporito l'Alto Adige Santa Maddalena 1880 '10, dai profumi di ribes e lamponi e dalla bocca vibrante, fresca e scorrevole. Degni di nota, infine, il Müller Thurgau '10 e il Lagrein '09.

● A. A. Merlot-Cabernet Sauvignon Yugum '07	5
○ A. A. Sauvignon Voglar '09	5
● A. A. Merlot-Cabernet Sauvignon Yugum '05	5
○ A. A. Sauvignon Voglar '08	5
○ A. A. Sauvignon Voglar '07	5
○ A. A. Sauvignon Voglar '06	5

● A. A. Lagrein Kristan '09	4*
● A. A. Santa Maddalena 1880 '10	4*
● A. A. Lagrein '09	4
○ A. A. Valle Isarco Müller Thurgau '10	4
● A. A. Lagrein Gries Tenuta Kristan Ris. '05	5
● A. A. Lagrein Gries Tenuta Kristan Ris. '04	5
● A. A. Lagrein Scuro Gries Kristan '04	4*
● A. A. Lagrein Scuro Gries Tenuta Kristan '06	4*
● A. A. Santa Maddalena Cl. Reiseggerhof '06	4*
○ A. A. Valle Isarco Müller Thurgau '07	4*

ALTO ADIGE

Erbhof Unterganzner - Josephus Mayr
FRAZ. CARDANO
VIA CAMPIGLIO, 15
39053 BOLZANO/BOZEN
TEL. 0471365582
www.tirolensisarsvini.it

VENDITA DIRETTA
VISITA SU PRENOTAZIONE

PRODUZIONE ANNUA 65.000 bottiglie
ETTARI VITATI 9.00

Josephus Mayr è grande vignaiolo e un personaggio che con la sua passione e voglia di sperimentare non può che far bene al mondo del vino. Situato all'estremità orientale dell'ampia conca di Bolzano il maso Unterganzner ci regala vini di grande carattere, concentrati, a volte severi, ma mai banali. A cominciare dal Lagrein per passare al Santa Maddalena e al Cabernet, mentre merita un discorso a parte il Lamarein da uve lagrein appassite, un unicum nel panorama altoatesino.

Sfiora il massimo riconoscimento questo grande vignaiolo altoatesino con il suo vino più difficile e controverso, il Lamarein, che con l'annata 2009 ha raggiunto il compimento di una cifra stilistica che prima mancava. Josephus Mayr è riuscito infatti a coniugare ricchezza e potenza espressiva con freschezza, tannini maturi, dinamismo e complessità, che lasciano immaginare un'evoluzione particolarmente interessante. Il Lagrein Riserva '08, in un'annata a dir poco infelice per la tipologia, ha note agrumate e un'eleganza speziatissima.

● Lamarein '09	7
● A. A. Lagrein Ris. '08	6
● Composition Reif '09	7
● A. A. Santa Maddalena Cl. '09	4
○ A. A. Sauvignon Platt & Pignat '10	4
● A. A. Lagrein Scuro Ris. '05	5
● A. A. Lagrein Scuro Ris. '01	5
● A. A. Lagrein Scuro Ris. '00	5
● A. A. Lagrein Scuro Ris. '99	5
● A. A. Lagrein Scuro Ris. '98	5
● A. A. Lagrein Scuro Ris. '97	5
● Lamarein '05	7

Erste+Neue
VIA DELLE CANTINE, 5/10
39052 CALDARO/KALTERN [BZ]
TEL. 0471963122
www.erste-neue.it

VENDITA DIRETTA
VISITA SU PRENOTAZIONE

PRODUZIONE ANNUA 1.000.000 bottiglie
ETTARI VITATI 320.00

La Erste+Neue di Caldaro è tra le migliori realtà cooperative della Provincia di Bolzano. Una produzione di oltre un milione di bottiglie suddivise in tre linee di vini (la Puntay è la più importante), ottenuti da quasi tutte le varietà coltivate in Alto Adige anche se un accento particolare viene posto sul Lago di Caldaro che rappresenta un po' il vino simbolo dell'azienda. Alle splendide interpretazioni del Lago di Caldaro si aggiunge una delle migliori espressioni di Pinot Bianco, il Prunar, vera passione del giovane kellermeister Gerhard Sanin e una serie di vini all'insegna della tipicità e precisione stilistica.

Il giovane kellermeister Gerhard Sanin quest'anno ha fatto tutto davvero per bene: tanti vini molto validi, alcune eccellenze molto importanti per tipicità e precisione tecnica. Cominciamo da quello che ci ha convinto di più: il Lago di Caldaro Puntay '10 è risultato sicuramente il migliore della categoria, specie per dei nitidi profumi di frutti di bosco e per una bocca fresca e succosa. Tre Bicchieri. Anche il Sauvignon Puntay della stessa annata ci ha convinto per finezza e gradevolezza. A questo aggiungiamo il Pinot Bianco Prunar, stabilmente tra i più validi, e un Moscato Rosa '08 mai così buono. Cosa si può chiedere di più?

● A. A. Lago di Caldaro Cl. Sup. Puntay '10	4
● A. A. Moscato Rosa '08	6
○ A. A. Pinot Bianco Prunar '10	4*
○ A. A. Sauvignon Puntay '10	6
● A. A. Cabernet-Merlot Feld '09	5
● A. A. Lago di Caldaro Cl. Sup. Leuchtenburg '10	4*
○ A. A. Pinot Grigio Grauer '10	4
○ A. A. Sauvignon Stern '10	5
○ Anthos '08	6
○ A. A. Gewürztraminer Puntay '10	6
○ A. A. Riesling Rifall '10	5
○ A. A. Gewürztraminer Puntay '01	5
○ A. A. Sauvignon Puntay '06	5

ALTO ADIGE

Falkenstein - Franz Pratzner
via Castello, 15
39025 Naturno/Naturns [BZ]
Tel. 0473666054
www.falkenstein.bz

VENDITA DIRETTA
VISITA SU PRENOTAZIONE

PRODUZIONE ANNUA 45.000 bottiglie
ETTARI VITATI 7.00
VITICOLTURA Naturale

Franz Pratzner, a metà degli anni Novanta, comincia a farsi conoscere grazie ai suoi Riesling concentrati e di grande carattere, che mettevano in evidenza quel Valle Venosta Style che negli ultimi tempi è diventato di gran moda. A questo si aggiunge un panorama magnifico e la possibilità di ammirare vigneti tra i più scoscesi e fitti dell'Alto Adige. Franz non è un gran chiacchierone ma non si possono mancare i suoi Riesling e Pinot Bianco. Molto interessanti sono anche il Pinot Nero e il Sauvignon.

Franz Pratzner sembra realizzare i suoi vini con disarmante facilità pur aumentando la produzione grazie allo sviluppo della superficie vitata della sua azienda. Anzi sembra aggiungere ogni anno qualcosa in più a vini che già volano molto alti nel panorama vinicolo altoatesino. I Tre Bicchieri vanno al Riesling '10, che conquista con le sue note affumicate tipiche della Valle Venosta ma anche a quelle note agrumate che accompagnano questo bianco magnifico in tutte le fasi gustative. Non sono da meno il Sauvignon '10, a nostro parere mai così elegante e definito stilisticamente, e il solito delizioso Pinot Bianco che non tradisce mai.

Garlider
Christian Kerchbaumer
via Untrum, 20
39040 Velturno/Feldthurns [BZ]
Tel. 0472847296
www.garlider.it

VENDITA DIRETTA
VISITA SU PRENOTAZIONE

PRODUZIONE ANNUA 20.000 bottiglie
ETTARI VITATI 4.00
VITICOLTURA Biologico Certificato

Christian Kerchbaumer è un giovane e competente produttore, soprattutto un vero appassionato di vino. Nuovi vigneti, progetti, esperimenti in cantina con particolare attenzione all'uso, ragionato, di lieviti autoctoni. Qui al Garlider si producono soprattutto vini bianchi, nelle tipologie classiche della Valle Isarco, e poche centinaia di bottiglie dell'unico Pinot Nero prodotto in zona. Sono vini di grande personalità, molto naturali ed espressivi, con sfumature leggermente più meridionali rispetto alla caratteristiche della Valle Isarco (d'altronde siamo a Velturno, estremo sud della Valle).

I lavori per la nuova cantina e la definitiva sistemazione dei nuovi vigneti non hanno evidentemente distratto Christian Kerchbaumer. Anzi dobbiamo dire che mai come quest'anno la gamma dei vini presentata è apparsa così compatta nella cifra stilistica e qualità complessiva. Il Veltliner '10 sconta una giovinezza troppo evidente ma mostra già una finezza e un nerbo che raramente avevamo trovato nei vini del Garlider. Forse il buon Christian dovrebbe cominciare a pensare di uscire con questo vino un anno dopo.

○ A. A. Valle Venosta Riesling '10	🍷🍷🍷	6
○ A. A. Valle Venosta Pinot Bianco '10	🍷🍷	5
○ A. A. Valle Venosta Sauvignon '10	🍷🍷	5
● A. A. Valle Venosta Pinot Nero '08	🍷🍷	6
○ A. A. Valle Venosta Pinot Bianco '07	🍷🍷🍷	5
○ A. A. Valle Venosta Riesling '09	🍷🍷🍷	6
○ A. A. Valle Venosta Riesling '08	🍷🍷🍷	6
○ A. A. Valle Venosta Riesling '07	🍷🍷🍷	6
○ A. A. Valle Venosta Riesling '06	🍷🍷🍷	6
○ A. A. Valle Venosta Riesling '05	🍷🍷🍷	6
○ A. A. Valle Venosta Riesling '00	🍷🍷🍷	5
○ A. A. Valle Venosta Riesling '98	🍷🍷🍷	5

○ A. A. Valle Isarco Sylvaner '10	🍷🍷	4*
○ A. A. Valle Isarco Veltliner '10	🍷🍷	5
○ A. A. Valle Isarco Gewürztraminer '10	🍷🍷	5
○ A. A. Valle Isarco Müller Thurgau '10	🍷🍷	4*
○ A. A. Valle Isarco Pinot Grigio '10	🍷🍷	5
○ A. A. Valle Isarco Veltliner '09	🍷🍷	5
● A. A. Pinot Nero '09	🍷	5
○ A. A. Valle Isarco Sylvaner '09	🍷🍷🍷	4*
○ A. A. Valle Isarco Veltliner '08	🍷🍷🍷	5*
○ A. A. Valle Isarco Veltliner '07	🍷🍷🍷	5
○ A. A. Valle Isarco Veltliner '05	🍷🍷🍷	4*
○ A. A. Valle Isarco Müller Thurgau '09	🍷🍷	4*

ALTO ADIGE

Cantina Girlan
loc. Cornaiano/Girlan
via San Martino, 24
39050 Appiano/Eppan [BZ]
Tel. 0471662403
www.girlan.it

VENDITA DIRETTA
VISITA SU PRENOTAZIONE

PRODUZIONE ANNUA 1.000.000 bottiglie
ETTARI VITATI 230.00

La Cantina Girlan di Cornaiano si sta mettendo in evidenza come una delle aziende più dinamiche dell'Alto Adige. Dall'accoppiata Gherard Kofler/Oscar Lorandi non ci si può aspettare nulla di meno. I vini sono tutti di grande spessore, tecnica sicura e di personalità crescente. Pinot Bianco, Sauvignon, Pinot Nero, l'immancabile Gewürztraminer, ma soprattutto le mitiche Schiava Gschleier e Fass N°9, sono i cavalli di battaglia aziendali. Punto di forza è anche una politica dei prezzi sempre encomiabile, il che non guasta.

Manca all'appello la ormai mitica Schiava Gschleier la cui uscita è stata opportunamente rinviata di un anno, ma le frecce all'arco della Cantina Girlan quest'anno erano numerose tanto che il bersaglio dei Tre Bicchieri è centrato con un'impeccabile versione 2010 del Sauvignon Flora in cui le note tipicamente vegetali sono pressoché assenti a favore di pompelmo rosa e sensazioni iodate. La bocca è fragrante, di un dinamismo incalzante, il nerbo acido, la cui persistenza garantisce longevità, perfettamente controllato. Buonissimo, ma non è una sorpresa, il Pinot Bianco Plattenriegl '10, come il Pinot Nero Patricia '09 (e questa invece è una sorpresa!).

Glögglhof - Franz Gojer
fraz. Santa Maddalena
via Rivellone, 1
39100 Bolzano/Bozen
Tel. 0471978775
www.gojer.it

VENDITA DIRETTA
VISITA SU PRENOTAZIONE

PRODUZIONE ANNUA 45.000 bottiglie
ETTARI VITATI 6.50

Franz Gojer è molto conosciuto tra i produttori altoatesini: è autorevole, competente e simpatico. Produce dal 1982, anno in cui ha ereditato il maso, alcuni tra i vini più buoni e classici della zona di Bolzano. Il Glögglhof si trova infatti proprio sull'inconfondibile collina di Santa Maddalena a nord di Bolzano e produce vini sempre molto tipici a cominciare proprio da quello che prende il nome della zona. Franz è infatti un vero maestro del Santa Maddalena e le sue versioni base e la selezione Rondell sono regolarmente tra le migliori.

L'annata 2010 non è certo stata felicissima per la schiava e anche il Glogghof ne ha patito un po' le conseguenze. I due Santa Maddalena, la Classica e la Rondell, sono certamente buone e fragranti, ma manca quelle profondità e complessità che aveva regalato l'annata 2009. Abbiamo trovato molto ben realizzato il Lagrein Furggl '10, che presenta una bocca agile e una mineralità espressiva accompagnata da un'acidità che aggiunge freschezza alla beva. Molto equilibrato e fresco il Kerner Karneid '10.

○ A. A. Sauvignon Flora '10	6
○ A. A. Gewürztraminer Flora '10	6
○ A. A. Pinot Bianco Plattenriegl '10	4*
● A. A. Pinot Nero Patricia '09	5
○ A. A. Bianco Riserva '09	5
○ A. A. Chardonnay Flora '09	5
○ A. A. Pinot Grigio '10	4*
○ A. A. Sauvignon Indra '10	5
● A. A. Schiava Faß N° 9 '10	4
○ A. A. Sauvignon Indra '08	4*
○ A. A. Sauvignon Sel. Flora '09	5
● A. A. Schiava Gschleier '90	

○ A. A. Kerner Karneid '10	4
● A. A. Lagrein Furggl '10	4
● A. A. Santa Maddalena Rondell '10	4
● A. A. Lagrein Ris. '08	5
● A. A. Santa Maddalena Cl. '10	4
● A. A. Schiava Karneid '10	3
● A. A. Lagrein '09	4*
● A. A. Lagrein '08	4*
● A. A. Lagrein Scuro Ris. '04	5
● A. A. Lagrein Scuro Ris. '03	5
● A. A. Santa Maddalena Rondell '09	4*
● A. A. Santa Maddalena Rondell '07	4*

ALTO ADIGE

Cantina Gries/ Cantina Produttori Bolzano
FRAZ. GRIES
P.ZZA GRIES, 2
39100 BOLZANO/BOZEN
TEL. 0471270909
www.cantinabolzano.com

VENDITA DIRETTA
VISITA SU PRENOTAZIONE

PRODUZIONE ANNUA 1.500.000 bottiglie
ETTARI VITATI 170.00

A Gries, nell'immediata periferia meridionale di Bolzano, il cuore della produzione di questo antico e tradizionale rosso altoatesino, l'omonima cantina è una delle più importanti realtà produttrici di Lagrein Scuro. La Riserva Prestige Line, il Collection Baron Carl Eyrl e il Lagrein di annata Grieser sono prodotti che rappresentano fieramente questa tipologia. Ma non mancano altri vini importanti come il Moscato Giallo Vinalia, il Moscato Rosa Rosis e il Merlot Otto Graf Huyn Riserva.

In un'annata felice per il Lagrein come il 2009 non poteva mancare tra i migliori la Riserva Prestige Line, per la sua eleganza, grazie a tannini finissimi, personalità mai sopra le righe ma sicura e un po' nascosta, uno dei vertici della tipologia. A riprova della vocazione aziendale il Lagrein Collection '09, finezza che sfiora la timidezza ma che non può non conquistare. Il resto della gamma è di rara solidità.

Gummerhof - Malojer
VIA WEGGESTEIN, 36
39100 BOLZANO/BOZEN
TEL. 0471972885
www.malojer.it

VENDITA DIRETTA
VISITA SU PRENOTAZIONE

PRODUZIONE ANNUA 100.000 bottiglie
ETTARI VITATI 6.00

Le prime notizie riguardanti il Gummerhof risalgono addirittura al 1480. Un tempo era isolato in mezzo al mare di viti a nord di Bolzano e oggi la cantina, gestita da Elisabeth, Urban e Alfred Malojer, si concentra soprattutto nella produzione dei rossi tipici della zona di Bolzano, come il Santa Maddalena e il Lagrein anche se non mancano valide puntate tra i vini bianchi e rossi internazionali come il Cabernet e il Merlot. Sono vini tipici ma con una cifra di eleganza non indifferente, frutto di un grande lavoro in vigna e di sicura tecnica in cantina. I prezzi sono, da sempre, di rara correttezza.

La famiglia Malojer, e non usiamo a caso questo termine, conquista per la prima volta i Tre Bicchieri grazie a una versione 2009 del Lagrein Gries che ha veramente convinto tutti. Il naso è tipicamente speziato con note sì fruttate ma validamente accompagnate da una venatura terrosa e di grafite che le nobilitano, si apre a un palato classicamente ricco ma con un passo disinvolto, dinamico, ingentilito da tannini eleganti e un'acidità perfettamente regolata. Un grande Lagrein di tradizione nella migliore espressione del termine. Il resto della produzione è di rara affidabilità e correttezza di prezzi.

● A. A. Lagrein Prestige Line Ris. '09	6
● A. A. Cabernet Gries '09	5
● A. A. Lagrein Collection '09	4
● A. A. Lagrein Merlot '09	7
○ A. A. Moscato Giallo Vinalia '09	8
● A. A. Lagrein Scuro Grieser Prestige Line Ris. '93	5
● A. A. Lagrein Scuro Prestige Line Ris. '06	6
● A. A. Lagrein Scuro Prestige Line Ris. '00	6
● A. A. Lagrein Scuro Prestige Line Ris. '99	6
○ A. A. Moscato Giallo Vinalia '03	6
○ A. A. Moscato Giallo Vinalia '99	5
○ A. A. Pinot Bianco Collection Dellago '06	4*
● A. A. Lagrein Collection Baron Eyrl '08	4*

● A. A. Lagrein Gries '09	4*
● A. A. Cabernet Ris. '08	5
● A. A. Lagrein Ris. '08	5
○ A. A. Pinot Bianco '10	4*
○ A. A. Pinot Grigio Gur zu Sand '10	4*
● A. A. Cabernet-Lagrein Bautzanum Cuvée Ris. '08	5
● A. A. Lagrein Scuro Gummerhof zu Gries '07	4*
● A. A. Lagrein Scuro Ris. '05	5
● A. A. Lagrein Scuro Ris. '04	5
○ A. A. Pinot Grigio Gur zu Sand '08	4*
● A. A. Santa Maddalena Cl. '09	4*
○ A. A. Sauvignon Gur zur Sand '07	4*

ALTO ADIGE

Gumphof - Markus Prackwieser
LOC. NOVALE DI PRESULE, 8
39050 FIÈ ALLO SCILIAR/VÖLS AM SCHLERN [BZ]
TEL. 0471601190
www.gumphof.it

VENDITA DIRETTA
VISITA SU PRENOTAZIONE

PRODUZIONE ANNUA 40.000 bottiglie
ETTARI VITATI 5.00

Markus Prackwieser è un giovane e appassionato rappresentante di quella nouvelle vague di vignaioli che nell'ultimo decennio ha dato una positiva scossa alla vitienologia altoatesina. Gestisce una piccola azienda con vigneti su un costone a strapiombo sulle pendici dello Sciliar, a poche centinaia di metri dalla Valle Isarco, e i vini del Gumphof sembrano subire un po' lo stile della valle. Sono bianchi freschi dinamici e minerali, cui Markus aggiunge, grazie a un lavoro in vigna certosino, personalità e complessità rari. Pinot Bianco, Sauvignon, Pinot Nero, Gewürztraminer e Schiava (sempre tra le migliori) le tipologie prodotte.

Prestazione con i fiocchi quella messa in atto quest'anno dal giovane Markus Prackwieser. Ai soliti Pinot Bianco e Sauvignon, sempre tra i più interessanti e significativi delle rispettive tipologie, il Gumphof ha aggiunto un Pinot Nero '09 mai così compiutamente riuscito: profumi nitidi di frutti rossi e spezie aprono a un palato elegante, con tannini delicatamente maturi, una persistenza importante con un uso del legno ben registrato. Eccellente anche il Sauvignon Praesulis che approfitta di un'annata favorevole come il '10 per esprimere tutta la sua finezza e verticalità. Il Gumphof si conferma quindi come un sicuro punto di riferimento per tutti gli appassionati di vino altoatesino.

Franz Haas
VIA VILLA, 6
39040 MONTAGNA/MONTAN [BZ]
TEL. 0471812280
www.franz-haas.it

VENDITA DIRETTA
VISITA SU PRENOTAZIONE

PRODUZIONE ANNUA 290.000 bottiglie
ETTARI VITATI 50.00
VITICOLTURA Naturale

Franz Haas e Luisa Manna con grande professionalità e con una passione non comune hanno saputo, nel corso degli anni, ritagliarsi un posto in prima fila nel mondo del vino tanto che l'azienda di Montan è una delle firme enologiche altoatesine più prestigiose e conosciute anche a livello internazionale. Detto questo le novità non mancano: progressiva riconversione a biologico delle vigne di proprietà e uso di lieviti indigeni sui vini rossi stanno lì a testimoniare il loro continuo impegno. La gamma di vini, in cui si distinguono Pinot Nero, Sauvignon, Pinot Bianco e Moscato Rosa, mostrano uno stile molto definito, dove eleganza, carattere e affidabilità sono la cifra che li contraddistingue.

La griglia di vini sottostante basterebbe a dimostrare tutto il valore dell'azienda di Franz Haas e Luisa Manna, ma non sarebbe comunque sufficiente a far comprendere la passione, l'impegno costante, quasi maniacale, a migliorare i vini prodotti. Il risultato è una gamma di vini di alto livello che qualche volta scontano un eccesso di tecnica che li priva di un po' di cuore. Cuore che non manca certo al nuovo vino della casa, la Schiava Sofi '10, dedicata alla loro figlia, tra le migliori di questa difficile annata. Detto questo il Pinot Nero Schweizer '08 e il Manna '09 sono vini assolutamente eccellenti.

○ A. A. Pinot Bianco Praesulis '10		4*
● A. A. Pinot Nero Gumphof '09		5
○ A. A. Sauvignon Praesulis '10		5
○ A. A. Gewürztraminer Praesulis '10		5
○ A. A. Pinot Bianco '10		4*
● A. A. Schiava '10		4*
○ A. A. Pinot Bianco Praesulis '06		4*
○ A. A. Sauvignon Praesulis '09		5
○ A. A. Sauvignon Praesulis '07		5*
○ A. A. Sauvignon Praesulis '04		5*
○ A. A. Gewürztraminer Praesulis '07		5
○ A. A. Pinot Bianco Praesulis '09		4*
○ A. A. Pinot Bianco Praesulis '08		4*
○ A. A. Pinot Bianco Praesulis '07		4*
○ A. A. Sauvignon Praesulis '08		5

● A. A. Pinot Nero Schweizer '08		7
○ Manna '09		5
● A. A. Lagrein '09		5
○ A. A. Pinot Grigio '10		4
● A. A. Pinot Nero '09		5
⊙ A. A. Pinot Nero Rosé '10		5
○ Istante '07		6
○ Moscato Giallo '10		5
● Schiava Sofi '10		5
○ A. A. Gewürztraminer '10		5
● A. A. Moscato Rosa Schweizer '00		5
● A. A. Pinot Nero Schweizer '02		6
● A. A. Pinot Nero Schweizer '01		6
○ Manna '07		5
○ Manna '05		5
○ Manna '04		5

ALTO ADIGE 340

Haderburg

FRAZ. BUCHOLZ
LOC. POCHI, 30
39040 SALORNO/SALURN [BZ]
TEL. 0471889097
www.haderburg.it

VENDITA DIRETTA
VISITA SU PRENOTAZIONE

PRODUZIONE ANNUA 80.000 bottiglie
ETTARI VITATI 12.00
VITICOLTURA Biodinamico Certificato

Nel 1977 Alois Ochsenreiter e la moglie Christine decisero di passare da azienda agricola produttrice di uve e mele ad azienda vitivinicola spumantistica, i primi in Alto Adige a osare questo passo. Da sempre l'azienda si caratterizza per la ricerca della qualità, nel pieno rispetto dei ritmi naturali della vite e del vino. Oltre agli spumanti, Pinot Nero, Sauvignon e Gewürztraminer completano la gamma aziendale. Alois si occupa sia delle vigne che della cantina, ricavata in parte sotto il maso da sempre abitato dalla famiglia. Di proprietà aziendale anche il maso Obermairlhof in Valle Isarco, sempre a conduzione biodinamica.

In assenza dei vini dell'Obermairlhof in Valle Isarco, non ancora pronti al momento delle nostre degustazioni, ci limitiamo ai prodotti della casa madre che non tradiscono le attese, soprattutto nella sezione bollicine. Lo spumante Hausmannhof Riserva '02 è, come sempre, il cavallo di battaglia aziendale: ha profumi intensamente floreali che si accompagnano a delicate note fumé e di spezie. Al palato è pieno, maturo, ma molto elegante e animato da un vivace dinamismo. Molto ben fatto e fruttato lo Spumante Rosé.

Hoandlhof - Manfred Nössing

FRAZ. KRANEBIH
VIA DEI VIGNETI, 66
39042 BRESSANONE/BRIXEN [BZ]
TEL. 0472832672
www.manni-noessing.com

VISITA SU PRENOTAZIONE

PRODUZIONE ANNUA 17.000 bottiglie
ETTARI VITATI 4.30

Manni Nössing è un vero personaggio, cui non manca il carattere di dire quel che pensa, che piaccia o meno. Produce vini unici per tipicità, grinta ed eleganza. Veltliner, Sylvaner, Kerner e Müller Thurgau sono le classiche tipologie della Valle Isarco e le versioni di Manni sono sempre inconfondibili e molto spesso spiazzanti. La sua ricerca verso vini più bevibili e stilizzati è quasi feroce, ma non ha fatto perdere ai suoi bianchi nemmeno un briciolo di complessità, anzi.

Ci voleva Manni Nössing perché un Kerner riconquistasse i Tre Bicchieri e sfidiamo il degustatore più scettico rispetto a questa tipologia a contestare questa versione 2010. Mai sentito un Kerner così elegante, composto, di gradazione alcolica così contenuta e verticalità, una vera e propria nuova frontiera per la tipologia spesso penalizzata da pesantezza e rusticità troppo evidenti. Aggiungiamo un Sylvaner e un Veltliner, entrambi '10, molto ben fatti anche se forse fin troppo verticali e taglienti ed ecco il quadro completo di una delle star della vitienologia altoatesina.

○ A. A. Spumante Hausmannhof Ris. '02	7
⊙ A. A. Spumante Haderburg Rosé	5
● A. A. Merlot - Cabernet Sauvignon Erah '07	6
● A. A. Pinot Nero Hausmannhof Ris. '08	6
○ A. A. Spumante Haderburg Pas Dosé '07	5
○ A. A. Spumante Hausmannhof Ris. '97	7
○ A. A. Valle Isarco Sylvaner Obermairlhof '05	4*
○ A. A. Cl. Brut Hausmannhof Ris. '96	7
● A. A. Erah '03	6
● A. A. Pinot Nero Hausmannhof Ris. '03	6
○ A. A. Sauvignon Hausmannhof '08	5
○ A. A. Spumante Hausmannhof Ris. '00	7
○ A. A. Spumante Hausmannhof Ris. '99	7
○ A. A. Valle Isarco Riesling Obermairlhof '05	5*
○ A. A. Valle Isarco Sylvaner Obermairl '09	4
○ A. A. Valle Isarco Sylvaner Obermairl '08	4*

○ A. A. Valle Isarco Kerner '10	5*
○ A. A. Valle Isarco Sylvaner '10	5
○ A. A. Valle Isarco Veltliner '10	5
○ A. A. Valle Isarco Müller Thurgau Sass Rigais	5
○ A. A. Valle Isarco Kerner '06	4*
○ A. A. Valle Isarco Kerner '05	4*
○ A. A. Valle Isarco Kerner '03	4*
○ A. A. Valle Isarco Kerner '02	4
○ A. A. Valle Isarco Sylvaner '08	5*
○ A. A. Valle Isarco Sylvaner '04	4*
○ A. A. Valle Isarco Veltliner '09	5*
○ A. A. Valle Isarco Veltliner '07	5
○ A. A. Valle Isarco Müller Thurgau '08	5
○ A. A. Valle Isarco Sylvaner '09	5*
○ A. A. Valle Isarco Sylvaner '07	4*

ALTO ADIGE

Köfererhof
Günther Kershbaumer
FRAZ. NOVACELLA
VIA PUSTERIA, 3
39040 VARNA/VAHRN [BZ]
TEL. 0472836649
www.koefererhof.it

VENDITA DIRETTA
VISITA SU PRENOTAZIONE
RISTORAZIONE

PRODUZIONE ANNUA 48.000 bottiglie
ETTARI VITATI 5.50

Günther Kershbaumer, giovane produttore e bravissimo degustatore, e i suoi vini godono di una fama che ha abbondantemente validato i confini della provincia di Bolzano. Dal vecchio maso familiare alla periferia di Bressanone escono infatti bianchi potenti ma di grande equilibrio ed eleganza, che anno dopo anno hanno scalato rapidamente i vertici della produzione nazionale. Sylvaner, Kerner, Riesling, Pinot Grigio e Müller Thurgau: c'è solo l'imbarazzo della scelta.

È stata un'ardua impresa stabilire il vino del Köfererhof da premiare in questa edizione della Guida. Alla fine la scelta è caduta sul Riesling '10 che nonostante l'imbarazzante gioventù è già in grado di esprimere un carattere così deciso da convincere senza tentennamenti. Si tratta di un vino dalla ricchezza estrattiva importante ma che si coniuga perfettamente con lo stile aziendale fatto di salinità, acidità importante ma mai sopra le righe, verticalità e profondità senza se e senza ma. Nella stessa scia un'altra serie di vini, fino al presunto più semplice Müller Thurgau, di un tale livello da lasciare veramente a bocca aperta.

Tenuta Kornell
FRAZ. SETTEQUERCE
VIA BOLZANO, 23
39018 TERLANO/TERLAN [BZ]
TEL. 0471917507
www.kornell.it

VENDITA DIRETTA
VISITA SU PRENOTAZIONE

PRODUZIONE ANNUA 60.000 bottiglie
ETTARI VITATI 15.00

Dodici ettari di proprietà familiare - più tre in affitto - attorno a una delle tenute più belle dell'Alto Adige, terreni disgregati, argillosi, sabbiosi e ricchi di porfido, clima mediterraneo, viti piantate tra il 1985 e il 2005, grande passione del proprietario, Florian Brigl, e un rapporto intenso con la natura. Tutti elementi che ritroviamo nei vini, di grande carattere e tecnica impeccabile, anche perché originati in uno dei terroir più vocati della regione. A questo aggiungiamo un rapporto qualità prezzo di grande correttezza.

I vini di Florian Brigl quest'anno ci hanno veramente convinti, soprattutto perché sembrano aver trovato una cifra stilistica coerente e una qualità media di livello molto alto. Questo discorso vale in primo luogo per il Pinot Bianco Eich '10: è succoso, con singolari note di frutta esotica e timo; la bocca è sì concentrata ma dinamica e con un finale di pietra focaia e camino spento. Semplicemente delizioso il Lagrein Greif '10 che sembra esprimere al meglio le caratteristiche di freschezza sbarazzina che caratterizzano un Lagrein giovane.

○ A. A. Valle Isarco Riesling '10 — 5
○ A. A. Valle Isarco Pinot Grigio '10 — 5
○ A. A. Valle Isarco Sylvaner R '10 — 5
○ A. A. Valle Isarco Veltliner '10 — 4
○ A. A. Valle Isarco Kerner '10 — 5
○ A. A. Valle Isarco Müller Thurgau '10 — 4
○ A. A. Valle Isarco Sylvaner '10 — 4
○ A. A. Valle Isarco Gewürztraminer '10 — 5
○ A. A. Valle Isarco Pinot Grigio '09 — 5*
○ A. A. Valle Isarco Sylvaner R '09 — 5
○ A. A. Valle Isarco Sylvaner R '08 — 5
○ A. A. Valle Isarco Sylvaner R '07 — 5
○ A. A. Valle Isarco Sylvaner R '06 — 5
○ A. A. Valle Isarco Kerner '07 — 5
○ A. A. Valle Isarco Pinot Grigio '06 — 4*
○ A. A. Valle Isarco Riesling '07 — 5

● A. A. Lagrein Greif '10 — 4
○ A. A. Pinot Bianco Eich '10 — 4
○ A. A. Sauvignon Cosmas '10 — 4
● A. A. Cabernet - Merlot Zeder '09 — 5
● A. A. Pinot Nero Marith '09 — 4
● A. A. Cabernet Sauvignon Staves '07 — 6
● A. A. Cabernet Sauvignon Staves '04 — 6
● A. A. Cabernet Sauvignon Staves '03 — 6
● A. A. Lagrein Staves Ris. '07 — 4*
● A. A. Merlot Staves '03 — 6
● A. A. Merlot-Cabernet Sauvignon Staves '03 — 6
○ A. A. Pinot Bianco Pinus '09 — 4
○ A. A. Sauvignon Cosmas '09 — 4
○ A. A. Sauvignon Cosmas '07 — 4*
○ A. A. Terlaner Savignon Cosmas '06 — 4*
● A. A. Zeder '07 — 4*

ALTO ADIGE

Tenuta Kränzl - Graf Franz Pfeil
via Palade, 1
39010 Cermes/Tscherms [BZ]
Tel. 0473564549
www.labyrinth.bz

VENDITA DIRETTA
VISITA SU PRENOTAZIONE

PRODUZIONE ANNUA 35.000 bottiglie
ETTARI VITATI 6.00
VITICOLTURA Biologico Certificato

Si parla molto di mercato globalizzato, di omologazione del gusto e via discorrendo. Ebbene, per chi volesse sfuggire a tutto ciò, la Weingut Kränzl del conte Franz Pfeil è un sicuro rifugio. In quel di Tscherms, lungo la valle che collega Bolzano con Merano, questo vignaiolo e cantiniere molto particolare ha creato una sorta di oasi ecologica. I vigneti sono a conduzione biologica dal lontano 1985 e in più, nella sua tenuta, uno straordinario giardino labirinto proprio a testimonianza del suo convinto e coerente impegno nella difesa della natura. I vini corrispondono specularmente a questa filosofia di vita: sono poco tecnologici, a volte un po' spiazzanti, ma mai noiosi.

Mancando le straordinarie Schiava, non ancora in bottiglia al momento dei nostri assaggi, ci siamo dovuti accontentare del resto della gamma aziendale che come al solito riserva sempre belle sorprese. Se il Pinot Bianco Helios '10, con la sua mineralità quasi salata, esprime come al solito finezza e distensione, con un finale curioso di pepe, non ci aspettavamo una versione così riuscita del Cabernet Lagrein Sagittarius '09. È molto carnoso, minerale, sapido, potente, giovanissimo con tannini dolci e una progressione al palato veramente importante. Il resto della gamma è tutto da scoprire con curiosità e apertura mentale.

● A. A. Cabernet Lagrein Sagittarius '09	6
○ Pinot Bianco Helios '10	5
○ A. A. Gewürztraminer V.T. Dorado '09	6
● Pinot Nero '08	5
● A. A. Meranese Hügel '09	4*
○ A. A. Passito Dorado '08	6
○ A. A. Pinot Bianco Helios '08	5
● A. A. Pinot Nero '06	5
○ Corona '07	6
○ Farnatzer '00	8
○ Pinot Bianco Helios '07	5
● Sagittarius '05	6
● Schiava Baslan '09	4*
● Schiava Baslan '08	4*
● Schiava Baslan '07	4*

★ Kuenhof - Peter Pliger
loc. Mara, 110
39042 Bressanone/Brixen [BZ]
Tel. 0472850546
pliger.kuenhof@rolmail.net

VENDITA DIRETTA
VISITA SU PRENOTAZIONE

PRODUZIONE ANNUA 30.000 bottiglie
ETTARI VITATI 6.00
VITICOLTURA Naturale

Separare Peter Pliger dalla sua cantina e ancor di più dai suoi bellissimi vigneti pochi chilometri a sud di Bressanone rappresenta una vera e propria impresa. Il suo legame con la terra, le piante che coltiva, l'essenza del suo lavoro, è addirittura simbiotico, totalizzante. Così i rapporti con l'esterno sono affidati alla simpatica moglie Brigitte. Detto questo i nuovi vigneti al Kuenhof cominciano a offrire i loro primi, interessantissimi, frutti. La produzione sta progressivamente aumentando ed è stato allargato lo spazio per il magazzino. Vini sempre più essenziali, puri, di una naturalità disarmante ma di un carattere d'acciaio. Vino simbolo è il Riesling Kaiton, ma Sylvaner, Veltliner e Gewürztraminer non sono certo da meno.

I vini 2010 di Peter e Brigitte Pliger sembra abbiano fatto un ulteriore passo verso quella progressiva spinta alla sottrazione che ha caratterizzato la loro storia di produttori. Il vino che rappresenta al meglio il percorso verso uno stile che potremmo definire Zen è senz'altro il Riesling Kaiton '10. Vino ancora giovanissimo ha già profumi discreti di agrume e pietra focaia; al palato è fine, gentile e suadente in una prima fase, per poi trasformarsi in una lama affilata che dona profondità e nerbo. Un bianco da gustare in prospettiva ma già buonissimo. Non distanti da questo piccolo capolavoro gli altri vini del Kuenhof.

○ A. A. Valle Isarco Riesling Kaiton '10	5
○ A. A. Valle Isarco Sylvaner '10	5
○ A. A. Valle Isarco Veltliner '10	5
○ A. A. Valle Isarco Gewürztraminer '10	5
○ A. A. Valle Isarco Riesling Kaiton '07	5*
○ A. A. Valle Isarco Riesling Kaiton '05	4*
○ A. A. Valle Isarco Sylvaner '08	5
○ A. A. Valle Isarco Sylvaner '06	4*
○ A. A. Valle Isarco Sylvaner '03	4*
○ A. A. Valle Isarco Sylvaner '02	4*
○ A. A. Valle Isarco Sylvaner V.T. '04	4*
○ A. A. Valle Isarco Veltliner '09	4*
○ Kaiton '01	4
○ A. A. Valle Isarco Sylvaner '07	5
○ A. A. Valle Isarco Veltliner '07	5

ALTO ADIGE

Alois + Tenutæ Lageder
LOC. TÒR LÖWENGANG
V.LO DEI CONTI, 9
39040 MAGRÈ/MARGREID [BZ]
TEL. 0471809500
www.aloislageder.eu

VENDITA DIRETTA
VISITA SU PRENOTAZIONE
RISTORAZIONE

PRODUZIONE ANNUA 1.500.000 + 250.000 bottiglie
ETTARI VITATI 100.00 + 52.00
VITICOLTURA Biodinamico Certificato

Alois Lageder è un importante pezzo della storia del vino italiano in generale e altoatesino in particolare. Nomi come Löwengang, Cor Römigberg e Krafuss sono conosciuti in tutto il mondo e rappresentano dei veri e propri monumenti dell'enologia nazionale. L'azienda è divisa in due branche, la Alois Lageder che produce vini da uve acquistate da conferitori accuratamente seguiti dai tecnici aziendali e la Tenutae Lageder, 52 ettari di proprietà coltivati a conduzione biodinamica certificata frutto di un percorso iniziato nei primi anni Novanta, per una produzione di circa 250mila bottiglie. I vini, inconfondibili, sono caratterizzati da una cifra stilistica tutta concentrata sulla ricerca dell'eleganza e dell'assoluto rispetto della tipicità dei vitigni.

Ritorno ufficiale, e che ritorno visto che conquista anche il premio per la viticoltura sostenibile, di Alois Lageder nella nostra Guida. È un avvenimento importante per ciò che questo produttore ha rappresentato e rappresenta nel mondo del vino altoatesino e più in generale per tutto il movimento nazionale. Pur mancando all'appello il mitico Cor Römigberg i Tre Bicchieri li conquista agevolmente uno straordinario Cabernet Löwengang '07: ha profumi eleganti, la bocca è slanciata, la progressione dinamica, finissima, i tannini levigati come solo i grandi riescono ad avere, con un finale affascinante e di puro piacere. Il resto dei vini presentati è in linea.

● A. A. Cabernet Löwengang '07	🍷🍷🍷 7
○ A. A. Chardonnay Löwengang '08	🍷🍷 7
● A. A. Lagrein Lindenburg '07	🍷🍷 7
● A. A. Pinot Nero Krafuss '08	🍷🍷 7
○ A. A. Beta Delta '10	🍷 5
○ A. A. Gewürztraminer Am Sand '09	🍷🍷 6
○ A. A. Pinot Grigio '10	🍷 5
○ A. A. Riesling Rain '10	🍷 5
○ A. A. Sauvignon '10	🍷 5
○ A. A. Terlano Sauvignon Lehen '10	🍷🍷 6
○ Contest '08	🍷 8
● A. A. Cabernet Löwengang '92	🍷🍷🍷 5
● A. A. Cabernet Sauvignon Cor Romigberg '90	🍷🍷🍷 6
○ A. A. Chardonnay Löwengang '89	🍷🍷🍷 5
○ A. A. Pinot Bianco Haberlerhof '93	🍷🍷🍷 5
○ A. A. Terlano Sauvignon Lehenhof '88	🍷🍷🍷 5

Cantina Laimburg
LOC. LAIMBURG, 6
39040 VADENA/PFATTEN [BZ]
TEL. 0471969700
www.laimburg.bz.it

VISITA SU PRENOTAZIONE

PRODUZIONE ANNUA 160.000 bottiglie
ETTARI VITATI 45.00
VITICOLTURA Biologico Certificato

Questa cantina di Vadena fa parte del Centro di Sperimentazione Agraria della provincia di Bolzano. Sperimentazione e ricerca in ambito vitivinicolo ed enologico sono i compiti istituzionali del Podere Provinciale. I 45 ettari di superficie coltivata a vite sono sparsi nelle più vocate zone dell'Alto Adige, su terreni di natura diversa e a differenti altitudini. Due sono le linee proposte, entrambe di buon livello: i Vini del Podere, vini tradizionali d'annata, e la Selezione Maniero, vini con caratteristiche particolari, prevalentemente maturati in barrique, e di struttura sempre piuttosto importante i cui nomi traggono origine dalle leggende ladine delle Dolomiti.

Come al solito sono ben fatti tutti i vini della gamma presentata dalla Laimburg. Il che, paradossalmente, può rappresentare anche un limite. Sono prodotti impeccabili tecnicamente, privi di difetti, cui però manca quel pizzico di carattere in grado di renderli veramente grandi. Detto questo abbiamo particolarmente apprezzato quello che è uno dei vini simbolo aziendale, il Lagrein Riserva Barbagòl che nell'annata 2007 riesce a esprimere una potenza domata, in una cornice fatta di equilibrio e coerenza. Di sicura affidabilità il resto della ricca produzione.

● A. A. Lagrein Barbagòl Ris. '07	🍷🍷 6
○ A. A. Gewürztraminer Elyònd '09	🍷 5
○ A. A. Pinot Grigio '10	🍷🍷 4
○ A. A. Sauvignon Oyèll '09	🍷 5
● A. A. Cabernet Sauvignon Sass Roà Ris. '07	🍷 6
○ A. A. Pinot Bianco '10	🍷 4
○ A. A. Riesling '09	🍷 5
○ A. A. Gewürztraminer '94	🍷🍷🍷 4
● A. A. Lagrein Scuro Barbagòl Ris. '00	🍷🍷🍷 6
● A. A. Cabernet Sauvignon Sass Roà Ris. '04	🍷 6
○ A. A. Gewürztraminer Elyònd '08	🍷 5
● A. A. Lagrein Scuro Barbagòl Ris. '06	🍷 6
● A. A. Pinot Nero Selyèt Ris. '07	🍷 5
● A. A. Pinot Nero Selyèt Ris. '06	🍷 5
○ A. A. Sauvignon Passito Saphir '07	🍷🍷 8
● Col de Réy '04	🍷🍷 7

ALTO ADIGE

Loacker Schwarhof
loc. Santa Giustina, 3
39100 Bolzano/Bozen
Tel. 0471365125
www.loacker.net

VENDITA DIRETTA
VISITA SU PRENOTAZIONE

PRODUZIONE ANNUA 60.000 bottiglie
ETTARI VITATI 7.00
VITICOLTURA Biodinamico Certificato

I Loacker sono artisti e filosofi della viticoltura, sicuramente dei pionieri nel mondo enologico altoatesino. Da decenni hanno scelto la strada della biodinamica e dell'omeopatia in vigna e in cantina. I loro vini, sempre molto espressivi, sono il risultato di questa scelta produttiva senza compromessi e senza paura dei rischi che qualche volta comporta l'assoluta coerenza con i propri principi. Il Merlot Ywain, il Lagrein Gran Lareyn, il Pinot Nero Norital, e il Santa Maddalena Morit sono tra i vini più interessanti e rappresentativi.

Due grandi vini, molto diversi tra loro ma uniti dal fatto di essere tra le migliori espressioni delle loro rispettive tipologie. Il Lagrein Gran Lareyn '09 è un rosso straordinario: il naso è complesso di agrumi, humus e pepe nero, mentre la bocca è possente ma dalla quasi miracolosa architettura che lo racchiude in un quadro di grande armonia. Un vino che bisogna avere la pazienza di attendere ma che non tradirà le attese. L'altro top di gamma è il Santa Maddalena Morit '10: semplicemente il più buono dell'annata. Può bastare?

H. Lun
via Villa, 22/24
39044 Egna/Neumarkt [BZ]
Tel. 0471813256
www.lun.it

VENDITA DIRETTA
VISITA SU PRENOTAZIONE

PRODUZIONE ANNUA 300.000 bottiglie
ETTARI VITATI 30.00

La Lun è la più antica cantina privata dell'Alto Adige. Nata nel lontano 1840 ha oggi la sua sede nel Plattenhof a Egna e fa parte da qualche anno della Cantina Girlan con la guida tecnica del kellermeister Gherard Kofler. I suoi vini - tra i quali soprattutto la famosa linea Sandbichler, che viene imbottigliata soltanto nelle annate migliori - sono da anni di alto livello qualitativo e di buona espressività, dall'ottimo rapporto qualità prezzo.

Prestazione un po' così così quella della storica azienda di Egna e, a essere onesti, da un'annata interessante come la 2010 ci saremmo aspettati francamente qualcosa di più. I vini sono sempre ben fatti e dal prezzo encomiabile ma mancano di quel pizzico di personalità che ormai serve per emergere. Nulla da dire sul Sauvignon e il Pinot Grigio '10: sono tipici, freschi e con una buona struttura, ma gli manca appunto quella distensione, quel carattere necessari a fare il salto di qualità. Il resto della produzione è di assoluta correttezza.

● A. A. Lagrein Gran Lareyn '09	🍷🍷 5
● A. A. Santa Maddalena Morit '10	🍷🍷 4
● A. A. Cabernet Sauvignon - Lagrein Kastlet '08	🍷🍷 5
● Pinot Nero Norital '09	🍷🍷 5
○ Chardonnay Ateyon '09	🍷 5
○ Yedra '10	🍷 5
● A. A. Merlot Ywain '04	🍷🍷🍷 5*
○ A. A. Chardonnay Ateyon '06	🍷🍷 5
● A. A. Lagrein Gran Lareyn '07	🍷🍷 5
● A. A. Lagrein Gran Lareyn Ris. '07	🍷🍷 5
● A. A. Pinot Nero Norital '07	🍷🍷 5*
● A. A. Pinot Nero Norital '06	🍷🍷 5
● A. A. Santa Maddalena Cl. Morit '07	🍷🍷 4*

○ A. A. Pinot Grigio '10	🍷🍷 4*
○ A. A. Sauvignon '10	🍷🍷 4
● A. A. Lago di Caldaro Scelto Cl. '10	🍷 3
● A. A. Lagrein Sandbichler Ris. '08	🍷 6
○ A. A. Pinot Bianco '10	🍷 4
● A. A. Pinot Nero Sandbichler Ris. '08	🍷 4
○ A. A. Riesling '10	🍷 4
● A. A. Santa Maddalena '10	🍷 4
○ A. A. Bianco Sandbichler '07	🍷🍷 4*
● A. A. Cabernet Sauvignon Ris. '07	🍷🍷 4
○ A. A. Gewürztraminer Sandbichler '07	🍷🍷 5
● A. A. Lagrein Sandbichler Ris. '07	🍷🍷 6
○ A. A. Moscato Giallo Sandbichler Passito '06	🍷🍷 6
● A. A. Santa Maddalena '09	🍷🍷 4

ALTO ADIGE

Manincor
San Giuseppe al Lago, 4
39052 Caldaro/Kaltern [BZ]
Tel. 0471960230
www.manincor.com

VENDITA DIRETTA
VISITA SU PRENOTAZIONE

PRODUZIONE ANNUA 250.000 bottiglie
ETTARI VITATI 50.00
VITICOLTURA Biodinamico Certificato

Il conte Michael Goëss-Enzenberg (neo presidente dell'associazione dei Vignaioli dell'Alto Adige/Freie Weinbauern Südtirol), titolare di questa giovane azienda vinicola (è nata nel 1996), ma dalla storia che risale addirittura all'inizio del XVII secolo, ha da subito iniziato la sua avventura seguendo le indicazioni della biodinamica. Helmuth Zozin, uno dei più importanti conoscitori di questa filosofia produttiva, ha qui a Manincor sintetizzato una cifra stilistica di rara personalità. Bianchi (Pinot Bianco e Sauvignon) di raffinatezza ed eleganza uniche si accompagnano a rossi (Pinot Nero e Merlot) dal carattere inconfondibile.

Alla terza vendemmia in quel di Manincor Helmuth Zozin sembra aver preso veramente le misure. I vini, in particolare i bianchi, trasmettono un'idea molto precisa su che tipo di prodotti si vogliono realizzare. Vini aristocratici, raffinati, in cui l'eleganza non è uno strumento ma il fine ultimo di tanto lavoro. Sintesi di questo discorso è il Terlano Pinot Bianco Eichhorn '10 figlio di una bellissima vigna e di un lavoro straordinario in cantina che ha esaltato al massimo il terroir di Terlano. È succoso, minerale, con in primo piano una pietra focaia che lo nobilita e lo accompagna in tutti i suoi passaggi. Aggiungiamo poi due tra i migliori Sauvignon italiani, il Sauvignon di Lieben Aich '10 e Lieben Aich '09, e il quadro è, quasi, completo.

○ A. A. Terlano Pinot Bianco Eichhorn '10	ҮҮҮ	5
○ A. A. Terlano Chardonnay Sophie '10	ҮҮ	5
○ A. A. Terlano Sauvignon di Lieben Aich '10	ҮҮ	5
○ A. A. Terlano Sauvignon Lieben Aich '09	ҮҮ	7
○ A. A. Bianco Passito Le Petit '09	ҮҮ	5
● A. A. Lagrein Rubatsch '09	ҮҮ	5
○ A. A. Moscato Giallo '10	ҮҮ	4
● A. A. Pinot Nero Mason di Mason '09	ҮҮ	8
○ A. A. Terlano Réserve della Contessa '10	ҮҮ	4
● A. A. Cabernet Sauvignon Cassiano '97	ҮҮҮ	5
○ A. A. Terlano Pinot Bianco Eichhorn '09	ҮҮҮ	5
○ A. A. Terlano Sauvignon '08	ҮҮҮ	5
○ A. A. Terlano Sauvignon '09	ҮҮ	5

K. Martini & Sohn
loc. Cornaiano
via Lamm, 28
39057 Appiano/Eppan [BZ]
Tel. 0471663156
www.martini-sohn.it

VENDITA DIRETTA

PRODUZIONE ANNUA 250.000 bottiglie
ETTARI VITATI 1.00

È una delle aziende più solide e affidabili della regione la K. Martini & Sohn. Nata nel 1976 a opera di Karl Martini è la classica azienda a conduzione familiare. Il figlio Gabriel è ora affiancato dal giovane Lukas appassionato e giovane enologo che sta dando ai vini un'impronta di bevibilità e tipicità. Si tratta di un'azienda di medie dimensioni, che si esprime a livelli più che buoni in tutta la gamma proposta, e che ha saputo ben coniugare innovazione tecnologica e tradizione. L'orgoglio di Gabriel Martini sono i vini delle linee Maturum e Palladium, ma tutta la produzione è di buon livello e dai prezzi molto corretti.

Lukas Martini sembra deciso a dare un'impronta precisa ai vini che escono dalla propria cantina. Vini bevibili, tipici, sempre composti, ben fatti e dal giusto prezzo. Ci sembra che la strada sia quella giusta. Il Lagrein Maturum 2009 è molto ben fatto, pieno, fragrante, dalla bella acidità che gli dona freschezza e distensione, i tannini sono ben risolti ed il finale decisamente accattivante. Il Lago di Caldaro Felton 2010 è risultato tra i migliori della denominazione grazie a delicate note floreali che si accompagnano ad un palato fresco e scorrevole. Fine, verticale e dal finale disteso il Sauvignon Palladium 2010. Il resto della gamma è di rara correttezza e affidabilità.

● A. A. Lagrein Maturum '09	ҮҮ	6
● A. A. Lago di Caldaro Cl. Felton '10	ҮҮ	4*
● A. A. Lagrein Cabernet Coldirus '09	ҮҮ	4
● A. A. Lagrein Rueslhof '10	ҮҮ	4
○ A. A. Sauvignon Palladium '10	ҮҮ	4
○ A. A. Gewürztraminer Palladium '10	Ү	4
○ A. A. Pinot Bianco Lamm '10	Ү	4
○ A. A. Pinot Bianco Palladium '10	Ү	4
○ A. A. Sauvignon '10	Ү	4
● A. A. Schiava Palladium '10	Ү	4
○ A. A. Sauvignon Palladium '04	ҮҮҮ	4*
● A. A. Lagrein Scuro Maturum '07	ҮҮ	6
● A. A. Lagrein Scuro Maturum '01	ҮҮ	5

ALTO ADIGE

Cantina Meran Burggräfler

VIA PALADE, 64
39020 MARLENGO/MARLING [BZ]
TEL. 0473447137
www.cantinamerano.it

VENDITA DIRETTA
VISITA SU PRENOTAZIONE

PRODUZIONE ANNUA 1.000.000 bottiglie
ETTARI VITATI 260.00

La fusione tra la cantina Produttori Burggräfler e quella di Merano è cosa fatta: nuove etichette con il marchio Meran e nuove bottiglie a sottolineare la nuova strada intrapresa. Quello che resta sono vigneti che godono di splendide posizioni dai dintorni di Merano fino alle Valle Venosta. Sotto la guida dello storico kellermeister Stefan Kapfinger questa nuova realtà cooperativa ha raggiunto uno standard qualitativo veramente importante: vini sempre più definiti stilisticamente, ricchi di personalità e in alcuni casi espressione di terroir molto tipici. A questo va aggiunto che la politica dei prezzi, che caratterizza l'intera gamma prodotta, è estremamente corretta.

La griglia dei vini sottostante è la prova migliore della qualità di questa azienda e del lavoro dell'enologo Stefan Kapfinger. Quattro vini in finale, tutti espressione delle varietà e dei terroir più tipici della regione. Il Valle Venosta Pinot Bianco Sonnenberg è come al solito un vino tutto finezza e verticalità, caratteristiche portate alle estreme conseguenze dall'annata 2010. Dello stesso anno la Schiava Meranese Schickenburg, una vera delizia, floreale e delicata, e dalla beva invitante. Va detto comunque che l'intera produzione è ammirevole per stile e per rapporto qualità prezzo, tanto da avere pochi riscontri in Alto Adige.

★Cantina Convento Muri-Gries

FRAZ. GRIES
P.ZZA GRIES, 21
39100 BOLZANO/BOZEN
TEL. 0471282287
www.muri-gries.com

VENDITA DIRETTA
VISITA SU PRENOTAZIONE

PRODUZIONE ANNUA 650.000 bottiglie
ETTARI VITATI 30.00

È raro incontrare persone come Christian Werth, dal 1988 cantiniere dell'azienda/convento Muri Gries, una delle realtà produttive più antiche del nostro Paese, in cui professionalità e passione sono pari solo alla modestia. Il tempo passa ma Christian conserva immutati entusiasmo e voglia di sperimentare nuove strade. Il risultato di tanta determinazione sono vini sempre più definiti e precisi, con il Lagrein Abtei Riserva che ormai rappresenta l'eponimo della tipologia, e una gamma di vini, dal Pinot Nero al Pinot Bianco, dal Santa Maddalena allo splendido Moscato Rosa, impeccabili.

A causa della disastrosa grandinata dell'estate 2008 il Lagrein Abtei Riserva di quell'annata, a riprova della serietà del kellermeister Christian Werth, non è stato prodotto. Sono comunque due i vini che hanno raggiunto le nostre finali: una classica, succosa e godibilissima Santa Maddalena '10 e un Bianco Abtei '09 (70% pinot bianco e il resto pinot grigio) concentrato con profumi avvolgenti di timo e frutta bianca che si sposano a un palato in cui tornano le erbe aromatiche e una profondità tale da renderlo un vino di classe superiore. Il resto della produzione è, come al solito, una vera sicurezza.

○ A. A. Gewürztraminer Labers '10	5
● A. A. Meranese Schickenburg '10	4*
○ A. A. Pinot Bianco Tyrol '10	5
● A. A. Val Venosta Pinot Bianco Sonnenberg '10	4*
○ A. A. Kerner Graf von Meran '10	5
● A. A. Lagrein Segen '09	6
● A. A. Meranese St. Valentin '10	4*
○ A. A. Pinot Bianco Graf Von Meran '10	4
● A. A. Val Venosta Sonnenberg '10	4*
○ A. A. Gewürztraminer Graf Von Meran '10	5
○ A. A. Riesling Graf von Meran '10	5
○ A. A. Sauvignon Mervin '10	5
○ A. A. Moscato Giallo Passito Sissi Graf von Meran '08	6
○ A. A. Val Venosta Pinot Bianco Sonnenberg '08	4*
● A. A. Val Venosta Schiava Sonnenberg '08	3*

○ A. A. Bianco Abtei Muri '09	5
● A. A. Santa Maddalena '10	3*
○ A. A. Lagrein Rosato '10	4*
○ A. A. Moscato Rosa Abtei Muri '09	6
○ A. A. Pinot Grigio '10	4*
● A. A. Pinot Nero Abtei Muri Ris. '08	6
○ A. A. Muller Thurgau '10	4
● A. A. Schiava Grigia '10	3
○ A. A. Terlano Pinot Bianco '10	4
● A. A. Lagrein Abtei Ris. '07	6
● A. A. Lagrein Abtei Ris. '06	5
● A. A. Lagrein Abtei Ris. '05	5
● A. A. Lagrein Abtei Ris. '04	5
● A. A. Lagrein Abtei Ris. '03	5
● A. A. Lagrein Abtei Ris. '02	5
● A. A. Lagrein Abtei Ris. '01	5

ALTO ADIGE

Cantina Nals Margreid
via Heiligenberg, 2
39010 Nalles/Nals [BZ]
Tel. 0471678626
www.kellerei.it

VENDITA DIRETTA
VISITA SU PRENOTAZIONE

PRODUZIONE ANNUA 900.000 bottiglie
ETTARI VITATI 150.00

La nuova e bella cantina appena inaugurata simboleggia il raggiungimento nell'élite altoatesina dell'azienda condotta da Gottfried Pollinger coadiuvato dal bravissimo kellermeister Harald Schraffl, qualcosa di più di una promessa. I vini della Cantina Nals Margreid, soprattutto bianchi, sono sempre più di territorio, sempre più definiti stilisticamente e tecnicamente impeccabili, frutto di severe selezioni nei vigneti e di un lavoro in cantina molto rispettoso delle caratteristiche dei vigneti e tipologie diverse. Il Pinot Bianco Sirmian, il Sauvignon Mantele e il Pinot Grigio Punggl sono le perle tra i bianchi, cui si affiancano i rossi della linea Baron Salvadori e la Schiava Galea, un must della tipologia.

Quattro vini in finale e un Tre Bicchieri conquistato trionfalmente per la quarta volta con il Pinot Bianco Sirmian '10. Ma quello che colpisce è la crescita complessiva della produzione. Non avevamo mai visto così in forma il Sauvignon Mantele o il Pinot Grigio Punggl, che in questa annata sono risultati tra i migliori della Provincia di Bolzano. Il Pinot Bianco Sirmian sembra aver raggiunto quella maturità stilistica che trasforma un grande vino in un classico: ha struttura ma anche finezza, ha sapidità ma anche complessità, beva distesa e perfetta maturità.

○ A. A. Pinot Bianco Sirmian '10	🍷🍷🍷 5*
○ A. A. Chardonnay Baron Salvadori '09	🍷🍷 6
○ A. A. Pinot Grigio Punggl '10	🍷🍷 5*
○ A. A. Sauvignon Mantele '10	🍷🍷 5
● A. A. Merlot - Cabernet Anticus Baron Salvadori '08	🍷🍷 6
● A. A. Merlot Levad '09	🍷🍷 5
○ A. A. Moscato Giallo Passito Baron Salvadori '08	🍷🍷 7
○ A. A. Pinot Bianco Penon '10	🍷🍷 4*
○ A. A. Pinot Grigio '10	🍷🍷 4*
● A. A. Schiava Galea '10	🍷🍷 4
● A. A. Cabernet Sauvignon Lafot '08	🍷 5
○ A. A. Chardonnay '10	🍷 4
● A. A. Pinot Nero Mazzon '08	🍷 5
○ A. A. Pinot Bianco Sirmian '09	🍷🍷🍷 4*
○ A. A. Pinot Bianco Sirmian '08	🍷🍷🍷 4*
○ A. A. Pinot Bianco Sirmian '07	🍷🍷🍷 4*

Josef Niedermayr
loc. Cornaiano/Girlan
via Casa di Gesù, 15/23
39057 Appiano/Eppan [BZ]
Tel. 0471662451
www.niedermayr.it

VENDITA DIRETTA
VISITA SU PRENOTAZIONE

PRODUZIONE ANNUA 220.000 bottiglie
ETTARI VITATI 35.00

Josef Niedermayr è stato senz'altro uno dei protagonisti della rinascita della viticoltura dell'Alto Adige. La sua azienda è affidabile e condotta in modo professionale con la consulenza di Lorenzo Martini. Tra i vari prodotti l'Aureus, un bianco passito da uve chardonnay, sauvignon in ampia prevalenza e piccolo saldo di gewürztraminer, uno dei vini dolci migliori del Paese. Ma tutte le tipologie altoatesine sono espresse al meglio per tipicità e correttezza tecnica.

Era da qualche anno che l'azienda di Josef Niedermayr non ci presentava una gamma di vini così convincenti. Ci sono sembrati più precisi tecnicamente ma soprattutto con quel carattere ormai indispensabile per primeggiare nell'affollatissimo panorama viticolo altoatesino. Il Lagrein Riserva Gries '09 è semplicemente buonissimo: elegante fin dai profumi, dove a prevalere è la mineralità e la delicata speziatura, presenta una bocca austera con tannini maturi e un'articolazione ben costruita. E che dire del Sauvignon Naun '10, che si presenta con note di anice, una bella materia al palato, ma equilibrata da venature di agrume e spezie. Il resto della produzione è adeguato alla storia di quest'azienda.

● A. A. Lagrein Gries Ris. '09	🍷🍷 6
○ A. A. Sauvignon Naun '10	🍷🍷 5
● A. A. Lagrein Blacedelle '10	🍷🍷 5
● A. A. Pinot Nero Precios '08	🍷🍷 5
● Euforius '09	🍷🍷 6
○ A. A. Aureus '09	🍷 7
● A. A. Pinot Nero Ris. '09	🍷 6
○ A. A. Aureus '99	🍷🍷🍷 6
○ A. A. Aureus '98	🍷🍷🍷 6
○ A. A. Aureus '95	🍷🍷🍷 6
○ A. A. Aureus '07	🍷🍷 7
○ A. A. Aureus '06	🍷🍷 7
○ A. A. Aureus '05	🍷🍷 7
● A. A. Lagrein Gries Ris. '08	🍷🍷 6

ALTO ADIGE

Ignaz Niedrist
LOC. CORNAIANO/GIRLAN
VIA RONCO, 5
39050 APPIANO/EPPAN [BZ]
TEL. 0471664494
ignazniedrist@rdmail.net

VENDITA DIRETTA
VISITA SU PRENOTAZIONE

PRODUZIONE ANNUA 40.000 bottiglie
ETTARI VITATI 6.50

Ignaz Niedrist è un maestro nel suo mestiere, un vero intellettuale, come dimostra la sua biblioteca enologica, una delle più fornite della zona, un uomo che studia, che cerca, che riflette, che si confronta con vitigni come il riesling, il pinot bianco e il sauvignon per i bianchi, il pinot nero e il lagrein per i rossi. Nella sua azienda a Cornaiano non è facile trovare bottiglie disponibili perché le circa 40mila prodotte sono subito distribuite a commercianti, amici e appassionati. Sono vini mai banali, di grande personalità ed eleganza e di una qualità media altissima.

Non sono molti i produttori che possono vantare la competenza e la passione di Ignaz Niedrist. Tre Bicchieri al Terlano Sauvignon '10, un vino di raro nerbo ed energia che si presenta con uno spettro aromatico fatto di agrumi, erbe aromatiche e pietra focaia; al palato è una vera lama, ma equilibrato, succoso, e dal finale impressionante per lunghezza e determinazione. Il Riesling Berg e il Terlano Pinot Bianco, entrambi del 2010, sono semplicemente tra i migliori dell'annata e visto che non si vive di soli vini bianchi ecco un impeccabile Pinot Nero '09 e un eccellente Lagrein Berger Gei '09.

○ A. A. Terlano Sauvignon '10	🍷🍷🍷 5
● A. A. Pinot Nero '09	🍷🍷 5
○ A. A. Riesling Berg '10	🍷🍷 4
○ A. A. Terlano Pinot Bianco '10	🍷🍷 4*
● A. A. Lagrein Berger Gei '09	🍷🍷 5
○ Trias '10	🍷🍷 4
○ A. A. Terlano Sauvignon '00	🍷🍷🍷 4*
● A. A. Lagrein Berger Gei '07	🍷🍷 5
● A. A. Pinot Nero '08	🍷🍷 5
○ A. A. Riesling Renano '09	🍷🍷 4*
○ A. A. Terlano Pinot Bianco '09	🍷🍷 4*
○ A. A. Terlano Pinot Bianco '04	🍷🍷 4*
○ A. A. Terlano Sauvignon '02	🍷🍷 5

Niklaserhof - Josef Sölva
LOC. SAN NICOLÒ
VIA DELLE FONTANE, 31A
39052 CALDARO/KALTERN [BZ]
TEL. 0471963432
www.niklaserhof.it

VENDITA DIRETTA
VISITA SU PRENOTAZIONE

PRODUZIONE ANNUA 45.000 bottiglie
ETTARI VITATI 5.50

L'azienda Niklaserhof è un valido indirizzo per vini di grande qualità ma anche di carattere e originalità. Situata in mezzo ai vigneti, nella piccola frazione San Nicolò sopra Caldaro, vanta una cantina con le mura in pietra, in cui si trovano botti in legno, dimostrazione che la tradizione si sposa molto bene con la nuova tecnologia e l'innovazione. Il Niklaserhof negli ultimi anni ha proposto degli ottimi bianchi, provenienti dai vigneti siti nelle parti più alte della zona, con particolare attenzione a una tipologia che sta conoscendo un grande rilancio e successo come il Pinot Bianco.

Sempre ben fatti i vini di questa piccola azienda di Caldaro. In particolare quest'anno ci è piaciuto molto il Sauvignon '10, un bianco fine, minerale, austero, con delicate note affumicate che donano un certa personalità. Molto buoni come al solito i due Pinot Bianco, quello d'annata e la Riserva Klaser '09. Il primo è fresco e sbarazzino e di una piacevolissima beva, mentre la Riserva, frutto di un progetto più ambizioso, è ancora un po' indietro ma già esprime un certo carattere. Il resto della produzione è corretto, ma ci aspettiamo ancora di meglio.

○ A. A. Pinot Bianco Klaser Ris. '09	🍷🍷 4
○ A. A. Pinot Bianco Weingut Niklas '10	🍷🍷 4
○ A. A. Sauvignon Weingut Niklas '10	🍷🍷 4
○ A. A. Kerner Weingut Niklas '10	🍷 4
● A. A. Lago di Caldaro Scelto Cl. Weingut Niklas '10	🍷 3
● A. A. Lagrein Mondevinum Ris. '08	🍷 5
● A. A. Merlot Mondevinum Ris. '08	🍷 5
○ A. A. Bianco Mondevinum '05	🍷🍷 5
○ A. A. Kerner '05	🍷🍷 4*
● A. A. Lago di Caldaro Scelto Cl. '09	🍷🍷 3
● A. A. Lagrein '08	🍷🍷 4
○ A. A. Pinot Bianco Klaser '07	🍷🍷 4
○ A. A. Pinot Bianco Klaser R '05	🍷🍷 4*

ALTO ADIGE

Obermoser H. & T. Rottensteiner

FRAZ. RENCIO
VIA SANTA MADDALENA, 35
39100 BOLZANO/BOZEN
TEL. 0471973549
www.obermoser.it

VENDITA DIRETTA
VISITA SU PRENOTAZIONE

PRODUZIONE ANNUA 35.000 bottiglie
ETTARI VITATI 3.60

L'azienda di Heinrich Rottensteiner e di suo figlio Thomas è il classico esempio della piccola azienda a conduzione familiare. Piccolo vigneto (supera di poco i tre ettari) tenuto come un giardino e produzione di una piccola quantità di bottiglie (circa 35mila) delle classiche tipologia della zona di Bolzano, quindi Lagrein e ovviamente Santa Maddalena. Sono vini di stampo tradizionale ma prodotti con una tecnica tale da garantire uno standard qualitativo sempre molto elevato.

È la prima volta che la piccola azienda di Bolzano conquista i Tre Bicchieri e lo fa, naturalmente, con il Lagrein Riserva Grafenleiten, vero punto di forza della famiglia Rottensteiner, che con la versione 2009 ha veramente sbaragliato il campo. Da qualche anno questo Lagrein risulta sempre tra i migliori e finalmente, complice un'annata sicuramente favorevole, ecco il risultato importante. Si presenta con profumi molto speziati, ma anche di erbe aromatiche e agrumi; al palato è fragrante, pieno, molto minerale, terroso e fine con tannini tosti e con un'acidità fresca e ben proporzionata.

● A. A. Lagrein Grafenleiten Ris. '09	🍷🍷🍷 5
● A. A. Lagrein '10	🍷🍷 5
● A. A. Santa Maddalena Cl. '10	🍷🍷 4
● A. A. Lagrein '09	🍷🍷 4*
● A. A. Lagrein '08	🍷🍷 4*
● A. A. Lagrein Scuro Grafenleiten Ris. '07	🍷🍷 5
● A. A. Lagrein Scuro Grafenleiten Ris. '00	🍷🍷 5
● A. A. Santa Maddalena Cl. '09	🍷🍷 4
● A. A. Santa Maddalena Cl. '08	🍷🍷 4*
● A. A. Santa Maddalena Cl. '07	🍷🍷 4*
● A. A. Santa Maddalena Cl. '06	🍷🍷 4*
○ A. A. Sauvignon '07	🍷🍷 4*

Pacherhof - Andreas Huber

FRAZ. NOVACELLA
V.LO PACHER, 1
39040 VARNA/VAHRN [BZ]
TEL. 0472835717
www.pacherhof.com

VENDITA DIRETTA
VISITA SU PRENOTAZIONE
OSPITALITÀ

PRODUZIONE ANNUA 70.000 bottiglie
ETTARI VITATI 8.00
VITICOLTURA Naturale

Il maso Pacher si trova proprio sopra l'Abbazia di Novacella a nord di Bressanone e ha le sue origini nell'XI secolo. Dal 1849 è proprietà della famiglia Huber. E proprio un Huber, Josef, è stato uno dei pionieri della viticoltura in Valle Isarco. Nel 1880 infatti portò dai suoi viaggi nell'Europa le prime viti bianche nella zona, sylvaner e müller thurgau. Oggi è il giovane Andreas che lavora, insieme al padre Josef, gli otto ettari di vigneti di proprietà. Da questi vigneti nascono vini aromatici e vivaci, ricchi d'eleganza e nerbo, che vengono vinificati in acciaio e in botti grandi. Riesling, Kerner, Sylvaner, Pinot Grigio e Müller Thurgau sono uno più buono dell'altro.

Andreas Huber è uno dei giovani produttori che hanno contribuito a rendere famosa la Valle Isarco nel mondo degli appassionati e dei consumatori. Lo stile è quello tipico della Valle Isarco: finezza, mineralità, acidità decisa, salinità. Tutte caratteristiche che si ritrovano nei vini del Pacherhof a cominciare dal Sylvaner Alte Reben (Vecchie Vigne) '10 che, ancora giovanissimo, è già molto espressivo, nonostante la corposità e complessità. Il resto della produzione è sulla stessa scia, con qualche tendenza un po' eccessiva nella ricerca della morbidezza.

○ A. A. Valle Isarco Sylvaner Alte Reben '10	🍷🍷 6
○ A. A. Valle Isarco Kerner '10	🍷🍷 5
○ A. A. Valle Isarco Pinot Grigio '10	🍷🍷 5
○ A. A. Valle Isarco Riesling '10	🍷🍷 5
○ A. A. Valle Isarco Sylvaner '10	🍷🍷 5
○ A. A. Valle Isarco Veltliner '10	🍷🍷 5
○ A. A. Valle Isarco Müller Thurgau '10	🍷 4
○ A. A. Valle Isarco Riesling '04	🍷🍷🍷 5
○ A. A. Valle Isarco Sylvaner Alte Reben '05	🍷🍷🍷 5
○ A. A. Valle Isarco Riesling '08	🍷🍷 5
○ A. A. Valle Isarco Riesling '07	🍷🍷 5
○ A. A. Valle Isarco Riesling '06	🍷🍷 5
○ A. A. Valle Isarco Sylvaner Alte Reben '09	🍷🍷 6
○ A. A. Valle Isarco Sylvaner Alte Reben '08	🍷🍷 6
○ A. A. Valle Isarco Sylvaner Alte Reben '07	🍷🍷 5

ALTO ADIGE 350

Pfannenstielhof Johannes Pfeifer
VIA PFANNESTIEL, 9
39100 BOLZANO/BOZEN
TEL. 0471970884
www.pfannenstielhof.it

VENDITA DIRETTA
VISITA SU PRENOTAZIONE

PRODUZIONE ANNUA 40.000 bottiglie
ETTARI VITATI 4.00

Johannes Pfeifer è un vignaiolo nel senso letterale del termine coadiuvato dall'energica e simpatica moglie Margareth. Dai suoi 4 ettari di vigneto, situati nel cuore della zona di produzione del Lagrein, riesce a ottenere vini veramente importanti, con uno stile molto preciso. Sono circa 40mila le bottiglie prodotte, tutte di vini rossi e tutti molto ben fatti, a cominciare dal Santa Maddalena che qui, al Pfannenstielhof, riesce bene come pochi. Ma anche il Lagrein Riserva e l'ultimo arrivato, il Pinot Nero, sono vini sempre eleganti e veramente tipici.

L'annata 2010 non è stata certo al livello di quella precedente che ha permesso al bravo Johannes Pfeifer di conquistare per la prima volta i Tre Bicchieri con una Schiava. Nonostate questo il suo Santa Maddalena è floreale e delicatamente speziato e al palato si presenta fresco e di grande dinamismo. Ma la bravura di Johannes diventa lampante all'assaggio del Lagrein d'annata, il Vom Boden 2010 semplicemente delizioso e di una complessità rara per la sua gioventù che si affianca ad una beva grandiosa. Nonostante la disgraziata annata 2008 il Lagrein Riserva con le sue note agrumate e la bocca tesa e vibrante risulta tra i più convincenti tra quelli assaggiati. Ma con i vini del Pfannenstielhof non si sbaglia mai.

Tenuta Ritterhof
S.DA DEL VINO, 1
39052 CALDARO/KALTERN [BZ]
TEL. 0471963298
www.ritterhof.it

VENDITA DIRETTA
VISITA SU PRENOTAZIONE

PRODUZIONE ANNUA 290.000 bottiglie
ETTARI VITATI 7.50

Vini gradevoli, ben fatti e a prezzi corretti, questa è la fotografia della storica casa vinicola. I vigneti di Ritterhof, una tipica azienda vinicola altoatesina di proprietà della famiglia Roner (quella della famosa distilleria), si estendono nelle zone più vocate tra Caldaro e Termeno. Ai sette ettari tra proprietà e affitto si aggiungono le uve di una quarantina di conferitori abituali che vengono lavorate con cura certosina da Bernhard Hannes. Tra i vini di punta sicuramente il Gewürztraminer Crescendo ma anche il Lagrein Manus Riserva e il Pinot Grigio.

Abbiamo l'impressione che i vini della Ritterhof anno dopo anno stiano acquistando sempre più maturità stilistica e definizione. Merito senz'altro del bravo e modesto enologo Bernhard Hannes che ci ha presentato un Pinot Bianco 2010 veramente riuscito: è succoso, minerale, ricco di erbe aromatiche, salato, elegante con una progressione lunga e coerente. Tra i più buoni anche il Lago di Caldaro '10 che, a dispetto del prezzo veramente invitante, esprime un carattere sorprendente e una piacevolezza rara. Il resto della produzione si conferma in crescita rispetto agli ultimi anni.

● A. A. Lagrein vom Boden '10	4*
● A. A. Santa Maddalena Cl. '10	4*
● A. A. Lagrein Ris. '08	6
● A. A. Pinot Nero '08	5
● A. A. Santa Maddalena Cl. '09	4*
● A. A. Lagrein '09	4
● A. A. Lagrein Ris. '07	5
● A. A. Lagrein Scuro '08	4*
● A. A. Pinot Nero '07	5*
● A. A. Santa Maddalena Cl. '08	3*
● A. A. Santa Maddalena Cl. '06	3*
● A. A. Santa Maddalena Cl. '03	3*

● A. A. Lago di Caldaro Cl. Ritterhof '10	3*
○ A. A. Pinot Bianco Ritterhof '10	4*
○ A. A. Gewürztraminer Crescendo '10	5
● A. A. Lagrein Manus Crescendo Ris. '07	5
○ A. A. Pinot Nero Crescendo Ris. '08	6
● Perlhof Crescendo '10	5
○ A. A. Gewürztraminer Ritterhof '10	4
○ A. A. Müller Thurgau Ritterhof '10	4
○ A. A. Pinot Grigio Ritterhof '10	4
● A. A. Santa Maddalena Ritterhof '10	4
○ A. A. Sauvignon Ritterhof '10	4
○ A. A. Gewürztraminer Crescendo '09	5
○ A. A. Pinot Grigio '09	4

ALTO ADIGE

Röckhof - Konrad Augschöll
via San Valentino, 9
39040 Villandro/Villanders [BZ]
Tel. 0472847130
roeck@rolmail.net

VENDITA DIRETTA
VISITA SU PRENOTAZIONE
RISTORAZIONE

PRODUZIONE ANNUA 10.000 bottiglie
ETTARI VITATI 3.50

Konrad Augschöll è uno dei primi viticoltori nell'area di Chiusa che ha cominciato a imbottigliare in proprio. Sono circa tre ettari di vigneti, che coltiva oggi sull'antico maso Röckhof (XV secolo) sulla strada che porta da Chiusa verso Villandro. I vigneti crescono sui ripidi pendii, a un'altezza fra i 600 e i 700 metri. Le uve a bacca bianca (riesling e müller thurgau soprattutto) rappresentano metà dei vigneti, l'altra ospita pinot nero e zweigelt, un vecchio vitigno austriaco molto resistente al freddo e adatto alle zone di confine della viticoltura. I rossi sono destinati al consumo nel delizioso agriturismo familiare. Sono vini dotati di grande carattere, autentici e molto espressivi.

I vini di Konrad Augschöll, soprattutto da giovani, sono assolutamente imprevedibili e, conoscendo il personaggio, non c'è da sorprendersi. Avremmo messo la mano sul fuoco sul suo Riesling Viel Anders '10, che avevamo assaggiato già qualche volta nei mesi precedenti e che ci aveva veramente emozionato, ma che, al momento delle degustazioni, era in una fase di chiusura. Ha ricchezza estrattiva ed esprime un'energia incredibile. Un vino con l'argento vivo in corpo. Il Müller Thurgau '10 è il solito campione e il Caruess '10 mai così riuscito.

○ A. A. Valle Isarco Riesling Viel Anders '10	♟♟	4*
○ A. A. Valle Isarco Müller Thurgau '10	♟♟	4*
○ Caruess '10	♟♟	4
○ A. A. Valle Isarco Riesling Viel Anders '08	♟♟♟	4*
○ A. A. Valle Isarco Müller Thurgau '09	♟♟	4*
○ A. A. Valle Isarco Müller Thurgau '08	♟♟	4*
○ A. A. Valle Isarco Müller Thurgau '07	♟♟	4*
○ A. A. Valle Isarco Riesling '07	♟♟	4*
○ A. A. Valle Isarco Riesling '06	♟♟	4*
○ A. A. Valle Isarco Riesling Viel Anders '09	♟♟	4*
○ Caruess '09	♟♟	4*
○ Caruess '08	♟♟	4
○ Caruess '07	♟♟	4*

Hans Rottensteiner
fraz. Gries
via Sarentino, 1a
39100 Bolzano/Bozen
Tel. 0471282015
www.rottensteiner-weine.com

VENDITA DIRETTA
VISITA SU PRENOTAZIONE

PRODUZIONE ANNUA 450.000 bottiglie
ETTARI VITATI 10.00

A nord ovest di Bolzano, proprio all'imbocco della Val Sarentino, è situata la storica azienda di Toni e Hannes Rottensteiner, una delle cantine più affidabili dell'intera provincia di Bolzano. Ottima tecnica e grande personalità, queste le caratteristiche dei vini targati Rottensteiner. In prima fila naturalmente i vini classici della zona, il Lagrein e la sempre eccellente Santa Maddalena Premstallerhof, ormai un classico della tipologia, mentre nel resto della gamma si distingue in particolare il Gewürztraminer Passito Cresta.

Un po' troppi alti e bassi nella gamma presentata quest'anno da Toni e Hannes Rottensteiner e ne siamo sinceramente sorpresi visto che eravamo abituati a standard molto più alti. I vini sono senz'altro ben fatti, come il Pinot Bianco Carnol '10 o il Müller Thurgau della stessa annata, ma quello che è mancato è il guizzo, quel quid di personalità in più per poter meglio emergere. Siamo sicuri che già dal prossimo anno le cose torneranno al meglio.

○ A. A. Chardonnay '10	♟♟	4*
○ A. A. Müller Thurgau '10	♟♟	4*
○ A. A. Pinot Bianco Carnol '10	♟♟	4*
○ A. A. Gewürztraminer Cancenai '10	♟	5
⊙ A. A. Lagrein Rosato '10	♟	4
○ A. A. Valle Isarco Sylvaner '10	♟	4
● Prem '10	♟	4
● A. A. Lagrein Ris. '02	♟♟♟	4*
○ A. A. Gewürztraminer Passito Cresta '08	♟♟	6
○ A. A. Gewürztraminer Passito Cresta '06	♟♟	6
● A. A. Lagrein Grieser Select Ris. '07	♟♟	5
● A. A. Lagrein Grieser Select Ris. '05	♟♟	5
○ A. A. Pinot Bianco Carnol '09	♟♟	4*
○ A. A. Pinot Grigio '08	♟♟	4*
● A. A. Santa Maddalena Cl. Premstallerhof '09	♟♟	4*

ALTO ADIGE

Castel Sallegg
V.LO DI SOTTO, 15
39052 CALDARO/KALTERN [BZ]
TEL. 0471963132
www.castelsallegg.it

VENDITA DIRETTA
VISITA SU PRENOTAZIONE

PRODUZIONE ANNUA 120.000 bottiglie
ETTARI VITATI 31.00

Il conte Georg von Kuenburg è il proprietario di una delle più tradizionali e storiche aziende della Provincia di Bolzano. Per anni si è parlato di questa cantina quasi esclusivamente per merito dei suoi famosi Moscato Rosa. Ora le cose stanno cambiando e l'azienda offre una gamma di prodotti (dal Lago di Caldaro, al Lagrein e al Pinot Grigio) di eccellente qualità e dalla personalità molto spiccata. Grande appassionato di vino il conte ha trovato come spalla ideale un ispirato enologo come Matthias Hauser, il che lascia prevedere per l'azienda un futuro molto promettente.

L'azienda del conte Georg von Kuenburg si conferma in sicura crescita qualitativa e la cosa non sorprende perché il giovane kellermeister Matthias Hauser ha idee molto chiare e capacità di realizzarle. Noi continuiamo ad amare molto il Lago di Caldaro Bischofsleiten che nella versione '10 esibisce uno spettro aromatico fatto di fiori e frutti rossi e un palato sì delicato, ma di un nerbo che ricorda il carattere del conte. Molto succoso e gradevole anche il Pinot Grigio '10, che rivela un'eleganza rara per la tipologia, ma tutti i vini presentati quest'anno ci hanno convinto appieno.

★★Cantina Produttori San Michele Appiano
VIA CIRCONVALLAZIONE, 17/19
39057 APPIANO/EPPAN [BZ]
TEL. 0471664466
www.stmichael.it

VENDITA DIRETTA
VISITA SU PRENOTAZIONE

PRODUZIONE ANNUA 2.200.000 bottiglie
ETTARI VITATI 370.00

Si sono spesi fiumi di parole sulla Cantina Produttori San Michele Appiano e il suo storico kellermeister Hans Terzer, un vero e proprio monumento della vitienologia altoatesina. Quello che resta è una gamma di livello, che ha pochi rivali, con alcune punte di qualità assolutamente straordinarie. La linea Sanct Valentin, a cominciare dall'ormai mitico Sauvignon, rappresenta da anni uno dei fiori all'occhiello della produzione vinicola italiana. A questo vino, che ha ormai raggiunto la dimensione di un vero classico si aggiungono, della stessa linea, Lagrein, Pinot Nero e Chardonnay di livello adeguato alla storia aziendale.

Non avremmo mai pensato che Hans Terzer potesse ancora sorprenderci così come ha fatto quest'anno. Certo il Sauvignon Sanct Valentin '10 è ancora una volta buonissimo, ma è il resto dei vini presentati chi ci ha veramente impressionati. Un Pinot Nero '08 di rara complessità, uno Chardonnay '09 mai così equilibrato, un Pinot Bianco Schulthauser '10 tornato ad altissimo livello, più un'altra serie di vini di grande qualità. Il Sauvignon premiato è perfetto interprete dell'annata: elegante con note di agrume e pepe bianco ha una bocca salda, austera e profondissima. Châpeau!

● A. A. Lago di Caldaro Scelto Bischofsleiten '10	4*
○ A. A. Pinot Grigio '10	4*
● A. A. Cabernet Ris. '07	5
⊙ A. A. Lagrein Rosé '10	5
○ A. A. Moscato Giallo '10	4
○ A. A. Pinot Bianco '10	4*
○ A. A. Sauvignon '10	4*
● A. A. Lago di Caldaro Scelto Bischofsleiten '09	4*
● A. A. Moscato Rosa '03	7
● A. A. Moscato Rosa '01	7
○ A. A. Pinot Bianco '07	4*
○ A. A. Pinot Grigio '09	4*
○ A. A. Pinot Grigio '07	4*

○ A. A. Sauvignon St. Valentin '10	6
● A. A. Cabernet St. Valentin '06	6
○ A. A. Chardonnay St. Valentin '09	6
● A. A. Lagrein St. Valentin '06	6
○ A. A. Pinot Bianco Schulthause '10	4
● A. A. Pinot Nero St. Valentin '08	6
○ A. A. Gewürztraminer St. Valentin '10	6
● A. A. Merlot St. Valentin '06	6
○ A. A. Pinot Bianco St. Valentin '09	6
○ A. A. Pinot Grigio Anger '10	6
○ A. A. Pinot Grigio St. Valentin '09	6
○ A. A. Riesling Montiggl '10	4
○ A. A. Sauvignon Lahn '10	4
○ A. A. Bianco Passito Comtess '05	6
○ A. A. Sauvignon St. Valentin '09	6
○ A. A. Sauvignon St. Valentin '08	6

ALTO ADIGE

Cantina Produttori San Paolo
Loc. San Paolo
via Castel Guardia, 21
39050 Appiano/Eppan [BZ]
Tel. 0471662183
www.kellereistpauls.com

VENDITA DIRETTA
VISITA SU PRENOTAZIONE

PRODUZIONE ANNUA 1.000.000 bottiglie
ETTARI VITATI 170.00

La Cantina Sociale di San Paolo è una bella realtà di medie dimensioni, nella deliziosa omonima frazione di Appiano. Il paese è circondato da una cornice di splendidi vigneti, nel cuore dell'Oltradige. I vini realizzati sono di impianto molto solido, di bella definizione e tecnica ineccepibile, cui si aggiunge una media qualitativa di tutto rispetto e in costante crescita. Il merito va molto al giovane enologo Wolfgang Tratter. Le linee di produzione Exclusiv e la nuova nata Passion (frutto di una coraggiosa scelta commerciale che consente ai vini di uscire sul mercato dopo almeno due anni dalla vendemmia) rappresentano l'eccellenza della produzione, che si concentra soprattutto sui bianchi.

Se dicessimo che questo primo Tre Bicchieri alla Cantina di San Paolo ci ha sorpresi mentiremmo. Da qualche anno le cose stavano cambiando, e in meglio, e il risultato di tanto impegno è questo Pinot Bianco Passion '09 che ha messo tutti d'accordo: profumi di erbe di campo e frutta bianca accompagnano a un palato ricco ma equilibrato, dove maturità e freschezza vanno sottobraccio e il finale è sapido ai limiti della salinità. Ma quello che ci ha convinto è tutta la gamma, dal Gewürztraminer Passion '09, tra i migliori dell'annata, allo Spumante Praeclarus Brut, al Lagrein Passion '09.

○ A. A. Pinot Bianco Passion '09	🍷🍷🍷	5
○ A. A. Gewürztraminer Passion '09	🍷🍷🍷	5
● A. A. Lagrein Passion '09	🍷🍷🍷	6
● A. A. Pinot Nero Passion '08	🍷🍷🍷	6
● A. A. Schiava Sarnerhof '10	🍷🍷	4*
● A. A. Spumante Praeclarus Brut	🍷🍷🍷	6
○ A. A. Pinot Bianco Plotzner '10	🍷🍷	5
○ A. A. Sauvignon Gfillhof '10	🍷🍷	5
○ A. A. Gewürztraminer St. Justina Exclusiv '08	🍷🍷	5*
○ A. A. Pinot Bianco Exclusiv Plötzner '08	🍷🍷	4*
○ A. A. Pinot Bianco Passion '08	🍷🍷	5
○ A. A. Pinot Bianco Passion '07	🍷🍷	5
○ A. A. Sauvignon Passion '08	🍷🍷	5
● A. A. Schiava Passion '07	🍷🍷	4*
● A. A. Schiava Sarnerhof Exclusiv '09	🍷🍷	4*

★Cantina Produttori Santa Maddalena/Cantina Produttori Bolzano
via Brennero, 15
39100 Bolzano/Bozen
Tel. 0471270909
www.cantinabolzano.com

VENDITA DIRETTA
VISITA SU PRENOTAZIONE

PRODUZIONE ANNUA 1.100.000 bottiglie
ETTARI VITATI 130.00

Questa grande, in tutti i sensi, cantina e il suo kellermeister Stefan Filippi sono da anni ai vertici assoluti della produzione vinicola italiana. Vino simbolo dell'azienda il Lagrein Riserva Taber, un prodotto che da anni è tra i migliori rossi nazionali. Ma non si vive di solo Lagrein e quindi ecco l'eccellente Chardonnay Kleinstein, il classico Sauvignon Mock, i due Gewürztraminer, il base e il Kleinstein, il must Santa Maddalena Huck am Bach e lo straordinario Pinot Bianco Dellago, da anni tra i migliori della tipologia. Ma tutti i vini prodotti si distinguono per carattere e tipicità.

Dopo la pausa del millesimo 2008, causa devastante grandinata, il vino simbolo di questa importante cooperativa torna con tranquillità a riconquistare i Tre Bicchieri. L'annata 2009 è di quelle giuste e il bravo Stefan Filippi non poteva lasciarsi sfuggire l'occasione di presentare un Taber veramente super, e così è stato. Come al solito al naso si presenta con una speziatura intensissima accompagnata da note di grafite e frutti neri; la bocca è carnosa, la struttura ricca ma mitigata da una fresca acidità e da un uso del legno pressoché perfetto. Vogliamo soltanto ricordare un altro ritorno ad altissimi livelli, quello del Cabernet Riserva Mumelter '09.

● A. A. Lagrein Taber Ris. '09	🍷🍷🍷	7
● A. A. Cabernet Mumelter Ris. '09	🍷🍷🍷	7
● A. A. Lagrein Perl '09	🍷🍷🍷	5
⊙ A. A. Moscato Rosa Rosis '10	🍷🍷🍷	6
○ A. A. Pinot Bianco Dellago '10	🍷🍷🍷	5
● A. A. Santa Maddalena Cl. Huck am Bach '10	🍷🍷	4*
○ A. A. Chardonnay Kleinstein '10	🍷🍷🍷	5
○ A. A. Gewürztraminer Kleinstein '10	🍷🍷🍷	6
⊙ A. A. Lagrein Rosé Pichl '10	🍷🍷	4
● A. A. Merlot Siebeneich Ris. '09	🍷🍷🍷	6
○ A. A. Pinot Grigio '10	🍷🍷🍷	5
● A. A. Santa Maddalena Cl. '10	🍷🍷🍷	4*
○ A. A. Sauvignon Mock '10	🍷🍷🍷	5
● A. A. Lagrein Scuro Taber Ris. '07	🍷🍷	7
● A. A. Lagrein Scuro Taber Ris. '05	🍷🍷	6
○ A. A. Pinot Bianco Dellago '09	🍷🍷	5

ALTO ADIGE 354

Peter Sölva & Söhne
VIA DELL'ORO, 33
39052 CALDARO/KALTERN [BZ]
TEL. 0471964650
www.soelva.com

VENDITA DIRETTA
VISITA SU PRENOTAZIONE

PRODUZIONE ANNUA 75.000 bottiglie
ETTARI VITATI 11.00

Peter Sölva & Söhne è un'antica azienda, documentata già nel 1731, del comprensorio di Caldaro. La famiglia Sölva produce più o meno 75mila bottiglie all'anno, etichettate nelle due linee DeSilva e Amistar. Il giovane e volitivo Stephan Sölva, che si avvale della collaborazione dell'enologo Christian Belutti, sembra avere idee molto chiare riguardo allo stile di vini che vuole proporre: bianchi freschi, tipici ed eleganti e rossi potenti, corposi e ambiziosi. Sono comunque tutti vini di grande carattere, tecnicamente ineccepibili e dall'indubbio fascino.

L'anno scorso fu una delle sorprese più interessanti ma quest'anno, il Terlano Pinot Bianco DeSilva '10, ci ha lasciati veramente a bocca aperta. È un bianco ancora austero, ma già molto elegante con note di pietra focaia, agrumi e pesca bianca; al palato si presenta, lungo, profondo, salato e di un dinamismo veramente fuori del comune. Una vera meraviglia. A questo vero campione si affiancano un Gewürztraminer Amistar '10 e un Sauvignon DeSilva di pari annata che svettano tra i migliori, a riprova che certe performance non sono frutto del caso ma di un serio, serissimo lavoro.

○ A. A. Terlano Pinot Bianco DeSilva '10	🍷🍷🍷 5
○ A. A. Gewürztraminer Amistar '10	🍷🍷 6
○ A. A. Sauvignon DeSilva '10	🍷🍷 5
● A. A. Lago di Caldaro Scelto Cl. Sup. DeSilva Peterleiten '10	🍷 4
● A. A. Lagrein DeSilva '08	🍷🍷 5
○ Amistar Bianco '10	🍷🍷 5
○ A. A. Terlano Pinot Bianco DeSilva '09	🍷🍷🍷 5
● A. A. Lagrein Scuro DeSilva '05	🍷 4
○ A. A. Sauvignon Desilva '06	🍷 5
○ A. A. Terlano Pinot Bianco DeSilva '07	🍷 5
○ A. A. Terlano Pinot Bianco DeSilva '06	🍷 5
● Amistar Edizione '05	🍷 7
● Amistar Rosso '04	🍷 6

Stachlburg - Baron von Kripp
VIA MITTERHOFER, 2
39020 PARCINES/PARTSCHINS [BZ]
TEL. 0473968014
www.stachlburg.com

VENDITA DIRETTA
VISITA SU PRENOTAZIONE

PRODUZIONE ANNUA 30.000 bottiglie
ETTARI VITATI 7.00
VITICOLTURA Biologico Certificato

Il Castello Stachlburg di Parcines, una roccaforte del XII secolo utilizzata come sede ministeriale, è dal 1540 proprietà della famiglia Kripp. A causa dell'altitudine in cui si trova l'area coltivata (650 metri) le viti hanno sempre più dovuto cedere il posto alla coltura delle mele. Dal 1990, il barone Sigmund von Kripp ha realizzato in questa zona nuovi impianti di vitigni come pinot nero, pinot bianco, chardonnay, la cui coltivazione è positivamente condizionata dai caldi e soleggiati pendii, dall'aria mite e dal clima secco della Val Venosta. Sono vini di grande finezza ed eleganza e con un carattere che ha pochi riscontri nel panorama vitivinicolo altoatesino.

Il barone von Kripp corre a dare un aiuto alla sparuta, ma fortissima, pattuglia di produttori della Valle Venosta conquistando i Tre Bicchieri con un magnifico, e molto Valle Venosta, Pinot Bianco '10, che nonostante la sua assoluta giovinezza è già in grado di deliziare il nostro palato: al naso si presenta ancora austero, quasi severo, ma con evidenti note affumicate e di pesca bianca. In bocca è agile, nervoso, sapido e con un finale verticale e iodato. Dobbiamo aggiungere a questo vero gioiello una gamma di vini di grande tipicità e espressioni di un terroir sempre più maturo.

○ A. A. Valle Venosta Pinot Bianco '10	🍷🍷🍷 4*
○ A. A. Pinot Grigio '09	🍷🍷 5
● A. A. Valle Venosta Pinot Nero '09	🍷🍷 5
⊙ A. A. Lagrein Rosé '10	🍷🍷 5
○ A. A. Spumante '06	🍷🍷 5
○ A. A. Valle Venosta Chardonnay '10	🍷🍷 4
○ A. A. Valle Venosta Gewürztraminer '09	🍷🍷 5
○ A. A. Terlano Sauvignon '09	🍷🍷 5
○ A. A. Valle Venosta Chardonnay '05	🍷 4
○ A. A. Valle Venosta Chardonnay '99	🍷 4
○ A. A. Valle Venosta Pinot Bianco '07	🍷 4*
● A. A. Valle Venosta Pinot Nero '07	🍷 5
● A. A. Valle Venosta Pinot Nero '06	🍷 5
● A. A. Valle Venosta Pinot Nero '04	🍷 5*
○ Vign. Dolomiti Chardonnay '03	🍷 4

ALTO ADIGE

Strasserhof - Hannes Baumgartner
FRAZ. NOVACELLA
LOC. UNTERRAIN, 8
39040 VARNA/VAHRN [BZ]
TEL. 0472830804
www.strasserhof.info

VENDITA DIRETTA
VISITA SU PRENOTAZIONE
OSPITALITÀ
RISTORAZIONE

PRODUZIONE ANNUA 35.000 bottiglie
ETTARI VITATI 5.00

Lo Strasserhof, uno dei più antichi masi della Valle Isarco e sicuramente con i vigneti più a nord della Provincia di Bolzano, è decisamente una delle realtà più interessanti della zona. Il giovane Hannes Baumgartner coltiva il suo vigneto in una zona di una bellezza struggente. In questi ultimi anni i vini dello Strasserhof hanno raggiunto una definizione stilistica che a noi piace molto: sono freschi, minerali, taglienti, dall'architettura solida e dalla tecnica ineccepibile. Veltliner, Riesling, Sylvaner, Kerner e il Müller Thurgau sono buonissimi e venduti a prezzi estremamente corretti.

Hannes Baumgartner, benché giovanissimo, in pochi anni è riuscito a imporsi all'attenzione di tutti gli appassionati come uno dei più promettenti produttori altoatesini. I vini presentati quest'anno ne sono una dimostrazione lampante: sono bianchi dalla forte personalità, tecnicamente ben fatti e mai alla ricerca di facili scorciatoie per ingraziasi i consumatori. Sono vini austeri, qualche volta in gioventù ai limiti della severità, ma dall'indubbio fascino e dalla grande eleganza, e di una salinità ai limiti del salmastro. È questo il ritratto del Veltliner '10 che bissa, più che meritatamente, il successo dello scorso anno.

Stroblhof
LOC. SAN MICHELE
VIA PIGANÒ, 25
39057 APPIANO/EPPAN [BZ]
TEL. 0471662250
www.stroblhof.it

VENDITA DIRETTA
VISITA SU PRENOTAZIONE

PRODUZIONE ANNUA 30.000 bottiglie
ETTARI VITATI 3.70

Lo Stroblhof, situato nel cuore della zona classica dei grandi vini bianchi di Appiano, è un maso di lunga tradizione vitivinicola. Andreas Nicolussi-Leck dal 1995 è il responsabile dell'azienda e della cantina e da qualche anno mostra una maturità stilistica di primo livello. Sono vini di grande carattere, da giovani un po' scontrosi, austeri ma sempre freschi, di grande energia e dalle importanti capacità di invecchiamento. Detto che si avvale della consulenza di un certo Hans Terzer, allo Stroblhof si producono tra i migliori Pinot Nero, grande passione di Andreas, e Pinot Bianco italiani.

Confessiamo di coltivare una vera passione per il Pinot Bianco Strahler di Andreas Nicolussi-Leck. Uno dei motivi, oltre a quello di considerarlo sempre tra i migliori d'Italia, è la sua difficoltà a concedersi quando è ancora giovane. Riservato, difficile, va scoperto poco per volta, ed è quasi sempre sorprendente. L'annata 2010 sembra aver accentuato queste sue caratteristiche: è severo nei profumi - in primo piano le note minerali -, la bocca è sottile, nervosa, verticale, affilata, un Pinot Bianco dalla grande prospettiva. Gli altri vini sono sulla stessa falsariga, con un accento particolare al Pinot Nero Pigeno '09 particolarmente riuscito, ma questa non è certo una sorpresa.

○ A. A. Valle Isarco Veltliner '10	5*
○ A. A. Valle Isarco Riesling '10	5
○ A. A. Valle Isarco Sylvaner '10	4*
○ A. A. Valle Isarco Kerner '10	5
○ A. A. Valle Isarco Müller Thurgau '10	4
○ A. A. Valle Isarco Gewürztraminer '10	5
○ A. A. Valle Isarco Veltliner '09	4*
○ A. A. Valle Isarco Gewurztraminer '04	4
○ A. A. Valle Isarco Kerner '08	4*
○ A. A. Valle Isarco Kerner '06	4*
○ A. A. Valle Isarco Kerner '05	4
○ A. A. Valle Isarco Kerner '04	4*
○ A. A. Valle Isarco Riesling '09	5*
○ A. A. Valle Isarco Sylvaner '06	4*
○ A. A. Valle Isarco Sylvaner '04	4*
● Thurner '03	4

○ A. A. Pinot Bianco Strahler '10	4*
● A. A. Pinot Nero Pigeno '09	5
○ A. A. Sauvignon Nico '10	5
● A. A. Pinot Nero Ris. '08	6
○ A. A. Chardonnay Schwarzhaus '10	4
○ A. A. Pinot Bianco Strahler '09	4*
● A. A. Pinot Nero Ris. '05	6
○ A. A. Gewürztraminer Pigeno '07	5
○ A. A. Pinot Bianco Strahler '08	4*
○ A. A. Pinot Bianco Strahler '07	4*
● A. A. Pinot Nero Ris. '07	6
● A. A. Pinot Nero Ris. '06	6
● A. A. Pinot Nero Ris. '04	6

ALTO ADIGE

Taschlerhof - Peter Wachtler
Loc. Mara, 107
39042 Bressanone/Brixen [BZ]
Tel. 0472851091
www.taschlerhof.com

VENDITA DIRETTA
VISITA SU PRENOTAZIONE

PRODUZIONE ANNUA 28.500 bottiglie
ETTARI VITATI 4.00

Questa piccola azienda di Mara, piccola frazione a sud di Bressanone, è proprietà di Peter Wachtler, uno dei produttori che sta contribuendo al successo dei vini della Valle Isarco. I vigneti, tra i boschi, sono intorno ai 550 metri di altitudine, orientati a sud est. I vini sono molto tipici e di gran carattere, con un'acidità un po' meno spinta rispetto a quella degli altri produttori nella zona ma con la tipica mineralità dei bianchi della Valle Isarco. Da anni il più importante vino aziendale è rappresentato dalla selezione di Sylvaner Lahner.

I vini di Peter Wachtler sono molto ben fatti, rispettosi del terroir e delle singole tipologie, ma continuiamo ad aspettarci ancora qualcosa in più, perché le potenzialità ci sono tutte. Basta assaggiare il Kerner '10 per capire dove può arrivare questa azienda. È un bianco potente ma equilibrato, senza gli eccessi che ogni tanto rendono un po' rustica questa varietà, e un passo spigliato, dinamico ed elegante. Il finale è giustamente salato e verticale. Gli altri prodotti della gamma sono buoni, ma potrebbero dare sicuramente di più.

○ A. A. Valle Isarco Kerner '10	5
○ A. A. Valle Isarco Gewürztraminer '10	5
○ A. A. Valle Isarco Riesling '10	5
○ A. A. Valle Isarco Sylvaner Lahner '10	5
○ A. A. Valle Isarco Sylvaner '10	4
○ A. A. Valle Isarco Kerner '07	5
○ A. A. Valle Isarco Kerner '05	4*
○ A. A. Valle Isarco Riesling '09	5
○ A. A. Valle Isarco Riesling '08	6
○ A. A. Valle Isarco Sylvaner Lahner '09	5
○ A. A. Valle Isarco Sylvaner Lahner '08	6
○ A. A. Valle Isarco Sylvaner Lahner '05	5*

★Cantina Terlano
Via Silberleiten, 7
39018 Terlano/Terlan [BZ]
Tel. 0471257135
www.cantina-terlano.com

VENDITA DIRETTA
VISITA SU PRENOTAZIONE

PRODUZIONE ANNUA 1.000.000 bottiglie
ETTARI VITATI 150.00

Il grande successo, anche internazionale, dei vini della Cantina di Terlano non è frutto del caso o solo di un terroir unico. Dietro c'è un lavoro certosino e appassionato che ha portato alla creazione di un catasto vinicolo aziendale in cui le viti sono state osservate e contate una per una per stabilirne, al grammo, la produzione. Il risultato è una gamma di vini, soprattutto bianchi, apprezzati e ricercati in tutto il mondo, anche perché mostrano capacità di invecchiamento quasi leggendarie. Pinot Bianco, Chardonnay e Sauvignon tra i bianchi, e Lagrein e Schiava tra i rossi sono tutti vini di un carattere, una salinità e una profondità con pochi eguali.

Un Tre Bicchieri, è la prima volta per il Terlano Nova Domus Riserva, più altri cinque vini in finale: basterebbe questo per inquadrare il livello qualitativo raggiunto dalla Cantina di Terlano. I vini di questa azienda sono ormai diventati modelli di ogni singola tipologia, cui riescono a sommare un valore aggiunto unico. Merito senza dubbio di Rudi Kofler e di un sistema produttivo veramente efficace. Il Nova Domus '08 ha bocca polposa, dinamica e minerale, il legno è veramente ben dosato, è grande la progressione e il finale lunghissimo. Vogliamo segnalare inoltre solo un altro vino: la migliore versione, a nostro giudizio, del Gewürztraminer Lunare che, con l'annata 2009, raggiunge livelli di complessità mai esplorati.

○ A. A. Terlano Nova Domus Ris. '08	6
○ A. A. Gewürztraminer Lunare '09	6
○ A. A. Terlano Chardonnay '98	8
○ A. A. Terlano Chardonnay Kreuth '09	5
○ A. A. Terlano Pinot Bianco Vorberg '08	5
○ A. A. Terlano Sauvignon Quarz '09	6
○ A. A. Chardonnay '10	4*
● A. A. Lagrein Porphyr '08	6
● A. A. Merlot Siebeneich '08	5
○ A. A. Pinot Grigio '10	4
● A. A. Santa Maddalena Häusler '10	4*
○ A. A. Terlano '10	4*
○ A. A. Terlano Sauvignon Winkl '10	4
○ A. A. Terlano Pinot Bianco Vorberg '01	4*
○ A. A. Terlano Pinot Bianco Vorberg Ris. '07	5
○ A. A. Terlano Pinot Bianco Vorberg Ris. '06	5*
○ A. A. Terlano Sauvignon Quarz '05	6

ALTO ADIGE

Tiefenbrunner
FRAZ. NICLARA
VIA CASTELLO, 4
39040 CORTACCIA/KURTATSCH [BZ]
TEL. 0471880122
www.tiefenbrunner.com

VENDITA DIRETTA
VISITA SU PRENOTAZIONE
RISTORAZIONE

PRODUZIONE ANNUA 800.000 bottiglie
ETTARI VITATI 23.00

La cantina Tiefenbrunner è conosciuta anche perché è stata tra le prime aziende a presentare i vini altoatesini fuori dai confini della Provincia di Bolzano. Merito di Herbert Tiefenbrunner, personaggio carismatico in Alto Adige e del suo vino più famoso, il Feldmarschall von Fenner, un Müller Thurgau ottenuto dalle uve di un vigneto che si trova a oltre mille metri di altitudine. Il figlio Christof, persona di rara discrezione, sta realizzando vini eleganti, delicati e mai caricaturali, dalla solida architettura, molto espressivi e rispettosi delle caratteristiche dei vitigni e dei diversi territori.

Anche quest'anno il Müller Thurgau Feldmarschall von Fenner, in questo caso nella versione 2010, ci è piaciuto, ma allo stesso tempo lasciati un po' spiazzati. Questo importante vino infatti, nelle ultime due annate, ha evidenziato uno spettro aromatico piuttosto insolito con una nota di zafferano intensissima. Conserva naturalmente quella finezza e complessità che tante volte ce lo ha fatto apprezzare, ma gli è mancato anche qualcosa. Gli altri vini sono come al solito caratterizzati da quell'eleganza che ormai, da anni, rappresenta la cifra di questa azienda.

★★ Cantina Tramin
S.DA DEL VINO, 144
39040 TERMENO/TRAMIN [BZ]
TEL. 0471096633
www.cantinatramin.it

VENDITA DIRETTA
VISITA SU PRENOTAZIONE

PRODUZIONE ANNUA 1.500.000 bottiglie
ETTARI VITATI 235.00

Spettacolare nuova cantina e nuove etichette, ma la Cantina Tramin di Termeno diretta da uno dei più grandi enologi italiani, Willi Stürz, resta un punto di riferimento determinante nella provincia di Bolzano. Il successo dell'azienda è nato da quello del suo vino più famoso, il Gewürztraminer Nussbaumer e la versione passita Terminum, ma si è consolidato con una gamma di prodotti di grande tipicità e rigore stilistico. Pinot Bianco, Pinot Grigio, Lagrein, Schiava, non c'è un tipologia altoatesina dove questa cantina cooperativa non eccella.

È nei momenti difficili che si riconosce il fuoriclasse e in un'annata non certo straordinaria per il Gewürztraminer come la 2010 il Nussbaumer conquista per l'ennesima volta i Tre Bicchieri. Si presenta con profumi di nitidezza assoluta, la bocca è potente per quanto può consentire l'annata, ma è a questo punto che viene fuori la grandezza di questo vino e del suo artefice Willi Stürz. Equilibrio e armonia, lampanti in ogni passaggio gustativo. Celebrato questo importante vino parliamo anche di una grande, forse grandissima in prospettiva, versione del Pinot Grigio Unterebner che, con l'annata 2010, metterà tutti d'accordo.

○ A. A. Müller Thurgau Feldmarschall von Fenner '10	🍷🍷 6
○ A. A. Pinot Grigio Turmhof '10	🍷🍷 4
● A. A. Cabernet - Merlot Linticlarus Cuvée '08	🍷🍷 7
○ A. A. Gewürztraminer Turmhof '10	🍷🍷 6
● A. A. Lagrein Linticlarus Ris. '08	🍷🍷 6
○ A. A. Pinot Bianco Anna Turmhof '10	🍷🍷 4
○ A. A. Sauvignon Kirchleiten '10	🍷🍷 5
○ A. A. Traminer Aromatico V. T. Linticlarus '09	🍷🍷 5
● A. A. Lagrein Turmhof '09	🍷 5
● A. A. Pinot Nero Linticlarus Ris. '08	🍷 6
○ A. A. Gewürztraminer Castel Turmhof '02	🍷🍷🍷 5
● A. A. Lagrein Linticlarus Ris. '07	🍷🍷🍷 6
○ Feldmarschall von Fenner zu Fennberg '08	🍷🍷🍷 6
○ Feldmarschall von Fenner zu Fennberg '05	🍷🍷🍷 5

○ A. A. Gewürztraminer Nussbaumer '10	🍷🍷🍷 6
● A. A. Cabernet Merlot Loam '09	🍷🍷 6
○ A. A. Gewürztraminer Terminum V. T. '09	🍷🍷 6
○ A. A. Pinot Grigio Unterebner '10	🍷🍷 5
○ A. A. Sauvignon Montan '10	🍷🍷 5
○ A. A. Gewürztraminer '10	🍷🍷 4
○ A. A. Gewürztraminer Roan V. T. '09	🍷🍷 6
● A. A. Lagrein '10	🍷🍷 4*
● A. A. Lagrein Urban '09	🍷🍷 6
○ A. A. Pinot Bianco Moriz '10	🍷🍷 4
○ A. A. Pinot Grigio '10	🍷🍷 4*
○ A. A. Sauvignon '10	🍷🍷 4*
● A. A. Schiava Freisinger '10	🍷🍷 4
○ A. A. Stoan '10	🍷🍷 5
○ T Bianco '10	🍷🍷 3*
○ A. A. Gewürztraminer Nussbaumer '09	🍷🍷🍷 6
○ A. A. Gewürztraminer Terminum V. T. '07	🍷🍷🍷 6

ALTO ADIGE

Untermoserhof Georg Ramoser
VIA SANTA MADDALENA, 36
39100 BOLZANO/BOZEN
TEL. 0471975481
untermoserhof@rolmail.net

VENDITA DIRETTA
VISITA SU PRENOTAZIONE
OSPITALITÀ

PRODUZIONE ANNUA 35.000 bottiglie
ETTARI VITATI 4.50

La collina di Santa Maddalena è un luogo meraviglioso. Qui vive e lavora Georg Ramoser, un produttore bravo, appassionato e, il che non guasta, simpatico. L'Untermoserhof si trova lì dal XVII secolo e da tre generazioni è gestito dalla famiglia Ramoser, che produce circa 35mila bottiglie l'anno dedicate alle classiche tipologie della zona. Sono vini di taglio piuttosto moderno ma che mantengono una tipicità e un'aderenza alle caratteristiche del territorio esemplari.

Il 2008 rappresenta per il Lagrein, soprattutto nella zona intorno Bolzano, l'annus horribilis che prima o poi colpisce tutti i vini: grandinata storica, freddo e pioggia che, per una tipologia che ama il caldo, non rappresentano certo l'ideale. Il bravo Georg Ramoser è riuscito comunque con la sua abilità a realizzare una versione di Riserva '08 veramente pregevole: ha profumi sfaccettati di spezie e grafite; in bocca è succoso, minerale, sapido, di buona struttura anche se ovviamente non imponente, dal finale minerale e dinamico. Il resto della piccola gamma è come al solito di pregevole livello.

Tenuta Unterortl - Castel Juval
LOC. JUVAL, 1B
39020 CASTELBELLO CIARDES/KASTELBELL TSCHARS [BZ]
TEL. 0473667580
www.unterortl.it

VENDITA DIRETTA
VISITA SU PRENOTAZIONE

PRODUZIONE ANNUA 30.000 bottiglie
ETTARI VITATI 4.20

Il posto, a precipizio sopra Castelbello in Valle Venosta, è di una bellezza addirittura selvaggia. I vigneti giacciono su costoni, a un'altitudine tra i 600 e gli 850 metri, di una pendenza vertiginosa. Qui lavora la coppia Martin e Ghisela Aurich. I loro vini ormai sono famosi e molto ricercati, a cominciare dal Riesling per passare al Pinot Bianco, al Pinot Nero fino al nuovo arrivato Müller Thurgau. Sono bianchi sottili, taglienti e dalla solida struttura, caratterizzati da una grande purezza e verticalità. Va ricordato che nel piccolo spaccio aziendale sono in vendita anche dei deliziosi distillati di frutta, opera dell'instancabile Martin e ottime marmellate realizzate dalla moglie Ghisela.

Martin Aurich con i suoi vini, anno dopo anno, sta accompagnando la Valle Venosta a livelli qualitativi sino a poco tempo fa impensabili. Sempre più caratterizzati, sempre più fini e verticali, stanno definendo questo terroir tra i più interessanti dell'intero panorama nazionale. Questo discorso vale a prescindere dai Tre Bicchieri, conquistati dal Riesling '10, un vino lunare per la sua eleganza tanto discreta e severa, perché tutta la produzione di Castel Juval si presenta su livelli altissimi. Come nel caso del Müller Thurgau '10: austero, con note affumicate e di albicocca, dalla bocca complessa, lunga e vibrante. Un vino assolutamente sorprendente e imprevedibile, per tutti, ma non per Martin Aurich.

● A. A. Lagrein Ris. '08	5
● A. A. Lagrein '10	4
● A. A. Santa Maddalena Cl. '10	4
● A. A. Lagrein Scuro Ris. '03	5*
● A. A. Lagrein Scuro Ris. '97	5
● A. A. Lagrein Scuro '09	4*
● A. A. Lagrein Scuro '04	4*
● A. A. Lagrein Scuro Ris. '07	5
● A. A. Lagrein Scuro Ris. '06	5
● A. A. Santa Maddalena Cl. '09	4*
● A. A. Santa Maddalena Cl. '08	4

○ A. A. Valle Venosta Riesling '10	5
○ A. A. Valle Venosta Pinot Bianco '10	4
○ A. A. Valle Venosta Riesling V. T. '09	5
○ A. A. Valle Venosta Müller Thurgau '10	4
● A. A. Valle Venosta Pinot Nero '09	5
● Juval Gneis '10	4
○ Juval Glimmer '10	4
○ A. A. Valle Venosta Pinot Bianco '07	4*
○ A. A. Valle Venosta Riesling '09	5
○ A. A. Valle Venosta Riesling '08	5
○ A. A. Valle Venosta Riesling '07	5*
○ A. A. Valle Venosta Riesling '04	5*
○ A. A. Valle Venosta Riesling '03	5*
○ A. A. Valle Venosta Riesling Windbichel '05	5

ALTO ADIGE

Cantina Produttori Valle Isarco
via Coste, 50
39043 Chiusa/Klausen [BZ]
Tel. 0472847553
www.cantinavalleisarco.it

VENDITA DIRETTA
VISITA SU PRENOTAZIONE
OSPITALITÀ

PRODUZIONE ANNUA 700.000 bottiglie
ETTARI VITATI 130.00

La Cantina Produttori Valle Isarco, fondata nel 1961, è la cantina sociale più giovane dell'Alto Adige: quasi 130 soci che conferiscono ogni autunno le loro uve alla moderna cantina a Chiusa. Siamo vicini al limite settentrionale della coltura della vite e il clima non è davvero generoso. Le vendemmie iniziano ben più tardi che in Oltradige, così anche per le uve bianche bisogna aspettare come minimo fino alla fine di settembre. Thomas Dorfmann, storico kellermeister, è il garante di una qualità costante, di vini molto tipici, freschi e onesti, con uno stupendo rapporto qualità prezzo nella linea base e di grande carattere, struttura e longevità nella Aristos, la linea di punta della cantina.

I vini della storica cantina di Chiusa sono, da sempre, una vera sicurezza: buoni, tipici e dal giusto prezzo, che in tempi di crisi come quelli che stiamo vivendo non è cosa di poco conto. Sono rappresentate tutte le tipologie classiche della Valle Isarco a cominciare dal Kerner, che nella versione Aristos '10 abbiamo trovato particolarmente efficace: è elegante, fine con in primo piano erbe aromatiche e agrumi, al palato è pieno, lungo, e di bella freschezza. Se volessimo proprio fare una critica a tutti i costi diremmo che in certi casi la ricerca di ricchezza estrattiva e maturità piena non sempre favorisce quell'eleganza che la Valle Isarco può esprimere.

○ A. A. Valle Isarco Kerner Aristos '10	5
○ A. A. Valle Isarco Riesling Aristos '10	5
○ A. A. Sauvignon Aristos '10	4
○ A. A. Valle Isarco Müller Thurgau Aristos '10	5
○ A. A. Valle Isarco Pinot Grigio Aristos '10	5
○ A. A. Valle Isarco Sylvaner Aristos '10	5
○ A. A. Valle Isarco Traminer A. P. Nectaris '09	5
○ A. A. Valle Isarco Kerner Sabiona '09	6
○ A. A. Valle Isarco Sylvaner Sabiona '09	6
○ A. A. Valle Isarco Veltliner Aristos '10	5
○ A. A. Valle Isarco Kerner Aristos '05	4*
○ A. A. Valle Isarco Veltliner Aristos '03	4*
○ A. A. Valle Isarco Gewürztraminer Aristos '09	5
○ A. A. Valle Isarco Kerner Aristos '09	4

Vivaldi - Arunda
via Josef-Schwarz, 18
39010 Meltina/Mölten [BZ]
Tel. 0471668033
www.arundavivaldi.it

VENDITA DIRETTA
VISITA SU PRENOTAZIONE

PRODUZIONE ANNUA 90.000 bottiglie

Joseph Reiterer è il caposcuola riconosciuto degli spumantisti altoatesini. Eccellente enologo, è presidente dell'associazione Alto Adige Metodo Classico, di cui è stato tra i fondatori. La cantina, che gestisce con la moglie Marianna, si trova a Meltina, a ben 1200 metri di altitudine, ed è sicuramente la più alta azienda spumantistica d'Europa, se non del mondo. Arunda (o Vivaldi, a seconda che il prodotto sia per il mercato di lingua tedesca o per quello italiano) propone numerose cuvée, dove c'è sempre una maggioranza di chardonnay, quando non si tratta di veri e propri Blanc des Blancs. Lunghi periodi di maturazione sui lieviti conferiscono a questi spumanti una grande finezza.

Annata un po' così così per l'azienda di Joseph Reiterer e ci dispiace molto perché si tratta di un produttore di rara competenza e passione. Quest'anno abbiamo trovato i suoi spumati sicuramente buoni ma francamente un po' leggerini e mancanti di quella struttura necessaria per emergere adeguatamente. Si è positivamente distinto il vino più importante dell'azienda di Meltina, la Cuvée Marianna, che abbiamo valutato fine, gradevole, equilibrata, con belle note di frutta bianca, dal lungo e fresco finale.

○ A. A. Spumante Arunda Cuvée Marianna	6
○ A. A. Spumante Blanc de Blancs Arunda	6
⊙ A. A. Arunda R&R Rosé	6
⊙ A. A. Spumante Arunda Rosé	6
○ A. A. Spumante Brut Arunda	6
⊙ A. A. Spumante Extra Brut Arunda	6
○ A. A. Spumante Extra Brut Arunda Ris. '05	6
○ A. A. Spumante Extra Brut Arunda Ris. '98	6
⊙ A. A. Spumante Rosé Brut	6
○ A. A. Spumante Vivaldi Ris. '97	5

ALTO ADIGE

★Elena Walch
VIA A. HOFER, 1
39040 TERMENO/TRAMIN [BZ]
TEL. 0471860172
www.elenawalch.com

VENDITA DIRETTA
VISITA SU PRENOTAZIONE
RISTORAZIONE

PRODUZIONE ANNUA 500.000 bottiglie
ETTARI VITATI 33.00

Azienda tutta al femminile da anni ai vertici assoluti della produzione vitivinicola altoatesina, è condotta con piglio sicuro da Elena Walch. Castel Ringberg, che domina dall'alto il Lago di Caldaro e Kastelaz, è un luogo ideale per produrre grandi vini. Esempio ideale è il Gewürztraminer Kastelaz, divenuto un classico della tipologia, ma anche il Lagrein Castel Ringberg Riserva. Seguono una serie di bianchi di vaglia come il Pinot Bianco Kastelaz e il Bianco Passito Cashmere, da uve gewürztraminer e sauvignon.

In un'annata difficile per il Gewürztraminer come la 2010 Elena Walch ci ha presentato una versione di Kastelaz da lasciare letteralmente a bocca aperta. Complessità, eleganza, espressività impressionante, perfezione tecnica e persistenza ineffabile ne fanno un Gewürztraminer molto vicino alla perfezione, una vera pietra miliare della tipologia. Di fronte a cotanta bellezza rischia di rimanere nell'ombra una gamma di prodotti che oscillano tra il buono e il molto buono a cominciare dal Cabernet Sauvignon Riserva '06, maturo ma perfettamente godibile grazie a tannini svolti e un'acidità mai sopra le righe. Una menzione particolare anche al Riesling Castel Ringberg '10, mai così centrato.

○ A. A. Gewürztraminer Kastelaz '10	✦✦✦	5*
● A. A. Cabernet Sauvignon Ris. '06	✦✦	7
○ A. A. Bianco Beyond the Clouds '10	✦✦	7
● A. A. Pinot Nero Ludwig '08	✦✦	6
○ A. A. Resling Castel Ringberg '10	✦✦	5
○ A. A. Chardonnay Cardellino '10	✦	5
● A. A. Moscato Rosa Cashmere '09	✦	6
○ A. A. Bianco Beyond the Clouds '06	✦✦✦	7
○ A. A. Bianco Beyond the Clouds '02	✦✦✦	6
○ A. A. Gewürztraminer Kastelaz '09	✦✦✦	6
○ A. A. Gewürztraminer Kastelaz '08	✦✦✦	6
○ A. A. Gewürztraminer Kastelaz '07	✦✦✦	6
○ A. A. Gewürztraminer Kastelaz '06	✦✦✦	6
○ A. A. Gewürztraminer Kastelaz '05	✦✦✦	6
● A. A. Lagrein Castel Ringberg Ris. '04	✦✦✦	6
● A. A. Lagrein Castel Ringberg Ris. '03	✦✦✦	6

Tenuta Waldgries
LOC. SANTA GIUSTINA, 2
39100 BOLZANO/BOZEN
TEL. 0471323603
www.waldgries.it

VENDITA DIRETTA
VISITA SU PRENOTAZIONE

PRODUZIONE ANNUA 50.000 bottiglie
ETTARI VITATI 5.10
VITICOLTURA Naturale

Il giovane Christian Plattner è diventato nel giro di pochi anni uno dei più grandi interpreti del rosso più famoso e importante dell'Alto Adige, il Lagrein. Sono rossi di grande struttura, di taglio moderno, ma che non perdono il passo con la tipicità, l'equilibrio e l'armonia complessiva della struttura. Allo stesso tempo qui si produce uno dei più grandi Santa Maddalena, vero pallino di Christian, che ha ricreato un vigneto con i cloni originari di questo vino. L'antico e splendido maso si trova nel cuore della collina di Santa Maddalena e all'interno è presente un interessante museo del vino.

È impressionante la crescita qualitativa che ha conosciuto l'azienda di Christian Plattner. Questo riguarda nel complesso tutta la gamma prodotta ma, in particolare, quello che è il vino eponimo di Waldgries, il Lagrein Mirell. Spariti quegli eccessi di legno nuovo che qualche volta lo svilivano un po', nel corso degli anni questo rosso ha acquisito una personalità e un equilibrio che ha pochi riscontri nella tipologia. Quando poi ci si mette un'annata favorevole come la 2009 tutto diventa più facile. Ecco quindi un meritatissimo Tre Bicchieri: agrumi canditi e spezie introducono a un palato austero, minerale, molto compatto e disteso. Segnaliamo il nuovo arrivato in azienda, il Santa Maddalena Antheos '10, realizzato utilizzando le vecchie varietà locali.

● A. A. Lagrein Mirell '09	✦✦	7
● A. A. Santa Maddalena '10	✦✦	4*
○ A. A. Sauvignon '10	✦✦	5
● A. A. Lagrein '10	✦✦	5
● A. A. Lagrein Ris. '09	✦✦	6
● A. A. Santa Maddalena Cl. Antheos '10	✦✦	5
● A. A. Cabernet Sauvignon '99	✦✦✦	6
● A. A. Lagrein Scuro Mirell '08	✦✦✦	7
● A. A. Lagrein Scuro Mirell '07	✦✦✦	7
● A. A. Lagrein Scuro Mirell '01	✦✦✦	7
● A. A. Lagrein Scuro Ris. '08	✦✦	6
● A. A. Moscato Rosa Passito '07	✦✦	6
● A. A. Santa Maddalena Cl. '09	✦✦	4*
○ A. A. Sauvignon '09	✦✦	5

ALTO ADIGE
LE ALTRE CANTINE

Tenuta Baron Di Pauli
VIA CANTINE, 12
39052 CALDARO/KALTERN [BZ]
TEL. 0471963696
www.barondipauli.com

Questa storica azienda è da anni seguita dallo staff della Cantina di Caldaro e da anni si segnala per vini molto particolari alla ricerca quasi esasperata di definizione stilistica e carattere. Ne è la prova il Gewürztraminer Exilissi '09, un vino di rara concentrazione che ancora giovanissimo, forse troppo, esprime comunque equilibrio e armonia veramente ammirevoli.

○ A. A. Gewürztraminer Exilissi '09	7
● A. A. Lago di Caldaro Cl. Sup. Kalkofen '10	4

Bessererhof - Otmar Mair
NOVALE DI PRESULE, 10
39050 FIÈ ALLO SCILIAR/VÖLS AM SCHLERN [BZ]
TEL. 0471601011
www.bessererhof.it

L'azienda condotta da Otmar Mair in quel di Novale di Presule, produce 30mila bottiglie da circa 10 ettari di vigneti. Sono vini di solida affidabilità, tecnica sicura e carattere a cominciare dalla Chardonnay Riserva 2008, sempre tra i migliori, il Pinot Bianco 2010 e il delizioso Moscato Giallo di pari annata.

○ A. A. Chardonnay Ris. '08	4
○ A. A. Moscato Giallo '10	4
○ A. A. Pinot Bianco '10	4

Brunnenhof - Kurt Rottensteiner
LOC. MAZZON
VIA DEGLI ALPINI, 5
39044 EGNA/NEUMARKT [BZ]
TEL. 0471820687
www.brunnenhof-mazzon.it

I vini di Kurt Rottensteiner da giovani sono sempre un po' severi ma hanno capacità di evoluzione molto interessante. Dal suo piccolo maso, 5 ettari per 20mila bottiglie di produzione, escono solo due vini, un Gewürztraminer, che nella versione 2010 abbiamo trovato elegante, succoso, minerale, austero, lungo e progressivo, e un Pinot Nero '08 un po' troppo piccolo.

○ A. A. Gewürztraminer '10	5
● A. A. Pinot Nero Ris. '08	6

Glassierhof - Stefan Vaja
VIA VILLA, 13
39044 EGNA/NEUMARKT [BZ]
TEL. 3351031673
glassierhof@tin.it

Ci hanno sorpreso molto positivamente quest'anno i vini di Stefan Vaja. Li abbiamo trovati molto cresciuti in definizione stilistica e precisione tecnica, a cominciare dallo splendido Lagrein '09: ha profumi molto nitidi di spezie e buccia di arancia candita, in bocca è fragrante, succoso e con tannini morbidi e un finale ben sostenuto da una vivace, ma mai sopra le righe, acidità.

● A. A. Lagrein Glassier '09	5
● A. A. Cabernet Sauvignon - Merlot Learn '09	5
○ A. A. Sauvignon Geboch '09	5
● A. A. Schiava '10	5

Griesbauerhof - Georg Mumelter
VIA RENCIO, 66
39100 BOLZANO/BOZEN
TEL. 0471973090
www.tirolensisarsvini.it

Poco più di tre ettari con una produzione di circa 35mila bottiglie sono la fotografia di questa solida azienda a conduzione familiare del comprensorio di Bolzano. I vini prodotti sono quelli classici della zona, a cominciare naturalmente dal Lagrein che, in un'annata difficile come la 2008, sfodera una versione molto convincente per equilibrio ed eleganza.

● A. A. Lagrein Ris. '08	5
● A. A. Merlot Spitz '09	5
● A. A. Santa Maddalena Cl. '10	3*
● A. A. Lagrein '10	4

Happacherhof
Istituto Tecnico Agrario Ora
VIA DEL CASTELLO, 10
39040 ORA/AUER [BZ]
TEL. 0471810538
www.ofl-auer.it

Risultati veramente convincenti quelli ottenuti dalla piccola azienda a conduzione biologica legata all'attività dell'Istituto Tecnico Agrario di Ora. Su tutti ha convinto un Merlot Cabernet Riserva Rubin '09 succoso, minerale, ricco di spezie, grafite e terra bagnata, e dal finale molto lungo. I resto dei vini è anch'esso di ottimo livello.

● A. A. Merlot-Cabernet Rubin Ris. '09	5
● A. A. Lagrein Ris. '09	5
● A. A. Merlot '09	4
○ A. A. Chardonnay '10	4

ALTO ADIGE
LE ALTRE CANTINE

Hof Gandberg
Rudolf Niedermayr
s.da Castel Palù, 1
39057 Appiano/Eppan [BZ]
Tel. 0471664152

Minuscola azienda biologica (1,3 ettari vitati per 8000 bottiglie) a conduzione familiare quella di Rudolf Niedermayr, pioniere nell'utilizzo di vitigni resistenti alle malattie come il bronner, solaris e muscaris. In primo piano però un salatissimo e grintosissimo Pinot Bianco '10. Molto buoni e affumicati il Bronner '10 e il Sonnrain (solaris, muscaris e FR50/64) di pari annata.

○ A. A. Pinot Bianco '10	♀♀ 4*
● Beerl '10	♀♀ 4*
○ Bronner '10	♀♀ 4*
○ Sonnrain '10	♀♀ 4*

Kettmeir
via delle Cantine, 4
39052 Caldaro/Kaltern [BZ]
Tel. 0471963135
www.kettmeir.com

Sono discreti i risultati ottenuti quest'anno dall'azienda di Caldaro proprietà del gruppo Santa Margherita. I vini sono ben fatti e piuttosto tipici, anche se non guasterebbe un po' di personalità in più. In primo piano un Müller Thurgau Athesis '10, gradevolmente fruttato, sapido, minerale e lungo nel finale.

○ A. A. Müller Thurgau Athesis '10	♀♀ 5
○ A. A. Chardonnay Maso Reiner '09	♀ 5
● A. A. Lagrein Athesis Ris. '08	♀ 6
● A. A. Moscato Rosa Athesis '08	♀ 6

Tenuta Klosterhof
Oskar Andergassen
loc. Clavenz, 40
39052 Caldaro/Kaltern [BZ]
Tel. 0471961046
www.garni-klosterhof.com

Sono sempre affidabili i vini di questa piccola azienda del comprensorio di Caldaro. Oskar Andergassen quest'anno ci ha particolarmente convinti con un Pinot Bianco Trifall '10 salato, minerale, equilibrato, dal finale di pietra focaia. Il resto dei vini prodotti è di grande tipicità, a cominciare dal Lago di Caldaro Plantaditsch '10.

● A. A. Lago di Caldaro Cl. Sup. Plantaditsch '10	♀♀ 4*
○ A. A. Pinot Bianco Trifall '10	♀♀ 4
● A. A. Merlot Ris. '08	♀ 5

Kössler
via Castel Guardia, 21
39050 Appiano/Eppan [BZ]
Tel. 0471662183
www.koessler.it

Di proprietà della Cantina Sociale di San Paolo, la Kössler di Appiano produce circa 200mila bottiglie. I suoi prodotti sono sempre molto validi a cominciare dal Pinot Grigio '10, un vino elegante, affumicato e grintoso, succoso, equilibrato e speziato nel finale. Fresco ed estremamente gradevole il Pinot Nero di annata.

○ A. A. Pinot Grigio '10	♀♀ 4*
● A. A. Pinot Nero '10	♀♀ 4
○ A. A. Pinot Bianco '10	♀ 4
○ A. A. Sauvignon '10	♀ 4

Lahnhof - Tenute Costa
loc. Monte Appiano
via Masaccio, 4
39057 Bolzano/Bozen
Tel. 0521786870
www.tenutecosta.it

Esordio proprio niente male per la nuovissima azienda della famiglia Costa. I vigneti e le bottiglie sono ancora poche ma l'impostazione appare già molto chiara. Vini molto espressivi, maturati esclusivamente in acciaio, grande espressione territoriale. L'inizio è più che incoraggiante a cominciare da uno speziato Pinot Bianco '10.

○ A. A. Pinot Bianco Lahnhof '10	♀♀ 4
○ A. A. Pinot Grigio Lahnhof '10	♀♀ 4
○ A. A. Sauvignon '10	♀♀ 4
○ A. A. Gewürztraminer '10	♀ 4

Larcherhof - Spögler
via Rencio, 82
39100 Bolzano/Bozen
Tel. 0471365034
larcherhof@yahoo.de

La famiglia Spögler gestisce questa piccola proprietà, 5 ettari per 20mila bottiglie, alla periferia nord di Bolzano. I vini esprimono tipicità e personalità piuttosto spiccate, a cominciare da un fresco ed elegante Pinot Grigio '10, per poi passare ai classici Lagrein e Santa Maddalena entrambi '10.

● A.A. Lagrein '10	♀♀ 4
○ A.A. Pinot Grigio '10	♀♀ 4*
● A.A. Santa Maddalena Cl. '10	♀♀ 4*

ALTO ADIGE
LE ALTRE CANTINE

Lieselehof - Werner Morandell
VIA KARDATSCH, 6
39052 CALDARO/KALTERN [BZ]
TEL. 0471965060
www.lieselehof.com

Il piccolo maso di proprietà di Werner Morandell, solo due ettari di vigneto per circa 10mila bottiglie di produzione, è a conduzione biologica e sta sperimentando vitigni resistenti alle malattie come il bronner. I suoi vini sono ben fatti anche se quest'anno abbiamo notato qualche alto e basso di troppo.

○ Pinot Bianco '10	4
○ Sweet Claire '09	7
● Maximilian VI '07	5

Marinushof - Heinrich Pohl
LOC. MARAGNO
S.DA VECCHIA, 9B
39020 CASTELBELLO CIARDES
KASTELBELL TSCHARS [BZ]
TEL. 0473624717
www.marinushof.it

Risultati un po' altalenanti quelli ottenuti quest'anno dalla giovane coppia Sabrina e Heiner Pohl, proprietari del minuscolo maso Marinus (meno di un ettaro di vigneto) in Valle Venosta. Il vino che ci ha più convinti è un delizioso Zweigelt '10, di rara freschezza e bevibilità.

● Zweigelt '10	6
● A.A. Valle Venosta Pinot Nero '09	6
○ Venoster '10	5

Lorenz Martini
LOC. CORNAIANO/GIRLAN
VIA PRANZOL, 2D
39057 APPIANO/EPPAN [BZ]
TEL. 0471664136
www.lorenz-martini.it

Conosciamo pochi tecnici appassionati come Lorenz Martini. Il frutto di tanta dedizione è uno dei migliori spumanti dell'Alto Adige, il Comitissa Brut Riserva '07. Da una cuvée di pinot bianco e chardonnay in parti uguali è particolarmente convincente per l'equilibrio e la fragrante beva.

○ A.A. Spumante Comitissa Brut Ris. '07	6

Messnerhof - Bernhard Pichler
LOC. SAN PIETRO, 7
39100 BOLZANO/BOZEN
TEL. 0471977162
www.messnerhof.net

La piccola azienda di Bernhard Pichler, soltanto tre ettari per 15mila bottiglie, da qualche anno presenta sempre vini molto validi, territoriali ed espressivi. Abbiamo apprezzato in particolare un Terlano Sauvignon '10 dai delicati profumi di sambuco e dalla bocca distesa, fresca nel finale.

● A.A. Lagrein Ris. '09	5
● A.A. Santa Maddalena Cl. '10	4*
○ A.A. Terlano Sauvignon '10	4

Oberrautner - Anton Schmid
FRAZ. GRIES
VIA M. PACHER, 3
39100 BOLZANO/BOZEN
TEL. 0471281440
www.schmid.bz

È questa di Oberrautner la classica azienda a conduzione familiare altoatesina. Si trova a Gries e quindi la gamma presentata è quella tipica della zona. Il Lagrein '10 è fresco, agile e dalla beva fragrante. La sorpresa di quest'anno è un Pinot Nero Villa Schmid, piccolo ma gradevole, di grande scorrevolezza.

● A.A. Lagrein '10	4
⊙ A.A. Lagrein Rosato Grieser '10	4*
● A.A. Pinot Nero Villa Schmid '08	5
● A.A. Merlot Tulledro '10	4

Tenuta Pfitscherhof Klaus Pfitscher
VIA GLENO, 9
39040 MONTAGNA/MONTAN [BZ]
TEL. 0471819773
www.pfitscher.it

Meriterebbe forse la scheda grande la bella azienda (5,5 ettari per una produzione di circa 50mila bottiglie) condotta dal bravo Klaus Pfitscher. La produzione è infatti di livello molto alto, a cominciare da un austero, elegante, speziato Pinot Nero Matan '08, dai tannini fini. Sullo stesso livello il buonissimo Lagrein Kotznloater '09, di raro carattere ed equilibrio. Speriamo nel prossimo anno.

● A.A. Lagrein Kotznloater '09	5
● A.A. Pinot Nero Matan '08	6
● A.A. Merlot Stoass '09	5

ALTO ADIGE — LE ALTRE CANTINE

Pranzegg - Martin Gojer
VIA KAMPENNERWEG, 8
39100 BOLZANO/BOZEN
TEL. 0471977436
gojer.martin@dnet.it

New entry in Guida per questa piccola azienda, poco più di tre ettari per appena 10mila bottiglie, condotta dal giovane e volitivo Martin Gojer. I vini sono molto particolari e di grande carattere, a cominciare dal Lagrein Quirein '09, minerale, terroso e di grande dinamismo. Molto interessante anche il bianco Caroline '09, da uve chardonnay e viognier.

● A. A. Lagrein Quirein Ris. '09	🍷 6
● Campill '09	🍷 5
○ Caroline '09	🍷 5
⊙ Jacob '10	🍷 5

Thurnhof - Andreas Berger
LOC. ASLAGO
VIA CASTEL FLAVON, 7
39100 BOLZANO/BOZEN
TEL. 0471288460
www.thurnhof.com

Mancando il cavallo di battaglia aziendale, il Lagrein Riserva, quest'anno la performance della piccola azienda di Andreas Berger non è risultata brillante come al solito. I vini sono ben fatti e tipici, però è mancato quell'acuto cui ci aveva abituato il bravo vignaiolo. Segnaliamo il Moscato Giallo '10, come al solito tra i migliori.

○ A. A. Moscato Giallo '10	🍷 4
○ A. A. Sauvignon 800 '10	🍷 4
● A. A. Cabernet Merlot Wienegg '07	🍷 6
● A. A. Santa Maddalena '10	🍷 4

Wilhelm Walch
VIA A. HOFER, 1
39040 TERMENO/TRAMIN [BZ]
TEL. 0471860103
www.walch.it

I vini prodotti dalla Wilhelm Walch rappresentano per i consumatori una vera sicurezza, grazie a 600mila bottiglie ben fatte, tipiche e dal giusto prezzo. Particolarmente riusciti quest'anno il Merlot '09, non enorme nella sua struttura ma di una piacevolezza di beva che conquista, e il Pinot Bianco '10, sempre impeccabile.

● A. A. Cabernet - Sauvignon Ris. '08	🍷 5
● A. A. Merlot '09	🍷 3*
○ A. A. Pinot Bianco '10	🍷 4*
○ A. A. Müller Thurgau '10	🍷 3

Alois Warasin
LOC. CORNAIANO/GIRLAN
VIA COLTERENZIO, 1
39047 APPIANO/EPPAN [BZ]
TEL. 0471662462
weine.a.warasin@rolmail.net

Buona prova di questa piccola azienda di Cornaiano (quattro ettari per una produzione poco superiore alle 10mila bottiglie). Su tutti come al solito lo splendido Sauvignon che nella versione 2010 è minerale, sapido, elegante e succoso. Un vino ancora giovane che mostra grandi margini di crescita. Delicata, fresca e corroborante la Schiava Privat '09.

○ A.A. Sauvignon '10	🍷 5
● A.A. Schiava Privat '09	🍷 4

Josef Weger
LOC. CORNAIANO
VIA CASA DEL GESÙ, 17
39050 APPIANO/EPPAN [BZ]
TEL. 0471662416
www.wegerhof.it

Solo ragioni di spazio hanno impedito a questa storica azienda di Cornaiano di conquistare la scheda grande che avrebbe meritato visti i risultati ottenuti. Segnaliamo in particolare un magnifico Pinot Bianco Maso delle Rose '09, succoso, minerale, sapido, dinamico, molto lungo nel finale. Ma tutta la gamma è più che convincente.

○ A. A. Pinot Bianco Maso delle Rose '09	🍷 5
● Joanni Maso delle Rose '06	🍷 5
○ A. A. Pinot Bianco '10	🍷 4

Peter Zemmer
S.DA DEL VINO, 24
39040 CORTINA/KURTINIG [BZ]
TEL. 0471817143
www.peterzemmer.com

Helmuth Zemmer è un produttore molto serio e professionale e i vini della sua azienda ne sono una rappresentazione piuttosto fedele. Bianchi e rossi sono prodotti solidi, tecnicamente e stilisticamente impeccabili. Su tutti il Lagrein Reserve '09, di stile sicuramente moderno, ma dalla beva fresca e distesa.

● A. A. Lagrein Reserve '09	🍷 5
○ A. A. Pinot Bianco '10	🍷 4
○ A. A. Pinot Grigio '10	🍷 4
○ Cortinie Bianco '10	🍷 5

VENETO

Il Veneto si conferma un territorio di grande vitalità, testimoniata da una significativa presenza di territori e aziende che giungono ai Tre Bicchieri per la prima volta. Le locomotive regionali sono sempre le stesse, Valpolicella e Soave, zone che nel corso dell'ultimo ventennio hanno saputo percorrere un sentiero dove le uve locali e le tradizioni hanno trovato la giusta sinergia per giungere ad alti risultati. L'Amarone è il consueto campione, capace di affrontare le difficoltà vendemmiali potendo contare su una fase di appassimento perfettamente conosciuta dalle aziende, che sanno così offrire vini dal profilo più disponibile, come per la vendemmia 2006, o più esuberante e potente come per la 2007. Qui accanto a nomi storici della denominazione come Allegrini o Bertani, ecco l'exploit di aziende meno conosciute ma di assoluto valore, come Ca' La Bionda dei fratelli Castellani o Musella di Maddalena ed Emilio Pasqua, senza dimenticare Carlo Venturini che, a Monte dall'Ora con il suo Saustò, dimostra come classe e finezza sono raggiungibili anche con la tecnica del Ripasso. A Soave segnaliamo il grande risultato del Recioto Le Sponde di casa Coffele, non nuova ai Tre Bicchieri ma per la prima volta raggiunti con lo storico vino dolce, poi il ritorno di Roberto Anselmi con una sontuosa versione di Capitel Croce e lo straordinario successo di Ca' Rugate, con ben due vini premiati che non sono che la punta di un iceberg di altissima qualità. Se Custoza è ormai una realtà affermata, sorprende il Cristina di Roeno, un fantastico vino dolce che si aggiudica il premio come miglior vino dolce dell'anno, che viene dalla terra dell'Adige, dove le aziende di qualità si contano sulle dita di una mano, mentre Lugana, Colli Euganei e Montello non mancano mai di far sentire il peso del loro valore. A Valdobbiadene segnaliamo la grande performance di Merotto, un'azienda che nel volgere di pochi anni ha saputo ritagliarsi uno spazio di assoluto rilievo. Un'edizione della Guida con tante novità, quasi il 20 per cento dei Tre Bicchieri vanno ad aziende mai premiate, sintomo di una regione che non si è seduta sugli allori ma che lavora costantemente per il miglioramento della produzione, sempre più attenta a come la qualità del vino non possa essere scissa dalla qualità dell'ambiente. Se dieci anni fa si investiva nella realizzazione di cantine sontuose, oggi il percorso sembra andare in direzione opposta, concentrando gli sforzi non nell'aggressione del territorio ma nella sua salvaguardia e valorizzazione, attraverso il vino e ancor più attraverso la cura del territorio stesso.

VENETO

Stefano Accordini
Fraz. Cavalo
Loc. Camparol, 10
37022 Fumane [VR]
Tel. 0457760138
www.accordinistefano.it

VENDITA DIRETTA
VISITA SU PRENOTAZIONE

PRODUZIONE ANNUA 120.000 bottiglie
ETTARI VITATI 13.00

Con la vendemmia 2010 l'azienda di Tiziano Accordini si è spostata definitvamente a Cavalo, località di alta collina in Valpolicella. Qui la nuova cantina ha dato finalmente lo spazio necessario a una lavorazione accurata e soprattutto comoda e ogni attività può essere realizzata al meglio. La presenza sempre più significativa del figlio Giacomo ha portato nuova linfa ed energia in azienda, nella gestione dei vigneti e nell'attività di cantina, dove tutti gli sforzi sono volti alla valorizzazione di ciò che queste colline sanno donare.

Senza punti deboli la gamma proposta quest'anno da Tiziano Accordini, capitanata dal campione di casa, l'Amarone Il Fornetto '04, in forma smagliante. Il prolungato affinamento in cantina ha trasmesso al vino armonia e profondità, riuscendo ad assorbire l'esuberanza giovanile fatta di dolcezza, alcol e tannini. Molto buono anche il Ripasso, un vino che lentamente sta trovando un profilo che lo discosti nettamente dal fratello maggiore Amarone Acinatico '07, il primo integro e croccante, il secondo più maturo e polposo. Cambia il nome del rosso da Passo a Paxxo ma non la sua avvolgente piacevolezza.

● Amarone della Valpolicella Cl. Vign. Il Fornetto '04	8
● Amarone della Valpolicella Cl. Acinatico '07	8
● Paxxo '09	5
● Recioto della Valpolicella Cl. Acinatico '08	6
● Valpolicella Cl. '10	4*
● Valpolicella Cl. Sup. Ripasso Acinatico '09	5
● Amarone della Valpolicella Cl. Vign. Il Fornetto '95	8
● Recioto della Valpolicella Cl. Acinatico '04	7
● Recioto della Valpolicella Cl. Acinatico '00	7
● Amarone della Valpolicella Cl. Acinatico '06	8
● Recioto della Valpolicella Cl. Acinatico '07	7
● Recioto della Valpolicella Cl. Acinatico '06	7
● Valpolicella Cl. Sup. Ripasso Acinatico '06	5

Adami
Fraz. Colbertaldo
via Rovede, 27
31020 Vidor [TV]
Tel. 0423982110
www.adamispumanti.it

VENDITA DIRETTA
VISITA SU PRENOTAZIONE

PRODUZIONE ANNUA 600.000 bottiglie
ETTARI VITATI 11.00

In un momento di grande fermento per il territorio storico del Prosecco, i fratelli Adami tengono saldamente la barra del timone, cercando la miglior qualità possibile ma anche l'espressione fine e al tempo stesso intensa che solo queste colline sanno infondere alla delicata varietà trevigiana. Oltre allo storico anfiteatro del vigneto Giardino sono stati acquisiti altri vigneti di alta collina, fino a superare i 300 metri di altitudine, da cui, non nasconde Franco, vorrebbe ricavare un nuovo vino da singola vigna. Conferitori affidabili garantiscono una produzione costantemente di ottimo livello.

Anche quest'anno la gamma della casa di Colbertaldo non lascia spazio a critiche, forte di tipologie consolidate e uno stile che coinvolge sempre per armonia e carattere. Ottimo il Giardino '10, il cru aziendale che da anni è in testa alle nostre preferenze, che con la nuova vendemmia esprime una solarità fruttata intensa e una fusione con acidità e bollicine pressoché perfetta. Molto buono il Bosco di Gica, profumato di frutto bianco e fiori di tiglio in bocca riesce a essere deciso ma anche sapido e garbato. Più semplice l'espressione dell'Extra Dry Dei Casel, splendido invece il Cartizze.

○ Valdobbiadene Rive di Colbertaldo Dry Vign. Giardino '10	4
○ Cartizze '10	5
○ Valdobbiadene Brut Bosco di Gica '10	4*
○ Valdobbiadene Extra Dry Dei Casel '10	4*
○ Prosecco di Treviso Brut Garbel	4
○ Valdobbiadene Tranquillo Giardino '10	4

VENETO

Ida Agnoletti
loc. Selva del Montellovia Saccardo, 55
31040 Volpago del Montello [TV]
Tel. 0423620947
ettore.agnoletti@virgilio.it

VENDITA DIRETTA
VISITA SU PRENOTAZIONE

PRODUZIONE ANNUA 50.000 bottiglie
ETTARI VITATI 6.50

Questa piccola cantina di anno in anno offre sempre più conferme, a testimonianza di un certo fermento che da alcuni anni caratterizza la realtà viticola del Montello. Fa piacere che i classici nomi della zona non siano più soli. Questo fa sperare che in un breve futuro sempre più appassionati apprezzeranno l'identità territoriale di questa terra. La Ida Agnoletti rappresenta bene lo stile dei vini di questa zona: eleganti piuttosto che esplosivi, sottili piuttosto che potenti. Le varietà tipiche sono quelle bordolesi a bacca rossa, interpretate qui ricercando finezza e tensione gustativa.

Tutta la gamma dei vini risulta di buon livello qualitativo con alcune eccellenze. Tra queste il Seneca '08, taglio di merlot e cabernet sauvignon, che dopo un adeguato arieggiamento si fa apprezzare per la freschezza gustativa e la buona gestione della materia. Il Ludwy '08 della medesima vendemmia è un bordolese dal profilo più maturo, presenta un naso profondo caratterizzato da frutta rossa, erbe aromatiche e grafite. La bocca è sapida e distesa. Il Merlot La Ida '09 spicca per la ricchezza olfattiva unita a uno sviluppo gustativo largo e setoso, mentre il Merlot '09 risulta armonioso.

● Ludwy '08	▼▼	4
● Montello e Colli Asolani Merlot '09	▼▼	3*
● Montello e Colli Asolani Merlot La Ida '09	▼▼	3
● Seneca '08	▼▼	4
○ Manzoni 6.0.13 '09	▼	3
○ Manzoni 6.0.13 Follia '09	▼	3
● Montello e Colli Asolani Cabernet Sauvignon '09	▼	3
○ Prosecco di Treviso Il Tranquillo	▼	3
○ Prosecco Frizzante P.S.L.	▼	3
● Ludwy '07	▽▽	4*
● Montello e Colli Asolani Merlot '08	▽▽	3*
● Montello e Colli Asolani Merlot '07	▽▽	3*
● Seneca '06	▽▽	4*

★★Allegrini
via Giare, 5
37022 Fumane [VR]
Tel. 0456832011
www.allegrini.it

VENDITA DIRETTA
VISITA SU PRENOTAZIONE

PRODUZIONE ANNUA 900.000 bottiglie
ETTARI VITATI 120.00

Proseguono i lavori di risistemazione dei vigneti di Marilisa e Franco Allegrini, oggi alle prese con uno dei vigneti più vecchi della grande proprietà, quello che circonda il Plazzo della Torre. Anche in questo caso l'attività rivela la grande attenzione posta proprio al vigneto, da un lato salvaguardato nel profilo classico fitto di muretti a secco, dall'altro invece rinnovato utilizzando l'impianto a spalliera in sostituzione della tradizionale ma meno qualificante pergola. La gamma di etichette è consolidata da anni e interpretata con uno stile ricco di frutto ed elegante bevibilità.

L'Amarone di casa Allegrini sorprende ogni anno per come sa riassumere tutti gli eccessi della tipologia, alcolici, di dolcezza, di struttura, unendo leggerezza, eleganza e una straordinaria bevibilità. Anche quest'anno è risultato di altissimo livello, da Tre Bicchieri, inseguito a un soffio da La Poja '08, da uve corvina in purezza che, nato quasi trent'anni fa, ha indicato una strada, fatta di integrità e suadenza. Il Recioto Giovanni Allegrini '08 dimostra la consueta classe, ricchezza e tensione, mentre La Grola '09 appare un vino profondo e al contempo di straordinario carattere, teso e succoso.

● Amarone della Valpolicella Cl. '07	▼▼▼	8
● La Poja '08	▼▼	8
● Recioto della Valpolicella Cl. Giovanni Allegrini '08	▼	7
● Bardolino Cl. Le Barbere Naiano '10	▼▼	4*
● La Grola '09	▼▼	6
● Palazzo della Torre '09	▼▼	5
○ Soave '10	▼▼	4*
● Valpolicella Cl. '10	▼▼	4*
● Villa Giona '06	▼▼	7
● Amarone della Valpolicella Cl. '06	▽▽▽	8
● Amarone della Valpolicella Cl. '05	▽▽▽	8
● Amarone della Valpolicella Cl. '04	▽▽▽	8
● Amarone della Valpolicella Cl. '03	▽▽▽	8
● Amarone della Valpolicella Cl. '01	▽▽▽	8
● Amarone della Valpolicella Cl. '00	▽▽▽	8
● La Poja '01	▽▽▽	8

VENETO

★Roberto Anselmi
via San Carlo, 46
37032 Monteforte d'Alpone [VR]
Tel. 0457611488
www.anselmi.eu

VENDITA DIRETTA
VISITA SU PRENOTAZIONE

PRODUZIONE ANNUA 700.000 bottiglie
ETTARI VITATI 70.00

Lisa e Tommaso Anselmi affiancano con sempre maggior competenza papà Roberto, che rimane il vero timoniere dell'azienda, capace di affrontare con determinazione tanto i mercati quanto la produzione, o addirittura l'alluvione come è accaduto lo scorso autunno. I vigneti sono stati gradualmente rinnovati abbandonando la tradizionale pergola per un più selettivo impianto a spalliera, ma anche con l'introduzione di qualche vitigno diverso dalla garganega, inseguendo un modello di vino che Roberto ha ben chiaro, fatto di tensione, frutto e una sottile e intrigante aromaticità.

Profilo che ritroviamo espresso nel San Vincenzo '10, un bianco che si muove con sapidità e tensione rivelando note di frutto esotico attraversate da una fresca florealità, per una beva succosa e di grande piacere. Crescendo di livello troviamo il Capitel Foscarino '10 che, rispetto al fratello minore, esprime maggior ampiezza aromatica e finezza, senza rinunciare a un pizzico di corpo in più. Ottimo da Tre Bicchieri il Capitel Croce '09, ancor più profondo e minerale, asciutto, sapido e molto lungo al palato. Segnaliamo infine l'ottima prova de I Capitelli '08, il passito che non ricordavamo così in forma da qualche vendemmia.

○ Capitel Croce '09	🍷🍷🍷	5*
○ Capitel Foscarino '10	🍷🍷	4*
○ I Capitelli '08	🍷🍷	7
○ San Vincenzo '10	🍷🍷	4*
○ Capitel Croce '06	🍷🍷🍷	5
○ Capitel Croce '05	🍷🍷🍷	5
○ Capitel Croce '04	🍷🍷🍷	5
○ Capitel Croce '03	🍷🍷🍷	5
○ Capitel Croce '02	🍷🍷🍷	5
○ Capitel Croce '08	🍷🍷	5
○ Capitel Foscarino '09	🍷🍷	4
○ Capitel Foscarino '08	🍷🍷	4*

Antolini
via Prognol, 22
37020 Marano di Valpolicella [VR]
Tel. 0457755351
www.antolinivini.it

VENDITA DIRETTA
VISITA SU PRENOTAZIONE

PRODUZIONE ANNUA 40.000 bottiglie
ETTARI VITATI 8.00

Pierpaolo e Stefano Antolini hanno preso le redini dell'azienda di famiglia negli anni Novanta, rinunciando al conferimento delle uve presso altri imbottigliatori per dedicarsi a tutta la filiera produttiva. Le vigne si estendono per una decina di ettari in zone collinari, sia nella vallata di Marano dove ha sede anche la cantina, sia nella zona di Negrar, dove si trova la vigna di Ca' Coato. Dopo pochi anni di attività l'azienda ha raggiunto un ottimo standard qualitativo, interpretando le tipologie della Valpolicella con precisione e uno stile che rimane strettamente legato alla tradizione.

L'Amarone Ca' Coato '07 si esprime proprio con questo stile in cui il frutto ha un ruolo da protagonista, surmaturo e dolce, rinfrescato dai toni delle erbe aromatiche e con il rovere che appare solo sullo sfondo. Al palato l'alcol evidente e il tannino ancora inquieto gli donano quella splendida rusticità che ben rappresenta la tipologia. Interessante il Theobroma '08, ottenuto da uva croatina e cabernet sauvignon, che recupera un inizio non molto nitido al naso con pienezza e ottima tensione gustativa. Anche il Ripasso necessita del giusto arieggiamento per esprimersi con buona struttura e armonia.

● Amarone della Valpolicella Cl. Ca' Coato '07	🍷🍷	7
● Theobroma '08	🍷🍷	4
● Valpolicella Cl. Sup. Ripasso '09	🍷🍷	4*
● Valpolicella Cl. '09	🍷	3
● Amarone della Valpolicella Cl. Ca' Coato '06	🍷🍷	7
● Amarone della Valpolicella Cl. Moròpio '06	🍷🍷	6
● Recioto della Valpolicella Cl. '07	🍷🍷	5
● Valpolicella Cl. Sup. Ripasso '08	🍷🍷	4

VENETO

Balestri Valda
via Monti, 44
37038 Soave [VR]
Tel. 0457675393
www.vinibalestrivalda.com

VENDITA DIRETTA
VISITA SU PRENOTAZIONE

PRODUZIONE ANNUA 50.000 bottiglie
ETTARI VITATI 13.00

Anche se l'azienda ha una data di nascita recente Guido Rizzotto vanta un'eccezionale esperienza nel Soave, come si può facilmente intuire assaggiando tutta la produzione di Balestri Valda. Consapevole della vocazione delle sue vigne, poste sul versante occidentale della denominazione, ha puntato tutto sulla finezza che le uve sanno trarre da quello straordinario mix di basalto, tufo e calcare che costituisce la collina sotto Castelcerino. Accanto a Guido la figlia Laura guadagna sempre più spazio, occupandosi in modo ormai completo della parte commerciale dell'azienda.

Il Soave Sengialta è la punta di diamante della produzione, un bianco che si avvale di un passaggio in legno grande che si esprime con grande finezza, fatta di florealità e un frutto mai esplosivo, caratterizzato in bocca da una spiccata sapidità e una fresca armonia. Soffre invece un po' la vendemmia difficile il Soave Classico '10, di buona espressione fruttata e beva semplice e morbida. Molto interessante il Recioto '08 che a un frutto appassito e caramellato contrappone una bocca in cui la dolcezza è presente ma ben bilanciata, per un risultato fatto di leggerezza e ottima bevibilità.

○ Soave Cl. Sengialta '10	🍷🍷 4*
○ Recioto di Soave Cl. '08	🍷🍷 6
○ Recioto di Soave Spumante '08	🍷 5
● Scaligio '06	🍷 5
○ Soave Cl. '10	🍷 4
○ Soave Cl. '09	🍷🍷 4
○ Soave Cl. '08	🍷🍷 4*
○ Soave Cl. '06	🍷🍷 4
○ Soave Cl. Lunalonga '08	🍷🍷 4*
○ Soave Cl. Sengialta '09	🍷🍷 4*
○ Soave Cl. Sengialta '08	🍷🍷 4*
○ Soave Cl. Sengialta '07	🍷🍷 4

Barollo
via Rio Serva, 4b
35123 Preganziol [TV]
Tel. 0422633014
www.barollo.com

VENDITA DIRETTA
VISITA SU PRENOTAZIONE

PRODUZIONE ANNUA 50.000 bottiglie
ETTARI VITATI 46.00

Fra l'abitato di Mogliano Veneto e Treviso si trova un'ampia zona agricola dove la viticoltura è sempre stata presente in maniera marginale, limitata soprattutto dai seminativi. Nicola e Marco Barollo hanno invece deciso di puntare fortemente sulla vigna, arrivando a condurre una trentina di ettari, suddivisi tra le varietà bordolesi a bacca rossa e le varietà più diffuse a bacca bianca. Pur ricadendo all'interno della denominazione del Piave la scelta è stata di non avvalersene, rimanendo liberi di operare in maniera autonoma. Lo stile inseguito esprime semplicità e un'ottima facilità di beva.

Anche quest'anno il vino più convincente è stato il Frank, un rosso a base cabernet franc che si offre evidenziando profumi di frutto rosso e spezie ben corrisposte al palato, dove il vino rivela medio corpo e una beva semplice ma molto armoniosa. Fra i bianchi invece abbiamo apprezzato il Pinot Bianco '10, fresco di pera e fiori di gelsomino, dalla beva succosa e sapida, mentre il Pinot Grigio '10 si dona con maggior solidità e grassezza, anche in virtù del minor patrimonio acido. Frater Rosso e Manzoni Bianco, entrambi '10, completano un quadro fatto di segni sottili e nitidi, con il vitigno in primo piano.

● Frank '09	🍷🍷 5
○ Pinot Bianco '10	🍷🍷 4*
● Frater Rosso '10	🍷 4
○ Manzoni Bianco '10	🍷 5
○ Pinot Grigio '10	🍷 5
● Frank '08	🍷🍷 5
○ Pinot Bianco '09	🍷🍷 5
○ Pinot Bianco '08	🍷🍷 4
○ Pinot Grigio '09	🍷🍷 5
○ Pinot Grigio '08	🍷🍷 4

VENETO

Beato Bartolomeo da Breganze
via Roma, 100
36042 Breganze [VI]
Tel. 0445873112
www.cantinabreganze.it

VENDITA DIRETTA

PRODUZIONE ANNUA 3.500.000 bottiglie
ETTARI VITATI 800.00

La denominazione di Breganze si estende per tutta l'area collinare racchiusa tra Bassano e Thiene, nel nord della provincia vicentina. Beato Bartolomeo da Breganze è il più grande produttore della zona, forte di un vigneto di 800 ettari che spaziano tra le pianure alluvionali e le colline alla base dell'altipiano dei sette comuni, dove si trovano calcare e importanti "venature" vulcaniche. Lo staff tecnico vede la presenza di Elvio Forato e Luca Tessaro in cantina, mentre è Alberto Brazzale a seguire i soci in campagna, organizzando anche viaggi studio nelle più importanti denominazioni europee.

Molto ampia la gamma proposta dalla cooperativa di Breganze, della quale assaggiamo le etichette più ambiziose, tutte strettamente legate alla denominazione. Sugli scudi ancora una volta la Riserva Kilò '08 e il Torcolato '08. La prima, da uve cabernet, si presenta chiusa e quasi restia a concedersi, per poi aprirsi e rivelare frutto rosso, spezie e una sottile vena vegetale, dalla beva solida e succosa. Il secondo è il tradizionale passito ottenuto dalle uve di vespaiolo, profuma di brioche e albicocca appassita, con un profilo gustativo armonioso e mai troppo dolce. Interessante la linea Bosco Grande.

● Breganze Cabernet Kilò Ris. '08	5
● Breganze Cabernet Sup. Bosco Grande '08	4
● Breganze Merlot Bosco Grande '08	4
○ Breganze Torcolato '08	5
● Breganze Cabernet Sup. Savardo '09	4
● Breganze Pinot Nero Sup. Savardo '09	4
○ Breganze Torcolato Bosco Grande Ris. '08	5
○ Breganze Vespaiolo Extra Dry	4
○ Breganze Vespaiolo Savardo '10	4
○ Breganze Vespaiolo sulla rotta del Bacalà '10	4
● Breganze Cabernet Kilò Ris. '07	5
○ Breganze Torcolato '07	6
○ Breganze Torcolato '06	6
○ Breganze Vespaiolo Sup. Savardo '08	4

★Lorenzo Begali
via Cengia, 10
37020 San Pietro in Cariano [VR]
Tel. 0457725148
www.begaliwine.it

VENDITA DIRETTA
VISITA SU PRENOTAZIONE

PRODUZIONE ANNUA 60.000 bottiglie
ETTARI VITATI 8.00

La piccola azienda di Lorenzo Begali situata ai piedi della collina di Castelrotto in località Cengia, con il passare degli anni ha effettuato un percorso che non solo ha permesso di raggiungere risultati qualitativi assoluti sui vini di punta, ma è stata capace di estendere un alto livello a tutta la produzione. Oggi ha raggiunto uno stile sempre più nitido, personale, dove l'esuberanza, la potenza e la concentrazione della materia, riescono a essere gestite con grande attenzione esprimendo quell'eleganza e quella finezza propria dei grandi vini.

I due Amarone sono l'esempio di questo stile, vini che mettono in risalto una forte personalità. Il Ca' Bianca '06, variegato e profondo al naso, lascia emergere note di frutta rossa surmatura e di cioccolato. In bocca la notevole struttura è ben distribuita e il vino, pur potente, risulta elegante e di facile beva, da Tre Bicchieri. Vino di razza anche il Classico '07 che a un impatto su note di confettura e spezie, lentamente lascia emergere profondità e complessità. Su ottimi livelli anche il Recioto '08 per la capacità di assecondare la misurata dolcezza con tensione e sapidità gustativa, e il Ripasso La Cengia '09, pieno e morbido.

● Amarone della Valpolicella Cl. Vign. Monte Ca' Bianca '06	8
● Amarone della Valpolicella Cl. '07	7
● Recioto della Valpolicella Cl. '08	7
● Tigiolo '07	6
● Valpolicella Cl. Sup. Ripasso Vign. La Cengia '09	4*
● Valpolicella Cl. '10	3
● Amarone della Valpolicella Cl. '03	7
● Amarone della Valpolicella Cl. Vign. Monte Ca' Bianca '05	8
● Amarone della Valpolicella Cl. Vign. Monte Ca' Bianca '04	8
● Amarone della Valpolicella Cl. Vign. Monte Ca' Bianca '03	8
● Amarone della Valpolicella Cl. Vign. Monte Ca' Bianca '01	7
● Amarone della Valpolicella Cl. Vign. Monte Ca' Bianca '00	8

VENETO

Cecilia Beretta - Pasqua
LOC. SAN FELICE EXTRA
S.DA DELLA GIARA, 10
37131 VERONA
TEL. 0458432111
www.ceciliaberetta.it

VENDITA DIRETTA
VISITA SU PRENOTAZIONE

PRODUZIONE ANNUA 200.000 + 19.000.000 bottiglie
ETTARI VITATI 89.00 + 1.000

La storica azienda di Verona colpisce sempre per come sa coniugare i grandi numeri della produzione con una qualità ineccepibile. Se Cecilia Beretta rappresenta la punta di diamante di casa, con vigneti di proprietà e una gamma equilibrata e di apprezzabile livello, Pasqua invece rappresenta la produzione più espansa e che fa affidamento su uve provenienti da tante denominazioni. Lo staff tecnico è ormai consolidato e garantisce una produzione che non offre solo qualità, ma anche aderenza alle tipologie e all'andamento climatico dell'annata, con uno stile che predilige la bevibilità.

Molti i vini convincenti presentati dalla grande azienda di Verona. Sia quelli prodotti dall'azienda agricola Cecilia Beretta che quelli a marchio Pasqua sono risultati di ottimo livello. L'Amarone Terre di Cariano '07 è ormai un must della denominazione, con i suoi profumi di frutto rosso e spezie che trovano nel palato corrispondenza in una beva solida e di raffinata tensione. Complesso negli aromi l'omonimo Valpolicella '08, mentre il Ripasso Villa Borghetti '09 è più semplice ma fragrante e di scattante bevibilità. Buone notizie anche dai bianchi, capitanati da un fragrante Soave Brognoligo '10.

● Amarone della Valpolicella Cl. Terre di Cariano '07	🍷🍷 8
● Amarone della Valpolicella Cl. Villa Borghetti Pasqua '07	🍷🍷 7
● Picàie '08	🍷🍷 6
○ Soave Cl. Brognoligo '10	🍷🍷 3*
● Valpolicella Cl. Sup. Terre di Cariano '08	🍷🍷 4
● Valpolicella Sup. Mizzole '09	🍷🍷 4*
● Valpolicella Sup. Ripasso '09	🍷🍷 5
● Valpolicella Sup. Ripasso Villa Borghetti Pasqua '09	🍷🍷 5
○ Soave Cl. Villa Borghetti Pasqua '10	🍷 4
● Valpolicella Cl. Villa Borghetti Pasqua '10	🍷 5
● Amarone della Valpolicella Cl. Terre di Cariano '04	🍷🍷🍷 8
● Amarone della Valpolicella Cl. Terre di Cariano '99	🍷🍷🍷 7
● Amarone della Valpolicella Cl. Terre di Cariano '06	🍷🍷 8

★Cav. G. B. Bertani
VIA ASIAGO, 1
37023 GREZZANA (VR)
TEL. 0458658444
www.bertani.net

VENDITA DIRETTA
VISITA SU PRENOTAZIONE

PRODUZIONE ANNUA 2.000.000 bottiglie
ETTARI VITATI 200.00

La grande azienda di Grezzana ha saputo affrontare le sfide del mercato mondiale senza stravolgere la sua produzione. Anche quando il gusto imperante guardava insistentemente a pienezza, rotondità e morbidezza, ha tenuto ferma la barra del timone, percorrendo un sentiero fatto di complessità ed eleganza. Ora che sembra esser tornati a un gusto più classico, ecco che Bertani si trova in prima fila, con una gamma di etichette ampia e di alto livello. Duecento ettari di vigna tra zona classica e Valpantena, su suoli diversi e diverse altitudini offrono le uve migliori per ogni tipologia.

L'Amarone di Bertani non finisce mai di stupire. Dopo la ricchezza fruttata del 2003 ecco un 2004 tutto eleganza e finezza, fatto di erbe officinali che accompagnano un frutto discreto, dalla beva asciutta, sapida e con tannini setosi. Da Tre Bicchieri. Ottima la prova dell'Albion '08, un Cabernet che riesce a rispettare vitigno, stile aziendale e tradizione veronese con grande compostezza, mentre il Sereole '10 è ampio nei profumi e scattante al palato. Sul fronte dei Valpolicella segnaliamo un Ognisanti '08 di stoffa, e un Secco Bertani '08 fragrante e di ottima integrità. Fruttato, ricco e succoso l'Amarone Villa Arvedi '07.

● Amarone della Valpolicella Cl. '04	🍷🍷🍷 8
○ Soave Sereole '10	🍷🍷 4*
● Valpolicella Cl. Sup. Vign. Ognisanti '08	🍷🍷 4*
● Albion Cabernet Sauvignon Villa Novare '08	🍷🍷 6
● Amarone della Valpolicella Valpantena Villa Arvedi '07	🍷🍷 7
⊙ Bertarose Chiaretto '10	🍷🍷 4*
○ Lugana Le Quaiare '10	🍷🍷 4
● Valpolicella Cl. Sup. Ripasso Villa Novare '08	🍷🍷 4
● Valpolicella Valpantena Secco Bertani '08	🍷🍷 5*
○ Le Lave '09	🍷 4
● Amarone della Valpolicella Cl. '03	🍷🍷🍷 8
● Amarone della Valpolicella Cl. '01	🍷🍷🍷 8
● Amarone della Valpolicella Cl. '00	🍷🍷🍷 8
● Amarone della Valpolicella Cl. '99	🍷🍷🍷 8
● Valpolicella Cl. Sup. Vign. Ognisanti '06	🍷🍷🍷 4*

VENETO

La Biancara

Fraz. Sorio
c.da Biancara, 14
36053 Gambellara [VI]
Tel. 0444444244
www.biancaravini.it

VENDITA DIRETTA
VISITA SU PRENOTAZIONE

PRODUZIONE ANNUA 65.000 bottiglie
ETTARI VITATI 13.00
VITICOLTURA Naturale

Questa realtà a conduzione familiare ha superato i vent'anni di vita. Non si può dire che in questo breve lasco di tempo non abbia lasciato un segno importante sia nella viticoltura locale che nazionale. Sin dall'inizio è stata abbracciata l'agricoltura biologica per poi passare dopo alcuni anni a quella biodinamica di cui oggi Angiolino Maule è uno degli esponenti di spicco in Italia. Su questo cammino le ricerche e le sperimentazioni non finiscono mai nell'intento di produrre vini secondo natura, abbandonando sempre più l'utilizzo di prodotti chimici sia in vigna che in cantina.

Ottima la prova del Pico '09, ottenuto dalla fermentazione spontanea di uve garganega in purezza e maturato in botte, è un vino di grande personalità, dove il frutto è attraversato da note iodate e di macchia mediterranea, dalla bocca asciutta, salata e di grande grinta. Simile, pur nella maggior semplicità, il Sassaia '10, prodotto che si differenzia per l'affinamento in acciaio e una minor sosta in cantina. Aperto, ricco e di carattere anche il Masieri Bianco '10, mentre tra i rossi segnaliamo la prova del So San '08, da uve tai rosso proveniente dai Colli Berici, ricco, maturo e con tannini levigati.

Desiderio Bisol & Figli

Fraz. Santo Stefano
via Follo, 33
31049 Valdobbiadene [TV]
Tel. 0423900138
www.bisol.it

VENDITA DIRETTA
VISITA SU PRENOTAZIONE

PRODUZIONE ANNUA 1.500.000 bottiglie
ETTARI VITATI 100.00

Anno dopo anno crescono in casa Bisol sia le vigne che la produzione, giunta ormai a superare il milione e mezzo di bottiglie. Quello che non cambia mai è la passione e la cura che investono tutte le fasi produttive, dalla campagna alla cantina. Lo staff direttivo è interamente in mano alla famiglia, che continua a investire in sperimentazione. Dalla biodinamica che interessa qualche ettaro di vigna passando per la produzione di Metodo Classico e giungendo ai vini a basso contenuto di solforosa, la famiglia Bisol è sempre in prima fila, con una produzione ampia ben equilibrata.

Ampia la gamma di prodotti, strutturata su più livelli, i Cru, la linea Jeio, gli spumanti Metodo Classico. Ottima la prova di diverse etichette, tra le quali spicca per cremosità e armonia il Cartizze, seguito a ruota dal Vigneti del Fol, un Extra Dry che si esprime con un'intensa nota di frutto bianco e una perfetta fusione tra bollicine, acidità e zuccheri. Molto convincenti anche il Crede, dalla beva asciutta e scattante, e il Salis, più morbido e avvolgente. Tra i Talento segnaliamo un complesso, solido e lungo Pas Dosé '02 che, a quasi un decennio dalla vendemmia, si rivela ancora fresco.

○ Pico '09	5
○ Sassaia '10	4*
○ Masieri Bianco '10	3*
● So San '08	6
● Masieri Rosso '10	4
○ Pico '02	4
○ Recioto di Gambellara '07	6
○ Pico '08	5
○ Pico '07	5
○ Recioto di Gambellara '02	7
○ Sassaia '09	4*
○ Sassaia '08	4*
○ Sassaia '07	4*

○ Cartizze '10	6
○ Talento Pas Dosé Extra Brut '02	6
○ Valdobbiadene Brut Crede '10	5
○ Valdobbiadene Dry Salis '10	5
○ Valdobbiadene Extra Dry Vigneti del Fol '10	5
○ Cartizze Jeio	5
○ Talento Ris. '02	6
○ Valdobbiadene Brut Jeio	4
○ Valdobbiadene Tranquillo Molera '10	5

VENETO

F.lli Bolla
FRAZ. PEDEMONTE
VIA ALBERTO BOLLA, 3
37029 SAN PIETRO IN CARIANO [VR]
TEL. 0456836555
www.bolla.it

VENDITA DIRETTA
VISITA SU PRENOTAZIONE

PRODUZIONE ANNUA 15.000.000 bottiglie
ETTARI VITATI 350.00

La storica azienda di Pedemonte ha intrapreso da qualche anno un importante percorso di riqualificazione della produzione, rimarcabile all'assaggio in tutte le etichette. La possibilità di accedere a un parco vigneti che si estende per diverse centinaia di ettari consente a Cristian Scrinzi di operare nel miglior modo possibile, forte della collaborazione di tutto lo staff di cantina, che ha saputo affrontare il nuovo corso con entusiasmo e determinazione. Ogni tipologia viene interpretata cercando di mettere in luce le caratteristiche che le varie denominazioni devono esprimere.

Manca all'appello l'Amarone Le Origini che nelle intenzione dell'azienda diventerà una riserva che esce solo dopo prolungato affinamento, scelta difficile ma che ci sentiamo di appoggiare appieno. Ottima la prova del Valpolicella Le Pojane '09, che si muove sul confine tra la maturità della tradizione e l'integrità dei vini più moderni, grintoso e decisamente lungo. L'Amarone Classico '07 rivela buona profondità e tannino levigato, mentre è da incorniciare la prova dei Soave '10, un Classico essenziale e dinamico, e un Tufaie elegante e di buona sapidità. Fra i migliori anche il Valpolicella d'annata.

Bonotto delle Tezze
FRAZ. TEZZE DI PIAVE
VIA DUCA D'AOSTA, 16
31020 VAZZOLA [TV]
TEL. 0438488323
www.bonottodelletezze.it

VENDITA DIRETTA
VISITA SU PRENOTAZIONE

PRODUZIONE ANNUA 100.000 bottiglie
ETTARI VITATI 43.00

Antonio Bonotto ha ridato lustro all'azienda di famiglia, una delle più importanti del territorio, forte di un vigneto molto esteso e un rapporto con la viticoltura nato qualche generazione indietro. Negli ultimi anni ha saputo trovare nuove energie e spunti per offrire una diversa prospettiva ai suoi vini, non più giocati solo sulla sostanza ma anche dotati di tensione e un'ottima propensione alla beva. La produzione è ancora in piccola parte dedicata all'imbottigliamento, e questo permette all'azienda di effettuare lavorazioni mirate a mantenere i costi a un livello molto interessante.

Buona la prova del Raboso Potestà '07, ormai uno dei punti di riferimento in zona per il difficile vitigno trevigiano, intenso nell'espressione fruttata e con il rovere che appare solo sullo sfondo. Al palato l'indomabile acidità è inserita in un corpo pieno e avvolgente, per un risultato equilibrato e piuttosto lungo. Tra le varietà bordolesi abbiamo apprezzato il ricco Spezza '09, un Merlot fruttato e delicatamente vegetale, dalla bocca solida e polposa. Più fresco negli aromi e nel profilo gustativo il Carmenere Barabane '09, mentre Novalis e Montesanto, entrambi '10, sono bianchi schietti e di ottima bevibilità.

● Valpolicella Cl. Sup. Le Pojane Ripasso '09	4
● Amarone della Valpolicella Cl. '07	7
○ Soave Cl. '10	4*
○ Soave Cl. Tufaie '10	4*
● Valpolicella Cl. Sup. Ripasso '09	4
● Bardolino Cl. '10	3
● Valpolicella Cl. '10	4
● Amarone della Valpolicella Cl. Capo di Torbe '05	8
● Amarone della Valpolicella Cl. Capo di Torbe '03	8
● Amarone della Valpolicella Cl. Le Origini '07	8
● Amarone della Valpolicella Cl. Le Origini '03	7
○ Soave Cl. Tufaie '09	4
● Valpolicella Cl. Sup. Capo di Torbe '03	5
● Valpolicella Cl. Sup. Le Pojane Ripasso '08	4

● Piave Merlot Spezza '09	4*
● Piave Raboso Potestà '07	5
○ Manzoni Bianco Novalis '10	4
● Piave Carmenere Barabane '09	4
○ Piave Chardonnay Oseada '10	4
○ Piave Pinot Grigio Montesanto '10	4
● Raboso Passito '09	6
● Piave Carmenere Barabane '08	4
● Piave Merlot Spezza '08	4
● Piave Raboso Potestà '05	4
● Raboso Passito '07	6

VENETO

Borin Vini & Vigne

FRAZ. MONTICELLI
VIA DEI COLLI, 5
35043 MONSELICE [PD]
TEL. 042974384
www.viniborin.it

VENDITA DIRETTA
VISITA SU PRENOTAZIONE

PRODUZIONE ANNUA 140.000 bottiglie
ETTARI VITATI 28.00

I Colli Euganei si ergono come un piccolo arcipelago nella Pianura Padana, immediatamente a sud di Padova. Colli conici che offrono esposizioni a 360 gradi e una vegetazione lussureggiante e protetta dal Parco Regionale. Incuneandosi nel fondovalle che da Battaglia Terme conduce ad Arquà Petrarca si incontra l'azienda della Famiglia Borin, meno di 30 ettari parte nella campagna attorno alla cantina e parte in collina ad altitudini differenti. Gianni e Teresa, coadiuvati dai figli Francesco e Gianpaolo, si dedicano con passione e competenza alla produzione dei classici vini del territorio.

Produzione dedicata ai vini della denominazione, a eccezione dello Zuan '09, un rosso a base cabernet di intensa espressione fruttata, dal corpo solido e polposo che gli vale le nostre finali. Cresce sempre più la qualità del Moscato Fiore di Gaia '10, profumato di agrumi che in bocca si muove con tensione e buona sapidità, come del Cabernet Sauvignon Vigna Costa '09, essenziale e tipicamente veneto con le sue sfumature vegetali. La Riserva Mons Silicis '07 si esprime con una netta prevalenza fruttata sulle note di erbe aromatiche, mentre al palato è ricco e avvolgente. Ottimo il fragrante e succoso Passito Sette Chiesette '07.

● Zuan '09	▼▼ 6
● Colli Euganei Cabernet Sauvignon Mons Silicis Ris. '07	▼▼ 5
● Colli Euganei Cabernet Sauvignon V. Costa '09	▼▼ 4*
○ Colli Euganei Fior d'Arancio Passito Sette Chiesette '07	▼▼ 6
○ Colli Euganei Spumante Fior d'Arancio '10	▼▼ 4*
○ Corte Borin '09	▼▼ 4*
○ Fiore di Gaia '10	▼▼ 4*
○ Colli Euganei Chardonnay V. Bianca '09	▼ 4
● Colli Euganei Merlot V. del Foscolo '09	▼ 4
○ Colli Euganei Pinot Bianco Monte Archino '10	▼ 4
○ Colli Euganei Serprino '10	▼ 3
○ Prosecco Extra Dry Mill. '10	▼ 4
● Zuan '08	▼▼ 6
● Zuan '07	▼▼ 6
● Zuan '06	▼▼ 6

F.lli Bortolin

FRAZ. SANTO STEFANO
VIA MENEGAZZI, 5
31049 VALDOBBIADENE [TV]
TEL. 0423900135
www.bortolin.com

VENDITA DIRETTA
VISITA SU PRENOTAZIONE

PRODUZIONE ANNUA 300.000 bottiglie
ETTARI VITATI 20.00

Valeriano Bortolin, nonostante la presenza in azienda sempre più significativa dei figli Andrea, Claudia e Diego, rimane il punto di riferimento per tutti. Analogamente questo punto di riferimento è la stessa azienda per il comprensorio, forte di un vigneto che si estende per una ventina di ettari, e una capacità di interpretare con sapienza e rispetto anche le vendemmie più difficili. Le uve necessarie a completare la produzione giungono da una rete di viticoltori che conferiscono da molti anni, spesso da più generazioni.

Anche quest'anno il miglior vino della batteria è sicuramente l'Extra Dry Rù, un Prosecco tratteggiato da una fine nota floreale che cela un frutto bianco maturo e vivido. All'assaggio il vino rivela bocca armoniosa, sapida e accompagnata dalla fine presenza delle bollicine a donare eleganza e lunghezza. Ottimo il Cartizze, tenue e molto articolato nell'esprimere profumi di fiori, frutta bianca e note agrumate, dalla bocca succosa e fragrante. Buona la restante produzione con una nota particolare per la versione Brut, con una bocca solida, asciutta ed essenziale che invita alla beva.

○ Andéla Passito	▼▼ 6
○ Cartizze	▼▼ 5
○ Valdobbiadene Brut	▼▼ 4*
○ Valdobbiadene Extra Dry Rù '10	▼▼ 4
○ Valdobbiadene Dry	▼ 4
○ Valdobbiadene Extra Dry	▼ 4

VENETO

Bortolomiol
via Garibaldi, 142
31049 Valdobbiadene [TV]
Tel. 0423974911
www.bortolomiol.com

VENDITA DIRETTA
VISITA SU PRENOTAZIONE

PRODUZIONE ANNUA 2.000.000 bottiglie
ETTARI VITATI 5.00

La Bortolomiol è uno storico punto di riferimento per la zona di Valdobbiadene. Questo grazie alla costanza qualitativa della gamma, unita a una capacità produttiva di rilievo. Ciò ha permesso alla cantina e di conseguenza all'intero territorio di farsi conoscere e apprezzare in mercati sempre più vasti e lontani. La capacità di unire un'alta potenzialità quantitativa a un elevato standard qualitativo la Bortolomiol la deve a un profondo e radicato rapporto sinergico con una serie di viticoltori che conferiscono all'azienda le proprie uve provenienti da vigneti altamente vocati.

La gamma dei vini degustati è apparsa qualitativamente compatta. Anche quelli più semplici hanno convinto pienamente. È piaciuto il Dry Maior per la sua gradevolezza e per la corrispondenza aromatica gusto olfattiva sottolineata da frutta fragrante. Del Brut Prior ha convinto la compostezza della bocca, asciutta nel finale. L'Extra Dry Banda Rossa sapido e armonico ha esibito grande finezza e freschezza con le sue delicate note floreali e fruttate di pesca bianca. Molto buoni il Cartizze, fruttato, salino e succoso, e L'Extra Dry Senior dalla bocca croccante.

○ Valdobbiadene Brut Prior	🍷🍷 4
○ Valdobbiadene Dry Maior	🍷🍷 4
○ Valdobbiadene Extra Dry Banda Rossa '10	🍷🍷 5*
○ Cartizze '10	🍷 6
⊙ Filanda Rosé Brut '09	🍷 5
● Piave Cabernet Sauvignon Mormorò '08	🍷 4
○ Valdobbiadene Brut Motus Vitae '09	🍷 5
○ Valdobbiadene Extra Dry Senior	🍷 4
○ Valdobbiadene Frizzante Il Ponteggio '10	🍷 4
○ Valdobbiadene Tranquillo Canto Fermo '10	🍷 4

Bosco del Merlo
via Postumia, 14
30020 Annone Veneto [VE]
Tel. 0422768167
www.boscodelmerlo.it

VENDITA DIRETTA
VISITA SU PRENOTAZIONE

PRODUZIONE ANNUA 240.000 bottiglie
ETTARI VITATI 84.00
VITICOLTURA Naturale

La fascia costiera che da Venezia si estende fino a sconfinare in Friuli costituisce la denominazione di Lison Pramaggiore. Terra ricca di argilla e tradizioni, che cerca di rialzare la testa dopo anni di oblio. In testa al gruppo c'è da tempo l'azienda dei fratelli Paladin, Lucia Carlo e Roberto, che con incarichi differenti non lesinano impegno e si dedicano a promuovere azienda e territorio in tutto il mondo. Il vigneto molto esteso e perfettamente seguito permette allo staff tecnico di perseguire una produzione di ottimo livello e che rispetta le uve e le caratteristiche del territorio.

Eccezionale la prova del Sauvignon Turranio '10, un vino che nel volgere di poche vendemmie ha trovato la sua strada, quasi un ponte sospeso tra le note esotiche, i fiori e una sottile mineralità, dal corpo snello e di grande eleganza. Numerosi i rossi di valore, tra i quali spicca per profondità e finezza il 360 '08, un bordolese che si esprime con grande ampiezza aromatica e un profilo gustativo asciutto e con tannini levigati. Il Vineargenti '06 ha maggior ricchezza e potenza, mentre il Roggio dei Roveri '08 si muove con leggerezza e tensione. Pinot Grigio e Juti '10 sono solidi e affidabili.

● 360 Ruber Capitae '08	🍷🍷 6
○ Lison-Pramaggiore Sauvignon Turranio '10	🍷🍷 5*
● Lison-Pramaggiore Merlot Campo Camino '09	🍷🍷 5
● Lison-Pramaggiore Refosco P. R. Roggio dei Roveri '08	🍷🍷 6
● Lison-Pramaggiore Rosso Vineargenti Ris. '06	🍷🍷 6
○ Lison-Pramaggiore Lison Cl. Juti '10	🍷 5
○ Lison-Pramaggiore Pinot Grigio '10	🍷 5
● 360 Ruber Capitae '07	🍷🍷 5
● Lison-Pramaggiore Refosco P. R. Roggio dei Roveri '07	🍷🍷 6
○ Lison-Pramaggiore Sauvignon Turranio '09	🍷🍷 4*
○ Lison-Pramaggiore Sauvignon Turranio '08	🍷🍷 4*
● Vineargenti Rosso '05	🍷🍷 6

VENETO

Brigaldara
Fraz. San Floriano
via Brigaldara, 20
37020 San Pietro in Cariano [VR]
Tel. 0457701055
www.brigaldara.it

VENDITA DIRETTA
VISITA SU PRENOTAZIONE

PRODUZIONE ANNUA 250.000 bottiglie
ETTARI VITATI 50.00

La Valpolicella ha conosciuto il successo solo negli ultimi vent'anni. Un successo solido e duraturo, tanto da risultare una delle poche denominazioni a venir sfiorata solo marginalmente dalla crisi economica. Proprio per questo motivo sono importanti figure come quella di Stefano Cesari, capaci di sviluppare l'azienda senza aggredire il territorio e non far venire meno il legame con le tradizoni anche quando il mercato vorrebbe accelerare. Una cinquantina di ettari dislocati in varie località danno vita a una produzione di alto profilo.

Ben due gli Amarone proposti dalla casa di San Floriano che raggiungono le nostre finali, il Classico '07 giocato su toni complessi e un profilo teso ed elegante, e il Case Vecie '07, Tre Bicchieri, ottenuto dai vigneti orientali che si esprime con maggior ricchezza fruttata e una bocca piena e avvolgente. Ottima la prova del Ripasso Il Vegro '09, profumato di frutto rosso surmaturo ed erbe officinali, che in bocca si distende con sapidità e tannino delicato. Cresce anche la qualità proposta con il Soave '10, fruttato e armonioso, e con il Recioto '06, pepato e profumato di rosa che offre una dolcezza avvolgente e bilanciata.

● Amarone della Valpolicella Case Vecie '07	🍷🍷🍷	8
● Amarone della Valpolicella Cl. '07	🍷🍷	7
● Recioto della Valpolicella Cl. '06	🍷🍷	7
○ Soave '10	🍷🍷	4*
● Valpolicella Cl. Sup. Ripasso Il Vegro '09	🍷🍷	5
☉ Dindarella '10	🍷	4
● Valpolicella Cl. '09	🍷	4
● Amarone della Valpolicella Case Vecie '03	🍷🍷🍷	8
● Amarone della Valpolicella Case Vecie '00	🍷🍷🍷	7
● Amarone della Valpolicella Cl. '06	🍷🍷🍷	7
● Amarone della Valpolicella Cl. '05	🍷🍷🍷	7
● Amarone della Valpolicella Cl. '99	🍷🍷🍷	7
● Amarone della Valpolicella Cl. '98	🍷🍷🍷	7
● Amarone della Valpolicella Cl. '97	🍷🍷🍷	7

Sorelle Bronca
Fraz. Colbertaldo
via Martiri, 20
31020 Vidor [TV]
Tel. 0423987201
www.sorellebronca.com

VENDITA DIRETTA
VISITA SU PRENOTAZIONE

PRODUZIONE ANNUA 250.000 bottiglie
ETTARI VITATI 20.00
VITICOLTURA Biologico Certificato

Nel comprensorio della nuova Docg del Prosecco sono poche le aziende che hanno scelto di non puntare tutto solo ed esclusivamente sull'effervescente tipologia trevigiana. Fra queste brilla la realtà di Antonella ed Ersiliana Bronca che a Vidor ha saputo affiancare agli spumanti una piccola e pregevole produzione di vini fermi. La vigna, estesa a sufficienza per garantire tutta la produzione, è curata secondo i dettami dell'agricoltura biologica. Negli ultimi anni si è fatta sempre più importante la presenza di Elisa, enologa figlia di Ersiliana, che affianca Piero Balcon nella gestione tecnica.

Ottimo il Particella 68, Valdobbiadene che dalla vendemmia 2010 è stato declinato in versione Brut. Se i profumi hanno mantenuto il frutto al centro dell'obiettivo, è al palato che il vino ha convinto maggiormente. Il minor apporto zuccherino ha permesso allo spumante di esprimersi con maggior finezza e tensione gustativa, risultando armonioso e molto lungo. Anche il Ser Bele '08, taglio bordolese prodotto nel vigneto di Rua, ha convinto appieno, grazie a profumi maturi e nitidi, seguiti al palato da un vino di sostanza ed equilibrio. Nel complesso tutti gli spumanti sono più che apprezzabili.

● Colli di Conegliano Rosso Ser Bele '08	🍷🍷	6
○ Valdobbiadene Brut Particella 68 '10	🍷🍷	5
○ Colli di Conegliano Bianco Delico '10	🍷🍷	5
○ Valdobbiadene Brut '10	🍷🍷	4*
○ Valdobbiadene Extra Dry '10	🍷🍷	4*
● Colli di Conegliano Rosso Ser Bele '05	🍷🍷🍷	6
● Colli di Conegliano Rosso Ser Bele '07	🍷🍷	6
● Colli di Conegliano Rosso Ser Bele '06	🍷🍷	6
● Colli di Conegliano Rosso Ser Bele '04	🍷🍷	6

VENETO

Luigi Brunelli
via Cariano, 10
37029 San Pietro in Cariano [VR]
Tel. 0457701118
www.brunelliwine.com

VENDITA DIRETTA
VISITA SU PRENOTAZIONE
OSPITALITÀ

PRODUZIONE ANNUA 100.000 bottiglie
ETTARI VITATI 12.00

L'abitazione e la cantina della famiglia Brunelli si dispongono a contornare la piccola corte cariano, anima dell'azienda che si trova sul versante pianeggiante a ovest di San Pietro in Cariano. Le vigne si estendono per una dozzina di ettari, parte coltivate con la tradizionale pergola, parte rinnovate negli anni con un più funzionale impianto a spalliera, da cui Luigi, Luciana e il figlio Alberto ricavano pressoché tutte le uve destinate alla produzione di casa, suddivisa in una gamma ampia ed equilibrata, che ha visto negli ultimi anni un lieve alleggerimento dello stile.

Proprio di questo alleggerimento si è avvalso l'Amarone Campo Inferi Riserva '06 per raggiungere le nostre finali, riuscendo ad affiancare a profumi maturi e di buona profondità una bocca asciutta, tesa e piuttosto lunga. Sembra ancora troppo giovane invece il Campo del Titari Riserva '06, che ha tutte le carte in regola per arrivare in fondo ma appare ancora un po' scomposto e bisognoso di affinamento. Ottima la prova del Pa' Riondo '09, un Valpolicella che profuma di frutto rosso ed erbe aromatiche, dalla beva morbida ma per nulla pesante. Buono anche il Valpolicella d'annata che si propone con la giusta freschezza.

- Amarone della Valpolicella Cl. Campo Inferi Ris '06 🍷🍷 8
- Amarone della Valpolicella Cl. '07 🍷🍷 8
- Amarone della Valpolicella Cl. Campo del Titari Ris. '06 🍷🍷 8
- Valpolicella Cl. '10 🍷🍷 4*
- Valpolicella Cl. Sup. Campo Praesel '09 🍷🍷 4
- Valpolicella Cl. Sup. Ripasso Pa' Riondo '09 🍷🍷 4*
- Corte Cariano Rosso '09 🍷 4
- O Passito Re Sol '09 🍷 6
- Recioto della Valpolicella Cl. '09 🍷 6
- Amarone della Valpolicella Cl. Campo del Titari '97 🍷🍷🍷 8
- Amarone della Valpolicella Cl. Campo del Titari '96 🍷🍷🍷 8
- Amarone della Valpolicella Cl. Campo Inferi Ris. '05 🍷🍷 8

Tommaso Bussola
loc. San Perettovia Molino Turri, 30
37024 Negrar [VR]
Tel. 0457501740
www.bussolavini.com

VENDITA DIRETTA
VISITA SU PRENOTAZIONE

PRODUZIONE ANNUA 70.000 bottiglie
ETTARI VITATI 15.00

L'azienda della famiglia Bussola è stata tra le prime ad affrancarsi da una produzione ordinaria agli inizi degli anni Novanta, quando è scoppiato l'interesse del mondo intero per i rossi della Valpolicella. Sono passati più di vent'anni ma la passione che Tommaso e la moglie Daniela profondono nel loro lavoro è rimasta immutata. Ciò che invece è cambiato sono la cantina, più ampia e in grando di ospitare il lungo affinamento dei vini, il vigneto, che ha conquistato spazio e altitudine, e la presenza dei figli Paolo e Giuseppe, sempre più presenti e portatori di nuove energie e stimoli di crescita.

I cambiamenti si sono avvertiti anche nei vini, con una freschezza che non faceva parte dello stile Bussola, oggi più nitidi, tesi e scattanti. Emblematica la prova dell'Amarone TB '06, profumato di frutto surmaturo ed erbe officinali, di grande forza al palato ma anche agile e lungo. Diversi gli altri Amarone della medesima vendemmia, più aperto e maturo il Vigneto Alto, nitido e fragrante il Classico, per una gamma di altissimo livello. Molto buoni sia il Valpolicella '09 che il Ripasso Ca' del Laito '07, mentre il Superiore TB '06 appartiene ancora a uno stile maturo e decadente.

- Amarone della Valpolicella Cl. TB '06 🍷🍷 8
- Amarone della Valpolicella Cl. '06 🍷🍷 8
- Amarone della Valpolicella Cl. Vign. Alto '06 🍷🍷 8
- Valpolicella Cl. '09 🍷🍷 4
- Valpolicella Cl. Sup. Ripasso Ca' del Laito '07 🍷🍷 5
- Valpolicella Cl. Sup. TB '06 🍷 6
- Recioto della Valpolicella Cl. '04 🍷🍷🍷 7
- Recioto della Valpolicella Cl. BG '03 🍷🍷🍷 7
- Recioto della Valpolicella Cl. TB '04 🍷🍷🍷 8
- Recioto della Valpolicella Cl. TB '99 🍷🍷🍷 8
- Recioto della Valpolicella Cl. TB '98 🍷🍷🍷 8
- Recioto della Valpolicella Cl. TB '95 🍷🍷🍷 8
- Amarone della Valpolicella Cl. '05 🍷🍷 8
- Recioto della Valpolicella Cl. '08 🍷🍷 8

VENETO

Ca' La Bionda
Fraz. Valgatara
Via Bionda, 4
37020 Marano di Valpolicella (VR)
Tel. 0456801198
www.calabionda.it

VENDITA DIRETTA
VISITA SU PRENOTAZIONE

PRODUZIONE ANNUA 110.000 bottiglie
ETTARI VITATI 29.00
VITICOLTURA Naturale

Fra le vallate della Valpolicella, Marano è quella che può offrire freschezza aromatica e beva scattante, in virtù del suolo di origine vulcanica e di temperature più fresche della media. Alessandro e Nicola Castellani cercano di esaltare queste caratteristiche, limitando al massimo gli interventi chimici sia in campagna che in cantina, permettendo ai vini di ottenere un carattere spontaneo e rispettoso del terroir. La superficie di vigneto si estende per una trentina di ettari ma solo le parcelle più vocate forniscono le uve per la produzione di casa, basata interamente sulle tipologie classiche.

Sugli scudi l'Amarone '07 proveniente dalle migliori vigne di Ravazzol, che al naso offre frutto ed erbe aromatiche, mentre al palato conquista in virtù di un profilo snello e scattante che esalta le caratteristiche della fresca vallata, risultando agile e lungo, da Tre Bicchieri. Convincente anche il più semplice Amarone Classico, mentre il Valpolicella Campo Casal Vegri si concede molto lentamente al naso, rivelando frutto surmaturo e tabacco per riconquistare freschezza in bocca dove troviamo tutta la forza acida delle uve tradizionali. Apprezzabile anche il fresco Valpolicella, sintesi tra leggerezza e struttura.

● Amarone della Valpolicella Cl. Vign. di Ravazzol '07	🍷🍷🍷 7
● Amarone della Valpolicella Cl. '07.	🍷🍷 7
● Valpolicella Cl. Sup. Campo Casal Vegri '09	🍷🍷 6
● Valpolicella Cl. '09	🍷 4
● Amarone Cl. Vign. di Ravazzol Ris. Pietro Castellani '01	🍷🍷 8
● Amarone della Valpolicella Cl. '06	🍷🍷 6
● Amarone della Valpolicella Cl. Vign. di Ravazzol '06	🍷🍷 7
● Amarone della Valpolicella Cl. Vign. di Ravazzol '05	🍷🍷 7
● Amarone della Valpolicella Cl. Vign. di Ravazzol '03	🍷🍷 7
● Valpolicella Cl. Sup. Campo Casal Vegri '08	🍷🍷 5
● Valpolicella Cl. Sup. Campo Casal Vegri '07	🍷🍷 5

Ca' Lustra
Loc. Faedo
Via San Pietro, 50
35030 Cinto Euganeo (PD)
Tel. 042994128
www.calustra.it

VENDITA DIRETTA
VISITA SU PRENOTAZIONE

PRODUZIONE ANNUA 180.000 bottiglie
ETTARI VITATI 25.00
VITICOLTURA Biologico Certificato

Sono anni che identifichiamo nei Colli Euganei una delle aree in maggior fermento di tutto il Veneto. Se è indubbia la crescita delle aziende più nuove, quelle storiche, è sicuramente Ca' Lustra è una di queste, non restano certo alla finestra a osservare. Ai venticinque ettari di vigna fanno eco competenza e una straordinaria conoscenza del territorio che Franco Zanovello sfrutta per ottenere una produzione ampia, equilibrata e di ottimo livello. La presenza del figlio Marco è sempre più importante, mantenendo comunque un profilo poco appariscente, com'è insito nell'azienda da sempre.

Franco Zanovello ha deciso di rallentare la presentazione dei vini più ambiziosi, bisognosi di ulteriore affinamento, ma segnaliamo l'interessante comparsa di un nuovo cavallo di razza. Si tratta del Vittoria Aganoor Riserva '08, un taglio bordolese a prevalenza merlot che si esprime con un'intensa nota fruttata percorsa da sfumature balsamiche e di macchia mediterranea. In bocca la solarità dei Colli Euganei è ben evidente, risultando pieno e polposo, per un finale caldo e lungo. Fra i bianchi abbiamo apprezzato il fragrante e succoso Bianco Olivetani '10, profumato di frutto e agrumi.

● Colli Euganei Vittoria Aganoor Ris. '08	🍷🍷 5
○ Colli Euganei Olivetani '10	🍷🍷 4
⊙ Aganoor Rosato '10	🍷 4
○ Colli Euganei Chardonnay Roverello '09	🍷 3
● Colli Euganei Cabernet Girapoggio '05	🍷🍷🍷 5
○ Colli Euganei Fior d'Arancio Passito '07	🍷🍷🍷 5
● Colli Euganei Merlot Sassonero Villa Alessi '05	🍷🍷🍷 5
● Colli Euganei Cabernet Girapoggio '07	🍷🍷 5
● Colli Euganei Cabernet Girapoggio '06	🍷🍷 5
○ Colli Euganei Fior d'Arancio Passito '08	🍷🍷 5
○ Colli Euganei Fior d'Arancio Passito Villa Alessi '05	🍷🍷 4
● Colli Euganei Merlot Sassonero '08	🍷🍷 5
● Colli Euganei Merlot Sassonero '07	🍷🍷 5

VENETO

Ca' Orologio
via Ca' Orologio, 7a
35030 Baone [PD]
Tel. 042950099
www.caorologio.com

VENDITA DIRETTA
VISITA SU PRENOTAZIONE
OSPITALITÀ

PRODUZIONE ANNUA 27.000 bottiglie
ETTARI VITATI 12.00
VITICOLTURA Biologico Certificato

La zona di Baone è sicuramente una delle più interessanti di tutto il comprensorio Euganeo, area collinare che spunta nella pianura Padana appena a sud di Padova. Qui il calore estivo imprime alla vegetazione connotazioni mediterranee, e i vigneti sembrano cercare la frescura dei vicini boschi. Ancor prima di entrare in produzione l'azienda è stata convertita al regime biologico e Mariagioia anno dopo anno diminuisce il suo intervento, tanto in campagna quanto in cantina, con l'obiettivo di un vino che sappia esprimere al meglio le caratteristiche di questa splendida zona.

Accanto a etichette quali Calone o Relogio c'è una piccola ma significativa produzione di vini ottenuti con uve che appartengono alla storia dei Colli Euganei. Ecco il Mezzo, un verticale Metodo Classico rosato da uve raboso, o la piena e solare Barbera Lunisòle '09, che affiancano il bianco Salaròla '10, blend solido e con una presenza di moscato. Il Calaòne '09 si esprime con grande eleganza olfattiva, profuma di frutti neri e menta, dal palato asciutto e scattante. Il Relògio '09, da uve carmenere con saldo di cabernet franc, si presenta chiuso per poi donarsi solido e sostenuto da tannini levigati.

★Ca' Rugate
via Pergola, 36
37030 Montecchia di Crosara [VR]
Tel. 0456176328
www.carugate.it

VENDITA DIRETTA
VISITA SU PRENOTAZIONE

PRODUZIONE ANNUA 550.000 bottiglie
ETTARI VITATI 58.00

Ormai è una delle firme più apprezzate dell'intero comprensorio, forte di un vigneto che si estende per oltre cinquanta ettari tra Soave e Valpolicella, con una gamma completa e di assoluto valore. Se si graffia la superficie della qualità si scopre un legame profondo e sentito con la terra, che giunge dal nonno Fulvio "Beo", rilanciato da Amedeo e Gianni per giungere infine a Michele. Anche la scelta di avvalersi dell'opera di Giampiero Romana e Beppe Caviola esprime la volontà di approfondire la conoscenza del territorio e del vino, strumento indispensabile per una produzione di alto profilo.

Produzione che non conosce punti deboli quella proposta da Ca' Rugate, con in cima alle nostre preferenze due bianchi da brivido. Non si tratta del solito Monte Fiorentine '10, peraltro solido e scattante come sempre, ma del Monte Alto e dello Studio, entrambi '09. Il primo si presenta nitido e ampio al naso, asciutto, di grande presenza e tensione al palato, dal finale interminabile. Il secondo è un taglio tra trebbiano di Soave e garganega parzialmente maturato in legno che colpisce fin dalla prima uscita per carattere e rigore. Dalla Valpolicella segnaliamo una batteria di vini inappuntabile.

● Relógio '09	5
● Colli Euganei Rosso Calaóne '09	5
● Lunisóle '09	5
⊙ Mezzo Rosato Brut M. Cl.	5
○ Salaróla '10	4
● Colli Euganei Rosso Calaóne '05	5*
● Relógio '07	5
● Relógio '06	5
● Relógio '04	5*
● Colli Euganei Rosso Calaóne '08	5*
● Colli Euganei Rosso Calaóne '07	5
● Colli Euganei Rosso Calaóne '06	5
● Relógio '08	5

○ Soave Cl. Monte Alto '09	4*
○ Studio '09	5
● Amarone della Valpolicella '07	8
○ Soave Cl. Sup. Monte Fiorentine '10	4*
● Valpolicella Sup. Campo Lavei '09	5
○ Soave Cl. San Michele '10	4*
● Valpolicella Rio Albo '10	4*
● Valpolicella Sup. Ripasso '09	5
○ Recioto di Soave La Perlara '07	6
○ Soave Cl. Monte Fiorentine '09	4*
○ Soave Cl. Monte Fiorentine '08	4*
○ Soave Cl. Monte Fiorentine '07	4*
○ Soave Cl. Monte Fiorentine '06	4*
○ Soave Cl. Monte Fiorentine '05	4*
○ Soave Cl. Monte Fiorentine '04	4*
○ Soave Cl. Sup. Monte Alto '00	4

VENETO

Giuseppe Campagnola

FRAZ. VALGATARA
VIA AGNELLA, 9
37020 MARANO DI VALPOLICELLA [VR]
TEL. 0457703900
www.campagnola.com

VENDITA DIRETTA
VISITA SU PRENOTAZIONE

PRODUZIONE ANNUA 4.800.000 bottiglie
ETTARI VITATI 130.00

L'azienda di Beppe Campagnola esprime perfettamente la sintesi del tessuto di aziende della Valpolicella. Al suo interno coesistono tre realtà diverse, quella dell'azienda agricola che ha nella linea Caterina Zardini l'emblema, il negociant che si approvvigiona di uve da conferitori che vengono seguiti tutto l'anno, e infine l'imbottigliatore, che ottimizza spazi e impianti per una produzione che con altri marchi completa quella di casa. I risultati sono sempre all'altezza delle aspettative, con uno stile che predilige l'eleganza alla mera prova di forza e concentrazione.

Proprio l'eleganza è la cifra stilistica del Valpolicella Caterina Zardini '09, profondo nell'espressione di frutto integro e ancora fresco, con il rovere nascosto da note di erbe officinali e spezie. Al palato il vino si distende con agilità, rivelando corpo solido ma anche un'importante vena acida che gli dona leggerezza e tensione. Convincente la prova del Recioto Casotto del Merlo '09, profumato di frutto rosso surmaturo e cacao, dalla dolcezza ben presente e una fitta trama tannica che dona rigore. Mano felice per il Valpolicella come dimostra anche Le Bine '09, fragrante e di spigliata beva.

● Valpolicella Cl. Sup. Caterina Zardini '09	♀♀	5
● Recioto della Valpolicella Cl. Casotto del Merlo '09	♀♀	6
● Valpolicella Cl. Sup. Ripasso Le Bine '09	♀♀	4*
● Amarone della Valpolicella Cl. '08	♀	6
⊙ Bardolino Cl. Chiaretto Roccolo del Lago '10	♀	4
● Bardolino Cl. Roccolo del Lago '10	♀	4
● Amarone della Valpolicella Cl. Caterina Zardini '04	♀♀♀	7
● Amarone della Valpolicella Cl. Caterina Zardini '01	♀♀♀	7
● Amarone della Valpolicella Cl. Caterina Zardini '99	♀♀♀	7
● Valpolicella Cl. Sup. Caterina Zardini '05	♀♀♀	4*
● Amarone della Valpolicella Cl. Caterina Zardini '06	♀♀	7
● Amarone della Valpolicella Cl. Caterina Zardini '05	♀♀	7

I Campi

VIA SARMAZZA, 29A
37032 MONTEFORTE D'ALPONE [VR]
TEL. 04566175915
www.icampi.it

VISITA SU PRENOTAZIONE

PRODUZIONE ANNUA 60.000 bottiglie
ETTARI VITATI 7.00

Prende forma e consistenza l'azienda di Flavio Pra, enologo apprezzato per la produzione dei suoi Soave e dei rossi della Valpolicella. A Illasi, in località Cellore, è sorta la nuova cantina che consente lavorazioni seguite scrupolosamente e con la giusta lentezza, come testimonia l'uscita in commercio dei rossi decisamente più lenta rispetto a quanto fanno i colleghi. Avendo conosciuto negli anni molto bene il territorio, ha scelto di dedicare a ogni tipologia il vigneto più adatto, prediligendo finezza e tensione per i bianchi, ricchezza e potenza per i rossi.

Gamma ristretta quella proposta da I Campi, tre soli vini che riescono a esprimere perfettamente l'essenza delle tre tipologie. Il Campo Vulcano '10 è un Soave che ha nella finezza e nella tensione gustativa la sua cifra stilistica, con le fresche note di frutto bianco e fiori che trovano il giusto sviluppo in un palato solido e verticale. Tre Bicchieri. L'Amarone '05 è ricco e caloroso, ben sostenuto dall'acidità. Infine il Campo Ciotoli '09, un Valpolicella che insegue lo stile del Soave, rinunciando a concentrazioni esagerate per donarsi integro e con un profilo giocato tutto sull'eleganza e la tensione gustativa.

○ Soave Cl. Campo Vulcano '10	♀♀♀	5*
● Valpolicella Sup. Ripasso Campo Ciotoli '09	♀♀	5
● Amarone della Valpolicella Campo Marna 500 '05	♀♀	8
○ Soave Cl. Campo Vulcano '09	♀♀♀	4*
○ Soave Cl. Campo Vulcano '08	♀♀♀	5
● Amarone della Valpolicella Campo Marna '04	♀♀	8
○ Soave Cl. Campo Vulcano '07	♀♀	5

VENETO

Canevel Spumanti
loc. Saccol
via Roccat e Ferrari, 17
31049 Valdobbiadene [TV]
Tel. 0423975940
www.canevel.it

VENDITA DIRETTA
VISITA SU PRENOTAZIONE

PRODUZIONE ANNUA 600.000 bottiglie
ETTARI VITATI 12.00

Canevel è una delle aziende che hanno contribuito a lanciare il fenomeno Prosecco, la bollicina italiana che sempre più è presente nei mercati di tutto il mondo. La produzione si basa su un vigneto di proprietà di una dozzina di ettari e sulle uve provenienti da una fitta rete di conferitori che vengono seguiti durante il corso di tutto l'anno. Oltre mezzo milione di bottiglie dedicate quasi interamente allo spumante, interpretato rispettando la delicatezza del vitigno e sfruttando la dolcezza per caratterizzare le varie tipologie. Le vigne di proprietà danno vita alle etichette più ambiziose.

Ben tre i Prosecco Extra Dry presentati, i vini più interessanti di quest'anno. In cima alle nostre preferenze sicuramente il Vigneto del Faè, profumato di pera, pesca bianca e fiori di tiglio, che trova nel palato elegante e cremoso il tratto distintivo. Il Millesimato '10 invece si esprime con una maggior grinta gustativa, risultando più asciutto e scattante, mentre l'Extra Dry base è caratterizzato da una spiccata sapidità. La zona del Cartizze non manca di far sentire il suo peso, con un vino più solare e maturo, dominato dalle sensazioni fruttate. Il Brut e il Frizzante sono asciutti e concreti.

○ Cartizze '10	6
○ Valdobbiadene Extra Dry '10	4*
○ Valdobbiadene Extra Dry Il Millesimato '10	4
○ Valdobbiadene Extra Dry Vign. del Faè '10	4*
○ Valdobbiadene Brut '10	4
○ Valdobbiadene Frizzante Vign. S. Biagio '10	4

La Cappuccina
fraz. Costalunga
via San Brizio, 125
37032 Monteforte d'Alpone [VR]
Tel. 0456175036
www.lacappuccina.it

VENDITA DIRETTA
VISITA SU PRENOTAZIONE
RISTORAZIONE

PRODUZIONE ANNUA 300.000 bottiglie
ETTARI VITATI 37.00
VITICOLTURA Biologico Certificato

L'azienda dei fratelli Tessari si trova nella frazione di Costalunga, proprio dove la piana alluvionale di Monteforte comincia a elevarsi in direzione del basalto collinare. I vigneti si trovano dislocati in diversi appezzamenti, parte proprio lungo la piana, parte in zona collinare. La differenza la fanno Elena, Pietro e Sisto, con una viticoltura biologica che fin da tempi non sospetti è stata impostata a spalliera abbandonando la tradizionale pergola veronese. La produzione davvero convincente di quest'anno sembra essere un omaggio alla memoria del papà Lorenzo recentemente scomparso.

Quasi quaranta ettari coltivati consentono una produzione che si sviluppa in una gamma ampia di etichette che spaziano dal Soave ai rossi di grande struttura, senza dimenticare i vini dolci. Fra i rossi abbiamo apprezzato un Campo Buri '08 ricco e di grintosa beva e un Madégo che gioca invece sulla fragranza e la freschezza gustativa. I Soave sono capitanati da un Fontégo '10 in forma smagliante, di frutto bianco e fiori al palato si distende con eleganza, lasciando al San Brizio '09 il compito di far sentire i muscoli. Segnaliamo infine un fragrante e succoso Cabernet Sauvignon senza solfiti aggiunti '10.

● Campo Buri '08	5
● Madégo '10	4*
○ Recioto di Soave Arzimo '09	5
○ Soave Fontégo '10	4*
○ Soave San Brizio '09	4
● Cabernet Sauvignon Senza Solfiti Aggiunti '10	4
● Carmenos Passito '09	5
○ Sauvignon '10	4
○ Soave '10	3
● Cabernet Franc Campo Buri '95	5
● Campo Buri '07	5
● Carmenos Passito '08	5
○ Soave San Brizio '04	4*
○ Soave San Brizio '03	4

VENETO

Carpenè Malvolti
Via Antonio Carpenè, 1
31015 Conegliano [TV]
Tel. 0438364611
www.carpene-malvolti.com

VENDITA DIRETTA
VISITA SU PRENOTAZIONE

PRODUZIONE ANNUA 5.100.000 bottiglie
ETTARI VITATI 26.00

L'azienda di Conegliano è davvero un'icona del vino made in Italy, forte di una tradizione nata oltre un secolo fa, portata avanti con passione e competenza sempre dalla stessa famiglia che ancora oggi ne regge le redini. Se le bollicine trevigiane hanno raggiunto tutti gli angoli del mondo, una buona parte del merito è della famiglia Carpenè, ancora oggi la più grande produttrice di Prosecco Docg. Accanto a tale cospicua produzione il desiderio di sperimentare nuove strade, con una produzione piccola nei numeri ma ampia nelle etichette di spumanti ottenuti con uve di altre zone.

Le uve prodotte dai conferitori dell'azienda vengono lavorate fra le sedi di Follina e di Conegliano, dove vede la luce un ottimo Cartizze, uno spumante che profuma di frutto giallo e fiori, dalla bocca cremosa e sostenuta da una vitale acidità. Interessante la Cuvée Brut, dagli aromi sottili di fiori freschi, asciutta, grintosa e di beva sapida e piuttosto lunga. Fra le etichette della linea Arte Spumantistica segnaliamo l'ottima prova del Kerner Brut, ottenuto con uve altoatesine, coniuga la fresca aromaticità con una beva armoniosa e con una presenza zuccherina appena avvertibile.

○ Cartizze	6
○ Kerner Brut	5
○ Carpenè Rosé Brut	4
○ Conegliano Valdobbiadene Cuvée Brut	5
○ Conegliano Valdobbiadene Dry Cuvée Oro	4
○ Conegliano Valdobbiadene Extra Dry Cuvée Storica	4

Casa Cecchin
Agugliana, 11
36054 Montebello Vicentino [VI]
Tel. 0444649610
www.casacecchin.it

VENDITA DIRETTA
VISITA SU PRENOTAZIONE

PRODUZIONE ANNUA 25.000 bottiglie
ETTARI VITATI 6.00

La denominazione del Gambellara, pur possedendo condizioni climatiche e di suolo fortemente vulcanico del tutto simili alla confinante Soave, non è mai riuscita a emergere e mettere in luce le sue grandi potenzialità. L'azienda della famiglia Cecchin, papà Renato e Roberta, sta compiendo proprio questo percorso di valorizzazione, suddividendo gli sforzi tra Gambellara e la Lessinia, patria del vitigno durello. Nel primo caso si ricavano vini fermi, mentre dalla seconda denominazione si ottengono sia vini fermi che spumanti. Ad accomunare i due territori un'affidabile produzione di passiti.

Quest'anno i vini che ci hanno convinto di più sono i prodotti più semplici, capaci di esprimersi con uno stile essenziale e quasi minimalista e proprio per questo in grado di mettere in luce l'animo più autentico del proprio territorio. Esemplare il Durello Superiore '10, pallido alla vista e con profumi semplici di frutta bianca si muove tagliente e sapido, per un finale lungo e grintoso. Più gentile il Gambellara '10, tratteggiato da fiori bianchi, più disponibile e di semplice beva. Infine il Passito di Durello Il Montebello '08, la cui dolcezza pronunciata trova equilibrio nell'acidità.

○ Gambellara Cl. '10	3*
○ Lessini Durello Brut M. Cl. '06	4
○ Lessini Durello Passito Il Montebello '08	5
○ Lessini Durello Sup. '10	3*
○ Gambellara Cl. La Guarda '09	4
○ Lessini Durello Sup. Pietralava '09	4
○ Recioto Cl. Gambellara Le Ginestre '07	5
○ Gambellara Cl. La Guarda '07	3*
○ Lessini Durello Brut M. Cl. '05	4
○ Lessini Durello Brut M. Cl. '04	4*
○ Lessini Durello Sup. '09	3*
○ Lessini Durello Sup. Pietralava '08	4

VENETO

Casa Roma
VIA ORMELLE, 19
31020 SAN POLO DI PIAVE [TV]
TEL. 0422855339
www.casaroma.com

VENDITA DIRETTA
VISITA SU PRENOTAZIONE

PRODUZIONE ANNUA 200.000 bottiglie
ETTARI VITATI 28.00

Il sodalizio tra i cugini Adriano e Luigi Peruzzetto recentemente si è interrotto. Il primo si concentrerà esclusivamente nella produzione di uve che andrà poi a conferire, il secondo invece si prenderà da solo sulle spalle il peso della gestione della cantina e dei vigneti di proprietà. Auguriamo a entrambi buona fortuna. In attesa degli sviluppi futuri annotiamo anche quest'anno una buona tenuta della qualità dei vini, la cui gamma presenta alcune etichette piuttosto ambiziose e coraggiose e altre più immediate, seppure di grande dignità, in linea con lo stile consueto dei vini del Piave.

Il Raboso Piave '07 come al solito ci è parso teso e scattante, forse un po' più rustico e vegetale rispetto ad altre versioni, sicuramente gli gioverà l'evoluzione in bottiglia. Godibile è risultato il Raboso Frizzante Pro Fondo Rosso fermentato in bottiglia e lasciato sui propri lieviti. Esplosiva è la sua ciliegia matura, la bocca solida e croccante ha un bel ritorno aromatico di pepe. Sempre convincente il Callarghe '06, mentre tra i vini di pronta beva abbiamo apprezzato il grintoso Pinot Grigio '10. Interessante la novità del Rosé Brut Metodo Classico prodotto in collaborazione con Christian Bellei.

● Piave Raboso '07	5
● Pro Fondo Rosso	3
● Raboso Passito Callarghe '06	6
○ Venezia Pinot Grigio '10	3*
○ Manzoni Bianco '10	3
● Piave Carmenère '10	3
● Piave Merlot '10	3
● Piave Merlot Ris. '07	4
⊙ Rosé Brut. M. Cl.	5
○ Venezia Chardonnay '10	3
○ Marzemina Bianca '09	3*
● Piave Raboso '06	5
● Piave Raboso '02	5
● Raboso Passito Callarghe '05	6

Case Paolin
VIA MADONNA MERCEDE, 53
31040 VOLPAGO DEL MONTELLO [TV]
TEL. 0423871433
www.casepaolin.it

VENDITA DIRETTA
VISITA SU PRENOTAZIONE

PRODUZIONE ANNUA 70.000 bottiglie
ETTARI VITATI 10.00
VITICOLTURA Biologico Certificato

I fratelli Pozzobon, Diego alle vigne, Adelino in cantina e Mirco enologo che si occupa anche di altre realtà, hanno preso le redini dell'azienda fondata da papà Emilio una decina di anni fa, rilanciando la produzione in chiave qualitativa più alta. La cantina e le vigne si trovano nella zona pianeggiante di Volpago del Montello, ai piedi del versante meridionale dell'altura trevigiana, su terreni ricchi di ferro, che conferisce alle uve a bacca rossa una scattante tensione acida. La produzione è basata ovviamente sulla glera e sui bordolesi, che danno vita a una gamma di etichette equilibrata.

Buona la prova del San Carlo '07, un bordolese che viene prodotto solo quando l'annata è favorevole, profumato di frutto rosso maturo e cacao, mentre al palato il vino incede con passo sicuro, ricco, polposo e con tannino importante. Di tutt'altra impostazione l'Asolo Brut, un Prosecco che in questa terra esalta la sua ricchezza acida e mette in luce un profilo diretto, schietto al naso ed essenziale alla bocca. Il Soér è un passito di uva glera e Manzoni bianco che colpisce per l'intensità delle note esotiche, grasso e dolce al palato, opulento e armonico.

○ Asolo Brut	4*
● Montello e Colli Asolani Sup. San Carlo '07	5
○ Soér Passito '09	5
● Cabernet '10	4
○ Manzoni Bianco Santi Angeli '09	4
○ Prosecco di Teviso Frizzante	4
○ Asolo Brut '09	4*
● Montello e Colli Asolani Rosso del Milio '08	4*
● Rosso Del Milio '06	4*

VENETO

Michele Castellani
FRAZ. VALGATARA
VIA GRANDA, 1
37020 MARANO DI VALPOLICELLA [VR]
TEL. 0457701253
www.castellanimichele.it

VENDITA DIRETTA
VISITA SU PRENOTAZIONE

PRODUZIONE ANNUA 300.000 bottiglie
ETTARI VITATI 40.00

L'azienda della famiglia Castellani dispone di una grande superficie vitata, parte di proprietà e parte in conduzione, che gli consente di utilizzare solo le partite migliori per la produzione di casa e lasciando alla vendita all'ingrosso i vini meno interessanti. La grande esperienza di Sergio, accumulata fin da ragazzino al fianco del papà Michele, lentamente sta trasferendosi ai figli, che si occupano sia della cantina che dell'aspetto commerciale. Lo stile della produzione cerca di mettere in risalto la grande ricchezza che le tipologie della Valpolicella acquisiscono con l'appassimento.

E' un Amarone infatti il vino più interessante del lotto presentato, il Campo Casalin '07 che al naso sprigiona aromi di frutto appassito, cacao e spezie, con la vegetalità a dare un tocco di rusticità sullo sfondo. In bocca rivela corpo possente e maturo, con tannino importante e che aspetta ancora di integrarsi perfettamente. L'Amarone Cinquestelle, sempre '07, offre uno spettro aromatico più complesso e articolato, ma anche in questo caso sembra bisognoso di ulteriore affinamento. Di poco inferiore il Recioto Il Casale '08, molto giovanile negli aromi di frutto fresco, dalla pienezza e dolcezza impressionante.

Cantina del Castello
CORTE PITTORA, 5
37038 SOAVE [VR]
TEL. 0457680093
www.cantinacastello.it

VENDITA DIRETTA
VISITA SU PRENOTAZIONE

PRODUZIONE ANNUA 130.000 bottiglie
ETTARI VITATI 12.00

La Cantina del Castello è situata proprio nel centro di Soave, in corte Pittora, nel palazzo medievale che fu dei conti Sanbonifacio. I vigneti, condotti con estrema cura, sono distribuiti all'interno della zona classica, in particolare nella zona Pressoni, tra i comuni di Monteforte d'Alpone e Soave. Impegnato da anni nel duplice ruolo di produttore e presidente del Consorzio di Tutela, Arturo Stocchetti interpreta il Soave rimanendo fedele all'immagine di un vino di pronta beva, cercando soprattutto leggerezza, integrità aromatica e una beva sapida e giustamente "soave".

Dei vini degustati il Soave Carniga '08 è apparso il più interessante e di carattere. Ai profumi di frutta matura fa seguire sensazioni minerali e belle note vegetali, mentre al palato è solido, polposo e con una bella evoluzione. Il Soave Pressoni '10, abituato a importanti risultati, ci è parso particolarmente semplice nell'espressione fruttata, e con sensazioni un po' morbide che ne allentano la tensione gustativa. Sensazioni che ritroviamo anche nel Soave Castello '10, che risulta leggero, succoso e di pronta beva. Di misurata dolcezza il Recioto di Soave Corte Pittora '06.

- Amarone della Valpolicella Cl. Campo Casalin I Castei '07 ⚜⚜ 7
- Amarone della Valpolicella Cl. Cinquestelle Collezione Ca' del Pipa '07 ⚜⚜ 8
- Recioto della Valpolicella Cl. Il Casale Ca' del Pipa '08 ⚜⚜ 7
- Valpolicella Cl. Campo del Biotto I Castei '10 ⚜ 4
- Valpolicella Cl. Sup. Ripasso Costamaran I Castei '09 ⚜ 4
- Recioto della Valpolicella Cl. Le Vigne Ca' del Pipa '99 ⚜⚜⚜ 7
- Amarone della Valpolicella Cl. Campo Casalin I Castei '06 ⚜⚜ 8
- Recioto della Valpolicella Cl. Monte Fasenara I Castei '08 ⚜⚜ 7
- Recioto della Valpolicella Cl. Monte Fasenara I Castei '07 ⚜⚜ 7

- ○ Soave Cl. Carniga '08 ⚜⚜ 5
- ○ Recioto di Soave Cl. Corte Pittora '06 ⚜ 6
- ○ Soave Cl. Castello '10 ⚜ 4
- ○ Soave Cl. Pressoni '10 ⚜ 4
- ○ Soave Cl. Sup. Monte Pressoni '01 ⚜⚜⚜ 4
- ○ Soave Cl. Carniga '04 ⚜⚜ 4*
- ○ Soave Cl. Pressoni '08 ⚜⚜ 4*
- ○ Soave Cl. Pressoni '07 ⚜⚜ 4
- ○ Soave Cl. Pressoni '06 ⚜⚜ 4*
- ○ Soave Cl. Pressoni '05 ⚜⚜ 4*

VENETO

Cavalchina

Loc. Cavalchina
Fraz. Custoza
via Sommacampagna, 7
37066 Sommacampagna [VR]
Tel. 045516002
www.cavalchina.com

VENDITA DIRETTA
VISITA SU PRENOTAZIONE

PRODUZIONE ANNUA 450.000 bottiglie
ETTARI VITATI 60.00

Sempre più articolata e pregevole la produzione di casa Piona, una realtà che negli ultimi anni è letteralmente esplosa, partendo da Custoza e andando a esplorare le zone del mantovano e della Valpolicella. I vigneti hanno raggiunto i 60 ettari, e Franco e Luciano saltano letteralmente da una vigna all'altra prima di approdare in cantina a seguire tutte le fasi produttive. Dalla tenuta di Custoza si ricavano le tradizionali tipologie gardesane, nel mantovano trovano dimora anche vitigni internazionali, mentre la Valpolicella è dedicata all'omonimo rosso e all'Amarone.

Tanti i vini presentati dai fratelli di Custoza, provenienti dalle tre tenute di famiglia. Dai vigneti di Custoza giunge un Amedeo '09 in grande spolvero, Tre Bicchieri, ampio e ancor più fine del solito negli aromi che in bocca si muove con la consueta eleganza e lunghezza. Dalla tenuta Prendina di Monzambano ecco invece una Garganega Paroni della medesima annata ricca e scattante, mentre dalla Valpolicella arriva la prima annata di Amarone prodotta, già con ottimi risultati. Ricco e maturo negli aromi di frutto e spezie presenta al palato un corpo solido ma non ingombrante, sostenuto più dall'acidità che dal tannino.

○ Custoza Sup. Amedeo '09	🍷🍷🍷	4*
○ Garda Garganega Paroni La Prendina '09	🍷🍷	4
● Amarone della Valpolicella Torre d'Orti '07	🍷🍷	6
○ Custoza '10	🍷🍷	4*
● Garda Cabernet Sauvignon Vign. Il Falcone La Prendina '08	🍷🍷	5
● Garda Merlot Faial La Prendina '08	🍷🍷	6
○ Garda Sauvignon Valbruna La Prendina '09	🍷🍷	4
● Valpolicella Sup. Morari Torre d'Orti '09	🍷🍷	5
● Bardolino '10	🍷	4
⊙ Bardolino Chiaretto '10	🍷	4
⊙ Feniletto La Prendina '09	🍷	4
○ Garda Pinot Bianco La Prendina '10	🍷	4
○ Pinot Grigio La Prendina '10	🍷	4
● Rosso Torre d'Orti '10	🍷	4
● Valpolicella Sup. Ripasso Torre d'Orti '08	🍷	5

Domenico Cavazza & F.lli

c.da Selva, 22
36054 Montebello Vicentino [VI]
Tel. 0444649166
www.cavazzawine.com

VENDITA DIRETTA
VISITA SU PRENOTAZIONE

PRODUZIONE ANNUA 1.000.000 bottiglie
ETTARI VITATI 150.00

Se c'è un merito da riconoscere ai fratelli Cavazza è sicuramente quello di non aver mai mollato la presa. Anche quando puntare sulla quantità poteva sembrare la scelta giusta hanno continuato a inseguire l'idea di un vino di qualità che non scendesse a patti con le mode, né dal punto di vista stilistico, né nella scelta dei vitigni. L'azienda vede due corpi ben distinti, uno dedicato al Gambellara nella zona vulcanica in comune di Montebello, l'altro all'interno dei Colli Berici, dove le colline di terra rossa sono invece dedicate alla coltivazione delle varietà bordolesi e del tai rosso.

A testimonianza del legame con la tradizione giunge una sontuosa versione di Recioto di Gambellara '08, il bianco passito da uve garganega che Cavazza interpreta con ricchezza di suggestioni fruttate e una dolcezza evidente ma perfettamente bilanciata. Il Gambellara Creari '09 è il solito compendio di ricchezza e tensione gustativa mentre La Bocara '10 si esprime con maggior freschezza e leggerezza. Dalla tenuta Cicogna nei Colli Berici giungono due ottimi rossi, il Merlot '09, maturo al naso e più sapido e disteso in bocca, e il Cicogna Syrhae '09 simile nell'espresione aromatica ma più rotondo e avvolgente al palato.

● Cicogna Syrhae '09	🍷🍷	5
● Colli Berici Merlot Cicogna '09	🍷🍷	5
○ Gambellara Cl. Creari '09	🍷🍷	4
○ Recioto di Gambellara Cl. Capitel S. Libera '08	🍷🍷	5
● Colli Berici Cabernet Cicogna '09	🍷	5
○ Gambellara Cl. La Bocara '10	🍷	4
● Colli Berici Merlot Cicogna '08	🍷🍷	5
○ Gambellara Cl. Creari '08	🍷🍷	4
○ Gambellara Cl. Creari Capitel S. Libera '06	🍷🍷	4*
● Syrhae Cicogna '08	🍷🍷	5

VENETO

Giorgio Cecchetto

Fraz. Tezze di Piave
via Piave, 67
31028 Vazzola [TV]
Tel. 043828598
www.rabosopiave.com

VENDITA DIRETTA
VISITA SU PRENOTAZIONE

PRODUZIONE ANNUA 200.000 bottiglie
ETTARI VITATI 73.00

L'azienda di Giorgio e Cristina Cecchetto è un punto di riferimento per tutto il comprensorio della denominazione del Piave, che si estende dalle Prealpi Trevigiane al Mare Adriatico. Tradizionalmente vi si coltivano vitigni internazionali, cui si aggiunge il Manzoni bianco e il raboso, autentico pallino di casa Cecchetto. Proprio allo storico vitigno rosso viene dedicata grande attenzione e studio, con l'intento di ricavarne un grande rosso da invecchiamento. La pratica dell'appassimento, importata dal veronese, è stata sperimentata per anni da Giorgio che la utilizza per ingentilire il grintoso rosso.

Ottima la prova del Brut Rosa Bruna Cuvée 21 che, alla sua prima uscita, lascia intuire quale possa essere un possibile sviluppo per l'acido vitigno trevigiano. Il profilo aromatico è giocato su un'intensa nota fruttata dominata da ribes e lampone, mentre al palato tanta gentilezza si ritrova percorsa da una tagliente acidità, che dona tensione e lunghezza. Molto buona la prova del Merlot Sante '08, che si dona fruttato e avvolgente fin dal profumo, ribadendo al palato tutta la sua ricchezza. Il Raboso Passito RP è frutto di una miscela di tre vendemmie, e si dona dolce e succoso.

● Piave Merlot Sante '08	4
● Raboso Passito RP	5
⊙ Rosa Bruna Cuvée 21 Brut M.Cl.	5
● Piave Cabernet Sauvignon '10	3
● Piave Carmenère '10	3
● Piave Raboso '07	5
● Gelsaia '07	6
● Piave Merlot Sante '07	4
● Piave Raboso '06	5
● Piave Raboso '05	5

Italo Cescon

Fraz. Roncadelle
p.zza dei Caduti, 3
31024 Ormelle [TV]
Tel. 0422851033
www.cesconitalo.it

VENDITA DIRETTA
VISITA SU PRENOTAZIONE

PRODUZIONE ANNUA 800.000 bottiglie
ETTARI VITATI 115.00

L'azienda dei fratelli Cescon, Domenico, Gloria e Graziella, ha saputo rinnovarsi nello spirito e nel profilo produttivo. Nel corso degli ultimi anni sono stati aquisiti e vitati parecchi ettari di campagna, destinati principalmente alla produzione più ambiziosa, lasciando alla linea base le uve provenienti da storici conferitori. Può sembrare una banalità, ma per l'azienda di Ormelle è stato un passaggio decisivo per staccarsi da una produzione corretta e piacevole e dare vita a una linea che mira più in alto, dove si cerca di intervenire in cantina con mano sempre più leggera.

Anche quest'anno il vino più convincente è il Manzoni Bianco '10 che a profumi intensi di frutto bianco e fiori fa seguire una dinamica gustativa capace di tenere insieme la buona struttura con l'agilità, in virtù di un importante corredo sapido e una vitale acidità. Più semplice, ma non per questo meno piacevole, il Manzoni Bianco Svejo '10, dalla beva spigliata e appagante. Sul fronte dei rossi segnaliamo l'affidabilità del Chieto '09, un taglio bordolese a prevalenza merlot equilibrato e di medio corpo. Alla prima uscita il Malanotte '08 manifesta l'appassimento delle uve attraverso l'avvolgenza del palato.

● Chieto '09	4
○ Manzoni Bianco '10	6
○ Manzoni Bianco Svejo '10	4
● Piave Raboso Malanotte Rabià '08	6
● Chieto '08	4
● Chieto '07	4
○ Manzoni Bianco '09	6
○ Manzoni Bianco '08	6

VENETO

Coffele
via Roma, 5
37038 Soave [VR]
Tel. 0457680007
www.coffele.it

VENDITA DIRETTA
VISITA SU PRENOTAZIONE

PRODUZIONE ANNUA 120.000 bottiglie
ETTARI VITATI 25.00

Alberto e Chiara Coffele sono tra gli interpreti più apprezzati della denominazione veronese. La possibilità di accedere alle uve della zona più alta di Castelcerino permette una produzione di ottimo livello giocata sulla finezza aromatica e la tensione gustativa. Venticinque ettari di vigneto in corpo unico rappresentano la fonte cui attingere le uve migliori per una produzione che solo in parte viene imbottigliata. In cantina si limita l'intervento al massimo, per esprimere al meglio le caratteristiche delle uve e della zona di provenienza.

Molti i vini convincenti quest'anno, a cominciare dal Soave Ca' Visco '10, intenso nella sua nota di pesca e fiori di campo, all'assaggio rivela corpo teso e lungo, per un finale di razza. Più solare, complice anche l'annata favorevole, l'Alzari '09, maturo e polposo fin dai profumi, per donarsi pieno e comunque vibrante al palato. La mano felice di Alberto per i vini dolci si avverte una volta di più ne Le Sponde '09, sempre uno dei Recioto più riusciti della denominazione, da Tre Bicchieri, cui si è aggiunto quest'anno il Terra Crea '05, un trascinante passito ossidativo da uve garganega prodotto senza alcun ausilio dalla chimica.

Col Vetoraz
fraz. Santo Stefano
s.da delle Tresiese, 1
31040 Valdobbiadene [TV]
Tel. 0423975291
www.colvetoraz.it

VENDITA DIRETTA
VISITA SU PRENOTAZIONE

PRODUZIONE ANNUA 800.000 bottiglie
ETTARI VITATI 12.00

Col Vetoraz è da due decenni una delle aziende più interessanti della denominazione, forte di un vigneto che si estende sulle più vocate colline e una mano particolarmente felice nell'eleborazione degli spumanti, tanto da rappresentare uno stile molto seguito anche dai colleghi. Loris Dall'Acqua, anima tecnica dell'azienda, assieme a Paolo De Bortoli e Francesco Miotto sono a capo dell'azienda fin dalla fondazione e si avvalgono di una fitta rete di conferitori che producono uve in quantità superiori alle necessità dell'azienda, che sceglie solo le partite migliori da dedicare all'imbottigliamento.

La gamma proposta, dedicata solo alla Docg, è consolidata da anni, così come lo stile dei vini, anche se ci è parso di notare una minor incisività acida negli ultimi anni. Molto buono l'Extra Dry, un vino che ha saputo imporsi come modello di riferimento, intensamente profumato di fiori e agrumi si dona al palato esibendo un succoso equilibrio tra la freschezza acida e la dolcezza del vino, per un finale pulito e asciutto. Il Millesimato Dry è più solare e fruttato, con una perfetta fusione con le bollicine che accarezzano il palato con delicatezza. Brut e Cartizze sono più che affidabili.

○ Recioto di Soave Cl. Le Sponde '09	6
○ Soave Cl. Alzari '09	5
○ Soave Cl. Ca' Visco '10	4*
○ Terra Crea Passito '05	8
○ Soave Cl. '10	4
○ Soave Cl. Ca' Visco '05	4*
○ Soave Cl. Ca' Visco '04	4
○ Soave Cl. Ca' Visco '03	4
○ Recioto di Soave Cl. Le Sponde '08	6
○ Recioto di Soave Cl. Le Sponde '07	6
○ Soave Cl. Alzari '07	5
○ Soave Cl. Ca' Visco '09	4*
○ Soave Cl. Ca' Visco '08	4*

○ Valdobbiadene Dry Millesimato '10	4
○ Valdobbiadene Extra Dry '10	4*
○ Cartizze '10	6
○ Valdobbiadene Brut '10	4

VENETO

Conte Collalto
via 24 Maggio, 1
31058 Susegana [TV]
Tel. 0438738241
www.cantine-collalto.it

VENDITA DIRETTA
VISITA SU PRENOTAZIONE

PRODUZIONE ANNUA 800.000 bottiglie
ETTARI VITATI 141.00

La proprietà dei Conti Collalto è forse la più bella di tutta la regione. Oltre cento ettari di vigna immersi in una proprietà molto più grande dove si trovano boschi, pascoli e case coloniche. Il borgo cintato da mura che domina la pianura, l'oliveto e la cantina sottostante costituiscono un unicum che non ha eguali. La glera costituisce la coltivazione più estesa, seguita dalle varietà bordolesi cui si aggiunge l'originale wildbacher e alcuni tra gli incroci più interessanti realizzati dal Manzoni. Con gli anni l'attività si è spostata anche all'allevamento, interamente seguito in azienda.

Sempre molto ampia la gamma proposta dalla storica azienda di Susegana che spazia dai rossi agli spumanti con disinvoltura. Buona la prova del Wildbacher '08, un vino che viene interpretato mettendone in luce l'aspetto fruttato e piacevolmente selvatico, mentre al palato è solido e grintoso. Merlot e Manzoni 2.15, entrambi '08, sono semplici ma di beva appagante e succosa, mentre sul fronte degli spumanti segnaliamo l'ampiezza e la cremosità del Dry. Fra i bianchi interessante il Rosabianco '10, un originale Manzoni 1.50, delicatamente aromatico e di piacevolissima bevibilità, e lo scattante Schenella I '10.

○ Conegliano Valdobbiadene Dry	4
● Incrocio Manzoni 2.15 '08	4*
● Piave Merlot '08	3*
○ Rosabianco '10	4
● Wildbacher '08	4*
○ Chardonnay '10	3
○ Colli di Conegliano Bianco Schenella I '10	4
○ Conegliano Valdobbiadene Brut	4
○ Conegliano Valdobbiadene Extra Dry	4
○ Manzoni Bianco '10	3
● Piave Cabernet Torrai Ris. '06	6
○ Pinot Grigio '10	3
○ Prosecco di Treviso Tranquillo '10	4
○ Verdiso '10	3
● Piave Cabernet Torrai Ris. '00	5
● Rambaldo VIII '05	6

Le Colture
fraz. Santo Stefano
via Follo, 5
31049 Valdobbiadene [TV]
Tel. 0423900192
www.lecolture.it

VENDITA DIRETTA
VISITA SU PRENOTAZIONE
OSPITALITÀ

PRODUZIONE ANNUA 650.000 bottiglie
ETTARI VITATI 40.00

Negli ultimi anni la produzione dei fratelli Ruggeri è cresciuta sensibilmente in termini di continuità e affidabilità. La grande superficie di vigneto di proprietà, pressoché un'eccezione nel panorama viticolo di Valdobbiadene, ha sempre consentito l'arrivo in cantina di uve di ottima qualità, ma è con l'arrivo di Marzio Pol un paio di anni fa che si riesce a finalizzare nel miglior modo possibile il pregevole lavoro che viene compiuto in campagna durante tutto l'anno. La produzione è concentrata in massima parte sui fragranti spumanti che le uve di Valdobbiadene possono offrire.

La gamma proposta è ormai stabile da anni, soprattutto sul fronte del Prosecco, con etichette che sono un punto di riferimento per tutti. La vendemmia 2010 ha portato in dote vini un po' più fruttati che in altri anni, interpretati in casa Ruggeri con eleganza, come si intuisce fin dal primo assaggio del Cruner, un Dry che sfrutta questa ricchezza per esaltare la cremosità del palato. Molto buono il Cartizze, caratterizzato dalla perfetta setosità delle bollicine che accompagnano il vino a un lungo finale. Il Pianer è sapido e gustoso, mentre il Fagher è semplice negli aromi e in bocca.

○ Cartizze	5
○ Valdobbiadene Dry Cruner	4
○ Valdobbiadene Extra Dry Pianer	4
○ Valdobbiadene Brut Fagher	4

VENETO

Contrà Soarda
LOC. CONTRÀ SOARDA, 26
36061 BASSANO DEL GRAPPA [VI]
TEL. 0424566785
www.contrasoarda.it

VENDITA DIRETTA
VISITA SU PRENOTAZIONE

PRODUZIONE ANNUA 70.000 bottiglie
ETTARI VITATI 20.00

Mirco Gottardi appartiene a una famiglia storica della ristorazione bassanese, ma da un po' di anni ha scoperto la viticoltura di qualità, dapprima come hobby, poi sempre più seriamente, giungendo a cedere l'attività commerciale per dedicarsi completamente ai dodici ettari di vigna in zona San Michele. In una decina di anni di attività il terreno è stato rimodellato e vitato con la collaborazione di Marco Bernabei, è stata realizzata una splendida cantina completamente interrata e la produzione ha preso consistenza con risultati più che apprezzabili. Al suo fianco la moglie Gloria e i figli.

Il vino più interessante, nonché quello che più rappresenta l'azienda, è il Vigna Correjo, un Pinot Nero '08 che, sfruttando il clima fresco delle vigne poste sulla seconda linea di colline, esalta l'espressione aromatica di frutti di bosco ed erbe officinali, per donarsi al palato teso, sapido e di grande finezza. Il Saggio '07 è invece un blend di vecchie uve vicentine, lento nel concedere i suoi profumi di frutto e sottobosco, all'assaggio rivela buona consistenza e armonia. Immediato, di frutto e beva spigliata, il Marzemino Gaggion '08, mentre il Torcolato Sarson '08 è ricco e potente.

○ Breganze Torcolato Sarson '08	🍷🍷 6
● Il Saggio '07	🍷🍷 5
● Marzemino Gaggion '08	🍷🍷 4
● Vigna Correjo '08	🍷🍷 8
● Breganze Rosso Terre di Lava '08	🍷 5
○ Breganze Vespaiolo Soarda '10	🍷 4
○ Breganze Vespaiolo Vigna Silan '09	🍷 5
○ Il Pendio '09	🍷 4
○ Breganze Torcolato '07	🍷🍷 6
● Il Saggio '05	🍷🍷 8
● Vigna Correjo '07	🍷🍷 8
● Vigna Correjo '06	🍷🍷 8

Corte Gardoni
LOC. GARDONI, 5
37067 VALEGGIO SUL MINCIO [VR]
TEL. 0457950382
www.cortegardoni.it

VENDITA DIRETTA
VISITA SU PRENOTAZIONE

PRODUZIONE ANNUA 200.000 bottiglie
ETTARI VITATI 25.00

La famiglia Piccoli festeggia i trent'anni di attività. Nata come produttrice di frutta ha visto via via diminuire tali colture per lasciar sempre più spazio alla vitcoltura e ormai sono rimasti solo un po' di meli a ricordare la prima attività di Gianni. Oggi Mattia, Stefano e Andrea conducono l'azienda insieme al papà, con vigneti dedicati alle varietà gardesane, interpretate con garbo e nitidezza, esaltando le caratteristiche moreniche dei vigneti che donano leggerezza e fragranza alle uve. La passione per i vini d'oltralpe ha stimolato qualche piccolo inserimento di varietà non tradizionali.

Sono gardesani però i vini più importanti di casa e quelli dove si investono le maggiori energie. Energie che consegnano al mercato una gamma di etichette di assoluto valore, capitanate proprio da Mael e Pradicà, il Custoza e il Bardolino Superiore che elevano la caratura delle denominazioni. Il primo si esprime con una sottile e penetrante aromaticità che trova nel verticale palato il suo territorio d'elezione. Il secondo rivela doti di profondità e complessità che non ci si aspetterebbe, esibendo stoffa e un lungo finale. Esemplare la prova del pepato e sapido Becco Rosso '09 da uve corvina.

● Bardolino Sup. Pradicà '09	🍷🍷 5
● Becco Rosso '09	🍷🍷 4*
○ Custoza Mael '10	🍷🍷 4*
○ Fenili Passito '08	🍷🍷 6
○ Nichesole Vallidium '10	🍷🍷 4*
⊙ Bardolino Chiaretto '10	🍷 3
● Bardolino Le Fontane '10	🍷 3
○ Custoza '10	🍷 3
○ Bianco di Custoza Mael '09	🍷🍷🍷 4*
○ Bianco di Custoza Mael '08	🍷🍷🍷 4*
● Bardolino Cl. Sup. Pradicà '08	🍷🍷 5*
● Bardolino Sup. '06	🍷🍷 4
● Bardolino Sup. Pradicà '07	🍷🍷 5*

VENETO

Tenuta Corte Giacobbe
via Moschina, 11
37030 Roncà [VR]
Tel. 0457460110
www.vinidalcero.com

VENDITA DIRETTA
VISITA SU PRENOTAZIONE

PRODUZIONE ANNUA 60.000 bottiglie
ETTARI VITATI 20.00

La Tenuta di Corte Giacobbe è l'azienda veronese della famiglia Dal Cero, originaria proprio di Roncà ma che divide il suo interesse tra il soavese e la zona di Cortona in Toscana, dove possiede un'altra tenuta. Venti ettari di vigna costituiscono il patrimonio viticolo dell'azienda, coltivati con le tradizionali uve del Soave, cui si aggiunge una piccola ma significativa produzione di pinot grigio e chardonnay, destinati alla produzione più semplice. Nella cantina da poco ristrutturata si opera nel modo meno invasivo possibile, cercando che i vini esprimano il valore del territorio.

Il Soave Runcata '09 è una delle sorprese più interessanti di quest'anno, un bianco che offre profumi di frutto bianco, fiori e un piacevole accenno vegetale che rimanda alla rusticità della garganega. All'assaggio il vino rivela un corpo solido, croccante, e una buona sapidità, che allunga il vino e gli dona armonia. Più semplice e nervoso il Soave '10, fresco nell'espressione floreale e di frutto, si distende al palato con tensione e un'acidità quasi citrina. Il Pinot Grigio viene prodotto in una versione semplice e fragrante e in una dalla veste ramata, il Blush '10, più ricca e succosa.

○ Soave Runcata '09	4
○ Passito del Casale '07	6
○ Pinot Grigio '10	4
○ Pinot Grigio Blush '10	4
○ Soave '10	4

Corte Rugolin
fraz. Valgatara
loc. Rugolin, 1
37020 Marano di Valpolicella [VR]
Tel. 0457702153
www.corterugolin.it

VENDITA DIRETTA
VISITA SU PRENOTAZIONE

PRODUZIONE ANNUA 75.000 bottiglie
ETTARI VITATI 11.00

Elena e Federico Coati stanno ricavandosi con impegno uno spazio sempre più importante nel competitivo panorama della Valpolicella. La decina di ettari coltivati fornisce le uve per una produzione interamente dedicata ai vini storici, dal Valpolicella d'annata all'Amarone. Le vigne sono in parte dietro alla cantina, sulla fascia pianeggiante che costituisce la zona di Valgatara, mentre in zona Castelrotto, sul monte Danieli, ci sono i vigneti di collina. Lo stile dei vini insegue un punto di equilibrio tra la ricchezza della tradizione e la propensione alla leggerezza delle uve utilizzate.

Affidabile la batteria di vini prodotta da Elena e Federico, con l'Amarone Monte Danieli '05 in testa al gruppo. La possibilità di affinare a lungo in cantina non impedisce al vino di presentarsi con una veste ancora giovanile, sia nel colore rubino compatto che nell'espressione degli aromi freschi e quasi vinosi. In bocca mette in luce una sana rusticità, esuberante e con tannino ancora vitale. Il Valpolicella Superiore Ripasso '09 gioca le sue carte migliori esibendo un corpo pieno e polposo, a rimarcare la stretta parentela con l'Amarone, mentre il Valpolicella d'annata è fresco, pepato e leggero.

● Amarone della Valpolicella Cl. Monte Danieli '05	8
● Valpolicella Cl. Sup. Ripasso '09	5
● Valpolicella Cl. '10	3
● Amarone della Valpolicella Cl. Crosara de le Strie '06	7
● Amarone della Valpolicella Cl. Monte Danieli '03	7
● Amarone della Valpolicella Cl. Monte Danieli '01	7
● Recioto della Valpolicella Cl. '03	6
● Valpolicella Cl. '09	3*
● Valpolicella Cl. Sup. Ripasso '04	5
● Valpolicella Cl. Sup. Ripasso '03	5

VENETO

Corte Sant'Alda
LOC. FIOI
VIA CAPOVILLA, 28
37030 MEZZANE DI SOTTO [VR]
TEL. 0458880006
www.cortesantalda.it

VENDITA DIRETTA
VISITA SU PRENOTAZIONE

PRODUZIONE ANNUA 90.000 bottiglie
ETTARI VITATI 19.00
VITICOLTURA Biodinamico Certificato

Nata venticinque anni fa, l'azienda di Marinella Camerani ha contribuito alla nascita del fenomeno Amarone, forte di un parco vigneti di assoluto valore e una nitida interpretazione delle varie tipologie. Con il tempo questo non è più stato sufficiente, e in casa Corte Sant'Alda si è proceduto gradualmente ma inesorabilmente a un abbandono della viticoltura tradizionale per abbracciare la conduzione biologica e guardando anche oltre. Oggi la produzione riesce a esprimere accanto a un indubbio valore qualitativo anche l'espressione più intima che questa terra può donare.

Pur non producendo grandi numeri, la gamma proposta è piuttosto ampia, a rimarcare la volontà di mettere in risalto il meglio che ogni singolo vigneto può offrire compatibilmente con l'andamento climatico dell'annata. L'Amarone Mithas '06 dà il meglio di sé al palato, dove rivela corpo solido, asciutto e teso. Ottimi gli altri due Valpolicella, il Ca' Fiui '10 è solido e grintoso, mentre il Campi Magri '08 mette in luce l'animo più tradizionale e rustico della denominazione.

Casa Coste Piane
FRAZ. SANTO STEFANO
VIA COSTE PIANE, 2
31040 VALDOBBIADENE [TV]
TEL. 0423900219
casacostepiane@libero.it

VENDITA DIRETTA
VISITA SU PRENOTAZIONE

PRODUZIONE ANNUA 50.000 bottiglie
ETTARI VITATI 6.00

Loris Follador è un contadino fuori dagli schemi: forte, tenace e decisamente radicato ai valori solidi della terra che coltiva insieme ai due figli. Ma anche grande affabulatore, appassionato di arte, letteratura e poesia, capace di valorizzare gli aspetti essenziali della vita. E' con questo spirito caparbio che ha deciso di lasciare agli altri la produzione dello spumante, rimanendo fortemente legato alla fermentazione naturale in bottiglia, quello che fino a poco tempo fa si chiamava sur lie. I pochi ettari di vigna sono dedicati quasi esclusivamente a questo vino.

Con le regole della nuova denominazione che non permettono l'utilizzo del termine sur lie, dall'anno scorso il vino ha cambiato nome in Naturalmente, ma il metodo e le tecniche produttive sono le stesse. Il risultato è un vino che fa della sincerità e della bevibilità le sue peculiarità principali. Netto nell'esprimere i caratteristici aromi del vitigno di mela, pera e fiori, all'assaggio si rivela deciso, asciutto, con un'acidità che conferisce un lungo e sapido finale. Caratterizzato da un bel frutto, succoso e di fresca beva anche l'Extra Dry San Venanzio.

- Amarone della Valpolicella Mithas '06 — 8
- Recioto della Valpolicella '08 — 7
- Valpolicella Ca' Fiui '10 — 4
- Valpolicella Sup. Ripasso Campi Magri '08 — 5
- ○ Soave V. di Mezzane '10 — 4
- Amarone della Valpolicella '00 — 8
- Amarone della Valpolicella '98 — 8
- Amarone della Valpolicella '95 — 8
- Amarone della Valpolicella '90 — 8
- Amarone della Valpolicella Mithas '95 — 8
- Valpolicella Sup. '03 — 6
- Valpolicella Sup. Mithas '04 — 7
- Valpolicella Sup. Mithas '06 — 8
- Valpolicella Sup. Ripasso Campi Magri '05 — 5

- ○ Valdobbiadene Prosecco Frizzante Naturalmente — 4*
- ○ Valdobbiadene Extra Dry San Venanzio — 4

VENETO

★Romano Dal Forno
Fraz. Cellore
Loc. Lodoletta, 1
37030 Illasi [VR]
Tel. 0457834923
www.dalforno.net

VENDITA DIRETTA
VISITA SU PRENOTAZIONE

PRODUZIONE ANNUA 50.000 bottiglie
ETTARI VITATI 25.00

Romano Dal Forno ha rappresentato un punto di rottura nel panorama della Valpolicella quando, all'inizio degli anni '80, ha iniziato a produrre. Abbassamento drastico delle rese, gestione quasi maniacale del vigneto e maturazione dei vini unicamente in legni di piccola dimensione per una produzione che ha fatto della ricchezza di frutto e della struttura imponente la sua cifra stilistica. A distanza di una trentina d'anni lo stile e le attenzioni non sono mutate, i nuovi impianti hanno densità altissime e le uve raggiungono una concentrazione impressionante, dando vita a vini inimitabili.

A distanza di un anno dal nostro primo assaggio l'Amarone Monte Lodoletta '04 ha dimostrato una volta di più quanto lento sia il suo incedere nel tempo, rivelando una chiusura e una ritrosia che solo in piccola parte è venuta meno. L'impatto aromatico è sempre profondo, con il frutto che appare ancora abbracciato dal rovere che lascia lentamente spazio a note di spezie e di erbe officinali. In bocca il vino mostra passo fermo e deciso, rivelando un corredo di ricchezza e tannino imponente, per chiudere solo dopo un lungo e asciutto finale.

- Amarone della Valpolicella
  Vign. di Monte Lodoletta '04   8
- Amarone della Valpolicella
  Vign. di Monte Lodoletta '01   8
- Amarone della Valpolicella
  Vign. di Monte Lodoletta '00   8
- Amarone della Valpolicella
  Vign. di Monte Lodoletta '99   8
- Amarone della Valpolicella
  Vign. di Monte Lodoletta '98   8
- Amarone della Valpolicella
  Vign. di Monte Lodoletta '97   8
- Amarone della Valpolicella
  Vign. di Monte Lodoletta '96   8
- Amarone della Valpolicella
  Vign. di Monte Lodoletta '95   8
- Valpolicella Sup.
  Vign. di Monte Lodoletta '04   8

Luigino Dal Maso
C.da Selva, 62
36054 Montebello Vicentino [VI]
Tel. 0444649104
www.dalmasovini.com

VENDITA DIRETTA
VISITA SU PRENOTAZIONE

PRODUZIONE ANNUA 450.000 bottiglie
ETTARI VITATI 30.00

L'azienda della famiglia Dal Maso, fondata da Luigino e oggi condotta con polso fermo da Nicola, Anna e Silvia, si sviluppa a cavallo delle due denominazioni vicentine più importanti, Gambellara e Colli Berici. Nella prima trova spazio pressoché totale la garganega, da cui si ricava una gamma di bianchi di grande pregio. Nella seconda invece trovano spazio le varietà a bacca rossa bordolesi, destinate a una produzione che ha nella ricchezza estrattiva un tratto distintivo. L'eccezione riguarda invece il tai rosso, storica varietà cui l'azienda di Montebello dedica grande attenzione.

Ampia e convincente anche quest'anno la selezione di etichette che giungono dalla casa di contrada Selva, con il Tai Rosso Colpizzarda '09 in vetta alle nostre preferenze. Il vigneto sta maturando e il vino acquista in profondità aromatica, con il frutto nero che incrocia le note di spezie e fiori per esibire al palato leggerezza e sapidità. Cresciuti molto anche gli altri rossi, che hanno perso un pizzico di potenza per guadagnare in eleganza e tensione, come evidenzia il Terra dei Rovi '09, alla miglior prova che ricordiamo. Buoni i Gambellara '10, morbidi e succosi come impone l'annata.

- Colli Berici Tai Rosso Colpizzarda '09   5
- Colli Berici Cabernet Casara Roveri '08   5
- Colli Berici Cabernet Montebelvedere '09   4*
- Colli Berici Merlot Casara Roveri '08   5
- ○ Gambellara Cl. Ca' Fischele '10   3*
- ○ Gambellara Cl. Riva del Molino '10   4*
- ○ Recioto di Gambellara Cl. Riva dei Perari '08   6
- Terra dei Rovi '09   5
- ○ Gambellara Cl. '10   2
- Montemitorio '09   3
- ○ Gambellara Cl. Riva del Molino '07   4*
- Colli Berici Tocai Rosso Colpizzarda '08   5
- Colli Berici Tocai Rosso Colpizzarda '07   5
- ○ Gambellara Cl. Ca' Fischele '09   3*
- ○ Gambellara Cl. Riva del Molino '09   4*
- ○ Gambellara Cl. Riva del Molino '08   4*

VENETO

De Stefani
via Cadorna, 92
30020 Fossalta di Piave [VE]
Tel. 042167502
www.de-stefani.it

VENDITA DIRETTA
VISITA SU PRENOTAZIONE

PRODUZIONE ANNUA 300.000 bottiglie
ETTARI VITATI 40.00

L'azienda della famiglia De Stefani nel corso dell'ultimo decennio ha cercato di smarcarsi dall'immagine che spesso accompagna le aziende del Piave, produttrici di vini freschi e beverini. Il vigneto, distribuito in tre zone differenti, consente ad Alessandro di ricercare per ogni tipologia il suolo e la vigna più vocata, inseguendo anche ricchezza ed eleganza di assoluto rispetto. Anche la scelta di non avvalersi della denominazione per i vini di pianura sta a indicare la volontà dell'azienda di imporsi per il suo stile. Fanno eccezione i Prosecco, ottenuti nella tenuta collinare di Refrontolo.

Piuttosto ampia la gamma proposta da De Stefani, tra le cui etichette abbiamo particolarmente apprezzato il Vitalys '10, uno Chardonnay che profuma di frutta gialla e fiori, dotato di un palato sapido, succoso e di buona armonia. Il Terre Nobili '08 invece è un rosso ottenuto da uve cabernet sauvignon, merlot e refosco che si presenta al naso con profumi delicati e ampi, mentre all'assaggio rivela corpo solido e scattante. Con la sua espressione giovanile vinosa e di frutto rosso convince il Merlot Plavis '09, dalla bocca morbida, avvolgente e generosa. La restante produzione è corretta e piacevole.

● Plavis '09	⟡⟡ 4
● Terre Nobili '08	⟡⟡ 6
○ Vitalys '10	⟡⟡ 4
○ Olmera '09	⟡ 5
○ Pinot Grigio '10	⟡ 4
● Soler '09	⟡ 5
● Stefen 1624 '06	⟡ 8
○ Tai '10	⟡ 4
○ Olmera '08	⟡⟡ 5
● Soler '08	⟡⟡ 5
○ Tai '09	⟡⟡ 5
○ Vitalys '09	⟡⟡ 4*

Fasoli
fraz. San Zeno
via C. Battisti, 47
37030 Colognola ai Colli [VR]
Tel. 0457650741
www.fasoligino.com

VENDITA DIRETTA
VISITA SU PRENOTAZIONE

PRODUZIONE ANNUA 300.000 bottiglie
ETTARI VITATI 40.00
VITICOLTURA Biologico Certificato

Lentamente nel territorio veronese si sta facendo strada l'agricoltura biologica o biodinamica. Tra le aziende che hanno abbracciato questa filosofia per prime, in tempi non sospetti, c'è sicuramente quella dei fratelli Fasoli, da tempo impegnati in questo percorso. L'originalità di questo percorso è strettamente legata alla tradizione, fatta di appassimento delle uve, assolutamente normale per vini quali i Recioto o gli Amarone, sicuramente più insolita per uve merlot o pinot nero, cosa che dona a gran parte della produzione uno stile di grande concentrazione.

La produzione che arriva dalle vigne di casa Fasoli si divide tra Soave e Amarone, cui si aggiunge una piccola parte di vini da uve internazionali. Convincente la prova del Soave Pieve Vecchia '09, ricco e maturo al naso, offre un palato sapido e di potenza. L'Amarone La Corte del Pozzo '06 presenta aromi molto maturi e quasi decadenti. In bocca invece il vino si alleggerisce, risultando asciutto e sapido, lasciando solo all'alcol in evidenza il compito di portare morbidezza. Fresco, floreale e dalla beva agile il Soave Borgoletto '10, mentre il Merlot Calle '08 è denso e avvolgente.

● Amarone della Valpolicella La Corte del Pozzo '06	⟡⟡ 8
○ Soave Pieve Vecchia '09	⟡⟡ 5
● Calle Merlot '08	⟡ 7
○ Soave Borgoletto '10	⟡ 4
○ Liber Bianco '08	⟡⟡ 4
○ Liber Bianco '07	⟡⟡ 4
● Merlot Calle '07	⟡⟡ 7
○ Recioto di Soave S. Zeno '06	⟡⟡ 6
○ Soave Pieve Vecchia '08	⟡⟡ 5

VENETO

Giovanni Fattori

Fraz. Terrossa
via Olmo, 6
37030 Roncà [VR]
Tel. 0457460041
www.fattorigiovanni.it

VENDITA DIRETTA
VISITA SU PRENOTAZIONE

PRODUZIONE ANNUA 180.000 bottiglie
ETTARI VITATI 57.00

L'azienda Fattori è attiva da numerosi decenni in quel di Terrossa, paesino ai confini orientali della denominazione soavese. Qui Antonio ha raccolto l'eredità familiare sviluppando la parte viticola e di produzione in bottiglia, giungendo a oltre cinquanta ettari di vigna per una produzione di circa 200mila bottiglie, in gran parte dedicate al Soave, ma non mancano il Durello e le uve internazionali. Negli ultimi anni si è dato notevole impulso alla crescita qualitativa, con l'arrivo in cantina di Flavio Pra e le sperimentazioni sulla riduzione dell'uso della solforosa.

Buona prova per i Motto Piane, Recioto e Soave. Il primo, frutto della vendemmia 2009, si fa apprezzare per un'intensa nota esotica, dominata dall'ananas e dalla pesca, con una dolcezza ben presente al palato ma anche sostenuta da una fresca acidità. L'omonimo Soave '10 è più fresco e integro negli aromi, ben integrati con il rovere, in possesso di una beva sapida e tesa. Varietale, intenso e penetrante l'aroma del Sauvignon Vecchie Scuole '10, nervoso e semplice all'assaggio, mentre il Soave Runcaris '10 è fragrante e di piacevole bevibilità.

Il Filò delle Vigne

via Terralba, 14
35030 Baone [PD]
Tel. 042956243
www.ilfilodellevigne.it

VENDITA DIRETTA
VISITA SU PRENOTAZIONE

PRODUZIONE ANNUA 50.000 bottiglie
ETTARI VITATI 17.00

Posta all'estremità meridionale dei Colli Euganei, il Filò delle Vigne produce vini di grande struttura e carattere mediterraneo. L'altitudine limitata, l'esposizione a sud e la scarsa piovosità di queste terre si traduce in un'espressione solare e matura delle uve che Filippo Giannone, Andrea Boaretti e Matteo Zanaica trasformano in vini di assoluto pregio, per la gioia di Carlo Giodani e Niccolò Voltan, proprietari dell'azienda. I diciassette ettari coltivati sono in gran parte dedicati alle varietà a bacca rossa bordolesi, cui si aggiungono pochi ettari a bianco tra cui spicca il moscato.

Tutti presenti a eccezione del Pinot Bianco i vini prodotti dal Filò delle Vigne, con risultati assolutamente di valore. Il Borgo delle Casette Riserva è il consueto Cabernet di struttura, intenso nelle note di frutti neri e spezie si dona al palato con ricchezza e calore, sfruttando la vendemmia 2007 per aumentare ancor più la sua avvolgenza. Più semplice e immediato il Cecilia di Baone '07, interamente maturato in cemento, è giocato sulla intensità del frutto e la sapidità della beva. Il Calto delle Fate '09 sfodera una delle sue migliori versioni, delicatamente aromatico e con il rovere solo sullo sfondo.

○ Recioto di Soave Motto Piane '09	5
○ Soave Motto Piane '10	4
○ Lessini Durello Brut I Singhe	4
○ Roncha '10	4
○ Soave Cl. Danieli '10	4
○ Soave Cl. Runcaris '10	4
○ Valparadiso '10	4
○ Vecchie Scuole Sauvignon '10	4
○ Recioto di Soave Motto Piane '08	5
○ Soave Motto Piane '10	4
○ Soave Motto Piane '08	4

● Colli Euganei Cabernet Borgo delle Casette Ris. '07	6
● Colli Euganei Cabernet Vigna Cecilia di Baone '07	5
○ Colli Euganei Fior d'Arancio Luna del Parco '07	6
○ Il Calto delle Fate '09	4
● Colli Euganei Cabernet Borgo delle Casette Ris. '06	6
● Colli Euganei Cabernet Borgo delle Casette Ris. '05	6
● Colli Euganei Cabernet Borgo delle Casette Ris. '04	6
● Colli Euganei Cabernet Borgo delle Casette Ris. '02	5
● Colli Euganei Cabernet Vigna Cecilia di Baone Ris. '06	5

VENETO

Silvano Follador
loc. Follo
fraz. Santo Stefano
via Callonga, 11
31040 Valdobbiadene [TV]
Tel. 0423900295
www.silvanofollador.it

VENDITA DIRETTA
VISITA SU PRENOTAZIONE

PRODUZIONE ANNUA 23.000 bottiglie
ETTARI VITATI 3.70
VITICOLTURA Naturale

I fratelli Silvano e Alberta Follador hanno intrapreso un percorso del tutto personale. A parte un graduale avvicinamento ai principi dell'agricoltura biodinamica, raro nella zona, le loro scelte produttive sono originali e rompono con gli schemi consolidati. Il loro Cartizze pensato senza residui zuccherini ne è un esempio. In questo modo puntano a esaltare l'espressione del terroir eliminando l'interferenza degli zuccheri residui. Anche la scelta di produrre un Brut Metodo Classico da uve glera è in controtendenza rispetto all'idea diffusa di ottenere da quest'uva solo vini di grande immediatezza.

Alberta e Silvano stanno raccogliendo i frutti delle loro scelte coraggiose. I due vini proposti quest'anno si sono confermati a livelli di assoluta eccellenza. La novità è il Valdobbiadene Brut che ha rinunciato alla denominazione per divenire un Metodo Classico non dosato. Nonostante il cambiamento di metodologia ritroviamo la piacevolezza e la beva tipica del Prosecco, con un tratto di maggior austerità. La bocca è asciuttissima, sapida e tesa. Il Cartizze, senza zuccheri residui, presenta la consueta finezza dei profumi di frutta bianca, fiori e accenni marini, ben corrisposta al verticale palato.

○ Cartizze Brut '10	🍷🍷	5
○ Dosaggio Zero '09	🍷🍷	5
○ Cartizze Brut '08	🍷🍷🍷	5

Le Fraghe
loc. Colombara, 3
37010 Cavaion Veronese [VR]
Tel. 0457236832
www.fraghe.it

VENDITA DIRETTA
VISITA SU PRENOTAZIONE

PRODUZIONE ANNUA 90.000 bottiglie
ETTARI VITATI 32.00
VITICOLTURA Biologico Certificato

L'azienda di Matilde Poggi si trova all'estremità settentrionale della denominazione del Bardolino. Stretta tra il Lago di Garda, la valle dell'Adige e le colline che la attorniano, gode di un clima fresco e perennemente ventilato. La passione per la viticoltura ha portato una graduale perdita di interesse per le varietà internazionali, rilanciando invece quello per garganega e corvina, ossatura di quasi tutti i vini veronesi, interpretate con leggerezza. Le condizioni climatiche particolarmente favorevoli hanno spinto Matilde alla conversione al biologico, in atto da un paio di vendemmie.

Nel corso degli anni la produzione si è concentrata sempre più sul Bardolino, sicuramente uno dei più interessanti della denominazione gardesana. Con la vendemmia 2010 il vino ha aumentato la sua espressività fruttata, lasciando un po' più sullo sfondo l'apporto speziato e floreale della corvina, mentre al palato tale ricchezza non ha assolutamente pregiudicato la leggerezza, risultando sapido e armonioso e decisamente lungo. Convincente anche la prova del Chiaretto '10, più floreale e sapido, mentre il Camporengo '10 si esprime con toni esotici e un profilo ricco e succoso.

● Bardolino '10	🍷🍷	3*
⊙ Bardolino Chiaretto Ròdon '10	🍷🍷	3*
○ Garganega Camporengo '10	🍷🍷	4*
● Bardolino '09	🍷🍷	3*
● Bardolino '08	🍷🍷	3*
● Bardolino '07	🍷🍷	3*
○ Garganega Camporengo '09	🍷🍷	4*
○ Garganega Camporengo '08	🍷🍷	4*
○ Garganega Camporengo '07	🍷🍷	4*

VENETO

Marchesi Fumanelli
Fraz. San Floriano
via Squarano, 1
37029 San Pietro in Cariano [VR]
Tel. 0457704875
www.squarano.com

VENDITA DIRETTA
VISITA SU PRENOTAZIONE
RISTORAZIONE

PRODUZIONE ANNUA 87.000 bottiglie
ETTARI VITATI 45.00

Marchesi Fumanelli è una delle aziende che negli ultimi anni ha compiuto un notevole salto di qualità. La possibilità di operare su un parco vigneti di quasi cinquanta ettari permette una selezione rigorosa delle uve, visto che solo una parte di esse è destinata alla produzione di casa. I vigneti si estendono principalmente attorno alla cantina, collocata su un piccolo rilievo in mezzo alla piana di San Pietro in Cariano, dove trovano dimora le uve della Valpolicella. La collaborazione con Flavio Peroni garantisce uno stile giocato più sulla finezza espressiva che sulla concentrazione.

La scelta di uscire in commercio con i vini solo dopo un lungo affinamento ci consegna una gamma di prodotti completi e che esprimono grande armonia, come si intuisce fin dal primo assaggio dell'Amarone Octavius Riserva '05, che si mette in luce per la complessità delle sensazioni olfattive, trascinate da un frutto decadente e di grande fascino, mentre al palato la delicatezza del tannino e la lunghezza della beva sono da incorniciare. Di poco inferiore l'Amarone Classico '06, fragrante e polposo, mentre il Valpolicella Superiore '05 dona sensazioni molto mature. Semplice e succoso il Valpolicella '10.

● Amarone della Valpolicella Cl. Octavius Ris. '05	🍷🍷	8
● Amarone della Valpolicella Cl. '06	🍷🍷	6
○ Terso '06	🍷🍷	6
● Valpolicella Cl. Sup. '05	🍷🍷	4
● Valpolicella Cl. '10	🍷	3
● Amarone della Valpolicella Cl. '05	🍷🍷	6
● Amarone della Valpolicella Cl. '04	🍷🍷	6
● Amarone della Valpolicella Cl. Pralongo '01	🍷🍷	6

Fattoria Garbole
loc. Garbole
via Fracanzana, 6
37039 Tregnago [VR]
Tel. 0457809020
www.fattoriagarbole.it

VENDITA DIRETTA
VISITA SU PRENOTAZIONE

PRODUZIONE ANNUA 15.000 bottiglie
ETTARI VITATI 6.00

L'azienda dei fratelli Finetto, Ettore e Filippo, si trova lungo il progno che percorre la Val d'Illasi, adagiata su un fondo ghiaioso molto profondo, dove le viti trovano la condizione ideale per esprimersi al meglio. Solo uve tradizionali, proposte con uno stile ricco e possente, sono il marchio di fabbrica dell'azienda, che si avvale della consulenza di Flavio Peroni, profondo conoscitore della Valpolicella e delle sue uve. Nella moderna e funzionale cantina si cerca di limitare al massimo l'intervento, nel tentativo che ogni vino possa esprimere al meglio ciò che la natura gli ha donato.

La posizione dei vigneti in un fondovalle, che di fatto è una sorta di altopiano, consente una maturazione lenta delle uve che giungono a maturità con straordinarie ricchezza e acidità. L'appassimento fa il resto, rendendo i vini solidi ma al tempo stesso agili, come si avverte assaggiando l'Amarone '07, dominato dal frutto e con il rovere ancora evidente, che rivela un palato di grande sostanza e tensione. Molto buono il Recioto '07, anch'esso giovanile negli aromi, in possesso di dolcezza, acidità e tannino per una lunga vita. Il Valpolicella Superiore '08 ha grande potenzialità ma appare ancora scomposto.

● Amarone della Valpolicella '07	🍷🍷	8
● Recioto della Valpolicella '07	🍷🍷	6
● Valpolicella Sup. '08	🍷🍷	6
● Amarone della Valpolicella '06	🍷🍷🍷	8
● Amarone della Valpolicella '05	🍷🍷	8
● Recioto della Valpolicella '06	🍷🍷	6

★Gini

via Matteotti, 42
37032 Monteforte d'Alpone [VR]
Tel. 0457611908
www.ginivini.com

VENDITA DIRETTA
VISITA SU PRENOTAZIONE

PRODUZIONE ANNUA 200.000 bottiglie
ETTARI VITATI 30.00

Sandro e Claudio Gini, seguendo le impronte del fondatore dell'azienda, papà Olinto indimenticato pioniere del Soave, sono tra gli interpreti più apprezzati dell'intero comprensorio. La forza dell'azienda è sicuramente da ricercare nella vigna, dove non sono poche le piante centenarie, in piccola parte addirittura su piede franco, coltivate su terreni dove la matrice vulcanica è decisamente la componente prevalente. Nella cantina, ampliata gradualmente negli ultimi anni, trovano spazio sia contenitori d'acciaio che botti di varie dimensioni, destinate anche alla produzione extra Soave.

Sono solo i bianchi della denominazione soavese quelli che l'azienda di Monteforte ha proposto, tre vini che si pongono nelle rispettive tipologie come punti di riferimento. Il Soave Classico '10 ha perso la rotondità di qualche vendemmia per esprimersi con maggior tensione e finezza, aumentando notevolmente il suo valore. La Froscà '10 lascia trasparire un corredo di aromi fini in cui i fiori inseguono un frutto maturo e fresco, per trovare al palato sapidità e armonia. Il Salvarenza '09 invece mette in luce una ricchezza misurata e ben governata dall'apporto acido, conquistando per lunghezza ed equilibrio i Tre Bicchieri.

Vino		
○ Soave Cl. Contrada Salvarenza Vecchie Vigne '09	♛♛♛	5
○ Soave Cl. La Froscà '10	♛♛	5
○ Soave Cl. '10	♛♛	4*
○ Soave Cl. Contrada Salvarenza Vecchie Vigne '08	ҮҮҮ	5
○ Soave Cl. Contrada Salvarenza Vecchie Vigne '07	ҮҮҮ	5
○ Soave Cl. La Froscà '06	ҮҮҮ	5
○ Soave Cl. La Froscà '05	ҮҮҮ	5
○ Soave Cl. Sup. Contrada Salvarenza Vecchie Vigne '00	ҮҮҮ	6
○ Soave Cl. Sup. Contrada Salvarenza Vecchie Vigne '98	ҮҮҮ	5
○ Soave Cl. Sup. La Froscà '99	ҮҮҮ	5
○ Soave Cl. Sup. La Froscà '97	ҮҮҮ	4

Gregoletto

fraz. Premaor
via San Martino, 83
31050 Miane [TV]
Tel. 0438970463
www.gregoletto.com

VENDITA DIRETTA
VISITA SU PRENOTAZIONE

PRODUZIONE ANNUA 200.000 bottiglie
ETTARI VITATI 15.00

Non aspettatevi mai di essere stupiti o strabiliati dai vini di questa cantina. Dovete coglierne invece la schietta semplicità e la rustica eleganza; non di meno la loro capacità di riportare nel bicchiere l'anima del loro territorio: le colline di Premaor nei pressi di Follina. Qualità queste che solo una mano esperta e in totale fusione col proprio ambiente, come quella di Luigi Gregoletto veterano dell'enologia trevigiana, riesce a evidenziare con tanta sicurezza e costanza. Il valore della semplicità di questi vini si arriva a comprenderlo solo con il tempo, maturando molte esperienze.

Tutti vini veraci, sapidi, tesi e dalla notevole trama quelli che abbiamo degustato della cantina Gregoletto. Ci ha impressionato il Manzoni Bianco per la sua stoffa. Al naso, fresco, minerale e quasi piccante, troviamo sentori di ortica e agrumi, la bocca è solida ma di notevole agilità. Stupendo come sempre il Prosecco Tranquillo a nostro parere il migliore della sua tipologia. Tra i rossi bene il Cabernet '09, schietto e piacevolmente rustico, e il Colli Conegliano Rosso '04, più complesso e dai tannini levigati. Segnaliamo infine la piacevolezza e spontaneità dei vini a rifermentazione in bottiglia.

Vino		
○ Manzoni Bianco '10	♛♛	4
● Cabernet '09	♛♛	4
○ Colli di Conegliano Bianco Albio '10	♛♛	4
● Colli di Conegliano Rosso '04	♛♛	6
○ Conegliano Valdobbiadene Extra Dry	♛♛	4
○ Conegliano Valdobbiadene Prosecco Tranquillo '10	♛♛	4
○ Prosecco di Treviso Frizzante	♛♛	4
○ Zophai Chardonnay '10	♛♛	4
○ Conegliano Valdobbiadene Extra Dry Monte Corbino	♛	4
● Merlot '09	♛	4
○ Pinot Bianco '10	♛	4
○ Verdiso Frizzante	♛	4
● Cabernet '08	ҮҮ	4
● Colli di Conegliano Rosso '04	ҮҮ	6
○ Manzoni Bianco '09	ҮҮ	4*

VENETO

Grotta del Ninfeo
VIA BOSCHETTO, 6
37030 LAVAGNO [VR]
TEL. 0458980154
www.grottadelninfeo.it

VENDITA DIRETTA
VISITA SU PRENOTAZIONE

PRODUZIONE ANNUA 30.000 bottiglie
ETTARI VITATI 27.00

La famiglia Fraccaroli conduce un'azienda che sfiora i trenta ettari nella Valpolicella allargata, la zona più orientale della denominazione, quella che negli ultimi vent'anni ha visto incrementare notevolmente la superficie vitata, spesso con impianti più qualificanti della pergola e che sta offrendo uno standard qualitativo molto elevato. Non fa eccezione Grotta del Ninfeo, condotta con passione da Mara, Domenico e Luca, sempre affiancati da papà Tiziano. La presenza in cantina di Giuseppe Carcereri garantisce una produzione che ha uno stile solido ma dotato di buona bevibilità.

In un territorio che sembra aver puntato tutto sull'Amarone e sul Ripasso fa piacere trovare in un'azienda giovane una produzione così interessante di Valpolicella d'annata. La cura posta nella conduzione del vigneto consente la maturazione ottimale di uve che, soprattutto da fresche, sanno apportare al vino tensione gustativa e freschezza aromatica come si percepisce nel Valpolicella di casa Fraccaroli. Un vino giocato sulla pienezza e sulla ricchezza di frutto è il Recioto '08, che conquista per l'armonia della dolcezza, mentre il Ripasso si basa su un'impalcatura solida e polposa.

● Recioto della Valpolicella '08	5
● Valpolicella '10	4
● Valpolicella Sup. Ripasso '08	5
● Amarone della Valpolicella '06	7
● Amarone della Valpolicella '05	7
● Valpolicella Sup. '08	4*
● Valpolicella Sup. Ripasso '06	5

Guerrieri Rizzardi
VIA VERDI, 4
37011 BARDOLINO [VR]
TEL. 0457210028
www.guerrieri-rizzardi.it

VENDITA DIRETTA
VISITA SU PRENOTAZIONE

PRODUZIONE ANNUA 700.000 bottiglie
ETTARI VITATI 100.00

L'azienda della famiglia Rizzardi è collocata a Bardolino dove si trova sia la cantina storica, proprio in centro e quasi affacciata sul Lago di Garda, che la nuova struttura, posta invece sulla collina che domina il paese. Qui lo spazio è notevole, in modo da permettere una lavorazione comoda e scrupolosa in tutte le fasi. Le vigne invece si trovano in tutte le denominazioni più importanti del veronese, Bardolino in primis, seguito da Valpolicella, Soave e Valdadige. Lo stile dei vini predilige un'espressione sottile, giocata sull'eleganza, anche per i rossi della Valpolicella.

Sorprende ogni anno come l'azienda di Bardolino sappia muoversi con disinvoltura in tutte le denominazioni veronesi, con risultati eccellenti che mettono al centro dell'obiettivo l'eleganza e la bevibilità. Emblematica la prova dell'Amarone Villa Rizzardi '07 e del Bardolino Tacchetto '10, due vini che pur ricorrendo ai medesimi vitigni, sanno esprimersi con profilo molto diverso, intenso, maturo e avvolgente il primo, fragrante, speziato e teso il secondo. Il Ripasso Pojega '09 si colloca esattamente a metà strada tra queste due interpretazioni, donando profondità aromatica e una beva sapida e distesa.

● Amarone della Valpolicella Cl. Villa Rizzardi '07	8
● Valpolicella Cl. Sup. Ripasso Poiega '09	4*
● Bardolino Cl. Tacchetto '10	4*
⊙ Rosa Rosae '10	4*
● Bardolino Cl. Sup. Munus '09	5
○ Recioto di Soave Costeggiola '08	5
○ Soave Cl. Costeggiola '10	4
● Amarone della Valpolicella Cl. Calcarole '06	8
● Amarone della Valpolicella Cl. Calcarole '03	8
● Amarone della Valpolicella Cl. Villa Rizzardi '04	7
● Amarone della Valpolicella Cl. Villa Rizzardi '01	7
● Valpolicella Cl. Sup. Ripasso Poiega '07	4*
● Amarone della Valpolicella Cl. Villa Rizzardi '06	7
● Bardolino Cl. Sup. Munus '08	5

VENETO

Inama
loc. Biacche, 50
37047 San Bonifacio [VR]
Tel. 0456104343
www.inamaaziendaagricola.it

VENDITA DIRETTA
VISITA SU PRENOTAZIONE

PRODUZIONE ANNUA 420.000 bottiglie
ETTARI VITATI 54.00
VITICOLTURA Naturale

L'azienda di Stefano Inama è fra le interpreti più affermate del Soave, con uno stile che riesce a coniugare la ricchezza con la tensione. Negli ultimi anni però le grandi attenzioni di Stefano, affiancato dal figlio Matteo, si sono rivolte a est, ai vicini Colli Berici, dove il vigneto si è gradualmente ampliato fino a sfiorare i 30 ettari, interamente condotti secondo i dettami dell'agricoltura biologica. Dopo oltre un decennio dalle prime esperienze la conoscenza del territorio e delle varietà coltivate permette una produzione di alto profilo, capace di esprimere la solarità che l'area Berica consente.

Tanti i vini presentati anche quest'anno da Inama, fra Soave e rossi dai Colli Berici non c'è che l'imbarazzo della scelta. Significativa la crescita proprio di quest'ultimi, capitanati da un Carmenere Oratorio di San Lorenzo '07 che, con la maturazione dei vigneti, acquista sempre più profondità, donandosi intenso, ricco di frutti neri e spezie, dalla beva solida e grintosa. Di poco inferiore il Bradisismo '07, che paga lo scotto di un'annata calda e che ha donato grande potenza. Sul fronte dei bianchi ottimo il Soave Vigneti di Foscarino '09, di buona struttura e beva asciutta e sapida, e il Vin Soave '10.

- Oratorio di San Lorenzo '07 7
- Soave Cl. Vign. di Foscarino '09 5
- Bradisismo '07 6
- Cabernet Sauvignon Sel. '04 7
- Carmenere Più '08 4*
- Soave Cl. Vign. Du Lot '09 5
- Soave Cl. Vin Soave '10 4*
- Vulcaia Fumé '09 6
- Chardonnay '10 4
- Sauvignon Vulcaia '10 4
- Sauvignon Vulcaia Fumé '96 6
- Soave Cl. Vign. di Foscarino '08 5
- Soave Cl. Vign. Du Lot '05 5
- Soave Cl. Vign. Du Lot '01 5
- Soave Cl. Vign. Du Lot '00 5
- Soave Cl. Vign. Du Lot '99 5

Lenotti
via Santa Cristina, 1
37011 Bardolino [VR]
Tel. 0457210484
www.lenotti.com

VENDITA DIRETTA
VISITA SU PRENOTAZIONE

PRODUZIONE ANNUA 1.400.000 bottiglie
ETTARI VITATI 75.00

Il territorio del Lago di Garda è punteggiato da aziende di piccole dimensioni, dedite a una produzione semplice e giocata sulla fresca bevibilità che i vini gardesani sanno offrire. L'azienda Lenotti, condotta con piglio fermo da Giancarlo e dal figlio Claudio, nel corso degli anni ha saputo acquisire vigneti che consentono una produzione al di sopra della media sia in termini di numeri che di qualità. Accanto alle uve provenienti dai vigneti di proprietà si acquisiscono uve da produttori seguiti tutto l'anno che consentono all'azienda di spaziare un po' in tutte le denominazioni veronesi.

La notevole produzione dell'azienda Lenotti si traduce in una gamma ampia di prodotti, che spaziano dal Lago di Garda fino al Soave, interpretati con uno stile che non ricerca mai la mera forza, quanto piuttosto l'eleganza nella beva. Il Bardolino Superiore Le Olle '09 è probabilmente quello prodotto in maggior quantità di tutta la denominazione, a evidenziare quanto sia apprezzato dal mercato quanto da noi per la sua freschezza e solidità gustativa. Le Crosare '08 è invece più maturo e strutturato, mantenendo però tensione e leggerezza. Molto buoni anche l'Amarone '07 e il Capomastro '09, da uve corvina e rebo.

- Amarone della Valpolicella Cl. '07 7
- Bardolino Cl. Sup. Le Olle '09 5
- Capomastro '09 4*
- Valpolicella Cl. Sup. Le Crosare Ripasso '08 5
- ⊙ Bardolino Chiaretto Cl. '10 3
- Bardolino Cl. '10 3
- Colle dei Tigli '10 3
- Massimo '08 5
- ○ Soave Cl. '10 3
- Amarone della Valpolicella Cl. Di Carlo '05 8
- Bardolino Cl. Sup. Le Olle '08 4*
- Capomastro '07 4*
- Valpolicella Cl. Sup. Le Crosare Ripasso '07 4

VENETO

Conte Loredan Gasparini

FRAZ. VENEGAZZÙ
VIA MARTIGNAGO ALTO, 23
31040 VOLPAGO DEL MONTELLO [TV]
TEL. 0438870024
www.venegazzu.com

VENDITA DIRETTA
VISITA SU PRENOTAZIONE
OSPITALITÀ

PRODUZIONE ANNUA 320.000 bottiglie
ETTARI VITATI 80.00
VITICOLTURA Naturale

Il Montello è una piccola zona viticola che gode di una posizione strategica decisamente interessante. Esso infatti si trova frapposto tra la fascia prealpina e la Pianura Padana, con la laguna veneziana sullo sfondo. Questo, unito al suolo ricco di ferro conferisce ai vini una forte personalità. La cantina Loredan Gasparini attraverso la figura del fondatore, il conte Piero Loredan Gasparini, fu la prima a cogliere le potenzialità di questo territorio. Oggi la famiglia Palla, grazie alla genuina passione e alla competenza del figlio Lorenzo, sta tenendo alto il prestigio di questa realtà.

Quest'anno è stata rimandata l'uscita dei vini più importanti: il Capo di Stato, il Venegazzù della Casa e il Manzoni Bianco. Cosa che contribuirà a completare il loro affinamento e che permetterà di essere ancora più convincenti che nelle passate versioni. Due sono i vini che abbiamo degustato: il Falconera Merlot '08 e il Brut Asolo. Il primo presenta un naso ancora un po' chiuso, contraddistinto da note di erbe officinali, quasi di menta, con il frutto sullo sfondo, la bocca è di buona struttura e sostenuta da una fitta trama tannica. Il secondo ha tenue aromaticità e un buon profilo acido.

● Falconera Merlot '08	4
○ Asolo Brut	4
● Capo di Stato '07	7
● Capo di Stato '06	7
● Capo di Stato '05	6
○ Manzoni Bianco '09	4
● Venegazzù della Casa '06	5

★Maculan

VIA CASTELLETTO, 3
36042 BREGANZE [VI]
TEL. 0445873733
www.maculan.net

VENDITA DIRETTA
VISITA SU PRENOTAZIONE

PRODUZIONE ANNUA 750.000 bottiglie
ETTARI VITATI 50.00

Maculan è uno dei marchi che rappresenta al meglio il made in Italy enologico nel mondo. Dietro a questa immagine c'è una famiglia che ha saputo interpretare e promuovere le sue radici agricole, affrancandosi da una produzione semplicemente corretta e proponendosi come punto di riferimento. La sensibilità di Fausto, affiancato oggi dalle figlie Angela e Maria Vittoria, l'ha portato a visitare le grandi zone viticole del mondo, coglierne gli aspetti più interessanti e riproporli a Breganze. Bordolesi di grande struttura e passiti suadenti e morbidi rappresentano al meglio l'azienda.

Pur comparendo solo raramente, Acininobili è uno dei vini più rappresentativi dell'azienda di Breganze, un vino dolce di alta caratura che non fa mai mancare il suo peso nelle nostre batterie. Ottimo il 2006, intensamente profumato di albicocca e marron glacé, con una nota di idrocarburi che diventa via via più intrigante. Al palato la dolcezza è avvolgente ma il vino rimane giocato sull'eleganza e la leggerezza. Fra i rossi è emersa la classe del Palazzotto '08, solido, croccante e lungo. Segnaliamo infine l'ottima prova del Brentino '09, un bordolese di alta qualità a un prezzo popolare.

○ Acininobili '06	8
● Breganze Cabernet Palazzotto '08	5
○ Breganze Torcolato '07	7
● Brentino '09	4*
● Marzemino Cornorotto '09	4
● Speaia '09	4
○ Bidibi '10	4
● Breganze Pinot Nero '09	4
○ Breganze Vespaiolo '10	4
● Cabernet '09	4
⊙ Costadolio '10	4
○ Dindarello '10	5
○ Ferrata Sauvignon '10	5
● Madoro Passito '09	6
○ Pino & Toi '10	3
● Breganze Cabernet Sauvignon Palazzotto '05	5

VENETO

Manara

Fraz. San Floriano
via Don Cesare Biasi, 53
37029 San Pietro in Cariano [VR]
Tel. 0457701086
www.manaravini.it

VENDITA DIRETTA
VISITA SU PRENOTAZIONE

PRODUZIONE ANNUA 90.000 bottiglie
ETTARI VITATI 11.00

La Valpolicella è punteggiata di aziende che negli ultimi vent'anni si sono affrancate dalla semplice produzione di uva per seguire tutta la filiera produttiva. Quella dei fratelli Manara, Giovanni, Fabio e Lorenzo è una di queste, anello di congiunzione tra la tradizione contadina e il moderno mondo del vino. Una decina gli ettari coltivati da cui si ricavano le uve per una produzione affidabile e che esprime al meglio la fragrante leggerezza della Valpolicella. Se per i vini classici si ricorre unicamente alle uve tradizionali, nei vini non a denominazione si ricorre anche a varietà internazionali.

La gamma proposta dall'azienda dei fratelli Manara è consolidata da anni, dedicata in massima parte alle tipologie tradizionali, tra le quali spicca l'Amarone Postera, rosso che ha profumi di frutto surmaturo ed erbe aromatiche e che rivela all'assaggio corpo energico e piacevolmente rustico, con il tannino che fa sentire la sua presenza. Più delicato al palato e decadente al naso l'Amarone Classico '07 incede con leggerezza, mentre il Valpolicella Ripasso Le Morette '08 si mette in luce per la ricchezza delle sensazioni fruttate e la pienezza della beva, che risulta semplice e di assoluto piacere.

● Amarone della Valpolicella Cl. '07	🍷🍷 6
● Amarone della Valpolicella Cl. Postera '07	🍷🍷 6
● Recioto della Valpolicella Cl. El Rocolo '08	🍷🍷 5
● Recioto della Valpolicella Cl. Moronalto '08	🍷🍷 5
● Valpolicella Cl. Sup. Le Morete Ripasso '08	🍷🍷 4
● Valpolicella Cl. Sup. Ripasso '08	🍷🍷 4*
● Amarone della Valpolicella Cl. '00	🍷🍷🍷 6
● Amarone della Valpolicella Cl. '06	🍷🍷 6*
● Amarone della Valpolicella Cl. '05	🍷🍷 6*
● Amarone della Valpolicella Cl. '01	🍷🍷 6*
● Guido Manara '06	🍷🍷 6

Marcato

via Prandi, 10
37030 Roncà [VR]
Tel. 0457460070
www.marcatovini.it

VENDITA DIRETTA
VISITA SU PRENOTAZIONE

PRODUZIONE ANNUA 400.000 bottiglie
ETTARI VITATI 85.00

L'azienda di Roncà nel corso degli anni ha allargato il suo campo di azione, sviluppando vigneti nel territorio di Soave, ma anche all'interno della Lessinia e nei Colli Berici. Nata un secolo fa l'azienda ha visto il suo sviluppo maggiore negli anni '80, ma è con l'ingresso in azienda di Enrico e Andrea che l'azienda compie il salto di qualità, trasformando una produzione semplice e sicuramente affidabile in una con ben altre ambizioni, soprattutto sul fronte degli spumanti, nei quali la tensione naturalmente acida del durello trova il modo di esaltarsi, soprattutto nel Metodo Classico.

Lo spumante A.R. esce solo dopo una lunga sosta in cantina, infatti la sigla che lo indica sta a indicare la sboccatura tardiva, e si esprime con una notevole complessità olfattiva, in cui il frutto è solo uno degli aromi che si avvertono accanto alle note di fiori secchi, brioche e accenni minerali. In bocca rivela un'acidità tagliente e un finale molto lungo. Dai Colli Berici giungono invece il Baraldo e il Cabernet Pianalto, entrambi '07, due rossi che evidenziano armonia e ottima gestione della materia, più elegante il primo, più di impatto il secondo, grazie anche al parziale appassimento delle uve.

● Baraldo '07	🍷🍷 5
● Colli Berici Cabernet Pianalto La Giareta Ris. '07	🍷🍷 7
○ Lessini Durello Brut M. Cl. 36	🍷🍷 5*
○ Lessini Durello Brut M. Cl. A.R. '01	🍷🍷 6
○ Soave Cl. Sup. Il Tirso '09	🍷🍷 5
● Barattaro Pinot Nero '09	🍷 5
● Colli Berici Cabernet La Giareta '09	🍷 3
● Colli Berici Tai Rosso Palladiano La Giareta '09	🍷 4
○ Lessini Durello Brut M. Cl. '04	🍷 5
○ Pinot Grigio La Giareta '10	🍷 3
○ Soave Cl. Le Barche '10	🍷 4
○ Soave I Prandi '10	🍷 3
○ Col Creo '07	🍷🍷 4*
● Colli Berici Cabernet Pianalto Ris. '06	🍷🍷 7
○ Lessini Durello Passito '04	🍷🍷 5
● Palladiano La Giareta '08	🍷🍷 4

VENETO

Marion
Fraz. Marcellise
via Borgo Marcellise, 2
37036 San Martino Buon Albergo [VR]
Tel. 0458740021
www.marionvini.it

VISITA SU PRENOTAZIONE

PRODUZIONE ANNUA 40.000 bottiglie
ETTARI VITATI 14.00

Nella frenesia che ha travolto la Valpolicella negli ultimi vent'anni fa piacere trovare realtà come Marion, che lavora seguendo un ritmo imposto prima ancora dalle vigne e dai vini piuttosto che dall'uomo. Stefano e Nicoletta Campedelli sono interpreti illuminati di una zona che ha conosciuto il successo forse fin troppo in fretta, e che loro hanno saputo invece governare senza scendere a compromessi con il mercato. Vini che hanno reso attuale la tradizione, con un pizzico di ricchezza e di pulizia in più, fedeli però a un tratto leggero e suadente, anche quando si ricorre a uve diverse.

Produzione di altissimo livello su tutta la linea, capitanata come sempre dai due vini che sintetizzano la Valpolicella, l'Amarone '06 e il Valpolicella Superiore '07. Il primo, Tre Bicchieri, ha un impatto intenso e dominato dal frutto surmaturo, con le spezie e le note minerali che faticano a trovare spazio mentre in bocca esprime una disarmante giovinezza, con una beva succosa e decisamente sapida. Il secondo invece promette una finezza aromatica oggi solo accennata, con il frutto e le erbe officinali abbracciati tra loro, dalla bocca solida e asciutta. Cabernet '06, Teroldego '07 e Calto '05 sono rossi di splendido equilibrio.

● Amarone della Valpolicella '06	🍷🍷🍷	8
● Valpolicella Sup. '07	🍷🍷	5*
● Cabernet Sauvignon '06	🍷🍷	5
● Calto '05	🍷🍷	5
● Teroldego '07	🍷🍷	6
● Amarone della Valpolicella '03	🍷🍷🍷	8
● Amarone della Valpolicella '01	🍷🍷🍷	8
● Valpolicella Sup. '06	🍷🍷🍷	5
● Valpolicella Sup. '05	🍷🍷🍷	5
● Amarone della Valpolicella '04	🍷🍷	8
● Valpolicella Sup. '04	🍷🍷	5
● Valpolicella Sup. '03	🍷🍷	6

Masari
loc. Maglio di Sopra
via Bevilacqua, 2a
36078 Valdagno [VI]
Tel. 0445410780
www.masari.it

VENDITA DIRETTA
VISITA SU PRENOTAZIONE

PRODUZIONE ANNUA 25.000 bottiglie
ETTARI VITATI 4.00
VITICOLTURA Naturale

L'azienda di Arianna Tessari e Massimo Dal Lago rappresenta prima di tutto la sfida a un territorio che ha dimenticato le sue radici agricole e che loro stanno invece ritrovando. Pochi ettari di vigna su due appezzamenti differenti sui due versanti della vallata. Sul primo le varietà bordolesi a bacca rossa, sul secondo garganega e durella, l'animo più antico e verace. Viticoltura rispettosa dell'ambiente, con gli interventi limitati al minimo, e anche in cantina si lasciano i vini piuttosto liberi di trovare la loro strada. Rossi solidi e croccanti, bianchi nervosi e asciutti.

Non grande la produzione nei numeri, in compenso la qualità risulta ineccepibile ogni anno. Il vino più convincente è il Doro '08, un passito da uve durella e garganega che colpisce per la sottile aromaticità che accompagna il frutto giallo, intenso e solare. All'assaggio la dolcezza è prorompente e tenuta a bada dalla vibrante acidità, per un finale con un ritorno di zenzero molto particolare. Ottimi i due rossi, due bordolesi che si esprimono con differente caratura ma uguale eleganza. Più importante e ricco il Masari, più leggero e scattante il San Martino, entrambi '08. L'AgnoBianco '10 è essenziale e tagliente.

○ Doro Passito Bianco '08	🍷🍷	6
○ AgnoBianco '10	🍷🍷	4*
● Masari '08	🍷🍷	5
● Vicenza Rosso San Martino '08	🍷🍷	4*
○ Doro Passito Bianco '07	🍷🍷	6
○ Doro Passito Bianco '06	🍷🍷	6
○ Doro Passito Bianco '05	🍷🍷	5
○ Doro Passito Bianco '04	🍷🍷	5
○ Doro Passito Bianco '03	🍷🍷	5
● Masari '05	🍷🍷	6
● Masari '04	🍷🍷	6

VENETO

★Masi
Fraz. Gargagnago
via Monteleone, 26
37015 Sant'Ambrogio di Valpolicella [VR]
Tel. 0456832511
www.masi.it

VENDITA DIRETTA
VISITA SU PRENOTAZIONE

PRODUZIONE ANNUA 3.400.000 bottiglie
ETTARI VITATI 520.00

Masi è una delle griffe italiane più apprezzate e conosciute nel mondo, grazie a un'indubbia qualità proposta e un'opera di comunicazione del vino e del vino veneto in particolar modo, cominciata molti anni fa. Il timone dell'azienda è sempre saldamente in mano a Sandro Boscaini, coadiuvato dal figlio Raffaele e dall'enologo Andrea Dal Cin, che segue le varie sedi di produzione, dalla Valpolicella al Friuli, senza dimenticare la grande azienda di Mendoza in Argentina. I vini, in particolar modo le etichette più ambiziose, sono un ottimo punto di congiunzione tra tradizione e modernità.

L'Amarone Vaio Armaron Serègo Alighieri '06 conquista agevolmente i Tre Bicchieri, forte di una struttura importante che non perde in eleganza e finezza. I toni sono ancora giovanili, ma mostra una dinamica gustativa tesa, sapida e di profondità. L'Amarone Costasera Riserva '06 è un vino che, nato poche vendemmie fa, si è conquistato rapidamente una grande reputazione, in virtù di un profilo che si staglia nitido nella produzione Masi, di frutto rosso integro e croccante, dalla beva asciutta, grintosa e soprattutto energica. La Valpolicella 650 Anni '08 offre profumi di frutto molto maturo ed erbe aromatiche, mentre all'assaggio mette in luce un'inaspettata vitalità, che ritroviamo esaltata nel Toar '08 grazie all'acidità dell'oseleta.

Masottina
loc. Castello Roganzuolo
via Bradolini, 54
31020 San Fior [TV]
Tel. 0438400775
www.masottina.it

VENDITA DIRETTA
VISITA SU PRENOTAZIONE

PRODUZIONE ANNUA 1.000.000 bottiglie
ETTARI VITATI 57.00

L'azienda della famiglia Dal Bianco nel corso degli anni ha saputo strutturarsi adeguatamente per affrontare il mondo del vino moderno con precisione e pragmatismo. Nella nuova cantina, perfettamente integrata nel paesaggio e a basso impatto, trovano spazio tutte le lavorazioni per una produzione che ormai supera il milione di bottiglie annue. La gamma è naturalmente ampia, con le bollicine del Prosecco a svolgere un ruolo importante, mentre dai vigneti di proprietà si ricavano le etichette più ambiziose, prodotte con uno stile che predilige la bevibilità.

Il Merlot Ai Palazzi Riserva '08 mette in luce proprio questo aspetto, offrendo un quadro aromatico dove il frutto fresco è protagonista, affiancato da note più tenui di caffè, fiori e una sottile vegetalità che ritroviamo nitida al palato, dove il vino incede con leggerezza e tensione. Fra le bollicine abbiamo apprezzato molto il Conegliano Valdobbiadene Brut, profumato di frutto bianco e agrumi, dalla beva asciutta e con il finale quasi pungente. Interessante il Colli di Conegliano Bianco Rizzardo '10, che sfrutta la delicata aromaticità per conquistare freschezza al naso, mentre all'assaggio è leggero e di beva spigliata.

- Amarone della Valpolicella Cl.
  Vaio Armaron Serègo Alighieri '06 ♛♛♛ 8
- Amarone della Valpolicella Cl.
  Costasera Ris. '06 ♛♛ 8
- Amarone della Valpolicella Cl.
  Campolongo di Torbe '06 ♛♛ 8
- Brolo di Campofiorin Oro '08 ♛♛ 5
- Campofiorin '08 ♛♛ 5
- Toar '08 ♛♛ 5
- Valpolicella Cl. Sup.
  Anniversario 650 Anni Serego Alighieri '08 ♛♛ 6
- ○ Masianco '10 ♛ 4
- ○ Possessioni Binco Serègo Alighieri '10 ♛ 4
- Amarone della Valpolicella Cl.
  Campolongo di Torbe '04 ♛♛♛ 8
- Amarone della Valpolicella Cl. Mazzano '01 ♛♛♛ 8
- Amarone della Valpolicella Cl. Mazzano '85 ♛♛♛ 8
- Amarone della Valpolicella Cl. Mazzano '83 ♛♛♛ 8
- Amarone della Valpolicella Cl. Mazzano '80 ♛♛♛ 8
- Amarone della Valpolicella Cl.
  Vaio Armaron Serègo Alighieri '05 ♛♛♛ 8

- ○ Conegliano Valdobbiadene Brut ♛♛ 4
- Piave Merlot Vign. Ai Palazzi Ris. '08 ♛♛ 7
- ○ Cartizze ♛ 6
- ○ Colli di Conegliano Bianco Rizzardo '10 ♛ 8
- Colli di Conegliano Rosso Montesco '08 ♛ 8
- ○ Conegliano Valdobbiadene Dry
  Rive di Ogliano '10 ♛ 6
- ○ Conegliano Valdobbiadene Extra Dry ♛ 4
- ○ Manzoni Bianco '10 ♛ 4
- Colli di Conegliano Rosso Montesco '07 ♛♛ 6
- Colli di Conegliano Rosso Montesco '06 ♛♛ 6
- Piave Cabernet Sauvignon
  Vign. ai Palazzi Ris. '06 ♛♛ 5
- Piave Merlot Vign. ai Palazzi Ris. '07 ♛♛ 5

VENETO

Roberto Mazzi
loc. San Peretto via Crosetta, 8
37024 Negrar [VR]
Tel. 0457502072
www.robertomazzi.it

VENDITA DIRETTA
VISITA SU PRENOTAZIONE

PRODUZIONE ANNUA 50.000 bottiglie
ETTARI VITATI 8.00

San Peretto è un piccolo borgo di Negrar, poche case circondate da colline ricoperte di vigne. Proprio tra queste colline ci sono i vigneti di Antonio e Stefano Mazzi, che proseguono l'opera iniziata da papà Roberto alla fine degli anni Cinquanta, migliorando la gestione delle vigne e da pochi anni all'interno della cantina ampliata e rinnovata. Anche lo stile dei vini ha subito una piccola rivisitazione, con la ricerca di un frutto maggiormente espresso e una solidità gustativa croccante e succosa. Tutta la produzione deriva dai vigneti di proprietà, dove si coltivano solo le uve della tradizione.

La batteria di etichette proposta ha in cima alle nostre preferenze il Valpolicella Poiega '08, un Superiore che ha un'impalcatura aromatica basata sulla forza del frutto che appare maturo e dolce, con una presenza sullo sfondo di cioccolato e spezie che trovano corrispondenza anche al palato, dove il vino rivela notevole struttura e tannino dolce e setoso. Più semplice e fresco il Sanperetto '09, con il frutto più discreto e una preziosa sfumatura balsamica. Il Recioto Le Calcarole '07 mette in luce la ricchezza che la Valpolicella può offrire, con una bocca densa e cremosa, tenuta a bada dal tannino.

● Recioto della Valpolicella Cl. Le Calcarole '07 ♛♛	6
● Valpolicella Cl. Sup. Vign. Poiega '08 ♛♛	5
● Amarone della Valpolicella Cl. Castel '06 ♛♛	8
● Valpolicella Cl. Sup. Sanperetto '09 ♛♛	4*
● Amarone della Valpolicella Cl. Castel '05 ♛♛	8
● Amarone della Valpolicella Cl. Castel '03 ♛♛	8
● Amarone della Valpolicella Cl. Punta di Villa '05 ♛♛	8
● Amarone della Valpolicella Cl. Punta di Villa '04 ♛♛	8
● Valpolicella Cl. Sup. Vign. Poiega '07 ♛♛	5
● Valpolicella Cl. Sup. Vign. Poiega '06 ♛♛	5
● Valpolicella Cl. Sup. Vign. Poiega '05 ♛♛	5
● Valpolicella Cl. Sup. Vign. Poiega '04 ♛♛	5

Merotto
loc. Col San Martino
via Scandolera, 21
31010 Farra di Soligo [TV]
Tel. 0438989000
www.merotto.it

VENDITA DIRETTA
VISITA SU PRENOTAZIONE

PRODUZIONE ANNUA 450.000 bottiglie
ETTARI VITATI 25.00

Farra di Soligo è un piccolo borgo all'interno delle colline che congiungono Valdobbiadene a Conegliano. Quasi nascosto offre scorci incantevoli, con le viti di glera a tratteggiare tutto il paesaggio. Qui Graziano Merotto conduce un vigneto di più di venti ettari, quasi una rarità in una zona che ha in una manciata di metri l'estensione media. L'intera gamma è dedicata al Prosecco, declinato in tutte le varianti, con uno stile di grande nitidezza e integrità. Dalle vigne di proprietà giungono i prodotti più importanti, mentre per la produzione di Brut ed Extra Dry si ricorre all'uva dei conferitori.

Alla sua seconda uscita il Graziano Merotto ha convinto ancor più dello scorso anno, grazie a un corredo aromatico di frutto bianco e fiori che esprime grande finezza mentre al palato il ricorso a un tenore zuccherino ancor più contenuto ha donato al vino essenzialità e una straordinaria beva. Tre Bicchieri. Di poco inferiore il Brut Bareta, nitido, fragrante e teso, mentre il Colbelo profuma di pera e fiori d'acacia, per donarsi al palato armonioso e dotato di un lungo finale. Pregevole la batteria di vini Dry, tra i quali spicca per ampiezza aromatica e cremosità La Primavera di Barbara.

○ Valdobbiadene Brut Rive di Col San Martino Graziano Merotto '10 ♛♛♛	5
○ Cartizze ♛♛	6
○ Valdobbiadene Brut Bareta ♛♛	4*
○ Valdobbiadene Dry Rive di Col San Martino Colmolina '10 ♛♛	4
○ Valdobbiadene Dry Rive di Col San Martino La Primavera di Barbara ♛♛	4*
○ Valdobbiadene Extra Dry Colbelo ♛♛	4
⊙ Grani Rosa di Nero Brut ♛	4

VENETO

Ornella Molon Traverso
Fraz. Campo di Pietra
via Risorgimento, 40
31040 Salgareda [TV]
Tel. 0422804807
www.ornellamolon.it

VENDITA DIRETTA
VISITA SU PRENOTAZIONE
RISTORAZIONE

PRODUZIONE ANNUA 350.000 bottiglie
ETTARI VITATI 42.00

L'azienda di Ornella Molon è da anni un punto di riferimento per l'intera denominazione del Piave, una denominazione che va dall'Adriatico alla pedemontana trevigiana e che offre vini con carattere ben differente a seconda delle zone di provenienza. In casa Molon abbiamo assistito a un cambio di marcia negli ultimi anni, con vini che oggi appaiono meno ingombranti al palato e decisamente più eleganti. Oltre quaranta ettari in zona pianeggiante, dove l'argilla ha un ruolo da protagonista nella composizione del suolo, sono condotti con competenza e gestiti differentemente a seconda delle finalità.

La linea Ornella comprende le etichette di maggior pregio, quelle in cui gli sforzi produttivi sono spinti al massimo. Tra queste abbiamo apprezzato il Merlot '08, sicuramente maturo negli aromi ma in possesso di maggior integrità e freschezza rispetto al passato, con una bocca solida e asciutta. Il Cabernet '08 offre anche note speziate e una sottile vegetalità che accompagna la prugna, mentre al palato il vino si distende con leggerezza, rivelando tannino setoso e una buona lunghezza. Il bordolese Vite Rossa '08 e il Traminer '10 hanno fornito la consueta prova di razza, consistente ed equilibrata.

● Piave Cabernet Ornella '08	5
● Piave Merlot Ornella '08	5
○ Traminer Ornella '10	4*
● Vite Rossa Ornella '08	5
● Piave Merlot Rosso di Villa '08	6
● Piave Raboso Ornella '07	5
○ Sauvignon Ornella '10	4
○ Vite Bianca Ornella '09	4
● Piave Merlot Ornella '07	5
● Piave Merlot Rosso di Villa '02	6
● Piave Merlot Rosso di Villa '01	6
● Rosso di Villa Ris. '00	7
○ Sauvignon Ornella '09	4
○ Traminer Ornella '09	4

Monte dall'Ora
loc. Castelrotto
via Monte dall'Ora, 5
37029 San Pietro in Cariano [VR]
Tel. 0457704462
www.montedallora.com

VENDITA DIRETTA
VISITA SU PRENOTAZIONE

PRODUZIONE ANNUA 30.000 bottiglie
ETTARI VITATI 6.00
VITICOLTURA Biologico Certificato

La collina di Castelrotto si eleva dalla piana di San Pietro in Cariano quasi come un isolotto. Qui si trovano sia la cantina che le vigne di Carlo Venturini e della moglie Alessandra, vigne coltivate con passione seguendo i dettami dell'agricoltura biologica e strizzando l'occhio alla biodinamica. Pochi metri sopra il livello del mare con esposizione a est ospitano solo varietà tradizionali, da cui si ricava una gamma forse un po' ampia ma di pregevole fattura, caratterizzata da uno stile che sa gestire la buona ricchezza con un piglio tradizionale e a volte piacevolmente rustico.

Ottima la prova di tutti i vini di Carlo Venturini, puntuali nell'interpretare al meglio le varie tipologie, come si apprezza assaggiando il Ripasso Saustò '07, un rosso da Tre Bicchieri che profuma di frutta macerata e fiori secchi, tratteggiato dalle spezie della corvina, per donarsi al palato armonioso, sapido e lungo. Il Recioto Sant'Ulderico '07 esprime una solarità fruttata davvero ammaliante, con la dolcezza in primo piano e il tannino che cerca di imbrigliarla in un lungo finale. L'Amarone '07 è ricco e piacevolmente rustico, mentre il Camporenzo '08 è un Superiore di grande freschezza ed eleganza.

● Valpolicella Cl. Sup. Ripasso Saustò '07	6
● Recioto della Valpolicella Cl. Sant' Ulderico '07	7
● Amarone della Valpolicella Cl. '07	7
● Valpolicella Cl. Sup. Camporenzo '08	5
● Valpolicella Cl. Saseti '10	4
● Amarone della Valpolicella Cl. '06	7
● Amarone della Valpolicella Cl. Stropa '04	8
● Recioto della Valpolicella Cl. Sant' Ulderico '06	6
● Valpolicella Cl. Saseti '09	3*
● Valpolicella Cl. Sup. '06	5*

VENETO

Monte del Frà
s.da per Custoza, 35
37066 Sommacampagna [VR]
Tel. 045510490
www.montedelfra.it

VENDITA DIRETTA
VISITA SU PRENOTAZIONE

PRODUZIONE ANNUA 1.000.000 bottiglie
ETTARI VITATI 178.00

L'azienda della famiglia Bonomo è sempre stata una presenza importante del veronese, con una produzione notevole e un buon rapporto qualità prezzo. Negli ultimi anni c'è stato un cambio di passo con l'acquisizione di nuovi vigneti sia nella zona gardesana che in Valpolicella, e con la qualità aumentata in maniera esponenziale. Quasi 200 ettari dedicati soprattutto a Bardolino e Custoza proposti con uno stile fragrante e di giusta solidità. Interessante la nuova tenuta della Valpolicella, Lena di Mezzo a Fumane, dove si ricerca molto più la finezza che la ricchezza estrattiva.

L'Amarone Scarnocchio '06, alla sua prima uscita, conquista le nostre finali in virtù di un profilo aromatico complesso e una bocca asciutta e di grande raffinatezza. Dalla zona di Oliosi giunge la Garganega Vigneto Colombara '09, un bianco che esprime buona maturità aromatica e una beva solida e grintosa. E' però il Ca' del Magro '09 il figlio prediletto, il Custoza con cui da anni Monte dal Frà conquista mercato e critica, grazie all'ampiezza aromatica e alla grazia che esprime all'assaggio, da Tre Bicchieri. Bene anche la restante produzione, con un plauso a Bardolino e Custoza base, entrambi '10, vini semplici e di ottimo livello.

○ Custoza Sup. Ca' del Magro '09	🍷🍷🍷	4*
● Amarone della Valpolicella Cl. Scarnocchio Tenuta Lena di Mezzo Ris. '06	🍷🍷	8
○ Garda Garganega Vign. Colombara '09	🍷🍷	4*
● Amarone della Valpolicella Cl. Tenuta Lena di Mezzo '07	🍷🍷	7
● Bardolino '10	🍷🍷	3*
○ Custoza '10	🍷🍷	4*
● Valpolicella Cl. Sup. Ripasso Tenuta Lena di Mezzo '09	🍷🍷	6
● Valpolicella Cl. Sup. Tenuta Lena di Mezzo '09	🍷🍷	5
● Valpolicella Cl. Tenuta Lena di Mezzo '10	🍷	4
○ Custoza Sup. Ca' del Magro '08	🍷🍷🍷	4*
● Bardolino Cl. '09	🍷🍷	3*
○ Custoza '09	🍷🍷	4*
○ Custoza Sup. Ca' del Magro '07	🍷🍷	4*

Monte Fasolo
loc. Faedo
via Monte Fasolo, 2
35030 Cinto Euganeo [PD]
Tel. 0429634030
www.montefasolo.com

VENDITA DIRETTA
VISITA SU PRENOTAZIONE

PRODUZIONE ANNUA 200.000 bottiglie
ETTARI VITATI 60.00

Il territorio dei Colli Euganei, nonostante sia di straordinaria vocazione viticola, non è vitato intensamente e spesso le aziende sono costituite da vigneti di pochi ettari. Fa eccezione l'azienda della famiglia Mazzuccato, che in tre corpi distinti coltiva 60 ettari, dedicati solo in parte alla produzione di casa. Filippo Giannone segue la parte viticola, sia quella da impianto più vecchio, ormai più che cinquantenne, sia gli impianti più recenti, dove la densità è naturalmente più alta. In cantina la presenza di Andrea Boaretti garantisce uno stile di grande tensione e bevibilità.

Il nuovo vino in produzione, il Miro, è un Merlot che viene prodotto solo in annate di assoluto valore, come infatti è stata nei Colli Euganei la vendemmia 2007. Al naso si presenta con un'intensa nota fruttata, attraversata da sentori balsamici e di fiori, mentre al palato esprime buona armonia e tensione gustativa. Il Fior d'Arancio Spumante è uno dei più interessanti della denominazione, in virtù di profumi intensi di agrumi e fiori che trovano in bocca la giusta corrispondenza, sostenuta da dolcezza e acidità perfettamente fuse. Ricca, succosa e di stoffa la Barbera Cipressi '08.

● Cipressi '08	🍷🍷	4
○ Colli Euganei Fior d'Arancio Spumante '10	🍷🍷	4*
● Colli Euganei Merlot Miro '07	🍷🍷	5
○ Milante '10	🍷	4
● Colli Euganei Cabernet Podere Le Tavole '07	🍷🍷	4*
● Colli Euganei Cabernet Podere Le Tavole '06	🍷🍷	4*
● Colli Euganei Cabernet Podere Le Tavole '04	🍷🍷	4*
● Colli Euganei Rosso Rusta '08	🍷🍷	4*
● Colli Euganei Rosso Rusta '07	🍷🍷	4*

VENETO

Monte Tondo
LOC. MONTE TONDO
VIA SAN LORENZO, 89
37038 SOAVE [VR]
TEL. 0457680347
www.montetondo.it

VENDITA DIRETTA
VISITA SU PRENOTAZIONE
OSPITALITÀ

PRODUZIONE ANNUA 200.000 bottiglie
ETTARI VITATI 30.00

Nel corso dell'ultimo decennio l'azienda della famiglia Magnabosco ha profondamente rinnovato la sua attività. L'aspetto più evidente è rappresentato dalla cantina, ma è nelle vigne che i cambiamenti sono stati più significativi. Nuove acquisizioni, anche in terra di Valpolicella, e un rinnovamento degli impianti dove si è ricorsi anche alla spalliera abbandonando parzialmente la tradizionale pergola veronese. La produzione viene in gran parte imbottigliata, anche se rimane ancora una porzione di produzione destinata al mercato all'ingrosso, con uno stile solido e di buona personalità.

Crescono di consistenza i vini provenienti dalla Valpolicella, tra i quali spicca un Amarone '07 prodotto con uno stile fragrante al naso e semplice e scattante al palato. Rimane però la terra di Soave il fulcro dell'attività della famiglia Magnabosco, con tre vini secchi di buon livello. Il Foscarin Slavinus '09 è un Soave che matura in botte grande e che si dona ampio e maturo al naso, per proseguire al palato con ricchezza e avvolgenza. Il Casette Foscarin '09, che utilizza invece il legno piccolo, rivela una fresca nota floreale e una bocca più asciutta e slanciata. Sempre affidabile il Ripasso.

○ Soave Cl. Sup. Foscarin Slavinus '09	5
● Amarone della Valpolicella '07	6
○ Soave Cl. Casette Foscarin '09	4
○ Soave Cl. Monte Tondo '10	4*
● Valpolicella Ripasso Campo Grande '07	5
○ Recioto di Soave Nettare di Bacco '09	5
○ Recioto di Soave Spumante '09	5
○ Soave Cl. Monte Tondo '06	4*
○ Soave Cl. Casette Foscarin '08	4*
○ Soave Cl. Casette Foscarin '05	4
○ Soave Cl. Monte Tondo '08	4*
○ Soave Cl. Monte Tondo '07	4*
○ Soave Cl. Sup. Foscarin Slavinus '08	5
○ Soave Cl. Sup. Foscarin Slavinus '07	5

La Montecchia
Emo Capodilista
VIA MONTECCHIA, 16
35030 SELVAZZANO DENTRO [PD]
TEL. 049637294
www.lamontecchia.it

VENDITA DIRETTA
VISITA SU PRENOTAZIONE

PRODUZIONE ANNUA 191.000 bottiglie
ETTARI VITATI 20.00

Giunto ormai alla sua ventesima vendemmia Giordano Emo Capodilista è uno dei produttori più affermati dell'area Euganea, complesso collinare che si eleva dalla pianura Padana a sud di Padova. I vigneti si sviluppano in due zone ben distinte, all'estremo sud, in comune di Baone, dove nascono le bottiglie più solari e mediterranee, e all'estremo nord, a Selvazzano, dove le uve donano freschezza e una sapida leggerezza. La cantina è situata a Selvazzano, nello storico complesso edilizio della famiglia, dove il ruolo di Andrea Boaretti è quello di assecondare il più possibile la natura.

Gamma di ampio respiro quella proposta da La Montecchia, composta soprattutto da rossi. L'Ireneo '08 è un Cabernet Sauvignon prodotto nella zona meridionale dei Colli Euganei, intensamente profumato di frutti neri e spezie che incede con decisione e sapidità al palato. Tre Bicchieri. Baon invece prevede anche una piccola parte di uva merlot che gli dona una più marcata sensazione fruttata e un palato più gentile e avvolgente. Donna Daria '09 è il consueto esplosivo Passito di Fior d'Arancio che ammalia con le note di canditi e agrumi, rivelando una dolcezza ben controllata dall'acidità. Affidabili i rossi più semplici.

● Colli Euganei Cabernet Sauvignon Ireneo Capodilista '08	6
● Baon Capodilista '08	6
○ Colli Euganei Fior d'Arancio Passito Donna Daria Capodilista '09	6
● Colli Euganei Merlot '07	5
● Colli Euganei Rosso Ca' Emo '09	3*
● Colli Euganei Rosso Villa Capodilista '08	6
● Godimondo Cabernet Franc '10	4*
● Progetto Recupero Carmere '09	4
○ Colli Euganei Fior d'Arancio Spumante '10	4
○ Colli Euganei Pinot Bianco '10	3
● Forzaté Raboso '09	4
○ Piùchebello '10	4
● Colli Euganei Cabernet Sauvignon Ireneo Capodilista '07	6
● Baon Capodilista '07	6
● Colli Euganei Rosso Villa Capodilista '07	6

VENETO

Monteforche
LOC. ZOVON
VIA ROVAROLLA, 2005
35030 VÒ [PD]
TEL. 3332376035

VENDITA DIRETTA
VISITA SU PRENOTAZIONE

PRODUZIONE ANNUA 19.000 bottiglie
ETTARI VITATI 4.50
VITICOLTURA Naturale

Alfonso Soranzo, titolare di questa piccola realtà, è nei Colli Euganei una delle personalità più coraggiose. Egli nel 2003 converte la propria viticoltura al biologico per passare poi velocemente, nel 2005, alla biodinamica con tutti i rischi derivanti da questa scelta. Tutt'ora prosegue su questo percorso con grande rigore, cercando di portare all'estremo le proprie scelte. Sia in vigna che in cantina lo sforzo è quello di rispettare e preservare il più possibile il patrimonio naturale che il suo territorio gli offre. Interessante è anche il suo lavoro di riscoperta di antichi vitigni autoctoni.

Sempre più convincenti le prestazioni dei vini proposti da Alfonso Soranzo. Il Vigna del Vento '08, da cabernet franc e merlot maturate in barrique, presenta un naso chiuso, che lentamente si apre sul frutto rosso surmaturo e la grafite. La bocca nonostante sia densa e ricca risulta essere tesa, agile e succosa, di bella sapidità. Non è facile trovare tanta materia così ben gestita. Il Cabernet Franc '09, più semplice del precedente, si propone con un bel frutto e una curiosa nota affumicata, seguita da sentori di erbe officinali e di fiori. Lo sviluppo gustativo è sapido, agile e disteso.

● Vigna del Vento '08	6
● Cabernet Franc '09	5
○ Cassiara '09	4*
○ Cassiara '08	4
● Vigna del Vento '07	6
○ Vigneto Carantina '08	4

Cantina Sociale di Monteforte d'Alpone
VIA XX SETTEMBRE, 24
37032 MONTEFORTE D'ALPONE [VR]
TEL. 0457610110
www.cantinadimonteforte.it

VENDITA DIRETTA
VISITA SU PRENOTAZIONE

PRODUZIONE ANNUA 2.000.000 bottiglie
ETTARI VITATI 1300.00

La Cantina Sociale di Monteforte è una realtà che rappresenta una grande porzione di tutta la denominazione del Soave, composta da tantissimi soci che spesso possiedono solo poche migliaia di metri di vigna e che costituiscono l'ossatura stessa del territorio. Gaetano Tobin, da molto tempo al timone della grande azienda, si preoccupa della gestione tecnica della cantina, stimolando i soci a una produzione qualitativa e sfruttando le uve migliori per la produzione di casa. Lo stile dei vini, nelle etichette più ambiziose, insegue la caratteristica "soavità" del vino senza rinunciare alla ricchezza.

Cresce il livello qualitativo dei vini prodotti da Gaetano Tobin, con un Vigneto di Castellaro '09 che finalmente si esprime su livelli altissimi. Avvicinando il calice al naso si avverte la profondità del frutto che ritroviamo nitido al palato, dove compaiono le sfumature del rovere e il vino si muove con decisione ed eleganza. Convincente il Recioto Sigillo '07, profumato di canditi e liquirizia, che offre una dolcezza misurata e una beva grassa ma di buona tensione. Il Soave Terre di Monteforte '10 si fa apprezzare per la grinta del palato, mentre l'Amarone '08 è ricco e ancora molto giovane.

○ Soave Cl. Sup. Vign. di Castellaro '09	4
● Amarone della Valpolicella Re Teodorico '08	6
○ Recioto di Soave Sigillo '07	5
○ Soave Cl. Clivus '10	3
○ Soave Cl. Terre di Monteforte '10	4
○ Soave Cl. Vicario '10	3
○ Soave Cl. Clivus '09	3*
○ Soave Cl. Clivus '08	3*
○ Soave Cl. Il Vicario '09	3*
○ Soave Cl. Sup. Vign. di Castellaro '08	4*

VENETO

Montegrande
VIA TORRE, 2
35030 ROVOLON [PD]
TEL. 0495226276
www.vinimontegrande.it

VENDITA DIRETTA
VISITA SU PRENOTAZIONE

PRODUZIONE ANNUA 250.000 bottiglie
ETTARI VITATI 30.00

La famiglia Cristofanon è da decenni inserita nel tessuto dei Colli Euganei, ma è con l'ingresso a tempo pieno del figlio Raffaele che compie il salto di qualità, trasformando gradualmente la produzione semplice e di facile beva in una gamma ampia e affidabile di vini di qualità. Trenta ettari di proprietà consentono di ottenere uve con caratteristiche differenti, sfruttate per dar vita principalmente a vini d'annata, cui si aggiungono un paio di vini più ambiziosi. La gamma proposta fa affidamento sulle varietà a bacca rossa bordolesi, cui si aggiunge il tradizionale Fior d'Arancio.

Batteria a due velocità quella proposta quest'anno, da un lato le selezioni che hanno ulteriormente incrementato il loro valore, dall'altro la produzione base che ci pare meno centrata che in altre annate. Il Sereo '08 è un Cabernet capace di esprimere al naso sia la sua ricchezza e maturità che la sua freschezza, offrendo al palato una dinamica solida e al tempo stesso scattante. Il Vigna delle Roche '08 ha incrementato la sua ricchezza, rinunciando a un pizzico di eleganza, rimanendo però su ottimi livelli. Merlot e Cabernet base hanno guadagnato un po' in maturità perdendo però bevibilità.

- ● Colli Euganei Cabernet Sereo '08 — 4*
- ○ Colli Euganei Fior d'Arancio Passito '08 — 5
- ● Colli Euganei Rosso V. delle Roche '08 — 4*
- ○ Castearo '10 — 3
- ○ Colli Euganei Bianco '10 — 3
- ● Colli Euganei Cabernet '10 — 3
- ○ Colli Euganei Chardonnay S. Giorgio '09 — 4
- ● Colli Euganei Merlot '10 — 3
- ○ Colli Euganei Pinot Bianco '10 — 3
- ○ Castearo '08 — 2*
- ● Colli Euganei Cabernet Sereo '07 — 4*
- ● Colli Euganei Cabernet Sereo '06 — 4*
- ○ Colli Euganei Fior d'Arancio Passito '07 — 6

Giacomo Montresor
VIA CA' DI COZZI, 16
37124 VERONA
TEL. 045913399
www.vinimontresor.it

VISITA SU PRENOTAZIONE

PRODUZIONE ANNUA 2.000.000 bottiglie
ETTARI VITATI 150.00

Montresor è una delle aziende storiche del veronese, capace di rinnovarsi nello spirito e negli intenti con il cambiare del mondo del vino. Non a caso ha saputo dotarsi nel corso degli anni di un vigneto molto esteso e oggi assistiamo a un cambiamento stilistico nei vini, evidenziato fin dalla scelta di abbandonare alcune etichette storiche per rinnovarle nella scelta del vetro e dell'etichetta. I vini spaziano attraverso le principali denominazioni veronesi, interpretate oggi con maggior fragranza e tensione gustativa, in particolar modo quelle provenienti dalla Valpolicella.

Proprio dalla Valpolicella giunge un'ottima versione di Valpolicella Castelliere delle Guaite '08, ricco di sensazioni di frutto appassito e spezie che rivela al palato una notevole ricchezza, gestita con garbo e tensione. L'Amarone Capitel della Crosara '07 si presenta chiuso, con il frutto che appare imbrigliato in sensazioni più secche, per poi liberarsi in bocca dove il vino risulta asciutto e succoso. Torna su buoni livelli il Campo Madonna '09, un Cabernet Sauvignon giocato sull'esuberanza del frutto e la pienezza della bocca, mentre il Lugana Gran Guardia '10 è ampio e di beva sapida e gustosa.

- ● Amarone della Valpolicella Cl. Capitel della Crosara '07 — 8
- ● Amarone della Valpolicella Il Fondatore '07 — 7
- ● Cabernet Sauvignon Vign. Campo Madonna '09 — 5
- ○ Lugana Gran Guardia '10 — 5
- ● Valpolicella Cl. Ripasso Castelliere delle Guaite '08 — 6
- ○ Bianco di Custoza Vign. Monte Fiera '10 — 5
- ● Pinot Nero n. 3 '08 — 6
- ○ Soave Cl. Capitel Alto '10 — 5
- ● Amarone della Valpolicella Cl. Capitel della Crosara '06 — 8
- ● Amarone della Valpolicella Cl. Castelliere delle Guaite '04 — 8
- ● Amarone della Valpolicella Giacomo Montresor '06 — 8
- ○ Bianco di Custoza Vign. Monte Fiera '09 — 5
- ○ Lugana Gran Guardia '09 — 5

VENETO

Marco Mosconi
via Paradiso, 5
37031 Illasi [VR]
Tel. 0457834080
www.marcomosconi.it

VENDITA DIRETTA
VISITA SU PRENOTAZIONE

PRODUZIONE ANNUA 20.000 bottiglie
ETTARI VITATI 6.00

L'azienda di Marco Mosconi si trova in località Paradiso, all'interno della vallata d'Illasi, una valle caratterizzata da un'ampia zona pianeggiante posta però oltre i duecento metri di altitudine, adagiata su una coltre ghiaiosa spessa anche più di dieci metri. Qui si trovano la cantina e i vecchi vigneti destinati alla produzione del Soave, mentre in località Montecurto si trovano gli impianti più recenti e destinati alla produzione di Valpolicella e Amarone. La cura maniacale posta alla coltivazione, e un'attenta trasformazione dei vini in cantina, danno come risultato vini potenti e strutturati.

Confermate le buone impressioni dello scorso anno, con una produzione che spazia con disinvoltura tra Valpolicella e Soave. In cima alle nostre preferenze l'Amarone '07, giocato sulla ricchezza del frutto che appare appassito e impreziosito da note di cacao ed erbe fini, che ritroviamo polposo e nitido al palato, dove il vino mette in luce una notevole impalcatura. Diverso lo stile del Valpolicella '08 che, pur dotato di grande concentrazione, esibisce doti di maggior tensione ed agilità. Sul fronte dei bianchi buona la prova sia del Soave Corte Paradiso '10 che del Recioto '09, agrumato e con dolcezza misurata.

● Amarone della Valpolicella '07	♛♛	8
○ Recioto di Soave '09	♛♛	6
○ Soave Corte Paradiso '10	♛♛	4*
● Valpolicella Sup. '08	♛♛	5
○ Recioto di Soave '06	♛	6
○ Soave Corte Paradiso '09	♛	4*
○ Soave Rosetta '08	♛	5
● Valpolicella Sup. '07	♛	5

Mosole
loc. Corbolone
via Annone Veneto, 60
30029 Santo Stino di Livenza [VE]
Tel. 0421310404
www.mosole.com

VENDITA DIRETTA
VISITA SU PRENOTAZIONE

PRODUZIONE ANNUA 220.000 bottiglie
ETTARI VITATI 30.00

La zona di Lison Pramaggiore si trova a est di Venezia. Un'area pianeggiante ricca di depositi argillosi dedita da sempre alla viticoltura. L'azienda di Lucio Mosole, attiva da oltre vent'anni, è una delle più rappresentative, con una produzione ampia e ricavata interamente dai vigneti di proprietà. L'arrivo in cabina di regia di Gianni Menotti ha portato un ulteriore miglioramento dei prodotti base, più definiti e caratteriali rispetto al passato. In cantina ci si limita a un intervento minimale, in modo da poter mettere in luce gli aspetti più interessanti che ogni vitigno può esprimere.

Che il Tai si trovi a suo agio sulle pianure di Lison non lo scopriamo certo oggi, ma la prestazione dell'Eleo '10 è davvero da incorniciare. Tenue nell'esprimere le sue note di frutto bianco, mandorla e macchia mediterranea, in bocca si muove con tensione e sapidità, con la grassezza tipica del vitigno ben controllata dall'acidità. Convincente anche la prova dell'omonimo rosso '09, profumato di frutto, spezie e note floreali che al palato rivela corpo snello e beva succosa. Tra gli altri vini abbiamo apprezzato la spigliatezza del Cabernet Franc '10 e la solidità del Cabernet Hora Sexta '09.

○ Lison-Pramaggiore Lison Eleo '10	♛♛	4*
● Lison-Pramaggiore Cabernet Franc '10	♛♛	4*
● Lison-Pramaggiore Cabernet Hora Sexta '09	♛♛	5
○ Lison-Pramaggiore Chardonnay Hora Sexta '09	♛♛	4
● Lison-Pramaggiore Rosso Eleo '09	♛♛	4*
○ Lison-Pramaggiore Chardonnay '10	♛	4
● Lison-Pramaggiore Merlot '10	♛	4
● Lison-Pramaggiore Refosco P.R. '10	♛	4
○ Lison-Pramaggiore Sauvignon '10	♛	4
○ Pinot Grigio '10	♛	4
○ Lison-Pramaggiore Eleo Bianco '08	♛	4*
● Lison-Pramaggiore Merlot '09	♛	4*
● Lison-Pramaggiore Merlot Ad Nonam '08	♛	5*
● Lison-Pramaggiore Merlot Ad Nonam '04	♛	5
● Lison-Pramaggiore Rosso Eleo '08	♛	4

VENETO

Il Mottolo
LOC. LE CONTARINE
VIA COMEZZARE
35030 BAONE [PD]
TEL. 3479456155
www.ilmottolo.it

VENDITA DIRETTA
VISITA SU PRENOTAZIONE

PRODUZIONE ANNUA 15.000 bottiglie
ETTARI VITATI 6.00

Il Mottolo si estende per dodici ettari - sei quelli vitati - nella zona meridionale dei Colli Euganei, area dove le condizioni climatiche permettono una produzione quasi mediterranea. Sergio Fortin e Roberto Dalla Libera hanno iniziato questa avventura quasi per gioco una decina d'anni fa, e oggi sono artefici di alcune delle etichette più interessanti della denominazione. I vigneti, che occupano solo in parte la proprietà, sono coltivati a guyot e cordone speronato, con produzioni molto basse e un ricorso alla chimica pressoché inesistente. Lo stile aziendale ricerca concentrazione ma anche eleganza.

Anno dopo anno invecchiano i vigneti del Mottolo e i risultati si fanno sempre più convincenti. Il Serro '08, bordolese a prevalenza merlot, al naso offre sensazioni fruttate, che lasciano spazio solo sullo sfondo a note più fini di erbe officinali e spezie. All'assaggio il vino rivela corpo pieno e una succosa acidità che dona leggerezza e lunghezza alla beva. Il vigneto di cabernet franc ha dato origine a un nuovo vino, Vignànima '08, a testimoniare quanto Sergio Fortin "senta" questo pezzettino di vigna, che ha dato risultati ottimi in un vino solido, speziato e croccante.

● Colli Euganei Rosso Serro '08	🍷🍷 5
● Vingnànima '08	🍷🍷 4*
● Colli Euganei Cabernet V. Marè '09	🍷🍷 3*
○ Colli Euganei Fior d'Arancio Passito V. del Pozzo '09	🍷🍷 4
● Colli Euganei Merlot Comezzara '09	🍷🍷 3*
○ Le Contarine '10	🍷🍷 4*
● Colli Euganei Cabernet V. Marè '08	🍷🍷 3*
● Colli Euganei Cabernet V. Marè '07	🍷🍷 3*
○ Colli Euganei Fior d'Arancio Passito V. del Pozzo '08	🍷🍷 4
● Colli Euganei Merlot Comezzara '08	🍷🍷 3*
● Colli Euganei Rosso Serro '07	🍷🍷 4*
● Colli Euganei Rosso Serro '06	🍷🍷 4*
○ Le Contarine '08	🍷🍷 3*

Musella
LOC. FERRAZZE
VIA FERRAZZETTE, 2
37036 SAN MARTINO BUON ALBERGO [VR]
TEL. 045973385
www.musella.it

VENDITA DIRETTA
VISITA SU PRENOTAZIONE
OSPITALITÀ

PRODUZIONE ANNUA 200.000 bottiglie
ETTARI VITATI 43.00
VITICOLTURA Naturale

La tenuta Musella è una storica proprietà cintata da mura collocata a nord est di Verona. All'interno di questa grande area Emilio e Maddalena Pasqua conducono l'azienda di famiglia dedita alle tradizionali tipologie della Valpolicella, cui si aggiungono un paio di vini di fantasia. La ristrutturazione dei fabbricati esistenti ha permesso la realizzazione di una cantina funzionale e di grande fascino, inserita in un complesso dove è possibile anche alloggiare. Lo stile aziendale ricerca il difficile equilibrio tra la ricchezza che la tradizione impone e la tensione di cui dispongono le uve.

Ottima la prova dell'Amarone Riserva '07, un vino profondo nell'espressione di frutto e fiori macerati, complesso e lento nel concedersi, che al palato rivela una giovinezza più evidente che al naso, muovendosi con tensione e sapidità. Da Tre Bicchieri. Il Senza Titolo '04, Amarone figlio di una fermentazione spontanea e lungo affinamento, ha un profilo aromatico più complesso e decadente, mentre in bocca è suadente, con impatto morbido ma chiusura asciutta. Bianco del Drago '10 e Monte del Drago '07 abbinano chardonnay e cabernet sauvignon rispettivamente a garganega e corvina, risultando agili e di squisita bevibilità.

● Amarone della Valpolicella Ris. '07	🍷🍷🍷 7
● Amarone della Valpolicella Senza Titolo '04	🍷🍷 8
○ Bianco del Drago '10	🍷🍷 3*
● Monte del Drago Rosso '07	🍷🍷 6
● Recioto della Valpolicella '08	🍷🍷 6
● Valpolicella Sup. Ripasso '08	🍷🍷 4*
● Valpolicella Sup. Vigne Nuove di Musella '09	🍷 4
● Amarone della Valpolicella Ris. '05	🍷🍷 7
● Amarone della Valpolicella Ris. '04	🍷🍷 7
● Recioto della Valpolicella '06	🍷🍷 6
● Valpolicella Sup. Ripasso '07	🍷🍷 4*
● Valpolicella Sup. Ripasso '04	🍷🍷 4*

VENETO

Daniele Nardello
via IV novembre, 56
37032 Monteforte d'Alpone [VR]
Tel. 0457612116
www.nardellovini.it

VENDITA DIRETTA
VISITA SU PRENOTAZIONE

PRODUZIONE ANNUA 30.000 bottiglie
ETTARI VITATI 15.00
VITICOLTURA Naturale

L'azienda dei fratelli Federica e Daniele Nardello si sviluppa nella parte meridionale delle colline che fanno da spartiacque tra Soave e Monteforte d'Alpone, estesa per poco più di quindici ettari tratteggiati da vigneti di impostazione tradizionale e vecchio impianto. Qui le uve sono naturalmente più mature e zuccherine, il che si traduce in vini che hanno una spiccata morbidezza. Nella semplice ma funzionale cantina trovano posto tutte le lavorazioni, che vengono solo in parte concluse con l'imbottigliamento, mentre una parte ancora rilevante è destinata al mercato all'ingrosso.

Tutta dedicata alle uve tradizionali la gamma proposta dai Nardello, con in testa alle nostre preferenze il Soave Monte Zoppega '09, proveniente da uno dei colli più a sud della zona classica e che dona naturalmente alle uve ricchezza e tensione acida contenuta. Maturo nel frutto e con un utilizzo del rovere misurato, il vino incede voluttuosamente, avvolgente e carezzevole. Più nervoso e scattante il Vigna Turbian '10 che, come lascia intuire il nome, utilizza il trebbiano di Soave come naturale partner della garganega, in un vino snello e di bella freschezza aromatica.

Angelo e Figli Nicolis
via Villa Girardi, 29
37029 San Pietro in Cariano [VR]
Tel. 0457701261
www.vininicolis.com

VENDITA DIRETTA
VISITA SU PRENOTAZIONE

PRODUZIONE ANNUA 200.000 bottiglie
ETTARI VITATI 42.00

I fratelli Nicolis, Giancarlo e Giuseppe, gestiscono l'azienda di famiglia da molti anni con impegno e passione. La grande superficie di vigneti si trova dislocata in diversi appezzamenti, ognuno dei quali è finalizzato a specifiche etichette. Se i prodotti più semplici fanno ricorso ai vigneti della zona pianeggiante e di pedecollina, le vigne più vecchie e collinari sono destinate alle selezioni più importanti, mentre la vinificazione e l'affinamento avviene per tutti i prodotti nella capace cantina di San Pietro. Lo stile predominante è un buon punto di sintesi tra modernità e tradizione.

Tutti vini che fanno riferimento alle varietà storiche quelli proposti da Nicolis, strettamente legati alla Valpolicella e alle sue uve. L'Amarone Ambrosan '05, prodotto solo in annate eccezionali, si dona al naso con un frutto surmaturo e polposo, con le spezie e i fiori macerati che impreziosiscono lo sfondo. All'assaggio il vino è sì possente, ma incede con rigore e tensione sapida. Molto buono il Ripasso Seccal '08, che ha profumi semplici ma nitidi e fragranti che trovano corrispondenza nel palato che è asciutto ed elegante. Riuscito il Testal '07, una Corvina arricchita con una spruzzata di altre uve.

○ Recioto di Soave Suavissimus '08	5
○ Soave Cl. Monte Zoppega '09	4*
○ Soave Cl. V. Turbian '10	4*
○ Blanc De Fe '10	4
○ Soave Cl. Meridies '10	3
○ Recioto di Soave Suavissimus '07	5
○ Soave Cl. Monte Zoppega '08	4
○ Soave Cl. Monte Zoppega '07	4*
○ Soave Cl. V. Turbian '08	4*

● Amarone della Valpolicella Cl. Ambrosan '05	8
● Valpolicella Cl. Sup. Ripasso Seccal '08	5
● Testal '07	5
● Valpolicella Cl. Sup. '08	4
● Valpolicella Cl. '10	4
● Amarone della Valpolicella Cl. Ambrosan '98	8
● Amarone della Valpolicella Cl. Ambrosan '93	8
● Amarone della Valpolicella Cl. '05	7
● Amarone della Valpolicella Cl. Ambrosan '03	8
● Amarone della Valpolicella Cl. Ambrosan '01	8
● Valpolicella Cl. Sup. Rip. Seccal '07	5
● Valpolicella Cl. Sup. Seccal '05	5

VENETO

Nino Franco
VIA GARIBALDI, 147
31049 VALDOBBIADENE [TV]
TEL. 0423972051
www.ninofranco.it

VENDITA DIRETTA
VISITA SU PRENOTAZIONE
OSPITALITÀ

PRODUZIONE ANNUA 1.200.000 bottiglie
ETTARI VITATI 2.50

Primo Franco, affiancato dalla moglie Annalisa e dalla figlia Silvia, è sicuramente l'ambasciatore per eccellenza del Prosecco nel mondo. La sua produzione fa affidamento in massima parte su una fitta rete di conferitori storici, seguiti passo passo durante tutta l'attività di campagna. Nella cantina di via Garibaldi avvengono non solo le vinificazioni e la presa di spuma, ma anche una serie di sperimentazioni atte a ridurre l'intervento umano in cantina e a mettere in luce il carattere che vitigno e territorio possono riassumere. Lo stile si basa su una solida e croccante espressione varietale.

In attesa della nuova annata del vino di punta, il Brut Grave di Stecca, ancora in affinamento, vi segnaliamo intanto le altre classiche etichette della casa. Nelle nostre finali abbiamo apprezzato il Valdobbiadene Brut Riva di San Floriano, dai freschi aromi varietali di glicine e frutta matura, sapido e nervoso al palato. Il Cartizze è ricco, morbido, polposo e sapido, mentre il Valdobbiadene Primo Franco Dry '10 si conferma una delle più piacevoli interpretazioni della categoria. Citazione d'obbligo per il Valdobbiadene Brut, teso e minerale, che conferma la sensibilità dei Franco per questa tipologia di spumante. Validi il Rustico e il Faìve Rosé.

○ Valdobbiadene Brut V. della Riva di S. Floriano	♉♉ 4*
○ Cartizze	♉♉ 5
○ Valdobbiadene Brut	♉♉ 4
○ Valdobbiadene Dry Primo Franco '10	♉♉ 4
⊙ Faìve Rosé Brut	♉ 4
○ Prosecco di Treviso Rustico	♉ 4
○ Brut Grave di Stecca '09	♉♉♉ 6
○ Valdobbiadene Brut Grave di Stecca '08	♉♉♉ 6

Novaia
VIA NOVAIA, 1
37020 MARANO DI VALPOLICELLA [VR]
TEL. 0457755129
www.novaia.it

VENDITA DIRETTA
VISITA SU PRENOTAZIONE

PRODUZIONE ANNUA 35.000 bottiglie
ETTARI VITATI 7.00

Di tutta la Valpolicella la vallata di Marano è l'unica che ha nel suolo tracce di fenomeni di origine vulcanica che consentono alle uve tradizionali di esaltare l'aspetto più fine e aromatico a scapito di un po' di ricchezza. Marcello e papà Giampaolo Vaona sanno trasformare queste uve in vini che hanno nella freschezza un tratto distintivo importante. Pochi gli ettari coltivati, in parte costituiti da vecchi impianti a pergola e in parte rinnovati negli ultimi dieci anni e allevati a spalliera. Nella corte Vaona si trova anche la cantina, non molto grande ma perfettamente equipaggiata.

La Valpolicella Superiore Ripasso '10 lascia trasparire un forte legame con la tradizione, frutta e fiori macerati, erbe aromatiche e una sottile nota pepata che dona fragranza e leggerezza a un naso complesso. Anche in bocca questo legame è forte, e il vino incede con passo sicuro tra la morbidezza dell'alcol e la spinta acida che le uve della Valpolicella possiedono. Nell'Amarone Corte Vaona '07 si avverte maggiormente l'appassimento, mentre al palato il vino rivela un carattere simile, solo un po' più ricco. Interessante il Valpolicella d'annata, fresco, speziato e scattante in bocca.

● Amarone della Valpolicella Cl. Corte Vaona '07	♉♉ 6
● Valpolicella Cl. '10	♉♉ 3*
● Valpolicella Cl. Sup. Ripasso '10	♉♉ 4*
● Valpolicella Cl. Sup. I Cantoni '08	♉ 5
● Amarone della Valpolicella Cl. Corte Vaona '06	♉♉ 6
● Amarone della Valpolicella Cl. Le Balze '01	♉♉ 8
● Amarone della Valpolicella Cl. Le Balze Ris. '05	♉♉ 8
● Valpolicella Cl. Sup. I Cantoni '07	♉♉ 5
● Valpolicella Cl. Sup. I Cantoni '06	♉♉ 5

VENETO

Ottella

FRAZ. SAN BENEDETTO DI LUGANA
LOC. OTTELLA
37019 PESCHIERA DEL GARDA [VR]
TEL. 0457551950
www.ottella.it

VENDITA DIRETTA
VISITA SU PRENOTAZIONE

PRODUZIONE ANNUA 300.000 bottiglie
ETTARI VITATI 30.00

Il vino Lugana sta godendo di un momento di grande popolarità, in virtù di aromaticità mai intensa, corpo solido ma agile e una spiccata personalità che incontrano perfettamente i gusti moderni del mercato. La bravura delle aziende, e Ottella è sicuramente una delle più rappresentative, è stata quella di farsi trovare pronte, con una produzione che esalta le caratteristiche del trebbiano di Lugana e dei suoli fortemente argillosi che la parte meridionale del Garda offre. Le vigne di trebbiano sono tutte attorno al lago, mentre per i rossi le vigne si trovano in collina a Ponti sul Mincio.

Sempre fra i più convincenti i Lugana proposti da Francesco e Michele Montresor, a partire dal prodotto base, fresco al naso e dalla beva sapida e agile, un vino essenziale e di grande piacere. Le Creete '10 offre uno spettro aromatico più ampio, ma lo stile del palato rimane il medesimo, mentre il Molceo '09, Tre Bicchieri, grazie anche all'anno di maturazione in più, si presenta complesso nei profumi e dotato di un'armonia e una lunghezza in bocca davvero riuscite. Il Prima Luce '08 è un passito da trebbiano di Lugana, garganega e sauvignon agrumato, dalla dolcezza prorompente ma ben sostenuto da una vitale acidità.

★Leonildo Pieropan

VIA CAMUZZONI, 3
37038 SOAVE [VR]
TEL. 0456190171
www.pieropan.it

VENDITA DIRETTA
VISITA SU PRENOTAZIONE

PRODUZIONE ANNUA 400.000 bottiglie
ETTARI VITATI 45.00
VITICOLTURA Biologico Certificato

Pieropan, un nome una garanzia, si potrebbe dire prendendo a prestito un vecchio slogan. Eppure è proprio così, un nome che da solo indica con precisione sia la zona del Soave che la sua più alta qualità, nonché uno stile ben definito e divenuto ormai un classico. Le vigne dell'azienda sono andate aumentando nel corso degli anni, sia in zona di Soave che nella vicina Valpolicella, sfruttando al meglio i vecchi impianti e rinnovando solo quando indispensabile. Anche la produzione è cresciuta, mantenendo però il medesimo filo conduttore che da Nino lentamente sta passando ai figli Andrea e Dario.

Il Calvarino sfodera l'ennesima prova di carattere, forte di un quadro aromatico in cui i fiori e la frutta bianca aspettano solo che il tempo li faccia sbocciare, mentre al palato il vino è già compiuto, solido, croccante e molto lungo. Tre Bicchieri in scioltezza. La Rocca '09 invece mette in luce l'aspetto più maturo e solare della denominazione, sostenuto da un'acidità sapida e succosa. Sul fronte dei rossi salutiamo con piacere l'ingresso del Ruberpan nella denominazione Valpolicella, con un vino giocato sul frutto e sull'equilibrio. Il Recioto Le Colombare '07, a un secolo esatto dalla nascita, sfodera una prestazione maiuscola.

○ Lugana Sup. Molceo '09	▼▼▼	5
○ Prima Luce Passito '08	▼▼	6
● Campo Sireso '09	▼▼	5
○ Lugana '10	▼▼	4*
○ Lugana Le Creete '10	▼▼	4
⊙ Roses Roses '10	▼▼	4*
○ Vignenuove '10	▼▼	4
● Gemei Rosso '10	▼	4
○ Lugana Sup. Molceo '08	▽▽▽	5
○ Lugana Sup. Molceo '07	▽▽▽	5
● Campo Sireso '05	▽▽	5
● Campo Sireso '04	▽▽	5
○ Lugana Le Creete '07	▽▽	4*
○ Prima Luce Passito '07	▽▽	6

○ Soave Cl. Calvarino '09	▼▼▼	5*
○ Recioto di Soave Le Colombare '07	▼▼	6
○ Soave Cl. La Rocca '09	▼▼	6
○ Passito della Rocca '06	▼▼	7
○ Soave Cl. '10	▼▼	4*
● Valpolicella Sup. Ruberpan '08	▼▼	5
○ Soave Cl. Calvarino '08	▽▽▽	5
○ Soave Cl. Calvarino '07	▽▽▽	5
○ Soave Cl. Calvarino '06	▽▽▽	5
○ Soave Cl. Calvarino '05	▽▽▽	5
○ Soave Cl. Calvarino '04	▽▽▽	5
○ Soave Cl. La Rocca '02	▽▽▽	5
○ Soave Cl. Sup. La Rocca '00	▽▽▽	6

VENETO

Albino Piona
Fraz. Custoza
via Bellavista, 48
37060 Sommacampagna [VR]
Tel. 045516055
www.albinopiona.it

VENDITA DIRETTA
VISITA SU PRENOTAZIONE

PRODUZIONE ANNUA 400.000 bottiglie
ETTARI VITATI 70.00

La sponda veronese del Lago di Garda sta vivendo un momento di rilancio, forte di una produzione che ha nei vini freschi, profumati e delicatamente sottili la sua cifra stilistica. I fratelli Piona non hanno mai tradito la vocazione del territorio. Anche in anni in cui primeggiavano i vini di grande struttura non hanno mai rinunciato alla fragranza, alla delicatezza che Bardolino e Custoza possono offrire. I vigneti si estendono per molti ettari e sono interessati quasi completamente dalle uve tradizionali. In cantina poco spazio al legno e utilizzo sapiente della sosta in acciaio sui lieviti.

Dopo anni dedicati a una produzione affidabile e legata alle etichette storiche, in casa Piona si cambia, con una selezione di etichette nuove e che si pongono l'obiettivo di un nuovo corso. L'apripista è il Custoza SP '10, un bianco che profuma di frutto bianco e fiori, dalla beva sapida, leggera e agile. Bardolino e Custoza, nella nuova veste, hanno colpito la nostra attenzione per come riescono a essere immediati e di semplice beva senza per questo essere banali. Interessante il Gran Cuvée Brut, un Metodo Classico essenziale e piacevolissimo, mentre La Rabitta '08 possiede una dolcezza suadente.

Piovene Porto Godi
Fraz. Toara
via Villa, 14
36020 Villaga [VI]
Tel. 0444885142
www.piovene.com

VENDITA DIRETTA
VISITA SU PRENOTAZIONE

PRODUZIONE ANNUA 80.000 bottiglie
ETTARI VITATI 32.00

In Veneto l'area dei Colli Berici rappresenta un po' la bella addormentata, una zona di grandi potenzialità ancora esplorate solo superficialmente. Terra rossa e ricca di calcare e ferro interessata da un clima asciutto che trasferisce alle uve un profilo mediterraneo e polposo, come si riscontra in tutta le produzione di Tommaso Piovene. La cantina è inserita nell'antica dimora di famiglia immersa nel verde dei colli, mentre le vigne si sviluppano sia sulla fascia pianeggiante nei dintorni della cantina stessa che sul colle soprastante, dove trovano ospitalità le varietà bordolesi e il tai rosso.

Il Cabernet Pozzare è stato presentato sia nel millesimo '08 che '09. La nostra preferenza va al primo non solo perché più maturo e composto, ma in quanto l'annata gli ha conferito doti di eleganza olfattiva e equilibrio gustativo decisamente superiori. Il secondo invece indugia nell'espressione fruttata e in una beva semplice e succosa. Ottimo il Merlot Fra i Broli '09, intensamente fruttato e di erbe fini al naso, trova nel ricco palato il giusto equilibrio con l'acidità, per un lungo finale. Il tai rosso viene declinato con due stili differenti, leggero il Riveselle '10, potente il Thovara '08.

● Bardolino '10	3*
○ Bianco di Custoza '10	3*
○ Bianco di Custoza Passito La Rabitta '08	6
○ Custoza SP '10	4*
○ Gran Cuvée Brut M. Cl.	5
⊙ Bardolino Chiaretto '10	3
⊙ Estro di Piona Rosato Brut	4
○ Verde Piona	4
○ Bianco di Custoza Sup. Campo del Selese '06	3*
● Campo Massimo Corvina Veronese '08	4*
● Campo Massimo Corvina Veronese '07	4*
○ Custoza SP '09	4*

● Colli Berici Cabernet Vign. Pozzare '08	5
● Colli Berici Merlot Fra i Broli '09	5
● Colli Berici Cabernet Vign. Pozzare '09	5
● Colli Berici Tai Rosso Thovara '08	6
● Colli Berici Tai Rosso Vign. Riveselle '10	4
● Polveriera Rosso '10	4*
○ Campigie '09	5
○ Colli Berici Garganega Vign. Riveselle '10	4
○ Colli Berici Pinot Bianco Polveriera '10	4
○ Colli Berici Sauvignon Vign. Fostine '10	4
● Colli Berici Cabernet Vign. Pozzare '07	5
● Colli Berici Merlot Fra i Broli '08	5
● Colli Berici Merlot Fra i Broli '07	5
● Colli Berici Merlot Fra i Broli '06	5
● Colli Berici Tai Rosso Thovara '07	6

VENETO 416

Prà
via della Fontana, 31
37032 Monteforte d'Alpone [VR]
Tel. 0457612125
info@vinipra.it

VENDITA DIRETTA
VISITA SU PRENOTAZIONE

PRODUZIONE ANNUA 220.000 bottiglie
ETTARI VITATI 20.00
VITICOLTURA Naturale

Nata con la produzione del Soave quasi trent'anni fa oggi l'azienda di Graziano Prà ha ampliato i suoi vigneti fino a raggiungere i venti ettari, in massima parte nel comprensorio di Soave, in parte sconfinando nella vicina Valpolicella dove ha ridotto drasticamente l'utilizzo di chimica e si sta avvicinando alla conduzione biodinamica. Se per i bianchi tutta la lavorazione avviene nella cantina di via Fontana, le uve destinate alla produzione di Valpolicella e Amarone appassiscono in un piccolo fruttaio posto nel vigneto di Tregnago. Rossi tesi e sottili fanno eco a bianchi di ricco profilo.

Tanti i vini convincenti proposti quest'anno, in particolar modo il Soave Staforte '09 ha dimostrato doti di ampiezza aromatica e armonia gustativa di notevole livello, sostenuto da sapidità e una fresca acidità. Più solare e agrumato il Monte Grande '10, che si giova della maturazione in botte, dalla beva succosa e piacevolmente rotonda. Sul fronte dei rossi dalla Valpolicella segnaliamo la buona prova dell'Amarone '07, giocato sulla finezza aromatica e su una leggerezza gustativa che ben si riconduce alla mano di un "bianchista". Eccellente il Soave base, sempre uno dei più riusciti della denominazione.

★Giuseppe Quintarelli
via Cerè, 1
37024 Negrar [VR]
Tel. 0457500016
giuseppe.quintarelli@tin.it

VENDITA DIRETTA
VISITA SU PRENOTAZIONE

PRODUZIONE ANNUA 60.000 bottiglie
ETTARI VITATI 12.00

Nell'azienda di via Cerè, quintessenza della tradizione, si vedono piccoli segnali di rinnovamento, con Giuseppe Bepi Quintarelli che nel segno della continuità ha lasciato più spazio nella gestione dell'attività alla figlia Fiorenza, senza rinunciare alla supervisione in tutte le fasi produttive. Per il resto tutto procede come sempre, una dozzina di ettari vitati, massima cura all'appassimento delle uve, e una pazienza durante l'affinamento che non ha eguali, per una gamma di vini che esce solo dopo lungo tempo. Complessità e carattere sono i due termini che descrivono lo stile di casa.

Solo due i vini presentati quest'anno, entrambi figli della difficile vendemmia del 2002. Si tratta del Valpolicella Superiore, prodotto in quantità più contenute rispetto al solito, che presenta un quadro aromatico complesso e raffinato, mentre all'assaggio lascia emergere la perfetta fusione tra alcol, acidità e tannino. Il Rosso del Bepi invece è più maturo e profondo al naso, con il frutto decadente che si accompagna alle erbe aromatiche, per donare al palato una dolcezza appena accennata, sostenuto da una buona acidità e tannini levigati e dolci, giungendo a un lungo e affascinante finale.

● Amarone della Valpolicella '07	8
○ Soave Cl. Monte Grande '10	5
○ Soave Cl. Staforte '09	5
○ Soave Cl. '10	4*
● Valpolicella Sup. Morandina '09	6
● Valpolicella Sup. Ripasso Morandina '08	5
○ Recioto di Soave Le Fontane '09	5
○ Soave Cl. Monte Grande '08	5
○ Soave Cl. Monte Grande '06	5
○ Soave Cl. Monte Grande '05	5
○ Soave Cl. Monte Grande '04	5
○ Soave Cl. Staforte '08	5
○ Soave Cl. Staforte '06	5*
○ Soave Cl. Staforte '07	5
● Valpolicella Sup. Morandina '07	6

● Rosso del Bepi '02	8
● Valpolicella Cl. Sup. '02	8
● Alzero Cabernet Franc '90	8
● Amarone della Valpolicella Cl. '00	8
● Amarone della Valpolicella Cl. '98	8
● Amarone della Valpolicella Cl. '97	8
● Amarone della Valpolicella Cl. Sup. Monte Cà Paletta '00	8
● Amarone della Valpolicella Cl. Sup. Monte Cà Paletta '93	8
● Recioto della Valpolicella Cl. '95	8
● Recioto della Valpolicella Cl. Monte Ca' Paletta '97	8
● Rosso del Bepi '96	8
● Valpolicella Cl. Sup. '99	8

Le Ragose

Fraz. Arbizzano
via Le Ragose, 1
37024 Negrar [VR]
Tel. 0457513241
www.leragose.com

VENDITA DIRETTA
VISITA SU PRENOTAZIONE

PRODUZIONE ANNUA 150.000 bottiglie
ETTARI VITATI 18.50

C'è un elemento comune che caratterizza la produzione di Paolo e Marco Galli, la simbiosi del vino con il territorio e con le persone che lo producono. Può apparire una frase rituale, ma se si ha la fortuna di passeggiare sulle colline dell'azienda Le Ragose, poste al limite orientale della zona classica della Valpolicella, si può cominciare a credere come qui il tempo acquisisca una diversa dimensione e come possa esser ritenuto essenziale lasciare al vino tutto il tempo necessario perché possa esprimersi al meglio. Meno di 20 ettari di vigna, tutti in posizione collinare, costituiscono il più grande patrimonio aziendale.

A conferma di questa filosofia l'Amarone Classico '05. E' un vino sapido, succoso che conquista per la compostezza e l'evoluzione gustativa. Ancora meglio il Valpolicella Ripasso Le Sassine '07 caratterizzato da un'ampio spettro aromatico che mette in evidenza, oltre al frutto, profonde e sommesse note di erbe aromatiche, minerali e spezie, dotato di un profilo gustativo snello ed elegante. Bella interpretazione anche per il Valpolicella Marta Galli '07, succoso deciso e coinvolgente, e per il Valpolicella d'annata, sapido, teso e fragrante.

Roccolo Grassi

via San Giovanni di Dio, 19
37030 Mezzane di Sotto [VR]
Tel. 0458880089
roccolograssi@libero.it

VISITA SU PRENOTAZIONE

PRODUZIONE ANNUA 42.000 bottiglie
ETTARI VITATI 14.00

Roccolo Grassi è una delle aziende che rappresenta il nuovo in terra di Valpolicella nonostante siano ormai più di dieci anni che è attiva. Francesca e Marco Sartori hanno preso in mano l'azienda di famiglia e l'hanno letteralmente rivoltata rivisitando vigneti, prodotti e tecniche. La produzione fa riferimento alla tradizione, sia nelle tipologie che nella scelta delle uve, interpretate con uno stile solido e di ottima ricchezza. I vigneti, in parte coltivati a pergola, in parte a guyot, si trovano nella piana attorno alla cantina e nelle vicine colline.

Difficile stabilire in casa Sartori quale sia il vino più riuscito fra quelli presentati, soprattutto per i rossi, in cui la qualità è indiscutibile su tutte le etichette. L'Amarone '07, che comincia a trarre giovamento dal prolungato affinamento in vetro, si dona maturo e con il frutto che si staglia nitido su una base di spezie e fiori secchi, per donarsi al palato asciutto e grintoso. Da Tre Bicchieri. Il Valpolicella nel corso degli anni ha acquisito maggior finezza, come si rileva assaggiando l'08, teso e con tannini levigati. Esplosivo il Recioto della Valpolicella '07, suadente e bilanciato quello di Soave '08.

- Valpolicella Cl. Sup. Ripasso Le Sassine '07 ♛♛ 5
- Amarone della Valpolicella Cl. '05 ♛♛ 8
- Valpolicella Cl. Sup. Marta Galli '07 ♛♛ 6
- Valpolicella Cl. '10 ♛ 4
- Amarone della Valpolicella Cl. '88 ♛♛♛ 8
- Amarone della Valpolicella Cl. '86 ♛♛♛ 8
- Amarone della Valpolicella Marta Galli '01 ♛♛ 8
- Amarone della Valpolicella Marta Galli '00 ♛♛ 8
- Valpolicella Cl. Sup. Le Sassine '05 ♛♛ 4
- Valpolicella Cl. Sup. Le Sassine '03 ♛♛ 4

- Amarone della Valpolicella Roccolo Grassi '07 ♛♛♛ 8
- Recioto della Valpolicella Roccolo Grassi '07 ♛♛ 6
- Valpolicella Sup. Roccolo Grassi '08 ♛♛ 6
- ○ Recioto di Soave La Broia '08 ♛♛ 5
- ○ Soave Sup. La Broia '09 ♛♛ 4
- Amarone della Valpolicella Roccolo Grassi '00 ♛♛♛ 8
- Amarone della Valpolicella Roccolo Grassi '99 ♛♛♛ 8
- Valpolicella Sup. Roccolo Grassi '07 ♛♛♛ 6
- Valpolicella Sup. Roccolo Grassi '04 ♛♛♛ 6
- Amarone della Valpolicella Roccolo Grassi '06 ♛♛ 8
- Recioto della Valpolicella Roccolo Grassi '06 ♛♛ 6
- ○ Soave Vign. La Broia '08 ♛♛ 4*

VENETO

Vigna Roda
LOC. CORTELÀ
VIA MONTE VERSA, 1569
35030 VÒ [PD]
TEL. 0499940228
www.vignaroda.com

VENDITA DIRETTA
VISITA SU PRENOTAZIONE

PRODUZIONE ANNUA 52.000 bottiglie
ETTARI VITATI 17.00

Gianni Strazzacappa, affiancato dalla moglie Elena, ha preso in mano il timone dell'azienda dal papà una dozzina di anni fa e ha proceduto rinnovando i vigneti e ponendosi degli obiettivi più ambiziosi. Le vigne, che si trovano lungo la dorsale occidentale dei Colli Euganei, sono destinate a una produzione che ha nei rossi a base bordolese i prodotti più importanti, mentre per i bianchi ci si affida allo chardonnay affiancato dal tradizionale moscato, presente da sempre in tutta la denominazione. Vini ricchi di frutto e dotati di buona concentrazione sono il timbro di fabbrica dell'azienda.

Anche quest'anno in cima alle nostre preferenze troviamo lo Scarlatto, un blend di merlot e cabernet che con la vendemmia 2008 si dona maturo e integro nell'espressione del frutto, con le note vegetali e di rovere che appaiono solo sullo sfondo, a impreziosire il quadro. La bocca esprime tutte le potenzialità di questo territorio, asciutta, consistente eppure agile e snella, per un risultato di assoluto valore. Il Cabernet Espero '10 è più semplice negli aromi e dalla beva più rustica, esibendo però corpo solido e succoso. Il Petali d'Ambra '08 è un passito agrumato e dalla dolcezza misurata.

● Colli Euganei Cabernet Espero '10	♚♚ 4*
○ Colli Euganei Fior d'Arancio Passito Petali d'Ambra '08	♚♚ 5
● Colli Euganei Merlot Il Damerino '10	♚♚ 4
● Colli Euganei Rosso Scarlatto '08	♚♚ 4*
○ Colli Euganei Bianco '10	♚ 3
○ Colli Euganei Chardonnay Ca' Zamira '10	♚ 4
● Colli Euganei Rosso '10	♚ 3
○ Colli Euganei Fior d'Arancio Passito '06	♚♚ 5
● Colli Euganei Merlot '08	♚♚ 4*
● Colli Euganei Rosso Scarlatto '06	♚♚ 4*

Roeno
VIA MAMA, 5
37020 BRENTINO BELLUNO [VR]
TEL. 0457230110
www.cantinaroeno.com

VENDITA DIRETTA
VISITA SU PRENOTAZIONE
OSPITALITÀ
RISTORAZIONE

PRODUZIONE ANNUA 100.000 bottiglie
ETTARI VITATI 35.00

La Valdadige è uno stretto corridoio di terra chiuso fra le montagne, percorso dall'Adige, l'autostrada e la ferrovia. Eppure, in così poca terra, è possibile trovare prodotti di alto valore come in casa Fugatti, dove i fratelli Cristina e Giuseppe hanno saputo dare slancio all'azienda fondata dal papà. Un vigneto piuttosto esteso dà le uve che solo in parte vengono utilizzate per la produzione di casa, interessata soprattutto alle varietà trentine. Accanto all'Enantio, dall'omonimo vitigno bandiera di questa terra di confine, molto interesse stanno ottenendo anche il Riesling e la vendemmia tardiva Cristina.

Vendemmia dopo vendemmia si fa sempre più consistente la produzione di Roeno, con vini che riescono a coniugare ricchezza e bevibilità. Il Cristina '08, Tre Bicchieri e premio per il miglior vino dolce dell'anno, è una vendemmia tardiva dai profumi esplosivi di agrumi, canditi e note di botrite che avvolge il palato con dolcezza e grassezza, lasciando all'acidità il compito di snellire e allungare la progressione. Convincenti sia l'Enantio '08 che il Riesling Praecipuus '10. Ricco di frutto e spezie, che ritroviamo nell'energico palato, il rosso, solare, variegato e sapido, il bianco. Il Marzemino La Rua '10 profuma di frutti neri e offre un palato sapido e di succosa beva.

○ Cristina V. T. '08	♛♛♛ 6
● La Rua Marzemino '10	♚♚ 4*
○ Praecipuus '10	♚♚ 5
○ Valdadige Chardonnay Le Fratte '10	♚♚ 4*
● Valdadige Terra dei Forti Enantio '08	♚♚ 5
⊙ Matì Rosé Brut	♚ 4
● Teroldego I Dossi '10	♚ 4
○ Valdadige Pinot Grigio Tera Alta '10	♚ 4
○ Cristina V. T. '07	♚♚ 6
○ Cristina V. T. '06	♚♚ 6
○ Cristina V. T. '05	♚♚ 6
○ Cristina V. T. '04	♚♚ 6
○ Passito Cristina Roeno '03	♚♚ 5
○ Praecipuus '09	♚♚ 5

Ruggeri & C.

via Prà Fontana
31049 Valdobbiadene [TV]
Tel. 04239092
www.ruggeri.it

VISITA SU PRENOTAZIONE

PRODUZIONE ANNUA 1.000.000 bottiglie
ETTARI VITATI 14.00

Ogni anno ci ripetiamo nel celebrare la grande affidabilità dei prodotti della Ruggeri. Risultato, questo, dovuto a una lunga esperienza e a una profonda conoscenza del territorio che ha portato negli anni a tessere una fitta rete di relazioni con i migliori produttori di uva del valdobbiadenese. La cantina perfettamente attrezzata e ben organizzata è in grado di gestire la grande quantità di uve che giunge durante i pochi giorni della vendemmia, riuscendo a separare immediatamente il percorso delle uve destinate alle produzioni più ambiziose da quelle destinate ai prodotti più semplici.

Il Vecchie Viti e il Giustino B. si confermano essere due Prosecco di riferimento. Nel Giustino B. ritroviamo l'abituale finezza ed eleganza, tratteggiata dai fiori e il frutto integro degli aromi e una bollicina di rara cremosità. Il Vecchie Viti si fa apprezzare per la freschezza e nitidezza degli aromi e per la bocca sapida, sottile e grintosa. Ottimi il Cartizze dalla bella trama e dalla chiusura asciutta e l'Extra Brut, caratterizzato da una buona struttura in quasi totale assenza di zuccheri residui. Il Dry Santo Stefano presenta note di frutta esotica e una bocca sapida e armoniosa.

○ Valdobbiadene Extra Dry Giustino B. '10	▼▼▼ 5
○ Valdobbiadene Brut Vecchie Viti '10	▼▼ 5
○ Cartizze	▼▼ 5
○ L'Extra Brut '10	▼▼ 4
○ P. di Valdobbiadene Extra Dry Giall'Oro	▼▼ 4*
○ Valdobbiadene Dry S. Stefano	▼▼ 4
⊙ Rosè di Pinot Brut	▼ 4
○ Valdobbiadene Brut Quartese	▼ 4
○ Valdobbiadene Extra Dry Giustino B. '09	▼▼▼ 5

Le Salette

via Pio Brugnoli, 11c
37022 Fumane [VR]
Tel. 0457701027
www.lesalette.it

VENDITA DIRETTA
VISITA SU PRENOTAZIONE
OSPITALITÀ

PRODUZIONE ANNUA 130.000 bottiglie
ETTARI VITATI 20.00

La vallata di Fumane pur possedendo vigneti di grande pregio ospita ben poche aziende produttrici, tra le quali spicca per qualità e continuità quella di Franco Scamperle. Le vigne si trovano principalmente in questa valle, con piccoli appezzamenti anche in zona di Sant'Ambrogio e San Floriano, e assieme contribuiscono a tutta la produzione di casa. Nella corte di via Brugnoli trova sede la cantina, in parte all'interno dello storico edificio, in parte ampliata nell'interrato, dove trovano ospitalità tutti i legni per la maturazione. Lo stile è un buon punto di sintesi tra potenza ed eleganza.

Come per tutte le aziende del territorio è l'Amarone il vino più importante prodotto, declinato in casa Scamperle in due versioni, Le Pergole Vece e La Marega. Com'è facilmente intuibile il primo si avvale delle uve provenienti dalla vigne più vecchie, e offre profondità e ampiezza al naso, mentre al palato denota sapidità e tannino levigato. La Marega '07 invece ha un corredo aromatico più fresco, con un corpo asciutto e sostenuto da una fresca acidità. Ca' Carnocchio '08 e I Progni '08 sono due interpretazioni della tradizione, ricco e potente il primo, più snello e agile il secondo.

● Amarone della Valpolicella Cl. Pergole Vece '07	▼▼ 8
● Amarone della Valpolicella Cl. La Marega '07	▼▼ 6
● Ca' Carnocchio '08	▼▼ 5
● Recioto della Valpolicella Cl. Pergole Vece '08	▼▼ 6
● Valpolicella Cl. Sup. Ripasso I Progni '08	▼▼ 5
● Valpolicella Cl. '10	▼ 4
● Amarone della Valpolicella Cl. Pergole Vece '05	▼▼▼ 8
● Amarone della Valpolicella Cl. Pergole Vece '95	▼▼▼ 8
● Amarone della Valpolicella Cl. Pergole Vece '06	▼▼ 8
● Valpolicella Cl. Sup. Ripasso I Progni '07	▼▼ 5

VENETO

La Sansonina
LOC. SANSONINA
37019 PESCHIERA DEL GARDA (VR)
TEL. 0457551905
www.sansonina.it

VENDITA DIRETTA

PRODUZIONE ANNUA 21.000 bottiglie
ETTARI VITATI 12.00

Sono tante le energie che Carla Prospero, coadiuvata dalla figlia Nadia, sta investendo in questa azienda, nata quasi per gioco una decina d'anni fa e che oggi ben rappresenta il territorio della Lugana. Terre argillose che si adagiano sui dolci colli morenici del bacino gardesano, che godono proprio della presenza del lago che ne regola flussi d'aria e temperature. La produzione è impostata solo su due uve, lugana e merlot. Se del primo l'aderenza al territorio e alla tradizione è indiscutibile, il secondo, varietà internazionale, ha trovato un territorio di valore proprio in riva al lago.

Solo il Lugana presentato quest'anno dall'azienda di Peschiera, visto che il Merlot della vendemmia 2008 non è stato prodotto. Profondità aromatica, in cui il frutto bianco abbraccia note vegetali e un accenno minerale che uscirà nitido solo con il tempo. All'assaggio il vino rivela corpo solido e scattante, sostenuto dalla tesa acidità che contraddistingue il vitigno rivierasco. Ottima la tenuta del vino alla prova del tempo, come ha testimoniato l'assaggio delle annate precedenti.

★Tenuta Sant'Antonio
LOC. SAN ZENO
VIA CERIANI, 23
37030 COLOGNOLA AI COLLI (VR)
TEL. 0457650383
www.tenutasantantonio.it

VENDITA DIRETTA
VISITA SU PRENOTAZIONE

PRODUZIONE ANNUA 700.000 bottiglie
ETTARI VITATI 100.00

La Valpolicella allargata è quella porzione di denominazione a est della zona classica. Nei decenni passati non ha mai visto una presenza intensiva della viticoltura, né una presenza significativa di aziende, ma ultimamente ha prodotto uve e vini di assoluto valore, tanto da diventare una delle zone più ricercate e valorizzate. I fratelli Castagnedi hanno fondato qui la loro azienda meno di vent'anni fa, e oggi sono una delle griffe più affermate della denominazione. Vini che hanno nella ricchezza e la potenza il loro tratto distintivo, ma che negli ultimi anni ricercano maggiormente la finezza.

Sempre inappuntabile la produzione di casa Castagnedi, con ben tre vini che giungono alle nostre finali, e uno, l'Amarone Campo dei Gigli '07, che conquista i Tre Bicchieri. Profumato di frutto rosso surmaturo e spezie, offre una bocca di grande solidità e potenza, governato da tannini levigati. Simile per stile, ovviamente con minor concentrazione, La Bandina '08, più tesa e scattante. Infine il Soave Monte Ceriani '09, giocato su un'espressione più fresca e suadente del frutto, che ritroviamo corrisposta nell'elegante palato. Il Monti Garbi '08 è sempre uno dei Ripasso più riusciti, agile, asciutto ed essenziale.

○ Lugana Sansonina '10   🍷🍷 7
○ Lugana Sansonina '09   🍷🍷 4*
● Sansonina '07   🍷🍷 7
● Sansonina '06   🍷🍷 7

● Amarone della Valpolicella
Campo dei Gigli '07   🍷🍷🍷 8
○ Soave Monte Ceriani '09   🍷🍷 4*
● Valpolicella Sup. La Bandina '08   🍷🍷 6
● Amarone della Valpolicella
Sel. Antonio Castagnedi '08   🍷 7
● Valpolicella Sup. Ripasso Monti Garbi '08   🍷 5*
○ Soave Fontana '10   🍷 3
● Amarone della Valpolicella
Campo dei Gigli '06   🍷🍷🍷 8
● Amarone della Valpolicella
Campo dei Gigli '05   🍷🍷🍷 8
● Amarone della Valpolicella
Campo dei Gigli '04   🍷🍷🍷 8
● Amarone della Valpolicella
Campo dei Gigli '99   🍷🍷🍷 8
○ Soave Monte Ceriani '05   🍷🍷🍷 4*
● Valpolicella Sup. La Bandina '01   🍷🍷🍷 6

VENETO

Santa Margherita
VIA ITA MARZOTTO, 8
30025 FOSSALTA DI PORTOGRUARO [VE]
TEL. 0421246111
www.santamargherita.com

VENDITA DIRETTA
VISITA SU PRENOTAZIONE

PRODUZIONE ANNUA 12.500.000 bottiglie

Nel corso degli ultimi anni la storica azienda di Fossalta ha cambiato pelle, dapprima con l'impianto di una cinquantina di ettari nella pianura veneziana, poi con lo sfruttamento di queste uve, di maggior qualità, nelle nuove etichette, infine riuscendo a mantenere e rilanciare i rapporti di importante collaborazione con le migliori cantine atesine. Oggi l'azienda, che ha letteralmente inventato il fenomeno Pinot Grigio nel mondo, si propone anche con una produzione interessante di rossi del Veneto, ottenuti da refosco e malbech, ricchi di frutto e dalla bevibilità spiccata.

E' proprio il Refosco Impronta del Fondatore '09 il vino più riuscito di Santa Margherita, in virtù di un quadro aromatico dominato dal frutto rosso e percorso da fresche sfumature di fiori ed erbe officinali. All'assaggio rivela un'ottima corrispondenza, distendendosi con leggerezza e tensione. Molto buono anche l'omonimo Pinot Grigio '10, ottenuto da uve altoatesine, che si mette in luce per eleganza e aderenza al vitigno, polposo e sapido in bocca. Cresce la qualità anche dei vini Prosecco, tra i quali spicca un fragrante Cartizze, mentre il Malbech '09 è asciutto e giustamente tannico.

○ A. A. Pinot Grigio Impronta del Fondatore '10	🍷🍷	4*
○ Cartizze	🍷🍷	5
● Lison-Pramaggiore Malbech Impronta del Fondatore '09	🍷🍷	4
● Lison-Pramaggiore Refosco P.R. Impronta del Fondatore '09	🍷🍷	3*
○ Luna dei Feldi '10	🍷	4
○ Valdadige Pinot Grigio '10	🍷	4
○ Valdobbiadene Brut	🍷	4
○ Valdobbiadene Extra Dry	🍷	4
○ Valdobbiadene Extra Dry 52	🍷	4
○ A. A. Pinot Grigio Impronta del Fondatore '09	🍷🍷	4
○ A. A. Pinot Grigio Impronta del Fondatore '08	🍷🍷	4*
○ Luna dei Feldi '09	🍷🍷	4*
● Merlot '07	🍷🍷	4*

Santi
VIA UNGHERIA, 33
37031 ILLASI [VR]
TEL. 0456269600
www.carlosanti.it

VENDITA DIRETTA
VISITA SU PRENOTAZIONE

PRODUZIONE ANNUA 2.000.000 bottiglie
ETTARI VITATI 70.00

L'azienda di Illasi è una delle perle del Gruppo Italiano Vini, forte di un vigneto che si estende per settanta ettari e della presenza di Christian Scrinzi che coordina tutto il reparto tecnico del gruppo. Condividiamo appieno la difficile scelta di ritardare l'uscita in commercio del vino più prestigioso, l'Amarone Proemio, che potrà avvalersi di un affinamento più lungo in cantina. Anche in queste scelte, apparentemente banali, si legge la volontà dell'azienda di esprimersi ai più alti livelli, inseguendo un profilo che sappia esprimere le doti recondite di finezza che la Valpolicella può esprimere.

Ottima la prova del Solane '09, un Ripasso da Tre Bicchieri che negli ultimi anni ha saputo imporre uno stile fatto di profumi di frutti di bosco e spezie, dal profilo gustativo disteso e agile, sostenuto più dall'acidità che dal tannino per un finale lungo e raffinato. L'Amarone Proemio è stato tenuto a riposo un altro anno, in modo che possa raggiungere una più completa armonia. Molto convincente la prova dei vini più semplici, prodotti inseguendo eleganza e bevibilità, che ritroviamo perfettamente espressi nel Valpolicella Le Caleselle, Bardolino Ca' Bordenis e Lugana Melibeo, tutti della vendemmia 2010.

● Valpolicella Cl. Sup. Ripasso Solane '09	🍷🍷🍷	4*
● Bardolino Cl. Vign. Ca' Bordenis '10	🍷🍷	4*
○ Lugana Melibeo '10	🍷🍷	4
● Valpolicella Cl. Le Caleselle '10	🍷🍷	4*
○ Soave Cl. Monteforte '10	🍷	4
● Amarone della Valpolicella Proemio '05	🍷🍷🍷	7
● Amarone della Valpolicella Proemio '03	🍷🍷🍷	7*
● Amarone della Valpolicella Proemio '00	🍷🍷🍷	7
● Amarone della Valpolicella Proemio '07	🍷🍷	7
● Amarone della Valpolicella Proemio '06	🍷🍷	7
● Amarone della Valpolicella Proemio '04	🍷🍷	7
● Valpolicella Cl. Sup. Solane Ripasso '07	🍷🍷	4*
● Valpolicella Cl. Sup. Solane Ripasso '06	🍷🍷	4*

VENETO

Casa Vinicola Sartori

FRAZ. SANTA MARIA
VIA CASETTE, 2
37024 NEGRAR [VR]
TEL. 0456028011
www.sartorinet.com

VISITA SU PRENOTAZIONE

PRODUZIONE ANNUA 15.000.000 bottiglie
ETTARI VITATI 40.00

Dopo un paio d'anni in cui la crisi si è fatta sentire anche in casa Sartori, Luca, Andrea e Paolo hanno rilanciato, proponendo una gamma di etichette ampia e molto affidabile. L'azienda possiede solo una piccola parte dei vigneti necessari alla produzione, per il resto si avvale di qualche conferitore di fiducia e una collaborazione strutturale con la Cantina di Colognola. Accanto alla produzione Sartori, da un decennio è comparsa la Saltari, un'azienda agricola nella Valpolicella allargata che limita la produzione a due sole etichette, Amarone e Valpolicella Superiore, di notevole valore.

Proprio dalla Saltari giunge il vino più interessante, l'Amarone '06. Al naso sprigiona profumi di frutto passito e spezie, con una sottile nota vegetale sullo sfondo che ritroviamo al palato, dove il vino governa con grande eleganza la notevole ricchezza. Molto buoni i due Valpolicella '08, il Regolo che dona profumi di erbe officinali e frutto macerato ha una bocca sapida e raffinata, mentre il Saltari è più ricco e bisognoso di affinamento per donare quiete all'importante impalcatura tannica. L'Amarone Corte Brà '06 appare chiuso al naso, per aprirsi poi maturo e avvolgente in bocca.

★ Serafini & Vidotto

VIA CARRER, 8/12
31040 NERVESA DELLA BATTAGLIA [TV]
TEL. 0422773281
www.serafinividotto.it

VENDITA DIRETTA
VISITA SU PRENOTAZIONE

PRODUZIONE ANNUA 180.000 bottiglie
ETTARI VITATI 21.00
VITICOLTURA Naturale

Parlando di Montello e Colli Asolani non si può non pensare a questa realtà. Da oltre vent'anni ne è la portabandiera e l'espressione più alta e conosciuta nel mondo. Il merito va riconosciuto ai due soci, Francesco Serafini e Antonello Vidotto, che hanno avuto il coraggio, in tempi non sospetti, di credere in questo territorio. La loro indole volta sempre a ricercare il massimo della qualità nelle loro scelte produttive ha permesso che venissero espresse le potenzialità di questa zona fino a non molto tempo fa impensate, nel più assoluto rispetto dell'ambiente e della sostenibilità ecologica.

Si può collocare il Rosso dell'Abazia, che anche quest'anno con il millesimo '08 conferma i Tre Bicchieri, nell'Olimpo dell'enologia italiana. L'annata gli ha conferito maggior ricchezza rispetto ad altre versioni. La bocca infatti risulta essere più ricca e potente del solito, supportata come sempre da tannini levigati e setosi, vero marchio di fabbrica di questo vino. Il Phigaia '08 non sfigura rispetto al fratello maggiore e risulta essere fresco, succoso ed elegante. Anche qui abbiamo nobiltà dei tannini. Fragrante il Bianco '10, un Sauvignon dalla contenuta gradazione alcolica, fruttato e floreale.

- Amarone della Valpolicella I Saltari '06 — 8
- Amarone della Valpolicella Cl. Corte Brà '06 — 8
- Valpolicella Sup. I Saltari '08 — 5
- Valpolicella Sup. Ripasso Regolo '08 — 5
- ○ Lugana La Musina '10 — 4
- ○ Marani '09 — 4
- Recioto della Valpolicella Cl. Rerum '09 — 7
- ○ Recioto di Soave Vernus '08 — 6
- ○ Soave Cl. Sella '10 — 4
- Amarone della Valpolicella Cl. Reius '06 — 7
- Amarone della Valpolicella Le Vigne di Turano I Saltari '04 — 8
- Amarone della Valpolicella Le Vigne di Turano I Saltari '03 — 8
- Bardolino Cl. Ca' Nova '09 — 4

- Montello e Colli Asolani Il Rosso dell'Abazia '08 — 6
- ○ Il Bianco '10 — 4*
- Montello e Colli Asolani Phigaia '08 — 5
- ⊙ Bollicine Rosé Brut — 4
- Il Rosso dell'Abazia '02 — 7
- Il Rosso dell'Abazia '01 — 7
- Il Rosso dell'Abazia '00 — 7
- Montello e Colli Asolani Il Rosso dell'Abazia '07 — 6
- Montello e Colli Asolani Il Rosso dell'Abazia '06 — 6
- Montello e Colli Asolani Il Rosso dell'Abazia '05 — 6
- Montello e Colli Asolani Il Rosso dell'Abazia '04 — 6

★F.lli Speri

LOC. PEDEMONTE
VIA FONTANA, 14
37020 SAN PIETRO IN CARIANO [VR]
TEL. 0457701154
www.speri.com

VENDITA DIRETTA
VISITA SU PRENOTAZIONE

PRODUZIONE ANNUA 350.000 bottiglie
ETTARI VITATI 50.00

L'azienda degli Speri è una di quelle che hanno fatto la storia del Valpolicella e ancor più dell'Amarone e, ancor'oggi, è una delle interpreti più attente della denominazione veronese. La vigna si estende per molti ettari in più zone, alcune di assoluto valore come sul monte Sant'Urbano, altre in terreni pianeggianti, destinati alla produzione dei vini più semplici. La cantina che si trova a Pedemonte ospita tutte le attività produttive, incentrate sui classici vini della tradizione, interpretati con garbo e personalità facendo ricorso unicamente alle varietà coltivate da sempre in Valpolicella.

L'Amarone di Casa Speri è sempre una garanzia, cupo alle vesti ha bisogno di qualche istante per aprirsi e rivelare un quadro aromatico di frutto nero e spezie, mentre al palato riesce a gestire con grande eleganza un corpo solido e potente. Tre Bicchieri. Il Recioto La Roggia '08 incede con grande eleganza al palato, con l'acidità che contrasta una dolcezza evidente ma mai esagerata che fa esplodere la sensazione fruttata. Affidabile la prova dei Valpolicella, il Ripasso '09 è complesso e sapido, mentre il Sant'Urbano '08 esprime una fresca nota di frutto ed erbe officinali e un palato asciutto.

- Amarone della Valpolicella Cl. Vign. Monte Sant'Urbano '07 🍷🍷 8
- Recioto della Valpolicella Cl. La Roggia '08 🍷🍷 7
- Valpolicella Cl. Sup. Ripasso '09 🍷🍷 5
- Valpolicella Cl. Sup. Sant'Urbano '08 🍷🍷 5*
- Valpolicella Cl. '10 🍷 4
- Amarone della Valpolicella Cl. Vign. Monte Sant'Urbano '06 🍷🍷🍷 8
- Amarone della Valpolicella Cl. Vign. Monte Sant'Urbano '04 🍷🍷🍷 8
- Amarone della Valpolicella Cl. Vign. Monte Sant'Urbano '01 🍷🍷🍷 8
- Amarone della Valpolicella Cl. Vign. Monte Sant'Urbano '00 🍷🍷🍷 8
- Amarone della Valpolicella Cl. Vign. Monte Sant'Urbano '97 🍷🍷🍷 8
- Amarone della Valpolicella Cl. Vign. Monte Sant'Urbano '93 🍷🍷🍷 8

I Stefanini

VIA CROSARA, 21
37032 MONTEFORTE D'ALPONE [VR]
TEL. 0456175249
www.istefanini.it

VENDITA DIRETTA
VISITA SU PRENOTAZIONE

PRODUZIONE ANNUA 80.000 bottiglie
ETTARI VITATI 16.00

La serietà di un'azienda e la sua capacità di effettuare scelte difficili al momento giusto si vede in tante piccole cose, come in casa Tessari, dove Francesco con grande onestà ha riconosciuto la difficoltà della vendemmia 2009, colpita dalla grandine, e ha scelto di non produrre i due cru aziendali, il Monte de Toni e il Monte di Fice. La parte delle uve giunte a maturazione nella collina che domina la cantina è andata ad arricchire il Soave il Selese, prodotto con le uve dei vigneti del fondovalle all'esterno della zona Classica, aumentando ulteriormente la qualità di questo vino.

Una gestione oculata del vigneto, anche nelle parcelle meno rinomate, consente una produzione di uva di ottimo livello, in cui la ricchezza è sempre governata da una buona acidità. Il Soave Il Selese '10 si presenta con una veste paglierino carico che fa da preludio a uno spettro aromatico di grande maturità, nel quale il frutto è attraversato da note sulfuree e speziate, risultando profondo e di carattere. All'assaggio tanta ampiezza aromatica si traduce in un palato ricco e denso, sapido, di buona lunghezza e armonia.

- ○ Soave Il Selese '10 🍷🍷 2*
- ○ Soave Cl. Sup. Monte di Fice '07 🍷🍷🍷 3*
- ○ Soave Cl. Monte de Toni '08 🍷🍷 3*
- ○ Soave Cl. Monte de Toni '07 🍷🍷 3*
- ○ Soave Cl. Monte de Toni '06 🍷🍷 3*
- ○ Soave Cl. Sup. Monte di Fice '08 🍷🍷 4*
- ○ Soave Cl. Sup. Monte di Fice '06 🍷🍷 3*
- ○ Soave Il Selese '08 🍷🍷 2*

VENETO

David Sterza
LOC. CASTERNA
VIA CASTERNA, 37
37022 FUMANE [VR]
TEL. 0457704201
www.davidsterza.it

VENDITA DIRETTA
VISITA SU PRENOTAZIONE

PRODUZIONE ANNUA 30.000 bottiglie
ETTARI VITATI 4.50

David Sterza e Paolo Mascanzoni sono due cugini che conducono la giovane azienda di Casterna, piccolo borgo in comune di Fumane. Le vigne si estendono per poco meno di cinque ettari attorno alla cantina, lungo la dorsale del monte Sant'Urbano che guarda a occidente, quasi che le uve cercassero la freschezza che giunge dal vicino Lago di Garda. Disponendo di un vigneto così circoscritto la scelta produttiva è giustamente caduta sui classici vini della Valpolicella, cui si aggiunge un'unica etichetta di fantasia comunque da ricondurre alle uve tradizionali. Vini croccanti e solidi di buona bevibilità.

Ottimo l'Amarone '07 che giunge per la prima volta alle nostre finali. Maturo e fruttato al naso è in bocca che il vino da il meglio di sé, gestendo con tensione e leggerezza la notevole struttura e donandosi lungo e slanciato fino a un asciutto finale. Molto buono anche il Ripasso '09, giocato sulla rotondità del frutto all'assaggio mette in luce una bocca cremosa e di pregevole equilibrio. Il Recioto '08 presenta aromi profondi e complessi, nei quali frutto, spezie e rovere si fondono alla perfezione, donando alla dolcezza gustativa il giusto preambolo. La Corvina '09 è un rosso sapido e scattante.

★ Suavia
FRAZ. FITTÀ DI SOAVE
VIA CENTRO, 14
37038 SOAVE [VR]
TEL. 0457675089
www.suavia.it

VENDITA DIRETTA
VISITA SU PRENOTAZIONE

PRODUZIONE ANNUA 100.000 bottiglie
ETTARI VITATI 12.00

Suavia è una delle aziende più rappresentative del territorio di Soave e di come questo territorio stia cambiando il suo tessuto aziendale. Nata quasi trent'anni fa ha iniziato un percorso di crescita qualitativa dopo circa un decennio, in concomitanza con la partecipazione sempre più significativa delle figlie. Dapprima l'attenzione rivolta alle selezioni più ambiziose, poi il Recioto, il Soave Classico e infine il trebbiano di Soave, oggi protagonista di una nouva e interessante etichetta, proposta con il consueto stile fatto di rigore, solidità gustativa e potenziale evolutivo.

L'anno di sosta in cantina ha fatto bene al Monte Carbonare '09, un bianco da Tre Bicchieri che oggi si propone con una profondità olfattiva di raro carattere e complessità. Il frutto cerca spazio tra le intense note minerali, di sottobosco e spezie, per esaltarsi poi al palato, dove il vino rivela corpo asciutto, sapido e di grande armonia. Per Le Rive '08 invece le sorelle Tessari hanno scelto un percorso più avvolgente, giocato sul frutto maturo e le tenui note balsamiche, in bocca rivela grassezza e una buona tensione acida. L'ultimo arrivato, il Massifitti '08, è un Trebbiano di Soave in purezza raffinato e sulfureo.

● Amarone della Valpolicella Cl. '07	7
● Corvina Veronese '09	5
● Recioto della Valpolicella Cl. '08	6
● Valpolicella Cl. Sup. Ripasso '09	4
● Valpolicella Cl. '10	3
● Amarone della Valpolicella Cl. '06	6
● Corvina Veronese '08	5
● Corvina Veronese '07	5
● Valpolicella Cl. Sup. Ripasso '08	4

○ Soave Cl. Monte Carbonare '09	4*
○ Massifitti '08	5
○ Soave Cl. Le Rive '08	5
○ Soave Cl. '10	4*
○ Soave Cl. Le Rive '02	5
○ Soave Cl. Monte Carbonare '08	4*
○ Soave Cl. Monte Carbonare '07	4*
○ Soave Cl. Monte Carbonare '06	4*
○ Soave Cl. Monte Carbonare '05	4*
○ Soave Cl. Monte Carbonare '04	4
○ Soave Cl. Monte Carbonare '02	4
○ Soave Cl. Sup. Le Rive '00	5
○ Soave Cl. Sup. Le Rive '98	5

VENETO

Sutto

via Arzieri, 34/1
31040 Salgareda [TV]
Tel. 0422744063
www.sutto.it

VENDITA DIRETTA
VISITA SU PRENOTAZIONE
RISTORAZIONE

PRODUZIONE ANNUA 145.000 bottiglie
ETTARI VITATI 175.00

Stefano e Luigi Sutto hanno ricevuto dalle mani di papà Ferruccio l'azienda di Salgareda, trasformandola profondamente nel giro di pochissimi anni. Il vigneto di proprietà si è ampliato fino a raggiungere i 75 ettari, cui bisogna aggiungerne un altro centinaio in affitto, che forniscono le uve che vengono trasformate nella nuova cantina, dove le partite migliori vengono imbottigliate, mentre una gran parte della produzione è destinata alla vendita all'ingrosso. L'attività di campagna è seguita ancora da Ferrucccio, mentre in cantina Andrea "Bruce" De Pellegrin è l'enologo che segue tutta la produzione.

Lo stile dei vini cerca di non tradire l'animo del Piave, fatto di vini sostanziosi e semplici, ricercando però maggior finezza sia nei profumi che in bocca. Esemplare il Merlot Riserva '09, un rosso che profuma di frutti di bosco ed erbe fini, solido, asciutto e raffinato al palato. Il Dogma '09 invece è un taglio bordolese a prevalenza merlot che rivela maggior ricchezza soprattutto al palato, dove i tannini fanno sentire la loro presenza. Della medesima vendemmia è il Cabernet Riserva, fresco e varietale negli aromi, offre al palato schiettezza e una beva succosa e sapida.

Tamellini

fraz. Costeggiola
via Tamellini, 4
37038 Soave [VR]
Tel. 0457675328
piofrancesco.tamellini@tin.it

VENDITA DIRETTA
VISITA SU PRENOTAZIONE

PRODUZIONE ANNUA 220.000 bottiglie
ETTARI VITATI 17.00

La zona del Soave è caratterizzata da un suolo a forte componente basaltica, dovuta alle eruzioni del vulcano Calvarina avvenute circa trenta milioni di anni fa. L'estremità occidentale della denominazione ne è poco interessata, risultando invece ricca di calcare, che conferisce alle uve la notevole finezza che ritroviamo nitida e croccante nei vini di Tamellini che proprio su queste terre coltivano le vigne. Nata poco più di un decennio fa l'azienda può contare su un vigneto di 17 ettari, parte coltivato a pergola e parte sostituito con un più funzionale impianto a spalliera.

Sono solo tre i vini prodotti da Tamellini, ottimi e capaci di mettere in luce le varie anime di questo territorio. Il Soave '10 gioca con la freschezza, con il frutto che accompagna i fiori in una beva sapida, semplice e scattante. Le Bine de Costiola '09 invece riflette la profondità del Soave, fatta sicuramente di frutto, ma anche di spezie e sentori minerali, con un palato di maggior volume e uguale tensione. Il Recioto Vigna Marogne riposa invece ancora in cantina.

● Dogma Rosso '09		5
● Piave Cabernet Ris. '09		4
● Piave Merlot Ris. '09		4
○ Ultimo '09		5
○ Manzoni Bianco '10		4
● Piave Cabernet '10		3
○ Piave Chardonnay '10		3
● Piave Merlot '10		4
○ Pinot Grigio '10		4
○ Sauvignon '10		4
● Dogma Rosso '08		5
● Dogma Rosso '07		5
● Piave Cabernet Ris. '08		4
● Piave Cabernet Ris. '07		5
● Piave Merlot Ris. '08		4
● Piave Raboso '06		6

○ Soave Cl. Le Bine de Costiola '09		4*
○ Soave '10		4*
○ Soave Cl. Le Bine '04		4*
○ Soave Cl. Le Bine de Costiola '06		4*
○ Soave Cl. Le Bine de Costiola '05		4*
○ Recioto di Soave V. Marogne '02		6
○ Soave Cl. Le Bine '03		5
○ Soave Cl. Le Bine de Costiola '08		4*
○ Soave Cl. Le Bine de Costiola '07		4*

VENETO

Tanorè

Fraz. San Pietro di Barbozza
via Mont di Cartizze, 3
31040 Valdobbiadene [TV]
Tel. 0423975770
www.tanore.it

VENDITA DIRETTA
VISITA SU PRENOTAZIONE

PRODUZIONE ANNUA 80.000 bottiglie
ETTARI VITATI 8.00

L'azienda dei fratelli Follador si trova nel cuore del Cartizze, a San Pietro di Barbozza, su una collina che scende a picco tratteggiata dai filari di viti che spesso hanno ben più di cinquant'anni. La difficoltà di lavorazione di questi scoscesi pendii rende pressoché sconveniente il reimpianto totale del vigneto, così si procede a sostituire le fallanze giungendo ad avere uno dei vigneti più vecchi d'Italia. Otto gli ettari di vigneto di proprietà, per una produzione che non giunge a 100mila bottiglie, dedicate interamente al Prosecco spumante, interpretato con puntualità e precisione.

Sugli scudi il Dry Il Tanorè '10, uno spumante profumato di frutta esotica e fiori che dà il meglio di sé al palato, dove si distende con grazia ma rivelando anche un corpo decisamente più ricco della media, senza per questo perdere in tensione o bevibilità, risultando uno dei migliori della categoria. Molto buono anche il Brut, più delicato nell'espressione di frutta bianca, dalla beva asciutta e grintosa, sostenuta da una vitale e succosa acidità. Il Cartizze è di espressione solare e matura, mentre l'Extra Dry profuma di pera e mela, donandosi all'assaggio cremoso e con chiusura asciutta.

○ Cartizze	6
○ Valdobbiadene Brut	4
○ Valdobbiadene Dry Il Tanorè '10	4
○ Valdobbiadene Extra Dry	4
○ Cartizze	5
○ Valdobbiadene Dry Il Tanorè '09	4
○ Valdobbiadene Dry Sel. mill.	4

Giovanna Tantini

loc. Oliosi
via Goito, 10
37014 Castelnuovo del Garda [VR]
Tel. 0457575070
www.giovannatantini.it

VENDITA DIRETTA
VISITA SU PRENOTAZIONE

PRODUZIONE ANNUA 25.000 bottiglie
ETTARI VITATI 11.00

Accanto alle cantine sociali e a poche aziende di grandi dimensioni, il tessuto agricolo del Bardolino è costituito da aziende di dimensioni ridotte, dedite a una produzione che spesso si esaurisce nella denominazione rivierasca e il consumo si allontana poco dalle mura della cantina. Giovanna Tantini, giunta quasi per sfida alla viticoltura all'inizio degli anni '90, ha scelto invece un percorso più erto ma anche ricco di soddisfazioni, quello che porta a elevare il rosso gardesano da vino semplice e di pronta beva a prodotto di grande carattere e che si esprime con eleganza e tensione.

E' proprio il Bardolino '10 il vino che maggiormente abbiamo apprezzato, profumato di frutti di bosco, pepe e rosa canina, si distende al palato mettendo in luce una ricchezza misurata e una leggerezza sapida e tesa, per un risultato di grande piacevolezza. L'Ettore '08 è il suo alter ego, un bordolese che al naso esprime un corredo di frutto rosso e note balsamiche, rivelando invece al palato ricchezza, polpa e un succoso finale. Giocato tutto sulla freschezza il Chiaretto '10, sapido e di spigliata beva. Ampio, floreale e speziato il Greta '08, un rosso da uve veronesi impostato sulla leggerezza.

● Bardolino '10	4*
● Ettore '08	5
● Greta '08	6
⊙ Bardolino Chiaretto '10	4
● Bardolino '09	4*
● Bardolino '08	4*
● Ettore '07	5

VENETO

F.lli Tedeschi
Fraz. Pedemonte
via G. Verdi, 4
37029 San Pietro in Cariano [VR]
Tel. 0457701487
www.tedeschiwines.com

VENDITA DIRETTA
VISITA SU PRENOTAZIONE
OSPITALITÀ
RISTORAZIONE

PRODUZIONE ANNUA 500.000 bottiglie
ETTARI VITATI 43.00
VITICOLTURA Naturale

L'azienda dei fratelli Tedeschi rappresenta la storia stessa della Valpolicella, fatta di vigne, vini e soprattutto uomini. Antonietta, Riccardo e Sabrina hanno preso le redini da papà Lorenzo, che dall'alto della sua esperienza osserva, commenta e consiglia, certo che l'azienda è riposta in buone mani. I vini colpiscono sempre per come sanno affrontare l'avanzare dell'età, riscoprendosi a distanza di anni ancora giovani e dotati di una finezza e una tensione che raramente traspare nei primi anni di vita. La produzione si basa sia sulla zona classica che quella allargata.

Torna su livelli di assoluta eccellenza il Recioto Capitel Fontana '06, un passito da uve rosse che vede la luce solo dopo un lungo affinamento in cantina, che gli permette di offrire un quadro aromatico in cui il frutto gioca a rimpiattino con le spezie, i sentori del rovere e i fiori appassiti. In bocca la dolcezza è contenuta, e tenuta a bada da una fresca acidità e una fitta trama tannica. Ottimo l'Amarone Capitel Monte Olmi '06, profondo nell'esprimere le note balsamiche e di frutti di bosco in possesso di un palato di spessore e grinta. Buona la prova di Capitel San Rocco '09 e Amarone '07.

● Amarone della Valpolicella Cl. Capitel Monte Olmi '06	🍷🍷 8
● Recioto della Valpolicella Cl. Capitel Monte Fontana '06	🍷🍷 7
● Amarone della Valpolicella Cl. '07	🍷🍷 6
● Valpolicella Cl. Sup. Capitel dei Nicalò '09	🍷🍷 4*
● Valpolicella Sup. Ripasso Capitel San Rocco '09	🍷🍷 5
● Valpolicella Cl. Lucchine '10	🍷 3
● Amarone della Valpolicella Cl. Capitel Monte Olmi '01	🍷🍷🍷 8
● Amarone della Valpolicella Cl. Capitel Monte Olmi '99	🍷🍷🍷 8
● Amarone della Valpolicella Cl. Capitel Monte Olmi '97	🍷🍷🍷 8
● Amarone della Valpolicella Cl. Capitel Monte Olmi '95	🍷🍷🍷 8
● Rosso della Fabriseria '97	🍷🍷🍷 6

Viticoltori Tommasi
loc. Pedemonte
via Ronchetto, 2
37020 San Pietro in Cariano [VR]
Tel. 0457701266
www.tommasiwine.it

VENDITA DIRETTA
VISITA SU PRENOTAZIONE

PRODUZIONE ANNUA 900.000 bottiglie
ETTARI VITATI 165.00

La grande famiglia di Pedemonte nel corso degli anni ha diversificato il suo interesse, affiancando alla viticoltura la gestione dell'albergo Villa Quaranta. La vigna e il vino rimangono però al centro dell'attenzione, con Dario che rappresenta l'anello di congiunzione tra le due generazioni che in questi anni gestiscono l'azienda. Giancarlo, uno degli ultimi nipoti giunti in azienda, si occupa interamente della cantina, rinnovata negli spazi e nel funzionamento con la realizzazione del nuovo stabile, dove trova alloggiamento l'imponente e nuovo parco botti.

Conferma la crescita fatta intuire con le ultime vendemmie l'Amarone Classico che, con la vendemmia 2007 si trova nuovamente nelle nostre finali. Conquistata una notevole pulizia, oggi si fa apprezzare per la nitidezza del frutto e delle erbe aromatiche, che trovano spazio più consistente al palato, dove il vino si distende con grazia e lunghezza. Il Valpolicella Rafael '09 è giocato invece in finezza, risultando snello e di succosa beva.

● Amarone della Valpolicella Cl. '07	🍷🍷 7
● Amarone della Valpolicella Cl. Ca' Florian '07	🍷🍷 7
● Recioto della Valpolicella Cl. Vign. Fiorato '08	🍷🍷 6
● Valpolicella Cl. Ripasso '09	🍷🍷 5
● Valpolicella Cl. Sup. Vign. Rafael '09	🍷🍷 5*
● Arele Rosso '09	🍷 5
○ Lugana Vign. San Martino Il Sestante '10	🍷 4
○ Soave Cl. Vign. Le Volpare '10	🍷 4
● Amarone della Valpolicella Cl. '06	🍷🍷 7
● Amarone della Valpolicella Cl. Monte Masua Il Sestante '03	🍷🍷 8
● Crearo della Conca d'Oro '07	🍷🍷 5*
● Crearo della Conca d'Oro '06	🍷🍷 5
● Valpolicella Cl. Sup. Vign. Rafael '08	🍷🍷 5

VENETO

Trabucchi d'Illasi
LOC. MONTE TENDA
37031 ILLASI [VR]
TEL. 0457833233
www.trabucchidillasi.it

VENDITA DIRETTA
VISITA SU PRENOTAZIONE

PRODUZIONE ANNUA 100.000 bottiglie
ETTARI VITATI 22.00
VITICOLTURA Biologico Certificato

L'azienda della famiglia Trabucchi nasce all'inizio del secolo scorso ma è negli ultimi vent'anni che, con la gestione di Giuseppe, cambia profilo, divenendo in pochi anni una delle più apprezzate della zona. Le vigne si trovano lungo il versante del monte Tenda che guarda a oriente, coltivate secondo i dettami dell'agricoltura biologica da tempi non sospetti. La produzione ha sempre cercato di mettere in luce la caratteristica che i suoli di questa zona sanno esprimere, ovvero grande concentrazione unita a una spina acida che dona tensione e lunghezza alla beva.

Proprio questo è il profilo del Valpolicella Superiore Terra del Cereolo '06, intenso nell'espressione di frutto rosso surmaturo e con il rovere sullo sfondo, all'assaggio rivela grande concentrazione ma anche un'inaspettata agilità, per un finale lungo e asciutto. L'Amarone sfrutta l'ottima vendemmia 2006 per donarsi fresco e immediato, con il frutto rosso che insegue le note di fiori e spezie. In bocca è solido, potente e dotato di un trascinante finale, da Tre Bicchieri. Ottima la prova del Valpolicella Un Anno '10, alla sua prima uscita fa subito centro, vino semplice e schietto di buona struttura.

● Amarone della Valpolicella '06	♟♟♟	8
● Valpolicella Sup. Terre del Cereolo '06	♟♟	6
○ Margherita '10	♟♟	4
● Valpolicella Un Anno '10	♟♟	4*
● Amarone della Valpolicella '04	♟♟♟	8
● Recioto della Valpolicella Cereolo '05	♟♟♟	8
● Valpolicella Sup. Terre di S. Colombano '03	♟♟♟	5*
● Recioto della Valpolicella Cereolo '04	♟♟	8
● Recioto della Valpolicella Terre del Cereolo '06	♟♟	8
● Valpolicella Sup. Terre del Cereolo '04	♟♟	6
● Valpolicella Sup. Terre di S. Colombano '06	♟♟	6
● Valpolicella Sup. Terre di S. Colombano '05	♟♟	7

Cantina Sociale della Valpantena
FRAZ. QUINTO
VIA COLONIA ORFANI DI GUERRA, 5B
37034 VERONA
TEL. 045550032
www.cantinavalpantena.it

VENDITA DIRETTA
VISITA SU PRENOTAZIONE

PRODUZIONE ANNUA 7.500.000 bottiglie
ETTARI VITATI 680.00

La Cantina della Valpantena è una struttura cooperativa che gestisce 680 ettari di vigne, in gran parte in zone collinari e soprattutto a est della zona Classica della Valpolicella, con una produzione che viene imbottigliata principalmente nella cantina di Quinto, ma che prevede anche una parte di prodotto venduto ad altri imbottigliatori. Con il passare degli anni l'azienda, sotto la gestione di Luca Degani, ha trovato un suo stile, fatto di nitidezza fruttata e un profilo gustativo giocato sulla semplicità e la morbidezza della beva. Molte le etichette proposte a prezzi interessanti.

Molto buono il Recioto Tesauro '08, un vino che riassume in sé la ricchezza del frutto e le sottili note vegetali e speziate che contraddistinguono le varietà tradizionali, donando al palato una dolcezza ben presente ma anche contrastata da acidità e una fitta trama tannica. Ricco e fruttato è anche il Ripasso '09, morbido e avvolgente al palato ma con uno sviluppo piacevolmente rustico nel tannino, mentre il Superiore, sempre '09, ha uno spettro più fresco e quasi vinoso al naso, per rivelare tensione e freschezza all'assaggio. Più semplice e di pronta beva il Valpantena Ritocco '09.

● Recioto della Valpolicella Tesauro '08	♟♟	6
● Valpolicella Sup. Ripasso Torre del Falasco '09	♟♟	4*
● Valpolicella Sup. Torre del Falasco '09	♟♟	4*
● Amarone della Valpolicella '08	♟	6
○ Chardonnay Baroncino '10	♟	3
○ Corvina Torre del Falasco '10	♟	2
○ Garganega Torre del Falasco '10	♟	2
○ Lugana Torre del Falasco '10	♟	4
● Valpolicella Valpantena Ritocco '09	♟	4
● Recioto della Valpolicella Tesauro '06	♟♟	6
● Valpolicella Sup. Ripasso Torre del Falasco '08	♟♟	4*
● Valpolicella Sup. Ripasso Torre del Falasco '07	♟♟	4*
● Valpolicella Valpatena Sup. Torre del Falasco '08	♟♟	4*

VENETO

Cantina Sociale Valpolicella
via Ca' Salgari, 2
37024 Negrar [VR]
Tel. 0456014300
www.cantinanegrar.it

VENDITA DIRETTA
VISITA SU PRENOTAZIONE

PRODUZIONE ANNUA 7.500.000 bottiglie
ETTARI VITATI 500.00

Il tessuto agricolo della Valpolicella ha nella cooperazione uno dei capisaldi viticoli. La Cantina di Negrar controlla oltre 500 ettari di vigna, distribuiti in tutti i comuni della zona classica, in pianura quanto in alta collina, con una produzione seguita passo passo dai tecnici e che punta a valorizzare sempre più le uve dei soci più virtuosi. Se nei prodotti base le uve vengono spesso trattate senza riferimento alla zona di provenienza, le etichette più ambiziose sono invece prodotte con uve da singola vigna e tale produzione costituisce la Domini Veneti, punta di diamante dell'azienda.

Ci pare di aver colto nei vini della grande struttura cooperativa di Negrar un cambiamento di indirizzo, con vini meno improntati sulla struttura a favore di tensione ed eleganza. In questa direzione si muove il Valpolicella Verjago '07, capace di offrire ricchezza fruttata ma anche un corpo asciutto e scattante. Ovviamente più esplosivo ed esuberante il Recioto Vigneti di Moron '08, di frutto in composta e spezie offre un palato di rara dolcezza. L'Amarone Mater '04 ha naso complesso e una beva solida e di forza estrattiva, mentre l'Amarone Biologico '06 è più asciutto e teso.

Vaona Odino
loc. Valgatara
via Paverno, 41
37020 Marano di Valpolicella [VR]
Tel. 0457703710
www.vaona.it

VENDITA DIRETTA
VISITA SU PRENOTAZIONE

PRODUZIONE ANNUA 50.000 bottiglie
ETTARI VITATI 9.00

L'azienda della famiglia Vaona, oggi condotta da Alberto, si trova a Valgatara, all'imbocco della vallata di Marano, mentre i vigneti, estesi per una decina di ettari, si trovano in zona collinare, a un'altitudine compresa tra i 200 e i 250 metri, con esposizione ovest. Qui vengono coltivate esclusivamente le uve tradizionali, che vengono poi lavorate nella cantina da poco ristrutturata, dove tutti gli spostamenti del vino avvengono per gravità, evitando l'utilizzo di pompe in ogni fase. Lo stile espresso dai vini è di grande solidità, e una beva piacevolmente rustica.

L'Amarone Pegrandi Riserva '05 esprime un naso ampio, giocato sulla ricchezza fruttata e con il rovere sullo sfondo, mentre al palato è ricco, polposo e avvolgente. L'omonimo Amarone '07 è invece più tradizionale, con profumi di frutto stramaturo ed erbe officinali, quasi decadente, per recuperare vitalità al palato, dove si allunga bene rivelando corpo snello, asciutto e grintoso. Molto buono anche il Recioto Le Peagnè '09, esplosivo nell'espressione di frutto rosso surmaturo e con una dolcezza evidente ma bilanciata. Più rustico, succoso e scattante il Valpolicella Ripasso '09.

- Recioto della Valpolicella Cl.
  Vign. di Moron Domini Veneti '08 — 6
- Valpolicella Cl. Sup.
  Verjago Domini Veneti '07 — 6
- Amarone della Valpolicella Cl.
  Biologico Domini Veneti '06 — 7
- Amarone della Valpolicella Cl.
  Mater Domini Veneti '04 — 8
- Recioto della Valpolicella Cl.
  Domini Veneti '09 — 6
- Valpolicella Cl. Sup. Ripasso
  La Casetta di Ettore Righetti Domini Veneti '08 — 5
- Valpolicella Cl. Sup. Ripasso
  Vign. di Torbe Domini Veneti '09 — 4*
- Recioto della Valpolicella Cl.
  Amando Domini Veneti '06 — 6
- O Soave Cl. Ca' de Na' Domini Veneti '10 — 4
- Recioto della Valpolicella Cl.
  Vigneti di Moron Domini Veneti '01 — 6

- Amarone della Valpolicella Cl. Pegrandi '07 — 6
- Amarone della Valpolicella Cl.
  Pegrandi Ris. '05 — 8
- Recioto Cl. Le Peagnè '09 — 5
- Valpolicella Cl. Sup. Ripasso Pegrandi '09 — 4
- Amarone della Valpolicella Cl. Paverno '06 — 6
- Amarone della Valpolicella Cl. Pegrandi '06 — 6

VENETO

Massimino Venturini
Fraz. San Floriano
via Semonte, 20
37020 San Pietro in Cariano [VR]
Tel. 0457701331
www.viniventurini.com

VENDITA DIRETTA
VISITA SU PRENOTAZIONE
RISTORAZIONE

PRODUZIONE ANNUA 90.000 bottiglie
ETTARI VITATI 12.00

L'azienda dei fratelli Venturini è una delle tante aziende a conduzione familiare che nel corso degli ultimi vent'anni ha compiuto un importante salto, passando da semplice produttrice di uve o, nel migliore dei casi, di vini ordinari, a produttrice di alta qualità. Daniele e Mirco Venturini hanno inseguito uno stile che pur aggiornato non rinnegasse le origini, fatte di uve tradizionali e un profilo gustativo mai troppo massaggiato. Le vigne si trovano in gran parte alle spalle della cantina, poco più di una dozzina di ettari coltivati sfruttando la tradizionale pergoletta veronese.

Non sbagliano un colpo i fratelli di San Floriano, con due Amarone e un Ripasso da incorniciare. Si tratta dell'Amarone Classico '07, un vino che profuma di frutto surmaturo e spezie, dalla bocca succosa e di grinta. Il Campo Masua '06 invece si fa apprezzare per la complessità olfattiva dominata ancora dal frutto ma con le note di rovere, di erbe aromatiche e pepe che introducono un palato solido e con tannini importanti. Il Semonte Alto '07 infine è un Ripasso che gioca tutte le sue carte sull'eleganza, rivelando all'assaggio sapidità, tensione gustativa e armonia per un lungo e asciutto finale.

● Amarone della Valpolicella Cl. '07	6
● Amarone della Valpolicella Cl. Campo Masua '06	7
● Valpolicella Cl. Sup. Ripasso Semonte Alto '07	4*
● Massimo Rosso '08	5
● Valpolicella Cl. '10	3
● Valpolicella Cl. Sup. '08	4
● Amarone della Valpolicella Cl. Campo Masua '05	7
● Recioto della Valpolicella Cl. Le Brugnine '97	6
● Amarone della Valpolicella Cl. '06	6
● Amarone della Valpolicella Cl. '05	6*
● Amarone della Valpolicella Cl. '04	6
● Amarone della Valpolicella Cl. Campomasua '03	7
● Recioto della Valpolicella Cl. Le Brugnine '04	6
● Recioto della Valpolicella Cl. Le Brugnine '03	6

Agostino Vicentini
Fraz. San Zeno
via C. Battisti, 62c
37030 Colognola ai Colli [VR]
Tel. 0457650539
www.vinivicentini.com

VENDITA DIRETTA
VISITA SU PRENOTAZIONE

PRODUZIONE ANNUA 80.000 bottiglie
ETTARI VITATI 20.00

L'area classica del Soave si racchiude nella zona collinare di Monteforte d'Alpone e Soave, mentre spostandosi verso ponente la viticoltura spesso è stata solo una delle colture praticate, accanto alle ciliegie, le olive e altra frutticoltura. Agostino Vicentini e la moglie Teresa hanno pazientemente convertito la loro azienda alla vitivoltura intensiva, con risultati più che interessanti, tanto da conquistare più volte nel corso degli ultimi anni i nostri Tre Bicchieri. Grande cura in campagna, con rese decisamente basse e un intervento mirato in cantina consegnano vini forti e di carattere.

Il Soave Il Casale esprime tutta la solarità della vendemmia 2010, con un profilo in cui il frutto ha una posizione predominante sui fiori, per donarsi poi al palato ricco, sapido e teso nella gestione dell'imponente struttura, risultando armonioso e lungo. Cresce vendemmia dopo vendemmia anche la qualità del Terre Lunghe '10, un Soave di facile beva che però offre finezza aromatica e corpo slanciato. Delicato e quasi timido il Recioto di Soave '09, che conquista per sapidità e leggerezza al palato, mentre il Valpolicella Superiore Idea Bacco '08 è ricco e dotato di una vitale e nervosa acidità.

○ Soave Il Casale '10	5*
○ Soave Vign. Terre Lunghe '10	3*
○ Recioto di Soave '09	6
● Valpolicella Sup. Idea Bacco '08	6
○ Soave Sup. Il Casale '09	4*
○ Soave Sup. Il Casale '08	5
○ Soave Sup. Il Casale '07	5
○ Soave Vign. Terre Lunghe '09	3*
○ Soave Vign. Terre Lunghe '08	3*

VENETO

Vignale di Cecilia
Loc. Fornaci
via Croci, 14
35030 Baone [PD]
Tel. 042951420
www.vignaledicecilia.it

VENDITA DIRETTA
VISITA SU PRENOTAZIONE

PRODUZIONE ANNUA 20.000 bottiglie
ETTARI VITATI 8.00
VITICOLTURA Biologico Certificato

Vignale di Cecilia è un'azienda sorta poco più di dieci anni fa, quando Paolo Brunello ha preso in mano l'azienda familiare posta nel comune di Baone, una delle zone più interessanti del comprensorio Euganeo. Qui ha parzialmente rinnovato gli impianti, realizzato una cantina semplice e funzionale e, con il tempo, ha anche acquisito dei vigneti in affitto in altre zone. La produzione si basa sulle varietà bordolesi a bacca rossa che hanno colonizzato quest'area oltre un secolo fa, mentre per i bianchi ci si affida a moscato, garganega e tai, cercando di limitare al massimo l'intervento in cantina.

Il Benavides '10, blend di moscato e garganega, cerca di dare uno sviluppo al bianco dei Colli Euganei, uscendo dalla semplice nota varietale da moscato per affrontare l'invecchiamento con la mineralità che può portare in dote la garganega, con risultati più che interessanti. Il Cocài '09, Tai in purezza, è maturo negli aromi di frutto giallo e mandorla, dalla beva grassa e grintosa. Ottimo il Passacaglia '08, un bordolese che riesce a coniugare la maturità del frutto con un profilo gustativo che tiene insieme la struttura con la tensione acida e la sapidità, per un finale pulito e asciutto.

● Colli Euganei Rosso Passacaglia '08	▼▼ 5
○ Benavides '10	▼▼ 4*
○ Cocài '09	▼▼ 4
○ Benavides '09	▼▼ 4
○ Benavides '08	▼▼ 4*
○ Cocài '08	▼▼ 4
● Colli Euganei Rosso Covolo '07	▼▼ 4*
● Colli Euganei Rosso Passacaglia '07	▼▼ 5

Vignalta
via Scalette, 23
35032 Arquà Petrarca [PD]
Tel. 0429777305
www.vignalta.it

VENDITA DIRETTA
VISITA SU PRENOTAZIONE

PRODUZIONE ANNUA 280.000 bottiglie
ETTARI VITATI 55.00

Vignalta è una delle più grandi aziende che si trovano all'interno dei Colli Euganei, oltre cinquanta ettari dedicati alla viticoltura, principalmente a merlot e cabernet, presenti in questa zona da oltre 150 anni e diventati ormai i vitigni più diffusi. La grande superficie di vigneto si trova dislocata in più appezzamenti, tutti in zona collinare, dove a ogni vitigno è stata riservata l'area più congeniale e prevede sia vigna di recente impianto che appezzamenti più vecchi, capaci di esaltare la natura vulcanica del suolo. Suoli, clima ed esposizioni conferiscono ai vini grande solidità.

L'Arquà '07, bordolese a prevalenza merlot, sfodera una delle sue migliori prestazioni, offrendo all'olfatto un frutto maturo e integro, attraversato da note di spezie ed erbe officinali. All'assaggio mette in luce un corpo solido, ricco e tenuto a bada dalla succosa acidità che contraddistingue questa etichetta. Eccezionale l'Alpianae '08, un Passito di Fior d'Arancio che profuma di zagara e canditi, dalla dolcezza prorompente e acidità vibrante, per un finale lungo e succoso, da Tre Bicchieri. Ottima anche la prova del Rosso Riserva '07 e del Pinot Bianco '10, due vini che coniugano ricchezza ed eleganza.

○ Colli Euganei Fior d'Arancio Passito Alpianae '08	▼▼▼ 5
● Colli Euganei Rosso Arquà '07	▼▼ 6
○ Agno Casto '10	▼▼ 6
○ Colli Euganei Fior d'Arancio Spumante '10	▼▼ 4
○ Colli Euganei Pinot Bianco '10	▼▼ 4*
● Colli Euganei Rosso Ris. '07	▼▼ 4*
● Colli Euganei Rosso Venda '09	▼▼ 4*
○ Moscato L.H. '09	▼▼ 4
○ Sirio '10	▼▼ 4*
○ Colli Euganei Chardonnay '09	▼ 5
● Colli Euganei Rosso Arquà '04	▼▼▼ 6
● Colli Euganei Rosso Gemola '01	▼▼▼ 6
● Colli Euganei Rosso Gemola '00	▼▼▼ 6
● Colli Euganei Rosso Gemola '99	▼▼▼ 6
● Colli Euganei Rosso Gemola '98	▼▼▼ 6
● Colli Euganei Rosso Gemola '97	▼▼▼ 7

VENETO

Le Vigne di San Pietro
via San Pietro, 23
37066 Sommacampagna [VR]
Tel. 045510016
www.levignedisanpietro.it

VENDITA DIRETTA
VISITA SU PRENOTAZIONE

PRODUZIONE ANNUA 80.000 bottiglie
ETTARI VITATI 20.00

Carlo Nerozzi nel corso degli anni ha saputo spesso muoversi con anticipo sulle evoluzioni che il tempo impone. Questo senza perdere mai di vista né la qualità del vino, né il valore del territorio in cui esso nasce, territorio cui Carlo si sente fortemente legato. Oggi con l'apporto di Giovanni Boscaini e di Federico Giotto, a formare una vera squadra, i vini de Le Vigne di San Pietro possono definirsi come espressione di un gruppo di persone, ognuna delle quali, con le proprie competenze, personalità e sensibilità, cerca di contribuire a dar loro eleganza, leggerezza e longevità.

Ottima la prova dell'Amarone '07 e del Refolà '07, un Cabernet leggermente appassito, che hanno nell'espressione olfattiva, nell'ottima gestione della materia e della sua evoluzione gustativa un tratto comune. Ancor più convincenti il Bardolino '10, splendido connubio tra la ricchezza, l'eleganza e la tensione gustativa, e il Custoza '10, un bianco dai profumi nitidi di fiori e frutto che al palato si muove con sapidità e lunghezza, lasciando intravedere un roseo futuro. Sempre tra i più convincenti rosati il CorDeRosa '10, da uve corvina, mentre il Due Cuori '08 è un passito sottile e di notevole eleganza.

● Amarone della Valpolicella Cl. '07	㊅ 7
● Bardolino '10	㊅ 4*
○ Custoza '10	㊅ 4*
⊙ CorDeRosa '10	㊅ 4*
○ Due Cuori Passito '08	㊅ 6
● Refolà Cabernet Sauvignon '07	㊅ 7
● Valpolicella Cl. '10	㊅ 4
● Refolà Cabernet Sauvignon '04	㊅ 7
○ Sud '95	㊅ 7
● Bardolino '09	㊅ 4*
● Bardolino '08	㊅ 4*
○ Due Cuori Passito '06	㊅ 6
● I Balconi Rossi '04	㊅ 6
● Solocorvina '06	㊅ 3*

Vigneto Due Santi
v.le Asiago, 174
36061 Bassano del Grappa [VI]
Tel. 0424502074
vignetoduesanti@virgilio.it

VENDITA DIRETTA
VISITA SU PRENOTAZIONE

PRODUZIONE ANNUA 100.000 bottiglie
ETTARI VITATI 18.00

La zona di Breganze si trova nell'alto vicentino, lungo la fascia collinare che dall'imbocco della Valsugana prosegue verso ovest in direzione di Thiene, adagiata sulle pendici dell'altopiano di Asiago, con esposizioni principalmente a sud e un terreno di derivazione morenica e vulcanica. Adriano e Stefano Zonta conducono una ventina di ettari all'estremità orientale della denominazione dove le fresche correnti che provengono dalla Valsugana garantiscono ottime escursioni termiche e sanità alle uve. Lo stile ricerca la ricchezza del frutto mantenendo tensione gustativa e agilità al palato.

La vendemmia 2009 ha portato in dote al Cabernet Due Santi una straordinaria ricchezza fruttata, attraversata da spezie e note di sottobosco, completamente priva di sfumature vegetali, che si traduce in un palato ricco, con tannini levigati ed una salutare acidità che allunga e alleggerisce la beva. Anche il Merlot e il Cabernet della medesima annata si pongono su ottimi livelli, più largo e succoso il primo, più croccante e grintoso il secondo, a completare una gamma di rossi molto interessante. Sauvignon '10 e Bianco Rivana '10 sono tenui negli aromi, decisamente più convincenti al palato.

● Breganze Cabernet Vign. Due Santi '09	㊅ 5*
○ Breganze Bianco Rivana '10	㊅ 4*
● Breganze Cabernet '09	㊅ 4*
● Breganze Merlot '09	㊅ 4*
○ Breganze Sauvignon Vign. Due Santi '10	㊅ 4
○ Malvasia Campo di Fiori '10	㊅ 4
● Breganze Cabernet Vign. Due Santi '07	㊅ 5
● Breganze Cabernet Vign. Due Santi '05	㊅ 5
● Breganze Cabernet Vign. Due Santi '04	㊅ 5
● Breganze Cabernet Vign. Due Santi '03	㊅ 5
● Breganze Cabernet Vign. Due Santi '00	㊅ 5
● Breganze Cabernet Vign. Due Santi '06	㊅ 5
● Breganze Cabernet Vign. Due Santi '02	㊅ 5
● Breganze Rosso '03	㊅ 4*

Villa Bellini

LOC. CASTELROTTO DI NEGARINE
VIA DEI FRACCAROLI, 6
37020 SAN PIETRO IN CARIANO [VR]
TEL. 0457725630
www.villabellini.com

VENDITA DIRETTA
VISITA SU PRENOTAZIONE

PRODUZIONE ANNUA 10.000 bottiglie
ETTARI VITATI 3.00
VITICOLTURA Biologico Certificato

Visitando questa piccola azienda collocata su un naturale belvedere sulla piana veronese e chiacchierando con Cecilia Trucchi si coglie come le scelte progettuali relative alla conduzione dell'azienda e alla realizzazione del vino si integrino perfettamente con il rispetto della tradizione. Dalla scelta del vigneto "giardino" con impianto ad alberello coltivato con metodi biologici, alla conservazione delle "marogne", muri a secco che sostengono e disegnano il territorio, alla realizzazione della nuova cantina perfettamente inserita nel contesto della bella villa settecentesca ora in fase di ristrutturazione.

Il vino prodotto da Cecilia Trucchi rivela ed è parte di questa filosofia, fatta di rispetto della tradizione, dei tempi che la natura impone, di ricerca di un prodotto in grado di esprimere e interpretare al meglio la tipicità del territorio, concentrando tutti questi sforzi su un unico vino. Il Taso '08, rispetto alle vendemmie precedenti, rivela con maggior nitidezza il frutto maturo, lasciando al palato il compito di far emergere le caratteristiche note speziate che si esaltano nel polposo e solido finale. L'invecchiamento saprà portare ulteriore armonia e finezza.

● Valpolicella Cl. Sup. Taso '08	6
● Recioto della Valpolicella Cl. Uva Passa '06	7
● Recioto della Valpolicella Cl. Uva Passa '04	7
● Valpolicella Cl. Sup. Taso '07	6
● Valpolicella Cl. Sup. Taso '06	6
● Valpolicella Cl. Sup. Taso '05	6
● Valpolicella Cl. Sup. Taso '04	6
● Valpolicella Cl. Sup. Taso '03	5

Villa Monteleone

FRAZ. GARGAGNAGO
VIA MONTELEONE, 12
37020 SANT'AMBROGIO DI VALPOLICELLA [VR]
TEL. 0457704974
www.villamonteleone.com

VENDITA DIRETTA
VISITA SU PRENOTAZIONE
OSPITALITÀ

PRODUZIONE ANNUA 40.000 bottiglie
ETTARI VITATI 7.00

L'azienda condotta da Lucia Duran si trova a Gargagnago, piccolo borgo di Sant'Ambrogio, dove le colline sembrano aprirsi fino ad abbracciare il lago di Garda, pochi chilometri più a ovest, ricevendone in cambio un prezioso contributo climatico. Le vigne si allungano lungo le pendici della collina alle spalle della cantina, pochi ettari condotti con passione e competenza, inseguendo quel sogno che era del compagno Antony Raimondi. La produzione è contenuta e si affida interamente alle tipologie classiche, interpretate con uno stile fortemente maturo e che dona grande rotondità gustativa.

Buona la prova dell'Amarone '07 di Villa Monteleone, un rosso compatto alla vista che offre profumi appassiti, dominati dal frutto rosso e attraversati da più fresche note di erbe aromatiche e spezie, per poi lasciar spazio a note di cioccolato che ritroviamo più espresse al palato, dove il vino si allarga mettendo in luce un animo decisamente ricco e morbido. Il Valpolicella Ripasso '09 ripercorre il medesimo sentiero ma, essendo di minor concentrazione, fa risaltare in maniera più evidente l'alcol, e il vino appare maturo e un po' scomposto. Semplice e piacevolmente rustico il Valpolicella d'annata.

● Amarone della Valpolicella Cl. '07	8
● Valpolicella Cl. Campo S. Lena '10	4
● Valpolicella Cl. Sup. Campo S. Vito Ripasso '09	5
● Amarone della Valpolicella Cl. '05	8
● Amarone della Valpolicella Cl. '06	8
● Amarone della Valpolicella Cl. '04	8
● Amarone della Valpolicella Cl. '03	8
● Amarone della Valpolicella Cl. Campo S. Paolo '01	8
● Valpolicella Cl. Sup. Campo S. Vito '03	5
● Valpolicella Cl. Sup. Campo S. Vito Ripasso '08	5
● Valpolicella Cl. Sup. Campo S. Vito Ripasso '07	5
● Valpolicella Cl. Sup. Campo S. Vito Ripasso '06	5

VENETO

Villa Sandi
via Erizzo, 112
31035 Crocetta del Montello [TV]
Tel. 0423665033
www.villasandi.it

VENDITA DIRETTA
VISITA SU PRENOTAZIONE
OSPITALITÀ
RISTORAZIONE
PRODUZIONE ANNUA 3.000.000 bottiglie
ETTARI VITATI 310.00

Tra le molte attività della famiglia Moretti Polegato spicca Villa Sandi, l'azienda dedita alla produzione di vino di alta qualità a Crocetta del Montello, a cavallo tra le denominazioni Conegliano Valdobbiadene e Montello. La splendida villa palladiana del seicento ospita le cantine per la produzione di Opere Trevigiane, il Metodo Classico di casa, mentre la produzione delle bollicine charmat e dei vini fermi avviene nella vicina e più moderna struttura. Recente l'acquisizione e la ristrutturazione della tenuta La Rivetta, nel cuore del Cartizze, da cui si ricava una delle etichette di punta.

Proprio il Cartizze di Vigna La Rivetta '10 è il vino più interessante del lotto, tanto da conquistare i Tre Bicchieri. La tenuta, completamente rimodellata e vitata nella parte più scoscesa, fornisce le uve per uno spumante di grande finezza, profumato di fiori e frutto bianco, dalla beva asciutta, solida e piuttosto lunga. Molto buono anche il Corpore '08, taglio bordolese prodotto sul versante settentrionale del Montello, presenta profumi fini e ampi, mentre al palato mette in luce buona concentrazione e tensione. Convincente anche il Marinali Rosso '09, fresco e fragrante taglio di cabernet franc e sauvignon dalla beva succosa.

O Cartizze V. La Rivetta '10	🍷🍷🍷 5
● Corpore '08	🍷🍷 6
● Marinali Rosso '09	🍷🍷 5
O Valdobbiadene Brut	🍷🍷 4*
Filio '09	🍷 5
O Marinali Bianco '10	🍷 5
O Opere Trevigiane Brut	🍷 5
O Opere Trevigiane Brut Ris. '06	🍷 5
O Valdobbiadene Brut Mill. '10	🍷 4
O Valdobbiadene Dry Cuvée Oris	🍷 4
O Cartizze Brut V. La Rivetta '09	🍷🍷🍷 5
O Cartizze Brut V. La Rivetta '08	🍷🍷 5
● Corpore '07	🍷🍷 6
● Corpore '06	🍷🍷 6

Villa Spinosa
loc. Jago dall'Ora
37024 Negrar [VR]
Tel. 0457500093
www.villaspinosa.it

VENDITA DIRETTA
VISITA SU PRENOTAZIONE
OSPITALITÀ
PRODUZIONE ANNUA 45.000 bottiglie
ETTARI VITATI 20.00

L'azienda della famiglia Cascella, oggi condotta da Enrico, ha sede nella contrada di Jago, in comune di Negrar. Una ventina di ettari coltivati a pergola forniscono le uve per una produzione interamente basata sulle tradizionali tipologie della Valpolicella, interpretate con uno stile che tiene in grande considerazione la tradizione, alla ricerca più della finezza che della densità del vino. La cantina, inserita nella storica villa di famiglia, è piccola ma ben attrezzata, e ospita la vinificazione e tutto il parco botti. La maggior parte delle etichette viene proposta solo dopo un lungo affinamento.

Esce infatti solo oggi, a dieci anni dalla vendemmia, l'Amarone Guglielmi di Jago '01, che si esprime con profumi maturi e complessi nei quali il frutto appassito si fonde completamente con le erbe aromatiche e le note di spezie, per poi abbandonarsi al palato con garbo, sostenuto da tannini importanti e chiudendo con grande eleganza. Molto buono il Valpolicella Figari '08, dalla beva asciutta e scattante, mentre lo Jago della medesima annata appare chiuso al naso per poi recuperare bene in bocca, dove rivela profondità e una beva austera e affascinante. Semplice e succoso il Valpolicella '09.

● Amarone della Valpolicella Cl. Guglielmi di Jago '01	🍷🍷 8
● Valpolicella Cl. Sup. Figari '08	🍷🍷 4*
● Valpolicella Cl. Sup. Ripasso Jago '08	🍷🍷 5
● Valpolicella Cl. '09	🍷 3
● Amarone della Valpolicella Cl. Anteprima '06	🍷🍷 6
● Valpolicella Cl. '07	🍷🍷 3*
● Valpolicella Cl. Sup. Figari '07	🍷🍷 4*
● Valpolicella Cl. Sup. Figari '06	🍷🍷 4*
● Valpolicella Cl. Sup. Ripasso Jago '06	🍷🍷 4

VENETO

Vigneti Villabella

Fraz. Calmasino
loc. Canova, 2
37011 Bardolino [VR]
Tel. 0457236448
www.vignetivillabella.com

VENDITA DIRETTA
VISITA SU PRENOTAZIONE
OSPITALITÀ
RISTORAZIONE

PRODUZIONE ANNUA 500.000 bottiglie
ETTARI VITATI 220.00
VITICOLTURA Biologico Certificato

Sorto quarant'anni fa il sodalizio fra le famiglie Delibori e Cristoforetti, nel corso degli anni ha dato vita a una realtà importante del comprensorio gardesano e delle vicine denominazioni veronesi. Un decennio fa è stata acquisita la Villa Cordevigo che, trasformata in splendido hotel, oggi è la sede di rappresentanza dell'azienda. Molto esteso il vigneto che fra proprietà e conduzione supera ampiamente i duecento ettari. Gli impianti più vecchi sono ancora a pergola, mentre per le vigne nuove si è ricorsi unicamente all'impianto a spalliera, predisposto anche per la meccanizzazione.

Buona la prova dell'Amarone Fracastoro '04, tratteggiato da profumi di frutto rosso e spezie offre una fresca nota vegetale sullo sfondo che ritroviamo puntuale al palato, dove il vino si muove con rigore e buon equilibrio. Il Fiordilej è un passito delicatamente aromatico, con le note di agrumi e canditi che esaltano la solarità del frutto esotico. All'assaggio la dolcezza è prorompente, e il vino si fa apprezzare per la grassezza e la densità della beva. Convincente anche la prova dell'Amarone '06, ricco di frutto e dalla beva spigliata, mentre la restante produzione è affidabile.

★Viviani

loc. Mazzano
via Mazzano, 8
37020 Negrar [VR]
Tel. 0457500286
www.cantinaviviani.com

VENDITA DIRETTA
VISITA SU PRENOTAZIONE

PRODUZIONE ANNUA 70.000 bottiglie
ETTARI VITATI 10.00

L'azienda Viviani è collocata in uno dei territori più vocati della Valpolicella a Mazzano, nell'alta valle di Negrar, a circa 400 metri d'altezza. Claudio, consapevole delle grandi potenzialità di questo territorio, negli anni ha indirizzato gran parte delle energie all'ottimizzazione della viticoltura, salvaguardando le migliori vigne vecchie e integrandole con nuovi impianti a spalliera. In questo modo è riuscito ad armonizzare gli eccessi dei diversi sistemi di allevamento cercando di raggiungere il miglior equilibrio complessivo per la qualità delle uve.

Tra i vini degustati spiccano l'Amarone Casa dei Bepi '06 e il Valpolicella Superiore Campo Morar '08. Il primo è un Amarone di grande finezza ed equilibrio, capace di coniugare al meglio la naturale potenza con agilità e facilità di beva inaspettate. Il Campo Morar, vivo sin dal colore, evidenzia un frutto carnoso che si staglia su note appassite e di fiori macerati, ben sostenuto dalla fitta trama tannica. Ottima la prova del Recioto '08, succoso, sapido e ancora un po' giovane, dell'Amarone '07, con note pepate e scattanti al palato, e del Valpolicella Classico '09 di grintosa beva.

● Amarone della Valpolicella Cl. '06	6
● Amarone della Valpolicella Cl. Fracastoro '04	7
○ Fiordilej Passito '08	4
⊙ Bardolino Chiaretto Cl. Pozzo dell'Amore '10	3
● Bardolino Cl. Sup. Terre di Cavagion '09	4
● Bardolino Cl. V. Morlongo '10	4
○ Custoza Fiordaliso '10	4
○ Lugana Ca' del Lago '10	4
● Montemazzano Rosso '07	4
○ Pinot Grigio V. di Pesina '10	4
● Valpolicella Cl. I Roccoli '10	4
● Valpolicella Cl. Sup. Ripasso '08	4
○ Villa Cordevigo Bianco '08	5
● Amarone della Valpolicella Cl. '05	6
○ Fiordilej Passito '07	6
● Villa Cordevigo Rosso '05	6

● Amarone della Valpolicella Cl. Casa dei Bepi '06	8
● Valpolicella Cl. Sup. Campo Morar '08	6
● Amarone della Valpolicella Cl. '07	6
● Recioto della Valpolicella Cl. '08	7
● Valpolicella Cl. '09	4*
● Amarone della Valpolicella Cl. Casa dei Bepi '05	8
● Amarone della Valpolicella Cl. Casa dei Bepi '04	8
● Amarone della Valpolicella Cl. Casa dei Bepi '01	8
● Amarone della Valpolicella Cl. Casa dei Bepi '00	8
● Amarone della Valpolicella Cl. Casa dei Bepi '98	8
● Valpolicella Cl. Sup. Campo Morar '05	6
● Valpolicella Cl. Sup. Campo Morar '01	6

VENETO

★Zenato
FRAZ. SAN BENEDETTO DI LUGANA
VIA SAN BENEDETTO, 8
37019 PESCHIERA DEL GARDA [VR]
TEL. 0457550300
www.zenato.it

VENDITA DIRETTA
VISITA SU PRENOTAZIONE

PRODUZIONE ANNUA 1.500.000 bottiglie
ETTARI VITATI 70.00

La grande azienda di Peschiera ha trovato in Nadia e Alberto i degni successori di papà Sergio, indimenticato produttore di Lugana e Valpolicella. Oggi conducono con fermezza la corazzata di famiglia dedicandosi in prima persona sia alla fase produttiva che a quella commerciale e di comunicazione. I vigneti si trovano in gran parte all'interno dell'azienda agricola di Santa Cristina, cui si sono aggiunti nel corso dell'ultimo decennio i vigneti in alta Valpolicella, nel comune di Sant'Ambrogio. L'ottima qualità delle uve consente uno stile ricco e di intensa espressione fruttata.

Notevole, da Tre Bicchieri, la prestazione del Lugana Sergio Zenato, un bianco di solida impalcatura che sa affrontare senza paura il passare del tempo. Con l'annata 2008 il vino ha conquistato maggior finezza e freschezza rispetto al passato, rivelando profumi freschi e raffinati e offrendo al palato tensione e lunghezza. L'Amarone '07 è al solito uno dei più convincenti, ricco, potente e maturo riesce a essere agile al palato. Il Ripassa '08 si esprime con la consueta ricchezza, mentre il Cresasso '06, Corvina in purezza proveniente dalle nuove vigne in Valpolicella, è integro, solido e di grande potenzialità.

○ Lugana Sergio Zenato '08	▼▼▼	5
● Amarone della Valpolicella Cl. '07	▼▼	8
● Cresasso '06	▼▼	6
○ Lugana Vign. Massoni Santa Cristina '10	▼▼	4*
● Valpolicella Cl. Sup. '08	▼▼	4*
● Valpolicella Sup. Ripassa '08	▼▼	5
○ Lugana Brut M. Cl.	▼	4
○ Lugana S. Benedetto '10	▼	4
● Amarone della Valpolicella Cl. '05	▼▼▼	7
● Amarone della Valpolicella Cl. Ris. Sergio Zenato '95	▼▼▼	6
● Amarone della Valpolicella Cl. Sergio Zenato '05	▼▼▼	8
● Amarone della Valpolicella Cl. Sergio Zenato '03	▼▼▼	8
● Amarone della Valpolicella Cl. Sergio Zenato '00	▼▼▼	8
● Amarone della Valpolicella Cl. Sergio Zenato Ris. '98	▼▼▼	8

F.lli Zeni
VIA COSTABELLA, 9
37011 BARDOLINO [VR]
TEL. 0457210022
www.zeni.it

VENDITA DIRETTA
VISITA SU PRENOTAZIONE

PRODUZIONE ANNUA 1.000.000 bottiglie
ETTARI VITATI 25.00

L'azienda dei fratelli Zeni, condotta oggi da Elena, Fausto e Federica, ha vissuto il momento di maggior espansione negli anni '80 sotto la capace guida di papà Nino. Negli ultimi anni gli sforzi sono stati diretti in diverse direzioni, la realizzazione della nuova cantina, lo sviluppo viticolo e il consolidamento dei rapporti con le importanti realtà che conferiscono le uve necessarie alla produzione di casa. Circa un milione di bottiglie che rispondono un po' a tutte le denominazioni veronesi, interpretate con garbo e una grande attenzione alla bevibilità, anche quando si parla di Amarone.

Sono molte le etichette proposte da casa Zeni, tra le quali spicca il Costalago '09, un originale blend di corvina, merlot e cabernet di ricca sensazione fruttata e una beva solida, succosa e piacevole. L'Amarone Barrique '06 ha un corredo aromatico in cui il frutto si accompagna alle note vegetali e balsamiche per rivelare le spezie solo al palato, dove il vino incede con passo sicuro e un profilo piacevolmente rustico. Di poco inferiore l'Amarone '08, mentre il Bardolino Superiore gioca soprattutto con il frutto, risultando maturo e polposo. Affidabile tutta la produzione gardesana.

● Amarone della Valpolicella Cl. Barrique '06	▼▼	8
● Costalago Rosso '09	▼▼	4
● Amarone della Valpolicella Cl. '08	▼	7
⊙ Bardolino Chiaretto Brut	▼	4
⊙ Bardolino Chiaretto Cl. Vigne Alte '10	▼	4
● Bardolino Cl. Sup. '09	▼	4
● Bardolino Cl. Vigne Alte '10	▼	4
○ Garganega Vigne Alte '10	▼	4
○ Lugana Marogne '10	▼	4
○ Lugana Vigne Alte '10	▼	4
● Recioto della Valpolicella Cl. Vigne Alte '09	▼	6
● Valpolicella Cl. Vigne Alte '10	▼	4
● Valpolicella Sup. Ripasso Marogne '09	▼	4
● Amarone della Valpolicella Cl. '88	▼▼▼	6
● Amarone della Valpolicella Cl. Vigne Alte '07	▼▼	7
● Valpolicella Sup. Ripasso Marogne '08	▼▼	4*

VENETO

Zonin
VIA BORGOLECCO, 9
36053 GAMBELLARA [VI]
TEL. 0444640111
www.zonin.it

VENDITA DIRETTA
VISITA SU PRENOTAZIONE

PRODUZIONE ANNUA 28.000.000 bottiglie
ETTARI VITATI 1820.00

Il gruppo che fa capo alla famiglia Zonin ha proprietà distribuite lungo tutta la penisola, con importanti sviluppi anche all'estero. Il cuore e la testa però non hanno mai abbandonato il Veneto, terra di origine della famiglia, e ancora oggi a Gambellara ha sede la casa madre. La produzione si affida in gran parte alla garganega, l'uva che da secoli occupa i vigneti a cavallo tra le province di Vicenza e Verona, cui si è aggiunta nel corso degli anni un'importante produzione di glera che dà vita alle varie interpretazioni del Prosecco. Lo stile di casa predilige la leggerezza alla concentrazione.

E' però un bordolese il vino più convincente quest'anno, il Berengario '08, ottenuto da un taglio fra cabernet sauvignon e merlot. I profumi di frutto rosso ed erbe aromatiche sono solo marginalmente toccati dal rovere, che scompare completamente al palato, dove il vino si fa apprezzare per la ricchezza delle sensazioni e la tensione della beva, asciutta e armoniosa. L'Amarone '08 ricerca soprattutto freschezza e agilità gustativa, mentre il Ripasso '09 si esprime morbido e succoso. Apprezzabile la prova della Cuvée 1821, un Prosecco Brut asciutto e grintoso.

● Berengario '08	5
● Amarone della Valpolicella '08	6
○ Gambellara Cl. Podere Il Giangio '10	4
○ Prosecco Brut	4
○ Prosecco Brut Cuvée 1821	4
● Valpolicella Sup. Ripasso '09	4
● Amarone della Valpolicella '06	6
● Berengario '06	5
○ Recioto di Gambellara Cl. Il Giangio '04	4
● Valpolicella Sup. Ripasso '08	4

Zymè
VIA CA' DEL PIPA, 1
37029 SAN PIETRO IN CARIANO [VR]
TEL. 0457701108
www.zyme.it

VENDITA DIRETTA
VISITA SU PRENOTAZIONE

PRODUZIONE ANNUA 30.000 bottiglie
ETTARI VITATI 16.00

Nata come azienda di consulenza che comprendeva tre soci, Zymè nel corso degli anni ha rivisto i suoi obiettivi e oggi è interamente nelle mani di Celestino Gaspari che ha abbandonato tutte le collaborazioni esterne dedicandosi solo alla produzione di casa. La produzione, che proviene in massima parte dalla Valpolcella, prevede i vini classici di questa terra e una gamma sempre più ampia di vini prodotti con uve che potremmo definire alternative, spesso miscele fra vitigni storici, incroci e vitigni internazionali. Prossimamente inizieranno i lavori per la realizzazione della nuova cantina.

L'Harlequin è un vino unico, blend irripetibile di uve fresche e appassite, bianche e rosse, che compone un quadro di notevole valore. Cupo alla vista si apre molto lentamente, rivelando profumi profondi, di frutto e spezie, con il rovere che incornicia il tutto. All'assaggio il vino appare di straordinaria solidità, denso e potente, per un finale lungo e austero. Più immediato nell'espressione del frutto e della beva calorosa il 60 20 20 '07, taglio di cabernet sauvignon, merlot e cabernet franc che giunge da un vecchio vigneto dei Colli Berici. Ottimi anche i vini dalla Valpolicella.

● Harlequin '06	8
● 60 20 20 '07	6
● Valpolicella Cl. Sup. '06	6
● Valpolicella Reverie '10	4
○ Il Bianco From Black to White '10	4
● Amarone della Valpolicella Cl. '04	8
● Amarone della Valpolicella Cl. '03	8
● Amarone della Valpolicella Cl. '01	8
● Harlequin '01	8
● Kairos '05	8
● Kairos '04	8
● Valpolicella Revirie '09	4

VENETO
LE ALTRE CANTINE

Andreola
loc. Col San Martino
via Cal Longa, 52
31010 Farra di Soligo [TV]
Tel. 0438989379
www.andreola.eu

L'azienda di Farra di Soligo produce spumanti a base glera attingendo ai vigneti di proprietà, posti nella zona viticola tra Valdobbiadene e Conegliano. Ampia la gamma proposta, guidata da un ottimo Cartizze caratterizzato da una bocca cremosa e sapida. Il Dry Crus Mas de Fer è elegante e maturo, il Brut 26° 1° grintoso e piacevolmente rustico.

○ Cartizze	6
○ Valdobbiadene Brut 26° 1° '10	4
○ Valdobbiadene Dry Crus Mas de Fer '10	4

Albino Armani
via Ceradello, 401
37020 Dolcè [VR]
Tel. 0457290033
www.albinoarmani.com

Azienda agricola in grande espansione, vigneti in diverse zone d'Italia, con sede proprio sul confine tra Veneto e Trentino. Vitivinicoltori da oltre 5 secoli, diversificano la loro produzione rispettando specifici territori. Una dozzina i vini legati al Trentino, molto convincenti Teroldego, Marzemino, Sauvignon e Chardonnay. Promettenti i vini della tenuta in quota, Maso Michei.

○ Sauvignon Campo Napoleone '10	4
● Teroldego "Io" '10	4
● Trentino Marzemino "Io" '10	4*
○ Valdadige Terra dei Forti Chardonnay Piccola Botte '08	4

Astoria Vini
via Crevada, 44
31020 Refrontolo [TV]
Tel. 04236699
www.astoria.it

Sempre affidabili i vini della famiglia Polegato. Buona la prova del Brut Casa di Vittorino, un Valdobbiadene che profuma di frutti bianchi e fiori di tiglio, dalla beva sapida, asciutto e di grande eleganza. Sul medesimo livello il Valdobbiadene Extra Dry, con un frutto maggiormente espresso al naso, concede al palato una dolcezza appena accennata.

○ Valdobbiadene Brut Rive di Refrontolo Casa di Vittorino '10	4
○ Valdobbiadene Extra Dry '10	4
○ Cartizze	4

BiancaVigna
loc. San Pietro di Feletto
via Crevada, 9/1
31010 Soligo
Tel. 0438801098
www.biancavigna.it

Il Conegliano Valdobbiadene Extra Dry prodotto da BiancaVigna è uno spumante che si fa apprezzare per la delicatezza dell'espressione aromatica, in cui emergono gli aromi di pera, glicine e gelsomino. All'assaggio mette in luce una beva succosa, sapida e di grande piacevolezza. Più asciutto e nervoso il Brut, semplice e fragrante il Tranquillo.

○ Conegliano Valdobbiadene Extra Dry	4*
○ Conegliano Valdobbiadene Brut '10	4
○ Prosecco Tranquillo	4

Antonio Bigai
fraz. Lison
via Caduti per la Patria, 29
30026 Portogruaro [VE]
Tel. 336592660
www.amimanera.com

Il territorio di Lison-Pramaggiore gode di un suolo fortemente argilloso e della benefica presenza del mare Adriatico, apportatore di freschezza estiva e di brezze che rendono le uve sane e di carattere. A Mi Manera Rosso '10 profuma di frutti neri, pepe ed erbe aromatiche, possiede corpo snello e un'appagante beva. Il Tai '10 è invece grasso e grintoso.

● A Mi Manera Rosso '10	4*
○ Tai '10	4
○ Malvasia d'Istria '10	4
● Merlot '10	4

Borgo Stajnbech
fraz. Belfiore
via Belfiore, 109
30020 Pramaggiore [VE]
Tel. 0421799929
www.borgostajnbech.com

Borgo Stajnbech è una delle realtà più interessanti della denominazione veneziana, condotta con passione dalla famiglia Valent. Il Lison 150 '10, dedicato all'unità d'Italia, è un Tai dal raffinato profumo di fiori e mandorla, dal palato asciutto e piuttosto lungo. Interessante il Rosso Stajnbech '07, taglio di refosco e cabernet sauvignon, giocato sull'eleganza.

○ Lison-Pramaggiore Cl. 150 '10	4*
● Lison-Pramaggiore Stajnbech Rosso '07	4
● Lison-Pramaggiore Cabernet Franc. '09	3
● Lison-Pramaggiore Refosco P.R. '09	3

VENETO

LE ALTRE CANTINE

Borgoluce
Loc. Musile, 2
31058 Susegana [TV]
Tel. 0438435287
www.borgoluce.it

A pochi anni dalla sua nascita Borgoluce sta diventando uno dei punti di riferimento del Prosecco Docg, grazie a un vigneto di grande estensione e una conoscenza della tipologia maturata in tanti anni di esperienza in un'altra azienda. Il Brut è uno spumante che profuma di fiori bianchi e mela, dalla beva nervosa e sapida, cremoso il Millesimato.

○ Valdobbiadene Brut	🍷🍷 4*
○ Valdobbiadene Dry '10	🍷🍷 4
○ Valdobbiadene Extra Dry	🍷 4

Carlo Boscaini
via Sengia, 15
37010 Sant'Ambrogio di Valpolicella [VR]
Tel. 0457731412
www.boscainicarlo.it

Nonostante il successo la Valpolicella è una terra ancora ricca di aziende piccole a conduzione familiare, come quella della famiglia Boscaini. Ottimo l'Amarone San Giorgio '07, profondo al naso ha corpo pieno e potente, mentre il Ripasso Zane '08 è profumato di frutto surmaturo e spezie, per una beva distesa e con tannini setosi. Esuberante e semplice il Recioto '09.

● Amarone della Valpolicella Cl. San Giorgio '07	🍷🍷 7
● Valpolicella Cl. Sup. Ripasso Zane '08	🍷🍷 5
● Recioto della Valpolicella Cl. La Sengia '09	🍷 5

Cambrago
fraz. San Zeno
via Cambrago, 7
37030 Colognola ai Colli [VR]
Tel. 0457650745
www.cambrago.it

L'azienda Cambrago è accorta interprete del territorio soavese, con una produzione contenuta sia nelle etichette che nei numeri ma assolutamente di valore nella qualità. Ottimo il Soave i Cerceni '10, proveniente dai vigneti collinari della zona classica, profumato di fiori freschi e frutta bianca, offre al palato buona ricchezza ed eleganza.

○ Recioto di Soave I Cerceni '07	🍷🍷 6
○ Soave Cl. I Cerceni '10	🍷🍷 4*
○ Soave Vigne Maiores '10	🍷 3

Le Carline
via Carline, 24
30020 Pramaggiore [VE]
Tel. 0421799741
www.lecarline.com

Il Verduzzo Passito Dogale di Daniele Piccini è uno dei vini dolci più interessanti della regione, profuma di canditi e albicocca, in bocca presenta dolcezza ben integrata e una spiccata sapidità, lungo ed elegante. Molto buono anche il Carline Rosso '07, un bordolese con una spruzzata di refosco dalla bocca ampia e di profilo armonioso.

● Carline Rosso '07	🍷🍷 5
○ Dogale Passito	🍷🍷 5
○ Lison-Pramaggiore Lison '10	🍷 3
○ Lison-Pramaggiore Pinot Grigio '10	🍷 3

Gerardo Cesari
Loc. Sorsei, 3
37010 Cavaion Veronese [VR]
Tel. 0456260928
www.cesariverona.it

Sempre affidabile la produzione della Cesari, una grande azienda che sta compiendo passi significativi nella crescita dell'offerta. L'Amarone Bosan '04 è ricco e profondo negli aromi che ritroviamo corrisposti in un palato austero e di grande finezza. Il Bosco '05 è invece più fresco e immediato, senza perdere però il tratto teso e scattante della bocca.

● Amarone della Valpolicella Bosan '04	🍷🍷 8
● Amarone della Valpolicella Cl. Il Bosco '05	🍷🍷 8
● Valpolicella Sup. Ripasso Bosan '08	🍷 6
● Valpolicella Sup. Ripasso Mara '09	🍷 5

Colvendrà
via Liberazione, 39
31020 Refrontolo [TV]
Tel. 0438894265
www.colvendra.it

L'azienda della famiglia Della Coletta si estende per oltre venti ettari nei dintorni di Refrontolo, piccolo borgo collinare dedito alla viticoltura. L'Extra Dry è uno spumante che si esprime con un'intensa nota di frutto bianco al naso, pieno e sapido al palato ha bollicine cremose che accarezzano il palato. Il Rosso del Groppo '07 è ricco e maturo.

● Colli di Conegliano Rosso del Groppo '07	🍷🍷 5
○ Conegliano Valdobbiadene Extra Dry	🍷🍷 4
○ Prosecco Treviso Tranquillo '10	🍷 4

VENETO

440 LE ALTRE CANTINE

Corte Adami
CIRCONVALLAZIONE ALDO MORO, 32
37038 SOAVE [VR]
TEL. 0457680423
www.corteadami.it

L'azienda Adami possiede vigneti sia nella zona di Soave che della Valpolicella. Ampia la produzione, incentrata sulle due denominazioni veronesi. Il Valpolicella Superiore '08 profuma di frutti rossi e pepe, pieno e armonioso all'assaggio. Il Soave Vigna della Corte '09 si presenta ampio e maturo al naso, mentre in bocca è sapido e di piacevole beva.

○ Soave Vigna della Corte '09	4*
● Valpolicella Sup. '08	5
○ Soave '10	3
● Valpolicella Sup. Ripasso '08	5

Corte Moschina
VIA MOSCHINA, 1
37030 RONCÀ [VR]
TEL. 0457460788
www.cortemoschina.it

La famiglia Niero conduce con passione e competenza questa piccola realtà posta al confine orientale della denominazione soavese. Il Soave I Tarai '09, ottenuto da uve surmature, dona al naso profumi di fiori e frutta bianca, mentre all'assaggio rivela corpo solido e di buona persistenza. Più semplice, ma ugualmente godibile, il Soave Roncathe '10.

○ Soave I Tarai '09	4
○ Soave Roncathe '10	4
○ Lessini Durello Brut	4
○ Lessini Durello Cl. Brut '08	5

Crodi
LOC. COMBAI
VIA CAPOVILLA, 19
31030 MIANE [TV]
TEL. 0438960064

L'azienda Crodi ripercorre con tenacia e personalità un percorso antico, quello che prevedeva la produzione di vini bianchi che esprimessero struttura, rusticità e personalità. Il loro Prosecco di Treviso Tranquillo San Vittore '09 è maturo al naso, di frutto e semi di mela, dalla bocca solida e grintosa. Il 500 '09 è un bordolese sottile e giocato sulla tensione gustativa.

○ Prosecco di Treviso Tranquillo San Vittore '09	4
● 500 Rosso Piccolo '09	4
○ Prosecco di Treviso San Vittore Brut	4

F.lli Degani
FRAZ. VALGATARA
VIA TOBELE, 3A
37020 MARANO DI VALPOLICELLA [VR]
TEL. 0457701850
info@deganivini.it

I vini di casa Degani nel corso degli anni hanno acquisito maggior ricchezza e pienezza, perdendo però un pizzico di spontaneità. Affidabile l'Amarone La Rosta '08, fortemente appassito negli aromi di confettura e cioccolato, offre al palato morbidezza e potenza. Più interessante il Ripasso Cicilio '09, asciutto, scontroso e piacevolmente irrequieto.

● Amarone della Valpolicella Cl. La Rosta '08	6
● Valpolicella Cl. Sup. Cicilio Ripasso '09	4
● Amarone della Valpolicella Cl. '08	6
● Valpolicella Cl. Sup. '09	4

L'Arco
LOC. SANTA MARIA
S.DA ROVERINA, 1
37024 NEGRAR [VR]
TEL. 3486955914
www.larcovini.it

Luca Fedrigo è un giovane produttore di Negrar, dove coltiva meno di dieci ettari per una produzione di notevole livello qualitativo. L'Amarone '05 è profondo e surmaturo al naso, dalla bocca potente ma vellutata. Ancor più complesso il Ripasso '05, di frutto stramaturo, cuoio ed erbe fini, all'assaggio mette in luce sapidità e una bocca tesa e tradizionale.

● Amarone della Valpolicella Cl. '05	8
● Rubeo '04	7
● Valpolicella Cl. Sup. Ripasso '05	5

Latium
LOC. LEON
37030 MEZZANE DI SOTTO [VR]
TEL. 0457834037
www.latiummorini.it

Latium nasce quasi mezzo secolo fa, ma è solo negli ultimi anni che si è affrancata dalle cantine sociali per imbottigliare in proprio. La produzione prevede sia Soave che i rossi della Valpolicella, con risultati più che interessanti. L'Amarone Campo Leon '06 offre grande ricchezza fruttata e potenza al palato, mentre il Ripasso '08 è asciutto e scattante.

● Amarone della Valpolicella Campo Leon '06	7
○ Soave '10	3*
● Valpolicella Sup. Ripasso Campo dei Ciliegi '08	4

441 VENETO
LE ALTRE CANTINE

Le Battistelle
LOC. BROGNOLIGO
VIA SAMBUCO, 110
37030 MONTEFORTE D'ALPONE [VR]
TEL. 0456175621
www.lebattistelle.it

L'azienda de Le Battistelle è una giovane realtà di Brognoligo, borgo posto alle spalle di Monteforte, dove le vigne occupano quasi completamente il territorio. Il Soave Montesei '10 ha profumi intensi di frutto esotico e fiori, mentre in bocca si distende con sapidità e lunghezza. Più ricco e maturo il Roccolo del Durlo '09, scattante il Soave Battistelle '09.

○ Soave Cl. Montesei '10	🍷🍷 3*
○ Soave Cl. Roccolo del Durlo '09	🍷🍷 4
○ Soave Cl. Battistelle '09	🍷 4

Le Mandolare
LOC. BROGNOLIGO
VIA SAMBUCO, 180
37032 MONTEFORTE D'ALPONE [VR]
TEL. 0456175083
www.cantinalemandolare.com

La produzione di casa Rodighiero è dedicata quasi totalmente al Soave, declinato in tre etichette. Il Corte Menini '10 è un bianco dai profumi tenui e delicati, di fiori freschi e frutto bianco, dalla beva snella, agile e succosa. Il Monte Sella '08 si presenta invece molto più ricco e maturo, pieno e polposo al palato. Ricco e morbido Il Vignale '08.

○ Soave Cl. Corte Menini '10	🍷🍷 3*
○ Il Vignale Passito '08	🍷 5
○ Soave Cl. Il Roccolo '10	🍷 3
○ Soave Cl. Sup. Monte Sella '08	🍷 4

Marsuret
LOC. GUIAVIA SPINADE, 41
31040 VALDOBBIADENE [TV]
TEL. 0423900139
www.marsuret.it

Apprezzabile la produzione di Marsuret, incentrata su spumanti freschi e ben interpretati. Il Cartizze profuma di confetto, frutto bianco e mandorla, mentre al palato colpisce per l'uso misurato della dolcezza. Convincente anche Il Soler, un Extra Dry dai profumi varietali e delicati, mentre all'assaggio rivela corpo snello e bollicine cremose.

○ Cartizze	🍷🍷 5
○ Valdobbiadene Extra Dry Il Soler	🍷🍷 4*
○ Prosecco di Treviso Dry Agostino '09	🍷 4
○ Valdobbiadene Brut San Boldo	🍷 4

Firmino Miotti
VIA BROGLIATI CONTRO, 53
36042 BREGANZE [VI]
TEL. 0445873006
www.firminomiotti.it

L'azienda della famiglia Miotti si trova in zona collinare a Breganze. Pochi ettari vitati per una produzione ampia e di buon livello. Il Valletta '07 è un assemblaggio di uve cabernet sauvignon e merlot leggermente appassite. Profumi profondi, di frutto e cacao, trovano corrispondenza nel palato ricco, di corpo pieno e beva grintosa. Affidabile la restante produzione.

● Breganze Rosso '08	🍷🍷 6
● Rosso Valletta '07	🍷🍷 6
● Groppello '09	🍷 4
○ Le Colombare '10	🍷 3

Monte Faustino
VIA BURE ALTO
37029 SAN PIETRO IN CARIANO [VR]
TEL. 0457701651
www.fornaser.com

Produzione interessante quella di Monte Faustino, in particolar modo il Ripasso La Traversagna '07, un rosso profondo nell'espressione degli aromi di frutto surmaturo e spezie, che al palato si muove con corpo pieno senza perdere agilità. Chiuso al naso ed esplosivo al palato è il Recioto '06, un vino dalla dolcezza prorompente e il tannino importante.

● Recioto della Valpolicella Cl. '06	🍷🍷 6
● Valpolicella Cl. Sup. Ripasso La Traversagna '07	🍷🍷 5
● Amarone della Valpolicella Cl. '06	🍷 7

Paladin
VIA POSTUMIA, 12
30020 ANNONE VENETO [VE]
TEL. 0422768167
www.paladin.it

La famiglia Paladin è attenta interprete del territorio di Lison Pramaggiore, con una serie di etichette di piacevole impostazione e beva spigliata. Il vino più rappresentativo è il Malbech Gli Aceri, che con la vendemmia '08 si dona fruttato e piacevolmente vegetale al naso, mentre all'assaggio mette in luce corpo pieno e beva raffinata.

● Malbech Gli Aceri '08	🍷🍷 6
○ Lison-Pramaggiore Pinot Grigio '10	🍷 4
○ Prosecco Dry	🍷 4
● Refosco P.R. '10	🍷 4

VENETO
LE ALTRE CANTINE

Giorgio Poggi
via Poggi, 7
37010 Affi [VR]
Tel. 0457236222
www.cantinepoggi.com

Fabio Poggi conduce l'azienda di famiglia ad Affi, con vigne che si trovano soprattutto in territorio di Bardolino e in Valpolicella. Due gli Amarone prodotti, il Corte dei Castaldi '07 è croccante e succoso, mentre il Corte Saibante '06 è più maturo e rustico. Interessante il Bardolino Ribaldo, speziato al naso e scattante al palato.

● Amarone della Valpolicella Cl. Corte dei Castaldi '07	6
● Amarone della Valpolicella Cl. Corte Saibante '06	6
● Bardolino Ribaldo '10	3

Umberto Portinari
loc. Brognoligo
via Santo Stefano, 2
37032 Monteforte d'Alpone [VR]
Tel. 0456175087
portinarivini@libero.it

L'azienda della famiglia Portinari, oggi condotta da Maria sotto la supervisione di papà Umberto, è interprete autentica del Soave, con una produzione contenuta ma di buon livello. Dalla zona classica giunge il Ronchetto '09, un Soave solido e grintoso. L'Albare '09 invece è più maturo e aperto negli aromi, con un profilo avvolgente al palato.

○ Soave Cl. Ronchetto '09	4*
○ Soave Albare '09	4
○ Soave Santo Stefano '06	5

Luca Ricci
loc. Collalto
via Cucco, 27
31058 Susegana [TV]
Tel. 0438980130
www.lefade.com

Pur producendo soprattutto Prosecco l'azienda di Luca Ricci è conosciuta per la piccola ma pregevole produzione del Baùsk, un Merlot che esce solo dopo lungo affinamento che con la vendemmia '06 si presenta con profumi di frutti di bosco ed erbe officinali, bocca tesa e piuttosto lunga. Il Prosecco è fruttato, pieno e di buon corpo.

● Baùsk '06	5
● Apaiolo '08	5
○ Conegliano Valdobbiadene Le Fade Extra Dry	4

Rubinelli - Vajol
loc. San Floriano
via Paladon, 31
37020 San Pietro in Cariano [VR]
Tel. 0456839277
www.rubinellivajol.it

L'azienda di Alberto e Renzo Rubinelli ha iniziato a produrre da pochi anni, pur essendo proprietaria delle vigne da molti decenni. L'Amarone '07 si fa apprezzare per essere poco spinto, dalla veste leggera, profumi freschi di visciole e rosa appassita, la bocca tesa, sapida e agile. Interessante il Valpolicella '10, fresco e di sapida beva.

● Amarone della Valpolicella Cl. '07	7
● Valpolicella Cl. '10	4
● Valpolicella Cl. Sup. '08	5

Tenuta San Basilio
via Monte Versa, 1348
35030 Vò [PD]
Tel. 0499941420
www.tenutasanbasilio.it

Ottimo il Rosso Fenice '09, un taglio bordolese a prevalenza merlot che si esprime con profumi fruttati freschi e nitidi, accompagnati da note di sottobosco e ciclamino. All'assaggio il vino si distende con grazia, risultando armonico e lungo. Di poco inferiore l'omonimo bianco '10, delicatamente aromatico e dotato di buona sapidità e tensione.

● Colli Euganei Rosso Fenice '09	5
⊙ Calantha Rosato Extra Dry	4
○ Colli Euganei Bianco Fenice '10	4

San Cassiano
via San Cassiano, 17
37030 Mezzane di Sotto [VR]
Tel. 0458880665
www.cantinasancassiano.it

Mirko Sella interpreta i rossi della Valpolicella con uno stile ricco, potente e grintoso. Il Valpolicella Superiore '09 rivela profumi intensi di frutto nero surmaturo e cacao, mentre al palato colpisce per la notevole concentrazione. Più interessante il Valpolicella '10, vino che si regge sulla straordinaria qualità delle uve, solido e di stoffa.

● Valpolicella '10	3*
● Valpolicella Sup. '09	5
● Amarone della Valpolicella '07	6

VENETO

LE ALTRE CANTINE

San Rustico

Fraz. Valgatara di Valpolicella
via Pozzo, 2
37020 Marano di Valpolicella [VR]
Tel. 0457703348
www.sanrustico.it

Interessante la produzione dei fratelli Campagnola, strettamente aderente alla tradizione. L'Amarone proveniente dal vigneto del Gaso '05 manifesta aromi di frutto surmaturo e spezie, con una sottile nota vegetale sullo sfondo. Al palato è di buon corpo ma riesce a mantenere agilità. Il Valpolicella Superiore '09 all'assaggio è maturo e avvolgente.

- Amarone della Valpolicella Cl. Gaso '05 7
- Valpolicella Cl. Sup. '09 4*
- Amarone della Valpolicella Cl. '06 6
- Valpolicella Cl. Sup. Ripasso Gaso '08 5

Sandre

Fraz. Campodipietra
via Risorgimento, 16
31040 Salgareda [TV]
Tel. 0422804135
www.sandre.it

L'azienda della famigli Sandre si trova a Campodipietra, a pochi passi dal corso del fiume Piave. Qui la terra ricca di argilla conferisce al Cuor di Vigna '06 profondità aromatica di frutto e una tenue vegetalità. All'assaggio il vino rivela buona pienezza e tensione gustativa. Il Raboso '06 ha profumi nitidi e una bocca robusta e di tagliente acidità.

- Cuor di Vigna '06 5
- Piave Merlot '09 4
- Piave Raboso '06 5
- Raboso '08 4

Tenuta Sant'Anna

loc. Loncon
via Monsignor P. L. Zovatto, 71
30020 Annone Veneto [VE]
Tel. 0422864511
www.tenutasantanna.it

Tenuta Sant'Anna opera da molti anni in territorio di Lison, con uno stile produttivo che cerca bevibilità e finezza. Interessante il Podere 47 '07, un rosso che si dona intenso e complesso al naso, dove emergono note di spezie ed erbe aromatiche che impreziosiscono il frutto. Al palato il vino è di medio corpo, sapido e con tannini levigati.

- Lison-Pramaggiore Cabernet Sauvignon Podere 47 Ris. '07 5
- O Lison-Pramaggiore Cl. Goccia '10 4
- O Lison-Pramaggiore Pinot Grigio Goccia '10 4

Tenuta Santa Maria alla Pieve

fraz. Pieve
via Cavour, 34
37030 Colognola ai Colli [VR]
Tel. 0456152087
www.tenutapieve.com

Santa Maria alla Pieve è l'azienda di Gaetano Bertani, dedita alla produzione dei vini veronesi. Ottimo l'Amarone '06, ricco di frutto, note di inchiostro e spezie, alla beva è asciutto e tonico. Della medesima annata è il Merlot Decima Aurea, ottenuto con una parte di uve leggermente apassite. Caldo, maturo e potente rivela grande equilibrio.

- Amarone della Valpolicella '06 8
- Decima Aurea '06 7
- O Torre Pieve '08 6
- Pragal '09 4

Santa Sofia

Fraz. Pedemonte
via Ca' Dedé, 61
37020 San Pietro in Cariano [VR]
Tel. 0457701074
www.santasofia.com

L'azienda della famiglia Begnoni si dedica da molto tempo alla produzione dei classici vini della provincia di Verona. L'Amarone '06 si dona al naso con aromi di frutto surmaturo, per conquistare il palato con tensione e leggerezza. Più ricco e avvolgente il Recioto, che denota la giovane età, mentre il Lugana si fa apprezzare per la finezza.

- Amarone della Valpolicella Cl. '06 7
- O Lugana '10 3
- Recioto della Valpolicella Cl. '07 6
- Valpolicella Sup. Ripasso '08 4

Secondo Marco

v.le Campagnolo, 9
37022 Fumane [VR]
Tel. 0456800954
www.secondomarco.it

Marco Speri, sotto l'occhio vigile di papà Benedetto, ha da poco iniziato la produzione dei classici vini della Valpolicella, con risultati incoraggianti. L'Amarone è dominato dalle note di frutto rosso e pepe, ricco e potente al palato saprà affrontare con sicurezza l'invecchiamento. Il Ripasso appare surmaturo al naso e con una beva più vitale e scattante.

- Amarone della Valpolicella Cl. '06 8
- Recioto della Valpolicella Cl. '08 7
- Valpolicella Cl. Ripasso Sup. '08 5
- Valpolicella Cl. '09 4

VENETO

LE ALTRE CANTINE

Tezza
Fraz. Poiano di Valpantena
via Maioli, 4
37142 Verona
Tel. 045550267
www.tezzawines.it

L'azienda dei cugini Tezza si trova all'imbocco della Valpantena, l'unica sottozona prevista dalla denominazione. L'Amarone Brolo delle Giare Riserva '03 è un vino maturo e caldo fin dagli aromi di frutto sfatto e cacao, per poi abbandonarsi al palato con ricchezza ma anche con una vitale acidità. Più tradizionale e decadente il Corte Majoli '07.

- Amarone della Valpolicella Brolo delle Giare Ris. '03 — 8
- Amarone della Valpolicella Corte Majoli '07 — 6
- Valpolicella Ripasso Ma Roat '09 — 3

Villa Angarano
via Corte, 15
36061 Bassano del Grappa [VI]
Tel. 0424503086
www.villaangarano.com

Sono cinque le sorelle Bianchi Michiel che conducono l'azienda di famiglia in quel di Bassano, su terreni di origine alluvionale. Il Rosso Angarano '09 è di grande ricchezza fruttata, dalla beva solida e polposa. Il Torcolato '08 è giocato in finezza, mentre il Quare di Angarano '08 è un Cabernet Sauvignon di notevole stoffa.

- Breganze Rosso Angarano '09 — 4
- Breganze Torcolato San Biagio Ris. '08 — 6
- Quare di Angarano '08 — 5

Villa Brunesca
via Serenissima, 12
31040 Gorgo al Monticano [TV]
Tel. 0422800026
www.villabrunesca.it

Il refosco Vigna Olinda '09 è un rosso che esprime al naso note fresche e quasi vinose, tra le quali spiccano i fiori e le note di pepe. All'assaggio il vino rivela corpo solido, asciutto e sostenuto da tannini fini. Merlot, Cabernet e Pinot Bianco, tutti della vendemmia '10, sono vini freschi, giocati sulla tensione e la facilità di beva.

- Refosco P. R. V. Olinda '09 — 4*
- Merlot '10 — 4
- Piave Cabernet '10 — 4
- Pinot Bianco '10 — 4

Villa Medici
via Campagnol, 11
37066 Sommacampagna [VR]
Tel. 045515147
www.cantinavillamedici.it

L'azienda Villa Medici si dedica con risultati apprezzabili alla produzione dei vini del Lago di Garda. Notevole il Bardolino '10, profumato di frutti di bosco, rosa e pepe, con una bocca di corpo leggero ma sapida e scattante. Convincente anche il Chiaretto '10, snello e succoso, mentre il passito Le Moscatelle '06 è intenso, agrumato e di bella pienezza.

- Bardolino '10 — 3*
- Le Moscatelle '06 — 5
- ⊙ Bardolino Chiaretto '10 — 3
- Custoza '10 — 3

Zardetto Spumanti
via Martiri delle Foibe, 18
31015 Conegliano [TV]
Tel. 0438394969
www.zardettoprosecco.com

La storica azienda di Conegliano propone un nuovo Brut, il Tre Venti, che si esprime con un'intensa nota floreale e di frutto bianco, che trova nel sapido e nervoso palato il giusto compimento. Il Cartizze C n°5 invece è più giocato sulla maturità del frutto e la rotondità della beva, aiutata da un importante residuo zuccherino. Fragrante il Brut B.

- Cartizze C n°5 '10 — 6
- Conegliano Valdobbiadene Brut B — 4
- Conegliano Valdobbiadene Brut Rive di Ogliano Tre Venti '10 — 4

Pietro Zardini
via Don P. Fantoni, 3
37029 San Pietro in Cariano [VR]
Tel. 0456800989
www.pietrozardini.it

Convincente la prova del Ripasso Austero '07, che dà il meglio di sé al palato. Chiuso e rustico nei profumi di frutto surmaturo ed erbe aromatiche, in bocca sprigiona un'inaspettata vitalità, risultando pieno e di buona tensione. L'Amarone ricalca questo stile, quasi decadente al naso, al palato mette in luce ricchezza ma anche un finale contratto.

- Valpolicella Sup. Ripasso Austero '07 — 5
- Amarone della Valpolicella Cl. '06 — 7
- Recioto della Valpolicella Cl. '08 — 5
- Valpolicella '09 — 4

FRIULI VENEZIA GIULIA

Un'affermazione importante anche quest'anno quella del Friuli Venezia Giulia, che vede ben 26 vini sul podio dei Tre Bicchieri. A conferma di una reputazione ormai consolidatissima di regione di grandi bianchi, solo uno di questi vini è rosso. E allora iniziamo proprio da questo, dal Colli Orientali del Friuli Sacrisassi Rosso '09 di Flavio e Silvana Basilica, una straordinaria coppia di vignaioli appassionati che anche in passato ci aveva regalato grandi emozioni. Il resto, dicevamo, è bianco. Con un vitigno che si impone all'attenzione, il Friulano. Se lo troviamo in purezza nei tre Colli Orientali, il '09 di Ronc di Vico, lo splendido Vigne Cinquant'anni '09 di Le Vigne di Zamò, e nel '10 di Ronchi di Manzano, e nel Collio nella splendida interpretazione del '10 di Franco Toros, non dobbiamo dimenticare che è l'ingrediente principale degli uvaggi e dei blend, a cominciare dal Collio Bianco. Proprio in questa denominazione Edi Keber, Eugenio Collavini con il Broy, Ronco dei Tassi con Fosarin, Il Carpino con Vigna Runc e Zuani con Vigne ci hanno regalato cinque bellissime interpretazioni dell'annata 2010. Il quadro di questo prestigioso distretto si completa con la Malvasia '10 di Doro Princic e con il Sauvignon Ronco delle Mele '10 di Venica, altri due grandi classici. Il Braide Alte '09 di Livon poi, e il Kaplia '08 di Podversic, Il W... dreams '09 di Jermann e il Mario Schiopetto Bianco '08 della Schiopetto sono altre espressioni, anche se non Doc, delle splendide ville del Collio. E per completare il quadro dei Colli Orientali ecco il Rosazzo Bianco Terre Alte '09 di Livio Felluga, e la straordinaria doppietta di Volpe Pasini, unica della regione e tra le poche in Italia quest'anno. Si tratta del Sauvignon e del Pinot Bianco '10 della linea Zuc di Volpe. Dall'Isonzo ecco allora il Flor di Uis '09 di di Vie di Romans, la Malvasia '10 di Ronco del Gelso, ed il Pinot Grigio Gris '09 di Lis Neris. A questi si aggiungono due uvaggi, l'Arbis Blanc '09 di Borgo San Daniele e il Desiderium Selezione I Ferretti '09 di Eddi Luisa. Completiamo questa eccezionale sfilata con il Carso, con la Malvasia '09 di Zidarich e l'Ograde Non Filtrato '09 di Skerk, entrambi frutto di macerazione sulle bucce. Un panorama complesso, ricco, articolato, dove emergono i grandi terroir, e dove convivono grandi vini frutto di tecniche allo stato dell'arte accanto a vignaioli artigiani che si sono riappropriati di saperi e tecniche ancestrali.

FRIULI VENEZIA GIULIA 446

Tenuta di Angoris
LOC. ANGORIS, 7
34071 CORMÒNS [GO]
TEL. 048160923
www.angoris.com

VENDITA DIRETTA
VISITA SU PRENOTAZIONE

PRODUZIONE ANNUA 850.000 bottiglie
ETTARI VITATI 130.00

La Tenuta di Angoris è un'azienda storica la cui fondazione risale al 1648 e negli oltre tre secoli di storia ha avuto molti proprietari. Oggi può contare su ben 130 ettari vitati molti dei quali attigui alla villa padronale situata a Cormòns, nella Doc Friuli Isonzo, ed altri distribuiti nel podere Ronco Antico sul Collio e nel podere Stabili della Rocca sui Colli Orientali del Friuli. Nel 1968 è stata rilevata da Luciano Locatelli ed ora è gestita dalla figlia Claudia con i fratelli Marta e Massimo.

Alessandro Del Zovo e Marco Simonit, l'uno in cantina e l'altro in vigna, rappresentano un innegabile punto di forza. I risultati non si sono fatti attendere e ben due vini hanno partecipato alla selezione finale, entrambi della linea Vôs da Vigne, che contraddistingue i vini prodotti con le uve di collina. La linea Villa Angoris comprende invece i vini della non meno vocata Doc Friuli Isonzo. Il Friulano Vôs da Vigne è un vino da manuale, estremamente tipico, saporito e suadente, buonissimo. Il Bianco Spìule, composto da chardonnay, friulano e ribolla gialla, è complesso, elegante, ricco di estratto e di mineralità. Seguono a un passo il Pinot Grigio, il Sauvignon e il Brut Rosé.

Antonutti
FRAZ. COLLOREDO DI PRATO
VIA D'ANTONI, 21
33037 PASIAN DI PRATO [UD]
TEL. 0432662001
www.antonuttivini.it

VENDITA DIRETTA
VISITA SU PRENOTAZIONE

PRODUZIONE ANNUA 700.000 bottiglie
ETTARI VITATI 17.00

Ignazio Antonutti nell'ormai lontano 1921 tracciò la strada ora percorsa dalla figlia Adriana che con tenacia e capacità gestisce una delle più rinomate cantine delle Grave del Friuli, a Colloredo di Prato, e può contare anche sulle pregiate uve dei vigneti di Barbeano, nel comune di Spilimbergo, di proprietà del marito Lino Durandi. Assieme ai figli Caterina e Nicola formano un team affiatato che dimostra una spiccata apertura all'innovazione e alla creatività nel rispetto della tradizione.

Lindul è la novità di quest'anno. È un vino dolce, frutto dell'appassimento di uve di traminer aromatico. Ha il colore dell'ambra ed un intenso profumo di confettura di albicocche e di rose gialle appassite. È molto denso, concentrato ma non stucchevole, ricco di aromi e di sapore. Un fondo amarognolo ne contrasta la dolcezza e favorisce la bevibilità. Il Pinot Grigio della linea base si è distinto per la fragranza dei profumi fruttati di mela matura e floreali di glicine e sambuco. È ricco di sapore e mineralità e chiude con note salmastre e iodate. Il Traminer Aromatico Vis Terrae si conferma avvolgente, morbido e cremoso al palato dove lascia una scia indelebile di sentori tropicali.

○ COF Bianco Spìule '09	5
○ COF Friulano Vôs da Vigne '10	4
⊙ 1648 Rosé '07	6
○ COF Sauvignon Vôs da Vigne '10	5
○ Collio Pinot Grigio Vôs da Vigne '10	4
○ 1648 Brut '07	6
○ COF Ribolla Gialla Vôs da Vigne '10	4
○ Friuli Isonzo Pinot Bianco Villa Angoris '10	4
○ Friuli Isonzo Sauvignon Villa Angoris '10	4
○ COF Friulano Vôs da Vigne '07	5
○ COF Ribolla Gialla Vôs da Vigne '08	4*
○ COF Sauvignon Vôs da Vigne '07	5
○ COF Sauvignon Vôs da Vigne '06	4*
○ Collio Tocai Friulano Vôs da Vigne '06	4*

○ Friuli Grave Pinot Grigio '10	4
○ Friuli Grave Traminer Aromatico Vis Terrae '09	6
○ Lindul '08	8
● Friuli Grave Cabernet Sauvignon Vis. Terrae '06	4
○ Friuli Grave Chardonnay Vis Terrae '10	6
○ Friuli Grave Friulano '10	4
○ Friuli Grave Sauvignon '10	4
○ Friuli Grave Traminer Aromatico '10	4
○ Friuli Grave Pinot Grigio Vis Terrae '07	4*
○ Friuli Grave Sauvignon '08	4*
○ Friuli Grave Traminer Aromatico Vis Terrae '08	4*
○ Friuli Grave Traminer Aromatico Vis Terrae '07	4*

FRIULI VENEZIA GIULIA

Aquila del Torre
Fraz. Savorgnano del Torre
via Attimis, 25
33040 Povoletto [UD]
Tel. 0432666428
www.aquiladeltorre.it

VENDITA DIRETTA
VISITA SU PRENOTAZIONE
OSPITALITÀ

PRODUZIONE ANNUA 50.000 bottiglie
ETTARI VITATI 18.00

Aquila del Torre si estende nella zona collinare di Savorgnano del Torre, un'area da sempre vocata alla coltivazione della vite. Attiva già dai primi anni del secolo scorso è gestita dal 1996 dalla famiglia Ciani. L'area vitata, 18 ettari, si suddivide in parcelle, ovvero in vigneti caratterizzati da diversi terreni, microclima e varietà. All'interno della proprietà sono state definite 16 parcelle, immerse in un bosco di querce, castagni e carpini e arricchito da una flora spontanea lussureggiante.

Grandi novità quest'anno in azienda: la prima è l'avvio di un percorso di conversione mirato ad ottenere la certificazione biologica, etica ad ambientale da parte dell'Icea. La seconda è il restyling delle etichette dove il nome dei vini fermentati ed affinati in acciaio è preceduto da At, la preposizione inglese che in due lettere riassume il nome Aquila del Torre e lascia largo spazio alla fantasia. At Sauvignon Blanc '10 è il vino che più ci è piaciuto. Le note varietali sono nobilitate da tocchi esotici e gode di grande freschezza e sapidità. At Friulano '10 è molto fruttato, è strutturato e marca bene la tipicità. Il Picolit '08 profuma di marron glacé e bergamotto ed ha una giusta dolcezza.

Attems
Fraz. Capriva del Friuli
via Aquileia, 30
34070 Gorizia
Tel. 0481806098
www.attems.it

VENDITA DIRETTA
VISITA SU PRENOTAZIONE

PRODUZIONE ANNUA 365.000 bottiglie
ETTARI VITATI 62.00

Seguendo una tradizione familiare che vantava origini antichissime, il conte Sigismondo Douglas Attems dal 1935 si dedicò alla produzione vinicola. Nel 1964 fondò il Consorzio Vini del Collio e ne rimase presidente per tutta la vita. Punto di riferimento per la vitivinicoltura di qualità, l'azienda Attems nell'anno 2000 scelse di allargare i propri orizzonti, alleandosi con i Marchesi de' Frescobaldi, una delle grandi dinastie enologiche italiane: trenta generazioni di produzione di vino di livello.

Nella scorsa edizione elogiammo tutti i vini bianchi come espressione del territorio e anche quest'anno hanno ottenuto punteggi di livello ed uno è approdato alle nostre finali. È il Collio Bianco Cicinis '09, un blend di sauvignon, pinot bianco e friulano che profuma di frutta tropicale, erbe aromatiche essiccate, crema, nocciole e vaniglia, e in bocca è pieno e corrispondente. Il Pinot Bianco '10 è elegante e raffinato all'olfatto come al gusto. Il Pinot Grigio Cupra Ramato '10 al naso ricorda la pera ruggine ed il melone bianco ed in bocca è fresco e sapido mentre il Pinot Grigio '10 è più delicato e profuma di fiori bianchi, fieno secco e passion fruit.

○ COF At Sauvignon Blanc '10	4*
○ COF At Friulano '10	4
○ COF Picolit '08	7
○ COF Riesling '09	4
○ COF Friulano '09	4
○ COF Friulano '08	5
○ COF Picolit '07	8
● COF Refosco P. R. '08	4
● COF Refosco P. R. '07	5
○ COF Sauvignon Vit dai Maz '08	6

○ Collio Bianco Cicinis '09	5
○ Collio Pinot Bianco '10	4*
○ Collio Pinot Grigio '10	4*
○ Collio Pinot Grigio Cupra Ramato '10	4*
○ Collio Sauvignon '10	4*
○ Chardonnay '10	4
○ Collio Friulano '10	4
○ Collio Bianco Cicinis '08	5
○ Collio Bianco Cicinis '07	5
○ Collio Bianco Cicinis '06	5
○ Collio Friulano '08	4*
● Collio Merlot '06	4
○ Collio Pinot Grigio '08	4*

FRIULI VENEZIA GIULIA 448

Giorgio Bandut - Colutta
VIA ORSARIA, 32
33044 MANZANO [UD]
TEL. 0432740315
www.colutta.it

VENDITA DIRETTA
VISITA SU PRENOTAZIONE
OSPITALITÀ

PRODUZIONE ANNUA 130.000 bottiglie
ETTARI VITATI 20.00

L'azienda Colutta, denominata anche Bandut dal nome di un antico fondo della proprietà, acquistata da Antonio Colutta ai primi del Novecento, è ora condotta da Giorgio Colutta che vanta una laurea in medicina e un grande amore per la terra. La sede aziendale è a Manzano, dove nella recente ristrutturazione della cantina si è provveduto a ricavare anche alcuni alloggi per l'agriturismo. I vigneti sono invece dislocati nei comuni di Buttrio, Manzano e a Rosazzo, tutti inseriti nel prestigioso Parco della Vite e del Vino dei Colli Orientali del Friuli.

L'ingresso in azienda dell'enologo Alessandro Sandrin è coinciso con una significativa accelerazione qualitativa. Il Refosco '08 è proprio un bel vino: si presenta con note di incenso e di frutti di bosco ed invoglia all'assaggio. In bocca è avvolgente, caldo, fragrante, di ottima bevibilità. Il Picolit profuma di albicocca, miele, camomilla, nocciole e vaniglia, e al palato è corrispondente e simmetrico all'olfatto. Il Friulano si distingue per tipicità: sia al naso sia in bocca riporta all'amarognolo della mandorla. Anche il Sauvignon è sapido e varietale.

○ COF Friulano '10	▼▼	4*
● COF Refosco P. R. '08	▼▼	4
○ COF Sauvignon '10	▼▼	4
○ Picolit '07	▼▼	8
○ COF Ribolla Gialla '10	▼	5
● COF Schioppettino '09	▼	5
○ COF Picolit '03	▽▽	7
○ COF Pinot Grigio '09	▽▽	4*
○ COF Sauvignon '09	▽▽	4*
● COF Schioppettino '07	▽▽	5
● COF Schioppettino '06	▽▽	5

Tenuta di Blasig
VIA ROMA, 63
34077 RONCHI DEI LEGIONARI [GO]
TEL. 0481475480
www.tenutadiblasig.it

VENDITA DIRETTA
VISITA SU PRENOTAZIONE

PRODUZIONE ANNUA 100.000 bottiglie
ETTARI VITATI 16.50

Sette generazioni di viticoltori si sono succedute da quel lontano 1788 in cui Domenico Blasig fondò l'azienda a Ronchi dei Legionari, nelle vocatissime piane del territorio Isontino. È gestita da Elisabetta Bortolotto Sarcinelli, validissima imprenditrice che, dopo alcune esperienze lavorative in Germania e negli Stati Uniti, ora si dedica totalmente all'azienda di famiglia. Si occupa principalmente del marketing senza perdere comunque di vista tutte le fasi produttive, dalla vigna alla cantina.

I vigneti si estendono a ridosso delle sponde del fiume Isonzo, nell'amena località Rive di Giare, e beneficiano delle brezze marine del vicino Alto Adriatico. Le pratiche agronomiche ed enologiche sono affidate all'esperienza di Erica Orlandino che gode ormai da molti anni della fiducia incondizionata di Elisabetta. Il Merlot della vendemmia '08 quest'anno ha ottenuto un punteggio che le merita l'ingresso alle nostre degustazioni finali. È complesso all'olfatto ed armonico all'assaggio. Ricorda il sottobosco con i suoi piccoli frutti, le spezie orientali e la radice di liquirizia. Il Refosco P.R. '08 profuma di tabacco e fiori essiccati e in bocca è caldo ed appagante.

● Friuli Isonzo Merlot '08	▼▼	4*
● Friuli Isonzo Refosco P. R. '08	▼▼	4*
○ Friuli Isonzo Friulano '10	▼	4
○ Friuli Isonzo Malvasia '10	▼	4
○ Friuli Isonzo Pinot Bianco '10	▼	4
○ Malvasia Elisabetta Extra Dry	▼	4
● Friuli Isonzo Cabernet '06	▽▽	4*
○ Friuli Isonzo Friulano '09	▽▽	4*
○ Friuli Isonzo Malvasia '09	▽▽	4*
○ Friuli Isonzo Malvasia '08	▽▽	4*
● Friuli Isonzo Merlot '06	▽▽	4*
● Rosso Gli Affreschi '03	▽▽	5

FRIULI VENEZIA GIULIA

La Boatina
via Corona, 62
34071 Cormòns [GO]
Tel. 048160445
www.paliwines.com

VENDITA DIRETTA
VISITA SU PRENOTAZIONE
OSPITALITÀ

PRODUZIONE ANNUA 120.000 bottiglie
ETTARI VITATI 62.00

Da qualche anno Loretto Pali ha raggruppato sotto il marchio Pali Wines tutte le strutture enoturistiche di proprietà: Castello di Spessa, La Boatina, i Roncati e le Distillerie De Mezzo. La Boatina identifica tutti i vini Doc Friuli Isonzo prodotti con le uve dei vigneti aziendali, che si sviluppano tra Cormòns e Gorizia, a ridosso del confine sloveno. È da tempo una rinomata azienda vinicola ma i suoi locali ospitano anche un accogliente agriturismo con servizio Bed & Breakfast.

L'enologo aziendale è Domenico Lovat che segue tutta la filiera di produzione e si avvale della consulenza esterna di Gianni Menotti. Lo scorso anno assaggiammo solo vini bianchi e le nostre preferenze furono per il Pinot Grigio, mentre in questa edizione la nostra attenzione si è concentrata su due vini rossi che hanno meritato il doppio bicchiere. Il Merlot si presenta con profumo complesso di ciliegia sotto spirito, caffè e pelliccia; in bocca è particolarmente equilibrato e persistente. Il Cabernet Sauvignon profuma di marasca, radice di liquirizia e caffè in grani. Il Friulano ricorda la mela e la pescanoce ed è molto varietale.

● Friuli Isonzo Cabernet Sauvignon '08	4
○ Friuli Isonzo Friulano '10	4
● Friuli Isonzo Merlot '08	4
○ Friuli Isonzo Chardonnay '10	4
○ Friuli Isonzo Pinot Bianco '10	4
○ Friuli Isonzo Pinot Grigio '10	4
○ Friuli Isonzo Sauvignon '10	4
● Collio Cabernet Sauvignon '00	4
● Collio Rosso Picol Maggiore '99	5
● Collio Rosso Picol Maggiore Ris. '01	5
○ Collio Sauvignon '01	4
○ Friuli Isonzo Friulano '09	4*
○ Friuli Isonzo Friulano '08	4*
○ Friuli Isonzo Pinot Bianco '09	4*
○ Friuli Isonzo Pinot Grigio '09	4*

Borgo Conventi
s.da della Colombara, 13
24070 Farra d'Isonzo [GO]
Tel. 0481888004
www.ruffino.it

VENDITA DIRETTA

PRODUZIONE ANNUA 350.000 bottiglie
ETTARI VITATI 30.00

La tenuta di Borgo Conventi, nel Collio, è stata fondata nel 1975 e si è subito inserita fra le aziende vitivinicole regionali d'avanguardia. La svolta si è compiuta nel 2001 quando è stata acquistata da una rinomata griffe enologica toscana: la Tenimenti Ruffino. I suoi vigneti, circa trenta ettari, insistono sulle vocatissime zone Doc Collio e Friuli Isonzo. Di fronte alle cantine, modernamente attrezzate, sorge una caratteristica villa in stile coloniale dotata di un'accogliente sala di degustazione.

Paolo Corso funge da direttore tecnico ed a lui è stata affidata la responsabilità delle scelte sia nei vigneti sia in cantina. Anche quest'anno tanto i vini prodotti con uve di collina quanto quelli di pianura hanno avuto buoni punteggi, e proprio uno di questi ultimi si è messo in luce. È il Pinot Grigio '10 della Doc Friuli Isonzo che ha un bel profumo fruttato e floreale che ricorda la mela, la pera, il biancospino ed il fiore del cappero. All'assaggio dimostra un buon equilibrio e una marcata mineralità. I vini bianchi del Collio si sono poi distinti per tipicità e corrispondenza con le caratteristiche varietali, più elegante lo Chardonnay, più fresco il Sauvignon.

○ Collio Chardonnay '10	4
○ Collio Sauvignon '10	4
○ Collio Sauvignon Colle Blanchis '10	5
○ Friuli Isonzo Pinot Grigio '10	4*
○ Collio Friulano '10	4
● Collio Merlot '09	4
○ Collio Pinot Grigio '10	4
○ Collio Ribolla Gialla '10	4
● Friuli Isonzo Cabernet Franc '09	4
○ Friuli Isonzo Chardonnay '10	4
○ Friuli Isonzo Sauvignon '10	4
● Braida Nuova '91	7
○ Collio Bianco Colle Russian '06	5
○ Collio Sauvignon '09	4*
○ Collio Sauvignon '08	5

FRIULI VENEZIA GIULIA 450

Borgo del Tiglio
FRAZ. BRAZZANO
VIA SAN GIORGIO, 71
34070 CORMÒNS [GO]
TEL. 048162166

VENDITA DIRETTA
VISITA SU PRENOTAZIONE

PRODUZIONE ANNUA 35.000 bottiglie
ETTARI VITATI 8.50

Forse anche chi conosce i vini di Nicola Manferrari non conosce un dettaglio importante: Nicola è farmacista. Ed è proprio la sua formazione che lo fa tendere verso un ineffabile equilibrio. Una tensione fra l'anima alchimista e quella di speziale abituato a misurarsi con, e contro, il rigore del bilancino. Il risultato dell'equazione è scritto in vini emozionanti, che coniugano potenzialità del territorio, tecniche e cure in campagna come in cantina con la grandezza di sogni e intuizioni caparbie e preveggenti. Nicola punta in alto, insomma.

Quest'anno abbiamo potuto valutare solo il Rosso della Centa '06, un vino che viene prodotto solo in annate eccezionali con le uve di merlot che maturano sul piccolo colle di San Giorgio nel comune di Brazzano. È un vino maturo che ha un fantastico profumo di prugne, cuoio e cioccolato su un fondo di tostatura di caffè. All'inizio è austero ma poi si espande sul palato impregnandolo di aromi speziati e balsamici. Abbiamo voluto riassaggiare anche la Malvasia '07 ed il Collio Bianco '07 proprio perché sappiamo che i vini di Nicola hanno bisogno di affinarsi a lungo per esprimersi al meglio e abbiamo avuto la conferma: possono essere vini eccezionali, emozionanti.

● Collio Rosso della Centa '06	8
○ Collio Bianco Ronco della Chiesa '06	7
○ Collio Bianco Ronco della Chiesa '02	7
○ Collio Bianco Ronco della Chiesa '01	7
○ Collio Chardonnay '00	5
○ Collio Chardonnay Sel. '99	6
○ Collio Tocai Friulano Ronco della Chiesa '90	6
○ Collio Chardonnay Sel. '06	7
○ Collio Malvasia '07	7
○ Collio Malvasia '06	7
○ Collio Sauvignon '09	7
○ Collio Studio di Bianco '05	7
○ Collio Tocai Friulano '05	6

Borgo delle Oche
VIA BORGO ALPI, 5
33098 VALVASONE [PN]
TEL. 0434840640
www.borgodelleoche.it

VENDITA DIRETTA
VISITA SU PRENOTAZIONE

PRODUZIONE ANNUA 35.000 bottiglie
ETTARI VITATI 7.00

Borgo delle Oche prende il nome dal caratteristico borgo in cui è situata, nel centro medievale di Valvasone, in provincia di Pordenone. È stata fondata nel 2004 dalla proprietaria Luisa Menini, laureata in tecnologie alimentari, e da Nicola Pittini, agronomo ed enologo, suo compagno nella vita e nel lavoro. Luisa ama la vita all'aperto e si dedica alla cura dei vigneti con passione e precisione maniacale. Uve perfette permettono a Nicola di esprimere al massimo la potenzialità del territorio.

Ormai da anni, con invidiabile costanza, Luisa e Nicola ci propongono vini di alto valore qualitativo continuando a dimostrare che anche in pianura, lavorando assiduamente e limitando le rese per ettaro, si possono ottenere risultati di eccellenza. Lo prova il Bianco Alba '10 che già nelle scorse edizioni elogiammo per la straordinaria dolcezza e ricchezza di aromi. Prodotto con uve di traminer aromatico appassite, si presenta con il colore dell'ambra e con intenso profumo di agrumi canditi, croccante alle mandorle e caramello. Il Refosco P.R. '09 profuma di incenso e spezie. L'eleganza del Pinot Grigio '10 e del Traminer Aromatico '10 conferma il valore dell'intera gamma.

○ Bianco Alba '10	6
○ Pinot Grigio '10	4*
● Refosco P. R. '09	4*
○ Traminer Aromatico '10	4*
○ Chardonnay '09	4
● Merlot '09	4
○ Terra & Cielo Brut	4
○ Bianco Alba '09	6
○ Bianco Alba '08	6
○ Bianco Alba '07	5
○ Bianco Alba '06	5
○ Bianco Alba '05	5
○ Bianco Lupi Terrae '07	5
○ Pinot Grigio '07	4
○ Traminer Aromatico '06	4*

Borgo Judrio

via Aquileia, 79
33040 Corno di Rosazzo [UD]
Tel. 0432755896
borgojudrio@alice.it

VISITA SU PRENOTAZIONE

PRODUZIONE ANNUA 20.000 bottiglie
ETTARI VITATI 12.00

Borgo Judrio è un'azienda di recentissima costituzione. È stata fondata nel 2007 ed il proprietario è Alberto Gigante. Il nome dell'azienda evoca un territorio che, attraverso l'omonimo fiume, è noto ai più per la ricchezza dei vini che questo lembo di terra collinare offre da secoli. Siamo a Corno di Rosazzo nella Doc Colli Orientali del Friuli. Il fratello Ariedo lo supporta nelle scelte sia in vigna che in cantina, dato che vanta una pluriennale esperienza di enologo ed una grande passione per la terra e per il vino.

Non possiamo più definirla azienda emergente, in quanto è già il terzo anno che apprezziamo i suoi vini, prodotti di personalità che continuano a raccogliere consensi. Il punteggio più alto quest'anno va al Verduzzo Friulano '09, un vino che ha il colore dell'oro ed il profumo del miele e delle pesche sciroppate. Al gusto l'equilibrio è garantito dalla dolcezza misurata bilanciata da buona freschezza. Il Refosco P. R. '09 all'olfatto ricorda le more di rovo ed il cioccolato fondente, mentre note speziate accompagnano l'assaggio. Lo Chardonnay '09 regala fresche note agrumate sia al naso sia al palato e una fragrante Ribolla Gialla '10 profuma di mela verde e di foglie di tè.

O COF Chardonnay '09	♛♛ 4*
● COF Refosco P. R. '09	♛♛ 4*
O COF Verduzzo Friulano '09	♛♛ 4*
O COF Friulano '10	♛ 4
O COF Ribolla Gialla '10	♛ 4
O COF Sauvignon '10	♛ 4
O COF Friulano '09	♛♛ 4*
O COF Friulano '08	♛♛ 4*
● COF Refosco P. R. '06	♛♛ 4*
O COF Sauvignon '09	♛♛ 4*
O COF Sauvignon '08	♛♛ 4*

★Borgo San Daniele

via San Daniele, 16
34071 Cormòns [GO]
Tel. 048160552
www.borgosandaniele.it

VENDITA DIRETTA
VISITA SU PRENOTAZIONE

PRODUZIONE ANNUA 56.000 bottiglie
ETTARI VITATI 18.75

Borgo San Daniele prende il nome dal piccolo borgo in Cormòns, sede aziendale ed antica abitazione di Antonio Mauri, che lasciò in eredità ai nipoti Mauro ed Alessandra alcuni ettari di vigneti ed un'innata passione per la terra. Giovanissimi ed intraprendenti, i due fratelli decisero di cambiar vita dedicandosi esclusivamente alla gestione di quel piccolo patrimonio che in pochi anni hanno saputo rivalutare facendolo diventare un'azienda di riferimento nell'affollato panorama regionale.

Il limitatissimo numero di etichette permette a Mauro di dedicare la massima attenzione ad ognuna di esse. Tutta la filiera è pensata per fare vini che esprimano e valorizzino il territorio. Così è stato progettato e creato Arbis Blanc '09, una felice unione di friulano, chardonnay, pinot bianco e sauvignon, che ha meritatamente conquistato i Tre Bicchieri per l'eleganza e la complessità dei profumi, per la ricchezza di aromi e la gradevolezza dell'assaggio. Ottimo anche il Friulano '09 che all'olfatto regala note fruttate di pesca e di mela e che accarezza il palato con note morbide, fresche e sapide.

O Arbis Blanc '09	♛♛♛ 5
O Friuli Isonzo Friulano '09	♛♛ 5
O Friuli Isonzo Pinot Grigio '09	♛ 5
O Arbis Blanc '05	♛♛♛ 5
O Friuli Isonzo Arbis Blanc '02	♛♛♛ 5
O Friuli Isonzo Friulano '08	♛♛♛ 5*
O Friuli Isonzo Friulano '07	♛♛♛ 5*
O Friuli Isonzo Pinot Grigio '04	♛♛♛ 5
O Friuli Isonzo Pinot Grigio '99	♛♛♛ 5
O Friuli Isonzo Tocai Friulano '03	♛♛♛ 5
O Friuli Isonzo Tocai Friulano '97	♛♛♛ 5
● Gortmarin '03	♛♛♛ 5
O Friuli Isonzo Pinot Grigio '08	♛♛ 5*
O Friuli Isonzo Tocai Friulano '06	♛♛ 5

FRIULI VENEZIA GIULIA 452

Borgo Savaian
via Savaian, 36
34071 Cormòns [GO]
Tel. 048160725
stefanobastiani@libero.it

VENDITA DIRETTA
VISITA SU PRENOTAZIONE

PRODUZIONE ANNUA 40.000 bottiglie
ETTARI VITATI 15.00

Borgo Savaian è il marchio scelto da Stefano Bastiani quando il padre Mario nel 2001 gli affidò la gestione dell'azienda. Il nome deriva dal piccolo borgo di Cormòns, nel Collio, dov'è situata la cantina, ai piedi del Monte Quarin. Stefano è ancora giovanissimo e si è diplomato presso l'Istituto Agrario di Cividale mentre sua sorella Rosanna è laureata in Enologia. Studi, ma soprattutto esperienze, che permettono ai due giovani di portare avanti con grande successo l'attività di famiglia.

Stefano è riuscito a mantenere un alto livello qualitativo su tutti i vini dell'ultima annata ma i maggiori consensi sono stati attribuiti al Merlot Tolrem '07. Di colore rosso rubino acceso, col cuore cupo e impenetrabile, emana un intenso profumo di ciliegie, cardamomo, tabacco scuro e goudron e in bocca è pieno, avvolgente, succoso e suadente. Il Friulano '10 si è distinto per la corrispondenza varietale dei profumi e per la tipicità del sorso che inizia morbido e snello e chiude piacevolmente amarognolo. Il Sauvignon '10 è giallo intenso, dorato, deciso nei profumi, potente e progressivo all'assaggio. Il Pinot Bianco '10 è sapido, ricco di mineralità sia al naso che al palato.

Cav. Emiro Bortolusso
via Oltregorgo, 10
33050 Carlino [UD]
Tel. 043167596
www.bortolusso.it

VENDITA DIRETTA
VISITA SU PRENOTAZIONE
OSPITALITÀ

PRODUZIONE ANNUA 100.000 bottiglie
ETTARI VITATI 40.00

L'azienda dei fratelli Sergio e Clara Bortolusso è a Carlino, nella Doc Annia. Il nome Annia deriva dalla strada costruita dal Pretore romano Tito Annio Rufo nel 131 a. C. per collegare Aquileia alla via Emilia. L'ambiente in cui si trova la cantina è di grande suggestione naturalistica in quanto confina con l'oasi faunistica di Marano Lagunare. Sergio e Clara sono impegnati da anni della valorizzazione di questo territorio portandolo dall'anonimato a risultati e gratificazioni di vera eccellenza.

In cantina la consulenza tecnica di Luigino De Giuseppe è un valido aiuto per Sergio e Clara ed i vini sono di una correttezza e di una linearità esemplare. Su tutti spicca la Malvasia '10 che profuma di fiori di campo, albicocca, alloro, camomilla e pan brioche. È ricca di sapore e di sfumature aromatiche e chiude l'assaggio con una nota di salmastro. Sentori di pesca bianca, rosa gialla e glicine accompagnano l'olfatto del Traminer Aromatico '10 che al gusto regala freschezza e mineralità. Lo Chardonnay '10 punta invece sull'eleganza dei profumi, sulla scorrevolezza dell'assaggio e sul finale agrumato.

● Collio Merlot Tolrem '07	5
○ Collio Friulano '10	4*
○ Collio Pinot Bianco '10	4*
○ Collio Sauvignon '10	4
○ Friuli Isonzo Traminer Aromatico '10	4
○ Collio Chardonnay '04	4*
○ Collio Friulano '09	4*
○ Collio Pinot Bianco '05	4*
○ Collio Pinot Bianco '04	4*
○ Collio Pinot Grigio '05	4
○ Collio Sauvignon '09	4*
○ Collio Sauvignon '08	4*
● Friuli Isonzo Cabernet Franc '07	4*

○ Friuli Annia Malvasia '10	3*
○ Friuli Annia Chardonnay '10	3*
○ Friuli Annia Traminer Aromatico '10	3
○ Friuli Annia Friulano '10	3
○ Friuli Annia Pinot Bianco '10	3
○ Friuli Annia Pinot Grigio '10	3
● Friuli Annia Refosco P. R. '09	3
○ Friuli Annia Sauvignon '10	3
○ Friuli Annia Chardonnay '09	3*
○ Friuli Annia Friulano '09	3*
○ Friuli Annia Malvasia '09	3*
○ Friuli Annia Malvasia '08	3*
○ Friuli Annia Malvasia '02	4
○ Friuli Annia Pinot Grigio '09	3*
○ Friuli Annia Sauvignon '09	3*

FRIULI VENEZIA GIULIA

Rosa Bosco
via Roma, 5
33040 Moimacco [UD]
Tel. 0432722461
www.rosabosco.it

VENDITA DIRETTA
VISITA SU PRENOTAZIONE

PRODUZIONE ANNUA 14.000 bottiglie

Rosa Bosco, Rosetta per gli amici, è una grande donna del vino e porta avanti con autentica passione e tenacia la sua azienda. Rosa è assistita nell'impresa dal figlio Alessio Dorigo, che è un giovane e brillante enologo, una delle firme più apprezzate della regione. Dai vigneti in affitto nei Colli Orientali del Friuli e da acquisti mirati Rosa ricava una gamma di vini di livello che ha per protagonisti il Sauvignon e la Ribolla Gialla, cui si aggiungono un metodo classico di livello ed un ottimo rosso.

Quest'anno Rosetta ci ha presentato anche il Sauvignon Blanc della vendemmia 2008, che già valutammo in una scorsa edizione, ed è stato un vero piacere riassaggiarlo per percepirne l'evoluzione... La nostra attenzione si è concentrata invece sul Boscorosso, notoriamente prodotto da uve merlot accuratamente selezionale. Profuma di ciliegie e cioccolatini alla ciliegia, in bocca è succoso ed avvolgente e chiude con note iodate. La Ribolla Gialla è grassa e fragrante ed alterna nuance tropicali a sentori di vaniglia. Il Brut Blanc de Blancs è giallo dorato, ha un fine perlage e profuma di rose ed erbe aromatiche, e rinfresca il palato con note agrumate di lime e cedro.

Conte Brandolini
via Vistorta, 82
33077 Sacile [PN]
Tel. 0434782490
www.vistorta.it

VENDITA DIRETTA
VISITA SU PRENOTAZIONE

PRODUZIONE ANNUA 250.000 bottiglie
ETTARI VITATI 36.00
VITICOLTURA Biologico Certificato

Nel 1800 Guido Brandolini con una lungimiranza sorprendente trasformò il piccolo borgo di Vistorta, una proprietà nel Friuli Occidentale, in una moderna ed efficiente azienda agricola. Dal 1980 è condotta da Brandino Brandolini d'Adda che, dopo una prima esperienza vinicola nell'altra azienda di famiglia, Chateau Greysac a Bordeaux, ha portato a compimento una riqualificazione di Vistorta sul modello francese, concentrando tutta l'attenzione sulla produzione di un solo grande vino rosso.

Alla fine degli anni '80 Brandino Brandolini d'Adda dovendo avviare l'impianto di nuovi vigneti decise di avvalersi della collaborazione di Georges Pauli, allora enologo di Chateau Gruaud Larose a St. Julien. Così per il progetto Vistorta venne scelto il merlot, originario del bordolese. Fu una scelta felice che ben presto diede i suoi frutti. Il Merlot Vistorta '08 è stato volutamente tenuto in cantina un anno in più rispetto ai precedenti affinché l'affinamento lo rendesse più complesso e articolato. Abbiamo apprezzato anche il Bianco Vistorta '10, composto da friulano pinot bianco e chardonnay.

● Il Boscorosso '07		7
○ Blanc de Blancs Brut		6
○ Ribolla Gialla '10		5
○ COF Sauvignon Blanc '02		6
● COF Rosso Il Boscorosso '04		7
● COF Rosso Il Boscorosso '01		7
● COF Rosso Il Boscorosso '99		7
○ COF Sauvignon Blanc '06		6
○ COF Sauvignon Blanc '05		6
○ COF Sauvignon Blanc '04		6
○ COF Sauvignon Blanc '03		6
● Il Boscorosso '06		7

● Friuli Grave Merlot Vistorta '08		5
○ Vistorta Bianco '10		5
● Friuli Grave Merlot Vistorta '07		5
● Friuli Grave Merlot Vistorta '06		5
● Friuli Grave Merlot Vistorta '05		5
○ Friuli Grave Chardonnay '09		3*
○ Friuli Grave Chardonnay '07		3*
○ Friuli Grave Friulano '08		4*
○ Friuli Grave Friulano '07		4
○ Friuli Grave Pinot Grigio '07		4
○ Friuli Grave Sauvignon '08		4*
○ Friuli Grave Sauvignon '07		4*

FRIULI VENEZIA GIULIA

Branko
loc. Zegla, 20
34071 Cormòns [GO]
Tel. 0481639826
info@brankowines.com

VENDITA DIRETTA
VISITA SU PRENOTAZIONE

PRODUZIONE ANNUA 50.000 bottiglie
ETTARI VITATI 9.00

L'azienda di Igor Erzetic porta il nome del padre, Branko, che l'ha fondata nel 1950. Negli anni Novanta Igor ha messo a frutto le esperienze in altre aziende rinnovando i vigneti intorno alla cantina e acquistandone altri a Plessiva e Novali. La sua è un'azienda di piccole dimensioni ma estremamente curata, situata in una delle località più vocate alla qualità. Zegla, nel cuore del Collio, è caratterizzata da pendii con esposizioni ottimali, escursioni termiche importanti e un'ottima ventilazione.

Ad annate diverse corrispondono vini diversi ma la capacità di Igor fa sì che gli sbalzi siano ridotti al minimo. I suoi vini sono sempre di una pulizia e di una correttezza esemplare, lo specchio della sua personalità. Il Friulano '10 profuma di mela golden, camomilla, tè verde, pera williams e vaniglia. Al palato è fresco e sapido, ha buona morbidezza, è leggermente citrino e chiude con la piacevole nota di mandorla amara che lo ha reso famoso. Il Pinot Grigio '10 al naso è elegante e raffinato e in bocca non si smentisce: soddisfa il palato con toni morbidi e succosi. Il Sauvignon '10 si distende sulle note varietali.

Livio e Claudio Buiatti
via Lippe, 25
33042 Buttrio [UD]
Tel. 0432674317
www.buiattivini.it

VENDITA DIRETTA
VISITA SU PRENOTAZIONE

PRODUZIONE ANNUA 35.000 bottiglie
ETTARI VITATI 8.00

La famiglia Buiatti vanta oltre un secolo di esperienza nella coltivazione della vite nella parte meridionale dei Colli Orientali del Friuli, con passaggi generazionali rispettosi delle tradizioni ma sempre aperti alle innovazioni. Claudio Buiatti, che ora gestisce l'azienda assieme alla moglie Viviana, ha ereditato dal padre Livio i vigneti situati sui declivi delle colline eoceniche che da Buttrio si estendono verso Premariacco, nello splendido paesaggio della località denominata "in Mont e Poanis".

Abbiamo più volte sottolineato come con costante crescita l'azienda condotta da Claudio si sia collocata tra quelle che garantiscono uno standard qualitativo di tutto rispetto mantenendo un rapporto qualità/prezzo molto favorevole. Quest'anno i maggiori consensi li ha raccolti il Rosso Momon Ros Riserva '08, un vino ampio con profumi evoluti di tabacco, ciliegia sotto spirito, incenso, molto gradevole all'assaggio, con buona struttura e tannini vivaci ma dolci. Ottimo anche il Sauvignon '10, fresco e fragrante al palato emana intensi profumi varietali di salvia e foglia di pomodoro mentre il Refosco P. R. '09 richiama la tostatura del caffè e la mineralità della grafite.

○ Collio Friulano '10	5	○ COF Friulano '10	4*
○ Collio Pinot Grigio '10	5	○ COF Malvasia '10	4*
○ Collio Sauvignon '10	5	● COF Refosco P. R. '09	4*
○ Collio Chardonnay '10	5	● COF Rosso Momon Ros Ris. '08	5
○ Collio Pinot Grigio '08	5*	○ COF Sauvignon '10	4*
○ Collio Pinot Grigio '07	5	● COF Cabernet '09	4
○ Collio Pinot Grigio '06	5	● COF Merlot '09	4
○ Collio Pinot Grigio '05	5	○ COF Verduzzo Friulano Momon d'Aur '09	4
○ Collio Chardonnay '08	5	● COF Merlot '06	4
○ Collio Friulano '08	5	● COF Refosco P. R. '08	4
○ Collio Friulano '07	5	● COF Rosso Momon Ros Ris. '05	5
○ Collio Pinot Grigio '09	5	○ COF Sauvignon '08	4*
○ Collio Sauvignon '06	5	○ COF Sauvignon '07	4*
○ Collio Sauvignon '05	5	○ COF Tocai Friulano '04	4*
○ Collio Tocai Friulano '06	5		

FRIULI VENEZIA GIULIA

Valentino Butussi
VIA PRÀ DI CORTE, 1
33040 CORNO DI ROSAZZO [UD]
TEL. 0432759194
www.butussi.it

VENDITA DIRETTA
VISITA SU PRENOTAZIONE
OSPITALITÀ

PRODUZIONE ANNUA 100.000 bottiglie
ETTARI VITATI 18.00
VITICOLTURA Naturale

Angelo Butussi gestisce dagli anni '70 l'azienda fondata all'inizio del secolo scorso da papà Valentino. Il timone è già passato ai quattro figli, ma la carismatica figura di Angelo è ancora a capo di un gruppo familiare coeso e organizzato nella suddivisione dei compiti: Filippo in cantina, Tobia nei vigneti, Mattia ed Erika nel commerciale. La moglie Pierina si occupa soprattutto di accoglienza nella bella villa seicentesca della famiglia, in posizione panoramica a Visinale dello Judrio.

Ha sfiorato l'eccellenza il Picolit '08 che conquista l'olfatto con sentori di frutta tropicale, succo di mela cotta, spezie orientali, caramello e crema catalana. All'assaggio è dolce, grasso, avvolgente e quasi indelebile. Lo Chardonnay '10 profuma di susina giapponese e di cioccolato bianco, è molto elegante sia al naso sia in bocca, dov'è morbido e cremoso. Il Pignolo '07 è strutturato, ha un tannino fitto e al naso ricorda i piccoli frutti neri del sottobosco, il cacao, il tabacco e la liquirizia. Il Bianco di Corte '10 (chardonnay, friulano e pinot bianco) regala effusioni di erbe provenzali ed è equilibrato, morbido e sapido. Ottimo anche il Verduzzo Friulano '09, dolce, balsamico e agrumato.

○ COF Picolit '08	▼▼ 7
○ COF Bianco di Corte '10	▼▼ 4
● COF Cabernet Sauvignon '09	▼▼ 4
○ COF Chardonnay '10	▼▼ 4*
● COF Pignolo '07	▼▼ 6
● COF Rosso di Corte '08	▼▼ 5
○ COF Verduzzo Friulano '09	▼▼ 4*
● COF Cabernet Franc '09	▼ 4
○ COF Friulano '10	▼ 4
● COF Merlot '09	▼ 4
○ COF Pinot Grigio '10	▼ 4
○ COF Sauvignon '10	▼ 4
○ COF Friulano '09	▽▽ 4*
○ COF Picolit '07	▽▽ 7
○ COF Sauvignon '09	▽▽ 4*

Maurizio Buzzinelli
LOC. PRADIS, 20
34071 CORMÒNS [GO]
TEL. 048160902
www.buzzinelli.com

VENDITA DIRETTA
VISITA SU PRENOTAZIONE
OSPITALITÀ
RISTORAZIONE

PRODUZIONE ANNUA 100.000 bottiglie
ETTARI VITATI 24.00

L'azienda di Maurizio Buzzinelli è a Pradis, nelle vicinanze di Cormòns, su un colle che gode di un'esposizione ideale ed offre un panorama spettacolare su tutta la pianura friulana, con lo sguardo che si perde fino al vicino mare Adriatico. Forse furono proprio queste bellezze naturali, oltre alle esigenze di sopravvivenza, che attrassero il nonno Luigi che nel 1937 si insediò su questi colli con la sua famiglia. I passaggi generazionali da queste parti avvengono con grande naturalezza. Ora è la volta di Maurizio.

Punteggi elevati sono la logica conseguenza della crescita qualitativa. E quest'anno premiano una Malvasia '10 che si presenta con intenso profumo di frutta matura, erbe officinali ed alloro mentre l'assaggio è sapido, grintoso, ricco e persistente. Il Friulano '10 è molto raffinato ed ai classici sentori varietali di mela golden, timo e fieno secco assomma folate di rosa gialla e di frutta tropicale. Al gusto è pieno, scorrevole, sapido e piacevolmente amarognolo. Il Frututis '09 è un uvaggio di merlot, cabernet e refosco dal peduncolo rosso che profuma di more e ribes, avvolgente e speziato al palato. Il Sauvignon '10 è fresco, fragrante e succoso.

○ Collio Friulano '10	▼▼ 4
○ Collio Malvasia '10	▼▼ 4*
● Collio Rosso Frututis '09	▼▼ 5
○ Collio Sauvignon '10	▼▼ 4
○ Collio Ribolla Gialla '10	▼ 4
○ Collio Friulano '09	▽▽ 4*
○ Collio Friulano '07	▽▽ 4
○ Collio Malvasia Ronc dal Luis '08	▽▽ 4*
○ Collio Pinot Grigio '08	▽▽ 4*
○ Collio Ribolla Gialla '09	▽▽ 4*
○ Collio Sauvignon '09	▽▽ 4*
○ Collio Tocai Friulano '06	▽▽ 4

FRIULI VENEZIA GIULIA 456

Ca' Bolani
VIA CA' BOLANI, 2
33052 CERVIGNANO DEL FRIULI [UD]
TEL. 043132670
www.cabolani.it

VENDITA DIRETTA
VISITA SU PRENOTAZIONE

PRODUZIONE ANNUA 2.500.000 bottiglie
ETTARI VITATI 550.00

La Tenuta Ca' Bolani sorge nel cuore della Doc Friuli Aquileia e si sviluppa su tre diverse proprietà: Ca' Bolani, Molin del Ponte e Ca' Vescovo. Ha una superficie totale di oltre 800 ettari, di cui 550 a vigneto, e rappresenta così l'azienda con la più grande estensione a vigna del Nord Italia. Fu la prima realtà vitivinicola acquisita nel 1970 dalla famiglia Zonin al di fuori del Veneto e oggi rappresenta una delle più prestigiose cantine friulane. I suoi vini sono apprezzati in tutto il mondo.

Uno staff professionale e coeso è guidato dall'enologo Marco Rabino. Roberto Marcolini in cantina e Gabriele Carboni nei vigneti garantiscono continuità sugli ormai elevati livelli. Accanto ai vini bianchi registriamo le affermazioni del Refosco dal Peduncolo Rosso, a conferma della vocazione della Doc Friuli Aquileia per questo vitigno autoctono. Il Sauvignon Aquilis si è distinto per la tipicità e l'eleganza dei profumi che ricordano la mela verde ed il tè. All'assaggio è fresco, potente ed equilibrato, idem per il Tamànis. Il Refosco base rende onore alle caratteristiche varietali: è fruttato e speziato al naso, strutturato e morbido al palato.

○ Friuli Aquileia Sauvignon Aquilis '10	4*
● Friuli Aquileia Refosco P. R. '09	4*
● Friuli Aquileia Refosco P. R. Alturio '07	5
○ Friuli Aquileia Sauvignon Tamànis '10	5
○ Friuli Aquileia Friulano '10	4
○ Friuli Aquileia Pinot Bianco '10	4
○ Prosecco Ca' Bolani	3
○ Friuli Aquileia Pinot Bianco '09	4*
● Friuli Aquileia Conte Bolani Gianni Zonin Vineyards '00	6
● Friuli Aquileia Refosco P. R. '08	4*
● Friuli Aquileia Refosco P. R. Alturio Gianni Zonin Vineyards '05	4*
○ Friuli Aquileia Sauvignon Aquilis '09	4*
○ Friuli Aquileia Sauvignon Tamànis Gianni Zonin Vineyards '08	5*
○ Opimio Gianni Zonin Vineyards '01	4*

Ca' Ronesca
LOC. LONZANO, 27
34070 DOLEGNA DEL COLLIO [GO]
TEL. 048160034
www.caronesca.it

VENDITA DIRETTA
VISITA SU PRENOTAZIONE

PRODUZIONE ANNUA 200.000 bottiglie
ETTARI VITATI 56.00

Ca' Ronesca è stata fondata nel 1972 riunendo oltre cento ettari di terreni collinari costituiti da tante piccole proprietà semi abbandonate. Oltre la metà della superficie aziendale è vitata mentre la rimanenza è stata lasciata a bosco per mantenere l'importante equilibrio ecologico e micro-climatico. I vigneti si estendono parte sulle colline di Dolegna del Collio e parte ad Ipplis di Premariacco, sui Colli Orientali del Friuli. L'attuale proprietario, Davide Alcide Setten, ha dato nuovo impulso all'azienda.

L'inserimento del nuovo direttore Claudio Tomadin e dell'enologa trentina Clizia Zambiasi ha subito portato a risultati lusinghieri. Entrambi giovani ma forieri di esperienze maturate in altre importanti aziende della regione hanno portato una ventata di entusiasmo e la gamma dei vini ha ottenuto punteggi di grande prestigio. Il Sauvignon Blanc '10 del Collio regala fresche note vegetali di salvia e rosmarino ed in bocca è sapido, fragrante e fruttato. La Malvasia '10 si manifesta grintosa e ricca di mineralità sia all'olfatto sia al gusto. La Ribolla Gialla '10 ricorda lo iodio delle brezze marine ed in bocca è dinamica e brillante. Da corretti a molto buoni tutti gli altri vini.

● COF Rosso Sariz '08	5
○ COF Sauvignon Podere di Ipplis '09	5
○ Collio Malvasia '10	4*
○ Collio Pinot Bianco '10	4
○ Collio Ribolla Gialla '10	4*
○ Collio Sauvignon Blanc '10	5
○ Collio Chardonnay '10	4
○ Collio Friulano '10	4
○ Collio Pinot Grigio '10	4
○ Ribolla Gialla Brut '10	4
○ Sauvignon del Podere di Ipplis '86	
○ COF Sauvignon Podere di Ipplis '03	5
○ Collio Bianco Marnà '01	4*
○ Collio Pinot Grigio Podere San Giacomo '02	5
○ Collio Sauvignon '06	4*

FRIULI VENEZIA GIULIA

Ca' Tullio & Sdricca di Manzano
VIA BELIGNA, 41
33051 AQUILEIA [UD]
TEL. 0431919700
www.catullio.it

VENDITA DIRETTA
VISITA SU PRENOTAZIONE

PRODUZIONE ANNUA 450.000 bottiglie
ETTARI VITATI 78.00

La cantina Ca' Tullio, di proprietà Paolo Calligaris, ha sede in un maestoso edificio costruito all'inizio del secolo, anticamente utilizzato per l'essiccazione del tabacco e oggi uno dei rari esempi di archeologia industriale. Nel 1994 con un minuzioso restauro è stato riportato all'antica bellezza mantenendone inalterate le forme architettoniche. Qui vengono vinificate sia le uve della Ca' Tullio provenienti dai vigneti che si estendono nella zona Doc Friuli Aquileia che quelle di Sdricca di Manzano sui Colli Orientali del Friuli.

All'enologo aziendale Francesco Visintin va riconosciuto il merito di aver riportato in auge la potenzialità dei terreni sabbiosi della località Viola, nella Doc Friuli Aquileia, dove è possibile ancora oggi coltivare il traminer su piede franco, cioè senza portainnesto. L'aromaticità del Traminer Viola '10 lo rende inconfondibile e al naso regala la suggestione di un bouquet di mughetti e roselline con uno sfondo di frutta tropicale e di miele di tiglio. Lo Schioppettino Sdricca '09 ha un profumo invitante e progressivo di frutta in confettura e spezie; in bocca è avvolgente e vellutato mentre il Sauvignon Sdricca '10 è fresco e fragrante all'assaggio e tipicamente varietale all'olfatto.

○ COF Sauvignon Sdricca '10		4*
● COF Schioppettino Sdricca '09		5
○ Friuli Aquileia Traminer Viola '10		4*
○ COF Ribolla Gialla Sdricca '10		4
○ Friuli Aquileia Friulano '10		4
○ Friuli Aquileia Muller Thurgau '10		4
○ COF Friulano Sdricca '09		4*
○ COF Friulano Sdricca '08		4*
● COF Pignolo Sdricca '08		6
● COF Pignolo Sdricca '06		5
○ COF Verduzzo Friulano Sdricca '06		6
● Friuli Aquileia Rosso Aquileia Duemila '01		4*
○ Friuli Aquileia Traminer Viola '09		4
○ Friuli Aquileia Traminer Viola '08		4*

Cadibon
VIA CASALI GALLO, 1
33040 CORNO DI ROSAZZO [UD]
TEL. 0432759316
www.cadibon.com

VENDITA DIRETTA
VISITA SU PRENOTAZIONE
RISTORAZIONE

PRODUZIONE ANNUA 55.000 bottiglie
ETTARI VITATI 11.00

I fratelli Luca e Francesca Bon gestiscono l'azienda fondata nel 1977 dal padre Gianni a Corno di Rosazzo, sui Colli Orientali del Friuli. Il loro obiettivo è di presentare al consumatore un'interpretazione moderna e tipica dei classici friulani. Per fedeltà alla tradizione friulana hanno voluto chiamare l'azienda "Cà di Bon", un'espressione dialettale che significa "Qui nell'azienda agricola dei Bon". I vigneti sono distribuiti su dieci ettari che si estendono in tre diverse zone Doc: Colli Orientali del Friuli, Collio e Friuli Grave.

I vini che abbiamo degustato quest'anno sono stati tutti prodotti da uve dei Colli Orientali del Friuli e, forse non a caso, hanno ottenuto tutti lo stesso punteggio. È un fatto piuttosto raro ma è anche una conferma che lo standard aziendale ha raggiunto un livello invidiabile. Il Friulano Bontaj (che significa buon bicchier di vino) è estremamente tipico e di facile beva. La Ribolla Gialla è fresca ed equilibrata e profuma di biancospino, lavanda e mentuccia. Il Ronco del Nonno (pinot bianco, friulano e sauvignon) è agrumato, fragrante ed anche cremoso. Lo Schioppettino ed il Refosco sono ricchi di polpa, decisamente fruttati e leggermente speziati.

○ COF Friulano Bontaj '10		4*
● COF Refosco P. R. '09		4
○ COF Ribolla Gialla '10		4
● COF Schioppettino '09		4
○ Ronco del Nonno '10		4
○ COF Pinot Grigio '08		4*
● COF Refosco P. R. '08		4*
○ COF Ribolla Gialla '08		4*
○ COF Ribolla Gialla '07		4
○ COF Sauvignon '08		4*
○ Friuli Grave Sauvignon '09		4*
○ Ronco del Nonno '08		4*

FRIULI VENEZIA GIULIA

Canus

Via Gramogliano, 21
33040 Corno di Rosazzo [UD]
Tel. 0432759427
www.canus.it

VENDITA DIRETTA
VISITA SU PRENOTAZIONE

PRODUZIONE ANNUA 45.000 bottiglie
ETTARI VITATI 9.00

L'azienda Canus estende i suoi vigneti nel comune di Corno di Rosazzo, il località Gramogliano, a ridosso del torrente Judrio, che in quella zona separa i Colli Orientali del Friuli dalla Doc Collio. È un'azienda di antica costituzione che si è rinnovata nel 2004 cambiando nome e mentalità a seguito dell'acquisizione da parte di Ugo Rossetto che ne ha affidato la gestione ai due figli. Dario si è assunto l'onere della produzione mentre Lara cura l'amministrazione e le pubbliche relazioni.

L'accelerazione impressa da Dario ha portato l'azienda alla soglia dell'eccellenza ed il Pignolo della vendemmia '08 ha meritato le nostre finali. Conquista il naso con raffinate folate di spezie dolci su cui prevale la cannella, prosegue con note di cioccolato e tabacco su un sottofondo balsamico. In bocca è pieno, strutturato, coerente con l'olfatto, gradevole anche se per la giovane età il tannino è ancora un po' ruvido. Anche lo Chardonnay è di notevole livello, molto raffinato al naso con note di frutta matura e qualche sfumatura tropicale, soddisfacente all'assaggio, succoso e lineare. Buoni anche il Refosco e gli altri vini dell'annata.

● COF Pignolo '08	5
○ COF Chardonnay '10	4*
○ COF Malvasia '10	4
○ COF Pinot Grigio '10	4
● COF Refosco P. R. '08	5
○ COF Sauvignon '10	4
○ COF Bianco Jasmine '07	5
○ COF Chardonnay '08	4*
● COF Refosco P. R. '07	5
● COF Refosco P. R. '06	5
○ COF Ribolla Gialla '09	4
○ COF Ribolla Gialla Ribuele Blancie '07	5
○ COF Tocai Friulano '06	4

Il Carpino

Loc. Sovenza, 14a
34070 San Floriano del Collio [GO]
Tel. 0481884097
www.ilcarpino.com

VENDITA DIRETTA
VISITA SU PRENOTAZIONE

PRODUZIONE ANNUA 7.000 bottiglie
ETTARI VITATI 16.00
VITICOLTURA Naturale

Il Borgo del Carpino è a Sovenza, sulla strada che da Oslavia porta a San Floriano del Collio, ed ha dato il nome all'azienda fondata nel 1987 da Anna e Franco Sosol, attualmente coadiuvati anche dai figli Naike e Manuel. L'azienda è di carattere familiare, e Sosol la gestiscono con passione controllando tutte le fasi del processo produttivo, dalla cura dei vigneti, alla vinificazione, all'affinamento ed alla commercializzazione. Nel rispetto dell'ambiente, i trattamenti sono ridotti al minimo e sono a base di prodotti naturali.

Quest'anno la performance dei vini di Franco è di assoluto valore: un Tre Bicchieri e due altri finalisti, ma sono ottimi tutti i suoi vini. Una splendida Malvasia '08 offre all'olfatto note di pesca sciroppata, frutta tropicale, liquirizia e incenso ed in bocca è sapida, succosa e coinvolgente. Ottimo anche il Bianco Carpino '08, blend di chardonnay, ribolla gialla e sauvignon, che ha il colore dell'oro ed un elegante profumo di frutta matura, miele e caramello. I Tre Bicchieri vanno al più fresco e raffinato Collio Bianco Vigna Runc '10, da malvasia e sauvignon con un pizzico di traminer, ricco di aromi e di beva immediata, che incanta per eleganza, finezza e persistenza.

○ Collio Bianco V. Runc '10	4*
○ Bianco Carpino '08	5
○ Malvasia '08	6
○ Chardonnay '08	5
○ Collio Friulano V. Runc '10	4*
○ Pinot Grigio Vis Uvae '08	6
○ Friulano Exordium '08	6
○ Ribolla Gialla '08	5
● Rubrum '99	8
○ Bianco Carpino '06	5
○ Bianco Carpino '04	5
○ Bianco Carpino '03	5
○ Collio Malvasia Carpino '04	6
○ Collio Ribolla Gialla V. Runc '09	4*

FRIULI VENEZIA GIULIA

Casa Zuliani
VIA GRADISCA, 23
34072 FARRA D'ISONZO [GO]
TEL. 0481888506
www.casazuliani.com

VENDITA DIRETTA
VISITA SU PRENOTAZIONE

PRODUZIONE ANNUA 130.000 bottiglie
ETTARI VITATI 21.00

Fondata da Zuliano Zuliani nel 1923, è ora di proprietà di Riccardo Monfardino, sardo di origine ma ormai friulano di adozione, che da alcuni anni si era introdotto in azienda per una collaborazione commerciale, seguendo il mercato mondiale, e si è talmente integrato in essa fino ad arrivarne all'acquisizione. La sede aziendale è a Farra d'Isonzo e comprende la cantina ed una splendida villa padronale, mentre i vigneti si estendono nelle prestigiose zone Doc Collio e Friuli Isonzo.

Gli effetti della consulenza dell'affermato wine-maker Gianni Menotti si sono fatti subito sentire e così è stato ulteriormente valorizzato il lavoro certosino di Omar Caffar, che ormai da anni opera in cantina. Il Winter Rosso '06 esce quest'anno in due diverse versioni di taglio bordolese: 5/95 e 95/5, numeri che indicano la percentuale di merlot rispetto al cabernet sauvignon. La nostra preferenza è caduta sul primo, ma sono entrambi di alto livello, ricchi di note speziate e tostate, strutturati e morbidi all'assaggio, balsamici nel finale. La Malvasia '10 si è distinta per la coerenza naso bocca ed il Winter Sauvignon '09 per la finezza dei profumi.

● Winter Rosso 5/95 '06	♟♟ 6
○ Collio Friulano '10	♟ 4
○ Collio Malvasia '10	♟♟ 4
● Winter Rosso 95/5 '06	♟♟ 6
○ Winter Sauvignon '09	♟♟ 5
● Collio Merlot '10	♟ 4
○ Collio Sauvignon Blanc '10	♟ 4
○ Winter Chardonnay '08	♟ 6
○ Collio Chardonnay '08	♟♟ 4*
○ Collio Friulano '09	♟♟ 4*
○ Collio Friulano '08	♟♟ 4*

La Castellada
FRAZ. OSLAVIA, 1
34170 GORIZIA
TEL. 048133670
nicolobensa@virgilio.it

VENDITA DIRETTA
VISITA SU PRENOTAZIONE

PRODUZIONE ANNUA 23.000 bottiglie
ETTARI VITATI 9.00
VITICOLTURA Naturale

L'azienda è nata ad Oslavia nel 1978 ad opera di Giorgio e Nicolò Bensa, che decisero allora di iniziare ad imbottigliare i propri vini. Dal 1985 si imposero regole ferree, all'insegna della naturalità: inerbimento totale, concimazioni organiche, solo rame e zolfo nei trattamenti fitosanitari. Le uve, anche quelle a bacca bianca, vengono sottoposte a lunghe macerazioni in tini aperti. Grazie al contatto del mosto con le bucce la fermentazione si attiva spontaneamente e la presenza dei tannini, antiossidanti naturali, permette l'utilizzo di quantità molto ridotte di solfiti.

Con la tecnica di vinificazione adottata presso La Castellada si producono vini potenti, austeri, carichi di colore e dai profumi originali e intriganti. Sono vini che hanno un'evoluzione lenta, prima riposano in botte, poi si affinano in bottiglia e vedono la luce dopo molti anni. Il Bianco della Castellada '07 ha il colore dell'oro ed è molto brillante. È cun blend di pinot grigio, sauvignon, chardonnay e friulano e profuma di nocciole tostate, camomilla, fieno ed erbe provenzali. In bocca è pieno e strutturato e gode di una bevibilità inaspettata. Il Friulano '07 all'olfatto è intenso e complesso, ricorda l'aroma del basilico e la crema pasticcera ed è morbido ed avvolgente al palato.

○ Collio Bianco della Castellada '07	♟♟ 6
○ Collio Friulano '07	♟♟ 6
○ Collio Pinot Grigio '07	♟♟ 6
○ Collio Ribolla Gialla '07	♟♟ 6
○ Collio Chardonnay '07	♟ 6
○ Collio Sauvignon '07	♟ 6
○ Bianco della Castellada '95	♟♟♟ 6
○ Bianco della Castellada '94	♟♟♟ 6
○ Bianco della Castellada '92	♟♟♟ 6
○ Collio Bianco della Castellada '99	♟♟♟ 6
○ Collio Bianco della Castellada '98	♟♟♟ 6
○ Collio Chardonnay '94	♟♟♟ 6
● Collio Rosso della Castellada '99	♟♟♟ 8
○ Collio Sauvignon '93	♟♟♟ 6
○ Collio Tocai Friulano '03	♟♟♟ 6

FRIULI VENEZIA GIULIA

Castello di Buttrio
via Morpurgo, 9
33042 Buttrio [UD]
Tel. 0432673015
www.castellodibuttrio.it

VENDITA DIRETTA
VISITA SU PRENOTAZIONE
OSPITALITÀ
RISTORAZIONE

PRODUZIONE ANNUA 40.000 bottiglie
ETTARI VITATI 18.50

L'azienda si estende sui pendii dei Colli Orientali del Friuli che iniziano proprio con i colli di Buttrio e poi formano un anfiteatro naturale che si affaccia al mare Adriatico, protetto dalle Alpi Giulie. Buttrio risale al secolo XI, e certamente le principali pagine della sua storia sono legate al Castello, che fu più volte distrutto e riedificato. In tempi recenti la tenuta è stata trasformata in azienda e nel 1994 è stata acquistata da Marco Felluga. Ora è condotta dalla figlia Alessandra.

È già da un po' di tempo che seguiamo i progressi di questa azienda e non avevamo dubbi sulla rapidità del suo successo. Alessandra infatti si avvale dell'esperienza enologica di Andrea Pittana. Ottima la gamma dei vini, ad iniziare dal Friulano, floreale e fragrante, fresco, snello e ricco di mineralità. Il Pignolo della vendemmia 2006 ha un profumo complesso, ancora fruttato, leggermente speziato con una bella nota di china. In bocca è possente, strutturato, lineare e progressivo. Il Sauvignon è molto varietale, ricco di sapore e gradevolmente aromatico. La Malvasia ha una bella nota di liquirizia, buona freschezza e sapidità.

○ COF Friulano '10	5
○ COF Bianco Mon Blanc '10	4
○ COF Malvasia '10	5
● COF Pignolo '06	6
○ COF Sauvignon '10	5
○ COF Chardonnay '10	5
○ COF Bianco Mon Blanc '07	4*
○ COF Dolce Mille e una Botte '08	4
○ COF Sauvignon '09	5
○ COF Tocai Friulano '06	6

Castello di Spessa
via Spessa, 1
34070 Capriva del Friuli [GO]
Tel. 0481639914
www.paliwines.com

VENDITA DIRETTA
VISITA SU PRENOTAZIONE
RISTORAZIONE

PRODUZIONE ANNUA 80.000 bottiglie
ETTARI VITATI 28.00

Immerso nel verde di un magnifico giardino all'italiana, il Castello di Spessa si erge elegante nel cuore del Collio Goriziano. Le sue origini risalgono al lontano 1200. Per secoli il maniero fu la dimora dei signori della nobiltà friulana. Nel 1987 il castello, assieme ai vigneti che lo circondano, è stato acquistato da Loretto Pali, che gli ha dato nuova vita e ne ha fatto il cuore del complesso che comprende l'azienda vinicola, un lussuoso resort, con campo da golf da 18 buche e un ristorante.

Ormai da molti anni i vini di Pali sono affidati alla competenza di Domenico Lovat mentre Gianni Menotti funge da consulente esterno. Ottima la performance del Pinot Bianco di Santarosa, che profuma di frutta matura e di prodotti di pasticceria, è cremoso, pieno e progressivo al gusto. In risalto anche il Friulano dell'ultima annata, molto varietale, elegante e pulito al naso, fresco, ricco di sapore e mineralità. Il Collio Rosso Conte di Spessa (merlot e cabernet sauvignon), reduce da un lungo affinamento ha profumi tostati, speziati e balsamici ed è ancora un po' aggressivo.

○ Collio Friulano '10	5
○ Collio Pinot Bianco di Santarosa '09	5
○ Collio Pinot Bianco '10	5
○ Collio Pinot Grigio '09	5
● Collio Pinot Nero Casanova '07	6
● Collio Rosso Conte di Spessa '04	6
○ Collio Ribolla Gialla '10	5
○ Collio Sauvignon Segrè '10	6
○ Collio Friulano '09	5
○ Collio Pinot Bianco '09	5
○ Collio Pinot Bianco '07	5
○ Collio Pinot Bianco di Santarosa '05	5
○ Collio Ribolla Gialla '08	5
○ Collio Sauvignon '08	5
○ Collio Sauvignon Segrè '07	6

FRIULI VENEZIA GIULIA

Castelvecchio
via Castelnuovo, 2
34078 Sagrado [GO]
Tel. 048199742
www.castelvecchio.com

VENDITA DIRETTA
VISITA SU PRENOTAZIONE

PRODUZIONE ANNUA 250.000 bottiglie
ETTARI VITATI 40.00

L'azienda Castelvecchio, di proprietà della famiglia Terraneo, è situata nella parte più settentrionale del Carso Goriziano, a ridosso della spianata del fiume Isonzo, su terreni ricchi di ferro e di calcare, dove le peculiarità dei vitigni della tradizione vengono preservate ed evidenziate in virtù di un particolare microclima. È una zona affascinante sotto il profilo paesaggistico, ed i suoi terreni poco fertili permettono una produzione viticola di estremo interesse. Bellissima la villa rinascimentale circondata dal parco.

Le particolari condizioni pedoclimatiche e la natura del sottosuolo rendono il territorio del Carso unico al mondo. È una ambiente ostico dove ci si deve confrontare quotidianamente con la roccia calcarea, ma le sfide più dure sono quelle che alla fine danno maggiori soddisfazioni. Per vincere le sfide anche in vitivinicoltura servono uomini tenaci e preparati ed è per questo che la famiglia Terraneo recentemente ha deciso di avvalersi della consulenza del bravissimo Gianni Menotti. Siamo certi che i risultati non si faranno attendere e per il momento abbiamo apprezzato il Merlot '05 ed il Refosco '08, che ricordano i piccoli frutti neri e la radice di liquirizia.

● Carso Merlot '05	🍷🍷 6
● Carso Refosco P. R. '08	🍷🍷 5
● Carso Cabernet Sauvignon '08	🍷 5
○ Carso Malvasia Istriana '10	🍷 4
● Terrano '09	🍷 4
● Carso Cabernet Sauvignon '05	🍷🍷 5
○ Carso Malvasia Istriana '09	🍷🍷 4
○ Carso Malvasia Istriana '08	🍷🍷 4*
○ Carso Malvasia Istriana '07	🍷🍷 4
● Carso Merlot '04	🍷🍷 6
● Carso Refosco P. R. '06	🍷🍷 5
● Sagrado Rosso '05	🍷🍷 6

Eugenio Collavini
loc. Gramogliano
via della Ribolla Gialla, 2
33040 Corno di Rosazzo [UD]
Tel. 0432753222
www.collavini.it

VENDITA DIRETTA
VISITA SU PRENOTAZIONE

PRODUZIONE ANNUA 1.500.000 bottiglie
ETTARI VITATI 173.00
VITICOLTURA Naturale

L'azienda, fondata Eugenio Collavini nel 1896, ha sede a Corno di Rosazzo nella villa che fu dei conti Zucco di Cuccanea. È gestita con competenza e passione da Manlio Collavini che già negli anni '70 avviò un'operazione ininterrotta di modernizzazione e potenziamento delle strutture. La vera svolta qualitativa iniziò nel 1996 con un programma globale che ha portato alla fidelizzazione dei vignaioli conferitori d'uve, controllati da un agronomo aziendale. Con Manlio collaborano i figli Giovanni, Eugenio e Luigi.

È una delle poche aziende friulane che producono un numero di bottiglie davvero elevato, ma gli va attribuito il merito di fare vera qualità. Manlio ha brevettato un metodo per produrre una Ribolla Gialla spumantizzata che gli ha dato e gli sta dando molte soddisfazioni e poi, avvalendosi dell'esperienza dell'enologo aziendale Walter Bergnach, ha creato il Collio Bianco Broy, un mix di chardonnay, friulano e sauvignon che anche con il millesimo '10 merita i nostri Tre Bicchieri. È un vino di struttura e personalità, morbido e cremoso che profuma di frutta matura e tropicale, ginestra, cioccolato bianco e cipria, con fresche note di menta e salvia.

○ Collio Bianco Broy '10	🍷🍷🍷 5
○ Collio Friulano T '10	🍷🍷 4
○ Collio Sauvignon Blanc Fumât '10	🍷🍷 4
● COF Refosco P. R. Pucino '10	🍷 4
○ COF Ribolla Gialla Turian '10	🍷 6
○ Collio Bianco Broy '09	🍷🍷🍷 5*
○ Collio Bianco Broy '08	🍷🍷🍷 5*
○ Collio Bianco Broy '07	🍷🍷🍷 5
○ Collio Bianco Broy '06	🍷🍷🍷 5
○ Collio Bianco Broy '04	🍷🍷🍷 5
○ Collio Bianco Broy '03	🍷🍷🍷 5
● COF Rosso Forresco '05	🍷🍷 6
● Collio Merlot dal Pic '05	🍷🍷 6
○ Collio Sauvignon Blanc Fumât '08	🍷🍷 4*
○ Ribolla Gialla Brut '05	🍷🍷 6

FRIULI VENEZIA GIULIA

Colle Duga
Loc. Zegla, 10
34071 Cormòns [GO]
Tel. 048161177
www.colleduga.com

VENDITA DIRETTA
VISITA SU PRENOTAZIONE

PRODUZIONE ANNUA 50.000 bottiglie
ETTARI VITATI 9.00

Siamo nel cuore del Collio, a contatto di gomito con le colline slovene della Goriska Brda. In località Zegla la famiglia Princic si dedica da generazioni alla coltivazione della vite ed alla vinificazione. Dal 1991 è toccato a Damian, allora giovanissimo, assumersi la responsabilità della conduzione. Sulle mappe topografiche il colle su cui si estendono i vigneti viene identificato col nome Duga e da qui nasce l'idea per il nome dell'azienda. Con lui collaborano i figli Karin e Patrick e la moglie Monica.

L'altissimo livello qualitativo espresso da tutta la gamma è frutto del costante impegno di Damian, ed è esemplificato dal Collio Bianco '10, blend di sauvignon, chardonnay, friulano e malvasia di grande eleganza e tipicità. Fiori bianchi e note di pasticceria deliziano le narici mentre all'assaggio è morbido e succoso. Ottima anche la performance del Pinot Grigio '10, che all'olfatto è fruttato, nobilitato da note aromatiche di timo, alloro e mentuccia e in bocca è agile, fragrante, scorrevole e sapido. Punteggi elevati anche per tutti gli altri vini, varietali e convincenti.

Colmello di Grotta
Loc. Grotta
via Gorizia, 133
34072 Farra d'Isonzo [GO]
Tel. 0481888445
www.colmello.it

VENDITA DIRETTA
VISITA SU PRENOTAZIONE

PRODUZIONE ANNUA 85.000 bottiglie
ETTARI VITATI 20.00

Un vecchio e fatiscente borgo abbandonato fu riportato agli antichi splendori nel 1965 per volontà e passione di Luciana Bennati, che costruì anche una moderna cantina. Alla sua scomparsa la figlia Francesca Bortolotto Possati, che dalla madre ha ereditato la passione per la vitivinicoltura, mise in pratica le sue esperienze imprenditoriali ed iniziò una fase di crescita, qualitativa e del parco vitato (che ormai supera i venti ettari) e la scalata ai vertici della produzione regionale.

L'estensione dei vigneti è equamente suddivisa tra le rinomate zone Doc Collio e Friuli Isonzo che sono adiacenti ma che sono caratterizzate da terreni la cui composizione è completamente diversa. Francesca si è affidata alle competenze enologiche di Fabio Coser che è un gran conoscitore della morfologia del territorio e può sfruttarne al meglio le peculiarità. La Ribolla Gialla '10 prodotta sul Collio ha ricevuto consensi unanimi per la soavità del profumo di ginestra, pesca bianca e nespola ma soprattutto per la fragranza, la grinta e la spiccata mineralità. Anche il Sauvignon '10 è molto convincente mentre il Cabernet Sauvignon '09 dell'Isonzo si è distinto per la piacevolezza.

○ Collio Bianco '10	5
○ Collio Pinot Grigio '10	4*
○ Collio Chardonnay '10	4
○ Collio Friulano '10	4
● Collio Merlot '09	5
○ Collio Sauvignon '10	4
○ Collio Bianco '08	5*
○ Collio Bianco '07	5
○ Collio Friulano '09	4*
○ Collio Tocai Friulano '06	4*
○ Collio Tocai Friulano '05	4*
○ Collio Bianco '09	5*
○ Collio Friulano '07	4
○ Collio Pinot Grigio '09	4*
○ Collio Pinot Grigio '07	5

○ Collio Ribolla Gialla '10	4*
○ Collio Pinot Grigio '10	4*
○ Collio Sauvignon '10	4*
● Friuli Isonzo Cabernet Sauvignon '09	4*
○ Collio Chardonnay '10	4
○ Collio Friulano '10	4
○ Friuli Isonzo Chardonnay '10	4
○ Friuli Isonzo Pinot Grigio '10	4
○ Friuli Isonzo Sauvignon '10	4
○ Collio Pinot Grigio '09	4*
○ Collio Pinot Grigio '08	4*
○ Collio Sauvignon '08	4*
● Friuli Isonzo Cabernet Sauvignon '08	4*
● Friuli Isonzo Merlot '04	4

FRIULI VENEZIA GIULIA

Gianpaolo Colutta
via Orsaria, 32A
33044 Manzano [UD]
Tel. 0432510654
www.coluttagianpaolo.com

VENDITA DIRETTA
VISITA SU PRENOTAZIONE

PRODUZIONE ANNUA 150.000 bottiglie
ETTARI VITATI 30.00

La nobile famiglia Colutta vanta un'esperienza agricola documentata di oltre un millennio. All'inizio degli anni Trenta del secolo scorso ebbe origine l'azienda agricola Bandut e nel 1999, a seguito della divisione tra due fratelli, è nata l'azienda di Gianpaolo Colutta, che estende i suoi curatissimi vigneti sui Colli Orientali del Friuli nei comuni di Buttrio, Manzano e Premariacco. Gianpaolo, che è agronomo, può contare sulla collaborazione delle figlia Elisabetta, laureata in enologia.

Quest'anno abbiamo apprezzato soprattutto il Pignolo ed il Tazzelenghe della vendemmia 2006, due vitigni dai tannini poderosi sapientemente addomesticati dalle pratiche enologiche e dal tempo. Il Pignolo stuzzica all'olfatto con profumi fruttati di mora e ciliegia e prosegue con note di liquirizia, cannella, caffè e cioccolato. La robustezza che si manifesta all'assaggio è poi mitigata da una quasi inaspettata morbidezza. Idem per il Tazzelenghe, profumato ed avvolgente. La Ribolla Gialla ricorda gli agrumi ed il Picolit il miele.

Paolino Comelli
case Colloredo, 8
33040 Faedis [UD]
Tel. 0432711226
www.comelli.it

VENDITA DIRETTA
VISITA SU PRENOTAZIONE
OSPITALITÀ
RISTORAZIONE

PRODUZIONE ANNUA 60.000 bottiglie
ETTARI VITATI 12.50

Va dato merito alla lungimiranza di Paolino Comelli se un vecchio borgo abbandonato, composto da casolari rurali decadenti, sperduto tra le colline di Colloredo di Soffumbergo, è ora diventato un centro di accoglienza di straordinaria bellezza, arredato in stile tipico friulano e dotato di ogni comfort. Era il 1946, nel secondo dopoguerra, e in quei tempi nessuno poteva immaginare l'escalation che avrebbe fatto il mondo del vino. Ora è la sede aziendale della cantina gestita da Pierluigi Comelli e dalla moglie Daniela.

La consulenza tecnica di Emilio Del Medico è sempre un conforto ed una garanzia ma lo staff aziendale ha dimostrato di aver raggiunto piena maturità. Il Pignolo '07 approda alle nostre finali per l'opulenza del profumo che ricorda il cacao, il pepe nero, il chiodo di garofano e l'eucalipto ma soprattutto per la potenza, l'aggressività e la concentrazione del sapore. Il Rosso Soffumbergo '08 conquista all'olfatto con folate di liquirizia e piccoli frutti neri, soprattutto mirtilli e appaga il palato. Il Pinot Grigio Amplius '10 è ricco di sentori tropicali, fresco e succoso.

Vino	Punteggio
○ COF Picolit '09	8
● COF Pignolo '06	8
○ COF Ribolla Gialla '10	5
● COF Tazzelenghe '06	7
○ COF Chardonnay '10	4
● COF Schioppettino '09	6
● COF Pignolo '05	8
● COF Pignolo '04	8
○ COF Pinot Bianco '07	4
○ COF Pinot Grigio '07	4
○ COF Pinot Grigio '05	4*
○ COF Ribolla Gialla '09	4*
● COF Tazzelenghe '05	7

Vino	Punteggio
● COF Pignolo '07	6
● Rosso Soffumbergo '08	5
● COF Merlot Jacò '08	5
○ COF Pinot Grigio Amplius '10	4
○ COF Sauvignon '10	4*
○ COF Chardonnay EsPrimo '10	4
○ COF Friulano '10	4
○ COF Friulano '07	4*
○ COF Sauvignon '09	4*
○ COF Tocai Friulano '06	4
○ COF Tocai Friulano '04	4*
○ COF Tocai Friulano '03	4
● Rosso Soffumbergo '07	5
● Rosso Soffumbergo '06	5

FRIULI VENEZIA GIULIA

Dario Coos
LOC. RAMANDOLO, 5
33045 NIMIS [UD]
TEL. 0432790320
www.dariocoos.it

VENDITA DIRETTA
VISITA SU PRENOTAZIONE

PRODUZIONE ANNUA 50.000 bottiglie
ETTARI VITATI 10.00

Nei Colli Orientali del Friuli intorno a Ramandolo, dove le colline s'inerpicano a terrazzamenti verso nord, si coltiva la vite da almeno 500 anni. Tra questi dirupi da cinque generazioni i Coos curano i loro vigneti, cinque ettari davvero strappati alla montagna. Dario ha fondato l'azienda nel 1986 e sono tuttora a lui affidate tutte le pratiche di cantina. Convinto sostenitore di una produzione di qualità, elabora vini inconfondibili, frutto della filosofia di famiglia fatta di rispetto della tradizione ma anche di ricerca.

Dario Coos quest'anno propone un Pignolo '07 che ci ha particolarmente colpito per la morbidezza non usuale soprattutto se rapportata al vitigno. Al primo assaggio lo abbiamo definito addirittura ruffiano, ma poi si è aperto regalando preziosi sentori di confettura di amarene, grafite e cannella. Il Picolit è particolarmente raffinato, al naso ricorda la crema, la camomilla ed il limone e in bocca è gradevolmente dolce. Una nota di merito anche per il Friulano, prodotto con uve di pianura, e per il bianco Vindos (verduzzo - vinificato asciutto - e sauvignon).

● Pignolo '07	5
○ Friuli Grave Friulano '10	4
○ Picolit '08	7
○ Vindos '09	4*
○ Ramandolo '08	5
○ Ramandolo Il Longhino '09	5
○ Sauvignon '10	4
○ COF Picolit '07	7
○ COF Picolit '06	7
○ Ramandolo '00	5
○ Ramandolo Romandus '04	6
○ Ramandolo Romandus '02	6
○ Ramandolo V. T. '04	5
○ Vindos '08	4

Cantina Produttori di Cormòns
VIA VINO DELLA PACE, 31
34071 CORMÒNS [GO]
TEL. 048161798
www.cormons.com

VENDITA DIRETTA
VISITA SU PRENOTAZIONE
OSPITALITÀ
RISTORAZIONE

PRODUZIONE ANNUA 2.250.000 bottiglie
ETTARI VITATI
VITICOLTURA Biologico Certificato

Il buon vino nasce in campagna: la Cantina Produttori Cormòns ha fatto proprio il vecchio detto contadino e ha puntato gran parte del suo progetto sulla cura della vigna, redigendo uno Statuto, supportato da un Quaderno di Campagna, che è un minuzioso codice di comportamento al quale tutti i soci devono ottemperare. Luigi Soini, direttore di questa fiorente realtà, può contare su oltre duecento conferitori dalle zone Doc regionali più vocate alla vitivinicoltura: Collio, Colli Orientali del Friuli, Carso, Friuli Isonzo e Friuli Aquileia.

La competenza enologica di Rodolfo Rizzi è fuori discussione. Gestire un così alto numero di etichette non è certo facile ma lui lo fa con grande perizia. A conferma di ciò un suo vino ha meritato le nostre finali. Il Friulano è il vino bandiera della regione e sul Collio riesce ad esprimersi ai massimi livelli. Ha un profumo complesso, fruttato e floreale, di pesca e di glicine ed è dotato di una spiccata mineralità. Si distingue per tipicità, come il Sauvignon '10, che si presenta invece con note di pompelmo e salvia. Intrigante è l'assaggio del Vino della Pace, prodotto con oltre seicento vitigni diversi provenienti dai cinque continenti.

○ Collio Friulano '10	4*
○ Collio Sauvignon '10	4*
○ Vino della Pace '06	6
○ Friuli Isonzo Malvasia Istriana '10	4
⊙ Pinot Grigio Brut Rosänder	5
○ COF Ribolla Gialla '06	4
○ Collio Tocai Friulano Rinascimento '04	4*
○ Collio Tocai Friulano Rinascimento '03	4*
○ Friuli Isonzo Friulano '09	3*

465 FRIULI VENEZIA GIULIA

Conte D'Attimis-Maniago
via Sottomonte, 21
33042 Buttrio [UD]
Tel. 0432674027
www.contedattimismaniago.it

VENDITA DIRETTA
VISITA SU PRENOTAZIONE

PRODUZIONE ANNUA 400.000 bottiglie
ETTARI VITATI 85.00

L'azienda si estende sulle colline di Buttrio, nei Colli Orientali del Friuli. È una delle cantine storiche friulane. Fa parte della Tenuta Sottomonte la cui fondazione risale al 1585 ed appartiene quindi da oltre 400 anni alla famiglia d'Attimis-Maniago. Va dato merito alle generazioni precedenti di aver sempre preservato la peculiarità dei vigneti, preferendo i biotipi locali delle uve ad ogni reimpianto. Una filosofia che ora anche Alberto d'Attimis-Maniago difende con tenacia ottenendo risultati d'eccellenza.

Nella cantina di Buttrio opera ormai da tempo il giovane ma già esperto enologo Francesco Spitaleri. Quest'anno ci sono stati proposti principalmente vini della vendemmia 2007, che vedono la luce alla fine di un lungo affinamento, ma anche un Sauvignon d'annata che ha bissato il successo di quello della precedente vendemmia. Il Tazzelenghe ha meritato la palma di miglior vino dell'azienda per l'intrigante profumo speziato e balsamico e per la marcata tipicità. Il Sauvignon delizia con note citrine di pompelmo rosa e toni di zucchero filato.

○ COF Sauvignon '10	4*
● COF Tazzelenghe '07	7
● COF Rosso Vignaricco '07	6
○ COF Chardonnay '07	5
○ COF Malvasia '06	4*
○ COF Malvasia '02	4*
○ COF Sauvignon '03	4*
○ COF Sauvignon '01	4
● COF Tazzelenghe '04	6
● COF Tazzelenghe '03	6
● COF Tazzelenghe '02	6

di Lenardo
fraz. Ontagnano
p.zza Battisti, 1
33050 Gonars [UD]
Tel. 0432928633
www.dilenardo.it

VENDITA DIRETTA
VISITA SU PRENOTAZIONE

PRODUZIONE ANNUA 600.000 bottiglie
ETTARI VITATI 45.00

I vigneti della di Lenardo si estendono nelle zone Doc Friuli Grave e Friuli Aquileia, e la cantina è situata nel piccolo centro abitato di Ontagnano, frazione di Gonars. L'azienda vanta due secoli di storia ma ora pulsa su ritmi giovanili, quelli di Massimo di Lenardo, che ha dimostrato che anche la viticoltura di pianura, se condotta in modo intelligente, può ottenere risultati più che lusinghieri. La produzione, incentrata sulle uve tipiche, ha conquistato il mercato estero, soprattutto quello d'oltreoceano.

I vini proposti da Massimo di Lenardo sono sempre contraddistinti da una semplicità e da una linearità esemplari, ma sono anche ricchi di sfumature e appaganti. Anche quest'anno si sono messi in luce ed uno ha conquistato le nostre finali. È lo Chardonnay '10, elegante al naso con note di tulipano e di frutta matura, anche tropicale, gustoso e cremoso all'assaggio, molto persistente. Note di vaniglia, frutta candita e pasticceria caratterizzano invece il Father's Eyes, anch'esso prodotto con chardonnay ma vinificato in legno. Due bicchieri meritati anche per il Verduzzo ed il Friulano.

○ Chardonnay '10	3*
○ Father's Eyes '10	4*
○ Friuli Grave Friulano Toh! '10	4*
○ Verduzzo Pass the Cookies '10	4*
● Refosco P.R. '10	4
● Ronco Nolè Rosso	4
○ Sauvignon Blanc '10	3
○ Chardonnay '09	4*
○ Father's Eyes '08	4*
○ Friuli Grave Friulano Toh! '09	3*
● Merlot Just Me '08	5
● Merlot Just Me '04	5
● Merlot Just Me '03	5
● Ronco Nolè Rosso '08	4*
○ Verduzzo Pass the Cookies '09	4*

FRIULI VENEZIA GIULIA

Carlo di Pradis
loc. Pradis, 22b
34071 Cormòns [GO]
Tel. 048162272
www.carlodipradis.it

VENDITA DIRETTA
VISITA SU PRENOTAZIONE

PRODUZIONE ANNUA 70.000 bottiglie
ETTARI VITATI 15.00

Pradis è una fiorente località collinare, sita nei pressi di Cormòns, sede di diverse aziende di spicco nel mondo vitivinicolo regionale. Qui la famiglia Buzzinelli ha da tempo messo le radici e dal 1992 Boris e David gestiscono l'azienda ereditata dal padre Carlo, a cui in segno di riconoscenza l'hanno intitolata. La cantina in cima al colle è ampia e perfettamente attrezzata, ha uno stile architettonico moderno ma è ben inserita nell'ambiente, e funge anche da abitazione per i due fratelli che da quella posizione godono di un panorama mozzafiato.

Circa la metà dei vigneti sono nel comprensorio di Cormòns e quindi nella Doc Collio, mentre altri si estendono in zone pianeggianti e fanno parte della Doc Friuli Isonzo. Da entrambe le zone Boris e David sanno trarre il meglio della qualità vinificando in modo naturale, senza mai ricorrere ad eccessi o forzature. Il Collio Friulano '10 si è distinto per la marcata tipicità sia nei profumi sia al palato. Ricorda la fioritura dell'acacia, la mela golden ed il fieno, in bocca è fresco, snello e piacevolmente amarognolo. Il Collio Sauvignon '10 è ricco di aromaticità. Ottimo anche il Pinot Grigio '10, soprattutto quello della piana dell'Isonzo.

★★Girolamo Dorigo
loc. Vicinale
via del Pozzo, 5
33042 Buttrio [UD]
Tel. 0432674268
www.montsclapade.com

VENDITA DIRETTA
VISITA SU PRENOTAZIONE
OSPITALITÀ

PRODUZIONE ANNUA 160.000 bottiglie
ETTARI VITATI 40.00

Girolamo Dorigo ebbe il coraggio in giovane età di abbandonare una già ben avviata attività di commercialista per dedicarsi al vino. Da vero neofita si ispirò all'enologia francese e da subito praticò l'infittimento dei vigneti tradizionali, le basse rese e la vinificazione in barrique. Il recente restyling della sede aziendale ha dato un nuovo volto alla cantina, rendendola più più funzionale. Ora i figli Alessio e Alessandra hanno la possibilità di lavorare in spazi generosi e fare anche accoglienza.

I vini assaggiati quest'anno sono all'altezza della loro fama e sia il Rosso Montsclapade '08 sia il Pignolo di Buttrio '08 sono approdati con merito alle nostre finali. Il primo è un classico uvaggio bordolese di merlot e cabernet (sia sauvignon che franc). Profuma di frutti di bosco, spezie, tabacco, radice di liquirizia e rabarbaro e in bocca è largo, pieno e avvolgente. Il Pignolo è molto complesso al naso ed all'assaggio è potente, sontuoso, ricco di aromi e di tannini fitti e vigorosi. Ottimi anche gli spumanti metodo classico: al già conosciuto Dorigo Brut Cuvée si è aggiunto il Brut Blanc de Noir ottenuto da uve di solo pinot nero vinificate in bianco.

○ Collio Friulano '10	4
○ Collio Sauvignon '10	4*
○ Friuli Isonzo Pinot Grigio '10	4*
○ Collio Pinot Grigio '10	4
○ Friuli Isonzo Friulano '10	4
○ Collio '09	4*
○ Collio Friulano '09	4*
○ Collio Friulano '08	4*
○ Collio Friulano Scusse '08	5
○ Collio Friulano Scusse '07	5
○ Collio Pinot Grigio '09	4*
○ Collio Tocai Friulano '05	4
○ Friuli Isonzo Friulano BorDavi '08	4*
○ Friuli Isonzo Sauvignon '09	4*

● COF Pignolo di Buttrio '08	8
● COF Rosso Montsclapade '08	7
○ Blanc de Noir Brut	6
○ COF Picolit '08	7
○ COF Pinot Grigio '10	4*
○ COF Ribolla Gialla '10	4*
○ COF Sauvignon '10	4*
○ Dorigo Brut Cuvée	5
● COF Refosco P. R. '09	6
○ COF Chardonnay Vign. Ronc di Juri '96	6
○ COF Picolit Passito '95	6
● COF Pignolo di Buttrio '03	7
● COF Pignolo di Buttrio '02	7
● COF Rosso Montsclapade '06	7
● COF Rosso Montsclapade '04	7
● COF Rosso Montsclapade '98	7

FRIULI VENEZIA GIULIA

Draga
loc. Scedina, 8
34070 San Floriano del Collio [GO]
Tel. 0481884182
www.draga.it

VENDITA DIRETTA
VISITA SU PRENOTAZIONE

PRODUZIONE ANNUA 25.000 bottiglie
ETTARI VITATI 10.70

Da tre generazioni i Miklus curano con passione i loro nove ettari di vigne situate nel cuore del Collio, a San Floriano. Milan Miklus nel 1982 ha rinnovato i vigneti, suddivisi in due appezzamenti, Draga e Breg, e dieci anni dopo ha iniziato l'imbottigliamento dei suoi vini ottenendo da subito un notevole successo. Draga, che ha dato il nome all'azienda, gode di un'ottima esposizione e di una ventilazione ideale mentre Breg è percossa da venti più forti e vi trovano conforto le uve più resistenti.

Quest'anno Draga riconquista la scheda grande di prepotenza, con ben tre vini che hanno ottenuto punteggi importanti. Ci ha sbalorditi la Malvasia Miklus '08 per l'intensità e la complessità del profumo che ricorda le fienagioni estive, le erbe mediterranee, l'alloro e la crema pasticcera ma soprattutto ci ha colpito l'assaggio, potente, elegante, ricco. La stessa emozione ci è stata regalata dalla Ribolla Gialla Miklus '07, dalle dolci note di confettura di albicocche alternate a sentori speziati e balsamici e della stessa intensità all'assaggio. Il Merlot Miklus '08 sprigiona l'opulenza e la mineralità della terra sia al naso sia al palato.

○ Collio Malvasia Miklus '08	4
● Collio Merlot Miklus '08	5
○ Collio Ribolla Gialla Miklus '07	5
○ Collio Pinot Grigio '10	4
○ Collio Bianco Bianco di Collina '06	4*
● Collio Cabernet Sauvignon Miklus '98	4
○ Collio Ribolla Gialla '06	5
○ Collio Ribolla Gialla Miklus '06	5
○ Collio Sauvignon '04	4
○ Collio Tocai Friulano '06	4
○ Collio Tocai Friulano '03	4

Mauro Drius
via Filanda, 100
34071 Cormòns [GO]
Tel. 048160998
www.driusmauro.it

VENDITA DIRETTA
VISITA SU PRENOTAZIONE

PRODUZIONE ANNUA 60.000 bottiglie
ETTARI VITATI 15.00

La grande forza di una famiglia molto unita, come sono sempre stati i Drius, rappresenta il valore aggiunto ad una professionalità affinatasi nel tempo, in un armonico ricambio generazionale che ha preso il via secoli addietro e che ora con Mauro sta vivendo la sua stagione migliore. Un inizio da coltivatore diretto, convinto sostenitore dell'allevamento bovino, Mauro rappresenta quella categoria di Contadini che meritano la maiuscola, orgogliosi del loro mestiere, amanti della terra e rispettosi dell'ambiente.

In un'annata, la 2010, che ha creato problemi a molti viticoltori è emersa l'indiscussa capacità enologica di Mauro che è riuscito a mantenere un altissimo livello qualitativo. Una nota di merito quest'anno va assegnata alla Malvasia '10 prodotta con le uve provenienti dall'Isonzo. Lievi note aromatiche fanno da sfondo a sentori fruttati di mela golden e pesca gialla ed in bocca è ricca di sapore, morbida ed avvolgente e chiude con una nota salmastra. Il Pinot Grigio '10 ricorda fiori di campo, miele degli stessi e camomilla ed è gradevole e fresco all'assaggio. Frutta matura e freschi toni vegetali dominano l'olfatto del Pinot Bianco '10 mentre entrambi i Friulano '10 si distinguono per complessità e tipicità.

○ Friuli Isonzo Malvasia '10	4*
○ Collio Friulano '10	4*
○ Collio Sauvignon '10	4*
○ Friuli Isonzo Friulano '10	4*
○ Friuli Isonzo Pinot Bianco '10	4*
○ Friuli Isonzo Pinot Grigio '10	4*
○ Friuli Isonzo Chardonnay '10	4
○ Collio Tocai Friulano '05	4*
○ Collio Tocai Friulano '02	4*
○ Friuli Isonzo Bianco Vignis di Sìris '02	4*
○ Friuli Isonzo Friulano '07	4
○ Friuli Isonzo Malvasia '08	4*
○ Friuli Isonzo Pinot Bianco '09	4*
○ Friuli Isonzo Pinot Bianco '00	4
○ Collio Friulano '08	4*

FRIULI VENEZIA GIULIA

Le Due Terre
via Roma, 68b
33040 Prepotto [UD]
Tel. 0432713189

VENDITA DIRETTA
VISITA SU PRENOTAZIONE

PRODUZIONE ANNUA 20.000 bottiglie
ETTARI VITATI 5.00
VITICOLTURA Naturale

Un piccolo colle con appena cinque ettari vitati con in cima una casa che funge da abitazione e da cantina. Questa è l'azienda di Flavio Basilicata e Silvana Forte, una splendida coppia unita dal lavoro e dai sentimenti, un esempio, una dimostrazione di come lavorando anche soli pochi ettari con passione, convinzione e se vogliamo anche un briciolo di follia, si possono ottenere risultati straordinari. La scelta del nome è giustificata dal fatto che un versante del colle è composto da marne calcaree mentre sull'altro c'è in prevalenza terra rossa

Il ritrovamento di alcune pietre durante gli scavi per la costruzione della cantina, che pare potessero appartenere ad un'antica chiesa, ha ispirato il nome degli uvaggi aziendali. Registriamo il successo del Sacrisassi Rosso '09 che si è aggiudicato i Tre Bicchieri per il terzo anno consecutivo. È un mix di refosco dal peduncolo rosso e schioppettino in parti uguali che nella permanenza il legno ha acquistato complessità e concentrazione e propone sentori di frutti neri, spezie dolci, liquirizia e caffè. Splendido anche il Merlot '09 che profuma di tabacco e resina di pino, strutturato ed avvolgente. Il Sacrisassi Bianco '09, composto da friulano e ribolla gialla, è fresco ed agrumato.

● COF Rosso Sacrisassi '09	▼▼▼	7
○ COF Bianco Sacrisassi '09	▼▼	5
● COF Merlot '09	▼▼▼	7
● COF Pinot Nero '09	▼▼	5
○ COF Bianco Sacrisassi '05	▼▼▼	6
● COF Merlot '03	▼▼▼	6
● COF Merlot '02	▼▼▼	7
● COF Merlot '00	▼▼▼	7
● COF Rosso Sacrisassi '08	▼▼▼	7
● COF Rosso Sacrisassi '07	▼▼▼	7
● COF Rosso Sacrisassi '98	▼▼▼	7
● COF Rosso Sacrisassi '97	▼▼▼	7
○ COF Bianco Sacrisassi '08	▼▼	5
○ COF Bianco Sacrisassi '07	▼▼	5
● COF Merlot '07	▼▼	7

Ermacora
fraz. Ipplis
via Solzaredo, 9
33040 Premariacco [UD]
Tel. 0432716250
www.ermacora.com

VENDITA DIRETTA
VISITA SU PRENOTAZIONE

PRODUZIONE ANNUA 165.000 bottiglie
ETTARI VITATI 25.00

Quando gli Ermacora, nel 1922 scelsero la collina di Ipplis per piantare le loro vigne, crearono i presupposti per la nascita di vini di gran pregio. I suoli marnoso-arenacei dei Colli Orientali del Friuli, costituiti da argille calcaree di origine eocenica, poco fertili ma ricche di sali minerali, risultano straordinariamente vocati alla viticoltura. La conduzione familiare si è tramandata nel tempo ed ora i fratelli Dario e Luciano gestiscono un'azienda all'avanguardia, rispettosa della natura e dei suoi ritmi.

Ogni produttore cerca di imprimere nei propri vini una caratteristica personale che li renda unici pur mantenendone la tipicità. Dario e Luciano sono riusciti in questo ed i loro vini si contraddistinguono per schiettezza e personalità. La Ribolla Gialla '10 regala profumi di fiori bianchi, pescanoce e cappero. Al gusto, poi, troviamo sapide note minerali rinfrescate da nuance di menta. Il Friulano '10 si dimostra vino di territorio: estremamente tipico, è morbido e avvolgente al palato. Il Pinot Bianco '10 è molto fruttato e suadente al naso, è succoso ed ha sapore deciso. Il Sauvignon '10 si distende sulle note varietali con eleganza e compostezza.

○ COF Friulano '10	▼▼	4*
○ COF Pinot Bianco '10	▼▼	4*
○ COF Ribolla Gialla '10	▼▼	4*
○ COF Sauvignon '10	▼▼	4*
○ COF Pinot Grigio '10	▼	4
● COF Pignolo '00	▼▼▼	5
○ COF Picolit '07	▼▼	7
● COF Pignolo '05	▼▼	6
● COF Pignolo '04	▼▼	6
● COF Pignolo '03	▼▼	6
● COF Pignolo '02	▼▼	6
○ COF Pinot Bianco '06	▼▼	4*
○ COF Pinot Grigio '06	▼▼	4*
○ COF Pinot Grigio '05	▼▼	4*

FRIULI VENEZIA GIULIA

Fantinel

Fraz. Tauriano
via Tesis, 8
33097 Spilimbergo [PN]
Tel. 0427591511
www.fantinel.com

VENDITA DIRETTA
VISITA SU PRENOTAZIONE

PRODUZIONE ANNUA 4.000.000 bottiglie
ETTARI VITATI 300.00

Questa storia inizia nel 1969 quando Mario Fantinel, albergatore e ristoratore in Carnia, acquistò alcuni vigneti per produrre vini da proporre ai suoi clienti. Le generazioni successive seguirono l'esempio ed ora la famiglia può contare su 300 ettari di vigneti in proprietà. Alla Fantinel fanno capo la tenuta Sant'Helena nel Collio, La Roncaia nei Colli Orientali del Friuli e Borgo Tesis nella zona Doc Friuli Grave, dove un elegante stabilimento immerso nel verde dei vigneti ospita la sede aziendale e la cantina.

Gianni Campo Dall'Orto e Adriano Copetti, gli enologi dell'azienda, quest'anno ci hanno presentato prevalentemente i vini prodotti sul Collio nella tenuta Sant'Helena e il Collio Bianco e la Ribolla Gialla dell'ultima annata ci sono parsi di ottimo livello. Il Collio Bianco '10, blend di friulano, pinot bianco e sauvignon, si è dimostrato un vino dalle forti connotazioni territoriali, molto fine al naso con note di fieno e di frutta fragrante, ma soprattutto molto gradevole all'assaggio, avvolgente e progressivo. Ottima anche la Ribolla Gialla '10, dal dolce profumo di miele, fiori d'acacia e pera ruggine, armonico e coerente.

★★ Livio Felluga

Fraz. Brazzano
via Risorgimento, 1
34071 Cormòns [GO]
Tel. 048160203
www.liviofelluga.it

VISITA SU PRENOTAZIONE

PRODUZIONE ANNUA 800.000 bottiglie
ETTARI VITATI 170.00

A Livio Felluga, nato a Isola d'Istria nel 1914, l'Università di Udine ha conferito la laurea honoris causa in vitivinicoltura, enologia e mercati vitivinicoli. Un riconoscimento strameritato per una vita dedicata al mondo del vino. L'azienda da lui fondata negli anni '50 è famosa in tutto il mondo e si identifica con un'etichetta storica, la "carta geografica" che lui stesso ha ideato. Ora i figli Maurizio, Elda, Andrea e Filippo conducono l'azienda con lo stesso entusiasmo ereditato dal padre.

Il Rosazzo Bianco Terre Alte di Livio Felluga è uno dei pochi vini bianchi italiani conosciuto in tutto il mondo. Ormai da anni è considerato un vino bandiera non solo per l'azienda ma per tutto il Friuli Venezia Giulia. E non fa quasi più notizia dire che i Tre Bicchieri sono stati assegnati anche all'annata '09: pinot bianco, chardonnay e picolit, una ricetta ormai collaudata che regala emozioni ad ogni sorso. Da podio anche il Rosazzo Rosso Sossò Riserva '07, composto da merlot e refosco dal peduncolo rosso con un tocco di pignolo. L'Illivio '09 ed il Friulano '10 completano la lista dei vini che hanno meritato le finali. Complimenti!

Fantinel	
○ Collio Bianco Sant'Helena '10	♀♀ 5
○ Collio Ribolla Gialla Vigneti Sant'Helena '10	♀♀ 5
○ Collio Chardonnay Sant'Helena '10	♀ 5
○ Collio Pinot Grigio Sant'Helena '09	♀ 5
● Collio Rosso Sant'Helena '06	♀ 4
○ Prosecco Extra Dry	♀ 4
○ Collio Bianco Sant'Helena '09	♀♀ 5
○ Collio Bianco Sant'Helena '08	♀♀ 5
○ Collio Pinot Grigio Sant'Helena '08	♀♀ 5
● Collio Rosso Sant'Helena '05	♀♀ 5
● Friuli Grave Refosco P. R. Sant'Helena '06	♀♀ 5

Livio Felluga	
○ COF Rosazzo Bianco Terre Alte '09	♀♀♀ 8
○ COF Bianco Illivio '09	♀♀ 6
○ COF Friulano '10	♀♀ 5
● COF Rosazzo Sossò Ris. '07	♀♀ 8
○ COF Pinot Grigio '10	♀♀ 5
○ COF Sauvignon '10	♀♀ 5
● COF Refosco P. R. '99	♀♀♀ 7
○ COF Rosazzo Bianco Terre Alte '08	♀♀♀ 7
○ COF Rosazzo Bianco Terre Alte '07	♀♀♀ 8
○ COF Rosazzo Bianco Terre Alte '06	♀♀♀ 7
○ COF Rosazzo Bianco Terre Alte '04	♀♀♀ 7
○ COF Rosazzo Bianco Terre Alte '02	♀♀♀ 6
○ COF Rosazzo Bianco Terre Alte '01	♀♀♀ 6
● COF Rosazzo Sossò Ris. '01	♀♀♀ 7
○ Terre Alte '87	♀♀♀ 5

FRIULI VENEZIA GIULIA 470

Marco Felluga
VIA GORIZIA, 121
34070 GRADISCA D'ISONZO [GO]
TEL. 048199164
www.marcofelluga.it

VENDITA DIRETTA
VISITA SU PRENOTAZIONE

PRODUZIONE ANNUA 600.000 bottiglie
ETTARI VITATI 100.00

Il legame dei Felluga con il vino risale alla seconda metà del 1800 ed ebbe inizio al Isola d'Istria. Un felice destino, subito dopo la Grande Guerra, fece porre i piedi alla famiglia dall'altra parte del golfo, in Friuli. Marco, stabilitosi nel Collio Goriziano, nel 1956 fondò l'azienda che porta il suo nome, dedicandosi a tempo pieno alla valorizzazione del quel territorio, che oggi a lui deve molto. La conduzione è poi passata al figlio Roberto, che dal padre ha ereditato la reputazione di innovatore.

Roberto Felluga è stato l'ispiratore del progetto avviato alcuni anni or sono con la finalità di valorizzare la longevità dei vini del Collio. A tale scopo, pur in controtendenza con le richieste di mercato, è uscito con vini bianchi di riserva. L'approccio non è stato facile ma poi consensi e soddisfazioni lo hanno ripagato. Ed anche a noi è piaciuto il Pinot Grigio Mongris Riserva '08, un vino energico, vitale, fresco e strutturato che profuma di melone, nocciole e tabacco biondo. Il Bianco Molamatta '10, mix di pinot bianco, friulano e ribolla gialla, si distingue per complessità e scorrevolezza. Segue poi la schiera di tutti gli altri vini, corretti e gustosi come sempre.

Davide Feresin
LOC. S. BUIRINO, 2/BIS
34071 CORMÒNS [GO]
TEL. 0481630032
www.feresin.it

VISITA SU PRENOTAZIONE

PRODUZIONE ANNUA 45.000 bottiglie
ETTARI VITATI 13.00

Davide Feresin è un giovane viticoltore che ha intrapreso l'attività nel 1994, ereditando l'azienda di famiglia situata nell'antico borgo di San Quirino, nei pressi di Cormòns. La storia di San Quirino e della sua antica villa ebbe inizio al tempo dei baroni Formentini ai quali succedettero numerosi altri proprietari fino ad arrivare a Leopoldo Feresin, bisnonno di Davide, che ha iniziato un'ormai consolidata tradizione familiare. Nella gestione Davide è confortato dal prezioso apporto della moglie Sabrina.

L'enologo Michele Bean affianca Davide sia in cantina sia nei vigneti ed insieme formano una coppia affiatata di meticolosi vitivinicoltori che amano propria la terra. Il Refosco P. R. Nero di Botte '07 profuma di more, ribes e caffè tostato e in bocca è succoso, accattivante, polposo. Il Pinot Grigio '09 ricorda le rose e le fragole. Il Tocai Friulano Rive Alte l'Edi '04 ha un intrigante profumo di pietra focaia che si fonde con note di frutta tropicale. Assai valido il Friulano '09 e di buon livello il Sauvignon della stessa annata.

○ Collio Pinot Grigio Mongris Ris. '08	🍷🍷 5
○ Collio Bianco Molamatta '10	🍷🍷 5
○ Collio Chardonnay '10	🍷🍷 4*
○ Collio Friulano '10	🍷🍷 5
○ Collio Pinot Grigio Mongris '10	🍷🍷 4*
● Refosco P.R. Ronco dei Moreri '09	🍷🍷 5
○ Collio Ribolla Gialla '10	🍷 5
○ Collio Sauvignon '10	🍷 4
● Carantan '00	🍷🍷 6
○ Collio Bianco Molamatta '02	🍷🍷 6
● Collio Merlot Varneri '06	🍷🍷 4*
○ Collio Pinot Grigio '03	🍷🍷 4
○ Collio Pinot Grigio Mongris Ris. '07	🍷🍷 5
○ Collio Tocai Friulano '02	🍷🍷 5

● Friuli Isonzo Refosco P. R. Nero di Botte '07	🍷🍷 5
○ Friuli Isonzo Friulano '09	🍷🍷 4*
○ Friuli Isonzo Pinot Grigio '09	🍷🍷 4*
○ Friuli Isonzo Tocai Friulano Rive Alte l'Edi '04	🍷🍷 5
○ Friuli Isonzo Sauvignon '09	🍷 4

FRIULI VENEZIA GIULIA

Fiegl

FRAZ. OSLAVIA
LOC. LENZUOLO BIANCO, 1
34070 GORIZIA
TEL. 0481547103
www.fieglvini.com

VENDITA DIRETTA
VISITA SU PRENOTAZIONE

PRODUZIONE ANNUA 140.000 bottiglie
ETTARI VITATI 30.00

Provenienti dalla vicina Austria i Fiegl coltivano la vite dal 1782 almeno, infatti risale a quell'anno l'atto di acquisto di una vigna da parte di un Valentino Fiegl. Siamo ad Oslavia, nel Collio settentrionale, a ridosso della Slovenia. Ora il gruppo familiare si è allargato. Ai fratelli Alessio, Giuseppe e Rinaldo che per molti anni hanno condotto l'azienda posizionandola a livelli d'eccellenza si è aggiunta una nuova generazione di baldi enologi: Martin, Robert e Matej, che apportano nuova linfa ed entusiasmo.

Mantenere uno standard qualitativo elevato anche nelle annate difficili è un'impresa che solo le aziende ben organizzate e dotate di molta esperienza riescono a compiere. I Fiegl non difettano certo di esperienza e i risultati sono davvero lusinghieri. Il Pinot Grigio '10 rievoca sentori tropicali di papaia e in bocca è pieno, succoso e armonico. Il Collio Cuvée Rouge Leopold '05, composto principalmente da merlot con un tocco di cabernet sauvignon, ha profumi di torrefazione e di cacao ma ricorda anche spezie orientali e radice di liquirizia. Il Meja '01 della vendemmia '07 è un vino dolce ricavato dall'appassimento di uve di traminer aromatico e sauvignon.

Vino	Voto
● Collio Cuvée Rouge Leopold '05	6
○ Collio Friulano '10	4*
○ Collio Pinot Grigio '10	4*
○ Meja '01 '07	6
○ Collio Malvasia '10	4
○ Collio Ribolla Gialla '10	4
○ Collio Sauvignon '10	4
○ Collio Pinot Grigio '04	4*
○ Collio Malvasia '07	4
○ Collio Malvasia '06	4
● Collio Merlot Leopold '04	5
○ Collio Pinot Grigio '05	4*
○ Collio Sauvignon '07	4

Flaibani

VIA CASALI COSTA, 7
33043 CIVIDALE DEL FRIULI [UD]
TEL. 0432730943
www.flaibani.it

VISITA SU PRENOTAZIONE

PRODUZIONE ANNUA 18.000 bottiglie
ETTARI VITATI 4.00

Pino Flaibani, udinese di nascita, è vissuto per molti anni a Milano dove si occupava di editoria. Nei giorni successivi al terremoto del maggio del '76, si recò in Friuli per aiutare i suoi conterranei, e nacque in lui il desiderio di ritornare. Trasferitosi con la famiglia nei pressi di Cividale del Friuli, iniziò a curare la vigna e a studiare per fare il vino. Al raggiungimento dell'età pensionabile, con l'aiuto concreto della nuora Bruna e degli amici più cari, riuscì realizzare il sogno di una vita.

Come si evince dalla griglia sottostante Pino è in netta controtendenza rispetto alla realtà friulana notoriamente orientata verso la produzione di bianchi. Ma è proprio l'unico bianco che abbiamo degustato il vino che più ci ha colpito. In realtà il Pinot Grigio è un bianco piuttosto anomalo che, se lasciato a contatto con le bucce, assume un colore decisamente ramato. Ha un profumo elegante di frutta matura, fiori selvatici e grafite. In bocca è succoso ma snello e ricco. I vini rossi sono tutti gradevoli all'olfatto, speziati e spesso balsamici caratterizzati da grinta, struttura e ricchezza di estratto. Il Cabernet Franc, in particolare, ha molta grinta.

Vino	Voto
○ Pinot Grigio '10	5
● COF Cabernet Franc '09	4
● COF Cabernet Sauvignon Ris. '06	5
● COF Merlot '09	5
● COF Schioppettino '09	5
● COF Tentazione '08	4
● COF Cabernet Sauvignon '06	4
● COF Cabernet Sauvignon Ris. '05	4
○ COF Friulano Riviere '09	4
● COF Merlot Seduzione Ris. '07	5
● COF Schioppettino '07	5
● Merlot Seduzione Ris. '05	5
○ Pinot Grigio '09	4
○ Riviere Bianco '07	4

FRIULI VENEZIA GIULIA 472

Adriano Gigante
VIA ROCCA BERNARDA, 3
33040 CORNO DI ROSAZZO [UD]
TEL. 0432755835
www.adrianogigante.it

VENDITA DIRETTA
VISITA SU PRENOTAZIONE

PRODUZIONE ANNUA 60.000 bottiglie
ETTARI VITATI 25.00

I vigneti di Adriano Gigante si estendono sui declivi della Rocca Bernarda, nei pressi di Corno di Rosazzo. È ormai storia conosciuta che la fortuna aziendale è dovuta ad una coraggiosa scelta di Ferruccio, il nonno di Adriano, che nel 1957 abbandonò l'attività di mugnaio per dedicarsi esclusivamente alla cura dei vigneti. Ora Adriano, assieme alla moglie Giuliana, continua la tradizione di famiglia nell'incantevole paesaggio dei Colli Orientali del Friuli, in una zona vocatissima.

Il nome di Adriano Giagante è legato all'ormai famoso Friulano prodotto nel Vigneto Storico aziendale che più volte gli ha fatto raggiungere l'eccellenza e che anche quest'anno si è messo in evidenza, ma stavolta la nostra attenzione è stata catturata dal Merlot Riserva '07, un vino robusto, largo, strutturato, che già all'olfatto colpisce per la complessità dei profumi, intensi e gradevoli. Ricorda la ciliegia sotto spirito, la prugna, i fiori, la china ed il rabarbaro. Il Friulano Vigneto Storico '10 non si smentisce, è davvero tipico e suadente. Il Refosco P.R. '08 e lo Schioppettino '08 sono entrambi speziati e gradevoli, molto ricchi ma anche scorrevoli al palato.

Gradis'ciutta
LOC. GIASBANA, 10
34070 SAN FLORIANO DEL COLLIO [GO]
TEL. 0481390237
robigradis@libero.it

VENDITA DIRETTA
VISITA SU PRENOTAZIONE

PRODUZIONE ANNUA 60.000 bottiglie
ETTARI VITATI 17.00

L'azienda prende vita nel '97, ma Robert Princic in vigna ci è praticamente nato. Gradis'ciutta è il nome del borgo in comune di San Floriano del Collio attorno al quale sono localizzati i vigneti storici della famiglia. Un tempo la zona si chiamava Monvinoso, il che la dice lunga sull'antica vocazione di queste colline. Robert è ancora giovane ma dirige l'azienda con competenza ed autorevolezza, conscio delle potenzialità del territorio ma anche dei sacrifici necessari per rispettarlo.

I vini di Robert sono sempre più convincenti, hanno finezza e una spiccata personalità. La sua specialità rimangono comunque i bianchi, che sui pendii del Collio hanno trovato il loro habitat ideale. Il Friulano '10 quest'anno ha sfiorato l'eccellenza per l'intensità e la gradevolezza del profumo di pera e fico appassito ma soprattutto per la morbidezza e l'avvolgenza dell'assaggio. Il Bianco Bratinis '09, da chardonnay, sauvignon e ribolla gialla, ha un naso complesso con uno sfondo di vaniglia e in bocca è ricco, succoso e progressivo. Una non comune morbidezza caratterizza l'ottimo Cabernet Franc '09.

● COF Merlot Ris. '07		6
○ COF Chardonnay '10		4*
○ COF Friulano Vign. Storico '10		5
● COF Refosco P. R. '08		4*
○ COF Sauvignon '10		4*
● COF Schioppettino '08		5
● COF Cabernet Franc '09		4
○ COF Friulano '10		4
● COF Merlot '09		4
○ COF Ribolla Gialla '10		4
⊙ Ribolla Nera Brut Rosé		5
○ COF Tocai Friulano Storico '00		5
○ COF Tocai Friulano Vign. Storico '06		5
○ COF Tocai Friulano Vign. Storico '05		5
○ COF Tocai Friulano Vign. Storico '03		5

○ Collio Friulano '10		4
○ Collio Bianco Bratinis '09		4
● Collio Cabernet Franc '09		4
○ Collio Chardonnay '10		4
○ Collio Ribolla Gialla '10		4
○ Collio Sauvignon '10		4
○ Collio Bianco Bratinis '07		4*
○ Collio Bianco del Tùzz '05		4*
● Collio Merlot '07		4*
○ Collio Pinot Grigio '08		4*
○ Collio Pinot Grigio '06		4*
○ Collio Ribolla Gialla '07		4*
○ Collio Ribolla Gialla '06		4

FRIULI VENEZIA GIULIA

★★Gravner
FRAZ. OSLAVIA
LOC. LENZUOLO BIANCO, 9
34070 GORIZIA
TEL. 048130882
www.gravner.it

PRODUZIONE ANNUA 39.000 bottiglie
ETTARI VITATI 18.00
VITICOLTURA Naturale

Josko Gravner non si discute: o lo si odia o lo si ama. È un contadino di quelli veri, di quelli che amano la terra, che la rispettano, che sanno coglierne il respiro. È un uomo semplice ma determinato, che non fa nulla per caso, che sa ammettere i propri errori, che non scende a compromessi. Qualunque tecnica di vinificazione adotti è di certo frutto di una filosofia lungamente meditata. E i vini sono l'espressione del suo carattere, genuini, puliti, apparentemente ruvidi ma sostanzialmente emozionanti e ricchi di valori.

Dovremo aspettare ancora un anno per assaggiare la Ribolla '06. Quest'anno abbiamo potuto valutare un solo vino, il Rosso Gravner Riserva '00. È stato prodotto principalmente con uve merlot ed ha un profumo complesso ed elegante di macchia mediterranea, piccoli frutti di bosco e corteccia di pino. È perfettamente integro, strutturato e coinvolgente all'assaggio. Noi però abbiamo voluto riassaggiare anche la Ribolla Anfora '05, che fu già premiata con i Tre Bicchieri un paio d'anni fa, ed il Breg Anfora '05. Abbiamo rivissuto le stesse emozioni, forse anche amplificate dal lungo affinamento. Sono stati momenti straordinari.

Iole Grillo
LOC. ALBANA, 60
33040 PREPOTTO [UD]
TEL. 0432713201
www.vinigrillo.it

VENDITA DIRETTA
VISITA SU PRENOTAZIONE
OSPITALITÀ

PRODUZIONE ANNUA 40.000 bottiglie
ETTARI VITATI 9.00

Ad Albana di Prepotto, nel Colli Orientali del Friuli, un bel portale di una villa settecentesca, attigua alla cappella votiva dedicata a Santa Justina, segna l'ingresso all'azienda Iole Grillo. Fondata negli anni '70 da Sergio Muzzolini è ora condotta dalla figlia Anna, giovane ed energica imprenditrice, coadiuvata dal marito Andrea. Un'accurata opera di ristrutturazione ha rimesso a nudo le splendide mura di pietra della villa e dei suoi sotterranei che accolgono fusti di legno di varie dimensioni in cui matura il vino.

Per le scelte in cantina e nei vigneti Anna può contare sulle capacità enologiche di Giuseppe Tosoratti mentre le decisioni finali vengono condivise con Ramon Persello, consulente esperto ed affidabile. Quest'anno il Merlot Riserva '07 è approdato alle nostre finali grazie all'originalità ed alla complessità dei profumi che ricordano la macchia mediterranea, il tè, il burro cacao e i marrons glacés. In bocca è potente, rotondo, fine. Lo Schioppettino di Prepotto '08 si è distinto per la scorrevolezza nell'assaggio ma anche per le raffinate note di frutta e spezie che regala all'olfatto. Ottima al gusto anche la Ribolla Gialla '09, elegante e convincente.

● Rosso Gravner Ris. '00	8
○ Breg '00	8
○ Breg '99	8
○ Breg '98	8
○ Breg Anfora '03	8
○ Breg Anfora '02	8
○ Chardonnay '87	5
○ Chardonnay '83	5
○ Collio Chardonnay Ris. '91	8
○ Ribolla Anfora '05	8
○ Ribolla Anfora '04	8
○ Ribolla Anfora '02	8
○ Ribolla Anfora '01	8
● Rosso Gravner '04	8
○ Sauvignon '93	5

● COF Merlot Ris. '07	5
○ COF Ribolla Gialla '09	4
● COF Schioppettino di Prepotto '08	5
○ COF Friulano '10	4
● COF Refosco P. R. '09	4
○ COF Sauvignon '10	4
● COF Merlot '03	5
● COF Merlot Ris. '05	5
● COF Refosco P. R. '08	4
○ COF Ribolla Gialla '07	4*
○ COF Sauvignon '09	4
○ COF Sauvignon '07	4*
○ COF Sauvignon '06	4
● COF Schioppettino '08	5

FRIULI VENEZIA GIULIA

Jacùss

FRAZ. MONTINA
V.LE KENNEDY, 35A
33040 TORREANO [UD]
TEL. 0432715147
www.jacuss.com

VENDITA DIRETTA
VISITA SU PRENOTAZIONE

PRODUZIONE ANNUA 50.000 bottiglie
ETTARI VITATI 10.00

I fratelli Sandro e Andrea Jacuzzi operano con invidiabile sinergia nella loro azienda di Torreano di Cividale, nei Colli Orientali del Friuli. Risale al 1990 la decisione di passare da un'agricoltura promiscua alla viticoltura specializzata. Da allora, con costanza ed impegno, hanno avuto una continua escalation, collezionando consensi a livello nazionale e internazionale. I vigneti di proprietà sono sparsi sulle colline della piccola frazione di Montina e sono quotidianamente monitorati da Andrea, mentre Sandro opera prevalentemente in cantina.

I punteggi elevati che le nostre commissioni hanno attribuito a quasi tutta la gamma dei vini presentati premiano l'impegno profuso dai due fratelli e proiettano l'azienda nell'élite regionale: sono vini rispettosi delle caratteristiche varietali e della territorialità, schietti e genuini. Lo Schioppettino Fuc e Flamis '09 all'olfatto ricorda la confettura di ciliegie, le spezie dolci e lo iodio marino e trova corrispondenza sul palato. Il Refosco P. R. '07 è più cupo e complesso al naso come al palato: si percepiscono note di tabacco, cacao, fiori di campo e sfumature più evolute. Il Sauvignon '10 è varietale e lineare. Il Tazzelenghe '07 è potente e caldo.

● COF Refosco P. R. '07	㊉㊉ 4
○ COF Sauvignon '10	㊉㊉ 4
● COF Schioppettino Fuc e Flamis '09	㊉㊉ 4
● Tazzelenghe '07	㊉㊉ 4
● Tazzelenghe '03	㊉㊉ 4*
○ COF Picolit '07	㊉ 7
○ COF Pinot Bianco '10	㊉ 4
○ COF Friulano '08	㊉㊉ 4*
○ COF Picolit '05	㊉㊉ 7
○ COF Pinot Bianco '08	㊉㊉ 4*
○ COF Pinot Bianco '07	㊉㊉ 4*
● COF Refosco P. R. '05	㊉㊉ 4
○ COF Sauvignon '08	㊉㊉ 4*

★★Jermann

FRAZ. RUTTARS
LOC. TRUSSIO, 11
34070 DOLEGNA DEL COLLIO [GO]
TEL. 0481888080
www.jermann.it

PRODUZIONE ANNUA 750.000 bottiglie
ETTARI VITATI 110.00

Silvio Jermann ostenta con orgoglio le origini austriache della sua famiglia e molto spesso le sue etichette lanciano messaggi di stampo mitteleuropeo. Era il 1881 quando Anton Jermann, il fondatore, lasciò la regione vinicola del Burgerland e mise le radici in Friuli. Ma il successo aziendale va attribuito senza alcun dubbio a Silvio, che con la sua genialità ed intuizione, ma soprattutto con i suoi vini, ha conquistato una fama internazionale. La nuova cantina di Ruttars è il fiore all'occhiello di questa splendida azienda.

La vinificazione della linea base viene ancora effettuata a Villanova di Farra mentre i vini di maggior prestigio nascono a Ruttars. Anche quest'anno i vini di Silvio sono stati molto apprezzati e ben cinque si sono distinti nelle nostre finali. Su tutti ha primeggiato il w.... dreams '09, uno splendido Chardonnay, cremoso e agrumato, che delizia l'olfatto con note di pesca gialla, frutto della passione, vaniglia e pasticceria. Ottimo anche il Pignolo Vigna Truss '06, potente e strutturato, complesso al naso con note di caffè tostato. Vintage Tunina '09 e Capo Martino '09 sono sempre all'altezza della loro fama ed anche Vinnae '10 veleggia su livelli d'eccellenza.

○ W.... dreams... '09	㊉㊉㊉ 7
○ Capo Martino '09	㊉㊉ 7
● Pignolo V. Truss '06	㊉㊉ 7
○ Vinnae '10	㊉㊉ 5
○ Vintage Tunina '09	㊉㊉ 8
○ Picolit '07	㊉㊉ 7
○ Chardonnay '10	㊉ 5
○ Capo Martino '05	㊉㊉㊉ 7
● Pignacolusse '00	㊉㊉㊉ 6
○ Vintage Tunina '08	㊉㊉㊉ 8
○ Vintage Tunina '07	㊉㊉㊉ 8
○ Vintage Tunina '01	㊉㊉㊉ 8
○ Vintage Tunina '88	㊉㊉㊉ 7
○ Vintage Tunina '87	㊉㊉㊉ 7
○ W.... dreams... '06	㊉㊉㊉ 7
○ Where the Dreams Have No End '95	㊉㊉㊉ 5

FRIULI VENEZIA GIULIA

Kante

FRAZ. SAN PELAGIO
LOC. PREPOTTO, 1A
34011 DUINO AURISINA [TS]
TEL. 040200255
kante.edi@libero.it

PRODUZIONE ANNUA 40.000 bottiglie
ETTARI VITATI 13.00
VITICOLTURA Naturale

Edi Kante sul Carso è considerato il caposcuola, l'apripista, colui che ha portato agli onori della cronaca la realtà vitivinicola di una zona in cui si pensavano fosse quasi impossibile piantare viti e fare vino di qualità. La sua stupefacente cantina è un monumento all'enologia naturale, composta da tre piani sotterranei interamente scavati nella roccia. È un vulcano di idee, un poeta, un pittore, un'anima sensibile, un uomo ostinato e curioso. È figlio della sua terra, sempre fuori dagli schemi ma capace di regalare emozioni.

I vini di Edi Kante sono frutto di un lungo percorso, di una sfida alla roccia, alla bora, alla siccità. Sono vini schietti che interpretano il territorio in maniera esemplare. E hanno bisogno di tempo per esprimersi al meglio. Quest'anno vedranno la luce quelli della vendemmia '08, ma abbiamo assaggiato anche lo Chardonnay la Bora di Kante '01. Dopo un lungo affinamento viene proposto in bottiglia formato magnum corredata da una splendida etichetta. È un vino esuberante all'olfatto con note di frutta candita e di macchia mediterranea ed in bocca è integro, grintoso, emozionante. Ottimo anche il Sauvignon '08, complesso e iodato al naso, strutturato e potente al gusto.

★Edi Keber

LOC. ZEGLA, 17
34071 CORMÒNS [GO]
TEL. 048161184
edi.keber@virgilio.it

VENDITA DIRETTA
VISITA SU PRENOTAZIONE

PRODUZIONE ANNUA 70.000 bottiglie
ETTARI VITATI 12.00
VITICOLTURA Naturale

Zegla è l'attuale sede della famiglia Keber e Medana è il luogo d'origine. Le due località distano tra di loro poche centinaia di metri ma la prima è in Italia e l'altra in Slovenia. Una condizione questa non inusuale nei luoghi di frontiera. Edi Keber da anni si batte per la valorizzazione della terra in cui è nato, il Collio. Con una lenta ma progressiva trasformazione dei vigneti ha raggiunto lo scopo di poter identificare il proprio territorio con un unico vino, ottenendo di poterlo chiamare semplicemente Collio.

Produrre un solo vino vuol dire dedicare tutte le attenzioni possibili alla sua riuscita, dalla preparazione delle uve alla vinificazione, alla monitoraggio quotidiano della sua evoluzione. Può sembrare un rischio o una presunzione, ma in realtà è il frutto di una ricerca accurata ed approfondita, è il risultato di anni e anni di sperimentazioni, è una garanzia. Quell'uva di tocai friulano che tante soddisfazioni ha dato ad Edi ora è la base del suo Collio '10 che con l'aggiunta di malvasia istriana e ribolla gialla può essere considerato un uvaggio autoctono. È un vino schietto, solare, complesso e raffinato nei profumi, ampio ed appagante al palato. Merita i Tre Bicchieri.

○ Carso Chardonnay la Bora di Kante '01	♀♀	6
○ Sauvignon '08	♀♀	6
● Malvasia '08	♀♀	6
○ Vitovska '08	♀	6
○ Carso Malvasia '07	♀♀♀	6
○ Carso Malvasia '06	♀♀♀	6
○ Carso Malvasia '05	♀♀♀	6
○ Carso Malvasia '98	♀♀♀	6
○ Carso Sauvignon '92	♀♀♀	6
○ Carso Sauvignon '91	♀♀♀	6
○ Chardonnay '94	♀♀♀	6
○ Chardonnay '90	♀♀♀	6
○ Carso Sauvignon '07	♀♀	6
○ Carso Vitovska '06	♀♀	6

○ Collio Bianco '10	♀♀♀	5*
○ Collio Bianco '09	♀♀♀	5
○ Collio Bianco '08	♀♀♀	5*
○ Collio Bianco '04	♀♀♀	5
○ Collio Bianco '02	♀♀♀	4
○ Collio Tocai Friulano '07	♀♀♀	5
○ Collio Tocai Friulano '06	♀♀♀	5
○ Collio Tocai Friulano '05	♀♀♀	5
○ Collio Tocai Friulano '03	♀♀♀	4*
○ Collio Tocai Friulano '01	♀♀♀	4
○ Collio Tocai Friulano '99	♀♀♀	4
○ Collio Tocai Friulano '97	♀♀♀	4
○ Collio Tocai Friulano '95	♀♀♀	4

FRIULI VENEZIA GIULIA 476

Renato Keber
Loc. Zegla, 15
34071 Cormòns [GO]
Tel. 0481639844
www.renatokeber.it

Thomas Kitzmüller
Fraz. Brazzano
via XXIV Maggio, 56
34070 Cormòns [GO]
Tel. 048160853
www.kitzmuller.it

VENDITA DIRETTA
VISITA SU PRENOTAZIONE
OSPITALITÀ

PRODUZIONE ANNUA 70.000 bottiglie
ETTARI VITATI 15.00

VENDITA DIRETTA
VISITA SU PRENOTAZIONE
OSPITALITÀ
RISTORAZIONE

PRODUZIONE ANNUA 23.000 bottiglie
ETTARI VITATI 4.00
VITICOLTURA Naturale

Renato Keber è un vignaiolo di riferimento nella regione. Personaggio schivo e introverso, vive in simbiosi con la natura e i suoi ritmi. Tutto partì dal bisnonno Franz Keber che si stabilì in località Zegla, sul Collio, negli ultimi anni del 1800. Gli avi di Renato intuirono subito la potenzialità di quel territorio che gode da sempre di fattori pedoclimatici e di un'esposizione invidiabili. Nei meandri della cantina interrata, recentemente ampliata e modernizzata, riposano vini di varie annate che aspettano solo l'ok di Renato per vedere la luce.

Ogni anno, come per magia, Renato sforna vini di annate impensabili, soprattutto considerando che sono vini bianchi. E così, dieci anni dopo la vendemmia, abbiamo potuto degustare il Grici Chardonnay '01. È di colore giallo oro, e si muove materico nel bicchiere decorandolo con archetti fitti ed opulenti. All'olfatto si percepiscono sentori di frutta tropicale, crostata di albicocche, crema pasticcera e nocciole tostate. In bocca è denso, morbido e avvolgente. Splendido anche il Friulano Zegla '07, fruttato e burroso al naso, sapido e succoso al palato. Più fresco e varietale il Friulano Riserva Zio Romi '09, di agile ed immediata bevibilità.

Thomas Kitzmüller nel 1987 decise di lavorare in proprio i quattro ettari di vigneto di sua proprietà equamente distribuiti tra le zone Doc Collio e Friuli Isonzo. La piccola ma graziosissima azienda si trova nel centro abitato di Brazzano di Cormòns. Un'antica casa rurale del '700, abitata quasi cent'anni or sono da una vecchia zia soprannominata Mummel, ospita ora la cantina, minuscola ma ben organizzata, e un pittoresco alloggio agrituristico denominato appunto Mummelhaus dove ci si può immergere nell'atmosfera d'altri tempi.

La dedizione di Thomas per il suo lavoro di artigiano vignaiolo lo scorso anno è stata gratificata con la conquista dei Tre Bicchieri che furono assegnati al Friulano '09. Per una piccola azienda come la sua forse è doppiamente gradito. Per Thomas è un traguardo importante ma certamente non è un punto di arrivo. È già il Friulano '10 è una conferma, ottimo all'olfatto, fruttato e suadente, ed ancor meglio al gusto, estremamente tipico e progressivo. Ed è ottimo anche il Friulano Corte Marie '10, prodotto con uve di pianura.

○ Colli Friulano Ris. Zio Romi '09	4
○ Collio Friulano Zegla '07	5
○ Collio Chardonnay Grici '01	6
○ Collio Friulano Zegla '05	5*
○ Collio Bianco Beli Grici '05	4
○ Collio Chardonnay Grici '06	6
○ Collio Friulano Ris. '08	5
● Collio Merlot Grici Ris. '03	6
○ Collio Pinot Grigio '06	4*
○ Collio Ribolla Gialla Extreme '06	5
○ Collio Ribolla Gialla Extreme '05	5
○ Collio Sauvignon '06	4
○ Collio Sauvignon Grici '05	6
○ Collio Tocai Friulano '06	4

○ Collio Friulano '10	4*
○ Friuli Isonzo Friulano Corte Marie '10	3
○ Collio Friulano '09	4*
○ Collio Friulano '08	4*
○ Collio Ribolla Gialla '09	4*
○ Collio Ribolla Gialla '08	4*
○ Collio Sauvignon '09	4*
○ Collio Traminer Aromatico '09	4*
○ Collio Traminer Aromatico '08	4*
○ Friuli Isonzo Friulano Corte Marie '08	3*

FRIULI VENEZIA GIULIA

Albino Kurtin
LOC. NOVALI, 9
34071 CORMÒNS [GO]
TEL. 048160685
www.winekurtin.it

VENDITA DIRETTA
VISITA SU PRENOTAZIONE

PRODUZIONE ANNUA 60.000 bottiglie
ETTARI VITATI 11.00

L'azienda Kurtin è ubicata in località Novali, nei pressi di Cormòns, zona notoriamente vocata per la produzione di vini di qualità, soprattutto bianchi. È stata fondata nel 1906 e vanta già tre generazioni di viticoltori. Ora è gestita da Albino che ha ereditato dai suoi antenati l'arte di coltivare la vite. Nella nuova cantina, dotata delle più moderne tecnologie, è affiancato dal figlio Alessio che al termine degli studi enologici ha introdotto in azienda le esperienze lavorative maturate in diverse località italiane.

Immaginiamo la soddisfazione dei Kurtin nel vedere che ben due vini sono arrivati alle degustazioni finali: l'eccellenza è un passo, ormai... Apprezzatissimo è stato Opera Prima Bianco, un blend di grande aristocratica eleganza, che solo il pinot bianco può dare, con ribolla gialla e chardonnay che completano l'opera. Profuma di frutta tropicale e di arancia candita; in bocca è grasso, cremoso e persistente. Il Collio Rosso, invece, è frutto di un classico taglio bordolese. È succoso e ricco di nerbo e ricorda la rosa canina, il caffè, la liquirizia, il peperoncino e la cannella.

● Collio Rosso '08	5
○ Opera Prima Bianco '10	5
○ Collio Malvasia '10	5
○ Collio Ribolla Gialla '10	5
○ Collio Sauvignon '10	5
○ Collio Pinot Grigio '10	5
● Diamante Nero '09	5
○ Collio Friulano '08	4*
○ Collio Malvasia '09	4*
○ Collio Malvasia '08	4*
○ Collio Pinot Grigio '09	4*
○ Collio Pinot Grigio '08	4*
● Diamante Nero '07	4*
○ Opera Prima Bianco '09	4*

Vigneti Le Monde
LOC. LE MONDE
VIA GARIBALDI, 2
33080 PRATA DI PORDENONE [PN]
TEL. 0434622087
www.vignetilemonde.eu

VENDITA DIRETTA
VISITA SU PRENOTAZIONE

PRODUZIONE ANNUA 150.000 bottiglie
ETTARI VITATI 20.00

Le Monde è una località che si colloca tra le sponde dei fiumi Livenza e Meduna al confine delle province di Treviso e Pordenone. Il territorio, anticamente appartenuto all'impero Austro-Ungarico, deriva il suo nome dal termine germanico "Mundio", che indica la protezione su alcuni terreni concessa dall'Imperatore d'Austria. Vigneti Le Monde è nata nel 1970 e nel 2008 è stata rilevata da Alex Maccan, giovane e preparato titolare, che l'ha dotata di una nuova sede e d'una modernissima cantina.

Alex è un imprenditore dinamico ed ha voluto da subito imprimere una forte accelerazione verso l'eccellenza. Conscio che ci vuole tempo, e che bisogna cominciare dai vigneti, si è affiancato un wine-maker giovane e dinamico quanto lui: Matteo Bernabei, figlio d'arte di Franco, firma enologica nota su scala internazionale. Tutta la gamma dei vini è di ottimo livello, anche in considerazione del fatto che l'annata non è stata tra le più favorevoli. Ma è proprio in queste condizioni che emerge la bravura del vignaiolo: ben quattro vini hanno meritato due bicchieri e anche gli altri si sono distinti per tipicità e piacevolezza.

○ Friuli Grave Chardonnay '10	4*
○ Friuli Grave Pinot Bianco '10	4*
● Friuli Grave Refosco P. R. '10	4*
○ Friuli Grave Sauvignon '10	4*
● Friuli Grave Cabernet Franc '10	4
● Friuli Grave Cabernet Sauvignon '10	4
○ Friuli Grave Friulano '10	4
○ Friuli Grave Pinot Grigio '10	4
○ Friuli Grave Pinot Bianco '01	4
○ Friuli Grave Pinot Bianco '09	4*
○ Friuli Grave Pinot Grigio '09	4
● Friuli Grave Refosco P. R. '09	4
○ Friuli Grave Sauvignon '09	4

FRIULI VENEZIA GIULIA

Lis Fadis
Fraz. Spessa
s.da Sant'Anna 66
33043 Cividale del Friuli [UD]
Tel. 0432719510
www.vinilisafadis.it

VENDITA DIRETTA
VISITA SU PRENOTAZIONE

PRODUZIONE ANNUA 11.000 bottiglie
ETTARI VITATI 10.00

Lis Fadis è una nuova realtà dell'enologia friulana. Nasce dal coronamento d'un sogno che Alessandro Marcorin e Vanilla Plozner, lei imprenditrice lui antiquario, avevano da molto tempo nel cassetto. Adocchiato un vecchio casolare ormai in rovina hanno avuto la possibilità di acquistare l'intera collina trasformandola in poco tempo in un'azienda modello dotata di una cantina all'avanguardia. Perché fosse di buon auspicio l'hanno chiamata Lis Fadis, che nel linguaggio locale evoca Le Fate.

È un ingresso in Guida autorevole. Non potevamo non dedicare una scheda grande a quest'azienda che ha presentato tre vini che in degustazione hanno ottenuto notevoli consensi. La palma del migliore va al Bergul '08, da uve di refosco dal peduncolo rosso, schioppettino e merlot, anch'esso dal peduncolo rosso, antico biotipo locale. Piccoli frutti neri aprono l'olfatto seguiti da note di liquirizia, cuoio, cioccolato e caffè. In bocca è potente, sontuoso, avvolgente e balsamico. Il Friulano Sbilf '09 ha un profumo complesso di frutta tropicale matura, menta e caramello. Ottimo anche il Merlot Gjan '08, fruttato e profondo.

★ Lis Neris
via Gavinana, 5
34070 San Lorenzo Isontino [GO]
Tel. 048180105
www.lisneris.it

VENDITA DIRETTA
VISITA SU PRENOTAZIONE

PRODUZIONE ANNUA 400.000 bottiglie
ETTARI VITATI 70.00

A San Lorenzo Isontino dal 1879 quattro generazioni della famiglia Pecorari hanno contribuito con il lavoro e la passione alla costruzione e alla crescita di una delle realtà produttive più rappresentative della regione. Dal 1981 Alvaro ha impresso una forte accelerazione all'azienda portandola all'affermazione dello stile Lis Neris. I vigneti si estendono nella parte più bella di un piccolo altopiano di ghiaie profonde trascinate a valle dalle acque di scioglimento dei ghiacciai, terreni particolarmente vocati per i vini bianchi.

Il Pinot Grigio è di gran lunga il vino più prodotto in Friuli ma difficilmente gli vengono attribuiti punteggi che gli valgano i Tre Bicchieri. L'unico a riuscirci, e per di più per il secondo anno consecutivo, è il Pinot Grigio Gris '09 di Alvaro Pecorari. Il suo stile inconfondibile imprime al vino una morbidezza ed una complessità davvero unica. Profuma di mela matura, sambuco, petali di rosa e crema pasticcera, e all'assaggio è sontuoso e vellutato. Una bella novità è il Friulano La Vila '09, un vino che arricchisce la già prestigiosa gamma dei vini di Lis Neris; è floreale e fruttato, perfettamente equilibrato ed estremamente tipico.

● Bergul '08	6
○ Sbilf '09	5
● Gjan '08	6

○ Friuli Isonzo Pinot Grigio Gris '09	5*
○ Friuli Isonzo Friulano La Vila '09	5
○ Fiore di Campo '10	5*
○ Friuli Isonzo Chardonnay Jurosa '09	5
○ Friuli Isonzo Sauvignon Picòl '09	5
○ Tal Lùc '08	7
○ Friuli Isonzo Pinot Grigio '10	4
○ Friuli Isonzo Sauvignon '10	4
○ Fiore di Campo '06	4
○ Friuli Isonzo Chardonnay Jurosa '00	5
○ Friuli Isonzo Pinot Grigio Gris '01	6
○ Lis '03	6
○ Pinot Grigio Gris '08	5*
○ Pinot Grigio Gris '04	5
○ Sauvignon Picol '06	4
○ Tal Lùc '02	7

FRIULI VENEZIA GIULIA

★Livon
FRAZ. DOLEGNANO
VIA MONTAREZZA, 33
33048 SAN GIOVANNI AL NATISONE [UD]
TEL. 0432757173
www.livon.it

VENDITA DIRETTA
VISITA SU PRENOTAZIONE
OSPITALITÀ

PRODUZIONE ANNUA 900.000 bottiglie
ETTARI VITATI 175.00

La recente scomparsa di Dorino, che nel 1964 fondò l'azienda, ha lasciato un grande vuoto in casa Livon. Ma i figli Valneo e Tonino già da molti anni gestiscono l'azienda, cui hanno dato un impulso straordinario, e che ora vanta ben cinque marchi. La sede storica della Livon è a Dolegnano, frazione di San Giovanni al Natisone. Il marchio RoncAlto è riservato al Collio Goriziano. Villa Chiopris estende i vigneti nella pianura friulana. Poi ci sono Borgo Salcetino a Radda in Chianti e Colsanto in Umbria.

Valneo e Tonino hanno dimostrato di possedere ottime capacità imprenditoriali, collocando in ogni realtà produttiva le persone giuste in modo da renderle funzionali ed autosufficienti. L'enologo aziendale Rinaldo Stocco è diventato ormai storico e segue tutte le aziende con risultati eccellenti. Il Braide Alte '09 è il vino che ha conquistato più allori e che ha mantenuto una costanza qualitativa da primato. È un azzeccato blend di chardonnay, sauvignon, picolit e moscato giallo. È solcato da sfumature dorate, ha profumi caldi e suadenti ed è morbido all'assaggio. Ottimo anche il Refosco P.R. Riul '08 che profuma di china e rabarbaro.

○ Braide Alte '09	🍷🍷🍷	6
● COF Refosco P. R. Riul '08	🍷🍷	5
○ Malvasia Soluna '10	🍷🍷	5
● Scioppettino Picotis '08	🍷🍷	5
● TiareBlù '08	🍷🍷	6
○ Collio Bianco Solarco '10	🍷	5
○ Collio Ribolla Gialla RoncAlto '10	🍷	5
○ Braide Alte '07	🍷🍷🍷	6
○ Collio Braide Alte '08	🍷🍷🍷	6
● COF Pignolo ElDoro '06	🍷🍷	6
● COF Refosco P. R. Riul '07	🍷🍷	5
○ Collio Friulano Ronc di Zorz '09	🍷🍷	5
○ Collio Friulano Ronc di Zorz '08	🍷🍷	5
○ Collio Ribolla Gialla RoncAlto '09	🍷🍷	5

Tenuta Luisa
FRAZ. CORONA
VIA CORMONS, 19
34070 MARIANO DEL FRIULI [GO]
TEL. 048169680
www.viniluisa.com

VENDITA DIRETTA
VISITA SU PRENOTAZIONE

PRODUZIONE ANNUA 300.000 bottiglie
ETTARI VITATI 79.00

I ricordi della famiglia Luisa si perdono nel tempo. Era il 1927 quando Francesco Luisa, vedovo a 37 anni con 6 figli da crescere, ebbe l'occasione di acquistare alcuni ettari di terreno a Corona, frazione di Mariano del Friuli, nella Doc Isonzo. La crescita aziendale è stata esponenziale soprattutto per merito di Eddi. Ora i suoi figli Michele, enologo, e Davide, agronomo, hanno la possibilità di operare in una splendida cantina, recentemente rinnovata ed ampliata, visitatissima dagli appassionati.

La cantina propone molte etichette nella linea base e in quella di selezione denominata I Ferretti. Ed è proprio Desiderium Selezione I Ferretti '09 che si è imposto nelle nostre finali. È uno splendido blend di chardonnay, friulano e sauvignon che offre profumi fruttati di pesca matura, kiwi ed agrumi su uno sfondo di tabacco biondo e vaniglia. È un vino vitale, tonico, fragrante e davvero persistente. Tre Bicchieri. Lo Chardonnay '10 ed il Pinot Bianco '10 si distinguono per morbidezza e complessità mentre il Friulano '10 eccelle per tipicità con note vegetali e finale piacevolmente amarognolo.

○ Desiderium Sel. I Ferretti '09	🍷🍷🍷	5
○ Friuli Isonzo Chardonnay '10	🍷🍷	4
○ Friuli Isonzo Friulano '10	🍷🍷	4*
○ Friuli Isonzo Pinot Bianco '10	🍷🍷	4*
● Friuli Isonzo Refosco P. R. I Ferretti '07	🍷	5
● Rôl Sel. I Ferretti '06	🍷	5
○ Chardonnay I Ferretti '07	🍷🍷	5
○ Friuli Isonzo Chardonnay '08	🍷🍷	4*
○ Friuli Isonzo Friulano '09	🍷🍷	4*
○ Friuli Isonzo Friulano '08	🍷🍷	4*
○ Friuli Isonzo Pinot Bianco '09	🍷🍷	4*
○ Friuli Isonzo Pinot Grigio '08	🍷🍷	4*
● Friuli Isonzo Refosco P. R. '08	🍷🍷	4*
○ Friuli Isonzo Sauvignon '09	🍷🍷	4*

FRIULI VENEZIA GIULIA 480

Marega
VIA VALERISCE, 4
34070 SAN FLORIANO DEL COLLIO [GO]
TEL. 0481 884058
www.maregacollio.com

VENDITA DIRETTA
VISITA SU PRENOTAZIONE

PRODUZIONE ANNUA 52.000 bottiglie
ETTARI VITATI 9.50

Quella dei Marega è una storia ancorata al territorio e alla tradizione. Ebbe inizio nel 1911 quando Ludvik Kresevec, che fu colono dei baroni Taccò nella tenuta di San Floriano, decise di mettersi in proprio acquistando un appezzamento di terreno in località Valerisce. Negli anni successivi l'azienda si sviluppò tanto da diventare la più grande impresa privata della zona. Ci furono vari passaggi generazionali che fecero sì che, alla fine del secolo scorso, la conduzione aziendale venisse affidata alla famiglia Marega, ed ora spetta a Giorgio portare avanti la tradizione.

Al momento delle nostre degustazioni i vini dell'ultima annata non erano ancora imbottigliati, per cui abbiamo potuto assaggiare solo un paio di quelli che sono rimasti per anni ad invecchiare in bottiglia. I Marega, legati alla tradizione d'oltre confine, utilizzano ancora gli holbar, che sono dei fusti di legno di acacia da circa 300 litri. L'Holbar Bianco '02, composto principalmente da riesling renano con una piccola aggiunta di chardonnay, ha un profumo intrigante di pietra focaia, idrocarburi, cera d'api, tuberosa e bergamotto, e anche al gusto spicca l'aromaticità. L'Holbar Rosso '06 è invece un blend di merlot, cabernet e gamay: speziato, avvolgente e balsamico al naso come al palato.

○ Collio Holbar Bianco '02	6
● Collio Holbar Rosso '06	6
○ Collio Friulano '09	4*
● Collio Holbar Rosso '03	6
○ Collio Malvasia Istriana '06	5
○ Collio Malvasia Istriana '05	5
○ Collio Merlot '08	4
○ Collio Pinot Grigio '09	4*
○ Collio Pinot Grigio '08	4
○ Collio Sauvignon '09	4*
○ Collio Sauvignon '08	4

Valerio Marinig
VIA BROLO, 41
33040 PREPOTTO [UD]
TEL. 0432713012
www.marinig.it

VENDITA DIRETTA
VISITA SU PRENOTAZIONE

PRODUZIONE ANNUA 25.000 bottiglie
ETTARI VITATI 8.00

Risale al lontano 1921 la storia della famiglia Marinig, quando il bisnonno Luigi, già possessore di una piccola azienda agricola, ne acquistò una seconda, trasferendovi tutta la propria esperienza di abile viticoltore. Oggi Valerio, che è enologo, facendo tesoro dell'esperienza tramandata dalla famiglia conduce l'azienda con passione e professionalità, seguendo sia il lavoro in vigneto sia quello in cantina. Con lui collaborano la moglie Michela, che segue l'amministrazione, il padre Sergio e la madre Marisa.

I vini di Valerio ottengono costantemente i nostri consensi, ma con tipologie che si alternano in base all'annata. Quest'anno ci è particolarmente piaciuto il Pignolo '07. Note di tabacco e sottobosco fanno da sfondo a sentori di cacao e legno mentre un soffio balsamico ravviva il finale sia all'olfatto sia nel retrogusto. Il Sauvignon '10 si distingue per tipicità, è pulito sia al naso che in bocca e regala freschezza e mineralità. Il Refosco P.R. '09 ha un intenso profumo di more e viole ed è molto snello e scorrevole al palato. Il Picolit '09, gradevolmente dolce e dotato di un buon nerbo acido, ricorda al naso la pesca sciroppata ed il plum cake.

○ COF Friulano '10	4*
○ COF Picolit '09	6
● COF Pignolo '07	4
● COF Refosco P. R. '09	4
○ COF Sauvignon '10	4*
○ COF Pinot Bianco '10	4
● COF Cabernet Franc '07	4*
○ COF Friulano '09	4*
○ COF Friulano '08	4*
● COF Merlot '07	4*
○ COF Pinot Bianco '09	4*
○ COF Pinot Bianco '07	4
● COF Refosco P. R. '08	4*
○ COF Sauvignon '09	4*
○ COF Sauvignon '07	4
● COF Schioppettino '08	4*

FRIULI VENEZIA GIULIA

Davino Meroi
VIA STRETTA, 7B
33042 BUTTRIO [UD]
TEL. 0432674025
parco.meroi@virgilio.it

VENDITA DIRETTA
VISITA SU PRENOTAZIONE

PRODUZIONE ANNUA 20.000 bottiglie
ETTARI VITATI 12.00

Paolo Meroi, l'attuale proprietario, ha ereditato dal padre Davino non solo l'azienda, ma anche vigneti che hanno oltre 30 anni di vita: sono filari piantati dal nonno Domenico con l'esperienza d'altri tempi. Vigneti maturi, che insistono sulle colline di Buttrio, autentico grand cru nella denominazione dei Colli Orientali del Friuli. Uve ricche, concentrate, adatte allo stile di vinificazione di Paolo. Ma grandi capacità gli vanno riconosciute soprattutto nel sapiente uso del legno in cantina, un'alchimia che regala vini profumati ed emozionanti.

Nella scorsa edizione definimmo esaltante la performance di questa cantina che quest'anno si è ripetuta con punteggi elevati e ben quattro dei suoi vini hanno meritato le finali. Una prestigiosa prestazione di Paolo e del giovane enologo Mirko Degan che con lui segue produzione e vigneti. Il Refosco P. R. Dominin '08 ha un naso complesso di marasca, olive nere, grafite e spezie, potente e succoso in bocca, dove mostra un tannino maestoso. Sia il Picolit '09 sia il Verduzzo Friulano '09 hanno un profumo suadente di biancospino, pera cotta e caramella al miele. Lo Chardonnay '09 è un campione di eleganza e raffinatezza.

★Miani
VIA PERUZZI, 10
33042 BUTTRIO [UD]
TEL. 0432674327
aletulissi@libero.it

VENDITA DIRETTA
VISITA SU PRENOTAZIONE

PRODUZIONE ANNUA 8.000 bottiglie
ETTARI VITATI 16.00
VITICOLTURA Naturale

Tutti lo chiamano Miani, ma il suo nome è Enzo Pontoni. Molti allora pensano che quello sia il toponimo di un qualche suo vigneto, ed invece altro non è che il cognome di sua madre. Il suo lavoro è caratterizzato da una cura maniacale in vigna e da una pazienza infinita in cantina. Tanta è la semplicità e l'umiltà dell'uomo, tanta è la grandezza del produttore di vino. Indiscusso protagonista, come ogni maestro è seguito da molti discepoli, e l'enologia friulana se ne giova.

Quest'anno abbiamo assaggiato un eccellente Friulano Buri '09, vino di grande struttura, potente nerbo acido e marcata mineralità. Al naso si distende su note floreali di mughetto e gelsomino, poi frutta bianca, salvia e cipria. Il Sauvignon Saurint '09 apre con sentori di genziana, ribes giallo e cioccolato bianco, poi regala note agrumate di pompelmo, cedro e bergamotto che si esaltano al palato. Il Rosso Miani '07 è un tipico uvaggio bordolese, ampio e complesso all'olfatto, intrigante per morbidezza ed avvolgenza.

○ COF Chardonnay '09	6
○ COF Picolit '09	7
● COF Refosco P. R. Dominin '08	8
○ COF Verduzzo Friulano '09	6
○ COF Friulano '09	6
● COF Merlot Ros di Buri '08	6
● COF Rosso Nestri '08	4
○ COF Sauvignon '09	5
○ COF Verduzzo Friulano '08	6
○ COF Picolit '08	7
● COF Rosso Dominin '06	8
● COF Rosso Dominin '03	8
○ COF Sauvignon '07	5
○ COF Verduzzo Friulano '07	6

○ COF Friulano Buri '09	6
● COF Rosso Miani '07	8
○ COF Sauvignon Saurint '09	7
○ COF Bianco Miani '09	7
● Calvari '02	8
● COF Merlot '02	8
● COF Merlot '99	8
● COF Merlot '98	8
● COF Merlot '94	6
● COF Merlot Filip '06	8
● COF Merlot Filip '04	8
● COF Rosso '97	8
○ COF Sauvignon '96	6
○ COF Tocai Friulano '00	7
○ COF Tocai Friulano '98	7
○ COF Tocai Friulano '96	6

FRIULI VENEZIA GIULIA 482

Mulino delle Tolle
FRAZ. SEVEGLIANO
VIA MULINO DELLE TOLLE, 15
33050 BAGNARIA ARSA [UD]
TEL. 0432928113
www.mulinodelletolle.it

VENDITA DIRETTA
VISITA SU PRENOTAZIONE
OSPITALITÀ
RISTORAZIONE

PRODUZIONE ANNUA 100.000 bottiglie
ETTARI VITATI 22.00

Va attribuito ai cugini Giorgio ed Eliseo Bertossi il merito di aver riportato agli antichi splendori la Casa Bianca, un casale agrario che nel 1600 funse da lazzaretto e che al tempo degli Asburgo fu adibito a dogana. Con un'attenta opera di ristrutturazione vi hanno ricavato la nuova cantina ed un suggestivo alloggio agrituristico immerso nel verde dei vigneti della Doc Aquileia. Poco lontano negli scavi sono emersi interi banchi di anfore vinarie romane, a conferma che duemila anni fa da queste parti il vino era prodotto e commercializzato con successo.

Giorgio è un apprezzato enologo e presta la sua opera anche presso altre blasonate cantine della regione. Tra i vini che hanno ottenuto i maggiori consensi abbiamo apprezzato il Sauvignon '10 per la rispondenza alle caratteristiche varietali, nobilitato da gradevoli note floreali e fruttate di kiwi e passion fruit. All'assaggio è sapido e coerente con le indicazioni dell'olfatto. Il Traminer Aromatico '10 ha un intenso profumo di glicine e rose gialle e soddisfa il palato con ricchezza di aromi e spiccata mineralità. Il Sabellius Rosso '09 (refosco dal peduncolo rosso, merlot e cabernet sauvignon) ha buona struttura e al naso ricorda piccoli frutti neri e spezie orientali.

Muzic
LOC. BIVIO, 4
34070 SAN FLORIANO DEL COLLIO [GO]
TEL. 0481884201
www.cantinamuzic.it

VENDITA DIRETTA
VISITA SU PRENOTAZIONE

PRODUZIONE ANNUA bottiglie
ETTARI VITATI 16.00

Negli anni Sessanta i genitori di Giovanni (Ivan per gli amici) acquistarono la prima parte dei vigneti e dei frutteti che la famiglia Muzic coltivava già da molte generazioni. Iniziò così una fortunata attività vitivinicola a conduzione familiare. Le vigne si estendono perlopiù nella Doc Collio mentre un paio di ettari sono nella vicina Friuli Isonzo, in pianura. Tutte le fasi della produzione sono seguite da Giovanni, autentico artigiano del vino. Al suo fianco la moglie Orietta, che con sensibilità e intraprendenza costituisce il cuore pulsante dell'azienda.

È nelle annate difficili che emergono le capacità dei bravi vignaioli. Ivan in questo non è secondo a nessuno e lo dimostra con vini schietti e ricchi di personalità. Il Friulano Vigna Valeris '10 ha un profumo complesso di frutta matura e fiori di campo, è pulito, solare, potente e sapido. Il Pinot Grigio '10 è fruttato e floreale, sa di pera e sambuco e in bocca è fresco e sapido. La Malvasia '10 ha profumi evoluti di fiori gialli e alloro, in bocca si rivela morbida e strutturata. Il Collio Bianco Bric '10 è un riuscito blend di friulano, malvasia istriana e ribolla gialla, vitigni che sono la massima espressione del territorio.

○ Friuli Aquileia Malvasia '10	♕♕	3*
● Friuli Aquileia Rosso Sabellius '09	♕♕	4
○ Friuli Aquileia Sauvignon '10	♕♕	4*
○ Friuli Aquileia Traminer Aromatico '10	♕♕	4
● Pignolo '07	♕♕	6
○ Diaspro Brut	♕	4
○ Friuli Aquileia Friulano '10	♕	4
● Friuli Aquileia Refosco P. R. '09	♕	4
○ Friuli Aquileia Bianco Palmade '08	♛♛	4*
○ Friuli Aquileia Friulano '09	♛♛	4*
○ Friuli Aquileia Friulano '08	♛♛	4*
○ Friuli Aquileia Malvasia '06	♛♛	3*
○ Friuli Aquileia Malvasia '05	♛♛	3*
○ Friuli Aquileia Sauvignon '09	♛♛	4*

○ Collio Bianco Bric '10	♕♕	4
○ Collio Friulano V. Valeris '10	♕♕	4*
○ Collio Malvasia '10	♕♕	4
○ Collio Pinot Grigio '10	♕♕	4
○ Collio Sauvignon V. Pàjze '10	♕♕	4
● Collio Cabernet Sauvignon '09	♕	4
○ Collio Chardonnay '10	♕	4
○ Collio Ribolla Gialla '10	♕	4
○ Collio Bianco Bric '09	♛♛	4*
○ Collio Friulano V. Valeris '09	♛♛	4*
○ Collio Malvasia '09	♛♛	4*
○ Collio Pinot Grigio '09	♛♛	4*
○ Collio Ribolla Gialla '09	♛♛	4*
● Friuli Isonzo Merlot '07	♛♛	4*

FRIULI VENEZIA GIULIA

Evangelos Paraschos
LOC. BUCUJE, 13A
34070 SAN FLORIANO DEL COLLIO [GO]
TEL. 0481884154
www.paraschos.it

VENDITA DIRETTA
VISITA SU PRENOTAZIONE

PRODUZIONE ANNUA 14.000 bottiglie
ETTARI VITATI 6.50
VITICOLTURA Naturale

Evangelos Paraschos è di origine greca ma ormai da molti anni vive ed opera a San Floriano del Collio. Nel 1998 ha fondato l'azienda dedicandosi da subito alla coltura biodinamica. Il suo stile di vinificazione prevede la macerazione anche delle uve bianche per più giorni con le bucce in tini aperti di rovere di Slavonia o in anfore di terracotta. I vini vengono imbottigliati dopo almeno due anni di maturazione senza essere filtrati, chiarificati o stabilizzati. Sia nei mosti che nei vini non viene mai aggiunta anidride solforosa.

I vini di Evangelos sono senza dubbio particolari, al primo impatto possono sembrare difficili, soprattutto i bianchi: sono ricchi di colore, a volte sono velati o hanno riflessi aranciati. Non fateci troppo caso, assaggiateli ugualmente e scoprirete un mondo di aromi e di sapori inediti, accattivanti e coinvolgenti. La Ribolla Gialla '08 ha un intrigante profumo di cera d'api, frutta secca, tè e tabacco, al gusto è decisa, solida, sapida, quasi salmastra. Il Noir '07 è un Pinot Nero in purezza che all'olfatto ricorda la confettura di ciliegie, i fiori essiccati, le prugne ed il fieno. In bocca è scorrevole, ha tannini dolci ed un'ottima mineralità. Ottimi punteggi per tutti gli altri vini.

● Noir '07	🍷🍷 6
○ Ribolla Gialla '08	🍷🍷 5
○ Chardonnay '08	🍷🍷 5
○ Kaj '08	🍷🍷 6
● Merlot '08	🍷🍷 5
● Skala '06	🍷 5
○ Collio Bianco Ris. '03	🍷🍷 6
○ Kaj '06	🍷🍷 6
○ Kaj '04	🍷🍷 6
● Merlot '04	🍷🍷 5
○ Ribolla Gialla '06	🍷🍷 5

Pierpaolo Pecorari
VIA TOMMASEO, 36C
34070 SAN LORENZO ISONTINO [GO]
TEL. 0481808775
www.pierpaolopecorari.it

VENDITA DIRETTA
VISITA SU PRENOTAZIONE

PRODUZIONE ANNUA 130.000 bottiglie
ETTARI VITATI 30.00
VITICOLTURA Biologico Certificato

Il legame della famiglia Pecorari con la terra ed il vino si perde nel tempo, ma la svolta qualitativa intrapresa all'inizio degli anni '70 è indubbiamente opera di Pierpaolo; ormai da tempo nella conduzione dell'azienda è coadiuvato dal figlio Alessandro. I vigneti si estendono nella pianura isontina, dove il terreno è costituito da un misto di ciottoli e ghiaie e da arenarie di buona qualità. Il suolo è asciutto, baciato dal sole e ventilato dalle brezze del vicino mare Adriatico: ideale per una viticoltura di qualità.

I vini di Pierpaolo Pecorari sono divisi su tre linee di produzione: la prima è riservata ai vini giovani di immediato consumo, la linea Altis comprende invece i vini affinati in acciaio sui lieviti per molti mesi mentre una linea superiore è riservata ai vini maturati in legno che prendono il nome dai toponimi dei vigneti da cui provengono le uve: Olivers, Kolaus e Soris. Il Pinot Bianco Altis '10 ha un gran bel profumo, elegante, coinvolgente, aristocratico, ed al gusto è saporito, succoso e convincente. Il Sauvignon Kolaus '09 profuma di vaniglia, pasta frolla e pan brioche, mostra una notevole struttura ed è davvero gradevole, fresco e progressivo.

○ Pinot Bianco Altis '10	🍷🍷 5
○ Pinot Grigio Olivers '09	🍷🍷 5
○ Sauvignon Blanc '10	🍷🍷 4
○ Sauvignon Kolaus '09	🍷🍷 6
○ Malvasia '10	🍷 4
○ Pinot Grigio '10	🍷 4
○ Sauvignon Blanc Altis '10	🍷 4
○ Sauvignon Kolàus '96	🍷🍷🍷 5
● Merlot Baolar '03	🍷🍷 7
○ Pinot Bianco Altis '04	🍷🍷 5
○ Pinot Grigio '04	🍷🍷 4*
○ Pinot Grigio Olivers '07	🍷🍷 6
○ Pinot Grigio Olivers '01	🍷🍷 6

FRIULI VENEZIA GIULIA 484

Perusini
loc. Gramogliano
via Torrione, 13
33040 Corno di Rosazzo [UD]
Tel. 0432675018
www.perusini.com

VENDITA DIRETTA
VISITA SU PRENOTAZIONE
OSPITALITÀ
RISTORAZIONE

PRODUZIONE ANNUA 50.000 bottiglie
ETTARI VITATI 13.00

Alla fine dell'Ottocento, quando imperava la moda dei vini francesi, Giacomo Perusini, nonno dell'attuale proprietaria, iniziò la selezione di alcuni vitigni autoctoni regionali dedicando una grande attenzione al Picolit. Anche i suoi successori hanno scritto pagine importanti della storia enologica ed ora è Teresa Perusini, viticoltrice competente, coadiuvata dal marito Giacomo de Pace, che porta avanti il testimone. Appassionata di arte, ha fatto costruire una torre-cantina dove vengono anche organizzate mostre d'arte.

I vigneti dell'azienda Perusini si estendono sui soleggiati pendii di Gramogliano, Rosazzo e Rocca Bernarda, sui Colli Orientali del Friuli. Sono località dai terreni e dalle condizioni climatiche ideali per la vite. Anche quest'anno i vini sono di prim'ordine ed in particolare lo Chardonnay '10 che all'olfatto è molto elegante, floreale e fruttato ed in bocca è sapido, succoso e scorrevole. Il Refosco dal Peduncolo Rosso '08 profuma di liquirizia, more e lamponi, è fresco e vivace ma anche morbido e sapido. Il Rosso del Postiglione '08 è un classico uvaggio bordolese, perfettamente equilibrato, avvolgente e balsamico.

○ COF Chardonnay '10	4*
○ COF Picolit '09	8
● COF Refosco P.R. '08	5
● COF Rosso del Postiglione '08	5
● COF Merlot '08	5
○ COF Pinot Grigio '10	4
○ COF Ribolla Gialla '10	4
○ COF Sauvignon '10	4
● COF Cabernet Sauvignon '08	5
○ COF Chardonnay '08	4*
○ COF Picolit '06	8
○ COF Ribolla Gialla '09	4*
● COF Rosso del Postiglione '07	5
○ COF Sauvignon '08	4*

Petrucco
via Morpurgo, 12
33042 Buttrio [UD]
Tel. 0432674387
www.vinipetrucco.it

VENDITA DIRETTA
VISITA SU PRENOTAZIONE

PRODUZIONE ANNUA 80.000 bottiglie
ETTARI VITATI 25.00

È una splendida tenuta nei Colli Orientali del Friuli, in località Buttrio di Monte. Fu l'amore per la propria terra a suggerire a Paolo Petrucco, ingegnere, e a sua moglie Lina di rilevare un'azienda già ricca di storia. Gran parte dei vigneti risultano essere stati piantati da Italo Balbo, marito della contessa Florio di Buttrio, che non poté mai degustare quel vino in quanto il suo aereo fu abbattuto mentre volava sui cieli della Libia, a Tobruk, nel 1940. Ora quei vigneti portano il suo nome e sono l'orgoglio dei Petrucco.

L'affiancamento di Gianni Menotti al validissimo enologo aziendale Flavio Cabas e la contemporanea assistenza nella cura dei vigneti affidata a Marco Simonit è coincisa con una repentina crescita qualitativa sia della linea base che della selezione Ronco del Balbo. I vini rossi quest'anno si sono distinti con punteggi notevoli. Il Refosco P. R. Ronco del Balbo '08 ha un profumo fragrante di more e mirtilli su un fondo di incenso e in bocca è pieno e gustoso. Il Merlot Ronco del Balbo '08 ricorda le marasche sotto spirito ed è morbido e succoso. Il Pignolo Ronco del Balbo '07 è ampio e complesso negli aromi, strutturato e potente all'assaggio.

● COF Refosco P. R. Ronco del Balbo '08	5
○ COF Friulano '10	4*
● COF Merlot Ronco del Balbo '08	5
● COF Pignolo Ronco del Balbo '07	6
● COF Refosco P. R. '09	4
○ COF Ribolla Gialla '10	4*
○ COF Friulano '09	4*
○ COF Picolit '07	7
○ COF Picolit '02	7
● COF Pignolo Ronco del Balbo '06	6
○ COF Pinot Grigio '09	4*
● COF Refosco P. R. Ronco del Balbo '07	5
○ COF Ribolla Gialla '09	4*

485 FRIULI VENEZIA GIULIA

Petrussa
via Albana, 49
33040 Prepotto [UD]
Tel. 0432713192
www.petrussa.it

VENDITA DIRETTA
VISITA SU PRENOTAZIONE

PRODUZIONE ANNUA 50.000 bottiglie
ETTARI VITATI 10.00

I fratelli Gianni e Paolo Petrussa per scelta di vita nel 1986 decisero di subentrare ai genitori, Giustina e Celestino, nella gestione dell'azienda, rinunciando a posti di lavoro sicuri. I Petrussa sono convinti fautori di una enologia semplice ed essenziale, e coltivano le loro vigne – ristrutturate negli anni - con sistemi a basso impatto ambientale. La loro azienda è situata sui Colli Orientali del Friuli, nel comprensorio di Prepotto, che confina con la Slovenia da una parte e con il Collio Goriziano dall'altra.

Ed anche quest'anno Gianni e Paolo ci hanno confermato con i loro vini di saper mantenere il livello di eccellenza già da tempo raggiunto e di saper interpretare al meglio le potenzialità del territorio di Prepotto. Di grande spicco il Friulano '10 dal profumo elegante e complesso di frutta matura e fienagioni estive, snello in bocca e piacevolmente amarognolo nel finale. Di ottima fattura anche lo Schioppettino di Prepotto '08, gradevole sia all'olfatto che al gusto, ricco di aromi e spezie. Il Merlot '08 è di buona struttura con tannini dolci e ben calibrati, profuma di liquirizia e piccoli frutti neri. Merita una nota di rilievo anche l'eleganza dello Chardonnay '09 e del Pinot Bianco '10.

Roberto Picéch
loc. Pradis, 11
34071 Cormòns [GO]
Tel. 048160347
www.picech.it

VENDITA DIRETTA
VISITA SU PRENOTAZIONE
OSPITALITÀ

PRODUZIONE ANNUA 30.000 bottiglie
ETTARI VITATI 7.00

Roberto Picéch è ormai un affermato protagonista della vitivinicoltura regionale. Pur avendo già da tempo raggiunto livelli d'eccellenza è sempre aperto all'innovazione e alla ricerca di nuovi stimoli. Roberto sta infondendo ai suoi vini un'impronta sempre più personale: la sua è una ricerca che va avanti al di là delle mode e delle tecnologie, ed oggi lo porta verso macerazioni sempre più sostenute. Una strada difficile da percorrere, ma gli ottimi risultati finora raggiunti sono un grande incoraggiamento.

L'ottimo Bianco Jelka '09 guida una folta schiera di vini di grande struttura e di gradevole approccio. È un ambasciatore del territorio elaborato unicamente da vitigni autoctoni: ribolla gialla, friulano e malvasia istriana. Al naso è complesso, raffinato, ed offre in bella fusione aromi di frutta gialla, magnolia, burro d'arachidi, noci e spezie. Al gusto è solido, compatto, succoso e persistente. Il Friulano '10 al naso ricorda fiori di campo, timo e miele d'acacia ed in bocca è fresco, sapido e coinvolgente. La Malvasia '10 ha un profumo intenso, gradevole con sfumature varietali di alloro. Ottimo anche il Rosso Ruben Riserva '08, un blend di cabernet e merlot.

○ COF Chardonnay '09	5
○ COF Friulano '10	4
● COF Merlot '08	4
○ COF Pinot Bianco '10	4
● COF Schioppettino di Prepotto '08	6
○ COF Sauvignon '10	4
○ COF Chardonnay '08	5
○ COF Chardonnay '07	5
○ COF Pinot Bianco '08	4*
● COF Schioppettino '07	6
● COF Schioppettino '06	6
○ Pensiero '06	6

○ Collio Bianco Jelka '09	5
○ Collio Friulano '10	5
○ Collio Malvasia '10	5
● Collio Rosso Ruben Ris. '08	7
○ Collio Pinot Bianco '10	5
● Collio Rosso '09	5
○ Collio Bianco Athena '07	8
○ Collio Bianco Jelka '08	5
○ Collio Friulano '08	5
○ Collio Malvasia '09	5
○ Collio Malvasia '08	5
○ Collio Pinot Bianco '08	5
● Collio Rosso '08	5
● Collio Rosso '07	5

FRIULI VENEZIA GIULIA

Vigneti Pittaro
via Udine, 67
33033 Codroipo [UD]
Tel. 0432904726
www.vignetipittaro.com

VENDITA DIRETTA
VISITA SU PRENOTAZIONE

PRODUZIONE ANNUA 500.000 bottiglie
ETTARI VITATI 90.00

La cantina di Piero Pittaro è un insieme armonico di tecnica e architettura perfettamente inserita nell'ambiente vitato. La struttura è completamente coperta in legno e occupa una superficie di oltre 3000 metri quadrati. I vigneti si estendono perlopiù nell'assolata pianura delle Grave, ma fanno parte dell'azienda anche cinque ettari vitati sulle splendide colline di Ramandolo. Piero è un personaggio di spicco nel panorama enologico: nel suo lungo percorso ha ricoperto molte cariche istituzionali, a livello italiano e internazionale.

Stefano Trinco è il direttore di cantina. È un tecnico preparatissimo che ha maturato una collaudata esperienza nel campo dello spumante metodo classico. Una produzione, quella delle bollicine, avviata molti anni or sono che ha valso numerosi riconoscimenti all'azienda. Anche quest'anno il Brut Etichetta Oro '03 si è distinto per l'opulenza dei profumi, la persistenza del perlage, la ricchezza di aromi e la spiccata mineralità. Il Ramandolo Ronco Vieri '08 profuma di crema pasticcera, mela cotta, miele, uva passa e agrumi. È dolce ma gode di un'invidiabile freschezza che ne propizia la beva.

Denis Pizzulin
via Brolo, 43
33040 Prepotto [UD]
Tel. 0432713425
www.pizzulin.com

VENDITA DIRETTA
VISITA SU PRENOTAZIONE

PRODUZIONE ANNUA 20.000 bottiglie
ETTARI VITATI 11.00

L'azienda Pizzulin si è affacciata timidamente sullo scenario vitivinicolo regionale ma ha bruciato le tappe, e in pochi anni si è consolidata puntando subito in alto. E ha già dimostrato di non soffrire di vertigini... Il giovane Denis Pizzulin gestisce personalmente gli 11 ettari di vigneto suddivisi in diversi appezzamenti sulle colline di Prepotto, nei Colli Orientali del Friuli, su terreni dove la viticoltura vanta una storia millenaria. I vini dell'azienda sono un felice connubio di rispetto della tradizione e tecniche moderne.

Gli ottimi punteggi valgono a Denis la scheda grande. Il Pinot Bianco '10 ha un profumo fragrante, di mughetto, gelsomino, mela matura e cioccolato bianco e in bocca è ricco, nitido e scorrevole. Anche il Bianco Rarisolchi '10 è composto principalmente da pinot bianco con una piccola aggiunta di sauvignon che gli conferisce una nota leggermente aromatica di erbe officinali. Al gusto è morbido, succoso e coinvolgente. Il Merlot Riserva '08 si distingue per l'intensità e la complessità dei profumi. Il Friulano '10 gode invece di buona freschezza e d'immediata bevibilità.

○ Pittaro Brut Et. Oro '03	7
○ COF Friulano Ronco Vieri '09	4
○ Friuli Grave Chardonnay Mousqué '10	4
● Moscato Rosa Valzer in Rosa '10	4
○ Ramandolo Ronco Vieri '08	5
○ Apicio '08	5
○ Pittaro Brut Et. Argento	5
⊙ Pittaro Brut Pink	5
○ Manzoni '08	4*
○ Pittaro Brut Et. Argento	5
○ Pittaro Brut Et. Oro '02	7
○ Pittaro Brut Et. Oro '01	7
⊙ Pittaro Brut Pink	5
○ Ramandolo Ronco Vieri '06	5

○ COF Pinot Bianco '10	4
○ COF Rarisolchi Bianco '10	4
● COF Merlot Ris. '08	5
○ COF Friulano '10	4*
● COF Merlot '10	4
○ COF Sauvignon '10	4
● COF Schioppettino di Prepotto '08	5
○ COF Friulano '09	4
○ COF Rarisolchi Bianco '09	4
● COF Schioppettino Ris. '06	4

FRIULI VENEZIA GIULIA

Damijan Podversic
via Brigata Pavia, 61
34170 Gorizia
Tel. 048178217
www.damijangodversic.com

VENDITA DIRETTA
VISITA SU PRENOTAZIONE

PRODUZIONE ANNUA 22.600 bottiglie
ETTARI VITATI 10.00
VITICOLTURA Biologico Certificato

Damijan Podversic abita con la moglie Elena a Doberdò del Lago, ma i suoi vigneti si estendono sui pendii del Monte Calvario, una collina od ovest di Gorizia, sulla sponda destra del fiume Isonzo. È costretto quindi a percorre quotidianamente parecchi chilometri ma la cosa non gli pesa, anzi afferma: «Oggi mi sento una persona fortunata, perché sto facendo quello che ho sognato sin da bambino». I suoi sono vini naturali, senza aggiunta di lieviti, senza chiarifiche, senza filtrazioni e - vogliamo aggiungere noi - anche senza compromessi.

I vini di Podversic non sono facili da capire. È necessario assaggiarli senza pregiudizi e lasciarsi trasportare dalle emozioni che trasmettono. Hanno un colore intenso, a volte sono velati, ma si offrono all'olfatto con profumi inusuali, intriganti e complessi. E così Kaplja '08 si è aggiudicato il nostro massimo riconoscimento, Tre meritatissimi Bicchieri. È composto da malvasia istriana, friulano e chardonnay, profuma di frutta candita, genziana ed orzo caramellato ed è avvolgente, grintoso e sapido al palato.

○ Kaplja '08	🍷🍷🍷 7
○ Kaplja '07	🍷🍷 7
○ Kaplja '06	🍷🍷 6
○ Kaplja '05	🍷🍷 6
○ Kaplja '04	🍷🍷 6
○ Kaplja '03	🍷🍷 6
○ Ribolla Gialla '07	🍷🍷 6
○ Ribolla Gialla '06	🍷🍷 6
○ Ribolla Gialla '03	🍷🍷 6
● Rosso Prelit '06	🍷🍷 6
● Rosso Prelit '04	🍷🍷 6
● Rosso Prelit '03	🍷🍷 6

Isidoro Polencic
loc. Plessiva, 12
34071 Cormòns [GO]
Tel. 048160655
www.polencic.com

VENDITA DIRETTA
VISITA SU PRENOTAZIONE

PRODUZIONE ANNUA 120.000 bottiglie
ETTARI VITATI 25.00

I tre figli di Isidoro Polencic proseguono il cammino del padre, che nel 1968 iniziò ad imbottigliare dopo aver piantato con grande cura e passione le sue vigne. La sede aziendale è a Plessiva, nei pressi di Cormòns, sul Collio Goriziano, a ridosso del confine sloveno. I tre giovani fratelli, Elisabetta, Michele e Alex, si sono ben suddivisi i compiti e operano in azienda con competenza e tenacia, dimostrando una disinvoltura davvero rara se rapportata alla loro giovane età.

I Polencic sanno come sfruttare le potenzialità del territorio e ogni anno, puntualmente, riescono a piazzare un paio di vini nelle nostre degustazioni finali. Quest'anno il vino più interessante è il Friulano Fisc, frutto del reimpianto di un vigneto con barbatelle ricavate da piante ultracentenarie, un vino elegante, di gran classe, che profuma di agrumi e di pasticceria e in bocca è fresco, lungo e scorrevole. Il Pinot Grigio ha ripetuto l'exploit della scorsa edizione, profuma di camomilla, miele d'acacia, limone maturo e cedro. Al palato è cremoso, morbido, ricco e profondo.

○ Collio Friulano Fisc '09	🍷🍷 5
○ Collio Pinot Grigio '10	🍷🍷 5
○ Collio Bianco Oblin Blanc '09	🍷🍷 5
○ Collio Friulano '10	🍷🍷 4
○ Collio Pinot Bianco '10	🍷🍷 5
○ Collio Chardonnay '10	🍷 4
○ Collio Friulano Fisc '07	🍷🍷🍷 5
○ Collio Pinot Bianco '07	🍷🍷🍷 5
○ Collio Bianco Oblin Blanc '08	🍷🍷 5
○ Collio Friulano '08	🍷🍷 4*
○ Collio Pinot Grigio '09	🍷🍷 5
○ Collio Pinot Grigio '07	🍷🍷 5
○ Collio Ribolla Gialla '07	🍷🍷 4*
○ Collio Sauvignon '07	🍷🍷 4*
○ Collio Tocai Friulano Fisc '06	🍷🍷 5

FRIULI VENEZIA GIULIA

Primosic
FRAZ. OSLAVIA
LOC. MADONNINA DI OSLAVIA, 3
34070 GORIZIA
TEL. 0481535153
www.primosic.com

VENDITA DIRETTA
VISITA SU PRENOTAZIONE

PRODUZIONE ANNUA 200.000 bottiglie
ETTARI VITATI 31.00

Il colle di Oslavia, al confine con la Slovenia, gode di un microclima unico per ventilazione ed escursione termica e pullula di aziende che hanno scritto e scrivono la storia del Collio. I Primosic risiedono qui fin dall'Ottocento, quando rifornivano i commercianti che trasportavano il prezioso prodotto dalle colline del sud dell'Impero austro-ungarico alla capitale, Vienna. Marko e Boris Primosic sono le nuove forze dell'azienda fondata nel 1956 da papà Silvestro, che ha passato loro il testimone ma che ancora sovrintende con orgoglio.

Un progetto di zonazione, mirato al riconoscimento dei cru, ha permesso di identificare le zone più vocate per ogni vitigno ed i nomi dei vini sono spesso accompagnati dal toponimo del vigneto dal quale provengono le uve. Inoltre con lunghi affinamenti vengono prodotte alcune riserve tra cui uno splendido Collio Bianco Klin Riserva '08, composto da sauvignon, friulano, chardonnay e ribolla gialla, che delizia l'olfatto con ricordi fruttati di uva spina e pesca bianca e sfumature di cioccolato bianco e in bocca è morbido e cremoso. Il Merlot '08 profuma di amarene, cacao e tabacco. Il Pinot Grigio Murno '10 ricorda la pietra focaia e la mandorla ed è fresco e sapido.

○ Collio Bianco Klin Ris. '08	6
● Collio Merlot '08	4
○ Collio Pinot Grigio Murno '10	4
○ Collio Friulano Belvedere '10	4
○ Malvasia Istriana '10	5
○ Ribolla Gialla Think Yellow! '10	5
○ Collio Bianco Klin Ris. '06	6
○ Collio Chardonnay Gmajne '08	5
○ Collio Friulano Belvedere '08	4*
○ Collio Pinot Grigio Murno '09	4*
○ Collio Pinot Grigio Murno '07	4
○ Collio Ribolla Gialla di Oslavia Ris. '07	5
○ Collio Sauvignon Gmajne '09	5
○ Ribolla Gialla Think Yellow! '08	5

★Doro Princic
LOC. PRADIS, 5
34071 CORMÒNS [GO]
TEL. 048160723
doroprincic@virgilio.it

VENDITA DIRETTA
VISITA SU PRENOTAZIONE

PRODUZIONE ANNUA 60.000 bottiglie
ETTARI VITATI 10.00

Doro Princic fondò l'azienda nel 1950 sugli splendidi declivi delle colline di Cormòns, in località Pradis. Ora è condotta da Alessandro con la moglie Mariagrazia. Qui li chiamano Sandro e Grazia, splendida coppia che lavora in fantastica sinergia nell'ormai storica azienda. Tutti ricordano Doro come un personaggio ospitale e carismatico, uno cui fare riferimento nei momenti difficoltà. Lui, uomo di vigna, ha insegnato il mestiere a due generazioni di tecnici. E già il nipote Carlo, enologo, sta entrando in azienda...

I vini si distinguono per il rispetto delle caratteristiche territoriali impresse ad ognuna delle varietà. Nel suo repertorio non ci sono assemblaggi, forzature o manipolazioni. Da ogni uva cerca di ottenere il massimo e ci riesce. È ancora con la Malvasia '10 che, per il terzo anno consecutivo, si aggiudica i nostri Tre Bicchieri. All'olfatto è incisiva, leggermente aromatica, iodata e speziata. Al gusto è saporita, solida ma agile e progressiva. Splendido anche il Pinot Bianco '10, fresco e morbido al palato profuma di fiori e frutta bianca. Estremamente tipici e gradevolissimi sia il Friulano '10 che il Sauvignon '10.

○ Collio Malvasia '10	5
○ Collio Friulano '10	5
○ Collio Pinot Bianco '10	5
○ Collio Sauvignon '10	5
● Collio Cabernet Franc '07	5
● Collio Merlot '08	5
○ Collio Pinot Grigio '10	5
○ Collio Malvasia '09	5*
○ Collio Malvasia '08	5
○ Collio Pinot Bianco '07	5
○ Collio Pinot Bianco '05	5
○ Collio Tocai Friulano '06	5
○ Collio Friulano '09	5*
○ Collio Friulano '08	5
○ Collio Pinot Bianco '09	5*
○ Collio Pinot Bianco '08	5

FRIULI VENEZIA GIULIA

★Dario Raccaro

Fraz. Ròlat
via San Giovanni, 87
34071 Cormòns [GO]
Tel. 048161425
az.agr.raccaro@alice.it

VENDITA DIRETTA
VISITA SU PRENOTAZIONE

PRODUZIONE ANNUA 25.000 bottiglie
ETTARI VITATI 5.50

I vigneti di Dario Raccaro si sviluppano intorno alla sede aziendale, sulle pendici del Monte Quarin, a Cormòns, nel cuore del Collio. Fu qui che il nonno Giuseppe nel 1928 si stabilì in una vecchia casa colonica ed intraprese il mestiere di contadino. Un mestiere di cui Dario va fiero, anche se dagli anni '80 ha riversato tutte le proprie energie nella produzione vitivinicola, riuscendo ad aggiungere ai terreni di proprietà l'affitto di una vecchia vigna piantata a tocai friulano che lo ha reso famoso: la Vigna del Ròlat.

Anche in un'annata come quella del '10 in cui le avversità climatiche hanno spesso condizionato la vendemmia Dario Raccaro è riuscito fare un vino importante. Il Friulano Vigna del Rolat '10 si conferma bianco di grande classe e personalità: è elegante, ha un profumo fruttato e intenso, è scorrevole al palato, morbido e fresco al tempo stesso. Il Collio Bianco '10 è un blend di friulano, sauvignon e pinot grigio che sprigiona sentori ben fusi di frutta matura e di agrumi. Il Merlot '09 ricorda le more, i lamponi, le viole appassite e il pepe bianco e chiude speziato e balsamico.

○ Collio Friulano Vigna del Rolat '10	🍷🍷	5
○ Collio Bianco '10	🍷🍷	5
● Collio Merlot '09	🍷🍷	6
○ Collio Malvasia '10	🍷	5
○ Collio Friulano Vigna del Rolat '09	🍷🍷🍷	5
○ Collio Friulano Vigna del Rolat '08	🍷🍷🍷	5
○ Collio Friulano Vigna del Rolat '07	🍷🍷🍷	5
○ Collio Bianco '08	🍷🍷	5
○ Collio Bianco '06	🍷🍷	5
○ Collio Malvasia '08	🍷🍷	5
○ Collio Malvasia '06	🍷🍷	5
● Collio Merlot '08	🍷🍷	6
● Collio Merlot '06	🍷🍷	6
● Friuli Isonzo Rosso '06	🍷🍷	5

La Rajade

loc. Petrus, 2
34070 Dolegna del Collio [GO]
Tel. 0481639273
www.larajade.it

VENDITA DIRETTA
VISITA SU PRENOTAZIONE

PRODUZIONE ANNUA 30.000 bottiglie
ETTARI VITATI 6.50

Questa bella realtà enologica è situata nella pedemontana orientale del Friuli, nella valle dello Judrio, lungo il confine sloveno. È la zona più settentrionale del Collio, bellissimo paesaggio e gran terra da vino. La Rajade è un'azienda di recente costituzione, nata dall'acquisizione di un podere dove cantina e vigneti esistevano da sempre. I nuovi proprietari, Giuseppe Faurlin e Sergio Campeotto, hanno programmi semplici ed ambiziosi per La Rajade, che in friulano significa raggio di sole.

Diego Zanin, cui è stata affidata la gestione completa dell'azienda, nonostante la giovane età ha dimostrato di possedere grandi capacità. Agli inizi si è fatto aiutare da Andrea Romano Rossi, enologo di provata esperienza, ed ancor oggi si avvale della sua consulenza. Per il terzo anno consecutivo ha piazzato un vino nelle nostre finali a conferma dell'alto livello qualitativo raggiunto. È il Cabernet Sauvignon Riserva '08, che profuma di confettura di ciliegie e cioccolato ed in bocca è vibrante e progressivo. Come sempre è ottimo il Sauvignon, molto varietale, e anche il Collio Bianco (friulano, chardonnay e sauvignon) ed il Merlot Riserva meritano davvero l'assaggio.

● Collio Cabernet Sauvignon Ris. '08	🍷🍷	5
○ Collio Bianco '10	🍷🍷	4*
● Collio Merlot Ris. '08	🍷🍷	5
○ Collio Sauvignon '10	🍷🍷	5
○ Collio Malvasia '09	🍷	4
● Collio Merlot '09	🍷	4
● Collio Cabernet Sauvignon Stratin '01	🍷🍷	5
○ Collio Malvasia '08	🍷🍷	5
○ Collio Sauvignon '09	🍷🍷	5*
○ Collio Sauvignon '08	🍷🍷	5*

FRIULI VENEZIA GIULIA

Vigneti Rapais
VIA POLA, 25
33085 MANIAGO [PN]
TEL. 0427709434
www.vignetirapais.it

VENDITA DIRETTA
VISITA SU PRENOTAZIONE

PRODUZIONE ANNUA 20.000 bottiglie
ETTARI VITATI 40.00

La sede aziendale dei Vigneti Rapais è adagiata nella pianura di Dandolo, frazione di Maniago, un comune pittoresco conosciuto per il suo straordinario ambiente naturale. È un'azienda a gestione familiare guidata da Renato Tadiello, che vanta esperienza, passione e obiettività mentre i figli Nicola e Irma sono la nuova linfa e portano una ventata di freschezza e dinamismo. I vigneti sono ubicati nella zona Doc Friuli Grave dove i terreni sono magri e calcarei, formati dalle alluvioni dei fiumi Meduna e Cellina.

Accogliamo in Guida questa azienda che ci ha colpito per la qualità, l'originalità, la schiettezza e la personalità dei vini. Il merito va soprattutto ad un vitigno di origine francese, il viognier, proveniente dalla valle del Rodano. Il Desir Blanc '07 è un uvaggio di traminer aromatico e viognier vinificato in legno. In bella fusione offre all'olfatto profumi fruttati di pesca bianca e nespola con illusioni tropicali di ananas e mango. In bocca è una delizia, morbido e saporito. Il Vivè '09 è un Viognier in purezza, fresco e fragrante. Il Desir Neri '07 è un classico uvaggio bordolese, speziato e armonico.

Rocca Bernarda
FRAZ. IPPLIS
VIA ROCCA BERNARDA, 27
33040 PREMARIACCO [UD]
TEL. 0432716914
www.roccabernarda.com

VENDITA DIRETTA
VISITA SU PRENOTAZIONE

PRODUZIONE ANNUA 200.000 bottiglie
ETTARI VITATI 43.00

Rocca Bernarda dal 1977 è di proprietà del Sovrano Militare Ordine di Malta. Sorge sull'omonimo colle dominato da uno splendido edificio delimitato da quattro torri cilindriche angolari che lo fa assomigliare ad un castello ma che in realtà fu dimora signorile di campagna voluta dai conti Valvason Maniago nel lontano 1567. Una lapide testimonia che le cantine vennero costruite ancor prima di erigere la villa e la tradizione enologica si è mantenuta nei secoli soprattutto per merito dei conti Perusini-Antonini.

Condotta con mano sicura da Paolo Dolce l'azienda si mantiene su livelli di prestigio. In attesa di riassaggiare il Picolit, un vino che ha legato il suo nome alla Rocca Bernarda ma che da un paio di anni non viene proposto, la nostra attenzione si è spostata sul Pignolo '07, che ha bissato la performance positiva della passata edizione. Profuma di piccoli frutti di bosco, liquirizia, cacao in polvere, tabacco e legno, e in bocca è largo, avvolgente e ricco di aromi. Il Merlot Centis '08 ricorda le ciliegie sotto spirito ed il cioccolato fondente e al gusto è morbido e suadente. La Ribolla Gialla '10 ha un'eleganza sottile e un'agile bevibilità.

○ Desir Blanc '07	4*	● COF Pignolo '07	6
● Desir Neri '07	4*	● COF Merlot Centis '08	6
● Merlot '08	4*	○ COF Ribolla Gialla '10	5
○ Vivè '09	4*	○ COF Chardonnay '10	5
○ Chardonnay '09	3	○ COF Friulano '10	5
○ Pinot Grigio '09	3	○ COF Sauvignon '10	5
● Refosco P.R. '08	4	○ COF Friulano '08	4*
		○ COF Friulano '07	4
		● COF Merlot Centis '04	5
		○ COF Picolit '05	8
		● COF Pignolo '06	6
		○ COF Pinot Grigio '06	4
		○ COF Tocai Friulano '06	4

FRIULI VENEZIA GIULIA

Paolo Rodaro
LOC. SPESSA
VIA CORMONS, 60
33040 CIVIDALE DEL FRIULI [UD]
TEL. 0432716066
paolorodaro@yahoo.it

VENDITA DIRETTA
VISITA SU PRENOTAZIONE

PRODUZIONE ANNUA 250.000 bottiglie
ETTARI VITATI 45.00

I Rodaro amano definirsi con orgoglio "contadini di Spessa", perché ritengono un vanto, nel terzo millennio, potersi fregiare del titolo di contadino. L'azienda, condotta oggi da Paolo Rodaro, è una delle più importanti realtà dei Colli Orientali del Friuli ma va dato merito alla lungimiranza del padre Luigi e di suo fratello Edo che a cavallo tra gli anni '60 e '70 del secolo scorso trasformarono una piccola realtà agricola in un'apprezzata azienda vitivinicola. Su questa strada è continuata l'opera di consolidamento aziendale da parte di Paolo con l'acquisizione della tenuta Conte Romano.

A chi ci legge da tempo è ormai noto che le uve destinate a produrre i vini della linea Romain vengono lasciate surmaturare in cassetta in ambiente ventilato. Il Cabernet Sauvignon Romain è rubino cupo, profuma di liquirizia e di tè nero su un fondo balsamico e mentolato mentre il Refosco dal Peduncolo Rosso Romain ricorda la confettura di more, la polvere di caffè e la grafite. Entrambi in bocca sono morbidi, succosi e progressivi. Il Picolit al naso è elegante, penetrante, fruttato con un tocco di basilico, ottimo in bocca, suadente e dolce. Non è da meno il Verduzzo Friulano Pra Zenâr, che profuma di croccante alle mandorle e caramello e ha gusto pieno, pulito e scorrevole.

Vino	Punteggio
● COF Cabernet Sauvignon Romain '07	6
○ COF Picolit '08	7
● COF Refosco P. R. Romain '07	7
○ COF Verduzzo Passito Pra Zenâr '09	6
○ COF Friulano '10	4
○ COF Malvasia '10	4
○ COF Pinot Grigio '10	4
○ COF Ribolla Gialla '10	4
○ COF Sauvignon '10	4
○ COF Friulano '09	4*
○ COF Friulano '08	4
● COF Merlot Romain '06	6
● COF Refosco P. R. Romain '06	6
○ COF Verduzzo Friulano '08	5
○ COF Verduzzo Passito Pra Zenâr '07	6

Ronc di Vico
FRAZ. BELLAZOIA
VIA CENTRALE, 5
33040 POVOLETTO [UD]
TEL. 0432565012
roncdivicobellazoia@libero.it

VENDITA DIRETTA
VISITA SU PRENOTAZIONE

PRODUZIONE ANNUA 8.000 bottiglie
ETTARI VITATI 7.00

È una nuova perla dell'enologia friulana, nata quasi per caso e balzata subito nell'élite delle aziende di eccellenza. Ha sede a Bellazoia, una frazione di Povoletto, nelle vicinanze di Udine. A gestirla sono Gianni Del Fabbro ed il figlio Lodovico, che lavorano con cura certosina sette ettari di vigneto (metà di proprietà e metà in affitto) che si estendono sulle colline di Faedis. I Del Fabbro con un lavoro attento e senza compromessi hanno recuperato vecchie vigne ottenendo risultati eccellenti, confermati quest'anno.

Abbiamo potuto assaggiare solo tre vini, peraltro di tipologie diverse, che hanno ottenuto punteggi elevati e ci hanno così dimostrato che Gianni e Lodovico ci sanno fare su tutti i fronti. Il Friulano '09 ha ripetuto la performance dello scorso anno riconquistando i nostri Tre Bicchieri. Integro e complesso al naso alterna note fruttate a sentori di fiori di campo e vaniglia ed appaga poi il palato con fragrante mineralità e succosa morbidezza. Il rosso Vicorosso '08 è un mix di merlot e cabernet franc di indubbia eleganza mentre Matec '08 è un vino dolce armonico ed equilibrato da uve verduzzo e picolit passite.

Vino	Punteggio
○ COF Il Friulano '09	5
○ COF Matec '08	6
● COF Vicorosso '08	5
○ COF Il Friulano '08	5*
○ COF Matec '07	6
● COF Refosco P. R. '07	7
○ COF Sauvignon '08	5
● COF Titut Ros '07	6
● COF Vicorosso '07	5

FRIULI VENEZIA GIULIA

Ronc Soreli
LOC. NOVACUZZO, 46
33040 PREPOTTO [UD]
TEL. 0432713005
www.roncsoreli.com

PRODUZIONE ANNUA 250.000 bottiglie
ETTARI VITATI 35.00

Ronc Soreli è una nuova realtà nella panoramica delle aziende vitivinicole del Friuli Venezia Giulia. È nata all'inizio del secolo ad opera di Flavio Schiratti, che ha rilevato un'azienda ubicata nell'antico Borgo di Novacuzzo. Un ambizioso progetto prevede di riportare agli antichi splendori la villa padronale ed inoltre la cantina originaria verrà completamente rinnovata, ampliata e dotata di tutte le moderne tecnologie. Scienza, coscienza e sapienza è il motto con cui la nuova gestione intende impostare il proprio percorso rivolto alla produzione di eccellenza.

Per un rilancio aziendale immediato Flavio si è avvalso della consulenza di Emilio Del Medico, enologo, ed i punteggi ottenuti dai vini delle ultime due annate gli danno ragione. Ben tre, poi, si sono distinti nelle nostre finali. Il Friulano Otto Lustri '09 ha un profumo invitante e complesso di frutta matura, ginestra, erbe provenzali e macchia mediterranea. In bocca è caldo, pieno, succoso, fresco e gradevole in chiusura. Il Pinot Grigio '09 è ramato e ricorda la pera sciroppata e la buccia d'uva su uno sfondo minerale mentre il Friulano '09 ha un intrigante profumo di pesca, melone e origano. Sono entrambi strutturati, morbidi, sapidi, scorrevoli ed equilibrati.

○ COF Friulano '09	4
○ COF Friulano Otto Lustri '09	5
○ COF Pinot Grigio '09	4
○ COF Bianco Uis Blanc '10	4
○ COF Sauvignon '10	4
○ COF Sauvignon '09	4
● COF Schioppettino di Prepotto '08	5
○ COF Friulano '10	4
○ COF Pinot Grigio '10	4
○ COF Ribolla Gialla '10	4
● COF Ribolla Nera '10	4
● COF Rosso Uis Rôs '09	5

La Roncaia
FRAZ. CERGNEU
VIA VERDI, 26
33045 NIMIS [UD]
TEL. 0432790280
www.fantinel.com

VENDITA DIRETTA
VISITA SU PRENOTAZIONE

PRODUZIONE ANNUA 44.000 bottiglie

Il gruppo Fantinel, viticoltori da tre generazioni, nel 1998 decise di acquisire un'azienda a Cergneu, nei pressi di Nimis, all'estremo nord dei Colli Orientali del Friuli, la culla del Ramandolo. Fonda così La Roncaia, affiancandola alla tenuta Sant'Helena a Vencò, nel Collio, e Borgo Tesis a Tauriano di Spilimbergo, nelle Grave del Friuli. L'obbiettivo di questa grande azienda familiare è continuare a crescere sul territorio per realizzare vini che raccontino sempre meglio la tradizione enologica friulana.

Anche quest'anno i vini de La Roncaia hanno dimostrato le potenzialità di un territorio vocatissimo soprattutto per vitigni ostici come il verduzzo ed il refosco e, grazie anche alle collaudate capacità dei tecnici aziendali Gianni Campo Dall'Orto e Adriano Copetti, hanno veleggiato nel settore dell'eccellenza, sfiorando i Tre Bicchieri. Il Ramandolo conquista il naso con dolcissime note di pesca glassata, caramella d'orzo e crema catalana e al palato è avvolgente, profondo e persistente. Il Refosco P.R. è molto iodato e minerale, ha sfumature balsamiche e fumé ed in bocca è morbido e fresco. Ottimo anche il Picolit: profumo incisivo, gran struttura e soave dolcezza.

● COF Refosco P.R. '07	6
○ Ramandolo '08	6
○ COF Picolit '08	6
○ COF Bianco Eclisse '09	5
○ COF Bianco Eclisse '08	5
○ COF Friulano '09	5
○ COF Friulano '08	5
● COF Merlot '07	5
● COF Merlot '06	5*
○ COF Picolit '07	6
○ COF Picolit '06	6
○ COF Ramandolo '06	6
○ Ramandolo '07	6

FRIULI VENEZIA GIULIA

Il Roncat - Giovanni Dri
LOC. RAMANDOLO
VIA PESCIA, 7
33045 NIMIS [UD]
TEL. 0432790260
www.drironcat.com

VENDITA DIRETTA
VISITA SU PRENOTAZIONE

PRODUZIONE ANNUA 50.000 bottiglie
ETTARI VITATI 10.00

Giovanni Dri ha il merito indiscusso di aver portato alle luci della ribalta un grande vino friulano, il Ramandolo, la più affascinante versione di Verduzzo, che nasce su terreni sassosi alle falde del Monte Bernadia. Qui Giovanni ha voluto costruire la cantina che lui stesso ha progettato realizzando un sogno cullato per anni. Lui la chiama La Capanna perché è semplice nella struttura, ma ampia, accogliente e funzionale, realizzata utilizzando solo materiali naturali, prevalentemente locali.

In un'azienda a gestione familiare si sa che tutti fanno tutto, c'è da curare l'amministrazione, la contabilità e l'accoglienza. Ma in cantina serve gente specializzata e qui Giovanni ha passato il testimone alla figlia Stefania che è laureata in enologia e già da molti anni segue personalmente la produzione. Un ottimo Picolit '08 si è meritato le nostre finali conquistandoci con profumi soavi di glicine, gelsomino, miele e marrons glacés e con un delizioso e suadente palato. Il Merlot '09 apre con un bel profumo di confettura di more, emergono poi sentori di spezie e di tostatura di caffè ed infine chiude con note balsamiche. Al palato è fragrante, avvolgente, progressivo e piacevole.

Ronchi di Cialla
FRAZ. CIALLA
VIA CIALLA, 47
33040 PREPOTTO [UD]
TEL. 0432731679
www.ronchidicialla.it

VENDITA DIRETTA
VISITA SU PRENOTAZIONE

PRODUZIONE ANNUA 100.000 bottiglie
ETTARI VITATI 23.05

Ronchi di Cialla è sorta nel 1970 per una scelta di vita Paolo e Dina Rapuzzi che decisero di restaurare una casa colonica in una piccola valle racchiusa da boschi di castagni, querce e ciliegi selvatici nel cuore dei Colli Orientali del Friuli. Con passione e dedizione si dedicarono alla coltura della vite, e riuscirono ad ottenere che Cialla venisse ufficialmente riconosciuta come cru per i soli vitigni autoctoni friulani, schioppettino in primis. Ora i figli Pierpaolo e Ivan portano avanti con convinzione la scelta dei genitori.

Ai Rapuzzi va riconosciuto il merito di aver sostenuto battaglie legali per salvare lo Schioppettino dall'estinzione. Oggi è il vino bandiera dell'azienda, vinificato e poi affinato per molti anni in legno, e viene commercializzato almeno cinque anni dopo la vendemmia. Lo Schioppettino di Cialla '07 all'olfatto ricorda la confettura di prugne, la china, la noce moscata ed il pepe bianco ed al palato è integro, avvolgente, raffinato e profondo. Il Refosco P. R. di Cialla '07 profuma di ciliegia, tabacco e spezie orientali ed è fresco e snello all'assaggio. Il Cialla Bianco '09, blend di ribolla gialla, verduzzo e picolit, eccelle per finezza ed eleganza.

○ COF Picolit '08 — 8
● COF Merlot '09 — 4
● COF Cabernet '09 — 4
● COF Schioppettino Monte dei Carpini '08 — 5
○ Ramandolo Il Roncat '07 — 6
○ COF Picolit Il Roncat '07 — 8
● COF Schioppettino Monte dei Carpini '06 — 5
○ Ramandolo Il Roncat '07 — 6
○ Ramandolo Il Roncat '06 — 6
○ Ramandolo Uve Decembrine '06 — 6
○ Ramandolo Uve Decembrine '05 — 6

● COF Schioppettino di Cialla '07 — 7
○ Cialla Picolit '09 — 8
○ COF Cialla Bianco '09 — 5
● COF Refosco P.R. di Cialla '07 — 7
○ COF Verduzzo di Cialla '08 — 6
● COF Schioppettino di Cialla '05 — 7
○ COF Cialla Bianco '08 — 5
○ COF Picolit di Cialla '07 — 8
○ COF Picolit di Cialla '06 — 8
● COF Refosco P.R. di Cialla '06 — 7
● COF Schioppettino di Cialla '06 — 7
○ COF Verduzzo di Cialla '07 — 6

FRIULI VENEZIA GIULIA

Ronchi di Manzano
via Orsaria, 42
33044 Manzano [UD]
Tel. 0432740718
www.ronchidimanzano.com

VENDITA DIRETTA
VISITA SU PRENOTAZIONE

PRODUZIONE ANNUA 200.000 bottiglie
ETTARI VITATI 55.00

I conti di Trento scelsero questi ronchi (colli in friulano) per produrre i vini da destinare ai nobili dell'impero austro-ungarico. Nel 1984 la famiglia Borghese ne acquisì la proprietà ed ora l'azienda è gestita da Roberta, imprenditrice dal cuore artigiano con il gusto delle cose buone e belle. Siamo nel cuore dei Colli Orientali del Friuli: poco più a est c'è il Ronc di Rosazzo, in una località incantevole che ha meritato il riconoscimento di sottozona per il microclima particolare che la contraddistingue.

Quest'anno l'ottima performance dei vini di Manzano si è ripetuta ed il Friulano '10 è di nuovo salito sul podio. Come il precedente s'impone all'olfatto con intense note floreali di gardenia e biancospino e poi fruttate di mela golden e pesca gialla. Al palato sprigiona una potenza inaspettata ed un'invidiabile freschezza, bilanciate da note morbide e cremose. Ottimo anche il Rosazzo Bianco Ellégri '10 prodotto con un mix di uve bianche locali, suadente al naso e sapido, avvolgente e progressivo all'assaggio.

O COF Friulano '10	▼▼▼ 4
O COF Rosazzo Bianco Ellégri '10	▼▼▼ 4
● COF Merlot Ronc di Subule '08	▼▼ 5
● COF Pignolo '07	▼▼ 5
● COF Refosco P. R. '09	▼▼ 4
O COF Sauvignon '10	▼▼ 4
O COF Pinot Grigio '10	▼ 4
● COF Rosazzo Rosso Braûros '08	▼ 4
O COF Friulano '09	▼▼▼ 4*
● COF Merlot Ronc di Subule '06	▼▼ 5
O COF Pinot Grigio '09	▼▼ 4*

Ronchi Rò delle Fragole
loc. Cime di Dolegna, 12
34070 Dolegna del Collio [GO]
Tel. 0481639897
ronchiro.vini@tiscali.it

VENDITA DIRETTA
VISITA SU PRENOTAZIONE
OSPITALITÀ

PRODUZIONE ANNUA 15.000 bottiglie
ETTARI VITATI 3.00

Ronchi Rò delle Fragole è una piccolissima azienda fondata sui declivi di Dolegna del Collio nel 2005 da Romeo Rossi che, con una paziente opera di recupero, ha riportato in perfetto stato vigneti piantati a friulano e sauvignon oltre trent'anni fa. Il segreto del suo successo è senza dubbio legato alla longevità delle viti che, se ben mantenute, è proprio in età avanzata che danno il meglio. Il resto lo fa il Collio... Un terroir straordinario e unico per composizione dei suoli e fattori climatici.

Abbiamo degustato quest'anno due versioni del Sauvignon prodotto da Romeo, quello dell'ultima annata e quello di una particolare selezione delle uve vendemmiate nel 2009 denominato Silenzi. Ed è proprio quest'ultimo che ci è particolarmente piaciuto per l'intensità dei profumi fruttati che ricordano l'albicocca e la pesca gialla su uno sfondo tropicale di ananas maturo e frutto della passione. In bocca è particolarmente sapido e chiude con una fresca ventata di menta. Il Sauvignon d'annata è invece strettamente legato alle note varietali, più crude e vegetali, tant'è che possiamo definirlo didattico. Il Friulano '10 è estremamente tipico, pulito e fruttato sia al naso sia al palato.

O Sauvignon Silenzi '09	▼ 5
O Collio Friulano '10	▼▼ 5
O Collio Sauvignon '10	▼▼ 5
O Collio Friulano '09	▼▼ 5
O Collio Friulano '08	▼▼ 5
O Collio Sauvignon '08	▼▼ 5

FRIULI VENEZIA GIULIA

Ronco Blanchis
VIA BLANCHIS, 70
34070 MOSSA [GO]
TEL. 048180519
www.roncoblanchis.it

VISITA SU PRENOTAZIONE

PRODUZIONE ANNUA 35.000 bottiglie
ETTARI VITATI 12.00

Sulla collina di Blanchis, che è una delle più alte del Collio Goriziano e gode di una stupenda esposizione, Giancarlo Palla ed i figli Alberto e Lorenzo realizzano una serie di vini bianchi di livello indiscusso. Già il toponimo Blanchis racconta della vocazione di questo colle per uve come il sauvignon, il pinot grigio e soprattutto il friulano. Un fatto noto da secoli, da quando era proprietà della nobile famiglia Catterini de Herzberg o di don Silverio de Baguer, ministro del re di Spagna.

Ronco Blanchis produce solo quattro vini, tutti bianchi, e le migliori uve, quelle dei vigneti più vecchi, partecipano alla composizione di un solo vino, il Collio, la massima espressione del territorio. Un progetto ambizioso che i Palla hanno avviato avvalendosi da subito della consulenza di Gianni Menotti, tecnico dall'indiscussa competenza. Il Collio '10 è composto per l'80% da uve di friulano con l'aggiunta di chardonnay e sauvignon. Un mix perfetto che s'impone all'olfatto con sentori fruttati di pesca gialla e frutto della passione, salvia e crema, e in bocca è morbido, fragrante ed equilibrato. Ottimo anche il Pinot Grigio '10, lineare, sapido e pulito.

○ Collio '10	5
○ Collio Pinot Grigio '10	4
○ Collio Friulano '10	4
○ Collio Sauvignon '10	4
○ Collio Chardonnay '09	4*
○ Collio Chardonnay '06	4*
○ Collio Chardonnay '04	4*
○ Collio Friulano '09	4
○ Collio Friulano '07	4
○ Collio Pinot Bianco '08	3*
○ Collio Pinot Grigio '09	4*
○ Collio Pinot Grigio '06	4*
○ Collio Sauvignon '06	4*
○ Collio Tocai Friulano '06	4
○ Collio Tocai Friulano '04	4*

Ronco dei Folo
VIA DI NOZZOLE, 12
33020 PREPOTTO [UD]
TEL. 055859811
www.tenutefolonari.com

VISITA SU PRENOTAZIONE

PRODUZIONE ANNUA 50.000 bottiglie
ETTARI VITATI 25.00

La famiglia Folonari opera nel settore vitivinicolo sin dalla fine del 1700. Nel 1825 l'attività familiare diventò la Fratelli Folonari, azienda la cui missione era di sviluppare, produrre e distribuire i migliori vini italiani nel mondo. Nel 2000 Ambrogio decise di creare assieme a suo figlio la Tenute Ambrogio e Giovanni Folonari, affiancando alle proprietà agricole toscane una realtà friulana: Ronco dei Folo. Si tratta di una serie di ottimi bianchi da uve selezionate nelle migliori esposizioni del Collio.

Il Collio ha una vocazione particolare per la produzione di vini bianchi. Si tratta di terreni collinari, in pendenza, ben soleggiati, ben ventilati e che godono di escursioni termiche ottimali. I terreni sono ricchi di sostanze minerali, hanno un perfetto drenaggio, sono riparati dalle Alpi ed esposti alle brezze marine. Non per niente i Folonari hanno investito su questo territorio, e sono stati subito ripagati. Anche in un'annata non certo generosa hanno prodotto vini di grande livello. Il Pinot Grigio, in particolare, profuma di frutta matura, fiori secchi e ginestra ma soprattutto è pieno, vellutato e persistente. Ottimi anche il Friulano ed il Sauvignon, molto varietali.

○ Collio Pinot Grigio '10	4*
○ Collio Friulano '10	4*
○ Collio Sauvignon '10	4*
○ Collio Ribolla Gialla '10	4
○ COF Pinot Grigio '05	4
○ COF Pinot Grigio '04	4*
○ COF Sauvignon '06	4
○ COF Tocai Friulano '06	4
○ COF Tocai Friulano '05	4
○ Collio Pinot Grigio '09	4
○ Collio Ribolla Gialla '09	4
○ Collio Sauvignon '09	4

FRIULI VENEZIA GIULIA 496

★Ronco dei Tassi
LOC. MONTE, 38
34071 CORMÒNS [GO]
TEL. 048160155
www.roncodeitassi.it

VENDITA DIRETTA
VISITA SU PRENOTAZIONE

PRODUZIONE ANNUA 100.000 bottiglie
ETTARI VITATI 18.00

Matteo ed Enrico già da qualche anno operano a tempo pieno nell'azienda di famiglia nata nel 1989 per volontà di Fabio Coser e di sua moglie Daniela che decisero di acquistare un podere a Cormòns, in località Montona, sulle pendici del monte Quarin. Il nome aziendale deriva dalle numerose colonie di tassi che nel periodo in cui l'uva è matura diventano ghiotti consumatori dei grappoli più dolci. Fabio Coser è uno dei wine-maker regionali più qualificati, è proprietario anche della Vigna del Lauro e segue numerose altre aziende.

È il quinto anno consecutivo che il Collio Bianco Fosarin conquista i Tre Bicchieri e si conferma vino bandiera dell'azienda, una grande soddisfazione per Fabio e per la sua famiglia. La formula non cambia, anche nell'annata '10 il Fosarin è composto da pinot bianco, friulano e malvasia e si offre all'olfatto con soavi note fruttate di pesca bianca e nespola accompagnate dalla cremosità del cioccolato bianco con nuance di liquirizia. Al palato è morbido, sapido, equilibrato e scorrevole. Anche il Collio Rosso Cjarandon Riserva '07, taglio bordolese, è tornato ai vecchi allori, conquistando unanimi consensi per l'armonia complessiva.

★Ronco del Gelso
VIA ISONZO, 117
34071 CORMÒNS [GO]
TEL. 048161310
www.roncodelgelso.com

VENDITA DIRETTA
VISITA SU PRENOTAZIONE

PRODUZIONE ANNUA 150.000 bottiglie
ETTARI VITATI 25.00

Ronco del Gelso, come moltissime altre da queste parti, è un'azienda a conduzione familiare. Era il 1987 quando a Giorgio Badin, ancora fresco di studi, vennero messi a disposizione due ettari di terreno magri, sassosi, asciutti, ideali alla coltivazione della vite. Siamo nei pressi di Cormòns, ma in pianura, e quindi nella Doc Friuli Isonzo. La costanza e la determinazione di Giorgio ha fatto sì che la crescita sia stata costante e progressiva ed ora gli ettari vitati sono venticinque. In cantina una caldaia sfrutta i residui di potatura garantendo l'autosufficienza energetica.

Spesso i vini di Giorgio Badin hanno ottenuto il nostro massimo riconoscimento e quest'anno a fregiarsi dei Tre Bicchieri è la Malvasia '10 che ci offre all'olfatto con intense note di fiori gialli, frutta secca, fiori di campo e scorza di agrumi, e al palato è fresca e aromatica. Il Latimis '10 è un uvaggio composto da friulano, riesling renano e pinot bianco e combina le caratteristiche varietali di ognuno per regalare note floreali di glicine, gelsomino e rosa gialla. Il Pinot Grigio Sot lis Rivis '10 ha un naso elegante, dai toni di frutti tropicali. Il Friulano Toc Bas '10 è succoso ed equilibrato. Il Rosato Rosimi '09 è gustoso e profuma di fragole e lamponi.

○ Collio Bianco Fosarin '10	🍷🍷🍷	4
● Collio Rosso Cjarandon Ris. '07	🍷🍷	5
○ Collio Picolit '07	🍷🍷	6
○ Collio Pinot Grigio '10	🍷🍷	5
○ Collio Ribolla Gialla '10	🍷🍷	5
○ Collio Sauvignon '10	🍷🍷	5
○ Collio Friulano '09	🍷	5
○ Collio Bianco Fosarin '09	🍷🍷🍷	4*
○ Collio Bianco Fosarin '08	🍷🍷🍷	4*
○ Collio Bianco Fosarin '07	🍷🍷🍷	4
○ Collio Bianco Fosarin '06	🍷🍷🍷	4
○ Collio Sauvignon '05	🍷🍷	4*
○ Collio Friulano '08	🍷🍷	4*
○ Collio Malvasia '08	🍷🍷	4*
○ Collio Sauvignon '09	🍷🍷	5*

○ Friuli Isonzo Malvasia '10	🍷🍷🍷	4*
○ Friuli Isonzo Bianco Latimis '10	🍷🍷	4*
○ Friuli Isonzo Friulano Toc Bas '10	🍷🍷	4*
○ Friuli Isonzo Pinot Grigio Sot lis Rivis '10	🍷🍷	4
⊙ Friuli Isonzo Rosato Rosimi '09	🍷	5
○ Friuli Isonzo Chardonnay '09	🍷	4
○ Friuli Isonzo Sauvignon '10	🍷	4
● Friuli Isonzo Merlot '01	🍷🍷🍷	5
○ Friuli Isonzo Sauvignon '00	🍷🍷🍷	4
○ Friuli Isonzo Tocai Friulano '06	🍷🍷🍷	4
○ Friuli Isonzo Tocai Friulano '05	🍷🍷🍷	4
○ Friuli Isonzo Tocai Friulano '04	🍷🍷🍷	4*
○ Friuli Isonzo Tocai Friulano '03	🍷🍷🍷	4
○ Friuli Isonzo Tocai Friulano '01	🍷🍷🍷	4
○ Friuli Isonzo Tocai Friulano '97	🍷🍷🍷	4

FRIULI VENEZIA GIULIA

Ronco delle Betulle
LOC. ROSAZZO
VIA ABATE COLONNA, 24
33044 MANZANO [UD]
TEL. 0432740547
www.roncodellebetulle.it

VENDITA DIRETTA
VISITA SU PRENOTAZIONE

PRODUZIONE ANNUA 70.000 bottiglie
ETTARI VITATI 13.75

Con felice intuizione nel 1967 Gianbattista Adami decise di fondare l'azienda sulle colline di Rosazzo. A quel tempo non era ancora nota la peculiarità di quel luogo ma ben presto acquistò una tale rilevanza che gli venne riconosciuta la denominazione di sottozona, che equivale al termine francese cru. Dal 1990 l'azienda è stata gestita da Ivana Adami, che ha lavorato per esprimere la tipicità e l'autenticità del terroir. Oggi è il figlio Simone a portare avanti questa missione.

Il Rosazzo Bianco Vanessa '09 si conferma vino di grande finezza e spessore. È un blend di pinot bianco, chardonnay, sauvignon e friulano, ha un profumo complesso e fine di frutta matura, crema pasticcera, rose gialle e cipria; in bocca è sapido, morbido e strutturato. Di gran finezza il Sauvignon '10 che mostra sentori di agrumi e note balsamiche, ed è gradevolmente fresco e citrino al palato. Il Pinot Grigio '10 è un vino molto elegante, cremoso all'olfatto come al gusto. Molto tipico è il Friulano '10, che profuma di mela golden, fiori di campo, camomilla e fieno mentre il Picolit '08 ricorda la vaniglia e la frutta tropicale matura.

Ronco di Prepotto
VIA BROLO, 45
33040 PREPOTTO [UD]
TEL. 0432281118
www.roncodiprepotto.com

VENDITA DIRETTA
VISITA SU PRENOTAZIONE

PRODUZIONE ANNUA 30.000 bottiglie
ETTARI VITATI 6.00

La famiglia Macorig s'è stabilita a Prepotto già dal 1901. L'attuale proprietario, Giampaolo Macorig, un giovane preparatissimo e determinato, con scelte coraggiose ha raggiunto risultati d'eccellenza. Assistito dal padre Annibale ha completamente rinnovato i vigneti, la cantina e le tecniche di produzione alla ricerca della qualità assoluta. Così i Marcorig hanno deciso di limitare le etichette e di diversificare la produzione creando due linee: la Ronco di Prepotto per gli uvaggi e la Vigneti dei Monti Sacri per gli autoctoni in purezza.

I successi che quest'azienda sta ottenendo sono dovuti alle capacità di Giampaolo ma anche alla consulenza di un esperto enologo come Emilio Del Medico. Quest'anno abbiamo potuto assaggiare solo i due uvaggi, ed entrambi si sono dimostrati di altissimo livello: uno si è distinto anche nelle nostre finali. È il Bianco Anatema '08, composto da friulano, malvasia istriana e riesling renano, complesso ed invitante all'olfatto con gradevoli sentori di frutta tropicale matura e aloe. In bocca è cremoso, strutturato, caldo e sapido. Il Rosso Zeus '07 è un blend di refosco, schioppettino e merlot che profuma di china e rabarbaro e chiude piacevolmente balsamico.

○ COF Rosazzo Bianco Vanessa '09	ƮƮ 5
○ COF Friulano '10	ƮƮ 4*
○ COF Picolit '08	ƮƮ 7
○ COF Pinot Grigio '10	ƮƮ 4*
○ COF Sauvignon '10	ƮƮ 4*
● COF Refosco P. R. '09	Ʈ 5
○ COF Ribolla Gialla '10	Ʈ 4
● Narciso Rosso '94	ƮƮƮ 6
○ COF Picolit '07	ƮƮ 6
○ COF Rosazzo Bianco Vanessa '08	ƮƮ 5
○ COF Rosazzo Bianco Vanessa '07	ƮƮ 5
● COF Rosazzo Pignolo '05	ƮƮ 7
● COF Rosazzo Rosso Narciso '04	ƮƮ 6
● COF Rosazzo Rosso Narciso '03	ƮƮ 6

○ COF Bianco Anatema '08	ƮƮ 5
● COF Rosso Zeus '07	ƮƮ 6
○ COF Bianco Anatema '07	ƮƮ 5
○ COF Bianco Lavinia '04	ƮƮ 6
○ COF Bianco Lavinia '03	ƮƮ 6
● COF Rosso Zeus '06	ƮƮ 6
● COF Rosso Zeus '04	ƮƮ 6
● COF Rosso Zeus '03	ƮƮ 6
● COF Schioppettino '08	ƮƮ 5
● COF Schioppettino '07	ƮƮ 4
○ COF Tocai Friulano Vigneti dei Monti Sacri '05	ƮƮ 4

FRIULI VENEZIA GIULIA

Ronco Severo
VIA RONCHI, 93
33040 PREPOTTO [UD]
TEL. 0432713144

VENDITA DIRETTA
VISITA SU PRENOTAZIONE

PRODUZIONE ANNUA 32.000 bottiglie
ETTARI VITATI 6.00
VITICOLTURA Naturale

Stefano Novello è un enologo che prima di dedicarsi alla sua azienda ha maturato esperienze importanti in California e nel Nuovo Messico. Oggi è un convinto assertore di una viticoltura naturale, senza uso di prodotti di sintesi in vigna, rispettosa dell'uva in cantina, dove non usa lieviti selezionati o enzimi, e lavora con tenori minimi di anidride solforosa. I suoi vini, frutto di lunghe macerazioni, a volte non perfettamente limpidi, mostrano carattere ed eleganza. L'azienda elabora i vini dalle uve dei sei ettari di vigna di proprietà.

I mosti di Stefano, anche quelli bianchi, rimangono a contatto con le bucce per alcune settimane, a volte per qualche mese, per permettere ai vini di estrarre le sostanze che li faranno durare nel tempo, limitando l'utilizzo dei solfiti. Sono vini ricchi di colore, a volte non perfettamente limpidi, opulenti nei profumi, intriganti, per molti difficili, ma sono sicuramente salubri e ricchi di aromi. Il Merlot Artiûl '08 all'olfatto ricorda le prugne, il fieno, il tabacco ed il rabarbaro. Ha un'ottima struttura, è ricco di estratto e di tannini fitti e vivaci. Il Severo Bianco '09, composto da friulano, chardonnay e picolit, profuma di frutta secca, erbe aromatiche e crostata di prugne.

Roncùs
VIA MAZZINI, 26
34076 CAPRIVA DEL FRIULI [GO]
TEL. 0481809349
www.roncus.it

VENDITA DIRETTA
VISITA SU PRENOTAZIONE
OSPITALITÀ

PRODUZIONE ANNUA 35.000 bottiglie
ETTARI VITATI 12.00

Marco Perco nel 1985 decise di trasformare l'azienda di famiglia, da sempre dedicata a culture diverse, in una tenuta incentrata esclusivamente sulla produzione vitivinicola. La gran parte dei suoi vigneti sono stati piantati oltre cinquant'anni fa e sono composti da tanti piccoli appezzamenti sparsi sui ronchi di Capriva del Friuli. Conscio delle potenzialità del territorio, Marco ha orientato la sua produzione su vini sempre più ricchi complessità, longevi e ben espressi sotto il profilo aromatico, come quelli alsaziani che lui ama tanto.

Quest'anno abbiamo potuto assaggiare solo due vini, ma è stato sufficiente per farci un'idea della continuità qualitativa che riescono a esprimere. Sono vini che hanno una concentrazione ed una carica di mineralità che spesso richiede affinamenti prolungati e non sempre riusciamo ad averli a disposizione in tempo utile. Il Bianco Vecchie Vigne '08 può essere considerato vino autoctono, perché è un taglio di malvasia istriana, friulano e ribolla gialla. Profuma di glicine, frutta tropicale, scorza d'arancia e caramello, e in bocca è morbido e cremoso. Il Friulano '09 ricorda le fienagioni estive, ricche di fiori, ed è fresco e fragrante.

● COF Merlot Artiûl '08	6
○ Severo Bianco '09	6
○ COF Friulano Ris. '09	5
○ COF Chardonnay '07	5
○ COF Friulano '08	5
○ COF Friulano '07	5
● COF Merlot Artiûl '07	6
● COF Merlot Artiûl '05	5
○ COF Pinot Grigio '08	4*
● COF Refosco P.R. '07	6
○ COF Sauvignon '01	4*
○ COF Severo Bianco '07	5
○ Severo Bianco '07	6

○ Collio Bianco V. V. '08	6
○ Collio Friulano '09	5
○ Roncùs Bianco V. V. '01	6
○ Collio Bianco '09	4
○ Collio Bianco V. V. '06	6
○ Collio Bianco V. V. '05	6
○ Collio Bianco V. V. '04	6
○ Collio Bianco V. V. '02	6
○ Collio Friulano '08	5
○ Collio Pinot Bianco '03	5
○ Collio Tocai Friulano '03	5
○ Friuli Isonzo Sauvignon '03	5
○ Sauvignon '07	5
● Val di Miez '06	6

FRIULI VENEZIA GIULIA

Russiz Superiore
VIA RUSSIZ, 7
34070 CAPRIVA DEL FRIULI [GO]
TEL. 048180328
www.marcofelluga.it

VENDITA DIRETTA
VISITA SU PRENOTAZIONE
OSPITALITÀ

PRODUZIONE ANNUA 200.000 bottiglie
ETTARI VITATI 50.00

Il borgo di Russiz Superiore, nel cuore del Collio, dove Marco Felluga nel 1966 fondò l'omonima azienda, ha origini antichissime. Era il 1273 quando vi si stabilì il patriarca Raimondo della Torre che favorì l'insediamento in queste terre dei Torriani. Recentemente queste storiche mura sono state trasformate in un accogliente relais, dotato di ogni comfort, che dall'alto del colle gode di un panorama mozzafiato in un'atmosfera rilassante e incontaminata. L'azienda è ora condotta da Roberto con l'imprenditorialità e la passione che ha ereditato dal padre.

La giovane e brillante enologa Raffaela Bruno ha sempre goduto della fiducia di Roberto e propone vini che hanno una personalità stilistica ben delineata. Siamo rimasti favorevolmente impressionati dal Sauvignon che nella versione '10 è molto ricco di profumi varietali di salvia, peperone verde e frutta tropicale e in bocca regala freschezza e sapidità. Il Pinot Bianco Riserva '07 è complesso, grintoso, progressivo, evoluto sia al naso che al palato. Il Friulano '10 è un campione di tipicità mentre Horus '07 è un dolcissimo Picolit impreziosito da un tocco di sauvignon e di friulano.

Vino		
○ Collio Sauvignon '10	🍷🍷	5
● Collio Cabernet Franc '09	🍷🍷	5
○ Collio Friulano '10	🍷🍷	5
○ Collio Pinot Bianco Ris. '07	🍷🍷	6
○ Horus '07	🍷🍷	7
● Collio Merlot '07	🍷	5
● Collio Merlot '06	🍷	5
○ Collio Pinot Bianco '09	🍷	5
○ Collio Pinot Bianco '08	🍷	5
○ Collio Pinot Bianco Ris. '06	🍷	6
○ Collio Pinot Bianco Ris. '05	🍷	6
○ Collio Pinot Grigio '09	🍷	5
○ Collio Sauvignon '09	🍷	5
○ Collio Sauvignon Ris. '06	🍷	6

★Schiopetto
VIA PALAZZO ARCIVESCOVILE, 1
34070 CAPRIVA DEL FRIULI [GO]
TEL. 048180332
www.schiopetto.it

VENDITA DIRETTA
VISITA SU PRENOTAZIONE

PRODUZIONE ANNUA 169.500 bottiglie
ETTARI VITATI 30.00

L'azienda fondata da Mario Schiopetto nel 1965 è subito diventata, ed è tuttora, un pilastro dell'enologia regionale. Viaggiatore per mestiere, Mario ebbe l'occasione di visitare le migliori cantine d'Europa e coniugò lo stile enologico tedesco con la finezza francese adattandole pazientemente al territorio del Collio. Ora è gestita dai figli con lo stesso piglio e la stessa passione del fondatore: Maria Angela si occupa del commerciale, Carlo delle pubbliche relazioni e Giorgio, enologo ed agronomo, della produzione.

Spetta ancora al Mario Schiopetto Bianco il podio dei Tre Bicchieri ma quest'anno altri tre vini erano altrettanto vicini all'alloro a conferma dell'ottimo standard qualitativo che i tre fratelli Schiopetto riescono a mantenere. Il Mario Schiopetto Bianco '08 è un blend di chardonnay dei Colli Orientali del Friuli e friulano del Collio, un matrimonio felice che ha tutte le prerogative per durare nel tempo. E non gli è da meno il Blanc des Rosis, un ricco blend di friulano, pinot grigio, sauvignon, malvasia istriana e ribolla gialla, una perfetta fusione di aromi. Ottimi anche il Friulano e il Podere dei Blumeri Rosso, composto da merlot, cabernet sauvignon e refosco.

Vino		
○ Mario Schiopetto Bianco '08	🍷🍷🍷	6
○ Blanc des Rosis '09	🍷🍷	5
○ Collio Friulano '09	🍷🍷	5
● Podere dei Blumeri Rosso '07	🍷🍷	6
○ Collio Sauvignon '09	🍷🍷	5
● Rivarossa '08	🍷🍷	5
○ Collio Pinot Grigio '09	🍷	5
○ Blanc des Rosis '07	🍷🍷🍷	5
○ Blanc des Rosis '06	🍷🍷🍷	5
○ Collio Sauvignon '97	🍷🍷🍷	
○ Collio Tocai Friulano '95	🍷🍷🍷	5
○ Collio Tocai Friulano '88	🍷🍷🍷	5
○ Collio Tocai Friulano '87	🍷🍷🍷	5
○ Mario Schiopetto Bianco '07	🍷🍷🍷	6
○ Mario Schiopetto Bianco '03	🍷🍷🍷	6

FRIULI VENEZIA GIULIA 500

La Sclusa
LOC. SPESSA
VIA STRADA DI SANT'ANNA, 7/2
33043 CIVIDALE DEL FRIULI [UD]
TEL. 0432716259
www.lasclusa.it

VISITA SU PRENOTAZIONE
OSPITALITÀ

PRODUZIONE ANNUA 160.000 bottiglie
ETTARI VITATI 30.00

Spessa è una località a sud di Cividale del Friuli, da sempre sinonimo di vigne e di vino, dove la famiglia Zorzettig opera da molte generazioni. Da uno dei suoi rami nel 1963 Giobatta Zorzettig, conosciuto come Tita Tramuntin, ha fondato l'azienda che in un secondo momento, per non incorrere in omonimie, è stata ribattezzata La Sclusa. Fu costruita la prima cantina e poi toccò a Gino traghettare la gestione ai figli Germano, Maurizio e Luciano che con entusiasmo e capacità hanno raggiunto risultati di vera eccellenza.

Anche quest'anno i vini sono tutti di buona fattura e coerenti con la filosofia aziendale. Da sempre ci si ispira alla tradizione assecondando i ritmi della natura ed operando nel rispetto dell'ambiente. Il Pinot Grigio '10 è un vino elegante, ha un colore leggermente ramato e profuma di mela matura, banana e melone e in bocca è deciso, fresco, morbido e sapido. Il Refosco dal Peduncolo Rosso '09 è ancora molto fruttato, vivace, fragrante, succoso e piacevolmente tannico. Il Sauvignon '10 all'olfatto è saldamente ancorato alle caratteristiche varietali, è ricco di aromi che accompagnano l'assaggio fino una chiusura fresca e citrina.

○ COF Pinot Grigio '10		4
● COF Refosco P. R. '09		4
○ COF Sauvignon '10		4
○ Brut La Sclusa		4
○ COF Friulano '10		4
○ COF Ribolla Gialla '10		4
○ COF Friulano '09		4*
○ COF Friulano '08		4
○ COF Picolit '08		7
○ COF Picolit '06		7
○ COF Picolit V. del Torrione '05		7
● COF Refosco P. R. '08		4
● COF Refosco P. R. '07		4
○ COF Ribolla Gialla '07		4

Roberto Scubla
FRAZ. IPPLIS
VIA ROCCA BERNARDA, 22
33040 PREMARIACCO [UD]
TEL. 0432716258
www.scubla.com

VENDITA DIRETTA
VISITA SU PRENOTAZIONE

PRODUZIONE ANNUA 60.000 bottiglie
ETTARI VITATI 12.00

Il casolare decadente che Roberto Scubla acquistò nel 1991 è oggi un rustico di notevole valore architettonico, dotato di accoglienti sale di degustazione, con annessa la cantina, che è stata integrata da una bottaia interrata. L'appoggio di familiari e amici ha permesso a Roberto di realizzare un sogno che coltivava fin da bambino, ed affidandosi alla consulenza di professionisti affermati ha raggiunto in breve standard qualitativi elevatissimi con riscontri importanti sui mercati e sulla stampa specializzata a livello internazionale.

Si conferma un eccellente vino il Verduzzo Friulano Cràtis, uno dei riferimenti qualitativi del vitigno. Il '08, che sfiora i Tre Bicchieri, ci piace per la soavità dei profumi che ricordano l'albicocca matura, la pesca gialla e il croccante alle mandorle. Al palato si dispiega poi armonico, consistente e lungo. Ottimo anche il Pomèdes '09, blend di pinot bianco, friulano e riesling renano, molto fruttato al naso, potente ed elegante in bocca. Di grande struttura, pienezza e personalità il Rosso Scuro '08, composto da merlot e refosco dal peduncolo rosso, complesso al naso con ricordi di sottobosco, humus e caffè su uno sfondo balsamico.

○ COF Bianco Pomèdes '09		6
● COF Rosso Scuro '08		5
○ COF Verduzzo Friulano Cràtis '08		6
○ COF Bianco Speziale '10		4
○ COF Friulano '10		4
○ COF Pinot Bianco '10		4
○ COF Sauvignon '10		4
● COF Merlot '09		5
○ COF Bianco Pomèdes '04		5
○ COF Bianco Pomèdes '99		5
○ COF Bianco Pomèdes '98		5
○ COF Verduzzo Friulano Cràtis '06		6
○ COF Verduzzo Friulano Cràtis '04		6
○ COF Verduzzo Friulano Graticcio '99		6
○ COF Bianco Pomèdes '08		6
○ COF Verduzzo Friulano Cràtis '07		6

FRIULI VENEZIA GIULIA

Renzo Sgubin
Via Faet, 15
34071 Cormòns [GO]
Tel. 0481630297
info@renzosgubin.com

VENDITA DIRETTA
VISITA SU PRENOTAZIONE

PRODUZIONE ANNUA 30.000 bottiglie
ETTARI VITATI 12.00

Renzo Sgubin ama definirsi un contadino, di poche parole e tanti fatti. I suoi genitori nacquero ai piedi del castello che troneggia sul Monte Quarin (il colle che si erge alle spalle di Cormòns) e da lì erano poi scesi per stabilirsi nel cuore del paese e successivamente a Pradis. Qui lavoravano da mezzadri e negli anni '70 ebbero l'occasione di acquistare i primi vigneti. La scelta di raffigurare un castello e la sagoma inconfondibile del monte sulle etichette e per il logo aziendale è dunque un omaggio alle proprie radici.

Renzo in cantina si avvale dei preziosi consigli di Luigino De Giuseppe, un tecnico capace ed esperto. I vini dell'ultima annata sono esemplari per pulizia e tipicità ma quest'anno abbiamo assaggiato anche vini che hanno subito lunghi affinamenti e ci sono molto piaciuti. Il Merlot '08, prodotto con uve di collina, è di gran spessore, frutta rossa e spezie dominano l'olfatto ed al gusto ha molta polpa e tannini promettenti. L'uvaggio bianco 3,4,3 del '09 (friulano, malvasia, chardonnay e sauvignon) è complesso e suadente mentre il rosso Plagnis '06 (merlot, refosco e franconia) è morbido ed ampio.

● Collio Merlot '08	🍷🍷	4*
○ 3, 4, 3 '09	🍷🍷	4
○ Friuli Isonzo Malvasia '10	🍷🍷	4
● Plagnis '06	🍷🍷	4
○ Friuli Isonzo Chardonnay '10	🍷	4
○ Friuli Isonzo Friulano '10	🍷	4
○ Friuli Isonzo Pinot Grigio '10	🍷	4
○ 3, 4, 3 '08	🍷🍷	4*
○ Friuli Isonzo Chardonnay '09	🍷🍷	4*
○ Friuli Isonzo Friulano '09	🍷🍷	4*
○ Friuli Isonzo Malvasia '09	🍷🍷	4*
○ Friuli Isonzo Pinot Grigio '09	🍷🍷	4*
○ Friuli Isonzo Pinot Grigio '08	🍷🍷	4*
○ Friuli Isonzo Sauvignon '09	🍷🍷	4*
○ Friuli Isonzo Sauvignon '08	🍷🍷	4*

Sirch
Via Fornalis, 277
33043 Cividale del Friuli [UD]
Tel. 0432709835
www.sirchwine.com

VISITA SU PRENOTAZIONE

PRODUZIONE ANNUA 75.000 bottiglie
ETTARI VITATI 11.00

È merito di Luca Sirch se l'azienda nel 2002 ha intrapreso un percorso che le ha fatto raggiungere livelli qualitativi eccellenti. La filosofia aziendale, che tende a produrre vini puliti e semplici, nasconde in realtà l'ambizione di ottenere una complessità sottile e di poter arrivare a vini sempre più eleganti e ricchi di sfumature. La maggior parte dei vigneti è suddivisa in piccoli appezzamenti sparsi in diverse località nella zona cividalese dei Colli Orientali del Friuli, che è tra le più fresche ed è quindi estremamente vocata alla produzione di vini bianchi.

I vini di Luca hanno tutti una caratteristica comune: sono schietti, puliti, freschi, immediati e vengono proposti ad un prezzo più che ragionevole. È risaputo che il vitigno autoctono più rappresentativo della regione è il friulano, e Luca ce lo propone in due versioni, entrambe di livello. Il Friulano '10 si distingue per le note fruttate di mela golden e pesca bianca e conquista il palato per la sapidità, la scorrevolezza ed il perfetto equilibrio. Il Friulano Mis Mas '10 (che nel linguaggio locale corrisponde a disordine) profuma di fienagione e nespole ed al gusto è un po' più acerbo. La Malvasia '10 ricorda gli agrumi e l'uva spina mentre il Sauvignon '10 ha molto nerbo.

○ COF Friulano '10	🍷🍷	4*
○ COF Friulano Mis Mas '10	🍷🍷	4*
○ COF Sauvignon '10	🍷🍷	4*
○ Malvasia '10	🍷🍷	4*
○ COF Ribolla Gialla '10	🍷	4
○ COF Friulano '07	🍷🍷🍷	4*
○ COF Friulano Mis Mas '09	🍷🍷	3*
○ COF Friulano Mis Mas '08	🍷🍷	3*
○ COF Friulano Mis Mas '07	🍷🍷	3*
○ COF Pinot Grigio '09	🍷🍷	4*
○ COF Ribolla Gialla '09	🍷🍷	4*
○ COF Sauvignon '09	🍷🍷	4*
○ COF Sauvignon '08	🍷🍷	4*
○ Malvasia '09	🍷🍷	4*

FRIULI VENEZIA GIULIA

Skerk

Fraz. San Pelagio
Loc. Prepotto, 20
34011 Duino Aurisina [TS]
Tel. 040200156
www.skerk.com

VENDITA DIRETTA
VISITA SU PRENOTAZIONE
RISTORAZIONE

PRODUZIONE ANNUA 20.000 bottiglie
ETTARI VITATI 6.00
VITICOLTURA Biologico Certificato

L'azienda Sandi Skerk è ormai diventata una realtà consolidata nel comprensorio del Carso. La morfologia del territorio costringe i produttori a praticare una viticoltura spesso definita eroica, ma la gente di qui è abituata al quotidiano conflitto con la roccia, e da questa terra sa trarre il meglio. Sandi ha deciso alcuni anni or sono di abbandonare l'idea di sfruttare la laurea in ingegneria per seguire le orme di papà Boris e dedicarsi quindi a tempo pieno alla cura delle proprie vigne. Che sono coltivate con metodi naturali e danno uve di grande livello.

Per la produzione dei suoi vini si è deciso di adottare la tecnica tradizionale del luogo, che prevede lunghe macerazioni delle bucce, semplici travasi nei primi giorni di luna calante, nessuna chiarifica e soprattutto nessuna filtrazione. È un processo che a volte penalizza la limpidezza del vino ma ne mantiene integre le caratteristiche varietali. Da uve vitovska, malvasia, sauvignon e pinot grigio è nato Ograde '09, uno splendido vino dal colore ramato che all'olfatto ricorda la frutta secca e quella appassita, l'alloro e gli arbusti della macchia mediterranea e in bocca è ampio, caldo e coinvolgente. Ottimi anche la Malvasia, la Vitovska ed il Sauvignon della stessa annata.

○ Ograde Non Filtrato '09	▼▼▼	5
○ Carso Malvasia Non Filtrato '09	▼▼	5
○ Carso Sauvignon Non Filtrato '08	▼▼	5
○ Carso Vitovska Non Filtrato '09	▼▼	5
● Carso Terrano Non Filtrato '08	▼▼	5
● Carso Terrano Non Filtrato Ris. '06	▼▼	5
○ Carso Malvasia Non Filtrato '08	▽▽▽	5
○ Carso Malvasia Non Filtrato '07	▽▽	5
○ Carso Sauvignon Non Filtrato '08	▽▽	5
○ Carso Vitovska Non Filtrato '08	▽▽	5
○ Carso Vitovska Non Filtrato '07	▽▽	5
○ Ograde Non Filtrato '08	▽▽	5

Edi Skok

Loc. Giasbana, 15
34070 San Floriano del Collio [GO]
Tel. 0481390280
www.skok.it

VENDITA DIRETTA
VISITA SU PRENOTAZIONE

PRODUZIONE ANNUA 35.000 bottiglie
ETTARI VITATI 11.00

L'accogliente sala di degustazione aziendale è sita in un'antica villa padronale costruita dai conti di Salisburgo nel XVI secolo. La villa ebbe poi vari e blasonati proprietari fino a quando gli Skok la rilevarono dai baroni Teuffenbach. La fondazione dell'azienda vinicola risale al 1968 per opera di due fratelli Skok, Giuseppe e Armando. Dal 1991 è gestita da Edi e Orietta, figli di Giuseppe, che in perfetta sintonia formano una coppia dinamica, energica e innovativa. La loro cordialità e la simpatia che sprigionano è invitante e coinvolgente.

Ormai le performance dei vini degli Skok non ci stupiscono più e con invidiabile costanza continuano ad ottenere punteggi di assoluto livello. Tutti i vini d'annata si sono ben distinti ma la nostra attenzione si è focalizzata sul Merlot Villa Jasbinae '06, dal profumo complesso ed evoluto che ricorda le spezie scure, il sottobosco, il muschio e il caffè. Ma tanto è opulento al naso, tanto è morbido e gradevole al palato, con tannini dolci e smussati. Il Friulano Zabura '10 al naso è fruttato e in bocca è potente e gode di grande morbidezza. Il Pinot Grigio '10 apre con fragranti note di rabarbaro e camomilla, procede morbido e poi chiude sapido lasciando un ricordo tropicale.

○ Collio Friulano Zabura '10	▼▼	4*
● Collio Merlot Villa Jasbinae '06	▼▼	4
○ Collio Pinot Grigio '10	▼▼	4
○ Collio Sauvignon '10	▼▼	4*
○ Collio Chardonnay '10	▼	4
○ Collio Bianco Pe Ar '08	▽▽	4
○ Collio Bianco Pe Ar '07	▽▽	5
○ Collio Chardonnay '08	▽▽	4*
○ Collio Friulano Zabura '09	▽▽	4*
○ Collio Friulano Zabura '08	▽▽	4*
● Collio Merlot '08	▽▽	4
○ Collio Pinot Grigio '09	▽▽	4*
○ Collio Pinot Grigio '07	▽▽	4
○ Collio Sauvignon '08	▽▽	4*

FRIULI VENEZIA GIULIA

Leonardo Specogna
VIA ROCCA BERNARDA, 4
33040 CORNO DI ROSAZZO [UD]
TEL. 0432755840
www.specogna.it

VENDITA DIRETTA
VISITA SU PRENOTAZIONE

PRODUZIONE ANNUA 130.000 bottiglie
ETTARI VITATI 18.00

Nel 1963 Leonardo Specogna acquistò un appezzamento ai piedi della Rocca Bernarda, sapientemente terrazzato da generazioni di viticoltori, investendo i risparmi faticosamente accumulati negli anni di lavoro in Svizzera. Ora la gestione è affidata ai nipoti Michele e Cristian, entrambi diplomati in enologia, che possono ancora contare sulla fattiva collaborazione del padre Graziano e dello zio Gianni, che hanno traghettato fino a loro, dopo averla ampliata, questa bella proprietà.

Con invidiabile sinergia i due fratelli si sono suddivisi i compiti: Michele cura le vigne e la vinificazione mentre Cristian si occupa principalmente delle pubbliche relazioni e della commercializzazione ma all'occorrenza coadiuva il fratello. Abbiamo molto apprezzato il Pignolo della vendemmia '07 che ha sfiorato l'eccellenza per la complessità dei suoi profumi, speziati e balsamici, ma soprattutto per l'avvolgenza e la coerenza dell'assaggio. Molto gradevole anche il Picolit che delizia l'olfatto con note fruttate di pesca gialla, albicocca e nocciola, moderato nella dolcezza e proprio per questo di ottima bevibilità. Anche lo Chardonnay '09 ed il Merlot Oltre '07 meritano un ottimo punteggio.

● COF Pignolo '07	▮▮ 6
○ COF Chardonnay '09	▮▮ 4*
● COF Merlot Oltre '07	▮▮ 7
○ COF Picolit '09	▮▮ 7
○ COF Friulano '10	▮ 4
● COF Merlot '09	▮ 4
○ COF Refosco P. R. '09	▮ 5
○ COF Sauvignon '10	▮ 4
○ Pinot Grigio '10	▮ 4
○ COF Chardonnay '07	▯▯ 4*
● COF Merlot Oltre '04	▯▯ 6
● COF Merlot Oltre '03	▯▯ 6
○ COF Sauvignon '09	▯▯ 4
○ COF Sauvignon '07	▯▯ 4*
○ COF Tocai Friulano '06	▯▯ 4

Oscar Sturm
LOC. ZEGLA, 1
34071 CORMÒNS [GO]
TEL. 048160720
www.sturm.it

VENDITA DIRETTA
VISITA SU PRENOTAZIONE

PRODUZIONE ANNUA 70.000 bottiglie
ETTARI VITATI 10.00

La famiglia Sturm nel lontano 1850 emigrò dal villaggio carinziano di Andritz e si stabilì a Zegla, nel Collio, non lontano dai confini della Slovenia. L'intuizione di Oscar sulla potenzialità del territorio è stata vincente e la crescita qualitativa, negli ultimi anni, è stata esponenziale. Oscar qualche anno fa ha avviato l'azienda, ed oggi accanto a lui troviamo i due figli. Si tratta di Patrick, enologo, che segue cantina e vigne, e di Denis, laureato in economia, che cura la commercializzazione.

Quest'anno non abbiamo avuto la possibilità di assaggiare l'intera gamma dei vini degli Sturm ma abbiamo comunque potuto apprezzare come Patrick sia riuscito a cavarsela egregiamente in un'annata per molti versi complessa. Il Sauvignon '10, che ha meritato le nostre finali, è un vino estremamente tipico, che al naso si esprime con sentori varietali di salvia e peperone verde ed in bocca con fresche e fragranti note vegetali e citrine. Il Pinot Grigio '10 al primo impatto è fruttato e floreale, poi offre note di miele chiaro, vaniglia e cocco. In bocca è scorrevole, intenso e gradevolmente amarognolo nel finale.

○ Collio Sauvignon '10	▮▮ 4*
○ Collio Pinot Grigio '10	▮▮ 4*
○ Collio Chardonnay Andritz '10	▮ 4
○ Collio Friulano '10	▮ 4
○ Collio Sauvignon '06	▮▮▮ 4
○ Collio Tocai Friulano '05	▮▮▮ 4*
○ Collio Bianco Andritz '07	▯▯ 5*
○ Collio Bianco Andritz '06	▯▯ 5
● Collio Merlot '06	▯▯ 5
○ Collio Pinot Grigio '09	▯▯ 4*
○ Collio Pinot Grigio '08	▯▯ 4*
○ Collio Pinot Grigio '07	▯▯ 4*
○ Collio Sauvignon '05	▯▯ 4
○ Collio Tocai Friulano '06	▯▯ 4

FRIULI VENEZIA GIULIA 504

Subida di Monte
loc. Subida
via Subida, 6
34071 Cormòns [GO]
Tel. 048161011
www.subidadimonte.it

VENDITA DIRETTA
VISITA SU PRENOTAZIONE
OSPITALITÀ

PRODUZIONE ANNUA 50.000 bottiglie
ETTARI VITATI 9.00
VITICOLTURA Naturale

Subida di Monte, in bellissima posizione sul Collio, tra Isonzo e Judrio, è un'azienda a conduzione familiare fondata nel 1972 da Luigi Antonutti. Ora Luigi non c'è più ma già da tempo aveva passato il testimone ai figli Cristian e Andrea, che hanno provveduto alla modernizzazione dell'azienda dotandola anche di un centro di accoglienza. Gli Antonutti lavorano con passione e con grande rispetto per l'ambiente e praticano una viticoltura a base di prodotti organici, rame e zolfo.

Cristian e Andrea mantengono un livello qualitativo di tutto rispetto anche in annate in cui le condizioni climatiche sono tutt'altro che favorevoli. È qui che si vede la stoffa del vignaiolo. Il Friulano '10 ha un profumo fruttato e fragrante, estremamente tipico, di mela golden, timo e fioriture estive e gratifica il palato con intensità di frutto e mineralità. Il Sauvignon è molto varietale, ricorda la pesca bianca ed il pompelmo rosa al naso, e in bocca è snello, fresco e fragrante. Il Cabernet Franc profuma di mirtilli e tabacco biondo, ma anche di pasta di mandorle e burro di arachidi ed è morbido e brioso all'assaggio.

● Collio Cabernet Franc '09	4*
○ Collio Friulano '10	4*
○ Collio Sauvignon '10	4*
○ Collio Malvasia '10	4
● Collio Merlot '09	4
○ Collio Pinot Grigio '10	4
○ Collio Friulano '09	4*
○ Collio Friulano '08	4*
● Collio Merlot '08	4*
○ Collio Pinot Grigio '08	4*
○ Collio Pinot Grigio '07	4
○ Collio Sauvignon '08	4*
○ Collio Tocai Friulano '05	4*

Matijaz Tercic
loc. Bucuie, 9
34070 San Floriano del Collio [GO]
Tel. 0481884920
www.tercic.com

VENDITA DIRETTA
VISITA SU PRENOTAZIONE

PRODUZIONE ANNUA 38.000 bottiglie
ETTARI VITATI 9.50

Da molte generazioni la famiglia Tercic si dedica ai suoi vigneti e alla produzione di vino. La splendida vallata dominata dal centro abitato di San Floriano del Collio è una delle microzone più adatte alla viticoltura, grazie sia alla composizione dei terreni sia al duplice effetto della bora che si insinua nella valle del fiume Vipacco e dei venti marini che giungono da sud. Il primo imbottigliamento dei vini di Matijaz risale al 1994 e da allora una costante crescita qualitativa pone l'azienda ai vertici dell'eccellenza regionale.

Splendida la performance di quest'anno, tutti i vini hanno ottenuto punteggi elevatissimi e ben tre hanno meritato le finali. Per poco i Tre Bicchieri non sono arrivati, ma questo non scalfisce il giudizio più che lusinghiero sull'operato di Matijaz. Il Vino degli Orti '09 è composto da friulano e malvasia in parti uguali. È un vino incantevole che profuma di erbe aromatiche e fioriture estive, fresco e sapido all'assaggio. Il Sauvignon Scemen '08 ricorda la vaniglia e la liquirizia. Il Collio Bianco Planta '08 è uno Chardonnay complesso e strutturato.

○ Collio Bianco Planta '08	5
○ Collio Sauvignon Scemen '08	5
○ Vino degli Orti '09	4
● Collio Merlot Seme '08	6
○ Collio Sauvignon '09	4
○ Friuli Isonzo Friulano '09	4
○ Collio Pinot Grigio '07	4*
○ Collio Pinot Grigio '08	5*
○ Collio Ribolla Gialla '08	4*
○ Pinot Bianco '07	4*

FRIULI VENEZIA GIULIA

Tiare - Roberto Snidarcig
LOC. SANT'ELENA
VIA MONTE, 58A
34071 CORMÒNS [GO]
TEL. 048160064
www.tiaredoc.com

VENDITA DIRETTA
VISITA SU PRENOTAZIONE
OSPITALITÀ

PRODUZIONE ANNUA 80.000 bottiglie
ETTARI VITATI 10.00

Tiare in friulano significa terra. Ed è proprio la passione per la terra, e quella del Collio in particolare, che nel 1991 ha portato Roberto Snidarcig a dare vita alla sua azienda di Cormons. In realtà gli inizi sarebbero datati 1985, ma con poco più di un ettaro di vigneto - le dimensioni di allora - non poteva che essere considerato una piccola realtà amatoriale. Ora gli ettari sono una dozzina e la nuova sede aziendale si è trasferita a Dolegna del Collio, a poche centinaia di metri dall'ex valico di Vencò, su una delle strade che portano in Slovenia.

Nelle scorse edizioni evidenziammo l'entrata in Guida quasi in sordina di questa azienda che ora è tra le migliori della regione. Anche quest'anno i vini di Roberto sono una meraviglia e la sua partecipazione alle finali non è più una novità. La palma del migliore la conquista il Friulano '10 per l'esemplare tipicità dei suoi profumi ma soprattutto per il suo sapore, nitido, suadente, estremamente accattivante. Floreale è la Ribolla Gialla '10, che profuma anche di pesca e rosmarino e in bocca è fresca e progressiva. Il Sauvignon '10 è molto varietale e armonico sia al naso sia al palato. Pinot Grigio '10 e Chardonnay '10 completano una gamma di grande valore.

○ Collio Friulano '10	4*
○ Collio Chardonnay '10	4
○ Collio Pinot Grigio '10	4
○ Collio Ribolla Gialla '10	4*
○ Collio Sauvignon '10	5
○ Collio Chardonnay '09	4
○ Collio Pinot Grigio '09	4
○ Collio Sauvignon '09	5
● Friuli Isonzo Cabernet Sauvignon '07	4
○ Friuli Isonzo Malvasia '09	4
○ Ribolla Gialla '09	4

★Franco Toros
LOC. NOVALI, 12
34071 CORMÒNS [GO]
TEL. 048161327
www.vinitoros.com

VENDITA DIRETTA
VISITA SU PRENOTAZIONE

PRODUZIONE ANNUA 60.000 bottiglie
ETTARI VITATI 10.00
VITICOLTURA Naturale

All'inizio del secolo scorso Edoardo Toros, dopo un lungo peregrinare, si stabilì con la famiglia a Novali, vicino Cormòns. All'epoca si praticava un'agricoltura promiscua, ma non ci volle molto ai Toros per capire che quei terreni andavano in perfetto accordo con la vite. Già allora producevano un vino bianco di così marcata personalità da richiamare intenditori fin dall'Austria o dal Veneto. Ora Franco Toros, supportato da una numerosa famiglia, continua a dare lustro a quel territorio con risultati qualitativi di indiscussa eccellenza.

Abbiamo sempre esaltato la capacità di Franco di saper imprimere ai suoi vini una immediatezza di beva che nulla sacrifica della complessità e della tipicità varietale. Lui, come tutti i grandi, attribuisce i maggiori meriti a Madre Natura, ma senza il giusto interprete i risultati non sarebbero gli stessi. E così il Friulano '10 eguaglia le performance delle due precedenti annate aggiudicandosi il nostro massimo riconoscimento. È un vino d'autore, elegante e raffinato nei profumi di frutta matura e tropicale, strutturato e serbevole al palato. Ottimo anche il Pinot Bianco '10 che regala belle note di fiori bianchi e cipria che si ripetono ad ogni assaggio.

○ Collio Friulano '10	5
○ Collio Pinot Bianco '10	5
● Collio Merlot '09	5
○ Collio Chardonnay '10	5
○ Collio Pinot Grigio '10	5
○ Collio Friulano '09	5*
○ Collio Friulano '08	5*
○ Collio Pinot Bianco '08	5*
○ Collio Pinot Bianco '07	5
○ Collio Pinot Bianco '05	5
○ Collio Pinot Bianco '03	5
○ Collio Tocai Friulano '06	5
○ Collio Tocai Friulano '04	5
○ Collio Tocai Friulano '03	5

FRIULI VENEZIA GIULIA

Torre Rosazza
FRAZ. OLEIS
LOC. POGGIOBELLO, 12
33044 MANZANO [UD]
TEL. 0422864511
www.torrerosazza.com

VENDITA DIRETTA
VISITA SU PRENOTAZIONE

PRODUZIONE ANNUA 300.000 bottiglie
ETTARI VITATI 95.00

Torre Rosazza rappresenta il vertice qualitativo de Le Tenute di Genagricola. Ha sede nel settecentesco Palazzo De Marchi, posizionato sulla sommità di un colle a Manzano, nel comprensorio dei Colli Orientali del Friuli. Nel 1979 venne acquisita dal gruppo che subito intraprese un processo di zonazione e ristrutturazione degli ettari vitati, per identificare le qualità di ogni singolo terreno e selezionare gli appezzamenti più adatti ad ognuno dei vitigni del territorio. Oggi l'azienda vanta un eccellente parco vitato, quasi 100 ettari.

Enrico Raddi funge da direttore amministrativo, l'agronomo Ennio Venuto cura i vigneti, l'enologo Luca Zuccarello si occupa della produzione coadiuvato a volte dall'esperto Mario Zuliani che a sua volta cura le relazioni esterne e la commercializzazione. Con uno staff così i risultati non possono mancare, e anche quest'anno un vino ha conquistato le finali. È il Bianco Ronco di Masiero '10, un uvaggio di pinot grigio e chardonnay con un tocco di picolit, che bissa la performance della scorsa edizione. Profuma di fiori bianchi e frutta matura e tropicale, ed è di grande struttura e marcata mineralità. Si sono particolarmente distinti anche il Pinot Nero Ronco del Palazzo '07 e il Picolit '09.

La Tunella
FRAZ. IPPLIS
VIA DEL COLLIO, 14
33040 PREMARIACCO [UD]
TEL. 0432716030
www.latunella.it

VENDITA DIRETTA
VISITA SU PRENOTAZIONE

PRODUZIONE ANNUA 450.000 bottiglie
ETTARI VITATI 80.00

La famiglia Zorzettig vanta una tradizione secolare nella produzione di vino di qualità nei Colli Orientali del Friuli. Ma i Zorzettig da queste parti sono molti e per differenziarsi ognuno ha scelto un nome nuovo per la propria azienda. Così è nata La Tunella ad opera di Massimo e Mauro Zorzettig che, pur giovanissimi, vantano una notevole esperienza in campo vitivinicolo. È un'azienda modello, che fa numeri importanti, con una cantina all'avanguardia e uno straordinario parco di vigne.

La dinamicità del giovane staff aziendale si riflette sui vini, che sono di immediata piacevolezza sia nei profumi sia al palato. Il Pignolo '06 dopo un lungo affinamento si manifesta in tutta la sua complessità. All'olfatto è incisivo, ampio e vellutato con ricordi di frutta rossa che si alternano a sentori speziati di pepe e chiodi di garofano. Al gusto è sontuoso, largo, succoso, progressivo e persistente. Il BiancoSesto '10, da uve friulano e ribolla gialla in parti uguali, si conferma vino di territorio, pulito e solare al naso, agile e saporito in bocca. Il Noans '09 è un vino dolcissimo prodotto con uve di riesling, sauvignon e traminer, naturalmente appassite.

○ COF Bianco Ronco di Masiero '10	🍷🍷 5
○ COF Friulano '10	🍷🍷 4*
● COF Pinot Nero Ronco del Palazzo '07	🍷🍷 5
● COF Refosco P. R. '09	🍷🍷 4
○ Picolit '09	🍷🍷 6
○ Blanc Di Neri Brut	🍷 5
● COF Cabernet Sauvignon '09	🍷 4
○ COF Chardonnay '10	🍷 4
● COF Merlot L'Altromerlot '07	🍷 6
○ COF Pinot Grigio '10	🍷 4
○ COF Bianco Ronco di Masiero '09	🍷 5*
○ COF Chardonnay '09	🍷 4
○ COF Friulano '09	🍷 4
● COF Pignolo '07	🍷 6
○ Picolit '08	🍷 6

○ COF BiancoSesto '10	🍷🍷 5
● COF Pignolo '06	🍷🍷 6
○ COF Noans '09	🍷🍷 6
○ COF Ribolla Gialla Rjgialla '10	🍷🍷 4*
● COF Schioppettino '08	🍷🍷 5
○ COF Sauvignon '10	🍷 4
○ COF BiancoSesto '07	🍷🍷🍷 5
○ COF BiancoSesto '06	🍷🍷🍷 4*
○ COF BiancoSesto '09	🍷🍷 5
○ COF BiancoSesto '08	🍷🍷 5
○ COF BiancoSesto '05	🍷🍷 4*
○ COF Friulano Selènze '08	🍷🍷 4*
○ COF Sauvignon '05	🍷🍷 4*

FRIULI VENEZIA GIULIA

Valchiarò
Fraz. Togliano
via dei Laghi, 4c
33040 Torreano [UD]
Tel. 0432715502
www.valchiaro.it

VENDITA DIRETTA
VISITA SU PRENOTAZIONE

PRODUZIONE ANNUA 40.000 bottiglie
ETTARI VITATI 12.00

Una bella storia quella della Valchiarò, una storia di passione ed amicizia. Era il 1991 quando sei soci decisero di creare un sodalizio, conferendo ognuno le proprie uve in un'unica realtà, e fondarono l'azienda Valchiarò a Torreano di Cividale. Quest'anno Armando, Doris, Galliano, Lauro, Luigi e Stefano hanno voluto festeggiare i vent'anni della loro coraggiosa iniziativa. Tappe importanti hanno suggellato il loro percorso tra le quali la costruzione di una nuova, moderna ed ampia cantina, inaugurata nel 2006, immersa in un contesto naturale stupendo.

Sembra proprio che la consulenza tecnica di Gianni Menotti abbia apportato un valido contributo. Lo si evince dai punteggi elevati ottenuti da tutta la gamma, con ben due vini che hanno avuto accesso alle selezioni finali. Il Verduzzo Friulano '08 profuma di zafferano, uva passa, nocciole, biscotti e scorza d'arancia e al palato è avvolgente, pieno e persistente. Il Refosco P. R. '06 al naso ricorda i piccoli frutti neri con uno sfondo di più evoluti sentori di tabacco nero e legno tostato e all'assaggio è coerente, fragrante e armonico. Ottimi anche il Merlot Riserva '07 ed il Picolit '08. Buoni si sono dimostrati infine anche i vini dell'ultima annata.

Valpanera
via Trieste, 5a
33059 Villa Vicentina [UD]
Tel. 0431970395
www.valpanera.it

VISITA SU PRENOTAZIONE

PRODUZIONE ANNUA 450.000 bottiglie
ETTARI VITATI 55.00

Da sempre la zona Doc Friuli Aquileia è considerata ideale per la coltivazione del Refosco dal Peduncolo Rosso. Questo grazie alla conformazione dei suoi terreni, spesso argillosi e ricchi di sabbie, all'ottima escursione termica ed alla costante ventilazione. L'azienda Valpanera è nata col preciso progetto di produrre e valorizzare questo vitigno autoctono, orgoglio del Friuli enologico. Giampietro Dal Vecchio, contitolare dell'azienda assieme al figlio Giovanni, ha sempre lavorato per questo obbiettivo e a Villa Vicentina ha persino fondato la Casa del Refosco.

Nelle scorse edizioni abbiamo già apprezzato il lavoro di Luca Marcolini, enologo, sulle varie interpretazioni del Refosco, mentre quest'anno anche ad altri vini sono stati attribuiti punteggi importanti. È il caso del Rosso Alma '06, un mix di refosco, cabernet sauvignon e merlot, che all'olfatto ricorda i piccoli frutti neri del sottobosco, il tabacco da pipa e la radice di liquirizia, che in bocca è strutturato, pieno, avvolgente e persistente. Il Refosco P. R. Superiore '08 ha un profumo invitante ed un gusto tipico ed accattivante. Il Bianco di Valpanera '10, da uve chardonnay, sauvignon e friulano, eccelle per sapidità, aromaticità e freschezza.

- ● COF Refosco P. R. '06 — 4*
- ○ COF Verduzzo Friulano '08 — 4*
- ● COF Merlot Ris. '07 — 5
- ○ COF Picolit '08 — 7
- ○ COF Friulano '10 — 4
- ○ COF Friulano Nexus '10 — 4
- ○ COF Pinot Grigio '10 — 4
- ● COF Rosso Torre Qual Ris. '06 — 4
- ○ COF Sauvignon '10 — 4
- ○ COF Verduzzo Friulano '07 — 4*
- ○ COF Verduzzo Friulano '06 — 4*
- ○ COF Verduzzo Friulano '05 — 4*
- ○ COF Verduzzo Friulano '04 — 4*
- ○ COF Verduzzo Friulano '03 — 4*

- ● Friuli Aquileia Rosso Alma '06 — 5
- ○ Bianco di Valpanera '10 — 4*
- ● Friuli Aquileia Refosco P. R. Sup. '08 — 4*
- ○ Friuli Aquileia Chardonnay '10 — 4
- ● Friuli Aquileia Refosco P. R. '09 — 4
- ○ Friuli Aquileia Verduzzo Friulano '10 — 5
- ● Rosso di Valpanera '09 — 4
- ○ Friuli Aquileia Chardonnay Carato '06 — 5
- ● Friuli Aquileia Refosco P. R. '08 — 4*
- ● Friuli Aquileia Refosco P. R. Ris. '06 — 5
- ● Friuli Aquileia Refosco P. R. Ris. '05 — 5
- ● Friuli Aquileia Refosco P. R. Sup. '07 — 4*
- ● Friuli Aquileia Refosco P. R. Sup. '06 — 4*
- ● Friuli Aquileia Refosco P. R. Sup. '05 — 4

FRIULI VENEZIA GIULIA

★Venica & Venica
loc. Cerò, 8
34070 Dolegna del Collio [GO]
Tel. 048161264
www.venica.it

VENDITA DIRETTA
VISITA SU PRENOTAZIONE
OSPITALITÀ

PRODUZIONE ANNUA 285.000 bottiglie
ETTARI VITATI 37.00

La famiglia Venica sta scrivendo una delle più belle pagine dell'enologia friulana. Gianni, Giorgio e ora anche Gianpaolo sono vignaioli di rango, e da molti anni propongono vini di assoluta eccellenza. Sono conosciuti in tutto il mondo anche grazie all'opera della vulcanica Ornella, foriera di iniziative a favore della propria azienda e di tutto il Friuli. Vi segnaliamo l'uscita di un vino, il Collio Merlot Insieme '01, dedicato ai 150 anni dell'Unità d'Italia. L'intero ricavato della sua vendita verrà devoluto a sostegno del martoriato Giappone.

Davvero encomiabile l'iniziativa dei Venica che hanno fatto uscire un vino straordinario 10 anni dopo la vendemmia: è il Merlot Insieme '01, vino di grande struttura, succoso e coinvolgente. Chi lo vorrà acquistare dovrà rivolgersi direttamente all'azienda. Ma la soddisfazione più grande è l'ennesima affermazione del Sauvignon Ronco delle Mele '10 che riconquista i Tre Bicchieri confermandosi bianco di assoluto valore. È un vino ricco, di grande struttura, fragrante, esuberante di note agrumate e ravvivato da nuance di salvia e menta. Ottimo anche il Friulano Ronco delle Cime '10, estremamente tipico, equilibrato e gustoso.

○ Collio Sauvignon Ronco delle Mele '10	🍷🍷🍷 6
○ Collio Friulano Ronco delle Cime '10	🍷🍷 5
● Collio Merlot Insieme '01	🍷🍷 4
○ Collio Chardonnay Ronco Bernizza '10	🍷🍷 5
○ Collio Malvasia '10	🍷🍷 5
○ Collio Pinot Bianco '10	🍷🍷 5
○ Collio Pinot Grigio Jesera '10	🍷🍷 5
○ Collio Ribolla Gialla L'Adelchi '10	🍷🍷 5
○ Collio Sauvignon Ronco del Cerò '10	🍷🍷 5
○ Collio Traminer Aromatico '10	🍷🍷 5
○ Collio Sauvignon Ronco delle Mele '09	🍷🍷🍷 6
○ Collio Sauvignon Ronco delle Mele '08	🍷🍷🍷 6
○ Collio Sauvignon Ronco delle Mele '07	🍷🍷🍷 6
○ Collio Sauvignon Ronco delle Mele '05	🍷🍷🍷 6
○ Collio Tocai Friulano Ronco delle Cime '06	🍷🍷🍷 5

La Viarte
via Novacuzzo, 51
33040 Prepotto [UD]
Tel. 0432759458
www.laviarte.it

VENDITA DIRETTA
VISITA SU PRENOTAZIONE

PRODUZIONE ANNUA 100.000 bottiglie
ETTARI VITATI 26.00

La Viarte, che in friulano vuol dire la primavera, ora è gestita da Giulio Ceschin, figlio dei fondatori Giuseppe e Carla, che nel 1973 acquistarono un appezzamento nei Colli Orientali del Friuli tra le colline che da Corno di Rosazzo accompagnano a Prepotto. Le prime bottiglie uscirono nel 1984 in quanto ci vollero parecchi anni per la formazione dei terrazzamenti, l'impianto dei vigneti e la costruzione della cantina. Oggi Giulio è affiancato e supportato dalla moglie Federica che si occupa dell'amministrazione e delle pubbliche relazioni.

Giulio, oltre ad essere l'enologo aziendale, è l'attuale presidente dell'Associazione Produttori Schioppettino di Prepotto che recentemente è riuscita ad ottenere riconoscimento giuridico della sottozona. La gamma dei suoi vini è sempre di livello e spesso raggiunge la massima espressione con il Siùm (sogno), un vino dolce composto da verduzzo friulano e picolit in parti uguali. Il colore ricorda l'ambra ed il profumo il croccante alle mandorle, le giuggiole e le albicocche disidratate. Al palato è gradevolmente dolce e molto, molto lungo. Il Friulano ed il Sauvignon si distinguono per freschezza, agilità e facilità di beva mentre Incò (oggi), vuol essere il vino della quotidianità.

○ Siùm '07	🍷🍷 6
○ COF Friulano '10	🍷🍷 4
○ COF Sauvignon '10	🍷🍷 4
○ Incò Bianco '10	🍷🍷 4
● COF Refosco P.R. '08	🍷 5
● COF Schioppettino di Prepotto '08	🍷 5
○ COF Bianco Liende '07	🍷🍷 5
○ COF Friulano '09	🍷🍷 4
○ COF Pinot Bianco '08	🍷🍷 4*
○ COF Ribolla Gialla '09	🍷🍷 4
● COF Schioppettino '07	🍷🍷 5
● COF Tazzelenghe '06	🍷🍷 6
○ Siùm '06	🍷🍷 6

FRIULI VENEZIA GIULIA

Vidussi
via Spessa, 18
34071 Capriva del Friuli [GO]
Tel. 048180072
www.vinimontresor.it

VENDITA DIRETTA
VISITA SU PRENOTAZIONE

PRODUZIONE ANNUA 500.000 bottiglie
ETTARI VITATI 30.00

I vigneti dell'azienda Vidussi si estendono per la maggior parte sulle colline che da Capriva del Friuli proseguono verso Cormòns, nel Collio, mentre il vigneto denominato Borgo di Fradis si trova sulla Rocca Bernarda, nei Colli Orientali del Friuli. Dal 2000 questa bella azienda è entrata a far parte del gruppo veronese Montresor, che sul territorio si avvale della preziosa collaborazione del capacissimo Luigino De Giuseppe, cui da molti anni è stata affidata la responsabilità dell'intera produzione.

Quest'anno la gamma dei vini è di prim'ordine e la logica conseguenza è la scheda grande. Il Picolit Soreli a Mont proviene naturalmente dai Colli Orientali del Friuli perché solo lì può fregiarsi della Docg. Ha uno splendido profumo di frutta sciroppata, miele, camomilla e pesca gialla ed in bocca offre una dolcezza calibrata. La Ribolla Gialla è fragrante e fruttata con sentori di frutti tropicali e ananas. Il Sauvignon è tradizionale, intenso e ricco e profuma di sambuco e foglia di pomodoro. La Malvasia gli assomiglia un po' ma ha una nota di alloro che la contraddistingue. Il Traminer Aromatico ricorda la rosa gialla e il frutto della passione.

○ COF Picolit Soreli a Mont '09	🍷🍷 6
○ Collio Malvasia '10	🍷🍷 4*
○ Collio Ribolla Gialla '10	🍷🍷 4*
○ Collio Sauvignon '10	🍷🍷 4*
○ Collio Traminer Aromatico '10	🍷🍷 4
○ Collio Chardonnay '10	🍷 4
○ Collio Friulano '10	🍷 4
● Ribolla Nera o Schioppettino '10	🍷 5
○ Collio Friulano '08	🍷 4*
○ Collio Malvasia '08	🍷 4*
○ Collio Traminer Aromatico '09	🍷 4*

★★Vie di Romans
loc. Vie di Romans, 1
34070 Mariano del Friuli [GO]
Tel. 048169600
www.viediromans.it

VENDITA DIRETTA
VISITA SU PRENOTAZIONE

PRODUZIONE ANNUA 280.000 bottiglie
ETTARI VITATI 49.00

Il percorso della famiglia Gallo nel mondo della vite e del vino ha già scritto un secolo di storia ma le pagine migliori sono forse quelle che ci propone oggi Gianfranco Gallo, che dal 1978 gestisce l'azienda e non smette mai di stupirci. Dal 1989 opera nella prestigiosa cantina di Mariano del Friuli, di rara bellezza e funzionalità, dove elabora vini molto territoriali, caratterizzati da una struttura imponente e da un sapiente uso delle barrique, ben calibrato anche nei vini bianchi, cosa davvero rara in Italia.

I punteggi elevatissimi ottenuti dai vini di Gianfranco premiano una straordinaria costanza qualitativa. Lo dimostra il Sauvignon Piere '09, quello vinificato e maturato in acciaio, uno dei vini più conosciuti dell'azienda. Fresche note di salvia e ortica ed una spiccata mineralità esaltano la grinta, la progressione e l'aromaticità dell'assaggio. Ma è il Flors di Uis '09, splendido blend di malvasia istriana, riesling renano e friulano, che già lo scorso anno avevamo apprezzato, a meritare il gradino più alto per le emozioni dispensate dallo straordinario olfatto ricco di aromi fruttati e floreali perfettamente armonizzati e per la bocca di straordinaria armonia.

○ Friuli Isonzo Bianco Flors di Uis '09	🍷🍷🍷 5
○ Friuli Isonzo Pinot Grigio Dessimis '09	🍷🍷 5
○ Friuli Isonzo Sauvignon Piere '09	🍷🍷 5
○ Dut'Un '08	🍷🍷 7
○ Friuli Isonzo Chardonnay Ciampagnis Vieris '09	🍷🍷 5
○ Friuli Isonzo Chardonnay Vie di Romans '09	🍷🍷 5
○ Friuli Isonzo Friulano Dolée '09	🍷🍷 5
○ Friuli Isonzo Malvasia Dis Cumieris '09	🍷🍷 5
○ Friuli Isonzo Sauvignon Vieris '09	🍷🍷 6
○ Dut'Un '02	🍷🍷🍷 7
○ Friuli Isonzo Malvasia Istriana Dis Cumieris '06	🍷🍷🍷 5
○ Friuli Isonzo Rive Alte Sauvignon Piere '07	🍷🍷🍷 5*
○ Friuli Isonzo Sauvignon Piere '08	🍷🍷🍷 5*
○ Friuli Isonzo Sauvignon Vieris '04	🍷🍷🍷 5

FRIULI VENEZIA GIULIA 510

Vigna del Lauro
Loc. Monte, 38
34071 Cormòns [GO]
Tel. 048160155
www.vignadellauro.it

VENDITA DIRETTA
VISITA SU PRENOTAZIONE

PRODUZIONE ANNUA 60.000 bottiglie
ETTARI VITATI 8.00

Vigna del Lauro è nata nel 1994 da un progetto di collaborazione tra Fabio Coser, proprietario dell'azienda Ronco dei Tassi, e l'importatore tedesco di vini italiani Eberhard Spangenberg. Si trattava di offrire al consumatore vini semplici ma assolutamente tipici, di facile beva ad un prezzo contenuto. A tal scopo venne individuato un vigneto circondato da vecchie piante di alloro che diede nome all'azienda. L'azienda è tuttora gestita a livello familiare da Fabio, da sua moglie Daniela e dai figli Matteo ed Enrico.

I vigneti si estendono parte in zona Collio e parte nella pianura dell'Isonzo. Sono ben note le capacità enologiche di Fabio Coser, ed i vini sono qualitativamente di altissimo livello. Su tutti brilla un Friulano '10 che profuma di fiori e frutta a pasta bianca, fresco e fragrante, snello nella beva e sapido al palato. Il Sauvignon '10 è ricco di sfumature varietali, delicato in bocca ma molto espressivo. Il Merlot '09 è piacevole all'olfatto, fruttato e floreale, ricorda le ciliegie e la peonia. Il Pinot Grigio '10 ha dolci profumi di miele e nocciole, è fragrante, morbido ed equilibrato.

O Collio Friulano '10	🍷🍷	4*
O Collio Pinot Grigio '10	🍷🍷	4
O Collio Sauvignon '10	🍷🍷	4
● Friuli Isonzo Merlot '09	🍷🍷	4
O Friuli Isonzo Chardonnay '10	🍷	4
O Collio Sauvignon '99	🍷🍷🍷	4
O Collio Bianco '02	🍷🍷	4
O Collio Ribolla Gialla '09	🍷🍷	4
O Collio Ribolla Gialla '06	🍷🍷	4
O Collio Ribolla Gialla '05	🍷🍷	4
O Collio Sauvignon '07	🍷🍷	4
O Collio Tocai Friulano '01	🍷🍷	4
O Friuli Isonzo Chardonnay '09	🍷🍷	4
● Friuli Isonzo Merlot '07	🍷🍷	4

Vigna Petrussa
via Albana, 47
33040 Prepotto [UD]
Tel. 0432713021
www.vignapetrussa.it

VENDITA DIRETTA
VISITA SU PRENOTAZIONE

PRODUZIONE ANNUA 28.000 bottiglie
ETTARI VITATI 6.50

Hilde Petrussa, al termine dell'attività lavorativa, decise di tornare ad Albana di Prepotto e di occuparsi della tenuta di famiglia che, fiorente nei primi anni Novecento, era stata a lungo abbandonata. In poco tempo l'ha riportata a nuova vita, provvedendo alla risistemazione dei vigneti privilegiando le varietà autoctone con particolare attenzione per la ribolla nera, più nota come schioppettino. Hilde si è battuta con successo affinché nella Doc dei Colli Orientali venisse riconosciuta la sottozona Schioppettino di Prepotto.

Splendida anche quest'anno la performance dei vini di Hilde che inizia con Richenza '09, un vino che ha il colore dell'oro, composto principalmente da friulano, riesling e malvasia con un tocco di picolit che lo impreziosisce. Dolci note di miele e crema pasticcera deliziano l'olfatto accompagnate da frutta tropicale e spezie orientali che invitano all'assaggio, dove si dimostra eccellente. Anche il Picolit '09 è opulento, dolce, concentrato e profuma di frutta candita e crostata di albicocche. Il Cabernet Franc '08 ha un intenso profumo di confettura di prugne e boisé ravvivato da note balsamiche e mentolate. In bocca si distingue per equilibrio, avvolgenza e persistenza.

O COF Bianco Richenza '09	🍷🍷	5
● COF Cabernet Franc '08	🍷🍷	4*
O COF Picolit '09	🍷🍷	6
● COF Refosco P. R. '09	🍷🍷	5
O COF Sauvignon '10	🍷🍷	4*
● COF Schioppettino di Prepotto '08	🍷🍷	5
O COF Friulano '10	🍷	4
● COF Cabernet Franc '07	🍷🍷	5
O COF Friulano '09	🍷🍷	4
O COF Picolit '06	🍷🍷	6
O COF Picolit '05	🍷🍷	6
● COF Refosco P. R. '06	🍷🍷	5
● COF Schioppettino '07	🍷🍷	5
● COF Schioppettino '06	🍷🍷	5
● COF Schioppettino '05	🍷🍷	5

FRIULI VENEZIA GIULIA

Vigna Traverso
via Ronchi, 73
33040 Prepotto [UD]
Tel. 0422804807
www.vignatraverso.it

VENDITA DIRETTA
VISITA SU PRENOTAZIONE

PRODUZIONE ANNUA 70.000 bottiglie
ETTARI VITATI 45.00

Il giovane Stefano Traverso, laurea in enologia e una bella esperienza sulle spalle, gestisce autonomamente l'azienda un tempo nota come Ronco del Castagneto, a Prepotto, sui Colli Orientali. Nel 1998, entra a far parte del gruppo veneto Molon Traverso e diventa Vigna Traverso. Completata l'opera di recupero di vecchi vigneti - quasi tutti impiantati con vitigni autoctoni - si è provveduto alla costruzione di una nuova cantina, spaziosa e funzionale, dotata delle tecnologie più avanzate e con la recente introduzione delle vasche in cemento.

Anche quest'anno i vini di Vigna Traverso hanno ottenuto punteggi molto alti soprattutto per merito dell'annata '09 ma il Pinot Grigio '10 si è imposto su tutti col suo intenso profumo di pera matura e anice. In bocca vanta un equilibrio perfetto, è fresco, sapido, scorrevole e succoso. Di maggior struttura e complessità il Bianco Sottocastello '09, da friulano con un'aggiunta di chardonnay. Ottimi anche i rossi. Il Refosco P. R. '09 profuma di tabacco e spezie, è fresco ed avvolgente. Lo Schioppettino '09 è gradevole al palato e ricorda la china e la liquirizia. Il Rosso Troj '09, è un blend di merlot, refosco dal peduncolo rosso e schioppettino, fruttato e speziato.

○ COF Pinot Grigio '10	▯▯ 4*
○ COF Bianco Sottocastello '09	▯▯▯ 5
● COF Cabernet Franc '09	▯▯ 4*
● COF Refosco P. R. '09	▯▯ 4
● COF Rosso Troj '09	▯▯▯ 5
● COF Schioppettino '09	▯▯▯ 5
○ COF Friulano '10	▯ 4
○ COF Ribolla Gialla '10	▯ 4
○ COF Sauvignon '10	▯ 4
○ COF Pinot Grigio '05	▮▮ 5*
● COF Refosco P. R. '02	▮▮ 5
● COF Rosso Sottocastello '04	▮▮ 7
○ COF Sauvignon '09	▮▮ 4*
○ COF Tocai Friulano '05	▮▮ 4*

★ Le Vigne di Zamò
loc. Rosazzo
via Abate Corrado, 4
33044 Manzano [UD]
Tel. 0432759693
www.levignedizamo.com

VENDITA DIRETTA
VISITA SU PRENOTAZIONE

PRODUZIONE ANNUA 250.000 bottiglie
ETTARI VITATI 67.00
VITICOLTURA Naturale

Tullio Zamò viene sempre ricordato come un pioniere dell'enologia friulana di qualità. Nel 1978 fondò sulla Rocca Bernarda la Vigne dal Leon e alcuni anni dopo l'Abbazia di Rosazzo. Assieme ai figli Pierluigi e Silvano, a seguito dell'acquisto di altri 15 ettari di vigna nella zona di Rosazzo, proprio di fronte all'Abbazia, fondò Le Vigne di Zamò. Venne restaurata la vecchia casa contadina che fu trasformata in sede aziendale e foresteria. Nel 1999 venne poi costruita la nuova cantina, splendida e funzionale, sapientemente mimetizzata sotto la collina.

Anche quest'anno abbiamo avuto la conferma che i vigneti più vecchi producono le uve migliori. È nuovamente il Friulano Vigne Cinquant'Anni '09 ad aggiudicarsi i Tre Bicchieri bissando la performance della scorsa edizione. È un vino di gran finezza all'olfatto con ricordi di sambuco, camomilla ed erbe, ampio e grintoso in bocca ma assolutamente morbido e carezzevole. Ottimo anche il Merlot Vigne Cinquant'Anni '07 che profuma di ciliegia, viola, liquirizia, macchia mediterranea ed eucalipto. È strutturato, ricco di estratto e di tannini ben calibrati. Ottima anche la Malvasia '09: è sapida e dispensa sfumature aromatiche di alloro e rosmarino.

○ COF Friulano V. Cinquant'Anni '09	▯▯▯ 6
○ COF Malvasia '09	▯▯ 5
● COF Merlot V. Cinquant'Anni '07	▯▯ 6
○ COF Rosazzo Bianco Ronco delle Acacie '08	▯▯▯ 6
○ COF Rosazzo Ribolla Gialla '10	▯▯▯ 5
● COF Rosazzo Rosso Ronco dei Roseti '06	▯▯▯ 6
○ COF Sauvignon '10	▯▯▯ 5
● COF Schioppettino '06	▯▯▯ 6
○ COF Zamò Bianco '10	▯▯▯ 4*
○ COF Friulano V. Cinquant'Anni '08	▮▮▮ 6
● COF Merlot V. Cinquant'Anni '06	▮▮▮ 6
● COF Merlot V. Cinquant'Anni '99	▮▮▮ 6
○ COF Rosazzo Bianco Ronco delle Acacie '01	▮▮▮ 5
● COF Rosazzo Pignolo '01	▮▮▮ 8
○ COF Tocai Friulano V. Cinquant'Anni '06	▮▮▮ 6
○ COF Tocai Friulano V. Cinquant'Anni '00	▮▮▮ 5

FRIULI VENEZIA GIULIA

Vigne Fantin Noda'r
LOC. ORSARIA
VIA CASALI OTTELIO, 4
33040 PREMARIACCO [UD]
TEL. 043428735
www.fantinnodar.it

VENDITA DIRETTA
VISITA SU PRENOTAZIONE

PRODUZIONE ANNUA 40.000 bottiglie
ETTARI VITATI 22.00

L'azienda Vigne Fantin Noda'r è stata fondata da Attilio Pignat nei primi anni '90. I vigneti si estendono nei Colli Orientali del Friuli, distribuiti sulle colline che da Buttrio si si snodano verso Manzano e Premariacco. I primi anni sono stati caratterizzati da un reimpianto quasi totale dei vigneti e di seguito si è provveduto alla ristrutturazione del centro aziendale. L'obbiettivo era una produzione di elevato livello qualitativo. La crescita è stata progressiva ed i risultati non si sono fatti attendere.

Le degustazioni hanno messo in risalto come l'azienda abbia raggiunto un invidiabile equilibrio qualitativo in tutte le tipologie di vino. Abbiamo assaggiato un vino bianco, uno rosso e due dolci. Tutti ci sono piaciuti ed il Picolit Auràtus '09 ha addirittura meritato le finali. È del colore dell'oro e profuma di crema pasticcera, pera glassata, miele e mango. È denso, cremoso e lascia un aroma intenso sul palato. Ottimo anche il Friulano '10, fine e tipico, che profuma di timo e fiori di campo ed in bocca si esalta per gradevolezza. Il Verduzzo Friulano '10 ha un intenso aroma di zafferano e pinoli. Il Refosco P.R. '09, infine, profuma di prugna e cioccolato.

○ COF Picolit Auràtus '09	🍷🍷 5
○ COF Friulano '10	🍷🍷 4*
● COF Refosco P. R. '09	🍷🍷 4*
○ COF Verduzzo Friulano '10	🍷🍷 4
○ COF Chardonnay '09	🍷🍷 4*
○ COF Picolit Auràtus '06	🍷🍷 5
○ COF Sauvignon '06	🍷🍷 4*
○ COF Tocai Friulano '06	🍷🍷 4

★★Villa Russiz
VIA RUSSIZ, 6
34070 CAPRIVA DEL FRIULI [GO]
TEL. 048180047
www.villarussiz.it

VENDITA DIRETTA
VISITA SU PRENOTAZIONE

PRODUZIONE ANNUA 220.000 bottiglie
ETTARI VITATI 40.00

Quella dell'azienda agricola Villa Russiz è una storia di grandi intuizioni e di generosità, di passione, impegno, sentimento e tradizione. La grande intuizione è quella del conte francese Teodoro de La Tour che nel 1869 vide proprio nelle soleggiate colline del Collio un luogo ideale per vivere assieme alla moglie austriaca Elvine Ritter von Zahony e soprattutto per coltivare la vite. Non avendo eredi decisero che il loro patrimonio sarebbe servito a creare un istituto benefico a favore di bambini disagiati, e così nacque la Casa Famiglia Adele Cerruti.

Villa Russiz è già da molti anni sinonimo di grandi vini, è un'azienda conosciuta in tutto il mondo e le viene riconosciuto il merito di aver saputo dimostrare come un ente pubblico è in grado di sostenersi autonomamente con il proprio operato, senza dover ricorrere a finanziamenti esterni. Quest'anno una nota di merito va al Pinot Grigio '10 che ha un profumo intenso ed elegante che ci ricorda la pera e la fioritura del sambuco. In bocca è estremamente varietale, snello, scorrevole, sapido e gradevolissimo. Il Collio Merlot Graf de La Tour '08 al naso è molto complesso, profuma di more e mirtilli con sfondo balsamico ed in bocca è poderoso, concentrato ed avvolgente.

○ Collio Chardonnay Gräfin de La Tour '09	🍷🍷 7
○ Collio Friulano '10	🍷🍷 5
● Collio Merlot Graf de La Tour '08	🍷🍷 7
○ Collio Pinot Grigio '10	🍷🍷 5
● Collio Cabernet Sauvignon '09	🍷🍷 5
○ Collio Sauvignon de La Tour '10	🍷🍷 6
● Collio Cabernet Sauvignon Défi de La Tour '07	🍷 7
○ Collio Malvasia '10	🍷 5
○ Collio Sauvignon '10	🍷 5
○ Collio Chardonnay Gräfin de La Tour '02	🍷🍷🍷 6
○ Collio Friulano '09	🍷🍷🍷 5*
● Collio Merlot Graf de La Tour '02	🍷🍷🍷 7
○ Collio Pinot Bianco '07	🍷🍷🍷 5
○ Collio Sauvignon de La Tour '08	🍷🍷🍷 6
○ Collio Sauvignon de La Tour '05	🍷🍷🍷 6
○ Collio Tocai Friulano '04	🍷🍷🍷 5

FRIULI VENEZIA GIULIA

Tenuta Villanova
loc. Villanova
via Contessa Beretta, 29
34072 Farra d'Isonzo [GO]
Tel. 0481889311
www.tenutavillanova.com

VENDITA DIRETTA
VISITA SU PRENOTAZIONE

PRODUZIONE ANNUA 600.000 bottiglie
ETTARI VITATI 105.00

Oltre cinque secoli di storia sono racchiusi tra le mura della Tenuta Villanova. La sua fondazione risale al 1499 e naturalmente nel tempo si sono succeduti diversi proprietari. Nel 1932 fu acquisita dall'imprenditore Arnaldo Bennati ed è tuttora gestita dalla moglie Giuseppina Grossi coadiuvata dal nipote Alberto che funge da direttore generale. Nel 1869 Alberto Levi, allora proprietario, ospitò Louis Pasteur che, in Friuli per i suoi studi, ebbe modo di scoprire che i vini di Villanova non erano inferiori a quelli della sua terra natale, la Francia.

L'agronomo Altieri Chiappo e l'enologo Massimiliano Cattarin sono i responsabili della produzione. Al primo è affida la cura dei vigneti dislocati nel Collio e nell'Isonzo, che si estendono per ben 105 ettari, mentre il secondo sovrintende alla cantina. Il Picolit Ronco Cucco '08 ha un fragrante profumo di fiori gialli, latte di cocco, miele d'acacia e croccante alle mandorle che ritroviamo persistenti al palato. La Malvasia Saccoline '10, prodotta nella piana dell'Isonzo, si distingue per la nitidezza dei profumi vivacizzati da una sottile aromaticità. Il Pinot Grigio '10 è morbido ed equilibrato e ricorda la pera williams.

○ Collio Friulano Ronco Cucco '10	㏆	5
○ Collio Picolit Ronco Cucco '08	㏆	6
○ Collio Pinot Grigio '10	㏆	4*
○ Collio Ribolla Gialla '10	㏆	4*
○ Friuli Isonzo Malvasia Saccoline '10	㏆	4*
○ Collio Chardonnay Ronco Cucco '10	㏄	5
● Friuli Isonzo Refosco P. R. Colombara '08	㏄	4
○ Collio Chardonnay Monte Cucco '97	㏆	4
○ Collio Chardonnay Ronco Cucco '07	㏆	5
○ Collio Friulano '08	㏆	4*
○ Friuli Isonzo Malvasia Saccoline '08	㏆	4*
○ Friuli Isonzo Malvasia Saccoline '07	㏆	4
○ Friuli Isonzo Pinot Grigio '09	㏆	4

Andrea Visintini
via Gramogliano, 27
33040 Corno di Rosazzo [UD]
Tel. 0432755813
www.vinivisintini.com

VENDITA DIRETTA
VISITA SU PRENOTAZIONE

PRODUZIONE ANNUA 150.000 bottiglie
ETTARI VITATI 28.00
VITICOLTURA Naturale

Il Castello di Gramogliano, che nel corso dei secoli fu più volte distrutto e ricostruito, ha origini antichissime. Una torre cinquecentesca accanto ad un caseggiato rustico è quello che resta oggi dell'antica costruzione feudale che si estendeva per centinaia di metri all'intorno. Una sapiente ristrutturazione, e l'adeguamento dei siti sotterranei della cantina, permettono oggi a Oliviero, Cinzia e Palmira Visintini, figli del fondatore Andrea, di operare in una sede aziendale prestigiosa e funzionale.

Abbiamo sempre apprezzato la genuinità e la freschezza dei vini d'annata di Oliviero, buoni anche quest'anno, ma la nostra attenzione si è concentrata sul Pignolo '07, che vede la luce dopo un lungo periodo di affinamento. Ha un profumo intenso e complesso con una bella amalgama di frutta e spezie che si alterna a note di china, tabacco scuro e rosmarino. In bocca è coerente, solido, strutturato, con tannino fitto e vivace. La Ribolla Gialla '10 si è distinta invece per la fragranza dei profumi di pera e gelsomino e per la freschezza dell'assaggio. Il Merlot '09 ricorda le amarene, le more e la liquirizia e incanta il palato con fresche note fruttate.

○ COF Bianco '10	㏆	3*
● COF Merlot '09	㏆	3*
● COF Pignolo '07	㏆	5
○ COF Ribolla Gialla '10	㏆	3*
○ COF Friulano '10	㏄	3
○ COF Pinot Bianco '10	㏄	3
○ COF Pinot Grigio '10	㏄	3
○ COF Sauvignon '10	㏄	3
○ COF Bianco '09	㏆	3
● COF Merlot '07	㏆	3*
● COF Merlot Torion Ris. '06	㏆	4
○ COF Pinot Grigio '08	㏆	3*
○ COF Ribolla Gialla '08	㏆	3*
○ COF Sauvignon '09	㏆	3*

FRIULI VENEZIA GIULIA

★Volpe Pasini
FRAZ. TOGLIANO
VIA CIVIDALE, 16
33040 TORREANO [UD]
TEL. 0432715151
www.volpepasini.net

VENDITA DIRETTA
VISITA SU PRENOTAZIONE
OSPITALITÀ

PRODUZIONE ANNUA 400.000 bottiglie
ETTARI VITATI 52.00
VITICOLTURA Naturale

Volpe Pasini è una delle aziende storiche del Friuli Venezia Giulia. Oggi è condotta con competenza e grande acume imprenditoriale da Emilio Rotolo, che si avvale dell'entusiasmo e della dinamicità del figlio Francesco. Il loro arrivo è coinciso con un impulso importante verso l'eccellenza - subito raggiunta e mantenuta nel tempo con invidiabile costanza. Il fiore all'occhiello della tenuta è una splendida villa seicentesca perfettamente restaurata che Emilio ha voluto chiamare Villa Rosa in omaggio alla consorte Rosa Tommaselli.

Emilio Rotolo è un uomo ambizioso che cerca sempre il meglio. Pur avendo ormai raggiunto livelli d'eccellenza non dorme sugli allori, come dimostra l'arrivo in veste di consulente dell'enologo Lorenzo Landi. La gamma dei vini ha registrato così un ulteriore miglioramento e quest'anno dei cinque vini che hanno meritato le finali ben due hanno conquistato i Tre Bicchieri. Uno è il Sauvignon Zuc di Volpe '10, che alla freschezza degli aromi varietali unisce un'eleganza e una finezza fuori del comune, l'altro il Pinot Bianco '10 della stessa linea, un campione di armonia e cremosità al naso come al palato.

○ COF Pinot Bianco Zuc di Volpe '10	▼▼▼ 5
○ COF Sauvignon Zuc di Volpe '10	▼▼▼ 5*
○ COF Friulano Zuc di Volpe '10	▼▼ 5*
○ COF Pinot Grigio Ipso Zuc di Volpe '09	▼▼ 6
○ COF Ribolla Gialla Zuc di Volpe '10	▼▼ 5*
○ COF Chardonnay Zuc di Volpe '09	▼▼ 5
○ COF Pinot Grigio Grivò Volpe Pasini '10	▼▼ 4*
○ COF Sauvignon Volpe Pasini '10	▼▼ 4*
○ Crypto Zuc di Volpe Cuvée Brut	▼▼ 5
○ COF Pinot Bianco Zuc di Volpe '08	▼▼▼ 5
○ COF Pinot Bianco Zuc di Volpe '07	▼▼▼ 5
○ COF Sauvignon Zuc di Volpe '09	▼▼▼ 5*
○ COF Sauvignon Zuc di Volpe '05	▼▼▼ 5
○ COF Sauvignon Zuc di Volpe '04	▼▼▼ 5
○ COF Tocai Friulano Zuc di Volpe '06	▼▼▼ 5

Zidarich
LOC. PREPOTTO, 23
34011 DUINO AURISINA [TS]
TEL. 040201223
www.zidarich.it

VENDITA DIRETTA
VISITA SU PRENOTAZIONE

PRODUZIONE ANNUA 18.000 bottiglie
ETTARI VITATI 6.00
VITICOLTURA Naturale

Beniamino Zidarich, con poca terra ma invidiabile determinazione, nel 1988 ha fondato la sua azienda sul Carso, nella frazione di San Pelagio, a Duino Aurisina. La cantina è scavata nella roccia e gode di una posizione strategica con una splendida esposizione sul golfo di Trieste. Lo sviluppo è stato progressivo ed ora l'estensione dei vigneti è arrivata a sei ettari. Anche se frammentata, è di tutto rispetto per la zona, soprattutto in considerazione della composizione morfologica dei terreni, con tanta roccia e poca terra rossa.

Sull'altipiano carsico le particolari condizioni climatiche limitano la scelta dei vitigni ma non mancano mai la vitovska, il terrano e la malvasia, che sono originari del luogo e garantiscono la vendemmia anche nelle annate più difficili. Vengono spesso vinificati in purezza come nel caso dell'eccellente Malvasia '09, che ripete i fasti dell'annata '06 e vale ancora a Beniamino i Tre Bicchieri. Regala all'olfatto splendide note di macchia mediterranea e al palato è solida, fresca e morbida. Sono vini eleganti, emozionanti e coinvolgenti anche il Prulke '09, uvaggio di vitovska, malvasia istriana e sauvignon e la Vitovska '06.

○ Carso Malvasia '09	▼▼▼ 6
○ Carso Vitovska Collection '06	▼▼▼ 6
○ Prulke '09	▼▼▼ 6
● Carso Terrano '09	▼▼ 6
○ Carso Vitovska '09	▼▼ 6
● Ruje '05	▼▼ 7
○ Carso Malvasia '06	▼▼▼ 6
○ Prulke '08	▼▼▼ 6
○ Prulke '06	▼▼ 6
○ Prulke '04	▼▼ 6
○ Prulke '02	▼▼ 6
● Ruje '04	▼▼ 7
● Ruje '03	▼▼ 7

FRIULI VENEZIA GIULIA

Zorzettig

Fraz. Spessa
S.da Sant'Anna, 37
33043 Cividale del Friuli [UD]
Tel. 0432716156
www.zorzettigvini.it

VENDITA DIRETTA
VISITA SU PRENOTAZIONE
OSPITALITÀ

PRODUZIONE ANNUA 27.000 bottiglie
ETTARI VITATI 6.60

La famiglia Zorzettig produce vino da molte generazioni a Spessa di Cividale, nel cuore dei Colli Orientali del Friuli. Ma, come avviene in tutte le grandi famiglie, c'è un momento in cui le strade si dividono ed ognuno intraprende una propria attività. È stato nel 1986 che il cavalier Giuseppe Zorzettig ebbe l'occasione di acquisire un antico casale non lontano dalla casa madre, vi si stabilì con la famiglia ed in breve tempo lo trasformò in un'azienda moderna e funzionale. La continuità è oggi garantita dalla passione e dalla competenza dei figli Annalisa e Alessandro.

I Zorzettig vantano un'invidiabile esperienza nell'enologia regionale ma la ricerca di nuovi stimoli e la voglia di emergere, che si deve soprattutto ad Annalisa, ha indotto l'azienda a selezionare le migliori uve creando una nuova linea di produzione denominata Myò. Un progetto ambizioso affidato alla competenza enologica di Fabio Coser, che ha subito sortito gli effetti desiderati. Un ottimo Sauvignon Myò '10 ricorda il pompelmo e regala illusioni di frutti tropicali. Il Pignolo Myò '08 ha una gran struttura, tannini dolci e mostra all'olfatto piacevoli toni di tabacco, cioccolato, prugna e note fumé. Anche gli altri vini hanno ottenuto ottimi punteggi. Chi ben comincia...

Zuani

Loc. Giasbana, 12
34070 San Floriano del Collio [GO]
Tel. 0481391432
www.zuanivini.it

VENDITA DIRETTA
VISITA SU PRENOTAZIONE

PRODUZIONE ANNUA 65.000 bottiglie
ETTARI VITATI 12.00

L'azienda Zuani, fondata da Patrizia Felluga nel 2001 nella zona di Giasbana, a di San Floriano del Collio, rappresenta il consolidamento di una tradizione familiare. Figlia d'arte, Patrizia è stata presidente del Consorzio dei Vini del Collio, ruolo ricoperto per molti anni dal padre Marco, ed ha trasmesso a sua volta ai figli Antonio e Caterina l'amore per la terra e la viticoltura. È un'azienda nata da un progetto, una sfida: quella di produrre un solo vino bianco, il Collio, quale espressione autentica di un territorio.

Proporsi al mercato con un solo vino può sembrare un atto di presunzione e soprattutto ci vuole un bel po' di coraggio, ma è una scelta che può dare grandi soddisfazioni. Nei vigneti che fanno da contorno alla cantina vengono allevati friulano, chardonnay, pinot grigio e sauvignon praticamente in parti uguali e da queste uve è nato il Collio Bianco Zuani Vigne '10. Vinificato in acciaio, è elegantissimo nei profumi floreali e fruttati: ricorda in successione il gelsomino, il mughetto, la mela renetta, la pera e il cedro. In bocca è morbido, agile, vellutato, scorrevole, sapido e davvero persistente.

○ COF Friulano Myò '10	5
● COF Pignolo Myò '08	7
● COF Refosco P.R. Myò '09	5
○ COF Sauvignon Myò '10	5
● COF Schioppettino Myò '09	6
○ COF Pinot Bianco Myò '10	5
○ COF Pinot Grigio Myò '10	5
○ COF Ribolla Gialla Myò '10	5

○ Collio Bianco Zuani Vigne '10	5
○ Collio Bianco Zuani Vigne '07	5
○ Collio Bianco Zuani '08	6
○ Collio Bianco Zuani '07	6
○ Collio Bianco Zuani '06	6
○ Collio Bianco Zuani '05	6
○ Collio Bianco Zuani '04	5
○ Collio Bianco Zuani '03	5
○ Collio Bianco Zuani Vigne '09	5
○ Collio Bianco Zuani Vigne '08	4*
○ Collio Bianco Zuani Vigne '06	5
○ Collio Bianco Zuani Vigne '04	5
○ Collio Bianco Zuani Vigne '03	4
○ Collio Bianco Zuani Vigne '02	4*

FRIULI VENEZIA GIULIA
LE ALTRE CANTINE

Alberice
VIA BOSCO ROMAGNO, 4
33040 CORNO DI ROSAZZO [UD]
TEL. 0422759460
www.tenutealeandri.it

Alberice è sulle colline del parco naturale del Bosco Romagno, a Corno di Rosazzo. Fa parte del gruppo veneto delle Tenute Aleandri che l'hanno acquisita ed ora ne sfruttano le potenzialità. Un ottimo Friulano '10 si distingue per freschezza e vitalità mentre il Sauvignon '10 è elegante e convincente.

○ COF Friulano '10	4*
○ COF Sauvignon '10	4*
○ COF Chardonnay '10	4
○ COF Malvasia '10	4

Ascevi - Luwa
LOC. UCLANZI, 24
34070 SAN FLORIANO DEL COLLIO [GO]
TEL. 0481884140
www.asceviluwa.it

La famiglia Pintar, formata da Mariano e Loredana e dai figli Luana e Walter, gestisce l'azienda sita sul colle di Ascevi dove c'è la maggior parte dei vigneti. Ottima la Ribolla Gialla Ronco de Vigna Vecia '10 che profuma di miele, albicocca e alloro ed è ricca di sapore, morbida e persistente.

○ Ribolla Gialla Ronco de Vigna Vecia '10	4
○ Collio Chardonnay Rupis '10	4
○ Collio Pinot Grigio Grappoli '10	4
○ Collio Sauvignon Ronco dei Sassi '10	5

La Bellanotte
S.DA DELLA BELLANOTTE, 3
34072 FARRA D'ISONZO [GO]
TEL. 0481888020
www.labellanotte.it

Bellanotte è Villa Baselli, a Farra d'Isonzo: qui la cultura friulana si fonde con quella toscana. La proprietaria è Giuliana Guadagni e dal 2000 è gestita da Paolo Benassi, suo figlio. Ottimi quest'anno i vini, soprattutto il Pinot Grigio Ramato Conte Lucio '09, fruttato, avvolgente e succoso.

⊙ Pinot Grigio Ramato Conte Lucio '09	4*
○ Collio Pinot Grigio '10	4*
○ Bianco Vento dell'Est '09	8
○ Friuli Isonzo Malvasia Istriana '10	4

Tenuta Beltrame
FRAZ. PRIVANO
LOC. ANTONINI, 4
33050 BAGNARIA ARSA [UD]
TEL. 0432923670
www.tenutabeltrame.it

È un'azienda storica riportata allo splendore dalla famiglia Beltrame che l'ha acquistata nel 1991. La segue il giovane Cristian Beltrame, coadiuvato da sempre dall'enologo Bepi Gollino. Il Cabernet Sauvignon Riserva '07 è ricco e convincente sia al naso sia al gusto. Il Pinot Grigio '10 è gradevole, sapido e varietale.

● Friuli Aquileia Cabernet Sauvignon Ris. '07	4
● Friuli Aquileia Merlot Ris. '07	4
○ Pinot Grigio '10	4*
○ Friuli Aquileia Sauvignon '10	4

Borgo Magredo
LOC. TAURIANO
VIA BASALDELLA, 5
33090 SPILIMBERGO [PN]
TEL. 0422864511
www.borgomagredo.it

Borgo Magredo con lo slogan Anticipare il Domani si presenta in una nuova veste, con un progetto che abbraccia passato e presente unendo saperi antichi e sapori contemporanei. Il Refosco P.R. '10 è fruttato, speziato e di buona struttura. Il Pinot Grigio '10 è fresco, sapido e piacevolmente tropicale.

○ Friuli Grave Pinot Grigio '10	4*
● Friuli Grave Refosco P. R. '10	4*
○ Friuli Grave Chardonnay '10	3
○ Friuli Grave Sauvignon '10	4

Emilio Bulfon
FRAZ. VALERIANO
VIA ROMA, 4
33094 PINZANO AL TAGLIAMENTO [PN]
TEL. 0432950061
www.bulfon.it

Emilio Bulfon si è cimentato nel recupero di alcune varietà autoctone, che fino a una trentina di anni fa sembravano scomparse, ed ha individuato, selezionato e reimpiantato circa 9 ettari di vigneti nell'area pedemontana della provincia di Pordenone. Ne ha ottenuto vini semplici ma genuini, curiosi e intriganti.

● Moscato Rosa '09	5
● Forgiarin '10	4
● Pecòl Ros '10	4
○ Ucelùt '10	5

FRIULI VENEZIA GIULIA
LE ALTRE CANTINE

La Buse dal Lôf
via Ronchi, 90
33040 Prepotto [UD]
Tel. 0432701523
www.labusedallof.com

Giuseppe Pavan nel 1972 fondò questa bella azienda di Prepotto dandole il nome della zona: La Buse dal Lôf, che in friulano significa La Tana del Lupo. Ora è condotta con ottimi risultati dal figlio Michele. Lo Schioppettino di Prepotto '08 e il Cabernet Sauvignon '09 si sono distinti per pienezza e linearità.

● COF Cabernet Sauvignon '09	4*
● COF Schioppettino di Prepotto '08	5
○ COF Friulano '10	4
○ COF Sauvignon '10	4

Ca' Selva
s.da di Sequals, 11a
33090 Sequals [PN]
Tel. 0421274704
www.caselva.it

Paolo Bergamo, uomo di molti fatti e poche parole, rappresenta lo spirito di Ca' Selva, una bella azienda che estende i suoi vigneti coltivati da sempre in regime biologico nel Friuli Occidentale. Il Refosco P. R. Jevàde '08 ha un profumo complesso di tabacco e castagne, gusto deciso e gradevole.

● Refosco P. R. Jevade '08	3*
● Cabernet Franc Neri di Lune '10	3
○ Friuli Grave Friulano Sclavòn '10	4
● Merlot Vivor '08	4

Paolo Caccese
loc. Pradis, 6
34071 Cormòns [GO]
Tel. 048161062
www.paolocaccese.com

Paolo Caccese è un nome di spicco tra i viticoltori del Collio. Innamorato del suo territorio e del suo "strano lavoro", tiene nascosta nel cassetto la laurea in giurisprudenza conseguita in gioventù e si dedica al vino. Il suo Pinot Bianco '10 è molto floreale, fruttato, morbido e ricco di sapore.

○ Collio Pinot Bianco '10	5
○ Collio Traminer Aromatico '10	5
○ Collio Friulano '10	4
○ Collio Malvasia '10	5

Castello Sant'Anna
loc. Spessa
via Sant'Anna, 9
33043 Cividale del Friuli [UD]
Tel. 0432716289
centasantanna@libero.it

Giuseppe Giaiotti nel 1966 per scelta di vita abbandonò l'attività industriale per ritornare al mondo contadino cui si sentiva molto legato. Ora la gestione è curata dal figlio Andrea che dedica ai vini una grande attenzione con risultati eccellenti, soprattutto per i rossi, vivaci, grintosi e ricchi di aromi e di sapore.

● COF Pignolo '07	5
● COF Pinot Nero '07	4
● COF Merlot '08	5
● COF Refosco P. R. '08	4

Marco Cecchini
loc. Casali de Luca
via Colombani
33040 Faedis [UD]
Tel. 0432720563
www.cecchinimarco.com

Fondata nel 1998 da Marco Cecchini a Faedis. Iniziò con un solo ettaro di vigneto ma ora può contare su una decina di ettari, metà dei quali con piante che hanno un'età media di 40 anni. Quest'anno abbiamo potuto assaggiare solo due vini, entrambi molto gradevoli e rispettosi delle caratteristiche varietali.

○ Picolit '07	6
○ Riesling '08	4*

Giovanni Donda
via Manlio Acidinio, 4
33051 Aquileia [UD]
Tel. 043191185
www.vinidonda.it

La terra di Aquileia, si sa, nasconde tesori, ma bisogna saperli estrarre con pazienza. Giovanni Donda lo sa e facendo tesoro delle esperienze dei suoi avi sfrutta al meglio i benefici del microclima della zona. Il Sauvignon '10 rispecchia appieno le caratteristiche varietali e profuma di tè alla pesca e pompelmo.

○ Friuli Aquileia Sauvignon '10	4*
○ Friuli Aquileia Pinot Bianco '10	4
○ Friuli Aquileia Pinot Grigio '10	4
● Friuli Aquileia Refosco P. R. '08	4

FRIULI VENEZIA GIULIA
LE ALTRE CANTINE

Le Due Torri
LOC. VICINALE DEL JUDRIO
VIA SAN MARTINO, 19
33040 CORNO DI ROSAZZO [UD]
TEL. 0432759150
www.le2torri.com

La famiglia Volpe opera da anni nel settore vitivinicolo ed ora tocca ad Antonino di occuparsi degli otto ettari ad alta densità di impianto nella zona Friuli Grave, in prossimità del Parco del Torrè. Lo Chardonnay '10 eccelle per avvolgenza e scorrevolezza ed il Friulano '10 per freschezza, equilibrio e sapidità.

○ Friuli Grave Chardonnay '10	▽▽ 3*
○ Friuli Grave Friulano '10	▽▽ 3*
○ Friuli Grave Pinot Grigio '10	▽ 3
● Friuli Grave Refosco P.R. '08	▽ 4

Le Favole
LOC. TERRA ROSSA
VIA DIETRO CASTELLO, 7
33077 CANEVA [PN]
TEL. 0434735604
www.lefavole.com

Fondata nel 2005 dai fratelli Evio e Angelo Cadorin, che hanno creduto nella potenzialità della Doc Annia e producono circa 60mila bottiglie sui 17 ettari vitati a Carlino, tra l'Adriatico e il Bosco Bando. Il Merlot Noglâr '08 ed il Refosco P. R. Storiis '08 si sono distinti per la vivacità e il sapore deciso.

● Friuli Annia Noglâr '08	▽▽ 5
● Friuli Annia Storiis '08	▽▽ 5
○ Friuli Annia Friulano '10	▽ 4
○ Friuli Annia Sauvignon '10	▽ 4

Fedele Giacomo
LOC. GRAMOGLIANO, 5
33040 CORNO DI ROSAZZO [UD]
TEL. 3406078929
fedele.giacomo@alice.it

La famiglia Fedele si occupa di vino da quattro generazioni e nel 1960 ebbe l'occasione di acquistare una tenuta di Gramogliano, a Corno di Rosazzo. Ora la gestisce Giacomo, il proprietario. I suoi vini quest'anno hanno ottenuto punteggi alti che son valsi l'ingresso in Guida.

○ COF Friulano '10	▽▽ 3*
● COF Refosco dal P.R. '09	▽▽ 3*
○ COF Verduzzo Friulano '10	▽▽ 3*
○ COF Sauvignon '10	▽ 3

I Feudi di Romans
LOC. PIERIS
VIA CÀ DEL BOSCO, 16
34075 SAN CANZIAN D'ISONZO [GO]
TEL. 048176445
www.ifeudi.it

L'azienda fondata nei primi anni '50 ora conta su 160 ettari di vigne. È gestita da Enzo Lorenzon con i figli Davide e Nicola, che hanno in programma un'ulteriore espansione. La Malvasia Istriana '10 è varietale, fresca, sapida e agrumata. Ottimo anche il Traminer Aromatico Lorenzon '09, morbido e dai sentori tropicali.

○ Malvasia Istriana '10	▽▽ 4
○ Traminer Lorenzon '09	▽▽ 6
○ Friuli Isonzo Friulano '10	▽ 4
● Friuli Isonzo Merlot Alfiere Rosso '08	▽ 4

Forchir
FRAZ. FELETTIS
VIA CODROIPO, 18
33050 BICINICCO [UD]
TEL. 042796037
www.forchir.it

La Forchir, di Gianfranco Bianchini ed Enzo Deana, vanta oltre un secolo. Nata a Felettis di Bicinicco si è poi espansa nei magredi di Camino al Tagliamento e Spilimbergo e ad oggi dispone di 220 ettari vitati. Notevole il Sauvignon L'Altro '10, elegante e potente, ed ottimo anche il Pinot Bianco Campo dei Gelsi '10.

○ Friuli Grave Pinot Bianco Campo dei Gelsi '10	▽▽ 4*
○ Friuli Grave Sauvignon L'Altro '10	▽▽ 4*
○ Friuli Grave Friulano Lusor '10	▽ 4
○ Friuli Grave Ribolla Gialla '10	▽ 4

Conti Formentini
VIA OSLAVIA, 5
34070 SAN FLORIANO DEL COLLIO [GO]
TEL. 0481884131
www.contiformentini.it

La storica Conti Formentini, fondata nel 1520, ora fa parte del Gruppo Italiano Vini. Le cantine, piccole e ben curate, site di fronte al castello del XVI secolo, sono affidate all'enologo Marco Del Piccolo. Il Sauvignon Caligo '10 è molto varietale, fragrante e cremoso, e profuma di pompelmo e buccia d'arancia.

○ Collio Sauvignon Caligo '10	▽▽ 4*
○ Collio Chardonnay '10	▽ 4
○ Collio Friulano Furlanà '10	▽ 4
○ Collio Pinot Grigio '10	▽ 4

519 FRIULI VENEZIA GIULIA

LE ALTRE CANTINE

Fossa Mala
VIA BASSI, 81
33080 FIUME VENETO [PN]
TEL. 0434957997
www.fossamala.it

A Fiume Veneto nel 2003 per opera della famiglia Roncadin dal restauro di una vecchia villa veneta è nata Fossa Mala, nelle Grave del Friuli. Ottimo il Refosco P.R. '09, vivace, sapido e succoso profuma di frutti neri, liquirizia e pepe. Lo Sclins (scricciolo) è un passito da uve traminer, molto fine, dolce e aromatico.

- Friuli Grave Refosco P.R. '09   4*
- Sclins '08   5
- Friuli Grave Merlot '09   4
- Friuli Grave Pinot Grigio '10   3

Grandi & Gabana
VIA CROSARIS, 14
33050 POCENIA [UD]
TEL. 0432777448
www.grandiegabana.it

Situata a Pocenia, nella pianura friulana, in località Paradiso, è una delle realtà produttive del gruppo Gabeca. Le cure agronomiche sono affidate a Francesco Crivellaro mentre la vinificazione all'enologo Alessio Rossetto. Tra i vini si è distinto il Bianco dello Stella '10, blend di friulano e malvasia istriana.

- Friuli Latisana Bianco dello Stella Borgo Crosaris '10   3*
- Friuli Latisana Cabernet '10   4
- Friuli Latisana Pinot Grigio '10   3
- Friuli Latisana Sauvignon '10   3

Albano Guerra
LOC. MONTINA
V.LE KENNEDY, 39A
33040 TORREANO [UD]
TEL. 0432715077
www.guerraalbano.it

Dario Guerra gestisce dal 1997 la cantina fondata dal padre Albano in località Montina, vicino Cividale, sui Colli Orientali, e negli anni l'ha portata ad eccellenti livelli qualitativi. Un ottimo Pignolo '07, avvolgente e grintoso, profuma di cuoio, humus e cannella. Il Cabernet Franc '09 è fresco, varietale e gradevole.

- COF Cabernet Franc '09   4*
- COF Pignolo '07   6
- COF Pinot Grigio '10   4
- COF Ribolla Gialla '10   4

Vigna Lenuzza
VIA BROLO, 51
33040 PREPOTTO [UD]
TEL. 0432713236
www.vignalenuzza.it

È un'azienda familiare gestita da Gianpaolo Lenuzza e da sua moglie Emanuela a Prepotto, nei Colli Orientali. Con le sue 40mila bottiglie contribuisce a portare nel mondo i sapori della terra friulana. La Ribolla Gialla '10 è fresca, strutturata e citrina. Lo Schioppettino di Prepotto '08 è tipico, ambasciatore del territorio.

- COF Ribolla Gialla '10   4*
- COF Schioppettino di Prepotto '08   5

Lupinc
FRAZ. PREPOTTO, 11B
34011 DUINO AURISINA [TS]
TEL. 040200848

A Prepotto di Duino Aurisina, sull'altopiano triestino, si concentrano quasi tutte le più importanti aziende del Carso. Qui c'è anche Matej Lupinc che è stato un precursore e nel 1970 fu il primo ad imbottigliare i vini. Il Carso Bianco Stara Brajda '09 si è distinto per l'eleganza dei profumi, la sapidità e la gradevolezza.

- Carso Bianco Stara Brajda '09   4*
- Carso Malvasia '09   4
- Carso Terrano '08   4
- Carso Vitovska '09   4

Magnàs
LOC. BOATINA
VIA CORONA, 47
34071 CORMÒNS [GO]
TEL. 048160991
www.magnas.it

Fondata agli inizi degli anni '70 da Luciano Visintin è ora gestita dal figlio Andrea, che ne garantisce la continuità occupandosi in prima persona dell'intera filiera. Abbiano molto apprezzato il Sauvignon '10, fragrante e convincente, che profuma di ortica, e la Malvasia '10, sapida e piacevolmente aromatica.

- Friuli Isonzo Friulano '10   4*
- Friuli Isonzo Sauvignon '10   4*
- Malvasia '10   4*
- Friuli Isonzo Chardonnay '10   4

FRIULI VENEZIA GIULIA

LE ALTRE CANTINE

Piera Martellozzo
VIA PORDENONE, 33
33080 SAN QUIRINO [PN]
TEL. 0434963100
www.martellozzo.com

Piera Martellozzo, originaria del vicino Veneto ha fondato una fiorente azienda a San Quirino, nel Friuli Occidentale, e qui ha trovato la sua seconda casa e laboriosi contadini, preziosi tutori delle sue uve. Il Bianco Milo '09 si è distinto per l'eleganza e la complessità dei profumi e per la freschezza e la gradevolezza dell'assaggio.

○ Friuli Grave Bianco Milo '09	▼▼ 4*
○ Friuli Grave Malvasia '10	▼ 4
○ Friuli Grave Sauvignon '10	▼ 3
● Friuli Grave Tabbor '09	▼ 5

Masut da Rive
VIA MANZONI, 82
34070 MARIANO DEL FRIULI [GO]
TEL. 048169200
www.masutdarive.com

Fondata da Silvano Gallo a Mariano del Friuli, in terra d'Isonzo, si identifica con il soprannome del ceppo familiare. Ora sono i giovani figli Fabrizio e Marco che se ne occupano con ottimi risultati. Il Cabernet Sauvignon '09 è speziato, vispo e grintoso. Il Refosco P.R. '09 è molto profumato di viole, cacao e caffè, fresco e strutturato.

● Friuli Isonzo Cabernet Sauvignon '09	▼▼ 5*
● Friuli Isonzo Refosco P. R. '09	▼▼ 5*
○ Friuli Isonzo Pinot Bianco '10	▼ 4
○ Friuli Isonzo Pinot Grigio '10	▼ 4

Obiz
B.GO GORTANI, 2
33052 CERVIGNANO DEL FRIULI [UD]
TEL. 043131900
www.obiz.it

Obiz è un piccolo borgo nei pressi di Aquileia dov'è situata l'azienda gestita dal 1997 dal giovane Yunmani Bergamasco. Oggi consta di 25 ettari vitati in corpo unico attorno alla cantina. Tra i vini si è distinto il Rosso Castello di Sacilletto '07, composto da merlot e refosco dal peduncolo rosso, già evoluto, morbido ed equilibrato.

● Friuli Aquileia Rosso Castello di Sacilletto '07	▼▼ 4
○ Friuli Aquileia Pinot Grigio Fulvia Crescentina '10	▼ 3
○ Friuli Aquileia Traminer Aromatico Fausta Massima '10	▼ 3

Alessandro Pascolo
LOC. RUTTARS, 1
34070 DOLEGNA DEL COLLIO [GO]
TEL. 048161144
www.vinipascolo.com

Alessandro Pascolo, amante come pochi della natura e dell'aria aperta, cura e gestisce i sette ettari di vigna di proprietà sui declivi di Ruttàrs, a Dolegna del Collio. Ottimo il suo Merlot Selezione '08, fruttato, balsamico e avvolgente. Pregevole anche il Collio Bianco Agnul '09, cremoso e strutturato.

○ Collio Bianco Agnul '09	▼▼ 5
● Collio Merlot Sel. '08	▼▼ 5
○ Collio Friulano '10	▼ 4
● Collio Rosso Pascal '08	▼ 5

Tenuta Pinni
VIA SANT'OSVALDO, 3
33098 SAN MARTINO AL TAGLIAMENTO [PN]
TEL. 0434899464
www.tenutapinni.com

I fratelli Francesco e Roberto Pinni seguono personalmente la cura dei vigneti ed il processo di vinificazione nelle antiche cantine della villa padronale, risalenti al 1687. L'ottimo Rosso della Tenuta '06, composto da cabernet sauvignon e refosco, è morbido, succoso e profuma di rosa canina, mirtilli, pepe e prugne.

● Rosso della Tenuta '06	▼▼ 5
● Cabernet Sauvignon '09	▼ 4
○ Friuli Grave Friulano '10	▼ 4
○ Pinot Grigio '10	▼ 4

Plozner
VIA DELLE PRESE, 19
33097 SPILIMBERGO [PN]
TEL. 04272902
www.plozner.it

Lisio Plozner negli anni '60, con invidiabile lungimiranza supportata da un innegabile coraggio, fondò l'azienda piantando viti sui magredi della pianura spilimberghese. Moscabianca '10 è un Friulano in purezza, fruttato e cremoso. Quattroperuno Uno '10, composto da sauvignon e viognier, è ricco di aromi di frutta tropicale ed agrumi.

○ Moscabianca '10	▼▼ 4*
○ Sauvignon Quattroperuno Uno '10	▼▼ 4*
○ Friuli Grave Pinot Bianco '10	▼ 3
● Friuli Grave Refosco P. R. '09	▼ 4

FRIULI VENEZIA GIULIA
LE ALTRE CANTINE

La Ponca
LOC. SCRIÒ, 3
34070 DOLEGNA DEL COLLIO [GO]
TEL. 0422800026
www.laponca.it

La tenuta, di proprietà di Paolo Mason e Luigi Schiochet, si estende sulle colline di Scriò, sul Collio goriziano al confine con la Slovenia. Le vigne e la cantina sono affidate all'esperto Andrea Pittana. Il Friulano '10 ricorda fiori, frutta e l'amaretto. La Ribolla Gialla '10 profuma di pesca e fichi bianchi.

○ Collio Friulano '10	5
○ Collio Ribolla Gialla '10	5
○ Collio Sauvignon '10	5
● Schioppettino '09	5

Flavio Pontoni
VIA PERUZZI, 8
33042 BUTTRIO [UD]
TEL. 0432674352
www.pontoni.it

Era il 1904 quando nonno Luigi iniziò a coltivare a mezzadria i vigneti del castello di Morpurgo. Ora Flavio produce circa 30mila bottiglie curando in proprio 5 ettari di vigneto sui colli di Buttrio con scelte agronomiche eco-compatibili. Ottimi i vini dell'ultima annata, molto varietali, fruttati, fragranti e di gradevole impatto gustativo.

○ COF Chardonnay '10	3*
○ COF Malvasia Istriana '10	3*
○ COF Pinot Grigio '10	3*
● Refosco P. R. '09	3

Principi di Porcia e Brughera
VIA CASTELLO, 12
33080 PORCIA [PN]
TEL. 0434631001
www.porcia.com

Le proprietà della famiglia Principi di Porcia e Brugnera si estendono ad Azzano Decimo, Porcia e Pramaggiore per 840 ettari, di cui 143 vitati. Ottimo il Refosco P. R. Titianus '07, complesso, speziato, morbido ed elegante. Pregevole anche il Principe Serafino '07 con chardonnay e sauvignon perfettamente armonizzati.

● Friuli Grave Refosco P. R. Titianus '07	4*
○ Principe Serafino '07	4*
● Torre Colombera Rosso '05	5

Quinta della Luna
LOC. SAN FOCA
VIA NANNAVECCHIA, 75
33080 SAN QUIRINO [PN]
TEL. 043491185
www.quintadellaluna.it

Claudio Vettor nel 1984 acquistò il primo terreno nella piccola frazione di San Foca nel comune di San Quirino. Ora i figli Marco e Monica possono contare su 50 ettari di vigneto che fanno da contorno alla nuova cantina. Ottimo il loro Pinot Grigio '10, fresco, fragrante e sapido, che profuma di rosa, sambuco e succo di mela.

○ Pinot Grigio '10	4*
○ Friuli Grave Friulano '10	4
● Marco Rosso '09	4
○ Traminer Aromatico '10	4

Roncada
LOC. RONCADA, 5
34071 CORMÒNS [GO]
TEL. 048161394
roncada@hotmail.com

L'azienda Roncada ha sede in una bella villa padronale della fine dell'800, acquisita nel 1956 dalla famiglia Mattioni, e dalla cima di uno splendido colle domina i 25 ettari di vigneto che si estendono a metà strada tra Cormòns e Capriva. Il Pinot Grigio '10 e la Ribolla Gialla '10 si sono distinti tra i bianchi, il Franconia '09 tra i rossi.

● Collio Franconia '09	4
○ Collio Pinot Grigio '10	4*
○ Collio Ribolla Gialla '10	4*
○ Collio Pinot Bianco '10	4

Il Roncal
VIA FORNALIS, 148
33043 CIVIDALE DEL FRIULI [UD]
TEL. 0432730138
www.ilroncal.it

Il Roncal è nato da un progetto di Roberto Zorzettig che nel 1986 decise di realizzare un'azienda modello rinnovando i vigneti di Montebello, sui Colli Orientali. Dalla sua prematura scomparsa la moglie Martina porta avanti l'idea puntando all'eccellenza. Ottimi anche quest'anno tutti i vini, soprattutto i bianchi d'annata.

○ COF Friulano '10	4
○ COF Sauvignon '10	4
● COF Rosso Civon '06	5
● COF Schioppettino '09	5

FRIULI VENEZIA GIULIA
LE ALTRE CANTINE

Ronco dei Pini
via Ronchi, 93
33040 Prepotto [UD]
Tel. 0432713239
www.roncodeipini.it

Fondata nel 1969 da Vito Novello ha sede a Prepotto, nel cuore dei Colli Orientali del Friuli, e possiede anche alcuni vigneti sul Collio, a Zegla. Dal 1997 è gestita dai figli Giuseppe e Claudio coadiuvati dall'enologo Renato De Noni. Ottima la performance dei vini, soprattutto i bianchi sono profumati e molto varietali.

○ Collio Chardonnay '10	4
○ Collio Pinot Grigio '10	4
○ Collio Sauvignon '10	4
● COF Limes Rosso '07	6

Rubini
loc. Spessa
via Case Rubini, 1
33043 Cividale del Friuli [UD]
Tel. 0432716141
www.villarubini.it

Era il 1814 quando il conte Domenico Rubini acquistò la proprietà di Praduccello a Spessa di Cividale. Ora Leone e Rosa Rubini guidano un gruppo familiare compatto e motivato che si affida alla competenza enologica di Dimitri Pintar. Il Pignolo '07 è fruttato, potente, avvolgente e progressivo. Molto gradevole anche la Ribolla Gialla '09.

○ COF Malvasia '09	4*
● COF Pignolo '07	6
○ COF Ribolla Gialla '09	4*
● COF Tazzelenghe '07	4

Russolo
via San Rocco, 58a
33080 San Quirino [PN]
Tel. 0434919577
www.russolo.it

È una bella azienda del Friuli Occidentale dove opera la quarta generazione dei Russolo su terreni che si distendono su un altopiano ghiaioso a ridosso delle montagne. Ottimo il Doi Raps '09, composto da pinot grigio, pinot bianco e sauvignon, elegante e convincente al palato, generoso nei profumi di arancia candita, fichi e incenso.

○ Doi Raps '09	4*
● Refosco P. R. '08	4
○ Müller Thurgau Mussignaz '10	4
● Pinot Nero Grifo Nero '08	5

San Simone
loc. Rondover
via Prata, 30
33080 Porcia [PN]
Tel. 0434578633
www.sansimone.it

San Simone vanta una tradizione vitivinicola che si tramanda dal 1915 ed attualmente è gestita dai fratelli Chiara, Anna ed Antonio Brisotto, che hanno introdotto in azienda dinamismo, un'organizzazione moderna e originalità nei prodotti. Il Cabernet Sauvignon Nexus '08 è grintoso e profuma di frutta rossa, corteccia di pino e menta piperita.

● Friuli Grave Cabernet Sauvignon Nexus '08	4*
○ Friuli Grave Friulano '10	3
● Friuli Grave Refosco Re Sugano '09	4
○ Friuli Grave Sauvignon '10	3

Sant'Elena
via Gasparini, 1
34072 Gradisca d'Isonzo [GO]
Tel. 048192388
www.sant-elena.com

L'azienda Sant'Elena fu fondata alla fine del XIX secolo dalla famiglia Klodic. Dalla metà degli anni '90 la proprietà è stata acquisita da Dominic Nocerino, noto importatore di vini italiani negli Stati Uniti. Ottimo l'uvaggio Bianco Mil Rosis '09, composto da chardonnay, traminer e rieling, è fruttato, speziato, sapido e strutturato.

○ Bianco Mil Rosis '09	6
○ Sauvignon '10	5
○ Pinot Grigio '10	5
○ Pinot Grigio Klodic '10	5

Sara e Sara
loc. Savorgnano del Torre
via dei Monti, 5
33040 Povoletto [UD]
Tel. 0432666365
www.saraesara.com

È una piccola azienda familiare sita a Savorgnano del Torre condotta dal giovanissimo Alessandro Sara. Per il secondo anno consecutivo il Verduzzo Friulano Crei '09 si è distinto nelle nostre finali. È prodotto con uve di verduzzo appassite su graticci con una piccola aggiunta di uve botritizzate di friulano e sauvignon. Una meraviglia.

○ COF Picolit '07	6
○ COF Verduzzo Friulano Crei '09	5
○ COF Friulano '09	4
○ COF Verduzzo Friulano '09	5

523 FRIULI VENEZIA GIULIA
LE ALTRE CANTINE

Scarbolo
FRAZ. LAUZACCO
V.LE GRADO, 4
33050 PAVIA DI UDINE [UD]
TEL. 0432675612
www.scarbolo.com

Valter Scarbolo possiede 25 ettari vitati a Lauzacco, nella pianura friulana sulla riva destra del torrente Torre, con una produzione di 140mila bottiglie, destinate perlopiù al mercato americano. Quest'anno abbiamo apprezzato un ottimo Pinot Grigio '10, fresco e cremoso che profuma di lavanda, frutta tropicale, cannella e grafite.

○ Friuli Grave Pinot Grigio '10	4*
● Cabernet '09	4
○ Friuli Grave Friulano '10	4
○ Friuli Grave Sauvignon '10	4

Scolaris
VIA BOSCHETTO, 4
34070 SAN LORENZO ISONTINO [GO]
TEL. 0481809920
www.scolaris.it

L'azienda Scolaris Vini è stata fondata nel 1924 da Giovanni Scolaris, ha sede a San Lorenzo Isontino ed è stata una delle prime a produrre e commercializzare vini di qualità del Collio e dell'Isonzo. Attualmente è gestita dal nipote Marco Scolaris. Lo Chardonnay '10 è elegante e gradevole mentre la Ribolla Gialla '10 eccelle in sapidità.

○ Collio Chardonnay '10	4
○ Ribolla Gialla '10	4
○ Collio Sauvignon '10	4
⊙ Ribolla Nera Rosé Brut	4

Skerlj
VIA SALES, 44
34010 SGONICO [TS]
TEL. 040229253
www.agriturismoskerlj.com

Sul Carso i nonni di Matej e Kristina Skerlj nel 1965 aprirono un'osmizza, tipica osteria locale con spaccio aziendale, che oggi è diventato un accogliente alloggio agrituristico. Nei 2 ettari di vigneto producono circa 2.400 bottiglie da vitigni autoctoni. La Malvasia è straordinaria, complessa al naso e potente in bocca. Ottima anche la Vitovska.

○ Malvasia '08	5
○ Vitovska '08	5
● Terrano '08	5

F.lli Stanig
VIA ALBANA, 44
33040 PREPOTTO [UD]
TEL. 0432713234
www.stanig.it

I fratelli Federico e Francesco Stanig con l'energia e l'entusiasmo della loro giovane età curano i circa 9 ettari di vigneto in proprietà sulle colline di Albana di Prepotto, nel cuore dei Colli Orientali del Friuli. Di ottima fattura e gradevolezza la Malvasia Istriana '10, sapida e succosa. Grande polpa nel Merlot '09, ricco di sapore.

○ COF Malvasia Istriana '10	4*
● COF Merlot '09	4*
○ COF Friulano '10	4
○ COF Sauvignon '10	4

Stocco
VIA CASALI STOCCO, 12
33050 BICINICCO [UD]
TEL. 0432934906
www.vinistocco.it

La famiglia Stocco da oltre 100 anni nella vasta pianura friulana dedica i propri giorni alla cura della terra. Quattro generazioni di vignaioli, un costante impegno che prosegue con i fratelli Andrea, Daniela e Paola. Alcuni loro vini si sono distinti per fragranza e scorrevolezza e hanno meritato l'ingresso in Guida con punteggi di alto livello.

○ Friuli Grave Friulano '10	3*
○ Friuli Grave Malvasia '10	3*
● Friuli Grave Refosco P. R. '09	3*
○ Friuli Grave Sauvignon '10	3

Terre di Ger
FRAZ. FRATTINA
S.DA DELLA MEDUNA, 17
33076 PRAVISDOMINI [PN]
TEL. 0434644452
www.terrediger.it

I vigneti di Terre di Ger, di proprietà dalla famiglia Spinazzè, si espandono per quasi ottanta ettari nelle Grave del Friuli tra i fiumi Lemene e Livenza. Un ottimo Pinot Grigio '10, gustoso e sapido, ha profumi tropicali e di pasticceria. Lo spumante Brut metodo classico, brioso ed intrigante, ricorda la pesca gialla e la crema al limone.

○ Friuli Grave Pinot Grigio '10	3*
○ Terre di Ger Brut	5
● Friuli Grave Cabernet Franc '09	3
● Friuli Grave Refosco P. R. '09	4

FRIULI VENEZIA GIULIA

LE ALTRE CANTINE

Paolo Venturini
via Isonzo, 135
34071 Cormòns [GO]
Tel. 048160446
www.venturinivini.it

I vigneti di Paolo Venturini si estendono su 15 ettari dislocati in località Pradis sul Collio goriziano ed in località Bosc di Sot a Medea, nell'Isonzo. L'operosità in vigna e cantina di Diego Mauric e la consulenza dell'amico Gianni Menotti hanno stabilizzato l'intera gamma dei vini su elevati valori qualitativi.

○ Collio Friulano '10	4*
○ Collio Malvasia '10	4*
○ Collio Pinot Bianco '10	4*
● Collio Merlot '10	4

Villa de Puppi
via Roma, 5
33040 Moimacco [UD]
Tel. 0432722461
www.depuppi.it

L'azienda attualmente è gestita dai giovani Caterina e Valfredo, ultima generazione dei Conti de Puppi proprietari della villa, dei terreni e dei 20 ettari di vigneti che la circondano situati a Moimacco, a pochi chilometri da Cividale. Altri 10 ettari si estendono sulle colline di Rosazzo, nel cuore dei Colli Orientali del Friuli.

○ Taj Blanc '10	4*
○ Pinot Grigio '10	4
● Refosco Cate '08	6
⊙ Villa dei Puppi Rosé Brut	4

Vitas
loc. Strassoldo
via San Marco, 5
33050 Cervignano del Friuli [UD]
Tel. 043193083
www.vitas.it

L'azienda gestita da Roberto Vitas è situata a Strassoldo, splendido borgo feudale fortificato tra Palmanova e Aquileia. La sede aziendale è una storica dimora settecentesca immersa in un parco secolare. Ottimo il Rosso Vigneto Romano '07, blend di merlot, cabernet e refosco, molto fruttato, equilibrato e coinvolgente.

● Vign. Romano '07	5
○ Friuli Aquileia Friulano '10	4
○ Friuli Aquileia Sauvignon Blanc '10	4

Francesco Vosca
fraz. Brazzano
via Sottomonte, 19
34070 Cormòns [GO]
Tel. 048162135
www.voscavini.it

È una classica azienda a gestione familiare condotta da Francesco Vosca con la moglie Anita ed i giovani figli Gabriele ed Elisabetta. Si trova a Brazzano, nel cuore del Collio, ma parte dei vigneti si estendono nella Doc Friuli Isonzo. Di gran spicco la Malvasia '10, fresca, fruttata e vegetale. Ottimo anche il Friulano '10, gradevole e suadente.

○ Collio Friulano '10	4*
○ Collio Malvasia '10	4
○ Friuli Isonzo Chardonnay '10	4
○ Friuli Isonzo Pinot Grigio '10	4

Zaglia
loc. Frassinutti
via Crescenza, 10
33050 Precenicco [UD]
Tel. 0431510320
www.zaglia.com

Fondata da papà Aldo nel comune di Precenicco alla fine degli anni '60, l'azienda di Giorgio Zaglia si estende nella Doc Friuli Latisana su 30 ettari vitati, tra i fiumi Stella e Tagliamento, a poca distanza dal mare Adriatico. Il Friulano '10 è fresco e fragrante ed ha risvolti tropicali mentre il Refosco P.R. '09 ricorda le more e la tostatura del caffè.

○ Friuli Latisana Friulano '10	3*
● Friuli Latisana Refosco P.R. '09	3*
● Friuli Latisana Cabernet Franc Ris. '06	4
○ Friuli Latisana Chardonnay '10	3

Zof
fraz. Sant'Andrat del Judrio
via Giovanni XXIII, 32a
33040 Corno di Rosazzo [UD]
Tel. 0432759673
www.zof.it

L'azienda Zof ha sede a Sant'Andrat del Judrio, una piccola frazione del comune di Corno di Rosazzo. È gestita da Daniele che rappresenta l'ultima generazione di una famiglia di radici austro-prussiane. Splendido il Bianco Sonata '09, composto da chardonnay e sauvignon: profuma di pesca e sambuco ed è fresco e potente.

○ COF Bianco Sonata '09	5
○ COF Friulano '10	4*
○ COF Ribolla Gialla '10	4
● COF Va' Pensiero '07	5

EMILIA ROMAGNA

L'Emilia Romagna ha fatto della diversità dei suoi territori un valore, ribaltando una situazione che fino a ieri era vissuta come un limite. Merito delle varie zone produttive che hanno investito sulle espressioni più classiche e radicate dei loro territori esprimendo negli anni identità sempre più leggibili. Mancava all'appello un ultimo territorio, i Colli Bolognesi, e con questa edizione della Guida il vuoto viene colmato, con un Tre Bicchieri a un Pignoletto. Il merito va a un giovane produttore, Federico Orsi, che ha creduto nella sua terra, ha rischiato con un progetto innovativo, uno staff giovane e molto ottimismo. Manca un altro passaggio alla regione perché si possa parlare di successo a tutti gli effetti ed è il pieno coinvolgimento delle realtà cooperative nelle produzioni di qualità. La buona notizia è che in questo senso qualcosa si sta muovendo e infatti sono ben quattro le cantine cooperative che debuttano con la scheda grande: Cantine Riunite, Cantina di Santa Croce, Cantina di Sorbara, Cevico. Il merito di queste realtà è avere lavorato sulla qualità cercando di dare una risposta prima di tutto ai soci. Senza il loro coinvolgimento non può esserci successo per una regione che ha nella cooperazione una spina dorsale fondamentale. Le cantine sociali, in un momento critico dell'agricoltura, devono ritrovare il ruolo di guida che hanno avuto in passato e dare risposte agli agricoltori con una visione che guarda in prospettiva. Venendo al racconto dei diversi territori segnaliamo alcune importanti novità. Sui Colli Piacentini la notizia arriva dal successo della malvasia, un vitigno che è arrivato in finale con ben tre vini conquistando un Tre Bicchieri con il Passito Vigna del Volta '08 de La Stoppa. È il vitigno sul quale in questi anni si è lavorato tanto con progetti che spaziano dalla macerazione sulle bucce (Ageno de La Stoppa, Dinavolo di Denavolo) a vini dolci molto eleganti (Le Rane di Luretta). Storico risultato per il Lambrusco che con 3 Tre Bicchieri ottiene una visibilità senza precedenti. Il protagonista di questa stagione è sicuramente il Sorbara, tagliente ed elegante, il più difficile e straordinario tra tutti i Lambrusco. Proprio il Lambrusco di Sorbara Leclisse '10 si aggiudica il premio come vino dal miglior rapporto qualità prezzo. Per i Colli Bolognesi l'altro piccolo successo è quello di una Barbera in finale. Insieme al pignoletto è l'altro vitigno che può trascinare questa zona lontano. In Romagna, nonostante un'annata 2008 difficile per le Riserva, ci sono 9 Tre Bicchieri al Sangiovese (10 se si considera il Valturio che viene prodotto nel Montefeltro, un territorio per metà marchigiano attraversato da un confine molto discusso). È il successo di uno stile austero e tradizionale molto tipico nelle note varietali più pure che sta trovando in questi anni interpreti sensibili e rigorosi. Per finire un Tre Bicchieri all'Albana Passito '08 di Leone Conti, il pioniere di questo vitigno, un produttore che ci ha creduto quando non ci credeva nessuno. Questo è un premio al suo vino, ma anche il riconoscimento di un lavoro prezioso.

EMILIA ROMAGNA

Altavita - Fattoria dei Gessi
VIA TRANZANO, 820
47023 CESENA [FC]
TEL. 0547645996
www.altavita-wine.com

VENDITA DIRETTA

PRODUZIONE ANNUA 20.000 bottiglie
ETTARI VITATI 20.00

Altavita è un progetto nato aggregando esperienze diverse e la voglia di valorizzare il territorio di un gruppo di soci cesenati: Enrico Giunchi, Maurizio Fuzzi e Stefania Migani. È stato coinvolto nell'avventura anche Alessandro Giunchi, agronomo, fratello di Enrico. I soci di Altavita possiedono vigne le cui uve arrivano in cantina selezionate secondo criteri di qualità e caratteristiche legate ai diversi terroir - terreni argillosi, terreni più alti e sciolti e terreni dove affiora il gesso tutti tra Cesena e Saiano - per produrre due Sangiovese e un bianco.

I vini di Altavita sono cresciuti molto in questi anni, ma ora manca un salto di qualità che riesca a smarcarli da ingenuità enologiche e da un timbro in generale un po' troppo dolce e maturo. È questo infatti che abbiamo riscontrato in generale nel bicchiere, e visto il percorso fatto fin'ora crediamo possa essere arrivato il momento per una riflessione, occasione per portare ancora più avanti questo interessante progetto. Il vino più convincente è Cru Sajano '08, da uve cabernet e merlot, disteso e saporito. Evoca '09 è un Sangiovese di Romagna Superiore pieno di chiaroscuri, asciutto e vibrante in bocca, appena stanco nel frutto e terziario nel finale.

● Cru Sajano '08	4
● Sangiovese di Romagna Sup. Evoca '09	4*
○ Diapente '10	4
● Sangiovese di Romagna Sup. Tempora Ris. '08	5
○ Albana di Romagna Passito Solesia '08	6
○ Diapente '09	4
● Sangiovese di Romagna Sup. Evoca '08	4
● Sangiovese di Romagna Sup. Evoca '07	4*
● Sangiovese di Romagna Sup. Tempora Ris. '07	5
● Sangiovese di Romagna Sup. Tempora Ris. '06	5

Ancarani
VIA SAN BIAGIO ANTICO, 14
48018 FAENZA [RA]
TEL. 0546642162
www.viniancarani.it

VENDITA DIRETTA
VISITA SU PRENOTAZIONE
RISTORAZIONE

PRODUZIONE ANNUA 30.000 bottiglie
ETTARI VITATI 14.00

Claudio Ancarani porta avanti con coerenza e determinazione un lavoro prezioso per il suo territorio senza compromessi, ma anzi testimoniando con orgoglio e passione valori che raramente vengono espressi con tale forza e lucidità. L'attenzione è concentrata soprattutto su alcuni vitigni autoctoni, su tutti l'albana, che lui interpreta nella sua anima più tradizionale, con un tannino difficile da gestire e una freschezza a volte coraggiosa.

Santa Lusa '09, Albana Secco di grande carattere, è affascinante nel suo stile tradizionale che recupera un ruolo per i tannini e indugia su note di miele ed erbe, trovando in bocca energia e potenza. Bene il Biagio Antico '10, molto espressivo e aperto, convincente in bocca, saporito e asciutto. Il Superiore ha la cifra del Sangiovese di questo territorio pedemontano mentre la Riserva in generale si carica di alcol e tannini e perde freschezza. Non vengono presentati in Guida i due vini da uve centesimino ai quali Claudio concede un periodo di affinamento extra. È interessante il suo lavoro su questo vitigno rosso aromatico che trova nell'appassimento una strada convincente.

○ Albana di Romagna Santa Lusa '09	4
● Sangiovese di Romagna Sup. Biagio Antico '10	4*
○ Signore '10	3
○ Albana di Romagna Perlagioia '07	4
○ Albana di Romagna Santa Lusa '07	4
○ Albana di Romagna Santa Lusa '06	4*
● Sangiovese di Romagna Sup. Biagio Antico '09	4
● Sangiovese di Romagna Sup. Biagio Antico '08	4
● Uvappesa '07	4

EMILIA ROMAGNA

Antica Corte Pallavicina
via Sbrisi, 2
43010 Polesine Parmense [PR]
Tel. 054296136
www.acpallavicina.com

VENDITA DIRETTA
VISITA SU PRENOTAZIONE
OSPITALITÀ
RISTORAZIONE

PRODUZIONE ANNUA 10.000 bottiglie
ETTARI VITATI 4.00

Massimo Spigaroli è famoso in tutto il mondo per i suoi culatelli, ma questa straordinaria produzione è solo una parte del complesso progetto Antica Corte Pallavicina. La Corte è una grande azienda agricola diventata negli anni un progetto prima di tutto intellettuale, che oggi rappresenta il suo territorio a 360 gradi. L'idea è sempre la stessa: prendere le tradizioni, anche quelle più semplici, e portarle a un livello qualitativo altissimo. Ecco allora il recupero dei vini semplici e profumati prodotti con fortana e fortanella, i compagni ideali per i salumi e la cucina di questa terra vicina al Po.

Massimo Spigaroli serve i suoi vini nel tradizionale scudlein, la tipica scodellina che si usa ancora oggi nelle osterie di campagna, e li accompagna con una selezione di Parmigiano Reggiano e con i suoi salumi. Difficile pensare a quei vini senza l'accompagnamento con i cibi, perché raramente esiste un rapporto così complementare e stretto. La Fortanella '10 è una vino scarico di colore, frizzante senza esagerare, floreale e minerale al naso, selvatico a tratti, asciutto e leggero in bocca. Fortana del Taro '10, con la classica legatura a spago, ha al naso un corredo di frutti di bosco – ribes, fragola di bosco, lampone – e in bocca dolcezza e acidità. Un vino contadino e antico.

● Fortana del Taro '10	🍷 3
● Fortanella '10	🍷 3
● Rosso del Motto '10	🍷 3
● Fortana del Taro '09	🍷🍷 3
● Fortanella '09	🍷🍷 3
○ Strologo Brut M. Cl. '08	🍷🍷 4

Ariola 1956
loc. Calicella di Pilastro
fraz. Pilastro
s.da della Buca, 5a
43010 Langhirano [PR]
Tel. 0521637678
www.viniariola.it

VENDITA DIRETTA
VISITA SU PRENOTAZIONE
RISTORAZIONE

PRODUZIONE ANNUA 600.000 bottiglie
ETTARI VITATI 70.00

Ariola è una delle realtà storiche di Parma, attiva fina dal 1956, di grande successo negli anni '70. Si trova sulle colline di Langhirano e prende il nome dal torrente Arola che segna i confini delle vigne. 70 gli ettari di vigna, tutti tra i 250 e i 300 metri, su suoli di argille calcaree con diverse esposizioni. L'azienda è stata acquistata nel 2003 da Marcello Ceci dopo aver chiuso l'esperienza nell'omonima cantina di famiglia, decidendo di investire in un progetto legato alla terra e considerando di fatto conclusa la sua stagione da commerciante.

I Lambrusco di Ariola, da uve maestri, sono nello stile, voluminoso e abboccato, che si sta affermando a Parma, la provincia emiliana dove la tradizione del Lambrusco è meno storica e dove i vini frizzanti rossi cominciano a confondersi con quelli piacentini fatti di bonarda e barbera. Marcello Nature '10 ha un fruttato netto e fragrante e bocca agile, contadina nella nota asciutta e nel richiamo selvatico, secca sul finale. Marcello '10 è il grande classico dell'azienda, aperto ed espressivo, potente e voluminoso in bocca dove chiude dolce e richiama il frutto sul finale. Forte Rigoni Malvasia '10 ha un interessante richiamo di agrumi canditi, un varietale sobrio e un bel finale.

○ Forte Rigoni Malvasia '10	🍷 4*
● Lambrusco Marcello '10	🍷 4*
● Lambrusco Marcello Nature '10	🍷 4*
● Fortana Prestige '10	🍷 4
○ Forte Rigoni Malvasia Nature '10	🍷 4
● Lambrusco Prestige '10	🍷 4
● Angiol d'Or Maestri in Purezza '09	🍷🍷 3
○ Forte Rigoni Malvasia Frizzante '08	🍷🍷 4
● Lambrusco Gaspronero '08	🍷🍷 3
● Lambrusco Marcello '09	🍷🍷 4
● Lambrusco Marcello '08	🍷🍷 4*

EMILIA ROMAGNA

Balìa di Zola
via Casale, 11
47015 Modigliana [FC]
Tel. 0546940577
bzolav@libero.it

VENDITA DIRETTA
VISITA SU PRENOTAZIONE

PRODUZIONE ANNUA 25.000 bottiglie
ETTARI VITATI 6.50

Balìa di Zola è stata acquistata nel 2003 da Veruska Eluci che ne ha fatto negli anni un piccolo gioiello, ristrutturando la bella casa colonica, dove è stata ricavata anche la cantina, e rinnovando quasi completamente le vigne che sono in parte a piede franco e tutte esposte a sud e sud ovest. I sei ettari di vigne sono piantati a sangiovese e negli anni lo stile dei vini è diventato sempre più territoriale e sempre più interessante. L'enologo dell'azienda, il marito Claudio Fiore, ha trovato in questa realtà la possibilità di sperimentare temi nuovi, ad esempio con le fermentazioni spontanee, e la possibilità di esprimere con libertà il carattere vibrante e austero che questo territorio alto con i suoi suoli marnoso arenacei sa regalare.

Tre Bicchieri per Redinoce '08, un Sangiovese di Romagna Riserva che esprime una freschezza straordinaria e conquista per eleganza e sapore, per la bella energia e l'austerità che diventa profondità. Un vino netto, senza sbavature, molto classico. Il risultato corrisponde anche a un cambio di filosofia nella conduzione della cantina che prevede vinificazioni più tradizionali e macerazioni più lunghe. È una strada che l'azienda ha intrapreso con convinzione e che ricerca espressioni sempre più territoriali.

- Sangiovese di Romagna Redinoce Ris. '08   🍷🍷🍷 5*
- Zolarosa Brut Rosé '10   🍷 4
- Redinoce '07   🍷🍷 5
- Redinoce '06   🍷🍷 5
- Redinoce '05   🍷🍷 5
- Sangiovese di Romagna Balitore '09   🍷🍷 4
- Sangiovese di Romagna Balitore '08   🍷🍷 4

Francesco Bellei
fraz. Cristo di Sorbara
via Nazionale, 132
41030 Bomporto [MO]
Tel. 059812449
www.francescobellei.it

VENDITA DIRETTA

PRODUZIONE ANNUA 60.000 bottiglie
ETTARI VITATI 5.00

Bellei è un marchio storico e notissimo che è da sempre sinonimo di metodo classico di grande qualità. L'azienda è stata fondata nel 1920 da Beppe Bellei e gestita per tre generazioni dalla famiglia: prima da Francesco e poi da Christian. Nel 2003 è stata acquistata da Cavicchioli che nel 2010 ha venduto l'azienda di famiglia al GIV mantenendo però la proprietà sulla Bellei. Sandro Cavicchioli resta quindi solo alla guida di una realtà che negli anni ha contribuito a rinnovare il concetto di Lambrusco con gli straordinari progetti di Ancestrale rosso e bianco, il primo a base di uve sorbara e il secondo vinificato a partire dal pignoletto impiantato a Modena sui terreni di famiglia qualche anno fa.

Finale per Rifermentazione Ancestrale '10, il Sorbara che ha reinventato e rilanciato la tradizione della rifermentazione in bottiglia senza sboccatura. Un vino minerale e complesso, cangiante, che in bocca indaga territori inediti con passaggi speziati – la cannella, lo zenzero, il pepe di Sichuan – e si gode una bellissima acidità. Interessante anche la Rifermentazione Ancestrale di Pignoletto '10, un vino che fa della buccia di agrumi, pompelmo su tutti, la cifra stilistica, mentre in bocca realizza un magico equilibrio tra l'amaro e l'acidità. Sul finale esce una nota di tè nero originale ed esotica.

- Lambrusco di Modena
  Rifermentazione Ancestrale '10   🍷 4
- Brut Extra Cuvée Rosé M.Cl. '06   🍷🍷 6
- Brut Extra Cuvée Rosso M.Cl. '07   🍷🍷 4
- Modena Pignoletto
  Rifermentazione Ancestrale '10   🍷🍷 4
- Brut Blanc de Noirs '04   🍷🍷 6
- Brut Cuvée Speciale '04   🍷🍷 6
- Brut Extra Cuvée   🍷🍷 5
- Brut Extra Cuvée   🍷🍷 5
- Brut Rosso Extra Cuvée '06   🍷🍷 4*
- Brut Rosso Extra Cuvée '04   🍷🍷 4
- Brut Rosso Extra Cuvée '03   🍷🍷 4*
- Lambrusco Rifermentazione Ancestrale '07   🍷🍷 4*

EMILIA ROMAGNA

La Berta
via Berta, 13
48013 Brisighella [RA]
Tel. 054684998
azienda@laberta.it

VENDITA DIRETTA
VISITA SU PRENOTAZIONE

PRODUZIONE ANNUA 75.000 bottiglie
ETTARI VITATI 20.00

Dopo qualche anno di torpore questa storica realtà dei colli faentini (anche se il comune è Brisighella siamo molto vicini a Faenza) è tornata a lavorare con entusiasmo e a proporre prodotti interessanti. La spinta arriva dalla nuova proprietà, la famiglia Poggiali di Ravenna, e in particolare dall'amore per la Romagna di Giovanni che si trova finalmente a coronare il sogno di sfruttare nella sua terra la lunga esperienza fatta in Toscana con Felsina, azienda sempre di proprietà della famiglia. I primi risultati sono interessanti e i vini finalmente territoriali, come è nel progetto, rigorosissimo, di Giovanni.

Buon risultato per Olmatello '08 un Sangiovese che nello stile guarda all'esperienza toscana di Felsina (anche qui come lì, argille) che coniuga eleganza e carattere, un tannino fitto e giustamente asciutto e una bocca sottile che si allunga su un finale ricco di sapore. Interessante anche il Sangiovese di Romagna '10, un vino semplice e suadente che si esprime al meglio in bocca grazie a una bella materia e a una struttura ben calibrata. Certo non ha il carattere della Riserva, ma è un vino riuscito e convincente. Da segnalare le nuove etichette che recuperano in un gioco grafico molto bello il simbolo per eccellenza dell'identità romagnola, la Caveja.

Stefano Berti
loc. Ravaldino in Monte
via La Scagna, 18
47121 Forlì
Tel. 0543488074
www.stefanoberti.it

VENDITA DIRETTA
VISITA SU PRENOTAZIONE

PRODUZIONE ANNUA 40.000 bottiglie
ETTARI VITATI 7.00

L'azienda di Stefano Berti è nella parte bassa del territorio di Predappio, nelle colline che degradano dolcemente verso Forlì. Due i diversi terroir di cui dispone: una parte argillosa rivolta verso Bertinoro esposta a sud, e una parte sassosa che guarda la valle del Rabbi, un antico terrazzo fluviale, più interessante nei suoli ma esposta in modo meno favorevole. In azienda, 7 ettari in totale, accanto a una vecchia vigna di sangiovese di 2 ettari piantata nel 1968 (le uve di questa vigna finiscono sempre nel Calisto) ci sono vigne di età diversa.

I due vini dell'azienda sono il risultato di una selezione delle parcelle e delle uve secondo la logica di produrre un primo e un secondo vino. Calisto '08 è un Sangiovese di Romagna Superiore Riserva convincente soprattutto per la qualità della materia, che avrebbe consentito di coltivare ben altre ambizioni e paga solo alcune ingenuità, come una nota di legno male integrata e un frutto ridondante, fuori dai canoni territoriali del sangiovese. Il vino è convincente soprattutto in bocca dove ha sapore e freschezza. Bella prova anche per il Superiore Ravaldo '10, appena impreciso al naso ma vibrante in bocca.

- Sangiovese di Romagna '10 — 5
- Sangiovese di Romagna Olmatello Ris. '08 — 5
- Sangiovese di Romagna Sup. Solano '09 — 4
- Colli di Faenza Rosso Ca' di Berta '99 — 5
- Sangiovese di Romagna Olmatello Ris. '06 — 5
- Sangiovese di Romagna Olmatello Ris. '03 — 5
- Sangiovese di Romagna Olmatello Ris. '01 — 5
- Sangiovese di Romagna Sup. Solano '07 — 4*

- Sangiovese di Romagna Sup. Calisto Ris. '08 — 5
- Sangiovese di Romagna Sup. Ravaldo '10 — 4*
- Sangiovese di Romagna Sup. Calisto '01 — 5
- Sangiovese di Romagna Sup. Calisto '05 — 5
- Sangiovese di Romagna Sup. Calisto '04 — 5
- Sangiovese di Romagna Sup. Calisto '03 — 5
- Sangiovese di Romagna Sup. Calisto Ris. '07 — 5
- Sangiovese di Romagna Sup. Calisto Ris. '06 — 5
- Sangiovese di Romagna Sup. Ravaldo '09 — 4
- Sangiovese di Romagna Sup. Ravaldo '08 — 4*
- Sangiovese di Romagna Sup. Ravaldo '07 — 4*
- Sangiovese di Romagna Sup. Ravaldo '06 — 4*
- Sangiovese di Romagna Sup. Ravaldo '05 — 4*

EMILIA ROMAGNA

Ca' di Sopra
LOC. MARZENO
VIA FELIGARA, 15
48013 BRISIGHELLA [RA]
TEL. 0544521209
www.cadisopra.com

VENDITA DIRETTA
VISITA SU PRENOTAZIONE

PRODUZIONE ANNUA 18.000 bottiglie
ETTARI VITATI 28.00

I fratelli Camillo e Giacomo Montanari hanno investito nell'azienda di famiglia che produceva e vendeva uve di buona qualità puntando a vinificare e imbottigliare una selezione fatta sulle uve dei 28 ettari di vigneto. Hanno pazientemente individuato le posizioni migliori e hanno lavorato sodo per condurre le vigne a regola d'arte. Siamo nella valle del Marzeno, su suoli argillo calcarei e vigne che arrivano a circa 250 metri di altitudine, alcune esposte a nord est, altre, quelle in cima alla collina, in pieno sole.

Oggi, dopo qualche annata di interessanti sperimentazioni, i fratelli Montanari presentano finalmente una produzione che si è affrancata da alcune ingenuità. C'è ancora una mano suadente, ma il carattere di questo territorio comincia a esprimersi. Cadisopra '08 è un vino convincente, appena dolce di legno, che scatta in bocca sulla freschezza e su tannini asciutti e maturi. Bello lo stile, dalla bocca saporita e vibrante. Remel '09, da sangiovese, merlot e cabernet, è un vino di carattere, appena volatile al naso, che spinge la bocca lontano, asciutto e pieno di energia, profondo e pieno.

Ca' Montanari
FRAZ. LEVIZZANO RANGONE
VIA MEDUSIA, 32
41014 CASTELVETRO DI MODENA [MO]
TEL. 059741019
info@opera02.it

VENDITA DIRETTA
VISITA SU PRENOTAZIONE
OSPITALITÀ
RISTORAZIONE

PRODUZIONE ANNUA 80.000 bottiglie
ETTARI VITATI 21.00
VITICOLTURA Biologico Certificato

Le piccole aziende che vinificano solo le uve delle vigne di proprietà sono il fenomeno nuovo del Lambrusco, ma in questo caso si è andati oltre progettando un luogo di accoglienza per chi arriva da fuori dove trovare tutti i prodotti del territorio: Parmigiano Reggiano, aceto balsamico tradizionale, prosciutto di Modena e la cucina tipica fatta espressa. È un cambio di mentalità, in questo caso promosso in grande stile da Enrico Montanari e dal figlio Mattia. L'azienda produce Lambrusco a partire dalle uve grasparossa dei suoi 21 ettari di proprietà.

Il Lambrusco di Modena Opera 02, da uve grasparossa con un 15% di lambrusco salamino, è un vino molto nitido e preciso, fruttato al naso, piccante e fresco nei profumi. In bocca è molto dinamico e agile, vibrante sull'acidità, ancora fruttato sul finale dove a chiudere è una ciliegia fragrante. Opera 02 Malbo Gentile '09 è un vino fermo ottenuto dalle omonime uve raccolte tardivamente con una rigorosa selezione dei grappoli e vinificate in purezza. Il Malbo tende in generale a essere caldo e monocorde, questo invece è un vino pepato e leggero, dinamico e scorrevole. Non è stato presentato in degustazione Opera Pura '10, il Grasparossa in purezza che è il vino più ambizioso dell'azienda.

- Cadisopra '08 — 4
- Remel '09 — 5
- Crepe '09 — 4
- Crepe '08 — 4*
- Remel '07 — 5*

- Lambrusco di Modena Opera 02 '10 — 4
- Malbo Gentile Opera 02 '09 — 6
- Lambrusco di Modena Opera 02 '09 — 4
- Lambrusco di Modena Opera 02 '08 — 4*
- Lambrusco Grasparossa di Castelvetro Opera Pura '09 — 4
- Lambrusco di Modena Opera Pura '08 — 4*

EMILIA ROMAGNA

Calonga
loc. Castiglione
via Castel Leone, 8
47100 Forlì
Tel. 0543753044
www.calonga.it

VENDITA DIRETTA
VISITA SU PRENOTAZIONE

PRODUZIONE ANNUA 30.000 bottiglie
ETTARI VITATI 12.00

Maurizio Baravelli è un vignaiolo autentico che gestisce insieme ai suoi tre figli maschi - Lorenzo, Matteo e Francesco - tutti i 12 ettari di proprietà e la piccola cantina. L'azienda è diventata nota in Romagna per il suo vino simbolo, il Michelangiolo, l'etichetta più importante della produzione, un vino dallo stile possente dove la suadenza di una quota di merlot contrasta le durezze del sangiovese. È l'interpretazione di Maurizio dei suoli originali dell'azienda, le sabbie che affiorano nei campi fino a diventare le protagoniste di questo terroir raro.

Michelangiolo '08 paga un'annata difficile per il Sangiovese e apre al naso nel contrasto tra un timbro appena dolce e un'ingombrante nota verde che racconta di tannini non perfettamente maturi e sposta il vino su un'espressione poco territoriale. Al palato trova profondità e anche eleganza, nonostante un certo volume di bocca. Il finale ha sapore, ma ripropone la nota vegetale in chiusura. Castellione '08, Cabernet Sauvignon in purezza, è un vino che ci ha abituato a una bella gestione del volume di bocca. È infatti fresco e asciutto, austero e saporito. Il Bruno '09 è interessante come espressione più territoriale di Sangiovese, un vino equilibrato, teso e sapido sul finale.

Cantina della Volta
via per Modena 82
41030 Bomporto [MO]
Tel. 0597473312
www.cantinadellavolta.com

VENDITA DIRETTA
VISITA SU PRENOTAZIONE

PRODUZIONE ANNUA 80.000 bottiglie
ETTARI VITATI 10.00

Christian Bellei, forte di una tradizione familiare che parte nel 1920, ha coinvolto nel 2010 alcuni amici di famiglia per partire con un progetto nuovo che potesse far esprimere con libertà la sua esperienza e le sue idee. In quella che fu la vecchia sede dell'azienda Bellei, ora completamente rinnovata, c'è oggi questa nuova realtà che per ora è uscita con i Sorbara, ma che sta lavorando sui metodo classico prodotti a partire dalle uve di pinot noir, pinot meunier e chardonnay degli storici vigneti collinari di famiglia a Riccò di Serramazzoni in provincia di Modena.

Sono state presentate le primissime bottiglie prodotte da questa realtà che si fa fatica a definire nuova vista la grande esperienza di Christian Bellei (e della sua famiglia dato che il nonno mette ancora il naso in cantina per dire come la pensa!). Bene il Rimosso '09, un Lambrusco di Sorbara disteso e disinvolto, dalla bocca asciutta e profonda. Bene anche il vino più semplice, il Modena '09 da uve sorbara in purezza, un vino molto sobrio e classico nell'impostazione.

- Sangiovese di Romagna Sup. Michelangiolo Ris. '08 — 5
- Castellione '08 — 6
- Sangiovese di Romagna Sup. Il Bruno '09 — 3*
- Ordelaffo '09 — 4
- Sangiovese di Romagna Sup. Michelangiolo Ris. '07 — 5
- Sangiovese di Romagna Sup. Michelangiolo Ris. '06 — 5
- Sangiovese di Romagna Sup. Michelangiolo Ris. '05 — 5
- Sangiovese di Romagna Sup. Michelangiolo Ris. '04 — 5
- Sangiovese di Romagna Sup. Michelangiolo Ris. '03 — 5
- Castellione Cabernet Sauvignon '03 — 6
- Castellione Cabernet Sauvignon '01 — 6
- Sangiovese di Romagna Sup. Michelangiolo Ris. '01 — 6

- Lambrusco di Modena Spumante '09 — 3
- Lambrusco di Sorbara Rimosso '09 — 3

EMILIA ROMAGNA

Tenuta Carbognano
via Carbognano, 3
47855 Gemmano [RN]
Tel. 0541984507
www.tenutacarbognano.it

VENDITA DIRETTA
VISITA SU PRENOTAZIONE
OSPITALITÀ

PRODUZIONE ANNUA 8.000 bottiglie
ETTARI VITATI 3.00

La Tenuta Carbognano nasce nel 2005 quando Marco Grossi e la moglie Ornella decidono di comprare un piccolo podere nella Val Conca, alle spalle di Morciano di Romagna, nella parte di Romagna che si confonde con le Marche. Siamo su argille calcaree azzurre a circa 250 metri. I 3 ettari di vigna sono stati impiantati completamente dopo il 2005 e accanto al sangiovese sono stati messi a dimora anche alcuni vitigni internazionali. Un progetto giovane ma interessante, che coinvolge un territorio per adesso escluso dalla produzione di vini di qualità.

Interessante Carbognano '08, Sangiovese in purezza che convince per la bocca succosa e lo stile austero, saporito e fresco. È un timbro tradizionale, asciutto e giustamente tannico, da godere con semplicità, in attesa della Riserva. Ali '09 – 40% sangiovese, 40% syrah, 20% cabernet sauvignon – è un vino elegante e saporito, fruttato e asciutto, appena troppo dolce nel registro. Su questo improbabile taglio stanno puntando forte tutti i colli riminesi, impegnati a sfruttare in prospettiva la denominazione Colli di Rimini come un marchio territoriale che possa approfittare della notorietà della riviera riminese.

Casetto dei Mandorli
loc. Predappio Alta
via Umberto I, 21
47010 Predappio [FC]
Tel. 0543922361
www.vini-nicolucci.it

VENDITA DIRETTA
VISITA SU PRENOTAZIONE

PRODUZIONE ANNUA 80.000 bottiglie
ETTARI VITATI 12.00

Alessandro Nicolucci ha ereditato una tradizione di famiglia che parte con il nonno Giuseppe addirittura nel 1885 e ne ha conservato i tratti essenziali: le vigne con i vecchi cloni ad acino ellittico, l'affinamento in botte grande e lo stile autentico e asciutto. Casetto dei Mandorli è il grande classico del suo territorio, l'interprete di un gusto tradizionale oggi attualizzato dalla mano felice di Alessandro che resta l'unico interprete della grande fama di Predappio alta che già nell'800 aveva vigne ad alberello con 7000 piante ettaro, Gran Cru della Romagna.

Tre Bicchieri per un grande Vigna del Generale '08, un Sangiovese di Romagna Superiore Riserva classico ed emozionante, un riferimento stilistico per il territorio romagnolo. Il naso è delicatissimo e in evidenza c'è una nota minerale profonda e garbata, la grafite, un timbro floreale elegante e discreto. In bocca il vino è sottile e pieno di energia, equilibrato e maturo nella parte tannica, asciutto, lunghissimo e sempre austero. È un vino di territorio in senso stretto, tradizionale. Un grande vino che ha dimostrato negli anni di sapere invecchiare in modo straordinario. Ben fatto il Superiore Tre Rocche '10, che esce pian piano fino a esprimersi in modo convincente.

- Ali '09   🍷🍷
- Sangiovese di Romagna Sup. Carbognaro '08   🍷🍷

- Sangiovese di Romagna Sup.
  V. del Generale Ris. '08   🍷🍷🍷 6
- Sangiovese di Romagna Sup. Tre Rocche '10   🍷🍷 4
- Sangiovese di Romagna
  V. del Generale Ris. '05   🍷🍷🍷 5
- Nero di Predappio '07   🍷🍷 5
- Nero di Predappio '06   🍷🍷 5
- Sangiovese di Romagna
  V. del Generale Ris. '07   🍷🍷 5
- Sangiovese di Romagna
  V. del Generale Ris. '06   🍷🍷 5
- Sangiovese di Romagna
  V. del Generale Ris. '04   🍷🍷 5
- Sangiovese di Romagna
  V. del Generale Ris. '00   🍷🍷 5

EMILIA ROMAGNA

Castelluccio
loc. Poggiolo di Sotto
via Tramonto, 15
47015 Modigliana [FC]
Tel. 0546942486
www.ronchidicastelluccio.it

VENDITA DIRETTA

PRODUZIONE ANNUA 90.000 bottiglie
ETTARI VITATI 16.00

Castelluccio, fondata da Gian Vittorio e Gian Matteo Baldi, è la realtà che negli anni '80 ha cambiato la storia del vino romagnolo producendo i primi Sangiovese che hanno ottenuto attenzione al di fuori dei confini regionali. Un progetto puro e coraggioso, che implicava la vinificazione e l'imbottigliamento separato di ogni singola vigna. Nascevano così i mitici Ronchi, vini sottili e duri che hanno affrontato il tempo con disinvoltura. Dal '99 il controllo di Castelluccio è passato alla famiglia Fiore che ne ha reinterpretato lo stile impostandolo su vini di gusto internazionale, più ricchi ed espressivi.

Ci piace molto il vino più semplice dell'azienda, che in Romagna conta tanti affezionati estimatori. Le More '10 è un Sangiovese fragrante e nitido, complesso al naso e asciutto e agile in bocca, dove trova ritmo e sapore. Ronco delle Ginestre '07, che arriva in Guida dopo una lunga maturazione in legno, evidenzia qualche nota terziaria e soprattutto un legno ancora poco integrato, che asciuga e toglie spinta e agilità. La materia è buona, è lo stile a convincere meno. Ronco dei Ciliegi '07 al naso non riesce ad andare oltre un timbro di legno tostato e in bocca è troppo suadente per trovare profondità e lunghezza. È un vino ben fatto, ma troppo affidato alla conciatura del legno.

Cavicchioli U. & Figli
via Canaletto, 52
41030 San Prospero [MO]
Tel. 059812411
www.cavicchioli.it

VENDITA DIRETTA
VISITA SU PRENOTAZIONE

PRODUZIONE ANNUA 20.000.000 bottiglie
ETTARI VITATI 100.00

Nel 2010 questa storica azienda emiliana è stata acquisita dal Gruppo Italiano Vini che ha confermato Sandro Cavicchioli alla conduzione tecnica riconoscendogli esperienza, capacità e una mano eccezionale sul Lambrusco. Cavicchioli ha sede a Bomporto, nel cuore della zona classica del Sorbara, vino sul quale la cantina si è sempre espressa a livelli altissimi anticipando tutti i temi moderni: la vinificazione in purezza, l'idea di recuperare la classica rifermentazione in bottiglia e la produzione di spumanti metodo classico.

Affidabile in generale la produzione Cavicchioli e molto buona la qualità media dei vini della linea Tre Medaglie. Vigna del Cristo '10 apre su una nota fruttata molto espressiva mentre in bocca si stringe su un registro più fine, quasi affumicato su alcune note, serrato su una bella acidità. Il Sorbara Tre Medaglie '10 è molto classico nell'impostazione, più austero del fratello maggiore, teso e vibrante in bocca. Il Rosé del Cristo '07 è come al solito tagliente e raffinato, severo, con note salmastre e un bellissimo richiamo alla nocciola. Col Sassoso '10 è vinificato a partire da un'ottima materia prima ed è fruttato e asciutto.

● Ronco delle Ginestre '07	5
● Sangiovese di Romagna Le More '10	4*
● Ronco dei Ciliegi '07	5
● Massicone '01	6
● Ronco dei Ciliegi '02	6
● Ronco dei Ciliegi '00	6
● Ronco delle Ginestre '90	6
● Massicone '06	5
● Massicone '03	6
● Ronco dei Ciliegi '03	6
● Ronco delle Ginestre '06	6
● Ronco delle Ginestre '02	6

● Lambrusco di Sorbara V. del Cristo '10	4*
● Lambrusco di Sorbara Tre Medaglie '10	4*
● Lambrusco Grasparossa di Castelvetro Amabile Tre Medaglie '10	2*
● Lambrusco Grasparossa di Castelvetro Col Sassoso '10	4
● Lambrusco Salamino di Santa Croce Tre Medaglie '10	3*
⊙ Rosé del Cristo Spumante '07	6
● Lambrusco di Sorbara Rifermentazione Ancestrale Francesco Bellei '09	5
● Lambrusco di Sorbara Rifermentazione Ancestrale Francesco Bellei '08	5
● Lambrusco di Sorbara V. del Cristo '08	4*
● Lambrusco di Sorbara V. del Cristo '07	4*
⊙ Rosé del Cristo Spumante '05	6
⊙ Rosé del Cristo Spumante '04	6

EMILIA ROMAGNA

Cantine Ceci
VIA PROVINCIALE, 99
43030 TORRILE [PR]
TEL. 0521810252
www.lambrusco.it

VENDITA DIRETTA
VISITA SU PRENOTAZIONE

PRODUZIONE ANNUA 1.500.000 bottiglie
ETTARI VITATI 12.00

Questa azienda della bassa parmense nasce nel 1938 con l'attività di acquisto di vino che veniva servito nell'osteria di famiglia e questa esperienza di selezione e imbottigliamento dei vini tipici di quel territorio – Lambrusco, Malvasia e Fortana – è da allora l'elemento portante dell'attività. A questa storicità oggi la famiglia Ceci, giunta alla terza generazione, unisce una grande capacità di comunicare e un continuo impegno commerciale che ne fa un'azienda di successo.

Lo stile della cantina è fuori dalla tradizione più classica del Lambrusco ed è costruito su bocche suadenti e residui zuccherini importanti. Il successo di questi Lambrusco è innegabile ed è favorito anche da una predisposizione per il gusto dolce tipica di Parma. Terre Verdiane '10, da uve maestri e marani, ha un fruttato elegante e netto dove, a fare da protagonista, c'è una ciliegia fragrante e una bocca morbida e ricca. La Malvasia Otello '10 è molto garbata e leggera, floreale e piacevole, molto equilibrata. Otello Etichetta Nera '10, da uve marani e maestri, è molto ricco e dolce, voluminoso e largo. Otello Nero di Lambrusco '10, da maestri in purezza, è morbido e fruttato.

○ Colli di Parma Malvasia Frizzante Otello '10	4
● Lambrusco Terre Verdiane '10	3
● Otello Lambrusco Et. Nera '10	3
● Otello Nero di Lambrusco Et. Oro '10	4
⊙ Extra Dry Rosé Otello '08	4*
● Otello Lambrusco Et. Nera '09	3*
● Otello Lambrusco Et. Nera '08	3*
● Otello Nero di Lambrusco '09	4
● Otello Nero di Lambrusco '08	4
● Otello Nero di Lambrusco '06	4*

Umberto Cesari
VIA STANZANO, 1120
40024 CASTEL SAN PIETRO TERME [BO]
TEL. 051941896
www.umbertocesari.it

VENDITA DIRETTA
VISITA SU PRENOTAZIONE

PRODUZIONE ANNUA 2.000.000 bottiglie
ETTARI VITATI 230.00

Umberto Cesari è un grande personaggio, un'anima contadina e una mente da imprenditore, un uomo che ha avuto una visione quando ancora la Romagna non pensava di poter produrre ed esportare qualità. La sua è una bella storia, iniziata con le prime bottiglie nel '65, quando ancora in etichetta Sangiovese di Romagna era scritto più grande del nome dell'azienda. L'amore per la sua terra è stato il filo conduttore di una trama che lo ha portato in giro per il mondo a testimoniare la sua cultura e a parlare di una regione sconosciuta che il suo racconto rendeva straordinaria.

I vini di Umberto Cesari guardano al mercato internazionale e se da una parte rinunciano a una purezza di stile, dall'altra diventano buoni ambasciatori della Romagna grazie alla loro qualità e alla capacità di raccontare comunque il territorio. Bene la Riserva di Sangiovese più semplice, annata '08. È un vino affascinante nella sua eleganza e in un timbro tradizionale che viene da una lavorazione classica e dall'invecchiamento in botte grande. Tauleto '08, da uve sangiovese con un 10% di Longanesi, è un vino rappresentativo dello stile Umberto Cesari. È ricco e scuro, denso e fitto, serrato nella trama tannica. Esce dopo una lunga maturazione in legno piccolo.

● Liano '08	5
● Sangiovese di Romagna Sup. Laurento Ris. '08	4
● Sangiovese di Romagna Sup. Ris. '08	4
● Tauleto Sangiovese '05	7
● Liano '07	5
● Liano '05	5
● Moma Rosso '08	4
● Moma Rosso '07	4*
● Moma Rosso '04	4*
● Sangiovese di Romagna Ris. '06	4*
● Tauleto Sangiovese '04	6
● Tauleto Sangiovese '04	6
● Yemula '06	4

EMILIA ROMAGNA

Chiarli 1860
via Daniele Manin, 15
41100 Modena
Tel. 0593163311
www.chiarli.it

VENDITA DIRETTA

PRODUZIONE ANNUA 600.000 bottiglie
ETTARI VITATI 110.00

24 milioni di bottiglie sono un dato che impressiona, ma la storia di questa azienda non si può raccontare con i soli numeri. La grande capacità dei fratelli Anselmo e Mauro Chiarli è stata infatti messa a disposizione di un nuovo progetto, una cantina di vinificazione moderna a Castelvetro dove vengono vinificate le uve provenienti dai circa 120 ettari di proprietà. Questa esperienza è diventata una sorta di laboratorio che ha contribuito a cambiare complessivamente la mentalità del gruppo e portare più in alto la qualità complessiva della produzione.

Ancora Tre Bicchieri all'azienda Chiarli, ma soprattutto un'impressionante qualità generale nei vini di questa realtà che raccoglie i frutti di un lavoro serio e di investimenti importanti, in vigna e in cantina. Tre Bicchieri per il Vecchia Modena Premium '10, un vino vibrante e severo, freschissimo, che si trasforma in bocca passando da un registro agrumato a uno giocato sulla mineralità. Notevole anche il Fondatore '10, naso cangiante, profondo e disteso in bocca, freschezza da vendere e un finale pieno di sapore, lunghissimo. Il Vigneto Enrico Cialdini '10 è una delle edizioni più convincenti di sempre: asciutto, netto nel frutto, con tannini abbondanti e maturi.

La Collina
via Paglia, 19
48013 Brisighella [RA]
Tel. 054683110
www.lacollina-vinicola.com

VENDITA DIRETTA

PRODUZIONE ANNUA 16.000 bottiglie
ETTARI VITATI 4.00

André Eggli ha lasciato la Svizzera nel 2002 per produrre vino in Romagna. I 4 ettari di vigna si trovano nelle colline brisighellesi, in una situazione straordinariamente vocata dove le argille cominciano a lasciare il posto alle marne e alle arenarie. Le potenzialità del luogo non sono in discussione e la consulenza agronomica ed enologica di Francesco Bordini fanno di questa azienda una delle promesse della Romagna del vino. Oltre al vino La Collina produce anche un olio extravergine di Brisighella di grande qualità e carattere straordinario.

Dopo alcuni anni di esperienza e con le vigne più mature André Eggli si cimenta finalmente su un Sangiovese in purezza, Sangiovita '09, e il risultato è molto interessante. Il naso è netto nel varietale, molto preciso ed espressivo, e la bocca è vibrante e fresca, con tannini serrati e maturi, ritmo ed equilibrio. Quello de La Collina è un grande terroir per il sangiovese e questo bell'esordio ne è una conferma. Cupola '08 – per metà sangiovese e per il resto merlot e cabernet sauvignon – è un vino ben fatto, forse un po' banale nel linguaggio e internazionale nel gusto. La bocca evidenzia la qualità della materia e un sapore netto e abbondante. È suadente e fruttato, nitidissimo.

● Lambrusco di Sorbara Vecchia Modena Premium '10	🍷🍷🍷 3*
● Lambrusco di Sorbara del Fondatore '10	🍷🍷 4*
● Lambrusco Grasparossa di Castelvetro Vign. Enrico Cialdini '10	🍷🍷 4*
● Lambrusco Grasparossa di Castelvetro Pruno Nero '10	🍷🍷 4*
● Lambrusco Grasparossa di Castelvetro Villa Cialdini '10	🍷🍷 4*
● Modena di Lambrusco Nivola '10	🍷🍷 4
○ Moden Brut '10	🍷 4
⊙ Rosé Brut '10	🍷 4
● Lambrusco di Sorbara del Fondatore '09	🍷🍷🍷 4*
● Lambrusco di Sorbara Vecchia Modena Premium '08	🍷🍷🍷 3*
● Lambrusco di Sorbara del Fondatore '08	🍷🍷 4*
● Lambrusco di Sorbara Vecchia Modena Premium MH '09	🍷🍷 4*

● Sangiovita '09	🍷🍷 5
● Cupola '08	🍷🍷 5
● Colli di Faenza Sangiovese Cupola '06	🍷🍷 5
● Colli di Faenza Sangiovese Cupola '05	🍷🍷 5
● Colli di Faenza Sangiovese Cupola '04	🍷🍷 5
● Cupola '07	🍷🍷 6
● Sangiovese di Romagna Sup. Cupola '03	🍷🍷 5

EMILIA ROMAGNA

Condè Vitivinicola
VIA LUCCHINA, 27
47016 PREDAPPIO [FC]
TEL. 0543940860
www.conde.it

VENDITA DIRETTA
RISTORAZIONE

PRODUZIONE ANNUA 130.000 bottiglie
ETTARI VITATI 75.00

Francesco Condello ha sognato di costruire in Romagna un vero e proprio château e ha comprato terreni da più di 20 proprietari diversi costituendo un unico corpo di 92 ettari compresi tra i 150 e i 300 metri, esposti per lo più a nord est. Con la consulenza agronomica di Federico Curtaz ha impiantato 75 ettari a prevalenza sangiovese e assunto una squadra di lavoratori fissi che si occupa tutto l'anno delle vigne, che sono gestite con precisione e rigore. Nella proprietà, che ospiterà in futuro un centro congressi, c'è già un frequentatissimo ristorante romagnolo e uno spaccio aziendale.

Francesco Condello comincia a raccogliere i frutti di un lavoro appassionato e serio e presenta una batteria di Sangiovese convincenti. La Riserva '08 è molto tipica nell'espressione, composta e austera. Interessante anche il Sangiovese di Romagna '09, un vino appena liso e maturo al naso, che trova però in bocca un bel ritmo, sapore e una straordinaria bevibilità. Il Superiore '09 mostra al naso un frutto più stanco, ma in bocca è disteso e sobrio. Comunque bei vini, forse frenati da vendemmie un po' tardive, che regalano tannini maturi a scapito di un po' di spinta.

● Sangiovese di Romagna '09	4
● Sangiovese di Romagna Sup. '09	4
● Sangiovese di Romagna Sup. Ris. '08	4*

Leone Conti
LOC. SANTA LUCIA
VIA POZZO, 1
48018 FAENZA [RA]
TEL. 0546642149
www.leoneconti.it

VENDITA DIRETTA
VISITA SU PRENOTAZIONE

PRODUZIONE ANNUA 70.000 bottiglie
ETTARI VITATI 17.00

L'esperienza di questa piccola azienda comincia negli anni '70 quando la famiglia Conti imbottiglia i propri vini, caso rarissimo nella Romagna di quegli anni. Quando negli anni '90 Leone Conti prende in mano la produzione il ruolo di questa realtà diventa ancora più importante perché a un legame forte con il territorio si aggiunge la capacità di lavorare sugli autoctoni considerati meno importanti. È il caso dell'Albana. E se oggi sull'Albana si torna a investire gran parte del merito è di questa azienda che ne ha dato una lettura inedita e sempre interessante, sia nelle versioni secche che in quelle dolci.

Tre Bicchieri per Nontiscordardime '07, un riconoscimento che va al vino, ma anche al grande lavoro che Leone Conti ha fatto sull'Albana. Un lavoro che affonda le radici in anni lontani quando a questo vitigno credevano veramente in pochi. Il naso è sfaccettato e complesso – l'albicocca, le erbe, una menta delicatissima, il miele – e la bocca freschissima, leggera, con gli zuccheri calibrati e un allungo sul finale che vira sull'asciutto. Finale anche per l'Albana di Romagna Secco Progetto 1 '10, la trasposizione su un tema elegante della classica rusticità del vitigno con i suoi tannini, la sua fragilità e la sua bella acidità. Il Sangiovese '10 è fresco, fruttato, piccante, scorrevole.

○ Albana di Romagna Passito Nontiscordardime '07	7
○ Albana di Romagna Secco Progetto 1 '10	4
○ Anghingò '10	5
● Arcolaio '08	5
○ Earth Heart '10	5
○ LeOne '10	5
● Sangiovese di Romagna '10	4*
○ Albana di Romagna Progetto 1 '08	4*
○ Albana di Romagna Secco Progetto 1 '09	4
● Sangiovese di Romagna '09	4*
● Sangiovese di Romagna Sup. Contiriserva Ris. '06	5
○ Tu Chiamale se Vuoi Emozioni Lato B '06	7

EMILIA ROMAGNA

Cantine Cooperative Riunite

VIA G. BRODOLINI, 24
42040 CAMPEGINE [RE]
TEL. 0522905711
www.riunite.it

PRODUZIONE ANNUA 65.000.000 bottiglie
ETTARI VITATI 3700.00

Nel 1950 a Reggio Emilia nove cantine sociali si unirono per dare vita a Cantine Riunite, una realtà cooperativa che ha oggi 2600 viticoltori associati e vinifica, nelle sue nove cantine sparse tra Reggio Emilia e Modena, le uve provenienti da 3700 ettari di vigne. L'impegno produttivo orientato alla qualità, sempre più forte, ha portato alcuni anni addietro all'acquisizione della Cantina Cooperativa di Albinea Canali per farne, con un investimento importante che ha restaurato e valorizzato lo storico edificio e le straordinarie vasche in cemento, occasione di sperimentazione e confronto.

L'Olma '10 è un Reggiano che ha frutto – una ciliegia nitida e integra – e una bocca elegante, equilibrata, asciutta sul finale. Ottocento Nero '10 – da uve salamino, grasparossa e ancellotta per una minima parte – coniuga il fruttato del salamino e i tannini del grasparossa trovando carattere e una bella beva. Peccato quel residuo a fiaccare il finale. Foglie Rosse '10 è espressivo e suadente, netto nel frutto e delicato in bocca. Terre della Fiumana '10 è un vino aperto e solare, preciso e saporito. Chiaro della Falconaia '10 ha un frutto un po' dolce, poi trova in bocca una bella acidità e una certa grinta.

Corte Manzini

LOC. CÀ DI SOLA DI CASTELVETRO
VIA PER MODENA, 131/3
41014 CASTELVETRO DI MODENA [MO]
TEL. 059702658
www.cortemanzini.it

VENDITA DIRETTA
VISITA SU PRENOTAZIONE
OSPITALITÀ
RISTORAZIONE

PRODUZIONE ANNUA 85.000 bottiglie
ETTARI VITATI 15.00
VITICOLTURA Naturale

I Manzini sono una famiglia unita, da sempre impegnata nella produzione delle uve grasparossa dai 15 ettari di proprietà tutti siti nelle colline attorno a Castelvetro, nel cuore del territorio di elezione di questo vitigno. Sono stati tra i primi vignaioli di questa zona a produrre e vendere direttamente i vini e si può dire che questa è stata una realtà pioniera in questo senso. Negli ultimi anni i vini hanno trovato uno stile convincente e le espressioni fruttate e morbide di qualche anno addietro hanno lasciato il posto a nasi più austeri e a bocche più coraggiose.

L'anima del Grasparossa, rustica e con i tannini così difficili da mettere in equilibrio, sta trovando in questa azienda un'interprete affidabile e interessante e un'identità finalmente moderna. L'Acino '10 conquista la finale grazie a uno stile classico e tradizionale, che ne fa un riferimento per tutto il suo territorio. Al naso è austero e il frutto è nitido ma composto. In bocca è asciutto, disteso, sempre sobrio nell'espressione, complessivamente molto equilibrato. Il Grasparossa '10 è un vino di grande energia, con una bocca divertente e sciolta, aperto e autentico, semplice come solo le cose riuscite sanno essere.

- Lambrusco di Sorbara Chiaro della Falconaia '10 — 3*
- Lambrusco di Sorbara Terre della Fiumana '10 — 3*
- Ottocento Nero Lambrusco Albinea Canali '10 — 3
- Reggiano Foglie Rosse Albinea Canali '10 — 3
- Reggiano L'Olma '10 — 3
- Lambrusco Emilia Vivante '10 — 2
- Lambrusco Chiaro della Falconaia Albinea Canali '08 — 3*
- Ottocento Nero Lambrusco Albinea Canali '08 — 3*
- Reggiano Lambrusco Ronchi dell'Olma '08 — 3*

- Lambrusco Grasparossa di Castelvetro L'Acino '10 — 4
- Lambrusco Grasparossa di Castelvetro '10 — 3*
- Lambrusco Grasparossa di Castelvetro Bolla Rossa '10 — 3
- Lambrusco Grasparossa di Castelvetro '09 — 3
- Lambrusco Grasparossa di Castelvetro Amabile '05 — 3*
- Lambrusco Grasparossa di Castelvetro L'Acino '09 — 4
- Lambrusco Grasparossa di Castelvetro L'Acino '05 — 4
- Lambrusco Grasparossa di Castelvetro Secco '06 — 4*
- Lambrusco Grasparossa di Castelvetro Secco L'Acino '06 — 4*

EMILIA ROMAGNA

Denavolo
LOC. GATTAVERA
FRAZ. DENAVOLO
29020 TRAVO [PC]
TEL. 3356480766
giulio.armani@gmail.it

VENDITA DIRETTA

PRODUZIONE ANNUA 15.000 bottiglie
ETTARI VITATI 3.00
VITICOLTURA Naturale

Travo è una piccola località nell'alta Val Trebbia, dove storicamente si producono ottime uve bianche. Qui Giulio Armani ha acquistato alcuni ettari di vigna per provare a confrontarsi con i terreni poveri e sassosi del Monte Denavolo, così diversi dalle argille rosse che è abituato a gestire a La Stoppa dove lavora da trent'anni. Il progetto è produrre vini bianchi a partire dai vitigni tipici di questo territorio: ortrugo, malvasia di Candia aromatica, trebbiano romagnolo, marsanne. La filosofia è quella delle lunghe macerazioni che trovano con la grande acidità delle uve dovuta all'altitudine un equilibrio originale, mai estremo.

Il lavoro di Giulio Armani è sempre più a fuoco, senza rinunciare al carattere estremo di vini bianchi figli di lunghissime macerazioni sulle bucce. Dinavolo '08 è un vino che chiede tempo per esprimersi e nel bicchiere non smette mai di cambiare e stupire. La sua architettura si costruisce su un'acidità tagliente e su tannini che la lunga macerazione sulle bucce consente di estrarre. È un vino asciutto, freschissimo, salmastro, fragrante in alcuni passaggi che richiamano i frutti bianchi, saporito e netto sul finale. Dinavolino '10 è più semplice, meno estremo del fratello maggiore, più leggibile nell'immediato. È asciutto e disteso, molto minerale e sapido, agile e lungo.

O Dinavolo '08		6
O Dinavolino '10		4
O Dinavolino '09		4
O Dinavolo '07		6
O Dinavolo '06		6
O Dinavolo '05		6

Camillo Donati
LOC. AROLA, 32
43013 LANGHIRANO [PR]
TEL. 0521637204
camdona@tin.it

VENDITA DIRETTA
VISITA SU PRENOTAZIONE

PRODUZIONE ANNUA 70.000 bottiglie
ETTARI VITATI 11.00
VITICOLTURA Biologico Certificato

L'esperienza di Camillo Donati è sempre più preziosa per il suo territorio ed è diventata il simbolo dei vignaioli del Lambrusco, la bella novità di questo mondo abituato perlopiù alle grandi produzioni che scopre oggi una nuova dimensione produttiva. La filosofia di Camillo, aiutato nella gestione aziendale dalla nipote Monia, è tutta orientata al naturale e non prevede compromessi. L'azienda produce solo vini rifermentati in bottiglia ottenuti dalle uve degli 11 ettari aziendali condotti personalmente e dimostra ogni anno come alla vocazione territoriale qui si sommi una sensibilità fuori dal comune.

Interessanti, mai banali, sempre sfaccettati, buonissimi. È un ritratto della produzione di Camillo Donati che presenta senza dubbio i vini più interessanti del suo territorio. Il Lambrusco '10 coniuga un frutto nitido e austero con note terrose e minerali di grandissima profondità. La bocca ha un mare di sapore ed è asciutta, classica e freschissima. Il Mio Malvasia '09 è un vino elegantissimo che esprime il varietale senza mai concedere nulla alla dolcezza. In bocca è sfaccettato, ha sapore e chiude composto e saporito. Il Mio Malvasia Dolce '10 è un vino di grande energia con un varietale "furioso": disteso in bocca, aperto sul finale che impedisce alla dolcezza di chiudere per ultima.

● Il Mio Lambrusco '10		4*
O Il Mio Malvasia '09		4*
O Il Mio Malvasia Dolce '10		4*
⊙ Il Mio Malvasia Rosa '10		4
O Il Mio Sauvignon '08		4*
O Il Mio Trebbiano '09		4*
● La Mia Barbera '09		3
O Il Mio Lambrusco '08		4
O Il Mio Sauvignon '07		4*
● La Mia Barbera '08		3
● Ovidio '08		4

539 EMILIA ROMAGNA

Drei Donà Tenuta La Palazza
LOC. MASSA DI VECCHIAZZANO
VIA DEL TESORO, 23
47100 FORLÌ
TEL. 0543769371
www.dreidona.it

VENDITA DIRETTA
VISITA SU PRENOTAZIONE

PRODUZIONE ANNUA 130.000 bottiglie
ETTARI VITATI 30.00

Nel 1981 Claudio Drei Donà lascia la professione di avvocato per dedicarsi alla produzione di vino nei terreni che la famiglia possedeva a Forlì. A Claudio negli anni si è affiancato il figlio Enrico che segue principalmente la parte commerciale dell'azienda. I vini di Drei Donà hanno attraversato gli anni '90 con grande coerenza, senza mai rinunciare al tratto austero e vibrante che li ha sempre caratterizzati. Questa coerenza, espressa quando forse non era facile esprimerla, è oggi il valore dell'esperienza Drei Donà, la cifra stilistica di un modo di concepire il vino rigoroso e rispettoso del terroir.

Tre Bicchieri al Pruno '08, un grande classico di Romagna, un vino dalla grande identità espressa con coerenza negli anni. Il naso è terroso e profondo, austero e cupo – bosco, grafite, erbe –, che nasconde un frutto fragrante e delicato, quasi floreale. In bocca ha carattere da vendere, affilato e asciutto, con una trama tannica fitta e matura, lunghissimo e dritto. Ha volume ma trova ritmo nell'acidità, sapore e grinta. Notturno '09, da uve sangiovese in purezza, è un vino classico in cui il vitigno si esprime in modo territoriale, un compagno ideale per il cibo, la tradizione nobilitata. Le Vigne Nuove '10, da sangiovese con un 10% di merlot, è la novità in casa Drei Donà.

● Sangiovese di Romagna Sup. Pruno Ris. '08	🍷🍷🍷 6
● Le Vigne Nuove '10	🍷🍷 4
● Notturno '09	🍷🍷 4*
○ Il Tornese '09	🍷 4
● Magnificat '08	🍷 6
○ Il Tornese Chardonnay '95	🍷🍷🍷 6
● Magnificat Cabernet Sauvignon '94	🍷🍷🍷 6
● Sangiovese di Romagna Sup. Pruno Ris. '07	🍷🍷🍷 6
● Sangiovese di Romagna Sup. Pruno Ris. '06	🍷🍷🍷 6
● Sangiovese di Romagna Sup. Pruno Ris. '01	🍷🍷🍷 5
● Sangiovese di Romagna Sup. Pruno Ris. '00	🍷🍷🍷 5
○ Il Tornese Chardonnay '06	🍷🍷 5
● Sangiovese di Romagna Sup. Pruno Ris. '05	🍷🍷 6

Stefano Ferrucci
VIA CASOLANA, 3045/2
48014 CASTEL BOLOGNESE [RA]
TEL. 0546651068
www.stefanoferrucci.it

VENDITA DIRETTA
VISITA SU PRENOTAZIONE

PRODUZIONE ANNUA 95.000 bottiglie
ETTARI VITATI 15.00

Stefano Ferrucci ha convertito nei primi anni '80 l'azienda di famiglia alla produzione di vino e la sua esperienza è stata per molti versi pionieristica, sempre aperta e sempre disponibile alle sperimentazioni. Dal 2007 la conduzione di questa realtà è in mano alla figlia Ilaria che ne ha reimpostato la gestione cercando qualità soprattutto in vigna e gestendo la cantina con un processo lineare e molto essenziale. I vigneti, tutti su suoli argillosi, si estendono su 15 ettari alla Serra di Castel Bolognese in una zona di media collina a un'altitudine che varia tra i 200 e i 250 metri.

Ilaria Ferrucci ha il merito di avere trovato un equilibrio nuovo per il Domus Caia, il vino che il padre cominciò a produrre con uve di sangiovese appena appassite e che è da sempre la bandiera dell'azienda. Oggi è più elegante di quanto lo sia mai stato senza che sia stato tradito lo spirito originale del progetto. Il naso è intrigante, reggendo un gioco alla pari tra freschezza e la nota appassita delle uve. Al palato è elegante, sottile, con una sapidità che comincia a farsi largo a metà bocca e caratterizza il finale. L'Albana di Romagna Domus Aurea '09 è convincente per la bella complessità e per la bocca agile, che si smarca da subito da inutili dolcezze.

○ Albana di Romagna Passito Domus Aurea '09	🍷🍷 6
● Sangiovese di Romagna Sup. Domus Caia Ris. '08	🍷🍷 6
● Sangiovese di Romagna Auriga '10	🍷 3
● Sangiovese di Romagna Sup. Centurione '10	🍷 4
○ Albana di Romagna Passito Domus Aurea '08	🍷🍷 6
○ Albana di Romagna Passito Domus Aurea '07	🍷🍷 6
● Sangiovese di Romagna Domus Caia Ris. '01	🍷🍷 6
● Sangiovese di Romagna Domus Caia Ris. '00	🍷🍷 6
● Sangiovese di Romagna Sup. Centurione '09	🍷🍷 4
● Sangiovese di Romagna Sup. Domus Caia Ris. '03	🍷🍷 6
● Sangiovese di Romagna Sup. Domus Caia Ris. '06	🍷🍷 6
● Sangiovese di Romagna Sup. Domus Caia Ris. '05	🍷🍷 6

EMILIA ROMAGNA 540

Paolo Francesconi
LOC. SARNA
VIA TULIERO, 154
48018 FAENZA [RA]
TEL. 054643213
www.francesconipaolo.it

VENDITA DIRETTA
VISITA SU PRENOTAZIONE

PRODUZIONE ANNUA 20.000 bottiglie
ETTARI VITATI 14.00
VITICOLTURA Naturale

L'esperienza di Paolo Francesconi comincia a essere matura e lo stile aziendale è ormai precisato. I suoli di argille rosse evolute di questa piccola azienda indirizzano l'espressione dei vini su un registro potente ed è stato bravo Paolo a trovare un equilibrio che esprima freschezza e nasi austeri e sobri nel fruttato. Le vigne, 14 ettari in totale, sono tutte condotte seguendo i dettami della biodinamica e anche in cantina la scelta è quella di non usare prodotti enologici e lavorare in modo più naturale possibile. L'azienda produce anche un ottimo extravergine da nostrana di Brisighella.

Finale per quello che negli anni si è rivelato il vino più interessante di Paolo Francesconi, il Sangiovese più semplice dell'azienda. Limbecca '09 mescola un carattere animale e un frutto fresco che in alcuni passaggi recupera la fragola di bosco. La bocca è decisa, subito severa, selvatica, quasi affumicata in chiusura. D'Incanto '09, passito rosso da uve centesimino in purezza, ha girato sulla freschezza tutto il corredo aromatico del vitigno – rosa, geranio, pepe bianco – e in bocca è denso e profondo. Impavido '08, da uve merlot in purezza, ha il suo classico stile molto ricco e alcolico, maturo nel frutto, asciutto e potente in bocca.

Maria Galassi
LOC. PADERNO DI CESENA
VIA CASETTE, 688
47023 CESENA [FC]
TEL. 054721177
www.galassimaria.it

VENDITA DIRETTA
VISITA SU PRENOTAZIONE

PRODUZIONE ANNUA 12.000 bottiglie
ETTARI VITATI 18.00
VITICOLTURA Biologico Certificato

Questa azienda è tra San Vittore di Cesena e Bertinoro, su un terroir che si può definire a pieno titolo bertinorese, ricco di calcare attivo e con una presenza di spungone, il tufo marino tipico di questa parte di Romagna. Le vigne dell'azienda, 18 ettari in totale, sono coltivate in regime di agricoltura biologica da circa 20 anni e hanno da sempre prodotto uve che sono state conferite a una cantina coopertaiva. Solo da qualche anno Maria Galassi ha cominciato a vinificare una selezione di uve raccolte nelle posizioni più vocate. A vinificare le uve un giovane enologo romagnolo, Francesco Bordini, che qui sta sperimentando anche degli affinamenti in botte grande.

Interessante Paternus '09, naso aperto e fruttato – timidamente ribes – e una bocca saporita e fresca, nitida sul finale. È un Sangiovese di Romagna Superiore ben fatto, scattante e fresco, forse poco romagnolo nell'espressione, troppo aperto e fruttato. La Riserva NatoRe '08 paga la difficile annata per l'uva sangiovese e offre una bocca troppo addomesticata per dare profondità al vino. Peccato perché lo stile non è male e il vino asciutto e di bella materia, dal finale sapido.

- Sangiovese di Romagna Sup. Limbecca '09　4*
- D'Incanto '09　5
- Impavido '08　6
- Symposium '09　4
- O Albana di Romagna Passito Idillio '08　5
- Colli di Faenza Rosso Miniato '07　4
- D'Incanto '03　5
- Impavido Merlot '03　5
- Sangiovese di Romagna Sup. Le Iadi Ris. '07　5
- Sangiovese di Romagna Sup. Le Iadi Ris. '03　4*
- Sangiovese di Romagna Sup. Limbecca '08　4*

- Sangiovese di Romagna Sup. NatoRe Ris. '08　4*
- Sangiovese di Romagna Sup. Paternus '09　4*
- Sangiovese di Romagna NatoRe Ris. '07　6
- Sangiovese di Romagna Paternus '07　4*
- Sangiovese di Romagna Sup. NatoRe '07　4

EMILIA ROMAGNA

Gallegati
via Isonzo, 4
48018 Faenza [RA]
Tel. 0546621149
www.aziendaagricolagallegati.it

VENDITA DIRETTA
VISITA SU PRENOTAZIONE
OSPITALITÀ

PRODUZIONE ANNUA 15.000 bottiglie
ETTARI VITATI 6.00

Le argille purissime dei primi colli faentini, a metà tra la valle del Senio e quella del Lamone, hanno trovato nei fratelli Cesare e Antonio Gallegati, vignaioli in senso stretto, degli interpreti d'eccezione. La mano è esatta e raffinata e il loro Sangiovese esprime un carattere purissimo, esatto nell'austerità del varietale e molto equilibrato nella bocca elegante e fresca, un archetipo per i vini di questo terroir. È Cesare la mano enologica della famiglia e la vinificazione avviene nella vicinissima cantina di Tebano dove c'è una struttura interessante che mette a disposizione spazi ed attrezzature.

Il progetto dei fratelli Gallegati non prevede secondi vini e infatti la qualità del loro lavoro in vigna, preciso e continuamente adattato all'andamento stagionale, consegna uve sempre perfette su tutte le parcelle. L'unica variabile che non controllano è dunque l'annata che è l'imprevedibile compagna del loro lavoro. Quando è un'alleata il risultato è eccezionale, quando è difficile i vini ne riportano una lettura. Corallo Nero '08 racconta di un'annata problematica e nonostante abbia molte qualità – tannini fitti, un varietale sempre ben espresso, il timbro aziendale di vino territoriale, il tratto asciutto ed essenziale – non arriva a esprimersi su livelli di eccellenza assoluta.

- Sangiovese di Romagna Sup. Corallo Nero Ris. '08 — 5
- Albana di Romagna Passito Regina di Cuori '08 — 5
- Colli di Faenza Rosso Corallo Blu Ris. '08 — 5
- Sangiovese di Romagna Sup. Corallo Nero Ris. '06 — 5
- Albana di Romagna Passito Regina di Cuori '04 — 5
- Albana di Romagna Passito Regina di Cuori '03 — 5
- Albana di Romagna Passito Regina di Cuori Ris. '07 — 6
- Albana di Romagna Passito Regina di Cuori Ris. '06 — 6
- Colli di Faenza Rosso Corallo Blu Ris. '06 — 5
- Sangiovese di Romagna Sup. Corallo Nero Ris. '07 — 5

Vittorio Graziano
via Ossi, 30
41014 Castelvetro di Modena [MO]
Tel. 059799162

VISITA SU PRENOTAZIONE

PRODUZIONE ANNUA 30.000 bottiglie
ETTARI VITATI 5.00

Vittorio Graziano ha il merito storico, grandissimo, di avere mantenuto in vita l'anima contadina del Lambrusco di Castelvetro e di avere sempre testimoniato un'idea di vino molto vicina al territorio e alla sua cucina. Da sempre infatti produce Lambrusco rifermentati in bottiglia senza sfecciatura e i suoi vini torbidi e affascinanti sono stati per anni l'unica alternativa. Oggi il suo ruolo è finalmente riconosciuto da tutti e le bocche difficili e interessanti dei suoi vini sono un modello per chi si avvicina a questo antico metodo di produzione. Grande impegno in vigna e una sensibilità in cantina che gli permette di lavorare senza chimica e senza lieviti selezionati.

Fontana dei Boschi '10 è un Grasparossa affascinante che scoraggia immediatamente i semplici curiosi. e parte per un viaggio pieno di incontri e sorprese. Non è un vino preciso, diciamolo subito, a cominciare dalla scelta dei vitigni. Da grasparossa in gran parte ma con anche qualcos'altro, nella tradizionalissima idea che la purezza non sia un valore di per sé. Il naso è un mondo, scorza di agrumi, una nota animale, la ciliegia, la terra. La bocca è asciutta, tannica e saporita, contadina, ancora giovanissima. Interessante anche Ripa di Sopravento '10, da uve bianche miste e perlopiù sconosciute, un vino che costruisce sull'acidità una personalità sfaccettata.

- Lambrusco Grasparossa di Castelvetro Fontana dei Boschi '10 — 3
- Ripa di Sopravento Frizzante '10 — 4*

EMILIA ROMAGNA 542

Gruppo Cevico
via Fiumazzo, 72
48022 Lugo [RA]
Tel. 0545284711
www.gruppocevico.com

VENDITA DIRETTA
VISITA SU PRENOTAZIONE

PRODUZIONE ANNUA 20.000.000 bottiglie
ETTARI VITATI 6700.00

Il Guppo Cevico è da oltre 50 anni uno dei più importanti sistemi vitivinicoli in Italia, una grande realtà cooperativa della Romagna le cui cantine sociali ricevono le uve dai 4500 viticoltori associati, che coltivano 6700 ettari di vigneto. È il 30 per cento del vino prodotto in Romagna, il 17 dell'Emilia Romagna e il 2,5 dell'Italia. I marchi più importanti sono Terre Cevico, Vigneti Galassi, Tenuta Masselina, Sancrispino, Ronco, Romandiola, Bernardi, Rocche Malatestiane, Sprint Distillery. Questa realtà sta facendo con impegno e passione un lavoro prezioso per tutto il territorio romagnolo.

La Masselina è una piccola azienda di proprietà voluta dalla presidente Ruenza Santandrea come occasione di confronto ed esperienza. Il Tenuta Masselina '08 è un Sangiovese maturato in legno piccolo, ricco e saporito, di bella materia. 158 slm '10, da sangiovese in gran parte e cabernet, è elegante ed espressivo, fresco e scorrevole. Il Malatesta '10 è fruttato, asciutto e ben ritmato in bocca da una bella acidità. Pavone d'Oro '07 è molto tradizionale nello stile, sottile e austero in bocca. Il Vigneti Galassi Superiore '10 è molto classico nello stile, piccante e fresco nel frutto, agile in bocca.

Lini 910
loc. Canolo di Correggio
via Vecchia Canolo, 7
42015 Correggio [RE]
Tel. 0522690162
www.lini910.it

VENDITA DIRETTA
VISITA SU PRENOTAZIONE

PRODUZIONE ANNUA 350.000 bottiglie
ETTARI VITATI 25.00
VITICOLTURA Biologico Certificato

Alicia Lini e il cugino Alberto hanno scommesso su questo storico marchio di famiglia intuendone le potenzialità in un momento felice per il Lambrusco, che promette di aprire finalmente i mercati, anche esteri, a prodotti che niente hanno a che fare con le bottiglie di basso prezzo, di scarsa qualità. I Lini in effetti sono sempre stati diversi e già dagli anni '60 cominciano a lavorare su prodotti metodo classico. Questo patrimonio di esperienza è oggi finalmente valorizzato e i 100 anni dell'azienda diventano semplicemente la prima parte della storia.

La produzione Lini è complessivamente affidabile, ma manca uno scatto che possa portare questa azienda a lottare ad armi pari con i migliori Lambrusco e spumanti. È preziosa l'impostazione classica dei vini, ma una maggiore nitidezza e fragranza potrebbe dare quell'energia che fa inevitabilmente coppia con la freschezza. Il Metodo Classico Bianco '06, da uve pinot nero in purezza, è il vino più interessante tra quelli presentati. È austero e complesso e in bocca trova un bell'equilibrio. Forse un po' troppo dosato, ma comunque piacevolmente classico. Interessante anche il Lambrusco Scuro '10, rustico, ma fruttato e asciutto, fragrante sul finale. Buono anche il Rosé '10.

- 158 slm Tenuta Masselina '10 — 4
- Sangiovese di Romagna Il Malatesta Sup. Romandiola '10 — 3*
- Sangiovese di Romagna Pavone D'Oro Ris. Romandiola '07 — 3*
- Sangiovese di Romagna Ris. Tenuta Masselina '08 — 4*
- Sangiovese di Romagna Sup. Vigneti Galassi '10 — 3*
- ○ Albana di Romagna Secco Romandiola '10 — 4
- ○ Colli di Rimini Rebola Il Lupo di Rimini Romandiola '10 — 2
- Sangiovese di Romagna Vigneti Galassi '10 — 3

- ○ In Correggio Brut M. Cl. '06 — 5
- ⊙ In Correggio Lambrusco Rosato '10 — 4*
- In Correggio Lambrusco Scuro '10 — 4*
- ○ In Correggio Brut Rosso M. Cl. '07 — 5
- ○ In Correggio Moscato Spumante '10 — 4
- ○ In Correggio Pinot Spumante '10 — 4
- ○ In Correggio Brut M. Cl. '04 — 4
- ○ In Correggio Brut Pinot '09 — 4
- ⊙ In Correggio Brut Rosé M. Cl. '03 — 5
- In Correggio Brut Rosso M. Cl. '05 — 5
- In Correggio Brut Rosso M. Cl. '03 — 5
- ○ In Correggio Moscato Spumante '09 — 4

EMILIA ROMAGNA

Luretta
LOC. CASTELLO DI MOMELIANO
29010 GAZZOLA [PC]
TEL. 0523971070
www.luretta.com

VENDITA DIRETTA
VISITA SU PRENOTAZIONE

PRODUZIONE ANNUA 250.000 bottiglie
ETTARI VITATI 43.00
VITICOLTURA Biologico Certificato

La visione di Felice Salamini, che ha fondato l'azienda nel 1992 e che la conduce oggi insieme al figlio Lucio, è sempre aperta e prospettica. Per questo Luretta è un'azienda diversa dalle altre, sempre in tensione verso l'innovazione, sia nella produzione che nella commercializzazione. Il risultato è una gamma produttiva che ha stravolto alcuni dei canoni più radicati del territorio e che rivendica una sua originalità e una sua unicità. A dimostrazione di tutto questo i cavalli di battaglia dell'azienda sono due metodo classico seguiti da una serie di bianchi sempre interessanti.

Le Rane '08 è una Malvasia Dolce di rara eleganza, disteso e lunghissimo che apre il naso su un varietale fresco che sconfina su un tema floreale e cambia registro in bocca trovando la frutta – albicocca, frutta gialla e un accenno tropicale – e un equilibrio straordinario. La Malvasia Secca Boccadirosa '10 è garbatissima e cangiante, con un varietale che non sbanda mai sul dolce, una bocca asciutta che ha ritmo ed energia, e un finale sapido. On Attend les Invités '08 è asciutto e profondo, duro e salmastro, ricco di riferimenti complessi e raffinati. I Nani e le Ballerine '10 ha naso di frutta matura, è disteso, fresco e trova gli agrumi sul finale. Selin '09 è uno Chardonnay elegante e sottile, con l'acidità che esce sul finale.

Lusenti
LOC. CASE PICCIONI, 57
29010 ZIANO PIACENTINO [PC]
TEL. 0523868479
www.lusentivini.it

VENDITA DIRETTA
VISITA SU PRENOTAZIONE

PRODUZIONE ANNUA 120.000 bottiglie
ETTARI VITATI 17.00
VITICOLTURA Naturale

I 17 ettari di vigne sono nella parte alta della val Tidone, a circa 300 metri di altezza, e sono gestiti interamente dalla famiglia che è una delle poche realtà contadine che imbottiglia vino nei colli piacentini. Ludovica Lusenti, che la conduce insieme al marito Giuseppe Ferri, sta convertendo tutte le vigne al biologico, nel pieno di una riflessione complessiva sulla filosofia produttiva. L'idea è di andare verso una maggiore naturalità di tutti i processi aziendali. I risultato di oggi è interessante, ma non ancora a fuoco. Manca ancora un passo, quello di una coerenza complessiva che non lasci spazio a scelte intermedie.

Mancano all'appello due vini importanti, la Malvasia Bianca Regina e il Gutturnio Cresta al Sole, ma in generale i vini che l'azienda Lusenti ha presentato in Guida non sono stati convincenti, sempre un po' stanchi e diluiti e in alcuni casi con legni ingenui e invadenti. Convince, come sempre, il Gutturnio Frizzante '10, un vino contadino e riuscito, netto, saporito e asciutto, dalla bocca energica, uno dei migliori interpreti della grande tradizione di vini rossi frizzanti di questo territorio, una tradizione troppo spesso sottovalutata dalle aziende piacentine.

○ C. P. Malvasia Boccadirosa '10	4
○ C. P. Malvasia Dolce Le Rane '08	6
⊙ C. P. Brut Rosé On Attend les Invités '08	5
○ C. P. Chardonnay Selin d'Armari '09	5
○ C. P. Pinot Nero M. Cl. Principessa '06	4
○ C. P. Sauvignon I Nani e Le Ballerine '10	4
● C. P. Bonarda Manvantara '07	5
● C. P. Cabernet Sauvignon Corbeau '08	7
● C. P. Pinot Nero Achab '08	6
● C. P. Cabernet Sauvignon Corbeau '00	6
● C. P. Cabernet Sauvignon Corbeau '03	6
○ C. P. Malvasia Boccadirosa '07	4*
○ C.P. Sauvignon Cardass '07	5

● C. P. Gutturnio Frizzante '10	3*
● C. P. Bonarda La Picciona '06	4
○ C. P. Ortrugo Frizzante Altrauva '10	3
● C. P. Bonarda La Picciona '02	4
● C. P. Cabernet Sauvignon Villante '00	5
○ C. P. Malvasia Bianca Regina '08	4
○ C. P. Malvasia Bianca Regina '07	4
○ C. P. Malvasia Passito Il Piriolo '08	6
● Vigna Martin IV '08	4

EMILIA ROMAGNA 544

Giovanna Madonia
loc. Villa Madonia
via de' Cappuccini, 130
47032 Bertinoro [FC]
Tel. 0543444361
www.giovannamadonia.it

VENDITA DIRETTA
VISITA SU PRENOTAZIONE
RISTORAZIONE

PRODUZIONE ANNUA 55.000 bottiglie
ETTARI VITATI 12.00

Pochi ettari a Monte Maggio - nel cuore del territorio di Bertinoro dove i suoli sono unici per via della presenza di una straordinaria percentuale di calcare attivo e di spungone, il tufo marino che affiora continuamente nei campi - e la personalità originale e piena di intelligenza di Giovanna Madonia sono i due cardini di questa bella realtà romagnola. I vini, sempre di grande carattere, hanno bisogno di tempo per esprimersi e trovano dopo qualche anno un assetto ideale, quasi replicassero le lunghe maturazioni che Monte Maggio impone all'uva, fino a 15 - 20 giorni più lunghe rispetto al versante che guarda il mare.

Non è stato presentato il vino più importante dell'azienda, la Riserva di Sangiovese Ombroso, perché Giovanna Madonia ha scelto di concedere un anno di affinamento in vetro all'edizione '08. È forse una scelta giusta dato che questo vino ha dimostrato negli anni di aumentare di qualità proprio con la permanenza in bottiglia. Fermavento '09 è un Sangiovese succoso e ricco, maturo nel tannino e pieno. Barlume '09, da uve merlot e cabernet sauvignon, è un progetto nuovo e viene presentato per la prima volta in Guida. Appena maturo al naso è scattante e grintoso in bocca.

Ermete Medici & Figli
loc. Gaida
via Newton, 13a
42040 Reggio Emilia
Tel. 0522942135
www.medici.it

VENDITA DIRETTA
VISITA SU PRENOTAZIONE

PRODUZIONE ANNUA 800.000 bottiglie
ETTARI VITATI 60.00

La famiglia Medici è quella che più di ogni altra azienda ha creduto che il Lambrusco potesse essere proposto in tutto il mondo con bottiglie di qualità che potessero sfidare il pesante stereotipo di vino dolce e semplice. E infatti i ristoranti di qualità di tutto il mondo se hanno un Lambrusco, e capita sempre più spesso, hanno un Lambrusco di Medici. Dietro a questo successo c'è il lavoro commerciale straordinario di Alberto Medici, ma soprattutto un progetto moderno che ha rivoluzionato l'azienda in anticipo su quasi tutti e prodotto, ormai da quasi vent'anni, bottiglie di qualità a partire da vigneti collinari di proprietà lavorati con meticolosità e precisione.

Tre Bicchieri al Concerto '10, e siamo alla terza annata di questo Reggiano da uve salamino in purezza consecutivamente premiata, una continuità che fa di questo vino il grande classico dei Lambrusco scuri. Il naso è molto carnoso, con un frutto austero e fragrante, nitido e fresco. In bocca è disteso, molto equilibrato, asciutto. Il finale è di nuovo su un frutto composto e severo. Assolo '10 ha un carattere più espressivo e fruttato, suadente nei profumi e in bocca, più immediato. Convincente I Quercioli '10, un'edizione particolarmente riuscita che ha energia e dinamismo e una bocca succosa e piena di sapore.

- Colli Romanga Centrale Barlume Ris. '09 — 5
- Sangiovese di Romagna Sup. Fermavento '09 — 4
- ○ Albana di Romagna Secco Neblina '10 — 4
- Tenentino '10 — 3
- Sangiovese di Romagna Sup. Ombroso Ris. '06 — 5
- Sangiovese di Romagna Sup. Ombroso Ris. '01 — 5
- Sangiovese di Romagna Sup. Fermavento '08 — 4
- Sangiovese di Romagna Sup. Fermavento '07 — 4
- Sangiovese di Romagna Sup. Ombroso Ris. '07 — 5
- Sangiovese di Romagna Sup. Ombroso Ris. '05 — 5
- Sangiovese di Romagna Sup. Ombroso Ris. '03 — 5
- Sterpigno Merlot '00 — 6

- Reggiano Concerto '10 — 3*
- Reggiano Assolo '10 — 3*
- Reggiano I Quercioli '10 — 2*
- Reggiano Libesco '10 — 3*
- ○ Colli di Scandiano e di Canossa Malvasia Frizzante Secco Daphne '10 — 2
- Reggiano Lambrusco Concerto '08 — 3*
- Reggiano Lambrusco Secco Concerto '09 — 3*
- Reggiano Assolo '09 — 3
- Reggiano Lambrusco Secco Concerto '07 — 3*

EMILIA ROMAGNA

Fattoria Monticino Rosso
VIA MONTECATONE, 7
40026 IMOLA [BO]
TEL. 054240577
www.fattoriadelmonticinorosso.it

VENDITA DIRETTA
VISITA SU PRENOTAZIONE

PRODUZIONE ANNUA 70.000 bottiglie
ETTARI VITATI 18.00

Il legame dei fratelli Zeoli con la terra è autentico e profondo ed è il punto di partenza di questa esperienza. Le vigne, tutte sui suoli argillosi di questa parte settentrionale della Romagna, sono gestite con scrupolo e passione e la qualità delle uve prodotte è il risultato "contadino" dell'azienda. In cantina Gianni e Luciano hanno trovato con Giancarlo Soverchia un rapporto che va oltre quello della consulenza e il risultato sono bianchi molto riusciti e rossi più difficili, dove si ricerca un registro sempre complesso e sfaccettato, sia con lunghi affinamenti che con contatti prolungati con le fecce.

L'Albana di Romagna Codronchio '09 non ritrova il magico equilibrio dell'edizione '08 ma resta un vino originale e affascinante. Il timbro della botritis è marcato, il naso è sfaccettato e cangiante, la bocca è distesa e aperta. Manca un po' di freschezza, ma è molto bello lo stile che utilizza alcune piccole imprecisioni come strumenti di linguaggio. Bene il Superiore '09, un vino molto tipico, netto nel frutto, fresco in bocca. L'azienda produce anche diversi altri rossi figli di una ricerca portata avanti con caparbietà: sono vini interessanti ma penalizzati da uno stile terziario che, sebbene sia nelle intenzioni, spesso li affatica.

○ Albana di Romagna Secco Codronchio '09		4*
○ Albana di Romagna Secco '10		3*
● Sangiovese di Romagna Sup. '09		3*
○ Colli d'Imola Pignoletto '10		3
○ Albana di Romagna Secco Codronchio '08		4*
○ Albana di Romagna Secco '09		3
○ Albana di Romagna Passito '06		5
○ Albana di Romagna Secco Codronchio '07		4
○ Albana di Romagna Secco Codronchio '04		4*

Fattoria Moretto
VIA TIBERIA, 13B
41014 CASTELVETRO DI MODENA [MO]
TEL. 059790183
www.fattoriamoretto.it

VENDITA DIRETTA

PRODUZIONE ANNUA 12.000 bottiglie
ETTARI VITATI 7.00
VITICOLTURA Biologico Certificato

Fattoria Moretto si inserisce perfettamente nel fenomeno dei piccoli produttori di Lambrusco, in genere in collina, che stanno trovando spazio in un mondo fino a oggi dominato da grosse realtà. Si tratta di produzioni artigianali, spesso, come in questo caso, figlie di uve da agricoltura biologica. Fattoria Moretto lavora solo le uve provenienti dai suoi 7 ettari di vigne e le vinifica separando le diverse provenienze con l'obiettivo di valorizzare le differenze dei suoli qui molto variabili. Le vinificazioni avvengono tutte in autoclave, con tempi lunghi di contatto con i lieviti.

Monovitigno '10, prodotto da una vigna del 1968 di vecchi cloni di grasparossa, è un vino intrigante costruito sul doppio tema di una certa rusticità e di una bocca di grande energia piuttosto elegante in alcuni passaggi. Molto convincente la chiusura, asciutta e saporita, con i tannini a condurre il vino lontano. Vigna Canova '10 è un Lambrusco Grasparossa di Castelvetro dallo stile tradizionale, asciutto e scontroso, molto essenziale nel suo svolgimento che resta austero e sobrio. È la vigna più fresca dell'azienda, quella che riesce a imprimere al vino la massima eleganza grazie a suoli con poca argilla e a un'esposizione est sud.

● Lambrusco Grasparossa di Castelvetro Monovitigno '10		4
● Lambrusco Grasparossa di Castelvetro V. Canova '10		4
● Lambrusco Grasparossa di Castelvetro '10		4
● Lambrusco Grasparossa di Castelvetro '09		4
● Lambrusco Grasparossa di Castelvetro Monovitigno '09		4
● Lambrusco Grasparossa di Castelvetro V. Canova '09		4

EMILIA ROMAGNA

Orsi - San Vito
FRAZ. OLIVETO
VIA MONTE RODANO, 8
40050 MONTEVEGLIO [BO]
TEL. 051964521
www.vignetosanvito.it

VENDITA DIRETTA

PRODUZIONE ANNUA 80.000 bottiglie
ETTARI VITATI 11.00
VITICOLTURA Biodinamico Certificato

Federico Orsi ha acquistato questa tenuta nel 2005 e ha avuto la capacità di reimpostare da subito l'azienda a partire dalle scelte filosofiche di base che indirizzano il lavoro. Oggi, a distanza di pochissime vendemmie, i fatti gli stanno dando ragione e la sua è una delle produzioni complessivamente più interessanti dei Colli Bolognesi. Il suo impegno e la sua passione, l'energia di uno staff giovane e preparato e la capacità di testimoniare all'esterno l'indirizzo biodinamico dato ai vigneti e le scelte di naturalità fatte in cantina, fanno di questa realtà l'azienda più dinamica di tutto il territorio.

Vigna del Grotto '09 conquista i Tre Bicchieri grazie alle sue qualità e per un linguaggio moderno e articolato. Il 30 per cento della massa viene vinificata in barrique, mentre il restante in solo acciaio. Il risultato è un vino straordinario che già al naso è cangiante e complesso, con un corredo di profumi che parte dalle erbe e arriva agli agrumi. La bocca è vibrante e asciutta e si distende chiudendo sapida e minerale. Interessante anche la Barbera Pro.Vino '09, fruttata e tagliente, forse il primo vero progetto di questo territorio sul suo vitigno rosso più storico. Convincente anche il Pignoletto Superiore '09, minerale e perfettamente calibrato nella tipica nota amara.

○ C. B. Pignoletto Cl. V. del Grotto '09	🍷🍷🍷	4*
● C. B. Barbera Pro.Vino '09	🍷🍷	3*
● C. B. Cabernet Sauvignon '08	🍷🍷	4
○ C. B. Pignoletto Frizzante '10	🍷🍷	3*
○ C. B. Pignoletto Sup. '09	🍷🍷	4
● C. B. Cabernet Sauvignon Pro.Vino '09	🍷	4
● C. B. Cabernet Sauvignon Monte Rodano '08	🍷🍷	4*
○ C. B. Pignoletto Cl. V. del Grotto '07	🍷🍷	4*
○ C. B. Pignoletto Sup. '05	🍷🍷	4*

Gianfranco Paltrinieri
FRAZ. SORBARA
VIA CRISTO, 49
41030 BOMPORTO [MO]
TEL. 059902047
www.cantinapaltrinieri.it

VENDITA DIRETTA

PRODUZIONE ANNUA 60.000 bottiglie
ETTARI VITATI 15.00

Alberto Paltrinieri, insieme alla moglie Barbara, conduce con determinazione questa piccola realtà agricola che è ormai diventata un riferimento del suo territorio e che vinifica solamente le uve sorbara dei suoi 15 ettari tutti al Cristo, il luogo simbolo per questo Lambrusco sottile e fresco che sta vivendo una stagione magica. L'esperienza di Alberto è figlia di tre generazioni di vignaioli che si sono succeduti su questo podere ed è oggi proiettata verso scelte coraggiose che si traducono in vini purissimi, quasi estremi nella loro essenzialità, interessanti e, meritatamente, di grande successo.

Tre Bicchieri per Leclisse '10, un Lambrusco di Sorbara che si apre piano e cresce, sottile ma di grande energia. Succoso, delicato, impostato su un'acidità che esprime freschezza e riporta a sensazioni agrumate. Un grande Sorbara che si aggiudica il premio per il rapporto qualità prezzo. Radice '10 è un Sorbara in purezza rifermentato in bottiglia, un vino estremo nella concezione, scarno fin dove è possibile, figlio di un pensiero che è andato avanti per sottrazioni fino ad arrivare a un'espressione purissima, l'anima del vitigno senza il corpo. È costruito su un'acidità straordinaria che via via lascia spazio alla scorza di agrumi, alla rosa, a una nota affumicata solo suggerita e a una mineralità cangiante.

● Lambrusco di Sorbara Leclisse '10	🍷🍷🍷	4*
● Lambrusco di Sorbara Radice '10	🍷🍷	4*
● Lambrusco di Sorbara Sant'Agata '10	🍷🍷	3*
● Lambrusco di Sorbara Leclisse '09	🍷🍷	4
● Lambrusco di Sorbara Leclisse '08	🍷🍷	4*
● Lambrusco di Sorbara Fermentazione in Bottiglia '09	🍷🍷	3
● Lambrusco di Sorbara La Piria '08	🍷🍷	2*
● Lambrusco di Sorbara Sant'Agata '08	🍷🍷	3*

EMILIA ROMAGNA

Fattoria Paradiso
loc. Capocolle
via Palmeggiana, 285
47032 Bertinoro [FC]
Tel. 0543445044
www.fattoriaparadiso.com

VENDITA DIRETTA
VISITA SU PRENOTAZIONE

PRODUZIONE ANNUA 500.000 bottiglie
ETTARI VITATI 100.00

"Si rinnovano le emozioni: i vignaioli d'Italia hanno scelto le vie difficili dei cru, Mario Pezzi tra i primi. I vini lo rimeritano e si fanno eccellenti". Così scriveva Luigi Veronelli della Fattoria Paradiso, un luogo al quale lo legava un'amicizia con la famiglia Pezzi. Parla di cru Veronelli perché Mario Pezzi portò per primo il concetto in Romagna con quel Vigna delle Lepri che presentò nel 1973. Oggi è Graziella Pezzi, con il suo carattere estroverso, sincero e aperto, a condurre l'azienda e custodire quel patrimonio di storia che la inserisce tra i grandi classici di Romagna.

Oggi che questo territorio sta trovando una sua identità sono in molti a guardare a questa realtà con qualche aspettativa, con la speranza che i Pezzi si riapproprino di un ruolo da protagonisti che è nelle loro corde. Chissà se a cullare questo sogno è anche il giovane Jacopo Pezzi, sensibile e innamorato del vino. Vigna delle Lepri '08 è un Sangiovese in purezza dal frutto maturo e caldo, che trova in bocca la scena per esprimersi. Appoggia appena dolce poi è asciutto e agile, serrato nei tannini. Frutto Proibito '08 è un'Albana in purezza, densa e solare, mediterranea. Interessanti anche Barbarossa '08, da uve centesimino, e l'Albana Gradisca '10, da uve appassite in pianta su tralci recisi.

● Barbarossa '08	5
○ Frutto Proibito '08	6
○ Gradisca '10	4
● Sangiovese di Romagna Sup. V. delle Lepri Ris. '08	5
● Mito '06	7
● Sangiovese di Romagna Sup. Maestri di Vigna Ris. '10	4
● Barbarossa '06	5
● Mito '05	7
● Mito '00	6

Tenuta Pertinello
s.da Arpineto Pertinello, 2
47010 Galeata [FC]
Tel. 0543983156
www.tenutapertinello.altervista.org

VENDITA DIRETTA

PRODUZIONE ANNUA 50.000 bottiglie
ETTARI VITATI 12.00

La Tenuta Pertinello è nella valle del Bidente e i 12 ettari di vigne sono su terreni marnoso arenacei a circa 350 metri, con punte che arrivano a 430. La situazione microclimatica è eccezionale e consegna alla vendemmia uve sempre perfette. Le vigne sono curate dal giovane Luigi Martini (che era già qui prima con la precedente proprietà) che ha sempre condotto la tenuta con una mano equilibrata: non ha radicalizzato le basse rese e non ha mai cercato maturazioni eccessive. Dal 2008, con l'arrivo dell'enologo Fabrizio Moltard, i vini sono più precisi e nitidi.

Pertinello '08 è una perfetta interpretazione dell'eleganza che questo terroir alto può esprimere. Il naso è fresco, severo, profondo, ricco di sfumature e con un legno perfettamente integrato. La bocca si distende sul sapore e su un'acidità che lo allunga e lo trascina lontano. I tannini sono maturi e l'espressione resta sempre composta ed elegantissima. Il Bosco '10 è un vino suadente e fruttato che resta in bilico tra un tannino abbondante e una bocca sottile per poi risolversi sul finale dove si asciuga e si allunga trovando un certo ritmo. È un vino bevibile e immediato, dall'incredibile rapporto qualità prezzo.

● Colli della Romagna Centrale Sangiovese Pertinello '08	4
● Colli della Romagna Centrale Sangiovese Il Bosco '10	4
● Colli della Romagna Centrale Sangiovese Pertinello '07	4
● Colli della Romagna Centrale Sangiovese Pertinello '05	4
● Sangiovese di Romagna Il Bosco '09	4
● Sangiovese di Romagna Il Bosco '08	4

EMILIA ROMAGNA

Poderi dal Nespoli

loc. Nespoli
villa Rossi, 50
47012 Civitella di Romagna [FC]
Tel. 0543989637
www.poderidalnespoli.com

VENDITA DIRETTA
VISITA SU PRENOTAZIONE

PRODUZIONE ANNUA 400.000 bottiglie
ETTARI VITATI 35.00

È passato quasi un secolo da quando la famiglia Ravaioli selezionava i vini per la sua osteria di Cusercoli e la realtà figlia di quella esperienza è oggi un'azienda importante che guarda al futuro con ottimismo. L'acquisizione da parte di MGM sta aprendo infatti delle prospettive commerciali nuove, soprattutto all'estero. La continuità è assicurata da Fabio Ravaioli e dalla cugina Celita: la loro esperienza è importante perché nessuno come loro conosce il territorio della valle del Bidente e perché la numerosa clientela riconosce l'azienda nella famiglia. I 35 ettari aziendali sono suddivisi in più corpi, sono in parte su suoli argillosi e in parte su suoli marnoso arenacei, nella zona più alta della valle.

Prugneto '10 è un Sangiovese ben fatto, affidabile come sempre, giustamente rigido e austero nell'espressione, saporito e fresco, asciutto sul finale di bocca. È un grande classico romagnolo, un vino affidabile che ha fidelizzato una numerosissima clientela. Il Nespoli '08 rompe con la tradizione di austerità che lo ha sempre caratterizzato e si presenta largo e suadente, con una bocca inusualmente morbida e seduta. Ben fatto, ma dallo stile meno graffiante delle scorse edizioni. Borgo dei Guidi '08 – da uve sangiovese, cabernet sauvignon e raboso del Piave – è un vino che cerca piacevolezza piuttosto che un'espressione territoriale e la trova soprattutto in bocca.

Il Poggiarello

loc. Scrivellano di Statto
29020 Travo [PC]
Tel. 0523957241
www.ilpoggiarellovini.it

VENDITA DIRETTA
VISITA SU PRENOTAZIONE

PRODUZIONE ANNUA 100.000 bottiglie
ETTARI VITATI 18.00

Il Poggiarello è il laboratorio della qualità e delle idee della cantina Quattro Valli, la grande tradizione familiare della famiglia Perini. La storia della loro attività nasce alla fine dell'800, qualche anno dopo l'unità d'Italia, quando la famiglia coinvolge la famiglia Ferrari in un'attività di produzione di vino: i primi mettono l'uva e i secondi, falegnami, le botti. Nel tempo diventano grossi produttori, poi commercianti e poi, dopo la seconda guerra mondiale, di nuovo produttori, costretti, come tanti italiani, a ripartire da zero.

Il Poggiarello nasce negli anni '80 quando Stefano, Massimo e Paolo Perini convinsero il nonno a metterli alla prova sui terreni acquistati per costruire la nuova cantina della Quattro Valli. La loro passione per il vino divenne così un mestiere e da allora la storia di queste due aziende è legata a doppio filo. Il Perticato Valandrea '10 è il più convincente tra i vini presentati. È aperto, saporito, teso sull'acidità e composto nella nota fruttata che lo attraversa fino alla fine. 'L Piston 10, Barbera in purezza, è vinoso e varietale, semplice e convincente. Meno interessanti gli altri vini, tecnici e banali, lontani dallo spirito di laboratorio di idee che sarebbe nella natura di questo progetto.

● Borgo dei Guidi '08	▼▼ 6
● Sangiovese di Romagna Prugneto '10	▼▼ 4*
● Sangiovese di Romagna Sup. Il Nespoli Ris. '08	▼▼ 5
● Sangiovese di Romagna Sup. Il Nespoli Ris. '07	▼▼▼ 5
● Sangiovese di Romagna Sup. Il Nespoli Ris. '06	▼▼▼ 5
● Borgo dei Guidi '07	▼▼ 6
● Borgo dei Guidi '06	▼▼ 6
● Borgo dei Guidi '03	▼▼ 6
● Sangiovese di Romagna Prugneto '07	▼▼ 4*
● Sangiovese di Romagna Sup. Prugneto '09	▼▼ 4
● Sangiovese di Romagna Sup. Santodeno '08	▼▼ 3

● C. P. Barbera 'L Piston '10	▼▼ 4
● C. P. Gutturnio Perticato Valandrea '10	▼▼ 4
● C. P. Gutturnio La Barbona Ris. '09	▼ 5
○ C. P. Sauvignon Perticato Il Quadri '10	▼ 5
● Colli Piacentini Cabernet Sauvignon Perticato del Novarei '09	▼ 6
● C. P. Gutturnio La Barbona Ris. '07	▼▼ 5
● C. P. Gutturnio Perticato Valandrea '09	▼▼ 4
○ C. P. Malvasia Perticato Beatrice Quadri '08	▼▼ 5
○ C. P. Sauvignon Perticato Il Quadri '09	▼▼ 5
● Colli Piacentini Cabernet Sauvignon Perticato del Novarei '07	▼▼ 6

EMILIA ROMAGNA

Il Pratello
via Morana, 14
47015 Modigliana [FC]
Tel. 0546942038
www.ilpratello.net

VENDITA DIRETTA
VISITA SU PRENOTAZIONE

PRODUZIONE ANNUA 20.000 bottiglie
ETTARI VITATI 5.50
VITICOLTURA Biologico Certificato

Emilio Placci ha scommesso sui terreni marnoso arenacei prima di tutti gli altri e ha piantato negli anni '90 la vigna a 600 metri di altitudine, contro il parere di tutti e forse con il gusto di alzare il livello della sfida che lui sentiva istintivamente vincente. Il tempo gli ha dato ragione e le vigne in prima linea su bosco e castagneti hanno da subito regalato vini profondi e vibranti, dalla longevità straordinaria. L'equilibrio complessivo è figlio di un'espressione tesa e minerale dei suoli marnosi e poveri e di una ricerca di potenza che non arriva mai a forzare completamente la mano.

Mantignano Vecchie Vigne '07 è un Sangiovese in purezza che esprime un carattere affilato e asciutto. Il naso è profondo e terroso e chiede aria per esprimersi al meglio. Nonostante l'annata calda il '07 rispecchia pienamente lo stile aziendale e per questo crediamo che il potenziale di longevità sia come sempre fuori dal comune. Badia Raustignolo '07, Sangiovese in purezza ottenuto dai cloni aziendali che danno uve più ricche, è un vino più potente rispetto al Mantignano, più lento nella maturazione e più giocato sui tannini e su una maggiore maturazione in legno. Il risultato è un vino più ricco e arrotondato nell'espressione.

Tenimenti San Martino in Monte
via San Martino in Monte
47015 Modigliana [FC]
Tel. 3292984507
www.sanmartinoinmonte.com

PRODUZIONE ANNUA 4.000 bottiglie
ETTARI VITATI 5.60

Questa piccola azienda è figlia del legame della famiglia Costa con la sua terra d'origine. Maurizio Costa, architetto affermato che vive a Roma sin da quando era bambino, è ritornato con il cuore in Romagna attraverso questo progetto sulle colline intorno a Modigliana. In questi anni l'azienda ha investito sulle vigne anche piantando vitigni internazionali, ma oggi è in corso una riflessione tesa a lavorare su espressioni più radicalmente territoriali. Un buon testimone di questa scelta sarà la vigna 1922, la vigna più vecchia segnalata oggi in Romagna.

La produzione di questa piccola realtà modiglianese è complessivamente affidabile anche se non trova lo scatto che è nelle sue potenzialità. Una possibile ragione è l'aver investito, inizialmente, soprattutto su vitigni internazionali che in questo territorio consentono buoni risultati ma forse non l'eccellenza. Il vino più interessante resta il Vigna 1922, un Sangiovese figlio di quella che è probabilmente la vigna più vecchia di Romagna, recuperata con pazienza e datata, attraverso il tipo di innesto e una testimonianza diretta, appunto al 1922. Il '08 è pepato e sottile, fruttato e con una bocca agile, che manca solo un po' di grinta.

● Mantignano Vecchie Vigne '07	4
● Badia Raustignolo '07	6
● Sangiovese di Romagna Morana '09	4*
● Colli di Faenza Sangiovese Mantignano Vecchie Vigne Ris. '04	4*
● Colli di Faenza Rosso Calenzone '04	6
● Colli di Faenza Sangiovese Badia Raustignolo Ris. '03	6
● Colli di Faenza Sangiovese Mantignano Ris. '04	4*
○ Le Campore '06	4
○ Le Campore '05	4*
● Sangiovese di Romagna Morana '08	4
● Sangiovese di Romagna Morana '06	3*

● Sangiovese di Romagna V. 1922 '08	7
● Vigna alle Querce '08	5
○ Vigna della Signora '09	6
● Sangiovese di Romagna Sup. V. 1922 Ris. '06	7
● Sangiovese di Romagna V. 1922 '04	7
● Vigna alle Querce '07	5
● Vigna alle Querce '06	5
● Vigna alle Querce '03	6
○ Vigna della Signora '08	6

EMILIA ROMAGNA

★San Patrignano
via San Patrignano, 53
47853 Coriano [RN]
Tel. 0541362111
www.sanpatrignano.org

VISITA SU PRENOTAZIONE

PRODUZIONE ANNUA 500.000 bottiglie
ETTARI VITATI 110.00
VITICOLTURA Biologico Certificato

La comunità di San Patrignano è stata fondata nel 1978 da Vincenzo Muccioli. Dal 1995, alla sua morte, Andrea Muccioli ha preso il posto del padre alla guida della comunità e la sua passione per il vino ha trasformato una delle attività della comunità in un progetto complesso e ambizioso. I vigneti di San Patrignano si estendono su 110 ettari di terreno calcareo argilloso sulle colline di Coriano e si affacciano sul litorale riminese, che dista 5 chilometri in linea d'aria. Queste colline ventilate e aperte sono un ottimo terroir per il sangiovese, ma vantano anche una vocazione per il taglio bordolese che fa di questo territorio una piccola Bolgheri dell'Adriatico.

Tre Bicchieri per Avi '08, un classico del territorio riminese che convince anche nelle annate più difficili grazie a una rigorosa selezione delle uve. Un Sangiovese di Romagna austero e profondo, che trova in bocca la sua migliore espressione. È elegante, asciutto, con una trama tannica ancora giovane, scorrevole e tesa. Convincente anche Ora '09, un Sangiovese disteso che gioca su eleganza e sapore, agile, armonico in bocca e sapido sul finale. Affidabile, come sempre, Aulente Rosso '10, da uve sangiovese con un saldo di altri vitigni. Interessanti anche i due rossi toscani prodotti dalla comunità a Cecina. Da cabernet franc in purezza Il Paratino '07, da cabernet franc e cabernet sauvignon 'Ino '09.

● Sangiovese di Romagna Sup. Avi Ris. '08	🍷🍷🍷 6
● Sangiovese di Romagna Sup. Ora '09	🍷🍷 4*
● 'Ino '09	🍷🍷 4
● Aulente Rosso '10	🍷🍷 4*
● Il Paratino '07	🍷🍷 6
○ Vie '10	🍷 5
○ Aulente Bianco '10	🍷 4
● Colli di Rimini Cabernet Montepirolo '06	🍷🍷🍷 6
● Colli di Rimini Cabernet Montepirolo '04	🍷🍷🍷 6
● Colli di Rimini Cabernet Montepirolo '01	🍷🍷🍷 6
● Colli di Rimini Rosso Noi '04	🍷🍷🍷 6
● Sangiovese di Romagna Sup. Avi Ris. '07	🍷🍷🍷 6
● Sangiovese di Romagna Sup. Avi Ris. '06	🍷🍷🍷 6
● Sangiovese di Romagna Sup. Avi Ris. '05	🍷🍷🍷 6
● Sangiovese di Romagna Sup. Avi Ris. '01	🍷🍷🍷 6
● Sangiovese di Romagna Sup. Avi Ris. '00	🍷🍷🍷 6

San Valentino
fraz. San Martino in Venti
via Tomasetta, 13
47900 Rimini
Tel. 0541752231
www.vinisanvalentino.com

VENDITA DIRETTA
VISITA SU PRENOTAZIONE
OSPITALITÀ

PRODUZIONE ANNUA 120.000 bottiglie
ETTARI VITATI 16.00
VITICOLTURA Biodinamico Certificato

Roberto Mascarin, che ha cominciato a occuparsi dell'azienda di famiglia nel 1997, è stato il protagonista di una stagione romagnola fatta di vini ricchi e suadenti, Sangiovese internazionali e concentrati. Una stagione di successi che Roberto, con intelligenza, ha dichiarato chiusa. È ripartito da capo, cambiando completamente la filosofia aziendale e cambiando lo staff che segue le vigne e la cantina. Con Benoit De Coster ha riprogettato lo stile dei vini ma, soprattutto, rivoluzionato la conduzione agronomica affidandosi al francese Michel Barbaud, uno dei riferimenti della biodinamica.

Convincente Scabi Capsula Rossa '09, un vino che si avvantaggia della mancata uscita di Terra di Covignano '09 la cui massa, non considerata all'altezza della Riserva, è stata utilizzata nel Superiore. Il naso è austero e la bocca asciutta e vibrante, minerale e composta sul finale. Terra di Covignano '08 è l'ultima eredità della vecchia stagione aziendale. È un vino ricco e di volume, ma nel suo stile poco agile è ben fatto, con tannini fitti e maturi. Stesso discorso per il taglio bordolese Luna Nuova '04, segnato da un legno tostato al naso, ma che in bocca trova grinta e carattere. È una dimostrazione della vocazione territoriale dei Colli Riminesi rispetto ai vitigni bordolesi.

● Luna Nuova '07	🍷 6
● Sangiovese di Romagna Sup. Scabi Capsula Rossa '09	🍷🍷 4*
● Sangiovese di Romagna Sup. Terra di Covignano Ris. '08	🍷🍷 6
● Sangiovese di Romagna Sup. Terra di Covignano Ris. '05	🍷🍷🍷 6
● Sangiovese di Romagna Sup. Terra di Covignano Ris. '03	🍷🍷🍷 5
● Sangiovese di Romagna Sup. Terra di Covignano Ris. '02	🍷🍷🍷 5
● Sangiovese di Romagna Sup. Terra di Covignano Ris. '01	🍷🍷🍷 5
● Luna Nuova '04	🍷🍷 6
● Montepulciano '04	🍷🍷 8
● Sangiovese di Romagna Sup. Terra di Covignano Ris. '04	🍷🍷 5

EMILIA ROMAGNA

Cantina Sociale Santa Croce
SS 468 DI CORREGGIO, 35
41012 CARPI [MO]
TEL. 059664007
www.cantinasantacroce.it

VENDITA DIRETTA
VISITA SU PRENOTAZIONE

PRODUZIONE ANNUA 400.000 bottiglie
ETTARI VITATI 500.00

Fondata nel 1907, questa storica realtà è a Santa Croce, a ridosso di Carpi, nel cuore del territorio che dà il nome all'omonimo Lambrusco Salamino. La cantina lavora le uve di 250 soci per un totale di 500 ettari di vigne. Siamo in pianura, a valle di Modena (qualche socio però è in provincia di Reggio Emilia), appena a nord dell'area di terreni sciolti ideali per il sorbara (Limidi e Sozzigalli, a sinistra del Secchia), su suoli più argillosi e ricchi, più indicati per il salamino. La sede della cantina è ancora quella storica della fondazione.

Enoteca '10 è un vino cremoso, succoso, ricco di sapore, pieno di energia, disinvolto, fresco. È un vino straordinario nel rapporto qualità prezzo, il prodotto insieme più semplice e più riuscito della produzione. Tradizione '10 nasce con una filosofia diversa che richiama il metodo di produzione ancestrale, forzando in autoclave un contatto di 30 giorni con i lieviti. È un vino fresco, severo, agile e teso in bocca, sfaccettato nell'espressione grazie anche alla lunga maturazione in bottiglia che la cooperativa gli concede. Il Reggiano Rosso '10 è un vino elegante e sottile, austero nel frutto, con una parte tannica di carattere, ma ben calibrata.

Tenuta Santini
FRAZ. PASSANO
VIA CAMPO, 33
47853 CORIANO [RN]
TEL. 0541656527
www.tenutasantini.com

VENDITA DIRETTA
VISITA SU PRENOTAZIONE

PRODUZIONE ANNUA 30.000 bottiglie
ETTARI VITATI 22.00

La Tenuta Santini è vicina a Coriano, a 120 metri di altitudine, nel cuore della zona di argille calcaree che caratterizza le colline riminesi a sud della Val Marecchia. Sono colline molto dolci e aperte, abbastanza uniformi nei suoli, con curve termiche influenzate dal mare che, soprattutto in estate, ammortizza i picchi di temperature e in qualche modo garantisce un giro d'aria sotto forma di brezze. La storia della tenuta è quella di una famiglia che nel 2001 ha investito in un progetto che vede in prima linea Sandro Santini, carattere franco e diretto, molto romagnolo e molto attaccato alla sua terra.

I vini della Tenuta Santini nascono a partire da una selezione di uve provenienti dai 22 ettari dell'azienda. La qualità della materia prima è ottima, quello che ci lascia perplessi è un registro dolce e fruttato, soprattutto al naso, che riguarda un po' tutti i vini. Il più interessante tra quelli presentati quest'anno è Battarreo '09, da uve cabernet sauvignon e merlot con un saldo di sangiovese, un vino che trova carattere in bocca, smarcandosi dal legno invadente del naso. È uno stile un po' tecnico, ma con un buon risultato. La Riserva Cornelianum '08, appena troppo dolce e fruttata al naso, trova in bocca sapore e profondità.

- Lambrusco Salamino di S. Croce Enoteca '10 — 2*
- Reggiano Rosso '10 — 2
- Il Castello Lambrusco Emilia '10 — 2
- ○ Il Castello Lambrusco Emilia Rosato — 2
- Lambrusco di Sorbara Secco '10 — 2
- Lambrusco Salamino di S. Croce Tradizione '10 — 2*
- ○ Brut Rosé 100 Vendemmie '08 — 4
- Lambrusco Salamino di S. Croce '08 — 2*
- Lambrusco Salamino di S. Croce Enoteca '09 — 2*
- Lambrusco Salamino di S. Croce Tradizione '09 — 2*

- Battarreo '09 — 4
- Sangiovese di Romagna Sup. Cornelianum Ris. '08 — 5
- Sangiovese di Romagna Sup. Beato Enrico '10 — 4
- Battarreo '08 — 4
- Battarreo '04 — 4*
- Battarreo '03 — 4*
- Sangiovese di Romagna Sup. Beato Enrico '09 — 4
- Sangiovese di Romagna Sup. Cornelianum Ris. '06 — 5
- Sangiovese di Romagna Sup. Cornelianum Ris. '03 — 5

EMILIA ROMAGNA

Cantina di Sorbara
via Ravarino-Carpi, 116
41030 Bomporto [MO]
Tel. 059909103
www.cantinasorbara.it

VENDITA DIRETTA
VISITA SU PRENOTAZIONE

PRODUZIONE ANNUA 1.400.000 bottiglie
ETTARI VITATI 600.00

Come racconta Mario Soldati nel suo Vino al Vino, un diario di viaggio nell'Italia del vino degli anni '60, la cooperazione italiana nacque nel territorio modenese per merito di un personaggio illuminato, Gino Friedmann che, all'inizio del Novecento, promosse la fondazione delle prime cantine cooperative italiane. La Cantina di Sorbara nacque sulla spinta di questo movimento nel 1923 su iniziativa di 19 viticoltori di questo territorio stretto tra i fiumi Secchia e Panaro, a valle di Modena. Oggi la cantina conta 410 soci ed è guidata da un presidente giovane e dinamico, Carlo Piccinini.

Fermentazione in Bottiglia '10, da uve sorbara con un saldo di salamino, è un vino intrigante che cambia nel bicchiere giocando con spezie e note minerali. In bocca è disteso e fresco, sottile ed elegante. Villa Badia '10, da sorbara e salamino, apre su una nota floreale, poi scatta sull'acidità allungandosi verso un finale delicato di fiori e rosmarino. C'è un'incertezza dovuta a un residuo zuccherino che lo frena: peccato, il vino poteva puntare a un risultato ancora più ambizioso. Terre della Verdeta '10 è un Sorbara in purezza tutto giocato sull'eleganza, sottile e agile, delicato nei profumi, teso in bocca. Il Sorbara '10 è classico e ben fatto, appena dolce.

- Lambrusco di Modena Secco Fermentazione in Bottiglia '10 — 🍷 3
- Lambrusco di Sorbara Secco '10 🍷 3
- Lambrusco di Sorbara Secco Terre della Verdeta '10 🍷 3*
- Lambrusco di Sorbara Secco Villa Badia '10 🍷 3
- Lambrusco Salamino di Santa Croce Secco Terre della Verdeta '10 🍷 3

La Stoppa
loc. Ancarano
29029 Rivergaro [PC]
Tel. 0523958159
www.lastoppa.it

VENDITA DIRETTA
VISITA SU PRENOTAZIONE
RISTORAZIONE

PRODUZIONE ANNUA 160.000 bottiglie
ETTARI VITATI 32.00
VITICOLTURA Biologico Certificato

Le argille rosse de La Stoppa sono da più di cento anni protagoniste di una viticoltura di qualità. Già nei primi anni del '900 infatti, l'avvocato genovese Ageno sperimentò qui alcuni vitigni francesi con un progetto modernissimo per l'epoca. Nel 1973 la famiglia Pantaleoni acquistò l'azienda e da allora l'esperienza de La Stoppa, guidata da Elena e da Giulio Armani che da 30 anni gestisce vigneti e cantina, ha cominciato un lavoro di sintesi che premia i vitigni autoctoni e chiude le esperienze sui vitigni internazionali nonostante risultati straordinari.

È il tempo l'elemento che cambia la lettura dei vini di Elena e Giulio e il tempo è una variabile che l'uomo non può controllare. Questa richiesta dei vini de La Stoppa, tempo e ancora tempo, è insieme il loro fascino e il loro limite. È per questo che abbiamo concesso, noi e non l'azienda, un altro anno di affinamento in vetro a la Macchiona '07 prima di giudicarla, perché l'esuberante gioventù di questo classico piacentino deve ancora assestarsi su un equilibrio leggibile. Vigna del Volta '08, è una Malvasia passita delicata e cangiante, elegantissima in bocca dove si asciuga senza cadere mai nella trappola della dolcezza smaccata. La Barbera '07 è animale e minerale, affilata e profonda.

- ○ Vigna del Volta '08 🍷🍷🍷 6
- Barbera della Stoppa '07 🍷🍷 5
- ○ Ageno '07 🍷🍷 5
- C. P. Cabernet Sauvignon Stoppa '96 🍷🍷🍷 5
- ○ C. P. Malvasia Passito V. del Volta '06 🍷🍷🍷 6
- ○ C. P. Malvasia Passito V. del Volta '04 🍷🍷🍷 6
- ○ C. P. Malvasia Passito V. del Volta '03 🍷🍷🍷 5
- ○ C. P. Malvasia Passito V. del Volta '97 🍷🍷🍷 5
- Macchiona '06 🍷🍷🍷 5
- Macchiona '05 🍷🍷🍷 5
- ○ Ageno '06 🍷 5
- C. P. Barbera della Stoppa '06 🍷 5

EMILIA ROMAGNA

La Tosa
LOC. LA TOSA
29020 VIGOLZONE [PC]
TEL. 0523870727
www.latosa.it

VENDITA DIRETTA
VISITA SU PRENOTAZIONE

PRODUZIONE ANNUA 120.000 bottiglie
ETTARI VITATI 13.00

Era il lontano 1984 quando la famiglia Pizzamiglio, originaria di Milano, portò nei colli piacentini una piccola rivoluzione: produrre vini fermi e soprattutto ricercare ossessivamente la qualità in vigna. Da allora Stefano Pizzamiglio, che conduce con il fratello Ferruccio questa piccola realtà, non ha mai smesso di ragionare e la sua storia, annotata metodicamente in migliaia di appunti, è quella di un rapporto con la terra insieme strettissimo e conflittuale. Strettissimo perché Stefano è un vignaiolo appassionato e preciso, conflittuale perché l'espressione territoriale di quest'angolo di Val Nure è continuamente indirizzata verso un'idea di vino che ha più dell'uomo che della natura.

Stefano cerca nei vini un'espressione precisa e assolutamente indirizzata e per farlo controlla maniacalmente ogni singolo dettaglio. A farne le spese, secondo noi, è il senso dell'insieme, una certa naturalezza e disinvoltura che ogni creatura, vini compresi, deve avere per essere in armonia. Il Gutturnio Vignamorello '10 evidenzia un legno dolce ed è molto vinoso e fruttato. In bocca è abbastanza agile e asciutto e la buona acidità consente un soddisfacente equilibrio complessivo. La Malvasia Passito L'Ora Felice '10 ha un naso contratto, ma è snello e ben calibrato nella dolcezza, la Sorriso di Cielo '10 apre con un naso fuori registro, poi trova profondità grazie all'acidità e nonostante la zavorra di un residuo ingombrante.

- C. P. Gutturnio Vignamorello '10 — 🍷🍷 5
- C. P. Malvasia Passito L'Ora Felice '10 — 🍷🍷 5
- C. P. Malvasia Sorriso di Cielo '10 — 🍷🍷 4
- C. P. Cabernet Sauvignon Luna Selvatica '09 — 🍷 6
- C. P. Sauvignon '10 — 🍷 4
- C. P. Cabernet Sauvignon Luna Selvatica '06 — 🍷🍷🍷 6
- C. P. Cabernet Sauvignon Luna Selvatica '04 — 🍷🍷🍷 6
- C. P. Cabernet Sauvignon Luna Selvatica '97 — 🍷🍷🍷 5
- C. P. Gutturnio Vignamorello '09 — 🍷🍷 5
- C. P. Gutturnio Vignamorello '05 — 🍷🍷 5
- C. P. Malvasia Sorriso di Cielo '07 — 🍷🍷 4*
- C. P. Sauvignon '07 — 🍷🍷 4*
- C. P. Sauvignon '06 — 🍷🍷 4*

Tre Monti
LOC. BERGULLO
VIA LOLA, 3
40026 IMOLA [BO]
TEL. 0542657116
www.tremonti.it

VENDITA DIRETTA
VISITA SU PRENOTAZIONE

PRODUZIONE ANNUA 180.000 bottiglie
ETTARI VITATI 55.00

Non è un'azienda piccola quella di Sergio Navacchia e dei figli David e Vittorio. Produce vini dall'incredibile rapporto qualità prezzo e si è via via specializzata su Sangiovese e Albana. L'azienda è distribuita su due corpi aziendali: uno alla Serra, sui colli imolesi, dove ha sede anche la cantina di vinificazione, e uno a Petrignone, sui primi colli forlivesi. I suoli della Serra sono in prevalenza argillosi, chiari, con alcune zone di limo e alcune aree ricche di calcare attivo. A Petrignone vi sono argille più evolute con una presenza di sabbie che arriva al 20% e un terrazzo fluviale di ciottoli che emerge a macchia di leopardo nelle vigne di sangiovese.

Al di là di una buona qualità complessiva, i vini di questa azienda evidenziano un calo che già avevamo sottolineato nella scorsa edizione della Guida. È un'incertezza che coinvolge i rossi ma soprattutto i bianchi, che sono stati invece per anni i cavalli di battaglia della famiglia Navacchia. Bocche appesantite, dolcezze mal calibrate, nasi poco freschi e a volte fuori registro. Pensiamo soprattutto all'Albana di Romagna Vigna Rocca '10, poco dinamica e dolce già nell'appoggio di bocca. Petrignone '08 è un Sangiovese Riserva ben fatto ed è soprattutto la bocca a esprimere qualità: fragrante, teso, nitido sul finale e saporito. Thea '09 è una Riserva espressiva, costruita su una buona materia.

- Sangiovese di Romagna Sup. Petrignone Ris. '08 — 🍷🍷🍷 4*
- Sangiovese di Romagna Sup. Thea Ris. '09 — 🍷🍷 5
- Albana di Romagna Secco V. della Rocca '10 — 🍷 3
- Colli d'Imola Chardonnay Ciardo '10 — 🍷 4
- Sangiovese di Romagna Sup. Campo di Mezzo '10 — 🍷 4
- Trebbiano di Romagna V. Rio '10 — 🍷 3
- Colli di Imola Boldo '97 — 🍷🍷🍷 4
- Sangiovese di Romagna Sup. Petrignone Ris. '07 — 🍷🍷🍷 5
- Sangiovese di Romagna Sup. Petrignone Ris. '06 — 🍷🍷🍷 5
- Colli d'Imola Bianco Thea Bianco '06 — 🍷🍷 5
- Sangiovese di Romagna Sup. Petrignone Ris. '05 — 🍷🍷 4*
- Sangiovese di Romagna Sup. Ris. '03 — 🍷🍷 4*
- Sangiovese di Romagna Sup. Thea Ris. '07 — 🍷🍷 5
- Sangiovese di Romagna Sup. Thea Ris. '05 — 🍷🍷 5

EMILIA ROMAGNA

Vallona

Fraz. Fagnano
via Sant'Andrea, 203
40050 Castello di Serravalle [BO]
Tel. 0516703333
fattorie.vallona@serravallewifi.net

VENDITA DIRETTA
VISITA SU PRENOTAZIONE

PRODUZIONE ANNUA 90.000 bottiglie
ETTARI VITATI 29.00

Un gusto preciso, la coerenza sulle scelte, un'idea di vino e la capacità di testimoniarla. È un ritratto in sintesi di Maurizio Vallona. La sua azienda è oggi un riferimento per tutto il territorio e ha mantenuto una rotta precisa anche nella tempesta che ha investito in questi anni i Colli Bolognesi. La buona mano tecnica di Maurizio gli permette di realizzare vini che sono in generale vicino all'obiettivo prefissato, obiettivo che con le ultime vendemmie è risultato sempre più sofisticato. La specialità dell'azienda restano i vini bianchi, in generale il risultato più interessante dell'intera produzione.

Maurizio Vallona presenta una gamma di consueta affidabilità complessiva. Il vino più interessante è Amestesso '07, un Pignoletto maturato a lungo in cemento. È aperto, disteso, complesso nel linguaggio, profondo. Al palato purtroppo la bella energia è frenata da un residuo zuccherino che imbriglia la bocca e gli impedisce di correre lontano come è nelle sue potenzialità. Va però detto che questa espressione è un gusto preciso e non è figlia del caso. Interessante anche il Classico '10, preciso e ben fatto, anche lui appena dolce nell'appoggio. Permartina '07 è una vendemmia tardiva di uve pignoletto ben fatto e complesso, un vino che viaggia con disinvoltura sul confine tra vini dolci e vini secchi.

○ C. B. Pignoletto Cl '10	4
○ C. B. Pignoletto Cl. Amestesso '07	4
○ C. B. Sauvignon Blanc '10	4*
○ Permartina Pignoletto '07	4
● Affederico Merlot '08	5
○ Pignoletto Vivace '10	3
● C. B. Cabernet Sauvignon Sel. '99	5
● C. B. Cabernet Sauvignon Sel. '97	5
● C. B. Merlot Affederico '01	5
● Diggioanni Cabernet Sauvignon '04	5
● Affederico Merlot '05	5
● Affederico Merlot '04	5
○ C. B. Pignoletto '05	3*
● Diggioanni Cabernet Sauvignon '05	5

Podere Vecciano

via Vecciano, 23
47852 Coriano [RN]
Tel. 0541658388
www.poderevecciano.it

VENDITA DIRETTA
VISITA SU PRENOTAZIONE

PRODUZIONE ANNUA 100.000 bottiglie
ETTARI VITATI 16.00
VITICOLTURA Biologico Certificato

Podere Vecciano è un'azienda a conduzione familiare dei Colli Riminesi, nel comune di Coriano, a circa 10 chilometri dal mare. I 16 ettari di vigne sono gestiti con impegno e precisione e negli anni Davide Bigucci ha imparato a destinare ciascuna vigna a un vino preciso, come raccontano i nomi che si rifanno agli specifici toponimi. Questa realtà ha un rapporto molto stretto con il suo territorio che rappresenta, sia con i privati che con i ristoranti, la maggior parte del fatturato.

Davide Bigucci è seriamente impegnato a far crescere la sua azienda e negli anni lo sforzo, soprattutto in vigna, è stato evidente e apprezzato da tutti. Oggi manca solo un ulteriore affondo sullo stile dei vini che restano confinati in generale nella categoria del ben fatto. Suadenti e docili, forse solo appesantiti da un frutto maturo per poter coltivare più ampie ambizioni. D'Enio '08 è un Sangiovese di Romagna riuscito, appena alcolico, dalla bocca compatta e fitta, molto ricca nei tannini. Montetauro '10, il vino più semplice della gamma dei rossi, trova come sempre un bel ritmo, una certa freschezza e un buon equilibrio. VignalMonte '08 ha un frutto maturo al naso e bocca asciutta.

● C. di Rimini Sangiovese Montetauro '10	2*
● Sangiovese di Romagna Sup. D'Enio Ris. '08	5
○ C. di Rimini Rebola V. La Ginestra '10	4
● Sangiovese di Romagna Sup. VignalMonte '08	4
● Vignalavolta '08	4
● Montetauro '09	5
● Montetauro '08	2*
● Sangiovese di Romagna Sup. D'Enio Ris. '07	5
● Sangiovese di Romagna Sup. D'Enio Ris. '04	5
● Sangiovese di Romagna Sup. D'Enio V.V. Ris. '06	5
● Sangiovese di Romagna Sup. VignalMonte '06	4*
● Vignalavolta '06	4*

EMILIA ROMAGNA

Francesco Vezzelli
Fraz. San Matteo
via Canaletto Nord, 878a
41122 Modena
Tel. 059318695
aavezzelli@gmail.com

VENDITA DIRETTA

PRODUZIONE ANNUA 110.000 bottiglie
ETTARI VITATI 15.00

Storica realtà modenese in attività dal 1958, oggi giunta alla terza generazione di vignaioli. Fondata nel 1958 da Delmo Vezzelli, questa cantina è oggi diretta da Francesco Vezzelli, che si occupa delle vigne e della produzione, e dal figlio Roberto che cura la parte commerciale. La gran parte della produzione è di Sorbara, storicamente molto classici e tradizionali, ma l'azienda produce anche un Grasparossa acquistando storicamente le uve da un viticoltore di Levizzano Rangone (nel cuore della zona del grasparossa), e un Lambrusco di Modena.

Le vigne dei Vezzelli sono a Sozzigalli su terreni golenali, cioè su terreni compresi tra la prima linea di argine del fiume e l'argine maestro, in questo caso del Secchia. I terreni delle golene, molto sciolti e poveri, sono un terroir straordinario per il lambrusco sorbara perché ne esaltano le caratteristiche floreali e di mineralità. Grazie a queste caratteristiche "Il Selezione" 2010 conquista la finale. Si tratta di un vino nitidissimo e delicato, elegante nella nota floreale che sfuma su un timbro agrumato freschissimo. Rive dei Ciliegi 2010 è un vino nel solco della tradizione, fresco ed asciutto in bocca. Un vino contadino nel senso più nobile del termine.

● Lambrusco di Sorbara "Il Selezione" '10	🍷🍷 4*
● Lambrusco Grasparossa di Castelvetro Rive dei Ciliegi '10	🍷🍷 4*
● Lambrusco Il Bricco di Checco '10	🍷 3
● Lambrusco di Sorbara Enrico Vezzelli '09	🍷🍷 4
● Lambrusco di Sorbara Enrico Vezzelli '08	🍷🍷 4*
● Lambrusco Grasparossa di Castelvetro Rive dei Ciliegi '09	🍷🍷 4
● Lambrusco Grasparossa di Castelvetro Rive dei Ciliegi '08	🍷🍷 4*
● Lambrusco Il Bricco di Checco '09	🍷🍷 3
● Lambrusco Il Bricco di Checco '08	🍷🍷 2*

Vigne dei Boschi
loc. Valpiana
via Tura, 7a
48013 Brisighella [RA]
Tel. 054651648
vignedeiboschi@alice.it

VENDITA DIRETTA
VISITA SU PRENOTAZIONE

PRODUZIONE ANNUA 15.000 bottiglie
ETTARI VITATI 6.50
VITICOLTURA Biodinamico Certificato

Paolo Babini è diventato un vignaiolo molto conosciuto sul suo territorio e finalmente la sua ricerca nel rapporto con il vino sta arrivando a una sintesi interessantissima. Paolo coltiva alcuni ettari di vigne nell'alta Valle del Lamone seguendo i dettami dell'agricoltura biodinamica. Siamo su terreni marnoso arenacei, quasi al limite della coltivazione della vite e infatti le vigne di Paolo sono assediate da boschi e ripide pareti messe a nudo dal fiume. Un simbolo di questa filosofia è la vigna di sangiovese dell'azienda, realizzata raccogliendo marze in tutta la valle da piante secolari, forse poco efficiente ma patrimonio raro e prezioso di biodiversità.

Il Sangiovese in purezza Poggio Tura '07 è espressivo e aperto, asciutto e compatto in bocca, con tannini bellissimi e abbondanti a rinforzare uno stile sottile ma ricco di bella energia. Sempre convincente il Riesling in purezza Sedici Anime che conferma con l'annata 2009 la grande vocazione di questo terroir per il vitigno. Una grande acidità a fare da asse portante e poi un linguaggio fatto di sfumature e cambi di ritmo, sempre disteso, sempre cangiante. Molto originale l'Albana Monteré '06, asciutta come è nel carattere del vitigno, minerale e tagliente, con una freschezza che viene fuori nonostante una vinificazione ossidativa: albicocca, clorofilla e un finale minerale.

● Poggio Tura '07	🍷🍷 5
○ Monteré '06	🍷🍷 7
○ Sedici Anime '09	🍷🍷 5
● Poggio Tura '05	🍷🍷🍷 6
○ Borgo Casale '05	🍷🍷 4
● Rosso per Te '06	🍷🍷 4
● Sette Pievi '03	🍷🍷 5
● Sette Pievi '01	🍷🍷 5*

EMILIA ROMAGNA 556

Villa Bagnolo
LOC. BAGNOLO
VIA BAGNOLO, 160
47011 CASTROCARO TERME
TEL. 0543769047
www.villabagnolo.it

VENDITA DIRETTA

PRODUZIONE ANNUA 100.000 bottiglie
ETTARI VITATI 15.00

Vito Ballarati ha trasferito sul progetto Villa Bagnolo l'energia e la creatività che hanno segnato tutta la sua vita di imprenditore industriale, che gli ha insegnato che bisogna sempre arrivare primi, con i prodotti e sui mercati. Si trova però a che fare con i tempi del vino che sono quelli delle vigne e dell'esperienza (la vendemmia arriva "solo" una volta l'anno...) e sembra quasi non accontentarsi dei grandi risultati che ha già raggiunto. L'azienda si estende su una superficie di 54 ettari, 15 dei quali vitati (per lo più a sangiovese) e le maturazioni in legno avvengono tutti in botte grande. I suoli sono molto particolari, con le purissime argille salate.

Bagnolo '08, una Riserva di Sangiovese maturata in botte grande, è un vino ben fatto che si esprime al naso su un corredo poco tipico, aperto e fruttato, e in bocca con una bella freschezza e un tannino abbondante e maturo. Bella la materia, forse meno convincente lo stile. Sassetto '10 è un Sangiovese espressivo e abbondante nei profumi, solare e vibrante in bocca. Lo stile dei vini di questa azienda è in generale aperto e generoso nei profumi, con bocche che evitano le durezze classiche di questo territorio. È una scelta precisa che se da una parte consente un consenso commerciale, dall'altra limita nei vini una lettura più tradizionale del territorio.

Villa di Corlo
LOC. BAGGIOVARA
S.DA CAVEZZO, 200
41126 MODENA
TEL. 059510736
www.villadicorlo.com

VENDITA DIRETTA
VISITA SU PRENOTAZIONE

PRODUZIONE ANNUA 80.000 bottiglie
ETTARI VITATI 25.00
VITICOLTURA Biologico Certificato

Villa di Corlo è una realtà condotta con passione da Maria Antonietta Munari che qui produce vino e aceto balsamico tradizionale di Modena (in un'acetaia restaurata in tempi recenti). L'azienda è articolata su due diverse proprietà: Villa di Corlo nel modenese, dove sono le vigne di lambrusco, e Cà del Vento, in alto sulle colline reggiane, dove ci sono i vitigni internazionali. Sono due anime profondamente diverse, più classica e tradizionale quella modenese, molto originale quella di Cà del Vento, dove i pochi ettari di vigna sono a 500 metri, in mezzo a centinaia di ettari di bosco.

Freschi, fruttati e nitidi i due Grasparossa più semplici dell'azienda. Il Secco '10 è austero al naso, fragrante, dinamico in bocca, dove si asciuga e trova uno spazio per allargarsi con il sapore. L'Amabile '10 è ben calibrato nella dolcezza, e in bocca è scorrevole e piacevole. Corleto '10 è più ricco ma forse meno ritmato dall'acidità. Succoso e disteso il Primevo '10, vinificato a partire dalle uve di una vigna in affitto, è un Sorbara ben fatto, molto classico nello stile. Con l'annata 2010 è cambiata la conduzione tecnica delle vinificazione, il che ha portato uno stile più fresco su tutta la gamma dei vini.

- Sangiovese di Romagna Sup. Bagnolo Ris. '08 5
- Sangiovese di Romagna Sup. Sassetto '10 4*
- Alloro '07 5
- Sangiovese di Romagna Sup. Bagnolo Ris. '07 5
- Sangiovese di Romagna Sup. Sassetto '09 4
- Sangiovese di Romagna Sup. Sorgara '08 4
- Sangiovese di Romagna Sup. Sorgara '07 4

- Lambrusco Grasparossa di Castelvetro '10 3*
- Lambrusco Grasparossa di Castelvetro Amabile '10 3*
- Lambrusco Grasparossa di Castelvetro Corleto '10 3
- Lambrusco di Sorbara Primevo '10 3
- Corleto Lambrusco '08 3*
- Giaco a Cà del Vento '07 4
- Lambrusco Grasparossa di Castelvetro '08 3*
- Rosso Estella Lambrusco '09 3*

EMILIA ROMAGNA

Villa Liverzano
FRAZ. RONTANA
VIA VALLONI, 47
48013 BRISIGHELLA [RA]
TEL. 054680461
www.liverzano.it

VENDITA DIRETTA
VISITA SU PRENOTAZIONE
OSPITALITÀ

PRODUZIONE ANNUA 12.500 bottiglie
ETTARI VITATI 3.20
VITICOLTURA Naturale

Marco Montanari, svizzero di origini romagnole, ha chiuso qualche anno fa la sua esperienza chiantigiana di produttore e ha investito a Brisighella piantando qualche ettaro di vigna e ristrutturando la meravigliosa villa dell'azienda, oggi relais di grande bellezza. Ha scommesso due volte: la prima sul terroir originale dei gessi di Brisighella che qui affiorano copiosi fino a diventare la caratteristica dei suoli, e la seconda sul potenziale di questa terra, così bella e così fuori dalle mete turistiche più battute. La ricerca di Marco sul linguaggio dei vini è molto originale, con un'interpretazione elegante del Sangiovese.

Per la prima volta Villa Liverzano presenta un Sangiovese in purezza, il Trecento, e nonostante il 2010 sia un'annata poco interessante il risultato è buono e lascia ben sperare per il futuro di questo vino. In linea con lo stile aziendale – espressivo, fruttato, pepato – presenta un bel contrasto tra la dolcezza di frutto e legno e la bella freschezza di bocca. Convincente come sempre Don '08, un vino suadente e levigato, molto aperto, con grande sapore e freschezza in bocca. È uno stile preciso, ricercato da Marco sin dalla scelta dei vitigni – un taglio paritetico di carmenere e cabernet franc – che punta a un carattere fitto e nitido, che mette al centro un frutto austero e preciso.

● Don '08	▼▼ 7
● Trecento '10	▼▼ 5
● Don '07	▽▽ 6
● Don '06	▽▽ 6
● Rebello '08	▽▽ 6
● Rebello '07	▽▽ 6
● Rebello '05	▽▽ 6

Villa Papiano
VIA IBOLA, 24
47015 MODIGLIANA [FC]
TEL. 0546941790
www.villapapiano.it

VENDITA DIRETTA
VISITA SU PRENOTAZIONE

PRODUZIONE ANNUA 25.000 bottiglie
ETTARI VITATI 10.00

Villa Papiano è il sogno realizzato di Remigio Bordini, agronomo di fama e grandi qualità, che ha coinvolto in questo progetto alcuni soci, ma soprattutto i figli Francesco, enologo, e Maria Rosa, per la parte commerciale. Le vigne aziendali, collocate sul versante sud del Monte Chioda, si confondono tra i boschi sino a un'altitudine di 500 metri, in una situazione estrema, al limite della produzione di uva. Se da una parte questo rende tutto più difficile, dall'altra le potenzialità di carattere dei vini sono straordinarie e il lavoro di Francesco ha messo a fuoco anno dopo anno una bella espressione di Sangiovese, soprattutto sulle riserve.

I Probi di Papiano '08 è un Sangiovese molto nitido nell'espressione, dolce nello stile, fruttato. In bocca, dove il legno è più integrato che al naso, ha sapore ed eleganza e trova nella dinamica una certa agilità. Una buona prova per un'annata difficile e una bella armonia complessiva grazie anche ai 12 mesi di affinamento in vetro, concessi sempre alla Riserva prima di uscire sul mercato. Papiano di Papiano '08 – da uve merlot in prevalenza, sangiovese e altri vitigni autoctoni – è un vino immediato e aperto, fragrante nell'espressione di frutti rossi, molto fresco nel timbro del merlot, elegante in bocca. Le Papesse '09 è solare e succoso, fresco e piacevole.

● Papiano di Papiano '08	▼▼ 5
● Sangiovese di Romagna I Probi di Papiano Ris. '08	▼▼ 4
● Sangiovese di Romagna Le Papesse di Papiano '09	▼▼ 4*
● Papiano di Papiano '04	▽▽▽ 5
○ Le Tresche di Papiano '09	▽▽ 4
● Papiano di Papiano '05	▽▽ 5
● Sangiovese di Romagna I Probi di Papiano Ris. '06	▽▽ 4*
● Sangiovese di Romagna I Probi di Papiano Ris. '03	▽▽ 4*
● Sangiovese di Romagna Le Papesse di Papiano '07	▽▽ 4*

EMILIA ROMAGNA 558

Tenuta Villa Trentola

LOC. CAPOCOLLE DI BERTINORO
VIA MOLINO BRATTI, 1305
47032 BERTINORO [FC]
TEL. 0543741389
www.villatrentola.it

VENDITA DIRETTA
VISITA SU PRENOTAZIONE

PRODUZIONE ANNUA 45.000 bottiglie
ETTARI VITATI 20.00

Villa Trentola è il risultato dell'accorpamento di tre diversi poderi – Valle, Colombaia, Molino – di proprietà della famiglia Prugnoli dal lontano 1890. Le vigne sono gestite da Enrico Prugnoli (un agronomo che ha affinato con l'attività vivaistica in serra una sensibilità incredibile) con esattezza e precisione e solo una selezione della produzione finisce nella cantina di Villa Trentola, mentre il resto viene conferito a una cantina cooperativa. Se in vigna il protagonista è Enrico, in cantina è invece Fabrizio Moltard, presenza continua e in continua interazione con Federica che ne è la responsabile.

Tre Bicchieri per Il Moro '08, un Sangiovese purissimo che esprime pienamente il carattere del territorio di Bertinoro, bocche agili e piene di energia e un tannino abbondante e maturo. Il naso è complesso e composto, indugia su un varietale nitido e note terrose e minerali da grande Sangiovese. In bocca è deciso, elegante e austero, profondissimo e subito saporito per poi stringersi sui tannini, complice una freschezza che porta ritmo dall'inizio alla fine. Il Prugnolo '08 ha bocca asciutta e mai banale, piccante nel frutto e ricca di sapore, convincente nel tannino.

Villa Venti

LOC. VILLAVENTI DI RONCOFREDDO
VIA DOCCIA, 1442
47020 FORLÌ
TEL. 0541949532
www.villaventi.it

VENDITA DIRETTA
VISITA SU PRENOTAZIONE
OSPITALITÀ
RISTORAZIONE

PRODUZIONE ANNUA 20.000 bottiglie
ETTARI VITATI 7.00
VITICOLTURA Biologico Certificato

Villa Venti è oramai un progetto maturo che si è affermato grazie all'impegno eccezionale di Mauro Giardini e Davide Castellucci e a una visione dell'azienda che è partita con un lavoro straordinario dalla sostanza del progetto: la vigna e il rispetto dei tempi delle viti e della cantina. Villa Venti sorge a 160 metri e le argille che compongono il terreno sono del periodo messiniano: argille rosse evolute e argille gialle sabbiose, con suoli molto variabili anche all'interno di un singolo appezzamento.

Tre Bicchieri per Primo Segno '09 che bissa così il successo ottenuto nella scorsa edizione della Guida. È un segno di continuità che rende merito alla validità del progetto di Mauro e Davide, autentici e appassionati vigneron. È un Sangiovese di Romagna che cresce nel bicchiere, dove si esprime su una straordinaria eleganza. È bello lo stile ed è bello il linguaggio, il carattere del vitigno purissimo, la bocca affilata e sottile. Felis Leo '08 – da uve merlot, sangiovese e cabernet sauvignon – è un vino intrigante, cangiante nell'espressione e dritto, dal finale asciutto e concreto.

- Sangiovese di Romagna Sup. Il Moro Ris. '08 🍷🍷🍷 5
- Sangiovese di Romagna Sup. Il Prugnolo '08 🍷🍷 4
- Il Placidio '07 🍷 6
- Sangiovese di Romagna Sup. Il Moro di Villa Trentola '03 🍷 6
- Sangiovese di Romagna Sup. Il Moro di Villa Trentola '02 🍷🍷 5
- Sangiovese di Romagna Sup. Placidio '04 🍷🍷 8
- Sangiovese di Romagna Sup. Ultimo Atto '08 🍷 5

- Sangiovese di Romagna Sup. Primo Segno '09 🍷🍷🍷 4*
- Felis Leo '08 🍷🍷 5
- Sangiovese di Romagna Sup. Primo Segno '08 🍷🍷🍷 4*
- Felis Leo '07 🍷🍷 4
- Sangiovese di Romagna Sup. Primo Segno '07 🍷🍷 4*

EMILIA ROMAGNA

Tenuta La Viola

via Colombarone, 888
47032 Bertinoro [FC]
Tel. 0543445496
www.tenutalaviola.it

VENDITA DIRETTA
VISITA SU PRENOTAZIONE

PRODUZIONE ANNUA 39.000 bottiglie
ETTARI VITATI 7.00
VITICOLTURA Biologico Certificato

L'era moderna della Tenuta La Viola inizia nel 1998, quando Stefano Gabellini, classe 1969, prende in mano le redini dell'azienda di famiglia a causa della prematura scomparsa del padre. Dopo alcuni anni di buoni risultati Stefano ha aperto una nuova stagione per l'azienda nell'intenzione di produrre vini più territoriali e coraggiosi. È una sorta di maturità aziendale che dovrebbe consegnare a Bertinoro un interprete prezioso di questo territorio, la sfida difficile del linguaggio, l'elemento che oggi diventa determinante nella qualità del vino. Siamo solo agli inizi, ma le prime espressioni di questo lavoro sono interessanti e, soprattutto, nella giusta direzione.

Interessante il Particella 25 '08, taglio composto da cabernet e merlot con un piccolo saldo di sangiovese, che riesce a esprimere in bocca le sue qualità smarcandosi da un naso poco equilibrato e dolce nel registro. Anche il Superiore Petra Honorii '08, il vino con più ambizioni dell'azienda, parte penalizzato da un naso poco territoriale per poi recuperare in bocca grazie a una certa eleganza e a una bella lunghezza. Buona l'acidità che tiene in tensione anche il finale. Il timbro di legno e una ricerca esasperata di espressività sprecano la qualità delle uve figlie di una perfetta gestione delle vigne. Ben fatto Il Colombarone '09, Sangiovese di Romagna fresco e piccante, fruttato e asciutto.

● Particella 25 '08	6
● Sangiovese di Romagna Sup. Petra Honorii Ris. '08	5
● Sangiovese di Romagna Sup. Il Colombarone '09	4
● Particella 25 '07	6
● Particella 25 '06	6
● Sangiovese di Romagna Sup. La Badia Ris. '03	5
● Sangiovese di Romagna Sup. Petra Honorii Ris. '07	5
● Sangiovese di Romagna Sup. Petra Honorii Ris. '05	5
● Sangiovese di Romagna Sup. Petra Honorii Ris. '04	5

★Fattoria Zerbina

fraz. Marzeno
via Vicchio, 11
48018 Faenza [RA]
Tel. 054640022
www.zerbina.com

VENDITA DIRETTA
VISITA SU PRENOTAZIONE

PRODUZIONE ANNUA 220.000 bottiglie
ETTARI VITATI 33.00

Cristina Geminiani, con la sua capacità e la sua coerenza, è diventata il produttore che più di tutti in Romagna ha espresso qualità e che ha dimostrato, anche quando ci credevano in pochi, le potenzialità di questo territorio. La sua è ormai una storia più che ventennale di grandi vini e il parco vigne dell'azienda, sempre curato maniacalmente, è oggi pienamente maturo e consente alla Fattoria Zerbina grandi risultati anche sui vini base. Le vigne di questa azienda sono su argille rosse evolute e si esprimono in generale, per scelta stilistica e per vocazione territoriale, con vini potenti e austeri.

La Fattoria Zerbina ci ha abituato a vini di grande qualità, ma quest'anno la media è davvero impressionante. Tre Bicchieri per un fantastico Pietramora '08, un vino dalla bocca sontuosa che parte piano e allunga, austero e minerale al naso, profondo e asciutto in bocca. Al naso c'è tutto il corredo dei Sangiovese che nascono sulle argille, il bosco, la terra e un frutto discreto. La trama tannica è ricca e matura, fittissima. Finale per l'Albana di Romagna Passito Arrocco '08, un vino equilibrato ed elegante, freschissimo, asciutto. Torre di Ceparano '08, che da questa annata esce come Riserva, è un Sangiovese di Romagna affidabile, territoriale e di grande carattere.

● Sangiovese di Romagna Sup. Pietramora Ris. '08	7
○ Albana di Romagna Passito Arrocco '08	6
● Marzieno '07	6
● Sangiovese di Romagna Il 500 '10	2*
● Sangiovese di Romagna Sup. Ceregio '10	3*
● Sangiovese di Romagna Sup. Torre di Ceparano Ris. '08	4
○ Albana di Romagna Passito AR Ris. '06	8
○ Albana di Romagna Passito Scacco Matto '01	7
● Marzieno '04	6
● Marzieno '03	6
● Marzieno '01	6
● Marzieno '00	6
● Marzieno '99	6
● Sangiovese di Romagna Sup. Pietramora Ris. '06	7
● Sangiovese di Romagna Sup. Pietramora Ris. '04	7
● Sangiovese di Romagna Sup. Pietramora Ris. '03	7

EMILIA ROMAGNA

LE ALTRE CANTINE

Aldrovandi
Via Marzatore, 36
40050 Monteveglio [BO]
Tel. 0516810296

Federico Aldrovandi è un vignaiolo intelligente e preparato che produce un Merlot in purezza da una piccola vigna che cura con rigore e precisione. Alto Vanto '09 è equilibrato e speziato, austero, agile e fresco in bocca. È un vino che si esprime su un bel frutto, senza note verdi e surmaturazioni.

- C. B. Merlot Alto Vanto '09 5

Cantina di Arceto
Via Pagliani, 27
42019 Scandiano [RE]
Tel. 0522989107

La Cantina è composta da 700 soci che coltivano 400 ettari di vigne pedemontane e collinari, tra 60 e 450 metri. Il Lambrusco Vigna Migliolungo è ottenuto vinificando le uve di 22 vecchie varietà coltivate dall'Istituto Agrario Reggiano Zanelli. Il '10 ha richiami alla terra e al bosco ed è aperto e disteso.

- Colli di Scandiano e di Canossa Grasparossa Cardinale Pighini '10 2
- Lambrusco V. Migliolungo '10 3

Le Barbaterre
Loc. Bergonzano
Via Cavour, 2a
42020 Quattro Castella [RE]
Tel. 3358053454
www.barbaterre.com

Massimo Bedogni e la compagna Erica producono vino a due passi dalla Val d'Enza su terreni sciolti di limo, argille e marne, in alto a 350 metri. Il Rifermentato '10 è contadino e asciutto, freschissimo e cangiante. Sauvignon '08 è minerale e sulfureo al naso, asciutto e duro in bocca, salino sul finale.

- Besmein Capolegh Marzemino Rifermentato in Bottiglia '10 3
- ○ Colli di Scandiano e Canossa Sauvignon Rifermentato in Bottiglia '08 3
- Lambrusco dell'Emilia Rifermentato in Bottiglia '10 3

Raffaella Alessandra Bissoni
Loc. Casticciano
Via Colecchio, 280
47032 Bertinoro [FC]
Tel. 0543460382
www.vinibissoni.com

Raffaella Bissoni è una vignaiola in senso stretto e la cura delle vigne è la sua specialità. I 5 ettari di vigna sono a 150 metri slm sui suoli calcarei tipici di Bertinoro. La Riserva '07 è asciutta e autentica, ma manca un po' di freschezza ed energia. Solare e mediterraneo il passito di Albana '07.

- ○ Albana di Romagna Passito '07 5
- Sangiovese di Romagna Sup. Ris. '07 5
- Sangiovese di Romagna Sup. '10 4

Campodelsole
Via Cellaimo, 850
47032 Bertinoro [FC]
Tel. 0543444562
www.campodelsole.it

Campo del Sole, 75 ettari vitati sul versante di Bertinoro che guarda al mare e una cantina moderna e funzionale, è un progetto che in questi anni ha faticato a trovare un'identità territoriale, ma che comincia ad andare a fuoco con i Sangiovese. Vertice '08 ha una bocca asciutta e fresca.

- Sangiovese di Romagna Sup. Vertice Ris. '08 6
- Sangiovese di Romagna Sup. San Maglorio '09 3

La Casetta dei Frati
Via dei Frati, 8
47015 Modigliana [FC]
Tel. 0546940628
www.casettadeifrati.com

8 ettari di vigne su terreni marnoso arenacei a 400 metri e un progetto di ospitalità che prevede diverse camere e un piccolo ristorante. Siamo nella Romagna toscana, a due passi dal Mugello, in mezzo a panorami bellissimi. Interessanti i Sangiovese – sapidi e minerali, sottili e vibranti – e taglienti i bianchi.

- ○ Fraciélo '09 4
- ○ Fragèlso '09 4
- Sangiovese di Romagna Frabòsco '09 3
- Sangiovese di Romagna Framònte '08 3

EMILIA ROMAGNA
LE ALTRE CANTINE

Cavim - Cantina Viticoltori Imolesi
FRAZ. SASSO MORELLI
VIA CORRECCHIO, 54
40026 IMOLA [BO]
TEL. 054255003
www.cavimimola.it

Storica realtà cooperativa specializzata in vini popolari venduti con successo, sfusi e in fusti, in tutta la Romagna. Da qualche anno ha anche una produzione di bottiglie interessanti nella qualità e anche nel prezzo. Bene il Pignoletto '10, maturo e ricco, sapido sul finale di bocca.

○ Colli d'Imola Chardonnay Blumanne '10	🍷🍷 2*
○ Colli d'Imola Pignoletto '10	🍷🍷 4*
○ Reno Lutio Pignoletto '10	🍷 2
● Sangiovese di Romagna Sup. Moro di Serrafelina Ris. '08	🍷 3

Celli
VIA CARDUCCI, 5
47032 BERTINORO [FC]
TEL. 0543445183
www.celli-vini.com

Storica realtà di Bertinoro guidata da Mauro Sirri sempre interessante nei suoi vini più semplici. I Croppi '10 è meno rustico che in altre edizioni e convince per la freschezza complessiva. Solara '08 è un vino severo, di bella ricchezza. Le Grillaie '08 è suadente e ricco.

○ Albana di Romagna Passito Solara '08	🍷🍷 5
○ Albana di Romagna Secco I Croppi '10	🍷🍷 3*
● Sangiovese di Romagna Sup. Le Grillaie Ris. '08	🍷🍷 4
● Sangiovese di Romagna Sup. Le Grillaie '10	🍷 3

Fiorini
LOC. GANACETO
VIA NAZIONALE PER CARPI, 1534
41010 MODENA
TEL. 059386028
www.fiorini1919.com

Alberto e Cristina Fiorini sono gli eredi di una famiglia di viticoltori che già nel '62 cominciò a vinificare in proprio una parte delle uve. Corte degli Attimi '10 ha un frutto agrumato ed è scorrevole. Buono anche Becco Rosso '10, prodotto con uve che arrivano dai suoli calcarei delle colline di Maranello.

● Lambrusco di Sorbara Corte degli Attimi '10	🍷🍷 4*
● Lambrusco Grasparossa di Castelvetro Becco Rosso '10	🍷🍷 4

Cantina Sociale Formigine Pedemontana
VIA RADICI IN PIANO, 228
41043 FORMIGINE [MO]
TEL. 059558122
www.lambruscodoc.it

Questa realtà cooperativa è stata fondata nel 1920 e oggi, grazie alla fusione con la cantina di Sassuolo, vinifica le uve provenienti da più di 500 ettari coltivati dai 420 soci. Il Modena Secco '10 è un vino brioso e divertente, teso e agile in bocca, che conquista per un frutto fragrante e netto.

● Lambrusco di Modena Secco '10	🍷🍷 1*
● Lambrusco Grasparossa di Castelvetro Rosso Fosco '10	🍷🍷 1*

Alberto Lusignani
LOC. VIGOLENO
VIA CASE ORSI, 9
29010 VERNASCA [PC]
TEL. 0523895178
lusignani@agonet.it

A Vigoleno c'è un'antica tradizione di Vin Santo ottenuto da rare uve autoctone: melara e santa maria principalmente. Lusignani ne è l'interprete più sensibile e affidabile e il suo Vin Santo '01 è variegato al naso – zabaione, caffè, fichi secchi, mallo di noce, menta – e lunghissimo in bocca.

○ C. P. Vin Santo di Vigoleno Lusignani '01	🍷🍷 6

La Mancina
FRAZ. MONTEBUDELLO
VIA MOTTA, 8
40050 MONTEVEGLIO [BO]
TEL. 051832691
www.lamancina.it

Francesca Zanetti è una produttrice appassionata che ha stabilito con il suo enologo, Giandomenico Negro, un rapporto stretto che guarda a questo progetto in prospettiva. Terre di Montebudello '09, prodotto con le uve di una vigna di quasi 40 anni, è aperto e cangiante, fresco, sapido e minerale.

● C. B. Barbera Il Foriere '09	🍷🍷 4
○ C. B. Pignoletto Terre di Montebudello '09	🍷🍷 4*
○ C. B. Pignoletto Frizzante '10	🍷 3

EMILIA ROMAGNA

LE ALTRE CANTINE

Monte delle Vigne
Loc. Ozzano Taro
Via Monticello, 13
43046 Collecchio [PR]
Tel. 0521309704
www.montedellevigne.it

Il progetto di Andrea Ferrari e Paolo Pizzarotti è nato per produrre vini fermi di qualità, ma dopo alcuni anni, paradossalmente, sono i vini frizzanti a convincere di più, mentre i fermi sono un po' ingenui nello stile. Il Colli di Parma Rosso '10 è teso e austero, il Lambrusco '10 fruttato e suadente.

- Colli di Parma Rosso Frizzante '10   3*
- Lambrusco Emilia '10   3*
- Colli di Parma Malvasia Frizzante '10   3
- Colli di Parma Sauvignon Frizzante '10   3

Tenuta Pennita
Loc. Terra del Sole
Via Pianello, 34
47011 Castrocaro Terme
Tel. 0543767451
www.lapennita.it

La Tenuta Pennita, 27 ettari vitati sulle prime colline forlivesi nella valle del Montone, affianca alla produzione di olio di qualità un'interessante produzione di vino. TerredelSol '08 ha un naso troppo fruttato e poco territoriale, ma una bocca bella e tesa, succosa e con un bel tannino.

- Sangiovese di Romagna Sup. TerredelSol Ris. '08   4
- Sangiovese di Romagna Sup. La Pennita '09   3

Piccolo Brunelli
S.da San Zeno, 1
47010 Galeata [FC]
Tel. 3468020206
www.piccolobrunelli.it

La tenuta, acquistata dalla famiglia nel 1936, è gestita oggi da Pietro che ne ha fatto un interessante progetto: 20 ettari di vigne (230 in totale) a 350 metri, sui terreni sciolti dell'alta Valle del Bidente. I vini sono alle prime uscite e nonostante un timbro dolce e boisé sono interessanti.

- Pietro 1904 '07   3*
- Sangiovese di Romagna Cesco 1938 '08   3

Cantina Sociale Settecani
Via Modena, 184
41014 Castelvetro di Modena [MO]
Tel. 059702505
www.cantinasettecani.it

Fondata nel 1923 questa cantina cooperativa si trova ai piedi dell'Apennino modenese e vinifica le uve grasparossa del territorio collinare conferite da più di 200 soci. Vigna del Re '10 è cremoso e fruttato, tradizionale e asciutto sulla bocca. Il Grasparossa '10 è un vino semplice ed elegante.

- Lambrusco Grasparossa di Castelvetro Amabile '10   1*
- Lambrusco Grasparossa di Castelvetro Secco '10   1*
- Lambrusco Grasparossa di Castelvetro Secco V. del Re '10   2*

Tizzano
Via Marescalchi, 13
40033 Casalecchio di Reno [BO]
Tel. 051571208
visconti@tizzano.191.it

L'azienda agricola Tizzano è sulle prime colline bolognesi, a circa 250 metri. Si estende per 230 ettari, di cui 35 a vigneto. Il Pignoletto Superiore '10 è un vino affascinante, agrumato e asciutto, convincente nello stile, disteso, fresco in bocca, dove trova sul finale un timbro erbaceo delicatissimo.

- C. B. Pignoletto Sup. '10   4*
- C. B. Pignoletto Frizzante '10   3

Cantina Valtidone
Via Moretta, 58
29011 Borgonovo Val Tidone [PC]
Tel. 0523862168
www.cantinavaltidone.it

La Valtidone sta investendo su un importante progetto di qualità che vede alla guida enologica Beppe Caviola. Affidabile come sempre la produzione con due vini che si distinguono tra gli altri, il Metodo Classico Perlage (degustato il lotto 0603411) e Bollo Rosso '07, saporito, fresco e scorrevole.

- C. P. Gutturnio Bollo Rosso Ris. '07   4
- Perlage Brut M.Cl.   6
- C. P. Gutturnio Frizzante Caesar Augustus '10   3
- C. P. Ortrugo Armonia Frizzante '10   3

TOSCANA

Piccola flessione nel numero dei Tre Bicchieri totali per la Toscana. Ma le annate a rappresentare i vari territori quest'anno hanno dato risultati un po' a macchia di leopardo, non consentendo quella generale omogeneità qualitativa che aveva caratterizzato la regione nella Guida dello scorso anno. In Chianti Classico il 2009 ha dimostrato di essere un millesimo faticoso e arcigno, con vini un po' tronchi, soprattutto nelle zone più calde della denominazione, mentre le Riserva dell'annata 2008 mancavano in genere di quel pizzico di spalla in più di cui la tipologia avrebbe bisogno per imporsi, potendo contare invece sulla raffinata fisionomia. Certo, eccezioni ci sono, eccome, tutte in chiave di estrema eleganza e succosa distensione, ma certo l'annata 2007 aveva reso le cose più semplici. E non è solo il sangiovese ad aver sofferto i limiti di due millesimi così estremi nelle loro differenze, visto che anche i vini da vitigni internazionali hanno faticato a trovare slancio. Spostandosi sulla costa, da nord a sud, in zone climaticamente meno rigide, il 2008 diventa in qualche modo l'annata perfetta, riuscendo a regalare a vini che generalmente combattono una battaglia ad armi impari per raccontarsi eleganti, quella grazia e quella flessuosità che, sposate a un carattere mediterraneo, raggiungono apici assoluti. A Montalcino il 2006 miete successi. Ben 16 vini premiati, tutti dal medesimo millesimo. Annata matura e già ben leggibile, certamente avvolgente e meno austera di altre di pari considerazione, mostra in maniera puntuale le caratteristiche che un territorio più caldo e meridionale come quello di Montalcino più dare al sangiovese. Così accanto a nomi storici e pluritrebicchierati una bella manciata di piccole e nuove realtà a essere considerate al top. Da sottolineare, anche se i vini a Tre Bicchieri sono limitati, che alcune zone si stanno muovendo davvero bene. È il caso di San Gimignano e la sua Vernaccia, grande vitigno a bacca bianca per lungo tempo maltrattato e conseguentemente mal considerato ma che dimostra, se lavorato con rispetto, di avere carattere da vendere. Cortona e il Syrah parlano di accoppiata perfetta, con tante belle e dinamiche realtà a raccontarlo. Certo poi sul totale la stragrande maggioranza di quelli a essere premiati sono gli stessi da sempre, ma in una regione di così antica vocazione vitivinicola, come dimostrano gli oltre 4000 assaggi ogni anno, è anche difficile che possa andare diversamente. Eppur qualcosa si muove... Come dimostra il premio cantina emergente dell'anno a Mattia Barzaghi, produttore di San Gimignano.

TOSCANA 564

Agricoltori del Chianti Geografico
Loc. Mulinaccio, 10
53013 Gaiole in Chianti [SI]
Tel. 0577749489
www.chiantigeografico.it

VENDITA DIRETTA
VISITA SU PRENOTAZIONE
OSPITALITÀ

PRODUZIONE ANNUA 1.600.000 bottiglie
ETTARI VITATI 580.00

Cooperativa fra Agricoltori del Chianti Geografico, più che la ragione sociale di una nuova realtà produttiva, quando apparve, sembrò un grido di rivalsa dei chiantigiani contro lo scippo del nome Chianti. Furono 17, nel 1961, gli agricoltori che vollero ribadire il legame con il loro territorio, avviando così il lavoro di una delle cantine sociali che, anno dopo anno, ha raggiunto una robusta costanza qualitativa e un prestigio non solo nazionale. Un lavoro capace di coniugare quantità a qualità e, specie nel recente passato, di raggiungere anche l'eccellenza assoluta.

Un Chianti Classico decisamente ben fatto il Montegiachi Riserva '08 e dotato di buona linearità. I profumi sono ancora in divenire e il vino trova in bocca il suo punto di forza, dimostrandosi polposo ed equilibrato. Molto piacevole il Chianti Clasisco Contessa di Radda '09, che evidenzia un bagaglio aromatico fresco e ben definito e un gusto solido e non privo di carattere. Affidabile il Chianti Classico '09, che punta tutto sulla bevibilità. Un po' frenato dal rovere il Merlot in purezza Pulleraia '09. Pulito e scorrrevole il Morellino Le Preselle '10, prodotto nell'omonima azienda di Scansano.

L'Aione
Loc. Aione, 12
56040 Montecatini Val di Cecina [PI]
Tel. 058830339
www.aione.ch

VENDITA DIRETTA
VISITA SU PRENOTAZIONE

PRODUZIONE ANNUA 18.000 bottiglie
ETTARI VITATI 6.00

Sostanziali conferme per la piccola realtà di Robert Walti e Doris Portner, ricamata in uno scenario paesaggistico decisamente affascinante, non lontano dall'antico borgo di Montecatini Val di Cecina. I terreni si trovano a un'altezza di circa 500 metri dove poggiano vigne impiantate di recente e altre di lungo corso, che raggiungono addirittura gli 80 anni di età. I vini hanno uno sviluppo sicuro, rilassato, per certi versi verticale, capace di trovare il giusto rapporto tra modernità, precisione e aderenza territoriale.

In cima ai migliori assaggi dell'anno, tra i vini di questa azienda, mettiamo il Salve, un Sangiovese dal carattere particolare, che a dire il vero segue negli anni una scia ben delineata, e infatti anche nel '08 ricorda le precedenti versioni. Dunque profumi aromatici di incenso, lavanda e fiori di campo, ben integrati in una bocca leggiadra, forse non profondissima ma certamente riuscita, piuttosto piacevole e franca. Più intenso, con note erbacee evidenti e una netta sensazione di pepe nero, il Merlot Etico di pari annata. Infine l'Aione, sempre '08, dal corredo speziato rilevante, i bei profumi di sandalo, ma anche una dose di legno importante che ne offusca il profilo.

● Chianti Cl. Montegiachi Ris. '08	🍷 5
● Chianti Cl. Contessa di Radda '09	🍷 5
● Chianti Cl. '09	🍷 4
● Morellino di Scansano Le Preselle '10	🍷 4
● Pulleraia '09	🍷 6
● Chianti Cl. Montegiachi Ris. '07	🍷 5
● Chianti Cl. Montegiachi Ris. '05	🍷 5
● Chianti Cl. Contessa di Radda '07	🍷 5
● Chianti Cl. Contessa di Radda '04	🍷 4
● Ferraiolo '04	🍷 6
● Morellino di Scansano Le Preselle '09	🍷 4*
● Pulleraia '03	🍷 5

● Etico '08	🍷 6
● Salve '08	🍷 6
● Aione '08	🍷 6
● Etico '07	🍷 6
● Etico '06	🍷 6
● Etico '05	🍷 6
● Salve '07	🍷 6
● Salve '05	🍷 6

TOSCANA

Fattoria Ambra
via Lombarda, 85
59015 Carmignano [PO]
Tel. 3358282552
www.fattoriaambra.it

VENDITA DIRETTA
VISITA SU PRENOTAZIONE

PRODUZIONE ANNUA 80.000 bottiglie
ETTARI VITATI 20.00

Beppe Rigoli è il deus ex machina della proprietà di famiglia, che prende il nome dal poema scritto da Lorenzo Il Magnifico nel '400. Viticoltore attento al territorio, ha da sempre distinto nell'imbottigliamento i vini prodotti nelle quattro porzioni di proprietà secondo un concetto di cru caro ai cugini francesi, ma diffuso solo in tempi recenti in Toscana, dimostrando così di essere un precursore. La sua attività di agronomo lo porta a girare molto la Toscana e l'esperienza accumulata in altri territori la mette a frutto anche nelle sue vigne.

Ci ha convinto molto il Vin Santo '04, dai profumi variegati, con la nocciola e il dattero a prevalere, per poi aprirsi a note speziate di vaniglia. In bocca è armonioso, caldo, avvolgente con bel finale prolungato. Dei vari Carmignano il migliore è risultato quello di Santa Cristina in Pilli, che nella versione '09 colpisce al naso per aromi di macchia mediterranea, legati a quelli di cuoio e tabacco, dai quali spuntano elementi fruttati come prugna. Al gusto è sapido, tonico, di giusta tensione acida, con tannini bilanciati e progressione interessante. Gli altri risentono di una certa rigidezza di struttura, data da tannini non del tutto fusi alla componente alcolica.

● Carmignano V. S. Cristina in Pilli '09	4
○ Vin Santo di Carmignano '04	6
● Barco Reale '10	3
● Carmignano Elzana Ris. '08	5
● Carmignano Montalbiolo Ris. '08	5
● Carmignano Montefortini '09	4
⊙ Rosato di Carmignano Vin Ruspo '10	3
○ Trebbiano '10	3
● Carmignano Elzana Ris. '05	5
● Carmignano Le Vigne Alte di Montalbiolo Ris. '07	5
● Carmignano Le Vigne Alte di Montalbiolo Ris. '05	5
● Carmignano V. S. Cristina in Pilli '08	4

Ampeleia
fraz. Roccatederighi
loc. Meleta
58028 Roccastrada [GR]
Tel. 0564567155
www.ampeleia.it

VENDITA DIRETTA
VISITA SU PRENOTAZIONE

PRODUZIONE ANNUA 100.000 bottiglie
ETTARI VITATI 40.00
VITICOLTURA Biodinamico Certificato

Tre amici si riuniscono per dar vita a un nuovo progetto vinicolo: Eisabetta Foradori, viticultrice, Thomas Widmann e Giovanni Podini, imprenditori in altri settori. Mettono insieme le forze e rilevano i vigneti che furono, negli anni Sessanta, acquistati da svizzeri innamorati del podere abbandonato, ritrovato in Maremma. Oggi il vigneto è il vero protagonista, sette sono le varietà coltivate a diversi livelli di altezza per riuscire a ottenere vini che incarnino pienamente il carattere del territorio.

Ben due i vini che giungono alle nostre finali: l'Ampeleia '08 e l'Empatia '07, prodotto solo in magnum. Il primo è prodotto con cabernet franc in prevalenza, sangiovese e altre cinque varietà coltivate in loco come la grenache, il carignano, la mourvedre, l'alicante e il marsellane. Naso intrigante, fuori dagli schemi, dove il ginepro e il timo si distinguono nella base fruttata di mirtilli e ribes, cenni lievemente balsamici, note minerali. L'ingresso in bocca è vivo, denota freschezza data dall'acidità, corpo tonico, bel finale rilassato ma gustoso. Il secondo è un Merlot in purezza prodotto da vecchie vigne e si manifesta al naso con sentori fruttati maturi, supportati da spezie quali cannella e chiodi di garofano, qualche tono terziario di tabacco. Al gusto è ampio, denso, di buona e prolungata beva. Piacevole il Kepos '09.

● Ampeleia '08	6
● Empatia '07	8
● Kepos '09	4
● Kepos '06	6
● Ampeleia '07	6
● Ampeleia '06	6
● Ampeleia '05	6
● Ampeleia '04	6
● Kepos '08	6
● Kepos '07	4

TOSCANA

★★ Marchesi Antinori
P.ZZA DEGLI ANTINORI, 3
50123 FIRENZE
TEL. 05523595
www.antinori.it

VISITA SU PRENOTAZIONE
OSPITALITÀ
RISTORAZIONE

PRODUZIONE ANNUA 1.600.000 + 400.000 bottiglie
ETTARI VITATI 260.00 + 185.00

Il vino italiano, senza inutili giri di parole, non occuperebbe l'attuale posizione di prestigio senza Antinori. I suoi decisivi indirizzi commerciali e tecnico produttivi sono stati capaci di innescare, a metà anni Ottanta, il rinascimento enologico del Bel Paese, segnalando il ruolo fondamentale di questa azienda che resta d'impronta familiare, nonostante i volumi siano ormai industriali. La produzione, qualitativamente affidabile e tecnicamente ineccepibile, sa rispondere ai diversi segmenti di mercato: dalla assoluta correttezza del Santa Cristina, alla rarefatta esclusività del Solaia.

È con un bellissimo Tignanello '08, da sangiovese in prevalenza, che si apre le descrizione dei vini dell'ammiraglia Antinori. Naso fragrante, di frutta rossa, con cenni di tabacco da pipa e erbe officinali, rabarbaro e radice, e bocca sapida e avvincente, dal tannino ancora mordente e bella acidità che allunga il finale. Tre Bicchieri. Un gradino sotto il Solaia '08, da cabernet sauvignon e sangiovese, piccolo saldo di franc, in una fase giovanile in cui il legno è leggermente predominante, con sensazioni vanigliate al naso e con un tannino ancora contratto in bocca. Soave e snello, di bella beva, il Chianti Classico Badia a Passignano Riserva '08.

Argentiera
LOC. DONORATICO
VIA AURELIA, 412A
57022 CASTAGNETO CARDUCCI [LI]
TEL. 0565773176
www.argentiera.eu

VENDITA DIRETTA
VISITA SU PRENOTAZIONE

PRODUZIONE ANNUA 450.000 bottiglie
ETTARI VITATI 75.00

Realtà tra le più interessanti del bolgherese, Argentiera è parte dell'antica Tenuta di Donoratico che fu della famiglia fiorentina dei Serristori, e appartiene ai fratelli Corrado e Marcello Fratini. Molto vicina al mare, quest'azienda vanta numerosi ettari vitati su suoli ben esposti di varia natura, anche se in prevalenza racchiusi in uno schema argilloso sassoso. I vitigni allevati sono quelli ormai classici della zona, dai cabernet sauvignon e franc al merlot, passando per il syrah. Molto bella e spaziosa la cantina.

Tra i migliori Bolgheri Rosso '09 c'è il Poggio ai Ginepri: sapido, terroso e croccante al palato, ha un profilo invitante e affusolato. Meno preciso il Villa Donoratico '08, anche se il connubio tra il frutto rosso e la spezia è centrato, rendendolo sicuramente apprezzabile. Un po' deludente, almeno a nostro giudizio, il Bolgheri Superiore Argentiera '08. Un vino potente e ricco, questo sì, che paga però qualcosa in termini di finezza ed equilibrio, anche in virtù di un legno e una trama speziata importante, che addolcisce il profilo al naso e rende, allo stesso tempo, molto marcato il tannino in bocca.

Vino	Punteggio
● Tignanello '08	▼▼▼ 8
● Solaia '08	▼▼ 8
● Chianti Cl. Badia a Passignano Ris. '08	▼▼ 7
● Villa Antinori Rosso '08	▼▼ 5
● Chianti Cl. Pèppoli '09	▼ 5
● Cortona Bramasole La Braccesca '08	▼ 6
● Nobile di Montepulciano La Braccesca '08	▼ 5
● Santa Cristina '10	▼ 4
● Solaia '07	♀♀♀ 8
● Solaia '06	♀♀♀ 8
● Solaia '03	♀♀♀ 8
● Solaia '01	♀♀♀ 8
● Solaia '00	♀♀♀ 8
● Solaia '99	♀♀♀ 8
● Tignanello '08	♀♀♀ 8
● Tignanello '05	♀♀♀ 8
● Tignanello '04	♀♀♀ 8

Vino	Punteggio
● Bolgheri Rosso Poggio ai Ginepri '09	▼▼ 4
⊙ Bolgheri Rosato Poggio ai Ginepri '10	▼ 4
● Bolgheri Sup. Argentiera '08	▼ 8
● Bolgheri Villa Donoratico '08	▼ 5
● Bolgheri Sup. Argentiera '06	♀♀♀ 8
● Bolgheri Sup. Argentiera '05	♀♀♀ 8
● Bolgheri Sup. Argentiera '04	♀♀♀ 8
● Bolgheri Sup. Argentiera '07	♀♀ 8
● Bolgheri Villa Donoratico '07	♀♀ 5

TOSCANA

Argiano
FRAZ. SANT'ANGELO IN COLLE
53024 MONTALCINO [SI]
TEL. 0577844037
www.argiano.net

VISITA SU PRENOTAZIONE
OSPITALITÀ

PRODUZIONE ANNUA 350.000 bottiglie
ETTARI VITATI 51.00

Questa bellissima e storica azienda fa capo a Noemi Cinzano e negli ultimi anni ha dato segni di grande rinnovamento stilistico e qualitativo. Il bellissimo palazzo storico è citato già nel 1500 per la produzione di vino e le vecchie cantine storiche sono ancora usate per lo stoccaggio di parte del vino in affinamento. La cantina operativa è stata spostata in una nuova e funzionale struttura perfettamente integrata nel paesaggio circostante. Qui troviamo le tecnologie piu moderne con rigorosi controlli delle temperature durante la fermentazione e le fasi successive alla svinatura.

Un bel ritorno in posizioni di alta classifica per i vini di Argiano. Il migliore, come tradizione vuole, è il Brunello di Montalcino '06, di stampo molto tradizionale. Rubino intenso non troppo carico e naso complesso, pulito e ampio, con sentori molto tradizionali di marasca e cuoio, e un tabacco dolce ad ampliare le sensazioni di erbe presenti. In bocca colpisce l'acidità, ben presente nonostante la provenienza delle uve dalla zona meridionale. Finale di ottima consistenza, grazie alla qualità di tannini molto fini e già ben evoluti. Ben fatto anche l'accattivante Suolo '08, da vigneti vecchi di sangiovese.

● Brunello di Montalcino '06	8
● Solengo '08	8
● Suolo '08	8
● Rosso di Montalcino '09	5
● Brunello di Montalcino Ris. '88	6
● Brunello di Montalcino Ris. '85	5
● Solengo '97	8
● Solengo '95	8
● Brunello di Montalcino '01	7
● Solengo '07	8
● Solengo '03	8
● Solengo '02	8
● Solengo '00	8
● Suolo '07	8

Artimino
FRAZ. ARTIMINO
V.LE PAPA GIOVANNI XXIII, 1
59015 CARMIGNANO [PO]
TEL. 0558751423
www.artimino.com

VENDITA DIRETTA
VISITA SU PRENOTAZIONE
OSPITALITÀ
RISTORAZIONE

PRODUZIONE ANNUA 420.000 bottiglie
ETTARI VITATI 88.00

Una delle realtà più importanti del territorio, per la grandezza della superficie: l'attività agricola è incentrata sulla produzione di vino e olio, e a queste si abbina quella di centro congressuale, residenza d'epoca, ristorazione e accoglienza alberghiera. Negli ultimi anni sono stati effettuati poderosi investimenti in campo viticolo, per il rinnovo delle piante esistenti, conservando però i vitigni della tradizione locale, e nella cantina, che è stata dotata delle più moderne tecnologie e dei più avanzati sitemi produttivi.

Ottima impressione a livello generale, per una produzione che ha mostrato un'ottima qualità. Le tre versioni di Carmignano sono quelle che ci hanno maggiormente soddisfatto: la Riserva Villa Medicea '08 per le note fruttate mature percorse da note vegetali piacevoli e rinfrescanti, con un corpo snello e gustoso, la Riserva Vigna Grumarello '07 per le note terziarie avanzate, di tabacco e cuoio ben corrisposte al palato, con una perfetta gestione della materia in bocca. Il Carmignano '09 per la sua intensa espressione di frutti di bosco ingentiliti da note speziate, con un corpo teso e fresco. Ottimo il Vin Santo Occhio di Pernice '06, dai toni amaricanti al naso, dal corpo flessuoso, rilassato e di lunga persistenza.

● Carmignano '09	4
● Carmignano V. Grumarello Ris. '07	5
● Carmignano Villa Medicea Ris. '08	5
○ Vin Santo di Carmignano Occhio di Pernice '06	6
● Barco Reale '10	3
● Chianti Montalbano '10	3
⊙ Vin Ruspo '10	4
○ Vin Santo di Carmignano '07	5
● Carmignano Villa Medicea Ris. '07	5
○ Vin Santo di Carmignano Occhio di Pernice '04	6
● Vin Santo di Carmignano Occhio di Pernice '01	6

TOSCANA

Assolati
Fraz. Montenero
Pod. Assolati, 47
58040 Castel del Piano [GR]
Tel. 0564954146
az.assolati@virgilio.it

VENDITA DIRETTA
VISITA SU PRENOTAZIONE
OSPITALITÀ

PRODUZIONE ANNUA 10.600 bottiglie
ETTARI VITATI 3.00

Furono i nonni di Loriano Giannetti, l'attuale titolare, a fondare l'azienda, ricavando terreni fertili da coltivare da una zona ricoperta dalla macchia mediterranea. I genitori continuarono il lavoro, riuscendo a trasmettere al figlio l'amore per una professione non certo semplice all'epoca. Oggi si prosegue l'opera iniziata, con un bello slancio dato all'attività vitivinicola, prestando particolare cura ai vigneti e agli oliveti, oltre ad aver aperto un agriturismo nel vecchio casolare per l'accoglienza ai turisti.

Buono il Montecucco Sangiovese Riserva '07, austero al naso, dai tratti terziari dove la pelliccia e il cuoio si uniscono a note di confettura di more. L'ingresso in bocca denota forza, struttura complessa, attenuata da note fresche dell'acidità, con alcol bilanciato e soddisfazione gustativa. Più facile all'approccio il Montecucco Rosso '08, dove i toni olfattivi si fanno fruttati, ingentiliti da elementi speziati come la cannella. Al gusto è sbarazzino, divertente, succoso, con buon finale saporito. Il rosato Afrodite '10 è corretto, molto semplice nell'insieme; il Dionysos '10, da vermentino e chardonnay, è facile e beverino.

Badia a Coltibuono
Loc. Badia a Coltibuono
53013 Gaiole in Chianti [SI]
Tel. 0577746110
www.coltibuono.com

VENDITA DIRETTA
VISITA SU PRENOTAZIONE
OSPITALITÀ
RISTORAZIONE

PRODUZIONE ANNUA 350.000 bottiglie
ETTARI VITATI 72.00
VITICOLTURA Biologico Certificato

L'antica Badia a Coltibuono, l'abbazia del buon raccolto, si trova nell'estremo lembo nord della sottozona di Gaiole e rappresenta la sede storica di questa importante realtà produttiva che, a Monti in Chianti, ha la sua cantina d'autore, progettata da Piero Sartogo e Natalie Grenon. Una convivenza, quella fra antico e moderno, che ritroviamo anche nei vini dell'azienda di proprietà della famiglia Stucchi Prinetti, capaci di declinare personalità e carattere e un'ineccepibile esecuzione tecnica, contando su una materia prima ottenuta completamente da agricoltura biologica.

Il Chianti Classico Riserva '07, erroneamente recensito nella scorsa edizione della Guida, possiede un bagaglio aromatico da grande vino. I profumi sono fini e sfumati, giocati su un'alternanza fra note fruttate e cenni minerali, rifiniti da qualche affascinante ricordo evolutivo di fiore appassito e terra. In bocca non è da meno: la sua progressione gustativa è viva e continua, condotta da tannini saporiti e da una freschezza acida che gli dà profondità e lunghezza. Delizioso, ma non è una sorpresa, il Chianti Classico '09, dagli aromi sottili e invitanti e dal sorso gustoso ed equilibrato. Ben centrata, rispetto alle tipologie di appartenenza, il resto della gamma.

● Montecucco Rosso '08	3*
● Montecucco Sangiovese Ris. '07	5
⊙ Afrodite '10	3
○ Dionysos '10	3

● Chianti Cl. Ris. '07	6
● Chianti Cl. '09	5
● Cancelli Sangiovese '10	4
● Chianti Cl. R.S. '09	4
○ Trappoline '10	4
○ Vin Santo del Chianti Cl. '05	6
● Chianti Cl. '06	5*
● Chianti Cl. Ris. '04	6
● Sangioveto '95	6
● Chianti Cl. '09	5
● Chianti Cl. Ris. '06	6
● Chianti Cl. Ris. '05	6
● Chianti Cl. RS '08	4*
○ Vin Santo del Chianti Cl. Occhio di Pernice '03	6

Badia di Morrona

via del Chianti, 6
56030 Terricciola [PI]
Tel. 0587658505
www.badiadimorrona.it

VENDITA DIRETTA
VISITA SU PRENOTAZIONE
OSPITALITÀ

PRODUZIONE ANNUA 260.000 bottiglie
ETTARI VITATI 90.00

Di proprietà della famiglia Gaslini Alberti, la Badia di Morrona sorge in un territorio storico per la viticoltura, in una zona collinare nel territorio di Terricciola. 90 gli ettari di vigna, che insistono su un terreno di origine marina, ricco di fossili, composto prevalentemente da argilla con buona presenza di scheletro. I vitigni presenti sono quelli classici: sangiovese, cabernet sauvignon e franc, syrah, merlot, oltre a vermentino, viognier, chardonnay. Nutrita la gamma di etichette. L'azienda possiede anche diversi poderi ristrutturati in chiave agrituristica.

Tra i molti vini presentati quest'anno ci è sembrato buonissimo il N'Antia '07, da cabernet sauvignon in prevalenza, con saldo di franc, merlot e petit verdot. Ha note animali, di caffè, bocca reattiva e personale. Non è da meno il Taneto '08, da syrah al 70%, con saldo paritario di sangiovese e merlot. Denso e carnoso, non rinuncia a qualche bella durezza che lo rende serio e austero. Bella prova anche per il VignAalta '07, un Sangiovese in purezza fresco e fragrante, sapido e dal tannino croccante.

● N'Antia '07	▼▼ 5
● Taneto '08	▼▼ 4*
● VignAalta '07	▼▼ 6
○ Bianco Pisano di San Torpè Vin Santo '06	▼ 5
○ Felciaio '10	▼ 3
○ La Suvera '10	▼ 4
○ Bianco Pisano di San Torpè Vin Santo '05	♀♀ 5
● N'Antia '06	♀♀ 5

Fattoria di Bagnolo

loc. Bagnolo-Cantagallo
via Imprunetana per Tavarnuzze, 48
50023 Impruneta [FI]
Tel. 0552313403
www.bartolinibaldelli.it

VENDITA DIRETTA
VISITA SU PRENOTAZIONE

PRODUZIONE ANNUA 27.000 bottiglie
ETTARI VITATI 10.00

La famiglia Bartolini Baldelli è proprietaria in Toscana di tre diversi plessi agricoli, dove svolge attività agrituristica: il Castello di Montozzi, a Pergine Valdarno, è dedicato alla riserva di caccia e alla produzione di olio extravergine di oliva, la fattoria di Scaletta a San Miniato, in provincia di Pisa, è dedicata alla coltivazione di seminativi e alla viticoltura mentre la fattoria di Bagnolo, all'Impruneta, è il centro aziendale più importante per la produzione di vini di qualità. Tra i suoi proprietari ha visto anche la famiglia Machiavelli.

I vini dimostrano negli anni una costanza qualitativa interessante, abbinata a un ottimo rapporto qualità prezzo. Migliore della serie è il Capro Rosso '08, uvaggio di sangiovese, cabernet sauvignon e colorino, dal naso che mostra un frutto nitido, addolcito da spezie variegate e si muove in bocca con peso ma non oppressivo, gradevole sapidità e nota acida rinfrescante. Bene anche la Riserva '08 del Chianti Colli Fiorentini, dal naso evoluto, dove si avvertono sentori di cacao e boisé e dal profilo gustativo nel quale si apprezza la trama tannica setosa e la freschezza data dall'acidità. Pronto, gustoso e di buona bevibilità il Chianti Colli Fiorentini '09.

● Capro Rosso '08	▼▼ 6
● Chianti Colli Fiorentini Ris. '08	▼▼ 5
● Chianti Colli Fiorentini '09	▼ 4
● Capro Rosso '07	♀♀ 5
● Capro Rosso '06	♀♀ 6
● Chianti Colli Fiorentini '08	♀♀ 4
● Chianti Colli Fiorentini '07	♀♀ 4*
● Chianti Colli Fiorentini Ris. '06	♀♀ 5

TOSCANA

I Balzini
Loc. Pastine, 19
50021 Barberino Val d'Elsa [FI]
Tel. 0558075503
www.ibalzini.it

VISITA SU PRENOTAZIONE

PRODUZIONE ANNUA 50.000 bottiglie
ETTARI VITATI 8.40

L'azienda è di proprietà della famiglia D'Isanto che iniziò la produzione di vino di qualità negli anni Settanta. Le testimonianze della viticoltura praticata nella zona sono molto antiche, risalgono addirittura al XIII secolo, quando nelle cronache dell'assedio dei fiorentini al vicino castello di Semifonte si nomina la qualità del vino prodotto. Nel corso degli anni la superficie aziendale dei vigneti è andata aumentando e, dall'unico vino prodotto, sono arrivati oggi a quattro etichette. Il nome dell'azienda deriva da balze, come vengono chiamati in loco i terrazzamenti.

Arriva in finale il Black Label '08, uvaggio di cabernet sauvignon, sangiovese e merlot, dal bagaglio aromatico intenso, di frutti di bosco e sensazioni tostate, di caffè e cacao, con lievi note terziarie di tabacco. Al gusto è ricco, rotondo, pieno, dai tannini a trama sottile, con un finale sapido e succoso. Buono anche il White Label '08, da sangiovese e cabernet sauvignon, dalle sensazioni di frutta matura, con qualche cenno speziato di cannella. In bocca l'attacco è solido, succoso, mostra grinta e polposità, con un finale armonico e calibrato. Semplice e godibile il Green Label '09, uvaggio di sangiovese e mammolo.

Bandini - Villa Pomona
Loc. Pomona
s.da Chiantigiana, 222
53011 Castellina in Chianti [SI]
Tel. 0577740930
www.fattoriapomona.it

VENDITA DIRETTA
VISITA SU PRENOTAZIONE

PRODUZIONE ANNUA 12.000 bottiglie
ETTARI VITATI 5.00
VITICOLTURA Naturale

Fu Bandino Bandini che, nel 1899, avviò l'attività di produzione viticola in questa fattoria, e oggi, dopo che il nipote Enzo Raspi recuperò l'azienda nel frattempo abbandonata, i suoi eredi continuano a condurla. Nei vigneti, coltivati a biologico, è allevato prevalentemente il sangiovese, con una piccola quota di colorino e cabernet sauvignon. Lo stile aziendale è tradizionale, a partire dalle maturazioni effettuate solo in botte grande. Il risultato sono vini non banali, magari da principio un po' ostici e austeri, ma dotati di una spiccata personalità.

Il Chianti Classico Riserva '08, benché inizialmente un po' chiuso e quasi arcigno, apre progressivamente i suoi profumi su note nette di ciliegia, spezie e terra. È in bocca, però, che il vino trova la sua dimensione più compiuta, offrendo un sorso continuo e rivelando notevole dinamica e sapore, con una chiusura fresca e persistente. Il Chianti Classico '09 possiede, invece, profumi decisamente più immediati e un frutto pieno e da subito aperto. In bocca troviamo meno contrasto, ma il vino non manca certo di carattere e il suo sorso è succoso e piacevolmente fresco.

● I Balzini Black Label '08	6
● I Balzini White Label '08	6
● I Balzini Green Label '09	4
● I Balzini Black Label '07	6
● I Balzini Black Label '06	6
● I Balzini White Label '07	5
● I Balzini White Label '06	6

● Chianti Cl. Ris. '08	5
● Chianti Cl. '09	4
● Chianti Cl. Ris. '07	5

TOSCANA

Riccardo Baracchi
LOC. SAN MARTINO
VIA CEGLIOLO, 21
52042 CORTONA [AR]
TEL. 0575612679
www.baracchiwinery.com

VENDITA DIRETTA
VISITA SU PRENOTAZIONE
OSPITALITÀ
RISTORAZIONE

PRODUZIONE ANNUA 100.000 bottiglie
ETTARI VITATI 22.00
VITICOLTURA Naturale

La famiglia Baracchi lavora a pieno ritmo nell'azienda nata dalla villa di proprietà, trasformata poi in un accogliente albergo, che appartiene alla catena Relais et Chateaux: Riccardo con il figlio Benedetto si occupano della parte vinicola mentre Silvia è responsabile del ristorante. La tradizione di produrre vino è antica, risale al 1860, e oggi prosegue utilizzando le moderne tecniche enologiche. La sperimentazione di produrre spumante con metodo tradizionale è diventata oramai consuetudine, con la particolarità di impiegare uve tradizionali come trebbiano e sangiovese.

Giunge per la prima volta alle nostre finali l'Ardito, uvaggio paritario di cabernet sauvignon e syrah, che nella versione '08 si presenta molto fruttato, in prevalenza mora e ciliegia, con note boisé in evidenza. Bocca ricca e piena, solo da distendere maggiormente sul finale. Gradevole il Merlot Smeriglio '09, con note dolci e speziate al naso, morbido e fresco in bocca. Sorprende O'Lillo '10, dalla buona intensità olfattiva e beva facile e soddisfacente. Nota particolare per l'Astore '10, Trebbiano in purezza con macerazione delle bucce, con il naso da registrare ma dalla bocca sapida e succulenta.

Fattoria dei Barbi
LOC. PODERNOVI, 170
53024 MONTALCINO [SI]
TEL. 0577841111
www.fattoriadeibarbi.it

VENDITA DIRETTA
VISITA SU PRENOTAZIONE
RISTORAZIONE

PRODUZIONE ANNUA 700.000 bottiglie
ETTARI VITATI 90.00

Azienda storica di Montalcino, una delle poche che possa proporre verticali fino alla metà del secolo scorso. Prima a permettere a un ampio pubblico di potersi avvicinare al Brunello, grazie a una politica di prezzi da sempre molto oculata, ha sviluppato negli ultimi anni il concetto di fattoria toscana, facendo diventare l'azienda una sorta di ambasciatrice del territorio grazie anche al museo di arte contadina ospitato all'interno. I vini sono di stampo classico con il cru Vigna del Fiore ottimo ambasciatore del territorio ilcinese oltre che delle potenzialità aziendali.

Ottima la crescita qualitativa dei vini di questa azienda. Molto interessanti i due Brunello '06, il normale e il cru Vigna del Fiore, che mostrano una grande integrità. La nostra preferenza va al primo, grazie ai rilassati sentori di litchie e leggera vena di erbe medicinali, oltre ai classici descrittori sul frutto rosso. Bocca di buona fattura, con tannini levigati e buona persistenza. Vigna del Fiore risulta ancora chiuso, poco rilassato anche se ricco. Probabilmente un ulteriore affinamento in bottiglia lo aiuterà a distendersi.

● Ardito '08	🍷 7
● Cortona Smeriglio Merlot '09	🍷🍷 5
● O'Lillo '10	🍷🍷 4
○ Astore '10	🍷 5
● Cortona Smeriglio Sangiovese '09	🍷 5
● Cortona Smeriglio Syrah '09	🍷 5
● Ardito '06	🍷🍷 7
○ Astore '09	🍷🍷 4
● Cortona Smeriglio Merlot '07	🍷🍷 5
● Cortona Smeriglio Syrah '07	🍷🍷 5
☉ Spumante Brut Rosé '07	🍷🍷 8

● Brunello di Montalcino '06	🍷🍷 6
● Brunello di Montalcino V. del Fiore '06	🍷🍷 8
● Brunello di Montalcino Ris. '05	🍷 8
● Morellino di Scansano '09	🍷 4
● Rosso di Montalcino '09	🍷 4
● Brunello di Montalcino '04	🍷🍷 6
● Brunello di Montalcino Ris. '04	🍷🍷 8
● Brunello di Montalcino V. del Fiore '05	🍷🍷 8
● Brunello di Montalcino V. del Fiore '04	🍷🍷 8
● Brusco dei Barbi '08	🍷🍷 3*
● Morellino di Scansano Sole '07	🍷🍷 5

TOSCANA

★Barone Ricasoli
Loc. Castello di Brolio
53013 Gaiole in Chianti [SI]
Tel. 05777301
www.ricasoli.it

VENDITA DIRETTA
VISITA SU PRENOTAZIONE
RISTORAZIONE

PRODUZIONE ANNUA 2.000.000 bottiglie
ETTARI VITATI 250.00

La Barone Ricasoli è senz'altro una delle aziende di riferimento del panorama enologico chiantigiano. Non soltanto perché proprio nel castello di Brolio il Barone Bettino inventò letteralmente il Chianti, ma anche perché l'azienda, oggi condotta da Francesco Ricasoli, ha saputo proficuamente intraprendere un percorso qualitativo che ha visto realizzare la mappatura del proprio patrimonio di vigneti, la selezione clonale, prossima all'omologazione, di un sangiovese nativo dei vigneti di Brolio, fino alla recente coltivazione sperimentale di 40 ettari di vigneto in regime biologico.

Tre Bicchieri al Merlot in purezza, il Casalferro, che nella versione '08 evidenzia una straordinaria eleganza, fin dai profumi che, benché le note di vaniglia siano avvertibili al primo impatto, sono poi segnati da intensi aromi fruttati e speziati. In bocca il vino è decisamente equilibrato, largo e avvolgente. Un Chianti Classico quasi austero il Colledilà '08, dal naso contraddistinto da un fruttato rigoglioso, non privo di sfumature terrose, e dal gusto deciso e definito. Un po' frenati dai legni di maturazione il Chianti Classico Castello di Brolio '08 e la Riserva '08 Guicciarda. Centrato il Chianti Classico '09.

Mattia Barzaghi
Loc. San Donato, 13
53037 San Gimignano [SI]
Tel. 0577941501
www.mattiabarzaghi.com

VENDITA DIRETTA
VISITA SU PRENOTAZIONE
OSPITALITÀ

PRODUZIONE ANNUA 50.000 bottiglie
ETTARI VITATI 15.00
VITICOLTURA Naturale

Una meravigliosa tenuta che ha il suo cuore in località Il Caggio ma che vanta vigneti anche in altri siti, tra i più importanti e vocati del comprensorio. Questa la base territoriale su cui l'estro naif di Mattia Brazaghi ha ricamato, in poco tempo, quella che può essere considerata una delle grandi novità della zona per impostazione e originalità dei vini. Tutte le etichette sono non meno che interessanti con alcune punte d'eccellenza, sempre legate a uno stile appuntitio e verticale, di grande fascino e potenzialità.

Sarebbe sbagliato catalogare la Vernaccia di San Gimignano Zeta '10 tra le migliori della denominazione, visto che si tratta di un grandissimo vino bianco in senso assoluto, da non racchiudere in confini troppo angusti. Ha un profilo giovanile freschissimo eppure è già in equilibrio, sarà grandissima nel tempo ma è appagante e godibile fin da ora, gioca su sensazioni verdi ma è capace di trovare complessità, pienezza e maturità. Un vino totale, insomma, vibrante nel tratto minerale e goloso in quello fruttato. Un capolavoro da Tre Bicchieri che potrebbe mettere in ombra gli altri ottimi assaggi, a cominciare dalla Vernaccia Riserva Cassandra '09, splendida nel tocco boisé. Per finire un altro premio per Mattia Barzaghi: per noi è la cantina emergente dell'anno.

● Casalferro '08	🍷🍷🍷 8
● Chianti Cl. Colledilà '08	🍷🍷 8
● Chianti Cl. Castello di Brolio '08	🍷 8
● Chianti Cl. Brolio '09	🍷 6
● Chianti Cl. Rocca Guicciarda Ris. '08	🍷 6
● Casalferro '05	🍷🍷🍷 8
● Casalferro '03	🍷🍷🍷 6
● Casalferro '99	🍷🍷🍷 6
● Chianti Cl. Castello di Brolio '07	🍷🍷🍷 8
● Chianti Cl. Castello di Brolio '06	🍷🍷🍷 8
● Chianti Cl. Castello di Brolio '04	🍷🍷🍷 8
● Chianti Cl. Castello di Brolio '03	🍷🍷🍷 7
● Chianti Cl. Castello di Brolio '01	🍷🍷🍷 7
● Chianti Cl. Castello di Brolio '00	🍷🍷🍷 7
● Chianti Cl. Castello di Brolio '99	🍷🍷🍷 7
● Chianti Cl. Castello di Brolio '98	🍷🍷🍷 6

○ Vernaccia di S. Gimignano Zeta '10	🍷🍷🍷 4
○ Vernaccia di S. Gimignano Cassandra Ris. '09	🍷🍷 5
● Sorriso '10	🍷🍷 4
○ Vernaccia di S. Gimignano Impronta '10	🍷🍷 4
● Sciamano '07	🍷🍷 5
○ Vernaccia di S. Gimignano Cassandra Ris. '08	🍷🍷 5
○ Vernaccia di S. Gimignano Zeta '09	🍷🍷 4*
○ Vernaccia di S. Gimignano Zeta '08	🍷🍷 4*

TOSCANA

Fattoria di Basciano
v.le Duca della Vittoria, 159
50068 Rufina [FI]
Tel. 0558397034
www.renzomasibasciano.it

VENDITA DIRETTA
VISITA SU PRENOTAZIONE

PRODUZIONE ANNUA 200.000 bottiglie
ETTARI VITATI 35.00

La fattoria è di proprietà della famiglia Masi fin dal 1925, ed è stata costruita attorno a una torre risalente al XII secolo. L'attuale titolare, Renzo Masi, è stato il fondatore dell'attività vinicola che si suddivide in quella di negociant, che viene svolta con un'altra società, e quella di viticoltori, che viene effettuata direttamente in fattoria. La conduzione è affidata al figlio Paolo che racchiude in sé i compiti di agronomo, enologo e responsabile commerciale per l'Italia, mentre la moglie Anna Rita si occupa del mercato estero e della ricezione nell'attività agrituristica.

Ampia la produzione destinata ai nostri assaggi: si distingue il Chianti Rufina '09, dove spiccano sentori speziati e floreali su una base fruttata di mirtilli e ciliegia. Al palato è coerente, integro, succoso, di bella progressione, molto fresco. Come sempre azzeccata la formula dell'Erta e China, da sangiovese e cabernet sauvignon, che anche nella versione '09 diverte con le sue note di chiodi di garofano e vaniglia, toni freschi di ribes, bocca rilassata ma venata da una freschezza gustosa e dal finale appetitoso. Elegante nei toni surmaturi di frutti secchi il Vin Santo '05, grasso e ben dosato nella parte dolce.

Begnardi
loc. Monteantico
pod. Camporosso, 34
58030 Civitella Paganico [GR]
Tel. 0564991030
www.begnardi.com

VENDITA DIRETTA
VISITA SU PRENOTAZIONE
OSPITALITÀ
RISTORAZIONE

PRODUZIONE ANNUA 20.000 bottiglie
ETTARI VITATI 5.00

L'azienda è di proprietà dei fratelli Begnardi, che hanno deciso di investire sul loro territoio per creare un'attività agricola con lo scopo di produrre vino e olio extravergine di oliva di qualità. Accanto all'attività principale hanno poi aperto un agriturismo e un ristorante, con specialità tipiche, mentre dalle vinacce ottengono due tipologie di grappa. Per la viticoltura hanno puntato soprattutto sul sangiovese, che riescono a declinare nelle forme più diverse, per riuscire a ottenere vini dotati di personalità.

Buon risultato per il Montecucco Sangiovese Ceneo '09, dai profumi ben amalgamati, di frutti rossi ed erbe aromatiche, come salvia e rosmarino, con note minerali accattivanti. In bocca si presenta con un palato di grande freschezza, abbinato a trama tannica sottile e appetitoso finale. Il Montecucco Sangiovese Riserva Pigna Rossa '08 si apre subito al naso a toni maturi, di liquirizia, tabacco e confettura di frutti neri. Al gusto è incisivo, coerente, complesso, dai tannini morbidi e finale rilassato. Di pronta e facile beva il Montecucco Rosso '09.

● Chianti Rufina '09	3*
● Erta e China '09	3*
○ Vin Santo Rufina '05	4
● Chianti Ris. '08	3
● Chianti Rufina Ris. '08	5
● Il Corto '08	4
⊙ Rosato '10	2
● Chianti Rufina '08	3*
● Chianti Rufina Ris. '07	5
● Erta e China '08	3
● I Pini '08	5
● Vigna Il Corto '08	4

● Montecucco Sangiovese Ceneo '09	4
● Montecucco Sangiovese Pigna Rossa Ris. '08	6
● Montecucco Rosso Begnardi '09	4
● Montecucco Sangiovese Pigna Rossa Ris. '07	6

TOSCANA

Cantine Bellini
via Piave, 1
50068 Rufina [FI]
Tel. 0558399102
www.bellinicantine.it

VENDITA DIRETTA

PRODUZIONE ANNUA 12.600 bottiglie
ETTARI VITATI 7.00

La famiglia Bellini è proprietaria dell'azienda, fondata alla fine del 1800, che era attiva in campo commerciale, nella distribuzione di vino e olio nei negozi e nei ristoranti del territorio, attività che caratterizza molti degli imprenditori vinicoli della Rufina. Con il marchio Cantine Bellini prosegue ancora oggi l'attività di négociant, mentre nella fattoria si porta avanti il classico lavoro di viticoltori, producendo in proprio vino e olio, e organizzando visite e degustazioni per gli appassionati enoturisti.

Ottima prova per il Canto al Lupo '07, Supertuscan a base di sangiovese, cabernet sauvignon e merlot, dove il babaglio aromatico è dominato da frutti maturi, come mora e mirtillo, ai quali si uniscono cenni di tabacco e cuoio, ingentiliti da un tocco boisé. L'ingresso in bocca dimostra solidità, ampiezza e volume, ben supportati da una vena acida invitante e un gusto succoso e sapido. Il Chianti Rufina '09 gioca le sue carte sull'immediatezza olfattiva, dove l'alloro e il rosmarino si fondono ai frutti di bosco, aggraziati da note speziate. Bocca nervosa e fresca, sapidità intrigante e finale disteso. Meno riuscita la Riserva '09, dal naso confuso e un corpo da distendersi.

- Canto del Lupo Podere Il Pozzo '07 — 🍷🍷 5
- Chianti Rufina Podere Il Pozzo '09 — 🍷🍷 4
- Chianti Rufina Podere Il Pozzo Ris. '09 — 🍷 5
- Canto del Lupo Podere Il Pozzo '06 — 🍷🍷 5
- Chianti Rufina Ris. '05 — 🍷🍷 4*
- Chianti Rufina V. Vecchia Podere Il Pozzo Ris. '06 — 🍷🍷 5

Belpoggio
fraz. Castelnuovo dell'Abate
loc. Bellaria
53024 Montalcino [SI]
Tel. 0423982147
www.belpoggio.it

VISITA SU PRENOTAZIONE

PRODUZIONE ANNUA 25.000 bottiglie
ETTARI VITATI 5.00

Piccola realtà in quel di Castelnuovo dell'Abate, appartiene alla famiglia Martellozzo che da generazioni produce Prosecco a Valdobbiadene. Le etichette proposte sfoggiano una non comune attinenza al territorio, grande finezza e complessità, uno stile che è un mix perfetto di tradizione e innovazione. Grande cura nella scelta della tecnologia e un'attenzione maniacale in vigna permettono di ottenere con costanza ottimi prodotti. I vigneti insistono su terreni sciolti, con buona presenza di galestro. In cantina botti da circa trenta ettolitri.

Si ferma ai piedi del podio il Brunello '06, confermando le grandi capacità di questa piccola e giovane azienda. Una leggera riduzione poi fruttato intenso, con sentori di tabacco e cuoio, e una delicata affumicatura dal legno, molto elegante. Bocca di bella consistenza, con una ricerca della complessità che il millesimo 2006 esprime, meno elegante del solito a causa di un tannino marcato, e buona anche l'acidità, per un lungo futuro. Meno riuscito il Rosso '09, che risulta un po' esposto sull'acidità, mentre al naso sentori di ciliegie bianche e note verdi.

- Brunello di Montalcino '06 — 🍷🍷 7
- Rosso di Montalcino '09 — 🍷 5
- Brunello di Montalcino '05 — 🍷🍷 7
- Brunello di Montalcino '04 — 🍷🍷 7
- Brunello di Montalcino '03 — 🍷🍷 7
- Rosso di Montalcino '08 — 🍷🍷 5

TOSCANA

Podere Le Berne
loc. Cervognano
via Poggio Golo, 7
53040 Montepulciano [SI]
Tel. 0578767328
www.leberne.it

VENDITA DIRETTA

PRODUZIONE ANNUA 25.000 bottiglie
ETTARI VITATI 6.00

Il nome deriva dal termine etrusco Verna o Verena che significa poggio dove svernare. La storia è quella di molte aziende toscane: la tradizione di coltivare le viti, con l'uva che viene venduta, e poi la decisione di cominciare a vinificare in proprio. Inizia così l'avventura della famiglia Natalini, con il capostipite Egisto insieme al figlio Giuliano. Nel 1995 entra a far parte del gruppo il figlio di Giuliano, Andrea, perito agrario, che continua con entusiasmo l'opera dei predecessori.

Buona prova d'insieme, anche se è mancato l'acuto. Il Nobile Riserva '07 mostra profumi legati al sottobosco, anche terrosi, con cenni minerali e balsamici su una base fruttata di prugna. In bocca il corpo fatica dapprima a esprimersi compiutamente, per poi stendersi e mostrare tannini robusti ma integrati, bella persistenza gustosa sul finale. Il Nobile '08 dispone di un bouquet legato a frutti rossi, con già cenni di cuoio, uniti a sensazioni speziate come chiodi di garofano. Al gusto è inizialmente contratto, ma poi esprime freschezza e bevibilità, con finale sapido e piacevole.

Bindella
fraz. Acquaviva
via delle Tre Berte, 10a
53045 Montepulciano [SI]
Tel. 0578767777
www.bindella.it

VENDITA DIRETTA

PRODUZIONE ANNUA 120.000 bottiglie
ETTARI VITATI 31.00

Rudi Bindella proviene da una famiglia che si occupa di vino da più di cento anni: primi importatori del Chianti in Svizzera, hanno poi sviluppato la loro attività nell'ambito della ristorazione. L'acquisizione del primo nucleo aziendale avviene nel 1986 e, grazie a successive acquisizioni, raggiunge la dimensione attuale. Nella tenuta viene coltivato anche il grano e sono presenti più di 2500 olivi. Il motto dell'azienda è "terra, vita, vino", a condensare la filosofia con la quale viene intrapeso il lavoro di viticoltori.

Raggiunge ancora una volta la finale il Nobile di Montepulciano I Quadri, che nella versione '08 si dimostra di bella complessità olfattiva, con sentori terziari ben amalgamati, corpo solido e ben distribuito, dal finale succoso e gradevole. Nata per invecchiare bene la Riserva '07, dai sentori mentolati freschi e intriganti, tannini ben presenti ma non mordenti e bella persistenza. Appare non completamente disteso il Vallocaia '07, uvaggio di sangiovese, cabernet sauvignon e syrah, dalla materia imponente e robusta. Più gustoso e facile il Nobile '08 e fresco e invitante, dai profumi agrumati, risulta anche il Gemella '10 Sauvignon Blanc in purezza.

● Nobile di Montepulciano '08	♟♟ 4
● Nobile di Montepulciano Ris. '07	♟♟ 6
● Nobile di Montepulciano '06	♟♟♟ 4
● Nobile di Montepulciano '07	♟♟ 4
● Nobile di Montepulciano '05	♟♟ 4*
● Nobile di Montepulciano '04	♟♟ 4
● Nobile di Montepulciano '03	♟♟ 4
● Nobile di Montepulciano Ris. '05	♟♟ 6
● Nobile di Montepulciano Ris. '04	♟♟ 6
● Nobile di Montepulciano Ris. '03	♟♟ 6
● Nobile di Montepulciano Ris. '01	♟♟ 6

● Nobile di Montepulciano I Quadri '08	♟♟ 5
● Nobile di Montepulciano Ris. '07	♟♟ 5
○ Gemella '10	♟ 4
● Nobile di Montepulciano '08	♟ 5
● Vallocaia '07	♟ 6
● Vallocaia '88	♟♟♟ 5
● Nobile di Montepulciano I Quadri '07	♟♟ 5
● Nobile di Montepulciano I Quadri '06	♟♟ 5
● Nobile di Montepulciano I Quadri '05	♟♟ 5
● Nobile di Montepulciano I Quadri '04	♟♟ 5
● Nobile di Montepulciano I Quadri '03	♟♟ 5
● Nobile di Montepulciano I Quadri '01	♟♟ 5
● Nobile di Montepulciano Ris. '06	♟♟ 5
● Vallocaia '04	♟♟ 6
○ Vin Santo Dolce Sinfonia '06	♟♟ 6
○ Vin Santo Dolce Sinfonia '99	♟♟ 6

TOSCANA

Bindi Sergardi
LOC. POGGIOLO
FATTORIA I COLLI, 2
53035 MONTERIGGIONI [SI]
TEL. 0577309107
www.bindisergardi.it

VENDITA DIRETTA

PRODUZIONE ANNUA 60.000 bottiglie
ETTARI VITATI 100.00

Rappresentante illustre del Chianti Classico, tanto che la proprietà della tenuta è in mano alla stessa famiglia dal 1400, Bindi Sergardi si estende per più di mille ettari complessivi. Oggi l'azienda, condotta in prima persona da Nicolò Casini e dalla figlia Alessandra, si è specializzata nella produzione vitivinicola, oltre che in quella dell'extravergine e, in un altro campo, in quella dei cavalli da corsa. Le tenute agricole in cui è divisa, tutte nella parte meridionale della Toscana, sono Mocenni, Marcianella, I Colli e Pian del Lago.

Tra i vini ha sorpreso positivamente il Chianti Classico Riserva '07. Ha un profilo scuro e moderno, dominato al naso da frutti neri e note di caramella, ma allo stesso tempo è dotato di bella personalità, soprattutto in bocca, dove è capace di tirar fuori la sua parte migliore. Il Numero 89 del Progetto Mocenni '07, che prende il nome dal lotto di terreno dove si trova la vigna in questione, è un Sangiovese decisamente carnale, ematico, con un frutto dolce e maturo capace di trovare allunghi e cambi di marcia. In sintesi molto buono. Maturo e speziato, ma con un tannino meno preciso e più stretto sul finale, il Chianti Classico '08.

Biondi Santi
Tenuta Il Greppo
LOC. VILLA GREPPO, 183
53024 MONTALCINO [SI]
TEL. 0577848087
www.biondisanti.it

VENDITA DIRETTA
VISITA SU PRENOTAZIONE
OSPITALITÀ

PRODUZIONE ANNUA 80.000 bottiglie
ETTARI VITATI 25.00
VITICOLTURA Naturale

La novità più importante è il ritorno a casa di Jacopo Biondi Santi, che ormai affianca con costanza il padre Franco. Il Brunello, che dalla Tenuta Il Greppo nacque alla fine del 1800, ha fatto tanta strada, ma in questa vecchia e tradizionale cantina trova sempre più forti le sue radici. Uno stile unico fatto di eleganza, con acidità sempre sostenute in gioventù e che permettono grande longevità. Se lo stile è giustamente immutato la declinazione dello stesso si avvale delle migliori conoscenze acquisite in anni di studio sulla selezione clonale che qui è in atto da sempre.

Ovviamente niente Riserva dal millesimo 2005, non ritenuto all'altezza. Ci consoliamo però con l'ennesimo grande vino, il Brunello di Montalcino '06, che fa centro facilmente in virtù di uno stile consolidato e mai scontato. Il naso mostra una leggera speziatura dolce, una novità stilistica, marasca nitida, come le note di foglie di tabacco, mentre il cuoio è solo lontanamente accennato. Ottimo al gusto, con tannini di gran fattura e una bellissima progressione.

- Chianti Cl. Ris. '07 — 5
- Numero 89 Mocenni '07 — 7
- Chianti Cl. '08 — 4
- Climax '08 — 6
- Chianti Cl. Ris. '05 — 5
- Chianti Cl. Ris. '04 — 5
- Climax '04 — 6

- Brunello di Montalcino '06 — 8
- Rosso di Montalcino '08 — 6
- Brunello di Montalcino '04 — 8
- Brunello di Montalcino '03 — 8
- Brunello di Montalcino '01 — 8
- Brunello di Montalcino '83 — 6
- Brunello di Montalcino Ris. '04 — 8
- Brunello di Montalcino Ris. '01 — 8
- Brunello di Montalcino Ris. '99 — 8
- Brunello di Montalcino Ris. '95 — 6
- Brunello di Montalcino '05 — 8
- Brunello di Montalcino '99 — 8
- Brunello di Montalcino '97 — 8

TOSCANA

Tenuta di Biserno
loc. Palazzo Gardini
p.zza Gramsci, 9
57020 Bibbona [LI]
Tel. 0586671099
www.biserno.it

PRODUZIONE ANNUA 160.000 bottiglie
ETTARI VITATI 99.00

Lodovico Antinori è un personaggio incredibile, capace di dar vita a imprese altrettanto originali che hanno scritto pagine fondamentali del vino italiano. La Tenuta di Biserno, fondata con il fratello Piero e Umberto Mannoni, si trova in una delle sue zone predilette, nel bolgherese, dove sono state selezionate alcune delle migliori parcelle di terreno da dedicare alla vigna. I vini, di taglio spiccatamente moderno, cominciano a rendere merito alle ambiziose basi del progetto. Azienda dunque in crescita.

In questo contesto, e a fronte di un ventaglio di vini decisamente buoni, spicca con bella autorevolezza il Biserno '08, da uve merlot e cabernet franc, con piccole percentuali di cabernet sauvignon e petit verdot. Rosso di impostazione internazionale e moderna, ha nella spettacolare integrazione legno frutto la sua dote migliore, ma è anche capace di una magnifica ampiezza al palato, che chiude su riverberi accattivanti, golosi, di ciliegia nera matura e sotto spirito. Tre Bicchieri. Molto buono anche l'Insoglio del Cinghiale '09 che unisce bene le nuance boisé a quelle di ciliegia matura e macchia mediterranea, così come Il Pino '08.

● Biserno '08	🍷🍷🍷 8
● Insoglio del Cinghiale '09	🍷🍷 5*
● Il Pino di Biserno '08	🍷🍷 7

Borgo Salcetino
loc. Lucarelli
53017 Radda in Chianti [SI]
Tel. 0577733541
www.livon.it

VENDITA DIRETTA
VISITA SU PRENOTAZIONE

PRODUZIONE ANNUA 91.500 bottiglie
ETTARI VITATI 15.00

Cresce a ritmi serrati l'impresa chiantigiana dei Livon, nota famiglia del vino friulano che ha deciso di investire anche in altri territori, a vocazione spiccatamente rossista. Borgo Salcetino si trova nel comprensorio di Radda e rappresenta ormai una garanzia per chi è alla ricerca dei vini tipici della zona. I vigneti sono davvero curati, dedicati in prevalenza al sangiovese, mentre le operazioni di cantina, mai eccessive, comprendono la maturazione dei vini nelle classiche botti grandi. La sintesi in bottiglia ci pare riuscita.

I nostri assaggi dell'anno raccontano di un delizioso Chianti Classico '09. L'annata tendenzialmente calda ha regalato a questo rosso un profilo maturo ma allo stesso tempo dritto, croccante, di grande piacevolezza. Al naso è un gioco di lamponi, fragoline di bosco e ribes, in armonia con sensazioni di lievito che donano carattere e personalità, ben alternate a quelle di spezie e violetta. La bocca è molto coerente, di grande sapidità, forse più gustosa che fine ma certamente appagante. Lunghissimo il finale, di saporita e terrosa trama tannica. Un grande Chianti Classico, fedele al suo terroir.

● Chianti Cl. '09	🍷🍷 4
● Chianti Cl. '07	🍷🍷 4*
● Chianti Cl. '01	🍷🍷 4
● Chianti Cl. Lucarello Ris. '07	🍷🍷 5
● Chianti Cl. Lucarello Ris. '06	🍷🍷 5
● Chianti Cl. Lucarello Ris. '99	🍷🍷 5
● Rossole '00	🍷🍷 5

TOSCANA

Il Borro

Fraz. San Giustino Valdarno
Loc. Il Borro, 1
52020 Loro Ciuffenna [AR]
Tel. 0559772921
www.ilborro.it

VENDITA DIRETTA
VISITA SU PRENOTAZIONE
OSPITALITÀ
RISTORAZIONE

PRODUZIONE ANNUA 200.000 bottiglie
ETTARI VITATI 45.00

La proprietà della famiglia Ferragamo, nel corso degli anni, ha subito trasformazioni sempre migliorative: accanto al borgo, suddiviso in appartamenti, c'è oggi anche un centro wellness per gli ospiti e la villa padronale è disponibile per cerimonie. A livello vinicolo è stata cambiata la conduzione enologica e l'uscita del primo Vin Santo completa la gamma della proposta. Lo stile dei vini rimane impostato su un'idea di prodotto internazionale, pur facendo attenzione a non perdere le caratteristiche precipue del territorio.

Giunge in finale Il Borro '08, blend di merlot, cabernet sauvignon, syrah e petit verdot, dalle note decise di cioccolato e caffè al naso, poste su una base fruttata di more. In bocca la parte boisé si manifesta decisa, per poi far spazio a una freschezza misurata, con tannini solo rigidi nel finale. Una sorpresa il Pian di Nova '09, uvaggio di sangiovese e saldo di syrah, dalla precisa intensità olfattiva di ribes e pepe, corpo dinamico, ben equilibrato, per una beva golosa e di soddisfazione. Il Vin Santo '07 ammalia per i toni amaricanti, la morbidezza sensuale e il finale ghiotto. Più semplice e un po' rigido per i tannini il Polissena '09, Sangiovese in purezza.

Poderi Boscarelli

Fraz. Cervognano
Via di Montenero, 28
53045 Montepulciano [SI]
Tel. 0578767277
www.poderiboscarelli.com

VENDITA DIRETTA
VISITA SU PRENOTAZIONE

PRODUZIONE ANNUA 100.000 bottiglie
ETTARI VITATI 14.00

Fu nel 1962 che Egisto Corradi, genovese, acquistò la tenuta, per la grande passione che lo animava, sia nei confronti della campagna toscana che della viticoltura in generale. Sua figlia Paola portò avanti con entusiasmo il progetto insieme al marito, Ippolito De Ferrari, e oggi prosegue la sua attività insieme ai figli Luca e Nicolò, che si occupano delle varie fasi produttive, dalla vigna alle pratiche di cantina. Lo stile aziendale si distingue per una ricerca precisa di eleganza e finezza dei vini.

Tre Bicchieri per la selezione del Nobile Nocio dei Boscarelli '07, in virtù di un bouquet aromatico fine, in cui le erbe aromatiche si uniscono a sentori fruttati di prugna e sentori terziari di tabacco e cuoio. In bocca si dimostra equilibrato, dalla vena acida rinfrescante, snello e dalla persistenza finale adeguata. Avvolgono i profumi del Vin Santo '02, piacevoli, di frutta essiccata e lievi note di arancia candita. Opulento e dolce al gusto, prolunga la sua azione in maniera persistente e di grande godibilità, allargandosi bene su finale. Facile e beverino il Rosso '09, fruttato e sapido, mentre il Nobile '08, pur corretto, mostra qualche spigolatura di troppo.

- Il Borro '08 — 7
- Pian di Nova '09 — 5
- ○ Vin Santo del Chianti Occhio di Pernice '07 — 6
- Polissena '09 — 6
- Il Borro '07 — 7
- Il Borro '03 — 7
- Polissena '07 — 6*

- Nobile di Montepulciano Nocio dei Boscarelli '07 — 8
- ○ Vin Santo di Montepulciano '02 — 8
- Nobile di Montepulciano '08 — 6
- Rosso di Montepulciano Prugnolo '09 — 4
- Nobile di Montepulciano Nocio dei Boscarelli '04 — 7
- Nobile di Montepulciano Nocio dei Boscarelli '03 — 7
- Nobile di Montepulciano Nocio dei Boscarelli '01 — 7
- Nobile di Montepulciano Ris. '06 — 6
- Nobile di Montepulciano Ris. '88 — 5
- Nobile di Montepulciano V. del Nocio Ris. '91 — 7
- Nobile di Montepulciano Nocio dei Boscarelli '06 — 8
- Nobile di Montepulciano Nocio dei Boscarelli '05 — 7

TOSCANA

★ Brancaia
LOC. POPPI, 42
53017 RADDA IN CHIANTI [SI]
TEL. 0577742007
www.brancaia.com

VENDITA DIRETTA
VISITA SU PRENOTAZIONE
OSPITALITÀ

PRODUZIONE ANNUA 451.500 bottiglie
ETTARI VITATI 69.00

L'azienda, nata nel 1981, e di proprietà della famiglia svizzera Widmer, conta su tre zone di produzione: il podere Poppi a Radda in Chianti, il podere Brancaia a Castellina in Chianti e il podere Poggio al Sasso, situato in Maremma e acquisito nel 1998. Accanto a una cura maniacale dei vigneti, Brancaia ha fondato la sua filosofia produttiva in cantina su una precisione tecnica assoluta. Il risultato è una gamma di prodotti che privilegia la maturità del frutto, accompagnata dalla presenza di un buon rovere, e strutture potenti, mai prive, tuttavia, della necessaria freschezza.

Legno nuovo, potenza e carattere, il tutto declinato con grande finezza, sono i tratti salienti de Il Blu '08, uvaggio di sangiovese, merlot e cabernet sauvignon, in una versione particolarmente elegante, da Tre Bicchieri. Stesso registro stilistico per l'Ilatraia '09, blend di sangiovese, cabernet sauvignon e petit verdot, ottenuto dai vigneti maremmani dell'azienda di Radda in Chianti. Non dissimile, sebbene più sfumato, il carattere del Tre '09, da uve sangiovese, merlot e cabernet sauvignon, coltivate sia in Chianti Classico che in Maremma, un vino ben strutturato e di buona finezza tannica. Profumi puliti e bocca tendenzialmente grassa per il Bianco '10, Sauvignon in purezza.

● Brancaia Il Blu '08	▼▼▼ 8
● Ilatraia '09	▼▼ 7
○ Bianco '10	▼ 4
● Brancaia Tre '09	▼ 5
● Brancaia '99	▼▼▼ 8
● Brancaia '98	▼▼▼ 6
● Brancaia Il Blu '07	▼▼▼ 8
● Brancaia Il Blu '06	▼▼▼ 7
● Brancaia Il Blu '05	▼▼▼ 7
● Brancaia Il Blu '04	▼▼▼ 7
● Brancaia Il Blu '03	▼▼▼ 7
● Brancaia Il Blu '01	▼▼▼ 7
● Brancaia Il Blu '00	▼▼▼ 7

Bruni
FRAZ. FONTEBLANDA
LOC. LA MARTA, 6
58010 ORBETELLO [GR]
TEL. 0564885445
www.aziendabruni.it

VENDITA DIRETTA
VISITA SU PRENOTAZIONE

PRODUZIONE ANNUA 400.000 bottiglie
ETTARI VITATI 36.00

La famiglia Bruni produce vino dal 1960 ma è nel 1974 che fonda la cantina Bruni, l'azienda che oggi è gestita dai fratelli Marco e Moreno. Ancora il fenomeno Maremma, in campo vinicolo, doveva scoppiare, e già qui si producevano vini nei territori abitati dagli Etruschi che, probabilmente, avevano portato la vite, con risultati interessanti già per l'epoca. Nel corso degli anni la cantina si è maggiormente evoluta, rimanendo però centrata sulla valorizzazione del territorio nei vini ottenuti grazie ai vitigni scelti e lo stile di produzione adottato.

Raggiunge le finali il Morellino Laire '09, dal naso complesso, dove sentori di alloro e salvia si alternano a quelli di mirto e more. In bocca è succoso, caldo, dai tannini ben distribuiti, fresca vena acida a fornire godibile bevibilità. Il finale è di lunga durata. Intrigante il Vermentino Perlaia '10, completato da un saldo di viognier, con aromi fruttati che spaziano dagli agrumi a quelli floreali, con cenni di pesca gialla accattivanti. Ottimo l'ingresso in bocca, avvolgente, sapido, con vena acida importante e con un retrogusto fruttato invitante. Piacevoli e corretti gli altri vini.

● Morellino di Scansano Laire Ris. '09	▼▼ 5
○ Vermentino Perlaia '10	▼▼ 4
● Morellino di Scansano Marteto '10	▼ 4
○ Vermentino Plinio '10	▼ 4
● Morellino di Scansano Laire Ris. '08	▼▼ 5
● Morellino di Scansano Laire Ris. '07	▼▼ 5
● Morellino di Scansano Marteto '09	▼▼ 4
○ Plinio '09	▼▼ 4
○ Vermentino Perlaia '08	▼▼ 4

TOSCANA

Buccia Nera
Loc. Campriano, 10
52100 Arezzo
Tel. 0575361040
www.buccianera.it

VENDITA DIRETTA
VISITA SU PRENOTAZIONE
OSPITALITÀ

PRODUZIONE ANNUA 50.000 bottiglie
ETTARI VITATI 63.45
VITICOLTURA Biologico Certificato

La famiglia Mancini ha acquistato la tenuta, denominata di Campriano, all'inizio del Novecento, e da sempre il lavor principale è stato quella della produzione di vino e olio. Nel 2004 è stata inaugurata la nuova cantina e sempre in quell'anno sono entrate a lavorare le due figlie dei proprietari, Alessia e Anastasia. Il vitigno principale rimane il sangiovese, anche se non mancano varietà autoctone e internazionali. Oltre al vino viene svolta attività agrituristica e si produce anche frutta e verdura.

Sono i due vini bianchi a prevalere nelle nostre degustazioni: davvero interessante il Magnano '10, Chardonnay in purezza, che regala al naso note fragranti floreali, unite a un fruttato nel quale si riconoscono la pesca e l'albicocca. L'ingresso in bocca è caldo e avvolgente, morbido ma dotato di una bella vena acida che lo vivifica e lo porta a un finale sapido e prolungato. Buono anche il Donna Patrizia '10, da malvasia, trebbiano e grechetto, dai profumi fini, eleganti, precisi, di frutti bianchi, corpo sottile ma ben dosato, con finale saporito e di bella lunghezza. Intrigante Il Camprianese '09, Sangiovese in purezza, nervoso e di ottima beva, un po' rigido l'Amadio '08, da sangiovese e merlot.

Bulichella
Loc. Bulichella, 131
57028 Suvereto [LI]
Tel. 0565829892
www.bulichella.it

VENDITA DIRETTA
VISITA SU PRENOTAZIONE

PRODUZIONE ANNUA 60.000 bottiglie
ETTARI VITATI 14.00
VITICOLTURA Biologico Certificato

L'azienda Bulichella sorge a Suvereto, nella parte meridionale della maremma piombinese, a due passi dal mare e dai parchi della Val di Cornia. Dunque in uno scenario naturale e paesaggistico mozzafiato. Gli ettari vitati sono circa 14, in collina, e sono caratterizzati da pendenze ragguardevoli. La storia di questa realtà è davvero affascinante e incentrata sulla carismatica fugura del proprietario Hideyuki Miyakawa, capace da subito di creare uno staff affiatato che mette al centro Stefano Bonaguidi e il figlio Alessandro.

Davvero molto buono il Merlot Val di Cornia Suvereto Maria Shizuko '07, fruttato, aperto, di buona polpa, bell'ampiezza e dolcezza generale. Ottimo tra i bianchi il Vermentino Tuscanio '10, minerale, dalle sensazioni marine e iodate, di grande autorevolezza gustativa, così come l'omonimo Sangiovese (sia '07 che '08, con quest'ultimo che approda alle finali grazie a una bocca calda ma dinamica, di buona acidità e lunghezza). Infine merita una segnalazione l'Aleatico Sfiziale '10, divertente nella componente aromatica dolce e intensa, caratterizzata da frutta secca e in confettura.

○ Donna Patrizia '10	4
○ Magnano '10	4*
● Amadio '08	5
● Chianti Guarniente '10	4
● Chianti Sassocupo '09	4
● Il Camprianese '09	4
● Amadio '07	4*
● Amadio '04	5
● Il Camprianese '06	2*
● Il Camprianese '05	3*

● Val di Cornia Rosso Tuscanio '08	6
● Val di Cornia Rosso Tuscanio '07	6
● Val di Cornia Suvereto Maria Shizuko '07	6
○ Val di Cornia Vermentino Tuscanio '10	4
● Val di Cornia Aleatico Sfiziale '10	5
● Val di Cornia Col di Pietre Rosse '08	7
● Val di Cornia Rosso Rubino '10	4
● Val di Cornia Aleatico '05	6
● Val di Cornia Col di Pietre Rosse '04	7
● Val di Cornia Rosso Rubino '08	4
● Val di Cornia Rosso Tuscanio '05	6

TOSCANA

Tenuta del Buonamico
LOC. CERCATOIA
VIA PROVINCIALE DI MONTECARLO, 43
55015 MONTECARLO [LU]
TEL. 058322038
www.buonamico.it

VENDITA DIRETTA
VISITA SU PRENOTAZIONE
OSPITALITÀ

PRODUZIONE ANNUA 130.000 bottiglie
ETTARI VITATI 29.00

Azienda storica fondata all'inizio degli anni Sessanta, la Tenuta del Buonamico ha cambiato da qualche anno proprietà ed appartiene oggi alla famiglia Fontana che ha contribuito non poco al suo sviluppo più attuale. Si trova nella zona di Cercatoia, a sud ovest di Montecarlo, su terreni di sabbie e argille piuttosto vari. Questa eterogeneità ha convinto i proprietari a mettere in atto una vera e propria zonazione con lo scopo di valorizzare al meglio ogni singola parcella con le uve più adatte.

Il Cercatoja è figlio di un uvaggio piuttosto articolato che mette insieme sangiovese, syrah, cabernet e merlot. La vendemmia 2008 ha regalato un vino ancora da decifrare pienamente, anche per via di una pervasiva nota dolce tostata da riassorbire, che condiziona anche la fase gustativa, e in particolare quella tannica. Ancora più maturo e dolce nei toni Il Fortino Syrah '08 mostra ampiezza e spessore, ma allo stesso tempo non trova le sfumature aromatiche né i necessari campi di passo al palato. Buono, fresco, croccante e succoso, con nuance agrumate di pompelmo e foglie di limone, il Montecarlo Bianco '10.

● Cercatoja Rosso '08	🍷 6
● Il Fortino Syrah '08	🍷 6
○ Montecarlo Bianco '10	🍷 3
● Cercatoja Rosso '07	🍷🍷 6
● Cercatoja Rosso '06	🍷🍷 6
● Il Fortino Syrah '07	🍷🍷 6
● Il Fortino Syrah '06	🍷🍷 6
● Montecarlo Rosso '08	🍷🍷 3
● Montecarlo Rosso '07	🍷🍷 3*
● Villa Lombardi '07	🍷🍷 4

Buondonno
Casavecchia alla Piazza
LOC. LA PIAZZA, 37
53011 CASTELLINA IN CHIANTI [SI]
TEL. 0577749754
www.buondonno.com

VENDITA DIRETTA
VISITA SU PRENOTAZIONE
OSPITALITÀ

PRODUZIONE ANNUA 35.000 bottiglie
ETTARI VITATI 7.85
VITICOLTURA Biologico Certificato

L'azienda è di proprietà degli agronomi Gabriele Buondonno e Valeria Sodano, che l'acquistano nel 1988, impartendo da tempi non sospetti metodi di lavoro rispettosi dell'ambiente, legati ai processi dell'agricoltura biologica. Venti ettari in tutto, di cui circa 8 dedicati alla vigna, sulle colline di Castellina, dove non mancano i boschi e una parte di terreno riservata agli olivi. La maggior parte delle viti si trovano intorno al podere Casavecchia, oltre i 400 metri d'altezza, e poggiano su terreni argillo calcarei, ricchi di scheletro.

Nonostante qualche riduzione al naso, che sulle prima penalizza un po' i profumi, il Chianti Classico '09 ci ha convinto. È un rosso vibrante e succoso, caratterizzato da un'intensa mineralità rocciosa, di grande gusto e profondità. I profumi floreali incrociato un bel frutto rosso, prima di virare sul pepe e la liquirizia. Davvero originale. Niente male il Chianti Classico Riserva '08, non troppo intenso al colore, giocato su sensazioni delicate ma confortanti di rosa, agrume e visciola; teso, a tratti duro al palato, ha uno splendido tenore sapido, nonostante il finale si stringa un po'.

● Chianti Cl. '09	🍷🍷 4
● Chianti Cl. Ris. '08	🍷🍷 6
● Campo ai Ciliegi '08	🍷 6
● Campo ai Ciliegi '07	🍷🍷 6
● Chianti Cl. '08	🍷🍷 4
● Chianti Cl. Ris. '07	🍷🍷 6

TOSCANA

Ca' del Vispo
loc. Le Vigne
via di Fugnano, 31
53037 San Gimignano [SI]
Tel. 0577943053
www.cadelvispo.it

VENDITA DIRETTA
VISITA SU PRENOTAZIONE

PRODUZIONE ANNUA 80.000 bottiglie
ETTARI VITATI 9.00

Di origini trentine, Massimo Daldin prosegue il sogno enologico dei genitori, folgorati da un viaggio a San Gimignano all'inizio degli anni '80, che li convinse a vendere i propri vigneti storici per avviare un progetto tutto nuovo sotto le torri. Dopo vari viaggi ed esperienze comincia la commercializzazione dei vini (1997) di questa realtà che, dopo diversi ammodernamenti, dimostra di poter giocare un ruolo importante nello scacchiere del territorio di riferimento.

Una buona prova d'insieme. Questo il risultato degli ultimi assaggi firmati Ca' del Vispo, che ha per giunta saputo trovare alcuni acuti significativi tra i vini bianchi prodotti. Tra i molti vini dell'azienda ci ha convinto la Vernaccia '10, ben giocata su sensazioni agrumate, dura e salmastra al palato, promette una felice evoluzione in bottiglia ma è già perfettamente godibile. Più ricca, materica e burrosa la selezione di pari annata Vigna in Fiore, capace di un corredo aromatico maturo ma non eccessivamente dolce; evoluto e non molto originale il bianco Segumo '08, da uve chardonnay, pinot grigio e sauvignon.

Ca' Marcanda
loc. Santa Teresa, 272
57022 Castagneto Carducci [LI]
Tel. 0565763809
info@camarcanda.com

PRODUZIONE ANNUA 450.000 bottiglie
ETTARI VITATI 100.00

Ca' Marcanda è la tenuta bolgherese di Angelo Gaja, produttore che ha bisogno di poche presentazioni, conosciuto in tutto il mondo e capace di regalare il suo nome a una fetta decisamente esclusiva del vino italiano. Si trova a Castagneto Carducci, è distinta da un numero ragguardevole di ettari di vigna e da una cantina davvero originale, anche se ben integrata al contesto. I vini hanno il tratto stilistico della casa in elegante connubio con i caratteri consolidati che il territorio sa esprimere.

Molto buono il Bolgheri Camarcanda '08, forse non ai livelli del precedente millesimo ma ugualmente affascinante per via di un tratto vegetale e balsamico compiuto, mai immaturo, capace di trovare in bocca un perfetto connubio con un buon frutto rosso. Vino profondo, elegante, per certi versi leggiadro, guadagna addirittura qualcosa in termini di allungo e bevibilità. Più ricco ma forse meno fine il Magari '09, che mette in campo un frutto molto maturo e concentrato, bisognoso di trovare maggior equilibrio in bottiglia. Buono, anche se decisamente tannico e un filo rigido, il Promis di pari annata.

○ Vernaccia di S. Gimignano '10	3*
○ Vernaccia di S. Gimignano V. in Fiore '10	4
○ Segumo '08	4
● Rovai '07	5
○ Vernaccia di S. Gimignano V. in Fiore '09	4

● Bolgheri Camarcanda '08	8
● Magari '09	8
● Promis '09	8
● Bolgheri Camarcanda '07	8
● Bolgheri Camarcanda '01	8
● Magari '03	7
● Bolgheri Camarcanda '06	8
● Magari '07	7
● Promis '08	6
● Promis '07	6

TOSCANA

Cacciagrande
LOC. TIRLI
S.DA AMPIO-TIRLI
58040 CASTIGLIONE DELLA PESCAIA [GR]
TEL. 0564944168
www.cacciagrande.com

VENDITA DIRETTA
VISITA SU PRENOTAZIONE

PRODUZIONE ANNUA 60.000 bottiglie
ETTARI VITATI 10.00

La passione per la viticoltura ha spinto la famiglia Tuccio a imbarcarsi in un'opera di riordino fondiario, che si è dimostrata lunga e faticosa ma che ha permesso di creare un'azienda ben organizzata, impostata essenzialmente sull'attività vitivinicola oltre a quella complementare della produzione di olio extravergine di oliva. Il vitigno più importante rimane il sangiovese, presente con quattro diversi cloni per aumentare la complessità dei vini ottenuti, ma si è lasciato ampio spazio all'innovazione impiantando diverse varietà di uve internazionali.

Molto buono il Monteregio di Massa Marittima '09, dai profumi intensi, di confettura, abbinati a quelli di erbe aromatiche e pelliccia. L'ingresso in bocca è saporito, deciso, di bella tensione, tannini concentrati, finale saporito e caldo. Molto interessante il Cortigliano '09, da syrah e petit verdot, con note appetitose di pepe e ciliegia, supportate da cenni di tabacco e cuoio. Al gusto appare sapido, bilanciato, dinamico, con beva succosa e giusta persistenza. Opulento ma un po' stanco il Castiglione '07, a base di cabernet sauvignon e merlot, semplice e fruttato il Viognier '10.

● Cortigliano '09	4
● Monteregio di Massa Marittima Rosso '09	4*
● Castiglione '07	5
○ Viognier '10	4
● Castiglione '04	6
● Cortigiano '05	5

Tenuta Le Calcinaie
LOC. SANTA LUCIA, 36
53037 SAN GIMIGNANO [SI]
TEL. 0577943007
www.tenutalecalcinaie.it

VENDITA DIRETTA
VISITA SU PRENOTAZIONE

PRODUZIONE ANNUA 60.000 bottiglie
ETTARI VITATI 10.00
VITICOLTURA Biologico Certificato

Le Calcinaie rispecchia le idee e la filosofia di Simone Santini, uomo caparbio e alieno a ogni compromesso, che avvia la sua opera nel 1986 con l'impianto del primo vigneto. Siamo in zona Santa Lucia, ad appena tre chilometri dal borgo di San Gimignano, dove da tempi non sospetti la proprietà ha avviato un laborioso processo di coltivazione biologica delle uve, cui negli anni ha fatto seguito la stessa certificazione relativa ai processi di vinificazione. I vini sono la naturale conseguenza di questi percorsi e si distinguono per una chiara puntualità stilistica.

Splendida la Vernaccia di San Gimignano '10. Sulle prime colpisce per le sensazioni di frutta gialla, che però ben presto si scoprono accompagnate da nuance di erbe aromatiche e fiori di campo, decisamente più suggestive e complesse, non senza qualche intrigante cenno iodato che completa l'opera. Bellissima anche la bocca, di buon allungo e fittezza aromatica, non tradisce le attese neppure sul piano della densità. Un vino tridimensionale, insomma, capace di allungare quando serve e ricco di sapore. Piccante, con note che ricordano la paprika, e buon tenore fruttato per il Merlot Gabriele '07.

○ Vernaccia di S. Gimignano '10	4*
● Gabriele '07	4
● Teodoro '07	5
○ Vernaccia di S. Gimignano '08	4*
○ Vernaccia di S. Gimignano V. ai Sassi '06	4
○ Vernaccia di S. Gimignano V. ai Sassi '05	4
○ Vernaccia di S. Gimignano V. ai Sassi '04	4
○ Vernaccia di S. Gimignano V. ai Sassi '03	4

TOSCANA

Camigliano
loc. Camigliano
via d'Ingresso, 2
53024 Montalcino [SI]
Tel. 0577816061
www.camigliano.it

VENDITA DIRETTA
VISITA SU PRENOTAZIONE
OSPITALITÀ
RISTORAZIONE

PRODUZIONE ANNUA 350.000 bottiglie
ETTARI VITATI 92.00
VITICOLTURA Naturale

Continua l'avventura mecenatistica della famiglia Ghezzi. Il recupero dello storico centro di Camigliano e la ferrea volontà di tenerlo in vita sono tra i principali obiettivi familiari oltre che importanti scelte di reinvestimento sul territorio. Bellissima la nuova cantina interrata, ben integrata nel paesaggio. I vigneti sono stati rinnovati nell'arco dell'ultimo decennio e ormai operativi. Le alte densità per ettaro e l'ottima selezione, sia clonale che massale, da vecchi vigneti, dovrebbero far fare all'azienda l'ulteriore salto qualitativo che è nelle possibilità di questo terroir.

Ottima la prova complessiva di Camigliano e anche se è mancato l'acuto la solidità qualitativa è certa. Bene i Brunello presentati, con un elogio alla Riserva '05 Gualto, tra le migliori dell'annata. Una bella mora netta e matura e bocca di buona consistenza, dal tannino integrato, a bilanciare la componente alcolica, leggermente esuberante. Vena acida sotto controllo, che garantisce freschezza e allunga il finale. Molto interessante anche Campo ai Mori '08, un Cabernet intenso, con grafite e arancio oltre a un buon balsamico. Bella ricchezza senza cadere nella banalità, grazie al buon tenore acido tannico a sostegno.

- Brunello di Montalcino '06 — 7
- Brunello di Montalcino Gualto Ris. '05 — 8
- Sant'Antimo Cabernet Sauvignon Campo ai Mori '08 — 5
- Poderuccio '09 — 4
- Rosso di Montalcino '09 — 4
- Brunello di Montalcino '04 — 6
- Brunello di Montalcino '99 — 6
- Brunello di Montalcino '98 — 6
- Brunello di Montalcino Gualto '99 — 8
- Rosso di Montalcino '08 — 4
- Sant'Antimo Cabernet Sauvignon Campo ai Mori '07 — 5

Canalicchio - Franco Pacenti
loc. Canalicchio di Sopra, 6
53024 Montalcino [SI]
Tel. 0577849277
www.canalicchiofrancopacenti.it

VENDITA DIRETTA
VISITA SU PRENOTAZIONE

PRODUZIONE ANNUA 37.000 bottiglie
ETTARI VITATI 10.00

L'azienda di Franco Pacenti è di una solidità confortante. I vini, sempre ben fatti, hanno stile definito, che in ogni annata si manifesta con decisa coerenza. I vigneti situati nella zona dei Canalicchi, sul fronte settentrionale di Montalcino, sono posti a un'altitudine di circa 300 metri, proprio dove l'argilla cede il passo ai conglomerati. Lo scheletro presente permette quindi un buon drenaggio mentre il calcare dona buona acidità. Le vinificazioni sono classiche, con macerazioni abbastanza lunghe e maturazioni in botti da circa 35 ettolitri.

Grande la costanza qualitativa di questa azienda sempre presente alle nostre finali con il Brunello. Uno stile consolidato e un'ottima coerenza alla zona dei Canalicchi. Il Brunello '06 risente al naso del millesimo caldo, con note di lavanda ed erbe medicinali, marasca bella matura. Bocca austera, ricca, intensa, dai tannini di ottima fattura anche se ancora scalpitanti e giovanili, non sovraesposti grazie a un'acidità equilibrata. Finale ottimo e molto promettente. Il Rosso '09 è giocato su note fruttate fresche e una leggera vegetalità. Bocca fine, non molto persistente.

- Brunello di Montalcino '06 — 6
- Rosso di Montalcino '09 — 4
- Brunello di Montalcino '04 — 6
- Brunello di Montalcino '05 — 6
- Brunello di Montalcino '01 — 6
- Brunello di Montalcino '00 — 6*
- Brunello di Montalcino '99 — 6*
- Brunello di Montalcino Ris. '04 — 8

Canalicchio di Sopra
Loc. Casaccia, 73
53024 Montalcino [SI]
Tel. 0577848316
www.canalicchiodisopra.com

VENDITA DIRETTA
VISITA SU PRENOTAZIONE
OSPITALITÀ

PRODUZIONE ANNUA 55.000 bottiglie
ETTARI VITATI 15.00

Azienda giovane, dinamica, dalle solide basi tradizionali, grazie all'impegno da sempre profuso dai genitori di Simonetta, Marco e Francesco, che da tempo coltivavano le vigne in questa zona particolarmente vocata. Siamo nei Canalicchi, uno dei migliori terroir del versante nord di Montalcino. Lo stile aziendale è tradizionale ed esalta le caratteristiche di eleganza e piacevolezza di beva che hanno i Brunello di questa zona. Vinificazioni classiche piuttosto lunghe e maturazioni in botti di circa 30 ettolitri completano il lavoro in vigna, fatto di scelte vendemmiali senza compromessi.

Prima il vino che non ci ha convinto, il Brunello Riserva '05, dall'olfatto semplice, leggermente verde, con intermittenti sensazioni di frutta a pasta bianca. Bocca di medio impasto, dall'acidità elevata e dal finale di medio spessore. Le belle notizie su tutto il resto. Fantastico il Brunello '06, nello stile aziendale più classico. Naso di ottimo impatto, pulito e persistente, su note di foglie, erbe e netta marasca, cuoio e tabacco ad ampliare l'offerta olfattiva. Bocca di bello spessore e consistenza, con un tannino ancora vivo ma non sabbioso, a sostenere la buona massa estrattiva. Finale da fuoriclasse. Molto ben fatto anche il Rosso '09, intensamente fruttato e di buon corpo.

● Brunello di Montalcino '06	🍷🍷🍷	7
● Rosso di Montalcino '09	🍷🍷	5
● Brunello di Montalcino Ris. '05	🍷	8
● Brunello di Montalcino '04	🍷🍷🍷	7
● Brunello di Montalcino Ris. '04	🍷🍷🍷	8
● Brunello di Montalcino Ris. '01	🍷🍷🍷	8
● Brunello di Montalcino '05	🍷🍷	7
● Brunello di Montalcino '01	🍷🍷	6
● Rosso di Montalcino '08	🍷🍷	4*
● Rosso di Montalcino '06	🍷🍷	5

Canneto
Via dei Canneti, 14
53045 Montepulciano [SI]
Tel. 0578757737
www.canneto.com

VENDITA DIRETTA
VISITA SU PRENOTAZIONE
OSPITALITÀ

PRODUZIONE ANNUA 115.000 bottiglie
ETTARI VITATI 29.00

La storia di Canneto è particolare. Un gruppo di amici svizzeri, che importava regolarmente il vino da Montepulciano a partire dalla metà degli anni Settanta, decide di costruire la propria azienda vinicola. Fu così che nel 1987 fu fondata la società che rilevò l'azienda agricola esistente, forte di una tradizione centenaria. L'igresso dei nuovi proprietari ha permesso uno sviluppo notevole della qualità, iniziato con il rinnovo dei vigneti e proseguito con l'adeguamento della cantina ai moderni dettami dell'enologia.

Ottimo ritorno alla scheda grande, con una prestazione d'insieme convincente: raggiunge le finali la Riserva '07, con un complesso aromatico variegato, dai sentori tostati, frutti di bosco, note speziate, che sostengono una struttura morbida, dai tannini dolci, nerbo acido ben presente e finale prolungato. Buono anche il Nobile '08, dai profumi legati al frutto e qualche accenno minerale, struttura agile, freschezza ben presente che dona una bella bevibilità. Ben riuscita la Vendemmia Tardiva '09, a base di malvasia, grechetto e trebbiano, avvolgente e ricca. Meno convincente il Filippone '08, uvaggio paritario di sangiovese e merlot, che arriva stanco alla meta.

● Nobile di Montepulciano Ris. '07	🍷🍷	5
● Nobile di Montepulciano '08	🍷🍷	5
O Vendemmia Tardiva '09	🍷🍷	5
● Filippone '08	🍷	6
● Filippone '06	🍷🍷	6
● Filippone '05	🍷🍷	6
● Nobile di Montepulciano '07	🍷🍷	5
● Nobile di Montepulciano Ris '03	🍷🍷	5
● Nobile di Montepulciano Ris '01	🍷🍷	5

TOSCANA 586

Capanna
loc. Capanna, 333
53024 Montalcino [SI]
Tel. 0577848298
www.capannamontalcino.com

VENDITA DIRETTA
VISITA SU PRENOTAZIONE

PRODUZIONE ANNUA 70.000 bottiglie
ETTARI VITATI 19.50

Patrizio Cencioni, dopo la parentesi da Presidente del Consorzio, si è ritirato nella sua bellissima azienda ai piedi di Montosoli, magico promontorio posto a tutela della zona settentrionale di Montalcino. In cantina il parco botti, sempre di dimensioni classiche, è stato completamente rinnovato, la struttura recentemente restaurata e ampliata nel pieno rispetto ambientale e storico, i vigneti in fase di graduale reimpianto. La novità, per i prossimi anni, sarà una delicata ma significativa revisione nello stile, sempre nel solco della tradizione.

Molto solidi i vini prodotti da Patrizio Cencioni, come sempre austeri e molto ben fatti. Riscontriamo una maggiore dolcezza al naso, oltre a una maggiore definizione delle sensazioni olfattive. Ottimo nella sua austerità il Brunello '06. Olfatto ampio, con piccole concessioni allo speziato dolce, sulla vena fruttata classica, di ciliegia matura molto evidente. La bocca è figlia dell'annata in zona nord. Tannini piuttosto aggressivi, prevaricanti, a rendere la beva meno rilassata del dovuto. Comunque notevole la personalità, così come la persistenza del finale. Meno centrati gli altri vini.

● Brunello di Montalcino '06	6
● Rosso del Cerro '09	4
● Rosso di Montalcino '09	4
● Brunello di Montalcino Ris. '04	8
● Brunello di Montalcino Ris. '90	6
● Brunello di Montalcino '05	6
● Brunello di Montalcino '04	6
● Brunello di Montalcino Ris. '01	8
● Rosso di Montalcino '08	4

Capannelle
via Capannelle, 13
53013 Gaiole in Chianti [SI]
Tel. 057774511
www.capannelle.com

VENDITA DIRETTA
VISITA SU PRENOTAZIONE
OSPITALITÀ

PRODUZIONE ANNUA 80.000 bottiglie
ETTARI VITATI 18.00

Un'azienda con quasi 40 anni di storia quella di proprietà della famiglia americana Sherwood e situata a due passi dal centro di Gaiole in Chianti. Votata fin da subito all'innovazione, ha contribuito al rilancio di questa sottozona del Chianti Classico, a partire dal 1975 anno di uscita del Chianti Casale. Una realtà produttiva che si è sempre distinta per un'impostazione stilistica moderna e rigorosa dei suoi vini, maturati in legno piccolo, ma esenti da inutili forzature e, anzi, caratterizzati da equilibrio e una convincente dose di tipicità.

Il 50 & 50, blend a base di sangiovese e merlot prodotto in collaborazione con l'azienda Avignonesi di Montepulciano, nella sua versione '07 è risultato un vino dai ricchi aromi tostati e fruttati, che in bocca si sviluppa con morbidezza e calore. Più intrigante il Solare '07, da uve sangiovese e malvasia nera, che, a dispetto di qualche nota di rovere a coprire parzialmente un fruttato rigoglioso, evidenzia un palato di buon ritmo e sapidità. Frenano decisamente sia il bagaglio aromatico che l'espressione gustativa le abbondanti sensazioni tostate del Chianti Classico Riserva '08, peraltro giunto ai nostri assaggi appena imbottigliato. Ricco e saporito lo Chardonnay '09.

● 50 & 50 Avignonesi e Capannelle '07	8
● Solare '07	8
○ Chardonnay '09	7
● Chianti Cl. Ris. '08	7
● 50 & 50 Avignonesi e Capannelle '99	8
● 50 & 50 Avignonesi e Capannelle '97	8
● 50 & 50 Avignonesi e Capannelle '03	8
● 50 & 50 Avignonesi e Capannelle '01	8
● 50 & 50 Avignonesi e Capannelle '00	8
○ Chardonnay '08	8
● Solare '04	8

TOSCANA

Tenuta Caparzo
LOC. CAPARZO
SP DEL BRUNELLO
53024 MONTALCINO [SI]
TEL. 0577848390
www.caparzo.it

VENDITA DIRETTA
VISITA SU PRENOTAZIONE
OSPITALITÀ

PRODUZIONE ANNUA 455.000 bottiglie
ETTARI VITATI 90.00

I grandi sforzi compiuti da Elisabetta Gnudi nella ristrutturazione di questa meravigliosa azienda danno risultati concreti e stabili nel tempo. I nuovi locali per la fermentazione con i nuovi tini, il rinnovo ormai completato del parco botti con inserimento di tagli di dimensione intermedia e l'annata 2006 hanno permesso di ritornare ai fasti del passato. La bravura dello staff e i nuovi protocolli, che prevedono la classificazione delle uve in vendemmia, hanno dato un deciso contributo alla svolta. I vigneti occupano alcune tra le migliori zone di Montalcino, come Montosoli e Castelgiocondo.

Deciso balzo in avanti dei vini, soprattutto con i Brunello. Ottima sia la versione annata che il cru La Casa, proveniente dalla collina di Montosoli, che accede alle nostre finali. Naso ampio, con nette e caratteristiche note balsamiche di eucalipto, poi un'importante e nitida componente fruttata, con mora e ciliegia. Grandissima eleganza gustativa, con tannini già risolti che cedono all'acidità l'onere di garantire la tenuta nel tempo. Finale ampio e di buona persistenza. La rivoluzione tecnica fatta in cantina inizia evidentemente a dare i propri frutti.

- Brunello di Montalcino La Casa '06 8
- Brunello di Montalcino '06 7
- Rosso di Montalcino '09 5
- Brunello di Montalcino La Casa '93 7
- Brunello di Montalcino La Casa '88 7
- Brunello di Montalcino La Casa '04 8
- Brunello di Montalcino La Casa '97 7
- Brunello di Montalcino Ris. '04 8
- Ca' del Pazzo '06 6
- Rosso di Montalcino La Caduta '07 5
- Rosso di Montalcino La Caduta '06 5

Tenuta di Capezzana
LOC. SEANO
VIA CAPEZZANA, 100
59015 CARMIGNANO [PO]
TEL. 0558706005
www.capezzana.it

VENDITA DIRETTA
VISITA SU PRENOTAZIONE

PRODUZIONE ANNUA 600.000 bottiglie
ETTARI VITATI 106.00

Non è comune trovare un'azienda che vanta oltre 8 secoli di storia, ma la Tenuta di Capezzana, di proprietà della famiglia Contini Bonaccossi, li porta a meraviglia, senza mostrare alcun cedimento nella voglia di migliorarsi e guardando avanti con sempre maggiore entusiasmo. Il conte Ugo, il capostipite, segue con occhio vigile il lavoro dei figli e oggi anche dei nipoti, impegnati nella tenuta nelle diverse mansioni: il risultato è quello di un team affiatato, che svolge un ruolo fondamentale nel far conoscere al mondo il territorio di Carmignano.

Mancava il Carmignano tra i nostri assaggi e quindi, a eccellere, sono stati il Ghiaie della Furba '07, da cabernet sauvignon, merlot e syrah, dal complesso aromatico intenso, con il pepe e i chiodi di garofano che emergono da una base fruttata, di frutti di bosco, con cenni balsamici rinfrescanti. L'ingresso in bocca è largo, potente, con tannini delicati, vena acida intrigante, con finale rilassato e lungo. Inebriante nei profumi, che spaziano dalla nocciola al fico secco, con tonalità burrose avvolgenti il Vin Santo '05. Al gusto è vellutato, grasso, gustoso, di piacevole persistenza gustativa, da Tre Bicchieri. Interessante anche il Trebbiano '08, dalle note minerali evidenti, con un gusto salino, ben equilibrato, di notevole soddisfazione.

- O Vin Santo di Carmignano Ris. '05 6
- Ghiaie della Furba '07 6
- O Trebbiano '08 5
- Barco Reale '09 4
- Carmignano Villa di Trefiano '07 6
- O Chardonnay '10 4
- ⊙ Vin Ruspo '10 3
- Carmignano Villa di Capezzana '07 5
- Carmignano Villa di Capezzana '06 5
- Carmignano Villa di Trefiano '06 6
- Ghiaie della Furba '06 6
- O Trebbiano '07 5

TOSCANA 588

Caprili
loc. Santa Restituta
53024 Montalcino [SI]
Tel. 0577848566
info@caprili.it

VENDITA DIRETTA
VISITA SU PRENOTAZIONE

PRODUZIONE ANNUA 60.000 bottiglie
ETTARI VITATI 15.00

Bella azienda di circa 15 ettari di vigneto nella zona occidentale di Montalcino, una delle rare che possono spingersi con verticali fino agli anni '70 del secolo scorso visto che la prima annata prodotta è stata quella del 1978. Da allora a oggi la qualità della produzione è solo migliorata anche se lo stile, fermamente tradizionale, non si è modificato. I terreni sono molto sciolti, ricchi di sasso e minerali, con una buona vena calcarea sui quali insistono gli ettari vitati, con una densità che non arriva a 5000 ceppi per ettaro.

Centrati i Tre Bicchieri con il Brunello '06 per l'azienda dei Bartolomei. Molto classico al naso, con note di tabacco dolce, ciliegia matura, more di rovo e un accenno di spezia dolce e pesca gialla. Molto nitido e intenso. Ottima la progressione gustativa, grazie a un'opulente massa estrattiva, ben sorretta e sostenuta da un tannino compatto e dolce e da un'acidità che ben identifica il terroir delle vigne. Ottimo il finale, in perfetta corrispondenza olfattiva. Meno convincente il Rosso '09, dalla buona acidità ma piuttosto semplice e non molto espressivo, sopratutto in bocca.

Podere Il Carnasciale
loc. Podere Il Carnasciale
52020 Mercatale Valdarno [AR]
Tel. 0559911142

PRODUZIONE ANNUA 7.000 bottiglie
ETTARI VITATI 3.00

Una vera rarità nel panorama viticolo nazionale: un'azienda piccola, un solo vigneto, il caberlot, a lungo rimasto solitario anch'esso prima della nascita del second vin che prende il nome del podere, un risultato sempre notevole. Tutto questo si deve alla passione di Wolf Rogolsky che nel 1986 decide di impiantare una barbatella portata da un agronomo toscano, Remigio Bordini, desideroso di sperimentare le potenzialità di un'uva allora sconosciuta. Oggi l'opera viene portata avanti dalla moglie Bettina e dal figlio Philip.

Un appassionato capirà subito di trovarsi di fronte a un vino inconsueto, il Caberlot '09, che conquista i Tre Bicchieri in virtù di un panorama olfattivo spazioso, con le note di pepe fresco che si vanno ad abbinare a quelle floreali di geranio, inserite in un complesso fruttato variegato, dove la mora domina sul ribes e il mirtillo, con lievi note tostate di caffè. In bocca la beva è divertente, dinamica, con un corpo che, se pur solido, mostra facile beva, grazie a tannini levigati, fresca nota acida di supporto, gustosa pienezza, che lo accompagna a un finale persistente e di lunga soddisfazione.

● Brunello di Montalcino '06	♈♈♈ 6
● Rosso di Montalcino '09	♈ 6
● Brunello di Montalcino Ris. '04	♈♈ 8
● Brunello di Montalcino '05	♈♈ 6

● Caberlot '08	♈♈♈ 8
● Caberlot '05	♈♈♈ 8
● Caberlot '04	♈♈♈ 8
● Caberlot '00	♈♈♈ 8
● Caberlot '07	♈♈ 8
● Caberlot '06	♈♈ 8
● Caberlot '03	♈♈ 8
● Caberlot '02	♈♈ 8
● Caberlot '01	♈♈ 8
● Caberlot '99	♈♈ 8
● Caberlot '98	♈♈ 6

TOSCANA

Fattoria Carpineta Fontalpino
FRAZ. MONTAPERTI
LOC. CARPINETA
53019 CASTELNUOVO BERARDENGA [SI]
TEL. 0577369219
www.carpinetafontalpino.it

VENDITA DIRETTA
VISITA SU PRENOTAZIONE
OSPITALITÀ

PRODUZIONE ANNUA 100.000 bottiglie
ETTARI VITATI 23.00

L'azienda di Filippo e Gioia Cresti si trova a Monteaperti, nei pressi di Castelnuovo Berardenga, nella zona sud del Chianti Classico. Un elemento questo che, insieme a un'accurata conduzione dei vigneti e a un rigoroso lavoro in cantina, determina il carattere dominante dei vini di Carpineta. Si tratta di rossi pieni e generosi, risultato di una filosofia produttiva d'impostazione moderna, che privilegia maturità del frutto, accompagnata dalla presenza di un buon rovere, e strutture potenti, mai prive, tuttavia, della necessaria freschezza.

È un vino ben centrato il Chianti Classico Fontalpino Riserva '08, e benché debba smaltire un po' di rovere, al naso esibisce note di viola e cenni speziati di bella eleganza. In bocca è un rosso ben dotato sul piano strutturale, dalla materia ricca e generosa, contraddistinto da una progressione gustativa solida e da un finale slanciato e non privo di sapidità. Più immediato, ma non meno godibile, il Chianti Classico Fontalpino '09, dal sorso ampio, succoso ed equilibrato e dai profumi di frutti di bosco e vaniglia. Come sempre integro e strutturato, dalla sostanziosa tannicità il Do ut des '09, in cui l'acidità regala un finale affusolato, da Tre Bicchieri.

● Do ut des '09	🍷🍷🍷 6
● Chianti Cl. Fontalpino '09	🍷🍷 4
● Chianti Cl. Fontalpino Ris. '08	🍷🍷 6
● Do ut des '07	🍷🍷🍷 6
● Dofana '07	🍷🍷🍷 8
● Do ut des '08	🍷🍷 6
● Do ut des '06	🍷🍷 6
● Do ut des '05	🍷🍷 6
● Do ut des '04	🍷🍷 6
● Do ut des '03	🍷🍷 6
● Dofana '06	🍷🍷 8
● Dofana '04	🍷🍷 8

Casa al Vento
LOC. CASA AL VENTO
53013 GAIOLE IN CHIANTI [SI]
TEL. 0577749068
www.borgocasaalvento.com

VENDITA DIRETTA
VISITA SU PRENOTAZIONE
OSPITALITÀ
RISTORAZIONE

PRODUZIONE ANNUA 40.000 bottiglie
ETTARI VITATI 5.80
VITICOLTURA Biologico Certificato

Piccola azienda ospitata nell'omonimo borgo, sapientemente restaurato, dedita alla vigna e al vino ma anche all'extravergine e a una promettente attività agrituristica. Questa la realtà, in estrema sintesi, voluta e realizzata dalla famiglia salentina dei Gioffreda. Tornando alla terra c'è da sottolineare la caparbietà con cui i proprietari stanno portando avanti la scelta del biologico, fatto che contribuisce alla realizzazione di vini sempre più convincenti e centrati. Gli ettari vitati sono solo 6, la metà dei quali iscritti alla denominazione Chianti Classico.

Tra i vini provenienti dalla denominazione di riferimento della zona è sembrato stupendo il Foho '08. I profumi, davvero personali e non omologati, spaziano da sensazioni animali a note di frutta rossa e nera, fino a qualche accenno di foglie e fiori secchi. È il palato tuttavia a convincerci pienamente: terroso, aereo, ha uno sviluppo naturale che si protrae a lungo, trovando una linea verticale mai fine a se stessa, carica di chiaroscuri e sapore. Per veri amanti delle durezze il Chianti Classico Aria '09: tagliente, duro, ferroso, ancora poco concessivo ma ricco di fascino. Ideale come compagno della tavola.

● Chianti Cl. Foho Ris. '08	🍷🍷🍷 5
● Chianti Cl. Aria '09	🍷🍷 4
● Gaiolè '08	🍷 4
● Chianti Cl. Aria '08	🍷🍷 4
● Chianti Cl. Aria '07	🍷🍷 4*
● Chianti Cl. Foho Ris. '07	🍷🍷 5
● Chianti Cl. Foho Ris. '06	🍷🍷 5
● Gaiolè '07	🍷🍷 5

TOSCANA 590

Casa alle Vacche
FRAZ. PANCOLE
LOC. LUCIGNANO, 73A
53037 SAN GIMIGNANO [SI]
TEL. 0577955103
www.casaallevacche.it

VENDITA DIRETTA
VISITA SU PRENOTAZIONE
OSPITALITÀ
RISTORAZIONE
PRODUZIONE ANNUA 145.000 bottiglie
ETTARI VITATI 23.00

L'azienda, di proprietà della famiglia Ciappi, si trova in località Lucignano e prende il nome dalle attitudini ottocentesche della zona, dedicata storicamente al riposo degli animali. Oggi è il vino, naturalmente, a caratterizzare questi luoghi, tanto che la tenuta vanta diversi ettari di terreno dedicati alla vite (oltre venti dei trenta totali che compongono la proprietà), che albergano sia uve a bacca nera (compresi nella denominazione Chianti Colli Senesi), sia varietà bianche (vernaccia, ovviamente, ma anche malvasia del Chianti e chardonnay).

Prestazione altalenante per i vini presentati quest'anno ai nostri assaggi. Tra tutti spicca una buonissima versione di Vernaccia di San Gimignano I Macchioni '10, dai profumi vivaci di cedro, la bocca matura e fine, il finale serio e austero. Niente male neanche la Riserva Crocus, cui l'annata '09 conferisce pienezza e maturità. Al naso è la pesca gialla a dominare la scena, non senza qualche accenno tropicale; in bocca il tema non cambia e le componenti rotonde si impongono in un contesto di pienezza e spessore, chiuso da un fine bocca di mandorla amara. Gradevole, su note di ginestra e agrumi, la Vernaccia '10, discreti i rossi.

Casa Dei
LOC. SAN ROCCO
57028 SUVERETO [LI]
TEL. 0558300411
info@tenutacasadei.it

VISITA SU PRENOTAZIONE
PRODUZIONE ANNUA 60.000 bottiglie
ETTARI VITATI 14.00
VITICOLTURA Biologico Certificato

Stefano Casadei lavora da più di trent'anni nel mondo del vino, dopo aver fatto studi agrari in Italia e in Francia: collabora con enologi e agronomi nel settore degli impianti di vigneti e in quello della consulenza enologica. Segue poi tre progetti propri: uno nella proprietà della moglie alla Rufina, al Castello del Trebbio, uno in Sardegna insieme ad altri soci alla tenuta Olianas, e uno a Suvereto, nella tenuta che ha acquistato nel 1997, spinto dalla passione del padre e la sua, nel trovare terreni ed esposizioni adatti per fare i vini che aveva in mente.

Il Sogno Mediterraneo '09 è un mix di vitigni quali alicante, petit verdot, merlot, cabernet, dai profumi intensi di cioccolato e speziati, di vaniglia, con note boisé ben calibrate. In bocca risulta morbido, rotondo di bella densità, con tannini calibrati e bella persistenza. Il Filare 41 '09 è un Petit Verdot in purezza, dai toni balsamici, anche di peperone verde, con tocco di erbe aromatiche. Al gusto è ricco, sodo, dalla vena acida rinfrescante, per un finale succoso e continuo. Buono il Filare 18 '09, da Cabernet Franc in purezza, dove i tannini risultano ben domati. Il Filare 22, Syrah in purezza, è fresco e ben equilibrato, gustoso e bevibile l'Armonia '08, da sangiovese con syrah e alicante.

○ Vernaccia di S. Gimignano Crocus Ris. '09	🍷🍷	4
○ Vernaccia di S. Gimignano I Macchioni '10	🍷🍷	3*
● Aglieno '09	🍷	4
● Chianti Colli Senesi Cinabro '08	🍷	4
○ Vernaccia di S. Gimignano '10	🍷	2
● Acantho '08	🍷🍷	4*
● Aglieno '08	🍷🍷	4*
● Aglieno '07	🍷🍷	4*
○ Vernaccia di S. Gimignano '08	🍷🍷	2*

● Filare 41 '09	🍷🍷	6
● Sogno Mediterraneo '09	🍷🍷	5
● Armonia '08	🍷🍷	4
● Filare 18 '09	🍷🍷	6
● Filare 22 '08	🍷🍷	6
● Filare 41 '07	🍷🍷	6

TOSCANA

Casali in Val di Chio
via Santa Cristina, 16
52043 Castiglion Fiorentino [AR]
Tel. 0575650179
www.casaliinvaldichio.com

VENDITA DIRETTA
VISITA SU PRENOTAZIONE

PRODUZIONE ANNUA 10.000 bottiglie
ETTARI VITATI 3.00

Azienda al femminile, quella di Lidia Castellucci e Roberta Giaccherini, che hanno trasformato la proprietà di famiglia in agriturismo e specializzato la produzione agricola, concentrandosi sul vino e l'olio. La viticoltura veniva praticata da sempre e le prime testimonianze risalgono al 1600. Inizia nel 1996 la ristrutturazione, partendo dal restauro dei casali e dal riammodernamento delle vigne, che hanno successivamente portato alla produzione di vini di qualità, in un territorio, come quello della denominazione Valdichiana, che aveva bisogno di essere rivitalizzato.

Il migliore delle nostre degustazioni è stato il Merigge '08, Merlot in purezza. Alla frutta matura, come lamponi e ciliegia, si abbinano note boisé delicate e un tocco balsamico. In bocca risulta polposo, dotato di spina acida adeguata, con bel finale saporito. Sorprende favorevolmente il Paggino '10, a base di grechetto e vermentino, dai profumi agrumati accompagnati da note floreali. Al gusto è fresco, nervoso, sapido, di buona lunghezza finale. Più rigidi gli altri due rossi, dai profumi fruttati intensi e lievi note terziarie, con tannini ruvidi che frenano la distensione finale.

● Merigge '08	4
○ Paggino '10	4
● Valdichiana Arrone '08	3
● Valdichiana Poventa '08	4
● Merigge '06	4*
● Merigge '05	4*

Fattoria Le Casalte
fraz. Sant'Albino
via del Termine, 2
53045 Montepulciano [SI]
Tel. 0578798246
www.lecasalte.com

VENDITA DIRETTA
VISITA SU PRENOTAZIONE

PRODUZIONE ANNUA 50.000 bottiglie
ETTARI VITATI 13.00

Galeotto fu l'amore per un casale in rovina intravisto nella campagna toscana. Così Guido Barioffi e sua moglie Paola pensavano di costruire il loro buen retiro in quel di Montepulciano, dove rifugiarsi da Roma. Poi l'amore per la vite ha preso il sopravvento e Guido ha iniziato a studiare enologia e agronomia, per riuscire a fare un vino di qualità. Oggi l'opera viene proseguita dalla figlia Chiara che, dopo essersi innamorata del territorio andando a cavallo, ha deciso di proseguire l'attività familiare.

Degustazione particolare, quella di quest'anno, dove tra i rossi era presente solo il Nobile '08, dai profumi freschi, di frutti rossi con cenni di erbe aromatiche. In bocca appare semplice, molto snello, con vena acida potente e finale asciutto. Sono state poi degustate tre annate di vino dolce da tavola, prodotto secondo la tecnica del Vin Santo, che si sono mostrate molto interessanti nella continuità di espressione: profumi di frutta essiccata come datteri e fichi, unite a quelle di frutti secchi come noci e nocciole. In bocca la dolcezza estrema è il tratto caratterizzante, così come l'avvolgenza: incredibile la freschezza dell'annata '99. Bello il finale prolungato, con retrogusto variegato accattivante.

● Nobile di Montepulciano '08	5
○ Vin Santo di Montepulciano '03	8
○ Vin Santo di Montepulciano '00	8
○ Vin Santo di Montepulciano '99	8
● Nobile di Montepulciano Quercetonda '06	6
● Nobile di Montepulciano '06	5
● Nobile di Montepulciano '04	5
● Nobile di Montepulciano Quercetonda '07	6
● Nobile di Montepulciano Quercetonda '04	6
● Rosso Toscano '08	3*
● Rosso Toscano '06	2*

TOSCANA

★Casanova di Neri
POD. FIESOLE
53024 MONTALCINO [SI]
TEL. 0577834455
www.casanovadineri.com

VENDITA DIRETTA
VISITA SU PRENOTAZIONE
OSPITALITÀ

PRODUZIONE ANNUA 225.000 bottiglie
ETTARI VITATI 55.00

Una delle aziende piu note di Montalcino a livello mondiale, osannata da tutta la critica. L'azienda dispone di vigneti in tre distinti territori del comprensorio, tutti di grande valore: la zona di Sesta bassa nel versante meridionale, la vocatissima zona della cava dell'onice a Castelnuovo dell'Abate e il cru Cerretalto, situato nei calanchi rossi del grande oriente ilcinese. Una cantina meravigliosa, lungo la strada che sale da Torrenieri a Montalcino, e una continua ricerca della perfezione, per vini di grande riconoscibilità, dallo stile impeccabile.

Sempre ottima la prova dei vini di quest'azienda. Molto bene i due Brunello presentati, mentre il Cerretalto '06 uscirà il prossimo anno. Agli assaggi mancava anche il Pietradonice, non prodotto a causa di una grandinata. Innanzitutto da segnalare la crescita del Rosso '09, nonostante l'annata non sia delle piu felici. Dicevamo dei Brunello, entrambi in finale, con il Tenuta Nuova che agguanta i Tre Bicchieri. Il 2006 mostra al naso intense note boisé, una vena fruttata integra, con le spezie già ben amalgamate. La bocca è di grande impatto, progressiva. Il Brunello base è più classico ed evolutivo nei profumi, con tabacco e cuoio, bocca elegante e finale intenso.

● Brunello di Montalcino Tenuta Nuova '06	8
● Brunello di Montalcino '06	7
● Rosso di Montalcino '09	5
● Sant'Antimo Rosso di Casanova di Neri '09	4
● Brunello di Montalcino '00	6
● Brunello di Montalcino Cerretalto '04	8
● Brunello di Montalcino Cerretalto '01	8
● Brunello di Montalcino Cerretalto '99	8
● Brunello di Montalcino Tenuta Nuova '05	8
● Brunello di Montalcino Tenuta Nuova '01	7
● Brunello di Montalcino Tenuta Nuova '99	7
● Brunello di Montalcino Tenuta Nuova '97	7
● Pietradonice '05	8
● Sant'Antimo Pietradonice '01	8
● Sant'Antimo Pietradonice '00	8

La Castellaccia
VIA DI MONTAUTO, 18A
53037 SAN GIMIGNANO [SI]
TEL. 0577940426
www.lacastellaccia.it

VENDITA DIRETTA
VISITA SU PRENOTAZIONE
OSPITALITÀ
RISTORAZIONE

PRODUZIONE ANNUA 35.000 bottiglie
ETTARI VITATI 9.00
VITICOLTURA Biologico Certificato

Appassionati di cavalli e grandi amanti della natura, i coniugi Alessandro e Simona Tofanari hanno dato vita a un'azienda incentrata nei valori in cui credono, modellandola pian piano a loro piacimento. Il luogo è davvero molto bello e le vigne, che occupano una parte minoritaria della superficie totale, si alternano al bosco e poggiano su suoli costituiti da sabbie plioceniche e calcari lacustri. Una realtà recente, ancora alla ricerca della piena maturità, eppure capace di vini che, nelle migliori versioni, sanno interpretare in maniera perfetta il terroir di riferimento.

È il caso della Vernaccia di San Gimignano Astrea '10, una selezione azzeccatissima che si piazza tra le migliori espressioni dell'annata. Benintesi, è un vino ancora in divenire, non semplice da decifrare, eppure tutto lascia sperare per il meglio. I profumi sono un tripudio di agrumi, dal pompelmo al lime, tutti giocati su sensazioni chiare, freschissime, al limite della maturità. Giovanissimo anche in bocca, ancora tagliente, per certi versi, è un bianco decisamente verticale, progressivo, con finale di menta. Niente male la Vernaccia '10, seppure di diverso segno, che gioca invece le carte della sapidità.

○ Vernaccia di San Gimignano '10	4*
○ Vernaccia di San Gimignano Astrea '10	4*
○ Vernaccia di San Gimignano Murice '08	4

TOSCANA

★Castellare di Castellina
LOC. CASTELLARE
53011 CASTELLINA IN CHIANTI [SI]
TEL. 0577742903
www.castellare.it

VENDITA DIRETTA
VISITA SU PRENOTAZIONE
OSPITALITÀ

PRODUZIONE ANNUA 200.000 bottiglie
ETTARI VITATI 28.00

Il progetto enologico chiantigiano di Paolo Panerai, giornalista ed editore, prende le mosse oltre 30 anni fa, quando decise di mettere a regime quattro unità poderali di proprietà, situate nella sottozona di Castellina in Chianti. Fin da subito, con l'uscita sul mercato nel 1979 delle prime bottiglie de I Sodi di San Niccolò, l'indirizzo stilistico dell'azienda ha privilegiato la classicità piuttosto che avventurose scelte modaiole. Una strategia che caratterizza anche la produzione attuale e assegna a questa realtà il ruolo di marchio di riferimento di tutto un territorio.

Se I Sodi di San Niccolò '07, uvaggio di sangiovese e malvasia nera, si distingue per i tratti del grande vino da invecchiamento, con profumi complessi, ancora in via di assestamento, e con una progressione gustativa profonda, il Chianti Classico '09 possiede un'intensa apertura aromatica e una piacevole dolcezza del frutto, che ne fanno una delle migliori versioni di sempre. Il Chianti Classico Vigna Il Poggiale Riserva '08 è un vino robusto nella trama tannica, quanto austero nei profumi. Più moderna l'impostazione stilistica sia del Coniale '07, Cabernet Sauvignon in purezza, sia del Poggio ai Merli '08, da sole uve merlot. Vini ben eseguiti ma forse un po' in debito di personalità.

● I Sodi di S. Niccolò '07	8
● Chianti Cl. '09	5
● Chianti Cl. V. Il Poggiale Ris. '08	6
● Chianti Cl. Ris. '08	5
● Coniale '07	8
● Poggio ai Merli '09	8
● Chianti Cl. V. Il Poggiale Ris. '01	6
● Chianti Cl. V. Il Poggiale Ris. '00	6
● I Sodi di S. Niccolò '06	8
● I Sodi di S. Niccolò '05	8
● I Sodi di S. Niccolò '04	8
● I Sodi di S. Niccolò '03	8
● I Sodi di S. Niccolò '02	8
● I Sodi di S. Niccolò '01	8
● I Sodi di S. Niccolò '98	8

★Castello Banfi
LOC. SANT'ANGELO SCALO
CASTELLO DI POGGIO ALLE MURA
53024 MONTALCINO [SI]
TEL. 0577840111
www.castellobanfi.com

VENDITA DIRETTA
VISITA SU PRENOTAZIONE
OSPITALITÀ
RISTORAZIONE

PRODUZIONE ANNUA 10.500.000 bottiglie
ETTARI VITATI 850.00

Il progetto inaugurato anni fa da Enrico Viglierchio, direttore generale della Banfi, di proprietà della famiglia americana Mariani, è arrivato quasi alla meta. Il controllo globale della produzione degli oltre 100 ettari di vigna a denominazione Montalcino è infatti una realtà. Ogni vigneto è allevato, curato, vendemmiato e vinificato separatamente. Ma la filiera non si ferma qui visto che i tini utilizzati in cantina sono stati progettati dallo staff tecnico, e sono in parte in acciaio e parte in legno. La stagionatura dei legni per barrique e tonneau avviene in azienda.

Sempre molto affidabili i vini della Banfi, con una media di punteggio elevata e qualche guizzo da fuoriclasse. Ottimo il Brunello '06 Poggio alle Mura che, abbandonati gli eccessi di maturità e di legno delle prime edizioni, trova nuove e più sobrie affinità con il territorio. Naso intensamente fruttato di more, ciliegie nere e accenni di agrumi oltre a una sobria ed elegante vena affumicata e balsamica. Ottimo anche il classico Brunello '06, dalle note più evolutive di tabacco e marasca. Accattivante il Moscadello Florus '09, tra i migliori della categoria, dal naso fruttato intenso di albicocca e note vegetali bellissime, e bocca in equilibrio, tra zuccheri residui e acidità.

● Brunello di Montalcino Poggio alle Mura '06	8
● Belnero '08	5
● Brunello di Montalcino '06	7
○ Moscadello di Montalcino Florus '09	5
● Cum Laude '08	4
● Rosso di Montalcino '09	4
● Brunello di Montalcino '83	5
● Brunello di Montalcino '79	5
● Brunello di Montalcino Poggio all'Oro Ris. '04	8
● Brunello di Montalcino Poggio all'Oro Ris. '99	8
● Brunello di Montalcino Poggio all'Oro Ris. '85	8
● Brunello di Montalcino Poggio alle Mura '99	8
● Brunello di Montalcino Poggio alle Mura '98	8
● Sant'Antimo Excelsus '03	7
● Sant'Antimo Mandrielle '04	5
● Summus '88	6

TOSCANA

Castello d'Albola
LOC. PIAN D'ALBOLA, 31
53017 RADDA IN CHIANTI [SI]
TEL. 0577738019
www.albola.it

VENDITA DIRETTA
VISITA SU PRENOTAZIONE

PRODUZIONE ANNUA 800.000 bottiglie
ETTARI VITATI 157.00

È una delle tenute più interessanti della sottozona di Radda in Chianti, non solo per estensione ma anche perché comprende alcuni vigneti, coltivati fra i 400 e i 600 metri, fra i più vocati della zona, come l'Ellere o il Madonnino. Dagli anni '70 Castello d'Albola fa parte del Gruppo Zonin, una delle realtà vitivinicole più importanti d'Italia. Lo stile dei vini aziendali non nasconde le caratteristiche di freschezza della zona, evidenziando una precisa esecuzione tecnica, ma anche una notevole personalità. Affinamento dei vini sia in legno grande che in legno piccolo.

Davvero una batteria di Chianti Classico avvicente quella messa in campo quest'anno dall'azienda chiantigiana di Zonin. Le Ellere '08 è un vino molto tipico, dalle eleganti note aromatiche floreali e agrumate e dal palato sottile e penetrante, grazie a tannini solidi e a una verve acida ficcante. Molto buono anche il Riserva '07, dai profumi aggrazziati e dal gusto pieno e succoso. Registro stilistico un po' più moderno per il Chianti Classico '08, un vino molto bevibile e di ineccepibile fattura. Caldo e avvolgente Il Solatio '09, da uve sangiovese. Lineare lo Chardonnay '10 ed equilibrato il Vin Santo '03, di buona dolcezza, mai stucchevole.

- Chianti Cl. Le Ellere '08   5
- Chianti Cl. Ris. '07   5
- Chianti Cl. '08   4
- Chardonnay '10   4
- Il Solatio '09   6
- Vin Santo del Chianti Cl. '03   7
- Acciaiolo '06   7
- Acciaiolo '04   7
- Acciaiolo '01   7
- Acciaiolo '95   6
- Acciaiolo '07   7
- Chianti Cl. Ris. '05   5
- Chianti Cl. Ris. '04   5
- Vin Santo del Chianti Cl. '01   7

★Castello dei Rampolla
VIA CASE SPARSE, 22
50020 PANZANO [FI]
TEL. 055852001
castellodeirampolla.cast@tin.it

VENDITA DIRETTA
VISITA SU PRENOTAZIONE

PRODUZIONE ANNUA 90.000 bottiglie
ETTARI VITATI 42.00
VITICOLTURA Naturale

L'azienda, di proprietà della famiglia Di Napoli dal 1964, si trova nella Conca d'Oro di Panzano e fa parte di quel ristretto novero di realtà produttive che hanno segnato il rilancio della denominazione del Gallo Nero. Risalgono agli inizi degli anni Settanta i primi esperimenti di vinificazione, ma le prime bottiglie arrivano sul mercato nel 1975. Protagonista di scelte produttive innovative e rigorose, come, per esempio, la coltivazione dei vigneti in regime biodinamico dal 1994, Rampolla produce vini che sono diventati veri e propri cult-wine, dotati di grande coerenza e autenticità.

Bellissima interpretazione dell'annata 2009 per il Chianti Classico, dai toni cupi al naso, con note di piccoli frutti, terra bagnata, radici, e bocca molto fragrante, solo frenata da un tannino giovanissimo. Il tempo farà il suo. Sammarco '07 offre sensazioni animali e complesse al naso, rabarbaro, erbe di montagna, mentre la bocca sebbene sorretta da bella acidità manca di un pizzico di slancio a causa di un tannino ancora indomito. Pulito e dai bei sentori vegetali d'Alceo '07, da cabernet sauvignon con piccolo saldo di petit verdot. Croccante e verticale, manca solo di un ulteriore affinamento per concedersi al meglio.

- Chianti Cl. '09   5
- d'Alceo '07   8
- Sammarco '07   8
- d'Alceo '04   8
- d'Alceo '03   8
- d'Alceo '01   8
- d'Alceo '00   8
- La Vigna di Alceo '99   8
- La Vigna di Alceo '98   8
- La Vigna di Alceo '97   8
- La Vigna di Alceo '96   8
- Sammarco '05   8

TOSCANA

★Castello del Terriccio

Loc. Terriccio
via Bagnoli, 16
56040 Castellina Marittima [PI]
Tel. 050699709
www.terriccio.it

VENDITA DIRETTA
VISITA SU PRENOTAZIONE

PRODUZIONE ANNUA 250.000 bottiglie
ETTARI VITATI 62.00

La famiglia Serafini Ferri conduce questa meravigliosa azienda dal secondo dopoguerra, accompagnandola nel tempo fino a farne un riferimento assoluto, non solo per la zona ma per tutta la vitienologia italiana. Si trova in un contesto naturalistico eccezionale, immersa nei boschi che segnano il limite settentrionale della maremma. I vini sono impeccabili e allo stesso tempo originali, capaci di un tratto aromatico che li rende perfettamente riconoscibili, al di là delle naturali differenze impartite dalle varietà impiegate.

Davvero splendida la batteria di vini dell'azienda che piazza al vertice una sontuosa versione di Castello del Terriccio '07, da uve syrah e petit verdot maturato per 18 mesi in barrique di rovere francese. Un rosso da Tre Bicchieri che attacca su toni animali per poi trovare una continuità aromatica straordinaria su sensazioni di corteccia, elicriso, macchia mediterranea e viola. Anche la bocca è magistrale con un bel frutto nero avvolto da sensazioni freschissime, quasi mentolate, di rara profondità e fragranza. Poco distante il Lupicaia '08 (cabernet sauvignon, merlot e petit verdot) dal corredo speziato fine e fitto, un po' più scuro del solito, con il tipico sentore balsamico forse meno evidente del solito.

● Castello del Terriccio '07	8
● Lupicaia '08	8
● Capannino '08	4*
● Tassinaia '08	7
○ Con Vento '10	5
○ Rondinaia '10	5
● Castello del Terriccio '04	8
● Castello del Terriccio '03	8
● Castello del Terriccio '01	8
● Lupicaia '07	8
● Lupicaia '06	8
● Lupicaia '05	8
● Lupicaia '04	8
● Lupicaia '01	8

Castello del Trebbio

Loc. Santa Brigida, 9
50060 Pontassieve [FI]
Tel. 0558304900
www.vinoturismo.it

VENDITA DIRETTA
VISITA SU PRENOTAZIONE

PRODUZIONE ANNUA 300.000 bottiglie
ETTARI VITATI 55.00

Il castello è di proprietà della famiglia Baj Macario dal 1968 ma le sue origini risalgono al XII secolo. Anna è la titolare che si occupa dell'accoglienza nell'agriturismo e della parte commerciale mentre il marito Stefano è coinvolto nell'attività vitivinicola, che esercita anche nell'altra proprietà di famiglia, in Val di Cornia. Oltre al vino si produce olio extravergine di oliva e zafferano, e si presta particolare attenzione alla parte enoturistica con visita delle cantine e assaggi di vino e olio.

Torna a conquistre le finali il Pazzesco, uvaggio di merlot e syrah, che nella versione '07 presenta un bouquet aromatico dedicato ai frutti di bosco, con note balsamiche ben avvertibili, cenni di pepe e liquirizia. Al gusto è largo, denso, di bella stoffa tannica, con vigore acido ben amalgamato e finale prolungato. Buono anche il Merlot '08, dai toni sommessi al naso, dove la ciliegia svetta insieme a note di cannella; corpo fluido, ben dosato nelle componenti, godibile bevibilità. Un po' frenata nello sviluppo gustativo la Riserva Lastricato '07, dove al naso si rilevano maggiormente i sentori terziari, mentre i tannini sono ancora vivaci. Elegante, facile e di sapida beva il Chianti '10.

● Pazzesco '07	6
● Merlot '08	5
● Chianti '10	2
● Chianti Rufina Lastricato Ris. '07	5
● Chianti Rufina Lastricato Ris. '06	5
● Merlot '07	6
● Merlot '06	6
● Pazzesco '06	6

TOSCANA

★★ Castello di Ama
loc. Ama
53013 Gaiole in Chianti [SI]
Tel. 0577746031
www.castellodiama.com

VISITA SU PRENOTAZIONE

PRODUZIONE ANNUA 350.000 bottiglie
ETTARI VITATI 90.00

L'Azienda, nata nel 1972, si trova nel piccolo borgo di Ama, a poca distanza da Gaiole in Chianti e immette le sue prime bottiglie sul mercato a fine anni Settanta. Da lì comincia un percorso decisamente segnato dal successo, ma anche da un progetto che non ha mai perso di vista la centralità del territorio e quella della denominazione. Oggi il Castello di Ama occupa saldamente un posto di rilievo nell'affollato panorama produttivo chiantigiano e Lorenza Sebasti e Marco Pallanti non hanno smesso di proporre vini dallo stile riconoscibile, capaci di restituire un raro senso di autenticità.

Il Chianti Classico Bellavista '07 possiede un profilo olfattivo in cui il frutto è maturo, con note animali e di radice. In bocca il vino è frenato da un tannino ancora da assestare, che contrae la bocca e asciuga il finale. Per certi versi simile il Chianti Classico Castello di Ama '08 dai profumi già assestati e dal sorso saporito, che ricorda in chiusura le radici, con una tipica nota matura. Un po' più chiusi gli aromi del Chianti Classico La Casuccia '07 che trova il suo punto di forza in una bocca decisa e tannica. L'Apparita '07, Merlot in purezza, è un vino generoso e caldo, con qualche ritardo nell'espressione aromatica.

● Chianti Cl. Castello di Ama '08	🍷🍷	7
● Chianti Cl. Bellavista '07	🍷🍷	8
● Chianti Cl. La Casuccia '07	🍷🍷	8
● l'Apparita '07	🍷	8
● Chianti Cl. Bellavista '01	🍷🍷🍷	8
● Chianti Cl. Bellavista '99	🍷🍷🍷	8
● Chianti Cl. Castello di Ama '05	🍷🍷🍷	6
● Chianti Cl. Castello di Ama '03	🍷🍷🍷	6
● Chianti Cl. Castello di Ama '01	🍷🍷🍷	6
● Chianti Cl. Castello di Ama '00	🍷🍷🍷	6
● Chianti Cl. La Casuccia '04	🍷🍷🍷	8
● Chianti Cl. La Casuccia '01	🍷🍷🍷	8
● Chianti Cl. San Lorenzo '83	🍷🍷🍷	6
● l'Apparita Merlot '01	🍷🍷🍷	8
● l'Apparita Merlot '00	🍷🍷🍷	8

Castello di Bolgheri
loc. Bolgheri
s.da Lauretta, 7
57020 Castagneto Carducci [LI]
Tel. 0565762110
www.castellodibolgheri.eu

VENDITA DIRETTA
VISITA SU PRENOTAZIONE
OSPITALITÀ

PRODUZIONE ANNUA 60.000 bottiglie
ETTARI VITATI 50.00

Ormai punto di riferimento assoluto per la denominazione, i vini del Castello di Bolgheri si distinguono per un tratto stilistico elegante e raffinato, capace in molti casi di raggiungere vette difficilmente eguagliabili in zona. L'azienda e le vigne si trovano nella parte settentrionale della denominazione e poggiano su terreni sabbioso argillosi, con rilevante presenza di scheletro sassoso. Affascinante la location della cantina, posta nell'antico castello che le dà il nome. Usuali per la zona le varietà di uve utilizzate.

Al momento della nostra degustazione il Bolgheri Superiore '08 attraversava una fase non del tutto chiara, tanto che abbiamo più volte ripetuto gli assaggi. La sintesi finale è quella di un vino ancora alla ricerca di una sua piena identità, anche se dalle potenzialità enormi. Al naso è ricchissimo di piccoli frutti neri, tabacco e cioccolato, con una bella sfumatura erbacea a far compagnia a note tostate di un certo rilievo; in bocca è avvolgente, ampio, di grande e saporita carica tannica. Splendido il Bolgheri Rosso Varvàra '08, profondo e succoso, fresco e ricco di chiaroscuri, ideale ora e tra qualche mese di bottiglia.

● Bolgheri Sup. Castello di Bolgheri '08	🍷🍷	7
● Bolgheri Rosso Varvàra '08	🍷🍷	5
● Bolgheri Sup. Castello di Bolgheri '07	🍷🍷🍷	7
● Bolgheri Sup. '05	🍷🍷	8
● Bolgheri Sup. Castello di Bolgheri '06	🍷🍷	8
● Bolgheri Varvàra '07	🍷🍷	5
● Bolgheri Varvàra '06	🍷🍷	5

TOSCANA

Castello di Cacchiano
FRAZ. MONTI IN CHIANTI
LOC. CACCHIANO
53013 GAIOLE IN CHIANTI [SI]
TEL. 0577747018
info@castellodicacchiano.it

VENDITA DIRETTA
VISITA SU PRENOTAZIONE
OSPITALITÀ

PRODUZIONE ANNUA 120.000 bottiglie
ETTARI VITATI 31.00

È nel 1974 che Cacchiano, situato nella collina di Monti in Chianti a pochi chilometri da Gaiole e di proprietà della famiglia Ricasoli Firidolfi, imprime una decisa accelerazione qualitativa alla sua produzione, diventando uno dei riferimenti fra le aziende che meglio interpretano la classicità della denominazione. Lo stile dei suoi rossi, veraci ed essenziali, è ben stilizzato ed è assolutamente rispettoso del territorio. Nessun cedimento a mode enologiche passeggere, ma una ricerca continua dell'equilibrio, anche nella scelta dei legni, barrique, tonneau e botti grandi.

Torna, dopo quasi venti anni di assenza, il Chianti Classico Millennio che riprende il suo percorso, non più come Riserva ma come selezione dei migliori Sangiovese aziendali. La versione '07 ha uno sviluppo aromatico austero, giocato più sulle sfumature che sulle tinte forti, in cui prevalgono note floreali e cenni terrosi. La bocca è contrastata e rigorosa, con tannini fini e bella continuità acida. Un po' meno riuscito il Fontemerlano '07, Merlot in purezza, di buona personalità e dai tratti atipici, almeno rispetto a quanto in generale ci si aspetti da questa tipologia. La sua progressione gustativa è tendenzialmente vivace, ma i profumi risultano non perfettamente a fuoco.

● Chianti Cl. Millennio '07	6
● Fontemerlano '07	6
● Chianti Cl. Millennio Ris. '90	5
● Chianti Cl. Ris. '06	6
● Chianti Cl. '08	5
● Chianti Cl. '06	5
● Chianti Cl. '05	5
○ Vin Santo del Chianti Cl. '02	7
○ Vin Santo del Chianti Cl. '01	7

★★Castello di Fonterutoli
LOC. FONTERUTOLI
VIA OTTONE III DI SASSONIA, 5
53011 CASTELLINA IN CHIANTI [SI]
TEL. 0577773571
www.fonterutoli.it

VENDITA DIRETTA
VISITA SU PRENOTAZIONE
OSPITALITÀ
RISTORAZIONE

PRODUZIONE ANNUA 700.000 bottiglie
ETTARI VITATI 117.00

La famiglia Mazzei, da secoli nel mondo del vino, rappresenta uno dei simboli del Chianti Classico e dell'enologia toscana, visto che è proprietaria anche della tenuta maremmana di Belguardo, acquisita negli anni Novanta. Una conduzione dei vigneti senza compromessi è alla base di rossi potenti e vigorosi, dalla cifra stilistica all'insegna di strutture articolate e dell'estrema maturità del frutto, ottenuti con tecniche di cantina all'avanguardia, come la vinificazione separata delle uve provenienti dalle 120 parcelle di Castellina e Radda in Chianti, e maturati in prevalenza in legni piccoli e nuovi.

La versione '08 dello storico Siepi è davvero straordinaria. Il Supertuscan chiantigiano, uvaggio di sangiovese e merlot, possiede un profilo olfattivo elegante, che alterna note erbacee e speziate, per nulla disturbate dai cenni affumicati del rovere. In bocca il vino non è soltanto largo e denso, ma incisivo e dal finale decisamente profondo. Il Chianti Classico Castello di Fonterutoli '08 è caratterizzato da buona verve acida e da un tannino un po' condizionato dal legno. Solidi e ben fatti i vini provenieti dalla dependance maremmana di Fonterutoli: caldo e pieno il Tenuta di Belguardo '08, blend di cabernet sauvignon e franc.

● Siepi '08	8
● Chianti Cl. Castello di Fonterutoli '08	7
● Morellino di Scansano Bronzone Belguardo '08	4
● Tenuta di Belguardo '08	6
● Badiola '09	4
⊙ Belguardo Rosé '10	5
○ Belguardo Vermentino '10	5
● Chianti Cl. '09	5
● Chianti Cl. Ser Lapo Ris. '07	6
● Chianti Cl. Castello di Fonterutoli '07	7
● Chianti Cl. Castello di Fonterutoli '04	7
● Chianti Cl. Castello di Fonterutoli '03	7
● Chianti Cl. Castello di Fonterutoli '01	7
● Siepi '06	8
● Siepi '05	8
● Siepi '03	8
● Siepi '01	8

TOSCANA

Castello di Monsanto
Fraz. Monsanto
via Monsanto, 8
50021 Barberino Val d'Elsa [FI]
Tel. 0558059000
www.castellodimonsanto.it

VENDITA DIRETTA
VISITA SU PRENOTAZIONE
OSPITALITÀ

PRODUZIONE ANNUA 400.000 bottiglie
ETTARI VITATI 72.00

Una delle aziende più affascinanti di tutto il Chianti Classico. Questa è Monsanto, realtà produttiva innovativa capace, oggi, di trasformarsi in tradizione e classicismo. Tutto comincia nel lontano 1962 con un progetto incomprensibile al tempo: realizzare un vero e proprio cru col vigneto Il Poggio e, nel 1968, eliminare le uve bianche dall'uvaggio del Chianti Classico. Fabrizio Bianchi è stato l'artefice di queste scelte radicali, accanto all'introduzione dei tini in acciaio raffreddati ad acqua e l'uso del rovere di Slavonia al posto del castagno, in tempi davvero pionieristici.

Il Chianti Classico Riserva '08 è intenso e deciso ma, allo stesso tempo, capace di declinare dettagli più sfumati ed eleganti, come si conviene ai Sangiovese di razza. I profumi sono piacevolmente freschi e il rovere rifinisce senza eccessi note floreali e lievi cenni di terra. In bocca il vino è carnoso e sapido e la sua trama tannica è fitta e nervosa. Un po' meno espresso è il bagaglio aromatico del Chianti Classico Riserva Il Poggio '07, che sembra indugiare più su toni leggermente evoluti che sui chiaroscuri che di solito lo caratterizzano. Al palato, però, il vino ritrova vigore, scorrendo succoso e contrastato. Solido il Chianti Classico '09.

Castello di Poppiano
Fraz. Poppiano
via Fezzana, 45
50025 Montespertoli [FI]
Tel. 05582315
www.conteguicciardini.it

VENDITA DIRETTA
VISITA SU PRENOTAZIONE

PRODUZIONE ANNUA 270.000 bottiglie
ETTARI VITATI 130.00

In questo caso ha veramente senso parlare di una dimora storica: il castello appartiene alla famiglia Guicciardini da oltre 9 secoli e qui sono accaduti molti episodi legati alla vita di Firenze nel Medioevo. L'attuale titolare, Ferdinando Guicciardini, prende la conduzione nel 1962 e trasforma l'azienda, specializzandola nel settore viticolo e olivicolo. Sempre a lui si deve l'acquisizione della tenuta in Maremma I Massi di Mandorlaia, avvenuta verso la fine degli anni Novanta con il completamento della cantina nel 2006.

Quest'anno a emergere sono i vini maremmani, con due versioni di Morellino molto convincenti. La Riserva '08, con naso dominato da note di tabacco e cuoio, propone una struttura ben piantata, vivezza gustativa data da note fresche e finale polposo. Bene anche il Carbonile '10, dai profumi vegetali e carnosi di ciliegia e prugna, con un corpo solido e succoso e un finale ghiotto e bilanciato. Nei Colli Fiorentini piacevole il Chianti '09, dalla godibilità estrema anche se molto semplice nella parte olfattiva, e di buona fattura il Syrah '09, con vitigno omonimo e saldo di sangiovese, intrigante al naso e di corretta trama tannica.

● Chianti Cl. Ris. '08	🍷🍷 5
● Chianti Cl. Il Poggio Ris. '07	🍷🍷 8
● Chianti Cl. '09	🍷 5
● Chianti Cl. Il Poggio Ris. '06	🍷🍷🍷 7
● Chianti Cl. Il Poggio Ris. '88	🍷🍷🍷 7
● Nemo '01	🍷🍷🍷 7
● Chianti Cl. Il Poggio Ris. '04	🍷🍷 7
● Chianti Cl. Ris. '06	🍷🍷 5
● Fabrizio Bianchi Sangiovese '99	🍷🍷 7
● Nemo '00	🍷🍷 7
● Tinscvil '00	🍷🍷 6

● Morellino di Scansano Carbonile '10	🍷 4
● Morellino di Scansano Massi di Mandorlaia Ris. '08	🍷🍷 5
○ Campo Segreto '10	🍷 4
● Chianti Colli Fiorentini Il Cortile '09	🍷 4
● Chianti Colli Fiorentini Ris. '08	🍷 5
● Colpetroso Massi di Mandorlaia '08	🍷 5
● Morellino di Scansano I Massi '09	🍷 4
● Syrah '09	🍷 5
● Tricorno '08	🍷 7
○ Vermentino Massi di Mandorlaia '08	🍷 4
● Chianti Colli Fiorentini Ris. '07	🍷🍷 5
● Syrah '08	🍷🍷 5
● Toscoforte '08	🍷🍷 4
● Tricorno '08	🍷🍷 6

TOSCANA

Castello di San Donato in Perano
LOC. SAN DONATO IN PERANO
53013 GAIOLE IN CHIANTI [SI]
TEL. 0577744121
www.castellosandonato.it

VENDITA DIRETTA
VISITA SU PRENOTAZIONE

PRODUZIONE ANNUA 100.000 bottiglie
ETTARI VITATI 75.00

L'imprenditore Leonardo Rossetto, da quarant'anni, se pure non continuativamente, nel Chianti Classico - è stato il primo proprietario de Le Macìe - ha avviato il suo nuovo progetto enologico nel 2002 nella sottozona di Gaiole. In cantina non manca la tecnologia accanto a un oculato uso di legni grandi e piccoli. I vigneti, tra cui spiccano Domini e Montecasi, due veri e propri cru storici, offrono una materia prima ineccepibile. Il risultato sono vini alla ricerca più dell'equilibrio e della buona freschezza aromatica che della potenza, che rimanda alle vigne poste anche a 500 metri.

Tutto giocato sulla finezza, che può garantire il sangiovese allevato in alta collina, il Chianti Classico Riserva '08, dai tratti aromatici floreali rifiniti da note di pietra focaia e gesso. Un vino dalla bocca sottile e vitale, condotta da un'acidità continua e ficcante, che gli dona profondità, contrasto e freschezza. Profumi fragranti di ciliegia e viola contraddistinguono il Chianti Classico '09, dalla progressione gustativa ben ritmata e gustosa, tutta all'insegna della piacevolezza del sorso. Freschissimo e salato il bianco Cappellina alle Fonti '09, da uve pinot bianco e semillon, in possesso di una verve acida quasi tagliente.

● Chianti Cl. '09	4
● Chianti Cl. Ris. '08	6
○ Cappellina alle Fonti '09	4
● Chianti Cl. '07	4*
● Chianti Cl. '06	4*
● Chianti Cl. '05	4*
● Chianti Cl. '04	4*
● Chianti Cl. Ris. '05	6
● Chianti Cl. Vign. Montecasi '06	5

Castello di Vicchiomaggio
LOC. LE BOLLE
VIA VICCHIOMAGGIO, 4
50022 GREVE IN CHIANTI [FI]
TEL. 055854079
www.vicchiomaggio.it

VENDITA DIRETTA
VISITA SU PRENOTAZIONE
OSPITALITÀ

PRODUZIONE ANNUA 300.000 bottiglie
ETTARI VITATI 33.00

Il Castello di Vicchiomaggio, di proprietà della famiglia Matta dal 1964, sterzò decisamente verso la produzione viticola di qualità nel 1982, diventando, con prodotti via via più convincenti, una delle aziende più importanti del comprensorio di Greve in Chianti. Oggi i vini di Vicchiomaggio hanno decisamente trovato una confortante continuità qualitativa, dimostrandosi affidabili e non privi di carattere. Ottenuti con una tecnica ineccepibile e dotati di buona materia, a seconda delle tipologie, maturano sia in legno grande che in barrique.

Una delle versioni migliori di sempre quella del '08 per il Merlot in purezza FSM. Un vino non solo capace di evidenziare il meglio delle sue caratteristiche varietali, ma anche di esibire profumi intriganti e una bocca gustosa, contrastata e profonda. Convincente anche il Chianti Classico Riserva Agostino Petri '08, aromaticamente sfaccettato e dal palato ampio e succoso. Di gustosa bevibilità il Chianti Classico San Jacopo '09. Dal rovere in primo piano il Chianti Classico La Prima Riserva '08. Buoni i vini dell'azienda maremmana Villa Vallemaggiore, tutti a base di cabernet sauvignon e sangiovese, tranne il Poggio Re in cui c'è un saldo di petit verdot.

● FSM '07	8
● Chianti Cl. Agostino Petri da Vicchiomaggio Ris. '08	6
● Chianti Cl. San Jacopo '09	5
● Campostella Villa Vallemaggiore '09	5
● Chianti Cl. La Prima Ris. '08	7
● Colle Alto Villa Vallemaggiore '09	5
● Poggio Re Villa Vallemaggiore '09	5
● FSM '04	8
● Ripa delle More '97	6
● Ripa delle More '94	5
● Chianti Cl. Agostino Petri da Vicchiomaggio Ris. '07	6
● Chianti Cl. La Prima Ris. '07	7
● Chianti Cl. La Prima Ris. '06	7

TOSCANA

Castello di Volpaia
loc. Volpaia
p.zza della Cisterna, 1
53017 Radda in Chianti [SI]
Tel. 0577738066
www.volpaia.com

VENDITA DIRETTA
VISITA SU PRENOTAZIONE
OSPITALITÀ
RISTORAZIONE

PRODUZIONE ANNUA 200.000 bottiglie
ETTARI VITATI 46.00
VITICOLTURA Biologico Certificato

Alla famiglia Mascheroni Stianti non va soltanto il merito di aver conservato uno dei più suggestivi angoli del Chianti Classico ma, e forse soprattutto, quello di aver plasmato la propria produzione viticola a immagine e somiglianza di quel borgo. Si tratta di vini di inappuntabile fattura, dal taglio moderno ma, allo stesso tempo, capaci di esprimere una spiccata personalità e i tratti tipici dei Chianti Classico più riusciti, con un apporto del rovere decisamente ben misurato e una vivacità del sorso che non nasconde la provenienza delle uve anche da vigneti posti a 500 metri.

Il Chianti Classico Riserva '08 è un vino dal bagaglio aromatico ben definito, in cui il fruttato intenso è ben integrato a note di grafite e qualche cenno tostato, peraltro mai invasivo. In bocca è polposo e robusto, ma anche sapido e ben ritmato. Un po' più segnati dal legno sono invece i profumi del Chianti Classico Coltassala Riserva '08, che trova nello sviluppo gustativo il suo punto di forza, rivelandosi succoso e profondo. Piacevolezza e una certa dose di grinta caratterizzano il Chianti Classico '09. Semplice e fresco il Vermentino Prelius '10, proveniente dai vigneti maremmani dell'azienda.

● Chianti Cl. Ris. '08	🍷🍷 6
● Chianti Cl. Coltassala Ris. '08	🍷🍷 7
● Chianti Cl. '09	🍷 5
○ Vermentino Prelius '10	🍷 4
● Balifico '00	🍷🍷🍷 7
● Chianti Cl. Coltassala Ris. '04	🍷🍷🍷 7
● Chianti Cl. Coltassala Ris. '01	🍷🍷🍷 7
● Chianti Cl. Il Puro Vign. Casanova Ris. '06	🍷🍷🍷 8
● Chianti Cl. Ris. '07	🍷🍷🍷 6
● Balifico '06	🍷🍷 7
● Chianti Cl. Il Puro Vign. Casanova Ris. '07	🍷🍷 8
● Chianti Cl. Ris. '06	🍷🍷 6
● Chianti Cl. Ris. '05	🍷🍷 6

Castello Romitorio
loc. Romitorio, 279
53024 Montalcino [SI]
Tel. 0577847212
www.castelloromitorio.com

VENDITA DIRETTA
VISITA SU PRENOTAZIONE

PRODUZIONE ANNUA 150.000 bottiglie
ETTARI VITATI 25.00

L'austero maniero, sede di Castello Romitorio, è ingentilito all'esterno con le opere di Sandro Chia, artista di fama internazionale e proprietario dell'azienda. La forza delle creazioni artistiche e le vigne creano un contrasto avvincente che interessa anche i vini, in cui la potenza del Brunello del versante occidentale è ingentilito dalla sobria acidità, per un risultato di grande eleganza. Quello di Romitorio si potrebbe definire uno stile di tradizione innovativa, con vinificazioni moderne e un invecchiamento che prevede la diversificazioni dell'uso dei legni.

Un nuovo vino presentato, il Brunello XXV Vendemmia, che debutta con l'annata 2006. Millesimo fortunato, che questa selezione esalta nelle sue caratteristiche. Al naso risulta moderno, di grande impatto, su note di frutta matura come mora e marasca, un leggero accenno di tabacco. Bocca estrattiva e potente, con tannini compatti e buona acidità finale, di grande ampiezza. Buono anche il Brunello '06, dai toni piu evolutivi, di pesca gialla, e floreali, dalla bocca elegante, equilibrata, dotata di piacevolissima beva. Azzeccato anche il Romito del Romitorio, un Sant'Antimo a prevalenza cabernet molto caratteristico al naso e dalla beva piena.

● Brunello di Montalcino XXV Vendemmia '06	🍷 8
● Brunello di Montalcino '06	🍷 8
● Morellino di Scansano Ghiaccio Forte '09	🍷 5
● Sant'Antimo Rosso Romito del Romitorio '07	🍷🍷 6
● Brunello di Montalcino '05	🍷🍷🍷 8
● Brunello di Montalcino Ris. '97	🍷🍷🍷 8
● Brunello di Montalcino '03	🍷🍷 8
● Brunello di Montalcino '96	🍷🍷 7
● Brunello di Montalcino Ris. '04	🍷🍷 8
● Morellino di Scansano Ghiaccio Forte '07	🍷🍷 6
● Rosso di Montalcino '08	🍷🍷 6

TOSCANA

Castelvecchio
Loc. San Pancrazio
via Certaldese, 30
50026 San Casciano in Val di Pesa [FI]
Tel. 0558248032
www.castelvecchio.it

VENDITA DIRETTA
VISITA SU PRENOTAZIONE
OSPITALITÀ
RISTORAZIONE

PRODUZIONE ANNUA 100.000 bottiglie
ETTARI VITATI 22.00

L'azienda ha origini molto antiche, i primi documenti dell'esistenza di immobili in loco risalgono al XII secolo e, nel corso del tempo, è stata di proprietà delle famiglie fiorentine dei Cavalcanti e dei Capponi. Gli attuali proprietari, la famiglia Rocchi, arriva nel 1960, e si trova a effettuare un grande lavoro di recupero dei caseggiati esistenti, oltre a impiantare le vigne e costruire la cantina. I protagonisti della nuova fase sono i due figli dei proprietari: Filippo, che si occupa dei vigneti e della cantina, e Stefania, impegnata nel settore commerciale e della promozione.

Mancavano all'appello due etichette importanti come il Supertuscan Breccolino e il Vin Santo, ma l'insieme della produzione ha ben figurato, a cominciare dal Numero Otto '08, Canaiolo in purezza, dai profumi ampi, di note vegetali ed erbe aromatiche, frutti neri che accompagnano a una struttura grintosa, nervosa, di beva ottimale, con giusta sapidità finale. Ben riuscito anche il Chianti Colli Fiorentini '09, in cui si distinguono all'olfatto note eleganti di ribes e ciliegia, ingentilite dalla fragranza di fiori estivi. In bocca gioca sull'equilibrio e sulla finezza, con una beva di piena soddisfazione. Naso importante ma da registrare nella Riserva Vigna La Quercia '08, dal corpo ancora rigido.

● Chianti Colli Fiorentini '09	🍷 4
● Numero Otto '08	🍷 5
● Chianti Colli Fiorentini V. La Quercia Ris. '08	🍷 5
● Chianti Colli Fiorentini V. La Quercia '07	🍷 5
● Il Brecciolino '07	🍷 6
● Il Brecciolino '06	🍷 6
● Numero Otto '07	🍷 5
● Vin Santo del Chianti Chiacchierata Notturna '03	🍷 7

Famiglia Cecchi
Loc. Casina dei Ponti, 56
53011 Castellina in Chianti [SI]
Tel. 057754311
www.cecchi.net

VISITA SU PRENOTAZIONE

PRODUZIONE ANNUA 7.200.000 bottiglie
ETTARI VITATI 292.00

È dal 1893 che la famiglia Cecchi è protagonista del mondo del vino toscano e nazionale. Prima come commerciante di vini e, successivamente, con sempre maggiore impegno, intraprendendo una strada all'insegna della qualità che ha visto la progressiva acquisizioni di vigneti e tenute quali, solo per restare in Toscana, il Castello di Montauto a San Gimignano e Val delle Rose in Maremma. Certo, i volumi restano quelli della grande casa vinicola, ma è possibile, ormai con confortante continuità, rintracciare, nell'articolato portafoglio, vini sempre più capaci di esprimersi con notevole personalità.

Il Chianti Classico Villa Cerna Riserva '08 è, senza tanti giri di parole, un vino di classe assoluta. Apparentemente essenziale, è austero e elegante, ma già godibilissimo. Gli aromi spaziano dalle note di confettura a quelle di terra e fiori. In bocca i tannini sono decisi e l'acidità vibrante, donando contrasto, sapore e profondità. Molto buono anche il Chianti Classico Villa Cerna '09, profumato e assolutamente piacevole, risultando quasi paradigmatico per la sua tipologia. Solido e concreto il Morellino di Scansano Riserva '08, aromaticamente caldo ma dal sorso vivace e ben ritmato. Affidabile il resto della gamma.

● Chianti Cl. Villa Cerna Ris. '08	🍷🍷🍷 6
● Chianti Cl. Villa Cerna '09	🍷 5
● Morellino di Scansano Val delle Rose Ris. '08	🍷 5
● Chianti Cl. '09	🍷 5
● Chianti Cl. Riserva di Famiglia '08	🍷 6
O Litorale Vermentino Val delle Rose '10	🍷 4
● Morellino di Scansano Val delle Rose '10	🍷 4
● Chianti Cl. Riserva di Famiglia '07	🍷 6
● Coevo '06	🍷 6
● Chianti Cl. Riserva di Famiglia '06	🍷 6
● Coevo '07	🍷 6
● Morellino di Scansano Val delle Rose '09	🍷 3*
● Morellino di Scansano Val delle Rose Ris. '07	🍷 5
● Morellino di Scansano Val delle Rose Ris. '06	🍷 5

TOSCANA

Centolani
loc. Friggiali
s.da Maremmana
53024 Montalcino [SI]
Tel. 0577849454
www.tenutafriggialiepietranera.it

VENDITA DIRETTA
VISITA SU PRENOTAZIONE
OSPITALITÀ

PRODUZIONE ANNUA 260.000 bottiglie
ETTARI VITATI 43.00

Un'azienda dalle 2 anime visto che gli ettari di proprietà sono posizionati in due zone totalmente differenti: Friggiali in zona occidentale, a un'altezza tra i 350 e i 450 metri, con terreni abbastanza sciolti, Pietranera, nella zona sud del comprensorio, vicino al castello della Velona, dal terreno scuro, di origine vulcanica, che dà vini di grande struttura. La realtà aziendale è solida e dinamica, e conferma la sua attenzione al territorio con la recente ristrutturazione che ha mimetizzato meglio la cantina. Tutto grazie alla sensibilità di Olga Peluso, per anni inossidabile guida.

Sempre molto solida la prestazione di quest'azienda, con vini che sebbene vicini nel punteggio rispecchiano fedelmente la diversa zona di provenienza. Tra i due Brunello del millesimo 2006 abbiamo preferito il Pietranera, proveniente dalla zona sud di Montalcino. Naso di grande maturità, con more mature, ciliegie nere e note leggere di cola. Bocca strutturata anche se ancora poco amalgamata, con un tannino leggermente aggressivo. Il Brunello Friggiali è più elegante, con note più fresche al naso, e bocca meno potente, grazie alla maggiore acidità.

● Brunello di Montalcino Pietranera '06	♟♟ 7
● Brunello di Montalcino Tenuta Friggiali '06	♟♟ 6
● Rosso di Montalcino Pietranera '09	♟ 5
● Rosso di Montalcino Tenuta Friggiali '09	♟ 4
● Brunello di Montalcino Tenuta Friggiali '04	♟♟♟ 6
● Brunello di Montalcino Tenuta Friggiali Ris. '99	♟♟♟ 8
● Brunello di Montalcino Pietranera '05	♟♟ 7
● Brunello di Montalcino Pietranera '01	♟♟ 7
● Brunello di Montalcino Pietranera '99	♟♟ 7
● Brunello di Montalcino Pietranera '97	♟♟ 7
● Brunello di Montalcino Tenuta Friggiali '05	♟♟ 7
● Brunello di Montalcino Tenuta Friggiali '00	♟♟ 6
● Brunello di Montalcino Tenuta Friggiali Ris. '04	♟♟ 7
● Brunello di Montalcino Tenuta Friggiali Ris. '01	♟♟ 7

★La Cerbaiola
p.zza Cavour, 19
53024 Montalcino [SI]
Tel. 0577848499
www.aziendasalvioni.com

VENDITA DIRETTA
VISITA SU PRENOTAZIONE

PRODUZIONE ANNUA 20.000 bottiglie
ETTARI VITATI 4.00

Il vulcanico Giulio continua a sfornare vini dalla grande personalità. Uno stile, il suo, nato a metà degli anni Ottanta, quando indicò una nuova strada per la concezione del Brunello: profumi ampi ed eleganti, un tannino di grande finezza. L'azienda si trova nella parte alta delle Cerbaie, sul versante orientale di Montalcino, in una posizione ventilata e assolata che garantisce ottima maturazione, sanità delle uve e, grazie all'altezza, eleganza dei tannini sposata a una buona acidità. Negli anni, con i nuovi vigneti, i vini hanno acquistato una concentrazione maggiore senza perdere in profondità.

È un Brunello diverso nello stile rispetto a quello che ha reso il marchio famoso nel mondo. Ciononostante è buonissimo e ricorda in alcune sue peculiarità quello del 1988. Il percorso intrapreso da alcuni anni da Giulio e Mirella sul Brunello è stato reso possibile dalla grande maturità raggiunta dai vigneti più vecchi dell'azienda. Il naso si apre su note molto fruttate con more, ciliegie e marasca piuttosto mature. Poche le concessioni al lato floreale. Bocca decisamente potente, con un tannino muscolare e una progressione da fuoriclasse vero. Da Tre Bicchieri. Meno convincente il Rosso di Montalcino '09, un po' vegetale al naso, mentre la beva è piacevole, molto sostenuta dall'acidità.

● Brunello di Montalcino '06	♟♟♟ 8
● Rosso di Montalcino '09	♟ 8
● Brunello di Montalcino '04	♟♟♟ 8
● Brunello di Montalcino '00	♟♟♟ 8
● Brunello di Montalcino '99	♟♟♟ 8
● Brunello di Montalcino '97	♟♟♟ 8
● Brunello di Montalcino '90	♟♟♟ 8
● Brunello di Montalcino '89	♟♟♟ 8
● Brunello di Montalcino '88	♟♟♟ 8
● Brunello di Montalcino '87	♟♟♟ 8
● Brunello di Montalcino '85	♟♟♟ 8
● Brunello di Montalcino '05	♟♟ 8

Cerbaiona

LOC. CERBAIONA
53024 MONTALCINO [SI]
TEL. 0577848660

VENDITA DIRETTA

PRODUZIONE ANNUA 15.000 bottiglie
ETTARI VITATI 3.20

La Cerbaiona è un luogo di pellegrinaggio per tutti gli amanti del Brunello. Poco più di 3 ettari vitati, su terreno ricco di scheletro e poca argilla, per la produzione di Brunello, circa 15mila bottiglie che vanno letteralmente a ruba. Diego Molinari e Nora, insieme agli inseparabili gatti, continuano a sfornare vini di una classe e di una riconoscibilità esemplari, nel solco di una tradizione aziendale fatta di botti da 30 ettolitri, vinificazioni in cemento senza uso di lieviti selezionati e un'attenzione maniacale nella selezione vendemmiali e nella potatura verde.

In presenza della bella annata il comandante Molinari fa sempre centro. Il Brunello '06 ha convinto tutti e anche noi, anche se qualche piccola precisazione vogliamo farla. Rispetto ad altre grandi versioni al naso il classico sentore di liquirizia e mora matura, a integrare la classica marasca, e sentori meno freschi, come la foglia di tè e il floreale. La bocca mostra una grandissima massa estrattiva che il tannino e l'acidità faticano un po' a contenere, offrendo un vino più pronto del solito. Buono il Rosso '08, tra i migliori dell'annata.

● Brunello di Montalcino '06	♛♛♛ 8
● Rosso di Montalcino '08	♛♛ 8
● Brunello di Montalcino '04	♛♛♛ 8
● Brunello di Montalcino '01	♛♛♛ 8
● Brunello di Montalcino '99	♛♛♛ 8
● Brunello di Montalcino '97	♛♛♛ 8
● Brunello di Montalcino '90	♛♛♛ 8
● Brunello di Montalcino '88	♛♛♛ 8
● Brunello di Montalcino '85	♛♛♛ 8
● Rosso di Montalcino '07	♛♛♛ 8
● Brunello di Montalcino '05	♛♛ 8
● Brunello di Montalcino '98	♛♛ 8
● Diego Molinari '06	♛♛ 5

Fattoria del Cerro

FRAZ. ACQUAVIVA
VIA GRAZIANELLA, 5
53040 MONTEPULCIANO [SI]
TEL. 0578767722
www.fattoriadelcerro.it

VENDITA DIRETTA
VISITA SU PRENOTAZIONE
OSPITALITÀ
RISTORAZIONE

PRODUZIONE ANNUA 900.000 bottiglie
ETTARI VITATI 170.00

La più grande realtà privata del vino Nobile di Montepulciano, con 170 ettari di vigne, appartiene alla Saiagricola, l'impresa di investimento agricolo del gruppo assicurativo Fondiaria Sai. Un'azienda che ha contribuito a far conoscere il vino poliziano nel mondo fin dai suoi esordi, risalenti al 1978. In Toscana il gruppo possiede anche la Tenuta de La Poderina a Montalcino e Monterufoli in Val di Cornia, mentre si produce Sagrantino di Montefalco a Colpetrone. In tutti i luoghi deputati al vino si produce olio, ed è molto sviluppata l'attività agrituristica.

Esce un anno in ritardo rispetto al consueto la selezione Antica Chiusina, che nell'annata '06 si apre al naso con ampi sentori fruttati di ciliegia matura, note profumate di sigaro, con elementi speziati ben assortiti. Al gusto risulta nervosa per la buona freschezza, tannini fusi alla componente alcolica, con solo il finale appena frenato. Di bella eleganza il Nobile '08, con un comparto aromatico giocato maggiormente su toni fruttati e un corpo equilibrato. Corretto il Manero '09, Merlot in purezza, ben fatto il Chianti Colli Senesi '10, mentre risulta divertente lo spumante, leggero e gradevolmente fragrante.

○ Moscadello di Montalcino La Poderina '09	♛♛ 6
● Nobile di Montepulciano Vign. Antica Chiusina '06	♛♛ 7
● Brunello di Montalcino La Poderina '06	♛♛ 7
● Nobile di Montepulciano '08	♛♛ 5
○ Braviolo '10	♛ 2
● Chianti Colli Senesi '10	♛ 3
● Manero '09	♛ 3
● Nobile di Montepulciano '90	♛♛♛ 4*
● Nobile di Montepulciano Ris. '06	♛♛♛ 5
● Nobile di Montepulciano Vign. Antica Chiusina '00	♛♛♛ 7
● Nobile di Montepulciano Vign. Antica Chiusina '99	♛♛♛ 7
● Nobile di Montepulciano Vign. Antica Chiusina '98	♛♛♛ 7
● Nobile di Montepulciano Vign. Antica Chiusina '05	♛♛ 7

TOSCANA

Vincenzo Cesani

loc. Pancole, 82d
53037 San Gimignano [SI]
Tel. 0577955084
www.agriturismo-cesani.com

VENDITA DIRETTA
VISITA SU PRENOTAZIONE
OSPITALITÀ

PRODUZIONE ANNUA 110.000 bottiglie
ETTARI VITATI 24.00
VITICOLTURA Biologico Certificato

Famiglia di origini marchigiane, i Cesani arrivano a San Gimignano negli anni Cinquanta e da allora si sono sempre distinti per la ricerca dell'eccellenza e la volontà di realizzare un'impresa agricola modello: dal vino (ovviamente) all'olio extravergine, dall'antica coltivazione dello zafferano all'accoglienza agrituristica. I vini sono figli dell'area di Pancole, nella zona nord della denominazione, più siccitosa di altre, caratterizzati da sabbie gialle compatte capaci di vini potenti e minerali, dai classici aromi di pietra focaia.

Paradigmatica, in tal senso, la Vernaccia di San Gimignano Sanice, maturata per alcuni mesi in legno di rovere. La vendemmia 2008 ci consegna un bianco molto complesso, distinto da nette sensazioni di lievito e crosta di pane, ben amalgamate a quelle di burro d'alpeggio e frutta gialla matura. Carnosa, densa ma mai eccessiva, la bocca segue gli stessi tratti aromatici, trova equilibrio nel bicchiere e chiude in allungo, su lievi cenni di nocciola. Considerevole anche la Vernaccia '10, più semplice ma molto godibile. Il Luenzo, da uve sangiovese e colorino dall'intrigante tratto speziato, ci è sembrato invece il miglior rosso della zona.

○ Vernaccia di S. Gimignano Sanice '08		4*
● Luenzo '08		5
● Serisè '08		4
○ Vernaccia di S. Gimignano '10		3*
● Luenzo '99		5
● Luenzo '97		5
● Luenzo '02		6
● San Gimignano Rosso Cellori '05		5
● San Gimignano Rosso Cellori '04		5
○ Vernaccia di S. Gimignano '09		4*
○ Vernaccia di S. Gimignano Sanice '07		4*

Giovanni Chiappini

loc. Le Preselle
pod. Felciaino, 189b
57020 Bolgheri [LI]
Tel. 0565765201
www.giovannichiappini.it

VENDITA DIRETTA
VISITA SU PRENOTAZIONE

PRODUZIONE ANNUA 40.000 bottiglie
ETTARI VITATI 7.00

Continua imperterrita a camminare verso vette qualitative importanti l'azienda che porta il nome di Giovanni Chiappini, una realtà piccola, se guardiamo alle dimensioni e agli ettari, capace però di un livello generale sempre più importante. Nata negli anni Settanta, questa cantina ha subito una decisa accelerazione intorno alla metà degli anni Novanta e oggi dimostra di poter giocare con scioltezza la partita dei migliori vini di Bolgheri, distinti da un profilo potente non privo di un certo fascino.

Il Guado de Gemoli '08 è un Bolgheri Superiore di grande impatto, perfettamente aderente alle attese suscitate dalla denominazione. Ha una naso potente, ancora un po' troppo incentrato su rilevanti note boisé (forse un filo generose), anche se l'intensità del frutto lascia pensare a una felice evoluzione. Stesso schema al palato, denso, piuttosto caldo e maturo, ricco nella trama tannica. Buono il Lienà Cabernet Franc '08, rosso dal profilo terroso e saporito. Meno convincente quest'anno il Lienà Cabernet Sauvignon '08, un po' molle e maturo, incapace di trovare rigidità e allungo.

● Bolgheri Sup. Gaudo de Gemoli '08		
● Lienà Cabernet Franc '08		8
● Lienà Cabernet Sauvignon '08		8
● Bolgheri Rosso Felciaino '09		4
● Bolgheri Sup. Guado de' Gemoli '07		7
● Bolgheri Sup. Guado de' Gemoli '06		7
● Lienà Cabernet Sauvignon '07		8
● Lienà Cabernet Sauvignon '04		8
● Lienà Merlot '04		8
● Lienà Petit Verdot '06		8

TOSCANA

Podere Cigli

LOC. CASTEANI
58023 GAVORRANO [GR]
TEL. 056680035
info@poderecigli.com

VENDITA DIRETTA
VISITA SU PRENOTAZIONE

PRODUZIONE ANNUA 20.000 bottiglie
ETTARI VITATI 7.00

La storia del Podere Cigli è legata alla fattoria di Poggio Crocco, alla quale appartenevano i terreni. Nel primo dopoguerra, era il 1946, tre cognati provenienti dalla Sicilia acquistarono la fattoria; Carlo, uno dei tre, essendo già viticoltore in quel di Alcamo, decise di continuare l'attività in Toscana e mise a dimora la prima vigna. Oggi l'attività viene portata avanti dal nipote Mauro insieme alla moglie Maria, che hanno provveduto a modernizzare la cantina e rinnovare la parte viticola, con l'impianto di nuovi vigneti.

Veramente incredibile il numero di etichette ai nostri assaggi: il Monteregio Campomaria '07 colpisce al naso per sentori di macchia mediterranea, prugna e mora quali frutti neri, corpo elegante, non oppressivo, dai tannini presenti ma non pesanti, con vena acida rinfrescante sul finale. Dolce e cremoso il Vin Santo Affè '07, che al naso esprime i sentori classici di mandorla e nocciola, lieve burrosità, cenni di datteri e fichi secchi per un finale di lunga soddisfazione. Piacevole e caratterizzato dalla godibile bevibilità il resto della produzione.

Donatella Cinelli Colombini

LOC. CASATO PRIME DONNE
53024 MONTALCINO [SI]
TEL. 0577662108
www.cinellicolombini.it

VENDITA DIRETTA
VISITA SU PRENOTAZIONE
OSPITALITÀ
RISTORAZIONE

PRODUZIONE ANNUA 180.000 bottiglie
ETTARI VITATI 34.00

Chiusa la parentesi politica in quel di Siena Donatella Cinelli Colombini è tornata totalmente alla guida delle sue aziende. La sua dinamicità intellettuale non conosce fine e l'azienda più rappresentativa è totalmente al femminile. Situata nel versante settentrionale di Montalcino la fattoria del Casato dispone di vigneti dall'impianto piuttosto moderno, ad alta densità di ceppi per ettaro, che insistono su terreni argillo sabbiosi dotati di buono scheletro, soprattutto nelle zone più alte. Vini di impronta moderna, caratterizzati da un frutto evidente e una buona speziatura.

Presenza in chiaro scuro sul fronte dei vini per questa importante azienda. Miglior vino si è rivelato il Brunello Riserva '05, che si dimostra tra i migliori dell'annata. Olfatto piuttosto maturo, con more e ciliegia, piacevole nell'insieme. Al gusto dimostra buona compattezza, con un'equilibrata acidità a fronte di un tannino piuttosto giovanile e di buona fattura. Ben fatto anche il Brunello '06. Il naso evidenzia un'insistente vena boisé, con la parte fruttata, di marasca e ciliegia, ancora poco espressa. Bocca piuttosto rigida per la presenza esuberante di acidità e tannino. Il Brunello Prime Donne '06 invece è sembrato decisamente poco equilibrato, con toni stranamente sovramaturi.

- Monteregio di Massa Marittima Campomaria '07 — 5
- Monteregio di Massa Marittima Vin Santo Affè '07 — 6
- Ciglino '10 — 4
- Monteregio di Massa Marittima Crocchetto '10 — 4
- Monteregio di Massa Marittima Poggio Crocco '09 — 5
- Monteregio di Massa Marittima Roselvo '10 — 4
- Monteregio di Massa Marittima Vermentino '10 — 4
- Vermentino '10 — 4

- Brunello di Montalcino '06 — 6
- Brunello di Montalcino Ris. '05 — 7
- Brunello di Montalcino Prime Donne '06 — 7
- Brunello di Montalcino Prime Donne '01 — 7
- Brunello di Montalcino '05 — 6
- Brunello di Montalcino '04 — 6
- Brunello di Montalcino '03 — 6
- Brunello di Montalcino Prime Donne '05 — 7
- Brunello di Montalcino Ris. '01 — 7
- Brunello di Montalcino Ris. '00 — 7
- Brunello di Montalcino Ris. '98 — 7

TOSCANA 606

Citille di Sopra

FRAZ. TORRENIERI
LOC. CITILLE DI SOPRA, 46
53024 MONTALCINO [SI]
TEL. 0577832749
www.citille.com

VENDITA DIRETTA

PRODUZIONE ANNUA 35.000 bottiglie
ETTARI VITATI 5.50

È questa un'azienda in grande crescita negli ultimi anni, nella zona di Torrenieri, che si sta rivelando sorprendente sul fronte del Brunello. Poggiata su un piccolo colle, dopo la ferrovia, conta su alcuni ettari a Brunello. I vini rispecchiano l'origine nordica dei vigneti, ma con una morbidezza tannica molto particolare e gradevole. Bellissima la cantina, in cui convivono aspetti più tradizionali insieme a qualche concessione alla modernità. Così le botti classiche si accompagnano a qualche taglio più piccolo, connubio ideale per la personalità dei vini aziendali.

Grande prestazione del Brunello dell'ottimo millesimo 2006. Centra agevolmente i Tre Bicchieri, facendo fare un deciso salto di qualità all'azienda. Di stampo molto classico, compresa una leggera riduzione iniziale, si mostra poi in tutta la sua ampiezza, con note fruttate classiche di ciliegia, marasca e un accenno di pesca gialla. Interessante la nota balsamica e di cuoio, con accenni di tabacco dolce. Di grande impatto la bocca, sorretta da un bel tannino grintoso e giovane, che sostiene insieme all'acidità. Finale compatto ed elegante.

● Brunello di Montalcino '06	🍷🍷🍷 6
● Rosso di Montalcino '09	🍷 4
● Brunello di Montalcino '04	🍷🍷 6

★ Tenuta Col d'Orcia

LOC. SANT'ANGELO IN COLLE
53020 MONTALCINO [SI]
TEL. 057780891
www.coldorcia.it

VENDITA DIRETTA
VISITA SU PRENOTAZIONE

PRODUZIONE ANNUA 800.000 bottiglie
ETTARI VITATI 142.00

Azienda storica di Montalcino, possiede circa un centinaio di ettari a Brunello con alcuni cru molto interessanti: uno su tutti il Poggio al Vento, da cui deriva l'omonima Riserva. I vigneti insistono quasi tutti sul versante sud orientale del comprensorio, quello che guarda l'Amiata, e che dà prodotti potenti e longevi, grazie a terreni che regalano un bel tenore acido. Ultimamente sono stati cambiati alcuni protocolli di produzione che hanno portato a una selezione più attenta della materia prima. Il Brunello d'annata ne ha beneficiato moltissimo.

Una prestazione transitoria, vista la mancanza dei fuoriclasse aziendali, che verranno presentati il prossimo anno. Ottimo il Brunello di Montalcino '06, calcolando anche il cospicuo numero di bottiglie prodotte. Un vino che negli anni sta trovando uno stile personale, classico ma solido. Naso pulito, intenso e ampio, su note speziate di vaniglia e cumino, una componente fruttata molto nitida e caratteristica, poi tabacco biondo. Anche il Rosso di Montalcino '09 presenta 2 versioni di sé: il normale è giocato su una grande bevibilità, bella acidità e un fruttato evidente, mentre il Rosso Banditella paga l'uscita secondo noi anticipata. Il vino è ancora crudo, con grandi potenzialità che hanno bisogno di tempo per esprimersi al meglio.

● Brunello di Montalcino '06	🍷🍷 8
● Brunello di Montalcino Ris. '05	🍷 8
● Rosso di Montalcino '09	🍷 5
● Rosso di Montalcino Banditella '09	🍷 6
● Brunello di Montalcino Poggio al Vento Ris. '99	🍷🍷🍷 8
● Brunello di Montalcino Poggio al Vento Ris. '97	🍷🍷🍷 8
● Brunello di Montalcino Poggio al Vento Ris. '95	🍷🍷🍷 8
● Brunello di Montalcino Poggio al Vento Ris. '90	🍷🍷🍷 8
● Brunello di Montalcino Poggio al Vento Ris. '88	🍷🍷🍷 8
● Brunello di Montalcino Poggio al Vento Ris. '85	🍷🍷🍷 8
● Brunello di Montalcino Poggio al Vento Ris. '83	🍷🍷🍷 8
● Olmaia '01	🍷🍷🍷 7
● Olmaia '00	🍷🍷🍷 7
● Olmaia '94	🍷🍷🍷 7

Col di Bacche

S.DA DI CUPI
58010 MAGLIANO IN TOSCANA [GR]
TEL. 0577738526
www.coldibacche.com

VENDITA DIRETTA
VISITA SU PRENOTAZIONE

PRODUZIONE ANNUA 80.000 bottiglie
ETTARI VITATI 16.50

Un chiantigiano che si trasferisce in Maremma a produrre vino non è storia di tutti i giorni ma così ha deciso nel 1997 Alberto Carnasciali che, insieme alla moglie Elisa Buzzegoli, decide di trasferirsi in questo lembo di Toscana. I primi vini hanno visto la luce nel 2004 ma l'impostazione aziendale, improntata sull'ottenimento di alta qualità grazie a basse rese e lavorazione sul vigneto non stressante, ha permesso di raggiungere fin da subito risultati di alto livello.

Conquista per la prima volta i Tre Bicchieri il Cupinero, uvaggio di merlot con piccolo saldo di cabernet sauvignon, dal naso suadente, per la gamma fruttata a disposizione, resa ancora più elegante da note speziate, di chiodi di garofano e un cenno balsamico rinfrescante. Ottimo l'ingresso in bocca, dapprima opulento, poi più dinamico, con tannini setosi, pienezza al gusto e lunga persistenza finale. Per il Morellino Riserva '09 gli aromi sono dominati da prugna matura, per poi spaziare su note di erbe aromatiche, con buona corrispondenza al palato, che si mostra succoso e sapido. Corretti e piacevoli gli altri vini.

● Cupinero '09	🍷🍷🍷 6
● Morellino di Scansano Ris. '09	🍷 4*
● Morellino di Scansano '10	🍷 4
○ Vermentino '10	🍷 4
● Morellino di Scansano Rovente '05	🍷🍷🍷 5
● Cupinero '08	🍷🍷 6
● Cupinero '07	🍷🍷 6
● Cupinero '06	🍷🍷 6
● Morellino di Scansano '09	🍷🍷 4
● Morellino di Scansano '08	🍷🍷 4
● Morellino di Scansano Rovente '08	🍷🍷 6
● Morellino di Scansano Rovente '07	🍷🍷 6
● Morellino di Scansano Rovente '06	🍷🍷 5
● Morellino di Scansano Rovente '04	🍷🍷 5

Fattoria Collazzi

LOC. TAVARNUZZE
VIA COLLERAMOLE, 101
50029 IMPRUNETA [FI]
TEL. 0552374902
www.collazzi.it

VENDITA DIRETTA
VISITA SU PRENOTAZIONE

PRODUZIONE ANNUA 80.000 bottiglie
ETTARI VITATI 25.00

La proprietà della tenuta è dei fratelli Carlo e Bona Marchi, che nell'ultimo decennio hanno deciso di dare forte impulso alla modernizzazione dell'azienda vinicola: prima attraverso il reimpianto dei vigneti, poi dotando la cantina delle più moderne attrezzature, con risultati che sono andati sempre più confortando la scelta fatta. Famosa la villa che sorge all'interno, il cui progetto è attribuito a Michelangelo Buonarroti. Oltre al vino viene prodotto olio extravergine di oliva e una selezione di miele.

Giunge alle finali il Collazzi '08, uvaggio bordolese che comprende cabernet franc e sauvignon, merlot e petit verdot: al naso i sentori spaziano dai toni mentolati ai frutti di bosco come mirtillo e ribes, con lievi note tostate eleganti. Al gusto risulta morbido, vellutato, dai tannini fusi alla componente alcolica per un finale corroborante e ricco. Piacevole il Libertà '09, da merlot, syrah e sangiovese, dai sentori fini, di tenore vegetale, con fresche note di pepe e ciliegia. Bocca reattiva, dotata di bella spinta acida, equilibrato, con un finale non lunghissimo ma piacevole. Corretto il Chianti Classico I Bastioni '09.

● Collazzi '08	🍷 7
● Libertà '09	🍷🍷 4*
● Chianti Cl. I Bastioni '09	🍷 4
● Chianti Cl. I Bastioni '03	🍷🍷 4*
● Collazzi '07	🍷🍷 7
● Collazzi '04	🍷🍷 7
● Collazzi '02	🍷🍷 7
● Collazzi '01	🍷🍷 6
● Collazzi '00	🍷🍷 7

TOSCANA

Colle Massari
LOC. POGGI DEL SASSO
58044 CINIGIANO [GR]
TEL. 0564990496
www.collemassari.it

VENDITA DIRETTA
VISITA SU PRENOTAZIONE

PRODUZIONE ANNUA 250.000 bottiglie
ETTARI VITATI 83.00
VITICOLTURA Biologico Certificato

Claudio Tipa ha costituito in Toscana una sorta di domaine formato da più aziende sparse nel territorio, partendo dalla zona del Montecucco, e più in particolare dal castello di Collemassari, che acquistò nel 1999. Le prime tracce del castello risalgono al XII secolo ma, nel corso del tempo, molte sono state le trasformazioni subite. Con l'arrivo dei nuovi proprietari si è assistito a una completa trasformazione della struttura, che ha goduto di un poderoso restauro, e alla creazione di impianti viticoli all'avanguardia, che hanno fatto da traino all'affermarsi della denominazione.

Conquista i Tre Bicchieri il Montecucco Rosso Riserva '08, grazie a un bagaglio aromatico fine e delicato, dove i frutti rossi sono ben distinti, confortati da note speziate gentili, di chiodi di garofano. In bocca il corpo è disteso, grazie a una trama tannica ben distribuita, la vena acida è ben equilibrata dalla componente alcolica, per un finale ricco di soddisfazioni. Molto bene anche il Sangiovese Riserva Lombrone '07, più legato a sentori di grafite, cuoio e tabacco al naso, con un palato che mostra succosità, forza, di bello slancio, per un finale saporito. Godibile e ordinato anche il Montecucco Rosso Rigoleto '09.

● Montecucco Rosso Colle Massari Ris. '08	🍷🍷🍷 5
● Montecucco Sangiovese Lombrone Ris. '07	🍷🍷 7
● Montecucco Rosso Rigoleto '09	🍷 4
○ Montecucco Vermentino Irisse '09	🍷 5
○ Montecucco Vermentino Le Melacce '10	🍷 4
● Montecucco Sangiovese Lombrone Ris. '06	🍷🍷🍷 7
● Montecucco Sangiovese Lombrone Ris. '05	🍷🍷🍷 7
● Montecucco Sangiovese Lombrone Ris. '04	🍷🍷🍷 7
● Montecucco Rosso Colle Massari Ris. '07	🍷🍷 5
● Montecucco Rosso Colle Massari Ris. '06	🍷🍷 5
● Montecucco Rosso Colle Massari Ris. '05	🍷🍷 5
● Montecucco Rosso Rigoleto '06	🍷🍷 4*

Fattoria Colle Verde
FRAZ. MATRAIA
LOC. CASTELLO
55010 LUCCA
TEL. 0583402310
www.colleverde.it

VENDITA DIRETTA
VISITA SU PRENOTAZIONE

PRODUZIONE ANNUA 30.000 bottiglie
ETTARI VITATI 9.00
VITICOLTURA Naturale

La Fattoria Colle Verde di Piero Tartagni e Francesca Pardini si trova nell'incantevole paradiso paesaggistico di Matraia, terra di olivi ma anche di vigne e grandi vini. Una cantina che non è certo una novità in zona, visto che l'attività comincia negli anni Novanta, anche se l'approccio, da sempre attento alla natura e alla genuinità dei prodotti, è negli ultimi anni divenuto ancor più radicale, collocandosi ormai nel filone della biodinamica che pare trovare terreno particolarmente fertile in questo lembo di Toscana.

Ci è piaciuto molto il Nero della Spinosa '09, Syrah dalla tiratura limitata (3000 bottiglie) che matura in barrique per venti mesi. Pepato e iodato al naso, aereo e raffinato nello sviluppo gustativo, è un vino che ha certamente ampi margini di crescita in bottiglia. Molto interessante anche il Brania delle Ghiandaie '09, da sangiovese e syrah dai profumi ancora incerti (anche se incentrati su toni erbacei) ma di grandissima energia al palato. Il Sangiovese Terre di Matraia '10 è piacevolissimo nella sua veste fresca, salmastra, agrumata, che si conferma in un palato reattivo e succoso, di straordinaria piacevolezza.

● Colline Lucchesi Rosso Brania delle Ghiandaie '09	🍷🍷 5
● Nero della Spinosa '09	🍷🍷 6
● Colline Lucchesi Rosso Terre di Matraja '10	🍷 4
○ Greco delle Gaggìe '07	🍷 5
● Colline Lucchesi Rosso Brania delle Ghiandaie '07	🍷🍷 5
● Colline Lucchesi Rosso Brania delle Ghiandaie '06	🍷🍷 5
● Colline Lucchesi Rosso Brania delle Ghiandaie '05	🍷🍷 5
● Colline Lucchesi Rosso Brania delle Ghiandaie '04	🍷🍷 5
● Colline Lucchesi Rosso Brania delle Ghiandaie '03	🍷🍷 5

TOSCANA

Collelceto

LOC. CAMIGLIANO
POD. LA PISANA
53024 MONTALCINO [SI]
TEL. 0577816606
www.collelceto.it

VENDITA DIRETTA
VISITA SU PRENOTAZIONE

PRODUZIONE ANNUA 22.000 bottiglie
ETTARI VITATI 6,00

Siamo nella parte più occidente di Montalcino, un posto selvaggio, isolato e incontaminato, dove Elia Palazzesi da anni coltiva uva e produce Brunello di ottima qualità. Lo stile dei vini rispecchia il territorio particolare, piuttosto caldo ma di buona ventilazione grazie alle brezze marine provenienti dal non lontano mare, da cui hanno origine. I terreni sono piuttosto sciolti e ciò permette di poter contare su una buona acidità, garanzia di buona tenuta nel tempo. In cantina le botti per l'invecchiamento sono tradizionali, da circa 30 ettolitri.

Buonissimo il Brunello 2006 di Elia Palazzesi. Di stile elegante è complesso fin dall'olfatto, con note classicamente evolutive di tabacco, cuoio, marasca ed erbe medicinali. In bocca prevale una sensazione armonica, non certo muscolare ma di progressione sobria e avvincente, grazie all'ottimo tannino e all'equilibrata acidità. Finale estremamente lungo e ampio, da grande classico. Qualche incertezza invece sul Rosso di Montalcino '09, piuttosto semplice anche se di buona beva. Meglio, soprattutto considerando la fascia di prezzo, Lo Spepo '10, di grande beva e ottima definizione olfattiva.

Tenuta di Collosorbo

FRAZ. CASTELNUOVO DELL'ABATE
LOC. VILLA A SESTA, 25
53024 MONTALCINO [SI]
TEL. 0577835534
www.collosorbo.com

VENDITA DIRETTA
VISITA SU PRENOTAZIONE

PRODUZIONE ANNUA 100.000 bottiglie
ETTARI VITATI 27,00
VITICOLTURA Naturale

L'azienda è stata fondata nel 1994 ma la data non deve ingannare. Qui il vino si è fatto da sempre. La zona è meravigliosa, a Sesta, uno dei luoghi magici per l'uva sangiovese a Montalcino. Gli ettari vitati sono oltre 25, con la quota di Brunello intorno ai 12 ettari. I terreni sono piuttosto calcarei e ricchi di scheletro, nel sottosuolo è presente una vena argillosa che permette alle piante di contare su una buona risorsa idrica anche nelle stagioni più calde. Le macerazioni sono abbastanza lunghe, sui 15 giorni, mentre le botti usate sono di capacità media, con alcune novità da 10 ettolitri.

Bella prova per i vini di Collosorbo, con il Brunello di Montalcino '06 a raggiungere le finali. Ha naso ampio e intenso, su note leggermente aperte di litchie e oleandro, oltre a tabacco e ciliegia nera, a completare il bel quadro olfattivo. Bocca di grande impatto, ben sostenuta dal tannino che contrasta la vena calda e alcolica. Elegantissimo nell'incedere, di buona progressione, offre un finale molto compatto e persistente. Fruttato il Sant'Antimo Rosso '09, di ottima beva. Piacevole anche se un po' piccolo il Rosso di Montalcino '09.

● Brunello di Montalcino '06	🍷🍷🍷 6
● Lo Spepo '10	🍷 3
● Rosso di Montalcino '09	🍷 4
● Brunello di Montalcino '03	🍷🍷 6
● Brunello di Montalcino '01	🍷🍷 6

● Brunello di Montalcino '06	🍷 7
● Sant'Antimo '09	🍷🍷 5
● Rosso di Montalcino '09	🍷 5
● Brunello di Montalcino '05	🍷🍷 7
● Brunello di Montalcino '03	🍷🍷 7
● Brunello di Montalcino '00	🍷🍷 6
● Brunello di Montalcino Ris. '04	🍷🍷 8
● Brunello di Montalcino Ris. '01	🍷🍷 8
● Rosso di Montalcino '08	🍷🍷 5

TOSCANA

Colognole

LOC. COLOGNOLE
VIA DEL PALAGIO, 15
50068 RUFINA [FI]
TEL. 0558319870
www.colognole.it

VENDITA DIRETTA
VISITA SU PRENOTAZIONE
OSPITALITÀ
RISTORAZIONE

PRODUZIONE ANNUA 120.000 bottiglie
ETTARI VITATI 27.00

Torna alla scheda grande l'azienda di Gabriella Spalletti, che vede protagonisti nella gestione i figli: Mario, che si occupa della vigna e della cantina, e Cesare, che è invece coinvolto nell'attività commerciale. La proprietà è della famiglia dalla fine del 1800, quando il conte Venceslao decise di trasferirsi vicino a Roma, dove era stato nominato senatore: la scelta cadde sulla Toscana per la bellezza dei paesaggi. L'attività vitivinicola è sempre stata esercitata, ma è dall'avvento dei figli che si è deciso di utilizzare solo uve di proprietà.

Una conferma per il Chianti Rufina d'annata, che nella versione '09 risulta particolarmente accattivante al naso, grazie a sentori freschi e vivaci, di mirtilli e more, che si legano a note erbacee, di macchia mediterranea. Polposo in bocca, dalla vena acida rinfrescante, agile nella progressione, chiude in maniera appetitosa. Più austera la Riserva del Don '08, dove il bagaglio aromatico è legato ai profumi terziari, di cuoio e tabacco. Al gusto mostra grande struttura, tannini fitti ma ben allineati, sapidità gustosa sul finale. Dai profumi semplici e puliti l'SMS '09, a base sangiovese, dalla beva succosa.

● Chianti Rufina '09	♈ 4*
● Chianti Rufina Ris. del Don '08	♈ 6
● SMS '09	♈ 4
● Chianti Rufina '08	♈♈ 4*
● Chianti Rufina '06	♈♈ 4*
● Chianti Rufina Ris. del Don '04	♈♈ 5

Il Colombaio di Cencio

LOC. CORNIA
53013 GAIOLE IN CHIANTI [SI]
TEL. 0577747178
www.ilcolombaiodicencio.com

VENDITA DIRETTA
VISITA SU PRENOTAZIONE
OSPITALITÀ
RISTORAZIONE

PRODUZIONE ANNUA 80.000 bottiglie
ETTARI VITATI 17.00
VITICOLTURA Naturale

L'azienda chiantigiana, di proprietà dell'imprenditore bavarese Werner Wilhelm, è relativamente giovane, essendo stata fondata nel 1994. Nel recente passato è stata artefice di etichette che non sono passate inosservate e che l'hanno collocata nella élite produttiva della denominazione. Nulla è stato lasciato al caso: in vigneto si pratica l'agricoltura biologica e in cantina non manca la tecnologia. Il risultato è uno stile improntato alla morbidezza, alla maturità spinta delle uve e a un uso non secondario di legno piccolo, specialmente nuovo.

Decisamente ben fatto il Chianti Classico I Massi Riserva '08, dal profilo aromatico cristallino e dalla bocca continua, succosa e rilassata. Altrettanto convincente Il Futuro '08, uvaggio di sangiovese, cabernet sauvignon e merlot, intensamente fruttato al naso e dalla progressione gustativa compatta e dinamica, solo frenata sul finale da un po' di rovere in eccesso. Un po' troppo aperto il fruttato del Chianti Classico I Massi '09, che in bocca sa farsi apprezzare per un sorso saporito. Piacevole il rosato Arlecchino '10, e di buona freschezza acida il Sassobianco '10, da uve chardonnay, sauvignon e malvasia.

● Chianti Cl. I Massi Ris. '08	♈ 6
● Il Futuro '08	♈ 8
☉ Arlecchino '10	♈ 4
● Chianti Cl. I Massi '09	♈ 4
○ Sassobianco '10	♈ 4
● Chianti Cl. I Massi Ris. '03	♈♈♈ 6
● Il Futuro '99	♈♈♈ 7
● Il Futuro '97	♈♈♈ 7
● Il Futuro '95	♈♈♈ 7
● Chianti Cl. I Massi Ris. '99	♈♈ 6
● Il Futuro '04	♈♈ 7
● Il Futuro '00	♈♈ 7

TOSCANA

Contucci
Via del Teatro, 1
53045 Montepulciano [SI]
Tel. 0578757006
www.contucci.it

VENDITA DIRETTA
VISITA SU PRENOTAZIONE

PRODUZIONE ANNUA 100.000 bottiglie
ETTARI VITATI 21.00

Quando si parla di storia del vino toscano non si può fare a meno di citare la famiglia Contucci, che affonda le sue origini fin dall'anno 1000, con prove documentali certe che risalgono al XIV secolo. Basta poi arrivare a Montepulciano e osservare la piazza principale dove, insieme alla cattedrale e al palazzo comunale, è possibile ammirare il palazzo di famiglia, che accoglie ancora le cantine, nel centro storico del paese visitabili, per capire come la realtà poliziana abbia qui una vera memoria storica.

Prestazione a due velocità quella fornita dall'azienda, con un vino che raggiunge le finali ma altri che non ci hanno convinto pienamente. Bene la selezione Pietra Rossa '08, dal bagaglio aromatico variegato, con i frutti di bosco che si legano a sentori tostati di caffè e qualche nota di erbe aromatiche. In bocca è rotondo, largo, mostra una struttura potente e decisa, che si accompagna a un finale appagante. Buona anche la selezione Mulinvecchio '08, meno imponente nel corpo ma accattivante nei profumi più freschi e vivaci, con una bella beva e tannini lievi. Il Santo, a base di malvasia e grechetto, ha profumi che richiamano i frutti essiccati, morbidezza calibrata e godibile finale.

● Nobile di Montepulciano Pietra Rossa '08	5
● Nobile di Montepulciano Mulinvecchio '08	6
○ Santo	5
● Nobile di Montepulciano Mulinvecchio '07	6
● Nobile di Montepulciano Pietra Rossa '07	5
● Nobile di Montepulciano Pietra Rossa '03	5
● Nobile di Montepulciano Ris. '06	6

Fattoria Corzano e Paterno
Via San Vito di Sopra
50020 San Casciano in Val di Pesa [FI]
Tel. 0558248179
www.corzanoepaterno.it

VENDITA DIRETTA
VISITA SU PRENOTAZIONE
OSPITALITÀ

PRODUZIONE ANNUA 85.000 bottiglie
ETTARI VITATI 16.50

Come dice il nome, l'azienda nasce in due momenti diversi: la fattoria di Corzano viene acquistata da W. Gelpke nel 1969 mentre quella di Paterno viene aggiunta nel 1974. Fin dall'inizio il lavoro si è svolto su tre direttrici fondamentali, produzione di vino e olio, agriturismo, produzione di formaggi. Le case coloniche abbandonate sono state trasformate in appartamenti, dal caseificio escono formaggi di straordinaria qualità, nel vino si è cercato di ascoltare molto il territorio per una produzione che lo rappresentasse appieno.

Ben due i vini giunti in finale quest'anno: il Chianti I Tre Borri Riserva '08 si esprime al naso in maniera intensa, molto decisa e fruttata, con note floreali e vegetali ben assortite. Molto vivo in bocca, dal nerbo acido rilevante, corpo succoso e carnoso, bel finale in crescendo. Il Corzano '08 è un uvaggio di sangiovese, cabernet sauvignon e merlot, dai profumi intensi, con lievi note balsamiche supportate da note di ribes, corpo valido, pieno, con tannini distribuiti in maniera regolare. Bel finale saporito. Fruttato e godibile il Chianti Terre di Corzano '09, fresco e invitante Il Corzanello '10 uvaggio di semillon, chardonnay, trebbiano e malvasia.

● Chianti I Tre Borri Ris. '08	6
● Il Corzano '08	6
● Chianti Terre di Corzano '09	4
○ Il Corzanello '10	4
● Chianti I Tre Borri Ris. '07	6
● Il Corzano '05	6
● Il Corzano '97	5
● Chianti I Tre Borri Ris. '04	6
● Il Corzano '07	6
● Il Corzano '06	6
● Il Corzano '04	6
○ Passito di Corzano '99	7
○ Passito di Corzano '98	7
○ Passito di Corzano '97	7

TOSCANA

Andrea Costanti
loc. Colle al Matrichese
53024 Montalcino [SI]
Tel. 0577848195
www.costanti.it

VENDITA DIRETTA
VISITA SU PRENOTAZIONE

PRODUZIONE ANNUA 60.000 bottiglie
ETTARI VITATI 12.00

Si conferma la grande affidabilità di questa storica cantina di Montalcino. Detentrice di oltre cinque ettari di vigneto a Brunello, l'azienda di Andrea Costanti ha uno stile legato al terroir di provenienza delle uve. I vigneti, situati a circa 420 metri, lungo la salita che da Torrenieri porta verso Montalcino, hanno dato il là alla moda delle rose in testa al filare, che oltre alla funzione estetica hanno anche quella di segnalare lo stato sanitario delle piante. I terreni sono abbastanza sciolti e all'origine della grande finezza olfattiva.

Non è stato facile valutare i vini di Andrea Costanti, che da tempo non li invia alle degustazioni. Per questo sospettiamo che l'aver ottenuto un Tre Bicchieri con il Brunello di Montalcino '06 non gli farà nemmeno troppo piacere. Ma tant'è. Il vino è davvero molto buono e questo per noi basta e avanza. Il millesimo ha probabilmente permesso allo stile aziendale di esprimersi al meglio, con un naso molto tipico, con note classiche di oleandro e violetta, ad ampliare la sensazione evolutiva di tabacco e cuoio. Poi è il momento della ciliegia, netta e fragrante. Certo non un vino muscolare, piuttosto di grande eleganza e ottima persistenza. La bocca è sostenuta da una bella acidità, mentre il tannino, già levigato, accompagna a un finale di grande eleganza e ottima persistenza.

● Brunello di Montalcino '06	7
● Rosso di Montalcino '09	5
● Brunello di Montalcino '88	8
● Ardingo '98	6
● Ardingo Calbello '01	7
● Brunello di Montalcino '97	7
● Brunello di Montalcino Calbello '99	7
● Brunello di Montalcino Ris. '01	8

Le Crete
pod. Sole, 9
53020 Trequanda [SI]
Tel. 0577661929
www.lecreteaziendagraria.it

VENDITA DIRETTA
VISITA SU PRENOTAZIONE
OSPITALITÀ
RISTORAZIONE

PRODUZIONE ANNUA 25.000 bottiglie
ETTARI VITATI 7.00

La tenuta è nata nel 2005: lo scopo era quello di creare un'azienda agraria alla quale affiancare l'allevamento di cavalli, anche da corsa, un luogo dove far soggiornare turisti a contatto con la natura, e produrre vini di qualità. Dopo una prima fase di studio dei terreni, scelta dei vitigni da impiantare, dotazione della cantina di tecnologie adeguate, è iniziata la produzione: ai vini è stato scelto di dare il nome che Dante Alighieri, nella Divina Commedia, decise di assegnare ai diavoli, quasi a rappresentare la loro estrema vitalità.

Il Malacoda '06, Sangiovese in purezza, ha profumi maturi, di confettura, ingentiliti da note speziate di cannella; corpo equilibrato, tannini fini e rilassato sul finale per un'ottima beva. Il Graffiacane '06, Cabernet Sauvignon in purezza, dispone di aromi di ribes e mirtillo, cenni balsamici e note erbacee. Al gusto dimostra di possedere struttura, potenza, grande succosità, per un finale prolungato. Il Rubicante '06, ancora Sangiovese in purezza, al naso si presenta con toni terziari, di pelliccia e tabacco, con la confettura di ciliegie a svettare nella parte fruttata. Corpo solido, austero, ricco, con vena acida rinfrescante e finale saporito. Corretto il resto della produzione.

● Graffiacane '06	6
● Malacoda '06	6
● Rubicante '06	4
● Farfarello Rosso '09	3
● Graffiacane '07	6
● Malacoda '07	6

TOSCANA

La Cura
LOC. CURA NUOVA, 12
58024 MASSA MARITTIMA [GR]
TEL. 0566918094
www.cantinalacura.it

VENDITA DIRETTA
VISITA SU PRENOTAZIONE

PRODUZIONE ANNUA 30.000 bottiglie
ETTARI VITATI 12.00

La storia di famiglia è strettamente legata con quella della casa vinicola: è nel 1968 che Andrea Corsi decide di acquistare l'attuale azienda, dove si producevano ortaggi e cereali, per iniziare a produrre vino. L'esperienza arrivava da Cinciano, nel Chianti Classico, dove il bisnonno già possedeva delle vigne. Da lì la passione per il mondo vinicolo. Le prime bottiglie risalgono al 1999, ed era un vino bianco, mentre dall'annata 2000 si è iniziato a produrre il Monteregio. Oggi il titolare è Enrico Corsi, che pone grande attenzione al rispetto del territorio.

Molto buono il Merlot '09, dai profumi intensi, di macchia mediterranea, uniti a quelli di frutta carnosa, con lievi cenni animali. Il palato dimostra di possedere buoni tannini, con un'acidità invitante che allunga la beva. Insolito e ben costruito il Predicatore '10, vino passito da uve merlot e aleatico, dal bagaglio aromatico ricco, di spezie e confettura, corpo denso e pieno, dolce finale prolungato. Interessante il Monteregio Breccerosse '10, dagli aromi fini ed eleganti, dove si riconoscono il tabacco e la ciliegia, dal corpo snello, sostenuto da una godibile freschezza. Corretti gli altri prodotti, con il Valdemàr '10, Vermentino profumato e scorrevole in bocca.

● Merlot '09	6
● Monteregio di Massa Marittima Rosso Breccerosse '10	4
● Predicatore '10	6
○ Cabernets '09	6
● Monteregio di Massa Marittima Rosso Colle Bruno '10	4
○ Valdemàr '10	4
● La Cura Merlot '08	5
● La Cura Merlot '07	5
● La Cura Merlot '06	5
● La Cura Merlot '04	5
● Monteregio di Massa Marittima Rosso Breccerosse '09	4

Maria Caterina Dei
VIA DI MARTIENA, 35
53045 MONTEPULCIANO [SI]
TEL. 0578716878
www.cantinedei.com

VENDITA DIRETTA
VISITA SU PRENOTAZIONE
OSPITALITÀ

PRODUZIONE ANNUA 200.000 bottiglie
ETTARI VITATI 55.00

La vena artistica di Maria Caterina Dei la si può apprezzare in vari modi: ascoltando le sue cover di canzoni famose, assistendo agli spettacoli che organizza in cantina, degustando i suoi vini che hanno una personalità inconfondibile. Tutto nasce dal nonno Alibrando che acquista la prima porzione della tenuta attuale nel 1964, che viene poi completata nel 1973. Risale al 1985 l'imbottigliamento della prima bottiglia di Vino Nobile di Montepulciano, effettuata ancora senza cantina, che viene costruita nel 1991. Da allora Maria Caterina si è dedicata con piacere solo all'avventura vinicola.

Quest'anno approda in finale il Nobile d'annata: la versione '08 mostra al naso buoni sentori di erbe aromatiche, come salvia e alloro, base fruttata classica di ciliegia e prugna, qualche cenno balsamico. In bocca l'attacco è solido, con freschezza ben evidente, tannini di trama fine, finale non immenso ma godibile e persistente. Buona prova anche per la Riserva Bossona '07, dove il bagaglio olfattivo gioca più su note terziarie, con tabacco e cuoio in evidenza, corpo ricco, in ricerca di equilibrio, con finale appagante. Semplice e ben fatto il Rosso '09, mentre il Vin Santo '04, pur dolce e ammaliante, ha un finale troppo rapido.

● Nobile di Montepulciano '08	5
● Nobile di Montepulciano Bossona Ris. '07	6
● Rosso di Montepulciano '09	4
○ Vin Santo di Montepulciano '04	6
● Nobile di Montepulciano Bossona Ris. '04	6
● Nobile di Montepulciano '07	5
● Nobile di Montepulciano '01	5
● Nobile di Montepulciano '99	5
● Nobile di Montepulciano Bossona Ris. '06	6
● Nobile di Montepulciano Bossona Ris. '03	6
● Nobile di Montepulciano Bossona Ris. '01	6
● Nobile di Montepulciano Bossona Ris. '99	6
● Nobile di Montepulciano Ris. '97	5
● Rosso di Montepulciano '08	4
● Sancta Catharina '08	6
● Sancta Catharina '07	6

TOSCANA 614

Diadema

via Imprunetana per Tavarnuzze, 21
50023 Impruneta [FI]
Tel. 0552311330
www.diadema-wine.com

VENDITA DIRETTA
VISITA SU PRENOTAZIONE
OSPITALITÀ

PRODUZIONE ANNUA 60.000 bottiglie
ETTARI VITATI 12.00

L'azienda nasce dalla volontà di Alberto Giannotti di produrre vino di qualità nella proprietà di famiglia, la fattoria Villa l'Olmo, dove già esisteva una tradizione secolare di viticoltura e nella quale si svolge anche un servizio alberghiero di qualità. Con il marchio Diadema, creato appositamente, ha iniziato la commercializzazione di vini contraddistinti da un packaging ricercato: oltre al vino viene prodotto anche olio extravergine di oliva, utilizzando l'antico frantoio aziendale, e viene importato anche direttamente Champagne.

Il Diadema '09 è un uvaggio di sangiovese con aggiunta di cabernet sauvignon, merlot e syrah, dai toni speziati, di vaniglia e cannella, uniti a una base di frutti di bosco. In bocca si mostra morbido, rotondo, dai tannini non aggressivi, supportato da nerbo acido fresco e vivace. Interessante il D'Amare Bianco '09, da chardonnay con saldo di viognier, con profumi freschi di agrumi, uniti a lievi sensazioni floreali. Vivace l'ingresso in bocca, molto vivo, fresco, con un finale sapido e prolungato. Toni maturi e di confettura al naso per il D'Amare '08, da sangiovese in prevalenza con cabernet sauvignon e merlot, dal corpo ricco, con il tannino ancora graffiante.

Fabrizio Dionisio

fraz. Ossaia
loc. Il Castagno
52040 Cortona [AR]
Tel. 063223541
www.fabriziodionisio.it

VISITA SU PRENOTAZIONE

PRODUZIONE ANNUA 30.000 bottiglie
ETTARI VITATI 15.00

La passione per il vino di Sergio Dionisio, padre dell'attuale titolare Fabrizio, lo portò a esplorare un territorio ancora poco conosciuto della Toscana, all'inizio degli anni Settanta. Fu poi nel 1992 che l'azienda raggiunse la dimensione attuale e cominciò a essere organizzata secondo i criteri moderni della viticoltura, impiantando nuovi vigneti. Il vitigno principale coltivato, seguendo la vocazione naturale del territorio è il syrah, con piccoli appezzamenti dedicati invece al merlot.

A volte capita che quello che nasce per essere il "secondo vino" di un'azienda raggiunge un risultato migliore del primo. Le motivazioni sono diverse: annate differenti, ricerca di potenza e struttura che rendono difficile la gestione della maturazione, fatto sta che quest'anno il Castagnino '09 è arrivato alle nostre finali: colore porpora, molto fitto, al naso colpiscono le sensazioni terziarie, con il goudron che si unisce a cuoio e tabacco, lasciando poi spazio agli elementi fruttati. In bocca l'impatto è lieve, non eccessivo, con un corpo caratterizzato da tannini serrati e potenti. Finale in crescendo gustativo notevole. Ricco e strutturato Il Castagno '08, ma ancora da stendersi e rilassarsi.

○ D'Amare Bianco '09	8
● Diadema '09	8
● D'Amare '08	8
○ Diadema Bianco '10	8
○ Diadema Bianco '09	8
○ Diadema Bianco '07	8
● Diadema D'Amare '07	8
● Diadema Rosso '08	8
● Diadema Rosso '07	8
● Diadema Rosso '06	8

● Cortona Syrah Castagnino '09	4*
● Cortona Syrah Il Castagno '08	6
● Cortona Syrah '07	5
● Cortona Syrah Cuculaia '08	7

TOSCANA

Donna Olga
LOC. FRIGGIALI
S.DA MAREMMANA
53024 MONTALCINO [SI]
TEL. 0577849454
www.tenutedonnaolga.it

VENDITA DIRETTA
VISITA SU PRENOTAZIONE
OSPITALITÀ

PRODUZIONE ANNUA 25.000 bottiglie
ETTARI VITATI 4.00

Nata da un'intuizione di Olga Peluso, che ha iniziato qui un percorso indipendente, separato da quello che la coinvolgeva a livello familiare nella Centolani. I vigneti sono ubicati nel settore occidentale di Montalcino, a un'altezza di circa 400 metri e sono ben esposti, con un'ottima ventilazione. I ceppi per ettaro sono oltre 5000, con una selezione di cloni che è varia e integra anche una massale proveniente dalle vigne migliori e più antiche dell'azienda familiare. Lo stile è piuttosto moderno anche se negli anni l'uso del legno piccolo si è affievolito in favore di tonneau, con anche qualche pezzatura maggiore.

Un grande ritorno quello del Brunello Donna Olga ai Tre Bicchieri, conquistati di slancio, bellissimo esempio di 2006. Al naso è intenso e decisamente ampio, con note che spaziano dal fruttato di ciliegia e visciola alla speziatura balsamica fino alla florealità dell'oleandro e a sentori di foglie di tè verde. Di grande persistenza. La bocca può contare su un buon sostegno acido tannico, risultando così snella e di grande equilibrio, per un finale molto persistente e di ottima corrispondenza olfattiva. Meno convincente il Rosso '09.

● Brunello di Montalcino '06	🍷🍷🍷 8
● Rosso di Montalcino '09	🍷 4
● Brunello di Montalcino '01	🍷🍷🍷 7
● Brunello di Montalcino Ris. '01	🍷🍷🍷 8
● Brunello di Montalcino '99	🍷🍷 7
● Brunello di Montalcino '98	🍷🍷 8
● Brunello di Montalcino '97	🍷🍷 7

Donna Olimpia 1898
FRAZ. BOLGHERI
LOC. MIGLIARINI, 142
57020 CASTAGNETO CARDUCCI [LI]
TEL. 0272094585
www.donnaolimpia1898.it

VENDITA DIRETTA
OSPITALITÀ

PRODUZIONE ANNUA 100.000 bottiglie
ETTARI VITATI 41.00

Azienda bolgherese di Guido Folonari, che vanta proprietà in campo vitivinicolo anche in Piemonte e a Montalcino, Donna Olimpia 1898 ci pare una realtà interessante, dallo stile convincente e soprattutto in forte crescita. Si trova lungo la Bolgherese e conta su una superficie totale di 60 ettari, di cui una quarantina impiantati a vigneto. Le varietà sono quelle (proporzionalmente) più rappresentative della zona, dal cabernet, sia sauvignon che franc, al merlot, dal petit verdot al syrah fino al locale vermentino.

Molto interessanti tutti i vini assaggiati quest'anno. Stupendo il Bolgheri Superiore Millepassi '08 per polpa e finezza, tutto giocato su un corredo di frutti neri, lavanda e spezie, ha una bocca di grande tessitura, profonda e vibrante. Buonissimo anche il Bolgheri Rosso '08, affusolato, dolce e allo stesso tempo teso, mostra continui cambi di passo e uno spettro aromatico affascinante, dai frutti rossi alle rinfrescanti sensazioni erbaceo balsamiche. Ci è piaciuto anche il Tageto '09 (blend di tutte le varietà a bacca nera allevate), dalle note di terra, corteccia e lamponi, capace di un sorso sicuro e appagante, pur in un contesto immediato e di grande beva.

● Bolgheri Rosso '08	🍷🍷 5
● Bolgheri Rosso Sup. Millepassi '08	🍷🍷 7
● Tageto '09	🍷🍷 4
● Bolgheri '06	🍷🍷 5
● Bolgheri '05	🍷🍷 5
● Tageto '06	🍷🍷 6

TOSCANA 616

Fanti
loc. Palazzo, 14
fraz. Castelnuovo dell'Abate
53020 Montalcino [SI]
Tel. 0577835795
www.fantisanfilippo.com

VENDITA DIRETTA
VISITA SU PRENOTAZIONE

PRODUZIONE ANNUA 200.000 bottiglie
ETTARI VITATI 50.00

La cantina del vulcanico Filippo Fanti, detto Sarrino, continua a essere meta per gli appassionati di tutto il mondo. La sua simpatia e la proverbiale ospitalità, insieme alla bontà dei vini, ne fanno un unicum della zona. La nuova cantina, terminata da qualche anno, è immersa nella collina, praticamente con il solo ingresso a vista. L'attenzione si è così spostata ai nuovi vigneti, frutto di un lavoro maniacale sulla ricerca dei cloni più adatti a creare il Brunello ideale. La figlia Elisa, sempre più presente, ha le carte in regola per coadiuvarlo in ogni attività.

Annata di transizione per questa azienda, che propone vini corretti, ben articolati tecnicamente, ma senza quel pizzico di personalità degna dei grandi. Niente Riserva '05 di Brunello visto che il millesimo non è stato reputato all'altezza. Ben eseguito il Brunello '06, dal naso preciso, ben giocato su toni fruttati di mora e spezie dolci, un leggero tostato di caffè. Bocca di spessore, anche se ancora rigida a causa di un tannino leggermente scabro. Finale di media consistenza. Centrato il Rosso di Montalcino '09, intensamente fruttato e dalla bevibilità veramente accattivante.

Fattoria di Lamole
loc. Lamole, 70
50022 Greve in Chianti [FI]
Tel. 0558547065
www.fattoriadilamole.it

VENDITA DIRETTA
VISITA SU PRENOTAZIONE

PRODUZIONE ANNUA 7.000 bottiglie
ETTARI VITATI 15.00

La straordinaria opera viticola e paesaggistica di Paolo Socci è un monumento il cui valore travalica il semplice mondo del vino. Se i terrazzamenti sono tornati a Lamole gran parte del merito è di questo vignaiolo caparbio e innamorato della sua terra. Ideali per una viticoltura estrema come quella che si snoda alle pendici del Monte San Michele, le terrazze racchiudono le vigne da cui deriva la linea Antico Lamole. Le altre etichette sono invece commercializzate con il marchio Castello delle Stinche.

I vini di questa cantina sono decisamente personali e hanno bisogno del giusto tempo per essere apprezzati al meglio. Splendido il Chianti Classico Vigna Grospoli '08 ha naso fruttato di bella ampiezza, impreziosito da decise sensazioni pepate e di spezie in generale. La bocca non è da meno: vibrante, sinuosa e succosa, giocata su intriganti chiaroscuri che accennano alle radici, ritrovano il frutto dei profumi, chiudono su note ferrose di grande fascino. Di livello anche il Chianti Classico della linea Castello delle Stinche che, grazie alla vendemmia 2007, sfodera un bellissimo profilo floreale, con sensazioni iodate e marine non comuni.

● Brunello di Montalcino '06	6
● Rosso di Montalcino '09	4
● Sant'Antimo Rosso Sassomagno '09	4
● Brunello di Montalcino '00	7
● Brunello di Montalcino '97	7
● Brunello di Montalcino Ris. '95	7
● Brunello di Montalcino '05	6
● Brunello di Montalcino '03	7
● Brunello di Montalcino '01	7
● Brunello di Montalcino '98	7

● Chianti Cl. Castello delle Stinche '08	5
● Chianti Cl. V. Grospoli '08	8
● Chianti Cl. V. Castello Castello delle Stinche Ris. '07	6

★★ Fattoria di Felsina

Via del Chianti, 101
53019 Castelnuovo Berardenga [SI]
Tel. 0577355117
www.felsina.it

VENDITA DIRETTA
VISITA SU PRENOTAZIONE

PRODUZIONE ANNUA 650.000 bottiglie
ETTARI VITATI 94.00
VITICOLTURA Naturale

Felsina è ormai un'icona fra le etichette toscane, grazie a vini rigorosi e poco inclini alle mode enologiche di corto respiro, segnalandosi, invece, per eleganza e personalità. Fu Domenico Poggiali, imprenditore ravennate, che nel 1966 acquistò il primo nucleo aziendale, ponendo le basi del progetto enologico di Felsina. Nel 1981 ci fu l'acquisizione del Castello di Farnetella a Sinalunga e nel 1995 di Pagliarese, a Castelnuovo Berardenga. Una storia lunga e intensa che ha portato l'azienda di Castelnuovo Berardenga e il suo stile produttivo ai vertici assoluti dell'enologia italiana.

Tre Bicchieri al Cabernet Sauvignon in purezza Maestro Raro '08 decisamente di carattere e di grande fascino. Aromaticamente giocato più sui chiaroscuri che sull'intensità, evidenzia note speziate e floreali e qualche cenno terroso. In bocca è un vino reattivo e contrastato, gustoso e bilanciato. Un equilibrio che si ritrova anche nel Chianti Classico Rancia Riserva '08 dai profumi sfumati, forse con qualche nota di rovere in eccesso. Al gusto il suo sviluppo è compatto e ben sostenuto da una verve acida decisa. Solido il Chianti Classico Riserva '08 e molto godibile il Chianti Classico '09. Affidabile il resto della gamma.

● Maestro Raro '08	7
● Chianti Cl. Rancia Ris. '08	7
● Fontalloro '08	7
● Chianti Cl. '09	5
● Chianti Cl. Ris. '08	6
● Chianti Colli Senesi Castello della Farnetella '09	4
○ I Sistri '09	5
○ Pepestrino '10	4
○ Vin Santo del Chianti Cl. '03	6
● Chianti Cl. Rancia Ris. '07	7
● Chianti Cl. Rancia Ris. '05	6
● Chianti Cl. Rancia Ris. '04	6
● Chianti Cl. Rancia Ris. '03	6
● Fontalloro '07	7
● Fontalloro '06	7
● Fontalloro '05	7

★ Tenute Ambrogio e Giovanni Folonari

Loc. Passo dei Pecorai
Via di Nozzole, 12
50022 Greve in Chianti [FI]
Tel. 055859811
www.tenutefolonari.com

VISITA SU PRENOTAZIONE

PRODUZIONE ANNUA 1.000.000 bottiglie
ETTARI VITATI 250.00

Ambrogio e Giovanni Folonari fanno parte di una delle più importanti dinastie italiane del vino e nel 2000 hanno intrapreso un percorso autonomo in questo mondo che li ha visti da sempre protagonisti, a partire dalla Toscana, dove hanno sede le loro principali tenute: Nozzole a Greve in Chianti, Campo al Mare a Bolgheri, La Fuga a Montalcino, Torcalvano a Montepulciano e Vigne a Porrona in Maremma. I vini sono realizzati con tecnica ineccepibile, mantenendo però una spiccata personalità e tratti distintivi che rimandano ai vari territori di produzione.

È come sempre Il Pareto il vino che si distingue maggiormente in casa Folonari. Il '08 ha naso ampio e avvolgente, su sensazioni mature e leggermente evolute di frutta in confettura e radice, bocca rotonda, morbida, con retrogusto fruttato. Si comporta bene anche il Chianti Classico La Forra Riserva '08, altro vino dalla tonalità matura e consolatoria, con richiami di ciliegia e prugne in confettura, e tannino serrato. Da Montalcino il Rosso '09 è fragrante e ben bilanciato nel rapporto tra acidità e tannino. Affidabile il Nobile '08 della Torcalvano, fresco e sapido, ancora da distendere nella parte tannica.

● Chianti Cl. La Forra Ris. '08	5
● Il Pareto '08	8
● Bolgheri Sup. Baia al Vento Campo al Mare '08	5
● Nobile di Montepulciano Torcalvano '08	5
● Rosso di Montalcino La Fuga '09	5
● Cabreo Il Borgo '06	6
● Il Pareto '07	8
● Il Pareto '04	8
● Il Pareto '01	8
● Il Pareto '00	8
● Il Pareto '98	7
● Il Pareto '97	7
● Cabreo Il Borgo '07	6
● Cabreo Il Borgo '04	6
● Chianti Cl. La Forra Ris. '07	5
● Chianti Cl. La Forra Ris. '04	5

TOSCANA

Fattoria Le Fonti
Loc. Le Fonti
50020 Panzano [FI]
Tel. 055852194
www.fattorialefonti.it

VENDITA DIRETTA
VISITA SU PRENOTAZIONE

PRODUZIONE ANNUA 40.000 bottiglie
ETTARI VITATI 8.50
VITICOLTURA Naturale

La Fattoria Le Fonti è di proprietà dalla famiglia Schmitt-Vitali dal 1994 e si trova nella sottozona di Panzano. La dimensione relativamente ridotta consente una cura puntuale dei vigneti e della cantina, che ha permesso alle etichette di questa realtà produttiva, specie nel recente passato, di mettersi in evidenza. La maturazione privilegia i legni piccoli, ma il rovere è dosato con equilibrio e i vini possiedono uno stile ben profilato in cui non mancano freschezza e buona personalità.

Il Chianti Classico Riserva '07, erroneamente recensito lo scorso anno, potrebbe essere definito come un classico che più classico non si può. Possiede tratti decisamente tipici nei profumi, fiori appassiti e terra, ma anche delicati dettagli aromatici, viola, agrumi e pepe, in perfetto accordo con una bocca carnosa e dal chiaro carattere sapido. Da Tre Bicchieri. Fragrante e piacevole l'impatto olfattivo del Chianti Classico '08, dalla beva lineare, equilibrata e gustosa. Note affumicate contraddistinguono il naso del Fontissimo '07, blend di sangiovese, merlot e cabernet sauvignon, che al palato resta un po' monocorde. Fresco e agile il Vigna della Lepre '09, uvaggio di sangiovese e merlot.

● Chianti Cl. Ris. '07	🍷🍷🍷 5
● Chianti Cl. '08	🍷🍷 4
● Fontissimo '07	🍷 6
● Vigna della Lepre '09	🍷 3
● Fontissimo '06	🍷🍷🍷 6
● Chianti Cl. '07	🍷🍷 4
● Chianti Cl. Ris. '07	🍷🍷 5
● Chianti Cl. Ris. '04	🍷🍷 5
● Fontissimo '04	🍷🍷 6
● Fontissimo '01	🍷🍷 6
● V. della Lepre '07	🍷🍷 3

Le Fonti
Loc. San Giorgio
53036 Poggibonsi [SI]
Tel. 0577935690
www.fattoria-lefonti.it

VENDITA DIRETTA
VISITA SU PRENOTAZIONE

PRODUZIONE ANNUA 120.000 bottiglie
ETTARI VITATI 23.00

L'azienda, di proprietà dei fratelli Imberti, si trova nel piccolo lembo del comune di Poggibonsi che appartiene alla denominazione del Chianti Classico, di fronte alla collina di Monsanto. I vigneti si trovano a un'altezza media di 300 metri e sono coltivati in prevalenza a sangiovese. Lo stile dei vini privilegia la sobrietà e le maturazioni sono affidate ai legni piccoli, ricorrendo anche a rovere di secondo e terzo passaggio e a vasche di cemento. Il risultato è una gamma di prodotti di buona personalità e non privi di carattere.

Le note di vaniglia si integrano molto bene al fruttato rigoglioso che caratterizza l'impatto olfattivo del Chianti Classico Riserva '08, un vino dalla progressione gustativa solida ed equilibrata e dal bel finale in crescendo, non privo di grinta. Convincente anche il Chianti Classico '09, che punta tutto sulla bevibilità, offrendo al naso un'alternanza di cenni affumicati e note agrumate e in bocca un gusto saporito e piacevolmente fresco. Preponderanti e non perfettamente definiti gli aromi erbacei del Vino Arturo '08, Sangiovese in purezza, che trova il suo punto di forza in un gusto continuo.

● Chianti Cl. '09	🍷🍷 4
● Chianti Cl. Ris. '08	🍷🍷 6
● Vito Arturo '08	🍷 6
● Chianti Cl. '06	🍷🍷 4*
● Vito Arturo '07	🍷🍷 6

TOSCANA

★ Az. Agr. Fontodi
FRAZ. PANZANO IN CHIANTI
VIA SAN LEOLINO, 89
50020 GREVE IN CHIANTI [FI]
TEL. 055852005
www.fontodi.com

VENDITA DIRETTA
VISITA SU PRENOTAZIONE
OSPITALITÀ

PRODUZIONE ANNUA 300.000 bottiglie
ETTARI VITATI 80.00
VITICOLTURA Biologico Certificato

Se la celeberrima Conca d'Oro di Panzano è unanimemente riconosciuta come una delle migliori sottozone del Chianti Classico, il merito, in gran parte, va certamente all'azienda di proprietà, dal 1968, della famiglia Manetti, che ha saputo imporre una lettura assolutamente autentica del Sangiovese di questo territorio. Oggi il percorso qualitativo di Fontodi non è ancora concluso ed è decisamente orientato verso un approccio biologico nella coltivazione dei vigneti, che segnala una ricerca sempre più accentuata del carattere e della personalità dei propri vini.

Un vino cha ha fatto la storia del Chianti Classico e della sottozona di Panzano, il Flaccianello della Pieve, uno dei primi Supertuscan a base sangiovese, ha esordito con la sua prima annata nel 1981. La sua continuità qualitativa è decisamente solida e la versione '08, che conquista per l'ennesima volta i Tre Bicchieri, ne è l'ennesima riprova. Il suo bagaglio aromatico non è di quelli immediatamente aperti, i profumi vengono fuori alla distanza, lasciandolo riposare qualche attimo nel bicchiere: note floreali e di erbe officinali, cenni affumicati e di terra. In bocca il volume è ampio e di ottimo nerbo acido e il vino possiede uno sviluppo dinamico e saporito. Godibile il Chianti Classico '08.

Podere La Fortuna
LOC. LA FORTUNA, 83
53024 MONTALCINO [SI]
TEL. 0577848308
www.tenutalafortuna.it

VENDITA DIRETTA
VISITA SU PRENOTAZIONE

PRODUZIONE ANNUA 60.000 bottiglie
ETTARI VITATI 13.00

A La Fortuna sono finalmente finiti i lavori di riassestamento, con nuovi locali totalmente termocondizionati e la nuova linea di imbottigliamento. Le botti, di medie dimensioni, vengono cambiate ogni 10 anni. L'azienda ha incrementato il proprio ettaraggio con acquisizioni sia nella zona orientale, vicino alla sede, che nella zona prospiciente il monte Amiata, nei pressi di Castenuovo dell'Abate. Questi terreni, decisamente più caldi, stanno dando una connotazione leggermente diversa ai vini, aumentandone la concentrazione e la ricchezza estrattiva.

Sempre buona la prestazione dei vini di Gioberto Zannoni. Ottimo il Brunello '06, che si conquista di slancio i Tre Bicchieri, ma anche il Rosso di Montalcino '09 è piacevole. Davvero notevole invece il Brunello di Montalcino '06, dallo stile molto consolidato e personale. Naso ampio e maturo, su intense note di ciliegia sotto spirito e more, con un accenno di cacao. Bocca densa di bella progressione gustativa, con tannini presenti, non troppo levigati ma nemmeno esasperati, bellissima acidità. Finale ampio e persistente.

● Flaccianello della Pieve '08	▽▽▽ 8
● Chianti Cl. '08	▽ 5
● Chianti Cl. V. del Sorbo Ris. '01	▽▽▽ 7
● Chianti Cl. V. del Sorbo Ris. '94	▽▽▽ 7
● Flaccianello della Pieve '07	▽▽▽ 7
● Flaccianello della Pieve '05	▽▽▽ 7
● Flaccianello della Pieve '03	▽▽▽ 7
● Flaccianello della Pieve '01	▽▽▽ 7
● Flaccianello della Pieve '00	▽▽▽ 7
● Flaccianello della Pieve '97	▽▽▽ 7
● Flaccianello della Pieve '91	▽▽▽ 7
● Flaccianello della Pieve '85	▽▽▽ 6
● Flaccianello della Pieve '83	▽▽▽ 6
● Syrah Case Via '98	▽▽▽ 7

● Brunello di Montalcino '06	▽▽▽ 7
● Rosso di Montalcino '09	▽ 5
● Brunello di Montalcino '04	▽▽▽ 7
● Brunello di Montalcino '01	▽▽▽ 7
● Brunello di Montalcino '05	▽▽ 7
● Brunello di Montalcino '03	▽▽ 7
● Brunello di Montalcino Ris. '01	▽▽ 7
● Fortunello '09	▽▽ 3*

TOSCANA

Frascole
loc. Frascole, 27a
50062 Dicomano [FI]
Tel. 0558386340
www.frascole.it

VENDITA DIRETTA
VISITA SU PRENOTAZIONE

PRODUZIONE ANNUA 55.000 bottiglie
ETTARI VITATI 15.00
VITICOLTURA Biologico Certificato

L'azienda si trova su un territorio in cui edificarono per primi romani ed etruschi, evento testimoniato dal ritrovamento di una casa romana durante i lavori di scasso per l'impianto di un vigneto, e che fu successivamente scelto per la costruzione di un borgo medievale. La famiglia Lippi ha deciso di vivere e operare in loco, iniziando l'attività vitivinicola, oltre alla produzione di olio extravergine di oliva. Successivamente, con la ristrutturazione delle abitazioni esistenti, è stato aperto anche l'agriturismo.

Mancava all'appello il Supertuscan ma l'insieme della produzione si è rivelato molto valido. Ottimo il Vin Santo '02, dai toni aromatici estremamente complessi, dove gli elementi di china si abbinano a quelli di frutti essiccati, come arancia e albicocca, con sentori sfumati di tabacco. Al gusto è vellutato, denso, particolarmente avvolgente, convince fino in fondo per la sua lunga persistenza. Gradevole il Chianti Rufina Riserva '08, con sentori complessi, terrosi, di sottobosco, bilanciati da fresche note mentolate. In bocca ha buon peso, vena acida succosa, con un finale sapido e saporito. Gradevole, semplice, di buona beva il Chianti Rufina '09.

○ Vin Santo del Chianti Rufina '02	8
● Chianti Rufina Ris. '08	5
● Chianti Rufina '09	4
● Chianti Rufina '08	4
● Chianti Rufina '06	4*
● Chianti Rufina Ris. '07	5
● Vènia '06	5
○ Vin Santo del Chianti Rufina '01	8
○ Vin Santo del Chianti Rufina '99	8

Tenuta di Frassineto
s.da Vicinale del Duca, 14
52100 Arezzo
Tel. 054437078
www.tenutadifrassineto.com

VENDITA DIRETTA
VISITA SU PRENOTAZIONE

PRODUZIONE ANNUA 60.000 bottiglie
ETTARI VITATI 30.00

La tenuta rappresenta un bell'esempio architettonico di villa fattoria risalente al 1600, anche se ha subito modifiche sostanziali nel XIX secolo. Dopo essere stata proprietà di vari personaggi famosi, a partire dal Vasari, oggi appartiene alla contessa Giuliana Citterio. Per quanto riguarda i vitigni, dopo un'attenta analisi del terreno, si è preferito scegliere la strada dell'innovazione, puntando su vitigni internazionali, con l'eccezione di un'uva come il vermentino, presente in Toscana ma poco diffusa in zona.

Fa una bella impressione il Fontarronco '09, Cabernet Franc in purezza, dai toni balsamici e mentolati a emergere, accanto a sensazini di erbe aromatiche e frutti neri. In bocca è nervoso, di bella tensione, appetitoso, con un finale saporito e placido. Inconsueta ma ben riuscita la vendemmia tardiva Vicinale del Duca '07, a base di traminer aromatico e semillon, dal naso invitante, di spezie e frutti bianchi, e una bocca dolce e rotonda, dalla spina acida intrigante e gustosa. Curioso il Brut Metodo Classico '07, a base chardonnay, di buon peso, semplice e pulito il Rancoli '10, a base vermentino, ben fatto, di ottima beva il Maestro della Chiana '08, dove entrano cabernet franc e merlot in prevalenza.

● Fontarronco '09	4*
○ Vicinale del Duca '07	5
● Brut M. Cl. '07	4
● Maestro della Chiana '08	4
○ Rancoli '10	4
○ Rancoli '07	4*

TOSCANA

★Marchesi de' Frescobaldi
VIA SANTO SPIRITO, 11
50125 FIRENZE
TEL. 05527141
www.frescobaldi.it

VENDITA DIRETTA
VISITA SU PRENOTAZIONE

PRODUZIONE ANNUA 9.000.000 bottiglie
ETTARI VITATI 1200.00

Quasi inutile fare una presentazione di una famiglia come i Frescobaldi, con oltre 700 anni di storia alle spalle. Meglio guardare avanti, allora, e notare come l'impegno nel mondo del vino non abbassi assolutamente la guardia: oltre alla proprietà storiche della Rufina, sono da notare gli investimenti fatti in Toscana in provincia di Livorno nella tenuta di Costa di Nugola, l'acquisizione completata della tenuta friulana di Attems ai quali si associa una moderna ed efficace maniera di presentarsi al grande pubblico, con iniziative a esso dedicate.

Il Mormoreto '08 è il vino che giunge alle nostre finali, uvaggio di cabernet sauvignon, merlot, cabernet franc e petit verdot; naso complesso, dove il peperone verde si sposa a note fruttate gentili, di mirtillo e ribes, con nuance speziate, di ginepro. Al gusto risulta morbido, dinamico, con freschezza ben impostata in un corpo flessuoso, dalla persistenza finale saporita e prolungata. Non è più una sorpresa il Nipozzano Riserva che anche nella versione '08 convince per la sua pulizia, il rigore della struttura, la piacevolezza della beva. Ancora dominato dal legno il Montesodi Riserva '08, con toni boisé accentuati e spezie assortite, dal corpo morbido e avvolgente. Il Pinot Nero '09 di Pomino è fine, elegante, gentile.

● Mormoreto '08	🍷🍷 8
● Brunello di Montalcino Castelgiocondo '06	🍷🍷 7
● Chianti Rufina Montesodi Ris. '08	🍷🍷 7
● Chianti Rufina Nipozzano Ris. '08	🍷🍷 5
● Luce '08	🍷🍷 8
● Lucente '09	🍷🍷 5
○ Pomino Il Benefizio '09	🍷🍷 6
● Pomino Pinot Nero '09	🍷🍷 5
○ Pomino Bianco '10	🍷 4
○ Pomino Vin Santo '05	🍷 5
● Brunello di Montalcino Ripe al Convento Ris. Castelgiocondo '04	🍷 8
● Chianti Rufina Montesodi Ris. '07	🍷 7
● Chianti Rufina Nipozzano Ris. '07	🍷 5
● Giramonte Rosso '07	🍷 8
● Morellino di Scansano Pietraregia dell'Ammiraglia Ris. '07	🍷 4
● Mormoreto '07	🍷 8

Eredi Fuligni
VIA SALONI, 33
53024 MONTALCINO [SI]
TEL. 0577848710
www.fuligni.it

VENDITA DIRETTA
VISITA SU PRENOTAZIONE

PRODUZIONE ANNUA 45.000 bottiglie
ETTARI VITATI 11.00

Ritorna ai livelli che gli competono questa bellissima e storica azienda di Montalcino ottimamente condotta da Roberto Guerrini. I vini aziendali presentano una personalità particolare, che rispecchia sia il suo carattere che il terroir di appartenenza. I vigneti sono posti sulla media collina di Montalcino, nel lato orientale, con un'ottima esposizione a est mitigata dalla quota che rende i vini un prototipo di eleganza senza mai essere eccessivamente aggressivi. In cantina le classiche botti da 30 ettolitri e qualche tonneau.

Estremamente interessante il Brunello di Montalcino '06, che sfiora il massimo riconoscimento. Naso ampio e complesso, su note di frutta a pasta bianca - pesca -, frutti rossi - ciliegia -, la visciola e la mora. Il legno si fa ancora leggermente avvertire, con una nota piuttosto dolce di vaniglia. Al gusto rimane un classico di stampo elegante e leggermente verticale, con l'acidità che aiuta la materia a farsi agile ed elegante. Finale decisamente persistente, con tannini ben risolti e una bella corrispondenza olfattiva. Più che corretto il Rosso di Montalcino Ginestreto '09.

● Brunello di Montalcino '06	🍷🍷 7
● Rosso di Montalcino Ginestreto '09	🍷 5
● Brunello di Montalcino Ris. '01	🍷🍷🍷 8
● Brunello di Montalcino Ris. '97	🍷🍷🍷 8
● Brunello di Montalcino '01	🍷🍷 7
● Brunello di Montalcino '99	🍷🍷 7
● Brunello di Montalcino Ris. '04	🍷🍷 8

TOSCANA

Gattavecchi
Loc. Santa Maria
via di Collazzi, 74
53045 Montepulciano [SI]
Tel. 0578757110
www.gattavecchi.it

VENDITA DIRETTA
VISITA SU PRENOTAZIONE

PRODUZIONE ANNUA 280.000 bottiglie
ETTARI VITATI 40.00

Cento anni a produrre vino è un bel traguardo, raggiunto dalla famiglia Gattavecchi di Montepulciano. Il segreto per rimanere sulla cresta dell'onda così a lungo sta nel riuscire, in ogni generazione, a rinnovare la produzione per tenerla al passo con i tempi. L'affermazione oltre i confini nazionali è dovuta a Valente, padre degli attuali titolari, Luca, Gionata e Daniela, che proseguono con entusiasmo il lavoro. La cantina di invecchiamento si trova in paese, nei locali appartenuti al convento dei Padri Serviti, risalente al '300.

La produzione si conferma di costante affidabilità, anche nell'azienda di proprietà che è quella di Poggio alla Sala. La Riserva '07 dimostra carattere da vendere, con un bagaglio olfattivo composto e intrigante, dove prevale la parte terziaria, beva convincente, con un bel finale saporito. Buona prova anche per il Nobile '08, ordinato nella parte olfattiva, fruttata con note speziate calibrate, vena acida ben inserita, che regala un corpo flessuoso dal finale piacevole. Appena contratto ma gustoso il Nobile '08 di Poggio alla Sala, un po' rigida anche se dotata di ricca materia la Riserva dei Padri Serviti '07. Fresche e beverine le due versioni di Chianti.

● Nobile di Montepulciano '08	🍷🍷 5
● Nobile di Montepulciano Poggio alla Sala Ris. '07	🍷🍷 6
● Chianti dei Colli Senesi '10	🍷 4
● Chianti dei Colli Senesi Poggio alla Sala '10	🍷 4
● Nobile di Montepulciano Poggio alla Sala '08	🍷 6
● Nobile di Montepulciano Riserva dei Padri Serviti '07	🍷 5
● Nobile di Montepulciano '07	🍷🍷 5
● Nobile di Montepulciano '05	🍷🍷 5
● Nobile di Montepulciano Parceto Poggio alla Sala '07	🍷🍷 6
● Nobile di Montepulciano Poggio alla Sala '07	🍷🍷 5
● Nobile di Montepulciano Poggio alla Sala '06	🍷🍷 5
● Nobile di Montepulciano Poggio alla Sala Ris. '06	🍷🍷 6
● Nobile di Montepulciano Ris. '06	🍷🍷 6
● Nobile di Montepulciano Riserva dei Padri Serviti '04	🍷🍷 5

★Tenuta di Ghizzano
fraz. Ghizzano
via della Chiesa, 4
56037 Peccioli [PI]
Tel. 0587630096
www.tenutadighizzano.com

VENDITA DIRETTA
VISITA SU PRENOTAZIONE
OSPITALITÀ

PRODUZIONE ANNUA 80.000 bottiglie
ETTARI VITATI 20.00
VITICOLTURA Naturale

Quella di Ginevra Venerosi Pesciolini è una delle realtà più affermate e prestigiose del pisano, si distende nei pressi dell'antico borgo di Ghizzano, da cui prende il nome, che fu edificato proprio dalla sua famiglia nel 1370. I venti ettari di vigna della tenuta poggiano su suoli di origine marina dai tratti sabbiosi, limosi e argillosi, e sono influenzati nell'andamento stagionale da un clima mite e temperato. I vini sono di impostazione moderna e risultano capaci di offrire intensità espressiva e complessità aromatica.

Versione stupenda per il Nambrot (da uve merlot, cabernet franc e petit verdot), che sfodera un '08 di impatto, finezza e sostanza, da Tre Bicchieri. Al naso le note tostate si fanno ancora sentire ma l'energia e lo spessore di questo rosso non lasciano dubbi sulla sua positiva evoluzione. Del resto il frutto è maturo ma turgido, così come fresca è la componente floreale. Bella la chiusura al palato, fine, distesa, su note di lavanda. Grande anche il Veneroso '08, da sangiovese e saldo di cabernet dalla silhouette raffinata, sempre sulle punte nei profumi e teso al palato, dove il sapore e la grinta lasciano spazio, solo a tratti, a note più calde e mature.

● Nambrot '08	🍷🍷🍷 7
● Veneroso '08	🍷🍷 6
○ Vin Santo San Germano '06	🍷 5
● Nambrot '06	🍷🍷🍷 7
● Nambrot '05	🍷🍷🍷 7
● Nambrot '04	🍷🍷🍷 7
● Nambrot '03	🍷🍷🍷 7
● Nambrot '01	🍷🍷🍷 8
● Nambrot '00	🍷🍷🍷 8
● Veneroso '07	🍷🍷🍷 6
● Veneroso '04	🍷🍷🍷 6
● Veneroso '01	🍷🍷🍷 6

TOSCANA

I Giusti e Zanza
VIA DEI PUNTONI, 9
56043 FAUGLIA [PI]
TEL. 058544354
www.igiustiezanza.it

VENDITA DIRETTA
VISITA SU PRENOTAZIONE

PRODUZIONE ANNUA 100.000 bottiglie
ETTARI VITATI 17.00
VITICOLTURA Naturale

Tutto comincia e tutto riporta alla terra. Come quando Paolo Giusti acquista la tenuta nel 1995, dedicandosi in primis al restyling dei vigneti, o quando, più di recente, si è deciso per un cambio sostanziale dei metodi agricoli che stanno traghettando l'azienda verso la biodinamica. Le viti hanno impianti fittissimi e poggiano su suoli collinari drenanti di ghiaia sabbioso argillosa, baciati dalla luce e dalla brezza che arriva dal mare. I vini hanno profilo moderno fatto di ricchezza estrattiva e decisa intensità aromatica.

Il miglior vino dell'azienda è, almeno secondo noi, il Dulcamara '08, un classico uvaggio bordolese capace di alternare profumi di piccoli frutti neri a sensazioni erbacee, forse solo un po' troppo invase da note dolci di rovere. Vino scuro, dunque, piuttosto fitto e concentrato, specie nella componente tannica, dunque bisognoso di trovare un certo equilibrio in bottiglia. Vedremo. Più scorrevole e delicato, con una spiccata ma gentile componente aromatica che ricorda le erbe officinali e la macchia, il PerBruno '09. Gradevole, sapido, con fine bocca amarognolo il Nemorino Bianco '10, leggermente rasposo il Belcore '09.

● Dulcamara '08	㍿ 6
● PerBruno '09	㍿ 5
● Belcore '09	㍿ 4
○ Nemorino Bianco '10	㍿ 4
● Belcore '07	㍿ 4
● Belcore '06	㍿ 4
● Dulcamara '07	㍿ 6
● Dulcamara '06	㍿ 6
● Dulcamara '05	㍿ 6
○ Nemorino Bianco '09	㍿ 4
● PerBruno '06	㍿ 5

Podere Grattamacco
LOC. LUNGAGNANO
57022 CASTAGNETO CARDUCCI [LI]
TEL. 0565765069
www.collemassari.it

VENDITA DIRETTA
VISITA SU PRENOTAZIONE

PRODUZIONE ANNUA 80.000 bottiglie
ETTARI VITATI 14.00
VITICOLTURA Biologico Certificato

Nonostante sia una delle realtà storiche del bolgherese, visto che vede la luce negli anni Settanta del secolo scorso, Grattamacco non è certo un'azienda priva di dinamismo e colpi di scena. Oggi appartiene all'imprenditore Claudio Tipa, che da qualche anno si dedica al vino con competenza e passione, e che è stato capace, se possibile, di accrescerne ancora il blasone e la portata. I terreni si trovano in collina, tra Bolgheri e Castagneto Carducci, e sono di natura piuttosto varia: dalle marne alle arenarie, dal calcare all'argilla.

Il Bolgheri Superiore Grattamacco è come al solito uno dei migliori rossi dell'intera denominazione, anche se quest'anno paga forse un piccolo gap nella complessità generale del vino. Profilo comunque brillante, giocato su una perfetta trama fruttata, matura al punto giusto, capace di una bella sfumatura di macchia mediterranea e spezie fini. Tosto, reattivo, ha tannini giovani che si assesteranno nel tempo. Ottimo anche il Bolgheri Superiore L'Alberello '08, vegetale e balsamico al naso, fresco e croccante in bocca. Ci ha convinto anche il semplice Bolgheri Rosso '09, goloso e affatto scontato.

● Bolgheri Rosso Sup. Grattamacco '08	㍿ 8
● Bolgheri Rosso '09	㍿ 5
● Bolgheri Sup. L'Alberello '08	㍿ 7
● Bolgheri Rosso Sup. Grattamacco '07	㍿ 8
● Bolgheri Rosso Sup. Grattamacco '06	㍿ 8
● Bolgheri Rosso Sup. Grattamacco '05	㍿ 8
● Bolgheri Rosso Sup. Grattamacco '04	㍿ 8
● Bolgheri Rosso Sup. Grattamacco '03	㍿ 8
● Bolgheri Rosso Sup. Grattamacco '01	㍿ 8
● Bolgheri Rosso Sup. Grattamacco '99	㍿ 8
● Grattamacco '85	㍿ 8

TOSCANA

Fattoria di Grignano
Fraz. Grignano
via di Grignano, 22
50065 Pontassieve [FI]
Tel. 0558398490
www.fattoriadigrignano.com

VENDITA DIRETTA
VISITA SU PRENOTAZIONE

PRODUZIONE ANNUA 300.000 bottiglie
ETTARI VITATI 49.50
VITICOLTURA Biologico Certificato

Nel XV secolo i Marchesi Gondi costruirono la villa sul luogo dove era stato eretto in precedenza un castello in epoca romana. L'attuale proprietà è della famiglia Inghirami, imprenditori nel settore della moda, che l'acquistò nel 1972. Molto interessante la suddivisione della proprietà in 47 poderi, ognuno dei quali ha una sua connotazione storica e architettonica. Le vigne e gli olivi rimangono le colture principali ma sono presenti aree destinate ai seminativi e ai frutteti.

Buona prova per il Chianti Rufina '09, dai toni grintosi al naso che alternano sensazioni fruttate a quelle speziate, con note rinfrescanti balsamiche. In bocca dimostra di avere materia importante, ben svolta, con vena acida bilanciata e bello slancio finale. Naso tipico, da mandorla e fichi secchi, per il Vin Santo '03, con un corpo vellutato, avvolgente, dal finale non stucchevole di buona progressione. Un po' confusi i profumi della Riserva Poggio Gualtieri '06 che, pur dimostrando di avere ricchezza gustativa, limita la sua azione a causa di tannini decisi. Fine nei profumi fruttati, snello, godibile il Salicaria '06, a base di merlot e sangiovese.

● Chianti Rufina '09	3
○ Vin Santo del Chianti Rufina '03	5
● Chianti Rufina Poggio Gualtieri Ris. '06	4
● Salicaria '06	7
● Chianti Rufina Ris. '06	4*
● Salicaria '05	5
○ Vin Santo del Chianti Rufina Grignano '94	5

Il Grillesino
Compagnia del Vino
b.go degli Albizi, 14
50122 Firenze
Tel. 055243101
www.compagniadelvino.it

VISITA SU PRENOTAZIONE
OSPITALITÀ

PRODUZIONE ANNUA 180.000 bottiglie
ETTARI VITATI 20.00

La Compagnia del Vino nasce nel 1997, a opera di Giancarlo Notari, con lo scopo di creare e promuovere una serie di vini in zone particolarmente vocate e conosciute per la loro qualità, e distribuirle poi con marchi propri. In Toscana le zone prescelte sono state quella di San Gimignano, per la Vernaccia, e in Maremma la zona del Morellino di Scansano, con l'azienda Grillesino, successivamente ampliata con l'acquisizione di altri terreni vitati nel comune di Magliano. Dopo la scomparsa di Giancarlo il testimone è passato al figlio Saverio, che porta avanti con grande impegno l'attività.

Giunge alle finali il Ceccante '08, uvaggio di sangiovese e cabernet sauvignon, dalle note tostate di caffè, abbinate a quelle di cuoio e tabacco, inserite su una base fruttata matura. Al gusto appare irruento, ampio nel volume, dai tannini fitti, ben distribuiti, con la componente alcolica e finale sapido e gustoso. Interessante anche il Morellino '10, dai profumi vivaci, con uno spettro olfattivo che spazia dai frutti di bosco alle erbe aromatiche. In bocca è saldo, tonico, di buona beva, per un finale appetitoso. Austera e appena rigida la Riserva '08, insolito e beverino il Ciliegiolo '10.

● Ceccante '08	5
● Morellino di Scansano Grillesino '10	5
● Ciliegiolo Grillesino '10	4
● Morellino di Scansano Grillesino Ris. '08	5
● Ceccante '04	6
● Ceccante '00	7
● Morellino di Scansano '05	4
● Morellino di Scansano Ris. '02	5
● Morellino di Scansano Ris. '01	5

Tenuta Guado al Tasso

Loc. Belvedere, 140
57020 Bolgheri [LI]
Tel. 0565749735
www.antinori.it

VISITA SU PRENOTAZIONE

PRODUZIONE ANNUA 800.000 bottiglie
ETTARI VITATI 300.00

Guado al Tasso appartiene agli Antinori, un nome di eccezionale rilevanza e portata per la storia del vino italiano, capace di imprimere il suo marchio anche in questo territorio e nelle sue denominazioni di riferimento. Si trova sull'anfiteatro bolgherese, in uno spaccato naturale di raro fascino che, oltre alle vigne, comprende boschi, olivi, campi di grano e girasoli. Le altitudini relative e l'influsso mitigatore del mare garantiscono stagioni equilibrate ed epoche di vendemmia ideali per le tipologie di uve allevate.

Versione riuscita per il Bolgheri Superiore '08. È ancora leggermente offuscato dalle note del legno, che regalano un profilo tostato, con evidenti sentori di cioccolato, liquirizia, more e mirtilli, ma è anche capace di trovare la giusta profondità, anche se in un contesto fatto di ricchezza e grande concentrazione. Apprezzabili e sfaccettate le sfumature aromatiche, balsamiche e di erbe aromatiche. Tra i migliori dell'anno il Rosato Scalabrone '10, fresco, vinoso, impreziosito da freschi profumi di pompelmo rosa; così come il sapido e agrumato Vermentino '10. Un po' molle e dunque meno convincente il Bolgheri Bruciato '09.

Gualdo del Re

Loc. Notri, 77
57028 Suvereto [LI]
Tel. 0565829888
www.gualdodelre.it

VENDITA DIRETTA
VISITA SU PRENOTAZIONE
OSPITALITÀ
RISTORAZIONE

PRODUZIONE ANNUA 100.000 bottiglie
ETTARI VITATI 20.00
VITICOLTURA Biologico Certificato

Azienda di riferimentio della Val di Cornia, Gualdo del Re ha una storia datata anche se la svolta che ci consegna la realtà che conosciamo oggi arriva all'inizio deglia anni Novanta, con l'arrivo in pianta stabile in cantina di Nico Rossi, figlio di una delle figure di spicco per l'agricoltura del posto. Tutti i terreni vitati si trovano intorno alla cantina e poggiano su suoli di natura sabbiosa, limosa e argillosa, con rilevante presenza di scheletro. I vini si distinguono per impostazione moderna, fatta di maturità, ricchezza e struttura.

Il Cabraia '07, blend di uve cabernet sauvignon e franc, è davvero un rosso riuscito. Il naso mostra tutta la sua potenza incentrata su piccoli frutti rossi, sensazioni balsamiche e liquirizia, la bocca unisce freschezza a materia e rotondità. Nonostante la grande concentrazione e le note boisé, trova allungo ed equilibrio il Cabernet Sauvignon Federico I '08. Molto buono l'Aleatico Passito Amansio '10, ricco di contrasti gustativi e goloso per le note di prugna e confettura di frutti di bosco. Estrattivo, molto maturo e appesantito da sensazioni tostate, non ci ha convinto affato il Merlot l'Rennero '08.

● Bolgheri Rosso Sup. Guado al Tasso '08	8
☉ Bolgheri Rosato Scalabrone '10	4*
○ Bolgheri Vermentino '10	5
● Bolgheri Rosso Bruciato '09	5
● Bolgheri Rosso Sup. Guado al Tasso '01	8
● Bolgheri Rosso Sup. Guado al Tasso '90	8
● Bolgheri Rosso Bruciato '02	5
● Bolgheri Rosso Sup. Guado al Tasso '07	8
● Bolgheri Rosso Sup. Guado al Tasso '06	8
● Bolgheri Rosso Sup. Guado al Tasso '00	8
● Bolgheri Rosso Sup. Guado al Tasso '98	8
○ Bolgheri Vermentino '08	5

● Cabraia '07	8
● Val di Cornia Rosso Federico I '08	6
○ Val di Cornia Aleatico Passito Amansio '10	6
● Val di Cornia Rosso Eliseo '09	4
● Val di Cornia Rosso l'Rennero '08	7
● Val di Cornia Sangiovesse '08	3
○ Val di Cornia Vermentino Valentina '10	4
● Val di Cornia Rosso l'Rennero '05	7
● Val di Cornia Rosso l'Rennero '01	8
● Val di Cornia Gualdo del Re '01	6

TOSCANA 626

Guicciardini Strozzi
Fattoria Cusona
loc. Cusona, 5
53037 San Gimignano [SI]
Tel. 0577950028
www.guicciardinistrozzi.it

VENDITA DIRETTA
VISITA SU PRENOTAZIONE

PRODUZIONE ANNUA 600.000 bottiglie
ETTARI VITATI 100.00

Se è vero che San Gimignano è una delle denominazioni italiane di maggior storia e prestigio, non poteva che cominciare qui l'avventura enologica di un'azienda che, in quanto a tradizione e lignaggio, non ha niente da invidiare a nessuno. L'esistenza di Cusona è testimoniata già nell'anno 994, dunque la realtà vanta oltre 1000 anni di storia, accompagnata da personaggi illustri, in Italia e in Europa, che fanno capo alle famiglie degli Strozzi e dei Guicciardini. Oggi sotto questo marchio ci sono diverse tenute legate al vino, in altrettanti territori italiani, oltre che una gamma di vini composita e di buon livello.

Buona la Vernaccia Cusona 1933 che nella versione '10 mostra un piacevolissimo profilo di agrume, a tratti candito, di buona progressione e allungo, capace di trovare equilibrio in una bocca carnosa e piena, chiusa da un cenno di rosmarino finale. Di pari livello il rosso Sòdole '07, a base sangiovese, dal tratto roccioso, scuro, con accenni di alloro, piccoli frutti di bosco e note fumé. Molto gradevole e fresca la Vernaccia Titolato Strozzi '10, delicata e floreale, eccessiva nei toni tropicali, e per questo un po' pesante, la Riserva '08. Tra i vini delle altre zone, ci ha positivamente colpito il Bolgheri Rosso Superiore VignaRè '07.

Icario
via delle Pietrose, 2
53045 Montepulciano [SI]
Tel. 0578758845
www.icario.it

VENDITA DIRETTA
VISITA SU PRENOTAZIONE

PRODUZIONE ANNUA 120.000 bottiglie
ETTARI VITATI 22.00

La vita è bella perché è varia, verrebbe da dire, osservando quanto fatto dalla famiglia Cecchetti: da possedere una delle più grosse aziende di logistica e trasporto in Italia a imprenditori vitivinicoli. Il titolare, Giancarlo, creò il primo nucleo aziendale nel 1998, aumentando negli anni la superficie vitata. Oggi, coadiuvato dai figli Alessandra e Andrea, continua a operare in maniera instancabile nella divulgazione della qualità dei suoi prodotti, in qualche modo incarnando la storia Icario, l'uomo scelto dagli dei Etruschi per far conoscere il vino in terra.

Ottima prova per la Riserva Vitaroccia '07, dai profumi speziati, di chiodi di garofano e cannella, corpo morbido, dai tannini fusi, largo, di bella persistenza gustativa. Buono anche il Nobile '08, con aromi che richiamano i frutti di bosco e le erbe aromatiche, struttura agile, ben amalgamata tra le varie componenti, finale succoso. Di facile e pronta beva il Rosso '09, a base di sangiovese, teroldego e merlot, semplice e fresco il Nysa '09, uvaggio inusuale di pinot grigio e traminer aromatico.

- ● Bolgheri Rosso Sup. VignaRè Villa Le Pavoniere '07 7
- ● Sòdole '07 6
- ○ Vernaccia di S. Gimignano Cusona 1933 '10 5
- ○ Vernaccia di S. Gimignano Titolato Strozzi '10 4*
- ○ Arabesque '10 4
- ● Chianti Colli Senesi Titolato Strozzi '10 4
- ● Monteregio Rosso Guidoriccio '09 4
- ● Morellino di Scansano Titolato Strozzi '10 4
- ○ Vernaccia di S. Gimignano Ris. '08 4
- ● Millanni '99 7
- ● Morellino di Scansano Poggio Moreto '06 5
- ● Selvascura '01 6
- ● Sòdole '04 6
- ○ Vernaccia di S. Gimignano Cusona 1933 '08 4*

- ● Nobile di Montepulciano Vitaroccia Ris. '07 6
- ● Nobile di Montepulciano '08 5
- ○ Nysa '09 6
- ● Rosso Icario '09 4
- ● Nobile di Montepulciano '06 5
- ● Nobile di Montepulciano '04 5
- ● Nobile di Montepulciano '03 5
- ● Nobile di Montepulciano '01 5
- ● Nobile di Montepulciano Vitaroccia '06 6
- ● Nobile di Montepulciano Vitaroccia '05 6
- ● Nobile di Montepulciano Vitaroccia '03 5

TOSCANA

Fattoria Il Lago
via Campagna, 18
50062 Dicomano [FI]
Tel. 055838047
www.fattoriaillago.com

VENDITA DIRETTA
VISITA SU PRENOTAZIONE
OSPITALITÀ

PRODUZIONE ANNUA 50.000 bottiglie
ETTARI VITATI 22.00

Sono quasi cinquant'anni che la famiglia Spagnoli ha acquistato una proprietà che, nel passato, era appartenuta ai marchesi Vivai Bartolini Salimbeni, ristrutturando completamente i borghi diroccati, trasformandoli in agriturismo e rinnovando tutta la parte viticola. Oltre a coltivare i vitigni tradizionali del territorio, in fattoria si coltiva il pinot nero, una caratteristica che accomuna una nutrita serie di produttori, che oggi si riuniscono nell'associazione dei viticoltori di pinot nero dell'Appennino Toscano, dei quali l'azienda fa parte.

Il Chianti Rufina Riserva '08 assomma a belle note di frutta nera al naso, nuance balsamiche rinfrescanti e cenni di liquirizia. Buon ritmo al gusto, scandito da tannini morbidi e vena acida invitante, per un finale di godibile complessità. Molto interessante il Pinot Nero '09, dai sentori nitidi di amarena e lamponi, con lievi sfumature di erbe aromatiche e speziatura leggera. Agile l'ingresso in bocca, fresco, ben alternato, con tannini morbidi e finale rilassato e gustoso. Profumi semplici di frutta, corpo solido ma un po' statico per il Chianti Rufina '09.

● Chianti Rufina Ris. '08	🍷🍷 5
● Pinot Nero '09	🍷🍷 6
● Chianti Rufina '09	🍷 4
● Chianti Rufina '08	🍷🍷 4*
● Pian de' Guardi '06	🍷🍷 5
● Syrah '08	🍷🍷 5
○ Vin Santo del Chianti Rufina '03	🍷🍷 5

Incontri
loc. Fossoni, 38
57028 Suvereto [LI]
Tel. 0565829401
www.aziendaagricolaincontri.it

VENDITA DIRETTA
VISITA SU PRENOTAZIONE
OSPITALITÀ

PRODUZIONE ANNUA 35.000 bottiglie
ETTARI VITATI 6.00
VITICOLTURA Naturale

L'azienda, oggi in mano ad Alessandro Martelli, è stata avviata dai genitori all'inizio degli anni Novanta, quando cominciarono a imbottigliare i propri vini, anche se la storia di questa realtà è ben più datata, e risale almeno alle imprese di nonno Martellino. Ancora oggi a conduzione familiare, è arrivata a quota 18 ettari complessivi, di cui 6 vitati (non manca neppure l'oliveto da cui proviene un ottimo extravergine), e dispone di una bella casa vacanze, ideale per un soggiorno di qualità in Val di Cornia.

Buonissimo il Val di Cornia Suvereto Cabernet '07, che mostra una sintesi perfetta tra note tostate, profilo fruttato e trama erbacea. In bocca è pieno e avvolgente ma non rinuncia a profondità e finezza. Poco sotto il Val di Cornia Sangiovese Martellino '08, rosso denso e di ottima sapidità, solo un po' offuscato dalle note apportate dal legno. Di livello anche il Merlò '07, seppure dal profilo più scontato e prevedibile.

● Val di Cornia Suvereto Cabernet '07	🍷🍷 5
● Val di Cornia Sangiovese Martellino '08	🍷🍷 3*
● Val di Cornia Suvereto Merlò '07	🍷🍷 5
○ Val di Cornia Vermentino Ildobrandino '09	🍷 4
● Lagobruno '00	🍷🍷 5

TOSCANA 628

★Isole e Olena
LOC. ISOLE, 1
50021 BARBERINO VAL D'ELSA [FI]
TEL. 0558072763
www.isoleolena.it

VENDITA DIRETTA
VISITA SU PRENOTAZIONE

PRODUZIONE ANNUA 200.000 bottiglie
ETTARI VITATI 50.00

Sono 35 gli anni di lavoro nel Chianti Classico per Paolo De Marchi, piemontese d'origine ma ormai chiantigiano a tutti gli effetti e, probabilmente, uno fra i più rigorosi vignaioli che la denominazione del Gallo Nero possa vantare. Un lavoro fatto di coerenza e serietà tutto teso a cercare il senso più profondo di un territorio e, così, contribuire non poco al suo rilancio. Nel portafoglio prodotti di Isole Olena, oltre ai vini più tradizionali, anche una mirata digressione tra i cosiddetti internazionali, dotati anch'essi di personalità e fuori da ogni tipo di schematismo.

Il Cepparello, Sangiovese prodotto a partire dal 1980, fa parte di quella esigua schiera di vini che hanno spinto l'enologia chiantigiana e non solo verso i vertici qualitativi mondiali. Un vino stilisticamente consolidato che non si è mai imposto per peso o volume, quanto per eleganza e tipicità. Una coerenza che ritroviamo anche nella versione '08, forse ancora da farsi completamente, ma che da subito evidenzia un profilo aromatico intrigante tra il floreale e il minerale e un sorso convincente, molto sapido e in cui il rovere ha già trovato un'integrazione ottimale. Ineccepibile lo Chardonnay '09, forse un po' in debito di personalità. Tradizionale il Vin Santo '03.

Lamole di Lamole
LOC. VISTARENNI
53013 GAIOLE IN CHIANTI [SI]
TEL. 0577738186
www.lamole.com

VENDITA DIRETTA
VISITA SU PRENOTAZIONE

PRODUZIONE ANNUA 250.000 + 100.000 bottiglie
ETTARI VITATI 50.00 + 15.00

Il Gruppo veneto Santa Margherita possiede in Toscana due unità produttive: Lamole di Lamole, a Greve in Chianti, e Villa Vistarenni, 65 ettari complessivi, a Gaiole. La produzione, nonostante i numeri e le dimensioni importanti, si caratterizza per uno stile, specie per quanto riguarda le etichette prodotte a Lamole, di buona personalità e impronta territoriale, ma anche i vini di Villa Vistarenni mantengono uno stile sobrio e per nulla banale. Invecchiamento sia in legno grande che in fusti piccoli.

Un Chianti Classico '08 davvero piacevole, quello prodotto nella sottozona di Lamole dal Gruppo Santa Margherita. La versione prodotta con sangiovese in prevalenza riesce a trasmettere il carattere e la personalità di questo particolare territorio chiantigiano, fin dagli aromi tendenzialmente minerali che introducono a una bocca scattante e contrastata. Di timbrica più immediata il Chianti Classico Lamole di Lamole Etichetta Blu '08, dagli aromi speziati e dal gusto lineare e pulito. Di buona eleganza il Chianti Classico Vigneto di Campolungo '07, dai profumi freschi e dal palato morbido, disturbato a tratti da un po' di rovere in esubero. Affidabili gli altri vini in assaggio.

● Cepparello '08	♟♟ 8	● Chianti Cl. Lamole di Lamole '08	♟♟ 4
○ Chardonnay Collezione De Marchi '09	♟ 7	● Chianti Cl. Lamole di Lamole Et. Blu '08	♟♟ 4
○ Vin Santo del Chianti Classico '03	♟ 8	● Chianti Cl. Lamole di Lamole Ris. '07	♟ 5
● Cabernet Sauvignon '97	♟♟♟ 8	● Chianti Cl. Vign. di Campolungo Ris. '07	♟ 6
● Cepparello '07	♟♟♟ 8	● Chianti Cl. Villa Vistarenni '08	♟ 4
● Cepparello '06	♟♟♟ 8	● Chianti Cl. Villa Vistarenni Ris. '07	♟ 5
● Cepparello '05	♟♟♟ 8	● Chianti Cl. Vign. di Campolungo Ris. '06	♟♟ 6
● Cepparello '03	♟♟♟ 8		
● Cepparello '01	♟♟♟ 7		
● Cepparello '00	♟♟♟ 7		
● Cepparello '99	♟♟♟ 6		
● Cepparello '98	♟♟♟ 6		
● Cepparello '97	♟♟♟ 5		
● Syrah '99	♟♟♟ 7		

La Lastra

FRAZ. SANTA LUCIA
VIA R. DE GRADA, 9
53037 SAN GIMIGNANO [SI]
TEL. 0577941781
www.lalastra.it

VENDITA DIRETTA
VISITA SU PRENOTAZIONE

PRODUZIONE ANNUA 57.600 bottiglie
ETTARI VITATI 7.00

La Lastra nasce intorno alla metà degli anni Novanta per volontà di un gruppo di tecnici, agronomi ed enologi, decisi a investire a San Gimignano: Renato Spanu, Nadia Betti, Enrico Paternoster. Oggi quel progetto è maturato fino a diventare, a nostro giudizio, uno dei più originali e riusciti del territorio di riferimento. I terreni vitati - limoso argillosi, ricchi di scheletro e fossili marini - regalano vini minerali e longevi, magari non così immediati sulle prime ma capaci di evolvere magnificamente in bottiglia.

Deliziosa e dal futuro luminoso, la Vernaccia di San Gimignano Riserva '09 è un vino solo apparentemente semplice. Se approcciato con attenzione e riguardo svela tutto il suo profilo, affilato e appuntito, che incrocia però un clamoroso sapore, specie in bocca, dove sprigiona energia a ogni sorso. Bianco di stoffa, minerale, iodato e roccioso, si colloca senza discussioni nel ristretto lotto dei migliori assaggiati della zona. Molto buona anche la Vernaccia '10, agrumata e succosa, forse più immediata ma non meno definita nello stile maison. Discreto il Chianti dei Colli Senesi '09, semplice e fruttato.

○ Vernaccia di S. Gimignano Ris. '09	🍷🍷🍷 4*
○ Vernaccia di S. Gimignano '10	🍷🍷 3*
● Chianti Colli Senesi '09	🍷 3
● Rovaio '05	🍷🍷 5
● Rovaio '01	🍷🍷 5
○ Vernaccia di S. Gimignano Ris. '05	🍷🍷 4*

Lavacchio

VIA DI MONTEFIESOLE, 55
50065 PONTASSIEVE [FI]
TEL. 0558317472
www.fattorialavacchio.com

VENDITA DIRETTA
VISITA SU PRENOTAZIONE
OSPITALITÀ
RISTORAZIONE

PRODUZIONE ANNUA 100.000 bottiglie
ETTARI VITATI 21.00
VITICOLTURA Biologico Certificato

Storia risalente al XVIII secolo quella di questa fattoria, quando fu edificata dalla famiglia fiorentina dei Peruzzi; nel secolo successivo fu acquistata dai marchesi Strozzi Sacrati di Mantova, per poi giungere ai fratelli Lottero, gli attuali proprietari, nel 1978. La conduzione è oggi affidata a Faye Lottero, che ha messo molto impegno nel coniugare antiche tradizioni e tecniche moderne di lavorazione. Oltre al vino e all'olio, si coltivano frutta, grano e ortaggi, utilizzati anche nel ristorante di proprietà, oltre a svolgere attività agrituristica.

In maniera atipica, rispetto al territorio, sono i vini bianchi a eccellere, partendo dall'Oro del Cedro '10, vendemmia tardiva di traminer aromatico, fragrante al naso, con sentori di miele, frutta candita e spezie. Dolce, godibile, non stucchevole, termina con lunghezza piacevole. Bella tensione olfattiva per il Pachar '10, uvaggio di chardonnay, viognier, sauvignon, dove si scoprono sentori di limoncella e basilico al naso, abbinate ad agrumi e frutti bianchi. Vivace al gusto, nervoso, saporito, soddisfacente. Corretto e tradizionale il Vin Santo '06, meno azzeccato è il Chianti Rufina '08, dal naso coperto e dal corpo ancora da sciogliersi.

○ Oro del Cedro '10	🍷🍷 5
○ Pachar '10	🍷🍷 5
⊙ Albeggio '10	🍷 4
○ Bianco del Mulino '10	🍷 4
● Chianti Rufina Cedro '08	🍷 4
○ Vin Santo del Chianti Rufina Ris. '06	🍷 5
● Chianti Rufina Cedro Ris. '07	🍷🍷 5
● Fontegalli '06	🍷🍷 6
○ Oro del Cedro '09	🍷🍷 5
○ Pachar '07	🍷🍷 5

TOSCANA

Il Lebbio
LOC. SAN BENEDETTO, 11C
53037 SAN GIMIGNANO [SI]
TEL. 0577944725
www.illebbio.it

VENDITA DIRETTA
VISITA SU PRENOTAZIONE
OSPITALITÀ
RISTORAZIONE

PRODUZIONE ANNUA 60.000 bottiglie
ETTARI VITATI 23.00

La nuova impresa legata all'agriturismo di qualità, nel territorio di Gambassi Terme, la differenziazione colturale che vede crescere nei terreni di proprietà diverse piante oltre alla vite, tra cui olivi e zafferano, non pare aver distratto i fratelli Niccolini dall'attività vinicola. Che anzi fa registrare un ottimo andamento, almeno secondo il termometro dei nostri assaggi. Decisamente ampia la gamma delle etichette commercializzate, tanto di vini rossi quanto di bianchi. Sono proprio questi ultimi quelli che ci hanno maggiormente colpito.

Si impone con autorevolezza la Vernaccia di San Gimignano '10. Ha uno spettro aromatico nitido e pulito, di grande piacevolezza, incentrato su un baricentro di agrumi, frutti a polpa bianca e fiori di campo. Fresco e scattante al palato, ha una beva piacevole ma non scontata, penalizzata soltanto da una leggera increspatura alcolica finale. Di impostazione differente ma riuscita la Vernaccia Tropìe '10 ha una timbrica più matura e bucciosa, densa e di buona profondità. Un vino di sapore e sostanza, capace di colpire per il suo bagaglio aromatico autentico, fuori da luoghi comuni o piste troppo battute.

○ Vernaccia di S. Gimignano '10	3*
○ Vernaccia di S. Gimignano Tropìe '10	4
● Chianti '09	3
● Lendo '06	4
● San Gimignano Rosso Polito '06	6
○ Vernaccia di S. Gimignano '09	4*
○ Vernaccia di S. Gimignano Tropìe '09	4*

Cantine Leonardo da Vinci
VIA PROVINCIALE MERCATALE, 291
50059 VINCI [FI]
TEL. 0571902444
www.cantineleonardo.it

VENDITA DIRETTA
VISITA SU PRENOTAZIONE
RISTORAZIONE

PRODUZIONE ANNUA 4.000.000 bottiglie
ETTARI VITATI 500.00

Hanno compiuto 50 anni in piena forma le Leonardo, nate nel 1961 dalla volontà di trenta viticoltori che decisero di mettersi insieme per affrontare meglio le prospettive del mercato che stava cambiando. Nel 1965 la prima vendemmia imbottigliata e da allora un crescendo che ha portato l'azienda a essere una delle più dinamiche nell'affrontare i vari cambiamenti. Sono 160 oggi i soci conferitori di uve, ai quali si aggiungono quelli di Montalcino, dove rappresentano l'unica società cooperativa esistente e dove a breve verrà inaugurata la nuova cantina.

Il migliore è risultato il Vin Santo '06, dai profumi tipici, di fico secco, dattero e frutta secca, come mandorle e nocciole. L'ingresso in bocca è caldo, cremoso, di avvolgente morbidezza, per un finale duraturo e gradevole. Piacevole il Chianti '10, molto fruttato al naso, dove si riconoscono ciliegia e frutti di bosco, fresco e beverino al palato, con ottima gestione dei tannini. Il Ser Piero '10 è uno Chardonnay fresco e godibile, di buona beva. Corretto il Brunello di Montalcino '06, austero e di struttura ricca il Chianti Riserva '08.

○ Bianco dell'Empolese Vin Santo '06	5
● Brunello di Montalcino Cantina di Montalcino '06	6
● Chianti Leonardo '10	3
● Chianti Ris. '08	4
○ Ser Piero '10	4
● Chianti Da Vinci '09	3*
● Sant'Ippolito '07	5
○ Trebbiano Leonardo '07	3*
● Villa di Corsano '05	5

Tenuta di Lilliano

Loc. Lilliano, 8
53011 Castellina in Chianti [SI]
Tel. 0577743070
www.lilliano.com

VENDITA DIRETTA
VISITA SU PRENOTAZIONE

PRODUZIONE ANNUA 250.000 bottiglie
ETTARI VITATI 50.00

È un pezzo di storia del Chianti Classico la Tenuta di Lilliano, acquistata dalla famiglia Ruspoli, tuttora proprietaria dell'azienda, nel 1920 e condotta all'imbottigliamento e alla commercializzazione nel 1958. Oggi Lilliano, i cui vigneti si trovano nelle colline di Castellina in Chianti, produce vini dall'intatta eleganza e non privi di classicità, benché, nel recente passato, l'azienda abbia intrapreso un oculato percorso di rilettura contemporanea della propria produzione, non perdendo mai di vista la propria cifra stilistica, fatta più di sfumature che di potenza estrattiva.

Decisamente delizioso il Chianti Classico '09, uno dei migliori di questo millesimo, tanto da aggiudicarsi i Tre Bicchieri. Un vino luminoso, tipico, fin dal profilo aromatico che alterna note di amarena e viola di grande freschezza, degno anticipo a una bocca dinamica, dal deciso carattere sapido, non di enorme volume, ma di lunghissima persistenza. Altrettanto gustoso il Chianti Classico Riserva '08, dal carattere un po' più austero, ma dai tratti stilistici di grande eleganza, capaci di svelare il lato più fine del sangiovese. Solido e convincente l'Anagallis '08, blend di sangiovese, merlot e colorino, preciso nei profumi e appagante al gusto.

- Chianti Cl. '09 — 4
- Chianti Cl. Ris '08 — 5
- Anagallis '08 — 6
- Chianti Cl. E. Ruspoli Berlingieri Ris. '85 — 6
- Anagallis '07 — 6
- Anagallis '06 — 6
- Chianti Cl. '08 — 4
- Chianti Cl. '07 — 4*
- Chianti Cl. '06 — 4*
- Chianti Cl. Ris. '07 — 5
- Chianti Cl. Ris. '06 — 5

Lisini

Fraz. Sant'Angelo in Colle
Pod. Casanova
53020 Montalcino [SI]
Tel. 0577844040
www.lisini.com

VENDITA DIRETTA
VISITA SU PRENOTAZIONE

PRODUZIONE ANNUA 81.000 bottiglie
ETTARI VITATI 18.00

Quella di Lisini è un'ottima e storica azienda, come dimostra la possibilità di profonde verticali, testimoni di grande longevità dei vini oltre che di uno stile preciso, estremamente riconoscibile. La posizione dei vigneti è ottima, nella zona di Sesta, uno dei punti d'orgoglio di Montalcino. Vigneti vecchi in parte, alcuni in rinnovamento, con una selezione massale da antiche piante addirittura pre fillosseriche, dalle quali vengono prodotte pochissime bottiglie e non in tutte le annate.

A essere onesti ci aspettavamo di più dal Brunello '06, vino molto classico fin dal colore rubino intenso. Al naso erbe medicinali, tabacco biondo e cuoio non intensissimo ma pulito. Bocca di buon impatto, alcolica, dalla progressione solo media in quanto frenata da un tannino ancora rude che stringe il finale. Buono anche il San Biagio '09, dal naso fruttato, piccoli frutti neri, mora, e leggera grafite, dalla bocca compatta e finale consistente. Meno convincente il Brunello Ugolaia '05. Naso classico ma con sensazioni immature, bocca un po' troppo semplice, in cui la componente acida tende a dominare togliendo consistenza.

- Brunello di Montalcino '06 — 8
- San Biagio '09 — 4*
- Brunello di Montalcino Ugolaia Ris. '05 — 8
- Rosso di Montalcino '09 — 5
- Brunello di Montalcino '90 — 6
- Brunello di Montalcino '88 — 6
- Brunello di Montalcino Ugolaia '04 — 8
- Brunello di Montalcino Ugolaia '01 — 8
- Brunello di Montalcino Ugolaia '00 — 8
- Brunello di Montalcino Ugolaia '91 — 8
- Brunello di Montalcino '05 — 8
- Brunello di Montalcino '04 — 7
- Brunello di Montalcino '03 — 7

TOSCANA

Livernano
loc. Livernano, 67a
53017 Radda in Chianti [SI]
Tel. 0577738353
www.livernano.it

VENDITA DIRETTA
VISITA SU PRENOTAZIONE
OSPITALITÀ
RISTORAZIONE

PRODUZIONE ANNUA 50.000 bottiglie
ETTARI VITATI 13.00
VITICOLTURA Naturale

L'acquisto dell'azienda da parte di Robert Cuillo è stato determinante per il suo sviluppo recente, oltre che per l'intero restauro del borgo da cui prende il nome. I terreni su cui insistono le vigne sono quelli tipici della zona e hanno un carattere roccioso, con importantissima presenza di galestro, alberese e arenarie. Lo stile dei vini ha una base importante in questo splendido territorio, oltre che in un meticoloso lavoro di cantina, dove la maturazione nei legni piccoli non ha certo un ruolo secondario.

Tra i vini ci ha colpito particolarmente il Chianti Classico '08. Rosso di grande energia e intensità, ha un volto fine e speziato, con chiare pennellate di cannella, su un quadro di piccoli frutti rossi e fiori di viola. Anche la bocca è netta, ricca di chiaroscuri, tesa al punto giusto e di bel tannino saporito. Solo leggermente penalizzata, a dirla tutta, da una nota alcolica finale un po' sopra le righe, che ne frena il sorso e la totale piacevolezza. Buono il Livernano '08, da cabernet sauvignon e merlot con quota di sangiovese, anche se non raggiunge i livelli delle sue migliori espressioni.

Lunadoro
loc. Terrarossa Pagliereto
fraz. Valiano
53040 Montepulciano [SI]
Tel. 0578748154
www.lunadoro.com

VENDITA DIRETTA
VISITA SU PRENOTAZIONE

PRODUZIONE ANNUA 45.000 bottiglie
ETTARI VITATI 12.00

A volte la vocazione vinicola può essere tardiva, come è successo a Dario Cappelli e Gigliola Cardinalia, già affermati imprenditori agricoli nella vicina Val d'Orcia, nel settore cerealicolo e agrituristico. La vicinanza con Montepulciano stuzzica la loro fantasia e così, quasi dieci anni fa, decidono di investire anche in viticoltura acquistando l'azienda Pagliareto, dove già si produceva del vino Nobile. Il tempo di riassestare i vigneti e la cantina ed ecco che si lanciano a spron battuto nella nuova avventura.

Bella prova delle due versioni di Nobile, con l'annata '08 che raggiunge le nostre finali, in virtù di un complesso aromatico composito, che unisce note fresche e balsamiche a frutti maturi, con cenni di cannella ben calibrati. Interessante al gusto, succoso, piacevole, di grande carattere. Ottima prova anche per la Riserva Quercione '07, dove la maturità offre sensazioni evolute bilanciate, corpo imponente ed equilibrato, sapore appetitoso. Semplici e schietti gli altri vini, che giocano le loro carte sulla prontezza in bocca, a coadiuvare aromi non troppo intensi ma puliti.

● Chianti Cl. '08	4*
● Livernano '08	7
● Chianti Cl. Ris. '04	5
● Livernano '05	7
● Livernano '03	8
● Livernano '99	8
● Livernano '98	8
● Livernano '97	8
● Chianti Cl. '06	4*
● Livernano '07	7

● Nobile di Montepulciano '08	5
● Nobile di Montepulciano Quercione Ris. '07	5
○ Bianco di Toscana '09	4
● Orcia Eclisse '09	4
● Rosso di Montepulciano '09	4
● Nobile di Montepulciano '05	5
● Nobile di Montepulciano '04	5
● Nobile di Montepulciano Quercione '06	5
● Nobile di Montepulciano Quercione '05	5
● Nobile di Montepulciano Quercione '04	5
● Rosso di Montepulciano '08	4*
● Rosso di Montepulciano '07	4

TOSCANA

I Luoghi
Loc. Campo al Capriolo, 201
57022 Castagneto Carducci [LI]
Tel. 0565777379
www.iluoghi.it

VENDITA DIRETTA
VISITA SU PRENOTAZIONE

PRODUZIONE ANNUA 15.000 bottiglie
ETTARI VITATI 3.50
VITICOLTURA Biologico Certificato

Appartiene alla giovane coppia Stefano Granata e Paola De Fusco, appassionati vigneron decisi a seguire la loro strada in un territorio affollato da grandi marchi. I Luoghi sta rapidamente trasformando la sua immagine da curiosità da tenere d'occhio a realtà di primissimo livello in termini di qualità, originalità stilistica e autenticità dei vini. Non è un caso. I due proprietari seguono in maniera maniacale la loro creatura in tutte le fasi produttive, a garanzia di bottiglie dal tratto rilassato, fine, di grandissima ampiezza espressiva e sapore. Una piccola cantina che non passa inosservata.

Magistrale accoppiata di Bolgheri Rosso Superiore '08, il Campo al Fico e il Podere Ritorti sono entrambi meravigliosi e spiccano decisi per personalità tra quelli di pari annata assaggiati. Il primo agguanta i Tre Bicchieri per via di un'articolazione aromatica a ventaglio, molto suggestiva, capace di variare armoniosamente da percorsi erbaceo balsamici di grande classe a frutti rossi golosi e leggiadri, fino a sfumature di lavanda e cuoio. Il secondo ha una timbrica che ricorda il peperone (mai volgare o eccessivo), tocchi minerali e sorso serrato. Un vino tosto, vibrante, perfetto nella chiusura tannica saporita e gustosa.

★Le Macchiole
via Bolgherese, 189a
57020 Bolgheri [LI]
Tel. 0565766092
www.lemacchiole.it

VISITA SU PRENOTAZIONE
RISTORAZIONE

PRODUZIONE ANNUA 100.000 bottiglie
ETTARI VITATI 22.00

Se è lecito stupirsi per la prova di forza di una delle aziende storiche di Bolgheri, con tanti e tanti ottimi vini alle spalle e altrettante vendemmie da incorniciare, permetteteci di sobbalzare simbolicamente dalla sedia per i stupendi assaggi che ci ha regalato quest'anno la cantina di Cinzia Merli. I vini, storicamente protesi all'esaltazione delle singole varietà, sono uno meglio dell'altro e non è stato facile scegliere quale dovesse salire sul gradino più alto.

Alla fine l'ha spuntata lo Scrio '08, un Syrah magistrale per complessità aromatica, ricchezza e dinamismo, doti non facili da trovare tutte insieme, così in equilibrio tra loro. Chiudono il cerchio il frutto croccante e i profumi di legni orientali, le soffuse folate di cioccolato amaro e l'impareggiabile fittezza gustativa, il sorso cremoso, raffinato, di infinita lunghezza. Un piccolo capolavoro insomma, da Tre Bicchieri. Grande anche il Paleo '08, Cabernet Franc dai profumi più dolci e tostati e la bocca matura e calda, e il Merlot Messorio '08, che ha tuttavia un tannino meno preciso degli altri. Stupendo anche il Bolgheri Rosso '09, succoso e verticale.

● Bolgheri Sup. Campo al Fico '08	♀♀♀	8
● Bolgheri Sup. Podere Ritorti '08	♀♀	6
● Bolgheri Sup. Campo al Fico '07	♀♀	8
● Bolgheri Sup. Campo al Fico '06	♀♀	8
● Bolgheri Sup. Podere Ritorti '07	♀♀	5

● Scrio '08	♀♀♀	8
● Bolgheri Rosso '09	♀♀	5
● Messorio '08	♀♀	8
● Paleo Rosso '08	♀♀	8
○ Paleo Bianco '09	♀♀	6
● Bolgheri Rosso Sup. Paleo '97	♀♀♀	8
● Messorio '07	♀♀♀	8
● Messorio '06	♀♀♀	8
● Messorio '01	♀♀♀	8
● Messorio '99	♀♀♀	8
● Messorio '98	♀♀♀	8
● Messorio '97	♀♀♀	8
● Paleo Rosso '03	♀♀♀	8
● Paleo Rosso '01	♀♀♀	8
● Scrio '01	♀♀♀	8

TOSCANA 634

La Madonnina - Triacca
LOC. STRADA IN CHIANTI
VIA PALAIA, 39
50027 GREVE IN CHIANTI [FI]
TEL. 055858003
www.triacca.com

VISITA SU PRENOTAZIONE

PRODUZIONE ANNUA 600.000 bottiglie
ETTARI VITATI 100.00

La famiglia elvetica Triacca ha acquistato la tenuta La Madonnina a Greve in Chianti nel 1969, ma la prima vendemmia è arrivata nel 1975. Nel 1990 acquisisce la fattoria Santavenere nei pressi di Montepulciano e, successivamente, la tenuta Spadino in Maremma. Una storia di tutto rispetto fra i vigneti di Toscana che, specialmente dalle etichette chiantigiane, ha ottenuto, nel recente passato, risultati lusinghieri, evidenziando uno stile ben modellato, poco incline a forzature di cantina, e tendenzialmente personale ed elegante.

Un vino essenziale, solido e di grande piacevolezza il Chianti Classico Bello Stento '09, dai profumi freschi e limpidi e dal gusto deciso e saporito. Lineare e preciso Il Mandorlo '08, da sangiovese e cabernet sauvignon, dal bel corredo aromatico di frutti di bosco e spezie e dalla bocca pulita, morbida e ben ritmata. Senza fronzoli anche il Vino Nobile di Montepulciano Santavenere '08, dal naso che alterna note floreali e fruttate e dalla progressione gustativa compatta e continua, con rovere ben integrato, che dona al vino coerenza e bevibilità. Un po' più rigidi sia il Chianti Classico La Madonnina Riserva '08, sia il Chianti Classico La Palaia '08.

La Mannella
LOC. LA MANNELLA, 322
53024 MONTALCINO [SI]
TEL. 0577848268
http://www.lamannella.it

VISITA SU PRENOTAZIONE

PRODUZIONE ANNUA 35.000 bottiglie
ETTARI VITATI 8.00

Marco Cortonesi è una persona di grande simpatia e molto ospitale e il grande amore per il territorio ilcinese lo ha portato a impegnarsi direttamente nel consiglio del Consorzio. La piccola azienda è cresciuta negli ultimi anni, con un netto miglioramento soprattutto nella gestione in cantina dell'ottima materia prima. I vini ne hanno guadagnato in termini di nitidezza olfattiva e profondità gustativa, con un maggior rigore soprattutto a livello di estrazione tannica. I Poggiarelli, una selezionde di Brunello, proviene da un vigneto dalla bellissima esposizione nella zona nord orientale.

Bellissima la serie di vini presentata da Marco Cortonesi quest'anno. Ottimo il Brunello di Montalcino I Poggiarelli '06, a un soffio dal massimo riconoscimento. Bel colore intenso e naso ampio, integro, sulle note di frutta matura rossa - visciole -, e nera - more e gelso. Il contributo del legno si avverte per la leggera speziatura e una sensazione balsamica, mai prevaricante. Bocca grassa e opulenta, piuttosto muscolare, mantenuta agile grazie a un tannino di qualità fine e da discreta ma presente acidità. Ben fatto anche il Brunello '06, su toni piu evolutivi di tabacco, pesca gialla e sensazioni floreali.

- Chianti Cl. Bello Stento '09 — 4*
- Il Mandorlo '08 — 4*
- Nobile di Montepulciano Fattoria Santavenere '08 — 5
- Chianti Cl. La Madonnina Ris. '08 — 4
- Chianti Cl. V. La Palaia '08 — 5
- Chianti Cl. Ris. '04 — 4
- Chianti Cl. Bello Stento '08 — 4
- Chianti Cl. Bello Stento '03 — 4
- Chianti Cl. Ris. '06 — 4*
- Falcinaia '07 — 6
- Il Mandorlo '07 — 4
- Il Mandorlo '01 — 5
- Nobile di Montepulciano '07 — 4
- Nobile di Montepulciano Fattoria Santavenere '06 — 5

- Brunello di Montalcino I Poggiarelli '06 — 8
- Brunello di Montalcino '06 — 6
- Leonus '09 — 4
- Rosso di Montalcino '09 — 4
- Brunello di Montalcino '05 — 6
- Brunello di Montalcino '04 — 6
- Brunello di Montalcino I Poggiarelli '05 — 8
- Brunello di Montalcino I Poggiarelli '04 — 6
- Rosso di Montalcino '08 — 4

TOSCANA

Il Marroneto
LOC. MADONNA DELLE GRAZIE, 307
53024 MONTALCINO [SI]
TEL. 0577849382
www.ilmarroneto.com

VENDITA DIRETTA
VISITA SU PRENOTAZIONE

PRODUZIONE ANNUA 20.000 bottiglie
ETTARI VITATI 5.80
VITICOLTURA Naturale

Azienda storica di Montalcino, purtroppo poco nota a causa delle poche bottiglie prodotte. Una chicca della zona settentrionale, con vista mozzafiato su Montosoli. Situata intorno ai 400 metri, propone da sempre vini di grande eleganza che, negli ultimi anni, hanno beneficiato dei nuovi vigneti posizionati piu in basso, con una maggiore complessità gustativa. Condotta con grande passione da Alessandro Mori riesce a proporre interessantissime verticali fino agli anni '70, una vera rarità per la denominazione. Bella la sede aziendale, nata attorno a una torre di avvistamento medioevale.

Ottimi i Brunello presentati quest'anno, entrambi del millesimo 2006. Due interpretazioni molto diverse del territorio. Il Brunello '06 ha sentori più classici di stampo evolutivo, come tabacco dolce, e floreali, con un accenno di cuoio, mentre la vena fruttata si esprime attraverso la ciliegia bianca. Bello l'attacco in bocca, con un'acidità che ben controlla il tenore alcolico. Tannini già risolti, che permettono una bella progressione e un finale persistente. Ottima anche la selezione Madonna delle Grazie, impostata su toni più moderni, con un fruttato intenso di marasca ben matura e more, impreziositi da eleganti speziature. Una ricercata consistenza gustativa si conferma nel finale, intenso e di grande persistenza.

● Brunello di Montalcino '06	🍷🍷 7
● Brunello di Montalcino Madonna delle Grazie '06	🍷🍷 8
● Rosso di Montalcino '09	🍷 5
● Brunello di Montalcino '05	🍷🍷 7
● Brunello di Montalcino '03	🍷🍷 7
● Brunello di Montalcino '01	🍷🍷 7
● Brunello di Montalcino Madonna delle Grazie '05	🍷🍷 8
● Brunello di Montalcino Madonna delle Grazie '04	🍷🍷 8
● Brunello di Montalcino Madonna delle Grazie '01	🍷🍷 8

Mastrojanni
FRAZ. CASTELNUOVO DELL'ABATE
POD. LORETO SAN PIO
53024 MONTALCINO [SI]
TEL. 0577835681
www.mastrojanni.com

VENDITA DIRETTA
VISITA SU PRENOTAZIONE

PRODUZIONE ANNUA 80.000 bottiglie
ETTARI VITATI 24.00

Grandi lavori alla Mastrojanni. La nuova proprietà sta investendo soprattutto in cantina, sia in tecnologia sia nel comparto legni, con botti di media grandezza. Andrea Machetti dirige con il solito entusiasmo questa storica realtà, che ha il suo gran valore nella qualità e nell'esposizione dei vigneti, ormai completamenti rinnovati. Lo stile è tipico della zona sud occidentale, con una bella ricchezza estrattiva e tannini piuttosto austeri nei primi anni di vita.

Nonostante manchi il fuoriclasse i vini di Mastrojanni confermano le loro doti di grande affidabilità qualitativa. Il Brunello '06 ha naso ampio e complesso, con belle e classiche note floreali, poi foglie di tè e tabacco, nitida liquirizia. Bocca austera, tannica, ancora leggermente rigida, migliorerà certamente con il tempo. Il cru Schiena d'Asino '06 è ancora chiuso al naso, in cui le note floreali sovrastano la vena fruttata. Poi tabacco dolce e un leggero sentore di erbe secche completano il quadro. Bocca ampia e avvolgente, rotonda, consolatoria.

● Brunello di Montalcino '06	🍷🍷 7
● Brunello di Montalcino Schiena d'Asino '06	🍷🍷 8
● Rosso di Montalcino '09	🍷 5
● Brunello di Montalcino '97	🍷🍷🍷 7
● Brunello di Montalcino '90	🍷🍷🍷 7
● Brunello di Montalcino Ris. '88	🍷🍷🍷 7
● Brunello di Montalcino Schiena d'Asino '93	🍷🍷🍷 7
● Brunello di Montalcino Schiena d'Asino '90	🍷🍷🍷 7
● Brunello di Montalcino '05	🍷🍷 7
● Brunello di Montalcino '04	🍷🍷 7
● Brunello di Montalcino Schiena d'Asino '04	🍷🍷 8
● Brunello di Montalcino V. Schiena d'Asino '01	🍷🍷 8

TOSCANA

Melini
LOC. GAGGIANO
53036 POGGIBONSI [SI]
TEL. 0577998511
www.cantinemelini.it

VENDITA DIRETTA
VISITA SU PRENOTAZIONE

PRODUZIONE ANNUA 4.000.000 bottiglie
ETTARI VITATI 145.00

Le cantine Melini e la Macchiavelli sono le realtà produttive chiantigiane del Gruppo Italiano Vini. La storia del marchio con sede a Poggibonsi è la storia stessa del Chianti Classico visto che, nel 1860, Laborel Melini adottò per primo il fiasco "strapeso", resistente alla pressione del tappo applicato a macchina, che contribuì alla diffusione e quindi al successo del Chianti nel mondo. Oggi i vini prodotti dal GIV nella denominazione del Gallo Nero, oltre a una precisione d'esecuzione encomiabile, evidenziano anche buona personalità e, talvolta, raggiungono l'eccellenza assoluta.

Il Chianti Classico Vigna di Fontanelle Riserva '08, prodotto nella fattoria Macchiavelli di San Casciano Val di Pesa, possiede profumi affumicati e fruttati e sapore elegante ed equilibrato, grazie a un'acidità reattiva e a tannini fitti e croccanti. Tendenzialmente ancora un po' contratti gli aromi del Chianti Classico La Selvanella Riserva '08, che in bocca si dimostra più pronto, con legno ben dosato e ritmo vivace del sorso. Godibili sia il Chianti Classico Solatìo dei Tani Macchiavelli '09, snello e profumato, sia il Chianti Classico Granaio '09, caldo e avvolgente. Immediato I Coltri '10, da uve sangiovese, cabernet sauvignon e merlot.

Fattoria Michi
VIA SAN MARTINO, 34
55015 MONTECARLO [LU]
TEL. 058322011
www.fattoriamichi.it

VISITA SU PRENOTAZIONE

PRODUZIONE ANNUA 54.000 bottiglie
ETTARI VITATI 16.50

Montecarlo sta vivendo un bel momento di rinascita viticola e l'azienda Michi è tra le protagoniste: territorio da sempre vocato per la produzione di vino di qualità, rappresenta per la Toscana un'eccezione, avendo i vitigni a bacca bianca principali protagonisti, in un territorio che deve la sua fama ai vini rossi. Nel 1956 la fattoria assume l'attuale conformazione e denominazione e rimane per quasi 50 anni di proprietà dei fondatori che la cedono nel 2005 agli attuali titolari. Il lavoro di riammodernamento della cantina e rinnovo dei vigneti ha dato i suoi frutti.

Molto interessante il Buriano '10, da un vitigno autoctono ritrovato che fornisce un bel bagaglio di profumi, articolato, con note floreali alle quali si sommano sentori di albicocca e pesca. In bocca è sapido, teso, di bella forza, con finale in crescendo gustativo. Buono anche il Vermentino '10, dai sentori di erbe fresche come basilico e maggiorana, un lieve tocco agrumato di limoni, note carnose di mela. Al gusto mostra di avere un bel nerbo acido, ricchezza di corpo e un finale succoso e piacevole. Di estrema correttezza il resto della produzione, con un apprezzamento al Tenuta del Cavaliere '10, da chardonnay, sauvignon e vermentino, dai profumi intensi.

● Chianti Cl. V. di Fontalle Ris. Macchiavelli '08	6
● Chianti Cl. La Selvanella Ris. '08	6
● Chianti Cl. Granaio '09	4
● Chianti Cl. Solatìo dei Tani Macchiavelli '09	4
● I Coltri '10	3
● Chianti Cl. La Selvanella Ris. '06	6
● Chianti Cl. La Selvanella Ris. '03	5
● Chianti Cl. La Selvanella Ris. '01	5
● Chianti Cl. La Selvanella Ris. '00	5
● Chianti Cl. La Selvanella Ris. '99	6
● Chianti Cl. La Selvanella Ris. '90	5
● Chianti Cl. La Selvanella Ris. '86	6
● Chianti Cl. La Selvanella Ris. '07	6
● Chianti Cl. La Selvanella Ris. '05	6
● Chianti Cl. La Selvanella Ris. '04	7

○ Buriano '10	4
○ Vermentino '10	4
○ Montecarlo Bianco '10	4
● Montecarlo Rosso '10	4
● Tenuta del Cavaliere '10	5
○ Vin Santo di Montecarlo '05	6
○ Malìe '05	4
○ Vecchie Vigne '07	4*
○ Vigna del Cavaliere '07	5

Tenuta di Montecucco

LOC. MONTECUCCO
58044 CINIGIANO [GR]
TEL. 0564999029
www.tenutadimontecucco.it

VENDITA DIRETTA
VISITA SU PRENOTAZIONE
OSPITALITÀ

PRODUZIONE ANNUA 150.000 bottiglie
ETTARI VITATI 32.00
VITICOLTURA Biologico Certificato

La tenuta che ha dato poi il nome alla denominazione ha una storia che affonda le proprie radici nel lontano passato: i primi documenti che testimoniano la produzione di vino nel territorio risalgono al XII secolo. Dopo vari passaggi di proprietà oggi appartiene alla Collemassari Spa, anche se la conduzione e la gestione vengono tenute rigorosamente separate. L'estensione totale dell'azienda è molto ampia, quasi settecento ettari, nei quali vengono coltivati vite e olivi, a conduzione biologica, cercando così di ottenere vini molto caratterizzati dal territorio.

Raggiunge le finali il Montecucco Sangiovese Riserva Rigomoro '07, dal bel complesso aromatico di frutti di bosco, uniti a note mentolate e cenni di sottobosco. Buono l'attacco in bocca, succoso, pieno, ben dosato nelle componenti, per un finale ricco e potente. Buono anche il Montecucco Rosso Passonaia '09, dal bagaglio aromatico fine ed elegante, dove ben si distinguono frutti come ciliegia e mora. Finale rilassato, dolce e godibile. Corretti gli altri vini, con un Canaiolo '10 intrigante per la vena acida molto marcata e vivace.

Fattoria Montellori

VIA PISTOIESE, 1
50054 FUCECCHIO [FI]
TEL. 0571260641
www.fattoriamontellori.it

VENDITA DIRETTA
VISITA SU PRENOTAZIONE
RISTORAZIONE

PRODUZIONE ANNUA 300.000 bottiglie
ETTARI VITATI 55.00

Alessandro Nieri è il titolare dell'azienda di famiglia, che fu fondata nel 1895 da suo bisnonno Giuseppe, amante della vita di campagna e deciso a investire i proventi realizzati dal commercio del cuoio, un prodotto che caratterizza il comprensorio di Fucecchio, in una tenuta agricola. Alessandro prosegue con impegno e passione un'attività che ha avuto una notevole svolta sulla qualità grazie a suo padre Giuseppe, che ampliò la superficie viticola e modernizzò gli impianti di cantina. La passione del titolare per l'arte contemporanea ha reso oggi la fattoria un museo all'aria aperta.

Molto buono il Brut Blanc des Blancs Millesimato '07, da sole uve chardonnay, lavorate secondo il metodo tradizionale. Note di crosta di pane e agrumi al naso, supportate da un floreale intenso. In bocca mostra una buona avvolgenza, giusta consistenza, dal perlage fitto e ben distribuito, con nota acida rinfrescante, dove la sensazione di limone torna finissima. Finale pulito e gradevole. Buono anche il Moro '08, da sangiovese con cabernet sauvignon e merlot, dai toni di confettura di more e ciliege, naso speziato leggero, fine mineralità. Al gusto mostra sostanza, ricchezza di corpo, bella distribuzione tannica per un finale saporito e invitante. Corretto il resto della produzione.

- Montecucco Sangiovese Rigomoro Ris. '07 ♀♀ 4
- Montecucco Rosso Passonaia '09 ♀♀ 4
- Canaiolo '10 ♀ 3
- Montecucco Le Coste '08 ♀ 5
- Montecucco Sangiovese Le Coste '07 ♀ 5
- ○ Montecucco Vermentino '08 ♀ 4
- Montecucco Passonaia '08 ♀♀ 4
- Montecucco Rosso Passonaia '08 ♀♀ 4
- Montecucco Rosso Passonaia '03 ♀♀ 4
- Montecucco Sangiovese Le Coste '07 ♀♀ 5
- Montecucco Sangiovese Le Coste '06 ♀♀ 5
- Montecucco Sangiovese Rigomoro Ris. '06 ♀♀ 4
- Montecucco Sangiovese Rigomoro Ris. '05 ♀♀ 6
- Montecucco Sangovese Le Coste '04 ♀♀ 5

- ○ Brut Blanc des Blancs Millesimato '07 ♀♀ 5
- Moro '08 ♀♀ 4
- ○ Vin Santo dell'Empolese '04 ♀♀ 5
- Chianti '09 ♀ 4
- Chianti Sup. Caselle '09 ♀ 4
- Dicatum '08 ♀ 6
- ○ Mandorlo '10 ♀ 4
- ○ Sant'Amato '10 ♀ 4
- Dicatum '07 ♀♀ 6
- Salamartano '07 ♀♀ 6
- Tuttosole '05 ♀♀ 6
- ○ Vin Santo dell'Empolese '90 ♀♀ 5

TOSCANA

Montenidoli
Loc. Montenidoli
53037 San Gimignano [SI]
Tel. 0577941565
www.montenidoli.com

VENDITA DIRETTA
OSPITALITÀ

PRODUZIONE ANNUA 90.000 bottiglie
ETTARI VITATI 24.00
VITICOLTURA Biologico Certificato

Poche realtà possono vantare il fascino di Montenidoli. Per la bellezza del paesaggio, la storia e l'indiscussa attitudine dei terreni a regalare grandi uve, certo, ma soprattutto per lo spirito, l'energia vitale e la grande personalità degli interpreti. Come Elisabetta Fagiuoli, una delle grandi donne del vino italiano, da sempre immersa in questo mondo, guidata da idee radicali e intoccabili. Le sue creature sanno raccontare la terra in modo naturale, autentico, con un linguaggio alto eppure immediatamente comprensibile.

Non è stato facile scegliere a chi dare la palma perché i vini quest'anno erano davvero eccezionali, a cominciare da versioni superlative della Vernaccia di San Gimignano Fiore e Tradizionale, entrambe '09. L'ha spuntata la prima, di clamorosa vena minerale e sassosa, di acqua di ruscello, ricamata da un ventaglio di erbe aromatiche e fiori finissimi, ma la seconda non è meno riuscita, anche se di segno molto diverso. Il colore è più scuro e le sensazioni si fanno bucciose, marine, salmastre e agrumate, in un insieme ancestrale e commovente. Grande e ancora giovane, anche se per noi un filo sotto le altre, anche la Vernaccia Carato '07.

Monteraponi
Loc. Monteraponi
53017 Radda in Chianti [SI]
Tel. 055352601
www.monteraponi.it

VENDITA DIRETTA
VISITA SU PRENOTAZIONE

PRODUZIONE ANNUA 30.000 bottiglie
ETTARI VITATI 10.00
VITICOLTURA Naturale

Nel comune di Radda, dove i boschi avvolgono le vigne, in una delle zone più difficili e affascinanti del Chianti Classico, il vigneron Michele Braganti coltiva le uve di proprietà e vinifica i suoi vini, commercializzati in prima persona dal 2003. Un buon patrimonio di vigne vecchie, la bella cantina risalente al X secolo dove sostano soprattutto botti di grandi dimensioni, e la mano sensibile del produttore danno vita a vini dal chiaro tratto territoriale, vibranti e di grande personalità.

Davvero strepitoso il Chianti Classico Baron'Ugo Riserva '07, Sangiovese in purezza maturato per 36 mesi in botte grande, interprete raffinato, autentico e suggestivo del suo territorio, oltre che ovviamente della denominazione di riferimento. Il naso rappresenta un'inarrivabile connubio tra sensazioni fini e delicate e altre più intense e mature, tra la frutta fresca e i fiori di campo, la terra bagnata e le note ferrose. La bocca è lieve, ricca di tensione e allunghi, dalla materia quasi sfumata ma incredibilmente energica e saporita, interminabile nei rimandi speziati. Buonissimo, nel suo impianto fragrante e succoso, il Chianti Classico '09.

○ Vernaccia di S. Gimignano Fiore '09	▼▼▼	5
○ Vernaccia di S. Gimignano Carato '07	▼▼	5
○ Vernaccia di S. Gimignano Tradizionale '09	▼▼	4*
⊙ Canaiuolo '10	▼▼	4
○ Vernaccia di S. Gimignano Carato '05	▼▼▼	6
○ Vernaccia di S. Gimignano Carato '02	▼▼▼	6
⊙ Canaiuolo '08	▼▼	4*
● Chianti Colli Senesi Il Garrulo '07	▼▼	4
○ Il Templare '03	▼▼	4
● Sono Montenidoli '04	▼▼	7
○ Vernaccia di S. Gimignano Carato '06	▼▼	5
○ Vernaccia di S. Gimignano Carato '04	▼▼	6
○ Vernaccia di S. Gimignano Carato '03	▼▼	6
○ Vernaccia di S. Gimignano Tradizionale '06	▼▼	4*

● Chianti Cl. Baron'Ugo Ris. '07	▼▼▼	5
● Chianti Cl. '09	▼▼	5
● Chianti Cl. Il Campitello Ris. '08	▼	6
● Chianti Cl. '03	▼▼	4
● Chianti Cl. Ris. Il Campitello '04	▼▼	5

TOSCANA

Monteverro

S.DA AURELIA CAPALBIO, 11
58011 CAPALBIO [GR]
TEL. 0564890721
www.monteverro.com

VENDITA DIRETTA

PRODUZIONE ANNUA 45.000 bottiglie
ETTARI VITATI 20.00

La storia di Georg Weber è quella di un innamorato del vino, alla ricerca del luogo dove impiantare la vigna che trova a Capalbio, il suo Shangri-La. Imprenditore tedesco affermato, per tre anni si sposta tra la Napa Valley, Bordeaux e anche l'Australia fino a che decide, nel 2003, di acquistare i terreni in questo territorio, impiantando i vigneti dopo un'accurata analisi dei terreni. Un team di lavoro internazionale per vini che vogliono farsi conoscere in tutto il mondo.

Conquista alla sua prima uscita le finali il Monteverro '08, uvaggio di cabernet sauvignon in prevalenza, cabernet franc, merlot e piccolo saldo di petit verdot. Il naso è colpito da buone sensazoni tostate, di caffè e cacao, alle quali si uniscono note di liquirizia e tabacco e quelle di frutti di bosco. L'ingresso in bocca è vellutato, denso, largo, dai tannini fusi, fresco timbro dell'acidità, per un finale lungo e godibile. Piacevole il Tinata '08, da syrah e grenache a completare, con elementi floreali a prevalere su note di pepe, cenni boisé e confettura di ciliegie. Al gusto è vivo, ben teso, dai tannini a trama sottile, freschezza adeguata su un corpo sostenuto. Intrigante lo Chardonnay '09, burroso, grasso, sapido e di ottima beva.

● Monteverro '08	8
○ Chardonnay '09	8
● Tinata '08	8

★Montevertine

LOC. MONTEVERTINE
53017 RADDA IN CHIANTI [SI]
TEL. 0577738009
www.montevertine.it

VISITA SU PRENOTAZIONE

PRODUZIONE ANNUA 75.000 bottiglie
ETTARI VITATI 15.00

L'azienda fu acquistata dalla famiglia Manetti nel 1967 e le sue prime bottiglie arrivarono sul mercato nel 1971, già con un responso più che lusinghiero, in un momento storico in cui la zona del Chianti Classico non godeva certo dell'attuale prestigio. Da allora, i vini aziendali sono diventati una sorta di paradigma stilistico di tutto un territorio, segnalandosi per una declinazione del Sangiovese probabilmente fra le più compiute dell'intera Toscana e per uno stile inconfondibile, fatto di originalità ed equilibrio, che colloca Montevertine ai vertici assoluti dell'enologia nazionale.

Millesimo un po' sottotono per i vini di Montevertine. Giocare in finezza, nell'estrema sottrazione, alla ricerca di tensione e personalità assolute significa correre il rischio. Ad esempio che l'annata, già esile di suo, porti la sottrazione un filo più in là. Crediamo sia il caso dei due 2008 presentati. Il Pergole Torte ha naso fine e articolato, dal frutto aperto sebbene delicato, con fiori ed erbe di montagna. La bocca è sì succosa e tesa, in pieno stile, solo un po' mortificata sul finale da una chiusura repentina. Simile, ma ulteriormente declinato, il Montevertine. Sapido e fresco è delizioso nella sua piccola fragranza.

● Le Pergole Torte '08	8
● Montevertine '08	6
● Pian del Ciampolo '09	4
● Le Pergole Torte '07	8
● Le Pergole Torte '04	8
● Le Pergole Torte '03	8
● Le Pergole Torte '01	8
● Le Pergole Torte '99	8
● Montevertine '04	6
● Montevertine '01	6

TOSCANA

Moris Farms
LOC. CURA NUOVA
FATTORIA POGGETTI
58024 MASSA MARITTIMA [GR]
TEL. 0566919135
www.morisfarms.it

VENDITA DIRETTA
VISITA SU PRENOTAZIONE
OSPITALITÀ

PRODUZIONE ANNUA 400.000 bottiglie
ETTARI VITATI 71.00

L'azienda prende il nome dal suocero dell'attuale titolare, Adolfo Parentini: il cognome Moris arriva dalla Spagna, dalla quale provengono gli avi, giunti in Toscana più di due secoli fa, e l'aggiuta Farms è legata al nome americano della fattoria, dove una volta venivano coltivate diverse varietà di prodotti agricoli. Oggi Adolfo è affiancato dal figlio Giulio nella conduzione, e l'interesse principale nelle due tenute, la Fattoria Poggetti a Massa Marittima e quella di Poggio alla Mozza a Scansano, è quello della viticoltura.

Giunge in finale l'Avvoltore '08, uvaggio di sangiovese, cabernet sauvignon e syrah, dallo spettro olfattivo intenso e variegato, che lega i frutti di bosco alla vaniglia, le note tostate di caffè e cenni di pepe. Al gusto si mostra subito rotondo, docile, con tannini fini, ben levigati, dolce, rilassato e lungo. Molto buono il Monteregio di Massa Marittima Moris '08, dai toni minerali al naso, uniti a cenni di ribes e mirtillo, dalla struttura caratterizzata da un deciso timbro acido, corpo snello ed elegante, dal finale saporito. Corretta la produzione di Scansano, fresco e invitante il Vermentino '10.

● Avvoltore '08	7
● Monteregio di Massa Marittima Moris '08	4
● Morellino di Scansano '10	4
● Morellino di Scansano Ris. '08	5
○ Vermentino '10	4
● Avvoltore '04	6
● Avvoltore '01	6
● Avvoltore '00	6
● Avvoltore '99	6
● Avvoltore '07	6
● Morellino di Scansano '08	4
● Morellino di Scansano Ris. '06	5
● Morellino di Scansano Ris. '05	5
● Morellino di Scansano Ris. '04	5

La Mormoraia
LOC. SANT'ANDREA, 15
53037 SAN GIMIGNANO [SI]
TEL. 0577940096
www.mormoraia.it

VENDITA DIRETTA
VISITA SU PRENOTAZIONE
OSPITALITÀ

PRODUZIONE ANNUA 170.000 bottiglie
ETTARI VITATI 30.00

La Mormoraia di Giuseppe Passoni è una delle aziende più belle di tutta la Toscana, capace di curare in maniera maniacale ogni dettaglio, dalle vigne alla cantina, passando per lo splendido agriturismo. Negli ultimi anni, inoltre, i vini paiono aver intrapreso la strada di una maggiore originalità stilistica, riuscendo il più delle volte a interpretare con fedele trasposizione i caratteri del territorio. Tecnicamente ineccepibili e rigorosi come al solito, le bottiglie più recenti ci convincono anche sul piano della naturalezza espressiva e della capacità di proiettarsi nel tempo.

Impressionante, in questo senso, la performance della Vernaccia di San Gimignano '10. Un vino bianco dal profilo estremamente variegato e complesso, capace di alternare con scioltezza la timbrica fruttata (pesca gialla in prevalenza) con intriganti folate di erbe aromatiche (rosmarino) e accenni quasi carburici. Bellissima anche in bocca, ha polpa, fittezza e profondità, senza rinunciare a un nitido ricordo salmastro che l'attraversa, accompagnandola in un lunghissimo finale. Passando ai rossi, non ci è dispiaciuto il Sangiovese Neitea '08, caldo, avvolgente, ricco di frutti neri e toni boisé.

○ Vernaccia di S. Gimignano '10	4*
● Neitea '08	5
● Mitylus '06	6
● Mitylus '05	6
○ Vernaccia di S. Gimignano Ris. '08	5
○ Vernaccia di S. Gimignano Ris. '07	5
○ Vernaccia di S. Gimignano Ris. '06	5
○ Vernaccia di S. Gimignano Ris. '05	5*

Fattoria Nittardi

loc. Nittardi
53011 Castellina in Chianti [SI]
Tel. 0577740269
www.nittardi.com

VENDITA DIRETTA
VISITA SU PRENOTAZIONE

PRODUZIONE ANNUA 90.000 bottiglie
ETTARI VITATI 29.00

La Fattoria Nittardi, di proprietà della famiglia Femfert Canali dal 1982, si trova non lontano da Castellina in Chianti e comprende anche una dependance maremmana di 37 ettari, acquisita nel 1999. Lo stile dei vini è decisamente moderno: maturazione in legni piccoli, ricerca della maggiore maturità del frutto possibile, strutture importanti, pienezza e dolcezza del sorso. Il tutto però declinato con garbo ed eleganza, permettendo alla produzione di questa realtà di non perdere profondità e una buona dose di tipicità.

Morbido, flessuoso, dai profumi di amarena, peperone e spezie orientali Ad Astra '08, blend maremmano di cabernet sauvignon, merlot, syrah e sangiovese, è un vino setoso e decisamente elegante, da Tre Bicchieri. Piacevolmente fruttato e dal buon ritmo gustativo il Chianti Classico Casanuova di Nittardi '09. Dai profumi netti di torrefazione e frutta matura il Chianti Classico Riserva '08, che in bocca si distende regolare, rivelandosi pieno, solido e persistente. Ancora in cerca di un equilibrio con il rovere l'altro vino maremmano dell'azienda, il potente Nectar Dei '08, da uve cabernet sauvignon, merlot, petit verdot e syrah.

Vino		
● Ad Astra '08	🍷🍷🍷	5
● Chianti Cl. Casanuova di Nittardi '09	🍷🍷	5
● Chianti Cl. Ris. '08	🍷🍷	7
● Nectar Dei '08	🍷	7
● Chianti Cl. Ris. '98	🍷🍷🍷	7
● Chianti Cl. Ris. '07	🍷🍷	7
● Chianti Cl. Ris. '04	🍷🍷	7
● Chianti Cl. Ris. '00	🍷🍷	7
● Nectar Dei '07	🍷🍷	7
● Nectar Dei '06	🍷🍷	7
● Nectar Dei '05	🍷🍷	7
● Nectar Dei '03	🍷🍷	6

Nottola

fraz. Gracciano
via Bivio di Nottola, 9a
53040 Montepulciano [SI]
Tel. 0578707060
www.cantinanottola.it

VENDITA DIRETTA
VISITA SU PRENOTAZIONE
OSPITALITÀ
RISTORAZIONE

PRODUZIONE ANNUA 160.000 bottiglie
ETTARI VITATI 25.00

La nascita della cantina della famiglia Giomarelli, risalente al 1992 per volere di Anterivo, e poi proseguita dal figlio Giuliano, è relativamente recente. Molta attenzione è stata dedicata all'attività agrituristica e all'accoglienza dei visitatori, che possono così soggiornare e pranzare nel ristorante interno, oltre a seguire le visite guidate. Vasta la gamma dei vini prodotti, con il Nobile che ricopre un posto d'eccellenza. Particolare attenzione viene messa anche nella produzione di olio extravergine di oliva.

Fornisce una bella prestazione la Riserva di Nobile Il Fattore '07, con una gamma aromatica composita, dove le spezie giocano un ruolo predominante iniziale, per poi fare spazio a una base fruttata di prugna e cenni di spezie. Buon impatto gustativo, largo e denso, molto dinamico, con un finale di bella progressione. Il resto della produzione si mantiene su un livello di sicura affidabilità, con il Nobile '08 che si mantiene nei canoni della tradizione, il Rosso '09 che fa della beva la sua arma migliore mentre l'Anterivo '09, uvaggio di sangiovese e merlot, appare ancora molto contratto pur disponendo di notevole materia.

Vino		
● Nobile di Montepulciano Il Fattore Ris. '07	🍷🍷	6
● Anterivo '09	🍷	6
● Nobile di Montepulciano '08	🍷	5
○ PerGloria '10	🍷	3
● Rosso di Montepulciano '09	🍷	4
● Anterivo '07	🍷🍷	6
● Nobile di Montepulciano '07	🍷🍷	5
● Nobile di Montepulciano '03	🍷🍷	5
● Nobile di Montepulciano '02	🍷🍷	5
● Nobile di Montepulciano V. del Fattore '02	🍷🍷	5
● Nobile di Montepulciano V. del Fattore '01	🍷🍷	6

TOSCANA 642

Podere Orma
VIA BOLGHERESE
57022 CASTAGNETO CARDUCCI [LI]
TEL. 0575477857
www.tenutasetteponti.it

PRODUZIONE ANNUA 26.000 bottiglie
ETTARI VITATI 5.00

Antonio Moretti è arrivato da pochi anni nel mondo del vino ma ha subito dimostrato grande determinazione e capacità strategica. Presente in questa guida con altre realtà (Tenuta Setteponti nella zona di Arezzo, sempre in Toscana e Feudo Maccari, in Sicilia) ha nel Podere Orma il suo prestigioso avamposto bolgherese. Le vigne poggiano su terreni argillosi ricchi di ciottoli e piuttosto profondi. L'unico vino prodotto non si avvale della denominazione Bolgheri ma incarna ugualmente i tratti distintivi del territorio.

Sarà per quel tratto verticale più accentuato del solito, per i profumi golosi e complessi, capaci di alternare intriganti note di lavanda e liquirizia a un perfetto baricentro di frutta rossa e nera, oppure per quell'energia di fondo che esalta tutti i caratteri insieme, dando vivacità all'insieme, sta di fatto che questa versione di Orma è realmente spettacolare, forse la migliore che abbiamo mai degustato in questi anni. Capace di andare oltre lo schema e l'impostazione che conoscevamo per trovare personalità e originalità espressiva, è un rosso capace di percorsi sinuosi, mai banali o troppo omologati. Un Tre Bicchieri d'entusiamo.

★Tenuta dell'Ornellaia
FRAZ. BOLGHERI
VIA BOLGHERESE, 191
57022 CASTAGNETO CARDUCCI [LI]
TEL. 056571811
www.ornellaia.it

VISITA SU PRENOTAZIONE

PRODUZIONE ANNUA 792.000 bottiglie
ETTARI VITATI 97.00

Punto di riferimento inamovibile dell'enologia italiana e toscana in particolare, l'Ornellaia è un brand capace di sfidare ad armi pari i grandi marchi del vino mondiale e ha saputo costruire nel tempo un blasone di raro splendore. Fondata nel 1981, ha terreni vitati nell'omonimo podere Ornellaia, lungo la Bolgherese, e a Bellaria, a nord ovest del borgo che dà il nome alla denominazione. Distinti, a seconda dei casi e delle sottozone, da caratteri alluvionali, vulcanici e marini. Lo stile dei vini è moderno, da un certo punto di vista potremmo dire internazionale anche se ancorato ai tratti del terroir di riferimento.

Nonostante tutto questo, dobbiamo registrare qualche piccolo calo di tensione nei vini assaggiati quest'anno. Il Masseto '08 è un Merlot imperioso, addirittura impeccabile se letto con occhio tecnico, ma forse deficitario di qualche guizzo di originalità e non sempre capace di andare oltre la seppur centrata precisione stilistica, specie se raffrontato alle sue migliori interpretazioni. Lo stesso vale per l'Ornallaia '08, al di sotto delle aspettative per via di una maturità fruttata eccessiva, con note eteree e alcoliche oltre misura. Ottimo invece, nella sua categoria, Le Volte '09, puntuale e scorrevole.

● Orma '08	🍷🍷🍷 7
● Orma '07	🍷🍷🍷 7
● Orma '06	🍷🍷🍷 7
● Orma '05	🍷🍷 7

● Masseto '08	🍷🍷 8
● Bolgheri Sup. Ornellaia '08	🍷🍷 8
● Le Volte '09	🍷🍷 4
● Bolgheri Rosso Serre Nuove '09	🍷 7
● Bolgheri Sup. Ornellaia '07	🍷🍷🍷 8
● Bolgheri Sup. Ornellaia '05	🍷🍷🍷 8
● Bolgheri Sup. Ornellaia '04	🍷🍷🍷 8
● Bolgheri Sup. Ornellaia '02	🍷🍷🍷 8
● Bolgheri Sup. Ornellaia '01	🍷🍷🍷 8
● Bolgheri Sup. Ornellaia '99	🍷🍷🍷 8
● Masseto '06	🍷🍷🍷 8
● Masseto '04	🍷🍷🍷 8
● Masseto '01	🍷🍷🍷 8
● Masseto '00	🍷🍷🍷 8
● Masseto '99	🍷🍷🍷 8

TOSCANA

Siro Pacenti
LOC. PELAGRILLI, 1
53024 MONTALCINO [SI]
TEL. 0577848662
www.siropacenti.it

VISITA SU PRENOTAZIONE

PRODUZIONE ANNUA 80.000 bottiglie
ETTARI VITATI 20.00

Giancarlo Pacenti guida, ormai da vari anni, l'azienda paterna con grande capacità. Diventata il simbolo, negli anni '90, di una corrente di pensiero che invocava un Brunello meno austero, ha introdotto importanti innovazioni in campo agronomico e nella cura della cantina. La scelta dei grappoli in vendemmia così come la cura del vigneto sono a dir poco maniacali. I vigneti si trovano su due versanti opposti del comprensorio, uno a Pelagrilli, nella zona settentrionale, l'altro nel profondo sud est, vicino al torrente Asso. Dal blend nascono vini fruttati, di grandi concentrazioni.

Il Brunello '06 rispecchia fedelmente le convinzioni enologiche di Giancarlo Pacenti. Ha naso integro e intenso, molto pulito, con precise note fruttate classiche e fresche, ciliegie e marasche a raccontare le due anime di questo vino, nato dall'assemblaggio delle uve dei vigneti aziendali. Il tocco di legno è sempre più leggero e meno prevaricante. Buona anche la bocca, potente, e sorretta da una bella acidità che si sposa al tannino. Il finale è consistente anche se non troppo muscolare. Risente al naso dell'annata calda il Rosso '09, giocato meglio in bocca.

Padelletti
VIA PADELLETTI, 9
53024 MONTALCINO [SI]
TEL. 0577848314
www.padelletti.it

VENDITA DIRETTA
VISITA SU PRENOTAZIONE

PRODUZIONE ANNUA 30.000 bottiglie
ETTARI VITATI 6.00

Guadagna la scheda grande questa storica azienda grazie al grande miglioramento qualitativo avvenuto negli ultimi 3 anni. L'artefice del clamoroso miglioramento aziendale è Claudia, che da quando ha le redini dell'azienda in mano ha rinnovato tutta la fase produttiva. Bei vigneti sui 300 metri, caratterizzati da un impasto mediamente argilloso, ricco di scheletro. In cantina si vinifica in cemento, con un attento controllo delle temperature, e la maturazione avviene nelle classiche botti in rovere slavo.

Si conferma ad alti livelli il Brunello '06 di Padelletti, dall'etichetta piuttosto bizzarra. Austero e di stampo classico ha naso pulito, ampio e complesso, con sentori tostati e di frutta matura - mora e visciola -, e un accenno di tabacco biondo. Di buona progressione in bocca, con la componente acida che assicura eleganza, sostenendo la buona materia. Finale di grande equilibrio, con un tannino fitto ma ben inserito, con retrogusto di liquirizia. Il Rosso di Montalcino '09 è piacevole, non troppo complesso, di facile beva.

● Brunello di Montalcino '06	8
● Rosso di Montalcino '09	6
● Brunello di Montalcino '97	8
● Brunello di Montalcino '96	8
● Brunello di Montalcino '95	8
● Brunello di Montalcino '88	8
● Brunello di Montalcino '01	8
● Brunello di Montalcino '99	8
● Brunello di Montalcino PS '04	8

● Brunello di Montalcino '06	7
● Rosso di Montalcino '09	7
● Brunello di Montalcino Ris. '04	7

TOSCANA

La Palazzetta
Fraz. Castelnuovo dell'Abate
via Borgo di Sotto
53024 Montalcino [SI]
Tel. 0577835531
www.fanti.beepworld.it

VENDITA DIRETTA
VISITA SU PRENOTAZIONE
OSPITALITÀ

PRODUZIONE ANNUA 70.000 bottiglie
ETTARI VITATI 18.00

Siamo a Castelnuovo dell'Abate dove Flavio Fanti ha da poco ultimato la nuova cantina, molto razionale e ben integrata al paesaggio circostante. I due figli collaborano attivamente alla vita aziendale, portando nuove idee e tanto entusiasmo. Anche il parco botti è stato recentemente rinnovato con una prevalenza di botti in rovere slavo da 30-40 ettolitri e una significativa presenza di tonneau, usati prevalentemente per la Riserva. I vini mantengono un tono austero nei primi anni di vita, sopratutto al naso, per poi aprirsi ed esprimere affascinanti complessità.

Sempre molto solidi e austeri i vini de La Palazzetta, soprattutto nei primi anni di vita, che rispecchiano fedelmente la personalità di Flavio Fanti. Buono il Brunello '06, che accede alle finali. Ancora leggermente chiuso, ma nitido, al naso, su note di tabacco, cuoio e mora matura, necessita di alcuni minuti per distendersi. Bocca di grande personalità e ricchezza, anche se ancora poco rilassata, con tannini ancora in primo piano. Buona l'acidità che l'accompagna, il finale, di gran ricchezza, non è molto rilassato. Ben fatto il Rosso '09, ricco e fruttato, su note di ciliegia bianca.

- Brunello di Montalcino '06 — 6
- Rosso di Montalcino '09 — 4
- Brunello di Montalcino Ris. '97 — 8
- Brunello di Montalcino '05 — 6
- Brunello di Montalcino '04 — 6
- Brunello di Montalcino '99 — 6
- Brunello di Montalcino Ris. '04 — 8
- Brunello di Montalcino Ris. '99 — 7
- Brunello di Montalcino Visconti '04 — 7

Palazzo Vecchio
Fraz. Valiano
via Terrarossa, 5
53040 Montepulciano [SI]
Tel. 0578724170
www.vinonobile.it

VENDITA DIRETTA
VISITA SU PRENOTAZIONE

PRODUZIONE ANNUA 60.000 bottiglie
ETTARI VITATI 25.00

La storia di Palazzo Vecchio inizia negli anni Cinquanta, con l'acquisto della fattoria da parte del Conte Riccardo Zorzi, che si appassiona all'attività vitivinicola ma è con l'arrivo di Marco Sbernadori e di Maria Alessandra Zorzi che il progetto di azienda vinicola prende forma. Nel 1988 si provvede al restauro della cantina mentre risalgono al 1990 le prime bottiglie prodotte. Oggi sono inseriti in azienda anche i figli con Luca, che si occupa della parte commerciale in Italia mentre Maria Luisa è la responsabile degli eventi conviviali.

Ottimo risultato per l'insieme della produzione, che si colloca su livelli notevoli di qualità. Sorprendente la selezione Terrarossa '05 del Nobile che, malgrado gli anni, mostra un'incredibile vitalità, conservando aromi maturi, di confettura, corpo rilassato con tannini delicati e finale prolungato. Ben strutturata e tesa la Riserva '06, dai profumi balsamici, e di beva appagante. Nervoso e vivace il Nobile '07, dagli aromi fruttati messi ben a fuoco, e dal palato pulito e scorrevole. Lineare e beverino il Rosso '08.

- Nobile di Montepulciano '07 — 5
- Nobile di Montepulciano Ris. '06 — 5
- Nobile di Montepulciano Terrarossa '05 — 6
- Rosso di Montepulciano Dogana '08 — 4
- Nobile di Montepulciano '04 — 5
- Nobile di Montepulciano Terrarossa '03 — 6

TOSCANA

Giovanni Panizzi
Loc. Santa Margherita, 34
53037 San Gimignano [SI]
Tel. 0577941576
www.panizzi.it

VENDITA DIRETTA
VISITA SU PRENOTAZIONE
OSPITALITÀ

PRODUZIONE ANNUA 230.000 bottiglie
ETTARI VITATI 67.00

Se l'area di San Gimignano e i suoi vini riscontrano oggi un interesse crescente gran parte del merito si deve all'opera pionieristica di Gianni Panizzi, rimpianto produttore di origini lombarde, catapultato in questa realtà e capace di accompagnarla nei suoi percorsi, di cui spesso si è fatto interprete raffinato. Oggi la proprietà è in mano a Simone Niccolai che si avvale da pochi mesi di un personaggio di riferimento per la zona (con un passato importante nel Consorzio di Tutela) come Walter Sovran. A loro il difficile compito di far vivere il mito Panizzi nel tempo.

Tra i bianchi assaggiati quest'anno è mancato l'acuto, anche se tutti sono sembrati di altissimo livello. Abbiamo preferito la Vernaccia di San Gimignano Vigna Santa Margherita '10, brillante e fine nei tratti floreali, fresca e succosa nella trama fruttata, con un impeccabile apporto di aromi di burro di montagna e vaniglia, alla Riserva '08, un po' stanca, matura e appesantita da qualche nota di rovere di troppo. Detto questo, ci è sembrata invece deliziosa la Vernaccia '10, tutta freschezza e dinamismo, con uno straordinario imprinting di clorofilla ed erbe aromatiche in genere. Gradevole il rosato Ceraso Rosa '10.

○ Vernaccia di San Gimignano V. Santa Margherita '10	🍷 5
○ Vernaccia di S. Gimignano '10	🍷🍷 4*
○ Vernaccia di S. Gimignano Ris. '08	🍷🍷 6
⊙ Ceraso Rosa '10	🍷 3
○ Vernaccia di S. Gimignano Ris. '07	🍷🍷🍷 6
○ Vernaccia di S. Gimignano Ris. '05	🍷🍷🍷 6
○ Vernaccia di S. Gimignano Ris. '98	🍷🍷🍷 6
○ Vernaccia di S. Gimignano Ris. '06	🍷🍷 6
○ Vernaccia di S. Gimignano Ris. '03	🍷🍷 6
○ Vernaccia di San Gimignano V. Santa Margherita '07	🍷🍷 4*
○ Vernaccia di San Gimignano V. Santa Margherita '05	🍷🍷 4

Tenuta La Parrina
Fraz. Albinia
S.da Vicinale della Parrina
58010 Orbetello [GR]
Tel. 0564862636
www.parrina.it

VISITA SU PRENOTAZIONE
OSPITALITÀ
RISTORAZIONE

PRODUZIONE ANNUA 200.000 bottiglie
ETTARI VITATI 55.00
VITICOLTURA Biologico Certificato

La Parrina è una fattoria di ampie dimensioni, che funziona secondo uno schema legato al passato come molteplicità di attività, ma incredibilmente moderno come organizzazione del lavoro e tecniche utilizzate: si coltiva frutta e verdura biologica, esiste un vivaio per la coltivazione di piante non comuni, l'azienda faunistica ricopre quasi 600 ettari, vengono prodotti formaggi con vari tipi di latte, l'attività agrituristica ricopre un ruolo importante. Caso raro in Italia, il vino viene prodotto nella denominazione che porta lo stesso nome dell'azienda.

Giunge alle finali il Radaia '09, Merlot in purezza, dal bagaglio aromatico ampio e variegato, dove i toni fruttati di ciliegia e lamponi si aprono poi a sentori tostati di caffè e cacao. Buona la presenza in bocca, densa, succosa, supportata da bella freschezza, con tannini lievi e finale saporito. Molto interessante l'Ansonica '10, dal naso che sposa elementi floreali a quelli di frutta macerata, come albicocche, lievi elementi di camomilla e miele a completare. Al gusto è sapido, vivo, nervoso per l'acidità, franco nella nettezza dei sapori, per un bel finale. Piacevole il resto della produzione, con il Poggio della Fata '10, da sauvignon e vermentino, fresco e floreale, invitante per la sua freschezza.

● Radaia '09	🍷 7
○ Ansonica Costa dell'Argentario '10	🍷🍷 4*
○ Capalbio Vin Santo '00	🍷 8
● Parrina Rosso Muraccio '09	🍷 4
● Parrina Rosso Ris. '09	🍷 5
● Parrina Sangiovese '10	🍷 4
○ Poggio della Fata '10	🍷 4
○ Vermentino '10	🍷 4
○ Ansonica Costa dell'Argentario '09	🍷🍷 4
● Parrina Rosso Muraccio '08	🍷🍷 4
● Radaia '08	🍷🍷 7
● Radaia '07	🍷🍷 7
● Radaia '01	🍷🍷 7
● Radaia '00	🍷🍷 7

TOSCANA 646

Petra

LOC. SAN LORENZO ALTO, 131
57028 SUVERETO [LI]
TEL. 0565845308
www.petrawine.it

VENDITA DIRETTA
VISITA SU PRENOTAZIONE

PRODUZIONE ANNUA 350.000 bottiglie
ETTARI VITATI 98.00

L'aziende appartiene al Gruppo Terra Moretti, capeggiata dall'omonima famiglia di imprenditori lombardi, con interessi nel vino in varie zone italiane. Tra gli altri, vale ricordare che i celebri marchi franciacortini Bellavista e Contadi Castaldi ne fanno parte. Petra è una realtà relativamente recente, si trova in una zona dal clima tipicamente mediterraneo, alleva soprattutto varietà a bacca nera (tra cui soprattutto sangiovese, cabernet sauvignon e merlot), e sta trovando una sempre più convincente impostazione per i suoi vini. In crescita.

Il Cabernet Sauvignon Potenti '08 ci ha colpito per l'intensità dei profumi e la possanza della bocca, unite però a un equilibrio di fondo che rende il tutto compiuto e armonico. Le note animali lasciano presto il campo a quelle di caffè, non senza qualche accenno erbaceo mai troppo pronunciato, capace di suggestioni in un palato dolce e profondo, avvolgente, caldo, di bellissima tessitura e lunghezza. Davvero buono anche il Quercegobbe '08, Merlot di razza e grazia, che alterna tratti boisé, di liquirizia e frutti neri. Meno convincente del solito il Petra Rosso '08, piuttosto estrattivo, dai marcati toni dolci, risulta al momento un po' ingabbiato.

★Fattoria Petrolo

LOC. GALATRONA
FRAZ. MERCATALE VALDARNO
VIA PETROLO, 30
52021 BUCINE [AR]
TEL. 0559911322
www.petrolo.it

OSPITALITÀ

PRODUZIONE ANNUA 70.000 bottiglie
ETTARI VITATI 31.00

Dopo che ha soggiornato nella villa anche il premier inglese David Cameron, non si potrà più dire che la tenuta di Lucia Bazzocchi Sanjust, gestita dal figlio Luca, sia un luogo sconosciuto, anche se gli appassionati di vino la conoscono da sempre per la qualità dei suoi prodotti. Situata nel Vadarno aretino è riconoscibile per la sua torre, di origine etrusca e romana, denominata Galatrona, come il vino più rappresentativo dell'azienda e dispone anche di una pieve romanica, che contiene opere di Giovanni della Robbia.

Non poteva mancare il traguardo dei Tre Bicchieri il Galatrona '09, Merlot in purezza, dall'ampio spettro aromatico, dove il boisé del legno si amalgama a note fruttate intense, di mora e lamponi, con qualche lieve cenno speziato. L'ingresso in bocca è quasi opulento, morbido ma dal nerbo acido accattivante, finale saporito in costante progressione. Ammaliante il San Petrolo '02, vino dolce ottenuto con le tecniche del Vin Santo, dolcissimo e meno alcolico, con un bouquet che spazia dal fico al dattero con lievi note amaricanti. Meno leggibile il Boggina '09, Sangiovese in purezza che risente dell'annata, in questa fase ancora un po' accartocciato sui tannini. Naso solo un po' ridotto per il Torrione '09, sempre da sole uve sangiovese.

● Potenti '08	▽▽ 7
● Petra Rosso '08	▽▽ 8
● Quercegobbe '08	▽▽ 7
● Val di Cornia Ebo '08	▽ 4
● Petra Rosso '04	▽▽▽ 8
● Petra Rosso '07	▽▽ 8
● Petra Rosso '06	▽▽ 8
● Quercegobbe '07	▽▽ 7
● Quercegobbe '06	▽▽ 7
● Quercegobbe '05	▽▽ 7

● Galatrona '09	▽▽▽ 8
○ San Petrolo '02	▽▽ 8
● Boggina '09	▽▽ 8
● Torrione '09	▽▽ 6
● Galatrona '08	▽▽▽ 8
● Galatrona '07	▽▽▽ 8
● Galatrona '06	▽▽▽ 8
● Galatrona '05	▽▽▽ 8
● Galatrona '04	▽▽▽ 7
● Galatrona '01	▽▽▽ 8
● Galatrona '00	▽▽▽ 8

TOSCANA

Piaggia
Loc. Poggetto
via Cegoli, 47
59016 Poggio a Caiano [PO]
Tel. 0558705401
www.piaggia.com

PRODUZIONE ANNUA 75.000 bottiglie
ETTARI VITATI 15.00

L'azienda è stata fondata da Mauro Vannucci verso la metà degli anni Settanta, con l'acquisizione di terreni nel territorio di Carmignano. Sono però occorsi quindici anni prima di vedere il primo vino, che data 1991: da allora l'attività vitinicola ha assunto un ruolo prevalente e il coinvolgimento della figlia Silvia, l'attuale titolare, che ricopre il ruolo di presidente del Consorzio di Carmignano, ha dato nuovo slancio all'attività di famiglia, con l'acquisizione di nuovi vigneti e la creazione di nuovi prodotti.

Non manca l'appuntamento con i Tre Bicchieri il Carmignano Riserva '08, dal naso particolarmente articolato, dove elementi minerali si mescolano a quelli aromatici di erbe, con cenni di sottobosco e frutti neri. Accattivante la bocca, sapida, vitale, di giusta tensione tannica, con nerbo acido misurato, dal finale lungo e di godibile soddisfazione. Interessante anche il Carmignano '09, dal complesso aromatico molto fruttato, al quale sposa elementi floreali e note boisé, dal gusto succoso, ben calibrato, di ottima beva. Bel vino anche il Poggio de' Colli '09, Cabernet Franc in purezza, nel quale prevalgono, all'olfatto, i toni mentolati uniti a quelli terrosi e cenni di tabacco. A livello gustativo si conferma morbido, fresco, di giusta avvolgenza.

● Carmignano Ris. '08	🍷🍷🍷	6
● Carmignano Sasso '09	🍷🍷	5
● Poggio de' Colli '09	🍷🍷	7
● Carmignano Ris. '07	🍷🍷🍷	6
● Carmignano Sasso '07	🍷🍷🍷	5
● Carmignano Ris. '06	🍷🍷	6
● Carmignano Ris. '05	🍷🍷	6
● Carmignano Sasso '08	🍷🍷	5
● Carmignano Sasso '06	🍷🍷	5

Piancornello
Loc. Piancornello
53024 Montalcino [SI]
Tel. 0577844105
piancorello@libero.it

VENDITA DIRETTA
VISITA SU PRENOTAZIONE

PRODUZIONE ANNUA 50.000 bottiglie
ETTARI VITATI 10.00

Una piccola azienda nel versante meridionale di Montalcino, di fronte all'Amiata, in prossimità del torrente Asso, con vigneti a circa 200 metri e composti principalmente da arenarie miste, di buono scheletro, con sabbie evidenti. Si tratta di una zona calda, in cui le maturazioni sono piottosto anticipate. In cantina si fa particolare attenzione alle temperature di fermentazione, per preservare la bella vena fruttata, tipica della zona. Le fermentazioni e le macerazioni sono piuttosto lunghe, le malolattiche avvengono totalmente in legno di piccole dimensioni, mentre per l'invecchiamento ci si avvale anche di tonneau.

Buonissimo il Brunello '06 che centra facilmente i Tre Bicchieri con una magistrale interpretazione del territorio meridionale di Montalcino. Nitido il naso, con sentori di frutta rossa matura come la visciola, la marasca, la mora e il ribes. Bello l'accenno balsamico, mai invadente, che rinfresca e amplifica le sensazioni. Bocca intensa, con un attacco deciso, alcolico, ben sostenuto da un'importante acidità e da un tannino di ottima grana e compattezza. Bella la progressione, continua, dal finale ampio e persistente. Ben fatto il Rosso di Montalcino '09.

● Brunello di Montalcino '06	🍷🍷🍷	7
● Rosso di Montalcino '09	🍷	4
● Brunello di Montalcino '99	🍷🍷🍷	7
● Brunello di Montalcino '04	🍷🍷	7
● Brunello di Montalcino '01	🍷🍷	7
● Brunello di Montalcino '97	🍷🍷	7
● Brunello di Montalcino Ris. '04	🍷🍷	8
● Brunello di Montalcino Ris. '01	🍷🍷	7

TOSCANA

Pianirossi
loc. Porrona
pod. Santa Genoveffa, 1
58044 Cinigiano [GR]
Tel. 0564990573
www.pianirossi.com

VENDITA DIRETTA
VISITA SU PRENOTAZIONE
RISTORAZIONE

PRODUZIONE ANNUA 40.000 bottiglie
ETTARI VITATI 13.00

L'azienda è di proprietà di Stefano Sincini, che coltivava da vent'anni l'idea di produrre un vino che portasse il suo nome e, una volta ottenute le condizioni ideali, si è lanciato. Ha fondato un'azienda agricola e l'ha subito affiancata con una dimora di charme per chi volesse soggiornare a contatto con la natura. Interessante è il progetto di ecosostenibilità che coinvolge l'apparato: tutto è stato pensato e realizzato secondo i criteri di edificazione e agricoltura sostenibile. Nella parte viticola si è sperimentato l'impianto di vitigni nuovi per il territorio con ottimi risultati.

Il Solus '08, uvaggio di sangiovese, alicante e montepulciano, dispone di un bagaglio aromatico legato ai frutti rossi, in confettura, lievi note di pelliccia e cenni di tabacco. L'ingresso in bocca è morbido, rotondo, dai tannini fusi alla componente alcolica, per un finale prolungato e godibile. Il Pianirossi '08 è composto da petit verdot, montepulciano e cabernet sauvignon: ampio e variegato il bagaglio aromatico, dove si riconoscono il peperone verde, i frutti di bosco, freschi sentori balsamici. Il palato è scorrevole, rotondo, dai tannini ottimamente distribuiti, vena acida gustosa, che accompagna a un finale saporito e minerale.

● Pianirossi '08	7
● Solus '08	5
● Pianirossi '07	7
● Pianirossi '06	6

Enrico Pierazzuoli
via Valicarda, 35
50056 Capraia e Limite [FI]
Tel. 0571910078
www.enricopierazzuoli.com

VENDITA DIRETTA
VISITA SU PRENOTAZIONE
OSPITALITÀ

PRODUZIONE ANNUA 156.000 bottiglie
ETTARI VITATI 32.00

L'attività di viticoltori della famiglia Pierazzuoli si svolge in due territori distinti: la zona del Montalbano, che spazia da Firenze a Pistoia, con la Tenuta Cantagallo, acquistata negli anni Settanta, e quella di Carmignano, con la tenuta Le Farnete, acquisita all'inizio degli anni Novanta. La viticoltura è sempre stata incentrata sul rispetto del territorio, anche nella scelta dei vitigni da impiantare. La novità di quest'anno è la presentazione del nuovo vino a base aleatico, presente in azienda da tempo ma solo ora vinificato in purezza.

La Riserva '08 del Carmignano è il vino che ci ha convinto di più, grazie a un bagaglio aromatico in cui si distinguono bene i frutti neri, come mora e mirtillo, ingentiliti da toni speziati e leggermente boisé, corpo ampio e ricco, ben distribuito nelle diverse componenti, per un finale che regala bella tensione acida e persistenza gustativa. Gradevole anche il Gioveto '08, uvaggio di sangiovese, merlot, syrah, che abbina ai toni di confettura quelli di cuoio e tabacco, con cenni piacevoli di spezia. Ingresso in bocca deciso, con tannini evidenti ma misurati, con godibile nota acida a dare bevibilità. Piacevole il Ljatico '10, vino dolce a base di aleatico.

● Carmignano Le Farnete Ris. '08	5
● Gioveto Tenuta Cantagallo '08	5
● Barco Reale Le Farnete '10	3
● Carmignano Le Farnete '09	4
● Ljatico Le Farnete '10	6
● Carmignano Le Farnete '05	4*
● Carmignano Le Farnete Ris. '05	6
● Chianti Montalbano Ris. '05	4*

Pieve Santa Restituta

Loc. Chiesa di Santa Restituta
53024 Montalcino [SI]
Tel. 0577848610
info@pievesantarestituta.com

PRODUZIONE ANNUA 75.000 bottiglie
ETTARI VITATI 27.00

Dopo un anno riconquista la scheda autonoma questa bellissima azienda di Angelo Gaja, nei pressi della chiesa di Santa Restituta, uno dei toponimi storici di Montalcino e vero cru del versante occidentale. La cantina completamente ristrutturata è ormai operativa, mentre i vigneti rinnovati a cavallo del nuovo millennio possono contare su quella maturità necessaria alla produzione di grandi vini. Lo stile è classico, con una grande attenzione alla risoluzione tannica e a preservare acidità ed eleganza.

L'azienda produce solo Brunello di Montalcino, di cui esistono 2 versioni provenienti da vigneti diversi, il Rennina e il Sugarille. Come accade spesso la nostra preferenza va al primo, per una maggiore complessità, un'ottima sintesi tra innovazione e tradizione. Naso estremamente tipico e definito, con note di tabacco, cenni floreali e fruttati evidenti, intrigante speziatura. In bocca convince la gestione acido tannica, che dimostra una grande capacità sia in vigna che in cantina. Di beva più immediata e comunque molto gradevole il Sugarille '06.

Podere San Cristoforo

Loc. Bagno
via del Mulino
58023 Gavorrano [GR]
Tel. 3358212413
www.poderesancristoforo.it

VENDITA DIRETTA
VISITA SU PRENOTAZIONE
OSPITALITÀ

PRODUZIONE ANNUA 43.000 bottiglie
ETTARI VITATI 15.00
VITICOLTURA Naturale

L'azienda è di proprietà di Lorenzo Zonin, che svolge anche le funzioni di enologo. Grande appassionato di agricoltura biodinamica, la mette in atto nella sua proprietà, con lo scopo di utilizzare meno tecnologia possibile in cantina e lasciare che le piante svolgano il loro lavoro nella più assoluta naturalezza. Il risultato che si vuole ottenere è quello di un vino che diventi testimone di un territorio con le sue caratteristiche organolettiche. Volendo è anche possibile soggiornare nell'agriturismo.

Raggiunge le nostre finali il San Cristoforo '09, Petit Verdot in purezza, (erroneamente valutato lo scorso anno) dai sentori fascinosi, di erbe aromatiche unite a tabacco, peperone verde, frutti neri maturi. In bocca l'ingresso è solido, sostenuto da una bella freschezza data dall'acidità, tannini ben distribuiti, sapidità finale invitante e continua. Molto buono il Luminoso '10, a base vermentino, dal bagaglio aromatico fine nel quale si riconoscono agrumi, frutti bianchi, cenni minerali, lievi note di camomilla. Piacevole al gusto, succoso, ricco di gusto, di bella spalla acida, per un finale importante. Gradevoli ma piccoli gli altri due rossi a base sangiovese, invitante e ricco il Luminoso.

● Brunello di Montalcino Rennina '06	🍷🍷 8
● Brunello di Montalcino Sugarille '06	🍷🍷 8
● Brunello di Montalcino Rennina '04	🍷🍷🍷 8
● Brunello di Montalcino Ris. '88	🍷🍷🍷 6
● Brunello di Montalcino Rennina '01	🍷🍷 8
● Brunello di Montalcino Rennina '00	🍷🍷 8
● Brunello di Montalcino Rennina '99	🍷🍷 8
● Brunello di Montalcino Sugarille '04	🍷🍷 8
● Brunello di Montalcino Sugarille '01	🍷🍷 8

● San Cristoforo '09	🍷🍷 5
○ Luminoso '10	🍷🍷 4
● Amaranto '10	🍷 4
● Carandelle '10	🍷 4
○ Luminoso Dolce	🍷 5

TOSCANA 650

Poggerino
LOC. POGGERINO
53017 RADDA IN CHIANTI [SI]
TEL. 0577738958
www.poggerino.com

VENDITA DIRETTA
VISITA SU PRENOTAZIONE
OSPITALITÀ

PRODUZIONE ANNUA 60.000 bottiglie
ETTARI VITATI 10.40
VITICOLTURA Naturale

Splendido il territorio in cui l'azienda di Piero e Benedetta Lanza è immersa, tra i boschi, a un'altezza che oscilla tra i 400 e i 500 metri. Qui i terreni sono ricchissimi di scheletro sassoso, dunque perfettamente drenanti, ideali per la coltivazione del vitigno principe della zona: il sangiovese. Le scelte agronomiche non invasive e la ricerca di una certa maturità ed estrazione, a dispetto della zona, conferiscono ai vini materia e spessore, oltre che una solida ricchezza tannica garanzia di longevità.

Ci è piaciuto, e molto, il Primamateria '07. Prodotto a partire da uve sangiovese e merlot in parti più o meno uguali, vinificate separatamente, è assemblato dopo la fermentazione malolattica e maturato in barrique di rovere francese per circa 18 mesi. Rosso di grande finezza, risulta polposo ma dinamico, grazie a un buon nerbo acido che allunga il sorso e rende succosa una materia importante, fitta, di bella tessitura. Chiude su belle note di tabacco. Ricco, fruttato, dal tannino rigido e concentrato, il Chianti Classico '08 è un vino a due volti: piuttosto maturo e aperto nei profumi, serrato e molto duro in bocca.

Poggio ai Lupi
FRAZ. GIUNCARICO
LOC. BARTOLINA
58023 GAVORRANO [GR]
TEL. 056688082
www.poggioailupi.it

VENDITA DIRETTA

PRODUZIONE ANNUA 28.000 bottiglie
ETTARI VITATI 21.00

L'azienda si trova nei pressi di Vetulonia, un sito archeologico legato agli Etruschi, e alcuni resti sono stati ritrovati anche al proprio interno. I proprietari ci sono arrivati dopo una ricerca accurata e la scelta è stata fatta con il loro enologo. Il primo imbottigliamento di Monteregio risale al 2003 e da allora molte altre etichette sono andate ad aggiungersi, con la decisione di produrre vini solo da monovitigno.

Buono il Syrah Luna Matta '09, dai profumi intensi, dove la sensazione terrosa si unisce a quella del pepe e della liquirizia, aggraziata anche da una base fruttata di ribes. Concetrato e ricco in bocca, si riesce e distendere, guadagnando in rilassatezza e piacere di beva. Inconsueto lo Chardonnay Dune Mosse '09, dalle note agrumate a eccellere insieme a quelle di erbe aromatiche, come basilico e maggiorana. Ottimo il profilo gustativo, ricco e pieno senza strafare, con spina acida che equilibra la componente alcolica, per un bel saporito finale. Gli altri vini si mantengono sui binari di piacevolezza estrema.

● Chianti Cl. '08	4
● Primamateria '07	6
● Chianti Cl. Ris. '90	5
● Primamateria '01	6
● Chianti Cl. '06	4*
● Chianti Cl. '04	4
● Chianti Cl. '01	4
● Chianti Cl. Bugialla Ris. '07	6
● Chianti Cl. Bugialla Ris. '06	6
● Chianti Cl. Bugialla Ris. '04	6
● Primamateria '06	6

○ Chardonnay Dunemosse '09	5
● Syrah Luna Matta '09	5
● Alicante '08	5
● Monteregio di Massa Marittima '09	4
○ Vermentino '10	4
● Alicante '05	5
● Alicante '04	5
○ Chardonnay '05	3
● Syrah '04	4

TOSCANA

Poggio al Tesoro
Loc. Felciaino
via Bolgherese, 189b
57022 Bolgheri [LI]
Tel. 0565773051
www.poggioaltesoro.it

VENDITA DIRETTA
VISITA SU PRENOTAZIONE

PRODUZIONE ANNUA 240.000 bottiglie
ETTARI VITATI 57.50

L'azienda bolgherese della famiglia Allegrini, produttrice storica di alcuni prestigiosi vini veneti, in società con il famoso importatore Leonardo Lo Cascio, continua spedita il suo percorso. Le vigne si trovano in aree piuttosto vocate della denominazione e poggiano su terreni ricchi di scheletro e sabbie rosse. I vini seguono le idee dei loro artefici e mostrano un preciso tratto stilistico e una costanza nel tempo davvero invidiabile. Una garanzia, ad alti livelli, nello scacchiere enologico del territorio.

Il Cabernet Franc Dedicato a Walter conferma la sua bontà anche nel millesimo '08, oltre che uno stile ormai consolidato. Forse un filo meno complesso rispetto alla precedente versione, ha nella fresca piacevolezza e nel dinamismo complessivo le sue doti migliori, come testimoniano i bei richiami aromatici, balsamici e agrumati. Solo una piccola bruciatura alcolica finale ne penalizza la lunghezza, senza tuttavia compromettere il quadro complessivo. Buonissimo nel gioco tra il frutto nero e la timbrica boisé il Mediterra '09; qualche rotondità di troppo e note di confettura per il Bolgheri Rosso Sondraia '08.

Poggio al Tufo
Loc. Poggio Cavalluccio
58017 Pitigliano [GR]
Tel. 0457701266
www.tommasiwine.it

VENDITA DIRETTA

PRODUZIONE ANNUA 165.000 + 25.000 bottiglie
ETTARI VITATI 66.00 + 24.00

La famiglia Tommasi è ben conosciuta per la sua produzione di Amarone in Veneto, dove opera dal 1902. Innamoratasi della Maremma Toscana ha acquistato due aziende nel comune di Pitigliano: Poggio al Tufo di 66 ettari, di proprietà dal 1997, e la Doganella, di più recente acquisizione, di 24 ettari, dove si opera in regime di coltivazione biologica. Oggi sono ben nove i familiari che lavorano nelle varie aziende, con compiti e ruoli ben distinti, tutti uniti dalla volontà di operare ad alti livelli sul mercato globale.

La tenuta di Poggio al Tufo è quella che ha dato i risultati migliori, a cominciare dal Rompicollo '09, dall'omonimo vigneto, uvaggio di sangiovese e cabernet sauvignon, dal profumo complesso, con frutti rossi ed erbe officinali a svettare, con belle note speziate. In bocca dimostra di possedere notevole stoffa, palato scattante, convincente freschezza, per un finale saporito e prolungato. Ottimo anche l'Alicante '08, austero e intenso al naso, dai toni di liquirizia e cuoio, uniti alla confettura di more. Al gusto si distende bene, mostra calore e potenza, supportati da tannini fini e ben distribuiti. Il finale è levigato e saporito. A la Doganella buono, ma semplice, Il Tintorosso '10, da sangiovese e merlot, fresco e fruttato Il Pitigliano, uvaggio di vermentino e chardonnay.

● Dedicato a Walter '08	8
● Bolgheri Sondraia '08	6
● Mediterra '09	4
● Dedicato a Walter '07	6
● Dedicato a Walter '06	6
● Mediterra '07	5

● Rompicollo Poggio al Tufo '09	5
● Alicante Poggio al Tufo '08	5
● Cabernet Poggio al Tufo '09	5
○ Il Pitigliano Doganella '10	5
● Il Tintorosso Doganella '10	5
○ Vermentino Poggio al Tufo '10	5

TOSCANA

Poggio Antico
Loc. Poggio Antico
53024 Montalcino [SI]
Tel. 0577848044
www.poggioantico.com

VENDITA DIRETTA
VISITA SU PRENOTAZIONE
RISTORAZIONE

PRODUZIONE ANNUA 120.000 bottiglie
ETTARI VITATI 32.50
VITICOLTURA Naturale

L'azienda, che fa capo a Paola Gloder, sta diventando un punto di riferimento per la denominazione. Dopo una leggera flessione, verso la fine degli anni Novanta, anche dovuta ad annate non brillanti, i profondi rinnovamenti dei vigneti e delle strutture aziendali hanno riportato l'azienda nel gotha di Montalcino. I vigneti, in posizioni elevata, permettono alte densità d'impianto senza pericolo di stress idrici, la perfetta gestione degli stessi consente sempre di avere uve sane e mature. La moderna tecnologia presente in cantina, poi, permette di non rovinare il lavoro in vigna.

Una prova esaltante quella fornita dai Brunello '06 di Poggio Antico. Difficile scegliere quale preferire. Il Brunello normale ha naso compatto, su note di tabacco, erbe medicinali, e un fruttato classico. Il tutto è intenso e persistente, molto pulito. Beva non muscolare, di grande piacevolezza, grazie a un ottimo equilibrio, con finale compatto. Il Brunello Altero '06, Tre Bicchieri in scioltezza, offre un naso maggiormente giovanile, con un fruttato nitido e intenso molto classico, in cui si riconoscono i frutti rossi. Una leggera nota balsamica e speziata amplia la complessità. Ottima la bocca, compatta ed elegante, di grande progressione.

Poggio Bonelli
Via dell'Arbia, 2
53019 Castelnuovo Berardenga [SI]
Tel. 0577355382
www.poggiobonelli.it

VENDITA DIRETTA
VISITA SU PRENOTAZIONE
OSPITALITÀ
RISTORAZIONE

PRODUZIONE ANNUA 230.000 bottiglie
ETTARI VITATI 85.00

L'azienda fa parte della MPS Tenimenti, del Gruppo Montepaschi di Siena, che possiede anche un'altra realtà viticola: Villa Chigi Saracini. La società senese ne ha preso la completa direzione nel 2000, dopo le famiglie Landucci e Croci, anche se Poggio Bonelli esisteva, come realtà produttiva, già dagli anni Cinquanta. I vigneti si trovano nelle vicinanze di Castelnuovo Berardenga, in una zona dove i vini riescono a trovare una particolare pienezza e potenza. Caratteristiche che lo stile aziendale sa trasmettere con buona fedeltà ed equilibrio, nonostante un uso del rovere, in prevalenza piccolo, non marginale.

Profumi a dir poco complessi contraddistinguono il Vin Santo del Chianti Classico Occhio di Pernice '06: frutta secca, miele, datteri, albicocca, sfumati e rinfrescati da una bella nota balsamica. In bocca, questo dolce è denso ma, allo stesso tempo, agile e di grande bevibilità, con un finale profondo e molto lungo. Piacevole il Chianti Classico Poggio Bonelli '09, un vino robusto e continuo che si fa apprezzare soprattutto per la freschezza del sorso e la pienezza dei suoi aromi fruttati. Più influenzato dal rovere il Chianti Clasisico 1472 '08. Di buona personalità il Vin Santo del Chianti Classico '07.

● Brunello di Montalcino Altero '06	▼▼▼ 7
● Brunello di Montalcino '06	▼▼ 7
● Madre '08	▼ 7
● Rosso di Montalcino '09	▼ 5
● Brunello di Montalcino '05	▼▼▼ 7
● Brunello di Montalcino '88	▼▼▼ 7
● Brunello di Montalcino '85	▼▼▼ 7
● Brunello di Montalcino Altero '04	▼▼▼ 7
● Brunello di Montalcino Altero '99	▼▼▼ 7
● Brunello di Montalcino Ris. '01	▼▼▼ 8
● Brunello di Montalcino Ris. '85	▼▼▼ 8
● Brunello di Montalcino '04	▼ 7
● Brunello di Montalcino Altero '05	▼▼ 7

○ Vin Santo del Chianti Cl. Occhio di Pernice '06	▼▼ 6
● Chianti Cl. Poggio Bonelli '09	▼▼ 4
● Chianti Cl. 1472 '08	▼ 5
● Chianti Villa Chigi Saracini '10	▼ 4
○ Vin Santo del Chianti Cl. '07	▼ 6
● Poggiassai '07	▼▼▼ 6
● Poggiassai '06	▼▼▼ 6
● Chianti Cl. '01	▼▼ 4
● Chianti Cl. Ris. '01	▼▼ 6
● Tramonto d'Oca '04	▼▼ 6
● Tramonto d'Oca '03	▼▼ 6
● Tramonto d'Oca '01	▼▼ 6

TOSCANA

Poggio di Sotto

Fraz. Castelnuovo dell'Abate
Loc. Poggio di Sotto
53024 Montalcino [SI]
Tel. 0577835502
www.poggiodisotto.com

VENDITA DIRETTA
VISITA SU PRENOTAZIONE
OSPITALITÀ

PRODUZIONE ANNUA 40.000 bottiglie
ETTARI VITATI 12.00
VITICOLTURA Biologico Certificato

Piero Palmucci è uno dei personaggi di Montalcino. Molto caratteriale, i suoi vini ne rispecchiano la personalità: austeri, classici, talvolta scontrosi, ma sempre dotati di enorme personalità. Per anni è stato lui anima e corpo di Poggio di Sotto. Ora l'azienda è passata nelle mani di Claudio Tipa, già proprietario di vere chicche in Toscana come Colle Massari, Grattamacco, Tenuta di Montecucco. Lo stile classico esalta la zona meridionale delle vigna di Castelnuovo dell'Abate, grazie a vigneti fantastici situati di fronte al monte Amiata e diversificati nelle altezze comprese tra i 240 e i 450 metri.

Niente massimo riconoscimento al Brunello di Montalcino '06, che ci è sembrato solo molto buono, non ottimo, e si ferma ai piedi del podio. Di grande classicità al naso, in sintonia con lo stile aziendale, mostra note floreali, di tè e oleandro, poi tabacco e cuoio. Bocca espressiva, dal tannino risolto, per una progressione morbida, leggermente evoluta. Sempre molto buono il Rosso di Montalcino '08, tra i migliori dell'annata, dal tannino fragrante e dal naso classico, con la ciliegia integra e la bella vena floreale.

Poggio Rozzi

S.da Romita, 29
50028 Tavarnelle Val di Pesa [FI]
Tel. 0558070012
www.toggenburg.it

VENDITA DIRETTA
VISITA SU PRENOTAZIONE
OSPITALITÀ

PRODUZIONE ANNUA 28.000 bottiglie
ETTARI VITATI 8.00

L'azienda dei conti Toggenburg è molto particolare: in Alto Adige sono proprietari di una tenuta frutticola, con un meleto di 9 varietà diverse, albicocchi, alberi di prugne, da dove ricavano poi distillati della stessa. In Toscana invece sono titolare di Poggio Rozzi, situata nel territorio dei Colli Fiorentini, dove coltivano sangiovese e altri vitigni autoctoni, oltre agli olivi. Interessante la declinazione diversa che danno ai loro prodotti partendo dalle stesse uve. Volendo, si può soggiornare nell'agriturismo a disposizione degli ospiti.

Tra i vini presentati la preferenza va all'Eccellenza '08, da sangiovese leggermente appassito, pratica poco applicata in Toscana: ha sentori maturi di confettura di more, lievi note di tabacco e cuoio, piccole note speziate di chiodi di garofano e cannella. In bocca mostra volume, sostanza, molta potenza e finale rilassato. L'Ulrico '08 è ancora un vino a base sangiovese, dove i profumi si mantengono su toni più freschi, di ciliegia e prugna, con qualche nota vegetale appropriata. Al gusto risulta vivo, ben modulato tra tannini e acidità, inseriti in un corpo polposo, dal finale sapido e prolungato. Più beverino e facile il Chianti L'Alano '08.

● Brunello di Montalcino '06	🍷🍷 8
● Rosso di Montalcino '08	🍷🍷 8
● Brunello di Montalcino '04	🍷🍷🍷 8
● Brunello di Montalcino '99	🍷🍷🍷 8
● Brunello di Montalcino Ris. '99	🍷🍷🍷 8
● Brunello di Montalcino Ris. '95	🍷🍷🍷 8
● Rosso di Montalcino '07	🍷🍷🍷 7
● Brunello di Montalcino '05	🍷🍷 8
● Brunello di Montalcino '03	🍷🍷 8
● Brunello di Montalcino '01	🍷🍷 8
● Brunello di Montalcino Ris. '04	🍷🍷 8

● Eccellenza '08	🍷🍷 7
● Ulrico '08	🍷🍷 4
● Chianti L'Alano '08	🍷 3
● Eccellenza '07	🍷🍷 6
● Ulrico '06	🍷🍷 4*

TOSCANA

Podere Poggio Scalette

LOC. RUFFOLI
VIA BARBIANO, 7
50022 GREVE IN CHIANTI [FI]
TEL. 0558546108
www.poggioscalette.it

VISITA SU PRENOTAZIONE

PRODUZIONE ANNUA 50.000 bottiglie
ETTARI VITATI 22.00
VITICOLTURA Naturale

Poggio Scalette, di proprietà della famiglia Fiore dal 1991, si trova sulla collina di Ruffoli, nei pressi di Greve in Chianti, luogo storicamente vocato alla coltivazione della vite e dove, nel recente passato, l'azienda ha intrapreso la strada di una viticoltura sostenibile e a bassissimo impatto ambientale. Le etichette aziendali hanno segnato la storia enologica della zona e oggi continuano a farlo, benché lo stile attuale privilegi toni più marcati che in passato, con un'estrazione generosa e una notevole presenza del rovere nuovo.

Un vino monumentale, Il Carbonaione '08, Sangiovese in purezza. I profumi sono intensi, benché sostenuti dal rovere. In bocca il vino è decisamente estrattivo, pieno e voluminoso, ma si distende con buon ritmo e un gusto tendenzialmente sapido. Di bella materia il Capogatto '08, blend di cabernet sauvignon, cabernet franc, merlot e petit verdot, aromaticamente fresco e incisivo, possiede equilibrio e sapore. Potente e concentrato il Piantonaia '08, Merlot in purezza, dagli aromi ancora imprigionati nel legno di maturazione. Positivo l'esordio del Chianti Classico aziendale: la versione '09 possiede note ferrose all'olfatto e bocca tendenzialmente gustosa.

Poggio Trevvalle

LOC. ARCILLE
POD. 348
58042 CAMPAGNATICO [GR]
TEL. 0564998142
www.poggiotrevvalle.it

VENDITA DIRETTA
VISITA SU PRENOTAZIONE

PRODUZIONE ANNUA 65.000 bottiglie
ETTARI VITATI 13.00
VITICOLTURA Biologico Certificato

I fratelli Umberto e Bernardo Valle decidono di acquistare l'azienda alla fine del 1998: lo scopo era quello di produrre vino che fosse piacevole ma che, soprattutto, riuscisse a portare in giro il timbro caratteristico del territorio nel quale veniva prodotto. Da qui la scelta di adottare fin da subito il metodo della coltivazione biologica, oltre a privilegiare un'uva come il sangiovese, che rispetta la tradizione della zona, anche se l'inserimento di vitigni alloctoni ha dato buoni risultati.

Il Rafele '08, uvaggio di cabernet sauvignon in prevalenza e merlot, raggiunge le nostre finali in virtù di un bagaglio aromatico ampio e variegato, che cattura le narici per le spezie incisive, il fruttato intenso reso elegante da note boisé. In bocca ha pienezza e sostanza, tannini fini e sottili, vena acida adeguata e finale saporito. Piacevoli le due versioni di Morellino, il Larcille '07, più evoluto, dai toni terziari evidenti e struttura più rigida, e quello d'annata, fresco e floreale, per un corpo agile e vivace. Interessante anche il Santippe '10, Sangiovese che gioca le carte della freschezza.

● Il Carbonaione '08	7
● Capogatto '08	7
● Chianti Cl. '09	5
● Piantonaia '08	8
● Il Carbonaione '05	7
● Il Carbonaione '03	8
● Il Carbonaione '00	8
● Il Carbonaione '98	8
● Il Carbonaione '96	8
● Il Carbonaione '07	7
● Piantonaia '07	8
● Piantonaia '05	8
● Piantonaia '04	8

● Rafele '08	3
● Morellino di Scansano Larcille '07	5
● Morellino di Scansano Poggio Trevvalle '09	3
● Santippe '10	3
● Morellino di Scansano Fròndina '04	4
● Morellino di Scansano Larcille '03	5
● Morellino di Scansano Larcille '00	4

TOSCANA

Tenuta Il Poggione
FRAZ. SANT'ANGELO IN COLLE
LOC. MONTEANO
53024 MONTALCINO [SI]
TEL. 0577844029
www.tenutailpoggione.it

VENDITA DIRETTA
VISITA SU PRENOTAZIONE
OSPITALITÀ

PRODUZIONE ANNUA 500.000 bottiglie
ETTARI VITATI 123.00

L'azienda della famiglia Franceschi può contare su una grande solidità. È una delle poche in grado di attraversare le turbolenze dei mercati con disinvoltura grazie alla capacità commerciale e alla consistenza dei prodotti. Attinenza stretta alla tradizione montalcinese sia nei legni di invecchiamento che nelle vinificazioni e una nuova cantina bellissima, con spazi adeguati e tecnologie all'avanguardia. I vigneti sono fantastici per ubicazione e per interesse storico. Visitando l'azienda si può notare come sia cambiata la viticoltura negli ultimi 40 anni: una sorta di viaggio in un museo a cielo aperto.

Siamo contenti di ritrovare Il Poggione a questi livelli. Il Brunello '06 è veramente convincente e mostra le potenzialità di questa azienda. Classico al naso, con una bella marasca e note più evolutive di tabacco e cuoio, poi note floreali. Buona la persistenza e l'intensità, con una bella acidità a sostenere la massa estrattiva e la ricchezza di alcol. Il tannino è già risolto, con una conseguente, lunga, persistenza. Convince meno il Brunello Riserva '05, pulito al naso, dalla beva sostenuta ma dal finale semplice.

● Brunello di Montalcino '06	🍷🍷 7
● Cerretello '09	🍷🍷 5
● Brunello di Montalcino V. Paganelli Ris. '05	🍷 7
● Rosso di Montalcino '09	🍷 4
● Brunello di Montalcino '05	🍷🍷 7
● Brunello di Montalcino '04	🍷🍷 7
● Brunello di Montalcino '03	🍷🍷 7
● Brunello di Montalcino Ris. '04	🍷🍷 7
● Brunello di Montalcino Ris. '03	🍷🍷 7
● Rosso di Montalcino '07	🍷🍷 4*

★★Poliziano
LOC. MONTEPULCIANO STAZIONE
VIA FONTAGO, 1
53045 MONTEPULCIANO [SI]
TEL. 0578738171
www.carlettipoliziano.com

VENDITA DIRETTA
VISITA SU PRENOTAZIONE
RISTORAZIONE

PRODUZIONE ANNUA 600.000 bottiglie
ETTARI VITATI 140.00

Federico Carletti è animato da vera passione per il vino. Lo dimostra il suo percorso, iniziato con una laurea in agraria all'università di Firenze, proseguito con attività svolta in un'azienda del nord Italia, per poi dedicarsi ai vigneti di famiglia, acquistati dal padre più per affetto per il territorio che per reale velleità di viticoltore. Oggi l'azienda ricopre un ruolo di primo piano nel panorama vinicolo italiano e Federico ricopre, per il secondo mandato, l'incarico di presidente del Consorzio della denominazione, a testimoniare l'amore per la sua terra.

Buon comportamento della produzione di Montepulciano, con il Nobile '08 sugli scudi, per un bagaglio aromatico composto da frutti di bosco, note speziate, corpo morbido, dai tannini setosi, finale prolungato dal retrogusto balsamico. Ottima la versione del Vin Santo '01, opulenta e ricca senza essere stucchevole. Non complesso, ma perfettamente godibile, Le Stanze '08, uvaggio di cabernet sauvignon e merlot. Buon esordio della produzione cortonese con il Merlot In Violas '08, dagli aromi nitidi fruttati, bocca grintosa e soddisfacente. Meno interessante la produzione della Maremma, dove risulta migliore il Mandrone '08, uvaggio di cabernet sauvignon, alicante, carignano e petit verdot.

● Nobile di Montepulciano '08	🍷🍷 5
○ Vin Santo di Montepulciano '01	🍷🍷 7
● Cortona Merlot In Violas '08	🍷🍷 6
● Le Stanze '08	🍷🍷 8
● Mandrone di Lohsa '08	🍷 6
● Morellino di Scansano Lhosa '09	🍷 4
● Rosso di Montepulciano '09	🍷 4
● Le Stanze '03	🍷🍷🍷 7
● Nobile di Montepulciano Asinone '07	🍷🍷🍷 7
● Nobile di Montepulciano Asinone '06	🍷🍷🍷 7
● Nobile di Montepulciano Asinone '05	🍷🍷🍷 7
● Nobile di Montepulciano Asinone '04	🍷🍷🍷 7
● Nobile di Montepulciano Asinone '03	🍷🍷🍷 7
● Nobile di Montepulciano Asinone '01	🍷🍷🍷 7
● Nobile di Montepulciano Asinone '00	🍷🍷🍷 7
● Nobile di Montepulciano Asinone '99	🍷🍷🍷 6

TOSCANA

★Fattoria Le Pupille
s.da Piagge del Maiano
58100 Grosseto
Tel. 0564409517
www.fattorialepupille.it

VENDITA DIRETTA
VISITA SU PRENOTAZIONE
OSPITALITÀ

PRODUZIONE ANNUA 450.000 bottiglie
ETTARI VITATI 70.00

Elisabetta Geppetti è tornata a essere la presidente del Consorzio del Morellino di Scansano, dopo aver ricoperto la stessa carica nel momento della sua creazione, nel 1992. La sua storia è strettamente legata a quella di un territorio che è cresciuto negli anni, e dove la sua azienda ha ricoperto il ruolo di apripista. Quando nasce la denominazione del Morellino nel 1978 è già presente sul territorio e imbottiglia la prima annata, anche se è a partire dal 1985 che l'azienda passa completamente sotto la sua supervisione. Con conseguenti anni di crescita, sia di qualità che di rinomanza.

Il vino di punta è il Saffredi, uvaggio di cabernet sauvignon, merlot e alicante. Il 2008 ha bagaglio aromatico complesso, dove la liquirizia e il tabacco si fondono a note tostate di caffè, su una base di confettura di more. In bocca dimostra di avere struttura, tannini ancora in evidenza inseriti in un corpo solido, fin troppo. Piacevole il Morellino '10, gustoso anche se eccessivamente scabroso nella parte tannica, sorprendente il Rosa Mati '10, che esprime gradevoli profumi floreali. Più semplice, anche disponendo di buoni profumi, il Poggio Argentato '10, uvaggio di traminer aromatico e sauvignon.

Querce Bettina
loc. Casina di Mocali, 275
53024 Montalcino [SI]
Tel. 0577848588
www.quercebettina.it

VENDITA DIRETTA
VISITA SU PRENOTAZIONE

PRODUZIONE ANNUA 15.000 bottiglie
ETTARI VITATI 2.50

Piccola azienda sul versante occidentale di Montalcino, deve il nome a una leggenda popolare che narra di un'anziana signora seduta sotto la quercia che raccontava storie magiche ai viandanti. Lo stile dei vini è estremamente tradizionale, con botti in rovere austriaco da 25 ettolitri e fermentazioni intorno ai 15 giorni, per un lungo affinamento in bottiglia. Roberto Moretti e Vilma Barenghi si sono ritagliati qui un buen ritiro, potendo contare sui consigli di Diego Molinari loro grande amico. I vigneti sono situati su marne scistose con poca argilla e sono posizionati sui 450 metri.

Ecco una bella novità a Montalcino. Il Brunello '06 di questa azienda è infatti una vera chicca, tanto da agguantare i Tre Bicchieri. Sentori di agrumi, ciliegia, una bella vena speziata con una leggera tostatura e cenni di vaniglia. Poi fieno e tabacco molto nitidi, che ritroviamo anche nel retrogusto. Ottima la bocca, dall'attacco ricco e consistente, che si espande grazie a una progressione ben sorretta dall'equilibrata vena acido tannica. Finale di ottima persistenza. Ottimo anche il Rosso '08, fruttato intenso e compatto.

Vino	Punteggio
● Saffredi '08	♀♀ 8
● Morellino di Scansano '10	♀ 4
○ Poggio Argentato '10	♀ 4
⊙ Rosa Mati '10	♀ 4
● Morellino di Scansano Poggio Valente '04	♀♀♀ 6
● Morellino di Scansano Poggio Valente '99	♀♀♀ 6
● Morellino di Scansano Poggio Valente '98	♀♀♀ 6
● Saffredi '05	♀♀♀ 8
● Saffredi '04	♀♀♀ 8
● Saffredi '03	♀♀♀ 8
● Saffredi '02	♀♀♀ 8
● Saffredi '01	♀♀♀ 8
● Saffredi '00	♀♀♀ 8
● Saffredi '97	♀♀♀ 8
● Saffredi '90	♀♀♀ 8

Vino	Punteggio
● Brunello di Montalcino '06	♀♀♀ 7
● Rosso di Montalcino '08	♀♀ 4
● Brunello di Montalcino '05	♀♀ 7
● Rosso di Montalcino '07	♀♀ 4

TOSCANA

★Quercibella
VIA BARBIANO, 17
50022 GREVE IN CHIANTI [FI]
TEL. 05585927777
www.querciabella.com

VENDITA DIRETTA
VISITA SU PRENOTAZIONE

PRODUZIONE ANNUA 400.000 bottiglie
ETTARI VITATI 112.00
VITICOLTURA Biodinamico Certificato

Di proprietà della famiglia Cossa Castiglioni dal 1972 e sul mercato con le prime bottiglie nel 1974, da subito, si è incamminata, con alcuni altri pionieri, verso quel rinnovamento enologico tanto sentito a quel tempo in Toscana. Un rinnovamento che continua anche adesso, concentrandosi soprattutto fra i vigneti. L'azienda con sede nella collina di Ruffoli, in regime di agricoltura biologica fin dal 1988, dal 2000 sta progressivamente convertendo l'intero patrimonio vitato al biodinamico, compresa l'azienda maremmana di 33 ettari, acquisita nel 1997.

Un vino storicamente votato all'eleganza, il Camartina, che, anche nella versone '08, non si smentisce. I profumi sono diffusi e dolci, con un contributo del rovere sfumato e non invadente. In bocca il vino si distende con morbidezza ed equilibrio, rivelandosi persistente ma asciugato sul finale. Piacevolmente gustoso il Mongrana '09, blend di sangiovese, cabernet sauvignon e merlot prodotto in Maremma, dal frutto maturo e dal gusto distonico, dolce e asciugante. Rotondo e avvolgente il Palafreno '08, Merlot in purezza, forse un po' monocorde. Corretto il Batàr '09, da uve chardonnay e pinot bianco.

● Camartina '08	🍷🍷 8
○ Batàr '09	🍷 8
● Mongrana '09	🍷 5
● Palafreno '08	🍷 8
○ Batàr '98	🍷🍷🍷 7
● Camartina '06	🍷🍷🍷 8
● Camartina '05	🍷🍷🍷 8
● Camartina '04	🍷🍷🍷 8
● Camartina '03	🍷🍷🍷 8
● Camartina '01	🍷🍷🍷 8
● Camartina '00	🍷🍷🍷 8
● Camartina '99	🍷🍷🍷 8
● Camartina '97	🍷🍷🍷 8
● Camartina '95	🍷🍷🍷 8

Riecine
LOC. RIECINE
53013 GAIOLE IN CHIANTI [SI]
TEL. 0577749098
www.riecine.com

VENDITA DIRETTA
VISITA SU PRENOTAZIONE

PRODUZIONE ANNUA 45.000 bottiglie
ETTARI VITATI 11.00
VITICOLTURA Naturale

Riecine esordisce con le sue prime bottiglie nel 1978, già allora con un ottimo riscontro, grazie al suo fondatore John Dunkley. Oggi l'azienda di Gaiole, che dal 1996 appartiene a Gary J. Baumann, non ha perso lo slancio dei primordi, rimanendo saldamente una delle realtà più in vista del Chianti Classico. Una buona dose di classicità resta la cifra fondamentale dello stile di Riecine, anche se, specie nella produzione più recente, la ricerca di una maturità estrema del frutto e un'estrazione generosa, hanno a volte leggermente offuscato il potenziale dei suoi splendidi vini.

La Gioia '07, da sangiovese con una piccola aggiunta di merlot, è un vino polposo e di buona concentrazione. I profumi sono ancora leggermente chiusi con note fruttate in evidenza accanto a qualche sensazione tostata. In bocca il vino è avvolgente e caldo, con i tannini del rovere che restano ancora in primo piano. Aromi tendenzialmente fruttati con qualche cenno di vaniglia caratterizzano il Chianti Classico Riserva '07, dalla progressione gustativa fitta e serrata e dal finale sapido e ben profilato. Ancora da armonizzarsi completamente l'impatto olfattivo del Chianti Classico '08 che ritrova vigore in una palato reattivo e dinamico.

● La Gioia '07	🍷🍷 7
● Chianti Cl. Ris. '07	🍷🍷 6
● Chianti Cl. '08	🍷 5
● Chianti Cl. Ris. '99	🍷🍷🍷 8
● Chianti Cl. Ris. '88	🍷🍷🍷 6
● Chianti Cl. Ris. '86	🍷🍷🍷 5
● La Gioia '04	🍷🍷🍷 7
● La Gioia '01	🍷🍷🍷 7
● La Gioia '98	🍷🍷🍷 8
● La Gioia '95	🍷🍷🍷 8
● Chianti Cl. Ris. '05	🍷🍷 6
● La Gioia '05	🍷🍷 7
● La Gioia '03	🍷🍷 7

TOSCANA

Rigoloccio
loc. Rigoloccio
via Provinciale, 82
58023 Gavorrano [GR]
Tel. 056645464
www.rigoloccio.it

VENDITA DIRETTA
VISITA SU PRENOTAZIONE

PRODUZIONE ANNUA 50.000 bottiglie
ETTARI VITATI 9.50

Sorta nel comprensorio delle colline metallifere, così chiamate per la richezza di minerali nel sottosuolo, l'azienda prende il nome dalla più importante miniera di pirite della zona, il cui pozzo di entrata era posizionato dove ora sorgono i vigneti. Nel passato il lavoro di minatore era una costante per molti maremmani, che ancora dovevano scoprire le reali potenzialità vinicole del territorio. Fin dalla sua nascita, nel 2003, è stata impostata per la produzione di vini di qualità, utilizzando vitigni internazionali in prevalenza, dotando la cantina delle più moderne tecnologie.

Molto buono l'Abundantia '08, Merlot in purezza, dal bagaglio aromatico che si fonda su un complesso fruttato, di ribes e lamponi, allietato da note tostate, di cioccolato e caffè, con cenni balsamici rinfrescanti. In bocca è denso, strutturato, ampio, di buona persistenza gustativa. Interessante anche il Cabernet Alicante '09, uvaggio insolito, dove il naso è colpito dai toni maturi, della confettura di more, uniti a quelli di cuoio e tabacco. Gradevole l'ingresso in bocca, scattante, dai tannini fitti, sodo, dal finale appetitoso. Valido lo Chardonnay Fiano '10, molto floreale e dalle note minerali accese, di bella beva il Rosato '10.

● Abundantia '08		7
● Cabernet Alicante '09		4*
○ Chardonnay Fiano '10		4
☉ Rosato '10		4
● Cabernet Alicante '08		4
○ Chardonnay Fiano '07		4*
● Il Sorvegliante '07		5
● Il Sorvegliante '06		5

Il Rio
via di Padule, 131
50039 Vicchio [FI]
Tel. 0558407904
www.ilriocerrini.it

VENDITA DIRETTA
VISITA SU PRENOTAZIONE

PRODUZIONE ANNUA 7.000 bottiglie
ETTARI VITATI 2.00

Il podere è tra quelli che componevano la fattoria di Molazzano: qui Paolo Cerrini, all'inizio degli anni Novanta, decise di impiantare vitigni sconosciuti per il territorio, come pinot nero e sauvignon, convinto che le condizioni pedoclimatiche fossero quelle adatte a ottenere vini di qualità. La tradizione del luogo, infatti, voleva la zona poco adatta alla viticoltura, a causa di una temperatura media annuale piuttosto bassa, che impediva a un vtigno come il sangiovese di giungere alla maturazione. I fatti gli hanno dato infine ragione.

Il Ventisei '09 è un Pinot Nero in purezza, dai toni fruttati molto intensi, di ciliegia e frutti di bosco, con lievi nuance speziate. In bocca l'ingresso è morbido, suadente, mostra vena acida importante e gustosa, corpo bilanciato, per un finale piacevole e prolungato. L'Annita '10 è un uvaggio di chardonnay e pinot nero, dalle sensazioni olfattive legate alle erbe aromatiche, frutta macerata e fiori secchi. Al gusto appare ricco, dinamico nello svolgimento, dotato di nerbo acido e struttura, per un finale sapido e lungo.

○ Annita '10		5
● Ventisei '09		5
○ Annita '07		4
● Ventisei '07		5
● Ventisei '06		5
● Ventisei '05		5

TOSCANA

Rocca delle Macìe
LOC. LE MACÌE, 45
53011 CASTELLINA IN CHIANTI [SI]
TEL. 05777321
www.roccadellemacie.com

VENDITA DIRETTA
VISITA SU PRENOTAZIONE
OSPITALITÀ
RISTORAZIONE

PRODUZIONE ANNUA 4.500.000 bottiglie
ETTARI VITATI 200.00

Rocca delle Macìe, fondata nel 1973 dal produttore cinematografico Italo Zingarelli, rappresenta oggi una solida realtà del Chianti Classico, guidata da una filosofia produttiva all'insegna di una politica dei prezzi particolarmente oculata e dove quantità e qualità non configgono e, anzi, talvolta stanno nell'eccellenza assoluta. Non solo Chianti Classico per questa realtà produttiva, che dispone anche di due tenute, Campomaccione e Casamaria, in Maremma. L'azienda ha da poco registrato il proprio assetto tecnico, con l'arrivo dell'enologo Lorenzo Landi.

Nell'articolata gamma di prodotti dell'azienda di Castellina in Chianti si distinguono decisamente i Chianti Classico Riserva. Il Fizzano '07 possiede un convincente bagaglio aromatico che gioca sul contrasto fra note fruttate mature e cenni pepati. La bocca è armonica, saporita e succosa. Buone sensazioni anche dal Famiglia Zingarelli '08, dagli aromi ben profilati di piccoli frutti rossi maturi e dal gusto pieno ed equlibrato. Toni più scuri nei profumi fruttati, rifiniti da sentori di grafite, del Famiglia Zingarelli '07, che evidenzia una progressione gustativa continua e gustosa. Confortante la continuità qualitativa del resto dei vini in assaggio.

● Chianti Cl. Famiglia Zingarelli Ris. '08	ŸŸ 4
● Chianti Cl. Famiglia Zingarelli Ris. '07	ŸŸ 4
● Chianti Cl. Fizzano Ris. '07	ŸŸ 6
● Chianti Cl. Famiglia Zingarelli '09	Ÿ 4
● Chianti Cl. Tenuta S. Alfonso '09	Ÿ 5
● Chianti Colli Senesi Rubizzo '10	Ÿ 4
● Chianti Vernaiolo '10	Ÿ 3
● Morellino di Scansano Campomaccione '10	Ÿ 4
● Roccato '08	Ÿ 7
● Ser Gioveto '08	Ÿ 7
○ Vermentino Occhio a Vento '10	Ÿ 4
● Roccato '00	ŸŸŸ 7
● Roccato '99	ŸŸŸ 7
● Chianti Cl. Fizzano Ris. '06	ŸŸ 6
● Chianti Cl. Tenuta S. Alfonso '07	ŸŸ 5
● Ser Gioveto '06	ŸŸ 7

Rocca di Castagnoli
LOC. CASTAGNOLI
53013 GAIOLE IN CHIANTI [SI]
TEL. 0577731004
www.roccadicastagnoli.com

VENDITA DIRETTA
VISITA SU PRENOTAZIONE
OSPITALITÀ
RISTORAZIONE

PRODUZIONE ANNUA 450.000 bottiglie
ETTARI VITATI 132.00

Era il 1981 quando l'avvocato Calogero Calì diventò proprietario di questa storica tenuta del Chianti Classico, cui è seguita l'acquisizione della Tenuta di Capraia, nella sottozona di Castellina e quella del Castello di San Sano, sempre nel comprensorio di Gaiole in Chianti. Il livello qualitativo dei vini è uno fra i più solidi del territorio e il loro stile sa cogliere le sfumature delle diverse zone, ricercando, senza inutili forzature, equilibrio ed eleganza, i tratti forse più caratterizzanti dei prodotti chiantigiani.

Il Chianti Classico Poggio ai Frati Riserva, peraltro non è una novità, rappresenta, nella sua versione '08, una delle migliori espressioni della sua tipologia. Si tratta di un vino dal profilo decisamente elegante che trova in un bagaglio aromatico quasi scolpito, il preambolo adeguato a una bocca reattiva, precisa e articolata. Più solare il Chianti Classico Tenuta Capraia Riserva '08, dalla timbrica aromatica un po' influenzata dal rovere che, anche al palato, si fa sentire con qualche cenno asciugante. Profumi freschi e floreali contraddistinguono il Chianti Classico Guarnellotto Riserva '08 del Castello di San Sano, un vino sottile e gustoso. Affidabile il resto della gamma.

● Chianti Cl. Poggio ai Frati Ris. '08	ŸŸŸ 5
● Chianti Cl. Tenuta di Capraia Ris. '08	ŸŸ 6
● Chianti Cl. Guarnellotto Castello di San Sano Ris. '08	ŸŸ 5
● Stielle '07	ŸŸ 7
● Buriano '07	Ÿ 7
● Chianti Cl. Castello di San Sano '09	Ÿ 4
● Chianti Cl. Rocca di Castagnoli '09	Ÿ 4
● Chianti Cl. Tenuta di Capraia '09	Ÿ 4
● Sanzano '09	Ÿ 5
● Chianti Cl. Capraia Ris. '07	ŸŸŸ 5
● Chianti Cl. Poggio ai Frati Ris. '06	ŸŸŸ 5*
● Chianti Cl. Poggio ai Frati Ris. '04	ŸŸŸ 5
● Chianti Cl. Tenuta di Capraia Ris. '06	ŸŸŸ 5*
● Chianti Cl. Tenuta di Capraia Ris. '05	ŸŸŸ 5
● Stielle '00	ŸŸŸ 8

TOSCANA

Rocca di Frassinello
Loc. Giuncarico
58023 Gavorrano [GR]
Tel. 056688400
www.roccadifrassinello.it

VENDITA DIRETTA
VISITA SU PRENOTAZIONE

PRODUZIONE ANNUA 300.000 bottiglie
ETTARI VITATI 80.00

L'azienda è una joint venture tra Paolo Panerai, produttore in Chianti Classico a Castellina in Chianti e la Domaine Baron de Rostchild-Lafite, uno dei più famosi grand cru di Bordeaux: la scelta della Maremma è stata quasi naturale, un territorio che rende possibile la messa a dimora di un vitigno autoctono come il sangiovese e le uve classiche del territorio bordolese. Fin dalla prima vendemmia, quasi sperimentale, del 2003, i risultati sono stati molto confortanti e le annate successive hanno confermato le ottime potenzialità del territorio.

Il Baffo Nero '09, Merlot in purezza, si presenta con un bagaglio aromatico ampio, di frutti di bosco ingentiliti da spezie miste, con note boisé eleganti. In bocca è morbido, pieno, avvolgente, con tannini di trama fine, per un finale lungo e complesso. Il Rocca di Frassinello '09, uvaggio di sangiovese, merlot e cabernet sauvignon, ha profumi intensi, di erbe aromatiche e frutta matura, corpo solido, ben sostenuto dal nerbo acido, persistenza finale prolungata. Le Sughere '09, stesso uvaggio del Rocca, è più sottile e fresco, di buona beva. L'Ornello '08 vede l'aggiunta del syrah, con toni speziati più accesi e corpo grintoso.

● Baffo Nero '09	8
● Rocca di Frassinello '09	7
● Le Sughere di Frassinello '09	5
● Ornello '08	4
● Baffo Nero '07	6
● Rocca di Frassinello '08	6
● Rocca di Frassinello '06	6
● Rocca di Frassinello '05	7
● Baffo Nero '08	6
● Le Sughere di Frassinello '08	5
● Le Sughere di Frassinello '07	5
● Rocca di Frassinello '07	6
● Rocca di Frassinello '04	7

Rocca di Montegrossi
Fraz. Monti in Chianti
53010 Gaiole in Chianti [SI]
Tel. 0577747977
www.roccadimontegrossi.it

VENDITA DIRETTA
VISITA SU PRENOTAZIONE

PRODUZIONE ANNUA 80.000 bottiglie
ETTARI VITATI 18.00
VITICOLTURA Biologico Certificato

Un'azienda, quella di proprietà di Marco Ricasoli Firidolfi, che privilegia decisamente vini autentici, capaci di rivelare il loro carattere chiantigiano. Un percorso stilistico che ha preso le mosse nei primi anni Ottanta e, con le dovute rivisitazioni tecniche, continua a caratterizzare l'attuale produzione dell'azienda di Monti in Chianti. Protagonisti assoluti, evidentemente, i vitigni di antica coltivazione: il sangiovese, il colorino, in futuro il pugnitello e i bianchi trebbiano e malvasia usati per l'ottimo Vin Santo. In cantina s'incrociano legno grande e barrique.

Frutto maturo e note speziate segnano l'impatto olfattivo del Chianti Classico Vigneto San Marcellino '08, che in bocca si rivela un vino robusto, addirittura arcigno, dalla trama tannica fitta ma con qualche accenno di ruvidezza, ben contrastato, tuttavia, da una bella nota sapida in chiusura. Dal tratto tradizionale il bagaglio aromatico del Vin Santo '04, che alterna note di frutta secca a cenni iodati e un palato spesso, ricco e molto dolce, ma mai stucchevole, grazie a una verve acida reattiva. Non fa difetto in quanto a bevibilità il Chianti Classico '09, dagli aromi fruttati immediati e dalla progressione gustativa continua e scorrevole.

● Chianti Cl. Vign. S. Marcellino '08	4
○ Vin Santo del Chianti Cl. '04	8
● Chianti Cl. '09	4
● Chianti Cl. Vign. S. Marcellino '07	7
● Chianti Cl. Vign. S. Marcellino Ris. '99	5
● Chianti Cl. Vign. S. Marcellino Ris. '04	6
● Geremia '03	6
● Geremia '99	6
○ Vin Santo del Chianti Cl. '02	8
○ Vin Santo del Chianti Cl. '01	8
○ Vin Santo del Chianti Cl. '98	8
○ Vin Santo del Chianti Cl. '97	8

TOSCANA

Rocca di Montemassi
Fraz. Montemassi
via Sant'Anna
58027 Roccastrada [GR]
Tel. 0564579700
www.roccadimontemassi.it

VENDITA DIRETTA
VISITA SU PRENOTAZIONE

PRODUZIONE ANNUA 400.000 bottiglie
ETTARI VITATI 160.00

L'azienda, di proprietà della famiglia Zonin dal 1998, sorge in un luogo in cui la vigna è coltivata fin dal VI secolo a.C. Dopo ingenti lavori di ristrutturazione, durati cinque anni, sono stati recuperati gli edifici presenti trasformandoli in cantina, uffici, e soprattutto nel Museo della Civiltà Rurale che raccoglie più di 3000 pezzi legati alla vita dei campi, che datano dal '600 al '900. In questa tenuta si è attuata una sperimentazione sul rosso di punta con l'enologo francese Denis Dubordieu, che ha dato ottimi risultati.

Conquista i Tre Bicchieri il Rocca di Montemassi '09, da uve cabernet sauvignon, merlot e syrah, dotato di un bouquet invitante, composto da frutti di bosco, spezie variegate, cenni di grafite e balsamici. Al gusto è largo, morbido, di bella struttura, con tannini levigati e bella progressione gustativa. Interessante il Monteregio Sassabruna '09, dai toni puliti e freschi, con la ciliegia e le erbe aromatiche ben riconoscibili. In bocca è sapido, nervoso, di bella beva prolungata e succosa. Il Calasole '10 è un Vermentino in purezza, floreale al naso, con gusto ricco, sapido, dalle note minerali al retrogusto. Semplice e godibile l'Astraio '10, da viognier, di ottima beva Le Focaie '10, da sangiovese.

★Tenimenti Ruffino
p.le Ruffino, 1
50065 Pontassieve [FI]
Tel. 0556499717
www.ruffino.it

VENDITA DIRETTA
VISITA SU PRENOTAZIONE

PRODUZIONE ANNUA 14.500.000 bottiglie
ETTARI VITATI 600.00

È una delle aziende leader dell'enologia italiana ed è diretta da Luigi Folonari, appartenente a una delle famiglie storiche del mondo del vino tricolore. In Toscana concentra realtà produttive assolutamente importanti, del calibro di Greppone Mazzi a Montalcino, Lodola Nuova a Montepulciano, Santedame, Gretolaio, Montemasso e Poggio Casciano nel Chianti Classico e La Solatia a Monteriggioni, nel senese. I vini offrono una costanza qualitativa ragguardevole e omogenea e, in qualche caso, si posizionano ai vertici assoluti.

Il Chianti Classico Riserva Ducale Oro rappresenta una vera e propria sicurezza, e anche la versione '07 non si smentisce. Al naso si susseguono note di spezie, terra e frutti rossi, mentre in bocca il vino ha uno sviluppo senza incertezze, succoso e avvolgente, solo un po' affaticato sul finale da qualche nota tostata in eccesso. Piacevole il Chianti Classico Santedame '09, dai profumi di frutta matura e dal palato polposo, forse sostenuto un po' troppo dal rovere. Rovere che diventa la cifra predominate sia nel Modus '08, uvaggio di sangiovese, cabernet sauvignon e merlot, sia nell'Urlo '08, blend di cabernet sauvignon, merlot, alicante e petit verdot. Solido il resto della gamma.

● Rocca di Montemassi '09	🍷🍷🍷 6
○ Calasole '10	🍷 4
● Monteregio di Massa Marittima Sassabruna '09	🍷🍷 4
○ Astraio '10	🍷 5
● Le Focaie '10	🍷 4
● Monteregio di Massa Marittima Sassabruna '08	🍷🍷 4
● Rocca di Montemassi '08	🍷🍷 6

● Brunello di Montalcino Greppone Mazzi '06	🍷🍷 7
● Chianti Cl. Ris. Ducale Oro '07	🍷🍷 6
● Chianti Cl. Santedame '09	🍷 4
● Cortona '08	🍷 3
○ La Solatia '10	🍷 5
● Modus '08	🍷 6
● Nobile di Montepulciano '08	🍷 5
● Urlo '08	🍷 8
● Brunello di Montalcino Greppone Mazzi '05	🍷🍷🍷 7
● Chianti Cl. Ris. Ducale Oro '04	🍷🍷🍷 6
● Chianti Cl. Ris. Ducale Oro '01	🍷🍷🍷 6
● Chianti Cl. Ris. Ducale Oro '00	🍷🍷🍷 6
● Modus '04	🍷🍷🍷 6
● Romitorio di Santedame '00	🍷🍷🍷 8
● Romitorio di Santedame '99	🍷🍷🍷 7
● Romitorio di Santedame '98	🍷🍷🍷 6
● Romitorio di Santedame '97	🍷🍷🍷 6

TOSCANA 662

Salcheto

Loc. Sant'Albino
Via di Villa Bianca, 15
53045 Montepulciano [SI]
Tel. 0578799031
www.salcheto.it

VENDITA DIRETTA
VISITA SU PRENOTAZIONE

PRODUZIONE ANNUA 130.000 bottiglie
ETTARI VITATI 33.00
VITICOLTURA Naturale

Michele Manelli, emiliano d'origine, proveniente dal settore delle piastrelle, è un lucido e ottimistico visionario. Nessuno pensava, all'inizio della sua avventura vinicola, che potesse davvero realizzare un progetto avveniristico come quello che è riuscito ad attuare: la prima cantina carbon free della Toscana, senza nemmeno una lampadina per l'illuminazione, tanto per capirsi, dove tutto viene riciclato e riutilizzato per il funzionamento delle varie attività. Dal vigneto più importante, Salco, l'omonimo vino, che significa salice, una pianta molto presente in zona e che la proprietà ha deciso di ripiantare nelle zone viticolmente meno vocate.

Tutto questo si associa a vini dell'indubbia personalità, a cominciare dal Salco Evoluzione '06, che raggiunge i Tre Bicchieri, per un complesso aromatico fondato su profumi terrosi alternati a quelli balsamici, con richiami affascinanti di liquirizia e tabacco. In bocca convince l'equilibrio e l'armonia, che donano rilassatezza. Bello il finale dal retrogusto fruttato. Mancava il Nobile ai nostri assaggi, quindi il resto della produzione gioca sull'immediatezza al naso, come il Chianti Colli Senesi '10, e piacevole beva nervosa, come il Rosé 2010. Nota particolare per il Pigliatello '07, vendemmia tardiva a base di trebbiano e malvasia, avvolgente e gustosa.

● Nobile di Montepulciano Salco Evoluzione '06	🍷🍷🍷 7
● Chianti Colli Senesi '10	🍷 4
○ Pigliatello V.T. '07	🍷 5
⊙ Rosato di Toscana '10	🍷 4
● Nobile di Montepulciano '97	🍷🍷🍷 5
● Nobile di Montepulciano Salco Evoluzione '01	🍷🍷🍷 7
● Nobile di Montepulciano '06	🍷🍷 5
● Nobile di Montepulciano '05	🍷🍷 5
● Nobile di Montepulciano '04	🍷🍷 5
● Nobile di Montepulciano Salco '00	🍷🍷 6
● Nobile di Montepulciano Salco Evoluzione '05	🍷🍷 7
● Nobile di Montepulciano Salco Evoluzione '04	🍷🍷 7
● Nobile di Montepulciano Salco Evoluzione '03	🍷🍷 7
● Nobile di Montepulciano Salco Evoluzione '99	🍷🍷 7

Salustri

Fraz. Poggi del Sasso
Loc. La Cava
58040 Cinigiano [GR]
Tel. 0564990529
www.salustri.it

VENDITA DIRETTA
VISITA SU PRENOTAZIONE
OSPITALITÀ

PRODUZIONE ANNUA 80.000 bottiglie
ETTARI VITATI 15.00
VITICOLTURA Biologico Certificato

Il modus di Leonardo Salustri è semplice ed efficace e ha a che fare con il seguire assiduamente la vigna, per almeno 12 ore al giorno, svelando così come dietro il suo successo ci sia tanto sacrificio e passione per il proprio lavoro. Posta in un luogo magico, dove la vite veniva coltivata già nel XII secolo, la filosofia aziendale si concentrata sul grande rispetto per la natura e sulla valorizzare dei vitigni autoctoni, con particolare attenzione ai cloni locali. Volendo si può anche soggiornare nell'agriturismo di proprietà.

Ben due i vini in finale con il Montecucco Sangiovese Grotte Rosse '08, che si aggiudica la palma del migliore, grazie al suo bagaglio aromatico fine e complesso, che spazia dal frutto rosso alla spezia toccando anche le erbe aromatiche. Piacevole l'ingresso in bocca, ordinato, dai tannini fusi alla componente alcolica, per un finale saporito e prolungato. Molto buono anche il Montecucco Sangiovese Santa Maria '08, incentrato su un complesso di profumi di macchia mediterranea, uniti ai frutti piccoli, bella tensione gustativa, data da freschezza vivace, saporito, per un finale di ottima progressione.

● Montecucco Grotte Rosse '08	🍷🍷🍷 7
● Montecucco Santa Marta '08	🍷🍷 5
● Montecucco Grotte Rosse '07	🍷🍷🍷 6
● Montecucco Santa Marta '06	🍷🍷🍷 5
● Montecucco Grotte Rosse '06	🍷🍷 6
● Montecucco Grotte Rosse '05	🍷🍷 6
● Montecucco Grotte Rosse '04	🍷🍷 6
● Montecucco Santa Marta '07	🍷🍷 5
● Montecucco Santa Marta '05	🍷🍷 5

TOSCANA

Conti di San Bonifacio
LOC. CASTEANI 1
58023 GAVORRANO [GR]
TEL. 056680006
www.contidisanbonifacio.com

VENDITA DIRETTA

PRODUZIONE ANNUA 18.400 bottiglie
ETTARI VITATI 7.00
VITICOLTURA Biologico Certificato

La famiglia dei conti di San Bonifacio ha una storia più che millenaria alle spalle e il legame con il vino è sempre stato forte e continuo: risale infatti al 929 un documento nel quale si parla di un possedimento comprendente anche la vigna. In Maremma è arrivata spinta dalla passione e dal successo del territorio, nel 2004, per impiantare le vigne e creare un albergo definito più propriamente wine resort per far conoscere e apprezzare, a chi ci soggiorna, la loro storia vinicola nell'ambiente nel quale operano.

Ci è piaciuto molto il Docet '08, uvaggio paritario di cabernet franc e cabernet sauvignon, dal complesso aromatico incentrato sulla confettura di frutti di bosco, ingentilito da note speziate e lievi cenni balsamici. In bocca dimostra di avere polpa e vigore, tannino ben dosato e finale in progressione positiva. Il Sustinet '08 è un Syrah in purezza, dalle note di pelliccia e fiori secchi, confortate da aromi speziati di pepe nero, su un complesso fruttato di ribes e mirtillo. Caldo e confortante al gusto, mostra tannini puntuti ma gradevoli, bella ampiezza e finale saporito. Corretto, solo un po' ruvido in bocca, il Monteregio '08.

● Docet '08	5
● Sustinet '08	6
● Monteregio di Massa Marittima '08	4

Fattoria San Donato
LOC. SAN DONATO, 6
53037 SAN GIMIGNANO [SI]
TEL. 0577941616
www.sandonato.it

VENDITA DIRETTA
VISITA SU PRENOTAZIONE
OSPITALITÀ
RISTORAZIONE

ETTARI VITATI 13.00
VITICOLTURA Biologico Certificato

La Fattoria di San Donato è condotta da Umberto Fenzi insieme alla moglie Federica e alle figlie Angelica Benedetta e Fiamma, decisi a portare avanti l'azienda di famiglia (la prima acquisizione fu fatta dal nonno nell'ormai lontano 1932) nel segno dell'agricoltura biologica. I vini sono la diretta conseguenza di queste scelte e della passione familiare dei titolari, sempre capaci di interpretare in chiave rilassata e autentica il territorio e di assecondare l'andamento delle annate.

Ci ha convinto la Vernaccia di San Gimignano Angelica '07, capace di alternare note mature di frutta, lievi sensazioni burrose a tratti più dinamici, nonostante il finale sia piuttosto ricco sul piano etilico. Meno centrata ci è parsa la Vernaccia Benedetta, di pari annata (dunque 2007, millesimo che invece avevamo erroneamente riportato nella passata edizione della Guida), che mostra decise note di lievito e crosta di pane al naso, mentre la bocca ha un tratto amarognolo che forse toglie un po' di profondità. Molto buono il Vin Santo '05, che spazia dalla frutta candita allo zabaione, fino a tocchi di legni orientali. Senzazioni di pompelmo per la Vernaccia '10.

○ Vernaccia di S. Gimignano Angelica '07	4*
○ Vin Santo di San Gimignano '05	4
○ Vernaccia di S. Gimignano '10	2
○ Vernaccia di S. Gimignano Benedetta '07	5
○ San Gimignano Vin Santo '04	5
○ Vernaccia di S. Gimignano Benedetta Ris. '07	5
○ Vin Santo '03	4*

TOSCANA

San Felice
Loc. San Felice
53019 Castelnuovo Berardenga [SI]
Tel. 05773991
www.agricolasanfelice.it

VENDITA DIRETTA
VISITA SU PRENOTAZIONE
OSPITALITÀ
RISTORAZIONE
PRODUZIONE ANNUA 1.200.000 bottiglie
ETTARI VITATI 210.00

San Filippo
Loc. San Filippo, 134
53024 Montalcino [SI]
Tel. 0577847176
www.sanfilippomontalcino.com

PRODUZIONE ANNUA 50.000 bottiglie
ETTARI VITATI 10.50

San Felice, di proprietà del gruppo Allianz, ha segnato la storia dell'enologia toscana, a partire dal fenomeno Supertuscan che l'azienda di Castelnuovo Berardenga ha lanciato con il suo Vigorello, a partire dall'annata 1968. Pionieristica è stata anche la sua attività di ricerca, specialmente quella volta alla conservazione del patrimonio genetico dei vitigni di antica coltivazione. Oggi, San Felice, attiva nel Chianti Classico ormai da quarant'anni, conta anche sulla tenuta di Campogiovanni a Montalcino e quella di Perolla in Maremma, offrendo una gamma di vini solidi e affidabili.

Profondo e intenso il Chianti Classico Poggio Rosso Riserva '07, che possiede aromi di frutti rossi maturi e note di terra bagnata, mentre la bocca è succosa e non priva di grinta, con tannini vivi e un finale voluminoso, solo un po' disturbato da qualche sensazione asciugante. Potente e compatto il Vigorello '07, da uve sangiovese, merlot e cabernet sauvignon, dai profumi speziati e dalla progressione gustativa densa e continua, frenata a tratti da qualche nota di rovere in eccesso. Da definirsi completamente il Pugnitello '08, dall'impatto olfattivo ancora chiuso e dal palato molto concentrato. Godibili i vini provenienti dai vigneti maremmani.

Continua intensamente l'avventura ilcinese di Roberto Giannelli, ex immobiliarista di Firenze fulminato sulla via del Brunello. In pochi anni questa storica azienda è stata ricollocata ad alti livelli grazie a scelte importanti, che hanno consentito ai vini di raggiungere standard notevoli. Completato il rinnovo totale del parco botti e migliorata la tecnologia delle fermentazioni ci si è concentrati sulle vigne, che godono di ottime esposizioni, nella zona orientale del comprensorio, sotto le Cerbaie. Lo stile dei vini è tradizionale.

La novità è la presentazione in contemporanea dei due Brunello '06, sia la versione annata che la selezione Le Lucere. La preferenza è andata, come è giusto che sia, al secondo, nonostante l'uscita anticipata non abbia giovato al vino, fermo ai piedi del podio a causa di un'impuntatura tannica leggermente esuberante. Naso come al solito di stampo classico ed evolutivo, come già il colore fa presagire, con spezie, cuoio e tabacco dolce in primis, poi erbe medicinali mentre la frutta rimanda alla pesca gialla. Finale frenato e leggermente asciugato. Cenni vegetali al naso e tannino leggermente amarognolo per il Brunello '06.

● Chianti Cl. Poggio Rosso Ris. '07	🍷🍷 7
● Brunello di Montalcino Campogiovanni '06	🍷🍷 7
● Vigorello '07	🍷🍷 7
○ Perolla Bianco '10	🍷 4
● Perolla Rosso '09	🍷 3
● Pugnitello '08	🍷 7
● Chianti Cl. Poggio Rosso Ris. '03	🍷🍷🍷 6
● Chianti Cl. Poggio Rosso Ris. '00	🍷🍷🍷 6
● Chianti Cl. Poggio Rosso Ris. '95	🍷🍷🍷 5
● Chianti Cl. Poggio Rosso Ris. '90	🍷🍷🍷 6
● Pugnitello '07	🍷🍷🍷 7
● Pugnitello '06	🍷🍷🍷 7
● Vigorello '97	🍷🍷🍷 5
● Vigorello '88	🍷🍷🍷 5
● Chianti Cl. Poggio Rosso Ris. '06	🍷🍷 7
● Vigorello '03	🍷🍷 7

● Brunello di Montalcino Sel. Le Lucere '06	🍷🍷 8
● Brunello di Montalcino '06	🍷🍷 8
● Rosso di Montalcino Lo Scorno '09	🍷 5
● Brunello di Montalcino Le Lucere Ris. '04	🍷🍷🍷 8
● Brunello di Montalcino '05	🍷🍷 8
● Brunello di Montalcino '03	🍷🍷 7
● Brunello di Montalcino Le Coste Ris. '01	🍷🍷 7
● Brunello di Montalcino Le Lucere '04	🍷🍷 7

TOSCANA

San Giusto a Rentennano

Loc. San Giusto a Rentennano, 20
53013 Gaiole in Chianti [SI]
Tel. 0577747121
www.fattoriasangiusto.it

VENDITA DIRETTA
VISITA SU PRENOTAZIONE

PRODUZIONE ANNUA 85.000 bottiglie
ETTARI VITATI 29.00
VITICOLTURA Biologico Certificato

La tenuta appartiene alla famiglia Martini di Cigala dal 1914, ma è a metà degli anni Settanta che la produzione viticola dell'azienda comincia a segnalarsi in modo importante. Oggi San Giusto a Rentennano è una delle firme più classiche della denominazione, dalla solida reputazione fatta di autenticità e rigore, e contraddistinta da vini dallo stile grintoso e dal robusto legame con il territorio. Le maturazioni privilegiano il legno piccolo e, talvolta, una presenza un po' sopra le righe del rovere disturba lo sviluppo gustativo di quelli che sarebbero a tutti gli effetti meravigliosi prodotti.

Una versione a dir poco sontuosa, da Tre Bicchieri, quella '08 del Percarlo, lo storico Sangiovese in purezza di San Giusto, in produzione fin dal 1983. I profumi sono pieni e sfumati e un'intensa speziatura trova una convincente integrazione con un fruttato rigoglioso e qualche cenno terroso. In bocca il vino si sviluppa con slancio e decisione, tra tannini saporiti e una tensione acida continua. Delizioso il Chianti Classico '09, succoso e dalla bella nota salina in chiusura. Solido il Chianti Classico Le Baroncole Riserva '08, dai profumi un po' frenati dal rovere, ma dalla bocca saporita e vivace. Ancora di difficile decifrazione il Merlot in purezza La Ricolma '08.

★★Tenuta San Guido

Fraz. Bolgheri
Loc. Capanne, 27
57022 Castagneto Carducci [LI]
Tel. 0565762003
www.sassicaia.com

VISITA SU PRENOTAZIONE
RISTORAZIONE

PRODUZIONE ANNUA 610.000 bottiglie
ETTARI VITATI 90.00

Il Sassicaia è uno dei miti indiscussi del vino italiano. Viene prodotto dalla fine degli anni Sessanta, quando le idee visionarie dei marchesi Incisa della Rocchetta vengono messe al servizio di un progetto vitivinicolo decisamente innovativo, capace di dare vita a un immediato successo planetario. Oggi il Sassicaia incarna una denominazione creata su misura, è affiancato da altre magistrali etichette della scuderia aziendale, ed è in uno stato di forma che non lascia dubbi sulla sua immensa grandezza.

Dunque, ecco un altro grandissimo millesimo del più celebre dei rossi bolgheresi, che stupisce per finezza e complessità anche nella versione '08. Le uve di cabernet franc e cabernet sauvignon regalano un rosso magnifico che, volendo giocare ai paragoni, per quello che valgono, pare piazzarsi nel mezzo rispetto alle bottiglie targate 2006 e 2007, incrociando i tratti salienti di entrambe. Potenza e calore mediterraneo, dunque, abbinate a sfumature aromatiche, ricchezza di chiaroscuri e capacità di distendersi in profondità. Anche se forse bisognerà aspettare un po' di tempo (specie rispetto al Sassicaia '07) per percepirli tutti insieme nitidamente.

● Percarlo '08	8
● Chianti Cl. '09	5
● Chianti Cl. Le Baroncole Ris. '08	6
● La Ricolma '08	8
● Percarlo '99	8
● Percarlo '97	8
● Percarlo '95	8
● Chianti Cl. '07	5
● Chianti Cl. Le Baroncole Ris. '07	6
● Chianti Cl. Le Baroncole Ris. '06	6
● Chianti Cl. Le Baroncole Ris. '05	6
● La Ricolma '07	8
● La Ricolma '06	8
● La Ricolma '05	8
● La Ricolma '04	7
● Percarlo '06	8
● Percarlo '05	8
● Percarlo '04	8
● Percarlo '01	8

● Bolgheri Sassicaia '08	8
● Guidalberto '09	7
● Le Difese '09	5
● Bolgheri Sassicaia '07	8
● Bolgheri Sassicaia '06	8
● Bolgheri Sassicaia '05	8
● Bolgheri Sassicaia '04	8
● Bolgheri Sassicaia '03	8
● Bolgheri Sassicaia '02	8
● Bolgheri Sassicaia '01	8
● Bolgheri Sassicaia '00	8
● Bolgheri Sassicaia '99	8
● Bolgheri Sassicaia '98	8
● Bolgheri Sassicaia '97	8
● Bolgheri Sassicaia '96	8

TOSCANA

San Michele a Torri
via San Michele, 36
50020 Scandicci [FI]
Tel. 055769111
www.fattoriasanmichele.it

VENDITA DIRETTA
VISITA SU PRENOTAZIONE

PRODUZIONE ANNUA 200.000 bottiglie
ETTARI VITATI 55.00
VITICOLTURA Biologico Certificato

Paolo Nocentini è il proprietario dell'azienda che si estende tra i territori dei Colli Fiorentini e quelli del Chianti Classico, con la tenuta La Gabbiola. Le origini sono antiche, la prima struttura esistente risale al Medio Evo. Nel corso dei secoli sono state costruite le altre strutture, con la cappella interna datata XVII secolo. L'attenzione del titolare al territorio lo ha portato ad abbracciare in maniera convinta la filosofia produttiva legata alla coltura biologica delle viti.

Meno felice del solito la produzione del Chianti Classico, mentre la parte dei Colli Fiorentini si distingue per un ottimo Chianti '09, dove gli aromi di alloro e rosmarino si legano ai frutti vivi come la ciliegia. In bocca risulta espressivo, diretto, dalla struttura tannica moderata e finale saporito. Più rugoso per i tannini il San Giovanni Novantasette Riserva '08, dotato di materia in abbondanza. Da registrare a livello olfattivo il Murtas '08, uvaggio di cabernet sauvignon, sangiovese e colorino, dove il corpo potente deve trovare un minimo di rilassatezza. Dolce e piacevole il Vin Santo '06.

● Chianti Colli Fiorentini '09	🍷 3*
● Chianti Colli Fiorentini S. Giovanni Novantasette Ris. '08	🍷 5
○ Colli dell'Etruria Centrale Vin Santo '06	🍷 5
● Murtas '08	🍷 5
● Chianti Cl. Tenuta La Gabbiola '07	🍷🍷 5
● Murtas '07	🍷🍷 5

Fattoria San Pancrazio
loc. San Pancrazio
via Certaldese, 63/65
50026 San Casciano in Val di Pesa [FI]
Tel. 0558248046
www.fattoriasanpancrazio.com

VENDITA DIRETTA
VISITA SU PRENOTAZIONE

PRODUZIONE ANNUA 150.000 bottiglie
ETTARI VITATI 28.00

La Fattoria San Pancrazio si trova nel territorio del Chianti anche se alcune vigne "sconfinano" nell'areale del Chianti Classico. Le uve di queste ultimi sono vinificate nella cantina di proprietà in virtù del suo carattere storico. La storia recente della tenuta subisce un'impennata nel 1978, con l'acquisto da parte della famiglia Nannoni Masti, e poi nel 2000, quando la proprietaria Valentina Masti, con l'aiuto del marito Simone Priami, decide di avviare un importante restauro. I vini sono dotati di buona eleganza e tratto verticale.

Bella gamma di etichette e ottime conferme sul piano della qualità per i vini dell'azienda. Il Chianti Classico '09, per cominciare, è perfettamente aderente ai caratteri che ci si aspetta dalla denominazione, con un piglio originale, a tratti verticale, capace di affascinare senza perdere di vista la piacevolezza generale del vino e la sua immediata espressività (che tra l'altro sono precisi valori dell'annata di riferimento). Niente male neppure la Riserva '08, più stretta sul fine bocca, forse dal tannino più rigido, ma anche gustosa, ampia e articolata. Buono, anche se ovviamente di tutt'altro profilo, il Merlot Tommaso '09, carnoso ma tosto e serrato.

● Chianti Cl. '09	🍷🍷 4
● Chianti Cl. Ris. '08	🍷🍷 6
● Tommaso '09	🍷🍷 6
● Chianti Cl. '08	🍷🍷 4
● Chianti Cl. Ris. '07	🍷🍷 6
● Chianti Cl. Ris. '06	🍷🍷 5
● Merlot '05	🍷🍷 6

San Polino

loc. Castelnuovo dell'Abate
pod. San Polino, 163
53024 Montalcino [SI]
Tel. 0577835775
www.sanpolino.it

VENDITA DIRETTA
VISITA SU PRENOTAZIONE

PRODUZIONE ANNUA 10.000 bottiglie
ETTARI VITATI 3.60
VITICOLTURA Biodinamico Certificato

San Polino è una piccola azienda praticamente autarchica, nel versante sud orientale di Montalcino, lungo la strada che va verso Castelnuovo dell'Abate. Le dimensioni consentono una cura maniacale dei dettagli, sia in vigna che in cantina. Lo stile aziendale è sobrio e austero, un bell'esempio di moderna lettura della tradizione, con profumi nitidi e precisi. L'uso di legni, principalmente di piccole dimensioni, serve a esaltare le caratteristiche dell'uva, prodotte in una zona particolarmente vocata.

Uno stile sempre più preciso caratterizza i vini di questa piccola realtà. Due i Brunello '06 presentati, come avviene da qualche tempo. Abbiamo preferito la selezione Helichrysum, che raggiunge le finali grazie a un naso concentrato, intenso e persistente, leggermente affumicato, a impreziosire la ciliegia, sia fresca che in confettura, un bel floreale e leggera balsamicità. Bocca di grande persistenza ed eleganza, dal finale lungo e strutturato. Su toni più evolutivi il Brunello '06, con tabacco e cuoio evidenti, e bocca leggermente sfuggente.

● Brunello di Montalcino Sel. Helichrysum '06	8
● Brunello di Montalcino '06	7
● Rosso di Montalcino '09	5
● Brunello di Montalcino '05	7
● Brunello di Montalcino '04	8
● Brunello di Montalcino Helichrysum '05	8
● Brunello di Montalcino Helichrysum '04	8
● Brunello di Montalcino Ris. '01	7
● Rosso di Montalcino '08	5

San Polo

pod. San Polo di Podernovi, 161
53024 Montalcino [SI]
Tel. 0577835101
www.poggiosanpolo.com

VENDITA DIRETTA
VISITA SU PRENOTAZIONE

PRODUZIONE ANNUA 160.000 bottiglie
ETTARI VITATI 17.00
VITICOLTURA Naturale

L'acquisizione di questa struttura da parte della famiglia Allegrini, importante griffe veneta nel mondo del vino italiano, ha permesso all'azienda di esprimere tutte quelle potenzialità che il territorio e le bellissime vigne non avevano potuto ancora esprimere per le disavventure delle precedenti proprietà. Una bellissima cantina, dove il cemento viene preferito per le vinificazioni, e dove sono presenti botti di varie dimensioni, dalle barrique fino a quelle più tradizionali da 30 ettolitri.

Una buona prova generale per i vini di San Polo, piuttosto moderni come dimostrano le note boisé abbastanza consistenti e la cifra che tende a insistere su note fruttate. Molto coerente in questo senso il Brunello '06, dal naso nitido e intensamente fruttato, su toni di visciole, marasche e more, decisamente accattivanti. Speziato, con note di caffè, vaniglia e chiodi di garfano. Elegante e rilassata la bocca, grazie a un buon equilibrio tra la parte acida e quella tannica. I tannini sono particolarmente dolci e il finale ne guadagna in rilassatezza e profondità.

● Brunello di Montalcino '06	7
● Rosso di Montalcino '09	5
● Brunello di Montalcino '04	7
● Brunello di Montalcino Ris. '04	8
● Mezzopane '05	6
● Rosso di Montalcino '07	5
● Rubio '08	4

TOSCANA

San Quirico
Loc. Pancole, 39
53037 San Gimignano [SI]
Tel. 0577955007
az.agr.sanquirico@libero.it

VENDITA DIRETTA
VISITA SU PRENOTAZIONE

PRODUZIONE ANNUA 200.000 bottiglie
ETTARI VITATI 26.00
VITICOLTURA Biologico Certificato

Azienda storica collocata nell'areale di Pancole, a est di San Gimignano, San Quirico è oggi una delle interpreti più autorevoli del nuovo corso della Vernaccia e dei vini del territorio in generale. Condotta da Andrea Vecchione, ha terreni vitati capaci di diverse esposizioni e caratterizzati dalla classica natura marina della zona, con alcuni siti capaci di mettere sul piatto un patrimonio importante di vigne piuttosto vecchie. Tutto questo dà origine a vini puri, di bella finezza ed espressività minerale.

Bella e personale nello stile, lontana da ogni omologazione, la Vernaccia di San Gimignano Riserva I Campi Santi '05, una delle più vecchie degustate quest'anno, ci ha convinto. Ha un naso ricco di sfumature e chiaroscuri, da quelle classiche di frutta gialla matura e cedro ad altre di lievito e crusca, per poi virare su note di sottobosco. Godibile e coerente al palato, è un vino tutt'altro che decadente e mostra un'invidiabile vivacità. Ottima anche la Vernaccia '10, decisamente più leggiadra, stretta e verticale; solo discreto il Chianti dei Colli Senesi '10, in bilico tra cenni evolutivi e note verdi di lieve immaturità.

○ Vernaccia di S. Gimignano '10	4*
○ Vernaccia di S. Gimignano I Campi Santi Ris. '05	4*
● Chianti Colli Senesi '10	4
○ Vernaccia di S. Gimignano Isabella Ris. '04	5
○ Vernaccia di S. Gimignano Isabella Ris. '05	5

Sant'Agnese
Loc. Campo alle Fave, 1
57025 Piombino [LI]
Tel. 0565277069
www.santagnesefarm.it

VENDITA DIRETTA
VISITA SU PRENOTAZIONE

PRODUZIONE ANNUA 20.000 bottiglie
ETTARI VITATI 6.00

L'azienda agricola Sant'Agnese si trova nelle vicinanze di Piombino e deve la sua storia recente, caratterizzata da una rapida crescita nel mondo del vino italiano, all'entusiasmo di Paolo Gigli (che vi si dedica pienamente dalla metà degli anni '90) e della sua famiglia. Realtà piccola e condotta in prima persona ha saputo trovare in breve tempo un posto ben preciso nello scacchiere enologico della Val di Cornia. I vini firmati Sant'Agnese non sono solo tecnicamente ineccepibili ma riescono anche a esprimere finezza e personalità.

Buonissimo I Fiori Blu '07, rosso di razza che esprime un variegato spettro aromatico fatto di piccoli frutti rossi, spezie ed erbe aromatiche. La bocca è densa, prolungata, succosa, mai troppo ricca e dal finale lunghissimo. Sensazioni tostate, di caffè, in bella alternanza a frutti neri e note erbacee per lo Spirto '06, che mette in mostra una bocca soda, dalla trama deliziosa. Alcol, tannino e un filo di rovere un po' ingombrante nella seconda parte della bocca, ma anche materia ed energia che fanno pensare a un sicuro sviluppo in bottiglia per il Rubido '09. Più marcato dal tannino il Libatio '07.

● I Fiori Blu '07	5
● Spirto '06	6
● Val di Cornia Rubido '09	4*
⊙ A Rose is a Rose '10	3
● Libatio '07	5

TOSCANA

Santa Lucia
Fraz. Fonteblanda
via Aurelia Nord, 66
58010 Orbetello [GR]
Tel. 0564885474
www.azsantalucia.it

VENDITA DIRETTA
VISITA SU PRENOTAZIONE

PRODUZIONE ANNUA 120.000 bottiglie
ETTARI VITATI 22.00

L'azienda appartiene alla famiglia Scotto che la gestisce in piena armonia: Luciano si occupa della parte vitivinicola insieme ai figli Lorenzo e Luca, mentre la moglie Tosca si occupa dell'agriturismo. Si tratta di una delle realtà più antiche di Capalbio, qui il vino viene prodotto da generazioni, grazie a una posizione invidiabile nel Parco Naturale della Maremma, anche se è grazie agli attuali titolari che la qualità dei vini ha fatto un deciso salto in avanti. I vigneti sono posti in zone che abbracciano le principali denominazioni della zona.

Molto buono il Betto '08, uvaggio di sangiovese, merlot e cabernet sauvignon, dalle note di frutti rossi, deliziate da sentori speziati e lievi cenni balsamici. L'attacco in bocca è ampio, morbido, svela una trama tannica fine, con supporto fresco dato dall'acidità, per un finale saporito. Intrigante l'Ansonica Santa Lucia '08, dove il naso è stupito da note agrumate, frutta matura come pesca, sensazioni minerali evidenti. Al gusto è ricco, sapido, prorompente, ha nerbo e struttura, per un finale mai domo. Di gradevole beva, con profumi fruttati semplici, il Morellino Riserva Tore del Moro '08. Facile e invitante il Vermentino Brigante '10.

○ Ansonica Costa dell'Argentario Santa Lucia '08	3
● Betto '08	5
○ Capalbio Vermentino Brigante '10	3
● Morellino di Scansano Rosso Tore del Moro Ris. '08	5
● Betto '05	4
● Cabernet Sauvignon '04	5
● Capalbio Cabernet Sauvignon '05	4
● Morellino di Scansano Rosso Tore del Moro '03	4

Fattoria Santa Vittoria
loc. Pozzo
via Piana, 43
52045 Foiano della Chiana [AR]
Tel. 057566807
www.fattoriasantavittoria.com

VENDITA DIRETTA
VISITA SU PRENOTAZIONE
OSPITALITÀ

PRODUZIONE ANNUA 37.000 bottiglie
ETTARI VITATI 35.00

Una presenza costante, nella nostra Guida, quella dell'azienda della famiglia Niccolai, che vede alle redini la figlia del fondatore, Marta, che ha deciso di seguire due strade nella produzione del vino: da un lato, la valorizzazione dei vitigni locali, con l'apertura anche a quelli rimessi in produzione in tempi recenti, come il pugnitello o il fogliatonda; dall'altra la sperimentazione con uve poco diffuse in Valdichiana ma che, proprio per questo, sono meritevoli di una chance, come il nero d'Avola e l'incrocio Manzoni.

Molto interessante il Leopoldo '08, Pugnitello in purezza, dalla bocca ricca e impegnativa a causa dei tannini presenti, profumi fruttati, e solida persistenza. Interessante anche il Poggio al Tempio '08, da sangiovese e altri vitigni autoctoni toscani, dal naso intenso, di frutti neri e sensazioni terziarie di pelliccia, con un palato godibile, tannini setosi e giusta spina acida. Corretti gli altri vini, con il Poggio Grasso '07, Nero d'Avola in purezza, che si distingue per un bagaglio aromatico legato alla liquirizia e al cioccolato, e il Conforta '09, vendemmia tardiva a base di incrocio Manzoni e semillon, semplice ma di piacevole beva.

● Leopoldo '08	5
● Poggio al Tempio '08	5
○ Conforta '09	5
● Poggio Grasso '07	5
● Scannagallo '08	4
○ Val di Chiana Grechetto '10	3
○ Vin Santo '06	5
● Scannagallo '06	4*
○ Valdichiana Vin Santo Ris. '01	6

TOSCANA

Podere Sapaio
loc. Lo Scopaio, 212
57022 Castagneto Carducci [LI]
Tel. 0565765187
www.sapaio.com

VISITA SU PRENOTAZIONE

PRODUZIONE ANNUA 75.000 bottiglie
ETTARI VITATI 25.00

L'azienda di Massimo Piccin si trova compresa tra i comuni di Bibbona e Castagneto Carducci, in un angolo di terra delizioso cui si accede da una piccola traversa alla via Bolgherese. È piuttosto recente ma ha saputo diventare lo stesso un riferimento stilistico per i vini della zona. Almeno per quelli alla ricerca di un profilo moderno, ben ancorato alla maturità del frutto e all'apporto del rovere. Le vigne, allevate con le classiche varietà bordolesi, si trovano su terreni sabbiosi grossolani sciolti e calcarei.

Il Bolgheri Superiore '08 dell'azienda merita di passare un po' di tempo in bottiglia prima di essere gustato. In una parola è un rosso imponente, per estratti e concentrazione, ancora difficile da approcciare ma con le carte in regola per distendersi e trovare l'equilibrio di tutte le sue componenti. Che sono tante e tutte straordinarie, come accade da tempo: dalla qualità della tostatura all'aroma di ribes nero e mirtillo, dalla pienezza della bocca alla ricchezza tannica, dal sapore alla capacità di trovare lunghezza e imprevedibili linee verticali. Schema simile, ma risultato meno brillante, per il Bolgheri Volpolo '09, appesantito da note di legno un po' ingombranti.

● Bolgheri Sup. Sapaio '08	7
● Bolgheri Volpolo '09	5
● Bolgheri Sup. Sapaio '07	7
● Bolgheri Sup. Sapaio '06	7
● Bolgheri Sup. Sapaio '05	7
● Bolgheri Sup. Sapaio '04	7

Sassotondo
via Pian di Conati, 52
58010 Sovana [GR]
Tel. 0564614218
www.sassotondo.it

VENDITA DIRETTA
VISITA SU PRENOTAZIONE

PRODUZIONE ANNUA 50.000 bottiglie
ETTARI VITATI 12.00
VITICOLTURA Biologico Certificato

La storia di Sassotondo inizia nel 1990 quando Carla Benini, agronoma trentina, e il marito Edoardo Ventimiglia, che faceva il documentarista a Roma, si trasferiscono in Maremma per seguire la loro passione: diventare produttori di vino. Molto lavoro da fare all'inizio, con un solo ettaro piantato e molto terreno incolto da lavorare. La prima vendemmia risale al 1997, poi da allora la zona di Sovana ha attirato altri produttori, ha convinto viticoltori già presenti sul luogo a perseguire la strada della qualità, mettendo in luce un altro angolo di Toscana vocato per il vino.

Giunge alle finali il San Lorenzo '08, Ciliegiolo in purezza, dai toni maturi estremi, di confettura di more e frutta cotta, cenni di liquirizia e tabacco, e lievi sentori di tostato. In bocca appare ricco, molto pieno, con trama tannica diffusa, buona persistenza, per un finale gustoso. Equilibrato e godibile il Sassotondo '09, uvaggio di sangiovese, ciliegiolo e merlot, che al naso si fa apprezzare per la gamma aromatica complessa, che passa dalle spezie alle erbe aromatiche.

● San Lorenzo '08	7
● Sovana Rosso Sassotondo Sup. '09	4
○ Bianco di Pitigliano Isolina '10	5
● Ciliegiolo '10	4
⊙ Rosato '10	4
○ Tufo Bianco '10	3
● San Lorenzo '07	7
● San Lorenzo '06	7
● San Lorenzo '05	7
● San Lorenzo '04	6
● San Lorenzo '03	6
● San Lorenzo '02	6
● San Lorenzo '00	6

TOSCANA

Michele Satta
LOC. CASONE UGOLINO, 23
57022 CASTAGNETO CARDUCCI [LI]
TEL. 0565773041
www.michelesatta.com

VENDITA DIRETTA
VISITA SU PRENOTAZIONE

PRODUZIONE ANNUA 180.000 bottiglie
ETTARI VITATI 28.00

Vignaiolo infaticabile, Michele Satta è mosso da profonde convinzioni che porta avanti quotidianamente nella tenuta di proprietà. La sua storia con il vino parte da lontano, quando alla fine degli anni Ottanta acquista un terreno su cui pianta le prime vigne e costruisce la cantina. In seguito il patrimonio vitato aumenta e si arricchisce, mentre la fisionomia dei vini prende una forma sempre più chiara. Oggi è una delle realtà più apprezzate della zona, con vini che sanno interpretare con originalità le potenzialità del territorio.

Buonissima impressione ha destato il Bolgheri Superiore I Castagni '08. Balsamico, caratterizzato da originali profumi di corteccia e radice di rabarbaro, ha sfumature fini e variegate, mentre al palato è progressivo, aereo, ben disteso, anche se manca di un pizzico di energia e reattività a centro bocca. Grande anche il Piastraia '08, aperto su belle note erbacee e di sandalo, ben articolato nell'impostazione del tannino; pepato il Syrah '09, dai classici toni di pepe nero e tocco erbaceo, gradevolmente amarognolo; agrumato e floreale il Costa di Giulia '10, dalla beva sicura e scorrevole.

Savignola Paolina
VIA PETRIOLO, 58
50022 GREVE IN CHIANTI [FI]
TEL. 0558546036
www.savignolapaolina.it

VENDITA DIRETTA
VISITA SU PRENOTAZIONE
OSPITALITÀ

PRODUZIONE ANNUA 35.000 bottiglie
ETTARI VITATI 6.00

Il nome originario del podere era Savignola e fu acquistato dalla famiglia Fabbri a metà Ottocento. Paolina, negli anni fra le due guerre mondiali, lo ribattezzò aggiungendo il suo nome e cominciando l'attività viticola che lo distinse come uno fra i personaggi pionieristici più importanti della denominazione. Oggi l'azienda è condotta dalla pronipote Ludovica, che ha impresso uno stile preciso ai vini aziendali che, vinificati con buona tecnica e maturati in legno piccolo, conservano carattere e piglio dei Chianti Classico prodotti in zona fresca.

Il Chianti Classico Riserva '08 è un vino decisamente centrato. Il suo bagaglio aromatico è preciso e intenso, e alterna note di fragole e fiori bianchi a cenni speziati e minerali. In bocca è più gustoso che possente, e il sorso resta continuo e saporito. Buone sensazioni anche dal Chianti Classico '09, dalla beva immediatamente fragrante e distesa, e dai profumi semplici ma ben definiti. Un po' di rovere non ancora amalgamato frena lo sviluppo gustativo del Grenaio '09, uvaggio di sangiovese e merlot, che trova il suo punto di forza nella freschezza aromatica dei suoi profumi di erba e di spezie.

● Bolgheri Rosso Piastraia '08	6
● Bolgheri Rosso Sup. I Castagni '08	8
○ Costa di Giulia '10	5
● Syrah '09	5
● Bolgheri Rosso Piastraia '02	7
● Bolgheri Rosso Piastraia '01	7
● Bolgheri Rosso Piastraia '07	6
● Bolgheri Rosso Sup. I Castagni '06	8
● Bolgheri Rosso Sup. I Castagni '05	8
● Bolgheri Rosso Sup. I Castagni '04	8
● Cavaliere '06	8
● Cavaliere '05	8

● Chianti Cl. '09	4
● Chianti Cl. Ris. '08	5
● Granaio '09	5
● Chianti Cl. Ris. '07	5
● Chianti Cl. Ris. '06	5
● Chianti Cl. Ris. '05	5
● Chianti Cl. Ris. '04	5
● Chianti Cl. Ris. '03	5
● Granaio '08	5
● Granaio '07	5
● Granaio '06	5

TOSCANA 672

Fattoria Selvapiana
loc. Selvapiana, 43
50068 Rufina [FI]
Tel. 0558369848
www.selvapiana.it

VENDITA DIRETTA
VISITA SU PRENOTAZIONE

PRODUZIONE ANNUA 220.000 bottiglie
ETTARI VITATI 59.70

L'azienda rappresenta la memoria storica del territorio della Rufina; alcune parti furono edificate nel Medioevo, come torri di avvistamento, e a lungo rappresentò il luogo privilegiato per il trascorrere della villeggiatura per i vescovi fiorentini. Dopo vari passaggi di proprietà fu acquista nel 1827 da Michele Giuntini, antenato dell'attuale titolare Francesco Giuntini, che è stato uno dei più forti promotori per la valorizzazione del nome Rufina. La gestione attuale è affidata a Federico e Silvia Giuntini Masseti.

Mancavano i vini più rappresentativi, ma certo i risultati non sono mancati, a partire dalla versione annata del Chianti Rufina, con un '09 particolarmente accattivante al naso, con note salmastre e di macchia mediterranea, sentori terrosi e buone sfumature fruttate. Al gusto appare rilassato, sapido, di beva facile e piacevole. Due i vini dolci presentati: il Passito '03 che doveva essere un Vin Santo se non che la parte zuccherina ha preso il sopravvento e ha portato al vino rotondità, velluto, densità, legandosi a un naso di frutta candita invitante. Il Vin Santo '04 torna ai suoi toni più classici di miele, sentori agrumati e frutta secca, con un corpo cremoso ma dotato anche di una certa verve, per un finale prolungato.

● Chianti Rufina '09	🍷 4
○ Chianti Rufina Vin Santo '04	🍷 6
○ Passito '03	🍷 6
● Chianti Rufina Bucerchiale Ris. '06	🍷 6
● Chianti Rufina Ris. '97	🍷 4
● Chianti Rufina Ris. '96	🍷 4
○ Chianti Rufina Vin Santo '98	🍷 6

Sensi
fraz. Cerbaia
via Cerbaia, 107
51035 Lamporecchio [PT]
Tel. 057382910
www.sensivini.com

VENDITA DIRETTA
VISITA SU PRENOTAZIONE

PRODUZIONE ANNUA 2.000.000 bottiglie
ETTARI VITATI 50.00

Un'azienda, quella della famiglia Sensi, che è riuscita a rinnovarsi negli anni, stando al passo con i tempi: tutto partì da Pietro che, nel 1895, girava i mercati rionali della Toscana trainando un carretto, dove portava il vino da vendere, ottenuto dalle sue vigne. I figli proseguono l'attività, cominciando l'esportazione del Chianti. L'attività commerciale ha un forte sviluppo ma è a partire dal 1995, con l'acquisizione della Fattoria di Calappiano, che si cominciano a sviluppare progetti enologici in proprio, che hanno dato ottimi risultati.

Tante le etichette presentate al nostro assaggio: della Fattoria Calappiano il migliore è risultato il Lungarno '09, uvaggio di sangiovese e colorino, dal bagaglio aromatico fruttato intenso, corpo ben strutturato, beva intrigante e prolungata. Molto buono il Bolgheri Rosso '09, speziato e dai toni boisé all'olfatto, morbido e concentrato in bocca, dal finale saporito. Buon impatto olfattivo per il Mantello '09, da sangiovese e syrah, dal naso accattivante, che si muove tra toni di pepe e cannella a quelli di frutti di bosco, dal gusto carnoso e prolungato. Piacevole ed elegante il Brunello Boscoselvo '06, fine nei profumi, rilassato e godibile in bocca.

● Bolgheri Rosso '09	🍷 6
● Brunello di Montalcino Boscoselvo '06	🍷 8
● Lungarno Fattoria Calappiano '09	🍷 6
● Mantello '09	🍷 5
● Chianti Dalcampo Ris. '08	🍷 5
● Chianti Fattoria Calappiano Ris. '08	🍷 5
● Chianti Vinciano Fattoria Calappiano '10	🍷 5
● Testardo '09	🍷 5
● Chianti Sensi Ris. '07	🍷 5
● Chianti Vinciano Fattoria Calappiano Ris. '07	🍷 5
● Lungarno Fattoria Calappiano '08	🍷 6

TOSCANA

Serraiola
FRAZ. FRASSINE
LOC. SERRAIOLA
58025 MONTEROTONDO MARITTIMO [GR]
TEL. 0566910026
www.serraiola.it

VENDITA DIRETTA
VISITA SU PRENOTAZIONE

PRODUZIONE ANNUA 40.000 bottiglie
ETTARI VITATI 12.00

L'azienda appartiene alla famiglia Lenzi dalla fine degli anni Sessanta e oggi è Fiorella a portarla avanti con impegno e passione, grazie ai quali ha saputo far conoscere il territorio in tutto il mondo. Si trova situata tra le province di Livorno e Grosseto e i vigneti sono stati via via reimpiantati, con scelte clonali più adeguate e attenzione anche a vitigni internazionali, che hanno trovato in questi luoghi una dimora ideale. Oltre al vino si produce anche olio extravergine di oliva e grappa.

Raggiunge le finali il Campo Montecristo '09, Merlot in purezza, dai toni olfattivi ben distinti, che fanno emergere dapprima il fruttato di lampone e ciliegia, poi note speziate di vaniglia e cannella, con lievi cenni boisé ben inseriti. Al gusto appare morbido, rotondo, supportato da nerbo acido adeguato, tannini fini e un finale saporito. Snelli e dai profumi semplici e diretti i due Monteregio, dalla piena bevibilità, intenso al naso con note di pepe e chiodi di garofano lo Shiraz '09, solo frenato dai tannini. Infine risulta invitante il Serrabacio '10, uvaggio insolito di marsanne e roussanne.

Tenuta di Sesta
FRAZ. CASTELNUOVO DELL'ABATE
LOC. SESTA
53020 MONTALCINO [SI]
TEL. 0577835612
www.tenutadisesta.it

VENDITA DIRETTA
VISITA SU PRENOTAZIONE

PRODUZIONE ANNUA 150.000 bottiglie
ETTARI VITATI 30.00

Il toponimo Sesta è sempre stato sinonimo di qualità a Montalcino. È probabilmente la zona più vocata, grazie a un grande equilibrio nelle uve tra acidità e maturazione. La sanità delle uve è assicurata dalla costante presenza di vento e lo stress idrico mitigato da una profonda vena argillosa. Tenuta di Sesta propone vini di grande classe e potenza grazie all'uso di botti nuove di media capacità dai 15 ai 30 ettolitri e a vinificazioni molto attente. L'azienda ha una grande tradizione che gli permette di proporre verticali fino ai remoti anni Settanta, quando il Brunello era ancora sconosciuto.

Sempre solidi e affidabili i vini di questa cantina nonostante quest'anno non ci siano vini in finale. Buono il Brunello '06, dal naso nitido su note fruttate, anche in confettura, di more e ciliegie, mentre la componente più classica ed evolutiva si deve ancora esprimere. Bocca di buona ricchezza, con una buona quota di acidità a sostenere il tannino presente, abbastanza compatto, che costringe un po' il finale, frenandone la progressione. Ben fatto il Rosso di Montalcino '09, dal naso fresco e accattivante, e dalla beva semplice ed equilibrata.

● Campo Montecristo '09	6
○ Monteregio di Massa Marittima Bianco Violina '10	4
● Monteregio di Massa Marittima Cervone '10	4
○ Serrabacio '10	5
● Shiraz '09	5
● Campo Montecristo '08	6
● Campo Montecristo '07	6
● Campo Montecristo '06	6
● Campo Montecristo '05	6
● Shiraz '07	5
● Shiraz '06	5

● Brunello di Montalcino '06	6
● Poggio d'Arna '09	4
● Rosso di Montalcino '09	4
● Brunello di Montalcino '05	6
● Brunello di Montalcino '04	6
● Brunello di Montalcino '02	6
● Brunello di Montalcino '01	7
● Brunello di Montalcino Ris '04	8
● Brunello di Montalcino Ris. '01	8
● Poggio d'Arna '07	4

TOSCANA 674

Sesti - Castello di Argiano

FRAZ. SANT'ANGELO IN COLLE
LOC. CASTELLO DI ARGIANO
53024 MONTALCINO [SI]
TEL. 0577843921
www.sestiwine.com

VENDITA DIRETTA
VISITA SU PRENOTAZIONE

PRODUZIONE ANNUA 61.000 bottiglie
ETTARI VITATI 9.00

Giuseppe Maria Sesti è una persona straordinaria, di grande cultura, con una profonda passione per l'astronomia e un'azienda meravigliosa di un centinaio di ettari, di cui 9 vitati. I vini che produce sono solidi e di stampo tradizionale, con quella consistenza tipica della zona sud occidentale di Montalcino, mitigata da una bella acidità, grazie a terreni particolarmente sciolti. La sede aziendale è il suggestivo torrione del Castello di Argiano, già insediato in tempi etruschi. In cantina, per la maturazione dei vini, botti da 15 e 30 ettolitri.

Sempre molto affidabili i vini della cantina, soprattutto i Brunello, come dimostra l'ennesimo Tre Bicchieri. Il 2006 ha naso ampio, su note fruttate di ciliegia matura e confettura, dopo una leggera chiusura iniziale. Bocca sempre molto compatta, grazie alla buona trama tannica e a una sostanziosa acidità che dinamizza la beva e assicura buona progressione e finale ampio. Coerente all'annata di provenienza il Brunello Phenomena '05, note di ciliegia bianca e qualche vena verde, comunque piacevole. Bocca nervosa e dinamica, di persistenza medio lunga.

● Brunello di Montalcino '06	🍷🍷🍷	8
● Brunello di Montalcino Phenomena Ris. '05	🍷🍷	8
● Brunello di Montalcino Phenomena Ris. '01	🍷🍷🍷	8
● Brunello di Montalcino Ris. '04	🍷🍷🍷	8
● Brunello di Montalcino '05	🍷🍷	8
● Brunello di Montalcino '04	🍷🍷	7
● Brunello di Montalcino '01	🍷🍷	7
● Brunello di Montalcino Phenomena Ris. '03	🍷🍷	8
● Brunello di Montalcino Phenomena Ris. '00	🍷🍷	8
● Brunello di Montalcino Phenomena Ris. '99	🍷🍷	8
● Castello Sesti '06	🍷🍷	7

Tenuta Sette Ponti

LOC. VIGNA DI PALLINO
52029 CASTIGLION FIBOCCHI [AR]
TEL. 0575477857
www.tenutasetteponti.it

VENDITA DIRETTA
VISITA SU PRENOTAZIONE

PRODUZIONE ANNUA 230.000 bottiglie
ETTARI VITATI 50.00

Antonio Moretti è proprietario dell'azienda che suo padre comprò, negli anni Cinquanta, attratto dalla riserva di caccia, che disponeva di un'ampia varietà di selvaggina. La vigna era già stata impiantata dal Granduca Leopoldo d'Asburgo, uno dei precedenti proprietari. Passata in casa Savoia, fu impiantata nel 1935 la vigna ancora esistente, denominata Vigna del Pallino. L'attività vitivinicola è sempre stata praticata ma è a partire dal 1996 che Antonio decide di modernizzare l'azienda e di dedicarsi con sempre maggiore impegno all'attività di viticoltore.

Arriva in finale l'Oreno '08, da merlot e cabernet sauvignon con piccolo saldo di sangiovese, in virtù di un complesso aromatico che spazia dai toni mentolati ai sentori fruttati carnosi, di ciliegia e mirtillo, con cenni speziati di cannella ben avvertibili. In bocca è succoso, caldo, di bell'apertura, con un finale gradevole, un po' frenato dal tannino. Piacevole il Crognolo '09, da sangiovese in prevalenza, elegante, fresco e godibile alla beva. Il Poggio al Lupo '08, prodotto nell'omonima tenuta maremmana, è un uvaggio di cabernet, alicante e petit verdot: ricco di profumi di erbe aromatiche, note di cuoio e tabacco, ha corpo possente, giusta vena acida e bella stoffa tannica. Fine e delicato l'Anni '10, Sauvignon in purezza.

● Oreno '08	🍷🍷	8
● Crognolo '09	🍷🍷	5
● Poggio al Lupo '09	🍷🍷	5
○ Anni '10	🍷	4
● Oreno '05	🍷🍷🍷	8
● Oreno '00	🍷🍷🍷	6
● Crognolo '08	🍷🍷	5
● Crognolo '07	🍷🍷	5
● Crognolo '06	🍷🍷	5
● Oreno '07	🍷🍷	8
● Oreno '06	🍷🍷	8
● Oreno '04	🍷🍷	8
● Poggio al Lupo '08	🍷🍷	5
● Poggio al Lupo '06	🍷🍷	6
● Poggio al Lupo '05	🍷🍷	6

TOSCANA

Tenuta di Sticciano
via di Sticciano, 207
50052 Certaldo [FI]
Tel. 0571669191
www.tenutadisticciano.it

VENDITA DIRETTA
VISITA SU PRENOTAZIONE
OSPITALITÀ

PRODUZIONE ANNUA 100.000 bottiglie
ETTARI VITATI 25.00
VITICOLTURA Biologico Certificato

La fattoria dove si produce il vino e dove si trovano le cantine è del XVII secolo e le prime tracce documentali della presenza di vigne e commercializzazione del vino sono del 1815. Nel corso degli anni l'ambiente si è sviluppato e sono state diversificate le attività: si tengono regolari corsi di cucina, all'interno dell'agriturismo si può soggiornare e addirittura sposarsi e la produzione agricola comprende, oltre che al vino, olio extravergine di oliva e miele. In vigna si lavora con uve internazionali e autoctone, in un mix ben riuscito.

Il Cantastorie '07 è un uvaggio di sangiovese e cabernet sauvignon, dai profumi intensi, di confettura di ciliege, unita a sentori terziari di pelliccia e tabacco. In bocca l'assetto è equilibrato, giusta consistenza, tannini fusi e prolungata persistenza finale. L' Attimo '08, da merlot e syrah, dispone di buoni profumi speziati, di pepe e cannella, fruttato intenso di lampone, struttura flessuosa, dai tannini evidenti ma non ingombranti. Fresca nota acida per un finale saporito. Piacevole e di buona bevibilità il Chianti Riserva della Villa '08.

Fattoria della Talosa
via Pietrose, 15a
53045 Montepulciano [SI]
Tel. 0578758277
www.talosa.it

VENDITA DIRETTA
VISITA SU PRENOTAZIONE

PRODUZIONE ANNUA 100.000 bottiglie
ETTARI VITATI 32.00

Negli anni Settanta non era facile credere in un territorio famoso a livello storico, ma che non attirava ancora imprenditori da fuori Toscana: ci pensò Angelo Jacorossi da Roma a creare una realtà vivace, che coinvolse da subito la famiglia. La scelta di far invecchiare il vino nel centro storico di Montepulciano è interessante: le botti conservate nei sotterranei di due palazzi storici, Taruggi e Sinatti, permettono al visitatore di fare una sorta di viaggio nel passato, per il grande fascino degli ambienti cinquecenteschi che le accolgono.

Le carte migliori si giocano sulla produzione del Nobile nelle differenti versioni: l'annata '08 possiede note interessanti di ciliegia e ribes, corpo serrato, vena acida appetitosa. Intrigante la Selezione '07, con note penetranti al naso, minerali e speziate, dalla struttura avvolgente e finale saporito. Più austera la Riserva, sentori di china, incenso e liquirizia al naso, struttura possente dal tannino ben presente ma domato. Fresco e invitante il Rosso '09, mentre affascina al naso il Vin Santo '95, dai sentori incredibilmente variegati ma dalla bocca un po' stanca.

● Attimo '08	4
● Cantastorie '07	5
● Chianti della Villa Ris. '08	4
● Attimo '06	4
● Cantastorie '06	5
● Cantastorie '05	5
● Chianti della Villa Ris. '07	4*
● Chianti della Villa Ris. '06	4*

● Nobile di Montepulciano '08	5
● Nobile di Montepulciano Ris. '07	5
● Nobile di Montepulciano Sel. '07	5
● Rosso di Montepulciano '09	4
○ Vin Santo di Montepulciano '95	6
● Nobile di Montepulciano '07	5
● Nobile di Montepulciano '06	5
● Nobile di Montepulciano Ris. '06	6
● Nobile di Montepulciano Ris. '04	5
● Nobile di Montepulciano Ris. '90	4

TOSCANA

Tenimenti Angelini
loc. Val di Cava
53024 Montalcino [SI]
Tel. 0577804101
www.tenimentiangelini.it

VENDITA DIRETTA
VISITA SU PRENOTAZIONE

PRODUZIONE ANNUA 250.000 bottiglie
ETTARI VITATI 133.00

Una scheda, questa, che raccoglie entrambe le aziende toscane della Tenimenti Angelini: la Val di Suga di Montalcino e la Tre Rose di Montepulciano. Come accade da qualche tempo la seconda vince il derby interno grazie a una gamma più equilibrata. Montalcino insiste su 2 territori molto differenti: il primo è nella zona nord e da lì provengono il Brunello annata e il Rosso, mentre dal Vigneto Spuntali, nel versante meridionale, proviene l'omonimo Brunello quando prodotto. A Montepulciano la Tre Rose è un'azienda in un corpo unico, a Valiano, la cui caratteristica è quella di avere terreni arenari piuttosto sciolti.

I vini delle Tenute Angelini mostrano buona solidità. Bene il Nobile '08, decisamente fruttato, con una bella viola e una tensione gustativa interessante: bella acidità e buon tannino per una non scontata bevibilità. Ben fatto anche il Rosso di Montepulciano '10, estremamente nitido e fruttato al naso, con una bella ciliegia e una beva di grande soddisfazione. Buono il Brunello '06, dai toni classici, leggermente evolutivi, con tabacco, ciliegia e una vena floreale. Bocca rilassata ed equilibrata. Mancavano alle degustazioni i cru di Nobile e di Brunello, che troveremo il prossimo anno.

- Brunello di Montalcino '06 5
- Nobile di Montepulciano Tenuta Tre Rose '08 4
- Rosso di Montepulciano Tenuta Tre Rose '10 4*
- Rosso di Montalcino '09 4
- Brunello di Montalcino V. del Lago '95 8
- Brunello di Montalcino V. del Lago '93 8
- Brunello di Montalcino V. del Lago '90 8
- Brunello di Montalcino V. Spuntali '95 8
- Brunello di Montalcino V. Spuntali '93 8
- Brunello di Montalcino '05 5
- Brunello di Montalcino '04 7
- Brunello di Montalcino '03 7
- Brunello di Montalcino '01 6
- Nobile di Montepulciano Simposio Tenuta Tre Rose '07 6
- Salivolpe '99 6
- O Vin Santo di Montepulciano Tenuta Tre Rose '99 6

Tenimenti Luigi d'Alessandro
via Manzano, 15
52042 Cortona [AR]
Tel. 0575618667
www.tenimentidalessandro.it

VISITA SU PRENOTAZIONE

PRODUZIONE ANNUA 100.000 bottiglie
ETTARI VITATI 37.00

Una storia aziendale all'avanguardia, dove i tempi sono sempre stati precorsi, dimostrando fiuto, temerarietà e grande coraggio: la scoperta della vocazione per il vitigno syrah della zona di Cortona si deve alla famiglia d'Alessandro che per prima ha creduto nel territorio, investendo energie, soldi e tanta passione. Oggi i tenimenti sono di proprietà di Massimo d'Alessandro, eletto anche presidente del consorzio della denominazione Cortona, e di Pino Calabresi, uniti dalla passione per l'arte contemporanea: tanta creatività viene riversata nella produzione di vini mai banali.

Raggiunge i Tre Bicchieri il Migliara '08, Syrah in purezza ricavato da un solo vigneto, un vero e proprio cru alla francese. Al naso si presenta con profumi raffinati, dove la ciliegia si sposa a note fragranti di pepe, cenni di cuoio vanno a irrobustire un bagaglio aromatico complesso. La bocca è ben ritmata, tannino e acidità si alternano con sapienza, per un finale lungo e piacevole. Bene anche la selezione Il Bosco '08, con note più cupe, di tabacco e pelliccia, dal gusto succoso e ben contrastato dalle varie componenti. Il Syrah '09 fa dell'immediatezza e freschezza olfattiva il suo punto di forza; intenso al naso e maturo in bocca il Fontarca '09.

- Cortona Syrah Migliara '08 7
- Cortona Il Bosco '08 7
- Cortona Syrah '09 4
- O Fontarca '09 6
- Cortona Il Bosco '06 7
- Cortona Il Bosco '04 7
- Cortona Il Bosco '03 7
- Cortona Il Bosco '01 7
- Cortona Syrah Migliara '07 7
- Podere Il Bosco '97 5
- Podere Il Bosco '95 5
- Cortona Il Bosco '07 7
- Cortona Syrah Migliara '06 8

TOSCANA

Terenzi
LOC. MONTEDONICO
58054 SCANSANO [GR]
TEL. 0564599601
www.terenzi.eu

VENDITA DIRETTA
OSPITALITÀ

PRODUZIONE ANNUA 180.000 bottiglie
ETTARI VITATI 30.00

Una realtà giovane ma molto ben strutturata quella della famiglia Terenzi, che arriva in Maremma nel 2003, innamorata del territorio e delle potenzialità che può offrire, e si mette a lavorare con le idee ben chiare. Impianta vigneti e costruisce una cantina nel rispetto dell'ambiente pur dotandola di tutte le più moderne tecnologie. La filosofia che persegue è chiara: produrre grandi vini moderni nel rispetto del territorio. Per l'accoglienza di chi vuole soggiornare è stata aperta anche la Locanda Terenzi, che dispone anche di un ristorante e di un wine shop.

Conquista le finali il Morellino Riserva '08, dal comparto olfattivo equilibrato, che lascia trasparire note fruttate e speziate iniziali, poi supportate da cenni balsamici e lievi sentori di tabacco. In bocca ha sostanza, forza, appare dinamico e reattivo, con una beva prolungata e succosa. Molto bene anche il Morellino '09, fine e delicato, molto tipico. Speziato e di bella tensione il Bramaluce '10, uvaggio di sangiovese, syrah e alicante; dotato di materia ricca e solo un po' rigido il Francesca Romana '08, composto da cabernet sauvignon, sangiovese e merlot.

● Morellino di Scansano '10	3*
● Morellino di Scansano Ris. '08	4
○ Balbino '10	4
● Bramaluce '10	5
● Francesca Romana '08	5
○ Balbino '09	4
○ Balbino '08	4
● Bramaluce '08	5
● Bramaluce '07	5
● Francesca Romana '07	5
● Morellino di Scansano '09	3*
● Morellino di Scansano '08	3*
● Morellino di Scansano Ris. '07	4

Terre del Marchesato
FRAZ. BOLGHERI
LOC. SANT'UBERTO, 164
57020 CASTAGNETO CARDUCCI [LI]
TEL. 0565749752
www.fattoriaterredelmarchesato.it

VENDITA DIRETTA
VISITA SU PRENOTAZIONE
OSPITALITÀ

PRODUZIONE ANNUA 50.000 bottiglie
ETTARI VITATI 10.00

L'impresa di Maurizio Fuselli, che inizia ufficiale il suo corso nel 2003, ha in realtà radici storicamente più rilevanti, visto che quella attuale altro non è che la prosecuzione con altre ambizioni dell'azienda agraria di famiglia. Si trova a Castagneto Carducci, in località Sant'Umberto, dalla parte delle Ferrugini. Qui i terreni sono più scuri che altrove grazie alla presenza di argille e minerali ferrosi. I vini sono particolarmente originali, sia per la natura dei suoli che per l'idea stilistica del loro artefice.

Il Marchesale è un Syrah cui il millesimo '08 ha donato dinamismo e profondità, classici sentori varietali di pepe nero ed erba tagliata. Uno sviluppo sicuro, dunque, anche se un po' irrigidito nel finale tannico, che tuttavia non ne compromette sapore e profondità. Concentrato, su toni di piccoli frutti neri (mora, mirtillo e ribes), il Tarabuso '08 ha un carattere alcolico deciso e avvolgente, mentre l'Emilio Primo Rosso '09 è maturo e asciugante. Buono il Nobilis, un muffato dal carattere dolce e affusolato, che segue un percorso aromatico intrigante e centrato di pesca in confettura e zafferano.

● Marchesale '08	8
○ Nobilis '07	6
● Tarabuso '08	7
● Emilio Primo Rosso '09	5
○ Emilio Primo Vermentino '10	4
○ Papeo '09	7
● Emilio Primo '08	5
○ Emilio Primo Bianco '09	6
● Marchesale '07	8
● Marchesale '06	8
● Syrah del Marchesato '05	8
● Tarabuso '07	7
● Tarabuso '06	7
● Tarabuso '05	6

TOSCANA

Terre di Talamo
LOC. COLLECCHIO
58051 MAGLIANO IN TOSCANA [GR]
TEL. 0577359330
www.terreditalamo.com

VENDITA DIRETTA
VISITA SU PRENOTAZIONE
OSPITALITÀ

PRODUZIONE ANNUA 160.000 bottiglie
ETTARI VITATI 34.00

L'azienda fa parte delle proprietà della famiglia Bacci, che già possiede il Castello di Bossi a Castelnuovo Berardenga e Renieri a Montalcino. La scelta della Maremma è stata fatta dopo un'accurata analisi dei terreni che, in questo lembo di terra, sono particolarmente variegati, garantendo una scorta di riserve idriche necessaria durante l'estate, quando le temperature si fanno molto elevate. Oltre alle uve per il Morellino si utilizzano vitigni internazionali, mentre per il bianco il vermentino rimane il vitigno principale.

Il Per Cecco '07 è un Petit Verdot in purezza, dai toni olfattivi legati al peperone verde, cenni balsamici, posti su una base di frutti neri, con qualche elemento speziato. In bocca risulta teso, dinamico, dalla vena acida appetitosa, con tannini sottili e finale in progressione. Molto avvincente il Vento Forte '09, dai sentori fruttati, di albicocca e agrumi, con note minerali ben marcate, che si ritrovano al gusto grazie a una sapidità gustosa, rinfrescata da una vena acida evidente, inserita in un corpo pieno. Profumato e invitante il Vento Teso Viognier '09, dotati di struttura e corretti alla beva i due Morellino.

Teruzzi & Puthod
LOC. CASALE, 19
53037 SAN GIMIGNANO [SI]
TEL. 0577940143
www.teruzzieputhod.it

VENDITA DIRETTA
VISITA SU PRENOTAZIONE

PRODUZIONE ANNUA 1.200.000 bottiglie
ETTARI VITATI 90.00

La storia di questa cantina prende il via all'inizio degli anni Settanta del secolo scorso e da subito si pone all'attenzione di addetti ai lavori e appassionati. Oggi appartiene al gruppo Campari, rappresenta una delle realtà più rilevanti della zona per numeri ed estensione, e vanta un bel numero di etichette capaci di segnalarsi per il centrato rapporto qualità prezzo. Non solo vini corretti, dunque, ma una prospettiva ampia che rappresenta, su buoni livelli, un biglietto da visita della Vernaccia e dei vini di San Gimignano sui mercati del mondo.

È tuttavia un rosso quello che più ci ha convinto. Il Peperino '08 (da uve sangiovese e merlot) ha un frutto croccante che ricorda il ribes, rosso e nero, e una sfumatura erbacea piuttosto marcata, forse a indicare una maturità meno netta rispetto alla precedente versione, dove i tratti erano più scuri e speziati. Un vino comunque godibile, dal centro bocca composto e preciso sul piano aromatico. Si comporta bene anche l'altro rosso, l'Arcidiavolo '08, dal frutto più intenso e avvolgente, con bella vena balsamica. Piuttosto semplice la Vernaccia '10, dalle nuance di melone bianco, maturo ma un po' banale e pesante il Terre dei Tufi '10.

● Brunello di Montalcino Renieri '06		7
● Per Cecco '07		8
○ Vento Forte '09		6
● Girolamo Castello di Bossi '08		6
● Morellino di Scansano Tempo '09		4
● Morellino di Scansano Tempo Ris. '07		5
○ Vento '10		5
○ Vento Teso '09		5

● Arcidiavolo '08		6
● Peperino '08		4*
○ Terre di Tufi '10		5
○ Vernaccia di S. Gimignano '10		4
● Arcidiavolo '07		6
● Peperino '07		4*
○ Terre di Tufi '09		5
○ Terre di Tufi '08		5
○ Terre di Tufi '07		5
○ Vernaccia di S. Gimignano '09		4*

TOSCANA

Testamatta
via di Vincigliata, 19
50014 Fiesole [FI]
Tel. 055597289
www.bibigraetz.com

VISITA SU PRENOTAZIONE

PRODUZIONE ANNUA 500.000 bottiglie
ETTARI VITATI 55.00

Bibi Graetz ha ormai superato le dieci vendemmie e per questo non può più essere considerato un astro nascente. Sempre più viticoltore, la sua creatività di artista è messa a disposizione del vino, che è la passione che sente più forte: i dipinti diventano funzionali alle bottiglie, con le etichette da lui stesso disegnate e dopo aver prodotto vini a Fiesole, dove risiede al castello di Vincigliata, e all'isola del Giglio, dove ha contribuito alla rinascita dell'uva locale, l'ansonica, la prossima frontiera è il Chianti Classico, dove sta preparando un nuovo vino che vedrà la luce il prossimo anno.

Il vino che ci ha maggiormente convinto quest'anno è il Grilli del Testamatta '09, da sangiovese in prevalenza con altri vitigni complementari autoctoni: naso speziato con toni fruttati evidenti, di ciliegia e mora, corpo succoso, equilibrato, di giusta consistenza, con tannini fitti e finale prolungato. Il Testamatta '09 conta su un uvaggio similare, ma il bagaglio aromatico stenta a esprimersi, pur avendo una corpo solido e robusto, dal finale gustoso ma frenato. Il Soffocone '09 vede sempre la prevalenza di sangiovese, risulta netto ai profumi, corpo non immenso ma fruibile, ben dosato, con gradevole persistenza. Meno interessanti del solito le due versioni di Ansonica del Giglio, il Bugia '09, con passaggio in legno, e il Cicala '10, maturato in acciaio.

● Grilli del Testamatta '09	6
● Soffocone di Vincigliata '09	6
● Testamatta '09	8
○ Bugia '09	7
○ Casamatta Bianco '10	3
● Casamatta Rosso '10	3
○ Cicala del Giglio '10	4
○ Cicala del Giglio '08	5
● Colore '06	8
● Grilli del Testamatta '08	6
● Testamatta '07	8

La Togata
loc. Tavernelle
s.da di Argiano
53024 Montalcino [SI]
Tel. 0668803000
www.brunellolatogata.com

VENDITA DIRETTA
VISITA SU PRENOTAZIONE

PRODUZIONE ANNUA 90.000 bottiglie
ETTARI VITATI 22.00

Dopo qualche anno torna ai vertici l'azienda di Danilo Tonon, affermatissimo avvocato nella capitale e produttore a Montalcino. L'azienda consta di 13 ettari a denominazione, con proprietà dislocate in tutto il territorio ilcinese che permette di poter contare su una maggiore diversificazione delle caratteristiche delle uve. Le maturazioni sono meno spinte che in passato e il rigoroso controllo delle temperature in fermentazione e in invecchiamento permette di preservare il bagaglio olfattivo. I terreni sono misto calcareo argilloso.

Ritorno ai massimi livelli per il Brunello '06, dopo qualche anno in cui la ricerca esasperata della ricchezza estrattiva aveva portato i vini a toni molto molto maturi. Questo 2006 è buonissimo e ricorda i Brunello prodotti negli anni Novanta. Naso ricco e intenso, con sentori di frutta matura, con more, ciliegie, visciole e lamponi in evidenza, oltre a una bella speziatura di cumino e vaniglia. Bocca austera, convincente e ricca. Bella la progressione, con un tannino presente ma compatto, in sintonia con l'acidità, per sostenere l'importante massa estrattiva. Finale in crescendo, ampio e persistente. Il Rosso '08 conta su buona bevibilità e consistenza.

● Brunello di Montalcino '06	8
● Azzurreta '07	6
● Barengo '07	5
● Rosso di Montalcino '09	5
● Brunello di Montalcino '97	7
● Brunello di Montalcino '99	8
● Brunello di Montalcino La Togata '05	8
● Brunello di Montalcino La Togata Ris. '04	8
● Brunello di Montalcino La Togata Ris. '01	8
● Brunello di Montalcino Ris. '97	8
● Brunello di Montalcino Ris. '95	7

TOSCANA

Tolaini
LOC. VALLENUOVA
SP 9 DI PIEVASCIATA, 28
53019 CASTELNUOVO BERARDENGA [SI]
TEL. 0577356972
www.tolaini.it

VENDITA DIRETTA
VISITA SU PRENOTAZIONE

PRODUZIONE ANNUA 250.000 bottiglie
ETTARI VITATI 50.00

Il progetto enologico di Pierluigi Tolaini che, da emigrante, ha fatto la sua fortuna in Canada, parte nel 1998 con l'acquisizione dei poderi San Giovanni e Montebello situati tra Pianella e Vagliagli. Le prime vinificazioni arrivano nel 2002 e l'azienda, dopo aver modulato adeguatamente il proprio approccio a un territorio non semplice come quello chiantigiano, produce vini decisamente ben fatti. Frutto di una viticoltura che non lascia nulla al caso e di un lavoro in cantina rigoroso e senza inutili forzature, a partire da un uso dei legni, prevalentemente piccoli, mai invadente.

Il Valdisanti '08, primo Tre Bicchieri aziendale a base di sangiovese, cabernet sauvignon e cabernet franc, possiede profumi ricchi ed eleganti, che spaziano dalle note di frutti rossi a quelle agrumate, ricevendo complessità da una giusta dose di cenni tostati. In bocca il vino si mantiene più fine che potente, risultando succoso e contrastato. Impatto olfattivo dominato dalla dolcezza quello del Picconero '08, da merlot, cabernet sauvignon e petit verdot, dotato di buona energia che il rovere a tratti sembra frenare. Ben realizzato l'Al Passo '08, da sangiovese e merlot. Esordio, finalmente verrebbe da dire, per il primo Chianti Classico aziendale. La Riserva '08 possiede buona materia e uno sviluppo pulito e lineare.

Fattoria Torre a Cona
LOC. SAN DONATO IN COLLINA
50010 RIGNANO SULL'ARNO [FI]
TEL. 055699000
www.villatorreacona.com

VENDITA DIRETTA
VISITA SU PRENOTAZIONE
OSPITALITÀ

PRODUZIONE ANNUA 30.000 bottiglie
ETTARI VITATI 14.00

La proprietà dell'azienda è dei conti Rossi di Montelera, di origini piemontesi, che hanno dedicato molta energia nello sviluppo e nel riammodernamento della tenuta, investendo dapprima nella razionalizzazione degli impianti viticoli e poi della cantina, per migliorare lo standard della produzione vinicola, e poi nella villa e negli appartamenti, dai quali hanno ricavato la parte agrituristica. Viene anche effettuata la produzione di olio extravergine di oliva, con la frangitura delle olive direttamente in azienda nel frantoio di proprietà.

Di buon livello, come sempre, la gamma presentata quest'anno. La Riserva '08 dei Colli Fiorentini dispone di un bagaglio aromatico ampio in cui le sfumature di tabacco e boisé vanno a ingentilire una base fruttata di confettura di prugne. L'ingresso in bocca è sostanzioso, corpo deciso, dai tannini lievi, vena acida rinfrescante con un finale sapido e continuo nella persistenza. Davvero notevole il Vin Santo '05, dal naso ampio e complesso di albicocca secca, con note di erbe aromatiche, e bocca avvolgente e tesa, grazie a una bella acidità di fondo. Molto gradevole, sapido e delicato il Chianti Colli Fiorentini '09.

● Valdisanti '08	🍷🍷 8
● Picconero '08	🍷🍷 8
● Chianti Cl. Ris. '08	🍷 6
● Al Passo '08	🍷 5
● Al Passo '07	🍷 5
● Al Passo '06	🍷 5
● Al Passo '04	🍷 5
● Picconero '07	🍷 8
● Picconero '06	🍷 8
● Picconero '05	🍷 8
● Picconero '04	🍷 8
● Valdisanti '06	🍷 6
● Valdisanti '05	🍷 6
● Valdisanti '04	🍷 6

● Chianti Colli Fiorentini '09	🍷 4
● Chianti Colli Fiorentini Ris. '08	🍷 2*
○ Vin Santo del Chianti Merlaia '05	🍷 5
● Chianti Colli Fiorentini '08	🍷 2
● Chianti Colli Fiorentini '07	🍷 2
● Terre di Cino '07	🍷 4
● Terre di Cino '06	🍷 4

TOSCANA

Le Torri di Campiglioni
via San Lorenzo a Vigliano, 31
50021 Barberino Val d'Elsa [FI]
Tel. 0558076161
www.letorri.net

VENDITA DIRETTA
VISITA SU PRENOTAZIONE
OSPITALITÀ

PRODUZIONE ANNUA 150.000 bottiglie
ETTARI VITATI 28.00

Sono più di trent'anni che l'azienda esiste, grazie a un gruppo di amici che, animati dalla passione per il vino e la campagna, decisero di unire le forze e, pur svolgendo ognuno un lavoro diverso, dettero vita a un progetto di riqualificazione del territorio. Per i primi anni l'attenzione si è concentrata sulla viticoltura e sulla produzione di olio, mentre negli ultimi anni si è dato maggiore impulso all'attività dell'agriturismo, con la riqualificazione e il restauro di una serie di casolari e l'apertura di un ristorante.

Molte le etichette presentate ai nostri assaggi. Interessante il Vigliano '08, Cabernet Sauvignon in purezza, dai toni freschi, mentolati, di sottobosco e mirtillo, dal corpo solido, ben proporzionato, con tannini a trama fitta e finale in bella progressione. Il Magliano '08, uvaggio di sangiovese, cabernet e merlot, ha profumi fruttati, di confettura di ciliege e lamponi, con qualche nota speziata fine. In bocca risulta morbido, dalla vena acida equilibrata alla componente alcolica, per un finale rilassato e piacevole. Austero il Villa San Lorenzo '08, Sangiovese in purezza, gradevole ma semplice il Meridius '08, da sangiovese e merlot.

Marchesi Torrigiani
loc. Vico d'Elsa
p.zza Torrigiani, 15
50021 Barberino Val d'Elsa [FI]
Tel. 0558073001
www.marchesitorrigiani.it

VENDITA DIRETTA
VISITA SU PRENOTAZIONE

PRODUZIONE ANNUA 60.000 bottiglie
ETTARI VITATI 30.00

Interessante la storia dei marchesi Torrigiani: uno dei loro antenati, quel Ciardo al quale è dedicato un vino, nel XIII secolo, una volta a Firenze, si iscrisse all'Arte dei Vinattieri poiché aprì una rivendita commerciale di vini. La fortuna fu dalla sua tanto che si trasferì in Germania, a Norimberga, per continuare l'attività, i guadagni riinvestiti nelle proprietà di famiglia, nella Valdelsa, dove tutt'ora si opera. Negli ultimi anni non sono mancati investimenti per rinnovare tutta la parte viticola.

Il Guidaccio '09 è un uvaggio di sangiovese, merlot e cabernet sauvignon: profumi di ampio spettro, che spaziano dal balsamico al fruttato, con note boisé ben inserite. In bocca dimostra di avere corpo bilanciato, tannini fini, godibile succosità, per un finale gustoso e pieno. Il Torre di Ciardo '09 è un uvaggio di sangiovese, canaiolo e merlot, dal bagaglio aromatico che gioca su note vegetali, di peperone verde, unite a quelle di frutti di bosco, con elementi speziati a completare. Al gusto si mostra dinamico, ben supportato dalla freschezza, un corpo morbido e tannini ben inseriti. Il finale è di buona persistenza. Semplice, godibile e fresco il Chianti '09.

● Magliano '08	♟♟ 6
● Vigliano '08	♟♟ 6
● Chianti Colli Fiorentini '09	♟ 4
● Chianti Colli Fiorentini Ris. '08	♟ 5
● Meridius '08	♟ 5
● Villa San Lorenzo '08	♟ 6
● Magliano '04	♛♛ 6
● Meridius '07	♛♛ 5
● Vigliano '04	♛♛ 6
● Villa San Lorenzo '07	♛♛ 6

● Guidaccio '09	♟♟ 6
● Torre di Ciardo '09	♟♟ 4*
● Chianti '09	♟ 4
● Guidaccio '08	♛♛ 6
● Guidaccio '07	♛♛ 5
● Guidaccio '06	♛♛ 5
● Guidaccio '01	♛♛ 6
● Torre di Ciardo '06	♛♛ 4
● Torre di Ciardo '04	♛♛ 4

TOSCANA

Fattoria La Traiana
loc. Traiana, 16
52028 Terranuova Bracciolini [AR]
Tel. 0559179004
info@fattorialatraiana.it

VENDITA DIRETTA
VISITA SU PRENOTAZIONE

PRODUZIONE ANNUA 50.000 bottiglie
ETTARI VITATI 60.00
VITICOLTURA Biologico Certificato

Dai primi anni Sessanta la famiglia Gigante è la proprietaria di quest'azienda, tra le prime ad abbracciare nel territorio la filosofia della coltivazione biologica, semplicemente ripetendo le operazioni di coltura che da sempre caratterizzavano la loro produzione. Viene prestata particolare attenzione alla conservazione dei vitigni autoctoni del territorio, come il mammolo e l'abrusco del Valdarno, ma nel contempo non si rinuncia a testare vitigni internazionali che trovano ottima dimora in loco, come carmenère o petit verdot.

Ottima prova per il Campogialli '09, Chardonnay in purezza, dove lo spettro aromatico rivela note boisé abbinate a sentori fruttati di banana e piacevoli sensazioni agrumate. Al gusto risulta morbido, dotato di spina acida vivace, con un finale sapido e di buona lunghezza. Interessante il Campo Arsiccio '07, da sangiovese con piccolo saldo di abrusco del Valdarno, dai sentori molto fini, puliti, di ciliegia, abbinati a note minerali, con qualche cenno di sottobosco. In bocca è lineare, con la freschezza che lo rende di gustosa bevibilità, tannini fini, per un finale delicato ma prolungato. Semplice e corretto l'Alò '09, da sangiovese con aggiunta di merlot e cabernet.

● Campo Arsiccio '07	6
○ Campogialli '09	5
● Alò '09	4
● Campo Arsiccio '05	6
● Pian del Pazzo '04	6
○ Sauvignon Blanc Sasso Orlando '09	5
● Terra di Sasso Sasso Orlando '07	5
● Terra di Sasso Sasso Orlando '06	5
● Terra di Sasso Sasso Orlando '05	5

Travignoli
via Travignoli, 78
50060 Pelago [FI]
Tel. 0558361098
www.travignoli.com

VENDITA DIRETTA
VISITA SU PRENOTAZIONE

PRODUZIONE ANNUA 250.000 bottiglie
ETTARI VITATI 70.00

La famiglia Busi possiede l'azienda dal 1700 ma una stele ritrovata nella fattoria data il sito, come complesso agricolo, già dal XII secolo. L'attuale titolare, Giovanni Busi, ha sviluppato a fondo la parte commerciale, facendo conoscere il marchio in molti paesi esteri, senza dimenticare investimenti in vigna e in cantina, per rendere sempre più competitiva la fattoria. Dopo aver ricoperto il ruolo di presidente del Consorzio del Chianti Rufina, ricopre oggi la stessa carica per quello del Chianti.

Buona prova per la Riserva Tegolaia '08, dalle note mature di ciliegia e prugna, che si uniscono a quelle tostate di caffè e cioccolato. Gradevole l'entrata in bocca, ampia, calda, dai tannini solidi ma ben miscelati, per un finale lungo e continuo. Piacevole anche il Calice del Conte '08, uvaggio di merlot e cabernet sauvignon, dove alle note calde dei frutti quali lampone e fragole, si alternano quelle fresche del ginepro e della menta, inserite in un corpo avvolgente, opulento, con tannini sottili e godibile beva. Facile, snello e bilanciato il Chianti Rufina '09, semplice ma nel complesso godibile il Gavignano '10, da uve chardonnay con piccolo saldo di sauvignon.

● Calice del Conte '08	6
● Chianti Rufina Tegolaia Ris. '08	5
● Chianti Rufina '09	3
○ Gavignano '10	3
● Calice del Conte '04	6
● Chianti Rufina Ris. '05	5
● Chianti Rufina Ris. '04	5
● Chianti Rufina Tegolaia Ris. '07	5
● Tegolaia '06	5
● Tegolaia '04	5
○ Vin Santo Chianti Rufina '01	5

TOSCANA

Le Tre Berte
LOC. TRE BERTE
SS 326 EST, 85
53040 MONTEPULCIANO [SI]
TEL. 3381998125
www.letreberte.it

VENDITA DIRETTA
VISITA SU PRENOTAZIONE
OSPITALITÀ

PRODUZIONE ANNUA 19.000 bottiglie
ETTARI VITATI 18.00

È stato nel 1998 che la famiglia Montefoschi si è fatta conquistare dalla febbre del vino, acquistando questa tenuta che era appartenuta in passato agli Stuart. I primi anni di lavoro sono stati dedicati alle ristrutturazione dei vigneti, per poi dedicarsi ai casolari presenti, in maniera da creare un agriturismo confortevole, in linea con la filosofia di accoglienza dei proprietari. Per gli appassionati di pesca è un luogo ideale dove soggiornare grazie al lago artificale costruito allo scopo.

Ottima prova per la Selezione del Nobile '07, dal bagaglio aromatico intenso e variegato, con ampie sfumature odorose di frutta matura, cenni balsamici, sensazioni di sottobosco diffuse. All'esame gustativo si dimostra vivace in acidità, corpo robusto e ben equilibrato, tannino dalla trama lieve, per un finale di bella soddisfazione. Gradevole anche il Nobile '07, similare nel comparto aromatico, dal corpo meno imponente e di beva efficace. Tranquillo e godibile il Rosso di Montepulciano '08, mentre il Lustro '07, uvaggio di cabernet sauvignon e sangiovese, arriva un po' stanco e contratto alla meta.

Tenuta di Trinoro
VIA VAL D'ORCIA, 15
53047 SARTEANO [SI]
TEL. 0578267110
www.trinoro.it

VENDITA DIRETTA

PRODUZIONE ANNUA 86.000 bottiglie
ETTARI VITATI 22.00

Andrea Franchetti ha creato la sua azienda agli inizi degli anni Novanta, scegliendo un angolo di Toscana, la Val d'Orcia, cui nessuno, prima di lui, aveva pensato per un progetto enologico. Le sue scelte rigorose ed estreme hanno regalato a questa parte della provincia sud orientale di Siena una delle aziende più orientate alla qualità dell'intero panorama toscano. I vini possiedono un tratto stilistico personale, di forte intensità, all'insegna di maturazioni quasi tardive e di maturazioni esclusivamente in legno piccolo.

Largo e concentrato il Tenuta di Trinoro '09, uvaggio di cabernet sauvignon, cabernet franc, petit verdot e merlot, è un vino aromaticamente sfaccettato e dal gusto pieno e convincente, nonostante il legno sia ancora in primo piano. Solare e possente Palazzi '09, da uve merlot in purezza, dai profumi piacevolmente erbacei e dalla bocca dolce, morbida e articolata. Più semplice Le Cupole '09, blend di cabernet franc, cabernet sauvignon, merlot e petit verdot, ottenuto dai vigneti più giovani, succoso e bilanciato.

● Nobile di Montepulciano Poggio Tocco Sel. '07	🍷🍷 5
● Nobile di Montepulciano Poggio Tocco '07	🍷🍷 4
● Lustro Poggio Tocco '07	🍷 5
● Rosso di Montepulciano Poggio Tocco '08	🍷 3

● Palazzi '09	🍷🍷 8
● Tenuta di Trinoro '09	🍷🍷 8
● Le Cupole di Trinoro '09	🍷 6
● Tenuta di Trinoro '08	🍷🍷🍷 8
● Tenuta di Trinoro '04	🍷🍷🍷 8
● Tenuta di Trinoro '03	🍷🍷🍷 8
● Le Cupole di Trinoro '07	🍷🍷 6
● Le Cupole di Trinoro '06	🍷🍷 6
● Le Cupole di Trinoro '05	🍷🍷 6
● Tenuta di Trinoro '07	🍷🍷 8
● Tenuta di Trinoro '06	🍷🍷 8
● Tenuta di Trinoro '05	🍷🍷 8

TOSCANA

Uccelliera
FRAZ. CASTELNUOVO DELL'ABATE
POD. UCCELLIERA, 45
53020 MONTALCINO [SI]
TEL. 0577835729
www.uccelliera-montalcino.it

VENDITA DIRETTA
VISITA SU PRENOTAZIONE

PRODUZIONE ANNUA 50.000 bottiglie
ETTARI VITATI 6.50

Andrea Cortonesi in pochi anni ha posizionato l'azienda Uccelliera tra quelle più interessanti di Montalcino. Il primo imbottigliamento è avvenuto con l'annata 1993. I vigneti si trovano nella zona di Castenuovo dell'Abate, lungo la sterrata che porta a Sant'Angelo in Colle. I terreni sono sabbiosi di medio impasto, ricchi di minerali anche perché vicino all'antica cava di onice. Lo stile dei vini è un bel compromesso tra tradizione e modernità, anche se ultimamente è stato incrementato l'uso di legni di piccolo taglio in rovere francese e le fermentazioni sono state accorciate.

Raggiunge spesso le finali il Brunello di questa azienda, segno di grande capacità produttiva e costanza qualitativa. Accade anche al 2006 che si ferma a un passo dal podio. Stile aziendale classico, con note floreali di viole e vena fruttata rappresentata da litchie e pesca gialla, ciliegie, prugne e more. Bocca di grande impatto, anche se non ancora rilassata, con il tannino e l'acidità che ancora mostrano un impeto giovanile, e finale in bella corrispondenza olfattiva. Ben fatto il Rosso '09, di discreta progressione, dal finale piacevole.

F.lli Vagnoni
LOC. PANCOLE, 82
53037 SAN GIMIGNANO [SI]
TEL. 0577955077
www.fratellivagnoni.com

VENDITA DIRETTA
VISITA SU PRENOTAZIONE
OSPITALITÀ

PRODUZIONE ANNUA 120.000 bottiglie
ETTARI VITATI 21.00
VITICOLTURA Biologico Certificato

Realtà di lunga data di San Gimignano (fu fondata nel 1955 ed è ancora oggi in mano alla famiglia Vagnoni), sorge su un promontorio che lambisce il borgo di Pancole, incarnandone di fatto i caratteri sotto il profilo dei terreni e della capacità evolutiva dei vini. Fattoria a tutto tondo (oltre alle vigne e al vino non mancano boschi, campi di seminativo, frutteti e terre dedicate all'olivo), l'azienda possiede anche un comodo agriturismo per soggiorni a due passi dallo splendido borgo di San Gimignano.

Semplicemente stupenda la Vernaccia di San Gimignano Fantabuccio '09, che matura in acciaio e per una quota in barrique. Intensa, dotata di grandissimo sapore e allungo, è centrata su intriganti note di agrume maturo e clorofilla, di pietra e muschio, fino a delicati ricordi marini. Una meraviglia. Niente male la Vernaccia '10, seria e precisa al naso, definita e gradevolmente aromatica in bocca, su note di menta e salvia. Solo buona la Vernaccia Riserva I Mocali '08, un po' prevedibile per via di note di frutta molto matura (ananas) e boisé, tanto al naso quanto in bocca, che vira repentina su percorsi amaricanti.

● Brunello di Montalcino '06	8
● Rapace '08	6
● Rosso di Montalcino '09	6
● Brunello di Montalcino Ris. '97	8
● Brunello di Montalcino '01	7
● Brunello di Montalcino '00	7
● Brunello di Montalcino '99	7
● Brunello di Montalcino '98	7
● Brunello di Montalcino Ris. '04	8
● Brunello di Montalcino Ris. '01	8
● Brunello di Montalcino Ris. '99	8

○ Vernaccia di S. Gimignano Fantabuccio '09	4*
○ Vernaccia di S. Gimignano '10	2*
○ Vernaccia di S. Gimignano I Mocali Ris. '08	5
○ Vernaccia di S. Gimignano '09	2
○ Vernaccia di S. Gimignano I Mocali Ris. '08	5
○ Vernaccia di S. Gimignano I Mocali Ris. '06	5
○ Vernaccia di S. Gimignano I Mocali Ris. '05	5
○ Vernaccia di S. Gimignano I Mocali Ris. '04	4

TOSCANA

Tenuta Val di Cava
Loc. Val di Cava
53024 Montalcino [SI]
Tel. 0577848261
www.valdicava.it

VISITA SU PRENOTAZIONE

PRODUZIONE ANNUA 57.000 bottiglie
ETTARI VITATI 19.00

I Brunello presentati da Vincenzo Abbruzzese, grande appassionato di cavalli, hanno mostrato un leggero cambiamento stilistico. Un ritorno a un maggiore pathos ilcinese, molto legato al versante settentrionale del comprensorio, ai piedi della collina di Montosoli, a 300 metri circa, dove l'azienda ha i vigneti, in un corpo unico. Bella la cantina, classica e funzionale, recentemente ampliata e fornita di ogni attrezzatura, ospita botti di varia dimensione, le più grandi per il Brunello.

Ottimi i vini di Vincenzo e Lucia Abruzzese. Il Brunello '06 è di grande solidità e segna una sorta di ritorno a uno stile più sobrio che ci convince maggiormente. Una leggera chiusura olfattiva si stempera dopo una piccola ossigenazione, per svelare sentori classici di tabacco, marasca e fieno. Bocca coerente con la zona di provenienza delle uve, con un tannino piuttosto solido, giovane, ancora da evolvere. Buona l'acidità, che sostiene il finale, decisamente ampio. Il Brunello Madonna del Piano Riserva '05 mostra note molto fresche e fruttate, con una leggera speziatura, e bocca elegante, di buona acidità, dal tannino risolto.

● Brunello di Montalcino '06	🍷🍷 8
● Brunello di Montalcino Madonna del Piano Ris. '05	🍷🍷 8
● Rosso di Montalcino '09	🍷 5
● Brunello di Montalcino Madonna del Piano Ris. '04	🍷🍷🍷 8
● Brunello di Montalcino '05	🍷🍷 8
● Brunello di Montalcino '04	🍷🍷 7
● Brunello di Montalcino '99	🍷🍷 8
● Brunello di Montalcino Madonna del Piano Ris. '03	🍷🍷 8
● Brunello di Montalcino Madonna del Piano Ris. '01	🍷🍷 8
● Brunello di Montalcino Madonna del Piano Ris. '99	🍷🍷 3
● Brunello di Montalcino Madonna del Piano Ris. '96	🍷🍷 8
● Rosso di Montalcino '08	🍷🍷 5

Tenuta Valdipiatta
Via della Ciarliana, 25a
53040 Montepulciano [SI]
Tel. 0578757930
www.valdipiatta.it

VENDITA DIRETTA
VISITA SU PRENOTAZIONE
OSPITALITÀ

PRODUZIONE ANNUA 100.000 bottiglie
ETTARI VITATI 30.00

Giulio Caporali si mosse da Roma per acquistare la tenuta verso la fine degli anni Ottanta: il suo scopo era quello di fare un vino che lo rappresentasse e per questo si gettò con entusiasmo nella nuova avventura. Lui stesso ha definito l'azienda la sua "Shangri-La", un ambiente di pace e tranquillità, dove ora risiede per dedicarsi a tempo pieno all'altra sua grande passione, quella degli studi storico letterari. A capo della struttura c'è ormai da tempo sua figlia Miriam, che porta avanti con passione l'opera iniziata dal padre.

Raggiunge le finali la Riserva '07 del Nobile, in virtù di un complesso olfattivo dove si colgono sentori evoluti come incenso e confettura di ciliege, uniti a piacevoli note speziate. In bocca risulta ampio e succoso, dai tannini misurati, con finale gustativo di notevole progressione. Bene il Nobile '08, con un naso soddisfatto da aromi decisi di frutti di bosco, con un corpo dinamico, dai tannini croccanti e beva godibile. Naso intrigante e corpo scattante per il Rosso '09, mentre il Pinot Nero '07 è un esercizio di stile non completamente riuscito. Fresco e beverino il Chianti Colli Senesi '09.

● Nobile di Montepulciano Ris. '07	🍷🍷 7
● Nobile di Montepulciano '08	🍷🍷 5
● Chianti Colli Senesi Tosca '09	🍷 4
● Pinot Nero '07	🍷 6
● Rosso di Montepulciano '09	🍷 4
● Nobile di Montepulciano Ris. '90	🍷🍷🍷 5
● Nobile di Montepulciano V. d'Alfiero '99	🍷🍷🍷 6
● Nobile di Montepulciano '07	🍷🍷 5
● Nobile di Montepulciano '06	🍷🍷 5
● Nobile di Montepulciano '05	🍷🍷 5
● Nobile di Montepulciano V. d'Alfiero '06	🍷🍷 7
● Nobile di Montepulciano V. d'Alfiero '05	🍷🍷 7
● Nobile di Montepulciano V. d'Alfiero '04	🍷🍷 7
● Nobile di Montepulciano V. d'Alfiero '03	🍷🍷 6
● Nobile di Montepulciano V. d'Alfiero '01	🍷🍷 6
● Pinot Nero '06	🍷🍷 6
● Trincerone '06	🍷🍷 6

TOSCANA

Tenuta di Valgiano
FRAZ. VALGIANO
VIA DI VALGIANO, 7
55018 LUCCA
TEL. 0583402271
www.valgiano.it

VENDITA DIRETTA

PRODUZIONE ANNUA 70.000 bottiglie
ETTARI VITATI 25.00
VITICOLTURA Biodinamico Certificato

Valgiano prende il nome da un luogo magnifico sulle colline lucchesi dove Moreno Petrini e Laura di Collobiano hanno dato vita a una delle imprese più suggestive del vino italiano, anche grazie alla partecipazione al progetto di Saverio Petrilli, uno degli esponenti più autorevoli del movimento biodinamico. Varietà a parte, i vini di Valgiano hanno una marcata impronta territoriale e si distinguono per un tratto peculiare e autentico che ha fatto scuola. Le vigne sono allevate su una terrazza di ciottoli e argille su alberese.

Il Tenuta di Valgiano, prodotto con uve sangiovese (in prevalenza), syrah e merlot raccolte nei vigneti più vecchi dell'azienda, ha un tratto decisamente scuro e denso, in cui accanto al solito tripudio di frutti neri maturi fanno capolino, via via più intense, folate di spezie, con il pepe nero in primo piano. La bocca è ricca e matura, calda e avvolgente ma anche dura e serrata, di bella profondità, con finale a ricordare le erbe di campo e la lavanda. Intenso Tre Bicchieri. Molto buono, in proporzione, anche il Rosso Palistorti '09, di bella dolcezza fruttata, denso e carnoso; meno convincente del solito, almeno al momento dei nostri assaggi, il Bianco Palistorti '10.

Varramista
LOC. VARRAMISTA
VIA RICAVO
56020 MONTOPOLI IN VAL D'ARNO [PI]
TEL. 057144711
www.varramista.it

VENDITA DIRETTA
VISITA SU PRENOTAZIONE
OSPITALITÀ

PRODUZIONE ANNUA 60.000 bottiglie
ETTARI VITATI 14.50
VITICOLTURA Naturale

La storia di questa tenuta è antica e articolata, incrocia quella delle celebri famiglie che si sono succedute nella proprietà, e racconta il suo legame col vino da lungo tempo, quando apparteneva ai conti Capponi. La svolta vinicola più recente arriva negli anni '90 per volontà di Giovanni Alberto Agnelli, che aveva ereditato la tenuta dal nonno Enrico Piaggio (l'ideatore della Vespa). Oltre al sangiovese, già presente in azienda, sono state impiantate diverse varietà internazionali con una predilezione per il syrah.

Ottima prova per il Varramista '08. Se saprà assorbire una certa ridondanza aromatica della maturazione in barrique, avremo di fronte un rosso di raro piglio e brillantezza. Ha un frutto chiaro e dolce, una componente erbacea e speziata raffinata, una bocca setosa, capace di andare in verticale con sicurezza e sapore. Il Frasca '08, da uve sangiovese, merlot e syrah, ha invece un profilo floreale, elegante, anche se, anche in questo caso, non manca una componente tostata sopra le righe. Buone nuove anche sul fronte Ottopioppi '08, da sangiovese e saldo di grenache, aperto e iodato. Un filo sotto ma godibile lo Sterpato '10, da sangiovese con aggiunte di merlot e cabernet.

● Colline Lucchesi Tenuta di Valgiano '08	🍷🍷🍷	6
● Colline Lucchesi Palistorti Rosso '09	🍷🍷	5
○ Colline Lucchesi Palistorti Bianco '10	🍷	5
● Colline Lucchesi Tenuta di Valgiano '07	🍷🍷🍷	7
● Colline Lucchesi Tenuta di Valgiano '06	🍷🍷🍷	7
● Colline Lucchesi Tenuta di Valgiano '05	🍷🍷🍷	7
● Colline Lucchesi Tenuta di Valgiano '04	🍷🍷🍷	7
● Colline Lucchesi Tenuta di Valgiano '03	🍷🍷🍷	7
● Colline Lucchesi Tenuta di Valgiano '01	🍷🍷🍷	8
● Colline Lucchesi Palistorti Rosso '07	🍷🍷	5
● Colline Lucchesi Palistorti Rosso '06	🍷🍷	5
● Colline Lucchesi Tenuta di Valgiano '02	🍷🍷	7
● Colline Lucchesi Tenuta di Valgiano '00	🍷🍷	8
● Colline Lucchesi Tenuta di Valgiano '99	🍷🍷	8

● Varramista '08	🍷🍷	7
● Frasca '08	🍷🍷	5
● Ottopioppi '08	🍷🍷	5
● Sterpato '10	🍷	3
● Varramista '00	🍷🍷🍷	7
● Frasca '07	🍷🍷	5
● Frasca '05	🍷🍷	5
● Ottopioppi '05	🍷🍷	4
● Varramista '07	🍷🍷	7

TOSCANA

Vecchia Cantina di Montepulciano
via Provinciale, 7
53045 Montepulciano [SI]
Tel. 0578716092
www.vecchiacantina.com

VENDITA DIRETTA
VISITA SU PRENOTAZIONE

PRODUZIONE ANNUA 3.500.000 bottiglie
ETTARI VITATI 1000.00

La Vecchia Cantina di Montepulciano nasce nel 1937, grazie a 14 produttori che uniscono le forze per dar vita a un progetto tuttora saldo: permettere di far vendere le uve in maniera dignitosa ai contadini, da un punto di vista economico, per dar luogo alla produzione di vini buoni a prezzi corretti. Il primo imbottigliamento è del 1940, poi la guerra e il periodo successivo servono a organizzarsi al meglio: sarà a cavallo degli anni Sessanta e Settanta che la cantina svolgerà un ruolo importante per lo sviluppo del territorio. Oggi rappresenta il primo produttore della denominazione.

Sono diversi i marchi che caratterizzano la produzione della Vecchia Cantina: il migliore è risultato il Nobile Riserva Poggio Stella '07, dai profumi intensi e variegati, con la confettura di more che si unisce a note di cacao e liquirizia. In bocca è largo, di buona densità, con i tannini appena eccessivi, con una vena acida gustosa. Finale rilassato, non troppo prolungato. Bene anche le due versioni di Nobile '08, pulite e nette al naso, con prevalenza speziata sul Cantine Redi, ma che soddisfano entrambe in bocca frazie a strutture non eccessive, che fanno della bevibilità il punto di forza.

● Nobile di Montepulciano '08	4
● Nobile di Montepulciano Cantine del Redi '08	5
● Nobile di Montepulciano Poggio Stella Ris. '07	5
● Nobile di Montepulciano Poggio Stella '08	5

Vegni - Capezzine
via Lauretana
52040 Cortona [AR]
Tel. 0575613026
www.itasvegni.it

VENDITA DIRETTA
VISITA SU PRENOTAZIONE

PRODUZIONE ANNUA 100.000 bottiglie
ETTARI VITATI 24.00

Una scuola statale produttrice di vino di qualità: non è un evento così diffuso in Italia ma quando capita, è sempre una bella scoperta da valorizzare. Fondato nel 1883, l'istituto nasce dalla volontà testamentaria del professor Angelo Vegni, proprietario di tutto il patrimonio lasciato alla scuola, dove è possibile, per gli studenti, alloggiare, studiare e svolgere le esercitazioni pratiche. La viticoltura gioca un ruolo importante nell'azienda agricola e nel corso del tempo si è proceduto a un rinnovo graduale dei vigneti, risalenti agli anni Settanta.

Bella versione quella del Syrah '09, che ha sorpreso favorevolmente il naso con note di grafite, frutta matura e lieve speziatura di cannella. All'esame gustativo risulta compatto, con tannino evidente ma integrato, con un finale sapido e piacevole. Interessante anche il vino dedicato al fondatore, il Munifico '09, dai profumi ben definiti, di ciliegia, con cenni di speziatura. In bocca è potente all'attacco, con sapore deciso e tensione tannica ben distribuita. Il finale lo trova vivace e succoso. Il resto della produzione si mantiene su un livello di correttezza, con i bianchi che si fanno apprezzare per la loro freschezza.

● Cortona Syrah '09	4*
● Munifico '09	4*
○ Chardonnay '10	3
● Cortona Cabernet Sauvignon '08	4
○ Sauvignon '10	3

TOSCANA

I Veroni

Loc. I Veroni
via Tifariti, 5
50065 Pontassieve [FI]
Tel. 0558368886
www.iveroni.it

VENDITA DIRETTA
VISITA SU PRENOTAZIONE
OSPITALITÀ

PRODUZIONE ANNUA 100.000 bottiglie
ETTARI VITATI 15.00
VITICOLTURA Naturale

Furono i conti Guidi i primi proprietari dell'azienda, in epoca medievale e, dove ora sorge la fattoria, si ergeva una torre di avvistamento. Dopo vari passaggi di proprietà, alla fine dell'800 fu acquistata da Carlo Malesci, la cui famiglia è ancora oggi la titolare. Nel 1978 si iniziò a occupare direttamente della gestione Laura Malesci che, nel 1996, si è fatta affiancare dal figlio Lorenzo Mariani, l'attuale presidente del Consorzio del Chianti Rufina. Il nome Veroni è legato alle ampie terrazze che costeggiano la fattoria.

Il Chianti Rufina Riserva '08 è il vino più riuscito, con un bagaglio aromatico vivace, con note salmastre che si alternano a quelle di sottobosco, poste su una base fruttata nella quale si distinguono prugna e mora. Corpo solido, equilibrato, nerbo acido in evidenza, tannini ben miscelati per un finale succoso e lungo. Molto piacevole il Vin Santo '04, dove i toni agrumati si sommano a elementi burrosi, fragranze di albicocca e pesca essiccate completano il bouquet. Valido l'ingresso in bocca, suadente, morbido, quasi sensuale, per un finale delicato ma persistente. Precisi e corretti il Chianti Rufina '09 e il Rosso '09, a base sangiovese.

● Chianti Rufina Ris. '08	▼▼ 5
○ Vin Santo del Chianti Rufina '04	▼▼ 6
● Chianti Rufina '09	▼ 4
● Rosso di Toscana '09	▼ 4
● Chianti Rufina '06	▽▽ 4*
● Chianti Rufina Ris. '07	▽▽ 5
● Chianti Rufina Ris. '06	▽▽ 5
○ Vin Santo del Chianti Rufina '03	▽▽ 6
○ Vin Santo del Chianti Rufina '02	▽▽ 6

I Vicini

fraz. Pietraia di Cortona
C.s: Pietraia 38/a
52038 Cortona [AR]
Tel. 0575678507
www.ivicinicortona.it

VISITA SU PRENOTAZIONE

ETTARI VITATI 11.00

Sembra quasi una trama da film quella che ha permesso la nascita di quest'azienda: da un lato un imprenditore californiano, Andy Goldfarb, che deve il suo successo alla diffusione dell'airbag; dall'altra Romano Antonioli, forte conoscitore di questi luoghi pur nascendo a Roma. Insieme costituiscono nel 2004 la società per la produzione di vino e, dopo un accurato lavoro di ricerca nel territorio della situazione ideale per impiantare il vigneto, danno il via al progetto, avvalendosi della consulenza di Antony Dunkley.

Tre i vini presentati alle nostre degustazioni: ci è piaciuto il Cabernet Sauvignon Laudario '08, carico al colore, naso intenso e avvolgente, con frutti rossi e spezie in maggiore evidenza, gusto coinvolgente, con tannino avvertibile. Molto interessante anche il Syrah Laudario '09, dal timbro olfattivo caratterizzato da note di pepe e liquirizia, unite a sentori di pelliccia, e frutta matura. In bocca è ricco e strutturato, appena iroso il tannino, ma il finale gratifica il palato di una certa rilassatezza e retrogusto fruttato. Di buona beva e profumi fragranti il Sangiovese Pergolaio '09.

● Cortona Laudario Cabernet Sauvignon '08	▼▼ 4
● Cortona Laudario Syrah '09	▼▼ 4
● Cortona Sangiovese Pergolaio '09	▼ 3

Vigliano

loc. San Martino alla Palma
via Carcheri, 309
50018 Scandicci [FI]
Tel. 0558727040
www.vigliano.com

VENDITA DIRETTA
VISITA SU PRENOTAZIONE

PRODUZIONE ANNUA 39.000 bottiglie
ETTARI VITATI 12.00

L'azienda è di proprietà della famiglia Marchionni, che vi trasferì da Firenze nel 1978. All'inizio era la voglia di vivere in campagna per praticare, al di fuori del lavoro, le attività agricole più semplici, come coltivare l'orto e produrre vino ed olio ma in maniera amatoriale. I figli, Lorenzo e Paolo, hanno dato un forte impulso all'attività vitivinicola, essendo entrambi molto appassionati: hanno curato la conversione alla coltivazione in agricoltura biologica e hanno cercato nel tempo, riuscendoci, di creare vini dotati di forte personalità.

I migliori sono risultati i vini bianchi: L'Erta '08 ha profumi di miele ed erbe aromatiche, lievi note agrumate, di limone con altri sentori fruttati. In bocca è caldo, morbido, dal nerbo acido vivace, pieno e dal finale saporito e gustoso. Il '09 segue la stessa linea, con maggiore freschezza al naso e con un corpo più bilanciato. L'Erta Rosso è composto da sangiovese e cabernet sauvignon, e nelle due annate, la '07 e la '08, risulta sempre un po' frenato in bocca dalla componente tannica, mentre i profumi sono intensi, di frutta fresca e lievi note balsamiche. L'Erta Sangiovese ha corpo più snello e fine con aromi decici di ciliegia.

● L'Erta '08	5
○ L'Erta Chardonnay '09	5
○ L'Erta Chardonnay '08	5
● L'Erta '07	5
● L'Erta Sangiovese '08	5
● L'Erta Sangiovese '07	5
● Rosso di Vigliano '09	4
● L'Erta '03	5
● L'Erta Sangiovese '05	5
● L'Erta Sangiovese Cabernet '05	5

Villa La Ripa

loc. Antria, 38
52100 Arezzo
Tel. 0575315118
www.villalaripa.it

VENDITA DIRETTA
VISITA SU PRENOTAZIONE

PRODUZIONE ANNUA 7.000 bottiglie
ETTARI VITATI 2.50

Le origini dell'azienda sono molto remote, risalgono addirittura al II secolo d.C, e il primo proprietario si chiamava Marco Peconio. Nel corso dei secoli molte sono state le famiglie che si sono succedute fino ad arrivare agli attuali titolari, la famiglia Luzzi, che ha dedicato molto tempo e passione per rinnovare la tenuta. Oltre alla produzione di vino e olio, l'azienda si distingue per la produzione di cosmetici ottenuti dai prodotti della vinificazione, grazie all'impegno e all'idea della figlia del titolare, Claudia, che mette così a frutto i suoi studi in farmacia.

Un nome che è tutto un programma quello dello Psyco '08, uvaggio paritario di sangiovese e cabernet sauvignon; gli aromi ricordano toni lievemente balsamici inseriti su un fruttato di prugna e frutti di bosco. Al gusto risulta morbido, di buona ampiezza, con tannini puntuti ma non aggressivi, sapido e dalla persistenza calibrata. Intrigante anche il Tiratari '08, ci è piaciuto il bagaglio aromatico complesso, dove alla base fruttata di ciliegia si sposa la nota di pepe fresco e un lieve floreale. In bocca si dimostra solido, carnoso, dalla trama tannica fine, vena acida intensa e buona progressione finale.

● Psyco '08	4*
● Tiratari '08	5
● Psyco '06	4*
● Psyco '04	4*

TOSCANA

Villa Petriolo
VIA DI PETRIOLO, 7
50050 CERRETO GUIDI [FI]
TEL. 057155284
www.villapetriolo.com

VISITA SU PRENOTAZIONE

PRODUZIONE ANNUA 55.500 bottiglie
ETTARI VITATI 14.00

Della tenuta di Petriolo si comincia a parlare già nel XVI secolo, quando la proprietà era della famiglia Alessandri, che contribuì ad arricchirla di ville, giardini e costruzioni. La famiglia Maestrelli l'ha acquistata quarant'anni fa e il padre Moreno ha lasciato poi il testimone alla figlia Silvia, che ha iniziato un lavoro di ristrutturazione dei vigneti e della parte cantina, oltre a cambiare l'immagine dell'azienda stessa, rendendola fresca e giovanile. La sorella Simona si occupa dell'accoglienza dei visitatori interessati alle visite, oltre a seguire in prima persona le degustazioni organizzate.

Conquista le finali il Chianti Rosae Mnemonis '09, un vino fresco, fruttato, dai sentori molto floreali, ai quali si abbinano quelli di ciliegia e di macchia mediterranea. In bocca l'attacco è morbido, rilassato, vena acida importante ma ben equilibrata, per un finale pieno e prolungato. L'Imbrunire '10, Canaiolo in purezza, ha profumi fascinosi, di piccoli frutti e note di erbe aromatiche; al gusto si mostra molto rilassato, morbido, solo un po' esile. Beverino il Chianti '09, mentre il Golpaja '08, da sangiovese e merlot, pur dotato di potenza, ha naso ancora da definire.

- Chianti Rosae Mnemosis '09   5
- Chianti Villa Petriolo '09   4
- Golpaja '08   5
- L'Imbrunire '10   5
- Chianti Rosae Mnemosis '08   5
- Golpaja '06   5
- L'Imbrunire '08   5
- Ser Berto '08   5

Villa Pillo
VIA VOLTERRANA, 24
50050 GAMBASSI TERME [FI]
TEL. 0571680212
www.villapillo.com

VENDITA DIRETTA
VISITA SU PRENOTAZIONE

PRODUZIONE ANNUA 250.000 bottiglie
ETTARI VITATI 44.00

La proprietà della tenuta è di due coniugi americani John e Cathe Dyson, profondamente innamorati dell'Italia, che l'acquistarono nel 1989. La villa che si trova al suo interno ha origini medievali; dopo l'acquisizione i nuovi titolari hanno operato un radicale intervento di ristrutturazione dei vigneti, lasciando le colture tradizionali come il sangiovese e aggiungendo molte varietà di vitigni internazionali. In cantina sono state adottate le moderne tecnologie, forti anche dell'esperienza californiana.

Il Borgoforte '09, uvaggio di sangiovese, cabernet sauvignon e merlot, ha profumi intensi, di frutti di bosco e note speziate di cannella e chiodi di garofano. In bocca dimostra sostanza, bella tessitura tannica e nerbo acido appetitoso. Gradevole anche il Cypresses '09, Sangiovese in purezza, dal bagaglio aromatico moto fruttato, con ciliegia e prugna in bella evidenza, note lievi di erbe aromatiche, corpo bilanciato, caldo, di bella armonia. Il resto della produzione si mantiene nei binari di estrema correttezza, con una nota di merito per il Sant'Adele '09, Merlot in purezza, e il Vivaldaia '09, Cabernet Franc.

- Borgoforte '09   4*
- Cypresses '09   4
- Cingalino '10   3
- Merlot Sant'Adele '09   6
- Syrah '09   6
- Vivaldaia '09   6
- Syrah '97   5
- Borgoforte '08   4*
- Cingalino '09   2
- Cypresses '08   4*
- Merlot Sant'Adele '08   6
- Syrah '06   6

TOSCANA

Villa Vignamaggio
VIA DI PETRIOLO, 5
50022 GREVE IN CHIANTI [FI]
TEL. 055854661
www.vignamaggio.com

VENDITA DIRETTA
VISITA SU PRENOTAZIONE
OSPITALITÀ
RISTORAZIONE

PRODUZIONE ANNUA 250.000 bottiglie
ETTARI VITATI 42.00

Giovanni Battista Nunziante fondò Villa Vignamaggio nel 1987 e oggi l'azienda si ritrova stabilmente nel novero delle aziende di riferimento dell'areale di Greve in Chianti. La produzione ha come protagonista il sangiovese ma Vignamaggio deve molto del suo successo anche a una varietà internazionale: il cabernet franc. Lo stile dei vini, che godono di una rassicurante continuità qualitativa, persegue le vie dell'eleganza e della finezza, anche grazie a un uso oculato dei legni che mixano, a seconda delle tipologie, botti grandi e barrique.

Il Cabernet Franc Vignamaggio resta senza dubbio uno dei migliori Supertuscan della zona di Greve in Chianti. La versione '08 si distingue per eleganza, con un bagaglio aromatico di grande freschezza, che alterna note di erba e spezie, e una progressione gustativa ben ritmata e di buona profondità. Bene i Chianti Classico '09: il Terre di Prenzano è un vino reattivo e succoso, mentre l'annata è più spostato verso i toni dolci del frutto e del rovere. A tratti rigido il Chianti Classico Monna Lisa Riserva '08. Ancora un po' chiuso aromaticamente l'Obsession '08, blend di merlot, cabernet sauvignon e syrah. Godibile Il Morino '09, da uve sangiovese.

● Vignamaggio '08	🍷 8
● Chianti Cl. '09	🍷🍷 5
● Chianti Cl. Terre di Prenzano '09	🍷🍷 4
● Chianti Cl. Monna Lisa Ris. '08	🍷 6
● Il Morino '09	🍷 3
● Obsession '08	🍷 7
● Chianti Cl. Monna Lisa Ris. '99	🍷🍷🍷 6
● Chianti Cl. Monna Lisa Ris. '95	🍷🍷🍷 4
● Vignamaggio '05	🍷🍷🍷 8
● Vignamaggio '04	🍷🍷🍷 7
● Vignamaggio '01	🍷🍷🍷 7
● Vignamaggio '00	🍷🍷🍷 7
● Obsession '01	🍷🍷 7
● Vignamaggio '03	🍷🍷 7

Tenuta Vitanza
FRAZ. TORRENIERI
POD. BELVEDERE, 145
52024 MONTALCINO [SI]
TEL. 0577832882
www.tenutavitanza.it

VENDITA DIRETTA
VISITA SU PRENOTAZIONE

PRODUZIONE ANNUA 150.000 bottiglie
ETTARI VITATI 16.00

Un'azienda al femminile quella di Rosalba Vitanza, con la nuova cantina nell'enclave di Torrenieri, bellissima sia per le soluzioni architettoniche che per quelle tecniche. Le fermentazioni sono affidate a evolutissimi tini in acciaio con vari controlli automatici e manuali, mentre tutta la cantina e termocondizionata. L'azienda dispone di circa 16 ettari di vigneto, ripartito tra le varie denominazioni ilcinesi. Due le zone di appartenenza: la prima in quel di Torrenieri, con terreni argillosi e presenza di tufo, mentre a Castelnuovo dell'Abate i terreni hanno scheletro molto fitto, con lenti di galestro.

Molto solidi i vini della cantina di Torrenieri, con i due Brunello '06 tra i migliori del millesimo. Abbiamo preferito il Tradizione, anche se riteniamo che l'uscita anticipata non gli abbia reso giustizia. Naso intenso su note fruttate di pesca e confettura di frutti rossi, e una sensazione tostata e di caffè ancora evidente. Bocca di grande sostanza e concentrazione, ancora piuttosto cruda e poca rilassata, che non permette ancora una progressione profonda. Con il tempo e la permanenza in bottiglia si dovrebbe distendere. Su note più fruttate di ciliegia e di più facile beva il Brunello '06. Qui la bocca, meno potente, è piu rilassata e più facilmente fruibile.

● Brunello di Montalcino Tradizione '06	🍷 6
● Brunello di Montalcino '06	🍷🍷 7
● Rosso di Montalcino '09	🍷 4
● Brunello di Montalcino '00	🍷🍷🍷 7
● Brunello di Montalcino Tradizione '04	🍷🍷🍷 6
● Brunello di Montalcino '05	🍷🍷 7
● Brunello di Montalcino '03	🍷🍷 7
● Brunello di Montalcino '01	🍷🍷 7
● Brunello di Montalcino '98	🍷🍷 8
● Brunello di Montalcino Ris. '01	🍷🍷 8
● Rosso di Montalcino '08	🍷🍷 4

TOSCANA

Tenuta Vitereta
via Casanuova, 108/1
52020 Laterina [AR]
Tel. 057589058
www.tenutavitereta.com

VENDITA DIRETTA
VISITA SU PRENOTAZIONE
OSPITALITÀ
RISTORAZIONE

PRODUZIONE ANNUA 80.000 bottiglie
ETTARI VITATI 50.00
VITICOLTURA Biologico Certificato

La Tenuta Vitereta può essere considerata antesignana, in Toscana, nell'abbracciare la filosofia della produzione biologica e biodinamica. Una fattoria organizzata secondo criteri antichi, dove alle colture di sementi di vario genere, da destinare anche ad uso interno, abbina la produzione di formaggi con latte delle pecore che brucano nei campi di proprietà, l'allevamento di maiali per la produzione di salumi, l'attività di agriturismo e, ovviamente, quella olearia e vitivincola, che rappresenta la passione più forte per i proprietari.

Sono i vini da dessert a eccellere, partendo dal Supremo '03, un vino a base di uve trebbiano, amaricante al naso, dal corpo sensuale, dolce ma dotato della vena acida indispensabile a renderlo bevibile, con lunga persistenza gustativa. Interessante anche il Vin Santo '04, dai toni surmaturi di frutta come datteri e fichi secchi, dove però si staglia evidente la ciliegia sotto spirito. Al gusto è ampio, vellutato, anche grasso, per un godibile allungo finale. Tra i rossi, a eccellere è il Ripa della Mozza '07, Sangiovese in purezza, austero all'olfatto, con temi che variano dal fruttato al terziario di tabacco e cuoio, per un gusto delicato ma continuo e di gradevole beva. Corretti gli altri vini.

- Ripa della Mozza '07 — 5
- Supremo '03 — 7
- Vin Santo del Chianti Occhio di Pernice '04 — 8
- Chianti Casarossa Ris. '08 — 5
- Rosadele '10 — 5
- Villa Bernetti '06 — 5
- Supremo '04 — 8
- Trebbiano di Toscana '08 — 5

Viticcio
via San Cresci, 12a
50022 Greve in Chianti [FI]
Tel. 055854210
www.fattoriaviticcio.com

VENDITA DIRETTA
VISITA SU PRENOTAZIONE
OSPITALITÀ

PRODUZIONE ANNUA 200.000 bottiglie
ETTARI VITATI 42.00
VITICOLTURA Naturale

La fattoria Viticcio, di proprietà fin dagli anni Sessanta della famiglia Landini, ha cominciato a produrre le sue prime etichette nel 1964. Lo stile aziendale privilegia vini pieni e strutturati dal frutto ricco e ben maturo, sostenuti da un buon contributo del rovere, declinato però con misura. In cantina troviamo sia legni grandi per la maturazione dei prodotti base, sia botti piccole per l'invecchiamento dei vini più importanti. Dal 2001 l'azienda di Greve in Chianti ha cominciato a produrre vino anche nel bolgherese con la tenuta I Greppi.

Il Prunaio '08, Sangiovese in purezza, è un vino dal bagaglio aromatico ricco e sfaccettato, in cui il frutto è ben assecondato da note di vaniglia e spezie. Al palato la progressione è avvolgente e continua, con tannini morbidi e finale di buona lunghezza e profondità. Ben fatti i Chianti Classico Riserva '08, con il Beatrice che evidenzia un naso più definito e una bocca tendenzialmente succosa e sapida. Piacevole il Chianti Classico '09, dal gusto fresco e dolce e dai profumi aperti, con qualche cenno erbaceo un po' dissonate. Ancora contratto il Monile '08, da un uvaggio di cabernet sauvignon e merlot.

- Prunaio '08 — 7
- Chianti Cl. '09 — 4
- Chianti Cl. Beatrice Ris. '08 — 6
- Chianti Cl. Ris. '08 — 5
- Monile '08 — 7
- Prunaio '99 — 7
- Chianti Cl. '07 — 4*
- Chianti Cl. Beatrice Ris. '07 — 6
- Chianti Cl. Beatrice Ris. '06 — 6
- Chianti Cl. Beatrice Ris. '00 — 6
- Chianti Cl. Ris. '99 — 6
- Prunaio '01 — 8

TOSCANA
LE ALTRE CANTINE

Abbadia Ardenga
FRAZ. TORRENIERI
VIA ROMANA, 139
53028 MONTALCINO [SI]
TEL. 0577834150
www.abbadiardengapoggio.it

Azienda a conduzione statale dai vini sempre affidabili e offerti a ottimi prezzi. Lo stile è tradizionale, con lunghi invecchiamenti in botti di rovere slavo di grandi dimensioni. La zona settentrionale dona freschezza ed eleganza come dimostra il Brunello '06, non un portento di forza e progressione ma di ottima beva, dal frutto nitido.

● Brunello di Montalcino '06	♛♛ 6
● Rosso di Montalcino '09	♛ 4

Acquabona
LOC. ACQUABONA
57037 PORTOFERRAIO [LI]
TEL. 0565933013
www.acquabonaelba.it

Merita un plauso questa storica azienda dell'Isola d'Elba, realtà storica che conduce con caparbia circa 14 ettari di vigna. Non ci è affatto dispiaciuto l'Elba Rosso '09 che non sarà un mostro di complessità ma risulta piacevole e franco, godibile e succoso. Sullo stesso livello il Merlot Benvenuto '09, dai toni fruttati ed erbacei. Gradevoli i bianchi.

● Benvenuto '09	♛♛ 4
● Elba Rosso '09	♛♛ 4*
● Aleatico dell'Elba '08	♛ 6
○ Elba Ansonica '10	♛ 4
○ Elba Bianco '10	♛ 3

Agricola Alberese
FRAZ. ALBERESE
LOC. SPERGOLAIA
58010 GROSSETO
TEL. 0564407180
www.alberese.com

L'azienda è di proprietà della Regione Toscana e, su una superficie di 4600 ettari, la maggior parte dei quali coperti da bosco, ne ricava oltre 50 dedicati ai vigneti, coltivati in maniera biologica. Ci è piaciuto quest'anno il Morellino Villa Fattoria Granducale, dal naso evoluto e bocca succosa, ampia e fresca.

● Morellino di Scansano Villa Fattoria Granducale '09	♛♛ 4
● Morellino di Scansano Barbicato '08	♛ 6

Altiero
VIA SAN CRESCI, 58
50022 GREVE IN CHIANTI [FI]
TEL. 055853728
www.altieroinchianti.it

Una cantina artigianale quella di proprietà di Paolo Baldini, condotta da un giovane che sembra proprio avere le idee chiare. Il Chianti Classico Riserva '08 è non solo ben fatto, ma anche dotato di personalità. I suoi profumi sono eleganti e ben profilati, mentre al palato il vino è succoso e contrastato.

● Chianti Cl. Ris. '08	♛♛ 5

Altura
LOC. MULINACCIO
58012 GIGLIO
TEL. 0564806041
www.vignetoaltura.it

Sempre un grande Ansonaco, quello della famiglia Carfagna, ricavato da terrazzamenti che non è sbagliato definire eroici: un vino vivo, forte, dall'impatto olfattivo che conquista, dai toni di miele, minerali, cenni fruttati evoluti, corpo ben definito, sapido, dalla lunga persistenza gustativa. Il Rosso Saverio '08 è prodotto da un mix incredibile di vitigni presenti sull'isola.

○ Ansonaco '10	♛♛ 6
● Rosso Saverio '08	♛ 7

Stefano Amerighi
FRAZ. FARNETA
VIA DI POGGIOBELLO
52044 CORTONA [AR]
TEL. 0575648340
www.stefanoamerighi.it

Non è un vino che si apprezza in maniera immediata il Cortona Syrah '08. Si fa scoprire poco per volta, come dovesse essere corteggiato. Profumo dapprima animale, di cuoio, con note di catrame, che poi si apre e lascia filtrare note di frutto fresco. Succoso, dai tannini ordinati, con una vena acida che dona tono e dinamicità.

● Cortona Syrah '08	♛♛ 6

TOSCANA 694
LE ALTRE CANTINE

Tenuta di Arceno
Fraz. San Gusmè
Loc. Arceno
53010 Castelnuovo Berardenga [SI]
Tel. 0577359346
www.tenutadiarceno.com

Due Chianti Classico convincenti quelli prodotti dall'azienda di San Gusmè. Il Riserva '08 è molto profumato e in bocca possiede una bella acidità che lo rende ben contrastato, l'annata è succoso e fresco. Ancora contratto l'Arcanum '06, a base di sangiovese, cabernet sauvignon e merlot.

● Chianti Cl. '09	4
● Chianti Cl. Ris. '08	6
● Arcanum '06	8

Tenuta La Badiola
Loc. Badiola
58043 Castiglione della Pescaia [GR]
Tel. 0564944315
www.tenutalabadiola.it

La Tenuta fa parte delle aziende del gruppo Moretti, che già possiede Petra in Toscana, Bellavista e Contadi Castaldi in Lombardia. Buono l'Acquagiusta Rosso '08, uvaggio di merlot, cabernet sauvignon e syrah, fresco e speziato al naso, dal corpo morbido, rilassato, godibile e persistente. Piacevoli i bianchi, freschi e fruttati.

● Acquagiusta Rosso '08	4*
○ Acquadoro '10	5
⊙ Acquagiusta Rosato '10	4
○ Acquagiusta Vermentino '10	4

Basile
Pod. Monte Mario
58044 Cinigiano [GR]
Tel. 0564993227
www.basilessa.it

I fratelli Basile arrivano a Montecucco nel 1999 e rilevano una proprietà abbandonata da 30 anni, per trasformarla in un'azienda molto attiva. Ottimo il Montecucco Rosso '08, intenso nei profumi, carnoso e vivo in bocca, dai tannini morbidi, sapido sul finale. Corretti l'Ad Agio '07, Sangiovese, e il Comandante '07, da sangiovese in prevalenza e merlot.

● Montecucco Cartacanta '08	4*
● Ad Agio '07	4
● Montecucco Sangiovese Comandante '07	5

Belsedere
Loc. Belsedere
53020 Trequanda [SI]
Tel. 0577662307
www.belsedere.com

Di proprietà della famiglia Gori Pannilini, questa azienda di Trequanda conta su 15 ettari di vigneto. Molto piacevole il sorso del Rossointenso '08, un Sangiovese in purezza scorrevole e succoso. Bene anche l'Orcia Tenuta Belsedere '07, dai tratti aromatici ancora molto concentrati, ma dalla bocca saporita e ben ritmata.

● Rossointenso '08	4
● Orcia Tenuta Belsedere '07	4

Tenuta di Bibbiano
Via Bibbiano, 76
53011 Castellina in Chianti [SI]
Tel. 0577743065
www.tenutadibibbiano.com

Continua a convincerci il Chianti Classico Montornello che, anche nella versione '09, si dimostra un vino generoso e ben fatto. Aromaticamente pulito e fresco, possiede gusto scattante e deciso. Più incerto il Chianti Classico Vigna del Capannino Riserva '08, dai profumi tenui e non perfettamente a fuoco e dalla bocca ancora un po' contratta.

● Chianti Cl. Montornello '09	5
● Chianti Cl. V. del Capannino Ris. '08	6

Il Boschetto
Loc. Il Boschetto
58044 Cinigiano [GR]
Tel. 0564994644
www.ilboschetto.de

Acquistata da Walter Regina nel 2000 con il rinnovo della cantina nel 2003. Molto valido il Montecucco Sangiovese La Cadenza '09, dal naso fresco, di erbe aromatiche, unite a mirtilli e ribes. In bocca è ben articolato, caldo, armonico, con gustosa sapidità finale.

● Montecucco Sangiovese La Cadenza '09	4
● Il Fiore '09	5

TOSCANA
LE ALTRE CANTINE

La Casa di Bricciano
loc. La Casa di Bricciano, 43
53013 Gaiole in Chianti [SI]
Tel. 0577 749297
www.lacasadibricciano.it

L'azienda di Gaiole in Chianti è condotta da Peter de Pentheny O'Kelly e alleva i suoi vigneti a regime biologico. Molto buono Il Ritrovo '08, blend di cabernet sauvignon e merlot, aromaticamente sfumato e dal gusto morbido e saporito. Più contratto il Chianti Classico Riserva '08, che possiede però profumi eleganti. Semplice e beverino il Sangiovese '08.

- Il Ritrovo '08 — 8
- Chianti Cl. Ris. '08 — 6
- Sangiovese '08 — 7

Tenute Toscane di Bruna Baroncini
loc. Sovestro, 62
53037 San Gimignano [SI]
Tel. 0577 1912053
www.tenutetoscane.com

Tante le aziende che fanno capo a Bruna Baroncini in Toscana. Solo di alcune di queste sono arrivati i campioni in degustazione. Convincente il Brunello '06, ampio e saporito, così come il Sant'Antimo Rosso Cervio '08. Dalla Maremma fresco ed equilibrato il Morellino Campo della Paura '08.

- Brunello di Montalcino Poggio Il Castellare '06 — 7
- Morellino di Scansano Campo della Paura Fattoria Querciarossa '08 — 4
- Sant'Antimo Rosso Cervio Poggio il Castellare '08 — 5

Brunelli - Le Chiuse di Sotto
loc. Podernovone, 154
53024 Montalcino [SI]
Tel. 0577849337
www.giannibrunelli.it

Buona la coerenza produttiva di questa azienda che consta di due realtà produttive, una sul fronte settentrionale di Montalcino, dove ha sede l'azienda, e i vigneti dei Podernuovi nel versante sud. Convincente il Brunello '06, dall'acidità ben coperta dalla vena alcolica, elegante e profumato.

- Brunello di Montalcino '06 — 7
- Rosso di Montalcino '09 — 5

Caccia al Piano 1868
loc. Bolgheri
via Bolgherese, 279
57022 Castagneto Carducci [LI]
Tel. 056557022
www.berlucchi.it

Di proprietà della Guido Berlucchi, Caccia al Piano è una bella azienda che vanta una ventina di ettari di vigna divisi in tre corpi. Il vino migliore è il Bolgheri Superiore Levia Gravia '08, erbaceo e floreale nei profumi, ha un profilo gustativo affusolato e saporito. Il Ruith Hora '09 paga solo un tannino non del tutto preciso.

- Bolgheri Sup. Levia Gravia '08 — 8
- Bolgheri Ruit Hora '09 — 6

Caiarossa
loc. Serra all'Olio, 59
56046 Riparbella [PI]
Tel. 0586699016
www.caiarossa.com

È una delle aziende della costa toscana su cui vale la pena scommettere. Bellissima, condotta con metodi biodinamici, ha solo bisogno di un minimo di regolarità in più per spiccare il volo. Il Caiarossa '08 (da sangiovese in prevalenza e altre varietà internazionali) è un vino scattante, pieno di energia, gustoso nei richiami di frutta rossa e spezie fini.

- Caiarossa '08 — 7

Le Calle
fraz. Poggi del Sasso
loc. La Cava
58044 Cinigiano [GR]
Tel. 0564990432
www.lecalle.it

L'azienda è di proprietà di Riccardo Catocci, che fin dalla nascita della denominazione Montecucco è stato uno dei più ferventi sostenitori. Molto bene il Montecucco Rosso Campo Rombolo '08, dai profumi non banali, che spaziano dalla macchia mediterranea alla frutta matura, corpo solido e ben amalgamato, finale pieno e soddisfacente.

- Montecucco Campo Rombolo '08 — 4*
- Montecucco Poggio d'Oro '08 — 4
- Rosa della Calle '10

TOSCANA

LE ALTRE CANTINE

La Calonica
FRAZ. VALIANO DI MONTEPULCIANO
VIA DELLA STELLA, 27
53045 MONTEPULCIANO [SI]
TEL. 0578724119
www.lacalonica.com

Il miglior risultato lo ottiene il Nobile San Venerio Riserva '07, grazie a un naso intenso, molto speziato, dove fanno capolino vaniglia e chiodi di garofano, inseriti in una base fruttata. Ottimo l'ingresso in bocca, largo, con trama tannica ben distribuita, freschezza appropriata e finale gustoso. Ricco al naso e di beva interessante il Nobile '08.

● Nobile di Montepulciano San Venerio Ris. '07	6
● Cortona Sangiovese Calcinaio '10	4
● Cortona Sangiovese Girifalco '09	6
● Nobile di Montepulciano '08	5

Campo alla Sughera
LOC. CACCIA AL PIANO, 280
57020 BOLGHERI [LI]
TEL. 0565766936
www.campoallasughera.com

Sorta negli anni Novanta, l'azienda conta su una quindicina di ettari di vigna. Tra i vini il Bolgheri Rosso Adeo '09 ha un profilo di frutta e spezie ma in bocca paga un tannino non del tutto a fuoco; il Bolgheri Superiore Arnione è incapace di distendersi pienamente. Il migliore allora è il Campo alla Sughera '08, Petit Verdot speziato e sapido.

● Campo alla Sughera '08	8
● Bolgheri Rosso Adeo '09	5
● Bolgheri Rosso Sup. Arnione '08	7

Camporignano
FRAZ. MONTEGUIDI
53031 CASOLE D'ELSA [SI]
TEL. 0577963915
www.camporignano.it

Freschezza e buone doti di bevibilità contraddistinguono il Mattaione '09, dai profumi lievi e puliti e dalla bocca gustosa e continua. Beverino e immediato il Camporignano '10, uvaggio di merlot e sangiovese. Un po' di rovere in esubero disturba l'articolazione del possente Cerronero '08, blend di cabernet sauvignon e merlot.

● Mattaione '09	4
● Camporignano '10	3
● Cerronero '08	6

Canonica a Cerreto
LOC. CANONICA A CERRETO
53019 CASTELNUOVO BERARDENGA [SI]
TEL. 0577363261
www.canonicacerreto.it

Un Chianti Classico Riserva '07 molto convincente, quello prodotto da questa realtà del comprensorio di Castelnuovo Berardenga, che conta su 21 ettari di vigneto. I suoi profumi sono tenui e sfumati e in bocca il vino è elegante, vivo e succoso. Materico ma ancora rigido il San Diavolo '06, uvaggio di sangiovese, cabernet sauvignon e merlot.

● Chianti Cl. Ris. '07	5
● San Diavolo '06	5

Cantalici
FRAZ. CASTAGNOLI
VIA DELLA CROCE, 17-19
53013 GAIOLE IN CHIANTI [SI]
TEL. 0577731038
www.cantalici.it

Un Chianti Classico '08 davvero convincente quello prodotto dai fratelli Cantalici nella sottozona di Castagnoli. I profumi sono freschi e invitanti e in bocca il vino si distende garbato e saporito. Solida la Riserva Messer Ridolfo '08, dagli aromi più ampi e dalla progressione gustativa succosa e ben articolata, con il rovere presente ma non invasivo.

● Chianti Cl. '08	4
● Chianti Cl. Messer Ridolfo Ris. '08	5

Cantina Cooperativa di Capalbio
S.DA PEDEMONTANA
58011 CAPALBIO [GR]
TEL. 0564890253

La cantina cooperativa del territorio opera da cinquant'anni con grande attenzione alla qualità. Il migliore è risultato il Lentisco '07, Cabernet Sauvignon in purezza, ricco e polposo, di bella stoffa. Invitante e gustoso il Fior d'Ansonica '10, accattivante e saporito il Trecoste '10, Vermentino fruttato e leggero.

● Lentisco '07	5
○ Fior d'Ansonica '10	5
● Poggio de' Lepri '07	5
○ Trecoste '10	4

TOSCANA
LE ALTRE CANTINE

Caparsa
case sparse Caparsa, 47
53017 Radda in Chianti [SI]
Tel. 0577738174
www.caparsa.it

Fra i due Chianti Classico Riserva, presentati dall'azienda della famiglia Cianferoni, convince di più il Caparsino '07. Un vino dai profumi terrosi e dalla progressione gustativa articolata e di buon equilibrio, saporita e persistente. Spostato su aromi più maturi il Doccio a Matteo '07, più macchinoso nel suo sviluppo e a tratti con qualche sensazione asciugante.

- Chianti Cl. Caparsino Ris. '07 ŸŸ 5
- Chianti Cl. Doccio a Matteo Ris. '07 Ÿ 6

Cappella Sant'Andrea
loc. Casale, 26
53037 San Gimignano [SI]
Tel. 0577940456
www.cappellasantandrea.it

Voluta e condotta dalla famiglia Leoncini, questa piccola azienda è ormai una delle realtà storiche di San Gimignano, visto che la proprietà viene acquisita negli anni '50. Quest'anno abbiamo particolarmente apprezzato l'ottima Vernaccia di San Gimignano '10, dai sentori floreali e di frutto a pasta bianca e dal palato fresco, vibrante e di grande bevibilità.

- ○ Vernaccia di S. Gimignano '10 ŸŸ 4*
- Chianti Colli Senesi Arciduca '09 Ÿ 4

Casa Emma
loc. Cortine
s.p. di Castellina in Chianti, 3
50021 Barberino Val d'Elsa [FI]
Tel. 0558072239
www.casaemma.com

Buona la prova del Chianti Classico Riserva '08 dell'azienda di proprietà della famiglia Bucalossi. I suoi profumi sono netti e il fruttato maturo è ben integrato alle note di rovere. In bocca il vino è ampio e ben ritmato, finendo sui toni dolci della vaniglia. Restano ancora chiusi gli aromi del Chianti Classico '09, dal gusto fresco e immediato.

- Chianti Cl. Ris. '08 ŸŸ 6
- Chianti Cl. '09 Ÿ 4

Casa Sola
s.da di Cortine, 5
50021 Barberino Val d'Elsa [FI]
Tel. 0558075028
www.fattoriacasasola.it

Dal timbro aromatico tradizionale il Vin Santo del Chianti Classico '05 dell'azienda di proprietà della famiglia Gambaro. Un bagaglio aromatico che spazia fra note di mallo di noce e frutta secca, a introdurre un palato di buona dolcezza, capace di non diventare mai stucchevole. Non perfettamente puliti i profumi del Chianti Classico '09, di buona materia.

- ○ Vin Santo del Chianti Cl. '05 ŸŸ 7
- Chianti Cl. '09 Ÿ 5

Fattoria Casabianca
fraz. Casciano di Murlo
loc. Montepescini
53016 Murlo [SI]
Tel. 0577811033
www.fattoriacasabianca.it

Delizioso il Loccareto '08, un Canaiolo in purezza dagli aromi sfumati e freschi e dalla progressione gustativa ritmata e sapida. Di buona stoffa il Chianti Colli Senesi Riserva '08, dai profumi tendenzialmente erbacei e dalla bocca solida e quasi austera. Più immediato il Chianti Colli Senesi '10, piacevole e scorrevole al palato.

- Loccareto '08 ŸŸ 5*
- Chianti Colli Senesi '10 Ÿ 3
- Chianti Colli Senesi Ris. '08 Ÿ 4

Casal di Pari
fraz. Casal di Pari
58045 Civitella Paganico [GR]
Tel. 030736151

L'azienda sorge in quello che una volta veniva definito imposto ovvero luogo di sosta per i viandanti. Il vino più riuscito risulta essere il Montecucco Sangiovese Riserva '07, che al naso convince per la gamma variegata, che spazia dal minerale al fruttato, corpo solido ed equilibrato, finale saporito e persistente.

- Montecucco Sangiovese Ris. '07 ŸŸ 5
- Montecucco Casal di Pari '08 Ÿ 4
- Montecucco Casal di Pari '07 Ÿ 4

TOSCANA

LE ALTRE CANTINE

Casale dello Sparviero Fattoria Campoperi
Loc. Casale, 93
53011 Castellina in Chianti [SI]
Tel. 0577743228
www.casaledellosparviero.it

Il Chianti Classico '08 è un vino ben costruito che possiede profumi puliti e in bocca evidenzia buona concentrazione, sviluppo continuo e un finale saporito. Più incerto il Chianti Classico Riserva '08, dagli aromi lievi e dal palato con un po' di rovere ancora da digerire. Solido il Rosso del Casale '10, da uve sangiovese, cabernet sauvignon e merlot.

- Chianti Cl. '08 — 5
- Chianti Cl. Ris. '08 — 5
- Rosso del Casale '10 — 4

Fattoria Casaloste
via Montagliari, 32
50020 Panzano [FI]
Tel. 055852725
www.casaloste.com

Non favorita probabilmente dal corso delle annate, la gamma dei vini di Giovanni Battista D'Orsi, napoletano d'origine ormai chiantigiano a tutti gli effetti. Il Chianti Classico Don Vincenzo Riserva '08 rimane un vino di buona materia, ma la Riserva '08 non riesce a distendersi completamente, e il Chianti Classico '09 evidenzia qualche incertezza olfattiva.

- Chianti Cl. Don Vincenzo Ris. '08 — 7
- Chianti Cl. '09 — 5
- Chianti Cl. Ris. '08 — 6

Casanova della Spinetta
Loc. Casanova
56030 Terricciola [PI]
Tel. 0587690508
www.la-spinetta.com

Buono, anche se non ai livelli della vendemmia precedente, Il Colorino '08. Ha profumi di caramella inglese e frutta matura, mentre il palato è gustoso, ricco di succo anche se un po' rigido sul piano tannico. Convincente Il Nero di Casanova '08, Sangiovese di Terricciola dai toni dolci di caramella al naso, contornato da cenni boisé e speziati piuttosto fini.

- Il Colorino di Casanova '08 — 6
- Il Nero di Casanova '08 — 5
- O Il Gentile di Casanova '08 — 6

Casavyc
pod. Camporomano, 43
58054 Scansano [GR]
Tel. 3356880673
www.casavyc.it

Non si può dire che manchi di fantasia, Viviana Filocamo, nel dare i nomi ai suoi vini. A emergere però è il Morellino di Scansano '09, dai toni boisé ben legati a cenni di frutta matura, ingentiliti da note speziate, corpo dinamico e coinvolgente. Invitante al naso ma appena troppo rigido l'SY unocinquantasei '08.

- Morellino di Scansano '09 — 5
- O Piano Piano Poco Poco '10 — 6
- SY unocinquantasei '08 — 8
- Temerario unosedicibis '09 — 7

Fattoria Castellina
via Palandri, 27
50050 Capraia e Limite [FI]
Tel. 057157631
www.fattoriacastellina.com

La fattoria si trova nel territorio del Montalbano e la produzione viene eseguita secondo i dettami dell'agricoltura biodinamica. Interessante il Geos '08, da syrah, dai toni speziati, di pepe uniti a quelli di cuoio e fruttato intenso, di ribes e mirtillo. Carnoso, fresca spinta acida, per un finale saporito e lungo. Gradevole anche il Daino Bianco '09.

- Geos '08 — 5
- Chianti Montalbano '09 — 4
- Chianti Ris. '07 — 5
- Daino Bianco '09 — 6

Castellinuzza e Piuca
via Petriolo, 21a
50022 Greve in Chianti [FI]
Tel. 0558549033
www.castellinuzzaepiuca.it

Quella della famiglia Coccia è decisamente una micro azienda, contando appena su 2 ettari di vigneto. Ma il Chianti Classico '09, prodotto a Lamole, riesce con bella coerenza a trasmettere i caratteri di quell'areale. I profumi di frutta sotto spirito sono lievi e s'incrociano con note affumicate. In bocca il vino è sottile, agile e lineare.

- Chianti Cl. '09 — 4

TOSCANA
LE ALTRE CANTINE

Castello della Paneretta
LOC. MONSANTO
S.DA DELLA PANERETTA, 35
50021 BARBERINO VAL D'ELSA [FI]
TEL. 0558059003
www.paneretta.it

Ci è piaciuto particolarmente il Chianti Classico Riserva '08. Dopo un'iniziale fase riduttiva si apre su note terrose tipicamente chiantigiane. Fanno poi capolino sensazioni di piccoli frutti rossi e fiori secchi che accompagnano il vino in un palato teso, a tratti sottile, distinto tuttavia da un bel nerbo acido e da una spalla sapida appetitosa.

● Chianti Cl. Ris. '08	🍷🍷 5
⊙ Rosato '10	🍷 4

Castello di Gabbiano
FRAZ. MERCATALE VAL DI PESA
VIA GABBIANO, 22
50020 SAN CASCIANO IN VAL DI PESA [FI]
TEL. 055821053
www.castellogabbiano.it

Convincente il Supertuscan aziendale Alleanza '08, uvaggio di sangiovese, merlot, cabernet sauvignon, che esprime aromi intensi ed eleganti e una bocca succosa e ben ritmata. Di buona fattura il Chianti Classico Riserva '08, che resta solo un po' rigido sul finale. Semplice il Chianti Classico Bellezza '08, con qualche cenno amarognolo al palato.

● Alleanza '08	🍷🍷 6
● Chianti Cl. Bellezza '08	🍷 6
● Chianti Cl. Ris. '08	🍷 6

Castello di Meleto
LOC. MELETO
53013 GAIOLE IN CHIANTI [SI]
TEL. 0577749217
www.castellomeleto.it

Attendendo i vini più importanti del Castello di Meleto, lasciati ancora un anno ad affinare, ha dato buona prova di sé il Chianti Classico '09. Si tratta di un vino in cui predominano aromi fruttati di bella pulizia e che offre una progressione gustativa intensa, articolata e succosa. Semplice il Vino del Castello '09, da uve sangiovese.

● Chianti Cl. '09	🍷🍷 5
● Vino del Castello '09	🍷 6

Castello di Querceto
LOC. QUERCETO
VIA A. FRANÇOIS, 2
50020 GREVE IN CHIANTI [FI]
TEL. 05585921
www.castellodiquerceto.it

Sono 60 gli ettari vitati dell'azienda di proprietà della famiglia Francois, in attività nel Chianti Classico dal 1975. Buone le sensazioni del Chianti Classico Il Picchio Riserva '08, profumato e di buona energia. Più contratto il Chianti Classico Riserva '08 e dai profumi a tratti incerti il Chianti Classico '09. Ancora da farsi il Sangiovese La Corte '07.

● Chianti Cl. Il Picchio Ris. '08	🍷🍷 6
● Chianti Cl. '09	🍷 4
● Chianti Cl. Ris. '08	🍷 5
● La Corte '07	🍷 7

Castello di Radda
LOC. IL BECCO
53017 RADDA IN CHIANTI [SI]
TEL. 0577738992
www.castellodiradda.it

L'azienda, acquistata dalla famiglia Beretta nel 2003, conta su 45 ettari vitati e si è fatta da subito notare per una caratterizzazione stilistica dei suoi vini molto chiantigiana, privilegiando finezza, eleganza e coerenza con il territorio dove sono prodotti. Il Chianti Classico '08 ne è una buona conferma, offrendo aromi sfumati e lievi e un gusto sapido e continuo.

● Chianti Cl. '08	🍷🍷 5

Castello di Sonnino
VIA VOLTERRANA NORD, 6A
50025 MONTESPERTOLI [FI]
TEL. 0571609198
www.castellosonnino.it

Il Castello è di proprietà del barone De Renzis Sonnino e rappresenta la realtà principale del comprensorio di Montespertoli. Buono il Leone Rosso '10, uvaggio di syrah, sangiovese, canaiolo e ancellotta, dai profumi vivi, di frutti rossi, speziatura di pepe e cannella, corpo lieve ma equilibrato, di ottima beva. Più austero Lo Schiavone '07.

● Leone Rosso '10	🍷🍷 3
● Chianti Montespertoli '09	🍷 3
● Lo Schiavone '07	🍷 6

TOSCANA

LE ALTRE CANTINE

Podere La Chiesa
Via Volterrana, 467
56030 Terricciola [PI]
Tel. 0587635484
www.poderelachiesa.it

Azienda di Terricciola, posta sulle colline della Valdera, ha appena 5 ettari di vigna con belle esposizioni. Buono il Sabiniano di Casanova '08, ricchissimo di profumi, dai chiari richiami di succo di mirtillo e cioccolato. Ancora meglio Le Redole di Casanova '08, un rosso raffinato, setoso, dalle bellissime nuance floreali.

● Le Redole di Casanova '08		3*
● Sabiniano di Casanova '08		5
● Chianti Terre di Casanova '10		3
○ Punto di Vista '10		5

Le Chiuse
Via Sferracavalli
53024 Montalcino [SI]
Tel. 055597052
www.lechiuse.com

Nelle grandi annate questa piccola azienda del fronte settentrionale spicca sempre con vini austeri ed eleganti. A un fruttato intenso e nitido al naso corrisponde una bocca che si snoda attorno alla vena acida, ben coperta dalla consistenza della materia prima. Ottima la risoluzione tannica, che consente al finale di allungare, persistente.

● Brunello di Montalcino '06		7

Ciacci Piccolomini D'Aragona
Fraz. Castelnuovo dell'Abate
Loc. Molinello
53024 Montalcino [SI]
Tel. 0577835616
www.ciaccipiccolomini.com

Meravigliosa azienda di Castelnuovo dell'Abate, con le antiche cantine sotto il palazzo Piccolomini. Bellissimi i vigneti, lungo la sterrata verso Sant'Angelo in Colle, e bella e funzionale la nuova cantina. Il Brunello '06 è decisamente austero, contratto su una vena tannica importante. Migliorerà con l'affinamento in bottiglia.

● Brunello di Montalcino '06		6
● Rosso di Montalcino '09		5

Cima
Fraz. Romagnano
Via del Fagiano, 1
54100 Massa
Tel. 0585831617
www.aziendagricolacima.it

Molti i vini prodotti da questa azienda dei Colli del Candia, quasi tutti su buoni livelli qualitativi. Come il Romalbo '09, da sangiovese e saldo di massaretta dal sorso maturo e gustoso, di bella progressione. Buono ma un po' evoluto e meno dinamico del solito il Merlot Montervo '09. Ancora qualche nota di rovere di troppo per il Vermentino Nero '09.

● Romalbo '09		6
● Il Gamo '09		8
● Montervo '09		6
● Vermentino Nero '09		6

Le Cinciole
Via Case Sparse, 83
50020 Panzano [FI]
Tel. 055852636
www.lecinciole.it

L'azienda di Valeria Viganò e Luca Orsini pratica la viticoltura biologica e conta su 13 ettari a vigneto. Slanciato e profondo il Chianti Classico Petresco Riserva '07, da profumi sottili ed eleganti. Godibile il Chianti Classico '08, pur con qualche incertezza olfattiva. Denso ma un po' scomposto il Camalaione '07, da uve cabernet sauvignon, merlot e syrah.

● Chianti Cl. Petresco Ris. '07		6
● Camalaione '07		7
● Chianti Cl. '08		5

La Cipriana
Loc. Campastrello, 176B
57022 Castagneto Carducci [LI]
Tel. 0565775568
www.lacipriana.it

L'azienda dei fratelli Fabiani è nata nel 1975, dunque è una realtà storica di questo territorio vinicolo relativamente recente. Tuttavia i vini quest'anno ci sembrano meno centrati che in passato. Il migliore ci è parso il Bolgheri Rosso Superiore Scopaio '08, dalle note mature e speziate.

● Bolgheri Rosso Sup. Scopaio '08		5
● Bolgheri Rosso '09		4
● Bolgheri Rosso Sup. San Martino '08		7

TOSCANA
LE ALTRE CANTINE

Colle Bereto
LOC. COLLE BERETO
53017 RADDA IN CHIANTI [SI]
TEL. 0554299330
www.collebereto.it

Il Chianti Classico Riserva '08 possiede un buon profilo aromatico in cui predomina un fruttato maturo e rigoglioso. In bocca il vino ha uno sviluppo vivace e il sorso è succoso e appagante. Il Cenno '09, ottenuto da pinot nero in purezza, è un vino semplice in cui i caratteri varietali del vitigno borgognone non riescono a esprimersi a pieno.

● Chianti Cl. Ris. '08	5
● Il Cenno '09	7

Collelungo
LOC. COLLELUNGO
53011 CASTELLINA IN CHIANTI [SI]
TEL. 0577740489
www.collelungo.com

L'azienda di proprietà della famiglia Cattelan ha cominciato la sua attività viticola nel 1997 e oggi può contare su 20 ettari di vigneto. Lo stile dei vini è d'impronta moderna, anche se non manca di personalità. Buon ritmo e sapore nel Chianti Classico '09, aromaticamente fresco e intenso. Non si distende ancora completamente, invece, l'Alidoro '09, Merlot in purezza.

● Chianti Cl. '09	4
● Alidoro di Collelungo '09	5

Colline San Biagio
LOC. BACCHERETO
VIA SAN BIAGIO 6/8
59015 CARMIGNANO [PO]
TEL. 0558717143
www.collinesanbiagio.it

Piccola azienda dinamica, dove si svolge anche attività agrituristica. Un po' in controtendenza rispetto al territorio, il vitigno principale è il sangiovese, con risultati ottimi, come nel caso del Carmignano Sancti Blasii '08, dalle note fruttate vivaci, corpo solido ma ben proporzionato, dalla spina acida appetitosa, con gusto prolungato e accattivante.

● Carmignano Sancti Blasii '08	5

La Colombina
VIA DEL LUOGO NUOVO, 1
53024 MONTALCINO [SI]
TEL. 0577849231
www.lacolombinavini.it

Continua a stupire quasta giovane azienda a conduzione familiare, vigneti sui 300 metri e impianti fitti, oltre 6000 ceppi a ettaro, mentre in cantina botti da circa 30 ettolitri. Veramente ottimo il Brunello '06, dal naso ricco e intenso, con note fruttate di mora ciliegia e ribes. Bocca di grande complessità e persistenza.

● Brunello di Montalcino '06	7
● Rosso di Montalcino '09	5

La Corsa
S.DA VICINALE DEL PRATACCIONE, 19
58015 ORBETELLO [GR]
TEL. 0564880007
www.lacorsawine.it

Due i vini presentati, tra i quali eccelle il Mandrione '09, dai profumi intensi, di confettura di more e di ciliegie, supportati da note speziate eleganti, di cannella. In bocca mostra carattere, ricchezza nel corpo, tannini sottili e prolungata sapidità. Piacevole e di buona beva il Dueluglio '10, Vermentino in purezza.

● Mandrione '09	6
○ Dueluglio '10	4

Fattoria Le Corti
LOC. LE CORTI
VIA SAN PIERO DI SOTTO, 1
50026 SAN CASCIANO IN VAL DI PESA [FI]
TEL. 055829301
www.principecorsini.com

Solo due i vini presentati quest'anno dall'azienda di Duccio Corsini. Il Chianti Classico A-101 Riserva '07 ha naso fruttato, con note di fragola e ciliegia, cenni vegetali di foglia di pomodoro. Bocca sapida e austera, dal tannino ancora un po' contratto. Davvero molto piacevole il Rosé '10, fragrante e succoso.

● Chianti Cl. A-101 Ris. '07	5
○ Rosé '10	4

TOSCANA

LE ALTRE CANTINE

Croce di Febo
LOC. SANT'ALBINO
VIA DI FONTELELLERA, 19/A
53045 MONTEPULCIANO [SI]
TEL. 0578799337
www.crocedifebo.com

Azienda dinamica, molto attiva, che coltiva le viti seguendo i dettami dell'agricoltura biologica. Ottima impressione il Nobile '08, dai profumi di macchia mediterranea evidenti, cenni di grafite e cuoio, fruttato netto e potente. In bocca è succoso, dal tannino calibrato, bevibilità estrema, chiude bene nel finale, appena troppo anticipato.

● Nobile di Montepulciano '08	5

Cupano
LOC. CAMIGLIANO
POD. CENTINE, 31
53024 MONTALCINO [SI]
TEL. 0577816055
www.cupano.it

Meraviglioso gioiello nel settore più caldo di Montalcino, l'azienda pratica da sempre la biodinamica. I vini che produce sono ricchi, molto fruttati, con sentori di confettura di more e ciliegie, un importante tocco di spezie. Ottimo il Brunello Riserva '05, tra i migliori in assaggio del millesimo.

● Rosso di Montalcino Ris. '05	8
● Brunello di Montalcino '06	8

F.lli Dal Cero
LOC. MONTECCHIO DI CORTONA
SS 403
52044 CORTONA [AR]
TEL. 0457460110
www.vinidalcero.com

Tenuta Montecchiesi è il nome dell'azienda che i fratelli Dal Cero hanno acquisito nel 1980 a Cortona. Bene il Clanis '08, Syrah cortonese dall'insieme dei profumi gradevoli, fruttati e minerali. In bocca è sostanzioso, capace di gestire potenza ed eleganza. Piacevole il resto della produzione, dove si distingue il Preziosaterra '09.

● Cortona Syrah Clanis '08	6
○ Podere Bianchino '10	3
● Preziosaterra '09	4
● Selverello '09	4

Tenuta degli Dei
VIA SAN LEOLINO, 56
50022 GREVE IN CHIANTI [FI]
TEL. 055852593
www.deglidei.it

Sono vini generosi quelli prodotti da Tommaso Cavalli nella sua azienda chiantigiana. Succoso, ampio e dai profumi intensi il Cavalli '08, blend di cabernet sauvignon, merlot, cabernet franc, petit verdot e alicante boushet. Meno scorrevole il Merlot in purezza Le Redini '09, che evidenzia un sostegno del rovere a tratti invasivo.

● Cavalli '08	7
● Le Redini '09	5

Fattoria Dianella Fucini
VIA DIANELLA, 48
50059 VINCI [FI]
TEL. 0571508166
www.fattoriadianella.it

Buono Le Veglie di Neri '10, uvaggio di sangiovese con saldo di cabernet sauvignon, dai profumi intensi di ciliegia e mora, con note speziate, di chiodi di garofano e cenni balsamici. Ampio in bocca, ricco, dal buon equilibrio alcol acidità, termina rilassato e godibile. Semplice e piacevole Il Matto delle Giuncaie '09, Sangiovese in purezza.

● Le Veglie di Neri '10	4*
● Chianti Ris. '08	5
● Il Matto delle Giuncaie '09	4
○ Sereno e Nuvole '10	3

Fattoria di Dievole
VIA DIEVOLE, 6
53010 CASTELNUOVO BERARDENGA [SI]
TEL. 0577322613
www.dievole.it

Una batteria di vini molto interessanti quelli presentati dall'azienda di Vagliagli che, nel 2006, ha radicalmente rivisto il suo assetto. Il Chianti Classico La Vendemmia è decisamente goloso. Elegante la Riserva Novecento '07. Più contratti il Chianti Classico Dieulele Riserva '07 e il Broccato '07, blend di sangiovese, merlot e petit verdot.

● Chianti Cl. La Vendemmia '09	5
● Chianti Cl. Novecento Ris. '07	6
● Broccato '07	6
● Chianti Cl. Dieulele Ris. '07	8

TOSCANA
LE ALTRE CANTINE

Duemani
LOC. ORTACAVOLI
56046 RIPARBELLA [PI]
TEL. 0583975048
www.duemani.eu

Molto buono anche quest'anno il Duemani. L'annata 2008 ci consegna un rosso potente ed elegante, sfumato nei tratti aromatici fruttati, a ricordare la ciliegia nera e il ribes, delicatamente floreale nei richiami di lavanda e viola. Il Syrah Suisassi '08 ha toni un po' troppo tostati ma è ricco di materia e dinamico.

- Duemani '08 — 8
- Altrovino '09 — 6
- Suisassi '08 — 8

Agricola Fabbriche
VIA FABBRICHE, 2-3A
52046 LUCIGNANO [AR]
TEL. 0575836152
www.agricolafabbriche.it

Caterina Palma ha messo a frutto la sua grande passione, diventando viticultrice nella proprietà di famiglia. Insieme alle figlie segue tutto il ciclo produttivo, ottenendo sempre buoni risultati. Bene il Merlot Palma '08, frutti di bosco, con note speziate e fresche sensazioni di erbe aromatiche. In bocca è morbido, avvolgente, dalla vena acida appropriata.

- Merlot Palma '08 — 5
- O Vin Santo del Chianti '06 — 5

Cantine Faralli
LOC. FASCIANO, 4
52040 CORTONA [AR]
TEL. 0575613128
www.cantinefaralli.com

La famiglia Faralli diventa proprietaria dell'azienda negli anni Cinquanta. Il Cortona Syrah '09 si presenta al naso vivace e fresco, godibile, con un fruttato intenso ingentilito da note di pepe. In bocca è sostanzioso, non troppo pesante, dalla beva immediata, con tannini misurati. Finale delicato ma convincente.

- Cortona Syrah '09 — 5

Fassati
VIA DI GRACCIANELLO, 3A
53040 MONTEPULCIANO [SI]
TEL. 0578708708
www.fazibattaglia.it

Prova in tono minore per l'azienda di proprietà della Fazi Battaglia. Il migliore nelle degustazioni è risultato il Nobile Gersemi '08, dai profumi intensi, di frutta matura, cenni di cuoio e tabacco, erbe aromatiche variegate. In bocca si dimostra di buona consistenza, dai tannini distribuiti in maniera uniforme, vena acida rinfrescante e buon finale prolungato.

- Nobile di Montepulciano Gersemi '08 — 6
- Chianti Le Gaggiole '10 — 3
- Nobile di Montepulciano Pasiteo '08 — 6

Fattoi
LOC. SANTA RESTITUTA
POD. CAPANNA, 101
53024 MONTALCINO [SI]
TEL. 0577848613
www.fattoi.it

Sempre solidi i vini di Fattoi che negli ultimi anni mostrano un costante miglioramento. Il Brunello '06 offre un intenso frutto maturo al naso, con more e marasche dietro una leggera riduzione. Consistente al gusto, dal tannino ancora giovanile a rendere nervosa l'ottima materia prima e il compatto finale poi.

- Brunello di Montalcino '06 — 7
- Rosso di Montalcino '09 — 4

Fattoria Cantagallo
LOC. FRATTICCIOLA, 15B
52044 CORTONA [AR]
TEL. 3339944438
www.fattoriacantagallo.com

Invece del classico syrah qui si è puntato più su vitigni come merlot e cabernet sauvignon. Quest'anno si è ben comportato il Cortona Sole '09, dal bell'impatto olfattivo, generoso, con un fruttato rigoglioso. In bocca il tannino è ancora scalpitante, ma un corpo morbido lo doma, lasciando un finale di piena soddisfazione.

- Cortona Sole '09 — 4
- Amore '10 — 2

TOSCANA
LE ALTRE CANTINE

Ferrero
FRAZ. SANT'ANGELO IN COLLE
LOC. PASCENA
53024 MONTALCINO [SI]
TEL. 0577844170
claudia.ferrero@gmail.com

Azienda a conduzione familiare nei pressi di Sant'Angelo in Colle. Buono il Rosso di Montalcino, fruttato, dalla bella ciliegia al naso e dalla beva confortata dai giusti equilibri. Piacevole e ampio il finale, privo di rigidità tanniche. Il Brunello '06 è un po' chiuso al naso, con sentori di cuoio e tabacco.

- Brunello di Montalcino '06 — 7
- Rosso di Montalcino '09 — 5

Il Fitto
FRAZ. CIGNANO
LOC. IL FITTO, 126
52042 CORTONA [AR]
TEL. 0575648988
www.podereilfitto.com

Conferma in Guida per l'azienda della famiglia Fierli. I primi vigneti sono stati impiantati negli anni Settanta, ma è stato nel 2000 che è iniziata una vera e propria ristrutturazione. Piacevole il Cortona Syrah Il Fitto '09, dalle note olfattive intriganti, di spezie, frutti di bosco, corpo bilanciato, con un finale in crescendo.

- Cortona Syrah Il Fitto '09 — 4*
- Rosso di Toscana '09 — 3

Fontaleoni
LOC. SANTA MARIA, 39
53037 SAN GIMIGNANO [SI]
TEL. 0577950193
www.fontaleoni.com

Azienda storica fondata nel 1959 con l'arrivo a San Gimignano dalle Marche di Giovanni e Bruna Troiani. Ci è molto piaciuta la Vernaccia Riserva '08, leggermente velata ma splendida sul piano aromatico con profumi complessi di buccia d'uva, fiori di camomilla, erbe macerate e cedro candito. La bocca è sullo stesso registro, tutta da gustare.

- ○ Vernaccia di S. Gimignano '10 — 3
- ○ Vernaccia di S. Gimignano Ris. '08 — 4
- ● Chianti Tramonto '10 — 3
- ○ Vernaccia di S. Gimignano V. Casanuova '09 — 4

Fornacelle
LOC. FORNACELLE, 232A
57022 CASTAGNETO CARDUCCI [LI]
TEL. 0565775575
info@fornacelle.it

L'azienda, in mano alla famiglia Billi-Batistoni da quattro generazioni, ha origini che risalgono alla fine dell'Ottocento ma la svolta moderna avviene nel 1998. Tutti convincenti i vini assaggiati. Il Bolgheri Rosso Zizzolo '09 è una meraviglia: ha polpa e finezza, bel corredo di frutti di bosco e spezie; così come il Bolgheri Superiore Guardaboschi '08.

- ○ Bianco Fornacelle '10 — 4
- ● Bolgheri Rosso Zizzolo '09 — 6
- ● Bolgheri Sup. Guardaboschi '08 — 7
- ○ Zizzolo Bianco '10 — 4

Podere Forte
LOC. PETRUCCI, 13
53023 CASTIGLIONE D'ORCIA [SI]
TEL. 05778885100
www.podereforte.it

L'azienda di Pasquale Forte, dedita all'agricoltura biologica, produce vini decisamente ben fatti. Il Guardiavigna '08, blend di cabernet sauvignon, franc, merlot e petit verdot, è concentrato e potente. Agile la beva sia dell'Orcia Petruccino '09 sia dell'Orcia Petrucci '08, quest'ultimo ancora con un po' di legno da digerire.

- ● Guardiavigna '08 — 8
- ● Orcia Petrucci '08 — 8
- ● Orcia Petruccino '09 — 6

Fortediga
LOC. RIBOLLA
58036 ROCCASTRADA [GR]
TEL. 3393667707
www.fortediga.it

Quest'anno è il Cabernet-Syrah '09 il vino che abbiamo preferito, dai toni di confettura al naso, con eleganti sentori speziati, uniti a cenni di cioccolato. In bocca l'ingresso è solido, morbido ma reattivo, con tannini misurati e finale prolungato. Piacevole anche il Trama '08, da traminer aromatico in vendemmia tardiva.

- ● Cabernet Sauvignon - Syrah '09 — 5
- ○ Trama '08 — 4
- ○ Vermentino '10 — 4

TOSCANA

LE ALTRE CANTINE

Romano Franceschini
VIA PROVINCIALE DI MONTECARLO, 34
55015 MONTECARLO [LU]
TEL. 058431382
info@romanoristorante.it

Uno dei ristoratori più importanti d'Italia, con il suo meraviglioso locale nel cuore di Viareggio, è anche un vigneron attento e premuroso, capace di produrre alcuni vini molto interessanti nella zona di Montecarlo. Ottimo il Bianco '10, agrumato, salino, lungo, fresco e polposo; non è da meno Il Pagliaio '09, maturo, di buona dolcezza fruttata, scorrevole in bocca.

- Il Pagliaio '09 — 5
- O Montecarlo Bianco '10 — 4

Gagliole
LOC. GAGLIOLE, 42
53011 CASTELLINA IN CHIANTI [SI]
TEL. 0577740369
www.gagliole.com

Fresco e agrumato il Chianti Classico Rubiolo '08, prodotto nell'azienda di proprietà dei coniugi Thomas e Monica Bär, dal sorso invitante e goloso, leggermente penalizzato da qualche nota tostata in esubero. Il Gagliole '08, da sangiovese e cabernet sauvignon, possiede una buona trama aromatica e uno sviluppo gustativo a tratti un po' rigido.

- Chianti Cl. Rubiolo '08 — 4
- Gagliole Rosso '08 — 7

Marchesi Ginori Lisci
FRAZ. PONTEGINORI
LOC. QUERCETO
56040 MONTECATINI VAL DI CECINA [PI]
TEL. 055210961
www.marchesiginorilisci.it

Ginori Lisci possiede questa incredibile tenuta di duemila ettari nell'entroterra della Val di Cecina, a sud ovest di Volterra. Il bordolese Castello Ginori '07 è un po' più evoluto del solito ma ancora piacevole nelle note di cacao e tabacco. Terroso, sfumato, di bella ampiezza il Cabernet Macchion del Lupo '08. Attraente il Merlot Campordigno '08.

- Castello Ginori '07 — 5
- Montescudaio Cabernet Macchion del Lupo '08 — 4*
- Montescudaio Rosso Campordigno '08 — 4*

Cantina del Giusto
LOC. ACQUAVIVA
VIA E. GACI, 15/17
53045 MONTEPULCIANO [SI]
TEL. 0578767229
www.cantinadelgiusto.it

La cantina nasce nel 1995, a opera di Piero del Giusto, che mette a frutto l'esperienza accumulata nel lavoro in campo enologico, per far sviluppare le proprietà di famiglia. Tra i vini presentati bene il Nobile Riserva Purth '06, dai profumi maturi, di frutti rossi, con qualche nota di tabacco, corpo solido, dalla bella trama tannica e finale saporito. Piacevole anche il resto della gamma.

- Nobile di Montepulciano Purth Ris. '06 — 5
- Nobile di Montepulciano Purth '07 — 5
- Nobile di Montepulciano San Claudio II '07 — 5
- Rosso di Montepulciano Purth '09 — 4

Godiolo
VIA DELL'ACQUAPUZZOLA, 13
53045 MONTEPULCIANO [SI]
TEL. 0578757251
www.godiolo.it

Piccola azienda della famiglia Fiorini, da sempre attenta al comparto vitivinicolo, anche se è grazie a Franco, l'attuale titolare, che un'attività svolta come tradizione familiare diventa una vera professione. L'attenzione particolare a ogni singolo passaggio è il segreto per una costanza qualitativa regolare. Bene il Nobile '08, corpo slanciato, godibile freschezza che regala un'ottima bevibilità.

- Nobile di Montepulciano '08 — 5
- Rosso di Montepulciano '09 — 4

Innocenti
FRAZ. TORRENIERI
LOC. CITILLE DI SOTTO, 45
53028 MONTALCINO [SI]
TEL. 0577834227
www.innocentivini.com

Piccola azienda di Torrenieri a conduzione familiare. Dai circa 8 ettari a denominazione vengono prodotti vini di stampo tradizionale, di grande attenzione alla territorialità, eleganti. Il Brunello '06 è ben eseguito, con buona acidità e discreta persistenza.

- Brunello di Montalcino '06 — 6
- Rosso di Montalcino '09 — 4

TOSCANA

LE ALTRE CANTINE

Maurizio Lambardi
Loc. Canalicchio di Sotto, 8
53024 Montalcino [SI]
Tel. 0577848476
www.lambardimontalcino.it

Maurizio Lambardi produce vini dalla grande personalià, estremamente riconoscibili. La nuova cantina ha permeso, negli ultimi anni, un aumento della qualità, come dimostra questo Brunello '06, molto ben eseguito. Al naso oleandro tè e more mature, mentre in bocca è ancora giovanile, dal tannino generoso.

- Brunello di Montalcino '06 — 6
- Rosso di Montalcino '09 — 4

Le Macìe
Loc. Monti
S.da Provinciale, 408
53013 Gaiole in Chianti [SI]
Tel. 0577746155
www.granchiaia.com

Davvero un bel vino il Granchiaia '08, Cabernet Sauvignon in purezza. I profumi sono un buon compromesso tra toni austeri e note più aperte e invitanti, mentre in bocca non manca forza e struttura, grazie a un tessuto tannico fitto e serrato, che non appesantisce uno sviluppo dinamico e un finale profondo e saporito. L'azienda conta su 5 ettari di vigneto.

- Granchiaia '08 — 7

Fattoria Lornano
Loc. Lornano, 11
53035 Monteriggioni [SI]
Tel. 0577309059
www.fattorialornano.it

L'azienda, di proprietà della famiglia Taddei dal 1904, conta oggi su 48 ettari vitati. Possiede un buona tensione gustativa il Chianti Classico Riserva '08, dai profumi ancora da definirsi completamente. Contratto il Commendator Enrico '08, blend di sangiovese, cabernet sauvignon e petit verdot. Molto tradizionale il Vin Santo del Chianti Classico '02.

- Chianti Cl. Ris. '08 — 4
- Commendator Enrico '08 — 5
- ○ Vin Santo del Chianti Cl. '02 — 5

Luiano
Loc. Mercatale Val di Pesa
via di Luiano, 32
50024 San Casciano in Val di Pesa [FI]
Tel. 055821039
www.luiano.it

La famiglia Palombo è attiva in Chianti Classico fin dagli anni Sessanta e oggi l'azienda conta su 25 ettari vitati. Di buona sostanza il Chianti Classico Riserva '08, fresco e vivace al naso e dal gusto saporito. Semplice e lineare il Chianti Classico '09. Potente ma ancora un po' contratto il Lui '08, da uve cabernet sauvignon, merlot e colorino.

- Chianti Cl. Ris. '08 — 4
- Chianti Cl. '09 — 4
- Lui '08 — 5

Macchion dei Lupi
Loc. Campo al Drago, 195
57028 Suvereto [LI]
Tel. 0565845100
www.macchiondeilupi.it

Si conferma su buoni livelli la produzione e il percorso vitivinicolo di Carlo Parenti, vigneron deciso a seguire il solco della biodinamica. Una sola etichetta vale la conferma in Guida. L'Esperienze '09 ha profumi di frutti di bosco, corteccia e macchia mediterranea, sapore autentico e saporito, solo un filo asciutto nel fine bocca tannico.

- Esperienze '09 — 5

Le Macioche
SP 55 di Sant'Antimo, km 4,85
53024 Montalcino [SI]
Tel. 0577849168
lemacioche@tiscali.it

Una bella realtà a Castelnuovo dell'Abate, con ottimi terreni da cui deriva un bellissimo Brunello '06. Naso pulito, intenso, con note floreali e di pesca gialla, di mora, a indicare una bella maturazione. Bocca importante ed elegante, raffinata, dalla lunga vita.

- Brunello di Montalcino '06 — 7
- Rosso di Montalcino '09 — 5

TOSCANA
LE ALTRE CANTINE

Fattoria di Magliano
LOC. STERPETI, 10
58051 MAGLIANO IN TOSCANA [GR]
TEL. 0564593040
www.fattoriadimagliano.it

Agostino Lenci, dopo un passato di imprenditore nel settore calzaturiero, si è innamorato della vigna, alla quale dedica molto impegno e forza. Bene il Poggio Bestiale '09, uvaggio di merlot, cabernet sauvignon e franc, dalle note intense, di peperone verde, unito a frutti neri e cenni balsamici. In bocca è gustoso, ampio, sapido, di bella progressione.

● Poggio Bestiale '09	6
○ Illario '10	4
● Morellino di Scansano Heba '10	4
● Sinarra '10	4

Malenchini
LOC. GRASSINA
VIA LILLIANO E MEOLI, 82
50015 BAGNO A RIPOLI [FI]
TEL. 055642602
www.malenchini.it

La famiglia Malenchini prosegue con entusiasmo il percorso legato alla valorizzazione del patrimonio agricolo del territorio. Il vino più rappresentativo è il Bruzzico '08, da uve cabernet sauvignon e sangiovese, ampio al naso, con sentori mentolati e di erbe aromatiche, dal corpo solido, tannini decisi ma ben distribuiti, finale lungo.

● Bruzzico '08	5
● Chianti '10	2
● Bruzzico '07	5
● Bruzzico '06	5

Mannucci Droandi
FRAZ. MERCATALE VALDARNO
VIA ROSSINELLO E CAMPOLUCCI, 79
52020 MONTEVARCHI [AR]
TEL. 0559707276
www.mannuccidroandi.com

Le sperimentazioni sui vitigni autoctoni quest'anno ci hanno convinto di meno, con il solo Foglia Tonda '09 che si distingue per i profumi balsamici e un corpo ricco anche se frenato dal legno. Meglio il Chianti Classico '08 che mostra un ampio spettro aromatico, di frutti rossi e tabacco, struttura solida, rinfrescata da vena acida sostenuta.

● Chianti Cl. Ceppeto '08	4
● Chianti Cl. Ceppeto Ris. '07	5
● Chianti Colli Aretini '09	4
● Foglia Tonda '09	4
○ Rossinello '10	3

MaremmAlta
LOC. CASTEANI
58023 GAVORRANO [GR]
TEL. 0564453572
www.maremmalta.it

Cresce qualitativamente l'offerta di MaremmAlta, l'azienda di Stefano Rizzi. Si tratta di 10 ettari di vigneto condotti in biodinamica che danno una gamma di vini che ha nel Monteregio Guardamondo Riserva il punto di forza. Ricco, profondo, dai tannini vellutati, trova il péndant nell'eccellente Vermentino Le Strisce '08, opulento e polposo.

● Monteregio di Massa Marittima Guardamondo Ris. '08	4
○ Monteregio di Massa Marittima Le Strisce '08	5
○ Monteregio di Massa Marittima Vermentino Lestra '10	4*

Cosimo Maria Masini
VIA POGGIO AL PINO, 16
56028 SAN MINIATO [PI]
TEL. 0571465032
www.cosimomariamasini.it

Il progetto aziendale è legato all'agricoltura biodinamica. Quest'anno, tuttavia, i vini ci sono sembrati meno precisi che in passato. A nostro giudizio il migliore è il Daphné, Trebbiano Toscano in purezza, figlio di una macerazione sulle bucce di qualche giorno. Ha colore intenso, buona polpa, sapidità e sensazioni salmastre di bella armonia.

○ Daphné '09	5
○ Vin Santo del Chianti Fedardo '04	6

Le Miccine
LOC. LE MICCINE
SS TRAVERSA CHIANTIGIANA, 44
53013 GAIOLE IN CHIANTI [SI]
TEL. 0577749526
www.lemiccine.com

È uno tra i più riusciti Chianti Classico '09 quello dell'azienda di proprietà della famiglia Papini-Cook. I profumi sono inizialmente un po' coperti, per poi far posto a belle sensazioni fruttate e qualche cenno minerale. In bocca il vino è continuo e saporito, garantendo una bevibilità superiore. Più crudo e rustico il Chianti Classico Riserva '08.

● Chianti Cl. '09	4*
● Chianti Cl. Ris. '08	4

TOSCANA
LE ALTRE CANTINE

Fattoria Migliarina
loc. Migliarina, 84
52021 Bucine [AR]
Tel. 0559788243
www.migliarina.it

Ci ha convinto il Cavasonno '09, da sangiovese, merlot e cabernet sauvignon, di tratti olfattivi lievemente balsamici, concentrati poi sul frutto e lievi cenni speziati. In bocca è largo, di buona succosità, con vena acida gustosa e finale invitante. Semplice ma calibrato, di ottima bevibilità, il Chianti Superiore '09.

- Cavasonno '09 — 4
- Chianti Sup. '09 — 3

Mocali
loc. Mocali
53024 Montalcino [SI]
Tel. 0577849485
azmocali@tiscali.it

Bellissima l'azienda di Tiziano Ciacci, un terrazzo naturale nel versante occidentale che domina la chiesa di Santa Restituta. Leggermente sotto le aspettative i due Brunello '06. Meglio il Poggio Nardone, di buona consistenza gustativa grazie al tannino già maturo e all'equilibrata acidità. Piuttosto austero il naso, su note floreali.

- Brunello di Montalcino Poggio Nardone '06 — 7
- Brunello di Montalcino V. delle Raunate '06 — 7
- Brunello di Montalcino '06 — 6
- Rosso di Montalcino '09 — 4

Il Molino di Grace
loc. Il Volano Lucarelli
50022 Panzano [FI]
Tel. 0558561010
www.ilmolinodigrace.com

Il Molino di Grace, di proprietà di Frank Grace dal 1995, conta su 44 ettari di vigneto e si contraddistingue per vini di buona personalità. Convincente il Chianti Classico Il Margone Riserva '07, dai profumi che incrociano frutti rossi e note affumicate e dalla progressione gustativa di buon ritmo. Chiusi gli aromi del Chianti Classico '09, dalla bocca fresca e rilassata.

- Chianti Cl. Il Margone Ris. '07 — 7
- Chianti Cl. '09 — 5

Podere Monastero
loc. Monastero
53011 Castellina in Chianti [SI]
Tel. 0577740273
www.poderemonastero.com

Alessandro Cellai parte con la sua avventura nel 2000, spinto dalla grande passione per il pinot nero, che decide di coltivare. I risultati fin dall'inizio sono interessanti: La Pineta '09 dispone di profumi fruttati piacevoli, lievi, di ribes, mirtillo e lampone, con qualche nota speziata. Gusto ricco, buona polposità, finale saporito.

- La Pineta '09 — 7
- Campanaio '09 — 6

Montauto
loc. Campigliola km 10
58014 Manciano [GR]
Tel. 3383833928
www.montauto.org

L'azienda si distingue sul territorio per l'alta qualità dei bianchi prodotti. Il migliore è risultato comunque il Tiburzio '08, da sangiovese e alicante, dalle note fruttate mature, di confettura di prugne con cenni di tabacco e cuoio. In bocca ha sapore, consistenza, mineralità e bella persistenza gustativa. Piacevole e vivo anche il Sauvignon Gessaia '10.

- Tiburzio '08 — 5
- ○ Gessaia '10 — 4
- Sovana Rosso '10 — 3

Montebelli
loc. Molinetto Caldana
58020 Gavorrano [GR]
Tel. 0566887100
www.montebelli.com

La famiglia Montebelli ha creduto nel territorio in tempi non sospetti, trasferendosi per scelta di vita e allestendo un'azienda che rappresentasse la loro filosofia, come dimostra la conduzione biologica delle vigne. Ottimo l'Acantos '07, uvaggio di sangiovese e syrah, speziato al naso, ricco e potente al gusto.

- Acantos '07 — 6
- Maremma Diavola '07 — 2
- ○ Maremma Santa '10 — 2
- Monteregio di Massa Marittima Fabula Ris. '08 — 5

TOSCANA
LE ALTRE CANTINE

Montemercurio
via di Totona 25a
Montepulciano [SI]
Tel. 0578716610
www.montemercurio.com

Il vino migliore è quello dedicato al nonno, il Nobile Damo '07, austero nel suo bagaglio olfattivo nel quale prevalgono sensazioni di pelle, tabacco e pietra focaia. In bocca dapprima appare silente per poi aprirsi, grazie a un corpo equilibrato, che esprime potenza senza opprimere, appetitosa sapidità e un piacevole retrogusto balsamico.

- Nobile di Montepulciano Damo '07
- Nobile di Montepulciano Messaggero '08
- Rosso di Montepulciano '07
- Tedicciolo '07

Montepeloso
loc. Montepeloso, 82
57028 Suvereto [LI]
Tel. 0565828180
contact@montepeloso.it

Molti i vini prodotti da quest'azienda della Val di Cornia, alcuni un po' sotto tono e altri invece decisamente convincenti. Tra questi il migliore è sembrato il Gabbro '08. Nonostante l'imponente sensazione tostata data dal rovere, un Cabernet Sauvignon di razza, energico, pepato e affumicato, avvolgente e carnoso, molto profondo.

- Gabbro '08   8
- Nardo '08   8

Montesalario
fraz. Montenero D'Orcia
loc. Montesalario, 27
58040 Castel del Piano [GR]
Tel. 0564954173
www.aziendamontesalario.it

L'azienda è di proprietà dei fratelli Pasqui e si trova sul versante ovest del Monte Amiata. Piccola produzione di qualità dove si distingue il Montecucco Sangiovese Riserva '08, sentori minerali uniti a quelli freschi di macchia mediterranea e bocca salda, succosa, di bella tempra, con finale saporito.

- Montecucco Sangiovese Ris. '08   5
- Montecucco '09   4
- Montecucco Sangiovese '08   5
- Montecucco Sangiovese '06   5

Cantina Vignaioli del Morellino di Scansano
loc. Saragiolo
58054 Scansano [GR]
Tel. 0564507288
www.cantinadelmorellino.it

La cantina cooperativa del territorio riesce sempre a esprimere vini corretti a un rapporto qualità prezzo adeguato. Bene il Morellino di Scansano Roggiano Riserva '08, dal complesso aromatico fruttato, con cenni di erbe aromatiche e lievi sfumature di tabacco, bocca solida e finale appetitoso.

- Morellino di Scansano Roggiano Ris. '08   4
- Morellino di Scansano Sicomoro '07   5
- Morellino di Scansano Vignabenefizio '10   4
- Morellino di Scansano Vin del Fattore '10   4

Giacomo Mori
fraz. Palazzone
p.zza Sandro Pertini, 8
53040 San Casciano dei Bagni [SI]
Tel. 0578227005
www.giacomomori.it

Il Chianti Castelrotto Riserva '08 è decisamente un vino ben fatto, dai profumi freschi e speziati e dalla bocca tesa e saporita. All'insegna della bevibilità lo Shiraz '08, ottenuto da sole uve syrah, profumato e dalla progressione gustativa ben ritmata. Altrettanto centrato il Chianti '09, aromaticamente pulito e sapido al palato.

- Chianti Castelrotto Ris. '08   5
- Clanis Shiraz '08   5
- Chianti '09   4

Tenuta di Morzano
fraz. Morzano
via di Montelupo 69/71
50025 Montespertoli [FI]
Tel. 0571671021
www.vinnovo.it

Centra le finali con il Nicosole '09 l'azienda di Francesca Mignolli. Composto da sole uve syrah, il vino finalista ha buoni profumi di erbe aromatiche, sottobosco, qualche nota speziata di pepe e tabacco. In bocca è carnoso, ricco, sapido, dai tannini ben definiti e finale gustativo prolungato. Corretto il resto della produzione.

- Nicosole '09   5
- Chianti Ris. '08   4
- O Morzano Bianco '10   3

TOSCANA
LE ALTRE CANTINE

Tenute Silvio Nardi
loc. Casale del Bosco
53024 Montalcino [SI]
Tel. 0577808269
www.tenutenardi.com

Azienda storica del settore settentrionale, con vigneti rinnovati negli ultimi anni e il parco botti sempre più nuovo. Buono il Brunello Manachiara, da un vigneto del versante orientale di Montalcino. Naso pulito su note speziate e dolci e tannino ancora giovane e un po' isolato, a rendere il finale un po' crudo.

● Brunello di Montalcino Manachiara '06	8
● Brunello di Montalcino '06	6
● Rosso di Montalcino '09	4

Tenute Niccolai - Palagetto
via Monteoliveto, 46
53037 San Gimignano [SI]
Tel. 0577943090
www.tenuteniccolai.it

La Vernaccia di San Gimignano '10 ci è sembrata davvero in ottima forma. Ha un profilo goloso senza eccessi di rotondità o improbabili dolcezze: al naso le note di melone incrociano sensazioni di agrumi, in bocca la progressione non assume mai una veste spigolosa. Buona la Vernaccia Riserva '07, più ricca, polposa e giocata su accenni burrosi e di pasticceria.

○ Vernaccia di S. Gimignano '10	3
○ Vernaccia di S. Gimignano Ris. '07	5

Cantine Olivi
loc. Le Buche
via Caselfava, 25
53047 Sarteano [SI]
Tel. 0578274066
www.lebuche.eu

Azienda molto legata al territorio, dove sperimenta vitigni autoctoni e anche insoliti, come nel caso dell'Orhora '10, a base di verdicchio, sauvignon e viognier, dai toni minerali al naso, supportati da un fruttato incisivo, di mela e nelle noti floreali. In bocca è sapido e succoso. Interessante anche il Coreno '10, a base di trebbiano e malvasia.

○ Orhora '10	4
○ Coreno '10	5
● Le Buche '08	6
● Tempore '07	7

Fattoria Ormanni
loc. Ormanni, 1
53036 Poggibonsi [SI]
Tel. 0577937212
www.ormanni.it

L'azienda della famiglia Brini Batacchi conta su un patrimonio vitato di 60 ettari e i suoi vini sono rinomati per il loro carattere arcigno e tradizionale. Come nel caso del Chianti Classico '08, dai profumi austeri e dal gusto saporito e nervoso. Un po' meno a fuoco gli aromi del Chianti Classico Borro del Diavolo Riserva '07, dai tratti evoluti.

● Chianti Cl. '08	4
● Chianti Cl. Borro del Diavolo Ris. '07	5

Il Palagio
via Case Sparse, 38
50022 Panzano [FI]
Tel. 055852933
www.palagiowineandoil.com

L'azienda della famiglia Piccini è un classico esempio di artigianato enologico chiantigiano. Ne è una riprova il Chianti Classico Riserva '08, un vino dai profumi di bella tipicità e fragranza e dalla bocca viva e saporita. Aromi un po' incerti penalizzano parzialmente il Chianti Classico '09, che trova nella bevibilità il suo punto di forza.

● Chianti Cl. Ris. '08	5
● Chianti Cl. '09	4

Le Palaie
fraz. Fabbrica di Peccioli
via Fabbrichese
56037 Pisa
Tel. 0586967412
www.lepalaie.it

Diamo il benvenuto in Guida a questa giovane realtà dell'imprenditore Nino Angelo Caponi. Nove ettari vitati nel cuore del Parco Alta Valdera. È solo l'inizio. L'esordio arriva con un rosso: il Bulizio '08, da uve cabernet sauvignon e merlot, con saldo di petit verdot. Sensazioni di tabacco dolce, pepe e ribes sono il preludio a un sorso morbido, pieno e grintoso. Un buon inizio.

● Bulizio '08	5

TOSCANA
LE ALTRE CANTINE

Palazzo
loc. Palazzo, 144
53024 Montalcino [SI]
Tel. 0577848479
www.aziendapalazzo.it

Acquistata nel 1983 l'azienda conta su una superficie di 12 ettari, su terreni sassosi, di origine eocenica. Davvero piacevole il Rosso di Montalcino '09, dal naso fragrante e dalla bocca avvolgente, leggermente alcolica, succosa. Intenso e ancora molto giovane, dal tannino serrato, il Brunello '06. Il tempo lo aiuterà a distendersi.

● Brunello di Montalcino '06	🍷🍷 6
● Rosso di Montalcino '09	🍷 5

Marchesi Pancrazi
Tenuta di Bagnolo
fraz. Bagnolo
via Montalese, 156
59013 Montemurlo [PO]
Tel. 0574652439
www.pancrazi.it

I Marchesi Pancrazi hanno il merito di aver valorizzato un vitigno come il pinot nero, del tutto sconosciuto in questa parte di Toscana, riuscendo a capire quali fossero le sue reali potenzialità. Molto soggetto alle annate, quest'anno il Vigna Baragazza '09 è più convincente del Villa di Bagnolo, stilisticamente corretto.

● Pinot Nero V. Baragazza '09	🍷🍷 7
● Pinot Nero Villa di Bagnolo '09	🍷 6
⊙ Pinot Nero Villa di Bagnolo Rosato '10	🍷 4
● San Donato '09	🍷 4

Parmoleto
loc. Montenero d'Orcia
pod. Parmoletone, 44
58040 Castel del Piano [GR]
Tel. 0564954131
www.parmoleto.it

La famiglia Sodi è proprietaria dell'azienda dall'inizio degli anni Novanta. Il vino migliore è risultato il Carabatto '10, un mix da malvasia bianca, trebbiano, chardonnay, dai profumi incisivi, di pesca e pera, corpo bilanciato, saporito, con godibile finale.

○ Carabatto '10	🍷🍷 3*
● Montecucco Sangiovese '06	🍷 4
● Syrah '08	🍷 5
● Sormonno '05	🍷🍷 5

Perazzeta
loc. Montenero d'Orcia
via dell'Aia, 14
58040 Castel del Piano [GR]
Tel. 0564954158
www.perazzeta.it

L'azienda è di proprietà di Alessandro Bocci, che l'ha fondata nel 1998. Molto amante del territorio dal quale lui stesso proviene, cerca di trasferire nei vini le caratteristiche del luogo. Molto buono il Montecucco Rosso Alfeno '09, dai nitidi sentori minerali, a fare da supporto a un fruttato integro, con un corpo dinamico.

● Montecucco Alfeno Rosso '09	🍷🍷 4*
● Montecucco Sangiovese Licurgo Ris. '08	🍷 6
● Montecucco Terre dei Bocci '08	🍷 4
● Syrah '07	🍷 6

Tenute Perini
loc. Poggio al Santino
58043 Castiglione della Pescaia [GR]
Tel. 0564071016
www.tenuteperini.it

Veramente convincenti i vini maremmani presentati quest'anno dalle Tenute Perini. Convince il Brillantino '10, Vermentino in purezza dalle note di frutto a pasta bianca ed erbe aromatiche. Ancor più sorprendente è il Vignaviva '10, un ciliegiolo capace di offrire note di ciliegia e ribes, lamponi e fragoline di bosco. In bocca è succoso, fresco, profondo e di ottima bevibilità.

○ Brillantino Vermentino '10	🍷 5
● Vignaviva Ciliegiolo '10	🍷🍷 5

Peteglia
pod. Peteglia
58033 Castel del Piano [GR]
Tel. 0564954108
www.peteglia.com

Un'azienda dinamica, che propone prodotti mai banali, legati al territorio. Il migliore è risultato il Montecucco Sangiovese '08, dai profumi freschi e vivaci, di ciliegia e macchia mediterranea, corpo efficace, pieno ed equilibrato, finale saporito e prolungato.

● Montecucco Sangiovese '08	🍷🍷 4
○ Peteglia Bianco '10	🍷
⊙ Peteglia Rosato '10	🍷

TOSCANA — 712
LE ALTRE CANTINE

Petreto
via Rosano, 196a
50012 Bagno a Ripoli [FI]
Tel. 0556519021

L'azienda è di proprietà di Alessandro Fonseca, agronomo di professione, che qui riesce ogni anno a far attaccare dalla muffa nobile le uve sauvignon e sémillon coltivate accanto all'Arno. Il risultato, nel 2007, è stato di estrema soddisfazione: al naso toni agrumati, bocca pastosa, dolce, intensa, di lunghissima chiusa.

○ Pourriture Noble '07	6
● Bocciolè '09	5

Fattoria di Petroio
loc. Quercegrossa
via di Mocenni, 7
53019 Castelnuovo Berardenga [SI]
Tel. 0577328045
www.fattoriapetroio.it

Mancava agli assaggi la Riserva, così a tenere alto il nome aziendale ci ha pensato il Chianti Classico '08. Toni ben assestati al naso, con la fragola a impreziosirsi di erbe officinali. La bocca ha struttura e anche una dose di legno non indifferente, che purtroppo asciuga il finale. Acidità sostenuta per il Poggio al Mandorlo '08.

● Chianti Cl. '08	4
● Poggio al Mandorlo '08	3

Piandibugnano
loc. Pian di Bugnano
58038 Seggiano [GR]
Tel. 0564950773
www.piandibugnano.com

Un'azienda dinamica, che propone prodotti mai banali, legati al territorio. Il migliore è risultato il Montecucco Rosso Cuccaia '09, dai profumi freschi e vivaci, di ciliegia e macchia mediterranea, corpo efficace, pieno ed equilibrato, finale saporito e prolungato.

● Montecucco Cuccaia '09	4
○ Montecucco Cuccallegro '10	4
● Montecucco L'Erpico '07	6
● Nanerone '09	6

Piccini
loc. Piazzole, 25
53011 Castellina in Chianti [SI]
Tel. 057754011
www.tenutepiccini.it

È una delle più grandi aziende imbottigliatrici della Toscana, inoltre possiede alcune tenute. Da quella di Bolgheri il più convincente è il Saccente '08, uvaggio di alicante e merlot, intrigante al naso, per i sentori di frutta matura supportati da spezie e tostato di caffè. In bocca è caldo, rotondo, di lunga persistenza.

● Saccente Tenuta Moraia '08	3
● Chianti '10	2
● Chianti Sel. Oro Ris. '08	4
● Pietracupa Tenuta Moraia '09	3

Podere Fortuna
via San Giusto a Fortuna, 7
50037 San Piero a Sieve [FI]
Tel. 0558487214
www.poderefortuna.com

Mancavano le etichette più rappresentative causa un'annata sfavorevole e quindi a eccellere è stato il MCDLXV '07, Pinot Nero in purezza, dai sentori fini e delicati, di frutti di bosco uniti a note di erbe aromatiche, corpo fluido e scorrevole, buona vena acida, per un finale pulito e gustoso.

● MCDLXV (1465) '07	8
● Ardito del Mugello '09	5
○ Greto alla Macchia '09	6

Podere l'Aione
pod. Aione
58054 Scansano [GR]
Tel. 0564507978
www.aione.it

L'azienda nasce nel 2002, dopo che i proprietari avevano provveduto a riconvertire i terreni dopo un lungo periodo di abbandono. Oltre alla produzione vinicola si svolge attività agrituristica. Buono il Morellino Poderoso '09, dai toni fruttati incisivi, supportati da cenni di erbe aromatiche, bocca calda e carnosa, gusto sapido e buon finale rilassato.

● Morellino di Scansano Poderoso '09	4*
○ Spirto '10	4

TOSCANA

LE ALTRE CANTINE

Podere Lamberto
VIA DEI POGGIARDELLI, 16
53045 MONTEPULCIANO [SI]
TEL. 057864601
www.poderelamberto.com

Piccola azienda che segue i dettami dell'agricoltura biologica. Bella sorpresa il Rosso '09, di incredibile vitalità al naso, pronto, dinamico e ben articolato in bocca. Interessante anche il Nobile '08, dal corpo solido, un po' frenato dai tannini ma di piacevole sapidità. Fresco e beverino l'Orsé 10.

● Nobile di Montepulciano '08	🍷🍷
● Rosso di Montepulciano '09	🍷🍷
⊙ Orsé '10	🍷

Podere Riparbella
LOC. SOPRA PIAN DI MUCINI
58024 MASSA MARITTIMA [GR]
TEL. 0566915557
www.riparbella.com

L'azienda nel suo insieme segue un approccio ecologico, sia attraverso la conduzione biologica della vigna, sia nella gestione dell'agriturismo. Lo Sciamagna '04 ci ha colpito per la sua capacità di invecchiamento: uvaggio di sangiovese, merlot e cabernet franc, ha profumi evoluti ma ancora puliti, di confettura ed erbe aromatiche, corpo ricco, finale sapido.

● Sciamagna '04	🍷🍷 5
○ Vermentino '10	🍷 5

Poderi del Paradiso
LOC. STRADA, 21A
53037 SAN GIMIGNANO [SI]
TEL. 0577941500
www.poderidelparadiso.it

Ottima prestazione per l'azienda di Graziella Cappelli che vanta una trentina di ettari ai piedi di San Gimignano. Strepitosa la Vernaccia Biscondola '10, che ricorda la buccia d'uva e la macchia mediterranea, una vena minerale di grande fascino. In bocca è complessa, ricca di suggestioni e continui cambi di passo. Finale saporito, lievemente tannico.

○ Vernaccia di S. Gimignano Biscondola '10	🍷🍷 4
○ Vernaccia di S. Gimignano '10	🍷🍷 3

Poggi del Chianti
LOC. MORELLINO
SP 408 S.DA DI MONTEVARCHI KM 35,300
52022 CAVRIGLIA [AR]
TEL. 3385282431
http://www.tuscan.cc/

Molto valido il Codex '07, uvaggio di sangiovese e cabernet sauvignon, dalle fresche note balsamiche, fruttato di prugna e ciliegia, piccole spezie di contorno. In bocca dimostra carattere, irruenza, solidità, con qualche tannino sopra le righe ma piacevole beva e finale di godibile lunghezza.

● Codex '07	🍷🍷 4
● Chianti Stilnovo '08	🍷 3

Poggio al Sole
LOC. BADIA A PASSIGNANO
S.DA RIGNANA, 2
50028 TAVARNELLE VAL DI PESA [FI]
TEL. 0558071850
www.poggioalsole.com

Risultati non completamente in linea con gli standard dell'azienda della famiglia Davaz, ma che comunque trovano nel Chianti Classico Riserva '08 un vino ben fatto, capace di esprimere aromi accattivanti e di bella pulizia, accanto a un gusto morbido, ampio e dinamico. Più incerti i profumi del Chianti Classico '09, che ritrova vigore in una bocca scorrevole e rilassata.

● Chianti Cl. Ris. '08	🍷🍷 6
● Chianti Cl. '09	🍷 5

Poggio Amorelli
LOC. POGGIO AMORELLI
53011 CASTELLINA IN CHIANTI [SI]
TEL. 0577741373
www.vinopoggioamorelli.it

L'azienda, di proprietà della famiglia Mazzarrini dal 1987, conta su 15 ettari di vigneto. Il Chianti Classico '08 possiede cenni terrosi e frutto maturo. In bocca il vino è energico e gustoso. Il Chianti Classico Riserva '07 è saporito ma poco definito al naso. Potente, ma ancora dominato dal rovere, l'Oracolo '07, da uve sangiovese, merlot e colorino.

● Chianti Cl. '08	🍷🍷 4
● Chianti Cl. Ris. '07	🍷 5
● Oracolo '07	🍷 6

TOSCANA
LE ALTRE CANTINE

Poggio Borgoni
via Cassia per Siena, 35
50026 San Casciano in Val di Pesa [FI]
Tel. 0558228119
www.relaispoggioborgoni.it

L'azienda possiede 7 ettari di vigneto, una dimensione che colloca questa realtà produttiva tra quella degli artigiani del vino, che caratterizzano in buona parte la denominazione del Chianti Classico. A convincerci maggiormente il Chianti Classico Borromeo Riserva '08, un prodotto generoso dagli aromi ricchi e ben profilati e dal gusto ampio e vivace.

- Chianti Cl. Borromeo Ris. '08 — 6

Poggio Concezione
via Vignoli, 192
58017 Pitigliano [GR]
Tel. 0564617001
www.poggioconcezione.it

Susanna Patalacci ha le idee chiare sui concetti di viticoltura da seguire al fine di produrre vini tipici e impeccabili stilisticamente. Lo dimostra la bella cantina ecosostenibile in fase di costruzione e un'agricoltura che segue i dettami del biologico. Il risultato è tutto nelle etichette presentate: ottime, di grande equilibrio e bevibilità.

- ○ Brillèro '08 — 4*
- Fanciot '07 — 5

Poggio Foco
loc. Poggio Fuoco, 5
58014 Manciano [GR]
Tel. 0564625064
www.poggiofoco.it

Nell'azienda, in cui è presente anche un agriturismo, si segue da sempre la conduzione biologica. Molto buono il Sovana Cecco '09, Cabernet in purezza dai toni balsamici, spezie, su una base fruttata di ribes e prugna. Corpo solido, ben impostato, dai tannini calibrati, per un finale di piacevole lunghezza.

- Sovana Cecco '09 — 4*
- ⊙ Sale Il Sole '10 — 5
- Sesà '06 — 6
- Sovana Cabernet Secondo Me '06 — 4

Poggio Leone
fraz. Montenero d'Orcia
loc. Coniella
58033 Castel del Piano [GR]
Tel. 0564954203
www.poggioleone.it

La famiglia Mascelloni opera nel mondo del vino da più di un secolo. I vini sono prodotti solo all'interno della denominazione. Il migliore è risultato il Montecucco Rosso '09, dai profumi fruttati vivaci, di prugna e ciliegia, abbinati a note di tabacco e spezie. In bocca è gustoso, fresco, prolungato nel sapore.

- Montecucco '09 — 4*
- Montecucco Sangiovese '08 — 4
- Montecucco Sangiovese Ris. '08 — 4

Poggio Rubino
loc. La Sorgente, 62
s.da provinciale Castiglion del Bosco
53024 Montalcino [SI]
Tel. 0577848133
www.poggiorubino.com

Sette ettari vitati, distribuiti in diverse aree del comprensorio, ad altezze ed esposizioni differenti. Ben fatto il Brunello di Montalcino '06, dal naso molto tradizionale, con note inizialmente ridotte, poi frutto rosso e radice. La bocca è avvolgente e rotonda, dal finale leggermente evolutivo.

- Brunello di Montalcino '06 — 7

Poggio Torselli
via Scopeti, 10
50026 San Casciano in Val di Pesa [FI]
Tel. 0558290241
www.poggiotorselli.it

Lo stile dei vini di Poggio Torselli, circa 30 ettari a vigneto, privilegia morbidezza gustativa e pulizia aromatica. Tratti caratteristici che si ritrovano, declinati con garbo e misura, nel Chianti Classico '09, un vino dai netti profumi fruttati, ben rifiniti da qualche cenno speziato. In bocca il suo sviluppo è lineare, continuo e saporito.

- Chianti Cl. '09 — 4*

TOSCANA

LE ALTRE CANTINE

Il Poggiolo
Loc. Poggiolo, 259
53024 Montalcino [SI]
Tel. 0577848412
www.ilpoggiolomontalcino.com

L'azienda di Rudy Cosimi continua a fornire ottime prove, come dimostrano i Brunello '06. Il normale presenta i canonici sentori di ciliegia, erbe medicinali e spezie, e bocca elegante e progressiva. Meglio il Terra Rossa '06, dal finale più intenso e largo. Mancavano agli assaggi gli altri vini, non ancora imbottigliati al momento delle degustazioni.

- Brunello di Montalcino '06 ▼▼ 7
- Brunello di Montalcino Terra Rossa '06 ▼▼ 7

Pometti
Loc. La Selva, 16
53020 Trequanda [SI]
Tel. 057747833
www.pometti.it

L'azienda, di proprietà della famiglia Pometti, conta su 11 ettari di vigneto, frutto di un progetto enologico avviato nel 1998. Il Villa Boscarello '08, Merlot in purezza, è un vino aromaticamente solido e dal gusto pieno e avvolgente. Più segnato dal legno il Tarchun Us '08, da uve cabernet sauvignon e sangiovese. Speziato e gustoso l'Orcia Noi '09.

- Villa Boscarello '08 ▼▼ 5
- Orcia Noi '09 ▼ 4
- Tarchun Us '08 ▼ 5

La Querce
Via Imprunetana per Tavarnuzze, 41
50023 Impruneta [FI]
Tel. 0552011380
www.laquerce.com

Annata di transizione, la potremmo definire quest'anno, con il Supertuscan La Querce '08 a emergere: uvaggio di sangiovese e colorino, ricco di frutto sia al naso che al palato, di buona materia e bella progressione gustativa, dai tannini setosi e finale saporito. Corrette le due versioni di Chianti, che fanno della bevibilità il loro punto di forza.

- La Querce '08 ▼▼ 6
- Chianti Colli Fiorentini La Torretta '09 ▼ 4
- Chianti Sorrettole '10 ▼ 3
- ○ Dama Rosa '09 ▼ 5

Quercia al Poggio
Fraz. Monsanto
S.da Quercia al Poggio, 4
50021 Barberino Val d'Elsa [FI]
Tel. 0558075278
www.quercialpoggio.com

Sono 15 gli ettari di vigneto di Quercia al Poggio, azienda dal profilo stilistico ben definito, che produce, nella sottozona di Monsanto, vini territoriali e di buona personalità. Come il Chianti Classico Riserva '08, dagli aromi affumicati e ferrosi e dalla progressione gustativa di bella energia e sapore.

- Chianti Cl. Ris. '08 ▼▼ 5

La Rasina
Loc. Rasina, 132
53024 Montalcino [SI]
Tel. 0577848536
www.larasina.it

Sempre buona la produzione dell'azienda di Marco Mantengoli. Siamo lungo la strada che sale da Torrenieri, lo stile aziendale è moderno, con un buon apporto del legno nei primi anni di vita dei vini. Olfatto su note fruttate calde, di more mature e gelso, per il Brunello '06, dall'ottima consistenza gustativa. Un tocco di eleganza in più non dispiacerebbe.

- Brunello di Montalcino '06 ▼▼ 7
- Rosso di Montalcino '09 ▼ 5

La Regola
Via A. Gramsci, 1
56046 Riparbella [PI]
Tel. 058881363
www.laregola.com

La famiglia Nuti ha dato vita a questa azienda della valle del fiume Cecina. Buono il Montescudaio Rosso Il Vallino '07, molto vegetale al naso ma sicuro e polposo in bocca. Denso ma anche piuttosto alcolico e tannico il Montescudaio Rosso La Regola '07. Fitto, erbaceo e un filo asciugante il Ligustro '09.

- Montescudaio Rosso Il Vallino '07 ▼▼ 6
- Ligustro '09 ▼ 4
- Montescudaio Rosso La Regola '07 ▼ 8

TOSCANA

LE ALTRE CANTINE

Fattoria di Rignana
loc. Rignana, 15
50022 Greve in Chianti [FI]
Tel. 055852065
www.rignana.it

L'azienda, di proprietà di Cosimo Gericke, conta su 16 ettari di vigneto e produce vini dallo stile sobrio e tradizionale. Il Chianti Classico Riserva '07 è un vino solido, quasi austero, dal tannino nervoso e saporito e dalla verve acida continua e ficcante. Più immediato il Chianti Classico '08, dai profumi che incrociano note di frutti rossi e cenni ferrosi.

- Chianti Cl. Ris. '07   5
- Chianti Cl. '08   4

Tenute delle Ripalte
loc. Ripalte
57031 Capoliveri [LI]
Tel. 056594211
www.tenutadelleripalte.it

Dodici ettari di vigneto, per lo più coltivato ad aleatico. Questa la nuova avventura di Pier Mario Meletti Cavallari. Molto affascinante l'Aleatico '10, con note profonde di frutti neri e macchia, bocca avvolgente, dal finale pungente. Gradevole e sapido il Vermentino '10, dal naso delicato e dalla bocca succosa.

- Aleatico dell' Elba Alea Ludendo '10   7
- ○ Vermentino di Toscana '10   4

Tenuta Riseccoli
loc. Riseccoli
via Convertoie, 9
50022 Greve in Chianti [FI]
Tel. 055853598
www.riseccoli.com

L'azienda della famiglia Romanelli Faure possiede una storia enologica relativamente breve che inizia nel 2000 con il piano di riorganizzazione dei vecchi vigneti. La filosofia produttiva privilegia nei vini equilibrio e bevibilità. Qualità che certo appartengono al Chianti Classico '08, aromaticamente invitante e dal gusto pieno e contrastato.

- Chianti Cl. '08   4

Podere Ristella
via Meleta
58100 Grosseto
Tel. 0564578039
www.ristella.it

La storia di questa azienda nasce negli anni Quaranta, quando la famiglia degli attuali titolari scende dall'Appennino Tosco Emiliano per iniziare un'attività agricola da unire a quella pastorile. Buono il Ghitto di Naldo '09, da sangiovese, merlot e cabernet in parti uguali, dal naso speziato e intenso, corpo vivo e bel finale succoso.

- Ghiotto di Naldo '09   4
- ○ Bazzico '10   4
- Monteregio di Massa Marittima Sangiovese Stancabove '10   4

Russo
pod. La Metocchina
via Forni, 71
57028 Suvereto [LI]
Tel. 0565845105
www.vinirusso.it

L'azienda agricola dei fratelli Russo sorge in una straordinaria zona collinare della Val di Cornia, nel così detto podere La Metocchina. Tra i vini assaggiati ci è piaciuto il Sassobucato '08, da merlot e cabernet sauvignon, che mostra profumi invitanti di frutti dolci, alternati a note personali di macchia e spezie.

- Sassobucato '08   6
- Barbicone '08   5
- ○ Pietrasca '10   3

Fattoria San Fabiano Borghini Baldovinetti
loc. San Fabiano, 33
52100 Arezzo
Tel. 057524566
www.fattoriasanfabiano.it

Il vino più interessante è risultato il Piocaia '08, uvaggio di sangiovese, merlot e cabernet: all'esame olfattivo si mostra intenso, da toni fruttati maturi, cenni di tabacco e cuoio a completare. Buono l'ingresso in bocca, dove mostra struttura robusta, con tannini evidenti ma supportati dalla parte alcolica. Finale sapido e prolungato.

- Piocaia '08   4
- Chianti '10   2
- Chianti Et. Nera '09   4
- ○ Chiaro '10   2

TOSCANA

LE ALTRE CANTINE

San Fabiano Calcinaia
LOC. CELLOLE
53011 CASTELLINA IN CHIANTI [SI]
TEL. 0577979232
www.sanfabianocalcinaia.com

Solo due i vini presentati quest'anno da San Fabiano a Calcinaia. Il Chianti Famalgallo '10 è piccolo ma piacevole, nonostante un naso decisamente ridotto. Il Cerviolo '07, da sangiovese, cabernet sauvignon e merlot, ancora molto condizionato dal legno, con note boisé al naso e un tannino serratissimo in bocca.

- Cerviolo Rosso '07 — 7
- Chianti Famalgallo '10 — 4

Fattoria San Felo
LOC. PAGLIATELLI
58051 MAGLIANO IN TOSCANA [GR]
TEL. 056428481
www.fattoriasanfelo.it

Un'azienda giovane, fondata dalla famiglia Vanni nel 2001, affidata alle cure dei figli Federico e Lorenzo. Il Morellino Riserva Dicioccatore '08 ha un profilo olfattivo legato alla ciliegia e alla prugna, con note balsamiche e cenni di cuoio, buon impatto gustativo, dai tannini setosi e finale succoso.

- Morellino di Scansano Dicioccatore Ris. '08 — 5
- Bella La Vecchia '10 — 4
- ○ Le Stoppaie '10 — 4
- ○ Viognieri Lux Lunae '10 — 4

San Giuseppe
LOC. CASTELNUOVO DELL'ABATE
POD. SAN GIUSEPPE, 35
53020 MONTALCINO [SI]
TEL. 0577835754
www.stelladicampalto.it

Un'azienda tutta all'insegna del naturale quella di Stella di Campalto. Vinificazioni in legno a temperatura controllata e trattamenti dei vigneti in perfetto spirito biodinamico. I vini sono molto interessanti e territoriali, con il Rosso di Montalcino sugli scudi. Intensamente fruttato e dalla beva austera, con tannini fitti e ben amalgamati.

- Rosso di Montalcino '08 — 6
- Brunello di Montalcino '06 — 8

SanCarlo
VIA SPAGNI, 70
53024 MONTALCINO [SI]
TEL. 0577 848617
www.sancarlomontalcino.it

Azienda storica di Montalcino protagonista, negli ultimi anni, di una grande crescita qualitativa, dovuta a Gemma Marcucci, figlia del titolare Giancarlo. Nuove idee che hanno valorizzato i 13 ettari di vigna in località Tavernelle, su terreni principalmente limo sabbiosi. Davvero ben fatto il Brunello '06, di notevole spina acida.

- Brunello di Montalcino '06 — 6

Fattoria Sant'Andrea a Morgiano
LOC. CAPANNUCCIA
VIA SANT'ANDREA A MORGIANO, 27
50012 BAGNO A RIPOLI [FI]
TEL. 3336518514
www.fattoriasantandrea.it

Piccola realtà all'esordio, che mostra però vini particolari, molto legati al territorio e alla tradizione. Si fa notare il Trebbiano '10, ottenuto con macerazione delle bucce nel mosto, dal colore intenso, profumi particolari, molto minerali, che spaziano poi dalla frutta macerata a toni di miele. In bocca è vigoroso, sapido, ricco.

- ○ Trebbiano '10 — 4
- Chianti Colli Fiorentini '10 — 4
- Sangiovese '10 — 4

Vasco Sassetti
LOC. CASTELNUOVO DELL'ABATE
VIA BASSOMONDO, 7
53024 MONTALCINO [SI]
TEL. 0577835619
lanzini.massimo@tiscali.it

Questa cantina, e la vicina osteria, sono una vera istituzione a Castelnuovo dell'Abate. La produzione vinicola sta acquistando importanza e i vini sono in crescita costante. Nel Brunello '06 colpisce la bocca, ricca, dalla bella progressione, segnata da una buona acidità e da un tannino già piuttosto integrato.

- Brunello di Montalcino '06 — 7

TOSCANA 718
LE ALTRE CANTINE

Sasso di Sole
loc. Santa Giulia 1, 48a
fraz. Torrenieri
53024 Montalcino [SI]
Tel. 0577834303
www.sassodisole.it

Una bella realtà quella guidata da Roberto Terzuoli a Torrenieri a 300 metri di altezza. Le vinificazioni sono classiche, abbastanza lunghe, e maturazione affidata a botti in rovere slavo da 35 ettolitri. Buonissimo il Brunello '06, dal naso intenso, floreale e fruttato, e dai tannini levigati, con finale persistente.

● Brunello di Montalcino '06	🍷 6
● Rosso di Montalcino '09	🍷 4

Sedime
pod. Sedime, 63
53026 Pienza [SI]
Tel. 0578748436
capitoni.marco@libero.it

L'Orcia Frasi, da uve sangiovese in prevalenza con piccole aggiunte di canaiolo, è un vino di buona personalità, dai profumi fruttati pieni e nitidi e dal gusto intenso e ritmato da tannini energici e saporiti. Buone sensazioni anche dall'Orcia Capitoni '09, da uve sangiovese e merlot, dai profumi invitanti e dalla bocca grintosa.

● Orcia Rosso Capitoni '09	🍷 4
● Orcia Rosso Frasi '08	🍷 5

La Selva
loc. Fonte Blanda
fraz. San Donato - Albinia
SP 81 Osa, 7
58010 Orbetello [GR]
Tel. 0564885669
www.laselva-bio.eu

L'azienda fondata da Karl Egger nel 1980 è da considerarsi tra le fondatrici dell'agricoltura biologica in Italia. Molte le coltivazioni praticate, oltre all'allevamento di bovini e ovini. Buono il Morellino '10, semplice al naso, dal palato fresco e gustoso, austero e ricco al gusto, intrigante e caldo il Selvarosso '10, da ciliegiolo e alicante.

● Morellino di Scansano '10	🍷 4*
● Avorio '10	🍷 3
⊙ La Selva Rosato '10	🍷 4
● Selvarosso '10	🍷 4

Fulvio Luigi Serni
loc. Le Lame, 237
57022 Castagneto Carducci [LI]
Tel. 0565763585
www.sernifulvioluigi.it

I terreni dell'azienda si estendono per 15 ettari, di cui circa 3 in cui si trova la vigna. Tra i vini ci ha colpito il Bolgheri Rosso Acciderba '08. Intenso e avvolgente, ha tratti bordolesi di ciliegia scura e grafite, con una bella componente erbacea che emerge in un palato succoso e profondo. Molto buono anche il rosato Arcanto '10.

● Bolgheri Rosso Acciderba '08	🍷 5
⊙ Bolgheri Rosato Arcanto '10	🍷 4*

Serpaia
loc. Fonteblanda
via Goldoni, 15
58100 Grosseto
Tel. 0461650129
www.serpaiamaremma.it

Innamoratisi della Maremma, Paolo e Christine Endrici, hanno deciso di crearvi un'azienda. Buono il Morellino Dono Riserva '08, dal timbro olfattivo legato a note fresche, mentolate e balsamiche, poste su una base di frutti di bosco. In bocca è sapido, nervoso, gradevole, dal finale rilassato.

● Morellino di Scansano Dono Ris. '08	🍷 4
● Mèria '07	🍷 4
● Morellino di Scansano Scarpaia degli Endrizzi '09	🍷 4

Il Serraglio
via della Montagna, 11
53045 Montepulciano [SI]
Tel. 3478234547
www.ilserraglio.it

Azienda a conduzione completamente biologica per una piccola produzione, molto curata, che quest'anno ottiene un bel risultato con la Riserva '07 del Nobile, contraddistinta da sentori mentolati e balsamici, uniti a quelli di frutti di bosco ed erbe aromatiche. In bocca si mostra gustosa, non troppo rigida, fresca per la vena acida ben evidente, tannini fini e finale prolungato e saporito.

● Nobile di Montepulciano Ris. '07	🍷 5
● Rosso di montepulciano '09	🍷 4

TOSCANA
LE ALTRE CANTINE

Signano
p.zza Sant'Agostino, 17
53037 San Gimignano [SI]
Tel. 0577940164
signanno@casolaredibucciano.com

Buona la Vernaccia di San Gimignano '10 dell'azienda che affascina per l'impostazione austera, capace di distendersi a fondo e distinta da una linea amaricante affatto sgradevole. L'abbiamo addirittura preferita alla selezione Poggiarelli '10, molto gradevole nei profumi intensi e floreali ma anche un po' stretta nella seconda parte del palato.

● Chianti Colli Senesi '09	♕♕ 4
○ Vernaccia di S. Gimignano '10	♕♕ 4
○ Vernaccia di S. Gimignano Poggiarelli '10	♕ 4
○ Vernaccia di S. Gimignano Ris. '08	♕ 5

Solaria
Az. Agr. Cencioni Patrizia
pod. Capanna, 102
53024 Montalcino [SI]
Tel. 0577849426
www.solariacencioni.com

La piu grande vignaiola di Montalcino, Patrizia Cencioni, guida con energia e sapienza la sua azienda. Bellissima la cantina, con tonneau e qualche botte intorno ai 20 ettolitri. Vinificazione tradizionale, con macerazioni medio lunghe. Uno stile chiaro con vini eleganti e di notevole acidità, per lunghi e felici invecchiamenti in bottiglia.

● Brunello di Montalcino '06	♕♕ 8
● Rosso di Montalcino '09	♕ 5

Fattoria Sorbaiano
loc. Sorbaiano
56040 Montecatini Val di Cecina [PI]
Tel. 058830243
www.fattoriasorbaiano.it

Splendido il Pian del Conte '08 della Fattoria di Sorbaiano. Un Sangiovese di razza intenso e fitto, di bella grana boisé e grip tannico perfetto. La parte migliore è tuttavia la bocca: carnosa e molto profonda. Tra i bianchi il migliore è il Lucestraia '09, capace di una timbrica agrumata con richiami di frutta gialla matura e tocco burroso.

○ Montescudaio Bianco Lucestraia '09	♕♕ 4
● Pian del Conte '08	♕♕ 5
● Montescudaio Rosso delle Miniere '08	♕ 5
● Velathri '08	♕ 6

Le Sorgenti
loc. Vallina
via di Docciola, 8
50012 Bagno a Ripoli [FI]
Tel. 055696004
www.fattoria-lesorgenti.com

La famiglia Ferrari conferma la sua passione e il suo impegno nell'attività vitivinicola. Quest'anno mancavano all'appello due delle etichette più rappresentative come il Gaiaccia e lo Scirus. Il migliore è stato lo Sghiras, uvaggio paritario di chardonnay e sauvignon, dalle note minerali, burrose, sapido al gusto, avvolgente, con retrogusto agrumato.

○ Sghiras '09	♕♕ 5
● Chianti Colli Fiorentini Respiro '09	♕ 4
○ Vin Santo '01	♕ 6

Il Sosso
loc. Le selve
via Gramsci, 39
52046 Lucignano [AR]
Tel. 0577630451
www.ilsosso.it

Buona prova per i vini dell'azienda di proprietà della famiglia Ravaglioli. Il migliore è risultato lo Chardonnay '10, fruttato, con gradevole spina acida e finale saporito. Interessante anche il Poggo Falcone '08, da sangiovese con saldo di colorino, merlot e cabernet, dall'interessante complessità aromatica.

○ Chardonnay '10	♕♕ 4*
● Chianti '10	♕ 3
● Poggio Falcone '08	♕ 4

Spadaio e Piecorto
via San Silvestro, 1
50021 Barberino Val d'Elsa [FI]
Tel. 0558072915
www.spadaiopiecorto.it

L'azienda dei fratelli Stefanelli, 14 ettari di vigneto, produce vini che privilegiano immediatezza e bevibilità. È il caso del Chianti Classico Riserva '08, dai profumi maturi e ben aperti e dal gusto dolce, ampio e contrastato. Non sono a fuoco, invece, gli aromi del Chianti Classico '09 e rimane un po' contratto il Pietra Rossa '08, da uve cabernet sauvignon e merlot.

● Chianti Cl. Ris. '08	♕♕ 5
● Chianti Cl. '09	♕ 4
● Pietra Rossa '08	♕ 3

TOSCANA

LE ALTRE CANTINE

Talenti
Fraz. Sant'Angelo in Colle
Loc. Pian di Conte
53020 Montalcino [SI]
Tel. 0577844064
www.talentimontalcino.it

Una vigna meravigliosa davanti a Sant'Angelo in Colle, una struttura bellissima con una cantina estremamente razionale e dotata di tutto il necessario. Vini solidi, nel solco scavato da Pierluigi Talenti uno dei grandi personaggi del Brunello. Un po' troppo condizionato dal legno il Brunello '06.

● Brunello di Montalcino '06	7
● Rosso di Montalcino '09	4*

Fattoria Terranuova
via Mazzini, 2/4
52028 Terranuova Bracciolini [AR]
Tel. 0559738130
www.fattoriaterranuova.it

Buona prova per il Chianti Superiore Riserva '07, dai profumi evoluti, di tabacco e cuoio uniti alla confettura, ben equilibrati, corpo austero, dai tannini integrati e bella lughezza gustativa. Di buona beva il Giovanni '09, uvaggio inconsueto di sangiovese, trebbiano, cabernet e aleatico.

● Chianti Sup. Ris. '07	4
● Giovanni '09	4

Terre dei Fiori - Tenute Costa
Loc. Melosella Zona VIII
S.da Grillese Uno
58100 Grosseto
Tel. 0564405457
www.tenutecosta.it

Le Tenute Costa comprendono anche Terre di Fiori in Maremma e sono gestite da Andrea Costa con il figlio Luca, ingegneri di formazione con la passione per le vigne. Si distingue il Morellino '09, grazie a un bagaglio aromatico elegante, frutto, spezie e cenni di erbe aromatiche, mentre in bocca dimostra di avere sapore, struttura agile e gusto armonico.

● Morellino di Scansano '09	4*
● Acanto '08	5
● Monteregio di Massa Marittima '09	4
○ Vermentino '10	4

Tiezzi
via delle Querci
53024 Montalcino [SI]
Tel. 0577848187
www.tiezzivini.it

Deciso il balzo in avanti del cru aziendale Vigna del Soccorso che si propone tra i migliori Brunello '06. Siamo praticamente sulle mura di Montalcino, il vigneto è ultraventennale e la vinificazione viene eseguita in tini di legno. Ottimo sia al naso che in bocca, con note di marasca e mora sopra un tabacco dolce e accattivante.

● Brunello di Montalcino V. del Soccorso '06	7
● Brunello di Montalcino '06	6

Torraccia di Presura
Loc. Strada in Chianti
via della Montagnola, 130
50027 Greve in Chianti [FI]
Tel. 0558588656
www.torracciadipresura.it

Molto buono il Chianti Classico '09 prodotto nell'azienda della famiglia Osti, che conta su 35 ettari di vigneto. Il suo profilo olfattivo è schietto e immediato, e in bocca il vino è scorrevole e invitante, dal sorso pieno e gustoso. Più confusi gli aromi del Chianti Classico Il Tarocco Riserva '08, che trova anche un sostegno del rovere a tratti invasivo.

● Chianti Cl. '09	5
● Chianti Cl. Il Tarocco Ris. '08	5

Tenuta di Trecciano
Loc. Trecciano
53018 Sovicille [SI]
Tel. 0577314357
www.trecciano.it

Molto buono I Campacci '09 della Tenuta di Trecciano, ottenuto da un uvaggio di sangiovese e merlot. Un vino di bella bevibilità, fresco negli aromi e gustoso al palato. Buono, ma un po' frenato dal legno, il Chianti Colli Senesi Terra Rossa Riserva '08. Stesso ragionamento vale per il Daniello '09, blend di sangiovese e cabernet sauvignon.

● I Campacci '09	5
● Chianti Colli Senesi Terra Rossa Ris. '08	4
● Daniello '09	5

LE ALTRE CANTINE

Fattoria Tregole
Loc. Tregole, 86
53011 Castellina in Chianti [SI]
Tel. 0577740991
www.fattoria-tregole.com

Di impostazione tradizionale il Chianti Classico Riserva '08, dai profumi affumicati e floreali e dalla bocca densa e gustosa, con qualche durezza ad amplificarne il carattere e la personalità. Dai toni decisamente erbacei il Chianti Classico Le Pigole '09. Qualche cenno di evoluzione penalizza il Chianti Classico Riserva '07, dal gusto reattivo e fresco.

- Chianti Cl. Ris. '08 — 4
- Chianti Cl. Le Pigole '09 — 4
- Chianti Cl. Ris. '07 — 4

Tunia
Loc. Dorna
52041 Civitella in Val di Chiana [AR]
Tel. 3487254533
www.tunia.it

Giovane e dinamica azienda della Val di Chiana, presenta un bianco atipico per la regione, a base trebbiano e vermentino, dal naso di fiori banchi e frutta secca, con lievi sentori agrumati. In bocca è sapido, vivo, fresco e dal piacevole finale. Buona beva per il Chiassobuio '09, da sangiovese con piccolo saldo di colorino e canaiolo.

- O Chiarofiore '10 — 4
- Chiassobuio '09 — 4

Tuttisanti
Loc. Fiorentina
57025 Piombino [LI]
Tel. 056535226

L'azienda di Daniele Rocchi prende il nome dal podere in cui si trova la cantina, nei pressi di Piombino, e vanta tutti i vigneti iscritti alla denominazione Val di Cornia. Il Val di Cornia Sangiovese '09 mostra finezza e anche qualche durezza, ha profumi di radici, viola, ciliegie e ribes rosso, bocca reattiva e scalpitante, lunga e avvolgente.

- Val di Cornia Cabernet Sauvignon '07 — 4
- Val di Cornia Sangiovese '09 — 4*
- O Val di Cornia Bianco '10 — 4
- O Val di Cornia Vermentino '10 — 4

Val delle Corti
Loc. La Croce
Case Sparse Val delle Corti, 144
53017 Radda in Chianti [SI]
Tel. 0577738215
www.valdellecorti.it

La piccola azienda di Roberto Bianchi, 4 ettari di vigneto, produce vini tipici e dallo spiccato carattere, ma decisamente non immediati. I profumi del Chianti Classico Riserva '07 richiamano la terra e la frutta sotto spirito. In bocca il vino è grintoso, robusto, e non teme di evidenziare alcune durezze. Davvero rigido il Chianti Classico '08.

- Chianti Cl. Ris. '07 — 5
- Chianti Cl. '08 — 4

Valentini
Loc. Valpiana
Pod. Fiordaliso, 69
58024 Massa Marittima [GR]
Tel. 0566918058
www.agricolavalentini.it

L'azienda produce vino da cinque generazioni in Maremma. Il migliore è risultato il Crebesco '07, uvaggio di sangiovese, merlot e syrah, dai toni maturi, di confettura di ciliegie, cenni speziati e sentori di tabacco e cuoio. In bocca è succoso, sapido, di buona polpa, dal gusto prolungato.

- Crebesco '07 — 6
- Atunis '08 — 6
- Sangiovese '09 — 4

Fattoria Valiano
Fraz. Vagliagli
Loc. Valiano
53010 Castelnuovo Berardenga [SI]
Tel. 0577322790
www.tenutepiccini.it

Una realtà produttiva da 70 ettari di vigneto quella della Fattoria di Valiano, che fa parte delle Tenute Piccini. E due Chianti Classico davvero ben realizzati. Il Chianti Classico '08 possiede invitanti aromi affumicati e un gusto pieno e saporito. Il Chianti Classico Poggio Teo '08 punta invece su toni più maturi e dolci e una bocca succosa e densa.

- Chianti Cl. '08 — 4
- Chianti Cl. Poggio Teo '08 — 4

TOSCANA
LE ALTRE CANTINE

Vescine
LOC. VÈSCINE
53017 RADDA IN CHIANTI [SI]
TEL. 0577741144
www.vescine.it

Buon esordio per l'azienda della famiglia Paladin già attiva nel mondo del vino in Veneto e Franciacorta. I vini si dimostrano ben fatti e non privi di carattere a cominciare dal ritmato Chianti Classico Tenute di Castelvecchi '08. Fresco e succoso il Chianti Classico Lodolaio Riserva '07. Vivace, ma con qualche incertezza olfattiva, il Chianti Classico '08.

● Chianti Cl. Lodolaio Ris. '07	7
● Chianti Cl. Tenute di Castelvecchi '08	7
● Chianti Cl. '08	6

Villa Cafaggio
FRAZ. PANZANO IN CHIANTI
VIA SAN MARTINO IN CECIONE, 5
50020 GREVE IN CHIANTI [FI]
TEL. 0558549094
www.villacafaggio.it

L'azienda di Panzano in Chianti fa parte del gruppo trentino La Vis e conta su 40 ettari di vigneto. Il Chianti Classico '08 è un vino dagli aromi inizialmente un po' nascosti, ma dalla bocca solida, decisa e succosa. Non ancora completamente definiti il San Martino '07, Sangiovese in purezza, e il Cortaccio '07, da uve cabernet sauvignon.

● Chianti Cl. '08	5
● Cortaccio '07	8
● San Martino '07	8

Villa Corliano
LOC. BRUCIANESI
VIA DI CORLIANO, 4
50058 LASTRA A SIGNA [FI]
TEL. 0558734542
www.villacorliano.com

L'azienda della famiglia Pancani si distingue per un'immagine accattivante, moderna, senza per questo tradire la realtà di appartenenza. Il vino migliore è risultato il Ghirigoro '09, uvaggio di cabernet sauvignon, sangiovese e fogliatonda, dalle note fresche di alloro e menta, bocca carnosa, soda, dai tannini equilibrati, vena acida rinfrescante.

● Ghirigoro '09	4
● Chianti Colli Fiorentini Briccole '08	4
○ Colli dell'Etruria Centrale Vin Santo Dedicato '04	6

Villa di Geggiano
LOC. PONTE A BOZZONE
VIA DI GEGGIANO, 1
53019 CASTELNUOVO BERARDENGA [SI]
TEL. 0577356879
www.villadigeggiano.com

Annata un po' interlocutoria per i vini di Villa di Geggiano della famiglia Bianchi Banditelli. Concreto ma anche un po' contratto il Chianti Classico '09, che paga l'estate calda nella zona più meridionale della denominazione. A una naso ridotto, che necessita di un po' di tempo per aprirsi, segue una bocca di struttura, che il tempo aiuterà a distendere.

● Chianti Cl. '09	4
⊙ Rosato '10	4

Villa Loggio
FRAZ. CIGNANO
LOC. IL LOGGIO, 24
52044 CORTONA [AR]
TEL. 0575618306
www.villaloggio.com

L'azienda è appartenuta in passato alla famiglia Venuti di Cortona: gli attuali proprietari l'hanno rinnovata e trasformata in azienda vinicola di eccellenza nel 2000. Il migliore dei vini è risultato il Tanaquil '10, Chardonnay in purezza, dagli aromi di pietra focaia, fruttato maturo di pesca, cenni di miele, mentre in bocca è sapido, ricco, di bella tensione acida.

○ Tanaquil '10	4
○ Sauvignon '10	3
● Syrah '07	4
● Thefarie '07	4

Villa Trasqua
LOC. TRASQUA
53011 CASTELLINA IN CHIANTI [SI]
TEL. 0577743075
www.villatrasqua.it

Un Merlot in purezza, il Trasolo '07, davvero ineccepibile. Un vino dal profilo aromatico scuro che incrocia cenni fruttati a note di grafite e spezie e che in bocca evidenzia una notevole materia, articolata con dinamismo, grazie a una bella verve acida. Anche il Chianti Classico Fanatico Riserva '07, più chiuso negli aromi, risulta polposo e succoso.

● Trasolo '07	6
● Chianti Cl. Fanatico Ris. '07	4*

MARCHE

Le Marche hanno sempre più una vocazione bianchista. Il Verdicchio dei Castelli di Jesi fa la parte del leone. È nella sua natura: oramai anche i più critici sono arresi al fatto che ci si trova davanti a una delle più interessanti varietà a bacca bianca, se non la più interessante tout court, come sembrerebbe voler dire il premio di miglior bianco dell'anno al Verdicchio dei Castelli di Jesi Classico Superiore Vecchie Vigne '09 di Umani Ronchi. Il merito va ascritto alla sua versatilità. Tra i premiati le versioni d'annata offrono una vitalità che non vira mai verso l'esuberanza. Il tempo poi è un fedele alleato, capace di fornire eleganza e complessità. Non c'è stile che predomini sugli altri: c'è chi predilige un registro freschissimo (Tavignano e Monteschiavo) o più potente (Marotti Campi), chi la finezza a tutti i costi (Garofoli, Sartarelli) senza ricorrere all'uso del legno. E chi preferisce affidarsi a barrique e tonneau (Santa Barbara e La Distesa) raggiungendo per altre vie pari eleganza e cifra personale. Non bastasse ciò, la regione può vantare un territorio piccolo ma di grande vocazione, in grado di fornire ulteriore spinta alla tesi: Matelica. Verdicchio raffinatissimi, longevi, innervati di profonda sapidità che negli anni si tramuta invariabilmente in mineralità. Oltre ai già conosciuti nomi di Belisario e La Monacesca, Bisci e Borgo Paglianetto raggiungono valutazioni altissime. Per contro sembra cedere la vocazione rossista: il montepulciano - vitigno cardine - sia coltivato sul Conero o nel più vasto areale piceno è difficile in quanto tardivo, difficile da guidare alla giusta maturazione e incline alla riduzione, ossia a quelle velature olfattive che accentuano il suo aspetto rustico. I risultati sono nasi spesso surmaturi, talora abbinati a un'esuberanza alcolica trabordante o eccessivamente marcati dal legno. Non è un caso che i rossi che riescono a ottenere il nostro massimo riconoscimento hanno enorme personalità come dimostrano Oasi degli Angeli e Aurora. Fortunatamente è in forte crescita la qualità media dei bianchi a base di pecorino, con San Savino protagonista della denominazione. Il pesarese conferma la buona tendenza di crescita e Valturio non è più sola nel testimoniare che anche lì, con le dovute attenzioni, si può perseguire un ideale di alta qualità.

MARCHE

Aurora
LOC. SANTA MARIA IN CARRO
C.DA CIAFONE, 98
63073 OFFIDA [AP]
TEL. 0736810007
www.viniaurora.it

VENDITA DIRETTA
VISITA SU PRENOTAZIONE
OSPITALITÀ

PRODUZIONE ANNUA 50.000 bottiglie
ETTARI VITATI 10.50
VITICOLTURA Biologico Certificato

Aurora è promotrice del bio da un'epoca lontana, quando ancora la pratica di tener lontana la chimica dalla viticoltura era considerata solo una stranezza. In quel casolare da restaurare, sin dal 1979, si parlava di dignità del contadino, sostenibilità, filiera corta, rapporto diretto col cliente e con la natura. Progetti lungimiranti che all'epoca avevano il sapore dell'utopia. Tutti elementi che puntualmente si sarebbero affermati negli anni. I vini sono esattamente inquadrati in questo processo: ancestrali e pieni di personalità, parlano più all'anima che non al cervello.

Tre Bicchieri imperiosi per il Barricadiero '09, tornato su livelli di assoluta bontà: grintoso e progressivo, unisce pieni ricordi di marasca con tratti più scuri e austeri, legando il tutto con tannini di raffinata estrazione in un finale appagante. Il Rosso Piceno Superiore '09 cede il passo ma senza palesare la propria generosità fruttata e una decisa quota alcolica. Un po' troppo rustico il Rosso Piceno '10. Stesso aggettivo si può utilizzare per il Falerio, dai precisi toni ossidativi, mentre il Pecorino Fiobbo '09 è tra i campioni della tipologia con il suo naso inconfondibile (impasto di anice, sfumature vegetali, mela matura) e una bocca caratteriale, decisamente sapida, profonda.

● Barricadiero '09	🍷🍷🍷	5
○ Offida Pecorino Fiobbo '09	🍷🍷	4*
● Rosso Piceno Sup. '09	🍷🍷	4*
○ Falerio dei Colli Ascolani '10	🍷	2
● Rosso Piceno '10	🍷	3
● Barricadiero '06	🍷🍷🍷	5
● Barricadiero '04	🍷🍷🍷	5
● Barricadiero '03	🍷🍷🍷	5*
● Barricadiero '02	🍷🍷🍷	5
● Barricadiero '01	🍷🍷🍷	5
● Barricadiero '08	🍷🍷	5
● Barricadiero '07	🍷🍷	5
● Rosso Piceno Sup. '08	🍷	4*

Belisario
VIA ARISTIDE MERLONI, 12
62024 MATELICA [MC]
TEL. 0737787247
www.belisario.it

VENDITA DIRETTA
VISITA SU PRENOTAZIONE

PRODUZIONE ANNUA 811.000 bottiglie
ETTARI VITATI 300.00

Una vallata piena di luce, vigneti, storia. Il frazionamento mezzadrile delle proprietà ha formato una miriade di vigne di minima estensione e Belisario è il tratto di matita che nel 1971 ha unito i tanti puntini sparsi nell'alta valle dell'Esino. Oggi è una cooperativa di 100 ettari di proprietà, mentre 200 sono seguiti direttamente con una sorta di affitto dai proprietari. Oltre a questo svolge il normale ruolo di collettrice di svariati conferitori di uve. Una vasta diversificazione permette di sviluppare sia il concetto di cru sia l'opportunità di creare blend con i vini delle parcelle meglio esposte.

Il Cambrugiano torna a primeggiare tra i Verdicchio con una versione '08 magistrale: naso cangiante, attacca con nitidi rimandi di cedro per poi virare su sfumature sempre più ampie e complesse; la bocca è intensa, pervasiva, di grande finezza espressiva nel suo profondo finale. Sugli scudi anche un Cerro '10 che unisce magnificamente nerbo acido e tersi aromi di fiori e mandorla in una beva appagante. E, a dimostrazione della bontà del millesimo '10, poco lontano si piazzano l'agrumato Terre di Valbona e il Verdicchio Anfora, versione base che esprime una piena tipicità. Discorso a parte per il Meridia '08 che, pur buono e pieno di sapore, è parso un po' troppo morbido, specie al palato.

○ Verdicchio di Matelica Cambrugiano Ris. '08	🍷🍷🍷	4*
○ Verdicchio di Matelica Vign. del Cerro '10	🍷🍷	3*
○ Verdicchio di Matelica Anfora '10	🍷🍷	2*
○ Verdicchio di Matelica Meridia '08	🍷🍷	4
○ Verdicchio di Matelica Terre di Valbona '10	🍷🍷	2*
● Colli Maceratesi Rosso Coll'Amato '10	🍷	3
○ Esino Bianco Ferrante '10	🍷	2
○ Verdicchio di Matelica Cambrugiano Ris. '06	🍷🍷🍷	4*
○ Verdicchio di Matelica Cambrugiano Ris. '02	🍷🍷🍷	4*
○ Verdicchio di Matelica Meridia '07	🍷🍷🍷	4*
○ Verdicchio di Matelica Cambrugiano Ris. '07	🍷🍷	4*
○ Verdicchio di Matelica Cambrugiano Ris. '04	🍷🍷	4*
○ Verdicchio di Matelica Vign. del Cerro '07	🍷🍷	3*
○ Verdicchio di Matelica Vign. del Cerro '06	🍷🍷	3*

MARCHE

Bisci

via Fogliano, 120
62024 Matelica [MC]
Tel. 0737787490
www.bisciwines.it

VENDITA DIRETTA
VISITA SU PRENOTAZIONE

PRODUZIONE ANNUA 120.000 bottiglie
ETTARI VITATI 19.00

Pur impegnati nel loro lavoro di mobilieri, i fratelli Mario e Pierino Bisci non hanno mai lesinato tempo per la loro tenuta di Fogliano, tra Cerreto d'Esi e Matelica, attiva dai primi anni Ottanta. Terra magica per il verdicchio ma più che valida anche per varietà a bacca rossa che con sangiovese e vitigni internazionali si spartiscono gli spazi tra i filari. Il cambio generazionale ha portato in sella Mauro Bisci. Il suo compito è di tradurre uno stile decisamente classico in un linguaggio contemporaneo senza snaturare tratti rigorosi, perfettamente ancorati al territorio.

Griglia in tono minore quest'anno. Ma solo nel numero: altissima qualità nei bianchi dove il Vigneto Fogliano '08 ha sfoggiato una prestazione superlativa: naso di rara finezza nei precisi rimandi ad anice e frutta secca, trova al palato un passo serrato e dinamico ma al tempo stesso di grandissima eleganza. Un po' come quei ciclisti che su impegnative salite non si staccano mai dal sellino e sembrano non fare il minimo sforzo. Primo, meritatissimo Tre Bicchieri per la famiglia Bisci e grande soddisfazione per il loro enologo Aroldo Bellelli. Decisamente buono il Verdicchio d'annata, teso e fragrante. Apprezzabile anche il Villa Castiglioni '07, da sangiovese e merlot, vegetale e morbido.

○ Verdicchio di Matelica Vign. Fogliano '08	🍷🍷🍷 4*
○ Verdicchio di Matelica '10	🍷🍷 4*
● Villa Castiglioni '07	🍷 4
● Piangifame '07	🍷🍷 5
● Rosso Piangifame '01	🍷🍷 5
○ Verdicchio di Matelica '09	🍷🍷 4*
○ Verdicchio di Matelica '04	🍷🍷 4*
○ Verdicchio di Matelica Senex '03	🍷🍷 5
○ Verdicchio di Matelica Senex '98	🍷🍷 5*
○ Verdicchio di Matelica Vign. Fogliano '07	🍷🍷 4*
● Villa Castiglioni '03	🍷🍷 5

Boccadigabbia

loc. Fontespina
c.da Castelletta, 56
62012 Civitanova Marche [MC]
Tel. 073370728
www.boccadigabbia.com

VENDITA DIRETTA
VISITA SU PRENOTAZIONE

PRODUZIONE ANNUA 100.000 bottiglie
ETTARI VITATI 25.00

Il passato di Boccadigabbia rimanda all'amministrazione bonapartista di Civitanova Marche. Questo spiega l'effigie napoleonica su tutte le etichette e l'ampia presenza di vitigni transalpini, reimpiantati nel 1986 dopo meticolosi studi filologici. Dai terreni esposti a sud, capaci di annusare l'Adriatico, nel decennio tra il 1992 e il 2002 sono stati ottenuti vini affascinanti come Akronte (da cabernet sauvignon), Pix (da merlot), Il Girone (da pinot nero), Montalperti (da chardonnay). Montepulciano, sangiovese e maceratino provengono dalla tenuta Villamagna, nei pressi di Macerata, acquistata nel 1996.

I vini hanno una loro impronta stilistica ben definita, un po' retrò ma in via di alleggerimento quanto a maturazione e dosaggio del legno, elementi che ne avevano appesantito il tratto negli ultimi anni. Il migliore resta l'Akronte '07: tempra scura, forza alcolica e solido arco tannico generano una materia contratta ma capace di dipanarsi lentamente con profondità. È nell'indole del Pix mostrarsi maturo, polposo e appagante. Ben definito, pur se avvertibile, il dosaggio del rovere nel Montalperti '07, che si offre agile e slanciato, tenace nel finale. Il Rosso Piceno Boccadigabbia '08 è compatto e un po' severo nel tannino, mentre Le Grane '10 ha profumi di frutta tropicale e gusto morbido.

● Akronte '07	🍷🍷 8
○ Montalperti '07	🍷🍷 5
● Pix Merlot '07	🍷🍷 7
● Rosso Piceno Boccadigabbia '08	🍷🍷 4
○ Colli Maceratesi Ribona Le Grane '10	🍷 4
○ Garbì Bianco '10	🍷 3
⊙ Roseo '10	🍷 3
● Akronte '98	🍷🍷🍷 7
● Akronte '97	🍷🍷🍷 7
● Akronte '95	🍷🍷🍷 7
● Akronte '94	🍷🍷🍷 7
● Akronte '93	🍷🍷🍷 7
● Akronte Cabernet '92	🍷🍷🍷 4
● Akronte '03	🍷🍷 8
● Pix Merlot '03	🍷🍷 7

MARCHE

Borgo Paglianetto
loc. Pagliano, 393
62024 Matelica [MC]
Tel. 073785465
www.borgopaglianetto.it

VENDITA DIRETTA
VISITA SU PRENOTAZIONE

PRODUZIONE ANNUA 100.000 bottiglie
ETTARI VITATI 18.00
VITICOLTURA Naturale

Il progetto di Mario Bassilissi e della famiglia Roversi non tocca solo strettamente l'aspetto vitivinicolo ma anche quello zootecnico e seminativo: Borgo Paglianetto è un'azienda agraria dalla forte connotazione biologica. Con la prossima certificazione dei vigneti, una ventina di ettari a oggi in conversione, si completerà tutto il ciclo. In cantina ci si affida alla consulenza di Aroldo Bellelli che già da qualche tempo crea vini con tempra e personalità, in particolare i bianchi. Ottenuti da uva verdicchio sfoggiano una timbrica nitida, esaltata dalla lavorazione in acciaio.

Primo Tre Bicchieri aziendale a un meraviglioso Vertis '09, un Verdicchio di Matelica sapidissimo, succoso, infiltrante, che cattura il naso con toni di pompelmo e mandorla dolce per farli poi esplodere al palato con perfetta coerenza aromatica. Il Petrara '09 marca la distanza dalla forza del Vertis con una finezza fatta di tonalità aromatiche più timide ma tenaci e profonde. Il Terra Vignata '10 svolge con netto accento territoriale il suo ruolo di Verdicchio base. Nei rossi meglio il Terra Vignata '09 - metà sangiovese, merlot e 15% di lacrima -, un po' evoluto ma gustoso nelle sue note di fiori appassiti e origano, che il massiccio Mathesis '08, da montepulciano.

○ Verdicchio di Matelica Vertis '09	4*
○ Verdicchio di Matelica Petrara '09	3*
● Terravignata '09	3
○ Verdicchio di Matelica Terra Vignata '10	3*
● Mathesis '08	5
● Terravignata '08	3
○ Verdicchio di Matelica Aja Lunga '05	4*
○ Verdicchio di Matelica Petrara '08	3*
○ Verdicchio di Matelica Terra Vignata '09	3*
○ Verdicchio di Matelica Terra Vignata '08	3*
○ Verdicchio di Matelica Vertis '08	4*
○ Verdicchio di Matelica Vertis '07	4*

★Bucci
fraz. Pongelli
via Cona, 30
60010 Ostra Vetere [AN]
Tel. 071964179
www.villabucci.com

VENDITA DIRETTA
VISITA SU PRENOTAZIONE

PRODUZIONE ANNUA 120.000 bottiglie
ETTARI VITATI 31.00
VITICOLTURA Biologico Certificato

Il tempo è sempre stato un fedele alleato di Ampelio Bucci. Negli ultimi anni il successo dei suoi Verdicchio aveva rotto questo patto e affrettato l'uscita delle nuove annate. Lo stile sussurrato, ricco di sfumature da approfondire e dettagliare con gli anni mal si combina con la gioventù quindi, in accordo con lo storico consulente Giorgio Grai, si è deciso di tornare alla vecchia cadenza. Lo scorso anno fu la Riserva Villa Bucci a saltare un giro. Quest'anno tocca al Verdicchio base che così ritorna sugli scaffali a un paio d'anni dalla vendemmia: l'attesa non è riposta invano.

L'atteso Villa Bucci Riserva '08 ha evidenziato qualche inattesa titubanza. A grandi linee lo stile rimane il solito: equilibrio gustativo millimetrico, chiaroscuri aromatici, comunicativa lenta. È nel dettaglio che perde compostezza, lasciando affiorare qualche nota precocemente ossidativa. Ciò pone dubbi sulla sua longevità e ne intacca la peculiare finezza, specie nel finale dove i sentori di mela matura prevalgono su echi di canfora, anice e camomilla percepiti al naso. Gli anni a venire diranno se si tratta di un percorso voluto oppure se tutto ciò è legato al millesimo. Ben fatto il Tenuta Pongelli '09, fruttato e dotato di qualche caratteriale spigolo tannico.

● Rosso Piceno Villa Bucci '08	6
● Rosso Piceno Tenuta Pongelli '09	4
○ Verdicchio dei Castelli di Jesi Cl. Villa Bucci Ris. '06	7
○ Verdicchio dei Castelli di Jesi Cl. Villa Bucci Ris. '05	6
○ Verdicchio dei Castelli di Jesi Cl. Villa Bucci Ris. '04	6
○ Verdicchio dei Castelli di Jesi Cl. Villa Bucci Ris. '03	6
○ Verdicchio dei Castelli di Jesi Cl. Villa Bucci Ris. '01	6
○ Verdicchio dei Castelli di Jesi Cl. Villa Bucci Ris. '00	6
○ Verdicchio dei Castelli di Jesi Cl. Villa Bucci Ris. '99	6
○ Verdicchio dei Castelli di Jesi Cl. Villa Bucci Ris. '98	6

MARCHE

Le Caniette
c.da Canali, 23
63065 Ripatransone [AP]
Tel. 07359200
www.lecaniette.it

VENDITA DIRETTA
VISITA SU PRENOTAZIONE

PRODUZIONE ANNUA 60.000 bottiglie
ETTARI VITATI 16.00
VITICOLTURA Biologico Certificato

Il restauro della cantina dei fratelli Luigi e Giovanni Vagnoni l'ha resa tra le più belle del piceno: design e funzionalità si fondono tra legni, vetro e acciaio. Circondati da vigne ben esposte, lo sguardo giunge sino all'Adriatico. Tra i filari trovano spazio solo vitigni tradizionali allevati oramai da diversi anni seguendo il protocollo dell'agricoltura biologica. I vini non nascondono la generosità di una terra piena di luce e sole e si offrono pieni, intensi, molto ben definiti sotto il profilo del carattere, modellati con una visione moderna ma avulsa dalle mode del momento.

Gli assaggi hanno dato conto di un Morellone '06 brillante, affrancato dalle note surmature del passato, ben disegnato nei profumi tra riverberi balsamici e polposi ricordi di frutta rossa; al palato è agile e profilato nonostante la salda struttura affidata a tannini fitti, estratti con raffinata perizia e ben amalgamati dal legno. Frutto succoso anche per un Rosso Bello '09, volutamente scorrevole, mentre meno incisivi appaiono entrambi i bianchi, in particolare un Iosonogaia '09 imbolsito da sentori boisé e larga misura alcolica. Il riscatto arriva con una sontuosa versione di Sibilla '06, pungente per la volatile al naso ma dotato di una bocca fantastica, vitale e lunghissima.

○ Offida Passerina Vino Santo Sibilla '06	🍷🍷	6
● Rosso Piceno Morellone '06	🍷🍷	5
● Rosso Piceno Rosso Bello '09	🍷	4*
○ Offida Passerina Lucrezia '10	🍷	4
○ Offida Pecorino Iosonogaia non sono Lucrezia '09	🍷	5
○ Offida Passerina Vino Santo Sibilla Tiburtina '05	🍷🍷	6
○ Offida Pecorino Iosonogaia non sono Lucrezia '08	🍷🍷	5
○ Offida Pecorino Iosonogaia non sono Lucrezia '07	🍷🍷	5
○ Offida Pecorino Iosonogaia non sono Lucrezia '06	🍷🍷	5
● Rosso Piceno Nero di Vite '05	🍷🍷	7
● Rosso Piceno Rosso Bello '08	🍷🍷	4

La Canosa
c.da San Pietro, 6
63030 Rotella [AP]
Tel. 0736374556
www.lacanosaagricola.it

VENDITA DIRETTA
VISITA SU PRENOTAZIONE

PRODUZIONE ANNUA 120.000 bottiglie
ETTARI VITATI 28.00

La Canosa è un ambizioso progetto avviato nel 2005 dell'Illva di Saronno: ai piedi del Monte Ascensione, in una sorta di altipiano di grande bellezza e integrità naturalistica ma anche vergine di viticoltura di qualità, si è costruito un'imponente cantina e messo a dimora 28 ettari di vigneto, perlopiù dedicato alle varietà locali. Nonostante il cambio dello staff tecnico e l'entrata a regime di buona parte dei vigneti, i vini stentano a decollare. Pur buoni e ben vinificati, faticano a trovare quella personalità, quella caratterizzazione, che dovrebbe esser la loro principale cifra espressiva.

Una buona prova è stata fornita dal Signator '09: note d'inchiostro e marasca, con l'ossigenazione fa giungere al naso delicati ricordi d'erbe aromatiche; bocca elegante, arrotondata ma non arresa, con un bel frutto in chiusura. Più maturo il Musè '09, da uve montepulciano, nei rimandi alla china e al cioccolato svolti in un sorso denso e asciutto, d'avvertita alcolicità. Nullius '09 è un Sangiovese dall'evidente vegetalità al naso, che vira verso note di radici e bastoncino di liquirizia; in bocca è snello, ha reattività, ma nel finale tende a perdersi e riemerge prepotente il tocco della barrique. Infine evidenziamo la grinta agrumata del Servator '10, una Passerina dalla struttura sottile e nervosa.

● Musè '09	🍷🍷	5
● Rosso Piceno Signator '09	🍷🍷	4*
○ Servator '10	🍷🍷	4*
○ Brut	🍷	4
● Nullius '09	🍷	5
⊙ Rosé Brut	🍷	4
● Musè '08	🍷🍷	5
● Musè '07	🍷🍷	5
● Nullius '08	🍷🍷	5
● Nullius '07	🍷🍷	5
● Rosso Piceno Signator '08	🍷🍷	4
● Rosso Piceno Sup. Nummaria '07	🍷🍷	4*
● Rosso Piceno Sup. Nummaria '05	🍷🍷	4*

MARCHE 728

Casaleta
FRAZ. CASTIGLIONI
60011 ARCEVIA [AN]
TEL. 0731879185
www.casaleta.it

VENDITA DIRETTA
VISITA SU PRENOTAZIONE

PRODUZIONE ANNUA 13.000 bottiglie
ETTARI VITATI 11.00
VITICOLTURA Naturale

Raramente capita che un'azienda, alla sua prima uscita, si guadagni un posto tra le migliori espressioni regionali. Oltrettutto arrivando a un passo dal massimo riconoscimento. Siamo qui dunque a lodare una nuova brillante stella nel firmamento jesino. I presupposti per grandi soddisfazioni ci sono tutti: vigne vecchie di oltre settant'anni, posizione invidiabile nella zona tra le più vocate a cavallo tra Serra de' Conti e Arcevia, vinificazione seguite con cura da un esperto qual è Giancarlo Soverchia. Se son rose... Però intanto non mancate i due vini di Oretta Manieri.

Due soli vini presentati, entrambi lavorati in acciaio per preservare tipicità e peculiare freschezza. Sorpresa nella sorpresa, prevale il Castijo '10 che, nella gerarchia aziendale, dovrebbe ricoprire il ruolo di cadetto: profumi eleganti, nitidamente varietali tra mandorla e buccia d'arancia, e bocca raffinata, innervata di sapidità profonda e capace di piena coerenza aromatica. Un vino imperdibile, tirato in appena 6000 pezzi peraltro offerti a un prezzo onestissimo. Ancora minor disponibilità per il La Posta '10, solo 4000 bottiglie dal finissimo olfatto di anice, erbe officinali, fiori; in bocca la dinamica sviluppa sapore e sale e lascia impronte agrumate nel bel finale.

○ Verdicchio dei Castelli di Jesi Cl. Castijo '10	❦❦ 4*
○ Verdicchio dei Castelli di Jesi Cl. Sup. La Posta '10	❦❦ 4

Casalis Douhet
VIA MONTECORIOLANO, 11
62018 POTENZA PICENA [MC]
TEL. 0733688121
www.coriolano.com

VENDITA DIRETTA
VISITA SU PRENOTAZIONE

PRODUZIONE ANNUA 30.000 bottiglie
ETTARI VITATI 40.00

Casalis Douhet è di proprietà della Regione Campania. L'ente pubblico nomina il management che si dovrà occupare delle tante vigne e degli altrettanti ulivi messi a dimora sui primi colli che guardano il mare salendo verso Potenza Picena. La cantina, ospitata in un edificio storico, è affidata alle cure di Giuseppe Morelli, giovane enologo marchigiano, che disegna uno stile moderno senza seguire troppo le mode. Va però sottolineato che alcuni vini, specie i bianchi, difettano di carattere e riconoscibilità: la conquista di questi elementi potrebbero far compiere all'azienda un deciso balzo in avanti.

In cima alle nostre preferenze si piazza il Giulio Douhet '09 in virtù di un naso che ricorda i piccoli frutti e la pesca gialla, da ritrovare in una bocca soffice, largamente fruttata, al cui finale si aggiungono note tostate non prevaricanti. Buono anche il Colosimo '10, che sfrutta la sua fragrante gioventù per offrire una suadente timbrica floreale e una bocca di facile approccio grazie a tannini controllati e ampia bevibilità. Meno brillante del solito il Coriolano '08, da montepulciano e saldo paritario di merlot e cabernet sauvignon, segnato da velati toni vegetali e da tannini che generano un'insistita coda amarognola. Discreto il Brezzato '10, tenue, floreale, senza fronzoli.

● Colli Maceratesi Rosso Colosimo '10	❦ 3*
● Rosso Piceno Giulio Douhet '09	❦❦ 4*
○ Colli Maceratesi Bianco Brezzato '10	❦ 3
● Coriolano '08	❦ 4
⊙ Fly	❦ 3
○ Oltremare '10	❦ 3
● Colli Maceratesi Rosso Colosimo '09	❦❦ 3*
● Coriolano '07	❦❦ 4*
● Coriolano '06	❦❦ 4*
○ Oltremare Bianco '08	❦❦ 3*
● Rosso Piceno Giulio Douhet '08	❦❦ 4*
● Rosso Piceno Giulio Douhet '07	❦❦ 4*

MARCHE

Maria Pia Castelli
c.da Sant'Isidoro, 22
63015 Monte Urano [FM]
Tel. 0734841774
www.mariapiacastelli.it

VENDITA DIRETTA
VISITA SU PRENOTAZIONE

PRODUZIONE ANNUA 20.000 bottiglie
ETTARI VITATI 8.00
VITICOLTURA Naturale

Enrico Bartoletti non è il prototipo del vignaiolo tutto cantina e famiglia. La sua professione principale è lontana dalla vigna, così come il suo background culturale. Però, da una decina di anni, dall'inizio della sua avventura, si è buttato anima e corpo nel progetto formando un giovane team affiatato che esegue tutti i lavori tra vigna e cantina; lui supervisiona assiduamente il tutto con l'ausilio, da sempre, di Marco Casolanetti. I vini hanno tempra, carattere, profili così insoliti da sfiorare l'eccentricità, ma offrono la certezza di non lasciar mai indifferenti. Nel bene o nel male.

Affascinante l'ultima versione di Stella Flora, da pecorino al 50%, 30% passerina e saldo paritario di trebbiano e malvasia di Candia, ottenuto con macerazione sulle bucce per 25 giorni e maturato in legno piccolo per un anno e mezzo: note affumicate si mischiano a sensazioni più complesse tra agrumi canditi ed erbe aromatiche, mentre il palato si regge su sapidità e struttura articolata. Note salmastre e di legna arsa segnano il naso dell'Orano '10, Sangiovese in purezza, seguito da una bocca autentica, sebbene un po' rustica. Chiude il Sant'Isidoro '10, rosato ottenuto da salasso di montepulciano e sangiovese, in bilico tra dolcezza zuccherina e avvertito nerbo acido.

○ Stella Flora '09	🍷 6
● Orano '10	🍷🍷 4
⊙ Sant'Isidoro '10	🍷 3
● Erasmo Castelli '06	🍷🍷🍷 6
● Erasmo Castelli '07	🍷🍷 6
● Erasmo Castelli '05	🍷🍷 6
● Erasmo Castelli '04	🍷🍷 6
● Erasmo Castelli '03	🍷🍷 6
● Erasmo Castelli '02	🍷🍷 6
● Orano '09	🍷🍷 4
● Orano '08	🍷🍷 4*
○ Stella Flora '08	🍷🍷 6
○ Stella Flora '07	🍷🍷 6

Cantine di Castignano
c.da San Venanzo, 31
63032 Castignano [AP]
Tel. 0736822216
www.cantinedicastignano.com

VENDITA DIRETTA
VISITA SU PRENOTAZIONE

PRODUZIONE ANNUA 350.000 bottiglie
ETTARI VITATI 520.00

Un sano spirito commerciale pervade la filosofia di questa cooperativa sorta nel 1960, da tempo impegnata sul fronte del rapporto qualità prezzo. D'altro canto gli ettari sono tanti e per remunerare il lavoro dei soci occorre prima di tutto vendere, arrivando con pochi passaggi al consumatore finale. Per agevolare il processo ci si affida a una decina di punti vendita diretti sparsi nelle province limitrofe, in cui si può trovare un ampio ventaglio di etichette dallo stile nitido, giudiziosamente moderno ma ben ancorato alle denominazioni locali, perlopiù composte da vitigni autoctoni piceni.

L'Offida Pecorino Montemisio '10 non lascia il suo ruolo di leader tra le etichette presentate: al naso, fresco e attraente, estremamente caratterizzato, segue una bocca dinamica che offre sapidità, frutta esotica e sensazioni più vegetali in un azzeccato impasto gustativo. Poco distante la qualità dell'Offida Passerina '10: sottile, ha un evidente nerbo acido pronto a farsi sapidità in fondo al palato e una beva coinvolgente. Si affida a toni più fruttati, pur senza perdere in scorrevolezza, il Falerio Destriero '10. Tra i rossi prove solo discrete per il morbido Templaria '09 (70% merlot e sangiovese) e per il floreale Rosso Piceno '10, un po' grezzo al palato ma efficace.

○ Falerio dei Colli Ascolani Destriero '10	🍷🍷 2*
○ Offida Passerina '10	🍷🍷 2*
○ Offida Pecorino Montemisio '10	🍷🍷 2*
○ Falerio dei Colli Ascolani '10	🍷 1*
● Rosso Piceno '10	🍷 1*
● Templaria '09	🍷 3
○ Offida Passerina '08	🍷🍷 2*
○ Offida Pecorino Montemisio '08	🍷🍷 2*
● Offida Rosso Gran Maestro '05	🍷🍷 4*
● Offida Rosso Gran Maestro '02	🍷🍷 4*
● Offida Rosso Gran Maestro '01	🍷🍷 4*
● Rosso Piceno '09	🍷🍷 1*
● Rosso Piceno Sup. Destriero '08	🍷🍷 2*
● Sangiovese '08	🍷🍷 2*

MARCHE

Giacomo Centanni
C.DA ASO, 159
63010 MONTEFIORE DELL'ASO [AP]
TEL. 0734938530
www.vinicentanni.it

OSPITALITÀ

PRODUZIONE ANNUA 60.000 bottiglie
ETTARI VITATI 25.00
VITICOLTURA Biologico Certificato

L'azienda del giovane Giacomo Centanni si sta facendo conoscere grazie a vini di grande pulizia stilistica, accattivanti nei profumi ma anche non banali e rispettosi delle tradizioni locali. Posta un po' più a nord rispetto al classico aereale piceno, l'azienda ha un corpus unico di vigneti in ottima esposizione lungo i colli che delimitano la riva destra del fiume Aso, a cavallo tra le provincie di Ascoli Piceno e Fermo. Certificazione biologica e prezzi oculati sono alcuni degli altri ingredienti del crescente successo. L'inedita scelta di usare il tappo in vetro aggiunge una nota di colore.

L'Offida Pecorino '10 si piazza tra i migliori: lavorato in acciaio, ha profumi di agrumi - arancia in particolare - ed erbe di campo, bocca saporita dove la sapidità trova forza e contrasto nella dolcezza fruttata del finale. Sugli stessi livelli il Passerina '10, giustamente interpretato in chiave più verticale e bevibile, legato a un evidente nerbo acido. Più normale, un po' ruffiano nei suoi dolci profumi di fiori, il Falerio Il Borgo '10. Altrettanto ricco di aromi ma piuttosto gustoso il Profumo di Rosa '10, da sangiovese. Tra i rossi ha buon frutto il Rosso di Forca '10, mentre il Montefloris '10, Montepulciano in purezza, è sin troppo impersonale nei suoi sentori di legno dolce e marasca.

○ Offida Passerina '10	4*
● Offida Pecorino '10	4*
● Rosso Piceno Rosso di Forca '10	3*
○ Falerio dei Colli Ascolani Il Borgo '10	3
● Montefloris '10	4
◉ Profumo di Rosa '10	4
● Montefloris '08	4
○ Offida Passerina '09	4

Tenuta Cocci Grifoni
LOC. SAN SAVINO
C.DA MESSIERI, 12
63038 RIPATRANSONE [AP]
TEL. 073590143
www.tenutacoccigrifoni.it

VENDITA DIRETTA
VISITA SU PRENOTAZIONE

PRODUZIONE ANNUA 400.000 bottiglie
ETTARI VITATI 45.00

Marilena e Paola Cocci Grifoni hanno raccolto l'eredità culturale ed enologica del loro padre Guido. Per le due sorelle la sfida è quella di sempre: affrontare il mercato con le tipiche varietà locali, perpetuando la tradizione familiare. Tutto parte dalla gestione dei vigneti dove si trovano le più vecchie piante picene di passerina e pecorino, cultivar che proprio qui furono introdotte e valorizzate. In cantina si utilizzano principalmente acciaio, cemento e legni di grande dimensione. Solo Il Grifone riposa in tonneau, ma il piccolo legno non cancella l'idea di un vino profondamente territoriale.

Le Torri non fa rimpiangere l'assenza del Vigna Messieri: l'annata '07 ha naso fresco di marasca e un palato un filo austero nei tannini ma non smarrisce un vivido impatto fruttato, di controllata potenza alcolica. La lunga parabola evolutiva del Grifone '04 è all'apice dell'eleganza: erbe aromatiche e tratti boisé al naso, tannino setoso al palato. Il pur semplice Rubinio '10 conferma la mano felice sui rossi: intensamente floreale, ha nella scorrevolezza e nella coerenza aromatica le doti migliori. Nei bianchi domina il cavallo di battaglia aziendale, l'Offida Pecorino Podere Colle Vecchio '09, dotato di nerbo vivo al palato e impronta olfattiva ben tipizzata di anice e agrumi.

○ Offida Pecorino Podere Colle Vecchio '09	4
● Offida Rosso Il Grifone '04	5
● Rosso Piceno Rubinio '10	3*
● Rosso Piceno Sup. Le Torri '07	4*
○ Offida Passerina Gaudio Magno Brut '10	4
○ Offida Passerina Adamantea '10	4
○ Offida Passerina Adamantea '09	4*
○ Offida Pecorino Podere Colle Vecchio '08	4*
○ Offida Pecorino Podere Colle Vecchio '07	4*
○ Offida Pecorino Podere Colle Vecchio '05	4*
○ Offida Pecorino Podere Colle Vecchio '04	4*
● Rosso Piceno Sup. Le Torri '06	3*
● Rosso Piceno Sup. V. Messieri '06	4
● Rosso Piceno Sup. V. Messieri '02	4*

Collestefano

loc. Colle Stefano, 3
62022 Castelraimondo [MC]
Tel. 0737640439
www.collestefano.com

VENDITA DIRETTA
VISITA SU PRENOTAZIONE

PRODUZIONE ANNUA 60.000 bottiglie
ETTARI VITATI 10.00
VITICOLTURA Biologico Certificato

Agli occhi di molti il Collestefano è difficilmente inquadrabile come Verdicchio. Profilo olfattivo nordico, silhouette strutturale snellita da un'acidità mai tenera, gradazione alcolica contenuta. Eppure basterebbe far un salto a Rustano di Castelraimondo per scoprire come il microclima sia l'elemento cardine con cui ogni vignaiolo deve far i conti. Ai piedi di una quinta appenninica, circondate dai boschi, accarezzate da una benevola escursione, crescono uve cui Fabio Marchionni aggiunge il suo tocco personale: solo metodologia bio e niente fermentazione malolattica, anche in presenza di quantità notevoli di acidità.

Il Collestefano '10 ha un'eccezionale fragranza, diretta espressione di un nerbo vivo e indomito: note di pompelmo, biancospino e mela verde si rincorrono sino a un palato dalla bevibilità eccezionale. Molto buono già adesso, sebbene non lunghissimo nel finale, non potrà che crescere negli anni e giungere a quella complessità minerale che gli darà quel timbro intimamente matelicense. Il Rosa di Elena '10, da sangiovese con un pizzico di cabernet, è un rosato che ricalca le orme del bianco: asciutto, grintoso, progressivo, non concede nessuna apertura alle morbidezze zuccherine di troppi vini della stessa tipologia.

○ Verdicchio di Matelica Collestefano '10		4*
⊙ Rosa di Elena '10		3*
○ Verdicchio di Matelica Collestefano '07		4*
○ Verdicchio di Matelica Collestefano '06		4*
⊙ Rosa di Elena '08		3*
○ Sauvignon '09		3*
○ Verdicchio di Matelica Collestefano '09		4*
○ Verdicchio di Matelica Collestefano '08		4*
○ Verdicchio di Matelica Collestefano '05		4*
○ Verdicchio di Matelica Collestefano '04		4*
○ Verdicchio di Matelica Collestefano '03		4*
○ Verdicchio di Matelica Collestefano '02		4

Colonnara

via Mandriole, 6
60034 Cupramontana [AN]
Tel. 0731780273
www.colonnara.it

VENDITA DIRETTA
VISITA SU PRENOTAZIONE

PRODUZIONE ANNUA 1.000.000 bottiglie
ETTARI VITATI 120.00
VITICOLTURA Biologico Certificato

Colonnara è una cooperativa dalla solida memoria. Nelle sua ampia cantina sotterranea sono accatastate con cura bottiglie che tornano indietro di vent'anni. Chiunque voglia cimentarsi con una storia del Verdicchio di Jesi, verificarne l'evoluzione e la tenuta, deve passare da via Mandriole. I vigneti coprono un'ampia fascia sulla riva destra dell'Esino tra i comuni di Cupramontana, Staffoli e Apiro. Oltre ai vini fermi, da molti anni si è puntato anche sulle bollicine. Ad agevolare il tutto ci ha pensato la versatilità dell'uva verdicchio. Collaborazioni con altre cantine permettono di coprire altre denominazioni regionali per ottenere vini di facile approccio.

La Riserva Ubaldo Rosi '05 è il miglior Metodo Classico regionale: finissimo perlage, cremoso, ha naso complesso con toni affumicati e di frutta secca da ritrovare in un finale salino e aggraziato. Anche il suo paggio Luigi Ghislieri ha un contegno di alto profilo: note di canfora e mandorla riemergono nitide dopo il passaggio di un perlage minuzioso e tenace. Tra i fermi troviamo un fruttato Cuprese '10, sempre compresso dalla sua gioventù, il morbido e pieno Tùfico '09, e lo sbarazzino Portonuovo '10, vino base dalla beva accattivante. Tra le altre denominazioni si evidenziano il floreale Lacrima di Morro d'Alba '10, dal facile approccio, e il Nero dei Dori '09, vegetale e compatto.

○ Verdicchio dei Castelli di Jesi Spumante Brut Ubaldo Rosi Ris. '05		6
○ Verdicchio dei Castelli di Jesi Cl. Portonuovo '10		3*
○ Verdicchio dei Castelli di Jesi Cl. Spumante Brut Luigi Ghislieri		5
○ Verdicchio dei Castelli di Jesi Cl. Sup. Cuprese '10		4*
○ Verdicchio dei Castelli di Jesi Cl. Sup. Tùfico '09		4
● Lacrima di Morro d'Alba '10		4
○ Offida Passerina '10		4
○ Offida Pecorino '10		4
● Rosso Conero Nero dei Dori '09		4
○ Verdicchio dei Castelli di Jesi Cl. Sup. Cuprese '07		4*
○ Verdicchio dei Castelli di Jesi Spumante Brut Ubaldo Rosi Ris. '04		6

MARCHE

Il Conte Villa Prandone
C.DA COLLE NAVICCHIO, 28
63033 MONTEPRANDONE [AP]
TEL. 073562593
www.ilcontevini.it

VENDITA DIRETTA
VISITA SU PRENOTAZIONE

PRODUZIONE ANNUA 150.000 bottiglie
ETTARI VITATI 25.00
VITICOLTURA Naturale

Monteprandone è un rotondo colle, l'ultimo che il fiume Tronto incontra prima di gettarsi nell'Adriatico. Terra di santi, ulivi e montepulciano. Non è un caso che San Giacomo della Marca sia rappresentato, in un dipinto conservato al Prado di Madrid, con un mistico bicchiere di vino rosso in mano. I De Angelis hanno vigneti in diverse contrade quasi tutti impiantati con varietà tradizionali. Essendo una famiglia numerosa gestiscono tutto in prima persona, diversificando i ruoli. I loro vini hanno un'impronta calda e generosa che si traduce in struttura e sostanza anche per i vini più semplici.

Lu Kont Bianco '09 (da pecorino, passerina e malvasia) alla vista tradisce uno stile macerativo; ricordi di albicocca, tè, erbe aromatiche si ritrovano in una bocca dalla lunga sapidità cui giova il contrasto di una polposa dolcezza di frutto. Meno convincenti i due vini più ambiziosi, ossia Lu Kont '08 e il coevo Zipolo: entrambi a base di montepulciano, hanno una struttura carnosa e un tessuto soffice fatto di tannini molto fitti ma anche eccessi di maturazione del frutto che osteggiano fruibilità e finezza. A rialzare il livello ci pensa una delle migliori versioni di Navicchio: fine e agrumato, ha una beva attrattiva che nel finale rilascia sale e un delizioso tocco amarognolo.

● Donello '10	4*
○ Lu Kont Bianco '09	6
○ Offida Pecorino Navicchio '10	4
● Rosso Piceno Sup. Marinus '09	4
○ Cavaceppo '10	4
○ Falerio dei Colli Ascolani Aurato '10	2*
● Lu Kont '08	7
○ Offida Passerina Passito L'Estro del Mastro '08	5
○ Offida Passerina Spumante Emmanuel Maria '10	4
● Rosso Piceno Conte Rosso '10	3
● Zipolo '08	6
● Lu Kont '07	7
○ Offida Pecorino Navicchio '08	4
● Zipolo '07	6

Conti di Buscareto
FRAZ. PIANELLO
VIA SAN GREGORIO, 66
60010 OSTRA [AN]
TEL. 0717988020
www.contidibuscareto.com

VENDITA DIRETTA
VISITA SU PRENOTAZIONE

PRODUZIONE ANNUA 180.000 bottiglie
ETTARI VITATI 70.00

Claudio Gabellini ed Enrico Giacomelli hanno investito i proventi della loro attività di software house in diverse proprietà sparse in provincia di Ancona. Il verdicchio è allevato ad Arcevia, la lacrima nera è messa a dimora a Morro d'Alba mentre altri vitigni a bacca nera provengono da Camerata Picena e Monte San Vito. La produzione strizza l'occhio a una clientela che cerca un approccio piacevole e immediato, da ottenersi mediante profumi spiccati e palato morbido, conciliante. Vinificazioni accurate, packaging alla moda e una larga scelta di etichette agevola l'azienda nel suo scopo.

Una suadente aromaticità, talora marcata, altre volte più sullo sfondo, è il comune denominatore delle etichette presentate. Fa eccezione il Bisaccione '08, da montepulciano e 30% di cabernet sauvignon, che tra note floreali, leggere tracce vegetali e una bocca austera, scura e imbronciata prova - riuscendoci - a elevarsi in complessità e contegno rispetto al resto della produzione. Tra i vini sbarazzini ha partita facile il tipico e profumato Lacrima d'annata. Semplici gli altri, dal Verdicchio d'annata soffice e fruttato, al floreale Crimà '10 (60% sangiovese e saldo di merlot e lacrima) sino al Rosso Piceno '09, speziato e un po' evoluto.

● Bisaccione '08	6
● Lacrima di Morro d'Alba '10	4*
○ Brut Bianco '10	4
● Crimà '10	3
⊙ Rosa '10	3
⊙ Rosé Brut '10	4
● Rosso Piceno '09	3
○ Verdicchio dei Castelli di Jesi '10	3
● Lacrima di Morro d'Alba '09	4*
● Lacrima di Morro d'Alba Passito '08	4
○ Verdicchio dei Castelli di Jesi '09	3*
○ Verdicchio dei Castelli di Jesi Ammazzaconte '08	4*

733 MARCHE

Croce del Moro
via Tassanare, 4
60030 Rosora [AN]
Tel. 0731814158
www.tassanare.it

VISITA SU PRENOTAZIONE

PRODUZIONE ANNUA 50.000 bottiglie
ETTARI VITATI 8.00

A Rosora i vigneti sono posti ad altimetrie più elevate della media dei Castelli di Jesi. La giacitura collinare sfrutta una luminosità peculiare, quasi da altipiano, e i terreni hanno una buona presenza di calcare e argilla. Insomma, ci sono tutte le condizioni per avere vini di grande finezza e complessità. Bruno Cavallaro vive a Milano e solo da una decina d'anni ha deciso di far sul serio col suo podere ingaggiando un enologo esperto quale Umberto Trombelli. Quest'anno ci ha finalmente proposto una gamma affidabile e coesa, non lampi estemporanei delle potenzialità della sua azienda.

Il Verdicchio recita la parte del leone, in particolare il Classico Superiore Crocetta '09, che dispensa, con maestrìa, sapidità e calore alcolico, in un passo elegante, di decisa intensità. Stessa misura per l'omonima Riserva '08 ma con un equilibrio più segnatamente spostato verso la componente alcolica. Una timbrica vegetale (apportata dal 10% di malvasia) caratterizza l'efficace Le Muse '10. L'ambizioso Donna Clementia '08 (da verdicchio 100%) ha naso di fiori e mela golden e bocca avvolgente e paffuta. I rossi soffrono tratti evolutivi un po' accentuati a eccezione de Il Moro '09 (da montepulciano e 30% di sangiovese), floreale al naso, dinamico e saporito al palato, nonostante il graffio dei tannini.

○ Verdicchio dei Castelli di Jesi Cl. Sup. Crocetta '09	🍷🍷 5
● Rosso Piceno Il Moro '09	🍷🍷 3*
○ Verdicchio dei Castelli di Jesi Cl. Crocetta Ris. '08	🍷🍷 5
○ Verdicchio dei Castelli di Jesi Cl. Le Muse '10	🍷🍷 3*
○ Donna Clementia '08	🍷 4
○ Il Moro della Genga '08	🍷 4
● Rosso Piceno Furtarello '03	🍷🍷 4*
○ Verdicchio dei Castelli di Jesi Cl. Sup. Crocetta '08	🍷🍷 5
○ Verdicchio dei Castelli di Jesi Cl. Sup. Crocetta '07	🍷🍷 4
○ Verdicchio dei Castelli di Jesi Cl. Sup. Crocetta '04	🍷🍷 3*
○ Verdicchio dei Castelli di Jesi Cl. Sup. Crocetta Ris. '05	🍷🍷 5

Tenuta De Angelis
via San Francesco, 10
63030 Castel di Lama [AP]
Tel. 073687429
www.tenutadeangelis.it

VENDITA DIRETTA

PRODUZIONE ANNUA 500.000 bottiglie
ETTARI VITATI 50.00

Le ultime degustazioni hanno confermato che dai rossi, da sempre cuore della produzione, si ha una rassicurante tenuta qualitativa. Ciò che sembra aver trovato un cambio di marcia è stata la valutazione delle denominazioni bianche: fino a qualche anno fa l'azienda forniva vini che parevano svogliati, un compitino scialbo, senza sbavature ma anche senz'anima. Pecorino, lo stesso Falerio e in modo minore anche il Passerina hanno scalato diverse posizioni in classifica, giungendo a ridosso delle migliori espressioni regionali. Una buona notizia per quei consumatori attenti sia alla qualità sia al prezzo.

Il Pecorino '10 è grintoso, ha slancio e tenuta al palato, un finale rinfrescante che lascia in bocca il gusto dell'anice e delle erbe di campo. Non è da meno il Falerio '10, che qui trova una dignità e un rispetto altrove trascurati: bel sapore, gustoso eppur sobrio, asciutto, offre una fase aromatica delicata, armonica, dal ricordo di mela e fiori bianchi. Il Passerina '10 è semplice, acidulo, facile da bere. Tra i rossi consueta affermazione dell'Anghelos '09 (75% montepulciano, 20% cabernet e saldo di sangiovese) dal frutto scuro in un palato avvolgente, di solida tempra e promettente futuro. Più accomodante il Rosso Piceno Superiore '09, fruttato, moderno, un po' legnoso in fondo.

● Anghelos '09	🍷🍷 5
○ Falerio dei Colli Ascolani '10	🍷🍷 2*
○ Offida Pecorino '10	🍷🍷 3*
● Rosso Piceno Sup. '09	🍷🍷 3*
○ Offida Passerina '10	🍷 3
● Rosso Piceno '10	🍷 2*
● Anghelos '01	🍷🍷🍷 5
● Anghelos '99	🍷🍷🍷 5
● Anghelos '07	🍷🍷 5
● Anghelos '06	🍷🍷 5
● Anghelos '05	🍷🍷 4
● Anghelos '04	🍷🍷 4
● Rosso Piceno Sup. '07	🍷🍷 3*
● Rosso Piceno Sup. Oro '06	🍷🍷 4*

MARCHE

Fattoria Dezi
c.da Fontemaggio, 14
63029 Servigliano [FM]
Tel. 0734710090
fattoriadezi@hotmail.com

VENDITA DIRETTA
VISITA SU PRENOTAZIONE
OSPITALITÀ

PRODUZIONE ANNUA 50.000 bottiglie
ETTARI VITATI 16.00
VITICOLTURA Naturale

L'incendio di qualche anno fa oramai è solo un ricordo. Lo stabile degli attrezzi agricoli, il solo che fu interessato, è stato ricostruito ancor più grande. Con l'occasione si è proceduto anche alla rimodulazione della cantina e dei locali dedicati all'accoglienza. L'azienda è nota per i suoi rossi di grande imponenza strutturale, dai colori saturi, dotati d'evidente forza alcolica e tannini abbondanti. Negli ultimi tempi si è manifestato qua e là un tratto olfattivo evoluto che, unito a sensazioni tostate, inquina la purezza fruttata che era un po' la cifra principale dello stile Dezi.

Regina del Bosco 48 Mesi '06, Montepulciano in purezza, nel nome riporta la lunga maturazione in legno cui è sottoposto: naso di ciliegie mature e spezie dolci, ha volume alcolico e una matassa tannica del tutto risolta, lunga e affusolata. Un bicchiere generoso, materico. Più controverso la Regina del Bosco '08, con le sue note tostate e di frutta sotto spirito unite a sensazioni precocemente terziarie di liquirizia. Il meno ambizioso Dezio '09 (70% montepulciano e sangiovese) appare più fresco e nitido, fruttato, dal delizioso finale terroso. Un po' al di sotto del consueto standard il Solo '09, Sangiovese in purezza, rotondo, ammiccante e con una generosa quota di rovere ancora da smaltire.

● Regina del Bosco 48 Mesi '06	🍷🍷	8
● Dezio '09	🍷🍷	5
● Regina del Bosco '08	🍷🍷	7
● Solo '09	🍷🍷	7
● Regina del Bosco '06	🍷🍷🍷	7
● Regina del Bosco '05	🍷🍷🍷	7
● Regina del Bosco '03	🍷🍷🍷	6
● Solo Sangiovese '05	🍷🍷🍷	7
● Solo Sangiovese '01	🍷🍷🍷	6
● Solo Sangiovese '00	🍷🍷🍷	6
● Dezio Vign. Beccaccia '06	🍷🍷	5
● Regina del Bosco '07	🍷🍷	7
● Solo Sangiovese '08	🍷🍷	7
● Solo Sangiovese '07	🍷🍷	7

La Distesa
via Romita, 28
60034 Cupramontana [AN]
Tel. 0731781230
www.ladistesa.it

VENDITA DIRETTA
VISITA SU PRENOTAZIONE
OSPITALITÀ
RISTORAZIONE

PRODUZIONE ANNUA 10.000 bottiglie
ETTARI VITATI 3.00
VITICOLTURA Naturale

Nel sul blog (www.ladistesa.blogspot.com) Corrado Dottori deposita "pensi, sogni e visioni di un vignaiolo indipendente". Se non avete tempo di seguirlo, anche perché lì si condensano molteplici spunti su cui riflettere, vi basterà stappare una sua bottiglia. Una qualsiasi. Troverete dentro lo stesso impasto di anticonformismo, naturalezza, coerenza. Poi non sempre si può esser d'accordo con lui e con i suoi vini ma se ne può sempre discutere. Magari davanti a un bicchiere nell'agriturismo che Corrado gestisce, con l'ausilio della moglie, tra un lavoro in vigna e una mansione in cantina.

Tre Bicchieri a uno straordinario Gli Eremi Riserva '09, poche bottiglie (2500 pezzi) che raccontano al meglio la forza del cru San Michele. Elevato in tonneau, ha naso dove i tratti boisé si fondono con i descrittori tipici del vitigno, ossia anice, mandorla, frutta matura alternata a florealità complessa; in bocca si distende con baldanzosa naturalezza, lasciando una scia salina inestinguibile. Oltretutto promette una lunga tenuta nel tempo, per diventare sempre più elegante e personale. Buono, ma meno dello scorso anno, il Terre Silvate '10, dagli accenti aromatici non banali in una beva spigliata. Floreale, pungente e saporito il Nocenzio '09, da montepulciano, sangiovese e pizzico di cabernet.

○ Verdicchio dei Castelli di Jesi Cl. Sup. Gli Eremi Ris. '09	🍷🍷🍷	4*
● Nocenzio '09	🍷🍷	5
○ Verdicchio dei Castelli di Jesi Cl. Sup. Terre Silvate '10	🍷🍷	3*
○ Bianco 99	🍷	6
○ Nur '08	🍷🍷	4*
○ Nur '06	🍷	4
○ Verdicchio dei Castelli di Jesi Cl. Sup. Gli Eremi Ris. '08	🍷	4
○ Verdicchio dei Castelli di Jesi Cl. Sup. Terre Silvate '09	🍷🍷	3*
○ Verdicchio dei Castelli di Jesi Cl. Sup. Terre Silvate '06	🍷	3*

MARCHE

Fausti
C.DA CASTELLETTA, 15
63023 FERMO
TEL. 0734620492
faustivini@gmail.com

VENDITA DIRETTA
VISITA SU PRENOTAZIONE

PRODUZIONE ANNUA 65.000 bottiglie
ETTARI VITATI 11.00
VITICOLTURA Naturale

Contrada Castelletta è un colle tra il mare e Fermo. Deve il nome proprio a una torretta d'avvistamento che si affaccia sull'Adriatico. Ora, da lì, non giungono più i saraceni ma un vento che anche nelle ore più calde della giornata rinfresca temperature di stampo mediterraneo. Questo microclima asciutto si adatta particolarmente alle varietà tradizionali quali il montepulciano. L'intuizione di Domenico D'Angelo è stata quella di allevare anche syrah: la cultivar originaria della valle del Rodano ha trovato un ambiente favorevole per esprimere la sua peculiare anima speziata.

Il Vespro nasce da un taglio con 70% di montepulciano e resto syrah. L'azzeccata combinazione produce un vino che eredita il tannino fitto e dolcissimo dell'uva italica e lo combina con le note di pepe e il carattere austero dell'uva francese. Se il naso sconta un leggero timbro surmaturo, la bocca è fantastica per tensione e dinamismo. Il Perdomenico '09, da uve syrah, mostra una confezione evidente nei toni vanigliati che ben si integrano con ricordi di ciliegie mature e pepe nero; in bocca è denso e suadente, offre tannini fittissimi e un decisa nota tostata in fondo al palato. Il Fausto '10 ha un naso affumicato e un frutto croccante al palato. Grande beva per il Rosato '10 da uve sangiovese.

● Vespro '09	5
● Perdomenico Syrah '09	5
⊙ Rosato '10	4
● Rosso Piceno Fausto '10	2*
● Vespro '05	5
● Vespro '03	4*
● Perdomenico Syrah '08	5
● Perdomenico Syrah '05	5
● Vespro '08	5
● Vespro '07	5
● Vespro '06	5
● Vespro '04	5
● Vespro '02	4*
● Vespro '01	4

Fazi Battaglia
VIA ROMA, 117
60031 CASTELPLANIO [AN]
TEL. 073181591
www.fazibattaglia.it

VENDITA DIRETTA
VISITA SU PRENOTAZIONE

PRODUZIONE ANNUA 3.000.000 bottiglie
ETTARI VITATI 260.00

Fazi Battaglia è presente da oltre mezzo secolo sugli scaffali di tutto il mondo grazie al proprio capolavoro di marketing ante litteram, ossia la celebre bottiglia a forma di anfora disegnata nei primi anni '50 da Antonio Maiocchi. Un legame inscindibile tra design, territorio, vitigno. Ancor oggi la stessa è un emblema di marchigianità a ogni latitudine al pari del contenuto, il Verdicchio. Una bottiglia simile, più piccola quanto a capacità ma con la stessa forma sinuosa, accoglie quello che è stato il miglior assaggio di vini dolci in regione: l'Arkezia Muffo di San Sisto '08.

L'Arkezia '08, da verdicchio in purezza, conquista l'olfatto e il palato con le sue sfumature di miele e di buccia d'arancia, dalla fine impronta botritizzata. Al palato è carezzevole, dolce senza eccessi, con un lunghissimo finale ricco di sfumature e dettagli. Se il millesimo '08 si è rivelato magnanimo quanto a ricchezza zuccherina, ciò si è riverberato negli altri due campioni della casa: il Massaccio ha doti di eleganza in una silhouette arrotondata, mentre il San Sisto, dagli opulenti aromi di vaniglia e pesca gialla, appare troppo morbido e statico. Il migliore tra i rossi è il Conero Passo del Lupo Riserva '08, intenso e potente anche in presenza di qualche spigolo tannico nel finale.

○ Arkezia Muffo di S. Sisto '08	7
○ Verdicchio dei Castelli di Jesi Cl. Sup. Massaccio '08	5
● Conero Passo del Lupo Ris. '08	5
○ Verdicchio dei Castelli di Jesi Cl. San Sisto Ris. '08	5
● Rosso Conero Ekeos '10	5
○ Verdicchio dei Castelli di Jesi Cl. Sup. Le Moie '10	4
○ Verdicchio dei Castelli di Jesi Cl. Titulus '10	4
○ Verdicchio dei Castelli di Jesi Cl. San Sisto Ris. '07	5
○ Verdicchio dei Castelli di Jesi Cl. San Sisto Ris. '05	5
○ Verdicchio dei Castelli di Jesi Cl. Sup. Massaccio '03	4*
○ Verdicchio dei Castelli di Jesi Cl. Sup. Massaccio '01	4

MARCHE

Andrea Felici
via Sant'Isidoro, 28
62021 Apiro [MC]
Tel. 0733611431
www.andreafelici.it

VENDITA DIRETTA
VISITA SU PRENOTAZIONE

PRODUZIONE ANNUA 30.000 bottiglie
ETTARI VITATI 6.00
VITICOLTURA Naturale

I colli del Verdicchio si arricchiscono di un altro personaggio: Leopardo Felici. Leo vive in un territorio diverso rispetto al solito: Sant'Isidoro di Apiro, comune della provincia di Macerata, è dotato della stessa vocazione al Verdicchio della limitrofa Cupramontana. Dopo importanti esperienze da sommelier all'estero è rientrato in Italia con un chiodo fisso: fare un bianco che possa strabiliare gli stessi appassionati che ha servito in giro per l'Europa. I suoi terreni, ai piedi del Monte San Vicino, hanno quanto serve in termini di potenziale e la sua determinazione trova sempre più riscontri.

Le prime vendemmie sono servite per farsi le ossa. Da un paio d'anni, ossia da quando è stato ingaggiato l'enologo Aroldo Bellelli, i vini hanno cambiato passo. L'assaggio de Il Cantico della Figura Riserva '08 fa trasparire come la totale dedizione di Leo, finalmente guidata da un adeguato supporto tecnico, sia riuscita a limare le rusticità e gli squilibri del passato. Naso decisamente fine nelle sue sfumature di anice, al palato si muove suadente e placido, con controllata energia e incipiente complessità. Ben disegnato anche l'Andrea Felici '10 (dedicato all'anziano padre, ancora attivo e prezioso banco di confronto), fedele ai canoni più classici nel suo delizioso sapore di mandorle.

Fiorano
c.da Fiorano, 19
63030 Cossignano [AP]
Tel. 073598446
www.agrifiorano.it

VENDITA DIRETTA
VISITA SU PRENOTAZIONE
OSPITALITÀ

PRODUZIONE ANNUA 30.000 bottiglie
ETTARI VITATI 6.00
VITICOLTURA Biologico Certificato

Mentre diversi milanesi compravano tenute in Toscana, Paolo Beretta scelse le Marche. Complice il cuore (sua moglie è di origine picena) e la bellezza del luogo dove sorge la cantina e la sua abitazione, funzionante anche come agriturismo. Lasciata la professione di odontotecnico si è lanciato anima e corpo in una vita nuova, fatta di vigne, ulivi, campagna incontaminata. Qualche anno di gavetta e i suoi vini, da sempre bio, hanno saputo scalare posizioni di bontà grazie all'integrità aromatica e all'energia che sviluppano al palato.

Mentre ci si aspettava un exploit da parte del pur ottimo Donna Orgilla, è il Terre di Giobbe '08 a convincere maggiormente con una versione dettagliatissima sotto il registro olfattivo, dotata di un palato energico ma non esuberante, caratterizzato da tannini capaci di dar compattezza al centro bocca e slancio al finale. Brillante prova anche per il semplice Fiorano Sangiovese '10, tripudio olfattivo di fiori e bocca dalla beva invitante, irrefrenabile. Il pretenzioso Montepulciano Ser Balduzio '06 sconta l'eccessiva invadenza dei legni di maturazione e un profilo tannico estremamente severo. Il Donna Orgilla '10 è vivace nel nerbo, attraversato da fresche vibrazioni aromatiche.

○ Verdicchio dei Castelli di Jesi Cl. Il Cantico della Figura Ris. '08 — 5
○ Verdicchio dei Castelli di Jesi Cl. Sup. Andrea Felici '10 — 4*
○ Verdicchio dei Castelli di Jesi Cl. Il Cantico della Figura Ris. '07 — 5
○ Verdicchio dei Castelli di Jesi Cl. Sup. Andrea Felici '09 — 4

○ Offida Pecorino Donna Orgilla '10 — 4*
● Rosso Piceno Sup. Terre di Giobbe '08 — 4*
● Fiorano Sangiovese '10 — 4*
● Ser Balduzio '06 — 6
○ Donna Orgilla Pecorino '07 — 4*
○ Offida Pecorino Donna Orgilla '09 — 4*
○ Offida Pecorino Donna Orgilla '08 — 4*
● Rosso Piceno Sup. Terre di Giobbe '07 — 4*
● Rosso Piceno Sup. Terre di Giobbe '06 — 4*
● Rosso Piceno Sup. Terre di Giobbe '05 — 4*
● Ser Balduzio '04 — 6

MARCHE

Cantine Fontezoppa
C.DA SAN DOMENICO, 24
62012 CIVITANOVA MARCHE [MC]
TEL. 0733790504
www.cantinefontezoppa.it

VENDITA DIRETTA
VISITA SU PRENOTAZIONE
OSPITALITÀ
RISTORAZIONE

PRODUZIONE ANNUA 290.000 bottiglie
ETTARI VITATI 38.00

Un profondo spirito maceratese anima la produzione di Fontezoppa. L'impegno dell'azienda nelle denominazioni locali è tangibile nella geografia delle cultivar: lacrima, sangiovese, maceratino sono presenti nei vigneti di Civitanova Marche (e lì dividono i filari con cabernet sauvignon e merlot). La vernaccia nera è coltivata nella piccola enclave di Serrapetrona e il verdicchio in un appezzamento di tre ettari a Matelica. I vini mostrano personalità e nessuna ansia di rincorrere le mode del momento. Specie i due Serrapetrona, umorali e imprecisi ma capaci di un'attraente diversità.

Soddisfacente assaggio del riuscito Marche Rosso '09 (metà sangiovese, 40% di cabernet e merlot) che in breve si apre a note pepate integrate in un tonico ricordo di frutta matura, ritrovato in un palato originale e progressivo. Tra i Serrapetrona abbiamo apprezzato la forza tannica del Falcotto '08; più disteso e terziario il Morò '07, tradito da qualche cenno evoluto. L'originale Dirosaediviola '08, da uve lacrima lungamente affinate, fa emergere decise note vegetali che increspano la sua vocazione intensamente florale. Decisamente validi sia il Verdicchio '10, agrumato e sapido, sia il Ribona '09 (l'anno scorso valutammo il '07) elegante e complesso nelle sue note di anice stellato.

● Marche Rosso '09	🍷🍷 4*
○ Colli Maceratesi Ribona '09	🍷🍷 4*
● Serrapetrona Falcotto '08	🍷🍷 6
○ Verdicchio di Matelica '10	🍷🍷 4*
● Colli Maceratesi Rosso Vardò '08	🍷 4
● Dirosaediviola '08	🍷 5
○ Marche Bianco '10	🍷 4
⊙ Piccinì '10	🍷 4
● Serrapetrona Morò '07	🍷 8
● Annibal Caro '08	🍷🍷 5
○ Colli Maceratesi Ribona '08	🍷🍷 4*
● Dirosaediviola '07	🍷🍷 5
● Mariné '07	🍷🍷 5
● Serrapetrona Falcotto '07	🍷🍷 5

★Gioacchino Garofoli
VIA CARLO MARX, 123
60022 CASTELFIDARDO [AN]
TEL. 0717820162
www.garofolivini.it

VENDITA DIRETTA
VISITA SU PRENOTAZIONE

PRODUZIONE ANNUA 2.000.000 bottiglie
ETTARI VITATI 42.00

Non è per vezzo che Garofoli si definisca antica casa vinicola. Festeggiato da qualche anno il centenario dalla fondazione e completata la sontuosa ristrutturazione aziendale, oggi, grazie all'azione sinergica di Carlo e Gianfranco Garofoli (il primo enologo e responsabile della produzione; il secondo a capo dell'amministrazione nonché presidente dell'Istituto Marchigiano di Tutela), l'azienda è all'apice della sua storia. Vanta vini di grande personalità e definizione stilistica, prezzi competitivi e una gamma diversificata che va dalle bollicine ai vini dolci, passando per magnifici Verdicchio.

Il Selezione Gioacchino Garofoli Riserva '06 incanta: naso raffinatissimo, incrocia note minerali e deliziosi rimandi d'agrumi canditi in una sequenza interminabile; in bocca è sontuoso, espansivo, ogni goccia è un concentrato di sapore via via più complesso; finale con pochi eguali per profondità e nitore. Il Podium '09, pur sapido ed elegante, deve cedere lo scettro di migliore scelta aziendale. Per chi preferisca lo stile freschissimo e ritmato c'è il Macrina '10. Molto convincente il Rosé Metodo Classico '08, da uve montepulciano, mix di sostanza e beva contagiosa. Sul fronte rosso buona impressione per il levigato e imponente Conero Selezione Gioachino Garofoli Riserva '06 sul più semplice ma non meno fruttato Piancarda '08.

○ Verdicchio dei Castelli di Jesi Cl. Sel. Gioacchino Garofoli Ris. '06	🍷🍷🍷 6
⊙ Garofoli Brut Rosé '08	🍷🍷 5
○ Verdicchio dei Castelli di Jesi Cl. Sup. Macrina '10	🍷🍷 4*
○ Verdicchio dei Castelli di Jesi Cl. Sup. Podium '09	🍷🍷 5
● Conero Sel. Gioacchino Garofoli Ris. '06	🍷🍷 8
● Rosso Conero Piancarda '08	🍷🍷 4*
● Camerlano '07	🍷 5
○ Dorato '09	🍷 4
○ Verdicchio dei Castelli di Jesi Cl. Sup. Podium '08	🍷🍷🍷 5
○ Verdicchio dei Castelli di Jesi Cl. Sup. Podium '07	🍷🍷🍷 5*
○ Verdicchio dei Castelli di Jesi Cl. Sup. Podium '06	🍷🍷🍷 5*

MARCHE

Luca Guerrieri
via San Filippo, 24
61030 Piagge [PU]
Tel. 0721890152
www.aziendaguerrieri.it

VENDITA DIRETTA
VISITA SU PRENOTAZIONE
OSPITALITÀ
RISTORAZIONE

PRODUZIONE ANNUA 180.000 bottiglie
ETTARI VITATI 35.00

Poco noti e frequentati rispetto alla riviera, i colli del pesarese offrono scorci di grande bellezza tra borghi medievali, placidi poggi, una campagna integra e curata. Questo è il contesto della secolare tenuta di Luca Guerrieri, la cui ampiezza permette di giocare su fronti diversi che non il solo aspetto vitivinicolo: cereali e olivi contendono all'uva la posizione di preminenza nell'economia aziendale senza tuttavia riuscirvi in quanto i vini hanno piacevolezza, esprimono un tocco moderno che non vuol stravolgere la tipicità e, aspetto non secondario, sono offerti a prezzi molto centrati.

Per certi versi è stato sorprendente l'assaggio dei rossi: speziati, ampi, dotati di una trama tannica che riesce a incidere in profondità. Queste caratteristiche si esaltano nel Guerriero Nero '09, da merlot, cabernet e sangiovese, mentre il pepatissimo Galileo Riserva '08 mostra più temperamento e meno coesione strutturale. Anche il semplice Sangiovese d'annata è fragrante, sa di frutti e fiori freschi e ha un palato coinvolgente. I Bianchello sono entrambi una garanzia. La selezione Celso '10 s'impone grazie a estesi profumi di agrumi ritrovati in un gusto pieno e saporito; la versione base sfrutta il suo gran nerbo evidenziando una beva agile dai toni freschi e asciutti.

● Guerriero Nero '09	4*
○ Bianchello del Metauro '10	3*
○ Bianchello del Metauro Celso '10	3*
● Colli Pesaresi Sangiovese '10	3*
● Colli Pesaresi Sangiovese Galileo Ris. '08	4
○ Guerrieri Brut	4
○ Bianchello del Metauro Celso '09	3*
○ Bianchello del Metauro Celso '04	4*
● Colli Pesaresi Sangiovese Galileo '07	4
● Guerriero Nero '08	4*
● Guerriero Nero '04	4*

Esther Hauser
c.da Coroncino, 1a
60039 Staffolo [AN]
Tel. 0731770203
zara.hauser@gmail.com

VENDITA DIRETTA
VISITA SU PRENOTAZIONE

PRODUZIONE ANNUA 6.000 bottiglie
ETTARI VITATI 1.00

Vent'anni fa Esther Hauser lasciò la Svizzera e venne a vivere a Staffolo, in un casolare cui si può accedere solo dopo aver percorso un angusto percorso tra macchia e boschetti di querce. A sua disposizione qualche pianta di oliva e un filare di montepulciano. In breve tempo il suo rosso, Il Cupo, fu ambito dai pochi appassionati che ne conoscevano l'esistenza. Oggi ha preservato intatto il suo magnetismo, acuito non solo dalla scarsa disponibilità (2800 bottiglie) ma dal fatto di esser un fantastico rosso, tra i migliori della regione, ottenuto in una terra dove il bianco Verdicchio regna indisturbato.

Il filare di allora è oggi un ettaro da cui si ricavano due vini. Il Ceppo '08 (70% di montepulciano e saldo ripartito tra sangiovese e cabernet sauvignon; anch'esso 2800 bottiglie) è volutamente meno impegnativo nei suoi rimandi di frutta rossa leggermente increspati da toni vegetali; al palato ha un carattere conciliante, caldo e scorrevole, in una silhouette arrotondata. Il Cupo '08 ha una massa impressionante di tannini dolci che, aiutati dall'alcol, sviluppano un'incontenibile energia dando ampie, materiche sensazioni di marasche, spezie ed erbe aromatiche. Un bicchiere da assaporare lentamente, godendo delle sue forme avvolgenti e succose, di straordinaria autenticità.

● Il Cupo '08	6
● Il Ceppo '08	5
● Il Ceppo '07	5
● Il Ceppo '06	5
● Il Ceppo '05	5
● Il Cupo '07	6
● Il Cupo '06	6
● Il Cupo '05	6
● Il Cupo '04	6
● Il Cupo Vecchie Vigne '02	6

MARCHE

Fattoria Laila
via San Filippo sul Cesano, 27
61040 Mondavio [PU]
Tel. 0721979353
www.fattorialaila.it

VENDITA DIRETTA
VISITA SU PRENOTAZIONE

PRODUZIONE ANNUA 130.000 bottiglie
ETTARI VITATI 40.00

Poche novità provengono da Fattoria Laila. Anzi, a ben guardare, la griglia dei giudizi è quasi uguale a quella dell'anno scorso. Cambiano i millesimi ma il risultato è lo stesso. La cosa si può leggere sotto un duplice aspetto. Da un lato Andrea Crocenzi sembra non aver lo slancio per compiere quel saltino - che è pienamente nelle sue capacità - che potrebbe proiettarlo verso traguardi e premi più ambiziosi. Dall'altro non si può non rimarcare che la qualità è costantemente livellata verso l'alto su ogni vino. E non è facile mantenere tale coerenza anno dopo anno.

Tre bianchi e tre rossi, ognuno con un proprio ruolo ben definito. Tra i bianchi il Lailum Riserva '09 è la miglior scelta: agrumato, saporito, dotato di nerbo e profondità. L'Eklektikos '10 è floreale, la viva acidità è contrastata da adeguata struttura per un effetto dinamico e tenace. Il Fattoria Laila '10 è asciutto, dritto, senza fronzoli. L'altro Lailum, il Rosso Piceno '08, è un po' segnato dal legno più che dal frutto ma in bocca ha una tessitura potente e setosa, assicurata da tannini di buona grana. Decisamente valido il Rosso Conero '10, dalla timbrica floreale in un profilo arrotondato e consistente. Meno efficace il Rosso Piceno d'annata, appena troppo morbido e ammiccante.

Luciano Landi
via Gavigliano, 16
60030 Belvedere Ostrense [AN]
Tel. 073162353
www.aziendalandi.it

VENDITA DIRETTA
VISITA SU PRENOTAZIONE

PRODUZIONE ANNUA 100.000 bottiglie
ETTARI VITATI 18.00

Belvedere Ostrense può, grazie alla sua posizione, rappresentare un territorio a vocazione bianchista (è pur sempre uno dei Castelli di Jesi) oppure puntare con decisione alla valorizzazione della gloria del limitrofo comune di Morro d'Alba, l'autoctona lacrima nera. Luciano Landi, per tradizione e per passione, ha sempre preferito puntare in direzione del rosso. Non a caso il suo vigneto più vecchio è un ettaro di montepulciano quasi cinquantenario. Le sue versioni di Lacrima sono da sempre tra le più riconoscibili della tipologia per maturità, concentrazione e intensità.

Tra i rossi semiaromatici ci è piaciuto il Lacrima d'annata, fruttato oltre che floreale, ha una bocca succosa, ben focalizzata, dai tannini carezzevoli. Controverso il Gavigliano '09: oltremodo ricco e concentrato, carnoso e alcolico, sembra più interessato a stupire al primo sorso che a lasciarsi bere. Tutte queste caratteristiche sono invece ideali per la versione Passito, una bomba aromatica sudante nel suo ricordo di sciroppo di mirtilli. Tra gli altri è davvero ben fatto il Goliardo '09 (80% montepulciano, 15% merlot e saldo di cabernet) con un sorprendente naso di fiori secchi, bocca severa nello sviluppo ma capace di guadagnare slancio.

○ Verdicchio dei Castelli di Jesi Cl. Lailum Ris. '09	🍷 5
● Rosso Conero Fattoria Laila '10	♟♟ 4*
● Rosso Piceno Lailum '08	♟♟ 5
○ Verdicchio dei Castelli di Jesi Cl. Eklektikos '10	♟♟ 4*
○ Verdicchio dei Castelli di Jesi Cl. Fattoria Laila '10	♟♟ 3*
● Rosso Piceno Fattoria Laila '10	♟ 3
● Rosso Conero Fattoria Laila '09	♟♟ 4*
● Rosso Piceno Lailum '06	♟♟ 5
● Rosso Piceno Lailum '05	♟♟ 5
● Rosso Piceno Lailum '03	♟♟ 5
○ Verdicchio dei Castelli di Jesi Cl. Lailum Ris. '08	♟♟ 5
○ Verdicchio dei Castelli di Jesi Cl. Lailum Ris. '07	♟♟ 4*
○ Verdicchio dei Castelli di Jesi Cl. Sup. '09	♟♟ 3*

● Goliardo '09	♟♟ 5
● Lacrima di Morro d'Alba '10	♟♟ 3*
● Lacrima di Morro d'Alba Passito '09	♟♟ 6
● Lacrima di Morro d'Alba Sup. Gavigliano '09	♟♟ 4
⊙ Syla '10	♟♟ 4
○ Verdicchio dei Castelli di Jesi Cl. '10	♟♟ 3*
● Ragosto '09	♟ 4
● Goliardo '07	♟♟ 5
● Goliardo '03	♟♟ 6
● Goliardo '01	♟♟ 6
● Lacrima di Morro d'Alba '08	♟♟ 3*
● Lacrima di Morro d'Alba Passito '08	♟♟ 6
● Lacrima di Morro d'Alba Sup. Gavigliano '08	♟♟ 4

MARCHE 740

Ma.Ri.Ca.
VIA ACQUASANTA, 7
60030 BELVEDERE OSTRENSE [AN]
TEL. 0731290091
www.cantinamarica.it

VENDITA DIRETTA
VISITA SU PRENOTAZIONE

ETTARI VITATI 15.00

Posta in posizione baricentrica rispetto ai colli del Verdicchio e a Morro d'Alba, la cantina della famiglia Moriconi si cimenta con successo in entrambe le tipologie. Dotata di una moderna cantina costruita nel 2007 e uno spazioso punto vendita e degustazione, l'azienda è guidata con idee chiare e piglio manageriale da Monica Moriconi, già sindaco di Belvedere Ostrense. Grazie alla consulenza enologica di uno specialista come Sergio Paolucci, i vini hanno un crescente profilo qualitativo e si affidano a una spiccata tipicità e nitore aromatico senza dimenticare un tocco di sana artigianalità.

Oramai non è più una sorpresa in senso assoluto eppur il Tosius '10 colpisce, arrivando a esser uno dei migliori Verdicchio del suo millesimo: intensi profumi agrumati e di fiori, palato salino e progressivo, finale vigoroso. Unisce forza e grazia. Giovanissimo, per giunta. La vera invenzione è una versione magistrale di Castello di Ramosceto, Lacrima Superiore '09 mai così pervasiva e precisa nel riportare i tratti aromatici del vitigno in un palato saldo, quasi cremoso. Gli stessi aggettivi si potrebbero usare per l'Aurato, una Riserva '09 di Verdicchio alla sua prima annata di produzione. Tra gli altri citazione d'obbligo per un gustoso Tregaso '10, d'ampia bevibilità.

Stefano Mancinelli
VIA ROMA, 62
60030 MORRO D'ALBA [AN]
TEL. 073163021
www.mancinelli-wine.com

VENDITA DIRETTA
VISITA SU PRENOTAZIONE

PRODUZIONE ANNUA 150.000 bottiglie
ETTARI VITATI 25.00

Parafrasando il Re Sole Stefano Mancinelli potrebbe esclamare: il Lacrima c'est moi. Fortunatamente non ama sedere sugli allori: dopo aver dedicato molta energia tra uno studio sul dna del vitigno e una nuova tecnica di vinificazione (sua l'intuizione di usare la macerazione carbonica per amplificare la vena floreale dei precursori aromatici), oggi raccoglie i frutti dell'enorme esperienza creando versioni di Lacrima al vertice della tipologia. Senza ovviamente dimenticarsi dell'altro vitigno, il pallido verdicchio, che sa esprimersi con finezza anche sui colli alle spalle di Senigallia.

Felicissima versione di Lacrima Superiore '09: concentrato, suadente di rosa e di viola, ha una bocca piena, quasi cremosa nella sua tessitura tannica; in fondo al sorso si sprigionano piene sensazioni floreali in un lunghissimo finale. Meno complesso, ma non meno intenso dal lato aromatico, è Sensazioni di Frutto '10, nitidissimo e succoso con i suoi ricordi di frutti rossi derivati dalla macerazione carbonica. Il Lacrima d'annata fa della tipicità il suo punto di forza. Decisamente validi anche i due Verdicchio. In comune hanno tratti di alta bevibilità, ricordi di anice e finale saporito: la nostra preferenza va all'elegante Classico rispetto al più strutturato Superiore.

- Lacrima di Morro d'Alba Sup.
  Castello di Ramosceto '09 — 4*
- Verdicchio dei Castelli di Jesi Cl. Sup.
  Tosius '10 — 4*
- Verdicchio dei Castelli di Jesi Cl. Sup.
  Aurato Ris. '09 — 5
- Verdicchio dei Castelli di Jesi Cl.
  Tregaso '10 — 2*
- Lacrima di Morro d'Alba Passito
  Flores Lacrimae '08 — 5
- Lacrima di Morro d'Alba Ramosceto '10 — 3
- Lacrima di Morro d'Alba Ramosceto '09 — 3*
- Verdicchio dei Castelli di Jesi Cl. Sup.
  Tosius '09 — 4*

- Lacrima di Morro d'Alba Sup. '09 — 4
- Lacrima di Morro d'Alba
  Sensazioni di Frutto '10 — 4*
- Verdicchio dei Castelli di Jesi Cl. '10 — 2*
- Verdicchio dei Castelli di Jesi Cl. Sup. '10 — 3*
- Lacrima di Morro d'Alba '10 — 4
- Lacrima di Morro d'Alba '08 — 4
- Lacrima di Morro d'Alba
  Sensazioni di Frutto '09 — 4
- Lacrima di Morro d'Alba Sup. '08 — 4
- Lacrima di Morro d'Alba Sup. '06 — 4*
- Terre dei Goti — 6
- Verdicchio dei Castelli di Jesi Cl. Sup. '09 — 3
- Verdicchio dei Castelli di Jesi Cl. Sup.
  S. Maria del Fiore '07 — 3*
- Verdicchio dei Castelli di Jesi Passito Stell '06 — 5

MARCHE

Clara Marcelli
VIA FONTE VECCHIA, 8
63030 CASTORANO [AP]
TEL. 073687289
www.claramarcelli.it

VITICOLTURA Biologico Certificato

I vigneti di Emanuele e Daniele Colletta insistono nel comune di Castorano su terreni di argilla e calcare dove, in alcuni punti, è rivelata anche presenza di conchiglie fossili. La conduzione agricola è di stretta osservanza bio e l'intervento in cantina è ridotto al minimo necessario per lasciar emergere autenticità e naturalezza. I vini non hanno una leggibilità immediata ma un'attrattiva legata a una vasta banda di sfumature che crescono via via nel bicchiere. Si deve solo aver l'accortezza di dare loro il giusto tempo per metter a fuoco tutta l'originalità e l'energia di cui sono capaci.

Prova di rilievo per un pimpante Corbù '10 (80% montepulciano e saldo di cabernet sauvignon) che lascia esplodere il frutto croccante di ciliegie fresche in una beva irresistibile. Si sale in concentrazione con il Piceno Superiore '09, cui si deve lasciar qualche momento per scrollarsi di dosso un po' di riduzione olfattiva e accedere a una vasta generosità fruttata. Più controverso il K'un '09, un potentissimo Montepulciano che adesso svela il suo lato più scorbutico ma che nel tempo saprà tramutare in velluto la sua fitta trama tannica e l'abbondanza di materia estrattiva. Prova di minor attrattiva per il Raffa '10, eccentrico Passerina, sin troppo rusticheggiante.

Marchetti
FRAZ. PINOCCHIO
VIA DI PONTELUNGO, 166
60131 ANCONA
TEL. 071897386
www.marchettiwines.it

VENDITA DIRETTA
VISITA SU PRENOTAZIONE

PRODUZIONE ANNUA 60.000 bottiglie
ETTARI VITATI 18.00

Una delle aziende viticole più note a chi è un po' avanti con gli anni è Marchetti. Sin dagli anni '70 le sue austere versioni di Rosso Conero erano un istituzione per tanti anconetani, al pari del Passetto o delle Tredici Cannelle. Maurizio Marchetti ha ereditato l'azienda da suo padre e gli ha dato un impostazione in linea con i tempi attuali. Per far ciò si è affidato alla professionalità di Lorenzo Landi che ha posto l'accento sulla maturazione delle uve, sull'uso meticoloso della temperatura per evitare di ossidare i precursori aromatici, sull'accorta gestione dei piccoli legni.

Il Villa Bonomi torna a primeggiare nella sua categoria con una versione '08 che lascia sprigionare tutta la fruttata generosità dell'uva montepulciano, avvertibile in un palato carnoso eppur capace di dipanare la fitta massa dei tannini con eleganza e misura. Tra i due Rosso Conero preferiamo il Fresconero '10, per la gradevole bevibilità e la cifra floreale, mentre il Castro di San Silvestro '09 ha dinamica ma anche tannini verdi che vanno a impolverare il fin di bocca con sensazioni astringenti. Nei bianchi è molto buono il Tenuta del Cavaliere '10, dalle note di cedro e bocca piena e sapida al punto giusto. Meno efficace il Verdicchio '10, asciutto ed essenziale.

● Corbù '10	3*
● K'un '09	4
● Rosso Piceno Sup. '09	4
○ Offida Passerina Raffa '10	4
● K'un '08	4*
● K'un '07	4
● K'un '06	4*
○ Offida Passerina Raffa '09	4
○ Offida Pecorino Irata '09	4
○ Offida Pecorino Irata '07	4*
● Piceno Rosso Sup. '08	4
● Piceno Rosso Sup. '07	4

● Rosso Conero Villa Bonomi Ris. '08	5
○ Verdicchio dei Castelli di Jesi Cl. Sup. Tenuta del Cavaliere '10	4
● Rosso Conero Castro di San Silvestro '09	4
● Rosso Conero Fresconero '10	4
○ Verdicchio dei Castelli di Jesi Cl. '10	3
● Rosso Conero Villa Bonomi Ris. '02	5
● Conero Villa Bonomi Ris. '05	6
● Rosso Conero Villa Bonomi Ris. '06	5
● Rosso Conero Villa Bonomi Ris. '04	5
● Rosso Conero Villa Bonomi Ris. '03	5
○ Verdicchio dei Castelli di Jesi Cl. '08	3*
○ Verdicchio dei Castelli di Jesi Cl. Sup. Tenuta del Cavaliere '09	4
○ Verdicchio dei Castelli di Jesi Cl. Sup. Tenuta del Cavaliere '07	4

MARCHE

Marotti Campi
via Sant'Amico, 14
60030 Morro d'Alba [AN]
Tel. 0731618027
www.marotticampi.it

VENDITA DIRETTA
VISITA SU PRENOTAZIONE

PRODUZIONE ANNUA 185.000 bottiglie
ETTARI VITATI 56.00

Lorenzo Marotti Campi è riuscito a ritagliarsi un posto di preminenza nelle Marche. Dapprima ha acquisito una solida fama sulle sue personali, sebbene non particolarmente eccentriche, interpretazioni di Lacrima di Morro d'Alba. Ma in una piccola denominazione non è stato particolarmente impervio il percorso per giungere in cima, soprattutto avendo a disposizione un numero considerevole di vigneti messi a dimora nei luoghi più vocati. Contestualmente ha sempre dedicato pari energie per ottenere anche Verdicchio di vaglia in terra di rosso. E la sua lungimiranza è oggi premiata.

Secondo Tre Bicchieri a un Salmariano '08 di grande ricchezza sia al naso, dove il passaggio in legno per parte minoritaria è perfettamente integrato nel fraseggio aromatico più caratteristico del Verdicchio, sia al palato, con una struttura tonica e infiltrante, dalla lunga tenuta finale. Volutamente diverso, più morbido e di facile approccio, il Luzano '10, efficace e attrattivo al palato. Tra i vini a base di lacrima spicca come di consueto uno speziato Orgiolo '09, dotato di profondità e raro nitore per i dettagli aromatici. Tipico e fruttato il Rùbico '10, mentre è sorprendente la bontà del Brut Rosé '10, da lacrima, uno charmat equilibrato, sapido, dalla bevibilità compulsiva.

○ Verdicchio dei Castelli di Jesi Cl.
  Salmariano Ris. '08   🍷🍷🍷 4*
● Lacrima di Morro d'Alba Sup. Orgiolo '09   🍷🍷 4*
◉ Brut Rosé '10   🍷🍷 4*
● Lacrima di Morro d'Alba Rùbico '10   🍷🍷 4*
○ Verdicchio dei Castelli di Jesi Cl. Sup.
  Luzano '10   🍷🍷 3*
● Donderè '08   🍷 5
◉ Rosato '10   🍷 3
○ Verdicchio dei Castelli di Jesi Cl. Albiano '10   🍷 2
● Xyris Mosto Parzialmente Fermentato '10   🍷 4
○ Verdicchio dei Castelli di Jesi Cl.
  Salmariano Ris. '07   🍷🍷🍷 4*
● Lacrima di Morro d'Alba Sup. Orgiolo '08   🍷🍷 4*
● Lacrima di Morro d'Alba Sup. Orgiolo '06   🍷🍷 4*
○ Verdicchio dei Castelli di Jesi Cl.
  Salmariano Ris. '06   🍷🍷 4*

★ La Monacesca
c.da Monacesca
62024 Matelica [MC]
Tel. 0733672641
www.monacesca.it

VENDITA DIRETTA
VISITA SU PRENOTAZIONE

PRODUZIONE ANNUA 160.000 bottiglie
ETTARI VITATI 30.00

I monaci benedettini dell'ordine Farfense sarebbero felici di sapere che il loro monastero ospita oggi una cantina così prestigiosa. Già loro avevano visto giusto quando si trattò di scegliere il luogo, a mezza costa tra puzzle multicolore di cereali, prati e querce, protetti dalla mole del San Vicino. Tra i filari l'indiscussa star è il verdicchio mentre allo chardonnay resta solo una piccola quota. Sangiovese grosso e merlot furono impiantati nel 1994 per rinverdire la fama rossista del territorio. Tutti i vini maturano in acciaio, a eccezione del Camerte, per cui sono impiegate barrique.

Ennesimo Tre Bicchieri al Mirum '09, vino di grande intensità e ricchezza gustativa: naso inconfondibile tra agrumi e frutta bianca, l'ingresso al palato fa percepire tratti di dolcezza zuccherina che esaltano una perfetta coerenza aromatica dando sapore pieno, opulento ma continuamente rinfrescato da un nerbo ficcante; splendido finale – da sempre un punto di forza – giocato sul profondo contrasto tra morbidezza e sapidità. Volendo fare un paragone potrebbe esser considerato alla stregua di un Riesling Spätlese. E come per questo immaginiamo una decisa propensione all'invecchiamento. Affidabile come al solito il Verdicchio d'annata, morbido e succoso, tutto giocato sulla piacevolezza immediata.

○ Verdicchio di Matelica Mirum Ris. '09   🍷🍷🍷 5
○ Verdicchio di Matelica '10   🍷🍷 4*
● Camerte '07   🍷 5
● Camerte '99   🍷🍷🍷 5
○ Mirum '94   🍷🍷🍷 5
○ Mirus '91   🍷🍷🍷 5
○ Verdicchio di Matelica '94   🍷🍷🍷 4
○ Verdicchio di Matelica Mirum Ris. '08   🍷🍷🍷 5
○ Verdicchio di Matelica Mirum Ris. '07   🍷🍷🍷 5*
○ Verdicchio di Matelica Mirum Ris. '06   🍷🍷🍷 5
○ Verdicchio di Matelica Mirum Ris. '04   🍷🍷🍷 5
○ Verdicchio di Matelica Mirum Ris. '02   🍷🍷🍷 5

MARCHE

Monte Schiavo
FRAZ. MONTESCHIAVO
VIA VIVAIO
60030 MAIOLATI SPONTINI [AN]
TEL. 0731700385
www.monteschiavo.it

VENDITA DIRETTA
VISITA SU PRENOTAZIONE

PRODUZIONE ANNUA 1.500.000 bottiglie
ETTARI VITATI 115.00

L'azienda Monte Schiavo non ha mai smesso di perseguire un progetto qualitativo sin dal 1994, quando la famiglia Pieralisi rilevò una piccola cooperativa di produttori (La Vite). Con l'ingresso di Andrea Pieralisi alcuni progetti hanno avuto un'ulteriore spinta: il principale riguarda tutta l'ampia tenuta di Tassanare dove in un'oasi naturalistica sono impiantati alcuni dei vigneti più belli della zona. Il riassetto in atto comporta una rimodulazione delle uscite che ha accorciato la griglia delle valutazioni. Tra i principali assenti la Riserva Le Giuncare e il Rosso Conero Adeodato.

Il Pallio San Floriano riesce a bissare il Tre Bicchieri con una versione '10 che ricalca i tratti di nerbo e profondità sapida presenti nel millesimo precedente. In più si evidenzia un profilo elegante, sottolineato da una dinamica coesa, vivida, capace di regalare un sorso pieno di sapore. Buonissimo sin d'adesso, migliorerà quando potrà vantare qualche anno sulle spalle. Il Coste del Molino '10, ottenuto dall'omonimo vigneto di Poggio San Marcello, ne ricalca le orme ma è meno importante in termini d'intensità e ampiezza. Note di frutta matura e palato polposo sono a vantaggio del Sassaiolo '09, mentre il Marzaiola '10 è un Lacrima intensamente floreale e tannico.

O Verdicchio dei Castelli di Jesi Cl. Sup. Pallio di S. Floriano '10	4*
● Rosso Piceno Sassaiolo '09	3*
O Verdicchio dei Castelli di Jesi Cl. Coste del Molino '10	3*
● Lacrima di Morro d'Alba Marzaiola '10	4
● Rosso Conero Adeodato '00	6
O Verdicchio dei Castelli di Jesi Cl. Sup. Pallio di S. Floriano '09	4*
● Rosso Conero Adeodato '06	6
● Rosso Conero Adeodato '05	6
O Verdicchio dei Castelli di Jesi Cl. Coste del Molino '09	3*
O Verdicchio dei Castelli di Jesi Cl. Le Giuncare Ris. '07	4*
O Verdicchio dei Castelli di Jesi Cl. Sup. Pallio di S. Floriano '08	4*

Montecappone
VIA COLLE OLIVO, 2
60035 JESI [AN]
TEL. 0731205761
www.montecappone.com

VENDITA DIRETTA
VISITA SU PRENOTAZIONE

PRODUZIONE ANNUA 120.000 bottiglie
ETTARI VITATI 70.00

Montecappone è salita all'attenzione degli intenditori negli ultimi anni grazie a interpretazioni di Verdicchio fresche e rigorose. Merito della risolutezza di Gianluca Mirizzi che, lasciando la natia Roma, ha voluto rilanciare la vecchia proprietà di famiglia. Determinante l'incontro con Lorenzo Landi: insieme hanno applicato i più moderni concetti agronomici e pratiche di cantina volte a conservare al meglio il patrimonio organolettico del chicco d'uva. Dopo i successi sui bianchi l'azienda sta concentrando la propria attenzione sulle uve a bacca rossa, in particolare il montepulciano.

Proprio un vino a base montepulciano è la novità 2012: l'Utopia '08 ha naso di ciliegie mature e polvere di cacao mentre si distende in larghezza, avvolgendo il palato con un frutto carnoso e tannini docili. Stesse sensazioni per il Tabano '09, sempre Montepulciano in purezza, ben confezionato nonostante qualche insistenza legnosa. Tra i bianchi il miglior vino è un Utopia Riserva '09 di grande fragranza, per i sentori agrumati al naso e un nerbo vivido al palato. Non meno acuminato il Federico II '10, che cede solo un po' di lunghezza. Sempre interessante il Sauvignon La Breccia '10, tutto impostato su toni aciduli e su una sobria reminiscenza di salvia e foglia di pomodoro.

O Verdicchio dei Castelli di Jesi Cl. Sup. Federico II A.D. 1194 '10	4*
O Verdicchio dei Castelli di Jesi Cl. Utopia Ris. '09	5
O La Breccia Sauvignon '10	4
● Tabano Rosso '09	5
● Utopia '08	6
⊙ Pergolesi 1710 '10	4
● Rosso Piceno '10	3
O Tabano Bianco '10	5
O Verdicchio dei Castelli di Jesi Cl. '10	3
O Verdicchio dei Castelli di Jesi Cl. Utopia Ris. '08	5
O Verdicchio dei Castelli di Jesi Cl. Utopia Ris. '07	5*
O Verdicchio dei Castelli di Jesi Cl. Utopia Ris. '06	5

MARCHE 744

Alessandro Moroder
VIA MONTACUTO, 121
60029 ANCONA
TEL. 071898232
www.moroder-vini.it

VISITA SU PRENOTAZIONE

PRODUZIONE ANNUA 140.000 bottiglie
ETTARI VITATI 32.00
VITICOLTURA Biologico Certificato

Non ce ne vogliano gli altri vignaioli se consideriamo Alessandro Moroder il padre nobile del rosso che si produce alle falde del Monte Conero. È stato il primo a ottenere riconoscimenti importanti e ha sempre messo al centro dei propri interessi il mondo agricolo, che negli anni si è allargato ad altre colture oltre che all'agriturismo. Inoltre è stato un fiero sostenitore della separazione della produzione tra Rosso Conero, per i vini più semplici e beverini, e Conero Riserva, per quelli capaci di riservare le migliori soddisfazioni nel tempo agli appassionati.

Il Dorico Riserva '07 è succoso e disteso, dotato di una generosità mai eccessiva. Manca solo di un filo di ulteriore complessità, che l'avrebbe reso davvero grande. Si tratta comunque di una versione ancora molto giovane e l'ulteriore riposo in vetro non potrà che colmare questo gap. Per contro abbiamo assaggiato la più buona versione di Rosso Conero Moroder di sempre: il favorevole millesimo '08 ha dato un palato tonico, senza perdere eleganza, in un finale pieno di ricordi di marasca e sensazioni balsamiche. La bottiglia sparirà in un amen. Ankon '07 (metà montepulciano e saldo paritario di merlot e cabernet) è maturo e segnato da note piccanti e legnose.

● Conero Dorico Ris. '07	♙♙	6
● Rosso Conero Moroder '08	♙	4*
● Ankon '07	♙	6
○ BianConero '10	♙	4
● Rosso Conero Aiòn '09	♙	3
● Conero Dorico Ris. '05	♙♙♙	6
● Rosso Conero Dorico '93	♙♙♙	5
● Rosso Conero Dorico '90	♙♙♙	5
● Rosso Conero Dorico '88	♙♙♙	5

★Oasi degli Angeli
C.DA SANT'EGIDIO, 50
63012 CUPRA MARITTIMA [AP]
TEL. 0735778569
www.kurni.it

VENDITA DIRETTA
VISITA SU PRENOTAZIONE

PRODUZIONE ANNUA 5.000 bottiglie
ETTARI VITATI 7.00
VITICOLTURA Naturale

Non c'è risultato che esca dalla mente e dalle mani di Marco Casolanetti ed Eleonora Rossi che non abbia un che di visionario: dal vino all'olio extravergine, passando per i piatti proposti nel loro agriturismo. All'apparenza tutto sembra esser pervaso da un tocco istintivo, ispirato da epoche lontane. Al contrario, ogni cosa è metodicamente vagliata e modernissima. Perciò le loro pratiche agronomiche ed enologiche, inedite quanto coraggiose, sono destinate a lasciar il segno. Varcando il cancello di Oasi tutto apparirà estremamente chiaro, ancor più di quanto sia già espresso nei loro vini.

Kurni '09, Montepulciano in purezza, è un vino metafisico, magnetico, cangiante: naso perfetto nell'esprimere tratti scuri terrosi, prugna, marasca e spezie, lamponi e cacao e mille altre cose; l'ingresso al palato fa nettamente percepire una spirale dolce che prende forza a centro bocca e si slancia, contrastata da una trama tannica d'incredibile compattezza, in un finale pirotecnico, sempre in armonia tra dolcezza di frutto, avvolgenza, profondità inaudita. Da una vecchia vigna di un vitigno che i contadini della zona chiamano bordó (e che si è rivelato poi esser grenache) Marco ha dato vita al Kupra '08: naso di genziana, rosa passita, cioccolato bianco, ha un palato complesso e setoso.

● Kurni '09	♙♙♙	8
● Kupra '08	♙	8
● Kurni '08	♙♙♙	8
● Kurni '07	♙♙♙	8
● Kurni '04	♙♙♙	8
● Kurni '03	♙♙♙	8
● Kurni '02	♙♙♙	8
● Kurni '01	♙♙♙	8
● Kurni '00	♙♙♙	8
● Kurni '98	♙♙♙	8
● Kurni '97	♙♙♙	8

MARCHE

Piantate Lunghe
FRAZ. CANDIA
VIA PIANTATE LUNGHE, 91
60131 ANCONA
TEL. 07136464
www.piantatelunghe.it

VENDITA DIRETTA
VISITA SU PRENOTAZIONE

PRODUZIONE ANNUA 30.000 bottiglie
ETTARI VITATI 8.00

Piantate Lunghe è una piccola realtà specializzata nella coltivazione di montepulciano e, in minima parte, di sangiovese. L'azienda entra nel novero di quel pulviscolo di aziende dalla dimensione lillipuziana dove tutto è seguito in prima persona. Roberto Mazzoni è il jolly tra vigna e cantina. Suo fratello Guido si occupa della commercializzazione mentre Amedeo Giustini, manager d'alto profilo impegnato altrove, mette a disposizioni le sue proprietà nel rapporto societario. Dalla cantina di Candia escono rossi possenti, carnosi, disegnati con mano moderna dall'enologo Paolo Caciorgna.

Molto buono, non è una novità, il Conero Rossini Riserva '08: naso elegantemente fruttato attraversato da un refolo di erbe aromatiche, spezie dolci e polvere di cacao, ha bocca intensa, fittissima nell'impianto tannico, con un frutto integro e mordente. Unico appunto una leggera diluizione alcolica che ne frena lo sviluppo, dando una monolitica vigoria al finale. Se non vi fate spaventare dalla sua generosità lo amerete senza ritegno. Meno convincente rispetto a versioni passate il Rosso Conero '08 per via di ampi tratti surmaturi, evidenziati da sensazioni di ciliegia sotto spirito; la bocca è modulata su un'accattivante polposità del frutto ma è increspata da tannini insolitamente granulari.

● Conero Rossini Ris. '08	🍷🍷 6
● Rosso Conero '08	🍷 4
● Conero Rossini '06	🍷🍷🍷 6
● Conero Rossini Ris. '05	🍷🍷🍷 6
● Conero Ris. '04	🍷🍷 6
● Conero Rossini Ris. '07	🍷🍷 6
● Rosso Conero '07	🍷🍷 4
● Rosso Conero '06	🍷🍷 4*
● Rosso Conero '05	🍷🍷 4*

Pievalta
VIA MONTESCHIAVO, 18
60030 MAIOLATI SPONTINI [AN]
TEL. 0731705199
www.baronepizzini.it

VENDITA DIRETTA
VISITA SU PRENOTAZIONE

PRODUZIONE ANNUA 80.000 bottiglie
ETTARI VITATI 27.00
VITICOLTURA Biodinamico Certificato

Alessandro Fenino ha lasciato la Lombardia con uno scopo preciso: andare nelle Marche e fare dei buoni Verdicchio. Lo doveva a se stesso, per dimostrare di aver fatto tesoro degli studi di enologia. E lo doveva anche alla Barone Pizzini che lo aveva scelto come responsabile del loro investimento marchigiano. Gli inizi sono stati duri. Non c'era neanche una propria cantina dove vinificare. Però, man mano, presa confidenza con un vitigno all'apparenza docile ma capace di mille sfumature, è riuscito a creare etichette profondamente caratterizzate, l'una diversa dall'altra.

Esaltati nella naturalezza espressiva indotta da pratiche d'ascendenza biodinamica, i Verdicchio offrono vibrazioni sempre diverse. Il Pievalta '10 è attraversato da un'acidità elettrica che lo avvia verso una beva d'eccelsa fragranza. Il Dominè '10 (20% di uve dalla vigna di San Paolo posta su suoli tufacei e resto fornito dai vigneti quarantenni che circondano la cantina) ha profumi salmastri, fioriti, d'erbe aromatiche, che si ritrovano in un palato salino, energico, tutto in crescendo tra lame acide e ostentata mineralità. Il San Paolo '08, fedele alle prerogative del suo terroir, ha un'anima morbida e polposa, rassicurante, con un finale sfumato di frutta estiva e buccia d'arancia.

○ Verdicchio dei Castelli di Jesi Cl. San Paolo Ris. '08	🍷🍷 5
○ Verdicchio dei Castelli di Jesi Cl. Sup. Dominè '10	🍷🍷 4*
○ Verdicchio dei Castelli di Jesi Cl. Sup. Pievalta '10	🍷🍷 3*
○ Perlugo Brut	🍷 4
○ Verdicchio dei Castelli di Jesi Cl. Sup. Pievalta '09	🍷🍷🍷 3*
○ Verdicchio dei Castelli di Jesi Cl. San Paolo Ris. '06	🍷🍷 5
○ Verdicchio dei Castelli di Jesi Cl. San Paolo Ris. '04	🍷🍷 4*
○ Verdicchio dei Castelli di Jesi Cl. Sup. Dominè '08	🍷🍷 4*

MARCHE

Il Pollenza
via Casone, 4
62029 Tolentino [MC]
Tel. 0733961989
www.ilpollenza.it

VENDITA DIRETTA
VISITA SU PRENOTAZIONE

PRODUZIONE ANNUA 100.000 bottiglie
ETTARI VITATI 60.00

Aldo Brachetti Peretti ha circondato di vigneti le sue tenute andando controcorrente in una zona tradizionalmente poco avvezza alla viticoltura. Per farlo ha usato vitigni internazionali a profusione. Grazie a uno staff tecnico di prim'ordine, poderosi investimenti strutturali e scelte misurate (poche bottiglie rispetto alla potenzialità; soluzioni agronomiche senza forzature) è riuscito nell'intento di creare vini dal respiro internazionale. La sfida del futuro è d'innestare in loro un accento territoriale: l'allargamento a varietà locali della base ampelografica va in questa direzione.

Il Pollenza '08 (60% cabernet sauvignon e saldo ripartito tra merlot, cabernet franc e petit verdot) sfoggia un naso dall'impatto elegante appena increspato dall'affioramento di un frutto surmaturo; in bocca ha forza, portamento austero e una gran copia di tannini che potranno trovare distensione solo dopo un lungo riposo in vetro. Qualità costante per il Cosmino '08, solido Cabernet Sauvignon, e per il Pius IX Mastai '09, da uve sauvignon botritizzate, con evidenti note di arancia candita ritrovate in una bocca decisamente dolce. Piacevoli e torniti, in perfetto stile aziendale, le novità Angera '10, il rosato Didì '10, da pinot nero e syrah, e il Duende '10, uno Charmat rosato da uve pinot nero.

Saladini Pilastri
via Saladini, 5
63078 Spinetoli [AP]
Tel. 0736899534
www.saladinipilastri.it

VENDITA DIRETTA
VISITA SU PRENOTAZIONE

PRODUZIONE ANNUA 1.000.000 bottiglie
ETTARI VITATI 150.00
VITICOLTURA Biologico Certificato

Nelle degustazioni di quest'anno si è evidenziata una certa titubanza, del tutto inaspettata. Se da un lato i bianchi hanno reattività, stesso discorso non si può fare per i rossi, più o meno tutti afflitti da una timbro a volte surmaturo, altre legnoso. Per un'azienda dal grande potenziale qualitativo rossista come questa ciò non è un buon viatico. Siamo certi che sia un fatto passeggero, legato a motivi d'annata che qui è più sentita per via della rigida impostazione bio dei vigneti, e che i responsabili tecnici sapranno riportare la barra del timone verso la giusta direzione.

La miglior scelta resta il Vigna Monteprandone '09, ricco e concentrato, ha forza espressa con una netta impronta di marasche e spezie ampiamente recepita sia al naso che in fondo al palato; per contro non è un campione di scorrevolezza. Una beva più spiccata è esplicitata dal Piediprato '09, dove tonalità aromatiche di frutta rossa incontrano una polpa croccante. Il Montetinello '09 è cupo nei profumi e sgarbato nel tannino, pur dotato di sapore e di una struttura di tutto rispetto. Tra i bianchi il Pecorino '10 evidenzia una bella presa al palato, anche se difetta di finezza, mentre il Passerina '10 è sottile, dal bel ricordo di fiori di campo in un finale asciutto e coerente.

● Il Pollenza '08	🍷🍷 8
○ Colli Maceratesi Angera '10	🍷🍷 4
● Cosmino '08	🍷🍷 6
⊙ Didì '10	🍷🍷 4
○ Pius IX Mastai '09	🍷🍷 7
○ Brianello '10	🍷 4
⊙ Duende '10	🍷 5
● Porpora '08	🍷 4
● Il Pollenza '07	🍷🍷🍷 8
● Cosmino '03	🍷🍷 5
● Il Pollenza '04	🍷🍷 8
● Il Pollenza '03	🍷🍷 8
● Il Pollenza '02	🍷🍷 7
○ Pius IX Mastai '06	🍷🍷 6

○ Offida Passerina '10	🍷🍷 4*
○ Offida Pecorino '10	🍷🍷 4*
● Rosso Piceno Piediprato '09	🍷🍷 4*
● Rosso Piceno Sup. V. Monteprandone '09	🍷🍷 5
○ Falerio dei Colli Ascolani V. Palazzi '10	🍷 3
● Rosso Piceno Sup. V. Montetinello '09	🍷 4
● Rosso Piceno Sup. V. Monteprandone '00	🍷🍷🍷 4
○ Offida Pecorino '08	🍷🍷 3*
● Pregio del Conte '08	🍷🍷 5
● Rosso Piceno Sup. V. Monteprandone '08	🍷🍷 5
● Rosso Piceno Sup. V. Monteprandone '07	🍷🍷 5
● Rosso Piceno Sup. V. Monteprandone '04	🍷🍷 5
● Rosso Piceno Sup. V. Montetinello '03	🍷🍷 3*

MARCHE

San Giovanni
C.DA CIAFONE, 41
63035 OFFIDA [AP]
TEL. 0736889032
www.vinisangiovanni.it

VISITA SU PRENOTAZIONE

PRODUZIONE ANNUA 130.000 bottiglie
ETTARI VITATI 30.00
VITICOLTURA Naturale

Le colline di Contrada Ciafone hanno forme dolci, tonde, e sentono la brezza adriatica che in lontananza sale per stemperare calure estive di stampo mediterraneo. Gli anziani la indicano come il luogo migliore per le vigne e non a caso è intensamente striata dai filari. Una parte di queste appartengono a Gianni Di Lorenzo che gestisce l'azienda puntando sulle denominazioni tradizionali. Negli anni ha conquistato la fiducia dei propri clienti proponendo vini nitidi, sostanziosi, giudiziosamente moderni e al tempo stesso capaci di riverberare l'eco della tradizione locale.

A un passo dal massimo riconoscimento il Kiara '10, un Pecorino che unisce doti di eleganza a un ben dettagliato allungo sapido, esibendo in ogni tratto personalità e compostezza. Il tutto sotto l'egida di una nervatura acida che ne guida lo sviluppo in profondità. Tra i primi della sua categoria. Il Leo Guelfus '07 ha la stessa capacità a mantenere un frutto vivido e una scorrevolezza agevolata, in questo caso da tannini ben presenti ma addolciti dal lungo affinamento. Meno impressionante lo Zeii '06, segnato da un'impersonale rincorsa al gusto internazionale. Tra gli altri bianchi vale la pena citare il Falerio Leo Guelfus '10, bianco fragrante, lievemente aromatico, da bere giovane.

Poderi San Lazzaro
C.DA SAN LAZZARO, 88
63035 OFFIDA [AP]
TEL. 0736889189
www.poderisanlazzaro.it

VENDITA DIRETTA
VISITA SU PRENOTAZIONE

PRODUZIONE ANNUA 45.000 bottiglie
ETTARI VITATI 8.00
VITICOLTURA Biologico Certificato

Paolo Capriotti ha iniziato la costruzione di una nuova cantina dove finalmente potrà contare su spazi più razionali degli attuali. Per chi come lui è abituato a seguire tutto in prima persona si tratta di un impegno notevole. Gli assaggi di quest'anno denotano una certa irrequietezza dovuta all'acquisizione di tratti sempre più originali: lo stile pieno, generoso sotto il profilo alcolico e concentrato nella struttura, tenta di coniugare accenti sempre più naturali e sanguigni con risultati alterni. Il rischio collaterale è quello di perder di vista equilibrio e piacevolezza.

Il Pecorino Pistillo '10 ha offerto una prova di personalità: erbe aromatiche, toni erbacei e di mela matura si ritrovano in una bocca morbida e sostanziosa, smussata nell'acidità ma piena di sapore. Sullo stesso livello il Podere 72 '09, dal naso tra fiori e note più terrose, mentre al palato è risoluto, succoso, con un fondo di piacevole sapidità. Molto valido anche il Polesio '10, Sangiovese dal tannino soffice, tra echi salmastri e di violetta. Il Grifola '08 sembra soffrire di "gigantismo": poderoso, estrattivo, ha un'evidente forza alcolica in un palato irrigidito dalla copiosa massa dei tannini. Una lunga permanenza in vetro lo aiuterà nella ricerca di un difficile equilibrio.

○ Offida Pecorino Kiara '10	4*
● Rosso Piceno Sup. Leo Guelfus '07	4*
○ Falerio dei Colli Ascolani Leo Guelfus '10	3*
○ Offida Passerina Marta '10	4
● Offida Rosso Zeii '06	5
○ Offida Pecorino Kiara '08	4*
○ Offida Pecorino Kiara '06	4*
● Rosso Piceno Sup. Leo Guelfus '06	4*
● Rosso Piceno Sup. Leo Guelfus '04	4*

○ Offida Pecorino Pistillo '10	4*
● Polesio '10	3*
● Rosso Piceno Sup. Podere 72 '09	4*
● Grifola '08	5
● Grifola '07	5
● Grifola '06	5
● Grifola '05	5
○ Offida Pecorino Pistillo '09	4*
○ Offida Pecorino Pistillo '08	4*
● Polesio '09	3
● Rosso Piceno Sup. Podere 72 '08	4*
● Rosso Piceno Sup. Podere 72 '07	4*
● Rosso Piceno Sup. Podere 72 '06	4*

MARCHE 748

Fattoria San Lorenzo
via San Lorenzo, 6
60036 Montecarotto [AN]
Tel. 073189656
az-crognaletti@libero.it

VENDITA DIRETTA
VISITA SU PRENOTAZIONE

PRODUZIONE ANNUA 100.000 bottiglie
ETTARI VITATI 36.00
VITICOLTURA Naturale

Se siete alla ricerca di vini che non badino troppo all'equilibrio e alla perfezione tecnica ma che in cambio possano offrire tratti di gran naturalezza, sapore e uno stile inconfondibile, beh, fermatevi. Natalino Crognaletti ha in cantina ciò che fa per voi: Verdicchio opulenti e saporiti. Oppure robusti rossi ottenuti da vitigni tradizionali quali sangiovese, montepulciano e lacrima, distinti da un tratto olfattivo surmaturo e dall'estesa generosità al palato. Vini non facili e non omologati, figli di una visione personale, coerente, voluta. Ma non sempre condivisibile.

Tra i due Vigneto delle Oche preferiamo la versione Superiore '09: più tonica e meno abbondante, ha un gran sapore, distensione e nel finale riesce a trovare un equilibrio tutto suo. La Riserva '08 ha un naso speziato fascinoso ma anche un palato troppo adagiato verso il lato morbido, pronto a fare la felicità di chi ama vini densi, alcolici e glicerici. Il Vigneto di Gino '10 è un bel bicchiere tra i vini d'annata: tripudio di fiori e frutti, bocca di pronta reattività. Il miglior rosso è il Conero La Gattara '07: note salmastre e fiorite precedono un palato appena evoluto ma energico. Poco lontano si piazza l'Artù '08, tannico e speziato. Un frutto evoluto e surmaturo segna il Solleone '06.

○ Verdicchio dei Castelli di Jesi Cl. Sup.
  Vign. delle Oche '09 — 4*
● Rosso Conero Artù '08 — 4
● Rosso Conero Vign. La Gattara '07 — 4*
○ Verdicchio dei Castelli di Jesi Cl.
  Vign. delle Oche Ris. '08 — 5
○ Verdicchio dei Castelli di Jesi Cl.
  Vign. di Gino '10 — 3*
● Rosso Piceno Vign. Burello '08 — 4
● Rosso Piceno Vign. di Gino '09 — 3
● Vigneto del Solleone '06 — 6
○ Verdicchio dei Castelli di Jesi Cl.
  Vign. delle Oche Ris. '01 — 5
○ Il San Lorenzo '98 — 7
● Rosso Piceno V. Burello '07 — 4*
○ Verdicchio dei Castelli di Jesi Cl. Sup.
  Vign. delle Oche '08 — 4*
○ Verdicchio dei Castelli di Jesi Cl. Sup.
  Vign. delle Oche '07 — 4*
○ Verdicchio dei Castelli di Jesi Cl.
  Vign. delle Oche Ris. '06 — 5

San Savino - Poderi Capecci
loc. San Savino
via Santa Maria in Carro, 13
63038 Ripatransone [AP]
Tel. 073590107
www.sansavino.com

VENDITA DIRETTA
VISITA SU PRENOTAZIONE

PRODUZIONE ANNUA 120.000 bottiglie
ETTARI VITATI
VITICOLTURA Naturale

Simone Capecci è un vignaiolo a tutto tondo e come tale segue tutto in prima persona. Le sue vigne si dividono in due corpi: il principale è messo a dimora nel territorio di Acquaviva Picena, su declivi collinari alle spalle di San Benedetto del Tronto e dell'Adriatico; il resto gira intorno alla cantina, posta in posizione baricentrica rispetto a Ripatransone e Offida. Conosciuto per i suoi rossi saturi di colori, generosi e imponenti nel corpo, negli ultimi anni è diventato il punto di riferimento anche per il Pecorino con una lettura molto caratterizzata, complessa e giocosa al tempo stesso.

Annata favorevole e il Ciprea '10 non ha mancato l'appuntamento: profumatissimo come al solito nei suoi tipici rimandi alla pesca gialla, in bocca ha un'acidità cristallina che unita alla fragranza fruttata crea un effetto di alta piacevolezza complessiva, senza dimenticare tenuta aromatica e allungo sapido. Tra i rossi ha convinto in particolare il Picus '08, teso e succoso, un filo austero in chiusura. Il Fedus '08, da sangiovese, ha un frutto piuttosto maturo al naso e una bocca migliore, elegante e agile. Il Quinta Regio '06, da Montepulciano, è imponente nell'architettura tannica ma segnato da un'ingombrante nota legnosa che verrà forse riassorbita mediante ulteriore riposo in vetro.

○ Offida Pecorino Ciprea '10 — 4*
● Fedus Sangiovese '08 — 5
● Rosso Piceno Sup. Picus '08 — 4*
○ Offida Passerina Tufilla '10 — 4*
● Quinta Regio '06 — 6
● Rosso Piceno Collemura '10 — 3
● Fedus Sangiovese '06 — 5
● Moggio Sangiovese '98 — 6
○ Offida Pecorino Ciprea '09 — 4*
○ Offida Pecorino Ciprea '08 — 4*
● Quinta Regio '01 — 6
● Quinta Regio '00 — 6
● Fedus Sangiovese '07 — 5
● Quinta Regio '05 — 6

MARCHE

Santa Barbara
b.go Mazzini, 35
60010 Barbara [AN]
Tel. 0719674249
www.vinisantabarbara.it

VENDITA DIRETTA
VISITA SU PRENOTAZIONE

PRODUZIONE ANNUA 650.000 bottiglie
ETTARI VITATI 45.00

Vitale, trabordante, sempre pronto a mettersi in macchina per andare a trovare i suoi amici. Che poi altro non sono che clienti ma per lui, Stefano Antonucci, i due termini sono sinonimi. Un mondo coinvolgente, che parla una lingua diversa rispetto agli stilemi classici dei rapporti commerciali normalmente in uso. I vini hanno tutti un tratto moderno, piacevole, confezionati con sapienza. I bianchi hanno nitidezza aromatica e godono di una certa diversità stilistica. I rossi puntano più sulla struttura ma non sempre offrono quell'aerea leggerezza che potrebbe dar loro maggior attrattiva.

Le Vaglie '10 ha profumi floreali e una beva contagiosa mentre il Tardivo ma non tardo '08 gioca con accattivanti profumi di agrumi, erbe aromatiche e tratti più vegetali coerentemente ritrovati in un palato tonico, soffice, dal lungo ritorno aromatico. La Riserva Stefano Antonucci '09 riporta l'azienda tra i trebicchierati: naso elegante, che non tradisce i 12 mesi di maturazione in barrique, e una bellissima bocca, sussurrata e cremosa, che nel finale si allunga su tonalità sapide. Il Sensuade '10 (40% lacrima, 30% moscato rosso e 30% vernaccia di Pergola) è un rosato dai profumi seducenti, mentre il Pathos '09 è un vinone corpulento, arrotondato ma saporito, un po' verde negli aromi.

○ Verdicchio dei Castelli di Jesi Cl. Stefano Antonucci Ris. '09	▼▼▼ 5*
● Pathos '09	▼▼ 7
⊙ Sensuade '10	▼▼ 4
○ Verdicchio dei Castelli di Jesi Cl. Le Vaglie '10	▼▼ 4
○ Verdicchio dei Castelli di Jesi Cl. Pignocco '10	▼▼ 3*
○ Verdicchio dei Castelli di Jesi Cl. Tardivo ma non tardo '08	▼▼ 6
● Rosso Piceno Il Maschio da Monte '09	▼ 6
⊙ Stefano Antonucci M. Cl. Rosé	▼ 6
● Stefano Antonucci Rosso '09	▼ 5
○ Verdicchio dei Castelli di Jesi Passito Lina '08	▼ 6
● Vigna San Bartolo '09	▼ 4
● Pathos '01	▼▼▼ 7
● Rosso Piceno Il Maschio da Monte '04	▼▼▼ 5
○ Verdicchio dei Castelli di Jesi Cl. Le Vaglie '06	▼▼▼ 4*
○ Verdicchio dei Castelli di Jesi Cl. Stefano Antonucci Ris. '06	▼▼▼ 4*

Sartarelli
via Coste del Molino, 24
60030 Poggio San Marcello [AN]
Tel. 073189732
www.sartarelli.it

VENDITA DIRETTA
VISITA SU PRENOTAZIONE

PRODUZIONE ANNUA 280.000 bottiglie
ETTARI VITATI 60.00

Dalla terrazza della cantina si ha uno spettacolare panorama: ordinati filari contendono a ulivi, girasoli, cereali i declivi più dolci. E quel bel grappolo pallido che in estate fa bella mostra di sé altro non è che verdicchio. Sartarelli è posta al centro del nucleo storico dei Castelli di Jesi. Non stupisca dunque la specializzazione a senso unico. Tiratura adeguata, gamma ben differenziata, sebbene unicamente dedicata alla cultivar marchigiana per eccellenza, un tocco artigianale mai abbandonato sono gli elementi che danno una forte caratterizzazione ai bianchi Sartarelli.

Sfruttando l'esperienza accumulata negli anni e la piena vocazione della magnifica vigna di Contrada Balciana esposta a nord, il vino omonimo versione '09 è rinato vestito di un'eleganza tutta nuova: anice, chiaroscuri di frutta e fiori, suadenti tonalità minerali; l'attacco è infiltrante, di grande succosità ed esprime una forza imperiosa senza mai scomporsi; finale trascinante e lunghissimo, con ritorni aromatici che inconfondibilmente riconducono ai grandi Verdicchio. Tre Bicchieri autorevoli. Punteggi alti anche per il Tralivio '09, usualmente soffice, quasi denso nella sua larga tessitura al palato, e per un Classico '10 dalla struttura non enorme ma dalla bevibilità magnetica.

○ Verdicchio dei Castelli di Jesi Cl. Sup. Balciana '09	▼▼▼ 6
○ Verdicchio dei Castelli di Jesi Cl. '10	▼▼ 3*
○ Verdicchio dei Castelli di Jesi Cl. Sup. Tralivio '09	▼▼ 4
○ Verdicchio dei Castelli di Jesi Cl. Sup. Balciana '04	▼▼▼ 6
○ Verdicchio dei Castelli di Jesi Cl. Sup. Contrada Balciana '98	▼▼▼ 6
○ Verdicchio dei Castelli di Jesi Cl. Sup. Contrada Balciana '97	▼▼▼ 6
○ Verdicchio dei Castelli di Jesi Cl. Sup. Contrada Balciana '95	▼▼▼ 6
○ Verdicchio dei Castelli di Jesi Cl. Sup. Contrada Balciana '94	▼▼▼ 6
○ Verdicchio dei Castelli di Jesi Cl. Sup. Balciana '08	▼▼ 6

MARCHE 750

Selvagrossa
S.DA SELVAGROSSA, 37
61020 PESARO
TEL. 0721202923
www.selvagrossa.it

VENDITA DIRETTA
VISITA SU PRENOTAZIONE

PRODUZIONE ANNUA 30.000 bottiglie
ETTARI VITATI 4.00

Dopo anni d'immobilismo il pesarese sembra aver trovato la giusta via e una serie di piccole aziende stanno uscendo dall'anonimato. Tra esse la capofila è Selvagrossa dei fratelli Alessandro e Alberto Taddei che si è fatta largo proponendo una serie di etichette di grande intensità gustativa, con vini rossi originali e ricchi di dettagli, vinificati con cura. E, vivaddio, con prezzi decisamente centrati, specie per i due nuovi prodotti che recano il nome aziendale e che si pongono alla base della piramide produttiva. Un plauso va anche alle raffinate etichette di Trimpilin e Poveriano.

Fiducia ben riposta quando lo scorso anno indicammo in Selvagrossa una degli astri nascenti. L'azienda ha ripagato con due piccole perle. Il Poveriano '08, da cabernet franc, ha fini note varietali di peperone e tratti speziati; al palato si porge con naturalezza e distensione pur avendo una struttura di tutto rispetto. Più imbronciato ma pur sempre comunicativo il Trimpilin '08, da sangiovese e 15% di ciliegiolo, naso di lampone, erbe aromatiche, tratteggi pepati da rinvenire tra echi floreali; la bocca è nervosa, caratteriale, dalla sottile coda amarognola. Il Muschèn '09 (metà sangiovese, 30% merlot e saldo di cabernet franc) offre un frutto integro e scorrevole, appagante.

Spinsanti
VIA FONTE INFERNO, 11
60021 CAMERANO [AN]
TEL. 071731797
www.rossoconerodoc.com

VENDITA DIRETTA
VISITA SU PRENOTAZIONE
OSPITALITÀ

PRODUZIONE ANNUA 36.000 bottiglie
ETTARI VITATI 5.00
VITICOLTURA Naturale

Buone nuove in casa di Catia Spinsanti: il cambio di enologo ha apportato più naturalezza nei vini, esplicitata anche attraverso l'immissione sul mercato di un convincente quanto originale rosato da uve montepulciano in purezza. Il tutto resta sotto l'egida di un'impronta profondamente artigianale, dove tutto viene fatto in prima persona, dai vigneti alle pratiche di cantina. I numeri sono piccoli e ciò garantisce un buon margine di autenticità, applicata in primis lasciando parlare la vocazione dei vigneti alle falde del Monte Conero.

Gran tempra per il Sassòne '08 (60% montepulciano e saldo paritario di cabernet sauvignon e merlot), fruttato nell'anima ma austero nell'espressione, tutto da seguire nella sua prevedibilmente felice evoluzione. Piace anche il Camars '09, Montepulciano in purezza, dotato d'una flessuosa e morbida timbrica fruttata. L'Adino '10, da 90% montepulciano e sangiovese, invece è vinoso, un po' rustico ma gradevole, beverino, poco incline a piegarsi alle lecite richieste di maggior eleganza. Ma non difetta di carattere. Infine la novità Ventipercento '10 ha veste rosata accesa ma portamento da rosso sin nei profumi, genuino e sapido, decisamente maturo e polposo.

Selvagrossa	
● Poveriano '08	6
● Trimpilin '08	5
● Muschèn '09	3*
● Selva Rosso '09	2*
○ Selva Bianco '10	2
● Muschèn '08	1*
● Poveriano '07	4

Spinsanti	
● Sassòne '08	5
● Rosso Conero Camars '09	4
⊙ Ventipercento '10	3*
● Rosso Conero Adino '10	3
● Rosso Conero Adino '08	3*
● Rosso Conero Camars '08	4*
● Rosso Conero Camars '07	4*
● Sassòne '07	5
● Sassòne '06	6
● Sassòne '05	6
● Sassòne '04	5
● Sassòne '03	5

MARCHE

Silvano Strologo
via Osimana, 89
60021 Camerano [AN]
Tel. 071731104
www.vinorossoconero.com

VENDITA DIRETTA
VISITA SU PRENOTAZIONE

PRODUZIONE ANNUA 70.000 bottiglie
ETTARI VITATI 16.00

Silvano Strologo è un vero vulcano, uno che una ne pensa cento ne fa. Instancabile, ha da un paio d'anni finito di costruire una grande cantina e messo a dimora diversi vigneti affiancando a montepulciano, trebbiano, malvasia e moscato anche il suo ultimo amore: l'incrocio Bruni 54 (incrocio di sauvignon x verdicchio). L'assaggio della prima annata non ci è sembrato convincente ma è giusto lasciare che il Nostro prenda confidenza con la rara varietà. Per contro notiamo un miglioramento dei suoi rossi, sempre molto caldi e viscerali, concentrati ma meno difficoltosi rispetto al passato.

Il Traiano '07, solitamente caratterizzato da ampie note surmature, non perde il suo tratto aromatico peculiare ma almeno il tutto sfodera un bel carattere al palato e una vitalità nella progressione agevolata da tannini risolti. Non male anche lo Julius '10, tannico e compatto ma ancora un po' in debito di freschezza di frutto. Per contro il Rosa Rosae '10, da montepulciano e 10% di sangiovese, è risultato uno dei migliori, se non il migliore tout court, rosato regionale in virtù di un bel naso fine, tra fiori e frutta seguito da una bocca sapida e acidula, succosa, di gran scorrevolezza. Le stesse uve vanno a creare lo Spumante Brut Pink (charmat): semplice, sapido, ben profumato.

⊙ Rosa Rosae '10	3*
● Rosso Conero Traiano '07	5
● Rosso Conero Julius '10	4
⊙ Spumante Brut Pink	6
● Rosso Conero Traiano '00	5
● Conero Decebalo Ris. '07	6
● Conero Decebalo Ris. '06	6
● Conero Decebalo Ris. '05	6
○ Muscà	5
⊙ Rosa Rosae '09	3*
● Rosso Conero Julius '07	4*
● Rosso Conero Traiano '02	5

Tenuta di Tavignano
loc. Tavignano
62011 Cingoli [MC]
Tel. 0733617303
www.tenutaditavignano.it

VENDITA DIRETTA
VISITA SU PRENOTAZIONE

PRODUZIONE ANNUA 100.000 bottiglie
ETTARI VITATI 30.00

Aspettavamo con trepidazione la nuova annata del Misco Riserva '09, uno dei migliori Verdicchio apparsi sulla scena negli ultimi anni il cui unico limite era (ed è) la piccola tiratura, di appena 3000 pezzi. Che invece si è fatto rubare la scena dal suo omonimo, il Classico Superiore '10, sorta di fratello minore che già in passato aveva dato prova di non aver nulla da invidiare né timori reverenziali da gerarchie preconcette. Siamo certi che Stefano Aymerich e Beatrice Lucangeli, col loro enologo Pierluigi Lorenzetti, saranno oltremodo contenti visto che l'etichetta festeggia le sue prime 15 vendemmie.

Veniamo al Misco '10 e al suo Tre Bicchieri: supportato da un'annata decisamente valida, esprime con convinzione note varietali e una bocca intonata, scorrevole, che sfuma su deliziose quanto tenaci note di mandorla. La Riserva '09 ha naso dolce, ricordi di botrite e buccia d'arancia, ma in bocca, pur saporito e avvolgente, ha una progressione fiaccata dall'eccesso di morbidezza glicerica. Degli altri Verdicchio, vera specialità della casa, è preferibile la beva disimpegnata e gustosa del Villa Torre '10 rispetto all'asciutta ed essenziale dinamica del Vigna Verde '10. Nei rossi menzione per l'evoluto Libenter '08 e per il più prestante Castel Rosino '10, dagli accenti spiccatamente floreali.

○ Verdicchio dei Castelli di Jesi Cl. Sup. Misco '10	4*
○ Verdicchio dei Castelli di Jesi Cl. Misco Ris. '09	5
○ Verdicchio dei Castelli di Jesi Cl. Sup. Villa Torre '10	3
○ Verdicchio dei Castelli di Jesi Cl. Vigna Verde '10	3*
● Rosso Piceno Castel Rosino '10	3
● Rosso Piceno Libenter '08	4
○ Verdicchio dei Castelli di Jesi Cl. Misco Ris. '06	5*
○ Verdicchio dei Castelli di Jesi Cl. Misco Ris. '05	5
○ Verdicchio dei Castelli di Jesi Cl. Sup. Misco '06	4*
○ Verdicchio dei Castelli di Jesi Cl. Misco Ris. '08	5

MARCHE

Fattoria Le Terrazze
VIA MUSONE, 4
60026 NUMANA [AN]
TEL. 0717390352
www.fattorialeterrazze.it

VENDITA DIRETTA
VISITA SU PRENOTAZIONE

PRODUZIONE ANNUA 90.000 bottiglie
ETTARI VITATI 20.00

La Fattoria di Antonio Terni è tra le aziende più conosciute tra gli appassionati che legano il nome Le Terrazze a vini di matrice moderna, capaci di traslare la forza e la generosità strutturale del montepulciano in vini di caratura internazionale. Talora usando l'uva in purezza (nel Vision of J e Sassi Neri) oppure nei blend con uve allocotone (syrah per Chaos oppure il merlot per il più raro Planet Waves). Le punte di diamante però non devono oscurare gli altri vini che possono contare su una tiratura adeguata, timbro fruttato e facilità di approccio senza scadere nell'ordinarietà.

Nella griglia di quest'anno è presente il solo Sassi Neri tra le etichette top. E neanche in una delle sue annate più memorabili per via di toni leggermente surmaturi al naso in cui si evidenzia una mal celata impronta vegetale; va meglio al palato dove può scatenare la sua imponente struttura, sorretta da una decisa alcolicità puntellata da tannini irti in un problematico equilibrio. Buoni i due Rosso Conero: il più sbarazzino e accattivante Praeludium '10 conta su un naso di spezie, marasca e palato succoso, mentre il '09 è ben confezionato, efficace nel proporre frutto polposo e tannino soffice. Chiude un gradevole Chardonnay Le Cave '10, che unisce sapidità a un gustoso ricordo di mela.

● Conero Sassi Neri '07	6
● Rosso Conero '09	4*
● Rosso Conero Praeludium '10	3*
○ Le Cave Chardonnay '10	4
◉ Rosato '10	4
● Chaos '04	6
● Chaos '01	7
● Chaos '97	7
● Conero Sassi Neri Ris. '04	6
● Rosso Conero Sassi Neri '02	6
● Rosso Conero Sassi Neri '99	6
● Rosso Conero Sassi Neri '98	6
● Rosso Conero Visions of J '01	8
● Rosso Conero Visions of J '97	8

Terre Cortesi Moncaro
VIA BOREALE, 37
63036 ACQUAVIVA PICENA [AP]
TEL. 073189245
www.moncaro.com

VENDITA DIRETTA
VISITA SU PRENOTAZIONE
RISTORAZIONE

PRODUZIONE ANNUA 7.500.000 bottiglie
ETTARI VITATI 1618.00

Unione di tre cantine sociali (Montecarotto, Conero e di Acquaviva Picena) Moncaro è imponente nei numeri. La migliore produzione, raccolta nella griglia sottostante, pesa per meno di un decimo di tutta la produzione complessiva. Una punta dell'iceberg gestito con cura, sin dalla cernita dei migliori vigneti (alcuni dei quali posti in zone ad altissima vocazione) e successivamente l'uso dei migliori grappoli per avere vini fruttati, morbidi, suadenti, confezionati con cura. Uno stile attuale, sempre rivisto e corretto, che incontra il gusto dei mercati internazionali.

Sempre valida l'ampia pattuglia dei Verdicchio capeggiata da un Vigna Novali '08 suadente, cremoso nella sua carica glicerica. Tra i cadetti si distingue il Verde Ca' Ruptae '10, dal profilo agrumato, tagliato per una piacevolezza immediata così come il fruttatissimo e soffice Le Vele '10. Toni vegetali e una certa morbidezza zuccherina tolgono finezza al Fondiglie '10. Tra i rossi prova di livello per il Vigneti del Parco '08, vivido di frutto e compatto nei tannini. Poco lontano si piazzano il Roccaviva '09, sapido, pieno ma di beva scorrevole, e il Cimerio '09, timbro floreale, sorso carnoso e appagante, mentre il Nerone '07 è ancor più denso e levigato.

○ Verdicchio dei Castelli di Jesi Cl. V. Novali Ris. '08	5*
● Conero Vigneti del Parco Ris. '08	5
● Conero Cimerio Ris. '09	4
● Conero Nerone Ris. '07	7
○ Offida Pecorino Ofithe '10	4*
● Rosso Piceno Sup. Roccaviva '09	4*
○ Verdicchio dei Castelli di Jesi Cl. Le Vele '10	4*
○ Verdicchio dei Castelli di Jesi Cl. Sup. Verde Ca' Ruptae '10	4*
● Conero Montescuro Ris. '08	4
○ Madreperla M. Cl.	7
○ Verdicchio dei Castelli di Jesi Cl. Sup. Fondiglie '10	4
○ Verdicchio dei Castelli di Jesi Cl. Vigna Novali Ris. '07	5
○ Verdicchio dei Castelli di Jesi Cl. Vigna Novali Ris. '06	5*

MARCHE

★Umani Ronchi
VIA ADRIATICA, 12
60027 OSIMO [AN]
TEL. 0717108019
www.umanironchi.com

VENDITA DIRETTA
VISITA SU PRENOTAZIONE

PRODUZIONE ANNUA 2.800.000 bottiglie
ETTARI VITATI 230.00
VITICOLTURA Biologico Certificato

Attiva sin dal 1959, la famiglia Bernetti ha messo a dimora alcuni dei più bei vigneti nello jesino (Cupramontana, Montecarotto, Maiolati Spontini, San Paolo di Jesi) e nel comprensorio del Conero. L'apporto tecnico di bravi professionisti, dall'agronomo Piersanti agli enologi Mattioli e Beppe Caviola (in veste di consulente), porta a creare una gamma affidabile, tirata in un numero adeguato di bottiglie, evidenziando una modernità rispettosa della tradizione e della tipicità delle varietà locali. Insomma, i vini parlano un linguaggio globale con un avvertibile accento marchigiano.

Non solo il Vecchie Vigne '09 conferma i Tre Bicchieri, potente e senza fronzoli, dotato di eleganti sentori di anice e frutta secca da ritrovare in una bocca di ricercata armonia, ma si aggiudica anche il premio come miglior bianco per questa edizione della Guida. Modernità senza ostentazione è la cifra del Cùmaro Riserva '08, compatto e voluttuosamente fruttato, cui manca una frazione di complessità per raggiungere valutazioni più alte. Notevoli anche il Plenio '08, bocca cremosa in un ricordo di pesca, gustoso e profondo, il coevo Pelago, dal profilo apparentemente semplice e dal tannino austero, severo, di carattere. Ottime prove hanno offerto il Maximo '08, il polposo San Lorenzo '08, l'energico Jorio '09 e l'agrumato Vellodoro '10, da pecorino.

○ Verdicchio dei Castelli di Jesi Cl. Sup. Vecchie Vigne '09	🍷🍷🍷 5
● Conero Cùmaro Ris. '08	🍷🍷 5
● Pelago '08	🍷🍷 6
○ Verdicchio dei Castelli di Jesi Cl. Plenio Ris. '08	🍷🍷 5
○ Maximo '08	🍷🍷 5
● Montepulciano d'Abruzzo Jorio '09	🍷🍷 4
● Rosso Conero S. Lorenzo '08	🍷🍷 4
● Rosso Conero Serrano '10	🍷🍷 4*
○ Vellodoro '10	🍷🍷 4*
○ Verdicchio dei Castelli di Jesi Cl. Sup. Casal di Serra '10	🍷🍷 4
○ Verdicchio dei Castelli di Jesi Cl. Villa Bianchi '10	🍷 3*
○ Babylon '10	🍷 3
○ Verdicchio dei Castelli di Jesi Cl. Plenio Ris. '06	🍷🍷🍷 5
○ Verdicchio dei Castelli di Jesi Cl. Sup. Vecchie Vigne '08	🍷🍷🍷 5

Vallerosa Bonci
VIA TORRE 15/17
60034 CUPRAMONTANA [AN]
TEL. 0731789129
www.vallerosa-bonci.com

VENDITA DIRETTA
VISITA SU PRENOTAZIONE

PRODUZIONE ANNUA 250.000 bottiglie
ETTARI VITATI 32.00

Peppe Bonci e il suo storico consulente Sergio Paolucci firmano da molti anni selezioni di Verdicchio di chiara impronta tradizionale, caratterizzate da una struttura imponente e un'avvertita sferzata alcolica. In quest'epoca dove ai vini bianchi è chiesto di esser freschi e agili, le migliori etichette Vallerosa sono viste un po' come monoliti. La verità come al solito sta in mezzo: lo stile che l'azienda ha costruito negli anni non è anacronistico ma gioverebbe far percepire meglio quella nervatura acida e quella sapidità pienamente nelle corde del vitigno.

Il San Michele '09, dall'omonima vigna di Cupramontana esposta a sud, si giova dell'annata più fresca per evidenziare al meglio netti profumi di mandorla e frutta secca; in bocca è il solito vino senza compromessi, potente e saporito, con una dimensione alcolica mai morigerata ma non trabordante come in alcune versioni del recente passato. Le Case '08 è lo specchio fedele di una calda annata: l'insistita morbidezza al palato volge in una dinamica soffice, con un finale tutto modulato su sentori di frutta matura. Meno convincenti i due Verdicchio base, un po' carenti di nerbo e con una definizione aromatica sfuggente. Valido il Metodo Classico Michelangelo '04, inconfondibilmente Verdicchio.

○ Verdicchio dei Castelli di Jesi Cl. Sup. S. Michele '09	🍷 5
○ Verdicchio dei Castelli di Jesi Cl. Sup. Le Case '08	🍷 5
○ Verdicchio dei Castelli di Jesi Cl. Manciano '10	🍷 4
○ Verdicchio dei Castelli di Jesi Cl. Viatorre '10	🍷 3
○ Verdicchio dei Castelli di Jesi Spumante Michelangelo M. Cl. '04	🍷 4
○ Verdicchio dei Castelli di Jesi Cl. Pietrone Ris. '04	🍷🍷🍷 5
○ Verdicchio dei Castelli di Jesi Cl. Sup. Le Case '04	🍷🍷🍷 4*
○ Verdicchio dei Castelli di Jesi Cl. Sup. S. Michele '06	🍷🍷🍷 5
○ Verdicchio dei Castelli di Jesi Cl. Sup. S. Michele '00	🍷🍷🍷 4*

MARCHE

Valturio
VIA DEI PELASGI, 10
61023 MACERATA FELTRIA [PU]
TEL. 0722728049
www.valturio.com

VENDITA DIRETTA
VISITA SU PRENOTAZIONE
OSPITALITÀ

PRODUZIONE ANNUA 40.000 bottiglie
ETTARI VITATI 10.00
VITICOLTURA Naturale

Il Montefeltro è una terra di racconti e grandi personaggi. La sua diversità e il carattere duro lo rendono diverso da tutto quello che gli sta attorno. Forse non è un caso che il progetto visionario di Adriano Galli e della moglie Isabella Santarelli abbia trovato qui un luogo ideale per esprimersi. Adriano ha riportato qui la vite dopo secoli, fidandosi del suo istinto e della sua sensibilità. Oggi quest'azienda è un'importante realtà e le vigne ad alberello piantate in alto, tra i 400 e i 500 metri, con grande coraggio sono diventate le protagoniste di una storia bella e affascinante.

Valturio, da uve sangiovese, conquista per la terza volta consecutiva i Tre Bicchieri e lo fa con autorevolezza alimentando una fama che va già oltre i confini regionali. Il 2009 ha un frutto nitido e austero al naso e una bocca grintosa ed elegante, severo in alcuni passaggi, progressivo nella bella acidità. La sorpresa è Chiù '09, un taglio bordolese che ha carattere da vendere, sapore e spinta, e un'anima minerale che crediamo saprà andare lontano nel tempo. Il nome richiama la notte (e i suoi tormenti…) e in effetti l'anima di questo vino ha la profondità del buio. Non crediamo sia un caso. Solco '09 è convincente, mai così piccante e fresco, pieno in bocca e speziato al naso.

★Velenosi
LOC. MONTICELLI
VIA DEI BIANCOSPINI, 11
63100 ASCOLI PICENO
TEL. 0736341218
www.velenosivini.com

VENDITA DIRETTA

PRODUZIONE ANNUA 1.500.000 bottiglie
ETTARI VITATI 104.00

È indubbio il successo che Angela Velenosi riesce a ottenere sui mercati internazionali. Merito del suo carattere, della dedizione che le impone di viaggiare senza sosta per incontrare clienti in ogni dove e di una perspicacia che la porta ad azzeccare sempre la formula: vini di grande pulizia olfattiva, un bel tocco di modernità, esaltazione delle caratteristiche delle diverse varietà tramite accorte maturazioni, all'occorrenza, un po' di malizia nel marketing. Uno staff tecnico di livello confeziona vini perfetti per la mission.

Le bollicine hanno un ruolo centrale: il The Rose '07, da uve pinot nero, ha un etereo colore ramato, naso delicato, corpo affusolato innervato d'essenziale sapidità. Decisamente più largo e fruttato il timbro del Gran Cuvée '07, da chardonnay e poco pinot nero, mentre il Passerina Brut è un bicchiere scanzonato, volutamente ammiccante. Nei bianchi bella prova del gustoso Vigna Solaria '10, seducente tripudio di frutti gialli, e dell'agrumatissimo Passerina '10, dalla beva incontenibile. Roggio del Filare '08 primeggia tra i rossi: cenni tostati e marasche precedono una bocca accomodante, dai tannini arrotondati. Molto buono, infine, anche Il Brecciarolo Gold '08, dal sorso compatto e vellutato.

- Valturio '09 — 5
- Chiù '09 — 4*
- Solco '09 — 5
- Olmo '10 — 4*
- Valturio '08 — 5
- Valturio '07 — 5
- Olmo '09 — 4
- Olmo '08 — 4
- Solco '08 — 5
- Solco '07 — 5
- Solco '06 — 6
- Valturio '06 — 5

- Rosso Piceno Sup. Roggio del Filare '08 — 6
- The Rose M. Cl. '07 — 6
- Falerio dei Colli Ascolani V. Solaria '10 — 4*
- Offida Rosso Ludi '08 — 6
- Passerina Villa Angela '10 — 4*
- Rosso Piceno Sup. Il Brecciarolo '08 — 4*
- Rosso Piceno Sup. Il Brecciarolo Gold '08 — 5
- Velenosi Gran Cuvée Brut '07 — 6
- Chardonnay Villa Angela '10 — 4
- Offida Pecorino Villa Angela '10 — 4
- Passerina Brut — 5
- Verdicchio dei Castelli di Jesi Cl. Querciantica '10 — 4
- Rosso Piceno Sup. Roggio del Filare '07 — 7
- Rosso Piceno Sup. Roggio del Filare '06 — 7

MARCHE

Vicari
via Pozzo Buono, 3
60030 Morro d'Alba [AN]
Tel. 073163164
www.vicarivini.it

VENDITA DIRETTA
VISITA SU PRENOTAZIONE

PRODUZIONE ANNUA 85.000 bottiglie
ETTARI VITATI 8.00

Una bella conferma quella della famiglia Vicari, tutta impegnata a portare avanti un progetto che vuole valorizzare le varietà locali. Il padre Nazzareno è principalmente impegnato in campagna, i due figli si suddividono incarichi essenziali: Vico è il re delle botti mentre Valentina ha il dovere di far conoscere al mondo i loro vini. I vigneti sono tutti in prossimità della cantina, posti su una falda acquifera così pregiata che la nomea di "pozzo buono" è riportata in tutte le etichette a ricordo che per far vino buono è di fondamentale importanza il contributo dell'acqua.

Sfaccettati e ben tipicizzati i vini da lacrima. Il migliore, a nostro parere, resta l'Essenza '10, per via di una grande intensità e precisione aromatica seguita da un palato fresco e vitale. Piena aderenza ai canoni più classici del vitigno per il Rustico '10, fiorito, dalla beva pronunciata. Meno diretto l'approccio al Lacrima Superiore '09: concentrata, un po' surmatura, dal sorso alcolico. I Verdicchio sono sempre più buoni. L'Insolito '10 ha esplicitato grande potenza e un elegante quanto evidente tocco di anice, il Verdicchio '10 un attraente carattere fruttato. Un encomio va all'Amabile (da uve moscatello), dalle note agrodolci in affascinante finale di arance amare.

○ Amabile del Pozzo Buono '10	♀♀ 4*
● Lacrima di Morro d'Alba Essenza del Pozzo Buono '10	♀♀ 4
● Lacrima di Morro d'Alba Rustico del Pozzo Buono '10	♀♀ 4*
● Lacrima di Morro d'Alba Sup. del Pozzo Buono '09	♀♀ 4
○ Verdicchio dei Castelli di Jesi Cl. del Pozzo Buono '10	♀♀ 3*
○ Verdicchio dei Castelli di Jesi Cl. Sup. Insolito del Pozzo Buono '10	♀♀ 4
● Lacrima di Morro d'Alba Amaranto del Pozzo Buono '09	♀ 5
● Lacrima di Morro d'Alba Essenza del Pozzo Buono '08	♀♀ 4
● Lacrima di Morro d'Alba Passito Amaranto del Pozzo Buono '08	♀♀ 4
● Lacrima di Morro d'Alba Sup. del Pozzo Buono '08	♀♀ 4

Vignamato
via Battinebbia, 4
60038 San Paolo di Jesi [AN]
Tel. 0731779197
www.vignamato.com

VENDITA DIRETTA
VISITA SU PRENOTAZIONE

PRODUZIONE ANNUA 55.000 bottiglie
ETTARI VITATI 16.00

La famiglia Ceci è giunta alla quarta generazione. I figli di Maurizio e Serenella stanno gradatamente prendendo posto in azienda. Il timone è però ancora ben saldo nelle mani dei genitori che, con l'aiuto tecnico di Giancarlo Soverchia, interpretano con continuità versioni di Verdicchio pienamente "riva destra dell'Esino": potenti, molto tipiche, dal caratteristico timbro ammandorlato. Novità di quest'anno è un vino a base d'incrocio Bruni 54, un vitigno usato nel passato in provincia di Ancona che pur capace di qualità fu abbandonato in quanto poco produttivo. Erano altri tempi.

Versus '10 (80% incrocio Bruni e saldo di verdicchio) ha profumi floreali e di frutta bianca matura; ben modulato al palato, fa della fragranza e della scorrevolezza le sue qualità migliori. Buono, più strutturato, il Versiano '10, morbido e sostanzioso. Timbro caldo e maturo, con tracce di botrite al naso, per l'Eos '10. Meno incisivo il Valle delle Lame '10, acidulo, dalla tipica impronta finale di mandorla amara. Il RosAmato (taglio paritario di lacrima e sangiovese) è un rosato intenso, nitidamente floreale, dalla bocca sapida e guizzante. Tratti di complessità, grazie a note terziarie, sono a vantaggio del Campalliano '08, già risolto al palato e al massimo della sua parabola evolutiva.

⊙ RosAmato '10	♀♀ 2*
○ Verdicchio dei Castelli di Jesi Cl. Eos '10	♀♀ 2*
○ Verdicchio dei Castelli di Jesi Cl. Sup. Versiano '10	♀♀ 4*
○ Versus '10	♀♀ 2
● Rosso Piceno Campalliano '08	♀ 4
○ Verdicchio dei Castelli di Jesi Cl. Valle delle Lame '10	♀ 3
○ Verdicchio dei Castelli di Jesi Passito Antares '08	♀ 5
○ Verdicchio dei Castelli di Jesi Cl. Ambrosia Ris. '07	♀♀ 4*
○ Verdicchio dei Castelli di Jesi Cl. Ambrosia Ris. '06	♀♀ 4*
○ Verdicchio dei Castelli di Jesi Cl. Sup. Versiano '08	♀♀ 4*
○ Verdicchio dei Castelli di Jesi Cl. Sup. Versiano '07	♀♀ 4*

MARCHE 756
LE ALTRE CANTINE

Mario & Giorgio Brunori
V.LE DELLA VITTORIA, 103
60035 JESI [AN]
TEL. 0731207213
www.brunori.it

Ampi cenni di miglioramento per gli storici Verdicchio della maison Brunori. Bocca potente e succosa per il complesso San Nicolò Riserva '09 mentre l'omonimo Classico Superiore '10 ha sentori di frutta secca e una bocca di stampo classico. Bella prova de Le Gemme '10, saporito, asciutto, dal naso estremamente tipico.

O Verdicchio dei Castelli di Jesi Cl. Le Gemme '10	3*
O Verdicchio dei Castelli di Jesi Cl. Sup. San Nicolò '10	4*
O Verdicchio dei Castelli di Jesi Cl. Sup. San Nicolò Ris. '09	4

Carminucci
VIA SAN LEONARDO, 39
63013 GROTTAMMARE [AP]
TEL. 0735735869
www.carminucci.com

Come sempre la migliore creazione di Giovanni Carminucci è il Rosso Piceno Superiore della linea Naumachos. IL 2008 (erroneamente recensito lo scorso anno) offre note di liquirizia e ciliegie mature, in una bocca densa e di raffinata estrazione tannica. Discreti e facili da bere gli altri vini, specie quelli ottenuti da vitigni tradizionali.

● Rosso Piceno Sup. Naumachos '08	4*
O Offida Passerina Casta '10	3
O Offida Pecorino Belato '10	4
● Rosso Piceno Grotte sul Mare '10	2

Ciù Ciù
LOC. SANTA MARIA IN CARRO
C.DA CIAFONE, 106
63035 OFFIDA [AP]
TEL. 0736810001
www.ciuciu.com

Una gamma meno brillante del solito determina l'insolito posizionamento dei fratelli Bartolomei. Miglior vino il maturo, speziato e denso Esperanto '05 (da montepulciano e cabernet) seguito dal fruttato Gotico '09, impeccabile ma con poco carattere. Un po' semplice ma gustoso Le Merlettaie '10, così come il floreale Bacchus '10.

● Offida Rosso Esperanto '05	6
● Rosso Piceno Sup. Gotico '09	4*
O Offida Pecorino Le Merlettaie '10	4
● Rosso Piceno Bacchus '10	3

Degli Azzoni Avogadro Carradori
VIA DON MINZONI, 26
62010 MONTEFANO [MC]
TEL. 0733850219
www.degliazzoni.it

Senza l'ottimo Passatempo, da uve Montepulciano, Degli Azzoni morde il freno. Tra i vini presentati si difende un vivido Cantalupo Rosso '09, solido e originale nei suoi tratti ematici. Suadente, dal nitido ricordo di frutto della passione, il passito Sultano '09 dal complesso finale dolce/amaro di arancia. I bianchi non incidono.

● Cantalupo Rosso '09	4*
O Sultano '09	4
● Colli Maceratesi Rosso Evasione '10	3

Fiorini
VIA GIARDINO CAMPIOLI, 5
61040 BARCHI [PU]
TEL. 072197151
www.fioriniwines.it

Fiorini è la storia della denominazione Bianchello e il Tenuta Campioli '10 onora al meglio il prestigio dell'azienda, con i suoi lindi profumi di mela e corpo impostato su un registro sottile, fragrante. Toni leggermente vegetali sposano tratti terziari nel Luigi Fiorini '07, ben più complesso e deciso al palato.

O Bianchello del Metauro Tenuta Campioli '10	3*
● Colli Pesaresi Sangiovese Luigi Fiorini '07	4
● Colli Pesaresi Sangiovese Sirio '10	3
O Contrada La Galoppa '10	3

Fosso dei Ronchi
VIA ZONGO, 9
61100 PESARO
TEL. 3395312093
www.fossodeironchi.it

Micro azienda specializzata nella coltivazione di pinot nero, ha presentato due rossi dalla tiratura minima. Ci è piaciuto di più il Costa del Riccio '09 per come riesce a esprimere la dolcezza fruttata e la persistenza del vitigno. Il Costa del Picchio '09 ha palato pieno ma evidenzia spunti vegetali e minor agilità.

● Colli Pesaresi Focara Pinot Nero Costa del Picchio Ris. '09	4
● Colli Pesaresi Focara Pinot Nero Costa del Riccio Ris. '09	4

MARCHE

LE ALTRE CANTINE

Piergiovanni Giusti
LOC. MONTIGNANO
VIA CASTELLARO, 97
60019 SENIGALLIA [AN]
TEL. 071918031
www.lacrimagiusti.it

Nuove etichette per Giusti e centro al primo colpo per L'Intruso '08 (40% montepulciano, 30% lacrima, sangiovese e merlot), nettamente floreale, saporito e succoso. Non male anche Anima Rosa '10, rosato sottile e raffinato, solo un po' troppo breve. Tipica, nitida negli aromi e beverina il Lacrima base '10.

- L'Intruso '08 — 5
- Lacrima di Morro d'Alba '10 — 4*
- Anima Rosa '10 — 3

Guaiani Felicia
VIA FORMALE, 24
63036 SPINETOLI [AP]
TEL. 0736899566

Sono poche bottiglie ma val la pena cercare il Pecorino Campo di Maggio '10, uno dei migliori di quest'anno: naso tra agrumi e spunti vegetali, ha una bocca potente e sapidissima, di grande soddisfazione. Speziato e maturo il Rosso Piceno Superiore '09, perde compostezza solo nel finale dove evidenza qualche spigolo tannico.

- Offida Pecorino Campo di Maggio '10 — 4
- Rosso Piceno Sup. Campo di Maggio '09 — 4
- Offida Passerina Campo di Maggio '10 — 4

Il Conventino
VIA G. TURCATO, 4
61024 MONTECICCARDO [PU]
TEL. 0721910574
www.il-conventino.it

Il risveglio del pesarese passa anche da aziende come Il Conventino, capace di esibire una gamma sempre più solida e dotata di originalità: pepatissimo il Cardorosso '08; complesso e sostenuto il Brecce di Tufo '09; di grande intensità aromatica il Cardoviola '09 e il Famoso '10, ottenuto dal rarissimo vitigno omonimo.

- Bianchello del Metauro Brecce di Tufo '09 — 5
- Cardorosso '08 — 4
- Cardoviola '09 — 4
- Il Famoso nel Convento '10 — 4

La Calcinara
FRAZ. CANDIA
VIA CALCINARA, 102A
60131 ANCONA
TEL. 3285552643
www.lacalcinara.it

Il giovane Paolo Berluti è l'astro nascente del Conero. Il Folle '07 (3500 bottiglie) è un fantastico Montepulciano, aperto e materico eppur dotato di un carattere austero e articolato. Decisamente buono anche il Terra Calcinara '08, segnato da un frutto maturo e scuro che svolge in una bocca ricca, dai tannini irsuti ma sinceri.

- Conero Folle Ris. '07 — 5
- Rosso Conero Terra Calcinara '08 — 5

La Montata
LOC. MONTATA
61048 SANT'ANGELO IN VADO [PU]
TEL. 0722818434
www.vinilamontata.it

Pur presentando altri vini La Montata ha catturato la nostra attenzione unicamente per due vini dolci. Straordinario quanto eccentrico l'Angelicus '09, ottenuto da uve trebbiano affumicate: la nota fumé è percettibile ma perfettamente integrata in un bouquet dotato di un timbro ossidativo di grande finezza.

- Angelicus '09 — 4
- Estasi '09 — 4

La Valle del Sole
VIA SAN LAZZARO, 46
63035 OFFIDA [AP]
TEL. 0736889658
valledelsole@libero.it

Una famiglia divisa tra campagna e agriturismo, con vigne in una delle zone più vocate e vini che si fanno sempre più buoni. Pur tirati in quantità limitata è impossibile tacere del raffinato, soffice e intenso Pecorino '10, del potente e fruttato Rosso Piceno Superiore '09 e del rustico e alcolico ma autentico Offida Rosso '06.

- Offida Pecorino '10 — 4
- Offida Rosso '06 — 4
- Rosso Piceno Sup. '09 — 4

MARCHE
LE ALTRE CANTINE

Leopardi Dittajuti
via Marina II, 24
60026 Numana [AN]
Tel. 0717390116
www.conteleopardi.com

Solo lo scuro e temperamentale Pigmento '08, ancora imbronciato nei tannini ma di sicuro avvenire, porta in alto il valore della gamma dell'azienda di Piervittorio Leopardi Dittajuti. Appena discreti il Casirano '09, fruttato e senza asperità, e il Verdicchio Castelverde '10, morbido e scorrevole. Contiamo in un pronto riscatto.

● Conero Pigmento Ris. '08	🍷 6
● Rosso Conero Casirano '09	🍷 5
○ Verdicchio dei Castelli di Jesi Cl. Castelverde '10	🍷 4

Roberto Lucarelli
loc. Ripalta
via Piana, 20
61030 Cartoceto [PU]
Tel. 0721893019
www.laripe.com

Il Rocho '10 continua a esser uno dei nostri Bianchello preferiti: ottenuto con la tecnica dell'iperriduzione, ha brillanti profumi di pompelmo ed erbe fini; in bocca un corpo adeguato permette di percepire sapidità e compostezza. Più semplice ma di grande beva La Ripe '10. Fragrante e nervoso il Sangiovese La Ripe '10.

○ Bianchello del Metauro La Ripe '10	🍷🍷 3*
○ Bianchello del Metauro Rocho '10	🍷🍷 4*
● Colli Pesaresi Sangiovese La Ripe '10	🍷 3

Benito Mancini
fraz. Moie
via Santa Lucia, 7
60030 Maiolati Spontini [AN]
Tel. 0731702975
www.manciniwines.it

Una vigna di quarant'anni fornisce le uve per il Villa Talliano '10, Verdicchio complesso, articolato, dal naso nitidamente varietale e dalla bocca infiltrante, sostenuta, profonda. Più lineare il Santa Lucia '10, che gioca con toni morbidi bilanciati da un bel ritorno di sapidità nel finale. Rustico ed energico il Panicale '08.

○ Verdicchio Castelli di Jesi Cl. Sup. Villa Talliano '10	🍷🍷 4*
○ Verdicchio Castelli di Jesi Cl. Santa Lucia '10	🍷🍷 3*
● Rosso Piceno Panicale '08	🍷 4

La Marca di San Michele
via Torre, 13
60034 Cupramontana [AN]
Tel. 0731781183
www.lamarcadisanmichele.com

Un po' sotto le aspettative il Capovolto '09, che credevamo pronto a battersi per un posto tra i migliori della tipologia: fini nuance d'anice e mandorla marcano l'olfatto ma la bocca è un po' contratta, asciutta e lascia percepire una lieve diluizione alcolica.

○ Verdicchio dei Castelli di Jesi Cl.Sup. Capovolto '09	🍷🍷 4*

Valter Mattoni
c.da Pescolla
63030 Castorano [AP]
Tel. 073687329

Valter Mattoni, più conosciuto come La Roccia, ha presentato un'altra versione senza compromessi di Arshura, Montepulciano fittissimo nel colore e nei tannini, dotato di sorsi di carnale consistenza. A questo ha affiancato un bianco da uve trebbiano, il Trebbién '10: rustico, archetipico e votato a una beva contagiosa.

● Arshura '09	🍷 5
○ Trebbién '10	🍷 4

Enzo Mecella
via Dante, 112
60044 Fabriano [AN]
Tel. 073221680
www.enzomecella.com

Enzo Mecella ha tante vendemmie alle spalle e conosce a menadito il suo territorio. Tutto ciò si traduce con affidabilità e tradizione. L'esuberanza giovanile dello Spinnaker '10, un Matelica davvero sapido, ci ha convinto. Il Braccano '08 (da ciliegiolo e merlot) è elegantemente evoluto nel tratto aromatico ma ben vivo al palato.

● Braccano '08	🍷 5
○ Verdicchio di Matelica Spinnaker '10	🍷🍷 4
● Rosso Conero Rubelliano Ris. '07	🍷 6

MARCHE
LE ALTRE CANTINE

Claudio Morelli
V.LE ROMAGNA, 47B
61032 FANO [PU]
TEL. 0721823352
www.claudiomorelli.it

Grande specialista del Bianchello Claudio Morelli ha fornito, come da prassi consolidata, tre versioni accomunate da grande freschezza al naso e agilità al palato. La più pregevole è il Borgo Torre '10, capace di unire scorrevolezza e sostanza. I ricordi di buccia di limone del San Cesareo '10 sposano una beva slanciata.

○ Bianchello del Metauro Borgo Torre '10	4*
○ Bianchello del Metauro S. Cesareo '10	3
○ Bianchello del Metauro La Vigna delle Terrazze '10	4

La Muròla
C.DA VILLAMAGNA, 9
62010 URBISAGLIA [MC]
TEL. 0733506843
www.cantinalamurola.it

Vini di facile approccio e tersi sotto il profilo aromatico. Non appena le giovani vigne potranno dar complessità, l'azienda di Jurek Mosiewicz avrà un ruolo più centrale. Per adesso consigliamo l'assaggio del morbido ma ben contrastato Ribona Andrea Baccius '10 e il Teodoro '10, Merlot dal naso di erba falciata, radici e terra umida.

○ Colli Maceratesi Ribona Andrea Baccius '10	4*
● Teodoro '10	5
● Camà '09	5
⊙ Millerose '10	3

Filippo Panichi
VIA SCIROLA, 37
63031 CASTEL DI LAMA [AP]
TEL. 0736815339
www.filippopanichi.it

Filippo Panichi è erede di una famiglia che produce vino da generazioni. Rientrato da Roma per seguire l'impresa da vicino, porta avanti con decisione il programma di rinnovamento. Intanto abbiamo apprezzato l'energia del Rubens '09, da montepulciano, e la facile presa al palato del Pecorino Verdone '10, soffice e agrumato.

○ Offida Pecorino Verdone '10	4*
● Rubens '09	5
● Rosso Piceno Sup. Castello della Lama '09	3
● Rosso Piceno Sup. Il Moro '09	4

Poggio Montali
VIA FONTE ESTATE, 6
60030 MONTE ROBERTO [AN]
TEL. 0731702825
www.poggiomontali.it

Toscana d'origine, Carla Panicucci si è innamorata nel 1988 di una delle zone più integre del Verdicchio. Nelle annate giuste i suoi bianchi hanno poco da invidiare ai migliori e il 2010 è tale: buonissimo il Classico Superiore, affilato d'agrumi e sale, ha ritmo vibrante al palato. Un po' rustico ma efficace anche il Rosso Conero '09.

○ Verdicchio dei Castelli di Jesi Cl. Sup. Poggio Montali '10	4*
● Rosso Conero '09	4
○ Verdicchio dei Castelli di Jesi Cl. '10	3

Rio Maggio
C.DA VALLONE, 41
63014 MONTEGRANARO [FM]
TEL. 0734889587
www.riomaggio.it

La gamma di Simone Santucci è ampia e non tutto gira con le potenzialità mostrate in passato. In attesa di risultati più omogenei abbiamo apprezzato due tra i migliori Falerio: fruttato ed espansivo il Telusiano '10, fragrante e diretto il Monte del Grano '10. Un po' evoluto, speziato e dolce nel frutto il Granarijs '07.

○ Falerio dei Colli Ascolani Monte del Grano '10	2*
○ Falerio dei Colli Ascolani Telusiano '10	4*
● Rosso Piceno Granarijs '07	5
○ Colle Monteverde Pecorino '10	4

Sabbionare
VIA SABBIONARE, 10
60036 MONTECAROTTO [AN]
TEL. 0731889004
sabbionare@libero.it

Al momento degli assaggi si è fatto trovare aggrovigliato e poco leggibile il Sabbionare '10. Siamo pronti a scommettere che si è trattato solo di uno stato evolutivo ancora troppo acerbo per un vino di grande incisività sapida e che presto dipanerà tutta la sua trabordante energia. Già pronto e godibilissimo I Pratelli '10.

○ Verdicchio dei Castelli di Jesi Cl. I Pratelli '10	2*
○ Verdicchio dei Castelli di Jesi Cl. Sup. Sabbionare '10	4*

MARCHE

LE ALTRE CANTINE

San Francesco
VIA SAN FRANCESCO, 4
63030 ACQUAVIVA PICENA [AP]
TEL. 0735764416
www.vinicherri.it

Impegnata nelle denominazioni locali, la famiglia Cherri cerca complessità e pulizia stilistica senza tradire la tradizione. I vini più riusciti sono stati il Rosso Piceno Superiore '09, un vino base morbido e polposo, e il Tumbulus '06, note di fieno, ciliegie e peperone in una bocca articolata, contratta dai tannini nel finale.

● Offida Tumbulus '06	▼▼ 5
● Rosso Piceno Sup. '09	▼▼ 4*
○ Offida Pecorino Altissimo '10	▼ 4

Fattoria Serra San Martino
VIA SAN MARTINO, 1
60030 SERRA DE' CONTI [AN]
TEL. 0731878025
www.serrasanmartino.com

L'incantevole azienda dei coniugi Thomas e Kirsten Weydemann punta tutto su rossi di notevole estrazione e struttura. Quest'anno abbiamo assaggiato un pregevole Costa dei Zoppi '08, Merlot di grande intensità, mentre il Roccuccio '08 ha un timbro netto, fruttato e sostenuto. Tutte le etichette hanno tiratura confidenziale.

● Costa dei Zoppi '08	▼▼ 5
● Roccuccio '08	▼▼ 5
● Il Paonazzo '08	▼ 6
● Lysipp '07	▼ 6

Sparapani - Frati Bianchi
VIA BARCHIO, 12
60034 CUPRAMONTANA [AN]
TEL. 0731781216
www.fratibianchi.it

La famiglia Sparapani è impegnata in un bel progetto di ampliamento della cantina e della gamma dei vini proposti. Per adesso sono due i vini presentati, entrambi approntati senza tradire lo spirito artigianale e appassionato che li anima. Molto buono Il Priore '10, elegante, potente, sapido e succoso. Un bicchiere imperdibile.

○ Verdicchio dei Castelli di Jesi Cl. Sup. Il Priore '10	▼▼ 4
○ Verdicchio dei Castelli di Jesi Cl. Salerna '10	▼ 3

Tenuta dell'Ugolino
LOC. MACINE
VIA COPPARONI, 32
60031 CASTELPLANIO [AN]
TEL. 360487114
www.tenutaugolino.it

I bianchi di Andrea Petrini soffrono un po' di discontinuità. In un piccolo progetto come il suo non è un peccato imperdonabile, però dispiace non riuscire a parlarne sempre: quando sono in forma hanno classe da vendere. Così entrambi i 2010, con una predilezione per l'agrumatissimo e grintoso Vigneto del Balluccio.

○ Verdicchio dei Castelli di Jesi Cl. '10	▼▼ 3*
○ Verdicchio dei Castelli di Jesi Cl. Sup. Vign. del Balluccio '10	▼▼ 4

Vignedileo - Tre Castelli
VIA SAN FRANCESCO, 2A
60039 STAFFOLO [AN]
TEL. 0731779283
www.vignedileo.it

Staffolo è terra dove tradizionalmente i rossi hanno la stessa dignità del Verdicchio. Non stupisca la prova del Lalocco '07, Montepulciano compatto e solido, dai tratti fruttati che lasciano presagire un'interessante evoluzione. Il miglior vino è però il Frocco '10, Verdicchio energico, di perfetta tipicità ammandorlata.

● Lalocco '07	▼ 5
○ Verdicchio di Castelli di Jesi Cl. Sup. Frocco '10	▼▼ 4
● Esino Rosso '08	▼ 5
● Sangiovese '09	▼ 4

Zaccagnini
SALMAGINA, 9/10
60039 STAFFOLO [AN]
TEL. 0731779892
www.zaccagnini.it

Vocatissimi vigneti e una lunga storia fanno di Zaccagnini una griffe conosciuta del Verdicchio. Il Pier delle Vigne è elegante, ricchissimo, e ha tratti di complessità; peccato solo pecchi un po' di eccessiva morbidezza. Il Salmàgina '10 ha fini richiami di anice e una bocca suadente, dalla lunga tenuta aromatica.

○ Verdicchio dei Castelli di Jesi Cl. Sup. Pier delle Vigne Ris. '07	▼▼ 5
○ Verdicchio dei Castelli di Jesi Cl. Sup. Salmàgina '10	▼▼ 5

UMBRIA

I lusinghieri risultati che arrivano dalle degustazioni di quest'anno confermano che l'Umbria è una delle regioni vinicole più convincenti per la proposta qualitativa che ogni vendemmia i produttori offrono con le proprie bottiglie. I simboli dell'eccellenza sono 9, come l'anno scorso, ed è un numero importante per una regione piccola in termini di estensione, la cui viticoltura di qualità è da ascrivere ad appena qualche decennio fa. Con una rapida analisi dei singoli territori ci accorgiamo di come il Montefalco Sagrantino, rosso simbolo dell'Umbria, mostri in maniera più precisa i passi da gigante che alcune aziende stanno compiendo per arrivare al massimo traguardo qualitativo: assaggiamo sempre più vini che non temono le criticità in termini di potenza ed estrazione tannica che il vitigno - specie da giovane - dà, e riescono a offrire delle etichette dalle chiare caratteristiche di eleganza e finezza. Un ottimo esempio ci viene dal Col Cimino '07 di Villa Mongalli, leggiadro e sinuoso, o dal Campo alla Cerqua '07 di Tabarrini, complesso e profondo o dal Sagrantino di Còlpetrone, anch'esso in una versione 2007 di grande tipicità. In più, nonostante mancasse un cavallo di razza come il 25 Anni, il Montefalco Sagrantino Collepiano '08, prodotto dal pioniere della denominazione Marco Caprai, conquista per complessità e avvolgenza gustativa. Arriva in vetta anche il Montefalco Rosso Riserva '08 di Colle Allodole, azienda molto legata a un'idea di vino tradizionale e autentica. Poco più a Nord eccoci di fronte all'altra importante Doc Umbra, Torgiano, ed eccoci di nuovo alle prese con uno dei vini più affascinanti d'Italia: il Riserva Vigna Monticchio di Lungarotti in una favolosa versione targata 2006. Sul fronte bianchista conferme ci arrivano da una zona da sempre particolarmente vocata per i vitigni a bacca bianca, ma che solo in questi ultimi anni è riuscita a eccellere: parliamo di Orvieto, un territorio capace di offrire non solo vini freschi e profumati, ma anche dalle sensazioni complesse e articolate da poter competere con i grandi bianchi italiani. Anche quest'anno gli esempi migliori li abbiamo dall'Orvieto Classico Campo del Guardiano '09 di Palazzone e da Il Bianco '10 di Decugnano dei Barbi. Concludiamo con una grande conferma che anno dopo anno riceviamo dal Cervaro di Castello della Sala: il millesimo 2009 mette tutti d'accordo e, siamo sicuri, dimostrerà di essere un bianco a vita molto lunga.

UMBRIA

Adanti

loc. Arquata
via Belvedere, 2
06031 Bevagna [PG]
Tel. 0742360295
www.cantineadanti.com

VENDITA DIRETTA
VISITA SU PRENOTAZIONE

PRODUZIONE ANNUA 160.000 bottiglie
ETTARI VITATI 30.00

Ci sono almeno due ottime ragioni per fare visita a Daniela, Donatella e Pietro Adanti. Innanzitutto la loro è una delle aziende storiche del distretto montefalchese, come testimoniano tante bottiglie ultraventennali ancora in perfetta forma. E poi è il luogo perfetto per familiarizzare con una lettura del Sagrantino molto diversa da quelle più in voga: maturazione in tonneau e botti da 30 ettolitri, profilo arioso, senza orpelli dimostrativi. L'Arquata è la versione classica, selezione dei migliori siti di Bevagna, Il Domenico esce un anno dopo e proviene dal cru Colcimino.

È mancato solo un guizzo nel finale a far sì che il Sagrantino di Montefalco Il Domenico '06 arrivasse all'eccellenza. Detto questo stiamo parlando di un vino buonissimo le cui note si snodano tra nuance di tabacco e pepe e di foglie secche e frutto rosso maturo. La bocca mostra un buon impatto iniziale, il tannino è imponente e ben amalgamato e solo nel finale mostra una leggera contrazione. Ottima beva per il Montefalco Bianco Arquata '10, un vino composto da grechetto, chardonnay e trebbiano capace di offrire un naso in cui spiccano i fiori bianchi e le note agrumate e una bocca freschissima, saporita e dal finale lungo e pulito.

● Montefalco Sagrantino Il Domenico '06	7
○ Montefalco Bianco Arquata '10	3*
● Arquata Rosso '06	5
○ Colli Martani Grechetto '10	4
● Montefalco Sagrantino Passito Arquata '08	7
● Montefalco Sagrantino Arquata '06	6
● Montefalco Sagrantino Arquata '05	6
● Montefalco Sagrantino Arquata '04	6
● Montefalco Sagrantino Arquata '02	6
● Montefalco Sagrantino Arquata '01	6
● Montefalco Sagrantino Il Domenico '05	5
● Montefalco Sagrantino Passito Arquata '05	7

Antonelli - San Marco

loc. San Marco, 60
06036 Montefalco [PG]
Tel. 0742379158
www.antonellisanmarco.it

VENDITA DIRETTA
VISITA SU PRENOTAZIONE
OSPITALITÀ

PRODUZIONE ANNUA 300.000 bottiglie
ETTARI VITATI 45.00
VITICOLTURA Naturale

È anche grazie alla famiglia Antonelli se possiamo parlare con cognizione di causa del sagrantino come varietà da invecchiamento. I vecchi millesimi custoditi nella cantina di San Marco sono spesso veri e propri capolavori di grazia e finezza, testimonianza concreta di ciò che il sagrantino può regalare al di fuori degli stereotipi in molti casi cucitigli addosso con troppa fretta e superficialità. Una ragione in più per avere pazienza, specialmente in gioventù, con rossi di lenta evoluzione, cui si aggiungono bianchi da grechetto e trebbiano spoletino di simile matrice stilistica.

L'azienda Antonelli si conferma una delle realtà più convincenti del panorama regionale. Dei tanti vini prodotti sono diverse le etichette che spiccano per qualità, alcune delle quali sono davvero eccellenti. Ottimi i due Sagrantino di Montefalco prodotti. La selezione Chiusa di Pannone '06 ha profumi molto complessi che spaziano dalle note terrose e minerali al cacao e alle foglie di tabacco. In bocca mostra un frutto dolce, ben bilanciato da un tannino imponente, ma dosato. Perde un po' nel finale per una leggera astringenza. Ci sembra più fine ed elegante il base millesimo 2007, dalle note ematiche e di foglie secche e dal palato lungo, complesso e di buona beva.

● Montefalco Sagrantino '07	6
● Montefalco Sagrantino Chiusa di Pannone '06	7
○ Colli Martani Grechetto '10	3*
● Montefalco Rosso '09	4
○ Trebbiano Spoletino '09	4
● Baiocco '09	3
● Contrario '09	5
● Montefalco Sagrantino Chiusa di Pannone '04	7
● Montefalco Rosso Ris. '07	5
● Montefalco Rosso Ris. '05	5
● Montefalco Sagrantino '04	6
● Montefalco Sagrantino Chiusa di Pannone '05	7
● Montefalco Sagrantino Chiusa di Pannone '03	7

UMBRIA

Argillae
voc. Pomarro, 45
05010 Allerona [TR]
Tel. 0763624604
www.argillae.eu

VENDITA DIRETTA
VISITA SU PRENOTAZIONE

PRODUZIONE ANNUA 50.000 bottiglie
ETTARI VITATI 70.00

Voluta e realizzata dalle famiglie Bonollo, Di Cosimo e Ascenzi, l'azienda agricola Argillae si snoda per 258 ettari a nord ovest di Orvieto. Il Rio Torto, affluente del fiume Paglia, attraversa longitudinalmente i suoi terreni argillo sabbiosi, ricchi di fossili. La zona è inoltre caratterizzata dai calanchi, particolari formazioni geologiche che si manifestano con profonde spaccature del terreno, frutto dell'erosione e di particolare valore paesaggistico. I vini seguono i tratti territoriali in maniera stilisticamente puntuale.

L'Orvieto '10 continua a essere garanzia di bontà e piacevolezza. Il nuovo millesimo offre note molto sottili di agrumi, fiori bianchi e nuance di mela verde, mentre il palato è saporito e disteso, fragrante e fresco. Molto buono anche il Panata '10, uno Chardonnay maturato in barrique che riesce a essere corposo e complesso, ma non perde in finezza e eleganza. I profumi sono di frutto a pasta gialla e fiori di campo, tocchi di miele e lavanda. La bocca è avvolgente e dotata di bella acidità che snellisce la beva. Corretti, infine, il Sinuoso '10, da uve cabernet e merlot, e il Vascellarus '07, da uve montepulciano e cabernet sauvignon.

○ Orvieto '10	4*
○ Panata '10	4
● Sinuoso '10	4
● Vascellarus '07	4
○ Grechetto '09	4
○ Orvieto '08	3*
○ Panata '09	4
○ Panata '08	4*

Barberani
loc. Cerreto
05023 Baschi [TR]
Tel. 0763341820
www.barberani.it

VENDITA DIRETTA
VISITA SU PRENOTAZIONE
OSPITALITÀ

PRODUZIONE ANNUA 350.000 bottiglie
ETTARI VITATI 55.00

La famiglia Barberani festeggia quest'anno le 50 vendemmie, un traguardo storico che merita di essere celebrato e che fa entrare di diritto questa cantina nel novero delle realtà tradizionali della regione. Per il resto, oltre a un nuovo vino che fissa la ricorrenza, l'attività procede nel migliore dei modi, anche grazie alla giovanile determinazione dei fratelli Niccolò e Bernardo, sempre più protagonisti della loro impresa. Di cui le vigne, sulle colline che ricamano il lago di Corbara, sono parte essenziale.

È ancora una volta il muffato orvietano a spiccare il volo all'interno della batteria di vini proposta da Barberani. L'Orvieto Classico Calcaia convince anche in versione '08 grazie a profumi puliti e affascinanti che spaziano dal miele d'agrumi, alla cera d'api ai cenni di scorza d'arancio candita e rosa. La bocca è dolce ma mai stucchevole e il finale è ingentilito da una sottile vena acida che accompagna il vino in un finale profondo e saporito. Molto buono anche il Lago di Corbara Rosso Villa Monticelli '07, dalle note balsamiche e mentolate e dal palato pieno, fresco e di ottima beva. Come minimo ben fatti tutti gli altri vini.

○ Orvieto Cl. Sup. Calcaia '08	6
● Lago di Corbara Rosso Villa Monticelli '07	6
○ Moscato '10	4
○ Orvieto Cl. Sup. Luigi e Giovanna '08	7
● Foresco '09	4
○ Grechetto '10	4
○ Orvieto Cl. Castagnolo '10	4
○ Vermentino '10	4
● Lago di Corbara Rosso Villa Monticelli '04	5
● Lago di Corbara Rosso Polvento '06	4
● Lago di Corbara Rosso Villa Monticelli '05	5
○ Orvieto Cl. Sup. Calcaia '07	6
○ Orvieto Cl. Sup. Calcaia '06	6

UMBRIA

Bigi
LOC. PONTE GIULIO
05018 ORVIETO [TR]
TEL. 0763315888
www.cantinebigi.it

VISITA SU PRENOTAZIONE

PRODUZIONE ANNUA 4.100.000 bottiglie
ETTARI VITATI 196.00

Appartenente oggi al Gruppo Italiano Vini, l'azienda fu fondata nel 1880 da Luigi Bigi, di cui porta il nome. Nel corso degli anni in questa realtà sono cambiate molte cose, a cominciare dal parco vigneti fino a cantine e attrezzature tecniche, tanto che oggi è una delle aziende più importanti, per numeri e dimensioni, di Orvieto. Anche la qualità media ha seguito di pari passo questo corso, tanto che la Bigi offre al mercato un considerevole numero di bottiglie su livelli di tutto rispetto.

È un Orvieto Classico il vino che convince di più tra quelli proposti da Bigi. Il Vigneto Torricella '10 dimostra di essere un grande bianco del centro Italia, capace di offrire profumi di fiori bianchi e di agrumi, ma anche nuance più decise come camomilla e erbe mediterranee. La bocca è decisa, ma distesa, fresca e sapida e si spinge in un bel finale ammandorlato. Sempre buono il Sartiano, rosso da uve sangiovese e merlot, che nell'annata '09 offre sentori di pepe nero, ribes e cenni di cacao. Saporito e fragrante lo Strozzavolpe '10, Grechetto in purezza.

○ Orvieto Cl. Vign. Torricella '10	4*
● Sartiano '09	4
○ Strozzavolpe '10	3
○ Orvieto Cl. Secco '09	3
● Sartiano '07	5
○ Strozzavolpe Grechetto '09	3
○ Strozzavolpe Grechetto '08	3*

Blasi Bertanzi
LOC. SAN BENEDETTO
VIA CASE SPARSE, 64
06019 UMBERTIDE [PG]
TEL. 0758697891
www.cantineblasi.it

VENDITA DIRETTA

PRODUZIONE ANNUA 35.000 bottiglie
ETTARI VITATI 16.00

La famiglia Blasi risiede in Altotevere da generazioni e alla fine degli anni Novanta, al fine di valorizzare in chiave agricola il suo territorio, decide di acquistare una parte della dimora dei conti Bertanzi, con tanto di cantina storica risalente al 1742. Di pari passo avvia la ristrutturazione delle vigne esistenti e l'impianto di nuovi filari. I vini realizzati, sia con uve tradizionali del posto che con vitigni internazionali, hanno piglio originale e tratto stilistico convincente, oltre che una certa verve contemporanea.

Dopo la sorpresa positiva dello scorso anno rieccoci davanti a un'ottima gamma di etichette presentate da Blasi Bertanzi capitanate dal Regghia. Il rosso frutto del millesimo 2009 è un assemblaggio di sangiovese, syrah e alicante maturato in botte grande che offre sentori nitidi di frutto rosso, spezie e grafite, mentre al palato è scorrevole, dalla trama tannica avvolgente e dal finale saporito e leggiadro. Più semplici, ma comunque ben fatti, il Rogaie '09, bianco da chardonnay, riesling e trebbiano, che soffre un po' la contrazione finale, e l'Impronta '08, un rosso da sangiovese, merlot e sagrantino dai toni di prugna e ribes nero.

● Regghia '09	5
● Impronta '08	5
○ Rogaie '09	5
● Impronta '07	5
● Regghia '08	5
○ Rogaie '07	5

Bocale

LOC. MADONNA DELLA STELLA
VIA FRATTA ALZATURA
06036 MONTEFALCO [PG]
TEL. 0742399233
www.bocale.it

VENDITA DIRETTA
VISITA SU PRENOTAZIONE

PRODUZIONE ANNUA 15.000 bottiglie
ETTARI VITATI 4.20
VITICOLTURA Naturale

La famiglia Valentini, proprietaria di questa azienda ben curata, è una delle realtà storiche di Montefalco. Il termine Bocale è il soprannome che si porta dietro da generazioni e che ne indica il trascorso agricolo, legato al vino e all'olio d'oliva, visto che sta a rappresentare una sorta di unità di misura di queste eccellenze della zona. Poco più di 4 ettari di vigna, una piccola cantina e vini artigianali nella misura più convincente del termine: ecco i tratti salienti di questa nuova realtà dalle radici antiche.

Quest'anno non ritroviamo completamente espresso l'enorme potenziale dell'azienda di Valentino Valentini, ma non possiamo certo definire deludenti i due assaggi che ci sono toccati. Optiamo per una valutazione attendista sul Sagrantino di Montefalco '08, testato in una fase di difficile lettura con il suo naso cupo, ricco di sensazioni ematiche senz'altro originali e affascinanti ma forse un po' troppo statiche. Decisamente indietro anche la bocca, dove prevalgono al momento le impressioni dure e astringenti. Più disteso e composto il Rosso di Montefalco '09: c'è un tocco delicatamente etereo e vegetale, ma anche tanto frutto succoso e slanciato.

● Montefalco Rosso '09	5
● Montefalco Sagrantino '08	6
● Montefalco Rosso '08	5
● Montefalco Sagrantino '07	6
● Montefalco Sagrantino '06	6

★Arnaldo Caprai

LOC. TORRE
06036 MONTEFALCO [PG]
TEL. 0742378802
www.arnaldocaprai.it

VENDITA DIRETTA
VISITA SU PRENOTAZIONE

PRODUZIONE ANNUA 750.000 bottiglie
ETTARI VITATI 136.00

Nel ricordare puntualmente l'indiscutibile ruolo di trascinatore per il territorio di Montefalco e per la sua varietà regina, si rischia a volte di dimenticare quanto sia contemporaneo il progetto della famiglia Caprai. Un parco vigne da oltre 130 ettari, una cantina tra le più attrezzate della regione, un'attenzione continua alla ricerca: per Marco Caprai c'è sempre un traguardo nuovo da raggiungere. A partire da una gamma ampia e coerente, che sui rossi più importanti conferma quello stile sostanzioso ma in continuo divenire, che li rivela nel tempo come veri e propri classici.

L'assaggio della nuova annata del 25 Anni è rimandata al prossimo anno ed allora eccoci di fronte un'ottima versione del fratello più piccolo, il Collepiano, che conquista i Tre Bicchieri. I tratti più affascinanti sono quelli balsamici, di erbe alpine e di frutto rosso scuro che si percepiscono al naso. La bocca è snella nonostante la trama tannica importante e una materia che riempie e avvolge la bocca. Molto buono anche il Montefalco Rosso Vigna Flaminia Maremmana, dai complessi sentori di frutto rosso e dal palato lungo anche se un po' asciugato nella parte finale. Convincenti anche gli altri vini tra cui segnaliamo un ottimo Sagrantino Passito '08 e l'Anima Umbra '10, un Grechetto fresco e sapido.

● Montefalco Sagrantino Collepiano '08	7
● Anima Umbra Grechetto '10	4
● Montefalco Sagrantino Passito '08	8
● Montefalco V. Flaminia Maremmana '09	4
● Anima Umbra Rosso '09	4
○ Colli Martani Grechetto Grecante '10	4
● Montefalco Rosso '09	5
● Montefalco Sagrantino 25 Anni '07	8
● Montefalco Sagrantino 25 Anni '06	8
● Montefalco Sagrantino 25 Anni '05	8
● Montefalco Sagrantino 25 Anni '04	8
● Montefalco Sagrantino 25 Anni '01	8
● Montefalco Sagrantino 25 Anni '00	8
● Montefalco Sagrantino Collepiano '03	7
● Montefalco Sagrantino Collepiano '02	7
● Rosso Outsider '03	8

UMBRIA

Cardeto

Fraz. Sferracavallo
Loc. Cardeto
05018 Orvieto [TR]
Tel. 0763341286
www.cardeto.com

VENDITA DIRETTA
VISITA SU PRENOTAZIONE

PRODUZIONE ANNUA 3.000.000 bottiglie
ETTARI VITATI 800.00

È in atto una vera e propria rivoluzione a Cardeto, una delle più importanti cooperative dell'Italia centrale con i suoi circa 800 ettari distribuiti tra 350 soci, alla base di circa tre milioni di bottiglie annue. Le incertezze sul futuro dell'azienda, sempre presieduta da Andrea Muzi, sembrano dipanarsi in un ambizioso piano di rilancio che vede tra i protagonisti l'imprenditore Stefano Moccagatta, artefice del gioiello Villa Sparina a Gavi, affiancato da Giuseppe Caviola e Eugenio Ranchino. Si riparte da una gamma da sempre attenta ai prezzi, incentrata sulle varietà tipiche dell'Orvietano.

In attesa di verificare gli esiti del lavoro affidato al nuovo gruppo, ci misuriamo con una batteria che sembra riflettere l'attuale fase interlocutoria. Mancano soprattutto le punte capaci di elevarsi al di sopra di una corretta esecuzione e di approfondire i tratti territoriali. Le migliori indicazioni arrivano dall'Orvieto Classico Rupestro '10: estremamente floreale, tra mimosa e margherite, sottolinea fresche sensazioni di pompelmo e frutta bianca, trovando corrispondenza in un sorso sottile e delicato, un po' troppo semplice in chiusura. Si difendono il Cardeto Bianco '08, nonostante l'attacco decisamente abboccato e qualche tratto aromatico evoluto, e il Sangiovese Rupestro '10.

○ Orvieto Cl. Rupestro '10	🍷 2
○ Cardeto Bianco '08	🍷 5
● Rupestro Sangiovese '10	🍷 3
○ Orvieto Cl. Pierleone '09	🍷🍷 3
○ Orvieto Cl. Pierleone '08	🍷🍷 3*
● Rupestro '07	🍷🍷 3*
● Rupestro '06	🍷🍷 2*
● Rupestro '05	🍷🍷 2*
● Rupestro '04	🍷🍷 3*

Carini

Loc. Canneto
Fraz. Colle Umberto
S.da del Tegolaro
06133 Perugia
Tel. 0755829102
www.agrariacarini.it

VENDITA DIRETTA
VISITA SU PRENOTAZIONE

PRODUZIONE ANNUA 40.000 bottiglie
ETTARI VITATI 10.00

L'avventura aziendale è cominciata da oltre dieci anni, da quando cioè i fratelli Carini decisero di valorizzare la tenuta di famiglia, situata in un contesto paesaggistico davvero affascinante, tra il lago Trasimeno e il monte Tezio. Qui si è provveduto alla ristrutturazione dei casali, all'impianto di nuovi vigneti (a partire da varietà internazionali), alla costruzione della cantina e della barricaia. Opere che hanno contribuito alla nascita di una delle realtà recenti più interessanti della regione, capace di vini di qualità dal taglio moderno.

È una performance solo normale per i vini di Carini. Apre le danze un Poggio Canneto '10 (70% chardonnay, 30% pinot bianco) condizionato da tratti dolci e lievitosi, mancante per ora di tensione e sapore. Gli fa eco il Colli del Trasimeno Rosso Òscano '10 (gamay perugino con saldo di sangiovese) col suo profilo decisamente riduttivo, risolto solo in parte da una bocca piuttosto asciutta e saltellante. Spunta una valutazione più alta, ma era lecito attendersi maggiore armonia e carattere, il Tegolaro Selezione Armando '08, due terzi di merlot e residuo di cabernet: frutto nero e oliva, timbri affumicati, finale a nostro avviso un po' sovraestratto.

● Tegolaro Selezione Armando '08	🍷 6
● C. del Trasimeno Òscano '10	🍷 4
○ Poggio Canneto '10	🍷 4
○ Poggio Canneto '09	🍷🍷 4
○ Poggio Canneto '08	🍷🍷 4*
○ Poggio Canneto '07	🍷🍷 4*
○ Poggio Canneto '06	🍷🍷 4
● Tegolaro '08	🍷🍷 6
● Tegolaro '07	🍷🍷 6
● Tegolaro '06	🍷🍷 6
● Tegolaro '05	🍷🍷 6
● Tegolaro '04	🍷🍷 6

La Carraia

Loc. Tordimonte, 56
05018 Orvieto [TR]
Tel. 0763304013
www.lacarraia.it

VENDITA DIRETTA
VISITA SU PRENOTAZIONE

PRODUZIONE ANNUA 550.000 bottiglie
ETTARI VITATI 120.00

Interprete moderna del terroir orvietano, La Carraia nasce alla fine degli anni '80 come joint venture fra le famiglie Gialletti e Cotarella. Nei circa 120 ettari aziendali troviamo un variegato campionario di vitigni autoctoni e internazionali, dal grechetto al viognier, dal sangiovese al merlot, dal montepulciano al cabernet sauvignon, passando per chardonnay, procanico e malvasia. Espressività fruttata e piacevolezza sono il tratto comune di una gamma compatta, dove non appare così ampia la forbice tra etichette d'entrata e bottiglie di punta.

Ancora una volta il Poggio Calvelli si rivela il vino più convincente della folta batteria di etichette proposte dall'azienda orvietana. L'Orvieto Classico Superiore '10 è un bianco dai complessi sentori di fiori di campo, camomila e agrumi tutti ben amalgamati tra loro a formare un bouquet pulito e persistente. Il palato è di grande bevibilità, complice una freschezza magistrale e una progressione che spinge il vino in un finale saporito e profondo. Più semplice, ma dalla sapidità esemplare, l'Orvieto Classico '10, mentre tra i rossi segnaliamo il Giro di Vite e il Tizzonero entrambi frutto del millesimo 2009. Il primo è un Montepulciano dal frutto scuro e maturo, il secondo è un assemblaggio tra sangiovese e montepulciano dalla beva succosa e fragrante.

○ Orvieto Cl. Poggio Calvelli '10	▼▼	4*
● Giro di Vite '09	▼▼	5
○ Orvieto Cl. '10	▼▼	2*
● Tizzonero '09	▼▼	4
○ Chardonnay Umbria '10	▼	3
● Fobiano '09	▼	5
○ Le Basque '10	▼	4
● Sangiovese '10	▼	3
● Fobiano '03	▼▼▼	5
● Fobiano '99	▼▼▼	6
● Fobiano '98	▼▼▼	5
● Fobiano '07	▼▼	5
○ Orvieto Cl. Poggio Calvelli '09	▼▼	3*

Tenuta Castelbuono

Loc. Bevagna
Voc. Fossato, 20
06031 Perugia
Tel. 0742361670
www.cantineferrari.it

PRODUZIONE ANNUA 22.000 bottiglie
ETTARI VITATI 32.00

Il nome della tenuta, frutto dell'investimento della famiglia Lunelli, proprietaria del celebre marchio Ferrari di Trento, si deve al toponimo della zona, a due passi dalla città di Bevagna. Al centro la nuova cantina firmata Arnaldo Pomodoro, una scultura trasformata in opera architettonica, un'idea, una suggestione che si inserisce nel contesto e rappresenta il cuore del progetto. Le vigne si trovano tutte intorno, per una parte, e nel comune di Montefalco, per l'altra. I vini maturano in tonneau e in botte grande.

Siamo molto vicini alle sensazioni maturate nella scorsa edizione sui due vini presentati da Tenuta Castelbuono. Il Montefalco Rosso Riserva '08 evidenzia la polpa e il peso che ci attendiamo da un Sangiovese - in maggioranza - di medio invecchiamento, ma non nascondiamo qualche perplessità su un profilo per noi un po' stanco e surmaturo, confermato dalla chiusura amarognola. Svela subito un altro passo il Sagrantino di Montefalco '07: una raffinata speziatura accompagna le sfumature di tabacco, oliva nera, essenze silvestri, cedendo solo in un finale leggermente asciugato, non pienamente supportato dal frutto.

● Montefalco Sagrantino '07	▼▼	6
● Montefalco Rosso Ris. '08	▼	6
● Montefalco Rosso '07	▼▼	4*
● Montefalco Sagrantino '06	▼▼	6
● Montefalco Sagrantino '05	▼▼	6
● Montefalco Sagrantino '04	▼▼	6

UMBRIA

★★Castello della Sala

LOC. SALA
05016 FICULLE [TR]
TEL. 076386051
www.antinori.it

VISITA SU PRENOTAZIONE

PRODUZIONE ANNUA 660.000 bottiglie
ETTARI VITATI 160.00

Non è per caso che il Castello della Sala sia diventato uno dei simboli della produzione bianchista in Italia. Fin dagli anni '40, infatti, i Marchesi Antinori decisero di puntare sull'Orvietano, individuando nel promontorio tufaceo di Ficulle, a 500 metri di altitudine, il terroir nobile che cercavano per un grande Chardonnay (con saldo di Grechetto) di ispirazione borgognona. Il primo Cervaro della Sala arrivò diversi anni più tardi e da allora è l'indiscussa punta di diamante di una solida gamma, nella quale il Pinot Nero della Sala è l'unica divagazione in rosso.

Senza nulla togliere alle tante buone e ottime etichette del Castello della Sala, quest'anno merita più che mai tutto il palcoscenico il campione di casa, quel Cervaro della Sala che conquista l'ennesimo Tre Bicchieri con una versione a nostro avviso destinata a lasciare il segno a lungo. Il 2009 è uno Chardonnay all'85% con saldo di Grechetto, maturato in barrique per sei mesi, che chiarisce immediatamente il tratto polposo ma raffinato dell'annata, con la susina e i fiori d'acacia mai sopraffatti dai ricordi di malto, pepe bianco, eucalipto. Il rovere è una presenza discreta anche al palato, sempre in spinta e ben fuso nella componente alcolica, senza derive vanigliate o ammandorlate.

○ Cervaro della Sala '09	▼▼▼	7
○ Orvieto Cl. Sup. San Giovanni della Sala '10	▼▼	4
○ Bramito del Cervo '10	▼	5
○ Muffato della Sala '08	▼	7
● Pinot Nero della Sala '08	▼	6
○ Cervaro della Sala '07	▼▼▼	7
○ Cervaro della Sala '06	▼▼▼	7
○ Cervaro della Sala '05	▼▼▼	7
○ Cervaro della Sala '04	▼▼▼	7
○ Cervaro della Sala '03	▼▼▼	6
○ Cervaro della Sala '02	▼▼▼	6
○ Cervaro della Sala '01	▼▼▼	6
○ Cervaro della Sala '00	▼▼▼	6
○ Cervaro della Sala '99	▼▼▼	6
○ Cervaro della Sala '98	▼▼▼	6
○ Cervaro della Sala '96	▼▼▼	6
○ Cervaro della Sala '95	▼▼▼	6
○ Cervaro della Sala '88	▼▼▼	5

Castello di Magione

VIA DEI CAVALIERI DI MALTA, 31
06063 MAGIONE [PG]
TEL. 075843542
www.castellodimagione.it

VENDITA DIRETTA
VISITA SU PRENOTAZIONE

PRODUZIONE ANNUA 120.000 bottiglie
ETTARI VITATI 44.00

C'è anche il Castello di Magione tra le proprietà del Sovrano Ordine di Malta: una tenuta da oltre quaranta ettari affacciata sulle colline del Trasimeno, dedicata a grechetto, pinot nero, merlot, cabernet sauvignon e sangiovese. La cantina è stata recentemente trasferita a valle, compensando con la maggiore praticità ed efficacia delle condizioni produttive quel che si è perso in termini di fascino e colpo d'occhio. Guidata da Fabrizio Leoni con la collaborazione tecnica di Maurilio Chioccia, si sviluppa su una gamma compatta e riconoscibile, senza punti di debolezza.

Non è per molti versi la prestazione cui eravamo abituati nelle ultime stagioni, ma la batteria del Castello di Magione tiene decisamente botta grazie a una serie di vini placidi e croccanti, tutti da godere. Il Nero dei Cavalieri '08, per cominciare, sconta la decisa chiusura aromatica e il tannino un po' troppo asciutto, ma ha senza dubbio carattere. Davvero bello il naso del Sangiovese '10, tra fiori freschi, fragola e mirto, appena crudo e raspante in finale nonostante il sorso vivace e saporito. Qualche ridondanza legnosa nel Morcinaia '07, blend di merlot, cabernet e sangiovese, scuro e concentrato; meno intenso ma dinamico e puntuale il Grechetto Monterone '10.

○ C. del Trasimeno Grechetto Monterone '10	▼▼	4
● C. del Trasimeno Rosso Morcinaia '07	▼	5
○ Grechetto dell'Umbria '10	▼	3
● Nero dei Cavalieri '08	▼	5
● Sangiovese '10	▼	4
○ C. del Trasimeno Grechetto Monterone '09	▼▼	4
○ C. del Trasimeno Grechetto Monterone '08	▼▼	4*
● Carpaneto '08	▼▼	4
● Nero dei Cavalieri '07	▼▼	5

UMBRIA

Fattoria Colle Allodole
LOC. COLLE ALLODOLE
06031 BEVAGNA [PG]
TEL. 0742361897
www.fattoriacolleallodole.it

VENDITA DIRETTA

PRODUZIONE ANNUA 70.000 bottiglie
ETTARI VITATI 12.00

Il variegato panorama stilistico e territoriale del Sagrantino sarebbe sicuramente incompleto senza la famiglia Antano, protagonista fin dal 1967 con la fattoria Colle Allodole, omonimo cru di Bevagna. Al timone c'è oggi Francesco, il cui lavoro non ha intaccato di una virgola la filosofia di sempre: qui sono i vini, maturati in botte grande, a dettare i ritmi degli imbottigliamenti e dell'uscita sul mercato, e non viceversa. Un motivo in più per perdonare, si fa per dire, qualche difficoltà iniziale di lettura e regalarsi nel tempo vere emozioni.

A prescindere dalla loro bontà, quelli di Francesco Antano sono vini di grande fascino, capaci di conquistare anche i palati più scettici. Quest'anno, nonostante l'ottima prova dei due Sagrantino, siamo rimasti piacevolmente colpiti per il Montefalco Rosso Riserva '08: i profumi sono complessi e profondi e si snodano tra note di piccoli frutti, tocchi balsamici e grafite, mentre il palato è strutturato e avvolgente, ma grazie ad un'ottima acidità riesce ad essere anche elegante e di ottima beva. Tre Bicchieri. Tornando ai Sagrantino di Montefalco è la versione base l'08 la più convincente: cenni di agrume scuro e goudron e una bocca sapida e fresca.

● Montefalco Rosso Ris. '08	6
● Montefalco Sagrantino '08	8
● Montefalco Sagrantino Colleallodole '08	8
● Montefalco Sagrantino Passito '08	8
○ Grechetto dei Colli Martani '10	5
● Montefalco Rosso '09	6
● Montefalco Sagrantino Colleallodole '06	7
● Montefalco Sagrantino Colleallodole '05	7
● Montefalco Rosso Ris. '05	6
● Montefalco Sagrantino '04	6
● Montefalco Sagrantino Colle delle Allodole '04	7
● Montefalco Sagrantino Passito '07	8
● Montefalco Sagrantino Passito '04	5

★Còlpetrone
LOC. MARCELLANO
VIA PONTE LA MANDRIA, 8/1
06035 GUALDO CATTANEO [PG]
TEL. 074299827
www.colpetrone.it

VENDITA DIRETTA
VISITA SU PRENOTAZIONE

PRODUZIONE ANNUA 250.000 bottiglie
ETTARI VITATI 63.00

È un management completamente rinnovato quello che incontriamo oggi al timone di Còlpetrone, appendice montefalchese del gruppo Saiagricola. Il nuovo direttore è Domenico Terzano, affiancato da Riccardo Cotarella per la parte enologica e da Giuseppina Viglierchio per la divisione commerciale. A loro il compito di ripartire da oltre 60 ettari di vigne, perlopiù nel comprensorio di Gualdo Cattaneo con siti limoso argillosi esposti a sud est, e da una batteria di rossi a base sagrantino di stampo giudiziosamente moderno.

Può suonare quanto meno strana la parola sorpresa per un vino da tempo ai piani alti della denominazione. Il fatto è che un Sagrantino di Montefalco base come il '07 prodotto da Còlpetrone facciamo fatica a recuperarlo nei nostri ricordi: mora di rovo, incenso, pepe nero e tracce ematiche, difficile immaginare un naso più didattico, cui fa da contrappeso una tessitura gustativa spessa e dolce. Resta un po' più a metà strada il Sagrantino Gold '06: meno chiaroscuri nella sequenza di humus, cortecce, sottobosco, sviluppo più massivo nell'apporto tannico e meno innervato di sapore ma di indiscutibile sostegno materico.

● Montefalco Sagrantino '07	6
● Montefalco Sagrantino Gold '06	8
● Montefalco Rosso '09	4
● Montefalco Sagrantino Passito '08	6
● Montefalco Sagrantino '04	6
● Montefalco Sagrantino '03	6
● Montefalco Sagrantino '02	6
● Montefalco Sagrantino '01	6
● Montefalco Sagrantino '00	6
● Montefalco Sagrantino '99	6
● Montefalco Sagrantino '98	5
● Montefalco Sagrantino '97	5
● Montefalco Sagrantino '96	4
● Montefalco Sagrantino Gold '05	8
● Montefalco Sagrantino Gold '04	8

UMBRIA

Fattoria Colsanto
LOC. MONTARONE
06031 BEVAGNA [PG]
TEL. 0742360412
www.livon.it

VENDITA DIRETTA
OSPITALITÀ

PRODUZIONE ANNUA 30.000 bottiglie
ETTARI VITATI 20.00

Si colloca a Bevagna l'appendice umbra dell'azienda friulana Livon: una proprietà di circa venti ettari vitati e un casale del '700 in posizione incantevole, con vista su Assisi e Spello. Il fulcro del lavoro ruota attorno al Sagrantino, interpretato fin dalle prime prove con grazia e armonia: una scelta stilistica ben precisa ma anche una risposta fedele alle caratteristiche del cru Montarone e delle sue giaciture argillo limose. Sulla stessa direttrice si muovono un Montefalco Rosso da sangiovese e sagrantino e il Ruris, che vede il contributo anche di merlot e montepulciano.

Partiamo dall'epilogo, precisamente da quel lungo finale quasi privo di scalini che ci fa sorgere qualche dubbio sui margini di tenuta e di carattere e ferma a un passo dal podio il Sagrantino di Montefalco '07 di Colsanto. Unico appunto, si fa per dire, a quello che per il resto è un vino magnifico, irresistibile nei ricordi di bacche selvatiche e arancia rossa, fieno e grafite, che per una volta non rendono ridondante il termine borgognone. Con un sorso che trabocca sapidità e leggerezza espressiva, perfettamente addomesticato nella componente alcolica. Un'interpretazione che per molti versi mancava nel già ampio campionario stilistico del territorio montefalchese.

● Montefalco Sagrantino '07	6
● Montefalco Rosso '08	4

Custodi
LOC. CANALE
V.LE VENERE
05018 ORVIETO [TR]
TEL. 076329053
www.cantinacustodi.com

VENDITA DIRETTA
VISITA SU PRENOTAZIONE

PRODUZIONE ANNUA 55.000 bottiglie
ETTARI VITATI 37.00

Gian Franco Custodi, che con le figlie gestisce la cantina e settanta ettari di proprietà in località Canale, di cui circa la metà dedicati alla vigna (in buona parte iscritte alla denominazione di riferimento della zona), è un artigiano attento e premuroso, e fa parte del ristretto lotto dei vignaioli più autentici di Orvieto. Il suo progetto è di stampo classico ma ha subito un deciso impulso di recente, anche grazie alla nuova cantina che ha visto la luce nel 2003.

Non sempre c'è bisogno della superetichetta ambiziosa per cogliere a pieno il potenziale di un'autentica azienda a carattere artigiano come quella di Gian Franco Custodi. Basta ampiamente un vino come l'Orvieto Classico Belloro '10, tipico uvaggio a maggioranza procanico e grechetto, con saldo di drupeggio, verdello e chardonnay: preciso, croccante, delicatamente aromatico senza alcuna ampollosità fermentativa, ma soprattutto leggero e tonico al palato, con chiusura appena terpenica non enorme per lunghezza ma di grande pulizia. Gli fanno compagnia un solido Orvieto Classico Superiore Vendemmia Tardiva Pertusa '10 e il Merlot Austero '09, maturato in barrique.

○ Orvieto Cl. Belloro '10	2*
● Austero '09	4
○ Orvieto Cl. Sup. Pertusa V. T. '10	5
● Austero '07	4*
○ Orvieto Cl. Belloro '09	2
○ Orvieto Cl. Belloro '08	2*
● Piancoleto '09	3

UMBRIA

Decugnano dei Barbi

LOC. FOSSATELLO, 50
05019 ORVIETO [TR]
TEL. 0763308255
www.decugnano.it

VENDITA DIRETTA
VISITA SU PRENOTAZIONE

PRODUZIONE ANNUA 120.000 bottiglie
ETTARI VITATI 32.00

Azienda di straordinaria bellezza, la Decugnano è il fiore all'occhiello della famiglia bresciana dei Barbi, impegnata ormai da anni nella valorizzazione del territorio orvietano in chiave enologica. Si trova sul dorso di una collina che guarda la rupe, in un contesto votato alla viticoltura da tempo immemore. I terreni di origine marina sono ricchi di fossili di ostriche e conchiglie di epoca pliocenica, ideali per la produzione di grandi vini bianchi. Dopo qualche anno in chiaroscuro, la Decugnano pare tornata al suo solito splendore.

L'Orvieto Classico Superiore Il Bianco '10 si dimostra anche quest'anno un grande vino bianco, capace di offrire delle note olfattive che spaziano dagli agrumi alle erbe aromatiche, dal frutto bianco alle nuance minerali. In bocca è fresco, sapido e non gli mancano lunghezza e bevibilità ed anche per questo che meritatamente conquista i Tre Bicchieri. Molto buono anche Il Rosso '09, blend di sangiovese, montepulciano e syrah, dalle note di piccoli frutti rossi e dal palato succoso e dinamico. Degno di nota, infine, il Metodo Classico AD 1212, un Brut equilibrato e fresco.

○ Orvieto Cl. Sup. Il Bianco '10	🍷🍷🍷 5
● Il Rosso di Decugnano '09	🍷🍷 5
○ Decugnano Brut AD 1212 M. Cl. '05	🍷 5
● "IL" Rosso '98	🍷🍷🍷 5
○ Orvieto Cl. Sup. Il Bianco '09	🍷🍷🍷 5
● "IL" Rosso '99	🍷🍷 6
● Il Rosso di Decugnano '08	🍷🍷 5
● Il Rosso di Decugnano '06	🍷🍷 6
● Lago di Corbara "IL" '02	🍷🍷 6
● Lago di Corbara "IL" '01	🍷🍷 6
○ Maris '09	🍷🍷 4

Italo Di Filippo

VOC. CONVERSINO, 153
06033 CANNARA [PG]
TEL. 0742731242
www.vinidifilippo.com

VENDITA DIRETTA
VISITA SU PRENOTAZIONE

PRODUZIONE ANNUA 200.000 bottiglie
ETTARI VITATI 27.00
VITICOLTURA Biologico Certificato

Misurarsi con la piccola grande produzione di Emma e Roberto Di Filippo è un po' come andare sulle montagne russe. Da oltre venticinque ettari certificati in biologico, i Nostri ricavano 200mila bottiglie circa divise in ben quattordici etichette diverse: il livello medio è in costante crescita ma ancora convivono interpretazioni entusiasmanti con altre meno convincenti. Alti e bassi che non intaccano il nostro apprezzamento per il tocco autenticamente originale, corroborato da una notevole capacità di tenuta a bottiglia aperta.

Una batteria di vini di assoluto livello quella presentata da Di Filippo. Ben due vini raggiungono le degustazioni finali e sono tante le etichette che convincono per pulizia e piacevolezza di beva. Il Sassi d'Arenaria '10 è un Grechetto dei Colli Martani tipico nelle sue note lievemente cerealicole e dai tratti leggermente affumicati molto belli. Escono poi delle nuance di frutto a pasta bianca che precedono un palato fresco, dove si avverte un leggero tannino e una sapidità che rendono il vino profondo e saporito. Intrigante il Sagrantino di Montefalco '07, dai profumi di bacche di caffè e dal palato tannico, ma molto slanciato. Tra gli altri molto buono il Grechetto dei Colli Martani '10.

○ Colli Martani Grechetto Sassi d'Arenaria '10	🍷🍷 3*
● Montefalco Sagrantino '07	🍷🍷 6
○ Colli Martani Grechetto '10	🍷🍷 3*
● Montefalco Rosso '09	🍷🍷 4
● Montefalco Sagrantino Passito '06	🍷🍷 6
● Terre di S. Nicola Rosso '07	🍷🍷 4
○ Villa Conversino Bianco '10	🍷🍷 2*
● Colli Martani Sangiovese '10	🍷 3
● Poggio Madrigale '06	🍷 5
● Villa Conversino Rosso '10	🍷 3
● Montefalco Rosso '07	🍷🍷 4
● Montefalco Rosso Sallustio '07	🍷🍷 4
● Montefalco Rosso Sallustio '06	🍷🍷 4*

UMBRIA

Duca della Corgna
via Roma, 236
06061 Castiglione del Lago [PG]
Tel. 0759652493
www.ducadellacorgna.it

VENDITA DIRETTA
VISITA SU PRENOTAZIONE

PRODUZIONE ANNUA 280.000 bottiglie
ETTARI VITATI 55.00

Con il marchio Duca della Corgna la cantina cooperativa del Trasimeno identifica la sua linea di prodotti più importanti, al centro di un progetto avviato alcuni anni fa con una parte dei soci e improntato alla miglior qualità possibile. Il nome è dedicato a un grande personaggio rinascimentale che fece conoscere il Trasimeno nel mondo, legato all'agricoltura in maniera radicale tanto da passare alla storia per il celebre trattato Divina Villa. Le vigne dei conferitori si trovano sul promontorio di Castiglione del Lago, su terreni di matrice calcarea.

I due Gamay della cantina del Trasimeno si rivelano i migliori vini all'interno di una batteria folta e convincente. Il Divina Villa Riserva '09 è la versione più complessa e di struttura, la maturazione si avvale del legno e il risultato è un naso di enorme complessità tutto giocato su note di frutto rosso maturo, cacao e tabacco. Bocca bella e scorrevole, delineata da un tannino morbido e da un finale pulito e scorrevole. Più semplice aromaticamente, ma molto goduriosi per via di un palato croccante e fragrante, il Colli del Trasimeno Gamay Etichetta Bianca '10: profumi di rosa e frutto di bosco, ma soprattutto freschezza magistrale che accompagna la beva.

Podere Fontesecca
voc. Fontesecca, 30
06062 Città della Pieve [PG]
Tel. 3496180516
www.fontesecca.it

VENDITA DIRETTA
VISITA SU PRENOTAZIONE
OSPITALITÀ

PRODUZIONE ANNUA 8.000 bottiglie
ETTARI VITATI 2.50
VITICOLTURA Biologico Certificato

Dal Veneto all'Umbria, il passo può essere anche breve. Così almeno è stato per Paolo Bolla, arrivato su un territorio di lunga tradizione viticola con il suo bagaglio di esperienze, deciso a rispettarne i tratti e carpirne le potenzialità. I terreni su cui insiste il Podere sono di origine marina, caratterizzati da componenti argillo tufacee dove è facile trovare fossili e conchiglie (che infatti compaiono come testimonianza del terroir in tutte le etichette della casa). La conduzione biologica regala un tratto autentico a tutti i vini prodotti.

Come spesso accade, per godere dell'originalità di Fontesecca è necessario mettere in conto qualche risultato un po' altalenante. A fronte di una serie di vini di difficilissima lettura, soprattutto i bianchi, ecco spuntare dal cilindro un paio di colpi niente male. Il Ciliegiolo '10, ad esempio, è un rosso semplicemente delizioso che trova modo di approfondire al palato l'immediatezza fruttata della pesca e del lampone, rivelandosi dinamico e slanciato. Ancora meglio il Sangiovese Pino '09: perfettamente dosato nel legno, è ricco di sfumature terrose e di sottobosco, con un tocco resinoso a ventilare il sapido finale. Poco espresso in questa fase l'Elso Bianco '10.

● C. del Trasimeno Gamay Divina Villa Et. Bianca '10	🍷🍷 4*
● Trasimeno Gamay Divina Villa Ris. '09	🍷🍷 4
○ C. del Trasimeno Baccio del Bianco '10	🍷 3
● C. del Trasimeno Baccio del Rosso '10	🍷 3
○ C. del Trasimeno Grechetto Nuricante '10	🍷 4
● C. del Trasimeno Rosso Corniolo Ris. '08	🍷 5
⊙ Martavello Rosato '10	🍷 3
○ Ascanio '09	🍷🍷 3
○ Ascanio '08	🍷🍷 3*
● C. del Trasimeno Gamay Divina Villa Et. Bianca '08	🍷🍷 4*
● C. del Trasimeno Gamay Divina Villa Et. Nera '07	🍷🍷 4
● C. del Trasimeno Rosso Corniolo '05	🍷🍷 5
● C. del Trasimeno Rosso Corniolo '03	🍷🍷 4
● C. del Trasimeno Rosso Corniolo Ris. '07	🍷🍷 5

● Pino Sangiovese '09	🍷🍷 4*
● Ciliegiolo '10	🍷🍷 4*
○ Elso '10	🍷 4
○ Bianco Fontesecca '09	🍷🍷 4
● Pino Sangiovese '08	🍷🍷 5

UMBRIA

Goretti
loc. Pila
s.da del Pino, 4
06132 Perugia
Tel. 075607316
www.vinigoretti.com

VISITA SU PRENOTAZIONE

PRODUZIONE ANNUA 400.000 bottiglie
ETTARI VITATI 50.00

Lavorare nel solco della tradizione con uno sguardo continuamente rivolto alle opportunità offerte dalla tecniche più innovative e moderne. Nove volte su dieci è uno slogan banale, con poca sostanza, ma nel caso delle cantine Goretti è davvero la chiave di un percorso avviato negli anni '60 e che oggi vede all'opera la terza e la quarta generazione. Sono due i poli aziendali: a Pila, sui Colli Perugini, c'è la tenuta storica con la sua gamma di ammirevole rapporto qualità prezzo, di più recente acquisizione la fattoria Le Mura Saracene a Montefalco, dedicata al Sagrantino e al Rosso.

Entra di diritto tra i best ever, l'ultimo round di assaggi della solida batteria proposta dai fratelli Goretti. Ci appassiona la sorprendente storia de L'Arringatore, etichetta per molti versi figlia di un'impostazione vitienologica anni '90, che trova il modo di inserirsi tra i migliori rossi della regione grazie a una versione '07 perfettamente integra, mai smaccata nel frutto, avvolgente e speziata fino alla fine. Approda alle finali insieme al Sagrantino di Montefalco Le Mura Saracene '06: si libera a fatica dalla velatura ematica e animale ma innesta la quinta con un sorso deciso, capace di crescere in dolcezza e in sapore nella seconda parte di bocca, forse fin troppo risolta.

- ● Colli Perugini Rosso L'Arringatore '07 🍷 5
- ● Montefalco Sagrantino Le Mure Saracene '06 🍷🍷 6
- ○ Colli Perugini Grechetto '10 🍷 3
- ● Fontanella Rosso '10 🍷 3
- ● Montefalco Rosso Le Mure Saracene '08 🍷 4
- ● Colli Perugini Rosso L'Arringatore '06 🍷🍷 5
- ● Fontanella Rosso '09 🍷🍷 3
- ○ Il Moggio '09 🍷🍷 4
- ○ Il Moggio '08 🍷🍷 4*

Lungarotti
v.le Giorgio Lungarotti, 2
06089 Torgiano [PG]
Tel. 075988661
www.lungarotti.it

VENDITA DIRETTA
VISITA SU PRENOTAZIONE
OSPITALITÀ
RISTORAZIONE

PRODUZIONE ANNUA 2.900.000 bottiglie
ETTARI VITATI 310.00

È intitolato a Giorgio Lungarotti il viale dove sorge quella che è a tutti gli effetti una delle cantine simbolo dell'Umbria e del Bel Paese. Omaggio doveroso a un uomo che per Torgiano non è stato solo un eccellente produttore ma anche e soprattutto un grande uomo di pensiero, un vero precursore. La sua eredità rivive in una gamma capace come poche di coniugare numeri e punte emozionali, ma anche nei tanti progetti che fanno capo alla famiglia Lungarotti, dal Museo del Vino alla Fondazione culturale che porta il suo nome.

Torna tra i nostri assaggi e conquista per l'ennesima volta i Tre Bicchieri l'etichetta più prestigiosa di casa Lungarotti. Il Torgiano Rosso Vigna Monticchio Riserva '06 dimostra di essere vino elegante e fine in virtù di un naso dall'incredibile fascino giocato su note di foglie secche, sottobosco, piccoli frutti rossi e nuance di agrume scuro. Buonissima la bocca per profondità e piacevolezza di beva: sapido, dal tannino morbido e avvolgente e dotato di una freschissima vena acida che attraversa la bocca e spinge il vino molto in fondo. Un capolavoro. A seguire segnaliamo il Torre di Giano Vigna Il Pino Riserva '09 e il Sagrantino di Montefalco: il primo è un Bianco di Torgiano saporito e fresco, il secondo è un rosso strutturato, ma scorrevole.

- ● Torgiano Rosso Vigna Monticchio Ris. '06 🍷🍷🍷 6
- ● Montefalco Sagrantino '08 🍷🍷 6
- ○ Torgiano Bianco Torre di Giano V. il Pino Ris. '09 🍷🍷 5
- ○ Aurente '09 🍷🍷 5
- ○ Torgiano Bianco Torre di Giano '10 🍷🍷 3*
- ● Montefalco Rosso '09 🍷 4
- ● Montefalco Sagrantino Passito '07 🍷 4
- ● Torgiano Rosso Rubesco '08 🍷 4
- ○ Torgiano Bianco Torre di Giano V. il Pino Ris. '08 🍷🍷🍷 4*
- ● Torgiano Rosso Vigna Monticchio Ris. '05 🍷🍷🍷 6*
- ● Torgiano Rosso Vigna Monticchio Ris. '04 🍷🍷🍷 6
- ● Torgiano Rosso Vigna Monticchio Ris. '03 🍷🍷🍷 6
- ● Torgiano Rosso Vigna Monticchio Ris. '01 🍷🍷🍷 7
- ● Torgiano Rosso Vigna Monticchio Ris. '88 🍷🍷🍷 5
- ● Torgiano Rosso Vigna Monticchio Ris. '78 🍷🍷🍷 6

UMBRIA

Martinelli

loc. Bevagna
via Madonna della Neve, 1
06031 Bevagna [PG]
Tel. 0742362124
www.cantinemartinelli.com

VENDITA DIRETTA
VISITA SU PRENOTAZIONE

PRODUZIONE ANNUA 155.000 bottiglie
ETTARI VITATI 18.50

Sono bastati poco più di dieci anni alla famiglia Martinelli per inserirsi a pieno titolo nel gruppo delle migliori aziende montefalchesi. La loro è una visione moderna delle varietà tradizionali della zona, a partire da Sagrantino ben ancorati alla maturità del frutto, maturati in barrique, di convincente precisione e costanza. Sono distribuiti nel territorio di Bevagna gli oltre diciotto ettari di proprietà, caratterizzati da terreni sedimentari tendenzialmente calcarei argillosi e dedicati anche a sangiovese, merlot, chardonnay, pinot bianco e grechetto.

Non è la prima volta che, assaggiando alla cieca i Sagrantino di Martinelli, ci ritroviamo a collocarli tra le interpretazioni più ariose e misurate della denominazione. Ci convince soprattutto la gestione del rovere, sempre in secondo piano rispetto all'agile espressività fruttata e soprattutto al succoso scheletro salino: non certo lo stereotipo del rosso moderno tout court. È questo il fil rouge che lega il Sagrantino base e la selezione Soranna '08: avvolgente e piacevole il primo, con netti tocchi di anguria matura, più fitto e sfumato il secondo, attraversato da impressioni ferrose e selvatiche con tannini decisi e compatti. Solo un po' chiuso il Rosso di Montefalco '09.

● Montefalco Sagrantino '08	▼▼ 5
● Montefalco Sagrantino Sel. Soranna '08	▼▼ 7
● Montefalco Rosso '09	▼ 4
○ Gaite Bianco '08	▼▼ 4*
● Gaite Rosso '09	▼▼ 4
● Gaite Rosso '08	▼▼ 4*
● Montefalco Sagrantino '07	▼▼ 5
● Montefalco Sagrantino '06	▼▼ 5
● Montefalco Sagrantino '05	▼▼ 5
● Montefalco Sagrantino Sel. Soranna '07	▼▼ 7
● Montefalco Sagrantino Sel. Soranna '06	▼▼ 7
● Montefalco Sagrantino Sel. Soranna '05	▼▼ 7

Moretti Omero

loc. San Sabino, 19
06030 Giano dell'Umbria [PG]
Tel. 074290433
www.morettiomero.it

VENDITA DIRETTA
VISITA SU PRENOTAZIONE

PRODUZIONE ANNUA 40.000 bottiglie
ETTARI VITATI 10.00
VITICOLTURA Biologico Certificato

È un'autentica realtà artigiana e contadina, quella curata a Giano dell'Umbria da Omero Moretti, sulle colline che guardano verso i Monti Martani. Avviata dopo la prima guerra mondiale e convertita all'agricoltura biologica dal 1992, è da tempo apprezzata in zona per l'ottima produzione olivicola ma anche per una gamma di vini estremamente riconoscibili per naturalezza espressiva e bevibilità. Solo acciaio per i bianchi a base grechetto e i rossi d'entrata, lunghe macerazioni e maturazioni in tonneau e botte grande per i Sagrantino.

Bianchi o rossi che siano, i vini di Omero Moretti sono un inno alla bevibilità e alla digeribilità. C'entrano i bassi dosaggi di solforosa ma anche e soprattutto la loro capacità di scorrere al palato senza rinunciare a spalla e sapore. Premesse confermate dal Sagrantino di Montefalco Vignalunga '06, il più ricco e indietro del lotto, e ancora meglio dal Sagrantino di Montefalco '07: mora di rovo, cacao, tocchi balsamici, difficile trovare un naso più tipico di così, confermato da una bocca corroborante, mancante solo di espansione. Delicatezza e scatto nel Grechetto dell'Umbria '10, di irresistibile sapidità, in ultima analisi più completo del Nessuno '10, uvaggio di grechetto e malvasia.

○ Grechetto dell'Umbria '10	▼▼ 3
● Montefalco Sagrantino '07	▼▼ 6
● Montefalco Sagrantino Vignalunga '06	▼▼ 8
● Montefalco Sagrantino Passito '07	▼ 6
○ Nessuno '10	▼ 4
● Montefalco Sagrantino '06	▼▼ 6
● Montefalco Sagrantino '05	▼▼ 6
● Montefalco Sagrantino '02	▼▼ 6
○ Nessuno '09	▼▼ 4*
● Sagrantino di Montefalco '01	▼▼ 6

UMBRIA

La Palazzola
loc. Vascigliano
05039 Stroncone [TR]
Tel. 0744609091
www.lapalazzola.it

PRODUZIONE ANNUA 150.000 bottiglie
ETTARI VITATI 36.00

È sempre più difficile inquadrare La Palazzola e un personaggio carismatico come Stefano Grilli. È oramai una delle realtà storiche della regione eppure i suoi vini non possono essere definiti classici, visto che sono più stile le libere interpretazioni del terroir da parte del loro artefice (siamo a Vascigliano, a due passi da Terni), capace di inventare, creare, modellare a suo piacimento quel che la natura offre, in maniera del tutto naif e originale. Con uno stile e uno schema uguale solo a se stesso, che evolve e si sviluppa nel tempo.

Possono piacere o no, ma è certo che gli Spumanti Metodo Ancestrale di Stefano Grilli godono di tanto fascino. Quest'anno, nella consueta imprevedibilità della batteria proposta, ci ha convinto in pieno il Rosé Brut '09, bollicina ottenuta da uve sangiovese capace di esprimersi in toni di piccoli frutti rossi, crema pasticcera e leggera speziatura e dalla bocca piena e avvolgente, morbida e fresca. Fine e sottile il Grand Cuvée Brut '09, classico blend di pinot nero e chardonnay che fa emergere nuance agrumate ed di erbette di montagna. Particolare ed estremo, infine, il Riesling Brut '06, dalla stoffa che lo fa sembrare un vino e dai profumi affumicati, di cereali e spezie.

Palazzone
loc. Rocca Ripesena, 68
05019 Orvieto [TR]
Tel. 0763344921
www.palazzone.com

VENDITA DIRETTA
VISITA SU PRENOTAZIONE
OSPITALITÀ
RISTORAZIONE

PRODUZIONE ANNUA 130.000 bottiglie
ETTARI VITATI 25.00

Sono a dir poco incoraggianti i segnali di risveglio che ci arrivano dall'Orvietano, distretto di enorme tradizione e vocazione ma un po' fermo in tempi non lontani. Merito di aziende come Palazzone, capaci di interpretare il variegato patrimonio di vitigni e siti della zona aggiungendo sempre un quid originale e personale. Fil rouge che ritroviamo soprattutto sui bianchi, a volte un po' reticenti da giovani ma spesso in grado di cambiare marcia nel tempo. Più prevedibile la trama stilistica dei rossi a base sangiovese e cabernet, affinati in barrique.

È ancora una volta il Campo del Guardiano a stupirci durante le nostre degustazioni. L'Orvieto Classico Superiore '09 riesce a offrire intense e complesse note floreali, di frutto a pasta bianca, ma anche nuance minerali e di pietra focaia. Il tutto precede un palato snello e fresco, salino e di ottima progressione. Un grande bianco dell'Italia centrale che di certo non avrà paura di invecchiare. Tre Bicchieri. Tra gli altri vini, tutti corretti e precisi stilisticamente, segnaliamo un ottimo Muffa Nobilis '07, vino da dessert dalle intense note di mela cotogna, miele di acacia e pan di spagna, e l'altro Orvieto Classico Superiore, il Terre Vineate '10, vino dalla beva semplice, ma dotato di intensi profumi di erbe aromatiche.

⊙ Rosé Brut Metodo Ancestrale '09	5
○ Gran Cuvée Brut Metodo Ancestrale '09	5
○ Riesling Brut Metodo Ancestrale '06	5
● Syrah '09	4
○ Trebbiano Brut Metodo Ancestrale '09	5
● Merlot '97	5
○ Gran Cuvée Brut '08	5
⊙ Rosé Brut '06	5
● Syrah '08	4
○ Trebbiano Metodo Ancestrale '05	5
○ Vin Santo '06	5
○ Vin Santo '05	5

○ Orvieto Cl. Sup. Campo del Guardiano '09	5
○ Grechetto '10	4*
○ Muffa Nobilis '07	6
○ Orvieto Cl. Sup. Terre Vineate '10	4*
● Piviere '08	4
● Armaleo '00	6
● Armaleo '98	6
● Armaleo '97	6
● Armaleo '95	6
○ Orvieto Cl. Sup. Campo del Guardiano '07	5
● Armaleo '06	8
○ L'Ultima Spiaggia '09	4
○ Orvieto Cl. Sup. Campo del Guardiano '06	5

UMBRIA

F.lli Pardi
VIA GIOVANNI PASCOLI, 7/9
06036 MONTEFALCO [PG]
TEL. 0742379023
www.cantinapardi.it

VENDITA DIRETTA
VISITA SU PRENOTAZIONE

PRODUZIONE ANNUA 55.000 bottiglie
ETTARI VITATI 11.00

È un vero e proprio richiamo atavico quello che ha spinto Francesco, Gianluca Rio e Alberto Mario Pardi a rifondare nel 2002 l'azienda vitivinicola avviata dai bisnonni nel 1919 e abbandonata per oltre un cinquantennio in favore dell'attività tessile. Una seconda vita legata prima di tutto agli 11 ettari situati tra Casale, Campolungo, Pietrauta e Lasignano, nel territorio di Montefalco, col Sagrantino a giocare la parte del leone per il suo stile sobrio e succoso, interpretato con macerazioni brevi e maturazioni in barrique.

Sempre apprezzabili per misura ed espressività fruttata i rossi dei fratelli Pardi, a cominciare da un Sagrantino di Montefalco Sacrantino '06 estremamente pacificato e disteso nell'apporto tannico, solo leggermente sporcato da qualche impressione surmatura. Più integro aromaticamente il Rosso di Montefalco '09 (70% sangiovese, 15% sagrantino, 15% merlot e cabernet): la decisa speziatura amplifica un frutto rosso carnoso, ben supportato da una bocca larga e davvero piacevole. La timidezza del naso non impedisce al Montefalco Bianco Colle di Giove '10 di rivelare il suo tocco dolce e salino, senza alcuna ridondanza lievitosa.

○ Montefalco Bianco Colle di Giove '10	3
● Montefalco Sagrantino Sacrantino '06	7
● Rosso di Montefalco '09	4*
● Montefalco Sagrantino '08	6
○ Montefalco Bianco Colle di Giove '09	3
● Montefalco Rosso '07	4*
● Montefalco Rosso '06	4*
● Montefalco Sagrantino '07	6
● Montefalco Sagrantino '06	6
● Montefalco Sagrantino '05	6
● Montefalco Sagrantino Passito '07	6

Perticaia
FRAZ. CASALE
06035 MONTEFALCO [PG]
TEL. 0742379014
www.perticaia.it

VENDITA DIRETTA
VISITA SU PRENOTAZIONE

PRODUZIONE ANNUA 100.000 bottiglie
ETTARI VITATI 15.00

L'avventura montefalchese di Guido e Angela Guardigli porta il nome di quello che nel dialetto locale è l'aratro: un richiamo alla tradizione contadina della zona per un'azienda coerentemente e armonicamente inserita in un territorio integro, ricco di verde, estremamente vocato alla realizzazione di rossi eleganti e rilassati. Sono i siti sassosi di località Casale, dove si distribuiscono i circa 15 ettari di proprietà, la maggior parte dei quali coltivati a sagrantino, maturato in barrique e tonneau per circa dodici mesi.

In attesa dell'assaggio della nuova annata del Montefalco Sagrantino, siamo rimasti piacevolmente sorpresi dalla Riserva '08 di Montefalco Rosso. Bello per i profumi di frutto rosso croccante come ciliegia, ribes e mora e intenso nelle nuance di spezie, radici e foglie di tabacco. La bocca mostra grande equilibrio e solo nel finale si avverte una leggera percezione amarognola. Più semplice, anche se dalla beva scorrevole e invitante, il Montefalco Rosso '08, pulito nei toni di prugna e dalla trama tannica avvolgente e morbida. Ultima segnalazione per il Trebbiano Spoletino '10, uno dei migliori della categoria che si distingue per le note sapide e agrumate.

● Montefalco Rosso Ris. '08	5
● Montefalco Rosso '08	4
○ Trebbiano Spoletino '10	4*
● Rosso Umbria '10	3
● Montefalco Sagrantino '07	6
● Montefalco Sagrantino '06	6
● Montefalco Sagrantino '05	6
● Montefalco Sagrantino '04	6
● Montefalco Sagrantino '03	6
● Montefalco Sagrantino '01	6
○ Trebbiano Spoletino '09	4
○ Trebbiano Spoletino '08	4*

Pucciarella

LOC. VILLA
VIA CASE SPARSE, 39
06063 MAGIONE [PG]
TEL. 0758409147
www.pucciarella.it

VENDITA DIRETTA
VISITA SU PRENOTAZIONE
OSPITALITÀ

PRODUZIONE ANNUA 180.000 bottiglie
ETTARI VITATI 55.00

L'azienda appartiene al Fondo Pensioni Cariplo e negli ultimi anni ha dimostrato una decisa crescita qualitativa, tanto da diventare una realtà affermata del comprensorio del Trasimeno. Le vigne si estendono tra i comuni di Magione e Corciano, su terreni sassosi originati dalla frammentazione del galestro, che a tratti superano i 300 metri d'altezza. Buona parte si colloca nell'alveo della Doc Colli del Trasimeno. I vini che seguono questa denominazione sono alternati ad altri meno classici, a completare un nutrito portafoglio aziendale.

Ancora un bel filotto di bei vini per l'azienda diretta da Emanuele Bizzi, sempre più punto di riferimento nell'area del Trasimeno. Lo Chardonnay Arsiccio '10 sfodera un naso pieno e completo, con eleganti tocchi tostati e di anice, avviluppandosi in una bocca larga, fusa, progressiva, supportata da una buona spalla. Gli rimproveriamo, si fa per dire, solo un deficit di complessità e allungo. Ottime indicazioni anche dal Colli del Trasimeno Rosso Sant'Anna Riserva '08: il quadro aromatico non è forse dei più originali, tra ribes, menta e caffè, ma il sorso non ha cedimenti, nonostante la chiusura leggermente polverosa. Piacevole e scattante il Ca de' Sass Brut '08.

Raina

LOC. TURRI
CASE SPARSE, 42
06036 MONTEFALCO [PG]
TEL. 0742621356
www.vini-raina.it

VENDITA DIRETTA
VISITA SU PRENOTAZIONE

PRODUZIONE ANNUA 40.000 bottiglie
ETTARI VITATI 10.00

Nata nel 2001, l'azienda di Francesco Mariani si trova in località Turri di Montefalco, dove possiede una decina di ettari di vigna, un vecchio casale ristrutturato e gli annessi agricoli. Queste poggiano su terreni di medio impasto, ricchi di calcare e piuttosto sassosi, a un'altezza che varia dai 200 ai 300 metri. L'età dei filari, che avanza, comincia a regalare ai vini equilibrio e personalità. Le maturazioni seguono la strada della sosta in barrique per il Sagrantino e dei tonneau per il Rosso di Montefalco.

Sono bastati pochi assaggi per inquadrare le intenzioni stilistiche e produttive di Francesco Mariani. Il suo Sagrantino di Montefalco '07, ad esempio, è una lettura decisamente eclettica del terroir di Turri: frutto scuro con incursioni ematiche, ricordi tostati riconducibili al legno e sviluppo piccante, sa essere serio e accogliente allo stesso tempo. Su sentieri non dissimili si esprime il Rosso di Montefalco '09: qui è maggiormente sottolineata la componente balsamica, in un crescendo di freschezza senza forzature estrattive, leggermente polveroso nella trama. E come se non bastasse c'è anche uno dei migliori vini dolci della regione, il misurato Montefalco Sagrantino Passito '07.

○ Arsiccio '10	3*
○ C. del Trasimeno Bianco Ca de' Sass Brut '08	4*
● C. del Trasimeno Rosso Sant'Anna Ris. '08	3*
○ C. del Trasimeno Bianco Agnolo '10	2
● C. del Trasimeno Rosso Berlingero '10	2
○ Arsiccio '08	4
○ C. del Trasimeno Bianco Agnolo '09	4*
● C. del Trasimeno Rosso Berlingero '09	4
○ C. del Trasimeno Vin Santo '06	4
○ Ca' de Sass '07	4
● Empireo '08	4*

● Montefalco Rosso '09	5
● Montefalco Sagrantino Passito '07	5
● Sagrantino di Montefalco '07	5
● Raina Rosso '09	5

UMBRIA

Roccafiore
Fraz. Chioano
Loc. Collina
06059 Todi [PG]
Tel. 0758942416
www.roccafiore.it

VENDITA DIRETTA
VISITA SU PRENOTAZIONE
OSPITALITÀ
RISTORAZIONE

PRODUZIONE ANNUA 80.000 bottiglie
ETTARI VITATI 14.00
VITICOLTURA Naturale

È una bella ventata d'aria fresca quella che la famiglia Baccarelli ha contribuito a portare nel frastagliato comprensorio di Todi, indubbiamente uno dei terroir storici per il grechetto, tornato a crescere dopo qualche stagione più statica. Al di là delle annuali prestazioni, infatti, i vini di Roccafiore hanno saputo in tempi brevi imporsi all'attenzione per identità e carattere, specialmente per quel che riguarda i bianchi. Un dato che mettiamo in relazione anche con la conduzione biologica adottata per i circa 14 ettari su suoli argillosi e sabbiosi.

Non sarà qualche assaggio meno convincente del solito a farci cambiare idea sulla validità del progetto portato avanti dalla famiglia Baccarelli. Quest'anno rendiamo conto di sole due etichette, tutte tra il buono e l'ottimo: il Prova d'Autore '08, da uve sagrantino, mostra un buon sviluppo, anche se il finale si declina su tonalità amarostiche e astringenti. Originale e variegato il Fiorfiore Bianco '09, Grechetto, col suo naso di paglia e mandorla, cedro e mais, appoggiato su una bocca non particolarmente energica ma in equilibrio, con un bel finale di finocchietto.

Scacciadiavoli
Loc. Cantinone, 31
06036 Montefalco [PG]
Tel. 0742371210
www.scacciadiavoli.it

VENDITA DIRETTA
VISITA SU PRENOTAZIONE

PRODUZIONE ANNUA 220.000 bottiglie
ETTARI VITATI 35.00
VITICOLTURA Naturale

Impostare sul gps località Cantinone e ritrovarsi faccia a faccia con uno dei più suggestivi esempi di archeologia agroindustriale della regione: nomen omen, verrebbe da dire, tanto per chiarire subito lo spirito che aleggia su Scacciadiavoli. La famiglia Pambuffetti rivelò la tenuta alla fine degli anni Cinquanta, mettendo insieme 35 ettari di vigne tra Montefalco, Gualdo Cattaneo e Giano dell'Umbria e diventando ben presto una delle voci di riferimento per il Sagrantino, declinato anche in versione Metodo Classico con un Blanc de Noirs e un Rosé.

Ci convince decisamente il percorso imboccato nelle ultime stagioni da Scacciadiavoli. Il Sagrantino di Montefalco '07, ad esempio, è una delle letture più interessanti della denominazione e dell'annata: bacche e toni ematici, approfondimenti di tartufo, noce moscata e resina, mostra un naso ricco di chiaroscuri che il palato ripropone trovando una pregevole forza motrice di sapidità e slancio, oltre che un tannino già integrato. Con un pizzico di spalla in più sarebbe stato da podio senza esitazioni. Applausi anche per uno dei migliori spumanti della regione, un Metodo Classico Brut '08 da sagrantino vinificato in bianco con saldo di chardonnay.

○ Fiorfiore Bianco '09		4
● Prova d'Autore '08		5
○ Colli Martani Grechetto di Todi Fiorfiore '08		4
○ Colli Martani Grechetto di Todi Fiorfiore '07		4*
○ Collina d'Oro Passito '07		5
○ Fiordaliso '09		3
○ Fiordaliso '08		3*

● Montefalco Sagrantino '07		6
○ Brut Scacciadiavoli M. Cl. '08		5
⊙ Brut Scacciadiavoli Rosé M. Cl. '08		5
○ Grechetto dell'Umbria '10		3
● Montefalco Sagrantino '06		6
● Montefalco Sagrantino '05		6
● Montefalco Sagrantino Passito '06		6

UMBRIA

Sportoletti
LOC. CAPITAN LORETO
VIA LOMBARDIA, 1
06038 SPELLO [PG]
TEL. 0742651461
www.sportoletti.com

VENDITA DIRETTA
VISITA SU PRENOTAZIONE

PRODUZIONE ANNUA 230.000 bottiglie
ETTARI VITATI 30.00

I fratelli Ernesto e Remo Sportoletti, ormai affiancati dalle giovani generazioni di famiglia, conducono con passione e professionalità l'azienda che porta il loro nome, in uno spaccato naturale suggestivo non lontano da Assisi. Anche se la storia della tenuta ha radici antiche, la svolta produttiva arriva negli anni Novanta, quando balza agli onori della cronaca, italiana e internazionale, grazie ad alcuni vini decisamente innovativi per il territorio. Ottimo il livello generale, sia tra le etichette di punta che tra quelle d'entrata.

I due Villa Fidelia si confermano come le etichette più affidabili della gamma. Anche quest'anno più convincente il Rosso '09, frutto dell'assemblaggio bordolese tra merlot, cabernet sauvignon e cabernet franc è un vino dai sentori erbacei e speziati che offre un palato morbido, di buona beva anche se non lunghissimo. Il Bianco '09 è composto da grechetto e chardonnay: al naso spiccano le note di miele, fiori gialli e cera d'api, mentre il palato è morbido, con l'acidità a dare equilibrio e armonia. Corretti e di buona beva sia l'Assisi Grechetto '10, sia l'Assisi Rosso '10, fortunato blend di sangiovese, merlot e cabernet sauvignon.

○ Villa Fidelia Bianco '09	4
● Villa Fidelia Rosso '09	5
○ Assisi Grechetto '10	3
● Assisi Rosso '10	3
● Villa Fidelia Rosso '98	6
○ Assisi Grechetto '09	3
● Assisi Rosso '09	4
● Assisi Rosso '08	4*
○ Villa Fidelia Bianco '05	4
● Villa Fidelia Rosso '08	6
● Villa Fidelia Rosso '07	6
● Villa Fidelia Rosso '06	6
● Villa Fidelia Rosso '05	6
● Villa Fidelia Rosso '04	6

Giampaolo Tabarrini
FRAZ. TURRITA
06036 MONTEFALCO [PG]
TEL. 0742379351
www.tabarrini.com

VENDITA DIRETTA
VISITA SU PRENOTAZIONE

PRODUZIONE ANNUA 70.000 bottiglie
ETTARI VITATI 16.00

È una continua esplosione di energia quella che si manifesta nel lavoro e nei vini di Giampaolo Tabarrini. Vignaiolo instancabile ma al tempo stesso lucido uomo d'azienda, ci stupisce sempre di più per la capacità di legare coerentemente un'idea personale di vino piuttosto netta e radicale con gli stimoli offerti da altre sensibilità e percorsi. Basti pensare ai tre Sagrantino, singole vigne giocate su diversi livelli di maturazione: barrique e uscita ritardata per il Colle alle Macchie, solo botte grande per il Campo alla Cerqua, soluzione mista per il Colle Grimaldesco.

La strada che Giampaolo Tabarrini sta compiendo verso il raggiungimento della massima qualità la si vede tutta nella produzione dei tre Sagrantino aziendali. Le loro differenze dovute a cru, millesimi e scelte in cantina sembrano avere una matrice comune legata a tipicità, fascino e autenticità. Quest'anno, quello che per noi incarnava a pieno certe caratteristiche, è il Campo alla Cerqua '07: un Sagrantino capace di offrire intensi profumi pepati, di sottobosco, ma anche tratti ematici e ferrosi. La bocca fa eco a queste note e si rivela fresca e leggiadra, scorrevole e profonda. Tre Bicchieri. Buonissimo anche il Colle alle Macchie '05, mentre l'Adarmando '09 (da uve trebbiano spoletino) si conferma come uno dei bianchi più affascinanti della regione, specie per le note agrumate e minerali e per tanta tanta sapidità.

● Montefalco Sagrantino Campo alla Cerqua '07	7
○ Adarmando '09	5
● Montefalco Sagrantino Colle alle Macchie '05	8
● Montefalco Sagrantino Colle Grimaldesco '07	6
● Il Padrone delle Vigne '10	4
○ Adarmando '07	5*
● Montefalco Sagrantino Colle Grimaldesco '06	6
● Montefalco Sagrantino Colle Grimaldesco '01	6
○ Adarmando '08	5
● Montefalco Sagrantino Campo alla Cerqua '06	7
● Montefalco Sagrantino Colle alle Macchie '04	8
● Montefalco Sagrantino Colle alle Macchie '03	8
● Montefalco Sagrantino Colle Grimaldesco '05	6

UMBRIA

Terre de La Custodia

Loc. Palombara
06035 Gualdo Cattaneo [PG]
Tel. 074292951
www.terredelacustodia.it

VENDITA DIRETTA
VISITA SU PRENOTAZIONE

PRODUZIONE ANNUA 1.000.000 bottiglie
ETTARI VITATI 118.00

Prende forma nel 2003 l'avventura nel vino della famiglia Farchioni, tra i marchi più conosciuti dell'agroalimentare italiano, con particolare riferimento al mercato oleario. Affiancato da Riccardo Cotarella e Marco Minciarelli, è Giampaolo Farchioni a tirare le fila di un progetto ambizioso, sostenuto da un'ottantina di ettari di proprietà (più 45 in affitto) e da un repertorio completo di vini dei Colli Martani e di Montefalco. Di inappuntabile precisione tecnica, non brillano forse per originalità stilistica ma convincono per immediatezza e facilità di beva.

Costanza e semplicità d'approccio spingono di nuovo in alto i vini di Terre de La Custodia. L'etichetta più riuscita ci è sembrata il Grechetto dei Colli Martani Plentis '09: a dispetto dell'affinamento solo in acciaio, l'attacco è decisamente burroso, con una vena tostata a ricongiungersi con le più fresche sensazioni di agrumi ed erbe balsamiche in un palato fine e saporito. Potenza e articolazione nel Rosso di Montefalco '09, da sangiovese in maggioranza con saldo di sagrantino e montepulciano. Meno risolto, come è naturale che sia, il Sagrantino di Montefalco '08, dal naso impattante di pepe e frutti di bosco, preludio di una bocca massiva, glicerica, con tannini severi in primo piano.

○ Colli Martani Grechetto Plentis '09	4
● Montefalco Rosso '09	5
● Montefalco Sagrantino '08	7
● Colli Martani Collezione '10	4
○ Colli Martani Grechetto '10	4
⊙ Brut Rosé '08	6
● Montefalco Sagrantino '07	7

Tiburzi

Z. A. Pietrauta
06036 Montefalco [PG]
Tel. 0742379864
www.tiburzicantine.com

VENDITA DIRETTA
VISITA SU PRENOTAZIONE

PRODUZIONE ANNUA 70.000 bottiglie
ETTARI VITATI 8.00

La cantina della famiglia Tiburzi, conosciuta per la produzione di carni e salumi ma da sempre innamorata del vino, si trova davvero a ridosso dalla città di Montefalco, lungo la direttrice che guarda Foligno. L'azienda vanta parcelle di terreno in siti ed esposizioni differenti, capaci di impianti fitti e moderni, che in alcuni casi raggiungono altezze ragguardevoli per la zona. I vini, che maturano sia in barrique che in botti di rovere, mostrano una certa ricchezza ma anche capacità di trovare equilibrio e allungo.

Gli assaggi di quest'anno si inseriscono pienamente nel solco stilistico e qualitativo tracciato nelle ultime stagioni. Col Gustavo Tiburzi fermo ai box, l'unico Sagrantino testato è il Taccalite '07: ci colpisce prima di tutto la sua ferma integrità, con originali tocchi di cenere e terra ad affiancare il frutto scuro maturo, ulteriormente addolcito dal legno. Fitto e cremoso, trova ancora più carattere in un palato dai decisi tocchi ematici, solo un po' rigido nel finale. Ottime indicazioni anche dal Montefalco Rosso Santambrà '08: due terzi di sangiovese con saldo di sagrantino, merlot e cabernet sauvignon, è ben giocato tra ciliegia e incenso.

● Montefalco Sagrantino Taccalite '07	6
● Montefalco Rosso Santambrà '08	4*
○ Brigante '10	3
● Colle Scancellato '10	3
● Montefalco Sagrantino Taccalite '06	6
● Montefalco Santambrà '07	4*

Todini

Fraz. Rosceto
via Collina, 29
06059 Todi [PG]
Tel. 075887122
www.cantinafrancotodini.com

VENDITA DIRETTA
VISITA SU PRENOTAZIONE
OSPITALITÀ
RISTORAZIONE

PRODUZIONE ANNUA 350.000 bottiglie
ETTARI VITATI 70.00

Quella della famiglia Todini è una realtà articolata che comprende svariati ettari di terreno (la grande maggioranza destinati a seminativi e una bella fetta destinati ai vigneti), una cantina moderna e funzionale, e lo splendido relais con ristorante. Si trova in località Collevalenza, a due passi dal borgo di Todi, in piena zona Doc Colli Martani. Naturale che il grechetto sia tra le varietà coltivate, ad affiancare un parco vigneto che riflette comunque la natura moderna e dinamica della tenuta.

I vini della cantina che fa capo a Franco Todini si rivelano anche quest'anno buoni e stilisticamente ben fatti. Il più interessante della gamma è senza dubbio il Grechetto di Todi Bianco del Cavaliere che nella versione '10 convince per profumi che spaziano dai fiori di campo, agli agrumi, fino ad arrivare alle erbe mediterranee. In bocca è fresco, di buona bevibilità e il finale è lungo e sapido. Particolare e riuscito l'assemblaggio grechetto riesling che troviamo nel Relais: l'annata 2010 è fresca e agrumata, la 2009 più matura nelle note di frutto a pasta bianca.

○ Grechetto di Todi Bianco del Cavaliere '10	♀ 4
○ Relais '09	♀ 4
○ Relais Grechetto '10	♀ 4
○ Colli Martani Grechetto di Todi Bianco del Cavaliere '09	♀♀ 4
○ Colli Martani Grechetto di Todi Bianco del Cavaliere '08	♀♀ 4*
○ Colli Martani Grechetto di Todi Bianco del Cavaliere '07	♀♀ 4*
○ Eteria '08	♀♀ 3*
● Nero della Cervara '08	♀♀ 6
● Nero della Cervara '07	♀♀ 6
● Nero della Cervara '05	♀♀ 6

Tudernum

loc. Pian di Porto, 146
06059 Todi [PG]
Tel. 0758989403
www.tudernum.it

VENDITA DIRETTA
VISITA SU PRENOTAZIONE

PRODUZIONE ANNUA 1.600.000 bottiglie
ETTARI VITATI 7.00

Questa cantina cooperativa si trova alle porte di Todi ed è ormai una delle realtà sociali meglio organizzate della regione. Negli ultimi anni ha investito molto, sia in vigna che in cantina, oltre che nella pianificazione commerciale, riuscendo a emanciparsi da un passato molto meno interessante e significativo. Oggi la Tudernum ha una gamma di etichette appetitose, anche in virtù di prezzi più che corretti, tanto di bianchi quanto di rossi, a partire da varietà tradizionali come da vitigni meno classici.

Sono soprattutto i bianchi a primeggiare tra le etichette proposte dalla cooperativa di Todi. Le Lucrezie '10 è un bianco il cui particolare uvaggio di grechetto, trebbiano e garganega riesce a esprimersi in toni agrumati, di erbe aromatiche e di fiori di campo. Ottimo in bocca per leggiadria, scorrevolezza e grazie a una sottile vena acida che rende il vino profondo ed equilibrato. Molto buoni entrambi i Grechetto di Todi: il '10 è giocato su note di frutto tropicale e mentuccia, il '10 Superiore è ancor più complesso grazie a nuance cerealicole, di frutto a pasta gialla e il palato e ampio e fragrante. Ottimo, infine, il Todi Bianco '10.

○ Grechetto di Todi '10	♀♀ 3*
○ Grechetto di Todi Sup. '10	♀♀ 3*
○ Le Lucrezie '10	♀♀ 2*
○ Todi Bianco '10	♀♀ 4
● Montefalco Rosso Fidenzo '08	♀ 5
● Todi Rosso '10	♀ 4
● Todi Sangiovese '10	♀ 4
● Merlot '07	♀♀ 3*
● Merlot '05	♀♀ 3*
● Montefalco Sagrantino '07	♀♀ 6
● Montefalco Sagrantino Tudernum '04	♀♀ 6
● Montefalco Sagrantino Tudernum '01	♀♀ 5
● Rojano '03	♀♀ 4*

UMBRIA

Tenuta Le Velette

FRAZ. CANALE DI ORVIETO
LOC. LE VELETTE, 23
05019 ORVIETO [TR]
TEL. 076329090
www.levelette.it

VENDITA DIRETTA
VISITA SU PRENOTAZIONE

PRODUZIONE ANNUA 400.000 bottiglie
ETTARI VITATI 109.00

L'azienda di Corrado e Cecilia Bottai, una delle più belle della regione, si estende per oltre cento ettari su terreni di origine vulcanica. Questo il tratto dominante, in cui tuttavia non mancano i distinguo, tanto da disegnare un caleidoscopio di situazioni e terroir differenti all'interno dell'altopiano che racchiude la proprietà. Diverse anche le varietà allevate, a partire da quelle classiche della zona fino a quelle meno tradizionali. I vini raccontano tutto questo, sono realizzati con cura e mostrano una spiccata sapidità di fondo.

Pur senza punte da schierare in finale la batteria dei coniugi Bottai offre come di consueto diverse opzioni per esplorare il terroir orvietano a prezzi a dir poco centrati. Il Traluce '10 è uno dei pochi Sauvignon della regione a coniugare tratto varietale e bevibilità, l'Orvieto Classico Berganorio '10 mette la sua esuberanza aromatica al servizio di un sorso delicato e fuso. Un gradino più su troviamo la controllata dolcezza dell'Orvieto Classico Superiore Lunato '10 e soprattutto il solito autorevole Calanco '07, due terzi di uve sangiovese e un terzo di cabernet sauvignon: la leggera riduzione iniziale non ostacola la progressione di frutto rosso e cenere, che avremmo voluto solo più nervosa.

Villa Mongalli

LOC. CAPPUCCINI
06031 BEVAGNA [PG]
TEL. 3485110506
www.villamongalli.com

OSPITALITÀ

PRODUZIONE ANNUA 70.000 bottiglie
ETTARI VITATI 15.00

L'azienda della famiglia Menghini è situata tra Bevagna e Montefalco, nei pressi del Santuario delle Madonne delle Grazie. A pochi anni dal debutto è già una delle realtà di riferimento per il comprensorio montefalchese, non solo per l'elevato livello della produzione ma soprattutto per la coerenza stilistica rispetto ai caratteri delle vigne, tra le migliori della zona. Sono quindici gli ettari vitati in località Colcimino, a circa 370 metri su suoli argillosi ricchi di scheletro, ben raccontati da Sagrantino di ammirevole naturalezza espressiva, maturati in barrique e in botte grande.

Alla qualità dei vini di Villa Mongalli eravamo abituati, sta di fatto che quest'anno la batteria delle etichette presentate dall'azienda di Bevagna ci è parsa particolarmente centrata e non sono mancate alcune vere e proprie eccellenze. Una di queste è sicuramente il Col Cimino '08, un Sagrantino di Montefalco che conquista i Tre Bicchieri per un naso delizioso giocato su toni speziati, di sottobosco e tabacco e per una beva dinamica e agevole, che riesce a riempire la bocca senza mai appesantirla. Complimenti. A breve distanza il Pozzo del Curato '08, altro Sagrantino complesso, pieno e di struttura, che soffre ancora un po' le fasi di gioventù di un vino che avrà molto da dire in futuro.

● Calanco '07	5
○ Orvieto Cl. Sup. Lunato '10	4*
● Accordo '07	4
○ Orvieto Cl. Berganorio '10	3
● Rosso Orvietano Rosso di Spicca '10	3
○ Traluce '10	4
● Accordo '06	4*
● Calanco '05	5*
● Gaudio '07	5
○ Orvieto Cl. Berganorio '08	3*
○ Orvieto Cl. Sup. Lunato '09	4
○ Orvieto Cl. Sup. Lunato '08	4*
● Rosso Orvietano Rosso di Spicca '09	3
○ Sole Uve '09	4

● Montefalco Sagrantino Col Cimino '08	4
● Montefalco Sagrantino Pozzo del Curato '08	7
○ Calicanto '10	6
● Montefalco Sagrantino Della Cima '07	8
● Montefalco Rosso Le Grazie '09	6
● Montefalco Sagrantino Della Cima '06	7
● Montefalco Rosso Le Grazie '08	4
● Montefalco Sagrantino Col Cimino '07	4
● Montefalco Sagrantino Della Cima '05	7
● Montefalco Sagrantino Della Cima '04	7
● Montefalco Sagrantino Pozzo del Curato '07	5
● Montefalco Sagrantino Pozzo del Curato '06	5
● Montefalco Sagrantino Pozzo del Curato '04	5

UMBRIA

LE ALTRE CANTINE

Barbi
loc. Stucchio
05023 Baschi [TR]
Tel. 0302780125
www.barbivini.it

La propaggine umbra della famiglia Barbi si colloca a Baschi, nell'Orvietano, dove gestisce una decina di ettari con varietà autoctone e internazionali. Il miglior vino assaggiato quest'anno è senza dubbio l'Orvieto Classico Arché '09: integro, espressivo, giocato sulla vena salmastra e sul lungo finale di origano e macchia.

● Lago di Corbara Rosso '08	🍷🍷 4
○ Orvieto Classico Arché '09	🍷🍷 4*
○ Orvieto Classico '10	🍷 3

Bartoloni
loc. Moriano, 31
06030 Giano dell'Umbria [PG]
Tel. 074290286
www.cantinabartoloni.it

Con un debutto così la scheda piccola rischia di stare perfino stretta alla deliziosa azienda di Maria Rosa Bartoloni, chiamata a rimpolpare il gruppo di interpreti virtuosi e originali nel comprensorio montefalchese. Merito soprattutto del Sagrantino Normannia '07, terziario ma intatto nella sua vena salmastra.

● Sagrantino di Montefalco Normannia '07	🍷🍷 5
○ 3Biano '10	🍷🍷 3*
● Montefalco Rosso Poggio La Pia '07	🍷 4

Brogal Vini
loc. Bastia Umbra
via degli Olmi, 9
06083 Perugia
Tel. 0758001501
www.brogalvini.com

Annata interlocutoria per la Brogal Vini, realtà di Bastia Umbra che produce vini ben eseguiti e corretti, anche se quest'anno è mancato l'acuto qualitativo di alcune etichette. Convince il Ru' '09, un particolare blend di cabernet sauvignon, merlot e sagrantino dalle note olfattive di frutti di bosco e eucaliptus e dalla bocca morbida, piacevolmente tannica e di discreta profondità.

○ Bizante Bianco '10	🍷 5
○ Montefalco Bianco Nido del Falco '10	🍷 5
● Ru' '09	🍷 4
○ Torgiano Bianco Kirnao '10	🍷 4

Castello delle Regine
loc. Le Regine
via di Castelluccio
05022 Amelia [TR]
Tel. 0744702005
www.castellodelleregine.com

Annata un po' sottotono per i vini di Castello delle Regine. Il più convincente ci è parso il Bianco delle Regine '10, un blend di uve internazionali dalle intense note di frutto bianco e dal palato avvolgente. Interessante anche se non nella miglior forma il Sangiovese Selezione del Fondatore '06: profuma di note terziarie come cacao e cuoio e la bocca è fresca e morbida.

○ Bianco delle Regine '10	🍷🍷 4*
⊙ Rosé delle Regine '10	🍷🍷 4*
● Rosso di Podernovo '08	🍷 4
● Sangiovese Sel. del Fondatore '06	🍷 6

Castello di Corbara
loc. Corbara, 7
05018 Orvieto [TR]
Tel. 0763304035
www.castellodicorbara.it

È sempre a Corbara, località di Orvieto, il Castello che custodisce una delle batterie più affidabili e costanti del distretto. Nella quale si stacca quest'anno l'Orzalume '09, uvaggio di grechetto e sauvignon dall'impatto appena lattico ma capace di snodarsi su bei contrasti verdi e fumé, trovando spalla e tono al palato.

○ Orzalume '09	🍷🍷 4
● Calistri '08	🍷 5
○ Grechetto Podere Il Caio '10	🍷 3
● Lago di Corbara Merlot De Coronis '08	🍷 5

Chiorri
loc. Sant'Enea
via Todi, 100
06132 Perugia
Tel. 075607141
www.chiorri.it

L'azienda della famiglia Mariotti che opera sui Colli Perugini presenta anche quest'anno vini genuini e autentici frutto di un lavoro da veri appassionati. Il Garbino '10 è il vino che convince di più. Nasce da un blend di uve sangiovese e cabernet sauvignon e mostra un naso che profuma di frutto rosso e cenni erbacei, mentre al palato è succoso e di buona beva.

⊙ Colli Perugini Rosato '10	🍷 3
● Garbino '10	🍷 3
● Merlot '07	🍷 5

UMBRIA

LE ALTRE CANTINE

Coste del Faena
voc. Cherabò
06054 Fratta Todina [PG]
Tel. 068848928
www.costedelfaena.com

Lusinghiero esordio in Guida per l'azienda di Fratta Todina che dispone di circa 12 ettari vitati impiantati sia con uve tradizionali sia con vitigni alloctoni. Veramente convincente il Rubio dei Gelsi '10, un Grechetto in purezza dalla beva pulita e saporita e dai brillanti sentori di frutto bianco ed erbe. Ottima beva e profondità per il Dimoro '09, blend di merlot e sagrantino.

● Dimoro '09	♛♛ 6
○ Rubio dei Gelsi '10	♛♛ 4
● Moro dei Gelsi '10	♛ 4

Cantina Dionigi
voc. Madonna della Pia, 92
06031 Bevagna [PG]
Tel. 0742360395
www.cantinadionigi.it

È una squadra decisamente in forma quella schierata dalla famiglia Dionigi. A cominciare da un Sagrantino di Montefalco '06 sottile e delicato, passando per un Montefalco Rosso Riserva '08 addirittura più intenso, col suo corredo di fiori macerati e cortecce. Senza dimenticare il sorprendente Merlot Passito Civico 92 '10.

● Merlot Passito Civico 92 '10	♛♛ 5
● Montefalco Rosso Ris. '08	♛♛ 4
● Montefalco Sagrantino '06	♛♛ 6
○ Colli Matrani Grechetto Colle Sorragani '10	♛ 5

Fongoli
loc. San Marco di Montefalco
06036 Montefalco [PG]
Tel. 0742378930
www.fongoli.com

A guardare la griglia qui sotto sembra strano che si tratti solo di una prima volta nella nostra Guida per l'azienda di Angelo Fongoli e Letizia Ferracchiato. Il loro Sagrantino di Montefalco '06 è autorevole finalista col suo tocco di humus e sottobosco, appena caldo e crudo in uno sviluppo comunque leggero e slanciato.

● Sagrantino di Montefalco '06	♛♛ 5
● Agnoletto '10	♛ 3
● Montefalco Rosso Ris. '08	♛ 4
● Sagrantino di Montefalco V. dei Sospiri '05	♛ 6

I Girasoli di Sant'Andrea
loc. Molino Vitelli
06019 Umbertide [PG]
Tel. 0759410798
www.grittivini.eu

Non colpisce solo il nome di questa ennesima new entry, fondata a Umbertide nel 1994 da Ursula Schindler Gritti. Nella raccolta gamma spicca Il Principe Rosso '08, Malvasia Nera in purezza maturata in barrique: di stile dichiaratamente moderno, con liquirizia e cacao in primo piano, si rivela pieno e dinamico.

● Il Principe Rosso '08	♛♛ 4*
● I Girasoli di Sant'Andrea Rosso '09	♛ 4

Cantina La Spina
fraz. Spina
via Emilio Alessandrini, 1
06055 Marsciano [PG]
Tel. 0758738120
www.cantinalaspina.it

Circa due ettari e 16mila bottiglie annue, per una volta la definizione di garage wine appare quasi obbligata con Moreno Peccia. La sua etichetta più conosciuta è il Rosso Spina, da montepulciano in maggioranza, che nella versione '09 conferma il suo tocco di misura ed equilibrio tra sfumature terrose e balsamiche.

● Rosso Spina '09	♛♛ 5
● Cimaàlta '10	♛ 3
● Merlato '10	♛ 3

Lamborghini
loc. Soderi, 1
06064 Panicale [PG]
Tel. 0758350029
www.lamborghinionline.it

Nel sempre più agguerrito scenario produttivo regionale, ci sta che qualche cantina storica debba effettuare una sorta di sosta ai box. Questa volta è toccato all'azienda di Patrizia Lamborghini, che sappiamo di poter ritrovare ai massimi livelli con i migliori Campoleone. Intanto ottima riuscita per il Torami '08.

● Torami '08	♛♛ 5
● Era '09	♛ 4

UMBRIA

LE ALTRE CANTINE

Madonna Alta
LOC. PIETRAUTA
VIA LUDOVICO ARIOSTO, 37
06036 MONTEFALCO [PG]
TEL. 0742356371
www.madonnalta.it

L'azienda della famiglia Ferraro presenta anche quest'anno vini puliti e convincenti. A partire dal Falconero Bianco blend di grechetto e chardonnay che nel millesimo 2009 mostra buona complessità olfattiva per dei sentori di fiori bianchi, mela cotogna e camomilla. La bocca è imponente, ha un impatto fresco e vibrante, ed è solo lievemente contratta nel finale.

○ Colli Martani Grechetto '10	4
○ Falconero Bianco '09	3

Madonna del Latte
LOC. SUGANO, 11
05018 ORVIETO [TR]
TEL. 0763217760
www.madonnadellatte.it

Prosegue il progetto messo a punto da Manuela Zardo e Hellmuth Zwecker, due appassionati di enogastronomia che da qualche anno producono buoni vini in zona orvietana. Il Castelletto di Sucano '10 è un taglio bordolese composto da cabernet sauvignon e franc in parti uguali, viene vinificato col solo uso dell'acciaio e il risultato è un vino fresco, succoso, profumato e di ottima beva.

● Castelletto di Sucano '10	4
⊙ Rosario Brut '10	5
○ Viognier '10	5

Stafania Mezzetti
LOC. VERNAZZANO BASSO
06069 TUORO SUL TRASIMENO [PG]
TEL. 0575678528
www.vinimezzetti.it

Punta tutto sull'originalità stilistica la realtà da dieci ettari condotti in biologico da Stefania Mezzetti al confine tra Umbria e Toscana. Tra i vini umbri segnaliamo l'Annibale '09 (sangiovese, cabernet sauvignon e merlot) sapido e succoso. In Toscana convince il cortonese Merlot Selvans '09, naso definito da timbro balsamico, corpo solido e ben articolato.

● Annibale '09	3*
● Cortona Selvans Merlot '09	4
● Elia '07	4

Cantina Monrubio
FRAZ. MONTERUBIAGLIO
LOC. LE PRESE, 22
05014 CASTEL VISCARDO [TR]
TEL. 0763626064
www.monrubio.it

Annata interlocutoria per la cooperativa Monrubio, bella realtà orvietana nata alla fine degli anni Cinquanta. L'Orvieto Classico Superiore Soana '10 è il vino più convincente per i suoi profumi fruttati e floreali: cenni di banana e albicocca e nuance di glicine si alternano e vanno a costituire un naso ricco e pulito. La bocca è fresca e sapida anche se non lunghissima.

● Monrubio '10	5
○ Orvieto Cl. Sup. Soana '10	3

Monte Vibiano
LOC. MONTE VIBIANO VECCHIO DI MERCATELLO
VIA VITTORIO VENETO, 4
06072 MARSCIANO [PG]
TEL. 0758783386
www.montevibiano.it

Anche quest'anno l'azienda Monte Vibiano presenta vini corretti e piacevoli che mancano però di quel pizzico di fascino che li renderebbe più convincenti. Bene invece il progetto di lavorare in totale rispetto della natura con emissione di CO_2 pari a 0.

● Colli Perugini Rosso L'Andrea '07	6
● Colli Perugini Rosso Monvì '07	4
● M Rosso '09	2
○ Villa Monte Vibiano Bianco '10	4

Peppucci
LOC. SANT'ANTIMO
FRAZ. PETRORO, 4
06059 TODI [PG]
TEL. 0758947253
www.cantinapeppucci.com

Quelli di Elisabetta, Agnese e Filippo Peppucci sono vini che sceglieremmo per spiegare i tratti più fini e leggiadri del terroir tuderte. Emblematico in questo senso il Grechetto di Todi Montorsolo '10, esaltato da timbri linfatici e iodati, innervato di tanta buona sapidità e freschezza in un sorso puntuale e progressivo.

○ Colli Martani Grechetto di Todi Montorsolo '10	4
● Alter Ego '08	6
● Alter Ego Passito '08	6

UMBRIA 786
LE ALTRE CANTINE

Tenuta Poggio del Lupo
VOC. BUZZAGHETTO, 100
05011 ALLERONA [TR]
TEL. 0763628350
www.tenutapoggiodellupo.it

Anche quest'anno l'azienda Poggio del Lupo presenta dei vini buoni, corretti e impeccabili stilisticamente. Il più convincente è il Lupiano '10, un Orvietano Rosso dalle belle note di lampone e ribes e dal palato fresco, succoso e molto profondo. Complesso anche se un po' sottotono il Silentis '08, fresco e beverino il Màrneo '10.

● Orvietano Rosso Lupiano '10	🍷🍷 4*
○ Màrneo '10	🍷 4
● Rosso Silentis '08	🍷 5

Ruggeri
VIA MONTEPENNINO, 5
06036 MONTEFALCO [PG]
TEL. 0742379294

Continuiamo a nutrire una gran fiducia nel lavoro agricolo e stilistico della famiglia Ruggeri, capace da tempo di dare voce a Sagrantino dal respiro tradizionale. La versione '08 sconta qualche sfocatura fenolica, con singolari ricordi di pistacchio, ma trova dolcezza di frutto e tensione in una bocca sostenuta.

● Montefalco Sagrantino '08	🍷🍷 6
○ Grechetto dell'Umbria '10	🍷 3
● Montefalco Rosso '09	🍷 4
● Montefalco Sagrantino Passito '08	🍷 6

Terre del Carpine
VIA FORMANUOVA, 87
06063 MAGIONE [PG]
TEL. 075840298
www.terredelcarpine.it

Meritato ingresso in Guida per Terre del Carpine, realtà cooperativa di Magione che può contare su 200 soci conferitori. Il vino più convincente è il Grìeco '10, un Colli del Trasimeno Grechetto che profuma di fiori e frutti a pasta bianca, mentre al palato è fresco, di ottima bevibilità e delineato da una sensazione ammandorlata che lo spinge in un finale profondo.

○ C. del Trasimeno Grechetto Grìeco '10	🍷🍷 3*
○ Albaja '10	🍷 3
● C. del Trasimeno Rosso Erceo '09	🍷 2
● Sangiovese '10	🍷 4

Terre Margaritelli
FRAZ. CHIUSACCIA
LOC. MIRALDUOLO
06089 TORGIANO [PG]
TEL. 0757824668
www.terremargaritelli.com

È il Greco di Renabianca il vino più convincente della batteria proposta quest'anno dall'azienda di Torgiano. Il Grechetto di casa Margaritelli in versione 2010 profuma di frutto a pasta bianca, cereali ed erbe di campo. In bocca è sapido, si avverte una leggera percezione tannica e il finale è pulito anche se leggermente contratto.

○ Greco di Renabianca '10	🍷 4
● Malot '09	🍷 4
○ Pietramala '10	🍷 3
● Roccascossa '09	🍷 3

Vallantica
LOC. VALLE ANTICA, 280
05029 SAN GEMINI [TR]
TEL. 0744306016
www.vallantica.com

È senza dubbio il Grechetto il vino più interessante proposto da Vallantica. Il millesimo 2010 offre note complesse e fini di frutto a pasta bianca, fiori di campo e camomilla. Al palato è sapido, mostra una morbidezza iniziale ben bilanciata da freschezza e mineralità che rendono il vino profondo e disteso.

○ Grechetto dell' Umbria '10	🍷🍷 4

Zanchi
VIA ORTANA, 122
05022 AMELIA [TR]
TEL. 0744970011
azagr.zanchi@tiscali.it

C'è un gran bel fermento nell'Umbria del vino dopo qualche stagione apparentemente più statica. E il merito è anche di nuovi inserimenti come l'azienda amerina della famiglia Zanchi, che piazza subito a un passo dalla finale l'ampio e disteso Rosso Superiore Sciurio '05, base sangiovese con canaiolo e merlot.

● C. Amerini Rosso Sup. Sciurio '05	🍷🍷 4
● Ciliegiolo '10	🍷 3
⊙ Tomeo Rosato '10	🍷 3

LAZIO

Il Lazio quest'anno, anche senza brillare in modo particolare, allinea una serie di novità interessanti e stimolanti in prospettiva, che vanno dalle azienda premiate a un più ampio ragionamento su zone e vitigni. Un nome nuovo infatti si aggiunge alla lista dei pochi ad aver ottenuto i Tre Bicchieri in regione. È quello della Casale Marchese, che con il Clemens '09, blend di malvasia e chardonnay realizzato nella zona dei Castelli Romani, ottiene il nostro premio, a riprova delle possibilità di questo territorio. Discorso più complesso evidentemente per quanto riguarda denominazioni, zone e vitigni, a partire da un Frascati che continua a ridisegnare le sue caratteristiche produttive alla ricerca di un maggiore potenziale qualitativo, potenziale che però deve essere sfruttato con maggiore decisione dalle aziende della denominazione. Il fenomeno più coinvolgente sembra essere quello della rinascita dell'aleatico nel Viterbese, con una serie di aziende sempre più attente a produrre vini di qualità partendo da questo vitigno, sia nella classica versione dolce o liquorosa, che secca o addirittura vinificandolo in bianco. Ci piacerebbe vedere la stessa voglia di crescere anche con il grechetto, che a nostro parere resta il vitigno dalle maggiori potenzialità della Valle Teverina. Non va sottovalutata poi la nuova dimensione che sta acquisendo il cesanese, sia nella zona del Piglio che, e questa è una vera novità, in quella di Olevano Romano, con una serie di produttori alla ricerca della soluzione in grado di dare allo stesso tempo ricchezza, profondità ed equilibrio a questo vitigno così difficile e affascinante. Per quanto riguarda la provincia di Latina invece, a parte una zona di Cori di cui continuiamo ad aspettare il definitivo salto di qualità, ci sembra che ci sia una crescita più tranquilla e costante, ma non per questo di minore rilievo, intesa a sfruttare al meglio quello che suolo e vitigni possono offrire. A proposito dei Tre Bicchieri, quest'anno il Lazio ne ottiene 4. Accanto al già citato Clemens '09 di Casale Marchese troviamo solo delle conferme: oltre a Poggio Le Volpi, che ribadisce il successo dell'anno scorso con il Frascati Superiore Epos '10, arriva l'ennesimo premio a un vino di Sergio Mottura, ottenuto questa volta dal Grechetto Poggio della Costa '10 dopo un serrato ballottaggio con l'altro grande vino aziendale, il Grechetto Latour a Civitella '09, e ritroviamo l'eterno Montiano della Falesco, un Merlot che anche nella versione '09 dimostra di avere una marcia in più rispetto al resto della produzione rossista della regione. A chiudere, una bella soddisfazione per tutta la regione. Quest'anno il premio come viticoltore dell'anno va a Sergio Mottura, da sempre produttore biologico e che proprio per questo ha scelto l'istrice come simbolo della sua azienda.

LAZIO 788

Marco Carpineti
LOC. CAPO LE MOLE
SP VELLETRI-ANZIO, KM 14,300
04010 CORI [LT]
TEL. 069679860
www.marcocarpineti.it

VENDITA DIRETTA
VISITA SU PRENOTAZIONE

PRODUZIONE ANNUA 100.000 bottiglie
ETTARI VITATI 41.00
VITICOLTURA Biologico Certificato

La decisione di far confluire tutti i suoi vini nell'IGT Lazio, uscendo dalla denominazione Cori, è - paradossalmente - un atto d'amore di Marco Carpineti per la sua terra, che vorrebbe valorizzata da una normativa sempre più chiara e adeguata. Le vigne hanno una certificazione biologica che risale al 1994 e i vini sono rimasti della solita, elevata qualità, ed esprimono al meglio, dal Nero buono al Cesanese, dal Bellone al Greco Moro, il terroir vulcanico con scheletro di tufo e calcareo che li contraddistingue. Sulle colline, a circa 200-250 metri di quota, vigneti e oliveti si dividono da sempre gli spazi, in uno skyline immutato da secoli e che proprio da ciò trae la sua forza.

Non sorprende l'omogeneità della batteria di quest'anno. Come punta si conferma il Marco Carpineti Brut, questa volta nella versione Trentamesi '07, un metodo classico da bellone ancora agli inizi ma di sicuro avvenire: fiori primaverili, pesca bianca, accenni mentolati in una bella corrispondenza gusto olfattiva. Sempre di buon livello il Moro '09, che sa evocare dai frutti esotici alle spezie orientali, e il Dithyrambus '07, dalla bocca ricca e polposa. Quasi imbattibili per rapporto qualità prezzo i due Capolemole.

Casale del Giglio
LOC. LE FERRIERE
S.DA CISTERNA-NETTUNO KM 13
04100 LATINA
TEL. 0692902530
www.casaledelgiglio.it

VENDITA DIRETTA
VISITA SU PRENOTAZIONE

PRODUZIONE ANNUA 1.200.000 bottiglie
ETTARI VITATI 164.00

Mercanti di vino i Santarelli lo sono stati fin dal 1914 e, alla quarta generazione, Antonio prosegue con orgoglio nel progetto di famiglia, in particolare con la tenuta a Le Ferriere, voluta e creata nel 1985 dal padre Dino. Qui, in un territorio inesplorato e sottovalutato di costa e pianura ma che rivelò subito un microclima non dissimile da bordolese e California, una lunga ricerca scientifica ha selezionato i più adatti vitigni internazionali che, sotto le cure dell'enologo Paolo Tiefenthaler, danno vita, ormai da anni, a un'ampia gamma di vini che si sono saputi porre come antesignani della ritrovata qualità della vitivinologia della provincia di Latina.

In primis, come sempre, il Mater Matuta '08, da syrah e petit verdot, balsamico, speziato e con note di frutti neri, una garanzia in termini di affidabilità, anno dopo anno, cui ha fatto compagnia alle finali un Cabernet Sauvignon '08 forse al suo top nell'equilibrio fra frutto e legni. Ma ci piace spendere un'attenzione in più sulla batteria dei bianchi, mai così compatta nella sua qualità, dove all'elegante Antinoo '09 fanno corona un varietale Sauvignon '10 e un Petit Manseng '10 ricco e intenso, quasi aromatico. Bene anche il dolce Aphrodisium '10, sostenuto da un nerbo acido che elimina ogni rischio di stucchevolezza.

○ Marco Carpineti Brut Trentamesi '07	4
○ Collesanti '10	3*
○ Cori Bianco Capolemole '10	3*
● Cori Rosso Capolemole '09	3
● Dithyrambus '07	5
○ Ludum '08	5
○ Moro '09	4
⊙ Os Rosae '10	4*
● Tufaliccio '10	3*
○ Marco Carpineti Brut '08	4*
○ Moro '08	4*
○ Moro '07	4*
○ Moro '06	4*

● Cabernet Sauvignon '08	5
● Mater Matuta '08	7
○ Antinoo '09	4
○ Aphrodisium '10	6
○ Chardonnay '10	4*
● Madreselva '08	5
○ Petit Manseng '10	4
● Petit Verdot '09	4*
○ Sauvignon '10	4*
⊙ Albiola '10	4
● Merlot '09	4
○ Satrico '10	3
● Shiraz '09	4
● Madreselva '07	5
● Mater Matuta '07	7

LAZIO

Casale della Ioria
p.zza Regina Margherita, 1
03010 Acuto [FR]
Tel. 077556031
www.casaledellaioria.com

VENDITA DIRETTA
VISITA SU PRENOTAZIONE

PRODUZIONE ANNUA 70.000 bottiglie
ETTARI VITATI 35.00

Da oltre vent'anni Paolo Perinelli segue in prima persona non solo l'azienda di famiglia ma la valorizzazione dell'intero comprensorio del Cesanese che può celebrare, anche per merito suo, sia la raggiunta Docg che, soprattutto, standard qualitativi finalmente adeguati. La tenuta può vantare specifici cloni di cesanese che da sempre si esprimono al meglio nei vigneti di proprietà, ai piedi dei monti Ernici, caratterizzati da terreni vulcanici o argillosi sub-acidi, con impianti a Guyot e un'età media ottimale di circa trent'anni. Da qualche anno trova spazio, in un progetto da seguire con interesse, il recupero dell'olivella di Esperia, un vitigno autoctono pressoché estinto.

Come sempre spicca il Torre del Piano '09, una delle interpretazioni più ortodosse, e insieme moderna e articolata, del vitigno cesanese: ampio, rotondo, di grande pulizia gusto olfattiva. Alla sua seconda uscita il Campo Nuovo '09 ha già fatto il salto di qualità che chiedevamo, per esprimersi in modo appagante soprattutto al palato. Più semplice il base, fresco e immediato, mentre il giovanissimo L'Olivella '10 ha una bella polpa di frutti di bosco ma pecca in struttura. Sa farsi piacere il Colle Bianco '10, da uve passerina, un'esplosione di fiori primaverili in una giusta freschezza.

Casale Marchese
via di Vermicino, 68
00044 Frascati [RM]
Tel. 069408932
www.casalemarchese.it

VENDITA DIRETTA
VISITA SU PRENOTAZIONE

PRODUZIONE ANNUA 200.000 bottiglie
ETTARI VITATI 40.00

L'azienda della famiglia Carletti si trova in una delle zone più vocate della denominazione Frascati. È all'interno del casale, risalente al XVIII secolo e che poggia su due antiche cisterne romane, che si trova la cantina, di recente completamente rinnovata. I vigneti, di giacitura collinare, sono situati su un terreno di origine vulcanica, e i vitigni coltivati, sia autoctoni che internazionali, sono quelli tipici dei Castelli Romani. I vini prodotti sono d'impostazione moderna, con una particolare attenzione, per quanto riguarda i bianchi, all'aromaticità e alla freschezza.

Conquista per la prima volta i Tre Bicchieri il Clemens '09, blend di malvasia puntinata e chardonnay di bella finezza, dai profumi floreali, con note di mandorla e anice, e dal palato coerente, ricco e armonico, con un lungo finale grasso e fresco allo stesso tempo. Molto ben realizzato anche il Frascati Superiore Casale Marchese '10, di grande tipicità e tra i migliori della denominazione, in cui spiccano sentori di mela verde, cedro, pompelmo e mandorla, mentre il palato pur di grande piacevolezza si appesantisce per un residuo zuccherino forse eccessivo. Corretti infine gli altri vini presentati.

● Cesanese del Piglio Torre del Piano '09	5
● Cesanese del Piglio Campo Nuovo '09	3*
● Cesanese del Piglio '09	4
○ Colle Bianco '10	3
● L'Olivella '10	4
● Cesanese del Piglio '08	4*
● Cesanese del Piglio Torre del Piano '08	5
● Cesanese del Piglio Torre del Piano '07	5
○ Colle Bianco '07	3*
● L'Olivella '07	4

○ Clemens '09	4
○ Frascati Sup. '10	3*
● Novum '10	4
● Rosso di Casale Marchese '10	4
○ Frascati Sup. '09	3
○ Frascati Sup. '08	3*

LAZIO

Cincinnato
VIA CORI-CISTERNA KM 2
04010 CORI [LT]
TEL. 069679380
www.cantinacincinnato.it

VENDITA DIRETTA
VISITA SU PRENOTAZIONE

PRODUZIONE ANNUA 300.000 bottiglie
ETTARI VITATI 400.00
VITICOLTURA Biologico Certificato

La filosofia della Cincinnato è ben chiara: duecento soci conferitori che, sotto la guida di Nazareno Milita, presidente, e Carlo Morettini, enologo, hanno l'obiettivo di esaltare al massimo i vitigni autoctoni nero buono e bellone, sfruttando la qualità di terreni collinari di tipo argillo-sabbiosi (significativo che i vigneti siano seguiti direttamente dalla cooperativa e che le uve siano pagate a ettaro e non a quintali, per evitare la tentazione di iperproduzioni penalizzanti della qualità). Un progetto articolato, oggi più attento anche ai mercati esteri, e che si arricchirà, dal marzo 2012, di un agriturismo con camere, ristorante e fattoria didattica.

Torna alle finali il Bellone '09, che ha tutto ciò che si può chiedere a un bianco: piacevole nella beva, con note di agrumi nobili e frutti esotici, ma anche persistente, ampio ed equilibrato. Vitigno bellone protagonista, con risultati più che discreti, anche nell'Illirio '10 e nel Brut, ma soprattutto nell'ottima versione del Castore '10, dalle note floreali, di anice e di pesca gialla. Una bella sorpresa anche il Solina '08, dai toni di miele di castagno e frutta candita, mai così buono, per cui quest'anno è la batteria dei rossi a brillare di meno, con i capofila, Nero Buono '08 e Raverosse '08, non del tutto armonici fra un naso già terziario e una bocca ancora giovane.

○ Bellone '09	🍷 4*
○ Castore '10	🍷🍷 2*
○ Solina V. T. '08	🍷🍷 5
● Arcatura '09	🍷 4
○ Brut Cincinnato Spumante	🍷 2
○ Cori Bianco Illirio '10	🍷 3
● Cori Rosso Raverosse '08	🍷 3
● Nero Buono '08	🍷 4
○ Bellone '08	🍷🍷 4*
○ Bellone '06	🍷🍷 4*
○ Cori Bianco Illirio '08	🍷🍷 3*
● Cori Rosso Raverosse '07	🍷🍷 3*
● Nero Buono '07	🍷🍷 4*
● Nero Buono '06	🍷🍷 4*

Antonello Coletti Conti
VIA VITTORIO EMANUELE, 116
03012 ANAGNI [FR]
TEL. 0775728610
www.coletticonti.it

VENDITA DIRETTA
VISITA SU PRENOTAZIONE

PRODUZIONE ANNUA 20.000 bottiglie
ETTARI VITATI 20.00

Le colline del Piglio rappresentano le ultime propaggini dei Castelli Romani, e sono caratterizzate da terre rosse, ricche di potassio e dal ph acido. Da secoli sono l'habitat ideale per il cesanese, che Antonello Coletti Conti interpreta in chiave moderna ma rispettosa della tradizione. Non manca tuttavia la ricerca, che spazia da alcuni vitigni bordolesi a un ben attecchito incrocio Manzoni che già il nonno di Antonello, enologo e allievo del professor Manzoni, aveva sperimentato. Il risultato è quello di un'azienda dinamica che presto si aprirà a nuovi progetti, come la valorizzazione della locale passerina del frusinate.

Il Cesanese del Piglio Romanico '09 può sembrare, all'inizio, meno imponente (e importante) di annate precedenti, ma sa poi conquistare con l'equilibrio, la morbidezza, la lunghezza che ne caratterizzano la bocca, dove ritornano le splendide note di ciliegie e frutti rossi del naso. Una nuova cifra stilistica, dunque, che già da ora lo porta alle finali e lo candida a nuovi successi. Più immediato e semplice, ma di grande pulizia e correttezza, l'Hernicus '10, mentre il Cosmato '09 non è stato prodotto. L'Arcadia Incrocio Manzoni, infine, è a sua volta meno estremo (anche nell'alcol) che in passato, e il mix di suadenza e nerbo acido, frutti gialli e spezie, lo mantiene complesso ma insieme più fruibile.

● Cesanese del Piglio Romanico '09	🍷 6
○ Arcadia '10	🍷🍷 4
● Cesanese del Piglio Hernicus '10	🍷🍷 4
● Cesanese del Piglio Romanico '07	🍷🍷🍷 6
○ Arcadia '07	🍷🍷 4
● Cesanese del Piglio Hernicus '09	🍷🍷 4
● Cesanese del Piglio Hernicus '06	🍷🍷 4*
● Cesanese del Piglio Hernicus '05	🍷🍷 4
● Cesanese del Piglio Romanico '08	🍷🍷 6
● Cesanese del Piglio Romanico '06	🍷🍷 6
● Cosmato '08	🍷🍷 6
● Cosmato '07	🍷🍷 6

Colle Picchioni
Paola Di Mauro

LOC. FRATTOCCHIE
VIA COLLE PICCHIONE, 46
00040 MARINO [RM]
TEL. 0693546329
www.collepicchioni.it

VENDITA DIRETTA
VISITA SU PRENOTAZIONE

PRODUZIONE ANNUA 100.000 bottiglie
ETTARI VITATI 26.00
VITICOLTURA Naturale

Nei Castelli Romani la piccola cantina della famiglia Di Mauro è da ormai quasi quarant'anni una protagonista assoluta della vitivinicoltura regionale. Nata nel 1976 e condotta prima da Paola e poi da suo figlio Armando, ora affiancato dal nipote Valerio, la Colle Picchioni si trova sulla via Appia, a meno di venti chilometri dal centro di Roma. I vigneti si estendono tutto intorno alla sede aziendale, dove in particolare si trova il vigneto del Vassallo, il vino simbolo di questa azienda. Le uve rosse sono principalmente quelle bordolesi, mentre le uve bianche vanno dalle classiche malvasia e trebbiano al semillon.

Il Vassallo '09, il più famoso blend bordolese del Lazio, conferma il suo rango, raggiungendo anche quest'anno le nostre finali. Al naso emergono note di olive nere, frutti rossi, sfumature di sottobosco e goudron, mentre il palato è di buona materia e spessore, forse non elegantissimo ma ricco di frutto. Piacevoli e ben realizzati poi il Perlaia '10, uvaggio paritario di merlot, cabernet e sangiovese, dai sentori di frutti di bosco, di buone tenuta e persistenza, e il Collerosso '10, da uve merlot (45%), cesanese (30%) e syrah, balsamico e speziato, più fresco e scorrevole, dallo spiccato finale di ciliegia. Meno brillanti ma sempre di buona fattura i bianchi.

● Il Vassallo '09	🍷🍷 6
● Collerosso '10	🍷🍷🍷 3*
● Perlaia '10	🍷🍷🍷 4*
○ Donna Paola '10	🍷 4
○ Le Vignole '09	🍷 5
● Il Vassallo '05	🍷🍷🍷 6
● Vigna del Vassallo '01	🍷🍷🍷 6
● Vigna del Vassallo '00	🍷🍷🍷 6
● Il Vassallo '08	🍷🍷 6
● Il Vassallo '07	🍷🍷 6
○ Le Vignole '07	🍷🍷 5
○ Marino Coste Rotonde '08	🍷🍷 3*
○ Marino Donna Paola '09	🍷🍷 4
○ Marino Donna Paola '08	🍷🍷 4
● Perlaia '08	🍷🍷 4

Paolo e Noemia D'Amico

FRAZ. VAIANO
LOC. PALOMBARO
01024 CASTIGLIONE IN TEVERINA [VT]
TEL. 0761948034
www.paoloenoemiadamico.it

VENDITA DIRETTA
VISITA SU PRENOTAZIONE

PRODUZIONE ANNUA 130.000 bottiglie
ETTARI VITATI 26.00

L'azienda di Paolo e Noemia D'Amico si trova nel cuore della Tuscia, al confine tra Lazio e Umbria, con la maggior parte dei vigneti, che crescono su terreni di tipo calcareo argilloso, a costeggiare quei calanchi che sono una delle caratteristiche principali del territorio. In questi anni la produzione è cresciuta in qualità e precisione stilistica, distinguendosi per una serie di etichette realizzate principalmente con vitigni francesi e dallo stile internazionale. Il Falesia e il Calanchi di Vaiano, entrambi a base di chardonnay, sono considerati tra i vini bianchi più interessanti e affidabili del Lazio.

Da qualche anno l'attenzione nell'uso delle barrique alla D'Amico è diventata quasi maniacale. Lo dimostra questo Falesia '09, Chardonnay realizzato con un passaggio di 9 mesi in barrique in cui il legno è davvero ben integrato, mentre emergono note di frutta bianca e anice, con un palato di buona tensione, spessore e lunghezza, dal finale quasi cremoso ma nitido e fresco. L'annata non aiuta invece il Calanchi di Vaiano '10, l'altro Chardonnay della casa, realizzato solo in acciaio, pulito e di buona freschezza, dai toni di agrumi, mela golden ed erba appena tagliata. Piacevole, fresco e scorrevole il Seiano Bianco '10, da uve grechetto (80%) e sauvignon.

○ Falesia '09	🍷🍷 5
○ Calanchi di Vaiano '10	🍷🍷 4
○ Seiano Bianco '10	🍷🍷 4
○ Orvieto Noe '10	🍷 4
● Villa Tirrena '08	🍷 5
○ Calanchi di Vaiano '09	🍷🍷 4
○ Calanchi di Vaiano '08	🍷🍷 5
○ Falesia '08	🍷🍷 5
○ Falesia '07	🍷🍷 5
● Notturno dei Calanchi '08	🍷🍷 7
○ Seiano Bianco '08	🍷🍷 4*
● Villa Tirrena '07	🍷🍷 5

LAZIO

★Falesco
LOC. SAN PIETRO
05020 MONTECCHIO [TR]
TEL. 07449556
www.falesco.it

VENDITA DIRETTA
VISITA SU PRENOTAZIONE
OSPITALITÀ

PRODUZIONE ANNUA 2.500.000 bottiglie
ETTARI VITATI 370.00

L'azienda dei fratelli Renzo e Riccardo Cotarella in poco più di trent'anni si è imposta come una delle più importanti realtà produttive del centro Italia. Le tenute si estendono dalle colline vicino al lago di Bolsena fino a quelle che circondano Orvieto, su suoli prevalentemente d'origine vulcanica e sedimentaria, cui vanno aggiunti i terreni di Gualdo Tadino, da cui nasce il Sagrantino di Montefalco. Le uve vanno da quelle autoctone, come il roscetto, a quelle internazionali, a partire dal merlot, per una serie di etichette che riescono a soddisfare tutti i consumatori, da chi ama i vini importanti, avvolgenti e di grande struttura, a chi preferisce prodotti di più facile beva.

Ennesimo Tre Bicchieri per il Montiano, Merlot in purezza che ha fatto la storia del vino italiano. Il 2009 ha un bouquet ampio, con sentori di prugna, chiodi di garofano e olive nere, mentre il palato evidenzia toni più balsamici, con le classiche note di tabacco, spezie e frutti neri; il finale è lungo e vellutato. Spicca il nuovo 30° Anniversario '09, intenso e complesso, con note di macchia mediterranea e frutti neri, mentre sono sempre una sicurezza il Marciliano '08, uvaggio di cabernet sauvignon (70%) e franc, varietale, fruttato e succoso, o il Tellus Syrah '10, fruttato e scorrevole.

Fontana Candida
VIA FONTANA CANDIDA, 11
00040 MONTE PORZIO CATONE [RM]
TEL. 069401881
www.fontanacandida.it

VENDITA DIRETTA
VISITA SU PRENOTAZIONE
RISTORAZIONE

PRODUZIONE ANNUA 5.000.000 bottiglie
ETTARI VITATI 97.00

Fontana Candida è uno dei marchi più conosciuti del GIV (Gruppo Italiano Vini). Situata a Monteporzio Catone, nel cuore del comprensorio del Frascati, propone un'ampia serie di etichette, con una particolare attenzione al Frascati. I vini sono caratterizzati da equilibrio, buona ricchezza aromatica, precisione tecnica e nitidezza, nel tentativo di indicare una strada innovativa ma anche affidabile per tutta la denominazione. L'azienda, oltre alle uve provenienti dai vigneti di proprietà, impiantati su terreni caratterizzati da pozzolane e ceneri vulcaniche che hanno dato origine a suoli sabbiosi ricchi di sali minerali, segue con i propri tecnici circa 200 viticoltori conferitori.

Il Frascati Superiore Luna Mater '10 è senza dubbio uno dei migliori vini della denominazione, e anche quest'anno raggiunge le nostre finali. Ai profumi di lime, pesca bianca e mela granny smith, con una sfumatura di anice, fa seguito un palato fresco e di buon frutto, anche se forse ancora un po' verde e da attendere. Si fa invece preferire il Frascati Superiore Terre dei Grifi '10, intenso ai profumi con note di frutto della passione e una spiccata aromaticità, al più titolato Frascati Vigneto Santa Teresa '10, più semplice e di media lunghezza, con sentori di mentuccia. Ben realizzata la Malvasia '10, con note di salvia, mela golden ed erba tagliata.

● Montiano '09	▼▼▼	6
● 30° Anniversario '09	▼▼	5
● Marciliano '08	▼▼	7
● Tellus Syrah '10	▼▼	4*
○ Est Est Est di Montefiascone Poggio dei Gelsi '10	▼	4
○ Vitiano Bianco '10	▼	3
⊙ Vitiano Rosato '10	▼	3
● Vitiano Rosso '10	▼	3
● Marciliano '04	▼▼▼	6
● Montiano '08	▼▼▼	6
● Montiano '07	▼▼▼	6
● Montiano '06	▼▼▼	6
● Montiano '05	▼▼▼	6
● Montiano '03	▼▼▼	6
● Montiano '01	▼▼▼	6

○ Frascati Sup. Luna Mater '10	▼▼	5
○ Frascati Sup. Terre dei Grifi '10	▼▼	3*
○ Malvasia '10	▼▼	4*
○ Frascati Vign. Santa Teresa '10	▼	4
● Siroe '10	▼	5
○ Frascati Sup. Luna Mater '09	▼▼	5
○ Frascati Sup. Luna Mater '08	▼▼	5
○ Frascati Sup. Luna Mater '07	▼▼	6
○ Frascati Sup. Santa Teresa '09	▼▼	4*
○ Frascati Sup. Santa Teresa '07	▼▼	5
● Kron '07	▼▼	5
○ Malvasia '09	▼▼	4*
○ Malvasia '08	▼▼	4
○ Malvasia '07	▼▼	5

Marcella Giuliani

Loc. Vico Moricino
via Anticolana, km 5
03012 Anagni [FR]
Tel. 0644235908
www.aziendaagricolamarcellagiuliani.it

VENDITA DIRETTA
VISITA SU PRENOTAZIONE

PRODUZIONE ANNUA 31.000 bottiglie
ETTARI VITATI 10.70
VITICOLTURA Biologico Certificato

Donna del vino per eccellenza, Marcella Giuliani sa coniugare il rispetto della tradizione familiare (l'attuale proprietà risale al 1870) con un piglio imprenditoriale giustamente moderno, che va dalla specializzazione delle colture – vigneti e oliveti – alla progressiva eliminazione dell'utilizzo di composti chimici. La consulenza di Riccardo Cotarella permette poi di ottenere il meglio da vigneti già di loro ben vocati, con altitudine intorno ai 350 metri, impiantati a cordone speronato e con una densità di oltre 5000 ceppi per ettaro. Le giuste attenzioni ai due vitigni autoctoni, cesanese e passerina, non impediscono peraltro qualche interessante ricerca con cabernet e petit verdot.

Quest'anno l'azienda ha proposto la novità di un'edizione speciale del Dives, la Riserva del Fondatore '05 lungamente affinato, che sa unire note di frutti rossi e spezie in un contesto ancora di gioventù evolutiva: una diversa lettura del cesanese che, se sarà ripetuta, è da seguire con interesse. Bissano quasi i buoni risultati dell'anno scorso sia il Cesanese Alagna '10, appena penalizzato da tannini un po' asciuganti, che il sempre gradevole Rosato '10, mentre li migliora l'Alagna Bianco '10, da uve passerina, carico nei profumi e dalla giusta freschezza. Interessante, ma migliorabile, il recupero della storica tipologia del Cesanese dolce.

○ Alagna Bianco '10	🍷🍷 3*
○ Alagna Passerina '10	🍷🍷 3*
● Cesanese del Piglio Dives Riserva del Fondatore '05	🍷🍷 5
⊙ Alagna Rosato '10	🍷 3
● Cesanese del Piglio Alagna '10	🍷 4
● Cesanese del Piglio Passito '10	🍷 5
● Cesanese del Piglio Alagna '09	🍷🍷 4*
● Cesanese del Piglio Alagna '08	🍷🍷 3*
● Cesanese del Piglio Alagna '07	🍷🍷 3*
● Cesanese del Piglio Dives '08	🍷🍷 5
● Cesanese del Piglio Dives '07	🍷🍷 5
● Il Graffio '09	🍷🍷 4*

Antica Cantina Leonardi

via del Pino, 12
01027 Montefiascone [VT]
Tel. 0761826028
www.cantinaleonardi.it

VENDITA DIRETTA
VISITA SU PRENOTAZIONE
OSPITALITÀ

PRODUZIONE ANNUA 100.000 bottiglie
ETTARI VITATI 37.00
VITICOLTURA Biologico Certificato

L'azienda della famiglia Leonardi, cantina di Montefiascone fondata agli inizi del '900 da Domenico Leonardi, è oggi guidata dalla terza generazione, Ugo e Maria Vittoria. I vigneti di proprietà, divisi in due tenute, sono situati sulle colline circostanti il Lago di Bolsena, su terreni di origine vulcanica a circa 450 metri di altezza, e nel comune di Graffignano al confine con l'Umbria, su un altopiano a circa 400 metri di altezza che domina la valle del Tevere. La maturazione e l'affinamento dei vini si svolgono ancora in grotte scavate a mano nel lapillo vulcanico alla fine dell'800.

Le Muffe conferma come la zona di Montefiascone e della valle del Tevere siano una zona ideale per la produzione di vini dolci da uve botritizzate. Blend paritario di chardonnay e trebbiano, la versione '10 al naso ha sentori floreali, di miele e nocciola, ma soprattutto le tipiche note di albicocca disidratata, con un palato elegante, fresco ed equilibrato, aromaticamente coerente e di buona lunghezza. Ben realizzati anche il Don Carlo '08, da uve merlot (70%) e cabernet sauvignon, dai toni speziati con sfumature di tabacco, tannico e di buon frutto, e il Pensiero '10, Grechetto un po' troppo marcato dal legno, ma di buona pienezza e sapidità.

○ Le Muffe '10	🍷🍷 4*
● Don Carlo '08	🍷🍷 4*
○ Pensiero '10	🍷🍷 3*
○ Est Est Est di Montefiascone Poggio del Cardinale '10	🍷 3
○ Vivì '10	🍷 3
○ Est Est Est di Montefiascone Poggio del Cardinale '09	🍷🍷 3*
○ Est Est Est di Montefiascone Poggio del Cardinale '08	🍷🍷 3*
○ Le Muffe '09	🍷🍷 5
○ Le Muffe '08	🍷🍷 4
○ Pensiero '09	🍷🍷 3*
○ Pensiero '08	🍷🍷 3*

LAZIO

Isabella Mottura
LOC. RIO CHIARO, 1
01020 CIVITELLA D'AGLIANO [VT]
TEL. 3357077931
www.isabellamottura.com

VENDITA DIRETTA
VISITA SU PRENOTAZIONE

PRODUZIONE ANNUA 30.000 bottiglie
ETTARI VITATI 15.00

La tenuta Corte di Tregoniano è di proprietà della famiglia Mottura dal 1933. Situata nel comune di Civitella d'Agliano, lungo la valle del Tevere, conta ben 110 ettari, in cui si alternano zone boscose, pianure e colline vitate. Isabella Mottura ha preso in mano le redini dell'azienda nel 2000, con la volontà di produrre vini d'impostazione moderna, di grande pulizia e precisione aromatica. I vitigni coltivati sono grechetto, sangiovese, cabernet sauvignon, merlot e violone, un biotipo locale di montepulciano.

In una zona principalmente bianchista Isabella Mottura punta tutto sui vini rossi. Prima volta in finale per il Colli Etruschi Viterbesi Amadis '09, Violone in purezza dai toni balsamici, con sfumature di goudron e frutti neri, di buona struttura e lunghezza, ancora un po' chiuso ma molto promettente. Ben realizzato anche il Colli Etruschi Viterbesi Akemi '10, succoso, speziato, più semplice e scorrevole. Corretti infine sia il Siren '10, blend paritario di sangiovese e cabernet sauvignon dai profumi di frutti rossi e di grande piacevolezza, e il Siren Ice '10, sempre da uve sangiovese e cabernet sauvignon, fresco e fruttato.

- CEV Violone Amadis '09 — 6
- CEV Merlot Akemi '10 — 4*
- Siren '10 — 3
- Siren Ice '10 — 4
- CEV Violone Amadis '08 — 6
- Colli Etruschi Viterbesi Akemi '08 — 4*

Sergio Mottura
LOC. POGGIO DELLA COSTA, 1
01020 CIVITELLA D'AGLIANO [VT]
TEL. 0761914533
www.motturasergio.it

VENDITA DIRETTA
VISITA SU PRENOTAZIONE
OSPITALITÀ
RISTORAZIONE

PRODUZIONE ANNUA 100.000 bottiglie
ETTARI VITATI 37.00
VITICOLTURA Biologico Certificato

Basse rese per pianta, ricerca assoluta della tipicità territoriale, conduzione biologica dei vigneti e grande attenzione alla sostenibilità, grazie a un impianto fotovoltaico che permette un impatto energetico zero, qualità del lavoro in cantina: queste sono le caratteristiche dell'azienda di Sergio Mottura. I risultati sono alcuni tra i migliori vini italiani, in particolare per quanto riguarda quelli realizzati da uve grechetto. Situata sulle colline che circondano Civitella d'Agliano, in una zona storicamente vocata per la produzione di uve bianche, Mottura propone dei Grechetto in purezza di grande carattere ed eleganza, in grado di sfidare gli anni.

Il Poggio della Costa '10, la versione in acciaio, è ancora chiuso ma di grande complessità, con note di frutta bianca e nocciola e un palato nitido, teso e grintoso. Molto bello anche il Latour a Civitella '09, la versione con passaggio in barrique, profondo e complesso nei suoi toni agrumati, con sentori minerali e di spezie, di grande sapidità e personalità. Sempre all'altezza il Muffo '09, da uve botritizzate, equilibrato e dai classici aromi di albicocca disidratata e pan di spezie, l'Orvieto Vigna Tragugnano '10, fresco e piacevole, e il Nenfro '07, Montepulciano tannico e di buon frutto. Poi un'altra meritata soddisfazione: quest'anno il premio a Sergio Mottura come viticoltore dell'anno.

- ○ Grechetto Poggio della Costa '10 — 4*
- ○ Grechetto Latour a Civitella '09 — 5
- ○ Muffo '09 — 6
- ● Nenfro '07 — 5
- ○ Orvieto V. Tragugnano '10 — 4*
- ⊙ Civitella Rosato '10 — 4
- ● Civitella Rosso '10 — 4
- ○ Orvieto '10 — 4
- ○ Grechetto Latour a Civitella '06 — 5*
- ○ Grechetto Latour a Civitella '05 — 5*
- ○ Grechetto Latour a Civitella '04 — 5*
- ○ Grechetto Latour a Civitella '01 — 4
- ○ Grechetto Poggio della Costa '09 — 4*
- ○ Grechetto Poggio della Costa '08 — 4*

Principe Pallavicini

via Casilina km 25,500
00030 Colonna [RM]
Tel. 069438816
www.vinipallavicini.com

VENDITA DIRETTA
VISITA SU PRENOTAZIONE
RISTORAZIONE

PRODUZIONE ANNUA 556.500 bottiglie
ETTARI VITATI 80.00

La famiglia nobiliare dei Pallavicini opera in ambito agricolo a Colonna fin dal 1600. Oggi è una delle più importanti realtà dei Castelli Romani, in particolare della denominazione Frascati, cui ha aggiunto da diversi anni una tenuta nella bassa Maremma a Cerveteri dove, grazie a un microclima caldo e asciutto e a un terreno molto calcareo, con uno scheletro abbondante, produce i vini rossi della gamma aziendale. Il centro operativo dell'azienda resta comunque la tenuta di Colonna, che oltre alla sede, con la cantina e le grotte di invecchiamento, può contare sul più ampio vigneto del Frascati, ben 50 ettari. I vini sono impostati su una ricerca di struttura e di ricchezza di frutto.

Il progetto del 1670, uvaggio di malvasia puntinata (60%) e semillon, si conferma come il vero punto di riferimento per l'azienda. La versione '09 è elegante, con sentori di frutta a polpa bianca, cedro e salvia, ricco, nitido e piacevole. Sempre di buon livello lo Stillato '10, vendemmia tardiva di malvasia puntinata, dai toni di resina, albicocca disidratata e sfumature di erbe aromatiche, dal palato coerente, fresco ed equilibrato. Fra i rossi ci è piaciuto soprattutto il Soleggio '08, Cabernet Sauvignon in cui al naso spiccano note di macchia mediterranea e frutti rossi, mentre il palato è più varietale e di buona intensità.

○ 1670 '09	🍷🍷 5
● Soleggio '08	🍷🍷 4
○ Stillato '10	🍷🍷 5
● Amarasco '09	🍷 5
○ Frascati Sup. Poggio Verde '10	🍷 4
● Syrah '10	🍷 4
○ 1670 '08	🍷🍷 5
○ 1670 '07	🍷🍷 5
○ Frascati Sup. Poggio Verde '09	🍷🍷 4*
● Soleggio '06	🍷🍷 4
○ Stillato '09	🍷🍷 5
○ Stillato '08	🍷🍷 5

Poggio Le Volpi

via Colle Pisano, 27
00040 Monte Porzio Catone [RM]
Tel. 069426980
www.poggiolevolpi.it

VENDITA DIRETTA
VISITA SU PRENOTAZIONE

PRODUZIONE ANNUA 224.000 bottiglie
ETTARI VITATI 30.00

In quindici anni Poggio le Volpi, creata nel 1996 da Felice Mergè, ha saputo diventare una delle aziende più in vista dei Castelli Romani. Sperimentazioni nelle vinificazioni, accurate selezioni in vigna e la ricerca di nuove strade espressive permettono di realizzare vini moderni di notevole personalità. Nel corso di questi anni le uve utilizzate per le varie etichette sono diventate quasi esclusivamente quelle autoctone, sia per i bianchi, tra cui spiccano i Frascati, che per il rosso, frutto di un inedito, per i Castelli, Nero Buono in purezza. I vigneti sono situati a Monteporzio Catone, su suoli vulcanici a 400 metri di altitudine.

L'azienda di Felice Mergè conferma il suo alto livello qualitativo. Il Frascati Superiore Epos '10 ha profumi agrumati, con sfumature di pesca e fiori bianchi, e un palato fresco, nitido e di buona tensione. Belli anche il Frascati Cannellino, ricco nelle sue note di albicocca, miele, fichi secchi e pan di spezie, morbido, pieno ed equilibrato, e il Donnaluce '10, uvaggio di malvasia puntinata (60%), greco (30%) e chardonnay, dagli ampi profumi aromatici, che vanno dall'anice alla salvia, e dal palato coerente anche se leggermente dolce. A chiudere il Nero Buono Baccarossa '09, ricco, profondo, dai sentori di piccoli frutti neri e macchia mediterranea, giustamente tannico, lungo e piacevole.

○ Frascati Sup. Epos '10	🍷🍷🍷 4*
● Baccarossa '09	🍷🍷 5
○ Donnaluce '10	🍷🍷 4
○ Frascati Cannellino	🍷🍷 4*
○ Frascati Sup. Epos '09	🍷🍷🍷 4*
● Baccarossa '08	🍷🍷 5
● Baccarossa '07	🍷🍷 5
● Baccarossa '06	🍷🍷 5
○ Donnaluce '09	🍷🍷 4
○ Donnaluce '07	🍷🍷 4*
○ Frascati Sup. Epos '08	🍷🍷 4*
○ Frascati Sup. Epos '07	🍷🍷 4*
○ Passito Odôs '06	🍷🍷 5

LAZIO

Sant'Andrea
LOC. BORGO VODICE
VIA RENIBBIO, 1720
04010 TERRACINA [LT]
TEL. 0773755028
www.cantinasantandrea.it

VENDITA DIRETTA
VISITA SU PRENOTAZIONE

PRODUZIONE ANNUA 500.000 bottiglie
ETTARI VITATI 70.00

Moscato di Terracina e Sant'Andrea: un binomio ormai indissolubile, che da un lato ha promosso questo vitigno da uva da tavola prima e vino del contadino poi al rango di una denominazione di grande interesse; e dall'altro un'azienda che ne è stata la prima e ancor oggi la migliore interprete. Giovanni e Andrea Pandolfo lo realizzano in ben cinque versioni (secco, amabile, dolce, spumante secco e amabile), sfruttando l'habitat ideale dato da vigneti su terre rosse argillose, sia nelle zone storiche d'impianto che nei sette ettari delle più recenti acquisizioni. Terreni sabbiosi, invece, per i vini della denominazione Circeo, che valorizza altri vitigni locali, dal trebbiano al cesanese.

La conferma è venuta dall'exploit dell'Oppidum '10, di nuovo alle finali, di un aromatico ricco ma insieme elegante, fino a note di bucce d'arancia, e un finale molto lungo. Bella anche la versione spumante, in cui il metodo charmat trae il meglio del varietale. In attesa dell'uscita del Circeo Rosso Sogno '09 sono ancora gli altri bianchi a spiccare, dal Riflessi '10, dalle note di frutta a polpa bianca e col suo piacevole ammandorlato, all'intenso e carico Dune '09, per finire col Capitolium '10, in una nuova interpretazione aziendale, più di eleganza che di potenza, che sembra ben promettere per le prossime versioni.

Trappolini
VIA DEL RIVELLINO, 65
01024 CASTIGLIONE IN TEVERINA [VT]
TEL. 0761948381
www.trappolini.com

VENDITA DIRETTA
VISITA SU PRENOTAZIONE

PRODUZIONE ANNUA 150.000 bottiglie
ETTARI VITATI 25.00

Da circa mezzo secolo la famiglia Trappolini è una delle indiscusse protagoniste del panorama vitivinicolo della Teverina Viterbese. In questa zona, considerata da molti come particolarmente vocata per le uve bianche, l'azienda ha deciso invece di puntare soprattutto su quelle rosse, come sangiovese, aleatico e montepulciano, con risultati di grande rilievo. La maggior parte dei vigneti si trova attorno alla sede aziendale, per vini tecnicamente ineccepibili, in cui si esprime anche il carattere territoriale.

Buona prestazione complessiva dei vini della Trappolini. A cominciare dal Sangiovese Paterno '09, che ha profumi di frutti rossi, spezie, goudron, e un palato di buona materia, pulito e lungo. Ben realizzati l'Est Est Est di Montefiascone '10, tra i migliori della denominazione, con note di erbe aromatiche e susina bianca al naso, e dal palato pulito, agrumato e piacevole, il Brecceto '10, uvaggio paritario di grechetto e chardonnay, di buon frutto e scorrevole, il Sartei '10, da trebbiano e malvasia, erbaceo, di buona grinta e tensione. Da segnalare infine l'Idea '10, Aleatico dai toni di miele, spezie, frutta secca e dal palato di buona struttura, dolce, con note floreali e di macchia mediterranea.

○ Moscato di Terracina Secco Oppidum '10	🍷🍷 4*
○ Circeo Bianco Dune '09	🍷🍷 4*
○ Circeo Bianco Riflessi '10	🍷🍷 3*
○ Moscato di Terracina Passito Capitolium '10	🍷🍷 5
○ Moscato di Terracina Secco Oppidum Spumante '10	🍷🍷 4*
⊙ Circeo Rosato Riflessi '10	🍷 3
● Circeo Rosso Incontro al Circeo '09	🍷 3
● Circeo Rosso Riflessi '10	🍷 3
○ Moscato di Terracina Amabile Templum '10	🍷 4
○ Moscato di Terracina Amabile Templum Spumante '10	🍷 4
● Circeo Rosso Il Sogno '03	🍷🍷 4*
○ Moscato di Terracina Passito Capitolium '04	🍷🍷 3*
○ Moscato di Terracina Secco Oppidum '08	🍷🍷 3*
○ Moscato di Terracina Secco Oppidum '07	🍷🍷 3*

○ Brecceto '10	🍷🍷 4
○ Est Est Est di Montefiascone '10	🍷🍷 2*
● Idea '10	🍷🍷 4
● Paterno '09	🍷🍷 4
○ Sartei '10	🍷🍷 2*
● Cenereto '10	🍷 3
○ Brecceto '08	🍷🍷 4*
● Cenereto '09	🍷🍷 3*
● Cenereto '08	🍷🍷 3*
● Idea '09	🍷🍷 4
● Idea '08	🍷🍷 4
● Paterno '08	🍷🍷 4*
● Paterno '07	🍷🍷 4*
○ Sartei '09	🍷🍷 2*

LAZIO

LE ALTRE CANTINE

Borgo Santa Maria
VIA SANTA MARIA, 2470
04010 LATINA
TEL. 0773643009
www.cantinasantamaria.it

Debutta bene in Guida questa storica cantina sociale, capace di unire grandi numeri e cura produttiva. Lo dimostra anche l'anno in più di vetro riservato ai bianchi, che ne giovano in termini di equilibrio e ampiezza. Vitigni internazionali per i rossi, con merlot e cabernet a maturare un anno nelle barrique dello Strada del Passo '08.

○ Terre d'Astura Chardonnay '09	3*
○ Terre d'Astura Syrah '09	3*
○ Strada del Passo Bellone '09	4
● Strada del Passo Rosso '08	4

Casale Cento Corvi
VIA AURELIA KM 45,500
00052 CERVETERI [RM]
TEL. 069903902
www.casalecentocorvi.com

Il nome di questa azienda è noto per il recupero di un vitigno locale, il giacchè, da cui si ricavano due vini, il Giacchè e il Giacchè Passito. Quest'anno ci è piaciuto particolarmente il Giacchè Passito '10, caratterizzato da sentori di ciliegia nera, goudron e spezie. Corrette le altre etichette.

● Giacchè Passito '10	6
● Giacchè '09	7
● Kantharos Rosso '09	5
○ Zilath Bianco '08	2

Castel de Paolis
VIA VAL DE PAOLIS
00046 GROTTAFERRATA [RM]
TEL. 069413648
www.casteldepaolis.it

Questa importante cantina dei Castelli Romani si è distinta quest'anno per la produzione del Frascati Cannellino '10, uno dei migliori di questa tipologia, caratterizzato da note di salvia e miele d'acacia e da un palato equilibrato e di buona freschezza. Corrette ma senza brillare le altre etichette.

○ Frascati Cannellino '10	4
○ Campo Vecchio Bianco '10	4
○ Donna Adriana '10	5
● Quattro Mori '07	6

Cavalieri
VIA MONTECAGNOLO, 16
00045 GENZANO DI ROMA [RM]
TEL. 069375807
www.aziendaagricolacavalieri.it

Buoni quest'anno in particolare il Teresa '10, da malvasia puntinata (40%), grechetto (40%) e bellone, dai profumi di agrumi e noce moscata e dal palato nitido, agrumi e abbastanza lungo, e l'Infiorata '10, da uve malvasia puntinata (50%), trebbiano (30%) e grechetto, scorrevole e pulito, dai toni di frutta a polpa bianca.

● Facesole '08	3
○ Infiorata '10	3
● Rutilo '08	5
○ Teresa '10	3

Damiano Ciolli
VIA DEL CORSO
00035 OLEVANO ROMANO [RM]
TEL. 069564547
www.damianociolli.it

Per la prima volta raggiunge le finali della nostra Guida un Cesanese di Olevano Romano. Il Cirsium '08, ricavato da vigne di più di cinquant'anni, è davvero ben realizzato, con profumi speziati e terrosi, un palato complesso e profondo che si chiude su un bel finale di frutti neri, macchia mediterranea e ancora spezie.

● Cesanese di Olevano Cirsium '08	6
● Cesanese di Olevano Silene '09	4

Colacicchi
VIA ROMAGNANO, 2
03012 ANAGNI [FR]
TEL. 064469661
info@trimani.com

La scomparsa del padre Marco ha scombussolato i piani della famiglia Trimani riguardo alla produzione della Colacicchi. I figli hanno allora deciso di posticipare di un anno la messa in commercio dei vini. Attendendo quindi le nuove uscite, riproponiamo all'attenzione dei lettori i vini delle precedenti annate ancora in piena forma.

● Schiaffo '08	5
● Torre Ercolana '06	7
● Torre Ercolana '05	7
● Torre Ercolana '04	7

LAZIO
LE ALTRE CANTINE

La Ferriera
loc. Rosamisco
03042 Atina [FR]
Tel. 0776610413
www.laferriera.it

Un ottimo esordio per gli Atina della linea Real Magona, dallo '09, erbaceo e varietale, a, soprattutto, la Riserva '08, capace di unire, in una sensazione gusto olfattiva gradevole e corrispondente, gli aromi dell'origano alle spezie del pepe. A completare un pulito Ferrato '09, per una batteria di cui Lucio Mancini può essere più che contento.

- Atina Cabernet Real Magona '09 — 5
- Atina Cabernet Real Magona Ris. '08 — 5
- Ferrato '09 — 4

Formiconi
loc. Farinella
00021 Affile [RM]
Tel. 3470934541
www.cantinaformiconi.it

Entra in Guida l'azienda della famiglia Formiconi, grazie a un ottimo Cesanese di Affile Capozzano '08, da uve leggermente appassite, che presenta profumi di ciliegia e ribes, mentre il palato è di buona materia, lungo e complessivamente piacevole. Ben realizzato anche il Cesanese di Affile Cisinianum '09, più semplice e fresco.

- Cesanese di Affile Capozzano '08 — 5
- Cesanese di Affile Cisinianum '09 — 4

Donato Giangirolami
loc. Borgo Montello
via del Cavaliere, 1414
04100 Latina
Tel. 3358394890
www.donatogiangirolami.it

Solo bianchi i vini presentati, ma tutti di buona fattura. Spicca l'elegante aromaticità della malvasia puntinata nel Cardito '10, ma appaga anche il frutto e la piacevolezza del grechetto, sia in purezza nel Bianco Propizio '10, che unito a sauvignon e viogner per comporre il nuovo Regius '10.

- ○ Cardito '10 — 3*
- ○ Grechetto Bianco Propizio '10 — 3
- ○ Regius '10 — 3
- ○ Rezo '10 — 4

Gotto d'Oro
loc. Frattocchie
via del Divino Amore, 115
00040 Marino [RM]
Tel. 0693022211
www.gottodoro.it

Sempre affidabile la produzione di questa grande e storica azienda cooperativa con sede a Marino. Note di ciliegia e ribes caratterizzano il piacevole Mitreo Korex '09 (Merlot in purezza), mentre il Frascati Superiore '10 è un vino di facile beva, con sentori di spezie e foglie di limone. Corrette anche le altre etichette presentate.

- Castelli Romani Rosso '09 — 3
- ○ Frascati Sup. '10 — 3
- ○ Mitreo Korex '09 — 4
- ○ Mitreo Mithra '09 — 3

Podere Grecchi
s.da Sammartinese, 8
01100 Viterbo
Tel. 0761305671
www.poderegrecchi.com

Bella conferma da parte dell'azienda di Sergio Buzzi, che ha presentato un piacevolissimo Grechetto, il San Silvestro '10, dai toni agrumati con sfumature di anice stellato, grintoso e scorrevole, e un blend bordolese, il Colli Etruschi Viterbesi Poggio Ferrone '09, nitido e di buon frutto nei suoi aromi di ciliegie e pan di spezie.

- CEV Poggio Ferrone '09 — 3*
- ○ San Silvestro '10 — 2*
- CEV Poggio Santirossi '09 — 3
- ○ Poggio Grecchi '10 — 3

Mazziotti
loc. Melona Bonvino
via Cassia, km 110
01023 Bolsena [VT]
Tel. 0761799049
www.mazziottiwines.com

Bella annata per l'azienda di Valeria Mazziotti. L' Est Est Est di Montefiascone '10 ha profumi di scorza d'arancio e bergamotto, palato fresco e scorrevole, di grande piacevolezza, mentre il Canuleio '10, blend di chardonnay (60%), malvasia (20%) e sauvignon, ha sentori di spezie, nocciola, agrumi e un palato ricco di frutto.

- ○ Canuleio '10 — 3*
- ○ Est Est Est di Montefiascone '10 — 2*
- Merlot '09 — 3
- Volgente Rosso '08 — 4

LE ALTRE CANTINE — LAZIO

Monti Cecubi
C.da Porcignano, 3
04020 Itri [LT]
Tel. 0771729177

Come in altre realtà della provincia sono i bianchi a farsi preferire, con una serie di monovarietali ben riusciti: il profumato Fiano del Cento Chiavi '10, la più rustica Falanghina del Baccabianca '10, il florale Vermentino dell'Amyclano '10. Le prime due uve si uniscono poi nel Dracontion passito, più centrato in bocca che al naso.

○ Cento Chiavi '10	🍷🍷 4
○ Amyclano '10	🍷 4
○ Baccabianca '10	🍷 4
○ Dracontion Bianco Passito	🍷 5

Occhipinti
Loc. Montemaggiore
01010 Gradoli [VT]
Tel. 0633249347
www.occhipintiagricola.it

Entra in Guida l'azienda Occhipinti, a riprova della crescita che abbiamo riscontrato nei vini a base di aleatico. L'Aleatico Passito Montemaggiore '09 presenta note di amarena e chiodi di garofano, è di buona materia e spessore, con un finale nitido e ben sostenuto. Da segnalare l'Alter Ego '10, piacevole Aleatico vinificato in bianco.

● Montemaggiore '09	🍷🍷 5
● Alea Viva '09	🍷 4
○ Alter Ego '10	🍷 4
● Caldera '08	🍷 4

L'Olivella
via di Colle Pisano, 5
00044 Frascati [RM]
Tel. 069424527
www.racemo.it

Tra le varie etichette prodotte dall'azienda della famiglia Notarnicola, ottenute da vigne impiantate negli anni Ottanta e condotte secondo metodi biologici, quest'anno il miglior risultato l'ha ottenuto il Tre Grome '09, blend di malvasia puntinata e bellone aromatico, piuttosto lungo e grintoso, con un finale di mandorla e anice.

○ Tre Grome '09	🍷🍷 5
● 40/60 '10	🍷 4
● Maggiore '07	🍷 5
○ Tre Grome Passito	🍷 5

Antonella Pacchiarotti
via Roma, 14
01024 Grotte di Castro [VT]
Tel. 0763797254
www.apacchiarottivini.it

Entra in Guida l'azienda di Antonella Pacchiarotti grazie al Turan '08, Aleatico dai profumi di ciliegia sotto spirito e chiodi di garofano e dal palato teso, coerente e austero, con un finale leggermente tannico, e all'Amalasunta '10, Aleatico vinificato in bianco dai toni di erbe aromatiche e zenzero, elegante, nitido e molto lungo.

○ Amalasunta '10	🍷🍷 4
● Turan '08	🍷🍷 5
● Aleatico di Gradoli Butunì '08	🍷 4
⊙ Piandistelle '10	🍷 4

I Pampini
Loc. Acciarella
s.da Foglino, 1126
04010 Latina
Tel. 0773643144
www.ipampini.it

Stagione di esperimenti per questa giovane realtà biologica di Enzo Oliveto, come quella dell'eliminazione della solforosa da alcuni vini. Risultati in altalena, ma da incoraggiare e attendere nel tempo, soprattutto nella valorizzazione del locale bellone, per il quale l'azienda dispone di eccellenti vigneti. Ottimi il Coboldo '10 e l'Oriente '09.

● Coboldo '10	🍷🍷 3*
● Oriente '09	🍷🍷 4*
○ Bellone '10	🍷 3
○ Bellone Senza Solfiti '10	🍷 3

La Pazzaglia
s.da di Bagnoregio, 4
01024 Castiglione in Teverina [VT]
Tel. 0761947114
www.tenutalapazzaglia.it

Il Corno '10 conferma i buoni risultati dell'anno scorso. Uvaggio di grechetto, pinot bianco e chardonnay, ha sentori di agrumi e mandorla, palato fruttato, elegante, di buona lunghezza e tenuta. Tra gli altri vini, da segnalare il Poggio Triale '09, Grechetto dai toni di cedro e kumquat, di buona intensità e pienezza.

○ Il Corno '10	🍷🍷 4
● Aurelius '10	🍷 4
● Montijone '09	🍷 5
○ Poggio Triale '09	🍷 5

LAZIO
800 LE ALTRE CANTINE

Petrucca e Vela
LOC. COCE
03010 PIGLIO [FR]
TEL. 0775501032
www.cesanese.it

Buon debutto per l'azienda di Tiziana Vela e del marito Fabrizio Petrucca che, nel cuore del Cesanese, dimostrano di saperlo interpretare al meglio, in particolare col Tellures '08, uno dei più convincenti della tipologia, importante, quasi imponente, ma anche equilibrato e di ottima beva. Più che corretto anche il base.

● Cesanese del Piglio Tellures '08	5
● Cesanese del Piglio Agape '08	5

Pietra Pinta
SP PASTINE KM 20,200
04010 CORI [LT]
TEL. 069678001
www.pietrapinta.com

L'ampia e omogenea gamma aziendale rende difficile una selezione, in cui ritorna al top un classico come il Costa Vecchia '09, ricco al naso e pastoso in bocca. Ben interpretati anche i due vitigni internazionali shiraz e petit verdot, mentre la Malvasia Puntinata '10 spicca per la sua elegante e ben dosata aromaticità.

● Costa Vecchia '09	4*
○ Malvasia Puntinata '10	4*
● Petit Verdot '09	4
● Shiraz '09	4

Tenuta di Pietra Porzia
VIA PIETRA PORZIA, 60
00044 FRASCATI [RM]
TEL. 069464392
www.tenutadipietraporzia.it

Le vigne di Pietra Porzia, bella azienda agricola dei Castelli Romani, danno vita a vini di buon livello, in particolare per quanto riguarda i Frascati. Il Superiore Regillo Etichetta Nera '10 al naso propone profumi di zafferano e cedro, mentre il palato è sapido e di buon corpo, con note di frutti tropicali.

○ Frascati Sup. Regillo Et. Nera '10	4*
○ Frascati Regillo Cannellino	4
○ Frascati Sup. Regillo Etichetta Bianca '10	3

Poggio alla Meta
VIA VALLONI, 47
03034 CASALVIERI [FR]
TEL. 0776618002
www.poggioallameta.it

In assenza dei due leader aziendali, gli Atina Cabernet, le nuove proposte, pur interessanti, non reggono del tutto il passo, dal Merlot L'Ospitalità Trionfante '09, comunque di gradevole bocca, all'ambiziosa Passerina Nottinbianco '09, quasi surmatura nelle sensazioni che offre. Di buona fattura il già collaudato Atina Rosso '09.

● Atina Rosso alla Meta '09	4
● L' Ospitalità Trionfante '09	5
○ Nottinbianco '09	4
○ Piluc '10	3

Il Quadrifoglio
LOC. DOGANELLA DI NINFA
VIA ALESSANDRO III, 5
04012 CISTERNA DI LATINA [LT]
TEL. 069601530
ilquadrifoglio.ss@libero.it

Un'ottima versione dello Chardonnay '10, con note di fiori gialli e una piacevole beva, guida una batteria molto omogenea dove, fra i rossi, ancora una volta il più centrato è il Muro Pecoraro '09, agile nella struttura e già equilibrato. Sensazioni simili per il Perazzeto '09, mentre l'Ottavione '07 privilegia corpo e note terziarie.

○ Pezze di Ninfa '10	3*
● Muro Pecoraro '09	4
● Ottavione '07	5
● Perazzeto '09	3

La Rasenna
LOC. CERVETERI
VIA DELLA NECROPOLI, 2
00059 SANTA SEVERA [RM]
TEL. 3924974478
www.larasenna.it

Conferma la sua presenza in Guida l'azienda di Francesco Gambini, che nei suoi 8 ettari vitati produce ben sei etichette. Come lo scorso anno a spiccare tra tutte è stato il Moss '10, da uve moscato (60%) e sauvignon, caratterizzato da aromi di spezie e frutta a polpa bianca e da un palato equilibrato e di buona lunghezza.

○ Moss '10	4
● Costa Marina Syrah '10	3
○ Costa Marina Vermentino '10	3
● Petit Verdot '09	4

LAZIO

LE ALTRE CANTINE

Riserva della Cascina

LOC. FIORANO
VIA APPIA ANTICA, 560
00134 ROMA
TEL. 067917221
riservadellacascina.blogspot.com

L'azienda a conduzione biologica dei coniugi Brannetti è ormai una certezza, soprattutto per quanto riguarda il Castelli Romani Rosso. Anche la versione '10 è piacevole, scorrevole e ben eseguita, con sentori di ciliegia nera, mora e sottobosco. Un po' meno brillante di altri anni il Marino '10, corretta la Malvasia Gallieno '09.

● Castelli Romani Rosso '10	♛♛ 3
○ Malvasia Gallieno '09	♛ 4
○ Marino Sup. '10	♛ 3

Sant'Isidoro

LOC. PORTACCIA
01016 TARQUINIA [VT]
TEL. 0766869716
www.santisidoro.net

L'annata non facile ha condizionato i risultati dell'azienda della famiglia Palombi. Il Soremidio '08 ha sentori di frutti neri, gradevoli ma meno complessi di altre versioni, così come al palato è di buona materia, un po' ruvido nei tannini, ma lungo e profondo. Corrette le altre due etichette presentate.

● Soremidio '08	♛♛ 5
○ Forca di Palma '10	♛ 3
● Terzolo '10	♛ 3

Tenuta Santa Lucia

LOC. SANTA LUCIA
02047 POGGIO MIRTETO [RI]
TEL. 076524616
www.tenutasantalucia.com

Sempre di buon livello i vini di quest'azienda reatina. Spicca quest'anno il Morrone '07, Syrah in purezza dai toni di china e ciliegia con sottofondo speziato, piacevole e di buon equilibrio. Tra gli altri prodotti segnaliamo la Falanghina '10, dai profumi di erbe aromatiche, fresca, con note di litchi e uva spina.

● Morrone '07	♛♛ 6
○ Colli della Sabina Collis Pollionis Bianco '10	♛ 4
○ Falanghina '10	♛ 4

Silvestri

VIA NETTUNENSE, KM 18,190
00040 LANUVIO [RM]
TEL. 069303365
www.cantinesilvestri.it

Questa storica azienda lanuvina ha presentato quest'anno una gamma di prodotti piacevole e ben riuscita. Tra tutti spicca il Frascati Antica Roma '10, dai profumi di agrumi e frutta a polpa bianca, fresco e fruttato. Ben realizzato anche il Merlot '09, balsamico con sfumature di frutti rossi, e il Silvestri Brut, pulito e vibrante.

○ Frascati Sup. Antica Roma '10	♛♛ 4
● Merlot '09	♛ 4
○ Silvestri Brut	♛ 4

Stefanoni

LOC. ZEPPONAMI
VIA STEFANONI, 48
01027 MONTEFIASCONE [VT]
TEL. 0761827031
www.cantinastefanoni.it

La riscoperta dell'Aleatico cui stiamo assistendo in questi ultimi due anni passa anche attraverso questo L'Eatico '10, dai profumi di amarena e terra bagnata e dal palato fresco, un po' leggerino ma di buon equilibrio. Di buon livello anche l'Est Est Est di Montefiascone Foltone '10, piacevole e di buona tensione acida.

● L'Eatico '10	♛♛ 4*
○ Est Est Est di Montefiascone Campolongo '10	♛ 3
○ Est Est Est di Montefiascone Foltone '10	♛ 3
○ Roscetto Colle de Poggeri '10	♛ 3

Giovanni Terenzi

LOC. LA FORMA
VIA FORESE, 13
03010 SERRONE [FR]
TEL. 0775594286
www.viniterenzi.com

In una batteria in cui la Passerina Villa Santa '10, fresca e piacevole, si fa onore, ha deluso un po' l'atteso Vajoscuro '08, apparso semplice, quasi stanco nella sua evoluzione. Più complessi gli altri due Cesanese, che sembrano invece necessitare di tempo per esprimersi nel giusto equilibrio.

● Cesanese del Piglio Sup. Colle Forma '09	♛ 5
● Cesanese del Piglio Vajoscuro Ris. '08	♛ 5
● Cesanese del Piglio Velobra '09	♛ 4
○ Passerina Villa Santa '10	♛ 3

LAZIO

LE ALTRE CANTINE

Terra delle Ginestre
SS 630 Ausonia, 59
04020 Spigno Saturnia [LT]
Tel. 3495617153
www.terradelleginestre.it

Tornano al meglio due classici della cooperativa creata da Giulio Marrone: il Lentisco '08, un Bellone cui la maturazione in piccole botti di castagno dà il giusto equilibrio fra rusticità e eleganza; e il Promessa '09, un bel passito da uve moscato con le note di albicocche e fichi secchi. Meno interessanti le altre due proposte.

○ Lentisco '08	4*
○ Promessa Passito Dolce '09	5
○ Letizia '10	4
● Ricordi Rosso '10	4

Tre Botti
S.da della Poggetta, 10
01024 Castiglione in Teverina [VT]
Tel. 0761948930
www.trebotti.it

Anche quest'anno è il Bludom a essere il prodotto più interessante della Tre Botti. Questo Aleatico ha profumi ricchi e avvolgenti di cioccolato, frutti neri e anice stellato, mentre il palato, coerente nei toni fruttati e speziati, spinge un po' più del solito sulle note dolci. Sempre più che corrette le altre etichette.

● Bludom '10	4
● Castiglionero '09	3
○ Orvieto Incanthus '10	3
○ Tusco '09	2

Villa Caviciana
Loc. Tojena Caviciana
01025 Grotte di Castro [VT]
Tel. 0763798212
www.villacaviciana.com

Entra in Guida questa bella azienda biologica di Mocca e Fritz Metzeler. Il Filippo '10 è un blend di chardonnay (80%) e sauvignon, fresco e speziato, con sfumature agrumate di bergamotto e cedro, piacevole e pulito, mentre l'Eleonora '09 (da sangiovese con un 2% di merlot) è scorrevole e immediato nei suoi toni di piccoli frutti di bosco.

● Eleonora '09	4*
○ Filippo '10	5
● Faustina '08	6
● Maddalena '08	6

Villa Gianna
B.go San Donato
S.da Maremmana
04010 Sabaudia [LT]
Tel. 0773250034
www.villagianna.it

Nella vasta gamma dei vini presentati, oltre una dozzina, ancora una volta sono risultati più convincenti i bianchi, con l'aromatico Sauvignon '10 e, soprattutto, l'intenso, lungo e fruttato Chardonnay '10. Fra i due Circeo il NobilVite '10 si segnala per il buon rapporto qualità prezzo.

○ Vigne del Borgo Chardonnay '10	3*
○ Circeo Bianco Innato '10	4
○ Circeo Bianco NobilVite '10	2
○ Vigne del Borgo Sauvignon '10	4

Villa Simone
via Frascati Colonna, 29
00040 Monte Porzio Catone [RM]
Tel. 069449717
www.villasimone.com

Buoni risultati per l'azienda di Piero Costantini, sempre affidabile e di buon livello. Ben realizzati infatti La Torraccia '08, blend paritario di cesanese e sangiovese, un vino equilibrato, dalle note di spezie e visciola, e il Frascati Superiore Vigneto Filonardi '10, dai sentori di frutta tropicale e spezie.

○ Frascati Sup. Vign. Filonardi '10	4
● La Torraccia '08	4
● Ferro e Seta '07	6
○ Frascati Sup. '10	3

Cantine Volpetti
via Nettunense, 21
00040 Ariccia [RM]
Tel. 069342000
www.cantinevolpetti.it

Torna in Guida la Cantine Volpetti. Molto particolare la Malvasia del Lazio Vendemmia Tardiva '03, dai toni di cannella, zenzero e frutta candita, mentre il palato è equilibrato e dal lungo finale. Ben riusciti anche il Frascati Superiore Feudi dei Papi '10, agrumato e piacevole, e il Cesanese Le Piantate '08, ricco di note fruttate.

○ Chardonnay Le Piantate '08	3
○ Frascati Sup. Feudi dei Papi '10	2
○ Malvasia del Lazio V.T. '03	4

ABRUZZO

L'Abruzzo è una regione straordinaria. Offre mare, montagne, ghiacciai, colline, parchi naturali e ogni bene che la natura riservi, condensati in pochi chilometri quadrati. Su questa ricchezza geografica e pedoclimatica si coltivano da sempre poche varietà di uva autoctona che, tradizionalmente, è stata la "cura" per vitigni più scarichi. Oggi le etichette abruzzesi non hanno niente dell'ingenuità, anche sgraziata, di una volta, ma sono diventate interessantissime e molto ben lavorate, marcate da un forte e vitale rapporto con una natura irruente. Il Montepulciano d'Abruzzo è il padrone di casa: un grande vino rosso che cambia fisionomia assecondando il territorio da cui proviene. Si va dai vini freschi della montagna, scolpiti dal freddo e dalla roccia, ai quelli ricchissimi alimentati dal sole, forgiati dalla luce e dal calore, fino ai salmastri rossi sul mare. Il Trebbiano d'Abruzzo, dopo anni di banalità e appiattimento su alte rese, sta conoscendo una nuova giovinezza con etichette più importanti, ambiziose e godibilissime, spesso rese più intriganti dalla pratica della fermentazione spontanea. Il Pecorino ha saputo non lasciarsi imbrigliare da un successo incredibile e virare verso profumi più complessi e minerali, quasi da piccolo Riesling del Mediterraneo. Gli altri autoctoni bianchi (passerina, cocicciola, montonico) hanno iniziato un percorso interessante e da tenere sotto occhio. La nostra degustazione non fa altro che fotografare questa situazione e i premi sono corposi e importanti, con alcune novità che testimoniano la vitalità della viticoltura abruzzese. Cataldi Madonna affila una degustazione straordinaria, ma non potevamo non premiare il suo Pecorino, vero apripista di questo autoctono di successo. Francesco Paolo Valentini continua a impressionare con i suoi vini, sempre più precisi, nel solco dello stile di casa: il Trebbiano '05 è una meraviglia. Masciarelli ci ha colpito con il Trebbiano Marina Cvetic, un vino dallo stile difficile ma assai fragrante. Il cavalier Illuminati stupisce con un Pieluni concentrato e tipico in perfetto stile Colline Teramane. A seguire i giovani storici: Torre dei Beati, Villa Medoro, La Valentina, Valle Reale, Barba con i loro Montepulciano da corsa. Chiudono due aziende di cui si sentirà assai parlare: Tiberio, con un Pecorino fine ed elegantissimo, e Castorani, con un Montepulciano di grande classe.

ABRUZZO

Agriverde
loc. Caldari
via Stortini, 32a
66020 Ortona [CH]
Tel. 0859032101
www.agriverde.it

VENDITA DIRETTA
VISITA SU PRENOTAZIONE
OSPITALITÀ
RISTORAZIONE
PRODUZIONE ANNUA 700.000 bottiglie
ETTARI VITATI 65.00
VITICOLTURA Biologico Certificato

Nei colli ortonesi, davanti al verde Adriatico, sotto un sole indomabile, circa 70 ettari vitati, integralmente gestiti in regime biologico certificato, e una cantina costruita secondo i dettami della bioarchitettura. A ciò si aggiunge una Spa che applica la vinoterapia, un elegante agriturismo, con annesso un ristorante che sa interpretare la cucina di questo spicchio di Abruzzo. Questa è la realtà di Agriverde, dell'instancabile Giannicola Di Carlo. La batteria presentata è come al solito imponente.

La batteria presentata è imponente, persino troppo. Dagli spumanti alla moda sino ai classici Montepulciano, l'impressione è di una bella realtà solamente un poco distratta dai mille rivoli commerciali. Il Plateo è il solito Montepulciano da corsa. In questa edizione '07 ha materia impressionante, però gestita benissimo. Malgrado il legno e l'estratto è un vino dinamico, sostenuto dalla tipica acidità: si ferma a un soffio dal podio. Il Solàrea '06 è velato dal legno ed evolutivo. Convincente il fresco Trebbiano Riseis, dai profumi tipici e piacevolmente rustici e godibilissimo nel bicchiere. Estremamente esuberante e fresco il Cerasuolo Solàrea '10, dagli aromi fruttati.

● Montepulciano d'Abruzzo Plateo '07	🍷🍷 7
⊙ Montepulciano d'Abruzzo Cerasuolo Solàrea '10	🍷🍷 4
⊙ Montepulciano d'Abruzzo Finamore '09	🍷🍷 3*
● Montepulciano d'Abruzzo Piane di Maggio '10	🍷🍷 3*
● Montepulciano d'Abruzzo Solàrea '06	🍷🍷 5
○ Trebbiano d'Abruzzo Riseis '10	🍷🍷 4*
⊙ Montepulciano d'Abruzzo Eikos '09	🍷 3
● Montepulciano d'Abruzzo Natum '10	🍷 4
● Montepulciano d'Abruzzo Riseis '09	🍷 4
○ Passerina Riseis '10	🍷 4
○ Pecorino Eikos '10	🍷 3
○ Pecorino Riseis '10	🍷 4
○ Trebbiano d'Abruzzo Piane di Maggio '10	🍷 3
○ Zetis Brut	🍷 4
● Montepulciano d'Abruzzo Plateo '04	🍷🍷🍷 7
● Montepulciano d'Abruzzo Solàrea '03	🍷🍷🍷 5

F.lli Barba
loc. Scerne di Pineto
s.da rotabile per Casoli
64020 Pineto [TE]
Tel. 0859461020
www.fratellibarba.it

VENDITA DIRETTA
VISITA SU PRENOTAZIONE
OSPITALITÀ
PRODUZIONE ANNUA 350.000 bottiglie
ETTARI VITATI 68.00

Sessantotto ettari divisi tra due tenute, una potenzialità impressionante per questa azienda storica di Pineto. Il territorio è segnato da un clima e da un terreno straordinario per la viticultura, stretto tra mare e montagna, su terreni di natura arenacea e argillosa, sciolti o di medio impasto. Giovanni sta portando avanti un lavoro di qualità e di valorizzazione di queste peculiarità: agricoltura tradizionale e tecniche di cantina sapientemente poco invasive forgiano una squadra di vini che ogni anno stupisce per integrità e complessità.

Il Montepulciano d'Abruzzo I Vasari '08 conquista di slancio i Tre Bicchieri grazie a un corpo ricco e potente gestito in eleganza: al naso profumi tipici, anche tostati e fini, mentre in bocca è succoso e dal bellissimo frutto nitido, dall'acidità varietale che lo farà vivere molto a lungo, e dai tannini precisi e vellutati. Il Vignafranca è il solito Montepulciano elegante e dallo strepitoso rapporto qualità prezzo e in questa edizione 2008 particolarmente centrato. Il Buccerosse è un esperimento riuscito: un bellissimo stile di Trebbiano fragrante, basterebbe alleggerirlo un pochino da legno e macerazione. Il Trebbiano Vignafranca '09 è convincente, tipico e integro, dai bei profumi di pesca e agrumati, e preciso all'assaggio. Come al solito interessante la semplice linea Colle Morino.

● Montepulciano d'Abruzzo I Vasari '08	🍷🍷🍷 6
● Montepulciano d'Abruzzo Vignafranca '08	🍷🍷 4*
○ Trebbiano d'Abruzzo Buccerosse '08	🍷🍷 6
○ Trebbiano d'Abruzzo Vignafranca '09	🍷🍷 4*
● Montepulciano d'Abruzzo Colle Morino '10	🍷🍷 3*
○ Trebbiano d'Abruzzo '08	🍷 5
○ Trebbiano d'Abruzzo Colle Morino '10	🍷 2
● Montepulciano d'Abruzzo Vignafranca '07	🍷🍷🍷 4*
● Montepulciano d'Abruzzo Vignafranca '06	🍷🍷🍷 4*
○ Trebbiano d'Abruzzo '06	🍷🍷🍷 5*
● Montepulciano d'Abruzzo I Vasari '07	🍷🍷 6
● Montepulciano d'Abruzzo I Vasari '06	🍷🍷 5
○ Trebbiano d'Abruzzo '07	🍷🍷 5
○ Vignafranca Bianco '08	🍷🍷 4*

ABRUZZO

Barone Cornacchia
Villa Torri, 20
64010 Torano Nuovo [TE]
Tel. 0861887412
www.baronecornacchia.it

VENDITA DIRETTA
VISITA SU PRENOTAZIONE
OSPITALITÀ

PRODUZIONE ANNUA 300.000 bottiglie
ETTARI VITATI 42.00
VITICOLTURA Biologico Certificato

Un'antica cantina storica: poco più di 40 ettari condotti con passione e cura artigiana, una delle vigne più belle d'Abruzzo per esposizione e terreno. Siamo nel cuore delle Colline Teramane, in quel comune di Controguerra che ha dato i natali a questa denominazione. Da sempre il Barone Cornacchia sta qui con le sue vigne e la sua cantina, producendo vini tipici e tradizionali, figli delle belle uve di casa, talvolta un poco sbilanciati, alla ricerca di maturazioni spericolate, non sempre necessarie da queste parti.

Le degustazioni di quest'anno restituiscono la scheda grande, come meritano la storia e la tradizione dell'azienda. Il Poggio Varano '08 è un Montepulciano ricco e potentissimo, e conquista le finali nazionali con profumi concentrati e fruttati intensi. Pieno, polposo e varietale, è frenato da una leggera surmaturazione del frutto che gli preclude l'eccellenza. Molto buono anche il semplice Montepulciano d'Abruzzo '09, sempre giocato al limite della maturazione, intenso e tipico. Il Trebbiano '10 è un bianco dal corpo importante e dagli aromi freschi e croccanti, bocca beverina. Il Vigna Le Coste '08 è un Montepulciano ambizioso anche se un poco appesantito.

- ● Montepulciano d'Abruzzo Poggio Varano '08 ▽ 4*
- ● Montepulciano d'Abruzzo '09 ▽▽ 3*
- ● Montepulciano d'Abruzzo V. Le Coste '08 ▽ 4
- ○ Trebbiano d'Abruzzo '10 ▽ 3
- ● Montepulciano d'Abruzzo '07 ▽▽ 3*
- ● Montepulciano d'Abruzzo Colline Teramane Vizzarro '05 ▽▽ 6
- ● Montepulciano d'Abruzzo Poggio Varano '07 ▽▽ 4
- ○ Trebbiano d'Abruzzo '08 ▽▽ 3*

Tenute Barone di Valforte
c.da Piomba, 11
64029 Silvi Marina [TE]
Tel. 0859353432
www.baronedivalforte.it

VENDITA DIRETTA
VISITA SU PRENOTAZIONE

PRODUZIONE ANNUA 100.000 bottiglie
ETTARI VITATI 42.00

Sul confine del territorio delle Colline Teramane, sul limitare delle province di Teramo e Pescara, una cantina che in pochi anni ha saputo ritagliarsi un posto di primo piano nella viticultura abruzzese. La famiglia Sorricchio coltiva la vite da sempre, ma da pochi anni ha intrapreso la strada dell'imbottigliamento e commercializzazione dei propri prodotti, provenienti dalla bella tenuta di Silvi Marina. I vini sono moderni e ammiccanti, piacevoli e ben costruiti, sia da vitigni autoctoni come pecorino, trebbiano e montepulciano, sia da varietà internazionali.

Una squadra abbastanza stringata quest'anno, convincente soprattutto sui prodotti più semplici. La Passerina '10 è oramai una delle migliori della regione, dai tipici ed eleganti profumi e dalla fresca acidità che ne sostiene la beva, accompagnata a una materia non usuale. Il Pecorino '10 è una lettura ordinata e piacevole di questo vitigno alla moda: belli e tipici i profumi, avvolgente e fresco al palato, equilibrato da una chiusura tutta giocata da succosa sapidità. Il Trebbiano '10 è ciò che ci si aspetta da questo vino: fresco, erbaceo, dalla bocca piena e dinamica peccato che sia leggermente marcato da esuberanti note lievose.

- ○ Passerina '10 ▽ 4*
- ○ Pecorino '10 ▽ 4*
- ○ Trebbiano d'Abruzzo '10 ▽ 3
- ● Montepulciano d'Abruzzo '08 ▽▽ 3*
- ⊙ Montepulciano d'Abruzzo Cerasuolo '09 ▽▽ 3*
- ○ Pecorino '08 ▽▽ 4*

ABRUZZO

Bove
via Roma, 216
67051 Avezzano [AQ]
Tel. 086333133
bovevini@virgilio.it

VENDITA DIRETTA
VISITA SU PRENOTAZIONE

PRODUZIONE ANNUA 1.200.000 bottiglie
ETTARI VITATI 60.00

Vini semplici, dal buon rapporto qualità prezzo e dallo stile efficace. Questa la ricetta che è riuscita a imporre questa piccola cantina marsicana all'attenzione regionale. Dai circa 60 ettari nell'areale di Avezzano escono poche etichette, da vitigni tipici come montepulciano e pecorino, ma tirate in grandi numeri. Un territorio certamente oggi non troppo in evidenza nell'enologia abruzzese, ma tradizionalmente uno dei serbatoi vinicoli regionali.

I soliti vini efficaci ed estremamente ben fatti cui ha abituato da tempo la cantina marsicana. Solo poche tipologie, nel complesso convincenti e dallo strepitoso rapporto qualità prezzo. Il Pecorino '10, dall'esotico nome Safari, non ci soddisfa appieno. Una bella materia tipica e riconoscibile, marcata da uno stile macerativo e pesante, che non ne aiuta la beva. L'Indio è l'abituale Montepulciano ricco ed estrattivo, al naso esuberante e intenso, purtroppo in questa edizione '08 eccessivamente segnato dal legno che lo contrae al palato. Buonissimo il Poggio d'Albe '09, ancora molto giovane e dolce di vaniglia.

● Montepulciano d'Abruzzo Poggio d'Albe '09	♙♙	3*
● Montepulciano d'Abruzzo Indio '08	♙♙	4*
○ Safari Pecorino '10	♙	3
● Montepulciano d'Abruzzo Indio '07	♙♙	4*
● Montepulciano d'Abruzzo Indio '04	♙♙	4*
● Montepulciano d'Abruzzo Poggio d'Albe '08	♙♙	3*
○ Safari Pecorino '09	♙♙	3*

Podere Castorani
c.da Oratorio
via Castorani, 5
65020 Alanno [PE]
Tel. 0852012513
www.castorani.it

VENDITA DIRETTA
VISITA SU PRENOTAZIONE

PRODUZIONE ANNUA 1.000.000 bottiglie
ETTARI VITATI 100.00
VITICOLTURA Biologico Certificato

Anno dopo anno la cantina di Jarno Trulli convince sempre più. Sono circa cento gli ettari vitati - soprattutto varietà tradizionali ubicati nella zona della Maiella pescarese - condotti secondo i dettami dell'agricoltura biologica. Siamo per la precisione ad Alanno, rinfrescati continuamente da un venticello che è vita, su terreni ricchi e potenti. La scelta del cemento poi fa la differenza. Il risultato sono vini riconoscibili e interessanti, che sanno interpretare la modernità alla luce della tradizione.

Una degustazione da manuale, tanti vini in assaggio e tutti convincenti. L'Amorino, Montepulciano d'Abruzzo fragrante e tipico, raggiunge la meta più ambita dei Tre Bicchieri e porta la cantina di Alanno nel gotha delle eccellenze abruzzesi. Il millesimo '07 stupisce per un naso esuberante di frutta, su tutti una piacevolissima fragola, e una beva dolce e succosa, legno ben integrato, tannini vivi e composti come si confà a un Montepulciano di razza. Appena un passo sotto il Podere '07, vero campione di casa, dai classici toni di camino e cenere, ancora schiacciato da una materia importante e una leggerissima nota di surmaturazione, ma potente e godibile. Sempre in finale il Pecorino Amorino '10, riconoscibile dai profumi agili di agrumi, bocca fresca e intensa. Buoni i più semplici vini della linea Le Paranze.

● Montepulciano d'Abruzzo Amorino '07	♙♙♙	4*
● Montepulciano d'Abruzzo Podere Castorani '07	♙♙	6
○ Pecorino Amorino '10	♙♙	4*
○ Chardonnay Le Paranze '10	♙♙	3*
● Montepulciano d'Abruzzo Cadetto '09	♙♙	3*
● Montepulciano d'Abruzzo Costa delle Plaie '08	♙♙	4
● Montepulciano d'Abruzzo Le Paranze '07	♙♙	4
○ Pecorino Le Paranze '10	♙♙	3*
○ Trebbiano d'Abruzzo Cadetto '10	♙♙	3*
○ Trebbiano d'Abruzzo Sup. Costa delle Plaie '10	♙♙	4*
● Jarno Rosso '07	♙	7
◉ Montepulciano d'Abruzzo Cerasuolo Cadetto '10	♙	3
○ Passerina Le Paranze '10	♙	3
● Montepulciano d'Abruzzo Costa delle Plaie '07	♙♙	4*
● Montepulciano d'Abruzzo Podere Castorani '06	♙♙	6

ABRUZZO

★Luigi Cataldi Madonna
LOC. PIANO
67025 OFENA [AQ]
TEL. 0862954252
cataldimadonna@virgilio.it

VENDITA DIRETTA
VISITA SU PRENOTAZIONE

PRODUZIONE ANNUA 250.000 bottiglie
ETTARI VITATI 28.00

La fornace d'Abruzzo. Così veniva indicato questo territorio dell'altopiano d'Ofena, completamente cinto dalle montagne, caldissimo di giorno e fresco di sera. Da queste escursioni termiche e da una coltivazione attenta nascono vini bellissimi, insieme moderni e antichi, marcati da una ricchezza di frutto e profumi realmente stupefacenti. Anno dopo anno si confermano al top dell'enologia abruzzese e non solo.

Una squadra di otto vini, quattro dei quali in finale. I Tre Bicchieri vanno al Pecorino '09: complesso e intrigante, è ancora giovanissimo. Al naso profumi di frutta esotica e arancia amara, un piacevole tono minerale, di pietra, che si scolpirà nel tempo. Bocca piena e densa, sostenuta da una spina acida che lo farà durare. Il Tonì '08 è un Montepulciano di montagna segnato dall'escursione termica: intenso e ancora scontroso, in bocca si distende e stupisce per la bella nota affumicata e scabra, la trama tannica poi è fittissima. Anche il Malandrino '08 è vibrante e molto riconoscibile. Una menzione a parte merita l'ultimo nato, il Pecorino Giulia '10, più semplice del fratello maggiore, già godibilissimo e fresco.

○ Pecorino '09	🍷🍷🍷 6
● Montepulciano d'Abruzzo Malandrino '09	🍷🍷 5
● Montepulciano d'Abruzzo Tonì '08	🍷🍷 6
○ Pecorino Giulia '10	🍷🍷 4*
● Montepulciano d'Abruzzo '09	🍷🍷 4*
⊙ Montepulciano d'Abruzzo Cerasuolo '10	🍷🍷 4*
⊙ Montepulciano d'Abruzzo Cerasuolo Piè delle Vigne '09	🍷🍷 5
○ Trebbiano d'Abruzzo '10	🍷🍷 3*
● Montepulciano d'Abruzzo Malandrino '06	🍷🍷🍷 5
● Montepulciano d'Abruzzo Tonì '07	🍷🍷🍷 6
● Montepulciano d'Abruzzo Tonì '06	🍷🍷🍷 6
● Montepulciano d'Abruzzo Tonì '04	🍷🍷🍷 6
○ Pecorino '08	🍷🍷🍷 6
○ Pecorino '07	🍷🍷🍷 6
○ Pecorino '06	🍷🍷🍷 6
○ Pecorino '05	🍷🍷🍷 6

Centorame
LOC. CASOLI DI ATRI
VIA DELLE FORNACI, 15
64030 ATRI [TE]
TEL. 0858709115
www.centorame.it

VENDITA DIRETTA
VISITA SU PRENOTAZIONE

PRODUZIONE ANNUA 85.000 bottiglie
ETTARI VITATI 9.50

Piccolissima azienda, nel bel territorio delle Colline Teramane, a Casoli d'Atri. Poco meno di dieci gli ettari di terra argillosa, davanti al mare. Una piccola cantina semplice e rustica, che cerca di portare avanti con coerenza un proprio stile. I vini di Lamberto Centorame sono pieni e potenti, scolpiti dal clima e dal terreno di questa porzione d'Abruzzo, senza che si rinunci a tipicità e riconoscibilità. Qui si vinificano solo le uve di proprietà, da vitigni autoctoni come montepulciano, trebbiano e pecorino, mentre in cantina convivono sia botti di grandi dimensioni, da 50 ettolitri, che barrique.

Un po' deludente la degustazione di quest'anno. Intendiamoci, i vini sono sempre interessanti, ma in questa edizione meno performanti del solito. Il Montepulciano San Michele '09 conquista le finali grazie a profumi tipici e vivi, giocati sul frutto intenso e preciso, con note di amarena e ciliegia. All'assaggio la materia è fitta e potente ma rischiarata dall'acidità varietale. Convince meno l'ambizioso Castellum Vetus '08, un Colline Teramane in genere tra i migliori in regione, in questa edizione potente e ricchissimo ma ancora chiuso e velato da un uso del legno eccessivo. Ottimo il Cerasuolo '10, dallo stile marcatamente tradizionale e rustico al naso ma dalla bocca molto netta e fresca. Tra i bianchi il Trebbiano San Michele '10 è quello che deve essere, efficace e piacevolmente beverino.

● Montepulciano d'Abruzzo San Michele '09	🍷🍷 4*
⊙ Montepulciano d'Abruzzo Cerasuolo San Michele '10	🍷🍷 4*
● Montepulciano d'Abruzzo Colline Teramane Castellum Vetus '08	🍷🍷 5
○ Trebbiano d'Abruzzo San Michele '10	🍷 3
● Montepulciano d'Abruzzo Colline Teramane Castellum Vetus '05	🍷🍷 5
● Montepulciano d'Abruzzo Colline Teramane Castellum Vetus '04	🍷🍷 5
● Montepulciano d'Abruzzo San Michele '07	🍷🍷 4*
○ Trebbiano d'Abruzzo Castellum Vetus '08	🍷🍷 4
○ Trebbiano d'Abruzzo Castellum Vetus '04	🍷🍷 4
○ Trebbiano d'Abruzzo San Michele '09	🍷🍷 3*
○ TuaPina '09	🍷🍷 4*

ABRUZZO

Cerulli Irelli Spinozzi
loc. Casale 26
SS 150 del Vomano km 17,600
64020 Canzano [TE]
Tel. 086157190
www.cerullispinozzi.it

VENDITA DIRETTA
VISITA SU PRENOTAZIONE
OSPITALITÀ
RISTORAZIONE

PRODUZIONE ANNUA 180.000 bottiglie
ETTARI VITATI 32.00
VITICOLTURA Biologico Certificato

Una cantina del teramano agli estremi confini d'Abruzzo lungo la linea del fiume Tronto. Nella bella tenuta di Canzano gestita integralmente in regime biologico, si hanno idee chiare: sviluppo dei vigneti tradizionali e autoctoni della regione, una mano in cantina che coniuga modernità e tipicità, attenzione spasmodica verso la denominazione Colline Teramane. Questa la ricetta che il giovane Cerulli ha applicato alla sua realtà, con risultati più che soddisfacenti.

Una squadra stringata: due bianchi, un rosato e un grande rosso, tutti convincenti, grazie ai quali Enrico Cerulli riconquista la scheda grande. Soprattutto grazie al Torre Migliori '06, un Colline Teramane ricco e potente, che mostra al naso profumi integri da Montepulciano, dal legno presente ma ben integrato, molto compatto e teso in bocca, dalla trama tannica precisa e fitta, che stupisce per la dinamica. Il Cerasuolo '10 è un classico rosato dai profumi esuberanti di fragola e dalla beva rinfrescante. Il Pecorino Cortalto '10 è un bianco ben fatto e piacevole, magari non riconoscibilissimo ma beverino e fresco. Il Trebbiano d'Abruzzo '10 è un bianco semplice, dai profumi lineari e varietali e dalla beva fin troppo piccola ma piacevolmente fresca, perfetto per un consumo quotidiano.

Col del Mondo
c.da Campotino, 35c
65010 Collecorvino [PE]
Tel. 0858207831
www.coldelmondo.com

VENDITA DIRETTA

PRODUZIONE ANNUA 45.000 bottiglie
ETTARI VITATI 12.00

Sulle assolate colline pescaresi, tra mare e Appennino, siamo a Collecorvino, sorge questa cantina che da qualche anno riesce a coniugare qualità e prezzo con prodotti tipici e centrati. L'azienda nasce partendo da una vigna storica, e negli ultimi dieci anni scarsi è riuscita a rinnovarsi percorrendo una strada tra modernità e tradizione, nel competitivo mondo vitivinicolo abruzzese, grazie a vini riconoscibili e integri.

Il Montepulciano d'Abruzzo '08 trascina Col del Mondo in finale sfiorando il podio grazie a sentori complessi di grafite, ma anche varietali di ciliegia e cacao. All'assaggio una bella materia, molto piena e fine, una beva straordinariamente equilibrata e vibrante anche se un poco appesantita dal legno che probabilmente digerirà nel tempo. Molto buono anche il potente Kerrias '07, un Montepulciano dalla macerazione e maturazione estreme, nella ricerca di un vino moderno e ambizioso, troppo ingessato dal legno ma con una materia tipica e riconoscibile. Il Trebbiano d'Abruzzo '10 Sunnae è un bianco particolare, dagli spiccati sentori di zafferano, all'assaggio fresco e piacevole.

Vino	Punteggio
● Montepulciano d'Abruzzo Colline Teramane Torre Migliori '06	5
◉ Montepulciano d'Abruzzo Cerasuolo '10	3*
○ Pecorino Cortalto '10	4*
○ Trebbiano d'Abruzzo '10	3
● Montepulciano d'Abruzzo '09	3*
● Montepulciano d'Abruzzo Colline Teramane Torre Migliori Ris. '05	6
● Montepulciano d'Abruzzo Colline Teramane Torre Migliori Ris. '04	6
○ Pecorino Cortalto '09	4
○ Pecorino Cortalto '08	4*
○ Pecorino Cortalto '07	3*

Vino	Punteggio
● Montepulciano d'Abruzzo '08	4*
● Montepulciano d'Abruzzo Kerrias '07	5
○ Trebbiano d'Abruzzo Sunnae '10	3
○ Kerrias Pecorino '09	4*
● Montepulciano d'Abruzzo '07	4*
● Montepulciano d'Abruzzo '06	4*
● Montepulciano d'Abruzzo '05	4*
● Montepulciano d'Abruzzo Kerrias '06	5
● Montepulciano d'Abruzzo Kerrias '04	5

ABRUZZO

Collebello - Cantine Marano
Via del Lago, 19
64081 Tortoreto [TE]
Tel. 0861501032
www.collebello.it

VENDITA DIRETTA
VISITA SU PRENOTAZIONE

PRODUZIONE ANNUA 30.000 bottiglie
ETTARI VITATI 17.00
VITICOLTURA Biologico Certificato

Una giovane azienda di Tortoreto, nel competitivo territorio delle Colline Teramane. Dalla tenuta che dai colli guardano il mare, su un territorio particolarmente vocato alla viticultura, escono vini moderni e molto ben fatti, figli di una personale rilettura di uno stile naturale e dalla coltivazione della vite in regime biologico. Dai circa venti ettari di proprietà ogni anno assaggiamo vini interessanti e riconoscibili, segnati da uno stile peculiare e convincente.

Quest'anno le etichette che ci avevano ben impressionato l'anno scorso l'hanno fatto leggermente meno. In attesa dell'assaggio del Montepulciano d'Abruzzo Colline Teramane Polifemo '08, siamo rimasti convinti del Borgo Gaio '08, il secondo Montepulciano di casa, dallo stile più moderno: tipico e pulito, con un frutto nitido, molto succoso, non una materia enorme ma elegante. Buono il fresco Cerasuolo Torrenuova '10. Una menzione particolare per la Passerina Declivio '10, vitigno di questo spicchio d'Abruzzo, varietale e abbastanza fine, in bocca molto pulita e piacevole.

Vino		
○ Declivio '10	♥♥	4
● Montepulciano d'Abruzzo Borgo Gaio '08	♥♥	4
◉ Montepulciano d'Abruzzo Cerasuolo Torrenuova '10	♥♥	3*
○ Ginestra Pecorino '10	♥	4
● Montepulciano d'Abruzzo Borgo Gaio '07	♥♥	3*
● Montepulciano d'Abruzzo Colline Teramane Polifemo '07	♥♥	5
● Montepulciano d'Abruzzo Lui '08	♥♥	4
○ Trebbiano d'Abruzzo Lui '09	♥♥	3*

Contesa
C.da Caparrone, 4
65010 Collecorvino [PE]
Tel. 0858205078
www.contesa.it

VENDITA DIRETTA
VISITA SU PRENOTAZIONE

PRODUZIONE ANNUA 200.000 bottiglie
ETTARI VITATI 45.00
VITICOLTURA Naturale

Rocco Pasetti è semplicemente un pezzo di storia dell'enologia abruzzese contemporanea. Nella sua moderna e tecnologica cantina di Collecorvino sforna vini che sono una personale sintesi tra modernità, tecnica e tradizione. Il territorio è quello delle Colline Teatine, tra l'Adriatico e la Maiella, un paesaggio incantevole, mosso e variegato, da sempre particolarmente vocato per la viticultura. 45 gli ettari vitati, in un unico corpo, coltivati nella quasi totalità con vitigni tipici quali montepulciano, trebbiano e pecorino.

La squadra schierata in campo quest'anno conferma come questa realtà, importante, stenti a trovare quella maggiore solidità che ci aspetteremmo. Mancavano in degustazione alcune etichette interessanti e quelle presentate si sono dimostrate affidabili ma senza l'acuto. Il Montepulciano d'Abruzzo '08 è un rosso ambizioso e ricchissimo: al naso aromi di frutto evoluto e una leggera surmaturazione, il legno lo segna marcatamente ma è all'assaggio che fa la differenza, scabro e con un bellissimo tono tradizionale, quasi vecchio stampo. Il Vigna Corvino '09 è efficace, dai profumi fini e fioriti e dalla bocca irruente e godibile, con i suoi toni virili di cuoio e tabacco. Il Pecorino '10 è estremamente piacevole, grazie a uno stile esuberante e un po' troppo tecnico. Bocca fresca e beverina, sorretta da una fresca e varietale acidità.

Vino		
● Montepulciano d'Abruzzo '08	♥♥	5
● Montepulciano d'Abruzzo V. Corvino '09	♥♥	3*
○ Pecorino '10	♥♥	4
○ Trebbiano d'Abruzzo '10	♥	4
● Montepulciano d'Abruzzo Amir '06	♥♥	5
◉ Montepulciano d'Abruzzo Cerasuolo V. Corvino '08	♥♥	3*
● Montepulciano d'Abruzzo V. Corvino '08	♥♥	3*
○ Pecorino Sorab '08	♥♥	4
○ Trebbiano d'Abruzzo '09	♥♥	4*

ABRUZZO

De Angelis Corvi
C.DA PIGNOTTO
64010 CONTROGUERRA [TE]
TEL. 086189475
www.deangeliscorvi.it

VENDITA DIRETTA
VISITA SU PRENOTAZIONE

PRODUZIONE ANNUA 30.000 bottiglie
ETTARI VITATI 8.00
VITICOLTURA Biologico Certificato

Siamo nel comune di Controguerra nel cuore della denominazione Colline Teramane, una tenuta di circa dieci ettari sulle assolate colline che guardano il mare. Dalle belle vigne ai confini dell'Abruzzo, condotte con attenzione per il biologico, piglio tradizionale e tanta passione, escono vini tipici e fragranti, poco lavorati in cantina, caratterizzati da uno stile artigiano e potente. E che hanno saputo guadagnarsi un posto di primo piano nel competitivo territorio teramano.

L'Elèvito '07 è un ambizioso Colline Teramane, Montepulciano molto ben costruito, dai profumi tipici di mora e ciliegia, all'assaggio una bella materia concentrata e potente, peccato che l'eccesso di sentori di legno ne appesantisca non poco la beva. Più beverino e schietto il Fonte Raviliano '08, il secondo Montepulciano di casa: al naso aromi varietali e palato pieno e succoso. Il Cerasuolo, sin dalla prima uscita, è uno dei migliori in regione: non delude il millesimo '10, piacevolmente rustico, tipico e fresco, chiude con la classica nota ammandorlata. Corretto, ma nulla più, il Trebbiano '10 Fonte Raviliano: rustico e dai bei sentori limonati, è caratterizzato da un sorso fresco e snello, efficace.

⊙ Montepulciano d'Abruzzo Cerasuolo Sup. '10	🍷🍷 4
● Montepulciano d'Abruzzo Colline Teramane Elèvito Ris. '07	🍷🍷 6
● Montepulciano d'Abruzzo Fonte Raviliano '08	🍷🍷 4
○ Trebbiano d'Abruzzo Sup. Fonte Raviliano '10	🍷 4
● Montepulciano d'Abruzzo '06	🍷🍷 4*
● Montepulciano d'Abruzzo '05	🍷🍷 4*
● Montepulciano d'Abruzzo Colline Teramane Elèvito '05	🍷🍷 6
○ Trebbiano d'Abruzzo Fonte Raviliano '08	🍷🍷 3*

Faraone
LOC. COLLERANESCO
VIA NAZIONALE PER TERAMO, 290
64020 GIULIANOVA [TE]
TEL. 0858071804
www.faraonevini.it

VENDITA DIRETTA
VISITA SU PRENOTAZIONE

PRODUZIONE ANNUA 50.000 bottiglie
ETTARI VITATI 7.00

Una cantina storica e contadina nel competitivo territorio delle Colline Teramane. La ricetta è sempre quella: vigne condotte con un'agricoltura classica, rispettosa delle tradizioni rurali, una vinificazione artigianale e poco invasiva, per vini dal sapore antico e assolutamente riconoscibili, arricchiti da un piacevole tono rustico e naturale. Dai circa dieci ettari della tenuta di Giulianova si produce sin dall'inizio del secolo e da allora poco o nulla sembra essere cambiato, come identici e classici sono rimasti i vini prodotti.

Era qualche anno che non assaggiavamo in degustazione la squadra di Faraone e i vini provati quest'anno ci hanno assai convinto. Il classico Trebbiano d'Abruzzo Le Vigne '09 conquista le finali grazie a profumi di erbe medicinali e floreali: netta la ginestra, all'assaggio un bel tono rustico e riconoscibile e una polpa succosa e godibilissima che lo rendono delizioso e capace di invecchiamenti straordinari, grazie a una bella spina acida che lo regge. Il Montepulciano d'Abruzzo '08 della stessa linea è un rosso dal bel tono fruttato e dalla beva dinamica. L'ambizioso Santa Maria dell'Arco è un Colline Teramane Riserva '04 molto interessante: sentori selvaggi e animali, ma anche una bellissima trama tannica e una delicatezza di beva disarmante. Buono anche il classico Cerasuolo '10.

○ Trebbiano d'Abruzzo Le Vigne '09	🍷🍷 4*
⊙ Montepulciano d'Abruzzo Cerasuolo Le Vigne '10	🍷🍷 3*
● Montepulciano d'Abruzzo Colline Teramane Santa Maria dell'Arco Ris. '04	🍷🍷 4
● Montepulciano d'Abruzzo Le Vigne '08	🍷🍷 3*
○ Pecorino '10	🍷 4
⊙ Montepulciano d'Abruzzo Cerasuolo Le Vigne '04	🍷🍷 3*
○ Trebbiano d'Abruzzo Le Vigne '03	🍷🍷 3*

ABRUZZO

Cantina Frentana
via Perazza, 32
66020 Rocca San Giovanni [CH]
Tel. 087260152
www.cantinafrentana.it

VENDITA DIRETTA
VISITA SU PRENOTAZIONE

PRODUZIONE ANNUA 650.000 bottiglie

Siamo sulle colline del chietino, lungo la costa adriatica verso il Molise. Un territorio tra la Majella e l'Adriatico dove il sole e il terreno calcareo forgiano vini importanti e dalle rese generose, tradizionalmente zona di cantine cooperative, che sono l'ossatura della viticoltura abruzzese. La Cantina Frentana ha iniziato anni fa un lavoro di zonazione delle vigne migliori e una vinificazione separata attenta al prodotto, nell'ambizioso tentativo di conciliare qualità e quantità.

La squadra presentata quest'anno dà ragione a questo importante lavoro: vini efficaci e gagliardi che fanno del rapporto qualità prezzo il requisito più importante. Il Rubesto '09 è un Montepulciano integro e succoso, dai profumi balsamici e ricchi di legno, bocca potente e distesa, già buono, ma diventerà buonissimo appena assopita la barrique. Anche il Frentano '10 non delude, un Montepulciano che gioca la partita in fragranza e immediatezza, grazie ad aromi di frutto nitido e beva varietale e dinamica. Il semplice Trebbiano d'Abruzzo '10 della stessa linea è un bianco varietale e lineare, all'assaggio scoppiettante e tipico, non enorme ma un perfetto vino da tutti i giorni.

- Montepulciano d'Abruzzo Frentano '10 — 2*
- Montepulciano d'Abruzzo Rubesto '09 — 3*
- ○ Pecorino Coste del Mulino '10 — 2*
- ○ Trebbiano d'Abruzzo Frentano '10 — 1*
- ○ Cococciola Costa del Mulino '10 — 2*
- Montepulciano d'Abruzzo Coste del Mulino '09 — 2*
- Montepulciano d'Abruzzo Panarda Ris. '08 — 5
- Montepulciano d'Abruzzo Panarda '09 — 3*
- Montepulciano d'Abruzzo Panarda '06 — 5
- Montepulciano d'Abruzzo Panarda '05 — 5*
- Montepulciano d'Abruzzo Rubesto '07 — 3*
- ○ Pecorino '08 — 3*

Dino Illuminati
c.da San Biagio, 18
64010 Controguerra [TE]
Tel. 0861808008
www.illuminativini.it

VENDITA DIRETTA
VISITA SU PRENOTAZIONE

PRODUZIONE ANNUA 1.100.000 bottiglie
ETTARI VITATI 130.00

Si scrive Controguerra, si legge Colline Teramane. Da qui e da questa cantina è infatti partita l'avventura di uno straordinario territorio abruzzese, quello delle Colline Teramane. Il Cavalier Dino è stato l'artefice della nascita della denominazione, conscio delle peculiarità di questo terroir tra mare e monti. La sua azienda, che gestisce con il significativo aiuto del figlio Stefano, produce vini sin dall'Ottocento e lo Zanna resta un prototipo di Montepulciano di questo territorio, capace di sfidare, agile, il tempo.

Quest'anno mancava in degustazione lo Zanna, non prodotto in un'annata non considerata all'altezza della qualità che questa etichetta assicura. Ma non per questo il vecchio leone di Controguerra si è dato per vinto e ha giocato un altro asso. Così è il Pieluni '07, un Montepulciano Colline Teramane Riserva ricco e irruente a conquistare i Tre Bicchieri. Hanno convinto i suoi profumi tradizionali e tipici ma soprattutto la materia integra e piena. Il Riparosso '10 si conferma come uno dei migliori Montepulciano nella sua fascia, un vino dal prezzo leggero e dalla beva da grande rosso, non a caso campione sui mercati di tutto il mondo. Tra i bianchi colpisce il Daniele, un Controguerra Bianco dai sentori impegnativi di legno e frutta esotica estremamente ben fatto. Buono anche il Pecorino '10, dai toni piacevolmente rustici e beverini.

- Montepulciano d'Abruzzo Colline Teramane Pieluni Ris. '07 — 7
- ○ Controguerra Bianco Costalupo '10 — 2*
- ○ Controguerra Bianco Daniele '08 — 5
- Montepulciano d'Abruzzo Ilico '09 — 3*
- Montepulciano d'Abruzzo Riparosso '10 — 3*
- Montepulciano d'Abruzzo Spiano '10 — 3*
- ○ Pecorino '10 — 3*
- ○ Controguerra Bianco Ciafré '10 — 4
- ○ Controguerra Bianco Pligia '10 — 2*
- ○ Spumante Brut '06 — 4
- Montepulciano d'Abruzzo Colline Teramane Zanna Ris. '07 — 6
- Montepulciano d'Abruzzo § Colline Teramane Zanna Ris. '06 — 6
- Montepulciano d'Abruzzo Colline Teramane Zanna Ris. '05 — 6
- Montepulciano d'Abruzzo Colline Teramane Zanna Ris. '03 — 6

ABRUZZO 812

Lidia e Amato
C.DA SAN BIAGIO, 2
64010 CONTROGUERRA [TE]
TEL. 0861817041
www.lidiaeamatoviticoltori.com

VENDITA DIRETTA
VISITA SU PRENOTAZIONE

PRODUZIONE ANNUA 50.000 bottiglie
ETTARI VITATI 12.00

Siamo a Controguerra, nel cuore delle Colline Teramane, dove è partito tutto. Lidia e Amato (dal nome dei titolari) è una piccolissima cantina contadina, che da generazioni coltivano la vite in questo territorio. Pochi ettari coltivati in maniera classica, con passione e dedizione da vecchi vignaioli, il microclima collinare e il terreno argillo calcareo fanno il resto, e consegnano una materia assai ricca. I vini portano i nomi di famiglia e come tali vengono curati con molto amore e qualche ingenuità, conservando sempre uno stile personale e convincente.

I vini in degustazione hanno convinto meno del solito avendo perso un poco di smalto e di grinta, spostandosi su uno stile più ordinato ma meno efficace. Il Greta '10, un Pecorino interessante, grazie a profumi terpenici e esuberanti, di agrume e frutto, conquista meritatamente la finale. Ben fatto e dalla beva contagiosa. Il Colline Teramane Riccardo '08 è un Montepulciano rustico e potente, dai sentori estrattivi e fruttati cui manca un poco di finezza ma molto efficace. Amato invece è un ambizioso Colline Teramane ricco ed estrattivo, persino troppo. Aromi fruttati intensi, mora e amarena, la materia è importante e strutturata, peccato per i tannini spigolosi e leggermente sovraestratti, comunque ancora giovanissimo.

★★Masciarelli
VIA GAMBERALE, 1
66010 SAN MARTINO SULLA MARRUCINA [CH]
TEL. 087185241
www.masciarelli.it

VENDITA DIRETTA
VISITA SU PRENOTAZIONE
OSPITALITÀ

PRODUZIONE ANNUA 2.500.000 bottiglie
ETTARI VITATI 420.00

Quasi 400 ettari, spalmati su tutto il territorio regionale. Questo il sogno realizzato di Gianni: poter godere di tutta la potenzialità e le peculiarità delle quattro province abruzzesi, con il loro corredo di territori e aromi differenti: montagna, mare, colline. Oggi Marina Cvetic porta avanti l'azienda con competenza e grande forza. Lo stile Masciarelli è sempre quello: vini potenti e concentrati, confezionati da un legno elegante e mai smaccato, in una sintesi interessante tra territorio e modernità.

I Tre Bicchieri quest'anno vanno a un classico di casa, che non smentisce la sua vocazione di bianco potente, con un uso del legno disinvolto ma preciso e di grande personalità. Il Trebbiano d'Abruzzo Marina Cvetic '09 ha profumi esuberanti: l'agrume è netto al naso, la vaniglia del legno intensa ma ben gestita, all'assaggio è succoso e dialettico malgrado la materia impressionante. Il Castello di Semivicoli '09 è meno centrato del solito, un po' troppo dolce e denso. Buonissimo come al solito lo Chardonnay Marina Cvetic '09, il più borgognone dei vini mediterranei. Il Villa Gemma 07, dopo la pausa dello scorso anno, è il Montepulciano deciso cui siamo abituati, oggi, complice l'annata, un poco sovraestratto e meno ordinato del solito.

○ Greta '10	4*
● Montepulciano d'Abruzzo Colline Teramane Amato Ris. '07	5
● Montepulciano d'Abruzzo Colline Teramane Riccardo '08	5
○ Controguerra Elena '10	4
○ Controguerra Lidia '10	4
● Montepulciano d'Abruzzo Forty '10	4
○ Trebbiano d'Abruzzo Palù '10	3
○ Controguerra Elena '09	4*
○ Controguerra Lidia '08	3*
● Controguerra Sebastian '07	4*
● Controguerra Sebastian '06	4*
○ Greta '09	4
○ Greta '08	4*
● Montepulciano d'Abruzzo Colline Teramane Riccardo '07	5

○ Trebbiano d'Abruzzo Marina Cvetic '09	6
○ Chardonnay Marina Cvetic '09	6
● Montepulciano d'Abruzzo Villa Gemma '07	8
● Merlot Marina Cvetic '08	5
⊙ Montepulciano d'Abruzzo Cerasuolo Villa Gemma '10	4*
○ Trebbiano d'Abruzzo Castello di Semivicoli '09	6
● Castello di Semivicoli '09	5
○ Trebbiano d'Abruzzo '10	3
○ Villa Gemma Bianco '10	4
● Montepulciano d'Abruzzo Marina Cvetic '05	8
● Montepulciano d'Abruzzo Villa Gemma '06	8
● Montepulciano d'Abruzzo Villa Gemma '05	8
● Montepulciano d'Abruzzo Villa Gemma '04	8
○ Trebbiano d'Abruzzo Castello di Semivicoli '08	6
○ Trebbiano d'Abruzzo Castello di Semivicoli '07	6

ABRUZZO

Mastrangelo
VIA ISTONIA, 81
66054 VASTO [CH]
TEL. 3358390720
www.vinimastrangelo.com

VENDITA DIRETTA
VISITA SU PRENOTAZIONE

PRODUZIONE ANNUA 37.500 bottiglie
ETTARI VITATI 6.00

Una cantina del vastese, divisa tra due tenute: una sulle colline teatine ai confini con il Molise, l'altra nel bel territorio di Loreto Aprutino, sulle dolci colline pescaresi. La cantina vinifica con uno stile tradizionale, persino piacevolmente rustico, vini tipici e riconoscibili, che non spiccano per eleganza e finezza, ma per integrità e varietalità e che si confermano come una certezza nella viticultura abruzzese.

L'Alma Dei '09 è un bellissimo Montepulciano d'Abruzzo che conquista facilmente le finali. Il naso ha profumi eleganti di caffè e frutta nera nitida, all'assaggio è pieno, una bella materia gestita senza cedimenti, certo non proprio finissimo. Meno centrato il più ambizioso Riserva del Vicario, un Montepulciano evolutivo e pesante segnato da tannini scabri. Più buoni i due Trebbiano d'Abruzzo: il Monsignore '10 è citrico e fresco, all'assaggio potente e un poco rustico, ma con un'efficace chiusura salina. L'Oro del Cardinale è tradizionalmente un bianco interessante e vecchio stampo, in questa edizione '09 ha aromi freschi di frutta bianca e intensi di pietra focaia, bocca dinamica e distesa, peccato per la chiusura eccessivamente zuccherina.

- Montepulciano d'Abruzzo Alma Dei '09   4*
- Trebbiano d'Abruzzo L'Oro del Cardinale '09   5
- Trebbiano d'Abruzzo Monsignore '10   4*
- Montepulciano d'Abruzzo La Riserva del Vicario Ris. '06   5
- Montepulciano d'Abruzzo Alma Dei '07   4
- Montepulciano d'Abruzzo La Riserva del Vicario '04   5
- Montepulciano d'Abruzzo Tenimenti del Grifone '06   5
- Trebbiano d'Abruzzo L'Oro del Cardinale '06   5
- Trebbiano d'Abruzzo L'Oro del Cardinale '05   5

Camillo Montori
LOC. PIANE TRONTO, 82
64010 CONTROGUERRA [TE]
TEL. 0861809900
www.montorivini.it

VENDITA DIRETTA
VISITA SU PRENOTAZIONE
OSPITALITÀ
RISTORAZIONE

PRODUZIONE ANNUA 600.000 bottiglie
ETTARI VITATI 50.00

Agli estremi confini nord dell'Abruzzo, lungo la linea del fiume Tronto che segna il confine con le Marche, un'azienda che è parte della storia della denominazione Colline Teramane. Dei cinquanta ettari vitati della tenuta di Notaresco, gestiti con mano tradizionale, 26 sono di montepulciano, una decina di trebbiano e gli altri equamente divisi tra pecorino, passerina, chardonnay, sauvignon, sangiovese, merlot e cabernet. Ne nascono vini solidi e tipici, dal marcato profilo territoriale, di stile classico.

Sette vini in degustazione quest'anno, solo le linee superiori. Tra i bianchi spicca come al solito il Pecorino '10: Camillo Montori è stato tra i primi a credere in questo vitigno, artefice del suo recupero. Il Fonte Cupa '10 è un classico, un bel Trebbiano tipico e varietale. Al naso piacevoli sentori rustici, ma anche freschi toni riconoscibili del vitigno, in bocca è potente e retto da una bella acidità. Più convenzionale la Passerina. Buono, come al solito, il Cerasuolo, una vinificazione in bianco di uve montepulciano fruttata e con una nota ammandorlata a chiudere. Il Fonte Cupa è un grande classico tra i Montepulciano di rito teramano, capace di invecchiamenti strepitosi grazie a una materia importante e la vinificazione in legno grande.

- Montepulciano d'Abruzzo Cerasuolo Fonte Cupa '10   4*
- Montepulciano d'Abruzzo Colline Teramane Fonte Cupa Ris. '05   5
- Pecorino Trend '10   4*
- Trebbiano d'Abruzzo Fonte Cupa '10   4*
- Montepulciano d'Abruzzo Colline Teramane '08   4
- Passerina Trend '10   4
- Controguerra Leneo Moro '00   5
- Montepulciano d'Abruzzo Colline Teramane Fonte Cupa '98   4*
- Montepulciano d'Abruzzo Fonte Cupa '06   5
- Pecorino '08   4*
- Trebbiano d'Abruzzo Fonte Cupa '09   4
- Trebbiano d'Abruzzo Fonte Cupa '08   4

ABRUZZO

Cantine Mucci
c.da Vallone di Nanni, 65
66020 Torino di Sangro [CH]
Tel. 0873913366
www.cantinemucci.com

VISITA SU PRENOTAZIONE

PRODUZIONE ANNUA 250.000 bottiglie
ETTARI VITATI 20.00

Una cantina storica (la famiglia Mucci fa vino da oltre un secolo) che sta conoscendo un periodo di nuovo fermento ed evoluzione. Siamo a Torino di Sangro, sulle dolci colline ortonesi: alle spalle la Majella, con i suoi monti freddi, di fronte l'Adriatico e il suo sole. Qui sorgono i vigneti di Mucci, su un territorio noto per la coltivazione della vite, gestito con stile antico e insieme moderno, attento alla qualità e con la dichiarata ambizione di fare grandi vini.

La squadra presentata in degustazione si è guadagnata la scheda grande con un'ottima performance. Vini moderni e molto ben fatti, che non dimenticano mai l'insegnamento della tradizione e della tipicità. Il Santo Stefano '09 ci è assai piaciuto: un Montepulciano tecnico ed elegante, dai profumi netti di frutto e dal palato croccante e piacevolissimo, trama tannica succosa e fitta. Buono anche il Cantico '08, un Montepulciano più ambizioso, sentori di ciliegia e spezie, peccato che il legno lo marchi eccessivamente. Il Cantico Cabernet Sauvignon '06 è un bel vino internazionale, tipico e varietale nei suoi profumi vegetali e pirazinici, solo un poco scolastico. Convincente il Pecorino Valentino '10, dai freschi aromi di anice e dalla bocca ampia e distesa.

● Cantico Carbernet '06	🍷 4
● Montepulciano d'Abruzzo Cantico '08	🍷 4
● Montepulciano d'Abruzzo Santo Stefano '09	🍷 4
○ Trebbiano d'Abruzzo Valentino '10	🍷 3*
○ Valentino '10	🍷 4
⊙ Montepulciano d'Abruzzo Cerasuolo Valentino '10	🍷 4
● Montepulciano d'Abruzzo Valentino '10	🍷 3
○ Santo Stefano '10	🍷 4

Bruno Nicodemi
c.da Veniglio
64024 Notaresco [TE]
Tel. 085895493
www.nicodemi.com

VENDITA DIRETTA
VISITA SU PRENOTAZIONE

PRODUZIONE ANNUA 200.000 bottiglie
ETTARI VITATI 30.00

Una piccola azienda agricola, gestita tradizionalmente e con piglio sicuro dai due fratelli Elena e Alessandro secondo uno stile tradizionale e insieme moderno, caratteristico della zona della denominazione Colline Teramane. Vini importanti, strutturati, potenti, capaci di affascinare per mediterraneità ed estratto. 30 gli ettari vitati, sulla piana di Notaresco, in un unico corpo, curati e gestiti con attenzione artigianale e dedizione antica. Trebbiano e Montepulciano i vitigni coltivati, secondo la tradizione più antica.

Probabilmente la migliore prestazione di sempre per questa cantina teramana. I vini di Nicodemi ci hanno assai impressionato per stile personale, che concilia modernità e tradizione. Ben tre i vini in finale che sfiorano il podio più alto. Il Trebbiano Notàri '10 seduce con piacevoli note tipiche, profumi di erbe e fiori di campo e una beva piena e solida. Il Notàri '08, Colline Teramane, è un Montepulciano dalla materia impressionante e dal naso piacevolmente rustico e varietale. L'ambizioso Neromoro '07 è ancora crudo, ma si farà alla grande: potente e ricchissimo, con sentori di caffè e di frutto estremamente nitidi, in bocca è ancora chiuso ma di grande struttura. La semplice linea base è molto interessante come al solito.

● Montepulciano d'Abruzzo Colline Teramane Neromoro Ris. '07	🍷 6
● Montepulciano d'Abruzzo Colline Teramane Notàri '08	🍷 5
○ Trebbiano d'Abruzzo Notàri '10	🍷 4*
● Montepulciano d'Abruzzo '09	🍷 4*
⊙ Montepulciano d'Abruzzo Cerasuolo '10	🍷 3*
○ Trebbiano d'Abruzzo '10	🍷 3
● Montepulciano d'Abruzzo Colline Teramane Neromoro Ris. '03	🍷 6
● Montepulciano d'Abruzzo Colline Teramane Neromoro Ris. '04	🍷 6
● Montepulciano d'Abruzzo Colline Teramane Notàri '07	🍷 5
● Montepulciano d'Abruzzo Colline Teramane Notàri '06	🍷 5
● Montepulciano d'Abruzzo Colline Teramane Ris. '00	🍷 5

ABRUZZO

Pasetti

C.DA PRETARO
VIA SAN PAOLO, 21
66023 FRANCAVILLA AL MARE [CH]
TEL. 08561875
www.pasettivini.it

VENDITA DIRETTA
VISITA SU PRENOTAZIONE
OSPITALITÀ

PRODUZIONE ANNUA 600.000 bottiglie
ETTARI VITATI 60.00

Attualmente è la realtà privata di maggior successo in Abruzzo, grazie a vini moderni e piacevoli, capaci di conquistare molti consumatori. La cantina è sul mare di Francavilla ma le uve provengono soprattutto da due tenute di proprietà nell'interno: Pescosansonesco e Capestrano, la prima caratterizzata da terreni argillo calcarei con sottosuolo roccioso e friabile. Mimmo e Franca, con l'aiuto fattivo dei figli, la conducono con piglio sicuro e appassionato.

Come al solito in degustazione una squadra nutrita dove, alla fine, convincono i vini più tradizionali. Il Testarossa è un grande classico dell'enologia abruzzese, in questa edizione 2007 è potente e dolce di legno, ma anche dinamico e con un frutto preciso e nitido. La materia è piena e succosa, un grande Montepulciano che migliorerà nel tempo. Il Montepulciano d'Abruzzo '08 è intenso e dai bei profumi varietali, una bella nota tipica di cenere lo segna, in bocca è ricco e tannico, peccato per una leggera astringenza. Buono il Pecorino Colle Civetta '10, ancora giovanissimo e scombinato al naso, all'assaggio però è una delizia, fresco e sapido come si confà a un grande Pecorino. Forse meriterebbe un anno di riposo in bottiglia. Il nuovo nato, il Cerasuolo Vigne di Capestrano '10, è un rosato di classe figlio di un bellissimo territorio.

- ● Montepulciano d'Abruzzo Tenuta di Testarossa '07 ▼▼ 5
- ● Montepulciano d'Abruzzo '08 ▼▼ 4*
- ⊙ Montepulciano d'Abruzzo Cerasuolo V. Capestrano '10 ▼▼ 3*
- ○ Pecorino Colle Civetta '10 ▼▼ 5
- ○ Abruzzo Passerina V. Capestrano '12 ▼ 4
- ○ Trebbiano d'Abruzzo Zarachè '10 ▼ 4
- ⊙ Montepulciano d'Abruzzo Cerasuolo Pasetti '09 ▼▼ 3*
- ● Montepulciano d'Abruzzo Harimann '05 ▼▼ 7
- ● Montepulciano d'Abruzzo Harimann '02 ▼▼ 7
- ● Montepulciano d'Abruzzo Tenuta di Testarossa '06 ▼▼ 5
- ● Montepulciano d'Abruzzo Tenuta di Testarossa '05 ▼▼ 5
- ○ Pecorino Pasetti Colle Civetta '09 ▼▼ 5
- ○ Pecorino Pasetti Colle Civita '08 ▼▼ 5

Emidio Pepe

VIA CHIESI, 10
64010 TORANO NUOVO [TE]
TEL. 0861856493
www.emidiopepe.com

VENDITA DIRETTA
VISITA SU PRENOTAZIONE
OSPITALITÀ

PRODUZIONE ANNUA 80.000 bottiglie
ETTARI VITATI 15.00
VITICOLTURA Naturale

Basta aprire Vino al Vino di Mario Soldati del 1972 per capire questa cantina storica delle Colline Teramane. Da allora quasi nulla è cambiato. Siamo a Torano Nuova, nel cuore della denominazione. Dai quindici ettari dell'azienda escono vini tradizionali e riconoscibili, forgiati da un'agricoltura autentica, dalle vinificazioni in cemento e dal lungo affinamento in bottiglia. La recente attenzione alla biodinamica ha dato ulteriore impulso a questi vini, ancora più territoriali, prodotti esclusivamente con vitigni autoctoni.

Una pattuglia stringata: un Trebbiano, un Montepulciano e un Cerasuolo, come era nello stile delle cantine artigianali in regione. La mano gentile di Sofia Pepe si nota: i vini sono ogni anno più delicati e piacevoli. Il Trebbiano '09 è complesso al naso: prato e fiori di campo si intuiscono nonostante la forte riduzione, all'assaggio è pieno e fresco, nel tempo migliorerà ulteriormente. Il Cerasuolo '10 è quello che deve essere, sentori ridotti e naturali, una bella e tipica nota di camino, in bocca è succoso e irruente. Il Montepulciano d'Abruzzo '08 è semplicemente uno dei migliori assaggiati. È necessario aprirlo con anticipo e lasciarlo respirare, per consentire ai sentori tipici e animali di esprimersi appieno, e per svelare un registro di piccoli frutti scalpitanti e di humus e terra.

- ● Montepulciano d'Abruzzo '08 ▼▼ 6
- ○ Trebbiano d'Abruzzo '09 ▼▼ 6
- ⊙ Montepulciano d'Abruzzo Cerasuolo '10 ▼▼ 6
- ● Montepulciano d'Abruzzo '98 ▼▼▼ 8
- ● Montepulciano d'Abruzzo '07 ▼▼ 6
- ● Montepulciano d'Abruzzo Bio '05 ▼▼ 8
- ● Montepulciano d'Abruzzo Colline Teramane '06 ▼▼ 8
- ○ Trebbiano d'Abruzzo '08 ▼▼ 6
- ○ Trebbiano d'Abruzzo '07 ▼▼ 6
- ○ Trebbiano d'Abruzzo '03 ▼▼ 6

ABRUZZO

Pietrantonj
via San Sebastiano, 38
67030 Vittorito [AQ]
Tel. 0864727102
www.vinipietrantonj.it

VENDITA DIRETTA
VISITA SU PRENOTAZIONE

PRODUZIONE ANNUA 650.000 bottiglie
ETTARI VITATI 60.00

Una cantina storica dell'interno abruzzese, a Vittorito, in provincia dell'Aquila. 60 ettari di vigneti sulle colline tra Vittorito e Corfinio, su terreni argillosi ricchi di scheletro su cui trovano dimora montepulciano, trebbiano e malvasia, classici vitigni abruzzesi. Pietrantonj è qui a produrre vino da due secoli, con una continuità e qualità che lascia ammirati. Vini di montagna, dall'acidità spiccata e segnati da un taglio squisitamente contadino e tradizionale, tipici e sempre riconoscibili, a volte a scapito di eleganza e immediata piacevolezza.

Il Cerano '07 è un grande classico tra i Montepulciano di montagna aquilani. Tipico e lineare al naso, senza troppi fronzoli, in questa versione è specchio di un'annata difficile e quindi meno convincente dello scorso anno, con tannini sovraestratti e non finissimi. Molto buono invece l'Arboreo '08, secondo Montepulciano di casa: al naso è fine ed elegante, note di fiori di campo e un frutto netto in evidenza, in bocca è pieno e fresco, di buona tensione e dinamica, chiude con una piacevole sapidità. Notevole, come sempre, il Cerasuolo Arboreo '09, un rosato tutto giocato su profumi vivi di fragola e su una beva dolce e suadente. Corretti, ma nulla più, i bianchi di casa, su cui spicca una Malvasia tipica di queste zone pedemontane abruzzesi.

● Montepulciano d'Abruzzo Arboreo '08	5
● Montepulciano d'Abruzzo Cerano Ris. '07	3*
⊙ Montepulciano d'Abruzzo Cerasuolo Cerano '10	4
○ Malvasia '10	3
⊙ Montepulciano d'Abruzzo Cerasuolo Arboreo '10	5
○ Pecorino Spumante Temé	4
○ Trebbiano d'Abruzzo Cerano '10	4
● Montepulciano d'Abruzzo Arboreo '07	5
● Montepulciano d'Abruzzo Cerano '06	3*
⊙ Montepulciano d'Abruzzo Cerasuolo Arboreo '09	2*
○ Trebbiano d'Abruzzo Arboreo '08	4

San Lorenzo
c.da Plavignano, 2
64035 Castilenti [TE]
Tel. 0861999325
www.sanlorenzovini.com

VENDITA DIRETTA
VISITA SU PRENOTAZIONE

PRODUZIONE ANNUA 680.000 bottiglie
ETTARI VITATI 150.00

Circa 150 ettari vitati, interessati sia dai classici vitigni autoctoni che da quelli internazionali. Siamo al confine tra le province di Pescara e Teramo, una bellissima tenuta in un solo corpo gestita da una delle dinastie del vino abruzzesi. Da questa storica realtà di Castilenti escono vini ambiziosi e potenti, talvolta un po' troppo all'inseguimento delle mode commerciali e che perciò rischiano di perdere di vista le straordinarie potenzialità del territorio.

Un numero più limitato di etichette, ma particolarmente convincenti, come se l'azienda della famiglia Galasso si fosse concentrata su alcuni vini: i risultati si vedono. Il classico Escol '07 è un potente Colline Teramane Riserva che non combatte certo la battaglia dell'eleganza e della finezza, ma stupisce per la materia impressionante, gestita alla grande. Peccato per un legno un poco ingenuo, che marca le belle note cupe di grafite e cioccolata. Buonissimo l'Oinos '08, che spiazza con un Montepulciano integro: aromi varietali e un frutto preciso, in bocca è succoso e sapido, peccato per il legno che ne segna irrimediabilmente. La Passerina '10, infine, è piacevole e convenzionale.

● Montepulciano d'Abruzzo Colline Teramane Escol Ris. '07	5
● Montepulciano d'Abruzzo Colline Teramane Oinos '08	5
○ Chardonnay Chioma di Berenice '10	4
● Montepulciano d'Abruzzo Aldebaran '10	4
● Montepulciano d'Abruzzo Sirio '10	2
○ Passerina '10	4
○ Biancoluce '07	5
○ Chardonnay '05	5
● Montepulciano d'Abruzzo Antares '07	3*
● Montepulciano d'Abruzzo Colline Teramane '03	5
● Montepulciano d'Abruzzo Colline Teramane Escol Ris. '06	5
● Montepulciano d'Abruzzo Colline Teramane Oinos '07	5
○ Pecorino '09	3*

ABRUZZO

Nicola Santoleri
VIA DEI CAVALIERI, 20
66016 GUARDIAGRELE [CH]
TEL. 0871893301
www.nicolasantoleri.it

PRODUZIONE ANNUA 40.000 bottiglie
ETTARI VITATI 30.00

Un'azienda storica abruzzese, che è riuscita a sopravvivere alla prematura scomparsa del suo fondatore. I figli di Nicola sono saldamente sul ponte di comando e portano avanti la ricetta paterna: vini integri, con un marcato sapore territoriale e un grande rispetto per la tradizione. Dai trenta ettari di Guardiagrele, sulle colline teatine ai piedi della Maiella, arrivano uve bellissime - soprattutto montepulciano ma anche sangiovese, trebbiano, pinot nero, grigio e bianco, riesling renano - che vengono vinificate con stile tradizionale e poche concessioni alla modernità.

Quelli della cantina Santoleri sono vini riconoscibili e integri. Il Vigna Ladra '08 è un Montepulciano molto bevibile, succoso e tipico: al naso mostra un bel frutto nero, mentre in bocca è ampio e di discreta lunghezza. Il Cerasuolo, cupo e beverino, è uno dei migliori rosati della regione. Al naso spiccano le note di piccoli frutti di bosco e non mancano nuance erbacee, in bocca è sottile e fragrante. Il Trebbiano Crognaleto '10 è un bianco rustico e varietale, ma di grande personalità. Meno leggibili gli spumanti da uve montepulciano.

⊙ Montepulciano d'Abruzzo Cerasuolo Crognaleto '10	🍷🍷 5
● Montepulciano d'Abruzzo V. Ladra '08	🍷🍷 5
○ Trebbiano d'Abruzzo Crognaleto '10	🍷🍷 5
⊙ Montepulciano d'Abruzzo Cerasuolo Spumante Sii Me	🍷
● Montepulciano d'Abruzzo Crognaleto Ris. '00	🍷🍷 6
● Montepulciano d'Abruzzo Crognaleto Ris. '98	🍷🍷 6
○ Trebbiano d'Abruzzo Crognaleto '08	🍷🍷 5
○ Trebbiano d'Abruzzo Crognaleto '07	🍷🍷 5

Strappelli
LOC. TORRI, 15
64010 TORANO NUOVO [TE]
TEL. 0861887402
www.cantinastrappelli.it

VENDITA DIRETTA
VISITA SU PRENOTAZIONE

PRODUZIONE ANNUA 60.000 bottiglie
ETTARI VITATI 10.00
VITICOLTURA Biologico Certificato

La piccola cantina di Torano, nel bel territorio delle Colline Teramane, produce vini tradizionali e tipici, dal taglio squisitamente contadino. Le bellissime vigne si trovano a Villa Torri, su terreni di medio impasto tendente al breccioso, con impianti a contro spalliera, in regime biologico. Davanti l'Adriatico, alle spalle il Gran Sasso, per vini territoriali e pieni di carattere, dove sono le varietà tradizionali - montepulciano, trebbiano, pecorino, malvasia - a essere rappresentate.

Il Celibe è storicamente uno dei Colline Teramane più longevi e riconoscibili, grazie a una bellissima materia e allo stile tradizionale, e questa edizione '07 non delude. Al naso profumi varietali, ciliegia e camino, in bocca è potentissimo, un vino ancora molto giovane e ricco che forse il tempo legherà. Ottimo il più semplice Montepulciano d'Abruzzo '08, dagli aromi varietali e freschi, il frutto è nitido e croccante e la beva facile ed estremamente succosa e disponibile. Il Cerasuolo '10 è assai piacevole, aromi di fragola e gradevolmente vinosi, un rosato beverino che chiude sulla tipica nota mandorlata. Convincente anche il Pecorino, l'autoctono qui interpretato in modo sbarazzino.

● Montepulciano d'Abruzzo '08	🍷🍷 4*
⊙ Montepulciano d'Abruzzo Cerasuolo '10	🍷🍷 4*
● Montepulciano d'Abruzzo Colline Teramane Celibe Ris. '07	🍷🍷 5
○ Pecorino Soprano '10	🍷🍷 4*
○ Malvasia '10	🍷 3
● Montepulciano d'Abruzzo '07	🍷🍷 4*
● Montepulciano d'Abruzzo '06	🍷🍷 4*
⊙ Montepulciano d'Abruzzo Cerasuolo '07	🍷🍷 4*
● Montepulciano d'Abruzzo Colline Teramane Celibe Ris. '03	🍷🍷 6
● Montepulciano d'Abruzzo Colline Teramane Celibe Ris. '04	🍷🍷 6
● Montepulciano d'Abruzzo Colline Teramane Colle Trà '07	🍷🍷 4*
○ Pecorino Soprano '09	🍷🍷 4*
○ Trebbiano d'Abruzzo '07	🍷🍷 3*

ABRUZZO

Tiberio
c.da La Vota
65020 Cugnoli [PE]
Tel. 0858576744
www.tiberio.it

VENDITA DIRETTA
VISITA SU PRENOTAZIONE

PRODUZIONE ANNUA 80.000 bottiglie
ETTARI VITATI 30.00

Un territorio incontaminato sulle colline pescaresi, subito sotto la Maiella, una proprietaria seria e entusiasta che non perde occasione per assaggiare vini differenti, dai gusti precisi, vigne bellissime e accudite al dettaglio. Ecco la ricetta Tiberio. Dai circa 30 ettari di Cugnoli, stretti tra Maiella e Gran Sasso, perennemente scossi dalla brezza montana, arrivano vini - la quasi totalità da vitigni autoctoni - che non temono di preservare acidità e profumi scolpiti dal territorio.

Tiberio assesta una degustazione da manuale, aggiudicandosi i Tre Bicchieri con un Pecorino '10 che è una gioia per il palato. Al naso profumi esuberanti di frutto, netta l'arancia amara, poi note sottili di erbe e prato. In bocca è piacevolissimo, sorretto da un'acidità che lo farà durare a lungo e scolpirà quelle note minerali che già si intuiscono. Anche il semplice Trebbiano '10 è un gran bel bianco, che stupisce per la persistenza al palato. L'Althea '08 è l'ambizioso cru aziendale di Montepulciano, dal frutto esuberante e nitido, peccato sia un poco velato dal legno. Il Cerasuolo '10 è godibilissimo e scoppiettante di piccoli frutti. Più convenzionale e fin troppo ricco il Montepulciano d'Abruzzo '09.

○ Pecorino '10	▼▼▼	4
● Montepulciano d'Abruzzo Althea '08	▼▼	5
◉ Montepulciano d'Abruzzo Cerasuolo '10	▼▼	4
○ Trebbiano d'Abruzzo '10	▼▼	4
● Montepulciano d'Abruzzo '09	▼	4
● Montepulciano d'Abruzzo '08	▽▽	4*
● Montepulciano d'Abruzzo '07	▽▽	4*
● Montepulciano d'Abruzzo '06	▽▽	3*
● Montepulciano d'Abruzzo Althea '07	▽▽	5
● Montepulciano d'Abruzzo Althea '06	▽▽	5
● Montepulciano d'Abruzzo Althea '05	▽▽	5
○ Pecorino '09	▽▽	4
○ Pecorino '08	▽▽	4

Cantina Tollo
via Garibaldi, 68
66010 Tollo [CH]
Tel. 087196251
www.cantinatollo.it

VENDITA DIRETTA
VISITA SU PRENOTAZIONE

PRODUZIONE ANNUA 12.500.000 bottiglie
ETTARI VITATI 3500.00

Vera ammiraglia della viticultura abruzzese, la Cantina Tollo rappresenta bene la realtà cooperativistica che tradizionalmente caratterizza l'Abruzzo. 3500 gli ettari vitati, per quasi 13 milioni di bottiglie prodotte: cifre da capogiro ma che non rinunciano alla qualità, grazie alla sinergia tra il notevole potenziale di una miriade di conferitori e il bel territorio delle colline teatine, dalle pendici della Majella fino a lambire l'Adriatico. Da questa ricchezza straordinaria anno dopo anno nascono vini che convincono per perizia tecnica, correttezza e ottimo rapporto qualità prezzo.

La pattuglia assaggiata quest'anno è notevole per quantità e qualità. Una decina di vini interessanti e dal rapporto qualità prezzo da sottolineare. Due i vini in finale che ancora una volta sfiorano il gradino più alto. L'Aldiano è un Montepulciano d'Abruzzo semplice e molto ben fatto, il '08 è particolarmente efficace, un rosso tipico e riconoscibile, senza troppe smancerie ma con un bel tono rustico. Al naso una nota di fuliggine cupa e intensa, in bocca succoso e pieno, peccato per il legno. Il Cagiòlo '08, è un Montepulciano destinato a grandi progressi nel tempo, impressiona per corpo e materia notevoli. Il frutto è molto nitido e preciso e la beva distesa e fragrante.

● Montepulciano d'Abruzzo Aldiano Ris. '08	▼▼	4*
● Montepulciano d'Abruzzo Cagiòlo Ris. '08	▼▼	5
◉ Montepulciano d'Abruzzo Cerasuolo Hedòs '10	▼▼	4
● Montepulciano d'Abruzzo Colle Secco Rubino '08	▼▼	4*
○ Trebbiano d'Abruzzo Aldiano '10	▼▼	4*
○ Passerina '10	▼	4
○ Pecorino '10	▼	4
○ Trebbiano d'Abruzzo C'Incanta '08	▼	5
○ Trebbiano d'Abruzzo Menir '09	▼	5
● Montepulciano d'Abruzzo Aldiano Ris. '07	▽▽	4*
● Montepulciano d'Abruzzo Cagiòlo '06	▽▽	5
◉ Montepulciano d'Abruzzo Cerasuolo Hedòs '09	▽▽	4*
● Montepulciano d'Abruzzo Colle Secco Ris. '07	▽▽	4*
● Montepulciano d'Abruzzo Colle Secco Rubino '07	▽▽	4*

ABRUZZO

Torre dei Beati
c.da Poggioragone, 56
65014 Loreto Aprutino [PE]
Tel. 0854916069
www.torredeibeati.it

VENDITA DIRETTA
VISITA SU PRENOTAZIONE

PRODUZIONE ANNUA 100.000 bottiglie
ETTARI VITATI 17.00
VITICOLTURA Biologico Certificato

Fausto Albanese e Adriana Galasso hanno fortissimamente voluto questa azienda e con caparbietà adriatica, in pochi anni, hanno costruito un marchio importante. Pochi ettari gestiti artigianalmente, in conduzione biologica, una cantina semplice, in cui si applicano tecniche originali e colte, e una squadra di etichette sempre ad altissimo livello. Questo il profilo di questa azienda di Loreto Aprutino e dei suoi vini ben riconoscibili, dalla matrice profondamente territoriale.

Ogni anno la prestazione di questa cantina migliora, con vini sempre più convincenti. I Tre Bicchieri vanno al Cocciapazza '08, il Montepulciano più tradizionale e tipico. Un vino affascinante, capace di invecchiamenti super, dai classici aromi profondi e cupi, dalla bocca ancora giovanissima: materia, fittezza e lunghezza impressionanti. Non da meno il Mazzamurello '08 ottenuto da una gestione sur lie del Montepulciano, ancora chiusissimo ma intenso e mediterraneo, dalla trama fittissima. Leggermente meno buono il Montepulciano '09, rustico e molto pieno all'assaggio. Il Pecorino '10 è molto elegante e fine, profuma di erbe e fiori di campo. Il Cerasuolo '10 è scabro e potente, dalla beva sdrucciola.

● Montepulciano d'Abruzzo Cocciapazza '08	🍷🍷🍷	5
● Montepulciano d'Abruzzo Mazzamurello '08	🍷🍷	6
○ Pecorino d'Abruzzo Giocheremo con i Fiori '10	🍷🍷	4*
● Montepulciano d'Abruzzo '09	🍷🍷	4*
⊙ Montepulciano d'Abruzzo Cerasuolo Rosa-ae '10	🍷🍷	3*
● Montepulciano d'Abruzzo '07	🍷🍷🍷	4*
● Montepulciano d'Abruzzo Cocciapazza '07	🍷🍷🍷	5
● Montepulciano d'Abruzzo '08	🍷🍷	4*
⊙ Montepulciano d'Abruzzo Cerasuolo Rosa-ae '08	🍷🍷	3*
● Montepulciano d'Abruzzo Cocciapazza '06	🍷🍷	5
● Montepulciano d'Abruzzo Cocciapazza '03	🍷🍷	5
● Montepulciano d'Abruzzo Mazzamurello '07	🍷🍷	6
● Montepulciano d'Abruzzo Mazzamurello '04	🍷🍷	5

La Valentina
via Torretta, 52
65010 Spoltore [PE]
Tel. 0854478158
www.fattorialavalentina.it

VENDITA DIRETTA
VISITA SU PRENOTAZIONE

PRODUZIONE ANNUA 350.000 bottiglie
ETTARI VITATI 40.00

Quaranta ettari vitati, divisi tra le belle tenute di Spoltore, sugli assolati colli pescaresi davanti al mare, e le estreme vigne di Scafa e San Valentino, arrampicate sulla Maiella, in Abruzzo Citeriore. La Valentina ci ha abituato a vini personali e originali, talvolta moderni, ma sempre in una dialettica interessante con la tradizione, oramai una sicurezza nell'enologia abruzzese. La ricchezza dei due territori, assai differenti, si legge bene nelle interessanti etichette proposte in degustazione. Nessun utilizzo di prodotti chimici e artificiali, l'energia elettrica è solo compensata.

Una degustazione da incorniciare quest'anno per la cantina pescarese. Lo Spelt '07 conquista i Tre Bicchieri grazie a sentori speziati e mediterranei, un piacevole tono minerale roccioso già percepibile e una nota di cioccolato che si insinua fanno presagire evoluzioni spettacolari. La bocca è potente, tanta materia gestita dinamicamente e senza cedimenti. Buono anche il Binomio '07, Montepulciano d'altitudine non finissimo ma efficace e profumato. Ottimo il nuovo nato: un Trebbiano non filtrato ambizioso come il nome che porta, Cuvée Speciale, dai sentori vibranti di frutta bianca, sostenuto da una nota tostata. Bocca succosa, convincente. In finale anche il Cerasuolo Effe '10, intenso di frutto e freschezza. Una menzione particolare per l'efficace linea base.

● Montepulciano d'Abruzzo Spelt '07	🍷🍷🍷	5
⊙ Montepulciano d'Abruzzo Cerasuolo Effe '10	🍷🍷	4*
○ Bianco Pecorino '10	🍷🍷	4*
● Montepulciano d'Abruzzo '09	🍷🍷	3*
● Montepulciano d'Abruzzo Binomio '07	🍷🍷	6
○ Trebbiano d'Abruzzo '10	🍷🍷	3*
○ Trebbiano d'Abruzzo Cuvée Speciale '10	🍷🍷	4
○ Bianco Fiano '10	🍷	5
● Montepulciano d'Abruzzo Bellovedere '05	🍷🍷🍷	7
● Montepulciano d'Abruzzo Spelt '05	🍷🍷🍷	5
● Montepulciano d'Abruzzo Bellovedere '06	🍷🍷	7
● Montepulciano d'Abruzzo Binomio '05	🍷🍷	6
● Montepulciano d'Abruzzo Spelt '06	🍷🍷	5

ABRUZZO 820

★★ Valentini
via del Baio, 2
65014 Loreto Aprutino [PE]
Tel. 0858291138

Valle Reale
loc. San Calisto
65026 Popoli [PE]
Tel. 0859871039
www.vallereale.it

VENDITA DIRETTA
VISITA SU PRENOTAZIONE

PRODUZIONE ANNUA 30.000 bottiglie
ETTARI VITATI 64.00
VITICOLTURA Naturale

PRODUZIONE ANNUA 522.800 bottiglie
ETTARI VITATI 60.00

Difficile scrivere di un'azienda culto, di cui si è già detto tutto. 300 ettari nelle colline pescaresi, equamente divisi tra seminativo, olio - straordinario - e vino. Da tutta questa vigna solo 30mila bottiglie, tra Trebbiano, Montepulciano e Cerasuolo. Ma che bottiglie... Lo stile della cantina è originale, antico e riconoscibilissimo: gestione della vigna tradizionale, tecniche di cantina artigianali, solo legni grandissimi e il tempo in bottiglia come alleato, questa la ricetta per vini che sono semplicemente tra i migliori italiani.

Dopo l'eccezione dello scorso anno quest'anno si torna all'abituale avvicendamento cui ci ha abituato questa cantina mito. Sì perché quando si lavora con stile artigiano, capita in alcuni millesimi di non imbottigliare per non smentire la meritata fama. Così nel 2007 il Montepulciano non è stato prodotto. I due vini presentati quest'anno ne leniscono la mancanza. Il Trebbiano '09, di cui non ricordiamo un'uscita così rapida, a solo due anni dalla vendemmia, è straordinario. Al naso profumi di erba e fiori di campo, la classica nota fermentativa e un sentore tostato di caffè che si insinua delicato e che promette evoluzioni intriganti. In bocca è disteso e pronto, da berne a secchi. Il Cerasuolo '10 è un po' anomalo, figlio di una vendemmia particolare: potente e pieno, in bocca è assai preciso e pulito, il frutto è scalpitante, buonissimo.

Leonardo Pizzolo con rapidità da appassionato e intelligenza pratica ha saputo in pochi anni cambiare la sua bella azienda di montagna. Sessanta ettari tra Popoli, 30 ettari a 350 metri, su suoli poveri, limosi con ricchezza di ciottoli, e Capestrano, altri 30 ettari nel cosiddetto forno d'Abruzzo, su terreni con una dose di argilla, gestiti con cura e dedizione, in conversione biologica. Vini di montagna, scolpiti dalle escursioni termiche e dai terreni aspri, che la recente svolta verso lievitazioni naturali, con l'utilizzo esclusivo di lieviti indigeni, rende sempre più riconoscibili e peculiari.

La cantina di Popoli affila una degustazione da sballo. Nel San Calisto '08 è sempre maggiore la parte di fermentazione spontanea e si sente. Al naso profumi pieni di frutto, i sentori minerali a insinuarsi, in un Montepulciano di altitudine tutto giocato in finezza, scolpito dal freddo. In bocca è succoso e disteso, ancora giovanissimo. Il più semplice Sant'Eusanio '10 è un Montepulciano tutto acciaio che fa della freschezza e dell'immediatezza i suoi punti di forza. Il Trebbiano Vigna di Capestrano '09 è semplicemente un nuovo classico e in questa versione particolarmente ricco ed esuberante, dai profumi tostati ma anche di zagara e fiori di campo, dalla bocca agrumata, di cui si intuisce già la complessità cui arriverà. Il Montepulciano d'Abruzzo '09 è un rosso moderno e profumato.

○ Trebbiano d'Abruzzo '09	▼▼▼ 7
◉ Montepulciano d'Abruzzo Cerasuolo '10	▼▼ 7
● Montepulciano d'Abruzzo '06	▼▼▼ 8
● Montepulciano d'Abruzzo '02	▼▼▼ 8
● Montepulciano d'Abruzzo '01	▼▼▼ 8
● Montepulciano d'Abruzzo '00	▼▼▼ 8
● Montepulciano d'Abruzzo '97	▼▼▼ 7
◉ Montepulciano d'Abruzzo Cerasuolo '09	▼▼▼ 7
◉ Montepulciano d'Abruzzo Cerasuolo '08	▼▼▼ 7
◉ Montepulciano d'Abruzzo Cerasuolo '06	▼▼▼ 7
○ Trebbiano d'Abruzzo '08	▼▼▼ 7
○ Trebbiano d'Abruzzo '05	▼▼▼ 7
○ Trebbiano d'Abruzzo '04	▼▼▼ 7
○ Trebbiano d'Abruzzo '02	▼▼▼ 7
○ Trebbiano d'Abruzzo '01	▼▼▼ 6
○ Trebbiano d'Abruzzo '00	▼▼▼ 6

● Montepulciano d'Abruzzo San Calisto '08	▼▼▼ 6
● Montepulciano d'Abruzzo Sant'Eusanio '10	▼▼ 4*
○ Trebbiano d'Abruzzo V. di Capestrano '09	▼▼ 5
● Montepulciano d'Abruzzo '09	▼▼ 4
● Montepulciano d'Abruzzo V. Nuove '10	▼▼ 3*
○ Trebbiano d'Abruzzo V. Nuove '10	▼▼ 3*
◉ Montepulciano d'Abruzzo Cerasuolo V. Nuove '10	▼ 4
● Montepulciano d'Abruzzo '06	▼▼▼ 4*
● Montepulciano d'Abruzzo San Calisto '07	▼▼▼ 6
● Montepulciano d'Abruzzo San Calisto '06	▼▼▼ 6
● Montepulciano d'Abruzzo San Calisto '05	▼▼▼ 6
● Montepulciano d'Abruzzo San Calisto '04	▼▼▼ 6
○ Trebbiano d'Abruzzo V. di Capestrano '08	▼▼▼ 5
● Montepulciano d'Abruzzo '08	▼▼ 4*

ABRUZZO

Villa Medoro
C.DA MEDORO
64030 ATRI [TE]
TEL. 0858708142
www.villamedoro.it

VENDITA DIRETTA
VISITA SU PRENOTAZIONE

PRODUZIONE ANNUA 300.000 bottiglie
ETTARI VITATI 100.00

Una cantina che in pochi anni ha saputo ritagliarsi un ruolo di primo piano nel competitivo mondo della viticoltura abruzzese. Siamo in provincia di Teramo, sulle colline non lontane dal mare. Un terreno ricco e caldo, per vini potenti e di carattere, dallo strepitoso rapporto qualità prezzo. Montepulciano ricchi e intensi di frutto, molto aderenti alle caratteristiche del territorio che ospita i quasi cento ettari di vigna, che soddisfano il palato sin dalle linee più semplici. Sul ponte di comando la spumeggiante Federica Morricone, anima e cervello dell'azienda.

La cantina di Atri in questi anni ci abituato a degustazioni impressionanti, grazie a vini moderni e ricchissimi, e anche quest'anno non delude. L'ambizioso Adrano '08 torna facilmente ai Tre Bicchieri grazie a potenza e ricchezza estrattiva. Concentrato, con un frutto nitido e scalpitante, la tipica marasca, legno ben dosato, e bocca dinamica, per un vino ancora giovanissimo ma già molto buono. Il Rosso del Duca è forse in questa versione '09 il migliore di sempre: profumi varietali, il frutto è intenso e preciso, ancora chiuso, ma con una bellissima materia e una fresca sapidità a reggerlo. Il Montepulciano d'Abruzzo '09 è quanto di meglio si possa bere per quel prezzo, così moderno e succoso. I bianchi sono tutti piacevoli e ben fatti e su tutti spicca il Chimera '10, da quest'anno Trebbiano in purezza.

● Montepulciano d'Abruzzo Colline Teramane Adrano '08	🍷🍷🍷 6
● Montepulciano d'Abruzzo '09	🍷🍷 3*
● Montepulciano d'Abruzzo Rosso del Duca '09	🍷🍷 4
⊙ Montepulciano d'Abruzzo Cerasuolo '10	🍷🍷 3*
○ Passerina '10	🍷🍷 3*
○ Trebbiano d'Abruzzo Chimera '10	🍷🍷 3*
○ Pecorino '10	🍷 3
○ Trebbiano d'Abruzzo '10	🍷 3
● Montepulciano d'Abruzzo '08	🍷🍷🍷 3*
● Montepulciano d'Abruzzo '06	🍷🍷🍷 3*
● Montepulciano d'Abruzzo Colline Teramane Adrano '06	🍷🍷🍷 6
● Montepulciano d'Abruzzo Colline Teramane Adrano '05	🍷🍷🍷 6
● Montepulciano d'Abruzzo Colline Teramane Adrano '04	🍷🍷🍷 6
● Montepulciano d'Abruzzo Colline Teramane Adrano '03	🍷🍷🍷 6

Ciccio Zaccagnini
C.DA POZZO
65020 BOLOGNANO [PE]
TEL. 0858880195
www.cantinazaccagnini.it

VENDITA DIRETTA
VISITA SU PRENOTAZIONE

PRODUZIONE ANNUA 1.500.000 bottiglie
ETTARI VITATI 180.00

A Bolognano, nell'azienda in cui Joseph Beuys tenne la mitica "difesa della natura", la tenuta Zaccagnini è un classico della viticoltura abruzzese. Ai piedi della Maiella pescarese 150 ettari vitati, altri in affitto, per una produzione di vino diffusa in tutto il pianeta, ma che non rinuncia alle sue origini territoriali. I vini di Zaccagnini riescono a conciliare qualità e quantità, in una sintesi di stili (dagli autoctoni agli internazionali) che impressiona.

Una degustazione un poco sottotono quest'anno per l'azienda Zaccagnini. Il Castello di Salle '08 è un Montepulciano tipico, dai profumi fini e dalla beva fresca e fruttata, peccato per la chiusura amarognola ed estrattiva. La Cuvée dell'Abate '09 ha sentori cupi e varietali, all'assaggio è potente e dinamico ma purtroppo il legno lo segna irrimediabilmente. Il Rosso di Ciccio è al solito un Montepulciano godibilissimo e nervoso, a un prezzo piccolo. Il San Clemente Riserva, vero rosso di razza, in questa versione 2008 convince di meno, soprattutto per l'eccessivo tono vanigliato. Tra i bianchi il San Clemente '09 è un Trebbiano classico, dallo stile desueto e una materia veramente notevole, dalla beva integra e piena. Il Myosotis '10 resta una lettura piacevole e moderna di Cerasuolo.

● Montepulciano d'Abruzzo Castello di Salle '08	🍷🍷 4*
⊙ Montepulciano d'Abruzzo Cerasuolo Myosotis '10	🍷🍷 4*
● Montepulciano d'Abruzzo Cuvée dell'Abate '09	🍷🍷 3*
● Montepulciano d'Abruzzo Rosso di Ciccio '09	🍷🍷 3*
● Montepulciano d'Abruzzo Tralcetto '09	🍷🍷 5
○ Trebbiano d'Abruzzo S. Clemente '09	🍷🍷 5
○ Chardonnay S. Clemente '09	🍷 5
○ Ibisco Bianco '10	🍷 4
● Montepulciano d'Abruzzo Chronicon '08	🍷 4
● Montepulciano d'Abruzzo S. Clemente Ris. '08	🍷 6
● Montepulciano d'Abruzzo Castello di Salle '06	🍷🍷 4*
● Montepulciano d'Abruzzo Terre di Casauria S. Clemente Ris. '06	🍷🍷 7
● Montepulciano d'Abruzzo Tralcetto '08	🍷🍷 3*
○ Trebbiano d'Abruzzo S. Clemente '08	🍷🍷 5

ABRUZZO 822
LE ALTRE CANTINE

Anfra
via Colle Morino, 8
64025 Pineto [TE]
Tel. 3471154504
www.anfra.it

Degustazione deludente quest'anno per la giovane cantina del Cerrano. I vini sono come al solito moderni e ambiziosi, ma quest'anno meno convincenti del solito. Il Montepulciano d'Abruzzo '09 è ancora molto giovane, con bei profumi fruttati nitidi, potente ma poco espressivo in bocca. Il Pecorino '10 colpisce grazie a profumi di anice, al naso è molto netto e varietale.

● Montepulciano d'Abruzzo '09	4
○ Pecorino '10	4*
● Montepulciano d'Abruzzo Colline Teramane Reilla '07	5
○ Trebbiano d'Abruzzo '10	4

Angelucci
c.da Vicenne, 7
65020 Castiglione a Casauria [PE]
Tel. 0857998193
www.angeluccivini.it

Una cantina giovane e moderna in un territorio non semplice dell'Abruzzo interno. Siamo nella zona di Causaria, tra monti e boschi. L'azienda nasce intorno al recupero del moscatello Castiglione, antica uva dolce autoctona. Il Moscatello '09 conquista facilmente le finali grazie ad aromi agrumati e floreali. Buono anche il semplice Montepulciano Depero '10.

○ Moscatello Castiglione '09	5
● Montepulciano d'Abruzzo Depero '10	4
● Montepulciano d'Abruzzo Vigna Mè '09	4

Nestore Bosco
c.da Casali, 147
65010 Nocciano [PE]
Tel. 085847345
www.nestorebosco.com

Una degustazione altalenante quella di questa tradizionale azienda di Nocciano, sulle dolci colline pescaresi. I vini sono sempre divisi tra uno stile tipico, come si confà a una cantina che produce da oltre un secolo, e vini più moderni e farraginosi. Il Montepulciano d'Abruzzo '09 ha profumi tipici e fruttati, una piacevole nota scabra e una beva piena e ricchissima.

● Montepulciano d'Abruzzo '09	4*
● Montepulciano d'Abruzzo 110 Ris. '06	7
● Montepulciano d'Abruzzo Don Bosco '07	5
○ Pecorino '10	4

Giuseppe Ciavolich
loc. Quattro Strade
c.da Cerreto, 37
66010 Miglianico [CH]
Tel. 0871958797
www.ciavolich.com

Ciavolich è la cantina storica delle colline teatine, sotto la Majella, attiva da oltre un secolo, che produce vini sono potenti. L'Ancilla '10 è un Montepulciano dai profumi non precisissimi, vivo e varietale, dalla bocca nervosa e scalpitante. L'Antrum '05 è un Montepulciano ambizioso, dai sentori di mora matura e dal palato piacevole.

● Montepulciano d'Abruzzo Antrum '05	6
● Montepulciano d'Abruzzo Ancilla '10	3
● Montepulciano d'Abruzzo Divus '09	4
○ Trebbiano d'Abruzzo Divus '09	4

Cirelli
loc. Treciminiere
via Colle San Giovanni, 1
64032 Atri [TE]
Tel. 0858700106
www.agricolacirelli.com

Una nuova cantina, dai vini semplici e fragranti, provenienti da coltivazione biologica nelle Colline Teramane. Solo tre i vini prodotti, tutti piacevolissimi. Il Montepulciano d'Abruzzo '09 è tipico e fresco, sorretto da una bellissima acidità varietale che conferisce una beva sdrucciola. Il Trebbiano '10 è godibile, pulito e intenso.

● Montepulciano d'Abruzzo '09	3*
○ Trebbiano d'Abruzzo '10	2*
◉ Montepulciano d'Abruzzo Cerasuolo '10	3

Collefrisio
loc. Piane di Maggio
66030 Frisa [CH]
Tel. 0859039074
www.collefrisio.it

Una degustazione mediocre per questa cantina tra ortonese e chietino: vini molto commerciali, ingessati da una mano in cantina invasiva e moderna. Convince pienamente solo il Morrecine '09, un Montepulciano di spalla larga, dagli aromi tipici e concentrati e dalla bocca potente e piacevole. Il Trebbiano Zero '10 è efficace e beverino.

● Montepulciano d'Abruzzo Morrecine '09	4*
● Montepulciano d'Abruzzo Uno '08	4
● Montepulciano d'Abruzzo Zero '09	4
○ Trebbiano d'Abruzzo Zero '10	3

ABRUZZO

LE ALTRE CANTINE

Tenuta I Fauri
s.da Corta, 9
66100 Chieti
Tel. 0871332627
www.tenutaifauri.it

Sulle belle colline teatine che dalla Majella guardano il mare, la tenuta I Fauri sta vivendo anni di lavoro e rinnovamento. Il rosso dei Fauri 2007 è un Montepulciano interessante nei suoi profumi eleganti e tostati. Baldovino è un bianco moderno e, nonostante non brilli in tipicità, è facile e sbarazzino.

● Montepulciano d'Abruzzo Rosso dei Fauri '07	🍷🍷 6
○ Trebbiano d'Abruzzo Baldovino '10	🍷🍷 3
● Montepulciano d'Abruzzo Ottobre Rosso '10	🍷 4
○ Trebbiano d'Abruzzo Santa Cecilia '10	🍷 4

Feudo Antico
via Perruna, 35
66010 Tollo [CH]
Tel. 0871969128
www.feudoantico.it

I vini proposti da questa costola di Tollo sono ambiziosi, spesso anche interessanti. Il Rosato '10, da uve montepulciano, è un non filtrato frutto di una fermentazione spontanea e conquista le finali grazie a una beva dinamica e profumi integri. Speriamo si sia aperta una strada che questa cantina vorrà seguire.

⊙ Rosato '10	🍷 4*
○ Tullum Passerina '10	🍷 4
○ Tullum Pecorino '10	🍷 4
● Tullum Rosso Ris. '08	🍷 6

Filomusi Guelfi
via F. Filomusi Guelfi, 11
65028 Tocco da Casauria [PE]
Tel. 085986908
elleffegi@tiscali.it

I vini di Lorenzo Filomusi sono personali e riconoscibili, segnati da uno stile classico anche se non sempre preciso. Il Montepulciano d'Abruzzo Riserva '06 si guadagna la finale grazie ad aromi tipici e tradizionali, bella nota di cenere al naso e una beva cupa, segnata da un frutto scabro e sorretta da bella acidità.

● Montepulciano d'Abruzzo Ris. '06	🍷🍷 4*
● Montepulciano d'Abruzzo '07	🍷 4
○ Sauvignon Per Lei '08	🍷 4

Gentile
via del Giardino, 7
67025 Ofena [AQ]
Tel. 0862956618
www.gentilevini.it

Continua a non convincere pienamente questa piccola cantina di Ofena: il territorio sforna una materia che può dare vini notevoli, peccato per la vinificazione non precisissima. Il Medea '10 è un Pecorino piacevole, dagli aromi di arancia amara e dalla beva succosa. L'Orfeo '09 è un Montepulciano più semplice, dai bei sentori fruttati e nervosi.

● Montepulciano d'Abruzzo Orfeo '09	🍷🍷 4*
○ Pecorino Medea '10	🍷🍷 4
● Montepulciano d'Abruzzo Zefiro '07	🍷 5
○ Trebbiano d'Abruzzo Ares '10	🍷 2

Lepore
c.da Civita, 29
64010 Colonnella [TE]
Tel. 086170860
www.vinilepore.it

Da un paio d'anni i vini presentati convincono meno, eccessivamente rustici e scorbutici. Il Montepulciano d'Abruzzo '09 è tipico e irruente, pieno e materico al palato, sorretto da una bella acidità. La Passera delle Vigne è l'autoctono storico e apripista, l'edizione 2010 è piacevole malgrado il legno.

● Montepulciano d'Abruzzo '09	🍷🍷 4*
○ Controguerra Passerina Passera delle Vigne '10	🍷 4
● Montepulciano d'Abruzzo La Notte '09	🍷 3
○ Trebbiano d'Abruzzo '10	🍷 3

Antonio e Elio Monti
via Pignotto, 62
64010 Controguerra [TE]
Tel. 086189042
www.vinimonti.it

Pochi vini in degustazione da questa tradizionale cantina di Controguerra. Il Senior '06 è un ambizioso Colline Teramane dallo stile non finissimo ma potente e tannico, dalla beva succosa malgrado tannini e struttura importante. Il Pignotto '05 è meno centrato del solito e appesantito da tannini spigolosi.

● Montepulciano d'Abruzzo Colline Teramane Senior '06	🍷🍷 4
● Montepulciano d'Abruzzo Colline Teramane Pignotto Ris. '05	🍷 5

ABRUZZO 824
LE ALTRE CANTINE

Praesidium
via Giovannucci, 24
67030 Prezza [AQ]
Tel. 086445103
vinipraesidium@tiscali.it

Cantina tradizionale e storica dell'aquilano, famosa per lo stile antico e rustico. Solo tre vini in degustazione ma abbastanza convincenti, malgrado le sensazioni esuberanti che spesso li caratterizzano. Il Cerasuolo '10 è concentrato e intenso di amarena. Il Montepulciano '06 è molto rustico al naso, ridotto e intenso, in bocca si distende con una beva fresca e piacevolissima.

● Montepulciano d'Abruzzo '06	6
◐ Montepulciano d'Abruzzo Cerasuolo '10	4
● Montepulciano d'Abruzzo Ris. '06	6

La Quercia
c.da Colle Croce
64020 Morro d'Oro [TE]
Tel. 0858959110
www.vinilaquercia.it

Una degustazione solo discreta toglie la scheda grande alla cantina teramana, i cui vini sembrano spenti rispetto al passato. Il Primamadre '07 è esuberante, magari non tipicissimo nei suoi sentori intensi di frutta viva, dal palato pieno, con una trama tannica incisiva. Il Trebbiano '10 è varietale, peccato per lo stile macerativo che ne appesantisce la beva.

● Montepulciano d'Abruzzo Primamadre '07	4*
◐ Montepulciano d'Abruzzo Cerasuolo Primamadre '10	4
● Montepulciano d'Abruzzo Peladi '10	2
○ Trebbiano d'Abruzzo La Quercia '10	2

Santobono
p.zza della Vittoria, 16
66050 San Buono [CH]
Tel. 3332887579

Per il secondo anno i vini di questa azienda del vastese ci colpiscono, per uno stile personale e naturale, che non rinuncia a pulizia e qualità. Il Primovere '10 è un Cerasuolo scabro e fresco, piacevolissimo, l'Ephebia '10 è un Trebbiano tipico e fine, ancora molto giovane e macerativo. Il Lenzino '06 è fragrante e integro, dai tannini fitti ed eleganti.

◐ Montepulciano d'Abruzzo Cerasuolo Primovere '10	4
● Montepulciano d'Abruzzo Lenzino '06	4*
○ Trebbiano d'Abruzzo Ephebia '10	3

Talamonti
c.da Palazzo
65014 Loreto Aprutino [PE]
Tel. 0858289039
www.cantinetalamonti.it

La giovane cantina di Loreto Aprutino stenta a recuperare il ruolo che meriterebbe. L'Aternum '10 è un Trebbiano ambizioso e tipico, che anno dopo anno migliora in maniera evidente. Quest'anno tanta materia distesa per una beva succosa e che migliorerà ancora nel tempo. Il Rosé '10 è un Cerasuolo piacevolissimo tra i migliori in regione.

◐ Montepulciano d'Abruzzo Cerasuolo Rosé '10	3*
○ Trebbiano d'Abruzzo Aternum '10	4
○ Pecorino Trabocchetto '10	4
○ Trebbiano d'Abruzzo Trebì '10	3

Tenuta Ulisse
via San Polo, 40
66014 Crecchio [CH]
Tel. 0871407733
www.tenutaulisse.it

Anno dopo anno i vini di questa giovane cantina di Crecchio migliorano. La Cococciola '10 è una delle migliori, il naso è intenso e piacevolmente floreale, la bocca facile e succosa. Buono anche il Pecorino, dal marcato stile riduttivo e dalla beva esuberante. Fresco e croccante il Montepulciano Amaranta '09.

○ Chardonnay Unico '10	5
○ Cococciola Unico '10	5
● Montepulciano d'Abruzzo Amaranta '09	5
○ Pecorino Unico '10	5

Valori
via Torquato al Salinello, 8
64027 Sant'Omero [TE]
Tel. 086188461
vinivalori@tin.it

Azienda storica del teramano di cui quest'anno mancavano all'appello alcuni dei vini più importanti. Il Montepulciano d'Abruzzo '10, dai profumi pericolosamente evoluti, ha bocca succosa e piacevole, peccato per la chiusura scontrosa e amarognola. Il Pecorino '10 è piacevolissimo, un po' meno il Trebbiano d'Abruzzo '10, non pulitissimo e troppo piccolo.

● Montepulciano d'Abruzzo '10	3*
○ Pecorino d'Abruzzo '10	4
○ Trebbiano d'Abruzzo '10	3

MOLISE

Da qualche anno dedichiamo una sezione specifica a questa piccola e bella regione, da tempo immemore gravata da un legame antico e borbonico con l'Abruzzo, spinti dalla convinzione che si tratti di un territorio unico e peculiare per la coltivazione della vite. Poche le aziende e i vini assaggiati ogni anno, che non sono più di una cinquantina. Da sempre la coltivazione della vite è una realtà essenziale nell'economia agricola del Molise, con una produzione dai numeri interessanti (oltre 250mila ettolitri) e un prodotto qualitativamente notevole. Ora però, in questa porzione di terra che dagli Appennini degrada dolcemente verso il verde dell'Adriatico, dove il clima si fa meno estremo, le temperature più gestibili e il terreno ricco e fertile, assistiamo a un fermento che si traduce in cantine dinamiche e valide, che oramai offrono un prodotto di livello a un prezzo realmente concorrenziale secondo una linea consolidata del mercato. I vitigni più coltivati sono per i rossi il montepulciano, che in questo territorio acquista una tipicità del tutto particolare, e l'aglianico, in una veste più fresca e semplice di quello cui siamo abituati, e tra i bianchi il trebbiano e la falanghina. Merita poi un discorso a parte un vigneto autoctono, la tintilia, come dice il nome, colorata e dai profumi minerali e tipici, che dopo i primi incerti passi, sta producendo vini interessanti e ambiziosi da tenere d'occhio e che iniziano a cogliere i primi importanti successi. Alessio Di Majo Norante resta l'apripista del vino molisano, la sua azienda colpisce anno dopo anno con i suoi vini piacevolissimi e molto ben costruiti, vera sintesi tra modernità e tradizione. Quest'anno è il Contado a prendere i Tre Bicchieri, un Aglianico buonissimo dal prezzo contenuto.

MOLISE 826

Borgo di Colloredo

loc. Nuova Cliternia
c.da Zezza, 8
86042 Campomarino [CB]
Tel. 087557453
www.borgodicolloredo.com

VENDITA DIRETTA
VISITA SU PRENOTAZIONE

PRODUZIONE ANNUA 300.000 bottiglie
ETTARI VITATI 60.00

Siamo a Campomarino, lungo le verdi colline che dall'interno molisano si protendono verso il mare, sempre più territorio vinicolo molisano per eccellenza. La famiglia Di Giulio continua a proporci vini semplici, puliti, piacevolmente dinamici, dal bel rapporto qualità prezzo, figli della loro proverbiale perizia agricola e dei bellissimi sessanta ettari di vitigni tradizionali molisani.

Neanche una decina i vini schierati, tutti abbastanza convincenti e riconoscibili. L'Aglianico '07 è molto valido, al naso sentori cupi e varietali, il frutto è molto nitido e preciso, in bocca succoso e potente. Tra i bianchi impressiona la Falanghina '10, dagli aromi rotondi e precisi di frutta bianca, la beva è piena e piacevolissima, sorretta da una fresca acidità. Discreti il Greco '10, un bianco in ordine, lineare e piacevole, e dal palato beverino, e i Biferno Gironia: il Bianco '10, il Rosato '10 e il Rosso '05.

Di Majo Norante

fraz. Nuova Cliternia
c.da Ramitelli, 4
86042 Campomarino [CB]
Tel. 087557208
www.dimajonorante.com

VENDITA DIRETTA
VISITA SU PRENOTAZIONE

PRODUZIONE ANNUA 800.000 bottiglie
ETTARI VITATI 85.00
VITICOLTURA Biologico Certificato

Di Majo Norante in regione è sinonimo di vino. Una cantina storica che ha inciso profondamente nel rinnovamento della realtà enologica della regione. Dalle belle vigne di Campomarino nascono vini moderni, ambiziosi e straordinariamente prodotti, negli ultimi anni con un'attenzione sempre più marcata alla tipicità e al territorio. 85 ettari gestiti con cura affatto usuale in regione, in conduzione biologica, per una linea di etichette che spiccano nel panorama molisano.

La squadra di bottiglie presentata in degustazione quest'anno è ampia e importante, vini moderni e assai ben fatti. Il Contado, famoso Aglianico del Molise, in questa versione 2009 conquista i Tre Bicchieri, un rosso piacevolissimo dai sentori intensi di frutta e cuoio, all'assaggio teso e pieno, con una beva morbida. Il Don Luigi è, come al solito, un rosso di classe, ma solo un poco meno convincente, l'alcol irruente lo vela al naso. Notevole il semplice Sangiovese, un vino da pochi euro e grandi numeri, dai profumi intensi e nitidi di frutto: fresco, lineare e beverino. Tra i bianchi ci è assai piaciuta la Falanghina '10 della linea Biorganic, per indicare un bianco da agricoltura biologica teso e netto.

● Aglianico '07	♛♛	4*
○ Molise Falanghina '10	♛♛	4*
○ Biferno Bianco Gironia '10	♛	4
⊙ Biferno Rosato Gironia '10	♛	4
● Biferno Rosso Gironia '05	♛	4
○ Greco '10	♛	3
○ Biferno Bianco Gironia '09	♛♛	4*
○ Biferno Bianco Gironia '08	♛♛	4*
○ Molise Falanghina '09	♛♛	4*
● Molise Montepulciano '06	♛♛	4*

● Molise Aglianico Contado Ris. '09	♛♛♛	4*
○ Molise Apianae '09	♛♛	5
● Molise Don Luigi Ris. '09	♛♛	6
○ Molise Falanghina Biorganic '10	♛♛	4*
○ Molise Greco '10	♛♛	4*
● Sangiovese '10	♛♛	3*
● Biferno Rosso Ramitello '09	♛	4
● Molì Rosso '10	♛	3
● Molise Tintilia '08	♛	4
● Molise Aglianico Contado '03	♛♛♛	4*
● Molise Aglianico Contado Ris. '07	♛♛♛	4*
● Molise Don Luigi '05	♛♛♛	6
● Molise Don Luigi '99	♛♛♛	5
● Molise Don Luigi Ris. '08	♛♛♛	6
● Molise Don Luigi Ris. '06	♛♛♛	6

Cantine Salvatore

C.DA VIGNE
86049 URURI [CB]
TEL. 0874830656
www.cantinesalvatore.it

VENDITA DIRETTA
VISITA SU PRENOTAZIONE

PRODUZIONE ANNUA 80.000 bottiglie
ETTARI VITATI 15.00

Una piccola cantina di Ururi, cittadina del basso Molise, dalla posizione invidiabile, per territorio e clima. Dai quindici ettari di proprietà si ottengono vini moderni e interessanti, che fanno di uno stile enologico pulito e corretto il requisito principale. Pasquale Salvatore, vera anima della cantina, porta avanti un progetto personale di riqualificazione di questi vigneti, attraverso la ricerca di nuovi territori e impianti per la riscoperta della tintilia, grande autoctono rosso molisano.

La squadra schierata in degustazione quest'anno ci è abbastanza piaciuta, vini semplici ed efficaci, che negli anni stanno evolvendo e migliorando. La Rutilia '09 è una Tintilia ambiziosa che quest'anno conquista le finali grazie a profumi tipici di piccoli frutti rossi e molto vivi, la viola è nitida. La beva è piena e morbida, magari un poco tecnica, ma convincente. Buono anche il Molise Rosso Biberius '09, al naso aromi netti di frutto scalpitante, all'assaggio tannico e dinamico, dal sorso intenso. Più semplice il Don Donà '08, un rosso potente, marcato da tannini duri e polverosi. Tra i bianchi buono il Nysias '10, una Falanghina semplice e beverina, dai bei profumi di pesca e floreali.

Valerio Vini - San Nazzaro

LOC. SELVOTTA
86075 MONTERODUNI [IS]
TEL. 0865493043
www.valeriovini.it

VENDITA DIRETTA
VISITA SU PRENOTAZIONE

PRODUZIONE ANNUA 30.000 bottiglie
ETTARI VITATI 1.00

In provincia di Isernia, dove il Molise si fa più selvaggio e aspro, una piccolissima cantina, che lega la sua fortuna alla denominazione Pentro. Pochissimi ettari, ma gestiti in assoluta qualità e modernità da Antonio Sandro, che ha dimostrato che anche su queste colline poco conosciute si possono fare vini interessanti, di carattere. L'azienda collabora, insieme all'Università del Molise, a una sperimentazione sulla vinificazione con lieviti indigeni, con l'idea di valorizzare sempre più l'originalità e la tipicità dei vini.

Un'ottima degustazione per questa azienda che inserimmo in Guida lo scorso anno. Vini rossi pieni e moderni, estremamente ben fatti. Il Valerio '09, della nuova denominazione Pentro, conferma la buona impressione della precedente edizione. Un rosso moderno e tecnico, dal naso avvolgente, all'assaggio, frutto nitido e ricco, peccato per una chiusura amarognola, sgraziata, che gli preclude successi maggiori. Il Sannazzaro '09 è un Montepulciano croccante e pieno, magari un poco rustico, ma dalla beva facile e tipica. Buono anche il Calidio '10, una semplice ed economica base, dai profumi non precisissimi, ma in bocca fitto e rinfrescato da una piacevole acidità che ne sostiene la beva.

● Molise Tintilia Rutilia '09	🍷🍷 4
● Molise Rosso Biberius '09	🍷🍷 4*
○ Molise Falanghina Nysias '10	🍷 4
● Molise Rosso Don Donà '08	🍷 5
○ Molise Falanghina Nysias '09	🍷🍷 4*
○ Molise Falanghina Nysias '08	🍷🍷 4*
● Molise Rosso Don Donà '07	🍷🍷 5
● Molise Tintilia Rutilia '08	🍷🍷 4
● Molise Tintilia Rutilia '07	🍷🍷 5

● Molise Rosso Calidio '10	🍷🍷 3*
● Molise Rosso Sannazzaro '09	🍷🍷 4
○ Pentro Valerio '09	🍷🍷 4
● Pentro di Isernia '08	🍷🍷 5

MOLISE 828
LE ALTRE CANTINE

Cantine Cipressi
C.DA MONTAGNA
86030 SAN FELICE DEL MOLISE [CB]
TEL. 0874874535
www.cantinecipressi.it

Una discreta degustazione quella di questa classica cantina molisana. Ci convince appieno il classico Rumen '09, un rosso un poco convenzionale nel suo stile tecnico, ma piacevole e fresco, con una beva fitta e concentrata. Il Mekan '09 invece ha toni fruttati intensi e leggermente smaccati.

● Molise Rosso Rumen '09	3*
○ Falanghina '10	3
● Molise Rosso Mekan '09	4

D'Uva
C.DA RICUPO, 13
86035 LARINO [CB]
TEL. 0874822320
www.cantineduva.com

Un'azienda storica molisana, che in questi anni sta rinnovandosi e migliorando. Pochi i vini in degustazione ma tutto sommato convincenti. Il Gavio '07 è un Cabernet Sauvignon dai bei profumi varietali, al naso una fresca nota di erba, in bocca ricco e potente, magari un poco slargato. Buono l'Egò '08, un passito dolce e succoso.

○ Egò '08	6
● Gavio '07	3

Terresacre
C.DA MONTEBELLO
86036 MONTENERO DI BISACCIA [CB]
TEL. 0875960191
www.terresacre.net

Siamo a Montenero di Bisaccia, ai confini tra Abruzzo e Molise, un'azienda emergente dal taglio moderno. Il Molise Rosso Neravite '09, da uve montepulciano in purezza, è ampio e serrato sui tannini; il Rosavite '10, un rosato ottenuto da uve montepulciano, è piacevole e delicato.

● Molise Rosso Neravite '09	4
⊙ Rosavite '10	4

CAMPANIA

È la somma che fa il totale, verrebbe da dire in omaggio al più famoso principe della risata: uno che, per inciso, i vini della sua Campania li conosceva bene. Rispetto alla scorsa edizione ci sono un paio di Tre Bicchieri in meno, ma anche diversi finalisti in più (ben settanta) e valutazioni medie decisamente più elevate. Hanno pesato senza dubbio un blocco di annate estremamente favorevoli, ma si manifesta soprattutto l'onda lunga di un movimento, per molti versi sincopato e irregolare, che riesce a tenere insieme entusiasmanti novità e inossidabili conferme, piccoli artigiani e realtà numericamente più rilevanti, territori di vocazione riconosciuta e aree emergenti. Ci piace che a far da filo conduttore in questo percorso ci siano quasi esclusivamente le varietà tradizionali di una regione ampelograficamente straordinaria, interpretate sempre di più in chiave di freschezza, misura, bevibilità e coerenza rispetto alle sottozone di provenienza. Il contributo più importante da questo punto di vista viene ancora una volta dall'Irpinia, con il Fiano di Avellino a fare la parte del leone. Sono tanti i 2010 che secondo noi potranno offrire grandi soddisfazioni agli appassionati più pazienti e tra questi già svelano una marcia in più la solita coppia d'oro di Lapio (Rocca del Principe e Clelia Romano), cui risponde l'area di Montefredane con la selezione Alimata di Villa Raiano. L'azienda della famiglia Basso è tra gli esordienti di lusso nel club dei Tre Bicchieri, come i Fiano Exultet di Quintodecimo e quello di Guido Marsella, due vini a loro modo estremi per ricchezza e forza glicerica che sembrano aver trovato la quadratura del cerchio in un millesimo sottile, e per molti complicato, come il 2009. I Greco di Tufo 2010 non fanno registrare i picchi della vendemmia precedente, ma il tris di premi è di quelli prestigiosi: per Pietracupa è il quinto alloro consecutivo, il Vigna Cicogna di Benito Ferrara rende di nuovo merito a uno dei più bei cru della denominazione, il Cutizzi toglierà ogni dubbio ai più diffidenti sullo splendido cambio di rotta stilistico pensato a Feudi di San Gregorio. Annata di equilibrio e sostanza la 2007 a Taurasi, che consacra i fratelli Urciuolo e il Radici di Mastroberardino, affiancati dal Poliphemo di Luigi Tecce, new entry annunciata tra i top della regione; assai meno pronosticabile il massimo traguardo conquistato dal fantastico Taurasi '05 di Antico Borgo. Un'altra elettrizzante novità la incontriamo in provincia di Caserta, dove il Sabbie di Sopra il Bosco '09 di Nanni Copè-Giovanni Ascione fa compagnia alla certezza Terra di Lavoro pari annata. Ed è ancora un debutto al top quello dell'Aglianico del Taburno Terra di Rivolta Riserva '08 de La Rivolta, grazie al quale ritornano i Tre Bicchieri in un Sannio che pare in orgogliosa ripresa dopo qualche stagione interlocutoria. La provincia di Salerno trova linfa nei tanti ottimi vini della Costa d'Amalfi, col Furore Bianco '10 di Marisa Cuomo a guidare il gruppo; chiude il cerchio l'ennesima maestosa versione del Montevetrano, vendemmia 2009.

CAMPANIA

A Casa
LOC. PIANODARDINE
VIA FILANDE, 6
83100 AVELLINO
TEL. 0825626406
www.cantineacasa.it

VENDITA DIRETTA
VISITA SU PRENOTAZIONE

PRODUZIONE ANNUA 200.000 bottiglie
ETTARI VITATI 45.00

Prosegue spedito il progetto A Casa, nato nel 2007 per volontà di Tommaso Iavarone, Enzo Ercolino, Claudio Velardi, Antonio Napoli e Paolo Vasquez. Alcuni cambiamenti nell'assetto societario e dirigenziale non hanno impedito all'azienda avellinese di costituire un patrimonio viticolo di tutto rispetto, con acquisizioni in diverse aree dell'Irpinia e del Sannio, e di completare una gamma dedicata alle principali varietà del territorio, interpretate con un tocco docile e assertivo, a nostro avviso perfettibile sul fronte della personalità.

Non è un caso se le indicazioni più convincenti giungano da quelle tipologie in cui sono meno pressanti le esigenze di caratterizzazione. Il Sannio Piedirosso Fiore dell'Isca '09, ad esempio, svela un frutto integro ed espressivo, con un tocco di legno dolce che non pregiudica uno sviluppo scorrevole e sostenuto. Discorso simile per la Sannio Coda di Volpe Bebiana '10, nitida e precisa nei ricordi di pesca gialla e pompelmo, ricca ed estrattiva nella progressione materica. È un buon esordio quello del Taurasi Vigna di Noè '07: composta di fragola, tocchi coloniali, rovere ben dosato, già piuttosto aperto e risolto, ha finale appagante, avvolgente e ampio.

● Irpinia Aglianico Vecchio Postale '08	🍷 4
○ Sannio Coda di Volpe Bebiana '10	🍷🍷 4*
● Sannio Piedirosso Fiore dell'Isca '09	🍷🍷 4*
● Taurasi V. di Noè '07	🍷🍷 6
○ Aglaos Botrytis '07	🍷 4
○ Fiano di Avellino Oro del Passo '10	🍷 4
○ Greco di Tufo Bussi '10	🍷 4
○ Fiano di Avellino Oro del Passo '08	🍷🍷 4
○ Greco di Tufo Bussi '08	🍷🍷 4
● Sannio Piedirosso Fiore dell'Isca '07	🍷🍷 4

Alois
LOC. AUDELINO
VIA RAGAZZANO
81040 PONTELATONE [CE]
TEL. 0823876710
www.vinialois.it

VISITA SU PRENOTAZIONE

PRODUZIONE ANNUA 120.000 bottiglie
ETTARI VITATI 26.00

È una fase decisamente nuova ed entusiasmante per la cantina di Michele e Massimo Alois, dopo i brillanti esordi e un breve periodo più incerto. Il ripensamento della gamma e dell'impronta stilistica sembra definitivamente indirizzato verso una più coerente espressività varietale e facilità di beva, con un gioco di legni diversi per dimensione ed età, tarato in funzione dei vari rossi a base casavecchia, pallagrello nero e aglianico. Solo acciaio per i due bianchi, il Pallagrello Bianco Caiatì e la Falanghina Caulino.

A prescindere dalle singole valutazioni, ci sentiamo decisamente in sintonia con la nuova lettura dei rossi prodotti con le varietà caiatine. Il Trebulanum '09, maturato in botte grande, non ha timore nel mostrare le tipiche spigolosità tanniche del casavecchia, coniugando freschezza di frutto e naturalezza di beva. Così come emerge con nitidezza il tratto territoriale affumicato e speziato nel Campole '08, Aglianico maturato in barrique di terzo anno. Ancora meglio il Pallagrello Nero Cunto '09, il cui passaggio in botte piccola si palesa soprattutto nella chiusura tannica, serrata e compressa, senza rinunciare alla nitidezza del cacao e alla generosità del centro bocca.

● Cunto '09	🍷 5
● Campole '08	🍷🍷 4*
○ Pallagrello Bianco Caiatì '09	🍷🍷 4*
● Trebulanum '09	🍷🍷 6
● Settimo '09	🍷 4
● Cunto '08	🍷🍷 5
● Settimo '07	🍷🍷 4*
● Trebulanum '07	🍷🍷 6

Antico Borgo

VIA DANTE
83030 TAURASI [AV]
TEL. 082774713

VENDITA DIRETTA
VISITA SU PRENOTAZIONE

PRODUZIONE ANNUA 30.000 bottiglie
ETTARI VITATI 2.00

È un giacimento inesauribile di sorprese quello che ogni anno si palesa ai nostri occhi in Irpinia e in Campania. Non solo nuove avventure, ma anche realtà già localmente conosciute e apprezzate, capaci a un certo punto di cambiare marcia e di irrompere prepotentemente nel gruppo dei migliori. È il caso di Antico Borgo, piccola azienda da 3 ettari fondata nel 1998 da Raffaele Inglese e Baldo Di Sessa, artefice di Taurasi dal forte sapore territoriale, espressione dei siti vulcanici di Coste, quadrante nord del borgo.

Non è il primo Taurasi, e siamo convinti non sarà l'ultimo, che Antico Borgo piazza tra i top dell'annata, riassaggiare per credere il '01 o il '99. Ma questo '05 è semplicemente di un altro pianeta: maturato per 18 mesi in barrique di terzo passaggio e in botti di Slavonia da 40 ettolitri, è un vino pazzesco per integrità e chiarezza territoriale, capace come accade solo con i fuoriclasse di mettere d'accordo cervello e stomaco. Il nerbo e la gioventù che si chiedono a un solenne Aglianico irpino ci sono tutti, ma c'è anche la spontaneità di un sorso già tutto da godere. 7000 bottiglie per seguire nel tempo il Tre Bicchieri meno pronosticato in questa tornata di assaggi campani.

● Taurasi '05	5
○ Greco di Tufo '10	5
● Irpinia Campi Taurasini '06	4

Antonio Caggiano

C.DA SALA
83030 TAURASI [AV]
TEL. 082774723
www.cantinecaggiano.it

VENDITA DIRETTA
VISITA SU PRENOTAZIONE
RISTORAZIONE

PRODUZIONE ANNUA 155.000 bottiglie
ETTARI VITATI 23.00

Nella relativamente giovane storia del distretto vitienologico irpino è ricordato come il primo cru taurasino di stile moderno, maturato esclusivamente in barrique. Era il 1994 e il Vigna Macchia dei Goti trasferiva in bottiglia tutto l'entusiasmo di Antonio Caggiano, geometra con una smisurata passione per la fotografia, i viaggi e l'aglianico. Il suo vino più famoso è oggi percepito come un vero e proprio classico capace di restituire come pochi i tratti delle annate, punta di diamante di una gamma solida e completa, curata insieme al figlio Pino e all'amico di sempre Luigi Moio.

Nella calda ma equilibrata vendemmia 2007 i Caggiano hanno realizzato uno dei loro migliori Taurasi Vigna Macchia dei Goti: perfettamente a fuoco nell'impianto fruttato, polposo ma al riparo da surmaturazioni, libera un elegante corredo speziato di pepe e cannella, con una convincente integrazione del rovere. Manca, si fa per dire, solo un surplus di articolazione e spinta acida perché la stoffa è quella del fuoriclasse. Bene anche il Fiano di Avellino Béchar '10, intenso e solare nei suoi tocchi di ananas, menta e cedro, appena caldo in finale. Completa il quadro un rilassato Greco di Tufo Devon '10 e un di nuovo convincente Fiagre '10, blend di fiano e greco.

○ Fiano di Avellino Béchar '10	4*
● Taurasi V. Macchia dei Goti '07	6
○ Greco di Tufo Devon '10	4
○ Falanghina '10	4
○ Fiagre '10	4
● Irpinia Salae Domini '08	6
○ Mel '05	6
● Taurasi V. Macchia dei Goti '04	6
● Taurasi V. Macchia dei Goti '99	7
○ Fiagre '09	4
○ Fiano di Avellino Béchar '09	4
○ Fiano di Avellino Béchar '08	5
○ Greco di Tufo Devon '09	4
○ Greco di Tufo Devon '08	5
● Taurasi V. Macchia dei Goti '06	6
● Taurasi V. Macchia dei Goti '05	6

CAMPANIA

Cantine dell'Angelo
via Santa Lucia, 32
83010 Tufo [AV]
Tel. 3384512965
www.cantinedellangelo.com

VENDITA DIRETTA
VISITA SU PRENOTAZIONE

PRODUZIONE ANNUA 18.000 bottiglie
ETTARI VITATI 5.00

Quelli di Maria Nuzzolo e Angelo Muto, con l'aiuto del giovane Luigi Sarno, sono già tra i Greco di Tufo più caratterizzati e personali della denominazione: fieri, rigorosi, salati, quasi impermeabili a ogni filtro fruttato nella dinamica aromatica che dal tratto riconducibile ai lieviti incogniti ci consegna dritti all'essenza minerale del terroir di partenza. Vini per molti versi nudi, trasparenti rispetto ai caratteri delle vigne di famiglia, cinque ettari ubicati in prossimità delle vecchie miniere di zolfo, trasformati e proposti col marchio Cantine dell'Angelo a partire dal 2006.

È una valutazione quanto mai aperta, quella che assegniamo in questa fase al Greco di Tufo '10 di Cantine dell'Angelo. Con una buona dose di prudenza, perché nei vari assaggi ci siamo costantemente trovati di fronte a un vino molto indietro, al limite dell'indecifrabile, tutto raggomitolato su sensazioni lievitose. Solo con l'ossigeno vengono lentamente fuori impressioni di frutto giallo maturo, con tratti cerealicoli e fenolici che segnano un po' il palato, non amaro ma come trattenuto nell'articolazione, forse appena diluito nel finale. Non ci meraviglieremmo se nei prossimi mesi lo ritrovassimo più fuso e allungato, per il momento ci fermiamo a due bicchieri.

○ Greco di Tufo '10	4
○ Greco di Tufo '09	4*

Colli di Castelfranci
c.da Braudiano
83040 Castelfranci [AV]
Tel. 082772392
www.collidicastelfranci.com

VENDITA DIRETTA
VISITA SU PRENOTAZIONE
OSPITALITÀ
RISTORAZIONE

PRODUZIONE ANNUA 160.000 bottiglie
ETTARI VITATI 25.00
VITICOLTURA Naturale

Siti ed esposizioni alla mano, quella dei cognati Luciano Gregorio e Gerardo Colucci è decisamente una delle aziende irpine dal maggior potenziale. Siamo a Castelfranci, senza dubbio uno dei grand cru per l'aglianico, quasi sempre raccolto a novembre con elevati valori di acidità ed estratti. La vinificazione del Taurasi è tradizionale, con maturazione in legno piccolo per 12 mesi e altri 18 in rovere di Slavonia. Solo acciaio per i bianchi, realizzati con uve acquistate con l'eccezione del Paladino, vendemmia tardiva di fiano coltivato fuori zona Docg.

Nonostante il genius loci di Colli di Castelfranci sia indiscutibilmente concentrato sull'aglianico, in questi anni abbiamo spesso esaltato le doti di freschezza e succo dei bianchi. Un'ulteriore conferma ci arriva dai 2010, con un Fiano di Avellino Pendino più serio e viscerale del solito, e un Greco di Tufo Grotte attraversato da una vena acida martellante. Questa volta, però, la gerarchia aziendale viene pienamente rispettata grazie al Taurasi Alta Valle '06, per la prima volta in finale col suo corredo terroso e affumicato, avvolto in toni di frutto scuro e in un palato piccante, saporito, di convincente armonia e precisione.

● Taurasi Alta Valle '06	5
○ Fiano di Avellino Pendino '10	4
○ Greco di Tufo Grotte '10	4
○ Irpinia Paladino V. T. '09	4
● Irpinia Campi Taurasini Vadantico '08	4
○ Fiano di Avellino Pendino '08	4
○ Greco di Tufo Grotte '09	4
○ Greco di Tufo Grotte '08	4*
● Taurasi Gagliardo '05	6

CAMPANIA

Colli di Lapio
via Arianiello, 47
83030 Lapio [AV]
Tel. 0825982184
www.collidilapio.it

VENDITA DIRETTA
VISITA SU PRENOTAZIONE

PRODUZIONE ANNUA 50.000 bottiglie
ETTARI VITATI 5.00

Colli di Lapio per i registri, semplicemente Clelia per i tanti appassionati che fin dal 1994 hanno cercato e trovato nella sua produzione artigianale le atmosfere dei migliori Fiano di Lapio, veri e propri vini di montagna per luminosità aromatica, sottigliezza strutturale e tenuta nel tempo. Accanto a lei ci sono da sempre il marito Angelo, autentico vigneron, i figli Carmela e Federico, mentre i tre nipotini Chiara, Andrea e Alessandro hanno per ora ispirato le etichette del Greco di Tufo, dell'Irpinia Campi Taurasini e del Taurasi.

Non finisce mai di stupirci il Fiano di Avellino di Colli di Lapio. Il punto di partenza era un'annata come la 2010 per molti aspetti enigmatica, che ha generalmente penalizzato chi, come la famiglia Romano, ha dovuto raccogliere dopo le piogge ottobrine. Eppure a ogni assaggio ci siamo misurati con un vino di straordinaria forza e tensione, inconfondibile come Fiano di Lapio per i netti ricordi muschiati, affumicati e agrumati ma soprattutto per la bocca che riesce a essere snella e profonda al contempo. Ancora una volta Tre Bicchieri. Più distante, ma in ogni caso convincente, il Taurasi Vigna Andrea '07: piuttosto chiuso e severo, ha uno sviluppo più orizzontale che infiltrante.

○ Fiano di Avellino '10	🍷🍷🍷 5
● Irpinia Campi Taurasini Donna Chiara '09	🍷🍷 5
● Taurasi V. Andrea '07	🍷🍷 6
○ Greco di Tufo Alexandros '10	🍷 5
○ Fiano di Avellino '09	🍷🍷 5
○ Fiano di Avellino '08	🍷🍷 5*
○ Fiano di Avellino '07	🍷🍷 5
○ Fiano di Avellino '05	🍷🍷 5
● Campi Taurasini Irpinia Donna Chiara '08	🍷🍷 5
● Campi Taurasini Irpinia Donna Chiara '07	🍷🍷 5
● Taurasi V. Andrea '05	🍷🍷 6
● Taurasi V. Andrea '06	🍷🍷 6
● Taurasi V. Andrea '04	🍷🍷 6

Contrade di Taurasi
via Municipio, 41
83030 Taurasi [AV]
Tel. 082774483
www.cantinelonardo.it

VENDITA DIRETTA
VISITA SU PRENOTAZIONE

PRODUZIONE ANNUA 20.000 bottiglie
ETTARI VITATI 5.00
VITICOLTURA Naturale

Siamo convinti che il meglio debba ancora venire per una delle realtà più carismatiche del comprensorio irpino. Perché nell'avventura di Contrade di Taurasi c'è un amore incondizionato per l'approfondimento e la ricerca, a cominciare dalle fermentazioni naturali guidate e dalle zonazioni interne passando per la gestione viticola biocompatibile dei circa 5 ettari di proprietà, i cui esiti diventeranno ancora più visibili nelle prossime stagioni. La famiglia Lonardo è accompagnata in questo percorso da una prestigiosa squadra di professionisti come Giancarlo Moschetti e Vincenzo Mercurio.

In attesa di misurarci nella prossima edizione con i nuovi cru Case d'Alto e Coste Morante, ci concediamo un significativo antipasto con il Taurasi '07. È un'interpretazione per molti versi estrema dei siti sciolti e vulcanici del pianoro est del borgo, annunciata da un profilo decisamente serrato e riduttivo, ancora alla ricerca di apertura e definizione. Il lievito incognito è in primo piano con sfumature scure di mora e castagna, così come si fa sentire un tannino violento, che solo nel finale allenta la presa permettendo alla dotazione salina di riaprire la partita. Varrà la pena seguirlo nei prossimi mesi, come faremo con un Greco Musc' '09 timido e verticale.

○ Greco Musc' '09	🍷 5
● Taurasi '07	🍷🍷 6
● Aglianico '09	🍷 4
○ Greco Musc' '08	🍷🍷 5
● Irpinia Aglianico '07	🍷🍷 4*
● Taurasi '05	🍷🍷 7
● Taurasi Ris. '05	🍷🍷 7
● Taurasi Ris. '03	🍷🍷 7

CAMPANIA

Marisa Cuomo
via G. B. Lama, 16/18
84010 Furore [SA]
Tel. 089830348
www.marisacuomo.com

VENDITA DIRETTA
VISITA SU PRENOTAZIONE
OSPITALITÀ
RISTORAZIONE

PRODUZIONE ANNUA 102.000 bottiglie
ETTARI VITATI 17.50
VITICOLTURA Naturale

Quella di Marisa Cuomo e Andrea Ferraioli si configura come un'azienda vinicola a carattere artigiano: ai circa 3 ettari di proprietà se ne aggiungono altri 14 gestiti da quasi 40 conferitori e dislocati in sette comuni intorno alla sottozona Furore. Sono decine le varietà trasformate, per una gamma che prevede vinificazioni in acciaio per i bianchi, con l'eccezione del Fiorduva, e maturazioni in barrique per i rossi, sia base che Riserva. Sono vini di grande carattere e longevità, incrocio ideale tra la tempra terrosa e marina di questi terrazzamenti strappati alla roccia.

Ci vengono subito in mente certe storie sportive hollywoodiane, quelle in cui il gregario outsider subentra al campione più famoso e guida la squadra all'impresa. Iperboli a parte, è un po' quello che è accaduto con i vini di Marisa Cuomo: col Fiorduva '10 fermo ai box (lo ritroveremo nella prossima edizione), è toccato al fratellino in acciaio riconquistare i Tre Bicchieri. Ci sembra abbia tutto quello che si può chiedere a un bianco mare e monti: le erbe, gli agrumi, ma soprattutto un vento salmastro abbinato a un centro bocca spesso e continuo. D'impronta simile il Ravello Bianco '10, ancor più esuberante negli aromi ma meno irradiante nel finale.

D'Ambra Vini d'Ischia
fraz. Panza
via Mario D'Ambra, 16
80077 Forio [NA]
Tel. 081907210
www.dambravini.com

VENDITA DIRETTA
VISITA SU PRENOTAZIONE

PRODUZIONE ANNUA 500.000 bottiglie
ETTARI VITATI 18.00

Meno di mezzo secolo fa l'isola d'Ischia era uno dei territori a più alta densità viticola del Mediterraneo, con quasi duemila ettari di vigna. La speculazione edilizia ha radicalmente cambiato lo scenario e oggi tocca soprattutto a Casa D'Ambra rinnovare una tradizione produttiva che affonda le radici nell'antichità. Le varietà storiche dell'Isola Verde come biancolella, forastera, piedirosso e guarnaccia convivono con altri vitigni campani di più recente introduzione (fiano e aglianico in testa), senza dimenticare le ricerche su alcuni cloni dell'Egeo recuperati da Andrea D'Ambra.

Ogni Guida porta in dote un piccolo gruppo di vini che, per forza di cose, si configurano come i primi degli esclusi. Nell'edizione 2012 questo destino tocca in Campania all'Ischia Biancolella Frassitelli '10: con o senza massimo riconoscimento è un magnifico vino di costa, delicato, sottile, perfettamente a fuoco nei tratti di mela, erbe aromatiche, finocchietto, con la vena acidula a ravvivare l'agile scheletro. Di diritto tra le migliori riuscite di sempre per uno dei bianchi storici della regione, che siamo convinti troveremo in forma a lungo. Gli è degno compagno l'Ischia Forastera Euposia '10, più intenso e mediterraneo ma di pari coerenza territoriale.

○ Costa d'Amalfi Furore Bianco '10	♀♀♀	5
● Costa d'Amalfi Furore Rosso Ris. '08	♀♀♀	7
○ Costa d'Amalfi Ravello Bianco '10	♀♀♀	5
● Costa d'Amalfi Furore Rosso '10	♀♀	5
⊙ Costa d'Amalfi Rosato '10	♀♀	5
○ Costa d'Amalfi Fiorduva '08	♀♀♀	7
○ Costa d'Amalfi Fiorduva '07	♀♀♀	7
○ Costa d'Amalfi Fiorduva '06	♀♀♀	7
○ Costa d'Amalfi Fiorduva '05	♀♀♀	7
○ Costa d'Amalfi Fiorduva '04	♀♀♀	7
○ Costa d'Amalfi Bianco Ravello '09	♀♀	5
○ Costa d'Amalfi Bianco Furore '09	♀♀	5
○ Costa d'Amalfi Fiorduva '09	♀♀	7
● Costa d'Amalfi Rosso Furore '09	♀♀	5
● Costa d'Amalfi Rosso Furore Ris. '07	♀♀	7
● Costa d'Amalfi Rosso Ravello Ris. '07	♀♀	6

○ Ischia Biancolella Tenuta Frassitelli '10	♀♀♀	5
○ Ischia Forastera Euposia '10	♀♀♀	4*
○ Ischia Biancolella '10	♀♀♀	4
● Ischia Rosso Dedicato a Mario D'Ambra '07	♀♀♀	6
○ Ischia Bianco '10	♀	3
○ Ischia Bianco '08	♀♀	3*
○ Ischia Biancolella '08	♀♀	4
○ Ischia Biancolella Tenuta Frassitelli '09	♀♀	5
○ Ischia Biancolella Tenuta Frassitelli '08	♀♀	5
○ Ischia Forastera Euposia '09	♀♀	4
● Ischia Rosso Dedicato a Mario D'Ambra '06	♀♀	6

CAMPANIA

Viticoltori De Conciliis
LOC. QUERCE, 1
84060 PRIGNANO CILENTO [SA]
TEL. 0974831390
www.viticoltorideconciliis.it

VENDITA DIRETTA
VISITA SU PRENOTAZIONE

PRODUZIONE ANNUA 170.000 bottiglie
ETTARI VITATI 28.00
VITICOLTURA Naturale

Non sono mai fini a sé stesse le provocazioni vitienologiche di Bruno De Conciliis, irresistibile mattatore del distretto cilentano. Tutto parte da una profonda consapevolezza delle opportunità ma anche dei limiti di un territorio generoso che deve spesso fare i conti con le vendemmie più calde. Si spiega anche così il progetto di una nuova azienda curata interamente in biodinamica a Morigerati, nel Cilento più lontano a oltre 600 metri, ma anche una gamma a dir poco eclettica, che spazia dalle bollicine ai dolci passando per bianchi macerati a base fiano e le intense selezioni da aglianico.

La griglia qui sotto restituisce solo parzialmente la nostra soddisfazione: innanzitutto ci siamo confrontati con una squadra meno folta del solito, che non ha fatto rimpiangere l'assenza delle etichette più importanti; in secondo luogo è stato davvero un piacere ritrovare in finale dopo diverse stagioni un bianco cilentano d'annata in acciaio. È il Fiano Donnaluna '10, vino di esemplare definizione e corrispondenza, giocato al naso tra ginestra e arbusti marini, con un frutto dolce mai monocorde a incrociare la solida ossatura salina. Prestazione completata dalla semplicità non scontata dal Bacioilcielo Rosso '10, blend a maggioranza aglianico con saldo di barbera e primitivo.

○ Donnaluna Fiano '10	▼▼ 4*
● Bacioilcielo Rosso '10	▼▼ 4
○ Bacioilcielo Bianco '10	▼ 4
○ Selim Brut	▼ 4
● Donnaluna Aglianico '08	▼▼ 4
○ Ka! '06	▼▼ 6
○ Ka!	▼▼ 6
● Naima '06	▼▼ 7
● Naima '05	▼▼ 7

Di Meo
C.DA COCCOVONI, 1
83050 SALZA IRPINA [AV]
TEL. 0825981419
www.dimeo.it

VENDITA DIRETTA
VISITA SU PRENOTAZIONE
RISTORAZIONE

PRODUZIONE ANNUA 500.000 bottiglie
ETTARI VITATI 50.00

È un gradito ritorno nella sezione principale della nostra Guida per l'azienda dei fratelli Erminia, Generoso e Roberto Di Meo, vera e propria veterana del distretto irpino. Nata nel 1986, la cantina è collocata nello splendido casale settecentesco che domina la collina di Salza Irpina, dedicata al fiano. Provengono da Tufo e Santa Paolina le uve che confluiscono nel Greco di Tufo, mentre le vigne di Montemarano, a oltre 650 metri, sono le più alte della denominazione Taurasi. Bianchi e rossi sono accomunati da uno stile sobrio e asciutto, ulteriormente amplificato dai lunghi affinamenti.

Sono queste le prestazioni che ci attendiamo ogni anno dalla gamma dei fratelli Di Meo: ottimo livello medio e punte in grado di confrontarsi autorevolmente con i migliori vini della regione. In questa edizione sono addirittura due: il Fiano di Avellino '10 ci mette un attimo a liberarsi dalla chiusura iniziale, sfoderando un brillante tenore di frutto bianco e muschio, con incursioni marine che trovano spazio in un sorso sottile e delicato ma aromaticamente persistente. Tutto da seguire anche il Taurasi Roberto Di Meo Riserva '04, fresco di frutto con approfondimenti terrosi e di sottobosco, impianto tradizionale confermato dal tannino vigoroso ma maturo e dal vibrante scheletro acido.

○ Fiano di Avellino '10	▼▼ 4*
● Taurasi Roberto Di Meo Ris. '04	▼▼ 7
○ Greco di Tufo '10	▼▼ 4
○ Coda di Volpe '10	▼ 4
● Don Generoso '07	▼ 8
○ Fiano di Avellino Alessandra '07	▼ 5
● Irpinia Rosso Don Generoso '04	▼▼ 4*
● Taurasi Ris. '04	▼▼ 6

CAMPANIA

Di Prisco
c.da Rotole, 27
83040 Fontanarosa [AV]
Tel. 0825475738
www.cantinadiprisco.it

VENDITA DIRETTA
VISITA SU PRENOTAZIONE

PRODUZIONE ANNUA 100.000 bottiglie
ETTARI VITATI 10.00

Quella di Pasqualino Di Prisco è una delle poche aziende artigianali della provincia di Avellino capace di esprimersi ad alti livelli con continuità sui bianchi come sui rossi. La cantina è situata a Fontanarosa, in un'area ricca di calcare che dà origine generalmente a Taurasi meno materici e più infiltranti e salini. Ma ci sono anche le vigne curate da conferitori a Montefusco, che dal 2004 sono destinate al Greco di Tufo annata e alla selezione Pietrarosa, entrambi maturati in acciaio e altrettanto riconoscibili per il profilo decisamente nordico, luminoso, quasi salmastro.

Esibizione a ranghi ampiamente ridotti per la batteria di Pasquale Di Prisco: oltre al Fiano di Avellino e al Greco di Tufo '10 mancava agli assaggi il fuoriclasse di casa, quel Taurasi '07 assaggiato solo in versione campione da botte. Tutte le responsabilità, dunque, cadevano sulle spalle di uno sfavillante Greco di Tufo Pietrarosa '09, vero e proprio vino di montagna con i suoi aromi di erba tagliata, mela annurca, conchiglie: ha notevole scatto ed energia e manca il podio solo per la lieve diluizione alcolica. Non male anche l'Irpinia Coda di Volpe '10, dall'impianto decisamente riduttivo, penalizzato da una chiusura un po' troppo ammandorlata.

○ Greco di Tufo Pietrarosa '09	4*
○ Irpinia Coda di Volpe '10	3
● Taurasi '06	6
● Taurasi '05	6*
○ Fiano di Avellino '09	4
○ Fiano di Avellino '07	4*
○ Greco di Tufo '09	4
○ Greco di Tufo '07	4*
○ Greco di Tufo Pietrarosa '07	4

DonnaChiara
loc. Pietracupa
via Stazione
83030 Montefalcione [AV]
Tel. 0825977135
www.donnachiara.it

VENDITA DIRETTA
VISITA SU PRENOTAZIONE
RISTORAZIONE

PRODUZIONE ANNUA 150.000 bottiglie
ETTARI VITATI 23.00

Sono bastate poche vendemmie alla famiglia Petitto per fare di Donnachiara una delle realtà aziendali più solide dell'affollato e controverso distretto irpino. Gli ettari di proprietà sono circa 20, la maggior parte dedicati all'aglianico, cui si aggiungono 3 ettari in affitto e qualche acquisto mirato di uve per fiano, greco e falanghina. A tirare le fila c'è soprattutto la giovane e caparbia Ilaria, figlia di Umberto e Chiara, affiancata da Angelo Valentino: a questo affiatato team si devono vini sempre pieni e rotondi, a volte forse un po' in debito di carattere.

Buon esordio per il Taurasi di Donnachiara, dalle vigne di famiglia al confine tra Venticano e Torre le Nocelle, nella bassa Valle del Calore: il frutto è un po' nascosto nell'impianto maturo e tostato ma l'aerazione lo aiuta nel delineare interessanti sfumature di erbe secche e tabacco. La bocca procede un po' a scatti, sottolineando sostanza ma anche un finale leggermente asciutto. Per certi versi più dinamico appare in questa fase l'Irpinia Aglianico '08, generoso ma controllato nei tocchi di frutto scuro e pepe. Ottima esecuzione per la Falanghina del Beneventano '10, più croccante e salina di quanto appaiano per ora il Fiano di Avellino e Greco di Tufo pari annata.

○ Falanghina del Beneventano '10	4
● Irpinia Aglianico '08	4
● Taurasi '07	6
● Aglianico '08	4
○ Fiano di Avellino '10	4
○ Greco di Tufo '10	4
○ Fiano di Avellino '09	4
○ Fiano di Avellino '08	4*
○ Greco di Tufo '09	4
○ Greco di Tufo '08	4*
● Irpinia Aglianico Preludio '07	4
● Taurasi '06	6

CAMPANIA

I Favati

P.zza Di Donato
83020 Cesinali [AV]
Tel. 0825666898
www.cantineifavati.it

VENDITA DIRETTA
VISITA SU PRENOTAZIONE

PRODUZIONE ANNUA 80.000 bottiglie
ETTARI VITATI 10.00

Non sembrano esserci punti deboli nella gamma costruita in oltre dieci anni dai fratelli Piersabino e Giancarlo Favati, sempre supportati da Rosanna Petrozziello, moglie di Giancarlo, e da Vincenzo Mercurio. Al Fiano Pietramara, zona di Atripalda, si è affiancato da qualche tempo il Greco Terrantica, da un sito in affitto a Montefusco. Per entrambi vengono proposti i base e, nelle migliori vendemmie, due Etichetta Bianca: sono le ultime raccolte, maturate in acciaio dopo qualche ora di criomacerazione. Nel Taurasi, di stile leggermente boisé, confluiscono le uve di San Mango e Venticano.

Un'altra prestazione da incorniciare per i vini de I Favati. Dalla generosa vendemmia 2007 arriva un Taurasi Terzo Tratto di grande sapore e sostanza, con qualche spigolo tannico e tostato ancora da sistemare. Lo accompagnano in finale i due Greco di Tufo Terrantica '10: il base è perfino troppo salino ma comunica freschezza da ogni dove, l'Etichetta Bianca rivela il tocco criomacerativo nei profumi bucciosi e maltati, allargandosi con decisione in un palato pieno e gustoso, un po' troppo contratto nel finale. Appena sotto il Fiano di Avellino Pietramara Etichetta Bianca '10, ma siamo convinti che l'affinamento in bottiglia gli consentirà di crescere in modo esponenziale.

O Greco di Tufo Terrantica '10	🍷🍷	4
O Greco di Tufo Terrantica Et. Bianca '10	🍷🍷	6
● Taurasi Terzo Tratto '07	🍷🍷	5
O Fiano di Avellino Pietramara '10	🍷🍷	4
O Fiano di Avellino Pietramara Et. Bianca '10	🍷🍷	6
● Irpinia Campi Taurasini Cretarossa '09	🍷	4
O Fiano di Avellino Pietramara '08	🍷🍷	4*
O Fiano di Avellino Pietramara Et. Bianca '09	🍷🍷	4
O Greco di Tufo Terrantica '09	🍷🍷	4
O Greco di Tufo Terrantica '08	🍷🍷	4
O Greco di Tufo Terrantica Et. Bianca '09	🍷🍷	4
● Irpinia Campi Taurasini Cretarossa '07	🍷🍷	4
● Taurasi Terzo Tratto '05	🍷🍷	5

Benito Ferrara

Fraz. San Paolo, 14a
83010 Tufo [AV]
Tel. 0825998194
www.benitoferrara.it

VENDITA DIRETTA
VISITA SU PRENOTAZIONE

PRODUZIONE ANNUA 44.500 bottiglie
ETTARI VITATI 9.00

Due ettari di greco esposti a sud su terreni ricchi di sali minerali e zolfo, ubicati in contrada San Paolo di Tufo, a oltre 500 metri di altitudine. È questa, in sintesi, la carta d'identità di uno dei migliori cru irpini, quella Vigna Cicogna che dal 1991 accompagna i meritati successi di Gabriella Ferrara e suo marito Sergio. La loro lettura privilegia spesso larghezza e maturità di frutto, con raccolte tardive chiamate a contrastare le acidità a volte in doppia cifra del vitigno irpino. Solo acciaio per la maturazione, come avviene anche con il Greco di Tufo base e il Fiano di Avellino.

È di nuovo un Vigna Cicogna a tutto tondo quello che Gabriella Ferrara e Sergio hanno saputo plasmare dalla vendemmia 2010. La sua indubbia riconoscibilità è affidata soprattutto alla grassezza e all'espansione del sorso, ma a far da metronomo c'è un'irresistibile vivacità minerale e salina che si palesa attraverso impressioni agrumate e delicatamente sulfuree, territoriali e coerenti come non mai. Tre Bicchieri senza discussioni per un vino di estrema gioventù, tra i migliori bianchi italiani assaggiati quest'anno. Ancora più esuberante e potente, ma in ultima analisi meno dinamico, il Fiano di Avellino '10, chiusura leggermente fenolica e ammandorlata per il Greco di Tufo '10.

O Greco di Tufo V. Cicogna '10	🍷🍷🍷	5
O Fiano di Avellino '10	🍷🍷	5
O Greco di Tufo '10	🍷🍷	4
● Irpinia Aglianico V. Quattro Confini '09	🍷🍷	4
● Taurasi V. Quattro Confini '07	🍷🍷	6
O Greco di Tufo V. Cicogna '09	🍷🍷🍷	5
O Fiano di Avellino '08	🍷🍷	5
O Greco di Tufo '09	🍷🍷	4
O Greco di Tufo '08	🍷🍷	4
O Greco di Tufo '06	🍷🍷	4*
O Greco di Tufo V. Cicogna '08	🍷🍷	5
O Greco di Tufo V. Cicogna '07	🍷🍷	5
O Greco di Tufo V. Cicogna '04	🍷🍷	5

CAMPANIA

★★Feudi di San Gregorio
Loc. Cerza Grossa
83050 Sorbo Serpico [AV]
Tel. 0825986683
www.feudi.it

VENDITA DIRETTA
VISITA SU PRENOTAZIONE
RISTORAZIONE

PRODUZIONE ANNUA 3.500.000 bottiglie
ETTARI VITATI 250.00
VITICOLTURA Biologico Certificato

È una sorta di seconda giovinezza quella che sta vivendo la Feudi di San Gregorio. A Sorbo Serpico si festeggiano le prime venticinque vendemmie, ma di questa avventura che ha letteralmente rivoluzionato la storia del vino irpino e meridionale sembra riproporsi soprattutto lo spirito pionieristico degli inizi, con un più saldo legame al territorio. Merito del giovane presidente Antonio Capaldo e della guida tecnica di Pierpaolo Sirch, il cui nuovo corso è tangibile soprattutto su una gamma di bianchi mai così caratterizzata da un punto di vista stilistico e varietale.

Nemmeno un Tre Bicchieri può spiegare fino in fondo l'entusiasmo che certi vini sono in grado di innescare. Il Greco di Tufo Cutizzi '10, ad esempio, ha il raro pregio di rendere immediatamente inutile ogni steccato fra bottiglie industriali e artigianali: aromaticamente originale, con netti tocchi minerali e balsamici, ha una beva trascinante, continua e salmastra. Che non sia un caso tale svolta espressiva lo conferma anche il Fiano di Avellino Pietracalda '10, tutto anice, iodio e pesca bianca, senza alcuna traccia fermentativa e con tanto scheletro di sapore. Sul fronte rosso, l'Irpinia Aglianico Serpico '08 ci fa pensare a prospettive a dir poco incoraggianti per i Taurasi che verranno.

○ Greco di Tufo Cutizzi '10	▼▼▼ 5
○ Fiano di Avellino Pietracalda '10	▼▼▼ 5
● Irpinia Aglianico Serpico '08	▼▼▼ 8
○ Fiano di Avellino '10	▼▼ 4
● Irpinia Aglianico Dal Re '09	▼▼ 5
● Irpinia Aglianico Rubrato '09	▼▼ 4
● Sirica Rosso '08	▼▼ 6
● Taurasi '07	▼▼ 6
● Aglianico del Vulture '08	▼ 5
○ Greco di Tufo '10	▼ 4
○ Irpinia Bianco Campanaro '09	▼ 6
⊙ Irpinia Ros'Aura '10	▼ 4
● Pàtrimo '09	▼ 8
○ Privilegio '08	▼ 6
○ Sannio Falanghina '10	▼ 4
○ Sannio Falanghina Serrociclo '10	▼ 4

Fontanavecchia
Via Fontanavecchia
82030 Torrecuso [BN]
Tel. 0824876275
www.fontanavecchia.info

VENDITA DIRETTA
VISITA SU PRENOTAZIONE

PRODUZIONE ANNUA 160.000 bottiglie
ETTARI VITATI 14.00

Il ritorno tra i grandi della nostra Guida di Fontanavecchia è una buona notizia, non solo per il lavoro fatto in questi anni dalla famiglia Rillo, ma anche e soprattutto per l'intero distretto sannita, dove si colgono incoraggianti segnali di risveglio dopo qualche stagione più anonima. Il signor Orazio ha passato il testimone ai figli Giuseppe e Libero, che da 14 ettari propongono una gamma diversificata, che spazia dagli spumanti al Fiano, il Greco, il Piedirosso, con diverse selezioni di Falanghina e Aglianico, quasi sempre dal tratto impetuoso e tostato.

Le note liete arrivano prima di tutto da una Falanghina del Taburno '10 fra le migliori mai assaggiate a Fontanavecchia. Dietro la velatura primaria c'è tanto frutto, vivo e raggiante, che si muove agilmente tra l'ananas e il timo, il cedro e l'origano, liberando un palato dolce e piccante, di buona espansione finale. A un passo dalla finale. Impressioni positive anche dai rossi, in particolare dall'Aglianico del Taburno '07 e dal Grave Mora '06: in entrambi i casi sappiamo di poter chiedere di più nell'integrazione del rovere e nella definizione tannica ma la robusta materia è senz'altro un ottimo punto di ripartenza.

● Aglianico del Taburno '07	▼▼ 4
● Aglianico del Taburno Grave Mora '06	▼▼ 6
○ Sannio Fiano '10	▼▼ 4
○ Taburno Falanghina '10	▼▼ 4
○ Nudo Eroico Extra Dry	▼ 4
○ Sannio Greco '10	▼ 4
● Aglianico del Taburno '06	▽ 4*
● Aglianico del Taburno V. Cataratte Ris. '06	▽ 5
● Aglianico del Taburno V. Cataratte Ris. '05	▽ 5

CAMPANIA

Galardi
FRAZ. SAN CARLO
SP SESSA-MIGNANO
81037 SESSA AURUNCA [CE]
TEL. 0823708900
www.terradilavoro.com

VISITA SU PRENOTAZIONE

PRODUZIONE ANNUA 33.000 bottiglie
ETTARI VITATI 10.00
VITICOLTURA Biologico Certificato

Sono già venti le vendemmie in grado di narrare la straordinaria epopea del Terra di Lavoro e di Fontana Galardi, la piccola azienda curata da Luisa Murena, Francesco Catello, Arturo e Dora Celentano, con l'aiuto di Riccardo Cotarella, a San Carlo di Sessa Aurunca. Dalle produzioni semiconfidenziali degli inizi agli attuali dieci ettari molte cose sono cambiate, ma questo taglio di aglianico con saldo di piedirosso resta sempre un vero e proprio vino cult, capace di dividere come pochi per l'inconfondibile tratto affumicato speziato e l'austera potenza.

Le ultime uscite del Terra di Lavoro sembrano raccontare una doppia evoluzione: da una parte appare sempre più sfumato il classico timbro empireumatico di goudron o ballast, sostituito da più evidenti tonalità erbacee, dall'altra si ha l'impressione di un'ulteriore accentuazione dei caratteri di forza estrattiva e severità tannica, quasi a consigliare un surplus di pazienza nelle stappature. La versione '09 si inserisce a pieno in questo binario segnalando il tocco controverso dell'annata con ricordi di fieno, noce e risacca, ma soprattutto con una bocca decisamente cupa e massiva, ancora piuttosto compressa nel finale.

● Terra di Lavoro '09	♛♛♛ 8
● Terra di Lavoro '08	♛♛♛ 8
● Terra di Lavoro '07	♛♛♛ 8
● Terra di Lavoro '06	♛♛♛ 8
● Terra di Lavoro '05	♛♛♛ 8
● Terra di Lavoro '04	♛♛♛ 8
● Terra di Lavoro '03	♛♛♛ 7
● Terra di Lavoro '02	♛♛♛ 7
● Terra di Lavoro '99	♛♛♛ 7

Cantine Grotta del Sole
VIA SPINELLI, 2
80010 QUARTO [NA]
TEL. 0818762566
www.grottadelsole.it

VENDITA DIRETTA
VISITA SU PRENOTAZIONE

PRODUZIONE ANNUA 772.000 bottiglie
ETTARI VITATI 42.00

Per ampiezza di gamma e numero di bottiglie realizzate, quella della famiglia Martusciello è senza dubbio una delle maggiori realtà produttive campane. In realtà Grotta del Sole è soprattutto una costellazione di piccole aziende dislocate nei principali distretti regionali, dall'Irpinia al Vesuvio, dall'Aversano alla Penisola Sorrentina, senza dimenticare i Campi Flegrei, dove tutto è iniziato più di vent'anni fa. Nella batteria aziendale sono rappresentati tutti i principali vitigni tradizionali della regione, con linee d'entrata e selezioni da vigna.

Per i vini di Grotta del Sole è in qualche modo una prestazione fotocopia rispetto a quella offerta nella scorsa edizione. Tocca di nuovo al Piedirosso Montegauro il compito di trascinatore: la Riserva '08 evidenzia originali timbri di brace e castagna infornata, con il frutto che fatica inizialmente a esprimersi ma trova sostegno in una bocca misurata, puntualmente estratta, mancante solo di complessità. Ottima riuscita anche per l'altro "peso massimo" di casa Martusciello, quel Quarto di Sole '08 cui rimproveriamo, si fa per dire, solo il frutto molto aperto e maturo. Belle indicazioni dal Lettere della Penisola Sorrentina '10, estremamente tipico e floreale.

● Campi Flegrei Piedirosso Montegauro Ris. '08	♛♛ 5
● Campi Flegrei Piedirosso '10	♛♛ 4*
● Penisola Sorrentina Lettere '10	♛♛ 4*
● Quarto di Sole '08	♛♛ 5
● Aglianico Tenuta Vicario '09	♛ 4
● Asprinio d'Aversa Brut Vigneti ad Alberata Metodo Martinotti	♛ 4
○ Campi Flegrei Falanghina '10	♛ 4
○ Campi Flegrei Falanghina Coste di Cuma '09	♛ 5
● Penisola Sorrentina Gragnano '10	♛ 4
○ Asprinio d'Aversa Brut	♛♛ 4
○ Campi Flegrei Falanghina '09	♛♛ 4
● Campi Flegrei Piedirosso Montegauro Ris. '07	♛♛ 4
● Quarto di Sole '07	♛♛ 5

CAMPANIA 840

La Guardiense
C.DA SANTA LUCIA, 104/106
82034 GUARDIA SANFRAMONDI [BN]
TEL. 0824864034
www.laguardiense.it

VENDITA DIRETTA
VISITA SU PRENOTAZIONE
RISTORAZIONE

PRODUZIONE ANNUA 4.000.000 bottiglie
ETTARI VITATI 1900.00

Continua senza sosta il lavoro che ha trasformato La Guardiense da colosso con piedi di argilla a moderna realtà cooperativa del sud, e non solo. Quella diretta da Domizio Pigna, con la consulenza enologica di Riccardo Cotarella, è soprattutto una delle migliori aziende sannite, grazie a quasi mille soci conferitori e quasi duemila ettari di vigne condotte. La gamma distingue una linea base, proposta a prezzi commoventi, da quella marchiata Janare, dove trovano spazio le selezioni più ambiziose e i rossi più moderni per consistenza e utilizzo del rovere.

Era da tempo che non ci misuravamo con una sequenza di Aglianico del Sannio tanto autorevole e aggraziata. Frutto scuro, maturità dei tannini, tocchi di pepe, cacao e caffè a segnalare il contributo del rovere senza renderlo dominante: sembra esserci un unico fil rouge che collega il Guardiolo Aglianico Cantari Riserva '08, il Guardiolo Aglianico '09 e il Guardiolo Aglianico Lùcchero '09. Per noi ha qualcosa in più il Guardiolo Rosso Riserva '08, finalista di slancio grazie alle pregevoli sfumature resinose e alla maggiore "cattiveria" gustativa. Più prevedibile l'impianto aromatico dei bianchi, a volte un po' fermi su timbri tropicali e fermentativi ma senz'altro equilibrati.

● Guardiolo Rosso Ris. '08	♛♛ 3*
● Guardiolo Aglianico '09	♛♛ 4
● Guardiolo Aglianico Cantari Ris. '08	♛♛ 5
● Guardiolo Aglianico Lùcchero '09	♛♛ 4*
○ Guardiolo Falanghina Sel. '10	♛ 3
○ Guardiolo Falanghina Senete Janare '10	♛ 4
○ Sannio Fiano Sel. '10	♛ 3
○ Sannio Greco '10	♛ 3
○ Sannio Greco Pietralata Janare '10	♛ 4
● Sannio Piedirosso Cantone Janare '09	♛ 5
● Guardiolo Aglianico Cantari Ris. '07	♛♛ 5
● Guardiolo Aglianico Sel. '08	♛♛ 3*
● Guardiolo Rosso Ris. '07	♛♛ 3
● Guardiolo Rosso Ris. '06	♛♛ 3*
○ Sannio Greco Pietralata Janare '08	♛♛ 4*
● Sannio Piedirosso Cantone Janare '08	♛♛ 5

Luigi Maffini
FRAZ. SAN MARCO
LOC. CENITO
84048 CASTELLABATE [SA]
TEL. 0974966345
www.maffini-vini.com

VENDITA DIRETTA
VISITA SU PRENOTAZIONE

PRODUZIONE ANNUA 95.000 bottiglie
ETTARI VITATI 15.00
VITICOLTURA Biologico Certificato

Chi vuole conoscere e capire fino in fondo il genius loci del terroir cilentano non può fare a meno di passare attraverso i vini di Luigi Maffini, agronomo e titolare dell'omonima azienda in quel di Castellabate. Sempre affiancato dall'amico Luigi Moio, la sua gamma a base aglianico e fiano trova spesso il modo di incanalare l'innata generosità di quest'area in un binario di misura e armonia. Le selezioni Pietraincatenata e Cenito hanno un'impronta più ricca e moderna, con un maggiore contributo del rovere che nelle migliori vendemmie trova modo di sfumarsi con un po' di pazienza.

È stata per molti versi una prova a due velocità quella offerta quest'anno dai vini di Maffini. Da una parte ci ritroviamo per l'ennesima volta a sottolineare l'autorevolezza e la costanza dei cosiddetti vini d'entrata: il Fiano Kràtos '10 è mobile e sfaccettato nei tratti balsamici e floreali, dinamico e scorrevole al palato, mentre l'Aglianico Klèos '09 ha nitore fruttato ed energia salina, senza forzature gliceriche o tanniche. Dall'altra, col Cenito non prodotto nel '08, ci aspettavamo qualcosa in più dal Fiano Pietraincatenata '09, la cui ricca e dolce materia non riesce per ora a innescare fino in fondo la progressione marina e profonda delle migliori riuscite.

● Klèos '09	♛♛ 4
○ Kràtos '10	♛♛ 4
○ Pietraincatenata '09	♛♛ 6
● Cilento Aglianico Cenito '03	♛♛♛ 6
○ Pietraincatenata '07	♛♛♛ 5
○ Pietraincatenata '04	♛♛♛ 5
● Cilento Aglianico Cenito '07	♛♛ 6
● Cilento Aglianico Cenito '06	♛♛ 6
○ Kràtos '09	♛♛ 4
○ Pietraincatenata '08	♛♛ 5

CAMPANIA

Guido Marsella
VIA MARONE, 1
83010 SUMMONTE [AV]
TEL. 0825691005
cantine@guidomarsella.com

VENDITA DIRETTA
VISITA SU PRENOTAZIONE

PRODUZIONE ANNUA 25.000 bottiglie
ETTARI VITATI 8.00
VITICOLTURA Naturale

Orgoglio, pazienza, determinazione: sono queste le parole chiave per inquadrare l'esperienza produttiva e umana di Guido Marsella. Era il 1995 quando decise, non senza discussioni interne alla famiglia, di dismettere i panni dell'imprenditore edile per dedicarsi al vino, partendo dai quattro ettari nella zona di Summonte, a circa 700 metri. Tra i primi a proporre le proprie bottiglie a più di un anno dalla vendemmia, i suoi Fiano sono da sempre fra le interpretazioni più estreme della denominazione per esuberanza aromatica, ricchezza glicerica e scheletro acido.

Quello di Marsella è da tempo un vero e proprio Fiano cult per i tanti appassionati che ne apprezzano l'inconfondibile carica aromatica e materica. Nonostante l'impressionante sequenza di finali, gli abbiamo spesso rimproverato, ci si consenta l'iperbole, qualche eccesso estrattivo non sempre addomesticato dal tempo. Non ci meravigliamo, quindi, se in un'annata decisamente complicata come la 2009, in molti casi a rischio diluizione, ogni dubbio viene spazzato via da una versione fantastica, la prima premiata con i Tre Bicchieri. Gli intensi profumi vanno tutti in direzione di freschezza, tra mandarino cinese e alloro, catapultati in un sorso colmo di frutto e di pimpante mineralità.

○ Fiano di Avellino '09	🍷🍷🍷	4*
○ Fiano di Avellino '08	🍷🍷	4*
○ Fiano di Avellino '07	🍷🍷	4*
○ Fiano di Avellino '05	🍷🍷	4*
○ Fiano di Avellino '04	🍷🍷	4
○ Fiano di Avellino '03	🍷🍷	4

Masseria Felicia
FRAZ. CARANO
LOC. SAN TERENZANO
81037 SESSA AURUNCA [CE]
TEL. 0823935095
www.masseriafelicia.it

VENDITA DIRETTA
VISITA SU PRENOTAZIONE

PRODUZIONE ANNUA 30.000 bottiglie
ETTARI VITATI 5.00
VITICOLTURA Naturale

È la giovane e determinata Felicia Brini a dare il nome e a guidare col padre Alessandro questa piccola azienda a carattere artigiano, ubicata a Carano di Sessa Aurunca, sul versante nord ovest del monte Massico. I terreni sciolti ricchi di ceneri vulcaniche e sostanza organica sono perfettamente rappresentati da Falerno a base aglianico dall'inconfondibile tocco materico e affumicato, ulteriormente enfatizzato dai legni nuovi utilizzati per la maturazione. Solo acciaio per il Falerno base, stessa scelta per i due bianchi a base falanghina.

Non c'è solo l'Etichetta Bronzo a raccontare la maturità acquisita nelle ultime stagioni dai Falerno della famiglia Brini. Con l'Ariapetrina, infatti, si compone una magnifica coppia che quasi fa saltare il banco durante le nostre finali. Entrambi provenienti dalla generosa vendemmia '08 appaiono per molti versi i reciproci alter ego: l'onda d'urto dell'Etichetta Bronzo fatica a trovare armonia, scontando solo l'estrema gioventù, mentre l'Ariapetrina si rivela decisamente più pacificato ma paga la minore spalla strutturale. Tipicità e carattere sono doti comuni, confermate anche dal Falerno Rosso '09, saporito e scorrevole.

● Falerno del Massico Rosso Ariapetrina '08	🍷🍷	4
● Falerno del Massico Rosso Et. Bronzo '08	🍷🍷	6
○ Falerno del Massico Bianco Anthologia '10	🍷🍷	4
● Falerno del Massico Rosso '09	🍷🍷	4
○ Sinopea '10	🍷	4
○ Falerno del Massico Bianco Anthologia '08	🍷🍷	4*
● Falerno del Massico Rosso Ariapetrina '07	🍷🍷	4
● Falerno del Massico Rosso Et. Bronzo '07	🍷🍷	6
● Falerno del Massico Rosso Et. Bronzo '06	🍷🍷	6

CAMPANIA

★ Mastroberardino
Via Manfredi, 75/81
83042 Atripalda [AV]
Tel. 0825614111
www.mastroberardino.com

VENDITA DIRETTA
VISITA SU PRENOTAZIONE
OSPITALITÀ
RISTORAZIONE

PRODUZIONE ANNUA 2.300.000 bottiglie
ETTARI VITATI 350.00

È semplicemente impossibile raccontare gli ultimi due secoli della Campania da bere senza far riferimento alle imprese della famiglia Mastroberardino: è anche e soprattutto grazie alla corazzata di Atripalda che oggi possiamo ancora parlare di fiano, greco, aglianico, e non solo, varietà straordinarie che hanno rischiato di sparire nel secondo dopoguerra. Al timone c'è oggi Piero, ben consapevole di un'eredità che si arricchisce con tanti nuovi progetti presso la tenuta di Mirabella, la più grande collina vitata irpina, sede del Radici Resort, del ristorante Morabianca e del Golf Club.

Brillante prova corale per la ricca gamma di Mastroberardino. Merito innanzitutto dei bianchi, ritrovati sulla scia stilistica di qualche stagione fa, con le componenti saline e minerali a risaltare maggiormente rispetto a qualche ridondanza fermentativa. Le selezioni Radici Fiano e Novaserra Greco hanno il passo delle migliori riuscite, ma i rispettivi base sono già una meraviglia per coerenza, bevibilità e tiratura. Sempre all'altezza il tris di Taurasi, che vede svettare un Radici '07 di raffinata integrità e fittezza; gli fanno autorevole compagnia un Naturalis Historia '06 saporito e territoriale e un Radici Riserva '05 di grande fascino ma forse già un po' troppo evoluto.

Salvatore Molettieri
C.da Musanni, 19b
83040 Montemarano [AV]
Tel. 082763424
www.salvatoremolettieri.it

VENDITA DIRETTA
VISITA SU PRENOTAZIONE

PRODUZIONE ANNUA 66.000 bottiglie
ETTARI VITATI 13.00

La famiglia Molettieri e la loro Vigna Cinque Querce custodiscono il segreto di quelli che sono considerati i Taurasi più estremi della denominazione. Nascono da un lavoro rigoroso di vigna e da un sito ubicato a Montemarano, a circa 600 metri di altitudine, su una dorsale che in più punti guarda a nord, dove si raccoglie quasi sempre a novembre inoltrato. Potenza e densità fuori scala, elevato tenore alcolico, indomabile energia acida e tannica: un modello di equilibrio fra i più difficili da centrare nell'universo vino.

Quest'anno dobbiamo rendere conto di un test assolutamente incompleto riguardo i vini di Salvatore Molettieri: il Taurasi Vigna Cinque Querce '07 e la Riserva '06 si gioveranno di un periodo di affinamento più lungo del solito e li valuteremo nella prossima edizione. Il che ci consente per una volta di sottolineare la solidità e la coerenza stilistica dell'Irpinia Campi Taurasini Cinque Querce '07, un piccolo Taurasi per pressione tannica e tenore alcolico, carente solo sul piano di armonia e distensione. Più rustico e immaturo, ma ugualmente caratterizzato, l'Irpinia Rosso Ischia Piana '08: ricordi di erba tagliata si aggiungono al lampone e al pepe, con finale un po' troppo ruvido.

● Taurasi Radici '07	🍷🍷🍷 6
○ Fiano di Avellino Radici '10	🍷🍷 4
○ Greco di Tufo Novaserra '10	🍷🍷 4
● Taurasi Naturalis Historia '06	🍷🍷 7
● Taurasi Radici Ris. '05	🍷🍷 6
● Aglianico '09	🍷🍷 4*
○ Fiano di Avellino '10	🍷🍷 4
○ Greco di Tufo '10	🍷🍷 4
○ Sannio Falanghina '10	🍷🍷 4*
○ Irpinia Falanghina Morabianca '10	🍷 4
○ Irpinia Fiano Passito Melizie '09	🍷 5
☉ Lacrimarosa '10	🍷 4
○ Vesuvio Lacryma Christi Bianco '10	🍷 4
● Vesuvio Lacryma Christi Rosso '10	🍷 4
● Taurasi Radici '06	🍷🍷🍷 6
● Taurasi Radici Ris. '04	🍷🍷🍷 6

● Irpinia Campi Taurasini Cinque Querce '07	🍷🍷 5
● Irpinia Rosso Ischia Piana '08	🍷 4
● Taurasi Vigna Cinque Querce '05	🍷🍷🍷 7
● Taurasi Vigna Cinque Querce '04	🍷🍷🍷 7
● Taurasi Vigna Cinque Querce Ris. '05	🍷🍷🍷 8
● Taurasi Vigna Cinque Querce Ris. '04	🍷🍷🍷 8
● Aglianico Cinque Querce '06	🍷🍷 5
● Irpinia Campi Taurasini Cinque Quercie '06	🍷🍷 5
● Ischia Piana '06	🍷🍷 5
● Taurasi Vigna Cinque Querce '06	🍷🍷 7
● Taurasi Vigna Cinque Querce Ris. '03	🍷🍷 8

CAMPANIA

Cantina dei Monaci
FRAZ. SANTA LUCIA, 206
83030 SANTA PAOLINA [AV]
TEL. 0825964350
www.cantinadeimonaci.it

VENDITA DIRETTA
VISITA SU PRENOTAZIONE

PRODUZIONE ANNUA 50.000 bottiglie
ETTARI VITATI 5.00

Non è da oggi che i coniugi Angelo Carpenito e Maria Coppola propongono una raccolta ma autorevole batteria di vini irpini. La loro è una piccola azienda a gestione familiare situata a Santa Lucia di Santa Paolina, frazione tra le più densamente vitate nell'area del Greco di Tufo. Gli ettari di proprietà sono cinque, ai quali si aggiungono acquisti di uve per il Fiano e l'Aglianico. Sono senza dubbio i bianchi il pezzo forte: a volte scontano i capricci delle annate più problematiche ma conquistano per l'impronta dritta e verticale, frutto di maturazioni in acciaio e malolattiche parziali.

È un ritorno nella nostra sezione principale in grande stile quello conquistato da Cantina dei Monaci a suon di bottiglie di elevata bevibilità e riconoscibilità varietale. La tiepida vendemmia 2010 è raccontata da un Fiano di Avellino affusolato e corroborante, annunciato da netti ricordi marini, forse un po' troppo leggero nel finale. Gli fa da valente spalla un Greco di Tufo salino e terroso, col lampone a disegnare il quadro aromatico e ad amplificare una bocca non lunghissima. Li supera in complessità e struttura il Greco di Tufo Decimo Sesto '09, finalista di razza grazie al suo corredo iodato magistralmente sincronizzato col passo svelto e incisivo di un palato ancora giovane.

○ Greco di Tufo Decimo Sesto '09	🍷🍷 4*
○ Fiano di Avellino '10	🍷🍷 4
○ Greco di Tufo '10	🍷🍷 4
○ Fiano di Avellino '09	🍷🍷 4
○ Fiano di Avellino '08	🍷🍷 4
○ Greco di Tufo '09	🍷🍷 4*
○ Greco di Tufo '08	🍷🍷 4

★Montevetrano
LOC. NIDO
VIA MONTEVETRANO, 3
84099 SAN CIPRIANO PICENTINO [SA]
TEL. 089882285
www.montevetrano.it

VISITA SU PRENOTAZIONE
OSPITALITÀ

PRODUZIONE ANNUA 30.000 bottiglie
ETTARI VITATI 6.00

Non ci sono nuove parole d'ordine o tendenze che riescano a scalfire l'autorevolezza trasversalmente riconosciuta al Montevetrano e alla sua artefice, Silvia Imparato. Sono passati vent'anni dal primo esperimento sul più famoso blend di cabernet, merlot e aglianico, immaginato in una zona enologicamente vergine come i Colli Picentini e compiuto con l'aiuto di Riccardo Cotarella. Solo il tempo necessario per vederlo gradualmente trasformarsi nel sentire comune da opera d'avanguardia a grande classico di territorio.

Ecco uno di quei casi in cui l'assaggio alla cieca mostra i suoi limiti: il Montevetrano è talmente riconoscibile e diverso dagli altri supercampani che diventa quasi automatico confrontarlo con i precedenti millesimi più che con i vicini di batteria. In questo senso leggiamo nella versione '09 più di un'affinità con la '05: il tratto pirazinico disegna una progressione di erbe tagliate, macchia, resina, ben sostenuta da un frutto rosso polposo tutt'altro che surmaturo. Alla bocca non resta che accodarsi con il solito abbraccio tonico, fine e avvolgente, questa volta appoggiato su un tannino appena severo ma già proiettato verso sviluppi di eleganza ed espansione. Ennesimo Tre Bicchieri.

● Montevetrano '09	🍷🍷🍷 8
● Montevetrano '08	🍷🍷🍷 8
● Montevetrano '07	🍷🍷🍷 8
● Montevetrano '06	🍷🍷🍷 8
● Montevetrano '05	🍷🍷🍷 8
● Montevetrano '04	🍷🍷🍷 8
● Montevetrano '03	🍷🍷🍷 8
● Montevetrano '02	🍷🍷🍷 8
● Montevetrano '01	🍷🍷🍷 8
● Montevetrano '00	🍷🍷🍷 8
● Montevetrano '99	🍷🍷🍷 8
● Montevetrano '98	🍷🍷🍷 8
● Montevetrano '97	🍷🍷🍷 8
● Montevetrano '95	🍷🍷🍷 8

CAMPANIA

Nanni Copè
VIA TUFO, 3
81041 VITULAZIO [CE]
TEL. 0823990529
www.nannicope.it

VENDITA DIRETTA

PRODUZIONE ANNUA 7.500 bottiglie
ETTARI VITATI 2.50

È appena la seconda vendemmia presentata da Giovanni Ascione, ma è già molto difficile immaginare la Campania del vino senza Nanni Copè. Il fatto è che il suo Sabbie di Sopra il Bosco, blend di pallagrello nero, aglianico e casavecchia dalla Vigna Monticelli a Castel Campagnano, ha sparigliato le carte in regione come non accadeva da tempo. Freschezza di frutto e sapidità arrivano dritte dalle arenarie di Caiazzo che marcano i terreni, eleganza e definizione sono tutte nella sensibilità stilistica e progettuale di un grande giornalista vigneron.

Dopo lo scintillante esordio del 2008, per il Sabbie di Sopra il Bosco di Giovanni Ascione era quanto meno difficile fare di meglio, a maggior ragione considerando le complicazioni di un millesimo che ha obbligato a un estenuante lavoro di selezione in vigna. E invece eccoci di fronte a una versione '09 capace di spostare ulteriormente l'asticella segnalandosi immediatamente per definizione fruttata, tra il lampone e l'arancia, autorevolezza balsamica e speziata (incenso e pepe rosa), profondità affumicata. Ancora più sorprendente è una bocca subito in tensione ma non sprovvista di spessore e supporto tannico, elegantemente fuso nella progressione sapida.

- Sabbie di Sopra il Bosco '09   🍷🍷🍷 6
- Sabbie di Sopra il Bosco '08   🍷 6

Perillo
C.DA VALLE, 19
83040 CASTELFRANCI [AV]
TEL. 082772252
cantinaperillo@libero.it

VENDITA DIRETTA
VISITA SU PRENOTAZIONE

PRODUZIONE ANNUA 20.000 bottiglie
ETTARI VITATI 5.00

Sono veri e propri tesori ancora in attesa di essere scoperti a pieno, quelli custoditi da Michele Perillo nella sua cantina garage a Castelfranci. Certo, il Nostro preferisce di gran lunga banchetti e degustazioni le sue vecchie e acclivi vigne a raggiera dietro casa, presidio del clone di aglianico coda di cavallo, a oltre 500 metri su argilla chiara. Ma la migliore comunicazione, in ultima analisi, restano i suoi Taurasi contadini nel senso più bello del termine, maturati in barrique solo in parte nuova e rovere di Slavonia, da dimenticare in cantina senza alcun timore.

Per ogni vendemmia Michele Perillo battezza una piccola massa che si avvale di qualche mese supplementare di affinamento, in cantina prima e in bottiglia poi. È quella che viene proposta come Taurasi Riserva: la versione '05 ricalca a grandi linee la fisionomia del suo omologo annata, tra sigaro e alloro, rosa appassita e pepe nero, snodandosi con fittezza e forza motrice in un palato ricco di sapore, perfettamente estratto. È lecito attendersi grandi cose dai Taurasi '06 se è vero che l'Irpinia Campi Taurasini pari annata è già un piccolo campione di freschezza agrumata e progressione. Mai così buona l'Irpinia Coda di Volpe, a dispetto della difficile annata '09.

- Taurasi Ris. '05   🍷🍷 6
- Irpinia Campi Taurasini '06   🍷🍷 5
- O Irpinia Coda di Volpe '09   🍷🍷 4
- Taurasi '05   🍷🍷🍷 5
- Aglianico '04   🍷🍷 5
- Castelfranci '01   🍷🍷 5
- O Coda di Volpe '06   🍷🍷 4*
- Taurasi '04   🍷🍷 5*
- Taurasi '03   🍷🍷 6
- Taurasi '02   🍷🍷 6
- Taurasi '01   🍷🍷 6
- Taurasi Ris. '04   🍷🍷 6

CAMPANIA

Ciro Picariello
VIA MARRONI
83010 SUMMONTE [AV]
TEL. 0825702516
www.ciropicariello.com

VENDITA DIRETTA
VISITA SU PRENOTAZIONE

PRODUZIONE ANNUA 50.000 bottiglie
ETTARI VITATI 7.00

Ciro e Rita Picariello sono tra i pochi vigneron irpini capaci di conquistarsi simpatia e apprezzamento da parte di critica e appassionati fin dalla primissima uscita, datata 2004, grazie al loro Fiano di Avellino. È un'interpretazione molto particolare, espressione combinata dei siti di Summonte e Montefredane, affinato in acciaio con malolattiche ridotte al minimo e commercializzato a un anno circa dalla vendemmia. Una piccola produzione di Greco di Tufo e Aglianico completa al momento la gamma, in attesa dell'annata giusta per il primo cru di Summonte in purezza.

Come di consueto c'è un solo vino a raccontare il lavoro di Ciro e Rita Picariello. Anche nel 2009, infatti, le condizioni climatiche non sono state ritenute adatte a separare i due cru Montefredane e Summonte, confluiti nell'unico Fiano di Avellino. Nonostante il millesimo complicato, è senza dubbio una versione convincente, ben inserita nel solco stilistico tracciato in questi anni, fatto di misura, freschezza e sapidità. Paga soprattutto il confronto in verticale con le migliori riuscite in termini di leggerezza aromatica ed energia gustativa, frenate più del solito dall'abbraccio alcolico e dalla lieve scissione acida.

○ Fiano di Avellino '09		4
○ Fiano di Avellino '08		4*
○ Fiano di Avellino '07		4*
○ Fiano di Avellino '06		4*
○ Fiano di Avellino '05		4*

Pietracupa
C.DA VADIAPERTI, 17
83030 MONTEFREDANE [AV]
TEL. 0825607418
pietracupa@email.it

VENDITA DIRETTA
VISITA SU PRENOTAZIONE

PRODUZIONE ANNUA 35.000 bottiglie
ETTARI VITATI 3.50

Non basta a Sabino Loffredo essere diventato nel volgere di poche stagioni uno dei migliori produttori bianchisti d'Italia: l'ex istruttore sportivo di Montefredane ha deciso che i suoi inconfondibili Fiano e Greco meritavano come compagni di viaggio degli Aglianico altrettanto complessi e caratterizzati. Un percorso già iniziato da tempo, che si consolida con l'acquisizione di quasi due ettari a Torre le Nocelle, area ideale per Taurasi di indole succosa e rilassata. Per i bianchi come sempre prolungata maturazione sur lie in acciaio e acidità mordenti, da pensare in prospettiva temporale.

È quasi imbarazzante la facilità con cui il Greco di Tufo '10 di Pietracupa conquista il quinto Tre Bicchieri consecutivo. A ogni assaggio si ha l'impressione di un vino che procede col pilota automatico e quasi rinuncia al frutto per dare spazio a tutta la fibra minerale e nervosa del vitigno, aumentando di intensità man mano che il sorso rivela i suoi tratti più salati. Solo più indietro, come spesso in questa fase, il Fiano di Avellino '10: è soprattutto la bocca a cercare piena fusione, perché il quadro aromatico è già affrescato con tonalità mai così floreali e agrumate, approfondite dall'immancabile scia affumicata. Crescerà enormemente, a nostro avviso, come il Taurasi '07.

○ Greco di Tufo '10		4*
○ Fiano di Avellino '10		4*
● Taurasi '07		6
● Quirico '09		5
○ Cupo '08		5
○ Cupo '05		5
○ Cupo '03		4*
○ Greco di Tufo '09		4*
○ Greco di Tufo '08		4*
○ Greco di Tufo '07		4*
○ Greco di Tufo '06		4*
○ Fiano di Avellino '09		4*
○ Fiano di Avellino '08		4*
● Quirico '08		5
● Quirico '07		5
● Taurasi '06		6
● Taurasi '05		6

CAMPANIA

Tenuta Ponte
via Carazita, 1
83040 Luogosano [AV]
Tel. 082773564
www.tenutaponte.it

VENDITA DIRETTA
VISITA SU PRENOTAZIONE

PRODUZIONE ANNUA 180.000 bottiglie
ETTARI VITATI 25.00

È Alessandro Di Stasio il volto e l'anima della Tenuta Ponte, progetto avviato nel 1995 con l'aiuto di quattro soci e la collaborazione di Carmine Valentino in cantina. Gli ettari di proprietà sono circa 25: aglianico e coda di volpe, con qualche filare a merlot e sangiovese impiegati per i rossi di entrata. Il Taurasi ha un'impronta soffice e succosa, con maturazione per dodici mesi in barrique, solo parzialmente nuove, e altri dodici in botti più grandi. Fiano e Greco, acquistati a Lapio e Montefusco, maturano in acciaio e puntano su uno stile appuntito e verticale.

Negli assaggi di quest'anno ritroviamo prima di tutto una gamma in grande salute, senza punti deboli. A cominciare da un'Irpinia Coda di Volpe '10 semplicemente irresistibile per definizione, brio, consistenza e rapporto qualità prezzo. Ritorna agli standard abituali un Greco di Tufo '10 d'impatto riduttivo ed essenziale, probabilmente in crescita nei prossimi mesi; sulla medesima scia il Fiano di Avellino '10, aromaticamente serrato ma già in movimento nella sua forza salmastra. Manca solo un puntello materico nella progressione del Taurasi '07, finalista di slancio grazie a uno dei nasi più belli dell'annata, quasi baroleggiante nei timbri di terra bagnata, ginseng, arancia rossa.

○ Fiano di Avellino '10	🍷🍷	4*
● Taurasi '07	🍷🍷	4*
○ Greco di Tufo '10	🍷🍷	4*
○ Irpinia Coda di Volpe '10	🍷🍷	3
○ Fiano di Avellino '09	🍷🍷	4*
○ Fiano di Avellino '08	🍷🍷	4*
○ Fiano di Avellino '07	🍷🍷	4*
○ Fiano di Avellino '06	🍷🍷	4*
○ Fiano di Avellino '04	🍷🍷	4*
○ Greco di Tufo '08	🍷🍷	4*
○ Greco di Tufo '07	🍷🍷	4*
● Taurasi '06	🍷🍷	4*
● Taurasi '05	🍷🍷	4
● Taurasi '03	🍷🍷	5

Quintodecimo
via San Leonardo, 27
83036 Mirabella Eclano [AV]
Tel. 0825449321
www.quintodecimo.it

VENDITA DIRETTA
VISITA SU PRENOTAZIONE
OSPITALITÀ

PRODUZIONE ANNUA 32.000 bottiglie
ETTARI VITATI 12.00
VITICOLTURA Naturale

Non mancano certo determinazione e coraggio a Laura Di Marzio e Luigi Moio, compagni nella vita e nell'avventura di Quintodecimo a Mirabella. È qui che lo stimato enologo professore ha voluto mettere radici, puntando senza esitazioni su un modello dichiaratamente haute couture, nella cura dei dettagli come nei prezzi di uscita. Un vero e proprio château irpino raccontato da una gamma completa e riconoscibile di vini a base aglianico, greco, fiano e falanghina, raccolti a piena maturazione e affinati in legno piccolo, con esiti ancora da verificare alla prova del tempo.

Sono ancora una volta i bianchi a rappresentare al meglio, secondo i nostri assaggi, le ambizioni qualitative e stilistiche di Quintodecimo. La Falanghina Via Del Campo '09 si conferma tra le migliori declinazioni del vitigno sannita: la maturazione in legno aggiunge complessità senza sacrificarne la silhouette sottile e floreale. Discorso simile per il Fiano di Avellino Exultet '09, decisamente varietale con i suoi ricordi di erbe, polline, agrumi, avvolti da uno scheletro affumicato potente ma sempre in tensione. Tre Bicchieri. L'ottimo Irpinia Aglianico Terra d'Eclano '08 non fa notare l'assenza del Taurasi Vigna Quintodecimo Riserva, non prodotto nella vendemmia 2006.

○ Fiano di Avellino Exultet '09	🍷🍷🍷	7
○ Via Del Campo Falanghina '09	🍷🍷	6
○ Greco di Tufo Giallo D'Arles '09	🍷🍷	7
● Irpinia Aglianico Terra d'Eclano '08	🍷🍷	7
○ Fiano di Avellino Exultet '07	🍷🍷	7
○ Greco di Tufo Giallo D'Arles '07	🍷🍷	7
● Irpinia Aglianico Terra d'Eclano '07	🍷🍷	7
● Irpinia Aglianico Terra d'Eclano '06	🍷🍷	7
● Taurasi V. Quintodecimo Ris. '05	🍷🍷	8
● Taurasi V. Quintodecimo Ris. '04	🍷🍷	8
○ Via Del Campo Falanghina '08	🍷🍷	6
○ Via Del Campo Falanghina '07	🍷🍷	6

Fattoria La Rivolta

C.DA RIVOLTA
82030 TORRECUSO [BN]
TEL. 0824872921
www.fattorialarivolta.com

VENDITA DIRETTA
VISITA SU PRENOTAZIONE
OSPITALITÀ

PRODUZIONE ANNUA 150.000 bottiglie
ETTARI VITATI 29.00
VITICOLTURA Biologico Certificato

Si fa sempre più autorevole e sicuro il passo con cui la famiglia Cotroneo ha saputo assumere il ruolo di leader riconosciuto, bottiglie alla mano, del comprensorio sannita. Fondata nel 1997 si sviluppa su 29 ettari di proprietà, condotti in biologico. Definizione, espressività aromatica, polpa e freschezza sono il tratto comune dei bianchi, tutti leggermente criomacerati e maturati in acciaio, con l'eccezione del Sogno di Rivolta. Cento per cento rovere nuovo per la Riserva Terra di Rivolta, barrique e botte grande per l'Aglianico del Taburno base.

Dopo diverse stagioni ritornano i Tre Bicchieri in provincia di Benevento grazie al Terra di Rivolta Riserva '08. È un pregevole compromesso fra classico e moderno, con i ricordi di tabacco, spezie e terra bagnata a farsi strada dietro l'iniziale impatto tostato. Una trama che si conferma al palato, dove il legno si fa sentire soprattutto nel finale senza sacrificare l'espressività succosa e sapida del centro bocca. Non gli è distante il fratellino, un Aglianico del Taburno '08 meno potente ma già più disteso, senza dimenticare la Falanghina del Taburno '10, tra le più grandi interpretazioni di sempre in acciaio per il vitigno sannita.

● Aglianico del Taburno Terra di Rivolta Ris. '08	♟♟♟	6
● Aglianico del Taburno '08	♟♟	4
○ Taburno Falanghina '10	♟♟	4*
◉ Aglianico del Taburno Rosato Mongolfiere a San Bruno '09	♟♟	4*
○ Sogno di Rivolta '10	♟♟	4
○ Sannio Fiano '10	♟	4
○ Taburno Coda di Volpe '10	♟	4
○ Taburno Greco '10	♟	4
● Taburno Piedirosso '10	♟	4
● Aglianico del Taburno Terra di Rivolta Ris. '07	♟♟	6
● Aglianico del Taburno Terra di Rivolta Ris. '06	♟♟	6
● Aglianico del Taburno Terra di Rivolta Ris. '04	♟♟	6
○ Sogno di Rivolta '09	♟♟	4
○ Sogno di Rivolta '08	♟♟	4
○ Taburno Falanghina '09	♟♟	4
● Taburno Piedirosso '09	♟♟	4

Rocca del Principe

VIA ARIANIELLO, 9
83030 LAPIO [AV]
TEL. 0825982435
roccadelprincipe@libero.it

VENDITA DIRETTA
VISITA SU PRENOTAZIONE

PRODUZIONE ANNUA 23.000 bottiglie
ETTARI VITATI 5.00

Non è più solo il Fiano di Avellino di Rocca del Principe, la piccola cantina dei coniugi Aurelia Fabrizio ed Ercole Zarrella, voce fra le più originali e coerenti del comprensorio di Lapio. Lenze, Arianiello, Tognano e Campore sono i quattro siti che confluiscono nell'unico Fiano, maturato a lungo sulle fecce fini in acciaio e commercializzato ormai a quasi un anno dalla vendemmia. Gli fa compagnia dal 2007 un Taurasi realizzato con uve acquistate a Montemarano, il Mater Domini, maturato in barrique, tonneau e botte grande.

Ci si chiede spesso fra appassionati se il grande vino debba manifestare le sue doti fin dalle primissime fasi o se sia un premio per i più pazienti. Una risposta concreta ci arriva dal Fiano di Avellino '10 di Rocca del Principe, per noi un autentico fuoriclasse di energia e gioventù fin dagli assaggi in cantina. Ma che merita allo stesso tempo qualche anno di bottiglia per completare un percorso entusiasmante, avviato dagli agrumi, le erbe aromatiche e soprattutto da una maestosa tessitura acida e salina. Una versione fantastica che rischia quasi di far passare in secondo piano il brillante esordio del Taurasi Mater Domini '07, interpretazione quadrata e austera di un millesimo generoso.

○ Fiano di Avellino '10	♟♟♟	4*
● Taurasi Master Domini '07	♟♟	6
○ Fiano di Avellino '08	♟♟♟	4*
○ Fiano di Avellino '07	♟♟♟	4*
○ Fiano di Avellino '09	♟♟	4*
○ Fiano di Avellino '06	♟♟	4*

CAMPANIA 848

Ettore Sammarco
via Civita, 9
84010 Ravello [SA]
Tel. 089872774
www.ettoresammarco.it

VENDITA DIRETTA
VISITA SU PRENOTAZIONE

PRODUZIONE ANNUA 75.000 bottiglie
ETTARI VITATI 10.00

Da quasi cinquant'anni è il marchio più conosciuto di Ravello, vero e proprio hub commerciale e culturale per i vini della Costa d'Amalfi. Non è più il tempo della dolce vita e del generico rosato che animava il convivio del jet set internazionale, ma Ettore Sammarco e suo figlio Bartolo hanno continuato a rafforzare una realtà viticola da oltre dieci ettari, divisi fra trenta conferitori. Che racconta in maniera completa la vocazione di questa zona e delle sue tante varietà, nel proporre vini di razza, saporiti e slanciati, immediati ma capaci di approfondirsi nel tempo.

È mancata solo la giocata del fuoriclasse in una compagine di ammirevole compattezza e solidità. Praticamente tutti i vini si collocano agevolmente ad alti livelli, segnalando una continuità stilistica e di esecuzione tra le più convincenti della regione. Lo si nota chiaramente mettendo uno accanto all'altro i tre bianchi del 2010: il Terre Saracene esprime una raffinata anima mediterranea, con tocchi di anice e finocchietto, là dove il Selva delle Monache ci riporta su atmosfere più sottili e nordiche, col Vigna Grotta Piana a chiudere il cerchio armonizzando il tocco fermentativo e tostato nel sorso slanciato.

○ Costa d'Amalfi Ravello Bianco Selva delle Monache '10	ΨΨ 4*
○ Costa d'Amalfi Ravello Bianco V. Grotta Piana '10	ΨΨ 5
⊙ Costa d'Amalfi Ravello Rosato Selva delle Monache '10	ΨΨ 4
● Costa d'Amalfi Ravello Rosso Selva delle Monache '09	ΨΨ 4
○ Costa d'Amalfi Terre Sarecene Bianco '10	ΨΨ 4
● Costa d'Amalfi Terre Sarecene Rosso '09	ΨΨ 4
● Costa d'Amalfi Ravello Rosso Selva delle Monache Ris. '07	Ψ 5
○ Costa d'Amalfi Ravello Bianco Selva delle Monache '09	ΨΨ 4*
○ Costa d'Amalfi Ravello Bianco V. Grotta Piana '09	ΨΨ 5
● Costa d'Amalfi Ravello Rosso Selva delle Monache '08	ΨΨ 4

Tenuta San Francesco
fraz. Corsano
via Sofilciano, 18
84010 Tramonti [SA]
Tel. 089876748
www.vinitenutasanfrancesco.it

VENDITA DIRETTA
VISITA SU PRENOTAZIONE
OSPITALITÀ

PRODUZIONE ANNUA 40.000 bottiglie
ETTARI VITATI 10.00

Tenuta San Francesco nasce nel 2004 dalla scommessa di Gaetano Bove e altri tre amici a Tramonti, la più impervia e densamente vitata fra le sottozone della Costa d'Amalfi. La superficie aziendale si sviluppa su circa 10 ettari, il 30% dei quali di proprietà, con diverse piante secolari a piede franco di tintore, varietà pressoché scomparsa alla base di rossi densi e potenti come l'È Iss Vigna Paradiso. Completano il quadro piedirosso, falanghina, pepella e ginestra, quest'ultime utilizzate per il Tramonti Bianco base e per la selezione Pereva, maturato in acciaio.

Con una sequenza così era impossibile rimandare ancora la "promozione" di Tenuta San Francesco nella sezione principale della nostra Guida. Al di là del valore dei singoli vini, è una batteria che trasuda carattere e diversità, figlia dell'originale scacchiere ampelografico ma anche di uno stile rispettoso, che esalta le doti di sapore e bevibilità. L'esempio più virtuoso in questo senso è il Tintore da piante centenarie È Iss Vigna Paradiso '08, davvero a un passo dal massimo riconoscimento grazie al suo profilo linfatico e affumicato, con netti tocchi di brace, oliva nera e maggiorana, pienamente restituiti da una bocca dura, contratta, ma densa di freschezza e vitalità.

○ È Iss V. Paradiso '08	ΨΨ 4
○ Costa d'Amalfi Bianco Per Eva '10	ΨΨ 4
○ Costa d'Amalfi Tramonti Bianco '10	ΨΨ 4*
● Costa d'Amalfi Tramonti Rosso Quattrospine Ris. '07	ΨΨ 6
● Costa d'Amalfi Tramonti Rosso '08	Ψ 4
○ Costa d'Amalfi Bianco Per Eva '09	ΨΨ 4
○ Costa d'Amalfi Bianco Per Eva '08	ΨΨ 4*
⊙ Costa d'Amalfi Tramonti Rosato '08	ΨΨ 4*
● Costa d'Amalfi Tramonti Rosso '06	ΨΨ 4*
● Costa d'Amalfi Tramonti Rosso Quattrospine Ris. '06	ΨΨ 6

CAMPANIA

Sanpaolo - Magistravini
C.da San Paolo
83042 Atripalda [AV]
Tel. 0825610307
www.cantinasanpaolo.it

VENDITA DIRETTA
VISITA SU PRENOTAZIONE

PRODUZIONE ANNUA 250.000 bottiglie
ETTARI VITATI 15.00

Di proprietà del gruppo pugliese Magistravini, le cantine Sanpaolo sono uno dei pochissimi progetti creati da investitori provenienti al di fuori della provincia di Avellino. L'azienda prende il nome dall'omonima contrada di Torrioni, nel cuore dell'area a denominazione Greco di Tufo, e si sviluppa su una gamma completa di tipologie irpine e sannite, declinate anche da un punto di vista territoriale: i cru Lapio e Montefredane per il Fiano di Avellino, Montefusco per il Greco di Tufo, ben quattro etichette per la Falanghina del Beneventano, diverse tra loro per composizione dei terreni.

Ben dodici etichette nella griglia sottostante, a testimoniare l'affidabilità di una squadra che spazia dall'Irpinia al Sannio evidenziando un tratto comune di leggerezza e bevibilità. Meritano un approfondimento i due Fiano di Avellino a indicazione comunale: il Lapio '10 ha tempra agrumata e bucciosa, con chiusura leggermente calda e terpenica, il Montefredane '10 appare da subito più ampio e complesso, con tocchi affumicati e linfatici restituiti dal sorso gentile ma incisivo. Appena fermentativo il Greco di Tufo Montefusco '10, comunque convincente per pienezza e trazione salina. Tra i quattro cru di Falanghina, questa volta le nostre preferenze vanno alla Fuoco '10.

○ Fiano di Avellino Montefredane '10	🍷🍷 4*
○ Falanghina Fuoco '10	🍷🍷 4
○ Fiano di Avellino Lapio '10	🍷🍷 4
○ Greco di Tufo Montefusco '10	🍷🍷 4
● Taurasi '06	🍷🍷 6
○ Falanghina Aria '10	🍷 4
○ Falanghina del Beneventano '10	🍷 3
○ Falanghina Terra '10	🍷 4
○ Greco di Tufo '10	🍷 4
● Irpinia Aglianico '09	🍷 4
○ Suavemente Bianco '10	🍷 4
● Taurasi Ris. '05	🍷 6
○ Falanghina Acqua '09	🍷🍷 4
○ Falanghina Terra '09	🍷🍷 4
○ Fiano di Avellino Lapio '09	🍷🍷 4*
○ Fiano di Avellino Montefredane '09	🍷🍷 4*

Luigi Tecce
C.da Trinità, 6
83052 Paternopoli [AV]
Tel. 082771375
ltecce@libero.it

VENDITA DIRETTA
VISITA SU PRENOTAZIONE

PRODUZIONE ANNUA 5.500 bottiglie
ETTARI VITATI 4.00

Una giornata con Luigi Tecce è un vero e proprio toccasana per la mente e per lo spirito, stimolati da Taurasi naturalmente originali e coccolati dagli altri prodotti di eccellenza dell'azienda agricola. I circa quattro ettari di aglianico si collocano nella zona di confine fra Paternopoli e Castelfranci, con alcuni impianti risalenti al 1930 allevati a raggiera. In cantina nessun protocollo fisso, ma una risposta personale alle peculiarità delle diverse vendemmie per quel che riguarda macerazioni e maturazioni, con le anfore e il castagno ad affiancarsi talvolta al rovere.

A costo di apparire impopolari o retrogradi, siamo ancora convinti che la diversità vitienologica non basti da sola a fare il grande vino. Ci sono casi, però, in cui è davvero impossibile separare il valore del bicchiere in sé dalla sua capacità di segnalare qualcosa di totalmente nuovo. Il Poliphemo '07 di Luigi Tecce, ad esempio: un rosso di razza, profondo e completo, con una tessitura speciale in grado di accogliere ed esaltare il frutto maturo e una trama da vero Aglianico. Ma soprattutto una lettura inedita del terroir taurasino, che sembra sgorgare dai suoi meandri più intimi, come se esistesse da sempre. Anche questo può esserci dietro un Tre Bicchieri.

● Taurasi Poliphemo '07	🍷🍷🍷 7
● Taurasi Poliphemo '06	🍷🍷 7
● Taurasi Poliphemo '05	🍷🍷 7

CAMPANIA 850

Terre del Principe
FRAZ. SQUILLE
VIA SS. GIOVANNI E PAOLO, 30
81010 CASTEL CAMPAGNANO [CE]
TEL. 0823867126
www.terredelprincipe.com

VENDITA DIRETTA
VISITA SU PRENOTAZIONE
OSPITALITÀ
RISTORAZIONE

PRODUZIONE ANNUA 53.000 bottiglie
ETTARI VITATI 11.00

Da varietà pressoché scomparse a nuovi feticci internazionali: è decisamente una bella storia da raccontare, quella del pallagrello e del casavecchia. E un capitolo determinante spetta sicuramente a Peppe Mancini e Manuela Piancastelli, tra i primi a credere con Luigi Moio al recupero, inizialmente con i vecchi soci della Vestini Campagnano e poi con la nuova avventura di Terre del Principe. L'interpretazione è moderna, frutto di concentrazione in vigna e maturazione in legno piccolo; i Pallagrello bianco sono due: il Fontanavigna vinificato in acciaio e Le Serole maturato in barrique.

Questa volta è mancato l'acuto ma è netta l'impressione di un'ulteriore crescita per quel che riguarda il livello medio della gamma e la sua aderenza territoriale. Il Pallagrello Nero Ambruco '09 è un concentrato di frutti neri, erbe balsamiche, radici, persuasivo per integrità e dosaggio del legno, appena repentino nella chiusura sui freschi toni del caffè in grani. Davvero a un passo dall'ennesimo premio. L'efficace messa a fuoco della dimensione fruttata si manifesta anche nel Castello delle Femmine '09, blend paritario di pallagrello e casavecchia, e nel Casavecchia Centomoggia '09. Tonico e brillante il Pallagrello Bianco Fontanavigna '10.

● Ambruco Pallagrello Nero '09	6
● Castello delle Femmine '09	4
● Centomoggia Casavecchia '09	6
○ Fontanavigna Pallagrello Bianco '10	5
● Centomoggia '08	6
● Centomoggia '07	6
● Ambruco '08	6
● Ambruco '07	6
○ Le Serole Pallagrello Bianco '09	5
○ Le Serole Pallagrello Bianco '08	5
● V. Piancastelli '07	7
● V. Piancastelli '05	7

Terredora
VIA SERRA
83030 MONTEFUSCO [AV]
TEL. 0825968215
www.terredora.com

VENDITA DIRETTA
VISITA SU PRENOTAZIONE
OSPITALITÀ

PRODUZIONE ANNUA 1.200.000 bottiglie
ETTARI VITATI 200.00

Serra di Montefusco, Campore di Lapio, Santa Lucia di Santa Paolina: appartengono a Walter Mastroberardino e ai figli Lucio, Paolo e Daniela alcune delle vigne più maestose della provincia. Un patrimonio viticolo straordinario che vorremmo raccontato in bottiglia con un surplus di personalità, specialmente sui bianchi a base fiano, greco e falanghina, a volte fin troppo rotondi e assertivi. Per certi versi all'opposto la trama espressa dai rossi a base aglianico, spesso austeri e severi in gioventù, a cominciare dai tre cru di Taurasi maturati in tonneau.

In una batteria orfana dei nuovi Taurasi, Terredora conferma la sua vocazione per bianchi espressivi e di facile approccio. Il più centrato appare ancora una volta il Greco di Tufo Loggia della Serra '10: tra aromi di cedro e frutta tropicale, riesce a coniugare la sua indole solare con un sottofondo più austero e affumicato, chiudendo su note di mandorla. Ancora più aperto il Fiano di Avellino Terre di Dora '10, il cui impatto burroso e tostato farebbe quasi pensare a un affinamento in legno ed è compensato da una fresca scia floreale. Ottima riuscita anche per l'Irpinia Falanghina '10 e il Greco di Tufo Terre degli Angeli '10.

○ Falanghina d'Irpinia '10	4*
○ Fiano di Avellino Terre di Dora '10	4
○ Greco di Tufo Loggia della Serra '10	4
○ Greco di Tufo Terre degli Angeli '10	4
● Aglianico '09	4
○ Coda di Volpe '10	4
○ Falanghina '10	4
○ Fiano di Avellino Campo Re '09	5
○ Coda di Volpe '09	4*
○ Fiano di Avellino Terre di Dora '06	4*
○ Greco di Tufo Loggia della Serra '09	4*
○ Greco di Tufo Loggia della Serra '08	4*
○ Greco di Tufo Terra degli Angeli '05	4*
○ Greco di Tufo Terra degli Angeli '07	4*
● Taurasi Fatica Contadina '05	6

CAMPANIA

Torricino
loc. Torricino
via Nazionale
83010 Tufo [AV]
Tel. 0825998119
www.torricino.it

VENDITA DIRETTA
VISITA SU PRENOTAZIONE

PRODUZIONE ANNUA 50.000 bottiglie
ETTARI VITATI 10.00
VITICOLTURA Biologico Certificato

Ci piace decisamente lo spirito con cui il giovane Stefano Di Marzo porta avanti dal 2002 la sua piccola Torricino. Il punto di partenza sono alcune delle vigne più vocate del borgo di Tufo, in prossimità delle vecchie miniere di zolfo, dove il greco assume una carica minerale inconfondibile, a volte enfatizzata da un tocco dritto e sottile, in altre occasioni mimetizzata in tratti fruttati più ricchi e maturi. Un work in progress stilistico che coinvolge anche il Raone, dal 2010 maturato solo in acciaio come il base, il Fiano di Avellino e la Falanghina.

Non è la prima volta che un grechista convinto per tradizione e vocazione come Stefano Di Marzo ci sorprende col suo Fiano di Avellino. La versione '10 è innanzitutto di paradigmatica aderenza ai caratteri della sottozona di origine, una vigna del versante ovest di Lapio: mimosa, erbe da cucina, frutto bianco, si snoda tutto in verticale con irresistibile progressione salmastra, perfino troppo dura e aggressiva nel finale. Un'interpretazione molto nelle nostre corde che ci saremmo aspettati anche nel Greco di Tufo '10, più spostato invece sui toni di mela e mandorla, con chiusura leggermente fenolica ma solida. Resta un po' a metà strada tra dolcezza e severità il nuovo Raone '10.

○ Fiano di Avellino '10	🍷🍷 4*
○ Greco di Tufo '10	🍷🍷 4*
○ Greco di Tufo Raone '10	🍷 4
● Irpinia Campi Taurasini Rosso '09	🍷 4
● Aglianico '05	🍷🍷 4*
○ Fiano di Avellino '09	🍷🍷 4*
○ Fiano di Avellino '08	🍷🍷 4
○ Fiano di Avellino '07	🍷🍷 4*
○ Greco di Tufo '09	🍷🍷 4*
○ Greco di Tufo '08	🍷🍷 4*
○ Greco di Tufo '07	🍷🍷 4*
○ Greco di Tufo '06	🍷🍷 4*
○ Greco di Tufo Raone '07	🍷🍷 4*
○ Greco di Tufo Raone '05	🍷🍷 4*

Urciuolo
fraz. Celzi
via Due Principati, 9
83020 Forino [AV]
Tel. 0825761649
www.fratelliurciuolo.it

VENDITA DIRETTA
VISITA SU PRENOTAZIONE

PRODUZIONE ANNUA 140.000 bottiglie
ETTARI VITATI 22.00

Merita decisamente un approfondimento il progetto sviluppato in questi anni dai fratelli Ciro e Antonello Urciuolo. La graduale crescita dei volumi prodotti e della gamma aziendale si è accompagnata a un rilevante consolidamento del patrimonio viticolo, con acquisizioni a Mirabella per l'aglianico da Taurasi, a Lapio e Candida per il fiano. Si delinea così sempre più la fisionomia di un'azienda capace come poche di coniugare reperibilità, attenzione ai prezzi, ma anche di far palpitare gli appassionati più esigenti, specialmente grazie ad Aglianico di stoffa e prospettiva.

Quello dei fratelli Urciuolo è probabilmente il più costante fra i Taurasi d'eccellenza. L'ennesima conferma ci arriva da un sontuoso 2007, più chiuso e serrato del solito ma già capace di mettere in chiaro la sua stoffa energica e stratificata, con l'incenso e le spezie ad approfondire l'irresistibile coté di sottobosco, macchia, ribes e lampone. Ma è ancora una volta la grana tannica a fare la differenza, fortificando un telaio di spettacolare armonia e sapore e lasciandoci immaginare lunghe e felici evoluzioni. Ritorna in finale anche il Fiano di Avellino '10, tutto giocato sull'impianto largo e orizzontale più che dritto e verticale, appena fenolico in finale.

● Taurasi '07	🍷🍷🍷 6
○ Fiano di Avellino '10	🍷🍷 3*
○ Fiano di Avellino Faliesi '09	🍷🍷 4
○ Greco di Tufo '10	🍷🍷 3*
● Aglianico '09	🍷 3
● Aglianico Tracce '08	🍷 3
○ Greco di Tufo Faliesi '09	🍷 4
● Taurasi '06	🍷🍷🍷 6*
● Taurasi '05	🍷🍷🍷 6
● Aglianico '05	🍷🍷 3*
● Aglianico '04	🍷🍷 3*
○ Fiano di Avellino '09	🍷🍷 4*
○ Fiano di Avellino '07	🍷🍷 4*
○ Fiano di Avellino '03	🍷🍷 4*
○ Greco di Tufo Faliesi '08	🍷🍷 4
● Taurasi '03	🍷🍷 6
● Taurasi '01	🍷🍷 5

CAMPANIA

Vadiaperti
C.DA VADIAPERTI
83030 MONTEFREDANE [AV]
TEL. 0825607270
www.vadiaperti.it

VENDITA DIRETTA
VISITA SU PRENOTAZIONE

PRODUZIONE ANNUA 50.000 bottiglie
ETTARI VITATI 10.00

Non è sempre stata rosa e fiori la vicenda aziendale di Vadiaperti, omonima contrada di Montefredane dove Antonio Troisi creò la sua cantina nel 1984. Il figlio Raffaele ne ha raccolto totalmente l'eredità, esasperando se possibile i tratti stilistici di bianchi fortemente riduttivi, maturati solo in acciaio con pochi travasi, solfitazioni importanti, malolattiche ridotte al minimo. Qualunque siano gli sviluppi futuri, resterà sempre l'impronta inimitabile di vini guerrieri, con cui vale la pena litigare da giovani per goderli pacificati ma mai domi a distanza di tempo.

Una battaglia che si rinnova con gli assaggi dei bianchi 2010, vendemmia fresca che sembra esasperare ulteriormente lo stile Vadiaperti ma promette belle sorprese ai meno frettolosi. Il vino più leggibile è sicuramente l'Irpinia Coda di Volpe '10: mineralità da greco, alcol integrato, grande naturalezza espressiva. Ha bisogno di più ossigeno il Fiano di Avellino Aipierti '10, giovanissimo nel suo corredo di frutto bianco e tensione salina, probabilmente destinato ad attraversare in souplesse qualche lustro. Più prudente la nostra valutazione sul Greco di Tufo Tornante '10, esemplare per tipicità ma oltremodo disturbato in questa fase da sensazioni lievitose un po' asciutte.

○ Fiano di Avellino Aipierti '10	6
○ Irpinia Coda di Volpe '10	3
○ Greco di Tufo '10	4
○ Greco di Tufo Tornante '10	6
○ Fiano di Avellino '10	4
○ Greco di Tufo Tornante '09	4*
○ Greco di Tufo Tornante '08	4*
○ Fiano di Avellino '09	4
○ Fiano di Avellino '08	4
○ Fiano di Avellino Aipierti '08	4
○ Fiano di Avellino Aipierti '07	4*
○ Greco di Tufo '09	4
○ Greco di Tufo '08	4
○ Irpinia Coda di Volpe '08	4*

Villa Diamante
VIA TOPPOLE, 16
83030 MONTEFREDANE [AV]
TEL. 0825670014
www.villadiamante.eu

VENDITA DIRETTA
VISITA SU PRENOTAZIONE

PRODUZIONE ANNUA 10.000 bottiglie
ETTARI VITATI 4.00
VITICOLTURA Biologico Certificato

È il cru per antonomasia di Montefredane, piccolo borgo della Valle del Sabato che ospita i circa quattro ettari della Congregazione e l'azienda di Antoine Gaita e Diamante Renna. Siamo sulla sommità della collina Toppole, poco sopra i 400 metri, con le tenaci componenti argillose e pietrose a plasmare vini di spiccata tensione e sapore, generalmente bisognosi di pazienza. Gli artefici di Villa Diamante mettono la propria firma evitando chiarifiche e filtrazioni, giocando con la data di vendemmia e puntando su lunghe soste in acciaio.

Sta diventando un vero e proprio tormentone, quello che vuole i top Vigna della Congregazione concepiti nelle annate pari. Questa volta, però, c'è mancato davvero poco perché la maledizione, si fa per dire, si spezzasse: il 2009 è un signor Fiano, senza dubbio una delle migliori interpretazioni del difficile millesimo, al quale attribuiamo il leggero minus di spalla e profondità. Per il resto c'è solo da divertirsi con le nette impressioni marine, incastrate fra sensazioni riconducibili al lievito e altre più classiche di castagna affumicata ed erbe secche, riproposte da una bocca estremamente seria e ritmata. Polposo ma un po' monolitico il Greco di Tufo Vigna del Ciamillo '09.

○ Fiano di Avellino Vigna della Congregazione '09	6
○ Greco di Tufo V. dei Ciamillo '09	6
○ Fiano di Avellino Vigna della Congregazione '08	5
○ Fiano di Avellino Vigna della Congregazione '06	5
○ Fiano di Avellino Vigna della Congregazione '04	5
○ Fiano di Avellino Cuvée Enrico '00	7
○ Fiano di Avellino Vigna della Congregazione '07	5
○ Fiano di Avellino Vigna della Congregazione '05	5
○ Fiano di Avellino Vigna della Congregazione '02	5

CAMPANIA

★Villa Matilde
SS Domitiana, 18
81030 Cellole [CE]
Tel. 0823932088
www.villamatilde.it

VENDITA DIRETTA
VISITA SU PRENOTAZIONE
OSPITALITÀ
RISTORAZIONE

PRODUZIONE ANNUA 700.000 bottiglie
ETTARI VITATI 130.00

Se il Falerno non è solo una mera curiosità storica ma realtà viva e contemporanea, buona parte del merito va alla famiglia Avallone e al lavoro di mezzo secolo a Villa Matilde. Maria Ida e Salvatore hanno raccolto l'eredità prima di tutto culturale del padre Francesco, acquisendo poi la Tenuta Rocca dei Leoni nel Sannio e la Tenuta d'Altavilla in Irpinia. Ne deriva una gamma diversificata a base falanghina, aglianico, piedirosso e primitivo, che rivela una sostanziosa gioviaità sulle etichette d'entrata e gioca con l'estrazione e le tostature sulle selezioni Camarato e Caracci.

Premesse ampiamente confermate dagli assaggi di quest'anno, letteralmente entusiasmanti su quasi tutte le etichette più convenienti. A cominciare dalla Falanghina Rocca dei Leoni '10, ampia e sfumata tra pesca gialla e muschio senza perdere ritmo in una progressione solida e salmastra. Sulla medesima scia il Falerno del Massico Bianco '10, dal frutto più bianco e acerbo, con venature erbacee e una bocca schietta e appuntita. Col Caracci fermo ai box, tocca al Falerno Camarato '06 il ruolo di leader nell'ampia gamma aziendale: niente da dire quanto a struttura e tenore glicerico ma qualche perplessità la esprimiamo sull'avanzata terziarizzazione aromatica.

Villa Raiano
loc. San Michele di Serino
via Bosco Satrano, 1
83020 Serino [AV]
Tel. 0825595663
www.villaraiano.com

VENDITA DIRETTA
RISTORAZIONE

PRODUZIONE ANNUA 250.000 bottiglie
ETTARI VITATI 20.00
VITICOLTURA Naturale

Il fermento che anima la Campania del vino è spesso dovuto a inediti protagonisti, soprattutto piccoli artigiani, che si affacciano sulla scena. Non meno entusiasmanti, a guardar bene, sono le storie di realtà più strutturate, già da tempo sulla cresta dell'onda ma capaci di cambiare improvvisamente marcia. È questa la lezione che ci arriva da Villa Raiano, l'azienda guidata dai fratelli Basso e Paolo Sibillo con la collaborazione tecnica di Fortunato Sebastiano. La loro forza si esprime prima di tutto nella gamma, approfondita nelle ultime vendemmie con cru e selezioni di spiccata personalità.

Ed è proprio il temperamento stilistico che permette a Villa Raiano di raggiungere per la prima volta i Tre Bicchieri. Perché l'Alimata '10 non è solo un bianco piacevole e sostanzioso ma prima di tutto un Fiano di Avellino pienamente riconducibile alla sottozona di provenienza, la collina di Montefredane: frutto bianco e venature balsamiche, con tratti terrosi e speziati a dilatare un sorso solo apparentemente sottile, di sicuro avvenire. C'è solo meno continuità nel Greco di Tufo Marotta '10, alle prese con qualche spigolo tannico e fenolico in un contesto di convincente ricchezza e sapidità. Ma è l'intera batteria a girare forte, a cominciare dal vivace Greco di Tufo '10.

● Falerno del Massico Camarato '06	7
○ Falanghina Rocca dei Leoni '10	4
○ Falerno del Massico Bianco '10	4*
○ Greco di Tufo Tenute di Altavilla '10	4*
⊙ Terre Cerase Rocca dei Leoni '10	3*
○ Falanghina di Roccamonfina '10	4
○ Falerno del Massico Bianco V. Caracci '08	5
○ Falerno del Massico Bianco V. Caracci '05	5
○ Falerno del Massico Bianco V. Caracci '04	4*
● Falerno del Massico Camarato '05	7
● Falerno del Massico Camarato '04	6
● Falerno del Massico Camarato '01	6
● Falerno del Massico Rosso Vigna Camarato '00	6
○ Falanghina Rocca dei Leoni '09	4
● Falerno del Massico Rosso '07	4

○ Fiano di Avellino Alimata '10	5
○ Greco di Tufo Contrada Marotta '10	5
● Taurasi Raiano '07	6
○ Falanghina Beneventano '10	4
○ Fiano di Avellino '10	4
○ Fiano di Avellino Ventidue '10	5
○ Greco di Tufo '10	4
● Aglianico '09	4
● Aglianico '08	4
○ Fiano di Avellino '05	4*
○ Fiano di Avellino Alimata '09	5
○ Fiano di Avellino Ventidue '09	5
○ Greco di Tufo '06	4*
○ Greco di Tufo '05	4
○ Greco di Tufo Contrada Marotta '09	5
● Taurasi Cretanera Ris. '03	6

CAMPANIA

LE ALTRE CANTINE

Aia dei Colombi
C.DA SAPENZE
82034 GUARDIA SANFRAMONDI [BN]
TEL. 0824817384
www.aiadeicolombi.it

Quella dei fratelli Pascale è una delle realtà artigianali sannite a più alto tasso di identità e consapevolezza. Attenzione ai dettagli aromatici e freschezza di beva esaltano in particolare i bianchi, come ben testimoniato dalla Guardiolo Falanghina '10 e dal Sannio Fiano '10. Più controverso il Colle dell'Aia Riserva '07.

○ Guardiolo Falanghina '10	3*
● Guardiolo Aglianico Colle dell'Aia Ris. '07	5
○ Guardiolo Falanghina Vignasuprema '09	4
○ Sannio Fiano '10	4

Antico Castello
C.DA POPPANO, 11 BIS
83050 SAN MANGO SUL CALORE [AV]
TEL. 3494009839
www.anticocastello.com

Prende forma nel 2006 la piccola azienda dei coniugi Franco e Fiorenza Romano, la prima nata nel borgo di San Mango sul Calore, uno dei più colpiti dal sisma del 1980. Il vino di punta è il Taurasi, che al primo tentativo approda in finale con una versione '07 da brividi per finezza aromatica e misura estrattiva.

● Taurasi '07	4
● Irpinia Campi Taurasi Magis '07	4*

Cantine Astroni
FRAZ. ASTRONI
VIA SARTANIA, 48
80126 NAPOLI
TEL. 0815884182
www.cantineastroni.com

La notorietà delle cantine Astroni in Campania cresce di pari passo con una gamma mai trovata a questi livelli, con almeno tre punte tutte da godere, anche in rapporto al prezzo. A cominciare dalla sottile e salmastra Falanghina dei Campi Flegrei Colle Imperatrice '10 e dal Gragnano '10, nitido e compatto.

○ Campi Flegrei Falanghina Colle Imperatrice '10	4*
● Penisola Sorrentina Gragnano '10	4*
● Vigna del Fuoco Rais '08	4*
● Campi Flegrei Piedirosso Colle Rotondella '10	4

Bambinuto
VIA CERRO
83030 SANTA PAOLINA [AV]
TEL. 0825964634
info@cantinabambinuto.com

È ancora una volta il Picoli a guidare la compatta gamma della famiglia Aufiero, proprietari di Bambinuto. Prende il nome dall'omonima località di Santa Paolina ed è un Greco di Tufo particolare, interpretato quasi come una vendemmia tardiva: netti i tocchi di torba e pasticceria in un palato opulento ma sostenuto.

○ Greco di Tufo Picoli '10	5
○ Fiano di Avellino '10	4
○ Greco di Tufo '10	4

Barone
VIA GIARDINO, 2
84070 RUTINO [SA]
TEL. 0974830463
www.cantinebarone.it

Quella di Giuseppe Di Fiore, Francesco Barone e Emanuele Perrella è una delle più solide realtà cilentane: si sviluppa su dodici ettari e su una batteria ben organizzata tra vini d'entrata e selezioni. Tra queste spicca questa volta il Cilento Fiano Vignolella '10, fine e agrumato come non mai, tonico e progressivo.

○ Cilento Fiano Vignolella '10	4
● Cilento Pietralena Aglianico '09	4
○ Marsia Bianco '10	2
⊙ Primula Rosa '10	4

Cantina del Barone
VIA NOCELLETO, 21
83020 CESINALI [AV]
TEL. 0825666751
www.cantinadelbarone.it

È una Cantina del Barone per molti versi inedita quella che ritroviamo in Guida. Il giovane Luigi Sarno l'ha indirizzata verso una gestione agricola biocompatibile e uno stile di cantina poco invasivo, con vini di difficile approccio iniziale ma di grande personalità, come il Fiano di Avellino Particella 928 '10.

○ Fiano di Avellino Particella 928 '10	4
● Taurasi '99	6

CAMPANIA

LE ALTRE CANTINE

I Cacciagalli
P.zza della Vittoria 27
81057 Teano [CE]
Tel. 0823875216
www.icacciagalli.it

Si va a inserire in un territorio vitienologicamente inesplorato questa bella novità dei nostri ultimi assaggi. Siamo tra Teano e Caianello, nell'alto Casertano: parte da qui l'avventura di Diana Iannaccone e Mario Basco, con la collaborazione del gruppo Vignaviva. E parte bene grazie soprattutto al Piedirosso Basco '10.

● Basco '10	4
○ Aorivola '10	4

Il Cancelliere
c.da Iampenne, 45
83040 Montemarano [AV]
Tel. 082763557
www.ilcancelliere.it

A dispetto della scheda piccola, quella della famiglia Romano è già una delle realtà più serie e autorevoli nell'affollato comprensorio irpino. C'è solo da registrare qualcosa, a nostro avviso, in termini di definizione aromatica e tannica in vini potenti come il Taurasi Nero Né '06 o l'Irpinia Aglianico Gioviano '08.

● Irpinia Aglianico Gioviano '08	4*
● Taurasi Nero Né '06	6

I Capitani
via Bosco Faiano, 15
83030 Torre le Nocelle [AV]
Tel. 0825969182
www.icapitani.com

È una lenta ma inesorabile crescita quella svelata anno dopo anno dai vini de I Capitani, deliziosa cantina avviata negli anni '90 da Ciriaco Cefalo e famiglia. Provare per credere il Bosco Faiano '06, di diritto tra le migliori versioni di questo Taurasi quadrato e incisivo, dal tannino severo ma sincero.

○ Irpinia Clarum '10	4*
● Taurasi Bosco Faiano '06	6
○ Fiano di Avellino Gaudium '10	4
● Irpinia Campi Taurasini Jumara '07	4

Alexia Capolino Perlingieri
via Marraioli, 58
82037 Castelvenere [BN]
Tel. 0824971541
www.capolinoperlingieri.com

È un percorso di graduale crescita quello che traspare nei vini di Alexia Capolino Perlingieri, determinata protagonista del terroir di Castelvenere. La sua Sannio Falanghina Preta '10 è una delle migliori del millesimo col suo stile delicato e piccante, pregevolmente espresso nei tratti di litchi e agrumi chiari.

○ Sannio Falanghina Preta '10	4*
○ Sannio Fiano Nembo '10	4
⊙ Sannio Vignarosa '10	4

Casebianche
via Case Bianche, 8
84076 Torchiara [SA]
Tel. 0974843244
www.casebianche.eu

Quattordici ettari di proprietà a Torchiara: da qui nasce nel 2006 l'avventura di Casebianche. Elisabetta Iuorio e Pasquale Mitrano ci presentano una batteria di notevole personalità, guidata da un Cilento Aglianico Cupersito '09 ben giocato tra freschezza e calore mediterraneo. Molto bene anche il Fiano Cumalè '10.

● Cilento Aglianico Cupersito '09	4
○ Cumalè '10	4*
○ Iscadoro '10	4

Cautiero
c.da Arbusti
82030 Frasso Telesino [BN]
Tel. 3387640641
www.cautiero.it

Ci crede tanto nella sua piccola creatura, Fulvio Cautiero, interprete di un Sannio poco conosciuto, con quattro ettari condotti in biologico a Frasso Telesino. E fa bene, perché i suoi vini si rivelano vivi e pulsanti, nonostante qualche rusticità tannica, come spiega bene il Sannio Aglianico Donna Candida '07.

● Sannio Aglianico Donna Candida '07	6
○ Sannio Falanghina Fois '10	3*

CAMPANIA

LE ALTRE CANTINE

Tenuta del Cavalier Pepe
via Santa Vara
83040 Sant'Angelo all'Esca [AV]
Tel. 082773766
www.tenutacavalierpepe.it

Ecco uno di quei casi in cui i limiti di spazio della nostra pubblicazione pesano più del dovuto. Perché i vini della giovane Milena Pepe sono ogni anno più centrati e riconoscibili, come spiega bene il Taurasi Opera Mia '07, una delle migliori riuscite del millesimo col suo profilo cupo e austero, solo giovane.

- Taurasi Opera Mia '07 — 6
- Irpinia Campi Taurasini Santo Stefano '08 — 5
- Fiano di Avellino Refiano '10 — 4
- Greco di Tufo Nestor '10 — 4

Colle di San Domenico
SS Ofantina km 7,500
83040 Chiusano di San Domenico [AV]
Tel. 0825985423
www.cantinecolledisandomenico.it

Sono sempre la costanza e l'affidabilità della gamma i punti forti di Colle di San Domenico, azienda da circa 100mila bottiglie condotta da Stefano e Gerardo Violano. In questa edizione troviamo sugli scudi soprattutto i rossi, a cominciare da un Taurasi Riserva '05 disteso e territoriale e dal più moderno Principe '07.

- Irpinia Campi Taurasini Principe '07 — 4
- Taurasi Ris. '05 — 6
- Aglianico '10 — 3
- Taurasi Ris. '06 — 6

Michele Contrada
c.da Taverna, 31
83040 Candida [AV]
Tel. 0825988434
www.vinicontrada.it

Inizia a svelare tutto il suo potenziale la piccola azienda di Gerardo Contrada, originale interprete del Fiano di Avellino di Candida. E non solo, perché l'Irpinia Coda di Volpe Taberna '10 è una meraviglia di sapore, pienezza e mobilità aromatica, con tratti bucciosi e speziati ad ampliare i ricordi di muschio e pera.

- Irpinia Coda di Volpe Taberna '10 — 3*
- Fiano di Avellino '10 — 4
- Greco di Tufo '10 — 4

Contrada Salandra
via Tre Piccioni, 40
80078 Pozzuoli [NA]
Tel. 0818541651
www.dolciqualita.com

Peppino Fortunato è uno degli interpreti più autentici dei vini flegrei. Da poco più di due ettari ubicati sulla collina di Pozzuoli, produce una serie di vini pensati per viaggiare nel tempo senza fretta. Emblematico in questo senso il Campi Flegrei Piedirosso '09, tra ricordi di lampone e cenere, giovane e affilato.

- Campi Flegrei Falanghina '09 — 4*
- Campi Flegrei Piedirosso '09 — 4*

Corte Normanna
loc. Sapenzie, 20
82034 Guardia Sanframondi [BN]
Tel. 0824817004
www.cortenormanna.it

È sempre un piacere ritrovare nella nostra Guida i vini di Corte Normanna, azienda da venti ettari fondata nel 1997 da Gaetano Faluto e Giovanni Lombardi. A guidare il gruppo c'è un Sannio Aglianico Tre Pietre '06, dal netto profilo terziario ma ancora dotato di freschezza e slancio, appena caldo nel finale.

- Sannio Aglianico Tre Pietre '06 — 5
- Sannio Falanghina '10 — 3
- Sannio Fiano '10 — 4
- Sannio Rosso Guiscardo '08 — 3

D'Antiche Terre - Vega
c.da Lo Piano - SS 7 bis
83030 Manocalzati [AV]
Tel. 0825675358
www.danticheterre.it

È solo un plus di continuità che chiediamo a D'Antiche Terre, vera e propria veterana del distretto irpino. Quest'anno Gaetano Ciccarella ci ha proposto bianchi splendidi per tensione e sostanza: pieno e saporito il Greco di Tufo '10, più chiuso e dritto il Fiano di Avellino '10, dal lungo finale affumicato.

- Fiano di Avellino '10 — 4
- Greco di Tufo '10 — 4
- Sannio Falanghina '10 — 4*
- Taurasi '06 — 6

CAMPANIA

LE ALTRE CANTINE

De Falco
VIA FIGLIOLA
80040 SAN SEBASTIANO AL VESUVIO [NA]
TEL. 0817713755
www.defalco.it

Praticamente una certezza la gamma che ci propone ogni anno Gabriele De Falco, rappresentativa delle principali tipologie del Vesuvio e della Penisola Sorrentina, con divagazioni in Irpinia e nel Sannio. Il miglior vino assaggiato quest'anno è il Vesuvio Lacryma Christi Rosso '10, goloso nei ricordi di lampone e menta.

● Vesuvio Lacryma Christi Rosso '10	4*
○ Falanghina del Beneventano '10	3
● Penisola Sorrentina Gragnano '10	4
○ Vesuvio Lacryma Christi Bianco '10	4

De Maria
VIA SAUDONI
83030 LAPIO [AV]
TEL. 0825976005
cantinedemaria@libero.it

Nonostante sia il comune più vitato della denominazione, oltre che la riconosciuta patria del Fiano di Avellino, a Lapio sono ancora poche le realtà che operano con un proprio marchio. Tra queste ci hanno colpito i primi assaggi di De Maria, piccola azienda che ci propone un 2010 profumato e longilineo.

○ Fiano di Avellino '10	4*
○ Fiano di Avellino '09	4

Cantine Elmi
C.DA CHIANZANO
83040 MONTEMARANO [AV]
TEL. 082765354
www.cantineelmi.it

Meglio conosciuta con il marchio Avi di Chianzano, l'azienda Elmi è una delle realtà emergenti dell'area di Montemarano, la più nordica nel comprensorio taurasino. Orazio Delisio, con l'aiuto di Carmine Valentino, ha semplificato e allo stesso tempo rinforzato una gamma che punta quest'anno sull'affascinante Taurasi '06.

● Irpinia Campi Taurasini Gli Avi di Chianzano '07	5
● Taurasi '06	6

Cantina Farro
LOC. FUSARO
FRAZ. BACOLI
VIA VIRGILIO, 16/24
80070 NAPOLI
TEL. 0818545555
www.cantinefarro.it

Finora è mancata solo un po' di continuità ai vini di Michele Farro. Peccato, perché nelle annate giuste i suoi bianchi sanno essere davvero un bellissimo connubio di piacevolezza e identità territoriale. Come la saporita Falanghina dei Campi Flegrei '10 o la selezione Le Cigliate '09, più ricca e matura.

○ Campi Flegrei Falanghina '10	4*
○ Campi Flegrei Falanghina Le Cigliate '09	5
⊙ Depié Rosé '10	4

Cantina Giardino
VIA PETRARA, 21B
83031 ARIANO IRPINO [AV]
TEL. 0825873084
www.cantinagiardino.com

Ancora una prova a ranghi ridotti per i vini di Cantina Giardino, punto di riferimento imprescindibile per chi cerca vini refrattari a qualunque schema precostituito. Decisamente indietro l'Aglianico Le Fole '09, mentre il Greco T'Ara Rà '09 si conferma uno dei migliori bianchi macerati di tutto il centro sud.

○ T'Ara Rà '09	6
● Le Fole '09	4

Raffaele Guastaferro
VIA GRAMSCI
83030 TAURASI [AV]
TEL. 082539244
www.guastaferro.it

Ci sono anche i Taurasi della famiglia Guastaferro tra le opzioni più costanti e riconoscibili della denominazione irpina: di stile caldo e opulento, sanno spesso trovare adeguato sostegno e contrasto in un impianto austero e saporito. Le versioni '07 e '04 sono una dimostrazione efficace in questo senso.

● Taurasi Primum '07	5
● Taurasi Primum '04	5

CAMPANIA 858
LE ALTRE CANTINE

Iannella
via Tora
82030 Torrecuso [BN]
Tel. 0824872392
www.cantineiannella.it

La cantina di Antonio Iannella è un piccolo grande hub per le numerose aziende campane che qui arrivano ad acquistare uve o vini. Il che non gli impedisce di mettere a punto ogni anno una gamma di tipologie sannite inappuntabile per correttezza tecnica e sostanza, a cominciare dalla Taburno Coda di Volpe '10.

● Taburno Aglianico '08	4
○ Taburno Coda di Volpe '10	4*
● Sannio Piedirosso '10	4
○ Taburno Falanghina '10	4

Macchialupa
fraz. San Pietro Irpino
via Fontana
83020 Chianche [AV]
Tel. 0825996396
www.macchialupa.it

Forse lo stile non è di quelli più in voga attualmente, ma i vini di Macchialupa sono sempre tra le proposte più polpose e precise del panorama irpino. La mano di Angelo Valentino si esprime al meglio quest'anno sul Fiano di Avellino '10: impatto leggermente burroso, profilo solare, bocca morbida e risolta sul fronte acido.

○ Fiano di Avellino '10	4
○ Greco di Tufo '10	4
● Taurasi Le Surte '06	6

Masseria Frattasi
via Torre Varoni, 15
82016 Montesarchio [BN]
Tel. 0823351740
www.masseriafrattasi.it

È senza dubbio la migliore prestazione di sempre per Masseria Frattasi. La Taburno Falanghina Bonea '10 rende pieno merito alla saporita finezza del versante di Montesarchio, ma questa volta sono soprattutto i rossi a brillare: lo Iovi Tonant '08 e il Kapnios '06 formano una splendida coppia a tema aglianico.

● Aglianico Amaro Appassito Kapnios '06	4
● Aglianico del Taburno Iovi Tonant '08	4
○ Taburno Falanghina di Bonea '10	4*
○ Taburno Falanghina '10	4

Migliozzi
fraz. Casale di Carinola
via Appia km 179
81030 Carinola [CE]
Tel. 0823704275
www.rampaniuci.it

Sono Falerno a lunga gittata quelli cui lavora fin dagli esordi Giovanni Migliozzi in quel di Casale di Carinola. Blend di aglianico con saldo di piedirosso e primitivo, il suo Rampaniuci '08 evidenzia una pregevole materia, ancora in fase di assestamento, ma già leggibile nel suo tocco generoso e mediterraneo.

● Falerno del Massico Rampaniuci '08	5

Montesole
loc. Serra di Montefusco
via Serra
83030 Montefusco [AV]
Tel. 0825963972
www.montesole.it

È un ritorno in Guida conquistato a suon di bottiglie piacevoli e brillanti, quello di Montesole, grande azienda irpina guidata da Giovanni De Santis con la collaborazione tecnica di Rosa Pesa e Michele D'Argenio. La griglia seguente è solo un piccolo estratto dei tanti ottimi vini assaggiati quest'anno: bentornati.

○ Fiano di Avellino V. Acquaviva '10	5
○ Sannio Falanghina V. Zampino '10	5
○ Simposium Falanghina '10	4
● Taurasi V. Vinieri '04	7

F.lli Muratori
loc. Eremita
82100 Benevento
Tel. 0824334061
www.arcipelagomuratori.it

Presentiamo nella stessa scheda i vini delle due tenute campane dei fratelli Muratori, Oppida Aminea nel Sannio e Giardini Arimei a Ischia, dove viene prodotto l'originale Passito Secco. Un naso variegato ci parla di spezie e castagna infornata, pesca e sigaro: un profilo da sherry valorizzato da freschezza e sapore.

○ Passito Secco Giardini Arimei	6
○ Ischia Bianco Sup. Pietra Brox Giardini Arimei '10	4
○ Sannio Falanghina Caracena Tenuta Oppida Aminea '10	4

CAMPANIA
LE ALTRE CANTINE

Mustilli
Via Caudina, 10
82019 Sant'Agata de' Goti [BN]
Tel. 0823718142
www.mustilli.com

Di nuovo segnali positivi dalla solida gamma proposta dalla famiglia Mustilli. L'etichetta più centrata e affascinante per noi è il Sannio Aglianico Grifo di Rocca '09: impronta terrosa, con humus e spezie scure, si concede con maggiore dolcezza di frutto al palato, appena polveroso nella chiusura tannica.

- Sannio Aglianico Grifo di Rocca '09 — 4
- S. Agata dei Goti Aglianico Cesco di Nece '08 — 5
- S. Agata dei Goti Falanghina '10 — 4
- Sannio Piedirosso '10 — 4

Lorenzo Nifo Sarrapochiello
Via Piana
82030 Ponte [BN]
Tel. 0824876450
www.nifo.eu

Lasciano sempre il segno i vini di Lorenzo Nifo Sarrapochiello, voce estrema ma necessaria nel panorama viticolo e stilistico del Sannio. Bianchi intensi e bucciosi, rossi dal respiro lento e talvolta severo: è questa la cornice abituale che regala tuttavia continue sorprese, come conferma il Sannio Fiano '10.

- Sannio Fiano '10 — 4*
- Sannio Falanghina Alenta V.T. '10 — 5
- Taburno Aglianico Rosato Màrosa '10 — 4

Nugnes
Via Vicinale Masseria SS. Apostoli
81030 Carinola [CE]
Tel. 0815584386
www.aziendagricolanugnes.it

Cinque ettari concentrati attorno Masseria Santi Apostoli, frazione di Carinola: ha prima di tutto una radice territoriale lo stile fitto e potente dei Falerno di Antonio, Orlando e Gilemma Nugnes. Che si palesa in tutta la sua evidenza sia nel Rosso base '09 che nel Caleno Riserva '08, a un passo dalla finale.

- Falerno del Massico Caleno Ris. '08 — 6
- Falerno del Massico Rosso '09 — 4

Ocone
Loc. La Madonnella
Via del Monte, 56
82030 Ponte [BN]
Tel. 0824874040
www.oconevini.it

Pochi protagonisti del mondo produttivo campano sanno incrociare consapevolezza storica e sguardo contemporaneo come riesce a fare da anni don Mimì Ocone. I suoi vini sono la migliore testimonianza in questo senso: schietti ma non discinti, espressivi ma mai ammiccanti, leggibili ma capaci di evolvere nel tempo.

- Taburno Piedirosso Calidonio '10 — 6
- Oca Bianca '10 — 4
- Taburno Falanghina Flora '10 — 4
- Taburno Greco Giano '10 — 4

La Pietra di Tommasone
Via Provinciale Fango, 98
80076 Lacco Ameno [NA]
Tel. 0813330330
www.tommasonevini.it

Non ci hanno esaltato come in altre occasioni, ma i vini della famiglia Monti restano sempre interpretazioni caratterizzate del terroir ischitano. Questa volta non c'è una punta in grado di staccarsi dal gruppo, ma una leggera preferenza la attribuiamo al Pignanera '08, blend paritario di montepulciano e aglianico.

- Ischia Bianco Terradei '10 — 4
- Ischia Biancolella '10 — 4
- Pignanera '08 — 7
- Pithecusa Bianco '10 — 5

Andrea Reale
Loc. Borgo di Gete
Via Cardamone, 75
84010 Tramonti [SA]
Tel. 089856144
www.aziendaagricolareale.it

Non possiamo nascondere il nostro piacere nel vedere le bottiglie della famiglia Reale fregiarsi nuovamente della denominazione Costa d'Amalfi. Soddisfazione amplificata da una batteria in cui l'assenza dei rossi non si fa sentire grazie allo squisito Tramonti Bianco Aliseo e al sempre goloso Tramonti Rosato Getis '10.

- Costa d'Amalfi Tramonti Bianco Aliseo '10 — 5
- Costa d'Amalfi Tramonti Getis Rosato '10 — 4

CAMPANIA
860 LE ALTRE CANTINE

San Giovanni
Punta Tresino
84072 Castellabate [SA]
Tel. 0974965136
www.agricolasangiovanni.it

È un vero e proprio coup de coeur quel che ci arriva da Castellabate, in Cilento, dove prende forma nel 1993 l'azienda San Giovanni della famiglia Corrado. Merito soprattutto del Fiano Tresinus '10, per noi un fantastico bianco mediterraneo con i suoi ricordi di pesca e mandorla fusi in una rinfrescante spalla sapida.

○ Fiano Tresinus '10	4*
○ Fiano '10	4

San Salvatore
via Dionisio
84050 Giungano [SA]
Tel. 08281990900
www.sansalvatore1988.it

Sono apertamente dichiarate le ambizioni produttive di Giuseppe Pagano, imprenditore cilentano a capo di San Salvatore. Il patrimonio agricolo è di quelli importanti, le consulenze di primo piano, la gamma già inappuntabile per correttezza tecnica ma a nostro avviso perfettibile in termini di identità varietale.

○ Calpazio '10	4
● Jungano '09	4
○ Trentenare '10	4

Santiquaranta
c.da Torrepalazzo
82030 Torrecuso [BN]
Tel. 0824876128
www.santiquaranta.it

Vale decisamente la pena abbandonare le consuete rotte enoturistiche regionali per inerpicarsi a Baselice, dove nascono i moscato di Luca Baldino e Enrico De Lucia. Sono invece coltivate a Torrecuso le altre varietà sannite, alla base della Sannio Falanghina '10 e del Sannio Aglianico '08, dal sorso congruo e continuo.

● Sannio Aglianico '08	4
○ Sannio Falanghina '10	4
○ Sannio Moscato '10	4

Tenuta Sarno 1860
c.da Serroni 4B
83100 Avellino
Tel. 082526161
www.tenutasarno1860.it

Non poteva esserci debutto migliore per l'unica etichetta prodotta dalla Tenuta Sarno, piccola azienda fondata da Maura Sarno e Renato Abate. È un Fiano di Avellino '10 prodotto da 7 ettari ubicati sulla collina di Candida, area vocata per bianchi snelli e profumati, molto riconoscibili nei tratti di anice e ginestra.

○ Fiano di Avellino '10	4*

Selvanova
loc. Squille
via Selvanova
81010 Castel Campagnano [CE]
Tel. 0823867261
www.selvanova.com

Ecco uno di quei casi in cui la nostra enorme stima per il progetto umano e aziendale non riesce sempre a trovare sponda nelle impressioni ricavate dagli assaggi. Il lavoro fatto da Antonio Buono a Selvanova è sotto gli occhi di tutti, ma siamo convinti che le etichette più ambiziose viaggino ancora col freno a mano tirato.

● Aglianico Selvanova '07	7
● Silicata '07	6
○ Milo '09	5
○ Pallagrello Bianco Acquavigna '09	5

La Sibilla
fraz. Baia
via Ottaviano Augusto, 19
80070 Bacoli [NA]
Tel. 0818688778
www.sibillavini.it

Si attesta nuovamente su buoni livelli la batteria presentata da La Sibilla, l'azienda creata dalla famiglia Di Meo a Bacoli. Il migliore assaggio è ancora la sapida e snella Falanghina dei Campi Flegrei base, dalla quale ci aspettavamo tuttavia maggiore forza e complessità, data la favorevole vendemmia 2010.

○ Campi Flegrei Falanghina '10	4*
● Campi Flegrei Piedirosso '10	4
○ Domus Giulii '09	7
● Marsiliano '08	6

CAMPANIA
LE ALTRE CANTINE

Sorrentino
via Casciello, 5
80042 Boscotrecase [NA]
Tel. 0818584963
www.sorrentinovini.com

Angela Cascone e Giuseppe Sorrentino sono tra i volti più credibili della vitienologia vesuviana. La loro batteria di Lacryma Christi coniuga abitualmente piacevolezza e identità territoriale, ma questa volta i risultati più interessanti arrivano col Don Paolo '09, Aglianico moderno nel senso migliore del termine.

● Don Paolo '09	5
○ Natì '09	4
○ Vesuvio Lacryma Christi Bianco V. Lapillo '10	4
● Vesuvio Lacryma Christi Rosso V. Lapillo '09	4

Tenuta Adolfo Spada
fraz. Vaglie
SP 14 Sessa Mignano
81044 Galluccio [CE]
Tel. 0823925709
www.tenutaspada.it

Con oltre venti ettari di proprietà dislocati attorno alla cantina, la Tenuta Adolfo Spada è una delle realtà agricole più importanti dell'area di Galluccio. Nelle ultime stagioni si consolida la gamma a base aglianico, falanghina e piedirosso, guidata dall'ottimo Gladius '08 e con tante opzioni in fascia bere bene.

● Galluccio Gallicius Rosso '10	3
● Gladius '08	5
○ Fiorflòres '10	4
○ Galluccio Gallicius Bianco '10	3

Cantina del Taburno
via Sala, 16
82030 Foglianise [BN]
Tel. 0824871338
www.cantinadeltaburno.it

È soprattutto per il ricordo di quanto fatto fino a poche stagioni fa che non possiamo dirci pienamente soddisfatti degli assaggi di Cantina del Taburno. Di certo non aiuta la prolungata assenza dei vini di punta, ma anche il resto della gamma appare sottotono per espressività, polpa e carattere.

⊙ Albarosa '10	3
○ Coda di Volpe Amineo '10	4
○ Fiano del Beneventano '10	4
○ Taburno Falanghina '10	4

Terre Irpine
p.zza Municipio, 6
83055 Sturno [AV]
Tel. 0825448774
www.terreirpine.it

Terza finale in quattro anni per il Taurasi di Terre Irpine, piccola realtà da due ettari in quel di Sturno, guidata da Marisa Grella e Michele Graziosi. Prodotto con uve acquistate a Montemarano, la Riserva '05 ha un naso aristocratico di resina e incenso, sostenuto da una materia fitta, senza eccessi estrattivi.

● Taurasi Ris. '05	6
● Aglianico '08	4

Cantine Tora
via Tora II
82030 Torrecuso [BN]
Tel. 0824872254
www.cantinetora.it

Il nostro ritrovato ottimismo per gli sviluppi del distretto sannita è dovuto anche a brillanti new entry come le Cantine Tora, bella azienda di Torrecuso appartenente alla famiglia Rillo. Ci piace il tono gioviale e delicato che emerge dall'Aglianico del Taburno '08, vino succoso e slanciato, più progressivo che materico.

● Taburno Aglianico '08	4
● Taburno Aglianico Ris. '07	6
⊙ Taburno Aglianico Rosato '10	4
○ Taburno Falanghina '10	4

Torre a Oriente
loc. Mercuri I, 19
82030 Torrecuso [BN]
Tel. 0824874376
www.torreaoriente.eu

Se la provincia di Benevento sta recuperando gradualmente smalto, una parte del merito va anche a Patrizia Iannella, presidente dell'associazione Aglianico del Taburno e titolare di Torre a Oriente. La Sannio Falanghina Biancuzita '08 e il Taburno Aglianico U' Barone '07 segnalano bene le sue qualità da vigneron.

○ Sannio Falanghina Biancuzita '08	4*
● Taburno Aglianico U' Barone '07	4
○ Gioconda '10	3
○ Taburno Falanghina Siriana '10	4

CAMPANIA

LE ALTRE CANTINE

Trabucco
via Vittorio Emanuele, 1
81030 Carinola [CE]
Tel. 0823737345
www.trabucconicola.it

Nicola Trabucco è senza dubbio uno dei grandi protagonisti del fermento che anima nelle ultime stagioni l'area del Falerno. Non solo per il contributo tecnico offerto a tante piccole realtà, ma anche per gli ottimi vini realizzati presso l'azienda di famiglia, a cominciare dal Falerno del Massico Rosso Rapicano '09.

● Falerno del Massico Rosso Rapicano '09   🍷🍷 5

Antica Masseria Venditti
via Sannitica, 120/122
82037 Castelvenere [BN]
Tel. 0824940306
www.venditti.it

Nicola Venditti è uno dei grandi personaggi del vino sannita, infaticabile viticoltore di approccio naturale e stimato comunicatore. Per una volta lasciamo in secondo piano il progetto complessivo per esaltare la bellezza del Sannio Aglianico Marraioli '08: carnoso, quasi rodaneggiante nei tratti di pepe e oliva nera.

● Sannio Aglianico Marraioli '08   🍷🍷 4
● Sannio Barbera Barbetta '09   🍷🍷 4
○ Sannio Bianco '10   🍷 3
○ Sannio Falanghina Vàndari '10   🍷 4

Vestini Campagnano Poderi Foglia
fraz. SS. Giovanni e Paolo
via Barraccone, 5
81013 Caiazzo [CE]
Tel. 0823679087
www.vestinicampagnano.it

È solo per questione di forzato turnover che in questa edizione troviamo i vini di Vestini Campagnano e Poderi Foglia nella seconda parte. Lo stile è quello di sempre, con rossi un po' cupi e boisé e bianchi più larghi che dritti, senza i quali il panorama delle Colline Caiatine e di Galluccio sarebbe senz'altro monco.

● Casa Vecchia '08   🍷🍷 6
● Kajanero '10   🍷🍷 4*
● Connubio '07   🍷 8
● Pallagrello Nero '08   🍷 6

Le Vigne di Raito
fraz. Raito
via San Vito, 9
84019 Vietri sul Mare [SA]
Tel. 089233428
www.levignediraito.com

Sono poco più di tremila le bottiglie prodotte annualmente da Patrizia Malanga nella sua tenuta di Raito. L'unica etichetta è il Ragis, da uve aglianico con saldo di piedirosso, che nella versione '08 va a un passo dalla finale rivelando una fibra autentica, sottolineata da irresistibili note di macchia ed erbe mediterranee.

● Ragis '08   🍷🍷 6

Villa Dora
via Bosco Mauro, 1
80040 Terzigno [NA]
Tel. 0815295016
www.cantinevilladora.it

Se il Lacryma Christi non è solo una curiosità per turisti, una parte del merito va alla famiglia Ambrosio: nel suo lavoro c'è soprattutto la voglia di segnalare il legame fra un territorio speciale e vini capaci di viaggiare nel tempo. Per capire di cosa parliamo ecco il sottile e giovanissimo Vigna del Vulcano Bianco '09.

○ Vesuvio Lacryma Christi Bianco
   V. del Vulcano '09   🍷🍷 5
⊙ Vesuvio Lacryma Christi Rosato Gelsorosa '10   🍷 5
● Vesuvio Lacryma Christi Rosso Gelsonero '09   🍷 5
● Vesuvio Lcaryma Christi Rosso Forgiato '09   🍷 6

Volpara
fraz. Tuoro
via Podesti, 23
81037 Sessa Aurunca [CE]
Tel. 0823938051
www.volparavini.it

Dopo due exploit consecutivi da finale, i vini di Antonio Passaretti si attestano quest'anno su livelli più normali. Ma resta ben riconoscibile il timbro affumicato e verticale dei siti più alti della denominazione massicana, soprattutto sul Falerno Rosso Tuoro Riserva '08, frenato solo dal tannino un po' asciutto.

● Falerno del Massico Rosso Tuoro Ris. '08   🍷🍷 5
○ Falerno del Massico Bianco Donna Jolanda '10   🍷 4
● Falerno del Massico Rosso Ri Sassi '08   🍷 4
○ White '10   🍷 2

BASILICATA

Tante luci e qualche ombra nella nostra annuale ricognizione della Basilicata da bere. Da una parte assistiamo a un progressivo rimescolamento di gerarchie aziendali e territoriali, dall'altra dobbiamo fare i conti con la fase più acuta della crisi economica, col suo portato di scissioni familiari, cantine che passano di mano o addirittura sono costrette a chiudere. Mai come questa volta ci siamo trovati di fronte a tante etichette già valutate in altre edizioni della Guida o, all'inverso, a un numero così alto di campioni da botte: probabile segno di quanta fatica si faccia anche in Lucania ad armonizzare i tempi della vigna con quelli del mercato. D'altro canto sembra ampliarsi ulteriormente la forbice stilistica ed espressiva, il che vuol dire maggiori opportunità per clienti e appassionati alla ricerca di interpretazioni fuori dagli schemi per troppo tempo dominati dal mantra frutto scuro-glicerina-rovere. Lo sottolineiamo col pensiero rivolto soprattutto a quel che accade nell'area dell'Aglianico del Vulture, sempre di più denominazione regina e vero termometro delle tendenze produttive regionali. Qui la top class tiene insieme realtà molto diverse per storia, numeri, impostazione imprenditoriale e vitienologica: i veterani sono affiancati da un piccolo e agguerrito esercito di cantine emergenti, i progetti arrivati da fuori regione trovano sponda in una serie di protagonisti autoctoni, i grandi gruppi privati e cooperativi marciano di pari passo con un numero crescente di artigiani operanti in sottozone ben identificabili. Un panorama quanto mai variegato, che traspare coerentemente negli assaggi, incentrati come di consueto su almeno tre annate, stavolta 2007, 2008 e 2009. Ed è proprio quest'ultima, sulla carta la più debole, a offrire le indicazioni più incoraggianti: evidentemente una vendemmia più fresca ha aiutato le etichette più polpose a incontrare un surplus di finezza e bevibilità. In una batteria di finalisti davvero divertente, alla fine la spuntano degli habitué come il Titolo '09 di Elena Fucci e il Basilisco '08 di Basilisco, rilevata da Feudi di San Gregorio nell'autunno 2010. Assai meno pronosticabile, perlomeno in partenza, il primo Tre Bicchieri conquistato da Elisabetta Musto Carmelitano col suo Serra del Prete '09. Restano a un passo dal nostro massimo riconoscimento, invece, i vini di punta di Grifalco, Eleano, Michele Laluce, Macarico e Paternoster, dove non incontreremo più un vero e proprio gentiluomo come il signor Pino, scomparso in estate. A completare il quadro dei titolari ci sono sempre la Cantina di Venosa, Eubea, le Cantine del Notaio, Carbone, mentre dalla Casa Vinicola D'Angelo sono usciti Donato e la moglie Filomena Ruppi per dare vita alla Donato D'Angelo. Più statico il quadro in provincia di Matera: la nuova denominazione Terre dell'Alta Val d'Agri non ha per il momento offerto spunti significativi e le realtà più in palla sono sempre Masseria Cardillo e Taverna, con Mantegna tra le novità da seguire.

BASILICATA

Basilisco
VIA DELLE CANTINE, 22
85022 BARILE [PZ]
TEL. 0972771033
www.basiliscovini.it

VENDITA DIRETTA
VISITA SU PRENOTAZIONE
OSPITALITÀ
RISTORAZIONE

PRODUZIONE ANNUA 50.000 bottiglie
ETTARI VITATI 22.50

Grandi novità in casa Basilisco: l'azienda fondata da Donato Cutolo nel 1992 è stata rilevata da Feudi di San Gregorio, già presente in Basilicata con i vini di Vigne di Mezzo e con la proprietà della Locanda del Palazzo nel cuore di Barile. Nelle intenzioni della famiglia Capaldo Basilisco continuerà a essere gestita come realtà a sé: restano nel gruppo di lavoro sia Michele Cutolo sia l'enologo consulente Lorenzo Landi, ma soprattutto si riparte dal vocato patrimonio di vigne in contrada Macarico e Gelosia, circa quindici ettari ubicati a 450 metri di altitudine su suoli vulcanici.

Cambiamenti importanti che sembrano al momento non distrarre l'etichetta di punta, quell'Aglianico del Vulture Basilisco che conquista l'ennesimo Tre Bicchieri con la versione '08. Lo abbiamo visto crescere esponenzialmente assaggio dopo assaggio, aggiungendo ampiezza e apertura a un profilo più cupo e radicoso del solito, con nette note di china e cortecce. Progressione simile in una silhouette gustativa come sempre da mezzofondista più che da peso massimo, amplificata dall'apporto salino e fortificata da un tannino vigoroso ma già puntellato. Ha equilibrio ma sembra mancare di lunghezza e chiaroscuri l'Aglianico del Vulture Teodosio '09, degno gregario del capitano aziendale.

Cantine del Notaio
VIA ROMA, 159
85028 RIONERO IN VULTURE [PZ]
TEL. 0972723689
www.cantinedelnotaio.com

VENDITA DIRETTA
VISITA SU PRENOTAZIONE
RISTORAZIONE

PRODUZIONE ANNUA 215.000 bottiglie
ETTARI VITATI 30.00
VITICOLTURA Biodinamico Certificato

Continuano a essere un riferimento forte per colleghi e appassionati le Cantine del Notaio di Gerardo Giuratrabocchetti. Sempre affiancato da Luigi Moio, è stato tra i primi a mostrare ciò che si poteva ottenere da una gestione rigorosa della vigna, da rese contenute e nuove tecniche di cantina. Oggi l'azienda di Rionero in Vulture gestisce una trentina di ettari in biodinamica e produce una serie completa di vini da aglianico (compresi spumanti, rosati, vinificazioni in bianco e raccolte in appassimento), differenziati per epoca di maturazione e battezzati secondo la terminologia notarile.

Se i vini di Cantine del Notaio sono diventati veri e propri must della vitienologia vulturina molto lo si deve al loro inconfondibile tratto stilistico, fatto di concentrazione del frutto e di opulenza tostata. Non saremo certo noi a discuterlo, ma ci sembra che nelle ultime stagioni tale impostazione si stia ulteriormente esasperando, con esiti che non sempre rendono meriti alle giuste ambizioni della famiglia Giuratrabocchetti. Emblematiche in questo senso le indicazioni che arrivano di nuovo dal campione di casa, quell'Aglianico del Vulture La Firma '08 che troviamo come sempre materico ma anche molto maturo, con un finale decisamente asciugato e mancante di dinamismo.

● Aglianico del Vulture Basilisco '08	🍷🍷🍷 6
● Aglianico del Vulture Teodosio '09	🍷 4
● Aglianico del Vulture Basilisco '07	🍷🍷🍷 6
● Aglianico del Vulture Basilisco '06	🍷🍷🍷 6
● Aglianico del Vulture Basilisco '04	🍷🍷🍷 6
● Aglianico del Vulture Basilisco '01	🍷🍷🍷 6
● Aglianico del Vulture Teodosio '08	🍷🍷 4

● Aglianico del Vulture Il Repertorio '09	🍷🍷 5
● Aglianico del Vulture Il Sigillo '07	🍷🍷 7
● Aglianico del Vulture La Firma '08	🍷🍷 7
○ L'Autentica '09	🍷🍷 6
⊙ Il Rogito '09	🍷 5
● L'Atto '09	🍷 4
○ La Raccolta '10	🍷 6
● Aglianico del Vulture La Firma '00	🍷🍷🍷 6
● Aglianico del Vulture Il Repertorio '08	🍷🍷 5
● Aglianico del Vulture Il Repertorio '07	🍷🍷 5
● Aglianico del Vulture Il Sigillo '06	🍷🍷 7
● Aglianico del Vulture La Firma '07	🍷🍷 7
● Aglianico del Vulture La Firma '06	🍷🍷 7
○ Il Preliminare '09	🍷🍷 4
○ La Raccolta '09	🍷🍷 6

BASILICATA

Carbone
via Nitti, 48
85025 Melfi [PZ]
Tel. 0972237866
www.carbonevini.it

VENDITA DIRETTA
VISITA SU PRENOTAZIONE

PRODUZIONE ANNUA 45.000 bottiglie
ETTARI VITATI 18.00

Poche volte abbiamo registrato tanto apprezzamento e stima, a partire dai colleghi produttori, per un'azienda così giovane, in tutti i sensi, come quella guidata da Luca e Sara Carbone. Il fatto è che fin dagli inizi i due fratelli di Melfi hanno impiegato tutte le loro energie per valorizzare il territorio vulturino almeno quanto le proprie bottiglie. Tutto parte da un rilevante capitale di vigne vecchie nella zona alta di Melfi, interpretate con tre Aglianico di stile moderno, a volte un po' boisé, bisognosi di affinamento in bottiglia. Completa il quadro un Fiano maturato in acciaio.

Le impressioni ricavate dagli assaggi ricalcano per larghi tratti quelle già espresse nella scorsa edizione, con particolare riferimento all'Aglianico del Vulture Stupor Mundi '08. Ha tutto ciò che si richiede a un grande vino in termini di peso e dotazione acido tannica, ma la sua natura più profonda e spontanea sembra nascondersi dietro una spessa corazza tostata. Probabilmente il rovere allenterà le briglie e l'attuale rabbia tannica sfumerà verso atmosfere più docili, ma per ora scegliamo una valutazione prudente. In compenso ci sbilanciamo sul Terra dei Fuochi '09, ovviamente più semplice e longilineo ma decisamente brillante e definito nel frutto, con una fresca scia balsamica.

● Aglianico del Vulture Stupor Mundi '08	6
● Aglianico del Vulture Terra dei Fuochi '09	4
● Aglianico del Vulture 400 Some '07	5
● Aglianico del Vulture Stupor Mundi '07	6
● Aglianico del Vulture Stupor Mundi '06	6
● Aglianico del Vulture Terra dei Fuochi '07	4*
● Aglianico del Vulture Terra dei Fuochi '06	4*

D'Angelo
via Padre Pio, 10
85028 Rionero in Vulture [PZ]
Tel. 0972724602
www.agrida.com

VENDITA DIRETTA

PRODUZIONE ANNUA 50.000 bottiglie
ETTARI VITATI 15.00

È la nuova azienda creata da Donato D'Angelo con la moglie Filomena Ruppi in seguito alle vicende familiari che lo hanno portato a uscire dalla casa vinicola D'Angelo, lo storico marchio lucano che per tanti anni aveva guidato insieme a Erminia e Rocco. La nuova avventura riparte da una ventina di ettari collocati nella zona classica, attorno Barile e Rionero in Vulture, e da una piccola ma compatta gamma a base aglianico, proposto in purezza nel Donato D'Angelo o in blend con il cabernet sauvignon, come nel caso del Balconara.

I vini di Donato D'Angelo e Filomena Ruppi trovano immediatamente spazio nella sezione principale della Guida grazie a una prestazione non solo convincente ma stilisticamente chiara e incisiva. L'Aglianico del Vulture Donato D'Angelo '08, ad esempio, ci ricorda molto da vicino l'espressività dei migliori Vigna Caselle con i suoi richiami al sottobosco, le radici, i porcini, dilatati da una mineralità genuina che aggiunge sapore, dinamismo, lunghezza. Nonostante il cabernet presente, non si discosta più di tanto per forma e sostanza il Balconara '08: ancora humus, terra, spezie scure, sorso appena più asciutto ma ugualmente schietto e misurato.

● Aglianico del Vulture Donato D'Angelo '08	5
● Balconara '08	5

BASILICATA

Casa Vinicola D'Angelo
via Provinciale, 8
85028 Rionero in Vulture [PZ]
Tel. 0972721517
www.dangelowine.com

VENDITA DIRETTA
VISITA SU PRENOTAZIONE

PRODUZIONE ANNUA 350.000 bottiglie
ETTARI VITATI 25.00

La casa vinicola D'Angelo è senza dubbio una delle aziende simbolo della tradizione vulturina. Fondata negli anni '30, vede oggi al timone Erminia e Rocco, mentre Donato D'Angelo è uscito recentemente dalla società e ha creato un proprio marchio. Nella gamma convivono interpretazioni di Aglianico austere e rigorose, frutto di lunghe maturazioni in rovere di Slavonia, con altre di taglio più moderno, in blend col merlot nel caso del Serra delle Querce. I 25 ettari di proprietà sono nella zona classica, tra Rionero, Barile, Rapolla e Ripacandida.

Ritroviamo con piacere la batteria di D'Angelo sui livelli cui eravamo abituati: è mancato l'asso da giocare in finale ma tutti i vini si collocano agevolmente sopra i due bicchieri. A cominciare dall'Aglianico del Vulture '09, che conferma il suo ruolo di vino base solo nel prezzo grazie a un naso espressivo di brace ed erbe balsamiche, riproposte in un palato scorrevole e solo un po' immaturo. Apparentemente più ammiccante la trama del Valle del Noce '09, tra amarena in confettura e cacao, ben ancorata a una bocca classica per freschezza e vivacità tannica. Tutto il fascino delle radici e dei timbri vulcanici nel Caselle Riserva '06, appena troppo repentino e polveroso in chiusura.

● Aglianico del Vulture '09	♟♟	4*
● Aglianico del Vulture V. Caselle Ris. '06	♟♟	5
● Aglianico del Vulture Valle del Noce '09	♟♟	6
● Canneto '09	♟♟	5
● Aglianico del Vulture V. Caselle Ris. '01	♟♟	4*
● Aglianico del Vulture '08	♟♟	4
● Aglianico del Vulture Donato D'Angelo '06	♟♟	5
● Aglianico del Vulture V. Caselle Ris. '04	♟♟	5
● Aglianico del Vulture Valle del Noce '07	♟♟	6
● Serra delle Querce '07	♟♟	6
● Serra delle Querce '06	♟♟	6

Eleano
fraz. Pian dell'Altare
SP 8
85028 Ripacandida [PZ]
Tel. 0972722273
www.eleano.it

VENDITA DIRETTA
VISITA SU PRENOTAZIONE
OSPITALITÀ

PRODUZIONE ANNUA 35.000 bottiglie
ETTARI VITATI 6.00

Novità e rivelazione non sono più termini appropriati per raccontare l'avventura di Eleano, la piccola azienda guidata da Alfredo Cordisco e Francesca Grieco. Merito dei loro Aglianico fitti e saporiti, alla ricerca di ariosità e misura più che di muscoli e densità fini a sé stesse, con un apporto calibrato dei legni. Il rosso d'entrata è il Dioniso, che matura in barrique e tonneau per dodici mesi; un anno di affinamento in più per l'Eleano, per il quale sono impiegate anche botti da dieci ettolitri. I sei ettari di proprietà sono a Pian dell'Altare, in territorio di Ripacandida.

Quella di Eleano è probabilmente la coppia di Aglianico del Vulture meglio assortita, attualmente. Si fa fatica a pensarli come un primo e un secondo vino, essendo due interpretazioni con una fisionomia sempre più chiara e distinta. Gli assaggi di quest'anno ci dicono che il Dioniso '08 fa un po' fatica a liberarsi da qualche tratto riduttivo prima di snodarsi con la consueta eleganza affumicata, incrociando un tannino presente ma maturo. Mentre l'Eleano '07 conferma la sua indole ferrosa e carnale, saporosa e speziata, mostrando solo qualche limite di integrità aromatica per quel naso continuamente in bilico fra un frutto polposo ed etereo. Per entrambi il massimo riconoscimento è mancato di un niente.

● Aglianico del Vulture Dioniso '08	♟♟	4
● Aglianico del Vulture Eleano '07	♟♟	6
● Aglianico del Vulture '05	♟♟	6
● Aglianico del Vulture Dioniso '07	♟♟	4
● Aglianico del Vulture Dioniso '06	♟♟	4*
● Aglianico del Vulture Dioniso '05	♟♟	4
● Aglianico del Vulture Eleano '06	♟♟	6
○ Ambra '08	♟♟	5

BASILICATA

Eubea
SP 8
85020 Ripacandida [PZ]
Tel. 3284312789
www.agricolaeubea.com

VENDITA DIRETTA
VISITA SU PRENOTAZIONE

PRODUZIONE ANNUA 50.000 bottiglie
ETTARI VITATI 15.00
VITICOLTURA Biologico Certificato

Il marchio scelto dalla famiglia Sasso è un omaggio all'isola del Mediterraneo da cui sono probabilmente partiti i coloni greci che hanno introdotto il vitigno aglianico nell'Italia meridionale. Fondata nel 1997, l'azienda è guidata con piglio deciso e passione da Eugenia, sempre affiancata dal "professore", come è conosciuto da tutti il padre Francesco. Sono tra Ripacandida e Barile i 15 ettari aziendali, con impianti di 40 e 60 anni trasferiti in vini potenti e talvolta estrattivi, anche per effetto delle rigorose selezioni in vigna.

Tre etichette agevolmente sopra i due bicchieri non sono certo il segno di una controprestazione. Dopo gli splendidi 2007 della scorsa edizione, tuttavia, eravamo ansiosi di confrontarci con un altro millesimo promettente come il 2008. Eccoci invece subito alle prese con i 2009 e con la doppia difficoltà derivante da una vendemmia più difficile e da assaggi su vini imbottigliati da poche ore. Per forza di cose la nostra valutazione va intesa più che mai in senso dinamico, specialmente per quel che riguarda l'Aglianico del Vulture Roinos '09, il più fitto ed espansivo, ma ancora alla ricerca di definizione e armonia. Più che promettenti anche Il Covo dei Briganti e l'Eubearosso '09.

Elena Fucci
c.da Solagna del Titolo
85022 Barile [PZ]
Tel. 0972770736
www.elenafuccivini.com

VENDITA DIRETTA
VISITA SU PRENOTAZIONE

PRODUZIONE ANNUA 18.000 bottiglie
ETTARI VITATI 6.50
VITICOLTURA Naturale

Ventinove anni, enologa, Elena Fucci è il volto e la mente di una piccola azienda artigiana che in poco più di dieci anni ha saputo ritagliarsi un ruolo da protagonista nell'hit parade del vino lucano, e non solo. Un percorso costruito fin dall'inizio su un cru di Aglianico del Vulture, il Titolo, che ancora oggi rappresenta l'unica etichetta aziendale e racconta gli umori di una vecchia parcella ad alberello di tre ettari e mezzo, cui si sono affiancati più recentemente altri tre ettari piantati a guyot. Per la maturazione circa un anno di barrique, perlopiù nuove.

Non è un caso se il Titolo di Elena Fucci è una delle poche etichette italiane capaci nelle ultime stagioni di mettere d'accordo i più svariati gruppi d'assaggio. Il fatto è che nelle versioni più felici sa essere davvero il perfetto punto di contatto tra potenza e controllo, sensualità e chiarezza d'intenti, identità territoriale e respiro universale. Tra le migliori riuscite entra di diritto il 2009, millesimo non facile sulla carta che alla prova del bicchiere sembra aver addirittura regalato un surplus di finezza e continuità a un sorso come di consueto debordante eppure perfettamente incanalato nei binari della freschezza e del sapore. Ed è il sesto Tre Bicchieri consecutivo.

● Aglianico del Vulture Eubearosso '09	♛♛	3*
● Aglianico del Vulture Il Covo dei Briganti '09	♛♛	4
● Aglianico del Vulture Roinos '09	♛♛	6
● Aglianico del Vulture Il Covo dei Briganti '07	♛♛	5
● Aglianico del Vulture Il Covo dei Briganti '06	♛♛	6
● Aglianico del Vulture Riparossa '07	♛♛	4*
● Aglianico del Vulture Ròinos '07	♛♛	6
● Aglianico del Vulture Ròinos '06	♛♛	8

● Aglianico del Vulture Titolo '09	♛♛♛	6
● Aglianico del Vulture Titolo '08	♛♛♛	7
● Aglianico del Vulture Titolo '07	♛♛♛	7
● Aglianico del Vulture Titolo '06	♛♛♛	6
● Aglianico del Vulture Titolo '05	♛♛♛	6
● Aglianico del Vulture Titolo '02	♛♛♛	6

BASILICATA

Grifalco della Lucania
Loc. Pian di Camera
85029 Venosa [PZ]
Tel. 097231002
grifalcodellalucania@email.it

VENDITA DIRETTA
VISITA SU PRENOTAZIONE

PRODUZIONE ANNUA 60.000 bottiglie
ETTARI VITATI 16.00
VITICOLTURA Biologico Certificato

È definitivamente sbocciata la stella di Grifalco, la piccola azienda creata nel 2003 da Fabrizio e Cecilia Piccin dopo il trasferimento in Basilicata dalla Toscana, dove già producevano vino. Uno scatto in avanti da ricercare tutto nello stile, per una volta lontano da esibizioni muscolari e tostate, ma sempre alla ricerca di succo ed eleganza. Le quattro etichette a base aglianico vengono realizzate con i sedici ettari in biologico tra Ginestra, Maschito, Rapolla e Venosa. I legni variano per provenienza e dimensione, con una quota importante di botti da 25 e 50 ettolitri.

Soltanto due i vini presentati quest'anno in assaggio da Grifalco, ma di grande livello. L'Aglianico del Vulture Gricos '09 è ancora una volta tra i più caratterizzati best buy della regione, col suo corredo affumicato sempre in equilibrio con timbri fruttati chiari e polposi di lampone e ciliegia. È il prologo ideale per avvicinarsi al Grifalco pari annata: qui saliamo di complessità e struttura ma resta intatto il suo telaio sobrio e coeso, ben espresso da un sorso vitale e reattivo, continuamente rifornito dal serbatoio di tensione e mineralità. L'estrazione tannica è da manuale: con un quid in più di lunghezza e profondità sarebbe stato da podio senza discussioni.

Michele Laluce
Via Roma, 21
85020 Ginestra [PZ]
Tel. 0972646145
www.vinilaluce.it

VENDITA DIRETTA
VISITA SU PRENOTAZIONE

PRODUZIONE ANNUA 40.000 bottiglie
ETTARI VITATI 7.00
VITICOLTURA Biologico Certificato

Michele Laluce ha quello che si dice physique du role per rappresentare alla perfezione la più autentica tradizione contadina del Vulture. Di poche parole e molti fatti, per incontrarlo bisogna fare un salto tra le sue vigne di aglianico a Ginestra, in Contrada Serra del Tesoro a circa 400 metri di altitudine. Il suo carattere rude e al tempo stesso generoso si ritrova in una serie di etichette diverse tra loro per stadio di maturazione, macerazioni e affinamenti, in acciaio, tonneau e botti di rovere di diverse dimensioni.

I rossi di Michele Laluce incarnano davvero il sempre più abusato concetto di "eleganza contadina". Il loro impianto aromatico e tannico chiarisce immediatamente quanto sia distante ogni proposito di ammiccamento formale, ampiamente compensato da un'inconfondibile disinvoltura espressiva e di beva, che li rende in ultima analisi distinti e dosati. È questo il pregevole mix che conduce di nuovo in finale l'Aglianico del Vulture Le Drude: la versione '07 non nasconde il tocco etereo dell'annata attestandosi su ricordi di prugna e composta di fragola, trasferendolo in una bocca succulenta, tutta giocata sulla sapida spalla orizzontale. Bellissimo naso ma palato più crudo nello Zimberno '07.

● Aglianico del Vulture Grifalco '09	4
● Aglianico del Vulture Gricos '09	3*
● Aglianico del Vulture Damaschito '07	5
● Aglianico del Vulture Gricos '08	3*
● Aglianico del Vulture Gricos '07	3*
● Aglianico del Vulture Grifalco '08	4
● Aglianico del Vulture Grifalco '07	4

● Aglianico del Vulture Le Drude '07	7
● Aglianico del Vulture Zimberno '07	6
○ Morbino Bianco '10	4
● Aglianico del Vulture Zimberno '06	5

BASILICATA

Macarico
P.zza Caracciolo, 7
85022 Barile [PZ]
Tel. 0972771051
www.macaricovini.it

VENDITA DIRETTA
VISITA SU PRENOTAZIONE
OSPITALITÀ
RISTORAZIONE

PRODUZIONE ANNUA 23.000 bottiglie
ETTARI VITATI 5.00
VITICOLTURA Biologico Certificato

Rino Botte e Renato Abrami hanno completato il trasferimento nella nuova sede di Piazza Caracciolo a Barile, rafforzando la loro piccola ma ogni anno più autorevole azienda vulturina. Le vigne sono sempre quelle di Contrada Macarico, senza dubbio uno dei migliori cru della zona classica, con densità vicine alla 10mila piante per ettaro e rese naturalmente molto contenute. Così come resta estremamente fedele a sé stessa l'indole di vini densi e potenti, a volte difficili da leggere nei primi mesi, ma capaci di incanalarsi verso insospettabili binari di simmetria e misura.

Appoggiamo con convinzione la scelta di Rino Botte e Renato Abrami di prolungare l'affinamento in bottiglia per le loro etichette classiche. Nel frattempo ci divertiamo con il primo Aglianico del Vulture Macarico Selezione, una sorta di riserva tirata in poco più di mille bottiglie a partire dal 2006, maturata in rovere per ventiquattro mesi. Vi ritroviamo ulteriormente esasperate le doti di profusione e fermezza della versione annata: frutto nascosto dietro l'impatto di caramello e caldarrosta, un po' a metà strada fra la coda di affinamento e gli sviluppi terziari, bocca quadrata, solenne, con tannini possenti, ancora in fase di assestamento e definizione.

● Aglianico del Vulture Macarico Selezione '06	🍷🍷🍷 7
● Aglianico del Vulture Macarico '07	🍷🍷🍷 6
● Aglianico del Vulture '06	🍷🍷 6
● Aglianico del Vulture '05	🍷🍷 6
● Aglianico del Vulture '04	🍷🍷 6
● Aglianico del Vulture Macarì '08	🍷🍷 5
● Aglianico del Vulture Macarì '07	🍷🍷 5*
● Aglianico del Vulture Macarì '06	🍷🍷 5
● Aglianico del Vulture Macarì '05	🍷🍷 5

Musto Carmelitano
via Pietro Nenni, 23
85020 Maschito [PZ]
Tel. 097233312
www.mustocarmelitano.it

VENDITA DIRETTA
VISITA SU PRENOTAZIONE
OSPITALITÀ
RISTORAZIONE

PRODUZIONE ANNUA 15.000 bottiglie
ETTARI VITATI 3.00
VITICOLTURA Biologico Certificato

Ci ritroveremo in tante occasioni ancora, ne siamo certi, a raccontare il nostro entusiasmo per i vini di Musto Carmelitano, new entry tra i grandi della Lucania da bere. Quella della giovane Elisabetta è una micro realtà da appena 15mila bottiglie, ottenute da circa tre ettari condotti in biologico in agro di Maschito. Il livello di entrata è rappresentato dai tre Maschitano, Rosso, Bianco e Rosato, le punte di diamante sono invece i cru Serra del Prete (vigna di 45 anni, con affinamento in acciaio e cemento) e Pian del Moro (vigna di 80 anni, con maturazione per 12 mesi in tonneau).

Tripletta rossa da brivido per Musto Carmelitano. Tanto per cominciare c'è il Maschitano Rosso '09, che a un prezzo commovente regala suggestioni affumicate e un sorso tutt'altro che semplice. Più intensità e scheletro, ovviamente, nell'Aglianico del Vulture Pian del Moro '09, penalizzato solo da una velatura riconducibile al rovere che toglie sapidità e rende il finale più asciutto di quanto ci si aspetti. Solo applausi e un primo meritato Tre Bicchieri, invece, per il Serra del Prete '09: il naso è un caleidoscopio di tabacco e cuoio, ferro e incenso, con originali rifiniture di cera e baccelli, la bocca è un concentrato di sapore ed energia tannica, di sicura prospettiva.

● Aglianico del Vulture Serra del Prete '09	🍷🍷🍷 4
● Aglianico del Vulture Pian del Moro '09	🍷🍷 4
● Maschitano Rosso '09	🍷🍷 3*
● Pian del Moro '08	🍷🍷 4
● Serra del Prete '08	🍷🍷 4

BASILICATA 870

Paternoster
C.DA VALLE DEL TITOLO
85022 BARILE [PZ]
TEL. 0972770224
www.paternostervini.it

VENDITA DIRETTA
VISITA SU PRENOTAZIONE

PRODUZIONE ANNUA 130.000 bottiglie
ETTARI VITATI 20.00
VITICOLTURA Biologico Certificato

È un anno triste per la più conosciuta e longeva delle aziende lucane. Nell'estate del 2011 se n'è andato Pino Paternoster, classe 1919, figlio del fondatore Anselmo e padre di Vito, Sergio, Anselmo, Rosalba e Anna. Ci lascia un autentico gentiluomo, che ai riflettori mediatici ha sempre preferito un tenace lavoro di scouting territoriale, mettendo insieme pian piano oltre venti ettari di vigna nelle migliori zone del Vulture. Negli ultimi anni si era concentrato insieme ai figli sulla nuova cantina in contrada Titolo di Barile, una delle più moderne e attrezzate della regione.

Non c'è modo migliore per ricordare Pino Paternoster che mettere da parte qualcuna delle autorevoli bottiglie assaggiate quest'anno. A cominciare dall'Aglianico del Vulture Don Anselmo '07, a un passo dal nostro massimo riconoscimento, col suo profilo aperto e viscerale, tra confettura di mora e cacao, chiodi di garofano e legna arsa, appoggiato a un sorso fitto e dinamico, appena asciutto nella trama tannica. Per una volta la gerarchia aziendale è messa in discussione da una delle più belle versioni di sempre del Synthesi '08, in questa fase più fuso e disteso del Rotondo pari annata, più ricco ma ancora un po' imbrigliato dal rovere. Molto bene anche il Fiano Biancorte '10.

Cantina di Venosa
LOC. VIGNALI
VIA APPIA
85029 VENOSA [PZ]
TEL. 097236702
www.cantinadivenosa.it

VENDITA DIRETTA
VISITA SU PRENOTAZIONE

PRODUZIONE ANNUA 800.000 bottiglie
ETTARI VITATI 800.00

Fa sempre notizia una realtà cooperativa solida e moderna nel Mezzogiorno, come ci appare anno dopo anno la Cantina di Venosa. Fin dal 1957 ha contribuito in maniera fondamentale alla costituzione del distretto vitivinicolo vulturino, offrendo uno sbocco concreto agli attuali 450 soci conferitori ma costruendo allo stesso tempo una gamma autorevole ed estremamente indovinata nei prezzi. Al centro c'è naturalmente l'Aglianico, declinato in cinque etichette diverse per concentrazione del frutto, apporto del rovere e periodo di affinamento. Completa il quadro un Moscato secco, vinificato in acciaio.

Volendo fare le pulci alla batteria testata, registriamo un'impostazione stilistica forse un po' datata, all'insegna del frutto scuro e maturo, ulteriormente incupito e frenato a volte dalle decise tostature. Ma sono dettagli che non mettono in discussione l'affidabilità espressa da vini come l'Aglianico del Vulture Vignali o il Terre di Orazio '09, veri e propri campioni del bere bene a prezzi giusti. Un surplus di complessità e distensione ci sarebbe piaciuto sulle etichette di punta: il Carato Venusio '08 è potente ed estrattivo, con un lungo finale di caffè, il Gesualdo da Venosa '07 sconta un tocco etereo e una chiusura appena cruda.

- Aglianico del Vulture Don Anselmo '07   🍷🍷 7
- Aglianico del Vulture Rotondo '08   🍷🍷 6
- Aglianico del Vulture Synthesi '08   🍷🍷 4
- ○ Biancorte Fiano '10   🍷🍷 4
- Aglianico del Vulture Don Anselmo '94   🍷🍷🍷 5
- Aglianico del Vulture Don Anselmo Ris. '05   🍷🍷🍷 7
- Aglianico del Vulture Rotondo '01   🍷🍷🍷 6
- Aglianico del Vulture Rotondo '00   🍷🍷🍷 6
- Aglianico del Vulture Rotondo '98   🍷🍷🍷 5*
- Aglianico del Vulture Don Anselmo Ris. '06   🍷🍷 7
- Aglianico del Vulture Rotondo '06   🍷🍷 6
- Aglianico del Vulture Synthesi '07   🍷🍷 4
- Barigliòtt '08   🍷🍷 4*
- ○ Moscato della Basilicata Clivus '08   🍷🍷 4*

- Aglianico del Vulture Carato Venusio '08   🍷🍷 6
- Aglianico del Vulture Gesualdo da Venosa '07   🍷🍷 5
- Aglianico del Vulture Terre di Orazio '09   🍷🍷 4
- Aglianico del Vulture Vignali '09   🍷🍷 3*
- Aglianico del Vulture Bali'Aggio '09   🍷 3
- ○ Dry Muscat Terre di Orazio '10   🍷 4
- Aglianico del Vulture Carato Venusio '07   🍷🍷 5
- Aglianico del Vulture Carato Venusio '06   🍷🍷 6
- Aglianico del Vulture Gesualdo da Venosa '06   🍷🍷 5
- Aglianico del Vulture Terre di Orazio '08   🍷🍷 4
- Aglianico del Vulture Terre di Orazio '07   🍷🍷 4*
- Aglianico del Vulture Vignali '07   🍷🍷 4*
- ○ Dry Muscat Terre di Orazio '09   🍷🍷 3

BASILICATA

LE ALTRE CANTINE

Francesco Bonifacio
C.DA PIANI DI CAMERA
85029 VENOSA [PZ]
TEL. 097231436
www.cantinebonifacio.it

Non sempre le gerarchie aziendali vengono rispettate, assaggi alla mano. Prendiamo ad esempio i due Aglianico del Vulture di Francesco e Michele Bonifacio: sulla carta è La Sfida il vino più importante, ma nella versione '08 gli preferiamo il Certamen per definizione del frutto, maturo ma croccante, e armonia complessiva.

● Aglianico del Vulture Certamen '08	▼▼	3*
● Aglianico del Vulture La Sfida '08	▼	4
○ Miky Bì Dry Muscat '10	▼	3
● La Sfida '09	▼▼	2*

Masseria Cardillo
SS 407 BASENTANA KM 97,5
75012 BERNALDA [MT]
TEL. 0835748992
www.masseriacardillo.it

È una delle realtà più in forma dell'area materana, voce innovativa e dinamica nata dalla volontà di Rocco e Giovanni Graziadei, con la collaborazione di Oronzo Alò. In primo piano quest'anno c'è l'Aglianico del Vulture Rubra '06, dal frutto scuro e maturo, con un apporto del rovere che si avverte nel finale appena ruvido.

● Aglianico del Vulture Rubra '06	▼▼	5

Cantine Madonna delle Grazie
LOC. VIGNALI
VIA APPIA
85029 VENOSA [PZ]
TEL. 097235704
www.cantinemadonnadellegrazie.it

Affondano negli anni '40 del secolo scorso le radici produttive di Madonna delle Grazie, piccola realtà da otto ettari guidata da Giuseppe e Michele Latorraca. Quest'anno abbiamo assaggiato soltanto un vino, quell'Aglianico del Vulture Bauccio '06 che ci convince per la sua integrità e per il tono disteso del sorso.

● Aglianico del Vulture Bauccio '06	▼▼	5

Mantegna
C.DA PIANI
75022 IRSINA [MT]
TEL. 0835629302
www.mantegnavini.it

Doppio colpo per la piccola azienda di Domenico e Davide Amenta: riesce agevolmente a entrare in Guida al primo tentativo e si rivela una delle realtà più in forma di tutto il Materano. Merito soprattutto di Aglianico come il Mistero '08, cupo ma incisivo, o il Vigna del Casale '08, proposto peraltro a un prezzo da affari.

● Mistero '08	▼▼	4
● Vigna del Casale Rosso '08	▼▼	3*
○ Matera Greco Melodia '10	▼	3
⊙ Melodia Rosato '10	▼	3

Armando Martino
VIA LUIGI LA VISTA, 2A
85028 RIONERO IN VULTURE [PZ]
TEL. 0972721422
www.martinovini.com

Non possiamo nascondere un pizzico di delusione per la prova offerta dai vini di Martino, specialmente in rapporto alla scorsa edizione. L'Aglianico del Vulture Bel Poggio '07 è decisamente segnato dalle tonalità amarostiche del legno; in ultima analisi ci appare più nitido e riuscito il Carolin '10, Aglianico in purezza.

● Carolin '10	▼▼	4*
● Aglianico del Vulture Bel Poggio '07	▼	4

Ofanto
FRAZ. MONTICCHIO BAGNI
85020 RIONERO IN VULTURE [PZ]
TEL. 0972080289
www.ofantovini.it

Intravediamo grandi margini di crescita per l'azienda di Pasquale Bafunno, diretta da Ruggiero Potito con la collaborazione tecnica di Carmine Valentino. Per ora l'etichetta più convincente è l'Aglianico del Vulture L'Emozione '07, espressione di un territorio solo in parte conosciuto come quello di Monticchio Bagni.

● Aglianico del Vulture L'Emozione '07	▼▼	5
● L'Inatteso '08	▼	4
○ Sensazioni '10	▼	4

BASILICATA
LE ALTRE CANTINE

Francesco Radino
VIA MARCONI, 37
85027 RAPOLLA [PZ]
TEL. 3356219305
www.radino.it

La sede legale è a Milano ma è tutto nel Vulture il progetto che ha in testa Francesco Radino. Tra i pochissimi produttori della zona a lavorare in biologico, ci stupisce fin dai primi assaggi con il suo Aglianico del Vulture Nòstos '08: qualche sfocatura aromatica non penalizza un sorso succoso ed espressivo.

● Aglianico del Vulture Nòstos '08   🍷🍷 5

Regio Cantina
LOC. PIANO REGIO
85029 VENOSA [PZ]
TEL. 3346966263
www.regiocantina.it

La piccola azienda guidata da Paolo Zamparelli con Giovanni e Isabella Montrone prende il nome dalla località di Venosa dove si collocano la cantina e i 15 ettari di vigna. Come sempre su buoni livelli i due Aglianico del Vulture, il Donpà e il Genesi '08, maturati rispettivamente in barrique di primo e secondo passaggio.

● Aglianico del Vulture Donpà '08   🍷 5
● Aglianico del Vulture Genesi '08 🍷 4

Taverna
C.DA TAVERNA, 15
75020 NOVA SIRI [MT]
TEL. 0835877083
www.aataverna.com

Diciannove ettari dislocati attorno Nova Siri, sulla costa jonica lucana, quello di Taverna è un progetto tutto da seguire. Le punte sono almeno due: Il Lagarino di Dionisio '08, blend di merlot, cabernet e aglianico di ammirevole integrità, e l'Aglianico del Vulture '07, affascinante nei tocchi di oliva nera ed eucalipto.

● Aglianico del Vulture '07   🍷🍷 3*
● Il Lagarino di Dioniso '08   🍷🍷 4
○ Rosé '10   🍷 3
● Syrah '10   🍷 4

Tenuta del Portale
LOC. LE QUERCE
85022 BARILE [PZ]
TEL. 0972724069
tenutadelportale@tiscali.it

È in assoluto il miglior test di sempre per i vini di Tenuta del Portale. L'Aglianico del Vulture '09 ha decisi timbri vulcanici, riproposti in un palato pieno e impattante, per molti versi più continuo di quanto si riveli nel Le Vigne a Capanno '09, di matrice calda e speziata, con un pregevole sottofondo terroso.

● Aglianico del Vulture '09   🍷🍷 4*
● Aglianico del Vulture Le Vigne a Capanno '09 🍷🍷 5
● Aglianico del Vulture Ris. '06   🍷 5

Terre degli Svevi
LOC. PIAN DI CAMERA
85029 VENOSA [PZ]
TEL. 097231263
www.giv.it

Non basta il brillante Aglianico del Vulture Serpara '07 per bilanciare i nostri dubbi sulle ultime prove di Terre degli Svevi, appendice lucana del colosso Giv. Tra resina ed essenze marittime, con tocchi salmastri e di frutta secca, svela un impianto tradizionale confermato da un palato saporito e compatto.

● Aglianico del Vulture Serpara '07   🍷🍷 6
● Aglianico del Vulture Re Manfredi '08   🍷 5

Vulcano & Vini
C.DA FINOCCHIARO
85024 LAVELLO [PZ]
TEL. 097288409
www.agricolabisceglia.com

È solo per gli elevati standard cui siamo abituati che ci viene da pensare a una prestazione in tono minore per i vini di Vulcano & Vini, ex Bisceglia. Le migliori indicazioni vengono dall'Aglianico del Vulture Gudarrà '08, inappuntabile per consistenza e correttezza tecnica ma di difficile collocazione territoriale.

● Aglianico del Vulture Gudarrà '08   🍷🍷 5
● Armille Syrah '10   🍷 4
○ Bosco delle Rose Chardonnay '10   🍷 4
● Tréje '07   🍷 4

PUGLIA

La Puglia conferma il livello qualitativo raggiunto negli scorsi anni, dando l'impressione di stare incominciando solo adesso a scoprire le proprie effettive potenzialità. In questi ultimi anni abbiamo visto rinascere - o forse nascere - e crescere due zone vitivinicole come Castel del Monte e Gioia del Colle, fino ad attirare l'attenzione a livello nazionale, imporsi in modo definitivo la zona di Manduria, e l'affermarsi in modo sempre più compiuto di un nuovo stile di vino mediterraneo, fatto certo di grande potenza alcolica ma anche di equilibrio, frutto e freschezza. Insomma, la Puglia si sta dimostrando un vero e proprio laboratorio permanente, come sarebbe stato difficile immaginare anche solo dieci anni fa. Tutte e tre queste zone infatti, dopo i primi risultati di eccellenza ottenuti da un numero ristretto di aziende, stanno vedendo un aumento delle cantine alla ricerca della qualità, tanto da poter cominciare a parlare di territorio, e non più di singoli produttori o di vini straordinari ma anche unici. I risultati ottenuti in questa edizione della Guida sono ancora più eclatanti se si tiene conto del fatto che le principali annate in degustazione, la 2008 e la 2009, sono state particolarmente difficili per il negroamaro e per la zona in cui questo vitigno si esprime al meglio, il Salento, rendendo quello che l'anno scorso abbiamo definito il "ripensamento dei canoni stilistici" dei vini a base di negroamaro ancora più complesso e di difficile lettura. Non a caso alcuni dei migliori risultati ottenuti in questa zona provengono da aziende giovani o da grandi strutture, in grado di curare al meglio i loro vini in cantina. Per quanto riguarda i vini premiati, anche quest'anno sono 10 e il protagonista assoluto è stato il Primitivo: dalla zona di Gioia del Colle confermano il loro livello la Polvanera, con il Gioia del Colle Primitivo 17 '08, e Nicola Chiaromonte, del quale continuiamo a preferire il Gioia del Colle Primitivo Muro Sant'Angelo Contrada Barbatto anche nella versione '08, da quella di Manduria Gianfranco Fino, con il Primitivo di Manduria Es '09, e Morella, con il Primitivo Old Vines '08, e quest'anno anche alla Tormaresca a ottenere il premio è un Primitivo, il Torcicoda '09. Tra i premiati troviamo invece un solo Nero di Troia, il Castel del Monte Rosso Vigna Pedale Riserva '08 di Torrevento. Tre Bicchieri anche per due nuove aziende, la Carvinea con il Frauma '08, sigolare blend di aglianico e petit verdot, e la Tenuta Mater Domini, con il più classico Salice Salentino Casili Riserva '08. A questi vanno aggiunti quelli che sono ormai due habitué, entrambi a base negroamaro: il Salice Salentino Rosso Selvarossa Riserva '08 di Due Palme e il Nero '08 di Conti Zecca.

PUGLIA 874

A Mano
via Sergio Leone, 8c
70023 Gioia del Colle [BA]
Tel. 0803434872
www.amanowine.it

VISITA SU PRENOTAZIONE

PRODUZIONE ANNUA 320.000 bottiglie
VITICOLTURA Biologico Certificato

La A Mano di Elvezia Sbalchiero e Mark Shannon è ormai una presenza ben conosciuta non solo nella zona di Gioia del Colle ma in tutta la Puglia, per la produzione di una serie di vini di grande qualità e continuità, con particolare attenzione naturalmente al Primitivo, in cui riescono ad abbinare tradizione e precisione tecnica, piacevolezza di beva, profondità e ricchezza di frutto. Nata nel 1999, l'azienda non ha vigneti di proprietà, ma Elvezia e Mark seguono tutto l'anno i vigneti, tra cui alcune vecchie vigne ad alberello, dei tanti contadini e piccoli vignaioli che gli forniscono le uve. Da sottolineare che viene realizzata anche una linea di vini biologici e che sono stati i primi produttori di qualità in Puglia a imbottigliare tutte le loro etichette con tappo a vite.

I vini della A Mano continuano a essere una certezza, per costanza qualitativa e prezzi ragionevoli. Ne è una valida dimostrazione il Prima Mano Primitivo '08, che raggiunge le nostre finali. Un vino che predilige il frutto e la bevibilità, dai profumi di erbe aromatiche e ciliegia, fresco, succoso e dal finale lungo e piacevole. Più che convincenti anche il Fiano-Greco '10, dai toni di pesca, fiori bianchi e agrumi al naso e dal palato fresco, giustamente aromatico e di buona scorrevolezza, e il Rosato '10, blend paritario di aleatico e primitivo, dal colore rosa brillante, floreale con evidenti note di frutti rossi e sfumature speziate.

● Prima Mano Primitivo '08	🍷🍷	3*
○ Fiano - Greco '10	🍷🍷	3*
⊙ Rosato '10	🍷🍷	3*
● Negroamaro '07	🍷🍷	3*
● Negroamaro A Mano '08	🍷🍷	3*
● Prima Mano '06	🍷🍷	5
● Prima Mano '05	🍷🍷	5
● Primitivo '07	🍷🍷	3*
● Primitivo A Mano '08	🍷🍷	3*
● Promessa Organic Syrah Merlot '09	🍷🍷	3*

Cantina Albea
via Due Macelli, 8
70011 Alberobello [BA]
Tel. 0804323548
www.albeavini.com

VENDITA DIRETTA
VISITA SU PRENOTAZIONE

PRODUZIONE ANNUA 300.000 bottiglie
ETTARI VITATI 40.00

Nata nei primi del Novecento, la Cantina Albea (dall'antico nome di Alberobello) grazie all'impegno e agli investimenti di Dante Renzini in questi ultimi anni si è imposta come una delle più interessanti realtà del territorio. Propone vini di stampo internazionale di notevole spessore e solidità, basati per la maggior parte su vitigni autoctoni, in cui spicca per qualità e ricerca il nero di Troia, senza per questo dimenticare primitivo, negroamaro, verdeca o bianco d'Alessano. La gamma aziendale viene declinata in tre linee: Albea, per le selezioni più importanti, Due Trulli e Terre del Sole.

Anche quest'anno si conferma la qualità e la solidità di Albea. Il Lui '09, Nero di Troia in purezza, si presenta con profumi ricchi e profondi, in cui spiccano note di cioccolato, spezie e frutti neri. Il palato è pieno, strutturato, anche se ancora un po' troppo segnato dal legno. Bene gli altri vini, sempre nello stile della maison, fatto di materia e concentrazione, a partire dai due Primitivo, il Petranera '09, dai toni di prugna e spezie dolci, e il Nobile Latino '09, dai sentori di olive nere e amarena. Stesso discorso per i due uvaggi di negroamaro e primitivo, il Raro '09, ricco di frutto ma un po' troppo legnoso, e il Riservato '08, con note dolci di ciliegia nera e cannella.

● Lui '09	🍷🍷	6
● Nobile Latino '09	🍷🍷	4
● Petranera '09	🍷🍷	4
● Raro '09	🍷🍷	5
● Riservato '08	🍷🍷	5
○ Locorotondo Il Selva '10	🍷	3
● Sole del Sud '09	🍷	5
● Terra Lucente '10	🍷	4
● Lui '06	🍷🍷🍷	6
● Lui '05	🍷🍷🍷	6
● Lui '08	🍷🍷	6
● Lui '07	🍷🍷	6
● Raro '08	🍷🍷	5

PUGLIA

Apollonio
via San Pietro in Lama, 7
73047 Monteroni di Lecce [LE]
Tel. 0832327182
www.apolloniovini.it

VENDITA DIRETTA
VISITA SU PRENOTAZIONE

PRODUZIONE ANNUA 1.500.000 bottiglie
ETTARI VITATI 50.00

Dal 1995 sono i fratelli Marcello e Massimiliano Apollonio a dirigere l'azienda di famiglia nata nel 1870. La filosofia produttiva aziendale per quanto riguarda i vini più importanti punta sullo scorrere del tempo: alle lunghe macerazioni sulle bucce fa seguito una lunga maturazione in legno e un lunghissimo affinamento in bottiglia, che portano a realizzare prodotti di stampo molto tradizionale, che escono sul mercato anche a più di 10 anni dalla vendemmia. La produzione si articola su due linee, la Apollonio e la Rocca dei Mori, e si basa su vigneti allevati sia a cordone speronato che ad alberello, su terreni calcareo argillosi.

Quest'anno la Apollonio ha presentato vini provenienti principalmente dall'annata 2006, con risultati un po' in chiaroscuro. Buono il Salice Salentino Rosso, dai profumi affumicati e di ciliegia e dal palato fresco, fruttato e pulito, con toni perfettamente integri e ancora giovani. Più tradizionale il Terragnolo Negroamaro, dai toni ematici e carnosi, con sentori di frutti neri e spezie, tutto giocato sulla ricchezza alcolica e di frutto. Stessa impostazione, ma minore intensità, per il Terragnolo Primitivo, più semplice e disteso, e il Valle Cupa Rosso, blend paritario di primitivo e negroamaro, dolce e fruttato. Fresco e vegetale il Salice Salentino Bianco '10.

● Salice Salentino Rosso '06	㊉㊉ 4
● Terragnolo Negroamaro '06	㊉㊉ 5
○ Salice Salentino Bianco '10	㊉ 4
● Terragnolo Primitivo '06	㊉ 5
● Valle Cupa '06	㊉ 5
● Copertino '04	㊉㊉ 4
● Copertino Divoto Ris. '01	㊉㊉ 6
● Salice Salentino '04	㊉㊉ 4
● Terragnolo Negroamaro '04	㊉㊉ 5
● Terragnolo Primitivo '04	㊉㊉ 5

Francesco Candido
via A. Diaz, 46
72025 San Donaci [BR]
Tel. 0831635674
www.candidowines.it

VENDITA DIRETTA
VISITA SU PRENOTAZIONE

PRODUZIONE ANNUA 2.000.000 bottiglie
ETTARI VITATI 138.00

Azienda di riferimento in Salento, sia per la sua storia che per le sue dimensioni, la Candido propone da sempre vini dall'impostazione tradizionale ma allo stesso tempo puliti, ben eseguiti, che fa uscire dalla cantina solo nel momento in cui sono già maturi e pronti per il consumo. L'impostazione dei vigneti e il tipo di terreni aziendali sono piuttosto vari, per i primi si va dal cordone speronato ad ancora qualche vigna ad alberello, per i secondi da suoli calcarei a scuri fino a quelli sabbiosi. L'attenzione è rivolta principalmente ai vitigni autoctoni.

Tra i migliori della denominazione il Salice Salentino Rosso I Satiri Riserva '06, elegante nei suoi profumi maturi, di frutta e fiori secchi e dal palato coerente e disteso, di buona lunghezza. All'altezza della reputazione il resto della produzione, come il Salice Salentino Rosso La Carta Riserva '06, dai toni di china, liquirizia e prugna, tradizionale, evoluto ma molto piacevole. Sullo stesso piano anche lo storico Duca d'Aragona '05, blend di negroamaro e montepulciano, speziato e dal finale di erbe aromatiche secche, e il Cappello di Prete '07, Negroamaro floreale e di grande bevibilità. A chiudere il Fiano Tenuta Marini '10, dalle note di pepe bianco e agrumi.

● Salice Salentino I Satiri Ris. '06	㊉㊉ 4*
● Cappello di Prete '07	㊉㊉ 4
● Duca d'Aragona '05	㊉㊉ 5
● Salice Salentino La Carta Ris. '06	㊉㊉ 3
○ Tenuta Marini '10	㊉㊉ 4
○ Paule Calle '07	㊉ 5
⊙ Piccoli Passi '10	㊉ 4
⊙ Salice Salentino Rosato Le Pozzelle '10	㊉ 3
● Duca d'Aragona '04	㊉㊉ 5
● Immensum '08	㊉㊉ 5

PUGLIA 876

Cantele
SP Salice Salentino-San Donaci km 35,600
73010 Guagnano [LE]
Tel. 0832705010
www.cantele.it

VENDITA DIRETTA
VISITA SU PRENOTAZIONE

PRODUZIONE ANNUA 1.800.000 bottiglie
ETTARI VITATI 150.00

Solida azienda salentina in grado di coniugare quantità e qualità, gestita con competenza dalla famiglia Cantele, ormai alla terza generazione. Le uve che danno vita a un'ampia gamma di vini provengono principalmente da numerosi viticoltori della zona con cui ci sono rapporti decennali, mentre i vigneti di proprietà sono situati principalmente tra Guagnano, Montemesola e San Pietro Vernotico, e presentano un suolo in cui predominano le terre rosse. Tutti i vini proposti, di stampo moderno, sono ineccepibili per realizzazione tecnica, pulizia, piacevolezza e bevibilità.

Il vino di punta della Cantele quest'anno è il Salice Salentino Rosso Riserva '08, che ai sentori di frutti neri, macchia mediterranea e spezie fa seguire un palato di grande solidità, ricco di frutto e dal lungo finale. Tra i bianchi di ottimo livello l'Alticelli Fiano '10, dai toni agrumati e di frutta a polpa bianca, di buona freschezza e tenuta, e il Teresa Manara Chardonnay '10, minerale, sapido, con note di verbena e spezie. Tra i rossi invece spiccano l'Amativo '09, il classico blend aziendale di primitivo (60%) e negroamaro, fruttato e piacevole ma un po' semplice rispetto ad altre annate, e il Teresa Manara Negroamaro '09, dai profumi di piccoli frutti rossi, morbido e avvolgente.

Carvinea
via per Serranova, 1
72012 Carovigno [BR]
Tel. 0805862345
www.carvinea.com

PRODUZIONE ANNUA 35.000 bottiglie
ETTARI VITATI 11.00

La Carvinea di Beppe de Maria ha saputo in pochi anni trovare una sua collocazione all'interno della produzione pugliese. Le vigne sono giovani, meno di dieci anni d'età, tutte a cordone speronato, su terreni tufaceo calcarei, piantate con vitigni piuttosto originali per la zona, come montepulciano, petit verdot e aglianico. Le basse rese, intorno al chilo per pianta, permettono la realizzazione di vini di notevole ricchezza e intensità, di impianto internazionale e dall'impeccabile realizzazione tecnica. Insomma, un cammino iniziato con il piede giusto.

Brucia le tappe la Carvinea, e al secondo anno di presenza in Guida conquista i nostri Tre Bicchieri. Il Frauma '08 è un vino anomalo per la regione ma davvero ben realizzato: blend di aglianico e petit verdot, ha sentori di inchiostro, frutti neri e spezie, una struttura solida e ben sostenuta da freschezza e frutto e tensione acida. Bene il resto della produzione. L'Aglianico Sierma '08, dai toni di frutta rossa con sfumature balsamiche, il Montepulciano Merula '08, dai profumi di ciliegia nera, incenso e spezie e dal palato di buona complessità, e infine il Sorma '08, da montepulciano e petit verdot, empireumatico e speziato, ricco di frutto e concentrato, ma un po' sovraestratto.

● Salice Salentino Rosso Ris. '08	🍷🍷	3*
○ Alticelli Fiano '10	🍷🍷	4*
● Amativo '09	🍷🍷	5
○ Teresa Manara Chardonnay '10	🍷🍷	4*
● Teresa Manara Negroamaro '09	🍷🍷	4
● Negroamaro '10	🍷	3
⊙ Negroamaro Rosato '10	🍷	3
● Primitivo '09	🍷	3
● Amativo '07	🍷🍷🍷	5*
● Amativo '03	🍷🍷🍷	5*
● Amativo '08	🍷🍷	5
● Teresa Manara Negroamaro '08	🍷🍷	4
● Teresa Manara Negroamaro '07	🍷🍷	4

● Frauma '08	🍷🍷🍷	4
● Merula '08	🍷🍷	4
● Sierma '08	🍷🍷	4
● Sorma '08	🍷🍷	4
● Sierma '07	🍷🍷	4
● Sorma '07	🍷🍷	4

PUGLIA

Castello Monaci
c.da Monaci
73015 Salice Salentino [LE]
Tel. 0831665700
www.castellomonaci.it

VENDITA DIRETTA
VISITA SU PRENOTAZIONE
RISTORAZIONE

PRODUZIONE ANNUA 2.200.000 bottiglie
ETTARI VITATI 150.00

La cantina della Castello Monaci, tenuta del Gruppo Italiano Vini, si trova alle porte di Salice Salentino, a ridosso del castello datato 1480. I vigneti, situati tra Lecce e Taranto, sono impiantati su terreni caratterizzati da uno strato superficiale piuttosto ricco e uno più profondo, di natura rocciosa, che garantisce un buon drenaggio, e sono stati oggetto di un'attenta selezione clonale. Impostati per mettere in evidenza freschezza, bevibilità e pulizia tecnica, e per esprimere al meglio il territorio, i vini si articolano in due linee, Castello Monaci e Feudo Monaci, dando vita a un'ampia produzione che nel corso degli anni ha dato prova di una notevole affidabilità e costanza qualitativa.

Annata meno brillante ma sempre di buona consistenza per la Castello Monaci. L'Artas '09, Primitivo in purezza, presenta profumi di sottobosco e frutti rossi, ma senza la nitidezza cui ci aveva abituato; stesso discorso per il palato, coerente, di buon frutto e freschezza ma aromaticamente poco preciso, soprattutto nel finale. Interessante e di buona profondità il Salice Salentino Rosso Aiace Riserva '08, un po' troppo segnato dall'alcol ma ricco, speziato e con note di ciliegia, mentre risulta piacevole, fresco e di buona polpa, anche se un po' dolce, con note di prugna e marasca il Medos '10, raro esempio di Malvasia Nera in purezza.

● Artas '09	▵▵ 6
● Medos '10	▵▵ 4
● Salice Salentino Aiace Ris. '08	▵▵ 4
○ Charà '10	▵ 4
● Maru '10	▵ 4
● Pilùna '10	▵ 4
● Salice Salentino Liante '10	▵ 3
● Artas '07	▵▵▵ 6
● Artas '06	▵▵▵ 5
● Artas '05	▵▵▵ 5*
● Artas '04	▵▵▵ 5*
● Artas '08	▵▵ 6

Giancarlo Ceci
c.da Sant'Agostino
76123 Andria [BT]
Tel. 0883565220
www.agrinatura.net

PRODUZIONE ANNUA 520.000 bottiglie
ETTARI VITATI 70.00
VITICOLTURA Biologico Certificato

È ormai da otto generazioni che la famiglia Ceci si dedica nell'agro di Andria alla produzione di vino, olio e prodotti ortofrutticoli. Tra le prime in Puglia a raccogliere la sfida di produrre seguendo metodi biologici in una realtà di grande dimensioni, la tenuta è complessivamente di più di 200 ettari, si conferma come una delle più solide e promettenti realtà vitivinicole della zona di Castel del Monte. Il clima mediterraneo, la filosofia di Giancarlo del rispetto del territorio e della biodiversità e la nuova cantina contribuiscono alla realizzazione di vini che fanno della freschezza, della precisione aromatica e dell'eleganza la loro cifra stilistica.

Sempre molto interessante il Castel del Monte Rosso Parco Marano, che anche nella versione '09 raggiunge le nostre finali. Al naso spazia dai frutti rossi all'incenso, dalle spezie alla macchia mediterranea, mentre il palato è coerente, fresco e sapido. Di stile un po' diverso il Castel del Monte Nero di Troia Felice Ceci Riserva '08, dai toni più evoluti, in cui spiccano note di cuoio e spezie, e un palato disteso e fruttato, ma anche un po' troppo marcato dall'alcol. Tra le altre etichette abbiamo trovato ben eseguite il Castel del Monte Rosso Parco Grande '10, dai sentori di china e peperone, e il Castel del Monte Bianco Pozzo Sorgente '10, Chardonnay in purezza agrumato e di buon corpo.

● Castel del Monte Rosso Parco Marano '09	▵▵ 4*
● Castel del Monte Nero di Troia Felice Ceci Ris. '08	▵▵ 4
○ Castel del Monte Bianco '10	▵ 3
○ Castel del Monte Bianco Pozzo Sorgente '10	▵ 3
● Castel del Monte Rosso Parco Grande '10	▵ 3
○ Dolce Rosalia '10	▵ 3
● Castel del Monte Rosso Parco Grande '09	▵▵ 3*
● Castel del Monte Rosso Parco Marano '08	▵▵ 4
● Castel del Monte Rosso Parco Marano '06	▵▵ 4
● Castel del Monte Rosso Parco Marano '05	▵▵ 4

PUGLIA

Chiaromonte

VIA PER SAMMICHELE Z.I.
70021 ACQUAVIVA DELLE FONTI [BA]
TEL. 080768575
www.vinichiaromonte.it

VISITA SU PRENOTAZIONE

PRODUZIONE ANNUA 50.000 bottiglie
ETTARI VITATI 27.00
VITICOLTURA Biologico Certificato

Nicola Chiaromonte, titolare ed enologo di questa storica azienda familiare fondata nel 1826, è tra i principali attori della rinascita di questo straordinario territorio a lungo rimasto nell'ombra. Anche grazie alla spinta della madre a credere nei propri mezzi e nel frutto dei propri vigneti, Nicola ha saputo creare Primitivo che sono in grado di abbinare alla classica ricchezza alcolica e di frutto tipica di questo vitigno, struttura, profondità, sapidità ed eleganza, dando vita ad alcuni tra i più interessanti vini italiani di questi ultimi anni. Accanto al primitivo, sia vecchi vigneti ad alberello che nuovi impianti a spalliera, troviamo anche dell'aleatico e del fiano minutolo, ancora non in produzione.

L'azienda di Nicola Chiaromonte è ormai stabilmente ai vertici dell'enologia regionale. Il Gioia del Colle Primitivo Muro Sant'Angelo Contrada Barbatto '08 ha profumi ampi e avvolgenti, con sentori di ciliegia ferrovia, spezie, erbe aromatiche, liquirizia e china, mentre il palato, nonostante la ricchezza, la materia e l'alcol, risulta incredibilmente equilibrato grazie alla freschezza del frutto e al sapido finale. Ottimi poi sia il Gioia del Colle Primitivo Riserva '08, di grande struttura e pienezza ma anche molto lungo, dai toni di frutti neri e di peperoncino, che il Gioia del Colle Primitivo Muro Sant'Angelo '08, più leggero, con note di macchia mediterranea, elegante, fine e minerale.

- Gioia del Colle Muro Sant'Angelo Contrada Barbatto '08 🍷🍷🍷 6
- Gioia del Colle Muro Sant'Angelo '08 🍷🍷 5
- Gioia del Colle Primitivo Ris. '08 🍷🍷 8
- Gioia del Colle Muro Sant'Angelo Contrada Barbatto '07 🍷🍷🍷 6
- Gioia del Colle Primitivo Ris. '06 🍷🍷 8
- Gioia del Colle Muro Sant'Angelo '06 🍷🍷 5
- Gioia del Colle Primitivo Ris. '07 🍷🍷 8
- Gioia del Colle Primitivo Ris. '05 🍷🍷 7

Cantine Due Palme

VIA SAN MARCO, 130
72020 CELLINO SAN MARCO [BR]
TEL. 0831617865
www.cantineduepalme.it

VENDITA DIRETTA
VISITA SU PRENOTAZIONE
OSPITALITÀ
RISTORAZIONE

PRODUZIONE ANNUA 7.000.000 bottiglie
ETTARI VITATI 2200.00

Cantine Due Palme è una grande azienda cooperativa di Cellino San Marco, guidata da Angelo Maci, enologo e presidente. Fondata nel 1989, conta più di 850 soci e va considerata come uno dei maggiori poli cooperativistici di tutta la Puglia, una realtà attenta alla salvaguardia del territorio e in particolare del tipico sistema di allevamento dell'alberello pugliese, importante per tutta la viticoltura salentina. Propone vini basati su una reinterpretazione moderna della tradizione, fitti e concentrati, in cui vengono messi in evidenza maturità e dolcezza di frutto.

E sono cinque. Si allunga la striscia di Tre Bicchieri consecutivi per il Salice Salentino Rosso Selvarossa Riserva '08. Un vino morbido, pieno, di buona struttura e ben realizzato, certo con un filo di dolcezza di troppo, in cui alle note di spezie e frutti neri si susseguono sentori empireumatici e di liquirizia. Ci sono piaciuti anche l'Ettamiano '08, un Primitivo in purezza dai profumi balsamici e di macchia mediterranea e dal palato piacevole, ricco di frutto e dal finale di buona lunghezza, e il Serre '10, Susumaniello in purezza, dagli spiccati toni di piccoli frutti neri. Piacevole e floreale infine il Melarosa Extra Dry '10, da uve negroamaro.

- Salice Salentino Rosso Selvarossa Ris. '08 🍷🍷🍷 5
- Ettamiano '08 🍷🍷 4
- Serre '10 🍷🍷 4
- ○ Bagnara '10 🍷 4
- ⊙ Melarosa Extra Dry '10 🍷 4
- Salice Salentino Rosso Selvarossa Ris. '07 🍷🍷🍷 5*
- Salice Salentino Rosso Selvarossa Ris. '06 🍷🍷🍷 5*
- Salice Salentino Rosso Selvarossa Ris. '05 🍷🍷🍷 5*
- Brindisi Rosso '09 🍷🍷 4
- Serre '09 🍷🍷 4

PUGLIA

Felline - Pervini
via Santo Stasi Primo
74024 Manduria [TA]
Tel. 0999711660
www.racemi.it

VENDITA DIRETTA
VISITA SU PRENOTAZIONE

PRODUZIONE ANNUA 300.000 bottiglie
ETTARI VITATI 20.00
VITICOLTURA Biologico Certificato

L'azienda di Gregory Perrucci da più di 15 anni è uno dei principali attori della salvaguardia e della valorizzazione delle tradizioni viticole salentine, in particolare del Primitivo di Manduria, attraverso la difesa e il recupero dei vecchi vigneti impiantati ad alberello pugliese su terra rossa e calcarea. La proposta aziendale si articola su due linee: la Pervini, che propone vini quotidiani di qualità al giusto prezzo, e la Felline, che nasce dai vigneti storici dando vita a etichette di grande tipicità e profondamente radicate sul territorio. In entrambi i casi lo scopo è quello di realizzare prodotti che abbiano come elementi dominanti equilibrio, sapidità e bevibilità.

Anche quest'anno l'azienda di Gregory Perrucci si conferma ai più alti livelli per qualità e continuità. Finale per il Primitivo di Manduria Segnavento '10, complesso al naso, con sentori di frutti neri e spezie, seguiti da sfumature di cacao e pasta di olive, più semplice al palato ma sempre di buon frutto e ben sostenuto dall'acidità nel lungo finale, e per il Primitivo di Manduria Archidamo '09, segnato da note di macchia mediterranea, erbe aromatiche e lentisco, di buon frutto e struttura. Ottimi poi il Primitivo di Manduria Dolce Naturale Primo Amore '08, tra i migliori della tipologia, dai toni di ciliegia matura, pepe e cannella, e I Monili '10, un Primitivo morbido e piacevole.

- Primitivo di Manduria Archidamo '09   3*
- Primitivo di Manduria Segnavento '10   3*
- I Monili '10   2*
- Primitivo di Manduria
  Dolce Naturale Primo Amore '08   4
- Alberello '10   3
- ⊙ Vigna Rosa '10   4
- Primitivo di Manduria Archidamo '08   3*
- Primitivo di Manduria Archidamo '06   3*
- Primitivo di Manduria Segnavento '09   3*
- Vigna del Feudo '08   5
- Vigna del Feudo '06   5
- Vigna del Feudo '05   5

Feudi di Guagnano
via Cellino, 3
73010 Guagnano [LE]
Tel. 0832705422
www.feudiguagnano.it

VENDITA DIRETTA
VISITA SU PRENOTAZIONE

PRODUZIONE ANNUA 100.000 bottiglie
ETTARI VITATI 10.00

Nata nel 2002 dall'unione di cinque giovani imprenditori, la Feudi di Guagnano ha recuperato tutta una serie di vigneti che, coltivati da anziani contadini, stavano per essere abbandonati. I vitigni coltivati sono quelli autoctoni: negroamaro, malvasia nera e primitivo. Circa la metà dei vigneti è all'interno della denominazione Salice Salentino e i cru provengono da vigne ad alberello che vanno dai 40 ai 60 anni di età, situate su un terreno di tipo prevalentemente sabbioso e calcareo.

La Feudi di Guagnano torna in Guida dopo alcuni anni e conquista direttamente la sezione principale. Ottimo il Salice Salentino Rosso Cupone Riserva '07, dai ricchi toni di frutti rossi, con sfumature speziate e vegetali al naso, mentre il palato è coerente, succoso, di buona struttura, di grande nerbo e freschezza per l'annata. Molto ben realizzati anche Le Camarde '08, blend di negroamaro (80%) e primitivo, fresco e nitido, segnato da sentori di piccoli frutti rossi e di bella lunghezza, il Primitivo '09, balsamico e con note di prugna e susina nera, e il Rosarò '10, un rosato da uve negroamaro elegante, floreale e delicato, ma anche di giusta tensione e lunghezza.

- Salice Salentino Rosso Cupone Ris. '07   2*
- Le Camarde '08   4*
- Primitivo '09   3*
- ⊙ Rosarò '10   3*
- Salice Salentino Rosso '09   2
- Nero di Velluto '02   5
- Salice Salentino Rosso '03   3*

PUGLIA

Gianfranco Fino
LOC. LAMA
VIA FIOR DI SALVIA, 8
74122 TARANTO
TEL. 0997773970
www.gianfrancofino.it

VISITA SU PRENOTAZIONE

PRODUZIONE ANNUA 12.000 bottiglie
ETTARI VITATI 8.50

Gianfranco Fino ne ha fatta di strada dal 2004 e da quel primo vigneto di vecchio primitivo ad alberello. Oggi può contare tra Manduria e Sava su una serie di vecchi vigneti ad alberello pugliese, per un insieme di circa 7 ettari di primitivo più un altro di negroamaro, tutti con un'età che si aggira intorno ai cinquant'anni e più, su terre rosse e calcaree. La volontà è quella di produrre vini di grande ricchezza e struttura, ma che riescano a mantenere freschezza e bevibilità. Per questo Gianfranco realizza in vigna rese estremamente basse e in cantina un lavoro attento anche sui legni utilizzati.

Quest'anno con l'azienda di Gianfranco e Simona Fino si torna all'antico, visto che è stato presentato solo il vino "storico" di riferimento, il Primitivo di Manduria Es. L'annata 2009 ha confermato lo stile della maison e allo stesso tempo la sua evoluzione verso un prodotto che abbia un carattere molto mediterraneo ma anche tensione e freschezza. L'Es al naso presenta note di frutti neri, pasticceria, cacao e carruba, mentre al palato è ricco, intenso, pieno e maturo, forse un po' troppo morbido e dolce, ma con una tensione e una freschezza che garantiscono sostegno, brillantezza e lunghezza al finale.

● Primitivo di Manduria Es '09	🍷🍷🍷 7
● Primitivo di Manduria Es '08	🍷🍷🍷 7
● Primitivo di Manduria Es '07	🍷🍷🍷 7
● Primitivo di Manduria Es '06	🍷🍷 6
● Jo '08	🍷🍷 7
● Jo '07	🍷🍷 7
● Jo '06	🍷🍷 6
● Primitivo di Manduria Es '05	🍷🍷 6
● Primitivo di Manduria Es '04	🍷🍷 6

Leone de Castris
VIA SENATORE DE CASTRIS, 26
73015 SALICE SALENTINO [LE]
TEL. 0832731112
www.leonedecastris.com

VENDITA DIRETTA
VISITA SU PRENOTAZIONE
OSPITALITÀ
RISTORAZIONE

PRODUZIONE ANNUA 2.500.000 bottiglie
ETTARI VITATI 250.00

Fondata nel 1665, la Leone de Castris è una delle aziende più importanti della Puglia vitivinicola ed è stata tra le prime in regione a imbottigliare i propri vini, già nel 1925. I vini sono realizzati con uve di proprietà, dai vigneti posti tra Salice Salentino, Campi e Guagnano, e uve conferite da aziende storicamente partner della Leone de Castris. La gamma produttiva conta quasi trenta etichette, in cui trovano spazio sia vini più tradizionali da vitigni autoctoni, con una particolare attenzione alla denominazione Salice Salentino, che prodotti di stampo più internazionale, rivolti soprattutto al mercato estero. Praticamente tutte le etichette vantano una grande affidabilità e continuità.

Annata di grande solidità quella della Leone de Castris. Convincenti i due storici rosati, il Five Roses '10, dai freschi profumi di fragola ed erbe aromatiche e dal palato grintoso, con un finale di agrumi e cedro, e il Five Roses 67° anniversario '10, più strutturato e pieno, dai sentori di anice e piccoli frutti rossi. Interessanti anche il Syrah Il Lemos '08, speziato, ricco di frutto e di buona lunghezza, e il Messapia '10, una Verdeca piacevole nei suoi toni di agrumi, pompelmo e pepe bianco. Chiudiamo con il Salice Salentino Rosso Donna Lisa Riserva '07, sotto tono rispetto alle ultime versioni, con note di frutti neri in confettura e macchia mediterranea, un po' asciugato dall'alcol.

⊙ Five Roses '10	🍷🍷 4*
⊙ Five Roses 67° Anniversario '10	🍷🍷 4
● Il Lemos '08	🍷🍷 5
○ Messapia '10	🍷🍷 4*
● Salice Salentino Rosso Donna Lisa Ris. '07	🍷🍷 6
⊙ Donna Lisetta Brut Rosé	🍷 4
● Elo Veni '10	🍷 4
⊙ Five Roses Rosé '09	🍷 4
○ Vigna Case Alte	🍷 4
● Villa La Rena '10	🍷 3
● Salice Salentino Rosso Donna Lisa Ris. '06	🍷🍷🍷 6
● Salice Salentino Rosso Donna Lisa Ris. '05	🍷🍷🍷 6

PUGLIA

Masseria Li Veli

SP Cellino-Campi, km 1
72020 Cellino San Marco [BR]
Tel. 0831618259
www.liveli.it

VENDITA DIRETTA
VISITA SU PRENOTAZIONE

PRODUZIONE ANNUA 350.000 bottiglie
ETTARI VITATI 33.00
VITICOLTURA Biologico Certificato

La famiglia Falvo ha acquisito la Masseria Li Veli vicino a Cellino San Marco nel 1999. La volontà di produrre vini da vitigni autoctoni, con il tipico alberello pugliese a potatura bassa, addirittura con vigneti che hanno mantenuto lo stesso sesto d'impianto a vigna latina, con cui erano stati impostati già nel XIX secolo, sta dando in questi ultimi due tre anni dei risultati convincenti e di un buon livello qualitativo. L'azienda propone vini di notevole pulizia tecnica, ben realizzati e con la voglia di esprimere anche un forte stampo territoriale, in particolare con il negroamaro.

Quest'anno a raggiungere le nostre finali è stato MLV '08, un blend di negroamaro (60%) e cabernet sauvignon. Un vino dal bouquet profondo e complesso, con sentori di cioccolato, spezie dolci e frutti neri, dal palato coerente, intenso, con tannini fini, lungo ed elegante. Di bella impronta mediterranea il Primitivo Montecoco '09, ricco, con note di olive nere, fruttato, un po' troppo dolce ma comunque di buona profondità. Ottima poi la Verdeca '10, dai toni mentolati, di verbena e pepe bianco, e dal palato leggermente aromatico, di buona sapidità e con un finale ben sostenuto dall'acidità e la freschezza. Tutta l'ampia gamma di etichette proposta è comunque di buon livello.

● MLV '08	🍷🍷 6
● Montecoco '09	🍷🍷 5
○ Verdeca Askos '10	🍷🍷 4
○ All That Jazz '10	🍷 3
● Orion '10	🍷 4
● Passamante '10	🍷 4
● Salice Salentino Rosso Pezzo Morgana Ris. '09	🍷 5
● Susumaniello Askos '10	🍷 5
● Passamante '09	🍷🍷 3*
● Passamante '07	🍷🍷 4*
● Salice Salentino Rosso Pezzo Morgana '07	🍷🍷 5
● Salice Salentino Rosso Pezzo Morgana Ris. '08	🍷🍷 5
○ Verdeca Askos '09	🍷🍷 4

Tenute Mater Domini

via dei Martiri, 17/19
73012 Campi Salentina [LE]
Tel. 0832792442
www.tenutematerdomini.it

VISITA SU PRENOTAZIONE

PRODUZIONE ANNUA 70.000 bottiglie
ETTARI VITATI 40.00

L'azienda della famiglia Semeraro si trova nel cuore del Parco del Negroamaro. Articolata su due tenute, Masseria Casili e Masseria Fontanelle, ha i vigneti a Novoli e Salice Salentino, all'interno dell'omonima denominazione, e quindi centra la sua attenzione soprattutto sul negroamaro. Le vigne hanno diversi sesti d'impianto, ma circa la metà è ad alberello sciolto pugliese, con piante che raggiungono anche i settant'anni di età. I vini sono d'impostazione moderna, alla ricerca della freschezza e della ricchezza e integrità del frutto.

Di notevole spessore il Salice Salentino Casili Riserva '08, dai toni di frutto nero e spezie, con belle sfumature di china, mentre il palato è ricco di frutto, terroso, con note di liquirizia, dai tannini ancora un po' troppo in evidenza ma davvero ben realizzato. Di buona fattura anche il Marangi Rosso '09, Negroamaro in purezza di grande grinta, in cui emergono sentori minerali e di frutti neri, più scorrevole e di pronta beva. Corretti gli altri due Marangi, il Rosato '10 da uve negroamaro, floreale e leggermente dolce, e il Bianco '10, da uve sauvignon, fresco, semplice e pulito.

● Salice Salentino Casili Ris. '08	🍷🍷🍷 6
● Marangi Rosso '09	🍷🍷 4
○ Marangi Bianco '10	🍷 4
☉ Marangi Rosato '10	🍷 4
● Marangi Negroamaro '07	🍷🍷 4
● Marangi Negroamaro '06	🍷🍷 4
● Marangi Rosso '06	🍷🍷 4
● Salice Salentino Casili Ris. '07	🍷🍷 6
● Salice Salentino Casili Ris. '06	🍷🍷 6

PUGLIA

Morella
via per Uggiano, 147
74024 Manduria [TA]
Tel. 0999791482
www.morellavini.com

VENDITA DIRETTA
VISITA SU PRENOTAZIONE

PRODUZIONE ANNUA 15.000 bottiglie
ETTARI VITATI 16.00

Lisa Gilbee e Gaetano Morella proseguono la loro avventura a Manduria. Le vecchie vigne ad alberello, che vanno dai 50 agli 80 anni, sono situate a circa 2 chilometri dal mare su un suolo composto di terra rossa e sabbia sopra della roccia calcarea. Le basse rese e un attento lavoro in cantina permettono di produrre vini allo stesso tempo ricchi di frutti, complessi e di buona freschezza che hanno saputo imporsi come tra i più interessanti Primitivo dell'ultimo decennio. Anche dalle nuove vigne e dall'incontro tra vitigni autoctoni e internazionali, come il petit verdot o il cabernet sauvignon, provengono vini solidi e di buona fattura, a riprova della qualità agronomica ed enologica messa in opera da quest'azienda.

Continua la legge dell'alternanza in casa Morella. Quest'anno, assente il Primitivo La Signora, è tornato sugli scudi il Primitivo Old Vines, che con l'annata '08 riconquista i nostri Tre Bicchieri. Le vigne vecchie qui lo sono per davvero, e il risultato si vede. I profumi sono ampi e complessi, con sentori di spezie, frutti neri e macchia mediterranea, mentre al palato risulta ricco, coerente, grintoso, di grande equilibrio e dagli aromi molto mediterranei. Ben realizzato il resto della gamma. Il Primitivo Negroamaro Terre Rosse '09 ha sentori di frutti rossi sia al naso che al palato, mentre il Primitivo Malbek '09 è balsamico, con note di liquirizia, mora e rosmarino, piacevole e persistente.

● Primitivo Old Vines '08	🍷🍷🍷 6
● Primitivo Malbek '09	🍷🍷 5
● Primitivo Negroamaro Terre Rosse '09	🍷🍷 5
● Mezzanotte '10	🍷 4
○ Mezzogiorno '10	🍷 4
● Primitivo La Signora '07	🍷🍷🍷 6
● Primitivo Old Vines '07	🍷🍷🍷 6
● Primitivo La Signora '05	🍷🍷 6
● Primitivo Negroamaro '07	🍷🍷 5*
● Primitivo Old Vines '05	🍷🍷 6
● Primitivo Old Vines '04	🍷🍷 6
● Primitivo Old Vines '03	🍷🍷 6

Cosimo Palamà
via A. Diaz, 6
73020 Cutrofiano [LE]
Tel. 0836542865
www.vinicolapalama.com

VENDITA DIRETTA
VISITA SU PRENOTAZIONE

PRODUZIONE ANNUA 250.000 bottiglie
ETTARI VITATI 15.00

Nata nel 1936 con Arcangelo, l'azienda della famiglia Palamà imbottiglia dal 1990 e prosegue con tenacia sulla strada della qualità. I vigneti, situati principalmente a Cutrofiano e a Matino, si trovano su terreni di medio impasto tendenzialmente calcareo e sono per la maggior parte ad alberello pugliese. I protagonisti qui sono i vitigni autoctoni, dalla malvasia bianca e nera al negroamaro, dal primitivo al montepulciano, dalla verdeca al bianco d'Alessano. L'intera famiglia lavora nell'ambito aziendale, proponendo vini di tipo tradizionale a volte un po' rustici ma sempre di grande impronta territoriale.

Il Mavro '09, da negroamaro 80% e malvasia nera, si conferma uno dei migliori Negroamaro in circolazione. Ai sentori di frutti neri, cioccolato e peperoncino, fa seguito un palato dolce e piccante, succoso, dal finale lungo e fresco. Convincenti il 75 Vendemmie '10, Negroamaro dai toni fruttati, di buona tenuta e nitidezza, e il Metiusco Rosso '10, blend di negroamaro (50%), malvasia nera (25%), montepulciano (20%) e primitivo, speziato, con note di frutti rossi e grande piacevolezza di beva. Una menzione infine per Il Vino D'Arcangelo '10, una Malvasia Nera prodotta nel segno della tradizione, dalle volute note dolci - per noi un po' eccessive - molto apprezzate dagli appassionati del genere.

● Mavro '09	🍷🍷 4*
● 75 Vendemmie '10	🍷🍷 5
● Metiusco Rosso '10	🍷🍷 4*
● Il Vino D'Arcangelo '10	🍷 4
○ Metiusco Bianco '10	🍷 4
⊙ Metiusco Rosato '10	🍷 4
● Salice Salentino Rosso Albarossa '09	🍷 1*
● Mavro '08	🍷🍷 4*
● Mavro '07	🍷🍷 4*
● Mavro '06	🍷🍷 4*

PUGLIA

Paradiso
V.LE MANFREDONIA, 39
71042 CERIGNOLA [FG]
TEL. 0885428720
www.cantineparadiso.it

PRODUZIONE ANNUA 80.000 bottiglie
ETTARI VITATI 35.00

Dopo aver creato Podere Belmantello, Angelo Paradiso torna a dirigere l'azienda di famiglia, creata dal nonno nel 1950. I vigneti, tutti situati nell'agro di Cerignola, sono divisi in tre tenute, Belmantello, Fontanelle e Sant'Andrea, e sono tutti impiantati a tendone, secondo la tradizione del territorio, ma lavorati per produrre vini di qualità. Attualmente l'attenzione è rivolta ai vitigni autoctoni, in particolare ai grandi classici pugliesi, dal negroamaro al primitivo, al nero di Troia, con la volontà di produrre vini d'impianto moderno, ricchi di frutto, grintosi e di piacevole beva.

Il percorso di Angelo Paradiso di questi ultimi anni è stato tutto tranne che lineare, ma ci fa molto piacere ritrovare a questi livelli i suoi vini. Belli i tre Posta Piana; il Primitivo '10 ha profumi di frutti neri, sottobosco, terra bagnata, e un palato con note di ciliegia nera e liquirizia, fresco e dinamico, dal finale lungo e beverino, il Negroamaro '09 è piacevole, semplice, ma succoso e dai brillanti toni di frutti di bosco, mentre il Rosso '10, Nero di Troia in purezza, è speziato, con note di ciliegia e lampone, ricco e strutturato. Sullo stesso piano il Capotesta '09, Primitivo di grande ricchezza, quasi eccessiva, con sentori balsamici e di tapenade, lungo e ben realizzato.

● Capotesta '09	🍷 5
● Posta Piana Negroamaro '09	🍷 3*
● Posta Piana Primitivo '10	🍷 3*
● Posta Piana Rosso '10	🍷 3*
● Angelo Primo '04	🍷 5
● Belmantello '04	🍷 3*
● Primitivo '04	🍷 3*

Pietraventosa
C.DA PARCO LARGO
70023 GIOIA DEL COLLE [BA]
TEL. 0805034436
www.pietraventosa.it

VENDITA DIRETTA

PRODUZIONE ANNUA 10.000 bottiglie
ETTARI VITATI 5.40
VITICOLTURA Biologico Certificato

Marianna Annio e Raffaele Leo con la loro giovane azienda Pietraventosa, nata nel 2005, sono tra i protagonisti della rinascita del Primitivo di Gioia del Colle. Situata nella zona ovest della denominazione, ha vigneti sulla tipica terra rossa della zona, ricca di sali minerali e che poggia su uno strato di roccia viva che si incontra a meno di un metro di profondità. Dai vigneti più giovani, piantati a una densità di 7-8000 piante per ettaro, nascono l'Ossimoro e l'Allegoria, vini piacevoli e di buona struttura, mentre il Gioia del Colle Primitivo Riserva è tra i vini più intensi e complessi della zona e proviene da vecchi vigneti ad alberello.

Marianna Annio e Raffaele Leo hanno bene in testa che l'obiettivo da raggiungere è quello di ottenere la maggiore qualità possibile. È per questo che hanno deciso di prolungare l'affinamento del loro Gioia del Colle Primitivo Riserva di Pietraventosa, non ritenendolo ancora pronto. A rappresentare più che degnamente questa giovane azienda sono rimasti quindi l'Ossimoro '08, blend di primitivo (75%) e aglianico di buon frutto, leggero ma elegante, piacevole e fresco, dai toni di ciliegia e spezie orientali, e il Gioia del Colle Primitivo Allegoria '08, dai profumi balsamici e minerali, con note di piccoli frutti neri, e dal palato scorrevole, giocato sulla bevibilità e la freschezza.

● Gioia del Colle Primitivo Allegoria '08	🍷 4
● Ossimoro '08	🍷 4
● Gioia del Colle Primitivo Ris. '06	🍷 5
● Gioia del Colle Primitivo Riserva di Pietraventosa '07	🍷 6
● Ossimoro '07	🍷 4

PUGLIA

Polvanera
s.da vicinale Lamie Marchesana, 601
70023 Gioia del Colle [BA]
Tel. 080758900
www.cantinepolvanera.com

PRODUZIONE ANNUA 150.000 bottiglie
ETTARI VITATI 30.00
VITICOLTURA Biologico Certificato

Nata nel 2003, nel giro di questi pochi anni la Polvanera di Filippo Cassano e soci è diventata una delle aziende di riferimento per tutta l'enologia pugliese, grazie alla sua interpretazione allo stesso tempo tradizionale, tipicamente mediterranea e contemporanea del Gioia del Colle Primitivo. Oltre ai circa 5 ettari di primitivo ad alberello con circa 60 anni di età, la Polvanera propone da vigneti allevati a cordone speronato anche aglianico, aleatico, fiano minutolo, falanghina e moscato bianco, per dare vita a una gamma di vini tra le migliori di Puglia.

Quest'anno è il Gioia del Colle Primitivo 17 '08 a ottenere i Tre Bicchieri. Intenso nei profumi, con note di frutti neri, macchia mediterranea e incenso, al palato risulta speziato e minerale, di buon frutto, lungo ed equilibrato. Quasi sullo stesso livello il Gioia del Colle Primitivo 16 '08, sapido, di grande nitidezza aromatica, materia e freschezza, con sentori di timo e rosmarino. Ottimi poi il Gioia del Colle Primitivo 14 '08, succoso e piacevole, il Puglia Primitivo '08, dai toni di spezie e ciliegia, il Minutolo '10, una delle migliori versioni di questo vitigno, dai sentori di crema di limone e cedro, e il Rosato '10, floreale e fruttato.

● Gioia del Colle Primitivo 17 '08	🍷🍷🍷 5
● Gioia del Colle Primitivo 16 '08	🍷🍷 5
● Gioia del Colle Primitivo 14 '08	🍷🍷 4
○ Minutolo '10	🍷🍷 4
● Puglia Primitivo '08	🍷🍷 4
⊙ Rosato '10	🍷🍷 4
● Gioia del Colle Primitivo 16 '07	🍷🍷 4*
● Gioia del Colle Primitivo 16 '06	🍷🍷 4*
● Gioia del Colle Primitivo 17 '07	🍷🍷 4*
● Gioia del Colle Primitivo 17 '06	🍷🍷 4*

Primis
via C. Colombo, 44
71048 Stornarella [FG]
Tel. 0885433333
www.primisvini.com

VENDITA DIRETTA
VISITA SU PRENOTAZIONE

PRODUZIONE ANNUA 160.000 bottiglie
ETTARI VITATI 22.00

L'azienda, nata nel 2003, è il frutto della passione di Gianni Mauriello e Nicola Selano, meno di sessant'anni in due. I vigneti si trovano tutti nell'agro di Stornarella, su terreni di tipo argilloso calcareo di medio impasto. I vini prodotti sono tutti monovarietali, per la maggior parte vinificati e affinati solo in acciaio, con la volontà di proporre vini freschi e fruttati. La gamma dei vitigni coltivati è piuttosto ampia, e va dagli autoctoni, come negroamaro, primitivo o nero di Troia, agli internazionali, come chardonnay e syrah, fino a vitigni meno frequentati come il ciliegiolo.

Sono le versioni in acciaio le più convincenti, soprattutto il Primitivo '10, dai profumi speziati con sfumature di ciliegia e dal palato pulito, fresco, di facile beva, con un finale di piccoli frutti rossi, e il Syrah '09, varietale nei suoi aromi di pepe nero, scorrevole e ben eseguito. Interessante anche il Cenerata '09, uno Chardonnay con un 30% vinificato e maturato in barrique, di buona grinta e freschezza, piacevole, con note di banana, frutta bianca e melograno. Più che corretto il resto della produzione, in cui va segnalato il Ciliegiolo '10, dai toni di mora, succoso e di grande piacevolezza nonostante dei tannini un po' spigolosi.

○ Cenerata '09	🍷🍷 4
● Primitivo '10	🍷🍷 4
● Syrah '09	🍷🍷 4*
● Aglianico '08	🍷 4
○ Bombino Bianco '10	🍷 4
● Ciliegiolo '10	🍷 4
● Crusta '07	🍷 5
⊙ Monrose '10	🍷 4
● Negroamaro '09	🍷 4
● Nero di Troia '09	🍷 4
○ Bombino Bianco '09	🍷🍷 4*
● Crusta '06	🍷🍷 5
● Crusta '05	🍷🍷 5

PUGLIA

Racemi
via Santo Stasi Primo, 42
74024 Manduria [TA]
Tel. 0999711660
www.racemi.it

VENDITA DIRETTA
VISITA SU PRENOTAZIONE

PRODUZIONE ANNUA 1.200.000 bottiglie
ETTARI VITATI 120.00
VITICOLTURA Biologico Certificato

Il progetto Racemi di Gregory Perrucci si è rivelato decisivo in questi ultimi anni per il mantenimento e lo sviluppo delle tradizioni vitivinicole della zona di Manduria. Con la collaborazione dell'enologo Cosimo Spina si è puntato alla valorizzare dei vitigni autoctoni e ai territori e metodi colturali tradizionali del Salento. È così che l'azienda può disporre di una serie di vigneti situati su tutti i tipi di suolo presenti nella denominazione, dalla sabbia alla roccia passando per le terre rosse e quelle nere. I vini proposti sono un'efficace sintesi tra la ricchezza e l'alcolicità tipiche della tradizione del Primitivo di Manduria e la freschezza e la nitidezza aromatica legate a una lettura moderna del territorio.

Mentre il Primitivo di Manduria Masseria Pepe Dunico '09 riposa ancora in cantina, il resto dei vini presentati è come sempre di ottimo livello. Il Primitivo di Manduria Sinfarosa Zinfandel '09 nelle nostre finali ha dimostrato buona complessità ed equilibrio, con toni floreali e balsamici, l'Anarkos '10, blend di malvasia nera, negroamaro e primitivo, è immediato, con note di tapenade di olive nere e sottobosco, il Dedalo Torre Guaceto '10, Ottavianello in purezza, è carnoso e fruttato, mentre il Susumaniello Sum Torre Guaceto '09, dai sentori di frutti di bosco, è grintoso e scorrevole.

● Primitivo di Manduria Zinfandel Sinfarosa '09	▼▼ 5
● Anarkos '10	▼▼ 4*
● Dedalo Torre Guaceto '10	▼▼ 4
● Susumaniello Sum Torre Guaceto '09	▼▼ 5
● Pietraluna '10	▼ 3
● Primitivo di Manduria Dunico Masseria Pepe '05	▼▼▼ 6*
● Primitivo di Manduria Zinfandel Sinfarosa '06	▼▼▼ 5*
● Primitivo di Manduria Dunico Masseria Pepe '07	▼▼ 6
● Primitivo di Manduria Giravolta Tenuta Pozzopalo '08	▼▼ 5
● Primitivo di Manduria Giravolta Tenuta Pozzopalo '07	▼▼ 5

Rasciatano
c.da Rasciatano
76121 Barletta
Tel. 0883510999
www.rasciatano.com

VENDITA DIRETTA
VISITA SU PRENOTAZIONE

PRODUZIONE ANNUA 50.000 bottiglie
ETTARI VITATI 18.00
VITICOLTURA Naturale

Nota per la sua eccellente produzione olearia, la tenuta Rasciatano è di proprietà della famiglia Porro fin dal 1600. A metà strada tra il mare e le colline della Murgia, propone vini da uve nero di Troia, malvasia bianca e montepulciano in cui eleganza e struttura vanno di pari passo. Un approccio che parte fin dal tipo di sesto d'impianto. I vigneti infatti, piantati fra il 1992 e il 2002 su terreni sabbiosi che insistono su strati di roccia calcarea con esposizione nord nord-ovest, sono a cordone speronato per il nero di Troia, mentre per il montepulciano e la malvasia bianca sono a tendone per proteggere le uve dall'eccesso di insolazione.

Anche senza la conquista dei Tre Bicchieri la Vigne di Rasciatano conferma il suo livello. Finale per il Rasciatano Nero di Troia '09, floreale, con sentori di olive nere e spezie orientali, di buona profondità, fresco e coerente al palato, cui manca solo un po' di lunghezza per riconfermare i risultati degli scorsi anni. Ci è piaciuto molto anche il Rasciatano Rosso '09, blend di nero di Troia (60%), cabernet sauvignon (30%) e merlot, dai profumi di spezie e frutti neri, elegante e complesso, di notevole acidità e dinamismo e dal lungo finale. Ben realizzato il Rasciatano Malvasia Bianca '10, dai toni di frutta a polpa bianca matura e pepe bianco, di buona struttura, frutto e sapidità.

● Rasciatano Nero di Troia '09	▼▼ 6
● Rasciatano Rosso '09	▼▼ 5
○ Rasciatano Malvasia Bianca '10	▼▼ 4
● Rasciatano Nero di Troia '08	▼▼▼ 7
● Rasciatano Nero di Troia '07	▼▼▼ 7
○ Rasciatano Malvasia Bianca '09	▼▼ 7
● Rasciatano Rosso '06	▼▼ 7

PUGLIA

Rivera
c.da Rivera, SP 231 km 60,500
76123 Andria [BT]
Tel. 0883569510
www.rivera.it

VENDITA DIRETTA
VISITA SU PRENOTAZIONE

PRODUZIONE ANNUA 1.400.000 bottiglie
ETTARI VITATI 95.00

La Rivera della famiglia De Corato, fondata da Sebastiano De Corato nel 1950, è da tempo una delle aziende più solide e affidabili di tutta la Puglia. Situata nell'agro di Andria, può contare su vigneti a cordone speronato impiantati su terreni calcareo tufacei fra i 200 e i 220 metri di altitudine e sulle colline rocciose della Murgia a 300-350 metri, fruendo di una situazione climatica che gli permette di lavorare con uve di grande freschezza acida rispetto agli standard della regione. I suoi vini più importanti, dallo storico e tradizionale Il Falcone al più moderno e internazionale Puer Apuliae, sono tra i protagonisti della denominazione Castel del Monte, ma la gamma produttiva è particolarmente ampia e di ottimo livello qualitativo.

In assenza del Puer Apuliae la Rivera raggiunge la finale con lo storico Castel del Monte Rosso Il Falcone Riserva '07, intenso nei suoi toni di frutti neri, spezie e china, ricco, strutturato e di nerbo. Ottima riuscita anche per un altro classico della maison, il Castel del Monte Chardonnay Preludio n°1 '10, dai profumi di frutta bianca matura, piacevole, di buon corpo e acidità. Il Castel del Monte Rosso Rupicolo '09 è floreale, nitido, fresco e dinamico, il Triusco '09 è un Primitivo giocato più sulla morbidezza e la dolcezza del frutto, con note di crostata di more, mentre il Castel del Monte Nero di Troia Violante '09 è immediato, con spiccate note di violetta e frutti rossi.

- Castel del Monte Rosso Il Falcone Ris. '07 ⚜⚜ 5
- ○ Castel del Monte Chardonnay Preludio n° 1 '10 ⚜ 4*
- Castel del Monte Nero di Troia Violante '09 ⚜ 4*
- Castel del Monte Rosso Rupicolo '09 ⚜ 3*
- Triusco '09 ⚜ 4
- Castel del Monte Nero di Troia Puer Apuliae '04 ⚜⚜⚜ 7
- Castel del Monte Nero di Troia Puer Apuliae '03 ⚜⚜⚜ 7
- Castel del Monte Nero di Troia Puer Apuliae '06 ⚜⚜ 7
- Castel del Monte Nero di Troia Puer Apuliae Ris. '07 ⚜ 7

Tenute Rubino
via E. Fermi, 50
72100 Brindisi
Tel. 0831571955
www.tenuterubino.it

VENDITA DIRETTA
VISITA SU PRENOTAZIONE

PRODUZIONE ANNUA 800.000 bottiglie
ETTARI VITATI 200.00

La Tenute Rubino, fondata negli anni '80 e che imbottiglia dal 1999, ha vigneti in quattro aree differenti, tutte situate intorno alla città di Brindisi, che si estendono dalla dorsale adriatica, a poche decine di metri dal mare (Jaddico e Marmorelle), fino all'altopiano brindisino (Uggìo e Punta Aquila). Gli impianti sono relativamente recenti (non oltre i 25 anni) e a cordone speronato, con una densità tra le 4000 e le 6000 piante per ettaro, fatta eccezione per un vigneto ad alberello di più di 70 anni di susumaniello. I vini proposti sono di impianto moderno e di notevole pulizia tecnica.

Il vino più convincente presentato dalla famiglia Rubino quest'anno è stato il Primitivo Punta Aquila '09. Ricco di sentori fruttati al naso, trova una buona coerenza al palato nelle sue note di more e ribes, ben sostenuto dall'acidità e da una piacevole sapidità. Bella sorpresa il Negroamaro Miraglio '09, dai toni floreali e di frutti rossi a nocciolo, di buon corpo e tenuta, mentre sono una conferma il Brindisi Rosso Jaddico '08, da uve negroamaro con un piccolo saldo di malvasia nera e montepulciano, intenso e ricco di frutto, dai toni di ciliegia nera e macchia mediterranea, e il Saturnino '10, Negroamaro rosato fresco, lungo e piacevole.

- Punta Aquila '09 ⚜⚜ 4*
- Brindisi Rosso Jaddico '08 ⚜ 5
- Miraglio '09 ⚜ 4*
- ⊙ Saturnino '09 ⚜ 3*
- ○ Marmorelle Bianco '10 ⚜ 3
- Marmorelle Rosso '10 ⚜ 3
- ○ Vermentino '10 ⚜ 4
- Torre Testa '02 ⚜⚜⚜ 6
- Torre Testa '01 ⚜⚜⚜ 6
- Brindisi Rosso Jaddico '07 ⚜⚜ 5
- Brindisi Rosso Jaddico '06 ⚜⚜ 5
- Visellio '07 ⚜⚜ 5
- Visellio '06 ⚜⚜ 5

PUGLIA

Cantine Soloperto
SS 7 TER
74024 MANDURIA [TA]
TEL. 0999794286
www.soloperto.it

VENDITA DIRETTA
VISITA SU PRENOTAZIONE

PRODUZIONE ANNUA 2.500.000 bottiglie
ETTARI VITATI 50.00

La Soloperto è un'azienda storica qui a Manduria, basti pensare che l'albo dei vigneti della denominazione di origine Primitivo di Manduria riporta al n.1 proprio il nome di Soloperto. Dopo qualche anno in cui l'impostazione molto tradizionale aveva portato a prodotti certamente autentici ma anche un po' troppo rustici, Ernesto Soloperto ha deciso di rilanciare l'azienda, impostando in maniera più moderna i vini, in cantina ma soprattutto a partire dai vigneti, situati sia su terre rosse che su terre brune. L'azienda propone ben dieci etichette di Primitivo di Manduria, con ottimo rapporto qualità prezzo.

La Soloperto quest'anno raggiunge le finali con il Primitivo di Manduria Centofuochi '09, un vino moderno ma anche molto mediterraneo, dai profumi di confettura di fichi ed erbe aromatiche fresche e dal palato ricco, tipico nelle sue note di ciliegie, fichi secchi e cioccolato. Ben realizzato anche il resto della gamma: il Primitivo di Manduria Rubinum 17° Et. Rossa '09, più tradizionale nei suoi toni di erbe aromatiche secche e tapenade di olive, dolce ma con un finale grintoso di frutti rossi, il Primitivo di Manduria Patriarca '09, dai sentori di viola e spezie, palato succoso e profondo, e il Primitivo del Salento '09, fruttato, sapido e piacevole.

Cosimo Taurino
SS 605
73010 GUAGNANO [LE]
TEL. 0832706490
www.taurinovini.it

VENDITA DIRETTA
VISITA SU PRENOTAZIONE

PRODUZIONE ANNUA 600.000 bottiglie
ETTARI VITATI 85.00

L'azienda di Francesco e Rosanna Taurino è senza dubbio una protagonista della storia dell'enologia pugliese di questi ultimi quarant'anni. Fondata nel 1970 da Cosimo Taurino, creatore del più famoso Negroamaro di Puglia, il Patriglione, ha una produzione incentrata sulle tipiche uve coltivate in questa zona, negroamaro (quasi il 90% del vigneto) e malvasia nera, ottenute da impianti a spalliera e ad alberello situati principalmente su suoli sabbiosi e calcarei. I vini prodotti, tutti d'impianto tradizionale, sono pensati e realizzati per esprimere una forte identità territoriale.

Il Salice Salentino Rosso Riserva '08 è balsamico, speziato, con sfumature di frutti neri, con un palato fresco, pulito, dalle note fruttate, fine e dal lungo finale. Interessante anche lo Chardonnay I Sierri '10, dai profumi floreali con leggeri sentori di salvia, mentre il palato ha note fruttate di pesca e melone giallo. Discorso a parte per il Patriglione '06. Al naso emergono sentori di confettura di ciliegie, erbe aromatiche secche e caffè, mentre il palato ha discreta materia, note di frutta secca, anche se manca la giusta spinta acida e la sapidità per sostenere il finale. Un buon vino, ma che ci sembra distante dalle grandi annate di questo monumento dell'enologia pugliese.

- Primitivo di Manduria Centofuochi Tenuta Bagnolo '09   🍷🍷 5
- Primitivo del Salento '09   🍷🍷 3
- Primitivo di Manduria '09   🍷🍷 3*
- Primitivo di Manduria Patriarca '09   🍷🍷 5
- Primitivo di Manduria Rubinum 17° Et. Rossa '09   🍷 4*
- Primitivo di Manduria Mono '08   🍷 5
- Primitivo di Manduria Rubinum Et. Blu '09   🍷 4
- Primitivo di Manduria Centofuochi Tenuta Bagnolo '07   🍷 5
- Primitivo di Manduria Mono '08   🍷 5
- Primitivo di Manduria Mono '06   🍷 5
- Primitivo di Manduria Patriarca '08   🍷 5

- Salice Salentino Rosso Ris. '08   🍷🍷 4*
- ○ I Sierri '10   🍷🍷 4*
- Patriglione '06   🍷🍷 8
- ○ Le Ricordanze Passito '07   🍷 6
- ⊙ Scaloti '10   🍷 4
- Patriglione '94   🍷🍷🍷 8
- Patriglione '88   🍷🍷🍷 5
- Patriglione '85   🍷🍷🍷 5
- A Cosimo Taurino '04   🍷🍷 5
- A Cosimo Taurino '03   🍷🍷 5
- A Cosimo Taurino '02   🍷🍷 5
- Notarpanaro '02   🍷🍷 5
- Patriglione '01   🍷🍷 7

PUGLIA 888

Tormaresca
Loc. Tofano
c.da Torre d'Isola
70055 Minervino Murge [BT]
Tel. 0883692631
www.tormaresca.it

VENDITA DIRETTA
VISITA SU PRENOTAZIONE

PRODUZIONE ANNUA 2.500.000 bottiglie
ETTARI VITATI 480.00
VITICOLTURA Biologico Certificato

L'azienda creata nel 1998 dalla Marchesi Antinori si conferma come una delle migliori della regione. È costituita da due tenute dalle condizioni pedoclimatiche molto diverse, la Bocca di Lupo, 130 ettari situati nelle Murge all'interno della denominazione Castel del Monte a circa 250 metri di altitudine, caratterizzata da suoli tufacei e forti escursioni termiche fra il giorno e la notte, e la Masseria Maime nell'Alto Salento, ben 350 ettari vitati poco distanti dalla costa adriatica, a metà strada tra Lecce e Brindisi. Pulizia tecnica, precisione aromatica e grande equilibrio sono la cifra stilistica della produzione.

In assenza del Masseria Maime i Tre Bicchieri arrivano con il Primitivo Torcicoda '09, dai profumi fruttati e terrosi, con sentori di spezie, incenso, goudron, e dal palato pieno e succoso, di buona tensione, precisione aromatica e lunghezza, davvero ben realizzato. Ottimo anche il resto dei vini, a partire dal rosato da uve negroamaro Calafuria '10, dai sentori floreali di rosa e gelsomino, elegante e con note di piccoli frutti rossi, per proseguire con il Castel del Monte Pietrabianca '10, dai toni di frutta a polpa bianca e di buona struttura, lo Chardonnay '10, sapido e con note di pesca, e il Neprica '10, blend di negroamaro, primitivo e cabernet sauvignon, morbido e avvolgente.

● Torcicoda '09	ŶŶŶ	5
⊙ Calafuria '10	ŶŶ	4
○ Castel del Monte Pietrabianca '10	ŶŶ	5
● Neprica '10	ŶŶ	3*
○ Tormaresca Chardonnay '10	ŶŶ	3*
● Castel del Monte Aglianico Bocca di Lupo '08	Ŷ	6
● Castel del Monte Aglianico Trentangeli '08	Ŷ	6
● Fichimori '10	Ŷ	4
○ Moscato di Trani Kaloro '09	Ŷ	5
○ Roycello '10	Ŷ	4
● Masseria Maime '08	ŶŶŶ	6
● Masseria Maime '07	ŶŶŶ	5
● Masseria Maime '06	ŶŶŶ	5

Torrevento
Loc. Castel del Monte
SP 234 km 10,600
70033 Corato [BA]
Tel. 0808980923
www.torrevento.it

VENDITA DIRETTA
OSPITALITÀ
RISTORAZIONE

PRODUZIONE ANNUA 2.500.000 bottiglie
ETTARI VITATI 400.00
VITICOLTURA Biologico Certificato

La Torrevento, oggi guidata da Francesco Liantonio e proprietà della famiglia dal 1948, è una delle più importanti realtà della denominazione Castel del Monte. Situata nella parte più settentrionale della Murgia, con vigneti sul suolo roccioso calcareo tipico di questa formazione di tipo carsico, è particolarmente attenta a realizzare una produzione centrata non solo sulla qualità ma anche basata sulla sostenibilità e la salvaguardia del territorio. In questi ultimi anni ha proposto una serie di vini dal taglio moderno che fanno della bevibilità e della freschezza il loro tratto caratteristico.

Tre Bicchieri per il Castel del Monte Rosso Vigna Pedale Riserva '08, Nero di Troia giocato tutto sulla freschezza e l'eleganza, dai toni di piccoli frutti rossi e macchia mediterranea, nitido e di grande piacevolezza. Il Kebir '06, blend paritario di nero di Troia e cabernet sauvignon, è di grande struttura ma un po' cupo nei suoi toni di goudron, legno e frutti neri, mentre è tra i migliori della sua tipologia il Moscato di Trani Dulcis in Fundo '09, di buona acidità e dagli aromi di miele, fichi secchi e nocciole. Ben realizzati il Torre del Falco '09, Nero di Troia speziato e di buona precisione aromatica, e il rosato Primaronda '10, da bombino nero (80%) e montepulciano, fruttato e gradevole.

● Castel del Monte Rosso V. Pedale Ris. '08	ŶŶŶ	4
● Kebir '06	ŶŶ	6
○ Moscato di Trani Dulcis in Fundo '09	ŶŶ	4
⊙ Primaronda '10	ŶŶ	4
● Torre del Falco '09	ŶŶ	4
● Castel del Monte Rosso Bolonero '09	Ŷ	3
● Matervitae Aglianico '09	Ŷ	4
○ Matervitae Fiano '10	Ŷ	4
● Primitivo di Manduria Ghenos '09	Ŷ	4
● Salice Salentino Rosso Sine Nomine Ris. '06	Ŷ	4
● Castel del Monte Rosso V. Pedale Ris. '07	ŶŶŶ	4*
● Castel del Monte Rosso V. Pedale Ris. '06	ŶŶŶ	4*
● Castel del Monte Rosso V. Pedale Ris. '05	ŶŶŶ	4*

PUGLIA

Cantina Sociale Cooperativa Vecchia Torre
VIA MARCHE, 1
73045 LEVERANO [LE]
TEL. 0832925053
www.cantinavecchiatorre.it

VENDITA DIRETTA
VISITA SU PRENOTAZIONE

PRODUZIONE ANNUA 2.000.000 bottiglie
ETTARI VITATI 1300.00

Fondata nel 1959, questa storica cantina cooperativa di Leverano conta oggi più di 1300 soci ed è una delle più importanti realtà produttive del Salento. Le uve principali coltivate sono quelle autoctone della tradizione salentina, in particolare quindi negroamaro e malvasia nera, cui si aggiungono primitivo e montepulciano, senza per questo rinunciare ad altri vitigni nazionali, come il vermentino, o internazionali, come chardonnay o syrah. I vini prodotti sono di stampo tradizionale, con lavorazioni in acciaio o in legni grandi.

Vecchia Torre quest'anno ha presentato una serie di vini riusciti e convincenti. L'Arneide Rosso '07, da uve negroamaro (70%) e un saldo di primitivo e montepulciano, ha profumi di tabacco, noci e ciliegie e un palato coerente, pieno, di bella tenuta e con un finale di macchia mediterranea. Buoni i due Leverano Rosso, il '09, dai toni di erbe amare, pepe e frutti neri, equilibrato e piacevole, e la Riserva '06, dalle note di frutto nero e spezie dolci, così come i due Salice Salentino, il Rosso '09, di buon frutto, un po' spigoloso ma vibrante e sapido, e la Riserva '07, più tannico e strutturato. Bene anche il Leverano Bianco '10 e il 50° anniversario '08, blend di negroamaro e syrah.

● 50° Anniversario '08	4*
● Arneide '07	4
○ Leverano Bianco '10	3*
● Leverano Rosso '09	3*
● Leverano Rosso Ris. '06	4*
● Salice Salentino Rosso '09	3*
● Salice Salentino Rosso Ris. '07	4*
○ Chardonnay '10	3
⊙ Leverano Rosato '10	3
○ Vermentino '10	3
● Leverano Rosso '07	2*
● Salice Salentino Rosso Ris. '06	4
● Salice Salentino Vecchia Torre '08	3*

Conti Zecca
VIA CESAREA
73045 LEVERANO [LE]
TEL. 0832925613
www.contizecca.it

VENDITA DIRETTA
VISITA SU PRENOTAZIONE

PRODUZIONE ANNUA 2.000.000 bottiglie
ETTARI VITATI 320.00

La famiglia Zecca è una protagonista della vitivinicoltura salentina ormai da più di cinque secoli. Suddivisa in quattro tenute tutte nel cuore del Salento, Cantalupi a Salice Salentino e Saraceno, Donna Marzia e Santo Stefano a Leverano, l'azienda riesce a proporre una serie di linee produttive in cui si incontrano la qualità, l'ampia produzione e l'onestà dei prezzi. I vini provengono sia da vitigni autoctoni che internazionali, e si situano certo all'interno della tradizione pugliese ma con una grande attenzione alla ricchezza di frutto e alla pulizia tecnica.

Tre Bicchieri anche quest'anno per il Nero '08, che al naso si presenta con sentori di cioccolato, prugne e spezie dolci, mentre il palato è succoso, fruttato, leggermente tannico e di bella lunghezza. Buoni il Cantalupi Primitivo '09, sapido e teso, il Negramaro '08, dalle note di frutti neri a nocciolo e di buona distensione al palato, e il Primitivo '09, fruttato e piacevole. Infine, ci sono molto piaciuti due Donna Marzia, la linea base: il Malvasia Bianca '10, dai toni di frutta bianca e gelsomino e dal finale fresco e agrumato, e il Primitivo '09, dai profumi floreali e di frutti rossi, non particolarmente ricco ma elegante e coerente.

● Nero '08	6
● Cantalupi Primitivo '09	3*
○ Donna Marzia Malvasia Bianca '10	2*
● Donna Marzia Primitivo '09	3*
● Negramaro '08	4*
● Salice Salentino Rosso Cantalupi Ris. '08	4
⊙ Saraceno La Rosa del Salento '10	2
● Nero '07	6
● Nero '06	6
● Nero '03	6
● Nero '02	6
● Nero '01	6

PUGLIA
890 LE ALTRE CANTINE

Masseria Altemura
C.DA PALOMBARA - SP 69
72028 TORRE SANTA SUSANNA [BR]
TEL. 0831740485
www.masseriaaltemura.it

Bella prestazione per l'azienda pugliese della Zonin. Il Sasseo '09 è un Primitivo floreale, con sfumature balsamiche, fine ed elegante al palato, ancora leggermente marcato dal legno ma fresco e fruttato, mentre il Rosato '10 è un Negroamaro equilibrato, dai toni di piccoli frutti rossi, piacevole e di facile beva.

⊙ Rosato '10	ΨΨ 4*
● Sasseo '09	ΨΨ 4
○ Fiano '10	Ψ 4
● Primitivo di Manduria Altemura di Altemura '08	Ψ 5

Amastuola
VIA MARTINA FRANCA, 80
74016 MASSAFRA [TA]
TEL. 0998805668
www.amastuola.it

Questa nuova azienda della famiglia Montanaro è situata all'interno del parco regionale Terra delle Gravine, lavora in biologico certificato e utilizza solo tappi a vite. La prima annata è più che promettente. Il Syrah '10 è floreale, con note di frutti rossi, fresco e piacevole, mentre il Primitivo '10 è scorrevole, nitido, fruttato.

● Primitivo '10	ΨΨ 4
● Syrah '10	ΨΨ 4
● Merlot '10	Ψ 4
○ Salento Bianco '10	Ψ 4

Antica Enotria
LOC. C.DA RISICATA
SP 65
71042 CERIGNOLA [FG]
TEL. 0885418462
www.anticaenotria.it

Azienda biologica da tanti anni quella della famiglia Di Tuccio, che quest'anno ha presentato uno splendido Vriccio '10, un Primitivo dai profumi di frutti rossi freschi e terra bagnata, dal palato piacevole, fresco, nitido e coerente, scorrevole e tutto da bere. Ben realizzato anche il Puglia Rosso '09, Aglianico dai toni di fichi, tabacco e spezie.

● Puglia Rosso '09	ΨΨ 2*
● Vriccio '10	ΨΨ 4*
● Aglianico '08	Ψ 4
○ Falanghina '10	Ψ 4

Barsento
C.DA SAN GIACOMO
70015 NOCI [BA]
TEL. 0804979657
www.cantinebarsento.it

Torna in Guida dopo qualche anno l'azienda dei fratelli Colucci. Di bella impostazione tradizionale il Primitivo Casaboli '07, dai profumi di ciliegia nere e spezie e dal palato coerente, pieno e leggermente dolce, mentre il rosato da uve malvasia nera Magilda '10, dai toni floreali e di frutti rossi, è fresco e piacevole.

● Casaboli '07	ΨΨ 4
⊙ Magilda '10	ΨΨ 4*
● Malicchia Mapicchia '07	Ψ 5

Cantine Botromagno
VIA ARCHIMEDE, 22
70024 GRAVINA IN PUGLIA [BA]
TEL. 0803265865
www.botromagno.it

I fratelli D'Agostino continuano a lavorare per innalzare il livello qualitativo della denominazione Gravina, come dimostra il loro cru Poggio al Bosco '10, ricco ma dall'acidità aggressiva, con toni di agrumi e lungo finale grintoso e spigoloso. Il Rosé di Lulù '10, uvaggio di nero di Troia e montepulciano, è fresco, floreale e piacevole.

○ Gravina Poggio al Bosco '10	ΨΨ 5
⊙ Rosé di Lulù '10	ΨΨ 4
○ Fiano '10	Ψ 4
○ Gravina '10	Ψ 3

Cantine Botta
VIA LA MARINA 8/10
76125 TRANI [BT]
TEL. 0803953837
www.cantinebotta.it

Molto interessanti i vini proposti dall'azienda della famiglia Angarano. Il Moscato di Trani ha toni di rosmarino e miele d'acacia, un palato ricco ma anche teso ed equilibrato. Il Castel del Monte Rosso d'Antò '09 è morbido e disteso, con tannini vellutati, mentre il Nero di Troia Turenum '09 ha fresche note di pepe e frutti rossi.

● Castel del Monte D'Antò '09	ΨΨ 3*
○ Moscato di Trani '09	ΨΨ 4
● Turenum '09	ΨΨ 4*

LE ALTRE CANTINE — PUGLIA

C.a.l.o.s.m.
via Pietro Siciliani, 8
73058 Tuglie [LE]
Tel. 0833598051
www.calosm.it

Buoni risultati per l'azienda dei fratelli Calò. Tipico e tradizionale il Primitivo Iacco '09, con sentori di olive e frutti neri, palato di buon frutto, disteso e avvolgente, più fresco il Villa Valentino Don Carlo '10, Negroamaro in cui spiccano note di frutti rossi e macchia mediterranea, nitido, piacevole e grintoso.

● Iacco '09	4*
● Villa Valentino Don Carlo '10	2*
● Primitivo Villa Valentin '10	2
○ Salmace '10	3

Michele Calò & Figli
via Masseria Vecchia, 1
73058 Tuglie [LE]
Tel. 0833596242
www.michelecalo.it

Torna in Guida l'azienda della famiglia Calò, grazie a un paio di vini di pregevole fattura. Lo Spano '07 è un Negroamaro dai sentori di ciliegia e liquirizia, equilibrato, nitido, fruttato e di buona freschezza, mentre lo Stella Tulliae '09 è un vino dolce da moscato reale dai toni di scorza di agrumi candita e pan di spezie.

● Rosso Spano '07	5
○ Stella Tulliae '09	5
● Grecàntico '10	4
○ Mjère Bianco '10	4

Centovignali
l.go Ugo Imbriani, 40
70010 Sammichele di Bari [BA]
Tel. 0808917968
www.centovignali.it

I vini di Giuseppe Rossi provengono da un vigneto di 20 ettari piantato nel 2004. Il Gioia del Colle Primitivo Indellicato '10 ha sentori di ciliegia e macchia mediterranea, palato di buona struttura, minerale, fresco e succoso. Bello il Serviano '10, Primitivo dai toni di frutti rossi e spezie, piacevole lo Iòre '10, da fiano minutolo.

● Gioia del Colle Primitivo Indellicato '10	4
● Serviano '10	4
○ Iòre '10	4

Franco Di Filippo
via Malcangi, 99
70059 Trani [BT]
Tel. 0883480872
www.moscatotrani.it

Franco di Filippo nei suoi 2 ettari vitati produce uno dei migliori vini dolci di Puglia. Il Moscato di Trani Estasi Passito Liberty '08 è una vendemmia tardiva, con uve botritizzate, dai profumi di macchia mediterranea, rosmarino, pan di spezie e frutta candita, mentre il palato è fine, coerente, equilibrato, con un lungo finale speziato.

○ Moscato di Trani Estasi Passito Liberty '08	5

Eméra
via Provinciale, 222
73010 Guagnano [LE]
Tel. 0832704398
www.cantineemera.it

Complice un'annata non felicissima per il negroamaro torna in scheda piccola Eméra, nonostante un brillante Primitivo di Manduria Anima di Primitivo '09, complesso, balsamico e con sfumature di frutti neri al naso, un po' più semplice ma comunque ricco, con note di fichi freschi e di buona lunghezza al palato.

● Anima di Primitivo '09	4*
○ Amure '10	3
● Lizzano Anima di Negroamaro '10	3
● Salice Salentino '10	4

Ferri
via Bari, 347
70010 Valenzano [BA]
Tel. 0804671753
www.cantineferri.it

Quest'anno ci sono piaciuti soprattutto il Purpureus '08, Primitivo di buona materia, dai sentori di piccoli frutti neri e incenso, un po' dolce ma dal lungo finale, e il Rubeo '10, rosato da nero di Troia fresco e di facile beva, nitido e fruttato. Ben realizzato anche l'Aureus '09, Chardonnay dalle note di pesca bianca e di buona grinta.

● Purpureus '08	4
⊙ Rubeo '10	3*
○ Aureus '09	4

PUGLIA

LE ALTRE CANTINE

Feudi di Terra D'Otranto
VIA ARNEO MARE
73010 VEGLIE [LE]
TEL. 066832448
www.feudidotranto.com

La Feudi di Terra d'Otranto quest'anno ha presentato una bella selezione. Ci sono piaciuti il Syrah '10, dai sentori varietali di spezie, pepe e frutti rossi, piacevole e immediato, Le Maschere Primitivo '10, grintoso e dai toni di ciliegia nera, e l'Aglianico Ardentius '08, con note di spezie e incenso, fresco e di buon frutto.

- Le Maschere Primitivo '10 — 4
- Syrah '10 — 4
- Ardentius '08 — 5
- Le Maschere Aglianico '10 — 4

Tenuta Fujanera
LOC. C.DA QUADRONE DELLE VIGNE KM 2,500
VIA BARI
71100 FOGGIA
TEL. 0881652619
www.fujanera.it

Annata non particolarmente brillante per l'azienda di Giusy Albano. Il vino più interessante è stato il Re del Cuore '10, rosato da uve negroamaro dai toni floreali e di frutti rossi, lungo e ben eseguito, anche se con un residuo zuccherino un po' al limite. Corretti e piacevoli l'Arrocco Nero di Troia '10 e la Falanghina Bellalma '10.

- ☉ Re del Cuore '10 — 4*
- Arrocco '10 — 4
- ○ Bellalma '10 — 4

Tenute Girolamo
VIA NOCI, 314
74015 MARTINA FRANCA [TA]
TEL. 0804402088
www.tenutegirolamo.it

Molto piacevoli sia il Primitivo '09, dai sentori di cappero, tabacco, frutti neri e dal palato ricco di frutto, elegante, fresco e teso, e il Pétrakos '08, uvaggio di primitivo e merlot, più timido al naso, con note di frutti rossi, succoso e speziato. Ben realizzati il Fiano '10 (da fiano minutolo) e il Pétroma '07, da syrah e primitivo.

- Pétrakos '08 — 5
- Primitivo '09 — 4*
- ○ Fiano Minutolo '10 — 4
- Pétroma '07 — 5

Duca Carlo Guarini
L.GO FRISARI, 1
73020 SCORRANO [LE]
TEL. 0836460288
www.ducacarloguarini.it

Bella conferma per la Duca Carlo Guarini e per il suo Malìa '08, Malvasia Nera ricca e fruttata, con toni di spezie, incenso ed erbe aromatiche. Molto buono il Boemondo '07, Primitivo old style disteso e piacevole, con note di ciliegia e terra bagnata, e ben realizzato l'Ambra '09, equilibrato vino dolce da uve sauvignon blanc.

- Malìa '08 — 4*
- ○ Ambra '09 — 5
- Boemondo '07 — 5
- Piutri '08 — 4

Guttarolo
VIA LAMIE DI FATALONE, KM 2,385
70023 GIOIA DEL COLLE [BA]
TEL. 089236612
www.cantineguttarolo.it

Torna in Guida l'azienda di Cristiano Guttarolo, uno degli autori del risveglio di Gioia del Colle, con due Primitivo di ottima fattura. Il Lamie delle Vigne '08 ha toni di china, frutti neri e spezie, ricco ed equilibrato, mentre il Gioia del Colle Primitivo Antello delle Murge '07 ha note di erbe aromatiche ed è succoso e fruttato.

- Lamie delle Vigne '08 — 4*
- Gioia del Colle Primitivo Antello delle Murge '07 — 4

Masseria L'Astore
LOC. L'ASTORE
VIA G. DI VITTORIO, 1
73020 CUTROFIANO [LE]
TEL. 0836542020
www.lastoremasseria.it

Alberelli dal !947 '07 è il nuovo Negroamaro della famiglia Benegiamo. Il nome spiega già tutto. Da vigne di sessant'anni è stato ottenuto un vino molto interessante, di grande concentrazione e dal buon sostegno acido, con sentori di frutti neri a nocciolo e sottobosco, che si iscrive a pieno titolo nella nouvelle vague del Primitivo.

- Alberelli dal 1947 '07 — 6
- Filimei '09 — 4
- Jèma '09 — 4
- ○ Krita '10 — 4

PUGLIA
LE ALTRE CANTINE

Paolo Leo
via Tuturano, 21
72025 San Donaci [BR]
Tel. 0831635073
www.paololeo.it

Buoni risultati per Paolo Leo, con il Primitivo di Manduria '09, dai ricchi profumi di frutti neri a nocciolo e dal palato intenso e succoso, e con il Salice Salentino Rosso Limitone dei Greci '08, speziato e minerale, fresco e di grande piacevolezza. Ben realizzati lo Chardonnay Numen '10 e il Primitivo Fiore di Vigna '09.

● Primitivo di Manduria '09	♛♛ 5
● Fiore di Vigna '09	♛ 5
○ Numen '10	♛ 5
● Salice Salentino Limitone dei Greci '08	♛ 4

Libera Terra Puglia
vico dei Cantelmo, 1
72023 Mesagne [BR]
Tel. 083177591
www.liberaterrapuglia.it

Libera Terra Puglia è la cooperativa che lavora, in modo biologico, i terreni confiscati alla criminalità organizzata pugliese. Da uve negroamaro provengono sia il Renata Fonte '09, floreale, di buon frutto, fresco e piacevole, che il rosato Alberelli De La Santa '10, di grande eleganza e nitidezza aromatica.

⊙ Alberelli De La Santa '10	♛ 4*
● Renata Fonte '09	♛♛ 5
● Filari de Sant'Antonii '10	♛ 4
⊙ Hiso Telary Rosso '10	♛ 3

Cantina Sociale di Lizzano
c.so Europa, 34/39
74020 Lizzano [TA]
Tel. 0999552013
www.cantinelizzano.it

La cantina di Lizzano torna in Guida grazie a uno splendido Lizzano Negroamaro Manorossa '08, dai profumi di frutti neri, spezie, china e dal palato mediterraneo, lungo, con note di fichi e mandorle, e al Primitivo di Manduria Dolce Naturale Monte Manco '07, dai toni di confettura e di pepe, equilibrato, leggermente tannico, piacevole.

● Lizzano Negroamaro Manorossa '08	♛♛ 5
● Primitivo di Manduria Dolce Monte Manco '07	♛♛ 6
● Negroamaro '10	♛ 4

Cantina Locorotondo
via Madonna della Catena, 99
70010 Locorotondo [BA]
Tel. 0804311644
www.locorotondodoc.com

La linea Cummerse della cantina sociale di Locorotondo resta sempre di buon livello. Quest'anno ci ha particolarmente convinto il Rosato '10, tra i migliori della regione. Da uve pinot nero, ha profumi di terra bagnata e frutti neri di bosco, mentre il palato è fruttato, piacevole e di notevole persistenza aromatica.

⊙ Cummerse Rosato '10	♛ 4
● Cummerse Rosso '08	♛ 4
○ Locorotondo Biancaluce '10	♛ 4
○ Locorotondo Brut Primosecco	♛ 4

Alberto Longo
loc. c.da Padulecchia
SP 5 Lucera-Pietramontecorvino km 4
71036 Lucera [FG]
Tel. 0881539057
www.albertolongo.it

L'azienda di Alberto Longo resta una delle più significative della zona di Lucera. Il Nero di Troia Le Cruste '08, di buona materia e spessore, ha sentori di ciliegia nera e caffè, anche se risulta ancora coperto dal legno. Corretti gli altri vini, tra i quali spicca il 04.07.07 '08, Syrah fruttato e varietale.

● Le Cruste '08	♛♛ 5
● 04.07.07. '08	♛ 4
⊙ Donnadele '10	♛ 4
○ Falanghina Le Fossette '10	♛ 4

Monaci
loc. Tenuta Monaci
73043 Copertino [LE]
Tel. 0832947512
www.aziendamonaci.com

Il Girofle '10, da uve negroamaro, è floreale, con sfumature di frutti rossi, piacevole, nitido e di buona freschezza. Di buon livello anche il Simpotica '06, da uve negroamaro e montepulciano, dai profumi di fichi secchi, spezie ed erbe aromatiche secche e dal palato evoluto e disteso, coerente e di buona lunghezza.

⊙ Girofle '10	♛ 4
● Simpotica '06	♛♛ 5
● Copertino Rosso Eloquenzia '08	♛ 4

PUGLIA

LE ALTRE CANTINE

Casa Vinicola Nico
C.DA SPECCHIA
74011 CASTELLANETA [TA]
TEL. 0998491041
www.nicocasavinicola.it

Bella conferma da parte della Nico. La Falanghina '10 ha profumi di gelsomino e pesca bianca, con un palato nitido, teso, dal finale agrumato. Il Sangue Arena '09 della linea Vini Rudy (Castellaneta è la patria di Rodolfo Valentino) è un primitivo con saldo di cabernet franc dalle note di china, spezie e frutti neri.

○ Falanghina '10	🍷 3*
● Sangue Arena Vini Rudy '09	🍷 2*
⊙ Rosato '10	🍷 2

Tenuta Partemio
LOC. C.DA PARTEMIO
SS 7 BR-TA
72022 LATIANO [BR]
TEL. 0831725898
www.tenutapartemio.it

La Lomazzi & Sarli della famiglia Dimastrodonato cambia nome e diventa Tenuta Partemio. I vini sono gli stessi, ma complici un paio di annate poco felici quest'anno ci sono piaciuti un po' meno del solito. Buono il Primitivo '09, dai profumi di macchia mediterranea e spezie dolci, un po' troppo marcato dal legno.

● Primitivo '09	🍷 3*
● Brindisi Rosso '09	🍷 3
○ Fiano Malvasia Bianca '10	🍷 3
● Foglio 32 Rosso '08	🍷 4

Giovanni Petrelli
VIA VILLA CONVENTO, 33
73041 CARMIANO [LE]
TEL. 0832603051
www.cantinapetrelli.com

Sempre di ottimo livello la produzione di Giovanni Petrelli. Il Diecimila Tenuta Scozzi '08 evidenzia sentori di amarena e macchia mediterranea, mentre il palato è di buon frutto e giusta tenuta acida, mentre il Salice Salentino Rosso Pizzinichi Riserva '08 è piacevole e nitido nei suoi toni di frutti neri e spezie dolci.

● Diecimila Tenuta Scozzi '08	🍷 4
● Salice Salentino Rosso Pizzinichi Ris. '08	🍷 4
● Don Pepè '09	🍷 5
● Salice Salentino Centopietre '09	🍷 4

Agricola Pliniana
C.DA BARCE
74024 MANDURIA [TA]
TEL. 0999794273
www.cantinepliniana.it

Tra i vari Primitivo di Manduria presentati quello che più ci ha convinto è stato il Messapo '09, ampio, con sentori di frutti neri, ciliegia e cioccolata al naso, piacevole, disteso e di buon frutto al palato. Ben realizzati anche lo Juvenis '06, dal frutto nero molto fresco, e il Plinius Major '02, che invece accusa l'età.

● Primitivo di Manduria Messapo '09	🍷 4
● Primitivo di Manduria Juvenis '06	🍷 4
● Primitivo di Manduria Plinius Major '02	🍷 5

Rosa del Golfo
VIA GARIBALDI, 56
73011 ALEZIO [LE]
TEL. 0331993198
www.rosadelgolfo.com

L'azienda di Damiano Calò resta un riferimento per i rosati della regione, come dimostra il Rosa del Golfo Negroamaro '10, balsamico, fresco, nitido e grintoso, dal finale in cui spiccano note di piccoli frutti rossi. Da segnalare tra gli altri vini prodotti la Falanghina Ponente '10, dai toni di pompelmo e fiori bianchi.

⊙ Rosa del Golfo Negroamaro '10	🍷 4*
⊙ Brut Rosé	🍷 5
○ Ponente '10	🍷 4
⊙ Vigna Mazzì '10	🍷 4

Cantina Cooperativa di San Donaci
VIA MESAGNE, 62
72025 SAN DONACI [BR]
TEL. 0831681085
www.cantinasandonaci.it

Bella prestazione per questa cantina cooperativa. Della linea Anticaia ottimi il Salice Salentino Rosso '09, dalle note di frutti rossi, sapido e con sfumature di macchia mediterranea, la Riserva '08, dai toni balsamici e di grafite, piacevole e di buon frutto, e il Primitivo '10, dai profumi di lampone e sottobosco, fresco e sapido.

● Salice Salentino Anticaia '09	🍷 3*
● Salice Salentino Anticaia Ris. '08	🍷 4
● Primitivo Anticaia '10	🍷 3

PUGLIA

LE ALTRE CANTINE

Santa Lucia
SC San Vittore, 1
70033 Corato [BA]
Tel. 0817642888
www.vinisantalucia.com

Azienda storica della zona di Castel del Monte, quest'anno ha presentato uno splendido Castel del Monte Rosso Le More Riserva '08, Nero di Troia in purezza ricco e intenso nei suoi profumi di mandorla e di frutti neri a nocciolo, dal palato pieno, succoso, con note di spezie e cacao. Corretti e piacevoli gli altri vini proposti.

● Castel del Monte Le More Ris. '08	🍷🍷 6
● Castel del Monte Rosso V. del Melograno '09	🍷 4
○ Gazza Ladra '10	🍷 4
● Gazza Nera '10	🍷 4

Santa Maria del Morige
Fraz. Carpignana
Via del Mare, km 2
73044 Galatone [LE]
Tel. 3458592276
www.santamariadelmorige.com

Sempre di buon livello il Cinabro. La versione '08 di questo Negroamaro in purezza evidenzia al naso profumi di frutti rossi e spezie, mentre il palato è un po' semplice ma grintoso. Ben realizzato il Murice Bianco '10, vino particolare, ma convincente da uve negroamaro vinificate in bianco.

● Cinabro '08	🍷 4
○ Murice Bianco '10	🍷 4

Schola Sarmenti
Via Generale Cantore, 37
73048 Nardò [LE]
Tel. 0833567247
www.scholasarmenti.it

Il Primitivo Diciotto '08 appartiene alla nuova tendenza che vuole i Primitivo molto ricchi e concentrati. 18 gradi alcolici, realizzato con uve provenienti da una vigna di 65 anni, ha toni di ciliegia e frutti neri e un palato di grande fittezza, ma dal finale un po' troppo dolce e cui manca il giusto sostegno acido.

● Primitivo Diciotto '08	🍷🍷 8
● Artetica '07	🍷 6
○ Candòra '10	🍷 4
● Nardò Nerìo Ris. '06	🍷 4

Conte Spagnoletti Zeuli
Fraz. Montegrosso
C.da San Domenico, SP 231 km 60,000
70031 Andria [BT]
Tel. 0883569511
www.contespagnolettizeuli.it

Molto ben realizzato il Castel del Monte Rosso Terranera Riserva '06, dal naso ampio e intenso, in cui spiccano note di spezie e frutti rossi, mentre il palato è dinamico, di buona materia e ben sostenuto dall'acidità, pur avendo tannini un po' spigolosi e un finale dai toni maturi. Corretti gli altri vini presentati.

● Castel del Monte Rosso Terranera Ris. '06	🍷🍷 5
● Castel del Monte Rosso Il Rinzacco Ris. '08	🍷🍷 5
● Castel del Monte Rosso Pezza La Ruca '08	🍷 4
○ Jody '10	🍷 4

Teanum
Via Salvemini, 1
71010 San Paolo di Civitate [FG]
Tel. 0882551056
www.teanum.it

La Teanum mantiene un buon livello qualitativo. L'Otre Primitivo '09 ha profumi di frutti neri, incenso e olive nere, mentre il palato è di buon equilibrio e frutto, sapido e minerale, mentre arriva una conferma dall'Alta Cabernet Sauvignon '09, dai toni di frutti rossi e tabacco, fresco, lungo e scorrevole.

● Alta Cabernet Sauvignon '09	🍷 4
● Otre Primitivo '09	🍷🍷 3*
● Gran Tiati '08	🍷 4
● San Severo Rosso Favugne '09	🍷 2

Torre Quarto
C.da Quarto, 5
71042 Cerignola [FG]
Tel. 0885418453
www.torrequartocantine.it

Sempre di buon livello il Primitivo di Manduria Regale '08, dai profumi di frutti rossi e dal palato piacevole ma anche più semplice delle passate edizioni. Ottimo il Tarabuso, Primitivo dai toni di frutti rossi, ribes, sottobosco, fresco e scorrevole. Corretto ma senza lo smalto di qualche anno fa il resto della produzione.

● Primitivo di Manduria Regale '08	🍷🍷 4*
● Tarabuso '10	🍷🍷 4*
● Bottaccia '10	🍷 4
○ Fiano '10	🍷 4

PUGLIA
LE ALTRE CANTINE

Agricole Vallone
VIA XXV LUGLIO, 5
73100 LECCE
TEL. 0832308041
www.agricolevallone.it

Il Graticciaia '08 arrivato alle nostre degustazioni ci ha lasciato molto perplessi: ai profumi di olive nere e ciliegie sotto spirito è seguito un palato disteso ma anche dolce e asciugato dall'alcol. Ci è piaciuto il Passo delle Viscarde '07, dai toni di miele, albicocca candita e scorza di cedro, lungo e ben sostenuto dall'acidità.

○ Passo delle Viscarde '07	5
● Graticciaia '08	8
● Salice Salentino Rosso Vereto '09	3
○ Tenuta Serranova '10	4

Vetrere
FRAZ. VETRERE
SP MONTEIASI-MONTEMESOLA KM 16
74100 TARANTO
TEL. 0995661054
www.vetrere.it

Annata meno riuscita per l'azienda delle sorelle Bruni. Resta ad alto livello il Tempio di Giano '10, Negroamaro fresco dai sentori di macchia mediterranea, more e frutti rossi. Tra gli altri prodotti è interessante il Finis '10, uvaggio di verdeca, malvasia e chardonnay, dai toni di frutta a polpa bianca, aromatico e piacevole.

● Tempio di Giano '10	5
○ Finis '10	4
○ Laureato '10	5
⊙ Taranta '10	4

Tenuta Viglione
VIA CARLO MARX, 44P
70029 SANTERAMO IN COLLE [BA]
TEL. 0803023927
www.tenutaviglione.it

La denominazione Gioia del Colle sta vivendo una crescita qualitativa indiscutibile. Bella conferma per il Marpione Riserva '08, grazie ai sentori di piccoli frutti neri e a una grande piacevolezza di beva. Di buon livello il Rupestre '08, meno nitido ma dalle gradevoli note di erbe aromatiche, e il Paglione '10, fresco e immediato.

● Gioia del Colle Rosso Marpione Ris. '08	4
○ Gioia del Colle Bianco Paglione '10	3
● Gioia del Colle Rosso Rupestre '08	3
● Johe '08	3

Vigne & Vini
VIA AMENDOLA, 36
74020 LEPORANO [TA]
TEL. 0995315370
www.vigneevini.it

Torna in Guida dopo un solo anno di assenza l'azienda della famiglia Varvaglione. Molto buoni sia il Tatu '08, uvaggio di primitivo e aglianico dagli aromi di frutti rossi, spezie, cioccolato e dal palato leggero ma piacevole, fresco e fruttato, che lo Chardonnay Primadonna '10, dai toni di frutta bianca e agrumi, di buona acidità.

○ Primadonna '10	4
● Tatu '08	4
● Schiaccianoci '08	4

Villa Mottura
P.ZZA MELICA, 4
73058 TUGLIE [LE]
TEL. 0833596601
www.motturavini.it

La linea Le Pitre quest'anno è particolarmente di alto livello. Il Primitivo '09 ha profumi floreali di buona intensità e un palato nitido, con note di piccoli frutti neri, complesso e di notevole lunghezza, mentre il Negroamaro presenta toni di ciliegia ed erbe medicinali, è fresco ed equilibrato. Corretti gli altri vini.

● Negroamaro Le Pitre '09	7
● Primitivo Le Pitre '09	7
○ Moscato di Trani '08	6
● Primitivo di Manduria '08	4

Vinicola Mediterranea
VIA MATERNITÀ INFANZIA, 22
72027 SAN PIETRO VERNOTICO [BR]
TEL. 0831676323
www.vinicolamediterranea.it

Di buon livello anche quest'anno la produzione della Vinicola Mediterranea. Torna in primo piano il Don Vito '10, da uve negroamaro e primitivo, tutto giocato sul frutto, con toni di prugna in primo piano e una leggera nota dolce finale, mentre si conferma il Primitivo Febo '10, floreale, piacevole e con aromi di frutti rossi.

● Don Vito '10	3*
● Negroamaro Il Nobile '10	4
● Negroamaro Paisà '10	4
● Primitivo Febo '10	3

CALABRIA

Lentamente ma con costanza anche questa regione, considerata sino a qualche anno una delle meno brillanti sotto il profilo vitivinicolo, sta accorciando le distanze con le altre regioni d'Italia. I tempi, quando si decide di cambiare assetti e filosofia produttiva sono ovviamente lunghi, soprattutto se fatti con serietà e rigore, ma i risultati delle nostre degustazioni di quest'anno indicano chiaramente come il percorso intrapreso da molte delle cantine calabresi stia dando ormai ottimi risultati. Percorrendo da sud a nord la regione, siamo felici di segnalarvi che anche in provincia di Reggio Calabria qualcosa si muove, e bene. La cantina Tramontana, ad esempio, anche quest'anno ha mandato alle nostre selezioni una serie di vini di tutto rispetto. E anche dalla cantina delle sorelle Malaspina giungono buone nuove, a conferma del fatto che queste ragazze lavorano davvero per la qualità. A Lamezia invece il panorama è più statico, ma si consolidano aziende storiche come quelle dei fratelli Statti e della famiglia Lento, anche se stentano a venire fuori nuove realtà in un ambito territoriale sicuramente tra quelli più storicamente votati alla produzione di vino. Nel cosentino invece è sempre tutto un fermento, nascono nuove aziende, mentre quelle storiche come Serracavallo, Terre Nobili e Colacino tanto per citarne qualcuna continuano con successo il loro percorso per mettersi a pari con le altre realtà di punta della regione. Non è estranea a questo percorso la cantina Terre di Balbia della famiglia Venica e Silvio Caputo che, quest'anno, ha rinunciato ad inviarci l'ultima annata prodotta preferendo per una scelta tecnica dell'enologo Giampaolo Venica e lasciare affinare i vini ancora per qualche mese in cantina. Luci ed ombre nel comparto cirotano dove sembra evidenziarsi il netto divario tra le aziende che negli ultimi anni hanno saputo investire in cantina ed in vigna e quelle che invece ancora non si sono poste il problema di come affrontare nel futuro un mercato che diventa sempre più competitivo e in cerca di vini di originali e di qualità. E' ancora troppo presto per sapere se le tanto discusse modifiche al disciplinare del Cirò sortiranno o meno gli effetti sperati. Siamo convinti che il futuro per regioni come la Calabria sia quello che passa per la valorizzazione dell'ingente e ancora in parte inesplorato patrimonio ampelografico che ha la fortuna di possedere e che ne fa quasi un unicum in Italia.

CALABRIA

iGreco

C.DA GUARDAPIEDI
87062 CARIATI [CS]
TEL. 0983969441
www.igreco.it

VENDITA DIRETTA
VISITA SU PRENOTAZIONE
OSPITALITÀ
RISTORAZIONE

PRODUZIONE ANNUA bottiglie
ETTARI VITATI 80.00
VITICOLTURA Biologico Certificato

Produttori di olio tra i più grandi e premiati d'Italia da qualche anno i fratelli Greco hanno anche cominciato a produrre vini di qualità in regime di agricoltura biologica. In una zona storicamente vocata alla produzione di vino i Greco hanno recuperato in parte gran parte i vecchi vigneti di famiglia e dove non era possibile ne hanno reimpiantati altri con l'obiettivo di ottimizzare la produzione esaltando nel contempo vitigni autoctoni e territorialità.

Bella prestazione d'insieme per i vini mandati alle nostre selezioni regionali dalla cantina dei fratelli Greco, a dimostrazione che quando si lavora seriamente in vigna come in cantina i buoni risultati non tardano ad arrivare e si mantengono con continuità. Da finale il Gaglioppo Catà '09 il cui naso è incentrato su eleganti note di piccola frutta rossa, ingentilite da uno sfondo speziato; al palato è fitto, austero e ricco di tannini levigati. Polposo, denso, nitido, ricco di tannini eleganti il Tumà '08 blend di gaglioppo e calabrese dal profumo intenso di frutta di bosco, ribes, mirtilli, e spezie. Profumi freschi e piacevoli per il Gaglioppo Rosato Savù '10 di facile e gradevolissima beva.

● Catà '09	▼▼▼ 3
⊙ Savù '10	▼▼▼ 3
● Tumà '08	▼▼▼ 6
○ Filù '10	▼ 3
● Masino '09	▼▼ 6
● Masino '08	▼▼ 4

Cantine Lento

VIA DEL PROGRESSO, 1
88046 LAMEZIA TERME [CZ]
TEL. 096828028
www.cantinelento.it

VENDITA DIRETTA
VISITA SU PRENOTAZIONE

PRODUZIONE ANNUA 500.000 bottiglie
ETTARI VITATI 70.00

La cantina della famiglia Lento ha diverse proprietà in alcune delle aree più vocate del territorio Lametino. Alla tenuta Romeo, il nucleo storico aziendale, si sono aggiunte nel giro di un paio di lustri la tenuta Caracciolo in zona semipianeggiante e l'acquisizione più recente, quella di Amato, una settantina di ettari di vigneto in zona collinare tra 50 e 770 metri di altitudine. Qui hanno trovato posto anche la grande e attrezzatissima cantina e il nuovo centro direzionale aziendale.

Buona prestazione quest'anno per il vino di punta della cantina Lento, il Cabernet Sauvignon Federico II '08, che raggiunge di slancio le nostre finali. Elegante il profilo olfattivo di prugna e marasca, seguite da una più fresca nuance erbacea; in bocca è grasso, potente con i morbidi tannini in evidenza che donano equilibrio ed armonia. Buono anche il bianco di punta dell'azienda, il Contessa Emburga '10, Sauvignon Blanc vinificato ed maturato in acciaio, varietale al naso, piacevolmente fresco e sapido al palato. Di buon livello il Greco '10: al naso offre profumi di frutta a polpa gialla su un fondo di erbe mediterranee, in bocca è iodato, fitto e molto piacevole.

● Federico II '08	▼▼▼ 6
○ Contessa Emburga '10	▼▼▼ 5
○ Lamezia Greco '10	▼▼▼ 5
○ Lamezia Bianco Dragone '10	▼ 4
● Lamezia Ris. '06	▼ 6
⊙ Lamezia Rosato Dragone '10	▼ 4
● Lamezia Rosso Dragone '10	▼ 4
● Tisaloro '09	▼ 6
● Federico II '06	▼▼ 5
● Federico II '05	▼▼ 5
● Federico II '04	▼▼ 5
● Federico II '99	▼▼ 6
● Lamezia Ris. '05	▼▼ 5
● Lamezia Rosso Ris. '95	▼▼ 5

CALABRIA

Librandi
LOC. SAN GENNARO
SS JONICA 106
88811 CIRÒ MARINA [KR]
TEL. 096231518
www.librandi.it

VENDITA DIRETTA
VISITA SU PRENOTAZIONE

PRODUZIONE ANNUA 2.200.000 bottiglie
ETTARI VITATI 232.00

I Librandi occupano ormai da tempo un posto di rilievo nel novero delle più importanti realtà vitivinicole del meridione. Ai vigneti di Cirò si sono aggiunti nuovi e importanti ambiti produttivi nei limitrofi comuni di Strongoli, Casabona e Rocca di Neto. Dal '93, con l'impianto del primo vigneto sperimentale, i Librandi si sono sempre più dedicati alla valorizzazione del patrimonio ampelografico calabrese selezionando i cloni migliori per la produzione di vini autenticamente territoriali.

Torna ai Tre Bicchieri il Gravello '09, storico taglio di gaglioppo e cabernet sauvignon, vino di grandissimo pregio. È nitido, fitto, profumato di piccoli frutti rossi, spezie e viola, mentre al palato è pieno, sapido e sostenuto da una perfetta architettura tannica. Finale anche per il Cirò Duca Sanfelice '09, vino elegante, ricco di polpa e freschezza mediterranea espresse con rara armonia. Buono il Mantonico Efeso '10, anch'esso in finale grazie alla pregevole fattura, alla raffinatezza del bouquet, ricco di note fruttate e minerali, alla freschezza della beva. Buono anche il Magliocco Magno Megonio '09, che vanta profumi balsamici e di frutta rossa matura, morbido e succoso all'assaggio.

Salvatore Marini
LOC. SANT'AGATA
VIA TERMOPILI, 47
87069 SAN DEMETRIO CORONE [CS]
TEL. 0984947868
www.vinimarini.it

VENDITA DIRETTA

PRODUZIONE ANNUA bottiglie
ETTARI VITATI 7.00
VITICOLTURA Biologico Certificato

Produttori di olio ed agrumi da generazioni, Maria Paola e Salvatore Marini, hanno di recente deciso di misurarsi anche con il vino. Allo scopo hanno ripreso ed ampliato i vigneti di famiglia a San Demetrio Corone splendido borgo medievale ai piedi della Sila di lingua e cultura arbëreshë, dove si parla ancora l'albanese e nelle chiese si pratica il rito greco-bizantino. Come nel resto dell'azienda anche per la viticultura i Marini hanno optato per i vitigni della tradizione e per il biologico certificato.

Finale per il Magliocco Basileus '09, di un bellissimo color rubino violaceo, quasi impenetrabile, di elegante complessità al naso dove alle note di piccoli frutti rossi e neri si uniscono più freschi sentori di erbe officinali e spezie; è ampio e ben strutturato al palato, in perfetto equilibrio tra frutto, acidità e tannini. Il finale è lungo e persistente, sottolineato da un'intrigante sfumatura minerale. Elegante al naso il blend di magliocco e aglianico Elaphe '09, accattivante al palato per nitidezza del frutto e morbidezza dei tannini. Fruttato e minerale al naso il Koronè '09, sapido, ricco di nerbo, persistente e ben concentrato all'assaggio.

● Gravello '09	6
● Cirò Rosso Duca Sanfelice Ris. '09	4
○ Efeso '10	5
⊙ Cirò Rosato '10	3
● Magno Megonio '09	5
○ Cirò Bianco '10	3
● Cirò Rosso Cl. '10	3
○ Critone '10	4
○ Melissa Asylia Bianco '10	4
● Melissa Asylia Rosso '10	4
⊙ Terre Lontane '10	4
● Cirò Rosso Duca Sanfelice Ris. '08	4*
● Cirò Rosso Duca Sanfelice Ris. '07	4*
● Gravello '90	5
● Gravello '89	5

● Basileus '09	6
● Elaphe '09	5
● Koronè '09	4
⊙ Brigantino Rosato '10	4
● Elaphe '08	5
● Korone '08	4

CALABRIA

Senatore Vini
LOC. SAN LORENZO
88811 CIRÒ MARINA [KR]
TEL. 096232350
www.senatorevini.com

VENDITA DIRETTA
VISITA SU PRENOTAZIONE

PRODUZIONE ANNUA 250.000 bottiglie
ETTARI VITATI 29.00

Produttori di vino a Cirò da generazioni, i fratelli Senatore hanno saputo nel giro di pochi anni mettersi al passo con i tempi. L'azienda, forte di ventisette ettari di vigneto, è stata completamente ristrutturata nella parte agronomica e nelle attrezzature della nuova cantina. Le vigne sono state reimpiantate con sesti più consoni ad una produzione di qualità, quindi più fitti. Abbiamo potuto constatare un sostanzioso salto di qualità, in questi ultimi anni, ma ci sono ormai tutti i presupposti per un'ulteriore e definitiva crescita.

Quella dei fratelli Senatore può dirsi ormai una realtà consolidata nell'ambito della Doc Cirò. Anche quest'anno tutti i vini inviati alle nostre selezioni regionali hanno dimostrato appieno correttezza ed affidabilità. Buono l'Alikia '10, insolito uvaggio di greco bianco e gewürztraminer, profumato di frutta esotica, agrumi e macchia mediterranea, mentre all'assaggio è fresco, dotato di un bel nerbo acido e buona struttura. Piacevolissimo il Cirò Rosato Puntalice '10, ricco di un bel frutto fresco e croccante che lo rende particolarmente piacevole alla beva; inoltre vanta un profilo olfattivo davvero intrigante dove alle dolci note di piccola frutta rossa si sposa una fresca nota marina.

○ Alikia '10	▼▼	4
⊙ Cirò Rosato Puntalice '10	▼▼	4*
○ Cirò Bianco Alaei '10	▼	4
● Ehos '08	▼	4
○ Eukè '10	▼	4
○ Alikia '09	▼▼	4
⊙ Cirò Rosato Puntalice '09	▼▼	4*
● Cirò Rosso Cl. Arcano '07	▼▼	4
● Cirò Rosso Cl. Arcano '06	▼▼	4
● Cirò Rosso Cl. Arcano Ris. '07	▼▼	5
● Cirò Rosso Cl. Arcano Ris. '06	▼▼	5
● Ehos '06	▼▼	4*
● Gaglioppo Merlot '08	▼▼	4

Serracavallo
C.DA SERRACAVALLO
87043 BISIGNANO [CS]
TEL. 098421144
www.viniserracavallo.it

VENDITA DIRETTA
VISITA SU PRENOTAZIONE
RISTORAZIONE

PRODUZIONE ANNUA 80.000 bottiglie
ETTARI VITATI 25.00

La cantina di Demetrio Stancati si trova a Bisignano in contrada Serracavallo, a circa 600 metri d'altitudine. Si tratta di vigne dalle pendenze accentuate ma ottimamente esposte con un microclima particolarmente favorevole grazie anche alle notevoli escursioni termiche estive. Negli ultimi anni Demetrio si è concentrato sui vitigni autoctoni regionali, il magliocco in particolare, cominciando un lavoro di ricerca e selezione dei migliori cloni che a giudicare dai vini sta dando ottimi risultati.

Non ci ha deluso neanche quest'anno la cantina di Demetrio Stancati, ormai una delle punte di diamante della viticultura calabrese. Molto buona la versione '07 del Magliocco Vigna Savuco '07: bello e complesso il naso, dove si rincorrono in buona armonia note di piccoli frutti rossi e neri, tabacco, spezie e una fresca vena balsamica. Ben profilato anche all'assaggio, segnato sin nel lungo finale dall'equilibrio tra il frutto pieno e polposo e i tannini fitti ed eleganti. Fine e di bella struttura l'uvaggio di magliocco e cabernet Settechiese '10, che è sapido, ricco di polpa e di buon armonia al palato. Piacevolmente fresco e beverino il Rosato Filì '10, da uve magliocco e sangiovese.

● Vigna Savuco '07	▼▼	7
● Sette Chiese '10	▼▼	4*
○ Besidiae '10	▼	4
⊙ Don Filì '10	▼	4
⊙ Filì '10	▼	4
● Terraccia '09	▼	5
● Terraccia '08	▼▼	5
● Terraccia '07	▼▼	5
● Terraccia '06	▼▼	5
● Terraccia '04	▼▼	5
● Vigna Savuco '06	▼▼	5

Statti

c.da Lenti
88046 Lamezia Terme [CZ]
Tel. 0968456138
www.statti.com

VENDITA DIRETTA
VISITA SU PRENOTAZIONE
RISTORAZIONE

PRODUZIONE ANNUA 300.000 bottiglie
ETTARI VITATI 55.00

Nella bella azienda agricola di Antonio e Alberto Statti, una delle più grandi e complete dell'intera regione, si alleva bestiame, si coltivano agrumi e ulivi e naturalmente si produce vino. Ed è proprio sulla produzione vitivinicola che i due hanno concentrato i loro sforzi negli ultimi anni. Il vigneto è stato reimpiantato quasi per intero mentre, in collaborazione con il professor Scienza, è nato un progetto di selezione e valorizzazzione dei migliori cloni di vitigni autoctoni calabresi.

In continua crescita i vini della cantina Statti di Lamezia. Vola in finale al suo esordio, e manca davvero di un soffio i Tre Bicchieri, il Batasarro '09, Gagliopo in purezza di rara finezza ed eleganza, complesso al naso, armonico e persistente in bocca. Bella prestazione anche per l'Arvino '09, blend di gaglioppo e cabernet sauvignon di gran bella struttura, tenuta su da tannini fitti e fini e sapidità, vino peraltro dallo straordinario rapporto qualità/prezzo. Tra i bianchi segnaliamo il Mantonico '10, fruttato e minerale, fresco, polposo e dotato di un lungo finale, in equilibrio tra frutto e sapidità. Note di frutta gialla al naso per il Greco '10, vino di estrema bevibilità.

● Batassarro '09	🍷🍷 5
● Arvino '09	🍷🍷 4*
● Gagliopo '10	🍷🍷 3
○ Mantonico '10	🍷🍷 5
○ Greco '10	🍷 4
○ I Gelsi Bianco '10	🍷 2
○ Lamezia Bianco '09	🍷 3
● Lamezia Rosso '10	🍷 3
● Arvino '08	🍷🍷 4*
● Arvino '07	🍷🍷 4*
○ Nosside '05	🍷🍷 5

Tenuta Terre Nobili

via Cariglialto
87046 Montalto Uffugo [CS]
Tel. 0984934005
www.tenutaterrenobili.it

VENDITA DIRETTA
VISITA SU PRENOTAZIONE
OSPITALITÀ

PRODUZIONE ANNUA 57.000 bottiglie
ETTARI VITATI 16.00
VITICOLTURA Biologico Certificato

Lidia Matera, laureata in agronomia, segue personalmente e con determinazione l'azienda ereditata dal padre. Si tratta di una quarantina di ettari divisi tra vigna ed uliveto in zona collinare intorno ai 300 metri di altezza. Lidia, molto attenta alla compatibilità ambientale, sin dal '95 ha convertito la sua azienda al biologico, nel contempo ha completamente espiantato i vitigni internazionali, reimpiantato una decina di ettari con i migliori cloni di magliocco, nerello e greco bianco.

Buono il Magliocco Cariglio '10, dal naso balsamico con fresche note agrumate. All'assaggio è concentrato e davvero equilibrato. Bella prestazione per il Greco Santa Chiara '10, di buona complessità olfattiva grazie a fresche note di lavanda ed altre erbe aromatiche, che ben si accompagnano a note di frutto a polpa gialla. In bocca è saporito, ricco di frutto succoso e persistente, equilibrato da una fresca vena acida.

● Cariglio '10	🍷🍷 4
○ Santa Chiara '10	🍷🍷 4*
● Alarico '10	🍷 4
⊙ Donn'Eleonò '10	🍷 4
● Alarico '09	🍷🍷 5
● Alarico '08	🍷🍷 4
● Alarico '07	🍷🍷 5
● Cariglio '09	🍷🍷 4*
● Cariglio '07	🍷🍷 5
● Cariglio '01	🍷🍷 3*
○ Santa Chiara '08	🍷🍷 4

CALABRIA

Tramontana
loc. Gallico Marina
via Casa Savoia, 156
89139 Reggio Calabria
Tel. 0965370067
www.vinitramontana.it

VENDITA DIRETTA
VISITA SU PRENOTAZIONE

PRODUZIONE ANNUA 200.000 bottiglie
ETTARI VITATI 41.00

La famiglia Tramontana produce vino sin dal 1890, quando il capostipite Antonio ha messo su il primo nucleo dell'attuale azienda agricola. Adesso a condurla sono Vincenzo con il figlio Antonio. Sono stati loro, soprattutto nell'ultimo decennio, ad impostare e portare avanti la trasformazione dell'azienda da piccola realtà familiare in una moderna ed attrezzata cantina, tra le più competitive dell'intera regione.

Buono il Costa Viola '09, blend di calabrese, cabernet e nocera coltivati sulle colline che si affacciano sullo Stretto di Messina. Profuma di frutti di bosco, ha belle note floreali e fresche nuance di eucalipto, mentre in bocca la solida struttura è ben equilibrata da fresca acidità e una bella e fitta trama tannica. Di buon livello anche il Pellaro '09, uvaggio di calabrese, castiglione e alicante. Intenso al naso - dove oltre ad un bel frutto rosso maturo fanno capolino cioccolato e tabacco - si apre bene al palato, sostenuto dall'acidità ma soprattutto da tannini fitti ed armonici. Più internazionale nell'approccio il To Crasì '08, da calabrese con un 40% di cabernet e merlot: è austero, persistente e complessivamente ben profilato.

Luigi Viola
via Roma, 18
87010 Saracena [CS]
Tel. 0981349099
www.cantineviola.it

VENDITA DIRETTA
VISITA SU PRENOTAZIONE

PRODUZIONE ANNUA 8.000 bottiglie
ETTARI VITATI 2.00
VITICOLTURA Biologico Certificato

Luigi Viola è un vignaiolo vero, umile, appassionato, di quelli che non misurano il vigneto in ettari ma in filari, di quelli che conoscono una ad una le piante della sua minuscola vigna all'interno del Parco Naturale del Pollino. Ceppi antichi, contorti, che raccontano la storia del Moscato di Saracena, un vino che stava sparendo e che adesso grazie alla caparbietà di quest'insegnante in pensione è tornato ad occupare un posto di rilievo nel panorama vitivinicolo meridionale.

Anche quest'anno il Moscato di Saracena '10 è risultato uno dei migliori vini da meditazione degustati durante le nostre finali, tanto buono da riconquistare di slancio i Tre Bicchieri per il quarto anno consecutivo. Blend di moscato con guarnaccia e malvasia in percentuali simili, ha un bouquet di eleganza straordinaria dove alle dolci note di frutta tropicale e di fichi secchi si sposano - in perfetta armonia - note floreali di rosa appassita e più fresche nuance di lavanda ed agrumi. Fresco, denso di frutto, dolce e succoso, abbraccia il palato senza essere stucchevole grazie ad una vibrante acidità. Lunghissimo il finale, sorretto da ritorni minerali ed agrumati.

● 1890 '08	6
● Costa Viola '09	4
○ Greco di Bianco Glicio '09	6
● Pellaro '09	4*
● To Crasì '08	4
● Vorea '10	4*
○ Istoria '10	4
● 1890 '07	6
● 1890 '06	6
● Pellaro '08	4*
● To Crasì '05	4*
● Vorea '08	5

○ Moscato Passito '10	7
○ Moscato Passito '09	7
○ Moscato Passito '08	7
○ Moscato Passito '07	7
○ Moscato Passito '06	7

CALABRIA

LE ALTRE CANTINE

Caparra & Siciliani
Bivio SS Jonica 106
88811 Cirò Marina [KR]
Tel. 0962373319
www.caparraesiciliani.it

Varietale, ben fatto il Cirò Volvito '08, che al naso è fruttato con spunti floreali e di tabacco verde, poi tannico e concentrato al palato. Corretto il Mastrogiurato '08 da gaglioppo e greco nero, vino di buona struttura e persistenza. Pulito, beverino, ricco frutto e fresca acidità la selezione di Cirò Bianco Curiale '10.

● Cirò Rosso Cl. Sup. Volvito '08	♟♟ 4
○ Cirò Bianco Curiale '10	♟ 3
⊙ Insidia '10	♟ 3
● Mastro Giurato '08	♟ 5

Capoano
C.da Ceramidio
88072 Cirò Marina [KR]
Tel. 096231268

Buon esordio per questa cantina cirotana che ha inviato alle nostre selezioni una buona batteria di vini. Fruttato con nuance erbacee il Cirò Bianco '10, fresco, sapido e di buona persistenza all'assaggio. Profuma di frutta di bosco il rosato Don Angelo '10, ricco di frutto, strutturato e pieno al palato.

○ Cirò Bianco '10	♟ 3
○ Cirò Bianco Donna Giovanna '10	♟ 4
○ Cirò Rosato Conte Don Angelo '10	♟ 4
● Cirò Rosso Cl. Sup. Don Raffaele Ris. '05	♟ 3*

Roberto Ceraudo
Loc. Marina di Strongoli
c.da Dattilo
88815 Crotone
Tel. 0962865613
www.dattilo.it

Buono il Petraro '08, blend di cabernet e gaglioppo dal frutto nitido e concentrato sia al naso sia al palato. Sapido, fresco, polposo, con note di legno ben integrate il rosato da gaglioppo Grayasu '10 Etichetta Argento. Fruttato e minerale l'altro rosato Grayasusi '10 Etichetta Rame, sempre gaglioppo ma affinato in acciaio.

⊙ Grayasusi Etichetta Argento '10	♟♟ 5
● Petraro '08	♟♟ 6
● Dattilo '08	♟ 4
⊙ Grayasusi Etichetta Rame '10	♟ 4

Colacino
via A. Guarasci, 5
87054 Rogliano [CS]
Tel. 09841900252
www.colacino.it

Bella prestazione per questa dinamica realtà cosentina. Piacevolissima beva per il Vigna Colle Barabba '10, dal complesso profilo olfattivo, fresco, persistente e ben articolato al palato. Ottimo equilibrio tra tannini, acidità e frutto nel Britto '10, ricco di note di frutta rossa, spezie e sfumature balsamiche al naso.

● Savuto Sup. Britto '10	♟♟ 5
● Savuto V. Colle Barabba '10	♟♟ 4
○ Quarto '10	♟ 4
⊙ Savuto Rosato '10	♟ 4

Tenuta del Conte
via Tirone, 131
88811 Cirò Marina [KR]
Tel. 096236239
www.tenutadelconte.it

Frutta matura e note di chiodi di garofano al naso per il Cirò Riserva '06, pieno in bocca, ricco di tannini morbidi, dal lungo finale fruttato, ravvivato da una nota balsamica. Profumi di frutta rossa, anice e fiori di campo per il Cirò Rosato '10, ben equilibrato in bocca, con un bel finale fresco e persistente.

⊙ Cirò Rosato '10	♟♟ 3
● Cirò Rosso Cl. Sup. Ris. '06	♟♟ 4
○ Cirò Bianco '10	♟ 3
● Cirò Rosso Cl. Sup. '09	♟ 4

Donnici 99
c.da Verzano
87100 Cosenza
Tel. 0984781842
www.donnici99.com

I vigneti di questa cantina cosentina di recente fondazione si trovano a 500 metri di altitudine nel comprensorio della Doc Donnici. L'Audace di Verzano '09, blend di barbera e merlot, è complesso e di piacevole beva. L'Antico di Verzano '08 è fruttato, di buona struttura e piacevolmente tannico al palato.

○ Albicello Diverzano '10	♟ 3
● Audace Diverzano '09	♟ 3
● Donnici Antico Diverzano '08	♟ 4
⊙ Fugace Diverzano '10	♟ 3

CALABRIA

LE ALTRE CANTINE

Du Cropio
VIA SELE, 5
88811 CIRÒ MARINA [KR]
TEL. 096235515
www.viniducropio.it

Rientra in Guida dopo breve assenza questa interessante cantina cirotana grazie ad una bella prestazione del Cirò Dom Giuvà 08, un Gaglioppo, anzi un Cirò, di grande intensità, austero, profondo, ricco di toni di frutti neri, ben profilato al naso, armonico e fitto al palato. Corretto, old style, il Cirò Damis Riserva '06.

● Cirò Classico Superiore Don Giuvà '08	🍷🍷 5
● Cirò Classico Damis Ris. '06	🍷 4

Cantina Enotria
LOC. SAN GENNARO
SS JONICA 106
88811 CIRÒ MARINA [KR]
TEL. 0962371181
www.cantinaenotria.com

Sempre affidabili i vini di questa cantina sociale, tra le più grandi della regione. Il millesimo '08 della Riserva Pian delle Fate, vino di piacevole beva, ha naso complesso, tannini dolci e frutto succoso. Pulito, fresco, elegante il Cirò Rosso Classico '09, ricco di tannini fitti e setosi e di buona persistenza.

● Cirò Rosso Cl. '09	🍷 4
● Cirò Rosso Cl. Sup. Piana delle Fate Ris. '08	🍷🍷 4
○ Cirò Bianco '10	🍷 3
⊙ Cirò Rosato '10	🍷 3

Pier Giorgio Falvo
LOC. GARGA
87010 SARACENA [CS]
TEL. 0981480921
www.masseriafalvo.it

Buon esordio per questa cantina di Saracena, i cui vigneti si trovano sotto il massiccio del Pollino. Piacevole il Moscatello passito Milirosu '10, profumato di mela e agrumi, dolce al palato, ben equilibrato dall'acidità. Albicocca e sentori floreali per la Guarnaccia Pircoca '10, fresca e fruttata anche al palato.

○ Milirosu '10	🍷🍷 4
○ Donna Filomena '10	🍷 4
○ Pircoca '10	🍷 4

Tenute Ferrocinto
C.DA CIPARSIA
87012 CASTROVILLARI [CS]
TEL. 0981415122
www.cantinecampoverde.it

Buono il Greco in purezza Cozzo del Pellegrino '10 presentato quest'anno da questa grande e dinamica realtà cosentina. Frutto giallo, lavanda e spezie al naso, bocca fresca e ben equilibrata tra frutto ed acidità. Fresco, scorrevole e ottima beva per il Dolcedorme '10, rosato da aglianico dai toni di fragolina e ciliegia.

○ Cozzo del Pellegrino '10	🍷 4
○ Chardonnay '10	🍷 4
⊙ Dolcedorme '10	🍷 4
● serra delle Ciavole '09	🍷 5

Feudo dei Sanseverino
VIA VITTORIO EMANUELE, 108/110
87010 SARACENA [CS]
TEL. 098121461
www.feudodeisanseverino.it

Per quanto di recente fondazione questa cantina si è già fatta apprezzare per la qualità dei vini prodotti. Di livello il Mastro Terenzio, un Moscato di Saracena che nella versione '08 ci è piaciuto per la complessità del profilo olfattivo, ricco di sentori fruttati e floreali, e per la piacevole freschezza al palato.

○ Mastro Terenzio '08	🍷🍷 6
● Donna Marianna '08	🍷 4
● Lacrima Nera '08	🍷 5
○ Moscato Passito al Governo di Saracena '06	🍷 5

Ippolito 1845
VIA TIRONE, 118
88811 CIRÒ MARINA [KR]
TEL. 096231106
www.ippolito1845.it

La cantina Ippolito ha festeggiato di recente le 160 vendemmie. È proprio il vino dedicato a quest'occasione, il Gaglioppo 160 Anni '08 a conquistare le nostre finali. Ottimo esordio per il Greco Passito Gemma del Sole '06, che profuma di albicocche e miele e in bocca è dolce ma ben tenuto su da un fresco nerbo acido.

● 160 Anni '08	🍷🍷 6
○ Gemma Del Sole Passito '06	🍷🍷 5
● I Mori '09	🍷🍷 4
⊙ Cirò Rosato Mabilia '10	🍷 3

CALABRIA

LE ALTRE CANTINE

Tenuta Iuzzolini
LOC. FRASSÀ
88811 CIRÒ MARINA [KR]
TEL. 0962371326
www.tenutaiuzzolini.it

Sempre di buon livello i vini proposti da questa cantina cirotana. In evidenza il Gaglioppo Belfresco '10, dal naso ricco e complesso, ampio e persistente al palato. Di gran bella beva il rosato Lumare '10, fruttato e iodato all'olfatto, fragrante bocca - dove il frutto dolce è equilibrato da freschezza acida e sentori balsamici.

● Belfresco '10	4
○ Lumare '10	4
● Cirò Principe Spinelli '09	4

Malaspina
VIA PALLICA, 67
89063 MELITO DI PORTO SALVO [RC]
TEL. 0965781632
www.aziendavinicolamalaspina.com

Interessanti i vini di questa dinamica cantina reggina, una delle poche realtà della provincia più a sud della regione. Piacevole il Palizzi '08, un blend di calabrese, nerello cappuccio e castiglione, pulito, fruttato ed elegante. Di buon livello anche il Patros Pietro '08, da magliocco canino con un tocco di cabernet.

● Palizzi '08	4
● Patros Pietro '08	5
○ Rosaspina '09	3
○ Cannici Passito '08	5

Domenico Pandolfi
C.DA SODA, 30/32
87010 SARACENA [CS]
TEL. 0981349336
agripandolfi@live.it

La cantina di Domenico Pandolfi è tra le poche che ha ripreso in questi anni la produzione e l'imbottigliamento di Moscato di Saracena, un vino di antico lignaggio che ha rischiato di sparire dalla scena enologica italiana per mancanza di produttori. Il suo Passito '10 è piacevolmente sapido e di bella consistenza.

○ Moscato Passito di Saracena '10	7
○ Moscato Passito di Saracena '09	7

Pichilli
VIA MAZZINI, 45
89038 PALIZZI [RC]
TEL. 0965304881
www.vinipichilli.com

Troviamo volentieri un posto in Guida per questa piccola cantina reggina, condotta dal simpatico Nino Pichilli, anche per incoraggiarlo nel continuare l'arte in una provincia dove le cantine sono davvero poche. Il Prastico '07, da uve greco nero, nerello e gaglioppo, ha profumo di melograno e buona persistenza al palato.

● Prastico '07	4
● Kalò '10	3

La Pizzuta del Principe
C.DA LA PIZZUTA, 1
88816 STRONGOLI [KR]
www.lapizzutadelprincipe.it

Albino Bianchi gestisce con passione l'azienda agricola di famiglia, che in pochi anni ha trasformato in un'azienda vinicola tra le più apprezzate del comprensorio. Fresco, elegante ben fatto il Melissa Jacca Ventu '10, dai profumi balsamici e di frutti di sottobosco, ricco di frutto, lungo e ben distribuito al palato.

● Melissa Jacca Ventu '10	4*
● Zingamaro '10	4
○ Calastrazza '10	3
○ Molarella '09	3

Russo & Longo
FRAZ. STRONGOLI
LOC. SERPITO
88816 STRONGOLI [KR]
TEL. 09621905782
www.russoelongo.it

Nessuna punta di eccellenza, forse, ma una batteria di vini corretti e ben fatti, in compenso, quella presentata quest'anno da questa cantina di Strongoli, nel crotonese. Piacevole il Greco Bianco Terra di Trezzi '10, fresco ed agrumato. Frutta rossa matura al naso, concentrato in bocca il Jachello '08, da uve gaglioppo, greco nero e sangiovese.

○ Colli di Ginestra '10	4
● Jachello '08	6
○ Malvasia Sauvignon '10	4
○ Terre di Trezzi '10	4

CALABRIA
LE ALTRE CANTINE

Santa Venere
LOC. TENUTA VOLTAGRANDE
SP 04 KM 10,00
88813 CIRÒ [KR]
TEL. 096238519
www.santavenere.com

Ancora una buona prova per i vini di questa cantina cirotana, ottenuti da agricoltura biologica. Decisamente piacevole il Vescovado '10, ottenuto da guardavalle, un vitigno autoctono a bacca bianca quasi dimenticato. Convincente la Riserva Federico Scala '08, elegante, ricco nel frutto e dall'importante architettura tannica.

● Cirò Rosso Cl. Sup. Federico Scala Ris. '08	6
○ Vescovado '10	4
● Cirò Rosso Cl. '10	4
● Speziale '10	5

Stelitano
C.DA PALAZZI, 1
89030 CASIGNANA [RC]
TEL. 0964913023
lacantina.stelitano@gmail.com

I fratelli Stelitano sono tra i pochi a produrre il Greco di Bianco, un passito dalle antichissime origini. Eccellente il millesimo '09 del loro Greco che ha un naso complesso e affascinante di noci, caffè, miele e frutta secca, mentre in bocca è fresco, elegante, tonico e dotato di un bel finale, minerale e persistente.

○ Greco di Bianco '09	6
○ Greco di Bianco '08	7
○ Mantonico '08	6

Terre del Gufo - Muzzillo
FRAZ. DONNICI INFERIORE
C.DA ALBO SAN MARTINO
87100 COSENZA
TEL. 3357725614
www.terredelgufo.com

In crescita i vini della piccola ma ben attrezzata cantina della famiglia Muzzillo. Sfiora i Tre Bicchieri il Timpamara '09, vino elegante, di solida struttura e grande armonica complessità. Di gran bella beva il Portapiana '10, ricco al naso di sensazioni di spezie e piccola frutta a bacca rossa che ben ritornano al palato.

● Timpamara '09	6
● Portapiana Donnici '10	5
○ Chiaroscuro '10	4
● Timpamara '08	7

Val di Neto
C.DA MARGHERITA
VIA DELLE MAGNOLIE
88900 SCANDALE [KR]
TEL. 096254079
www.cantinavaldineto.com

L'azienda della famiglia Cappa può contare su una trentina di ettari vitati nell'ambito della Doc Melissa. Buono il Mutrò '08, profumato di frutta rossa e spezie, che in bocca è sapido, di notevole spessore, equilibrato da una fresca spinta acida. Piacevole il Greco Lumia '10. È un bianco fresco, minerale e piacevolmente erbaceo.

● Melissa Rosso Sup. Mutrò '08	5
○ Amistà '10	4
○ Ferule '09	4
○ Melissa Lumia '10	4

Vigna de Franco
FRAZ. CIRÒ MARINA
SS 106 KM. 279,800
88811 CROTONE
TEL. 3290732473
http://vignadefranco.blogspot.com/

In continua crescita i vini da agricoltura biologica di questa piccola realtà cirotana. Molto interessante il millesimo '08 del Cirò F36 p27, vino dal carattere austero e dalla spiccata tipicità territoriale. Pulito, elegante al naso - che ricorda la macchia mediterranea - il Cirò A' Vita '09, fresco e sapido al palato.

● Cirò Rosso Cl. F 36 '08	4
● Cirò Rosso Cl. Sup. 'A Vita '09	4
○ Gaglioppo Rosato '09	3
● Cirò Rosso Cl. Sup. 'A Vita '08	4*

Vinicola Zito
FRAZ. PUNTA ALICE
VIA SCALARETTO
88811 CIRÒ MARINA [KR]
TEL. 096231853
www.zito.it

Zito è un nome storico dell'enologia cirotana, infatti la fondazione di questa cantina risale al 1870. Di buon livello il Cirò Rosso Classico Riserva '08, fruttato e con belle nuance floreali al naso, succoso e persistente all'assaggio. Buono anche il Cirò Bianco Nosside, dai bei sentori al naso, pulito e ben distribuito al palato.

● Cirò Rosso Cl. Ris. '08	4*
○ Cirò Bianco Nosside '10	3
○ Cirò Rosato Imerio '10	3

SICILIA

Sicilia: grandi, inimitabili vini dal carattere mediterraneo. Intendiamoci, non è tutto rose e fiori: lo scorso anno il prezzo di mercato delle uve era bassissimo, molti hanno fatto ricorso alle misure di sostegno, la famigerata vendemmia verde e l'espianto di centinaia, anzi migliaia, di ettari. Ma sono mali necessari, probabilmente. Inevitabili in questa delicata fase di passaggio da una viticoltura di fatto "assistita" dalla Politica Agricola Comunitaria, alla nuova Organizzazione Comune di Mercato. Dove tutti sono più liberi, ma dove il mare è più profondo e le zattere e i salvagente sono parecchi di meno. La migliore Sicilia ha reagito. Quella degli imprenditori di razza, quella dei migliori terroir, quella che ha saputo puntare sugli autoctoni al momento giusto. Ecco allora i nostri premi di quest'anno, che hanno tanto più valore se si pensa che nel panorama di contrazione dei riconoscimenti – quest'anno su Vini d'Italia - fa registrare un bel "più due". Eccoli: iniziamo dall'Etna, una sorta di enologica Terra Promessa. Due Etna Bianco di livello eccellente, il 2010 di Graci e l'A Puddara '09 della Tenuta di Fessina, elegantissime espressioni del carricante nel suo habitat naturale. Il San Lorenzo '09 della Girolamo Russo è un vino ricco del fascino delle cose autentiche, come autentica è la passione di vignaiolo che ha riportato sulla terra Giuseppe Russo, e che gli vale il premio di viticoltore dell'anno. E il Vulcano ripaga delle loro fatiche anche i Firriato, che hanno realizzato un eccellente Etna Rosso Cavanera Rovo delle Coturnie '09 e la Terrazze dell'Etna, che debutta in Guida con un vino da veterani, l'Etna Rosso Cirneco '08, delizioso almeno quanto il Contrada Porcaria '09 di Andrea Franchetti, che etneo non è di nascita ma di sensibilità sicuramente. A poca distanza ecco un superclassico, il Faro Palari '09 di Salvatore Geraci, immancabile. Altro debuttante di vaglia è il Baglio del Cristo di Campobello, premiato con un sontuoso Nero d'Avola Lu Patri '09, che introduce la pattuglia dei rossi dal vitigno principe dell'isola, dove troviamo un affascinante Mandrarossa Cartagho '09 della Settesoli, il seducente Contea di Sclafani Rosso del Conte '07 di Tasca d'Almerita, e ancora un grande Nerobufaleffj '07 della Gulfi, un muscolare e suadente Sàgana '09 di Cusumano e un piacevolissimo e scorrevole Plumbago della Planeta. Dulcis in fundo un delizioso vino dolce, il Passito Gianfranco Ferrè della Feudi del Pisciottio e due perle da Pantelleria, il classico Ben Ryé '09 e il nuovo Nes '09 della Carlo Pellegrino. L'azienda dell'anno quest'anno è siciliana, ed è la Tasca d'Almerita. Il livello raggiunto dalla sua produzione spiega perché.

SICILIA

Abbazia Santa Anastasia
c.da Santa Anastasia
90013 Castelbuono [PA]
Tel. 091671959
www.abbaziasantanastasia.it

VENDITA DIRETTA
VISITA SU PRENOTAZIONE

PRODUZIONE ANNUA 650.000 bottiglie
ETTARI VITATI 62.00
VITICOLTURA Biologico Certificato

Un'immensa tenuta, in parte adibita a vigneto, distesa fra verdi colline che guardano il mare, a poca distanza da Castelbuono, conosciuta città d'arte. Un vero e proprio terroir baciato dai raggi del sole, con la brezza marina che si insinua sovente, accarezzando alberi e viti, arricchito da un'abbazia del 1100 di sfolgorante bellezza. Un luogo ideale per produrre vini di qualità e di carattere, che trova oggi la famiglia Lena impegnata nel transito dal biologico certificato al biodinamico.

Quest'anno, purtroppo, al momento delle degustazioni non erano pronti alcuni vini di punta, a cominciare da quelli già pienamente da agricoltura biodinamica, per i quali sarà necessario attendere. Ci siamo rifatti con una pregevole versione, la '09, di Rosso di Passomaggio (nero d'Avola e merlot), dai toni fruttati maturi che evocano prugna, noce moscata, humus, salvia e foglie di tabacco; in bocca è denso e carezzevole, dotato di tannini ben torniti. Buono anche il Litra '08, Cabernet Sauvignon in purezza, che, pur mostrando un pizzico di surmaturazione, convince per le spiccate sfumature di ribes nero e mora. Convincente il resto.

Alessandro di Camporeale
c.da Mandranova
90043 Camporeale [PA]
Tel. 092437038
www.alessandrodicamporeale.it

VENDITA DIRETTA
VISITA SU PRENOTAZIONE

PRODUZIONE ANNUA 170.000 bottiglie
ETTARI VITATI 35.00
VITICOLTURA Biologico Certificato

Una bella e curata azienda, felicemente posizionata, della stessa famiglia da oltre un secolo. Nino, Natale e Rosolino Alessandro se ne occupano con passione, intelligenza e dedizione a tutto campo, senza risparmiarsi, e hanno già coinvolto pienamente anche le nuove generazioni. L'equilibrata politica dei prezzi, attuata da sempre, e l'indiscutibile bontà dei prodotti, di fattura artigianale e attestati peraltro sul versante dei vini naturali, ne hanno fatto un modello vincente della tipologia.

Il Kaid, da tempo una delle migliori espressioni dell'uva syrah in Sicilia, ha partecipato alle nostre finali con l'annata '09: rubino denso e impenetrabile, dalla vivace bordura violacea, mostra delle sfumature nitide e distinte di amarena, pepe nero e tabacco su uno sfondo elegantemente mentolato; di grande pregio anche l'aspetto gustativo, dove si sommano potenza e finezza, tannini morbidissimi e succosa persistenza. Conferma le sue doti anche il minerale e sapido Catarratto Benedè '10, fresco, fruttato e vivacissimo, di beva assai piacevole. Intenso il DonnaTà '10, Nero d'Avola varietale e di bella energia. Ancora chiuso, al momento degli assaggi, il Kaid Sauvignon Blanc '10.

○ Contempo Grillo '10	♟♟ 3*
● Litra '08	♟♟ 7
● Passomaggio '09	♟♟ 4*
○ Baccante '10	♟ 5
● Contempo Nero d'Avola '10	♟ 3
● Contempo Syrah '08	♟ 3
○ Contempo Zibibbo Chardonnay '10	♟ 3
○ Sinestesia '10	♟ 4
● Litra '04	♟♟♟ 7
● Litra '01	♟♟♟ 8
● Litra '00	♟♟♟ 7
● Litra '99	♟♟♟ 7
● Litra '97	♟♟♟ 7
● Litra '96	♟♟♟ 7
● Montenero '04	♟♟♟ 5

● Kaid '09	♟♟ 5
○ Benedè '10	♟♟ 4
● DonnaTà '10	♟♟ 4
○ Kaid Sauvignon Blanc '10	♟ 6
○ Benedè '10	♟♟♟ 4
● DonnaTà '09	♟♟♟ 4
● DonnaTà '07	♟♟♟ 4*
● DonnaTà '06	♟♟♟ 4*
● Kaid '08	♟♟♟ 5*
● Kaid '07	♟♟♟ 5
● Kaid '06	♟♟♟ 5
● Kaid '05	♟♟♟ 5
● Kaid '04	♟♟♟ 4
● Kaid V. T. '08	♟♟♟ 6

SICILIA

Baglio del Cristo di Campobello

C.DA FAVAROTTA, SS 123 KM 19,200
92023 CAMPOBELLO DI LICATA [AG]
TEL. 0922 877709
www.cristodicampobello.it

VENDITA DIRETTA
VISITA SU PRENOTAZIONE

PRODUZIONE ANNUA 300.000 bottiglie
ETTARI VITATI 30.00

Avviato 12 anni fa, il progetto di Angelo Bonetta e dei figli Carmelo e Domenico tende a esaltare le potenzialità di un territorio ad alta vocazione, le colline di matrice calcareo gessosa a sud di Campobello di Licata. La cantina, modernissima, sorge all'interno del baglio, dedicato a un crocifisso di antica venerazione popolare. Al centro della filosofia aziendale il concetto di sicilianità del vino, un tratto distintivo che va al di là dell'impiego di varietà autoctone o internazionali.

"Third time's a charm", dicono gli inglesi, e, per la terza volta in finale, la magia si compie anche per Lu Patri, che con l'annata '09 conquista meritatamente i Tre Bicchieri. Un Nero d'Avola di monumentali proporzioni, denso e fitto al naso con nette sfumature d'inchiostro, grafite e spezie dolci; la bocca non smentisce le attese, rivelando una struttura imponente e un frutto di intensa e persistente piacevolezza. Elegante nelle note agrumate e polposo il bianco C'D'C' '10, da uve grillo, chardonnay, inzolia e catarratto; carnoso, ben definito nel fruttato e ricco di materia il blend di uve a bacca rossa Adènzia '09; esotico nei profumi e piacevole al palato il Grillo Lalùci '10.

● Lu Patri '09	🍷🍷🍷 6
● Adènzia Rosso '09	🍷🍷 4
● C'D'C' Rosso Cristo di Campobello '10	🍷🍷 3
○ Lalùci '10	🍷🍷 4
○ Adènzia Bianco '10	🍷 4
○ C'D'C' Bianco Cristo di Campobello '10	🍷🍷 3
○ Laudàri '07	🍷🍷 6
● Lu Patri '08	🍷🍷 6
● Lu Patri '07	🍷🍷 6

Cantine Barbera

C.DA TORRENOVA, SP 79
92013 MENFI [AG]
TEL. 0925570442
www.cantinebarbera.it

VENDITA DIRETTA
VISITA SU PRENOTAZIONE
RISTORAZIONE

PRODUZIONE ANNUA 100.000 bottiglie
ETTARI VITATI 15.00

Commercialista ormai pentita Marilena Barbera: in pochi anni, spinta dalla passione, è diventata una delle più attive e conosciute donne del vino italiane. Quando non è in giro per il mondo a promuovere l'immagine della sua azienda è impegnata nella gestione della moderna e attrezzata cantina, dove produce vini territoriali ben fatti, nel segno della qualità, caratterizzati da un buon rapporto qualità prezzo. L'azienda si trova a Menfi, in contrada Belicello, proprio a ridosso del fiume Belice.

Le nostre degustazioni hanno confermato il buono stato di salute di questa cantina menfitana. Tra i rossi registriamo il positivo esordio del Microcosmo '09, da perricone con un tocco di nerello mascalese: si presenta al naso con eleganti note minerali ben sposate a un frutto pieno e vivace che ritorna bene anche al palato. Notevole anche il Merlot Azimut '09, ricco di materia e denso, che si esplicita con bei profumi di frutta rossa matura e una bella tensione gustativa. Tra i bianchi spicca l'Inzolia Dietro Le Case '10, fresca e sapida alla beva, caratterizzata da fresche note di erbe mediterranee. Molto piacevole il rosato da uve nero d'Avola La Bambina '10, dai delicati e fini toni fruttati.

☉ La Bambina '10	🍷 4
○ Menfi Inzolia Dietro le Case '10	🍷🍷 4*
● Menfi Merlot Azimut '09	🍷🍷 5
● Microcosmo '09	🍷🍷 4
○ Inzolia '10	🍷 4
● Menfi Cabernet Sauvignon La Vota '08	🍷 5
○ Menfi Chardonnay Piana del Pozzo '09	🍷 5
● Menfi Coda della Foce '09	🍷 5
● Coda della Foce '08	🍷🍷 6
● Coda della Foce '05	🍷🍷 5
○ Inzolia '09	🍷🍷 4*
☉ La Bambina '09	🍷🍷 4*
● Menfi Cabernet Sauvignon La Vota '08	🍷🍷 5
○ Menfi Inzolia Dietro le Case '09	🍷🍷 4
● Menfi Merlot Azimut '08	🍷🍷 5

SICILIA

★Benanti
via G. Garibaldi, 475
95029 Viagrande [CT]
Tel. 0957893438
www.vinicolabenanti.it

VENDITA DIRETTA
VISITA SU PRENOTAZIONE

PRODUZIONE ANNUA 180.000 bottiglie
ETTARI VITATI 50.00

Se il cavalier Giuseppe Benanti alla fine degli anni Ottanta non avesse deciso di restaurare la proprietà di famiglia a Viagrande, oggi non parleremmo con tanto entusiasmo della viticoltura etnea. Il cavaliere ha avuto la straordinaria intuizione di recuperare vecchie vigne in alta quota, e con la collaborazione di Salvo Foti, agronomo ed enologo di fiducia, altro "genius loci", e scomodando esperti di calibro internazionale ha creato dei vini di straordinaria profondità, contribuendo a ridefinire il gusto in questi anni. Il suo esempio ha segnato la rinascita di questa denominazione.

Il doveroso omaggio non ci esime dal muovere qualche critica a Giuseppe Benanti. Nelle ultime vendemmie presentate il gioiello di famiglia, l'Etna Bianco Superiore Pietramarina non sembra brillare come di consueto. Il '07 ha un bel colore brillante, profumi intensi e nitidi di frutta bianca, pesca in particolare, e poi mandorla. In bocca è fresco e pieno, ma forse gli manca un po' della forza e della minerale profondità che l'hanno reso famoso. Si è invece distino in finale l'Etna Bianco di Caselle '10, sapido, nervoso e minerale. Molto buoni il resto della vasta gamma. Anche se siamo abituati ad attenderci molto di più.

Cantina Viticoltori Associati Canicattì
c.da Aquilata
92024 Canicattì [AG]
Tel. 0922829371
www.viticultoriassociati.it

VENDITA DIRETTA
VISITA SU PRENOTAZIONE

PRODUZIONE ANNUA 700.000 bottiglie
ETTARI VITATI 1000.00

Una importante realtà cooperativistica di oltre 500 soci, diventata simbolo di qualità e numeri significativi, guidata con lungimiranza dal presidente Giovanni Greco. Notevoli, nel tempo, gli investimenti in moderna tecnologia, che unitamente a una gestione agronomica appropriata dei 60 differenti contesti viticoli, costantemente monitorati dallo staff tecnico, hanno permesso di affrontare con sicurezza i mercati e di conseguire risultati lusinghieri in termini di apprezzamento e di fatturato.

Sugli allori come al solito il vino di punta aziendale, l'Aynat, versione '08, frutto di una selezione delle migliori uve nero d'Avola, che consegue la nostra finale con autorevolezza: rubino profondo e cupo, e dall'unghia violacea, si fa notare per il complesso e variegato quadro aromatico, dove risaltano intense sfumature che ricordano il ribes nero e la prugna, il cioccolato e la grafite, il tabacco e la menta; in bocca è poderoso e dinamico, vibrante e persistente, molto succoso. Pregevole anche il minerale e sapido Fileno '10, un Grillo in purezza di notevole struttura. In evidenza anche l'erbaceo e tipico Aquilae Catarratto '10, fruttato e fresco. Senza pecche il resto della produzione.

○ Etna Bianco di Caselle '10	ΨΨ	4
○ Etna Bianco Sup. Pietramarina '07	ΨΨ	7
○ Edelmio '09	ΨΨ	5
● Nerello Mascalese Il Monovitigno '08	ΨΨ	6
○ Noblesse	ΨΨ	8
● Etna Rosso Serra della Contessa '09	Ψ	8
● Majora '08	Ψ	8
● Nerello Cappuccio Il Monovitigno '09	Ψ	6
○ Etna Bianco Sup. Pietramarina '04	ΨΨΨ	7
● Etna Rosso Serra della Contessa '06	ΨΨΨ	8
○ Etna Bianco Sup. Pietramarina '06	ΨΨ	7
○ Etna Bianco Sup. Pietramarina '05	ΨΨ	7
● Etna Rosso Serra della Contessa '08	ΨΨ	8

● Aynat '08	ΨΨ	5
○ Aquilae Catarratto '10	ΨΨ	3*
○ Fileno '10	ΨΨ	3*
● Aquilae Cabernet Sauvignon '09	Ψ	3
○ Aquilae Chardonnay '10	Ψ	3
○ Aquilae Grillo '10	Ψ	3
● Calìo '09	Ψ	4
● Centouno '09	Ψ	3
● Scialo '06	ΨΨ	4*

SICILIA

Centopassi
VIA PORTA PALERMO, 132
90048 SAN GIUSEPPE JATO [PA]
TEL. 0918577655
www.cantinacentopassi.it

VENDITA DIRETTA
VISITA SU PRENOTAZIONE
OSPITALITÀ
RISTORAZIONE

PRODUZIONE ANNUA 300.000 bottiglie
ETTARI VITATI 60.00
VITICOLTURA Biologico Certificato

Una realtà produttiva capace di veicolare attraverso il vino valori come legalità e solidarietà, in una terra mortificata dall'arroganza di un pugno di criminali. L'unione di due cooperative sociali, la Placido Rizzotto - Libera Terra e la Pio La Torre, ha dato forma a questo sogno, prendendo in gestione i vigneti confiscati a esponenti di Cosa Nostra in varie zone dell'Alto Belice. Anche le cantine di San Giuseppe Jato sorgono su un terreno tolto alla mafia.

Finali pienamente meritate per il Grillo Rocce di Pietra Longa '10, dedicato al sindacalista Nicolò Azoti: l'elegante definizione dei profumi varietali di mandorla verde ed erbe aromatiche mediterranee si sposa a un frutto dalla polpa fresca e sapida, pulito e persistente nel finale. Belle note verdi di cappero e gelsi neri le offre al naso il Nero d'Avola Argille di Tagghia Via '10, dedicato a Peppino Impastato; in bocca è fragrante e polputo, assai piacevole. Altrettanto espressivo il Syrah Marne di Saladino '09, dedicato al capitano Emanuele Basile: un'intensa ciliegia con sfumature piccanti prelude a un frutto di pieno equilibrio gustativo. Ottima prestazione complessiva per gli altri prodotti.

○ Grillo Rocce di Pietra Longa '10	4*
● Argille di Tagghia Via '10	4
● Marne di Saladino '09	4
○ Terre Rosse di Giabbascio '10	4*
○ Centopassi Bianco '10	4
○ Centopassi Placido Rizzotto Bianco '10	2
● Centopassi Placido Rizzotto Rosso '10	3
● Centopassi Rosso '10	4

Tenuta Chiuse del Signore
C.DA CHIUSE DEL SIGNORE
SP LINGUAGLOSSA-ZAFFERANA KM 2
95015 LINGUAGLOSSA [CT]
TEL. 0942611340
www.gaishotels.com

VENDITA DIRETTA
VISITA SU PRENOTAZIONE

PRODUZIONE ANNUA 45.000 bottiglie
ETTARI VITATI 50.00

La bella tenuta di Sergio De Luca, noto imprenditore del settore alberghiero a Taormina, si trova a pochi chilometri da Linguaglossa, a quasi 600 metri di altitudine. L'azienda agricola esisteva già dai primi del '900 ma la decisione di imbottigliare vini e olio con un proprio marchio è di una decina di anni fa. Gran parte degli impianti sono nuovi, ma sono stati recuperati anche tutti quelli preesistenti, tra cui uno spettacolare vigneto ad anfiteatro con ceppi di età media intorno agli 80 anni.

Siamo sicuri che questa azienda, avendo a disposizione stupendi vigneti e una bella cantina, animata dalla grande passione di Sergio De Luca, che non vi lesina risorse e impegno, possa fare ancora di meglio. Intanto registriamo la crescita dell'Etna Rosso NerEtna '09 (nerello mascalese e cappuccio), che approda in tranquillità alle nostre finali: austero, ricco di tannini dolci e levigati, si apre bene anche al naso con un bel fruttato maturo e nuance balsamiche e iodate. Vino di buona struttura estrattiva il Serrantico '09 (merlot e syrah), dai netti sentori di frutti di bosco in confettura vivacizzati da una fresca componente balsamica, pieno e succoso ma con tannini ancora giovani.

● Etna Rosso NerEtna '08	5
○ Rasule Alte Bianco '10	4
● Serrantico '09	6
● Etna Rosso NerEtna '08	5
● Pinot Nero '06	7
● Rasule Alte '05	4*
○ Rasule Alte Bianco '09	4*
● Rasule Alte Rosso '09	4*
● Rasule Alte Rosso '08	4*
● Rasule Alte Rosso '07	4*
● Rasule Alte Rosso '06	4*
● Serrantico '08	6
● Serrantico '07	6
● Serrantico '06	6
● Serrantico '05	6
● Serrantico '04	6

SICILIA

COS

SP 3 Agate-Chiaramonte km 14,300
97019 Vittoria [RG]
Tel. 0932876145
www.cosvittoria.it

VENDITA DIRETTA
VISITA SU PRENOTAZIONE

PRODUZIONE ANNUA 160.000 bottiglie
ETTARI VITATI 25.00
VITICOLTURA Naturale

Affacciatisi nel mondo del vino quasi per gioco oltre trent'anni fa Giusto Occhipinti e Titta Cilia ne sono da tempo protagonisti coerenti e affidabili. Per il costante impegno, l'immenso entusiasmo, la dedizione assoluta sul fronte della qualità, insita nel loro modo di essere e di agire, come persone e come vigneron. E, con rigore encomiabile e competenza, sono anche fra i leader indiscussi dell'agricoltura naturale, con curatissimi vigneti, una moderna cantina e una splendida anforaia.

Vola con autorevolezza nella nostra finale Contrada '07, da sole uve nero d'Avola, che ci ha colpito per la magnifica rispondenza alla varietà e al territorio da cui proviene: colore granato scarico di grande fascino, bouquet maturo e compiuto, che vede l'alternarsi di sentori che ricordano le ciliegie sotto spirito, il fieno, le spezie dolci, il rosmarino, il tutto in una cornice di spiccata mineralità; gustativamente si mostra pieno e caldo, elegante e morbido, con tannini ben delineati. Fresco e dinamico il Nero di Lupo annata '09, sempre da uve nero d'Avola, dal fruttato maturo e dalle intriganti note di china, ferro e terra bagnata, di beva godibile. Buoni anche gli altri vini.

Cottanera

loc. Iannazzo
SP 89
95030 Castiglione di Sicilia [CT]
Tel. 0942963601
www.cottanera.it

VENDITA DIRETTA
VISITA SU PRENOTAZIONE

PRODUZIONE ANNUA 300.000 bottiglie
ETTARI VITATI 55.00

Sebbene non abbia ancora festeggiato le venti vendemmie la curatissima azienda dei Cambria può considerarsi una delle aziende storiche dell'Etna, territorio che mai come nell'ultimo lustro ha visto una crescita esponenziale di cantine, vini prodotti e attenzione mediatica. Una bella realtà davvero, espressa da otto etichette che ben interpretano lo stile, tra innovazione e tradizione, che sin dalla fondazione ha sempre caratterizzato questa dinamica maison di rassicurante impronta familiare.

Da una decina d'anni i Cambria, mantenendo alto il livello qualitativo di tutta la produzione, si stanno sempre di più concentrando sui vitigni tradizionali di un territorio forte e marcante come quello dell'Etna. Non è quindi un caso che dalle nostre recenti degustazioni siano venuti fuori, conquistando le finali, due Etna Doc. L'Etna Bianco '10 s'è mostrato vino raffinato e di gran complessità olfattiva, ma soprattutto di rilevante tipicità. Finali anche per l'Etna Rosso '08 (nerello mascalese e cappuccio), elegante nella sua spiccata territorialità, sottolineata da profumi minerali e fumé, solido e ben articolato. Bene il Mondeuse L'Ardenza '09, opulento e ricco di frutto.

● Contrada '07	🍷🍷 8
● Nero di Lupo '09	🍷🍷 5
● Frappato '10	🍷 4
● Maldafrica '08	🍷 5
● Pithos '09	🍷 5
○ Pithos '09	🍷 5
● Cerasuolo di Vittoria Classico '08	🍷🍷 5
● Cerasuolo di Vittoria Classico '07	🍷🍷 5
● Frappato '09	🍷🍷 4*
● Maldafrica '07	🍷🍷 5
● Nero di Lupo '08	🍷🍷 5
○ Ramì '09	🍷🍷 4*
● Syre '05	🍷🍷 6

○ Etna Bianco '10	🍷🍷 4
● Etna Rosso '08	🍷🍷 6
● L'Ardenza '09	🍷🍷 5
● Grammonte '09	🍷🍷 5
● Nume '08	🍷🍷 5
Barbazzale Rosso '10	🍷 3
● Fatagione '09	🍷 5
● Sole di Sesta '08	🍷 5
● Etna Rosso '07	🍷🍷🍷 6
● Etna Rosso '06	🍷🍷🍷 6
● Etna Rosso '05	🍷🍷🍷 6
● Sole di Sesta '00	🍷🍷🍷 7
● L'Ardenza '08	🍷🍷 5

SICILIA

★Cusumano
C.DA SAN CARLO SS 113
90047 PARTINICO [PA]
TEL. 0918903456
www.cusumano.it

VISITA SU PRENOTAZIONE

PRODUZIONE ANNUA 2.500.000 bottiglie
ETTARI VITATI 400.00

Un'azienda leader quella di Alberto e Diego Cusumano che, coniugando con efficacia una sorta di claim centrato su "Sicilia, eleganza e modernità", è riuscita a imporsi in pochi anni sui mercati internazionali. Merito di una visione imprenditoriale lucida, lungimirante e dinamica che ha, fra l'altro, esaltato e reso riconoscibili, attraverso vini impeccabili e molto ben definiti, i territori dove insistono le diverse tenute di proprietà, da Salemi a Pachino, da Butera a Piana degli Albanesi.

Prestazione convincente e Tre Bicchieri per il Sàgana '09, da uve nero d'Avola della zona di Butera, dalle nuance ammalianti di gelsi neri, prugne e humus e dei tannini infinitamente carezzevoli; in bocca risulta setoso e morbido e di notevole lunghezza. Un gradino sotto il Noà '09, da nero d'Avola, merlot e cabernet della zona di Alcamo, marcatamente territoriale, profondo e intenso, con eleganti e distinte note di ciliegia, spezie nere e tabacco, incorniciate da un rinfrescante tratto balsamico. Ottimo anche lo Chardonnay Jalè '10, complesso e articolato, dal fruttato fine e maturo.

Marco De Bartoli
C.DA FORNARA SAMPERI, 292
91025 MARSALA [TP]
TEL. 0923962093
www.marcodebartoli.com

VENDITA DIRETTA
VISITA SU PRENOTAZIONE

PRODUZIONE ANNUA 100.000 bottiglie
ETTARI VITATI 30.00

Un destino amaro ha prematuramente strappato alla famiglia e ai suoi innumerevoli estimatori Marco De Bartoli, uno dei più conosciuti produttori italiani tout court. Ci resta la storia della sua vita di tenace innovatore e l'esempio di un carattere poco incline alla finzione e all'accomodamento, nel segno della pulizia morale, della chiarezza e della generosità. I figli Renato, Giuseppina e Sebastiano ne hanno raccolto con fierezza il testimone e ne continuano orgogliosamente l'opera.

Ottima prova, e finale, per il Vecchio Samperi Ventennale (grillo e altre uve), profondo e complesso, connotato da nitidi sentori di noce e iodio, freschissimo e piacevole, molto persistente. Eccellente anche il Marsala Superiore Riserva 10 Anni (da grillo) dall'intenso e fine bouquet di sorba, spezie ed erbe officinali, gustativamente dinamico e avvincente. Grasso e cremoso il Passito di Pantelleria Bukkuram '07, sorprendente per la sua soavità. Tutta di livello la restante produzione. Pregevoli anche i vini naturali di TerzaVia, curati da Renato De Bartoli, fra i quali emerge l'aromatico Dolcemamà '09 (moscato d'Alessandria), vivificato da una bella acidità.

● Sàgana '09	🍷🍷🍷 5
○ Jalè '10	🍷🍷 5
● Noà '09	🍷🍷 5
● Benuara '10	🍷🍷 4
● Nero d'Avola '10	🍷🍷 4*
○ Angimbé '10	🍷 4
● Merlot '10	🍷 4
● Syrah '10	🍷 4
● Noà '05	🍷🍷🍷 5
● Sàgana '08	🍷🍷🍷 5
● Sàgana '07	🍷🍷🍷 5
● Sàgana '06	🍷🍷🍷 5
● Sàgana '05	🍷🍷🍷 5
○ Cubìa '09	🍷🍷 4*
● Noà '08	🍷🍷 5

○ Marsala Sup. 10 Anni Ris.	🍷🍷🍷 7
○ Vecchio Samperi Ventennale	🍷🍷 7
○ Marsala Sup. Oro 5 anni Vigna La Miccia	🍷🍷 4
○ Passito di Pantelleria Bukkuram '07	🍷🍷 7
● Rosso di Marco '08	🍷🍷 6
○ Sole e Vento '10	🍷🍷 4
○ TerzaVia Dolcemamà '09	🍷🍷 4
○ Grappoli del Grillo '09	🍷 5
○ Pietranera '10	🍷 5
● TerzaVia Amada '07	🍷 4
○ TerzaVia Lucido '10	🍷 4

SICILIA

★Donnafugata
via Sebastiano Lipari, 18
91025 Marsala [TP]
Tel. 0923724200
www.donnafugata.it

VENDITA DIRETTA
VISITA SU PRENOTAZIONE

PRODUZIONE ANNUA 2.300.000 bottiglie
ETTARI VITATI 260.00

La storia di Donnafugata è relativamente recente: fondata nel 1983 da Giacomo e Gabriella Rallo, cui presto si sono uniti i figli Josè e Antonio, in pochi anni ha avuto una straordinaria espansione tanto da diventare uno dei punti di riferimento dell'enologia siciliana. Ampia e articolata la gamma dei vini prodotti, la cui costanza qualitativa è assicurata da tre modernissime cantine: quella di Contessa Entellina, quella storica di famiglia, a Marsala, e l'ultima nata, in quel di Pantelleria.

La scelta di Antonio Rallo di lasciare il Ben Ryé ad affinare in cantina un anno in più si è rivelata vincente. Tre Bicchieri per la versione '09 di questo straordinario passito, letteralmente incantevole: ambrato dai riflessi scintillanti d'oro, fitto e complesso al naso, con profumi di fichi, datteri, arancia candita e fresche note di anice e lavanda, si presenta al palato concentrato, sensuale, persistente, dolce ma tenuto su da una vibrante vena acida, coerente e lunghissimo nell'adamantina chiusura. Finalista anche il Nero d'Avola Milleunanotte '07, concentrato e balsamico. Buono anche il Tancredi '08, blend di cabernet sauvignon e nero d'Avola, dagli eleganti toni fruttati e speziati.

Duca di Salaparuta
Vini Corvo
via Nazionale, SS 113
90014 Casteldaccia [PA]
Tel. 091945201
www.duca.it

VENDITA DIRETTA
VISITA SU PRENOTAZIONE

PRODUZIONE ANNUA 10.000.000 bottiglie
ETTARI VITATI 155.00

Uno sguardo globale sulla Sicilia attraverso tre brand di richiamo internazionale, autentiche icone del vino isolano: Corvo, Duca di Salaparuta e Florio. L'opera di razionalizzazione avviata dal gruppo ILLVA di Saronno è completa, il patrimonio di cantine storiche e vigneti di recente acquisizione in zone chiave come l'Etna (Vajasindi), Butera (Suor Marchesa) e Salemi (Risignolo), rappresenta il motore di un'azienda agile, capace di produrre grandi numeri e qualità per ogni livello di consumo.

Due finalisti a rappresentare il vertice dei due marchi gemellati: il primo è il Duca Enrico '07, che al naso esprime con bella finezza le note varietali di capperi e prugna matura del nero d'Avola; al palato è rotondo, caldo e persistente. L'altro "campione" è la Malvasia delle Lipari Passito '10 Florio, esemplare per pulizia e definizione negli aromi d'agrumi canditi, fichi e creme caramel; in bocca dilaga con un frutto e una dolcezza di preziosa armonia. Bella versione dell'Inzolia Bianca di Valguarnera '09, ben strutturata e persistente, con un legno finalmente ben dosato. Tra i Marsala Florio sfiora le finali il Vergine Terre Arse '00, assai complesso ed elegante. Buono il resto.

○ Passito di Pantelleria Ben Ryé '09	▼▼▼ 8
● Contessa Entellina Milleunanotte '07	▼▼ 8
○ Contessa Entellina Vigna di Gabri '10	▼▼ 4
● Sherazade '10	▼▼ 4*
● Tancredi '08	▼▼ 6
● Angheli '08	▼ 5
○ Lighea '10	▼ 4
● Contessa Entellina Milleunanotte '06	▼▼▼ 8
● Contessa Entellina Milleunanotte '05	▼▼▼ 8
● Contessa Entellina Milleunanotte '04	▼▼▼ 7
○ Passito di Pantelleria Ben Ryé '06	▼▼▼ 7
● Tancredi '07	▼▼▼ 5
○ Passito di Pantelleria Ben Ryé '08	▼▼ 8

● Duca Enrico '07	▼▼ 8
○ Florio Malvasia delle Lipari Passito Florio '10	▼▼ 6
○ Bianca di Valguarnera '09	▼▼ 6
○ Kados Tenuta Risignolo '10	▼▼ 4
● Lavico Tenuta Vajasindi '08	▼▼ 5
○ Marsala Vergine Oro Baglio Florio '98	▼▼ 7
○ Marsala Vergine Terre Arse Florio '00	▼▼ 6
● Calanìca Frappato e Syrah '09	▼ 4
○ Colomba Platino L '10	▼ 4
○ Corvo Bianco '10	▼ 4
○ Corvo Colomba Platino '10	▼ 4
● Corvo Rosso '09	▼ 4
● Triskelè '08	▼ 6
● Duca Enrico '03	▼▼▼ 7
● Duca Enrico '01	▼▼▼ 7

SICILIA

Fatascià
via Mazzini, 40
90139 Palermo
Tel. 091332505
www.fatascia.com

VISITA SU PRENOTAZIONE

PRODUZIONE ANNUA 390.000 bottiglie
ETTARI VITATI 30.00

Fatascià è il nome che danno a Pantelleria alla capinera, animale totemico il cui spirito indomito ispira dall'inizio l'esperienza imprenditoriale di Stefania Lena. Nata 12 anni fa come linea dell'Abbazia Santa Anastasia, è ben presto diventata un'azienda autonoma: Stefania si occupa delle scelte produttive e tecniche, il marito Giuseppe Natoli cura il settore commerciale. Le uve provengono principalmente dalla Sicilia nord occidentale, la vinificazione avviene presso la cantina Buceci di Marineo.

Annata interlocutoria per i rossi siciliani il 2009, l'abbiamo potuto verificare ampiamente nei nostri assaggi. Ma sta al bravo viticoltore e all'esperto enologo riuscire a prendere quanto di buono c'è e realizzare ugualmente un prodotto di qualità. Missione compiuta per Stefania Lena nel caso del Rosso del Presidente '09, blend di cabernet franc e nero d'Avola: al naso rivela piena maturità, è caldo, intenso nelle note di confettura; in bocca è concentrato, con tannini di austera solidità e una lunga persistenza. Assai ben riuscito, nella sua speziata fragranza, il Syrah '10. Maturo, con il legno appena più in evidenza, L'Insolente Noir '09, a base di cabernet sauvignon e nero d'Avola.

● Rosso del Presidente '09	5
● Syrah '10	4
● Aliré '09	4
● Almanera '09	4
○ Grillo '10	3
○ L'Enigma '10	4
● L'Insolente Noir '09	6
● Nero d'Avola '10	3
● Aliré '08	4
● Almanera '08	4
○ L'Enigma '09	4
● Rosso del Presidente '08	5
● Syrah '10	4
● Syrah '09	4

Tenuta di Fessina
c.da Rovittello
via Nazionale 120, 22
95012 Castiglione di Sicilia [CT]
Tel. 057155284
www.cuntu.it

VISITA SU PRENOTAZIONE

PRODUZIONE ANNUA 60.000 bottiglie
ETTARI VITATI 15.00
VITICOLTURA Naturale

Procede l'appassionante avventura siciliana di Silvia Maestrelli, produttrice toscana, di suo marito Roberto Silva e dell'enologo agronomo Federico Curtaz, ormai insediati su tre piccole tenute, quella di Castiglione di Sicilia, sull'Etna, a Segesta, nel trapanese, e a Noto, nel territorio di Siracusa. L'ultima novità riguarda proprio quest'ultima area dove, in contrada Feudo, sono stati rilevati poco meno di due ettari di un bellissimo vigneto di nero d'Avola di cinquant'anni. Se son rose...

Non sempre i tempi della vigna coincidono con quelli delle degustazioni e, quindi, ci sono mancati alcuni vini, a partire dal cavallo di razza della maison, l'elegante Etna Rosso Musmeci da vigne ultracentenarie. Ci siamo consolati con il sorprendente Etna Bianco A' Puddara '09 (Carricante in purezza, da vigne di 40 anni), che si aggiudica i Tre Bicchieri in virtù di un affascinante colore verdolino intenso e sentori distinti e armoniosi di agrumi e fiori, vivacizzati da una invitante caratteristica sfumatura di pietra focaia. In bocca si è mostrato dinamico, di beva fresca appagante. In forma anche il fragrante e fruttato Etna Rosso Erse '10 (nerello mascalese e cappuccio).

○ Etna Bianco A' Puddara '09	6
● Etna Rosso Erse '10	5
○ Nakone '10	5
● Laeneo '10	5
● Etna Rosso Musmeci '07	7
● Ero '09	5*
● Etna Rosso Erse '09	5*
● Etna Rosso Erse '08	5
● Etna Rosso Musmeci '08	7
● Laeneo '09	5

SICILIA

Feudi del Pisciotto

C.DA PISCIOTTO
93015 NISCEMI [CL]
TEL. 0577742903
www.castellare.it

VENDITA DIRETTA
VISITA SU PRENOTAZIONE

PRODUZIONE ANNUA 180.000 bottiglie
ETTARI VITATI 45.00

A vedere lo stupendo palmento settecentesco, da dove simbolicamente si accede alla moderna cantina, è palese che nella tenuta siciliana di Paolo Panerai il vino si sia sempre fatto. I circa 50 ettari della proprietà si trovano nell'agro di Niscemi e occupano un unico fazzoletto di terra collinare, che dalla torre dell'antico baglio offre uno spettacolo senza pari. In accordo con gli stilisti che firmano le etichette, parte dell'utile di Feudi è stato destinato ai lavori di restauro di un'opera d'arte siciliana, precisamente gli stucchi raffiguranti l'Eterno di Giacomo Serpotta, a Palermo.

Tre Bicchieri al Passito da sémillon e gewürztraminer Gianfranco Ferrè: elegante, profuma di frutta esotica matura, di lavanda ed agrumi, in bocca è dolce senza mai essere stucchevole grazie ad una bella spina acida che ne sostiene la ricca struttura e il fruttato pieno. Finale anche per il Nero d'Avola Versace, dalle belle note di frutta rossa matura al naso, che tornano bene anche al palato in buon equilibrio tra grassezza ed acidità. Tra i bianchi segnaliamo il Grillo Carolina Marengo di buona struttura e piacevole beva.

○ Passito Gianfranco Ferrè '09	▼▼▼	5
● Nero d'Avola Versace '09	▼▼	5
● Cabernet Sauvignon Missoni '09	▼▼	5
○ Grillo Carolina Marengo '09	▼▼	5
○ Chardonnay Alberta Ferretti '09	▼	5
● Frappato Carolina Marengo '09	▼	5
○ Gurra di Mare Tirsat '10	▼	4
● Merlot Valentino '09	▼	5
○ Moscato Blumarine '10	▼	5
● Nero d'Avola Versace '08	▼▼▼	5
● Nero d'Avola Versace '07	▼▼▼	5*
○ Baglio del Sole Inzolia Catarratto '09	▼	3*
○ Chardonnay Alberta Ferretti '07	▼▼	5
● Frappato Carolina Marengo '08	▼▼	5

Feudo Maccari

C.DA MACCARI
SP PACHINO-NOTO, KM 13,500
96017 NOTO [SR]
TEL. 0931596894
www.feudomaccari.it

VENDITA DIRETTA
VISITA SU PRENOTAZIONE

PRODUZIONE ANNUA 166.000 bottiglie
ETTARI VITATI 50.00
VITICOLTURA Naturale

La bella cantina di Antonio Moretti si trova sulla strada che da Noto porta a Pachino, a poche centinaia di metri in linea d'aria dalla riserva naturale di Vendicari. Sin dal primo imbottigliamento, una decina di anni fa, le etichette targate Feudo Maccari hanno marcato uno stile preciso e ben definito che ha esaltato al meglio il terroir e il suo vitigno d'elezione: il nero d'Avola. Vini tutti di ottimo livello qualitativo, protesi più alla ricerca di eleganza e finezza che di concentrazione.

Tre Bicchieri solo sfiorati per il Saia '09 (nero d'Avola), che si conferma vino di grande personalità: elegante, fitto e concentrato il bagaglio aromatico, che spazia dalla piccola frutta rossa alle spezie sino al tabacco e a delicate note marine, e di gran bella beva, grazie a tannini soavi e levigati, ancora scalpitanti di gioventù, ben contenuti dal frutto compatto e maturo. Più semplice ma molto ben fatto il Nero d'Avola '10, dai profumi di frutta matura e balsamici, speziato, tannico e ricco di una bella acidità, che lo rende particolarmente piacevole al palato. Molto gradevole anche il Grillo '10, connotato da note di macchia mediterranea e minerali, polputo e carezzevole, fresco e sapido.

● Saia '09	▼▼	5
○ Grillo '10	▼▼	4*
● Nero D'Avola '10	▼▼	4
⊙ Rosè di Nero D'Avola '09	▼	4
● Saia '08	▼▼▼	5*
● Saia '07	▼▼▼	5*
● Saia '06	▼▼▼	5
● Mahâris '08	▼▼	7
● Mahâris '07	▼▼	7
● Mahâris '06	▼▼	7
● Saia '05	▼▼	5

SICILIA

Feudo Principi di Butera
C.DA DELIELLA
93011 BUTERA [CL]
TEL. 0934347726
www.feudobutera.it

VENDITA DIRETTA
VISITA SU PRENOTAZIONE

PRODUZIONE ANNUA 900.000 bottiglie
ETTARI VITATI 180.00
VITICOLTURA Naturale

Questo luogo legato all'affascinante storia dell'aristocrazia siciliana, evocativo del Principe di Butera e del principato di Deliella, è uno dei maggiori investimenti effettuati nell'isola da un imprenditore del nord. La famiglia Zonin se ne è subito innamorata, per la bellezza intrinseca e la felice posizione, fra le dolci colline di Riesi e Butera. Una moderna cantina interrata e un suggestivo baglio sono al servizio della vasta tenuta di 320 ettari, solo in parte, al momento, adibita a vigneto.

Sfiora il massimo alloro una eccellente versione, la '08, del Symposio, felice assemblaggio di cabernet sauvignon, merlot e petit verdot, che ha molto ben impressionato la commissione per le sue vivaci tonalità rubino profondo e cupo e per una vigorosa e complessa espressività olfattiva in cui si alternano e succedono nuance di mora, prugna, rosa canina, spezie dolci, cioccolato e grafite; in bocca risalta la sua potenza, coniugata con l'eleganza di tannini morbidi e setosi e una impeccabile freschezza. Gelsi neri, ciliegie e sentori di china connotano il Nero d'Avola '09, assai aggraziato e di beva piacevolissima. Sapido e dinamico Riesi '09 (nero d'Avola e syrah).

● Symposio '08	5
● Nero d'Avola '09	4
● Riesi '09	4
○ Chardonnay '10	4
○ Insolia '10	4
○ Surya Bianco '10	4
● Surya Rosso '09	4
● Syrah '09	4
● Deliella '05	7
● Deliella '02	8
● Calat '03	7
● Deliella '06	7
● Deliella '03	8
● San Rocco '03	7

★Firriato
VIA TRAPANI, 4
91027 PACECO [TP]
TEL. 0923882755
www.firriato.it

VENDITA DIRETTA
VISITA SU PRENOTAZIONE

PRODUZIONE ANNUA 4.250.000 bottiglie
ETTARI VITATI 320.00
VITICOLTURA Biologico Certificato

La prima vendemmia a Favignana, per il ritorno della vite nelle isole Egadi dopo un secolo, e la piena attivazione della cantina a Cavanera, sull'Etna, a Castiglione di Sicilia, sono le novità di questo prestigioso brand. Per quello che, con le tenute dell'agro trapanese, è una sorta di viaggio, condotti da Vinzia e Salvatore Di Gaetano, fra le meravigliose sfumature dell'enologia isolana, nel segno della passione, della terra e della naturalità dei prodotti, sempre stilisticamente ineccepibili.

Conquista il Tre Bicchieri l'elegante Etna Rosso Cavanera Rovo delle Coturnie '09, da uve nerello mascalese e nerello cappuccio, già l'anno scorso ad un passo dal massimo alloro con la versione '08: maturo, caldo, raffinato, con note limpide di lampone, fragola, grafite, cioccolato e violetta, mostra appieno la sua classe anche al palato, dov'è rotondo ed avvolgente, scattante e di spessore. Finali anche per l'eccellente e intenso Santagostino Rosso Baglio Sorìa '09 (nero d'Avola e syrah), un classico della maison, e per l'Harmonium '09 (da nero d'Avola), un vino complesso, fine e articolato, punto di riferimento della sua categoria. Molto buono il resto.

● Etna Rosso Cavanera Rovo delle Coturnie '09	6
● Santagostino Rosso Baglio Sorìa '09	5*
● Camelot '09	6
● Chiaramonte Nero d'Avola '09	4*
● Harmonium '09	6
○ Passito L'Ecrù '08	6
● Quater Rosso '09	5
● Ribeca '09	6
● Harmonium '08	6*
● Harmonium '07	5*
● Harmonium '06	5*
● Harmonium '03	5
● Quater Rosso '05	5
● Ribeca '04	6

SICILIA

Tenuta Gorghi Tondi

C.DA SAN NICOLA
91026 MARSALA [TP]
TEL. 0923719741
www.gorghitondi.com

VENDITA DIRETTA
VISITA SU PRENOTAZIONE
OSPITALITÀ

PRODUZIONE ANNUA 350.000 bottiglie
ETTARI VITATI 115.00

Una bellissima tenuta di 130 ettari di proprietà della famiglia sin dalla fine dell'Ottocento, con le vigne lambite dal mare, in un contesto di grande suggestione impreziosito da due laghetti carsici, Preola e Gorghi Tondi, punteggiato da ulivi, fichi d'India, anemoni, palme nane e orchidee selvatiche, oggi anche riserva del WWF. Clara e Annamaria Sala ne hanno preso il timone con competenza e passione da alcuni anni, infondendovi un ammirevole e personalissimo stile "femminile".

Meritata finale per il denso e profondo Nero d'Avola '08, ad un passo dal Tre Bicchieri per le sue note eleganti e riconoscibili di ciliegia nera e prugna attraversate e arricchite da nuance che ricordano il ginepro, cioccolato fondente ed erbe della macchie mediterranea; al palato è delizioso, vibrante, dotato di tannini ben torniti e maturi, molto succoso e piacevole. Ma è tutta la produzione ad avere raggiunto più elevata definizione stilistica: eccellente il Grillo Kheirè '10, fresco e sapido con sentori di mandorla e fiori di sambuco; pera e nespola connotano il polputo Coste a Preola Bianco '10 (da grillo e chardonnay); balsamico e maturo il Segreante '07, un Syrah vivacissimo e sapido.

● Nero d'Avola '08	🍷🍷 4
○ Coste a Preola Bianco '10	🍷🍷 4*
● Coste a Preola Rosso '09	🍷🍷 4*
○ Kheirè '10	🍷🍷 4
● Segreante '07	🍷🍷 4
○ Meridiano 12 '10	🍷 4
○ Rajah '10	🍷 4
○ Chardonnay '09	🍷🍷 4
○ Chardonnay '08	🍷🍷 4
● Coste a Preola Rosso '08	🍷🍷 4*
● Nero d'Avola '07	🍷🍷 5
○ Oro di Dora '06	🍷🍷 6
○ Rajah '07	🍷🍷 4*
○ Riarso '08	🍷🍷 6

Graci

LOC. PASSOPISCIARO
C.DA ARCURIA
95012 CASTIGLIONE DI SICILIA [CT]
TEL. 3487016773
www.graci.eu

VENDITA DIRETTA
VISITA SU PRENOTAZIONE

PRODUZIONE ANNUA 13.000 bottiglie
ETTARI VITATI 18.00
VITICOLTURA Naturale

Parte dei vigneti della tenuta di Elena ed Alberto Aiello Graci, una ventina di ettari, si trovano in contrada Arcuria, a Passopisciaro, a 600 metri di quota. Per raggiungere il secondo ambito produttivo bisogna letteralmente arrampicarsi oltre i mille metri, ma ne vale la pena: si tratta infatti di bellissime viti di oltre un secolo, interamente a piede franco. In cantina, per una precisa scelta tecnica, si usano solo botti grandi, così come vengono limitati al minimo indispensabile gli interventi in vigna.

Tre Bicchieri all'esordiente Etna Bianco '10, vino di raffinata eleganza, dotato di gran bella struttura e complessità, straordinariamente territoriale sin dall'approccio olfattivo, dove i toni floreali e fruttati si sposano perfettamente con la mineralità decisa che ritroveremo poi al palato sotto forma di sapidità e note affumicate; in bocca è integro, pieno, dotato di un'irresistibile progressione acida e di spiccato equilibrio. Finale anche per l'austero Etna Rosso Quota 600 '09, ricco di sentori balsamici e fruttati, pesca in particolare, fresco al palato, dotato di bei tannini rotondi e setosi, piacevole e persistente.

○ Etna Bianco '10	🍷🍷🍷 5
● Etna Rosso Quota 600 '09	🍷🍷 6
● Etna Rosso '09	🍷🍷 4
● Etna Rosso '07	🍷🍷 4
● Etna Rosso Quota 600 '08	🍷🍷 6
● Etna Rosso Quota 600 '07	🍷🍷 6

SICILIA

Guccione
C.DA CERASA
SP 102 BIS
90046 MONREALE [PA]
TEL. 0916118491
www.guccione.eu

VENDITA DIRETTA
VISITA SU PRENOTAZIONE

PRODUZIONE ANNUA 35.000 bottiglie
ETTARI VITATI 6.70
VITICOLTURA Biologico Certificato

Manfredi e Francesco Guccione custodiscono amorevolmente il patrimonio familiare, i vecchi vigneti di trebbiano, catarratto, perricone e nerello mascalese che crescono sulle colline di Cerasa, luogo da secoli rinomato per la qualità delle sue uve. Alla coltivazione biologica e alla selezione massale, già praticata da loro padre, hanno aggiunto il contributo della filosofia biodinamica, in vigna e in cantina, dove sono bandite le scorciatoie chimiche e fisiche della tecnologia enologica.

Dopo l'anno di "meditazione", finalmente i nuovi vini: il Trebbiano Veruzza '08 si è ben distinto durante le nostre finali, sfiorando i Tre Bicchieri con il suo luminoso bouquet di erbe officinali, fiori e mele; in bocca ha una viva acidità che sostiene un frutto polputo e persistente. Elegante nelle sfumature erbacee e minerali il Catarratto Girgis Extra '08; belle note aromatiche di anice per lo Stralustro di Cerasa '08, un Catarratto Extralucido macerato sulle bucce per ben 21 giorni, complesso e personale all'assaggio. Tra i rossi, abbiamo molto apprezzato la nettezza di profumi (gelsi, spezie, tabacco) del Rosso di Cerasa '09, prodotto con uve nerello mascalese e perricone in parti uguali.

○ Veruzza '08	4
○ Girgis Extra '08	5
○ Lolik '08	5
● Rosso di Cerasa '09	6
○ Stralustro di Cerasa '08	6
● Gibril '09	5
○ Lolik '07	4*
⊙ Bonè '08	4
○ Girgis '07	4*

Gulfi
C.DA PATRIA
97012 CHIARAMONTE GULFI [RG]
TEL. 0932921654
www.gulfi.it

VISITA SU PRENOTAZIONE
OSPITALITÀ
RISTORAZIONE

PRODUZIONE ANNUA 180.000 bottiglie
ETTARI VITATI 75.00
VITICOLTURA Biologico Certificato

Bisogna dar atto a Vito Catania e al suo enologo Salvo Foti di essere stati tra i primi in Sicilia a porsi il problema di ridare dignità a un territorio vocato come l'estremo sud della Sicilia e al suo vitigno di elezione, il nero d'Avola. Dopo un lavoro lungo e laborioso, non privo di incertezze e difficoltà, i risultati sono arrivati. Quattro le zone selezionate: Maccari, San Lorenzo, Bufaleffi e Baroni, tra Chiaramonte Gulfi e Noto, dove adesso vengono prodotti i quattro cru aziendali.

Ottimo il livello qualitativo dei vini di Vito Catania, premio alla passione e all'impegno profusi senza risparmio nel portare avanti, in questi anni, la sua bella cantina. Tre Bicchieri senza se e senza ma al Nero d'Avola Nerobufaleffj '07, che esprime al meglio tipicità e territorio: intenso e varietale al naso, dove a calde note fruttate fanno da controcanto freschi sentori vegetali ed eleganti note saline, avvolgente, tannico e ricco di materia. Di peso la prestazione del Nerosanlorè '07 polputo, elegante, corredato da tannini nobili, che raggiunge di slancio le nostre finali. Bel fruttato maturo di ciliegia e fragola per il Rossojbleo '10, vino di grande freschezza e piacevolissima beva.

● Nerobufaleffj '07	6
● Nerosanlorè '07	6
● Cerasuolo di Vittoria '10	4*
● Nerojbleo '08	4
● Rossojbleo '10	4
○ Carjcanti '09	5
● Reseca '07	6
○ Valcanzjria '10	4
● Neromàccarj '07	6
● Cerasuolo di Vittoria '08	4*
● Nerobaronj '07	6
● Rossojbleo '09	4

SICILIA

Hauner

loc. Santa Maria
via G. Grillo, 61
98123 Messina
Tel. 0906413029
www.hauner.it

VENDITA DIRETTA
VISITA SU PRENOTAZIONE

PRODUZIONE ANNUA 80.000 bottiglie
ETTARI VITATI 18.00

Le vicissitudini legate alla scomparsa di Carlo Hauner, che l'aveva fondata negli anni Sessanta, misero in discussione l'esistenza stessa della cantina sino a quando, una quindicina di anni fa, non arrivarono in azienda il figlio Carlo Hauner junior e il suo fidato amministratore Gianfranco Sabbatino. A loro va il merito di avere fatto ritornare questo storico brand ai fasti di un tempo, unitamente alla Malvasia delle Lipari, un vino di antico lignaggio sino a qualche tempo fa sconosciuto ai più.

Di buon livello i vini presentati quest'anno, i passiti su tutto, ma non delude le aspettative anche il resto della produzione. Finale per la Malvasia Passito Carlo Hauner '08, dal bel colore ambrato con riflessi brillanti; il profilo olfattivo è ricco, articolato e complesso, e vi si riconoscono, tra l'altro, il loto, nuance di agrumi in confettura e fresche note di erbe officinali; al palato si mostra netto, di buona stoffa e lunga persistenza, soavemente dolce senza essere mai stucchevole. Frutta esotica matura, spezie e un raffinato fondo agrumato per la Malvasia Passito '09, ben calibrata al palato, dove al frutto dolce e succoso fa da controcanto una fresca e vibrante spina acida.

○ Malvasia Passito Carlo Hauner '08	▼▼	8
○ Malvasia delle Lipari Passito '09	▼▼	6
● Rosso Antonello '07	▼▼	5
○ Carlo Hauner '09	▼	5
○ Malvasia delle Lipari '09	▼	6
○ Salina Bianco '10	▼	4
● Salina Rosso '09	▼	4
● Hierà '08	▼▼	4
● Hierà '07	▼▼	4
○ Malvasia Passito Carlo Hauner '07	▼▼	7
○ Malvasia Passito Carlo Hauner '06	▼▼	7
● Rosso Antonello '06	▼▼	5
○ Salina Bianco '09	▼▼	4*

Marabino

c.da Buonivini
SP Rosolini - Pachino km 8,5
97017 Noto [SR]
Tel. 3355284101
www.marabino.it

VENDITA DIRETTA
VISITA SU PRENOTAZIONE
OSPITALITÀ
RISTORAZIONE

PRODUZIONE ANNUA 130.000 bottiglie
ETTARI VITATI 30.00
VITICOLTURA Naturale

Mirabile sinergia creata da Nello Messina che, nel 2002, ha affiancato a Natura Iblea, da decenni leader nel campo dell'agricoltura bio, questa nuova azienda vinicola, affidata al figlio Pierpaolo. Valorizzare il territorio attraverso prodotti d'eccellente qualità è l'obiettivo primario: i vigneti, coltivati in biodinamica, si trovano tra le contrade Buonivini e Barone, nel cuore delle denominazioni Noto ed Eloro. Autentico tesoro aziendale il cru Vigna di Archimede, 3 ettari di nero d'Avola ad alberello.

È una felice consuetudine ritrovare il Moscato della Torre in finale, appuntamento rispettato anche con l'annata '10: nitide e definite le note di fiori d'agrumi ed erbe aromatiche fresche, la bocca sorprende per l'armonia fra la dolcezza e la fragrante acidità di un frutto nettissimo e persistente. Notevole anche la prestazione dell'Eloro Pachino Archimede '09, dal bel naso ancora fresco, con eleganti e tipiche sfumature marine; all'assaggio è morbido e fresco, destinato a guadagnare in eleganza e complessità con il tempo. Non da meno il Noto Nero d'Avola '09, più pronto e immediato, con la sua ciliegia impreziosita da sfumature di grafite e macchia mediterranea.

○ Moscato di Noto Moscato della Torre '10	▼▼	6
● Eloro Pachino Archimede Ris. '09	▼▼	6
● Noto Nero d'Avola '09	▼▼	4
⊙ Eloro Rosa Nera '10	▼	4
● Eloro Archimede Pachino Ris. '08	▼▼	6
● Eloro Archimede Pachino Ris. '07	▼▼	5
○ Moscato di Noto Moscato della Torre '09	▼▼	6
○ Moscato di Noto Moscato della Torre '08	▼▼	6
○ Moscato di Noto Moscato della Torre '07	▼▼	6
○ Moscato di Noto Moscato della Torre '06	▼▼	6
○ Moscato di Noto Moscato della Torre '05	▼▼	6

SICILIA

Morgante
C.DA RACALMARE
92020 GROTTE [AG]
TEL. 0922945579
www.morgantevini.it

VENDITA DIRETTA
VISITA SU PRENOTAZIONE

PRODUZIONE ANNUA 250.000 bottiglie
ETTARI VITATI 35.00

Nel 1994 la famiglia Morgante, alle spalle una lunga storia nel campo della viticoltura, avvia il progetto di vinificare in proprio. Tutto gira intorno al nero d'Avola, vitigno capace di esprimere un carattere e un'intensità particolari sulle assolate colline dell'agro intorno a Grotte, fra mandorleti, seminativi e miniere di zolfo abbandonate. La cura della materia prima in vigna è da sempre a carico di Antonio e dei figli Carmelo e Giovanni, sotto la preziosa guida tecnica di Riccardo Cotarella.

Ancora un bel piazzamento in finale per il rosso di vertice, il Nero d'Avola Don Antonio: l'annata '09 regala un'aristocratica maturità al naso, con nette note di confettura arricchite da sfumature balsamiche, spezie e caffè; in bocca manifesta una struttura potente, denso e rotondo nei tannini, con un finale lungo e netto. Pienamente maturo anche il base Nero d'Avola '10, con un frutto dalla polpa di fresca e fragrante consistenza. Molto riuscito anche lo Scinthilì '10, interpretazione più lieve e sbarazzina del Nero d'Avola, da servire ben fresco, con un definito fruttato di ciliegia e una beva di estrema piacevolezza e facilità.

★Palari
LOC. SANTO STEFANO BRIGA
C.DA BARNA
98137 MESSINA
TEL. 090630194
www.palari.it

PRODUZIONE ANNUA 50.000 bottiglie
ETTARI VITATI 7.00

Architetto e globe-trotter nonché vigneron di successo, Salvatore Geraci incarna appieno, con l'insostituibile fratello Giampiero e l'assistenza tecnica di Donato Lanati, la dimensione artigianale ed eroica del vino. Infatti, come chiamare diversamente l'attività che si svolge fra la piccola e scoscesa tenuta, caratterizzata da pendenze anche dell'80% e la settecentesca villa di famiglia adibita a luogo di vinificazione e maturazione di alcuni dei gioielli più preziosi dell'enologia siciliana?

Ennesima conferma, e meritatissimo Tre Bicchieri, per quello che è da tempo un grande classico dell'enologia italiana tout court, il Faro Palari, versione '09, in prevalenza da uve nerello mascalese e con il saldo composto da varietà rosse locali: si presenta con un colore rubino intenso che vira già sul granato e un bouquet nitido e distinto dalle avvincenti sfumature di piccola frutta rossa, tabacco, ortica e liquirizia; semplicemente delizioso all'esame gustativo, che lo vede incedere sicuro di sé, elegante, vivace e dinamico. In gran forma anche il Rosso del Soprano '09 (medesime uve del Faro), dal soave e maturo fruttato e dai morbidi e fini tannini.

● Don Antonio '09	5
● Nero d'Avola '10	3*
● Schinthilì '10	3
● Don Antonio '07	5
● Don Antonio '06	5
● Don Antonio '03	5
● Don Antonio '02	5
● Don Antonio '01	5
● Don Antonio '99	5
● Don Antonio '98	5
● Don Antonio '08	5
● Don Antonio '05	5
● Don Antonio '04	5
● Nero d'Avola '03	3*

● Faro Palari '09	7
● Rosso del Soprano '09	5
● Faro Palari '08	7
● Faro Palari '07	7
● Faro Palari '06	7
● Faro Palari '05	7*
● Faro Palari '04	8
● Faro Palari '03	7
● Faro Palari '02	7
● Faro Palari '01	7
● Faro Palari '00	7
● Rosso del Soprano '07	5

SICILIA

Passopisciaro
LOC. PASSOPISCIARO
VIA SANTO SPIRITO
95030 CASTIGLIONE DI SICILIA [CT]
TEL. 0578267110
www.passopisciaro.com

PRODUZIONE ANNUA 58.800 bottiglie
ETTARI VITATI 29.00

Un matrimonio d'amore ricco e fecondo il rapporto che da 12 anni lega Andrea Franchetti all'Etna: la sua rigorosa ricerca ha portato alla luce preziosi cru, qui denominati contrade, ognuno con caratteristiche pedo climatiche uniche, in grado di esprimere vini di forte personalità. Si trovano ad altitudini fra i 550 e i 1000 metri, con età d'impianto che arrivano a 80 anni. Altro grande merito di Franchetti, l'ideazione della manifestazione Contrade, efficace mezzo di promozione del territorio.

Alla seconda uscita il cru Porcaria, un ettaro di nerello mascalese di oltre 80 anni fra 700 e 800 metri d'altezza, conquista i Tre Bicchieri in un'annata particolare come la '09: complesso, netto e definito nelle note fruttate mature, ha una struttura di grande finezza, un pieno ritorno in bocca e un finale lungo e immacolato. Sanguigno e sensuale il Chiappemacine '09 (nerello mascalese, come quasi tutti gli altri rossi), finalista, che associa a un'elegante maturità una viva tensione gustativa, presente anche nel Rampante '09, un filo meno complesso. Molto buono il varietale Sciaranuova '09. Espressivo e minerale il Passopisciaro '09, morbido e fine il Franchetti '09 (cesanese e petit verdot).

● Contrada Porcaria '09	🍷🍷🍷 8
● Contrada Chiappemacine '09	🍷🍷 7
● Contrada Rampante '09	🍷🍷 7
● Contrada Sciaranuova '09	🍷🍷 7
● Franchetti '09	🍷🍷 8
○ Guardiola '10	🍷🍷 6
● Passopisciaro '09	🍷🍷 6
● Contrada Porcaria '08	🍷🍷 8
● Franchetti '06	🍷🍷 8
● Passopisciaro '08	🍷🍷 6
● Passopisciaro '07	🍷🍷 6
● Passopisciaro '06	🍷🍷 6
● Passopisciaro '05	🍷🍷 6

Carlo Pellegrino
VIA DEL FANTE, 39
91025 MARSALA [TP]
TEL. 0923719911
www.carlopellegrino.it

VENDITA DIRETTA
VISITA SU PRENOTAZIONE

PRODUZIONE ANNUA 7.000.000 bottiglie
ETTARI VITATI 101.00

Una grande cantina e una grande famiglia, i cui destini sono legati da oltre 130 anni. Alla guida dell'azienda ci sono infatti i diretti discendenti dei Pellegrino: Pietro Alagna è il presidente, Benedetto Renda l'amministratore delegato, poi ci sono, con varie mansioni, Massimo Bellina, Emilio Ridolfi, Paola Alagna, Caterina Tumbarello e Maria Chiara Bellina, che rappresenta la sesta generazione. La produzione, con basi a Marsala e a Pantelleria, si divide in due linee, Carlo Pellegrino e Duca di Castelmonte.

Un Passito di Pantelleria "modello", il Nes '09, che merita il nostro massimo alloro in virtù di una felicissima espressività, a partire da un naso di estrema pulizia, ricco di netti e definiti aromi di agrumi canditi, fichi secchi e macchia mediterranea; in bocca tutto ritorna in un frutto ancora fresco, di dolce e polposa consistenza. Altra perla, stavolta antica: il Marsala Superiore Ambra Riserva '85: bouquet di eccezionale complessità, con note iodate, spezie, frutta secca e bocca di tonica, vibrante morbidezza. Tra gli altri vini proposti spicca per nettezza e fresca piacevolezza il Tripudium Bianco '10 (grillo, chardonnay e zibibbo). Su ottimi standard il resto dell'offerta.

○ Passito di Pantelleria Nes '09	🍷🍷🍷 6
○ Marsala Sup. Ambra Ris. '85	🍷🍷🍷 6
○ Dinari del Duca Grillo Duca di Castelmonte '10	🍷🍷 4*
● Marsala Fine Rubino	🍷🍷 4
○ Marsala Sup. Oro Dolce Ris.	🍷🍷 5
○ Passito di Pantelleria Kufurà '09	🍷🍷 4
○ Tripudium Bianco Duca di Castelmonte '10	🍷🍷 4
○ Duca di Castelmonte Gibelè '10	🍷 4
○ Marsala Vergine Ris. '81	🍷🍷 8
● Dinari del Duca Syrah Duca di Castelmonte '07	🍷🍷 4
○ Marsala Vergine Ris. '97	🍷🍷 6
○ Passito di Pantelleria Nes Duca di Castelmonte '08	🍷🍷 6
● Tripudium Rosso Duca di Castelmonte '07	🍷🍷 5
● Tripudium Rosso Duca di Castelmonte '05	🍷🍷 5

SICILIA

Pietradolce
FRAZ. SOLICCHIATA
C.DA MOGANAZZI
95012 CASTIGLIONE DI SICILIA [CT]
TEL. 3474037792
www.pietradolce.it

VENDITA DIRETTA

PRODUZIONE ANNUA 8.000 bottiglie
ETTARI VITATI 10.00

La piccola casa vinicola di Michele e Mario Faro, imprenditori florovivaistici tra i più conosciuti al mondo, si è ulteriormente arricchita di due estensioni di circa un ettaro ciascuna, localizzate in contrada Marchesa. Si tratta di preziosi vigneti ad alberello di un'ottantina d'anni, impiantati a quota 800 metri, in una sorta di anfiteatro ottenuto, come si usava un tempo, mediante la costruzione di muretti a secco di pietra lavica, da cui dovrebbe scaturire a breve un nuovo cru aziendale.

Il famoso detto "non c'è due senza tre" purtroppo per questa volta non ha funzionato: l'Etna Rosso Archineri '09, da uve nerello mascalese in purezza, vola nella nostra finale mancando per poco gli ambiti Tre Bicchieri. L'abbiamo trovato elegante, nitido e complesso al naso, con sfumature che ricordano i piccoli frutti rossi e le erbe del sottobosco mediterraneo, appena meno strutturato, gustativamente, rispetto alle versioni precedenti, austero, sapido e ben profilato, con un lungo finale da cui emerge una fresca e piacevolissima nuance minerale; i nobili tannini, già morbidi e rotondi, gli conferiscono quell'atout che delinea e marca un vino di classe superiore.

● Etna Rosso Archineri '09	🍷 5
● Etna Rosso Archineri '08	🍷🍷🍷 5*
● Etna Rosso Archineri '07	🍷🍷🍷 5*

★★Planeta
C.DA DISPENSA
92013 MENFI [AG]
TEL. 091327965
www.planeta.it

VISITA SU PRENOTAZIONE

PRODUZIONE ANNUA 2.200.000 bottiglie
ETTARI VITATI 390.00

Fra i massimi protagonisti del rinascimento del vino siciliano Alessio, Francesca e Santi Planeta, al timone della celebre casa vinicola, procedono adesso al consolidamento delle posizioni. In senso dinamico, naturalmente, perchè si tratta di sviluppare al meglio, per la gioia dei wine lover, tutto ciò che può essere espresso dalle diverse bellissime tenute, situate in alcuni dei luoghi più vocati dell'isola, da Menfi a Sambuca, da Noto a Vittoria, e dall'Etna, a Castiglione, sino a Capo Milazzo.

Tre Bicchieri per lo straordinario Plumbago '09, dalle vecchie vigne di nero d'Avola della tenuta dell'Ulmo: fascinoso il colore, rubino denso e compatto dai bordi violacei, che introduce uno spettro aromatico molto ampio e variegato che si sviluppa fra more e prugne, erbe della macchia mediterranea e iodio, cioccolato e noce moscata; in bocca è di grande piacevolezza, morbido ed elegante, marcato da tannini fini e nobili. Eccellenti anche le prestazioni degli altri vini aziendali, a cominciare dal fruttato e soave Cometa '10 (fiano), avvincente con le sue nuance di camomilla e pesca, per finire all'esemplare buonissimo Cerasuolo Classico Dorili '09 (nero d'Avola e frappato).

● Plumbago '09	🍷🍷🍷 4*
● Cerasuolo di Vittoria Cl. Dorili '09	🍷🍷 5
○ Cometa '10	🍷🍷 6
○ Alastro '10	🍷🍷 4*
○ Carricante '10	🍷🍷 5
● Cerasuolo di Vittoria '10	🍷🍷 4
○ Chardonnay '08	🍷🍷 6
● Syrah Maroccoli '09	🍷🍷 5
● Burdese '05	🍷🍷🍷 5*
○ Cometa '09	🍷🍷🍷 6
○ Cometa '08	🍷🍷🍷 6
○ Cometa '05	🍷🍷🍷 5
● Santa Cecilia '06	🍷🍷🍷 5

SICILIA

Cantine Rallo
Via Vincenzo Florio, 2
91025 Marsala [TP]
Tel. 0923721633
www.cantinerallo.it

VENDITA DIRETTA
VISITA SU PRENOTAZIONE

PRODUZIONE ANNUA 300.000 bottiglie
ETTARI VITATI 100.00
VITICOLTURA Biologico Certificato

Grandi progetti e investimenti per l'azienda guidata da Andrea Vesco: da un lato il restauro delle cantine storiche a Marsala, che ospiteranno anche uno splendido luxury resort, dall'altro l'accresciuto impegno sul fronte della salvaguardia ambientale dei vigneti di Alcamo, in contrada Patti Piccolo, di Marsala e Pantelleria, coltivati seguendo scrupolosamente i dettami dell'agricoltura biologica. Rinnovata anche la gamma, al fine di porre in maggior risalto l'origine territoriale dei prodotti.

Il rinnovamento d'immagine non poteva avvenire sotto migliori auspici. Il Nero d'Avola Il Principe '10 e il Syrah La Clarissa '10, due rossi base, conquistano entrambi due bicchieri, il primo per la nettezza delle note fruttate varietali, che in bocca corrispondono a una beva assai piacevole e pulita, il secondo in virtù di una bella intensità espressiva al naso, confermata da un corpo solido e polputo. Affascinante lo Zibibbo Liquoroso Anima Mediterranea '10, dai bei profumi di rosa, salvia e zagara, dolce senza eccessi, con una nuance finale d'anice: non è rinforzato con alcol, ma con grappa di vinacce di zibibbo. Ottimo anche il sapido e fresco Bianco Maggiore '10 da uve grillo.

○ Anima Mediterranea '10	ΨΨ 5
○ Bianco Maggiore '10	ΨΨ 4*
○ Marsala Vergine Soleras Venti Anni Ris.	ΨΨ 6
● Nero d'Avola Il Principe '09	ΨΨ 4*
● Syrah La Clarissa '08	ΨΨ 4*
○ Alcamo Carta d'Oro '10	Ψ 3
○ Müller Thurgau '09	Ψ 4
● Alcamo Nero d'Avola '09	ΨΨ 4*
○ Chardonnay '09	ΨΨ 4

Tenute Rapitalà
C.da Rapitalà
90043 Camporeale [PA]
Tel. 092437233
www.rapitala.it

VENDITA DIRETTA
VISITA SU PRENOTAZIONE

PRODUZIONE ANNUA 3.200.000 bottiglie
ETTARI VITATI 175.00

Laurent De La Gatinais continua con immutata passione il lavoro intrapreso dai genitori Gigi e Hugues alla guida di un'azienda che ha significato molto nella storia recente del vino siciliano, rivelando in anticipo le potenzialità del suo territorio di riferimento. I vigneti, selezionati per vocazione, si trovano sulle colline, fra i 300 e i 600 metri d'altezza, che degradano dolcemente verso il mare tra Camporeale e Alcamo. Da alcuni anni la cantina fa parte del Gruppo Italiano Vini.

Ottima prova e conseguente accesso alle finali per l'Hugonis '09, il blend di cabernet sauvignon e nero d'Avola in cima alla gamma: naso di notevole intensità che si articola in note mature di confettura, cioccolato, grafite e spezie dolci; in bocca è concentrato, spesso, con tannini ben in evidenza. L'annata '09 si rivela felice anche per lo Chardonnay Grand Cru: belle sfumature marine e iodate si sposano a sentori di frutta e fiori gialli, appena sottolineate da un legno saggiamente dosato; in bocca è ben sostenuto da una viva acidità. Molto buono anche il Nuhar '09, a base di nero d'Avola e pinot noir, con definite note di tabacco biondo, ribes in confettura e un'elegante nuance minerale.

● Hugonis '09	ΨΨ 6
○ Casalj '10	ΨΨ 4
○ Conte Hugues Bernard de la Gatinais Grand Cru '09	ΨΨ 5
● Nuhar '09	ΨΨ 4
○ Bouquet '10	Ψ 4
● Nadir '09	Ψ 4
● Solinero '09	Ψ 6
● Solinero '03	ΨΨΨ 6
● Hugonis '07	ΨΨ 6
● Hugonis '06	ΨΨ 6
● Hugonis '05	ΨΨ 6
● Solinero '06	ΨΨ 6
● Solinero '04	ΨΨ 6

SICILIA

Riofavara
C.da Favara SP 49 Ispica - Pachino
97014 Ispica [RG]
Tel. 0932705130
www.riofavara.it

VENDITA DIRETTA
VISITA SU PRENOTAZIONE

PRODUZIONE ANNUA 70.000 bottiglie
ETTARI VITATI 16.00
VITICOLTURA Biologico Certificato

Lieviti autoctoni, nessun prodotto di sintesi utilizzato nel vigneto, grande attenzione ai valori e alle varietà tradizionali del territorio, prima fra tutte il nero d'Avola, che proprio sui terreni calcarei della Val di Noto manifesta il suo carattere originario. Questa è, in sintesi, l'etica produttiva seguita da Massimo e Marianta Padova, dal 1994 alla guida dell'azienda di famiglia. I vigneti, tutti di proprietà, sono distribuiti in vari appezzamenti ricadenti nelle denominazioni Eloro e Moscato di Noto.

Lo Sciavé '09 guadagna le degustazioni finali e conferma la sua posizione di vertice in seno alla Doc Eloro: denso, intenso e maturo al naso, esprime tutta la tipicità del Nero d'Avola nel suo terroir d'origine, tipicità che ritorna in bocca con autorevole eleganza in un tessuto di bella consistenza. Più immediato e semplice l'Eloro Spaccaforno '09, di rustica baldanza, dalla beva assai piacevole. Il Moscato di Noto Notissimo '09 presenta un definito e articolato bouquet aromatico, una bocca dalla dolcezza ben bilanciata dall'acidità e un finale persistente. Fine nelle note floreali e minerali il blend di inzolia, grecanico e chardonnay Marzaiolo '10, polputo e sapido al palato.

● Eloro Nero d'Avola Sciavé '09	🍷🍷 5
● Eloro Nero d'Avola Spaccaforno '09	🍷🍷 4
○ Moscato di Nota Notissimo '09	🍷🍷 4
○ Marzaiolo '10	🍷 4
● Eloro '07	🍷🍷 4
● Eloro Nero d'Avola Sciavé '08	🍷🍷 5
● Eloro Nero d'Avola Sciavé '07	🍷🍷 5
● Eloro Nero d'Avola Sciavé '06	🍷🍷 5
○ Marzaiolo '09	🍷🍷 4
○ Marzaiolo '08	🍷🍷 4*
○ Moscato di Nota Notissimo '08	🍷🍷 4*
● San Basilio '08	🍷 4

Girolamo Russo
loc. Passopisciaro
via Regina Margherita, 78
95012 Castiglione di Sicilia [CT]
Tel. 3283840247
www.girolamorusso.it

VENDITA DIRETTA
VISITA SU PRENOTAZIONE

PRODUZIONE ANNUA 12.500 bottiglie
ETTARI VITATI 16.00
VITICOLTURA Biologico Certificato

È assai probabile che al successo di Giuseppe Russo come vignaiolo e produttore abbiano giovato maggiormente la laurea in lettere e il diploma di pianoforte che un curriculum di studi nel campo dell'agraria e dell'enologia: sicuramente le nozioni apprese sul campo, ossia i vigneti di famiglia, che il nostro cura dal 2004, sono state più che sufficienti, unite a quel quid di sensibilità e gusto che vengono dalla sua formazione e si riflettono nella forte identità territoriale dei suoi Etna Rosso.

Ancora una conferma della bravura e dell'impegno di Giuseppe Russo, a lui il premio ex aequo come migliore viticoltore dell'anno che, messo a confronto con un'annata difficile come la '09, sembra quasi trovare maggiori motivazioni per superare di slancio l'ostacolo: ci riesce in pieno l'Etna Rosso San Lorenzo, che conquista la nostra commissione e il massimo riconoscimento con la sua estrema finezza espressiva, fatta di spezie e confettura di piccoli frutti rossi; in bocca si rivela l'eleganza dei tannini, ben presenti quanto levigati, il frutto ritorna integro e persistente. Appena più semplice, ma non meno piacevole e raffinato, 'a Rina '09, con nette sfumature balsamiche; toni più maturi e austeri per il Feudo '09, asciutto, lineare ed equilibrato.

● Etna Rosso San Lorenzo '09	🍷🍷🍷 6
● Etna Rosso 'a Rina '09	🍷🍷 6
● Etna Rosso Feudo '09	🍷🍷 6
● Etna Rosso Feudo '07	🍷🍷🍷 6
● Etna Rosso Feudo '08	🍷🍷 6
● Etna Rosso San Lorenzo '07	🍷🍷 6
● Etna Rosso San Lorenzo '06	🍷🍷 6

SICILIA

Settesoli
SS 115
92013 Menfi [AG]
Tel. 092577111
www.mandrarossa.it

VENDITA DIRETTA
VISITA SU PRENOTAZIONE

PRODUZIONE ANNUA 20.000.000 bottiglie
ETTARI VITATI 6500.00

Numeri e dimensioni come quelli della Settesoli non sono facili da gestire e lascerebbero presupporre una certa lentezza nell'adeguarsi alle esigenze che il mercato mondiale impone in maniera repentina. Invece questa gran bella realtà produttiva siciliana, guidata da Diego Planeta, ha sempre saputo percepire e anticipare le nuove tendenze. Non a caso, infatti, l'ultima linea di vini presentata è intimamente legata al territorio, tanto da portare il nome della contrada di Menfi da dove originano.

Tre Bicchieri di slancio al Nero d'Avola Cartagho '09, vino denso, elegante, ricco di nerbo, fine e complesso, con profumi di piccoli frutti rossi e neri che si intrecciano a note agrumate e speziate; in bocca è spesso e morbido, dotato di tannini setosi e di notevole persistenza. Buono anche il Cavadiserpe '09, blend di merlot, nero d'Avola ed alicante di pregevole fattura, dal profilo olfattivo variegato, connotato da dolci note fruttate che sfumano su toni più balsamici e speziati; in bocca è ricco di polpa, ben equilibrata dai tannini per un finale lungo e coerente. Di buon livello anche il Seligo Rosso '10, da nero d'Avola con un tocco di syrah, di bell'impatto olfattivo e piacevolissima beva.

Spadafora
via Ausonia, 90
90144 Palermo
Tel. 091514952
www.spadafora.com

VENDITA DIRETTA
VISITA SU PRENOTAZIONE
OSPITALITÀ
RISTORAZIONE

PRODUZIONE ANNUA 319.000 bottiglie
ETTARI VITATI 95.00
VITICOLTURA Naturale

La tenuta di Virzì si estende per oltre 180 ettari in zona collinare, tra i 250 e i 400 metri di altitudine. Pur appartenendo da sempre alla famiglia Spadafora, che da tempo immemore vi produceva vino, è solo del 1993 la decisione di Francesco di passare alla commercializzazione, dedicando la prima etichetta, il Don Pietro, al padre scomparso. Adesso, come allora, è sempre lui a occuparsi in prima persona della parte agronomica e della cantina. Dal 2010 l'azienda è stata convertita al biologico.

Francesco Spadafora ha deciso quest'anno di posticipare l'uscita dei suoi rossi di punta, il Sole dei Padri e lo Schietto Cabernet Sauvignon, per consentire loro di affinarsi più a lungo. Buono lo standard qualitativo della produzione presentata, a cominciare dall'austero Schietto Syrah '07, dai profumi di confettura di frutti rossi e spezie, asciutto e ben equilibrato al palato. Speziato e ricco di frutto che torna piacevolmente morbido in bocca, il Don Pietro Rosso '08, taglio paritario di cabernet sauvignon, nero d'Avola e merlot. Sorprendente anche il Syrah '09, vino piccolo solo nel prezzo, di buona complessità olfattiva, fresco e di ammirevole e fragrante beva.

● Cartagho Mandrarossa '09	🍷🍷🍷 4*
● Cavadiserpe Mandrarossa '09	🍷🍷 4
● Bonera Mandrarossa '08	🍷🍷 4
● Seligo Rosso '10	🍷🍷 4*
● Timperosse Mandrarossa '10	🍷🍷 4
○ Santannella Mandrarossa '10	🍷🍷 4
○ Seligo Bianco '10	🍷 4
○ Urra di Mare Mandrarossa '10	🍷 4
● Cartagho Mandrarossa '08	🍷🍷🍷 4*
● Cartagho Mandrarossa '06	🍷🍷🍷 5
● Bendicò Mandrarossa '08	🍷🍷 4*

○ Alhambra '10	🍷 3
● Don Pietro Rosso '08	🍷🍷 4
● Schietto Syrah '07	🍷🍷 5
● Syrah '09	🍷🍷 4*
● Alhambra Rosso '10	🍷 3
○ Don Pietro Bianco '10	🍷 4
○ Grillo '10	🍷 4
● Schietto Nero d'Avola '09	🍷 5
● Schietto Syrah '07	🍷🍷 5
● Schietto Syrah '06	🍷🍷 5*
● Schietto Syrah '05	🍷🍷 5
● Sole dei Padri '07	🍷 7

SICILIA

★★Tasca d'Almerita
C.DA REGALEALI
90129 SCLAFANI BAGNI [PA]
TEL. 0916459711
www.tascadalmerita.it

VENDITA DIRETTA
VISITA SU PRENOTAZIONE
OSPITALITÀ
RISTORAZIONE
PRODUZIONE ANNUA 3.000.000 bottiglie
ETTARI VITATI 428.00

La storia della tenuta di Regaleali coincide dalla fondazione, nel 1830, con la storia dell'enologia siciliana. Qui i Tasca hanno lavorato pensando in prospettiva, ma senza perdere di vista le loro radici. Qui è nato il Rosso del Conte, il primo Nero d'Avola vinificato per essere un grande vino. Sempre qui, primi in Sicilia, i Tasca hanno vinto la scommessa di produrre due grandi etichette che parlassero dell'isola attraverso due vitigni internazionali quali il cabernet sauvignon e lo chardonnay. A loro quest'anno per questi e molti altri motivi il premio come miglior cantina dell'anno.

Tre Bicchieri all'etichetta che meglio rappresenta la storia e l'identità di questa grande azienda siciliana, il Rosso del Conte '07, Nero d'Avola in prevalenza, coltivato nel cuore di Regaleali. Vino perfettamente centrato, di un'eleganza straordinaria, dal naso fitto, complesso ed aristocratico, che in bocca mostra grande profondità, succosità e lunghezza. In finale arriva anche il Cabernet Sauvignon '09, nitidissimo e ricco di frutto e note balsamiche, ben equilibrato al palato, dove sfoggia ammirevole freschezza e solidità. Molto buono il resto della gamma, con in evidenza l'affascinante Tascante '09, Nerello Mascalese della tenuta etnea, e lo Chardonnay '09 dalle belle note marine.

● Contea di Sclafani Rosso del Conte '07	🍷🍷🍷	7
● Cabernet Sauvignon '09	🍷🍷	6
○ Chardonnay '09	🍷🍷	6
○ Contea di Sclafani Nozze d'Oro '10	🍷🍷	5
● Tascante '09	🍷🍷	6
● Cygnus '09	🍷🍷	5
○ Diamante d'Almerita '10	🍷🍷	6
● Lamùri '09	🍷🍷	4
● Cabernet Sauvignon '08	🍷🍷🍷	6
● Cabernet Sauvignon '07	🍷🍷🍷	6
○ Chardonnay '06	🍷🍷🍷	6
● Contea di Sclafani Rosso del Conte '05	🍷🍷🍷	7
● Contea di Sclafani Rosso del Conte '04	🍷🍷🍷	7

Terrazze dell'Etna
C.DA BOCCA D'ORZO
95036 RANDAZZO [CT]
TEL. 0916236301
www.terrazzedelletna.it

PRODUZIONE ANNUA 12.500 bottiglie
ETTARI VITATI 18.00

Una vasta tenuta di 35 ettari, di cui 18 vitati, ubicata nell'area nord occidentale dell'Etna, a Randazzo, frutto prezioso di un defatigante impegno di acquisizione, fra il 2008 e il 2009, di innumerevoli particelle, molte delle quali abbandonate e ricoperte di rovi. La famiglia Bevilacqua, con assidue cure e amore, ne ha fatto un'azienda vitivinicola modello, realizzando nel contempo, con il mantenimento dei tipici ed originari terrazzamenti, un autentico esempio di valorizzazione del paesaggio.

L'Etna Rosso Cirneco '08, felice unione di nerello mascalese e cappuccio provenienti da antiche vigne, conquista l'ambito Tre Bicchieri affascinando la commissione sin dal colore, un luminoso granato scarico. All'esame olfattivo risulta complesso, articolato e profondo, con un susseguirsi di toni e sfumature che evocano la grafite, il ferro, ciliegie e pesche, la rosa e le erbe medicinali. In bocca è perfettamente equilibrato, di grande ricchezza gustativa, con tannini ben torniti e gentili, dinamico e persistente, di beva piacevole e succosa. Notevole anche il Rosé Brut '08, spumante da metodo classico fatto con uve pinot nero, dalle nitide e raffinate nuance di piccoli frutti rossi.

● Etna Rosso Cirneco '08	🍷🍷🍷	6
⊙ Rosé Brut '08	🍷🍷	6

SICILIA 928

Tenuta delle Terre Nere
C.DA CALDERARA
95036 RANDAZZO [CT]
TEL. 095924002
www.marcdegrazia.com

VENDITA DIRETTA
VISITA SU PRENOTAZIONE

PRODUZIONE ANNUA 152.000 bottiglie
ETTARI VITATI 22.00
VITICOLTURA Biologico Certificato

L'appassionata ricerca di Marc De Grazia sull'Etna ci ha fatto scoprire autentici tesori, cru di antico impianto, ognuno in grado di esprimere con diverse sfumature l'eleganza unica del terroir d'origine. Spicca fra tutti la Vigna di Don Peppino, un ettaro di nerello mascalese a piede franco risalente al 1870. Gli altri vigneti hanno età d'impianto variabili fra i 45 e gli 85 anni, il più esteso, di 12 ettari, è Calderara Sottana, gli altri - Guardiola, Santo Spirito e Feudo di Mezzo - variano fra 1 e 2 ettari.

Il cru Guardiola è tra i primi che Marc De Grazia ci ha fatto conoscere e amare: da queste piante che arrivano a 80 anni d'età è scaturito nel 2009 un rosso con la nobile impronta del terroir Etna: spezie, confettura di more, eleganti note tostate; il frutto ritorna con pacata autorevolezza e persistenza. Appena più austero il Prephylloxera '09, con un commovente naso di gelsi neri; il Calderara Sottana '09 ha un bouquet elegantemente evoluto; sottile e ritroso il Santo Spirito '09; il Feudo di Mezzo '09 ha il suo punto forte in una diretta espressività. Molto buoni anche l'Etna Bianco '10, l'Etna Rosso base '10 e il Rosato '10.

● Etna Rosso Guardiola '09	🍷🍷 7
● Etna Rosso Prephylloxera La V. di Don Peppino '09	🍷🍷 8
○ Etna Bianco '10	🍷🍷 4
⊙ Etna Rosato '10	🍷🍷 4
● Etna Rosso '10	🍷🍷 4
● Etna Rosso Calderara Sottana '09	🍷🍷 7
● Etna Rosso Feudo di Mezzo Quadro delle Rose '09	🍷🍷 7
● Etna Rosso Santo Spirito '09	🍷🍷 7
● Etna Rosso Santo Spirito '08	🍷🍷🍷 7
● Etna Rosso Calderara Sottana '07	🍷🍷 7
● Etna Rosso Feudo di Mezzo Quadro delle Rose '08	🍷🍷 7
● Etna Rosso Prephylloxera La V. di Don Peppino '08	🍷🍷 8

Valle dell'Acate
C.DA BIDINI
97011 ACATE [RG]
TEL. 0932874166
www.valledellacate.it

VENDITA DIRETTA
VISITA SU PRENOTAZIONE

PRODUZIONE ANNUA 450.000 bottiglie
ETTARI VITATI 100.00
VITICOLTURA Naturale

La Val di Noto è considerato una delle zone più vocate alla viticultura della Sicilia sin dal tempo della colonizzazione greca, cui si deve probabilmente l'introduzione dell'alberello, metodo di allevamento ancor oggi molto diffuso nell'area. L'azienda della famiglia Jacono, di cui Gaetana è anima e motore, opera nella culla del nero d'Avola ormai da sei generazioni, e continua a valorizzare i vitigni autoctoni e il territorio attraverso la produzione ecosostenibile di vini di alta qualità.

Sempre affidabile la produzione di questa storica cantina acatese, anche se le degustazioni di quest'anno registrano qualche zona d'ombra, soprattutto per quanto riguarda i vini di punta, che ci avevano abituati a prestazioni più incisive. Sentori di ciliegia e fragola per il Cerasuolo di Vittoria Classico '09 (nero d'Avola e frappato), gustativamente succoso, piacevole e di grande facilità di beva. Buono Il Frappato '10, fresco, beverino e di grande versatilità. Corpo solido e bei tannini per il Nero d'Avola Il Moro '09, discretamente ampio al naso, che si esprime con note di frutta rossa in confettura e spezie. Agrumi ed erbe mediterrane connotano il sapido Zagra '10 (grillo ed inzolia).

● Cerasuolo di Vittoria Cl. '09	🍷🍷 4
● Il Moro '09	🍷🍷 4
● Vittoria Il Frappato '10	🍷🍷 4
○ Bidis '08	🍷 5
● Rusciano '07	🍷 5
○ Vittoria Insolia '10	🍷 3
○ Zagra '10	🍷 4
● Cerasuolo di Vittoria '07	🍷🍷 4
● Il Moro '08	🍷🍷 4*
● Tanè '04	🍷🍷 6
● Tanè '03	🍷🍷 6

SICILIA

LE ALTRE CANTINE

Tenute Adragna
LOC. SAN MARCO
VIA SIMONE CATALANO, 466
91100 VALDERICE [TP]
TEL. 0923833805
www.tenuteadragna.it

Struttura snella e dinamica per il piacevole Nero d'Avola '10 della cantina di Goffredo Adragna, della storica famiglia di produttori di vino trapanesi. Sugli allori anche Corallovecchio, sempre da uve nero d'Avola, fine, fruttato e speziato, con tannini morbidi ed eleganti e un finale succoso e persistente. Buono il resto.

- Corallovecchio '08   4*
- Nero d'Avola '10   4*
- Inzolia '10   4
- Rocche Rosse '10   4

AgroGento
C.DA ANGUILLA
92017 SAMBUCA DI SICILIA [AG]
TEL. 0423860930
www.agroargento.it

La cantina delle famiglie Moretti Polegato e Maggio ci ha presentato una versione convincente, la '09, del Carrivàli, un varietale Nero d'Avola che si segnala per il timbro elegante e le nitide note speziate e fruttate. Appena surmaturo il Timoleonte '08 (nero d'Avola, syrah, merlot, cabernet sauvignon e petit verdot).

- Carrivàli '09   4*
- Timoleonte '08   4

Ajello
C.DA GIUDEO
91025 MAZARA DEL VALLO [TP]
TEL. 091309107
www.ajello.info

Fini note di ciliegia nera e spezie per l'intenso Nero d'Avola '10, che si dimostra maturo e fragrante, dai tannini morbidi e gentili e di beva molto piacevole. Buono anche Shams '10 (unione di uve moscato, grillo, insola e catarratto), dolce e suadente, con un finale che ricorda le erbe della macchia mediterranea.

- Nero d'Avola '10   4
- Shams '10   5
- Bizir '10   4
- Furat '08   5

Avide
C.DA MASTRELLA, 346
97013 COMISO [RG]
TEL. 0932967456
www.avide.it

Sempre affidabili i vini di questa cantina vittoriese. Denso, austero e territoriale, il Sigillo '05, da nero d'Avola e cabernet sauvignon in parti eguali. Fresco e scorrevole il Cerasuolo di Vittoria '08 Etichetta Nera (nero d'Avola e frappato), fruttato e fragrante l'Herea Frappato '10. Sapido, seppur semplice, l'Herea Inzolia '10.

- Cerasuolo di Vittoria Et. Nera '08   4
- Herea Frappato '10   4
- Herea Inzolia '10   3
- Sigillo '05   6

Baglio di Pianetto
VIA FRANCIA
90030 SANTA CRISTINA GELA [PA]
TEL. 0918570002
www.bagliodipianetto.com

Annata interlocutoria per questa bella cantina: tutti corretti i vini presentati alle degustazioni, manca però il fuoriclasse capace di spiccare il volo verso traguardi più ambiziosi. Fresco e scorrevole il Viognier Ginolfo '10, di facile approccio Ramione '07, da uve nero d'Avola e merlot, dai bei toni fruttati e balsamici.

- Ficiligno '10   4
- Ginolfo '10   5
- Ramione '07   4
- Shymer '09   4

Vini Biondi
C.SO SICILIA, 20
95039 TRECASTAGNI [CT]
TEL. 0957633933
www.vinibiondi.it

Vista l'annata non felicissima, Ciro Biondi, da produttore serio e coscienzioso, ha deciso di prendersi una pausa, almeno sui rossi. Il suo unico vino arrivato alle nostre selezioni, l'Etna Bianco Outis '10 (carricante), si è ben comportato, sfiorando l'ingresso in finale: fresco, ricco di sapida acidità, ha mostrato buona struttura e lunghezza.

- Etna Bianco Outis '10   5
- Etna Rosso M.I. '07   6
- Etna Rosso Outis '05   6

SICILIA — 930
LE ALTRE CANTINE

Biscaris
via Maresciallo Giudice, 52
97011 Acate [RG]
Tel. 0932989206
www.biscaris.it

In crescita questa piccola azienda situata nel cuore della Docg Cerasuolo di Vittoria. Sugli allori l'Hiscor Nero d'Avola '10, profondo e cupo, dai sentori varietali intensi e ben definiti, integro e di bella beva. Corretto e fresco, e secondo tradizione, il Cerasuolo di Vittoria Principuzzu '08 (frappato e nero d'Avola).

- Cerasuolo di Vittoria Pricipuzzu '08   4
- Hiscor '10   4*
- ○ Achàtes '10   4

Alice Bonaccorsi
loc. Passopisciaro
c.da Croce Monaci
95036 Randazzo [CT]
Tel. 095337134
www.valcerasa.com

In gran forma l'Etna Rosso Crucimonaci '07 (nerello mascalese e cappuccio), intenso, complesso e piacevole, con in evidenza deliziose note di gelsi neri e di viola che ritornano puntualmente al palato. Maturo, polputo, vivace e dinamico, con un frutto che ricorda le susine bianche, il Valcerasa Bianco '09 (carricante).

- ○ Etna Bianco Valcerasa '09   5
- Etna Rosso Crucimonaci '07   7
- Etna Rosso Valcerasa '09   5

Bonavita
loc. Faro Superiore
c.da Corso
98158 Messina
Tel. 3471754983
www.bonavitafaro.it

Giovanni Scarfone, giovane e appassionato produttore, anche quest'anno ci ha proposto una gran bella versione del suo Faro. Il millesimo '09 ha colore rubino carico venato di granato, al naso è maturo e piuttosto complesso ed elegante; in bocca è asciutto, con tannini vibranti e connotato da una buona persistenza finale.

- Faro '09   6

Brugnano
c.da San Carlo
SS 113, km 307
90047 Partinico [PA]
Tel. 0918783360
www.brugnano.it

Prova positiva anche quest'anno per i vini di Antonella Brugnano, a cominciare dal Lunario Rosso '08, Nero d'Avola dai profumi intensi e fruttati, ben equilibrato al palato. Di buon livello anche il Kue '10, blend di insolia e viognier dai piacevoli sentori di fiori e frutto a polpa bianca, fresco e scorrevole. Buoni anche gli altri prodotti.

- ○ Kue '10   4
- Lunario Rosso '08   4*
- V90 Rosso '09   3

Buceci
c.da Roccabianca
via Unità d'Italia, 3
90035 Marineo [PA]
Tel. 0918726367
www.bucecivini.it

Annata interlocutoria per l'azienda biologica di Franco Calderone: i rossi sono ancora in affinamento e non abbiamo potuto valutarli, con l'eccezione del Cabernet Sauvignon Millemetri '08, cupo e intenso, con un naso surmaturo e una bocca di verde tannicità. Fine e minerale il Doncarmè Bianco '10 (inzolia e chardonnay).

- Cabernet Sauvignon Millemetri '08   6
- ○ Cataratto Inzolia '10   3
- ○ Doncarmè Bianco '10   4

Calatrasi
c.da Piano Piraino
90040 San Cipirello [PA]
Tel. 0918576767
www.calatrasi.it

Naso pulito, ricco di toni fruttati e balsamici per il Terre di Ginestra Magnifico Syrah '09, tannico, fresco e di prorompente acidità. Di facile e pronta beva il Nero d'Avola 'A Naca '08, che si presenta con piacevoli e definite note di piccola frutta rossa e macchia mediterranea. Corretta la rimanente produzione.

- 'A Naca '08   6
- Terre di Ginestra 651 Nero d'Avola Syrah '09   5
- Terre di Ginestra Magnifico Syrah '09   4
- Terre di Ginestra Nero d'Avola '09   4

SICILIA

LE ALTRE CANTINE

Caruso & Minini
VIA SALEMI, 3
91025 MARSALA [TP]
TEL. 0923982356
www.carusoeminini.it

Maiuscola prestazione per la cantina marsalese. Speziato, balsamico, vibrante e persistente il Nero d'Avola Cutaja '09. Ma non è da meno il Cusora Rosso '09 (syrah e merlot), dal bel fruttato intenso, morbido e vivace al palato. Ciliegioso e polputo Sachia '09, perricone in purezza. Lodevole lo standard della produzione.

● Cusora Rosso '09	3*
● Sachia '09	3
● Terre di Giumara Cutaja '09	4*
○ Timpune '10	4

Le Casematte
LOC. FARO SUPERIORE
C.DA CORSO
98163 MESSINA
TEL. 0906409427
www.lecasematte.it

Buon esordio per la cantina di Gianfranco Sabbatino, che conta su cinque ettari vitati in zona Faro. Sentori di gelsi e more, morbido alla beva e dotato di un finale persistente il Faro Quattroenne '09 (nerello mascalese, cappuccio, nero d'Avola e nocera). Piacevole il Figliodienneenne '09 (nerello mascalese e nocera).

● Faro Quattroenne '09	6
● Figliodienneenne '09	4

Castellucci Miano
VIA SICILIA, 1
90029 VALLEDOLMO [PA]
TEL. 0921542385
www.castelluccimiano.it

Abbiamo molto apprezzato il PerricOne '08, da scelte uve perricone, che alterna suadenti note di amarena e mora a sentori di ginepro ed erbe officinali: potente, dai tannini ben torniti, sviluppa una notevole bevibilità. Piacevole anche il Miano '10, Catarratto dalle sfumature tropicali e di fiori di ginestra. Buono il resto.

● PerricOne '08	4*
○ Miano '10	4
● Nero d'Avola '08	4*
● Syrah '08	4

Cossentino
VIA PRINCIPE UMBERTO, 241
90047 PARTINICO [PA]
TEL. 0918782569
www.cossentino.it

Dal colore verdolino scarico brillante, con delicate sfumature erbacee e fruttate, assai fresco, sapido e pulito, il Grillo '10 è il vino di Nino Cossentino che è piaciuto di più alla commissione. Ma è tutta la gamma ad essere affidabile, a cominciare dal morbido, maturo e succoso Lioy '08 (syrah e cabernet sauvignon).

○ Grillo '10	4*
● Lioy '08	4
● Nero d'Avola '07	4
● Syrah '05	4

Curto
SS 115 ISPICA - ROSOLINI KM 358
97014 ISPICA [RG]
TEL. 0932950161
www.curto.it

Curto si caratterizza per il forte legame al territorio, come nel caso dell'Eloro Nero d'Avola '08 dai profumi di confettura di frutti di bosco e iodati, fresco e asciutto al palato. Buono anche il Poiano '10 (inzolia), fine e intenso, con un naso che spazia dal frutto alla mineralità. Dinamico e morbido il Syrah Krio '09.

● Eloro Nero d'Avola '08	3*
● Ikano '08	4
● Krio '09	4
○ Poiano '10	3

d'Alessandro
C.DA MANDRASCAVA
92100 AGRIGENTO
TEL. 0633623175
www.dalmin.it

Bella prestazione per i vini presentati dalla famiglia d'Alessandro: molto ben fatto il Nero d'Avola Syrah '09, dalle complesse e articolate sfumature di amarena e spezie nere, dotato di tannini morbidi ed eleganti. Non è da meno il fresco e dinamico Syrah '09, vino dal frutto nitido e fragrante e di piacevole beva.

● Nero d'Avola Syrah '09	4*
● Syrah '09	4*
○ Inzolia '10	3
● Nero d'Avola '10	3

SICILIA

LE ALTRE CANTINE

De Gregorio
c.da Ragana
92019 Sciacca [AG]
Tel. 092585031
www.cantinedegregorio.it

Destro
loc. Montelaguardia
95036 Randazzo [CT]
Tel. 095937060
www.destrovini.com

Ascanio e Maruzza De Gregorio coltivano e vinificano le loro uve tra Sciacca e Menfi, presso un borgo di campagna le cui origini risalgono al '400. Il Magarìa Rosso '09, blend di nero d'Avola e cabernet sauvignon, esprime piena maturità e un notevole spessore gustativo; floreale, fresco e sapido il Dragonara Grillo '10.

Annata interlocutoria per la cantina etnea Destro, che ritenendo ancora non pronti i cru aziendali li ha lasciati in cantina ad affinare ulteriormente. Soddisfacente l'unico vino pervenutoci, l'Etna Bianco '10 Isolanuda (carricante e catarratto), dai freschi profumi floreali e di frutta gialla su uno sfondo minerale.

● Magarìa Rosso '09	ŸŸ 4*
○ Dragonara Bianco Grillo '10	Ÿ 3
● Dragonara Rosso '09	Ÿ 3
○ Magarìa Bianco '10	Ÿ 4

○ Etna Bianco Isolanuda '10	ŸŸ 4
● Etna Rosso Sciarakè '08	ŸŸŸ 6*

Di Giovanna
c.so Umberto I, 137
92017 Sambuca di Sicilia [AG]
Tel. 0925941086
www.digiovanna-vini.it

Gaspare Di Prima
via G. Guasto, 27
92017 Sambuca di Sicilia [AG]
Tel. 0925941201
www.diprimavini.it

Bianchi in evidenza nella cantina di Gunther e Klaus Di Giovanna: fresco, invitante, dai nitidi e fini sentori di frutti tropicali, Gerbino Chardonnay '10 conferma tutte le sue caratteristiche qualitative. Sullo stesso livello il delizioso Sauvignon Blanc '10, sapido e vivace, che esprime fascinose nuance mentolate.

Meritatissima finale per il Villamaura Syrah '07, vino elegante e di carattere, che mostra avvincenti sfumature che ricordano il cioccolato, le foglie di tabacco e le erbe della macchia mediterranea. Prestazione di rilievo pure per Gibilmoro Nero d'Avola '09, succoso e dalle piacevoli nuance di gelsi neri.

○ Gerbino Chardonnay '10	ŸŸ 3*
○ Sauvignon Blanc '10	ŸŸ 4
○ Grillo '10	Ÿ 4
● Nero d'Avola '09	Ÿ 4

● Villamaura Syrah '07	ŸŸ 6
● Gibilmoro Nero d'Avola '09	ŸŸ 4
○ Gibilmoro Chardonnay '10	Ÿ 4
○ Pepita Bianco '10	Ÿ 4

Edomé
p.zza G. Verga, 25
95121 Catania
Tel. 095536632
www.cantinedome.com

Tenuta Enza La Fauci
c.da Mezzana-Spartà
98163 Messina
Tel. 3476854318
www.tenutaenzalafauci.com

La cantina di Nini Cianci e Gianclaudio Tribulato, a Passopisciaro, produce un solo vino da un'unica vigna, in parte costituita da piante di oltre ottanta anni. Interessante l'Aitna '09 (nerello cappuccio e mascalese), elegante e con il caratteristico timbro del vulcano in evidenza, dalle note speziate e balsamiche, austero e ricco.

Vino d'ispirazione naturale, l'Oblì '09 (nerello mascalese e cappuccio, nero d'Avola e nocera) "sente" l'annata poco felice: ha un naso un po' austero, dai toni surmaturi di confettura; in bocca, però, eleganza e stoffa riequilibrano il conto. Più riuscito il fine e leggiadro Terra di Vento '09 (nero d'Avola e mascalese).

● Etna Rosso Aitna '09	Ÿ 6
● Etna Rosso Aitna '08	Ÿ 6

● Terra di Vento '09	Ÿ 6
● Faro Oblì '09	Ÿ 7

933 SICILIA
LE ALTRE CANTINE

Fazio Wines
FRAZ. FULGATORE
VIA CAPITAN RIZZO, 39
91010 ERICE [TP]
TEL. 0923811700
www.faziowines.com

Buona la versione '06 dell'Erice Pietra Sacra (nero d'Avola in purezza) presentata quest'anno alla commissione: granato cupo il colore, preludio di un quadro aromatico nitido di prugna, liquirizia, spezie e humus, con morbido e polputo ritorno al palato. Agrumato, intenso e vivace il Grillo Aegades '10. Validi gli altri.

● Erice Pietra Sacra '06	6
○ Brusio '10	4
○ Erice Grillo Aegades '10	4
● Passo dei Punici '08	4

Ferreri
C.DA SALINELLA
91029 SANTA NINFA [TP]
TEL. 092461871
www.ferrerivini.it

Dal colore cupo e profondo e dai decisi sentori di prugna matura, spezie nere e humus, Brasi '07, da uve nero d'Avola, è il vino che ci ha colpito maggiormente quest'anno. Ma sono buoni e corretti tutti i prodotti presentati da questa affidabile cantina, come l'esemplare e piacevole Catarratto '10, polposo e sapido.

● Brasi '07	5
○ Catarratto '10	4
○ Inzolia '10	4
● Nero d'Avola '09	4

Feudo Arancio
C.DA PORTELLA MISILBESI
92017 SAMBUCA DI SICILIA [AG]
TEL. 0925579000
www.feudoarancio.it

Pregevole la gamma dei vini presentati quest'anno dalla cantina Feudo Arancio, tutti caratterizzati da un buon rapporto qualità prezzo. Intenso, elegante, ricco di frutto a polpa gialla, lo Chardonnay '10. Succoso il Cantadoro '08, da nero d'Avola e cabernet sauvignon, che ha toni balsamici e tannini fitti e setosi.

○ Chardonnay '10	4*
● Cantadoro '08	5
○ Grillo '10	4
● Nero d'Avola '09	4

Feudo Cavaliere
C.DA CAVALIERE BOSCO
95126 SANTA MARIA DI LICODIA [CT]
TEL. 3487348377
www.feudocavaliere.com

Di livello la produzione della famiglia Platania D'Antoni, che conta su dieci ettari vitati che vanno oltre i 1000 metri di quota. Aristocratico l'Etna Bianco Millemetri '10 (carricante), iodato e floreale al naso e ben bilanciato. Buono il Nerello Mascalese Don Blasco '08, elegantissimo nei suoi toni fruttati e minerali.

● Don Blasco '08	5
○ Etna Bianco Millemetri '10	4*
⊙ Etna Rosato Millemetri '10	4

Feudo di Santa Tresa
S.DA COMUNALE MARANGIO, 35
97019 VITTORIA [RG]
TEL. 0932513126
www.santatresa.it

Fresco, elegante, con raffinate sfumature che ricordano le spezie orientali e la pera matura, Rina Ianca '10 (blend di grillo e viognier) manifesta ancora una volta le caratteristiche che ne hanno fatto il vino di punta dell'azienda. Buono il resto della produzione, a cominciare dal fragrante e ciliegioso Frappato '10.

○ Rina Ianca '10	3
● Avulisi '08	4
● Cerasuolo di Vittoria Cl. '09	4
● Frappato '10	4

Feudo Montoni
C.DA MONTONI VECCHI
90144 CAMMARATA [AG]
TEL. 091513106
www.feudomontoni.it

Buon fruttato maturo, venato da fresche note balsamiche, per il Nero d'Avola '09, che in bocca è morbido, vivace e di ottima beva. Decisamente ben fatto, e appetibile anche nel prezzo, il Grillo '10, dalle sfumature di frutta esotica ed erbe mediterranee, dinamico, sapido e dotato di adeguata struttura e persistenza.

● Nero d'Avola '09	4*
○ Catarratto '10	3
○ Grillo '10	3*
● Nero d'Avola Vrucara '08	6

SICILIA 934
LE ALTRE CANTINE

Feudo Ramaddini
FRAZ. MARZAMENI
C.DA LETTIERA
96018 PACHINO [SR]
TEL. 09311847100
www.feudoramaddini.com

Nel 2003 Carlo Scollo e Francesco Ristuccia, già attivi nel mondo dell'orticoltura, fondano questa cantina, che ben esordisce in Guida: il Passito di Noto Al Hamen '10 mostra belle note aromatiche, dolcezza ed equilibrio in bocca; il Noto Nero d'Avola Patrono '08 ha una piacevole tipicità. Buoni gli altri vini degustati.

○ Passito di Noto Al Hamen '10	▼▼ 6
○ Nassa '10	▼ 4
● Noto Nero d'Avola Patrono '08	▼ 5
○ Quattroventi '10	▼ 5

Cantine Fina
C.DA BAUSA
91025 MARSALA [TP]
TEL. 0923733070
www.cantinefina.com

Taif '10 (moscato d'Alessandria, detto zibibbo) è un vino di bella intensità, aromatico e fine, rotondo e polposo, sapido e persistente al palato, e guadagna l'ingresso in Guida all'azienda di Bruno Fina. Erbaceo, e dai toni di mandorla e pesca bianca, il Grillo '10, esaltato da una rinfrescante vena acida di sostegno.

○ Taif Zibibbo '10	▼▼ 4
○ Grillo '10	▼ 3
● Nero d'Avola '09	▼ 3
○ Sauvignon Blanc '10	▼ 4

Fondo Antico
FRAZ. RILIEVO
VIA FIORAME, 54A
91100 TRAPANI
TEL. 0923864339
www.fondoantico.it

Il bianco di punta Grillo Parlante (grillo) conferma la sua affidabilità anche nel millesimo '10: ha un naso ben definito nelle note fruttate di pesca e kiwi, in bocca è fresco, sapido e gradevole. Buono anche il dolce Baccadoro (grillo e moscato), quest'anno in bottiglia da 75 e senza annata. Tipico il Nero d'Avola '10.

○ Grillo Parlante '10	▼▼ 4*
○ Baccadoro	▼ 5
● Il Canto di Fondo Antico '07	▼ 5
● Nero d'Avola '10	▼ 4

Cantine Foraci
C.DA SERRONI
91026 MAZARA DEL VALLO [TP]
TEL. 0923934286
www.foraci.it

Il Tenute Dorrasita Nero d'Avola '09 è il vino di questa nota azienda, attiva da tempo nel segmento dell'agricoltura biologica, che ci è piaciuto di più quest'anno: denso, profondo e succoso, dal frutto intenso, colpisce anche per i suoi morbidi ed eleganti tannini. Notevole la bevibilità di O' Feo Nero d'Avola '09.

● Tenute Dorrasita Nero d'Avola '09	▼▼ 5
○ Grillo '10	▼ 3*
○ O' Feo Inzolia '10	▼ 3
● O' Feo Nero d'Avola '09	▼ 3*

Maggio
S.DA CENTRALE MARANGIO, 35
97019 VITTORIA [RG]
TEL. 0932984771
www.maggiovini.it

Amongae, da uve nero d'Avola, cabernet sauvignon e merlot, conferma la sua ammirevole continuità anche nell'annata '08: articolato, maturo ed elegante, morbido e persistente. Piacevole e assai tipico nei profumi il Cerasuolo Vigna di Pettineo '08, bel fruttato di ciliegia per il succoso Rasula Cabernet Sauvignon '08.

● Amongae '08	▼▼ 4
● Cerasuolo di Vittoria V. di Pettineo '08	▼▼ 5
○ Ariddu '10	▼ 3
● Rasula Cabernet Sauvignon '08	▼ 4

Masseria del Feudo
C.DA GROTTAROSSA
93100 CALTANISSETTA
TEL. 0934569719
www.masseriadelfeudo.it

In bell'evidenza, tra i vini presentati da Francesco Cucurullo, Il Giglio Nero d'Avola '10, ineccepibile al naso, con nuance di spezie e ciliegia scura, fragrante, fresco e pulito in bocca. Sapido e di buona beva Il Giglio Bianco '10, blend autoctono di inzolia e grillo dalle belle e distinte note floreali.

● Il Giglio Rosso '10	▼▼ 3*
○ Haermosa '09	▼ 5
○ Il Giglio Bianco '10	▼ 3
● Il Giglio Syrah '09	▼ 4*

SICILIA

LE ALTRE CANTINE

Miceli
C.DA PIANA SCUNCHIPANI, 190
92019 SCIACCA [AG]
TEL. 092580188
www.miceli.net

Ancora una volta Pantelleria in primo piano nella gamma Miceli: il Moscato di Pantelleria Entelechia '07 esprime un bouquet ricco di sfumature e una bocca di sensuale densità; assai piacevole il mosto di zibibbo Garighe, con belle note di pesca e una fine vivacità; aromatico e intenso il Pantelleria Bianco Yrnm '09.

○ Garighe	▼▼ 4
○ Moscato di Pantelleria Entelechia '07	▼▼ 8
○ Verver '10	▼ 4
○ Yrnm '09	▼ 5

Cantina Modica di San Giovanni
C.DA BUFALEFI
96017 NOTO [SR]
TEL. 09311805181
www.olioevinobufalefi.it

Denso, cupo, di color granato, il passito Dolce Nero '08, da uve nero d'Avola, ha convinto anche quest'anno la commissione per le sue particolari caratteristiche che ne fanno un vino soave e avvincente, caratterizzato da singolari note che ricordano il cuoio e la marasca. Affidabile e corretta anche la restante produzione.

● Dolce Nero '08	▼▼ 6
⊙ Mamma Draja '10	▼▼ 4
● Eloro Arà '06	▼ 4
● Eloro Filinona '07	▼ 4

Cantine Mothia
VIA GIOVANNI FALCONE, 22
91025 MARSALA [TP]
TEL. 0923737295
www.cantine-mothia.com

L'austero Hammon '07, da uve cabernet sauvignon e nero d'Avola, si conferma uno dei vini di punta di questa cantina: denso e profondo, dai distinti sentori di prugna, goudron e spezie nere, si rivela morbido e potente, dai tannini levigati ed eleganti. Fine, sapido e beverino il Vela Latina '10 (grillo e chardonnay).

● Hammon '07	▼▼ 4*
○ Saline '10	▼ 2*
○ Vela Latina '10	▼ 4

Salvatore Murana
C.DA KHAMMA, 276
91017 PANTELLERIA [TP]
TEL. 0923915231
www.salvatoremurana.com

In attesa del Martingana '06 Salvatore Murana tira fuori dal cilindro il Creato '80, dal colore simile al petrolio greggio e similmente denso; il naso è vertiginoso per intensità e complessità: noce moscata, vaniglia, cannella, carruba, melassa... In bocca è sontuoso, opulento, con un finale brulée appena sopra le righe.

○ Moscato Passito di Pantelleria Creato '80	▼▼ 8
○ Moscato Passito di Pantelleria Mueggen '08	▼▼ 6
○ Pantelleria Bianco Gadì '09	▼ 4

Antica Tenuta del Nanfro
C.DA NANFRO SAN NICOLA LE CANNE
95041 CALTAGIRONE [CT]
TEL. 093360744
www.nanfro.com

Buona prova per il Vittoria Nero d'Avola Strade '09, di bella struttura, dalla componente tannica elegante e tanto frutto sia al naso che al palato. Piacevole il Frappato '10, che si presenta con intensi sentori di piccoli frutti rossi felicemente venati da una deliziosa nuance minerale, fresco e vibrante all'assaggio.

● Frappato '10	▼▼ 4
● Vittoria Strade '09	▼▼ 4
● Cerasuolo di Vittoria Sammauro '09	▼ 5
○ Strade Inzolia '09	▼ 4

Cantine Nicosia
VIA LUIGI CAPUANA
95039 TRECASTAGNI [CT]
TEL. 0957806767
www.cantinenicosia.it

Buona prestazione per un'azienda dai grandi numeri, che si muove in tutta la regione. Nella linea "top" Fondo Filara abbiamo apprezzato il Cerasuolo di Vittoria Classico '08 (nero d'Avola e frappato), corretto e tipico, così come l'Etna Bianco '10, intenso, fresco e piacevole. Piena maturità per il Nero d'Avola '09.

● Cerasuolo di Vittoria Cl. Fondo Filara '08	▼ 4
○ Etna Bianco Fondo Filara '10	▼ 4
● Etna Rosso Fondo Filara '09	▼ 4
● Fondo Filara Nero d'Avola '09	▼ 4

SICILIA

936
LE ALTRE CANTINE

Occhipinti
C.DA FOSSA DI LUPO
VIA DEI MILLE, 55
97019 VITTORIA [RG]
TEL. 0932868222
www.agricolaocchipinti.it

I vini di Arianna sono prodotti seguendo i protocolli dell'agricoltura biologica. In evidenza il Siccagno '08 un Nero d'Avola molto territoriale che riesce a ben coniugare freschezza con struttura e frutto. Piacevole anche l'SP 68 Rosso '10 (nero d'Avola e frappato), che si segnala per la vivace componente fruttata.

● Siccagno '08	▼▼ 6
● Il Frappato '09	▼ 5
● SP 68 Bianco '09	▼ 4
● SP 68 Rosso '10	▼ 4

Orestiadi
VIA A. GAGINI, 41
91029 GIBELLINA [TP]
TEL. 092469124
www.orestiadivini.it

Da Nero d'Avola e Cabernet Sauvignon maturati in barrique, Ludovico '08 è dedicato al senatore Corrao, presidente della Fondazione Orestiadi, illustre politico e intellettuale alcamese: intenso e articolato al naso, ha un bel fruttato e note balsamiche; in bocca è asciutto e solido. Buone prove dal resto della produzione.

● Orestiadi Ludovico '08	▼▼ 5
● Agamennone '09	▼ 4
● Cabernet Sauvignon Rilento '10	▼ 3
○ Egisto Grillo '10	▼ 4

Ottoventi
C.DA TORREBIANCA - FICO
91019 VALDERICE [TP]
TEL. 0923 1892880
www.cantinaottoventi.it

L'Ottoventi Nero '08, a base di nero d'Avola e syrah, primeggia fra i vini della famiglia Mazzara: intenso e concentrato nel fruttato, ha note di spezie e sfumature balsamiche, che tornano con precisione in una bocca di spessa rotondità. Belle note di gelsi dal Nero d'Avola .20 annata '09, molto fresco il Grillo .8 '10.

● Ottoventi Nero '08	▼▼ 5
○ Grillo .8 '10	▼ 4
● Nero d'Avola .20 '09	▼ 4
○ Zibibbo Passito Scibà '08	▼ 5

Piana dei Cieli
C.DA BERTOLINO - SCIFITELLI
92013 MENFI [AG]
TEL. 092572060
www.pianadeicieli.com

Ancora una volta il Syrah di Annalisa e Nino Giambalvo fa centro: l'annata '09 presenta un naso varietale elegante, note di spezie e un pulito fruttato maturo; in bocca è levigato, morbido e persistente. Lo Chardonnay Pizzo dei Corvi '10 regala sfumature iodate e balsamiche, al palato il frutto è fresco e consistente.

○ Pizzo dei Corvi '10	▼▼ 4*
● Syrah '09	▼▼ 4
○ Chardonnay-Grecanico '10	▼ 4
● Nero d'Avola '09	▼ 4

Poggio di Bortolone
FRAZ. ROCCAZZO
VIA BORTOLONE, 19
97010 CHIARAMONTE GULFI [RG]
TEL. 0932921161
www.poggiodibortolone.it

Il Pigi '06, blend di syrah e cabernet sauvignon, conquista le finali con un bouquet di affascinante complessità, etereo, surmaturo, elegante; la bocca è sontuosa, con una viva acidità, tannini assai morbidi e un lungo finale. Il Para Para '08, intenso e personale nelle note animali, risulta appena meno fine e incisivo.

● Pigi Rosso '06	▼▼ 6
● Cerasuolo di Vittoria Poggio di Bortolone '08	▼▼ 4
● Cerasuolo di Vittoria V. Para Para '08	▼▼ 5

Porta del Vento
C.DA VALDIBELLA
90043 CAMPOREALE [PA]
TEL. 0916116531
www.portadelvento.it

Tra i vini naturali proposti quest'anno da Marco Sferlazzo, abbiamo apprezzato in particolare i bianchi: fine, gradevole e fresco il Catarratto '10; personale, nella sua franca rusticità il Saharay '09, Catarratto fermentato sulle bucce in tini aperti. Buono anche il Nero d'Avola Ishac '10, sapido e beverino.

● Ishac '10	▼ 4
● MaQuè '10	▼ 4
○ Porta del Vento Catarratto '10	▼ 4
○ Saharay '09	▼ 5

SICILIA

LE ALTRE CANTINE

Pupillo
C.DA LA TARGIA
96100 SIRACUSA
TEL. 0931494029
www.solacium.it

Ancora una grande prova dal Moscato di Siracusa Solacium, che anche nell'annata '10 conquista le nostre finali: definite note di erbe, lavanda e timo fra tutte, ha una bocca in piena armonia fra dolcezza e freschezza e una lunga persistenza finale. Assai gradevole e lineare nei profumi il Nero d'Avola Re Federico '10.

○ Moscato di Siracusa Solacium '10	🍷🍷 6
● Re Federico '10	🍷🍷 4
○ Cyane '10	🍷 4
○ Euralio '09	🍷 4

Rizzuto Guccione
C.DA PICONELLO
92011 CATTOLICA ERACLEA [AG]
TEL. 091333081
www.rizzutoguccione.com

Quest'anno Ruggero Rizzuto ci propone dalla sua "Piconello Valley" un interessante Sauvignon Blanc, Enzo '10, ben definito nei profumi di uva spina e frutta bianca, con una polpa fragrante, fresca e sapida. Belle note di mandorla ed erbe aromatiche per il Grillo Piconello '10, di ciliegia per il fine Riz Nero d'Avola '09.

○ Enzo '10	🍷 4
○ Piconello Grillo '10	🍷 4
● Riz Nero d'Avola '09	🍷 3

Sallier de la Tour
C.DA PERNICE
90144 MONREALE [PA]
TEL. 0916459711
www.tascadalmerita.it

In evidenza i due prodotti da uve syrah: balsamico, speziato, elegante, il Syrah '09 si segnala per la morbida struttura tannica e la grande piacevolezza di beva; sullo stesso livello il profondo e denso La Monaca '09, che affascina con le sue note delicate di ciliegia, menta e anice stellato. Buono il resto della gamma.

● La Monaca '09	🍷🍷 6
● Syrah '09	🍷🍷 3*
○ Le Bianche '10	🍷 5
● Nero d'Avola '09	🍷 3

Emanuele Scammacca del Murgo
VIA ZAFFERANA, 13
95010 SANTA VENERINA [CT]
TEL. 095950520
www.murgo.it

È ancora una volta sugli allori il Murgo Extra Brut, millesimo '05, da uve nerello mascalese: minerale, elegante nei toni tostati che ricordano la nocciola, risulta dinamico e vivace, godibilissimo. Sapido e fresco l'Etna Bianco '10 (carricante e catarratto) dalle fini nuance di fiori bianchi e pietra focaia.

○ Etna Bianco '10	🍷🍷 4*
○ Murgo Extra Brut '05	🍷🍷 7
● Etna Rosso '09	🍷 4
⊙ Murgo Brut Rosé '08	🍷 5

Scilio
V.LE DELLE PROVINCIE, 52
95015 GIARRE [CT]
TEL. 095932822
www.scilio.com

L'Etna Bianco Scilio si distingue anche nell'annata '10: ha un bel naso di frutta bianca e piccanti note minerali; in bocca è polputo, con un'elegante e viva acidità. Molto piacevole e pulito l'Etna Rosso '09, lineare nei profumi varietali, morbido e asciutto. Ben riuscito anche il fresco e fruttato Etna Rosato '10.

○ Etna Bianco '10	🍷 4
⊙ Etna Rosato '10	🍷 4
● Etna Rosso '09	🍷 4
● Talìa '09	🍷 4

Solidea
C.DA KADDIUGGIA
91017 PANTELLERIA [TP]
TEL. 0923913016
www.solideavini.it

In gran forma il Passito di Pantelleria '10 di Giacomo e Solidea D'Ancona, dal vivace colore ambrato. Il quadro aromatico si esprime con sfumature intense che ricordano i datteri, le bucce di arancia candite e i fichi secchi; denso e dolce, si sviluppa con autorevolezza, sorretto da una rinfrescante vena acida.

○ Passito di Pantelleria '10	🍷🍷 6
○ Ilios '10	🍷 4

SICILIA
LE ALTRE CANTINE

Terre di Giurfo
Via Palestro, 536
97019 Vittoria [RG]
Tel. 0957221551
www.terredigiurfo.it

Bella prova per i due Frappato '10: il dolce e suadente Unikù e il Belsito, molto ben definito nel frutto. Di nuovo in due versioni, il Cerasuolo Maskaria conferma solo in parte il buon esito dell'annata '07: la nostra preferenza va stavolta al Barricato '08, con un'intensità e una vivacità superiori al gemello in acciaio.

● Unikù '10	6
● Belsito '10	4
● Maskaria '08	4
● Maskaria Barricato '08	4

Terrelíade
Loc. Silene
C.da Portella Misilbesi
92017 Sambuca di Sicilia [AG]
Tel. 0421246281
www.terreliade.com

Apprezzabile la continuità del Nero d'Avola Nirà '09, denso nel colore e nei profumi fruttati maturi, con una bocca di vivace consistenza. Tra i bianchi prodotti a Sambuca da Santa Margherita primeggia il Grillo Timpa Giadda '10, gradevole nei profumi floreali, con un tocco di legno che ritorna finemente all'assaggio.

● Nirà '09	4
● Musìa '08	4
○ Punenti '10	4
○ Timpa Giadda '10	4

Tridente Pantalica
Via Cassaro, 4
96010 Ferla [SR]
Tel. 0931870005
www.tridentepantalica.com

Do'Zenner ha creato una nuova azienda con l'olivicoltore di Ferla Sebastiano Costantino. Nulla cambia sul fronte dell'impegno in biodinamica: il Terra delle Sirene '08 rivela pienamente il carattere dei Nero d'Avola di Pachino con una mineralità iodata ed eleganti sfumature animali; in bocca è incisivo e persistente.

● Terra della Sirene '08	6

Barone di Villagrande
Via del Bosco, 25
95025 Milo [CT]
Tel. 0957082175
www.villagrande.it

Ottima prestazione per i vini di questa storica cantina, a cominciare dall'Etna Lenza di Mannera '08, un rosso elegante e strutturato, estremamente godibile grazie a un frutto nitidissimo e a tannini dolci e nobili. Buono anche l'Etna Bianco Legno di Conzo '08, paglierino brillante, floreale al naso, minerale e polputo al palato.

○ Etna Bianco Sup. Legno di Conzo '08	7
○ Etna Bianco Sup. '10	4
● Etna Rosso Lenza di Mannera '08	7
● Etna Rosso '09	4

Vivera
C.da Martinella
SP 59/IV
95015 Linguaglossa [CT]
Tel. 095643837
www.vivera.it

Notevole prestazione per questa cantina che può contare su tre diversi ambiti produttivi: Etna, Chiaramonte Gulfi e Corleone. In evidenza il bianco Altrove '10 (chardonnay con piccole quote di catarratto ed insolia), fresco, ricco di note agrumate e minerali, elegante e persistente. Buoni gli altri vini presentati.

○ Altrove '10	4
○ Etna Bianco Salisire '09	5
○ A'mami '09	5
● Etna Rosso Martinella '09	5

Zisola
C.da Zisola
96017 Noto [SR]
Tel. 057773571
www.zisola.it

Buono il Doppiozeta '08 da uve nero d'Avola, syrah e cabernet sauvignon: pieno, maturo al naso, ricco di sensazioni fruttate e belle nuance speziate, tannico e asciutto al palato, chiude bene con un lungo e persistente finale. Corretto, di beva pronta e appagante, il dinamico Nero d'Avola Zisola '09, floreale e balsamico.

● Doppiozeta '08	7
● Zisola '09	5

SARDEGNA

L'anno scorso su questa pubblicazione si elogiava una qualità media crescente dei vini isolani, ma allo stesso tempo si auspicava un progresso del numero di eccellenze, viste le potenzialità di alcuni territori vitivinicoli sardi. Risultati alla mano non si può negare che questo sia accaduto. Cresce il numero dei Tre Bicchieri, ma anche i vini arrivati in finale sono aumentati a conferma che sono tante le aziende che puntano solo e solamente sulle politiche di qualità. L'altro dato importante riguarda una diffusione qualitativa comune a tanti territori. Lo prova il lavoro fruttuoso che arriva dalle aree storiche e più vocate, fino ad arrivare alle zone che negli ultimi anni erano rimaste in penombra e, oramai, sono riuscite ad affermarsi. Partendo dai territori più a nord dell'isola riscontriamo un ottimo risultato dell'unica Docg sarda: il Vermentino di Gallura nel millesimo 2010 riesce a trasmettere molto bene quel mix perfetto che arriva dai suoli granitici della denominazione e dalle peculiarità del vitigno. Il tutto si traduce in 4 Tre Bicchieri. Il Genesi della Cantina di Gallura, il Monteoro di Sella & Mosca, il Thilibas di Pedres e il Vigna'ngena di Capichera. Buona la prestazione dei Cannonau di Sardegna, anche se a dispetto di una denominazione legata a un disciplinare obsoleto, sarebbe meglio parlare di singole microzone. Si conferma uno dei migliori della categoria il Dule di Gabbas, una Riserva '08 che arriva dai vigneti del nuorese, ma non è da meno il Keramos Riserva '07 di Soletta, affermata azienda di Codrongianos. Detto questo, per la Doc rossista più importante dell'isola ci aspettiamo di più, sia per le potenzialità di un'uva straordinaria sia per il numero di aziende che la producono. Da decenni una valida eccezione è rappresentata dal Turriga di Argiolas, un Igt composto per la maggior parte da cannonau, che anche nella versione '07 dimostra di essere un grande vino mediterraneo. Sale sul gradino più alto del podio pure il Norace '08 di Feudi della Medusa: anche qui c'è una buona parte di cannonau, arricchita dalla felice aggiunta del 40% di syrah. Da incorniciare la prova dei Carignano del Sulcis. Tutte le aziende produttrici si distinguono per qualità e tra queste spiccano due cooperative: la Cantina di Santadi col rinomato Terre Brune '07 e la Sardus Pater con l'Arruga '07. Quest'ultimo forte di una versione da manuale viene premiato anche come miglior rosso dell'anno. L'altro rosso che si conferma come una delle pietre miliari in Sardegna è il Marchese di Villamarina '06 di Sella & Mosca, un Cabernet Sauvignon che in area algherese riesce a dare prodotti di gran fascino. Chiudiamo con due vere e proprie chicche enologiche che hanno conquistato la commissione d'assaggio: una è il Perda Pintà di Sedilesu, etichetta già nota ai lettori di questa Guida, che nella versione '09 seduce come poche altre volte; l'altra è la Malvasia di Bosa '06 Vigna Badde Nuraghe del produttore Emidio Oggianu. Un vino di una piccola grande denominazione che se non fosse per produttori determinati come Oggianu rischierebbe di scomparire dalle nostre tavole. E sarebbe un vero peccato.

SARDEGNA

6Mura
via Is Pascais, 18
09010 Giba [CI]
Tel. 0781689718
www.6mura.com

VENDITA DIRETTA
OSPITALITÀ

PRODUZIONE ANNUA 120.000 bottiglie
ETTARI VITATI 30.00
VITICOLTURA Naturale

Non sono tante la cantine che operano nel Sulcis, ma tutte dedicano sforzi e competenze alla realizzazione di eccellenti Carignano. Non fa eccezione 6Mura, giovane realtà che dalla sua nascita si è distinta per un'idea produttiva che deve sfruttare al meglio un terroir unico e un vitigno capace di dare grandi soddisfazioni. Le ultime vendemmie hanno dimostrato che il livello è cresciuto ulteriormente, forse anche grazie alle fasi di produzione che ora si eseguono nella cantina sita nell'area di produzione. Una materia prima eccezionale, vinificazioni per parcelle, l'attento uso dei legni, con preferenze sull'uso di botti grandi, fanno il resto e il risultato si vede eccome.

Il Carignano del Sulcis 6Mura '08 è senza dubbio la migliore versione mai presentata dalla piccola azienda di Giba. Gli sforzi fatti negli ultimi anni iniziano a dare buoni frutti ed è così che abbiamo un vino di enorme complessità olfattiva, dove i profumi spaziano dal frutto nero, alle sensazioni di macchia mediterranea e ai sentori terrosi e di radice. Buonissimo anche in bocca specie per un tannino morbido e carezzevole, una acidità ben dosata che offre freschezza e balsamicità. Freschissimo e succoso anche il fratello minore, il Carignano Giba '09, mentre per quanto riguarda i bianchi ci ha colpito il Vermentino di Sardegna '10 Etichetta Nera per le note di erbe aromatiche e per una bocca di buona profondità.

● Carignano del Sulcis 6 Mura '08	🍷🍷 6
● Carignano del Sulcis Giba '09	🍷🍷 4*
○ Vermentino di Sardegna Et. Nera '10	🍷🍷 5
○ Vermentino di Sardegna Giba Et. Blu '10	🍷 4
● 6 Mura Rosso '07	🍷🍷 5
● 6 Mura Rosso '06	🍷🍷 5
● 6 Mura Rosso '05	🍷🍷 5

★Argiolas
via Roma, 28
09040 Serdiana [CA]
Tel. 070740606
www.argiolas.it

VENDITA DIRETTA
VISITA SU PRENOTAZIONE
OSPITALITÀ

PRODUZIONE ANNUA 2.000.000 bottiglie
ETTARI VITATI 230.00

Nonostante Argiolas sia in Italia e nel mondo sinonimo di eccellenza enologica, gli sforzi, le sperimentazioni e la ricerca della cantina di Serdiana proseguono, grazie anche alla caparbietà e alla perseveranza della nuova generazione della famiglia che già da anni lavora in azienda. Francesca, Valentina col marito Elia, e Antonio (figli di Franco e Pepetto) hanno ruoli diversi e vanno a formare, con la complicità dell'enologo Mariano Murru, un team affiatato e vincente. Ne sono la prova sia la costanza qualitativa delle etichette storiche, sia la bontà degli ultimi due vini prodotti, l'Iselis Bianco e Rosso, che tra l'altro fanno parte di un progetto umanitario volto a dare aiuto a popolazioni svantaggiate.

Anche quest'anno l'intera gamma dei vini presentati dalla cantina di Serdiana convince per bevibilità e pulizia nonostante manchino all'appello il Costera '10 e il Perdera '10, il cui assaggio è rimandato all'anno prossimo. Il Turriga '07, blend di cannonau, carignano, bovale e malvasia nera, si conferma un grande vino mediterraneo, complesso nelle note di frutto rosso, tabacco e spezie, e dal palato imponente, ma anche fine, equilibrato e molto profondo. Tre Bicchieri. Buonissimo anche il Korem '09 che è solo ancora troppo giovane: i profumi spaziano dal mirto alla prugna e la bocca è morbida e ben bilanciata dal tannino e dall'acidità. L'ultima nota va all'Angialis, un passito da uve nasco, dolce, ma anche fresco e dal finale sapido.

● Turriga '07	🍷🍷🍷 7
○ Angialis '08	🍷🍷 7
● Is Solinas '09	🍷🍷 4*
● Korem '09	🍷🍷 5
○ Cerdeña '09	🍷🍷 8
○ Iselis Bianco '10	🍷🍷 5
○ Iselis Rosso '09	🍷🍷 6
○ Nuragus di Cagliari S'Elegas '10	🍷 4
○ Vermentino di Sardegna Costamolino '10	🍷 4
○ Vermentino di Sardegna Is Argiolas '10	🍷 5
○ Angialis '06	🍷🍷🍷 5
● Turriga '06	🍷🍷🍷 7
● Turriga '05	🍷🍷🍷 7
● Turriga '04	🍷🍷🍷 8
● Turriga '02	🍷🍷🍷 8
● Turriga '01	🍷🍷🍷 8

SARDEGNA

Capichera
SS Arzachena-Sant'Antonio, km 4
07021 Arzachena [OT]
Tel. 078980612
www.capichera.it

VENDITA DIRETTA
VISITA SU PRENOTAZIONE

PRODUZIONE ANNUA 250.000 bottiglie
ETTARI VITATI 50.00

Non c'è dubbio che in Sardegna, ma soprattutto oltremare, Capichera faccia rima con Vermentino e venga riconosciuto come un marchio che comunica un volere preciso (e apprezzabile) di fare vino. Non è un caso, visto che è dagli anni Ottanta che la famiglia Ragnedda svolge un'azione di valorizzazione del vitigno bianco sardo per eccellenza nel territorio gallurese. A distanza di anni questo lavoro continua e porta avanti un'idea di eccellenza che parte dalle vigne, spettacolari, immerse nei graniti e nella macchia mediterranea, e arriva in cantina, con le continue sperimentazioni volte solo a esaltare una materia prima eccellente, per un livello qualitativo alto su tutta la linea.

Il Vigna'ngena '10 si conferma uno dei migliori Vermentino di Gallura assaggiati nell'isola: il naso offre profumi agrumati, di erbe aromatiche e di frutto a pasta bianca, mentre al palato è fresco, sapido, molto profondo e dal finale piacevolmente ammandorlato. Tre Bicchieri. Gli fa eco il Capichera '09, sempre da uve vermentino ma con uno sviluppo più orizzontale che di profondità: complesso e dalle sensazioni speziate è un vino di struttura e pienezza, ma fresco al punto giusto per mostrare un buon equilibrio. Tra i rossi è sempre buonissimo il Mantenghja '07, un Carignano che offre note speziate e di macchia. Positivo, infine, l'esordio di due nuove etichette, il bianco Viormennay '10 e il rosso Liànti '09.

○ Vermentino di Gallura Vigna'ngena '10	🍷🍷🍷	6
○ Capichera '09	🍷🍷	6
● Mantenghja '07	🍷🍷	8
● Assajè Rosso '08	🍷🍷	6
○ Capichera V.T. '09	🍷🍷	8
● Liànti '09	🍷🍷	5
○ Santigaini '07	🍷🍷	8
○ Viormennay '10	🍷🍷	4
○ Vermentino di Gallura Vigna'ngena '09	🍷🍷🍷	6
● Assajè Rosso '07	🍷🍷	6
● Mantenghja '06	🍷🍷	8

Giovanni Cherchi
loc. Sa Pala e Sa Chessa
07049 Usini [SS]
Tel. 079380273
www.vinicolacherchi.it

VENDITA DIRETTA
VISITA SU PRENOTAZIONE

PRODUZIONE ANNUA 170.000 bottiglie
ETTARI VITATI 30.00

Se all'interno delle aree vitivinicole sarde dovessimo individuare quelle più vocate non potremmo fare a meno di inserire Usini, piccolo centro del Logudoro. Siamo in una zona interna, non lontana dalla costa e caratterizzata da un microclima ideale dove la costante del vento gioca un ruolo fondamentale. L'azienda Cherchi produce, dagli anni Settanta, diverse etichette puntando tutto sul vermentino (per i bianchi) e su cannonau e cagnulari (per i rossi). Il risultato lo troviamo nel bicchiere con una serie di vini apprezzabili per costanza qualitativa, che fanno emergere tutte le sensazioni provenienti dai terreni argillosi e semicalcarei da cui provengono le uve.

Il Luzzana '09, vino composto da cagnulari e cabernet in parti uguali, è l'etichetta che convince di più: al naso sono i profumi di piccoli frutti rossi – mora e ribes in particolare – a spiccare, mentre in bocca è piacevolmente tannico, succoso e di buona beva generale. Molto buono anche il Tokaterra, un Vermentino da uve stramature che affascina per i profumi di albicocca, miele e cera d'api e per un palato dolce, fresco e dal finale molto aromatico. Tra i bianchi non delude mai il Vermentino di Sardegna Tuvaoes '10, dalle note floreali e piacevolmente agrumate.

● Luzzana '09	🍷🍷	5
○ Tokaterra	🍷🍷	4
● Cannonau di Sardegna '09	🍷	4
○ Vermentino di Sardegna Pigalva '10	🍷	4
○ Vermentino di Sardegna Tuvaoes '10	🍷	4
○ Vermentino di Sardegna Tuvaoes '88	🍷🍷🍷	
● Cagnulari '08	🍷🍷	4*
● Luzzana '08	🍷🍷	5
● Luzzana '07	🍷🍷	5
○ Vermentino di Sardegna Tuvaoes '09	🍷🍷	4
○ Vermentino di Sardegna Tuvaoes '08	🍷🍷	4*

SARDEGNA

Chessa

via San Giorgio
07049 Usini [SS]
Tel. 3283747069
www.cantinechessa.it

VENDITA DIRETTA

PRODUZIONE ANNUA 23.000 bottiglie
ETTARI VITATI 10.00

Giovanna Chessa, titolare di questa piccola realtà di Usini, ha le idee chiare su come devono essere i suoi vini: avvolgenti, mediterranei, che trasmettano in maniera limpida le sensazioni che ricordino la terra che li origina, ma che siano anche sinonimo di eleganza, finezza e bevibilità. Dopo alcune vendemmie (l'azienda è nata nel 2005) siamo convinti che Giovanna abbia centrato l'obiettivo visto che in tutti i vini si trovano le caratteristiche cercate. La produzione supera di poco le 20mila bottiglie, solo vitigni autoctoni, con un occhio di riguardo al cagnulari, varietà fino a qualche anno fa in via di estinzione e salvata grazie alla caparbietà di aziende come questa.

Non possiamo che definire un'ottima annata quella dei vini dell'azienda Chessa. Approda alle nostre finali un ottimo Cagnulari '10, dalle note di frutto rosso, in cui emerge il ribes, e dalle intense ma mai invasive sensazioni speziate. La bocca è fresca, succosa e scorrevole, cosa che lo rende piacevole e di grande bevibilità, complice anche un tannino morbido e maturo. Più concentrato e di struttura il Lugherra '09 (cagnulari per il 70% con saldo di altre uve autoctone), che soffre ancora per gioventù, ma che mostra carattere, complessità e pienezza. Tra i bianchi ci è parso molto buono il Vermentino di Sardegna Mattariga '10, dalle nette sensazioni erbacee e floreali e dal palato fresco e minerale.

● Cagnulari '10	🍷🍷	5*
● Lugherra '09	🍷🍷	6
○ Vermentino di Sardegna Mattariga '10	🍷🍷	5
● Cagnulari '09	🍷	5*
● Lugherra '07	🍷	6
● Lugherra '06	🍷	6

Attilio Contini

via Genova, 48/50
09072 Cabras [OR]
Tel. 0783290806
www.vinicontini.it

VENDITA DIRETTA
VISITA SU PRENOTAZIONE

PRODUZIONE ANNUA 700.000 bottiglie
ETTARI VITATI 70.00

L'azienda Contini è una storica cantina nata alla fine dell'800. La sua vocazione riguarda la produzione di Vernaccia di Oristano, il particolare vino che vede nelle lunghe maturazioni in botti scolme la sue peculiarità e i suoi particolari tratti ossidativi. Ed è proprio grazie a Contini che a distanza di decenni possiamo assaggiare storici millesimi del vino che ha dato lustro a tutta l'enologia del territorio. Oggi Contini può contare su circa 70 ettari vitati di proprietà, per una produzione che supera le 700mila bottiglie. Nella gamma (tante le etichette prodotte) spiccano i vitigni della tradizione come cannonau e vermentino, e non mancano certe varietà meno conosciute come il nieddera.

Era da qualche anno che non assaggiavamo il Barrile e siamo rimasti piacevolmente sorpresi dal millesimo 2007. È un vino composto da nieddera con piccolo saldo di caddiu che mostra un naso ricco di note vegetali, balsamiche, di eucalipto e spezie dolci. In bocca è equilibrato e di buona profondità: il tannino è ben integrato alla materia e la freschezza acida lo spinge in un finale pulito e piacevole. Molto buoni anche il Tonaghe e il Sartiglia, due Cannonau di Sardegna frutto dell'annata '09 di grande bevibilità e armonia. Ottima anche la Riserva di Cannonau, l'Inu '07, mentre tra i bianchi i più convincenti sono parsi il Tyrsos '10 (Vermentino di Sardegna) e l'Elibaria '10, Vermentino di Gallura maturo e strutturato.

● Barrile '07	🍷🍷	7
● Cannonau di Sardegna Inu Ris. '07	🍷🍷	5
● Cannonau di Sardegna Sartiglia '09	🍷🍷	4
● Cannonau di Sardegna Tonaghe '09	🍷🍷	4*
○ Vermentino di Gallura Elibaria '10	🍷🍷	4
○ Vermentino di Sardegna Tyrsos '10	🍷🍷	3*
● Nieddera Rosso '08	🍷	4
○ Vermentino di Sardegna Pariglia '10	🍷	4
○ Vernaccia di Oristano Flor '00	🍷	4
○ Pontis '00	🍷🍷🍷	5
○ Vernaccia di Oristano Antico Gregori	🍷🍷🍷	8
○ Vernaccia di Oristano Ris. '71	🍷🍷🍷	5
○ Vernaccia di Oristano Antico Gregori	🍷🍷	7

SARDEGNA

Ferruccio Deiana
LOC. SU LEUNAXI
VIA GIALETO, 7
09040 SETTIMO SAN PIETRO [CA]
TEL. 070749117
www.ferrucciodeiana.it

VENDITA DIRETTA
VISITA SU PRENOTAZIONE

PRODUZIONE ANNUA 458.000 bottiglie
ETTARI VITATI 74.00
VITICOLTURA Biologico Certificato

Non abbiamo paura di essere smentiti se consideriamo Ferruccio Deiana un vero viticoltore, che ama il lavoro della terra e preferisce passare le ore della sua giornata più in vigna che in cantina. E forse è anche questo il motivo per cui l'azienda si trova proprio nel cuore dei suoi vigneti a pochi chilometri dal centro abitato di Settimo San Pietro. La viticoltura fa capo ai dettami del biologico e nei vigneti (una settantina di ettari, ma l'obiettivo è quello di arrivare ai cento) sono impiantate le varietà tradizionali isolane. L'azienda, modernissima, rappresenta il sogno avveratosi di Ferruccio che, dopo tanti giri in Italia e nel mondo a far da enologo, ha costruito in Sardegna il suo progetto.

L'Ajana '08, Igt a base cannonau, carignano e bovale sardo, è il vino di punta dell'azienda di Settimo ed è quello che più ci ha convinto durante le nostre degustazioni. Approda alle finali grazie a un naso complesso e mediterraneo, giocato su toni di macchia in cui non mancano cenni di frutto rosso e spezie. La bocca mostra buon equilibrio dato da un tannino morbido e maturo e da dosata acidità. Molto buono anche il Donnikalia '10, Vermentino di Sardegna dai profumi di frutto a pasta bianca maturo e di erbe aromatiche. Sempre convincente, infine, la Monica di Sardegna Karel '10, vino di ottima beva dal finale pulito e succoso.

● Ajana '08	🍷🍷	7
● Monica di Sardegna Karel '10	🍷🍷	3*
○ Vermentino di Sardegna Donnikalia '10	🍷🍷	4*
○ Vermentino di Sardegna Sanremy '10	🍷🍷	3*
○ Vermentino di Sardegna Arvali '10	🍷	4
● Ajana '04	🍷🍷	7
● Cannonau di Sardegna Sileno Ris. '07	🍷🍷	5
● Monica di Sardegna Sanremy '09	🍷🍷	3*
○ Oirad '09	🍷🍷	6
○ Pluminus '08	🍷🍷	7
○ Vermentino di Sardegna Donnikalia '09	🍷🍷	4*

Tenute Dettori
LOC. BADDE NIGOLOSU
07036 SENNORI [SS]
TEL. 079512772
www.tenutedettori.it

VISITA SU PRENOTAZIONE
OSPITALITÀ
RISTORAZIONE

PRODUZIONE ANNUA 35.000 bottiglie
ETTARI VITATI 22.00
VITICOLTURA Naturale

Basta leggere la retroetichetta dei vini di Dettori per capire la filosofia produttiva dell'azienda di Badde Nigolosu condotta con caparbietà dall'impetuoso Alessandro. "Facciamo vini che piacciono a noi. Sono ciò che sono e non ciò che tu vuoi che siano". Ci sarebbero da aggiungere poche parole se non che le vigne di proprietà godono di posizioni invidiabili, guardano il mare, ad altitudini in cui le forti escursioni termiche e la potenza del vento giocano un ruolo fondamentale. Allevamenti ad alberello e viti centenarie garantiscono uve eccellenti, vinificate col solo uso delle vasche in cemento prima del riposo in vetro. Non fermatevi però all'assaggio di una bottiglia. Ognuna di loro – come ci dice sempre l'etichetta – può essere diversa…

Rimandato all'anno prossimo l'assaggio di alcune importanti etichette aziendali (tra cui il promettente Dettori Rosso) sono solo due i vini presentati alle nostre degustazioni. Il Dettori Bianco '07 è la versione Un Anno Dopo che prevede la permanenza del vino in cemento per un ulteriore anno rispetto alla versione tradizionale. Di colore giallo ambrato scarico è ricco di profumi di frutta secca, erbe officinali e miele di castagno. In bocca è pieno, leggermente tannico, e il finale è solo un poco amaro. Buona versione del Tenores '06, Cannonau in purezza dalle chiare sensazioni olfattive di macchia mediterranea e di erbe aromatiche.

○ Dettori Bianco Un Anno Dopo '07	🍷🍷	6
● Tenores '06	🍷🍷	8
○ Dettori Bianco Un anno dopo '06	🍷🍷🍷	6
● Dettori Rosso '04	🍷🍷🍷	8
● Tenores '03	🍷🍷🍷	8
● Chimbanta & Battoro '06	🍷🍷	7
○ Dettori Bianco '07	🍷🍷	6
○ Dettori Bianco '06	🍷🍷	6
○ Moscadeddu '06	🍷🍷	6

SARDEGNA

Cantine Dolianova
loc. San'Esu
SS 387 km 17,150
09041 Dolianova [CA]
Tel. 070744101
www.cantinedidolianova.it

VENDITA DIRETTA
VISITA SU PRENOTAZIONE

PRODUZIONE ANNUA 4.000.000 bottiglie
ETTARI VITATI 1200.00

Sono numeri importanti quelli della cooperativa di Dolianova: più di quattro milioni di bottiglie, frutto di 1200 ettari vitati lavorati da 630 conferitori. Numeri che fanno della cantina del campidano una delle realtà cooperative più grandi dell'isola. È con piacere ancora più grande che constatiamo che alla quantità si affianca una qualità crescente, con alcune punte d'eccellenza e con una serie di vini base corretti, sempre ben fatti e consigliabili specie per un rapporto qualità prezzo ottimo. Le varietà autoctone primeggiano, mentre alcune uve internazionali da sempre presenti nel sud dell'isola concorrono all'assemblaggio di alcuni vini Igt.

Quest'anno i vini più convincenti della cooperativa del sud dell'isola sono sembrati i Cannonau di Sardegna. Il Blasio '07 è una Riserva dai sentori di frutto rosso maturo, confettura di mora e leggere note speziate. Al palato è morbido e avvolgente, ma mostra buona freschezza. L'Anzenas '09 è un vino più semplice, ma molto piacevole e succoso. Al naso spiccano note verdi e di sottobosco, mentre in bocca ha il giusto nerbo acido che lo rende fine e armonico. Interessante, infine, anche la Monica di Sardegna Arenada '09, vino molto fruttato e balsamico di buona beva generale.

● Cannonau di Sardegna Anzenas '09	❦❦	3*
● Cannonau di Sardegna Blasio Ris. '07	❦❦	4
○ Caralis Brut	❦	4
● Monica di Sardegna Arenada '09	❦	3
○ Montesicci '10	❦	4
⊙ Sibiola '10	❦	3
○ Vermentino di Sardegna Naeli '10	❦	4
● Cannonau di Sardegna Blasio Ris. '06	❦❦	4*
● Falconaro '06	❦❦	5
● Falconaro '04	❦❦	5

Cantina Dorgali
via Piemonte, 11
08022 Dorgali [NU]
Tel. 078496143
www.csdorgali.com

VENDITA DIRETTA
VISITA SU PRENOTAZIONE

PRODUZIONE ANNUA 1.600.000 bottiglie
ETTARI VITATI 750.00

La Sardegna può vantare una produzione enologica d'eccellenza anche grazie alle numerose cantine cooperative che negli anni hanno capito che il futuro del vino passa per l'alta qualità. A testimoniare ciò c'è sicuramente la cantina di Dorgali che, specie negli ultimi anni, ha fatto passi da gigante conquistando una posizione di primo piano tra le aziende isolane che contano. Il merito è da attribuire a tutto lo staff aziendale capace di compiere un lavoro che parte dai corsi di formazione rivolti ai conferitori e dallo studio attento dei singoli vigneti e arriva a una gamma di prodotti eccellenti che si distinguono per pulizia stilistica ed eleganza senza dimenticare i prezzi a dir poco onesti.

Gli sforzi che la cantina di Dorgali ha fatto negli ultimi anni si traducono tutti in una gamma di vini proposta di assoluto livello in cui i Cannonau sono protagonisti. Nonostante manchi un pizzico di complessità la Riserva di Cannonau Vinìola '08 è un vino buonissimo che si distingue per le note tipiche di rosa, frutto rosso maturo e una leggera speziatura, mentre al palato è lungo, giustamente tannico e dal finale balsamico. Buonissimo anche il Vigna di Isalle '10, un Cannonau vinificato col solo uso dell'acciaio che affascina per scorrevolezza, bevibilità e freschezza di frutto: un grande vino quotidiano proposto a un prezzo più che onesto. Note di ciliegia e palato saporito, infine, per il Cannonau di Sardegna Tunila '10.

● Cannonau di Sardegna V. di Isalle '10	❦❦	4*
● Cannonau di Sardegna Vinìola Ris. '08	❦❦	5
● Cannonau di Sardegna Tunila '10	❦❦	3*
● Cannonau di Sardegna Filieri '10	❦	4
○ Vermentino di Sardegna Cala Luna '10	❦	3
○ Vermentino di Sardegna Isalle '10	❦	3
● Cannonau di Sardegna Vinìola Ris. '07	❦❦❦	5*
● Cannonau di Sardegna Vinìola Ris. '06	❦❦❦	5*
● Cannonau di Sardegna Filieri '08	❦❦	4*
● Cannonau di Sardegna V. di Isalle '09	❦❦	4*
● Noriolo '07	❦❦	4*
● Premio Hortos '07	❦❦	6

SARDEGNA

Feudi della Medusa
Loc. Santa Margherita
Pod. San Leonardo, 15
09010 Pula [CA]
Tel. 0709259019
www.feudidellamedusa.it

VENDITA DIRETTA
VISITA SU PRENOTAZIONE
OSPITALITÀ
RISTORAZIONE

PRODUZIONE ANNUA 250.000 bottiglie
ETTARI VITATI 75.00

Non ha tantissimi anni alle spalle, ma Feudi della Medusa ha già dimostrato che cosa significhi produrre vini di qualità. D'altronde non poteva essere altrimenti visti gli investimenti aziendali sia sul vigneto, ma anche sulla cantina, moderna, tecnicamente avanzata e situata all'interno di una struttura ricettiva di altissimo livello che comprende sia delle suite che un ristorante gourmet. Da quest'anno si è preferito ridurre la gamma aziendale dei vini prodotti, puntando tutto sui grandi autoctoni isolani che arrivano sia da vigne di proprietà, sia da parcelle in affitto posizionate nei migliori e più vocati territori della Sardegna.

Complice un'annata non troppo favorevole l'azienda di Santa Margherita ha deciso di non produrre il Gerione. In compenso siamo rimasti piacevolmente colpiti da un'eccellente versione di Norace, vino dal deciso carattere mediterraneo a base di cannonau e syrah. Il '08 profuma di macchia mediterranea, tabacco e non mancano cenni di agrume scuro e spezie. In bocca è sinuoso e profondo, il tannino è maturo e ben amalgamato e il finale non manca di sapore e lunghezza. Tre Bicchieri. Convincono, infine, anche il Crisaore '08, da uve cagnulari, e il Vermentino di Sardegna Albithia '09, pieno, sapido e di sapore deciso.

● Norace '08	🍷🍷🍷 6
● Crisaore '08	🍷🍷 6
○ Vermentino di Sardegna Albithia '10	🍷🍷 4
● Gerione '07	🍷🍷🍷 8
● Gerione '06	🍷🍷🍷 8
○ Alba Nora '07	🍷🍷 6
○ Aristeo '06	🍷🍷 6
● Cannonau di Sardegna '08	🍷🍷 5
● Crisaore '07	🍷🍷 6
● Crisaore '06	🍷🍷 6

Giuseppe Gabbas
Via Trieste, 65
08100 Nuoro
Tel. 078433745
www.gabbas.it

VISITA SU PRENOTAZIONE

PRODUZIONE ANNUA 70.000 bottiglie
ETTARI VITATI 13.00

Giuseppe Gabbas è una persona riservata e di grande umiltà, ma soprattutto è un viticoltore vero che, spinto da innata passione, porta avanti da anni un lavoro che punta a valorizzare al meglio un territorio altamente vocato per il Cannonau di Sardegna. Siamo nel cuore della Barbagia, a pochi chilometri da Nuoro, e gli ettari vitati sono oltre una decina per una produzione che arriva a non più di 70mila bottiglie. All'interno della gamma troviamo quattro etichette in cui il protagonista è sempre l'uva cannonau: tutti i vini si contraddistinguono per precisione stilistica e pulizia gusto olfattiva, tipicità, richiami territoriali, ma anche tanta finezza ed eleganza.

Novità in casa Gabbas. Da quest'anno al noto Cannonau di Sardegna Dule si aggiunge un'altra Riserva frutto di una selezione delle migliori uve cannonau con una piccola percentuale di varietà autoctone. Il suo nome è Arbore e già dal primo millesimo – il 2008 – convince per complessità olfattiva, eleganza e profondità. Nonostante la sua bontà ci ha convinto un tantino di più il Dule '08 grazie a profumi che spaziano dalle note di ribes e mora a cenni speziati e di macchia mediterranea. La bocca è piena, avvolgente e sinuosa, ma non perde mai quella balsamicità che lo rende un vino di estrema eleganza. Un bell'esempio di come dovrebbe esser fatto un grande Cannonau di Sardegna. Tre Bicchieri.

● Cannonau di Sardegna Dule Ris. '08	🍷🍷🍷 4*
● Cannonau di Sardegna Arbòre Ris. '08	🍷🍷 5*
● Cannonau di Sardegna Lillové '10	🍷🍷 4
● Cannonau di Sardegna Dule Ris. '07	🍷🍷🍷 4*
● Cannonau di Sardegna Dule Ris. '06	🍷🍷🍷 5*
● Cannonau di Sardegna Dule Ris. '05	🍷🍷🍷 4*
● Arbeskia '06	🍷🍷 5
● Arbeskia '05	🍷🍷 5
● Avra '07	🍷🍷 5
● Cannonau di Sardegna Lillové '08	🍷🍷 4*
● Cannonau di Sardegna Lillové '07	🍷🍷 4*

SARDEGNA

Cantina Gallura
VIA VAL DI COSSU, 9
07029 TEMPIO PAUSANIA
TEL. 079631241
www.cantinagallura.com

VENDITA DIRETTA
VISITA SU PRENOTAZIONE

PRODUZIONE ANNUA 1.300.000 bottiglie
ETTARI VITATI 350.00

Non potremmo parlare di Cantina di Gallura senza parlare di Dino Addis. È lui il direttore, l'enologo, ma soprattutto la persona che ha fatto sì che la realtà cooperativa di Tempio diventasse il punto di riferimento per la produzione del Vermentino di Gallura. La sua preparazione si vede dal lavoro fatto negli ultimi anni nelle singole vigne, in stretta collaborazione con i 135 soci conferitori e il risultato si riscontra nel bicchiere: vini precisi e nitidi che non tradiscono quelle che sono le peculiarità che arrivano dai terreni (in prevalenza granitici) e dalle varietà coltivate. All'interno della gamma sono presenti varie versioni di Vermentino di Gallura, ma non mancano altre etichette dei prodotti sardi più tradizionali.

Alla bontà dei vini della Cantina di Gallura già eravamo abituati, ma quest'anno sembrano avere un qualcosa in più. Il Vermentino di Gallura Superiore Genesi '10 convince e affascina per le note molto marcate di erbe aromatiche tra cui il basilico, il timo e la mentuccia. La bocca è fresca, minerale e dotata di buon nerbo acido che rende il vino piacevole ed elegante. Buonissimo anche il Vermentino di Gallura Piras '10 che offre note agrumate e floreali e un palato di ottima bevibilità. Tra i rossi convince il Karana '10, un Nebbiolo vibrante e succoso. Segnaliamo infine due ottimi vini dolci: il Moscato di Tempio Pausania e il Moscato Passito Zivula.

Antichi Poderi Jerzu
VIA UMBERTO I, 1
08044 JERZU [OG]
TEL. 078270028
www.jerzuantichipoderi.it

VENDITA DIRETTA
VISITA SU PRENOTAZIONE

PRODUZIONE ANNUA 2.500.000 bottiglie
ETTARI VITATI 750.00

Sono tre le sottozone previste dalla Doc Cannonau di Sardegna e una di queste è proprio Jerzu a testimoniare che in quest'area la produzione vitivinicola e in particolare il cannonau sono di casa. La cooperativa degli Antichi Poderi negli ultimi anni ha fatto passi da gigante per il conseguimento dell'alta qualità e già sono stati raggiunti traguardi importanti grazie alla caparbietà della dirigenza e all'opera di tanti soci conferitori che mandano avanti con passione il lavoro nei vigneti. Vigneti che sono stati, di recente, oggetto di un progetto di zonazione. Da ricordare anche il lavoro sui lieviti autoctoni.

Anche quest'anno la cantina cooperativa di Jerzu propone delle riserve di Cannonau di Sardegna davvero convincenti. Lo Josto Miglior '08 sembra quello più armonico ed equilibrato, nelle sue note balsamiche, di macchia, ma anche di cuoio e sottobosco. Il palato è fresco, l'acidità è ben dosata alla materia e il finale sconta solo la sua gioventù ed è leggermente asciugato da sensazioni di legno. Più semplice, ma sempre molto buono, il Chuerra '08 altra Riserva ricca di corpo e struttura, ma comunque di grande bevibilità. Tra gli altri vini segnaliamo un Monica di Sardegna Camalda '10, succoso e fresco, e un Vermentino di Sardegna Lucean Le Stelle '10 agrumato e saporito.

Vino		
○ Vermentino di Gallura Sup. Genesi '10	▼▼▼	6
○ Vermentino di Gallura Piras '10	▼▼	3*
● Karana '10	▼▼	3*
○ Moscato di Tempio Pausania	▼▼	4
○ Vermentino di Gallura Gemellae '10	▼▼	3*
○ Vermentino di Gallura Sup. Canayli '10	▼▼	4*
○ Zivula	▼▼	5
○ Balajana '08	▼	4
○ Vermentino di Gallura Sup. Genesi '08	▼▼▼	6
○ Vermentino di Gallura Sup. Genesi '09	▼▼	6

Vino		
● Cannonau di Sardegna Josto Miglior Ris. '08	▼▼	5
● Cannonau di Sardegna Bantu '10	▼▼	3*
● Cannonau di Sardegna Chuerra Ris. '08	▼▼	5
● Monica di Sardegna Camalda '10	▼▼	4*
○ Vermentino di Sardegna Lucean Le Stelle '10	▼▼	4
⊙ Cannonau di Sardegna Isara '10	▼	3
● Cannonau di Sardegna Marghìa '10	▼	4
● Radames '06	▼	6
● Cannonau di Sardegna Josto Miglior Ris. '05	▼▼▼	5
● Radames '01	▼▼▼	5
● Akratos '05	▼▼	6
● Cannonau di Sardegna Bantu '09	▼▼	3*
● Cannonau di Sardegna Bantu '08	▼▼	3*
● Cannonau di Sardegna Josto Miglior Ris. '07	▼▼	5
● Cannonau di Sardegna Josto Miglior Ris. '06	▼▼	5
○ Vermentino di Sardegna Telavè '09	▼▼	3*

SARDEGNA

Masone Mannu
LOC. SU CANALE
SS 199 KM 48
07020 OLBIA
TEL. 078947140
www.masonemannu.com

VENDITA DIRETTA
VISITA SU PRENOTAZIONE

PRODUZIONE ANNUA 100.000 bottiglie
ETTARI VITATI 18.00

Masone Mannu è una realtà giovane, nata nei primi anni del Duemila, che da subito ha mostrato di aver chiare le idee su come perseguire obiettivi di qualità. Non a caso si è puntato molto sui terroir più vocati della Gallura e sulle varietà tipiche di questa zona, vermentino in primis. Sicuramente tanto è stato fatto, anche se manca ancora qualcosa per ascrivere i vini di Masone tra le eccellenze regionali. Visto il percorso fatto sinora siamo sicuri che i risultati arriveranno presto specie con i Vermentino di Gallura. È proprio al vitigno bianco regionale per eccellenza che si dedica più attenzione e spazio: è impiantato in gran parte dei vigneti di proprietà, mentre in circa quattro ettari trovano spazio cannonau, carignano, bovale sardo e malvasia.

Rimandato all'anno prossimo l'assaggio del Vermentino di Gallura Superiore Costarenas, è un rosso il vino che più ci ha convinto e che approda alle degustazioni finali. Il Cannonau di Sardegna '09 mostra grande bevibilità e scorrevolezza e si distingue per le note di mirto e frutti di bosco e per una bocca leggiadra, ma allo stesso tempo avvolgente e morbida. Molto buono anche il Petrizza, un Vermentino di Gallura '10 dalle note minerali, agrumate e di erbe aromatiche. Tra gli altri vini segnaliamo il Mannu '09, da bovale, cannonau e carignano, prodotto solo in magnum, e il neonato Zurria '10 da uve syrah.

● Cannonau di Sardegna '09	㊉㊉ 5*
● Mannu '09	㊉㊉ 8
○ Vermentino di Gallura Petrizza '10	㊉㊉ 4
⊙ Rena Rosa '10	㊉ 4
● Zurria '10	㊉ 4
○ Ammentu '07	㊉㊉ 6
● Cannonau di Sardegna '08	㊉㊉ 5
● Entu '07	㊉㊉ 5
● Entu '06	㊉㊉ 5
● Mannu '06	㊉㊉ 8
○ Vermentino di Gallura Petrizza '08	㊉㊉ 4*
○ Vermentino di Gallura Sup. Costarenas '09	㊉㊉ 5
○ Vermentino di Gallura Sup. Costarenas '08	㊉㊉ 5

Mesa
LOC. SU BARONI
09010 SANT'ANNA ARRESI [CA]
TEL. 0781965057
www.cantinamesa.it

VISITA SU PRENOTAZIONE

PRODUZIONE ANNUA 600.000 bottiglie
ETTARI VITATI 70.00

Sembrano essere alle spalle i risultati altalenanti ascrivibili ai primi anni di produzione dell'azienda Mesa. La cantina di Sant'Anna Arresi, che fa capo al noto pubblicitario Gavino Sanna, sembra aver trovato la sua strada maestra e i traguardi sono sempre più vicini. Traguardi che si traducono in una produzione d'eccellenza in cui si punta al vitigno principe nel sud ovest dell'isola, il carignano del Sulcis, senza dimenticare le altre varietà della tradizione. La produzione si snoda attraverso una gamma ricca, che comprende varie linee. Non sono mancate negli ultimi anni importanti novità, come ad esempio la produzione del primo Carignano del Sulcis in versione passita.

Veramente notevole la gamma di vini presentata quest'anno dall'azienda Mesa. Il Buio Buio '09, importante selezione di Carignano del Sulcis arriva alle nostre degustazioni finali forte di un naso complesso e persistente in cui emergono sensazioni di frutto rosso croccante, spezie e cenni di mirto. La bocca è scorrevole e succosa, molto profonda e dal tannino avvolgente e maturo. Ottimo il Vermentino di Sardegna Giunco '10, dalle affascinanti nuance di agrumi, salvia ed erbette di montagna e dal finale sapido e ammandorlato. Tra gli altri vini convince il Carignano del Sulcis Buio '09, vinificato col solo uso dell'acciaio, e l'Opale, Vermentino di Sardegna '10, maturo e opulento.

● Buio Buio '09	㊉㊉ 5
● Cannonau di Sardegna Primo Scuro '09	㊉㊉ 3*
● Carignano del Sulcis Buio '09	㊉㊉ 4
● Carignano del Sulcis Passito Forte Rosso '09	㊉㊉ 5
○ Vermentino di Sardegna Giunco '10	㊉㊉ 4
○ Vermentino di Sardegna Opale '10	㊉㊉ 5
● Carignano del Sulcis '09	㊉ 4
● Malombra '08	㊉ 7
○ Orodoro	㊉ 6
○ Vermentino di Sardegna Primo Bianco '10	㊉ 3
● Buio Buio '05	㊉㊉ 5
● Cannonau di Sardegna Primo Scuro '08	㊉㊉ 3*
● Primo Rosso '08	㊉㊉ 3*
○ Vermentino di Sardegna Opale '09	㊉㊉ 5

SARDEGNA 948

Mura
Loc. Azzanidò, 1
07020 Loiri Porto San Paolo [OT]
Tel. 078941070
www.vinimura.it

VENDITA DIRETTA
VISITA SU PRENOTAZIONE
RISTORAZIONE

PRODUZIONE ANNUA 48.000 bottiglie
ETTARI VITATI 11.00

È già da qualche anno che osserviamo con attenzione la produzione della cantina Mura, piccola azienda a carattere familiare che si trova a pochi chilometri da Olbia. Non poteva che essere così visto che il livello qualitativo è cresciuto ulteriormente e, soprattutto, i vini hanno trovato una loro dimensione ben precisa che esalta in maniera impeccabile terroir e varietà utilizzate. A convincere di più sono sempre i due Vermentino prodotti a testimoniare le potenzialità della varietà sarda in area gallurese. Negli undici ettari vitati sono impiantati anche altri vitigni tipici, come cannonau e carignano.

L'assaggio dei vini rossi aziendali è stato rimandato di un anno e allora eccoci concentrati alla degustazione di due buonissimi Vermentino di Gallura. Arriva meritoriamente alle nostra finali il Sienda '10, tipologia Superiore che offre bellissimi profumi minerali, di anice, salvia, mentuccia e agrumi. Il palato è lungo e persistente, attraversato da una bellissima acidità e dal finale piacevolmente sapido che rende il vino profondo e saporito. Un po' più semplice, ma sempre di ottima fattura, il Cheremi '10, dalle note di zagara e pompelmo e dal palato scorrevole e ammandorlato.

○ Vermentino di Gallura Sup. Sienda '10	🍷🍷	5*
○ Vermentino di Gallura Cheremi '10	🍷🍷	4*
● Cannonau di Sardegna Cortes '08	🍷🍷	4*
○ Vermentino di Gallura Cheremi '09	🍷🍷	4*
○ Vermentino di Gallura Cheremi '08	🍷🍷	4*
○ Vermentino di Gallura Sup. Sienda '09	🍷🍷	4*
○ Vermentino di Gallura Sup. Sienda '08	🍷🍷	4*

Emidio Oggianu
Via Martiri della Libertà, 9
08010 Magomadas [OR]
Tel. 0785373345
emidiooggianu@tiscali.it

VENDITA DIRETTA
VISITA SU PRENOTAZIONE

PRODUZIONE ANNUA 3.000 bottiglie
ETTARI VITATI 1.00

Emidio Oggianu è uno di quei pochi, pochissimi viticoltori della Planargia che continua a scommettere sulla Malvasia e sulla sua produzione in un'area favolosa per questa varietà. Un lavoro del genere non può che essere incoraggiato, specie se l'obiettivo è quello di produrre un vino unico, capace di sfidare il tempo e che riesce a raccogliere tutto il possibile dai suoli in cui cresce l'uva e dalle brezze marine delle coste occidentali dell'isola. Il risultato è un grande vino da meditazione, che avrebbe solo bisogno di esser comunicato meglio per evitare che si possa perdere un patrimonio così importante per il mondo enologico isolano e non solo.

Nel cuore della Doc Malvasia di Bosa c'è un cru di circa un ettaro chiamato Badde Nuraghe. La proprietà è di Emidio Oggianu ed è da questa vigna che ottiene la sua Malvasia più pregiata. Quest'anno abbiamo assaggiato sia il millesimo '07 che il '06. Quest'ultimo sembra essere un'eccellente versione del vino da meditazione della Planargia. Di colore giallo ambra scuro, ma comunque brillante, offre uno specchio olfattivo di rara complessità: cenni di frutta secca, miele, zafferano e scorza d'arancio riempiono un naso pulito e affascinante. La bocca mostra una leggera percezione zuccherina iniziale, poi regnano i sapori che richiamano i sentori olfattivi. Il finale è lungo, bellissimo e di estrema pulizia. Tre Bicchieri.

○ Malvasia di Bosa V. Badde Nuraghe '06	🍷🍷🍷	5
○ Malvasia di Bosa V. Badde Nuraghe '07	🍷🍷	5
○ Malvasia di Bosa '04	🍷🍷	6

SARDEGNA

Pala
via Verdi, 7
09040 Serdiana [CA]
Tel. 070740284
www.pala.it

VENDITA DIRETTA
VISITA SU PRENOTAZIONE

PRODUZIONE ANNUA 480.000 bottiglie
ETTARI VITATI 72.00

Prosegue senza tentennamenti il percorso intrapreso da Mario Pala che ha come obiettivo quello di produrre grandi vini nel segno della bevibilità e dell'eleganza. Percorso che passa attraverso vigneti bellissimi, con esposizioni perfette, perlopiù collinari e dai suoli di conformazione argillosa o sabbiosa. Non mancano gli impianti ad alberello, alcuni dei quali molto vecchi, che danno origine ai vini di punta aziendali. All'interno della gamma troviamo due linee principali – Silenzi e I Fiori – più alcune particolari selezioni che vedono protagonisti i vitigni della tradizione vinificati in purezza o affiancati ad alcune varietà internazionali.

Anche quest'anno la gamma dei vini dell'azienda di Serdiana convince per pulizia stilistica e bevibilità e non mancano alcune etichette che sfiorano l'eccellenza. Una di queste è il S'Arai '07, vino composto da cannonau, carignano e bovale sardo che si esprime attraverso note olfattive di cuoio, cacao e frutto rosso maturo, mentre al palato è armonico, avvolgente e solo leggermente asciugato dal tannino nella parte finale. Buonissimo anche l'Assoluto '08, vino dolce a base nasco e vermentino dai profumi di albicocca e miele, scorza d'arancia e frutta secca. Il palato è dolce, mai stucchevole e piacevolmente sapido. Convince anche l'Entemari '10, Igt a base vermentino di grande complessità e persistenza.

● S'Arai '07	🍷🍷	6
○ Assoluto '08	🍷🍷	6
● Cannonau di Sardegna I Fiori '10	🍷🍷	4*
○ Entemari '10	🍷🍷	5
● Monica di Sardegna I Fiori '10	🍷🍷	3*
○ Nuragus di Cagliari I Fiori '10	🍷🍷	3*
○ Silenzi Bianco '10	🍷🍷	3*
○ Vermentino di Sardegna Stellato '10	🍷🍷	4
⊙ Chiaro di Stelle '10	🍷	4
● Essentija '08	🍷	5
⊙ Silenzi Rosato '10	🍷	3
● Silenzi Rosso '10	🍷	3
○ Vermentino di Sardegna I Fiori '10	🍷	3
● S'Arai '06	🍷🍷	6
● Silenzi Rosso '09	🍷🍷	3*
○ Vermentino di Sardegna I Fiori '09	🍷🍷	4*

Cantina Pedres
Zona Industriale Settore 7
07026 Olbia
Tel. 0789595075
www.cantinapedres.it

VENDITA DIRETTA
VISITA SU PRENOTAZIONE

PRODUZIONE ANNUA 290.000 bottiglie
ETTARI VITATI 40.00

Pedres nasce grazie al progetto di Giovanni, uno degli eredi della nota famiglia Mancini che in Gallura produce vino dalla fine dell'Ottocento. Tra le etichette spicca il Vermentino di Gallura che, in entrambe le versioni prodotte, negli ultimi anni si è dimostrato vino capace di cogliere gli aspetti più interessanti di un terroir granitico e sabbioso che ritroviamo in un bicchiere fresco, minerale e balsamico. Ma la produzione vede protagonisti anche buoni Cannonau e interessanti bollicine, sia Brut (sempre da uve vermentino), ma soprattutto proposte in versione dolce dalla varietà moscato di Tempio.

Per il secondo anno consecutivo il Vermentino di Gallura Superiore Thilibas '10 sale sul gradino più alto del podio e si aggiudica i Tre Bicchieri. E non poteva che essere altrimenti vista la bontà di un vino che si esprime tramite note agrumate, di menta, salvia e frutto a pasta bianca e chiare nuance minerali. In bocca tornano questi aromi scanditi da una bellissima acidità che dona freschezza ed eleganza e da un finale leggermente sapido che spinge il vino in profondità. Più semplice, ma comunque convincente, l'altro Vermentino di Gallura firmato Pedres, lo Jaldinu '10. Tra i rossi segnaliamo un ottimo Cerasio, fresco e succoso Cannonau di Sardegna '09 di grande bevibilità e vibranza gustativa.

○ Vermentino di Gallura Sup. Thilibas '10	🍷🍷🍷	5*
● Cannonau di Sardegna Cerasio '09	🍷🍷	5
○ Vermentino di Gallura Jaldinu '10	🍷🍷	4*
● Cannonau di Sardegna Sulitài '09	🍷	4
● Maranto '09	🍷	4
○ Moscato Brut	🍷	5
○ Pedres Brut	🍷	4
○ Vermentino di Sardegna Colline '10	🍷	4
○ Vermentino di Gallura Sup. Thilibas '09	🍷🍷🍷	4*
● Cannonau di Sardegna Cerasio '08	🍷🍷	5
● Cannonau di Sardegna Sulitài '08	🍷🍷	4*
○ Vermentino di Gallura Jaldinu '09	🍷🍷	4*
○ Vermentino di Gallura Sup. Thilibas '08	🍷🍷	4*

SARDEGNA

Santa Maria La Palma
LOC. SANTA MARIA LA PALMA
07041 ALGHERO [SS]
TEL. 079999008
www.santamarialapalma.it

VENDITA DIRETTA
VISITA SU PRENOTAZIONE

PRODUZIONE ANNUA 3.800.000 bottiglie
ETTARI VITATI 700.00

Se la zona di Alghero si è ritagliata uno spazio importante nella produzione vinicola isolana lo si deve anche alla cantina Santa Maria La Palma capace da tanti anni di offrire una gamma di vini buoni, sempre corretti e contraddistinti da prezzi sullo scaffale onestissimi. Etichette come Le Bombarde (Cannonau di Sardegna) o ancor più l'Aragosta (Vermentino di Sardegna) sono stati per decenni protagonisti nelle tavole dell'isola, e ancora adesso dimostrano che si può bere bene a prezzi molto contenuti. Ma la proposta passa anche per nuove etichette, frutto di una continua sperimentazione e ricerca volta a valorizzare ogni singolo ettaro dei trecento soci viticoltori.

Dalla numerosa gamma di vini proposta dalla importante cooperativa di Alghero spicca quest'anno un ottimo Cannonau di Sardegna Riserva '06 che, forte di una complessità sia olfattiva che gustativa, approda alle degustazioni finali. Il naso è molto tipico nei sentori di rosa, frutto rosso maturo e non mancano cenni speziati e di cacao. La bocca è sinuosa e compatta, di buona progressione e scandita da una trama tannica ben amalgamata a una materia importante. Di buona fattura generale le altre etichette, tutte contraddistinte da prezzi onesti e tra cui vogliamo segnalare l'agrumato Vermentino di Sardegna Aragosta '10 e il succoso Cannonau di Sardegna Le Bombarde '10.

● Cannonau di Sardegna Ris. '06	🍷🍷 5
○ Vermentino di Sardegna Aragosta '10	🍷🍷 3*
● Alghero Cagnulari '09	🍷 5
○ Alghero Passito Soffio di Sole '08	🍷 6
○ Alghero Vermentino Frizzante Aragosta '10	🍷 3
● Cannonau di Sardegna Le Bombarde '10	🍷 4
○ Vermentino di Sardegna I Papiri '10	🍷 4
● Alghero Cabirol '06	🍷🍷 4*
● Alghero Cagnulari '08	🍷🍷 5
● Alghero Rosso Cinquanta Vendemmie '07	🍷🍷 6
● Cannonau di Sardegna Le Bombarde '09	🍷🍷 4*
● Monica di Sardegna '08	🍷🍷 3*

★Cantina di Santadi
VIA CAGLIARI, 78
09010 SANTADI [CI]
TEL. 0781950127
www.cantinadisantadi.it

VENDITA DIRETTA
VISITA SU PRENOTAZIONE

PRODUZIONE ANNUA 1.700.000 bottiglie
ETTARI VITATI 606.00

Se c'è una cantina che ha dato lustro al vino sardo nel mondo e in particolare al Carignano del Sulcis questa sicuramente è Santadi, realtà del sud ovest dell'isola da sempre impegnata nella valorizzazione dell'antico vitigno sulcitano e, soprattutto, di tanti vigneti a piede franco, sulla sabbia, a due passi dal mare, alcuni dei quali con impianti ad alberello pre fillossera. Il merito non può che andare al suo presidente Antonello Pilloni che da metà degli anni Settanta è a capo della cooperativa e al suo staff capitanato da Raffaele Cani. La qualità emerge in tutta la gamma, molto ricca, dove al Carignano proposto in diverse versioni si sommano Cannonau, Monica, Nuragus, Vermentino e Nasco, altro grande autoctono delle valli di Porto Pino.

È con immenso piacere che possiamo riannoverare il Terre Brune '07 tra le eccellenze regionali. Il Carignano del Sulcis Superiore di casa Santadi dimostra di essere un fuoriclasse specie per una complessità olfattiva che spazia dai toni speziate e di frutto rosso alle nuance di macchia mediterranea. Al palato regna l'equilibrio: morbido e amalgamato alla materia il tannino, fresco e balsamico al finale. Tre Bicchieri strameritati. Ottimo anche lo Shardana '07, da carignano con saldo di syrah tutto giocato su toni di pepe nero, grafite e tabacco dolce. Tra gli altri Carignano del Sulcis segnaliamo la Riserva '08 Rocca Rubia, vino strutturato, ma molto equilibrato.

● Carignano del Sulcis Sup. Terre Brune '07	🍷🍷🍷 8
● Carignano del Sulcis Rocca Rubia Ris. '08	🍷🍷 5*
● Shardana '07	🍷🍷 6
○ Araja '09	🍷🍷 4
● Carignano del Sulcis Grotta Rossa '09	🍷🍷 4*
○ Latinia '06	🍷🍷 6
● Cannonau di Sardegna Noras '09	🍷 5
● Carignano del Sulcis Le Torri '10	🍷 3
● Monica di Sardegna Antigua '10	🍷 4
○ Nuragus di Cagliari Pedraia '10	🍷 4
○ Vermentino di Sardegna Cala Silente '10	🍷 4
○ Vermentino di Sardegna Villa Solais '10	🍷 3
○ Villa di Chiesa '10	🍷 6
● Carignano del Sulcis Sup. Terre Brune '05	🍷🍷🍷 8
● Carignano del Sulcis Sup. Terre Brune '04	🍷🍷🍷 8
● Carignano del Sulcis Sup. Terre Brune '03	🍷🍷🍷 7

SARDEGNA

Sardus Pater
via Rinascita, 46
09017 Sant'Antioco [CI]
Tel. 0781800274
www.cantinesarduspater.com

VENDITA DIRETTA
VISITA SU PRENOTAZIONE

PRODUZIONE ANNUA 600.000 bottiglie
ETTARI VITATI 300.00

Il livello qualitativo raggiunto negli ultimi anni dalla cantina di Sant'Antioco ha dell'incredibile: una gamma ampia e variegata di etichette che convincono per tipicità, precisione stilistica ed estrema pulizia aromatica. Non mancano ovviamente le eccellenze che, con costanza, si ripropongono millesimo dopo millesimo. Il merito va a uno staff dirigente che ha saputo valorizzare al meglio un patrimonio viticolo fatto di vecchi impianti ad alberello, alcuni dei quali ancora franchi di piede, con terreni sabbiosi posti a ridosso del mare. La continua ricerca e le sperimentazioni fanno il resto e il risultato è tutto nel bicchiere.

La cooperativa di Sant'Antioco ha deciso di ritardare di alcuni mesi l'uscita del Carignano Is Arenas, per cui il suo assaggio è rimandato all'anno prossimo. In compenso viene sostituito egregiamente da un eccellente Carignano del Sulcis Superiore Arruga '07 dalle intense note di macchia mediterranea e dal sapore deciso, balsamico, profondo e di grande freschezza. Tre Bicchieri e premio come miglior rosso dell'anno. Molto buono anche il Cannonau di Sardegna. Il Foras '09 ha una bella acidità che lo rende succoso e di buona progressione generale. Ottima bevibilità per il Carignano del Sulcis '10 Horus, vinificato con l'uso del solo acciaio. Buon esordio, infine, per l'AD 49, un Vermentino di Sardegna Spumante prodotto col Metodo Classico.

● Carignano del Sulcis Sup. Arruga '07	🍷🍷🍷	6
● Cannonau di Sardegna Foras '09	🍷🍷	4
⊙ Carignano del Sulcis Horus '10	🍷🍷	4
○ AD 49	🍷	6
○ Vermentino di Sardegna Lugore '10	🍷	4
○ Vermentino di Sardegna Terre Fenicie '10	🍷	4
● Carignano del Sulcis Arenas Ris. '05	🍷🍷🍷	5*
● Carignano del Sulcis Is Arenas Ris. '07	🍷🍷🍷	5*
● Carignano del Sulcis Is Arenas Ris. '06	🍷🍷🍷	5*
● Carignano del Sulcis Is Solus '08	🍷🍷	4*
● Carignano del Sulcis Kanai Ris. '06	🍷🍷	5
● Carignano del Sulcis Nur '08	🍷🍷	4*
● Carignano del Sulcis Sup. Arruga '04	🍷🍷	6
○ Moscato di Cagliari Amentos '09	🍷🍷	5
○ Vermentino di Sardegna Lugore '09	🍷🍷	4
○ Vermentino di Sardegna Terre Fenicie '09	🍷🍷	4*

Giuseppe Sedilesu
via Adua, 2
08024 Mamoiada [NU]
Tel. 078456333
www.giuseppesedilesu.com

VENDITA DIRETTA
VISITA SU PRENOTAZIONE

PRODUZIONE ANNUA 60.000 bottiglie
ETTARI VITATI 17.00
VITICOLTURA Naturale

Se c'è una zona particolarmente vocata per la produzione del cannonau, questa è sicuramente Mamoiada. Il merito va, oltre che a un territorio eccezionale, alla cultura vitivinicola del paese barbaricino che si è tramandata negli anni, e ha saputo cogliere sempre meglio le peculiarità che la zona poteva offrire. Tra gli eredi principali di questa ricchezza ci sono sicuramente i fratelli Sedilesu che, in nome di una viticoltura che si limita a preservare l'opera della natura, producono da alcuni anni tra i Cannonau più buoni della vasta denominazione regionale. Non mancano poi le continue ricerche a partire dalle selezioni in vigna, fino ad arrivare all'uso dei legni.

Anche quest'anno i rossi di casa Sedilesu affascinano per tipicità, spessore e complessità. Nonostante ciò, a distanza di due anni, è nuovamente il Perda Pintà a primeggiare nelle nostre degustazioni. Tre Bicchieri quindi al bianco barbaricino prodotto con uve granazza di Mamoiada che nel millesimo '09 mostra un colore giallo ambra molto carico e dei profumi che spaziano dal frutto a pasta bianca, alla scorza d'arancio e erbe officinali, fino ad arrivare alla frutta secca. Al palato è leggermente tannico, d'impatto dolce, ma equilibrato da tanta freschezza e dal finale sapido. Molto buono anche il Ballu Tundu '07, Riserva di Cannonau che soffre solo per un finale leggermente astringente.

○ Perda Pintà '09	🍷🍷🍷	5
● Cannonau di Sardegna Ballu Tundu Ris. '07	🍷🍷	7
○ Perda Pintà Sulle Bucce '08	🍷🍷	6
● Cannonau di Sardegna Mamuthone '09	🍷🍷	5
● Cannonau di Sardegna S'Annada '09	🍷🍷	4
● Cannonau di Sardegna Mamuthone '08	🍷🍷🍷	4*
○ Perda Pintà '07	🍷🍷🍷	6
● Cannonau di Sardegna Ballu Tundu Ris. '06	🍷🍷	7
● Cannonau di Sardegna Ballu Tundu Ris. '05	🍷🍷	7
● Cannonau di Sardegna Carnevale '07	🍷🍷	6
● Cannonau di Sardegna Carnevale '06	🍷🍷	6
● Cannonau di Sardegna Mamuthone '07	🍷🍷	4*
● Cannonau di Sardegna S'Annada '08	🍷🍷	4*
○ Perda Pintà '06	🍷🍷	6

SARDEGNA

★Tenute Sella & Mosca
Loc. I Piani
07041 Alghero [SS]
Tel. 079997700
www.sellaemosca.com

VENDITA DIRETTA
VISITA SU PRENOTAZIONE

PRODUZIONE ANNUA 7.600.000 bottiglie
ETTARI VITATI 550.00

Se il vino sardo gode di notorietà in Italia e nel mondo già da parecchi decenni il merito è soprattutto di Sella & Mosca, marchio di Alghero entrato a far parte del gruppo Campari. Il cambiamento societario ha influito (positivamente) per ciò che riguarda distribuzione e marketing, mentre dal punto di vista della produzione si continua anno dopo anno a perseguire la politica dell'alta qualità. Il lavoro maniacale in vigna e le continue ricerche in cantina si traducono in una gamma di vini ampia e completa, ma tutta di ottimo livello, in cui si evidenziano eccellenze capaci di dare grandi soddisfazioni anche di fronte a lunghi invecchiamenti.

Il rosso più prestigioso dell'azienda di Alghero non si smentisce neanche quest'anno e guadagna meritatamente i Tre Bicchieri. L'annata 2006 regala un Marchese di Villamarina dai profumi balsamici e di tabacco dolce e una bocca fitta, ma comunque scorrevole e fresca. Eccellente anche il Monteoro '10, un Vermentino di Gallura in cui spiccano profumi di salvia e agrumi, per un palato di sviluppo verticale e dai tratti minerali. Molto buono anche il Cuvée 161 '10, un'accurata selezione di uve torbato dai profumi di frutto a pasta bianca e dalle sensazioni bucciose e di scorza d'agrumi. Convincente, infine, tutto il resto della produzione a partire dal neonato Acino M '09, una Monica di Sardegna succosa e di grande bevibilità.

● Alghero Marchese di Villamarina '06	♛♛♛	7
○ Vermentino di Gallura Sup. Monteoro '10	♛♛♛	4*
○ Alghero Torbato Terre Bianche Cuvée 161 '10	♛♛	5*
⊙ Alghero Oleandro '10	♛♛	4*
○ Alghero Torbato Terre Bianche '10	♛♛	4
● Monica di Sardegna Acino M '09	♛♛	4*
● Alghero Tanca Farrà '07	♛	5
○ Alghero Thìlion '10	♛	5
○ Vermentino di Sardegna Cala Reale '10	♛	4
○ Vermentino di Sardegna La Cala '10	♛	4
● Alghero Marchese di Villamarina '05	♛♛♛	7
● Alghero Marchese di Villamarina '04	♛♛♛	7
● Alghero Marchese di Villamarina '03	♛♛♛	7
● Alghero Marchese di Villamarina '01	♛♛♛	7
○ Alghero Torbato Terre Bianche Cuvée 161 '07	♛♛♛	4*
○ Vermentino di Gallura Monteoro '08	♛♛♛	4*

Tenute Soletta
Loc. Signor'Anna
07040 Codrongianos [SS]
Tel. 079435067
www.tenutesoletta.it

VENDITA DIRETTA
VISITA SU PRENOTAZIONE

PRODUZIONE ANNUA 100.000 bottiglie
ETTARI VITATI 15.00

Soletta è una piccola realtà a carattere familiare condotta con passione da tre fratelli con ruoli diversi all'interno dell'azienda: Francesco si occupa di export, Pina di aspetti commerciali, mentre la parte produttiva è affidata allo scaltro Umberto, che può essere considerato il punto di riferimento della cantina. Siamo in pieno Logudoro e, come da tradizione, i vitigni coltivati sono quelli più classici per quest'area: cannonau, vermentino e moscato in primis, ma c'è spazio anche per alcune varietà internazionali. I terreni sono di origine calcareo sabbiosa e ospitano impianti a cordone speronato, alcuni dei quali risalgono ai primi anni Cinquanta.

È con grande soddisfazione che assaggiamo una delle più belle versioni di Keramos, la Riserva di Cannonau firmata Tenute Soletta. L'annata '07 affascina e convince per un naso di incredibile complessità e pulizia in cui emergono note leggermente affumicate, di frutto scuro, ma anche di cuoio e cacao amaro. La bocca è sinuosa e avvolgente complice un tannino cremoso e ben amalgamato a una materia importante. Finale lunghissimo e attraversato da una bellissima vena acida. Tre Bicchieri strameritati. Sicuramente più semplice, ma comunque degno di nota, l'altro Cannonau, il Corona Majore '08. Il naso profuma di macchia e frutti di bosco e la bocca è scorrevole e di buona profondità. Convincenti gli altri vini.

● Cannonau di Sardegna Keramos Ris. '07	♛♛♛	6
● Cannonau di Sardegna Corona Majore '08	♛♛	5*
○ Kianos '10	♛♛	5
⊙ Prius '10	♛	4
○ Vermentino di Sardegna Chimera '10	♛	5
○ Vermentino di Sardegna Sardo '10	♛	4
● Cannonau di Sardegna Keramos Ris. '04	♛♛♛	5
● Cannonau di Sardegna Corona Majore '07	♛♛	5
● Cannonau di Sardegna Corona Majore Ris. '06	♛♛	5
● Cannonau di Sardegna Corona Majore Ris. '05	♛♛	5
● Cannonau di Sardegna Keramos Ris. '06	♛♛	5
○ Dolce Valle Moscato Passito '04	♛♛	4*
○ Hermes '05	♛♛	5
○ Vermentino di Sardegna Chimera '09	♛♛	4*

SARDEGNA

Vigne Surrau
SP ARZACHENA - PORTO CERVO
07021 ARZACHENA [OT]
TEL. 078982933
www.vignesurrau.it

VISITA SU PRENOTAZIONE

PRODUZIONE ANNUA 200.000 bottiglie
ETTARI VITATI 38.00

L'azienda Surrau nasce nel 2003 a pochi chilometri da Porto Cervo. È qui che ha sede la cantina, bel luogo ricettivo per ospitare degustazioni, mostre o convegni. Fin da subito la politica mostrata dai titolari si è distinta per l'alto livello qualitativo, conseguito grazie alla valorizzazione degli autoctoni isolani, vermentino in primis, e da tecniche di vinificazione moderne, per esaltare le caratteristiche dei terroir che ospitano i vigneti. Gli ettari vitati totali sono 38, per una produzione che arriva a 200mila bottiglie l'anno. L'ulteriore passo in avanti fa sì che Surrau venga annoverata tra le aziende isolane che contano.

Ottima prestazione dei vini presentati dall'azienda Surrau che guadagna la scheda grande. Forti di un buon millesimo, il 2010, convincono i due Vermentino di Gallura prodotti. Dei due mostra più complessità e carattere lo Sciala, tipologia Superiore che offre profumi di frutto a pasta bianca e cenni di erbe mediterranee, mentre al palato mostra buona struttura generale, ma anche tanta freschezza. Il Branu è più semplice e immediato, ma molto pulito nei profumi agrumati e in un palato fresco e scorrevole. Tra gli altri vini segnaliamo il Rosso Surrau '08, blend di carignano, cannonau e cabernet dai profumi vegetali e dal palato balsamico.

○ Vermentino di Gallura Sup. Sciala '10	🍷🍷	6
● Rosso Surrau '08	🍷🍷	5
○ Vermentino di Gallura Branu '10	🍷🍷	5
● Barriu '07	🍷	6
● Cannonau di Sardegna Sincaru '09	🍷	6
● Barriu '06	🍷🍷	6
● Barriu '05	🍷🍷	6
● Cannonau di Sardegna Sincaru '07	🍷🍷	6
● Surrau '07	🍷🍷	5

Cantina Trexenta
V.LE PIEMONTE, 40
09040 SENORBÌ [CA]
TEL. 0709808863
www.cantinatrexenta.it

VENDITA DIRETTA
VISITA SU PRENOTAZIONE

PRODUZIONE ANNUA 1.000.000 bottiglie
ETTARI VITATI 350.00

La Cantina Trexenta è una storica cooperativa del sud dell'isola, nata a metà degli anni Cinquanta, che si è ultimamente distinta per una produzione di buon livello specie per ciò che riguarda i vini rossi. La gamma, vastissima, è suddivisa in sei linee di produzione e presenta tante etichette che rientrano in una fascia di prezzo da record (per onestà), dove sono protagonisti perlopiù i vitigni della tradizione: cannonau e vermentino quindi, ma anche monica e nuragus impiantati in terreni composti da marne, calcari e arenarie. Ora Trexenta può vantare circa 350 ettari di proprietà dei soci conferitori, per una produzione che arriva al milione di bottiglie.

Tante le etichette proposte dalla cooperativa di Senorbì alcune delle quali veramente convincenti. Ancora una volta sono i rossi a sembrare più centrati e di ottima bevibilità. Buonissimo il Cannonau di Sardegna Goimajor '09, dai profumi di piccoli frutti di bosco e dal palato succoso e fresco. Complice anche un prezzo da record si rivela un vino consigliatissimo per un gran bel bere quotidiano. Ottimi anche i rossi della linea Bingias: il Cannonau di Sardegna '09 è morbido e avvolgente, mentre la Monica di Sardegna '09 è più giocata su note vegetali e di frutto croccante. Segnaliamo, infine, un altro Cannonau di Sardegna, il Corte Auda '09 dalle nette sensazioni di tabacco e grafite e dal palato fresco e di ottima trama tannica.

● Cannonau di Sardegna Bingias '09	🍷🍷	4*
● Cannonau di Sardegna Corte Adua '09	🍷🍷	3*
● Cannonau di Sardegna Goimajor '09	🍷🍷	2*
● Monica di Sardegna Bingias '09	🍷🍷	4*
● Antigu '07	🍷	6
● Cannonau di Sardegna Baione '08	🍷	4
○ Vermentino di Sardegna Bingias '10	🍷	3
○ Vermentino di Sardegna Contissa '10	🍷	3
○ Vermentino di Sardegna Monteluna '10	🍷	2
● Cannonau di Sardegna Corte Adua '07	🍷🍷	3*
● Cannonau di Sardegna Goimajor '08	🍷🍷	2*
● Cannonau di Sardegna Tanca su Conti Ris. '07	🍷🍷	5

SARDEGNA 954

Cantina del Vermentino - Monti
via San Paolo, 2
07020 Monti [SS]
Tel. 078944012
www.vermentinomonti.it

VENDITA DIRETTA
VISITA SU PRENOTAZIONE

PRODUZIONE ANNUA 2.500.000 bottiglie
ETTARI VITATI 500,00

Un po' come tutte le cantine sociali anche quella di Monti nasce a metà degli anni Cinquanta, ma sono gli ultimi anni che si sono rivelati fondamentali per capire la direzione intrapresa. Direzione che, in linea con le altre cooperative isolane, è andata incontro alla valorizzazione del vitigno principe in Gallura, il vermentino, con risultati più che soddisfacenti. In più, vendemmia dopo vendemmia, anche la costanza qualitativa non manca di dimostrare l'importanza del lavoro svolto, che inizia in primo luogo dai vigneti dei conferitori. Oltre al vermentino si coltivano cannonau, moscato e qualche uva internazionale.

Buona prestazione della Cantina di Monti che ci propone un ottimo Vermentino di Gallura Funtanaliras '10 delizioso nelle sue note olfattive di erbe aromatiche, agrumi e zagara e dal palato fresco, minerale e di buona profondità. Tra i rossi il Galana '05 sembra il più centrato. È un blend di cagnulari, cannonau, sangiovese e cabernet che offre un naso ricco di note speziate, cioccolato e piccoli frutti rossi e un palato vibrante e scorrevole che si spinge in un finale profondo. Interessanti anche gli altri Vermentino di Gallura prodotti con una menzione di merito all'Arakena '09, vino di struttura e pienezza che riesce ad essere fresco e di ottima bevibilità.

Cantina Sociale della Vernaccia
loc. Rimedio
via Oristano, 6a
09170 Oristano
Tel. 078333155
www.vinovernaccia.com

VENDITA DIRETTA
VISITA SU PRENOTAZIONE

PRODUZIONE ANNUA 250.000 bottiglie

La Cantina della Vernaccia è una cooperativa di piccole dimensioni nata agli inizi degli anni '50 che negli ultimi tempi ha dimostrato di puntare tutto sulla qualità lavorando tantissimo con i soci conferitori. Il vino di riferimento è, ovviamente, la Vernaccia di Oristano e le sue Riserve sono spesso affascinanti, longeve e di enorme complessità. Convincente anche il resto dei vini che compongono la gamma, specie quelli da uve rosse, fatto che dimostra come l'area oristanese sia una zona vocata per le produzioni di qualità.

Non poteva andare meglio la prestazione delle etichette proposte quest'anno dalla cantina della Vernaccia. La Vernaccia di Oristano Jughissa '05 è un vino affascinante e di carattere che offre note tutte giocate sulla frutta secca, dalla nocciola al mallo, dal pistacchio al dattero. Anche la bocca convince: secca, dalle percezioni balsamiche e dal finale leggermente amarognolo. Un gran bel vino da meditazione. Tra gli altri vini segnaliamo il Montiprama '07 un rosso a base niedera dai profumi floreali, di frutto croccante e dal palato leggiadro e freschissimo.

● Galana '05	▼▼	5
○ Moscato di Sardegna Spumante V. del Portale	▼▼	4
○ Vermentino di Gallura Funtanaliras '10	▼▼	4
○ Vermentino di Gallura Sup. Arakena '09	▼▼	5
● Cannonau di Sardegna Tàmara '09	▼	4
⊙ Spumante Brut Rosato V. del Portale	▼	4
○ Vermentino di Gallura Aghìloia '10	▼	4
● Abbaìa '09	▽▽	3*
○ Vermentino di Gallura Funtanaliras '09	▽▽	4
○ Vermentino di Gallura S'Eleme '09	▽▽	3*

○ Vernaccia di Oristano Jughissa '05	▼▼	5
● Montiprama '07	▼▼	4
○ Terresinis '10	▼▼	3*
● Cannonau di Sardegna Maiomone '09	▼	4
⊙ Seu '10	▼	4
○ Vermentino di Sardegna Benas '10	▼	2
● Cannonau di Sardegna Corash Ris. '07	▽▽	4*
○ Vernaccia di Oristano '03	▽▽	3*

SARDEGNA
LE ALTRE CANTINE

Agricola Punica
LOC. BARRUA
09010 SANTADI [CI]
TEL. 0781941012
www.agripunica.it

Buona prestazione anche quest'anno per i due rossi di Agricola Punica. Il Barrua '08 (carignano più saldo di uve internazionali) affascina per le note di prugna e piccoli frutti, affiancate da nuance di tabacco. La bocca è di grande impatto e il finale, nonostante non profondissimo, è pulito, molto fresco e balsamico. Convince anche il second vin della casa, il Montessu '09.

- Barrua '08 — 7
- Montessu '09 — 5
- Barrua '07 — 7
- Barrua '05 — 6

Poderi Atha Ruja
VIA EMILIA, 45
08022 DORGALI [NU]
TEL. 3475387127
www.atharuja.com

Non poteva andare meglio l'esordio in Guida per l'azienda Atha Ruja, piccola realtà di Dorgali. Buonissimo il Cannonau di Sardegna Kuentu Riserva '07, vino molto tipico che offre sensazioni di frutto rosso maturo al naso e una bocca imponente, concentrata, ma anche rinfrescata da sottile vena acida e da un tannino cremoso e ben fuso alla materia.

- Cannonau di Sardegna Kuentu Ris. '07 — 6
- Cannonau di Sardegna '08 — 8
- Tului '06 — 5

Berritta
VIA KENNEDY, 108
08022 DORGALI [NU]
TEL. 078495372
franser.dorgali@tiscali.it

Berritta è una piccola azienda di Dorgali condotta da Francesco e Serena Fronteddu. È la prima volta che assaggiamo i loro vini e siamo rimasti piacevolmente sorpresi dal Cannonau di Sardegna Thurcalesu '08, che offre dei profumi molto tipici varietali in cui emerge il frutto scuro, la rosa e non mancano dei cenni speziati. Ottimo anche al palato per sapore e profondità.

- Cannonau di Sardegna Thurcalesu '08 — 4
- Merula '09 — 4

Cantina del Bovale
LOC. S'ISCA
09098 TERRALBA [OR]
TEL. 078383462
www.cantinadelbovale.it

Ancora una volta convincenti i vini della Cantina del Bovale. Molto buoni i due Terralba: l'Arcuentu '09 offre complessi profumi di spezie e cuoio e un palato fresco e balsamico; il Majorale '09 ha un naso di frutto maturo e una bocca compatta e sinuosa. Convince, infine, anche la Monica di Sardegna Sustantzia '09.

- Monica di Sardegna Sustantzia '09 — 4
- Terralba Arcuentu '09 — 4
- Terralba Majorale '09 — 5
- Sinnos '09 — 4
- ○ Vermentino di Sardegna Sabbie d'Oro '10 — 3

Cantina di Calasetta
VIA ROMA, 134
09011 CALASETTA [CI]
TEL. 078188413
www.cantinacalasetta.com

La piccola cooperativa di Calasetta propone dei vini territoriali e convincenti volti ad esaltare le caratteristiche dell'uva carignano. Il Carignano del Sulcis Piede Franco '09 ha un naso terroso, speziato e intenso, mentre il palato è saporito e fragrante. Più strutturato il Carignano del Sulcis Aina, una Riserva dai sentori di frutto maturo e dalla bocca ampia e avvolgente.

- Carignano del Sulcis Aina Ris. '08 — 5
- Carignano del Sulcis Piede Franco '09 — 4*
- Carignano del Sulcis Tupei '09 — 4
- ○ Vermentino di Sardegna Cala di Seta '10 — 3

Cantina delle Vigne Piero Mancini
LOC. CALA SACCAIA
VIA MADAGASCAR, 17
07026 OLBIA
TEL. 078950717
www.pieromancini.it

Anche quest'anno il Vermentino di Gallura Cucaione sembra l'etichetta più convincente della batteria proposta dalla cantina di Olbia. L'annata 2010 regala un vino profumato e complesso in cui emergono note di frutto tropicale, floreali e di mandorla. In bocca è fresco, delineato da buona acidità e dal finale non lunghissimo, ma sapido e piacevole.

- ○ Vermentino di Gallura Cucaione '10 — 3*
- Scalapetra '09 — 3
- ○ Vermentino di Gallura Primo '10 — 5

SARDEGNA

LE ALTRE CANTINE

Carpante
via Garibaldi, 151
07049 Usini [SS]
Tel. 079380614
www.carpante.it

Il più convincente dei vini presentati è il Carpante '09, da cagnulari con saldo di bovale sardo e pascale dalle note terrose, di frutto rosso maturo e dai cenni di tabacco dolce. Tra i bianchi è molto affascinante il Vermentino di Sardegna Frinas '10 per le note di salvia e foglia di pomodoro.

● Carpante '09	🍷🍷 5
○ Vermentino di Sardegna Frinas '10	🍷🍷 5
● Cagnulari '10	🍷 4
○ Vermentino di Sardegna Longhera '10	🍷 4

Cantina Sociale di Castiadas
loc. Olia Speciosa
09040 Castiadas [CA]
Tel. 0709949004
www.cantinacastiadas.com

Il Capo Ferrato Rei '07 è una delle migliori versioni di Cannonau di Sardegna mai prodotte dalla cooperativa di Castiadas. Sin dai suoi profumi si nota tutta la territorialità del vino che in quest'area offre profumi di macchia mediterranea e eucalipto. La bocca è fresca e succosa e dotata di buona profondità.

● Cannonau di Sardegna Capo Ferrato Rei '07	🍷🍷 3*
● Cannonau di Sardegna Capo Ferrato '10	🍷 3

Nino Castiglia
via Mosca, 3
07023 Calangianus [OT]
Tel. 079670530
castigliavini@yahoo.it

Meritato e promettente esordio in Guida per l'azienda gestita da Nino Castiglia. I vini più interessanti ci sono parsi due Igt frutto dell'annata 2009. L'Intentu (a base syrah) è speziato, fine e profondo, mentre il Pergula (syrah con saldo di cabernet sauvignon) è balsamico, fruttato e dal palato succoso.

● Intentu '09	🍷🍷 5
● Pergula '09	🍷 4
○ Vermentino di Gallura Myali '10	🍷 4

Colle Nivera
via Veneto, 14
08100 Nuoro
Tel. 0784294037
www.collenivera.com

L'azienda dell'Alta Baronia fa il suo esordio in Guida grazie a un ottimo Cannonau di Sardegna '09. Elegante, fine, di grande bevibilità e dai profumi tipici, di tabacco, rosa e sottobosco. Buoni anche il Vermentino di Sardegna Talai '10, agrumato e sapido, e il Rosato Punta Caitirina '10, fresco e saporito.

● Cannonau di Sardegna '09	🍷🍷 5
⊙ Punta Caitirina Rosato '10	🍷 4
○ Vermentino di Sardegna Talai '10	🍷 5

Gianluigi Deaddis
loc. San Pietro
SS 134 km 2,2
07030 Bulzi [SS]
Tel. 079588314
www.cantinadeaddis.com

Anche quest'anno i vini del viticoltore Gianluigi Deaddis ci sono parsi centrati e stilisticamente molto ben fatti. Ottimo il Vermentino di Sardegna Narami '10, vino che al naso profuma di erbe mediterranee e mostra un palato molto fresco e dai tratti minerali. Molto buono l'Ultana '09, classico taglio bordolese dai sentori vegetali e dalla bocca fresca e balsamica.

● Ultana '09	🍷🍷 6
○ Vermentino di Sardegna Narami '10	🍷🍷 4
● Padres '09	🍷 4
○ Vermentino di Sardegna Narami Barricato '10	🍷 5

Paolo Depperu
loc. Sas Ruinas
07025 Luras [OT]
Tel. 079647314
azienda.depperu@tiscali.it

L'azienda Depperu dimostra anche quest'anno di produrre dei bianchi convincenti e di gran fascino. Il Ruinas '10 (Igt a base vermentino) mostra note di cedro, frutta candita ed erbe aromatiche e un palato pieno e avvolgente. Il Vermentino di Gallura Luris '10 è agrumato, molto fine, elegante e di grande bevibilità.

○ Ruinas '10	🍷🍷 5
○ Vermentino di Gallura Luris '10	🍷🍷 5
● Tiu Paolo '09	🍷 5

SARDEGNA
LE ALTRE CANTINE

Vigne Deriu
LOC. SIGNORANNA
07040 CODRONGIANOS [SS]
TEL. 079435101
www.vignederiu.it

L'azienda Deriu si conferma una piccola realtà capace di produrre ottimi vini molto aderenti al territorio di appartenenza. Il Cannonau di Sardegna '09 è un vino dai profumi di cacao, tabacco, spezie dolci e sottobosco. Al palato è fresco e di buona sapidità. Il Vermentino di Sardegna '10 profuma di frutti tropicali e il palato è fine e profondo.

● Cannonau di Sardegna '09	♛♛ 4
○ Vermentino di Sardegna '10	♛♛ 4
● Tiu Filippu '08	♛ 6

Fradiles
VIA SANDRO PERTINI, 2
08030 ATZARA [NU]
TEL. 3331761683
www.fradiles.it

Nonostante qualche imprecisione i vini di Fradiles sono sembrati molto territoriali e autentici. Buono e tipico il Bagadiu '09, un Bovale Sardo quasi in purezza, dai sentori di ciliegia matura, ribes e spezie. In bocca è avvolgente, pieno, e non mancano freschezza e sapidità.

● Bagadiu '09	♛ 5
● Mandrolisai '09	♛ 4
● Mandrolisai Antiogu '08	♛ 5

Cantina Giogantinu
VIA MILANO, 30
07022 BERCHIDDA [OT]
TEL. 079704163
www.giogantinu.it

Annata interlocutoria per la cooperativa di Giogantinu. Il vino più interessante ci è parso il Nastarrè '10, Igt a base pascale, malaga, monica e cagnulari, è fresco e fragrante, dal frutto croccante e fresco. Il Vermentino di Gallura '10 ha profumi di frutto a pasta bianca e palato sapido e beverino.

● Nastarrè '10	♛♛ 3*
○ Vermentino di Gallura '10	♛♛ 3*
● Terra Saliosa '10	♛ 4
○ Vermentino di Gallura Lunghente '10	♛ 4

Antonella Ledà d'Ittiri
LOC. ARENOSLI, 29
07100 ALGHERO [SS]
TEL. 3292528891
www.margallo.it

Sempre interessanti i vini prodotti da Ledà d'Ittiri. Il Margallò '08 (Igt a base merlot, sangiovese e cabernet sauvignon) è un vino profumato e dal palato avvolgente che soffre solo un po' nel finale. Il Ginjol '08, da uve merlot, sangiovese e cabernet franc, è vegetale e balsamico. Tra i bianchi il Vermentino di Sardegna Vi Marì '10 è polposo e dal finale sapido.

● Cigala '09	♛ 4
● Ginjol '08	♛ 4
● Margallò '08	♛ 4
○ Vermentino di Sardegna Vi Marì '10	♛ 4

Li Duni
LOC. LI PARISI
07030 BADESI [OT]
TEL. 079585844
www.cantinaliduni.it

Buona prestazione per i vini dell'azienda di Badesi che convincono a cominciare dal Nalboni '09, un Igt a base cannonau, bovale sardo e monica dai profumi di frutto maturo e dal palato sinuoso. Bene anche il Vermentino di Gallura Rena Bianca '10 sapido e polposo. Particolare, infine, il Vermentino di Sardegna Nozzinnà '10, vino amabile con giusta percezione zuccherina.

● Nalboni '09	♛ 3*
○ Vermentino di Gallura Rena Bianca '10	♛♛ 5
● Tajanu '07	♛ 5
○ Vermentino di Sardegna Nozzinnà Amabile '10	♛ 5

Sebastiano Ligios
C.SO EUROPA, 111
07039 VALLEDORIA [SS]
TEL. 3296724241
www.cantinaligios.it

Dei vini prodotti da Sebastiano Ligios segnaliamo un buonissimo Cannonau di Sardegna Carammare '07, dai tipici sentori di rosa e di frutto maturo ben definiti. La bocca soffre ancora la presenza del legno, ma poi si snoda grazie a una buona materia e a uno sviluppo pulito e profondo.

● Cannonau di Sardegna Carammare '07	♛♛ 4
● Campanara '07	♛ 5
● Carys '07	♛ 5
○ Juliola '10	♛ 5

SARDEGNA

LE ALTRE CANTINE

Alberto Loi
SS 125 KM 124,1
08040 CARDEDU [OG]
TEL. 070240866
www.cantina.it/albertoloi

Anche quest'anno i vini di Alberto Loi ci sono parsi leggermente evoluti e con cenni di surmaturazione. Si distingue l'Alberto Loi Riserva '07, Cannonau di Sardegna dalle sensazioni balsamiche e dal palato ricco e di buona profondità.

● Cannonau di Sardegna Alberto Loi Ris. '07	5
● Cannonau di Sardegna Sa Mola '09	4
● Monica di Sardegna Nibaru '10	3

Meloni Vini
VIA GALLUS, 79
09047 SELARGIUS [CA]
TEL. 070852822
www.melonivini.com

Veramente degna di nota la performance dei vini di Meloni, tutti prodotti da agricoltura biologica. Tra l'altro sono tra i pochi a produrre il Girò di Cagliari e lo fanno veramente bene. Il '08 profuma di uva passa e confettura di amarene, mentre in bocca la dolcezza è ben bilanciata dai tannini e da una bella percezione fresca. Molto buoni anche gli altri vini.

● Cannonau di Sardegna Le Ghiaie Ris. '07	5
● Cannonau di Sardegna Terreforru '09	3*
● Girò di Cagliari Donna Jolanda '08	5
○ Nasco di Cagliari Donna Jolanda '08	5

Giovanni Montisci
VIA ASIAGO, 7B
08024 MAMOIADA [NU]
TEL. 0784569021
www.barrosu.it

Veramente da incorniciare la prova dei vini del giovane e caparbio Giovanni Montisci. Il Cannonau di Sardegna Barrosu '08 è un vino affascinante e tipico che spicca per le note di frutto maturo e spezie e per un palato glicerico, ampio e profondo. Gli fa eco la Riserva '08, solo un po' più asciugata nel finale. Ottimo anche il Barrosu Passito da uve moscato.

● Cannonau di Sardegna Barrosu '08	6
○ Barrosu Passito '08	6
● Cannonau di Sardegna Barrosu Ris. '08	7

Murales
LOC. PILIEZZU, 1
07026 OLBIA
TEL. 078953174
www.vinimurales.it

Originali, a tratti bizzarri, ma pieni di fascino. Sono questi gli aggettivi che ci sembrano più appropriati per i vini di Murales. Il Nativo '09 profuma di liquirizia e spezie dolci, mentre il palato è ampio e fragrante. Ai Posteri '08 è una vendemmi tardiva dalla percezione dolce, affievolita da un tannino amalgamato e maturo. Belle note ossidative, infine, per il Velo de Flor '07.

● Ai Posteri '08	8
● Nativo '09	4
○ Vermentino di Sardegna Tutti i Venti '10	4
○ Velo de Flor '07	6

Tenuta Nuraghe Crabioni
VIA UMBERTO I, 30
07037 SORSO [SS]
TEL. 079351217
www.nuraghecrabioni.com

È un Igt da uve vermentino in purezza il vino che più ci ha colpito della cantina di Sorso. Il Sussinku '10 mostra carattere e originalità grazie a note bucciose e di fiori di campo e per un palato saporito, sapido, profondo e di buona beva. Rustico, ma piacevole, il Cannonau di Sardegna '09.

○ Sussinku '10	5
● Cannonau di Sardegna '09	4

Cantina Sociale di Ogliastra
VIA BACCASERA, 36
08048 TORTOLÌ [NU]
TEL. 0782623228
cantina.ogliastra@live.it

Sono due i vini della cantina ogliastrina che ci hanno convinto quest'anno. Uno è il Bisu Ruju '08, Igt a base cannonau molto complesso nelle note olfattive di macchia e frutto maturo e dal palato imponente, ma anche fresco e balsamico. Buono anche il Cannonau di Sardegna Violante de Carroz '07, penalizzato solo da leggera astringenza finale.

● Bisu Ruju '08	4
● Cannonau di Sardegna Violante de Carroz '07	3
● Nou '09	4

SARDEGNA

LE ALTRE CANTINE

Tenute Olbios
LOC. VENAFIORITA
VIA LOIRI, 83
07026 OLBIA
TEL. 0789641003
info@tenuteolbios.com

Il Vermentino di Sardegna Lupus in Fabula delle Tenute Olbios si rivela anno dopo anno sempre più tipico, dai sentori affascinanti e dotato di una bocca ricca e profonda. Il '09 profuma di erbe di campo e scorza d'arancia, mentre al palato sembra quasi avere una leggerissima percezione tannica che rende la bocca avvolgente, lunga e dal finale sapido.

○ Vermentino di Sardegna Lupus in Fabula '09	6

Olianas
LOC. PORRUDDU
09031 GERGEI [CA]
TEL. 0558300411
www.sardegnavini.eu

Difficile rimanere delusi dalle etichette dell'azienda Olianas, realtà che opera nel cuore dell'isola. I rossi quest'anno sembrano avere una marcia in più. Molto buono il Cannonau di Sardegna '10, dalle note di frutto maturo, ciliegia e amarena. Ottimo anche il Perdixi '09, vino sanguigno e dai chiari sentori speziati.

● Cannonau di Sardegna '10	5
● Perdixi '09	5
○ Vermentino di Sardegna Olianas '10	4

Cantina Cooperativa di Oliena
VIA NUORO, 112
08025 OLIENA [NU]
TEL. 0784287509
www.cantinasocialeoliena.it

Eccellente prestazione della cantina di Oliena che propone due ottimi Cannonau di Sardegna che arrivano dall'importante sottozona della Doc. Il Nepente di Oliena '09 ha un naso bellissimo di agrumi, spezie e frutti di bosco. La bocca è scorrevole e vibrante, ma anche tanto saporita. Interessante anche la Riserva Corrasi '07, vino di struttura e materia.

● Cannonau di Sardegna Nepente di Oliena '09	4*
● Cannonau di Sardegna Nepente di Oliena Corrasi Ris. '07	5

Cantine di Orgosolo
VIA SANTA LUCIA
08027 ORGOSOLO [NU]
TEL. 0784403096
www.cantinediorgosolo.it

Forte di un naso complesso e tipico e di una bocca molto equilibrata il Soroi '08 arriva alle finali nazionali. Il Cannonau di Sardegna Riserva di Orgosolo profuma di tè e spezie dolci, cenni di sottobosco e frutti di bosco. La bocca è glicerica e avvolgente, ma anche scandita da una sottile e piacevole vena acida.

● Cannonau di Sardegna Soroi Ris. '08	6
● Cannonau di Sardegna Urulu '09	5
● Locoe '10	5

Gabriele Palmas
V.LE ITALIA, 3
07100 SASSARI
TEL. 079233721
gabrielepalmas@tiscali.it

A dieci anni di distanza dall'ultima presenza in Guida riassaggiamo con piacere i vini di Gabriele Palmas. Tra i bianchi molto buono il Vermentino di Sardegna '10, dai sentori di albicocca e fiori di campo e dal palato sapido e profondo. Interessante anche l'Alghero Cabernet '09 dalle note balsamiche, vegetali e di grafite.

● Alghero Cabernet '09	5
● Isola dei Nuraghi '09	5
○ Vermentino di Sardegna '10	5
● Cannonau di Sardegna '09	5

Poderosa
VIA E. TOTI, 14
07047 THIESI [SS]
TEL. 3283237413
www.agricolapoderosa.it

Lusinghiero esordio in Guida per l'azienda del Logudoro che opera secondo i dettami della biodinamica. Due i vini chiamati Lunadu, diversi solo per il momento di imbottigliamento che avviene secondo le fasi lunari. Il Gobba a Levante '09 è minerale, fresco e dallo sviluppo verticale. Il Gobba a Ponente '09 mostra di più il suo sviluppo fruttato e ampio.

○ Lunadu Gobba a Levante '09	5
○ Lunadu Gobba a Ponente '09	5
● Lierra '08	6
● Montesantu '08	5

SARDEGNA — 960
LE ALTRE CANTINE

Giampietro Puggioni
via Nuoro, 11
08024 Mamoiada [NU]
Tel. 0784203516
www.cantinagiampietropuggioni.it

Il Mamuthone '09 di Puggioni è proprio quello che ci si aspetta da un Cannonau di Sardegna che arriva dal comune di Mamoiada. Profumi molto affascinanti di spezie, rosa passita e frutti di bosco e un palato ampio e glicerico, ma ben bilanciato da acidità e dal finale leggermente sapido. Un po' più evoluto il Lakana '09.

● Cannonau di Sardegna Mamuthone '09	4
● Cannonau di Sardegna Lakana '09	4

F.lli Serra
via Garibaldi, 25
09070 Zeddiani [OR]
Tel. 0783418276
www.vernacciaserra.it

Dopo l'exploit dell'anno scorso con i Tre Bicchieri alla Vernaccia di Oristano Riserva '99, attendiamo l'assaggio del millesimo '01 rimandato all'anno prossimo. La Riserva '00 la assaggiammo anni fa e allora non ci resta che segnalare il Kora Kodes '09, taglio bordolese di buona complessità e lunghezza.

● Kora Kodes Rosso '09	5
○ Vernaccia di Oristano Ris. '99	5*
○ Vernaccia di Oristano Ris. '00	4

Tanca Gioia Carloforte
loc. Gioia
09014 Carloforte [CI]
Tel. 3356359329
www.u-tabarka.com

L'azienda dell'Isola di San Pietro si dimostra capace di produrre buoni vini volti ad esaltare le uve tradizionali. Il Ciù Roussou '08 (prodotto solo in magnum) è un Carignano dai sentori di macchia e spezie. Il palato è equilibrato, dal tannino ben fuso e dal finale piacevole. Molto buono anche il Giancu '10, un Vermentino dai profumi di zagara e dal sapore deciso e profondo.

● U Tabarka Ciù Roussou '08	7
○ U Tabarka Giancu '10	4
● U Tabarka Roussou '09	4
○ U Tabarka Quae	6

Cantina Tondini
loc. San Leonardo
07023 Calangianus [OT]
Tel. 079661359
cantinatondini@tiscali.it

Nonostante la cantina Tondini non ci mandi i campioni per la degustazione, noi, vista la qualità, non possiamo fare a meno di comprare e assaggiare le etichette proposte dall'azienda gallurese. Il Vermentino di Gallura Karagnanj '09 è uno dei migliori mai assaggiati: sapido, polposo, ricco e dalle nette sensazioni minerali. Ottimo anche il Taroni '09.

● Cannonau di Sardegna Taroni '09	4*
○ Vermentino di Gallura Sup. Karagnanj '09	4

Villa di Quartu
loc. Cepola
via G. Garibaldi, 90
09045 Quartu Sant'Elena [CA]
Tel. 070820947
www.villadiquartu.com

Buoni anche quest'anno i vini presentati dalla cantina Villa di Quartu, a partire da un ottimo Cannonau di Sardegna Parillas '09 dalle tipiche note di frutto rosso maturo e dal palato di impatto morbido e avvolgente, ma rinfrescato da un'acidità dosata e dalla trama tannica ben fusa alla materia.

● Cannonau di Sardegna Parillas '09	5
● Cepola Rosso '09	4
● Monica di Sardegna Ammostus '10	3

Zarelli Vini
via Vittorio Emanuele, 36
08010 Magomadas [OR]
Tel. 078535311
zarellivinisrl@libero.it

La piccola azienda di Magomadas ci ha presentato una buonissima Malvasia di Bosa Licoro '06, vino da meditazione che conquista grazie a note di scorza d'agrumi, cera d'api e miele. La bocca mostra un cenno dolce solo all'attacco, poi si distende in sensazioni fresche, balsamiche e leggermente sapide.

○ Contos	5
○ Malvasia di Bosa Licoro '06	5
○ Andula	6
● Turudas '10	4

INDICI
ALFABETICO DEI PRODUTTORI
REGIONALE DEI PRODUTTORI

INDICE ALFABETICO DEI PRODUTTORI

Produttore	Pag.
6Mura	940
A Casa	830
A Mano	874
Abate Nero	310
Abbadia Ardenga	693
Abbazia di Novacella	330
Abbazia Santa Anastasia	908
Abbona	74
Anna Maria Abbona	74
Elisabetta Abrami	293
F.lli Abrigo	75
Orlando Abrigo	75
Stefano Accordini	366
Giulio Accornero e Figli	76
Acino d'Oro	326
Acquabona	693
Adami	366
Adanti	762
Marchese Adorno	254
Tenute Adragna	929
Marco e Vittorio Adriano	76
F.lli Agnes	254
Ida Agnoletti	367
Agricola Alberese	693
Agricola Punica	955
Agricoltori del Chianti Geografico	564
Agririva	310
Agriverde	804
AgroGento	929
Aia dei Colombi	854
L' Aione	564
Ajello	929
Al Rocol	293
Claudio Alario	77
Riccardo Albani	293
Cantina Albea	874
Alberice	516
Aldrovandi	560
Carlo Alessandri	247
Massimo Alessandri	234
F.lli Alessandria	77
Gianfranco Alessandria	78
Alessandro di Camporeale	908
Marchesi Alfieri	78
Allegrini	367
Giovanni Almondo	79
Alois	830
Alta Via	247
Elio Altare	79
Altavita - Fattoria dei Gessi	526
Masseria Altemura	890
Altiero	693
Altura	693
Alziati Annibale - Tenuta San Francesco	293
Amastuola	890
Fattoria Ambra	565
Tenute Ambrosini	293
Stefano Amerighi	693
Ampeleia	565
Ancarani	526
Andreola	438
Cantina Produttori Andriano	330
Anfossi	247
Tenuta Anfosso	247
Anfra	822
Angelucci	822
Tenuta di Angoris	446
Anselmet	66
Roberto Anselmi	368
Anteo	255
Antica Corte Pallavicina	527
Antica Enotria	890
Antica Fratta	255
Antica Tesa	293
Antichi Vigneti di Cantalupo	80
Antico Borgo	831
Antico Borgo dei Cavalli	80
Antico Castello	854
Marchesi Antinori	566
Antolini	368
Antonelli - San Marco	762
Antoniolo	81
Odilio Antoniotti	220
Antonutti	446
Anzivino	81
Apollonio	875
Aquila del Torre	447
Ar.Pe.Pe.	256
Araldica Vini Piemontesi	82
Tenuta dell' Arbiola	82
Tenuta di Arceno	694
Cantina di Arceto	560
Argentiera	566
Argiano	567
Argillae	763
Argiolas	940
Ariola 1956	527
L'Armangia	83
Albino Armani	438
Riccardo Arrigoni	247
Artimino	567
Ascevi - Luwa	516
Ascheri	83
Laura Aschero	234
Assolati	568
Astoria Vini	438
Cantine Astroni	854
Poderi Atha Ruja	955
Attems	447
Aurora	724
Avanzi	294
Paolo Avezza	84
Avide	929
Cantina Sociale di Avio	326
Azelia	84
Badia a Coltibuono	568
Badia di Morrona	569
Tenuta La Badiola	694
Baglio del Cristo di Campobello	909
Baglio di Pianetto	929
Fattoria di Bagnolo	569
La Baia del Sole	235
Antonio Baldizzone - Cascina Lana	85
Balestri Valda	369
Balìa di Zola	528
Nicola Balter	311
I Balzini	570
Bambinuto	854
Bandini - Villa Pomona	570
Giorgio Bandut - Colutta	448
Riccardo Baracchi	571
Baravalle	220
F.lli Barba	804
Barbacarlo - Lino Maga	294
Cascina La Barbatella	85
Le Barbaterre	560
Cantine Barbera	909
Barberani	763
Luciano Barberini	294
Osvaldo Barberis	86
Barbi	783
Fattoria dei Barbi	571
Barboglio De Gaioncelli	294
Barollo	369
Tenuta Baron Di Pauli	361
Baron Widmann	331
Barone	854
Cantina del Barone	854
Barone Cornacchia	805
Tenute Barone di Valforte	805
Barone Pizzini	256
Barone Ricasoli	572
Barsento	890
Bartoloni	783
Mattia Barzaghi	572
Fattoria di Basciano	573
La Basia	294
Basile	694

*I doni più belli
sono quelli della natura.
Flamigni
ringrazia.*

Nocciola Tonda gentile
delle Langhe I.G.P.

Uva "Sultanas"
di Smirne e
australiana
6 Corone

Cioccolato
fondente extra
75% di cacao

Cedro di
Diamante
di Calabria

Arancia Washington
e Navel di Sibari

Vaniglia di Mananara
del Madagascar
(presidio Slow Food)

E ve li offre al meglio nei suoi Panettoni.

~FLAMIGNI~

www.flamigni.it

INDICE ALFABETICO DEI PRODUTTORI

Basilisco	864	Francesco Bonifacio	871
Batasiolo	86	Bonotto delle Tezze	373
Fabrizio Battaglino	87	Borgo Conventi	449
Battaglio	220	Borgo dei Posseri	312
Bava	87	Borgo del Tiglio	450
Beato Bartolomeo da Breganze	370	Borgo delle Oche	450
Davide Beccaria	220	Borgo di Colloredo	826
Lorenzo Begali	370	Borgo Judrio	451
Begnardi	573	Borgo La Gallinaccia	296
Bel Colle	88	Borgo Magredo	516
Belisario	724	Borgo Maragliano	92
La Bellanotte	516	Borgo Paglianetto	726
Bellaveder	311	Borgo Salcetino	577
Bellavista	257	Borgo San Daniele	451
Francesco Bellei	528	Borgo Santa Maria	797
Antonio Bellicoso	220	Borgo Savaian	452
Cantine Bellini	574	Borgo Stajnbech	438
Cascina Belmonte	294	Giacomo Borgogno & Figli	93
Belpoggio	574	Borgoluce	439
Belsedere	694	Borin Vini & Vigne	374
Tenuta Beltrame	516	Boroli	221
Benanti	910	Il Borro	578
Bera	88	F.lli Bortolin	374
Cecilia Beretta - Pasqua	371	Bortolomiol	375
Cinzia Bergaglio	89	Cav. Emiro Bortolusso	452
Nicola Bergaglio	89	Carlo Boscaini	439
Cantina Sociale Bergamasca	295	La Boscaiola	296
F.lli Berlucchi	257	Poderi Boscarelli	578
Guido Berlucchi & C.	258	Il Boschetto	694
Podere Le Berne	575	Francesco Boschis	93
Berritta	955	Nestore Bosco	822
Bersano	90	Rosa Bosco	453
Bersi Serlini	258	Tenuta Il Bosco	259
Guido Berta	90	Bosco del Merlo	375
La Berta	529	Bosio	260
Bertagna	295	Conti Bossi Fedrigotti	313
Cav. G. B. Bertani	371	Cantine Botromagno	890
Stefano Berti	529	Cantine Botta	890
Bessererhof - Otmar Mair	361	Cantina del Bovale	955
F.lli Bettini	295	Bove	806
Conti Bettoni Cazzago	295	Luigi Boveri	94
La Biancara	372	Gianfranco Bovio	94
BiancaVigna	438	Braida	95
Bianchi	220	Brancaia	579
Maria Donata Bianchi	235	Alessio Brandolini	296
Luigi Bianchi Carenzo	247	Conte Brandolini	453
Gigi Bianco	221	Brangero	221
Biava	295	Branko	454
Tenuta di Bibbiano	694	Bredasole	296
Antonio Bigai	438	Luciano Brega	296
Bigi	764	Cantina Bregante	237
Bindella	575	Brema	95
Bindi Sergardi	576	Giacomo Brezza & Figli	96
Vini Biondi	929	Bric Cenciurio	96
Biondi Santi - Tenuta Il Greppo	576	La Casa di Bricciano	695
BioVio	236	Bricco del Cucù	97
Biscaris	930	Bricco Maiolica	97
Bisci	725	Bricco Mondalino	98
Tenuta di Biserno	577	Brigaldara	376
Bisi	259	Francesco Brigatti	98
Desiderio Bisol & Figli	372	Josef Brigl	331
Enoteca Bisson	236	Brogal Vini	783
Raffaella Alessandra Bissoni	560	Vitivinicola Broglia	99
Blasi Bertanzi	764	Sorelle Bronca	376
Tenuta di Blasig	448	Cantina Sociale di Broni	296
Massimo Bo	221	Brovia	99
La Boatina	449	La Brugherata	260
Bocale	765	Brugnano	930
Boccadigabbia	725	Bruna	237
Eugenio Bocchino	91	Tenute Toscane di Bruna Baroncini	695
Alfiero Boffa	221	Luigi Brunelli	377
Enzo Boglietti	91	Brunelli - Le Chiuse di Sotto	695
F.lli Bolla	373	Bruni	579
Bolognani	312	Brunnenhof - Kurt Rottensteiner	361
Alice Bonaccorsi	930	Mario & Giorgio Brunori	756
Bonaldi - Cascina del Bosco	295	Enoteca Andrea Bruzzone	238
Samuele Heydi Bonanini	248	Bucci	726
Bonavita	930	Buccia Nera	580
Bondi	92		

Brunello
di Montalcino

www.consorziobrunellodimontalcino.it

INDICE ALFABETICO DEI PRODUTTORI

Buceci	930	Cantina Viticoltori Associati Canicattì	910
Renato Buganza	100	Le Caniette	727
Livio e Claudio Buiatti	454	Canneto	585
Emilio Bulfon	516	Canonica a Cerreto	696
Bulgarini	297	La Canosa	727
Bulichella	580	Cantalici	696
Tenuta del Buonamico	581	Cantele	876
Buondonno - Casavecchia alla Piazza	581	Cantina del Pino	105
Buranco	238	Cantina della Volta	531
G. B. Burlotto	100	Cantina delle Vigne - Piero Mancini	955
La Buse dal Lof	517	Cantine del Notaio	864
Piero Busso	101	Cantine dell'Angelo	832
Tommaso Bussola	377	Cantrina	264
Valentino Butussi	455	Canus	458
Maurizio Buzzinelli	455	Cantina Cooperativa di Capalbio	696
C.a.l.o.s.m.	891	Capanna	586
Ca' Bianca	101	Capannelle	586
Ca' Bolani	456	Caparra & Siciliani	903
Ca' d' Gal	102	Caparsa	697
Ca' dei Frati	261	Tenuta Caparzo	587
Ca' dei Mandorli	221	Tenuta di Capezzana	587
Ca' del Baio	102	Capichera	941
Ca' del Bosco	261	I Capitani	855
Ca' del Gè	262	La Caplana	105
Ca' del Santo	297	Capoano	903
Ca' del Vispo	582	Alexia Capolino Perlingieri	855
Ca' di Frara	262	Cappella Sant'Andrea	697
Ca' di Sopra	530	La Cappuccina	381
Ca' La Bionda	378	Arnaldo Caprai	765
Ca' Lojera	263	Caprili	588
Ca' Lustra	378	Tenuta Carbognano	532
Ca' Marcanda	582	Carbone	865
Ca' Montanari	530	Cardeto	766
Ca' Nova	222	Masseria Cardillo	871
La Ca' Nŏva	222	Pierangelo Careglio	222
Ca' Orologio	379	Carini	766
Ca' Rome' - Romano Marengo	103	Le Carline	439
Ca' Ronesca	456	Carminucci	756
Cascina Ca' Rossa	103	Podere Il Carnasciale	588
Ca' Rugate	379	Carpante	956
Ca' Selva	517	Carpenè Malvolti	382
Ca' Tessitori	297	Fattoria Carpineta Fontalpino	589
Ca' Tullio & Sdricca di Manzano	457	Marco Carpineti	788
Ca' Viola	104	Il Carpino	458
Paolo Caccese	517	La Carraia	767
Caccia al Piano 1868	695	Caruso & Minini	931
I Cacciagalli	855	Carussin	222
Cacciagrande	583	Carvinea	876
Cadibon	457	Casa al Vento	589
Antonio Caggiano	831	Casa alle Vacche	590
Caiarossa	695	Casa Cecchin	382
Cantina di Calasetta	955	Casa Dei	590
Calatrasi	930	Casa Emma	697
Tenuta Le Calcinaie	583	Casa Roma	383
Cantina di Caldaro	332	Casa Sola	697
Il Calepino	263	Casa Zuliani	459
Le Calle	695	Fattoria Casabianca	697
Cantine Calleri	239	La Casaccia	106
Michele Calò & Figli	891	Casal di Pari	697
Calonga	531	Casale Cento Corvi	797
La Calonica	696	Casale del Giglio	788
Calvi	297	Casale della Ioria	789
Luigi Calvini	248	Casale dello Sparviero - Fattoria Campoperi	698
Cambrago	439	Casale Marchese	789
Camigliano	584	Casaleta	728
Caminella	297	Casali in Val di Chio	591
Camossi	264	Casalis Douhet	728
Giuseppe Campagnola	380	Casalone	106
I Campi	380	Fattoria Casaloste	698
Campo alla Sughera	696	Fattoria Le Casalte	591
Campodelsole	560	Casanova della Spinetta	698
Camporignano	696	Casanova di Neri	592
Canalicchio - Franco Pacenti	584	Casavyc	698
Canalicchio di Sopra	585	Cascina Adelaide	107
Marco Canato	104	Cascina Ballarin	222
Il Cancelliere	855	Cascina Barisél	107
Francesco Candido	875	Cascina Bongiovanni	108
Canevel Spumanti	381	Cascina Bruciata	108

CONSORZIO PROSCIUTTO VENETO
BERICO - EUGANEO

"Sapore di una Terra Amica!"
CONSORZIO PER LA TUTELA DEL PROSCIUTTO VENETO
P.zza Vittorio Emanuele II, 3 - Tel. 0429 82964 Fax 0429 82964 - MONTAGNANA (PD)
www.prosciuttoveneto.it

 Intervento realizzato con contributo del MiPAAF ai sensi del D.M. N. 17157 del 10/11/2009 e D.M. n. 15275 del 6/10/2010

INDICE ALFABETICO DEI PRODUTTORI

Cascina Castlet	109		Castello Monaci	877
Cascina Chicco	109		Castello Romitorio	600
Cascina Christiana	222		Castello Sant'Anna	517
Cascina Corte	110		Castellucci Miano	931
Cascina Cucco	110		Castelluccio	533
Cascina Feipu dei Massaretti	248		Castelvecchio	461
Cascina Flino	223		Castelvecchio	601
Cascina Fonda	111		Castelveder	298
Cascina Garitina	223		Cantina Sociale di Castiadas	956
Cascina Gilli	111		Nino Castiglia	956
Cascina La Maddalena	112		Cantine di Castignano	729
Cascina la Pertica	297		Podere Castorani	806
Cascina lo Zoccolaio	223		Luigi Cataldi Madonna	807
Cascina Montagnola	223		La Caudrina	117
Cascina Nirasca	239		Cautiero	855
Cascina Roccalini	223		Cavalchina	385
Cascina Roera	223		Tenuta del Cavalier Pepe	856
Cascina Salerio	224		Cavalieri	797
Cascina Tavijn	224		Cavalleri	267
Cascina Zoina	224		F.lli Cavallotto – Tenuta Bricco Boschis	117
Case Paolin	383		Domenico Cavazza & F.lli	385
Casebianche	855		Cavicchioli U. & Figli	533
Le Casematte	931		Cavim - Cantina Viticoltori Imolesi	561
La Casetta dei Frati	560		Cavit	313
Casetto dei Mandorli	532		Le Cecche	224
Francesca Castaldi	112		Giorgio Cecchetto	386
Cantina di Casteggio - Terre d'Oltrepò	265		Famiglia Cecchi	601
Castel de Paolis	797		Marco Cecchini	517
Tenuta Castelbuono	767		Cantine Ceci	534
CastelFaglia	265		Giancarlo Ceci	877
Castelfeder	332		Celli	561
Renzo Castella	113		Giacomo Centanni	730
La Castellaccia	592		Centolani	602
La Castellada	459		Centopassi	911
Michele Castellani	384		Centorame	807
Castellare di Castellina	593		Centovignali	891
Castellari Bergaglio	113		Roberto Ceraudo	903
Maria Pia Castelli	729		La Cerbaiola	602
Fattoria Castellina	698		Cerbaiona	603
Castellinuzza e Piuca	698		Ceretto	118
Cantina del Castello	384		Fattoria del Cerro	603
Castello Banfi	593		Cerulli Irelli Spinozzi	808
Castello Bonomi	266		Cerutti	224
Castello d'Albola	594		Vincenzo Cesani	604
Castello dei Rampolla	594		Gerardo Cesari	439
Castello del Poggio	114		Umberto Cesari	534
Castello del Terriccio	595		Cesarini Sforza	326
Castello del Trebbio	595		Italo Cescon	386
Castello della Panaretta	699		Le Château Feuillet	66
Castello della Sala	768		Cheo	248
Castello delle Regine	783		Giovanni Cherchi	941
Castello di Ama	596		Chessa	942
Castello di Bolgheri	596		Giovanni Chiappini	604
Castello di Buttrio	460		Erede di Armando Chiappone	225
Castello di Cacchiano	597		La Chiara	225
Castello di Cigognola	266		Chiarli 1860	535
Castello di Corbara	783		Michele Chiarlo	118
Castello di Fonterutoli	597		Chiaromonte	878
Castello di Gabbiano	699		Podere La Chiesa	700
Castello di Gabiano	224		Quinto Chionetti	119
Castello di Gussago	298		Chiorri	783
Castello di Luzzano	298		Il Chiosso	225
Castello di Magione	768		Le Chiuse	700
Castello di Meleto	699		Tenuta Chiuse del Signore	911
Castello di Monsanto	598		Le Chiusure	298
Castello di Neive	114		Ciacci Piccolomini D'Aragona	700
Castello di Poppiano	598		Giuseppe Ciavolich	822
Castello di Querceto	699		Cieck	119
Castello di Radda	699		Podere Cigli	605
Tenuta Castello di Razzano	115		F.lli Cigliuti	120
Castello di San Donato in Perano	599		Cima	700
Castello di Sonnino	699		Cincinnato	790
Castello di Spessa	460		Le Cinciole	700
Castello di Tassarolo	115		Donatella Cinelli Colombini	605
Castello di Uviglie	116		Cantina Cinqueterre	240
Castello di Verduno	116		Damiano Ciolli	797
Castello di Vicchiomaggio	599		Cantine Cipressi	828
Castello di Volpaia	600		Il Cipresso	298

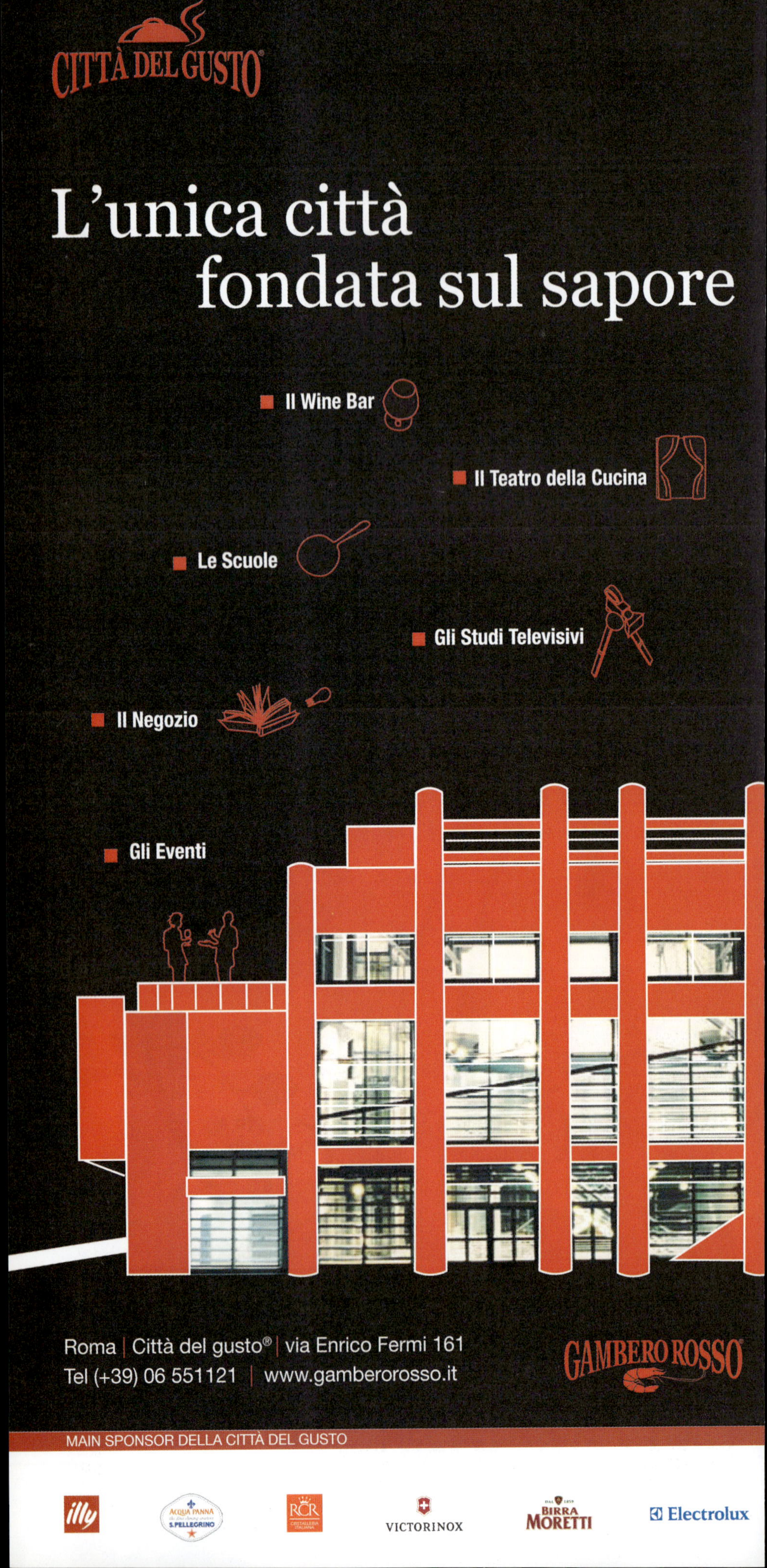

L'unica città fondata sul sapore

- Il Wine Bar
- Il Teatro della Cucina
- Le Scuole
- Gli Studi Televisivi
- Il Negozio
- Gli Eventi

Roma | Città del gusto® | via Enrico Fermi 161
Tel (+39) 06 551121 | www.gamberorosso.it

MAIN SPONSOR DELLA CITTÀ DEL GUSTO

INDICE ALFABETICO DEI PRODUTTORI

Produttore	Pag.
La Cipriana	700
Cirelli	822
Tenute Cisa Asinari dei Marchesi di Grésy	120
Citari	298
Citille di Sopra	606
Ciù Ciù	756
Civielle	267
Clastidio Ballabio	299
Domenico Clerico	121
Tenuta Cocci Grifoni	730
Coffele	387
Elvio Cogno	121
Tenuta Col d'Orcia	606
Col del Mondo	808
Col di Bacche	607
Col Vetoraz	387
Battista Cola	268
Colacicchi	797
Colacino	903
Antonello Coletti Conti	790
Conte Collalto	388
Eugenio Collavini	461
Fattoria Collazzi	607
Fattoria Colle Allodole	769
Colle Bereto	701
Colle di San Domenico	856
Colle Duga	462
Colle Manora	122
Colle Massari	608
Colle Nivera	956
Colle Picchioni - Paola Di Mauro	791
Fattoria Colle Verde	608
Collebello - Cantine Marano	809
Collefrisio	822
Collelceto	609
Collelungo	701
Collestefano	731
Colli di Castelfranci	832
Colli di Lapio	833
La Collina	535
Collina Serragrilli	122
Colline San Biagio	701
Tenuta di Collosorbo	609
Colmello di Grotta	462
Colognole	610
Il Colombaio di Cencio	610
La Colombera	123
La Colombina	701
Il Colombo - Barone Riccati	123
Colonnara	731
Còlpetrone	769
Fattoria Colsanto	770
Cantina Produttori Colterenzio	333
Le Colture	388
Gianpaolo Colutta	463
Colvendrà	439
Paolino Comelli	463
Comincioli	299
Concilio	314
Condè Vitivinicola	536
Contadi Castaldi	268
Tenuta del Conte	903
Il Conte Villa Prandone	732
Conte Vistarino	269
Aldo Conterno	124
Diego Conterno	124
Giacomo Conterno	125
Paolo Conterno	125
Conterno Fantino	126
Contesa	809
Leone Conti	536
Conti di Buscareto	732
Antica Cascina Conti di Roero	225
Attilio Contini	942
Contrà Soarda	389
Michele Contrada	856
Contrada Salandra	856
Contrade di Taurasi	833
Contucci	611
Il Conventino	757
Coopérative de l'Enfer	72
Cantine Cooperative Riunite	537
Dario Coos	464
Vigne Marina Coppi	126
Coppo	127
Giovanni Corino	127
Renato Corino	128
Cantina Produttori di Cormòns	464
Cornarea	128
Matteo Correggia	129
La Corsa	701
Cantina Produttori Cortaccia	333
La Corte - Cusmano	129
Corte Adami	440
Corte Gardoni	389
Tenuta Corte Giacobbe	390
Corte Manzini	537
Corte Moschina	440
Corte Normanna	856
Corte Rugolin	390
Corte Sant'Alda	391
Giuseppe Cortese	130
Fattoria Le Corti	701
Fattoria Corzano e Paterno	611
COS	912
Cossentino	931
Clemente Cossetti	130
La Costa	269
Stefanino Costa	131
Costa Olmo	225
Andrea Costanti	612
Costaripa	270
Coste del Faena	784
Casa Coste Piane	391
Cottanera	912
Daniele Coutandin	131
Le Crete	612
Les Crêtes	67
Croce del Moro	733
Croce di Febo	702
Crodi	440
La Crotta di Vegneron	67
Marisa Cuomo	834
Cupano	702
La Cura	613
Curto	931
Custodi	770
Cusumano	913
D&D	72
d'Alessandro	931
D'Ambra Vini d'Ischia	834
Paolo e Noemia D'Amico	791
D'Angelo	865
Casa Vinicola D'Angelo	866
D'Antiche Terre - Vega	856
Conte D'Attimis-Maniago	465
Cantina d'Isera	326
D'Uva	828
Dacapo	132
Giovanni Daglio	225
F.lli Dal Cero	702
Romano Dal Forno	392
Luigino Dal Maso	392
Damilano	132
Tenuta De Angelis	733
De Angelis Corvi	810
Marco De Bartoli	913
Walter De Batté	248
Viticoltori De Conciliis	835
De Falco	857
De Gregorio	932
De Maria	857
De Stefani	393
Gianluigi Deaddis	956

INDICE ALFABETICO DEI PRODUTTORI

Decugnano dei Barbi	771	Falkenstein - Franz Pratzner	336
F.lli Degani	440	Pier Giorgio Falvo	904
Degli Azzoni Avogadro Carradori	756	Fanti	616
Maria Caterina Dei	613	Fantinel	469
Tenuta degli Dei	702	Cantine Faralli	703
Ferruccio Deiana	943	Faraone	810
Delai	299	Cantina Farro	857
Deltetto	133	Fasoli	393
Denavolo	538	Fassati	703
Paolo Depperu	956	Fatascià	915
Derbusco Cives	299	Fattoi	703
Vigne Deriu	957	Giovanni Fattori	394
Destefanis	133	Fattoria Cantagallo	703
Destro	932	Fattoria di Lamole	616
Tenute Dettori	943	Tenuta I Fauri	823
Fattoria Dezi	734	Fausti	735
Di Barrò	68	Favaro	135
Franco Di Filippo	891	I Favati	837
Italo Di Filippo	771	Le Favole	518
Di Giovanna	932	Sandro Fay	271
di Lenardo	465	Fazi Battaglia	735
Di Majo Norante	826	Fazio Wines	933
Di Meo	835	Fedele Giacomo	518
Carlo di Pradis	466	Andrea Felici	736
Gaspare Di Prima	932	Felline - Pervini	879
Di Prisco	836	Livio Felluga	469
Diadema	614	Marco Felluga	470
Fattoria Dianella Fucini	702	Fattoria di Felsina	617
Fattoria di Dievole	702	Giacomo Fenocchio	136
Cantina Dionigi	784	Davide Feresin	470
Fabrizio Dionisio	614	Ferghettina	271
Peter Dipoli	334	Ferrando	136
Dirupi	270	Benito Ferrara	837
La Distesa	734	Ferrari	315
Gianni Doglia	134	Roberto Ferraris	137
Cantine Dolianova	944	Ferreri	933
Camillo Donati	538	Ferrero	704
Marco Donati	326	Ferri	891
Giovanni Donda	517	La Ferriera	798
Donna Olga	615	Carlo Ferro	137
Donna Olimpia 1898	615	Tenute Ferrocinto	904
DonnaChiara	836	Stefano Ferrucci	539
Donnafugata	914	Tenuta di Fessina	915
Caves Cooperatives de Donnas	68	Feudi del Pisciotto	916
Donnici 99	903	Feudi della Medusa	945
Cantina Dorgali	944	Feudi di Guagnano	879
Doria	299	I Feudi di Romans	518
F.lli Dorigati	314	Feudi di San Gregorio	838
Girolamo Dorigo	466	Feudi di Terra D'Otranto	892
Draga	467	Feudo Antico	823
Drei Donà Tenuta La Palazza	539	Feudo Arancio	933
Mauro Drius	467	Feudo Cavaliere	933
Du Cropio	904	Feudo dei Sanseverino	904
Duca della Corgna	772	Feudo di San Maurizio	69
Duca di Salaparuta - Vini Corvo	914	Feudo di Santa Tresa	933
Cantine Due Palme	878	Feudo Maccari	916
Le Due Terre	468	Feudo Montoni	933
Le Due Torri	518	Feudo Principi di Butera	917
Duemani	703	Feudo Ramaddini	934
Azienda Agricola Durin	240	Fiamberti	272
Edomé	932	Fabio Fidanza	138
Egger-Ramer	334	Fiegl	471
Poderi Luigi Einaudi	134	Il Filò delle Vigne	394
Eleano	866	Filomusi Guelfi	823
Cantine Elmi	857	Cantine Fina	934
Eméra	891	Gianfranco Fino	880
Endrizzi	315	Fiorano	736
Cantina Enotria	904	Fiorini	756
Tenuta Enza La Fauci	932	Fiorini	561
Erbhof Unterganzner - Josephus Mayr	335	Firriato	917
Ermacora	468	Il Fitto	704
Erste+Neue	335	Flaibani	471
Eubea	867	Silvano Follador	395
Agricola Fabbriche	703	Tenute Ambrogio e Giovanni Folonari	617
Luca Faccinelli	299	Fondo Antico	934
Lorenzo Faccoli & Figli	300	Fongoli	784
Tenuta Il Falchetto	135	Fontaleoni	704
Falesco	792	Fontana Candida	792
		Fontanabianca	138

ENOTECA PROVINCIALE DEL TRENTINO

Vino, cultura, territorio

Ogni giovedì e sabato dalle 17.00 alle 22.00 scopri i vini e i sapori del territorio e nei fine settimana dedicati all'enogastronomia lasciati conquistare dai sapori della cucina trentina.

Palazzo Roccabruna – Trento, via SS. Trinità
Tel. 0461 887101
www.enotecadeltrentino.it

INDICE ALFABETICO DEI PRODUTTORI

Fontanacota	248	F.lli Giorgi	274
Fontanafredda	139	Cascina Giovinale	146
Fontanavecchia	838	I Girasoli di Sant'Andrea	784
Podere Fontesecca	772	La Giribaldina	147
Cantine Fontezoppa	737	Cantina Girlan	337
Fattoria Le Fonti	618	Tenute Girolamo	892
Le Fonti	618	La Gironda	147
Az. Agr. Fontodi	619	Marcella Giuliani	793
Cantine Foraci	934	Piergiovanni Giusti	757
Foradori	316	I Giusti e Zanza	623
Forchir	518	La Giustiniana	148
Foresti	249	Cantina del Giusto	705
Forlini Cappellini	249	Glassierhof - Stefan Vaja	361
Conti Formentini	518	Cantina del Glicine	148
Formiconi	798	Glögglhof - Franz Gojer	337
Cantina Sociale Formigine Pedemontana	561	Godiolo	705
Fornacelle	704	Goretti	773
Podere Forte	704	Tenuta Gorghi Tondi	918
Fortediga	704	Gotto d'Oro	798
Forteto della Luja	139	Graci	918
Podere La Fortuna	619	Gradis'ciutta	472
Fossa Mala	519	Grandi & Gabana	519
Fosso dei Ronchi	756	Les Granges	72
Le Fracce	272	Elio Grasso	149
Fradiles	957	Silvio Grasso	149
Le Fraghe	395	Podere Grattamacco	623
Franca Contea	300	Gravner	473
Romano Franceschini	705	Vittorio Graziano	541
Francesco Moser	326	Podere Grecale	249
Paolo Francesconi	540	Podere Grecchi	798
Frascole	620	Gregoletto	397
Tenuta di Frassineto	620	Cantina Gries/Cantina Produttori Bolzano	338
Frecciarossa	273	Griesbauerhof - Georg Mumelter	361
Cantina Frentana	811	Grifalco della Lucania	868
Marchesi de' Frescobaldi	621	Fattoria di Grignano	624
Elena Fucci	867	Grigoletti	316
Tenuta Fujanera	892	Il Grillesino - Compagnia del Vino	624
Eredi Fuligni	621	Iole Grillo	473
Marchesi Fumanelli	396	Bruna Grimaldi	150
Giuseppe Gabbas	945	Giacomo Grimaldi	150
Gaggino	140	Sergio Grimaldi - Ca' du Sindic	151
Gianni Gagliardo	226	F.lli Grosjean	69
Gagliole	705	Grotta del Ninfeo	398
Gaja	140	Cantine Grotta del Sole	839
Gajaudo - Cantina del Rossese	249	Gruppo Cevico	542
Galardi	839	Tenuta Guado al Tasso	625
Maria Galassi	540	Guaiani Felicia	757
Gallegati	541	Gualdo del Re	625
Filippo Gallino	141	La Guardia	151
Cantina Gallura	946	La Guardiense	840
Gancia	141	Duca Carlo Guarini	892
Fattoria Garbole	396	Raffaele Guastaferro	857
Tenuta Garetto	142	Clemente Guasti	152
Garlider - Christian Kerchbaumer	336	Guccione	919
Gioacchino Garofoli	737	F.lli Guerci	300
Gatta	273	Albano Guerra	519
Gattavecchi	622	Luca Guerrieri	738
Enrico Gatti	274	Guerrieri Rizzardi	398
Pierfrancesco Gatto	226	Guicciardini Strozzi - Fattoria Cusona	626
Antonia Gazzi	142	Gulfi	919
Gentile	823	Gummerhof - Malojer	338
Ettore Germano	143	Gumphof - Markus Prackwieser	339
I Gessi - Fabbio De Filippi	300	Guttarolo	892
La Ghibellina	143	Franz Haas	339
Attilio Ghisolfi	144	Haderburg	340
Tenuta di Ghizzano	622	Happacherhof - Istituto Tecnico Agrario Ora	361
Giacomelli	249	Hauner	920
Bruno Giacosa	144	Esther Hauser	738
Carlo Giacosa	145	Hilberg - Pasquero	152
F.lli Giacosa	145	Hoandlhof - Manfred Nössing	340
Donato Giangirolami	798	Hof Gandberg - Rudolf Niedermayr	362
Cantina Giardino	857	Iannella	858
Adriano Gigante	472	Icardi	153
Raffaele Gili	226	Icario	626
Giovanni Battista Gillardi	146	iGreco	898
Gini	397	Fattoria Il Lago	627
Marchesi Ginori Lisci	705	Dino Illuminati	811
Cantina Giogantinu	957	Inama	399

Grappe Scaramellini
distillate dall'esperienza, forgiate dal fuoco diretto.

Distilleria Scaramellini Antonio snc
Via Garibaldi, 48 -Sandrà di Castelnuovo d/G - Verona
Tel./Fax 045-75.95.006 e-mail: info@distilleria-scaramellini.com

www.distilleria-scaramellini.com

Dal 1921
Semplicemente
Inimitabili

INDICE ALFABETICO DEI PRODUTTORI

Produttore	Pag.
Incisiana	226
Incontri	627
Innocenti	705
Institut Agricole Régional	72
Ioppa	226
Ippolito 1845	904
Isabella	226
Isimbarda	275
Isolabella della Croce	153
Isole e Olena	628
Iuli	154
Tenuta Iuzzolini	905
Jacùss	474
Jermann	474
Antichi Poderi Jerzu	946
Ka' Manciné	249
Kante	475
Edi Keber	475
Renato Keber	476
Kettmeir	362
Thomas Kitzmüller	476
Cooperativa La Kiuva	72
Tenuta Klosterhof - Oskar Andergassen	362
Köfererhof - Günther Kershbaumer	341
Tenuta Kornell	341
Kössler	362
Tenuta Kränzl - Graf Franz Pfeil	342
Kuenhof - Peter Pliger	342
Albino Kurtin	477
L' Arco	440
Masseria L'Astore	892
La Calcinara	757
La Fiorita	300
Tenuta La Ghiaia	250
La Montata	757
Cantina La Spina	784
La Valle	300
Fattorie Picene La Valle del Sole	757
Cantina Sociale La Versa	275
La Vis/Valle di Cembra	317
Alois Lageder	343
Lahnhof - Tenute Costa	362
Fattoria Laila	739
Cantina Laimburg	343
Michele Laluce	868
Maurizio Lambardi	706
Lamborghini	784
Ottaviano Lambruschi	241
Lamole di Lamole	628
Luciano Landi	739
Tenuta Langasco	154
Lantieri de Paratico	276
Larcherhof - Spögler	362
La Lastra	629
Latium	440
Lavacchio	629
Podere Lavandaro	250
Lazzari	301
Le Battistelle	441
Le Macìe	706
Cantina Sociale di Trento Le Meridiane	317
Vigneti Le Monde	477
Leali di Monteacuto	301
Il Lebbio	630
Antonella Ledà d'Ittiri	957
Lenotti	399
Cantine Lento	898
Vigna Lenuzza	519
Paolo Leo	893
Antica Cantina Leonardi	793
Cantine Leonardo da Vinci	630
Leone de Castris	880
Leopardi Dittajuti	758
Lepore	823
Ugo Lequio	155
Letrari	318
Li Duni	957
Libera Terra Puglia	893
Librandi	899
Lidia e Amato	812
Lieselehof - Werner Morandell	363
Sebastiano Ligios	957
Tenuta di Lilliano	631
Lini 910	542
Lis Fadis	478
Lis Neris	478
Lisini	631
Livernano	632
Livon	479
Cantina Sociale di Lizzano	893
Lo Triolet	70
Loacker Schwarhof	344
Locatelli Caffi	301
Cantina Locorotondo	893
Lodali	227
Alberto Loi	958
Alberto Longo	893
Conte Loredan Gasparini	400
Fattoria Lornano	706
Cantina Lovera	301
Roberto Lucarelli	758
Luiano	706
Tenuta Luisa	479
Cascina Luisin	155
H. Lun	344
Lunadoro	632
Cantine Lunae Bosoni	241
Lungarotti	773
I Luoghi	633
Lupi	242
Lupinc	519
Luretta	543
Lusenti	543
Alberto Lusignani	561
Ma.Ri.Ca.	740
Macarico	869
Maccario Dringenberg	242
Macchialupa	858
Le Macchiole	633
Macchion dei Lupi	706
Le Macioche	706
Maculan	400
Giovanna Madonia	544
Madonna Alta	785
Madonna del Latte	785
Cantine Madonna delle Grazie	871
Madonna delle Vittorie	327
La Madonnina - Triacca	634
Luigi Maffini	840
Tenuta Maffone	250
Maggio	934
Fattoria di Magliano	707
Magnàs	519
Maixei	250
Majolini	276
Malabaila di Canale	156
Malaspina	905
Malavasi	301
Malenchini	707
Malvirà	156
Manara	401
La Mancina	561
Stefano Mancinelli	740
Benito Mancini	758
Le Mandolare	441
Manincor	345
La Mannella	634
Mannucci Droandi	707
Mantegna	871
Giovanni Manzone	157
Paolo Manzone	157
Marabino	920
Marangona	301
La Marca di San Michele	758
Marcalberto	158
Poderi Marcarini	158

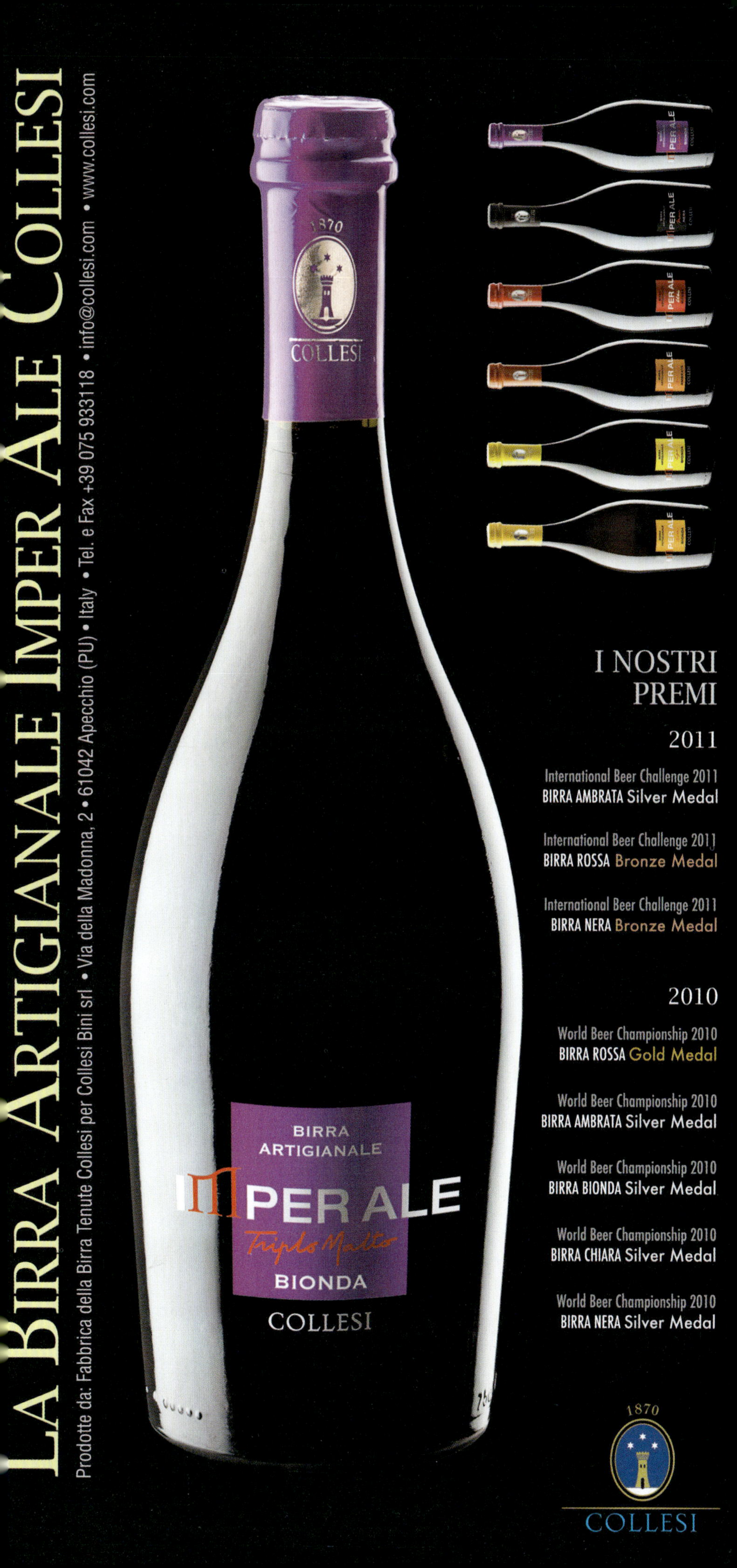

La Birra Artigianale Imper Ale Collesi

Prodotte da: Fabbrica della Birra Tenute Collesi per Collesi Bini srl • Via della Madonna, 2 • 61042 Apecchio (PU) • Italy • Tel. e Fax +39 075 933118 • info@collesi.com • www.collesi.com

I NOSTRI PREMI

2011

International Beer Challenge 2011
BIRRA AMBRATA Silver Medal

International Beer Challenge 2011
BIRRA ROSSA Bronze Medal

International Beer Challenge 2011
BIRRA NERA Bronze Medal

2010

World Beer Championship 2010
BIRRA ROSSA Gold Medal

World Beer Championship 2010
BIRRA AMBRATA Silver Medal

World Beer Championship 2010
BIRRA BIONDA Silver Medal

World Beer Championship 2010
BIRRA CHIARA Silver Medal

World Beer Championship 2010
BIRRA NERA Silver Medal

INDICE ALFABETICO DEI PRODUTTORI

Produttore	Pag.
Marcato	401
Clara Marcelli	741
Marchese Luca Spinola	159
Marchesi di Barolo	159
Marchesi Incisa della Rocchetta	160
Le Marchesine	277
Marchetti	741
Marega	480
Maremmalta	707
Marenco	160
Mario Marengo	161
Le Marie	227
Salvatore Marini	899
Valerio Marinig	480
Marinushof - Heinrich Pohl	363
Marion	402
Claudio Mariotto	161
Marotti Campi	742
Il Marroneto	635
Marsaglia	162
Guido Marsella	841
Marsuret	441
Piera Martellozzo	520
Martilde	302
Martinelli	774
Franco M. Martinetti	162
Lorenz Martini	363
K. Martini & Sohn	345
Armando Martino	871
Masari	402
Bartolo Mascarello	163
Giuseppe Mascarello e Figlio	163
Masciarelli	812
Masi	403
Cosimo Maria Masini	707
Maso Bastie	327
Maso Martis	327
Maso Poli	318
Masone Mannu	947
Masottina	403
Masseria del Feudo	934
Masseria Felicia	841
Masseria Frattasi	858
Masseria Li Veli	881
Mastrangelo	813
Mastroberardino	842
Mastrojanni	635
Masut da Rive	520
Tenute Mater Domini	881
Valter Mattoni	758
Roberto Mazzi	404
Mazziotti	798
Tenuta Mazzolino	277
Mazzoni	164
Enzo Mecella	758
Ermete Medici & Figli	544
Medolago Albani	302
Melini	636
Meloni Vini	958
Cantina Meran Burggräfler	346
Tenuta La Meridiana	164
Davino Meroi	481
Merotto	404
Mesa	947
Messnerhof - Bernhard Pichler	363
MezzaCorona	319
Stafania Mezzetti	785
Miani	481
Le Miccine	707
Miceli	935
Fattoria Michi	636
Fattoria Migliarina	708
Migliozzi	858
Firmino Miotti	441
Mocali	708
Moccagatta	165
Cantina Modica di San Giovanni	935
Salvatore Molettieri	842
F.lli Molino	227
Mauro Molino	165
Il Molino di Grace	708
Ornella Molon Traverso	405
La Monacesca	742
Monaci	893
Cantina dei Monaci	843
Podere Monastero	708
Monchiero Carbone	166
Franco Mondo	227
Monfalletto - Cordero di Montezemolo	166
Casata Monfort	319
Il Mongetto	227
Cantina Monrubio	785
Monsupello	278
Francesco Montagna	278
Montalbera	167
Marchesi di Montalto	279
Montaribaldi	167
Montauto	708
Cecilia Monte	227
Monte Cicogna	302
Monte dall'Ora	405
Monte del Frà	406
Monte delle Vigne	562
Tenuta Monte Delma	302
Monte Fasolo	406
Monte Faustino	441
Monte Rossa	279
Monte Schiavo	743
Monte Tondo	407
Monte Vibiano	785
Montebelli	708
Montecappone	743
La Montecchia - Emo Capodilista	407
Tenuta di Montecucco	637
Monteforche	408
Cantina Sociale di Monteforte d'Alpone	408
Montegrande	409
Montelio	280
Fattoria Montellori	637
Montemercurio	709
Montenato Griffini	302
Montenidoli	638
Montenisa	302
Montepeloso	709
Monteraponi	638
Monterucco	303
Montesalario	709
Montesole	858
Monteverro	639
Montevertine	639
Montevetrano	843
Monti	168
Antonio e Elio Monti	823
Monti Cecubi	799
Il Monticello	243
Fattoria Monticino Rosso	545
La Montina	280
Giovanni Montisci	958
Camillo Montori	813
Giacomo Montresor	409
Il Montù	303
Monzio Compagnoni	281
Cascina Morassino	168
Morella	882
Claudio Morelli	759
Cantina Vignaioli del Morellino di Scansano	709
Moretti Omero	774
Fattoria Moretto	545
Morgante	921
Giacomo Mori	709
Moris Farms	640
La Mormoraia	640
Alessandro Moroder	744
Stefanino Morra	169
Tenuta di Morzano	709
Marco Mosconi	410

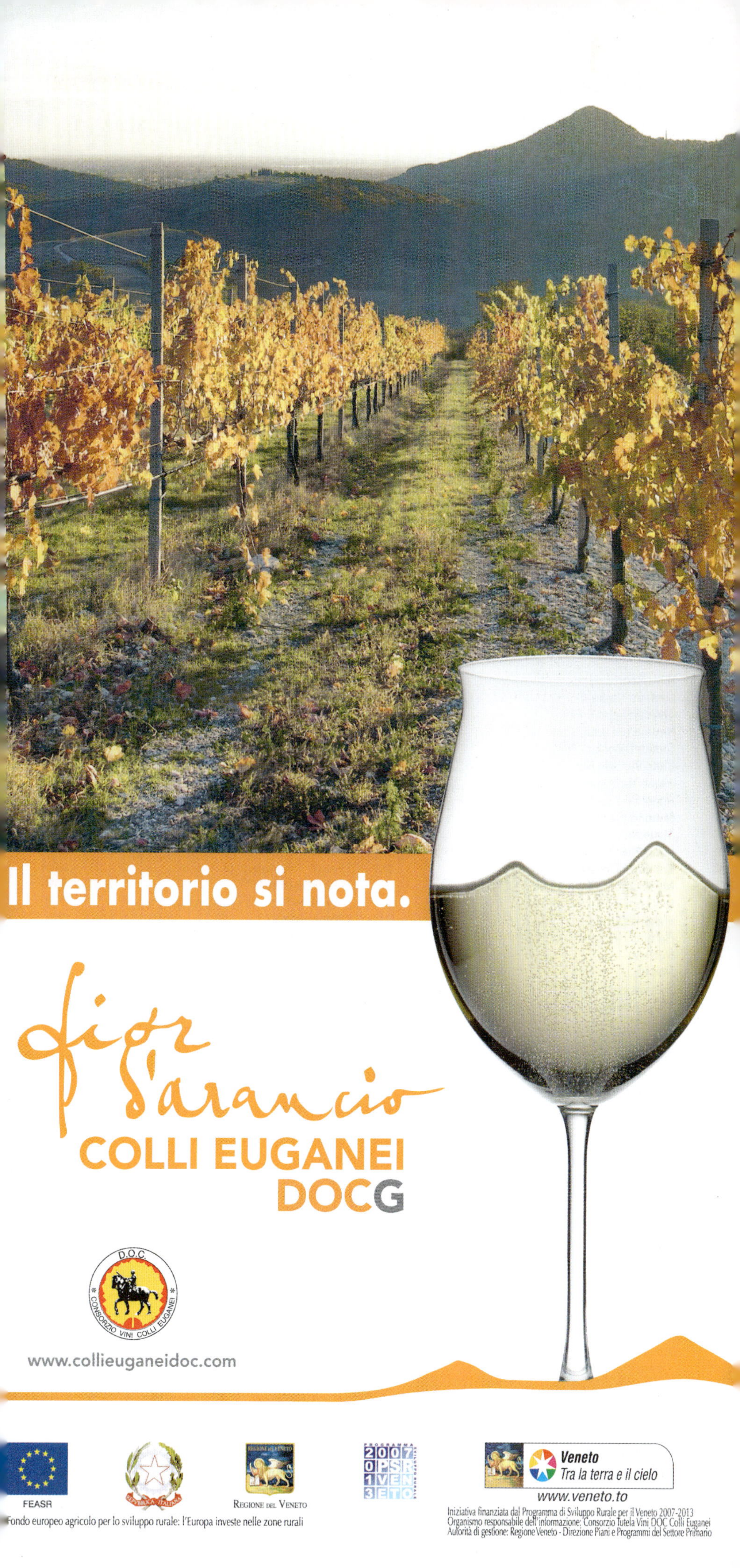

Il territorio si nota.

fior d'arancio
COLLI EUGANEI DOCG

www.collieuganeidoc.com

FEASR
Fondo europeo agricolo per lo sviluppo rurale: l'Europa investe nelle zone rurali

REGIONE DEL VENETO

2007 OPSR 1VEN 3ETO

Veneto
Tra la terra e il cielo
www.veneto.to

Iniziativa finanziata dal Programma di Sviluppo Rurale per il Veneto 2007-2013
Organismo responsabile dell'informazione: Consorzio Tutela Vini DOC Colli Euganei
Autorità di gestione: Regione Veneto - Direzione Piani e Programmi del Settore Primario

INDICE ALFABETICO DEI PRODUTTORI

Produttore	Pag.
Il Mosnel	281
Mosole	410
F.lli Mossio	169
Cantine Mothia	935
Il Mottolo	411
Isabella Mottura	794
Sergio Mottura	794
Cantine Mucci	814
Mulino delle Tolle	482
Mura	948
Murales	958
Salvatore Murana	935
F.lli Muratori	858
Muratori - Villa Crespia	282
Cantina Convento Muri-Gries	346
La Muròla	759
Musella	411
Mustilli	859
Musto Carmelitano	869
Mutti	170
Muzic	482
Ada Nada	170
Fiorenzo Nada	171
Cantina Nals Margreid	347
Antica Tenuta del Nanfro	935
Nanni Copè	844
Daniele Nardello	412
Tenute Silvio Nardi	710
Cantina del Nebbiolo	228
Cantina dei Produttori Nebbiolo di Carema	171
Nino Negri	282
Lorenzo Negro	172
Angelo Negro & Figli	172
Nettare dei Santi	303
Tenute Niccolai - Palagetto	710
Casa Vinicola Nico	894
Bruno Nicodemi	814
Angelo e Figli Nicolis	412
Cantine Nicosia	935
Josef Niedermayr	347
Ignaz Niedrist	348
Lorenzo Nifo Sarrapochiello	859
Niklaserhof - Josef Sölva	348
Nino Franco	413
Fattoria Nittardi	641
Cantina Sociale di Nizza	228
Nottola	641
Novaia	413
Nugnes	859
Tenuta Nuraghe Crabioni	958
Oasi degli Angeli	744
Obermoser - H. & T. Rottensteiner	349
Oberrautner - Anton Schmid	363
Andrea Oberto	173
Obiz	520
Occhipinti	799
Occhipinti	936
Ocone	859
Vigneti Luigi Oddero	228
Oddero Poderi e Cantine	173
Ofanto	871
Emidio Oggianu	948
Cantina Sociale di Ogliastra	958
Tenute Olbios	959
Olianas	959
Cantina Cooperativa di Oliena	959
Tenuta Olim Bauda	174
L' Olivella	799
Cantine Olivi	710
Olivini	303
Opera	327
Orestiadi	936
Cantine di Orgosolo	959
Podere Orma	642
Fattoria Ormanni	710
Tenuta dell' Ornellaia	642
Orsi - San Vito	546
Orsolani	174
Ottella	414
Elio Ottin	70
Ottoventi	936
Antonella Pacchiarotti	799
Pace	228
Siro Pacenti	643
Pacherhof - Andreas Huber	349
Padelletti	643
Paganini	250
Paitin	175
Pala	949
Paladin	441
Il Palagio	710
Le Palaie	710
Cosimo Palamà	882
Palari	921
La Palazzetta	644
Palazzo	711
Palazzo Vecchio	644
La Palazzola	775
Palazzone	775
Principe Pallavicini	795
Gabriele Palmas	959
Gianfranco Paltrinieri	546
I Pampini	799
Marchesi Pancrazi - Tenuta di Bagnolo	711
Domenico Pandolfi	905
Filippo Panichi	759
Panigada - Banino	303
Giovanni Panizzi	645
Paradiso	883
Fattoria Paradiso	547
Evangelos Paraschos	483
F.lli Pardi	776
F.lli Parma	250
Parmoleto	711
Tenuta La Parrina	645
Tenuta Partemio	894
Armando Parusso	175
Alessandro Pascolo	520
Pasetti	815
Pasini - San Giovanni	283
Passopisciaro	922
Massimo Pastura - Cascina La Ghersa	176
Paternoster	870
Ermes Pavese	72
Agostino Pavia e Figli	176
La Pazzaglia	799
Pecchenino	177
Angelo Pecis	303
Pierpaolo Pecorari	483
Cantina Pedres	949
Pedrinis	304
Pelissero	177
Carlo Pellegrino	922
Cascina Pellerino	178
Tenuta Pennita	562
Emidio Pepe	815
Peppucci	785
Perazzeta	711
Perillo	844
Tenute Perini	711
Perla del Garda	283
Elio Perrone	178
Perticaia	776
Tenuta Pertinello	547
Perusini	484
Peteglia	711
Petra	646
Giovanni Petrelli	894
Petreto	712
Fattoria di Petroio	712
Fattoria Petrolo	646
Petrucca e Vela	800
Petrucco	484
Petrussa	485
Pfannenstielhof - Johannes Pfeifer	350
Tenuta Pfitscherhof - Klaus Pfitscher	363

INDICE ALFABETICO DEI PRODUTTORI

Piaggia	647		Poggio Foco	714
Piana dei Cieli	936		Poggio Le Volpi	795
Piancornello	647		Poggio Leone	714
Piandibugnano	712		Poggio Montali	759
Le Piane	179		Poggio Rozzi	653
Pianirossi	648		Poggio Rubino	714
Piantate Lunghe	745		Podere Poggio Scalette	654
Ciro Picariello	845		Poggio Torselli	714
Andrea Picchioni	284		Poggio Trevvalle	654
Piccini	712		Il Poggiolo	715
Piccolo Bacco dei Quaroni	304		Tenuta Il Poggione	655
Piccolo Brunelli	562		Pojer & Sandri	320
Roberto Picéch	485		I Pola	228
Conte Picedi Benettini	243		Isidoro Polencic	487
Pichilli	905		Poliziano	655
Enrico Pierazzuoli	648		Il Pollenza	746
Leonildo Pieropan	414		Polvanera	884
La Pietra del Focolare	244		Pometti	715
La Pietra di Tommasone	859		Pomodolce	183
Pietra Pinta	800		La Ponca	521
Tenuta di Pietra Porzia	800		Tenuta Ponte	846
Pietracupa	845		Flavio Pontoni	521
Pietradolce	923		Principi di Porcia e Brughera	521
Pietrantonj	816		Marco Porello	183
Pietrasanta	304		Guido Porro	184
Pietraventosa	883		Porta del Vento	936
Pievalta	745		Umberto Portinari	442
Pieve Santa Restituta	649		Post dal Vin - Terre del Barbera	184
Pilandro	304		Prà	416
Tenuta Pinni	520		Praesidium	824
Gino Pino	251		Cascina Praié	251
Pio Cesare	179		Giovanni Prandi	228
Pioiero	180		Pranzegg - Martin Gojer	364
Albino Piona	415		Pratello	304
Piovene Porto Godi	415		Il Pratello	549
Luigi Pira	180		Pravis	320
E. Pira & Figli	181		Mamete Prevostini	285
Danila Pisano	251		Primis	884
Pisoni	327		Primosic	488
Vigneti Pittaro	486		Doro Princic	488
Denis Pizzulin	486		Ferdinando Principiano	185
La Pizzuta del Principe	905		Produttori del Barbaresco	185
Planeta	923		Cantina Produttori del Gavi	229
Agricola Pliniana	894		Provenza	285
Plozner	520		Prunotto	186
Plozza	284		Pucciarella	777
Plozza di Ome	304		Giampietro Puggioni	960
Podere Fortuna	712		Fattoria Le Pupille	656
Podere l'Aione	712		Pupillo	937
Podere Lamberto	713		Quadra	305
Podere Macellio	181		Il Quadrifoglio	800
Podere Riparbella	713		Francesco Quaquarini	286
Podere San Cristoforo	649		Le Quattro Terre	305
Poderi Colla	182		La Querce	715
Poderi dal Nespoli	548		Querce Bettina	656
Poderi del Paradiso	713		La Quercia	824
Poderosa	959		Quercia al Poggio	715
Damijan Podversic	487		Querciabella	657
Poggerino	650		La Querciola	186
Giorgio Poggi	442		Quinta della Luna	521
Poggi del Chianti	713		Giuseppe Quintarelli	416
Poggi dell'Elmo	251		Quintodecimo	846
Il Poggiarello	548		Dario Raccaro	489
Paolo Giuseppe Poggio	182		Racemi	885
Poggio ai Lupi	650		Francesco Radino	872
Poggio al Sole	713		Le Ragose	417
Poggio al Tesoro	651		La Raia	229
Poggio al Tufo	651		Raina	777
Poggio alla Meta	800		F.lli Raineri	229
Poggio Amorelli	713		Aldo Rainoldi	286
Poggio Antico	652		La Rajade	489
Poggio Bonelli	652		Cantine Rallo	924
Poggio Borgoni	714		Vigneti Rapais	490
Poggio Concezione	714		Tenute Rapitalà	924
Poggio dei Gorleri	244		Rasciatano	885
Tenuta Poggio del Lupo	786		La Rasenna	800
Poggio di Bortolone	936		La Rasina	715
Poggio di Sotto	653		Rattalino	229

INDICE ALFABETICO DEI PRODUTTORI

Produttore	Pag.
Renato Ratti	187
Andrea Reale	859
Redaelli de Zinis	305
Redondèl	321
Regio Cantina	872
La Regola	715
Ressia	187
F.lli Revello	188
Michele Reverdito	188
Revì	327
Riccafana - Fratus	287
Ricchi	305
Carlo Daniele Ricci	229
Luca Ricci	442
Ricci Curbastro	287
La Ricolla	251
Riecine	657
Fattoria di Rignana	716
Rigoloccio	658
Giuseppe Rinaldi	189
Pietro Rinaldi	229
Il Rio	658
Rio Maggio	759
Riofavara	925
Tenute delle Ripalte	716
Tenuta Riseccoli	716
Riserva della Cascina	801
Podere Ristella	716
Tenuta Ritterhof	350
Rivera	886
Fattoria La Rivolta	847
Rizzi	189
Rizzuto Guccione	937
Albino Rocca	190
Bruno Rocca	190
Rocca Bernarda	490
Rocca del Principe	847
Rocca delle Macìe	659
Rocca di Castagnoli	659
Rocca di Frassinello	660
Rocca di Montegrossi	660
Rocca di Montemassi	661
Roccafiore	778
Rocche Costamagna	191
Podere Rocche dei Manzoni	191
Rocche dei Vignali	305
Roccolo di Mezzomerico	192
Roccolo Grassi	417
Röckhof - Konrad Augschöll	351
Vigna Roda	418
Paolo Rodaro	491
Flavio Roddolo	192
Roeno	418
Franco Roero	230
Tenuta Roletto	230
Ronc di Vico	491
Ronc Soreli	492
Roncada	521
La Roncaia	492
Il Roncal	521
Il Roncat - Giovanni Dri	493
Ronchi	193
Ronchi di Cialla	493
Ronchi di Manzano	494
Ronchi Rò delle Fragole	494
Ronco Blanchis	495
Ronco Calino	288
Ronco dei Folo	495
Ronco dei Pini	522
Ronco dei Tassi	496
Ronco del Gelso	496
Ronco delle Betulle	497
Ronco di Prepotto	497
Ronco Severo	498
Roncùs	498
Rosa del Golfo	894
Eugenio Rosi	321
Rossi Contini	230
Giovanni Rosso	193
Cantina Rotaliana	322
Hans Rottensteiner	351
Tenuta Roveglia	305
Rovellotti	194
F.lli Rovero	230
Rubinelli - Vajol	442
Rubini	522
Tenute Rubino	886
Tenimenti Ruffino	661
Ruggeri	786
Ruggeri & C.	419
Podere Ruggeri Corsini	194
Russiz Superiore	499
Russo	716
Girolamo Russo	925
Russo & Longo	905
Russolo	522
Sabbionare	759
Josetta Saffirio	195
Saladini Pilastri	746
Salcheto	662
Le Salette	419
Cascina Salicetti	195
Castel Sallegg	352
Sallier de la Tour	937
Salustri	662
Cantine Salvatore	827
Ettore Sammarco	848
San Bartolomeo	230
Tenuta San Basilio	442
Conti di San Bonifacio	663
San Cassiano	442
San Cristoforo	288
Cantina Cooperativa di San Donaci	894
Fattoria San Donato	663
Fattoria San Fabiano - Borghini Baldovinetti	716
San Fabiano Calcinaia	717
San Felice	664
Fattoria San Felo	717
San Fereolo	196
San Filippo	664
San Francesco	760
Tenuta San Francesco	848
Podere San Giorgio	306
San Giovanni	860
San Giovanni	747
San Giuseppe	717
San Giusto a Rentennano	665
Tenuta San Guido	665
Poderi San Lazzaro	747
Tenuta San Leonardo	322
San Lorenzo	816
Fattoria San Lorenzo	748
Tenimenti San Martino in Monte	549
San Michele a Torri	666
Istituto Agrario Provinciale San Michele all'Adige	323
Cantina Produttori San Michele Appiano	352
Fattoria San Pancrazio	666
Cantina Produttori San Paolo	353
San Patrignano	550
Poderi di San Pietro	306
Tenuta San Pietro	230
San Polino	667
San Polo	667
San Quirico	668
San Rustico	443
San Salvatore	860
San Savino - Poderi Capecci	748
Tenuta San Sebastiano	196
San Simone	522
San Valentino	550
SanCarlo	717
Sancio	245
Sandre	443
Arcangelo Sandri	328
Luciano Sandrone	197
Sanpaolo - Magistravini	849
La Sansonina	420

INDICE ALFABETICO DEI PRODUTTORI

Produttore	Pag.
Tenuta Sant' Anna	443
Cantine Sant'Agata	197
Sant'Agnese	668
Sant'Andrea	796
Fattoria Sant'Andrea a Morgiano	717
Tenuta Sant'Antonio	420
Sant'Elena	522
Sant'Isidoro	801
Santa Barbara	749
Cantina Sociale Santa Croce	551
Santa Lucia	895
Santa Lucia	669
Tenuta Santa Lucia	801
Cantina Produttori Santa Maddalena/Cantina Produttori Bolzano	353
Santa Margherita	421
Tenuta Santa Maria alla Pieve	443
Santa Maria del Morige	895
Santa Maria La Palma	950
Santa Sofia	443
Santa Venere	906
Fattoria Santa Vittoria	669
Cantina di Santadi	950
Santi	421
Tenuta Santini	551
Santiquaranta	860
Santobono	824
Nicola Santoleri	817
Podere Sapaio	670
Sara e Sara	522
Paolo Saracco	198
Sardus Pater	951
Tenuta Sarno 1860	860
Roberto Sarotto	198
Sartarelli	749
Casa Vinicola Sartori	422
Luigi Sartori	251
Vasco Sassetti	717
Sasso di Sole	718
Sassotondo	670
Michele Satta	671
Savignola Paolina	671
Scacciadiavoli	778
Scagliola	199
Giacomo Scagliola	231
Simone Scaletta	231
Emanuele Scammacca del Murgo	937
La Scamuzza	199
Scarbolo	523
Antica Casa Vinicola Scarpa	231
Giorgio Scarzello e Figli	200
Paolo Scavino	200
Schiavenza	201
Schiopetto	499
Schola Sarmenti	895
Scilio	937
La Sclusa	500
Scolaris	523
Scrimaglio	201
Roberto Scubla	500
Mauro Sebaste	202
Secondo Marco	443
Giuseppe Sedilesu	951
Sedime	718
F.lli Seghesio	202
Sella	203
Tenute Sella & Mosca	952
La Selva	718
Cantine Selva Capuzza	306
Tenuta Selvadolce	252
Selvagrossa	750
Selvanova	860
Fattoria Selvapiana	672
Senatore Vini	900
Sensi	672
Serafini & Vidotto	422
Enrico Serafino	203
Fulvio Luigi Serni	718
Serpaia	718
F.lli Serra	960
Fattoria Serra San Martino	760
Serracavallo	900
Il Serraglio	718
Serraiola	673
Tenuta di Sesta	673
Sesti - Castello di Argiano	674
Tenuta Sette Ponti	674
Cantina Sociale Settecani	562
Settesoli	926
Aurelio Settimo	204
Renzo Sgubin	501
La Sibilla	860
Signano	719
Silvestri	801
Armando Simoncelli	323
Poderi Sinaglio	204
Sirch	501
Skerk	502
Skerlj	523
Edi Skok	502
La Smilla	205
Solaria - Az. Agr. Cencioni Patrizia	719
Tenute Soletta	952
Solidea	937
Solive	306
Cantine Soloperto	887
Peter Sölva & Söhne	354
Agostino Sommariva	252
Fattoria Sorbaiano	719
Cantina di Sorbara	552
Le Sorgenti	719
Sorrentino	861
Il Sosso	719
Sottimano	205
Tenuta Adolfo Spada	861
Spadafora	926
Spadaio e Piecorto	719
Conte Spagnoletti Zeuli	895
Sparapani - Frati Bianchi	760
Lo Sparviere	306
Leonardo Specogna	503
F.lli Speri	423
Luigi Spertino	206
La Spinetta	206
La Spinosa Alta	231
Spinsanti	750
Sportoletti	779
Stachlburg - Baron von Kripp	354
F.lli Stanig	523
Statti	901
I Stefanini	423
Stefanoni	801
Stelitano	906
Giuseppe Stella	231
David Sterza	424
Tenuta di Sticciano	675
Stocco	523
La Stoppa	552
Strappelli	817
Strasserhof - Hannes Baumgartner	355
Stroblhof	355
Silvano Strologo	751
Stroppiana	207
Oscar Sturm	503
Suavia	424
Subida di Monte	504
Vigne Surrau	953
Sutto	425
Sylla Sebaste	231
Giampaolo Tabarrini	779
Cantina del Taburno	861
Luigi Tacchino	207
Talamonti	824
Talenti	720
Michele Taliano	208
Fattoria della Talosa	675

INDICE ALFABETICO DEI PRODUTTORI

Produttore	Pag.
Tamellini	425
Tanca Gioia Carloforte	960
Tanorè	426
Giovanna Tantini	426
Tasca d'Almerita	927
Taschlerhof - Peter Wachtler	356
Cosimo Taurino	887
Taverna	872
Tenuta di Tavignano	751
Teanum	895
Luigi Tecce	849
F.lli Tedeschi	427
Tenuta La Tenaglia	208
Tenimenti Angelini	676
Tenimenti Luigi d'Alessandro	676
Tenuta del Portale	872
Matijaz Tercic	504
Terenzi	677
Giovanni Terenzi	801
Podere Terenzuola	252
Cantina Terlano	356
Terra delle Ginestre	802
Terralba	209
Fattoria Terranuova	720
Fattoria Le Terrazze	752
Terrazze dell'Etna	927
Terre Bianche	245
Terre Cortesi Moncaro	752
Terre da Vino	209
Terre de La Custodia	780
Terre degli Svevi	872
Terre dei Fiori - Tenute Costa	720
Terre del Barolo	210
Terre del Carpine	786
Terre del Gufo - Muzzillo	906
Terre del Marchesato	677
Terre del Principe	850
Terre di Ger	523
Terre di Giurfo	938
Terre di Talamo	678
Terre Irpine	861
Terre Margaritelli	786
Tenuta delle Terre Nere	928
Tenuta Terre Nobili	901
Cascina delle Terre Rosse	246
Terredora	850
Terrelíade	938
Terresacre	828
Teruzzi & Puthod	678
Testamatta	679
Tezza	444
Thurnhof - Andreas Berger	364
Tiare - Roberto Snidarcig	505
Tiberio	818
Tiburzi	780
Tiefenbrunner	357
Tiezzi	720
Tizzano	562
Toblino	328
Todini	781
La Togata	679
Benedetto Tognazzi	306
Togni Rebaioli	307
Tolaini	680
La Toledana	210
Cantina Tollo	818
Viticoltori Tommasi	427
Cantina Tondini	960
Cantine Tora	861
La Tordela	307
Tormaresca	888
Franco Toros	505
Torraccia del Piantavigna	211
Torraccia di Presura	720
Fattoria Torre a Cona	680
Torre a Oriente	861
Torre dei Beati	819
Torre Quarto	895
Torre Rosazza	506
Torrevento	888
Le Torri di Campiglioni	681
Torricino	851
Marchesi Torrigiani	681
Pietro Torti	307
La Tosa	553
Trabucchi d'Illasi	428
Trabucco	862
Fattoria La Traiana	682
Cantina Tramin	357
Tramontana	902
Trappolini	796
Giancarlo Travaglini	211
Travaglino	307
Travignoli	682
Le Tre Berte	683
Tre Botti	802
Tre Monti	553
Tenuta di Trecciano	720
Fattoria Tregole	721
Cantina Trexenta	953
Triacca	289
Tridente Pantalica	938
F.lli Trinchero	232
Tenuta di Trinoro	683
Tudernum	781
La Tunella	506
Tunia	721
Tuttisanti	721
Uberti	289
Uccelliera	684
Tenuta dell' Ugolino	760
Tenuta Ulisse	824
Umani Ronchi	753
Untermoserhof - Georg Ramoser	358
Tenuta Unterortl - Castel Juval	358
Urciuolo	851
Vadiaperti	852
F.lli Vagnoni	684
G. D. Vajra	212
Cascina Val del Prete	212
Val delle Corti	721
Tenuta Val di Cava	685
Val di Neto	906
Cantina Sociale Val San Martino	307
Valchiarò	507
Tenuta Valdipiatta	685
Valdiscalve	252
Laura Valditerra	232
La Valentina	819
Valentini	820
Valentini	721
Valerio Vini - San Nazzaro	827
Tenuta di Valgiano	686
Fattoria Valiano	721
Vallantica	786
Vallarom	324
Valle	307
Valle dell'Acate	928
Cantina Produttori Valle Isarco	359
Valle Reale	820
Vallerosa Bonci	753
Vallona	554
Agricole Vallone	896
Valori	824
Valpanera	507
Cantina Sociale della Valpantena	428
Cantina Sociale Valpolicella	429
Cantina Valtidone	562
Valturio	754
Vanzini	290
Vaona Odino	429
Varramista	686
La Vecchia Cantina	252
Vecchia Cantina di Montepulciano	687
La Vecchia Posta	232
Cantina Sociale Cooperativa Vecchia Torre	889
Podere Vecciano	554
Mauro Veglio	213

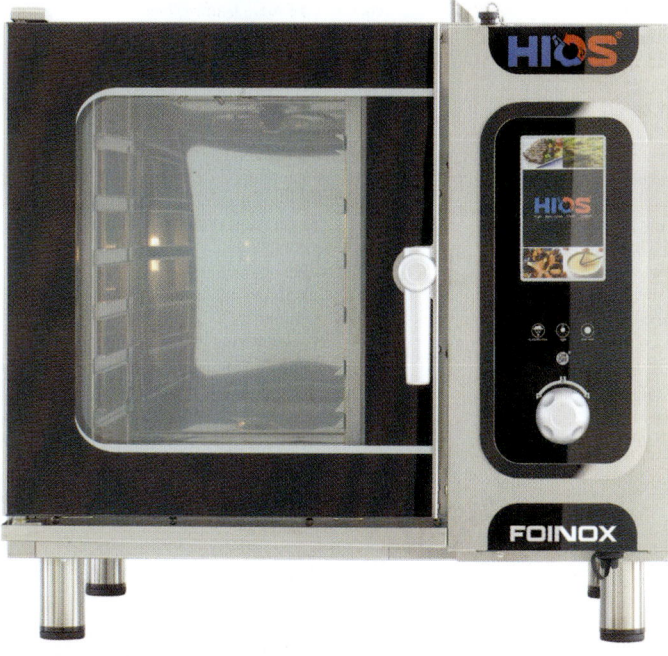

Forni professionali - Professional ovens

foinox®
Touching innovation

Abbattitori di temperatura - Blast chillers

FOINOX S.p.A.
Forni e abbattitori di temperatura professionali
Professional Ovens and Blast Chillers

Via del Lavoro, 48 - 31013 Codogné (TV) Italy
Phone (+39) 0438 770511 - Fax (+39) 0438 770555
www.foinox.it - info@foinox.it

INDICE 988
ALFABETICO DEI PRODUTTORI

Produttore	Pag.
Vegni - Capezzine	687
Velenosi	754
Tenuta Le Velette	782
Antica Masseria Venditti	862
Venica & Venica	508
Cantina di Venosa	870
Massimino Venturini	430
Paolo Venturini	524
Vercesi del Castellazzo	290
Bruno Verdi	291
Cantina del Vermentino - Monti	954
Cantina Sociale della Vernaccia	954
I Veroni	688
Vescine	722
Vestini Campagnano - Poderi Foglia	862
Vetrere	896
Francesco Vezzelli	555
Giuseppe Vezzoli	291
La Viarte	508
Vicara	213
Vicari	755
Agostino Vicentini	430
I Vicini	688
Giacomo Vico	232
Vidussi	509
Vie di Romans	509
Vietti	214
Vigliano	689
Tenuta Viglione	896
Vigna de Franco	906
Vigna del Lauro	510
Vigna Dorata	308
Vigna Petrussa	510
Vigna Rionda - Massolino	214
Vigna Traverso	511
I Vignaioli di Santo Stefano	215
Vignaioli Elvio Pertinace	215
Vignale di Cecilia	431
Vignalta	431
Vignamato	755
Vigne & Vini	896
Vigne dei Boschi	555
Le Vigne di Raito	862
Le Vigne di San Pietro	432
Le Vigne di Zamò	511
Vigne Fantin Noda'r	512
Vigne Regali	216
Vignedileo - Tre Castelli	760
Vignenote	308
Vigneti Massa	216
Vigneto Due Santi	432
Villa	292
Villa Angarano	444
Villa Bagnolo	556
Villa Bellini	433
Villa Brunesca	444
Villa Cafaggio	722
Villa Caviciana	802
Villa Corliano	722
Villa Corniole	324
Villa de Puppi	524
Villa di Corlo	556
Villa di Geggiano	722
Villa di Quartu	960
Villa Diamante	852
Villa Dora	862
Villa Fiorita	232
Villa Giada	217
Villa Gianna	802
Villa La Ripa	689
Villa Liverzano	557
Villa Loggio	722
Villa Matilde	853
Villa Medici	444
Villa Medoro	821
Villa Mongalli	782
Villa Monteleone	433
Villa Mottura	896
Villa Papiano	557
Villa Petriolo	690
Villa Pillo	690
Villa Raiano	853
Villa Russiz	512
Villa Sandi	434
Villa Simone	802
Villa Sparina	217
Villa Spinosa	434
Villa Trasqua	722
Tenuta Villa Trentola	558
Villa Venti	558
Villa Vignamaggio	691
Vigneti Villabella	435
Barone di Villagrande	938
Tenuta Villanova	513
Cave du Vin Blanc de Morgex et de La Salle	71
I Vinautori	308
Cantina Sociale di Vinchio - Vaglio Serra	218
Vindimian	325
Vinicola Aldeno	328
Vinicola Mediterranea	896
Claudio Vio	252
Luigi Viola	902
Tenuta La Viola	559
Virna	218
Vis Amoris	246
Visconti	308
Andrea Visintini	513
Tenuta Vitanza	691
Vitas	524
Tenuta Vitereta	692
Viticcio	692
Vivaldi - Arunda	359
Vivera	938
Viviani	435
Gianni Voerzio	219
Roberto Voerzio	219
Volpara	862
Volpe Pasini	514
Cantine Volpetti	802
Francesco Vosca	524
La Vrille	71
Vulcano & Vini	872
Elena Walch	360
Wilhelm Walch	364
Tenuta Waldgries	360
Conti Wallenburg	328
Alois Warasin	364
Josef Weger	364
Zaccagnini	760
Ciccio Zaccagnini	821
Zaglia	524
Zamichele	308
Zanchi	786
Zardetto Spumanti	444
Pietro Zardini	444
Zarelli Vini	960
Conti Zecca	889
Peter Zemmer	364
Zenato	436
F.lli Zeni	436
Roberto Zeni	325
La Zerba	232
Fattoria Zerbina	559
Zidarich	514
Chiara Ziliani	292
Zisola	938
Vinicola Zito	906
Zof	524
Zonin	437
Zorzettig	515
Zuani	515
Emilio Zuliani	308
Zymè	437

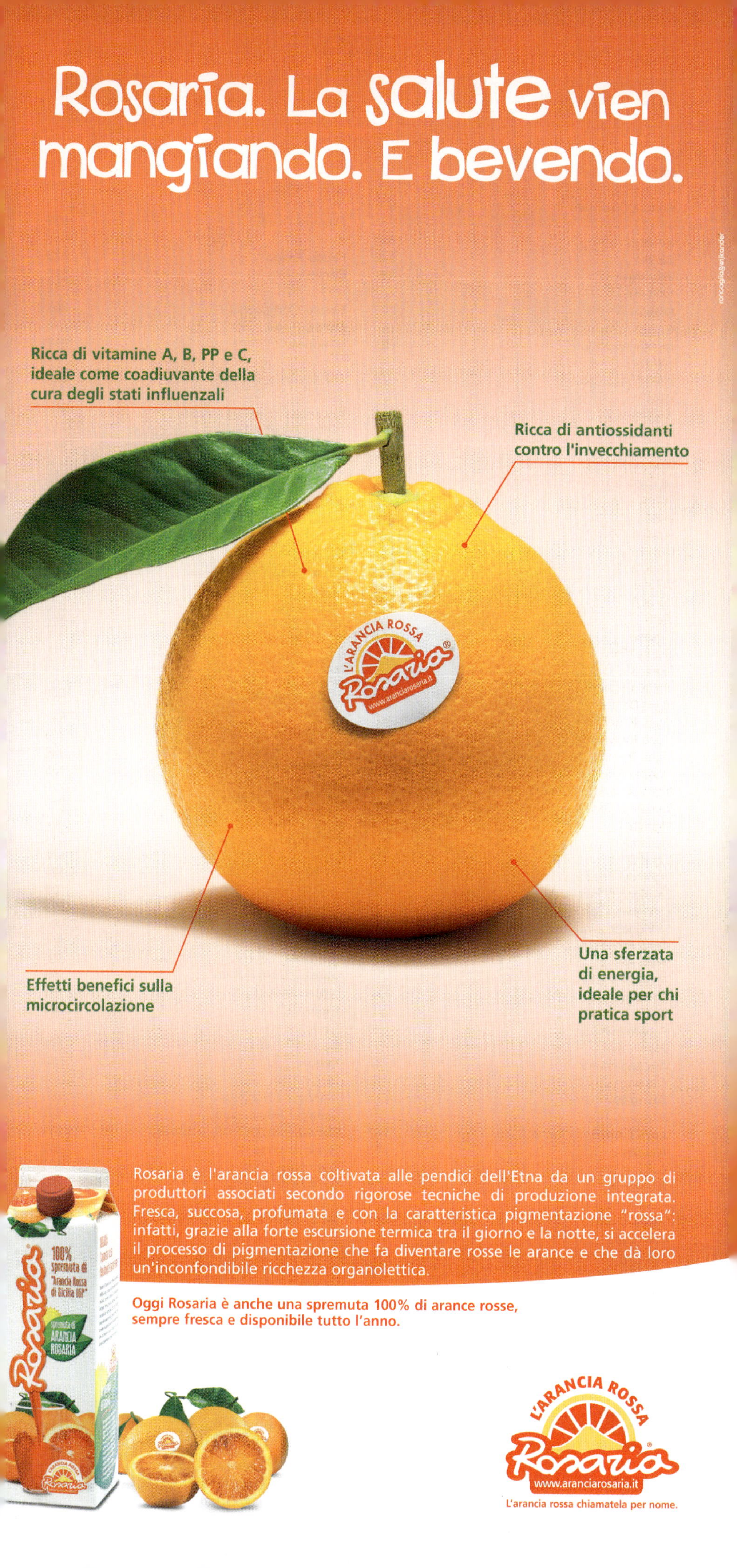

Rosaria. La salute vien mangiando. E bevendo.

Ricca di vitamine A, B, PP e C, ideale come coadiuvante della cura degli stati influenzali

Ricca di antiossidanti contro l'invecchiamento

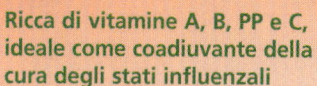

Effetti benefici sulla microcircolazione

Una sferzata di energia, ideale per chi pratica sport

Rosaria è l'arancia rossa coltivata alle pendici dell'Etna da un gruppo di produttori associati secondo rigorose tecniche di produzione integrata. Fresca, succosa, profumata e con la caratteristica pigmentazione "rossa": infatti, grazie alla forte escursione termica tra il giorno e la notte, si accelera il processo di pigmentazione che fa diventare rosse le arance e che dà loro un'inconfondibile ricchezza organolettica.

Oggi Rosaria è anche una spremuta 100% di arance rosse, sempre fresca e disponibile tutto l'anno.

L'arancia rossa chiamatela per nome.

INDICE 990

REGIONALE DEI PRODUTTORI

ABRUZZO
Alanno
Podere Castorani — 806
Atri
Centorame — 807
Cirelli — 822
Villa Medoro — 821
Avezzano
Bove — 806
Bolognano
Ciccio Zaccagnini — 821
Canzano
Cerulli Irelli Spinozzi — 808
Castiglione a Casauria
Angelucci — 822
Castilenti
San Lorenzo — 816
Chieti
Tenuta I Fauri — 823
Collecorvino
Col del Mondo — 808
Contesa — 809
Colonnella
Lepore — 823
Controguerra
De Angelis Corvi — 810
Dino Illuminati — 811
Lidia e Amato — 812
Antonio e Elio Monti — 823
Camillo Montori — 813
Crecchio
Tenuta Ulisse — 824
Cugnoli
Tiberio — 818
Francavilla al Mare
Pasetti — 815
Frisa
Collefrisio — 822
Giulianova
Faraone — 810
Guardiagrele
Nicola Santoleri — 817
Loreto Aprutino
Talamonti — 824
Torre dei Beati — 819
Valentini — 820
Miglianico
Giuseppe Ciavolich — 822
Morro d'Oro
La Quercia — 824
Nocciano
Nestore Bosco — 822
Notaresco
Bruno Nicodemi — 814
Ofena
Luigi Cataldi Madonna — 807
Gentile — 823
Ortona
Agriverde — 804
Pineto
Anfra — 822
F.lli Barba — 804
Popoli
Valle Reale — 820
Prezza
Praesidium — 824
Rocca San Giovanni
Cantina Frentana — 811
San Buono
Santobono — 824
San Martino sulla Marrucina
Masciarelli — 812
Sant'Omero
Valori — 824
Silvi Marina
Tenute Barone di Valforte — 805

Spoltore
La Valentina — 819
Tocco da Casauria
Filomusi Guelfi — 823
Tollo
Feudo Antico — 823
Cantina Tollo — 818
Torano Nuovo
Barone Cornacchia — 805
Emidio Pepe — 815
Strappelli — 817
Torino di Sangro
Cantine Mucci — 814
Tortoreto
Collebello - Cantine Marano — 809
Vasto
Mastrangelo — 813
Vittorito
Pietrantonj — 816

BASILICATA
Barile
Basilisco — 864
Elena Fucci — 867
Macarico — 869
Paternoster — 870
Tenuta del Portale — 872
Bernalda
Masseria Cardillo — 871
Ginestra
Michele Laluce — 868
Irsina
Mantegna — 871
Lavello
Vulcano & Vini — 872
Maschito
Musto Carmelitano — 869
Melfi
Carbone — 865
Nova Siri
Taverna — 872
Rapolla
Francesco Radino — 872
Rionero in Vulture
Cantine del Notaio — 864
D'Angelo — 865
Casa Vinicola D'Angelo — 866
Armando Martino — 871
Ofanto — 871
Ripacandida
Eleano — 866
Eubea — 867
Venosa
Francesco Bonifacio — 871
Grifalco della Lucania — 868
Cantine Madonna delle Grazie — 871
Regio Cantina — 872
Terre degli Svevi — 872
Cantina di Venosa — 870

CALABRIA
Bisignano
Serracavallo — 900
Cariati
iGreco — 898
Casignana
Stelitano — 906
Castrovillari
Tenute Ferrocinto — 904
Cirò
Santa Venere — 906
Cirò Marina
Caparra & Siciliani — 903
Capoano — 903
Tenuta del Conte — 903
Du Cropio — 904
Cantina Enotria — 904

fortunatamente **moak**.

INDICE
REGIONALE DEI PRODUTTORI

Ippolito 1845	904	Chianche	
Tenuta Iuzzolini	905	Macchialupa	858
Librandi	899	Chiusano di San Domenico	
Senatore Vini	900	Colle di San Domenico	856
Vinicola Zito	906	Foglianise	
Cosenza		Cantina del Taburno	861
Donnici 99	903	Fontanarosa	
Terre del Gufo - Muzzillo	906	Di Prisco	836
Crotone		Forino	
Roberto Ceraudo	903	Urciuolo	851
Vigna de Franco	906	Forio	
Lamezia Terme		D'Ambra Vini d'Ischia	834
Cantine Lento	898	Frasso Telesino	
Statti	901	Cautiero	855
Melito di Porto Salvo		Furore	
Malaspina	905	Marisa Cuomo	834
Montalto Uffugo		Galluccio	
Tenuta Terre Nobili	901	Tenuta Adolfo Spada	861
Palizzi		Giungano	
Pichilli	905	San Salvatore	860
Reggio Calabria		Guardia Sanframondi	
Tramontana	902	Aia dei Colombi	854
Rogliano		Corte Normanna	856
Colacino	903	La Guardiense	840
San Demetrio Corone		Lacco Ameno	
Salvatore Marini	899	La Pietra di Tommasone	859
Saracena		Lapio	
Pier Giorgio Falvo	904	Colli di Lapio	833
Feudo dei Sanseverino	904	De Maria	857
Domenico Pandolfi	905	Rocca del Principe	847
Luigi Viola	902	Luogosano	
Scandale		Tenuta Ponte	846
Val di Neto	906	Manocalzati	
Strongoli		D'Antiche Terre - Vega	856
La Pizzuta del Principe	905	Mirabella Eclano	
Russo & Longo	905	Quintodecimo	846
		Montefalcione	
CAMPANIA		DonnaChiara	836
Ariano Irpino		Montefredane	
Cantina Giardino	857	Pietracupa	845
Atripalda		Vadiaperti	852
Mastroberardino	842	Villa Diamante	852
Sanpaolo - Magistravini	849	Montefusco	
Avellino		Montesole	858
A Casa	830	Terredora	850
Tenuta Sarno 1860	860	Montemarano	
Bacoli		Il Cancelliere	855
La Sibilla	860	Cantine Elmi	857
Benevento		Salvatore Molettieri	842
F.lli Muratori	858	Montesarchio	
Boscotrecase		Masseria Frattasi	858
Sorrentino	861	Napoli	
Caiazzo		Cantine Astroni	854
Vestini Campagnano - Poderi Foglia	862	Cantina Farro	857
Candida		Paternopoli	
Michele Contrada	856	Luigi Tecce	849
Carinola		Ponte	
Migliozzi	858	Lorenzo Nifo Sarrapochiello	859
Nugnes	859	Ocone	859
Trabucco	862	Pontelatone	
Castel Campagnano		Alois	830
Selvanova	860	Pozzuoli	
Terre del Principe	850	Contrada Salandra	856
Castelfranci		Prignano Cilento	
Colli di Castelfranci	832	Viticoltori De Conciliis	835
Perillo	844	Quarto	
Castellabate		Cantine Grotta del Sole	839
Luigi Maffini	840	Ravello	
San Giovanni	860	Ettore Sammarco	848
Castelvenere		Rutino	
Alexia Capolino Perlingieri	855	Barone	854
Antica Masseria Venditti	862	Salza Irpina	
Cellole		Di Meo	835
Villa Matilde	853	San Cipriano Picentino	
Cesinali		Montevetrano	843
Cantina del Barone	854	San Mango sul Calore	
I Favati	837	Antico Castello	854

INDICE REGIONALE DEI PRODUTTORI

San Sebastiano al Vesuvio
De Falco — 857
Sant'Agata de' Goti
Mustilli — 859
Sant'Angelo all'Esca
Tenuta del Cavalier Pepe — 856
Santa Paolina
Bambinuto — 854
Cantina dei Monaci — 843
Serino
Villa Raiano — 853
Sessa Aurunca
Galardi — 839
Masseria Felicia — 841
Volpara — 862
Sorbo Serpico
Feudi di San Gregorio — 838
Sturno
Terre Irpine — 861
Summonte
Guido Marsella — 841
Ciro Picariello — 845
Taurasi
Antico Borgo — 831
Antonio Caggiano — 831
Contrade di Taurasi — 833
Raffaele Guastaferro — 857
Teano
I Cacciagalli — 855
Terzigno
Villa Dora — 862
Torchiara
Casebianche — 855
Torre le Nocelle
I Capitani — 855
Torrecuso
Fontanavecchia — 838
Iannella — 858
Fattoria La Rivolta — 847
Santiquaranta — 860
Cantine Tora — 861
Torre a Oriente — 861
Tramonti
Andrea Reale — 859
Tenuta San Francesco — 848
Tufo
Cantine dell'Angelo — 832
Benito Ferrara — 837
Torricino — 851
Vietri sul Mare
Le Vigne di Raito — 862
Vitulazio
Nanni Copè — 844

EMILIA ROMAGNA
Bertinoro
Raffaella Alessandra Bissoni — 560
Campodelsole — 560
Celli — 561
Giovanna Madonia — 544
Fattoria Paradiso — 547
Tenuta Villa Trentola — 558
Tenuta La Viola — 559
Bomporto
Francesco Bellei — 528
Cantina della Volta — 531
Gianfranco Paltrinieri — 546
Cantina di Sorbara — 552
Borgonovo Val Tidone
Cantina Valtidone — 562
Brisighella
La Berta — 529
Ca' di Sopra — 530
La Collina — 535
Vigne dei Boschi — 555
Villa Liverzano — 557

Campegine
Cantine Cooperative Riunite — 537
Carpi
Cantina Sociale Santa Croce — 551
Casalecchio di Reno
Tizzano — 562
Castel Bolognese
Stefano Ferrucci — 539
Castel San Pietro Terme
Umberto Cesari — 534
Castello di Serravalle
Vallona — 554
Castelvetro di Modena
Ca' Montanari — 530
Corte Manzini — 537
Vittorio Graziano — 541
Fattoria Moretto — 545
Cantina Sociale Settecani — 562
Castrocaro Terme
Tenuta Pennita — 562
Villa Bagnolo — 556
Cesena
Altavita - Fattoria dei Gessi — 526
Maria Galassi — 540
Civitella di Romagna
Poderi dal Nespoli — 548
Collecchio
Monte delle Vigne — 562
Coriano
San Patrignano — 550
Tenuta Santini — 551
Podere Vecciano — 554
Correggio
Lini 910 — 542
Faenza
Ancarani — 526
Leone Conti — 536
Paolo Francesconi — 540
Gallegati — 541
Fattoria Zerbina — 559
Forlì
Stefano Berti — 529
Calonga — 531
Drei Donà Tenuta La Palazza — 539
Villa Venti — 558
Formigine
Cantina Sociale Formigine Pedemontana — 561
Galeata
Tenuta Pertinello — 547
Piccolo Brunelli — 562
Gazzola
Luretta — 543
Gemmano
Tenuta Carbognano — 532
Imola
Cavim - Cantina Viticoltori Imolesi — 561
Fattoria Monticino Rosso — 545
Tre Monti — 553
Langhirano
Ariola 1956 — 527
Camillo Donati — 538
Lugo
Gruppo Cevico — 542
Modena
Chiarli 1860 — 535
Fiorini — 561
Francesco Vezzelli — 555
Villa di Corlo — 556
Modigliana
Balia di Zola — 528
La Casetta dei Frati — 560
Castelluccio — 533
Il Pratello — 549
Tenimenti San Martino in Monte — 549
Villa Papiano — 557
Monteveglio
Aldrovandi — 560

La soluzione logistica avanzata per il mercato Wines & Spirits

www.ggori.com

Wine & Spirits Logistic Macrosystem Solution è il pacchetto logistico personalizzato per l'industria del settore "beverages", un mercato all'interno del quale Giorgio Gori ha raggiunto elevati standard in termini di competenze, partnership, risorse, capacità organizzative e tecnologie. Procedure di trasporto modulari e sicure, contratti con i vettori più affidabili, tariffe e condizioni eccellenti, sistemi di magazzinaggio ottimali, faciliteranno il percorso dei vostri prodotti dalla linea di imbottigliamento fino al consumo finale. Soluzioni informatiche web-based, arricchite da preziosi strumenti di controllo e previsione, vi forniranno informazioni in tempo reale sull'intero processo logistico.

WE MOVE PRECIOUS COMMODITIES: YOURS.

INDICE 996
REGIONALE DEI PRODUTTORI

La Mancina	561		Cormòns	
Orsi - San Vito	546		Tenuta di Angoris	446
Polesine Parmense			La Boatina	449
Antica Corte Pallavicina	527		Borgo del Tiglio	450
Predappio			Borgo San Daniele	451
Casetto dei Mandorli	532		Borgo Savaian	452
Condè Vitivinicola	536		Branko	454
Quattro Castella			Maurizio Buzzinelli	455
Le Barbaterre	560		Paolo Caccese	517
Reggio Emilia			Colle Duga	462
Ermete Medici & Figli	544		Cantina Produttori di Cormòns	464
Rimini			Carlo di Pradis	466
San Valentino	550		Mauro Drius	467
Rivergaro			Livio Felluga	469
La Stoppa	552		Davide Feresin	470
San Prospero			Edi Keber	475
Cavicchioli U. & Figli	533		Renato Keber	476
Scandiano			Thomas Kitzmüller	476
Cantina di Arceto	560		Albino Kurtin	477
Torrile			Magnàs	519
Cantine Ceci	534		Roberto Picéch	485
Travo			Isidoro Polencic	487
Denavolo	538		Doro Princic	488
Il Poggiarello	548		Dario Raccaro	489
Vernasca			Roncada	521
Alberto Lusignani	561		Ronco dei Tassi	496
Vigolzone			Ronco del Gelso	496
La Tosa	553		Renzo Sgubin	501
Ziano Piacentino			Oscar Sturm	503
Lusenti	543		Subida di Monte	504
			Tiare - Roberto Snidarcig	505
FRIULI VENEZIA GIULIA			Franco Toros	505
Aquileia			Paolo Venturini	524
Ca' Tullio & Sdricca di Manzano	457		Vigna del Lauro	510
Giovanni Donda	517		Francesco Vosca	524
Bagnaria Arsa			Corno di Rosazzo	
Tenuta Beltrame	516		Alberice	516
Mulino delle Tolle	482		Borgo Judrio	451
Bicinicco			Valentino Butussi	455
Forchir	518		Cadibon	457
Stocco	523		Canus	458
Buttrio			Eugenio Collavini	461
Livio e Claudio Buiatti	454		Le Due Torri	518
Castello di Buttrio	460		Fedele Giacomo	518
Conte D'Attimis-Maniago	465		Adriano Gigante	472
Girolamo Dorigo	466		Perusini	484
Davino Meroi	481		Leonardo Specogna	503
Miani	481		Andrea Visintini	513
Petrucco	484		Zof	524
Flavio Pontoni	521		Dolegna del Collio	
Caneva			Ca' Ronesca	456
Le Favole	518		Jermann	474
Capriva del Friuli			Alessandro Pascolo	520
Castello di Spessa	460		La Ponca	521
Roncùs	498		La Rajade	489
Russiz Superiore	499		Ronchi Rò delle Fragole	494
Schiopetto	499		Venica & Venica	508
Vidussi	509		Duino Aurisina	
Villa Russiz	512		Kante	475
Carlino			Lupinc	519
Cav. Emiro Bortolusso	452		Skerk	502
Cervignano del Friuli			Zidarich	514
Ca' Bolani	456		Faedis	
Obiz	520		Marco Cecchini	517
Vitas	524		Paolino Comelli	463
Cividale del Friuli			Farra d'Isonzo	
Castello Sant'Anna	517		La Bellanotte	516
Flaibani	471		Borgo Conventi	449
Lis Fadis	478		Casa Zuliani	459
Paolo Rodaro	491		Colmello di Grotta	462
Il Roncal	521		Tenuta Villanova	513
Rubini	522		Fiume Veneto	
La Sclusa	500		Fossa Mala	519
Sirch	501		Gonars	
Zorzettig	515		di Lenardo	465
Codroipo			Gorizia	
Vigneti Pittaro	486		Attems	447

PROVINCIA DI ROMA

www.provincia.roma.it
Assessorato alle Politiche dell'Agricoltura

scopri i SAPORI *della provincia di Roma*

OLI EXTRAVERGINE DI QUALITÀ SELEZIONATI E LAVORATI CON GRANDE ESPERIENZA

PERCHÉ consumare olio extra vergine di oliva?

- È il più digeribile degli oli vegetali
- Anche in piccole quantità riesce a dare sapore ai cibi, apportando poche calorie
- È il grasso più prezioso e salubre per l'alimentazione umana
- È fonte degli acidi grassi (linoeico e linolenico), chiamati essenziali perchè l'organismo, non producendoli, deve necessariamente assumerli attraverso i cibi
- Contiene le vitamine A,E,D, e facilita l'assorbimento delle stesse presenti negli alimenti
- Regola il livello di colesterolo nel sangue e protegge le arterie
- È efficace per lo sviluppo del sistema nervoso nei primi anni di vita
- Contiene sostanze antiossidanti

INDICE 998
REGIONALE DEI PRODUTTORI

La Castellada	459	Sacile	
Fiegl	471	Conte Brandolini	453
Gravner	473	Sagrado	
Damijan Podversic	487	Castelvecchio	461
Primosic	488	San Canzian d'Isonzo	
Gradisca d'Isonzo		I Feudi di Romans	518
Marco Felluga	470	San Floriano del Collio	
Sant'Elena	522	Ascevi - Luwa	516
Maniago		Il Carpino	458
Vigneti Rapais	490	Draga	467
Manzano		Conti Formentini	518
Giorgio Bandut - Colutta	448	Gradis'ciutta	472
Gianpaolo Colutta	463	Marega	480
Ronchi di Manzano	494	Muzic	482
Ronco delle Betulle	497	Evangelos Paraschos	483
Torre Rosazza	506	Edi Skok	502
Le Vigne di Zamò	511	Matijaz Tercic	504
Mariano del Friuli		Zuani	515
Tenuta Luisa	479	San Giovanni al Natisone	
Masut da Rive	520	Livon	479
Vie di Romans	509	San Lorenzo Isontino	
Moimacco		Lis Neris	478
Rosa Bosco	453	Pierpaolo Pecorari	483
Villa de Puppi	524	Scolaris	523
Mossa		San Martino al Tagliamento	
Ronco Blanchis	495	Tenuta Pinni	520
Nimis		San Quirino	
Dario Coos	464	Piera Martellozzo	520
La Roncaia	492	Quinta della Luna	521
Il Roncat - Giovanni Dri	493	Russolo	522
Pasian di Prato		Sequals	
Antonutti	446	Ca' Selva	517
Pavia di Udine		Sgonico	
Scarbolo	523	Skerlj	523
Pinzano al Tagliamento		Spilimbergo	
Emilio Bulfon	516	Borgo Magredo	516
Pocenia		Fantinel	469
Grandi & Gabana	519	Plozner	520
Porcia		Torreano	
Principi di Porcia e Brughera	521	Albano Guerra	519
San Simone	522	Jacùss	474
Povoletto		Valchiarò	507
Aquila del Torre	447	Volpe Pasini	514
Ronc di Vico	491	Valvasone	
Sara e Sara	522	Borgo delle Oche	450
Prata di Pordenone		Villa Vicentina	
Vigneti Le Monde	477	Valpanera	507
Pravisdomini			
Terre di Ger	523	**LAZIO**	
Precenicco		Acuto	
Zaglia	524	Casale della Ioria	789
Premariacco		Affile	
Ermacora	468	Formiconi	798
Rocca Bernarda	490	Anagni	
Roberto Scubla	500	Colacicchi	797
La Tunella	506	Antonello Coletti Conti	790
Vigne Fantin Noda'r	512	Marcella Giuliani	793
Prepotto		Ariccia	
La Buse dal Lof	517	Cantine Volpetti	802
Le Due Terre	468	Atina	
Iole Grillo	473	La Ferriera	798
Vigna Lenuzza	519	Bolsena	
Valerio Marinig	480	Mazziotti	798
Petrussa	485	Casalvieri	
Denis Pizzulin	486	Poggio alla Meta	800
Ronc Soreli	492	Castiglione in Teverina	
Ronchi di Cialla	493	Paolo e Noemia D'Amico	791
Ronco dei Folo	495	La Pazzaglia	799
Ronco dei Pini	522	Trappolini	796
Ronco di Prepotto	497	Tre Botti	802
Ronco Severo	498	Cerveteri	
F.lli Stanig	523	Casale Cento Corvi	797
La Viarte	508	Cisterna di Latina	
Vigna Petrussa	510	Il Quadrifoglio	800
Vigna Traverso	511	Civitella d'Agliano	
Ronchi dei Legionari		Isabella Mottura	794
Tenuta di Blasig	448	Sergio Mottura	794

MODENA, IL TERRITORIO DEI LAMBRUSCHI DOC

Lambrusco di Sorbara
Lambrusco Salamino di Santa Croce
Lambrusco Grasparossa di Castelvetro
Lambrusco di Modena

Aziende consorziate

CHIARLI 1860
italia@chiarli.it - www.chiarli.it

CANTINA DI S. CROCE
info@cantinasantacroce.it - www.cantinasantacroce.it

CANTINA SOC. LIMIDI SOLIERA E SOZZIGALLI
cantinasocialelimidi@libero.it

CANTINA SETTECANI-CASTELVETRO
info@cantinasettecani.it - www.cantinasettecani.it

CANTINA DI SORBARA
info@cantinasorbara.it - www.cantinasorbara.it

CANTINA SOC. DI CARPI
info@cantinasocialecarpi.it - www.cantinasocialecarpi.it

CAVICCHIOLI U. & FIGLI S.p.A.
cantine@cavicchioli.it - www.cavicchioli.it

CANTINA SOC. FORMIGINE PEDEMONTANA
info@lambruscodoc.it - www.lambruscodoc.it

CANTINE RIUNITE & CIV - Stab. di Modena
info@civeciv.com - www.riunite.it

C.A.V.I.R.O. - Stab. di Savignano s. P. (MO)
caviro@caviro.it - www.caviro.it

CANTINA SOC. MASONE-CAMPOGALLIANO
Stab. di Campogalliano (MO)
info@cantinamasonecampogalliano.com
www.cantinamasonecampogalliano.com

CONSORZIO MARCHIO STORICO DEI LAMBRUSCHI MODENESI
501 - 765230

www.lambrusco.net

INDICE 1000
REGIONALE DEI PRODUTTORI

Colonna		**Camporosso**	
Principe Pallavicini	795	Foresti	249
Cori		**Castelnuovo Magra**	
Marco Carpineti	788	Giacomelli	249
Cincinnato	790	Ottaviano Lambruschi	241
Pietra Pinta	800	**Castiglione Chiavarese**	
Frascati		Gino Pino	251
Casale Marchese	789	**Chiavari**	
L' Olivella	799	Enoteca Bisson	236
Tenuta di Pietra Porzia	800	**Diano Arentino**	
Genzano di Roma		Maria Donata Bianchi	235
Cavalieri	797	**Diano Marina**	
Gradoli		Poggio dei Gorleri	244
Occhipinti	799	**Diano San Pietro**	
Grottaferrata		Luigi Bianchi Carenzo	247
Castel de Paolis	797	**Dolceacqua**	
Grotte di Castro		Alta Via	247
Antonella Pacchiarotti	799	Maixei	250
Villa Caviciana	802	Terre Bianche	245
Itri		**Finale Ligure**	
Monti Cecubi	799	Paganini	250
Lanuvio		Cascina delle Terre Rosse	246
Silvestri	801	**Genova**	
Latina		Enoteca Andrea Bruzzone	238
Borgo Santa Maria	797	**Imperia**	
Casale del Giglio	788	Fontanacota	248
Donato Giangirolami	798	Gajaudo - Cantina del Rossese	249
I Pampini	799	Vis Amoris	246
Marino		**La Spezia**	
Colle Picchioni - Paola Di Mauro	791	Riccardo Arrigoni	247
Gotto d'Oro	798	**Monterosso al Mare**	
Monte Porzio Catone		Buranco	238
Fontana Candida	792	**Ne**	
Poggio Le Volpi	795	F.lli Parma	250
Villa Simone	802	La Ricolla	251
Montefiascone		**Ortonovo**	
Antica Cantina Leonardi	793	La Baia del Sole	235
Stefanoni	801	Cantine Lunae Bosoni	241
Olevano Romano		La Pietra del Focolare	244
Damiano Ciolli	797	**Ortovero**	
Piglio		Azienda Agricola Durin	240
Petrucca e Vela	800	**Pieve di Teco**	
Poggio Mirteto		Cascina Nirasca	239
Tenuta Santa Lucia	801	Lupi	242
Roma		Tenuta Maffone	250
Riserva della Cascina	801	**Pontedassio**	
Sabaudia		Laura Aschero	234
Villa Gianna	802	**Ranzo**	
Santa Severa		Carlo Alessandri	247
La Rasenna	800	Massimo Alessandri	234
Serrone		Bruna	237
Giovanni Terenzi	801	**Riomaggiore**	
Spigno Saturnia		Samuele Heydi Bonanini	248
Terra delle Ginestre	802	Cantina Cinqueterre	240
Tarquinia		Walter De Batté	248
Sant'Isidoro	801	Forlini Cappellini	249
Terracina		**San Biagio della Cima**	
Sant'Andrea	796	Maccario Dringenberg	242
Viterbo		**San Remo**	
Podere Grecchi	798	Luigi Calvini	248
		Podere Grecale	249
LIGURIA		**Sarzana**	
Albenga		Tenuta La Ghiaia	250
Anfossi	247	Il Monticello	243
BioVio	236	Conte Picedi Benettini	243
Cantine Calleri	239	**Sestri Levante**	
Cascina Feipu dei Massaretti	248	Cantina Bregante	237
Luigi Sartori	251	**Soldano**	
Agostino Sommariva	252	Tenuta Anfosso	247
La Vecchia Cantina	252	Ka' Manciné	249
Andora		Danila Pisano	251
Cascina Praié	251	Poggi dell'Elmo	251
Bonassola		**Spotorno**	
Valdiscalve	252	Sancio	245
Bordighera		**Vendone**	
Tenuta Selvadolce	252	Claudio Vio	252
		Vernazza	
		Cheo	248

Agromonte, il ciliegino fatto salsa.

La passione per le cose buone

Soc. Agr. MONTEROSSO Coop. S.A.R.L.
Tel. +39 0932 925226 Fax: +39 0932 929011 - www.agromonte.it

INDICE REGIONALE DEI PRODUTTORI

LOMBARDIA
Adro
Battista Cola 268
Contadi Castaldi 268
Ferghettina 271
Franca Contea 300
Monzio Compagnoni 281
Muratori - Villa Crespia 282
Ronco Calino 288
Bedizzole
Cantrina 264
Bosnasco
Montenato Griffini 302
Botticino
Antica Tesa 293
Brescia
Ca' del Bosco 261
Benedetto Tognazzi 306
Broni
Barbacarlo - Lino Maga 294
Cantina Sociale di Broni 296
Ca' Tessitori 297
Francesco Montagna 278
Calvagese della Riviera
Redaelli de Zinis 305
Calvignano
Travaglino 307
Canneto Pavese
Calvi 297
Fiamberti 272
F.lli Giorgi 274
Andrea Picchioni 284
Francesco Quaquarini 286
Bruno Verdi 291
Capriano del Colle
Lazzari 301
Capriolo
Lantieri de Paratico 276
Ricci Curbastro 287
Valle 307
Carobbio degli Angeli
Pedrinis 304
Casteggio
Riccardo Albani 293
Cantina di Casteggio - Terre d'Oltrepò 265
Clastidio Ballabio 299
Le Fracce 272
Frecciarossa 273
F.lli Guerci 300
Castelli Calepio
Il Calepino 263
Cavriana
Bertagna 295
Cazzago San Martino
Tenute Ambrosini 293
Conti Bettoni Cazzago 295
CastelFaglia 265
Monte Rossa 279
Montenisa 302
Vigna Dorata 308
Cenate Sotto
Caminella 297
Chiuduno
Locatelli Caffi 301
Chiuro
Luca Faccinelli 299
Nino Negri 282
Aldo Rainoldi 286
Cigognola
Castello di Cigognola 266
Monterucco 303
Coccaglio
Castello Bonomi 266
Lorenzo Faccoli & Figli 300
Codevilla
Montelio 280

Cologne
La Boscaiola 296
Quadra 305
Riccafana - Fratus 287
Corte Franca
Barboglio De Gaioncelli 294
F.lli Berlucchi 257
Guido Berlucchi & C. 258
Bosio 260
Le Quattro Terre 305
Vignenote 308
Corvino San Quirico
Tenuta Mazzolino 277
Darfo Boario Terme
Togni Rebaioli 307
Desenzano del Garda
Citari 298
Olivini 303
Pilandro 304
Provenza 285
Cantine Selva Capuzza 306
Visconti 308
Erbusco
Bellavista 257
Camossi 264
Cavalleri 267
Derbusco Cives 299
Enrico Gatti 274
Cantina Lovera 301
San Cristoforo 288
Solive 306
Uberti 289
Giuseppe Vezzoli 291
Gussago
Castello di Gussago 298
Gatta 273
Lonato
Perla del Garda 283
Losine
Rocche dei Vignali 305
Manerba del Garda
Avanzi 294
Mese
Mamete Prevostini 285
Moniga del Garda
Civielle 267
Costaripa 270
Monte Cicogna 302
Montagna in Valtellina
Dirupi 270
Montalto Pavese
Ca' del Gè 262
Ca' del Santo 297
Doria 299
Marchesi di Montalto 279
Montecalvo Versiggia
Pietro Torti 307
Monticelli Brusati
Antica Fratta 255
Castelveder 298
La Montina 280
Lo Sparviere 306
Villa 292
Montù Beccaria
Luciano Brega 296
Il Montù 303
Piccolo Bacco dei Quaroni 304
Vercesi del Castellazzo 290
Monzambano
Ricchi 305
Mornico Losana
Ca' di Frara 262
Muscoline
Cascina Belmonte 294
Oliva Gessi
I Gessi - Fabbio De Filippi 300

UN MODO DI ESSERE

Ristorante Fiorfiore · Todi (PG)
www.CharmeRelax.it/fiorfiore

Hotel Gran Ander · Badia (BZ)
www.CharmeRelax.it/granander

Villa De' Fiori · Pistoia (PT)
www.CharmeRelax.it/fiori

Ristorante Ca' Matilde · Rubbianino · Quattro Castella (RE)
www.CharmeRelax.it/matilde

INCANTATI COCCOLATI VIZIATI AMMALIATI
INCANTATI **COCCOLATI** VIZIATI AMMALIATI
INCANTATI COCCOLATI **VIZIATI** AMMALIATI
INCANTATI COCCOLATI VIZIATI **AMMALIATI**

www.CharmeRelax.it · info@CharmeRelax.it · tel. +39 0521 648108

Charme & relax
Gli Alberghi di Fascino

INDICE REGIONALE DEI PRODUTTORI

Ome		Ca' Lojera	263
Al Rocol	293	Malavasi	301
La Fiorita	300	Sondrio	
Majolini	276	Ar.Pe.Pe.	256
Plozza di Ome	304	Sorisole	
Padenghe sul Garda		Bonaldi - Cascina del Bosco	295
Pratello	304	Teglio	
Emilio Zuliani	308	F.lli Bettini	295
Paratico		Sandro Fay	271
Bredasole	296	Tirano	
Passirano		Plozza	284
Le Marchesine	277	I Vinautori	308
Tenuta Monte Delma	302	Torre de' Roveri	
Il Mosnel	281	La Tordela	307
Perego		Torricella Verzate	
La Costa	269	Monsupello	278
Pietra de' Giorgi		Trescore Balneario	
Conte Vistarino	269	Medolago Albani	302
Polpenazze del Garda		Villa di Tirano	
Cascina la Pertica	297	Triacca	289
Pontida		Zenevredo	
Cantina Sociale Val San Martino	307	Tenuta Il Bosco	259
Pozzolengo			
Bulgarini	297	**MARCHE**	
Marangona	301	Acquaviva Picena	
Tenuta Roveglia	305	San Francesco	760
Zamichele	308	Terre Cortesi Moncaro	752
Provaglio d'Iseo		Ancona	
Elisabetta Abrami	293	La Calcinara	757
Barone Pizzini	256	Marchetti	741
Bersi Serlini	258	Alessandro Moroder	744
Chiara Ziliani	292	Piantate Lunghe	745
Puegnago sul Garda		Apiro	
La Basia	294	Andrea Felici	736
Comincioli	299	Arcevia	
Delai	299	Casaleta	728
Leali di Monteacuto	301	Ascoli Piceno	
Pasini - San Giovanni	283	Velenosi	754
Redavalle		Barbara	
Luciano Barberini	294	Santa Barbara	749
Retorbido		Barchi	
Marchese Adorno	254	Fiorini	756
Rocca de' Giorgi		Belvedere Ostrense	
Anteo	255	Luciano Landi	739
Rodengo Saiano		Ma.Ri.Ca.	740
Borgo La Gallinaccia	296	Camerano	
La Valle	300	Spinsanti	750
Rovescala		Silvano Strologo	751
F.lli Agnes	254	Cartoceto	
Alziati Annibale - Tenuta San Francesco	293	Roberto Lucarelli	758
Castello di Luzzano	298	Castel di Lama	
Martilde	302	Tenuta De Angelis	733
San Colombano al Lambro		Filippo Panichi	759
Nettare dei Santi	303	Castelfidardo	
Panigada - Banino	303	Gioacchino Garofoli	737
Pietrasanta	304	Castelplanio	
Poderi di San Pietro	306	Fazi Battaglia	735
San Damiano al Colle		Tenuta dell' Ugolino	760
Bisi	259	Castelraimondo	
Alessio Brandolini	296	Collestefano	731
Vanzini	290	Castignano	
San Felice del Benaco		Cantine di Castignano	729
Le Chiusure	298	Castorano	
San Paolo d'Argon		Clara Marcelli	741
Cantina Sociale Bergamasca	295	Valter Mattoni	758
Angelo Pecis	303	Cingoli	
Santa Giuletta		Tenuta di Tavignano	751
Isimbarda	275	Civitanova Marche	
Podere San Giorgio	306	Boccadigabbia	725
Santa Maria della Versa		Cantine Fontezoppa	737
Cantina Sociale La Versa	275	Cossignano	
Scanzorosciate		Fiorano	736
Biava	295	Cupra Marittima	
La Brugherata	260	Oasi degli Angeli	744
Il Cipresso	298	Cupramontana	
Sirmione		Colonnara	731
Ca' dei Frati	261	La Distesa	734

METRO

Benvenuti in cantina

a Grande Enoteca METRO è
n paradiso per tutti gli
tenditori e fonte inesauribile
spirazione per chi cerca
bbinamento giusto.

uovo o inaspettato.

Qui il sommelier METRO è il
padrone di casa che riceve e
mette a proprio agio anche
gli ospiti più esigenti,
alla ricerca della qualità,
dell'etichetta importante, del
rigore dei controlli,
della continuità.

È una sfida che si rinnova ogni
giorno e si traduce in un vero e
proprio servizio di consulenza
unico nel suo genere, che
rende la Cantina METRO un
riferimento per i più grandi
professionisti della ristorazione
e dell' accoglienza.

 La Grande Enoteca d'Italia

INDICE REGIONALE DEI PRODUTTORI

La Marca di San Michele	758		Rosora	
Sparapani - Frati Bianchi	760		Croce del Moro	733
Vallerosa Bonci	753		Rotella	
Fabriano			La Canosa	727
Enzo Mecella	758		San Paolo di Jesi	
Fano			Vignamato	755
Claudio Morelli	759		Sant'Angelo in Vado	
Fermo			La Montata	757
Fausti	735		Senigallia	
Grottammare			Piergiovanni Giusti	757
Carminucci	756		Serra de' Conti	
Jesi			Fattoria Serra San Martino	760
Mario & Giorgio Brunori	756		Servigliano	
Montecappone	743		Fattoria Dezi	734
Macerata Feltria			Spinetoli	
Valturio	754		Guaiani Felicia	757
Maiolati Spontini			Saladini Pilastri	746
Benito Mancini	758		Staffolo	
Monte Schiavo	743		Esther Hauser	738
Pievalta	745		Vignedileo - Tre Castelli	760
Matelica			Zaccagnini	760
Belisario	724		Tolentino	
Bisci	725		Il Pollenza	746
Borgo Paglianetto	726		Urbisaglia	
La Monacesca	742		La Muròla	759
Mondavio				
Fattoria Laila	739		**MOLISE**	
Monte Roberto			Campomarino	
Poggio Montali	759		Borgo di Colloredo	826
Monte Urano			Di Majo Norante	826
Maria Pia Castelli	729		Larino	
Montecarotto			D'Uva	828
Sabbionare	759		Montenero di Bisaccia	
Fattoria San Lorenzo	748		Terresacre	828
Monteciccardo			Monteroduni	
Il Conventino	757		Valerio Vini - San Nazzaro	827
Montefano			San Felice del Molise	
Degli Azzoni Avogadro Carradori	756		Cantine Cipressi	828
Montefiore dell'Aso			Ururi	
Giacomo Centanni	730		Cantine Salvatore	827
Montegranaro				
Rio Maggio	759			
Monteprandone				
Il Conte Villa Prandone	732		**PIEMONTE**	
Morro d'Alba			Agliano Terme	
Stefano Mancinelli	740		Dacapo	132
Marotti Campi	742		Roberto Ferraris	137
Vicari	755		Carlo Ferro	137
Numana			Tenuta Garetto	142
Leopardi Dittajuti	758		Agostino Pavia e Figli	176
Fattoria Le Terrazze	752		Agliè	
Offida			Cieck	119
Aurora	724		Alba	
Ciù Ciù	756		Marco e Vittorio Adriano	76
Fattorie Picene La Valle del Sole	757		Boroli	221
San Giovanni	747		Ceretto	118
Poderi San Lazzaro	747		Tenuta Langasco	154
Osimo			Pio Cesare	179
Umani Ronchi	753		Poderi Colla	182
Ostra			Prunotto	186
Conti di Buscareto	732		Pietro Rinaldi	229
Ostra Vetere			Mauro Sebaste	202
Bucci	726		Alfiano Natta	
Pesaro			Tenuta Castello di Razzano	115
Fosso dei Ronchi	756		Alice Bel Colle	
Selvagrossa	750		Ca' Bianca	101
Piagge			Asti	
Luca Guerrieri	738		F.lli Rovero	230
Poggio San Marcello			Avolasca	
Sartarelli	749		La Vecchia Posta	232
Potenza Picena			Baldissero d'Alba	
Casalis Douhet	728		Pierangelo Careglio	222
Ripatransone			Barbaresco	
Le Caniette	727		Gigi Bianco	221
Tenuta Cocci Grifoni	730		La Ca' Növa	222
San Savino - Poderi Capecci	748		Ca' Rome' - Romano Marengo	103
			Cantina del Pino	105

INDICE REGIONALE DEI PRODUTTORI

Cascina Bruciata	108
Cascina Roccalini	223
Tenute Cisa Asinari dei Marchesi di Grésy	120
Giuseppe Cortese	130
Gaja	140
Carlo Giacosa	145
Cascina Luisin	155
Moccagatta	165
Montaribaldi	167
Cascina Morassino	168
Produttori del Barbaresco	185
Rattalino	229
Albino Rocca	190
Bruno Rocca	190
Ronchi	193
Barge	
Le Marie	227
Barolo	
Giacomo Borgogno & Figli	93
Giacomo Brezza & Figli	96
Bric Cenciurio	96
Cascina Adelaide	107
Cascina lo Zoccolaio	223
Damilano	132
Giacomo Grimaldi	150
Marchesi di Barolo	159
Bartolo Mascarello	163
E. Pira & Figli	181
Giuseppe Rinaldi	189
Luciano Sandrone	197
Giorgio Scarzello e Figli	200
Sylla Sebaste	231
Terre da Vino	209
G. D. Vajra	212
Virna	218
Bastia Mondovì	
Bricco del Cucù	97
Berzano di Tortona	
Terralba	209
Boca	
Le Piane	179
Bogogno	
Ca' Nova	222
Bosio	
La Caplana	105
La Smilla	205
Bra	
Ascheri	83
Brignano Frascata	
Paolo Giuseppe Poggio	182
Briona	
Francesca Castaldi	112
Calamandrana	
Baravalle	220
Michele Chiarlo	118
La Corte - Cusmano	129
La Giribaldina	147
Calosso	
Fabio Fidanza	138
Scagliola	199
Caluso	
Podere Macellio	181
Canale	
Cascina Ca' Rossa	103
Cascina Chicco	109
Cornarea	128
Matteo Correggia	129
Deltetto	133
Filippo Gallino	141
Malabaila di Canale	156
Malvirà	156
Monchiero Carbone	166
Pace	228
Marco Porello	183
Enrico Serafino	203
Giacomo Vico	232
Canelli	
L' Armangia	83
Paolo Avezza	84
Cascina Barisél	107
Coppo	127
Gancia	141
Giacomo Scagliola	231
Villa Giada	217
Carema	
Cantina dei Produttori Nebbiolo di Carema	171
Cassinasco	
Cerutti	224
Castagnole delle Lanze	
Gianni Doglia	134
La Spinetta	206
Castagnole Monferrato	
Pierfrancesco Gatto	226
Montalbera	167
Castel Boglione	
Araldica Vini Piemontesi	82
Cascina Garitina	223
Castel Rocchero	
Ca' dei Mandorli	221
Castellania	
Vigne Marina Coppi	126
Castelletto d'Orba	
Luigi Tacchino	207
Castellinaldo	
Raffaele Gili	226
Marsaglia	162
Stefanino Morra	169
Castello di Annone	
Villa Fiorita	232
Castelnuovo Belbo	
Clemente Cossetti	130
Castelnuovo Don Bosco	
Cascina Gilli	111
Castiglione Falletto	
Azelia	84
Brovia	99
Cascina Bongiovanni	108
F.lli Cavallotto – Tenuta Bricco Boschis	117
Paolo Scavino	200
Terre del Barolo	210
Vietti	214
Castiglione Tinella	
La Caudrina	117
Icardi	153
Elio Perrone	178
Paolo Saracco	198
Cavaglio d'Agogna	
Mazzoni	164
Cavallirio	
Antico Borgo dei Cavalli	80
Cella Monte	
La Casaccia	106
Cerrina Monferrato	
Iuli	154
Cocconato	
Bava	87
Costa Vescovato	
Luigi Boveri	94
Giovanni Daglio	225
Carlo Daniele Ricci	229
Costigliole d'Asti	
Massimo Bo	221
Cascina Castlet	109
Cascina Roera	223
Cascina Salerio	224
Giuseppe Stella	231
Cremolino	
I Pola	228
Cuceglio	
Tenuta Roletto	230
Diano d'Alba	
F.lli Abrigo	75
Claudio Alario	77

www.smeraldiniemenazzi.it

SURGITAL S.p.A. - Lavezzola (Ra) - Emilia Romagna - Italy - +39 0545 80328 - www.surgital.com - surgital@surgital.it - n.v. 800 73352

Sono arrivati i rivoluzionari:
I Caciopepe, Gli Amatriciani e I Carbonari.

Tre personaggi con tanto di autore.

Tre nuove Divine Creazioni
che rovesciano il concetto di pasta ripiena
con un'idea semplice, ma geniale:
il sugo si fa ripieno, il gusto esplode.
Un **nuovo formato**, non più grande di un boccone,
da gustarsi intero, che custodisce
tre ripieni sorprendentemente liquidi
e ispirati ai più classici sughi italiani.
Novità assoluta per una produzione in larga scala
e **firmata** assieme al maestro Gianfranco Vissani
dopo un lungo lavoro di ricerca
e sperimentazione insieme.

INDICE 1010
REGIONALE DEI PRODUTTORI

Brangero	221	Roberto Voerzio	219
Bricco Maiolica	97	**Lessona**	
Cascina Flino	223	Sella	203
Renzo Castella	113	**Loazzolo**	
Le Cecche	224	Borgo Maragliano	92
Giovanni Prandi	228	Forteto della Luja	139
Poderi Sinaglio	204	Isolabella della Croce	153
Dogliani		**Lu**	
Abbona	74	Casalone	106
Osvaldo Barberis	86	Tenuta San Sebastiano	196
Francesco Boschis	93	**Mango**	
Ca' Viola	104	Cascina Fonda	111
Cascina Corte	110	**Mezzomerico**	
Quinto Chionetti	119	Roccolo di Mezzomerico	192
Poderi Luigi Einaudi	134	**Moasca**	
Pecchenino	177	Massimo Pastura - Cascina La Ghersa	176
San Fereolo	196	**Mombercelli**	
Farigliano		Luigi Spertino	206
Anna Maria Abbona	74	**Monchiero**	
Giovanni Battista Gillardi	146	Giuseppe Mascarello e Figlio	163
La Querciola	186	**Mondovì**	
F.lli Raineri	229	Il Colombo - Barone Riccati	123
Gabiano		**Monforte d'Alba**	
Castello di Gabiano	224	Gianfranco Alessandria	78
Gattinara		Domenico Clerico	121
Antoniolo	81	Aldo Conterno	124
Anzivino	81	Diego Conterno	124
Il Chiosso	225	Giacomo Conterno	125
Giancarlo Travaglini	211	Paolo Conterno	125
Gavi		Conterno Fantino	126
Nicola Bergaglio	89	Giacomo Fenocchio	136
Vitivinicola Broglia	99	Attilio Ghisolfi	144
Castellari Bergaglio	113	Elio Grasso	149
La Chiara	225	Giovanni Manzone	157
La Ghibellina	143	Monti	168
La Giustiniana	148	Armando Parusso	175
Marchese Luca Spinola	159	Ferdinando Principiano	185
Cantina Produttori del Gavi	229	Podere Rocche dei Manzoni	191
San Bartolomeo	230	Flavio Roddolo	192
La Toledana	210	Podere Ruggeri Corsini	194
Villa Sparina	217	Josetta Saffirio	195
Ghemme		Simone Scaletta	231
Antichi Vigneti di Cantalupo	80	F.lli Seghesio	202
Rovellotti	194	**Monleale**	
Torraccia del Piantavigna	211	Vigneti Massa	216
Incisa Scapaccino		**Montà**	
Brema	95	Giovanni Almondo	79
Incisiana	226	Stefanino Costa	131
Tenuta Olim Bauda	174	Michele Taliano	208
Ivrea		**Montegioco**	
Ferrando	136	Cascina Salicetti	195
La Morra		**Montegrosso d'Asti**	
Elio Altare	79	Antonio Bellicoso	220
Batasiolo	86	Tenuta La Meridiana	164
Eugenio Bocchino	91	Franco Roero	230
Enzo Boglietti	91	F.lli Trinchero	232
Gianfranco Bovio	94	**Montelupo Albese**	
Cascina Ballarin	222	Destefanis	133
Giovanni Corino	127	**Montemarzino**	
Renato Corino	128	Pomodolce	183
Gianni Gagliardo	226	**Monteu Roero**	
Silvio Grasso	149	Lorenzo Negro	172
Poderi Marcarini	158	Angelo Negro & Figli	172
Mario Marengo	161	Cascina Pellerino	178
Mauro Molino	165	**Morsasco**	
Monfalletto - Cordero di Montezemolo	166	La Guardia	151
Andrea Oberto	173	**Murisengo**	
Vigneti Luigi Oddero	228	Isabella	226
Oddero Poderi e Cantine	173	**Neive**	
Renato Ratti	187	Piero Busso	101
F.lli Revello	188	Castello di Neive	114
Michele Reverdito	188	F.lli Cigliuti	120
Rocche Costamagna	191	Collina Serragrilli	122
Aurelio Settimo	204	Fontanabianca	138
Stroppiana	207	Bruno Giacosa	144
Mauro Veglio	213	F.lli Giacosa	145
Gianni Voerzio	219	Cantina del Glicine	148

INDICE

REGIONALE DEI PRODUTTORI

Ugo Lequio	155	I Vignaioli di Santo Stefano	215
Cecilia Monte	227	*Sarezzano*	
Paitin	175	Mutti	170
Ressia	187	*Scurzolengo*	
Sottimano	205	Cascina Tavijn	224
Neviglie		Cantine Sant'Agata	197
Bera	88	*Serralunga d'Alba*	
Roberto Sarotto	198	Cascina Cucco	110
Nizza Monferrato		Fontanafredda	139
Antonio Baldizzone - Cascina Lana	85	Ettore Germano	143
Cascina La Barbatella	85	Bruna Grimaldi	150
Bersano	90	Paolo Manzone	157
Cascina Christiana	222	Luigi Pira	180
Erede di Armando Chiappone	225	Guido Porro	184
Antonia Gazzi	142	Giovanni Rosso	193
Cascina Giovinale	146	Schiavenza	201
La Gironda	147	Vigna Rionda - Massolino	214
Clemente Guasti	152	*Serralunga di Crea*	
Cantina Sociale di Nizza	228	Tenuta La Tenaglia	208
Antica Casa Vinicola Scarpa	231	*Sizzano*	
Scrimaglio	201	Bianchi	220
Novello		*Sostegno*	
Elvio Cogno	121	Odilio Antoniotti	220
Novi Ligure		*Strevi*	
La Raia	229	Marenco	160
Laura Valditerra	232	Vigne Regali	216
Oleggio		*Suno*	
Cascina Zoina	224	Francesco Brigatti	98
Ottiglio		*Tassarolo*	
La Spinosa Alta	231	Cinzia Bergaglio	89
Ovada		Castello di Tassarolo	115
Bondi	92	Tenuta San Pietro	230
Gaggino	140	La Zerba	232
Rossi Contini	230	*Torino*	
Ozzano Monferrato		Franco M. Martinetti	162
Davide Beccaria	220	*Tortona*	
Perosa Argentina		La Colombera	123
Daniele Coutandin	131	Claudio Mariotto	161
Piobesi d'Alba		*Treiso*	
Renato Buganza	100	Orlando Abrigo	75
Piverone		Ca' del Baio	102
Favaro	135	Lodali	227
Portacomaro		F.lli Molino	227
Castello del Poggio	114	Ada Nada	170
Priocca		Fiorenzo Nada	171
Hilberg - Pasquero	152	Pelissero	177
Cascina Val del Prete	212	Rizzi	189
Quargnento		Vignaioli Elvio Pertinace	215
Colle Manora	122	*Verduno*	
Rocca Grimalda		F.lli Alessandria	77
Cascina La Maddalena	112	Bel Colle	88
Rocchetta Tanaro		G. B. Burlotto	100
Braida	95	Castello di Verduno	116
Marchesi Incisa della Rocchetta	160	*Vezza d'Alba*	
Post dal Vin - Terre del Barbera	184	Fabrizio Battaglino	87
Rodello		Battaglio	220
F.lli Mossio	169	Antica Cascina Conti di Roero	225
Romagnano Sesia		Cantina del Nebbiolo	228
Ioppa	226	Pioiero	180
Rosignano Monferrato		*Vignale Monferrato*	
Castello di Uviglie	116	Giulio Accornero e Figli	76
Vicara	213	Bricco Mondalino	98
San Giorgio Canavese		Marco Canato	104
Orsolani	174	Il Mongetto	227
San Martino Alfieri		La Scamuzza	199
Marchesi Alfieri	78	*Viguzzolo*	
San Marzano Oliveto		Cascina Montagnola	223
Tenuta dell' Arbiola	82	*Vinchio*	
Guido Berta	90	Costa Olmo	225
Alfiero Boffa	221	Cantina Sociale di Vinchio - Vaglio Serra	218
Carussin	222		
Franco Mondo	227	**PUGLIA**	
Santo Stefano Belbo		*Acquaviva delle Fonti*	
Ca' d' Gal	102	Chiaromonte	878
Tenuta Il Falchetto	135	*Alberobello*	
Sergio Grimaldi - Ca' du Sindic	151	Cantina Albea	874
Marcalberto	158		

INDICE 1012
REGIONALE DEI PRODUTTORI

Alezio
Rosa del Golfo — 894
Andria
Giancarlo Ceci — 877
Rivera — 886
Conte Spagnoletti Zeuli — 895
Barletta
Rasciatano — 885
Brindisi
Tenute Rubino — 886
Campi Salentina
Tenute Mater Domini — 881
Carmiano
Giovanni Petrelli — 894
Carovigno
Carvinea — 876
Castellaneta
Casa Vinicola Nico — 894
Cellino San Marco
Cantine Due Palme — 878
Masseria Li Veli — 881
Cerignola
Antica Enotria — 890
Paradiso — 883
Torre Quarto — 895
Copertino
Monaci — 893
Corato
Santa Lucia — 895
Torrevento — 888
Cutrofiano
Masseria L'Astore — 892
Cosimo Palamà — 882
Foggia
Tenuta Fujanera — 892
Galatone
Santa Maria del Morige — 895
Gioia del Colle
A Mano — 874
Guttarolo — 892
Pietraventosa — 883
Polvanera — 884
Gravina in Puglia
Cantine Botromagno — 890
Guagnano
Cantele — 876
Eméra — 891
Feudi di Guagnano — 879
Cosimo Taurino — 887
Latiano
Tenuta Partemio — 894
Lecce
Agricole Vallone — 896
Leporano
Vigne & Vini — 896
Leverano
Cantina Sociale Cooperativa Vecchia Torre — 889
Conti Zecca — 889
Lizzano
Cantina Sociale di Lizzano — 893
Locorotondo
Cantina Locorotondo — 893
Lucera
Alberto Longo — 893
Manduria
Felline - Pervini — 879
Morella — 882
Agricola Pliniana — 894
Racemi — 885
Cantine Soloperto — 887
Martina Franca
Tenute Girolamo — 892
Massafra
Amastuola — 890
Mesagne
Libera Terra Puglia — 893

Minervino Murge
Tormaresca — 888
Monteroni di Lecce
Apollonio — 875
Nardò
Schola Sarmenti — 895
Noci
Barsento — 890
Salice Salentino
Castello Monaci — 877
Leone de Castris — 880
Sammichele di Bari
Centovignali — 891
San Donaci
Francesco Candido — 875
Paolo Leo — 893
Cantina Cooperativa di San Donaci — 894
San Paolo di Civitate
Teanum — 895
San Pietro Vernotico
Vinicola Mediterranea — 896
Santeramo in Colle
Tenuta Viglione — 896
Scorrano
Duca Carlo Guarini — 892
Stornarella
Primis — 884
Taranto
Gianfranco Fino — 880
Vetrere — 896
Torre Santa Susanna
Masseria Altemura — 890
Trani
Cantine Botta — 890
Franco Di Filippo — 891
Tuglie
C.a.l.o.s.m. — 891
Michele Calò & Figli — 891
Villa Mottura — 896
Valenzano
Ferri — 891
Veglie
Feudi di Terra D'Otranto — 892

SARDEGNA
Alghero
Antonella Ledà d'Ittiri — 957
Santa Maria La Palma — 950
Tenute Sella & Mosca — 952
Arzachena
Capichera — 941
Vigne Surrau — 953
Atzara
Fradiles — 957
Badesi
Li Duni — 957
Berchidda
Cantina Giogantinu — 957
Bulzi
Gianluigi Deaddis — 956
Cabras
Attilio Contini — 942
Calangianus
Nino Castiglia — 956
Cantina Tondini — 960
Calasetta
Cantina di Calasetta — 955
Cardedu
Alberto Loi — 958
Carloforte
Tanca Gioia Carloforte — 960
Castiadas
Cantina Sociale di Castiadas — 956
Codrongianos
Vigne Deriu — 957
Tenute Soletta — 952

INDICE REGIONALE DEI PRODUTTORI

Dolianova	
Cantine Dolianova	944
Dorgali	
Poderi Atha Ruja	955
Berritta	955
Cantina Dorgali	944
Gergei	
Olianas	959
Giba	
6Mura	940
Jerzu	
Antichi Poderi Jerzu	946
Loiri Porto San Paolo	
Mura	948
Luras	
Paolo Depperu	956
Magomadas	
Emidio Oggianu	948
Zarelli Vini	960
Mamoiada	
Giovanni Montisci	958
Giampietro Puggioni	960
Giuseppe Sedilesu	951
Monti	
Cantina del Vermentino - Monti	954
Nuoro	
Colle Nivera	956
Giuseppe Gabbas	945
Olbia	
Cantina delle Vigne - Piero Mancini	955
Masone Mannu	947
Murales	958
Tenute Olbios	959
Cantina Pedres	949
Oliena	
Cantina Cooperativa di Oliena	959
Orgosolo	
Cantine di Orgosolo	959
Oristano	
Cantina Sociale della Vernaccia	954
Pula	
Feudi della Medusa	945
Quartu Sant'Elena	
Villa di Quartu	960
Sant'Anna Arresi	
Mesa	947
Sant'Antioco	
Sardus Pater	951
Santadi	
Agricola Punica	955
Cantina di Santadi	950
Sassari	
Gabriele Palmas	959
Selargius	
Meloni Vini	958
Sennori	
Tenute Dettori	943
Senorbì	
Cantina Trexenta	953
Serdiana	
Argiolas	940
Pala	949
Settimo San Pietro	
Ferruccio Deiana	943
Sorso	
Tenuta Nuraghe Crabioni	958
Tempio Pausania	
Cantina Gallura	946
Terralba	
Cantina del Bovale	955
Thiesi	
Poderosa	959
Tortolì	
Cantina Sociale di Ogliastra	958
Usini	
Carpante	956
Giovanni Cherchi	941
Chessa	942
Valledoria	
Sebastiano Ligios	957
Zeddiani	
F.lli Serra	960

SICILIA	
Acate	
Biscaris	930
Valle dell'Acate	928
Agrigento	
d'Alessandro	931
Butera	
Feudo Principi di Butera	917
Caltagirone	
Antica Tenuta del Nanfro	935
Caltanissetta	
Masseria del Feudo	934
Cammarata	
Feudo Montoni	933
Campobello di Licata	
Baglio del Cristo di Campobello	909
Camporeale	
Alessandro di Camporeale	908
Porta del Vento	936
Tenute Rapitalà	924
Canicattì	
Cantina Viticoltori Associati Canicattì	910
Castelbuono	
Abbazia Santa Anastasia	908
Casteldaccia	
Duca di Salaparuta - Vini Corvo	914
Castiglione di Sicilia	
Cottanera	912
Tenuta di Fessina	915
Graci	918
Passopisciaro	922
Pietradolce	923
Girolamo Russo	925
Catania	
Edomé	932
Cattolica Eraclea	
Rizzuto Guccione	937
Chiaramonte Gulfi	
Gulfi	919
Poggio di Bortolone	936
Comiso	
Avide	929
Erice	
Fazio Wines	933
Ferla	
Tridente Pantalica	938
Giarre	
Scilio	937
Gibellina	
Orestiadi	936
Grotte	
Morgante	921
Ispica	
Curto	931
Riofavara	925
Linguaglossa	
Tenuta Chiuse del Signore	911
Vivera	938
Marineo	
Buceci	930
Marsala	
Caruso & Minini	931
Marco De Bartoli	913
Donnafugata	914
Cantine Fina	934
Tenuta Gorghi Tondi	918
Cantine Mothia	935
Carlo Pellegrino	922
Cantine Rallo	924

INDICE REGIONALE DEI PRODUTTORI

Mazara del Vallo		**Valledolmo**	
Ajello	929	Castellucci Miano	931
Cantine Foraci	934	**Viagrande**	
Menfi		Benanti	910
Cantine Barbera	909	**Vittoria**	
Piana dei Cieli	936	COS	912
Planeta	923	Feudo di Santa Tresa	933
Settesoli	926	Maggio	934
Messina		Occhipinti	936
Bonavita	930	Terre di Giurfo	938
Le Casematte	931		
Tenuta Enza La Fauci	932	**TOSCANA**	
Hauner	920	**Arezzo**	
Palari	921	Buccia Nera	580
Milo		Tenuta di Frassineto	620
Barone di Villagrande	938	Fattoria San Fabiano - Borghini Baldovinetti	716
Monreale		Villa La Ripa	689
Guccione	919	**Bagno a Ripoli**	
Sallier de la Tour	937	Malenchini	707
Niscemi		Petreto	712
Feudi del Pisciotto	916	Fattoria Sant'Andrea a Morgiano	717
Noto		Le Sorgenti	719
Feudo Maccari	916	**Barberino Val d'Elsa**	
Marabino	920	I Balzini	570
Cantina Modica di San Giovanni	935	Casa Emma	697
Zisola	938	Casa Sola	697
Paceco		Castello della Paneretta	699
Firriato	917	Castello di Monsanto	598
Pachino		Isole e Olena	628
Feudo Ramaddini	934	Quercia al Poggio	715
Palermo		Spadaio e Piecorto	719
Fatascià	915	Le Torri di Campiglioni	681
Spadafora	926	Marchesi Torrigiani	681
Pantelleria		**Bibbona**	
Salvatore Murana	935	Tenuta di Biserno	577
Solidea	937	**Bolgheri**	
Partinico		Campo alla Sughera	696
Brugnano	930	Giovanni Chiappini	604
Cossentino	931	Tenuta Guado al Tasso	625
Cusumano	913	Le Macchiole	633
Randazzo		Poggio al Tesoro	651
Alice Bonaccorsi	930	**Bucine**	
Destro	932	Fattoria Migliarina	708
Terrazze dell'Etna	927	Fattoria Petrolo	646
Tenuta delle Terre Nere	928	**Campagnatico**	
Sambuca di Sicilia		Poggio Trevvalle	654
AgroGento	929	**Capalbio**	
Di Giovanna	932	Cantina Cooperativa di Capalbio	696
Gaspare Di Prima	932	Monteverro	639
Feudo Arancio	933	**Capoliveri**	
Terrelíade	938	Tenute delle Ripalte	716
San Cipirello		**Capraia e Limite**	
Calatrasi	930	Fattoria Castellina	698
San Giuseppe Jato		Enrico Pierazzuoli	648
Centopassi	911	**Carmignano**	
Santa Cristina Gela		Fattoria Ambra	565
Baglio di Pianetto	929	Artimino	567
Santa Maria di Licodia		Tenuta di Capezzana	587
Feudo Cavaliere	933	Colline San Biagio	701
Santa Ninfa		**Casole d'Elsa**	
Ferreri	933	Camporignano	696
Santa Venerina		**Castagneto Carducci**	
Emanuele Scammacca del Murgo	937	Argentiera	566
Sciacca		Ca' Marcanda	582
De Gregorio	932	Caccia al Piano 1868	695
Miceli	935	Castello di Bolgheri	596
Sclafani Bagni		La Cipriana	700
Tasca d'Almerita	927	Donna Olimpia 1898	615
Siracusa		Fornacelle	704
Pupillo	937	Podere Grattamacco	623
Trapani		I Luoghi	633
Fondo Antico	934	Podere Orma	642
Trecastagni		Tenuta dell' Ornellaia	642
Vini Biondi	929	Tenuta San Guido	665
Cantine Nicosia	935	Podere Sapaio	670
Valderice		Michele Satta	671
Tenute Adragna	929	Fulvio Luigi Serni	718
Ottoventi	936	Terre del Marchesato	677

01
02
03
04

REGIONE SICILIANA
ASSESSORATO AGRICOLTURA E FORESTE

l'isola dei profumi

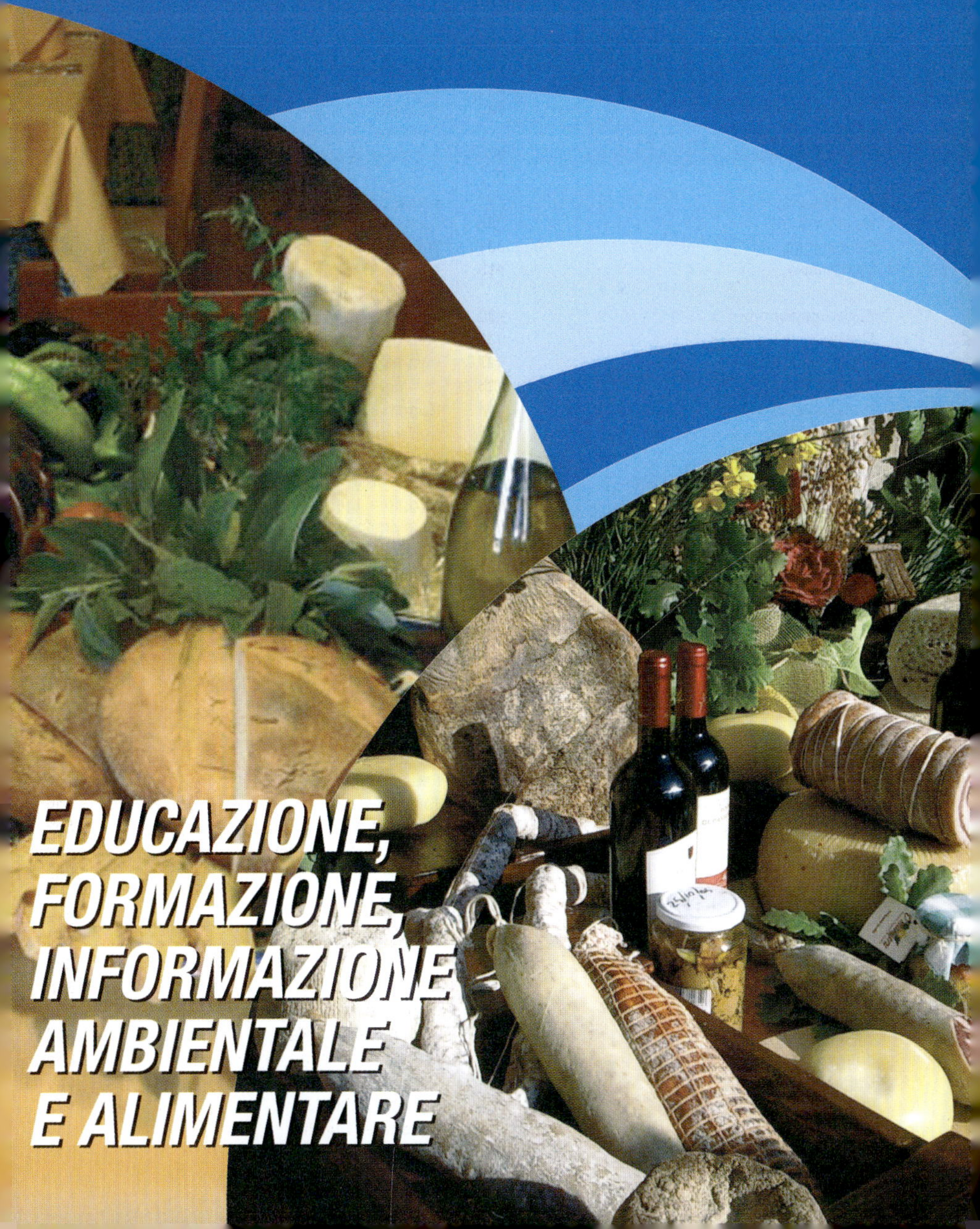

EDUCAZIONE, FORMAZIONE, INFORMAZIONE AMBIENTALE E ALIMENTARE

INDICE

REGIONALE DEI PRODUTTORI

Castel del Piano
Assolati	568
Montesalario	709
Parmoleto	711
Perazzeta	711
Peteglia	711
Poggio Leone	714

Castellina in Chianti
Bandini - Villa Pomona	570
Tenuta di Bibbiano	694
Buondonno - Casavecchia alla Piazza	581
Casale dello Sparviero - Fattoria Campoperi	698
Castellare di Castellina	593
Castello di Fonterutoli	597
Famiglia Cecchi	601
Collelungo	701
Gagliole	705
Tenuta di Lilliano	631
Podere Monastero	708
Fattoria Nittardi	641
Piccini	712
Poggio Amorelli	713
Rocca delle Macìe	659
San Fabiano Calcinaia	717
Fattoria Tregole	721
Villa Trasqua	722

Castellina Marittima
Castello del Terriccio	595

Castelnuovo Berardenga
Tenuta di Arceno	694
Canonica a Cerreto	696
Fattoria Carpineta Fontalpino	589
Fattoria di Dievole	702
Fattoria di Felsina	617
Fattoria di Petroio	712
Poggio Bonelli	652
San Felice	664
Tolaini	680
Fattoria Valiano	721
Villa di Geggiano	722

Castiglion Fibocchi
Tenuta Sette Ponti	674

Castiglion Fiorentino
Casali in Val di Chio	591

Castiglione d'Orcia
Podere Forte	704

Castiglione della Pescaia
Tenuta La Badiola	694
Cacciagrande	583
Tenute Perini	711

Cavriglia
Poggi del Chianti	713

Cerreto Guidi
Villa Petriolo	690

Certaldo
Tenuta di Sticciano	675

Cinigiano
Basile	694
Il Boschetto	694
Le Calle	695
Colle Massari	608
Tenuta di Montecucco	637
Pianirossi	648
Salustri	662

Civitella in Val di Chiana
Tunia	721

Civitella Paganico
Begnardi	573
Casal di Pari	697

Cortona
Stefano Amerighi	693
Riccardo Baracchi	571
F.lli Dal Cero	702
Fabrizio Dionisio	614
Cantine Faralli	703
Fattoria Cantagallo	703
Il Fitto	704
Tenimenti Luigi d'Alessandro	676
Vegni - Capezzine	687
I Vicini	688
Villa Loggio	722

Dicomano
Frascole	620
Fattoria Il Lago	627

Fauglia
I Giusti e Zanza	623

Fiesole
Testamatta	679

Firenze
Marchesi Antinori	566
Marchesi de' Frescobaldi	621
Il Grillesino - Compagnia del Vino	624

Foiano della Chiana
Fattoria Santa Vittoria	669

Fosdinovo
Podere Lavandaro	250
Podere Terenzuola	252

Fucecchio
Fattoria Montellori	637

Gaiole in Chianti
Agricoltori del Chianti Geografico	564
Badia a Coltibuono	568
Barone Ricasoli	572
La Casa di Bricciano	695
Cantalici	696
Capannelle	586
Casa al Vento	589
Castello di Ama	596
Castello di Cacchiano	597
Castello di Meleto	699
Castello di San Donato in Perano	599
Il Colombaio di Cencio	610
Lamole di Lamole	628
Le Macìe	706
Le Miccine	707
Riecine	657
Rocca di Castagnoli	659
Rocca di Montegrossi	660
San Giusto a Rentennano	665

Gambassi Terme
Villa Pillo	690

Gavorrano
Podere Cigli	605
Maremmalta	707
Montebelli	708
Podere San Cristoforo	649
Poggio ai Lupi	650
Rigoloccio	658
Rocca di Frassinello	660
Conti di San Bonifacio	663

Giglio
Altura	693

Greve in Chianti
Altiero	693
Castellinuzza e Piuca	698
Castello di Querceto	699
Castello di Vicchiomaggio	599
Tenuta degli Dei	702
Fattoria di Lamole	616
Tenute Ambrogio e Giovanni Folonari	617
Az. Agr. Fontodi	619
La Madonnina - Triacca	634
Podere Poggio Scalette	654
Querciabella	657
Fattoria di Rignana	716
Tenuta Riseccoli	716
Savignola Paolina	671
Torraccia di Presura	720
Villa Cafaggio	722
Villa Vignamaggio	691
Viticcio	692

Grosseto
Agricola Alberese	693
Fattoria Le Pupille	656

INDICE

REGIONALE DEI PRODUTTORI

Podere Ristella	716	Le Macioche	706
Serpaia	718	La Mannella	634
Terre dei Fiori - Tenute Costa	720	Il Marroneto	635
Impruneta		Mastrojanni	635
Fattoria di Bagnolo	569	Mocali	708
Fattoria Collazzi	607	Tenute Silvio Nardi	710
Diadema	614	Siro Pacenti	643
La Querce	715	Padelletti	643
Lamporecchio		La Palazzetta	644
Sensi	672	Palazzo	711
Lastra a Signa		Piancornello	647
Villa Corliano	722	Pieve Santa Restituta	649
Laterina		Poggio Antico	652
Tenuta Vitereta	692	Poggio di Sotto	653
Loro Ciuffenna		Poggio Rubino	714
Il Borro	578	Il Poggiolo	715
Lucca		Tenuta Il Poggione	655
Fattoria Colle Verde	608	Querce Bettina	656
Tenuta di Valgiano	686	La Rasina	715
Lucignano		San Filippo	664
Agricola Fabbriche	703	San Giuseppe	717
Il Sosso	719	San Polino	667
Magliano in Toscana		San Polo	667
Col di Bacche	607	SanCarlo	717
Fattoria di Magliano	707	Vasco Sassetti	717
Fattoria San Felo	717	Sasso di Sole	718
Terre di Talamo	678	Tenuta di Sesta	673
Manciano		Sesti - Castello di Argiano	674
Montauto	708	Solaria - Az. Agr. Cencioni Patrizia	719
Poggio Foco	714	Talenti	720
Massa		Tenimenti Angelini	676
Cima	700	Tiezzi	720
Massa Marittima		La Togata	679
La Cura	613	Uccelliera	684
Moris Farms	640	Tenuta Val di Cava	685
Podere Riparbella	713	Tenuta Vitanza	691
Valentini	721	Montecarlo	
Mercatale Valdarno		Tenuta del Buonamico	581
Podere Il Carnasciale	588	Romano Franceschini	705
Montalcino		Fattoria Michi	636
Abbadia Ardenga	693	Montecatini Val di Cecina	
Argiano	567	L'Aione	564
Fattoria dei Barbi	571	Marchesi Ginori Lisci	705
Belpoggio	574	Fattoria Sorbaiano	719
Biondi Santi - Tenuta Il Greppo	576	Montemurlo	
Brunelli - Le Chiuse di Sotto	695	Marchesi Pancrazi - Tenuta di Bagnolo	711
Camigliano	584	Montepulciano	
Canalicchio - Franco Pacenti	584	Podere Le Berne	575
Canalicchio di Sopra	585	Bindella	575
Capanna	586	Poderi Boscarelli	578
Tenuta Caparzo	587	La Calonica	696
Caprili	588	Canneto	585
Casanova di Neri	592	Fattoria Le Casalte	591
Castello Banfi	593	Fattoria del Cerro	603
Castello Romitorio	600	Contucci	611
Centolani	602	Croce di Febo	702
La Cerbaiola	602	Maria Caterina Dei	613
Cerbaiona	603	Fassati	703
Le Chiuse	700	Gattavecchi	622
Ciacci Piccolomini D'Aragona	700	Cantina del Giusto	705
Donatella Cinelli Colombini	605	Godiolo	705
Citille di Sopra	606	Icario	626
Tenuta Col d'Orcia	606	Lunadoro	632
Collelceto	609	Montemercurio	709
Tenuta di Collosorbo	609	Nottola	641
La Colombina	701	Palazzo Vecchio	644
Andrea Costanti	612	Podere Lamberto	713
Cupano	702	Poliziano	655
Donna Olga	615	Salcheto	662
Fanti	616	Il Serraglio	718
Fattoi	703	Fattoria della Talosa	675
Ferrero	704	Le Tre Berte	683
Podere La Fortuna	619	Tenuta Valdipiatta	685
Eredi Fuligni	621	Vecchia Cantina di Montepulciano	687
Innocenti	705	Monteriggioni	
Maurizio Lambardi	706	Bindi Sergardi	576
Lisini	631	Fattoria Lornano	706

IL VINO FA MALE ALL'AIDS

WINE FOR LIFE È UN PROGETTO PER L'AFRICA DELLA COMUNITÀ DI SANT'EGIDIO.
GIÀ NASCONO SANI 98 BAMBINI SU 100. È IL RISULTATO MIGLIORE MAI RAGGIUNTO IN AFRICA.

WINE FOR LIFE È IL FATTO NUOVO DEL VINO ITALIANO. È UN BOLLINO ADESIVO. OGNI BOTTIGLIA CON QUESTO BOLLINO CONTRIBUISCE CON MEZZO EURO ALLA LOTTA ALL'AIDS IN AFRICA.

WINE FOR LIFE PER LA PRIMA VOLTA LEGA STABILMENTE IL VINO DI QUALITÀ A UN GRANDE DIRITTO UMANO: QUELLO DI NASCERE E VIVERE SANI, IL DIRITTO AD ESSERE CURATI.

WINE FOR LIFE CON 100 BOLLINI FA NASCERE SANO IL FIGLIO DI UNA DONNA SIEROPOSITIVA. CON 1000 BOLLINI UNA DONNA CON L'AIDS, PUÒ RICEVERE LA TERAPIA E IL SOSTEGNO PER SÉ E TUTTA LA FAMIGLIA PER UN ANNO.

INVITIAMO TUTTI I PRODUTTORI DI VINO ITALIANI A PARTECIPARE A QUESTA GRANDE AVVENTURA: UN FUTURO PER L'AFRICA, UN VALORE AGGIUNTO PER IL GRANDE VINO ITALIANO

I PRODUTTORI CHE HANNO ADERITO

ABBONA, Papà Celso Dogliani docg · ALBANI, Vigne della Casona · AL BANO CARRISI, Platone · ALDO CONTERNO, Il Favot · ANFRA, Nero dei Due Mori · ANSELMI, San Vincenzo · ANTINORI, Santa Cristina · ARGIOLAS, Costera · ASTORIA, Prosecco di Valdobbiadene Millesimato · AVIDE, Riflessi di Sole 2007 Vittoria Insolia – Barocco Cerasuolo di Vittoria 2003 · BARONE RICASOLI, Castello di Brolio · BELLAVISTA Gran Cuvée Brut · BERLUCCHI, Cellarius Brut · BORTOLOMIOL, Banda Rossa · BRUNA, U Baccan · BUCCI Villa Bucci riserva · CA' DI RAJO, Raboso · CANTINA CERVETERI, Tertium · CANTINA D'ARAPRÌ, d'Araprì Brut Riserva Nobile · CANTINA DI CUSTOZA, Lugana · CANTINE DEL NOTAIO, L'Autentica · CAPRAI, Rosso Outside · CASALE DEL GIGLIO, Shiraz · CASALE MARCHESE, Marchese de' Cavalieri · CASANOVA DI NERI, Brunello Tenuta Nuova · CASCINA LA PERTICA, Le Zalte · CASTEL DE PAOLIS, Frascati superiore · CASTELLARE, I Sodi di S.Niccolò · Poggio ai Merli · CASTELLO DEL TERRICCIO, Terriccio · Lupicaia · CASTELLO DELLE REGINE Merlot - Princeps · CASTELLO DI AMA, Castello di Ama Chianti Classico · CASTELVECCHIO, Vigna La Quercia CAVALLERI, Franciacorta Satèn docg · CAVIT, Brut Muller Thurgau - Muller Thurgau Mastri Vernacoli · CECCHI La Mora · COLLAVINI, Broy Collio doc bianco - Ribolla Gialla · CONTADI CASTALDI, Magno · CONTI SERTOLI SALIS, Canua Sforzato della Valtellina · COPPO, Pomorosso · COTTANERA, Fatagione · CUSUMANO, Benuara · D'ANCONA, Cimillya Passito di Pantelleria · DI MAJO NORANTE, Don Luigi · DONNAFUGATA, Chiarandà DREI DONÀ, Graf Noir · ERMACORA, Pignolo · FALESCO, Montiano · FASSATI, Salarco · FATTORIA ALOIS Trebulanum - Caiatì · FATTORIA DEI BARBI, Brunello di Montalcino · FATTORIA DEL CERRO, Vino Nobile di Montepulciano · FATTORIA DI FELSINA, Berardenga Chianti Classico · FATTORIA DI LUIANO, Lui di Luiano FATTORIA DI PETROLO, Galatrona, Torrione · FATTORIA IL DUCHESCO, Bucchero · FATTORIA LA VALENTINA Bellovedere · FATTORIA LE CORTI, Don Tommaso · FATTORIA LE PUPILLE, Saffredi · FATTORIA SELVANOVA Sopralago · FAZI BATTAGLIA, San Sisto · FORADORI, Granato · FORTESI, Uva Rara · FRANZ HAAS, Pinot Nero Selezione - Istante · FRESCOBALDI, Nipozzano Riserva · GARCEA, Little Jerusalem · HOFSTAETTER, Steinraffle · ICARIO, Vitaroccia · IL BORRO, Il Borro · IL COLOMBAIO DI CENCIO, Il Futuro · IL GRAPPOLO, Brunello di Montalcino · ILLUMINATI, Lumen · LA CARRAIA, Giro di Vite · LA VIS, Rosso dei Sorni · LAMBORGHINI Campoleone · LIS NERIS, Fatto in Paradiso · LIVIO FELLUGA, Sossò · LIVON, Braide Alte · LUNGAROTTI San Giorgio - Sangiovese · MARCO FELLUGA, Collio Rosso Riserva degli Orzoni Russiz Superiore · MARISA CUOMO, Fiorduva, Furore Rosso Riserva · MASCIARELLI, Montepulciano d'Abruzzo · MASI, Osar Rosso del Veronese · MASTROBERARDINO, Fiano di Avellino - Greco di Tufo - Historia - More Maiorum - Radici · MELINI Chianti Docg · MONTE SCHIAVO, Pallio di San Floriano · MONTEVETRANO, Montevetrano · MORODER, Dorico · NINO FRANCO, Rustico · PANZANELLO, Il Manuzio · PAOLA DI MAURO, Vigna del Vassallo · PARRILLA, Cirò Rosso Classico Superiore · PASQUA, Valpolicella Classico, Amarone · PERLAGE, Col di Manza · PERUSINI Ribolla Gialla · PICCINI, Sasso al Poggio · PIEROPAN, Ghes · PIETRASANTA, San Colombano Riserva · PLANETA, Cerasuolo di Vittoria · QUERCETO DI CASTELLINA, Podalirio · RAPITALÀ, Solinero · RIVERA, Il Falcone Castel Del Monte Riserva · ROCCA DELLE MACIE, Ser Gioveto · RONCUS, Roncus Vecchie Vigne · ROSA BOSCO, Boscorosso · RUFFINO, Riserva Ducale Oro · SAN FELICE, Poggio Rosso · SAN VALENTINO, Luna Nuova · SANDRONE, Barolo Le Vigne · SARTORI, Il Regolo · SOTTIMANO, Barbaresco Fausoni · SPADAFORA Schietto Sirah - Sole dei Padri · SUBIDA DI MONTE, Valeas · TAFFURI, Enrico I · TALLARINI, San Giovanni · TASCA D'ALMERITA, Cabernet Sauvignon · TENIMENTI SAN MARTINO IN MONTE, Vigna 1922 · TENUTA DI CAPEZZANA, Ghiaie della Furba · TENUTA DI GHIZZANO, Veneroso rosso · TENUTA MARSILIANA, Marsiliana · TENUTA SAN LEONARDO, San Leonardo · TENUTA SETTE PONTI, Oreno · TENUTE DONNA OLGA, Brunello Donna Olga · TENUTE FOLONARI, Nozzole Chianti Classico · TERRE DEGLI SVEVI, Re Manfredi · TUA RITA Giusto di Notri · VADIAPERTI, Fiano di Avellino · VALLE REALE, San Calisto Montepulciano d'Abruzzo · VIGNE DI SAN PIETRO, Due Cuori · VIGNE DI ZAMÒ, Tocai Vigne Cinquant'anni · VILLA MEDORO, Adrano Montepulciano d'Abruzzo · VILLA PETRIOLO, Golpaja · VILLA S. ANDREA, Borgoconda Chianti Classico · VOLPAIA, Chianti Classico · VOLPE PASINI, Ipso · ZENATO, Amarone della Valpolicella Riserva Sergio Zenato

Per aderire: wineforlife@santegidio.org

INDICE REGIONALE DEI PRODUTTORI

Produttore	Pag.
Monterotondo Marittimo	
Serraiola	673
Montespertoli	
Castello di Poppiano	598
Castello di Sonnino	699
Tenuta di Morzano	709
Montevarchi	
Mannucci Droandi	707
Montopoli in Val d'Arno	
Varramista	686
Murlo	
Fattoria Casabianca	697
Orbetello	
Bruni	579
La Corsa	701
Tenuta La Parrina	645
Santa Lucia	669
La Selva	718
Panzano	
Fattoria Casaloste	698
Castello dei Rampolla	594
Le Cinciole	700
Fattoria Le Fonti	618
Il Molino di Grace	708
Il Palagio	710
Peccioli	
Tenuta di Ghizzano	622
Pelago	
Travignoli	682
Pienza	
Sedime	718
Piombino	
Sant'Agnese	668
Tuttisanti	721
Pisa	
Le Palaie	710
Pitigliano	
Poggio al Tufo	651
Poggio Concezione	714
Poggibonsi	
Le Fonti	618
Melini	636
Fattoria Ormanni	710
Poggio a Caiano	
Piaggia	647
Pontassieve	
Tenuta Bossi	
Castello del Trebbio	595
Fattoria di Grignano	624
Lavacchio	629
Tenimenti Ruffino	661
I Veroni	688
Portoferraio	
Acquabona	693
Radda in Chianti	
Borgo Salcetino	577
Brancaia	579
Caparsa	697
Castello d'Albola	594
Castello di Radda	699
Castello di Volpaia	600
Colle Bereto	701
Livernano	632
Monteraponi	638
Montevertine	639
Poggerino	650
Val delle Corti	721
Vescine	722
Rignano sull'Arno	
Fattoria Torre a Cona	680
Riparbella	
Caiarossa	695
Duemani	703
La Regola	715
Roccastrada	
Ampeleia	565
Fortediga	704
Rocca di Montemassi	661
Rufina	
Fattoria di Basciano	573
Cantine Bellini	574
Colognole	610
Fattoria Selvapiana	672
San Casciano dei Bagni	
Giacomo Mori	709
San Casciano in Val di Pesa	
Castello di Gabbiano	699
Castelvecchio	601
Fattoria Le Corti	701
Fattoria Corzano e Paterno	611
Luiano	706
Poggio Borgoni	714
Poggio Torselli	714
Fattoria San Pancrazio	666
San Gimignano	
Mattia Barzaghi	572
Tenute Toscane di Bruna Baroncini	695
Ca' del Vispo	582
Tenuta Le Calcinaie	583
Cappella Sant'Andrea	697
Casa alle Vacche	590
La Castellaccia	592
Vincenzo Cesani	604
Fontaleoni	704
Guicciardini Strozzi - Fattoria Cusona	626
La Lastra	629
Il Lebbio	630
Montenidoli	638
La Mormoraia	640
Tenute Niccolai - Palagetto	710
Giovanni Panizzi	645
Poderi del Paradiso	713
Fattoria San Donato	663
San Quirico	668
Signano	719
Teruzzi & Puthod	678
F.lli Vagnoni	684
San Miniato	
Cosimo Maria Masini	707
San Piero a Sieve	
Podere Fortuna	712
Sarteano	
Cantine Olivi	710
Tenuta di Trinoro	683
Scandicci	
San Michele a Torri	666
Vigliano	689
Scansano	
Casavyc	698
Cantina Vignaioli del Morellino di Scansano	709
Podere l'Aione	712
Terenzi	677
Seggiano	
Piandibugnano	712
Sovana	
Sassotondo	670
Sovicille	
Tenuta di Trecciano	720
Suvereto	
Bulichella	580
Casa Dei	590
Gualdo del Re	625
Incontri	627
Macchion dei Lupi	706
Montepeloso	709
Petra	646
Russo	716
Tavarnelle Val di Pesa	
Poggio al Sole	713
Poggio Rozzi	653

INDICE REGIONALE DEI PRODUTTORI

Terranuova Bracciolini
Fattoria Terranuova — 720
Fattoria La Traiana — 682
Terricciola
Badia di Morrona — 569
Casanova della Spinetta — 698
Podere La Chiesa — 700
Trequanda
Belsedere — 694
Le Crete — 612
Pometti — 715
Vicchio
Il Rio — 658
Vinci
Fattoria Dianella Fucini — 702
Cantine Leonardo da Vinci — 630

TRENTINO ALTO ADIGE
Ala
Borgo dei Posseri — 312
Aldeno
Revì — 327
Vinicola Aldeno — 328
Appiano/Eppan
Josef Brigl — 331
Cantina Produttori Colterenzio — 333
Cantina Girlan — 337
Hof Gandberg - Rudolf Niedermayr — 362
Kössler — 362
Lorenz Martini — 363
K. Martini & Sohn — 345
Josef Niedermayr — 347
Ignaz Niedrist — 348
Cantina Produttori San Michele Appiano — 352
Cantina Produttori San Paolo — 353
Stroblhof — 355
Alois Warasin — 364
Josef Weger — 364
Arco
Madonna delle Vittorie — 327
Avio
Acino d'Oro — 326
Cantina Sociale di Avio — 326
Tenuta San Leonardo — 322
Vallarom — 324
Bolzano/Bozen
Egger-Ramer — 334
Erbhof Unterganzner - Josephus Mayr — 335
Glögglhof - Franz Gojer — 337
Cantina Gries/Cantina Produttori Bolzano — 338
Griesbauerhof - Georg Mumelter — 361
Gummerhof - Malojer — 338
Lahnhof - Tenute Costa — 362
Larcherhof - Spögler — 362
Loacker Schwarhof — 344
Messnerhof - Bernhard Pichler — 363
Cantina Convento Muri-Gries — 346
Obermoser - H. & T. Rottensteiner — 349
Oberrautner - Anton Schmid — 363
Pfannenstielhof - Johannes Pfeifer — 350
Pranzegg - Martin Gojer — 364
Hans Rottensteiner — 351
Cantina Produttori Santa Maddalena/Cantina Produttori Bolzano — 353
Thurnhof - Andreas Berger — 364
Untermoserhof - Georg Ramoser — 358
Tenuta Waldgries — 360
Bressanone/Brixen
Hoandlhof - Manfred Nössing — 340
Kuenhof - Peter Pliger — 342
Taschlerhof - Peter Wachtler — 356
Calavino
Toblino — 328
Caldaro/Kaltern
Tenuta Baron Di Pauli — 361
Cantina di Caldaro — 332

Erste+Neue — 335
Kettmeir — 362
Tenuta Klosterhof - Oskar Andergassen — 362
Lieselehof - Werner Morandell — 363
Manincor — 345
Niklaserhof - Josef Sölva — 348
Tenuta Ritterhof — 350
Castel Sallegg — 352
Peter Sölva & Söhne — 354
Castelbello Ciardes/Kastelbell Tschars
Marinushof - Heinrich Pohl — 363
Tenuta Unterortl - Castel Juval — 358
Cermes/Tscherms
Tenuta Kränzl - Graf Franz Pfeil — 342
Chiusa/Klausen
Cantina Produttori Valle Isarco — 359
Cortaccia/Kurtatsch
Baron Widmann — 331
Cantina Produttori Cortaccia — 333
Tiefenbrunner — 357
Cortina Sulla Strada del Vino/Kurtinig
Castelfeder — 332
Peter Zemmer — 364
Egna/Neumarkt
Brunnenhof - Kurt Rottensteiner — 361
Peter Dipoli — 334
Glassierhof - Stefan Vaja — 361
H. Lun — 344
Faedo
Bellaveder — 311
Pojer & Sandri — 320
Arcangelo Sandri — 328
Fiè allo Sciliar/Völs am Schlern
Bessererhof - Otmar Mair — 361
Gumphof - Markus Prackwieser — 339
Giovo
Opera — 327
Villa Corniole — 324
Isera
Cantina d'Isera — 326
Lasino
Pisoni — 327
Pravis — 320
Lavis
Bolognani — 312
La Vis/Valle di Cembra — 317
Maso Poli — 318
Casata Monfort — 319
Vindimian — 325
Magrè/Margreid
Alois Lageder — 343
Marlengo/Marling
Cantina Meran Burggräfler — 346
Meltina/Mölten
Vivaldi - Arunda — 359
Mezzocorona
Marco Donati — 326
F.lli Dorigati — 314
MezzaCorona — 319
Mezzolombardo
Foradori — 316
Redondèl — 321
Cantina Rotaliana — 322
Montagna/Montan
Franz Haas — 339
Tenuta Pfitscherhof - Klaus Pfitscher — 363
Nalles/Nals
Cantina Nals Margreid — 347
Naturno/Naturns
Falkenstein - Franz Pratzner — 336
Nomi
Grigoletti — 316
Ora/Auer
Happacherhof - Istituto Tecnico Agrario Ora — 361
Parcines/Partschins
Stachlburg - Baron von Kripp — 354

INDICE REGIONALE DEI PRODUTTORI

Riva del Garda
Agririva — 310
Rovereto
Nicola Balter — 311
Conti Bossi Fedrigotti — 313
Letrari — 318
Armando Simoncelli — 323
Salorno/Salurn
Haderburg — 340
San Michele all'Adige
Endrizzi — 315
Istituto Agrario Provinciale San Michele all'Adige — 323
Roberto Zeni — 325
Terlano/Terlan
Cantina Produttori Andriano — 330
Tenuta Kornell — 341
Cantina Terlano — 356
Termeno/Tramin
Cantina Tramin — 357
Elena Walch — 360
Wilhelm Walch — 364
Trento
Abate Nero — 310
Cavit — 313
Cesarini Sforza — 326
Ferrari — 315
Francesco Moser — 326
Cantina Sociale di Trento Le Meridiane — 317
Maso Martis — 327
Conti Wallenburg — 328
Vadena/Pfatten
Cantina Laimburg — 343
Varna/Vahrn
Abbazia di Novacella — 330
Köfererhof - Günther Kershbaumer — 341
Pacherhof - Andreas Huber — 349
Strasserhof - Hannes Baumgartner — 355
Velturno/Feldthurns
Garlider - Christian Kerchbaumer — 336
Villandro/Villanders
Röckhof - Konrad Augschöll — 351
Volano
Concilio — 314
Maso Bastie — 327
Eugenio Rosi — 321

UMBRIA
Allerona
Argillae — 763
Tenuta Poggio del Lupo — 786
Amelia
Castello delle Regine — 783
Zanchi — 786
Baschi
Barberani — 763
Barbi — 783
Bevagna
Adanti — 762
Fattoria Colle Allodole — 769
Fattoria Colsanto — 770
Cantina Dionigi — 784
Martinelli — 774
Villa Mongalli — 782
Cannara
Italo Di Filippo — 771
Castel Viscardo
Cantina Monrubio — 785
Castiglione del Lago
Duca della Corgna — 772
Città della Pieve
Podere Fontesecca — 772
Ficulle
Castello della Sala — 768
Fratta Todina
Coste del Faena — 784

Giano dell'Umbria
Bartoloni — 783
Moretti Omero — 774
Gualdo Cattaneo
Còlpetrone — 769
Terre de La Custodia — 780
Magione
Castello di Magione — 768
Pucciarella — 777
Terre del Carpine — 786
Marsciano
Cantina La Spina — 784
Monte Vibiano — 785
Montecchio
Falesco — 792
Montefalco
Antonelli - San Marco — 762
Bocale — 765
Arnaldo Caprai — 765
Fongoli — 784
Madonna Alta — 785
F.lli Pardi — 776
Perticaia — 776
Raina — 777
Ruggeri — 786
Scacciadiavoli — 778
Giampaolo Tabarrini — 779
Tiburzi — 780
Orvieto
Bigi — 764
Cardeto — 766
La Carraia — 767
Castello di Corbara — 783
Custodi — 770
Decugnano dei Barbi — 771
Madonna del Latte — 785
Palazzone — 775
Tenuta Le Velette — 782
Panicale
Lamborghini — 784
Perugia
Brogal Vini — 783
Carini — 766
Tenuta Castelbuono — 767
Chiorri — 783
Goretti — 773
San Gemini
Vallantica — 786
Spello
Sportoletti — 779
Stroncone
La Palazzola — 775
Todi
Peppucci — 785
Roccafiore — 778
Todini — 781
Tudernum — 781
Torgiano
Lungarotti — 773
Terre Margaritelli — 786
Tuoro sul Trasimeno
Stafania Mezzetti — 785
Umbertide
Blasi Bertanzi — 764
I Girasoli di Sant'Andrea — 784

VALLE D'AOSTA
Aosta
D&D — 72
Institut Agricole Régional — 72
Elio Ottin — 70
Arnad
Cooperativa La Kiuva — 72
Arvier
Coopérative de l'Enfer — 72

INDICE REGIONALE DEI PRODUTTORI

Aymavilles
Les Crêtes — 67
Chambave
La Crotta di Vegneron — 67
Donnas
Caves Cooperatives de Donnas — 68
Introd
Lo Triolet — 70
Morgex
Ermes Pavese — 72
Cave du Vin Blanc de Morgex et de La Salle — 71
Nus
Les Granges — 72
Quart
F.lli Grosjean — 69
Saint-Pierre
Le Château Feuillet — 66
Di Barrò — 68
Sarre
Feudo di San Maurizio — 69
Verrayes
La Vrille — 71
Villeneuve
Anselmet — 66

VENETO
Affi
Giorgio Poggi — 442
Annone Veneto
Bosco del Merlo — 375
Paladin — 441
Tenuta Sant' Anna — 443
Arquà Petrarca
Vignalta — 431
Baone
Ca' Orologio — 379
Il Filò delle Vigne — 394
Il Mottolo — 411
Vignale di Cecilia — 431
Bardolino
Guerrieri Rizzardi — 398
Lenotti — 399
Vigneti Villabella — 435
F.lli Zeni — 436
Bassano del Grappa
Contrà Soarda — 389
Vigneto Due Santi — 432
Villa Angarano — 444
Breganze
Beato Bartolomeo da Breganze — 370
Maculan — 400
Firmino Miotti — 441
Brentino Belluno
Roeno — 418
Castelnuovo del Garda
Giovanna Tantini — 426
Cavaion Veronese
Gerardo Cesari — 439
Le Fraghe — 395
Cinto Euganeo
Ca' Lustra — 378
Monte Fasolo — 406
Colognola ai Colli
Cambrago — 439
Fasoli — 393
Tenuta Sant'Antonio — 420
Tenuta Santa Maria alla Pieve — 443
Agostino Vicentini — 430
Conegliano
Carpenè Malvolti — 382
Zardetto Spumanti — 444
Crocetta del Montello
Villa Sandi — 434
Dolcè
Albino Armani — 438
Farra di Soligo
Andreola — 438
Merotto — 404
Fossalta di Piave
De Stefani — 393
Fossalta di Portogruaro
Santa Margherita — 421
Fumane
Stefano Accordini — 366
Allegrini — 367
Le Salette — 419
Secondo Marco — 443
David Sterza — 424
Gambellara
La Biancara — 372
Zonin — 437
Gorgo al Monticano
Villa Brunesca — 444
Grezzana
Cav. G. B. Bertani — 371
Illasi
Romano Dal Forno — 392
Marco Mosconi — 410
Santi — 421
Trabucchi d'Illasi — 428
Lavagno
Grotta del Ninfeo — 398
Marano di Valpolicella
Antolini — 368
Ca' La Bionda — 378
Giuseppe Campagnola — 380
Michele Castellani — 384
Corte Rugolin — 390
F.lli Degani — 440
Novaia — 413
San Rustico — 443
Vaona Odino — 429
Mezzane di Sotto
Corte Sant'Alda — 391
Latium — 440
Roccolo Grassi — 417
San Cassiano — 442
Miane
Crodi — 440
Gregoletto — 397
Monselice
Borin Vini & Vigne — 374
Montebello Vicentino
Casa Cecchin — 382
Domenico Cavazza & F.lli — 385
Luigino Dal Maso — 392
Montecchia di Crosara
Ca' Rugate — 379
Monteforte d'Alpone
Roberto Anselmi — 368
I Campi — 380
La Cappuccina — 381
Gini — 397
Le Battistelle — 441
Le Mandolare — 441
Cantina Sociale
  di Monteforte d'Alpone — 408
Daniele Nardello — 412
Umberto Portinari — 442
Prà — 416
I Stefanini — 423
Negrar
Tommaso Bussola — 377
L' Arco — 440
Roberto Mazzi — 404
Giuseppe Quintarelli — 416
Le Ragose — 417
Casa Vinicola Sartori — 422
Cantina Sociale Valpolicella — 429
Villa Spinosa — 434
Viviani — 435

INDICE REGIONALE DEI PRODUTTORI

Nervesa della Battaglia
Serafini & Vidotto — 422
Ormelle
Italo Cescon — 386
Peschiera del Garda
Ottella — 414
La Sansonina — 420
Zenato — 436
Portogruaro
Antonio Bigai — 438
Pramaggiore
Borgo Stajnbech — 438
Le Carline — 439
Preganziol
Barollo — 369
Refrontolo
Astoria Vini — 438
Colvendrà — 439
Roncà
Tenuta Corte Giacobbe — 390
Corte Moschina — 440
Giovanni Fattori — 394
Marcato — 401
Rovolon
Montegrande — 409
Salgareda
Ornella Molon Traverso — 405
Sandre — 443
Sutto — 425
San Bonifacio
Inama — 399
San Fior
Masottina — 403
San Martino Buon Albergo
Marion — 402
Musella — 411
San Pietro in Cariano
Lorenzo Begali — 370
F.lli Bolla — 373
Brigaldara — 376
Luigi Brunelli — 377
Marchesi Fumanelli — 396
Manara — 401
Monte dall'Ora — 405
Monte Faustino — 441
Angelo e Figli Nicolis — 412
Rubinelli - Vajol — 442
Santa Sofia — 443
F.lli Speri — 423
F.lli Tedeschi — 427
Viticoltori Tommasi — 427
Massimino Venturini — 430
Villa Bellini — 433
Pietro Zardini — 444
Zymè — 437
San Polo di Piave
Casa Roma — 383
Sant'Ambrogio di Valpolicella
Carlo Boscaini — 439
Masi — 403
Villa Monteleone — 433
Santo Stino di Livenza
Mosole — 410
Selvazzano Dentro
La Montecchia - Emo Capodilista — 407
Soave
Balestri Valda — 369
Cantina del Castello — 384
Coffele — 387
Corte Adami — 440
Monte Tondo — 407
Leonildo Pieropan — 414
Suavia — 424
Tamellini — 425
Soligo
BiancaVigna — 438
Sommacampagna
Cavalchina — 385
Monte del Frà — 406
Albino Piona — 415
Le Vigne di San Pietro — 432
Villa Medici — 444
Susegana
Borgoluce — 439
Conte Collalto — 388
Luca Ricci — 442
Tregnago
Fattoria Garbole — 396
Valdagno
Masari — 402
Valdobbiadene
Desiderio Bisol & Figli — 372
F.lli Bortolin — 374
Bortolomiol — 375
Canevel Spumanti — 381
Col Vetoraz — 387
Le Colture — 388
Casa Coste Piane — 391
Silvano Follador — 395
Marsuret — 441
Nino Franco — 413
Ruggeri & C. — 419
Tanorè — 426
Valeggio sul Mincio
Corte Gardoni — 389
Vazzola
Bonotto delle Tezze — 373
Giorgio Cecchetto — 386
Verona
Cecilia Beretta - Pasqua — 371
Giacomo Montresor — 409
Tezza — 444
Cantina Sociale della Valpantena — 428
Vidor
Adami — 366
Sorelle Bronca — 376
Villaga
Piovene Porto Godi — 415
Vò
Monteforche — 408
Vigna Roda — 418
Tenuta San Basilio — 442
Volpago del Montello
Ida Agnoletti — 367
Case Paolin — 383
Conte Loredan Gasparini — 400

Finito di stampare
nel mese di ottobre 2011